Hans D. Jarass
Bundes-Immissionsschutzgesetz

Bundes-Immissionsschutzgesetz

Kommentar

unter Berücksichtigung der
Bundes-Immissionsschutzverordnungen,
der TA Luft sowie der TA Lärm

von

Prof. Dr. Hans D. Jarass, LL.M.

Direktor des Instituts für Umwelt- und Planungsrecht
der Wilhelms-Universität Münster

6., vollständig überarbeitete Auflage

Verlag C. H. Beck München 2005

Verlag C. H. Beck im Internet:
beck.de

ISBN 3 406 52549 0

© 2005 Verlag C. H. Beck oHG
Wilhelmstraße 9, 80801 München
Satz: Druckerei C. H. Beck, Nördlingen
(Adresse wie Verlag)
Druck: Clausen & Bosse GmbH
Birkstraße 10, 25917 Leck

Gedruckt auf säurefreiem, alterungsbeständigem Papier
(hergestellt aus chlorfrei gebleichtem Zellstoff)

Vorwort zur sechsten Auflage

Das Bundes-Immissionsschutzgesetz betrifft zwei wichtige Rechtskreise: Zum einen bildet es ein Kernstück des Umweltrechts. Zum zweiten enthält es, worüber der Titel des Gesetzes täuschen mag, das Recht der gefährlichen Anlagen und damit ein Kernstück des Wirtschaftsverwaltungsrechts; nicht umsonst wird das immissionsschutzrechtliche Genehmigungsverfahren als „Industriezulassungsverfahren" bezeichnet. Der vorliegende Kommentar sucht dieser doppelten Perspektive gerecht zu werden, etwa dadurch, dass die §§ 4–21 besondere Aufmerksamkeit erfahren, ohne aber deshalb die anderen Abschnitte des Bundes-Immissionsschutzgesetzes zu vernachlässigen. Über die Kommentierung des Bundes-Immissionsschutzgesetzes hinaus wurden auch zahlreiche Fragen der Auslegung der vielen Bundes-Immissionsschutzverordnungen, der TA-Luft und der TA Lärm in Zusammenhang mit den einschlägigen Vorschriften des Gesetzes erörtert; die wichtigsten Fundstellen finden sich vor der jeweiligen Rechtsverordnung oder Verwaltungsvorschrift.

Der Kommentar versteht sich, in der Tradition der Lehrkommentare, als systematischer Kommentar, in dem nicht Zeile für Zeile einer Vorschrift behandelt wird. Vielmehr wird durchgängig sachlich Zusammengehörendes zusammengefasst. Die vorschriftenübergreifenden Zusammenhänge werden durch zahlreiche Querverweise erschlossen. Inhaltlich orientieren sich die Erläuterungen vor allem an der Rechtsprechung. Die gerichtlichen Entscheidungen zum Immissionsschutz wurden dazu umfassend ausgewertet; nachgewiesen werden aber in aller Regel nur Entscheidungen der Ober- und Mittelinstanzen. Auch die Literatur fand eine vergleichsweise intensive Berücksichtigung.

Die Neuauflage wird zunächst durch die im September 2002 in das Bundes-Immissionsschutzgesetz neu eingefügten Vorschriften geprägt, die das EG-Luftqualitätsrecht in deutsches Recht umsetzen (§ 40, § 44 bis § 47 sowie § 50 S.2). Diese Vorschriften sind auch für das anlagenbezogene Immissionsschutzrecht von Bedeutung. Hinzu kamen weitere Änderungen des Gesetzes (§ 5, § 10, § 29, § 47a, § 48, § 48b, § 52 und § 62). Seit der Vorauflage kamen acht neue Bundes-Immissionsschutzverordnungen hinzu; viele der Bundes-Immissionsschutzverordnungen wurden geändert oder aufgehoben. Außerdem war die neue TA Luft einzuarbeiten. Die Ausführungen zum untergesetzlichen Regelwerk wurden im Übrigen auch unabhängig von den genannten Änderungen deutlich ausgeweitet. Schließlich wurde das 2004 erlassene Treibhausgas-Emissionshandelsgesetz integriert. Generell wurden, dem zunehmenden Einfluss des EG-Rechts Rechnung tragend, die EG-rechtlichen Bezüge in der Kommentierung

Vorwort

verstärkt behandelt. Insbesondere wurde bei allen Vorschriften, wo das angebracht war, im Grundlagenteil ein Überblicksabschnitt über die EG-rechtlichen Einflüsse eingefügt.

Änderungen ergaben sich auch im Anhang: Um dessen Umfang nicht zu sehr wachsen zu lassen, musste auf den Abdruck EG-rechtlicher Vorschriften verzichtet werden. Sie sind im Internet unter „http://europa.eu.int/eur-lex" abrufbar. Angesichts dieses einfachen Zugangs zu den Vorschriften des EG-Rechts fiel die Entscheidung zwischen der Ausweitung des EG-Rechts in der Kommentierung und des Abdrucks ausgewählter EG-rechtlicher Vorschriften zugunsten der ersten Alternative aus.

Der Kommentar ist im Bereich der Gesetzgebung auf dem Stand vom 1. 8. 2004. Entscheidungen und Literatur wurden bis zum 1. Juni 2004 nachgewiesen. Spätere Entscheidungen und Literatur konnten nur vereinzelt berücksichtigt werden.

Der Kommentar wäre ohne die Mithilfe der Mitarbeiter meines Lehrstuhls nicht zustande gekommen. Besonderen Dank verdient meine Sekretärin, Frau Ashölter, die die Arbeit mit weit überobligatorischem Einsatz und großem Können unterstützte. Trotz dieser Hilfe wird der Kommentar, wie die Erfahrung zeigt, nicht ohne Mängel und Fehler sein; über Anregungen und Kritik, telefonisch wie schriftlich (E-Mail: jarass @uni-muenster.de), würde ich mich freuen.

Münster, im September 2004   Hans D. Jarass

Hinweise für den Gebrauch

Die Kommentierung der einzelnen Vorschriften erfolgt nach systematischen Gesichtspunkten und nicht notwendig nach der Reihenfolge der einzelnen Sätze eines Paragraphen. Die Hauptfundstellen der Kommentierung von Sätzen und wichtigen Begriffen sind daher durch hochgestellte Ziffern in dem der jeweiligen Kommentierung vorausgehenden Gesetzestext nachgewiesen. Mehrfach auftauchende Fragen wurden jeweils nur einmal behandelt. Die vollständige Kommentierung ergibt sich daher erst, wenn auch die Weiterverweisungen gelesen werden. Hinweise auf andere Kommentare zum BImSchG beziehen sich auf Erläuterungen zur gleichen Vorschrift, sofern keine andere Vorschrift genannt ist. Abgekürzt zitierte Literatur findet sich in den Literaturangaben zu der betreffenden Vorschrift, wenn die Angabe „o. Lit." folgt, in anderen Fällen im Abkürzungsverzeichnis.

Inhaltsverzeichnis

Vorwort V
Abkürzungsverzeichnis und Verzeichnis der abgekürzt zitierten Literatur XIII

Bundes-Immissionsschutzgesetz – BImSchG

Gesetzestext 1
Einleitung 49

Erster Teil. Allgemeine Vorschriften

§ 1	Zweck des Gesetzes	75
§ 2	Geltungsbereich	82
§ 3	Begriffsbestimmungen	93

Zweiter Teil. Errichtung und Betrieb von Anlagen

Erster Abschnitt. Genehmigungsbedürftige Anlagen

§ 4	Genehmigung (mit Erläuterungen zur 4. BImSchV)	139
§ 5	Pflichten der Betreiber genehmigungsbedürftiger Anlagen	165
§ 6	Genehmigungsvoraussetzungen	213
§ 7	Rechtsverordnungen über Anforderungen an genehmigungsbedürftige Anlagen (mit Erläuterungen zur 12., 13., 17. und 30. BImSchV)	235
§ 8	Teilgenehmigung	252
§ 8a	Zulassung vorzeitigen Beginns	265
§ 9	Vorbescheid	276
§ 10	Genehmigungsverfahren (mit Erläuterungen zur 9. BImSchV)	283
§ 10a	*(weggefallen)*	337
§ 11	Einwendungen Dritter bei Teilgenehmigung und Vorbescheid	337
§ 12	Nebenbestimmungen zur Genehmigung	341
§ 13	Genehmigung und andere behördliche Entscheidungen	354
§ 14	Ausschluss von privatrechtlichen Abwehransprüchen	363
§ 14a	Vereinfachte Klageerhebung	373
§ 15	Änderung genehmigungsbedürftiger Anlagen	375
§ 16	Wesentliche Änderung genehmigungsbedürftiger Anlagen	394

Inhalt

§ 17	Nachträgliche Anordnungen	413
§ 18	Erlöschen der Genehmigung	444
§ 19	Vereinfachtes Verfahren	449
§ 20	Untersagung, Stilllegung und Beseitigung	456
§ 21	Widerruf der Genehmigung	477

Zweiter Abschnitt. Nicht genehmigungsbedürftige Anlagen

§ 22	Pflichten der Betreiber nicht genehmigungsbedürftiger Anlagen	493
§ 23	Anforderungen an die Errichtung, die Beschaffenheit und den Betrieb nicht genehmigungsbedürftiger Anlagen (mit Erläuterungen zur 1., 2., 7., 18., 20., 21., 26., 27., 31. und 32. BImSchV)	516
§ 24	Anordnungen im Einzelfall	534
§ 25	Untersagung	541

Dritter Abschnitt. Ermittlung von Emissionen und Immissionen, sicherheitstechnische Prüfungen, Technischer Ausschuss für Anlagensicherheit

§ 26	Messungen aus besonderem Anlass	551
§ 27	Emissionserklärung (mit Erläuterungen zur 11. BImSchV)	561
§ 28	Erstmalige und wiederkehrende Messungen bei genehmigungsbedürftigen Anlagen	567
§ 29	Kontinuierliche Messungen	572
§ 29a	Anordnung sicherheitstechnischer Prüfungen	575
§ 30	Kosten der Messungen und sicherheitstechnischen Prüfungen	581
§ 31	Auskunft über ermittelte Emissionen und Immissionen	584
§ 31a	Technischer Ausschuss für Anlagensicherheit	586

Dritter Teil. Beschaffenheit von Anlagen, Stoffen, Erzeugnissen, Brennstoffen, Treibstoffen und Schmierstoffen

§ 32	Beschaffenheit von Anlagen	591
§ 33	Bauartzulassung (mit Erläuterungen zur 29. BImSchV)	597
§ 34	Beschaffenheit von Brennstoffen, Treibstoffen und Schmierstoffen (mit Erläuterungen zur 3., 10. und 19. BImSchV)	605
§ 35	Beschaffenheit von Stoffen und Erzeugnissen	612
§ 36	Ausfuhr	617
§ 37	Erfüllung von zwischenstaatlichen Vereinbarungen und Beschlüssen der Europäischen Gemeinschaften (mit Erläuterungen zur 28. und 32. BImSchV)	618

Vierter Teil. Beschaffenheit und Betrieb von Fahrzeugen, Bau und Änderung von Straßen und Schienenwegen

§ 38	Beschaffenheit und Betrieb von Fahrzeugen	625

Inhalt

§ 39	Erfüllung von zwischenstaatlichen Vereinbarungen und Beschlüssen der Europäischen Gemeinschaften	634
§ 40	Verkehrsbeschränkungen (mit Erläuterungen zur 23. BImSchV)	636
§ 41	Straßen und Schienenwege	646
§ 42	Entschädigung für Schallschutzmaßnahmen	672
§ 43	Rechtsverordnung der Bundesregierung (mit Erläuterungen zur 16. und 24. BImSchV)	681

Fünfter Teil. Überwachung und Verbesserung der Luftqualität, Luftreinhalteplanung, Lärmminderungspläne

§ 44	Überwachung der Luftqualität	687
§ 45	Verbesserung der Luftqualität	691
§ 46	Emissionskataster	695
§ 46a	Unterrichtung der Öffentlichkeit	696
§ 47	Luftreinhaltepläne, Aktionspläne, Landesverordnungen	698
§ 47a	Lärmminderungspläne	713

Sechster Teil. Gemeinsame Vorschriften

§ 48	Verwaltungsvorschriften (mit Erläuterungen zur TA Luft und TA Lärm)	719
§ 48a	Rechtsverordnungen über Emisionswerte und Immissionswerte (mit Erläuterungen zur 22., 25. und 33. BImSchV)	738
§ 48b	Beteiligung des Bundestages beim Erlass von Rechtsverordnungen	751
§ 49	Schutz bestimmter Gebiete	754
§ 50	Planung	763
§ 51	Anhörung beteiligter Kreise	774
§ 51a	Störfall-Kommission	776
§ 51b	Sicherstellung der Zustellungsmöglichkeit	777
§ 52	Überwachung	778
§ 52a	Mitteilungspflichten zur Betriebsorganisation	799
§ 53	Bestellung eines Betriebsbeauftragten für Immissionsschutz (mit Erläuterungen zur 5. BImSchV)	805
§ 54	Aufgaben	815
§ 55	Pflichten des Betreibers	822
§ 56	Stellungnahme zu Entscheidungen des Betreibers	832
§ 57	Vortragsrecht	834
§ 58	Benachteiligungsverbot, Kündigungsschutz	837
§ 58a	Bestellung eines Störfallbeauftragten	840
§ 58b	Aufgaben des Störfallbeauftragten	845
§ 58c	Pflichten und Rechte des Betreibers gegenüber dem Störfallbeauftragten	848
§ 58d	Verbot der Benachteiligung des Störfallbeauftragten, Kündigungsschutz	851

Inhalt

§ 58 e	Erleichterungen für auditierte Unternehmensstandorte (mit Erläuterungen zur EMASPrivilegV)	852
§ 59	Zuständigkeit bei Anlagen der Landesverteidigung (mit Erläuterungen zur 14. BImSchV)	859
§ 60	Ausnahmen für Anlagen der Landesverteidigung	862
§ 61	*(aufgehoben)*	870
§ 62	Ordnungswidrigkeiten	870
§§ 63 bis 65	*(weggefallen)*; Text der einschlägigen Vorschriften des StGB)	882

Siebenter Teil. Schlussvorschriften

§ 66	Fortgeltung von Vorschriften	889
§ 67	Übergangsvorschrift	891
§ 67 a	Überleitungsregelung aus Anlass der Herstellung der Einheit Deutschlands	907
§ 68	*Änderung gewerberechtlicher Vorschriften*	911
§ 69	*Änderung des Atomgesetzes, des Gaststättengesetzes, des Schornsteinfegergesetzes und des Abfallbeseitigungsgesetzes*	913
§ 70	*Änderung verkehrsrechtlicher Vorschriften*	915
§ 71	*Überleitung von Verweisungen*	918
§ 72	*Aufhebung von Vorschriften*	919
§ 73	Berlin-Klausel	919
§ 74	*(Inkrafttreten)*	919

Anhang

Anh. A Verordnungen zur Durchführung des Bundes-Immissionsschutzgesetzes

A 1	Verordnung über kleine und mittlere Feuerungsanlagen – 1. BImSchV (dazu **Komm.** zu § 23, insb. Rn. 22 f)	921
A 2	Verordnung zu leichtflüchtigen halogenierten organischen Verbindungen – 2. BImSchV (dazu **Komm.** zu § 23, insb. Rn. 41 f)	940
A 3	Verordnung über den Schwefelgehalt bestimmter flüssiger Kraft- oder Brennstoffe – 3. BImSchV (dazu **Komm.** zu § 34, insb. Rn. 15 f)	950
A 4	Verordnung über genehmigungsbedürftige Anlagen – 4. BImSchV (dazu **Komm.** zu § 4, insb. Rn. 11 f)	954
A 5	Verordnung über Immissionsschutz- und Störfallbeauftragte – 5. BImSchV (dazu **Komm.** zu § 53, insb. Rn. 11 f)	993
A 6	6. BImSchV (aufgehoben)	1001
A 7	Verordnung zur Auswurfbegrenzung von Holzstaub – 7. BImSchV (dazu **Komm.** zu § 23, insb. Rn. 24 f)	1002
A 8	8. BImSchV (aufgehoben)	1004
A 9	Verordnung über das Genehmigungsverfahren – 9. BImSchV (dazu **Komm.** zu § 10, insb. Rn. 5 f)	1005

Inhalt

A 10	Verordnung über die Beschaffenheit und Auszeichnung von Kraftstoffen – 10. BImSchV (dazu **Komm.** zu § 34, insb. Rn. 17 f)	1022
A 11	Verordnung über Emissionserklärungen und Emissionsberichte – 11. BImSchV (dazu **Komm.** zu § 27, insb. Rn. 3 f)	1026
A 12	Störfall-Verordnung – 12. BImSchV (dazu **Komm.** zu § 7, insb. Rn. 28 ff)	1029
A 13	Verordnung über Großfeuerungs- und Gasturbinenanlagen – 13. BImSchV (dazu **Komm.** zu § 7, insb. Rn. 32 ff)	1057
A 14	Verordnung über Anlagen der Landesverteidigung – 14. BImSchV (dazu **Komm.** zu § 59, insb. Rn. 6 ff)	1079
A 15	15. BImSchV (aufgehoben)	1080
A 16	Verkehrslärmschutzverordnung – 16. BImSchV (dazu **Komm.** zu § 43, insb. Rn. 6 ff)	1081
A 17	Verordnung über die Verbrennung und Mitverbrennung von Abfällen – 17. BImSchV (dazu **Komm.** zu § 7, insb. Rn. 35 ff)	1096
A 18	Sportanlagenlärmschutzverordnung – 18. BImSchV (dazu **Komm.** zu § 23, insb. Rn. 26 f)	1122
A 19	Verordnung über Chlor- und Bromverbindungen als Kraftstoffzusatz – 19. BImSchV (dazu **Komm.** zu § 34, insb. Rn. 19 f)	1133
A 20	Verordnung zu flüchtigen organischen Verbindungen beim Umfüllen und Lagern von Ottokraftstoffen – 20. BImSchV (dazu **Komm.** zu § 23, insb. Rn. 44 f)	1134
A 21	Verordnung zu Kohlenwasserstoffemissionen bei der Betankung von Kraftfahrzeugen – 21. BImSchV (dazu **Komm.** zu § 23, insb. Rn. 30 f)	1143
A 22	Verordnung über Immissionswerte für Schadstoffe in der Luft – 22. BImSchV (dazu **Komm.** zu § 48 a, insb. Rn. 15 f)	1149
A 23	23. BImSchV (aufgehoben)	1172
A 24	Verkehrswege-Schallschutzmaßnahmenverordnung – 24. BImSchV (dazu **Komm.** zu § 43, insb. Rn. 10 f)	1173
A 25	Verordnung zu Emissionen aus der Titandioxid-Industrie – 25. BImSchV (dazu **Komm.** zu § 48 a, insb. Rn. 28 f) ...	1177
A 26	Verordnung über elektromagnetische Felder – 26. BImSchV (dazu **Komm.** zu § 23, insb. Rn. 32 f)	1179
A 27	Verordnung über Anlagen zur Feuerbestattung – 27. BImSchV (dazu **Komm.** zu § 23, insb. Rn. 34 f)	1183
A 28	Verordnung über Emissionsgrenzwerte für Verbrennungsmotoren – 28. BImSchV (dazu **Komm.** zu § 37, insb. Rn. 11 ff)	1188
A 29	Gebührenordnung für Typprüfungen von Verbrennungsmotoren – 29. BImSchV (dazu **Komm.** zu § 33, insb. Rn. 13)	1195

Inhalt

A 30	Verordnung über Anlagen zur biologischen Behandlung von Abfällen – 30. BImSchV (dazu **Komm.** zu § 7, insb. Rn. 38 f)	1197
A 31	Verordnung zu Emissionen flüchtiger organischer Verbindungen bei der Verwendung organischer Lösemittel in bestimmten Anlagen – 31. BImSchV (dazu **Komm.** zu § 23, insb. Rn. 46 f)	1206
A 32	Geräte- und Maschinenlärmschutzverordnung – 32. BImSchV (dazu **Komm.** zu § 37, insb. Rn. 13 f)	1245
A 33	Verordnung zu Sommersmog, Versauerung und Nährstoffeinträgen – 33. BImSchV (dazu **Komm.** § 48 a, insb. Rn. 17 f)	1252

Anh. B   Allgemeine Verwaltungsvorschriften

B 1	Technische Anleitung zum Schutz gegen Lärm – TA Lärm (dazu **Komm.** zu § 48, insb. Rn. 12 ff)	1269
B 2	Technische Anleitung zur Reinhaltung der Luft – TA Luft (dazu **Komm.** zu § 48, insb. Rn. 27 ff)	1293

Sachverzeichnis 1429

Abkürzungsverzeichnis
und Verzeichnis der abgekürzt zitierten Literatur

a. A.	anderer Ansicht
AAnz.	Amtlicher Anzeiger (Hamburg)
aaO.	am angegebenen Ort
AbfG	Abfallgesetz (in Kraft bis 6. 10. 1996)
abgedr.	abgedruckt
abl.	ablehnend
ABl	Amtsblatt
Abs.	Absatz
a. E.	am Ende
AEG	Allgemeines Eisenbahngesetz
a. F.	alte Fassung
AG	Aktiengesellschaft
AgrarA	Agrararchiv (Zeitschrift)
Alt.	Alternative
AMG	Arzneimittelgesetz
Amtl. Begr.	Amtliche Begründung
Anh.	Anhang
Anm.	Anmerkung
AnwBl.	Anwaltsblatt (Zeitschrift)
AO	Abgabenordnung
AöR	Archiv des öffentlichen Rechts (Zeitschrift)
Art.	Artikel
AS	Amtliche Sammlung
AtomG	Atomgesetz
aufgeh.	aufgehoben
Aufl.	Auflage
AWG	Außenwirtschaftsgesetz
BAnz.	Bundesanzeiger
BauNVO	Baunutzungsverordnung
BauGB	Baugesetzbuch
BauR	Baurecht (Zeitschrift)
Bay	Bayern, bayerisch
BayImSchG	Bayerisches Immissionsschutzgesetz
BayObLG	Bayerisches Oberstes Landesgericht
BayVBl	Bayerische Verwaltungsblätter (Zeitschrift)
BB	Betriebs-Berater (Zeitschrift)
BBergG	Bundesberggesetz
Bbg	Brandenburg
BBodSchG	Bundes-Bodenschutzgesetz
Bd.	Band
BDSG	Bundesdatenschutzgesetz
Beckmann	Beckmann, Verwaltungsgerichtlicher Rechtsschutz im raumbedeutsamen Umweltrecht, 1987

Abkürzungen

Beil.	Beilage
ber.	berichtigt
Berl	Berlin
Bethge/Meurers	Bethge/Meurers, Technische Anleitung zum Schutz gegen Lärm (TA Lärm), 4. Aufl. 1985
BetrVG	Betriebsverfassungsgesetz
BGB	Bürgerliches Gesetzbuch
BGBl.	Bundesgesetzblatt
BGH	Bundesgerichtshof
BGHZ	Entscheidungen des Bundesgerichtshofes in Zivilsachen
Bh	Buchholz, Sammel- und Nachschlagewerk der Rechtsprechung des Bundesverwaltungsgerichts, Stand 1998
BImSchG	Bundes-Immissionsschutzgesetz
BImSchV	Bundes-Immissionsschutzverordnung
BImSchVwV	Verwaltungsvorschrift zum Bundes-Immissionsschutzgesetz
BInnA	Innenausschuss des Bundestags
BinnSchAufG	Binnen-Schifffahrtsaufgabengesetz
BR-Drs.	Bundesrats-Drucksache
BRat	Bundesrat
Brem	Bremen
Breuer	Breuer, Umweltschutzrecht, in: v. Münch/Schmidt-Aßmann (Hrsg.), Besonderes Verwaltungsrecht, 12. Aufl. 2003, 5. Abschn.
BRS	Baurechtssammlung
BT-Drs.	Bundestags-Drucksache
BVerfG	Bundesverfassungsgericht
BVerfGE	Entscheidungen des Bundesverfassungsgerichts
BVerfG-K	Bundesverfassungsgericht (Kammer)
BVerwG	Bundesverwaltungsgericht
BVerwGE	Entscheidungen des Bundesverwaltungsgerichts
BW	Baden-Württemberg
BWVPr	Baden-Württembergische Verwaltungspraxis
BzBlG	Benzinbleigesetz
bzw.	beziehungsweise
ChemG	Chemikaliengesetz
CR	Computer und Recht (Zeitschrift)
dB	Dezibel
DB	Der Betrieb (Zeitschrift)
d. h.	das heißt
diff.	differenzierend
DIN	Deutsches Institut für Normung
Diss.	Dissertation
DJT	Deutscher Juristentag
DÖV	Die Öffentliche Verwaltung (Zeitschrift)
drs	derselbe
DVBl	Deutsches Verwaltungsblatt (Zeitschrift)
DWW	Deutsche Wohnungswirtschaft (Zeitschrift)
EG	Europäische Gemeinschaft
EGBGB	Einführungsgesetz zum Bürgerlichen Gesetzbuch
EGKS	Europäische Gemeinschaft für Kohle und Stahl

Abkürzungen

EGV	Vertrag z. Gründung der Europ. Gemeinschaft
Einf.	Einführung
eingef.	eingefügt
Einl.	Einleitung
einschl.	einschließlich
Engelhardt/Schlicht	Engelhardt/Schlicht, Bundes-Immissionsschutzgesetz, 4. Aufl. 1997
Engelhardt III	Engelhardt, Bundes-Immissionsschutzgesetz, Bd. 2, Teilb. 1, 3. Aufl. 1991. Die Ziffer in Klammern verweist auf die jeweilige BImSchV, auf die sich das Zitat bezieht
entspr.	entsprechend
EnWiG	Energiewirtschaftsgesetz
Erbguth/Schink	Erbguth/Schink, Gesetz über die Umweltverträglichkeitsprüfung, 2. Aufl. 1996
Erl.	Erläuterungen
ESVGH	Entscheidungen des Hessischen Verwaltungsgerichtshofs und des Verwaltungsgerichtshofs Baden-Württemberg
ET	Energiewirtschaftliche Tagesfragen
etc.	et cetera
EUDUR	Rengeling (Hg.), Handbuch zum europäischen und deutschen Umweltrecht, 2. Aufl. 2003
EuGH	Europäischer Gerichtshof
EuGHE	Sammlung der Rechtsprechung des (Europäischen) Gerichtshofs
EuR	Europarecht (Zeitschrift)
EuZW	Europäische Zeitschrift für Wirtschaftsrecht
evtl.	eventuell
f	folgende (Seite etc.)
FE	Feldhaus, Bundesimmissionsschutzrecht, 2. Aufl., 118. Lieferung April 2004. Der vorausgestellte Name ist der Bearbeiter. Folgt eine Ziffer in Klammern, verweist diese auf die BImSchV, auf die sich das Zitat bezieht
FE-ES	Feldhaus, Bundesimmissionsschutzrecht, Entscheidungssammlung, 45. Lieferung 2004
Festg.	Festgabe
Festschr.	Festschrift
ff	folgende (Seiten etc.)
FlugLG	Gesetz zum Schutz gegen Fluglärm
Fn.	Fußnote
FStrG	Bundesfernstraßengesetz
Führ	Führ, Sanierung von Industrieanlagen, 1989
G	Gericht, Gesetz
GAGBin	Gesetz für die Aufgaben des Bundes auf dem Gebiet der Binnenschifffahrt
GAGSee	Gesetz über die Aufgaben des Bundes auf dem Gebiet der Seeschifffahrt
GastG	Gaststättengesetz
GBl.	Gesetzblatt
gem.	gemäß
GewArch	Gewerbearchiv (Zeitschrift)

Abkürzungen

GewO	Gewerbeordnung
GG	Grundgesetz
GGO	Gemeinsame Geschäftsordnung der Bundesministerien
ggf.	gegebenenfalls
GK	Koch/Scheuing/Pache (Hg.), Gemeinschaftskommentar zum BImSchG, 14. Lief. Januar 2004
GmbH	Gesellschaft mit beschränkter Haftung
GmbHG	Gesetz betr. die Gesellschaften mit beschränkter Haftung
GmbHR	GmbH-Rundschau (Zeitschrift)
GMBl.	Gemeinsames Ministerialblatt
Götz	Götz, Allgemeines Polizei- und Ordnungsrecht, 12. Aufl. 1995
GPSG	Geräte- und Produktsicherheitsgesetz
GV, GVBl	Gesetz- und Verordnungsblatt
h A	herrschende Auffassung
Hamb	Hamburg
Henkel	Henkel, Der Anlagenbegriff des BImSchG, 1989
Hess	Hessen
Hg.	Herausgeber
hM	herrschende Meinung
Hösel/v. Lersner	Hösel/v. Lersner, Recht der Abfallbeseitigung des Bundes und der Länder, Stand 1994
Hoppe/Beckmann/ Kauch	Hoppe/Beckmann/Kauch, Umweltrecht, 2. Aufl. 2000
HbUR	Kimminich/v. Lersner/Storm (Hg.) Handwörterbuch des Umweltrechts 2. Aufl. 1994
Hs.	Halbsatz
Hz	Hertz
idF	in der Fassung
idR	in der Regel
idS	in diesem Sinne
i. E.	im Ergebnis
ieS	im engeren Sinne
ImSch	Immissionsschutz (Zeitschrift)
ImSchBer	Immissionsschutzbericht
insb.	insbesondere
InvWoG	Investitionserleichterungs- und Wohnbaulandgesetz
iS	im Sinne
iSd	im Sinne des
ISO	International Standardization Organization
iSv	im Sinne von
i. ü.	im Übrigen
IUR	Informationsdienst Umweltrecht
iVm	in Verbindung mit
iwS	im weiteren Sinne
Jarass, UVP	Jarass, Umweltverträglichkeitsprüfung bei Industrievorhaben, 1987
Jarass, WVR	Jarass, Wirtschaftsverwaltungsrecht, 3. Aufl. 1997
Jarass/Pieroth	Jarass/Pieroth, Grundgesetz, 6. Aufl. 2002
JRW	Jarass/Ruchay/Weidemann (Hg.), Kreislaufwirtschafts- und Abfallgesetz, Stand 2004

Abkürzungen

Jura	Juristische Ausbildung (Zeitschrift)
JuS	Juristische Schulung (Zeitschrift)
JUTR	Jahrbuch des Umwelt- und Technikrechts
JZ	Juristenzeitung (Zeitschrift)
Kfz.	Kraftfahrzeug
KG	Kammergericht
Kloepfer	Kloepfer, Umweltrecht, 2. Aufl. 1998
KO	Kotulla (Hg.), Bundes-Immissionsschutzgesetz, 2004
Koch	Koch, in: drs. (Hg.), Umweltrecht, 2002, § 4
Komm.	Kommentierung
Kopp/Schenke	Kopp/Schenke, VwGO, 13. Aufl. 2002
Kopp/Ramsauer	Kopp/Ramsauer, VwVfG, 8. Aufl. 2003
KPV	Kunig/Paetow/Versteyl, Kreislaufwirtschafts- und Abfallgesetz, 2. Aufl. 2003
krit.	kritisch
KrW-/AbfG	Kreislaufwirtschafts- und Abfallgesetz
LAI	Länderausschuss für Immissionsschutz
LImSchG	Landes-Immissionsschutzgesetz
Lit.	Literatur
Lit. zu	Voller Titel in den Literaturangaben des betreffenden Paragraphen
LKV	Landes- und Kommunalverwaltung (Zeitschrift)
LMBG	Lebensmittel- und Bedarfsgegenständegesetz
LR	Landmann/Rohmer, Umweltrecht, 42. Lieferung April 2004. Der vorangestellte Name ist der Bearbeiter. Falls in Klammern eine Ziffer aufgeführt ist, verweist diese auf die jeweilige BImSchV, auf die sich das Zitat bezieht
Lüneb	Lüneburg
LuftVG	Luftverkehrsgesetz
LuftVZO	Luftverkehrs-Zulassungs-Ordnung
Maurer AV	Maurer, Allgemeines Verwaltungsrecht, 14. Aufl. 2002
MBl	Ministerialblatt
MDR	Monatsschrift für Deutsches Recht (Zeitschrift)
MAK-Werte	Richtlinien „Maximale Immissionswerte", VDI 2310
MIK-Werte	Richtlinien „Maximale Immissions-Konzentrationswerte", VDI 23061
mwN	mit weiteren Nachweisen
Nds	Niedersachsen
NJ	Neue Justiz (Zeitschrift)
NJW	Neue Juristische Wochenschrift (Zeitschrift)
Nr.	Nummer
NVwZ	Neue Zeitschrift für Verwaltungsrecht
NVwZ-RR	NVwZ-Rechtsprechungs-Report (Zeitschrift)
NW	Nordrhein-Westfalen
NuR	Natur und Recht (Zeitschrift)
NZV	Neue Zeitschrift für Verkehrsrecht
o.	oben
o. a.	oben angegeben

Abkürzungen

o. ä.	oder ähnlich
OHG	Offene Handelsgesellschaft
OLG	Oberlandesgericht
Ohms	Ohms, Praxishandbuch Immissionsschutzrecht, 2003
o. Lit.	oben Literatur (verweist auf Literaturangaben vor der Kommentierung des betreffenden Paragraphen)
OVG	Oberverwaltungsgericht
OVGE	Entscheidungen der Oberverwaltungsgerichte Münster und Lüneburg
OWiG	Gesetz über Ordnungswidrigkeiten
PBefG	Personenbeförderungsgesetz
Pieroth/Schlink/ Kniesel	Pieroth/Schlink/Kniesel, Polizei- und Ordnungsrecht, 2002
RdE	Recht der Energiewirtschaft (Zeitschrift)
RdL	Recht der Landwirtschaft (Zeitschrift)
RegE	Regierungsentwurf
RG	Reichsgericht
Rl, RL	Richtlinie
RP	Rheinland-Pfalz
Rn.	Randnummer
ROG	Raumordnungsgesetz
Rspr.	Rechtsprechung
RVO	Reichsversicherungsordnung
S.	Seite
s.	siehe
Saarl	Saarland
Sachs	Sachsen
SAn	Sachsen-Anhalt
SBS	Stelkens/Bonk/Sachs, VwVfG, 6. Aufl. 2001
SchfG	Gesetz über das Schornsteinfegerwesen
Schmatz/Nöthlichs	Schmatz/Nöthlichs, Immissionsschutz, 38. Lieferung 2004
Schmidt	Schmidt, Reiner, Einführung in das Umweltrecht, 6. Aufl. 2002
Schulze-Fielitz	Schulze-Fielitz, Recht des Immissionsschutzes, in: Schmidt (Hg.), Öffentliches Wirtschaftsrecht, Bes. Teil 1, 1995, § 3
Sellner	Sellner, Immissionsschutzrecht und Industrieanlagen, 2. Aufl. 1988
SH	Schleswig-Holstein
sog.	sogenannt
Sp.	Spalte
Sparwasser	Sparwasser/Engel/Voßkuhle, Umweltrecht, 5. Aufl. 2003
SprG	Sprengstoffgesetz
Spst	Spiegelstrich
SSP	Schoch/Schmidt-Aßmann/Pietzner, VwGO, Stand 2000
st.	ständige
StGB	Strafgesetzbuch
Stich/Porger	Stich/Porger, Immissionsschutzrecht des Bundes und der Länder, 14. Lieferung 1993

Abkürzungen

Storm/Bunge	Storm/Bunge, Handbuch der Umweltverträglichkeitsprüfung, Stand 2003
str	strittig
StrSchV	Strahlenschutzverordnung
StVG	Straßenverkehrsgesetz
StVZO	Straßenverkehrs-Zulassungs-Ordnung
TA Lärm	Technische Anleitung zum Schutz gegen Lärm
TA Luft	Technische Anleitung zur Reinhaltung der Luft
TEHG	Treibhausgas-Emissionshandelsgesetz
teilw.	teilweise
Thür	Thüringen
u. a.	und andere
u. ä.	und ähnlich
UAudV	Verordnung (EWG) über die freiwillige Beteiligung gewerblicher Unternehmen an einem Gemeinschaftssystem für das Umweltmanagement und die Umweltbetriebsprüfung
ÜberlG	Überleitungsgesetz
UIG	Umweltinformationsgesetz
UL	Ule/Laubinger, Bundes-Immissionsschutzgesetz, 133. Lieferung Mai 2004
UL-ES	Ule/Laubinger, Bundes-Immissionsschutzgesetz, Rechtsprechung, 48. Lieferung April 2004
UmwHG	Umwelthaftungsgesetz
UPR	Umwelt- und Planungsrecht (Zeitschrift)
usw.	und so weiter
u. U.	unter Umständen
UVPG	Gesetz über die Umweltverträglichkeitsprüfung
UVPVwV	Allgemeine Verwaltungsvorschrift zur Ausführung des Gesetzes über die Umweltverträglichkeitsprüfung
v.	vom
v. a.	vor allem
VBlBW	Verwaltungsblätter für Baden-Württemberg (Zeitschrift)
VDI	Verein Deutscher Ingenieure
VerkBl	Verkehrsblatt
Verw	Die Verwaltung (Zeitschrift)
VerwArch	Verwaltungsarchiv (Zeitschrift)
VG	Verwaltungsgericht
VGH	Verwaltungsgerichtshof
vgl.	vergleiche
VO	Verordnung
Vorb.	Vorbemerkung
VRspr.	Verwaltungsrechtsprechung
VVDStRL	Veröffentlichungen der Vereinigung der Deutschen Staatsrechtslehrer
VwGO	Verwaltungsgerichtsordnung
VwV	Verwaltungsvorschrift
VwVfG	Verwaltungsverfahrensgesetz des Bundes bzw. des jeweiligen Landes
VwVG	Verwaltungsvollstreckungsgesetz

Abkürzungen

WaffG	Waffengesetz
WHG	Wasserhaushaltsgesetz
WiVerw	Wirtschaft und Verwaltung (Zeitschrift)
Wolf	Wolf, Umweltrecht, 2002
ZA	Zusatzabkommen zum Nato-Truppenstatut
ZAU	Zeitschrift für angewandte Umweltforschung
zB	zum Beispiel
ZfL	Zeitschrift für Lärmbekämpfung
Ziekow	Ziekow (Hg.), Praxis des Fachplanungsrechts, 2004
ZMR	Zeitschrift für Miet- und Raumrecht
ZPO	Zivilprozessordnung
ZRP	Zeitschrift für Rechtspolitik
zT	zum Teil
ZUR	Zeitschrift für Umweltrecht

Gesetz zum Schutz vor schädlichen Umwelteinwirkungen durch Luftverunreinigungen, Geräusche, Erschütterungen und ähnliche Vorgänge (Bundes-Immissionsschutzgesetz – BImSchG)

Vom 15. 3. 1974

(BGBl I 721, ber. 1193), neu bekannt gemacht am 26. 9. 2002 (BGBl I 3830), zuletzt geänd. am 8. 7. 2004 (BGBl I 1578)*

BGBl. III 2129–8

Inhaltsübersicht

(Hier nicht abgedruckt; vgl. S. VII ff)

Erster Teil. Allgemeine Vorschriften

§ 1 Zweck des Gesetzes. (1) Zweck dieses Gesetzes ist es, Menschen, Tiere und Pflanzen, den Boden, das Wasser, die Atmosphäre sowie Kultur- und sonstige Sachgüter vor schädlichen Umwelteinwirkungen zu schützen und dem Entstehen schädlicher Umwelteinwirkungen vorzubeugen.

(2) Soweit es sich um genehmigungsbedürftige Anlagen handelt, dient dieses Gesetz auch
– der integrierten Vermeidung und Verminderung schädlicher Umwelteinwirkungen durch Emissionen in Luft, Wasser und Boden unter Einbeziehung der Abfallwirtschaft, um ein hohes Schutzniveau für die Umwelt insgesamt zu erreichen, sowie
– dem Schutz und der Vorsorge gegen Gefahren, erhebliche Nachteile und erhebliche Belästigungen, die auf andere Weise herbeigeführt werden.

§ 2 Geltungsbereich. (1) Die Vorschriften dieses Gesetzes gelten für
1. die Errichtung und den Betrieb von Anlagen,
2. das Herstellen, Inverkehrbringen und Einführen von Anlagen, Brennstoffen und Treibstoffen, Stoffen und Erzeugnissen aus Stoffen nach Maßgabe der §§ 32 bis 37,
3. die Beschaffenheit, die Ausrüstung, den Betrieb und die Prüfung von Kraftfahrzeugen und ihren Anhängern und von Schienen-, Luft- und

---

* Vgl. zu den Änderungen des BImSchG im Einzelnen Rn.2 der Einleitung.

Wasserfahrzeugen sowie von Schwimmkörpern und schwimmenden Anlagen nach Maßgabe der §§ 38 bis 40 und

4. den Bau öffentlicher Straßen sowie von Eisenbahnen, Magnetschwebebahnen und Straßenbahnen nach Maßgabe der §§ 41 bis 43.

(2) ¹Die Vorschriften dieses Gesetzes gelten nicht für Flugplätze und für Anlagen, Geräte, Vorrichtungen sowie Kernbrennstoffe und sonstige radioaktive Stoffe, die den Vorschriften des Atomgesetzes oder einer hiernach erlassenen Rechtsverordnung unterliegen, soweit es sich um den Schutz vor den Gefahren der Kernenergie und der schädlichen Wirkung ionisierender Strahlen handelt. ²Sie gelten ferner nicht, soweit sich aus wasserrechtlichen Vorschriften des Bundes und der Länder zum Schutz der Gewässer oder aus Vorschriften des Düngemittel- und Pflanzenschutzrechts etwas anderes ergibt.

§ 3 Begriffsbestimmungen (1) Schädliche Umwelteinwirkungen im Sinne dieses Gesetzes sind Immissionen, die nach Art, Ausmaß oder Dauer geeignet sind, Gefahren, erhebliche Nachteile oder erhebliche Belästigungen für die Allgemeinheit oder die Nachbarschaft herbeizuführen.

(2) Immissionen im Sinne dieses Gesetzes sind auf Menschen, Tiere und Pflanzen, den Boden, das Wasser, die Atmosphäre sowie Kultur- und sonstige Sachgüter einwirkende Luftverunreinigungen, Geräusche, Erschütterungen, Licht, Wärme, Strahlen und ähnliche Umwelteinwirkungen.

(3) Emissionen im Sinne dieses Gesetzes sind die von einer Anlage ausgehenden Luftverunreinigungen, Geräusche, Erschütterungen, Licht, Wärme, Strahlen und ähnliche Erscheinungen.

(4) Luftverunreinigungen im Sinne dieses Gesetzes sind Veränderungen der natürlichen Zusammensetzung der Luft, insbesondere durch Rauch, Ruß, Staub, Gase, Aerosole, Dämpfe oder Geruchsstoffe.

(5) Anlagen im Sinne dieses Gesetzes sind
1. Betriebsstätten und sonstige ortsfeste Einrichtungen,
2. Maschinen, Geräte und sonstige ortsveränderliche technische Einrichtungen sowie Fahrzeuge, soweit sie nicht der Vorschrift des § 38 unterliegen, und
3. Grundstücke, auf denen Stoffe gelagert oder abgelagert oder Arbeiten durchgeführt werden, die Emissionen verursachen können, ausgenommen öffentliche Verkehrswege.

(5a) Ein Betriebsbereich ist der gesamte unter der Aufsicht eines Betreibers stehende Bereich, in dem gefährliche Stoffe im Sinne des Artikels 3 Nr. 4 der Richtlinie 96/82/EG des Rates vom 9. Dezember 1996 zur Beherrschung der Gefahren bei schweren Unfällen mit gefährlichen Stoffen (ABl. EG 1997 Nr. L 10 S. 13) in einer oder mehreren Anlagen einschließlich gemeinsamer oder verbundener Infrastrukturen und Tätigkeiten einschließlich Lagerung im Sinne des Artikels 3 Nr. 8 der Richtlinie in den in Artikel 2 der Richtlinie bezeichneten Mengen tatsächlich vorhanden oder vorgesehen sind oder vorhanden sein werden, soweit davon auszugehen ist, dass die genannten gefährlichen Stoffe bei einem außer Kontrolle geratenen industriellen chemischen Verfahren anfallen; ausgenommen sind die in Artikel 4 der Richtlinie 96/82/EG angeführten Einrichtungen, Gefahren und Tätigkeiten.

(6) [1] Stand der Technik* im Sinne dieses Gesetzes ist der Entwicklungsstand fortschrittlicher Verfahren, Einrichtungen oder Betriebsweisen, der die praktische Eignung einer Maßnahme zur Begrenzung von Emissionen in Luft, Wasser und Boden, zur Gewährleistung der Anlagensicherheit, zur Gewährleistung einer umweltverträglichen Abfallentsorgung oder sonst zur Vermeidung oder Verminderung von Auswirkungen auf die Umwelt zur Erreichung eines allgemein hohen Schutzniveaus für die Umwelt insgesamt gesichert erscheinen lässt. [2] Bei der Bestimmung des Standes der Technik sind insbesondere die im Anhang aufgeführten Kriterien zu berücksichtigen.

(7) Dem Herstellen im Sinne dieses Gesetzes steht das Verarbeiten, Bearbeiten oder sonstiges Behandeln, dem Einführen im Sinne dieses Gesetzes das sonstige Verbringen in den Geltungsbereich dieses Gesetzes gleich.

Zweiter Teil. Errichtung und Betrieb von Anlagen

Erster Abschnitt. Genehmigungsbedürftige Anlagen

§ 4 Genehmigung. (1) [1] Die Errichtung und der Betrieb von Anlagen, die auf Grund ihrer Beschaffenheit oder ihres Betriebs in besonderem Maße geeignet sind, schädliche Umwelteinwirkungen hervorzurufen oder in anderer Weise die Allgemeinheit oder die Nachbarschaft zu gefährden, erheblich zu benachteiligen oder erheblich zu belästigen, sowie von ortsfesten Abfallentsorgungsanlagen zur Lagerung oder Behandlung von Abfällen bedürfen einer Genehmigung. [2] Mit Ausnahme von Abfallentsorgungsanlagen bedürfen Anlagen, die nicht gewerblichen Zwecken dienen und nicht im Rahmen wirtschaftlicher Unternehmungen Verwendung finden, der Genehmigung nur, wenn sie in besonderem Maße geeignet sind, schädliche Umwelteinwirkungen durch Luftverunreinigungen oder Geräusche hervorzurufen. [3] Die Bundesregierung bestimmt nach Anhörung der beteiligten Kreise (§ 51) durch Rechtsverordnung mit Zustimmung des Bundesrates die Anlagen, die einer Genehmigung bedürfen (genehmigungsbedürftige Anlagen); in der Rechtsverordnung kann auch vorgesehen werden, dass eine Genehmigung nicht erforderlich ist, wenn eine Anlage insgesamt oder in ihren in der Rechtsverordnung bezeichneten wesentlichen Teilen der Bauart nach zugelassen ist und in Übereinstimmung mit der Bauartzulassung errichtet und betrieben wird.

---

* Vgl. dazu den Anhang zu § 3 Abs.6 (abgedr. am Ende des Gesetzestextes, S. 47).

(2) ¹Anlagen des Bergwesens oder Teile dieser Anlagen bedürfen der Genehmigung nach Absatz 1 nur, soweit sie über Tage errichtet und betrieben werden. ²Keiner Genehmigung nach Absatz 1 bedürfen Tagebaue und die zum Betrieb eines Tagebaus erforderlichen sowie die zur Wetterführung unerlässlichen Anlagen.

§ 5 Pflichten der Betreiber genehmigungsbedürftiger Anlagen.

(1) ¹Genehmigungsbedürftige Anlagen sind so zu errichten und zu betreiben, dass zur Gewährleistung eines hohen Schutzniveaus für die Umwelt insgesamt
1. schädliche Umwelteinwirkungen und sonstige Gefahren, erhebliche Nachteile und erhebliche Belästigungen für die Allgemeinheit und die Nachbarschaft nicht hervorgerufen werden können;
2. Vorsorge gegen schädliche Umwelteinwirkungen und sonstige Gefahren, erhebliche Nachteile und erhebliche Belästigungen getroffen wird, insbesondere durch die dem Stand der Technik entsprechenden Maßnahmen;
3. Abfälle vermieden, nicht zu vermeidende Abfälle verwertet und nicht zu verwertende Abfälle ohne Beeinträchtigung des Wohls der Allgemeinheit beseitigt werden; Abfälle sind nicht zu vermeiden, soweit die Vermeidung technisch nicht möglich oder nicht zumutbar ist; die Vermeidung ist unzulässig, soweit sie zu nachteiligeren Umweltauswirkungen führt als die Verwertung; die Verwertung und Beseitigung von Abfällen erfolgt nach den Vorschriften des Kreislaufwirtschafts- und Abfallgesetzes und den sonstigen für die Abfälle geltenden Vorschriften;
4. Energie sparsam und effizient verwendet wird.

²Zur Erfüllung der Vorsorgepflicht nach Satz 1 Nr.2 sind bei genehmigungsbedürftigen Anlagen, die dem Anwendungsbereich des Treibhausgas-Emissionshandelsgesetzes unterliegen, die Anforderungen der §§ 5 und 6 Abs.1 des Treibhausgas-Emissionshandelsgesetzes einzuhalten. ³Bei diesen Anlagen sind die Anforderungen zur Begrenzung von Treibhausgasemissionen nur zulässig, um zur Erfüllung der Pflichten nach § 5 Abs.1 Nr.1 sicherzustellen, dass im Einwirkungsbereich der Anlage keine schädlichen Umwelteinwirkungen entstehen. ⁴Bei diesen Anlagen dürfen zur Erfüllung der Pflicht zur effizienten Verwendung von Energie in Bezug auf die Emissionen von Kohlendioxid, die auf Verbrennungs- oder anderen Prozessen beruhen, keine Anforderungen gestellt werden, die über die Pflichten hinausgehen, welche das Treibhausgas-Emissionshandelsgesetz begründet.

(2) (aufgehoben)

(3) Genehmigungsbedürftige Anlagen sind so zu errichten, zu betreiben und stillzulegen, dass auch nach einer Betriebseinstellung
1. von der Anlage oder dem Anlagengrundstück keine schädlichen Umwelteinwirkungen und sonstige Gefahren, erhebliche Nachteile und erhebliche Belästigungen für die Allgemeinheit und die Nachbarschaft hervorgerufen werden können,

2. vorhandene Abfälle ordnungsgemäß und schadlos verwertet oder ohne Beeinträchtigung des Wohls der Allgemeinheit beseitigt werden und
3. die Wiederherstellung eines ordnungsgemäßen Zustandes des Betriebsgeländes gewährleistet ist.

§ 6 Genehmigungsvoraussetzungen. (1) Die Genehmigung ist zu erteilen, wenn
1. sichergestellt ist, dass die sich aus § 5 und einer auf Grund des § 7 erlassenen Rechtsverordnung ergebenden Pflichten erfüllt werden, und
2. andere öffentlich-rechtliche Vorschriften und Belange des Arbeitsschutzes der Errichtung und dem Betrieb der Anlage nicht entgegenstehen.

(2) Bei Anlagen, die unterschiedlichen Betriebsweisen dienen oder in denen unterschiedliche Stoffe eingesetzt werden (Mehrzweck- oder Vielstoffanlagen), ist die Genehmigung auf Antrag auf die unterschiedlichen Betriebsweisen und Stoffe zu erstrecken, wenn die Voraussetzungen nach Absatz 1 für alle erfassten Betriebsweisen und Stoffe erfüllt sind.

§ 7 Rechtsverordnungen über Anforderungen an genehmigungsbedürftige Anlagen. (1) [1]Die Bundesregierung wird ermächtigt, nach Anhörung der beteiligten Kreise (§ 51) durch Rechtsverordnung mit Zustimmung des Bundesrates vorzuschreiben, dass die Errichtung, die Beschaffenheit, der Betrieb, der Zustand nach Betriebseinstellung und die betreibereigene Überwachung genehmigungsbedürftiger Anlagen zur Erfüllung der sich aus § 5 ergebenden Pflichten bestimmten Anforderungen genügen müssen, insbesondere, dass
1. die Anlagen bestimmten technischen Anforderungen entsprechen müssen,
2. die von Anlagen ausgehenden Emissionen bestimmte Grenzwerte nicht überschreiten dürfen,
2 a. der Einsatz von Energie bestimmten Anforderungen entsprechen muss,
3. die Betreiber von Anlagen Messungen von Emissionen und Immissionen nach in der Rechtsverordnung näher zu bestimmenden Verfahren vorzunehmen haben oder vornehmen lassen müssen und
4. die Betreiber von Anlagen bestimmte sicherheitstechnische Prüfungen sowie bestimmte Prüfungen von sicherheitstechnischen Unterlagen nach in der Rechtsverordnung näher zu bestimmenden Verfahren durch einen Sachverständigen nach § 29 a
   a) während der Errichtung oder sonst vor der Inbetriebnahme der Anlage,
   b) nach deren Inbetriebnahme oder einer Änderung im Sinne des § 15 oder des § 16,
   c) in regelmäßigen Abständen oder
   d) bei oder nach einer Betriebseinstellung
   vornehmen lassen müssen, soweit solche Prüfungen nicht in Rechtsverordnungen nach § 14 des Geräte- und Produktsicherheitsgesetzes vorgeschrieben sind.

²Bei der Festlegung der Anforderungen sind insbesondere mögliche Verlagerungen von nachteiligen Auswirkungen von einem Schutzgut auf ein anderes zu berücksichtigen; ein hohes Schutzniveau für die Umwelt insgesamt ist zu gewährleisten.

(2) ¹In der Rechtsverordnung kann bestimmt werden, inwieweit die nach Absatz 1 zur Vorsorge gegen schädliche Umwelteinwirkungen festgelegten Anforderungen nach Ablauf bestimmter Übergangsfristen erfüllt werden müssen, soweit zum Zeitpunkt des Inkrafttretens der Rechtsverordnung in einem Vorbescheid oder einer Genehmigung geringere Anforderungen gestellt worden sind. ²Bei der Bestimmung der Dauer der Übergangsfristen und der einzuhaltenden Anforderungen sind insbesondere Art, Menge und Gefährlichkeit der von den Anlagen ausgehenden Emissionen sowie die Nutzungsdauer und technische Besonderheiten der Anlagen zu berücksichtigen. ³Die Sätze 1 und 2 gelten entsprechend für Anlagen, die nach § 67 Abs.2 oder § 67a Abs.1 anzuzeigen sind oder vor Inkrafttreten dieses Gesetzes nach § 16 Abs.4 der Gewerbeordnung anzuzeigen waren.

(3) ¹Soweit die Rechtsverordnung Anforderungen nach § 5 Abs.1 Nr.2 festgelegt hat, kann in ihr bestimmt werden, dass bei in Absatz 2 genannten Anlagen von den auf Grund der Absätze 1 und 2 festgelegten Anforderungen zur Vorsorge gegen schädliche Umwelteinwirkungen abgewichen werden darf. ²Dies gilt nur, wenn durch technische Maßnahmen an Anlagen des Betreibers oder Dritter insgesamt eine weitergehende Minderung von Emissionen derselben oder in ihrer Wirkung auf die Umwelt vergleichbaren Stoffen erreicht wird als bei Beachtung der auf Grund der Absätze 1 und 2 festgelegten Anforderungen und hierdurch der in § 1 genannte Zweck gefördert wird. ³In der Rechtsverordnung kann weiterhin bestimmt werden, inwieweit zur Erfüllung von zwischenstaatlichen Vereinbarungen mit Nachbarstaaten der Bundesrepublik Deutschland Satz 2 auch für die Durchführung technischer Maßnahmen an Anlagen gilt, die in den Nachbarstaaten gelegen sind.

(4) ¹Zur Erfüllung von bindenden Beschlüssen der Europäischen Gemeinschaften kann die Bundesregierung zu dem in § 1 genannten Zweck mit Zustimmung des Bundesrates durch Rechtsverordnung Anforderungen an die Errichtung, die Beschaffenheit und den Betrieb, die Betriebseinstellung und betreibereigene Überwachung genehmigungsbedürftiger Anlagen vorschreiben. ²Für genehmigungsbedürftige Anlagen, die vom Anwendungsbereich der Richtlinie 1999/31/EG des Rates vom 26. April 1999 über Abfalldeponien (ABl. EG Nr.L 182 S.1) erfasst werden, kann die Bundesregierung durch Rechtsverordnung mit Zustimmung des Bundesrates dieselben Anforderungen festlegen wie für Deponien im Sinne des § 3 Abs.10 des Kreislaufwirtschafts- und Abfallgesetzes, insbesondere Anforderungen an die Erbringung einer Sicherheitsleistung, an die Stilllegung und die Sach- und Fachkunde des Betreibers.

(5) Wegen der Anforderungen nach Absatz 1 Nr.1 bis 4, auch in Verbindung mit Absatz 4, kann auf jedermann zugängliche Bekanntmachungen sachverständiger Stellen verwiesen werden; hierbei ist
1. in der Rechtsverordnung das Datum der Bekanntmachung anzugeben und die Bezugsquelle genau zu bezeichnen,
2. die Bekanntmachung bei dem Deutschen Patentamt archivmäßig gesichert niederzulegen und in der Rechtsverordnung darauf hinzuweisen.

§ 8 Teilgenehmigung. ¹Auf Antrag kann eine Genehmigung für die Errichtung einer Anlage oder eines Teils einer Anlage oder für die Errichtung und den Betrieb eines Teils einer Anlage erteilt werden, wenn
1. ein berechtigtes Interesse an der Erteilung einer Teilgenehmigung besteht,
2. die Genehmigungsvoraussetzungen für den beantragten Gegenstand der Teilgenehmigung vorliegen und
3. eine vorläufige Beurteilung ergibt, dass der Errichtung und dem Betrieb der gesamten Anlage keine von vornherein unüberwindlichen Hindernisse im Hinblick auf die Genehmigungsvoraussetzungen entgegenstehen.

²Die Bindungswirkung der vorläufigen Gesamtbeurteilung entfällt, wenn eine Änderung der Sach- oder Rechtslage oder Einzelprüfungen im Rahmen späterer Teilgenehmigungen zu einer von der vorläufigen Gesamtbeurteilung abweichenden Beurteilung führen.

§ 8a Zulassung vorzeitigen Beginns. (1) In einem Verfahren zur Erteilung einer Genehmigung kann die Genehmigungsbehörde auf Antrag vorläufig zulassen, dass bereits vor Erteilung der Genehmigung mit der Errichtung einschließlich der Maßnahmen, die zur Prüfung der Betriebstüchtigkeit der Anlage erforderlich sind, begonnen wird, wenn
1. mit einer Entscheidung zugunsten des Antragstellers gerechnet werden kann,
2. ein öffentliches Interesse oder ein berechtigtes Interesse des Antragstellers an dem vorzeitigen Beginn besteht und
3. der Antragsteller sich verpflichtet, alle bis zur Entscheidung durch die Errichtung der Anlage verursachten Schäden zu ersetzen und, wenn das Vorhaben nicht genehmigt wird, den früheren Zustand wiederherzustellen.

(2) ¹Die Zulassung kann jederzeit widerrufen werden. ²Sie kann mit Auflagen verbunden oder unter dem Vorbehalt nachträglicher Auflagen erteilt werden. ³Die zuständige Behörde kann die Leistung einer Sicherheit verlangen, soweit dies erforderlich ist, um die Erfüllung der Pflichten des Antragstellers zu sichern.

(3) In einem Verfahren zur Erteilung einer Genehmigung nach § 16 Abs.1 kann die Genehmigungsbehörde unter den in Absatz 1 genannten Voraussetzungen auch den Betrieb der Anlage vorläufig zulassen, wenn die Änderung der Erfüllung einer sich aus diesem Gesetz oder einer auf Grund dieses Gesetzes erlassenen Rechtsverordnung ergebenden Pflicht dient.

§ 9 Vorbescheid. (1) Auf Antrag kann durch Vorbescheid über einzelne Genehmigungsvoraussetzungen sowie über den Standort der Anlage entschieden werden, sofern die Auswirkungen der geplanten Anlage ausreichend beurteilt werden können und ein berechtigtes Interesse an der Erteilung eines Vorbescheides besteht.

(2) Der Vorbescheid wird unwirksam, wenn der Antragsteller nicht innerhalb von zwei Jahren nach Eintritt der Unanfechtbarkeit die Genehmigung beantragt; die Frist kann auf Antrag bis auf vier Jahre verlängert werden.

(3) Die Vorschriften der §§ 6 und 21 gelten sinngemäß.

§ 10 Genehmigungsverfahren. (1) [1]Das Genehmigungsverfahren setzt einen schriftlichen Antrag voraus. [2]Dem Antrag sind die zur Prüfung nach § 6 erforderlichen Zeichnungen, Erläuterungen und sonstigen Unterlagen beizufügen. [3]Reichen die Unterlagen für die Prüfung nicht aus, so hat sie der Antragsteller auf Verlangen der zuständigen Behörde innerhalb einer angemessenen Frist zu ergänzen. [4]Erfolgt die Antragstellung in elektronischer Form, kann die zuständige Behörde Mehrfertigungen sowie die Übermittlung der dem Antrag beizufügenden Unterlagen auch in schriftlicher Form verlangen.

(2) [1]Soweit Unterlagen Geschäfts- oder Betriebsgeheimnisse enthalten, sind die Unterlagen zu kennzeichnen und getrennt vorzulegen. [2]Ihr Inhalt muss, soweit es ohne Preisgabe des Geheimnisses geschehen kann, so ausführlich dargestellt sein, dass es Dritten möglich ist, zu beurteilen, ob und in welchem Umfang sie von den Auswirkungen der Anlage betroffen werden können.

(3) [1]Sind die Unterlagen vollständig, so hat die zuständige Behörde das Vorhaben in ihrem amtlichen Veröffentlichungsblatt und außerdem in örtlichen Tageszeitungen, die im Bereich des Standortes der Anlage verbreitet sind, öffentlich bekanntzumachen. [2]Der Antrag und die Unterlagen sind, mit Ausnahme der Unterlagen nach Absatz 2 Satz 1, nach der Bekanntmachung einen Monat zur Einsicht auszulegen; bis zwei Wochen nach Ablauf der Auslegungsfrist können Einwendungen gegen das Vorhaben schriftlich erhoben werden. [3]Mit Ablauf der Einwendungsfrist sind alle Einwendungen ausgeschlossen, die nicht auf besonderen privatrechtlichen Titeln beruhen.

(4) In der Bekanntmachung nach Absatz 3 Satz 1 ist
1. darauf hinzuweisen, wo und wann der Antrag auf Erteilung der Genehmigung und die Unterlagen zur Einsicht ausgelegt sind;
2. dazu aufzufordern, etwaige Einwendungen bei einer in der Bekanntmachung zu bezeichnenden Stelle innerhalb der Einwendungsfrist vorzubringen; dabei ist auf die Rechtsfolgen nach Absatz 3 Satz 3 hinzuweisen;
3. ein Erörterungstermin zu bestimmen und darauf hinzuweisen, dass die formgerecht erhobenen Einwendungen auch bei Ausbleiben des Antragstellers oder von Personen, die Einwendungen erhoben haben, erörtert werden;

4. darauf hinzuweisen, dass die Zustellung der Entscheidung über die Einwendungen durch öffentliche Bekanntmachung ersetzt werden kann.

(5) ¹Die für die Erteilung der Genehmigung zuständige Behörde (Genehmigungsbehörde) holt die Stellungnahmen der Behörden ein, deren Aufgabenbereich durch das Vorhaben berührt wird. ²Soweit für das Vorhaben selbst oder für weitere damit unmittelbar in einem räumlichen oder betrieblichen Zusammenhang stehende Vorhaben, die Auswirkungen auf die Umwelt haben können und die für die Genehmigung Bedeutung haben, eine Zulassung nach anderen Gesetzen vorgeschrieben ist, hat die Genehmigungsbehörde eine vollständige Koordinierung der Zulassungsverfahren sowie der Inhalts- und Nebenbestimmungen sicherzustellen.

(6) ¹Nach Ablauf der Einwendungsfrist hat die Genehmigungsbehörde die rechtzeitig gegen das Vorhaben erhobenen Einwendungen mit dem Antragsteller und denjenigen, die Einwendungen erhoben haben, zu erörtern. ²Einwendungen, die auf besonderen privatrechtlichen Titeln beruhen, sind auf den Rechtsweg vor den ordentlichen Gerichten zu verweisen.

(6 a) ¹Über den Genehmigungsantrag ist nach Eingang des Antrags und der nach Absatz 1 Satz 2 einzureichenden Unterlagen innerhalb einer Frist von sieben Monaten, in vereinfachten Verfahren innerhalb einer Frist von drei Monaten, zu entscheiden. ²Die zuständige Behörde kann die Frist um jeweils drei Monate verlängern, wenn dies wegen der Schwierigkeit der Prüfung oder aus Gründen, die dem Antragsteller zuzurechnen sind, erforderlich ist. ³Die Fristverlängerung soll gegenüber dem Antragsteller begründet werden.

(7) Der Genehmigungsbescheid ist schriftlich zu erlassen, schriftlich zu begründen und dem Antragsteller und den Personen, die Einwendungen erhoben haben, zuzustellen.

(8) ¹Die Zustellung des Genehmigungsbescheids an die Personen, die Einwendungen erhoben haben, kann durch öffentliche Bekanntmachung ersetzt werden. ²Die öffentliche Bekanntmachung wird dadurch bewirkt, dass der verfügende Teil des Bescheides und die Rechtsbehelfsbelehrung in entsprechender Anwendung des Absatzes 3 Satz 1 bekannt gemacht werden; auf Auflagen ist hinzuweisen. ³In diesem Fall ist eine Ausfertigung des gesamten Bescheides vom Tage nach der Bekanntmachung an zwei Wochen zur Einsicht auszulegen. ⁴In der öffentlichen Bekanntmachung ist anzugeben, wo und wann der Bescheid und seine Begründung eingesehen und nach Satz 6 angefordert werden können. ⁵Mit dem Ende der Auslegungsfrist gilt der Bescheid auch gegenüber Dritten, die keine Einwendung erhoben haben, als zugestellt; darauf ist in der Bekanntmachung hinzuweisen. ⁶Nach der öffentlichen Bekanntmachung können der Bescheid und seine Begründung bis zum Ablauf der Widerspruchsfrist von den Personen, die Einwendungen erhoben haben, schriftlich angefordert werden.

(9) Die Absätze 1 bis 8 gelten entsprechend für die Erteilung eines Vorbescheides.

(10) ¹Die Bundesregierung wird ermächtigt, durch Rechtsverordnung mit Zustimmung des Bundesrates das Genehmigungsverfahren zu regeln; in der Rechtsverordnung kann auch das Verfahren bei Erteilung einer Genehmigung im vereinfachten Verfahren (§ 19) sowie bei der Erteilung eines Vorbescheides (§ 9), einer Teilgenehmigung (§ 8) und einer Zulassung vorzeitigen Beginns (§ 8a) geregelt werden. ²In der Verordnung ist auch näher zu bestimmen, welchen Anforderungen das Genehmigungsverfahren für Anlagen genügen muss, für die nach dem Gesetz über die Umweltverträglichkeitsprüfung eine Umweltverträglichkeitsprüfung durchzuführen ist.

(11) Das Bundesministerium der Verteidigung wird ermächtigt, im Einvernehmen mit dem Bundesministerium für Umwelt, Naturschutz und Reaktorsicherheit durch Rechtsverordnung mit Zustimmung des Bundesrates das Genehmigungsverfahren für Anlagen, die der Landesverteidigung dienen, abweichend von den Absätzen 1 bis 9 zu regeln.

§ 10a (weggefallen)

§ 11 Einwendungen Dritter bei Teilgenehmigung und Vorbescheid. Ist eine Teilgenehmigung oder ein Vorbescheid erteilt worden, können nach Eintritt ihrer Unanfechtbarkeit im weiteren Verfahren zur Genehmigung der Errichtung und des Betriebs der Anlage Einwendungen nicht mehr auf Grund von Tatsachen erhoben werden, die im vorhergehenden Verfahren fristgerecht vorgebracht worden sind oder nach den ausgelegten Unterlagen hätten vorgebracht werden können.

§ 12 Nebenbestimmungen zur Genehmigung. (1) ¹Die Genehmigung kann unter Bedingungen erteilt und mit Auflagen verbunden werden, soweit dies erforderlich ist, um die Erfüllung der in § 6 genannten Genehmigungsvoraussetzungen sicherzustellen. ²Zur Sicherstellung der Anforderungen nach § 5 Abs.3 kann bei Abfallentsorgungsanlagen im Sinne des § 4 Abs.1 Satz 1 auch eine Sicherheitsleistung auferlegt werden.

(2) ¹Die Genehmigung kann auf Antrag für einen bestimmten Zeitraum erteilt werden. ²Sie kann mit einem Vorbehalt des Widerrufs erteilt werden, wenn die genehmigungsbedürftige Anlage lediglich Erprobungszwecken dienen soll.

(2a) ¹Die Genehmigung kann mit Einverständnis des Antragstellers mit dem Vorbehalt nachträglicher Auflagen erteilt werden, soweit hierdurch hinreichend bestimmte, in der Genehmigung bereits allgemein festgelegte Anforderungen an die Errichtung oder den Betrieb der Anlage in einem Zeitpunkt nach Erteilung der Genehmigung näher festgelegt werden sollen. ²Dies gilt unter den Voraussetzungen des Satzes 1 auch für den Fall, dass eine beteiligte Behörde sich nicht rechtzeitig äußert.

Bundes-Immissionsschutzgesetz §§ 13–15 **Text**

(2b) Im Falle des § 6 Abs.2 soll der Antragsteller durch eine Auflage verpflichtet werden, der zuständigen Behörde unverzüglich die erstmalige Herstellung oder Verwendung eines anderen Stoffes innerhalb der genehmigten Betriebsweise mitzuteilen.

(3) Die Teilgenehmigung kann für einen bestimmten Zeitraum oder mit dem Vorbehalt erteilt werden, dass sie bis zur Entscheidung über die Genehmigung widerrufen oder mit Auflagen verbunden werden kann.

§ 13 Genehmigung und andere behördliche Entscheidungen. Die Genehmigung schließt andere die Anlage betreffende behördliche Entscheidungen ein, insbesondere öffentlich-rechtliche Genehmigungen, Zulassungen, Verleihungen, Erlaubnisse und Bewilligungen, mit Ausnahme von Planfeststellungen, Zulassungen bergrechtlicher Betriebspläne, behördlichen Entscheidungen auf Grund atomrechtlicher Vorschriften und wasserrechtlichen Erlaubnissen und Bewilligungen nach den §§ 7 und 8 des Wasserhaushaltsgesetzes.

§ 14 Ausschluss von privatrechtlichen Abwehransprüchen. [1]Auf Grund privatrechtlicher, nicht auf besonderen Titeln beruhender Ansprüche zur Abwehr benachteiligender Einwirkungen von einem Grundstück auf ein benachbartes Grundstück kann nicht die Einstellung des Betriebs einer Anlage verlangt werden, deren Genehmigung unanfechtbar ist; es können nur Vorkehrungen verlangt werden, die die benachteiligenden Wirkungen ausschließen. [2]Soweit solche Vorkehrungen nach dem Stand der Technik nicht durchführbar oder wirtschaftlich nicht vertretbar sind, kann lediglich Schadenersatz verlangt werden.

§ 14a Vereinfachte Klageerhebung. Der Antragsteller kann eine verwaltungsgerichtliche Klage erheben, wenn über seinen Widerspruch nach Ablauf von drei Monaten seit der Einlegung nicht entschieden ist, es sei denn, dass wegen besonderer Umstände des Falles eine kürzere Frist geboten ist.

§ 15 Änderung genehmigungsbedürftiger Anlagen. (1) [1]Die Änderung der Lage, der Beschaffenheit oder des Betriebs einer genehmigungsbedürftigen Anlage ist, sofern eine Genehmigung nicht beantragt wird, der zuständigen Behörde mindestens einen Monat, bevor mit der Änderung begonnen werden soll, schriftlich anzuzeigen, wenn sich die Änderung auf in § 1 genannte Schutzgüter auswirken kann. [2]Der Anzeige sind Unterlagen im Sinne des § 10 Abs.1 Satz 2 beizufügen, soweit diese für die Prüfung erforderlich sein können, ob das Vorhaben genehmigungsbedürftig ist. [3]Die zuständige Behörde hat dem Träger des Vorhabens den Eingang der Anzeige und der beigefügten Unterlagen unverzüglich schriftlich zu bestätigen. [4]Sie teilt dem Träger des Vorhabens nach Eingang der Anzeige unverzüglich mit, welche zusätzlichen Unterlagen sie zur Beurteilung der Voraussetzungen des § 16 Abs.1 benötigt. [5]Die Sätze 1 bis 4 gelten entsprechend für eine Anlage, die nach § 67 Abs.2 oder

§ 67a Abs. 1 anzuzeigen ist oder vor Inkrafttreten dieses Gesetzes nach § 16 Abs.4 der Gewerbeordnung anzuzeigen war.

(2) ¹Die zuständige Behörde hat unverzüglich, spätestens innerhalb eines Monats nach Eingang der Anzeige und der nach Absatz 1 Satz 2 erforderlichen Unterlagen zu prüfen, ob die Änderung einer Genehmigung bedarf. ²Der Träger des Vorhabens darf die Änderung vornehmen, sobald die zuständige Behörde ihm mitteilt, dass die Änderung keiner Genehmigung bedarf, oder sich innerhalb der in Satz 1 bestimmten Frist nicht geäußert hat. ³Absatz 1 Satz 3 gilt für nachgereichte Unterlagen entsprechend.

(3) ¹Beabsichtigt der Betreiber, den Betrieb einer genehmigungsbedürftigen Anlage einzustellen, so hat er dies unter Angabe des Zeitpunktes der Einstellung der zuständigen Behörde unverzüglich anzuzeigen. ²Der Anzeige sind Unterlagen über die vom Betreiber vorgesehenen Maßnahmen zur Erfüllung der sich aus § 5 Abs.3 ergebenden Pflichten beizufügen. ³Die Sätze 1 und 2 gelten für die in Absatz 1 Satz 5 bezeichneten Anlagen entsprechend.

(4) In der Rechtsverordnung nach § 10 Abs.10 können die näheren Einzelheiten für das Verfahren nach den Absätzen 1 bis 3 geregelt werden.

§ 15a (weggefallen)

§ 16 Wesentliche Änderung genehmigungsbedürftiger Anlagen.
(1) ¹Die Änderung der Lage, der Beschaffenheit oder des Betriebs einer genehmigungsbedürftigen Anlage bedarf der Genehmigung, wenn durch die Änderung nachteilige Auswirkungen hervorgerufen werden können und diese für die Prüfung nach § 6 Abs.1 Nr.1 erheblich sein können (wesentliche Änderung). ²Eine Genehmigung ist nicht erforderlich, wenn durch die Änderung hervorgerufene nachteilige Auswirkungen offensichtlich gering sind und die Erfüllung der sich aus § 6 Abs.1 Nr.1 ergebenden Anforderungen sichergestellt ist.

(2) ¹Die zuständige Behörde soll von der öffentlichen Bekanntmachung des Vorhabens sowie der Auslegung des Antrags und der Unterlagen absehen, wenn der Träger des Vorhabens dies beantragt und erhebliche nachteilige Auswirkungen auf § 1 genannte Schutzgüter nicht zu besorgen sind. ²Dies ist insbesondere dann der Fall, wenn erkennbar ist, dass die Auswirkungen durch die getroffenen oder vom Träger des Vorhabens vorgesehenen Maßnahmen ausgeschlossen werden oder die Nachteile im Verhältnis zu den jeweils vergleichbaren Vorteilen gering sind. ³Betrifft die wesentliche Änderung eine in einem vereinfachten Verfahren zu genehmigende Anlage, ist auch die wesentliche Änderung im vereinfachten Verfahren zu genehmigen. ⁴§ 19 Abs.3 gilt entsprechend.

(3) ¹Über den Genehmigungsantrag ist innerhalb einer Frist von sechs Monaten im Falle des Absatzes 2 in drei Monaten zu entscheiden. ²Im Übrigen gilt § 10 Abs.6a Satz 2 und 3 entsprechend.

Bundes-Immissionsschutzgesetz § 17 **Text**

(4) ¹Für nach § 15 Abs.1 anzeigebedürftige Änderungen kann der Träger des Vorhabens eine Genehmigung beantragen. ²Diese ist im vereinfachten Verfahren zu erteilen; Absatz 3 und § 19 Abs.3 gelten entsprechend.

(5) Einer Genehmigung bedarf es nicht, wenn eine genehmigte Anlage oder Teile einer genehmigten Anlage im Rahmen der erteilten Genehmigung ersetzt oder ausgetauscht werden sollen.

§ 17 Nachträgliche Anordnungen. (1) ¹Zur Erfüllung der sich aus diesem Gesetz und der auf Grund dieses Gesetzes erlassenen Rechtsverordnungen ergebenden Pflichten können nach Erteilung der Genehmigung sowie nach einer nach § 15 Abs.1 angezeigten Änderung Anordnungen getroffen werden. ²Wird nach Erteilung der Genehmigung sowie nach einer nach § 15 Abs.1 angezeigten Änderung festgestellt, dass die Allgemeinheit oder die Nachbarschaft nicht ausreichend vor schädlichen Umwelteinwirkungen oder sonstigen Gefahren, erheblichen Nachteilen oder erheblichen Belästigungen geschützt ist, soll die zuständige Behörde nachträgliche Anordnungen treffen.

(2) ¹Die zuständige Behörde darf eine nachträgliche Anordnung nicht treffen, wenn sie unverhältnismäßig ist, vor allem wenn der mit der Erfüllung der Anordnung verbundene Aufwand außer Verhältnis zu dem mit der Anordnung angestrebten Erfolg steht; dabei sind insbesondere Art, Menge und Gefährlichkeit der von der Anlage ausgehenden Emissionen und der von ihr verursachten Immissionen sowie die Nutzungsdauer und technische Besonderheiten der Anlage zu berücksichtigen. ²Darf eine nachträgliche Anordnung wegen Unverhältnismäßigkeit nicht getroffen werden, soll die zuständige Behörde die Genehmigung unter den Voraussetzungen des § 21 Abs.1 Nr.3 bis 5 ganz oder teilweise widerrufen; § 21 Abs.3 bis 6 sind anzuwenden.

(3) Soweit durch Rechtsverordnung die Anforderungen nach § 5 Abs.1 Nr.2 abschließend festgelegt sind, dürfen durch nachträgliche Anordnungen weitergehende Anforderungen zur Vorsorge gegen schädliche Umwelteinwirkungen nicht gestellt werden.

(3a) ¹Die zuständige Behörde soll von nachträglichen Anordnungen absehen, soweit in einem vom Betreiber vorgelegten Plan technische Maßnahmen an dessen Anlagen oder an Anlagen Dritter vorgesehen sind, die zu einer weitergehenden Verringerung der Emissionsfrachten führen als die Summe der Minderungen, die durch den Erlass nachträglicher Anordnungen zur Erfüllung der sich aus diesem Gesetz oder den auf Grund dieses Gesetzes erlassenen Rechtsverordnungen ergebenden Pflichten bei den beteiligten Anlagen erreichbar wäre und hierdurch der in § 1 genannte Zweck gefördert wird. ²Dies gilt nicht, soweit der Betreiber bereits zur Emissionsminderung auf Grund einer nachträglichen Anordnung nach Absatz 1 oder einer Auflage nach § 12 Abs.1 verpflichtet ist oder eine nachträgliche Anordnung nach Absatz 1 Satz 2 getroffen werden soll. ³Der Ausgleich ist nur zwischen denselben oder in der Wirkung auf die Umwelt vergleichbaren Stoffen zulässig. ⁴Die Sätze 1 bis 3 gelten auch für nicht betriebsbereite Anlagen, für die die Genehmigung zur Errichtung und zum Betrieb erteilt ist oder für die in einem Vorbescheid oder einer Teilgenehmigung Anforderungen nach § 5 Abs.1 Nr.2 festgelegt sind. ⁵Die Durchführung der Maßnahmen des Plans ist durch Anordnung sicherzustellen.

(4) Ist es zur Erfüllung der Anordnung erforderlich, die Lage, die Beschaffenheit oder den Betrieb der Anlage wesentlich zu ändern und ist in der Anordnung nicht abschließend bestimmt, in welcher Weise sie zu erfüllen ist, so bedarf die Änderung der Genehmigung nach § 16.

(4a) ¹Zur Erfüllung der Pflichten nach § 5 Abs.3 kann bei Abfallentsorgungsanlagen im Sinne des § 4 Abs.1 Satz 1 auch eine Sicherheitsleistung angeordnet werden. ²Nach der Einstellung des gesamten Betriebs können Anordnungen zur Erfüllung der sich aus § 5 Abs.3 ergebenden Pflichten nur noch während eines Zeitraumes von einem Jahr getroffen werden.

(5) Die Absätze 1 bis 4a gelten entsprechend für Anlagen, die nach § 67 Abs.2 anzuzeigen sind oder vor Inkrafttreten dieses Gesetzes nach § 16 Abs.4 der Gewerbeordnung anzuzeigen waren.

§ 18 Erlöschen der Genehmigung. (1) Die Genehmigung erlischt, wenn

1. innerhalb einer von der Genehmigungsbehörde gesetzten angemessenen Frist nicht mit der Errichtung oder dem Betrieb der Anlage begonnen oder
2. eine Anlage während eines Zeitraums von mehr als drei Jahren nicht mehr betrieben
worden ist.

(2) Die Genehmigung erlischt ferner, soweit das Genehmigungserfordernis aufgehoben wird.

(3) Die Genehmigungsbehörde kann auf Antrag die Fristen nach Absatz 1 aus wichtigem Grunde verlängern, wenn hierdurch der Zweck des Gesetzes nicht gefährdet wird.

§ 19 Vereinfachtes Verfahren. (1) ¹Durch Rechtsverordnung nach § 4 Abs.1 Satz 3 kann vorgeschrieben werden, dass die Genehmigung von Anlagen bestimmter Art oder bestimmten Umfangs in einem vereinfachten Verfahren erteilt wird, sofern dies nach Art, Ausmaß und Dauer der von diesen Anlagen hervorgerufenen schädlichen Umwelteinwirkungen und sonstigen Gefahren, erheblichen Nachteilen und erheblichen Belästigungen mit dem Schutz der Allgemeinheit und der Nachbarschaft vereinbar ist. ²Satz 1 gilt für Abfallentsorgungsanlagen entsprechend.

(2) In dem vereinfachten Verfahren sind § 10 Abs.2, 3, 4, 6, 8 und 9 sowie die §§ 11 und 14 nicht anzuwenden.

(3) Die Genehmigung ist auf Antrag des Trägers des Vorhabens abweichend von den Absätzen 1 und 2 nicht in einem vereinfachten Verfahren zu erteilen.

§ 20 Untersagung, Stilllegung und Beseitigung. (1) Kommt der Betreiber einer genehmigungsbedürftigen Anlage einer Auflage, einer vollziehbaren nachträglichen Anordnung oder einer abschließend bestimmten Pflicht aus einer Rechtsverordnung nach § 7 nicht nach und betreffen die Auflage, die Anordnung oder die Pflicht die Beschaffenheit oder den Betrieb der Anlage, so kann die zuständige Behörde den Betrieb ganz oder teilweise bis zur Erfüllung der Auflage, der Anordnung oder der Pflichten aus der Rechtsverordnung nach § 7 untersagen.

(1 a) [1] Die zuständige Behörde hat die Inbetriebnahme oder Weiterführung einer genehmigungsbedürftigen Anlage, die Betriebsbereich oder Teil eines Betriebsbereichs ist und gewerblichen Zwecken dient oder im Rahmen wirtschaftlicher Unternehmungen Verwendung findet, ganz oder teilweise zu untersagen, solange und soweit die von dem Betreiber getroffenen Maßnahmen zur Verhütung schwerer Unfälle im Sinne des Artikels 3 Nr.5 der Richtlinie 96/82/EG oder zur Begrenzung der Auswirkungen derartiger Unfälle eindeutig unzureichend sind. [2] Die zuständige Behörde kann die Inbetriebnahme oder Weiterführung einer Anlage im Sinne des Satzes 1 ganz oder teilweise untersagen, wenn der Betreiber die in einer zur Umsetzung der Richtlinie 96/82/EG erlassenen Rechtsverordnung vorgeschriebenen Mitteilungen, Berichte oder sonstigen Informationen nicht fristgerecht übermittelt.

(2) [1] Die zuständige Behörde soll anordnen, dass eine Anlage, die ohne die erforderliche Genehmigung errichtet, betrieben oder wesentlich geändert wird, stillzulegen oder zu beseitigen ist. [2] Sie hat die Beseitigung anzuordnen, wenn die Allgemeinheit oder die Nachbarschaft nicht auf andere Weise ausreichend geschützt werden kann.

(3) [1] Die zuständige Behörde kann den weiteren Betrieb einer genehmigungsbedürftigen Anlage durch den Betreiber oder einen mit der Leitung des Betriebs Beauftragten untersagen, wenn Tatsachen vorliegen, welche die Unzuverlässigkeit dieser Personen in Bezug auf die Einhaltung von Rechtsvorschriften zum Schutz vor schädlichen Umwelteinwirkungen dartun, und die Untersagung zum Wohl der Allgemeinheit geboten ist. [2] Dem Betreiber der Anlage kann auf Antrag die Erlaubnis erteilt werden, die Anlage durch eine Person betreiben zu lassen, die die Gewähr für den ordnungsgemäßen Betrieb der Anlage bietet. [3] Die Erlaubnis kann mit Auflagen verbunden werden.

§ 21 Widerruf der Genehmigung. (1) Eine nach diesem Gesetz erteilte rechtmäßige Genehmigung darf, auch nachdem sie unanfechtbar geworden ist, ganz oder teilweise mit Wirkung für die Zukunft nur widerrufen werden
1. wenn der Widerruf gemäß § 12 Abs.2 Satz 2 oder Abs.3 vorbehalten ist;

2. wenn mit der Genehmigung eine Auflage verbunden ist und der Begünstigte diese nicht oder nicht innerhalb einer ihm gesetzten Frist erfüllt hat;
3. wenn die Genehmigungsbehörde auf Grund nachträglich eingetretener Tatsachen berechtigt wäre, die Genehmigung nicht zu erteilen, und wenn ohne den Widerruf das öffentliche Interesse gefährdet würde;
4. wenn die Genehmigungsbehörde auf Grund einer geänderten Rechtsvorschrift berechtigt wäre, die Genehmigung nicht zu erteilen, soweit der Betreiber von der Genehmigung noch keinen Gebrauch gemacht hat, und wenn ohne den Widerruf das öffentliche Interesse gefährdet würde;
5. um schwere Nachteile für das Gemeinwohl zu verhüten oder zu beseitigen.

(2) Erhält die Genehmigungsbehörde von Tatsachen Kenntnis, welche den Widerruf einer Genehmigung rechtfertigen, so ist der Widerruf nur innerhalb eines Jahres seit dem Zeitpunkt der Kenntnisnahme zulässig.

(3) Die widerrufene Genehmigung wird mit dem Wirksamwerden des Widerrufs unwirksam, wenn die Genehmigungsbehörde keinen späteren Zeitpunkt bestimmt.

(4) [1] Wird die Genehmigung in den Fällen des Absatzes 1 Nr.3 bis 5 widerrufen, so hat die Genehmigungsbehörde den Betroffenen auf Antrag für den Vermögensnachteil zu entschädigen, den dieser dadurch erleidet, dass er auf den Bestand der Genehmigung vertraut hat, soweit sein Vertrauen schutzwürdig ist. [2] Der Vermögensnachteil ist jedoch nicht über den Betrag des Interesses hinaus zu ersetzen, das der Betroffene an dem Bestand der Genehmigung hat. [3] Der auszugleichende Vermögensnachteil wird durch die Genehmigungsbehörde festgesetzt. [4] Der Anspruch kann nur innerhalb eines Jahres geltend gemacht werden; die Frist beginnt, sobald die Genehmigungsbehörde den Betroffenen auf sie hingewiesen hat.

(5) Die Länder können die in Absatz 4 Satz 1 getroffene Bestimmung des Entschädigungspflichtigen abweichend regeln.

(6) Für Streitigkeiten über die Entschädigung ist der ordentliche Rechtsweg gegeben.

(7) Die Absätze 1 bis 6 gelten nicht, wenn eine Genehmigung, die von einem Dritten angefochten worden ist, während des Vorverfahrens oder während des verwaltungsgerichtlichen Verfahrens aufgehoben wird, soweit dadurch dem Widerspruch oder der Klage abgeholfen wird.

Zweiter Abschnitt. Nicht genehmigungsbedürftige Anlagen

§ 22 Pflichten der Betreiber nicht genehmigungsbedürftiger Anlagen. (1) [1] Nicht genehmigungsbedürftige Anlagen sind so zu errichten und zu betreiben, dass
1. schädliche Umwelteinwirkungen verhindert werden, die nach dem Stand der Technik vermeidbar sind,

2. nach dem Stand der Technik unvermeidbare schädliche Umwelteinwirkungen auf ein Mindestmaß beschränkt werden und
3. die beim Betrieb der Anlagen entstehenden Abfälle ordnungsgemäß beseitigt werden können.

²Die Bundesregierung wird ermächtigt, nach Anhörung der beteiligten Kreise (§ 51) durch Rechtsverordnung mit Zustimmung des Bundesrates aufgrund der Art oder Menge aller oder einzelner anfallender Abfälle die Anlagen zu bestimmen, für die die Anforderungen des § 5 Abs.1 Nr.3 entsprechend gelten. ³Für Anlagen, die nicht gewerblichen Zwecken dienen und nicht im Rahmen wirtschaftlicher Unternehmungen Verwendung finden, gilt die Verpflichtung des Satzes 1 nur, soweit sie auf die Verhinderung oder Beschränkung von schädlichen Umwelteinwirkungen durch Luftverunreinigungen oder Geräusche gerichtet ist.

(2) Weitergehende öffentlich-rechtliche Vorschriften bleiben unberührt.

§ 23 Anforderungen an die Errichtung, die Beschaffenheit und den Betrieb nicht genehmigungsbedürftiger Anlagen. (1) ¹Die Bundesregierung wird ermächtigt, nach Anhörung der beteiligten Kreise (§ 51) durch Rechtsverordnung mit Zustimmung des Bundesrates vorzuschreiben, dass die Errichtung, die Beschaffenheit und der Betrieb nicht genehmigungsbedürftiger Anlagen bestimmten Anforderungen zum Schutz der Allgemeinheit und der Nachbarschaft vor schädlichen Umwelteinwirkungen und, soweit diese Anlagen gewerblichen Zwecken dienen oder im Rahmen wirtschaftlicher Unternehmungen Verwendung finden und Betriebsbereiche oder Bestandteile von Betriebsbereichen sind, vor sonstigen Gefahren zur Verhütung schwerer Unfälle im Sinne des Artikels 3 Nr.5 der Richtlinie 96/82/EG und zur Begrenzung der Auswirkungen derartiger Unfälle für Mensch und Umwelt sowie zur Vorsorge gegen schädliche Umwelteinwirkungen genügen müssen, insbesondere dass
1. die Anlagen bestimmten technischen Anforderungen entsprechen müssen,
2. die von Anlagen ausgehenden Emissionen bestimmte Grenzwerte nicht überschreiten dürfen,
3. die Betreiber von Anlagen Messungen von Emissionen und Immissionen nach in der Rechtsverordnung näher zu bestimmenden Verfahren vorzunehmen haben oder von einer in der Rechtsverordnung zu bestimmenden Stelle vornehmen lassen müssen,
4. die Betreiber bestimmter Anlagen der zuständigen Behörde unverzüglich die Inbetriebnahme oder eine Änderung einer Anlage, die für die Erfüllung von in der Rechtsverordnung vorgeschriebenen Pflichten von Bedeutung sein kann, anzuzeigen haben,
4a. die Betreiber von Anlagen, die Betriebsbereiche oder Bestandteile von Betriebsbereichen sind, innerhalb einer angemessenen Frist vor Errichtung, vor Inbetriebnahme oder vor einer Änderung dieser Anlagen, die für die Erfüllung von in der Rechtsverordnung vorgeschriebenen Pflichten von Bedeutung sein kann, dies der zuständigen Behörde anzuzeigen haben und

5. bestimmte Anlagen nur betrieben werden dürfen, nachdem die Bescheinigung eines von der nach Landesrecht zuständigen Behörde bekanntgegebenen Sachverständigen vorgelegt worden ist, dass die Anlage den Anforderungen der Rechtsverordnung oder einer Bauartzulassung nach § 33 entspricht.

²In der Rechtsverordnung nach Satz 1 können auch die Anforderungen bestimmt werden, denen Sachverständige hinsichtlich ihrer Fachkunde, Zuverlässigkeit und gerätetechnischen Ausstattung genügen müssen. ³Wegen der Anforderungen nach Satz 1 Nr.1 bis 3 gilt § 7 Abs.5 entsprechend.

(1a) ¹Für bestimmte nicht genehmigungsbedürftige Anlagen kann durch Rechtsverordnung nach Absatz 1 vorgeschrieben werden, dass auf Antrag des Trägers des Vorhabens ein Verfahren zur Erteilung einer Genehmigung nach § 4 Abs.1 Satz 1 in Verbindung mit § 6 durchzuführen ist. ²Im Falle eines Antrags nach Satz 1 sind für die betroffene Anlage an Stelle der für nicht genehmigungsbedürftige Anlagen geltenden Vorschriften die Vorschriften über genehmigungsbedürftige Anlagen anzuwenden. ³Für das Verfahren gilt § 19 Abs.2 und 3 entsprechend.

(2) ¹Soweit die Bundesregierung von der Ermächtigung keinen Gebrauch macht, sind die Landesregierungen ermächtigt, durch Rechtsverordnung Vorschriften im Sinne des Absatzes 1 zu erlassen. ²Die Landesregierungen können die Ermächtigung auf eine oder mehrere oberste Landesbehörden übertragen.

§ 24 Anordnungen im Einzelfall. ¹Die zuständige Behörde kann im Einzelfall die zur Durchführung des § 22 und der auf dieses Gesetz gestützten Rechtsverordnungen erforderlichen Anordnungen treffen. ²Kann das Ziel der Anordnung auch durch eine Maßnahme zum Zwecke des Arbeitsschutzes erreicht werden, soll diese angeordnet werden.

§ 25 Untersagung. (1) Kommt der Betreiber einer Anlage einer vollziehbaren behördlichen Anordnung nach § 24 Satz 1 nicht nach, so kann die zuständige Behörde den Betrieb der Anlage ganz oder teilweise bis zur Erfüllung der Anordnung untersagen.

(1a) ¹Die zuständige Behörde hat die Inbetriebnahme oder Weiterführung einer nicht genehmigungsbedürftigen Anlage, die Betriebsbereich oder Teil eines Betriebsbereichs ist und gewerblichen Zwecken dient oder im Rahmen wirtschaftlicher Unternehmungen Verwendung findet, ganz oder teilweise zu untersagen, solange und soweit die von dem Betreiber getroffenen Maßnahmen zur Verhütung schwerer Unfälle im Sinne des Artikels 3 Nr.5 der Richtlinie 96/82/EG oder zur Begrenzung der Auswirkungen derartiger Unfälle eindeutig unzureichend sind. ²Die zuständige Behörde kann die Inbetriebnahme oder die Weiterführung einer Anlage im Sinne des Satzes 1 ganz oder teilweise untersagen, wenn der Betreiber die in einer zur Umsetzung der Richtlinie 96/82/EG erlassenen Rechtsverordnung vorgeschriebenen Mitteilungen, Berichte oder sonstigen Informationen nicht fristgerecht übermittelt.

(2) Wenn die von einer Anlage hervorgerufenen schädlichen Umwelteinwirkungen das Leben oder die Gesundheit von Menschen oder bedeutende Sachwerte gefährden, soll die zuständige Behörde die Errichtung oder den Betrieb der Anlage ganz oder teilweise untersagen, soweit die Allgemeinheit oder die Nachbarschaft nicht auf andere Weise ausreichend geschützt werden kann.

Dritter Abschnitt. Ermittlung von Emissionen und Immissionen, sicherheitstechnische Prüfungen, Technischer Ausschuss für Anlagensicherheit

§ 26 Messungen aus besonderem Anlass. [1] Die zuständige Behörde kann anordnen, dass der Betreiber einer genehmigungsbedürftigen Anlage oder, soweit § 22 Anwendung findet, einer nicht genehmigungsbedürftigen Anlage Art und Ausmaß der von der Anlage ausgehenden Emissionen sowie die Immissionen im Einwirkungsbereich der Anlage durch eine von der nach Landesrecht zuständigen Behörde bekanntgegebenen Stellen ermitteln lässt, wenn zu befürchten ist, dass durch die Anlage schädliche Umwelteinwirkungen hervorgerufen werden. [2] Die zuständige Behörde ist befugt, Einzelheiten über Art und Umfang der Ermittlungen sowie über die Vorlage des Ermittlungsergebnisses vorzuschreiben.

§ 27 Emissionserklärung. (1) [1] Der Betreiber einer genehmigungsbedürftigen Anlage ist verpflichtet, der zuständigen Behörde innerhalb einer von ihr zu setzenden Frist oder zu dem in der Rechtsverordnung nach Absatz 4 festgesetzten Zeitpunkt Angaben zu machen über Art, Menge, räumliche und zeitliche Verteilung der Luftverunreinigungen, die von der Anlage in einem bestimmten Zeitraum ausgegangen sind, sowie über die Austrittsbedingungen (Emissionserklärung); er hat die Emissionserklärung nach Maßgabe der Rechtsverordnung nach Absatz 4 entsprechend dem neuesten Stand zu ergänzen. § 52 Abs.5 gilt sinngemäß. [2] Satz 1 gilt nicht für Betreiber von Anlagen, von denen nur in geringem Umfang Luftverunreinigungen ausgehen können.

(2) [1] Auf die nach Absatz 1 erlangten Kenntnisse und Unterlagen sind die §§ 93, 97, 105 Abs.1, § 111 Abs.5 in Verbindung mit § 105 Abs.1 sowie § 116 Abs.1 der Abgabenordnung nicht anzuwenden. [2] Dies gilt nicht, soweit die Finanzbehörden die Kenntnisse für die Durchführung eines Verfahrens wegen einer Steuerstraftat sowie eines damit zusammenhängenden Besteuerungsverfahrens benötigen, an deren Verfolgung ein zwingendes öffentliches Interesse besteht, oder soweit es sich um vorsätzlich falsche Angaben des Auskunftspflichtigen oder der für ihn tätigen Personen handelt.

(3) [1] Der Inhalt der Emissionserklärung ist Dritten auf Antrag bekanntzugeben. [2] Einzelangaben der Emissionserklärung dürfen nicht veröffent-

licht oder Dritten bekanntgeben werden, wenn aus diesen Rückschlüsse auf Betriebs- oder Geschäftsgeheimnisse gezogen werden können. [3]Bei Abgabe der Emissionserklärung hat der Betreiber der zuständigen Behörde mitzuteilen und zu begründen, welche Einzelangaben der Emissionserklärung Rückschlüsse auf Betriebs- oder Geschäftsgeheimnisse erlauben.

(4) [1]Die Bundesregierung wird ermächtigt, durch Rechtsverordnung mit Zustimmung des Bundesrates Inhalt, Umfang, Form und Zeitpunkt der Abgabe der Emissionserklärung, das bei der Ermittlung der Emissionen einzuhaltende Verfahren und den Zeitraum, innerhalb dessen die Emissionserklärung zu ergänzen ist, zu regeln. [2]In der Rechtsverordnung wird auch bestimmt, welche Betreiber genehmigungsbedürftiger Anlagen nach Absatz 1 Satz 3 von der Pflicht zur Abgabe einer Emissionserklärung befreit sind.[4] [3]Darüber hinaus kann zur Erfüllung der Pflichten aus bindenden Beschlüssen der Europäischen Gemeinschaften in der Rechtsverordnung vorgeschrieben werden, dass die zuständigen Behörden über die nach Landesrecht zuständige Behörde dem Bundesministerium für Umwelt, Naturschutz und Reaktorsicherheit zu einem festgelegten Zeitpunkt Emissionsdaten zur Verfügung stellen, die den Emissionserklärungen zu entnehmen sind.

§ 28 Erstmalige und wiederkehrende Messungen bei genehmigungsbedürftigen Anlagen. [1]Die zuständige Behörde kann bei genehmigungsbedürftigen Anlagen
1. nach der Inbetriebnahme oder einer Änderung im Sinne des § 15 oder des § 16 und sodann
2. nach Ablauf eines Zeitraums von jeweils drei Jahren
Anordnungen nach § 26 auch ohne die dort genannten Voraussetzungen treffen. [2]Hält die Behörde wegen Art, Menge und Gefährlichkeit der von der Anlage ausgehenden Emissionen Ermittlungen auch während des in Nummer 2 genannten Zeitraums für erforderlich, so soll sie auf Antrag des Betreibers zulassen, dass diese Ermittlungen durch den Immissionsschutzbeauftragten durchgeführt werden, wenn dieser hierfür die erforderliche Fachkunde, Zuverlässigkeit und gerätetechnische Ausstattung besitzt.

§ 29 Kontinuierliche Messungen. (1) [1]Die zuständige Behörde kann bei genehmigungsbedürftigen Anlagen anordnen, dass statt durch Einzelmessungen nach § 26 oder § 28 oder neben solchen Messungen bestimmte Emissionen oder Immissionen unter Verwendung aufzeichnender Messgeräte fortlaufend ermittelt werden. [2]Bei Anlagen mit erheblichen Emissionsmassenströmen luftverunreinigender Stoffe sollen unter Berücksichtigung von Art und Gefährlichkeit dieser Stoffe Anordnungen nach Satz 1 getroffen werden, soweit eine Überschreitung der in Rechtsvorschriften, Auflagen oder Anordnungen festgelegten Emissionsbegrenzungen nach der Art der Anlage nicht ausgeschlossen werden kann.

(2) Die zuständige Behörde kann bei nicht genehmigungsbedürftigen Anlagen, soweit § 22 anzuwenden ist, anordnen, dass statt durch Einzel-

messungen nach § 26 oder neben solchen Messungen bestimmte Emissionen oder Immissionen unter Verwendung aufzeichnender Messgeräte fortlaufend ermittelt werden, wenn dies zur Feststellung erforderlich ist, ob durch die Anlage schädliche Umwelteinwirkungen hervorgerufen werden.

§ 29 a Anordnung sicherheitstechnischer Prüfungen. (1) [1]Die zuständige Behörde kann anordnen, dass der Betreiber einer genehmigungsbedürftigen Anlage einen der von der nach Landesrecht zuständigen Behörde bekanntgegebenen Sachverständigen mit der Durchführung bestimmter sicherheitstechnischer Prüfungen sowie Prüfungen von sicherheitstechnischen Unterlagen beauftragt. [2]In der Anordnung kann die Durchführung der Prüfungen durch den Störfallbeauftragten (§ 58a), eine zugelassene Überwachungsstelle nach § 17 Abs.1 des Geräte- und Produktsicherheitsgesetzes oder einen in einer für Anlagen nach § 2 Abs.7 des Geräte- und Produktsicherheitsgesetzes erlassenen Rechtsverordnung genannten Sachverständigen gestattet werden, wenn diese hierfür die erforderliche Fachkunde, Zuverlässigkeit und gerätetechnische Ausstattung besitzen; das Gleiche gilt für einen nach § 36 Abs.1 der Gewerbeordnung bestellten Sachverständigen, der eine besondere Sachkunde im Bereich sicherheitstechnischer Prüfungen nachweist. [3]Die zuständige Behörde ist befugt, Einzelheiten über Art und Umfang der sicherheitstechnischen Prüfungen sowie über die Vorlage des Prüfungsergebnisses vorzuschreiben.

(2) [1]Prüfungen können angeordnet werden
1. für einen Zeitpunkt während der Errichtung oder sonst vor der Inbetriebnahme der Anlage,
2. für einen Zeitpunkt nach deren Inbetriebnahme,
3. in regelmäßigen Abständen,
4. im Falle einer Betriebseinstellung oder
5. wenn Anhaltspunkte dafür bestehen, dass bestimmte sicherheitstechnische Anforderungen nicht erfüllt werden.

[2]Satz 1 gilt entsprechend bei einer Änderung im Sinne des § 15 oder des § 16.

(3) Der Betreiber hat die Ergebnisse der sicherheitstechnischen Prüfungen der zuständigen Behörde spätestens einen Monat nach Durchführung der Prüfungen vorzulegen; er hat diese Ergebnisse unverzüglich vorzulegen, sofern dies zur Abwehr gegenwärtiger Gefahren erforderlich ist.

§ 30 Kosten der Messungen und sicherheitstechnischen Prüfungen. [1]Die Kosten für die Ermittlungen der Emissionen und Immissionen sowie für die sicherheitstechnischen Prüfungen trägt der Betreiber der Anlage. [2]Bei nicht genehmigungsbedürftigen Anlagen trägt der Betreiber die Kosten für Ermittlungen nach § 26 oder § 29 Abs.2 nur, wenn die Ermittlungen ergeben, dass
1. Auflagen oder Anordnungen nach den Vorschriften dieses Gesetzes oder der auf dieses Gesetz gestützten Rechtsverordnungen nicht erfüllt worden sind oder

2. Anordnungen oder Auflagen nach den Vorschriften dieses Gesetzes oder der auf dieses Gesetz gestützten Rechtsverordnungen geboten sind.

§ 31 Auskunft über ermittelte Emissionen und Immissionen. Der Betreiber der Anlage hat das Ergebnis der auf Grund einer Anordnung nach § 26, § 28 oder § 29 getroffenen Ermittlungen der zuständigen Behörde auf Verlangen mitzuteilen und die Aufzeichnungen der Messgeräte nach § 29 fünf Jahre lang aufzubewahren. [2]Die zuständige Behörde kann die Art der Übermittlung der Messergebnisse vorschreiben. [3]Die Ergebnisse der Überwachung der Emissionen, die bei der Behörde vorliegen, sind für die Öffentlichkeit nach den Bestimmungen des Umweltinformationsgesetzes vom 8. Juli 1994 (BGBl. I S.1490), zuletzt geändert durch Artikel 21 des Gesetzes zur Umsetzung der UVP-Änderungsrichtlinie, der IVU-Richtlinie und weiterer EG-Richtlinien zum Umweltschutz vom 27. Juli 2001 (BGBl. I S.1950), mit Ausnahme des § 10 zugänglich.

§ 31 a Technischer Ausschuss für Anlagensicherheit. (1) [1]Beim Bundesministerium für Umwelt, Naturschutz und Reaktorsicherheit wird ein Technischer Ausschuss für Anlagensicherheit gebildet. [2]Der Technische Ausschuss für Anlagensicherheit berät die Bundesregierung oder das zuständige Bundesministerium in sicherheitstechnischen Fragen, die die Verhinderung von Störfällen und die Begrenzung ihrer Auswirkungen betreffen. [3]Er schlägt dem Stand der Sicherheitstechnik entsprechende Regeln (sicherheitstechnische Regeln) unter Berücksichtigung der für andere Schutzziele vorhandenen Regeln vor.

(2) [1]In den Technischen Ausschuss für Anlagensicherheit sind neben Vertretern von beteiligten Bundesbehörden und obersten Landesbehörden sowie den Vorsitzenden der Unterausschüsse nach Absatz 3 insbesondere Vertreter der Wissenschaft, der Sachverständigen nach § 29a, der Betreiber von Anlagen, der Berufsgenossenschaften, die Vorsitzenden der nach § 14 Abs.2 des Geräte- und Produktsicherheitsgesetzes und nach § 44 Abs.1 der Gefahrstoffverordnung eingesetzten Ausschüsse sowie der Vorsitzende der Störfall-Kommission zu berufen. [2]Der Technische Ausschuss für Anlagensicherheit kann Unterausschüsse bilden; diesen können auch Fachleute angehören, die nicht Mitglied des Technischen Ausschusses für Anlagensicherheit sind.

(3) [1]Der Technische Ausschuss für Anlagensicherheit gibt sich eine Geschäftsordnung und wählt den Vorsitzenden aus seiner Mitte. [2]Die Geschäftsordnung und die Wahl des Vorsitzenden bedürfen der Zustimmung des Bundesministeriums für Umwelt, Naturschutz und Reaktorsicherheit.

(4) Sicherheitstechnische Regeln können vom Bundesministerium für Umwelt, Naturschutz und Reaktorsicherheit nach Anhörung der für die Anlagensicherheit zuständigen Landesbehörden im Bundesanzeiger veröffentlicht werden.

Dritter Teil. Beschaffenheit von Anlagen, Stoffen, Erzeugnissen, Brennstoffen, Treibstoffen und Schmierstoffen

§ 32 Beschaffenheit von Anlagen. (1) ¹Die Bundesregierung wird ermächtigt, nach Anhörung der beteiligten Kreise (§ 51) durch Rechtsverordnung mit Zustimmung des Bundesrates vorzuschreiben, dass serienmäßig hergestellte Teile von Betriebsstätten und sonstigen ortsfesten Einrichtungen sowie die in § 3 Abs.5 Nr.2 bezeichneten Anlagen und hierfür serienmäßig hergestellte Teile gewerbsmäßig oder im Rahmen wirtschaftlicher Unternehmungen nur in den Verkehr gebracht oder eingeführt werden dürfen, wenn sie bestimmten Anforderungen zum Schutz vor schädlichen Umwelteinwirkungen durch Luftverunreinigungen, Geräusche oder Erschütterungen genügen. ²In den Rechtsverordnungen nach Satz 1 kann insbesondere vorgeschrieben werden, dass
1. die Emissionen der Anlagen oder der serienmäßig hergestellten Teile bestimmte Werte nicht überschreiten dürfen,
2. die Anlagen oder die serienmäßig hergestellten Teile bestimmten technischen Anforderungen zur Begrenzung der Emissionen entsprechen müssen.

³Emissionswerte nach Satz 2 Nr.1 können unter Berücksichtigung der technischen Entwicklung auch für einen Zeitpunkt nach Inkrafttreten der Rechtsverordnung festgesetzt werden. ⁴Wegen der Anforderungen nach den Sätzen 1 bis 3 gilt § 7 Abs.5 entsprechend.

(2) In einer Rechtsverordnung kann ferner vorgeschrieben werden, dass die Anlagen oder die serienmäßig hergestellten Teile gewerbsmäßig oder im Rahmen wirtschaftlicher Unternehmungen nur in den Verkehr gebracht oder eingeführt werden dürfen, wenn sie mit Angaben über die Höhe ihrer Emissionen gekennzeichnet sind.

§ 33 Bauartzulassung. (1) Die Bundesregierung wird ermächtigt, zum Schutz vor schädlichen Umwelteinwirkungen sowie zur Vorsorge gegen schädliche Umwelteinwirkungen nach Anhörung der beteiligten Kreise (§ 51) durch Rechtsverordnung mit Zustimmung des Bundesrates
1. zu bestimmen, dass in § 3 Abs.5 Nr.1 oder 2 bezeichnete Anlagen oder bestimmte Teile von solchen Anlagen nach einer Bauartprüfung allgemein zugelassen und dass mit der Bauartzulassung Auflagen zur Errichtung und zum Betrieb verbunden werden können;
2. vorzuschreiben, dass bestimmte serienmäßig hergestellte Anlagen oder bestimmte hierfür serienmäßig hergestellte Teile gewerbsmäßig oder im Rahmen wirtschaftlicher Unternehmungen nur in Verkehr gebracht werden dürfen, wenn die Bauart der Anlage oder des Teils allgemein zugelassen ist und die Anlage oder der Teil dem zugelassenen Muster entspricht;

3. das Verfahren der Bauartzulassung zu regeln;
4. zu bestimmen, welche Gebühren und Auslagen für die Bauartzulassung zu entrichten sind; die Gebühren werden nur zur Deckung des mit den Prüfungen verbundenen Personal- und Sachaufwandes erhoben, zu dem insbesondere der Aufwand für die Sachverständigen, die Prüfeinrichtungen und -stoffe sowie für die Entwicklung geeigneter Prüfverfahren und für den Erfahrungsaustausch gehört; es kann bestimmt werden, dass eine Gebühr auch für eine Prüfung erhoben werden kann, die nicht begonnen oder nicht zu Ende geführt worden ist, wenn die Gründe hierfür von demjenigen zu vertreten sind, der die Prüfung veranlasst hat; die Höhe der Gebührensätze richtet sich nach der Zahl der Stunden, die ein Sachverständiger durchschnittlich für die verschiedenen Prüfungen der bestimmten Anlagenart benötigt; in der Rechtsverordnung können die Kostenbefreiung, die Kostengläubigerschaft, die Kostenschuldnerschaft, der Umfang der zu erstattenden Auslagen und die Kostenerhebung abweichend von den Vorschriften des Verwaltungskostengesetzes vom 23. Juni 1970 (BGBl. I S.821) geregelt werden.

(2) Die Zulassung der Bauart darf nur von der Erfüllung der in § 32 Abs.1 und 2 genannten oder in anderen Rechtsvorschriften festgelegten Anforderungen sowie von einem Nachweis der Höhe der Emissionen der Anlage oder des Teils abhängig gemacht werden.

§ 34 Beschaffenheit von Brennstoffen, Treibstoffen und Schmierstoffen. (1) ¹Die Bundesregierung wird ermächtigt, nach Anhörung der beteiligten Kreise (§ 51) durch Rechtsverordnung mit Zustimmung des Bundesrates vorzuschreiben, dass Brennstoffe, Treibstoffe, Schmierstoffe oder Zusätze zu diesen Stoffen gewerbsmäßig oder im Rahmen wirtschaftlicher Unternehmungen nur hergestellt, in den Verkehr gebracht oder eingeführt werden dürfen, wenn sie bestimmten Anforderungen zum Schutz vor schädlichen Umwelteinwirkungen durch Luftverunreinigungen genügen. ²In den Rechtsverordnungen nach Satz 1 kann insbesondere bestimmt werden, dass
1. natürliche Bestandteile oder Zusätze von Brennstoffen, Treibstoffen oder Schmierstoffen nach Satz 1, die bei bestimmungsgemäßer Verwendung der Brennstoffe, Treibstoffe, Schmierstoffe oder Zusätze Luftverunreinigungen hervorrufen oder die Bekämpfung von Luftverunreinigungen behindern, nicht zugesetzt werden oder einen bestimmten Höchstgehalt nicht überschreiten dürfen,
1 a. Zusätze zu Brennstoffen, Treibstoffen oder Schmierstoffen bestimmte Stoffe, die Luftverunreinigungen hervorrufen oder die Bekämpfung von Luftverunreinigungen behindern, nicht oder nur in besonderer Zusammensetzung enthalten dürfen,
2. Brennstoffe, Treibstoffe oder Schmierstoffe nach Satz 1 bestimmte Zusätze enthalten müssen, durch die das Entstehen von Luftverunreinigungen begrenzt wird,

3. Brennstoffe, Treibstoffe, Schmierstoffe oder Zusätze nach Satz 1 einer bestimmten Behandlung, durch die das Entstehen von Luftverunreinigungen begrenzt wird, unterworfen werden müssen,
4. derjenige, der gewerbsmäßig oder im Rahmen wirtschaftlicher Unternehmungen flüssige Brennstoffe, Treibstoffe, Schmierstoffe oder Zusätze zu diesen Stoffen herstellt, einführt oder sonst in den Geltungsbereich dieses Gesetzes verbringt, der zuständigen Bundesoberbehörde
    a) Zusätze zu flüssigen Brennstoffen, Treibstoffen oder Schmierstoffen, die in ihrer chemischen Zusammensetzung andere Elemente als Kohlenstoff, Wasserstoff und Sauerstoff enthalten, anzuzeigen hat und
    b) näher zu bestimmende Angaben über die Art und die eingesetzte Menge sowie die möglichen schädlichen Umwelteinwirkungen der Zusätze und deren Verbrennungsprodukte zu machen hat.

³Anforderungen nach Satz 2 können unter Berücksichtigung der technischen Entwicklung auch für einen Zeitpunkt nach Inkrafttreten der Rechtsverordnungen festgesetzt werden. ⁴Wegen der Anforderungen nach den Sätzen 1 bis 3 gilt § 7 Abs. 5 entsprechend.

(2) Die Bundesregierung wird ermächtigt, durch Rechtsverordnung mit Zustimmung des Bundesrates vorzuschreiben,
1. dass bei der Einfuhr von Brennstoffen, Treibstoffen, Schmierstoffen oder Zusätzen, für die Anforderungen nach Absatz 1 Satz 1 festgesetzt worden sind, eine schriftliche Erklärung des Herstellers über die Beschaffenheit der Brennstoffe, Treibstoffe, Schmierstoffe oder Zusätze den Zolldienststellen vorzulegen, bis zum ersten Bestimmungsort der Sendung mitzuführen und bis zum Abgang der Sendung vom ersten Bestimmungsort dort verfügbar zu halten ist,
2. dass der Einführer diese Erklärung zu seinen Geschäftspapieren zu nehmen hat,
3. welche Angaben über die Beschaffenheit der Brennstoffe, Treibstoffe, Schmierstoffe oder Zusätze die schriftliche Erklärung enthalten muss,
4. dass Brennstoffe, Treibstoffe, Schmierstoffe oder Zusätze nach Absatz 1 Satz 1, die in den Geltungsbereich dieses Gesetzes, ausgenommen in Zollausschlüsse, verbracht werden, bei der Verbringung von dem Einführer den zuständigen Behörden des Bestimmungsortes zu melden sind,
5. dass bei der Lagerung von Brennstoffen, Treibstoffen, Schmierstoffen oder Zusätzen nach Absatz 1 Satz 1 Tankbelegbücher zu führen sind, aus denen sich die Lieferer der Brennstoffe, Treibstoffe, Schmierstoffe oder Zusätze nach Absatz 1 Satz 1 ergeben,
6. dass derjenige, der gewerbsmäßig oder im Rahmen wirtschaftlicher Unternehmungen an den Verbraucher Stoffe oder Zusätze nach Absatz 1 Satz 1 veräußert, diese deutlich sichtbar und leicht lesbar mit Angaben über bestimmte Eigenschaften kenntlich zu machen hat und
7. dass derjenige, der Stoffe oder Zusätze nach Absatz 1 Satz 1 gewerbsmäßig oder im Rahmen wirtschaftlicher Unternehmungen in den Ver-

kehr bringt, den nach Nummer 6 Auszeichnungspflichtigen über bestimmte Eigenschaften zu unterrichten hat.

§ 35 Beschaffenheit von Stoffen und Erzeugnissen. (1) [1]Die Bundesregierung wird ermächtigt, nach Anhörung der beteiligten Kreise (§ 51) durch Rechtsverordnung mit Zustimmung des Bundesrates vorzuschreiben, dass bestimmte Stoffe oder Erzeugnisse aus Stoffen, die geeignet sind, bei ihrer bestimmungsgemäßen Verwendung oder bei der Verbrennung zum Zwecke der Beseitigung oder der Rückgewinnung einzelner Bestandteile schädliche Umwelteinwirkungen durch Luftverunreinigungen hervorzurufen, gewerbsmäßig oder im Rahmen wirtschaftlicher Unternehmungen nur hergestellt, eingeführt oder sonst in den Verkehr gebracht werden dürfen, wenn sie zum Schutz vor schädlichen Umwelteinwirkungen durch Luftverunreinigungen bestimmten Anforderungen an ihre Zusammensetzung und das Verfahren zu ihrer Herstellung genügen. [2]Die Ermächtigung des Satzes 1 erstreckt sich nicht auf Anlagen, Brennstoffe, Treibstoffe und Fahrzeuge.

(2) [1]Anforderungen nach Absatz 1 Satz 1 können unter Berücksichtigung der technischen Entwicklung auch für einen Zeitpunkt nach Inkrafttreten der Rechtsverordnung festgesetzt werden. [2]Wegen der Anforderungen nach Absatz 1 und Absatz 2 Satz 1 gilt § 7 Abs.5 entsprechend.

(3) Soweit dies mit dem Schutz der Allgemeinheit vor schädlichen Umwelteinwirkungen durch Luftverunreinigungen vereinbar ist, kann in der Rechtsverordnung nach Absatz 1 an Stelle der Anforderungen über die Zusammensetzung und das Herstellungsverfahren vorgeschrieben werden, dass die Stoffe und Erzeugnisse deutlich sichtbar und leicht lesbar mit dem Hinweis zu kennzeichnen sind, dass bei ihrer bestimmungsgemäßen Verwendung oder bei ihrer Verbrennung schädliche Umwelteinwirkungen entstehen können oder dass bei einer bestimmten Verwendungsart schädliche Umwelteinwirkungen vermieden werden können.

§ 36 Ausfuhr. In den Rechtsverordnungen nach den §§ 32 bis 35 kann vorgeschrieben werden, dass die Vorschriften über das Herstellen, Einführen und das Inverkehrbringen nicht gelten für Anlagen, Stoffe, Erzeugnisse, Brennstoffe und Treibstoffe, die zur Lieferung in Gebiete außerhalb des Geltungsbereichs dieses Gesetzes bestimmt sind.

§ 37 Erfüllung von zwischenstaatlichen Vereinbarungen und Beschlüssen der Europäischen Gemeinschaften. [1]Zur Erfüllung von Verpflichtungen aus zwischenstaatlichen Vereinbarungen oder von bindenden Beschlüssen der Europäischen Gemeinschaften kann die Bundesregierung zu dem in § 1 genannten Zweck durch Rechtsverordnung mit Zustimmung des Bundesrates bestimmen, dass Anlagen, Stoffe, Erzeugnisse, Brennstoffe oder Treibstoffe gewerbsmäßig oder im Rahmen wirtschaftlicher Unternehmungen nur in den Verkehr gebracht werden dürfen, wenn sie nach Maßgabe der §§ 32 bis 35 bestimmte Anforderungen erfüllen. ²In einer Rechtsverordnung nach Satz 1, die der Erfüllung bindender Beschlüsse der Europäischen Gemeinschaften über Maßnahmen zur Bekämpfung der Emission von gasförmigen Schadstoffen und luftverunreinigenden Partikeln aus Verbrennungsmotoren für mobile Maschinen und Geräte dient, kann das Kraftfahrt-Bundesamt als Genehmigungsbehörde bestimmt und insoweit der Fachaufsicht des Bundesministeriums für Umwelt, Naturschutz und Reaktorsicherheit unterstellt werden.

Vierter Teil. Beschaffenheit und Betrieb von Fahrzeugen, Bau und Änderung von Straßen und Schienenwegen

§ 38 Beschaffenheit und Betrieb von Fahrzeugen. (1) ¹Kraftfahrzeuge und ihre Anhänger, Schienen-, Luft- und Wasserfahrzeuge sowie Schwimmkörper und schwimmende Anlagen müssen so beschaffen sein, dass ihre durch die Teilnahme am Verkehr verursachten Emissionen bei bestimmungsgemäßem Betrieb die zum Schutz vor schädlichen Umwelteinwirkungen einzuhaltenden Grenzwerte nicht überschreiten. ²Sie müssen so betrieben werden, dass vermeidbare Emissionen verhindert und unvermeidbare Emissionen auf ein Mindestmaß beschränkt bleiben.

(2) ¹Das Bundesministerium für Verkehr, Bau- und Wohnungswesen und das Bundesministerium für Umwelt, Naturschutz und Reaktorsicherheit bestimmen nach Anhörung der beteiligten Kreise (§ 51) durch Rechtsverordnung mit Zustimmung des Bundesrates die zum Schutz vor schädlichen Umwelteinwirkungen notwendigen Anforderungen an die Beschaffenheit, die Ausrüstung, den Betrieb und die Prüfung der in Absatz 1 Satz 1 genannten Fahrzeuge und Anlagen, auch soweit diese den verkehrsrechtlichen Vorschriften des Bundes unterliegen. ²Dabei können Emissionsgrenzwerte unter Berücksichtigung der technischen Entwicklung auch für einen Zeitpunkt nach Inkrafttreten der Rechtsverordnung festgesetzt werden.

(3) Wegen der Anforderungen nach Absatz 2 gilt § 7 Abs.5 entsprechend.

§ 39 Erfüllung von zwischenstaatlichen Vereinbarungen und Beschlüssen der Europäischen Gemeinschaften. ¹Zur Erfüllung von Verpflichtungen aus zwischenstaatlichen Vereinbarungen oder von bindenden Beschlüssen der Europäischen Gemeinschaften können zu dem in § 1 genannten Zweck das Bundesministerium für Verkehr, Bau und Wohnungswesen und das Bundesministerium für Umwelt, Naturschutz und Reaktorsicherheit durch Rechtsverordnung mit Zustimmung des Bundesrates bestimmen, dass die in § 38 genannten Fahrzeuge bestimmten Anforderungen an Beschaffenheit, Ausrüstung, Prüfung und Betrieb genügen müssen. ²Wegen der Anforderungen nach Satz 1 gilt § 7 Abs.5 entsprechend.

§ 40 Verkehrsbeschränkungen. (1) ¹Die zuständige Straßenverkehrsbehörde beschränkt oder verbietet den Kraftfahrzeugverkehr nach Maßgabe der straßenverkehrsrechtlichen Vorschriften, soweit ein Luftreinhalte- oder Aktionsplan nach § 47 Abs. 1 oder 2 dies vorsehen. ²Die Straßenverkehrsbehörde kann im Einvernehmen mit der für den Immissionsschutz zuständigen Behörde Ausnahmen von Verboten oder Beschränkungen des Kraftfahrzeugverkehrs zulassen, wenn unaufschiebbare überwiegende Gründe des Wohls der Allgemeinheit dies erfordern.

(2) ¹Die zuständige Straßenverkehrsbehörde kann den Kraftfahrzeugverkehr nach Maßgabe der straßenverkehrsrechtlichen Vorschriften auf bestimmten Straßen oder in bestimmten Gebieten verbieten oder beschränken, wenn der Kraftfahrzeugverkehr zur Überschreitung von in Rechtsverordnungen nach § 48a Abs.1a festgelegten Immissionswerten beiträgt und soweit die für den Immissionsschutz zuständige Behörde dies im Hinblick auf die örtlichen Verhältnisse für geboten hält, um schädliche Umwelteinwirkungen durch Luftverunreinigungen zu vermindern oder deren Entstehen zu vermeiden. ²Hierbei sind die Verkehrsbedürfnisse und die städtebaulichen Belange zu berücksichtigen. ³§ 47 Abs.6 Satz 1 bleibt unberührt.

(3) ¹Die Bundesregierung wird ermächtigt, nach Anhörung der beteiligten Kreise (§ 51) durch Rechtsverordnung mit Zustimmung des Bundesrates zu regeln, dass Kraftfahrzeuge mit geringem Beitrag zur Schadstoffbelastung von Verkehrsverboten ganz oder teilweise ausgenommen sind oder ausgenommen werden können, sowie die hierfür maßgebenden Kriterien und die amtliche Kennzeichnung der Kraftfahrzeuge festzulegen. ²Die Verordnung kann auch regeln, dass bestimmte Fahrten oder Personen ausgenommen sind oder ausgenommen werden können, wenn das Wohl der Allgemeinheit oder unaufschiebbare und überwiegende Interessen des Einzelnen dies erfordern.

§ 41 Straßen und Schienenwege. (1) Bei dem Bau oder der wesentlichen Änderung öffentlicher Straßen sowie von Eisenbahnen, Magnetschwebebahnen und Straßenbahnen ist unbeschadet des § 50 sicherzustellen, dass durch diese keine schädlichen Umwelteinwirkungen durch Verkehrsgeräusche hervorgerufen werden können, die nach dem Stand der Technik vermeidbar sind.

(2) Absatz 1 gilt nicht, soweit die Kosten der Schutzmaßnahme außer Verhältnis zu dem angestrebten Schutzzweck stehen würden.

§ 42 Entschädigung für Schallschutzmaßnahmen. (1) ¹Werden im Falle des § 41 die in der Rechtsverordnung nach § 43 Abs.1 Satz 1 Nr.1 festgelegten Immissionsgrenzwerte überschritten, hat der Eigentümer einer betroffenen baulichen Anlage gegen den Träger der Baulast einen Anspruch auf angemessene Entschädigung in Geld, es sei denn, dass die Beeinträchtigung wegen der besonderen Benutzung der Anlage zumutbar ist. ²Dies gilt auch bei baulichen Anlagen, die bei Auslegung der Pläne im

Planfeststellungsverfahren oder bei Auslegung des Entwurfs der Bauleitpläne mit ausgewiesener Wegeplanung bauaufsichtlich genehmigt waren.

(2) ¹Die Entschädigung ist zu leisten für Schallschutzmaßnahmen an den baulichen Anlagen in Höhe der erbrachten notwendigen Aufwendungen, soweit sich diese im Rahmen der Rechtsverordnung nach § 43 Abs.1 Satz 1 Nr.3 halten. ²Vorschriften, die weitergehende Entschädigungen gewähren, bleiben unberührt.

(3) ¹Kommt zwischen dem Träger der Baulast und dem Betroffenen keine Einigung über die Entschädigung zustande, setzt die nach Landesrecht zuständige Behörde auf Antrag eines der Beteiligten die Entschädigung durch schriftlichen Bescheid fest. ²Im Übrigen gelten für das Verfahren die Enteignungsgesetze der Länder entsprechend.

§ 43 Rechtsverordnung der Bundesregierung. (1) ¹Die Bundesregierung wird ermächtigt, nach Anhörung der beteiligten Kreise (§ 51) durch Rechtsverordnung mit Zustimmung des Bundesrates die zur Durchführung des § 41 und des § 42 Abs.1 und 2 erforderlichen Vorschriften zu erlassen, insbesondere über

1. bestimmte Grenzwerte, die zum Schutz der Nachbarschaft vor schädlichen Umwelteinwirkungen durch Geräusche nicht überschritten werden dürfen, sowie über das Verfahren zur Ermittlung der Emissionen oder Immissionen,
2. bestimmte technische Anforderungen an den Bau von Straßen, Eisenbahnen, Magnetschwebebahnen und Straßenbahnen zur Vermeidung von schädlichen Umwelteinwirkungen durch Geräusche und
3. Art und Umfang der zum Schutz vor schädlichen Umwelteinwirkungen durch Geräusche notwendigen Schallschutzmaßnahmen an baulichen Anlagen.

²In den Rechtsverordnungen nach Satz 1 ist den Besonderheiten des Schienenverkehrs Rechnung zu tragen.

(2) Wegen der Anforderungen nach Absatz 1 gilt § 7 Abs.5 entsprechend.

Fünfter Teil. Überwachung und Verbesserung der Luftqualität, Luftreinhalteplanung, Lärmminderungspläne

§ 44 Überwachung der Luftqualität. (1) Zur Überwachung der Luftqualität führen die zuständigen Behörden regelmäßige Untersuchungen nach den Anforderungen der Rechtsverordnungen nach § 48a Abs.1 oder 1a durch.

(2) Die Landesregierungen oder die von ihnen bestimmten Stellen werden ermächtigt, durch Rechtsverordnungen Untersuchungsgebiete festzulegen, in denen Art und Umfang bestimmter nicht von Absatz 1 erfasster

Luftverunreinigungen in der Atmosphäre, die schädliche Umwelteinwirkungen hervorrufen können, in einem bestimmten Zeitraum oder fortlaufend festzustellen sowie die für die Entstehung der Luftverunreinigungen und ihrer Ausbreitung bedeutsamen Umstände zu untersuchen sind.

§ 45 Verbesserung der Luftqualität. (1) [1]Die zuständigen Behörden ergreifen die erforderlichen Maßnahmen, um die Einhaltung der durch eine Rechtsverordnung nach § 48a festgelegten Immissionswerte sicherzustellen. [2]Hierzu gehören insbesondere Pläne nach § 47.

(2) Die Maßnahmen nach Absatz 1
a) müssen einem integrierten Ansatz zum Schutz von Luft, Wasser und Boden Rechnung tragen;
b) dürfen nicht gegen die Vorschriften zum Schutz von Gesundheit und Sicherheit der Arbeitnehmer am Arbeitsplatz verstoßen;
c) dürfen keine erheblichen Beeinträchtigungen der Umwelt in anderen Mitgliedstaaten verursachen.

§ 46 Emissionskataster. Soweit es zur Erfüllung von bindenden Beschlüssen der Europäischen Gemeinschaften erforderlich ist, stellen die zuständigen Behörden Emissionskataster auf.

§ 46a Unterrichtung der Öffentlichkeit. [1]Die Öffentlichkeit ist nach Maßgabe der Rechtsverordnungen nach § 48a Abs.1 über die Luftqualität zu informieren. [2]Überschreitungen von in Rechtsverordnungen nach § 48a Abs.1 als Immissionswerte festgelegten Alarmschwellen sind der Öffentlichkeit von der zuständigen Behörde unverzüglich durch Rundfunk, Fernsehen, Presse oder auf andere Weise bekannt zu geben.

§ 47 Luftreinhaltepläne, Aktionspläne, Landesverordnungen. (1) Werden die durch eine Rechtsverordnung nach § 48a Abs.1 festgelegten Immissionsgrenzwerte einschließlich festgelegter Toleranzmargen überschritten, hat die zuständige Behörde einen Luftreinhalteplan aufzustellen, welcher die erforderlichen Maßnahmen zur dauerhaften Verminderung von Luftverunreinigungen festlegt und den Anforderungen der Rechtsverordnung entspricht.

(2) [1]Besteht die Gefahr, dass die durch eine Rechtsverordnung nach § 48a Abs.1 festgelegten Immissionsgrenzwerte oder Alarmschwellen überschritten werden, hat die zuständige Behörde einen Aktionsplan aufzustellen, der festlegt, welche Maßnahmen kurzfristig zu ergreifen sind. [2]Die im Aktionsplan festgelegten Maßnahmen müssen geeignet sein, die Gefahr der Überschreitung der Werte zu verringern oder den Zeitraum, während dessen die Werte überschritten werden, zu verkürzen. [3]Aktionspläne können Teil eines Luftreinhalteplans nach Absatz 1 sein.

(3) [1]Liegen Anhaltspunkte dafür vor, dass die durch eine Rechtsverordnung nach § 48a Abs.1a festgelegten Immissionswerte nicht eingehalten werden, oder sind in einem Untersuchungsgebiet im Sinne des § 44 Abs.2

Bundes-Immissionsschutzgesetz § 47a **Text**

sonstige schädliche Umwelteinwirkungen zu erwarten, kann die zuständige Behörde einen Luftreinhalteplan aufstellen. ²Bei der Aufstellung dieser Pläne sind die Ziele der Raumordnung zu beachten; die Grundsätze und sonstigen Erfordernisse der Raumordnung sind zu berücksichtigen.

(4) ¹Die Maßnahmen sind entsprechend des Verursacheranteils unter Beachtung des Grundsatzes der Verhältnismäßigkeit gegen alle Emittenten zu richten, die zum Überschreiten der Immissionswerte oder in einem Untersuchungsgebiet im Sinne des § 44 Abs.2 zu sonstigen schädlichen Umwelteinwirkungen beitragen. ²Werden in Plänen nach Absatz 1 oder 2 Maßnahmen im Straßenverkehr erforderlich, sind diese im Einvernehmen mit den zuständigen Straßenbau- und Straßenverkehrsbehörden festzulegen. ³Werden Immissionswerte hinsichtlich mehrerer Schadstoffe überschritten, ist ein alle Schadstoffe erfassender Plan aufzustellen. ⁴Werden Immissionswerte durch Emissionen überschritten, die außerhalb des Plangebiets verursacht werden, hat in den Fällen der Absätze 1 und 2 auch die dort zuständige Behörde einen Plan aufzustellen.

(5) ¹Die nach den Absätzen 1 bis 4 aufzustellenden Pläne müssen den Anforderungen des § 45 Abs.2 entsprechen. ²Die Öffentlichkeit ist bei ihrer Aufstellung zu beteiligen. ³Die Pläne müssen für die Öffentlichkeit zugänglich sein.

(6) ¹Die Maßnahmen, die Pläne nach den Absätzen 1 bis 4 festlegen, sind durch Anordnungen oder sonstige Entscheidungen der zuständigen Träger öffentlicher Verwaltung nach diesem Gesetz oder nach anderen Rechtsvorschriften durchzusetzen. ²Sind in den Plänen planungsrechtliche Festlegungen vorgesehen, haben die zuständigen Planungsträger dies bei ihren Planungen zu berücksichtigen.

(7) ¹Die Landesregierungen oder die von ihnen bestimmten Stellen werden ermächtigt, bei der Gefahr, dass Immissionsgrenzwerte überschritten werden, die eine Rechtsverordnung nach § 48a Abs.1 festlegt, durch Rechtsverordnung vorzuschreiben, dass in näher zu bestimmenden Gebieten bestimmte
1. ortsveränderliche Anlagen nicht betrieben werden dürfen,
2. ortsfeste Anlagen nicht errichtet werden dürfen,
3. ortsveränderliche oder ortsfeste Anlagen nur zu bestimmten Zeiten betrieben werden dürfen oder erhöhten betriebstechnischen Anforderungen genügen müssen,
4. Brennstoffe in Anlagen nicht oder nur beschränkt verwendet werden dürfen,
soweit die Anlagen oder Brennstoffe geeignet sind, zur Überschreitung der Immissionswerte beizutragen. ²Absatz 4 Satz 1 und § 49 Abs.3 gelten entsprechend.

§ 47a Lärmminderungspläne. (1) In Gebieten, in denen schädliche Umwelteinwirkungen durch Geräusche hervorgerufen werden oder zu erwarten sind, haben die Gemeinden oder die nach Landesrecht zuständigen Behörden die Belastung durch die einwirkenden Geräuschquellen zu erfassen und ihre Auswirkungen auf die Umwelt festzustellen.

(2) ¹Die Gemeinde oder die nach Landesrecht zuständige Behörde hat für Wohngebiete und andere schutzwürdige Gebiete Lärmminderungspläne aufzustellen, wenn in den Gebieten nicht nur vorübergehend schädliche Umwelteinwirkungen durch Geräusche hervorgerufen werden oder zu erwarten sind und die Beseitigung oder Verminderung der schädlichen Umwelteinwirkungen ein abgestimmtes Vorgehen gegen verschiedenartige Lärmquellen erfordert. ²Bei der Aufstellung sind die Ziele der Raumordnung zu beachten; die Grundsätze und sonstigen Erfordernisse der Raumordnung sind zu berücksichtigen.

(3) Lärmminderungspläne sollen Angaben enthalten über
1. die festgestellten und die zu erwartenden Lärmbelastungen,
2. die Quellen der Lärmbelastungen und
3. die vorgesehenen Maßnahmen zur Lärmminderung oder zur Verhinderung des weiteren Anstieges der Lärmbelastung.

(4) § 47 Abs.6 gilt entsprechend.

Sechster Teil. Gemeinsame Vorschriften

§ 48 Verwaltungsvorschriften. ¹Die Bundesregierung erlässt nach Anhörung der beteiligten Kreise (§ 51) mit Zustimmung des Bundesrates zur Durchführung dieses Gesetzes und der auf Grund dieses Gesetzes erlassenen Rechtsverordnungen des Bundes allgemeine Verwaltungsvorschriften, insbesondere über
1. Immissionswerte, die zu dem in § 1 genannten Zweck nicht überschritten werden dürfen,
2. Emissionswerte, deren Überschreiten nach dem Stand der Technik vermeidbar ist,
3. das Verfahren zur Ermittlung der Emissionen und Immissionen,
4. die von der zuständigen Behörde zu treffenden Maßnahmen bei Anlagen, für die Regelungen in einer Rechtsverordnung nach § 7 Abs.2 oder 3 vorgesehen werden können, unter Berücksichtigung insbesondere der dort genannten Voraussetzungen.

²Bei der Festlegung der Anforderungen sind insbesondere mögliche Verlagerungen von nachteiligen Auswirkungen von einem Schutzgut auf ein anderes zu berücksichtigen; ein hohes Schutzniveau für die Umwelt insgesamt ist zu gewährleisten.

§ 48a Rechtsverordnungen über Emissionswerte und Immissionswerte. (1) ¹Zur Erfüllung von bindenden Beschlüssen der Europäischen Gemeinschaften kann die Bundesregierung zu dem in § 1 genannten Zweck mit Zustimmung des Bundesrates Rechtsverordnungen über die Festsetzung von Immissions- und Emissionswerten einschließlich der Verfahren zur Ermittlung sowie Maßnahmen zur Einhaltung dieser Werte und zur Überwachung und Messung erlassen. ²In den Rechtsverordnungen kann auch geregelt werden, wie die Bevölkerung zu unterrichten ist.

(1a) ¹Über die Erfüllung von bindenden Beschlüssen der Europäischen Gemeinschaften hinaus kann die Bundesregierung zu dem in § 1 genannten Zweck mit Zustimmung des Bundesrates Rechtsverordnungen über die Festlegung von Immissionswerten für weitere Schadstoffe einschließlich der Verfahren zur Ermittlung sowie Maßnahmen zur Einhaltung dieser Werte und zur Überwachung und Messung erlassen. ²In den Rechtsverordnungen kann auch geregelt werden, wie die Bevölkerung zu unterrichten ist.

(2) Die in Rechtsverordnungen nach Absatz 1 festgelegten Maßnahmen sind durch Anordnungen oder sonstige Entscheidungen der zuständigen Träger öffentlicher Verwaltung nach diesem Gesetz oder nach anderen Rechtsvorschriften durchzusetzen; soweit planungsrechtliche Festlegungen vorgesehen sind, haben die zuständigen Planungsträger zu befinden, ob und inwieweit Planungen in Betracht zu ziehen sind.

(3) Zur Erfüllung von bindenden Beschlüssen der Europäischen Gemeinschaften kann die Bundesregierung zu dem in § 1 genannten Zweck mit Zustimmung des Bundesrates in Rechtsverordnungen von Behörden zu erfüllende Pflichten begründen und ihnen Befugnisse zur Erhebung, Verarbeitung und Nutzung personenbezogener Daten einräumen, soweit diese für die Beurteilung und Kontrolle der in den Beschlüssen gestellten Anforderungen erforderlich sind.

§ 48b Beteiligung des Bundestages beim Erlass von Rechtsverordnungen. ¹Rechtsverordnungen nach § 7 Abs.1 Satz 1 Nr.2, § 23 Abs.1 Satz 1 Nr.2, § 43 Abs.1 Satz 1 Nr.1, § 48a Abs.1 und § 48a Abs.1a dieses Gesetzes sind dem Bundestag zuzuleiten. ²Die Zuleitung erfolgt vor der Zuleitung an den Bundesrat. ³Die Rechtsverordnungen können durch Beschluss des Bundestages geändert oder abgelehnt werden. ⁴Der Beschluss des Bundestages wird der Bundesregierung zugeleitet. ⁵Hat sich der Bundestag nach Ablauf von drei Sitzungswochen seit Eingang der Rechtsverordnung nicht mit ihr befasst, wird die unveränderte Rechtsverordnung dem Bundesrat zugeleitet.

§ 49 Schutz bestimmter Gebiete. (1) Die Landesregierungen werden ermächtigt, durch Rechtsverordnung vorzuschreiben, dass in näher zu bestimmenden Gebieten, die eines besonderen Schutzes vor schädlichen Umwelteinwirkungen durch Luftverunreinigungen oder Geräusche bedürfen, bestimmte
1. ortsveränderliche Anlagen nicht betrieben werden dürfen,
2. ortsfeste Anlagen nicht errichtet werden dürfen,
3. ortsveränderliche oder ortsfeste Anlagen nur zu bestimmten Zeiten betrieben werden dürfen oder erhöhten betriebstechnischen Anforderungen genügen müssen oder

4. Brennstoffe in Anlagen nicht oder nur beschränkt verwendet werden dürfen,

soweit die Anlagen oder Brennstoffe geeignet sind, schädliche Umwelteinwirkungen durch Luftverunreinigungen oder Geräusche hervorzurufen, die mit dem besonderen Schutzbedürfnis dieser Gebiete nicht vereinbar sind, und die Luftverunreinigungen und Geräusche durch Auflagen nicht verhindert werden können.

(2) ¹Die Landesregierungen werden ermächtigt, durch Rechtsverordnung Gebiete festzusetzen, in denen während austauscharmer Wetterlagen ein starkes Anwachsen schädlicher Umwelteinwirkungen durch Luftverunreinigungen zu befürchten ist. ²In der Rechtsverordnung kann vorgeschrieben werden, dass in diesen Gebieten
1. ortsveränderliche oder ortsfeste Anlagen nur zu bestimmten Zeiten betrieben oder
2. Brennstoffe, die in besonderem Maße Luftverunreinigungen hervorrufen, in Anlagen nicht oder nur beschränkt verwendet

werden dürfen, sobald die austauscharme Wetterlage von der zuständigen Behörde bekannt gegeben wird.

(3) Landesrechtliche Ermächtigungen für die Gemeinden und Gemeindeverbände zum Erlass von ortsrechtlichen Vorschriften, die Regelungen zum Schutz der Bevölkerung vor schädlichen Umwelteinwirkungen durch Luftverunreinigungen oder Geräusche zum Gegenstand haben, bleiben unberührt.

§ 50 Planung. ¹Bei raumbedeutsamen Planungen und Maßnahmen sind die für eine bestimmte Nutzung vorgesehenen Flächen einander so zuzuordnen, dass schädliche Umwelteinwirkungen und von schweren Unfällen im Sinne des Artikels 3 Nr.5 der Richtlinie 96/82/EG in Betriebsbereichen hervorgerufene Auswirkungen auf die ausschließlich oder überwiegend dem Wohnen dienenden Gebiete sowie auf sonstige schutzbedürftige Gebiete soweit wie möglich vermieden werden. ²Bei raumbedeutsamen Planungen und Maßnahmen in Gebieten, in denen die in Rechtsverordnungen nach § 48a Abs.1 festgelegten Immissionsgrenzwerte nicht überschritten werden, ist bei der Abwägung der betroffenen Belange die Erhaltung der bestmöglichen Luftqualität als Belang zu berücksichtigen.

§ 51 Anhörung beteiligter Kreise. Soweit Ermächtigungen zum Erlass von Rechtsverordnungen und allgemeinen Verwaltungsvorschriften die Anhörung der beteiligten Kreise vorschreiben, ist ein jeweils auszuwählender Kreis von Vertretern der Wissenschaft, der Betroffenen, der beteiligten Wirtschaft, des beteiligten Verkehrswesens und der für den Immissionsschutz zuständigen obersten Landesbehörden zu hören.

§ 51a Störfall-Kommission. (1) ¹Beim Bundesministerium für Umwelt, Naturschutz und Reaktorsicherheit wird zur Beratung der Bundesregierung eine Störfall-Kommission gebildet. ²In diese Kommission sind der Vorsitzende des Technischen Ausschusses für Anlagensicherheit sowie im Einvernehmen mit dem Bundesministerium für Wirtschaft und Arbeit Vertreter der Wissenschaft, der Umweltverbände, der Gewerkschaften, der beteiligten Wirtschaft und der für den Immissions- und Arbeitsschutz zuständigen obersten Landesbehörden zu berufen.

(2) Die Störfall-Kommission soll gutachtlich in regelmäßigen Zeitabständen sowie aus besonderem Anlass Möglichkeiten zur Verbesserung der Anlagensicherheit aufzeigen.

(3) ¹Die Störfall-Kommission gibt sich eine Geschäftsordnung und wählt den Vorsitzenden aus ihrer Mitte. ²Die Geschäftsordnung und die Wahl des Vorsitzenden bedürfen der im Einvernehmen mit dem Bundesministerium für Wirtschaft und Arbeit zu erteilenden Zustimmung des Bundesministeriums für Umwelt, Naturschutz und Reaktorsicherheit.

§ 51 b Sicherstellung der Zustellungsmöglichkeit. ¹Der Betreiber einer genehmigungsbedürftigen Anlage hat sicherzustellen, dass für ihn bestimmte Schriftstücke im Geltungsbereich dieses Gesetzes zugestellt werden können. ²Kann die Zustellung nur dadurch sichergestellt werden, dass ein Bevollmächtigter bestellt wird, so hat der Betreiber den Bevollmächtigten der zuständigen Behörde zu benennen.

§ 52 Überwachung. (1) ¹Die zuständigen Behörden haben die Durchführung dieses Gesetzes und der auf dieses Gesetz gestützten Rechtsverordnungen zu überwachen. ²Sie haben Genehmigungen im Sinne des § 4 regelmäßig zu überprüfen und soweit erforderlich durch nachträgliche Anordnungen nach § 17 auf den neuesten Stand zu bringen. ³Eine Überprüfung im Sinne von Satz 2 wird in jedem Fall vorgenommen, wenn
1. Anhaltspunkte dafür bestehen, dass der Schutz der Nachbarschaft und der Allgemeinheit nicht ausreichend ist und deshalb die in der Genehmigung festgelegten Begrenzungen der Emissionen überprüft oder neu festgesetzt werden müssen,
2. wesentliche Veränderungen des Standes der Technik eine erhebliche Verminderung der Emissionen ermöglichen,
3. eine Verbesserung der Betriebssicherheit erforderlich ist, insbesondere durch die Anwendung anderer Techniken, oder
4. neue umweltrechtliche Vorschriften dies fordern.

(2) ¹Eigentümer und Betreiber von Anlagen sowie Eigentümer und Besitzer von Grundstücken, auf denen Anlagen betrieben werden, sind verpflichtet, den Angehörigen der zuständigen Behörde und deren Beauftragten den Zutritt zu den Grundstücken und zur Verhütung dringender Gefahren für die öffentliche Sicherheit oder Ordnung auch zu Wohnräumen und die Vornahme von Prüfungen einschließlich der Ermittlung von Emissionen und Immissionen zu gestatten sowie die Auskünfte zu erteilen und die Unterlagen vorzulegen, die zur Erfüllung ihrer Aufgaben erforderlich sind. ²Das Grundrecht der Unverletzlichkeit der Wohnung (Arti-

kel 13 des Grundgesetzes) wird insoweit eingeschränkt. ³Betreiber von Anlagen, für die ein Immissionsschutzbeauftragter oder ein Störfallbeauftragter bestellt ist, haben diesen auf Verlangen der zuständigen Behörde zu Überwachungsmaßnahmen nach Satz 1 hinzuzuziehen. ⁴Im Rahmen der Pflichten nach Satz 1 haben die Eigentümer und Betreiber der Anlagen Arbeitskräfte sowie Hilfsmittel, insbesondere Treibstoffe und Antriebsaggregate, bereitzustellen.

(3) ¹Absatz 2 gilt entsprechend für Eigentümer und Besitzer von Anlagen, Stoffen, Erzeugnissen, Brennstoffen, Treibstoffen und Schmierstoffen, soweit diese der Regelung der nach den §§ 32 bis 35 oder 37 erlassenen Rechtsverordnung unterliegen. ²Die Eigentümer und Besitzer haben den Angehörigen der zuständigen Behörde und deren Beauftragten die Entnahme von Stichproben zu gestatten, soweit dies zur Erfüllung ihrer Aufgaben erforderlich ist.

(4) ¹Kosten, die durch Prüfungen im Rahmen des Genehmigungsverfahrens entstehen, trägt der Antragsteller. ²Kosten, die bei der Entnahme von Stichproben nach Absatz 3 und deren Untersuchung entstehen, trägt der Auskunftspflichtige. ³Kosten, die durch sonstige Überwachungsmaßnahmen nach Absatz 2 oder 3 entstehen, trägt der Auskunftspflichtige, es sei denn, die Maßnahme betrifft die Ermittlung von Emissionen und Immissionen oder die Überwachung einer nicht genehmigungsbedürftigen Anlage außerhalb des Überwachungssystems nach der Zwölften Verordnung zur Durchführung des Bundes-Immissionsschutzgesetzes; in diesen Fällen sind die Kosten dem Auskunftspflichtigen nur aufzuerlegen, wenn die Ermittlungen ergeben, dass
1. Auflagen oder Anordnungen nach den Vorschriften dieses Gesetzes oder der auf dieses Gesetz gestützten Rechtsverordnungen nicht erfüllt worden oder
2. Auflagen oder Anordnungen nach den Vorschriften dieses Gesetzes oder der auf dieses Gesetz gestützten Rechtsverordnungen geboten sind.

(5) Der zur Auskunft Verpflichtete kann die Auskunft auf solche Fragen verweigern, deren Beantwortung ihn selbst oder einen der in § 383 Abs. 1 Nr. 1 bis 3 der Zivilprozessordnung bezeichneten Angehörigen der Gefahr strafgerichtlicher Verfolgung oder eines Verfahrens nach dem Gesetz über Ordnungswidrigkeiten aussetzen würde.

(6) ¹Soweit zur Durchführung dieses Gesetzes oder der auf dieses Gesetz gestützten Rechtsverordnungen Immissionen zu ermitteln sind, haben auch die Eigentümer und Besitzer von Grundstücken, auf denen Anlagen nicht betrieben werden, den Angehörigen der zuständigen Behörde und deren Beauftragten den Zutritt zu den Grundstücken und zur Verhütung dringender Gefahren für die öffentliche Sicherheit oder Ordnung auch zu Wohnräumen und die Vornahme der Prüfungen zu gestatten. ²Das Grundrecht der Unverletzlichkeit der Wohnung (Artikel 13 des Grundgesetzes) wird insoweit eingeschränkt. ³Bei Ausübung der Befugnisse nach

Satz 1 ist auf die berechtigten Belange der Eigentümer und Besitzer Rücksicht zu nehmen; für entstandene Schäden hat das Land, im Falle des § 59 Abs.1 der Bund, Ersatz zu leisten. [4]Waren die Schäden unvermeidbare Folgen der Überwachungsmaßnahmen und haben die Überwachungsmaßnahmen zu Anordnungen der zuständigen Behörde gegen den Betreiber einer Anlage geführt, so hat dieser die Ersatzleistung dem Land oder dem Bund zu erstatten.

(7) [1]Auf die nach den Absätzen 2, 3 und 6 erlangten Kenntnisse und Unterlagen sind die §§ 93, 97, 105 Abs.1, § 111 Abs.5 in Verbindung mit § 105 Abs.1 sowie § 116 Abs.1 der Abgabenordnung nicht anzuwenden. [2]Dies gilt nicht, soweit die Finanzbehörden die Kenntnisse für die Durchführung eines Verfahrens wegen einer Steuerstraftat sowie eines damit zusammenhängenden Besteuerungsverfahrens benötigen, an deren Verfolgung ein zwingendes öffentliches Interesse besteht, oder soweit es sich um vorsätzlich falsche Angaben des Auskunftspflichtigen oder der für ihn tätigen Personen handelt.

§ 52a Mitteilungspflichten zur Betriebsorganisation.

(1) [1]Besteht bei Kapitalgesellschaften das vertretungsberechtigte Organ aus mehreren Mitgliedern oder sind bei Personengesellschaften mehrere vertretungsberechtigte Gesellschafter vorhanden, so ist der zuständigen Behörde anzuzeigen, wer von ihnen nach den Bestimmungen über die Geschäftsführungsbefugnis für die Gesellschaft die Pflichten des Betreibers der genehmigungsbedürftigen Anlage wahrnimmt, die ihm nach diesem Gesetz und nach den auf Grund dieses Gesetzes erlassenen Rechtsverordnungen und allgemeinen Verwaltungsvorschriften obliegen. [2]Die Gesamtverantwortung aller Organmitglieder oder Gesellschafter bleibt hiervon unberührt.

(2) Der Betreiber der genehmigungsbedürftigen Anlage oder im Rahmen ihrer Geschäftsführungsbefugnis die nach Absatz 1 Satz 1 anzuzeigende Person hat der zuständigen Behörde mitzuteilen, auf welche Weise sichergestellt ist, dass die dem Schutz vor schädlichen Umwelteinwirkungen und vor sonstigen Gefahren, erheblichen Nachteilen und erheblichen Belästigungen dienenden Vorschriften und Anordnungen beim Betrieb beachtet werden.

§ 53 Bestellung eines Betriebsbeauftragten für Immissionsschutz.

(1) [1]Betreiber genehmigungsbedürftiger Anlagen haben einen oder mehrere Betriebsbeauftragte für Immissionsschutz (Immissionsschutzbeauftragte) zu bestellen, sofern dies im Hinblick auf die Art oder die Größe der Anlagen wegen der
1. von den Anlagen ausgehenden Emissionen,
2. technischen Probleme der Emissionsbegrenzung oder
3. Eignung der Erzeugnisse, bei bestimmungsgemäßer Verwendung schädliche Umwelteinwirkungen durch Luftverunreinigungen, Geräusche oder Erschütterungen hervorzurufen,

erforderlich ist. ²Das Bundesministerium für Umwelt, Naturschutz und Reaktorsicherheit bestimmt nach Anhörung der beteiligten Kreise (§ 51) durch Rechtsverordnung mit Zustimmung des Bundesrates die genehmigungsbedürftigen Anlagen, deren Betreiber Immissionsschutzbeauftragte zu bestellen haben.

(2) Die zuständige Behörde kann anordnen, dass Betreiber genehmigungsbedürftiger Anlagen, für die die Bestellung eines Immissionsschutzbeauftragten nicht durch Rechtsverordnung vorgeschrieben ist, sowie Betreiber nicht genehmigungsbedürftiger Anlagen einen oder mehrere Immissionsschutzbeauftragte zu bestellen haben, soweit sich im Einzelfall die Notwendigkeit der Bestellung aus den in Absatz 1 Satz 1 genannten Gesichtspunkten ergibt.

§ 54 Aufgaben. (1) ¹Der Immissionsschutzbeauftragte berät den Betreiber und die Betriebsangehörigen in Angelegenheiten, die für den Immissionsschutz bedeutsam sein können. ²Er ist berechtigt und verpflichtet,
1. auf die Entwicklung und Einführung
   a) umweltfreundlicher Verfahren, einschließlich Verfahren zur Vermeidung oder ordnungsgemäßen und schadlosen Verwertung der beim Betrieb entstehenden Abfälle oder deren Beseitigung als Abfall sowie zur Nutzung von entstehender Wärme,
   b) umweltfreundlicher Erzeugnisse, einschließlich Verfahren zur Wiedergewinnung und Wiederverwendung,
   hinzuwirken,
2. bei der Entwicklung und Einführung umweltfreundlicher Verfahren und Erzeugnisse mitzuwirken, insbesondere durch Begutachtung der Verfahren und Erzeugnisse unter dem Gesichtspunkt der Umweltfreundlichkeit,
3. soweit dies nicht Aufgabe des Störfallbeauftragten nach § 58b Abs.1 Satz 2 Nr.3 ist, die Einhaltung der Vorschriften dieses Gesetzes und der auf Grund dieses Gesetzes erlassenen Rechtsverordnungen und die Erfüllung erteilter Bedingungen und Auflagen zu überwachen, insbesondere durch Kontrolle der Betriebsstätte in regelmäßigen Abständen, Messungen von Emissionen und Immissionen, Mitteilung festgestellter Mängel und Vorschläge über Maßnahmen zur Beseitigung dieser Mängel,
4. die Betriebsangehörigen über die von der Anlage verursachten schädlichen Umwelteinwirkungen aufzuklären sowie über die Einrichtungen und Maßnahmen zu ihrer Verhinderung unter Berücksichtigung der sich aus diesem Gesetz oder Rechtsverordnungen auf Grund dieses Gesetzes ergebenden Pflichten.

(2) Der Immissionsschutzbeauftragte erstattet dem Betreiber jährlich einen Bericht über die nach Absatz 1 Satz 2 Nr.1 bis 4 getroffenen und beabsichtigten Maßnahmen.

§ 55 Pflichten des Betreibers. (1) ¹Der Betreiber hat den Immissionsschutzbeauftragten schriftlich zu bestellen und die ihm obliegenden Aufgaben genau zu bezeichnen. ²Der Betreiber hat die Bestellung des Immissionsschutzbeauftragten und die Bezeichnung seiner Aufgaben sowie Veränderungen in seinem Aufgabenbereich und dessen Abberufung der zuständigen Behörde unverzüglich anzuzeigen. ³Dem Immissionsschutzbeauftragten ist eine Abschrift der Anzeige auszuhändigen.

(1 a) ¹Der Betreiber hat den Betriebs- oder Personalrat vor der Bestellung des Immissionsschutzbeauftragten unter Bezeichnung der ihm obliegenden Aufgaben zu unterrichten. ²Entsprechendes gilt bei Veränderungen im Aufgabenbereich des Immissionsschutzbeauftragten und bei dessen Abberufung.

(2) ¹Der Betreiber darf zum Immissionsschutzbeauftragten nur bestellen, wer die zur Erfüllung seiner Aufgaben erforderliche Fachkunde und Zuverlässigkeit besitzt. ²Werden der zuständigen Behörde Tatsachen bekannt, aus denen sich ergibt, dass der Immissionsschutzbeauftragte nicht die zur Erfüllung seiner Aufgaben erforderliche Fachkunde oder Zuverlässigkeit besitzt, kann sie verlangen, dass der Betreiber einen anderen Immissionsschutzbeauftragten bestellt. ³Das Bundesministerium für Umwelt, Naturschutz und Reaktorsicherheit wird ermächtigt, nach Anhörung der beteiligten Kreise (§ 51) durch Rechtsverordnung mit Zustimmung des Bundesrates vorzuschreiben, welche Anforderungen an die Fachkunde und Zuverlässigkeit des Immissionsschutzbeauftragten zu stellen sind.

(3) ¹Werden mehrere Immissionsschutzbeauftragte bestellt, so hat der Betreiber für die erforderliche Koordinierung in der Wahrnehmung der Aufgaben, insbesondere durch Bildung eines Ausschusses für Umweltschutz, zu sorgen. ²Entsprechendes gilt, wenn neben einem oder mehreren Immissionsschutzbeauftragten Betriebsbeauftragte nach anderen gesetzlichen Vorschriften bestellt werden. ³Der Betreiber hat ferner für die Zusammenarbeit der Betriebsbeauftragten mit den im Bereich des Arbeitsschutzes beauftragten Personen zu sorgen.

(4) Der Betreiber hat den Immissionsschutzbeauftragten bei der Erfüllung seiner Aufgaben zu unterstützen und ihm insbesondere, soweit dies zur Erfüllung seiner Aufgaben erforderlich ist, Hilfspersonal sowie Räume, Einrichtungen, Geräte und Mittel zur Verfügung zu stellen und die Teilnahme an Schulungen zu ermöglichen.

§ 56 Stellungnahme zu Entscheidungen des Betreibers. (1) Der Betreiber hat vor Entscheidungen über die Einführung von Verfahren und Erzeugnissen sowie vor Investitionsentscheidungen eine Stellungnahme des Immissionsschutzbeauftragten einzuholen, wenn die Entscheidungen für den Immissionsschutz bedeutsam sein können.

(2) Die Stellungnahme ist so rechtzeitig einzuholen, dass sie bei den Entscheidungen nach Absatz 1 angemessen berücksichtigt werden kann; sie ist derjenigen Stelle vorzulegen, die über die Einführung von Verfahren und Erzeugnissen sowie über die Investition entscheidet.

§ 57 Vortragsrecht. ¹Der Betreiber hat durch innerbetriebliche Organisationsmaßnahmen sicherzustellen, dass der Immissionsschutzbeauftragte seine Vorschläge oder Bedenken unmittelbar der Geschäftsleitung vortragen kann, wenn er sich mit dem zuständigen Betriebsleiter nicht einigen konnte und er wegen der besonderen Bedeutung der Sache eine Entscheidung der Geschäftsleitung für erforderlich hält. ²Kann der Immissionsschutzbeauftragte sich über eine von ihm vorgeschlagene Maßnahme im Rahmen seines Aufgabenbereichs mit der Geschäftsleitung nicht einigen, so hat diese den Immissionsschutzbeauftragten umfassend über die Gründe ihrer Ablehnung zu unterrichten.

§ 58 Benachteiligungsverbot, Kündigungsschutz. (1) Der Immissionsschutzbeauftragte darf wegen der Erfüllung der ihm übertragenen Aufgaben nicht benachteiligt werden.

(2) ¹Ist der Immissionsschutzbeauftragte Arbeitnehmer des zur Bestellung verpflichteten Betreibers, so ist die Kündigung des Arbeitsverhältnisses unzulässig, es sei denn, dass Tatsachen vorliegen, die den Betreiber zur Kündigung aus wichtigem Grund ohne Einhaltung einer Kündigungsfrist berechtigen. ²Nach der Abberufung als Immissionsschutzbeauftragter ist die Kündigung innerhalb eines Jahres, vom Zeitpunkt der Beendigung der Bestellung an angerechnet, unzulässig, es sei denn, dass Tatsachen vorliegen, die den Betreiber zur Kündigung aus wichtigem Grund ohne Einhaltung einer Kündigungsfrist berechtigen.

§ 58 a Bestellung eines Störfallbeauftragten. (1) ¹Betreiber genehmigungsbedürftiger Anlagen haben einen oder mehrere Störfallbeauftragte zu bestellen, sofern dies im Hinblick auf die Art und Größe der Anlage wegen der bei einer Störung des bestimmungsgemäßen Betriebs auftretenden Gefahren für die Allgemeinheit und die Nachbarschaft erforderlich ist. ²Die Bundesregierung bestimmt nach Anhörung der beteiligten Kreise (§ 51) durch Rechtsverordnung mit Zustimmung des Bundesrates die genehmigungsbedürftigen Anlagen, deren Betreiber Störfallbeauftragte zu bestellen haben.

(2) Die zuständige Behörde kann anordnen, dass Betreiber genehmigungsbedürftiger Anlagen, für die die Bestellung eines Störfallbeauftragten nicht durch Rechtsverordnung vorgeschrieben ist, einen oder mehrere Störfallbeauftragte zu bestellen haben, soweit sich im Einzelfall die Notwendigkeit der Bestellung aus dem in Absatz 1 Satz 1 genannten Gesichtspunkt ergibt.

§ 58 b Aufgaben des Störfallbeauftragten. (1) ¹Der Störfallbeauftragte berät den Betreiber in Angelegenheiten, die für die Sicherheit der Anlage bedeutsam sein können. ²Er ist berechtigt und verpflichtet,
1. auf die Verbesserung der Sicherheit der Anlage hinzuwirken,
2. dem Betreiber unverzüglich ihm bekannt gewordene Störungen des bestimmungsgemäßen Betriebs mitzuteilen, die zu Gefahren für die Allgemeinheit und die Nachbarschaft führen können,

3. die Einhaltung der Vorschriften dieses Gesetzes und der auf Grund dieses Gesetzes erlassenen Rechtsverordnungen sowie die Erfüllung erteilter Bedingungen und Auflagen im Hinblick auf die Verhinderung von Störungen des bestimmungsgemäßen Betriebs der Anlage zu überwachen, insbesondere durch Kontrolle der Betriebsstätte in regelmäßigen Abständen, Mitteilung festgestellter Mängel und Vorschläge zur Beseitigung dieser Mängel,
4. Mängel, die den vorbeugenden und abwehrenden Brandschutz sowie die technische Hilfeleistung betreffen, unverzüglich dem Betreiber zu melden.

(2) [1]Der Störfallbeauftragte erstattet dem Betreiber jährlich einen Bericht über die nach Absatz 1 Satz 2 Nr.1 bis 3 getroffenen und beabsichtigten Maßnahmen. [2]Darüber hinaus ist er verpflichtet, die von ihm ergriffenen Maßnahmen zur Erfüllung seiner Aufgaben nach Absatz 1 Satz 2 Nr.2 schriftlich aufzuzeichnen. [3]Er muss diese Aufzeichnungen mindestens fünf Jahre aufbewahren.

§ 58c Pflichten und Rechte des Betreibers gegenüber dem Störfallbeauftragten. (1) Die in den §§ 55 und 57 genannten Pflichten des Betreibers gelten gegenüber dem Störfallbeauftragten entsprechend; in Rechtsverordnungen nach § 55 Abs.2 Satz 3 kann auch geregelt werden, welche Anforderungen an die Fachkunde und Zuverlässigkeit des Störfallbeauftragten zu stellen sind.

(2) [1]Der Betreiber hat vor Investitionsentscheidungen sowie vor der Planung von Betriebsanlagen und der Einführung von Arbeitsverfahren und Arbeitsstoffen eine Stellungnahme des Störfallbeauftragten einzuholen, wenn diese Entscheidungen für die Sicherheit der Anlage bedeutsam sein können. [2]Die Stellungnahme ist so rechtzeitig einzuholen, dass sie bei den Entscheidungen nach Satz 1 angemessen berücksichtigt werden kann; sie ist derjenigen Stelle vorzulegen, die die Entscheidungen trifft.

(3) Der Betreiber kann dem Störfallbeauftragten für die Beseitigung und die Begrenzung der Auswirkungen von Störungen des bestimmungsgemäßen Betriebs, die zu Gefahren für die Allgemeinheit und die Nachbarschaft führen können oder bereits geführt haben, Entscheidungsbefugnisse übertragen.

§ 58d Verbot der Benachteiligung des Störfallbeauftragten, Kündigungsschutz. § 58 gilt für den Störfallbeauftragten entsprechend.

§ 58e Erleichterungen für auditierte Unternehmensstandorte.
[1]Die Bundesregierung wird ermächtigt, zur Förderung der privaten Eigenverantwortung für Unternehmen, die in ein Verzeichnis gemäß Artikel 6 in Verbindung mit Artikel 7 Absatz 2 Satz 1 der Verordnung (EG) Nr.761/2001 des Europäischen Parlaments und des Rates vom 19. März 2001 über die freiwillige Beteiligung von Organisationen an einem Gemeinschaftssystem für das Umweltmanagement und die Umwelt-

betriebsprüfung (ABl. EG L 114 S.1) eingetragen sind, durch Rechtsverordnungen mit Zustimmung des Bundesrates Erleichterungen zum Inhalt der Antragsunterlagen im Genehmigungsverfahren sowie überwachungsrechtliche Erleichterungen vorzusehen, soweit die diesbezüglichen Anforderungen der Verordnung (EG) Nr.761/2001 gleichwertig mit den Anforderungen sind, die zur Überwachung und zu den Antragsunterlagen nach diesem Gesetz oder den aufgrund dieses Gesetzes erlassenen Rechtsverordnungen vorgesehen sind oder soweit die Gleichwertigkeit durch die Rechtsverordnung nach dieser Vorschrift sichergestellt sind. [2] Dabei können auch weitere Voraussetzungen für die Inanspruchnahme und die Rücknahme von Erleichterungen oder die ganze oder teilweise Aussetzung von Erleichterungen, wenn Voraussetzungen für deren Gewährung nicht mehr vorliegen, geregelt werden. Ordnungsrechtliche Erleichterungen können gewährt werden, wenn der Umweltgutachter die Einhaltung der Umweltvorschriften geprüft hat, keine Abweichungen festgestellt hat und dies in der Gültigkeitserklärung bescheinigt. [3] Dabei können insbesondere Erleichterungen zu
1. Kalibrierungen, Ermittlungen, Prüfungen und Messungen,
2. Messberichten sowie sonstigen Berichten und Mitteilungen von Ermittlungsergebnissen,
3. Aufgaben des Immissionsschutz- und Störfallbeauftragten,
4. Mitteilungspflichten zur Betriebsorganisation und
5. zur Häufigkeit der behördlichen Überwachung
vorgesehen werden.

§ 59 Zuständigkeit bei Anlagen der Landesverteidigung. Die Bundesregierung wird ermächtigt, durch Rechtsverordnung mit Zustimmung des Bundesrates zu bestimmen, daß der Vollzug dieses Gesetzes und der auf dieses Gesetz gestützten Rechtsverordnungen bei Anlagen, die der Landesverteidigung dienen, Bundesbehörden obliegt.

§ 60 Ausnahmen für Anlagen der Landesverteidigung. (1) [1] Das Bundesministerium der Verteidigung kann für Anlagen nach § 3 Abs.5 Nr.1 und 3, die der Landesverteidigung dienen, in Einzelfällen, auch für bestimmte Arten von Anlagen, Ausnahmen von diesem Gesetz und von den auf dieses Gesetz gestützten Rechtsverordnungen zulassen, soweit dies zwingende Gründe der Verteidigung oder die Erfüllung zwischenstaatlicher Verpflichtungen erfordern. [2] Dabei ist der Schutz vor schädlichen Umwelteinwirkungen zu berücksichtigen.

(2) [1] Die Bundeswehr darf bei Anlagen nach § 3 Abs.5 Nr.2, die ihrer Bauart nach ausschließlich zur Verwendung in ihrem Bereich bestimmt sind, von den Vorschriften dieses Gesetzes und der auf dieses Gesetz gestützten Rechtsverordnungen abweichen, soweit dies zur Erfüllung ihrer besonderen Aufgaben zwingend erforderlich ist. [2] Die auf Grund völkerrechtlicher Verträge in der Bundesrepublik Deutschland stationierten Truppen dürfen bei Anlagen nach § 3 Abs.5 Nr.2, die zur Verwendung in

deren Bereich bestimmt sind, von den Vorschriften dieses Gesetzes und der auf dieses Gesetz gestützten Rechtsverordnungen abweichen, soweit dies zur Erfüllung ihrer besonderen Aufgaben zwingend erforderlich ist.

§ 61 (weggefallen)

§ 62 Ordnungswidrigkeiten. (1) Ordnungswidrig handelt, wer vorsätzlich oder fahrlässig
1. eine Anlage ohne die Genehmigung nach § 4 Abs.1 errichtet,
2. einer auf Grund des § 7 erlassenen Rechtsverordnung oder auf Grund einer solchen Rechtsverordnung erlassenen vollziehbaren Anordnung zuwiderhandelt, soweit die Rechtsverordnung für einen bestimmten Tatbestand auf diese Bußgeldvorschrift verweist,
3. eine vollziehbare Auflage nach § 8a Abs.2 Satz 2 oder § 12 Abs.1 nicht, nicht richtig, nicht vollständig oder nicht rechtzeitig erfüllt,
4. die Lage, die Beschaffenheit oder den Betrieb einer genehmigungsbedürftigen Anlage ohne die Genehmigung nach § 16 Abs.1 wesentlich ändert,
5. einer vollziehbaren Anordnung nach § 17 Abs.1 Satz 1 oder 2, jeweils auch in Verbindung mit Abs.5, § 24 Satz 1, § 26 Abs.1, § 28 Satz 1 oder § 29 nicht, nicht richtig, nicht vollständig oder nicht rechtzeitig nachkommt,
6. eine Anlage entgegen einer vollziehbaren Untersagung nach § 25 Abs.1 betreibt,
7. einer auf Grund der §§ 23, 32, 33 Abs.1 Nr.1 oder 2, §§ 34, 35, 37, 38 Abs.2, § 39 oder § 48a Abs.1 Satz 1 oder 2, Abs.1a oder 3 erlassenen Rechtsverordnung oder einer auf Grund einer solchen Rechtsverordnung ergangenen vollziehbaren Anordnung zuwiderhandelt, soweit die Rechtsverordnung für einen bestimmten Tatbestand auf diese Bußgeldvorschrift verweist,
7a. entgegen § 38 Abs.1 Satz 2 Kraftfahrzeuge und ihre Anhänger, die nicht zum Verkehr auf öffentlichen Straßen zugelassen sind, Schienen-, Luft- und Wasserfahrzeuge sowie Schwimmkörper und schwimmende Anlagen nicht so betreibt, dass vermeidbare Emissionen verhindert und unvermeidbare Emissionen auf ein Mindestmaß beschränkt bleiben oder
8. entgegen einer Rechtsverordnung nach § 49 Abs.1 Nr.2 oder einer auf Grund einer solchen Rechtsverordnung ergangenen vollziehbaren Anordnung eine ortsfeste Anlage errichtet, soweit die Rechtsverordnung für einen bestimmten Tatbestand auf diese Bußgeldvorschrift verweist.

(2) Ordnungswidrig handelt ferner, wer vorsätzlich oder fahrlässig
1. entgegen § 15 Abs.1 oder 3 eine Anzeige nicht, nicht richtig, nicht vollständig oder nicht rechtzeitig macht,
1a. entgegen § 15 Abs.2 Satz 2 eine Änderung vornimmt,
2. entgegen § 27 Abs.1 Satz 1 in Verbindung mit einer Rechtsverordnung nach Absatz 4 Satz 1 eine Emissionserklärung nicht, nicht richtig, nicht

vollständig oder nicht rechtzeitig abgibt oder nicht, nicht richtig, nicht vollständig oder nicht rechtzeitig ergänzt,
3. entgegen § 31 Satz 1 das Ergebnis der Ermittlungen nicht mitteilt oder die Aufzeichnungen der Messgeräte nicht aufbewahrt,
4. entgegen § 52 Abs.2 Satz 1, 3 oder 4, auch in Verbindung mit Absatz 3 Satz 1 oder Absatz 6 Satz 1 Auskünfte nicht, nicht richtig, nicht vollständig oder nicht rechtzeitig erteilt, eine Maßnahme nicht duldet, Unterlagen nicht vorlegt, beauftragte Personen nicht hinzuzieht oder einer dort sonst genannten Verpflichtung zuwiderhandelt,
5. entgegen § 52 Abs.3 Satz 2 die Entnahme von Stichproben nicht gestattet,
6. eine Anzeige nach § 67 Abs.2 Satz 1 nicht, nicht richtig, nicht vollständig oder nicht rechtzeitig erstattet oder
7. entgegen § 67 Abs.2 Satz 2 Unterlagen nicht, nicht richtig, nicht vollständig oder nicht rechtzeitig vorlegt.

(3) Die Ordnungswidrigkeit nach Absatz 1 kann mit einer Geldbuße bis zu fünfzigtausend Euro, die Ordnungswidrigkeit nach Absatz 2 mit einer Geldbuße bis zu zehntausend Euro geahndet werden.

§ 62a (weggefallen)

§§ 63 bis **65** (weggefallen)

Siebenter Teil. Schlussvorschriften

§ 66 Fortgeltung von Vorschriften. (1) (weggefallen).

(2) Bis zum Inkrafttreten von entsprechenden allgemeinen Verwaltungsvorschriften nach diesem Gesetz sind die
– (gegenstandslos)
– Allgemeine Verwaltungsvorschrift zum Schutz gegen Baulärm – Geräuschimmissionen – vom 19. August 1970 (Beilage zum BAnz. Nr.160 vom 1. September 1970),
– (gegenstandslos)
maßgebend.

§ 67 Übergangsvorschrift. (1) Eine Genehmigung, die vor dem Inkrafttreten dieses Gesetzes nach § 16 oder § 25 Abs.1 der Gewerbeordnung erteilt worden ist, gilt als Genehmigung nach diesem Gesetz fort.

(2) [1]Eine genehmigungsbedürftige Anlage, die bei Inkrafttreten der Verordnung nach § 4 Abs.1 Satz 3 errichtet oder wesentlich geändert ist, oder mit deren Errichtung oder wesentlichen Änderung begonnen worden ist, muss innerhalb eines Zeitraums von drei Monaten nach Inkrafttreten der Verordnung der zuständigen Behörde angezeigt werden, sofern die Anlage nicht nach § 16 Abs.1 oder § 25 Abs.1 der Gewerbeordnung genehmigungsbedürftig war oder nach § 16 Abs.4 der Gewerbeordnung

angezeigt worden ist. ²Der zuständigen Behörde sind innerhalb eines Zeitraums von zwei Monaten nach Erstattung der Anzeige Unterlagen gemäß § 10 Abs.1 über Art, Lage, Umfang und Betriebsweise der Anlage im Zeitpunkt des Inkrafttretens der Verordnung nach § 4 Abs.1 Satz 3 vorzulegen.

(3) Die Anzeigepflicht nach Absatz 2 gilt nicht für ortsveränderliche Anlagen, die im vereinfachten Verfahren (§ 19) genehmigt werden können.

(4) Bereits begonnene Verfahren sind nach den Vorschriften dieses Gesetzes und der auf dieses Gesetz gestützten Rechts- und Verwaltungsvorschriften zu Ende zu führen.

(5) ¹Soweit durch das Gesetz zur Umsetzung der UVP-Änderungsrichtlinie, der IVU-Richtlinie und weiterer EG-Richtlinien zum Umweltschutz vom 27. Juli 2001 (BGBl. I S.1950) in § 5 neue Anforderungen festgelegt worden sind, sind diese von Anlagen, die sich im Zeitpunkt des Inkrafttretens des genannten Gesetzes in Betrieb befanden oder mit deren Errichtung zu diesem Zeitpunkt begonnen wurde, bis zum 30. Oktober 2007 zu erfüllen. ²Für Anlagen, für die bei Inkrafttreten des in Satz 1 genannten Gesetzes ein vollständiger Genehmigungsantrag nach den bis zu diesem Zeitpunkt geltenden Vorschriften vorlag, gelten Satz 1 sowie die bis zum Inkrafttreten des in Satz 1 genannten Gesetzes geltenden Vorschriften für Antragsunterlagen.

(6) ¹Eine nach diesem Gesetz erteilte Genehmigung für eine Anlage zum Umgang mit
1. gentechnisch veränderten Mikroorganismen,
2. gentechnisch veränderten Zellkulturen, soweit sie nicht dazu bestimmt sind, zu Pflanzen regeneriert zu werden,
3. Bestandteilen oder Stoffwechselprodukten von Mikroorganismen nach Nummer 1 oder Zellkulturen nach Nummer 2, soweit sie biologisch aktive, rekombinante Nukleinsäure enthalten,

ausgenommen Anlagen, die ausschließlich Forschungszwecken dienen, gilt auch nach dem Inkrafttreten eines Gesetzes zur Regelung von Fragen der Gentechnik fort. ²Absatz 4 gilt entsprechend.

(7) ¹Eine Planfeststellung oder Genehmigung nach dem Abfallgesetz gilt als Genehmigung nach diesem Gesetz fort. ²Eine Anlage, die nach dem Abfallgesetz angezeigt wurde, gilt als nach diesem Gesetz angezeigt. ³Abfallentsorgungsanlagen, die weder nach dem Abfallgesetz planfestgestellt oder genehmigt noch angezeigt worden sind, sind unverzüglich bei der zuständigen Behörde anzuzeigen. ⁴Absatz 2 Satz 2 gilt entsprechend.

(8) Für die für das Jahr 1996 abzugebenden Emissionserklärungen ist § 27 in der am 14. Oktober 1996 geltenden Fassung weiter anzuwenden.

§ 67 a Überleitungsregelung aus Anlass der Herstellung der Einheit Deutschlands. (1) ¹In dem in Artikel 3 des Einigungsvertrages genannten Gebiet muss eine genehmigungsbedürftige Anlage, die vor dem 1. Juli 1990 errichtet worden ist oder mit deren Errichtung vor diesem Zeitpunkt begonnen wurde, innerhalb von sechs Monaten nach diesem Zeitpunkt der zuständigen Behörde angezeigt werden. ²Der Anzeige sind Unterlagen über Art, Umfang und Betriebsweise beizufügen.

(2) In dem in Artikel 3 des Einigungsvertrages genannten Gebiet darf die Erteilung einer Genehmigung zur Errichtung und zum Betrieb oder zur wesentlichen Änderung der Lage, Beschaffenheit oder des Betriebs einer genehmigungsbedürftigen Anlage wegen der Überschreitung eines Immissionswertes durch die Immissionsvorbelastung nicht versagt werden, wenn

1. die Zusatzbelastung geringfügig ist und mit einer deutlichen Verminderung der Immissionsbelastung im Einwirkungsbereich der Anlage innerhalb von fünf Jahren ab Genehmigung zu rechnen ist oder
2. im Zusammenhang mit dem Vorhaben Anlagen stillgelegt oder verbessert werden und dadurch eine Verminderung der Vorbelastung herbeigeführt wird, die im Jahresmittel mindestens doppelt so groß ist wie die von der Neuanlage verursachte Zusatzbelastung.

(3) Soweit die Technische Anleitung zur Reinhaltung der Luft vom 27. Februar 1986 (GMBl. S.95, 202) die Durchführung von Maßnahmen zur Sanierung von Altanlagen bis zu einem bestimmten Termin vorsieht, verlängern sich die hieraus ergebenden Fristen für das in Artikel 3 des Einigungsvertrages genannte Gebiet um ein Jahr; als Fristbeginn gilt der 1. Juli 1990.

§§ 68 bis 72 (Änderung von Rechtsvorschriften, Überleitung von Verweisungen, Aufhebung von Vorschriften)

§ 73 (weggefallen)

Anhang (zu § 3 Absatz 6)

Kriterien zur Bestimmung des Standes der Technik

Bei der Bestimmung des Standes der Technik sind unter Berücksichtigung der Verhältnismäßigkeit zwischen Aufwand und Nutzen möglicher Maßnahmen sowie des Grundsatzes der Vorsorge und der Vorbeugung, jeweils bezogen auf Anlagen einer bestimmten Art, insbesondere folgende Kriterien zu berücksichtigen:
1. **Einsatz abfallarmer Technologie,**
2. **Einsatz weniger gefährlicher Stoffe,**
3. **Förderung der Rückgewinnung und Wiederverwertung der bei den einzelnen Verfahren erzeugten und verwendeten Stoffe und gegebenenfalls der Abfälle,**
4. **vergleichbare Verfahren, Vorrichtungen und Betriebsmethoden, die mit Erfolg im Betrieb erprobt wurden,**

5. Fortschritte in der Technologie und in den wissenschaftlichen Erkenntnissen,
6. Art, Auswirkungen und Menge der jeweiligen Emissionen
7. Zeitpunkte der Inbetriebnahme der neuen oder der bestehenden Anlagen,
8. für die Einführung einer besseren verfügbaren Technik erforderliche Zeit
9. Verbrauch an Rohstoffen und Art der bei den einzelnen Verfahren verwendeten Rohstoffe (einschließlich Wasser) sowie Energieeffizienz,
10. Notwendigkeit, die Gesamtwirkung der Emissionen und die Gefahren für den Menschen und die Umwelt soweit wie möglich zu vermeiden oder zu verringern,
11. Notwendigkeit, Unfällen vorzubeugen und deren Folgen für den Menschen und die Umwelt zu verringern,
12. Informationen, die von der Kommission der Europäischen Gemeinschaften gemäß Artikel 16 Abs.2 der Richtlinie 96/61/EG des Rates vom 24. September 1996 über die integrierte Vermeidung und Verminderung der Umweltverschmutzung (ABl. EG Nr.L 257 S.26) oder von internationalen Organisationen veröffentlicht werden.

Einleitung

Übersicht

I. Entstehung, Änderungen und Grundstrukturen des Bundes-Immissionsschutzgesetzes 1
   1. Entstehung und Änderungen 1
      a) Entstehung des BImSchG 1
      b) Änderungen und Neubekanntmachung des BImSchG 2
   2. Funktionen und Grundstrukturen des Bundes-Immissionsschutzgesetzes 4

II. Bundes-Immissionsschutzverordnungen 9
   1. Errichtung und Betrieb von Anlagen 9
      a) Übergreifende Regelungen 9
      b) Luftreinhaltung 10
      c) Lärm 12
      d) Sonstiges 13
   2. Inverkehrbringen von Anlagen, Stoffen und Erzeugnissen 14
   3. Verkehr 15
   4. Luftqualität 16

III. Deutsches Immissionsschutzrecht außerhalb des BImSchG ... 20
   1. Bundesrecht 20
   2. Landesrecht 23
      a) Schutz vor Immissionen 23
      b) Schutz vor Störfällen 26

IV. EG-Recht 29
   1. Grundlagen 29
   2. Immissionsschutzrecht für den Betrieb von Anlagen 31
      a) Luftreinhaltung 31
      b) Lärmschutz 32
      c) Schwere Unfälle 33
      d) Übergreifende Regelungen 34
   3. Immissionsschutzrecht für Stoffe und Produkte 35
      a) Luftreinhaltung 35
      b) Lärmschutz 36
   4. Immissionsschutzrecht für Fahrzeuge 37
      a) Luftreinhaltung 37
      b) Lärmschutz 38
   5. Quellenunabhängiges Immissionsschutzrecht 39
      a) Luftqualität 39
      b) Lärmschutz 40

V. Gesetzgebungskompetenzen im Immissionsschutzrecht 43
   1. Bundesgesetzgebungskompetenz 43
   2. Landesgesetzgebungskompetenzen 44
      a) Grundlagen 44

b) Im Anwendungsbereich des BImSchG	45
c) Außerhalb des Anwendungsbereichs des BImSchG	49
3. Rechtsetzungskompetenzen der Europäischen Gemeinschaft	52
VI. Verwaltungskompetenzen und Zuständigkeit	53
1. Verteilung der Verwaltungskompetenzen	53
a) Regelfall: Länderbehörden	53
b) Ausnahme: Bundeskompetenz	54
2. Zuständige Landesbehörde	56
a) Sachliche Zuständigkeit	56
b) Örtliche Zuständigkeit	57

Literatur A (Grundlagen, Entwicklung, Kompetenzen): *Koch,* Grundlagen, Schutz der Wälder, in: Rengeling (Hg.), Handbuch zum europäischen und deutschen Umweltrecht, Bd. II/1, 2. Aufl. 2003, § 47; *Martens,* Immissionsschutz und Föderalismus aus der Sicht der Wirtschaft, in: Kloepfer (Hg.), Umweltföderalismus, 2002, 257; *Hansmann,* Immissionsschutz und Föderalismus aus der Sicht der Verwaltung, in: Kloepfer (Hg.), Umweltföderalismus, 2002, 275; *Schulze-Fielitz,* Immissionsschutzrecht als Feld bundesstaatlichen Wettbewerbs?, NuR 2002, 1; *ders.,* Immissionsschutz und Föderalismus aus der Sicht der Wissenschaft, in: Kloepfer (Hg.), Umweltföderalismus, 2002, 287; *Koch/Prall,* Entwicklungen des Immissionsschutzrechts, NVwZ 2002, 666; *Jarass,* Zur Systematik des Immissionsschutzrechts, in: Dolde (Hg.), Umweltrecht im Wandel, 2001, 381 ff; *Hansmann,* Immissionsschutz und Föderalismus, ImSch 2001, 84; *Eiermann,* Einführung in das Immissionsschutzrecht, VBlBW 2000, 135; *Feldhaus,* Entwicklung des Immissionsschutzrechts, NVwZ 1998, 1138; *Feldhaus,* Entwicklung des Immissionsschutzrechts, NVwZ 1995, 963 ff; *Prümm,* Das Vorschaltgesetz zum Immissionsschutz des Landes Brandenburg, LKV 1992, 290 f; *Pudenz,* Zum Verhältnis von Bundes- und Landes-Immissionsschutzrecht, NuR 1991, 359 ff; *Bothe,* Verwaltungsorganisation im Umweltschutz – Ressortzuständigkeiten und Sonderbehörden, 1986; *Seiler,* Die Rechtslage der nicht genehmigungsbedürftigen Anlagen iSv §§ 22 ff BImSchG, 1985; *Pestalozza,* Zur Gesetzgebungszuständigkeit des Bundes im Umweltschutz, WiVerw 1984, 205 ff; *Sellner/Loewer,* Immissionsschutzrecht für nicht genehmigungsbedürftigen Anlagen, WiVerw 1980, 221 ff.

Literatur B (EG-Recht): *Jarass,* Luftqualitätsrichtlinien der EU und die Novellierung des Immissionsschutzrechts, NVwZ 2003, 257; *Jarass,* Europäisierung des Immissionsschutzrechts, UPR 2000, 241; 9; *Ch. Müller,* Die TA Lärm als Rechtsproblem, 2000; *Stapelfeldt,* Die immissionsschutzrechtliche Anlagenzulassung nach europäischem Recht, 2000; *Schröder,* Einwirkungen des europäischen Gemeinschaftsrechts auf das Bundes-Immissionsschutzgesetz, in: Festschrift für Feldhaus, 1999, 29; *Rengeling* (Hg.), Handbuch zum europäischen und deutschen Umweltrecht, 1998, § 49–§ 58; *Nicklas,* Implementationsprobleme des EG-Umweltrechts, 1997; *Jahns-Böhm,* Umweltschutz durch Europäisches Gemeinschaftsrecht am Beispiel der Luftreinhaltung, 1994; *Hüwels,* Umweltrecht – Immissionsschutz, in: Lenz (Hg.), EG-Handbuch Recht im Binnenmarkt, 2. Aufl. 1994, 808 f; *Scherer/Heselhaus,* Umweltrecht, in: Dauses (Hg.), Handbuch des EG-Wirtschaftsrechts, Stand 1993, O Rn.114 f.; *Koch,* Luftreinhalterecht in der Europäischen Gemeinschaft, DVBl 1992, 124 ff; *Offerman-Clas,* Das Luftreinhalterecht der Europäischen Gemeinschaften – Fortschritte seit dem Jahr 1983, NJW 1986, 1388 f; *Gündling,* Völkerrechtliche und europarechtliche Aspekte der Luftreinhaltung, UPR 1985, 403 ff; *Steiger,* Europarechtliche Grundlagen, in: Salzwedel (Hg.), Grundzüge des Umweltrechts, 1982, 65 ff.

Einleitung **Einl**

I. Entstehung, Änderungen und Grundstrukturen des Bundes-Immissionsschutzgesetzes

1. Entstehung und Änderungen

a) Entstehung des BImSchG

Der Entwurf des BImSchG wurde von der Bundesregierung am 30. 11. **1** 1971 im Bundestag eingebracht (BT-Drs. 6/2868), konnte aber in der 6. Wahlperiode des Bundestags nicht mehr verabschiedet werden (zur Vorgeschichte des Gesetzes Müller, Innenwelt der Umweltpolitik, 1986, 206 ff). Er wurde daher mit der Stellungnahme des Bundesrats am 14. 2. 1973 erneut im Bundestag eingebracht (BT-Drs. 7/179). Der federführende Innenausschuss erstattete einen Bericht (BT-Drs. 7/1513). Der Bundestag hat das Gesetz am 18. 1. 1974 in der vom Innenausschuss beschlossenen Fassung (BT-Drs. 7/1508) angenommen. Die insb. wegen § 10 gem. Art.84 Abs.1 GG notwendige Zustimmung des Bundesrates erfolgte am 15. 2. 1974. Am 15. 3. 1974 wurde das Gesetz vom Bundespräsidenten ausgefertigt und am 21. 3. 1974 im Bundesgesetzblatt verkündet (BGBl I 721, ber. 1193) und trat im Wesentlichen am 1. 4. 1974 in Kraft (näher Rn.1 zu § 74).

b) Änderungen und Neubekanntmachung des BImSchG

Das (1974 erlassene) BImSchG wurde durch eine Vielzahl von Gesetzen **2** geändert (dazu Huber, AöR 1989, 257 ff; Kunig, NJ 1992, 55 ff; Hansmann, in: Koch/Lechelt (Hg.), Zwanzig Jahre Bundes-Immissionsschutzgesetz, 1994, 20 ff; Schäfer, NVwZ 1997, 526 ff). Zudem wurde das Gesetz zweimal neu bekanntgemacht:

(1) Durch Art.287 Nr.11 EGStGB vom 2. 3. 1974 (BGBl I 469) idF von § 1 Nr.14 des Änderungsgesetzes zum EGStGB vom 15. 8. 1974 (BGBl I 1942) mit Wirkung vom 1. 1. 1975. Betroffene Vorschrift: § 65 (aufgeh.).

(2) Durch das Änderungsgesetz vom 4. 5. 1976 (BGBl I 1148) mit Wirkung vom 8. 5. 1976. Betroffene Vorschrift: § 67 Abs.5 (eingef.).

(3) Durch § 99 VwVfG vom 25. 5. 1976 (BGBl I 1253) mit Wirkung vom 1. 1. 1977. Betroffene Vorschrift: § 10 Abs.4, Abs.8.

(4) Durch Art.45 EGAO 1977 vom 14. 12. 1976 (BGBl I 3341) mit Wirkung vom 1. 1. 1977. Betroffene Vorschriften: § 27 Abs.2, § 52 Abs.7.

(5) Durch Art.12 des Gesetzes zur Bekämpfung der Umweltkriminalität vom 28. 3. 1980 (BGBl I 373) mit Wirkung vom 1. 7. 1980. Betroffene Vorschriften: § 62 Abs.1, § 63 (aufgeh.), § 64 (aufgeh.).

(6) Durch § 174 Abs.5 BBergG vom 13. 8. 1980 (BGBl I 1310) mit Wirkung vom 1. 1. 1982. Betroffene Vorschrift: § 4 Abs.2.

(7) Durch Art.2 des 2. Gesetzes zur Änderung des Abfallbeseitigungsgesetzes vom 4. 3. 1982 (BGBl I 281) mit Wirkung vom 1. 4. 1982. Betroffene Vorschrift: § 19 Abs.2.

(8) Durch Art.1 des 2. Gesetzes zur Änderung des BImSchG vom 4. 10. 1985 (BGBl I 1950) mit Wirkung vom 13. 10. 1985. Betroffene Vorschriften: § 5 Abs.1, Abs.2, § 7 Abs.2, Abs.3, § 16 Abs.1, Abs.2, § 17 Abs.2, Abs.3, Abs.5, § 19 Abs.2, § 20 Abs.1, § 23 Abs.1, § 28 Nr.2, § 29 Abs.1, § 32 Abs.1, § 34 Abs.1, § 35 Abs.2, § 43 Abs.2, § 48 Nr.4, § 62 Abs.1, Abs.2. Zu diesen Änderungen Jarass, NVwZ 1986, 607 ff.

(9) Durch Art.2 des 3. Gesetzes zur Änderung des Gesetzes über die Aufgaben des Bundes auf dem Gebiet der Binnenschifffahrt vom 21. 4. 1986 (BGBl I 551, ber. 895) mit Wirkung zum 1. 6. 1986. Betroffene Vorschriften: § 2 Abs.1 Nr.3, § 38, § 39, § 62 Abs.1 Nr.7.

(10) Durch Art.34 des 1. Rechtsbereinigungsgesetzes vom 24. 4. 1986 (BGBl I 560) mit Wirkung zum 30. 4. 1986. Betroffene Vorschrift: § 66 Abs.3.

(11) Durch Art.2 des 5. Gesetzes zur Änderung des Wasserhaushaltsgesetzes vom 25. 7. 1986 (BGBl I 1165) mit Wirkung zum 1. 1. 1987. Betroffene Vorschrift: § 13 Abs.1.

(12) Durch Art.5 der 3. Zuständigkeitsanpassungsverordnung vom 26. 11. 1986 (BGBl I 2089) mit Wirkung zum 6. 6. 1986. Betroffene Vorschriften: § 10 Abs.11, § 38 Abs.2, § 39, § 45, § 46 Abs.1, § 53 Abs.1, § 55 Abs.2.

(13) Durch Art.4 des Gesetzes zur Umsetzung der Richtlinie des Rates vom 27. Juni 1985 über die Umweltverträglichkeitsprüfung bei bestimmten öffentlichen und privaten Projekten vom 12. 2. 1990 (BGBl I 205) mit Wirkung zum 1. 6. 1992 (dazu Rn.12 zu § 10) bzw. (hinsichtlich § 10 Abs.10) zum 21. 2. 1990. Betroffene Vorschrift: § 10 Abs.3, Abs.4, Abs.10.

(14) Durch Art.1 des 3. Gesetzes zur Änderung des Bundes-Immissionsschutzgesetzes vom 11. 5. 1990 (BGBl I 870) mit Wirkung zum 1. 9. 1990 bzw. (soweit es um den Erlass von Rechtsverordnungen oder allgemeinen Verwaltungsvorschriften geht) zum 23. 5. 1990. Betroffene Vorschriften: § 1, § 2 Abs.2, § 3 Abs.2, § 5 Abs.1, Abs.2, Abs.3 (eingef.), § 7 Abs.1, Abs.3, Abs.4 (eingef.), § 15a (eingef.), § 16, § 17 Abs.3a (eingef.), Abs.4a (eingef.), Abs.5, § 19 Abs.2, Abs.3 (eingef.), § 23 Abs.1, § 26 Abs.2 (eingef.), § 27 Abs.1, Abs.3, Abs.4, § 28 S.2, § 29a (eingef.), § 30, § 31a (eingef.), § 32 Abs.1, Abs.2, § 34 Abs.1, Abs.2, § 40 Abs.2 (eingef.), § 44, § 45, § 46 Abs.1, § 47, § 47a (eingef.), § 48a (eingef.), § 51a (eingef.), § 52 Abs.2, Abs.3, Abs.4, § 52a (eingef.), § 54 Abs.1, § 55 Abs.1, Abs.1a (eingef.), Abs.3, Abs.4, § 56, § 57, § 58, § 58a (eingef.), § 58b (eingef.), § 58c (eingef.), § 58d (eingef.), § 62 Abs.1, Abs.2, § 67 Abs.6.

(15) Durch die Bekanntmachung der Neufassung des Bundes-Immissionsschutzgesetzes vom 14. 5. 1990 (BGBl I 880) wurde das Gesetz mit Wirkung zum 1. 9. 1990 neu bekannt gemacht. Dabei wurde auf die Bekanntmachung der obsoleten Vorschriften des § 66 Abs.1, des

Einleitung **Einl**

§ 68, des § 69, des § 70, des § 71, des § 72 und des § 74 verzichtet. Zur Wirkung der Neubekanntmachung Rn.1 zu § 74.
(16) Durch Kap. XII Abschn. II des Gesetzes zu dem Vertrag vom 31. August 1990 zwischen der Bundesrepublik Deutschland und der Deutschen Demokratischen Republik über die Herstellung der Einheit Deutschlands vom 23. 9. 1990 (BGBl II 889) mit Wirkung zum 3. 10. 1990. Betroffene Vorschriften: § 10, § 10a (eingef.), § 67a (eingef.), § 74.
(17) Durch § 1 des Gesetzes zur Überleitung von Bundesrecht nach Berlin (West) vom 25. 9. 1990 (BGBl I 2106) mit Wirkung zum 3. 10. 1990. Betroffene Vorschriften: § 10 Abs.12, § 59 Abs.2, § 60 Abs.3, § 73.
(18) Durch Art.4 des Gesetzes über die Umwelthaftung vom 10. 12. 1990 (BGBl I 2634) mit Wirkung zum 1. 1. 1991. Betroffene Vorschrift: § 51b.
(19) Durch Art.1 des Gesetzes zur Verlängerung der Verwaltungshilfe vom 26. 6. 1992 (BGBl I 1161) mit Wirkung zum 1. 7. 1992. Betroffene Vorschrift: § 10a, § 74.
(20) Durch Art.4 des 2. Gesetzes zur Änderung des Gerätesicherheitsgesetzes vom 26. 8. 1992 (BGBl I 1564) mit Wirkung zum 1. 1. 1993. Betroffene Vorschriften: § 7 Abs.1 Nr.4, § 29a Abs.1 S.2, § 31a Abs.2 S.1.
(21) Durch Art.8 des Investitionserleichterungs- und Wohnbaulandgesetzes vom 22. 4. 1993 (BGBl I 466) mit Wirkung zum 1. 5. 1993. Betroffene Vorschriften: § 4 Abs.1, § 8, § 10 Abs.3 S.2, 3, Abs.4 Nr.4, Abs.5, Abs.6a (eingef.,), Abs.8, Abs.10 S.1, Abs.12 (gestr.), § 13 S.1, § 15 Abs.1 S.3, Abs.2, § 15a Abs.1, Abs.1a (eingef.), § 23 Abs.1 S.1 Nr.4, 5 (eingef.), S.2 (eingef.), § 33 Abs.1, Abs.2, § 62 Abs.1 Nr.7, § 67 Abs.7 (eingef.).
(22) Durch Art.4 des 31. StrafrechtsÄndG vom 27. 6. 1994 (BGBl I 1440) mit Wirkung zum 1. 11. 1994. Betroffene Vorschrift: § 62 Abs.1 Nr.6.
(23) Durch Art.2 des Gesetzes zur Vermeidung, Verwertung und Beseitigung von Abfällen vom 27. 9. 1994 (BGBl I 2705) mit Wirkung zum 7. 10. 1994 (§ 22) bzw. zum 7. 10. 1996 (sonstige Vorschriften). Betroffene Vorschriften: § 5 Abs.1 S.1 Nr.3, Abs.3 Nr.2, § 22 Abs.1 S.2 (eingef.) und § 54 Abs.1 S.2 Nr.1a.
(24) Durch Art.2 Abs.5 des Magnetschwebebahnplanungsgesetzes vom 23. 11. 1994 (BGBl I 3486) mit Wirkung zum 30. 11. 1994. Betroffene Vorschriften: § 2 Abs.1 Nr.4 und § 41 Abs.1.
(25) Durch Art.1 des Gesetzes zur Änderung des Bundes-Immissionsschutzgesetzes vom 19. 7. 1995 (BGBl. I 930) mit Wirkung zum 26. 7. 1995. Betroffene Vorschriften: § 40a (eingef.), § 40b (eingef.), § 40c (eingef.), § 40d (eingef.), § 40e (eingef.), § 62a (eingef.), § 74, Anh. zu § 40c Abs.1 (eingef.).
(26) Durch § 14 Abs.19 des Gesetzes vom 19. 7. 1996 (BGBl. I 1019) wurde § 43 Abs.1 Nr.2 mit Wirkung zum 25. 7. 1996 geändert.

(27) Durch Art.1 des Gesetzes zur Beschleunigung und Vereinfachung immissionsschutzrechtlicher Genehmigungsverfahren vom 9. 10. 1996 (BGBl. I 1498) mit Wirkung zum 15. 10. 1996. Betroffene Vorschriften: § 6 Abs.2 (eingef.), § 8a (eingef.), § 10 Abs.10, § 12 Abs.2a, 2b (eingef.), § 14a (eingef.), § 15, § 15a (aufgeh.), § 16, § 17, § 19 Abs.3, § 23 Abs.1, § 23 Abs.1a (eingef.), § 26, § 27 Abs.1, § 28, § 29a, § 62, § 67.

(28) Durch Art.2 des Kraftfahrzeugsteuer-ÄndG 1997 v. 18. 4. 1997 (BGBl I 805) wurde der Anhang des Gesetzes mit Wirkung zum 25. 4. 1997 geändert.

(29) Durch Art.3 des Bodenschutzgesetzes vom 17. 3. 1998 (BGBl I 502) wurden § 5 Abs.3 und § 17 Abs.4a mit Wirkung zum 1. 3. 1999 geändert.

(30) Durch Art.1 des 5. Gesetzes zur Änderung des BImSchG vom 19. 10. 1998 (BGBl I 3178) wurde § 3 Abs.5a, § 20 Abs.1a, § 25 Abs.1a, § 37 S.2, § 48a Abs.3 eingefügt und § 23 Abs.1 sowie § 50 mit Wirkung zum 3. 2. 1999 bzw. zum 27. 10. 1998 geändert.

(31) Durch Art.9 des 2. Gesetzes zur Erleichterung der Verwaltungsreform in den Ländern vom 3. 5. 2000 (BGBl I 632) wurde § 40b Abs.1 S.1 mit Wirkung zum 11. 5. 2000 geändert; die Vorschrift war aber bereits vorher außer Kraft getreten (vgl. Rn.2 zu § 74).

(32) Durch Art.3 Abs.3 des Gesetzes zur Änderung des Gerätesicherheitsgesetzes v. 27. 12. 2000 (BGBl I 2048) wurde § 29a Abs.1 S.2 mit Wirkung zum 31. 12. 2000 geändert.

(33) Durch Art.1 des Gesetzes zur Sicherstellung der Nachsorgepflichten bei Abfalllagern vom 13. 7. 2001 (BGBl I 1550) wurden § 12 Abs.1 S.2 und § 17 Abs.4a S.2 mit Wirkung zum 19. 7. 2001 angefügt.

(34) Durch Art.2 des Gesetzes zur Umsetzung der UVP-Änderungsrichtlinie, der IVU-Richtlinie und weiterer EG-Richtlinien zum Umweltschutz vom 27. 7. 2001 (BGBl I 1950) mit Wirkung zum 3. 8. 2001. Betroffene Vorschriften: § 1, § 2 Abs.2 S.2, § 3 Abs.6, § 5, § 7 Abs.1, 2, 4, § 10 Abs.5, 10, § 12 Abs.1, § 13, § 15 Abs.1, 3, § 17 Abs.4a, § 27 Abs.1, 3, 4, § 31, § 48, § 52 Abs.1, § 58e, § 61, § 62, § 67 Abs.5, Anhang.

(35) Durch Art.1 des Gesetzes zur Umstellung der umweltrechtlichen Vorschriften auf den Euro vom 9. 9. 2001 (BGBl I 2331) wurde § 62 Abs.3 mit Wirkung zum 1. 1. 2002 geändert.

(36) Durch Art.49 der Siebenten Zuständigkeitsanpassungs-Verordnung vom 29. 10. 2001 (BGBl I 2785) wurden § 10 Abs.11, § 31a Abs.1, 3, 4, § 38 Abs.2 S.1, § 39 S.1, § 45, § 46 Abs.1 S.5, § 51a Abs.1, 3, § 53 Abs.1 S.2, § 55 Abs.2, 3 und § 60 Abs.1 S.1 mit Wirkung zum 7. 11. 2001 geändert.

(37) Durch Art.68 des 3. Gesetzes zur Änderung verwaltungsverfahrensrechtlicher Vorschriften vom 21. 8. 2002 (BGBl I 3322) wurde § 10 Abs.1 S.4 mit Wirkung zum 1. 2. 2003 angefügt.

Einleitung

(38) Durch das 7. Gesetz zur Änderung des Bundes-Immissionsschutzgesetzes vom 11. 9. 2002 (BGBl I 3622) wurden § 29 Abs.1 S.2, § 40, § 44, § 45, § 46, § 47, § 47 a, § 48 a, § 50, § 52 Abs.4 S.3 und § 62 Abs.1 Nr.7 geändert sowie § 46 a und § 48 b mit Wirkung zum 18. 9. 2002 eingefügt.
(39) Durch die Bekanntmachung der Neufassung des Bundes-Immissionsschutzgesetzes vom 26. 9. 2002 (BGBl I 3830) wurde das Gesetz neu bekannt gemacht. Dabei wurde auf die Bekanntmachung der obsoleten Vorschriften des § 73 und des § 74 n. F. verzichtet. Zur Wirkung der Neu-Bekanntmachung Rn.1 zu § 74.
(40) Durch die 8. Zuständigkeitsanpassungsverordnung vom 25. 11. 2003 (BGBl I 2304) wurde § 51 a Abs.1, 3 mit Wirkung zum 28. 11. 2003 geändert.
(41) Durch Art.7 des Gesetzes zur Neuordnung der Sicherheit von technischen Arbeitsmitteln und Verbraucherprodukten vom 6. 1. 2004 (BGBl I 2) wurden § 7 Abs.1, § 29 a Abs.1 und § 31 a Abs.1 mit Wirkung zum 1. 5. 2004 geändert.
(42) Durch Art.2 des Gesetzes zur Umsetzung der Richtlinie 2003/87/EG vom 8. 7. 2004 (BGBl I 1590) wurde § 5 Abs.1 S.2–4 mit Wirkung zum 15. 7. 2004 eingefügt.

Von diesen Änderungen wurden die einzelnen **Vorschriften des** 3 **BImSchG** folgendermaßen betroffen (die Nummern beziehen sich auf die in Einl.2 aufgeführten Änderungen): – **§ 1**: Nr.14, 34. – **§ 2**: Nr.9, 14, 24, 34. – **§ 3**: Nr.14, 30, 34. – **§ 4**: Nr.6, 21. – **§ 5**: Nr.8, 14, 23, 29, 34, 42. – **§ 6**: Nr.27. – **§ 7**: Nr.8, 14, 20, 34, 41. – **§ 8**: Nr.21. – **§ 8 a**: Nr.27. – **§ 10**: Nr.3, 12, 13, 16, 17, 21, 27, 34, 36, 37. – **§ 10 a**: Nr.16, 19. – **§ 12**: Nr.27, 33, 34. – **§ 13**: Nr.11, 21, 34. – **§ 14 a**: Nr.27. – **§ 15**: Nr.21, 27, 34. – **§ 15 a**: Nr.14, 21, 27. – **§ 16**: Nr.8, 14, 27. – **§ 17**: Nr.8, 14, 27, 29, 33, 34. – **§ 19**: Nr.7, 8, 14, 27. – **§ 20**: Nr.8, 30. – **§ 22**: Nr.23. – **§ 23**: Nr.8, 14, 21, 27, 30. – **§ 25**: Nr.30. – **§ 26**: Nr.14, 27. – **§ 27**: Nr.4, 14, 27, 34. – **§ 28**: Nr.8, 14, 27. – **§ 29**: Nr.8, 38. – **§ 29 a**: Nr.14, 20, 27, 32, 41. – **§ 30**: Nr.14. – **§ 31**: Nr.34. – **§ 31 a**: Nr.14, 20, 36, 41. – **§ 32**: Nr.8, 14. – **§ 33**: Nr.21. – **§ 34**: Nr.8, 14. – **§ 35**: Nr.8. – **§ 37**: Nr.30. – **§ 38**: Nr.9, 12, 36. – **§ 39**: Nr.9, 12, 36. – **§ 40**: Nr.14, 38. – **§ 40 a**: Nr.25. – **§ 40 b**: Nr.25, 31. – **§ 40 c**: Nr.25. – **§ 40 d**: Nr.25. – **§ 40 e**: Nr.25. – **§ 41**: Nr.24. – **§ 43**: Nr.8, 26. – **§ 44**: Nr.14, 38. – **§ 45**: Nr.12, 14, 36, 38. – **§ 46**: Nr.12, 14, 36, 38. – **§ 46 a**: Nr.38. – **§ 47**: Nr.14, 38. – **§ 47 a**: Nr.14, 38. – **§ 48**: Nr.8, 34. – **§ 48 a**: Nr.14, 30, 38. – **§ 48 b**: Nr.38. – **§ 50**: Nr.30, 38. – **§ 51 a**: Nr.14, 36, 40. – **§ 51 b**: Nr.18. – **§ 52**: Nr.4, 14, 34, 38. – **§ 52 a**: Nr.14. – **§ 53**: Nr.12, 36. – **§ 54**: Nr.14, 23. – **§ 55**: Nr.12, 14, 36. – **§ 56**: Nr.14. – **§ 57**: Nr.14. – **§ 58**: Nr.14. – **§ 58 a**: Nr.14. – **§ 58 b**: Nr.14. – **§ 58 c**: Nr.14. – **§ 58 d**: Nr.14. – **§ 58 e**: Nr.34. – **§ 59**: Nr.17. – **§ 60**: Nr.17, 36. – **§ 61**: Nr.34. – **§ 62**: Nr.5, 8, 9, 14, 21, 22, 27, 34, 35, 38. – **§ 62 a**: Nr.25:. – **§ 63**: Nr.5. – **§ 64**: Nr.5. – **§ 65**: Nr.1. – **§ 66**: Nr.10, 15. – **§ 67**: Nr.2, 14, 21, 27, 34. – **§ 67 a**: Nr.16. – **§ 68**: Nr.15. – **§ 69**: Nr.15.

Einl Einleitung

– § 70: Nr.15. – § 71: Nr.15. – § 72: Nr.15. – § 73: Nr.39. – § 74: Nr.15, 16, 19, 25, 39. – **Anhang:** Nr.25, 28.

2. Funktionen und Grundstrukturen des Bundes-Immissionsschutzgesetzes

4   aa) Das Bundes-Immissionsschutzgesetz weist eine mehrfache Zielsetzung auf: Besonderes Gewicht kommt der Aufgabe zu, die durch Immissionen bedingten Probleme zu bewältigen: Es geht um den Schutz vor Luftverunreinigungen, vor Lärm, vor Erschütterungen, vor Licht, vor Wärme, vor (nicht ionisierten) Strahlen und vor ähnlichen Erscheinungen. Insoweit ist das Bundes-Immissionsschutzgesetz, seinem Namen entsprechend, **Immissionsschutzrecht** und damit Umweltrecht.

5   Auf der anderen Seite hat das BImSchG die früher in der Gewerbeordnung enthaltenen Vorschriften für (besonders) gefährliche Anlagen übernommen und damit eine mehr als 150 Jahre alte, auf die Preußische Gewerbeordnung zurückgehende Tradition weiterentwickelt (dazu Rn.1 zu § 4). Diese Regelungen betreffen nur bestimmte Anlagen (unten Einl.8), die als (immissionsschutzrechtlich) genehmigungsbedürftige Anlagen bezeichnet werden. Der Anwendungsbereich der Regelungen ist somit deutlich beschränkter als die oben in Einl.4 angesprochenen Vorschriften. Was dagegen die Schutzwirkung angeht, so gehen sie weit über den Immissionsschutz hinaus: Die Regelungen enthalten Vorgaben zum Schutz vor beliebigen Gefahren, nicht nur vor den durch Immissionen bedingten Gefahren. Insoweit bildet das Bundes-Immissionsschutzgesetz einen Teil des **Sicherheitsrechts**. Die materiellen Anforderungen sind allerdings, soweit sie über den Immissionsschutz hinausgehen, im BImSchG sowie in den darauf gestützten Rechtsverordnungen nur teilweise näher geregelt; weithin wird auf das sonstige Recht verwiesen. Wichtig sind aber im Bereich des Sicherheitsrechts die Instrumentalnormen des Genehmigungsverfahrens und der nachträglichen Maßnahmen.

6   Quer zu den genannten Zielsetzungen dient eine weitere Funktion des Bundes-Immissionsschutzgesetzes dem Schutz vor **schweren Unfällen** bzw. **Störfällen,** der v. a. im Bereich der genehmigungsbedürftigen Anlagen eine Rolle spielt, aber auch außerhalb dieses Bereichs (begrenzt) zum Tragen kommt (Rn.14 zu § 1). Schwere Unfälle bzw. Störfälle führen zu Problemen sowohl im Bereich der Immissionen wie der sonstigen Einwirkungen (vgl. Rn.12 zu § 5). Darüber hinaus sind die Aussagen des Gesetzes zur **Abfallvermeidung** und **Abfallverwertung** bedeutsam, nicht nur im Bereich der genehmigungsbedürftigen Anlagen (vgl. Rn.72 ff, 112 f zu § 5; Rn.55 ff zu § 22). Schließlich finden sich Vorgaben zur Energieeinsparung.

7   Insgesamt dient das BImSchG v. a. dem Umweltschutz und bildet daher das wohl bedeutendste Gesetz auf dem Gebiet des **Umweltrechts.** Daneben ist es, der gewerberechtlichen Tradition entsprechend (oben Rn.5), ein wichtiger Baustein des **Wirtschaftsverwaltungsrechts.**

Einleitung **Einl**

bb) Systematisch muss man das Recht der **genehmigungsbedürftigen** 8
Anlagen, das dem Schutz vor Immissionen und vor sonstigen Einwirkungen dient, von den restlichen Teilen des BImSchG trennen, die im Wesentlichen allein dem Immissionsschutz dienen. Das Recht der genehmigungsbedürftigen Anlagen befasst sich mit der Errichtung und dem Betrieb von bestimmten, besonders gefährlichen Anlagen, die im Anhang zur 4. BImSchV auf der Grundlage des § 4 Abs.1 aufgeführt sind (vgl. Rn.14–17 zu § 4). Die anderen Teile des BImSchG betreffen die Errichtung und den Betrieb nicht genehmigungsbedürftiger Anlagen (vgl. den Überblick in Rn.5 zu § 2), weiter das Herstellen und Inverkehrbringen von Anlagen, Stoffen und Erzeugnissen (vgl. den Überblick in Rn.6 zu § 2), die Herstellung und den Betrieb von Fahrzeugen (vgl. den Überblick in Rn.7 zu § 2) sowie den Bau und die wesentliche Änderung von Straßen und Schienenwegen (vgl. den Überblick in Rn.8–11 zu § 2) und schließlich den gebiets- bzw. qualitätsbezogenen Immissionsschutz (vgl. den Überblick in Rn.12f zu § 2).

II. Bundes-Immissionsschutzverordnungen

1. Errichtung und Betrieb von Anlagen

a) Übergreifende Regelungen

(1) Verordnung über *genehmigungsbedürftige Anlagen* (4. BImSchV) – ab- 9
gedr. in Anh. A 4. Näher zur Verordnung, auch mit weiteren Verweisen, Rn.11f zu § 4.
(2) Verordnung über *Immissionsschutz- und Störfallbeauftragte* (5. BImSchV) – abgedr. in Anh. A 5. Näher zur Verordnung, auch mit weiteren Verweisen, Rn.11–13 zu § 53.
(3) Verordnung über das *Genehmigungsverfahren* (9. BImSchV) – abgedr. in Anh. A 9. Näher zur Verordnung, auch mit weiteren Verweisen, Rn.5f zu § 10.
(4) Verordnung über Anlagen der *Landesverteidigung* (14. BImSchV) – abgedr. in Anh. A 14. Näher zur Verordnung, auch mit weiteren Verweisen, Rn.6–8 zu § 59.
(5) Verordnung über immissionsschutz- und abfallrechtliche Überwachungserleichterungen für nach der Verordnung (EG) Nr.761/2001 *registrierte Standorte und Organisationen* (EMASPrivilegV). Näher zur Verordnung, auch mit weiteren Verweisen, Rn.13–19 zu § 58e.

b) Luftreinhaltung

aa) Vorgaben für **Verbrennungsanlagen** finden sich in 10
(1) Verordnung über *kleine und mittlere Feuerungsanlagen* (1. BImSchV) – abgedr. in Anh. A 1. Näher zur Verordnung, auch mit weiteren Verweisen, Rn.22f zu § 23.

Einl   Einleitung

(2) Verordnung über *Großfeuerungs- und Gasturbinenanlagen* (13. BImSchV) – abgedr. in Anh. A 13. Näher zur Verordnung, auch mit weiteren Verweisen, Rn.32–34 zu § 7.

(3) Verordnung über die *Verbrennung und Mitverbrennung von Abfällen* (17. BImSchV) – abgedr. in Anh. A 17. Näher zur Verordnung, auch mit weiteren Verweisen, Rn.35–37 zu § 7.

(4) Verordnung über Anlagen zur *Feuerbestattung* (27. BImSchV) – abgedr. in Anh. A 27. Näher zur Verordnung, auch mit weiteren Verweisen, Rn.34f zu § 23.

11   **bb) Sonstige** Regelungen betreffen andere Anlagen oder sind übergreifender Natur:

(1) Verordnung zur Emissionsbegrenzung von *leichtflüchtigen halogenierten organischen Verbindungen* (2. BImSchV) – abgedr. in Anh. A 2. Näher zur Verordnung, auch mit weiteren Verweisen, Rn.41f zu § 23. Eine ähnliche Thematik betrifft die 31. BImSchV; dazu unten (8).

(2) Verordnung zur Auswurfbegrenzung von *Holzstaub* (7. BImSchV) – abgedr. in Anh. A 7. Näher zur Verordnung, auch mit weiteren Verweisen, Rn.24f zu § 23.

(3) Verordnung über *Emissionserklärungen und Emissionsberichte* (11. BImSchV) – abgedr. in Anh. A 11. Näher zur Verordnung, auch mit weiteren Verweisen, Rn.3f zu § 27.

(4) Verordnung zur Begrenzung der Emissionen flüchtiger organischer Verbindungen beim *Umfüllen und Lagern von Ottokraftstoffen* (20. BImSchV) – abgedr. in Anh. A 20. Näher zur Verordnung, auch mit weiteren Verweisen, Rn.44f zu § 23.

(5) Verordnung zur Begrenzung der Kohlenwasserstoffemissionen bei der *Betankung von Kraftfahrzeugen* (21. BImSchV) – abgedr. in Anh. A 21. Näher zur Verordnung, auch mit weiteren Verweisen, Rn.30f zu § 23.

(6) Verordnung zur Begrenzung von Emissionen aus der *Titandioxid-Industrie* (25. BImSchV) – abgedr. in Anh. A 25. Näher zur Verordnung, auch mit weiteren Verweisen, Rn.17f zu § 48a.

(7) Verordnung über Anlagen zur *biologischen Behandlung von Abfällen* (30. BImSchV) – abgedr. in Anh. A 29. Näher zur Verordnung, auch mit weiteren Verweisen, Rn.38f zu § 7.

(8) Verordnung zur Begrenzung der Emissionen flüchtiger organischer Verbindungen bei der Verwendung *organischer Lösemittel* in bestimmten Anlagen (31. BImSchV) – abgedr. in Anh. A 31. Näher zur Verordnung, auch mit weiteren Verweisen, Rn.46f zu § 23. Eine ähnliche Thematik betrifft die 2. BImSchV; dazu oben (1).

c) Lärm

12   (1) *Sportanlagenlärmschutzverordnung* (18. BImSchV) – abgedr. in Anh. A 18. Näher zur Verordnung, auch mit weiteren Verweisen, Rn.26–29 zu § 23.

Einleitung **Einl**

(2) *Geräte- und Maschinenlärmschutzverordnung* (32. BImSchV) – abgedr. in Anh. A 32. Näher zur Verordnung, auch mit weiteren Verweisen, Rn.11f zu § 37.

d) Sonstiges

(1) *Störfall-Verordnung* (12. BImSchV) – abgedr. in Anh. A 12. Näher zur **13** Verordnung, auch mit weiteren Verweisen, Rn.28–31 zu § 7.
(2) Verordnung über *elektromagnetische Felder* (26. BImSchV) – abgedr. in Anh. A 26. Näher zur Verordnung, auch mit weiteren Verweisen, Rn.32f zu § 23.

2. Inverkehrbringen von Anlagen, Stoffen und Erzeugnissen

(1) Verordnung über den *Schwefelgehalt* bestimmter flüssiger Kraft- oder **14** Brennstoffe (3. BImSchV) – abgedr. in Anh. A 3. Näher zur Verordnung, auch mit weiteren Verweisen, Rn.15f zu § 34.
(2) Verordnung über die *Beschaffenheit und Auszeichnung* der Qualitäten von *Kraftstoffen* (10. BImSchV) – abgedr. in Anh. A 10. Näher zur Verordnung, auch mit weiteren Verweisen, Rn.17f zu § 34.
(3) Verordnung über *Chlor- und Bromverbindungen als Kraftstoffzusatz* (19. BImSchV) – abgedr. in Anh. A 19. Näher zur Verordnung, auch mit weiteren Verweisen, Rn.19f zu § 34.
(4) Verordnung über *Emissionsgrenzwerte für Verbrennungsmotoren* (28. BImSchV) – abgedr. in Anh. A 28. Näher zur Verordnung, auch mit weiteren Verweisen, Rn.11f zu § 37.
(5) *Gebührenordnung* für Maßnahmen bei Typprüfungen von *Verbrennungsmotoren* (29. BImSchV) – abgedr. in Anh. A 29. Näher zur Verordnung, auch mit weiteren Verweisen, Rn.13 zu § 33.
(6) *Geräte- und Maschinenlärmschutz-Verordnung* (32. BImSchV) – abgedr. in Anh. A 32. Näher zur Verordnung, auch mit weiteren Verweisen, Rn.13f zu § 37.

3. Verkehr

(1) *Verkehrslärmschutzverordnung* (16. BImSchV) – abgedr. in Anh. A 16. **15** Näher zur Verordnung, auch mit weiteren Verweisen, Rn.6–8 zu § 43.
(2) *Verkehrswege-Schallschutzmaßnahmen*-Verordnung (24. BImSchV) – abgedr. in Anh. A 24. Näher zur Verordnung, auch mit weiteren Verweisen, Rn.10f zu § 43.

4. Luftqualität

(1) Verordnung über *Immissionswerte* für Schadstoffe in der Luft **16** (22. BImSchV) – abgedr. in Anh. A 22. Näher zur Verordnung, auch mit weiteren Verweisen, Rn.9f zu § 48a.
(2) Verordnung zur Vermeidung von *Sommersmog, Versauerung und Nährstoffeinträgen* (33. BImSchV) – abgedr. in Anh. A33. Näher zur Verordnung, auch mit weiteren Verweisen, Rn.17f zu § 48a.
(unbesetzt) **17–19**

III. Deutsches Immissionsschutzrecht außerhalb des BImSchG

1. Bundesrecht

20 Das BImSchG ist nicht das einzige Bundesgesetz, das sich (primär) mit dem Immissionsschutz befasst. Was den Schutz vor Treibhausgasen angeht, ist das **Treibhausgas-Emissionshandelsgesetz** (TEHG) vom 8. 7. 2004 (BGBl I 1578) zu nennen; zur Auslegung vgl. die Amtl. Begründung und die Stellungnahme des Bundesrats zum TEHG (BR-Drs. 490/03) und zur 34. BImSchV (BR-Drs. 955/03), deren Regelungen in das TEHG überführt wurden. Es dient der Umsetzung der Richtlinie 2003/87/EG vom 13. 10. 2003 über ein System für den Handel mit Treibhausgasemissionszertifikaten (ABl L 275/32). Das Gesetz sieht zunächst vor, dass bei bestimmten, in der Anlage zum Gesetz aufgeführten (immissionsschutzrechtlich) genehmigungsbedürftigen Anlagen eine Emission von Kohlendioxid nur zulässig ist, wenn der Betreiber über eine entsprechende Zahl von Berechtigungen iSd § 6 TEHG verfügt und sie zur Löschung abgibt. Die Verpflichtung wird gem. § 4 TEHG in der immissionsschutzrechtlichen Genehmigung festgeschrieben (vgl. Rn.5 zu § 13). Für bestehende Anlagen ergibt sich die Verpflichtung unmittelbar aus § 4 Abs.7 TEHG. Was die Vorsorgeanforderungen gem. § 5 Abs.1 S.1 Nr.2 angeht, enthält das TEHG eine abschließende Regelung (dazu Rn.68a zu § 5); Gleiches gilt für die Energieverwendungspflicht des § 5 Abs.1 S.1 Nr.4 (dazu Rn.104a zu § 5). Das TEHG regelt zudem in § 3 wichtige Begriffe, in §§ 7ff die Zuteilung von Berechtigungen und in §§ 15ff den Handel mit Berechtigungen. Zur Durchsetzung der Betreiberpflichten Rn.14b zu § 17, Rn.13 zu § 20 und Rn.6 zu § 21.

21 Ein weiteres Gesetz, das dem Immissionsschutz dient, ist das vor Erlass des BImSchG entstandene **Benzinbleigesetz** vom 5. 8. 1971 (BGBl I 1234). Zu seiner Bedeutung und zum Verhältnis zu § 34 vgl Rn.3 zu § 34. Daneben finden sich in zahlreichen anderen Gesetzen einzelne Immissionsschutzvorschriften (vgl. Jarass u.a., UGB-BT, 1994, 632ff sowie die in § 70 genannten Normen). Die Geltung dieser Vorschriften wird durch das BImSchG nicht beeinträchtigt. Soweit solche Gesetze neben dem BImSchG keinen Bestand mehr haben sollen, wurden sie durch § 72 außer Kraft gesetzt. Zum Verhältnis des BImSchG zu sonstigem Bundesrecht vgl. Rn.14 zu § 22.

22 Dem Immissionsschutz dienende Vorgaben für den Luftverkehr finden sich im **Luftverkehrsgesetz** idF vom 27. 3. 1999 (BGBl I 550), sowie im **Gesetz zum Schutz gegen Fluglärm** vom 30. 3. 1971 (BGBl I 282). Letzteres dient allerdings eher dem Schutz des Flugverkehrs als der Vermeidung des Fluglärms (vgl. Soell LR § 1 FluglärmG Rn.24; Sparwasser § 10 Rn.292; Jarass u.a., UGB-BT, 1994, 632). Für den Strahlenschutz finden sich Sonderregelungen im **Atomgesetz** idF vom 15. 7 1985 (BGBl I 3053) und den darauf gestützten Verordnungen, insb. in der

Einleitung **Einl**

Strahlenschutzverordnung. Überschneidungen mit dem BImSchG treten insoweit jedoch nicht auf, da das BImSchG auf diese Materien nicht anwendbar ist (näher Rn.21 f zu § 2).

2. Landesrecht

a) Schutz vor Immissionen

aa) Das **Landes-Immissionsschutzrecht** besteht einmal aus den 23 Rechtsverordnungen, die, gestützt auf die entsprechenden Ermächtigungen des BImSchG, erlassen wurden. Zu nennen sind die Verordnungen für schutzbedürftige Gebiete (Rn.15 zu § 49). Hinzu treten künftige Verordnungen nach § 47 Abs.7. Weiter ist auf die Zuständigkeitsregelungen (dazu unten Einl.56) hinzuweisen.

bb) Darüber hinaus gibt es Gesetze und Rechtsverordnungen, die zu- 24 sätzliche **Anforderungen genereller Art** zum Schutz gegen Immissionen festlegen. Zum Teil bestehen allerdings Bedenken, wieweit die Regelungen durch die Gesetzgebungskompetenz der Länder gedeckt sind (vgl. dazu unten Einl.44–51 sowie Rn.15–19 zu § 22; Seiler o. Lit. 129 ff). Im Einzelnen handelt es sich dabei um folgende Vorschriften:

Bayern: Bayerisches Immissionsschutzgesetz vom 8. 10. 1974 (GVBl 25 499). **Berlin:** Verordnung zur Bekämpfung des Lärms idF vom 6. 7. 1994 (GVBl 231). **Brandenburg:** Landesimmissionsschutzgesetz idF vom 22. 7. 1999 (GVBl I 386); Stromheizausnahmen-Verordnung vom 2. 12. 1996 (GVBl II 857), zur Kompetenz des Landes Sander, RdE 1994, 218 ff. **Bremen:** Bremisches Immissionsschutzgesetz vom 26. 6. 2001 (GBl 220). **Hamburg:** Verordnung zur Bekämpfung gesundheitsgefährdenden Lärms vom 6. 1. 1981 (GVBl 4). **Hessen:** Gefahrenabwehrverordnung gegen Lärm vom 16. 6. 1993 (GVBl I 257). **Nordrhein-Westfalen:** Landes-Immissionsschutzgesetz vom 18. 3. 1975 (GV NW 232). **Rheinland-Pfalz:** Landes-Immissionsschutzgesetz vom 20. 12. 2000 (GVBl 578). **Sachsen:** 4. Durchführungsverordnung zum Landeskulturgesetz – Schutz vor Lärm – idF vom 17. 4. 1998 (GVBl 151). **Thüringen:** 4. Durchführungsverordnung zum Landeskulturgesetz – Schutz vor Lärm - idF v. 2. 10. 1998 (GVBl 329, 356); 5. Durchführungsverordnung zum Landeskulturgesetz – Reinhaltung der Luft – idF v. 2. 10. 1998 (GVBl 329, 357). Zum (als Landesrecht) teilweise fortgeltenden Recht der DDR Wulfhorst, LKV 1994, 239 ff. Zum Fortgelten des bei Erlass des BImSchG vorhandenen Landesrechts Rn.3 f zu § 66.

b) Schutz vor Störfällen

Im Bereich der Störfälle (bzw. schweren Unfälle) enthält das Landes- 26 recht Regelungen für Anlagen in nicht wirtschaftlichen Unternehmungen (zu diesem Begriff Rn.28 zu § 4): **Baden-Württemberg:** Gesetz zur Umsetzung der Richtlinie 96/82/EG zur Beherrschung der Gefahren bei schweren Unfällen mit gefährlichen Stoffen vom 5. 12. 2000 (GBl 729). **Bayern:** Art.16 ff Bayerisches Immissionsschutzgesetz vom 8. 10. 1974

(GVBl 499). **Berlin:** Gesetz zur Beherrschung der Gefahren bei schweren Unfällen mit gefährlichen Stoffen vom 24. 11. 2000 (GVBl 494). **Brandenburg:** Verordnung über die Anwendung der Störfall-Verordnung auf nicht wirtschaftlich genutzte Betriebsbereiche vom 9. 5. 2000 (GVBl II 130). **Bremen:** § 4 Bremisches Immissionsschutzgesetz vom 26. 6. 2001 (GBl 220). **Hamburg:** Gesetz zur Umsetzung der Richtlinie zur Beherrschung der Gefahren bei schweren Unfällen mit gefährlichen Stoffen vom 6. 12. 2000 (GVBl 357). **Hessen:** Gesetz zur Umsetzung der Richtlinie zur Beherrschung der Gefahren bei schweren Unfällen mit gefährlichen Stoffen vom 2. 4. 2001 (GVBl 178). **Mecklenburg-Vorpommern:** Gesetz zur Umsetzung der Richtlinie zur Beherrschung der Gefahren bei schweren Unfällen mit gefährlichen Stoffen vom 22. 11. 2001 (GVBl 445). **Niedersachsen:** Niedersächsisches Störfallgesetz vom 20. 11. 2001 (GVBl 700). **Nordrhein-Westfalen:** §§ 24f des Gesetzes über den Feuerschutz und die Hilfeleistung vom 10. 2. 1998 (GVBl 122). **Rheinland-Pfalz:** § 5a Brand- und Katastrophenschutzgesetz vom 11. 11. 1981 (GVBl 247). **Saarland:** Gesetz zur Beherrschung der Gefahren bei schweren Unfällen mit gefährlichen Stoffen vom 4. 4. 2001 (ABl 1031). **Sachsen:** Sächsisches Gesetz zur Umsetzung der Richtlinie 96/82/EG vom 14. 2. 2002 (GVBl 85). **Sachsen-Anhalt:** Gesetz zur Beherrschung der Gefahren bei schweren Unfällen mit gefährlichen Stoffen vom 28. 9. 2001 (GVBl 284). **Schleswig-Holstein:** Gesetz zur Umsetzung der Richtlinie zur Beherrschung der Gefahren bei schweren Unfällen mit gefährlichen Stoffen im nicht gewerblichen Bereich vom 7. 11. 2000 (ABl 582, 587). **Thüringen:** Gesetz zur Umsetzung europarechtlicher Vorschriften betreffend die Beherrschung der Gefahren bei schweren Unfällen mit gefährlichen Stoffen vom 29. 3. 2001 (GVBl 25).

27, 28 *(unbesetzt)*

IV. EG-Recht

1. Grundlagen

29   Im Recht der Europäischen Gemeinschaft gibt es eine große Zahl von Rechtsvorschriften mit Bedeutung für den Immissionsschutz (näher dazu Jarass, UPR 2000, 241 ff). Ihnen kommt der **Vorrang vor dem nationalen Recht** zu (EuGHE 1964, 1251 ff = NJW 1964, 2371; Jarass/Beljin, NVwZ 2004, 1 ff), soweit sie unmittelbare Geltung oder unmittelbare Wirkung besitzen (Jarass/Beljin, JZ 2003, 768 ff). Verordnungen iSd Art.189 Abs.2 EGV gelten generell unmittelbar. Richtlinien iSd Art.189 Abs.3 EGV sind dagegen an die Mitgliedstaaten adressiert und erlangen innerdeutsche Bedeutung grundsätzlich erst mit ihrer Umsetzung durch deutsche Rechtsvorschriften. Um die Umsetzung zu erleichtern, enthält das BImSchG spezifische Ermächtigungen (§ 7 Abs.4, § 37, § 39, § 48a).

30   Richtlinien können allerdings unter bestimmten Voraussetzungen **unmittelbar wirksam** und damit direkt anwendbar sein. Sie gehen dann

Einleitung **Einl**

dem deutschen Recht vor bzw. sind von deutschen Behörden und Gerichten anzuwenden. Voraussetzung dafür ist, dass **(1)** die Umsetzungsfrist abgelaufen ist und die Richtlinien nicht oder unzureichend umgesetzt wurden, **(2)** die betreffende Richtlinienregelung inhaltlich unbedingt ist, ihre Geltung also nicht von der konstitutiven Entscheidung eines Mitgliedstaats abhängt, und **(3)** hinreichend klar und präzise ist (EuGHE 1987, 3969/3985 = EuR 1988, 391; 1986, 3855/3874; 1984, 1891/1909 = NJW 1984, 2021; ausführlich Jarass/Beljin, Casebook Grundlagen des EG-Rechts, 2003, 58 ff). Zudem tritt die unmittelbare Wirkung nur insoweit auf, als sie den Bürger begünstigt (vgl. EuGHE 1987, 3969/3986 = EuR 1988, 391). Das dürfte aber einer Anwendung nicht entgegenstehen, wenn der Dritte die Nutzung nationaler Ermächtigungen zur Durchsetzung der Vorgaben einer Richtlinie verlangt (Jarass/Beljin, EuR 2004, im Erscheinen). Dementsprechend wurde die unmittelbare Wirkung der Luftqualitätsrichtlinie für Stickdioxid bejaht (BayVGH, UPR 1993, 454). Auch wenn eine Richtlinie nicht direkt anwendbar ist, müssen Auslegungsspielräume im deutschen Recht so genutzt werden, dass die Richtlinie Beachtung findet (EuGHE 1987, 3969/3986 = EuR 1988, 391; 1989, 3533/3546 = EuZW 1990, 381; 1993, I-6911 = NJW 1994, 921; 1994, I-3325 = NJW 1994, 2473). Man spricht von einer **„EG-rechtskonformen Auslegung"** (näher dazu Jarass, EuR 1991, 211 ff). Zudem sind Ermessensspielräume iSd EG-Rechts zu nutzen (BVerwG, NJW 1997, 754; Ohms Rn.126). Schließlich kommt ein Staatshaftungsanspruch bei Nichtbeachtung von Richtlinien in Betracht (Jarass/Beljin, Casebook Grundlagen des EG-Rechts, 2003, 75 ff; Kremer, Jura 2000, 235 ff).

2. Immissionsschutzrecht für den Betrieb von Anlagen

a) Luftreinhaltung

(1) Richtlinie 84/360/EWG des Rates vom 28. 6. 1984 zur Bekämpfung **31** der *Luftverunreinigung durch Industrieanlagen* (ABl 1984 L 188/20), geänd. durch die Richtlinie 91/692/EWG vom 23. 12. 1991 (ABl 1991 L 377/48). Die Richtlinie wird durch die Richtlinie 96/61/EG (unten Einl.34 Nr.8) zum 31. 10. 2007 außer Kraft gesetzt.
(2) Richtlinie 93/76/EWG des Rates vom 13. 9. 1993 zur Begrenzung der *Kohlendioxidemissionen* durch eine effizientere Energienutzung – SAVE (ABl 1993 L 237/28).
(3) Richtlinie 94/63/EG des Europ. Parlaments und des Rates vom 20. 12. 1994 zur Begrenzung der Emissionen flüchtiger organischer Verbindungen bei der *Lagerung von Ottokraftstoff und seiner Verteilung* von den Auslieferungslagern bis zu den Tankstellen (ABl 1994 L 365/24), geänd. durch Verordnung 1882/2003 vom 29. 9. 2003 (ABl 2003 L 284/1).
(4) Richtlinie 97/68/EG des Europ. Parlaments und des Rates vom 16. 12. 1997 zur Angleichung der Rechtsvorschriften der Mitgliedstaaten über Maßnahmen zur Bekämpfung der Emission von gasförmi-

Einl   Einleitung

gen Schadstoffen und luftverunreinigenden Partikeln aus *Verbrennungsmotoren für mobile Maschinen und Geräte* (ABl 1998 L 59/1), zuletzt geänd. durch die Richtlinie 2004/26/EG vom 21. 4. 2004 (ABl 2004 L 146/1).

(5) Richtlinie 1999/13/EG des Rates vom 11. 3. 1999 über die Begrenzung von Emissionen flüchtiger organischer Verbindungen, die bei bestimmten Tätigkeiten und in bestimmten Anlagen bei der Verwendung *organischer Lösungsmittel* entstehen (ABl 1999 L 85/1), geänd. durch Richtlinie 2004/42/EG vom 21. 4. 2004 (ABl 2004 L 143/87).

(6) Richtlinie 2001/80/EG des Europ. Parlaments und des Rates vom 23. 10. 2001 zur Begrenzung von Schadstoffemissionen von *Großfeuerungsanlagen* in die Luft (ABl 2001 L 309/1).

(7) Richtlinie 2003/87/EG des Europ. Parlaments und des Rates vom 13. 10. 2003 über ein System für den Handel mit *Treibhausgasemissionszertifikaten* (ABl 2003 L 275/32).

b) Lärmschutz

32 (1) Richtlinie 2000/14/EG des Europ. Parlaments und des Rates vom 8. 5. 2000 zu umweltbelastenden Geräuschemissionen von zur Verwendung *im Freien vorgesehenen Geräten und Maschinen* (ABl 2000 L 162/1, ber. 311/50).

(2) Richtlinie 2002/30/EG des Europ. Parlaments und des Rates vom 26. 3. 2002 über Regeln und Verfahren für lärmbedingte Betriebsbeschränkungen auf *Flughäfen* der Gemeinschaft (ABl 2002 L 85/40).

c) Schwere Unfälle

33 Regelungen für schwere Unfälle enthält folgende Richtlinie:
(1) Richtlinie 96/82/EG des Rates vom 9. 12. 1996 über die *Gefahren schwerer Unfälle* mit gefährlichen Stoffen (ABl 1997 L 10/13), geänd. durch RL 2003/105/EG vom 16. 12. 2003 (ABl 2003 L 345/100).

d) Übergreifende Regelungen

34 Übergreifende Regelungen für Umweltbelastungen mit besonderer Bedeutung für das anlagenbezogene Immissionsschutzrecht finden sich in folgenden Richtlinien:

(1) Richtlinie 75/439/EWG des Rates vom 16. 6. 1975 über die *Altölbeseitigung* (ABl 1975 L 194/23), zuletzt geänd. durch Richtlinie 91/692/EWG vom 23. 12. 1991 (ABl 1991 L 377/48).

(2) Richtlinie 85/337/EWG des Rates vom 27. 6. 1985 über die *Umweltverträglichkeitsprüfung* bei bestimmten öffentlichen und privaten Projekten (ABl 1985 L 175/40), zuletzt geänd. durch Richtlinie 2003/35/EG vom 26. 5. 2003 (ABl 2003 L 156/17).

(3) Richtlinie 87/217/EWG des Rates vom 19. 3. 1987 zur Verhütung und Verringerung der Umweltverschmutzung durch *Asbest* (ABl 1987 L 84/40), geänd. durch Richtlinie 91/692/EWG vom 23. 12. 1991 (ABl 1991 L 377/48).

(4) Richtlinie 89/369/EWG des Rates vom 8. 6. 1989 über die Verhütung der Luftverunreinigung durch *neue Verbrennungsanlagen für Siedlungsmüll* (ABl 1989 L 163/32, ber. 192/40). Die Richtlinie tritt zum 28. 12. 2005 außer Kraft (unten Nr.9).

(5) Richtlinie 89/429/EWG des Rates vom 21. 6. 1989 über die Verringerung der Luftverunreinigung durch *bestehende Verbrennungsanlagen für Siedlungsmüll* (ABl 1989 L 203/50). Die Richtlinie tritt zum 28. 12. 2005 außer Kraft (unten Nr.9).

(6) Richtlinie 92/112/EWG des Rates vom 15. 12. 1992 über die Modalitäten zur Vereinheitlichung der Programme zur Verringerung und späteren Unterbindung der Verschmutzung durch *Abfälle der Titandioxid-Industrie* (ABl 1992 L 409/11).

(7) Richtlinie 94/67/EG des Rates vom 16. 12. 1994 über die *Verbrennung gefährlicher Abfälle* (ABl 1994 L 365/34), geänd. durch Verordnung 1882/2003 vom 29. 9. 2003 (ABl 2003 L 284/1). Die Richtlinie tritt zum 28. 12. 2005 außer Kraft (unten Nr.9).

(8) Richtlinie 96/61/EG des Rates vom 24. 9. 1996 über die *integrierte Vermeidung und Verminderung der Umweltverschmutzung* (ABl 1996 L 257/26), zuletzt geänd. durch Richtlinie 2003/87/EG vom 13. 10. 2003 (ABl 2003 L 275/32).

(9) Richtlinie 2000/76/EG des Europ. Parlaments und des Rates vom 4. 12. 2000 über die Verbrennung von Abfällen (ABl 2000 L 332/91, ber. ABl 2001 L 145/52). Die Richtlinie hebt eine Reihe anderer Richtlinie auf (oben Nr.4, 5, 7).

(10) Verordnung (EG) 761/2001 des Europ. Parlaments und des Rates v. 19. 3. 2001 über die freiwillige Beteiligung von Organisationen an einem Gemeinschaftssystem für das Umweltmanagement und die Umweltbetriebsprüfung – EMAS (ABl 2001 L 114/1, ber. ABl 2002 L 327/10).

(11) Richtlinie 2003/4/EG des Europ. Parlaments und des Rates vom 28. 1. 2003 über den Zugang der Öffentlichkeit zu Umweltinformationen und zur Aufhebung der Richtlinie 90/313/EWG des Rates (ABl 2003 L 41/26).

3. Immissionsschutzrecht für Stoffe und Produkte

a) Luftreinhaltung

(1) Richtlinie 98/70/EG des Europ. Parlaments und des Rates vom 13. 10. 1998 über die Qualität von Otto- und Dieselkraftstoffen und zur Änderung der Richtlinie 93/12/EWG (ABl 1998 L 350/58), zuletzt geänd. durch Verordnung 1882/2003 vom 29. 9. 2003 (ABl 2003 L 284/1).

(2) Richtlinie 1999/32/EG des Rates vom 26. 4. 1999 über eine Verringerung des *Schwefelgehalts* bestimmter flüssiger Kraft- oder Brennstoffe (ABl 1999 L 121/13), geänd. durch Verordnung 1882/2003 vom 29. 9. 2003 (ABl 2003 L 284/1).

(3) Verordnung (EG) 2037/2000 des Europ. Parlaments und des Rates vom 29. 6. 2000 über Stoffe, die zum Abbau der *Ozonschicht* führen (ABl 2000 L 244/1), zuletzt geänd. durch Verordnung (EG) 2039/2000 vom 28. 9. 2000 (ABl 2000 L 244/26).

(4) Richtlinie 2004/42/EG des Europ. Parlaments und des Rates vom 21. 4. 2004 über die Begrenzung der Emissionen flüchtiger organischer Verbindungen aufgrund der Verwendung organischer Lösemittel in bestimmten *Farben und Lacken* und in Produkten der *Fahrzeugreparaturlackierung* (ABl. 2004 L 143/87).

b) Lärmschutz

36 (1) Richtlinie 2000/14/EG des Europ. Parlaments und des Rates vom 8. 5. 2000 zu umweltbelastenden Geräuschemissionen von zur Verwendung *im Freien vorgesehenen Geräten und Maschinen* (ABl 2000 L 162/1, ber. 311/50).

4. Immissionsschutzrecht für Fahrzeuge

a) Luftreinhaltung

37 Für Fahrzeuge finden sich Regelungen zur Luftreinhaltung in folgenden Richtlinien (zur Umsetzung Rn.24 zu § 38):

(1) Richtlinie 70/220/EWG des Rates vom 20. 3. 1970 gegen die Verunreinigung der Luft durch Abgase von *Kraftfahrzeugmotoren* mit *Fremdzündung* (ABl 1970 L 76/1), zuletzt geänd. durch Richtlinie 2003/76/EG vom 11. 8. 2003 (ABl 2003 L 206/29).

(2) Richtlinie 98/69/EG des Europ. Parlaments und des Rates vom 13. 10. 1998 über Maßnahmen gegen die *Verunreinigung der Luft durch Emissionen von Kraftfahrzeugen* und zur Änderung der Richtlinie 70/220/EWG (ABl 1998 L 350/1), ber. ABl 1999 L 104/31).

(3) Richtlinie 72/306/EWG des Rates vom 2. 8. 1972 über Maßnahmen gegen die Emission *verunreinigender Stoffe aus Dieselmotoren* zum Antrieb von Fahrzeugen (ABl 1972 L 190/1), zuletzt geänd. durch Richtlinie 97/20/EG vom 18. 4. 1997 (ABl 1997 L 125/21).

(4) Richtlinie 88/77/EWG des Rates vom 3. 12. 1987 über die Emission *gasförmiger Schadstoffe* aus *Dieselmotoren* zum Antrieb von Fahrzeugen (ABl 1988 L 36/33), zuletzt geänd. durch Richtlinie 2001/27/EG vom 10. 4. 2001 (ABl 2001 L 107/10).

(5) Richtlinie 77/537/EWG des Rates vom 28. 6. 1977 über die Emission *verunreinigender Stoffe aus Dieselmotoren zum Antrieb von land- und forstwirtschaftlichen Zugmaschinen auf Rädern* (ABl 1977 L 220/38), zuletzt geänd. durch Richtlinie 97/54/EG vom 23. 9. 1997 (ABl 1997 L 277/24).

(6) Richtlinie 80/1268/EWG des Rates vom 16. 12. 1980 über den *Kraftstoffverbrauch* von Kraftfahrzeugen (ABl 1980 L 375/36), geänd. durch Richtlinie 2004/3/EG vom 11. 2. 2004 (ABl 2004 L 49/36).

(7) Richtlinie 1999/94/EG des Europäischen Parlaments und des Rates vom 13. 12. 1999 über die Bereitstellung von *Verbraucherinformationen*

Einleitung **Einl**

über den *Kraftstoffverbrauch* und CO_2-Emissionen beim Marketing für neue Personenkraftwagen (ABl 2000 L 12/16), geänd. durch VO (EG) 1882/2003 vom 29. 9. 2003 (ABl 2003 L 284/1, 53).
(8) Richtlinie 1999/96/EG des Europäischen Parlaments und des Rates vom 13. 12. 1999 zur Angleichung der Rechtsvorschriften der Mitgliedstaaten über Maßnahmen gegen die Emission gasförmiger Schadstoffe und luftverunreinigender Partikel aus *Selbstzündungsmotoren* zum Antrieb von Fahrzeugen und die Emission gasförmiger Schadstoffe aus mit Erdgas oder Flüssiggas betriebenen Fremdzündungsmotoren zum Antrieb von Fahrzeugen und zur Änderung der Richtlinie 88/77/EWG des Rates (ABl 2000 L 44/1).
(9) Richtlinie 2000/25/EG des Europ. Parlaments und des Rates vom 22. 5. 2000 über Maßnahmen zur Bekämpfung der Emission gasförmiger Schadstoffe und luftverunreinigender Partikel aus Motoren, die für den Antrieb von *land- und forstwirtschaftlichen Zugmaschinen* bestimmt sind (ABl 2000 L 173/1).

b) Lärmschutz

Regelungen zum Lärmschutz bei Fahrzeugen finden sich in folgenden **38** Richtlinien:
(1) Richtlinie 70/157/EWG des Rates vom 6. 2. 1970 über den zulässigen Geräuschpegel und die Auspuffvorrichtung von *Kraftfahrzeugen* (ABl 1970 L 42/16), zuletzt geänd. durch Richtlinie 96/20/EG vom 27. 3. 1996 (ABl 1996 L 92/23).
(2) Richtlinie 74/151/EWG des Rates vom 4. 3. 1974 über bestimmte Bestandteile und Merkmale von *land- oder forstwirtschaftlichen Zugmaschinen* auf Rädern (ABl 1974 L 84/25), zuletzt geänd. durch Richtlinie 98/38/EG der Kommission vom 3. 6. 1998 (ABl 1998 L 170/13).
(3) Richtlinie 89/629/EWG des Rates vom 4. 12. 1989 zur Begrenzung der Schallemissionen von zivilen *Unterschallstrahlflugzeugen* (ABl 1989 L 363/27).
(4) Richtlinie 92/14/EWG des Rates vom 2. 3. 1992 zur Einschränkung des Betriebs von *Flugzeugen* (ABl 1992 L 76/21), geänd. durch RL 98/20/EG vom 30. 3. 1998 (ABl 1998 L 107/4).
(5) Richtlinie 92/23/EWG des Rates vom 31. 5. 1992 über Reifen von Kraftfahrzeugen und Kraftfahrzeuganhängern und über ihre Montage (ABl 1992 L 129/95), zuletzt geänd. durch Richtlinie 2001/43/EG vom 27. 6. 2001 (ABl 2001 L 211/25).

5. Quellenunabhängiges Immissionsschutzrecht

a) Luftqualität

Spezifische Vorgaben zur Luftqualität, wie sie das deutsche Recht früher **39** nicht kannte, finden sich in folgenden Richtlinien:
(1) Richtlinie 85/203/EWG des Rates vom 7. 3. 1985 über Luftqualitätsnormen für *Stickstoffdioxid* (ABl 1985 L 87/1), geänd. durch Richtlinie

Einl Einleitung

91/692/EWG vom 23. 12. 1991 (ABl 1991 L 377/48); tritt gem. RL 1999/30/EG zum 1. 1. 2010 außer Kraft.
(2) Richtlinie 96/62/EG des Rates vom 27. 9. 1996 über die Beurteilung und die Kontrolle der *Luftqualität* (ABl 1996 L 296/55), geänd. durch Verordnung 1882/2003 vom 29. 9. 2003 (ABl 2003 L 284/1).
(3) Richtlinie 1999/30/EG des Rates vom 22. 4. 1999 über Grenzwerte für *Schwefeldioxid, Stickstoffdioxid* und *Stickstoffoxide, Partikel* und *Blei* in der Luft (ABl 1999 L 163/41), geänd. durch Entscheidung vom 17. 10. 2001 (ABl 2001 L 278/35).
(4) Richtlinie 2000/69/EG des Europ. Parlaments und des Rates vom 16. 11. 2000 über Grenzwerte für *Benzol* und *Kohlenmonoxid* in der Luft (ABl 2000 L 313/12, ber. ABl 2001 L 111/31).
(5) Richtlinie 2001/81/EG des Europ. Parlaments und des Rates vom 23. 10. 2001 über nationale *Emissionshöchstmengen* für bestimmte *Luftschadstoffe* (ABl 2001 L 309/22).
(6) Richtlinie 2002/3/EG des Europ. Parlaments und des Rates vom 12. 2. 2002 über den *Ozon*gehalt der Luft (ABl 2002 L 67/14).

b) Lärmschutz

40 (1) Richtlinie 2002/49/EG des Europ. Parlaments und des Rates vom 25. 6. 2002 über die Bewertung und Bekämpfung von *Umgebungslärm* (ABl 2002 L 189/12).

40–42 *(unbesetzt)*

V. Gesetzgebungskompetenzen im Immissionsschutzrecht

1. Bundesgesetzgebungskompetenz

43 Dem Bund stehen für Regelungen des Immissionsschutzes verschiedene Kompetenzen zur Verfügung. Zur Regelung der Luftreinhaltung, der Lärmbekämpfung und der Abfallentsorgung besitzt er auf Grund Art.74 Nr.24 GG eine umfassende (konkurrierende) Zuständigkeit, auch für nichttechnische Einrichtungen (Kunig, in: v. Münch/Kunig (Hg.), Grundgesetz, Bd. 3, 5. Aufl. 2003, Art.74 Rn.121; Kotulla KO Einf.167; a. A. VGH BW, VBlBW 1982, 142). Für die Regelung sonstiger Immissionen wie Erschütterungen, Licht, Wärme etc. kann er sich auf Art.74 Nr.11 GG stützen, soweit es um Anlagen in gewerblichen oder sonstigen wirtschaftlichen Unternehmungen (zu diesem Begriff Rn.28 zu § 4) geht (BVerfGE 41, 344). Immissionen, die von Fahrzeugen ausgehen, können gem. Art.73 Nr.6, Art.74 Nr.21–23 GG geregelt werden, jedenfalls als Annex. Für einzelne Bereiche kommen noch weitere Kompetenzvorschriften in Betracht, etwa die Ermächtigung für Fragen des Gesundheitsschutzes in Art.74 Nr.19 GG und die Ermächtigung für den Lebensmittelschutz in Art.74 Nr.20 GG. Insgesamt besteht für das BImSchG in allen seinen Vorschriften eine ausreichende Bundeskompetenz. Zu Sonderfragen der Kompetenz vgl. Rn.1 zu § 13 und Rn.2 zu § 59.

Einleitung **Einl**

2. Landesgesetzgebungskompetenzen

a) Grundlagen

Das BImSchG hat an sich eine umfassende Regelung des materiellen 44
Immissionsschutzrechts angestrebt (Amtl. Begr., BT-Drs. 7/179, 27; Feldhaus FE § 33 Anm.20). Das ist aber im Wesentlichen nur für die genehmigungsbedürftigen Anlagen gelungen. Bei den nicht genehmigungsbedürftigen Anlagen sowie in den Bereichen des nicht anlagenbezogenen Immissionsschutzes sind die Regelungen nicht abschließend oder enthalten gar ausdrückliche Vorbehalte zugunsten landesrechtlicher Vorschriften. Dabei ist auch von Relevanz, dass die bundesrechtliche Regelung „endgültig abschließend ausgestaltet" sein muss (BVerwGE 109, 272/279 = NVwZ 2000, 73). Zum Fortgelten des bei Erlass des BImSchG bereits vorhandenen Landesrechts Rn.3f zu § 66.

b) Im Anwendungsbereich des BImSchG

Für die Errichtung und den Betrieb **genehmigungsbedürftiger An-** 45
lagen enthält das BImSchG grundsätzlich eine abschließende Regelung (vgl. Rn.33 zu § 4). Gem. Art.72 Abs.1 GG sind daher die Länder in diesem Bereich von immissionsschutzrechtlichen Regelungen ausgeschlossen (vgl. Dolde/Vetter, NVwZ 1995, 946 ff). Eine eng begrenzte Ausnahme enthält § 21 Abs.5 (dazu Rn.37 zu § 21). Darüber hinaus können die Länder gem. § 47 Abs.7 Regelungen zur Durchsetzung von Immissionswerten (Rn.51 ff zu § 47), gem. § 49 Abs.1 Regelungen zum Schutze bestimmter Gebiete (Rn.4–14 zu § 49) sowie gem. § 49 Abs.2 Regelungen in Smog-Situationen (Rn.19–25 zu § 49) treffen. Möglich sind zudem immissionsschutzrechtliche Vorschriften der Gemeinden (dazu Rn.26 f zu § 49).

Für die Errichtung und den Betrieb **nicht genehmigungsbedürftiger** 46
Anlagen können die Länder gem. § 22 Abs.2 weiterreichende Anforderungen treffen, also strengere Anforderungen oder gleich strenge, aber konkretere Anforderungen (näher dazu Rn.15–17 zu § 22), sofern nicht eine Rechtsverordnung gem. § 23 Abs.1 eine entsprechende Regelung mit abschließendem Charakter enthält (dazu Rn.53 zu § 23). Die bloße Verordnungsermächtigung des § 23 stellt kein Gebrauchmachen dar (str.; näher Rn.16 a zu § 22). Zu den Anlagen in nicht wirtschaftlichen Unternehmungen unten Einl.28. Auch die Regelung der Durchsetzungsinstrumente in §§ 24, 25 ist nicht abschließend (näher Rn.2 zu § 24, Rn.18 zu § 25).

Regelungsbefugt sind die Länder weiterhin im Bereich des produktbezo- 47
genen Immissionsschutzes, in dem es um das **Herstellen**, das **Einführen** und das **Inverkehrbringen** von **Anlagen, Erzeugnissen und Stoffen** geht, also im Anwendungsbereich der §§ 32ff, soweit vom Bund keine Rechtsverordnungen erlassen wurden (Scheuing GK Vorb. 23 vor § 32). Insoweit hat der Bund von seinem Gesetzgebungsrecht keinen Gebrauch gemacht, weil die §§ 32 ff keine Vorschriften darstellen, die selbst und materiell etwas über die rechtliche Gestaltung der Gesetzgebungsmaterie bestimmen (str.; vgl. zur Bedeutung der bloßen Ermächtigung Rn.16 a zu § 22).

Einl Einleitung

48 Keine abschließenden Regelungen enthalten auch die Vorschriften über **Fahrzeuge** (dazu Rn.2 zu § 38) sowie die Vorschriften über die **öffentlichen Verkehrswege** in den §§ 41–43, soweit der Bund nicht durch Rechtsverordnungen abschließende Regelungen getroffen hat (Kotulla KO Einf. 170). Entsprechendes gilt für den **gebiets-** bzw. **qualitätsbezogenen Immissionsschutz** in den §§ 44–47a (vgl. Rn.1 zu § 44; Rn.5 zu § 47; Rn.1 zu § 47a; Pudenz, NuR 1991, 361).

c) Außerhalb des Anwendungsbereichs des BImSchG

49 Der Landesgesetzgeber kann darüber hinaus Vorschriften außerhalb des Anwendungsbereichs des BImSchG treffen. Dies gilt einmal für Regelungen, die sich weder an den Errichter und Betreiber von Anlagen, Fahrzeugen und Verkehrswegen noch an den Hersteller bzw. Verteiler von Stoffen und Erzeugnissen wenden (Pudenz, NuR 1991, 361). Das bedeutet insb., dass die Regelung von Immissionen, die *unmittelbar von Menschen, Tieren oder Pflanzen* ausgehen und mit dem Betrieb von Anlagen, Fahrzeugen und Verkehrswegen in keinem inneren Zusammenhang stehen, vom Landesgesetzgeber geregelt werden können (vgl. Rn.6 zu § 22). Weiterhin kann der Landesgesetzgeber Immissionen regeln, die von beweglichen, *nichttechnischen* Einrichtungen oder von von § 3 Abs.5 Nr.3 nicht erfassten Grundstücken ausgehen (zur Abgrenzung Rn.72, 74–77 zu § 3), etwa das Verbrennen von Gartenabfällen.

50 Was **Anlagen in nicht wirtschaftlichen Unternehmungen** (dazu Rn.28 zu § 4) angeht, ist der Anwendungsbereich des BImSchG im Hinblick auf die Kompetenzlage (oben Einl.43) beschränkt: soweit es um *nicht genehmigungsbedürftige* Anlagen geht, enthält das BImSchG allein Regelungen für Luftverunreinigungen und Geräusche (vgl. § 22 Abs.1 S.3). Bei den *genehmigungsbedürftigen* Anlagen werden dagegen auch andere Immissionen erfasst, sofern sie von Anlagen ausgehen, die im Hinblick auf Luftverunreinigungen bzw. Geräusche die Voraussetzungen des § 4 erfüllen (dazu Rn.6 zu § 4). Bei öffentlichen Verkehrsanlagen iSd §§ 41 ff regelt das BImSchG vor allem die Geräusche (näher Rn.8 f zu § 41).

51 Landesrechtliche Regelungen, die auch dem Immissionsschutz dienen, sind möglich, wenn mit ihnen **primär andere Zwecke** als die des § 1 verfolgt werden. Sonn- und Feiertagsgesetze etwa, die lediglich *auch* dem Lärmschutz dienen, fallen weiterhin in die Kompetenz der Länder (Feldhaus FE § 22 Anm.20).

3. Rechtsetzungskompetenzen der Europäischen Gemeinschaft

52 Seit der europäischen einheitlichen Akte enthält der EG-Vertrag in **Art.174 EGV** einen umfassenden Aufgabenkatalog zum Schutze der Umwelt und in **Art.175 EGV** eine entsprechende Ermächtigungsnorm, insb. zum Erlass von Verordnungen und Richtlinien. Gem. Art.176 EGV sind diese Vorschriften regelmäßig nur Mindestnormen. Daneben können Vorschriften, die auf andere Ermächtigungen, wie etwa die des Art.95 EGV

Einleitung **Einl**

gestützt wurden, sekundär dem Umweltschutz dienen (vgl. Art.95 Abs.3 EGV sowie EuGHE 1991, I-2896/2900; Jarass, EuZW 1991, 530 ff).

VI. Verwaltungskompetenzen und Zuständigkeit

1. Verteilung der Verwaltungskompetenzen

a) Regelfall: Länderbehörden

Wie sich aus Art.83 GG ergibt, wird das BImSchG von Landesbehörden 53 als eigene Angelegenheit ausgeführt (BVerwGE 109, 272/281 = NVwZ 2000, 73). Daher besitzen die Länder auch die Kompetenz, die Einrichtung der Behörden und das Verwaltungsverfahren durch Rechtsvorschriften zu regeln. Mit Zustimmung des Bundesrats können allerdings gem. Art.84 Abs.1 GG bundesrechtliche Regelungen für die Ausführung durch *Landes*behörden getroffen werden, ggf. auch für die Gebühren (BVerwGE 109, 272/278).

b) Ausnahme: Bundeskompetenz

aa) Eine Ausführung des BImSchG und der darauf gestützten Rechts- 54 vorschriften durch *Bundes*behörden ist nur ausnahmsweise möglich: Zunächst kommt ein Vollzug durch **Bundesoberbehörden** in Betracht, also durch Behörden, die bundesweit zuständig sind. Voraussetzung ist ein entsprechendes Bundesgesetz gem. Art.87 Abs.3 S.1 GG, das der Zustimmung des Bundesrats bedarf. Ein Vollzug durch Mittel- und Unterbehörden lässt sich darauf nicht stützen, ist aber evtl. auf der Grundlage des Art.87 b Abs.2 GG möglich (dazu Rn.2 zu § 59). In seltenen Ausnahmefällen besteht eine **Kompetenz kraft Sachzusammenhangs** (allg. Pieroth, in: Jarass/Pieroth Art.83 Rn.6; skeptisch Laubinger UL B 10 zu § 59): Wo der Immissionsschutz so eng mit einer Aufgabe verknüpft ist, für die der Bund vollständige Verwaltungskompetenzen besitzt, dass verständigerweise nur ein gemeinsamer Vollzug in Betracht kommt, erstreckt sich diese Kompetenz auch auf den Vollzug des BImSchG. Eine derartige Annexkompetenz dürfte zudem als fakultative Bundeskompetenz einzustufen sein, weshalb eine Zuständigkeit von Bundesbehörden nur dort besteht, wo ein Bundesgesetz dies vorsieht (Lechelt GK 43 zu § 52).

bb) Zuständigkeiten von Bundesbehörden werden im Bereich der 55 **Verteidigungsanlagen** durch die auf § 59 gestützte 14. BImSchV (dazu Rn.6–8 zu § 59) begründet. Weiter liegt die Zuständigkeit zum Vollzug des BImSchG im Bereich der Betriebsanlagen gem. § 4 Abs.2 AEG der **Eisenbahnen des Bundes** beim Eisenbahn-Bundesamt (Hansmann LR 22 zu § 52; Lechelt GK 46 zu § 52; Spindler FE 118 zu § 52); dies gilt im Hinblick auf die eigentlichen Verkehrswege für die Vorgaben in § 41– § 43 und im Hinblick auf Nebenanlagen und Nebeneinrichtungen auch für die anlagenbezogenen Regelungen (vgl. Rn.80 zu § 3). Darüber hinaus liegt nach h.A. der Vollzug des BImSchG im Bereich der **Fernstra-**

ßen gem. § 4 S.1 FStrG beim zuständigen Träger der Straßenbaulast (Hansmann LR 22 zu § 52; Lechelt GK 47 zu § 52) und im Bereich der **Bundeswasserstraßen** gem. § 48 S.1 WaStrG bei der Wasser- und Schifffahrtsverwaltung des Bundes (vgl. auch Rn.41 zu § 4). Die zuständigen Bundesbehörden, insb. das Eisenbahn-Bundesamt, können sich auch auf die Ermächtigungen des BImSchG stützen (Hansmann LR 2 zu § 17 und 29 zu § 24; Koch GK 41 zu § 24).

2. Zuständige Landesbehörde

a) Sachliche Zuständigkeit

56 Die sachlich zuständige Landesbehörde ergibt sich aus folgenden Regelungen: **Baden-Württemberg:** Verordnung über Zuständigkeiten nach dem Bundes-Immissionsschutzgesetz v. 3. 3. 2003 (GBl 180). **Bayern:** Art.1–10 Bayerisches Immissionsschutzgesetz vom 8. 10. 1974 (GVBl 499). **Berlin:** Gesetz über die Zuständigkeit der Ordnungsbehörden vom 19. 7. 1994 (GVBl 241). **Brandenburg:** Verordnung zur Regelung der Zuständigkeiten auf dem Gebiet des Immissions- und Strahlenschutzes vom 29. 5. 1997 (GVBl II 686). **Bremen:** Bekanntmachung über die zuständigen Behörden nach den bundes-immissionsschutzrechtlichen Vorschriften vom 21. 4. 2001 (ABl 467). **Hamburg:** Anordnung zur Durchführung des Bundes-Immissionsschutzgesetzes vom 23. 6. 1992 (AAnz 1145). **Hessen:** Verordnung zur Regelung von Zuständigkeiten nach dem Bundes--Immissionsschutzgesetz vom 11. 2. 2002 (GVBl 773). **Mecklenburg-Vorpommern:** Immissionsschutz-Zuständigkeitsverordnung vom 14. 11. 2002 (GVOBl 771). **Niedersachsen:** Verordnung über die Regelung von Zuständigkeiten im Gewerbe- und Arbeitsschutzrecht sowie in anderen Rechtsgebieten vom 25. 9. 2001 (GVBl 615). **Nordrhein-Westfalen:** Verordnung zur Regelung von Zuständigkeiten auf dem Gebiet des technischen Umweltschutzes vom 14. 6. 1994 (GV NW 392). **Rheinland-Pfalz:** Landesverordnung über die Zuständigkeit auf dem Gebiet des Immissionsschutzes v. 14. 6. 2002 (GVBl 280). **Saarland:** Verordnung über Zuständigkeiten nach dem Bundes-Immissionsschutzgesetz v. 18. 2. 1992 (ABl 274). **Sachsen:** Verordnung über Zuständigkeiten zur Ausführung des Bundes-Immissionsschutzgesetzes v. 20. 6. 2000 (GVBl 301). **Sachsen-Anhalt:** Verordnung über die Regelung von Zuständigkeiten im Immissions-, Gewerbe- und Arbeitsschutzrecht vom 14. 6. 1994 (GVBl 636). **Schleswig-Holstein:** Landesverordnung über die zuständigen Behörden nach dem Bundes-Immissionsschutzgesetz vom 31. 8. 1993 (GVBl 401). **Thüringen:** Verordnung zur Bestimmung von Zuständigkeiten auf dem Gebiet des Immissionsschutzes vom 30. 9. 1994 (GVBl 1085).

b) Örtliche Zuständigkeit

57 Die **örtliche Zuständigkeit** regelt sich nach § 3 VwVfG, soweit die landesrechtlichen Zuständigkeitsvorschriften (vgl. oben Einl.56) nichts anderes vorsehen. Geht es um *ortsfeste* Anlagen, so ist danach die Behörde zuständig, in deren Bezirk sich die Anlage befindet (§ 3 Abs.1 Nr.1 VwVfG). Bei *ortsveränderlichen* Anlagen kommt es gem. § 3 Abs.1 Nr.2 VwVfG auf den vorgesehenen Betriebsort an.

Erster Teil. Allgemeine Vorschriften

§ 1 Zweck des Gesetzes

(1) Zweck dieses Gesetzes ist es, Menschen, Tiere und Pflanzen,[3] den Boden,[4] das Wasser,[4] die Atmosphäre[4] sowie Kultur- und sonstige Sachgüter[3] vor schädlichen Umwelteinwirkungen zu schützen und dem Entstehen schädlicher Umwelteinwirkungen vorzubeugen.[15]

(2) Soweit es sich um genehmigungsbedürftige Anlagen handelt, dient dieses Gesetz auch
- der integrierten Vermeidung und Verminderung schädlicher Umwelteinwirkungen durch Emissionen in Luft, Wasser und Boden unter Einbeziehung der Abfallwirtschaft, um ein hohes Schutzniveau für die Umwelt insgesamt zu erreichen,[8 ff] sowie
- dem Schutz und der Vorsorge gegen Gefahren, erhebliche Nachteile und erhebliche Belästigungen, die auf andere Weise herbeigeführt werden.[12 ff]

Übersicht

1. Bedeutung sowie EG-Recht	1
a) Bedeutung	1
b) EG-Recht	1a
2. Schutz und Vorsorge gegen Immissionen	2
a) Immissionsschutz als Hauptziel	2
b) Schutzgüter	3
c) Schutz und Vorsorge	6
3. Weitere Zwecke, insb. im Bereich der genehmigungsbedürftigen Anlagen (Abs.2)	8
a) Medienübergreifender integrierter Umweltschutz	8
b) Schutz und Vorsorge gegen sonstige Einwirkungen	12
4. Sonstiges	15
a) Schutz im engeren und im weiteren Sinn	15
b) Anthropozentrik und Ökozentrik	16
c) Kein Schutz der Anlagenbetreiber	17

Literatur: *Sellner*, Der integrative Ansatz im BImSchG, in: Dolde (Hg.), Umweltrecht im Wandel, 2001, 401.

1. Bedeutung sowie EG-Recht

a) Bedeutung

§ 1 legt den Zweck des BImSchG fest und enthält keine selbständig **1** anwendbare Regelung. Auf die Vorschrift allein kann weder eine Pflicht

§ 1   Allgemeine Vorschriften

des Bürgers noch eine Maßnahme der Behörde gestützt werden (Dörr UL B1). Dritte können aus der Vorschrift keine Rechte herleiten (Dietlein LR 37). Gleichwohl ist die Vorschrift von Gewicht. Sie ist zunächst für die Regelungen bedeutsam, die ausdrücklich auf § 1 Bezug nehmen (etwa § 15 Abs.1). Darüber hinaus dient die Vorschrift der **Auslegung** auch der anderen Vorschriften des BImSchG und der darauf gestützten Rechtsverordnungen (Dietlein LR 1; vgl. BVerfGE 75, 329/344). Wenn bei der Interpretation einer Regelung des BImSchG Zweifel bestehen, ist die Auslegung die zutreffende, die dem Zweck des § 1 besser gerecht wird (Führ GK 3). Daraus folgt allerdings nicht, dass immer die Auslegung die richtigere sein muss, die für den größten Schutz der in § 1 genannten Güter sorgt. Die Auslegung des BImSchG wird nicht allein von § 1, sondern auch von den verfassungsrechtlichen Gewährleistungen, vor allem den Grundrechten beeinflusst, wobei diese im Kollisionsfall den Vorrang haben. Dem § 1 entgegenstehende Gesichtspunkte können sich insb. aus Art.14 GG und Art.12 GG ergeben. Umgekehrt besitzt auch § 1 eine verfassungsrechtliche Verankerung, vor allem in Art.20a GG (vgl. Calliess, Rechtsstaat und Umweltstaat, 2001, 104 ff), aber auch in Art.2 Abs.2 GG (Dietlein LR 2; vgl. Rn.53 zu § 6). Die Zweckbestimmung in § 1 hat außerdem für alle **Ermessens-** und **Sollvorschriften** Relevanz (Engelhardt/Schlicht 13; Dietlein LR 4); die Behörde muss bei der Ausübung ihres Ermessens den Zweck des Gesetzes mitberücksichtigen (vgl. Rn.43 zu § 17). Zu beachten ist § 1 auch beim Erlass von Rechtsverordnungen.

b) EG-Recht

1a   Die heutige Fassung des § 1 wurde in mehrfacher Hinsicht durch das EG-Recht beeinflusst: Die Fassung der Schutzgüter in Abs.1 geht teilweise auf Art.3 der Richtlinie 85/337/EWG zur Umweltverträglichkeitsprüfung (Einl.34 Nr.2) zurück. Die in dieser Vorschrift ebenfalls genannten Güter des Klimas und der Wechselwirkungen lassen sich dagegen nur indirekt erschließen (unten Rn.4 f). Die Betonung des integrierten Umweltschutzes in Abs.2 ist Folge der Richtlinie 96/61/EG über die integrierte Vermeidung und Verminderung der Umweltverschmutzung (unten Rn.8 f).

2. Schutz und Vorsorge gegen Immissionen

a) Immissionsschutz als Hauptziel

2   Wie schon dem Titel des Gesetzes entnommen werden kann, liegt der primäre Zweck des BImSchG im Immissionsschutz (vgl. Einl.4). Dies wird in der Vorschrift des Abs.1 aufgegriffen, die schädliche Umwelteinwirkungen, d.h. schädliche Immissionen (Rn.21 zu § 3), betrifft. Immissionen sind Luftverunreinigungen, Lärm, Erschütterungen, Licht, Wärme, Strahlen und ähnliche Erscheinungen (dazu Rn.2–8 zu § 3). Gegen deren negative Auswirkungen sollen bestimmte Schutzgüter (unten Rn.3–5) geschützt werden, durch Schutz, d.h. Gefahrenabwehr, und durch Vorsorge (unten Rn.6 f).

Zweck des Gesetzes § 1

b) Schutzgüter

aa) Das BImSchG dient zunächst dem Schutz des **Menschen,** d. h. der 3
Gesundheit des Menschen im Sinne des Freiseins von Krankheit und des
psychischen, physischen und sozialen Wohlbefindens (Amtl. Begr., BT-
Drs. 7/179, 28); näher Rn.51 zu § 3. Der Schutz des Menschen hat höheren Rang als der Schutz der anderen Rechtsgüter (VGH BW, GewArch
1985, 137; Dietlein LR 9). Weiter dient das Gesetz dem Schutz der **Tiere**
und **Pflanzen,** und zwar im umfassenden Sinne, unabhängig von Art und
Nutzen und unabhängig davon, ob sie sich in der freien Natur befinden
(Führ GK 133; Dietlein LR 12). Geschützt werden weiterhin **Kultur-**
und **sonstige Sachgüter.** Darunter fallen sämtliche Sachen (Dörr UL C1;
Kotulla KO § 3 Rn.30; einschr. Dietlein LR 14), unabhängig von ihrem
Nutzen, etwa auch Abfälle (Rn.29 zu § 3), wie das die frühere Formulierung des § 1 noch deutlicher werden ließ. Wenn mit Kultur- und Sachgütern iSd § 2 Abs.1 S.2 UVPG nur Güter gemeint sind, die in einem engen Zusammenhang mit der natürlichen Umwelt stehen (Erbguth/Schink
§ 2 Rn.34), so kann das im Immissionsschutzrecht nicht gelten. Dieses
Rechtsgebiet dient traditionell dem Schutz *aller* Sachen. Die gesonderte
Erwähnung von Kulturgütern lässt andererseits deutlich werden, dass diese
einen besonderen Rang besitzen.

bb) Weiter schützt das BImSchG die Atmosphäre, das Wasser und den 4
Boden, also die drei *Umweltmedien* und damit Gesamtzusammenhänge,
während die Sachgüter einzeln abgrenzbar sind. Die **Atmosphäre** umfasst
die gesamte Lufthülle der Erde, mit einer vertikalen Ausdehnung von
mehreren tausend Kilometern (Dienes, NWVBl 1990, 404; Dörr UL C2),
einschließlich der Stratosphäre mit der Ozonschicht (Dietlein LR 15).
Geschützt ist das Umweltmedium **Luft** im weitesten Sinne. Erfasst werden
insb. die Temperatur- und Windverhältnisse sowie andere meteorologische Aspekte, weshalb das Schutzgut der Atmosphäre auch das **Klima** mit
einschließt (Dörr UL C3; Rebentisch, NVwZ 1995, 951). Dies kann zudem der Nennung des Klimas in § 1 a Nr.1 der 9. BImSchV entnommen
werden, da diese Verordnung nicht über die materiellen Anforderungen
des BImSchG hinausgehen kann (vgl. unten Rn.5; vgl. BT-Drs. 11/6633,
S.33); zudem spricht dafür die EG-rechtskonforme Auslegung des Abs.1
(oben Rn.1 a). Unter dem Klima wird der mittlere Zustand der Witterungserscheinungen in einem bestimmten geographischen Raum und für
eine gewisse Zeitspanne verstanden (Baumüller, in: Storm/Bunge, 2805,
2). Die globalen Klimaverhältnisse dürften hingegen nicht erfasst sein
(Dietlein LR 15). Mit **Wasser** sind Gewässer gemeint: das Grundwasser,
die Oberflächengewässer, die Küstengewässer und die Hohe See, nicht jedoch die Wasserwirtschaft (Dietlein LR § 5 Rn.78; Dörr UL C2). Unerheblich ist, ob es sich um natürliche oder künstlich angelegte Gewässer
handelt (Dietlein LR 17). Der Schutz des **Bodens** erfasst entsprechend § 2
Abs.1 BBodSchG die obere Schicht der Erdkruste, soweit sie Träger der in

§ 2 Abs.2 BBodSchG genannten Bodenfunktionen ist (Dietlein LR 18), einschließlich der flüssigen und gasförmigen Bestandteile.

5 Mit Festschreibung der Umweltmedien als Schutzgüter (oben Rn.4) wird verdeutlicht, dass das Gesetz neben dem Schutz des Menschen dem Schutz der **gesamten Umwelt** dient (Feldhaus FE 2; Dörr UL B2, C2; unten Rn.8). Der Charakter des BImSchG als umfassendem Umweltschutzgesetz muss bei der Auslegung des gesamten Gesetzes beachtet werden. Kein eigenständiges Schutzgut dürfte allerdings die **Landschaft** sein, da sie keinem der in § 1 genannten Güter zugeordnet werden kann (Dietlein LR 19). Der Normgeber des § 1 a der 9. BImSchV scheint das allerdings anders zu sehen. Zum Landschaftsbild vgl. Rn.26 zu § 5. Unschädlich ist, dass – anders als in § 2 Abs.1 UVPG – die **Wechselwirkungen** nicht genannt sind. Sie werden mittelbar von § 1 erfasst, da jede Wechselwirkung ein anderes Schutzgut beeinträchtigt (Führ GK 150; BT-Drs. 11/6633, S.33; Rebentisch, NVwZ 1995, 950; unten Rn.8). Dafür spricht auch die EG-rechtskonforme Auslegung des Abs.1 (oben Rn.1a).

c) Schutz und Vorsorge

6 Das BImSchG zielt darauf ab, vor schädlichen Umwelteinwirkungen „zu schützen". Damit soll im Sinne einer (erweiterten) **Gefahrenabwehr** dafür gesorgt werden, dass keine die Schädlichkeitsschwelle (Rn.24 ff zu § 3) überschreitenden Immissionen verursacht werden (Dörr UL C6). Man kann insoweit von einem Schutz- bzw. Gefahrenabwehrzweck sprechen (unten Rn.15).

7 Des Weiteren ist gem. Abs.1 „dem Entstehen schädlicher Umwelteinwirkungen vorzubeugen". Damit wird die **Vorsorge** zum Gesetzeszweck (Engelhardt/Schlicht 4; Führ GK 52). Unabhängig von konkreten Gefahren soll durch geeignete Maßnahmen die Umweltbelastung möglichst niedrig gehalten werden. Dies geschieht aus unterschiedlichen Gründen; näher dazu Rn.47 zu § 5. Ziel der Vorsorge kann nicht die Vermeidung jeglicher Emissionen sein, ein solches Ziel wäre irreal. Wie weit die Anforderungen der Vorsorge tatsächlich reichen, hängt von der jeweiligen Vorschrift ab, in deren Rahmen der Vorsorgezweck eine Rolle spielt (vgl. etwa Rn.60–65 zu § 5). Die Verankerung der Vorsorge in § 1 bedeutet nicht, dass jede Vorschrift des BImSchG diesem Zweck dient (BayVGH, NVwZ 1988, 175 f). Vielmehr ist dies eine Frage der Auslegung der betreffenden Vorschrift (Dietlein LR 27). Der Vorsorge dienen auch die Regelungen der §§ 32 ff, 38 ff, 53 ff; sie setzen keine konkrete Gefahr voraus. Allerdings liegt darin nichts wirklich Neuartiges: Der Erlass von Vorschriften wegen *abstrakter* Gefahren stellt ein klassisches Mittel der Gefahrenabwehr dar. Auffällig ist dagegen die Regelung des § 5 Abs.1 S.1 Nr.2, die die Vorsorge einer *Einzelfallentscheidung* der Behörde überantwortet, ohne dass der Behörde detaillierte normative Maßstäbe an die Hand gegeben sind (vgl. allerdings Rn.66 f zu § 5).

Zweck des Gesetzes § 1

3. Weitere Zwecke insb. im Bereich der genehmigungsbedürftigen Anlagen (Abs.2)

a) Medienübergreifender integrierter Umweltschutz

aa) Ein zentrales Anliegen der Richtlinie 96/61/EG über die integrierte 8 Vermeidung und Verwertung der Umweltverschmutzung ist ein **medienübergreifender, integrierter Umweltschutz.** Wird die Verminderung der Emissionen in Luft, Wasser und Boden getrennt angegangen, besteht die Gefahr, dass die Umweltbelange von einem Umweltmedium auf ein anderes verlagert werden, statt die Umwelt insgesamt bestmöglich zu schützen (7. Erwägungsgrund der RL 96/61). Auch sonst ist eine sektorübergreifende Betrachtung geboten, wie der Hinweis auf die Abfallwirtschaft verdeutlicht. Zudem sind Wirkungsketten, die über mehrere Umweltmedien reichen, zu berücksichtigen. Um dieser Vorgabe des integrierten Umweltschutzes Rechnung zu tragen, ist das BImSchG 2001 (Einl.2 Nr.34) an einer Reihe von Stellen angepasst worden. Zudem wurde der Zweck des Gesetzes um die Regelung des Abs.2 Spst. 1 erweitert: Erfasst werden neben Emissionen in die Luft auch Immissionen in das Wasser und den Boden (näher unten Rn.9). Zudem ist ein „hohes Schutzniveau für die Umwelt *insgesamt*" anzustreben (zu Letzterem Sellner, in: Dolde (Hg.), Umweltrecht im Wandel, 2001, 408 f); die Formulierung stammt aus Art.9 Abs.1 RL 96/61. Das schließt eine Berücksichtigung von Wechselwirkungen und Wirkungsketten ein (Dietlein LR 30). Der integrierte Ansatz soll, verglichen mit lediglich sektoralen Maßnahmen, zu einer Verbesserung für die Umwelt insgesamt führen (Feldhaus, UPR 2002, 2).

Im Einzelnen gilt es bei der Bewertung von schädlichen Umwelteinwirkungen, die über den Luftpfad vermittelt werden zu berücksichtigen, 9 wieweit **mittelbar Wasser** und **Boden** beeinträchtigt werden. Weiter ist zu beachten, ob Maßnahmen zur Verminderung von Emissionen iSd BImSchG zu **unmittelbaren Auswirkungen auf Wasser** und **Boden** oder auf die **Gesundheit** führen; solche Effekte werden als „sonstige Einwirkungen" erfasst (unten Rn.12), aber nicht selten unzureichend berücksichtigt, weil hier das Wasser- und Bodenschutzrecht die wesentlichen Maßstäbe setzt. Abs.2 Spst.1 verlangt eine **medienübergreifende integrierte Betrachtung** in beiderlei Hinsicht. Insbesondere werden trotz des Begriffs der schädlichen Umwelteinwirkungen auch unmittelbare Belastungen von Wasser und Boden erfasst, da von „Emissionen in Luft, Wasser und Boden" gesprochen wird. Der Begriff der Emission ist dabei weiter als der in § 3 Abs.3 zu verstehen, ohne dass deshalb der Emissionsbegriff des Gesetzes generell ausgeweitet wird (BT-Drs. 14/4599, 125; Dietlein LR 35). Gleiches muss für den Begriff der schädlichen Umwelteinwirkungen gelten.

bb) Die Vorgabe des integrierten Umweltschutzes hat eine materielle 10 und eine formelle bzw. instrumentelle Komponente (Dörr UL D2; Dolde, NVwZ 1997, 1313 ff; Kracht/Wasielewski EUDUR § 35 Nr.13 f): **Mate-**

§ 1 Allgemeine Vorschriften

riell muss der Prüfungsansatz auf die gesamte Umwelt sowie die Wechselwirkungen erstreckt werden. Zudem muss an die Stelle einer additiven eine gesamthafte Prüfung treten. Der materielle Aspekt der Integration soll über die Vorgabe abstrakter Standards in untergesetzlichen Regelwerken bzw. durch die Bestimmung des Standes der Technik in § 3 Abs.6 in das Genehmigungsverfahren einfließen (BT-Drs. 14/4599, 82; Dörr UL D2; Wasielweski, in: Dolde (Hg.), Umweltrecht im Wandel, 2001, 218); dementsprechend wird der integrierte Umweltschutz in § 3 Abs.5 (dazu Rn.100 zu § 3) in § 7 (dazu Rn.6a zu § 7) und in § 48 (dazu Rn.5 zu § 48) angesprochen. Zudem ist der integrierte Umweltschutz über § 5 bei der Auslegung der Grundpflichten zu beachten (dazu Rn.5 zu § 5). **Formell** wird eine verfahrensrechtliche Integration durch Zusammenfassung von Zuständigkeiten oder Koordinierung zwischen mehreren zuständigen Behörden im Verfahren verlangt. Dem Ziel wird insb. durch § 10 Abs.5 S.2 Rechnung getragen (dazu Rn.48–51 zu § 10). **Instrumentell** wird der integrierte Umweltschutz in § 10 Abs.5 S.2 hinsichtlich der Koordination von Inhalts- und Nebenbestimmungen paralleler Zulassungsverfahren angesprochen (Rn.51 zu § 10). Zudem wird er in § 45 Abs.2 Nr.1 und mittelbar in § 47 Abs.5 S.1 vorgegeben (dazu Rn.11 zu § 45).

11 cc) Die Regelung des Abs.2 Spst.1 gilt, wie der gesamte Absatz 2, für **genehmigungsbedürftige Anlagen**; näher dazu Rn.12–32 zu § 4. Dies dürfte seinen Grund in dem Umstand haben, dass hier besondere Probleme liegen und die Richtlinie 96/61/EG nur diesen Bereich erfasst (Dörr UL D1). Auch dürfte das Erfordernis eines medienübergreifenden Umweltschutzes im Bereich der *nicht genehmigungsbedürftigen Anlagen* geringeres Gewicht haben. In der Sache ist allerdings auch hier eine Beachtung des medienübergreifenden Umweltschutzes sinnvoll, weshalb insoweit an eine analoge Anwendung von Abs.2 Spst.1 zu denken ist. Allerdings gilt dies nur für die mittelbaren Effekte von schädlichen Immissionen auf Boden und Wasser. Die unmittelbare Beeinträchtigung von Boden und Wasser wird im Bereich der nicht genehmigungsbedürftigen Anlagen nicht erfasst (vgl. unten Rn.12f).

b) Schutz und Vorsorge gegen sonstige Einwirkungen

12 Im Bereich der genehmigungsbedürftigen Anlagen (dazu Rn.12–32 zu § 4) dient das Immissionsschutzrecht seit alters her nicht nur dem Schutz vor Immissionen. Wie Abs.2 Spst. 2 deutlich macht, geht es hier auch um „Gefahren, erhebliche Nachteile und erhebliche Belästigungen, die auf andere Weise herbeigeführt werden". Genauer müsste wie in § 5 Abs.1 S.1 Nr.1 und in § 5 Abs.1 S.1 Nr.2 von „sonstigen Gefahren …" die Rede sein, da die schädlichen Umwelteinwirkungen ausweislich der Definition in § 3 Abs.1 ebenfalls Gefahren, erhebliche Nachteile und erhebliche Belästigungen betreffen. Erfasst werden alle von einer Anlage ausgehenden physischen Einwirkungen, die keine Emissionen sind, vor allem direkte Einwirkungen auf das Wasser und den Boden; näher dazu Rn.24–29 zu § 5. Daher kann man von **„sonstigen Einwirkungen"** sprechen. Insoweit wird das BImSchG zum allgemeinen *Sicherheitsrecht* erweitert (Einl.5). Nicht erfasst werden sog. negative oder ideelle Einwirkungen (Rn.7a zu § 3; Rn.26 zu § 5).

Im Hinblick auf sonstige Einwirkungen sah das BImSchG herkömmlich **13** allein **Schutz,** genauer die **Abwehr** von Gefährdungen vor. Näher zu den einschlägigen Vorgaben Rn.24ff zu § 5. Seit der Novellierung im Jahre 2001 (Einl.2 Nr.34) geht es auch um die **Vorsorge** vor sonstigen Einwirkungen. Zum Vorsorgebegriff wird auf die Ausführungen oben in Rn.7 sowie in Rn.46ff zu § 5 verwiesen. Zu den Anforderungen der Vorsorge im Hinblick auf sonstige Einwirkungen Rn.57f zu § 5.

Die Ausweitung auf sonstige Einwirkungen ist in Abs.2 nur auf geneh- **14** migungsbedürftige Anlagen bezogen. Vereinzelt gehen aber die Regelungen des Gesetzes darüber hinaus. Die Vorgaben für schwere Unfälle bzw. für Störfälle erfassen zT auch **nicht genehmigungsbedürftige Anlagen,** wie insb. § 23 Abs.1, § 25 Abs.1a und § 50 verdeutlichen. Generell wird der Schutz gegen schwere Unfälle bzw. Störfälle in den Grundlagenregelungen des BImSchG etwas stiefmütterlich behandelt.

4. Sonstiges

a) Schutz im engeren und im weiteren Sinn

In Abs.1 wird dem „Schützen", d.h. der Abwehr von schädlichen **15** Umwelteinwirkungen das „Vorbeugen", d.h. die Vorsorge (oben Rn.7) gegenübergestellt. Noch deutlicher ist das in der später eingefügten Vorschrift des Abs.2 Spst. 2. Im Amtl. Entwurf des ursprünglichen Gesetzes wurde mit dem „Schutz vor schädlichen Umwelteinwirkungen" sowohl deren Abwehr wie die gebotene Vorsorge verstanden (Schwerdtfeger, WiVerw 1984, 221). Dementsprechend wird an vielen Stellen des Gesetzes der Begriff in diesem weiten Sinne benutzt, etwa in § 20 Abs.3, in § 32ff, in § 38 und in § 52a Abs.2; es ist anerkannt, dass diese Vorschriften ebenfalls der Vorsorge dienen. Man muss also zwischen einem engeren, allein die Abwehr betreffenden Begriff des Schutzes vor schädlichen Umwelteinwirkungen und einem weiten, auch die Vorsorge einschließenden Begriff unterscheiden (Jarass, in: Dolde (Hg.), Umweltrecht im Wandel, 2001, 384f; Schwerdtfeger, WiVerw 1984, 221).

b) Anthropozentrik und Ökozentrik

Angesichts der Weite der Schutzgüter ist deutlich, dass dem BImSchG **16** kein rein anthropozentrischer Umweltschutz zugrunde liegt (OVG Lüneb, NuR 1989, 398f; Dietlein LR 10; Amtl. Begr., BT-Drs. 7/179, 28; Petersen, Schutz und Vorsorge, 1993, 47ff; a.A. Kotulla KO § 3 Rn.33); s. auch oben Rn.5. Den zuständigen Behörden ist ein ressourcen-ökonomischer bzw. ökologisch orientierter Schutz der Umwelt, v.a. im Rahmen der Vorsorge, nicht verwehrt (Dörr UL B2; Rebentisch, NVwZ 1995, 951). Beschränkt man den Blick allerdings darauf, wozu die Behörden durch Dritte verpflichtet werden können, dann gewährleistet das BImSchG –

wegen der Beschränkung des Rechtsschutzes auf die Inhaber subjektiver Rechte (dazu Rn.46 zu § 6) – im faktischen Ergebnis weithin doch nur einen anthropozentrischen Umweltschutz, obgleich es von seiner Anlage her ihn zwar betont, sich aber nicht darauf beschränkt.

c) Kein Schutz der Anlagenbetreiber

17 Schutz und Förderung der Anlagenbetreiber ist nicht Zweck des BImSchG, auch wenn das Gesetz an vielen Stellen die Erreichung des Gesetzeszwecks im Hinblick auf die Interessen der Anlagenbetreiber beschränkt (Rhein, Die Durchsetzung immissionsschutzrechtlicher Vorsorgemaßnahmen 1997, 35; vorsichtig Dietlein LR 20f). § 1 verdeutlicht vielmehr, dass das BImSchG – anders als etwa das AtomG – neben dem Schutzzweck keinen Förderungszweck verfolgt. Dementsprechend hat es das BVerwG nicht als Aufgabe des BImSchG angesehen, schärfere Umweltanforderungen als sie im BImSchG enthalten sind, zu verhindern (BVerwGE 84, 236/240 = NVwZ 1990, 665). Das BImSchG legt nur einen „Mindeststandard" fest (BVerwGE 84, 236/241 = NVwZ 1990, 665). Der Anlagenbetreiber wird aber durch Grundrechte geschützt, insb. durch die Berufsfreiheit des Art.12 GG und die Eigentumsgarantie des Art.14 GG.

§ 2 Geltungsbereich

(1) **Die Vorschriften dieses Gesetzes gelten für**

1. **die Errichtung und den Betrieb von Anlagen,**[3 ff]
2. **das Herstellen, Inverkehrbringen und Einführen von Anlagen, Brennstoffen und Treibstoffen, Stoffen und Erzeugnissen aus Stoffen nach Maßgabe der §§ 32 bis 37,**[6]
3. **die Beschaffenheit, die Ausrüstung, den Betrieb und die Prüfung von Kraftfahrzeugen und ihren Anhängern und von Schienen-, Luft- und Wasserfahrzeugen sowie von Schwimmkörpern und schwimmenden Anlagen nach Maßgabe der §§ 38 bis 40**[7] **und**
4. **den Bau öffentlicher Straßen sowie von Eisenbahnen, Magnetschwebebahnen und Straßenbahnen nach Maßgabe der §§ 41 bis 43.**[8 ff]

(2) **Die Vorschriften dieses Gesetzes gelten nicht für Flugplätze**[21] **und für Anlagen, Geräte, Vorrichtungen sowie Kernbrennstoffe und sonstige radioaktive Stoffe, die den Vorschriften des Atomgesetzes oder einer hiernach erlassenen Rechtsverordnung unterliegen, soweit es sich um den Schutz vor den Gefahren der Kernenergie und der schädlichen Wirkung ionisierender Strahlen handelt.**[22] **Sie gelten ferner nicht, soweit sich aus wasserrechtlichen Vorschriften des Bundes und der Länder zum Schutz der Gewässer oder aus Vorschriften des Düngemittel- und Pflanzenschutzrechts etwas anderes ergibt.**[24]

Geltungsbereich § 2

Übersicht

1. Bedeutung und Abgrenzung zu anderen Vorschriften 1
2. Ansatzpunkte bzw. Systematik des BImSchG 2
   a) Errichtung und Betrieb von Anlagen 3
   b) Inverkehrbringen und Einführen von Anlagen, Stoffen und Erzeugnissen 6
   c) Fahrzeuge 7
   d) Öffentliche Verkehrswege 8
   e) Gebiets- bzw. qualitätsbezogener Immissions- und Störfallschutz 12
3. Art der erfassten Tätigkeiten 14
   a) Private Tätigkeiten 14
   b) Hoheitliche Tätigkeiten 15
   c) Räumlicher Anwendungsbereich und grenzüberschreitende Umwelteinwirkungen 19
4. Einschränkung des Geltungsbereichs bei bestimmten Anlagen und Risiken 21
   a) Flugplätze 21
   b) Strahlenschutz 22
   c) Landesverteidigung 23
   d) Gewässerrecht sowie Düngemittel- und Pflanzenschutzrecht 24
   e) Bodenschutzrecht, Gentechnikrecht, Seeanlagenrecht 26

Literatur: *Repkewitz,* Bundeswehr und Umweltschutz, 1999; *Maske,* Immissionsschutzrechtliche Verfügungen gegen hoheitliche Anlagenbetreiber, 1999; *Beyerlin,* Die Beteiligung ausländischer Grenznachbarn an umweltrechtlichen Verwaltungsverfahren und Möglichkeiten zu ihrer vertraglichen Regelung auf „euregionaler" Ebene, NuR 1985, 173; *Wolfrum,* DVBl 1984, 493; *Oppermann/Kilian,* Gleichstellung ausländischer Grenznachbarn im deutschen Umweltverfahren?, 1981; *Weber,* Beteiligung und Rechtsschutz ausländischer Nachbarn im atomrechtlichen Genehmigungsverfahren, DVBl 1980, 330; *Fröhler/Zehentner,* Rechtsschutzprobleme bei grenzüberschreitenden Umweltbeeinträchtigungen, 1979. S. auch Literatur zu § 60.

1. Bedeutung und Abgrenzung zu anderen Vorschriften

§ 2 regelt den sachlichen Geltungsbereich des BImSchG. Zu beachten **1** ist allerdings, dass jede einzelne Vorschrift ihren Geltungsbereich enger abstecken kann, wie das nicht selten geschieht, und sich zudem verschiedene Ausnahmevorschriften im BImSchG finden (vgl. § 10 Abs.11, §§ 59, 60). Mit dem sachlichen Geltungsbereich sind bestimmte *Objekte* bzw. (direkte oder indirekte) Quellen umschrieben, von denen schädliche Umwelteinwirkungen, aber auch andere schädliche Einwirkungen ausgehen können (Dörr UL B1). Ansatzpunkt für die Regelungen des BImSchG und damit Gegenstand des Geltungsbereichs sind genau genommen nicht diese Objekte an sich, sondern bestimmte darauf bezogene *Handlungen,* etwa die Herstellung, die Errichtung und der Betrieb. Dieser objekt- bzw. quellenbezogene Geltungsbereich wird durch die nur zT geglückte Vorschrift des § 2 (Dietlein LR 1) abschließend umschrieben. Nicht erfasst werden daher allein vom Menschen ausgehende Immissionen (Dörr UL B3; Rn.6 zu § 22). Ohne Relevanz ist dagegen die Beschränkung des § 2 im Bereich des qualitäts- bzw. gebietsbezogenen Immissions- und Störfallschutzes (unten Rn.12f).

2. Ansatzpunkte bzw. Systematik des BImSchG

2 Abs.1 führt die Gegenstände auf, die das BImSchG regelt, und gibt in seinen Teilpunkten gleichzeitig einen Überblick über die Gliederung des BImSchG. Der Nr.1 entspricht v.a. der zweite Teil des Gesetzes, der Nr.2 der dritte Teil und den Nr.3, 4 der vierte Teil. Die sonstigen Teile des BImSchG haben grundsätzlich für alle Gegenstände Bedeutung; allerdings gibt es insb. für die Errichtung und den Betrieb von Anlagen zahlreiche Ausnahmen von dieser Systematik.

a) Errichtung und Betrieb von Anlagen

3 Klassischer und zugleich wichtigster Ansatzpunkt des BImSchG ist die **Errichtung** und der **Betrieb von Anlagen** (Abs.1 Nr.1). Dabei kommt es nur teilweise darauf an, ob die Anlagen gewerblichen Zwecken dienen oder in wirtschaftlichen Unternehmungen Verwendung finden (missverständlich Dörr UL C2), da im Bereich der Luftreinhaltung und des Lärms keine entsprechende Begrenzung der Bundeskompetenz besteht (Einl.43). Ansatzpunkt der Regelungen ist die Errichtung und der Betrieb: Sachlich regelt das BImSchG den Standort und die Beschaffenheit der Anlagen sowie die Modalitäten der Errichtung (dazu Rn.44 zu § 4) und des Betriebs (dazu Rn.47 zu § 4). Als Errichtung iSd Abs.1 Nr.1 gilt auch eine wesentliche Änderung; zum Begriff der wesentlichen Änderung Rn.5–11 zu § 16.

4 Die in Abs.1 Nr.1 angesprochenen anlagenbezogenen Vorschriften des BImSchG sind zwei unterschiedlichen Bereichen zuzuordnen: Auf der einen Seite geht es um die **genehmigungsbedürftigen Anlagen** (vgl. den Überblick in Rn.14 zu § 4), für die das BImSchG nicht nur Regelungen zum Schutz vor Immissionen, sondern auch vor anderen Einwirkungen enthält (vgl. Einl.5). Die diesbezüglichen Regelungen finden sich nicht nur im 1. Abschnitt des 2. Teils (§§ 4–21), der den Titel „Genehmigungsbedürftige Anlagen" trägt. Auch die §§ 26–31a, § 52a, die §§ 53–58d und § 67 betreffen im Wesentlichen die Errichtung und den Betrieb genehmigungsbedürftiger Anlagen.

5 Der zweite Bereich der anlagenbezogenen Regelungen gilt den **nicht genehmigungsbedürftigen Anlagen,** also allen Anlagen, die nicht von der 4. BImSchV erfasst werden. Angesichts des weiten Anlagenbegriffs, der nach § 3 Abs.5 neben Betriebsstätten und anderen ortsfesten Einrichtungen auch Maschinen, Geräte und sonstige ortsveränderliche technische Einrichtungen sowie bestimmte Grundstücke umfasst (dazu Rn.66–80 zu § 3), ist der Geltungsbereich des Rechts der nicht genehmigungsbedürftigen Anlagen außerordentlich weit gespannt (vgl. die Beispiele in Rn.9–11

Geltungsbereich **§ 2**

zu § 22). Erfasst werden auch private Verkehrswege (unten Rn.8). Die Vorschriften für die nicht genehmigungsbedürftigen Anlagen finden sich vor allem in den §§ 22–25.

b) Inverkehrbringen und Einführen von Anlagen, Stoffen und Erzeugnissen

Abs.1 Nr.2 bezieht sich z.T. ebenfalls auf **Anlagen** (vgl. §§ 32, 33). Doch ist der Ansatzpunkt des BImSchG insoweit ein anderer: Es geht um das **Inverkehrbringen** und die **Einfuhr**. Während Abs.1 Nr.1 erst bei der Errichtung der Anlage am Ort des Betriebs ansetzt, ermöglicht Abs.1 Nr.2 bereits eine Einflussnahme auf der Stufe des Handels und indirekt auf der der Herstellung. Zum Begriff des Inverkehrbringens näher Rn.112 zu § 3, zum Begriff der Einfuhr Rn.111 zu § 3. Das ist für Anlagen bzw. Anlagenteile von Gewicht, die nicht erst am Betriebsort hergestellt werden, v. a. also für serienmäßig produzierte Anlagen (vgl. Dietlein LR 8). Der sachliche Inhalt der möglichen Regelungen ist enger als bei Abs.1 Nr.1: erfasst werden lediglich Regelungen der *Beschaffenheit* und gewisser Nebenpflichten (vgl. Rn.9–12 zu § 32). Neben dem Handel mit Anlagen bringt Abs.1 Nr.2 auch die **Herstellung** und den **Handel mit Treib- und Brennstoffen**, (sonstigen) **Stoffen** und **Erzeugnissen aus Stoffen** in den Geltungsbereich des BImSchG (vgl. §§ 34, 35). Zu den Stoffen iSd Abs.1 Nr.2 rechnen auch Schmierstoffe (vgl. Dörr UL C5). Die Regelungsmöglichkeiten sind hier sehr viel enger: Möglich sind allein Regelungen der Beschaffenheit zum Schutz vor Luftverunreinigungen. Zum Begriff des Herstellens näher Rn.110 zu § 3. 6

c) Fahrzeuge

Weiter gilt das BImSchG gem. Abs.1 Nr.3 für **Kraftfahrzeuge** und ihre Anhänger (dazu Rn.4 zu § 38), **Schienenfahrzeuge** (dazu Rn.5 zu § 38), **Luftfahrzeuge** (dazu Rn.6 zu § 38) und **Wasserfahrzeuge** sowie Schwimmkörper und schwimmende Anlagen (dazu Rn.7 zu § 38), allerdings nur nach Maßgabe der §§ 38–40, d.h. vor allem im Hinblick auf die durch den Verkehr erzeugten Emissionen. Im Übrigen fallen die Fahrzeuge unter Abs.1 Nr.1 und Abs.1 Nr.2 (vgl. Rn.8 zu § 38). Der Ansatzpunkt der Regelung ist umfassend, betrifft sowohl Herstellung wie Inverkehrbringen, Einfuhr und Betrieb. Sachlich sind Regelungen der Beschaffenheit und der Betriebsmodalitäten möglich. 7

d) Öffentliche Verkehrswege

aa) Gem. Abs.1 Nr.4 gilt das BImSchG auch für öffentliche Verkehrswege (zum Begriff Rn.78 zu § 3), also für öffentliche Straßen (dazu Rn.11–13 zu § 41) und für öffentliche Schienenwege (Rn.14–16 zu § 41); allg. zur Anwendung des Gesetzes auf hoheitliche Tätigkeiten unten Rn.15–17. Das BImSchG erfasst damit wichtige sog. *„indirekte Quellen"*, da die Emissionen nicht direkt von den Verkehrswegen, sondern von den die Verkehrswege nutzenden Fahrzeugen ausgehen (Kotulla KO 29). Pri- 8

§ 2   Allgemeine Vorschriften

vate Verkehrswege unterliegen dem anlagenbezogenen Immissionsschutzrecht (str. für Schienenwege; vgl. Rn.11, 15 zu § 41). Gleiches gilt für die Belastungen durch Baumaßnahmen (Rn.28a zu § 41). Wegen des Verweises auf die §§ 41–43 werden vom BImSchG öffentliche Wasserstraßen nicht erfasst (vgl. aber unten Rn.12f).

9   Gem. § 2 Abs.1 Nr.4 werden öffentliche Verkehrswege nur „nach Maßgabe der §§ 41–43" erfasst. Damit scheidet eine Anwendung der anlagenbezogenen Vorschriften des BImSchG auf öffentliche Verkehrswege aus (anders Dietlein LR 12), wie i.ü. § 3 Abs.5 Nr.3 zu entnehmen ist (Rn.79f zu § 3); vgl. aber zu Nebenanlagen etc. unten Rn.9f. Ansatzpunkt der Regelung in § 41 bis § 43 ist der Bau (näher dazu Rn.18 zu § 41) und die wesentliche Änderung (dazu Rn.19–22a zu § 41) von Verkehrswegen. Anwendbar sind dagegen die qualitäts- bzw. gebietsbezogenen Vorschriften des BImSchG (unten Rn.12f). Die verkehrswegebezogenen Vorschriften sind nach ihrem Wortlaut auf den Lärmschutz beschränkt, was angesichts der durch den Verkehr verursachten Luftverunreinigungen anachronistisch ist (vgl. Rn.8f zu § 41).

10   **bb)** Zu den öffentlichen Verkehrswegen iSd BImSchG gehören nicht die **Nebenanlagen** und **Nebeneinrichtungen** öffentlicher Verkehrswege. Hier machen die verkehrswegebezogenen Vorschriften der §§ 41–43 keinen Sinn und sind daher nicht anwendbar (Rn.12, 16 zu § 41). Vielmehr kommen die anlagenbezogenen Vorschriften des BImSchG zum Einsatz (Dörr UL C11; Dietlein LR 12, 18; Führ GK 23a; Rn.80 zu § 3). Dementsprechend ist etwa die Amtl. Begr. davon ausgegangen, dass selbst Bahnhöfe genehmigungsbedürftige Anlagen iSd § 4 sein können (BT-Drs. 7/179, S.31). Zur Abgrenzung der *Nebenanlagen* und *Nebeneinrichtungen* Rn.12f, 16 zu § 41. Auch im Bereich der Wasserstraßen werden Nebenanlagen und Nebeneinrichtungen vom BImSchG erfasst.

11   Die Anwendung der für Anlagen geltenden Vorschriften auf Nebenanlagen und Nebeneinrichtungen der Verkehrswege betrifft nicht nur die **materiellen** Anforderungen des BImSchG, sondern auch die **Instrumentalnormen,** wie das immissionsschutzrechtliche Genehmigungsverfahren (str., unten Rn.14f) oder Anordnungsermächtigungen. Allerdings schließen fachplanerische Planfeststellungsverfahren die immissionsschutzrechtliche Genehmigung ein (vgl. (4) in Rn.40 zu § 4). Des Weiteren können fachgesetzliche Regelungen von der Genehmigungspflicht freistellen (vgl. Rn.41 zu § 4); zudem können fachgesetzliche Anordnungsermächtigungen den entsprechenden Ermächtigungen des BImSchG als Spezialnormen vorgehen (Rn.8 zu § 17). Zu Sonderregelungen der Zuständigkeit Einl.55.

e) Gebiets- bzw. qualitätsbezogener Immissions- und Störfallschutz

12   Die bislang beschriebenen Ansatzpunkte des BImSchG (oben Rn.3–11) knüpfen an die Quellen der Immissionen an, wie das für das deutsche Immissionsschutzrecht traditionell prägend ist (Jarass, UPR 2000, 245); man kann insoweit von *quellenbezogenem* Immissionsschutz sprechen. Daneben

Geltungsbereich § 2

gibt es aber auch Regelungen, die **unmittelbar** an das Umweltmedium anknüpfen und sich direkt **auf** dessen **Qualität beziehen.** Hier geht es um die Luftqualität sowie um das Freisein von Lärm. Solche Regelungen können sich auf bestimmte Gebiete beschränken, weshalb man insoweit auch von **gebietsbezogenem** Immissionsschutz spricht. Unter dem Einfluss des EG-Rechts gibt es aber zunehmend auch **qualitätsbezogene** Vorgaben für den gesamten Geltungsbereich des Gesetzes (dazu Jarass, NVwZ 2003, 258 ff; Rn.5a zu § 48a). Was die Luftqualität angeht, finden sich gebiets- bzw. qualitätsbezogene Regelungen in § 44 bis § 47, § 48a und § 50, aber auch in § 49 Abs.2. Für den Lärmschutz finden sich derartige Regelungen in § 47a und in § 48a. Schließlich gibt es vergleichbare gebietsbezogene Vorschriften für den Störfallschutz in § 50 S.1.

In der Regelung des § 2 Abs.1 hat die Vorschrift des gebiets- bzw. qua- 13 litätsbezogenen Immissions- und Störfallschutzes keinen Niederschlag gefunden (Dietlein LR 1; Führ GK 3). Insoweit enthält daher § 2 Abs.1 **keine abschließende Regelung.** Daher gelten etwa die in § 2 Abs.1 Nr.4 enthaltenen Beschränkungen für Verkehrswege nicht im Bereich des qualitätsbezogenen Anforderungen auch für vom BImSchG grundsätzlich ausgenommene Quellen anwendbar, etwa auf Flughäfen (vgl. Rn.7 zu § 45, Rn.11 zu § 47, Rn.5 zu § 48a und Rn.10 zu § 50).

3. Art der erfassten Tätigkeiten

a) Private Tätigkeiten

Das BImSchG erfasst nicht allein Tätigkeiten, die **gewerblichen** Zwe- 14 cken dienen oder im Rahmen wirtschaftlicher Unternehmungen stattfinden (zu diesen Begriffen Rn.28 zu § 4). Die vom Gesetz angesprochenen Tätigkeiten werden generell erfasst, unabhängig davon, welche Zwecke damit verfolgt werden. Erfasst werden auch Anlagen der Urproduktion (Dietlein LR 6). Einige Vorschriften sind allerdings, wie sich aus deren Tatbestand ergibt, auf Tätigkeiten in wirtschaftlichen Unternehmungen beschränkt (v. a. im Hinblick auf die Grenzen der Bundeskompetenz; dazu Einl.43). Zu den **verhaltensbezogenen** Immissionen Rn.6 zu § 22; die dort zu den nicht genehmigungsbedürftigen Anlagen gemachten Aussagen gelten generell im Anwendungsbereich des BImSchG. Keine Rolle spielt auch, ob der Akteur Deutscher oder Ausländer, eine inländische oder ausländische juristische Person ist (Führ GK 27). Erfasst werden etwa auch Schiffe unter fremder Flagge.

b) Hoheitliche Tätigkeiten

aa) Das BImSchG gilt auch für **hoheitliche Tätigkeiten** (BVerwGE 15 79, 254/256f; 117, 1/3 ff = UPR 2003, 70; VGH BW, NuR 1999, 282; NuR 2001, 465; Maske o. Lit. 11 ff; Dietlein LR 4; Führ GK 12; Rn.5 zu § 22; Rn.17 zu § 41). Andernfalls hätte die partielle Einschränkung der Regelungen des BImSchG auf gewerbliche Anlagen bzw. Anlagen in wirtschaftlichen Unternehmungen, wie in § 4 Abs.1 S.2, § 20 Abs.1a S.1,

§ 22 Abs.1 S.3, § 23 S.1, § 25 Abs.1 a S.1, mit der v. a. hoheitliche Tätigkeiten ausgenommen werden (Rn.28 zu § 4), keinen Sinn. Auch wären die expliziten Sonderregelungen für die Landesverteidigung, wie sie das BImSchG in § 10 Abs.11, §§ 59, 60 vorsieht, nicht verständlich (BVerwGE 117, 1/3 ff; Dörr UL 28). Gleiches gilt für die Erstreckung des Geltungsbereichs durch Abs.1 Nr.4 auf den Bau öffentlicher Verkehrswege (dazu oben Rn.8–11). Dementsprechend wendet die Rspr. die Anforderungen des BImSchG auch auf hoheitliche Tätigkeiten an, etwa auf eine Feuersirene (BVerwGE 79, 254/258 = NJW 1988, 2396) oder die Zulassung von Sendeanlagen (HessVGH, NVwZ 1993, 1119 f). Hoheitsträger sind uneingeschränkt an das Immissionsschutzrecht gebunden, soweit nicht **gesetzliche Ausnahmen** bestehen, wie etwa im Bereich der Landesverteidigung (Rn.1 zu § 60); zur Situation im Bereich der Verkehrswege oben Rn.10 f und Einl.55.

16 **bb)** Auf hoheitliche Tätigkeiten anwendbar sind nicht nur die Regelungen des materiellen Immissionsschutzrechts (Maske o. Lit 8 ff), sondern auch für die **Instrumente des Vollzugs** (BVerwGE 117, 1/2 ff = NVwZ 2003, 105; VGH BW, NuR 2001, 465; NuR 2001, 465); zur davon zu trennenden Frage der Zuständigkeit Einl.55. Dementsprechend wurde in der Amtlichen Begründung festgehalten, dass „Anlagen der öffentlichen Hand ... sowohl in materieller als auch formeller Hinsicht den privaten Anlagen gleichgestellt werden, wenn von ihnen dieselben schädlichen Umwelteinwirkungen ausgehen" (BT-Drs. 7/179; S.58).

17 Dies gilt zunächst für das **Genehmigungsverfahren** (HessVGH, NVwZ 1997, 305; Maske o. Lit. 53 ff; Feldhaus FE 31 zu § 4; Dörr UL C2), wie man im Umkehrschluss auch § 10 Abs.11 entnehmen kann (BVerwGE 117, 1/3). Zudem ergibt sich das aus der Regelung des § 4 Abs.1 S.2, die die Genehmigungspflicht allein für Immissionen außerhalb von Luftverunreinigungen und Lärm auf gewerbliche Anlagen bzw. Anlagen in wirtschaftlichen Unternehmungen beschränkt und damit hoheitliche Tätigkeiten ausnimmt. Möglich ist andererseits, dass die Genehmigungspflicht bei hoheitlichen Anlagen restriktiver gefasst wird, wie das die Folge von § 1 Abs.1 S.4 der 4. BImSchV ist (Führ GK 12).

18 Gleiches muss für **Anordnungen** gelten (BVerwGE 115, 1/3 ff = DVBl 2003, 209; VGH BW, NuR 2001, 465; Repkewitz, o. Lit., 156 ff; Maske, o. Lit., 81 ff; Führ GK 15; a. A. HessVGH, NVwZ 2002, 890 f; Dietlein LR 5; vgl. auch oben Rn.11). Die Vorschrift des § 17 gilt für alle der Genehmigungspflicht unterliegenden Anlagen und damit grundsätzlich auch für Anlagen der öffentlichen Hand (oben Rn.16). Nicht anders stellt sich die Situation im Bereich der §§ 24 f dar (BVerwGE 117, 1/3 ff; VGH BW, NuR 2001, 465). Im Hinblick auf gemeindliche Einrichtungen war das schon bisher gängige Praxis. Der Verweis auf die Pflicht des Hoheitsträgers, selbst für die Durchsetzung des materiellen Immissionsschutzrechts zu sorgen, wozu dieser gem. Art.20 Abs.3 GG verpflichtet sei (HessVGH, NVwZ 1997, 305), übersieht, dass öffentlich-rechtliche Einrichtungen

Geltungsbereich § 2

nicht weniger zu Umweltbelastungen neigen als Privateinrichtungen und daher in gleicher Weise der Kontrolle durch eine Aufsichtsbehörde bedürfen. Soweit dies im Bereich des allgemeinen Polizei- und Ordnungsrechts anders gesehen wird (tendenziell BVerwG, DVBl 1997, 956 unter Verweis auf die mögliche Feststellungsklage), lässt sich das nicht auf das BImSchG übertragen, weil es zum einen nicht als lex generalis einzustufen ist und andererseits die Frage der Behandlung von Hoheitsträgern ausdrücklich regelt (vgl. Maske o. Lit. 49 f). Ausgeschlossen sind allerdings gem. § 17 VwVG Maßnahmen der Verwaltungsvollstreckung. Unklar ist die Situation bei **Überwachungsmaßnahmen** nach § 52 Abs.2–6 (vgl. HessVGH, NVwZ 1997, 305; Dietlein LR 5).

c) Räumlicher Anwendungsbereich und grenzüberschreitende Umwelteinwirkungen

Bei der Anwendung des BImSchG auf grenzüberschreitende Immissionen ist zu differenzieren: Entsprechend dem Territorialitätsprinzip (generell dazu Oppermann/Kilian o. Lit. 102 ff) sind die im BImSchG niedergelegten Pflichten nur auf Handlungen im Geltungsgebiet des Grundgesetzes anwendbar (Dörr UL B2). Vorschriften zur Errichtung und zum Betrieb von Anlagen gelten also nur für **im Inland gelegene Anlagen** (Czajka FE (9), § 1 Rn.15; Führ GK 28). Zum Inland idS gehören auch die deutschen Hoheitsgewässer (Erbguth/Stollmann, DVBl 1995, 1274). Grundsätzlich dürfte das BImSchG auch in der deutschen Ausschließlichen Wirtschaftszone anwendbar sein, soweit das zulässig ist. Die These, das BImSchG schütze nur Güter im deutschen Hoheitsgebiet (Kahle, ZUR 2004, 86) verkennt, dass das BImSchG auch die Nachbarn im Ausland schützt (unten Rn.20). Allerdings dürfte die Seeanlagenverordnung als lex specialis vorgehen (unten Rn.28). Soweit eine Anlage auf der Grenze zu einem anderem Staat liegt, dürfte sich das BImSchG ebenfalls auf die im Inland befindlichen Anlagenteile beschränken; allerdings sind bei deren Beurteilung die jenseits der Grenze liegenden Teile zu berücksichtigen. 19

Wirkungen inländischer Anlagen **im Ausland** werden erfasst. Dementsprechend können sich ausländische Nachbarn auf die Vorschriften des BImSchG berufen (str.; näher Rn.50, 53 zu § 6 sowie Rn.71 zu § 10). § 11 a der 9. BImSchV sieht eine grenzüberschreitende Behördenbeteiligung und eine grenzüberschreitende Öffentlichkeitsbeteiligung vor, insb. eine Bekanntgabe des Genehmigungsantrags im Ausland. Durch Staatsvertrag kann der Anwendungsbereich des BImSchG darüber hinaus erweitert werden (vgl. BGH, DVBl 1979, 226 f mit Hinweis auf gebotene Beschränkungen). 20

4. Einschränkung des Geltungsbereichs bei bestimmten Anlagen und Risiken

a) Flugplätze

Gem. Abs.2 S.1 werden vom BImSchG die Errichtung und der Betrieb von Flugplätzen nicht erfasst. Nach der Begründung zum Regierungsent- 21

§ 2 Allgemeine Vorschriften

wurf sind damit gem. § 6 Abs.1 LuftVG **Flughäfen, Landeplätze** und **Segelfluggelände** gemeint (Amtl. Begr., BT-Drs. 7/179, 29; Dietlein LR 12), also alle Einrichtungen, die dem Start und der Landung von Flugzeugen, einschließlich Segelflugzeugen und Motorseglern, dienen (§§ 38, 49, 54 LuftVZO). Die Einschränkung des BImSchG wurde in der Amtl. Begr. damit gerechtfertigt, dass das LuftVG und das Gesetz gegen Fluglärm „auf die besondere Problematik des Fluglärms zugeschnittene Sonderregelungen des Immissionsschutzes enthalten" (Amtl. Begr. BT-Drs. 7/179, 29). Daraus muss man entnehmen, dass die Ausnahme des § 2 Abs.2 Flughäfen etc. insoweit erfasst, als sie (mittelbar) für den Lärm von Luftfahrzeugen, für den Fluglärm, ursächlich sind. Fluglärm ist der durch den Überflug sowie Start- und Landevorgänge verursachte Lärm (Dörr UL C15). Andere Emissionen als Fluglärm unterliegen dagegen dem BImSchG (Führ GK 36, 38; Porger KO § 22 Rn.22; Ohms Rn.101; Dörr UL C15; Dietlein LR 23; a.A. Kotulla KO 39), mit der Folge, dass weite Bereiche eines Flugplatzes den Vorschriften der §§ 22 ff, ggf. auch der §§ 4 ff unterliegen können (Feldhaus FE 30 zu § 4). Im Bereich der qualitäts- bzw. gebietsbezogenen Vorgaben dürfte die Einschränkung des Abs.2 überhaupt nicht zum Tragen kommen (näher Rn.10 zu § 50; vgl. auch oben Rn.13 und Rn.2, 11 zu § 47); eine Klarstellung wäre aber sinnvoll. Soweit im Übrigen das Immissionsschutzrecht durch das Luftverkehrsrecht verdrängt wird, sind die materiellen Regelungen des BImSchG als Anhaltspunkte bei der Anwendung von § 6 Abs.2, 3 LuftVG heranzuziehen (BayVGH, ZUR 1998, 159; Dietlein LR 22; Feldhaus FE § 4 Anm.30; zurückhaltend BVerwG, NVwZ 1998, 851). Rechtspolitisch ist die Ausnahme des § 2 Abs.2 S.1 für Flugplätze etc. unbefriedigend (Jarass, in: Koch/Lechelt (Hg.), 20 Jahre BImSchG, 1994, 149).

b) Strahlenschutz

22   Die zweite Ausnahme des Abs.2 S.1 betrifft Anlagen und andere Objekte, die dem AtomG oder den hiernach erlassenen Rechtsverordnungen unterliegen. Bei Kernkraftwerken ist zu beachten, dass das Atomrecht nicht das gesamte Kraftwerk, sondern im Wesentlichen nur den Reaktorkern erfasst, mit der Folge, dass die Einschränkung des § 2 Abs.2 etwa bei Kühltürmen nicht greift (vgl. BVerwGE 72, 300/329 = NVwZ 1986, 208; Feldhaus FE 32 zu § 4). Darüber hinaus reicht die Ausnahme nur soweit, als es um den Strahlenschutz geht (ebenso die Regelung in § 8 Abs.1 AtomG). Die sonstigen, von den fraglichen Objekten ausgehenden Gefahren unterliegen dem (materiellen) Regime des BImSchG (Dietlein LR 25; Dörr UL C18). Im Ergebnis werden daher nicht bestimmte Objekte, sondern die nuklearen Risiken aus dem Geltungsbereich ausgenommen (BVerwGE 72, 300/331 = NVwZ 1986, 208). Dass die atomrechtliche Genehmigung nach § 7 AtomG die Genehmigung nach § 4 einschließt (§ 8 Abs.2 AtomG), ändert nichts an der Geltung der materiellen Vorschriften des BImSchG (§ 8 Abs.2 S.2 AtomG). Vom Atomgesetz nicht

Geltungsbereich § 2

erfasst wird die natürliche radioaktive Strahlung, etwa in bergrechtlichen Anlagen. Insoweit bleibt das BImSchG einschlägig (Kotulla KO 44).

c) Landesverteidigung

Was die Anlagen der Landesverteidigung, insb. der **Bundeswehr** an- 23 geht, so unterliegen auch sie grundsätzlich dem BImSchG (Rn.1 zu § 60; vgl. auch oben Rn.15–17). Doch sind die Vorschriften des § 10 Abs.11 und der §§ 59, 60 zu beachten. Sie schränken den Anwendungsbereich des BImSchG entweder direkt ein (§ 60 Abs.2) oder ermächtigen bestimmte Stellen zu einer Einschränkung durch Rechtsverordnung (§ 10 Abs.11, § 59) oder Verwaltungsakt (§ 60 Abs.1). Zu den **Stationierungsstreitkräften** Rn.15–21 zu § 60.

d) Gewässerrecht sowie Düngemittel- und Pflanzenschutzrecht

Abs.2 S.2 hat mit dem Geltungsbereich des BImSchG nichts zu tun, 24 sondern regelt zum einen die mögliche Kollision zwischen Immissionsschutzrecht und **Wasserrecht** (Kotulla KO 45). Die Vorschrift wurde 1990 eingeführt (Einl.2 Nr.14), als der Schutz des BImSchG in § 1 auf das Wasser erstreckt wurde. Der Begriff der Gewässer ist iSd Wasserrechts zu verstehen (Dietlein LR 27). Die Regelung soll klarstellen, dass die Erweiterung der Schutzgüter in § 1 die *materiellen* Anforderungen des Bundes- und des Landeswasserrechts nicht abschwächen sollte (Amtl. Begr., BT-Drs. 11/6633, 43; Fluck, NVwZ 1992, 120); nicht erfasst werden hingegen die formellen Vorschriften des BImSchG, wie auch § 13 zu entnehmen ist (Dörr UL C21; Dietlein LR 26; Seibert LR 83 zu § 13). Die zwingenden materiellen Anforderungen des Wasserrechts zum Schutz von Gewässern können daher nicht unter Berufung auf den Schutz der Luft abgeschwächt werden (Dietlein LR 26), wie das auch umgekehrt ausgeschlossen ist (Führ GK 41). Im Bereich des Schutzes vor Immissionen ist eine Überschneidung mit dem Wasserrecht ohnehin selten, da das Wasserrecht die über die Luft vermittelten Wasserbelastungen kaum erfasst. Immerhin sind Wasserqualitätsvorgaben auch insoweit für das Immissionsschutzrecht beachtlich (Kotulla KO 48). Mehr Gewicht könnte die Spezialität des Wasserrechts im Bereich der sonstigen Einwirkungen, insb. bei Abwasser (Dietlein LR 28), haben (dazu Rn.8 zu § 5). Aber auch hier dürfte sich die Spezialität auf die materiellen Anforderungen beschränken. Andernfalls hätte § 2 Abs.2 entgegen der gesetzgeberischen Absicht nicht nur klarstellenden Charakter. Unberührt bleiben insb. alle anlagenbezogenen Anforderungen zum Schutz von Gewässern nach dem Immissionsschutzrecht, insb. zur Abwasservermeidung und zur Störfallvorsorge (Führ GK 47).

Im Jahr 2001 (Einl.2 Nr.34) wurde Abs.2 S.2 auf das **Düngemittel-** 25 **und Pflanzenschutzrecht** ausgeweitet. Dies betrifft vor allem das Verhältnis zum Düngemittelgesetz, zur Düngeverordnung und zum Pflanzenschutzgesetz (Kotulla KO 51). Welches Ziel damit verfolgt und welche Wirkungen ausgelöst werden, bleibt aber unklar. Die Amtl. Begründung

§ 2 Allgemeine Vorschriften

führt dazu an, dass das BImSchG „nunmehr" auch „den Schutz von Boden und Wasser vor direkten Einwirkungen mit schädlichen Auswirkungen anspricht" und im Hinblick „auf das Ausbringen von Dünge- und Pflanzenschutzmitteln durch nicht genehmigungsbedürftige Anlagen Anwendung" findet (BT-Drs. 14/4599, 125). Im Bereich der nicht genehmigungsbedürftigen Anlagen ist das aber nicht der Fall; auch wurden die einschlägigen Vorschriften durch die Novelle nicht geändert (Dietlein LR 29). Zudem soll die Neuregelung auch nichts daran ändern, dass landwirtschaftlich genutzte Grundstücke, auf denen Dünger oder Pflanzenschutzmittel ordnungsgemäß ausgebracht werden, grundsätzlich keine Anlagen sind (BT-Drs. 14/4599, 125; Dörr UL C24).

e) Bodenschutzrecht, Gentechnikrecht, Seeanlagenrecht

26 Was das Verhältnis zum **Bodenschutzrecht** angeht, enthält das BImSchG keine Aussage. Hier findet sich die entscheidende Regelung in § 3 Abs.3 S.1 BBodSchG: „Im Hinblick auf das Schutzgut Boden gelten schädliche Bodenveränderungen im Sinne des § 2 Abs.3 dieses Gesetzes der aufgrund dieses Gesetzes erlassenen Rechtsverordnungen, soweit sie durch Immissionen verursacht werden, als schädliche Umwelteinwirkungen im Sinne des § 3 Abs.1 Bundes-Immissionsschutzgesetzes, im Übrigen als sonstige Gefahren, erhebliche Nachteile oder erhebliche Belästigungen nach § 5 Abs.1 Nr.1 des Bundes-Immissionsschutzgesetzes". Wann daher Immissionen im Hinblick auf den Boden schädlich sind, hängt von den Vorgaben des Bundes-Bodenschutzgesetzes ab (Kotulla KO 57; Rn.42 zu § 5). Ist das der Fall, kommen die Anforderungen des BImSchG zum Tragen. Im Hinblick auf Vorsorgepflichten sind allerdings gem. § 3 Abs.3 S.2, 3 BBodSchG Vorsorgewerte und -untergrenzen in einer Rechtsverordnung nach § 8 Abs.2 Bundes-Bodenschutzgesetz heranzuziehen (Rn.70 zu § 5).

27 **Gentechnische Vorhaben** unterliegen, auch soweit sie unter § 2 GenTG fallen, immissionsschutzrechtlichen Regelungen (Kotulla KO 55). Soweit es jedoch um den Schutz vor den spezifischen Gefahren der Gentechnik geht, ist gem. § 22 Abs.2 GenTG allein das Gentechnikgesetz einschlägig (Führ GK 66a; Kotulla KO 55). § 22 Abs.2 GenTG erfasst zwar seinem Wortlaut nach nur Fälle, die nach anderen Gesetzen, insb. nach dem BImSchG, zulassungspflichtig sind. Doch bestehen keine Bedenken, die Regelung analog auf nicht genehmigungsbedürftige Anlagen und Tätigkeiten anzuwenden. Voraussetzung ist allerdings, dass die Anlage dem Gentechnikgesetz unterliegt. Zur Überleitung alter Genehmigungen Rn.37 zu § 67.

28 Im Anwendungsbereich der **Seeanlagenverordnung** (BGBl 1997, I 57) dürfte die Ermächtigung des § 9 Abs.1 Nr.4a iVm § 1 Nr.10a sowie § 9 Abs.2 Nr.2 Seeaufgabengesetz, jedenfalls seit Erlass der Verordnung, die Vorgaben des BImSchG als speziellere Regelung verdrängen (vgl. Kahle, ZUR 2004, 86).

§ 3 Begriffsbestimmungen

(1) Schädliche Umwelteinwirkungen im Sinne dieses Gesetzes sind Immissionen, die nach Art, Ausmaß oder Dauer geeignet sind, Gefahren, erhebliche Nachteile oder erhebliche Belästigungen für die Allgemeinheit oder die Nachbarschaft herbeizuführen.[22 ff]

(2) Immissionen im Sinne dieses Gesetzes sind auf Menschen, Tiere und Pflanzen, den Boden, das Wasser, die Atmosphäre sowie Kultur- und sonstige Sachgüter einwirkende Luftverunreinigungen, Geräusche, Erschütterungen, Licht, Wärme, Strahlen und ähnliche Umwelteinwirkungen.[15 ff]

(3) Emissionen im Sinne dieses Gesetzes sind die von einer Anlage ausgehenden Luftverunreinigungen, Geräusche, Erschütterungen, Licht, Wärme, Strahlen und ähnliche Erscheinungen.[11 ff]

(4) Luftverunreinigungen im Sinne dieses Gesetzes sind Veränderungen der natürlichen Zusammensetzung der Luft, insbesondere durch Rauch, Ruß, Staub, Gase, Aerosole, Dämpfe oder Geruchsstoffe.[2 ff]

(5) Anlagen im Sinne dieses Gesetzes sind

1. Betriebsstätten und sonstige ortsfeste Einrichtungen,[69 ff]
2. Maschinen, Geräte und sonstige ortsveränderliche technische Einrichtungen sowie Fahrzeuge, soweit sie nicht der Vorschrift des § 38 unterliegen,[72 f] und
3. Grundstücke, auf denen Stoffe gelagert oder abgelagert oder Arbeiten durchgeführt werden, die Emissionen verursachen können,[74 ff] ausgenommen öffentliche Verkehrswege.[78 ff]

(5a) Ein Betriebsbereich ist der gesamte unter der Aufsicht eines Betreibers stehende Bereich,[88 f] in dem gefährliche Stoffe[89] im Sinne des Artikels 3 Nr.4 der Richtlinie 96/82/EG des Rates vom 9. Dezember 1996 zur Beherrschung der Gefahren bei schweren Unfällen mit gefährlichen Stoffen (ABl. EG 1997 Nr.L 10 S.13) in einer oder mehreren Anlagen einschließlich gemeinsamer oder verbundener Infrastrukturen und Tätigkeiten einschließlich Lagerung im Sinne des Artikels 3 Nr.8 der Richtlinie in den in Artikel 2 der Richtlinie bezeichneten Mengen tatsächlich vorhanden oder vorgesehen sind oder vorhanden sein werden,[89] soweit davon auszugehen ist, dass die genannten gefährlichen Stoffe bei einem außer Kontrolle geratenen industriellen chemischen Verfahren anfallen;[88] ausgenommen sind die in Artikel 4 der Richtlinie 96/82/EG angeführten Einrichtungen, Gefahren und Tätigkeiten.[91]

(6) Stand der Technik im Sinne dieses Gesetzes ist der Entwicklungsstand fortschrittlicher Verfahren, Einrichtungen oder Betriebsweisen,[101 f] der die praktische Eignung einer Maßnahme zur Begrenzung von Emissionen in Luft, Wasser und Boden, zur Gewährleistung

der Anlagensicherheit, zur Gewährleistung einer umweltverträglichen Abfallentsorgung oder sonst zur Vermeidung oder Verminderung von Auswirkungen auf die Umwelt zur Erreichung eines allgemein hohen Schutzniveaus für die Umwelt insgesamt gesichert erscheinen lässt.[100,] [103 ff] Bei der Bestimmung des Standes der Technik sind insbesondere die im Anhang aufgeführten Kriterien zu berücksichtigen.[94]

(7) Dem Herstellen[110] im Sinne dieses Gesetzes steht das Verarbeiten, Bearbeiten oder sonstiges Behandeln, dem Einführen[111] im Sinne dieses Gesetzes das sonstige Verbringen in den Geltungsbereich dieses Gesetzes gleich.

Anhang (zu § 3 Absatz 6)

Kriterien zur Bestimmung des Standes der Technik

Bei der Bestimmung des Standes der Technik sind unter Berücksichtigung der Verhältnismäßigkeit zwischen Aufwand und Nutzen möglicher Maßnahmen sowie des Grundsatzes der Vorsorge und der Vorbeugung, jeweils bezogen auf Anlagen einer bestimmten Art, insbesondere folgende Kriterien zu berücksichtigen:

1. Einsatz abfallarmer Technologie,[100]
2. Einsatz weniger gefährlicher Stoffe,[100]
3. Förderung der Rückgewinnung und Wiederverwertung der bei den einzelnen Verfahren erzeugten und verwendeten Stoffe und gegebenenfalls der Abfälle,[100]
4. vergleichbare Verfahren, Vorrichtungen und Betriebsmethoden, die mit Erfolg im Betrieb erprobt wurden,[103]
5. Fortschritte in der Technologie und in den wissenschaftlichen Erkenntnissen,[102]
6. Art, Auswirkungen und Menge der jeweiligen Emissionen,[100]
7. Zeitpunkte der Inbetriebnahme der neuen oder der bestehenden Anlagen,[98]
8. für die Einführung einer besseren verfügbaren Technik erforderliche Zeit,[98, 107]
9. Verbrauch an Rohstoffen und Art der bei den einzelnen Verfahren verwendeten Rohstoffe (einschließlich Wasser) sowie Energieeffizienz,[100]
10. Notwendigkeit, die Gesamtwirkung der Emissionen und die Gefahren für den Menschen und die Umwelt soweit wie möglich zu vermeiden oder zu verringern,[100]
11. Notwendigkeit, Unfällen vorzubeugen und deren Folgen für den Menschen und die Umwelt zu verringern,[100]
12. Informationen, die von der Kommission der Europäischen Gemeinschaften gemäß Artikel 16 Abs.2 der Richtlinie 96/61/EG des Rates vom 24. September 1996 über die integrierte Vermeidung und Verminderung der Umweltverschmutzung (ABl. EG Nr.L 257

Begriffsbestimmungen § 3

S.26) oder von internationalen Organisationen veröffentlicht werden.[94]

Übersicht

A. Emissionen und Immissionen sowie die zugrunde liegenden Vorgänge (Abs.2–4) .... 1 a
   I. Luftverunreinigungen, Geräusche und ähnliche Vorgänge .... 1 a
     1. Luftverunreinigungen (Abs.4) 2
     2. Geräusche 5
     3. Erschütterungen, Licht, Wärme, Strahlen 6
     4. Ähnliche Vorgänge 7
       a) Physische Vorgänge 7
       b) Unwägbare Stoffe 8
   II. Emissionen (Abs.3) 11
     1. Bestimmte Erscheinungen 11
     2. Von einer Anlage ausgehend 12
     3. Am Ort der Verursachung 14
   III. Immissionen (Abs.2) 15
     1. Bestimmte Vorgänge 15
     2. Am Ort des Einwirkens 16
     3. Gesamtbelastung 19

B. Schädliche Umwelteinwirkungen (Abs.1)
   I. Bedeutung und Struktur des Begriffs 21
     1. Begriffselemente (insb. Umwelteinwirkung) und Bedeutung 21
     2. Begriffsvarianten 23
   II. Schädlichkeit 1: Negative Effekte und Verursachung ... 24
     1. Negative Effekte: Gefahr (Schaden), Nachteil, Belästigung 24
       a) Grundlagen 24
       b) Arten der negativen Effekte 26
       c) Einzelfälle 29
     2. Belastungsinteressen: Allgemeinheit und Nachbarschaft 31
       a) Bedeutung der Begriffe 31
       b) Allgemeinheit 32
       c) Nachbarschaft 33
     3. Hinreichende Wahrscheinlichkeit der Verursachung (Eignung) 39
       a) Grundlagen 39
       b) Wahrscheinlichkeit eines Schadens 42
       c) Wahrscheinlichkeit von Nachteilen und Belästigungen 45
   III. Schädlichkeit 2: Erheblichkeit 46
     1. Grundlagen 46
       a) Bedeutung der Erheblichkeit 46
       b) Gesamtbelastung 49

§ 3 Allgemeine Vorschriften

    2. Bedeutung der Erheblichkeit bei Gesundheitsschäden   51
    3. Kriterien der Erheblichkeit bei sonstigen Schäden sowie bei Nachteilen und Belästigungen   52
       a) Art, Ausmaß und Dauer   52
       b) Durchschnittsbetroffene und soziale Adäquanz   53
       c) Art des betroffenen Gebiets und Vorbelastungen, insb. bei Lärm   55
       d) Rechtmäßigkeit des Handelns des Betroffenen   60
       e) Einwilligung und Duldung sowie Güter der Allgemeinheit   61
       f) Nachteile durch Vermeidungsmaßnahmen für Verursacher und Allgemeinheit   63

C. Anlage und Betriebsbereich
   I. Anlage (Abs.5)   66
    1. Allgemeines, insb. bestimmungsgemäßes Betreiben ..   66
    2. Ortsfeste Einrichtungen (Abs.5 Nr.1)   69
    3. Ortsveränderliche technische Einrichtungen und Fahrzeuge (Abs.5 Nr.2)   72
       a) Ortsveränderliche technische Einrichtungen   72
       b) Fahrzeuge   73
    4. Emissionsgeeignete Grundstücke (Abs.5 Nr.3)   74
       a) Allgemeines   74
       b) Einschränkung der Zweckbestimmung   76
       c) Öffentliche Verkehrswege   78
    5. Anhang: Anlagenbetreiber   81
       a) Bestimmender Einfluss auf Anlage   81
       b) Insb. juristische Personen und Personenvereinigungen   84
       c) Gemeinsame Anlage   85
       d) (Sonstige) Anlagenverantwortliche   86
   II. Betriebsbereich (Abs.5 a)   87
    1. Bedeutung und EG-Recht   87
    2. Voraussetzungen   88
       a) Bereich eines Betreibers   88
       b) Vorhandensein gefährlicher Stoffe   90
       c) Ausnahmen   91

D. Stand der Technik (Abs.6)
    1. Grundlagen   93
       a) Normative Grundlage und EG-Recht   93
       b) Ähnliche Standards   95
       c) Gerichtliche Kontrolldichte   97
    2. Eigenart und Zielbereiche   98
       a) Genereller Maßstab und Vorsorge   98
       b) Zielbereiche   100
    3. Anforderungen des Standes der Technik   101
       a) Fortschrittliche Verfahren, Einrichtungen, Betriebsweisen (Beste Techniken)   101
       b) Technische Eignung   103
       c) Wirtschaftliche Eignung   106

Begriffsbestimmungen § 3

E. Herstellen, Einführen, Inverkehrbringen (Abs.7)
1. Herstellen 110
2. Einführen 111
3. Inverkehrbringen 112

Literatur A (Schädliche Umwelteinwirkungen): *Schulze-Fielitz,* Der Raum als Determinante im Immissionsschutzrecht, in: Dreier/Forkel u. a. (Hg.), Raum und Recht, Festschrift 600 Jahre Würzburger Juristenfakultät, 2002, 711; *Dolde,* Immissionsschutzrechtliche Probleme der Gesamtlärmbewertung, in: Dolde (Hg.), Umweltrecht im Wandel, 2001, 451; *Stapelfeldt,* Die immissionsschutzrechtliche Anlagengenehmigung nach europäischem Recht, 2000; *Kutscheidt,* Schädliche Umwelteinwirkungen, in: Festschrift für Feldhaus, 1999, 1; *Graulich,* Immissionsschutzrechtliche Konflikte zwischen Landwirtschaft und Wohnbebauung, 1999; *Koch,* Die rechtliche Beurteilung der Lärmsummation nach BImSchG und TA Lärm 1998, in: Festschrift für Feldhaus, 1999, 215; *Engler,* Der öffentlich-rechtliche Immissionsabwehranspruch, 1995; *Murswiek,* Nachteil, in: Handwörterbuch des Umweltrechts, Bd. 2, 1994, Sp. 1431; *ders.,* Belästigung, in: Handwörterbuch des Umweltrechts, Bd. 1, 1994, Sp. 220; *Dierkes,* Die Grundpflichten bei der Einstellung des Betriebs genehmigungsbedürftiger Anlagen gem. § 5 Abs.3 BImSchG, 1994; *Jarass,* Zum Kampf um Kirchturmuhren und nächtens betriebene Tankstellen, JZ 1993, 601; *Classen,* Erheblichkeit und Zumutbarkeit bei schädlichen Umwelteinwirkungen, JZ 1993, 1042; *Feldhaus,* Die Schwierigkeiten mit der Immissions-Summenbewertung nach TA Lärm, Jahrbuch des Umwelt- und Technikrechts 1993, 29; *Petersen,* Schutz und Vorsorge, 1993; *Koch,* Der Erheblichkeitsbegriff in § 3 Abs.1 BImSchG und seine Konkretisierung durch die TA Lärm, in: *ders.* (Hg.), Schutz vor Lärm, 1990, 41; *Koch,* „Schädliche Umwelteinwirkungen" – Ein mehrdeutiger Betriff?, in: Jahrbuch des Umwelt- und Technikrechts, Bd. 9, 1989, 205; *Kutscheidt,* Rechtsprobleme bei der Bewertung von Geräuschimmissionen, NVwZ 1989, 193; *Feldhaus/Schmitt,* Kausalitätsprobleme im öffentlich-rechtlichen Umweltschutz-Luftreinhaltung, WiVerw 1984, 1; *Jarass,* Schädliche Umwelteinwirkungen, DVBl 1983, 725; *Darnstädt,* Gefahrenabwehr, Gefahrenvorsorge, 1983; *Hansen-Dix,* Die Gefahr im Polizeirecht, im Ordnungsrecht und im technischen Sicherheitsrecht, 1982.

Literatur B (Anlage und Anlagenbetreiber): *Friedrich,* Umweltrechtliche Folgen einer Aufteilung bestehender Anlagen auf mehrere Betreiber, NVwZ 2002, 1174; *Spindler,* Der Betreiberbegriff im Umweltrecht, in: Festschrift für Feldhaus, 1999, 25; *Jarass,* Der Umfang einer immissionsschutzrechtlichen genehmigungsbedürftigen Anlage, NVwZ 1995, 529; *Henkel,* Der Anlagenbegriff des Bundes-Immissionsschutzgesetzes, 1989; *Ziegler,* Zum Anlagenbegriff nach dem Bundes-Immissionsschutzgesetz, UPR 1986, 170.

Literatur C (Stand der Technik): *Seibel,* „Stand der Technik", „Allgemein anerkannte Regeln der Technik" und „Stand von Wissenschaft und Technik", BauR 2004, 266; *Mann,* Stand der Technik, BATNEEC, BAT, in: Jahrbuch des Umwelt- und Technikrechts, 2003, 7; *Feldhaus,* Die Konkretisierung des (neuen) Standes der Technik im Immissionsschutzrecht, in: Festschrift für Kutscheidt, 2003, 261; *Tausch,* Die Bedeutung der BVT-Merkblätter im Umweltrecht, NVwZ 2002, 676; *Buschbaum/Schulz,* Europäisierung des deutschen Umweltrechts am Beispiel des Technikstandards „Beste verfügbare Techniken", NuR 2001, 181; *Feldhaus,* Beste verfügbare Techniken und Stand der Technik, NVwZ 2001, 1; *Asbeck-Schröder,* Der „Stand der Technik" als Rechtsbegriff im Umweltschutzrecht, DÖV 1992, 252; *Rengeling,* Der Stand der Technik bei der Genehmigung umweltgefährdender Anlagen, 1985; *Rittstieg,* Die Konkretisierung technischer Standards im Anlagenrecht,

§ 3 Allgemeine Vorschriften

1982; *Czajka,* Der Stand der Wissenschaft und Technik als Gegenstand richterlicher Sachaufklärung, DÖV 1982, 99.

1 § 3 definiert eine Reihe von Begriffen. Diese **Definitionen gelten** für das gesamte BImSchG (Kutscheidt LR 2) und für die auf das Gesetz gestützten Rechtsverordnungen sowie Verwaltungsvorschriften, es sei denn, in der jeweils einschlägigen Regelung ist deutlich erkennbar eine Abweichung gewollt. Die Vorschrift beginnt in Abs.1 mit dem zentralen Begriff der schädlichen Umwelteinwirkung. Dieser Begriff baut allerdings auf den in Abs.2–4 definierten Begriffen auf, weshalb im Folgenden zunächst darauf eingegangen wird. Die Definitionen in Abs.5–7 sind jeweils eigenständiger Natur.

A. Emissionen und Immissionen sowie die zugrunde liegenden Vorgänge (Abs.2–4)

I. Luftverunreinigungen, Geräusche und ähnliche Vorgänge

1a Ausgangspunkt der Definitionen des Abs.1–3 sind die in Abs.4 definierten Luftverunreinigungen, weiter Geräusche, Erschütterungen, Licht, Wärme, Strahlen und ähnliche Vorgänge. Sowohl der Definition der Emissionen in Abs.3 wie der Immissionen in Abs.2 liegen diese Vorgänge zugrunde. Bei einer bestimmten Betrachtung sie Emissionen dar und bei einer anderen Immissionen (näher unten Rn.16). Der Begriff der Immission bildet dann ein wesentliches Teilelement des Begriffs der schädlichen Umwelteinwirkung iSv Abs.1 (unten Rn.21).

1. Luftverunreinigungen (Abs.4)

2 Abs.4 enthält eine Definition des Begriffs der Luftverunreinigungen, der für Emissionen wie für Immissionen bedeutsam ist (oben Rn.1a). Luftverunreinigungen sind danach *Veränderungen der natürlichen Zusammensetzung der Luft,* insb. durch Rauch, Ruß, Staub, Gase, Aerosole, Dämpfe und Geruchsstoffe. *Rauch* besteht aus sichtbaren, in einem Trägergas dispergierten festen Stoffen. *Ruß* besteht aus fein verteiltem Kohlenstoff in meist flockiger Form, an den noch andere luftfremde Stoffe adsorptiv gebunden sein können. *Staub* besteht aus in der Luft verteilten, dispersen Feststoffen beliebiger Form, Struktur und Dichte (Kotulla KO 20). *Gas* ist Materie, die sich frei im Raum bewegen kann; erfasst werden insb. Abgase aus technischen Prozessen bzw. Verbrennungsvorgängen. *Aerosole* sind feste oder flüssige Stoffe, die in feinster Verteilung in der Luft schweben. *Dämpfe* sind Gase, die ohne große Veränderungen kondensieren; zu ihnen gehört auch Wasserdampf (Kutscheidt LR 22; Nr.2.1.1 TA Luft). *Geruchsstoffe* sind geruchsintensive Stoffe. Alle diese Stoffe, die die natürliche Zusammensetzung der Luft beeinflussen, sind nur beispielhaft aufgeführt

Begriffsbestimmungen § 3

(Kotulla KO 21). Die Veränderungen der Luft können gasförmig, flüssig oder fest sein. Erfasst werden auch Keime, Bazillen, Pollen etc. (Feldhaus FE 3).

Anhaltspunkte für die natürliche Zusammensetzung der Luft fin- 3 den sich in der VDI-Richtlinie 2104. Sie enthält folgende Werte (erste Zahl: Gewichts%, zweite Zahl Volumen%, jeweils bezogen auf trockene Luft):

Sauerstoff (O_2)	23,01	20,93
Stickstoff (N_2)	75,51	78,10
Argon (Ar)	1,286	0,9325
Kohlendioxid (CO_2)	0,04	0,03
Wasserstoff (H_2)	0,001	0,01
Neon (Ne)	0,0012	0,0018
Helium (He)	0,00007	0,0005
Krypton (Kr)	0,0003	0,0001
Xenon (Xe)	0,00004	0,000009

Quantitative Angaben zum *Ausstoß* von Luftverunreinigungen (**Emis-** 4 **sionen**) erfolgen als *Massenkonzentration*, d. h. als Masse der emittierten Stoffe, bezogen auf das Volumen des Abgases im Normzustand nach Abzug des Feuchtegehalts an Wasserdampf (vgl. § 2 Nr.3 der 17. BImSchV; Nr.2.5 TA Luft). Des Weiteren können Luftverunreinigungen als *Massenstrom*, als *Faserstaubkonzentration*, als *Emissionsfaktor* sowie als *Geruchsstoffkonzentration* angegeben werden (Nr.2.5 TA Luft). Quantitative Angaben zu den *einwirkenden* Luftverunreinigungen (**Immissionen**) werden als *Massenkonzentration*, d. h. als Masse der luftverunreinigenden Stoffe bezogen auf das Volumen der verunreinigten Luft, oder als *Deposition*, d. h. als zeitbezogene Flächendeckung durch die Masse der luftverunreinigenden Stoffe (Nr.2.1 TA Luft) angegeben.

2. Geräusche

Geräusche, die in Abs.2, 3 angesprochen werden, sind hörbare Einwir- 5 kungen, die durch Schallwellen verbreitet werden. *Hörbar* sind Schallwellen im Schwingungsbereich zwischen etwa 16 und 20 000 Hz. Erfasst werden auch harmonische Geräusche (Engelhardt/Schlicht 5). Sonstige durch Schallwellen verbreitete Einwirkungen können Erschütterungen sein. Quantitative Angaben zur Lautstärke von Geräuschen werden meist in Form des Schalldruckpegels (verkürzt auch Schallpegel) in Dezibel (dB) angegeben (vgl. Nr.2.6 TA Lärm), d. h. als logarithmisch bewertetes Verhältnis von jeweiligem Schalldruck zum Hörschwellenschalldruck (näher Ortscheid/Wende, ZUR 2002, 185; Kürer, in: Koch (Hg.), Schutz vor Lärm, 1990, 22). Dabei findet die durch die Schallhöhe (Frequenz) bedingte unterschiedliche Lästigkeit durch die „Frequenzbewertung A" Berücksichtigung. Der Pegel wird dann meist über eine gewisse Zeit gemittelt (zur Problematik der Mittelung Koch GK 21 f; einschr. Ortscheid/

§ 3 Allgemeine Vorschriften

Wende, ZUR 2002, 186) und ergibt den Mittelungspegel (vgl. Nr.2.7 TA Lärm). Der Beurteilungspegel schließlich ist aus dem Mittelungspegel abgeleitet und berücksichtigt weitere Faktoren, wie Höhe und Anzahl der Pegelspitzen, Auffälligkeit, Ortsüblichkeit, Art und Betriebsweise der Geräuschquellen (Sellner Rn.37; Kutscheidt, NVwZ 1989, 196). Eine Erhöhung des Geräuschpegels ist in der Regel nicht hörbar, solange sie unter 3 dB (A) bleibt (VGH BW, VBlBW 1989, 105), vorausgesetzt, die Charakteristika des zusätzlichen Lärms sind die gleichen wie die des vorhandenen Lärms. Andererseits führt eine Erhöhung um 3 dB zu einer Verdoppelung des Schalldrucks bzw. der Lautstärke (Ohms Rn.161 f).

3. Erschütterungen, Licht, Wärme, Strahlen

6 Zu den weiteren in Abs.2 bzw. in Abs.3 aufgezählten Erscheinungen gehören **Erschütterungen,** d. h. stoßhafte, niederfrequente, mechanische Schwingungen fester Körper (Kutscheidt LR 20i; ähnlich Kotulla KO 24). Zur Messung, Beurteilung und Verminderung von Erschütterungen vgl. die Erschütterungs-Richtlinie des LAI vom 10. bis 12. 5. 2000 (FE C 4.6/LAI). Des Weiteren wird **Licht** erfasst, also der sichtbare Bereich elektromagnetischer Wellen, der von einer künstlichen Lichtquelle, deren Reflexion oder durch Reflexion natürlicher Lichtquellen herrührt (Kotulla KO 25). Zur Feststellung und Bewertung von Lichtimmissionen vgl. die Licht-Richtlinie des LAI vom 10.–12. 5. 2000 (abgedr. FE C 4.5/LAI). **Wärme** ist eine spezielle Energieform, die sich von Orten höherer Temperatur zu Orten tieferer Temperatur ausdehnt, sei es durch Strahlung, Leitung oder Konvektion (Kotulla KO 26). Schließlich werden (sonstige) **Strahlen** erfasst, insb. elektromagnetische Wellen (Kotulla KO 27). Darunter fallen unter anderem Mikrowellen, Laserstrahlen, Radarstrahlen (OVG RP, NVwZ 1987, 149), elektromagnetische Felder bzw. Strahlen (SächsOVG, DÖV 1998, 431; Roßnagel/Neuser, UPR 1993, 403; Feldhaus, NVwZ 1995, 970), ultraviolette Strahlen und Ultraschall (Kotulla KO 27). Bei ionisierenden Strahlen gilt das BImSchG nur insoweit, als das Atomrecht nicht eingreift (dazu Rn.18 zu § 2).

4. Ähnliche Vorgänge

a) Physische Vorgänge

7 Sowohl im Begriff der Emissionen in Abs.3 wie in dem der Immissionen in Abs.2 werden den Luftverunreinigungen, den Geräuschen, den Erschütterungen, dem Licht, der Wärme und den Strahlen *ähnliche Erscheinungen* bzw. *ähnliche Umwelteinwirkungen* (zur unterschiedlichen Wortwahl unten Rn.16) gleichgestellt. Welche Vorgänge damit erfasst werden, ist unsicher. Anerkannt ist, dass nur **physische** bzw. **chemische Vorgänge** gemeint sind (BayVGH, NuR 2003, 173; Kutscheidt LR 7, 20), d.h. Vorgänge, die durch Materieteilchen bzw. physikalische Wellen übertragen werden (vgl. Hohloch HbUR II Sp. 2283). Keine Immissionen sind daher **immaterielle bzw. ideelle Einwirkungen** (OVG NW, UPR

2001, 230; Kutscheidt LR 7; BGHZ 54, 56 zu § 906 BGB; vgl. auch Jarass, JZ 1980, 125). Nicht erfasst werden daher Einwirkungen, die zwar durch die Existenz der Anlage bedingt sind, jedoch auf nicht physischen Phänomenen beruhen (Kotulla KO 29).

Negative Immissionen sind daher keine Immissionen iSd Abs.3 **7a** (Petersen o. Lit. 44; Koch GK 25; Kutscheidt LR 20 o; vgl. zu § 906 BGB BGHZ 88, 344/345 = NJW 1984, 729; a. A. Tiedemann, MDR 1978, 272 ff), etwa die Behinderung des Zutritts von Luft und Licht; zur vergleichbaren Lage im Bereich der sonstigen Einwirkungen Rn.26 zu § 5. Erfasst wird aber die Beschattung durch Wolkenbildung u. ä., da die Wolken durch Emissionen bzw. unwägbare Stoffe entstehen (Roßnagel GK § 5 Rn.145; unten Rn.10). Aus dem gleichen Grund gelten für eine Laser-Licht-Kanone die Vorschriften über Emissionen bzw. Immissionen, und zwar auch insoweit, als der Strahl am Himmel als störend empfunden wird (a. A. Hansmann LR 22 Rn.13 g), da der Laserstrahl selbst zweifellos eine Immission ist (oben Rn.6). Als eine Emission bzw. Immission dürfte auch die Licht-Schatten-Wirkung von Windkraftanlagen einzustufen sein, da es nicht um eine reine Verschattung geht; vielmehr findet durch den Rhythmus eine qualitative Veränderung der natürlichen Lichtverhältnisse statt (Hansmann LR § 22 Rn.13 h; Franke, DVP 2000, 240; Ohms Rn.393).

b) Unwägbare Stoffe

Die Begrenzung auf physische Einwirkungen allein ist für die Abgren- **8** zung der ähnlichen Vorgänge nicht ausreichend, wie auch der Vergleich mit den sonstigen Einwirkungen des § 5 Abs.1 S.1 Nr.1, 2. Alt. (dazu Rn.25 zu § 5) deutlich macht. Für die weitere Eingrenzung kann die Rspr. zu § 906 Abs.1 BGB herangezogen werden (Kotulla KO 15). Diese Vorschrift hat einen ähnlichen Aufbau mit einer Reihe, zum Teil identischer Beispiele und einer entsprechenden Ähnlichkeitsklausel. Wie dort ist der Immissionsbegriff auf Einwirkungen durch **unwägbare Stoffe,** sog. Imponderabilien, zu beschränken (Petersen o. Lit. 43 f; Koch GK 24; zu § 906 BGB BGHZ 90, 255/259 = NJW 1984, 2207; BGHZ 62, 361/366 = NJW 1974, 1869; s. aber auch unten Rn.56). Zu den unwägbaren Stoffen gehören alle Gegenstände, die in der Luft nicht sofort vollständig zu Boden sinken, etwa auch Holzstaub und Holzspäne (vgl. die 7. BImSchV). Nicht erfasst werden Einwirkungen durch **wägbare Gegenstände,** z. B. Kugeln von einem Schießstand, Steine aus einem Steinbruch, Sand. Das Gleiche gilt für die Zuführung von Flüssigkeiten, sofern sie nicht (wie Aerosole) in der Luft verteilt sind (Schmatz/Nöthlichs 2). Nicht erfasst wird auch die „Zuführung" von Tieren, etwa von Fliegen oder Ratten (Kotulla KO 29). Insoweit handelt es sich regelmäßig um sonstige Einwirkungen (vgl. dazu Rn.29 zu § 5). Zu den Immissionen zählen dagegen, soweit man sie nicht schon einem der benannten Vorgänge zurechnet, Funken, die Zufuhr von kalter Luft (Engelhardt/Schlicht 9), Krankheitserreger (OVG Lüneb, FE-ES § 5–22, 6), der Samenflug (OLG Düsseldorf, NuR 1989, 322; Engelhardt, NuR 1992, 112) sowie elektromagnetische Felder, wie sie von Sendeanlagen, Hochspannungsleitungen oder Bahnstromfernleitungen ausgehen (BVerwG, NVwZ 1996, 1024; HessVGH, NVwZ 1994, 393; Hoppenberg/Meiners/Martens, NVwZ 1997, 12; Blümel/Pfeil, VerwArch 1994, 475 f).

9 Durch die Beschränkung auf unwägbare Einwirkungen bleiben **direkte Einwirkungen auf Gewässer** und den **Boden** aus dem Immissions-(und Emissions-)Begriff des BImSchG vielfach ausgeklammert (vgl. BayVGH, NuR 2003, 173). Wenn Flüssigkeiten oder feste Gegenstände in ein Gewässer oder den Boden eingeleitet bzw. eingebracht werden, fehlt es an der Unwägbarkeit. Direkte Einwirkungen auf Gewässer und Böden werden aber jeweils von der 2. Alt. des § 5 Abs.1 S.1 Nr.1 und des § 5 Abs.1 S.1 Nr.2 erfasst (Rn.28 zu § 5). Als Immissionen sind hingegen Luftverunreinigungen anzusehen, auch wenn ihre negative Wirkung sich dann über den Niederschlag aus der Verunreinigung eines Gewässers oder des Bodens ergibt. Entsprechendes gilt für andere unwägbare Einwirkungen.

10 Dementsprechend spielt keine Rolle, ob die unwägbaren Stoffe von wägbaren Stoffen aufgenommen werden und erst dann die Einwirkungsobjekte treffen, wenn etwa Luftverunreinigungen auf dem Anlagengrundstück niedergehen und mit dem Niederschlagswasser auf ein Nachbargrundstück geraten (ebenso zu § 906 BGB BGHZ 90, 255/259 = NJW 1984, 2207). Auch insoweit handelt es sich um Immissionen iSd Abs.2, genauer um (erfasste) **mittelbare Effekte** von Immissionen (vgl. unten Rn.18, 30, 40). Daher sind die aus einer Emission stammenden Schadstoffe in einer Pflanze Wirkungen von Immissionen, unabhängig davon, ob sie direkt aus der Luft oder über den Boden von der Pflanze aufgenommen werden (Kutscheidt LR 20 p). Würde man insoweit einen Unterschied machen, ergäben sich nicht selten unnötige Beweisprobleme.

II. Emissionen (Abs.3)

1. Bestimmte Erscheinungen

11 Der in Abs.3 definierte Begriff der Emissionen ist generell im Immissionsschutzrecht zugrunde zu legen, soweit keine abweichenden Definitionen bestehen (oben Rn.1), wie in § 2 Nr.2 der 11. BImSchV, in § 2 Nr.3 der 17. BImSchV oder in § 2 Nr.4 der 27. BImSchV. Er setzt zunächst bestimmte Erscheinungen voraus, und zwar Luftverunreinigungen (dazu oben Rn.2–4), Geräusche (dazu oben Rn.5), Erschütterungen, Licht, Wärme oder Strahlen (dazu oben Rn.6) oder ähnliche Erscheinungen (dazu oben Rn.7–10). Dadurch fallen aus dem Emissionsbegriff Einwirkungen durch wägbare Gegenstände, insb. unmittelbare Einwirkungen auf ein Gewässer oder den Boden heraus (oben Rn.8 f); Gleiches gilt für nichtphysikalische Vorgänge (oben Rn.7). Der Emissionsbegriff des § 3 fällt damit enger als der Emissionsbegriff des § 1 Abs.2 (oder des § 3 Abs.5) aus, der die grundsätzliche Emissionsdefinition des § 3 Abs.3 nicht verändert (Rn.9 zu § 1).

Begriffsbestimmungen § 3

2. Von einer Anlage ausgehend

Damit die in Rn.11 aufgeführten Erscheinungen als Emissionen eingestuft werden können, müssen sie von einer Anlage ausgehen. Der Begriff der **Anlage** ist dabei wie in § 3 Abs.5 zu verstehen (dazu unten Rn.66–80), jedoch ohne die Ausklammerung der Fahrzeuge in § 3 Abs.5 Nr.2 und der öffentlichen Verkehrswege in § 3 Abs.5 Nr.3. Andernfalls hätte der Begriff der Emissionen in § 38 und § 43 Abs.1 Nr.1 keinen Sinn (vgl. Kutscheidt LR 21; a.A. Kotulla KO 57). Der Anlagenbezug führt weiterhin dazu, dass es für die Bewertung der Emissionen allein auf die von der fraglichen Anlage ausgehenden Erscheinungen ankommt. Anders als bei Immissionen ist somit nicht die Gesamtbelastung entscheidend (vgl. unten Rn.19). 12

Emissionen entstehen, sobald sie, wie Abs.3 sagt, „von einer Anlage ausgehen", also **in die Umgebung gelangen** (Feldhaus FE 4). Das ist der Fall, wenn die Erscheinungen geschlossene Räume verlassen und in ein Umweltmedium, meist die Luft eintreten. Emissionen im Sinne des Immissionsschutzrechts liegen daher noch nicht vor, solange sie innerhalb einer Halle auftreten. Andererseits müssen die Erscheinungen nicht das Anlagengrundstück verlassen haben. Bereits bei ihrem Austritt aus einem Abgaskamin oder einer Öffnung des Gebäudes sind sie Emissionen (Kutscheidt LR 21a; a.A. Schmatz/Nöthlichs 4 iVm § 1 Anm.3). Andernfalls müssten die Emissionen etwa eines Kraftwerks, das insgesamt eine Anlage bildet (Rn.51 zu § 4) am Werkszaun gemessen werden. Generell würde der Messort der Emissionen von der Weite des gegenständlichen Anlagenbegriffs abhängen. Das widerspricht nicht nur der gängigen Praxis, sondern ist auch sachwidrig. 13

3. Am Ort der Verursachung

Schließlich kennzeichnet die Emissionen, dass sie am Ort ihrer Verursachung, genauer beim Austritt aus der Anlage und nicht am Ort der Wirkung ermittelt werden (vgl. § 2 Abs.4 UGB-AT). Dieses Element führt zu einem weiteren Unterschied zwischen Emissionen und Immissionen (näher unten Rn.16). 14

III. Immissionen (Abs.2)

1. Bestimmte Vorgänge

Der in Abs.2 definierte Begriff der Immissionen, der für das gesamte Gesetz gilt (oben Rn.1; vgl. allerdings Rn.39 zu § 41), setzt zunächst bestimmte Vorgänge voraus. Dies sind zum einen *Luftverunreinigungen*, hervorgerufen insbesondere durch Rauch, Ruß, Staub, Gase, Aerosole und Geruchsstoffe. Näher zu den Luftverunreinigungen oben Rn.2–4. Weiter gehören zu den Immissionen *Geräusche* (dazu oben Rn.5), *Erschütterungen*, 15

§ 3 Allgemeine Vorschriften

Licht, Wärme und *Strahlen* (zu diesen Erscheinungen oben Rn.6) sowie *ähnliche Erscheinungen* (dazu oben Rn.7–10). Wegen der Beschränkung auf diese Vorgänge fallen aus dem Immissionsbegriff Einwirkungen durch wägbare Gegenstände heraus, weshalb vielfach unmittelbare Einwirkungen auf ein Gewässer oder den Boden nicht erfasst werden (oben Rn.8 f); Gleiches gilt für nichtphysikalische Einwirkungen (oben Rn.7). Insgesamt kann man Immissionen als physische Einwirkungen mittels unwägbarer Stoffe auf die Schutzgüter des § 1 kennzeichnen (Kotulla KO 15).

2. Am Ort des Einwirkens

16 **aa)** Die in Rn.15 aufgeführten Erscheinungen sind auch für Emissionen kennzeichnend (oben Rn.11). Im Unterschied zu den Emissionen müssen die Immissionen gem. Abs.2 auf bestimmte Güter (unten Rn.17) *einwirken*, weshalb der in Abs.3 benutzte Begriff der „Erscheinung" in Abs.2 durch den der „Umwelteinwirkung" ersetzt wird. Mit *„Einwirken"* ist dabei lediglich das Auftreffen am Einwirkungsobjekt bzw. das Auftreten in dem betreffenden Umweltmedium zu verstehen; Wirkungen brauchen nicht erzielt zu werden (Petersen o. Lit. 45; Kutscheidt LR 20 a; Feldhaus FE 5). Das heißt, dass diese Qualifikation die erfassten Vorgänge nicht einschränkt; Luftverunreinigungen, Geräusche, Erschütterungen etc. wirken immer auf Menschen, Sachen oder ein Umweltmedium ein, jedenfalls soweit sie vom BImSchG erfasst werden. Die Qualifikation hat einen anderen Sinn. Sie bestimmt den Betrachtungszeitpunkt und den Betrachtungsort (Jarass, DVBl 1983, 726). Als Emissionen sind die genannten Erscheinungen anzusehen, wenn sie die Anlage oder sonstige Quelle verlassen (oben Rn.13). Immissionen sind die Erscheinungen zu dem Zeitpunkt, zu dem sie am Einwirkungsobjekt auftreffen. Darin liegt ein erheblicher Unterschied. Durch den Verbreitungsvorgang werden die Erscheinungen verändert, sei es, dass sie sich im Konzentrationsgrad ändern, sei es, dass sie sich mit vorhandenen Erscheinungen verbinden (Synergismus; s. 1. ImSchBer, BT-Drs. 8/2006, 10 f). Immissionen sind daher am Einwirkungsort zu messen, Emissionen dagegen an der Anlage (oder der sonstigen Quelle).

17 **bb)** Die Immissionen müssen auf **Menschen, Tiere, Pflanzen,** den **Boden,** das **Wasser,** die **Atmosphäre** oder Kultur- und sonstige **Sachgüter** einwirken. Damit werden die Schutzgüter des § 1 aufgegriffen, weshalb zu ihrer Auslegung auf die Ausführungen in Rn.3–5 zu § 1 verwiesen werden kann. Durch die 1990 erfolgte (Einl.2 Nr.14) Ausweitung des Immissionsbegriffs wurde klargestellt, dass auch **Einwirkungen auf die Umweltmedien,** also auf die Atmosphäre, das Wasser und den Boden, Immissionen sind (näher dazu Rn.4 zu § 1). Damit bilden bereits die Wirkungen der Emissionen in den Umweltmedien Immissionen, unabhängig von den Effekten für Menschen, Tiere und Pflanzen. Für den Boden wird dies durch § 3 Abs.3 S.1 BBodSchG unterstrichen. Der Naturschutz soll nicht erfasst sein (BVerwG, ZUR 1998, 205).

Keine Rolle spielt für den Immissionsbegriff, auf welche Weise es zu den Einwirkungen kommt (**Art der Kausalität**). Erfasst werden nicht nur mehr oder minder unmittelbar aus einer Emissionsquelle stammende Einwirkungen, sondern auch die Veränderung anderer Stoffe und Gegenstände durch Emissionen, die ihrerseits erst einwirken (oben Rn.10 und unten Rn.30). Erfasst werden zudem sog. **Wechselwirkungen** zwischen den Schutzgütern, wie insb. § 1a der 9. BImSchV entnommen werden kann, da diese Verordnung nicht über die materiellen Vorgaben des BImSchG hinausgehen kann (vgl. Rn.5 zu § 1; anders Erbguth/ Schink Art.4 Rn.8). 18

3. Gesamtbelastung

Der zweite Unterschied zwischen Immissionen und Emissionen besteht darin, dass Letztere definitionsgemäß von einer Anlage ausgehen (dazu oben Rn.12), während für Immissionen die Quelle keine Rolle spielt. Der Sinn dieses Unterschieds liegt nicht allein darin, als Immissionen auch Umwelteinwirkungen zu erfassen, die aus anderen Quellen stammen. Im Hinblick auf den beim Begriff der Emissionen geltenden erweiterten Anlagenbegriff (oben Rn.12) ist diese Ausweitung von begrenzter Bedeutung. Die Ausblendung der Quelle aus dem Begriff der Immissionen soll vielmehr verdeutlichen, dass bei der Beurteilung von Immissionen es nicht nur auf die Anteile ankommt, die von der betreffenden Anlage verursacht wurden, sondern auf die Gesamtimmissionen, einschl. der von anderen Quellen mitverursachten Teile (BVerwGE 101, 1/7 = NVwZ 1996, 1003; OVG Saarl, UPR 1995, 316; Jarass, DVBl 1983, 726f; Kutscheidt LR 20c; Feldhaus FE 5; Koch § 4 Rn.71; Petersen o. Lit. 49f; BT-Innenausschuss, BT-Drs. 7/1513, 3). Das gilt auch für Geräusche (unten Rn.50). Einzubeziehen sind damit synergetische Effekte, die durch die Verbindung unterschiedlicher Immissionen entstehen (OVG Lüneb, OVGE 32, 453). Andererseits sind Verbesserungen in der Umgebung zu berücksichtigen (vgl. Rn.35f zu § 5). Das Verständnis der Immissionen als Gesamtbelastung wird besonders deutlich in den Vorschriften, in denen das BImSchG die Ermittlung sowohl von Emissionen wie von Immissionen im Bereich einer Anlage gestattet (§ 7 Abs.1 Nr.3, § 23 Abs.1 Nr.3, § 26, § 29, § 52 Abs.2). Solche Vorschriften erlauben die Ermittlung von Luftverunreinigungen, Geräuschen etc. einmal insoweit, als sie von der betreffenden Anlage ausgehen; zum anderen ermöglichen sie die Ermittlung der Gesamtbelastung an den Einwirkungsobjekten. 19

(unbesetzt) 20

B. Schädliche Umwelteinwirkungen (Abs.1)

I. Bedeutung und Struktur des Begriffs

1. Begriffselemente (insb. Umwelteinwirkung) und Bedeutung

21 Der in Abs.1 definierte Begriff der schädlichen Umwelteinwirkung wird durch zwei Elemente konstituiert: – **(1)** Zum einen muss es sich um **Immissionen** handeln. Die **Voraussetzungen** des **Begriffs** der Immissionen wurden bereits behandelt (oben Rn.15–19). – **(2)** Zum anderen müssen die Immissionen eine gewisse **Schädlichkeit** aufweisen: sie müssen geeignet sein, Gefahren, erhebliche Nachteile oder erhebliche Belästigungen herbeizuführen; darauf wird im Folgenden näher einzugehen sein (unten Rn.24–62). Die Aufgliederung lässt deutlich werden, dass der Begriff der **Umwelteinwirkung** im Bereich des BImSchG mit dem der Immission identisch ist (Jarass, in Dolde (Hg.), Umweltrecht im Wandel, 2001, 383; Kotulla KO 14; Koch GK 14), wie das auch Abs.2 erkennen lässt („ähnliche Umwelteinwirkung"). Diese Begriffsbildung muss als unglücklich bezeichnet werden, weil umgangssprachlich mit einer Umwelteinwirkung auch (unmittelbare) Einwirkungen auf ein Gewässer oder auf den Boden erfasst werden. Das Immissionsschutzrecht sollte daher statt von schädlichen Umwelteinwirkungen von **schädlichen Immissionen** sprechen (Jarass u. a., UGB-BT 1994, 654).

22 Der Begriff der schädlichen Umwelteinwirkung ist für das BImSchG von zentraler Bedeutung und taucht **in einer Vielzahl von Vorschriften** auf. Daher wird er in Abs.1 näher definiert. Auch in andere Gesetze hat er Eingang gefunden (vgl. § 10 Abs.4 Nr.4 KrW-/AbfG, § 5 Abs.2 Nr.6, 9 BauGB, § 9 Abs.1 Nr.23, 24 BauGB, § 35 Abs.3 BauGB, § 12 Abs.1 BWaldG, § 33i Abs.2 Nr.3 GewO, § 4 Abs.1 Nr.3 GastG, § 6 Abs.1 Nr.5 lit.a StVG, § 57 Abs.2 PBefG; § 3 Abs.2 Nr.2 BinSchAufgG). Eine spezifische Verbindung findet sich in § 3 Abs.3 BBodSchG, wo schädliche Bodenverunreinigungen als schädliche Umwelteinwirkungen iSd BImSchG definiert werden, soweit sie durch Immissionen verursacht sind. Darüber hinaus bildet der Begriff eine Konkretisierung des Gebots der Rücksichtnahme, weswegen er im Bau- und Planungsrecht generelle Bedeutung hat (BVerwGE 52, 122/126 = NJW 1978, 62; 68, 58/60 = NVwZ 1984, 509; einschr. Koch GK 3). Der Begriff der schädlichen Umwelteinwirkung stimmt mit dem der wesentlichen Immission iSv § 906 Abs.1 BGB überein (unten Rn.48). Die Anwendung des Begriffs durch die Verwaltung ist in vollem Umfang gerichtlich überprüfbar (BVerwGE 55, 250/253f = NJW 1978, 1450; vgl. Rn.116–118 zu § 5).

2. Begriffsvarianten

23 Der Begriff der schädlichen Umwelteinwirkung, der Immissionen mit einem bestimmten Störpotential, bezogen auf die Wahrscheinlichkeit

Begriffsbestimmungen § 3

und Erheblichkeit der Effekte (unten Rn.39–62), umschreibt, wird im BImSchG nicht immer im gleichen Sinne verstanden (BVerwGE 69, 37/ 43 = NVwZ 1984, 371; Hansmann LR 42ff zu § 50; Jarass, DVBl 1983, 731f; Hoppe/Beckmann, § 25 Rn.10; a.A. Koch GK 5ff; Kutscheidt LR 3a). Die Anforderungen an die Wahrscheinlichkeit und Erheblichkeit sind unterschiedlich. Dies gilt insb. bei einem Vergleich der (der Gefahrenabwehr dienenden) Schutzpflicht des § 5 Abs.1 Nr.1, wo es um **konkret** schädliche Umwelteinwirkungen geht, und der Vorsorgepflicht des § 5 Abs.1 Nr.2, für die **potenziell** bzw. **hypothetisch** schädliche Umwelteinwirkungen genügen (Rn.52 zu § 5). Wenn demgegenüber geltend gemacht wird, dass im BImSchG nur unterschiedlich hohe Anforderungen an die Eignung (also die Wahrscheinlichkeit) gestellt werden, schädliche Umwelteinwirkungen auszulösen, der Begriff selbst aber immer im gleichen Sinne gemeint sei (Koch GK 5ff), dann wird dabei übersehen, dass es beim Begriff der schädlichen Umwelteinwirkungen nicht nur um die Kausalkette zwischen Quelle und Immissionen, sondern auch (wegen der notwendigen Schädlichkeit) um die zwischen Immission und belastenden Effekten geht.

II. Schädlichkeit 1: Negative Effekte und Verursachung

1. Negative Effekte: Gefahr (Schaden), Nachteil, Belästigung

a) Grundlagen

Schädliche Umwelteinwirkungen setzen voraus, dass die Immissionen (oben Rn.15–19) mit hinreichender Wahrscheinlichkeit (dazu unten Rn.39–45) zu negativen Effekten führen, die als erheblich (näher dazu unten Rn.46–63) eingestuft werden können und müssen. Die negativen Effekte werden in Abs.1 – in Anknüpfung an die Vorgängervorschrift des § 18 GewO a.F. und eine noch weiter zurückreichende Tradition – als **„Gefahren"**, (erhebliche) **„Nachteile"** und (erhebliche) **„Belästigungen"** umschrieben. Diese Trias ist sprachlogisch missglückt. Mit Gefahr ist die Möglichkeit eines Schadens bzw. einer Rechtsgutverletzung gemeint (BT-Drs. 7/179, 29; Sellner Rn.24; Feldhaus FE 7), also die Eigenschaft eines Geschehensablaufs, während Nachteile und Belästigungen tatsächliche Ereignisse sind. Das Pendant zum Nachteil und zur Belästigung ist daher der Schaden und nicht die Gefahr (Koch GK 35). Sachlich könnte die Formulierung des Abs.1 zu dem Schluss verleiten, Nachteile und Belästigungen müssten *sicher* eintreten, damit die Umwelteinwirkung als schädlich angesehen werden kann, während bei Schäden die *Gefahr* genügt. Ein solcher Bruch mit dem klassischen Sicherheitsrecht kann jedoch nicht unterstellt werden. Auch bei Nachteilen und Belästigungen genügt eine Gefahr (Kutscheidt LR 9), mag auch die erforderliche Wahrscheinlichkeit regelmäßig höher als bei Schäden anzusetzen sein (dazu unten Rn.45). Die Schädlichkeit in § 3 Abs.1 muss daher so verstanden werden,

24

als ob dort von der Eignung gesprochen würde, einen Schaden (dazu unten Rn.26), einen erheblichen Nachteil oder eine erhebliche Belästigung herbeizuführen (Jarass, DVBl 1983, 728; Petersen o. Lit. 63).

25 Berücksichtigt man zudem, dass es auch bei einem Schaden auf die *Erheblichkeit* ankommt (liegt er doch bei einer erheblichen Beeinträchtigung eines Rechtsguts vor; näher unten Rn.26) und zudem der Begriff der Erheblichkeit bei der Auslegung weite Spielräume belässt, dann wird deutlich, dass § 3 Abs.1 zwar auf eine lange Tradition aufbaut, in der Sache aber unnötig kompliziert ist. Deutlich wird immerhin, dass die **Schwelle der Schädlichkeit** relativ niedrig angesetzt werden soll. Während im allgemeinen Polizei- und Ordnungsrecht gegenüber bloßen Belästigungen und Nachteilen regelmäßig kein Schutz gewährt wird (Pieroth/Schlink/Kniesel § 4 Rn.3 ff), bietet das BImSchG auch gegen bloße Nachteile und Belästigungen Schutz, sofern sie erheblich sind (BVerwGE 79, 254/257 = NJW 1988, 2396; BGH, NJW 1997, 55). Schließlich wird deutlich, dass die Abgrenzung zwischen Schaden (Gefahr), Nachteilen und Belästigungen von begrenzter praktischer Bedeutung ist. Die wesentliche Einschränkung erfolgt erst bei der Feststellung der Erheblichkeit; dazu unten Rn.52–63.

b) Arten der negativen Effekte

26 **aa)** Als **Schaden,** der bei hinreichender Wahrscheinlichkeit eine **Gefahr** konstituiert, ist jede erhebliche Beeinträchtigung eines Rechtsguts einzustufen (vgl. OVG NW, NVwZ 1991, 1202; Amtl. Begr., BT-Drs. 7/179, 29; Kloepfer § 4 Rn.10; Bender 8/99). Die geschützten Rechtsgüter finden sich in § 1 (dazu Rn.3–5 zu § 1). Erfasst wird v.a. eine Beeinträchtigung der menschlichen Gesundheit sowie eine Beeinträchtigung von Tieren, Pflanzen und Sachen. Des Weiteren besteht ein Schaden in der erheblichen Beeinträchtigung der Umweltmedien Luft, Wasser und Boden; ob daraus eine Beeinträchtigung anderer Schutzgüter folgt, ist unerheblich (Dierkes o. Lit. 59). Zusätzlich ist für die Annahme eines Schadens die Erheblichkeit der Beeinträchtigung notwendig; näher dazu unten Rn.46 ff. Fehlt die Erheblichkeit der Rechtsbeeinträchtigung, kann allenfalls eine Belästigung oder ein Nachteil vorliegen. Gleiches gilt, wenn kein Rechtsgut, sondern nur ein Interesse betroffen ist.

27 **bb)** Von einer **Belästigung** spricht man, wenn das Wohlbefinden eines Menschen beeinträchtigt wird, ohne dass darin bereits eine erhebliche Beeinträchtigung des Rechtsguts der Gesundheit liegt und damit ein Gesundheitsschaden besteht (Murswiek HbUR I 221); zur Abgrenzung unten Rn.51. Geschützt ist neben dem körperlichen auch das seelische Wohlbefinden (unten Rn.29).

28 **cc) Nachteile** sind alle sonstigen negativen Auswirkungen (Murswiek HbUR II 1432; wohl enger Sellner Rn.42). Für sie ist kennzeichnend, dass es an einem Schaden fehlt, weil nur ein Interesse und kein Rechtsgut beeinträchtigt ist und zudem keine Belästigung vorliegt. Zu den Nachteilen gehören bloße Vermögenseinbußen, insb. die Notwendigkeit erhöhter Aufwendungen (Feldhaus FE 8; Kotulla KO 40). Des Weiteren rechnen hierher Beeinträchtigungen von Gütern der Allgemeinheit, wie die Störung eines Ökosystems (Feldhaus FE 9) oder die Reduzierung der Artenvielfalt, soweit darin keine erhebliche Rechtsbeeinträchtigung liegt. Sofern gleichzeitig in Rechte Privater, etwa in das Eigentum an den betroffenen Gegenständen, eingegriffen wird, kann ein Schaden vorliegen. Ein weiter gefasster Nachteilsbegriff liegt möglicherweise der TA Luft zugrunde (krit. Jarass, in: Dolde (Hg.), Umweltrecht im Wandel, 2001, 394; Koch GK 39). Einzelfälle unten Rn.29 f.

c) Einzelfälle

Ein von § 3 Abs.1 vorausgesetzter negativer Effekt ist zunächst jede Beeinträchtigung der menschlichen Gesundheit, wobei neben dem körperlichen Wohlbefinden auch das seelische und soziale Wohlbefinden im Sinne einer menschenwürdigen Lebensqualität einzubeziehen ist (BVerwGE 77, 285/289 = NJW 1987, 2886; Feldhaus FE 9; Kutscheidt LR 13; Rn.3 zu § 1). Erfasst werden weiter Beeinträchtigungen von Tieren und Pflanzen. Dazu gehören auch besonders empfindliche Pflanzenarten (vgl. Nr.4.4.2 der TA Luft; Seibert, NVwZ 1993, 19). Ein empfindlicher biologischer Landbau wird ebenfalls geschützt (BGHZ 90, 255/260 f = NJW 1984, 2207). Die Wertminderung eines Grundstücks dürfte häufig bereits als Schaden bzw. erhebliche Rechtsgutbeeinträchtigung zu qualifizieren sein; ist das nicht der Fall, stellt sie einen Nachteil dar. Geschützt werden auch Gewerbebetriebe. Als Nachteil ist der zeitweilige Umsatzrückgang eines Hotels wegen Baulärms anzusehen. Schließlich werden Beeinträchtigungen der Umweltmedien Luft, Boden und Wasser erfasst. Dazu gehören etwa Klimaveränderungen (Rn.4 zu § 1). Selbst ein belasteter Boden kann taugliches Objekt schädlicher Umwelteinwirkungen sein (OVG NW, UPR 1989, 392). Zu den geschützten Sachen wird man auch Abfälle rechnen müssen, da deren Beeinträchtigung sich für den Abfalleigentümer belastend auswirken kann. 29

Weiter kann die beim unmittelbar Betroffenen ausgelöste Beeinträchtigung bei Dritten zu Nachteilen führen (**mittelbare Effekte**). Die Störung eines Gewerbebetriebs etwa hat nicht selten nachteilige Effekte für andere Gewerbebetriebe. Die Inhaber anderer Gewerbebetriebe werden zwar nicht als Nachbarn geschützt; ihre Belastung kann aber im Rahmen des Allgemeininteresses Berücksichtigung finden (dazu unten Rn.38). Gleiches gilt für die Zerstörung eines Erholungsgeländes im Hinblick auf die Personen, die sich dort üblicherweise erholen. Aus ähnlichen Gründen kann auch die Beeinträchtigung der gemeindlichen Planungshoheit einen Nachteil iSd Abs.1 darstellen (vgl. Kutscheidt LR 12 a; Feldhaus FE 8). 30

§ 3 Allgemeine Vorschriften

2. Belastungsinteressen: Allgemeinheit und Nachbarschaft
a) Bedeutung der Begriffe

31 Von schädlichen Umwelteinwirkungen und damit von den Erscheinungen, an die die meisten Vorschriften des BImSchG anknüpfen, lässt sich gem. Abs.1 nur sprechen, wenn die negativen Effekte (oben Rn.26–30) zu Lasten der Allgemeinheit oder der Nachbarschaft gehen. Aufgabe dieses Merkmals ist es nicht, bestimmte negative Effekte auszuklammern. Vielmehr verdeutlicht es, dass der Schutz im Allgemeininteresse erfolgt, aber auch im Interesse der Nachbarschaft und insoweit drittschützend ist (vgl. Petersen o. Lit. 60; Führ GK § 1 Rn.120). Der Verweis auf die Nachbarschaft gibt dem Begriff der schädlichen Umwelteinwirkung eine gewisse *drittschützende* Komponente (BGHZ 64, 220/224 = NJW 1975, 1406; Feldhaus FE 6; Kutscheidt LR 6 g), was allerdings nicht bedeutet, dass jede Vorschrift, die den Begriff benutzt, notwendig drittschützender Natur ist (so auch Kutscheidt LR 6). So fehlt – trotz Benutzung des Begriffs – den Vorschriften ein drittschützender Charakter, die zum Erlass von Rechtsverordnungen ermächtigen; Ähnliches gilt für die Vorschriften der Vorsorge (dazu Rn.121 zu § 5). Die Frage des Drittschutzes ist bei jeder Vorschrift eigenständig zu prüfen (vgl. Rn.49 zu § 6).

b) Allgemeinheit

32 Teil der Allgemeinheit sind zunächst alle Personen, die nicht zur Nachbarschaft (dazu unten Rn.33–37) gehören, gleichwohl aber von Einwirkungen der Anlage betroffen sein können (Kotulla KO 33). Früher sprach die GewO statt vom Schutz der Allgemeinheit vom Schutz des Publikums. Zu den zur Allgemeinheit zählenden Personen vgl. unten Rn.38. Des Weiteren stellt die Beeinträchtigung rechtlich geschützter Allgemeininteressen eine Belastung der Allgemeinheit dar. Dazu zählt das Interesse an der Bewahrung der einheimischen Tier- und Pflanzenwelt, insb. der Artenvielfalt, da § 1 Tiere und Pflanzen gesondert neben den Sachen aufführt (Schulze-Fielitz 268). Zudem werden mittelbare Effekte erfasst (oben Rn.30). Schließlich geht es beim Schutz der Umweltmedien (dazu Rn.4 zu § 1) um Güter der Allgemeinheit; sofern sie im Eigentum einer Person stehen, können auch die Nachbarn betroffen sein. Insgesamt geht § 3 Abs.1 über einen rein anthropozentrischen Umweltschutz hinaus (dazu Rn.16 zu § 1).

c) Nachbarschaft

33 aa) Was die **räumliche Ausdehnung** der Nachbarschaft angeht, so erstreckt sie sich auf den gesamten Einwirkungsbereich der Anlage oder der sonstigen Quelle (Amtl. Begr., BT-Drs. 7/179, S.29; Petersen o. Lit. 58). Der **Einwirkungsbereich** besteht aus der Umgebung einer Quelle, in der der von der Quelle ausgehende Immissionsbeitrag bei Normalbetrieb bzw. bei Störfällen noch belegbar ist (vgl. OVG Lüneb, GewArch 1980, 206; Sparwasser § 10 Rn.123; Kotulla KO 34). Die Im-

Begriffsbestimmungen § 3

missionen brauchen nicht ständig feststellbar zu sein. Es genügt, wenn sie von Zeit zu Zeit (bedingt durch Witterung etc.) nachweisbar sind; besonders ungewöhnliche Windverhältnisse sind jedoch nicht zu berücksichtigen. Bei Luftverunreinigungen liefert das Beurteilungsgebiet iSd Nr.4.6.2.5 TA Luft Anhaltspunkte für den Einwirkungsbereich (Ohms Rn.128); im Einzelfall können die belegbaren Luftverunreinigungen und damit der Einwirkungsbereich aber auch darüber hinausgehen (OVG Lüneb, FE-ES §§ 5–10, 2 f; OVG NW, NVwZ 1993, 386; Koch GK 202; für Beschränkung auf Messbereich BayVGH, NVwZ-RR 1991, 463 f). Insgesamt können insb. im Hinblick auf Luftverunreinigungen auch noch weit entfernt wohnende Personen Nachbarn sein. Andererseits müssen die Belastungen der Quelle noch hinreichend zuverlässig zurechenbar sein (Dietlein LR 88 zu § 5; vgl. unten Rn.44), weshalb die von Fernwirkungen Betroffenen regelmäßig keine Nachbarn sind (Kotulla KO 34). Auch im Ausland wohnende Personen können Nachbarn sein (näher Rn.20 zu § 2 und Rn.50, 53 zu § 6 sowie Rn.71 zu § 10).

bb) Nicht alle Personen, die von Einwirkungen der Anlage betroffen **34** sein können, rechnen zur Nachbarschaft. Von einer nachbarartigen Stellung lässt sich nur bei Personen sprechen, die eine besondere **persönliche** oder **sachliche Bindung** zu einem Ort im Einwirkungsbereich aufweisen (BVerwG, UPR 1983, 70; Petersen o. Lit. 58 f). „Zur Nachbarschaft gehören ... nur solche Personen, die nach ihren Lebensumständen den Einwirkungen der Anlage in einer vergleichbaren Weise, wie sie der Wohnort vermittelt, ausgesetzt sind" (BVerwG, UPR 1983, 70; Kutscheidt LR 6 b; Kotulla KO 34). Notwendig ist ein „qualifiziertes Betroffensein" (BVerwGE 101, 157/165 = NVwZ 1997, 276).

Zu den Nachbarn zählen zunächst die **Eigentümer** und **Bewohner** **35** der im Einwirkungsbereich gelegenen Grundstücke (BGH, NJW 1995, 134). Erfasst werden auch die Mietparteien in dem Gebäude, in dem die Anlage betrieben wird. Nachbarn sind außerdem jene Personen, denen im Einwirkungsbereich befindliche Tiere, Pflanzen, Sachen oder Umweltmedien gehören (BVerwG, NJW 1983, 1508; Roßnagel GK § 5 Rn.844). Das können auch *Gemeinden* sein (BVerwG, NuR 1993, 79; OVG Lüneb, NVwZ 1987, 341; vgl. Rn.52 zu § 6).

Des Weiteren sind als Nachbarn iSd BImSchG alle Personen einzustu- **36** fen, die im Einwirkungsbereich **arbeiten** (BVerwG, NJW 1983, 1508; OVG Lüneb, DVBl 1984, 890 f; Roßnagel GK § 5 Rn.844; restriktiv Kutscheidt LR 6). Wer in der Nachbarschaft einer Anlage arbeitet, ist nicht weniger schutzbedürftig als ein Grundstückseigentümer, der sich auf dem Grundstück möglicherweise nur selten aufhält. Voraussetzung ist jedoch, dass sich der Arbeitsplatz selbst und nicht nur ein beliebiger Teil des Betriebs im Einwirkungsbereich befindet (OVG Lüneb, DVBl 1984, 891).

Zu den Nachbarn sind auch die Arbeitnehmer zu rechnen, die **im Be-** **37** **trieb des Anlagenbetreibers** beschäftigt sind (Roßnagel GK 146 zu § 5; Kutscheidt LR 6 d; Müggenborg, NVwZ 2003, 1031; Kotulla KO 34).

Schon zu Zeiten der §§ 16 ff GewO war anerkannt, dass sie zum geschützten Personenkreis rechnen (PrOVG, GewArch 1908, 199). Das Arbeitsschutzrecht steht dem nicht entgegen, obgleich es ebenfalls Schutz vor Immissionen bietet. Eine Spezialität des Arbeitsschutzrechts ist abzulehnen, weil dem Anliegen des Arbeitsschutzrechts in vollem Umfange Rechnung getragen wird, wenn man es kumulativ neben dem Immissionsschutzrecht anwendet. Das Arbeitsschutzrecht gewährleistet einen Mindestschutz der Arbeitnehmer, keinen Höchstschutz. Wenn darüber hinaus versucht wird, den gesamten räumlichen Bereich einer Anlage aus dem Immissionsschutzrecht auszuklammern (so Schmatz/Nöthlichs § 1 Anm.3), so wird übersehen, dass das Arbeitsschutzrecht lediglich dem Schutz der Arbeitnehmer dient, die Umwelt *auf dem Anlagengrundstück* also nicht geschützt wäre. Schließlich passt die Einschränkung nicht im Bereich der Straßen- und Schienenwege, wo ebenfalls die Allgemeinheit und die Nachbarschaft als Schutzgutträger fungieren (näher Rn.42 zu § 41). Richtig ist allerdings, dass Emissionen erst auftreten, wenn die betreffenden Erscheinungen sich nicht mehr in geschlossenen Räumen befinden (näher dazu oben Rn.13). Für Effekte innerhalb von Fabrikhallen kommt daher tatsächlich nur das Arbeitsschutzrecht zum Tragen. Zudem sind bei Arbeitnehmern wegen der besonderen Schutzmöglichkeiten möglicherweise höhere Belastungen hinzunehmen (Müggenborg, NVwZ 2003, 1031).

38 **Keine Nachbarn** sind Personen, die sich nur zufällig bzw. gelegentlich, d. h. ohne besondere persönliche Bindungen, etwa auf Grund von Ausflügen oder Reisen (vgl. BVerwG, NJW 1983, 1508; VGH BW, NVwZ-RR 1995, 641) oder als Kunden, im Einwirkungsbereich aufhalten (Kotulla KO 35). Solche Personen sind als „Publikum" Teil der „Allgemeinheit". Gleiches gilt für die Personen, die nur mittelbar betroffen sind, und zwar in dem Sinne, dass die Belastung von Nachbarn für sie negative Auswirkungen hat (Kotulla KO 35). Dazu zählen auch *benachbarte Unternehmen,* soweit die schädlichen Umwelteinwirkungen den Freiraum zulässiger Emissionen reduzieren und damit die Entwicklungsmöglichkeiten dieser Unternehmen beeinträchtigen (Kutscheidt LR 5 d; vgl. OVG NW, NVwZ 2001, 1182 f).

3. Hinreichende Wahrscheinlichkeit der Verursachung (Eignung)

a) Grundlagen

39 Gem. Abs.1 müssen die Immissionen „geeignet" sein, die negativen Effekte eines Schadens (Gefahr), eines Nachteils oder einer Belästigung auszulösen (zu den negativen Effekten oben Rn.26–30). Das heißt einerseits, dass der schädliche Effekt nicht sicher sein muss. Immissionen sind auch dann schädlich, wenn sie im Einzelfall keine negativen Effekte bewirken, aber die entsprechende Eignung besitzen (Feldhaus FE 6). Andererseits genügt nicht jede Wahrscheinlichkeit. Vielmehr müssen bei ungehindertem Ablauf des objektiv zu erwartenden Geschehens negative Effekte „mit hinreichender, dem Verhältnismäßigkeitsgrundsatz entsprechender Wahr-

Begriffsbestimmungen § 3

scheinlichkeit ausgeschlossen sein" (BVerwGE 55, 250/254 = NJW 1978, 1450; OVG NW, UPR 1990, 452). Die Auffassung, für die Kausalität zwischen Immission und negativen Effekten (anders als für die Kausalität zwischen Quelle und Immissionen) genüge generell eine abstrakte Störqualität (so Petersen o. Lit. 100 ff, 146 ff), ist abzulehnen. Um einen unverständlichen Bruch mit dem sonstigen Umweltrecht (auch mit der 2. Alt. in § 5 Abs.1 S.1 Nr.1, 2) und dem allgemeinen Sicherheitsrecht zu vermeiden, muss im Bereich der Gefahrenabwehr, etwa nach § 5 Abs.1 Nr.1, generell eine *konkrete* Gefährlichkeit bestehen, was eine nähere Bestimmung der Wahrscheinlichkeit erfordert (vgl. VGH BW, DVBl 2002, 710). Das schließt natürlich nicht aus, durch Rechts- oder Verwaltungsvorschriften zu standardisieren und zu generalisieren und dabei das Auftreten bestimmter Immissionsmengen generell als Gefahr einzustufen. Im Bereich der Vorsorge genügt dagegen eine abstrakte Störqualität iS einer potentiellen Gefährlichkeit (vgl. oben Rn.23).

Unerheblich ist, auf welchem **Weg** die **Verursachung** erfolgt. Der **40** negative Effekt kann auch durch mittelbare Wirkungen der Immissionen ausgelöst werden. Erfasst wird etwa der Fall, dass Pflanzen die Schadstoffe aufnehmen und dann Menschen oder Tiere beeinträchtigen. Gleiches gilt für den Fall, dass die negativen Effekte erst durch langfristige Akkumulation bewirkt werden (Roßnagel GK § 5 Rn.174) oder die Immissionen eine andere Schadensquelle aktivieren (Amtl. Begr., BT-Drs. 7/179, S.31; oben Rn.10). Zur Mitverursachung näher Rn.15–17 zu § 5.

Wegen der Bedeutung der möglicherweise betroffenen Rechtsgüter **41** kann die Beurteilung der hinreichenden Wahrscheinlichkeit nicht nur auf die Erfahrungen des täglichen Lebens gestützt werden. Vielmehr sind **wissenschaftliche Erfahrungssätze** heranzuziehen (Kutscheidt LR 9 a; Sellner Rn.28); theoretische Erörterungen ohne wissenschaftlich hinreichend gesicherte Anhaltspunkte liefern jedoch keinen Maßstab (OVG NW, NVwZ 1991, 1202; Kloepfer/Kröger, NuR 1990, 11).

b) Wahrscheinlichkeit eines Schadens

aa) Wenn der Eintritt eines Schadens unsicher ist, kann man gleichwohl **42** häufig die Wahrscheinlichkeit des Schadens angeben. Statistik und Entscheidungstheorie sprechen in diesem Fall von einem **Geschehensablauf unter Risiko.** Welche Wahrscheinlichkeit in dieser Situation als ausreichend anzusehen ist, hängt vom Ausmaß des möglichen Schadens ab (BVerfGE 49, 89/138 = NJW 1979, 359; OVG Lüneb, OVGE 32, 457; Koch GK 52):

Je **schwerwiegender Schadensart und Schadensfolgen** sind, desto **43** **geringere Anforderungen** sind an die Wahrscheinlichkeit zu stellen (OVG NW, NVwZ 1991, 1202; Petersen o. Lit. 105), wie das auch § 3 Abs.1 der 12. BImSchV entspricht. Auf das Ausmaß der Belastung des Verursachers oder der Allgemeinheit durch etwaige Abhilfemaßnahmen kommt es nicht an (Petersen o. Lit. 108 ff; näher unten Rn.63). Im allgemeinen Polizei- und Ordnungsrecht wird häufig davon gesprochen, dass eine entfernte Möglichkeit des Schadenseintritts nicht genügt. Das mag im Polizeirecht zutreffen, nachdem die dort in Betracht kommenden Schäden meist vergleichsweise gering sind. Im Immissionsschutzrecht muss dagegen die Relativität der erforderlichen Wahrscheinlichkeit stärker betont werden (vgl. Sellner Rn.24ff). Wenn sehr große Schäden drohen, etwa Gesundheitsgefahren für eine Vielzahl von Personen, kann bereits eine vergleichsweise geringe Wahrscheinlichkeit genügen. Umgekehrt konstituiert eine geringe Wahrscheinlichkeit relativ begrenzter Schäden keine Gefahr, auch wenn die Schäden wegen der Vielzahl der Fälle immer wieder auftreten. Eine moderne Industriegesellschaft nimmt zwangsläufig eine Reihe von kalkulierten Risiken hin.

44 **bb)** Noch schwieriger ist die Sachlage, wenn die Wahrscheinlichkeit nicht angegeben werden kann, sei es, weil der entsprechende Sachverhalt in der gegebenen Zeit nur unzureichend aufgeklärt werden kann, sei es, weil entsprechende Erfahrungssätze fehlen. Statistik und Entscheidungstheorie sprechen insoweit von einem Geschehensablauf unter **Unsicherheit;** die rechtswissenschaftliche Literatur benutzt auch hier nicht selten den Begriff des Risikos (etwa Roßnagel GK § 5 Rn.163). Bei einer derartigen Sachlage ist die Bejahung einer Gefahr außerordentlich problematisch. Doch wird man sie nicht generell ausschließen können. Je größer die möglichen Schäden sind, desto eher kann der bloße **Verdacht** eines Schadens eine Gefahr konstituieren (Kloepfer/Kröger, NuR 1990, 12; Kutscheidt LR 11h; Breuer Rn.177). Immerhin müssen Anhaltspunkte vorhanden sein (Petersen o. Lit. 114); reine Spekulationen genügen nicht (Roßnagel GK § 5 Rn.158). Drohende Schäden, die sich jeder Erfahrung und Berechenbarkeit entziehen, stellen keine Gefahr dar (HessVGH, NVwZ 1995, 1114; Feldhaus, WiVerw 1981, 203; vgl. Rn.13 zu § 5).

c) Wahrscheinlichkeit von Nachteilen und Belästigungen

45 Die Ausführungen in Rn.42–44 zur hinreichenden Wahrscheinlichkeit einer Gefahr bzw. einer erheblichen Rechtsgutverletzung gelten grundsätzlich auch für Nachteile und Belästigungen (Kutscheidt LR 9); zur Abgrenzung der Nachteile und Belästigungen oben Rn.27f. Da Nachteile und Belästigungen aber regelmäßig weniger belastend sind, setzen sie generell eine relativ hohe Wahrscheinlichkeit voraus. Ein bloßer Verdacht ist in keinem Falle ausreichend.

III. Schädlichkeit 2: Erheblichkeit

1. Grundlagen

a) Bedeutung der Erheblichkeit

46 Der Wortlaut des Abs.1 macht deutlich, dass die Verursachung von *Nachteilen* und *Belästigungen* nur dann eine schädliche Umwelteinwirkung sein kann, wenn sie **erheblich** sind. Das Kriterium der Erheblichkeit spielt zudem in der Alternative der *Gefahr* (eines Schadens) eine Rolle, da es im

Begriffsbestimmungen **§ 3**

Begriff des Schadens enthalten ist (Feldhaus, DVBl 1979, 304; Koch GK 57), wird er doch als erhebliche Beeinträchtigung eines Rechtsguts definiert (oben Rn.26). Von schädlichen Umwelteinwirkungen lässt sich daher generell nur sprechen, wenn die negativen Effekte erheblich sind. Bei Gesundheitsschäden ist allerdings die Erheblichkeit generell zu bejahen (unten Rn.51). Der Grund für das Erfordernis der Erheblichkeit liegt darin, dass viele der geringfügigen Beeinträchtigungen, wie sie in einer modernen Industriegesellschaft üblich sind, als tolerabel angesehen werden. Die genaue Abgrenzung der Erheblichkeit spielt allerdings nur dort eine Rolle, wo es um die Abwehr konkret schädlicher Umwelteinwirkungen geht, nicht bei potentiell schädlichen Umwelteinwirkungen (oben Rn.23). Auf die Erheblichkeit kommt es auch bei Gütern der Allgemeinheit an, deren Beeinträchtigung also nicht immer zu einer schädlichen Umwelteinwirkung führt (Kutscheidt LR 10 b; a.A. Feldhaus FE 7).

Als erheblich sind Beeinträchtigungen anzusehen, die den Betroffenen, **47** einschl. der Allgemeinheit, **nicht zumutbar** sind (BVerwGE 50, 49/55 = DVBl 1976, 214; 69, 37/43 = NVwZ 1984, 371; 90, 53/56 = NVwZ 1992, 886; HessVGH, NJW 1986, 679). Welche Gesichtspunkte für die Beurteilung der Erheblichkeit bzw. Zumutbarkeit bedeutsam sind, ist umstritten. Nach einer Auffassung werden lediglich Bagatellbeeinträchtigungen ausgeklammert (Michler, Rechtsprobleme des Verkehrsimmissionsschutzes, 1993, 44 f; Classen, JZ 1993, 1045 f); allein das tatsächliche Ausmaß der Belastung des Betroffenen soll relevant sein, wertende Elemente dürften keine Rolle spielen. Das kann nicht befriedigen, weil sich bei der Bestimmung eines Rechtsbegriffs wie dem der Erheblichkeit wertende Elemente niemals vollständig ausklammern lassen (Kutscheidt LR 14 c). Noch problematischer ist die entgegengesetzte Auffassung, die die Zumutbarkeit durch eine Abwägung *aller* widerstreitenden Interessen ermittelt (Kutscheidt LR 14 c; dagegen zu Recht Koch GK 67 ff; Jarass, JZ 1993, 603; Classen, JZ 1993, 1045; Engler o. Lit. 111 ff; Rn.19 f zu § 5; missverständlich BVerwGE 69, 37/43 f = NVwZ 1984, 371). Damit würde der Begriff der Erheblichkeit bzw. Zumutbarkeit jegliche Konturen verlieren. Richtigerweise hängt die Zumutbarkeit allein von den **Wirkungen** der Immissionen **für den Betroffenen** ab (BVerwG, UPR 1983, 27 ff; Classen, JZ 1993, 1043; Petersen o. Lit. 85 ff; Kotulla KO 43; Kutscheidt LR 15), wobei auch wertende Gesichtspunkte eine Rolle spielen können. Im Einzelnen kommt es auf die unten in Rn.49–61 beschriebenen Faktoren an. Keine Rolle spielt dagegen, welche Nachteile die Vermeidungsmaßnahmen für den Verursacher und die Allgemeinheit haben (näher unten Rn.62).

Die Erheblichkeit bzw. Zumutbarkeit darf nicht mit den an höhere **48** Anforderungen geknüpften unzumutbaren Beeinträchtigungen im Rahmen des **Art. 14 GG** verwechselt werden (BVerwGE 51, 15/29 = NJW 1976, 1760; 52, 122/127 = NJW 1978, 62; 88, 210/213 = NVwZ 1991, 886). Unterschritten wird zudem die Zumutbarkeitsgrenze des **Polizei- und Ordnungsrechts** (oben Rn.25; vgl. Amtl. Begr., BT-Drs. 7/179,

§ 3 Allgemeine Vorschriften

S.25), obgleich in der Praxis die Unterschiede vielfach nicht auszumachen sind. Die Erheblichkeit bzw. Zumutbarkeit iSd § 3 Abs.1 stimmt hingegen mit der Schwelle des § 906 Abs.1 BGB überein (BVerwGE 79, 254/258 = NJW 1988, 2396; 81, 197/200 = NJW 1989, 1291; BVerwG, NVwZ 1996, 1002; BGHZ 111, 63 = NJW 1990, 2465; 122, 76/78 = NJW 1993, 1700).

b) Gesamtbelastung

49 Bei der Bewertung der negativen Effekte ist zunächst zu beachten, dass der Immissionsbegriff seiner Natur nach auf die Gesamtbelastung abstellt (näher oben Rn.19). Es kommt also nicht nur auf die Schäden, Nachteile und Belästigungen an, wie sie durch den „Immissionsanteil" der betreffenden Quelle bedingt sind. Abzustellen ist auf die Gesamtbelastung, der der Betroffene ausgesetzt ist, unter Einbeziehung insb. der Vor- und Fremdbelastungen, also der Belastungen, die auch ohne die Quelle bestehen, um deren Bewertung es geht. Vor- und Fremdbelastungen lassen daher die Emissionen einer Anlage eher erheblich werden. Andererseits können in unbeplanten Gebieten Vorbelastungen das Gebiet prägen und damit in umgekehrter Richtung die Zumutbarkeitsschwelle anheben; dazu unten Rn.58 f.

50 Dies gilt auch für **Geräusche** (OVG Berl, NVwZ-RR 2001, 724; Ch. Müller, Die TA Lärm als Rechtsproblem, 2001, 184 f; Feldhaus, in: Koch (Hg.), Schutz vor Lärm, 1990, 157 ff; Koch GK 237; Petersen o. Lit. 51 ff; diff. BayVGH, BayVBl 1990, 84; Kutscheidt, NWVBl 1994, 284 ff). Das kommt auch in Nr.3.2.1 der TA Lärm zum Ausdruck. Soweit sich die TA Lärm auf den Lärm von allen, den Verwaltungsvorschriften unterliegenden Anlagen beschränkt oder gar nur wie in der 18. BImSchV die betreffende Anlage in den Blick genommen wird, kann das eine vereinfachende, aber zulässige Konkretisierung der gesetzlichen Anforderungen sein. Kommen allerdings gravierende Zusatzbelastungen hinzu, ist eine Art Sonderfallprüfung vorzunehmen (vgl. Feldhaus, o. Lit. 1993, 40 f; Kutscheidt LR 16 b; Jarass, JZ 1993, 602; wohl auch Amtl. Begr. zur TA Lärm, BR-Drs. 254/98, S.48). Zur Situation im Bereich der §§ 41 ff und der 16. BImSchV vgl. Rn.39–41 zu § 41.

2. Bedeutung der Erheblichkeit bei Gesundheitsschäden

51 Die Verursachung von negativen Effekten ist nur dann eine schädliche Umwelteinwirkung, wenn die Effekte erheblich sind (näher oben Rn.46). Keine eigenständige Rolle spielt das Kriterium der Erheblichkeit jedoch bei Gesundheitsschäden. Sie sind immer erheblich (BVerwGE 88, 210/216 = NVwZ 1991, 886; BayVGH, FE-ES § 17–1, 6; Feldhaus FE 7; Kutscheidt LR 11; Sellner Rn.27; Nr.4.8 Abs.3 der TA Luft). Lediglich die Begrenzung durch ein rechtswidriges Verhalten des Betroffenen (unten Rn.60) kommt zum Tragen (BVerwGE 91, 92/97 = NJW 1993, 159). Eine Gesundheitsbeeinträchtigung ist insb. auch dann erheblich, wenn sie nur bei besonders empfindlichen Bevölkerungsgruppen auftritt, etwa bei Kindern, Alten oder Kranken (VGH BW, NVwZ 1999, 86; Wulfhorst, NuR 1995, 221 ff; Führ GK 94 zu § 1; Kutscheidt LR 11; a.A. Sellner Rn.27), oder wenn sich die Gesundheitsschäden erst durch langfristige Einwirkungen ergeben. Die besondere, atypische Empfindlichkeit *einzelner* Personen spielt dagegen keine Rolle (OVG Berlin, UL-ES, § 22 Nr.40, 6; VGH BW, NVwZ 1999, 86; Kotulla KO 38; näher unten Rn.53). Ein Gesundheitsschaden liegt vor, wenn funktionelle oder morphologische Veränderungen des menschlichen Organismus auftreten, die die natürliche Variationsbreite signifikant überschreiten (VGH BW, DVBl 2002, 709; Kutscheidt LR 11; Feldhaus FE 7). Notwendig sind aber auf jeden Fall physiologische Effekte. Wirkungen, die nur mittels psychologischer oder sozialwissenschaftlicher Methoden zu ermitteln sind, stellen lediglich Belästigungen dar (Jansen, ZfL 1986, Nr.33, 4 ff). Falls nicht mit Gesundheitsschäden zu rechnen ist, sondern bloße Belästigungen für das körperliche und seelische Wohlergehen auftreten, ist eine Erheblichkeitsprüfung erforderlich. Nicht jede Beeinträchtigung der Gesundheit iwS (dazu oben Rn.29) stellt daher einen Gesundheits*schaden* dar.

3. Kriterien der Erheblichkeit bei sonstigen Schäden sowie bei Nachteilen und Belästigungen

a) Art, Ausmaß und Dauer

Bei Schäden an anderen Gütern als der menschlichen Gesundheit, etwa bei Schäden an Tieren und Pflanzen, sowie bei Nachteilen (oben Rn.28) und Belästigungen (oben Rn.27) hat das Kriterium der Erheblichkeit erhebliche Bedeutung; allg. dazu oben Rn.46–48. Die Erheblichkeit hängt dabei zunächst, wie § 3 Abs.1 ausdrücklich sagt, von Art, Ausmaß und Dauer der Immissionen ab. Was die **Art** der Einwirkung angeht, so kommt es bei Luftverunreinigungen etwa auf die chemischen Elemente bzw. Verbindungen, die Toxizität oder den Aggregatzustand an. Bei Geräuschen ist etwa Musik häufig weniger störend als Betriebsgeräusche. Bei Arbeits- und Gewerbelärm soll die Zumutbarkeit niedriger als bei Straßenverkehrslärm liegen (BVerwGE 51, 15/34 = NJW 1976, 1760; OVG Bremen, UPR 1982, 270). Mit dem **Ausmaß** ist die Intensität der Einwirkung gemeint, bei Luftverunreinigungen insb. die Quantität und die Konzentration. Die **Dauer** bezieht sich zum einen auf den *zeitlichen Umfang:* Die Einwirkung muss keineswegs konstant andauern; auch gelegentliche Einwirkungen können erheblich sein (Kutscheidt LR 17), mag auch hier die Erheblichkeit eher verneint werden können (VGH BW, VBlBW 1996, 108 f; Nr.7.2 TA Lärm). Daneben bezieht sich das Kriterium der Dauer auf die *zeitliche Verteilung* der Einwirkung. Immissionen sind nicht selten zu bestimmten Zeiten eher zumutbar als zu anderen. Geräusche an Sonn- und Feiertagen etwa sind weniger zumutbar (OVG Berl, UPR 1985, 300 f; a.A. OVG Lüneb, UPR 1984, 276). Gleiches gilt für die Nachtzeit (BVerwGE 81, 197/205 f = NJW 1989, 1291). Bei Luftverunreinigungen wird zwischen Kurz- und Langzeiteinwirkungen unterschieden.

b) Durchschnittsbetroffene und soziale Adäquanz

53 Für die Beurteilung der Erheblichkeit ist des Weiteren auf die Betroffenheit eines verständigen Durchschnittsmenschen bzw. eines Durchschnittsunternehmens abzustellen (BVerwGE 68, 62/67 = NJW 1984, 989; 101, 157/162 = NVwZ 1997, 276; BGHZ 120, 239/255 = NJW 1993, 925; VGH BW, DVBl 2002, 712; Schmidt § 3 Rn.9; Kutscheidt LR 15a), der bzw. das sich in der Situation des Betroffenen befindet. Die besondere Empfindlichkeit ganzer Gruppen von Personen (und Unternehmen) ist aber zu berücksichtigen, etwa von Kindern und Alten (oben Rn.51). Dies gilt insb. dann, wenn die Betroffenen sich nicht selbst schützen können. Zu berücksichtigen ist auch die besondere Empfindlichkeit bestimmter Tiere und Pflanzen (Dietlein LR § 5 Rn.69; Nr.4.8 Abs.6 TA Luft). Belastungen, die aus einer besonderen, überdurchschnittlichen Sensitivität eines einzelnen Betroffenen oder einer ungewöhnlichen Nutzungsart resultieren, bleiben dagegen unberücksichtigt, es sei denn, sie prägen das betreffende Gebiet, wie das bei einer größeren, besonders empfindlichen Einrichtung der Fall sein kann (unten Rn.58). Es ist eine objektivierende Beurteilung vorzunehmen (Feldhaus FE 10).

54 Bedeutsam ist des Weiteren die **soziale Adäquanz** einer Immission, sofern dadurch die Belästigung für einen Durchschnittsbetroffenen reduziert wird (vgl. BVerwGE 68, 62/67f = NJW 1984, 989; 79, 254/260 = NJW 1988, 2396; 90, 163/165 = NJW 1992, 2779; BayVGH, NJW 1997, 1182; Kutscheidt LR 15a jeweils für nicht genehmigungsbedürftige Anlagen). Eine eigenständige Maßstabsfunktion kommt der sozialen Adäquanz allerdings nicht zu; „der Kreis der zumutbaren Immissionen wird durch ihn weder erweitert noch verengt" (BVerwG, NVwZ 1996, 1002). Die Adäquanz muss in rechtserheblichen Regelungen ihren Niederschlag gefunden haben (BVerwG, NVwZ 1996, 1002). Zur Relevanz der Bedeutung der immissionsverursachenden Tätigkeit für die Allgemeinheit Rn.34 zu § 22.

c) Art des betroffenen Gebiets und Vorbelastungen, insb. bei Lärm

55 Für die Beurteilung der Erheblichkeit ist weiter die **Art des Gebiets** von Bedeutung, in dem die betroffene Aktivität stattfindet (etwa BVerwGE 90, 163/165; Haaß, Jura 1993, 305f; Petersen o. Lit. 71, 77ff; Koch GK 58ff). Je nach der unterschiedlichen Natur und Zweckbestimmung des Gebiets können Immissionen zumutbar sein oder nicht. Entscheidend sind die *Schutzwürdigkeit* und *Schutzbedürftigkeit* des Gebiets (BVerwGE 90, 53/56 = NVwZ 1992, 886). Gewicht hat dieser Faktor v.a. bei Immissionen mit räumlich klar begrenzter Wirkung, insb. also bei **Geräuschen,** ohne darauf beschränkt zu sein.

Begriffsbestimmungen § 3

aa) Bei der **Bestimmung der Gebietsart** kommt es, soweit vorhanden, auf die **rechtlichen Vorgaben** zur Nutzung an, v. a. auf die bauplanungsrechtliche Prägung (BVerwGE 71, 150/155 f = NJW 1985, 3034; 88, 143/144 = NVwZ 1991, 884; 109, 246/254 = NVwZ 2000, 550; BGHZ 92, 34/38 = NJW 1984, 2516; VGH BW, NVwZ-RR 2003, 748; a. A. BayVGH, BayVBl 1990, 85). Anders als bei der Abgrenzung der Wesentlichkeit von Beeinträchtigungen im Rahmen des § 906 BGB und in Übereinstimmung mit § 4 Abs.4 BBodSchG haben die normativen Vorgaben Vorrang vor den tatsächlichen Verhältnissen (BVerwGE 90, 53/56 = NVwZ 1992, 886; 109, 246/255; Kutscheidt, NVwZ 1989, 195 f; wohl a. A. HessVGH, NVwZ 1986, 667). Im Einzelnen ergeben sich aus den **Bebauungsplänen** sowie aus der **Baunutzungsverordnung** wichtige Anhaltspunkte (vgl. BVerwG, UPR 1983, 28; Jarass, NJW 1981, 727; Stelkens, UPR 1982, 287 ff; Nr.4.8 Abs.4 der TA Luft; krit. Classen, JZ 1993, 1045 f). Werden durch Bebauungsplan unterschiedliche Gebiete nebeneinander zugelassen, verlangt das Gebot der Rücksichtnahme einen wechselseitigen Ausgleich, etwa wenn ein Sportplatz neben Wohnhäusern vorgesehen ist (BVerwGE 88, 143/145 = NVwZ 1991, 884). Schließlich werden den Bewohnern am Rande eines Wohngebiets, in nächster Nähe zu einem Gewerbe- oder Industriegebiet, mehr Immissionen zugemutet als sonst in einem Wohngebiet (HessVGH, NVwZ 1993, 1005; Jarass, NJW 1981, 727). 56

bb) Fehlen rechtliche Vorgaben zur Nutzung des betreffenden Gebiets, sind die **tatsächlichen Verhältnisse** und damit die **Ortsüblichkeit** entscheidend (BVerwGE 88, 210/213 = NVwZ 1991, 886; BayVGH, FE-ES § 17–1, 6 f; auch Kutscheidt LR 15 c). Auf die tatsächliche Situation kommt es für im Zusammenhang bebaute Gebiete ohne Bebauungsplan an: Ähnlich wie im Rahmen des § 34 BauGB ist die tatsächliche Prägung des betroffenen Gebiets entscheidend (Kotulla KO 45). Zudem spielt auch eine Rolle, ob die Nachbarschaft insgesamt oder nur in Teilen besonders schutzbedürftig ist (BVerwGE 50, 49/54 f = DVBl 1976, 214). Im *Außenbereich* iSd § 35 BauGB sind ebenfalls die tatsächlichen Verhältnisse bedeutsam, wobei hier typischerweise höhere Belastungen als in Wohngebieten hingenommen werden müssen (VGH BW, NVwZ 1997, 1014 f). Zusätzlich wird man in Anlehnung an § 4 Abs.4 S.2 BBodSchG die „absehbare Entwicklung" zu berücksichtigen haben. 57

cc) Weiter ist zu beachten, dass eine rechtmäßig errichtete Anlage oder sonstige Quelle **den Gebietscharakter beeinflussen** kann, soweit kein Bebauungsplan besteht (BayVGH, FE-ES § 17–1, 8; Koch GK 74; Petersen o. Lit. 81 Fn. 181). Die Erheblichkeit hängt von der durch eine vorhandene Nutzung vorgegebenen Situation ab (BVerwG, NVwZ 1990, 962 f). Für die Beurteilung der Zumutbarkeit spielt folglich die Situation eine Rolle, die bei Beginn der durch die Immissionen beeinträchtigten Nutzung bestand. Insoweit hat das Kriterium der Zumutbarkeit einen gewissen *Bestandsschutz* zur Folge. **Vorbelastungen** durch Immissionsquel- 58 len, die im Zeitpunkt der Aufnahme der betroffenen Aktivität bereits vorhanden waren, reduzieren die Schutzwürdigkeit (BVerwGE 88, 210/214 = NVwZ 1991, 886; Petersen o. Lit. 79 f; Kutscheidt LR 15 d), sofern die Vorbelastung von einer formell rechtmäßigen Anlage ausgeht (VGH BW, NuR 1994, 143 f). Zur Vorbelastung soll dabei auch eine spätere *Erhöhung* der Belastung rechnen, wenn sie im Zeitpunkt der Aufnahme der betroffenen Aktivität „erkennbar angelegt und voraussehbar war" (BVerwGE 88, 210/215 = NVwZ 1991, 886). Werden etwa Wohnhäuser in der Nähe einer emittierenden Anlage errichtet, so liegt die Zumutbarkeitsschwelle höher als bei Wohnhäusern, die in einem reinen Wohngebiet errichtet wurden (HessVGH, NVwZ 1993, 1005; v. Holleben, DVBl 1981, 904). Entsprechendes gilt, wenn neben einem bestehenden Truppenübungsplatz ein Wohnhaus errichtet wird (BVerwGE 88, 210/214 = NVwZ 1991, 886). Generell kann die zeitliche Reihenfolge relevant sein (BVerwGE 81, 197/206 = NJW 1989, 1291; DVBl 2001, 643).

59 **dd)** Der Umstand, dass die betroffene Aktivität in einem (rechtmäßig) vorbelasteten Gebiet vorgenommen wird, sei es durch Anlagen in dem Gebiet (oben Rn.58) oder durch stärker belastbare angrenzende Gebiete, rechtfertigt allerdings nicht jede Beeinträchtigung. Zunächst sind Gesundheitsschäden immer erheblich (oben Rn.51). In allen anderen Fällen ist ein Ausgleich vorzunehmen, eine Art **Mittelwert** zu bilden (BVerwGE 50, 49/54 = DVBl 1976, 214; NVwZ 1985, 186; HessVGH, NJW 1986, 679). Das ist insb. für Lärmbelastungen an der Grenze zu einem stärker belasteten Gebiet bedeutsam, etwa zum Außenbereich (VGH BW, NVwZ 2003, 365). Der Mittelwert ergibt sich nicht aus einem rechnerischen Mittelwert, sondern aus einem Interessenausgleich (BVerwG, NVwZ 1985, 186; DVBl 2001, 643; BayVGH, NVwZ-RR 1990, 550), weshalb auch von einem **Zwischenwert** gesprochen wird (BVerwG, NVwZ-RR 1994, 139). Der Mittel- bzw. Zwischenwert-Ansatz gilt auch für Geruchsbelästigungen (BVerwG, NVwZ-RR 1994, 139). Insgesamt erfährt der Prioritätsgrundsatz durch die Mittel- bzw. Zwischenwertbildung eine deutliche Einschränkung, die um so deutlicher ausfällt, je mehr von den für unbelastete Gebiete geltenden Grenzen abgewichen wird. Für den Lärm findet sich unter dem Begriff der Gemengelage eine konkretisierende Regelung in Nr. 6.7 TA Lärm (dazu Rn. 20 zu § 48).

d) Rechtmäßigkeit des Handelns des Betroffenen

60 Ein negativer Effekt ist nicht erheblich, wenn die betroffene Nutzung formell und materiell baurechtswidrig ist und bei rechtmäßiger Nutzung der negative Effekt nicht auftreten würde (BVerwGE 91, 92/96 = NJW 1993, 342; ähnlich BVerwGE 90, 53/56 = NVwZ 1992, 886; Kutscheidt LR 15 f; Kotulla KO 48; a. A. Engler o. Lit. 115 f). Das lässt sich auf andere Rechtsverstöße erweitern, aber nur dann, wenn die fragliche Rechtsvorschrift direkt oder indirekt (auch) die Interessen des Verursachers schützt und er daher den Rechtsverstoß des Nachbarn abwehren kann (Jarass, JZ 1993, 604 f = NJW 1993, 342). An diesem Befund ändert der Umstand nichts, dass der Verursacher gegen das rechtswidrige Verhalten des Betroffenen nicht vorgegangen ist (BVerwGE 91, 92/96 f = NJW 1993, 342; Jarass, JZ 1993, 605). Wird allerdings das Verhalten des Betroffenen behördlich genehmigt, dürfte der Verzicht auf die Anfechtung der Genehmigung das Verhalten des Betroffenen für die immissionsschutzrechtliche Bewertung legalisieren.

e) Einwilligung und Duldung sowie Güter der Allgemeinheit

Die betroffenen Personen bzw. die Eigentümer und sonstigen Nutzungsberechtigten der betroffenen Tiere, Pflanzen und Sachen können auf den Schutz des BImSchG wirksam verzichten (Bodanowitz, NJW 1997, 2352; einschr. Koch GK 76 f). Stimmen sie den Immissionen zu, so sind die Immissionen für sie zumutbar bzw. unerheblich (Ohms Rn.106; Schlemminger/Fuder, NVwZ 2004, 132; Kutscheidt LR 15 g; Kotulla KO 49), kommt es doch für die Erheblichkeit auf die Zumutbarkeit für die betroffenen Personen, nicht etwa auf die Zumutbarkeit für Tiere und Pflanzen an. Daher ist eine persönliche Dienstbarkeit, bestimmte Belastungen hinzunehmen, auch öffentlich-rechtlich bedeutsam (OVG NW, UPR 1989, 391; Kutscheidt LR 15 g; vgl. aber BVerwGE 109, 314/324 = NVwZ 2000, 1050; BVerwG, NVwZ-RR 2002, 329; Müggenborg, NVwZ 2003, 1031). Die Einwilligung bzw. entsprechende vertragliche Abmachungen sind weder sittenwidrig noch wegen Unverfügbarkeit unwirksam (BGHZ 79, 131 ff = NJW 1981, 811; dazu Engelhardt, NuR 1981, 146 ff; Knothe, JuS 1983, 18 ff). In solchen Absprachen kann durchaus ein sinnvoller Ausgleich widerstreitender Interessen liegen (vgl. § 74 Abs.6 Nr.1, Abs.7 S.2 Nr.2 VwVfG). Außerdem ist zu beachten, dass die Einwilligungen sich nicht auf Personen erstrecken, die sich künftig im Einwirkungsbereich aufhalten (vgl. Koch GK 76). Dingliche Sicherungen können allerdings auch ihnen gegenüber in gewissem Umfang Schutz bieten. Eine rein tatsächliche **Duldung** durch die Betroffenen ändert dagegen nichts an der Erheblichkeit (BVerwG, NVwZ 1989, 257; Kotulla KO 49); eine Verwirkung setzt voraus, dass der Betroffene sein Recht längere Zeit nicht geltend gemacht hat und dass besondere Umstände hinzutreten, die eine verspätete Geltendmachung als Verstoß gegen Treu und Glauben erscheinen lassen (HessVGH, UL-ES § 22–140, 5).

Eine Einwilligung Privater lässt allerdings die Beeinträchtigung von **Rechtsgütern der Allgemeinheit** unberührt (BVerwG, DVBl 1979, 622). Soweit solche Rechtsgüter einem bestimmten Träger öffentlicher Gewalt zugeordnet sind, ist dessen Einwilligung notwendig. Bei echten Allgemeingütern **(herrenlose Güter)** hingegen, wie der Luft oder von Tieren und sonstigen Gütern, die niemandem gehören, dürfte eine (erhebliche) Rechtsbeeinträchtigung nur vorliegen, wenn durch Gesetz ein entsprechender Schutz vorgesehen ist. Die Beeinträchtigung muss also eine Rechtsverletzung beinhalten. Anders formuliert: Die echten Allgemeingüter können von der Allgemeinheit genutzt werden, solange dies gesetzlich nicht verboten ist. Dies betrifft etwa die Atmosphäre oder bestimmte

Tiere: Die Beeinträchtigung durch Fliegen ist nur dann erheblich, wenn sie durch Gesetz für unzulässig erklärt wurde.

f) Nachteile durch Vermeidungsmaßnahmen für Verursacher und Allgemeinheit

63 Keine Rolle für die Beurteilung der Erheblichkeit von Immissionen spielt nach zutreffender Auffassung, welche **Nachteile und Belastungen für den Verursacher** der schädlichen Immissionen mit ihrer Vermeidung verbunden sind. Desgleichen hängt die Zumutbarkeit nicht davon ab, welchen **Nutzen** die immissionsverursachende Tätigkeit **für die Allgemeinheit** aufweist. Bei der Zumutbarkeit kommt es allein auf die Belastung für den Betroffenen an (oben Rn.47 und Rn.22f zu § 5); eine allgemeine Abwägung ist abzulehnen. Andernfalls verliert der Begriff der schädlichen Umwelteinwirkung alle Konturen. Praktische Bedeutung hat das allerdings nur dort, wo das Immissionsschutzrecht im Hinblick auf schädliche Umwelteinwirkungen eine strikte Gefahrenabwehr verlangt. Im Einzelnen wird daher hinsichtlich der Belastungen des Anlagenbetreibers auf die Ausführungen in Rn.22 zu § 5 und hinsichtlich des Nutzens für die Allgemeinheit auf die Ausführungen in Rn.23 zu § 5 sowie Rn.34 zu § 22 verwiesen.

64–65 (unbesetzt)

C. Anlage und Betriebsbereich

I. Anlage (Abs.5)

1. Allgemeines, insb. bestimmungsgemäßes Betreiben

66 Die Vorschrift des Abs.5 definiert den Begriff der Anlage und damit den **Gegenstand** des anlagenbezogenen Immissionsschutzes (Kotulla KO 62). Die Begriffsdefinition erfolgt durch die Nennung von drei Anlagengruppen. Unabhängig davon ist für die Begriffsdefinition bedeutsam, dass das BImSchG in zahlreichen anlagenbezogenen Regelungen von einem **Anlagenbetrieb** ausgeht. Die in § 3 Abs.5 genannten Objekte sind daher nur dann Anlagen, wenn sie in irgendeiner Form (etwa in technischer oder organisatorischer Hinsicht) *„betrieben"* werden (OVG NW, NJW 2000, 2124f; Hoppe/Beckmann § 25 Rn.22; Schmidt § 3 Rn.60; Bender 6/108; Kutscheidt LR 24; ähnlich Amtl. Begr., BT-Drs. 7/179, 30; a. A. Hansmann LR Vorb. 3 vor § 22). Dabei ist ein sehr weiter Betriebsbegriff zugrunde zu legen, um insb. Widersprüche im Rahmen von Abs.5 Nr.3 zu vermeiden; nach der Amtl. Begr. ist er „im weitesten Sinne zu verstehen" (BT-Drs. 7/179, 29). So ist das Unterhalten und Nutzen eines Bürogebäudes ein Betreiben einer Anlage (unten Rn.71), desgleichen bestimmte Nutzungen eines Grundstücks (unten Rn.76f). Zu Einschränkungen führt das Betriebsmerkmal im Wesentlichen nur bei beweglichen Anlagen (unten Rn.72).

Begriffsbestimmungen § 3

Zum Teil wird der Anlagenbegriff auf Einrichtungen beschränkt, von 67
denen bei **bestimmungsgemäßer Nutzung Umwelteinwirkungen
ausgehen** können (Koch GK 296; Kutscheidt LR 23b). Die Definition
des Abs.5 bietet insoweit keine Anhaltspunkte. In der Sache besteht kein
Bedarf, weil ohne Umwelteinwirkungen (und sonstige Gefahren, erhebliche Nachteile oder erhebliche Belästigungen) das BImSchG keine Anforderungen stellt und andererseits auch Umwelteinwirkungen erfasst werden, die bei nicht bestimmungsgemäßem Betrieb entstehen (Rn.7 zu § 22).

Wer die Anlage betreibt, ist für das Vorliegen einer Anlage **unerheb-** 68
lich. Gleiches gilt für den Umstand, ob sie zu wirtschaftlichen oder nicht
wirtschaftlichen Zwecken, insb. für hoheitliche Tätigkeiten verwandt wird
(Kutscheidt LR 23b; näher Rn.14–17 zu § 2). Keine Rolle spielt des
Weiteren, ob bei der Anlage gewollt Immissionen entstehen (näher Rn.8
zu § 22) und ob die Immissionen bei bestimmungsgemäßer Nutzung der
Anlage vermeidbar gewesen wären (näher Rn.7 zu § 22). Zur Frage der
verhaltensbedingten Immissionen Rn.6 zu § 22. Erfasst werden schließlich Versuchsanlagen (vgl. Rn.7 zu § 19). Zum rechtlich gebotenen **Anlagenumfang** Rn.50–61 zu § 4, zum genehmigten Anlagenumfang Rn.37
zu § 6.

2. Ortsfeste Einrichtungen (Abs.5 Nr.1)

Anlagen sind zum einen gem. Abs.5 Nr.1 alle ortsfesten Einrichtungen. 69
Dies setzt zunächst in Abgrenzung zu Abs.5 Nr.2 voraus, dass die Anlage
ortsfest und nicht ortsveränderlich ist. **Ortsfest** ist eine Anlage, die auf
Grund ihrer Art oder Konstruktion an ihren Standort gebunden ist, im
Normalfall nicht bewegt werden soll (Engelhardt/Schlicht 21). Die geplante Betriebsdauer dürfte dagegen ohne Relevanz sein (Koch GK 302;
Engelhardt/Schlicht 21; a.A. Kutscheidt LR 27; Kotulla KO 67). Jedenfalls kommt es nicht auf die 12-Monatsfrist des § 1 Abs.1 S.1 der
4. BImSchV an. Diese Norm definiert nicht die Ortsfestigkeit, sondern
legt die Genehmigungsbedürftigkeit fest (vgl. Hansmann LR (4) 11 zu § 1;
Kutscheidt LR 27). Eine Definition der Ortsfestigkeit iSv § 3 Abs.5 Nr.1
durch die 4. BImSchV wäre i.ü. nicht möglich, weil § 4 Abs.1 S.3 dazu
nicht ermächtigt. Eine ortsfeste Einrichtung setzt weiter, **in Abgrenzung
zu Nr.3,** bauliche oder technische Anlagen (iwS) auf dem betreffenden
Grundstück voraus (Skolic/Geis, UPR 2004, 125). Einen technischen
Charakter müssen die Einrichtungen nicht (notwendig) besitzen (Henkel
o. Lit. 34f; a.A. VGH BW, VBlBW 1982, 142f).

Ortsfeste Einrichtungen können aus **mehreren Anlagen,** also Teilen 70
bestehen, die ihrerseits als Anlagen eingestuft werden können. Besonders
typisch ist das bei den ausdrücklich genannten **Betriebsstätten,** die sich
regelmäßig aus einer Mehrzahl von Anlagen zusammensetzen, weil sie aus
verfahrenstechnischen oder anderen Gründen in engem räumlichen Zusammenhang errichtet und betrieben werden und daher nach der Verkehrsanschauung eine Einheit bilden (Kutscheidt LR 25a).

§ 3   Allgemeine Vorschriften

71   **Im Einzelnen** rechnen zu den ortsfesten Einrichtungen Betriebsstätten wie Fabriken, Gewerbebetriebe, Handelsbetriebe, Handwerksbetriebe, Bergwerke, Steinbrüche oder andere Stätten, die der Gewinnung oder Aufbereitung von Bodenschätzen dienen. Erfasst werden Werkstätten aller Art, Ausstellungen, Lagerplätze, Bauhöfe oder Tankstellen (VGH BW, NVwZ-RR 1989, 621), weiter land- und forstwirtschaftliche Hofstätten und die Praxisräume von freiberuflich Tätigen, wie der Rechtsanwälte, Wirtschaftsprüfer, Ärzte, Architekten. Entgegen der Entstehungsgeschichte werden auch Büro- und Verwaltungsgebäude u. ä. erfasst (Porger KO § 22 Rn.8; Hansmann LR Vorb. 3 vor § 22; a. A. Kutscheidt LR 24a), da man auch bei diesen Einrichtungen von einem Betreiben iwS sprechen kann und der Anlagenbegriff auch sonst außerordentlich weit verstanden wird (vgl. die Beispiele in Rn.9 zu § 22). Dem entspricht es, dass das BVerwG in einem Kirchengebäude eine Anlage gesehen hat (BVerwGE 68, 62/67 = NJW 1984, 989).

3. Ortsveränderliche technische Einrichtungen und Fahrzeuge (Abs.5 Nr.2)

a) Ortsveränderliche technische Einrichtungen

72   Anlagen sind weiter gem. Abs.5 Nr.2 ortsveränderliche bzw. bewegliche Einrichtungen technischer Natur. Das Gesetz erwähnt als wichtige Beispiele Maschinen und Geräte. **Ortsveränderlich** sind Einrichtungen, die nicht ortsfest sind; zur Abgrenzung oben Rn.69. Weiter müssen die ortsveränderlichen technischen Einrichtungen irgendwie **betrieben** werden (oben Rn.66). Damit fallen insb. einfache Werkzeuge sowie viele (bewegliche) Spiel- und Sportgeräte aus dem Anlagenbegriff heraus. Sie sind Erzeugnisse und allein dem dritten Teil des BImSchG unterworfen, mit der Folge, dass nur die Beschaffenheit, nicht ihre Benutzung bzw. ihr Betrieb geregelt werden können (vgl. Rn.6 zu § 2). Schließlich müssen die Einrichtungen **technischer** Natur sein, und zwar nach dem allgemeinen Sprachgebrauch. Ob Energie erzeugt oder verwandt wird, ist nicht entscheidend (Koch GK 308; Kutscheidt LR 27a). Daher sind (nichtelektrische) Musikinstrumente keine Anlagen, wohl aber Verstärker etc. Nicht entscheidend kann es sein, ob ein Stand der Emissionsvermeidungstechnik besteht (so aber Koch GK 309). Zu weit geht es hingegen, alle Einrichtungen erfasst zu sehen, die nicht auf natürlichem Wege entstanden sind (so aber Kotulla KO 73). Beispiele für ortsveränderliche Anlagen finden sich in Rn.10 zu § 22.

b) Fahrzeuge

73   Neben ortsveränderlichen technischen Einrichtungen bilden die in Abs.5 S.2 ebenfalls genannten Fahrzeuge eine eigene Gruppe immissionsschutzrechtlicher Anlagen (Henkel o. Lit. 40). Soweit es allerdings um den Schutz vor Verkehrsemissionen geht, werden sie von § 38 erfasst und sind dann wegen der Einschränkung in Abs.5 Nr.2 keine Anlagen (näher

Begriffsbestimmungen § 3

Rn.8f zu § 38). Insoweit gelten die Vorschriften des verkehrsbezogenen Immissionsschutzes der §§ 38–40 und nicht die Vorschriften des anlagenbezogenen Immissionsschutzes. Soweit dagegen ein Fahrzeug noch andere Funktionen als Verkehrsfunktionen hat, stellt es eine Anlage dar (näher Rn.8 zu § 38; Henkel o. Lit. 43f). Genaugenommen werden also nicht Fahrzeuge als reale Objekte ausgenommen, sondern Verkehrsemissionen und -immissionen.

4. Emissionsgeeignete Grundstücke (Abs.5 Nr.3)

a) Allgemeines

Anlagen sind des Weiteren gemäß Abs.5 Nr.3 Grundstücke, d.h. räumlich abgegrenzte Teile der Erdoberfläche (Koch GK 323; Henkel o. Lit. 45), wozu auch Häfen oder Wasserflächen rechnen (Kutscheidt LR 28; Kotulla KO 76; a.A. Schmatz/Nöthlichs 15). Auf dem Grundstück müssen entweder Stoffe gelagert oder abgelagert werden (dazu unten Rn.76) oder emissionsträchtige Tätigkeiten vorgenommen werden (dazu unten Rn.77). Beide Aktivitäten müssen wesentlicher Inhalt der **Zweckbestimmung des Grundstücks** sein (Kutscheidt LR 28; Feldhaus FE 14; Kutscheidt LR 28); es muss bestimmungsgemäß und nicht nur gelegentlich emissionsträchtigen Aktivitäten dienen (OVG NW, NJW 2000, 2124). Andernfalls würde das BImSchG sämtliche verhaltensbedingten Emissionen erfassen, weil sie auf einem Grundstück stattfinden, das als Anlage einzustufen wäre. Die Grundstücksnutzung muss mit dem Charakter des Grundstücks zusammenhängen. Könnte sie auf jedem anderen Grundstück ebenfalls erfolgen, handelt es sich nicht um ein Grundstück iSd Abs.5 Nr.3. Andererseits ist nicht erforderlich, dass die Tätigkeit ständig vorgenommen wird. Wie Nr.10.17 des Anhangs zur 4. BImSchV entnommen werden kann, genügt (sogar für die Genehmigungsbedürftigkeit) eine Nutzung einer Straße für Motorsportzwecke, wenn sie wenigstens fünf Tage im Jahr erfolgt. Sind die Tätigkeiten pro Jahr kürzer, dürfte § 3 Abs.5 Nr.3 nicht mehr einschlägig sein (etwas anders Schmatz/Nöthlichs 15). Allerdings wird insoweit auch der Umstand eine Rolle spielen, welche Größenordnung die Emissionen besitzen (Kotulla KO 85).

74

Soweit auf dem Grundstück ortsfeste Einrichtungen betrieben werden, ist bereits Abs.5 **Nr.1 einschlägig** (Münster, Öffentlich-rechtlicher Immissionsschutz in der Landwirtschaft, 1982, 135; Koch GK 333; anders Henkel o. Lit. 81ff). Dies betrifft nicht nur Fälle, in denen ein Grundstück einer genehmigungsbedürftigen Anlage zuzurechnen ist. Auch soweit das nicht zutrifft, bildet das Grundstück eine (nicht genehmigungsbedürftige) ortsfeste Einrichtung, wenn es bauliche bzw. technische Anlagen aufweist (oben Rn.69).

75

b) Einschränkung der Zweckbestimmung

aa) Erfasst werden zunächst Grundstücke, auf denen Stoffe bestimmungsgemäß (oben Rn.74) **gelagert** oder **abgelagert** werden. Lagern ist

76

die Aufbewahrung von Stoffen zwecks späterer Verwendung; das Ablagern dient dazu, sich der Stoffe für immer zu entledigen (Kutscheidt LR 28 a; Kotulla KO 81; OVG NW, NVwZ-RR 2001, 231; vgl. Rn.7 zu § 4). Als *Stoffe* kommen alle Arten von Materialien, Produkten und Erzeugnissen in Betracht, unabhängig davon, ob sie in der Natur gewonnen oder künstlich hergestellt sind und in welchem Aggregatzustand sie sich befinden (Henkel o. Lit. 46 f; Kotulla KO 79). Erfasst werden insb. Abfälle. Das Erdreich selbst ist jedoch kein Stoff iSd Vorschrift (Kotulla KO 79). Die Stoffe müssen Emissionen verursachen können, nicht nur der Vorgang des Lagerns bzw. Ablagerns (Henkel o. Lit. 47 f). Weiter müssen sie **auf** dem Grundstück gelagert oder abgelagert werden. Untertägige Lagerung und Ablagerung wird nicht erfasst; insoweit ist aber regelmäßig die Nr.1 einschlägig (Kotulla KO 86). Unter Abs.5 Nr.3 fallen etwa Kohlenhalden, Lagerplätze für Materialien, Mülldeponien (Feldhaus FE 14), aber auch ein Misthaufen (VG Minden, AgrarR 1983, 192 f).

77 **bb)** Anlagen sind des Weiteren Grundstücke, auf denen **emissionsträchtige Arbeiten** vorgenommen werden. Der Begriff der *Arbeit* ist weit zu verstehen und erfasst alle emissionsträchtigen Tätigkeiten, die wesentlicher Inhalt der Zwecksetzung des Grundstücks sind (VG Würzburg, NVwZ 1988, 382; Kutscheidt LR 286; oben Rn.74; a. A. Kotulla KO 82, 84; Koch GK 333 f). Dies zeigt die Ausnahme der öffentlichen Verkehrswege in Abs.5 Nr.3, die nur Sinn macht, wenn auch der Kfz-Verkehr als Arbeit eingestuft wird. Erfasst wird etwa ein Kundenparkplatz (Kutscheidt LR 28), soweit er nicht bereits als Einrichtung iSd Nr.1 zu qualifizieren ist. Gleiches gilt für ein Panzerübungsgelände (OVG NW, NVwZ 1989, 982) oder eine regelmäßig genutzte Freizeitanlage (Hansmann LR Vorb. 7 vor § 22). Gartengrundstücke und landwirtschaftliche Flächen (Äcker, Weideland) sind keine Anlagen (BInnA, BT-Drs. 7/1513, 2), weil Düngung oder Abfallverbrennung zu selten erfolgen (vgl. oben Rn.74). Doch sind dabei benutzte Geräte regelmäßig Anlagen nach Abs.5 Nr.2. Bei der Verfüllung von Abfällen der Massentierhaltung wird dieser Rahmen überschritten. Andererseits kann auch eine zeitlich begrenzte Nutzung das Grundstück zur Anlage machen, sofern die Nutzung ausreichend intensiv ist. *Baustellen* etwa, die wenigstens mehrere Monate ununterbrochen bestehen, sind daher als Anlagen einzustufen (ähnlich Kutscheidt LR 27; vgl. § 12 AO).

c) Öffentliche Verkehrswege

78 Die Definition des Abs.5 Nr.3 nimmt ausdrücklich öffentliche Verkehrswege aus dem Begriff der Anlage aus. *Verkehrswege* sind Einrichtungen, die dem Transport von Menschen und Gütern dienen (BVerwG, DÖV 1978, 50). Öffentlich ist der Verkehrsweg, wenn er dem allgemeinen Verkehr (auf der Grundlage des Verkehrswegerechts) gewidmet wurde (Koch GK 336; Kotulla KO 87; Rn.11 zu § 41). Erfasst werden Straßen (Rn.11 zu § 41), Schienenwege (Rn.14 zu § 41) und Wasserstraßen (Feldhaus FE 14; Koch GK 336). Zu den Flugplätzen Rn.21 zu § 2. Ver-

Begriffsbestimmungen **§ 3**

kehrswege ohne Widmung, die nur tatsächlich der Öffentlichkeit zugänglich sind, fallen nicht unter die Ausnahme, erst recht nicht rein private Verkehrsflächen (Koch GK 336; Kutscheidt LR 28 d). Werksstraßen sind daher Anlagen isd BImSchG (Henkel o. Lit. 53). Wird eine öffentliche Straße für den allgemeinen Verkehr gesperrt, um dort etwa ein Straßenrennen durchzuführen, kommt die Ausnahme nicht zum Tragen (Koch GK 337; Kotulla KO 87); zur Frage, ob die Straße überhaupt eine Anlage ist, oben Rn.74.

Öffentliche Verkehrswege unterliegen gem. § 2 Abs.1 Nr.4 allein den **79** §§ 41–43 des BImSchG und damit **nicht den anlagenbezogenen Regelungen** (Rn.9 zu § 2). Ergänzend stellt Abs.5 Nr.3 klar, dass dies auch für die Flächen gilt, auf denen sich die Verkehrswege befinden. Das macht verständlich, warum in Abs.5 Nr.1 die öffentlichen Verkehrswege nicht ausgenommen wurden.

Die Einschränkung des Anlagenbegriffs und damit des Anwendungsbe- **80** reichs der anlagenbezogenen Vorschriften des BImSchG gilt nur für die öffentlichen Verkehrswege selbst, **nicht für Nebenanlagen** und **Nebeneinrichtungen** (Kutscheidt LR 28 c; Koch GK 339; Rn.10f zu § 2). Der Begriff des öffentlichen Verkehrswegs in § 3 Abs.5 Nr.3 erfasst allein den eigentlichen Verkehrsweg, von dem durch die Teilnahme am Verkehr bedingte Geräusche ausgehen (Feldhaus FE 31 zu § 4). Nebeneinrichtungen und Nebenanlagen sind dagegen Anlagen. Dies hat etwa für Sportbootvermietungsanlagen Bedeutung (Franz, ZfW 2001, 236 ff). **Zubehör** wird nur erfasst, soweit es von Einfluss für die Fahrzeugemissionen ist (vgl. Kutscheidt LR 7f zu § 2; Henkel 57; Rn.13 zu § 41; a.A. Koch GK 339). Im Einzelnen gehören nicht zu den Verkehrswegen Be- und Entladeeinrichtungen (Feldhaus FE 31 zu § 4; Rn.8 zu § 38; a.A. NdsOVG, NVwZ-RR 1993, 405), erst recht nicht Rasthöfe, Bahnhöfe, Güterbahnhöfe etc. Weitere Einzelfälle in Rn.12f, 16 zu § 41.

5. Anhang: Anlagenbetreiber

a) Bestimmender Einfluss auf Anlage

aa) Für die Anwendung zahlreicher Vorschriften des Immissionsschutz- **81** rechts kommt es auf den Begriff des Anlagenbetreibers an. Er ist in § 3 nicht definiert. Gleichwohl liegt eine einheitliche Begriffsbenutzung nahe, wie dies bei einer näheren Durchsicht der einschlägigen Vorschriften bestätigt wird. Anlagenbetreiber ist diejenige natürliche oder juristische Person oder Personenvereinigung, die die Anlage „in ihrem Namen, auf ihre Rechnung und in eigener Verantwortung" führt (BVerwGE 107, 299/301 = NJW 1999, 1416). Dabei kommt es vor allem darauf an, wer den **bestimmenden** bzw. maßgeblichen **Einfluss auf die** Lage, Beschaffenheit und den Betrieb der **Anlage** ausübt (NdsOVG, UPR 2004, 126; Fluck UL § 16 Rn.C3; Dietlein LR § 5 Rn.28; Roßnagel GK § 5 Rn.11). Das ist regelmäßig derjenige, der die tatsächliche Verfügungsgewalt, die tatsächliche Sachherrschaft über die Anlage besitzt (Spindler o. Lit. D 34f), was meist mit der rechtlichen Verfügungsgewalt übereinstimmt (vgl. Laubinger UL § 51b Rn.C2; Ohms Rn.151). Zudem dürfte es auf den unmittelbaren Einfluss ankommen, wie die Situation im Konzern (unten Rn.84) belegt.

82 Als Anlagenbetreiber iSd BImSchG ist auch derjenige anzusehen, der eine Anlage **selbständig errichtet,** selbst wenn er nicht die Absicht hat, die Anlage zu betreiben, sie vielmehr vor Inbetriebnahme veräußern will (Roßnagel GK 12 zu § 5; vgl. Rn.42 zu § 4 und Rn.19 zu § 10). Dagegen ist (allein) der spätere Betriebsinhaber Anlagenbetreiber, wenn er die Anlage unter seiner Verantwortung von Fremdfirmen errichten lässt (Dietlein LR § 5 Rn.29). Anlagenbetreiber ist auch derjenige, der die Genehmigung durch Übereignung der Anlage erlangt (Dietlein LR § 5 Rn.28; vgl. Rn.36 zu § 6). Anlagenbetreiber bleibt zudem derjenige, der eine Anlage **vorübergehend stilllegt.** Bei genehmigungsbedürftigen Anlagen ist insoweit die Drei-Jahres-Frist des § 18 entscheidend.

83 **bb)** Anlagenbetreiber ist nicht notwendig der Eigentümer der Anlage, da dieser sich der Verfügungsgewalt begeben kann (vgl. BVerwGE 90, 255/262 = DVBl 1992, 1236 zum AtomR). Davon geht auch § 52 Abs.1 S.1 aus, wo Eigentümer und Betreiber nebeneinander genannt werden. Ein Pächter, Mieter, Leasingnehmer oder ähnlich Berechtigter ist regelmäßig Anlagenbetreiber (Laubinger UL § 51b Rn.C2; Dietlein LR § 5 Rn.28; Roßnagel GK § 5 Rn.13; vgl. BVerwGE 107, 299/302 = NJW 1999, 1416). Andererseits muss die Verfügungsgewalt in **eigener Verantwortung** ausgeübt werden. Anlagenbetreiber ist daher weder ein Betriebsleiter noch ein Stellvertreter. Weiter kann der Anlagenbetreiber einen *Dritten* (als Erfüllungsgehilfen oder Verwaltungshelfer) mit dem Betrieb der Anlage betrauen, ohne deshalb die Eigenschaft als Anlagenbetreiber zu verlieren, sofern er den bestimmenden Einfluss behält (BVerwGE 90, 255/262 zum AtomR). Der Betreiber eines *Industrieparks* ist kein Anlagenbetreiber, solange der Industrieparknutzer den bestimmenden Einfluss auf den Anlagenbetrieb hat (Müggenborg, DVBl 2001, 421 f; Ohms Rn.152; Friedrich, NVwZ 2002, 1178); zur abweichenden Situation bei einer gemeinsamen Anlage unten Rn.85. Wird ein *Strohmann,* der auf die relevanten Entscheidungen keinen Einfluss hat, als bloßes Aushängeschild vorgeschoben, ist – wie sonst im Wirtschaftsverwaltungsrecht üblich – der Hintermann Anlagenbetreiber (Dietlein LR § 5 Rn.28; Roßnagel GK § 5 Rn.20); zur Inanspruchnahme des Strohmanns unten Rn.86.

b) Insb. juristische Personen und Personenvereinigungen

84 Besitzt eine **juristische Person** des privaten oder öffentlichen Rechts den bestimmenden Einfluss iSd Rn.81–83, ist diese der Anlagenbetreiber, nicht etwa der Geschäftsführer, der Vorstand oder ein sonstiges Organ der juristischen Person (NdsOVG, NuR 2004, 126; Roßnagel GK 14 zu § 5). Daran ändert auch die Vorschrift des § 52a Abs.1 nichts, die lediglich deutlich macht, dass bestimmte natürliche Personen die Pflichten des Anlagenbetreibers wahrnehmen, nicht jedoch die juristische Person aus ihrer

Begriffsbestimmungen § 3

Betreiberstellung entlassen (Roßnagel GK 16 zu § 5), wie insb. § 52a Abs.1 S.2 entnommen werden kann (vgl. Rn.1 zu § 52a). Fällt die juristische Person in Konkurs, ist der Konkursverwalter Anlagenbetreiber, soweit er den Betrieb führt (BVerwGE 107, 299/301 = NJW 1999, 1416; Dietlein LR § 5 Rn.33; vgl. Rn.73, 107 zu § 5). Unter den Voraussetzungen der Rn.81–83 ist weiterhin eine **Personengesellschaft** Anlagenbetreiber (Dietlein LR § 5 Rn.30; Manssen, GewArch 1993, 281; Roßnagel GK 15 zu § 5; Laubinger UL C3 zu § 51b), wie § 52a Abs.1 voraussetzt, nicht hingegen ein geschäftsführungs- oder vertretungsberechtigter Gesellschafter. Dies dürfte auch für Erbengemeinschaften und Gesellschaften des bürgerlichen Rechts gelten (Laubinger UL C3 zu § 51b; Roßnagel GK 15 zu § 5) und sogar für Gründergesellschaften. Bei **verbundenen Unternehmen** ist, auch bei Vorhandensein von Beherrschungsverträgen, das herrschende Unternehmen nicht Anlagenbetreiber von Anlagen in den beherrschten Unternehmen, wie § 4 der 5. BImSchV entnommen werden kann (Fluck UL C3 zu § 16; Kotulla KO § 4 Rn.78; Dietlein LR 32); ihm fehlt die *unmittelbare* tatsächliche Verfügungsmacht. Anderes gilt jedoch, wenn das beherrschte Unternehmen nur noch als Strohmann eingestuft werden kann (dazu unten Rn.86; ähnlich Ohms Rn.152; Friedrich, NVwZ 2002, 1176).

c) Gemeinsame Anlage

Werden mehrere gleichartige Anlagen in engem räumlichen und betrieblichen Zusammenhang unter einer einheitlichen Leitung betrieben (näher Rn.19–21a zu § 4), bilden sie eine gemeinsame Anlage mit *einem* Anlagenbetreiber, auch wenn die Teil-Anlagen im Eigentum unterschiedlicher Personen stehen. Sofern keine andere Gesellschaftsform zum Einsatz kommt, ist die aus den Eigentümern bestehende Gesellschaft bürgerlichen Rechts der Anlagenbetreiber (Friedrich, NVwZ 2002, 1176f). Dies kann auch in einem Konzern bedeutsam werden (Spindler o. Lit. 43f). **85**

d) (Sonstige) Anlagenverantwortliche

Da es für die Festlegung des Anlagenbetreibers wesentlich auf die tatsächliche Verfügungsgewalt ankommt (oben Rn.81), können Personen, denen allein mehr oder minder weit reichende rechtliche Einflussmöglichkeiten zustehen, nicht als Anlagenbetreiber eingestuft werden. Gegen sie können allerdings, gestützt auf Ermächtigungen zum Erlass von Anordnungen gegen den Anlagenbetreiber, ergänzende Duldungsverfügungen ergehen (Spindler o. Lit. B 37f; Rn.11 zu § 17; Rn.2 zu § 25). Man kann solche Personen als Anlagenverantwortliche bezeichnen. Bei einem Strohmann als Genehmigungsinhaber ist evtl. eine noch umfangreichere Inspruchnahme möglich (vgl. Dietlein LR § 5 Rn.28; Roßnagel GK § 5 Rn.20). **86**

II. Betriebsbereich (Abs.5 a)

1. Bedeutung und EG-Recht

87 Die 1998 eingefügte (Einl.2 Nr.30) Regelung des Abs.5 a, die als wenig gelungen einzustufen ist (Kotulla KO 89), dient zusammen mit einer Reihe weiterer Regelungen der Umsetzung der Richtlinie 96/82/EG zur Beherrschung von Gefahren bei schweren Unfällen mit gefährlichen Stoffen (Einl.33 Nr.1). Die Richtlinie knüpft abweichend von der Vorgängerregelung und dem bisherigen deutschen Störfallrecht nicht an Anlagen, sondern an „Betriebe" an (vgl. 11. Begründungsabwägung zur RL 96/82). Mit Betrieb ist dabei der der Aufsicht eines Betreibers unterstehende Bereich gemeint (vgl. Art.3 Nr.1 RL 96/82). Da im BImSchG unter „Betrieb" die Ablaufseite, das Betreiben verstanden wird (Peschau FE § 20 Rn.43; Rn.47 zu § 4), wird der Richtlinienbegriff des Betriebs durch den des Betriebsbereichs ersetzt (BR-Drs. 502/98, S.8). Der Begriff des Betriebsbereichs kann sich mit dem der Anlage decken, sofern (in Sonderfällen) mit dem Anlagenbegriff die gesamte Betriebsstätte erfasst wird (Rebentisch, NVwZ 1997, 7 f). Meist ist aber der Begriff der Anlage sehr viel enger (vgl. Rn.50 zu § 4), weshalb ein Betriebsbereich meist eine Mehrzahl (genehmigungsbedürftiger und nicht genehmigungsbedürftiger) Anlagen umfasst (BR-Drs. 502/98, S.10). Der Begriff des Betriebsbereichs stimmt meist mit dem der Betriebsstätte (oben Rn.70) überein (Rebentisch, NVwZ 1997, 6; Kutscheidt LR 28 j).

2. Voraussetzungen

a) Bereich eines Betreibers

88 Ein Betriebsbereich wird gem. Abs.5 a zunächst durch den „gesamten unter der Aufsicht eines Betreibers stehenden Bereich" gekennzeichnet. Dies setzt zunächst (im Hinblick auf das Gefahrenpotential) einen **räumlichen Zusammenhang** voraus, wie insb. Art.6 Abs.2 lit. b und Anh. II 2 A RL 96/82 entnommen werden kann (Kutscheidt LR 28 m; vgl. BR-Drs. 502/98, S.10). Der räumliche Zusammenhang dürfte ähnlich wie bei Nebenanlagen zu bestimmen sein (vgl. Rn.57 zu § 4). Des Weiteren wird man einen betriebstechnischen Zusammenhang verlangen müssen (Kutscheidt LR 28 m; Kotulla KO 91; a.A. Spindler, UPR 2001, 84), da das EG-Recht von „Betrieben" spricht. Der betriebstechnische Zusammenhang ist bei einem gemeinsamen Betriebsgelände immer gegeben (Kotulla KO 91). Darüber hinaus liegt er vor, wenn technische Einrichtungen gemeinsam genutzt werden. Des Weiteren muss der Bereich **der Aufsicht eines Betreibers** unterstehen. Betreiber ist, wer den bestimmenden Einfluss auf den Betrieb und die ihm zugeordneten Anlagen besitzt (Kutscheidt LR 28 n); vgl. dazu oben Rn.81, 83. Der Betriebsbereich untersteht auch dann *einem* Betreiber, wenn die Bereiche unterschiedlichen

Begriffsbestimmungen § 3

juristischen Personen zuzurechnen sind, diese aber in einem Abhängigkeitsverhältnis zueinander stehen (vgl. Rn.21a zu § 4; a.A. Kotulla KO 92).

Was den **Umfang** des Betriebsbereichs angeht, so ist er sehr weit zu verstehen. Er umfasst gem. Art.3 Nr.1 RL 96/82 den gesamten „Bereich, in dem gefährliche Stoffe in einer oder in mehreren Anlagen einschl. gemeinsamer oder verbundener Infrastrukturen und Tätigkeiten vorhanden sind", wobei auch der Anlagenbegriff gem. Art.3 Nr.2 RL 96/82 weit zu verstehen ist. Erfasst werden insb. Nebeneinrichtungen sowie umliegende Flächen, die zur Erfüllung des Anlagenzwecks benutzt werden (vgl. Rn.109 zu § 5). Daher werden auch die Stoffe in Rohrleitungen, werksinternen Transporteinrichtungen und Lagern aller Art erfasst (Ohms Rn.352). 89

b) Vorhandensein gefährlicher Stoffe

In dem in Rn.74 beschriebenen Bereich müssen **gefährliche Stoffe** iSd Art.3 Nr.4 RL 96/82 vorhanden sein, also Stoffe, Gemische oder Zubereitungen, die in Anh. I Teil 1 der Richtlinie (abgedr. in Anh. C8) aufgeführt sind oder die die in Anh. I Teil 2 der Richtlinie festgelegten Kriterien erfüllen. Die Stoffe müssen im Betriebsbereich in **Mengen** vorhanden sein, die den in Anh. I Teil 1 Sp. 2 und Teil 2 Sp. 2 der Richtlinie genannten Menge entsprechen oder darüber liegen. Für den Bereich des Sicherheitsberichts, der Notfallpläne und der Informationen über die Sicherheitsmaßnahmen (Art.9, 11, 13 RL 96/82) gelten dagegen die niedrigeren Schwellen in Anh. I Teil 1 Sp. 3 und Teil 2 Sp. 3. **Vorhanden** sind gefährliche Stoffe, wenn sie tatsächlich vorhanden oder vorgesehen sind. Keine Rolle spielt, ob die Stoffe als Rohstoff, Endprodukt, Nebenprodukt, Rückstand oder Zwischenprodukt vorhanden sind (Kotulla KO 93). Einbezogen sind auch die Stoffe, die bei einem außer Kontrolle geratenen industriellen chemischen Verfahren anfallen, d.h. bei Verfahren, die zur Herstellung chemischer Produkte geeignet sind, unabhängig davon, ob sie im konkreten Fall im industriellen Bereich eingesetzt werden (Amtl. Begr., BR-Drs. 502/98, S.9). 90

c) Ausnahmen

Bestimmte Einrichtungen, Gefahren und Tätigkeiten sind bei der Bestimmung eines Betriebsbereichs iSd Abs.5a auszunehmen, wie der Verweis auf Art.4 RL 96/82 zeigt. Dabei handelt es sich um militärische Anlagen, die ähnlich wie die der Landesverteidigung dienenden Anlagen in §§ 59f (dazu Rn.3f zu § 60) abzugrenzen sein dürften (Kutscheidt LR 28h). Auszunehmen sind weiter die Beförderung gefährlicher Stoffe einschl. der damit verbundenen Zwischenlagerung, Rohrleitungen, einschl. der Pumpstationen, Tätigkeiten der mineralgewinnenden Industrie im Bergbau, in Steinbrüchen und Bohrungen sowie um Abfalldeponien. Die ebenfalls ausgenommenen Gefahren ionisierender Strahlen fallen ohnehin nicht unter das BImSchG (Rn.22 zu § 2). 91

(unbesetzt) 92

D. Stand der Technik (Abs.6)

1. Grundlagen

a) Normative Grundlage und EG-Recht

93 Die Erfordernisse des Immissionsschutzes lassen sich nicht ein für allemal festlegen; sie sind von der technischen Entwicklung abhängig. Das BImSchG sucht dem dadurch Rechnung zu tragen, dass es im Anlagenrecht (§ 5 Abs.1 S.1 Nr.2, § 14, § 22 Abs.1 Nr.2) und im Verkehrswegerecht (§ 41 Abs.1) auf den Stand der Technik verweist und damit die gesetzlichen Vorgaben an die Fortentwicklung der Technik bindet. Was mit „Stand der Technik" im Immissionsschutzrecht gemeint ist, wird in Abs.6 definiert. Weitere Anhaltspunkte ergeben sich aus dem Anhang zum BImSchG (dazu unten Rn.94). Die Definition, die inhaltlich mit entsprechenden Definitionen in anderen Umweltgesetzen übereinstimmt (§ 3 Abs.12 KrW-/AbfG; § 7a Abs.5 WHG), wurde 2001 neu gefasst (Einl.2 Nr.34), um den Begriff der „besten verfügbaren Techniken" im Sinne des Art.2 Nr.11 der Richtlinie 96/61/EG über die integrierte Vermeidung und Verminderung der Umweltverschmutzung in deutsches Recht umzusetzen (BT-Drs. 14/4599, 125). Nach der amtl. Begründung „entspricht der deutsche Stand der Technik inhaltlich mindestens dem Anforderungsniveau der besten verfügbaren Techniken i. S. des Artikels 2 Nr.11 der IVU-Richtlinie" (BT-Drs. 14/4599, 126). Art.2 Nr.11 RL 96/61 kann und muss daher zur Konkretisierung des Standes der Technik im Sinne des Abs.6 herangezogen und darf in keinerlei Hinsicht unterschritten werden (vgl. unten Rn.102).

94 Der **Anhang zum BImSchG**, der im Wesentlichen Anhang IV zur Richtlinie 96/61/EG über die integrierte Vermeidung und Verminderung der Umweltverschmutzung (Einl.34 Nr.8) übernimmt, ist vollgültiger Teil des Gesetzes und gleichen Ranges wie die anderen Vorschriften des Gesetzes. Er konkretisiert die Vorgaben des § 3 Abs.6. Die Liste der aufgeführten Belange ist nicht abschließend („insbesondere"; BT-Drs. 14/4599, 130). Die Kriterien sind durch die zuständigen Behörden bei der Konkretisierung des Standes der Technik auch unmittelbar anzuwenden, soweit sie nicht durch Rechtsverordnungen oder Verwaltungsvorschriften abschließend konkretisiert wurden (vgl. BT-Drs. 14/4599, 130). Gemäß Nr.12 des Anhangs sind zudem zur Konkretisierung die Informationen heranzuziehen, die von der EG-Kommission gem. Art.16 Abs.2 RL 96/61 (dazu Feldhaus, NVwZ 2001, 7f; Tausch, NVwZ 2002, 676ff) oder von internationalen Organisationen veröffentlicht werden; sie sind v.a. im Rahmen der genehmigungsbedürftigen Anlagen bedeutsam. Praktische Relevanz hat das insb. für die *BVT-Merkblätter* (vgl. Ohms Rn.156; Nr.5.1.1 Abs.5 TA Luft).

Begriffsbestimmungen § 3

b) Ähnliche Standards

Die Verweisung auf den Stand der Technik ist anspruchsvoller als der 95
Verweis auf die „**allgemein anerkannten Regeln der Technik**". Bei
dieser Verweisung wäre lediglich erforderlich, die Techniken einzusetzen,
die sich in der Praxis bereits durchgesetzt haben, die in der Praxis die h. A.
bilden (Asbeck/Schröder, DÖV 1992, 254). Das BImSchG verlagert den
Maßstab des Gebotenen demgegenüber an die Front der technischen Entwicklung (vgl. unten Rn.103). Noch anspruchsvoller ist der Verweis auf
den „**Stand der Wissenschaft und Technik**", der sich im AtomG findet. Hier muss diejenige Vorsorge getroffen werden, die nach den neuesten wissenschaftlichen Erkenntnissen für erforderlich gehalten wird, unabhängig davon, ob sie als technisch zu verwirklichen ist oder nicht
(BVerfGE 46, 89/136 = NJW 1979, 359; Kutscheidt LR 30).

In der Praxis wird der Unterschied dieser Standards nicht selten eingeebnet (Wolf, Der Stand der Technik, 1986, 290 ff). Insb. wird der Unterschied zwischen dem Stand der Technik und dem der allg. anerkannten 96
Regeln der Technik unzureichend berücksichtigt. Die allgemein benutzten Verfahren, Einrichtungen und Betriebsweisen sind aber häufig nicht
mehr die fortschrittlichsten Verfahren, Einrichtungen und Betriebsweisen
iSv Abs.6. Auch die Regeln der Technik, wie sie sich in den DIN-Normen, VDI-Richtlinien etc. finden, entsprechen häufig eher den „anerkannten Regeln der Technik" als dem „Stand der Technik", jedenfalls,
wenn sie bereits älter sind. Doch lassen sie sich als negative Kriterien nutzen: Werden sie nicht eingehalten, ist der Stand der Technik nicht erreicht.

c) Gerichtliche Kontrolldichte

Die Verwendung des **unbestimmten Rechtsbegriffs** des Standes der 97
Technik verstößt weder gegen das rechtsstaatliche Bestimmtheitsgebot
noch gegen die Pflicht des Gesetzgebers, die wesentlichen Grundfragen
eines Lebensbereichs selbst zu regeln, da andernfalls der Gesetzgeber unpraktikable Regelungen treffen oder von einer Regelung gänzlich Abstand
nehmen müsste (BVerfGE 49, 89/134 ff = NJW 1979, 359; Jarass/Pieroth
Art.20 Rn.39). Der Begriff des Standes der Technik ist grundsätzlich **gerichtlich voll überprüfbar** (Kotulla KO 96; vgl. Rn.117f zu § 5). Aufgrund entsprechender Rechtsvorschriften kann aber der Exekutive
eine Standardisierungsermächtigung zur Konkretisierung durch Rechtsverordnung oder Verwaltungsvorschrift eingeräumt werden (vgl. Rn.45 zu
§ 48). Die Einhaltung dieser Konkretisierungen ist ihrerseits gerichtlich
voll überprüfbar, ggf. auch durch Dritte (Rn.55–57 zu § 48).

2. Eigenart und Zielbereiche

a) Genereller Maßstab und Vorsorge

Der Stand der Technik ist ein **genereller Maßstab,** für den die Beson- 98
derheiten eines Einzelfalles keine Rolle spielen. Es geht gem. Abs.6 um

§ 3 Allgemeine Vorschriften

den „Entwicklungsstand fortschrittlicher Verfahren, Einrichtungen und Betriebsweisen", um Emissionen, nicht um Immissionen. Relevant sind nach dem Einleitungssatz des Anhangs jeweils „Anlagen einer bestimmten Art". Die besondere Empfindlichkeit des betroffenen Gebiets ist daher ebenso ohne Bedeutung wie die besondere Belastung eines einzelnen Anlagenbetreibers (Kotulla KO 111). Dies gilt auch für Art.2 Nr.11 RL 96/61, da die Regelung des Art.9 Abs.4 S.1 Hs. 2 RL 96/61 ein zusätzliches Element bildet (vgl. dazu Feldhaus, NVwZ 01, 6). Andererseits ist der Standard auf bestimmte Arten von Anlagen und Tätigkeiten zu beziehen (BT-Drs. 14/4599, 126). Dabei spielt auch eine Rolle, wie Nr.7, 8 des Anhangs entnommen werden kann, ob neue oder bestehende Anlagen betroffen sind und welche Zeit für die Einführung der Technik eingeräumt wird.

99 Des Weiteren bezieht sich der Stand der Technik seit der Novellierung im Jahre 2001 nach dem Einleitungssatz zum Anhang auf den Grundsatz der „Vorsorge und Vorbeugung" (im Sinne des EG-Rechts), d.h. auf das **Vorsorgeprinzip** im Sinne des BImSchG. Zusätzlich verdeutlicht wird dies durch Nr.10 des Anhangs, wo davon gesprochen wird, Umweltbelastungen „soweit wie möglich zu vermeiden oder zu verringern". Dies dürfte allerdings nicht zur Folge haben, dass jede Vorschrift, die auf den Stand der Technik abhebt, auch der Vorsorge dient. Andernfalls würde durch die Neufassung des § 3 Abs.6 der Gehalt des § 22 Abs.1 und des § 41 Abs.1 erheblich verändert, wofür keinerlei Anhaltspunkte bestehen. EG-rechtlich ist dies auch nicht geboten, da in diesen Fällen die IVU-Richtlinie nicht greift.

b) Zielbereiche

100 Für die Beurteilung des Standes der Technik sind insb. folgende Bereiche bedeutsam: – **(1)** Gem. Abs.6 kommt es auf „*Emissionen in Luft, Wasser und Boden*" an, insb. gem. Nr.6 des Anhangs auf Art, Auswirkungen und Menge der jeweiligen Emissionen und gem. Nr.10 des Anhangs auf deren Gesamtwirkung. Der Emissionsbegriff ist wie in § 1 Abs.2 Spst.1 extensiv zu verstehen (dazu Rn.9 zu § 1). – **(2)** Gem. Abs.6 ist die „Gewährleistung einer *umweltverträglichen Abfallentsorgung*" relevant, insb. gem. Nr.1 des Anhangs der Einsatz abfallarmer Technologie und gem. Nr.3 des Anhangs die Förderung der Verwertung der erzeugten und verwendeten Stoffe bzw. Abfälle (Kotulla KO 113f). – **(3)** Gem. Nr.11 des Anhangs ist die *Anlagensicherheit* bedeutsam; es kommt darauf an, Störfälle bzw. schwere Unfälle zu vermeiden und deren Folgen zu verringern. – **(4)** Darüber hinaus kommt es gem. Abs.6 auf die sonstigen Auswirkungen auf die Umwelt an, womit alle anderen Umweltbeeinträchtigungen erfasst werden (vgl. Kotulla KO 115). Unter anderem sind gem. Nr.2 des Anhangs *weniger gefährliche Einsatzstoffe* anzustreben. Zudem ist gem. Nr.9 des Anhangs der Verbrauch an Rohstoffen und die Art der bei den einzelnen Verfahren verwendeten Rohstoffe (einschl. Wasser) sowie die Energieeffizienz von Gewicht. – **(5)** Schließlich ist, wie insbesondere Nr.10 des Anhangs ent-

Begriffsbestimmungen § 3

nommen werden kann, eine *integrierte Betrachtung* der Belastung der Umwelt geboten (dazu Sellner, in: Dolde (Hg.), Umweltrecht im Wandel, 2001 411 ff); die herkömmliche prozessorientierte, technische, vor allem minderungstechnische Optimierung ist durch eine medienübergreifende, die Umweltauswirkungen in Betracht ziehende schutzgutbezogene Optimierung zu ergänzen (Feldhaus, UPR 2002, 3 f). Im Übrigen kann zum integrierten Umweltschutz auf die Ausführungen in Rn.8–11 zu § 1 verwiesen werden.

3. Anforderungen des Standes der Technik

a) Fortschrittliche Verfahren, Einrichtungen, Betriebsweisen (Beste Techniken)

Um den Stand der Technik zu ermitteln, ist zunächst der Entwicklungsstand fortschrittlicher Verfahren, Entscheidungen sowie Betriebweisen festzustellen. Mit Verfahren, Entscheidungen und Betriebsweisen ist das gemeint, was Art.2 Nr.11 RL 96/91 als „Techniken" bezeichnet: Es geht einerseits um die angewandte Technologie, andererseits um die Art und Weise, wie die Anlage geplant, gebaut, gewartet, betrieben und stillgelegt wird. Erfasst werden zudem nicht nur end-of-the-pipe-Techniken; vielmehr sind auf allen Stufen die besten Technologien zu nutzen. Auch sonst ist der Begriff der Techniken im weitesten Sinne zu verstehen: Es geht nicht nur um technische Maßnahmen im engeren Sinn, sondern um sämtliche Arbeitsweisen im Anlagenbetrieb. Mit einzubeziehen sind insb. die Betriebsorganisation und die Ausbildung des Personals (Stapelfeldt, Die immissionsschutzrechtliche Anlagenzulassung nach europäischem Recht, 2000, 121; Steinberg/Kloepfer, DVBl 1997, 978). Andererseits werden nur Maßnahmen erfasst, die für Anlagen *einer bestimmten Art* bedeutsam sind (oben Rn.98) und sich daher nicht auf die spezifische Umgebung einer Anlage beziehen. **101**

Weiter müssen die Verfahren, Entscheidungen und Betriebsweisen „fortschrittlich" sein, womit die Anforderungen an die „Front der technischen Entwicklung" gelegt werden (BVerfGE 49, 89/135 = NJW 1979, 359). Zudem kommt es gem. Nr.5 des Anhangs auf „Fortschritte in der Technologie und in den wissenschaftlichen Erkenntnissen" an. Demgegenüber verlangt Art.2 Nr.11 RL 96/61 die „besten Techniken", die „am wirksamsten zur Erreichung eines allgemein hohen Schutzniveaus für die Umwelt insgesamt sind". Möglicherweise sind mit dem Superlativ (wie in anderen Sprachen häufiger) nur besonders wirksame Techniken gemeint. Gleichwohl stellt die zurückhaltende Formulierung in Abs.6 als „fortschrittlich" keine zureichende Umsetzung dar (Kotulla KO 102; a.A. Feldhaus, NVwZ 2001, 3). Unabhängig davon ist das nationale Recht EG-rechtskonform auszulegen und generell auf die nach Technik und Wissenschaft besonders wirksamen Techniken abzustellen. Allerdings muss eine Maßnahme nicht in jeder Hinsicht als besonders wirksam eingestuft werden, wenn sie es nur insgesamt ist (vgl. oben (5) in Rn.100). Zudem **102** wird die Bedeutung des Unterschieds zwischen dem nationalen und dem EG-Recht dadurch sehr relativiert, dass die besten Techniken nur zum Tragen kommen, soweit sie verfügbar sind bzw. Gewähr für die wirtschaftliche Eignung liefern (unten Rn.106).

b) Technische Eignung

103 Verfahren, Einrichtungen und Betriebsweisen sind gem. Abs.6 für den Stand der Technik nur relevant, wenn „die praktische Eignung ... gesichert ist". Dazu muss zunächst die technische Eignung der Maßnahme zur Erreichung des Ziels der Umweltentlastung auch bei Anlagen der fraglichen Art praktisch gesichert sein. Dabei ist die Sicherheit und die Kontinuität der Maßnahmen ebenfalls bedeutsam. Darüber hinaus darf die Maßnahme nicht die Leistung der Anlage beeinträchtigen (vgl. unten Rn.104). Keine Rolle spielt, wie Art.2 Nr.11 RL 96/61 ausdrücklich sagt, ob die Techniken in Deutschland hergestellt oder verwendet werden. Zudem ist gem. Nr.4 des Anhangs zu klären, ob „vergleichbare Verfahren, Vorrichtungen und Betriebsmethoden, die mit Erfolg im Betrieb erprobt wurden", existieren. Die Voraussetzung der praktischen Eignung ist regelmäßig gegeben, wenn die Maßnahme bei einer vergleichbaren Anlage bereits erfolgreich eingesetzt oder erprobt wurde (Kotulla KO 104), wie Nr.4 des Anhangs entnommen werden kann. Bestehen daher hinsichtlich Anlagenkonzeption und -größe keine wesentlichen Unterschiede, erübrigt sich eine Prüfung der praktischen Eignung. Die *Betriebserprobung* ist aber keine generelle Voraussetzung, auch wenn die diesbezügliche Klarstellung des § 3 Abs.6 S.2 a. F. entfallen ist.

104 Die von Abs.6 geforderten Maßnahmen bestehen in der Begrenzung von Umweltbelastungen **bei gleicher Leistung** (vgl. Koch GK 367). Der Stand der Technik wird folglich nicht durch Emissionsminderungen oder andere Maßnahmen beeinflusst, die sich aus Betriebseinschränkungen oder der Betriebsaufgabe ergeben (Petersen o. Lit. 298 f). Daher betrifft der Stand der Technik nie das Ob, sondern allein das Wie des Betriebs. Im Übrigen muss der Begriff aber weit verstanden werden. Er bezieht sich nicht nur auf technische Verfahren der Reduzierung von Umweltbelastungen, sondern auch auf betriebsorganisatorische Maßnahmen (oben Rn.101), den Einsatz umweltfreundlicher Arbeits- und Betriebsstoffe etc. Emissionsbegrenzung iSv Abs.6 liegt schließlich nicht vor, wenn die Emissionen nur *günstiger verteilt* werden (vgl. Rn.53 zu § 5); darin liegt allein eine Immissionsbegrenzung. Soweit allerdings den Ausbreitungsweg betreffende Schutzmaßnahmen im engen räumlichen und betrieblichen Zusammenhang mit der Quelle stehen, gehören sie zur Emissionsbegrenzung iSv Abs.6 (vgl. Nr.2.5 S.2 TA Lärm).

105 (unbesetzt)

c) Wirtschaftliche Eignung

106 Die praktische Eignung (oben Rn.103) setzt weiter die wirtschaftliche Eignung der Maßnahme voraus (Dietlein LR § 5 Rn.150), also die „Ver-

fügbarkeit" iSd Art.2 Nr.11 RL 96/61 und damit die Möglichkeit, sie „unter in den betreffenden industriellen Sektor wirtschaftlich ... vertretbaren Verhältnissen" anwenden zu können (Art.2 Nr.11 RL 96/61). Relevant ist der wirtschaftliche Aufwand (BVerwGE 114, 342/347 = NVwZ 2001, 1165). Dies ist auch mit der „Verhältnismäßigkeit zwischen Aufwand und Nutzen" im Einleitungssatz des Anhangs gemeint, nicht etwa eine einzelfallbezogene Verhältnismäßigkeit.

Für die wirtschaftliche Eignung kommt es daher nicht auf den einzelnen Betreiber, sondern einen Betreiber von Anlagen der fraglichen Art, auf einen in diesem Sinn durchschnittlichen Betreiber an (Stapelfeldt, Die immissionsschutzrechtliche Anlagenzulassung nach europäischem Recht, 2000, 121; Kotulla KO 108; Feldhaus, NVwZ 2001, 4). Das macht verständlich, warum die einzelfallbezogene Verhältnismäßigkeit zusätzlich zum Stand der Technik zum Tragen kommen kann, etwa in § 5 Abs.1 S.1 Nr.2 oder in § 41. Der Stand der Technik ist ein genereller Maßstab (oben Rn.98). Auch die Zugänglichkeit „zu vertretbaren Bedingungen für den Betreiber" in Art.2 Nr.11 RL 96/61 bezieht sich nicht auf den einzelnen Anlagenbetreiber, sondern einen Durchschnittsbetreiber (Feldhaus, NVwZ 2001, 4). Die wirtschaftliche Eignung fehlt daher erst dann, wenn die betreffende Maßnahme im Hinblick auf die notwendigen Investitions- und Betriebskosten so aufwendig ist, dass der Einsatz der Maßnahme bei (neuen) Anlagen der betreffenden Art unter keinen Umständen erwartet werden kann (ähnlich Schmatz/Nöthlichs 16; Kotulla KO 108). Die Antwort darauf wird auch vom Gefährdungspotential der fraglichen Emissionen beeinflusst (Feldhaus, DVBl 1981, 172; Marburger, Die Regeln der Technik im Recht, 1979, 161). Bedeutsam sind schließlich gem. Nr.7, 8 des Anhangs zu § 3 der Zeitpunkt der Inbetriebnahme und die Einführungszeit (oben Rn.98). **107**

(unbesetzt) **108–109**

E. Herstellen, Einführen, Inverkehrbringen (Abs.7)

1. Herstellen

Als **Herstellen** ist jede Tätigkeit anzusehen, die unmittelbar der Gewinnung, Wiedergewinnung oder Erzeugung von Stoffen, Erzeugnissen, Anlagen oder Anlageteilen dient (Kotulla KO 119; Scheuing GK Vorb. 70 vor § 32). Es findet regelmäßig nicht am Ort der Verwendung dieser Gegenstände statt (Scheuing GK Vorb. 70 vor § 32) und unterscheidet sich dadurch von der Errichtung (vgl. Rn.44 zu § 4). Welchem Zweck die Herstellung dient, ist unerheblich. Erfasst wird nicht nur die Herstellung zum Zwecke der Veräußerung, sondern auch zur Eigenverwendung, zu Forschungs- und Versuchszwecken etc. (Hansmann LR § 34 Rn.15; Scheuing GK Vorb. 70 vor § 32). Zur gesetzestechnischen Vereinfachung wird gem. Abs.7 dem Herstellen das **Verarbeiten, Bearbeiten** oder **110**

§ 3 Allgemeine Vorschriften

sonstige Behandeln der fraglichen Gegenstände gleichgestellt. Als sonstiges Behandeln kommt etwa das **Vermischen** von Stoffen in Betracht. In allen Fällen muss es sich um eine zweckgerichtete Tätigkeit handeln (Hansmann LR § 34 Rn.14), was insb. für das Vermischen von Bedeutung ist (Scheuing GK Vorb. 73 vor § 32). Zur Anwendung des Abs.7 im Rahmen der 4. BImSchV Rn.17 zu § 4.

2. Einführen

111 Als Einführen ist entsprechend § 4 Abs.2 Nr.4 AWG das Verbringen von Sachen aus einem fremden Wirtschaftsgebiet in das eigene Wirtschaftsgebiet anzusehen, d. h. das Verbringen in die Bundesrepublik Deutschland aus sonstigen Staaten (Scheuing GK Vorb. 77 vor § 32). Die Gleichstellung des sonstigen Verbringens mit dem Einführen zielte auf die Verbringung aus der früheren DDR; mit der Wiedervereinigung ist die Regelung insoweit obsolet. Bedeutung hat sie noch für das Verbringen aus einem Zollfreigebiet (Kotulla KO 120). Als Einfuhr ist auch das Verbringen von Sachen aus einem Zollfreigebiet, Zollausschluss oder Zollverkehr in den freien Verkehr der Bundesrepublik anzusehen, sofern die Sachen aus einem fremden Wirtschaftsgebiet kommen (Hansmann LR § 32 Rn.9; Feldhaus FE § 32 Anm.8). Keine Einfuhr liegt vor, wenn die Gegenstände ohne Be- oder Verarbeitung im Transitverkehr unter zollamtlicher Überwachung durch die Bundesrepublik transportiert werden (vgl. § 3 Nr.6 ChemG; Hansmann LR § 32 Rn.10). Zur Ausfuhr unten Rn.112.

3. Inverkehrbringen

112 Dem Herstellen bzw. Einführen steht im Rahmen des BImSchG nicht selten das Inverkehrbringen gleich. Inverkehrbringen ist in Anlehnung an § 2 Nr.1 der 32. BImSchV die erstmalige (entgeltliche oder unentgeltliche) Bereitstellung des fraglichen Gegenstandes auf dem Markt für den Vertrieb oder die Benutzung zu verstehen. Darunter fällt auch das bloße „Vorrätighalten zum Verkauf oder zu sonstiger Abgabe, das Feilhalten bzw. Feilbieten" (ebenso Scheuing GK Vorb. 69 vor § 32; Engelhardt/Schlicht § 32 Rn.3; a.A. Feldhaus FE § 32 Rn.7). Ziel der Handlung muss die Verschaffung des unmittelbaren Besitzes sein, da schädliche Umwelteinwirkungen allein durch die tatsächliche Benutzung der Anlage bzw. der Stoffe entstehen können (Hansmann LR § 32 Rn.8). Keinen unmittelbaren Besitz in diesem Sinne erlangt der Besitzdiener iSd § 855 BGB, was für die Verwendung von Anlagen und Stoffen im Betrieb des Herstellers von Bedeutung ist (Feldhaus FE § 32 Anm.7; Hansmann LR § 32 Anm.8). Unzureichend ist der Besitzerwerb des Erben gem. § 857 BGB, da er nicht die tatsächliche Sachherrschaft erlangt (Schmatz/Nöthlichs § 2 Anm.3). Erfasst wird etwa das Überlassen an den Beförderer, den Lagerhalter, den Großhändler, den Händler und den Verbraucher. Die Abgabe muss an eine Person im Inland erfolgen (Schmatz/Nöthlichs § 36 Anm.2).

Zweiter Teil.
Errichtung und Betrieb von Anlagen

Erster Abschnitt.
Genehmigungsbedürftige Anlagen

§ 4 Genehmigung

(1) Die Errichtung[44 f] und der Betrieb[47] von Anlagen, die auf Grund ihrer Beschaffenheit oder ihres Betriebs in besonderem Maße geeignet sind, schädliche Umwelteinwirkungen hervorzurufen oder in anderer Weise die Allgemeinheit oder die Nachbarschaft zu gefährden, erheblich zu benachteiligen oder erheblich zu belästigen,[4] sowie von ortsfesten Abfallentsorgungsanlagen zur Lagerung oder Behandlung von Abfällen[7 f, 17a] bedürfen einer Genehmigung. Mit Ausnahme von Abfallentsorgungsanlagen bedürfen Anlagen, die nicht gewerblichen Zwecken dienen und nicht im Rahmen wirtschaftlicher Unternehmungen Verwendung finden, der Genehmigung nur, wenn sie in besonderem Maße geeignet sind, schädliche Umwelteinwirkungen durch Luftverunreinigungen oder Geräusche hervorzurufen.[5 f, 27 f] Die Bundesregierung bestimmt nach Anhörung der beteiligten Kreise (§ 51) durch Rechtsverordnung mit Zustimmung des Bundesrates die Anlagen, die einer Genehmigung bedürfen (genehmigungsbedürftige Anlagen);[11 ff] in der Rechtsverordnung kann auch vorgesehen werden, dass eine Genehmigung nicht erforderlich ist, wenn eine Anlage insgesamt oder in ihren in der Rechtsverordnung bezeichneten wesentlichen Teilen der Bauart nach zugelassen ist und in Übereinstimmung mit der Bauartzulassung errichtet und betrieben wird.[35 ff]

(2) Anlagen des Bergwesens oder Teile dieser Anlagen bedürfen der Genehmigungs nach Absatz 1 nur, soweit sie über Tage errichtet und betrieben werden.[30 ff] Keiner Genehmigung nach Absatz 1 bedürfen Tagebaue und die zum Betrieb eines Tagebaus erforderlichen sowie die zur Wetterführung unerlässlichen Anlagen.[30]

Übersicht

I. Grundlagen	1
1. Vorgeschichte, Funktion, EG-Recht	1
a) Vorgeschichte und Funktion des § 4	1
b) EG-Recht	2a
2. Ermächtigung zum Erlass einer Rechtsverordnung	3
a) Bedeutung der Ermächtigung	3
b) Anlagen mit Beeinträchtigungspotential (1. Alt. des Abs.1 S.1)	4

c) Abfallentsorgungsanlagen (2. Alt. des Abs.1 S.1) 7
d) Formelle Voraussetzungen 10
3. Auf § 4 Abs.1 gestützte Rechtsverordnungen 11
   a) Verordnung über genehmigungsbedürftige Anlagen
      (4. BImSchV) – Grundlagen 11
   b) Sekundär auf § 4 Abs.1 gestützte Rechtsverordnungen 11b
II. Der Kreis der genehmigungsbedürftigen Anlagen 12
   1. Bedeutung und generelle Fassung des Begriffs 12
   2. Voraussetzungen einer „genehmigungsbedürftigen Anlage" 13
      a) Anlage 13
      b) Nennung im Anhang zur 4. BImSchV 14
      c) Größe, Leistung, gleichartige Anlage, Beeinträchtigungspotential 18
      d) Mindestbetriebsdauer 23
      e) Forschungsanlagen u. ä. 25
      f) Einschränkung für bestimmte Anlagen in nicht wirtschaftlichen Unternehmungen 26
      g) Ausweitung auf weitere Anlagen 29
   3. Ausnahmen 30
      a) Ausnahme für Anlagen des Bergwesens 30
      b) Keine weiteren Ausnahmen 32
III. Genehmigungspflicht (Notwendigkeit einer immissionsschutzrechtlichen Zulassung) 33
   1. Bedeutung der Genehmigungspflicht 33
   2. Erfasste Anlagen 34
      a) Genehmigungsbedürftigkeit bei Errichtung 34
      b) Ausnahme der Bauartzulassung 35
      c) Ersetzung durch andere Zulassung 39
      d) Nebenanlagen u. ä. an Bundesverkehrswegen 41
   3. Adressat 42
   4. Errichtung und Betrieb als Gegenstand der Genehmigungspflicht 43
      a) Grundlagen 43
      b) Errichtung 44
      c) Betrieb 47
   5. Umfang der zu genehmigenden Anlage 48
      a) Problemstellung und Rechtsgrundlagen 48
      b) Haupteinrichtung 51
      c) Erfasste Nebeneinrichtungen u. ä. 54
      d) Zusammenfassung von Anlagen 60
   6. Durchsetzung, Sanktionen, Rechtsschutz 63
      a) Durchsetzung und Sanktionen 63
      b) Rechtsschutz 64

Literatur A (Allgemeines): *Jarass,* Der Umfang einer immissionsschutzrechtlichen genehmigungsbedürftigen Anlage, NVwZ 1995, 529; *Marburger,* Massenstromwerte und Anlagenbegriff der TA Luft, 1993; *Martens,* Die wesentliche Änderung im Sinne des § 15 BImSchG, 1993; *Henkel,* Der Anlagenbegriff des Bundes-Immissionsschutzgesetzes, 1989; *Führ,* Sanierung von Industrieanlagen, 1989; *Jarass,*

Genehmigung **§ 4**

Aktuelle Fragen der Abgrenzung von Altanlagen – Zugleich ein Beitrag zur Abgrenzung von genehmigungsbedürftigen bzw. von anzeigepflichtigen Anlagen, BB 1988, 7; *Jarass*, Umweltverträglichkeitsprüfung bei Industrievorhaben, 1987; *Jarass*, Die Genehmigungspflicht für wirtschaftliche Tätigkeiten, GewArch 1980, 177; *Martens*, Rechtsfragen der Anlagen-Genehmigung nach dem BImSchG, in: Festgabe für Ipsen, 1977, 449.

Literatur B (Abfallentsorgung): *Fluck*, Die Anforderungen des KrW-/AbfG an immissionsschutzrechtlich genehmigungsbedürftige Abfallbeseitigungsanlagen, UPR 1997, 234; *Mayer*, Die immissionsschutzrechtliche Zulassung von Abfallbeseitigungsanlagen, ZUR 1997, 201; *Tischer*, Auswirkungen des neuen Abfallbegriffs auf die Genehmigungsbedürftigkeit von ortsfesten Abfallentsorgungsanlagen, UPR 1997, 238; *Weidemann*, Immissionsschutzrechtliche Abfallentsorgungsanlagen, 1994; *Kutscheidt*, Zulassung von Abfallentsorgungsanlagen, NVwZ 1994, 209; *Kretz*, Die Zulassung von Abfallentsorgungsanlagen, UPR 1994, 44; *Müllmann*, Die Zulassung von Abfallentsorgungsanlagen nach dem Investitionserleichterungs- und Wohnbaulandgesetz, DVBl 1993, 637; *Moormann*, Die wesentlichen Änderungen des Immissionsschutzrechts durch das Investitionserleichterungs- und Wohnbaulandgesetz, UPR 1993, 286; *Kracht*, Die immissionsschutzrechtliche Genehmigungsbedürftigkeit ortsfester Abfallentsorgungsanlagen, UPR 1993, 369; *Klett/Gerhold*, Das Investitionserleichterungs- und Wohnbaulandgesetz aus abfall- und immissionsschutzrechtlicher Sicht, NuR 1993, 421; *Schink*, Kontrollerlaubnis im Abfallrecht, DÖV 1993, 725; *Marburger*, Massenstromwerte und Anlagenbegriff der TA Luft, 1993.

I. Grundlagen

1. Vorgeschichte, Funktion, EG-Recht

a) Vorgeschichte und Funktion des § 4

Die Genehmigungspflicht des § 4 weist eine lange **Vorgeschichte** auf 1 (dazu Feldhaus FE § 4 Anm.4f; Kutscheidt LR 1 ff). Die **Preußische Allgemeine Gewerbeordnung** vom 17. 1. 1845 enthielt (nach französischem Vorbild) in § 26 eine Genehmigungspflicht für bestimmte gewerbliche Anlagen, „welche durch ihre örtliche Lage oder durch die Beschaffenheit der Betriebsstätte für die Besitzer oder Bewohner der benachbarten Grundstücke oder für das Publikum überhaupt erhebliche Nachteile, Gefahren oder Belästigungen herbeiführen können". Die Vorschrift wurde durch § 16 Abs.1 der *Gewerbeordnung von 1869* übernommen und war bis zum Erlass des BImSchG mit gewissen Änderungen in Geltung (abgedr. in Rn.4 zu § 67). Die betroffenen Anlagen wurden allerdings fortlaufend ausgeweitet, weshalb der Katalog der Anlagen durch die Änderung der Gewerbordnung 1959 in eine eigene Rechtsverordnung überführt wurde. Die Verordnung war der Vorläufer der 4. BImSchV.

Die Vorschrift des § 4 hat eine doppelte **Funktion.** Zum einen statuiert 2 sie eine Genehmigungspflicht für bestimmte Anlagen, verbietet also deren Errichtung und Betrieb ohne behördliche Zulassung; näher dazu unten III (Rn.33–64). Zum anderen regelt die Vorschrift, welche Anlagen zur Gruppe der genehmigungsbedürftigen Anlagen rechnen und daher den zahlreichen

§ 4 Genehmigungsbedürftige Anlagen

Vorschriften des BImSchG unterliegen, die für genehmigungsbedürftige Anlagen gelten; näher dazu unten II (Rn.12–32). Allgemein zum Recht der genehmigungsbedürftigen Anlagen Rn.3f zu § 2.

b) EG-Recht

2a Der Genehmigungsvorbehalt des § 4 dient (auch) der Umsetzung von EG-rechtlich vorgesehenen Genehmigungspflichten: Solche finden sich in Art.4 der Richtlinie 96/61/EG über die integrierte Vermeidung und Verminderung der Umweltverschmutzung (Einl.34 Nr.8), in Art.3 der Richtlinie 84/360/EWG zur Luftverunreinigung durch Industrieanlagen (Einl.31 Nr.1), in Art.3 der Richtlinie 94/67/EG über die Verbrennung gefährlicher Abfälle (Einl.34 Nr.7) und in Art.4 der Richtlinie 2000/76/EG über die Verbrennung von Abfällen (Einl.34 Nr.9). Zudem dient die auf § 4 gestützte Verordnung über genehmigungsbedürftige Anlagen der Umsetzung EG-rechtlicher Vorgaben (unten Rn.11).

2. Ermächtigung zum Erlass einer Rechtsverordnung

a) Bedeutung der Ermächtigung

3 Welche Anlagen als genehmigungsbedürftige Anlagen einzustufen sind, wird nicht unmittelbar durch § 4 entschieden, auch wenn Abs.1 S.1 so verstanden werden könnte. Vielmehr ermächtigt Abs.1 S.3 (im Rahmen des Abs.1 S.1, 2) die Bundesregierung zum Erlass einer Rechtsverordnung, die die genehmigungsbedürftigen Anlagen benennt. Die Rechtsverordnung wirkt also *konstitutiv* (Böhm GK 15; Jarass, NVwZ 1995, 530), zumal der Verordnungsgeber einen nicht unerheblichen Spielraum besitzt (vorsichtiger Feldhaus FE 17; Dörr UL B12). Die Einstufung einer Anlage als genehmigungsbedürftig führt dazu, dass auf Anlagen der betreffenden Art das Recht der genehmigungsbedürftigen Anlagen anzuwenden ist. Insbesondere muss vor Errichtung und Betrieb der Anlage ein immissionsschutzrechtliches Genehmigungsverfahren durchgeführt werden. Insoweit gibt es jedoch verschiedene Ausnahmen (dazu unten Rn.35–41). Schließlich können in der Rechtsverordnung auf der Grundlage des § 19 Abs.1 S.1 die Fälle des vereinfachten Verfahrens festgelegt werden (dazu Rn.2 zu § 19). Von der Ermächtigung des Abs.1 S.3 wurde mit der 4. BImSchV Gebrauch gemacht (unten Rn.11 f).

b) Anlagen mit Beeinträchtigungspotential (1. Alt. des Abs.1 S.1)

4 aa) In der Rechtsverordnung nach Abs.1 S.3 kann die Genehmigungsbedürftigkeit zunächst für Anlagen festgeschrieben werden, die ein bestimmtes **Beeinträchtigungspotential** besitzen (Böhm GK 37): Der Genehmigungspflicht können Anlagen unterworfen werden, die auf Grund ihrer Beschaffenheit (dazu Rn.4 zu § 7) oder ihres Betriebes (dazu unten Rn.47) geeignet sind, schädliche Umwelteinwirkungen (dazu Rn.24–63 zu § 3) oder sonstige Gefahren, erhebliche Nachteile oder erhebliche Belästigungen (dazu Rn.24–29 zu § 5) hervorzurufen (Kutscheidt LR 4a f). Dabei genügt es, auf die Emissionsrelevanz abzustellen (Feldhaus FE 8).

Genehmigung **§ 4**

Andererseits müssen die Risiken „in besonderem Maße" auftreten, d. h. sie müssen überdurchschnittlich häufig sein oder zu hohen Schäden führen können (Dörr UL C8; Feldhaus FE 8). Die Risiken müssen nicht in jedem Einzelfall zu erwarten sein (Böhm GK 37; Feldhaus FE 8a, 16); es genügt, wenn sie nicht selten bei Anlagen der fraglichen Art auftreten. Dabei ist auch menschliches Fehlverhalten zu berücksichtigen (Kutscheidt LR 10; vgl. Rn.6f zu § 22; diff. Feldhaus FE 8a). Andererseits sind typenmäßig abgrenzbare Unterfälle der Anlagenart, die nicht geeignet sind, schädliche Umwelteinwirkungen in besonderem Maße hervorzurufen, auszuklammern. Sofern der Verordnungsgeber dies übersieht, ist an eine restriktive Interpretation der Rechtsverordnung zu denken, um ihre Nichtigkeit zu vermeiden (unten Rn.22; Engelhardt II (4) § 1 Rn.3). Generell ist allerdings zu beachten, dass § 4 dem Verordnungsgeber einen erheblichen Spielraum einräumt (oben Rn.3). Zur Sondersituation bei Abfallentsorgungsanlagen unten Rn.8.

bb) Bei Anlagen in **nicht wirtschaftlichen Unternehmungen** muss 5 das Beeinträchtigungspotential im Bereich der Luftverunreinigungen oder der Geräusche liegen. Das BImSchG erfasst auch Anlagen, die im nicht gewerblichen oder im hoheitlichen Bereich eingesetzt werden (vgl. Rn.14–17 zu § 2). Aus Kompetenzgründen (Dörr UL B2; näher Einl.21) ist die Genehmigungspflicht jedoch bei Anlagen beschränkt, die weder gewerblichen Zwecken dienen noch sonst im Rahmen wirtschaftlicher Unternehmungen Verwendung finden; näher dazu unten Rn.26–28. Insoweit ist die Festsetzung der Genehmigungspflicht gem. Abs.1 S.2 nur zum Zweck der **Luftreinhaltung** und des **Lärmschutzes** möglich, dann also, wenn eine Anlagenart durch Luftverunreinigungen (dazu Rn.2f zu § 3) bzw. Geräusche (dazu Rn.5 zu § 3) in besonderem Maße schädliche Umwelteinwirkungen hervorruft.

Die Einschränkung des § 4 Abs.1 S.2 betrifft **nur die Genehmi-** 6 **gungspflicht,** nicht den Prüfungsmaßstab. D. h.: Ist eine Anlage in nicht wirtschaftlichen Unternehmungen im Hinblick auf die von ihr ausgehenden Luftverunreinigungen und Geräusche genehmigungspflichtig, sind bei der Erteilung der Genehmigung auch die sonstigen Immissionen zu prüfen (Führ GK § 2 Rn.11; Dietlein LR 52 zu § 5; Kotulla KO 33); Gleiches gilt für sonstige Einwirkungen iSd § 5 Abs.1 S.1 Nr.1, 2. Alt. Die gegenteilige Ansicht (Schmatz/Nöthlichs 2.1) übersieht, dass die Einschränkung in § 4 und nicht in den §§ 5, 6 geregelt ist und zudem die Genehmigungspflicht für derartige Anlagen gilt, „wenn" und „soweit" Luftverunreinigungen und Geräusche in besonderem Maße schädliche Umwelteinwirkungen hervorrufen können. Verfassungsrechtliche Bedenken bestehen dagegen nicht, da der Bund sich insoweit auf eine Annexkompetenz stützen kann.

c) Abfallentsorgungsanlagen (2. Alt. des Abs.1 S.1)

aa) Seit der Neufassung des Abs.1 S.1 im Jahre 1993 (Einl.2 Nr.21) 7 können der Genehmigungspflicht **ortsfeste Abfallentsorgungsanlagen**

§ 4   Genehmigungsbedürftige Anlagen

zur Lagerung oder Behandlung von Abfällen unterworfen werden. Darunter fallen ortsfeste Anlagen iSd § 3 Abs.5 Nr.1 oder des § 3 Abs.5 Nr.3 (dazu Rn.69f, 74–76 zu § 3) zur Verwertung oder zur Beseitigung von Abfällen (Kotulla KO 25), die *primär* der Behandlung oder Lagerung von Abfällen dienen. Anlagen, in denen Abfälle mitverbrannt werden, die vorrangig aber anderen Zwecken dienen, wie Zementfabriken, werden nicht erfasst (Hansmann LR § 17 Rn.146b; Wasielewski GK § 12 Rn.23a); sie können nur unter die erste Alternative des Abs.1 S.1 fallen. Für die *Ortsfestigkeit* gelten die Ausführungen in Rn.69 zu § 3 (vgl. Kutscheidt, NVwZ 1994, 212; anders Paetow § 21 Rn.25). Zu ortsveränderlichen Anlagen unten Rn.9. Was den *Abfallbegriff* angeht, so ist der Begriff des § 3 KrW-/AbfG gemeint (Engelhardt/Schlicht 6b; Moormann, UPR 1993, 286; Böhm GK 38; anders Kretz, UPR 1994, 47). Das hat zur Folge, dass auch Abfallverwertungsanlagen ohne besonderes Immissionspotential genehmigungsbedürftig sein können (Tischer, UPR 1997, 239). Unter *Lagern* von Abfällen ist in Abgrenzung zum *Ablagern* (Endlagerung) das Zwischenlagern der Abfälle vor ihrer Verwertung oder Endlagerung zu verstehen (Paetow KPV § 31 Rn.23; Böhm GK 38; vgl. Rn.76 zu § 3). Nicht erfasst werden Maßnahmen, die hauptsächlich dem Einsammeln oder Befördern dienen (Kracht, UPR 1993, 370; Kotulla KO 29) oder mit dem Be- oder Entladen in unmittelbarem Zusammenhang stehen; Letzteres ist bei giftigen und anderen gefährlichen Gegenständen der Fall, wenn sie länger als 24 Stunden abgestellt werden (OVG NW, NWVBl 2001, 107; a.A. Mann, NWVBl 2002, 417f). *Behandeln* von Abfällen ist jede qualitative oder quantitative Veränderung der Abfälle, wie Zerkleinern, Verdichten, Entwässern, Kompostieren oder Verbrennen (Paetow KPV § 31 Rn.23; Hösel/v. Lersner § 1 Rn.17). Insgesamt werden alle ortsfesten Abfallentsorgungsanlagen erfasst, die keine Deponien sind.

8   Auf ein besonderes **Beeinträchtigungspotential** oder andere Umweltauswirkungen kommt es bei den Abfallentsorgungsanlagen nicht an (BT-Drs. 12/4340, 45; Paetow KPV § 31 Rn.19; Kutscheidt, NVwZ 1994, 211f; a.A. Feldhaus FE 8). Immerhin hat der Verordnungsgeber im Hinblick auf das Gebot der Verhältnismäßigkeit auch bei Abfallentsorgungsanlagen zu prüfen, ob (etwa wegen der geringen Größe) nicht ausnahmsweise auf ein Zulassungsverfahren verzichtet werden kann (Böhm GK 38; vgl. Kracht, UPR 1993, 371). Zudem kommt der Spielraum des Verordnungsgebers (oben Rn.3) auch hier zum Tragen (Böhm GK 16). In diesem Rahmen können Abfallentsorgungsanlagen aus der Genehmigungspflicht entlassen werden (Kutscheidt LR 4f), wie auch § 27 Abs.1 S.3 KrW-/AbfG entnommen werden kann. Die Einschränkung für *nicht wirtschaftliche Unternehmungen* (oben Rn.5f) gilt hier nicht (Paetow KPV § 31 Rn.19). Zur Frage, welche Abfallentsorgungsanlagen tatsächlich durch Rechtsverordnung für genehmigungsbedürftig erklärt wurden, unten Rn.17 a.

9   bb) **Ortsveränderliche Anlagen** zur Lagerung und Behandlung von Abfällen sowie **Anlagen zur Ablagerung** von Abfällen können nur nach

Genehmigung § 4

der 1. Alternative des Abs.1 S.1 für genehmigungsbedürftig erklärt werden, wenn sie das oben in Rn.4 beschriebene Beeinträchtigungspotential besitzen (Paetow KPV § 31 Rn.24). Die Nennung der Abfallentsorgungsanlagen in § 4 sollte die bisher bestehenden Möglichkeiten erweitern, nicht einschränken. Die Einschränkung für nicht wirtschaftliche Unternehmen (oben Rn.5) kommt insoweit zum Tragen. Zur Ortsveränderlichkeit Rn.72 zu § 3.

d) Formelle Voraussetzungen

Zuständig zum Erlass einer Rechtsverordnung nach Abs.1 S.3 ist die **10** **Bundesregierung,** nicht ein Bundesminister. Eine Weiterübertragung der Ermächtigung ist wegen Art.80 Abs.1 S.4 GG nicht möglich. Des Weiteren ist die Zustimmung des **Bundesrats** erforderlich. Die Notwendigkeit der Zustimmung hat in Art.80 Abs.2 GG eine verfassungsrechtliche Grundlage, da das BImSchG von den Ländern als eigene Angelegenheit ausgeführt wird (vgl. Einl.53). Der Entwurf der Rechtsverordnung kann gem. Art.80 Abs.3 GG auch vom Bundesrat erstellt werden; gleichwohl ist die Bundesregierung Adressatin und damit Herrin der Ermächtigung. Vor Erlass der Rechtsverordnung sind die **beteiligten Kreise** iSd § 51 anzuhören; davon hängt die Wirksamkeit der Rechtsverordnung ab (str.; näher Rn.4 zu § 51). Gem Art.80 Abs.1 S.3 GG ist in der Rechtsverordnung die **Rechtsgrundlage** anzugeben; andernfalls soll sie unwirksam sein (Bryde, in: v.Münch (Hg.), Grundgesetz, Art.80 Rn.24; Pieroth, in: Jarass/Pieroth, Art.80 Rn.20 iVm Rn.16; Kotulla KO 41). Die Verkündung richtet sich nach Art. 82 Abs.1 S.2 GG.

3. Auf § 4 Abs.1 gestützte Rechtsverordnungen

a) Verordnung über genehmigungsbedürftige Anlagen (4. BImSchV) − Grundlagen

Auf die Ermächtigung des § 4 Abs.1, aber auch auf die des § 7 Abs.1, 4 **11** und des § 19 Abs.1 stützt sich die **Verordnung über genehmigungsbedürftige Anlagen** (4. BImSchV); abgedr. mit Literaturhinweisen in Anh. A4. Sie wurde am 24. 7. 1985 erlassen (BGBl I 1586) und kommt heute in der Fassung der Bekanntmachung vom 14. 3. 1997 (BGBl I 504) zur Anwendung. Zu Änderungen der Verordnung Rn.12 zu § 67. Die Verordnung dient (auch) der Umsetzung der Richtlinie 96/61/EG über die integrierte Vermeidung und Verminderung der Umweltverschmutzung (Einl.34 Nr.8) und der Richtlinie 85/337/EWG über die Umweltverträglichkeitsprüfung (Einl.34 Nr.2) in deutsches Recht (vgl. BR-Drs. 674/00, S.121). Zur Auslegung der Verordnung vgl. die Amtl. Begründung der Bundesregierung sowie den Beschluss des Bundesrats (BR-Drs. 413/84 und BR-Drs. 286/85). Des Weiteren hat der LAI am 4.–6. 10. 1989 einen Entwurf einer Verwaltungsvorschrift zur Anwendung der 4. BImSchV vorgelegt (NVwZ 1991, 853 ff).

Inhaltlich bestimmt die Verordnung zum einen, welche Anlagen ge- **11 a** nehmigungsbedürftig sind (unten Rn.14–28). Weiter enthält sie Vorgaben zum Umfang einer genehmigungsbedürftigen Anlage (unten Rn.50–60). Schließlich regelt sie auf der Grundlage von § 19 Abs.1 S.1, in welchen Fällen ein vereinfachtes Genehmigungsverfahren genügt (dazu Rn.3–10 zu § 19). Zur Behandlung von Anlagen, die erst nach ihrer Errichtung genehmigungspflichtig wurden, Rn.10 ff zu § 67 und Rn.3 ff zu § 67 a. Zu den Wirkungen des Fortfalls der Genehmigungspflicht Rn.8 zu § 18.

b) Sekundär auf § 4 Abs.1 gestützte Rechtsverordnungen

11 b Auf § 4 Abs.1 S.3 stützt sich auch die Verordnung über Großfeuerungs- und Gasturbinenanlagen – 13. BImSchV (dazu Rn.32 f zu § 7) und die Verordnung über Anlagen zur Feuerbestattung – 27. BImSchV (Rn.34 zu § 23).

II. Der Kreis der genehmigungsbedürftigen Anlagen

1. Bedeutung und generelle Fassung des Begriffs

12 Zahlreiche Regelungen des BImSchG gelten (nur) für „genehmigungsbedürftige Anlagen". Damit sind, wie das der Legaldefinition in § 4 Abs.1 zu entnehmen ist, alle Anlagen gemeint, die in der 4. BImSchV (dazu oben Rn.11) aufgeführt sind und nicht unter § 4 Abs.2 fallen (Dörr UL C1). Sind diese Voraussetzungen erfüllt, sind die fraglichen Regelungen des BImSchG anwendbar, unabhängig von sonstigen Gesichtspunkten. Allerdings kann die Anwendung einzelner Regelungen auf bestimmte Anlagen ausgeschlossen sein, wie dies für das Erfordernis eines immissionsschutzrechtlichen Genehmigungsverfahrens gilt (dazu unten Rn.35–40). In diesem Falle sind die anderen, für genehmigungsbedürftige Anlagen geltenden Regeln gleichwohl anwendbar, etwa die Grundpflichten des § 5 oder die Ermächtigung zu nachträglichen Anordnungen in § 17. Der Kreis der genehmigungsbedürftigen Anlagen umfasst somit auch Anlagen, für die im Einzelfall auf eine immissionsschutzrechtliche Genehmigung verzichtet wird bzw. wurde, sei es, weil bei der Einführung der Genehmigungspflicht mit ihrer Errichtung bereits begonnen worden war (Fälle des § 67 Abs.2, 3 und des § 67 a Abs.1), sei es, weil für sie eine Genehmigung nach §§ 16, 25 Abs.1 GewO a.F. erteilt wurde, sei es, weil die immissionsschutzrechtliche Genehmigung durch eine andere Genehmigung bzw. Planfeststellung ersetzt wird (näher unten Rn.39 f). Die Qualifikation als genehmigungsbedürftige Anlage wird schließlich nicht davon berührt, ob die erforderliche Genehmigung erteilt bzw. die gebotene Anzeige erstattet wurde und ob die Genehmigung im förmlichen oder im vereinfachten Verfahren zu erteilen ist.

2. Voraussetzungen einer „genehmigungsbedürftigen Anlage"

a) Anlage

13 Es muss sich um eine Anlage iSd § 3 Abs.5 handeln, also um eine ortsfeste Einrichtung (dazu Rn.69–71 zu § 3), eine ortsveränderliche technische Einrichtung (dazu Rn.72 zu § 3) oder ein Grundstück mit einer

Genehmigung **§ 4**

emittierenden Nutzung (dazu Rn.74–77 zu § 3). Ortsveränderliche Einrichtungen werden allerdings, insb. wegen der 12-Monats-Frist des § 1 Abs.1 S.1 der 4. BImSchV (dazu unten Rn.23 f) nur selten erfasst. Öffentliche Verkehrswege (zur Abgrenzung Rn.11–16 zu § 41) sind jedenfalls im Hinblick auf Verkehrsemissionen keine Anlagen (näher Rn.78–80 zu § 3).

b) Nennung im Anhang zur 4. BImSchV

aa) Die Anlage muss **im Anhang zur 4. BImSchV** (oben Rn.11) **14 aufgeführt** sein; die Verordnung wirkt konstitutiv (dazu oben Rn.3). Der Kreis der im Anhang zur 4. BImSchV aufgeführten Anlagen ist weit gesteckt: In Nr.1 Anlagen der Wärmeerzeugung, des Bergbaus und der Energie, in Nr.2 Anlagen aus den Bereichen Steine und Erden, Glas, Keramik, Baustoffe, in Nr.3 Anlagen aus den Bereichen Stahl, Eisen und sonstige Metalle einschl. Verarbeitung, in Nr.4 Anlagen für chemische Erzeugnisse, Arzneimittel, Mineralölraffination und Weiterverarbeitung, in Nr.5 Anlagen der Oberflächenbehandlung mit organischen Stoffen, Herstellung von bahnenförmigen Materialien aus Kunststoffen, sonstige Verarbeitung von Harzen und Kunststoffen, in Nr.6 Anlagen aus den Bereichen Holz und Zellstoff, in Nr.7 Anlagen für Nahrungs-, Genuss- und Futtermittel, landwirtschaftliche Erzeugnisse, in Nr.8 Anlagen zur Verwertung und Beseitigung von Abfällen und sonstigen Stoffen, in Nr.9 Anlagen zur Lagerung und zum Be- und Entladen von Stoffen und Zubereitungen sowie in Nr.10 sonstige Anlagen. Dieser Überblick lässt verständlich werden, warum das im BImSchG vorgesehene Genehmigungsverfahren als „Industriezulassungsverfahren" bezeichnet wird (Feldhaus FE 6; Dörr UL B6). Doch hat das Recht der genehmigungsbedürftigen Anlagen weit über die Industrie hinaus Bedeutung. Erfasst werden insb. auch die Landwirtschaft sowie die öffentlichen Einrichtungen (dazu Rn.14f zu § 2).

bb) Die im Anhang zur 4. BImSchV verwendeten **Begriffe** dürfen ei- **15** nerseits nicht zu eng verstanden werden; andererseits ist die Verordnung abschließend, weshalb eine Analogie nicht möglich ist (Hansmann LR (4) Vorb. 1 ff vor § 1; Kutscheidt LR 12). Entscheidend ist, ob eine Anlage ihrer *technischen Natur* und *Zweckbestimmung* nach unter eine der in der 4. BImSchV genannten Anlagetypen fällt (Kutscheidt LR 12; Böhm GK 41); auf die für die konkrete Anlage benutzte Bezeichnung kommt es hingegen nicht an (Kotulla KO 51). Bleiben Zweifel, kommt es darauf an, ob die betreffende Anlagenart typischerweise mit den in Abs.1 S.1 angesprochenen potentiellen Umweltgefährdungen verbunden ist (BVerwG, NVwZ 1997, 498; Feldhaus FE 18). Bezeichnung und technische Ausgestaltung sind demgegenüber sekundär (Feldhaus FE 18). Stellt die 4. BImSchV, wie das meist geschieht, auf einen bestimmten Zweck ab, muss dieser bestimmungsgemäß und für eine gewisse Dauer verfolgt werden (Feldhaus FE 16; Kutscheidt LR 17). Auch Versuchsanlagen werden erfasst (Böhm GK 42; vgl. Rn.7 zu § 19). Keine Rolle spielt, ob die Anlage ihrer

§ 4 Genehmigungsbedürftige Anlagen

Funktion nach als Haupt-, Neben-, Hilfs- oder Reserveanlage einzustufen ist (Feldhaus FE 26).

16 Leistet die zu beurteilende Einrichtung **nur einen Teil** des im Anhang beschriebenen Vorgangs, handelt es sich um keine genehmigungsbedürftige Anlage, wenn der Teilvorgang keine vergleichbaren Umweltauswirkungen wie der Gesamtvorgang aufweist (Kotulla KO 51). Ist das hingegen der Fall, ist (auch) der Teilvorgang genehmigungsbedürftig (Dörr UL C8; Böhm GK 43). Voraussetzung ist allerdings, dass es sich tatsächlich um einen Teil des im Anhang beschriebenen Vorgangs handelt, nicht um einen vorgeschalteten Prozess. Wenn etwa die Herstellung eines Produkts aus einem im Anhang genannten Vorprodukt genehmigungsbedürftig ist, dann ist die Herstellung des Vorproduktes nicht genehmigungsbedürftig.

17 Fällt eine Anlage vollständig unter **mehrere Ziffern** des Anhangs zur 4. BImSchV und enthält die speziellere Ziffer bestimmte Leistungsgrenzen, dann geht diese Regelung (mit der Begrenzung der Genehmigungsbedürftigkeit) wegen ihrer Spezialität vor (Dörr UL C8). Allerdings gilt das nur innerhalb der Sp.1 oder innerhalb der Sp.2. Wird dagegen durch eine allgemeinere Ziffer das vereinfachte Verfahren vorgeschrieben und durch eine speziellere Ziffer das förmliche Verfahren, wird die speziellere Regelung durch die Anwendung der allgemeineren Regelung ihres Sinnes nicht beraubt. Die noch weitergehende Regelung des § 2 Abs.2 der 4. BImSchV (dazu Rn.4 zu § 19) betrifft die Verfahrensart und nicht die Genehmigungsbedürftigkeit. Wird der Begriff des **Herstellens** (dazu Rn.110 zu § 3) benutzt, kommt die Erweiterung des Begriffs des § 3 Abs.7 nicht zum Tragen (Amtl. Begr., BR-Drs. 650/74, 4).

17 a cc) **Abfallentsorgungsanlagen** sind wie andere Anlagen nur dann und insoweit genehmigungsbedürftig, als die fragliche Anlage im Anhang zur 4. BImSchV aufgeführt ist (Böhm GK 39; Dörr UL C28; Mayer, ZUR 1997, 202; Paetow KPV § 31 Rn.21). Einschlägig sind v. a. die Fälle der Nr.8 des Anhangs zur 4. BImSchV. Die (ohnehin nur für Beseitigungsanlagen geltende) Regelung des § 31 Abs.1 KrW-/AbfG hat allein klarstellenden Charakter, führt also nicht selbst zur Genehmigungsbedürftigkeit (Feldhaus FE 33; Fluck, UPR 1997, 235), wie auch § 27 Abs.1 S.3 KrW-/AbfG entnommen werden kann. Umgekehrt ergibt sich aus § 27 Abs.2, 3 KrW-/AbfG keine Einschränkung der immissionsschutzrechtlichen Genehmigungsbedürftigkeit (Fluck, UPR 1997, 235). Was den Abfallbegriff und die Begriffe des Lagerns und des Behandelns angeht, wird auf die Ausführungen oben in Rn.7 verwiesen.

c) Größe, Leistung, gleichartige Anlage, Beeinträchtigungspotential

18 aa) Hängt die Genehmigungsbedürftigkeit von der **Größe** oder **Leistung der Anlage** ab, ist gem. § 1 Abs.1 S.3 der 4. BImSchV auf den rechtlich und tatsächlich *möglichen* Betriebsumfang abzustellen (BayVGH, NVwZ-RR 2004, 94), nicht auf den tatsächlich genutzten Umfang. Mit

Genehmigung § 4

dem rechtlich möglichen Betriebsumfang ist der nach der voraussichtlich zu erteilenden Genehmigung mögliche Umfang gemeint, unter Berücksichtigung vertraglicher Verpflichtungen gegenüber der Behörde (VGH BW, NVwZ 1999, 553; BayVGH, NVwZ 1998, 1192). Der tatsächlich mögliche Betriebsumfang hängt auch von den Nebenanlagen und den maximal zur Verfügung stehenden Einsatzstoffen ab (Ohms Rn.112; Böhm GK 47). Fallen der rechtlich und der tatsächlich mögliche Betriebsumfang unterschiedlich aus, ist auf die kleinere Größe oder Leistung abzustellen (Böhm GK 47). Eine rechtlich verbindliche Begrenzung kann sich insb. aus einer verbindlichen Erklärung des Anlagenbetreibers ergeben (VGH BW, NVwZ 1999, 553; Böhm GK 46; Henkel o. Lit. 100). Fehlt eine rechtliche Begrenzung, ist allein der tatsächlich mögliche Betriebsumfang entscheidend. Die Genehmigungsbedürftigkeit kann durch eine zivilrechtliche „Teilung" des Grundstücks nicht verändert werden (BVerwG, GewArch 1977, 170). Andererseits muss die gleiche Person die beiden Anlagen betreiben (vgl. allerdings Rn.85 zu § 3).

Werden die im Anhang zur 4. BImSchV genannten Leistungsgrenzen (erst) durch die **Erweiterung** einer Anlage überschritten, ist gem. § 1 Abs.5 der 4. BImSchV die gesamte Anlage genehmigungsbedürftig. In diesem Fall ist also eine Erstgenehmigung und keine bloße Änderungsgenehmigung notwendig (Dörr UL C12). Zum Fall, dass mehrere Nummern des Anhangs mit unterschiedlichen Leistungsgrößen einschlägig sind, oben Rn.17. Zahlen bei der Tierhaltung beziehen sich auf die Zahl der Tiere (BayVGH, BRS 65 Nr.93, 440). Wenn § 1 Abs.5 der 4. BImSchV an das „Überschreiten" der Leistungsgrenzen anknüpft, ist damit die gleiche Schwelle wie bei der Ersterrichtung gemeint, die ab den in der 4. BImSchV genannten Zahlen überschritten ist (unzutreffend daher Kotulla KO 54). 18a

bb) Gleichartige Anlagen sind gem. § 1 Abs.3 der 4. BImSchV bei der Berechnung der Anlagengröße bzw. von Leistungsgrenzen zusammenzurechnen, wobei es sich um die gleiche Größe bzw. Grenze im Anhang zur 4. BImSchV handeln muss, sofern dort nicht etwas anderes vorgesehen ist, wie etwa in Nr.7.1. Eine solche Zusammenrechnung ist nur möglich, wenn die Anlagen bestimmte Voraussetzungen erfüllen und daher eine **gemeinsame Anlage** bilden: 19

(1) Es muss sich um eine **Anlage derselben Art** handeln. Im Hinblick auf den Zweck des § 1 Abs.3 der 4. BImSchV und die Systematik des Anhangs zur 4. BImSchV wird man Anlagen als gleichartig einzustufen haben, die unter die gleiche Nummer des Anhangs fallen (Henkel o. Lit. 124; Marburger o. Lit. 49; Dörr UL C13; teilw. anders Ludwig FE (4) § 1 Rn.7; Hansmann LR (4) § 1 Rn.23), wobei es auf unterschiedliche Buchstaben nicht ankommt (Jarass, NVwZ 1995, 533). Unerheblich ist auch, ob die Anlagen in Sp. 1 oder in Sp. 2 des Anhangs aufgeführt sind. Abweichend davon können ausnahmsweise Anlagen verschiedener Nummern gleichartig sein, wenn die Anlagen im Hinblick auf die verwandte Technik und die erzeugten Emissionen im Wesentlichen gleichartig sind 20

§ 4　　　　　　　　　　　　　　　　　　Genehmigungsbedürftige Anlagen

(Ohms Rn.119), wie das etwa bei den (unter verschiedene Nummern fallenden) Feuerungsanlagen nicht selten der Fall ist, die nach der Entstehungsgeschichte gleichartige Anlagen sind (Ludwig FE (4) § 1 Rn.7). Umgekehrt wird man ausnahmsweise auch Anlagen, die unter die gleiche Nummer fallen, als ungleichartig einzustufen haben, wenn Emissionen und sonstige Risiken völlig unterschiedlich und einer gemeinsamen Betrachtung nicht zugänglich sind (wohl auch Böhm GK 66; großzügig Ludwig FE (4) § 1 Rn.7).

21　　(2) Des Weiteren müssen die Anlagen in einem **engen räumlichen und betrieblichen Zusammenhang** stehen. Das ist gem. § 1 Abs.3 S.2 der 4. BImSchV der Fall, wenn die Anlagen auf demselben Betriebsgelände liegen, durch gemeinsame Betriebseinrichtungen verbunden sind und einem vergleichbaren technischen Zweck dienen. Das **gleiche Betriebsgelände** setzt zunächst eine von *einem* Betreiber im räumlichen Zusammenhang mit Anlagen bebaute Fläche voraus (Ludwig FE (4) § 1 Rn.21), auch wenn es sich um mehrere Grundstücke handelt (NdsOVG, NVwZ-RR 2000, 354). Unerheblich sind kleinräumige Unterbrechungen, etwa durch eine Straße oder einen Bach (Hansmann LR (4) § 1 Rn.25; Dörr UL C14), nicht aber durch einen 200 m breiten Acker- und Gehölzstreifen (NdsOVG, NVwZ-RR 2000, 354). Weiter müssen die Anlagen *mit* **gemeinsamen Betriebseinrichtungen,** und zwar technischer Natur, verbunden sein, etwa Förderbänder, Rohrleitungen oder sonstige Versorgungsleitungen (Böhm GK 68; Jarass, NVwZ 1995, 533); ob diese Einrichtungen genehmigungspflichtig sind, ist unerheblich (Böhm GK 69; Hansmann LR (4) § 1 Rn.27; Dörr UL C14; a.A. Ludwig FE (4) § 1 Rn.8). Schließlich müssen die Anlagen einem **vergleichbaren technischen Zweck** dienen; ein gemeinsamer Zweck ist nicht (mehr) erforderlich (Marburger o. Lit. 51f; Hansmann, NVwZ 1991, 1140; überholt daher OVG NW, NVwZ 1991, 903).

21 a　　(3) Eine gemeinsame Anlage setzt schließlich voraus, dass die Einzelanlagen **unter einer gemeinsamen Leitung** stehen und sie daher *einem* Betreiber unterstehen (Hansmann LR (4) § 1 Rn.26; Ludwig FE (4) § 1 Rn.22; zweifelnd Ohms Rn.19). Meist wird das aus dem Erfordernis des einheitlichen Betriebsgeländes abgeleitet. Die Voraussetzung ist unproblematisch gegeben, wenn die Anlage von einer (natürlichen oder juristischen) Person betrieben wird. Die Voraussetzung ist aber auch dann gegeben, wenn mehrere Anlagen unterschiedlichen juristischen Personen zuzurechnen sind, diese aber in einem konzernrechtlichen Abhängigkeitsverhältnis zueinander stehen (Hansmann, a.a.O.; Ludwig, a.a.O.). Zur Frage, wer dann Betreiber ist, Rn.85 zu § 3. Bei einem Industriepark werden die Anlagen möglicherweise von der Parkgesellschaft betrieben (vgl. Rn.83 zu § 3).

22　　cc) Die in der 4. BImSchV aufgeführten Anlagen dürften alle das erforderliche **Beeinträchtigungspotential** (oben Rn.4) aufweisen. Diese Ermächtigungsvoraussetzung kann jedoch dann eine Rolle spielen, wenn es

Genehmigung **§ 4**

bei einer der in der Verordnung aufgeführten Anlagen eine typenmäßig abgrenzbare Untergruppe gibt, der das notwendige Beeinträchtigungspotential fehlt. Insoweit besteht dann keine Genehmigungspflicht (Henkel o. Lit. 104f; Hansmann LR (4), Vorb. 6, 17; Böhm GK 44). Dies gilt etwa für Keramiköfen in Schulen (Feldhaus FE 16) oder für isolierte Laboranlagen (Feldhaus FE 20). Andererseits entfällt die Genehmigungspflicht nicht deshalb, weil die betreffende Anlage ausnahmsweise ungefährlich ist (Sellner Rn.16). Zum Beeinträchtigungspotential bei Abfallentsorgungsanlagen oben Rn.8f.

d) Mindestbetriebsdauer

Gem. § 1 Abs.1 S.1 der 4. BImSchV ist eine Anlage nur genehmigungsbedürftig, wenn nach den objektiven Umständen zu erwarten ist, dass sie **länger als zwölf Monate** am gleichen Ort betrieben wird. Man kann dann von einer *stationären* Anlage sprechen; zur damit nicht völlig deckungsgleichen Kategorie der ortsfesten Anlagen Rn.69 zu § 3. Die Absicht, die Anlage an dem betreffenden Ort länger als 12 Monate zu betreiben, genügt dafür nicht. Vielmehr müssen objektive Umstände die Erwartung begründen (Hansmann LR (4) § 1 Rn.9; Henkel o. Lit. 92). Das ist idR nicht der Fall, wenn die Anlage nach ihrer Konstruktion oder Betriebsweise dazu bestimmt ist, an wechselnden Standorten eingesetzt zu werden, und der Einsatz an dem betreffenden Ort auf weniger als 12 Monate angelegt ist (Böhm GK 50). Wird die Anlage gleichwohl länger als 12 Monate an einem Ort betrieben, ist sie mit dem Ablauf der Frist eine genehmigungsbedürftige Anlage (Kotulla KO 55). Ihr Betrieb muss daher (falls nicht eine Genehmigung erteilt wurde) zu diesem Zeitpunkt eingestellt werden (Ludwig FE (4) § 1 Rn.9; Dörr UL C16; Böhm GK 51; a.A. Hansmann LR (4) § 1 Rn.9). Die 12-Monats-Frist beginnt mit dem Tag der Inbetriebnahme (dazu unten Rn.47) zu laufen; Betriebsunterbrechungen (auch längerer Art) wirken nicht fristverlängernd (LAI, NVwZ 1991, 853; Hansmann LR (4) § 1 Rn.10). Am gleichen Ort wird eine Anlage betrieben, wenn weithin derselbe Kreis von Dritten betroffen ist (LAI, NVwZ 1991, 853; Henkel o. Lit. 94). Eine Umplazierung auf einem Betriebsgelände hat daher idR keinen Einfluss (Dörr UL C15). Gleiches gilt, wenn die Anlage vor Ablauf der Frist durch eine gleichartige Anlage ersetzt wird (Böhm GK 51; a.A. Kotulla KO 55), da die Regelung nur kurzfristige Belastungen der Nachbarn ohne Genehmigungsverfahren hinnimmt.

Keine Anwendung findet die 12-Monats-Frist gem. § 1 Abs.1 S.2 der 4. BImSchV bei den in Nr.8 des Anhangs zur 4. BImSchV aufgeführten Anlagen zur Verwertung und Beseitigung von Abfällen und sonstigen Stoffen, sofern sie sich nicht am Ort des Entstehens der Abfälle befinden. Dazu gehören etwa mobile Brechanlagen zur Zerkleinerung der auf einem Abbruchgelände anfallenden Bauabfälle oder mobile Bodenreinigungsanlagen zur Behandlung des auf dem Einsatzgelände ausgekofferten verunreinigten Bodenmaterials. Bei allen anderen Anlagen gilt dagegen seit

23

24

§ 4 Genehmigungsbedürftige Anlagen

2001 die 12-Monats-Frist (krit. dazu Enders/Krings, DVBl 2001, 1391 Fn.23).

e) Forschungsanlagen u. ä.

25 Gem. § 1 Abs.6 der 4. BImSchV bedürfen Anlagen generell keiner Genehmigung, die der **Forschung, Entwicklung** oder **Erprobung** neuer Einsatzstoffe, Brennstoffe, Erzeugnisse oder Verfahren dienen, sofern dies nur im Labor- oder Technikumsmaßstab geschieht. Die Grenze des Labor- oder Technikumsmaßstab ist überschritten, wenn Stoffe und Erzeugnisse in einem Umfang hergestellt werden, der eine wirtschaftliche Vermarktung erlaubt (Hansmann LR (4) § 1 Rn.13 d; Böhm GK 87). Bei der Abgrenzung ist auch der Zweck des § 4 Abs.1 S.1 zu beachten (VGH BW, UL-ES § 4–49, 3). Dient die Anlage auch anderen Zwecken, ist sie genehmigungsbedürftig (Hansmann LR (4) 13 b zu § 1). Zudem muss eine Anwendung der Norm – auch im Hinblick auf § 2 Abs.3 der 4. BImSchV – ausscheiden, wenn die Anlage UVP-pflichtig ist (VGH BW, a. a. O.; Böhm GK 88). Keine Rolle spielt hingegen, ob die Anlage von Privatpersonen oder der öffentlichen Hand betrieben wird (Kotulla KO 58).

f) Einschränkung für bestimmte Anlagen in nicht wirtschaftlichen Unternehmungen

26 Wegen der Beschränkung der Ermächtigung (oben Rn.5 f) sieht § 1 Abs.1 S.3 der 4. BImSchV vor, dass die im Einzelnen dort aufgezählten Anlagen nur genehmigungsbedürftig sind, soweit sie gewerblichen Zwecken dienen oder in anderen wirtschaftlichen Unternehmungen (dazu unten Rn.28) verwendet werden. Bei den Anlagen stehen nicht Luftverunreinigungen oder Lärm im Vordergrund, sondern andere schädliche Umwelteinwirkungen oder sonstige Einwirkungen, insb. Störfallprobleme (BT-Drs. 14/4599, 131). Bei allen nicht aufgeführten Anlagen, insb. bei Abfallentsorgungsanlagen, erfasst die Genehmigungspflicht sämtliche schädlichen Umwelteinwirkungen und sonstigen Einwirkungen (oben Rn.6). Bei ortsfesten Abfallentsorgungsanlagen kommt die Einschränkung für nicht wirtschaftliche Unternehmungen nicht zum Tragen (oben Rn.7–9).

27 Eine Anlage dient **gewerblichen Zwecken,** wenn sie in einem mit Gewinnerzielungsabsicht sowie nachhaltig geführten Betrieb eingesetzt wird, der weder der Urproduktion, den freien Berufen noch der Verwaltung eigenen Vermögens zuzurechnen ist (Böhm GK 74). Diese Abgrenzungen spielen allerdings im Rahmen des § 4 Abs.1 S.2, von der Nachhaltigkeit abgesehen, keine Rolle, da dem Gewerbebetrieb die wirtschaftliche Unternehmung gleichgestellt ist.

28 **Wirtschaftliche Unternehmungen** werden dadurch gekennzeichnet, dass sie wirtschaftlich bewertbare Leistungen erbringen (Feldhaus FE 12; BT-Drs. 7/175, S.30) und die fraglichen Anlagen in einer gewerblichen Unternehmen vergleichbaren Art genutzt werden (Kutscheidt LR 8; Dörr UL C21) oder genutzt werden könnten (Kotulla KO 35). Mit Gewerbebetrieben haben sie die Nachhaltigkeit gemeinsam. Dagegen ist die Ge-

Genehmigung **§ 4**

winnerzielungsabsicht unerheblich (Feldhaus FE 12). Es genügt, wenn die Unternehmung sich teilweise aus Entgelten (im weitesten Sinne) für die Leistungen finanziert und auch privatwirtschaftlich vorgenommen werden könnte (Böhm GK 74). Auch steht nicht entgegen, dass die Anlage in der Urproduktion, in freien Berufen oder zur Verwaltung eigenen Vermögens eingesetzt wird. Wirtschaftliche Unternehmungen sind (auch öffentlich-rechtlich betriebene) Wasser-, Gas- und Elektrizitätswerke, Krankenhäuser, Abfallentsorgungsbetriebe, Kläranlagen (Feldhaus FE 12; Kutscheidt LR 9). Weiter ist die Post eine wirtschaftliche Unternehmung (HessVGH, NVwZ 1993, 1119). Nicht zu den wirtschaftlichen Unternehmungen zählen idR Einrichtungen, die kulturellen, religiösen oder pädagogischen Zwecken oder der Erhaltung der öffentlichen Sicherheit und Ordnung dienen, einschl. der Hilfs- und Nebeneinrichtungen (Kotulla KO 36; Engelhardt/Schlicht 5; teilweise anders Kutscheidt LR 9). Die Einschränkung greift daher regelmäßig bei Anlagen der Bundeswehr, des Bundesgrenzschutzes und der Polizei (Feldhaus FE 12), also bei hoheitlichen Einrichtungen ieS.

g) Ausweitung auf weitere Anlagen

Zu den Anlagen, die den Vorschriften für genehmigungsbedürftige Anlagen unterliegen, gehören auch Anlagen, die an sich nicht genehmigungsbedürftig sind, die aber in einer Rechtsverordnung gem. § 23 Abs.1a genannt sind und für die ein Genehmigungsantrag gestellt und eine Genehmigung erteilt wurde (näher Rn.13f zu § 23). Mangels entsprechender Verordnung ist die Ausweitung der genehmigungsbedürftigen Anlagen bislang nur von theoretischer Bedeutung. **29**

3. Ausnahmen

a) Ausnahme für Anlagen des Bergwesens

Bestimmte Anlagen des Bergwesens sind nach der Vorschrift des Abs.2, die 1980 neu gefasst wurde (Einl.2 Nr.6), nicht genehmigungspflichtig, auch wenn sie die allgemeinen Voraussetzungen einer genehmigungsbedürftigen Anlage erfüllen. Dies setzt ein Doppeltes voraus: – **(1)** Es muss sich um eine **Anlage des Bergwesens** handeln, d.h. sie muss unter § 2 BBergG fallen (Kutscheidt LR 41; Dörr UL C33; Feldhaus FE 29). Erfasst werden Anlagen zum Aufsuchen, Gewinnen und Aufbereiten von bestimmten Bodenschätzen, v.a. von Erdgas, Stein- und Braunkohle, Salzen sowie bestimmter Steine, Tone und Sande (§ 2 Abs.1 Nr.1 BBergG), einschl. der meisten Nebeneinrichtungen (§ 2 Abs.1 Nr.3, Abs.4 BBergG) sowie die Anlagen zur Wiedernutzbarmachung der Oberfläche (§ 2 Abs.1 Nr.2 BBergG). Die Fälle des § 2 Abs.2 BBergG sind von geringer Bedeutung. Die Begriffe des Aufsuchens, Gewinnens und Aufbereitens werden in § 4 BBergG definiert. An einer Aufbereitung fehlt es insb. bei der Weiterverarbeitung (§ 4 Abs.3 S.2 BBergG), sofern das Schwergewicht nicht bei der Aufbereitung liegt (Kotulla KO 63). Darüber hinaus sollen **30**

§ 4 Genehmigungsbedürftige Anlagen

wegen § 126 BBergG auch Untertagespeicher unter die Ausnahme des Abs.2 fallen (BVerwGE 89, 246/251 = NVwZ 1992, 980). – **(2)** Die Anlage wird von der Ausnahme des § 4 Abs.2 nur erfasst, soweit sie **untertägig,** d. h. unter der Erdoberfläche (Kotulla KO 65), **betrieben** wird. Alles was sich an oder über der Erdoberfläche befindet, wird nicht erfasst, weshalb Aufbereitungsanlagen sowie Anlagen zur *Wiedernutzbarmachung* der Oberfläche genehmigungsbedürftige Anlagen sein können. Eine Ausnahme gilt gem. Abs.2 S.2 für Anlagen, die zur Wetterführung (Belüftung) unerlässlich sind. Weiter fallen gem. Abs.2 S.2 **Tagebaue** einschl. der erforderlichen Anlagen generell unter die Ausnahme des Abs.2, d. h. Anlagen, die unmittelbar dem Aufsuchen und Gewinnen von Bodenschätzen dienen (Kotulla KO 66), einschl. des Wegschaffens innerhalb des Tagebaus, nicht jedoch des Ablagerns der Bodenschätze und des Bergematerials (Kutscheidt LR 47).

31 Die unter Abs.2 fallenden Anlagen unterliegen nicht dem Recht der (nach BImSchG) genehmigungsbedürftigen Anlagen. Vielmehr sind die Vorschriften für nicht genehmigungsbedürftige Anlagen anzuwenden (BVerwGE 74, 315/324f = NJW 1987, 1713; Dörr UL C34; Feldhaus FE 29; Kutscheidt LR 49). Die darin liegende Privilegierung des Bergbaus ist **rechtssystematisch verfehlt,** wenn nicht gar verfassungsrechtlich bedenklich, weil Anlagen des Bergbaus, die das Gefährdungspotential des Abs.1 S.1 nicht erreichen, ohnehin nicht genehmigungsbedürftig sind. Sind andererseits die Vorgaben des Abs.1 S.1 gegeben, was etwa bei Tagebauen durchaus möglich ist, besteht kein Grund, nur die geringeren materiellen Anforderungen der §§ 22ff zum Tragen kommen zu lassen.

31 a Die von Abs.2 nicht erfassten Anlagen des **Bergwesens** bedürfen einer immissionsschutzrechtlichen Genehmigung, wenn die normalen Voraussetzungen (oben Rn.13–28) vorliegen. Sie wird durch den bergrechtlichen Betriebsplan nicht ersetzt (BVerwGE 74, 315/322f = NJW 1987, 1713; Böhm GK 81), es sei denn, der Betriebsplan ergeht in einem Planfeststellungsverfahren (vgl. § 57a Abs.2 S.1 BBergG). Umgekehrt ersetzt die immissionsschutzrechtliche Genehmigung auch nicht den bergrechtlichen Betriebsplan (Rn.14 zu § 13).

b) Keine weiteren Ausnahmen

32 Soweit es um den (abstrakten) Kreis der genehmigungsbedürftigen Anlagen geht und nicht um die Frage, ob für die Zulassung oder Änderung einer Anlage eine Genehmigung erforderlich ist (vgl. oben Rn.12), kennt das BImSchG keine weiteren Ausnahmen. **Abfalldeponien** sind genehmigungsbedürftige Anlagen, soweit sie die allgemeinen Voraussetzungen erfüllen, etwa soweit sie Behandlungs- und Lagereinrichtungen einschließen (oben Rn.28). Bei **öffentlichen Verkehrswegen** können allein Nebenanlagen und Nebeneinrichtungen erfasst sein, da nur sie Anlagen iSd Immissionsschutzrechts sind (Rn.80 zu § 3). **Flugplätze** oder Teile davon können genehmigungsbedürftige Anlagen sein, weil die Einschränkung des § 2 Abs.2 nur insoweit greift, als es um Fluglärm geht (näher

Genehmigung **§ 4**

Rn.21 zu § 2). Entsprechendes gilt für **atomrechtliche Anlagen,** die nur hinsichtlich des Schutzes vor ionisierenden Strahlen dem BImSchG nicht unterfallen (näher Rn.22 zu § 2). Desgleichen werden **gentechnische Anlagen** nur bezüglich der spezifischen Gefahren der Gentechnik ausgenommen (Rn.27 zu § 2). Hinsichtlich anderer Immissionen fallen diese Anlagen in den Anwendungsbereich des BImSchG und können daher auch genehmigungsbedürftige Anlagen sein. Eine andere Frage ist es, wieweit die immissionsschutzrechtliche Genehmigung durch eine andere Zulassung ersetzt wird; dazu unten Rn.39 f. Damit entfällt aber nur die Notwendigkeit einer immissionsschutzrechtlichen Genehmigung; die sonstigen, für genehmigungsbedürftige Anlagen geltenden Vorschriften des Immissionsschutzrechts sind anwendbar (dazu oben Rn.12). Zur **Bauartzulassung** unten Rn.35 f. Zur Situation bei Anlagen der **Landesverteidigung** Rn.5 zu § 60.

III. Genehmigungspflicht (Notwendigkeit einer immissionsschutzrechtlichen Zulassung)

1. Bedeutung der Genehmigungspflicht

§ 4 schreibt vor, dass die erfassten Anlagen erst nach wirksamer Erteilung einer Genehmigung errichtet und betrieben werden dürfen. Das hat den **Zweck,** die zuständige Behörde in jedem Einzelfall und früh genug einzuschalten, um eine wirksame Präventivkontrolle zu ermöglichen. Es handelt sich um ein präventives Verbot mit Erlaubnisvorbehalt (Feldhaus FE 7; Böhm GK 27; allg. Tünnesen-Harmes, in: Jarass, WVR, § 9 Rn.20). Wegen des weiten Anwendungsbereichs führt die Genehmigungspflicht zu einem „Industriezulassungsverfahren" (oben Rn.14). § 4 schließt einen landesrechtlichen Genehmigungsvorbehalt für die erfassten Anlagen aus Gründen des § 1 aus (Einl.23; Feldhaus FE 17; Kutscheidt LR 4). Zum Charakter der Genehmigung Rn.2 zu § 6, zu den Wirkungen, insb. zum Bestandsschutz Rn.30–38 zu § 6. 33

2. Erfasste Anlagen

a) Genehmigungsbedürftigkeit bei Errichtung

Der Genehmigungspflicht unterliegen Anlagen, die entsprechend den Erläuterungen oben in den Rn.13–32 als **genehmigungsbedürftige Anlagen** einzustufen sind, sofern nicht eine der Ausnahmen unten in Rn.35–40 greift. Solche Anlagen dürfen nur errichtet und betrieben werden, wenn für sie eine (immissionsschutzrechtliche) Genehmigung in einem immissionsschutzrechtlichen Verfahren erteilt wurde. Die für die Einstufung als genehmigungsbedürftige Anlage notwendigen Voraussetzungen müssen im Zeitpunkt des Beginns der Anlagenerrichtung gegeben sein (dazu unten Rn.44). Vor Inkrafttreten der Genehmigungsbedürftigkeit errichtete Anlagen müssen lediglich angezeigt werden; näher Rn.10–16 zu § 67. Vereinzelt kann sogar darauf verzichtet werden; vgl. Rn.28 f zu § 67. 34

Zu den Altanlagen in den neuen Bundesländern Rn.3–5 zu § 67a. Zur Übergangsregelung für Anlagen der Abfallbehandlung und Abfalllagerung Rn.38–41 zu § 67.

b) Ausnahme der Bauartzulassung

35 **aa)** In der Verordnung über genehmigungsbedürftige Anlagen kann nach der 1993 eingefügten (Einl.2 Nr.21) Vorschrift des Abs.1 S.3 Hs.2 vorgesehen werden, dass in bestimmten Fällen keine Genehmigung erforderlich ist. Davon wurde bislang kein Gebrauch gemacht. Im Einzelnen kann das unter folgenden Voraussetzungen festgelegt werden:

36 **(1)** Für die Anlage oder für die in der Rechtsverordnung bezeichneten wesentlichen Teile der Anlage wurde eine **Bauartzulassung** erteilt. Der Entstehungsgeschichte entsprechend dürfte damit allein die Bauartzulassung nach § 33 Abs.1 Nr.1 gemeint sein (Feldhaus FE 15a; Böhm GK 20; a.A. Kotulla KO 47); näher dazu Rn.6, 22 zu § 33. Ob die Bauartzulassung die *wesentlichen Teile* einer Anlage erfasst, ist ähnlich wie in § 16 zu bestimmen (Böhm GK 20; vgl. Rn.8–11 zu § 16); sie wird idR die Haupteinrichtung (dazu unten Rn.51) erfassen müssen (Kutscheidt LR 35e). Zur Anwendung auf Abfallentsorgungsanlagen Klett/Gerhold, NuR 1993, 426.

37 **(2)** Des Weiteren ist nur dann eine immissionsschutzrechtliche Genehmigung nicht erforderlich, wenn und soweit die Anlage **entsprechend der Bauartzulassung errichtet** *und* **betrieben** wird (Dörr UL D15; Böhm GK 21; Kotulla KO 46). Wird die Bauartzulassung nicht beachtet, handelt es sich um eine Anlage, die ohne die notwendige immissionsschutzrechtliche Genehmigung betrieben wird und daher nach § 20 Abs.2 untersagt werden kann. Die Rechtsverordnung kann vorsehen, dass vor Errichtung oder Betrieb der Anlage ihre Übereinstimmung mit der Bauartzulassung durch die Bescheinigung eines Sachverständigen bestätigt wird, obgleich das in § 4 (anders als in § 23 Abs.1 Nr.5) nicht ausdrücklich vorgesehen ist (Böhm GK 22; Dörr UL D16). Eine solche Bestätigung liegt auch im Interesse des Anlagenbetreibers, der insbesondere wegen der strafrechtlichen Folgen des Betriebs ohne Genehmigung Klarheit darüber haben muss, ob die Bauartzulassung die Genehmigung ersetzt.

38 **bb)** Was die **Wirkungen** der Ausnahme angeht, so dispensiert sie allein vom immissionsschutzrechtlichen Genehmigungsverfahren. Im Übrigen ist das Recht der genehmigungsbedürftigen Anlagen in vollem Umfange anzuwenden (Feldhaus FE 15a; Böhm GK 24), solange die Anlage nicht generell aus dem Katalog der 4. BImSchV entlassen wird (Kutscheidt LR 35c). Andernfalls würden für die gleiche Anlage einmal die Anforderungen der §§ 5ff und einmal die der §§ 22ff gelten, je nachdem, ob für die Anlage eine Bauartzulassung erteilt wurde und die Anlage entsprechend den Anforderungen der Zulassung betrieben wird. Nicht befreit wird auch von anderen Zulassungen, etwa von der Baugenehmigung.

Genehmigung   § 4

c) Ersetzung durch andere Zulassung

Eine (eigene) immissionsschutzrechtliche Genehmigung ist (des Weiteren) nicht erforderlich, wenn sie durch eine andere **behördliche Zulassung** bzw. Planfeststellung **ersetzt** wird. In einem solchen Falle ist die Anlage zwar eine genehmigungsbedürftige Anlage iSd BImSchG, die Zulassung erfolgt jedoch nicht in einem immissionsschutzrechtlichen Genehmigungsverfahren. An seine Stelle tritt ein anderes Zulassungsverfahren. Im Einzelnen handelt es sich dabei um folgende Fälle: **39**

(1) Die Genehmigung für **kerntechnische Anlagen** nach § 7 AtG schließt die immissionsschutzrechtliche Genehmigung gem. § 8 Abs.2 AtG ein, allerdings nur für die Teile, die von der atomrechtlichen Genehmigung erfasst werden (dazu Rn.22 zu § 2). − **(2)** Ein für verbindlich erklärter **Sanierungsplan für Altlasten** ersetzt gem. § 13 Abs.6 S.2 BBodSchG die immissionsschutzrechtliche Genehmigung. − **(3)** Der Planfeststellungsbeschluss für **Abfalldeponien** ersetzt die immissionsschutzrechtliche Genehmigung gem. § 75 Abs.1 S.1 VwVfG. Zu Plangenehmigungen nach § 31 Abs.3 KrW-/AbfG vgl. Rn.12 zu § 13. Alle anderen Abfallentsorgungsanlagen bedürfen dagegen seit der Neufassung des AbfG im Jahre 1993 einer immissionsschutzrechtlichen Genehmigung, sofern sie in der 4. BImSchV aufgeführt sind (dazu oben Rn.17a); vgl. auch die Übergangsregelung in § 67 Abs.7 (Rn.38–41 zu § 67). Über § 27 Abs.2 KrW-/AbfG kann von dem Erfordernis einer immissionsschutzrechtlichen Genehmigung für Abfallentsorgungsanlagen nicht abgesehen werden. − **(4)** Schließlich wird bei allen anderen Anlagen und Einrichtungen, für die ein **Planfeststellungsbeschluss** ergeht, die immissionsschutzrechtliche Genehmigung durch diesen Beschluss ersetzt (Kutscheidt LR 32; vgl. § 75 Abs.1 S.2 VwVfG). Dies gilt etwa für Planfeststellungen für Straßen und für Eisenbahnanlagen (insb. gem. § 18 AEG), für die bergrechtliche Zulassung des Betriebsplans im Wege eines Planfeststellungsverfahrens nach § 52 Abs.2a BBergG (oben Rn.31a) sowie − trotz § 9 Abs.1 S.3 LuftVG − für die Planfeststellung für Flugplätze (Dietlein LR § 2 Rn.24). **40**

d) Nebenanlagen u. ä. an Bundesverkehrswegen

Unsicher ist, wieweit eine immissionsschutzrechtliche Genehmigung bei Anlagen erforderlich ist, die mit **Bundesfernstraßen** oder **Bundeswasserstraßen** in Zusammenhang stehen. Die Frage stellt sich allerdings nur hinsichtlich der Genehmigungspflicht von Nebenanlagen und Nebeneinrichtungen, weil die Verkehrswege selbst keine Anlagen iSd BImSchG sind (Rn.79 zu § 3). Soweit für solche Anlagen nach dem BImSchG eine Genehmigung notwendig ist, dispensiert davon möglicherweise für Fernstraßen die Regelung des § 4 S.2 FStrG und für Bundeswasserstraßen die des § 48 S.2 WaStrG. Allerdings betreffen diese Regelungen allein das Sicherheitsrecht (vgl. Feldhaus FE 31 Fn.206; Kodal/Krämer, FStrG, 6. A. 1999, 1267 ff). Bei den für die Zuständigkeit bedeutsamen Regelungen des § 4 S.1 FStrG und des § 48 S.1 WaStrG sieht man darin aber vielfach kein Problem für die Anwendung auf das BImSchG (Einl.37). Im Bereich der **41**

Bundeseisenbahnen ergibt sich dagegen klar aus § 4 Abs.2 AEG, dass nicht von der Genehmigungspflicht für Nebenanlagen und Nebeneinrichtungen befreit, sondern nur die Zuständigkeit verändert wird.

3. Adressat

42 Adressat der Genehmigungspflicht ist allein der Anlagenbetreiber (vgl. die Überschrift zu § 5). Für die Bestimmung des Anlagenbetreibers gelten die Ausführungen in Rn.81–84 zu § 3. Als Anlagenbetreiber idS ist auch derjenige anzusehen, der die Anlage lediglich errichten will (vgl. § 62 Abs.1 Nr.1 und Rn.82 zu § 3).

4. Errichtung und Betrieb als Gegenstand der Genehmigungspflicht

a) Grundlagen

43 Genehmigungspflichtig ist nicht die Anlage an sich, sondern deren Errichtung und Betrieb; zur (wesentlichen) Änderung einer Anlage s. § 16. Die Genehmigung umfasst grundsätzlich beide Elemente. Dementsprechend ist die bloße *Errichtung* genehmigungspflichtig (Paetow KPV § 31 Rn.27; vgl. Rn.3 zu § 5). Umgekehrt ist auch das bloße Betreiben genehmigungsbedürftig; andernfalls würde die Befristung gem. § 12 Abs.2, 3 sowie das Erlöschen gem. § 18 Abs.1 Nr.2 ins Leere gehen (Dörr UL D3; Böhm GK 101). Die Bemühungen, die Benutzung vorhandener Anlagen ohne ein „Herrichten" zum Betrieb einer genehmigungspflichtigen Anlage als „Errichten" zu qualifizieren (Kutscheidt LR 36), sind daher unnötig (Böhm GK 102). Es handelt sich in diesem Falle um bloßes Betreiben, das ebenfalls genehmigungspflichtig ist. Nicht genehmigungsbedürftig ist die Stilllegung oder Beseitigung einer Anlage (Feldhaus FE 13; vgl. auch unten Rn.47); insoweit besteht eine bloße Anzeigepflicht (Rn.39ff zu § 15).

b) Errichtung

44 aa) Die **Errichtung** einer Anlage **beginnt** mit ihrer Aufstellung an dem vorgesehenen Ort (BayObLG, NVwZ 1986, 695) bzw. mit dem Beginn der Baumaßnahmen am Verwendungsort (Feldhaus FE 14; Dörr UL D4). Die Errichtung **endet** mit der Einrichtung der Anlage (Kotulla KO 70); zum Probebetrieb unten Rn.46. Planung und Bestellung bilden noch keine Errichtung (Kutscheidt LR 37). Ist die Anlage Teil einer größeren Betriebsstätte, dann stellen Erdarbeiten sowie das Einrichten der Baustelle noch keine Errichtung dar (OVG RP, NVwZ 1987, 249); vgl. auch Rn.16 zu § 67. Die Errichtung umfasst nicht nur Baumaßnahmen, sondern auch die Aufstellung und Errichtung von Geräten etc. (Kutscheidt LR 28 zu § 6). Nicht mit der Errichtung verwechselt werden darf die *„Herstellung"* von Anlagen bzw. Anlagenteilen (dazu Rn.110 zu § 3), die im 3. Teil des BImSchG geregelt ist, und regelmäßig an einem anderen Ort als dem der (endgültigen) Aufstellung der Anlage stattfindet.

Genehmigung **§ 4**

Die Errichtung ist von der **Änderung** einer Anlage abzugrenzen (dazu 45
Rn.12a zu § 15). Darüber hinaus ist die unveränderte **Wiedererrichtung**
einer Anlage seit der Einfügung von § 16 Abs.5 weder als Änderung noch
als Errichtung einzustufen (Kutscheidt LR 34a; Rebentisch FE 42 zu § 15;
a. A. Dörr UL D4). Mit der Regelung sollte ausweislich der Entstehungsgeschichte vom Erfordernis der Änderungs- wie der Neugenehmigung
befreit werden (BT-Drs. 13/3996, S.19). Vor Erlass dieser Regelung war
die Frage umstritten (für Errichtung Feldhaus FE 14; Martens o. Lit. 237 ff;
diff. Kutscheidt LR 34). Näher zu Voraussetzungen und Folgen Rn.6f zu
§ 16.

bb) Umstritten ist, ob die **Prüfung der Betriebstüchtigkeit** bzw. ein 46
Probebetrieb noch der Errichtung zuzurechnen ist (so BReg., BT-
Drs. 14/4599, 149; Kotulla KO 75; Sellner 92 zu § 8a) oder bereits die
erste Stufe des Betriebs bildet (so Feldhaus FE 15; Engelhardt 15). Die
Funktion des Probebetriebs sowie der Vergleich der Regelungen des § 8a
Abs.1 und des § 8a Abs.3 spricht für eine Zuordnung zur Errichtung, die
möglichen Gefahren des Probebetriebs für eine Zuordnung zum Betrieb
(vgl. BR-Drs. 868/1/92, S.71). Sofern man die Prüfung der Betriebstüchtigkeit bzw. den Probebetrieb sehr restriktiv versteht (dazu Rn.4 zu § 8a),
treten allerdings die Gefahrenaspekte zurück, was eine Zuordnung zur Errichtung erlaubt (vgl. Böhm GK 105).

c) Betrieb

Der Betrieb einer Anlage besteht in ihrer Verwendung entsprechend dem 47
Verwendungszweck (Kotulla KO 73), in der zweckbestimmten Anlagennutzung. Er erfasst nicht nur die Produktion im engeren Sinne, sondern die
gesamte Betriebsweise, einschl. Wartung und Unterhaltung (Amtl. Begr.,
BT-Drs. 7/179, 31; Böhm GK 107; Kutscheidt LR 38). Der Betrieb wird
von den Produktionsverfahren, von der Kapazität (Kutscheidt LR 32 zu
§ 6), von den Einsatz-, Zwischen-, Neben- und Endprodukten, von den
anfallenden Reststoffen, von den Arbeitsabläufen und von den Betriebszeiten bestimmt (Ohms Rn.436) und schließt den Kfz-Verkehr auf dem
Anlagengrundstück ein (unten Rn.59). Er **beginnt** mit der Inbetriebnahme
der Anlage zu Produktionszwecken; zum Probebetrieb oben Rn.46. Der
Betrieb **endet** mit der endgültigen Stilllegung oder einer Unterbrechung
von mehr als drei Jahren (näher dazu Rn.4–6 zu § 18). Der Abbruch der
Anlage gehört nicht mehr zum Betrieb (vgl. oben Rn.43).

5. Umfang der zu genehmigenden Anlage

a) Problemstellung und Rechtsgrundlagen

aa) Von erheblicher praktischer Bedeutung ist die Frage, was alles zu 48
einer zu genehmigenden Anlage gehört. Zählt zur Anlage nur die emittierende technische Einrichtung oder die gesamte Betriebsstätte? Die Antwort auf diese Frage kann die Genehmigungspflicht beeinflussen, etwa
wenn es darum geht, ob verschiedene Objekte **eine** Anlage bilden und

§ 4 Genehmigungsbedürftige Anlagen

damit wegen des Überschreitens quantitativer Grenzen genehmigungsbedürftig werden. Weiter ist der Anlagenumfang für die Bestimmung des Prüfungsumfangs von Bedeutung, obgleich die Beurteilung der Anlage häufig die Einbeziehung von Faktoren außerhalb der Anlage notwendig macht (Feldhaus FE 24); vgl. unten Rn.62 und Rn.13 zu § 5. Relevant wird der Anlagenumfang auch, wenn in einer Vorschrift auf die Gesamtemissionen einer Anlage abgestellt wird (Böhm GK 52).

49   Die Frage des (vor Erteilung einer Genehmigung bedeutsamen) **rechtlich gebotenen Genehmigungsumfangs** darf nicht mit der Frage verwechselt werden, welchen sachlichen Umfang eine genehmigte Anlage hat, welchen **gegenständlichen Umfang** also eine Genehmigung besitzt (Jarass, NVwZ 1995, 530). Für diese Frage hat der rechtlich gebotene Umfang nur mittelbare bzw. begrenzte Bedeutung; näher dazu Rn.37f zu § 6. Weiterhin ist die Frage des Anlagenumfangs von der Frage zu trennen, wieweit im immissionsschutzrechtlichen Genehmigungsverfahren auch benachbarte Vorhaben zu berücksichtigen sind; dazu Rn.50 zu § 10.

50   bb) Die **Rechtsgrundlagen** zum (gebotenen) Umfang einer zu genehmigenden Anlage finden sich zunächst in § 1 Abs.2 der 4. BImSchV. Die Vorschrift unterscheidet die Haupteinrichtung (näher dazu unten Rn.51–53) und die zugehörigen Nebeneinrichtungen u. ä. (näher dazu unten Rn.54–59). Des Weiteren ergeben sich Anhaltspunkte für den Umfang aus der Regelung für gleichartige Anlagen in § 1 Abs.3 der 4. BImSchV und für Teile und Nebeneinrichtungen in § 1 Abs.4 der 4. BImSchV (dazu unten Rn.60f). Darüber hinaus müssen die sonstigen Vorschriften des Immissionsschutzrechts bei der Bestimmung des Anlagenumfangs berücksichtigt werden. Insoweit ist bedeutsam, dass eine sachgerechte Beurteilung der Genehmigungsvoraussetzungen bei einer weiten Bestimmung des Anlagenumfangs regelmäßig besser möglich ist (Jarass o. Lit. A 1987, 28). Zudem wird man dem Sinn des § 13 nur unzureichend gerecht, wenn die Konzentration wegen der engen Fassung des Anlagenumfangs wenig Wirkung erzielt (vgl. Rn.15 zu § 13). Daraus folgt, dass im Zweifel ein weiter Anlagenumfang zugrunde zu legen ist (Böhm GK 52; Feldhaus FE 22; Hansmann LR (4) § 1 Rn.5; Führ o. Lit. 104). Andererseits dürfen dadurch die Regelungsaussagen des § 1 Abs.2 und des Anhangs zur 4. BImSchV nicht unterlaufen werden. Andernfalls würde der Kreis der genehmigungsbedürftigen Anlagen über die Vorgaben der 4. BImSchV hinaus erweitert (BVerwGE 69, 351/356f = NVwZ 1985, 46; Dörr UL C9; Martens o. Lit. 74). Insgesamt ist die genehmigungsbedürftige Anlage nicht selten nur ein Teil der Betriebsstätte, was rechtspolitisch fragwürdig ist, weil damit wirtschaftlich und technisch aufeinander bezogene Teile einem unterschiedlichen rechtlichen Regime und einer geteilten Überwachung unterliegen.

b) Haupteinrichtung

51   aa) Zur Anlage rechnen zunächst gem. § 1 Abs.2 Nr.1 der 4. BImSchV alle „Anlagenteile und Verfahrensschritte, die **zum Betrieb notwen-**

Genehmigung § 4

dig sind"; sie bilden die *Haupteinrichtung* (Dörr UL C9; Jarass, NVwZ 1995, 531). Zum Teil spricht man auch vom „Anlagenkern" (Martens o. Lit. 73). Für die Frage, was der Betrieb der betreffenden Anlage erfordert, kommt es entscheidend auf die Formulierungen des *Anhangs zur 4. BImSchV* an. Dort wird in aller Regel ein bestimmter Zweck zur Kennzeichnung der jeweiligen Anlage festgelegt. Dieser Zweck ist entscheidend für die Beantwortung der Frage, was zum Betrieb der Anlage notwendig ist (BVerwGE 69, 351/355; Martens o. Lit. 74; Hansmann LR (4) § 1 Rn.14). Die Haupteinrichtung besteht somit aus allen Anlagenteilen und Verfahrensschritten, die der Erreichung dieses Zweckes dienen. Soweit zur Kennzeichnung einer Anlage im Anhang zur 4. BImSchV ausnahmsweise nicht der Anlagenzweck benutzt wird, wie etwa bei Kraftwerken oder Feuerungsanlagen, besteht die Haupteinrichtung aus allen Anlagenteilen und Verfahrensschritten, die zum Betrieb solcher Anlagen typischerweise erforderlich sind. Bei Kraftwerken dürfte das die gesamte Betriebsstätte sein (Kutscheidt LR 20; Marburger o. Lit. 36). Auch bei Abfallentsorgungsanlagen wird regelmäßig die gesamte Betriebsstätte genehmigungsbedürftig sein; ein Rückgriff auf den abfallrechtlichen Anlagenbegriff ist jedenfalls nicht möglich (Hösel/v. Lersner § 7 Rn.8; vgl. Kretz, UPR 1994, 46 f).

Im Einzelnen gehören zur Haupteinrichtung alle für den betreffenden 52 Prozess der Herstellung, Gewinnung, Verarbeitung etc. unmittelbar eingesetzten Anlagenteile und Verfahrensschritte, wie Reaktionsbehälter, Brenner, Motoren, Rohrleitungen, Pumpen etc. Zudem gehören zur Haupteinrichtung die auf diesen Prozess bezogenen Hilfseinrichtungen, etwa Messgeräte, Steuergeräte oder Regelgeräte (Feldhaus FE 23; Henkel o. Lit. 116; Jarass, NVwZ 1995, 532). Einrichtungen zum An- und Abtransport von Rohstoffen und Fertigteilen werden häufig erfasst (Marburger o. Lit. 41), nicht jedoch eigenständige Lager; diese sind Nebeneinrichtungen (unten Rn.58). Schließlich gehören zur Haupteinrichtung alle Anlagenteile und Verfahrensschritte, die für die Sicherheit des betreffenden Prozesses erforderlich sind (Marburger o. Lit. 41; Jarass, NVwZ 1995, 532; Hansmann LR (4) § 1 Rn.14). Ein Gebäude wird erfasst, wenn es im Wesentlichen allein der Unterbringung der betreffenden Anlage dient (Martens o. Lit. 78).

bb) Schwierigkeiten ergeben sich, wenn der Zweck der zu beurteilen- 53 den Einrichtung **weiter als der Zweck** ausfällt, der im Anhang zur 4. BImSchV zur Kennzeichnung der betreffenden Anlagenart genutzt wird, etwa wenn in einer Betriebsstätte die Produkte des im Anhang beschriebenen Vorgangs auch weiterverarbeitet werden. In diesem Falle gehört der Vorgang der Weiterverarbeitung nicht mehr zur genehmigungsbedürftigen Anlage (BVerwG, NVwZ-RR 1992, 403 für die Verpackung; Jarass, NVwZ 1995, 532; Dörr UL C9; diff. Führ o. Lit. 117 ff). Gleiches gilt für vorgeschaltete Prozesse. Möglicherweise sind aber solche Anlagenteile und Verfahrensschritte Nebeneinrichtungen (unten Rn.58).

§ 4   Genehmigungsbedürftige Anlagen

c) **Erfasste Nebeneinrichtungen u. ä.**

54   aa) Weiter gehören zur genehmigungsbedürftigen Anlage gem. § 1 Abs.2 Nr.2 der 4. BImSchV bestimmte Nebeneinrichtungen. Das setzt zunächst voraus, dass die betreffenden Anlagenteile und Verfahrensschritte den **Charakter einer Nebeneinrichtung** besitzen: Sie müssen im Hinblick auf die Haupteinrichtung (oben Rn.51) eine untergeordnete, dienende Funktion aufweisen (BVerwGE 69, 351/355 = NVwZ 1985, 46; VGH BW, VBlBW 1991, 376; Marburger o. Lit. 41 f; Hansmann LR (4) § 1 Rn.15). Als Nebeneinrichtungen sind daher Anlagenteile und Verfahrensschritte anzusehen, die für die Erfüllung des Anlagenzwecks nicht erforderlich, gleichwohl aber auf die Haupteinrichtung ausgerichtet sind (Jarass, NVwZ 1995, 532). Entscheidend ist die Einbeziehung in den auf die Hauptanlage bezogenen und von dieser bestimmten Funktionszusammenhang, was bei vor- wie nachgeschalteten Schritten der Fall sein kann (OVG Lüneb, GewArch 1996, 347). Auf die *Notwendigkeit* für das Funktionieren der Hauptanlage kommt es, wie der Umkehrschluss aus § 1 Abs.2 Nr.1 der 4. BImSchV ergibt, nicht an.

55   Eine untergeordnete Funktion ist auch möglich, wenn eine Einrichtung **mehreren Anlagen dient;** sie ist dann Nebeneinrichtung aller dieser Anlagen (BVerwGE 69, 351/356 = NVwZ 1985, 46; Marburger o. Lit. 42; Ludwig FE (4) § 1 Rn.13; Jarass, NVwZ 1995, 532). Dient allerdings die Einrichtung einer Vielzahl von Anlagen und ist sie wegen ihrer Größe und ihres Umfangs nicht mehr auf einzelne Anlagen ausgerichtet, dann fehlt es an einer untergeordneten Stellung, mit der Konsequenz, dass sie der genehmigungsbedürftigen Anlage nicht mehr zugerechnet werden kann (BVerwGE 69, 351/356 f = NVwZ 1985, 46; Hansmann LR (4) § 1 Rn.16). Die Ausgestaltung einer derartigen Einrichtung ist indessen bei der genehmigungsbedürftigen Anlage zu berücksichtigen, mit der Folge, dass eine Änderung der selbständigen Einrichtung gleichzeitig eine Änderung der genehmigungsbedürftigen Anlage sein kann (vgl. BVerwGE 69, 351/357).

56   **Prägt** die Haupteinrichtung **eine ganze Betriebsstätte** oder einen **Betriebsteil,** dann sind sämtliche Einrichtungen und Verfahrensschritte der Betriebsstätte bzw. des Betriebsteils, die nicht der Haupteinrichtung zuzurechnen sind, Nebeneinrichtungen, auch wenn sie den Zweck der Hauptanlage nicht fördern, sondern nur zum Zweck der Betriebsstätte bzw. des Betriebsteils beitragen (vgl. BVerwGE 69, 351/355 = NVwZ 1985, 46; Führ o. Lit. 118 f). Der Charakter als Nebeneinrichtung folgt hier aus dem prägenden Charakter der Hauptanlage sowie aus dem Umstand, dass der Umfang der Anlage im Zweifel weit abzustecken ist (dazu oben Rn.50).

57   **bb)** Nebeneinrichtungen (oben Rn.54–56) werden allerdings gem. § 1 Abs.2 Nr.2 der 4. BImSchV (etwas anders § 3 Abs.3 UmwHG) nur unter zwei Voraussetzungen erfasst: – **(1)** Sie müssen mit der Haupteinrichtung in einem **räumlichen und betriebstechnischen Zusammenhang** ste-

Genehmigung **§ 4**

hen. Die Definition des *engen* räumlichen und betriebstechnischen Zusammenhangs in § 1 Abs.3 S.2 der 4. BImSchV (dazu oben Rn.21) kann hier nicht entscheidend sein. Die Grenzen sind hier großzügiger abzustecken. So dürfte für den räumlichen Zusammenhang genügen, wenn sich die Anlage in der weiteren Nachbarschaft befindet, sei es auch getrennt durch andere Anlagen. Auch müssen Nebenanlagen nicht notwendig auf dem gleichen Betriebsgelände liegen (Hansmann LR (4) § 1 Rn.18). Schließlich kann es hier nicht darauf ankommen, ob die Anlage einem vergleichbaren technischen Zweck dient (vgl. oben Rn.21). Zusätzlich ist ein betriebstechnischer Zusammenhang erforderlich. Er wird durch gemeinsame technische Einrichtungen hergestellt, auch solche beweglicher Natur (Hansmann LR (4) § 1 Rn.19).

(2) Des Weiteren muss die Nebeneinrichtung gem. § 1 Abs.2 Nr.2 der **57a** 4. BImSchV von **Bedeutung für den Immissions- und Gefahrenschutz** sein. Dies ist der Fall, wenn sich die Nebeneinrichtung auf das Emissions- und (etwa durch Abschirmung) das Immissionsverhalten oder auf die technische Sicherheit der Haupteinrichtung auswirken kann (Marburger o. Lit. 44f; Dörr UL C10). Erfasst wird *auch* der Fall, dass die Nebenanlage selbst Emissionen oder andere Gefahren auslöst (Hansmann LR (4) § 1 Rn.20; a.A. Marburger o. Lit. 44f). Dabei müssen die Risiken der Nebeneinrichtung nicht die gleichen wie die der Haupteinrichtung sein (Feldhaus FE 24). Unbefriedigend ist, dass § 1 Abs.2 Nr.2 der 4. BImSchV Auswirkungen auf die Abfallpflichten nicht erwähnt, zumal die Ermächtigung des § 4 Abs.1 einer solchen Ausweitung nicht entgegenstehen würde, da es hier um den Umfang einer genehmigungsbedürftigen Anlage geht (ähnlich wohl Feldhaus FE 24). Ein Teil der Abfallrisiken wird aber durch die Abwehr sonstiger Gefahren nach § 1 Abs.2 Nr.2c der 4. BImSchV erfasst (Böhm GK 62).

cc) Im Einzelnen kommen als Nebeneinrichtungen in Betracht, sofern **58** sie die oben in Rn.54–57 beschriebenen Voraussetzungen erfüllen (BVerwG, UPR 1992, 182): Fertigproduktlager, Rohstofflager, Reststofflager, Transporteinrichtungen, Abfülleinrichtungen (Ohms Rn.118), Verpackungseinrichtungen, Lagerhallen (BVerwG NVwZ-RR 1992, 402), Abgasreinigungsanlagen (BR-Drs. 226/85, 42), Kühltürme (vgl. Rn.18 zu § 2), Fackelsysteme (Böhm GK 64), Anlagen zur Abfallverwertung (Hansmann LR (4) § 1 Rn.19), Anlagen der Abfallbeseitigung (Böhm GK 64; Feldhaus FE 24), mit Ausnahme von planfeststellungsbedürftigen Deponien, Wasserbenutzungsanlagen (Feldhaus FE 24). Dies gilt auch dann, wenn für die Nebeneinrichtung eine eigenständige Genehmigung, etwa nach Wasser- oder Abfallrecht, erforderlich ist. Anlagen zur Herstellung von Einsatzstoffen oder Anlagen der Weiterverarbeitung sind keine Nebenanlagen (Böhm GK 64; vgl. Jarass, o. Lit. A 1987, 27f), es sei denn, die Anlage prägt die gesamte Betriebsstätte bzw. den gesamten Betriebsteil (oben Rn.56). Bei Verwaltungs- und Sozialgebäuden fehlt häufig der betriebstechnische Zusammenhang (Hansmann LR (4) § 1 Rn.19; Böhm GK 68).

59 Erfasst wird auch der **Kraftfahrzeugverkehr** auf dem Betriebsgrundstück sowie in dessen unmittelbarer Nachbarschaft, soweit er in einem betriebstechnischen bzw. funktionellen Zusammenhang mit der Haupteinrichtung steht und noch nicht im allgemeinen Verkehr aufgegangen ist (BVerwG, NVwZ 1998, 1176; NVwZ 1999, 527; VGH BW, DVBl 1996, 689; Dörr UL D9; Feldhaus FE 15; Kotulla KO 74; vgl. § 3 Nr.4 der 18. BImSchV). Die Situation kann hier nicht anders als im Polizei- und Ordnungsrecht oder im Gaststättenrecht sein. Dies gilt auch für den Lärm auf öffentlichen Verkehrswegen. Näher zur Berücksichtigung von Verkehrsgeräuschen Rn.18 zu § 48.

d) Zusammenfassung von Anlagen

60 Nach dem Sinn des § 1 Abs.3 der 4. BImSchV sind gleichartige Anlagen zu *einer* genehmigungsbedürftigen Anlage zusammenzufassen (Böhm GK 65; Feldhaus FE 25; vgl. OVG Berl, NVwZ 1985, 756 f). Sie bilden eine **gemeinsame Anlage** (Jarass, NVwZ 1995, 533). Dies gilt auch dann, wenn für die entsprechenden Anlagen im Anhang zur 4. BImSchV keine Leistungsgrenzen vorgesehen sind (Martens o. Lit. 109 f; Kutscheidt LR 22). Zudem ist eine Zusammenfassung auch dann angebracht, wenn eine oder alle Anlagen die Leistungsgrenzen überschreiten (vgl. Marburger o. Lit. 47). Voraussetzung ist aber in jedem Fall, dass es sich um Anlagen derselben Art handelt und sie in einem engen räumlichen und betrieblichen Zusammenhang stehen (näher dazu oben Rn.20–22). Ist das nicht der Fall, liegen zwei selbständige genehmigungsbedürftige Anlagen vor (Jarass, NVwZ 1995, 533; implizit BayVGH, NVwZ-RR 1991, 530). In solchen Fällen ist es aber regelmäßig sinnvoll, ein gemeinsames, kombiniertes Genehmigungsverfahren durchzuführen, wenn die Anlagen Teil eines Vorhabens sind. Entsprechendes gilt, wenn in Zusammenhang mit der genehmigungsbedürftigen Anlage eine überwachungsbedürftige Anlage iSd § 2 Abs.7 GPSG errichtet wird und diese nicht Teil der immissionsschutzrechtlichen Anlage ist (vgl. Kutscheidt LR 26).

61 Mehrere Anlagen sind des Weiteren gem. § 1 Abs.4 der 4. BImSchV zusammenzufassen, wenn die eine Anlage **Teil** der Haupteinrichtung der anderen Anlage ist oder als **Nebeneinrichtung** (oben Rn.54–59) der anderen Anlage zugerechnet werden kann (Hansmann LR (4) § 1 Rn.29; Jarass, NVwZ 1995, 533).

62 (unbesetzt)

6. Durchsetzung, Sanktionen, Rechtsschutz

a) Durchsetzung und Sanktionen

63 Wer gegen die Genehmigungspflicht verstößt, d. h. eine genehmigungsbedürftige Anlage ohne Genehmigung betreibt, riskiert, dass die zuständige Behörde die Anlage stilllegt oder beseitigt (näher Rn.33 ff zu § 20). Wer vorsätzlich oder fahrlässig eine genehmigungsbedürftige Anlage ohne Genehmigung oder unter Überschreitung der Genehmigungsgrenzen **er-**

Pflichten der Betreiber §5

richtet, begeht gem. § 62 Abs.1 Nr.1 eine Ordnungswidrigkeit; näher dazu Rn.3–6, 8f, 12 zu § 62. Wer vorsätzlich oder fahrlässig eine Anlage ohne Genehmigung oder unter Missachtung der Genehmigungsgrenzen **betreibt,** begeht gem. § 327 Abs.2 StGB eine Straftat; bei Vorliegen weiterer Voraussetzungen kommt auch eine Straftat gem. § 324a StGB, gem. § 325 StGB oder gem. § 325a StGB in Betracht, evtl. in der Form des § 330 StGB (Text in Rn.2ff zu § 63). Das Vorliegen der Ordnungswidrigkeit bzw. der Straftat hängt nicht davon ab, ob die Anlage genehmigungsfähig ist (Dörr UL F2; Feldhaus FE 42). Ein Betrieb ohne Genehmigung liegt auch vor, wenn gegen die Genehmigung Widerspruch oder Klage eingelegt und keine sofortige Vollziehung angeordnet wurde (vgl Rn.34 zu § 6, aber auch Rn.35 zu § 20). Durch stillschweigende oder erklärte behördliche Duldung oder Förderung des Anlagenbetriebs wird die Genehmigung nicht ersetzt (BVerwGE 85, 368/372 = NVwZ 1991, 369; Kutscheidt LR 30; Czajka FE § 10 Anm.84); dies zeigt auch das Schriftlichkeitserfordernis in § 10 Abs.7 (vgl. auch Rn.37 zu § 20).

b) Rechtsschutz

In Zweifelsfällen kann die Genehmigungsbedürftigkeit durch eine Feststellungsklage geklärt werden. Was den Rechtsschutz der **Nachbarn** (zu ihrer Abgrenzung Rn.33–38 zu § 3) angeht, so kommt dem Genehmigungsvorbehalt des § 4 nach der Rspr. kein drittschützender Charakter zu (BVerwGE 85, 368/374f = NVwZ 1991, 369; NdsOVG, UPR 1996, 78; OVG NW, NVwZ 2003, 362). Dagegen werden in der Literatur gewichtige Gründe vorgetragen (Roßnagel GK 60 zu § 19; Hansmann LR 90 zu § 20); doch entspricht dies der Lage bei anderen Zulassungen. Ist allerdings ein *förmliches Verfahren* notwendig, dann gilt es zu beachten, dass eine Reihe von Vorgaben dieses Verfahrens drittschützender Natur sind (vgl. Rn.130 zu § 10). Sie werden immer verletzt, wenn überhaupt kein Genehmigungsverfahren durchgeführt wird (vgl. Böhm GK 112). **64**

§ 5 Pflichten der Betreiber genehmigungsbedürftiger Anlagen

(1) Genehmigungsbedürftige Anlagen sind so zu errichten und zu betreiben, dass zur Gewährleistung eines hohen Schutzniveaus für die Umwelt insgesamt[5]
1. **schädliche Umwelteinwirkungen**[11 ff] **und sonstige Gefahren, erhebliche Nachteile und erhebliche Belästigungen**[24 ff] **für die Allgemeinheit und die Nachbarschaft nicht hervorgerufen werden können;**[5 ff]
2. **Vorsorge gegen schädliche Umwelteinwirkungen und sonstige Gefahren, erhebliche Nachteile und erhebliche Belästigungen getroffen wird,**[46 ff] **insbesondere durch die dem Stand der Technik entsprechenden Maßnahmen;**[51 ff]
3. **Abfälle vermieden, nicht zu vermeidende Abfälle verwertet und nicht zu verwertende Abfälle ohne Beeinträchtigung des Wohls der**

Allgemeinheit beseitigt werden;[72 ff] Abfälle sind nicht zu vermeiden, soweit die Vermeidung technisch nicht möglich oder nicht zumutbar ist;[81 ff] die Vermeidung ist unzulässig, soweit sie zu nachteiligeren Umweltauswirkungen führt als die Verwertung;[83] die Verwertung und Beseitigung von Abfällen erfolgt nach den Vorschriften des Kreislaufwirtschafts- und Abfallgesetzes und den sonstigen für die Abfälle geltenden Vorschriften;[85 ff]
4. Energie sparsam und effizient verwendet wird.[96 ff]

Zur Erfüllung der Vorsorgepflicht nach Satz 1 Nr.2 sind bei genehmigungsbedürftigen Anlagen, die dem Anwendungsbereich des Treibhausgas-Emissionshandelsgesetzes unterliegen, die Anforderungen der §§ 5 und 6 Abs.1 des Treibhausgas-Emissionshandelsgesetzes einzuhalten.[68 a] Bei diesen Anlagen sind die Anforderungen zur Begrenzung von Treibhausgasemissionen nur zulässig, um zur Erfüllung der Pflichten nach § 5 Abs.1 Nr.1 sicherzustellen, dass im Einwirkungsbereich der Anlage keine schädlichen Umwelteinwirkungen entstehen.[68 a] Bei diesen Anlagen dürfen zur Erfüllung der Pflicht zur effizienten Verwendung von Energie in Bezug auf die Emissionen von Kohlendioxid, die auf Verbrennungs- oder anderen Prozessen beruhen, keine Anforderungen gestellt werden, die über die Pflichten hinausgehen, welche das Treibhausgas-Emissionshandelsgesetz begründet.[104 a]

(2) *(weggefallen)*

(3) **Genehmigungsbedürftige Anlagen sind so zu errichten, zu betreiben und stillzulegen, dass auch nach einer Betriebseinstellung**[105 ff]
1. **von der Anlage oder dem Anlagengrundstück keine schädlichen Umwelteinwirkungen und sonstige Gefahren, erhebliche Nachteile und erhebliche Belästigungen für die Allgemeinheit und die Nachbarschaft hervorgerufen werden können,**[109 ff]
2. **vorhandene Abfälle ordnungsgemäß und schadlos verwertet oder ohne Beeinträchtigung des Wohls der Allgemeinheit beseitigt werden**[112 f] **und**
3. **die Wiederherstellung eines ordnungsgemäßen Zustandes des Betriebsgeländes gewährleistet ist.**[114]

Übersicht

I. Bedeutung, Bezugsbereich, EG-Recht	1
1. Unmittelbare Geltung und dynamischer Charakter der Grundpflichten	1
2. Weitere übergreifende Gemeinsamkeiten der Grundpflichten	3
a) Bezugsbereiche und Beschränkung auf Anlagenbereich	3
b) Instrumentenwahl	4
c) Integrierter Umweltschutz	5
3. EG-Recht	5a

Pflichten der Betreiber § 5

II. Schutz bzw. Gefahrenabwehrpflichten nach Abs.1 Nr.1   6
  1. Begriff, Bedeutung, Abgrenzung 6
    a) Begriff und Bedeutung 6
    b) Abgrenzung zu anderen Vorschriften 8
  2. Sachlicher, zeitlicher und persönlicher Anwendungsbereich 9
    a) Sachlicher und zeitlicher Anwendungsbereich 9
    b) Adressat 10
  3. Konkret schädliche Umwelteinwirkungen 11
    a) Emissionen der Anlage 11
    b) Mitverursachung von Immissionen 15
    c) Schädlichkeit 1: Negative Effekte, Wahrscheinlichkeit 18
    d) Schädlichkeit 2: Erheblichkeit 20
  4. Sonstige konkret schädliche Einwirkungen 24
    a) Sonstige Einwirkungen 24
    b) Einzelne Bereiche sonstiger Einwirkungen 27
    c) Verursachung negativer Effekte 30
  5. Maßnahmen der Schutz- und Abwehrpflicht 33
    a) Mögliche Maßnahmen und Spielraum des Anlagenbetreibers 33
    b) Insb. Immissionskompensation 35
  6. Konkretisierende Regelungen 37
    a) Luftverunreinigungen 37
    b) Lärm 40
    c) Sonstige Immissionen 41
    d) Bodenverunreinigungen 42
    e) Störfälle 43

III. Vorsorgepflicht nach Abs.1 Nr.2 46
  1. Bedeutung und Ziele 46
  2. Sachlicher, zeitlicher und persönlicher Anwendungsbereich 49
  3. Vorsorge gegen schädliche Umwelteinwirkungen 50
    a) Allgemeines 50
    b) Emissionsbegrenzung nach dem Stand der Technik   51
    c) Sonstige Begrenzung (immissions- und raumbezogene Vorsorge 54
  4. Vorsorge gegen sonstige Einwirkungen 57
  5. Maßnahmen der Vorsorge 59
  6. Maß und Reichweite der Vorsorge (Verhältnismäßigkeit) 60
    a) Allgemeines 60
    b) Verhältnismäßigkeit bei konkretisierenden Vorschriften 63
    c) Verhältnismäßigkeit ohne konkretisierende Vorschriften 64
  7. Konkretisierende Regelungen 66
    a) Partielle Notwendigkeit der Konkretisierung 66
    b) Bedeutung von Rechts- und Verwaltungsvorschriften 67a
    c) Vorhandene Konkretisierungen 68

§ 5 Genehmigungsbedürftige Anlagen

IV. Abfallpflichten nach Abs.1 Nr.3 72
  1. Bedeutung und Abgrenzung zu anderen Vorschriften 72
  2. Sachlicher, zeitlicher und persönlicher Anwendungsbereich 73
  3. Erfasste Stoffe (Abfälle) 74
    a) Ausgangspunkt: Abfallbegriff des KrW-/AbfG 74
    b) Erweiterung des Abfallbegriffs 77
  4. Pflicht zur Vermeidung von Abfällen 78
    a) Vermeidungsbegriff und Rechtsgrundlagen 78
    b) Grundsätzlicher Vorrang der Vermeidung vor Verwertung und Beseitigung 80
    c) Rechtmäßigkeit der Vermeidung 83
  5. Pflichten zur Verwertung und Beseitigung von Abfällen 85
    a) Rechtsgrundlagen 85
    b) Anfall der Abfälle sowie Beschränkung auf Anlagenbereich 87
    c) Begriff, Vorrang und Art und Weise der Verwertung 90
    d) Pflicht zur Beseitigung 92
  6. Konkretisierung 95
V. Energieverwendungspflicht nach Abs.1 Nr.4 96
  1. Bedeutung und Abgrenzung zu anderen Vorschriften 96
  2. Sachlicher, zeitlicher und persönlicher Anwendungsbereich 97
  3. Pflichten 98
    a) Einschlägige Pflichten der Energieverwendung 98
    b) Rechtmäßigkeit und Zumutbarkeit der Energieverwendung 102
  4. Konkretisierung 103
VI. Nachsorgepflichten nach Abs.3 105
  1. Bedeutung und Abgrenzung zu anderen Vorschriften 105
  2. Anwendungsbereich 106
    a) Sachlicher und zeitlicher Anwendungsbereich 106
    b) Adressat 107
  3. Inhalt der Pflichten 108
    a) Bezugsphase der Pflichten 108
    b) Schutz- bzw. Gefahrenabwehrpflicht nach Abs.3 Nr.1 109
    c) Abfallentsorgungspflichten nach Abs.3 Nr.2 112
    d) Betriebsgeländepflicht des Abs.3 Nr.3 114
  4. Zeitliche Geltung der Pflichten 115
VII. Durchsetzung und Rechtsschutz 116
  1. Durchsetzung und Sanktionen 116
  2. Gerichtliche Kontrolldichte 117
  3. Drittschutz 119
    a) Schutz- bzw. Gefahrenabwehrpflicht des Abs.1 S.1 Nr.1 120
    b) Vorsorgepflicht 121
    c) Abfall- und Energieverwertungspflichten 124
    d) Nachsorgepflichten 125
  4. Privatrecht 126

Pflichten der Betreiber §5

Literatur A (Gefahrenabwehr und Vorsorge): *Czajka,* Vorsorge gegen sonstige Gefahren, in: Festschrift für Kutscheidt, 2003, 249; *Wasielewski,* Die versuchte Umsetzung der IVU-Richtlinie in das deutsche Recht, in: Dolde (Hg.), Umweltrecht im Wandel, 2001, 213; *Kutscheidt,* Anmerkungen zum Vorsorgegrundsatz, in: Dolde (Hg.), Umweltrecht im Wandel, 2001, 437; *Neuser,* Die Erweiterung der immissionsschutzrechtlichen Vorsorgepflichten auf den Bereich der Anlagensicherheit, UPR 2001, 366; *Stapelfeldt,* Die immissionsschutzrechtliche Anlagenzulassung nach europäischem Recht, 2000; *Breuer,* Anlagengenehmigung und Grundpflichten, in: Festschrift für Feldhaus, 1999, 49; *Roßnagel,* Rechtsfragen zur Luftreinhaltung bei Massentierställen, NuR 1998, 69; *Rhein,* Die Durchsetzung immissionsschutzrechtlicher Vorsorgemaßnahmen durch Dritte, 1997; *Enders,* Kompensationsregelungen im Immissionsschutzrecht, 1996; *Kaster,* Das Verhältnis von immissionsschutzrechtlicher Genehmigung und wasserrechtlicher Erlaubnis, 1996; *Kutscheidt,* Immissionsschutzrechtliche Vorsorge und Drittschutz, in: Festschr. Redeker, 1993, 439; *Petersen,* Schutz und Vorsorge, 1993; *Seibert,* Bodenschutz durch Begrenzung von Emissionen und Immissionen nach dem BImSchG, NVwZ 1993, 16; *Bier,* Immissionsschutzrechtlicher Nachbarschutz, ZfBR 1992, 15; *Rebentisch,* Immissionsschutzrechtliche und energiewirtschaftliche Anforderungen an die Wahl der Anlagentechnik, RdE 1991, 174; *Rehbinder,* Prinzipien des Umweltrechts in der Rechtsprechung des Bundesverwaltungsgerichts: Das Vorsorgeprinzip als Beispiel, in: Festschrift für Sendler, 1991, 269; *Breuer,* Anlagensicherheit und Störfälle, NVwZ 1990, 211; *Kloepfer/Kröger,* Zur Konkretisierung der immissionsschutzrechtlichen Vorsorgepflicht, NuR 1990, 8; *Rid/Hammann,* Immissionsschutzrechtliche Lärmvorsorge, NVwZ 1989, 200; *Reich,* Gefahr, Risiko, Restrisiko, 1989; *Trute,* Vorsorgestrukturen und Luftreinhalteplanung im Bundesimmissionsschutzgesetz, 1989; *Huber,* Der Immissionsschutz im Brennpunkt moderner Verwaltungsrechts, AöR 1989, 252; *Rid/Hammann,* Die Grundpflichtenbelastung genehmigter Anlagen im Bundes-Immissionsschutzgesetz, VBlBW 1988, 7; *Wagener,* Der Anspruch auf Immissionsschutz, NuR 1988, 71; *Schröder,* Vorsorge als Prinzip des Immissionsschutzrechts, 1987; *Müller,* Grenzen der Vorsorgepflicht?, NuR 1986, 16; *Jarass,* Reichweite des Bestandsschutzes industrieller Anlagen gegenüber umweltrechtlichen Maßnahmen, DVBl 1986, 314; *Murswiek,* Die staatliche Verantwortung für die Risiken der Technik, 1985; *Rid,* Die Vorsorgepflicht bei genehmigungsbedürftigen Anlagen im Bundes-Immissionsschutzgesetz, 1985; *Grabitz,* Zweck und Maß der Vorsorge nach dem Bundes-Immissionsschutzgesetz, WiVerw 1984, 232; *Schwerdtfeger,* Das System der Vorsorge im BImSchG, WiVerw 1984, 217; *Darnstädt,* Gefahrenabwehr, Gefahrenvorsorge, 1983; *Hansen-Dix,* Die Gefahr im Polizeirecht, im Ordnungsrecht und im technischen Sicherheitsrecht, 1982; *Rengeling,* Die immissionsschutzrechtliche Vorsorge, 1982.

Literatur B (Abfall-, Energie- und Nachsorgepflichten): *Britz,* Zur Effektivität der Energieeinsparinstrumente des BImSchG, UPR 2004, 55; *Winkler,* Die neue Betreiberpflicht, Klimaschutz und Emissionshandel, ZUR 2003, 395; *Buch,* Probleme der Abgrenzung abfallbehördlicher und immissionsschutzbehördlicher Einwirkungsmöglichkeiten, in: Lübbe-Wolff (Hg.), Umweltverträgliche Abfallverwertung, 2001, 145; *Sellner,* Änderungen im Grundpflichtenkatalog des § 5 BImSchG, in: Sonderheft H. Weber, 2001, 62; *Pfaff,* Umsetzung des § 5 Abs.1 Nr.3 BImSchG im Genehmigungsverfahren und bei der Überwachung, Immissionsschutz 2001, 138; *Rebentisch,* Immissionsschutzrechtliche Grundpflichten im Wandel, in: Dolde (Hg.), Umweltrecht im Wandel, 2001, 419; *Segger,* Die Erfüllung immissionsschutzrechtlicher Nachsorgepflichten in der Insolvenz, 2000; *Fluck,* Die Bedeutung des Kreislaufwirtschafts- und Abfallgesetzes für die Zulassung von Industrieanlagen, DVBl 1997, 463; *Rebentisch,* Verhältnis zwischen Abfallrecht und Immissionsschutzrecht, NVwZ 1997, 417;

§ 5 Genehmigungsbedürftige Anlagen

Köster, Vollzug der immissionsschutzrechtlichen Nachsorgepflichten, ZUR 1995, 298; *Jarass,* Reststoffvermeidung und Reststoffverwertung bei der Produktion von Industriegütern, in: Huber (Hg.), Das ökologische Produkt, 1995, 67; *Stockmann,* Die immissionsschutzrechtliche Nachsorgepflicht, 1994; *Jörgensen,* Das Reststoffvermeidungs- und Verwertungsgebot, 1994; *Dierkes,* Die Grundpflichten bei der Einstellung des Betriebes genehmigungsbedürftiger Anlagen gem. § 5 Abs.3 BImSchG, 1994; *Meidrodt,* Das immissionsschutzrechtliche Reststoffvermeidungs- und -verwertungsgebot, 1993; *Hansmann,* Die Nachsorgepflichten im Immissionsschutzrecht, NVwZ 1993, 921; *Seibert,* Bodenschutz durch Begrenzung von Emissionen und Immissionen nach dem Bundes-Immissonsschutzgesetz, NVwZ 1993, 16; *Salzwedel,* Betreiberpflichten im Zusammenhang mit einer Anlagenstillegung, in: Ministerium für Umwelt NRW (Hg.), Neuere Entwicklungen im Immissionsschutzrecht, Umweltrechtstage 1991, 55; *Fluck,* Die immissionsschutzrechtliche Nachsorgepflicht als neues Instrument zur Verhinderung und Beseitigung von Altlasten, BB 1991, 1797; *Vallendar,* Die Betriebseinstellung – Ein neuer Regelungstatbestand des BImSchG, UPR 1991, 91; *Hansmann,* Inhalt und Reichweite der Reststoffvorschrift des § 5 I Nr.3 BImSchG, NVwZ 1990, 409; *Fluck,* Reststoffvermeidung, Reststoffverwertung und Beseitigung als Abfall nach § 5 Abs.1 Nr.3 BImSchG, NuR 1989, 409; *Führ,* Sanierung von Industrieanlagen, 1989.

I. Bedeutung, Bezugsbereich, EG-Recht

1. Unmittelbare Geltung und dynamischer Charakter der Grundpflichten

1 § 5 enthält die „Grundpflichten" für die Errichtung und den Betrieb genehmigungsbedürftiger Anlagen. Diese Pflichten sind nicht nur Maßstabsnormen für die Genehmigungserteilung bzw. für nachträgliche Anordnungen. Vielmehr enthalten sie **unmittelbar** geltende Pflichten für den Anlagenbetreiber (Engelhardt/Schlicht 2; Hoppe/Beckmann/Kauch § 21 Rn.51; Roßnagel GK 25 ff; vorsichtig Dietlein LR 9). Nebenbestimmungen zur Genehmigung beschränken die Grundpflichten regelmäßig nicht (Feldhaus, WuV 1984, 11 f). Insb. muss der Anlagenbetreiber neue Erkenntnisse berücksichtigen; zu eigener Forschung ist er jedoch nicht verpflichtet (Kotulla KO 7; Dietlein LR 11). Die Grundpflichten werden durch den Grundsatz der Verhältnismäßigkeit beschränkt (Wickel o. Lit. A 139 ff; vgl. Rn.11 zu § 7); zum Bestandsschutz vgl. auch Rn.32 zu § 6. Maßnahmen zur Verhinderung von Gesundheitsbeeinträchtigungen sind allerdings immer verhältnismäßig (Engelhardt/Schlicht 23). Die Vorsorgepflicht des Abs.1 S.1 Nr.2 ist außerdem nur teilweise unmittelbar anwendbar (unten Rn.66 f). Eine **förmliche Durchsetzung** der (fortentwickelten) Grundpflichten setzt außerdem ausnahmslos eine Konkretisierung durch Rechtsverordnung oder Verwaltungsakt voraus (Petersen o. Lit. A 31; Dietlein LR 10). Gleichwohl kommt den Grundpflichten eigenständige Bedeutung zu; dazu unten Rn.116. Die These, dass sie erst durch einen konkretisierenden Akt „aktiviert" werden müssen (Dietlein LR 11), ist daher irreführend. Die Situation kann sich hier nicht anders als bei den Grundpflichten des § 22 darstellen, wo die unmittelbare Wir-

Pflichten der Betreiber § 5

kung, auch ohne konkretisierende Regelungen, unverzichtbar ist und vom BVerwG bestätigt wurde (Rn.12 zu § 22). Zudem würden andernfalls die Vorgaben des § 5 bei einem Betrieb ohne Genehmigung nur zum Tragen kommen, soweit die Vorgaben durch Rechtsverordnung konkretisiert sind.

Zur eigenständigen Bedeutung trägt auch der **dynamische Charakter** 2 der Grundpflichten bei: Ihre Reichweite hängt von den konkreten Umständen ab und ändert sich deshalb im Laufe der Zeit, wird meist anspruchsvoller (Dietlein LR 6; Kotulla KO 6; Wickel, DÖV 1997, 679). Bedeutung besitzt der dynamische Charakter zudem bei der Verschärfung von Anforderungen durch Rechtsverordnungen oder Verwaltungsvorschriften (Sendler, WiVerw 1993, 278 f; Sellner Rn.22).

2. Weitere übergreifende Gemeinsamkeiten der Grundpflichten

a) Bezugsbereiche und Beschränkung auf Anlagenbereich

Gegenstand der Pflichten sind nicht die genehmigungsbedürftigen Anla- 3 gen an sich, sondern deren **Errichtung** und **Betrieb** (dazu Rn.43–47 zu § 4). Die Nennung der Errichtung erfolgt dabei zunächst im Hinblick auf die grundpflichtengerechte Beschaffenheit der Anlage, die in der Errichtungsphase gestaltet wird. Daneben werden die Auswirkungen des Errichtungsvorgangs erfasst (Dietlein LR 22; Feldhaus FE 2; a.A. Bodanowitz, NJW 1997, 2352; Petersen o. Lit. A 34 f; diff. zum AtomR BVerwGE 96, 258/264 ff = NVwZ 1995, 999). Der Betrieb endet mit der Betriebseinstellung (Rn.47 zu § 4). Die **Stilllegung** der Anlage wird daher von den Grundpflichten des Abs.1 nicht erfasst, wohl aber kraft ausdrücklicher Regelung von den Grundpflichten des Abs.3 (dazu unten Rn.105 ff).

Die Vorgaben des BImSchG für die Errichtung und den Betrieb von 3 a Anlagen sind generell **anlagenbezogen.** Der Begriff des Anlagenbezugs ist allerdings weit zu verstehen, umfasst einerseits anlagenbezogene Anforderungen ieS, die die Beschaffenheit bzw. den unmittelbaren Anlagenbetrieb betreffen, andererseits – unter bestimmten Voraussetzungen – auch eher stoff- bzw. produktbezogene Anforderungen für die zum Einsatz kommenden oder entstehenden Produkte bzw. Stoffe. Demtentsprechend können sich aus dem BImSchG auch Pflichten zu den Brennstoffen oder zur Lagerung der Produkte ergeben. Stoff- und produktbezogene Anforderungen werden aber nur erfasst, wenn sie die Anlage und ihren Betrieb betreffen, insb. auf den *Anlagenbereich* bezogen sind (BT-Drs. 14/4599, S.127). Sobald Stoffe oder Produkte den Anlagenbereich verlassen haben, greifen die Vorgaben zur Errichtung und zum Betrieb von Anlagen nicht mehr. Daher enthält § 5 keine Pflichten hinsichtlich der (außerhalb der Anlage auftretenden) Umweltschädlichkeit von Erzeugnissen; insoweit kann allenfalls § 6 Abs.1 Nr.2 greifen. Erhebliches Gewicht hat die Beschränkung auf den Anlagenbereich bei der Abfallverwertung und der Abfallbeseitigung (unten Rn.88 f). Die Abgrenzung des **Anlagenbereichs**

§ 5 Genehmigungsbedürftige Anlagen

entspricht der des Anlagengrundstücks, besteht also aus den Flächen, auf denen sich Haupt- und Nebeneinrichtungen befinden, sowie aus umliegenden Flächen, die zur Erfüllung des Anlagenzwecks genutzt werden (dazu unten Rn.109).

b) Instrumentenwahl

4   Die Grundpflichten legen regelmäßig bestimmte Ziele fest: die Vermeidung von Gefahren, ausreichende Vorsorge, Vermeidung von Abfällen etc. Mit Hilfe welcher **Instrumente** das geschieht, bleibt dem Anlagenbetreiber überlassen (Kotulla KO 17; vgl. auch Rn.32 zu § 17). Im Einzelfall können das Anforderungen an den Standort und die Beschaffenheit der Anlage sein, aber auch Anforderungen an den Betrieb. Des Weiteren können die Anforderungen unmittelbar oder mittelbar zur Erreichung des jeweiligen Ziels beitragen. Ein mittelbarer Beitrag wird etwa mit Hilfe betriebsorganisatorischer Maßnahmen erreicht (BT-Drs. 11/4909, 46; Dolde/Vetter, NVwZ 1995, 945), bis hin zu Anforderungen an das eingesetzte Personal (näher Rn.7f zu § 52a). Solche mittelbaren Maßnahmen sind erforderlich, soweit nur auf diese Weise die Grundpflichten sichergestellt werden können.

c) Integrierter Umweltschutz

5   Seit der Änderung der Vorschrift im Jahre 2001 (Einl.2 Nr.34) wird im Einleitungsteil vor den einzelnen Anforderungen auf das Ziel der „Gewährleistung eines hohen Schutzniveaus für die Umwelt insgesamt" hingewiesen (allgemein dazu Rn.8f zu § 1). Damit wird sichergestellt, dass der integrative Ansatz bei der Bestimmung der Anlagepflichten auch dann zum Tragen kommt, wenn konkretere integrative Anforderungen fehlen (BT-Drs. 14/4599, 126; Sellner, in Dolde (Hg), Umweltrecht im Wandel, 2001, 414). Dagegen enthält der Einleitungsteil keine eigenständige Verpflichtung auf ein hohes Schutzniveau, die ggf. zu strengeren Anforderungen führt, als sich dies aus den im Folgenden aufgeführten Grundpflichten ergibt (Dietlein LR 7). Es geht allein um die **integrative Auslegung** der Grundpflichten (missverständlich daher Enders/Krings, DVBl 2001, 1393); dies kann eine bilanzierende Betrachtung erfordern. Bedeutung hat das im Bereich der Immissionen und sonstigen Einwirkungen (Abs.1 S.1 Nr.2), aber auch im Bereich der Abfälle (Abs.1 S.1 Nr.3) und der Energieverwendung (Abs.1 S.1 Nr.4). Zum Konflikt zwischen Luftreinhaltung und Abfallentsorgung vgl. auch unten Rn.83f. Andererseits ist die integrative Betrachtung vor allem im Bereich der Vorsorge bedeutsam (Koch/Siebel/Huffmann, NVwZ 2001, 1084; Dietlein LR 7, 90; unten Rn.61), während sie im Bereich der Gefahrenabwehr von geringer Relevanz ist (unten Rn.23a).

3. EG-Recht

5a   Die Regelung des § 5 dient auch der Umsetzung der Richtlinie 96/61/EG über die integrierte Vermeidung und Verminderung der Umweltverschmutzung (Einl.34 Nr.8), die in Art.3 eine ähnliche Liste von Grund-

Pflichten der Betreiber **§ 5**

pflichten enthält: unter lit.a eine Vorsorgepflicht, unter lit.b eine Art Schutzpflicht, unter lit.c Abfallpflichten, unter lit.d Energiepflichten und unter lit.f Nachsorgepflichten (zu Letzterem unten Rn.114). Die unter lit.e angesprochene Pflicht zur Vermeidung von Unfällen und zur Begrenzung der Folgen hat in § 5 keinen expliziten Niederschlag gefunden, wird aber durch § 5 Abs.1 S.1 Nr.1, 2 abgedeckt, da es dort auch um sonstige Gefahren etc. geht. Die Regelung des § 5 Abs.1 S.1 Nr.3 dient zudem der Umsetzung der Richtlinie 75/442/EWG über Abfälle.

II. Schutz bzw. Gefahrenabwehrpflichten nach Abs.1 Nr.1

1. Begriff, Bedeutung, Abgrenzung

a) Begriff und Bedeutung

Abs.1 Nr.1 verpflichtet den Anlagenbetreiber dafür zu sorgen, dass weder schädliche Umwelteinwirkungen, also schädliche Immissionen (Rn.21 zu § 3), noch sonstige schädliche Einwirkungen (dazu unten Rn.24–26) hervorgerufen werden. In Anlehnung an die Unterscheidung zwischen Schutz und Vorsorge in § 1 wird die Pflicht des § 5 Abs.1 S.1 Nr.1 vielfach als *Schutzpflicht* bezeichnet (Kloepfer § 14 Rn.67; Kotulla KO 24; Hoppe/Beckmann/Kauch § 21 Rn.52). Allerdings spricht das BImSchG in einer Reihe von Vorschriften von „Schutz", in denen auch die Vorsorge gemeint ist (Rn.15 zu § 1). Weniger missverständlich ist der Begriff der *Gefahrenabwehrpflicht* (so Roßnagel GK 142; Bender 8/131; Scheuing GK 89 vor § 32; für „Vermeidungspflicht" Dietlein LR 53). Zum drittschützenden Charakter des Abs.1 S.1 unten Rn.120. 6

Die Vorschrift des Abs.1 S.1 Nr.1 enthält neben der Pflicht, schädliche Umwelteinwirkungen zu vermeiden, die Pflicht, sonstige Gefahren, erhebliche Nachteile und erhebliche Belästigungen zu vermeiden. Berücksichtigt man die Definition der schädlichen Umwelteinwirkungen in § 1 Abs.1, dann zeigt sich, dass die beiden Pflichten völlig übereinstimmen; nur die Schadensquellen sind unterschiedlich (Dietlein LR 124). Während für die 1. Alternative des Abs.1 Nr.1 Immissionen geeignet sein müssen, Gefahren, erhebliche Nachteile oder erhebliche Belästigungen herbeizuführen, müssen bei der 2. Alternative sonstige Einwirkungen diese Eignung besitzen. 7

b) Abgrenzung zu anderen Vorschriften

Der Schutz vor schädlichen Immissionen und noch mehr der Schutz vor sonstigen schädlichen Einwirkungen sind in Teilbereichen auch Gegenstand anderer öffentlich-rechtlicher Vorschriften, etwa des Sprengstoffgesetzes, des Wasserrechts, des Düngemittelrechts, des Abfallrechts, des Rechts der überwachungsbedürftigen Anlagen nach § 2 Abs.7 GPSG und des Gefahrstoffrechts. Hier sind zunächst die Vorgaben des § 2 Abs.2 zu beachten, die zu einem (begrenzten) Vorrang insb. des Wasserrechts und des Düngemittel- sowie Pflanzenschutzrechts führen (Rn.24 f zu § 2). Im 8

Bereich der *sonstigen Einwirkungen* dürfte zudem, was die Abfälle angeht, Abs.1 S.1 Nr.3 als speziellere Norm vorgehen. Entsprechendes dürfte im Bereich der sonstigen Einwirkungen auch für viele andere öffentlich-rechtliche Normen gelten (Dietlein LR 129; Roßnagel GK 816). Im Rahmen der Genehmigungserteilung sind diese Vorschriften nach § 6 Abs.1 Nr.2 zu beachten (Kotulla KO 49); vgl. allerdings Rn.12–14 zu § 6.

2. Sachlicher, zeitlicher und persönlicher Anwendungsbereich

a) Sachlicher und zeitlicher Anwendungsbereich

9 **aa)** Die Pflichten des § 5 Abs.1 gelten für genehmigungsbedürftige Anlagen; näher zum Begriff der Anlage Rn.66–80 zu § 3. Zur Abgrenzung des Kreises der *genehmigungsbedürftigen* Anlagen wird auf Rn.13–31 zu § 4 verwiesen. Um welche Art von genehmigungsbedürftigen Anlagen es sich handelt, ist unerheblich; auch spielt keine Rolle, ob die Genehmigung tatsächlich erteilt wurde (Kotulla KO 4). § 5 erfasst zudem Anlagen, bei denen die immissionsschutzrechtliche Genehmigung durch eine andere Zulassung ersetzt wird (Dietlein LR 23; Rn.12, 32 zu § 4). Zum Gegenstand der Pflichten oben Rn.3. Für nicht genehmigungsbedürftige Anlagen findet sich in § 22 eine Parallelvorschrift.

9a Was den **zeitlichen Anwendungsbereich** betrifft, so ergeben sich nach der endgültigen Betriebseinstellung (dazu Rn.41 f zu § 15) aus § 5 Abs.1 keine neuen Pflichten mehr (Dietlein LR 24), anders als bei § 5 Abs.3 (unten Rn.115a zu § 5). Bereits vor der Einstellung entstandene Pflichten aber bestehen fort (vgl. BVerwGE 107, 299/302 f = NJW 1991, 1417). Möglich ist i.ü., dass sich nach Betriebseinstellung aus anderen Gesetzen Pflichten ergeben.

b) Adressat

10 Adressat der Grundpflichten ist der *Anlagenbetreiber* (Dietlein LR 28), wie das insb. die Überschrift des § 5 deutlich werden lässt. Zum Begriff des Anlagenbetreibers Rn.81–84 zu § 3. Der Anlagenbetreiber wird von seinen Pflichten nicht befreit, wenn er *Dritte* in die Durchführung einschaltet. Der Dritte selbst ist nicht Adressat der Pflichten. Andererseits sind die Grundpflichten auf den Anlagenbereich beschränkt; näher oben Rn.3 a.

3. Konkret schädliche Umwelteinwirkungen

a) Emissionen der Anlage

11 Die erste Alternative des § 5 Abs.1 S.1 Nr.1 kann nur zum Tragen kommen, wenn von der Anlage **Emissionen** ausgehen (Dietlein LR 92), also Luftverunreinigungen (dazu Rn.2–4 zu § 3), Geräusche (dazu Rn.5 zu § 3), Erschütterungen, Licht, Wärme oder Strahlen (zu diesen Erscheinungen Rn.6 zu § 3) oder ähnliche Erscheinungen (dazu Rn.7–10 zu § 3). Auch bei Anlagen, die nicht in wirtschaftlichen Unternehmen Verwendung finden (dazu Rn.28 zu § 4), sind alle Emissionen einzubezie-

Pflichten der Betreiber §5

hen. § 4 Abs.1 S.2 beschränkt die Genehmigungspflicht, nicht den Pflichtenmaßstab (str.; näher Rn.6 zu § 4). Keine Rolle spielt, von welchem Teil der Anlage die Emissionen ausgehen, ob sie insb. von der Haupteinrichtung (dazu näher Rn.51–53 zu § 4) oder von Nebeneinrichtungen bzw. zugeordneten Tätigkeiten (dazu Rn.54–58 zu § 4) ausgehen (Dietlein LR 93); zum Kraftfahrzeugverkehr Rn.59 zu § 4. Abzustellen ist auf die größtmögliche Nutzung der Anlage in tatsächlicher Hinsicht, unter Berücksichtigung der Beschränkungen durch den Genehmigungsbescheid (vgl. Rn.18 zu § 4).

Durch welche Umstände die Emissionen ausgelöst werden, ist grundsätzlich unerheblich. Schädliche Umwelteinwirkungen können durch Prozesse des **Normalbetriebs**, d.h. des bestimmungsgemäßen Betriebs (dazu Rn.3 zu § 58a), wie durch Störungen des bestimmungsgemäßen Betriebs bzw. durch **Störfälle** (dazu Rn.29 zu § 7) verursacht werden (OVG Lüneb, OVGE 32, 444; Hoppe/Beckmann § 25 Rn.31; Kotulla KO 26; Roßnagel GK 225; Petersen o. Lit. A 35, 117). Die Gegenauffassung, die Störfälle generell den sonstigen Gefahren iSd § 5 Abs.1 S.1 Nr.1, 2. Alt. zuordnet (Feldhaus, WiVerw 1981, 191), übersieht, dass auch Störfälle Immissionen (also Umwelteinwirkungen) und nicht nur sonstige Einwirkungen auslösen können. 12

Neben den betriebsbedingten Gefahren werden **extern ausgelöste Gefahren** der Anlage erfasst, wie das auch § 3 Abs.2 der 12. BImSchV deutlich werden lässt. Können äußere Einwirkungen auf die Anlage dazu führen, dass von der Anlage Immissionen ausgehen, so sind darin schädliche Umwelteinwirkungen der Anlage zu sehen, sofern die Gefahr äußerer Einwirkungen im Hinblick auf das Gewicht der drohenden Schäden hinreichend wahrscheinlich ist (OVG Lüneb, OVGE 32, 456f; Dietlein LR 97; a.A. Petersen o.Lit.A 136f). Bei umgebungsbedingten Gefahrenquellen (zB gefährliche Anlagen in der Nachbarschaft, Hochwasser- oder Erdbebengefahren) wird das ebenso wie bei (gewollten oder ungewollten) Eingriffen Unbefugter häufig der Fall sein (Kotulla KO 35; vgl. § 3 Abs.2 der 12. BImSchV). Zur missbräuchlichen Nutzung Rn.26 zu § 22. Dagegen ist die Wahrscheinlichkeit im Zusammenhang mit kriegerischen Ereignissen regelmäßig nicht ausreichend, da sie sich jeder Berechnung entzieht (OVG Lüneb, DVBl 1977, 352; Dietlein LR 97; Hansmann LR (12) § 3 Rn.14; vgl. Rn.44 zu § 3; a.A. Roßnagel GK 209). Gleiches gilt für Flugzeugabstürze, sofern die Anlage nicht im Einflugsektor eines Flughafens liegt (OVG Lüneb, GewArch 1977, 132; Kotulla KO 36; Sellner 26). Eine generelle Ausklammerung von Angriffen, die über den Eingriff einzelner Unbefugter hinausgehen (so Feldhaus, a.a.O.), oder von Sabotageakten (so OVG Lüneb, GewArch 1977, 133), ist dagegen unzutreffend (Dietlein LR 98; Kotulla KO 36). 13

Die Schutzpflicht des § 5 Abs.1 Nr.1 bezieht sich in gewissem Umfang auch auf schädliche Umwelteinwirkungen **in der Zukunft** (BVerwGE 55, 250/265 = NJW 1978, 1450; Petersen o. Lit. A 155ff; Hansmann, DVBl 1981, 902; Roßnagel GK 155; s. auch unten Rn.46) und dient da- 14 mit der *vorbeugenden Gefahrenabwehr* (Dietlein LR 60). Das kann sich zugunsten wie zu Lasten des Anlagenbetreibers auswirken (BVerwG, GewArch 1978, 236) und betrifft insb. Veränderungen nach Inbetriebnahme der Anlage (Petersen o. Lit. A 158). Im Hinblick auf die Errichtung ist das selbstverständlich. Doch gilt es auch hinsichtlich der während des Betriebs zu erfüllenden Pflichten. Der Anlagenbetreiber muss immer rechtzeitig die gebotenen Maßnahmen treffen. Das kann viel früher notwendig sein als die befürchteten Immissionen zu erwarten sind. Dieser Zukunftsaspekt ist im Übrigen die Kehrseite der für die Schutz- bzw. Gefahrenabwehrpflicht konstitutiven Wahrscheinlichkeit, die gleichzeitig die gebotene Zukunftsperspektive begrenzt: Nur soweit die Wahrscheinlichkeit hinreichend ist (dazu Rn.39–45 zu § 3), greift die Schutzpflicht ein. Wird diese Grenze überschritten, kann nur noch die Vorsorgepflicht zum Tragen kommen. Die Betonung des Zukunftsaspekts der Abwehr- bzw. Schutzpflicht ist insb. deshalb wichtig, weil nach h. A. die Abwehr- und Schutzpflicht drittschützenden Charakter hat, nicht aber die Vorsorgepflicht (dazu unten Rn.120f).

b) Mitverursachung von Immissionen

15   Durch die von der Anlage ausgehenden Emissionen (oben Rn.11–14) müssen **Immissionen** mitverursacht werden. Damit sind wie bei den Emissionen Luftverunreinigungen, Geräusche, Erschütterungen, Licht, Wärme oder Strahlen oder ähnliche Erscheinungen am Ort des Einwirkens gemeint. Der Unterschied zu den Emissionen ergibt sich zum einen daraus, dass die Immissionen am Ort des Einwirkens und nicht an der Quelle erhoben werden (Rn.16–18 zu § 3). Zum anderen ist bei der Beurteilung von Immissionen auf die Gesamtbelastung abzustellen, nicht auf den durch die Anlage verursachten Teil der Belastung (unten Rn.20).

16   Die Immissionen müssen nicht sicher auftreten, vielmehr genügt eine **hinreichende Wahrscheinlichkeit,** wie dies das Wort „können" in § 5 Abs.1 S.1 Nr.1 belegt. Insoweit gelten die gleichen Überlegungen wie für den Kausalzusammenhang zwischen den Immissionen und den negativen Effekten. Auf die dazu gemachten Ausführungen wird verwiesen (Rn.39–45 zu § 3). Den Kausalzusammenhang zwischen Anlage und Immissionen anders als zwischen Immissionen und negativen Effekten zu bestimmen, ist abzulehnen (str., Rn.39 zu § 3). Zugrunde zu legen sind die gegenwärtigen Umstände sowie künftig veränderte Umstände, wenn sie absehbar sind (Dietlein LR 62).

17   Eine Mitverursachung entfällt, wenn von der Anlage praktisch keine nennenswerten (mitursächlichen) Emissionen ausgehen und der Anteil an der Immissions(gesamt)belastung sehr gering ist (Koch § 4 Rn.72; Jarass, DVBl 1983, 727; Dietlein LR 57, 94; a. A. Roßnagel GK 301). Die Pflicht des § 5 Abs.1 S.1 Nr.1 erfasst daher regelmäßig nicht die Fernwirkungen von Emissionen (vgl. BVerwGE 69, 37/42f = NVwZ 1984, 371) oder andere nicht belegbare Auswirkungen (Kotulla KO 38). Ungeklärt ist, wie klein der **Mitverursachungsanteil** sein muss, um eine Mitverursachung

Pflichten der Betreiber § 5

auszuschließen. Für *Luftverunreinigungen* ist insoweit die 1%-Grenze der alten TA Luft sachgerecht gewesen (BVerwG, NVwZ 2004, 611). Dagegen erklärt die Nr.4.2.2 der TA Luft eine Zusatzbelastung von 3% des Immissions-Jahreswerts oder weniger für unerheblich; dies dürfte jedenfalls in bestimmten Fällen (etwa Kumulation entsprechender Anlagen) zu großzügig sein (vgl. Dietlein LR 58; wohl a.A. Kotulla KO 39). Für den *Lärm* fehlt es gem. Nr.3.2.1 Abs.2 TA Lärm idR an einem ausreichenden Mitverursachungsanteil, wenn die Zusatzbelastung die Immissionsrichtwerte der Nr.6 TA Lärm um mindestens 6 dB(A) unterschreitet. Zur Irrelevanz von Erhöhungen des Schalldruckpegels unter 3 dB(A) vgl. Rn.25 zu § 41.

c) Schädlichkeit 1: Negative Effekte, Wahrscheinlichkeit

Die Immissionen müssen geeignet sein, eine Gefahr, erhebliche Nachteile oder erhebliche Belästigungen herbeizuführen, da sie nur dann gem. § 3 Abs.1 als schädliche Umwelteinwirkungen eingestuft werden können (Rn.24 zu § 3). Mit **Gefahr** ist die hinreichende Wahrscheindlichkeit eines Schadens, d.h. einer **erheblichen Beeinträchtigung eines Rechtsguts** gemeint (Rn.26 zu § 3). **Belästigungen** und **Nachteile** sind bereits bei Interessenbeeinträchtigungen gegeben (Rn.27 f zu § 3). 18

Die negativen Effekte müssen mit hinreichender Wahrscheinlichkeit durch die Immissionen ausgelöst werden können; näher dazu Rn.39–45 zu § 3. Insoweit geht es um die Kausalität zwischen Immissionen und negativen Wirkungen, im Unterschied zu der oben in Rn.15f angesprochenen Kausalität zwischen Anlage und Immissionen. Außerhalb des Einwirkungsbereichs der Anlage (Rn.33 zu § 3) sind Effekte generell nicht hinreichend wahrscheinlich (Roßnagel GK 296; vgl. oben Rn.17 zu den Fernwirkungen). 19

d) Schädlichkeit 2: Erheblichkeit

aa) Weiter müssen die negativen Effekte erheblich sein (dazu Rn.46f zu § 3). Dabei ist dem Immissionsbegriff entsprechend auf die **Gesamtbelastung** am Einwirkungsort abzustellen (Feldhaus FE 4; Roßnagel GK 279; Dietlein LR 57); näher Rn.19, 49f zu § 3. Zur Größe des Mitverursachungsanteils oben Rn.17. Die Beurteilung der Schädlichkeit kann sich also nicht auf die durch die Anlage allein verursachten Immissionen beschränken. Andererseits kommen dem Anlagenbetreiber auch Verbesserungen in der Umgebung zugute (dazu unten Rn.35f). 20

bb) Was die **relevanten** Faktoren der Erheblichkeit angeht, so sind Gesundheitsschäden immer erheblich (Dietlein LR 59; Rn.51 zu § 3). Bei sonstigen Schäden sowie bei Nachteilen und Belästigungen kommt es auf Art, Ausmaß und Dauer der Immissionen an (dazu Rn.52–63 zu § 3). Weiter ist auf Durchschnittsbetroffene abzustellen (dazu Rn.53 zu § 3). Darüber hinaus können die Art des Gebietes bzw. Vorbelastungen relevant werden (dazu Rn.55–58 zu § 3); dabei kann eine Mittel- oder Zwischenwertbildung notwendig sein (Rn.59 zu § 3). Im Einzelfall können zudem 21

§ 5 Genehmigungsbedürftige Anlagen

die Rechtswidrigkeit des Verhaltens des Betroffenen (dazu Rn.60 zu § 3) sowie seine Einwilligung (dazu Rn.61 zu § 3) bedeutsam sein.

21 a Als Betroffene der negativen Einwirkungen nennt § 5 Abs.1 S.1 Nr.1 die **Allgemeinheit** und die **Nachbarschaft**. Dadurch werden primär nicht bestimmte Effekte ausgeklammert, sondern nur die doppelte Schutzrichtung zugunsten öffentlicher Intersssen und zugunsten von Nachbarn, deren Interessen drittgeschützt sind, betont (näher Rn.31 zu § 3). Im Hinblick auf die Nachbarn kann allerdings eine Beeinträchtigung unerheblich sein, wenn sie in sie einwilligen (dazu Rn.61 zu § 3). Zudem ist bei echten Allgemeingütern eine Beeinträchtigung nur erheblich, wenn durch Gesetz ein entsprechender Schutz vorgesehen ist (Rn.62 zu § 3).

22 cc) Die Erheblichkeit, also die Zumutbarkeit von Immissionen hängt nicht davon ab, **wie kostspielig** die Vermeidung der Immissionen **für den Anlagenbetreiber** ist. Die Zumutbarkeit bezieht sich allein auf Wirkungen der Immissionen für die Betroffenen (BVerwG, UPR 1983, 27; Classen, JZ 1993, 1043; Dietlein LR 56; Rn.47 zu § 3). Das bestätigen die Vorschriften des BImSchG, die zusätzlich zur Schädlichkeit der Umwelteinwirkungen auf die Zumutbarkeit für den Anlagenbetreiber abstellen (etwa § 17 Abs.2 oder § 41 Abs.2). Im Rahmen der Gefahrenabwehr des § 5 Abs.1 S.1 Nr.1 kommt es daher hinsichtlich neuer Anlagen auf die Belastung des Anlagenbetreibers nicht an (Dolde, NVwZ 1986, 882; Feldhaus FE § 6 Anm.8; Roßnagel GK 324; Kotulla KO 40, 57; Petersen o. Lit. A 85 ff). Auch der Grundsatz der **Verhältnismäßigkeit** ändert daran nichts. Von einer neuen Anlage die Vermeidung (konkret) schädlicher Umwelteinwirkungen zu verlangen, ist immer verhältnismäßig (vgl. Breuer, NVwZ 1990, 213; Dietlein LR 111; Hoppe/Beckmann/Kauch § 21 Rn.26; a. A. Petersen o. Lit. A 163 ff, v. a. im Ansatz, weniger im Ergebnis). Sobald die Anlage allerdings genehmigt ist, kommt der Bestandsschutz etwa des § 17 Abs.2 zum Tragen.

23 Ohne Bedeutung für die Beurteilung der Zumutbarkeit von Immissionen ist auch der **Nutzen** der Anlage **für die Allgemeinheit** (BVerwG, UPR 1983, 27; Feldhaus FE § 6 Anm.3; Roßnagel GK 324; Schlichter, GewArch 1978, 317; Dietlein LR 56; a.A. Bethge/Meurers 97), etwa für die Arbeitsplatzsicherung oder für die Energieversorgung (OVG NW, DVBl 1976, 798; Breuer, DVBl 1978, 29). Gesichtspunkte des Allgemeininteresses können nur durch normative Vorgaben zum Tragen kommen, etwa durch eine entsprechende Bauleitplanung (dazu Rn.56 zu § 3). Im Bereich der nicht genehmigungsbedürftigen Anlagen wird vom BVerwG eine partiell abweichende Auffassung vertreten, die aber nicht zu überzeugen vermag (näher dazu Rn.34 zu § 22). An sich unzumutbare Immissionen sind daher nicht deshalb hinzunehmen, weil der Betrieb der Anlage für die Schaffung von Arbeitsplätzen sorgt oder sich sonst positiv auf öffentliche Interessen auswirkt.

23 a dd) Die Beurteilung von Immissionen hängt, trotz der **Integrationsklausel** (oben Rn.5), nicht davon ab, in welchem Maße es zu Belastungen durch andere Einwirkungen kommt. Das rechtlich gebotene Schutzniveau ist im Bereich der Gefahrenabwehr, insb. wegen des Schutzes der Nachbarn, für alle Medien einzuhalten (Ohms Rn.123).

4. Sonstige konkret schädliche Einwirkungen

a) Sonstige Einwirkungen

Nach dem Wortlaut des § 5 Abs.1 S.1 Nr.1 bezieht sich die 24 2. Alternative auf **sonstige** Gefahren, erhebliche Nachteile und erhebliche Belästigungen. Da die 1. Alt. auf die durch **Immissionen** hervorgerufenen Gefahren, erheblichen Nachteile und erheblichen Belästigungen bezogen ist, erfasst die 2. Alt. grundsätzlich **alle anderen** Gefahrenquellen bzw. Einwirkungen. Das entspricht dem Umstand, dass die Vorgängerregelung des § 18 GewO a.F. schlicht von Gefahren, Nachteilen und Belästigungen sprach und eine umfassende Berücksichtigung aller polizeilichen Gesichtspunkte verlangte (Landmann-Rohmer, GewO, Stand 1969, § 18 Rn.12). Mit Schaffung des BImSchG wurden die durch Immissionen bedingten Gefährdungen vorangestellt. Das heißt, die 2. Alt. des § 5 Abs.1 S.1 Nr.1 meint die Hervorrufung von Gefahren, erheblichen Nachteilen und erheblichen Belästigungen auf **sonstige Weise.** Die von dieser Alternative erfassten Einwirkungen kann man als **sonstige Einwirkungen** bezeichnen. Erfasst werden durch den **Normalbetrieb** die durch **Störfälle** hervorgerufenen Einwirkungen, auch wenn Letztere häufig im Vordergrund stehen (vgl. insb. unten Rn.27).

Andererseits darf die Vorschrift nicht zu extensiv verstanden werden, 25 weil sonst § 6 Abs.1 Nr.2 keinen rechten Sinn hat. Dazu käme, dass die Vorschrift des § 7 einen außerordentlich weiten Anwendungsbereich erhielte (Kotulla KO 51). Aus diesem Grunde müssen die von Abs.1 S.1 Nr.1 2. Alt. erfassten Einwirkungen in einer gewissen Parallele zu den Immissionen stehen. Es geht auch bei ihnen um Einwirkungen, die vom Anlagengrundstück ausgehen, und zwar um Einwirkungen **physischer Art** (Roßnagel GK 224; Dietlein LR 125). Dies wird durch die Beispiele der amtlichen Begründung „Explosions- und Brandgefahr" gestützt (Amtl. Begr., BT-Drs.7/179, S.31). Gemeint sind also allein Gefahren, erhebliche Nachteile und erhebliche Belästigungen, die durch andere physische Einwirkungen als Immissionen verursacht werden. Außer an Explosionen und Brände ist an Flüssigkeitsaustritte, Überflutungen, Verschlammungen, Druckwellen nach Explosionen, den Einsturz von Gebäuden oder die Herbeiführung von Schädlingsplagen zu denken (Kotulla KO 47).

Nicht erfasst werden Beeinträchtigungen **nichtphysikalischer Art,** wie 26 der Entzug von Licht, die Verschlechterung der Verkehrslage, eine Erhöhung von Versicherungsprämien (Dietlein LR 125) oder Umsatzrückgänge, verursacht allein durch die Existenz der Anlage (OVG NW, UPR 2001, 230; Kotulla KO 50; Roßnagel GK 524; wohl anders Ziegler, NJW 1991, 409; s. auch Rn.7f zu § 3). Nicht erfasst wird auch die Beeinträchtigung der Aussicht bzw. die Störung des Landschaftsbildes (vgl. Moormann, UPR 1996, 415; Rn.7a zu § 3). Werden die Effekte jedoch nicht durch die Existenz der Anlage, sondern durch deren physische Wirkungen (etwa durch erzeugte Wolken) hervorgerufen, sind die Effekte durch Immissionen oder durch sonstige Einwirkungen verursachte Auswirkungen (vgl. Rn.9f zu § 3).

b) Einzelne Bereiche sonstiger Einwirkungen

27 **aa)** Wichtige Anwendungsfälle der 2. Alt. des § 5 Abs.1 S.1 Nr.1 sind die durch **Störfälle** (schwere Unfälle) bzw. durch Störungen des bestimmungsgemäßen Betriebs (näher Rn.29 zu § 7; Rn.3 zu § 58a) bedingten Einwirkungen, soweit die Störfälle oder Störungen nicht zu Immissionen führen; Letzteres fällt bereits unter die 1. Alternative des Abs.1 S.1 Nr.1. (oben Rn.12). Dementsprechend nennt die Amtl. Begr. „Explosions- und Brandgefahr" als Beispiele (Amtl. Begr., BT-Drs. 7/179, S.31). Generell wird der Ausstoß **wägbarer Stoffe** (Steine, Anlagenteile etc.) erfasst. Zu den sonstigen Gefahren rechnet auch der Steinschlag oder der Einsturz von Gebäuden, weiter die Überflutung von Nachbargrundstücken.

28 **bb)** Als sonstige Einwirkungen sind gem. § 3 Abs.3 S.1 BBodSchG (dazu Rn.26 zu § 2) auch alle **schädlichen Bodenveränderungen** iSd § 2 Abs.3 BBodSchG anzusehen (Dietlein LR 127; Koch § 4 Rn.103ff), soweit sie nicht durch Immissionen bedingt und dann als schädliche Umwelteinwirkungen einzustufen sind (dazu unten Rn.42). Darunter fallen stoffliche Einträge in den Boden, evtl. auch Veränderungen der Bodenphysik sowie Flächenversiegelungen (BT-Drs. 13/6701, S.29), die zu einer Beeinträchtigung der weitgefassten Bodenfunktionen des § 2 Abs.2 BBodSchG führen. Weiter stellt das Einbringen von Stoffen in **Gewässer** eine sonstige Einwirkung dar, soweit sie auf direktem Wege und damit nicht durch Immissionen erfolgt (Koch § 4 Rn.105; Dietlein LR 127). Zum Gewässerbegriff des BImSchG vgl. Rn.4 zu § 1. Zu den sonstigen Einwirkungen gehören die Hervorrufung von Feuchtigkeitsschäden (Schmatz/Nöthlichs § 1 Rn.4) sowie von Grundwassergefährdungen (Kotulla KO 48).

29 **cc)** Schließlich sind Einwirkungen auf die **menschliche Gesundheit,** sonstige Einwirkungen, soweit sie nicht durch Immissionen ausgelöst werden. Daher stellt die Verbreitung von Krankheiten durch Tiere, etwa durch Fliegen und Ratten, eine sonstige Einwirkung dar (Schmatz/Nöthlichs § 1 Rn.4).

c) Verursachung negativer Effekte

30 **aa)** Damit die 2. Alt. des § 5 Abs.1 S.1 Nr.1 zum Tragen kommt, müssen die sonstigen Einwirkungen (oben Rn.24–29) zu Gefahren, erheblichen Nachteilen oder erheblichen Belästigungen führen. Dies entspricht der Regelung des § 3 Abs.1 für Immissionen, weshalb die dazu gemachten Ausführungen hier ganz entsprechend gelten. Im Einzelnen ist damit aus den gleichen Gründen wie bei § 3 Abs.1 (näher dazu Rn.24 zu § 3) die Verursachung eines **Schadens** bzw. einer erheblichen Rechtsbeeinträchti-

Pflichten der Betreiber **§ 5**

gung (dazu Rn.26 zu § 3), eines erheblichen **Nachteils** (dazu Rn.28 zu § 3) oder einer erheblichen **Belästigung** (dazu Rn.27 zu § 3) gemeint. Um Abs.1 S.1 Nr.1, 2. Alt. nicht zu einer umfassenden Generalklausel werden zu lassen, mit der Folge, dass insb. die Ermächtigung des § 7 einen so großen Anwendungsbereich bekäme (oben Rn.25), muss eines der **Rechtsgüter des § 1 konkret betroffen** sein. Die Gefahr der Verletzung einer Vorschrift anderer Rechtsgebiete, insb. des Wasserrechts, genügt nicht (Kotulla KO 59).

Die negativen Effekte müssen nicht sicher sein, wie das Wort „können" 31 in § 5 Abs.1 S.1 Nr.1 belegt. Erforderlich und ausreichend ist eine **hinreichende Wahrscheinlichkeit** der negativen Effekte. Insoweit gelten die Ausführungen in Rn.39–45 zu § 3 entsprechend. Insb. rechnet hierher die vorbeugende Gefahrenabwehr (oben Rn.14), also auch der vorbeugende Störfallschutz im Hinblick auf sonstige Einwirkungen (HessVGH, UPR 2001, 397).

bb) Die negativen Effekte müssen aus den in Rn.31 f zu § 3 beschrie- 32 benen Gründen **erheblich** sein. Dabei ist zwischen *Gesundheitsschäden* einerseits (vgl. dazu Rn.51 zu § 3) und *Schäden an sonstigen Rechtsgütern, Nachteilen und Belästigungen* andererseits (dazu Rn.52–63 zu § 3) zu differenzieren. Im zweiten Falle ist eine nähere Erheblichkeitsprüfung erforderlich. Dabei dürften ähnlich wie bei Immissionen Art, Ausmaß und Dauer der sonstigen Einwirkungen eine Rolle spielen (vgl. Rn.52 zu § 3), weiter dürfte ein objektiver sowie räumlich differenzierender Maßstab anzulegen sein (vgl. Rn.53–57 zu § 3). Eine Rolle spielen auch Vorbelastungen und Grenzlagen (vgl. Rn.58 f zu § 3) sowie die Einwilligung des Betroffenen (dazu Rn.61 zu § 3). Keine Rolle spielt dagegen die Belastung des Verursachers durch die Vermeidungsmaßnahmen sowie der Nutzen der Anlage für die Allgemeinheit (dazu oben Rn.22 f). Als Betroffene der negativen Einwirkungen nennt § 5 Abs.1 S.1 Nr.1 die **Allgemeinheit** und die **Nachbarschaft;** insoweit gelten die Ausführungen oben in Rn.21 a.

5. Maßnahmen der Schutz- und Abwehrpflicht

a) Mögliche Maßnahmen und Spielraum des Anlagenbetreibers

Welche Maßnahmen der Anlagenbetreiber ergreift, um **schädliche** 33 **Umwelteinwirkungen** oder **sonstige Einwirkungen** zu vermeiden und dadurch der Pflicht des Abs.1 Nr.1 gerecht zu werden, liegt grundsätzlich bei ihm (Dietlein LR 100). Der Spielraum des Anlagenbetreibers kann allerdings durch Rechtsverordnungen nach § 7 oder durch normkonkretisierende Verwaltungsvorschriften (dazu Rn.45 zu § 48) eingeschränkt werden; dazu unten Rn.37, 40. In Betracht kommen: – **(1)** Maßnahmen, die die mit der betreffenden Anlage in Zusammenhang stehenden Gefahrenquellen beseitigen, d. h. durch den Normalbetrieb der Anlage bedingte Emissionen oder sonstige Effekte und Störfälle vermeiden bzw. begrenzen. – **(2)** Weiter kann der Anlagenbetreiber nicht selten durch eine günstigere

§ 5 Genehmigungsbedürftige Anlagen

Ableitung bzw. Verteilung der Emissionen die Immissionen an den kritischen Stellen unter die Schädlichkeitsschwelle absenken, ohne deshalb an anderen Stellen in die Gefahrenzone zu geraten. Das mag in zeitlicher Hinsicht geschehen, zB durch eine im Zeitverlauf gleichmäßigere Abgabe oder durch Abgabe der Emissionen während Zeiten niedriger Gesamtbelastung, oder in räumlicher Hinsicht, zB durch hohe Schornsteine (dazu Nr.5.5.2 der TA Luft). – **(3)** Weiter kommen Kompensationsmaßnahmen in Betracht (dazu unten Rn.35f) oder Vereinbarungen mit den Betroffenen (Roßnagel GK 327; Rn.61 zu § 3). Passive Schutzmaßnahmen sind zur Erfüllung der Abwehrpflicht nur einsetzbar, wenn der Betroffene zustimmt oder eine gesetzliche Verpflichtung besteht (etwas großzügiger Roßnagel GK 329); i.ü. können sich Einschränkungen aus der Vorsorgepflicht ergeben. – **(4)** Schließlich kommt in Betracht, Grundstücke in der Umgebung zu erwerben, um eine Wohnbebauung zu vermeiden (Roßnagel GK 327), passive Schutzmaßnahmen an betroffenen Gebäuden (mit Einwilligung der Eigentümer) vorzunehmen oder Vereinbarungen mit Nachbarn zu schließen (Kotulla KO 44).

34 Die Einhaltung der Pflicht des § 5 Abs.1 S.1 Nr.1 verlangt regelmäßig neben den notwendigen Maßnahmen zur Beschaffenheit und zum Betrieb der Anlage auch **mittelbare** bzw. **organisatorische Schutzvorkehrungen** (Dietlein LR 101), wie das § 52a Abs.2 voraussetzt. Es besteht eine Grundpflicht zur *umweltsichernden Betriebsorganisation* (vgl. § 4b Abs.1 Nr.2 der 9. BImSchV). Zur Verhinderung von Störfällen sind etwa ein ausreichender Brand- und Explosionsschutz geboten, weiter notwendige Warn-, Alarm- und Sicherheitseinrichtungen, geeignete Mess-, Steuer- und Regeleinrichtungen und ein ausreichender Schutz gegen Eingriffe Unbefugter (Kotulla KO 46; vgl. oben Rn.13). Dazu kommen allgemeine und spezielle betriebsorganisatorische Maßnahmen (näher dazu Rn.7f zu § 52a), insb. zur Begrenzung der Störfallauswirkungen (vgl. § 3 Abs.3 der 12. BImSchV). Endlich muss der Betreiber die notwendigen Messungen und Ermittlungen vornehmen, um die Einhaltung der gesetzlichen Vorschriften sicherzustellen. Die umweltsichernde Betriebsorganisation kann auch einer Aufteilung einer Anlage auf mehrere Betreiber entgegenstehen (Friedrich, NVwZ 2002, 1177f).

34a Nicht um Gefahrenabwehr und damit um durch § 5 Abs.1 S.1 Nr.1 gebotene Maßnahmen geht es bei der **Sanierung,** also bei der Beseitigung bereits entstandener Schäden. Gehen allerdings von einem Schaden, wie einer Bodenkontaminierung, weitere Gefahren aus, kann die Sanierung geboten sein (Dietlein LR 77).

b) Insb. Immissionskompensation

35 Die Pflicht des § 5 Abs.1 Nr.1 und die sie konkretisierenden Immissionsgrenzwerte können auch dadurch eingehalten werden, dass die Immissionen vorhandener Anlagen gesenkt werden (BVerwGE 55, 250/266f = NJW 1978, 1450; Dietlein LR 102). Dabei spielt es keine Rolle, ob die Verbesserung ohnehin geboten wäre oder nicht (BVerwGE 55, 250/267ff

Pflichten der Betreiber **§ 5**

= NJW 1978, 1450; a.A. OVG NW, DVBl 1976, 797f); Restriktionen können sich insoweit aus dem Vorsorgeprinzip ergeben. Entscheidend ist, ob die Gesamtbelastung die Gefahrenschwelle überschreitet. Eine Anlage kann daher nicht genehmigt werden, wenn es insgesamt zwar zu einer Verbesserung der Immissionslage kommt, die zulässigen Grenzen aber noch immer überschritten werden (vgl. BVerwGE 50, 49/51 ff = DVBl 1976, 214; GewArch 1977, 171; Jarass, DVBl 1985, 198f; Enders o. Lit. A 181; a.A. Sellner Rn.54f). Einer Kompensation steht andererseits nicht entgegen, dass die Verbesserungsmaßnahmen nur in einer besseren Verteilung der Emissionen bestehen (BVerwGE 55, 250/266ff = NJW 1978, 1450; a.A. OVG NW, DVBl 1976, 797); doch setzt insoweit das Vorsorgeprinzip häufig Grenzen (dazu unten Rn.53).

Voraussetzung für eine Verrechnung ist in jedem Fall, dass die 36 Kompensationsmaßnahmen zu einer Verbesserung hinsichtlich der gleichen Immissionsart, und bei den gleichen Einwirkungsobjekten führt, um die es auch bei der fraglichen Anlage geht (Roßnagel GK 328; Dietlein LR 102). Möglich ist nur eine *„Immissionskompensation"*. Überschreitungen der zulässigen Grenzwerte in einem Gebiet können daher nicht durch Verbesserungen in einem anderen Gebiet ausgeglichen werden, ebenso wenig wie Überschreitungen bei bestimmten Schadstoffen durch Unterschreitungen bei anderen Schadstoffen gerechtfertigt werden können (Kotulla KO 45). Derartige „Misch-Verrechnungen" sind lediglich unterhalb der Schadensschwelle im Rahmen der Emissionskompensation möglich (dazu unten Rn.59, Rn.14–17 zu § 7 sowie Rn.72–81 zu § 17). Ließe man zu, dass eine Verletzung der Pflicht des § 5 Abs.1 Nr.1 durch Kompensationsmaßnahmen an anderer Stelle etc. gerechtfertigt würde, würden damit unzulässige Belastungen in bestimmten Gebieten verfestigt (Jarass, DVBl 1985, 198 f). Schließlich müssen die Verbesserungen an den anderen Anlagen rechtlich abgesichert sein, sofern sie ohne Schwierigkeiten rückgängig gemacht werden können (vgl. Enders o. Lit. A 172; Bohne, Der informale Rechtsstaat, 1981, 194 f). Die Kompensationseffekte müssen mit Inbetriebnahme der neuen Anlage wirksam werden; bei geringfügigen Zusatzbelastungen kann dabei, wenn Sachgründe dies gebieten, eine Verzögerung von einigen Monaten hingenommen werden. Die Klausel der Nr.3.2.1 Abs.4 TA Lärm dürfte aber zeitlich zu großzügig sein (Voßkuhle, Das Kompensationsprinzip, 1999, 195).

6. Konkretisierende Regelungen

a) Luftverunreinigungen

Die Anforderungen der Pflicht des Abs.1 Nr.1 werden zum einen durch 37 die Vorgaben der **TA Luft** zu den Immissionswerten und zu den karzerogenen Stoffen konkretisiert; näher dazu Rn.30–33 zu § 48. Zur rechtlichen Relevanz der Verwaltungsvorschriften Rn.41–54 zu § 48. Zudem sind zT Emissionsvorgaben als Substitut für fehlende bzw. unzureichende Immissionswerte heranzuziehen (Rn.57 zu § 48).

§ 5 Genehmigungsbedürftige Anlagen

38   Des Weiteren wird die für die Schutz- und Abwehrpflicht bedeutsame Schwelle der Schädlichkeit durch die 22. **BImSchV** und die durch diese Verordnung umgesetzten **Luftqualitäts-Grenzwerte** verbindlich konkretisiert (Stapelfeldt o. Lit. A 126; Ohms Rn.125; Rn.16 zu § 48a). Allerdings sind die Vorgaben der 22. BImSchV quellenunabhängig und daher nicht auf bestimmte Verursacher bezogen. Daraus ergibt sich eine erhebliche Relativierung der Bindung (dazu Rn.6b zu § 6).

39   **Weitere Anhaltspunkte** können sich zum einen aus der Vorsorge dienenden Rechtsverordnungen (dazu unten Rn.68) ergeben, sofern Schutzwerte fehlen (vgl. Rn.49 zu § 7). Darüber hinaus können die für nicht genehmigungsbedürftige Anlagen geltenden Grenzwerte für Luftverunreinigungen als Anhaltspunkte für die Untergrenze der Pflicht des § 5 Abs.1 S.1 Nr.1 herangezogen werden, soweit sie nicht der Vorsorge dienen. Zu den insoweit einschlägigen Rechtsverordnungen Rn.44 zu § 22. Zur Feststellung und Bewertung von *Gerüchen* lassen sich der Geruchsimmissions-Richtlinie des LAI vom 13. 5. 1998 (abgedr. bei LR 4.2) Anhaltspunkte entnehmen (vgl. BGH, NJW 2001, 3055f; krit. Moench/Hamann, DVBl 2004, 204ff; vgl. Herrmanns/Weers, NordÖR 2002, 435ff). Schließlich kann *hilfsweise* auf die in der VDI-Richtlinie 2310 „Maximale Immissionswerte" enthaltenen MIK-Werte zurückgegriffen werden (OVG NW, UPR 1982, 206; BayVGH, UPR 1982, 98; Feldhaus FE 5), aber auch auf andere VDI-Richtlinien (NdsOVG, NuR 1998, 662), DIN-Normen und ISO-Normen, insb. die VDI-Normen zur Tierhaltung (SächsOVG, SächsVBl 1998, 294; vgl. Rn.45 zu § 22).

b) Lärm

40   Wichtige Anhaltspunkte für die Konkretisierung der Pflicht des § 5 Abs.1 Nr.1 im Bereich des Lärms liefert die **TA Lärm**; näher zu dieser Verwaltungsvorschrift Rn.12–21 zu § 48. Zu ihrer rechtlichen Relevanz Rn.51–54 zu § 48. Darüber hinaus können evtl. die in **Rechtsverordnungen für nicht genehmigungsbedürftige Anlagen** festgelegten Grenzwerte für Lärm als Anhaltspunkt für die Untergrenze der Pflicht des § 5 Abs.1 S.1 Nr.1 herangezogen werden, soweit sie nicht der Vorsorge dienen (vgl. BayVGH, NVwZ-RR 1997, 168). Zu den insoweit einschlägigen Rechtsverordnungen Rn.46 zu § 22.

c) Sonstige Immissionen

41   Für **Erschütterungen** liefert die Erschütterungs-Richtlinie des LAI (Rn.6 zu § 3) wichtige Hinweise (BVerwG, NVwZ 2001, 81; VGH BW, NVwZ 1998, 1086). Zur Beurteilung von Erschütterungen Ohms Rn.305 ff. Für **Lichtimmissionen** finden sich wichtige Anhaltspunkte in der Licht-Richtlinie des LAI (Rn.6 zu § 3). Bedeutsam sind insoweit die Raumaufhellung und die Blendung (dazu Ohms Rn.313 ff; vgl. Rn.48 zu § 22). Für **elektromagnetische Felder** können die Vorgaben der 26. BImSchV als Untergrenze herangezogen werden (Dietlein LR 116). Vgl. außerdem

Rn.48 zu § 22. Weitere Anhaltspunkte enthalten die LAI-Hinweise zur Durchführung der 26. BImSchV vom 11./13. 5. 1998.

d) Bodenverunreinigungen

Schädliche Bodenveränderungen iSd § 2 Abs.2 BBodSchG, die über **42** Luftverunreinigungen erfolgen, sind gem. § 3 Abs.3 S.1 BBodSchG schädliche Umwelteinwirkungen (Immissionen) iSd BImSchG, mit allen Folgen, die das BImSchG an diesen Tatbestand knüpft. Entsprechendes gilt für schädliche Bodenverunreinigungen, die auf andere Weise, insb. direkt vorgenommen werden; sie sind gem. § 3 Abs.3 S.1 BBodSchG sonstige Einwirkungen (sonstige Gefahren, erhebliche Nachteile und erhebliche Belästigungen) iSd § 5 Abs. 1 S.1 Nr. 1 (BayVGH, NVwZ 1999, 554; vgl. oben Rn.28). Für die Beurteilung der Frage, ob eine schädliche Bodenveränderung vorliegt, enthält Anhang 2 der Bundes-Bodenschutz- und Altlastenverordnung im Bereich der (auf die Gefahrenabwehr ausgerichteten) Schutzpflicht auf der Grundlage des § 8 Abs.1 S.2 BBodSchG Prüf- und Maßnahmewerte (vgl. Dietlein LR 75). Für die über den Luftpfad entstehenden schädlichen Bodenverunreinigungen findet sich eine Konkretisierung in Nr.4.5 TA-Luft.

e) Störfälle

Schließlich wird die Schutz- und Abwehrpflicht im Bereich der Stör- **43** fälle durch die Störfall-Verordnung, insb. durch § 3 Abs.1, 2 und § 4 der 12. BImSchV konkretisiert; näher zu dieser Verordnung Rn.28–31 zu § 7. Zum drittschützenden Charakter Rn.49 zu § 7. Dies betrifft die durch Störfälle bedingten Emissionen wie die durch Störfälle bedingten sonstigen Einwirkungen. Weitere Anhaltspunkte zum Störfallschutz finden sich in der 17. BImSchV, insb. in § 16 der 17. BImSchV.

(unbesetzt) **44–45**

III. Vorsorgepflicht nach Abs.1 Nr.2

1. Bedeutung und Ziele

Abs.1 Nr.2 verpflichtet den Betreiber genehmigungsbedürftiger Anla- **46** gen, Vorsorge gegen schädliche Umwelteinwirkungen zu treffen. Diese Vorsorgepflicht unterscheidet sich von der auf die Gefahrenabwehr ausgerichteten Schutzpflicht des Abs.1 S.1 Nr.1 nicht dadurch, dass sie sich auf die Zukunft bezieht, während Abs.1 S.1 Nr.1 auf die Gegenwart beschränkt ist (BVerwGE 69, 37/42 = NVwZ 1984, 371; OVG NW, NVwZ 1991, 1202; Kloepfer/Kröger, NuR 1990, 14); Abs.1 Nr.1 erfasst (auch) künftige Umwelteinwirkungen (oben Rn.14). Der Unterschied liegt vielmehr darin, dass die Vorsorgepflicht nicht dem Schutz vor **konkret** bzw. belegbar schädlichen Umwelteinwirkungen dient, sondern dem Entstehen solcher Umwelteinwirkungen generell vorbeugt (BInnA, BT-Drs. 7/1513, 2), sich also gegen **potentiell schädliche Umwelteinwirkungen** richtet (unten Rn.52). Die Vorsorge ist hauptsächlich emissionsbezogen (Ossenbühl, NVwZ 1986, 169), kann aber auch für die Immissionsseite Vorgaben entfalten (vgl. unten Rn.54). Zum Drittschutz unten Rn.121–123.

47 **Ziel der Vorsorge** ist es zunächst, eine Sicherheitszone vor der Gefahrenschwelle zu schaffen (BVerwG, NVwZ 1995, 995; OVG Lüneb, GewArch 1980, 205; Rengeling, DVBl 1982, 625f); vgl. unten Rn.54. Die Vorsorge soll zudem dort greifen, wo eine Zuordnung von Emittenten und Immissionen nicht mehr möglich ist, insb. im Bereich der Fernwirkungen (BVerwGE 69, 37/43f = NVwZ 1984, 371; Dietlein LR 141; Roßnagel GK 458 ff). Weiter sorgt die Vorsorge dafür, dass Freiräume geschaffen oder erhalten bleiben (OVG RP, FE-ES § 5–33, 14; VGH BW, VBlBW 1982, 176f; Roßnagel GK 474ff; Paetow KPV § 31 Rn.48; Müller, NuR 1986, 19; vorsichtig Dietlein LR 140; a.A. Kloepfer/Kröger, NuR 1990, 9ff; Breuer Rn.186f), insb. für neue Anlagen und Betriebe (Amtl. Begr., BT-Drs. 7/179 zu § 6, S.32). Generell steckt in der Vorsorge auch eine planerische Komponente, die aber nur zum Tragen kommen kann, wenn sie durch Vorschriften konkretisiert wird (unten Rn.66f). Darüber hinaus soll die Vorsorgepflicht relativ einfach zu handhabende, **generelle** Standards ermöglichen, ohne im Einzelfall feststellen zu müssen, wo genau die Gefahrenschwelle liegt (Paetow KPV § 31 Rn.48; Dietlein LR 136; vgl. BVerwG, NVwZ 1995, 995 r. Sp.). Das erhöht die Effizienz des Umweltschutzes und fördert gleiche Wettbewerbsbedingungen. Der in Abs.1 S.1 Nr.2 vorgeschriebene Stand der Technik kann etwa auch dann verlangt werden, wenn die Gefahrenschwelle weit entfernt ist (BVerwGE 69, 37/44 = NVwZ 1984, 371) oder die Schaffung bzw. Erhaltung von Freiräumen nicht erforderlich erscheint. Schließlich soll die Vorsorge über die Gefahrenabwehr hinaus auch bestehende Belastungen in gewissem Maße abbauen (OVG Berlin, DVBl 1997, 160; BGHZ 64, 220/223 = NJW 1975, 1406; Roßnagel GK 491ff); die Vorsorge enthält also eine Sanierungskomponente. Keines dieser Ziele darf verabsolutiert werden (Grabitz, WiVerw 1984, 238ff). Die Vorsorge ist ein „multifunktionales Gebot" (Dietlein LR 134; in der Sache BVerwGE 65, 313/320f = NVwZ 1983, 32; 69, 37/43ff = NVwZ 1984, 371).

48 Die genannten Ziele bilden lediglich Motive der Vorsorgepflicht, nicht Kriterien der genauen Abgrenzung der Pflicht (Enders o. Lit. A 56). Nicht zuletzt auf Grund dieser **funktionalen Offenheit** der Vorsorge erfordert die Anwendung der Vorsorgepflicht im Einzelfall in einer Reihe von Situationen ein allgemeines **Konzept als Grundlage,** das ihr nähere Konturen verleiht (näher unten Rn.66f). Zudem bestehen bei der Konkretisierung durch Rechts- und Verwaltungsvorschriften erhebliche Spielräume. Zur *Alternativenprüfung* Rn.27 zu § 6.

2. Sachlicher, zeitlicher und persönlicher Anwendungsbereich

49 Was den **sachlichen Anwendungsbereich** und damit die erfassten Anlagen angeht, gelten die Ausführungen oben in Rn.9 entsprechend. Für den **zeitlichen Anwendungsbereich** kann auf die Darlegungen oben in Rn.9a verwiesen werden. Bei Anlagen, die am 2. 8. 2001 bereits betrie-

ben wurden oder für die zu diesem Zeitpunkt ein vollständiger Genehmigungsantrag vorlag, muss gem. § 67 Abs.5 die Vorsorge gegen sonstige Einwirkungen (unten Rn.57f) erst ab dem 30. 10. 2007 beachtet werden (Dietlein LR 167; Rn.34f zu § 67). **Adressat** der Pflicht ist der Anlagenbetreiber; näher dazu Rn.81–84 zu § 3. Hinsichtlich der Einschaltung Dritter in die Ausführung der Pflicht wird auf die Ausführungen oben in Rn.10 verwiesen.

3. Vorsorge gegen schädliche Umwelteinwirkungen

a) Allgemeines

Die Vorsorgeanforderungen des Abs.1 S.1 Nr.2 betreffen zum einen schädliche Umwelteinwirkungen, also schädliche Immissionen; zu den sonstigen Einwirkungen unten Rn.57. Erfasst werden sowohl die Auswirkungen bei Normalbetrieb wie die Auswirkungen bei Störfällen (BT-Drs. 14/4599, 126; Roßnagel GK 422; oben Rn.12; a. A. Sellner Rn.60). 50

b) Emissionsbegrenzung nach dem Stand der Technik

Wie der Wortlaut des Abs.1 S.1 Nr.2 deutlich macht, erfolgt die Vorsorge v.a. durch eine Begrenzung der Emissionen entsprechend dem **Stand der Technik** und damit unabhängig von der Immissionssituation im Einwirkungsbereich. Zum Begriff des Standes der Technik Rn.93–107 zu § 3. Die Vorsorge orientiert sich insoweit allein am *Risiko der Emissionen*, weshalb man von einer risikobezogenen Vorsorge spricht (Sparwasser § 10 Rn.155); da aber auch die raumbezogene Vorsorge Risiken vorbeugt, ist der Begriff der **technikbezogenen Vorsorge** sachgerechter (so auch BVerwGE 114, 342/343 = NVwZ 2001, 1165). In diesem Bereich der Vorsorge ergeben sich allein Anforderungen zur *Art und Weise* des Anlagenbetriebs im weitesten Sinne (vgl. Hansmann LR § 50 Rn.6f; Kloepfer/Kröger, NuR 1990, 15f); Betriebseinschränkungen oder eine Betriebsaufgabe können hier wegen des Bezugs zum Stand der Technik nicht verlangt werden (Rn.104 zu § 3; s. aber auch unten Rn.56). 51

Die Emissionen müssen **potentiell gefährlich** sein (Dietlein LR 143, 145; vgl. BVerfGE 69, 37/43 = NVwZ 1984, 371); zur potentiellen Schädlichkeit Rn.32 zu § 3. Eine konkrete Gefährdung ist nicht erforderlich (vgl. Rid o. Lit. A 74; Roßnagel GK 450). Die potentielle Gefährlichkeit der Emissionen kann sich aus der Schädlichkeit der emittierten Stoffe, aus der Menge der Stoffe, aus der zeitlichen Verteilung der Emissionen oder aus einer Kombination dieser Faktoren ergeben (Petersen o. Lit. A 236ff). Dabei genügt ein statistischer Zusammenhang zwischen Emissionen und Schaden (vgl. Hofmann, ZRP 1985, 170), ein abstraktes Besorgnispotential (Trute o. Lit. A 49ff; Dietlein LR 146; Roßnagel GK 450), ein Gefahrenverdacht (BVerwGE 69, 37/43 = NVwZ 1983, 32). Hinsichtlich evtl. Bodenverunreinigungen ist § 3 Abs.3 S.2, 3 BBodSchG zu beachten (unten Rn.71). Unerheblich ist, ob sie sich im Einwirkungsbereich schädlich auswirken (BVerwGE 69, 37/42). 52

53 Keine Emissionsbegrenzung stellt idR die **Verbesserung der Ableitbedingungen** dar, etwa die Erhöhung der Schornsteine (BVerwG, NVwZ 1995, 995; Dietlein LR 151; Kotulla KO 74). Eine solche Verbesserung der Ableitbedingungen mag die (messbaren) Immissionen reduzieren, nicht jedoch die Emissionen und deren Fernwirkungen. Soweit jedoch Maßnahmen der Emissionsbegrenzung nicht möglich oder unverhältnismäßig sind (dazu unten Rn.60, 65), kann und muss auf Maßnahmen der Verbesserung der Ableitbedingungen bzw. der günstigeren Verteilung ausgewichen werden (OVG Berlin, DVBl 1979, 159f; VGH BW, GewArch 1980, 201; Roßnagel GK 600). Zudem sind bestimmte Schutzmaßnahmen als Emissionsbegrenzung einzustufen (Rn.104 zu § 3).

c) Sonstige Begrenzung (immissions- und raumbezogene Vorsorge)

54 Die Vorsorge ist wie der Wortlaut („insbesondere") und die Entstehungsgeschichte (dazu Reich o. Lit. A 18 f) deutlich macht, nicht auf eine Begrenzung der Emissionen nach dem Stande der Technik beschränkt. Sie kann auch an der **Begrenzung von Immissionen** ansetzen (ausführlich Trute o. Lit. A 132 ff; Petersen o. Lit. A 311 ff; Kotulla KO 75; a.A. Rid o. Lit. A 78 ff), wie das ihrer Funktion entspricht, eine Sicherheitszone unterhalb der Gefahrenschwelle zu gewährleisten (dazu oben Rn.47). Dies gilt etwa für den Fall eines Gefahrenverdachts (BVerwGE 69, 37/43 = NVwZ 1984, 371; Rid/Hammann, VBlBW 1988, 123; Rehbinder o. Lit. A 275), bei dem die Verdachtsmomente noch nicht ausreichend sind, um von einer Gefahr zu sprechen (vgl. Rn.44 zu § 3). Bislang ist davon nur begrenzt Gebrauch gemacht worden, etwa bei den Abstandsvorschriften in der TA Luft.

55 Bei dieser Variante führt die Vorsorge zu **räumlichen Differenzierungen,** orientiert an der Immissionsbelastung und der durch die unterschiedliche Bodennutzung bedingten Immissionsempfindlichkeit. Man kann insoweit von einer raumbezogenen Vorsorge sprechen (Trute o. Lit. 112 ff; Koch § 4 Rn.114; Sparwasser § 10 Rn.155). In diesem Bereich ermöglicht die Vorsorge auch Planung und Bewirtschaftung (Dietlein LR 153; vgl. Grabitz, WiVerw 1984, 242 f; Sendler, UPR 1983, 43). Doch ist das nicht durch Einzelentscheidungen, sondern nur auf Grund genereller Vorgaben, etwa in einem Luftreinhalteplan, möglich (vgl. unten Rn.66 f). Fehlen solche Vorgaben, lassen sich evtl. aus der Vorschrift des § 50 Anhaltspunkte gewinnen (Roßnagel GK 480; Feldhaus, DVBl 1980, 139).

56 Anders als bei der Emissionsbegrenzung nach dem Stand der Technik (dazu oben Rn.51) können im Bereich der immissionsbezogenen Vorsorge nicht allein Anforderungen an die Art und Weise des Anlagenbetriebs gestellt werden. Vielmehr kann die Vorsorgepflicht in diesem Bereich die Errichtung einer Anlage an einer bestimmten Stelle auch **vollständig verhindern** (Dietlein LR 154; Kotulla KO 75), etwa auf Grund der Ab-

Pflichten der Betreiber §5

standsregelungen. Des Weiteren kommen Betriebsbeschränkungen, Vorgaben zu den Brenn- und Arbeitsstoffen oder zur Erstellung der Gebäude in Betracht.

4. Vorsorge gegen sonstige Einwirkungen

Seit der Neufassung der Vorschrift im Jahre 2001 (Einl.2 Nr.34) erfasst die Vorsorgepflicht des Abs.1 Nr.2 auch die sonstigen Einwirkungen, insb. direkte Einwirkungen auf Wasser und Boden sowie die menschliche Gesundheit (näher zu diesen Einwirkungen oben Rn.24–29). Dies gilt für die Auswirkungen des Normalbetriebs wie von Störfällen (BT-Drs. 14/4599, 126). Erfasst werden somit Unfälle und Betriebsstörungen unterhalb der Gefahrenschwelle, also die störfallbezogene Risikovorsorge, die über die vorbeugende Gefahrenabwehr (dazu oben Rn.31) hinausgeht. Zur Abgrenzung HessVGH, UPR 2001, 397f. Durch die Neufassung wird sichergestellt, dass gegen unmittelbare Freisetzungen von Stoffen aus Leckagen einer Anlage in Boden, Wasser oder Luft bereits im Vorfeld einer Gefahr Vorsorge zu treffen ist, soweit sie nicht von den anderen einschlägigen Fachgesetzen erfasst werden (BT-Drs. 14/4599, 126). 57

Ebenso wie im Bereich der schädlichen Umwelteinwirkungen ist die Vorsorge gegen sonstige Einwirkungen zunächst und primär am Maßstab des **„Standes der Technik"** auszurichten (vgl. oben Rn.51). Näher zum Stand der Technik Rn.93–107 zu § 3. Daneben sind auch **wirkungsbezogene Anforderungen** möglich, insb. in der Nähe der Gefahrenschwelle. Vorgaben zur Vorsorge gegen sonstige schädliche Einwirkungen finden sich auch in anderen Gesetzen, etwa im Wasserrecht; für die Konkurrenz dürfte Entsprechendes wie im Bereich des Abs.1 S.1 Nr.1 gelten (oben Rn.8). 58

5. Maßnahmen der Vorsorge

Als Vorsorgemaßnahmen kommen Änderungen des Verfahrens und der Betriebsweise in Betracht, etwa die Nachschaltung einer Abgasreinigung oder Schutzmaßnahmen. Möglich ist auch die Festsetzung von Emissionsgrenzwerten, ggf. iVm der Festlegung bestimmter Maßnahmen (BVerwGE 114, 342/343f = NVwZ 2001, 1165). Weiter kommen Hilfspflichten in Betracht, wie die Ermittlung von Emissionen, Immissionen oder sonstigen Einwirkungen, sowie organisatorische Maßnahmen (vgl. oben Rn.34). Eine *Emissionskompensation* (vgl. dazu Rn.14 zu § 7) kann nicht unmittelbar auf Abs.1 S.1 Nr.2 gestützt werden. Vielmehr bedarf es einer Regelung gem. § 7 Abs.3 (dazu Rn.14–17 zu § 7) oder § 48 S.1 Nr.4 (dazu Rn.6 zu § 48) oder einer Kompensationsanordnung gem. § 17 Abs.3a (dazu Rn.71–81 zu § 17). Andernfalls hätte die Regelung des § 17 Abs.3a keinen Sinn. Zur Konkretisierung und zu den Grenzen der technikbezogenen Vorsorge siehe auch unten Rn.65–67. Zum Spielraum des Anlagenbetreibers gelten die entsprechenden Ausführungen im Bereich der Schutz- und Abwehrpflicht (oben Rn.33f). 59

§ 5 Genehmigungsbedürftige Anlagen

6. Maß und Reichweite der Vorsorge (Verhältnismäßigkeit)

a) Allgemeines

60 Die Vorsorge nach Abs.1 S.1 Nr.2 verlangt nicht, jede mögliche Maßnahme zur Erreichung der Ziele der Vorsorge zu ergreifen; sie enthält keine unbegrenzte Minimierungspflicht (Ossenbühl, NVwZ 1986, 168; Grabitz, WiVerw 1984, 240; a.A. Ipsen, AöR 1982, 262). Das würde weder dem Begriff der Vorsorge noch der Verknüpfung mit den *schädlichen* Einwirkungen im Wortlaut des Abs.1 S.1 Nr.2 gerecht. Vorsorgemaßnahmen sind im allgemeinen Sprachgebrauch dadurch gekennzeichnet, dass die **adäquaten** Maßnahmen gegen vermutete Gefahren ergriffen werden, jedoch keineswegs alle denkbaren. Aufwand und Ertrag für die Ziele des Vorsorgeprinzips müssen in einem angemessenen Verhältnis stehen (Paetow KPV § 31 Rn.49; vgl. Amtl. Begr., BT-Drs. 7/179, 32). Die Vorsorge wird durch den Grundsatz der Verhältnismäßigkeit begrenzt (Ossenbühl, NVwZ 1986, 167; Roßnagel GK 536), sie muss adäquat, **angemessen** sein (BVerwGE 69, 37/45 = NVwZ 1984, 371). Die Vorsorgepflicht muss „nach Umfang und Ausmaß dem Risikopotential der Immissionen, die sie verhindern soll, proportional sein" (BVerwGE 69, 37/44 = NVwZ 1984, 371; 110, 216/224 = NVwZ 2000, 440); für sonstige Einwirkungen iSd 2. Alt. des Abs.1 Nr.2 gilt nichts anderes.

61 Maßnahmen der Vorsorge sind umso eher geboten, je geringer der Aufwand für sie ist (Roßnagel GK 621). Daher sind die Vorsorgeanforderungen für erst zu errichtende Anlagen regelmäßig schärfer als für bereits bestehende Anlagen (Dietlein LR 159; Jarass, DVBl 1986, 316f); für bestehende Anlagen gelten weitreichende Beschränkungen der Vorsorge (näher Rn.11 zu § 7). Andererseits sind Vorsorgeaufwendungen umso eher vertretbar, je größer das Besorgnispotential der Emissionen (und sonstigen Einwirkungen) im Bereich der technikorientierten Vorsorge (oben Rn.51) ist (BVerwG, FE-ES, § 17–9, S.7). Im Bereich der raumorientierten Vorsorge (oben Rn.54f) ist auf die Immissionen abzustellen (vgl. Roßnagel GK 623ff). Dabei kommt es v.a. auf die Art (etwa leicht oder schwer abbaubar), auf die Menge und auf die Gefährlichkeit der Emissionen bzw. Immissionen an (BVerwGE 69, 37/44f = NVwZ 1984, 371). Die Grenze der Angemessenheit führt zu einer „Bagatellgrenze" (BVerwG, NVwZ 2000, 441; Dietlein LR 160). Darüber hinaus ist wegen der Integrationsklausel (oben Rn.5) nicht nur auf die Belastungen des Luftpfades, sondern auch auf andere Belastungen abzustellen; entscheidend ist die Wirkung für das Schutzniveau der Umwelt *insgesamt,* was auch eine gewisse bilanzierende Betrachtung erlaubt.

61a Die Grenze wird durch den Standard der **„praktischen Vernunft"** bestimmt (BVerfGE 49, 89/143f = NJW 1979, 359; Kotulla KO 77; Hansmann LR (12), § 3 Rn.21; vgl. § 3 Abs.2 der 12. BImSchV). Die Konkretisierung dieses Standards ist nicht einfach. Entscheidend ist nicht nur die normale Lebenserfahrung, sondern auch der wissenschaftliche Erkenntnisstand (BVerwGE 55, 250/254 = NJW 1978, 1450; Sellner Rn.24).

Das verbleibende Risiko wird als „*Restrisiko*" bezeichnet (dazu Sellner Rn.26). Die Grenze kann in gewissem Umfang auch vom Gesetz- und Verordnungsgeber näher abgesteckt werden, indem er festlegt, bei welchen Werten ein nicht mehr hinnehmbares Risiko besteht (vgl. BVerfGE 49, 89/137 ff = NJW 1979, 359). Zur *Alternativenprüfung* Rn.27 zu § 6.

Der enge Zusammenhang der Angemessenheit der Vorsorge mit der 62 Verhältnismäßigkeit spricht dafür, dass die Vorsorge auch durch die Grundsätze der **Geeignetheit** und der **Erforderlichkeit** begrenzt wird. Der Grundsatz der Geeignetheit verlangt, dass die fragliche Maßnahme tatsächlich zur Erreichung des Vorsorgeziels in der Lage ist (vgl. Rn.31 zu § 17). Wegen des Grundsatzes der Erforderlichkeit ist eine Maßnahme nicht durch die Vorsorgepflicht gedeckt, wenn eine den Anlagenbetreiber weniger belastende Alternative vorhanden ist, mit der sich der vertragliche Zweck ebenso gut erreichen lässt (vgl. Rn.32 zu § 17).

b) Verhältnismäßigkeit bei konkretisierenden Vorschriften

Werden die Anforderungen der Vorsorge durch Rechts- oder Verwal- 63 tungsvorschriften näher konkretisiert (näher unten Rn.71), hat die Verhältnismäßigkeitsprüfung auf der Stufe dieser Vorschriften zu erfolgen (dazu Rn.39f zu § 17). Es findet nur eine „große" Verhältnismäßigkeitsprüfung statt; die besonderen Umstände des Einzelfalles sind grundsätzlich unerheblich (Dolde, NVwZ 1986, 881; Dietlein LR 161; Roßnagel GK 630). Allein in atypischen Sachverhaltslagen kommt es darauf an (BVerwG, NVwZ 1997, 499).

c) Verhältnismäßigkeit ohne konkretisierende Vorschriften

Eine Anwendung der Vorschrift des Abs.1 S.1 Nr.2 ohne konkretisie- 64 rende Vorschriften kommt nur in bestimmten Teilbereichen in Betracht (näher unten Rn.66f). Wird davon Gebrauch gemacht, ist eine einzelfallbezogene Verhältnismäßigkeitsprüfung vorzunehmen (Dolde, NVwZ 1986, 881; Ossenbühl, NVwZ 1986, 168; Ohms Rn.131). Vorsorgemaßnahmen sind umso eher geboten, je näher die Immissionsbelastung (und die Belastung mit sonstigen Einwirkungen) im Einwirkungsbereich der Gefahren- bzw. Erheblichkeitsschwelle kommt (vgl. Enders o. Lit. A 97; Rengeling, DVBl 1982, 625f). Sofern die allgemeinen Vorsorgeanforderungen bei einer Anlage eingehalten werden, können Verbesserungen an anderen Anlagen nicht auf die Vorsorgepflicht gestützt werden (VGH BW, VBlBW 1982, 178).

Einige Besonderheiten ergeben sich, wenn durch Vorsorgeanforderun- 65 gen der **Stand der Technik** (ohne konkretisierende Vorschriften) sichergestellt werden soll. Hier ist eine einzelfallbezogene Verhältnismäßigkeitsprüfung unter bestimmten Voraussetzungen notwendig (Schwerdtfeger, WiVerw 1984, 224; Sellner, NJW 1980, 1269f; a.A. OVG Berl, DVBl 1979, 160). In der Regel sind die Anforderungen des Standes der Technik verhältnismäßig, soweit es um die Errichtung neuer Anlagen geht (OVG NW, UPR 1990, 453; Dietlein LR 162; Roßnagel GK 632). Bei beste-

§ 5 Genehmigungsbedürftige Anlagen

henden Anlagen kann dagegen der Grundsatz der Verhältnismäßigkeit Abstriche erfordern.

7. Konkretisierende Regelungen

a) Partielle Notwendigkeit der Konkretisierung

66 Soweit die Vorsorge auf Fernwirkungen ausgerichtet ist, kann Abs.1 S.1 Nr.2 nicht unmittelbar zum Tragen kommen; vielmehr ist eine Konkretisierung durch Rechtsverordnung oder Verwaltungsvorschrift erforderlich, die für ein „langfristiges, auf eine einheitliche und gleichmäßige Durchsetzung angelegtes Konzept" sorgt (BVerwGE 69, 37/45 = NVwZ 1984, 371; Dietlein LR 155; Trute o. Lit. 66 f; Enders o. Lit. A 96 f; a. A. Rhein o. Lit. A 142; Roßnagel GK 525 f). Generell ist eine solche Konkretisierung notwendig, wenn es um ein nur schwach belegtes Besorgnispotential oder um einen forcierten Einsatz der neuesten Technik geht (Rehbinder o. Lit. 280). Darüber hinaus kann der planerische Gehalt des Abs.1 S.1 Nr.2 (oben Rn.47) nur zum Tragen kommen, wenn eine Konkretisierung durch Rechts- oder Verwaltungsvorschrift vorliegt (vgl. Grabitz, WiVerw 1984, 242 f). Die Konkretisierung kann auch durch einen Luftreinhalte- oder Lärmminderungsplan erfolgen.

67 **Rechtliche Grundlage des Erfordernisses** eines konkretisierenden Konzepts ist nicht der Grundsatz der Verhältnismäßigkeit (so wohl BVerwGE 69, 37/45 = NVwZ 1984, 371), sondern das rechtsstaatliche Bestimmtheitsgebot. Daraus folgt, dass eine **Konkretisierung nicht erforderlich** ist, wo die Eigenart des Sachbereichs (etwa seltene oder noch wenig untersuchte Fälle) einer Konkretisierung entgegensteht (vgl. BVerfGE 49, 168/181 = NJW 1978, 2446; 59, 104/114 = NJW 1982, 1275; Jarass/Pieroth Art.20 Rn.39). Darüber hinaus ist eine Konkretisierung in den Fällen rechtlich nicht erforderlich, in denen es eindeutig um die Durchsetzung des Standes der Technik geht (Dietlein LR 155; Kotulla KO 77; Roßnagel GK 525; Hansmann LR 62 zu § 17), ging man doch davon bereits vor Inkrafttreten des BImSchG aus (vgl. Nr.2211 a der TA Lärm a. F.). Zudem enthält der Stand der Technik zwangsläufig ein generelles Konzept. Des Weiteren ist eine Konkretisierung nicht erforderlich, wo die Vorsorgemaßnahme zu einer erkennbaren Reduzierung der Immissionen im Einwirkungsbereich führt (Hansmann LR 62 zu § 17; Dolde, NVwZ 1986, 881; wohl auch Sellner Rn.59). Dies ist insb. dort bedeutsam, wo es um Fälle in unmittelbarer Nähe der Gefahrenschwelle geht.

b) Bedeutung von Rechts- und Verwaltungsvorschriften

67 a Unabhängig davon, ob eine Konkretisierung durch Rechts- oder Verwaltungsvorschriften notwendig ist, besteht bei der Konkretisierung der Vorsorgepflicht ein erheblicher **Spielraum** (oben Rn.48, 61 a). Die Exekutive muss daher konkretisierende Rechts- und Verwaltungsvorschriften beachten, solange sie noch als zulässige Konkretisierung des Abs.1 S.1 Nr.2 eingestuft werden können. Eine Aktivierung des Abs.1 S.1 Nr.2 in Ein-

Pflichten der Betreiber § 5

zelfallentscheidungen ist auch außerhalb des Bereichs notwendiger Konkretisierung (oben Rn.67) ausgeschlossen, soweit die konkretisierenden Rechtsverordnungen einen abschließenden Charakter haben; näher dazu Rn.35 zu § 7. Zur Bindungswirkung von Verwaltungsvorschriften Rn.26–42 zu § 48.

c) Vorhandene Konkretisierungen

aa) Die Vorsorgepflicht wurde hinsichtlich der **Luftverunreinigungen** 68 für den Bereich der Großfeuerungsanlagen (dazu §§ 1 zu 13. BImSchV) durch die Grenzwerte der §§ 3–20 der 13. BImSchV konkretisiert (Rn.32–34 zu § 7). Für Abfallverbrennungsanlagen finden sich Vorgaben in der 17. BImSchV; zu dieser Verordnung Rn.35–37 zu § 7. Bei Anlagen zur biologischen Behandlung von Abfällen ist die 30. BImSchV zu beachten; zu dieser Verordnung Rn.38 f zu § 7. Bedeutung haben des Weiteren im Hinblick auf leichtflüchtige halogenierte organische Verbindungen die 2. BImSchV (dazu Rn.41 f zu § 23), im Hinblick auf die Begrenzung der Emissionen flüchtiger organischer Verbindungen beim Umfüllen und Lagern von Ottokraftstoffen die 20. BImSchV (dazu Rn.44 f zu § 23) und im Hinblick auf flüchtige organische Verbindungen bei der Verwendung organischer Lösemittel die 31. BImSchV (dazu Rn.46 f zu § 23); diese Verordnungen gelten auch für genehmigungsbedürftige Anlagen. Soweit einschlägig, sind bei Emissionen der Titandioxid-Industrie die Grenzwerte der 25. BImSchV zu beachten (dazu Rn.17 f zu § 48 a).

Im Hinblick auf Kohlendioxid bei Anlagen, die dem **Treibhausgas-** 68 a **Emissionshandelsgesetz** unterliegen (dazu Einl.20), sind die Vorgaben des § 5 und des § 6 Abs.1 TEHG zu beachten; weitergehende Vorsorgeanforderungen können gem. § 5 Abs.1 S.3 nicht festgelegt werden.

I.ü. wurde die Vorsorgepflicht durch die **TA Luft** für neue Anlagen in 69 Nr.5.1.2 und für Altanlagen in Nr.6.2 TA Luft, jeweils iVm den schadstoffbezogenen Regelungen der Nr.5.2 und den anlagenspezifischen Regelungen der Nr.5.4 TA Luft sowie den Mess- und Überwachungsregeln der Nr.5.3 TA Luft konkretisiert (näher Rn.19–37 zu § 48). Zu den Ableitbedingungen Rn.25 zu § 48. Der UMK-Beschluss zu Emissionswerten der alten TA Luft für Stickstoffoxide enthält, auch nach der Umsetzung in Ländererlasse, nur Zielvorgaben und damit keine bindende Konkretisierung der Vorsorgepflicht (BVerwG, NVwZ-RR 1995, 565).

bb) Hinsichtlich des **Lärms** enthält die TA Lärm (dazu Rn.12–21 zu 70 § 48) in Nr.3.3 eine sehr allgemein gehaltene Konkretisierung (dazu Rn.23 zu § 48). Zu den **Störfällen** enthält die 12. BImSchV gewisse Vorgaben (vgl. § 3 Abs. 2 der 12. BImSchV); zu dieser Verordnung Rn.28–31 zu § 7. Weiter enthält § 13 der 30. BImSchV eine Regelung für diesen Bereich; zu dieser Verordnung Rn.38 f zu § 7.

cc) Bei **Bodenverunreinigungen** sind gem. § 3 Abs.3 S.2 BBodSchG 71 zur näheren Bestimmung der Vorsorgepflichten die in einer (bislang nicht ergangenen) Rechtsverordnung nach § 8 Abs.2 BBodSchG festgelegten

Werte unter bestimmten Voraussetzungen heranzuziehen; sind die Voraussetzungen gegeben, sind gegen die über den Luftpfad vermittelten schädlichen Bodenveränderungen Maßnahmen der Vorsorge gegen schädliche Umwelteinwirkungen iSd § 5 Abs.1 S.1 Nr.2 und gegen sonstige schädliche Bodenveränderungen Maßnahmen der Vorsorge gegen sonstige Einwirkungen (sonstige Gefahren, erhebliche Nachteile und erhebliche Belästigungen) zu treffen.

IV. Abfallpflichten nach Abs.1 Nr.3

1. Bedeutung und Abgrenzung zu anderen Vorschriften

72 § 5 Abs.1 S.1 Nr.3 enthält Regelungen für die beim Anlagenbetrieb anfallenden Abfälle (zum Abfallbegriff unten Rn.44–77). Abfälle sind im Grundsatz primär zu vermeiden, sekundär zu verwerten und tertiär zu beseitigen. Was die Abfallvermeidung angeht, werden in Abs.1 Nr.3 Ob und Wie geregelt. Dagegen enthält § 5 Abs.1 Nr.3 zur Verwertung und Beseitigung nur eine Grundsatzaussage; hinsichtlich der Art und Weise von Verwertung und Beseitigung wird auf die einschlägigen Vorschriften verwiesen (unten Rn.91a). § 5 Abs.1 S.1 Nr.3 dient dem sparsamen Umgang mit Rohstoffen (Dietlein LR 169), der Vorsorge gegen schädliche Umwelteinwirkungen (vgl. Feldhaus FE 9) und der Vermeidung der Abfallbeseitigung (OVG RP, UPR 1993, 451). Zudem geht es um den Schutz des Allgemeinwohls bei der Abfallbeseitigung (vgl. Dietlein LR 169). Ist weder eine Vermeidung oder Verwertung noch eine Beseitigung des Abfalls in zulässiger Form möglich, darf die Anlage nicht betrieben werden (LAI, NVwZ 1989, 131; Dietlein LR 193). Zur Frage des Drittschutzes des Abs.1 Nr.3 unten Rn.124. Zum Verhältnis zum Abfall- und Abwasserrecht unten Rn.79, 85f. 93–94a.

2. Sachlicher, zeitlicher und persönlicher Anwendungsbereich

73 Was den **sachlichen Anwendungsbereich** und damit die erfassten Anlagen angeht, gelten die Ausführungen oben in Rn.9 entsprechend. Für den **zeitlichen Anwendungsbereich** wird auf die Darlegungen oben in Rn.9a verwiesen. Die zeitweisen Einschränkungen nach § 67 Abs. 5 (dazu Rn.34f zu § 67) sind insoweit bedeutsam, als das bis 2001 geltende Recht keinen Vorrang der Vermeidung vor der Verwertung vorsah (Dietlein LR 196). **Adressat** der Pflicht ist der Anlagenbetreiber; näher dazu Rn.81–84 zu § 3. Hinsichtlich der Einschaltung Dritter in die Ausführung der Pflicht wird auf die Ausführungen unten in Rn.88f verwiesen. Führt ein Konkursverwalter eine Anlage fort, trifft ihn die Verpflichtung des Abs.1 Nr.3 auch hinsichtlich der bereits vor Konkurseröffnung angefallenen Abfälle (BVerwGE 107, 299/301 = NJW 1991, 1417; vgl. unten Rn.107), unabhängig davon, ob die Abfälle aus dem Konkursbeschlag entlassen werden (BVerwGE 107, 299/393). Wird die Anlage auf einen

Pflichten der Betreiber § 5

Dritten übertragen, erlischt grundsätzlich die Pflicht aus Abs.1 Nr.3; anderes gilt, wenn der Teilbereich mit den Abfällen nicht übertragen wird (BVerwGE 107, 299/393).

3. Erfasste Stoffe (Abfälle)

a) Ausgangspunkt: Abfallbegriff des KrW-/AbfG

aa) Abs.1 S.1 Nr.3 galt bis 1996 (Einl.2 Nr.23) für Reststoffe (dazu 74 noch BVerwGE 96, 80 ff = NVwZ 1994, 897). Mit dem Erlass des KrW-/AbfG gilt die Vorschrift für **Abfälle**. Demgemäß entspricht der Abfallbegriff in Abs.1 S.1 Nr.3 im Wesentlichen dem des § 3 KrW-/AbfG (Paetow KPV § 31 Rn.57; Dietlein LR 171; Rebentisch, NVwZ 1995, 640; Engelhardt/Schlicht 9). Es muss sich daher zunächst gem. § 3 Abs.1 S.1 Krw-/AbfG um eine bewegliche Sache handeln (Dierkes o. Lit. 139 ff; a. A. zum früheren Reststoffbegriff Roßnagel GK 650). Fest mit dem Boden verbundene Stoffe werden daher nur von anderen Vorschriften erfasst, etwa von Abs.1 S.1 Nr.1, 2. Alt. (Dietlein LR 171). Entsprechendes gilt für die in die Luft abgegebenen Emissionen; sie sind keine Abfälle iSd Abs.1 S.1 Nr.3 (Rehbinder, DVBl 1989, 497; Dietlein LR 171; a.A. Roßnagel GK 646). Die „Einschränkung" in § 3 Abs.1 S.1 KrW-/AbfG auf die in Anh. I zum KrW-/AbfG aufgeführten Gruppen ist jedenfalls im Bereich des Immissionsschutzrechts ohne Bedeutung, da nach der Abfallgruppe Q16 Stoffe und Produkte (im Immissionsschutzrecht als Erzeugnisse bezeichnet) aller Art erfasst werden (vgl. Petersen/Rid, NJW 1995, 8 f).

bb) Des Weiteren muss eine der folgenden Alternativen gegeben sein: 75
– **(1)** Der Abfallbesitzer, also der Inhaber der tatsächlichen Sachherrschaft (§ 3 Abs.6 KrW-/AbfG), entledigt sich der beweglichen Sache iSv § 3 Abs.2 KrW-/AbfG (**tatsächliche Entledigung**). Daran fehlt es gem. D15 des Anhangs IIA und gem. R13 des Anhangs IIB zum KrW-/AbfG, solange die Stoffe auf dem Anlagengrundstück (zwischen-)gelagert werden (Dietlein LR 172). – **(2)** Der Abfallbesitzer will sich nach der Verkehrsanschauung der beweglichen Sachen iSd § 3 Abs.3 KrW-/AbfG entledigen (**objektivierter Entledigungswille**); dazu unten Rn.76. – **(3)** Der Abfallbesitzer muss sich der beweglichen Sachen nach § 3 Abs.4 KrW-/AbfG entledigen (**Entledigungspflicht**). Dies ist der Fall, wenn von einem, für den ursprünglichen Zweck nicht mehr genutzten Stoff konkrete Gefahren ausgehen, die nur durch eine abfallrechtliche Verwertung oder Beseitigung behoben werden können.

Im Bereich des § 5 Abs.1 S.1 Nr.3 ist vor allem die zweite Alternative, 76 die des **objektivierten Entledigungswillens** bedeutsam. Sie ist gem. § 3 Abs.3 S.1 KrW-/AbfG gegeben, wenn **(a)** bewegliche Stoffe bei der Energieumwandlung, Herstellung, Behandlung oder Nutzung von Stoffen oder Erzeugnissen oder bei Dienstleistungen anfallen, ohne dass der Zweck der jeweiligen Handlung darauf gerichtet ist, *oder* **(b)** die ursprüngliche Zweckbestimmung entfällt oder aufgegeben wird, ohne dass ein neuer Verwendungszweck unmittelbar an deren Stelle tritt. Letzteres betrifft v. a. nicht mehr absetzbare Erzeugnisse, aber wohl auch Einsatzstoffe, die zu dem vorgesehenen Zweck nicht mehr zu verwenden sind (vgl. Dierkes o. Lit. B 136 ff; Fluck, DVBl 1997, 464). Für die Beurteilung der Zweckbestimmung kommt es gem. § 3 Abs.3 S.2 KrW-/AbfG auf den Willen des Anlagenbetreibers unter Berücksichtigung der Verkehrsanschauung an. Die Verkehrsanschauung wird dabei maßgeblich durch den Zweck geprägt, durch den die Anlage im Anhang der 4. BImSchV gekennzeichnet wird (Dietlein LR 172; Dierkes o. Lit. B 129).

b) Erweiterung des Abfallbegriffs

77 Der Abfallbegriff bzw. der Anwendungsbereich des Abs.1 S.1 Nr.3 unterliegt **nicht den Einschränkungen des § 2 Abs.2 KrW-/AbfG** (Dietlein LR 173; Paetow KPV § 31 Rn.57; Kotulla KO 79; a.A. Schendel, in: Das neue Wasserrecht, 1990, 89). Dementsprechend verweist Abs.1 Nr.3 Hs. 4 nicht nur auf das KrW-/AbfG, sondern zudem auf die „sonstigen für die Abfälle geltenden Vorschriften". Erfasst werden daher auch **flüssige Abfälle,** insb. *Abwässer* (Roßnagel GK 646; Dietlein LR 173; Engelhardt/Schlicht 10; Kaster, NuR 1996, 112), sowie Stoffe, die nach dem Tierkörperbeseitigungsgesetz (Roßnagel GK 652), nach dem Fleischbeschaugesetz, nach dem Tierseuchengesetz und nach dem Pflanzenschutzgesetz zu beseitigen sind (Ohms Rn.137). Das Immissionsschutzrecht erfasst folglich weitaus mehr Stoffe als das Abfallrecht. Bei Abfallentsorgungsanlagen werden aber nur die in der Anlage erzeugten Abfälle von § 5 Abs.1 S.1 Nr.3 erfasst (Fluck, UPR 1997, 236 f; Dietlein LR 174). Bei *Kernbrennstoffen* und sonstigen radioaktiven Stoffen ist die Einschränkung des § 2 Abs.2 zu beachten (Rn.22 zu § 2), bei Abfällen aus *bergrechtlichen Anlagen* die Einschränkung des § 4 Abs.2 (dazu Rn.30–31 a zu § 4).

4. Pflicht zur Vermeidung von Abfällen

a) Vermeidungsbegriff und Rechtsgrundlagen

78 **aa)** Die Vermeidung von Abfällen erfolgt dadurch, dass Abfälle nicht oder in geringer Menge oder Schädlichkeit auftreten (Kotulla KO 81). Dies kann durch die Wahl des Produktionsverfahrens oder der Roh- und Einsatzstoffe geschehen. Darüber hinaus liegt gem. § 4 Abs.2 KrW-/AbfG eine Vermeidung vor, wenn Rückstände im Sinne einer **Kreislaufführung** in den Prozess wiedereingespeist werden, in dem sie entstanden sind (Kotulla KO 81; vgl. Jörgensen o. Lit. B 52 f; Roßnagel GK 661 f). Gleiches gilt bei einem sonstigen Einspeisen in die Anlage bzw. in den Produktionsprozess, in der bzw. in dem der Rückstand entstanden ist. Die Einspeisung in eine Verwertungsanlage genügt dagegen nicht, auch wenn sie als Nebenanlage einzustufen ist, da die Verwertung erst die Folge der Pflicht des Abs.1 S.1 Nr.3 ist (Dietlein LR 182). Die noch weitergehende Auffassung, wonach jede Verwertung der Rückstände in der Anlage

Pflichten der Betreiber **§ 5**

bzw. auf dem Anlagengrundstück als Abfallvermeidung anzusehen ist (Hansmann, NVwZ 1990, 411; Rebentisch, NVwZ 1997, 421), widerspricht nicht nur dem Sprachgebrauch, sondern auch der Entstehungsgeschichte, in der von der Möglichkeit einer *Verwertung* im eigenen Betrieb ausgegangen wurde (BT-Drs. 10/1862/neu, S.9; ebenso OVG RP, UPR 1993, 452; Fluck, DVBl 1997, 465f; Petersen, UPR 1997, 435). In der Sache führt diese Auffassung dazu, dass die Klausel des Abs. 1 Nr.3 Hs.3 zu den „nachteiligeren Umweltauswirkungen" nicht zum Tragen kommt, wenn innerhalb der Anlage aus den Abfällen schwer umweltbelastende Produkte hergestellt werden, wohl aber wenn die gleichen Produkte außerhalb der Anlage produziert werden. Eine solche Ungleichbehandlung ist vom Gesetzgeber sicher nicht beabsichtigt gewesen.

bb) Die Pflicht zur Vermeidung der Erzeugung von Abfällen durch ge- **79** nehmigungsbedürftige Anlagen wird gem. § 9 KrW-/AbfG allein **im Immissionsschutzrecht** geregelt (vgl. Paetow KPV § 31 Rn.59). Ein § 5 Abs.1 S.1 Nr.3 Hs.4 vergleichbarer Verweis auf das Abfallrecht besteht hier nicht. Für die Art und Weise der Vermeidung gelten die jeweils einschlägigen Vorschriften (unten Rn.83).

b) Grundsätzlicher Vorrang der Vermeidung vor Verwertung und Beseitigung

Seit der Neufassung der Vorschrift des § 5 Abs.1 S.1 Nr.3 (Einl.2 **80** Nr.34) kommt der Vermeidung gem. Abs.1 S.1 Nr.3 Hs.1 der grundsätzliche Vorrang vor der Verwertung von Abfällen und, wie schon immer, vor der Beseitigung von Abfällen zu (Dietlein LR 192). Für bestimmte Anlagen gilt der Vorrang allerdings erst ab dem 20. 10. 2007 (Rn.34f zu § 67). Allgemein gilt der Vorrang der Vermeidung gem. Abs.1 Nr.3 Hs.2 nur unter bestimmten Voraussetzungen:

(1) Die Vermeidungspflicht entfällt zum einen, wenn die Vermeidung **81** „**technisch nicht möglich**" ist. Das Gesetz verweist insoweit nicht auf den Stand der Technik, weil § 5 Abs.1 S.1 Nr.3 anders als diese Formel (vgl. Rn.98 zu § 3) auf den Einzelfall abstellt (Kotulla KO 83; Mann, UPR 1995, 183f). Im Übrigen sind die sachlichen Anforderungen aber ähnlich (vgl. Rn.100–107 zu § 3). Die Vermeidung ist technisch nicht möglich, wenn sie zu einer Einschränkung des Produktionsumfangs oder zu einer Änderung der Produktqualität führt (Enders/Krings, DVBl 2001, 1396; Ohms Rn.136; Dietlein LR 189; Rn.104 zu § 3). Es genügt, wenn irgendein technisches Verfahren ohne längere Entwicklungsphase zur Verfügung steht (VGH BW, UPR 1992, 352; Meidrodt o. Lit. B 78; Rehbinder, DVBl 1989, 501). Die Pflicht zur Verwertung entfällt schließlich dann, wenn keine *rechtmäßige* Vermeidung (dazu unten Rn.83) möglich ist.

(2) Weiter entfällt die Vermeidungspflicht, wenn die Vermeidung **un- 82 zumutbar** ist. Das ist nicht schon dann der Fall, wenn die Vermeidung höhere Kosten als die Entsorgung verursacht (noch weitergehender Kotulla KO 84). Vielmehr ist die Voraussetzung ähnlich wie die Unverhältnismäßigkeit im Rahmen des § 17 (dazu Rn.33–38 zu § 17) zu verstehen.

Die wirtschaftliche Belastung des Anlagenbetreibers darf in keinem Missverhältnis zu dem Nutzen stehen, der aus der Vermeidung folgt (vgl. Ohms Rn.136a; Dietlein LR 190). Diese Grenze ist auch dann gewahrt, wenn die Pflicht lediglich für den durchschnittlichen Anlagenbetreiber zumutbar ist (Meidrodt o. Lit. B 86; Roßnagel GK 670; vgl. Rn.37a zu § 17). Die Zumutbarkeit erfordert eine Abwägung der einschlägigen Faktoren (BVerfGE 98, 83/102 = DVBl 1998, 702; vgl. Hansmann, NVwZ 1990, 412f; Fluck, DVBl 1997, 467). Die Vermeidung ist zumutbar, wenn die dadurch während der gesamten Nutzung der Anlagen ersparten Entsorgungskosten den Aufwand abdecken (Roßnagel GK 671). Im Übrigen kommt es darauf an, ob die für die Vermeidung erforderlichen Aufwendungen in einem vertretbaren Verhältnis zu den gesamten Produktionskosten stehen (LAI, NVwZ 1989, 131; Rehbinder, DVBl 1989, 501; Meidrodt o. Lit. B 86). Insb. dürfen die Kosten der Vermeidung nicht dazu führen, dass die aus dem Betrieb der Anlage gewonnenen Erzeugnisse nicht mehr zu einem marktfähigen Preis abgesetzt werden können (Hansmann, NVwZ 1990, 413; a. A. Roßnagel GK 672).

c) Rechtmäßigkeit der Vermeidung

83 Die Maßnahmen der Abfallvermeidung müssen rechtmäßig sein (Dietlein LR 189). Das setzt insb. gem. Abs.1 S.1 Nr.3 Hs. 3 voraus, dass die Vermeidung nicht zu **„nachteiligeren Umweltauswirkungen"** als die Verwertung führt. Von besonderem Gewicht sind insoweit Schadstoffanreicherungen im Wertstoffkreislauf, die durch Maßnahmen der Abfallvermeidung, etwa durch eine im Rahmen der anlageinternen Kreislaufführung erfolgte Einbindung von bestimmten Stoffen in Produkte, verursacht sein können (BT-Drs. 14/4599, 127; Rebentisch, in: Dolde (Hg.), Umweltrecht im Wandel, 2001, 425f). Die Vermeidung kann sich als problematisch erweisen, wenn bei der späteren Verwendung der Produkte oder ihrer Entsorgung mit größeren Umweltbelastungen gerechnet werden muss. Das ist etwa der Fall, wenn schwermetallhaltige Schlacke als Belag für Sportplätze verwandt wird. Zudem müssen auch alle anderen, für die Maßnahme der Vermeidung einschlägigen **Vorschriften beachtet** werden, auch andere Vorschriften des BImSchG (BT-Drs. 14/4599, 127). Stehen mehrere zulässige Maßnahmen der Vermeidung zur Verfügung, hat der Anlagenbetreiber die Wahl (BVerfGE 98, 83/103 = DVBl 1998, 702; Meidrodt o. Lit. B 74f; Hansmann, NVwZ 1990, 414).

84 Die Grenze der „nachteiligeren Umweltauswirkungen" in Abs.1 S.1 Nr.3 Hs.3 hat auch im **Verhältnis zu § 5 Abs.2 Nr.1, 2** Bedeutung. Wird auf der Grundlage der Schutz- bzw. Gefahrenabwehrpflicht oder der Vorsorgepflicht eine Maßnahme vorgeschrieben, die zu zusätzlichen Abfällen führt, dann ist jedenfalls im Vorsorgebereich eine Abwägung zwischen dem Nutzen der Abfallerzeugung und den damit verbundenen Problemen notwendig (vgl. Rebentisch JRW § 9 Rn.36), wie dies auch dem Gebot des integrierten Umweltschutzes (oben Rn.5) entspricht. Wenn daher die Abfallentsorgung zu gravierenden Problemen führt, sind

Pflichten der Betreiber § 5

ggf. Abstriche bei den Anforderungen des § 5 Abs.1 S.1 Nr.2 notwendig. Die Anforderungen der Pflicht des § 5 Abs.1 S.1 Nr.1 dürften hingegen strikt zu beachten sein (Rebentisch JRW § 9 Rn.36).

5. Pflichten zur Verwertung und Beseitigung von Abfällen

a) Rechtsgrundlagen

aa) Die Rechtsgrundlagen für die Entsorgung (Verwertung und Beseitigung) von in immissionsschutzrechtlichen Anlagen erzeugten Abfällen stellt sich unterschiedlich dar: Für die **vom KrW-/AbfG erfassten Abfälle** legt § 9 KrW-/AbfG fest, das insoweit allein das Immissionsschutzrecht einschlägig ist. Die Einschränkung durch § 9 S.2, 3 KrW-/AbfG a. F. mit der Differenzierung zwischen stoffbezogenen und sonstigen Anforderungen ist seit 2001 (Einl.2 Nr.34) entfallen (BT-Drs. 14/4599, 127). Andererseits verweist § 5 Abs.1 Nr.3 Hs.4 seit der Neufassung durch das gleiche Änderungsgesetz für die Verwertung wie für die Beseitigung der Abfälle auf die Vorgaben des KrW-/AbfG. Gleichwohl ist die „Hin- und Herverweisung" nicht ohne Folgen: § 5 Abs.1 S.1 Nr.3 Hs.4 betrifft nur das materielle Recht (Kotulla KO 105). Das *Instrumentarium* für die Durchsetzung der Verwertungspflicht ist allein das immissionsschutzrechtliche Instrumentarium (Paetow KPV § 9 Rn.3), erfolgt also mit Hilfe der Genehmigungspflichten nach §§ 6, 16 und nachträglicher Maßnahmen nach § 17 (vgl. Rn.13 zu § 17), nach § 20 und § 21 (bzw. § 48 VwVfG). Daher sind §§ 31–36 KrW-/AbfG, insb. § 32 KrW-/AbfG, nicht anwendbar, auch nicht über § 6 Abs.1 Nr.2 (Dörr UL § 6 Rn.C13).

bb) Der Verweis in § 5 Abs.1 S.1 Nr.3 Hs.4 auf „sonstige für Abfälle geltende Vorschriften" betrifft wegen des weiten Abfallbegriffs (oben Rn.77) das Abwasserrecht und die Gesetze für die sonstigen in § 2 Abs.2 KrW-/AbfG genannten Abfälle. Im **Abwasserbereich** ist das Wasserrecht, mangels einer § 9 KrW-/AbfG vergleichbaren Regelung im Wasserrecht, eigenständig anzuwenden. § 5 Abs.1 S.1 Nr.3 Hs.4 wirkt insoweit nur klarstellend. Zudem dürfte dem Wasserrecht gem. § 2 Abs.2 (dazu Rn.24 zu § 2) der Vorrang zukommen (vgl. Dietlein LR 178; Kaster, NuR 1996, 114 f). Daher kommt hier das wasserrechtliche Instrumentarium zum Einsatz (vgl. demgegenüber oben Rn.89b). Für die immissionsschutzrechtliche Genehmigung führt allerdings § 6 Abs.1 Nr.2 zu einer gewissen Ausweitung (dazu Rn.14 zu § 6). Der Vorrang der Verwertung von Abwasser folgt aus § 5 Abs.1 Nr.3 Hs.1. Entsprechendes gilt für die **sonstigen**, in § 2 Abs.2 KrW-/AbfG aufgeführten und daher von diesem Gesetz nicht erfassten **Abfälle**.

b) Anfall der Abfälle sowie Beschränkung auf Anlagenbereich

aa) Für die Pflicht aus § 5 Abs.1 S.1 Nr.3 ist es unerheblich, **wann** die Abfälle **angefallen** sind. Die Pflicht gilt daher auch für Abfälle aus einer Zeit vor der Übernahme der Anlage durch den Anlagenbetreiber (BVerwGE 107, 299/301 = NJW 1999, 1416).

§ 5   Genehmigungsbedürftige Anlagen

88 **bb)** Die Pflicht des § 5 Abs.1 S.1 Nr.3 gilt allein für die Entsorgung im **Anlagenbereich** (oben Rn.3a). Hinsichtlich einer anlagenexternen Entsorgung ergeben sich aus § 5 Abs.1 Nr.3 Pflichten nur zu **Vorbereitungsmaßnahmen** im Anlagenbereich. Der Anlagenbetreiber hat die notwendigen Vorbereitungen zu treffen, damit die Abfälle rechtmäßig verwertet und beseitigt werden können (BT-Drs.14/4599, 127; Dietlein LR 175; Paetow KPV § 31 Rn.59; Rebentisch JRW § 9 Rn.43; Ohms Rn.134). Soll dies, wie regelmäßig durch *Dritte* geschehen, hat der Anlagenbetreiber geeignete Verträge zu schließen, ggf. mit längeren Laufzeiten (BT-Drs.14/4599, 127; Ohms Rn.134; Hansmann, NVwZ 1990, 413f). Ist im Zeitpunkt der Überlassung der Abfälle an einen Dritten zweifelhaft, ob die gebotene Entsorgung vollständig gesichert ist, verlangt die Pflicht der effektiven Vorbereitung, dass der Anlagenbetreiber sich das Recht zur Überprüfung und zur Übernahme der Entsorgung vorbehält und ggf. von diesem Recht Gebrauch macht (vgl. Dietlein LR 175; generell so Roßnagel GK 680).

89 Haben die Abfälle den **Anlagenbereich verlassen,** ergeben sich aus Abs.1 S.1 Nr.3 nur noch die mit der effizienten Vorbereitung zusammenhängenden Folgepflichten, etwa die Nutzung vertraglicher Rechte gegenüber dem entsorgenden Dritten (BT-Drs. 14/4599, 122; vgl. Feldhaus FE 9). I.ü. ergeben sich aus Abs.1 S.1 Nr.3 keine Pflichten (vgl. Paetow KPV § 31 Rn.59; LAI, NVwZ 1989, 132). Insb. unterliegt ein die Entsorgung durchführender Dritter nicht Abs.1 Nr.3 (Meidrodt o.Lit. B 92f). Auch besteht keine generelle Verpflichtung zur Rücknahme der Abfälle und zur Fortführung der Abfallentsorgung (so aber Roßnagel GK 650, 680, 700). Die Situation ist ähnlich wie bei Schadstoffen, die emittiert wurden und andere Grundstücke verunreinigt haben (Dietlein LR 176; vgl. unten Rn.111). Auch hinsichtlich der Durchsetzung und Überwachung kommen nicht die immissionsschutzrechtlichen Vorgaben, sondern die des Abfallrechts zum Tragen (vgl. demgegenüber oben Rn.85f).

c) Begriff, Vorrang und Art und Weise der Verwertung

90 **aa)** Der Begriff der Abfallverwertung ist wie im Abfallrecht zu bestimmen; näher dazu Sparwasser § 11 Rn.184ff, unter Berücksichtigung der europarechtlichen Vorgaben (dazu Ruffert, JRW B104, § 1 Rn.52ff). Eine **Verwertung** von Abfällen liegt (in Abgrenzung zur Beseitigung) nur vor, wenn dadurch „ein konkreter wirtschaftlicher oder sonstiger Nutzen aus den Eigenschaften des Stoffes gezogen wird" (BVerwGE 96, 80/82 f = NVwZ 1994, 897; Dietlein LR 183), wenn andernfalls ein Rohstoff genutzt werden müsste (vgl. OVG RP, UPR 1993, 451 f), wenn es nicht primär um eine Entledigung geht (Roßnagel GK 678). Die Verwertung kann auch durch Dritte vorgenommen werden (OVG RP, UPR 1993, 452). Zur Wiedereinspeisung von Rückständen siehe Rn.78. Zur Verwertung außerhalb des Anlagenbereichs vgl. oben Rn.88f.

91 **bb)** Gem. § 5 Abs.1 S.1 Nr.3 Hs. 1 kommt der Verwertung der **Vorrang** vor der Beseitigung zu. Diese grundsätzliche Entscheidung kann aber

Pflichten der Betreiber **§ 5**

durch andere Vorschriften modifiziert werden. Die Verweisung des Abs.1 S.1 Nr.3 Hs.3 erfasst auch das Ob der Verwertung (Paetow KPV § 31 Rn.58; a.A. Rebentisch JRW § 9 Rn.19), solange der grundsätzliche Vorrang der Verwertung vor der Beseitigung gewahrt wird. Gem. § 5 Abs.4 KrW-/AbfG scheidet eine Verwertung aus, wenn sie technisch nicht möglich und wirtschaftlich nicht zumutbar ist (Dietlein LR 188; oben Rn.81 f). Zudem greift der Vorrang der Verwertung gem. § 5 Abs.5 KrW-/AbfG nicht, wenn die Beseitigung umweltverträglicher ist, und gem. § 5 Abs.6 KrW-/AbfG bei Forschungsabfällen.

cc) Zur **Art und Weise** der Verwertung enthält Abs.1 S.1 Nr.3 nur **91a** die Verweisung in Hs.4. Die Pflichten richten sich somit nach sonstigem Recht; näher oben Rn.89b–89d. Einschlägig sind etwa § 5 Abs.3 und § 6 KrW-/AbfG (Paetow KPV § 31 Rn.58). Danach muss die Verwertung ordnungsgemäß und schadlos erfolgen (dazu Dietlein LR 185; unten Rn.113).

d) Pflicht zur Beseitigung

aa) Soweit Abfälle (dazu oben Rn.74–77) weder vermieden oder ver- **92** wertet wurden und auch nicht vermieden oder verwertet werden müssen (dazu oben Rn.91f), unterliegen sie der Beseitigungspflicht iSd Abs.1 S.1 Nr.3. Abfälle werden **beseitigt,** wenn sie einer weiteren Nutzung oder Nutzungsmöglichkeit entzogen werden (Breuer JRW § 2 Rn.14; Kunig KPV § 2 Rn.10). Abs.1 S.1 Nr.3 verpflichtet den Betreiber, bereits bei der Errichtung und beim Betrieb der Anlage darauf zu achten, dass die Abfälle rechtmäßig beseitigt werden können (Kotulla KO 113). Wegen der Pflicht zur Beseitigung genügt eine (auch gefahrlose) Zwischenlagerung nicht (OVG Lüneb, NJW 1998, 398; Dietlein LR 187; Roßnagel GK 695).

bb) Die **Art und Weise** der Beseitigung muss „ohne Beeinträchtigung **93** des Wohls der Allgemeinheit" erfolgen. Damit wird auf die einschlägigen Vorschriften des öffentlichen Rechts verwiesen (Kotulla KO 109), nicht aber eine zusätzliche Verträglichkeitsprüfung verlangt (Dietlein LR 187; a.A. Roßnagel GK 698). Die Einschlägigkeit der relevanten Vorschriften des Abfallrechts ergibt sich auch aus Abs.1 S.1 Nr.3 Hs.4 (dazu oben Rn.85f). Im Einzelnen stellt sich die Rechtslage im Bereich dieser Gesetze etwas unterschiedlich dar:

(1) Für die **dem KrW-/AbfG unterfallenden Abfälle** führt § 5 Abs.1 **94** S.1 Nr.3 Hs.4 im Anlagenbereich (dazu oben Rn.3a) zu einer Anwendung des materiellen Abfallrechts, während die Durchsetzung wegen § 9 KrW-/AbfG mit Hilfe des immissionsschutzrechtlichen Instrumentariums erfolgt (oben Rn.85). Materiell sind die §§ 10 ff KrW-/AbfG einschlägig, soweit sie nicht nur für Deponien gelten. Anwendbar dürfte auch § 10 Abs.4 KrW-/AbfG sein (Hösel/v. Lersner, § 31 Rn.31; Sander, DÖV 1998, 591; Gruber, BayVBl 1996, 330; a.A. Paetow KPV § 31 Rn.69; Spoerr JRW § 31 Rn.166), weil sonst auch zahlreiche andere Vorschriften, wie § 10 und § 11 KrW-/AbfG nicht anwendbar wären. Soweit allerdings der Vorschrift des § 10 KrW-/AbfG ein planerischer Abwägungsspielraum entnommen wird, erfasst er nicht die sonstigen Voraussetzungen (vgl. Schink, DÖV 1993,

735). Die Beachtlichkeit von Abfallwirtschaftsplänen richtet sich nach § 29 KrW-/AbfG, trotz § 9 KrW-/AbfG und trotz des Fortfalls von § 7 Abs.1 S.2 AbfG a.F. (Schmidt § 5 Rn.70; Erbguth, UPR 1997, 66). Die rechtsverbindlichen Vorgaben eines Entsorgungsplans stellen daher eine Genehmigungsvoraussetzung dar; dazu müssen sie als Rechtsnorm ergehen (Dörr UL § 6 Rn.C13; Wasielewski GK § 6 Rn.23).

94 a (2) Die Beseitigungspflicht gilt auch im Bereich des **Abwassers** und sonstiger **Abfälle iSd § 2 Abs.2 KrW-/AbfG.** Insoweit kann auf die Ausführungen oben in Rn.86 verwiesen werden: Zum Einsatz kommen in materieller wie instrumenteller Hinsicht die Vorgaben des Wasserrechts. Anzuwenden ist insb. § 7 a WHG.

6. Konkretisierung

95 Der Konkretisierung der Vorgaben des Abs.1 Nr.3 zur Behandlung von Abfällen bei der Abfallverbrennung dient die 17. BImSchV (vgl. § 1 Abs.4 dieser Verordnung).

V. Energieverwendungspflicht nach Abs.1 Nr.4

1. Bedeutung und Abgrenzung zu anderen Vorschriften

96 Die Vorschrift verpflichtete seit 1985 (Einl.2 Nr.8) zu interner Abwärmenutzung, seit 1990 (Einl.2 Nr.14) in begrenztem Umfang auch zur externen Abwärmenutzung. Seit 2001 (Einl.2 Nr.44) besteht eine umfassende Pflicht zur sparsamen und effizienten Energieverwendung, deren Konturen allerdings unscharf sind (Britz, UPR 2004, 57 ff). Damit soll der Primärenergieverbrauch gesenkt werden, was auch dem Klimaschutz dient (Koch § 4 Rn.52). Zudem sollen Umweltbelastungen iSd Vorsorge vermindert werden (vgl. Roßnagel GK 705). Die Energieverwendungspflicht gilt, anders als die frühere Abwärmenutzungspflicht, unmittelbar und nicht erst nach Erlass einer entspr. Rechtsverordnung. Dementsprechend wurde die Rechtsverordnungsermächtigung des § 5 Abs.2 aufgehoben. Die Vorschrift dient auch der Umsetzung des Art.3 d der Richtlinie 96/61/EG über die integrierte Vermeidung und Verminderung der Umweltverschmutzung. Zur unmittelbaren Anwendung der Verpflichtung unten Rn.104. Zum Verhältnis zu anderen Vorschriften unten Rn.102. Zur Frage des Drittschutzes unten Rn.124.

2. Sachlicher, zeitlicher und persönlicher Anwendungsbereich

97 Was den **sachlichen Anwendungsbereich** und damit die erfassten Anlagen angeht, gelten die Ausführungen oben in Rn.9 entsprechend. Zum **zeitlichen Anwendungsbereich** wird auf die Ausführungen oben in Rn.9a verwiesen. Für ältere Anlagen ergibt sich aus § 67 Abs.5 (dazu Rn.34f zu § 67) eine gewisse Einschränkung, da bis 2001 nur eine Abwärmenutzungspflicht bestand, die zudem nur in den seltenen Fällen zum Tragen kam, in denen sie durch Rechtsverordnung nach § 5 Abs.2 a.F.

Pflichten der Betreiber **§ 5**

angeordnet wurde (näher Dietlein LR 206). **Adressat** der Pflicht ist der Anlagenbetreiber; näher dazu Rn.81–84 zu § 3. Hinsichtlich der Einschaltung Dritter in die Ausführung der Pflicht wird auf die Ausführungen oben in Rn.10 verwiesen.

3. Pflichten

a) Einschlägige Pflichten der Energieverwendung

aa) Die Vorgaben des Abs.1 S.1 Nr.4 betreffen den Energieeinsatz in 98 den Anlagen im weitesten Sinne. Erfasst werden alle Energieträger, insbesondere Kohle, Erdgas, Erdöl und Sekundärenergie, wie Strom, Heißwasser, Wasserdampf oder Abwärme (Dietlein LR 199; Rebentisch, in: Dolde (Hg.), Umweltrecht im Wandel, 2001, 431) sowie Wind- und Sonnenenergie (Kotulla KO 116).

bb) Abs.1 S.1 Nr.4 verlangt zunächst eine **sparsame Energieverwen-** 99 **dung,** die auf eine Reduktion der eingesetzten Energie abzielt, indem unnötige Aktivitäten mit Energieverbrauch eingeschränkt werden (Kotulla KO 118). Hierher rechnet etwa das Abschalten von Beleuchtungskörpern oder das Abschalten der gesamten Anlage zu bestimmten Tages- oder Wochenzeiten (BT-Drs. 14/4599, 127; Rebentisch in: Dolde (Hg.), Umweltrecht im Wandel, 2001, 434). Voraussetzung ist jeweils, dass die eigentliche Anlagenleistung nicht eingeschränkt wird (vgl. Dietlein LR 204). Abs.1 Nr.4 erlaubt daher keine Steuerung der Produktionsmengen (BT-Drs. 14/4599, 127). Sparsame und effiziente Energieverwendung überschneiden sich weithin (für vollständige Überschneidung Winkler, ZUR 2003, 397; Wasielewski, FS Gesellschaft für Umweltrecht, 2001, 222f).

Der Schwerpunkt der Pflicht des Abs.1 S.1 Nr.4 liegt auf der **effizien-** 100 **ten Energieverwendung.** Sie besteht, wie auch § 4d der 9. BImSchV entnommen werden kann, v. a. in der Erreichung hoher energetischer Wirkungs- und Nutzungsgrade, in der Einschränkung von Energieverlusten und in der Nutzung der anfallenden Energie (BT-Drs. 14/4599, 127; Dietlein LR 198, 200). Ein wichtiger Teilbereich der effizienten Energieverwendung ist die *Abwärmenutzung* (Rebentisch, in: Dolde (Hg.), Umweltrecht im Wandel, 2001, 431; Dietlein LR 203). Sie muss zunächst im Bereich des Anlagenbetreibers erfolgen (interne Nutzung). Hinzu kommt die externe Nutzung durch abnahmebereite Dritte. Ggf. muss sich der Anlagenbetreiber im Rahmen der Zumutbarkeit (dazu unten Rn.103) um eine solche Abnahme durch Dritte bemühen.

cc) Abs.1 S.1 Nr.4 betrifft nur **Modifikationen** der **Beschaffenheit** 101 und des **Betriebs** der Anlage, nicht die Wahl eines ganz anderen Anlagentyps oder eines anderen Einsatzstoffes, der einen ganz anderen Anlagentyp notwendig macht (Enders/Krings, DVBl 2001, 1397; Kotulla KO 121). Ob auch der Einsatz einer anderen Energieart verlangt werden kann, ist unsicher; dies kommt allenfalls in Betracht, wenn dadurch Anlagenzweck und Anlagentyp nicht berührt werden (vgl. Winkler, ZUR 2003, 397; Enders/Krings, DVBl 2001, 1397; Koch/Wieneke, DVBl 2001, 1090).

§ 5 Genehmigungsbedürftige Anlagen

b) Rechtmäßigkeit und Zumutbarkeit der Energieverwendung

102 Die sparsame und effiziente Energieverwendung muss allen für sie geltenden **Vorschriften** des öffentlichen Rechts gerecht werden, auch solchen des sonstigen Immissionsschutzrechts. Insb. sind die Vorgaben des § 5 Abs.1, 2 zu beachten, die kumulativ anzuwenden sind (wohl anders Rebentisch, in: Dolde (Hg.), Umweltrecht im Wandel, 2001, 432f); der frühere Nachrang des Abs.1 Nr.4 ist entfallen. Im Übrigen dürften sich Abs.1 S.1 Nr.2 und Abs.1 S.1 Nr.4 in erheblichem Umfang überschneiden (vgl. Ohms Rn.139). Für die räumliche Reichweite der immissionsschutzrechtlichen Überwachung gelten die Ausführungen oben in Rn.87–89 entsprechend.

103 Bereits die Begriffe der sparsamen und effizienten Energieverwendung machen deutlich, dass sie nicht um jeden Preis erreicht werden müssen. Zudem ist im Bereich des Abs.1 S.1 Nr.4 in besonderem Maße der Grundsatz der **Verhältnismäßigkeit** zu beachten (Britz, UPR 2004, 58). Die fraglichen Maßnahmen der sparsamen und effizienten Energieverwendung müssen daher für den Anlagenbetreiber bzw. für Betreiber von Anlagen der fraglichen Art **zumutbar** sein; zum Begriff der Zumutbarkeit vgl. oben Rn.88. Im Rahmen der Zumutbarkeit sind auch künftige Veränderungen der Betriebs- und Produktionsabläufe zu berücksichtigen (vgl. BT-Drs. 11/6633, 43f).

4. Konkretisierung

104 Angesichts der geringen Bestimmtheit des Abs.1 S.1 Nr.4 und ihrer Ausrichtung auf Vorsorgezwecke (oben Rn.96) dürfte die Verpflichtung ähnlich wie die Vorsorgepflicht des Abs.1 S.1 Nr.2 (oben Rn.66) nur zum Tragen kommen, soweit sie durch Rechts- oder Verwaltungsvorschriften näher konkretisiert wurde (vgl. Kotulla KO 106). Soweit allerdings ein Stand der Technik besteht, ist eine direkte Anwendung möglich (vgl. oben Rn.67).

104 a Nähere Vorgaben zur Wärmenutzung enthält § 8 der 17. BImSchV (vgl. § 1 Abs.4 der 17. BImSchV). Die Vorschrift verlangt in bestimmten Fällen, die Wärme zur Stromerzeugung zu nutzen. Was die Emissionen von Kohlendioxid bei Anlagen angeht, die dem Treibhausgas-Emissionshandelsgesetz (dazu Einl.20) unterliegen, werden die Vorgaben des § 5 Abs.1 S.1 Nr.4 gem. § 5 Abs.1 S.4 durch die Pflichten dieses Gesetzes abschließend festgelegt. Weitergehende Anforderungen sind in diesem Bereich somit ausgeschlossen.

VI. Nachsorgepflichten nach Abs.3

1. Bedeutung und Abgrenzung zu anderen Vorschriften

105 Ob die Grundpflichten des Abs.1 auch dann gelten, wenn der Betrieb der Anlage eingestellt wird, war zweifelhaft (vgl. VGH BW, DÖV 1990, 345; Roßnagel GK 770). Aus diesem Grunde werden durch den

Pflichten der Betreiber § 5

1990 (Einl.2 Nr.14) eingefügten und 1998 (Einl.2 Nr.29) erheblich geänderten Abs.3 für diese Zeit spezielle Pflichten festgelegt (Hansmann, NVwZ 1993, 922f). Abs.1 wird damit verdrängt. Die Pflichten werden als „Nachsorgepflichten" bezeichnet (Roßnagel GK 770; Hansmann, NVwZ 1993, 921), obgleich sie im Bereich der Gefahrenabwehr zum Tragen kommen und daher nicht als Vorsorgepflicht für die Zeit *nach* dem Anlagenbetrieb zu verstehen sind (Kotulla KO 128). Immerhin kommen sie bereits in der Betriebsphase zum Tragen und betreffen dann weit in der Zukunft liegende Ereignisse. Die Pflichten nach anderen Gesetzen treten kumulativ zu Abs.3 hinzu (BT-Drs. 11/4909, 15; Dierkes o. Lit. B 39). Dies gilt für die Verantwortlichkeit nach Abfallrecht, Wasserrecht und dem Polizei- und Ordnungsrecht, v.a. aber nach dem Bodenschutzrecht (vgl. § 4 Abs.3 BBodSchG). Zur Frage des Drittschutzes unten Rn.125.

2. Anwendungsbereich

a) Sachlicher und zeitlicher Anwendungsbereich

Was den **sachlichen Anwendungsbereich** angeht, gelten die Nachsorgepflichten für alle genehmigungsbedürftigen Anlagen; näher dazu Rn.13–31 zu § 4. Erfasst werden auch anzeigepflichtige Anlagen, nicht genehmigte, aber genehmigungsbedürftige Anlagen sowie lediglich (ganz oder teilweise) errichtete und noch nicht betriebene Anlagen (Hansmann NVwZ 1993, 923). In **zeitlicher Hinsicht** gilt Abs.1 generell nicht für Anlagen, die bereits vor dem 1.9.1990, dem Datum der Einfügung des Abs.3, vollständig eingestellt waren (Dietlein LR 212; Dierkes o.Lit. B26ff). Bei Anlagen in den neuen Bundesländern ist eine evtl. Freistellung nach Art.1 § 4 Abs.3 UmweltrahmenG zu beachten (vgl. Müller/Süß, VersR 1993, 1049ff). Schließlich gilt gem. § 67 Abs.5 die Vorgabe des § 5 Abs.3 für bestehende und gleichgestellte Anlagen (Rn.34f zu § 67; Dietlein LR 233). 106

b) Adressat

Seit der zum 1.3.1999 in Kraft getretenen Neufassung des einleitenden Satzteils des Abs.3 (Einl.2 Nr.29) sind die Pflichten des Abs.3 an das Errichten, das Betreiben und das Stilllegen der Anlage gebunden. Adressat der Pflichten des Abs.3 ist also der **Anlagenbetreiber** sowie (in der Stilllegungsphase) der **letzte** Anlagenbetreiber (Dietlein LR 220; Schmidt § 3 Rn.14). Die nach früherem Recht bestehende Verpflichtung früherer Anlagenbetreiber in der Nachbetriebsphase (vgl. Roßnagel GK 784; Dierkes o. Lit. B 162) ist entfallen (a.A. Hansmann LR § 17 Rn.115). Hat allerdings ein früherer Anlagenbetreiber während seines Anlagenbetriebs Pflichten nach § 5 Abs.3 nicht erfüllt, sind diese Pflichten durch die Übertragung der Anlage nicht erloschen und können selbst nach Betriebseinstellung noch durchgesetzt werden (Rn.44 zu § 17); die Jahresfrist des § 17 Abs.4a S.2 (dazu Rn.45 zu § 17) ist aber zu beachten. Näher zur Abgrenzung des Anlagenbetreibers Rn.81–84 zu § 3. Ob der Anlagebetrei- 107 ber Grundstückseigentümer ist, spielt keine Rolle (Kotulla KO 125). Fällt der Anlagenbetreiber in Konkurs, muss der Konkursverwalter für die Einhaltung der Nachsorgepflichten sorgen (NdsOVG, NJW 1993, 1671; 1998, 399; Dietlein LR 220; vgl. oben Rn.73).

3. Inhalt der Pflichten

a) Bezugsphase der Pflichten

108 Die Pflichten beziehen sich *ihrem Inhalt nach* auf die Zeit **nach Einstellung des Anlagenbetriebs.** Einstellung meint die vollständige und dauerhafte Einstellung des Anlagenbetriebs (Dietlein LR 214; Kotulla KO 126); die Ausführungen in Rn.41 f zu § 15 gelten hier ganz entsprechend. Dabei spielt es keine Rolle, ob die Einstellung auf eine Entscheidung des Anlagenbetreibers oder auf höhere Gewalt zurückgeht oder die Folge einer behördlichen Maßnahme ist, etwa einer Untersagung gem. § 20 (BT-Drs. 11/4909, 15; Dietlein LR 214). Für eine *zeitweilige* Betriebseinstellung gilt § 5 Abs.3 nur dann, wenn sie in Anlehnung an § 18 länger als 3 Jahre dauern soll oder tatsächlich 3 Jahre überschreitet (ähnlich Dietlein LR 215; Dierkes o. Lit. B 33 f, Roßnagel GK 789; vgl. Rn.15 zu § 67; für eine generelle Anwendung des Abs.3 auf eine zeitweilige Betriebseinstellung Fluck, BB 1991, 1800). I. ü. gilt Abs.1 für die zeitweilige Betriebseinstellung. Entsprechend fällt eine *teilweise* Einstellung des Anlagenbetriebs grundsätzlich unter Abs.1, nicht unter Abs.3 (Hansmann, NVwZ 1993, 924); näher, auch zu notwendigen Einschränkungen, Rn.42 zu § 15. Insb. greift Abs.3, wenn Teilanlagen oder Nebeneinrichtungen stillgelegt werden, die für sich als genehmigungsbedürftige Anlagen selbständig betreibbar sind (Dietlein LR 216).

b) Schutz- bzw. Gefahrenabwehrpflicht nach Abs.3 Nr.1

109 Gem. Abs.3 Nr.1 hat der Betreiber zum einen dafür zu sorgen, dass von der Anlage wie vom Anlagengrundstück keine schädlichen Einwirkungen ausgehen. Erfasst werden schädliche Umwelteinwirkungen, also schädliche Immissionen (dazu oben Rn.11–23), aber auch sonstige Einwirkungen (dazu oben Rn.24–32). Dazu gehören u. a. auch Bodenverunreinigungen. Zum Begriff der **Anlage** näher Rn.66–77, 80 zu § 3. Das **Anlagengrundstück** umfasst die Flächen, auf denen sich die Hauptanlage und die Nebeneinrichtungen (dazu Rn.51–58 zu § 4) befinden sowie umliegende Flächen, die zur Erfüllung des Anlagenzwecks genutzt wurden bzw. werden (Dierkes o. Lit. B 76; Roßnagel GK 779; Hansmann, NVwZ 1993, 925 f; anders Kotulla KO 131). Zudem wird das darunter liegende Erdreich erfasst (Dietlein LR 223; Stockmann o. Lit. B 74 f).

110 Was der Grund für die Gefahren ist, dürfte keine Rolle spielen. Erfasst werden daher auch Gefahren, die auf Handlungen des früheren Anlagenbetreibers oder Grundstückseigentümers zurückgehen (Stockmann o. Lit. B 77 f). Abs.3 kommt etwa zur Anwendung, wenn eine stillgelegte Anlage erworben und dann wieder in Betrieb genommen wird (Roßnagel GK 787;

ähnlich Hansmann, NVwZ 1993, 924; a.A. Fluck, BB 1991, 1799). Allerdings kann in solchen Fällen der Grundsatz der Verhältnismäßigkeit Grenzen setzen (vgl. BVerwG, NVwZ 1991, 475).

Die **notwendigen Maßnahmen** können insb. in einer Verhinderung 111 von Emissionen oder sonstiger Einwirkungen, in einer Sicherung des Anlagengrundstücks gegen den Zutritt Dritter oder in organisatorischen Maßnahmen wie in einer Bewachung bestehen (Hansmann, NVwZ 1993, 926; Roßnagel GK 800). In jedem Fall muss es um die Abwehr von Gefahren gehen. Vorsorgepflichten können nicht auf Abs.3 gestützt werden (Dietlein LR 225; Kotulla KO 128). Daher verlangt Abs.3 Nr.1 weder einen Abriss noch eine volle Sanierung, wenn die Gefährdungen durch Sicherungsmaßnahmen verhütet werden können (Salzwedel o. Lit. B 69; Roßnagel GK 801). Des Weiteren kann auf Grund von Abs.3 nicht die Sanierung oder Sicherung von Nachbargrundstücken verlangt werden (VGH BW, NVwZ 1990, 781; Dietlein LR 223; Hansmann, NVwZ 1993, 926; einschr. Dierkes o. Lit. B 120). Anders sieht es mit einer Reinigung des Bodens auf dem Anlagengrundstück aus, wenn von ihm Gefahren ausgehen (vgl. Rn.16 zu § 17). Des Weiteren ist eine vorbeugende Gefahrenabwehr geboten, weshalb Abs.3 Nr.1 auch die Vermeidung von Bodenverunreinigungen gebieten kann (vgl. Vallendar FE § 12 Rn.8). Sicherheitsleistungen können auf Abs.3 nicht gestützt werden (Sellner, NVwZ 1991, 307; Vallendar FE § 12 Anm.3; Hansmann, NVwZ 1993, 927; a.A. Schlabach, UPR 1990, 250). Die Deckungsvorsorge gem. § 19 Abs.1 S.2 UmwHG wird davon nicht berührt (Fluck, BB 1991, 1799). § 12 Abs.1 S.2 lässt allerdings bei Abfallentsorgungsanlagen die Auferlegung einer Sicherheitsleistung zu (Rn.10a zu § 12). Bloße Gefahrerforschungseingriffe ohne ausreichende Anhaltspunkte für eine Gefahr werden nicht verlangt (Roßnagel GK 862; Rn.20 zu § 17).

c) Abfallentsorgungspflichten nach Abs.3 Nr.2

Weiter muss der Anlagenbetreiber auf dem Grundstück verbliebene 112 Abfälle entweder verwerten oder beseitigen. Zum Abfallbegriff gelten die Ausführungen oben in Rn.74–77. Insb. werden nur bewegliche Stoffe erfasst (Kotulla KO 133; Roßnagel GK 804; Dierkes o. Lit. B 139; a.A. Fluck, NuR 1989, 410). Für verunreinigte Böden gilt bereits die Pflicht der Nr.1, die sich allerdings mit einer Sicherstellung begnügt und nicht notwendig eine Beseitigung verlangt (oben Rn.111). Entsprechendes gilt für ortsfeste Teile der Anlage, die daher keine Abfälle sind (Fluck, BB 1991, 1801), solange sie nicht durch Abriss etc. beweglich wurden (enger Dietlein LR 228). Rohstoffe und Hilfsstoffe sowie restliche Produkte sind entspr. § 3 Abs.3 S.1 KrW-/AbfG Abfälle, wenn eine wirtschaftliche Verwertung nicht mehr möglich ist (Dierkes o. Lit. B 136ff). Die Verwertung hat, anders als bei Abs.1 S.1 Nr.3, keinen Vorrang vor der Beseitigung (Dierkes o. Lit. B 149f; Dietlein LR 229; a.A. Roßnagel GK 805). Ein Vorrang der Verwertung kann sich jedoch aus dem Abfallrecht ergeben (Paetow KPV § 31 Rn.61; Fluck, BB 1991, 1802; Hansmann, NVwZ

1993, 926), da die Verpflichtung der Beseitigung auf das *Wohl der Allgemeinheit* das Abfallrecht (und das Abwasserrecht) zur Anwendung kommen lässt (a. A. Dietlein LR 229). § 9 KrW-/AbfG dürfte dem nicht entgegenstehen, weil § 5 Abs.3 zum Vorrang der Verwertung keine Aussagen enthält (vgl. oben Rn.80).

113 Die Verwertung muss **ordnungsgemäß** erfolgen. Das heißt in Anlehnung an § 5 Abs.3 S.2 KrW-/AbfG, dass alle öffentlich-rechtlichen Vorschriften beachtet werden, die auf den Verwertungsvorgang Anwendung finden (Dietlein LR 230). Weiter muss die Verwertung **schadlos** durchgeführt werden. Hier geht es um die Umweltverträglichkeit der Verwertungsart und des Verwertungsprodukts (LAI, NVwZ 1989, 130). Die Schadlosigkeit fehlt in Anlehnung an § 5 Abs.3 S.3 KrW-/AbfG, wenn es zu einer Anreicherung im Schadstoffkreislauf kommt, etwa wenn das aus der Verwertung gewonnene Produkt so viele Schadstoffe enthält, dass bei der späteren Verwendung oder Beteiligung des Produkts mit größeren Umweltbelastungen gerechnet werden muss (vgl. oben Rn.83 f). Dagegen erlaubt die Voraussetzung der Schadlosigkeit nicht, von verschiedenen Verwertungsmöglichkeiten die umweltverträglichste vorzuschreiben, etwa eine stoffliche statt einer energetischen Verwertung (Meidrodt, o.Lit. B 74 ff). Ist eine ordnungsgemäße und schadlose Verwertung nicht möglich oder zieht der Betreiber die Abfallbeseitigung vor, sind die Abfälle unter Beachtung des Wohls der Allgemeinheit zu beseitigen. Das ist nicht bereits mit einer gefahrlosen Zwischenlagerung erfüllt; notwendig ist eine Beseitigung (vgl. OVG Lüneb, NJW 1998, 398; Roßnagel GK 695). Durch die Voraussetzung des Wohls der Allgemeinheit wird auf die einschlägigen Vorschriften des öffentlichen Rechts verwiesen (Roßnagel GK 697; Meidrodt o.Lit. B 90 f; Fluck, NuR 1989, 413 f). Zur Sicherheitsleistung gelten die Ausführungen oben in Rn.111.

d) Betriebsgeländepflicht des Abs.3 Nr.3

114 Die 2001 eingeführte Vorschrift (Einl.2 Nr.34) des Abs.3 Nr.3 soll sicherstellen, dass die Verpflichtung des Art.3 lit. f. RL 96/61 zur Wiederherstellung „eines zufriedenstellenden Zustands des Betriebsgeländes" gewährleistet wird (BT-Drs. 14/4599, 127). Mit Betriebsgelände dürfte nichts anderes als das Anlagengrundstück (oben Rn.109) gemeint sein (Kotulla KO 136). Ordnungsgemäß ist der Zustand des Betriebsgeländes, „wenn er alle Vorschriften, die auf den Stillegungsvorgang anwendbar sind, einhält" (BT-Drs. 14/4599, 127; Dietlein LR 230; Kotulla KO 137), womit auch Vorschriften zum Ergebnis der Stillegung erfasst sein müssen. Darüber hinaus dürfte ein zufriedenstellender und damit ordnungsgemäßer Zustand erst erreicht sein, wenn das Gelände zu irgendeinem anderen Zweck genutzt werden kann.

4. Zeitliche Geltung der Pflichten

115 Die Pflichten des Abs.3 sind zunächst bei der Errichtung der Anlage (dazu Rn.44 f zu § 4) und beim Betrieb der Anlage (dazu Rn.47 zu § 4)

Pflichten der Betreiber § 5

zu beachten (Roßnagel GK 807). Dementsprechend ist es auch möglich, bereits im Genehmigungsbescheid entsprechende Auflagen vorzusehen (Roßnagel GK 808; Dietlein LR 213; Rn.6 zu § 12). Der konkrete Gehalt der Pflichten in der Nachbetriebsphase wird sich allerdings in vielen Fällen zum Zeitpunkt der Genehmigung noch nicht abschätzen lassen. Sie müssen dann in nachträglichen Anordnungen konkretisiert werden, was auch möglich ist, wenn im Genehmigungsbescheid keine entsprechenden Auflagen vorbehalten wurden; näher Rn.43–45 zu § 17.

Des Weiteren sind die Pflichten des Abs.3 bei der **Einstellung des** 115a **Betriebs** der Anlage zu beachten. Gemeint ist damit die Stilllegung durch den Anlagenbetreiber. Sie beginnt mit der Einstellung des Anlagenbetriebs (dazu Rn.41 f zu § 15) und umfasst alle Tätigkeiten zum Anlagenabbau im weitesten Sinne, insb. soweit sie durch Abs.3 geboten sind. Gemeint sind etwa Aufräumungsarbeiten (BT-Drs. 13/6701, S.47). Eine zeitliche Befristung der Pflichten in Anlehnung an die Frist des § 17 Abs.4a dürfte seit der Verkürzung der Frist auf ein Jahr nicht mehr sachgerecht sein (gegen eine Befristung nach früherem Recht Roßnagel GK 796; Hansmann, NVwZ 1993, 925; grundsätzlich dafür Dierkes o. Lit. B 81 f).

VII. Durchsetzung und Rechtsschutz

1. Durchsetzung und Sanktionen

Die Einhaltung von § 5 wird für **Neuanlagen** dadurch sichergestellt, 116 dass die Sicherstellung der Pflichten des § 5 Voraussetzung für die Erteilung der Genehmigung ist (§ 6 Abs.1 Nr.1). Gleiches gilt für die Änderung bestehender Anlagen. Im Übrigen ist die Durchsetzung gegenüber **bestehenden und genehmigten Anlagen** begrenzt: Nachträgliche Anordnungen wie ein Genehmigungswiderruf unterliegen erheblichen Beschränkungen (§ 17 Abs.1 S.2, § 21 Abs.1). Straf- bzw. Bußgeldsanktionen sind an die Verletzung der Grundpflichten, ohne Konkretisierung durch Rechtsverordnung oder Verwaltungsakt, nicht geknüpft (Sellner Rn.22). Das darf aber nicht dahin verstanden werden, dass die Grundpflichten im öffentlichen Recht doch nur praktisches Gewicht haben, sofern sie durch behördliche Anordnung konkretisiert werden. Dies würde der Intention des Gesetzgebers widersprechen (vgl. oben Rn.1). Worin ihr praktisches Gewicht als unmittelbar geltende Pflichten liegt, ist allerdings kaum geklärt. Dem gesetzgeberischen Willen dürfte es am ehesten entsprechen, wenn man im Sinne einer **Obliegenheit** (vgl. Dietlein LR 9) sicherstellt, dass der Verstoß gegen Grundpflichten zu keiner Besserstellung des Anlagenbetreibers gegenüber den gesetzestreuen Konkurrenten führt (Jarass, DVBl 1986, 315; vgl. Schröder o. Lit. A 185 f). Wird später eine nachträgliche Anordnung erlassen, kann sich der Anlagenbetreiber nicht auf wirtschaftliche Belastungen berufen, wenn diese bei kontinuierlicher Beachtung der Grundpflichten vermieden worden wären (Wickel o. Lit. A 166 f; vgl. Rn.34 zu § 17). Dabei wird allerdings vorausgesetzt, dass die konti-

§ 5 Genehmigungsbedürftige Anlagen

nuierlichen Anpassungsmaßnahmen jeweils verhältnismäßig waren. Ähnlich beeinflussen Verletzungen der Grundpflichten die Schutzwürdigkeit des Vertrauens, das für die Entschädigung wegen Widerrufs erforderlich ist (Rn.31 zu § 21). Zur Bedeutung der Grundpflichten im Bereich des Privatrechts unten Rn.126.

2. Gerichtliche Kontrolldichte

117 Die Bestimmung der Grundpflichten hängt von der Auslegung verschiedener unbestimmter Rechtsbegriffe ab, wie etwa dem der schädlichen Umwelteinwirkungen oder dem der Vorsorge. Zur Konkretisierung solcher Begriffe bedarf es des Einsatzes mehr oder minder umfangreicher **Fachkenntnisse** sowie weitreichender **Bewertungen.** Soweit die Konkretisierung nicht durch Rechtsverordnungen oder Verwaltungsvorschriften erfolgt, ist die Auslegung Aufgabe der zuständigen Behörden. Das führt aber zu keinem gerichtlich nicht (voll) überprüfbaren Beurteilungsspielraum (BVerwGE 55, 250/253f = NJW 1978, 1450; 85, 368/379 = NVwZ 1991, 369; OVG NW, DVBl 1976, 793; ebenso Breuer Rn.175; Dietlein LR 46; Trute o. Lit. A 304 ff, 314 ff). Von einer **vollen gerichtlichen Überprüfung** geht auch die Amtl. Begr. aus (BT-Drs. 7/179, 31). Dies gilt auch für Prognoseentscheidungen (BVerwG, DVBl 1976, 788; Breuer, Staat 1977, 21 ff; a.A. Ossenbühl, DVBl 1978, 5 f), etwa über die Schädlichkeit von Emissionen und Immissionen (Müller-Glöge, Die verwaltungsgerichtliche Kontrolle administrativer Immissionsprognosen, 1982, 118). Im Bereich des Atomrechts nimmt die Rspr. demgegenüber einen Beurteilungsspielraum an (BVerwGE 72, 300/316 = NVwZ 1986, 208; 80, 207/217 = NVwZ 1989, 52; 81, 185 = NVwZ 1989, 864). Gegen diese Auffassung bestehen erhebliche Bedenken (vgl. Papier, FS Lukes, 1989, 162; P. Fischer, Umweltschutz durch technische Regelungen, 1989, 99 ff; Jarass, in: Lukes (Hg.), Reformüberlegungen zum Atomrecht, 1991, 404). Jedenfalls kann die Rspr. nicht auf das Immissionsschutzrecht übertragen werden (Dietlein LR 46). Andernfalls müsste die verfahrensrechtliche Kontrolle sehr viel stärker ausgebaut werden. Ermittlungsdefizite könnte das Gericht durch eigene Beweisermittlungen nicht beheben, sondern müssten zur Aufhebung der Verwaltungsentscheidung führen (Sellner Rn.329; zum Atomrecht BVerwGE 78, 177/180 ff = NVwZ 1988, 536). Eben das hat das BVerwG abgelehnt (BVerwGE 85, 368/379 f = NVwZ 1991, 369; a.A. im Verfahren des einstweiligen Rechtsschutzes OVG NW, NVwZ 1989, 173).

118 Die Ablehnung eines Beurteilungsspielraums bedeutet nicht, dass auch **Vorfragen** notwendig in vollem Umfang überprüft werden können. Soweit etwa Vorsorgeentscheidungen von Planungen abhängen (vgl. oben Rn.47), sind die Planungen nur beschränkt überprüfbar (Planungsermessen). Weiterhin können **Verwaltungsvorschriften** unter gewissen Voraussetzungen und in bestimmten Grenzen Begriffe des Immissionsschutzrechts **verbindlich konkretisieren;** näher dazu Rn.55–57 zu § 48.

Dagegen dürfte sich kaum eine Begrenzung der gerichtlichen Überprüfung daraus ergeben, dass die *Art und Weise der Ermittlung* von Emissionen und Immissionen in gewissem Umfang dem Ermessen der Verwaltung überlassen ist (so aber Vallendar, GewArch 1981, 284 ff). Ob geeignete Ermittlungsverfahren eingesetzt werden, unterliegt der vollen gerichtlichen Überprüfung; Verwaltungsvorschriften zu Messverfahren können allerdings antizipierte Sachverständigengutachten darstellen.

3. Drittschutz

Für den Rechtsschutz von Dritten ist von zentraler Bedeutung, ob bzw. 119
in welchem Umfang die Grundpflichten des § 5 drittschützenden Charakter besitzen (vgl. Rn.49–52 zu § 6).

a) Schutz- bzw. Gefahrenabwehrpflicht des Abs.1 S.1 Nr.1

Die Pflicht des Abs.1 S.1 Nr.1 ist für die Nachbarn **drittschützend** 120
(BVerwGE 80, 184/189 = NJW 1989, 467; BVerwG, NVwZ 2004, 611; SächsOVG, SächsVBl 1998, 293; Roßnagel GK 837; Dietlein LR 114; Engelhardt/Schlicht 28). Dafür spricht die Erwähnung der Nachbarn in der Vorschrift wie ihr Charakter als Abwehrpflicht. Die Nachbarn (dazu Rn.33–38 zu § 3) können folglich die Verletzung dieser Pflicht geltend machen, indem sie eine gleichwohl erteilte Genehmigung anfechten (dazu Rn.44 ff zu § 6) sowie den Erlass nachträglicher Anordnungen oder sonstiger Maßnahmen der Durchsetzung verlangen (etwa Rn.68 ff zu § 17). Für alle die Pflicht des Abs.1 Nr.1 konkretisierenden Vorschriften gilt das Gleiche (Dietlein LR 115). Zur Frage, wieweit auf die Vorsorge ausgerichtete Konkretisierungen als Ersatz heranzuziehen sind, unten Rn.122. Drittschützend ist auch die zweite Alternative des § 5 Abs.1 S.1 Nr.1, die vor sonstigen schädlichen Einwirkungen schützt (Dietlein LR 130).

b) Vorsorgepflicht

Die Vorsorgepflicht des Abs.1 S.1 Nr.2 hat entgegen der ursprünglichen 121
hM (OVG NW, DVBl 1976, 790; OVG Lüneb, GewArch 1981, 341; OVG Berl, DVBl 1979, 159 ff) grundsätzlich keinen drittschützenden Charakter (BVerwGE 65, 313/320 = NVwZ 1983, 32; BVerwG, NVwZ 2004, 611; BayVGH, NVwZ 1998, 1194; VGH BW, NVwZ 1996, 303; Jarass, NJW 1983, 2845 f; teilweise a.A. mit beachtlichen Argumenten Trute o. Lit. A 350 f; Rhein o. Lit. A 108 ff; Koch § 4 Rn.185; Roßnagel GK 861; Huber, AöR 1989, 294 ff; Kutscheidt, FS Redeker, 1993, 453 f). Insb. im Hinblick auf die von der Vorsorge erfassten Fernwirkungen lässt sich der Kreis der Begünstigten schwerlich abgrenzen. Nachbarn können folglich eine Verletzung der Vorsorgepflicht nicht geltend machen. Gleiches gilt für konkurrierende Unternehmen, deren Entwicklungsmöglichkeiten evtl. beschnitten werden.

Anderes gilt jedoch dann, wenn konkretisierende Regelungen mit Im- 122
missionswerten in Rechtsverordnungen oder Verwaltungsvorschriften fehlen, wohl aber Vorsorgewerte festgelegt wurden. In diesem Falle können

§ 5 Genehmigungsbedürftige Anlagen

Drittbetroffene die Einhaltung der Vorsorgewerte als Ersatz für die fehlenden Schutzwerte verlangen (BVerwG, NVwZ 2004, 611; BayVGH, BayVBl 1989, 532 f; Huber, AöR 1989, 294; Rehbinder, o.lit.A, 282; Ohms, Rn.125; vgl. Dietlein LR 119). Ist allerdings der Mitverursachungsanteil irrelevant (dazu oben Rn.17), scheidet eine Drittklage aus (BVerwG, NVwZ 2004, 611). Darüber hinaus wird man aufgrund EG-rechtskonformer Auslegung Vorgaben der Vorsorge als drittschützend einzustufen haben, soweit sie EG-rechtliche Standards sichern (Dietlein LR 118, 166; Sparwasser § 10 Rn.159).

123 Unabhängig davon ist die gegenwärtige Situation **rechtspolitisch zu beklagen,** weil der fehlende Drittschutz des Vorsorgeprinzips zu Vollzugsdefiziten führt (vgl. Jarass, NJW 1983, 2845 f; Lübbe-Wolff, in: Dreier/Hofmann (Hg.), Parlamentarische Souveränität und technische Entwicklung, 1986, 186; Schröder o. Lit. A 277 f). Zudem ist meist nur unter großen Schwierigkeiten zu ermitteln, ob die immissionsorientierte Pflicht des Abs.1 Nr.1 beachtet ist, während sich die Einhaltung der der Vorsorge zugeordneten Emissionswerte sehr viel leichter feststellen lässt (Bier, ZfBR 1992, 18; Wagener, NuR 1988, 72 f; Jarass, DVBl 1985, 196). Endlich ergeben sich EG-rechtliche Probleme, soweit es um die Durchsetzung EG-rechtlicher Vorgaben geht, die regelmäßig drittschützend sind (vgl. oben Rn.122). Es wäre daher sinnvoll, durch Gesetz festzulegen, dass (auf der Grundlage des Vorbehalts in § 42 Abs.2 VwGO) die Verletzung aller in Rechts- und Verwaltungsvorschriften niedergelegten Grenzwerte, jedenfalls im Bereich der Luftreinhaltung, die Nachbarn zur Klage berechtigt (vgl. Jarass u.a., UGB-BT, 1994, 667 f).

c) Abfall- und Energieverwertungspflichten

124 Die Pflicht der **Abfallvermeidung** gem. Abs.1 S.1 Nr.3 dient der Vorsorge (vgl. oben Rn.72) und hat daher generell keinen drittschützenden Charakter (Dietlein LR 194). Bei der Pflicht zur **Abfallverwertung** gem. Abs.1 S.1 Nr.3 ist zu differenzieren: Das Ob der Abfallverwertung ist Ausdruck des Vorsorgeprinzips, also nicht drittschützend (OVG NW, NuR 1990, 330; NVwZ 1987, 147 f; Roßnagel GK 862). Bei der Art und Weise kommt es auf den Charakter der dafür einschlägigen Vorschriften an (Dietlein LR 195; Meidrodt o. Lit. B 96; vgl. BVerwG, FE-ES § 5–31, 4 f; strenger Roßnagel GK 866). Was die **Abfallbeseitigung** angeht, ist generell entscheidend, ob die entsprechenden Vorschriften, insb. des Abfallrechts bzw. des Abwasserrechts, drittschützend sind oder nicht. Die Pflicht zur sparsamen und effektiven **Energieverwendung** gem. Abs.1 S.1 Nr.4 dürfte allein der Vorsorge dienen (vgl. oben Rn.98 f) und ist daher nicht drittschützend (Dietlein LR 205).

d) Nachsorgepflichten

125 Die Nachsorgepflicht gem. Abs.3 Nr.1 dient, wie die Pflicht des Abs.1 S.1 Nr.1, dem Schutz der Nachbarn; sie hat daher drittschützenden Charakter (Roßnagel GK 868; Dietlein LR 232). Dagegen vermitteln die

Regelungen des Abs.3 Nr.2 und des Abs.3 Nr.3 selbst keinen Drittschutz. Doch können etwa die Vorschriften, die auf die Prozesse der Abfallverwertung und -beseitigung anzuwenden sind, drittschützenden Charakter besitzen (vgl. Dietlein LR 232).

4. Privatrecht

Werden privatrechtliche Ansprüche auf Schadensersatz oder Entschädigung geltend gemacht, kann die Einhaltung der Grundpflichten generell beim Beweis des Ursachenzusammenhangs von Bedeutung sein (vgl. Hager, NJW 1986, 1965 ff). Darüber hinaus gilt die Ursachenvermutung des § 6 Abs.1 UmwHG gem. § 6 Abs.2, 3 UmwHG nicht, wenn der Anlagenbetreiber belegen kann, dass er die schadensrelevanten Grundpflichten beachtet hat. Kann er diesen Beweis nicht führen oder steht gar fest, dass Grundpflichten verletzt wurden, und steht der Schaden damit in Zusammenhang, gilt die Ursachenvermutung des § 6 Abs.1 UmwHG (Hager LR § 6 UmwHG Rn.47; Dietlein LR 39). Um die Beweisanforderungen nicht zu überdehnen, dürfte das nur gelten, soweit die Grundpflichten durch Rechts- oder Verwaltungsvorschrift bzw. durch Verwaltungsakt hinreichend konkretisiert wurden. Darüber hinaus kann die Verletzung der Grundpflichten auch im Rahmen von § 823 BGB und von § 906 BGB eine Rolle spielen. Gleiches gilt für § 22 WHG. Soweit die Grundpflichten drittschützenden Charakter haben (dazu oben Rn.120–125), stellten sie ein Schutzgesetz iSd § 823 Abs.2 BGB dar (BGHZ 122, 1/3 = NJW 1993, 1580 zu § 22 Abs.1 S.1 Nr.1; Roßnagel GK 31), jedenfalls wenn die Grundpflicht durch Rechts- oder Verwaltungsvorschrift bzw. durch Verwaltungsakt hinreichend konkretisiert wurde (Feldhaus FE § 4 Anm.39; vgl. Dietlein LR 38). Bei Einhaltung der Genehmigung wird es aber häufig am Verschulden fehlen (Marburger, Gutachten C zum 56. DJT, 1986, C 122f). Ein Verstoß gegen die Grundpflichten bzw. die sie konkretisierenden Verordnungen kann regelmäßig nicht mit einer Unterlassungsklage nach § 1 UWG angegriffen werden (BGH, FE-ES, § 1-1 UWG).

126

§ 6 Genehmigungsvoraussetzungen

(1) **Die Genehmigung ist zu erteilen, wenn**

1. **sichergestellt ist, dass die sich aus § 5 und einer auf Grund des § 7 erlassenen Rechtsverordnung ergebenden Pflichten erfüllt werden,**[5 ff] **und**
2. **andere öffentlich-rechtliche Vorschriften**[10 ff] **und Belange des Arbeitsschutzes**[24] **der Errichtung und dem Betrieb der Anlage nicht entgegenstehen.**

(2) **Bei Anlagen, die unterschiedlichen Betriebsweisen dienen oder in denen unterschiedliche Stoffe eingesetzt werden (Mehrzweck- oder Vielstoffanlagen), ist die Genehmigung auf Antrag auf die un-**

terschiedlichen Betriebsweisen und Stoffe zu erstrecken, wenn die Voraussetzungen nach Absatz 1 für alle erfassten Betriebsweisen und Stoffe erfüllt sind.[4]

Übersicht

I. Erteilung der Genehmigung 1
  1. Bedeutung des § 6, EG-Recht, Eigenart der Genehmigung 1
    a) Bedeutung des § 6 und EG-Recht 1
    b) Anwendungsbereich, Charakter und Gegenstand der Genehmigung 1b
  2. Materielle Voraussetzungen des Immissionsschutzrechts .. 5
    a) Anzuwendende immissionsschutzrechtliche Vorschriften 5
    b) Sicherheit der Erfüllung 8
  3. Materielle Voraussetzungen auf Grund sonstiger öffentlich-rechtlicher Vorschriften 10
    a) Umfassender anlagenbezogener Prüfungsmaßstab 10
    b) Abfallrecht, Bodenschutzrecht, Wasserrecht 12
    c) Naturschutz- und Waldrecht 15
    d) Umweltverträglichkeit 16
    e) Bauplanungsrecht 17
    f) Sonstige Vorschriften 21
  4. Sonstige materielle Genehmigungsvoraussetzungen 24
    a) Arbeitsschutz 24
    b) Privatrecht 25
  5. Gebundene Entscheidung 26
  6. Formelle Voraussetzungen 28
    a) Zuständigkeit und Verfahren 28
    b) Sachbescheidungsinteresse 29
II. Wirksamkeit und Wirkungen der Entscheidung 30
  1. Wirksamkeit und Rechtsübergang der Genehmigung 30
    a) Gestattung der Errichtung bzw. des Betriebs 30
    b) Feststellungsgehalte und weitere Wirkungen 31
    c) Beginn und Dauer der Wirkungen 34
    d) Umfang der Genehmigung und der Genehmigungswirkungen 37
  2. Wirkungen der Ablehnung 39
III. Rechtsschutz 40
  1. Rechtsschutz des Antragstellers 40
  2. Verwaltungsrechtsschutz Dritter 44
    a) Rechtsschutzmittel 44
    b) Klagebefugnis 46
    c) Insb. drittschützende Normen 49
    d) Fristen 54
    e) Zuständiges Gericht 55
    f) Vorläufiger Rechtsschutz 56

Literatur A: *Beckmann,* Die integrative immissionsschutzrechtliche Genehmigung, NuR 2003, 715; *Beyer,* Die integrierte Anlagenzulassung: Zur Umsetzung der

Genehmigungsvoraussetzungen § 6

IVU-RL im BImSchG, 2001; *Kugelmann,* Die Genehmigung als Gestaltungsmittel integrierten Umweltschutzes, DVBl 2002, 1238; *Steiling,* Bestandsschutz immissionsschutzrechtlich genehmigter Anlagen, FS Rauschning, 2001, 691; *Wahl,* Die Normierung der materiell-integrativen Genehmigungsanforderungen, ZuR 2000, 360; *Wirths,* Gemeinschaftsrechtlicher Habitatschutz und deutsches Immissionsschutzrecht, ZuR 2000, 190; *Breuer,* Anlagengenehmigung und Grundpflichten, in: Festschrift für Feldhaus, 1999, 49; *Sandner,* Investitionserleichterung und kommunale Planungshoheit, 1997; *Rebentisch,* Die immissionsschutzrechtliche Genehmigung – ein Instrument integrierten Umweltschutzes?, NVwZ 1995, 949; *Hofmann-Hoeppel,* Zur Berücksichtigung städtebaulicher Belange im Rahmen der immissionsschutzrechtlichen Genehmigungserteilung, BauR 1995, 479; *Krauß,* Bedarfsprüfung für Energieversorgungsanlagen im immissionsschutzrechtlichen Genehmigungsverfahren, NVwZ 1995, 959; *Sach,* Genehmigung als Schutzschild?, 1994; *Weidemann,* Kontrollerlaubnis mit Abwägungsvorbehalt?, DVBl 1994, 263; *Schink,* Kontrollerlaubnis im Abfallrecht, DÖV 1993, 725; *Gaßner/Schmidt,* Die Neuregelung der Zulassung von Abfallentsorgungsanlagen, NVwZ 1993, 946; *Trute,* Vorsorgestrukturen und Luftreinhalteplanung im Bundes-Immissionsschutzgesetz, 1987; *Wagner M.,* Die Genehmigung umweltrelevanter Vorhaben in parallelen und konzentrierten Verfahren, 1987; *Erbguth,* Prüfungsumfang bei der Entscheidung über öffentlichrechtliche Kontrollerlaubnisse als allgemeine verwaltungs- und verfassungsrechtliche Problematik, JUTR 3, 1987, 49; *Jarass,* Umweltverträglichkeitsprüfung bei Industrievorhaben, 1987; *Gaentzsch,* Konkurrenz paralleler Anlagengenehmigungen, NJW 1986, 2787; *Jarass,* Konkurrenz, Konzentration und Bindungswirkung von Genehmigungen, 1984. S. auch die Literatur zu § 4 (Abfallanlagen) und zum UVPG in Anhang C 1.

Literatur B (Rechtsschutz): *Spiegels,* Klagebefugnis aufgrund einer immissionsschutzrechtlichen Genehmigung, NVwZ 2003, 1091; *König,* Drittschutz, 1993; *Schlotterbeck,* Nachbarschutz im anlagenbezogenen Immissionsschutzrecht, NJW 1991, 2669; *Beckmann,* Verwaltungsgerichtlicher Rechtsschutz im raumbedeutsamen Umweltrecht, 1987; *Kunig,* „Dritte" und Nachbarn im Immissionsschutzrecht, Gedächtnisschrift Martens, 1987, 599; *Lukes,* Klagebefugnis und Verwaltungsverfahrensbeteiligung für ausländische Nachbarn am Beispiel des Atom- und Immissionsschutzrechts, GewArch 1986, 1; *Limberger,* Probleme des vorläufigen Rechtsschutzes bei Großprojekten, 1985; *Berger,* Grundfragen umweltrechtlicher Nachbarklagen, 1984; *Steinberg,* Verwaltungsgerichtlicher Umweltschutz, UPR 1984, 350; *Wolfrum,* Die grenzüberschreitende Luftverschmutzung im Schnittpunkt von nationalem und Völkerrecht, DVBl 1984, 493; *Jarass,* Der Rechtsschutz Dritter bei der Genehmigung von Anlagen am Beispiel des Immissionsschutzrechts, NJW 1983, 2844.

I. Erteilung der Genehmigung

1. Bedeutung des § 6, EG-Recht, Eigenart der Genehmigung

a) Bedeutung des § 6 und EG-Recht

Die Vorschrift des § 6 enthält eine abschließende Regelung zu den 1 Voraussetzungen der Erteilung einer Genehmigung, unabhängig davon, in welchem Verfahren sie erteilt wird. Liegen die Voraussetzungen vor, muss die Genehmigung erteilt werden (unten Rn.25). Die Genehmigungsvoraussetzungen können nicht durch Absprachen oder Ähnliches mit dem Antragsteller eingeschränkt werden (Rn.18 zu § 10). Dagegen dürften mit

§ 6   Genehmigungsbedürftige Anlagen

Einwilligung des Antragstellers auch strengere Anforderungen festgeschrieben werden können.

1 a   Die Genehmigungsvoraussetzungen des § 6 dienen auch der Durchsetzung von **EG-Recht,** soweit es innerstaatlich gilt oder anwendbar ist (unten Rn.10). Der Charakter der Genehmigung als gebundene Entscheidung ist mit dem EG-Recht vereinbar (unten Rn.26).

b) Anwendungsbereich, Charakter und Gegenstand der Genehmigung

1 b   aa) Eine Genehmigung kann nur erteilt werden, wenn die betreffende Anlage (ihrer Art nach) **genehmigungsbedürftig** ist (näher dazu Rn.13–32 zu § 4) und die Errichtung auch im konkreten Fall einer immissionsschutzrechtlichen Genehmigung bedarf (dazu Rn.34–40 zu § 4). Die anzeigepflichtigen (bzw. anzeigefreien) Anlagen des § 67 Abs.2, 3 und des § 67a Abs.1 können genehmigt werden, wenn ein entsprechender Antrag vorliegt (dazu Rn.27 zu § 67, Rn.7 zu § 67a). Wird eine nicht genehmigungsbedürftige Anlage genehmigt, ist die Genehmigung rechtswidrig, aber nicht nichtig (Kutscheidt LR 19). Weiter kann die Genehmigung nur dem Anlagenbetreiber erteilt werden (Rn.42 zu § 4). Durch Rechtsverordnung kann ein Genehmigungsverfahren auch bei nicht genehmigungsbedürftigen Anlagen ermöglicht werden; dazu Rn.13f zu § 23.

2   bb) § 5 statuiert für die Erteilung der Genehmigung allein anlagenbezogene Voraussetzungen. Auch die Vorgaben des § 6 beziehen sich ausschließlich auf anlagenbezogene Aspekte (unten Rn.10). Die Genehmigung ist daher eine **Sachgenehmigung,** eine Realkonzession (Dörr UL B3; Kutscheidt LR 23; Amtl. Begr., BT-Drs. 7/179, S.31; Feldhaus FE § 4 Rn.35). Die Genehmigung dient nicht dazu, persönliche Voraussetzungen beim Anlagenbetreiber sicherzustellen (Paetow KPV § 31 Rn.42). Insoweit kommen nur nachträgliche Maßnahmen nach § 20 Abs.3 in Betracht (Kotulla KO 43; s. aber auch unten Rn.29). Andererseits betrifft die Genehmigung nicht nur Lage und Beschaffenheit der Anlage, sondern auch ihren Betrieb, also auch organisatorische Fragen, bis hin zu Anforderungen an das Anlagenpersonal (Rn.7f zu § 52a).

3   cc) Die Genehmigungsvoraussetzungen müssen für die **gesamte Anlage** (näher dazu Rn.51–59 zu § 4) vorliegen, und zwar hinsichtlich der **Errichtung** (dazu Rn.44 zu § 4) wie hinsichtlich des **Betriebs** (dazu Rn.47 zu § 4). Die Voraussetzungen müssen im **Zeitpunkt** der behördlichen Entscheidung gegeben sein (Feldhaus FE 12), sei es der Entscheidung der Genehmigungsbehörde oder der Widerspruchsbehörde. Änderungen der Rechts- und Sachlage seit Einreichen des Antrags gehen also zu Lasten bzw. zugunsten des Antragstellers (Kotulla KO 42; vgl. unten Rn.40). Zur Aufklärung des Sachverhalts und zur Behandlung der tatsächlichen Unsicherheit unten Rn.8f. Zum maßgeblichen Zeitpunkt für die gerichtliche Entscheidung unten Rn.41, 56f.

4   Die 1996 neu eingefügte (Einl.2 Nr.27) Vorschrift des Abs.2 ermöglicht die Erteilung einer **Mehrzweck- oder Vielstoffgenehmigung.** Mehr-

Genehmigungsvoraussetzungen **§ 6**

zweckanlagen sind Einrichtungen, die unterschiedlichen Betriebsweisen dienen, etwa zur Herstellung unterschiedlicher Produkte. Vielstoffanlagen sind Einrichtungen, in denen unterschiedliche Stoffe eingesetzt werden (Kotulla KO 49). Dabei müssen die Genehmigungsvoraussetzungen für jede Alternative erfüllt sein (BT-Drs. 31/96, S.15f; Kutscheidt LR 67; Wasielewski GK 45a). Die Genehmigung muss im Hinblick auf jede Alternative ausreichend bestimmt sein. Der Anlagenbetreiber ist dann berechtigt, von der primär genehmigten Betriebsweise bzw. den primär genehmigten Stoffen auf die anderen genehmigten Betriebsweisen und Stoffe überzugehen, ohne eine Änderungsgenehmigung nach § 16 einholen oder eine Änderungsanzeige nach § 15 Abs.1 erstatten zu müssen (Kutscheidt LR 68). Zur Anzeigepflicht kraft Auflage Rn.8a zu § 12. Entsprechendes gilt für andere Alternativentscheidungen, etwa für Varianten der Beschaffenheit der Anlage (Ohms Rn.484); Abs.2 nennt nur besonders wichtige Anwendungsfälle.

2. Materielle Voraussetzungen des Immissionsschutzrechts

a) Anzuwendende immissionsschutzrechtliche Vorschriften

aa) Gem. § 6 Abs.1 Nr.1 setzt die Erteilung der Genehmigung voraus, 5 dass die Erfüllung der in § 5 niedergelegten **Grundpflichten** gesichert ist. Die Anlage muss also der der Gefahrenabwehr dienenden Schutzpflicht des § 5 Abs.1 S.1 Nr.1 (dazu Rn.11–43 zu § 5) gerecht werden. Weiter muss sie mit der gem. § 5 Abs.1 S.1 Nr.2 gebotenen Vorsorge vereinbar sein (dazu Rn.50–71 zu § 5). Darüber hinaus müssen die Abfallpflichten des § 5 Abs.1 S.1 Nr.3 gesichert sein (dazu Rn.73–95 zu § 5), ebenso die Energieverwendungspflichten des § 5 Abs.1 S.1 Nr.4 (dazu Rn.97–104 zu § 5). Endlich stellen die Nachsorgepflichten des § 5 Abs.3 (dazu Rn.106–115a zu § 5) Genehmigungsvoraussetzungen dar (Rn.115 zu § 5).

Des Weiteren ist die Einhaltung der einschlägigen **Rechtsverordnun-** 6 **gen** gem. § 7 (dazu Rn.28–47 zu § 7) Genehmigungsvoraussetzung. Zur Konkretisierung der Grundpflichten durch Rechtsverordnungen und deren Wirkung Rn.48f zu § 7. Ermittlungs- und Prüfungspflichten ähnlich der in § 26, § 28, § 29 und § 29a vorgesehenen Pflichten können als Konkretisierung der Grundpflichten oder auf Grund von Rechtsverordnungen Genehmigungsvoraussetzungen sein (näher dazu Rn.6 zu § 26). Gewisse Anhaltspunkte für die Reichweite der Grundpflichten können sich schließlich aus den *Rechtsverordnungen gem. §§ 32ff* ergeben (dazu Rn.7 zu § 32). Vgl. außerdem zum möglichen **Gegenstand von Auflagen** Rn.6–10a zu § 12.

Rechtsverordnungen, die **auf der Grundlage des § 48a** oder **des** 6a **§ 49** ergehen, werden in § 6 Abs.1 Nr.1 nicht genannt, obwohl sie vielfach die Grundpflichten des § 5 konkretisieren und im Übrigen von § 6 Abs.1 Nr.2 erfasst würden (Kutscheidt LR 45; Wasielewski GK 16). Dies dürfte ein Redaktionsversehen darstellen (Wasielewski GK 16). In der Sache liegt eine Zuordnung zu § 6 Abs.1 Nr.1 nahe (Kutscheidt LR 45), was

§ 6 Genehmigungsbedürftige Anlagen

etwa im Rahmen von § 16 Abs.1 bedeutsam ist (unten Rn.11 a). § 6 Abs.1 Nr.1 bedarf insoweit der extensiven Interpretation.

6 b Dies gilt auch für quellenunabhängige Vorgaben, wie die der **22. BImSchV**, zumal die Verordnung der Gefahrenabwehr iSd § 5 Abs.1 S.1 Nr.1 dient (Rn.38 zu § 5; Rn.16 zu § 48 a). Die Genehmigung darf daher nicht erteilt werden, wenn sie zu einer Überschreitung der Immissionsgrenzwerte der 22. BImSchV führt (Jarass, NVwZ 2003, 263 ff; Amtl. Begr. BT-Drs.14/8450, S.12; i.E. Bruckmann LR 3.2.1 Vorb.11; 3.2.2 Vorb.13; Gerhold/Weber, NVwZ 2000, 1139; Scheuing GK § 48 a Rn.62), vorausgesetzt, die Anlage erbringt einen relevanten Beitrag zur Überschreitung (vgl. Rn.17 zu § 5). Dementsprechend schließt die TA Luft eine Genehmigungserteilung bei Überschreiten der fraglichen Werte aus (vgl. auch Nr.4.2.3 Abs.1 TA Luft). Diese Bindung wird allerdings in mehrfacher Hinsicht **relativiert:** Zunächst steht eine Überschreitung der Immissionsgrenzwerte einer Genehmigung nicht entgegen, wenn durch sonstige Maßnahmen für eine Einhaltung der Werte gesorgt wird, wie das generell gilt (Rn.35 zu § 5), hier aber besondere Bedeutung hat. Zudem ist wegen des quellenunabhängigen Charakters genau zu prüfen, ob nicht nach der entsprechend anzuwendenden Vorschrift des § 47 Abs.4 S.1 (dazu Rn.16 zu § 45) andere Verursacher heranzuziehen sind. Schließlich dürfte die Genehmigung zu erteilen sein, wenn die Werte bereits vorher überschritten wurden und es zu keiner Verschlechterung kommt (Jarass, NVwZ 2003, 263), es sei denn, in einem Luftreinhalte- oder Aktionsplan ist anderes festgelegt.

7 **bb)** Die Genehmigung kann **nicht** mit der Begründung verweigert werden, der Anlagenbetreiber sei *unzuverlässig* iSd § 20 Abs.3 (Amtl. Begr., BT-Drs. 7/179, S.31); die Genehmigung nach § 4 ist eine reine Sachgenehmigung (näher oben Rn.2). Mangelnde *Zuverlässigkeit* kann allerdings den Genehmigungsantrag wegen fehlenden Sachbescheidungsinteresses unzulässig machen (dazu unten Rn.29). Die Regelungen zum *Immissionsschutzbeauftragten* sowie zum Störfallbeauftragten sind abschließend, weshalb solche Beauftragte in anderen Fällen auf der Grundlage des § 5 nicht verlangt werden können (Rn.8 zu § 53).

b) Sicherheit der Erfüllung

8 Die Erfüllung der Grundpflichten muss gem. Abs.1 Nr.1 „sichergestellt" sein. An der Einhaltung der Pflicht darf kein vernünftiger Zweifel bestehen. Allerdings verlangen die Pflichten sehr häufig nur hinreichende Wahrscheinlichkeiten (vgl. unten Rn.18 f). Die Erfüllung der Pflichten muss für den Zeitpunkt der Inbetriebnahme sowie auf die überschaubare Zukunft sichergestellt sein (Wasielewski GK 12); insb. sind geeignete Vorkehrungen zu treffen, etwa im Hinblick auf die Abfallentsorgung (Rn.88 zu § 5). Zweifel gehen grundsätzlich zu Lasten des Antragstellers (Kotulla KO 12; Wasielewski GK 45; Berg, Beweismaß und Beweislast im öffentlichen Umweltrecht, 1995, 139). Dabei ist allerdings zum einen die Untersuchungspflicht der Behörde zu beachten (dazu Rn.44 zu § 10). Weiterhin

Genehmigungsvoraussetzungen § 6

werden Unsicherheiten zT über die Anforderungen an die Wahrscheinlichkeitsprognose aufgefangen (dazu Rn.42–45 zu § 3); wie weit sich daher Zweifel zu Lasten des Antragstellers auswirken, hängt auch vom Grad der Wahrscheinlichkeit ab (Ohms Rn.552). Endlich lassen sich Unsicherheiten nicht selten durch geeignete Nebenbestimmungen kompensieren. Zu denken ist insb. an einen unechten Auflagenvorbehalt (dazu Rn.23 zu § 12). Genauere Feststellungen nach Betriebsbeginn erlaubt eine Auflage zur Ermittlung von Emissionen und Immissionen (Ohms Rn.554; Rn.6 zu § 26), aber auch von sonstigen Einwirkungen.

Zum Zeitpunkt des Genehmigungsverfahrens können die Wirkungen 9
der Anlage, insb. die mitverursachten Immissionen nicht gemessen werden. Die Genehmigungsbehörde muss folglich die **Immissionen** mit Hilfe einer Ausbreitungsrechnung o. Ä. **prognostizieren** (vgl. Anh.3 TA Luft; Anh. A2 zur TA Lärm). In ähnlicher Weise müssen bei anderen tatsächlichen Voraussetzungen Berechnungen und Abschätzungen getroffen werden.

3. Materielle Voraussetzungen auf Grund sonstiger öffentlich-rechtlicher Vorschriften

a) Umfassender anlagenbezogener Prüfungsmaßstab

aa) Die Genehmigung setzt weiter gem. Abs.1 Nr.2 voraus, dass der 10
Errichtung und dem Betrieb der Anlage alle anderen (von Abs.1 Nr.1 nicht erfassten) öffentlich-rechtlichen Vorschriften nicht entgegenstehen. „Nicht entgegenstehen" hat die gleiche Bedeutung wie „sichergestellt" iSv Abs.1 Nr.1 (Wasielewski GK 15; a.A. Kotulla KO 20); näher dazu oben Rn.8. An der Einhaltung der sonstigen Vorschriften darf also kein ernsthafter Zweifel bestehen. Sonstige öffentlich-rechtliche Vorschriften werden, dem Charakter der Genehmigung (dazu oben Rn.2) entsprechend, nur erfasst, wenn sie anlagenbezogen sind (Wasielewski GK 13), d. h. (auch) für die Errichtung der Anlage von Bedeutung sind (näher unten Rn.23). Ob die Anforderungen in Form selbständiger sachlicher Pflichten oder in Form von Genehmigungsvoraussetzungen formuliert sind, ist unerheblich (Kutscheidt LR 46). Keine Rolle spielt es des Weiteren, welcher Art die Vorschriften sind, ob sie insb. vom Bund, von den Ländern oder von anderen öffentlich-rechtlichen Einrichtungen erlassen wurden (Dörr UL C11). Erfasst werden auch Vorschriften des EG-Rechts (Wasielewski GK 13), soweit sie innerstaatlich gelten oder anwendbar sind (vgl. Einl.29 f). Unerheblich ist zudem, ob die Vorschriften mit dem Umweltschutz in Zusammenhang stehen. Die Genehmigung besitzt einen prinzipiell umfassenden Prüfungsmaßstab und soll zu einer umfassenden Sach- und Rechtsprüfung führen (Feldhaus FE 6). Dies entspricht der in § 13 festgelegten Konzentration.

Aus dem Zusammenhang mit § 13 wird zT gefolgert, der **Prüfungs-** 11
maßstab sei einzuschränken, soweit die Konzentration des § 13 nicht greift und daher weitere behördliche Entscheidungen notwendig sind (Feldhaus FE 6; a.A. Kotulla KO 18); dies ist vor allem im Hinblick auf

wasserrechtliche Erlaubnisse und Bewilligungen von Relevanz. Damit werden jedoch zusammengehörende Fragen zerschnitten (näher Jarass o. Lit. 1987, 21 f). Zudem wird das der Zweckbestimmung des § 1 nicht gerecht, die den Schutz etwa des Wassers ausdrücklich zum Ziel des BImSchG erklärt. Endlich würde bei UVP-pflichtigen Vorhaben das Erfordernis der umfassenden Prüfung gem. § 1 UVPG nicht gewahrt, mit der Folge, dass gem. § 4 UVPG das UVPG selbst angewandt werden müsste. Die sachgerechte Lösung besteht darin, zwischen den Genehmigungsvoraussetzungen und dem Genehmigungsinhalt bzw. dem Regelungsgegenstand der Genehmigung zu unterscheiden. Die materiellen Voraussetzungen von Genehmigungen und Zulassungen, die nicht von der Konzentrationswirkung des § 13 erfasst werden und daher parallel ergehen, sind **Genehmigungsvoraussetzungen** (OVG NW, NuR 1990, 329 f zur Gewässernutzung), gehören aber nicht zum **Regelungsgegenstand** (Kutscheidt LR 47; Wasielewski GK 43 a). Daher entfaltet die immissionsschutzrechtliche Genehmigung insoweit keine Bindungswirkung für parallele Genehmigungen und Zulassungen (Beschränkung auf *Fachbindung*; Jarass o. Lit. A 1984, 77 ff, 92 ff; Wagner o. Lit. 227). Weiter kann die immissionsschutzrechtliche Genehmigungsbehörde auf die noch zu erteilenden Genehmigungen verweisen, statt die entsprechenden materiellen Vorschriften selbst zu prüfen (ebenso Feldhaus FE 6; anders OVG NW, NuR 1990, 330); zur Aussetzung des Verfahrens in diesem Falle Rn.128 zu § 10. Falls allerdings insoweit von vorneherein unüberwindbare Hindernisse bestehen, muss die immissionsschutzrechtliche Genehmigung abgelehnt werden (BVerwG, DVBl 1990, 58; Kutscheidt LR 56; Wasielewski GK 43 a). Darüber hinaus ist zu beachten, dass Fragen der Abfall- und Abwasservermeidung vor Erteilung der immissionsschutzrechtlichen Genehmigung wegen § 5 Abs.1 S.1 Nr.3 mit Unterstützung der zuständigen Fachbehörde vollständig aufzuklären sind (vgl. dazu Führ 215 ff).

11 a   bb) Die **Abgrenzung zwischen § 6 Abs.1 Nr.1 und § 6 Abs.1 Nr.2** ist von erheblicher praktischer Bedeutung, weil eine Änderungsgenehmigung allein im Bereich des § 6 Abs.1 Nr.1 erforderlich sein kann (Rn.9 a zu § 16); auch sind nachträgliche Anordnungen nur in diesem Bereich möglich. Deshalb ist von Relevanz, dass zT sonstige Gesetze bereits aufgrund von § 5 Abs.1 S.1 Nr.3 zum Tragen kommen (unten Rn.12, 14) oder bestimmte Beeinträchtigungen dem Bereich des § 5 Abs.1 S.1 Nr.1, 2 zugeordnet werden (unten Rn.13). Andererseits tritt die 2. Alt. des § 5 Abs.1 S.1 Nr.1 und des § 5 Abs.1 S.1 Nr.2 im Überschneidungsfalle vielfach zurück (Rn.8, 58 zu § 5). Dem Bereich des § 5 Abs.1 S.1 Nr.1 sind im Übrigen alle immissionsschutzrechtlichen Vorgaben zuzuordnen (oben Rn.6 a f).

b) Abfallrecht, Bodenschutzrecht, Wasserrecht

12   Das **Abfallrecht** kommt bereits weithin über die Grundpflicht des § 5 Abs.1 S.1 Nr.3 und damit über § 6 Abs.1 Nr.2 zur Anwendung. Dies gilt für die Abfallverwertung (Rn.86 zu § 5) und für die Abfallbeseitigung

Genehmigungsvoraussetzungen § 6

(Rn.93–94a zu § 5). Eine Anwendung des Abfallrechts über § 6 Abs.1 Nr.2 wird daher, wenn überhaupt, nur in seltenen Fällen zum Tragen kommen, was vielfach übersehen wird (etwa Wasielewski GK 22 f); zur Relevanz oben Rn.11 a.

Das **Bodenschutzrecht** kommt, was die Festlegung der Gefahren- und 13 Vorsorgeschwelle angeht, bereits über § 5 Abs.1 und damit im Rahmen des § 6 Abs.1 Nr.1 zum Tragen (näher Rn.28, 71 zu § 5; Kutscheidt LR 58; anders Louis/Wolf, NuR 2003, 214). Eine Anwendung des Bodenschutzrechts über § 6 Abs.1 Nr.2 erübrigt sich damit (zur Relevanz oben Rn.11 a).

Das **Wasserrecht** kommt im Abwasserbereich bereits über § 5 Abs.1 14 S.1 Nr.3 und damit über § 6 Abs.1 Nr.1 zum Tragen (Rn.86, 94a zu § 5). Im Übrigen sind die einschlägigen Vorgaben des Wasserrechts über § 6 Abs.1 Nr.2 anzuwenden. Zum Tragen kommen insb. die Vorgaben für die Gewässerbenutzung in §§ 6, 26, 34 WHG, die Vorgaben für die Einleitung von Abwässern in Gewässer nach § 7a WHG, die Vorgaben für Indirekteinleitungen entsprechend § 7a Abs.3 WHG, die Vorgaben zum Schutz von Wasserschutzgebieten nach § 19 WHG, die Vorgaben für Rohrleitungsanlagen nach § 19a WHG sowie die Vorgaben für den Umgang mit wassergefährdenden Stoffen nach § 19g WHG (Kutscheidt LR 57). Soweit allerdings Zulassungen und Bewilligungen notwendig sind, kann auf diese Entscheidungen verwiesen werden (oben Rn.11).

c) Naturschutz- und Waldrecht

Im Hinblick auf **FFH-Gebiete** und europäische **Vogelschutzgebiete** 15 sind über die Projektdefinition des § 10 Abs.1 Nr.11 lit.c BNatSchG die §§ 34 ff BNatSchG zu beachten: Gemäß § 36 S.2 iVm § 34 Abs.1 BNatSchG ist eine Verträglichkeitsprüfung erforderlich, sofern die Anlage geeignet ist, Erhaltungsziele oder Schutzzwecke eines FFH- bzw. Vogelschutzgebiets zu beeinträchtigen. Kommt die Prüfung zu dem Ergebnis, dass mit einer Beeinträchtigung zu rechnen ist, ist die Anlage unzulässig, sofern nicht die Voraussetzungen des § 34 Abs.3, 4 BNatSchG vorliegen. Die Einschränkung des § 37 Abs.1 BNatSchG für Anlagen in Gebieten iSd §§ 30, 33 BauGB greifen wegen § 36 BNatSchG nicht (Ohms Rn.496). Auf sonstige Einwirkungen iSd § 5 Abs.1 S.1 Nr.1, 2 wird man § 36 BNatSchG in EG-rechtskonformer Auslegung entsprechend anzuwenden haben; im Bereich des Gewässerschutzes kommt ohnehin § 6 Abs.2 WHG zum Tragen.

Weiterhin ist die Errichtung genehmigungsbedürftiger Anlagen im Au- 15a ßenbereich generell als ein **(naturschutzrechtlicher) Eingriff** iSd § 18 BNatSchG zu qualifizieren, auch im Bereich der Landwirtschaft (VGH BW, NuR 1992, 189; ähnlich NdsOVG, NuR 1997, 302; Wasielewski GK 21). Im Anwendungsbereich von Bebauungsplänen sowie im Innenbereich des § 34 BauGB findet die Eingriffsregelung jedoch gem. § 21 Abs.2 BNatSchG keine Anwendung. Lässt sich der Eingriff nicht ausgleichen und stehen überwiegend Belange des Naturschutzes entgegen, ist die Genehmigung zu verweigern (VGH BW, NuR 1992, 189; Dörr UL

§ 6 Genehmigungsbedürftige Anlagen

C27; Kutscheidt LR 61). Zu beachten sind des Weiteren die Vorgaben für Schutzgebiete nach §§ 13–16 BNatSchG (BayVGH, NuR 1997, 292), für Naturdenkmale nach § 17 BNatSchG und für Landschaftsbestandteile nach § 18 BNatSchG sowie für bestimmte Biotope nach § 20b BNatSchG. *Waldrechtliche* Vorgaben sind insb. in §§ 9 ff BWaldG enthalten.

d) Umweltverträglichkeit

16 Bei den genehmigungsbedürftigen Anlagen, deren Errichtung UVP-pflichtig ist (dazu Rn.13 zu § 10), gilt es in materieller Hinsicht zu beachten, dass die Bewertung der Umweltauswirkungen bei der Genehmigungserteilung zu berücksichtigen ist (dazu Rn.116 zu § 10). Allerdings erfolgt die Berücksichtigung gem. § 12 UVPG „nach Maßgabe der geltenden Gesetze", insb. also im Rahmen der Anforderungen des BImSchG und der anderen Fachgesetze. Die Anforderungen des UVPG gehen also in materieller Hinsicht grundsätzlich nicht über das BImSchG und die sonstigen Fachgesetze hinaus. Mit der Stärkung des *integrativen* Umweltschutzes im BImSchG (Rn.9–11 zu § 1; Rn.5 zu § 5) gilt das noch mehr.

e) Bauplanungsrecht

17 **aa)** Außer bei bestimmten Abfallentsorgungsanlagen (unten Rn.20) sind die Vorgaben der §§ 30–36 BauGB strikt zu beachten (vgl. BVerwG, NVwZ 2000, 679f). Was die Immissionen betrifft, gewähren allerdings die bauplanungsrechtlichen Vorgaben keinen weitergehenden Schutz als § 5 (BVerwGE 68, 58/60 = NVwZ 1984, 509; HessVGH, NVwZ 1991, 90; VGH BW, NVwZ 1990, 987). Auch die sonstigen Vorgaben des BauGB sind zu beachten. So schließt eine Veränderungssperre nach §§ 14 ff BauGB die Genehmigungserteilung aus (BVerwG, NVwZ 1991, 62 ff; VGH BW, NVwZ-RR 1990, 396f). I. ü. ist bei den Anforderungen zu differenzieren:

18 **(1)** Im Bereich eines **Bebauungsplans** (§ 30 BauGB) ist bedeutsam, dass Bebauungspläne auch der Vorsorge iSd § 5 Abs.1 S.1 Nr.2 dienen können (BVerwG, DVBl 1989, 1050). Noch weitergehende Anforderungen können durch Vertrag begründet werden (BVerwGE 84, 236/241 f = NVwZ 1990, 665). Was den Gebietstyp angeht, so sind genehmigungsbedürftige Anlagen grundsätzlich nur im Industriegebiet zulässig (vgl. BVerwG, NVwZ 1987, 885; BayVGH, NVwZ-RR 1998, 27; Dörr UL C17). In atypischen Fällen ist aber auf Grund von § 15 Abs.3 BauNVO eine Zulassung auch in anderen Gebieten möglich (BVerwG, NVwZ 1993, 987; VGH BW, NVwZ-RR 2003, 192). Dies kommt insb. bei Anlagen in Betracht, die unter § 19 fallen (vgl. OVG Berl, UPR 1985, 301f).

19 **(2)** Im **unbeplanten Innenbereich** (§ 34 BauGB), kommt es auf die tatsächliche Situation an. Entspricht die Eigenart der näheren Umgebung einem der Baugebiete der Baunutzungsverordnung, gelten gem. § 34 Abs.2 BauGB die Ausführungen oben in Rn.18 zum Bereich qualifizierter Bebauungspläne (Dörr UL C18). Ist ein Gebiet durch gewerbliche bis hin zu industrieller Nutzung geprägt, steht idR § 34 BauGB nicht entgegen (BVerwG, NVwZ 1990, 963). Ein Bebauungsplan muss der Genehmigungserteilung nicht vorgeschaltet werden (Sellner 87).

(3) Im **Außenbereich** (§ 35 BauGB) sind genehmigungsbedürftige 19a Anlagen unzulässig, wenn sie im Innenbereich der fraglichen Gemeinde angesiedelt werden können und es sich nicht um ein privilegiertes Vorhaben iSd § 35 Abs.1 BauGB handelt (BVerwG, NVwZ 1984, 170; NJW 1977, 1978f). Zu den privilegierten Vorhaben können auch genehmigungsbedürftige Anlagen wegen ihrer besonderen Belastungseffekte rechnen (vgl. BVerwG, NVwZ 1984, 303; Kutscheidt LR 52). Werden die Vorgaben des § 5 Abs.1 S.1 Nr.1 gewahrt, steht dem Vorhaben auch kein Belang iSd § 35 Abs.3 S.1 Nr.3 BauGB entgegen (BayVGH, NVwZ 2004, 122).

bb) Für (immissionsschutzrechtlich zu genehmigende) **Abfallentsor-** 20 **gungsanlagen** gelten die Ausführungen oben in Rn.17–19a, es sei denn, es handelt sich um *öffentlich zugängliche Abfallentsorgungsanlagen,* auf die gem. § 38 Satz 1 BauGB die §§ 29 bis 36 BauGB, aber auch die sonstigen Vorschriften des BauGB nicht anwendbar sind. Eine Abfallentsorgungsanlage ist nach Wortlaut und Entstehungsgeschichte öffentlich zugänglich, wenn ihre Nutzung einem unbestimmten Personenkreis offen steht (Kutscheidt LR 54; Wasielewski GK 19). Zudem kommt § 38 nur zum Tragen, wenn das Vorhaben von überörtlicher Bedeutung ist (dazu Paetow KPV § 31 Rn.67a). Schließlich muss die Gemeinde am Genehmigungsverfahren beteiligt gewesen sein; die Einvernehmensverpflichtung des § 36 BauGB gilt hingegen nicht (Rn.8 zu § 13). Die Ausnahme gilt auch für die Änderung solcher Anlagen (VGH BW, NVwZ 1997, 1019). Gem. § 38 S.1 Hs.2 BauGB sind aber die städtebaulichen Belange (im Rahmen einer Abwägung) zu berücksichtigen, was weniger als eine strikte Bindung ist (OVG RP, NVwZ 1995, 291f), andererseits aber der vollen Gerichtskontrolle unterliegen dürfte (Paetow KPV § 31 Rn.67b). Jedenfalls führt der Abwägungsvorbehalt nicht zu einer Änderung des Rechtscharakters der immissionsschutzrechtlichen Genehmigung. Sie wird zu keiner planerischen Abwägungsentscheidung, sondern bleibt eine gebundene Entscheidung, bei der in einem Teilbereich eine Abwägung stattfindet (Paetow KPV § 31 Rn.67b; unten Rn.26; wohl anders Runkel, in: Ernst/Zinkahn/Bielenberg, BauGB, Stand 2003, § 38 Rn.66).

f) Sonstige Vorschriften

Die Ziele, Grundsätze und sonstigen Erfordernisse der **Raumordnung** 21 entfalten seit der Neugestaltung des § 4 ROG im immissionsschutzrechtlichen Genehmigungsverfahren unterschiedliche Bindungswirkungen (überholt Kutscheidt LR 55), sofern sie raumbedeutsam (dazu Rn.6a zu § 50) sind: Die Ziele sind gem. § 4 Abs.1 S.2 Nr.1 ROG zu beachten (also strikt verbindlich), Grundsätze sowie sonstige Erfordernisse gem. § 4 Abs.2 ROG zu berücksichtigen, wenn der Antragsteller eine öffentliche Stelle ist, an ihm öffentliche Stellen mehrheitlich beteiligt sind oder das Projekt über-

§ 6 Genehmigungsbedürftige Anlagen

wiegend aus öffentlichen Mitteln finanziert wird (§ 4 Abs.3 ROG). Im Übrigen kommt das Raumordnungsrecht gem. § 4 Abs.4 ROG nur zum Tragen, soweit entspr. Raumordnungsklauseln im Fachrecht enthalten sind. Insoweit dürfte für immissionsschutzrechtliche Genehmigungen im Wesentlichen nur § 35 Abs.3 S.2 BauGB in Betracht kommen. Soweit Vorgaben des Raumordnungsrechts anwendbar sind, ist auch eine Untersagung gem. § 12 ROG möglich (a.A. zum früheren, insoweit gerade anders gestalteten Recht BayVGH, NVwZ 1990, 983f). Bei UVP-pflichtigen Anlagen (Rn.13 zu § 10) müssen die Bundesländer gem. § 15 ROG iVm § 1 Nr.1 RaumordnungsV ein Raumordnungsverfahren einführen. Dementsprechend ist nach den Landesplanungsgesetzen in derartigen Fällen meist ein Raumordnungsverfahren durchzuführen, das allerdings nur zT mit der Umweltverträglichkeitsprüfung kombiniert ist. Weiter sind die Vorschriften des **Bauordnungsrechts** zu beachten. Zur aufschiebenden Bedingung eines noch zu erbringenden Standsicherheitsnachweises Rn.24 zu § 12.

22 Vorschriften iSd § 6 Abs.1 Nr.2 finden sich **des Weiteren** in den gem. § 14 GPSG erlassenen Rechtsverordnungen, weiterhin in § 17 Abs.2 SprG. Werden Anlagen an bestimmten Straßen errichtet, kann das *Straßenrecht* zur Anwendung kommen. Bei technischen Großanlagen können die *Katastrophenschutzgesetze* der Länder bedeutsam werden (Kutscheidt LR 64). Bei Anlagen, die dem *Umwelthaftungsgesetz* unterliegen, ist gem. § 19 UmwHG eine Deckungsvorsorge notwendig. Endlich kann das *Energiewirtschaftsrecht* Vorgaben liefern, soweit es auf die Errichtung einer Anlage Einfluss nimmt (vgl. Krauß, NVwZ 1995, 960; vgl. aber Rn.11 zu § 13).

23 Vorschriften, die ohne direkten oder indirekten Einfluss auf die **Errichtung** der Anlage sind, fallen nicht unter § 6 Abs.1 Nr.2. Das gilt etwa für die Regelungen zur Sonntagsbeschäftigung (Dörr UL C26; a.A. VGH BW, UL-ES § 6–23, 3; offengelassen BVerwG, NVwZ-RR 1990, 555). In Betracht käme allenfalls eine Verweigerung der Genehmigung wegen fehlenden Sachbescheidungsinteresses (dazu unten Rn.29).

4. Sonstige materielle Genehmigungsvoraussetzungen

a) Arbeitsschutz

24 Gem. Abs.1 Nr.2, 2. Alt. sind des Weiteren die Belange des Arbeitsschutzes Genehmigungsvoraussetzungen. Das erfordert, dass alle Arbeitsschutzvorschriften öffentlich-rechtlicher Natur beachtet werden. Wichtige Vorschriften dieser Art enthalten §§ 120aff GewO, die ArbeitsstättenVO, die auf Grund § 14 GPSG erlassenen Rechtsverordnungen, das SprengstoffG, das GaststättenG, das JugendarbeitsschutzG und das MutterschutzG. Weiterhin zählt zu den Belangen des Arbeitsschutzes der Inhalt der von den Unfallversicherungsträgern erlassenen Unfallverhütungsvorschriften (Feldhaus FE 7). Dagegen können nichtstaatliche Vorgaben nicht Genehmigungsvoraussetzungen sein (so aber Wasielewski GK 38). Die Belange

des Arbeitsschutzes sind zusätzlich zu denen des Immissionsschutzes zu beachten und schränken die Anforderungen nach § 6 Abs.1 Nr.1 auch im Konfliktsfalle nicht ein.

b) Privatrecht

Da gem. § 6 Abs.2 Nr.2 nur sonstige *öffentlich-rechtliche Vorschriften* zu prüfen sind, hängt die Erteilung der Genehmigung nicht von privatrechtlichen Vorgaben ab (diff. Kotulla KO 15). Dieser Befund steht allerdings in einem gewissen Spannungsverhältnis zur Regelung des § 10 Abs.3 S.3, die daher korrigierend verstanden werden muss (Rn.99 zu § 10). Auch die Vorschrift des § 14 muss zu keiner Ausweitung des Prüfungsgegenstandes führen, da die allgemeinen privatrechtlichen Vorschriften, die durch § 14 präkludiert sein können, in aller Regel gewahrt sind, wenn die Anlage allen öffentlich-rechtlichen Vorschriften gerecht wird (vgl. Rn.1 zu § 14).

5. Gebundene Entscheidung

Liegen die formellen und materiellen Voraussetzungen vor (oben Rn.5– 24), muss die Genehmigung erteilt werden (Amtl. Begr., BT-Drs. 7/179, S.31). Es handelt sich um eine **gebundene Entscheidung**, keine Ermessensentscheidung (BVerwGE 97, 143/148 = NVwZ 1995, 598; Sparwasser § 10 Rn.170; Sandner, o. Lit. A, 111 f; a. A. Wasielewski GK 8 f; Wolf Rn.897; diff. Trute, o. Lit. A, 300, 336 f), auch im Bereich der Abfallentsorgungsanlagen (Paetow KPV § 31 Rn.38, 67 b; Krebs, UPR 1994, 47 f; oben Rn.20). Daran ändert der Umstand nichts, dass der Genehmigung insb. im Bereich der Vorsorge planerische Entscheidungen vorgeschaltet sein können (vgl. Rn.47 zu § 5). Die Genehmigung kann zudem nicht deshalb verweigert oder verzögert werden, weil der Anlagenbetreiber bei anderen Anlagen seinen Pflichten nicht nachkommt (Bohne, Der informale Rechtsstaat, 1981, 178). Lassen sich die Genehmigungshindernisse durch Nebenbestimmungen ausräumen, ist die Genehmigung mit diesen Nebenbestimmungen zu erteilen (Feldhaus FE 2). Andererseits sollte der Charakter der gebundenen Entscheidung nicht überschätzt werden; angesichts der zahlreichen unbestimmten Rechtsbegriffe nähert sich die Genehmigungsentscheidung an eine Ermessensentscheidung an (Sendler, UPR 1983, 43; Jarass o. Lit. A, 1987, 89 ff; Sandner o. Lit. A 32 ff, 134 f; insoweit zutreffend Wasielewski GK 8 f). Schließlich enthält die immissionsschutzrechtliche Genehmigung Ermessenselemente, soweit sie nach § 13 Zulassungen einschließt, die im behördlichen Ermessen stehen, etwa die baurechtlichen Ausnahmen und Befreiungen (VGH BW, DVBl 2001, 670; Wasielewski GK 9). Die Qualifikation als gebundene Genehmigung ist auch mit dem EG-Recht, insb. mit der Richtlinie 96/61/EG über die integrierte Vermeidung und Verminderung der Umweltverschmutzung vereinbar (Böhm GK § 4 Rn.9, 34; Günter, NuR 2002, 397; Erbguth/ Stollmann, ZUR 2000, 382).

Der gebundene Charakter der Genehmigung hat Folgen für die Frage der **Alternativenprüfung.** Dabei gilt es zu unterscheiden: Die Behörde kann im Rahmen von Vorsorgevorgaben regelmäßig (in gewissen Grenzen) eine Optimierung der Anlage verlangen und demgemäß alternative Ausgestaltungen der betreffenden Anlage (einschließlich einer Verschiebung auf dem Betriebsgrundstück) in den Blick nehmen. Die Beschränkung der Unterlagen auf „technische Verfahrensalternativen" in § 4e Abs.3 der 9. BImSchV ist daher zu eng geraten; insb. sind auch stoffliche und organisatorische Verfahrensalternativen mit einzubeziehen (Erbguth/Schink Art.4 Rn.23; Roßnagel GK § 10 Rn.218, 467). Ausgeschlossen ist jedoch die Prüfung, ob eine andere *Anlagenart* oder eine Aufstellung der Anlage an einem *anderen Standort* weniger Probleme bereitet (Paetow KPV § 31 Rn.39); das wäre angesichts des gebundenen Charakters der Genehmigung nur möglich, wenn eine solche Prüfung als Genehmigungsvoraussetzung vorgeschrieben wäre (BayVGH, NVwZ-RR 2002, 335; OVG NW, FE-ES, §§ 6–8, 2f; Dörr UL B1; vgl. Beckmann, NuR 2003, 720; Jarass, o. Lit. A, 1987, 44 ff). Möglich ist es hingegen, den Einsatz einer Anlagenart abzulehnen, weil sie generell nicht mehr dem Stand der Technik entspricht. Die Begrenzung des Prüfungsmaßstabs gilt auch für UVP-pflichtige Vorhaben (vgl. Gallas, UPR 1991, 217; Erbguth/Schink § 12 Rn.35 ff, 39 ff). Für die unter § 4 fallenden Abfallentsorgungsanlagen gilt nichts anderes (Paetow KPV § 31 Rn.39; Schink, DÖV 1993, 735; Gaßner/Schmidt, NVwZ 1993, 948 f; Sandner o. Lit. A 178 ff; a.A. OVG RP, NVwZ 1995, 291).

6. Formelle Voraussetzungen

a) Zuständigkeit und Verfahren

28 Die Genehmigung muss zunächst von der **zuständigen** Behörde erteilt werden. Welche Behörde zuständig ist, wird durch das Landesrecht geregelt; dazu Einl.56. Zur Zuständigkeit von Bundesbehörden Einl.55, und Rn.6a zu § 59. Zur federführenden Behörde im Bereich der UVP Rn.17 zu § 10.

28a Die erste Stufe des **Verfahrens** besteht in der Einleitung des Verfahrens (dazu Rn.19–43 zu § 10). Insb. kann eine Genehmigung nur auf *Antrag* erteilt werden (Rn.25 zu § 10). Dann folgen behördliche Ermittlungen und Gutachten (dazu Rn.44–58 zu § 10). Sofern ein förmliches Genehmigungsverfahren erforderlich ist, die Anlage also nicht nur im vereinfachten Verfahren zu genehmigen ist (dazu Rn.2–9 zu § 19), schließt sich die Anhörung Dritter, die Öffentlichkeitsbeteiligung an (dazu Rn.59–89 zu § 10). Zur Bewältigung von Änderungen während des Genehmigungsverfahrens Rn.100–109 zu § 10. Zur Entscheidungsfindung und zur Entscheidung selbst Rn.110–128 zu § 10. Zu den Auswirkungen von Verfahrensfehlern Rn.130–136 zu § 10.

b) Sachbescheidungsinteresse

29 Wie bei anderen Genehmigungen muss der Antragsteller ein Sachbescheidungsinteresse für seinen Genehmigungsantrag besitzen. Dieses fehlt,

Genehmigungsvoraussetzungen § 6

wenn die Genehmigung für ihn keinen Nutzen haben kann (Wittreck, BayVBl 2004, 195 ff), etwa weil er sofort eine Verfügung nach § 20 Abs.3 erwarten muss (Kutscheidt LR 56) oder weil die privatrechtlichen Voraussetzungen für den Anlagenbetrieb auf keinen Fall erfüllt werden können („liquide Titel", dazu oben Rn.25) oder weil eine zusätzlich erforderliche, von § 13 nicht erfasste Genehmigung offensichtlich nicht erteilt werden wird (OVG Saarl, UPR 1985, 248; Wasielewski GK 2, 10 a; Hansmann LR § 20 Rn.56; Dörr UL C39; a. A. Vallendar FE § 20 Anm.25).

II. Wirksamkeit und Wirkungen der Entscheidung

1. Wirksamkeit und Rechtsübergang der Genehmigung

a) Gestattung der Errichtung bzw. des Betriebs

Der primäre Effekt der Genehmigung liegt darin, dass sie das mit dem 30 Genehmigungsvorbehalt verbundene grundsätzliche Errichtungs- und Betriebsverbot für die Anlage beseitigt. Nur was gestattet wurde, ist nicht verboten (BVerwGE 84, 220/224 = NVwZ 1990, 963; Wolf Rn.906; Pudenz, UPR 1990, 331; Wasielewski GK 1); zum gegenständlichen *Umfang* der Gestattung unten Rn.37. Die Gestattung bezieht sich auf den Genehmigungsgegenstand, nicht auf die Genehmigungsvoraussetzungen (vgl. dazu oben Rn.11). Die Genehmigung wirkt insofern zugunsten des Anlagenbetreibers *rechtsgestaltend* bzw. *verfügend,* erzeugt für ihn ein subjektives Recht (vgl. Kutscheidt LR Vorb. 19 vor § 4), dessen Gestalt durch das BImSchG und den Genehmigungsbescheid bestimmt wird (Feldhaus FE § 4 Anm.36). Voraussetzung ist die Wirksamkeit der Genehmigung (dazu unten Rn.34 f).

b) Feststellungsgehalte und weitere Wirkungen

aa) Durch die Genehmigung wird neben der Gestattung des Betriebs 31 auch die Vereinbarkeit der Anlage mit den Vorgaben des § 6 festgeschrieben. Diese Feststellungswirkung der Genehmigung ist aber von sehr **begrenzter Bedeutung.** Beim Erlass nachträglicher Anordnungen kommt es auf die Rechtmäßigkeit der Genehmigung bzw. deren Bindungswirkungen nicht an (dazu Rn.17 zu § 17). Auch im Hinblick auf andere nachträgliche Maßnahmen führt die Genehmigung zu keiner Bindungswirkung. Insb. kann die Bindungswirkung von Vorbescheiden und Teilgenehmigungen für nachfolgende Teilgenehmigungen im gleichen Verfahren (dazu Rn.26–33 zu § 8) nicht auf andere Fallkonstellationen übertragen werden, etwa auf das Verhältnis zwischen *Erstgenehmigung* und *Änderungsgenehmigung* (so aber Vallendar FE § 11 Anm.8). Der Zusammenhang von Erstgenehmigung und Änderungsgenehmigung ist wesentlich weniger eng als der zwischen Vorbescheid und nachfolgender Teilgenehmigung bzw. zwischen Teilgenehmigungen. Auch enthält eine Erstgenehmigung keine vorläufige Gesamtbeurteilung im Hinblick auf spätere Änderungsgenehmigungen.

§ 6 Genehmigungsbedürftige Anlagen

32   Wurde eine Anlage genehmigt, hat der Anlagenbetreiber keine Garantie dafür, dass er die Anlage immer so betreiben kann, wie sie genehmigt wurde. Der im Baurecht (jedenfalls früher) geltende Grundsatz, dass eine eingeräumte Rechtsposition im Allgemeinen zu belassen ist bzw. nur gegen Entschädigung entzogen werden kann, gilt nicht im Immissionsschutzrecht (BVerwGE 65, 313/317 = NVwZ 1983, 32; Hansmann, in: Festgabe 50 Jahre BVerwG, 2003, 938f; Sendler, UPR 1983, 44). Die Statuierung dynamischer Grundpflichten in § 5 hat gerade das Ziel, den Anlagenbetreiber nicht auf die Pflichten zu beschränken, die er im Zeitpunkt der Genehmigungserteilung hatte (dazu Rn.1f zu § 5). Ein gewisser Schutz ergibt sich jedoch für den Anlagenbetreiber daraus, dass das BImSchG nachträgliche Anordnungen, eine Untersagung des Betriebs oder einen Widerruf der Genehmigung nur unter zusätzlichen Voraussetzungen zulässt (vgl. etwa Rn.28–42 zu § 17). Dies wird als **passiver Bestandsschutz** bezeichnet (Hansmann, a.a.O., 942ff). Zum aktiven Bestandsschutz Rn.26–28 zu § 16. Zum präventiven Bestandsschutz Rn.4 zu § 17. Neue Rechtsverordnungen können auf bestehende Anlagen nicht unbegrenzt angewandt werden (dazu Rn.11 zu § 7).

33   **bb)** Was die **weiteren Wirkungen** angeht, so wird zur Präklusionswirkung im gestuften Genehmigungsverfahren auf Rn.1ff zu § 11 verwiesen. Zur Konzentrationswirkung Rn.1ff zu § 13. Zum privatrechtsgestaltenden Effekt der Genehmigung Rn.1ff zu § 14. Zur Genehmigung als Schutzgesetz Rn.126 zu § 5. Zur Durchsetzung von Nebenbestimmungen Rn.28–30 zu § 12.

c) Beginn und Dauer der Wirkungen

34   **aa)** Die Genehmigung tritt mit Zustellung an den Anlagenbetreiber **in Kraft**. Auf die Zustellung des Genehmigungsbescheides an Drittbetroffene kommt es nicht an. Der Anlagenbetreiber kann zu diesem Zeitpunkt mit der Errichtung beginnen, muss also das Ende der Anfechtungsfrist nicht abwarten (Dörr UL E14). Sobald jedoch Widerspruch eingelegt oder Anfechtungsklage erhoben ist, darf er wegen des **Suspensiveffekts** des § 80 Abs.1 S.2 VwGO von der Genehmigung keinen Gebrauch mehr machen. Errichtungsarbeiten sind unverzüglich einzustellen (Schmatz/Nöthlichs § 4 Anm.6). Dies gilt seit dem 1.1.2002 auch in den neuen Bundesländern (Ohms Rn.579). § 212a BauGB ist nicht anwendbar, obwohl die immissionsschutzrechtliche Genehmigung die Baugenehmigung einschließt. Die aufschiebende Wirkung entfällt, wenn die Behörde gem. § 80 Abs.2 Nr.4 VwGO von sich aus oder gem. § 80a Abs.1 Nr.1 VwGO auf Antrag des Anlagenbetreibers die sofortige Vollziehung anordnet. Gleiches gilt, wenn das Gericht gem. § 80a Abs.3 VwGO die aufschiebende Wirkung ganz oder teilweise anordnet. Zum vorläufigen Rechtsschutz s. im Übrigen unten Rn.56.

35   **bb)** Die Genehmigung wird unwirksam, sobald sie gem. § 48 VwVfG **zurückgenommen** (dazu näher Rn.45 zu § 21) oder gem. § 21 **widerrufen** wurde (dazu Rn.23 zu § 21). Ist die Genehmigung ausnahmsweise

Genehmigungsvoraussetzungen § 6

gem. § 12 Abs.2, 3 BImSchG befristet, erlischt sie mit Fristablauf. Zu weiteren Erlöschensgründen Rn.2–9 zu § 18.

cc) Als reine Sachgenehmigung (vgl. oben Rn.2) **haftet** die Genehmigung **an der Anlage**. Wird die Anlage veräußert, geht die Genehmigung auf den Erwerber über; der Erwerber bedarf keiner neuen Genehmigung (BVerwGE 84, 209/211 = NVwZ 1990, 464; OLG Karlsruhe, BWVPr 1984, 62; Feldhaus FE § 4 Anm.35). Eine Anzeige ist nicht nötig (Schmatz/Nöthlichs § 4 Anm.3). Die Genehmigung erlischt auch nicht mit dem Tod des Genehmigungsinhabers, sondern geht auf dessen Erben über (Schmatz/Nöthlichs § 4 Anm.6). Zu den Auswirkungen einer Aufteilung der Anlage auf mehrere Gesellschaften Rn.5a zu § 15. 36

d) Umfang der Genehmigung und der Genehmigungswirkungen

Welche Gegenstände einer Betriebsstätte von den Wirkungen der Genehmigung erfasst werden, hängt vom Umfang der genehmigten Anlage ab. So werden andere Genehmigungen gem. § 13 nur ersetzt, soweit die immissionsschutzrechtliche Genehmigung (gegenständlich) reicht. Der **Umfang der (genehmigten) Anlage** ergibt sich primär aus dem Genehmigungsbescheid, genauer aus dem in dem Bescheid zum Ausdruck gekommenen objektiven Erklärungswillen der Genehmigungsbehörde (BVerwGE 84, 220/229 = NVwZ 1990, 963; VGH BW, VBlBW 1991, 376), unter Heranziehung der Genehmigungsunterlagen (BVerwGE 84, 220/226 = NVwZ 1990, 963); vgl. auch oben Rn.30. Erging ein Widerspruchsbescheid, ist er mit einzubeziehen, auch wenn der Widerspruch von Dritten eingelegt wurde (BVerwGE 84, 220/231f = NVwZ 1990, 963). Weiter bezieht sich ein Genehmigungsbescheid auf die in dem betreffenden Verfahren üblicherweise eingesetzten Stoffe; genehmigt wird nur der zum Zeitpunkt der Genehmigungserteilung zu Grunde gelegte Betriebsablauf (OVG Hamburg, GewArch 1992, 350). Eine Genehmigung der Verarbeitung von Schrott aus dem Jahre 1922 erfasst etwa nicht Computerschrott. Die Genehmigung der Verbrennung eines bestimmten Stoffes umfasst nicht bei der Genehmigungserteilung unbekannte gefährliche Zusatzstoffe (BVerwGE 84, 220/226ff = NVwZ 1990, 963). Fehlen Vorgaben zum Betriebsumfang im Genehmigungsbescheid, ist auf den rechtlich *und* den tatsächlich möglichen Betriebsumfang abzustellen (BayVGH, BayVBl 1998, 114; vgl. Rn.18 zu § 4). 37

Vom genehmigten Anlagenumfang in dem beschriebenen Sinne ist der **rechtlich gebotene Anlagenumfang** zu unterscheiden, der (vor Erlass der Genehmigung) für das Genehmigungsverfahren entscheidend ist (dazu Rn.48–61 zu § 4). Nur soweit der Genehmigungsbescheid unklar ist, ist der rechtlich gebotene Umfang für die Beurteilung des genehmigten Umfangs von Relevanz. 38

2. Wirkung der Ablehnung

Ist die Genehmigung unanfechtbar versagt worden, kann die Behörde einen erneuten Antrag für das gleiche Projekt unter Hinweis auf die frü- 39

229

here Entscheidung ablehnen, sofern nicht § 51 VwVfG eingreift. Sie kann aber auch die ablehnende Entscheidung (ausdrücklich oder konkludent) aufheben und erneut entscheiden (Sachs SBS § 43 Rn.38). Anders ist die Sachlage, wenn neue rechtliche oder tatsächliche Gesichtspunkte vorgetragen werden (Schmatz/Nöthlichs § 10 Anm.3.8). Dann ist ein neues Genehmigungsverfahren möglich und nötig.

III. Rechtsschutz

1. Rechtsschutz des Antragstellers

40 **aa)** Wird die Genehmigung verweigert oder mit für den Antragsteller nicht akzeptablen Nebenbestimmungen verbunden, muss der Antragsteller zunächst **Widerspruch** einlegen. Die Ausnahmeregelung des § 70 VwGO ist nicht anwendbar (vgl. Rn.9 zu § 10). Im Falle des § 14a kann auf einen Widerspruch verzichtet und sofort Klage erhoben werden (Rn.2–4 zu § 14a). Die Genehmigung kann im Widerspruchsverfahren auch zu Lasten des Antragstellers geändert werden, soweit die erteilte Genehmigung rechtswidrig ist; die durch § 21 bedingten Grenzen kommen insoweit nicht zum Tragen (Rn.3f zu § 21). Darüber hinaus sind Änderungen der Rechtslage während des Widerspruchsverfahrens zugunsten wie zu Lasten des Antragstellers zu berücksichtigen (Ohms Rn.597).

41 **bb)** Ist der Widerspruch ohne Erfolg oder ist er nicht erforderlich (oben Rn.40), kann der Antragsteller Klage erheben; Gleiches gilt für den Anlagenerwerber (Dörr UL E2; vgl. oben Rn.36). Gegen die **Verweigerung der Genehmigung** ist die Verpflichtungsklage einschlägig; zum Rechtsanspruch oben Rn.26. Maßgeblicher Zeitpunkt ist, wie bei Verpflichtungsklagen üblich (Kopp/Schenke, § 113 Rn.217), die letzte mündliche Verhandlung des Gerichts, mit der Folge, dass spätere Änderungen der Rechts- und Sachlage dem Antragsteller zugute kommen, ihn aber auch belasten (BVerwGE 82, 260/261 = NJW 1989, 3233; OVG NW, GewArch 1980, 391; VGH BW, UPR 1994, 109; Vallendar FE § 67 Anm.7).

42 Wendet sich der Antragsteller allein gegen eine **Nebenbestimmung**, dann ist die Anfechtungsklage, unabhängig vom Charakter der Nebenbestimmung, entgegen der früher h.A. dann und nur dann zulässig, wenn die Behörde die Genehmigung ohne die gerügte Nebenbestimmung erlassen müsste (BVerfG, NVwZ 1984, 366; Czajka FE § 12 Rn.18f; Storost UL E4 zu § 12; Schenke, VerwaltungsprozessR, 8. Aufl. 2002, 295; anders Wasielewski GK 37 zu § 12). Ist eine selbständige Aufhebung nicht möglich, etwa weil die Genehmigungsvoraussetzungen eine andere (mildere) Nebenbestimmung notwendig machen, empfiehlt sich eine Verpflichtungsklage, da die Anfechtungsklage zwar zulässig, aber unbegründet wäre (vgl. BVerwGE 81, 185/186 = NVwZ 1989, 864; Storost UL E4 zu § 12). In Zweifelsfällen sollte neben der Anfechtungsklage hilfsweise eine Verpflichtungsklage erhoben werden (Sellner LR 190 zu § 12; Kut-

Genehmigungsvoraussetzungen § 6

scheidt LR 74). Für *Inhaltsbestimmungen* bzw. *für modifizierende Auflagen* dürfte nichts anderes gelten (BVerwG, NVwZ 1984, 366; Schenke a. a. O., 301; a. A. Hufen, VerwaltungsprozessR, 1996, 60 zu § 14). Meist wird hier aber die Verpflichtungsklage einschlägig sein (vgl. Kutscheidt LR 75; Storost UL § 12 Rn.E4).

Zustimmungs- und einvernehmensberechtigte Behörden, nicht aber **43** Nachbarn, sind notwendig **beizuladen** (Wasielewski GK 83). Hinsichtlich der Nachbarn besteht die Möglichkeit der einfachen Beiladung (VGH BVerwG, GewArch 1977, 206). Zur *Zuständigkeit* des Gerichts gelten die Ausführungen unten in Rn.55. Zur gerichtlichen *Kontrolldichte* im Immissionsschutzrecht wird auf die Ausführungen in Rn.116f zu § 5 verwiesen. Zur Streitwertfestsetzung NdsOVG, UL-ES, § 10 Nr. 90. Ist die Klage erfolgreich, gilt für die *erneute Befassung* der Behörde mit dem Vorhaben § 8 Abs.2 der 9. BImSchV (Rn.101 zu § 10).

2. Verwaltungsrechtsschutz Dritter

a) Rechtsschutzmittel

Dritte können gegen die Erteilung der Genehmigung **Widerspruch** **44** einlegen; der Ausschluss des Widerspruchs in § 70 VwVfG ist nicht anwendbar (vgl. Rn.9 zu § 10). Der Widerspruch kann nur erfolgreich (zulässig und begründet) sein, wenn Vorschriften verletzt sind, die zum Schutze des Nachbarn ergangen sind (BVerwGE 65, 313/318f = NVwZ 1983, 32). Sach- und Rechtsänderungen im Widerspruchsverfahren sind sowohl zu Lasten wie zugunsten des Antragstellers zu berücksichtigen (Ohms Rn.597). Vielfach empfiehlt es sich, mit dem Widerspruch gleichzeitig Akteneinsicht in die zugrunde liegenden Verwaltungsvorgänge zu beantragen (Ohms Rn.596).

Nach einem negativen Widerspruchsbescheid oder unter den Voraus- **45** setzungen des § 75 VwGO können Dritte **Anfechtungsklage** erheben. Dies gilt auch dann, wenn Dritte allein zusätzliche oder weitergehende Nebenbestimmungen anstreben (BVerwGE 85, 368/376f = NVwZ 1991, 369; Wasielewski GK 38 zu § 12; a.A. Sellner Rn.241); daneben können sie auch Verpflichtungsklage auf Beifügung der fraglichen Nebenbestimmung erheben (Vallendar FE 5 zu § 12; Storost UL E5 zu § 12). Der Anlagenbetreiber ist notwendig beizuladen (Sellner Rn.389). Zur gerichtlichen Kontrolldichte im Immissionsschutzrecht Rn.117f zu § 5. Ist die Klage erfolgreich, gilt für die erneute Befassung der Behörde mit dem Projekt § 8 Abs.2 der 9. BImSchV (dazu Rn.101, 109 zu § 10).

b) Klagebefugnis

aa) Die Klage von Dritten kann wegen § 42 Abs.2 VwGO nur erfolg- **46** reich sein, soweit sie die Verletzung eigener Rechte geltend machen (BVerwG, NJW 1984, 2175). Während ein Antragsteller jeden Rechtsverstoß rügen kann, liegt die Voraussetzung des § 42 Abs.2 VwGO nach ganz hM für Dritte nur vor, wenn sie die **Verletzung einer Vorschrift**

geltend machen, die zumindest **auch in ihrem Interesse** erlassen ist (näher dazu unten Rn.50–53). Das erscheint im Falle einer im förmlichen Verfahren erteilten Genehmigung nicht unbedenklich, kommt dieser doch im Hinblick auf § 14 der Charakter einer Duldungsverfügung zu (vgl. auch Baumann, BayVBl 1982, 293 f). Allerdings gehen die von § 14 erfassten privaten Rechte idR nicht über die öffentlich-rechtlichen Positionen hinaus (vgl. oben Rn.25). Unabhängig davon sind Dritte nach hM nur dann klagebefugt, wenn **(1)** die von ihnen als verletzt gerügte Norm für sie drittschützenden Effekt hat (dazu unten Rn.49–53), **(2)** eine Verletzung dieser Norm nicht ganz ausgeschlossen erscheint (dazu unten Rn.48) und **(3)** keine Präklusion vorliegt (unten Rn.48).

47 bb) Weitere Voraussetzung für die Klagebefugnis ist, dass die Verletzung der drittschützenden Norm **in tatsächlicher Hinsicht nicht ganz ausgeschlossen** erscheint (vgl. Gerhardt, DVBl 1989, 138). Dabei ist grundsätzlich vom Tatsachenvortrag des Klägers auszugehen (Sellner Rn.353 f; zu großzügig OVG Lüneb, DVBl 1975, 192). Mängel bei der Auslegung der Unterlagen reduzieren die Anforderungen (BVerwG, UPR 1983, 70 f).

48 cc) An der Klagebefugnis fehlt es weiterhin, soweit vom Kläger Gesichtspunkte vorgetragen werden, die gem. § 10 Abs.3 S.3 **präkludiert** sind (näher dazu Rn.98 zu § 10). Gleiches gilt im gestuften Genehmigungsverfahren für die Präklusion gem. § 11 (dazu Rn.10 zu § 11). Eine Präklusion kann sich zudem aus einem privatrechtlichen Vergleich ergeben (vgl. BVerwG, Bh 406.19, Nr.139).

c) Insb. drittschützende Normen

49 aa) Ob und in welchem Umfang eine bestimmte Vorschrift drittschützend ist, lässt sich nur durch **Interpretation** des Zwecks dieser Vorschrift bestimmen. Die Qualifikation der drittschützenden Eigenschaft muss dabei sinnvollerweise immer auf die **Normen mit sachlichem Regelungsgehalt** bezogen sein. Soweit eine Vorschrift lediglich auf andere Vorschriften verweist bzw. die Einhaltung anderer Vorschriften sichert, darf nicht auf sie, sondern muss auf die bezogenen Vorschriften abgestellt werden (BayVGH, FE-ES § 17–1, S.2; Jarass, NJW 1983, 2845; Dörr UL E6; Wasielewski GK 55). Daher ist es unzutreffend, nach dem drittschützenden Charakter der §§ 6, 17 oder 24 zu fragen. Diese Vorschriften verweisen bzw. beziehen sich auf materielle Regelungen, die z.T. drittschützend, z.T. nicht drittschützend sind, eine Differenzierung, die nicht unterlaufen werden darf. Aus dem gleichen Grunde ist die Drittschutzfunktion bei verschiedenen Durchsetzungsinstrumenten, die sich auf die gleichen materiellen Normen beziehen, einheitlich zu beurteilen, sofern sich aus dem Gesetz nicht eindeutig etwas anderes ergibt (Jarass, NJW 1983, 2845). Wird etwa im Rahmen eines Genehmigungsverfahrens die Einhaltung einer bestimmten Vorschrift als drittschützend betrachtet, dann berechtigt ihre Verletzung auch zur Klage auf Erlass einer nachträglichen Anordnung nach § 17 etc. Zu beachten bleibt allerdings,

dass ein Teil der Entscheidungen im Ermessen steht, während andere als gebundene Entscheidungen ausgestaltet sind. Auch Verwaltungsvorschriften können Drittschutz vermitteln, soweit sie außenwirksam sind (Rn.56f zu § 48).

bb) Die Vorschriften des **Immissionsschutzrechts** haben z.T. dritt- 50 schützenden Charakter, z.T. nicht. Was die Einzelheiten angeht, wird auf die Kommentierung der entsprechenden Vorschriften bzw. der einschlägigen Ermächtigungsnormen für den Erlass von Rechtsverordnungen verwiesen. Zum Drittschutz bei Verfahrensvorschriften Rn.130 zu § 10. Was die *geschützten Personen* angeht, so zielt das Immissionsschutzrecht nur auf den Schutz der **Nachbarn.** Die Nachbarschaft erstreckt sich räumlich auf den Einwirkungsbereich der Anlage; dazu Rn.33 zu § 3. Des Weiteren muss der Dritte eine besondere Beziehung zu einem Ort im Einwirkungsbereich aufweisen; näher dazu Rn.34–37 zu § 3. Je weiter ein Nachbar von der Anlage entfernt wohnt etc., desto größer sind die Anforderungen an die Substantiierung der Betroffenheit (Jarass, NJW 1983, 2847; Dörr UL E7), insb. dann, wenn der Kläger außerhalb des Beurteilungsgebiets wohnt (OVG Lüneb, NVwZ 1985, 357 ff; BayVGH, BayVBl 1989, 530f). Erfasst werden auch die Nachbarn im *Ausland* (BVerwGE 75, 285/287 ff = NJW 1987, 1154 zum Atomrecht; OVG Saarl, NVwZ 1995, 97 f; Wolfrum, DVBl 1984, 500; Roßnagel GK § 5 Rn.845; Weber, DVBl 1980, 335; Bothe, UPR 1983, 4 ff; a.A. Kloepfer, DVBl 1984, 248 ff; Vallendar FE (9) § 1 Rn.6). Davon geht die Regelung zur Präklusion in § 11a Abs.4 der 9. BImSchV aus.

Neben den Nachbarn schützt das BImSchG allein die Interessen der 51 Allgemeinheit (vgl. Rn.31 zu § 3), also keine sonstigen Individualinteressen. Nicht geschützt werden etwa die Interessen von **Konkurrenten,** soweit sie nicht in ihrer Stellung als Nachbarn betroffen sind (BGHZ 144, 255/267 f = NJW 2000, 3351; OVG NW, NVwZ-RR 2003, 492; Dörr UL E8; Wasielewski GK 75; vgl. Rn.30, 38 zu § 3). **Verbände** können sich weder hinsichtlich ihrer ideellen Anliegen noch hinsichtlich der Interessen ihrer Mitglieder auf das BImSchG berufen (VGH BW, NVwZ-RR 1999, 242; OVG Lüneb, GewArch 1978, 91 ff). Besitzen oder erwerben sie Sperrgrundstücke, stehen ihnen die Klagemöglichkeiten eines Grundstückseigentümers zu (BVerwGE 74, 109/110 = NJW 1986, 2449; Wasielewski GK 80).

Gemeinden können die Rechte ihrer Bürger nicht einklagen 52 (HessVGH, UPR 1992, 319; Kutscheidt LR 81). Wohl aber können sie sich auf ihr Selbstverwaltungsrecht, insb. ihre Planungshoheit berufen (BVerwGE 84, 209/214f = NVwZ 1990, 464; BayVGH, NVwZ-RR 1991, 464; Wasielewski GK 76); hat eine Gemeinde ihr Einvernehmen erklärt, scheidet eine Verletzung der Planungshoheit idR aus (OVG MV, AgrarR 2002, 127). Als Grundstückseigentümer etc. können sie zudem Nachbarn (Rn.35 zu § 3) sein und sich auf die drittschützenden Vorschriften des BImSchG berufen (vgl. BayVGH, NVwZ 2003, 1281;

SächsOVG, SächsVBl 1998, 293), nicht aber auf Art. 14 GG (BVerfGE 61, 82/102 = NJW 1982, 2173).

53 cc) Was die **sonstigen Normen,** die für die Erteilung der Genehmigung relevant sind (§ 6 Abs. 1 Nr. 2), angeht, so kommt es auf deren drittschützenden Charakter an. Insb. kann sich die Klagebefugnis nach herkömmlicher Auffassung auch aus **Grundrechten** ergeben. In Betracht kommt Art. 2 Abs. 2 GG (BVerwGE 54, 211/221 f = NJW 1978, 554; Trute o. Lit. A 225 ff; Schmidt-Aßmann, AöR 1981, 205 ff). Zum Schutz des Art. 2 Abs. 2 GG gegen Lärm BVerfGE 56, 54/74 ff = NJW 1981, 1655. Weiter kann Art. 14 GG zum Tragen kommen (Trute o. Lit. A 237 ff). Wenn eine Zuführung von Wasser in die Substanz des Eigentums eingreifen kann (so BVerwGE 89, 69/79 = NVwZ 1992, 977), muss das auch für die Zuführung von Immissionen und anderen Einwirkungen gelten, jedenfalls wenn jemand *schwer und unerträglich* betroffen ist (BVerwGE 32, 173/179 = NJW 1969, 1787; 79, 254/257 = NJW 1988, 2396; Kopp/Schenke, VwGO, 12. Aufl. 2000, § 42 Rn. 122, 135). Neuerdings wird, in Anlehnung an die Rechtsprechung des BVerwG zum Baurecht (BVerwGE 89, 69/78 = NVwZ 1992, 1977; 101, 364/373 = NVwZ 1997, 384), ein Drittschutz unmittelbar aus den Grundrechten generell ausgeschlossen; vielmehr müssen ggf. die entsprechenden Normen des BImSchG gem. Art. 100 GG dem BVerwG vorgelegt werden (Koch § 4 Rn. 189; Wasielewski GK 64). Das überzeugt aber nur, soweit das BImSchG zum Drittschutz eine abschließende Regelung enthält. Art. 2 Abs. 1 GG bietet generell keine Grundlage für eine Klage von Drittbetroffenen (BVerwGE 54, 211/220 f = NJW 1978, 554), es sei denn, Art. 2 Abs. 1 GG hat Gehalte des Art. 1 aufgenommen (vgl. Schwerdtfeger, NVwZ 1982, 10).

d) Fristen

54 Wurde dem Dritten der Genehmigungsbescheid ordnungsgemäß gem. § 10 Abs. 7 zugestellt, was auch durch eine ordnungsgemäße öffentliche Bekanntmachung gem. § 10 Abs. 8 geschehen kann (vgl. Rn. 122 f zu § 10), muss der Widerspruch innerhalb eines Monats eingelegt werden. Hat der Dritte die Frist ohne eigenes Verschulden versäumt, hat er insb. ohne Verschulden von der öffentlichen Bekanntmachung nichts erfahren, kann er gem. § 60 VwGO Wiedereinsetzung verlangen und dann Widerspruch einlegen. Wurde der Genehmigungsbescheid dem Dritten nicht oder nicht ordnungsgemäß zugestellt, kann der Widerspruch innerhalb eines Jahres seit Kenntnis bzw. Kennenmüssen des Bescheids eingelegt werden (BVerwG, NVwZ 1988, 532; OVG Lüneb, NVwZ 1985, 507). Die Kenntnis (bzw. das Kennenmüssen) muss sich auf die Errichtung der Anlage, aber auch auf die spezifischen Risiken für den Betroffenen beziehen (Dörr UL E13; Kutscheidt LR 79). Eine noch weitergehende Abkürzung der Widerspruchsfrist wegen Verwirkung ist nur unter außergewöhnlichen Voraussetzungen akzeptabel (vgl. Ohms Rn. 625).

Rechtsverordnungen über Anforderungen § 7

e) Zuständiges Gericht

Zuständig zur Entscheidung über die Anfechtungsklage in erster Instanz 55
ist in aller Regel das Verwaltungsgericht (Sellner Rn.390a). Gem. § 48
Abs.1 S.1 Nr.3 VwGO ist jedoch für bestimmte Großfeuerungsanlagen in
erster Instanz das Oberverwaltungsgericht bzw. der Verwaltungsgerichtshof zuständig. Gleiches gilt gem. § 48 Abs.1 S.1 Nr.5 VwGO für bestimmte Anlagen der Verbrennung bzw. thermischen Zersetzung sowie
der Lagerung besonders überwachungsbedürftiger Abfälle.

f) Vorläufiger Rechtsschutz

Sowohl Widerspruch wie Anfechtungsklage des Dritten haben aufschie- 56
bende Wirkung (dazu oben Rn.34). Hält sich der Antragsteller nicht an
den Suspensiveffekt, können Dritte gem. § 80a Abs.3 iVm § 80 Abs.5
VwGO beim zuständigen Gericht eine geeignete Anordnung beantragen.
Die aufschiebende Wirkung von Widerspruch und Klage tritt nicht ein,
wenn die Genehmigung gem. §§ 80 Abs.2 Nr.4, 80a VwGO für sofort
vollziehbar erklärt wurde (dazu auch Rn.124 zu § 10). Der einstweilige
Rechtsschutz des Dritten erfolgt dann über einen Antrag nach § 80a Abs.3
iVm § 80 Abs.5 VwGO an das zuständige Gericht. Wird die Anordnung
der sofortigen Vollziehung nicht ausreichend begründet (§ 80 Abs.3
VwGO), ist sie unwirksam (VGH BW, GewArch 1977, 240). Soweit
durch Widerspruch und Anfechtungsklage ein Suspensiveffekt eintritt,
kann sich der Antragsteller dagegen über einen Antrag nach § 80a Abs.3
iVm § 80 Abs.5 VwGO wehren (VGH BW, GewArch 1977, 238). Voraussetzung sind erhebliche Risiken (OVG Saarlouis, NVwZ-RR 1998,
638). Gegen Entscheidungen nach § 80 Abs.5 VwGO ist den Nachbarn
(zu ihrer Abgrenzung s. Rn.33–38 zu § 3) die Beschwerde möglich, auch
wenn sie bislang nicht beteiligt waren (BayVGH, GewArch 1981, 28;
Dörr UL E21); allerdings darf ihr Klagerecht nicht präkludiert sein (dazu
oben Rn.48).

§ 7 Rechtsverordnungen über Anforderungen an genehmigungsbedürftige Anlagen

(1) Die Bundesregierung wird ermächtigt, nach Anhörung der beteiligten Kreise (§ 51) durch Rechtsverordnung mit Zustimmung des Bundesrates vorzuschreiben, dass die Errichtung, die Beschaffenheit, der Betrieb, der Zustand nach Betriebseinstellung und die betreibereigene Überwachung genehmigungsbedürftiger Anlagen zur Erfüllung der sich aus § 5 ergebenden Pflichten bestimmten Anforderungen genügen müssen,[4 ff]**insbesondere, dass**

1. die Anlagen bestimmten technischen Anforderungen entsprechen müssen,

2. die von Anlagen ausgehenden Emissionen bestimmte Grenzwerte nicht überschreiten dürfen,

§ 7 Genehmigungsbedürftige Anlagen

2 a. der Einsatz von Energie bestimmten Anforderungen entsprechen muss,
3. die Betreiber von Anlagen Messungen von Emissionen und Immissionen nach in der Rechtsverordnung näher zu bestimmenden Verfahren vorzunehmen haben oder vornehmen lassen müssen und
4. die Betreiber von Anlagen bestimmte sicherheitstechnische Prüfungen sowie bestimmte Prüfungen von sicherheitstechnischen Unterlagen nach in der Rechtsverordnung näher zu bestimmenden Verfahren durch einen Sachverständigen nach § 29 a
   a) während der Errichtung oder sonst vor der Inbetriebnahme der Anlage,
   b) nach deren Inbetriebnahme oder einer Änderung im Sinne des § 15 oder des § 16
   c) in regelmäßigen Abständen oder
   d) bei oder nach einer Betriebseinstellung
   vornehmen lassen müssen, soweit solche Prüfungen nicht in Rechtsverordnungen nach § 14 des Geräte- und Produktsicherheitsgesetzes vorgeschrieben sind.[6]

Bei der Festlegung der Anforderungen sind insbesondere mögliche Verlagerungen von nachteiligen Auswirkungen von einem Schutzgut auf ein anderes zu berücksichtigen; ein hohes Schutzniveau für die Umwelt insgesamt ist zu gewährleisten.[9]

(2) In der Rechtsverordnung kann bestimmt werden, inwieweit die nach Absatz 1 zur Vorsorge gegen schädliche Umwelteinwirkungen festgelegten Anforderungen nach Ablauf bestimmter Übergangsfristen erfüllt werden müssen, soweit zum Zeitpunkt des Inkrafttretens der Rechtsverordnung in einem Vorbescheid oder einer Genehmigung geringere Anforderungen gestellt worden sind.[12 f] Bei der Bestimmung der Dauer der Übergangsfristen und der einzuhaltenden Anforderungen sind insbesondere Art, Menge und Gefährlichkeit der von den Anlagen ausgehenden Emissionen sowie die Nutzungsdauer und technische Besonderheiten der Anlagen zu berücksichtigen.[13] Die Sätze 1 und 2 gelten entsprechend für Anlagen, die nach § 67 Abs.2 oder § 67 a Abs.1 anzuzeigen sind oder vor Inkrafttreten dieses Gesetzes nach § 16 Abs.4 der Gewerbeordnung anzuzeigen waren.[12]

(3) Soweit die Rechtsverordnung Anforderungen nach § 5 Abs.1 Nr.2 festgelegt hat, kann in ihr bestimmt werden, dass bei in Absatz 2 genannten Anlagen von den auf Grund der Absätze 1 und 2 festgelegten Anforderungen zur Vorsorge gegen schädliche Umwelteinwirkungen abgewichen werden darf.[14 ff] Dies gilt nur, wenn durch technische Maßnahmen an Anlagen des Betreibers oder Dritter insgesamt eine weitergehende Minderung von Emissionen derselben oder in ihrer Wirkung auf die Umwelt vergleichbaren Stoffen erreicht wird als bei Beachtung der auf Grund der Absätze 1 und 2 festgeleg-

ten Anforderungen und hierdurch der in § 1 genannte Zweck gefördert wird.[17] In der Rechtsverordnung kann weiterhin bestimmt werden, inwieweit zur Erfüllung von zwischenstaatlichen Vereinbarungen mit Nachbarstaaten der Bundesrepublik Deutschland Satz 2 auch für die Durchführung technischer Maßnahmen an Anlagen gilt, die in den Nachbarstaaten gelegen sind.[15]

(4) Zur Erfüllung von bindenden Beschlüssen der Europäischen Gemeinschaften kann die Bundesregierung zu dem in § 1 genannten Zweck mit Zustimmung des Bundesrates durch Rechtsverordnung Anforderungen an die Errichtung, die Beschaffenheit und den Betrieb, die Betriebseinstellung und betreibereigene Überwachung genehmigungsbedürftiger Anlagen vorschreiben.[18 ff] Für genehmigungsbedürftige Anlagen, die vom Anwendungsbereich der Richtlinie 1999/31/EG des Rates vom 26. April 1999 über Abfalldeponien (ABl. EG Nr.L 182 S.1) erfasst werden, kann die Bundesregierung durch Rechtsverordnung mit Zustimmung des Bundesrates dieselben Anforderungen festlegen wie für Deponien im Sinne des § 3 Abs.10 des Kreislaufwirtschafts- und Abfallgesetzes, insbesondere Anforderungen an die Erbringung einer Sicherheitsleistung, an die Stilllegung und die Sach- und Fachkunde des Betreibers.[22]

(5) Wegen der Anforderungen nach Absatz 1 Nr.1 bis 4, auch in Verbindung mit Absatz 4, kann auf jedermann zugängliche Bekanntmachungen sachverständiger Stellen verwiesen werden;[25] hierbei ist
1. in der Rechtsverordnung das Datum der Bekanntmachung anzugeben und die Bezugsquelle genau zu bezeichnen,
2. die Bekanntmachung bei dem Deutschen Patentamt archivmäßig gesichert niederzulegen und in der Rechtsverordnung darauf hinzuweisen.

Übersicht

I. Erlass von Rechtsverordnungen 1
  1. Bedeutung, Abgrenzung, EG-Recht 1
    a) Bedeutung und Abgrenzung zu anderen Vorschriften ... 1
    b) EG-Recht 2
  2. Inhaltliche Rechtmäßigkeit von Verordnungen gem. Abs.1 3
    a) Sachlicher und persönlicher Anwendungsbereich 3
    b) Inhalt der Anforderungen 4
    c) Ziel der Anforderungen 8
  3. Verhältnismäßigkeit und Übergangsfristen 10
    a) Verhältnismäßigkeit, insb. bei bestehenden Anlagen 10
    b) Insb. Übergangsfristen im Vorsorgebereich (Abs.2) 12
  4. Insb. Kompensation im Vorsorgebereich (Abs.3) 14
    a) Bedeutung und Anwendungsbereich 14
    b) Maßnahmen an belasteter und Möglichkeiten bei begünstigter Anlage 16

§ 7 Genehmigungsbedürftige Anlagen

5. Erweiterte Ermächtigung zur Erfüllung EG-rechtlicher Pflichten (Abs.4)	18
a) Bedeutung, Abgrenzung und Anwendungsbereich	18
b) Mögliche Anforderungen	20
6. Spielraum	23
7. Formelle Rechtmäßigkeit	24
a) Zuständigkeit und Verfahren	24
b) Verweisung (Abs.5)	25
II. Erlassene Rechtsverordnungen und ihre Behandlung	28
1. Auf § 7 gestützte Rechtsverordnungen	28
a) Störfall-Verordnung (12. BImSchV)	28
b) Verordnung über Großfeuerungs- und Gasturbinenanlagen (13. BImSchV)	32
c) Verordnung über die Verbrennung von Abfällen (17. BImSchV)	35
d) Verordnung über Anlagen zur biologischen Behandlung von Abfällen (30. BImSchV)	38
e) Übergreifende sowie sekundär auf § 7 gestützte Rechtsverordnungen	46
2. Wirkung und Durchsetzung	48
a) Wirkung	48
b) Durchsetzung und Sanktionen	50
3. Rechtsschutz	52

Literatur: *Steiling,* Bestandsschutz immissionsschutzrechtlich genehmigter Anlagen, in: Ipsen/Schmidt-Jortzig (Hg.), Festschrift für Rauschning, 2001, 691; *Rehbinder,* Möglichkeiten und Grenzen einer Kompensation in Zusammenhang mit der Begrenzung von Emissionen und Immissionen im neuen Immissionsschutzrecht, in: Ministerium für Umwelt NRW (Hg.), Neuere Entwicklung im Immissionsschutzrecht, Umweltrechtstage 1991, 129; *Jarass,* Die Anwendung neuen Umweltrechts auf bestehende Anlagen, 1987; *Schröder,* Zur Gegenwartslage des Bestandsschutzes im Immissionsschutzrecht, UPR 1986, 127; *Jarass,* Die jüngsten Änderungen des Immissionsschutzrechts, NVwZ 1986, 607; *Feldhaus,* Die Novellierung des BImSchG – ein Konzept zur Vorsorge-Sanierung, UPR 1985, 385; *Schäfer,* Sicherheitsanalyse und Anlagensicherheit, WiVerw 1981, 208; *Baden,* Dynamische Verweisungen und Verweisungen auf Nichtnormen, NJW 1979, 623; *Breuer,* Direkte und indirekte Rezeption technischer Regeln durch die Rechtsordnung, AöR 1976, 46. Zur Literatur zu den auf § 7 gestützten Rechtsverordnungen vgl. jeweils die Nachweise vor dem Text der Rechtsverordnung im Anhang.

I. Erlass von Rechtsverordnungen

1. Bedeutung, Abgrenzung, EG-Recht

a) Bedeutung und Abgrenzung zu anderen Vorschriften

1 § 7 ermächtigt die Bundesregierung, die Grundpflichten des § 5 durch Rechtsverordnung allgemein oder für bestimmte Bereiche näher festzulegen. Die Ermächtigung des Abs.1 wird durch Abs.2 und Abs.3 näher ausgestaltet. Eine eigene Ermächtigung für die Umsetzung EG-rechtlicher Pflichten enthält Abs.4 (dazu unten Rn.18–21). Für den Bereich der nicht

Rechtsverordnungen über Anforderungen § 7

genehmigungsbedürftigen Anlagen enthalten § 22 Abs.1 S.2 und § 23 Parallelermächtigungen.

b) EG-Recht

Die Vorschrift des § 7 weist in mehrfacher Hinsicht EG-rechtliche Bezüge auf: Die integrative Ausrichtung durch Abs.1 S.2 geht auf die Richtlinie 96/61/EG über die integrierte Vermeidung und Verminderung der Umweltverschmutzung (Einl.34 Nr.8) zurück (unten Rn.8). Abs.4 dient der Umsetzung EG-rechtlicher Vorgaben (unten Rn.18 ff). Schließlich dienen eine Reihe von auf § 7 gestützten Rechtsverordnungen der Umsetzung von EG-Recht (unten Rn.28, 32, 35). 2

2. Inhaltliche Rechtmäßigkeit von Verordnungen gem. Abs.1

a) Sachlicher und persönlicher Anwendungsbereich

Die Anforderungen der Rechtsverordnungen nach § 7 müssen sich an **genehmigungsbedürftige Anlagen** richten (dazu Rn.13–31 zu § 4). Erfasst werden können auch Anlagen, bei denen die immissionsschutzrechtliche Genehmigung durch eine andere Zulassung ersetzt wird (vgl. Rn.32 zu § 4), was etwa für die Verordnung über Verbrennungsanlagen für Abfälle (17. BImSchV) von Bedeutung ist, wenn sie im Rahmen einer planfeststellungsbedürftigen Deponie betrieben werden. Zu den bereits bestehenden Anlagen näher unten Rn.11. Als Adressat kommt allein der **Anlagenbetreiber** (dazu Rn.81–84 zu § 3) in Betracht (Roßnagel GK 17; Dietlein LR 20), wie das auch sonst der Fall ist, wenn das BImSchG anlagenbezogene Anforderungen stellt. Darunter fällt auch derjenige, der eine Anlage selbständig errichtet, um sie zu veräußern (dazu Rn.82 zu § 3). 3

b) Inhalt der Anforderungen

aa) Die Rechtsverordnung kann sämtliche aus § 5 sich ergebenden Pflichten konkretisieren (Dietlein LR 29). Sie kann Anforderungen an die Errichtung (dazu Rn.44 f zu § 4), die Beschaffenheit und den Betrieb (dazu Rn.47 zu § 4) von Anlagen stellen. Wenn § 7 abweichend von § 5 auch die Beschaffenheit nennt, hat das primär sprachliche Gründe (Roßnagel GK 90); § 5 erfasst ebenfalls die Beschaffenheit von Anlagen (Dietlein LR 28). Immerhin wird damit verdeutlicht, dass auch bei bestehenden Anlagen neben Anforderungen an den Betrieb Anforderungen an die Beschaffenheit gestellt werden können. Mit der **Beschaffenheit** wird der Zustand der Anlage nach Errichtung bezeichnet; erfasst wird insb. die Ausrüstung, die Anordnung der einzelnen Anlagenteile, die verwendeten Werkstoffe, der Wartungszustand und die Funktionsfähigkeit der Anlage (Dietlein LR 28). Durch die Änderung der Vorschrift in den Jahren 1985 und 1990 (Einl.2 Nr.8, 14) wurde klargestellt, dass auch die betreibereigene *Überwachung* geregelt werden kann; näher dazu unten Rn.6. Schließlich können die Pflichten des § 5 Abs.3 zum Zustand der Anlage nach *Betriebseinstellung* konkretisiert werden. 4

§ 7   Genehmigungsbedürftige Anlagen

5   Die möglichen Anforderungen sind **nicht auf die** in Abs.1 S.1 genannten **Beispiele** (unten Rn.6) **beschränkt** („insbesondere"; Dietlein LR 30). Die Anforderungen können in einer Präzisierung des Ziels der Grundpflichten (zB Einhaltung von Grenzwerten), aber auch in der Festlegung der gebotenen Maßnahmen bestehen. Letzteres reduziert den Spielraum des Anlagenbetreibers bei der Auswahl der Maßnahmen (vgl. Rn.33 zu § 5). Die Anforderungen der Rechtsverordnung können auch so weit gehen, dass sie den Betrieb von Anlagen verhindern und nicht nur modifizieren, wie das auch für die Grundpflichten gilt (Roßnagel GK 94 f; a. A. Dietlein LR 59).

6   **bb)** Als mögliche Anforderungen nennt Abs.1 beispielhaft zunächst **technische Anforderungen** (Nr.1) sowie **Emissionsgrenzwerte** (Nr.2). Emissionsgrenzwerte können auch für einen Zeitpunkt nach Erlass der Rechtsverordnung bestimmt werden; wegen der nur beispielhaften Aufzählung schadet es nicht, dass in § 7 Abs.1 Nr.2 auf diese Möglichkeit nicht gesondert, wie etwa in den §§ 32 ff, hingewiesen wird. Auch Immissionsgrenzwerte sind möglich (vgl. Rn.54 f zu § 5; anders Roßnagel GK 82; einschr. Dietlein LR 27), gestützt auf die allgemeine Ermächtigung des Abs.1 S.1, nicht aber auf den Beispielsfall des Abs.1 S.1 Nr.2. In der 2001 eingefügten (Einl.2 Nr.34) Vorschrift der Nr.2a wird auf die Konkretisierung der Grundpflicht des § 5 Abs.1 S.1 Nr.4 zur **Energieverwendung** hingewiesen (BT-Drs. 14/4599, 127). Weiter wird in Nr.3 die Möglichkeit aufgeführt, Pflichten zur **Ermittlung von Emissionen und Immissionen** durch den Anlagenbetreiber oder einen in der Rechtsverordnung zu bestimmenden Dritten festzulegen (Dietlein LR 47; zur abweichenden Formulierung in § 23 s. Rn.8 zu § 23). Die Ermittlungen müssen anlagenbezogen sein (Dietlein LR 46). Diese Möglichkeit, Messpflichten vorzusehen, steht selbständig neben den entsprechenden Möglichkeiten, die sich direkt aus dem BImSchG ergeben (näher Rn.4 zu § 26). Die Kosten der Ermittlungen trägt regelmäßig der Anlagenbetreiber als Adressat der Pflicht (vgl. allerdings Dietlein LR 49). Schließlich können nach Nr.4 Regelungen zu den **sicherheitstechnischen Prüfungen** (dazu Rn.6 zu § 29a), einschl. der Prüfung sicherheitstechnischer Unterlagen, getroffen werden, es sei denn, die notwendigen Regelungen finden sich bereits in einer Rechtsverordnung nach § 14 GPSG; die Betriebssicherheitsverordnung vom 27. 2. 2002 (BGBl I 3777) enthält solche Regelungen (Dietlein LR 52). Mit sicherheitstechnischen Unterlagen ist vor allem der Sicherheitsbericht iSd § 9 der 12. BImSchV gemeint (Dietlein LR 53). Auch hier können die Anforderungen der Vorsorge dienen (Amtl. Begr., BT-Drs. 11/4909, 16). Die Ermittlung von Emissionen und Immissionen ebenso wie sicherheitstechnische Prüfungen lassen sich auf § 5 zurückführen (Rn.34, 59 zu § 5).

7   **cc)** Die Rechtsverordnung kann die Behörde ermächtigen, **„Ausnahmen"** zu erlassen, d. h. durch Verwaltungsakt von einer an sich bestehenden Verpflichtung zu befreien. Das ist etwa in § 21 der 13. BImSchV und in § 19 der 17. BImSchV geschehen. Insoweit gelten die Ausführungen in Rn.11 zu § 23 entsprechend.

c) Ziel der Anforderungen

Die Anforderungen müssen die **Grundpflichten** des § 5 **konkretisieren:** Geregelt werden kann die Abwehr- bzw. Schutzpflicht des § 5 Abs.1 S.1 Nr.1 (dazu Rn.11 ff zu § 5) und die Vorsorgepflicht des § 5 Abs.1 S.1 Nr.2 (dazu Rn.50 ff zu § 5). Beides betrifft die Immissionen wie die sonstigen Einwirkungen. Geregelt werden können weiter die Abfallpflichten des § 5 Abs.1 S.1 Nr.3 (dazu Rn.74 ff zu § 5), die Energienutzungspflicht des § 5 Abs.1 S.1 Nr.4 (dazu Rn.98 ff zu § 5), wie Abs.1 S.1 Nr.2a zusätzlich klarstellt, sowie die Nachsorgepflicht des § 5 Abs.3 (dazu Rn.108 ff zu § 5). Soweit es im Rahmen des § 5 um schädliche Umwelteinwirkungen geht, sind auf Grund von § 3 Abs.3 S.1 BBodSchG auch Regelungen für schädliche Bodenveränderungen möglich, wobei § 3 Abs.3 S.2, 3 BBodSchG zu beachten ist. Über diese Grundpflichten können die Rechtsverordnungen nicht hinausgehen. Doch steht dem Verordnungsgeber ein nicht unerheblicher Konkretisierungsspielraum zu (unten Rn.23). Einer Rechtsverordnung kann insb. nicht entgegengehalten werden, die Grundpflichten des § 5 seien *im Einzelfall* auch bei geringeren Voraussetzungen erfüllt. 8

Bei der Festlegung von Vorgaben ist gem. Abs. 1 S. 2 darauf zu achten, dass es nicht zu Problemverlagerungen von einem Umweltmedium in ein anderes kommt, dass insb. nicht Emissionen iSd BImSchG reduziert werden, gleichzeitig es aber zu einem übermäßigen Anstieg der unmittelbaren Belastungen von Wasser, Boden oder der Gesundheit kommt. Darüber hinaus ist generell auf eine **integrative, medienübergreifende Ausrichtung** der Rechtsverordnungen zu achten, unter Einbeziehung von Wirkungsketten über mehrere Umweltmedien hinweg (BT-Drs. 14/4599, 128; Dietlein LR 61; Sellner, in: Dolde (Hg.), Umweltrecht im Wandel, 2001, 409 ff). Die integrative Ausrichtung geht auf die Richtlinie 96/61/EG über die integrierte Vermeidung und Verminderung der Umweltverschmutzung (Einl.34 Nr.8) zurück, insbesondere auf Art.9 Abs.1 der Richtlinie. Was ihren Gehalt angeht, kann auf die Ausführungen in Rn. 8–11 zu § 1 verwiesen werden. 9

3. Verhältnismäßigkeit und Übergangsfristen

a) Verhältnismäßigkeit, insb. bei bestehenden Anlagen

Die in einer Rechtsverordnung festgelegten Anforderungen müssen in allen Teilen **verhältnismäßig** sein (Dietlein LR 63). Dies setzt zunächst voraus, dass sie geeignet und erforderlich sind (vgl. dazu Rn.31 f zu § 17). Des Weiteren müssen sie verhältnismäßig ieS sein, d.h., die durch die Anforderungen für die Anlagenbetreiber bedingten Belastungen dürfen in keinem Missverhältnis zu den mit den Anforderungen erreichbaren Zielen stehen (allg. dazu Jarass, in: Jarass/Pieroth Art.20 Rn.56 ff). 10

Besondere Bedeutung hat der Grundsatz der Verhältnismäßigkeit im Hinblick auf **bestehende Anlagen.** Die Rechtsverordnungen können 11 sich auch auf (im Zeitpunkt ihres Erlasses) bereits genehmigte Anlagen beziehen, auch auf Uraltanlagen (Sendler, WiVerw 1993, 282). Doch ergeben sich insoweit aus Art.14 GG iVm dem Grundsatz der Verhältnismäßigkeit Grenzen, wenn der Anlagenbetreiber im Vertrauen auf eine Genehmigung Investitionen vorgenommen hat (Jarass o. Lit. A 1987, 81 ff). Die verfassungsrechtliche Opfergrenze ist erreicht, wenn die Anforderungen für den Anlagenbetreiber bzw. für Anlagen der fraglichen Art unverhältnismäßig sind; insoweit gelten die in Rn.37 f zu § 17 aufgeführten Gesichtspunkte in ähnlicher Weise. *Anzeigepflichtige* Anlagen genießen nur einen eingeschränkten Bestandsschutz (vgl. Rn.38 zu § 17), während bei formell (und erst recht materiell) rechtswidrigen Anlagen der verfassungsrechtliche Bestandsschutz vollständig fehlt. Auch bei *genehmigten Anlagen* ist der Grundsatz der Verhältnismäßigkeit ohne praktische Wirkung, soweit es um die Abwehr konkreter Gesundheitsgefahren geht; er kommt ausnahmsweise zum Tragen, wo sonstige Gefahren oder erhebliche Nachteile bzw. Belästigungen vermieden werden sollen (näher Rn.37 zu § 17). Dagegen spielt der Grundsatz der Verhältnismäßigkeit im Vorsorgebereich eine große Rolle (Wickel, Bestandsschutz im Umweltrecht, 1996, 140 ff; Jarass, DVBl 1986, 316f). Um hier für eine verfassungsrechtliche Absicherung zu sorgen, enthalten die Abs.2, 3 für den Bereich der Vorsorge nähere Vorgaben (näher unten Rn.12–17). Übergangsregelungen finden sich in § 20 der 12. BImSchV, in § 17 der 17. BImSchV und in § 14 der 30. BImSchV.

b) Insb. Übergangsfristen im Vorsorgebereich (Abs.2)

12   Für den praktisch bedeutsamen Teilbereich der Vorsorgeanforderungen an bestehende Anlagen stellt Abs.2 klar, dass der Verordnungsgeber insb. zur Wahrung des Grundsatzes der Verhältnismäßigkeit (dazu oben Rn.8) Übergangsfristen festlegen kann. Übergangsfristen in anderen Fällen dürften damit nicht ausgeschlossen sein. Im Einzelnen gilt die Ermächtigung gem. Abs.2 S.1 für Anlagen, für die in einer Genehmigung oder in einem Vorbescheid geringere Vorsorgeanforderungen als in der neu erlassenen Rechtsverordnung festgelegt wurden. Gleichgestellt werden gem. Abs.2 S.3 Anlagen, die lediglich anzeigepflichtig sind, für die aber nach bisherigem Recht geringere Anforderungen galten (vgl. Dietlein LR 81). Bei der genauen Abgrenzung dieser Anlagen hat der Verordnungsgeber einen gewissen Spielraum: Er kann bestimmen, ob Vorbescheid oder Genehmigung für die Behörde bindend sein müssen (so § 2 Nr.3 der 13. BImSchV; dazu BVerwGE 69, 37/39 f = NVwZ 1984, 371) oder ob sie darüber hinaus in Anlehnung an § 67 Abs.4 unanfechtbar sein müssen. Die in einer nachträglichen Anordnung festgelegten Anforderungen dürften dagegen keine Rolle spielen (a. A. Kutscheidt LR 39 c).

13   Dem Verordnungsgeber steht auch bei der Beurteilung der Frage, ob und in welchem Umfang Übergangsfristen eingeräumt werden, ein nicht unerheblicher Spielraum zu (Dietlein LR § 5 Rn.44). Einige Kriterien der Entscheidung werden jedoch in Abs.2 S.2 beispielhaft genannt. *Für Über-*

gangsfristen sprechen danach folgende Anhaltspunkte (vgl. Rn.35 zu § 17):
(1) Ein eher geringes Besorgnispotential der von der Anlage ausgehenden Emissionen nach Art, Menge und Gefährlichkeit. **(2)** Eine relativ kurze künftige Restnutzung der Anlage (Jarass o. Lit. 30) bzw. eine kurze bisherige Nutzung der Anlage (Dolde, NVwZ 1986, 879), die Anlage also noch bei weitem nicht abgeschrieben ist (Kutscheidt LR 39 e). **(3)** Technische Besonderheiten, die zur Durchführung der Anforderungen einen großen apparativen Aufwand erfordern, der nicht sofort verfügbar ist (Dietlein LR 83). Berücksichtigt werden kann des Weiteren, dass der Bestandsschutz bei anzeigepflichtigen Anlagen weniger weit als bei genehmigten Anlagen geht (Dietlein LR 85; vgl. Rn.38 zu § 17). Schließlich macht Abs.2 deutlich, dass der Bestandsschutz auf eine zeitlich begrenzte Übergangs- und Ausnahmegerechtigkeit begrenzt ist (Schröder, UPR 1986, 133; Sendler, WiVerw 1993, 282). Bei unzulässigerweise ohne Genehmigung betriebenen Anlagen sind Übergangsfristen ausgeschlossen (Dietlein LR 85).

4. Insb. Kompensation im Vorsorgebereich (Abs.3)

a) Bedeutung und Anwendungsbereich

Die Vorschrift des Abs.3 soll ebenso wie die verwandten Regelungen des § 17 Abs.3 a (dazu Rn.71–81 zu § 17) und des § 48 S.1 Nr.4 (dazu Rn.6 zu § 48) im Immissionsschutzrecht einen stärkeren Einsatz des marktwirtschaftlich orientierten Instruments der **Emissionskompensation** ermöglichen (zur Immissionskompensation Rn.35 f zu § 5). Die Vermeidung der gleichen Menge von Emissionen bei verschiedenen Anlagen kann sehr unterschiedliche Kosten verursachen (vgl. Gawel/Eweringmann, NuR 1994, 120 ff). Die Vorschriften sollen daher unter bestimmten Voraussetzungen ermöglichen, auf die Umsetzung der gesetzlichen Anforderungen bei einer bestimmten Anlage, der „begünstigten Anlage" zu verzichten, sofern bei einer anderen Anlage, der „belasteten Anlage" über die gesetzlichen Anforderungen hinaus Emissionen vermieden werden. **14**

Erfasst werden alle **Anlagen,** die unter Abs.2 fallen (dazu oben Rn.12). Sowohl die begünstigte wie die belastete Anlage müssen daher genehmigt sein. Dass die Anlagen betriebsbereit sind, wird man nicht voraussetzen können (a.A. Dietlein LR 92); Voraussetzung ist aber für die begünstigte Anlage eine Genehmigung oder ein Vorbescheid (vgl. § 17 Abs.3 a). Außerdem hat hier erhöhtes Gewicht, dass Maßnahmen der Stilllegung und Teilstilllegung nicht berücksichtigungsfähig sind (unten Rn.16). Belastete und begünstigte Anlagen müssen weder von der gleichen Person betrieben noch im Eigentum der gleichen Person stehen. Ausgleichszahlungen des Betreibers der begünstigten an den Betreiber der belasteten Anlage sind durchaus möglich und sinnvoll (Dietlein LR 102). Schließlich kann eine Kompensation nicht nur zwischen Anlagen im Inland vorgesehen werden. Auf der Grundlage einer zwischenstaatlichen Vereinbarung (vgl. dazu Rn.6 zu § 37) kann gem. Abs.3 S.3 die belastete Anlage auch im Ausland liegen. **15**

§ 7 Genehmigungsbedürftige Anlagen

b) Maßnahmen an belasteter und Möglichkeiten bei begünstigter Anlage

16   aa) Die Maßnahmen an der **belasteten** Anlage müssen gem. Abs.3 S.2 technischer Natur sein. Keine Berücksichtigung kann daher die vollständige oder teilweise Stilllegung der Anlage finden (Amtl. Begr., BT-Drs. 11/4909, 28f; Dietlein LR 97, 100; Roßnagel GK 166ff; a.A. Engelhardt/Schlicht 12). Für die Abgrenzung wird auf die Ausführung in Rn.74 zu § 17 verwiesen. Was die erforderlichen Wirkungen der Maßnahmen angeht, so gelten die Ausführungen in Rn.76f zu § 17 in vollem Umfang.

17   bb) Bei der **begünstigten Anlage** können hinsichtlich der in Rechtsverordnungen gem. § 7 Abs.1 aus Gründen der Vorsorge vorgesehenen Anforderungen Abstriche vorgesehen werden. Die Anforderungen der Gefahrenabwehr müssen dagegen voll eingehalten werden (Roßnagel GK 160). Die überobligatorischen Maßnahmen an der belasteten Anlage müssen so ausgestaltet und dimensioniert sein, dass sich die Immissionslage insgesamt etwas besser darstellt, als wenn bei der begünstigten Anlage keine Abstriche vorgenommen worden wären (vgl. Roßnagel GK 182ff); nur dann wird der Zweck des § 1 durch die Kompensation gefördert. Für Verschlechterungen in begrenzten Teilbereichen sowie zur zeitlichen Begrenzung gelten die Ausführungen in Rn.80 zu § 17. Der begünstigten Anlage können außerdem Abschwächungen der (Vorsorge-)Anforderungen nur gestattet werden, wenn ausreichend Sorge dafür getragen ist, dass die Mehrleistungen bei der belasteten Anlage **tatsächlich erbracht** werden. Anderenfalls wäre der Schutzzweck des § 1 gefährdet. Notwendig ist daher ein öffentlich-rechtlicher Vertrag oder eine nachträgliche Anordnung, in dem bzw. in der die **Mehrleistungspflichten festgeschrieben** werden.

5. Erweiterte Ermächtigung zur Erfüllung EG-rechtlicher Pflichten (Abs.4)

a) Bedeutung, Abgrenzung und Anwendungsbereich

18   aa) Um bindende Beschlüsse der Europäischen Gemeinschaften im Bereich der genehmigungsbedürftigen Anlagen umsetzen zu können, enthält Abs.4 eine erweiterte Ermächtigung zum Erlass von Rechtsverordnungen. Wegen der abweichenden Formulierung im Vergleich zu Abs.2, 3 dürfte es sich bei Abs.4 um eine eigenständige Ermächtigung handeln, nicht um eine bloße Erweiterung der Ermächtigung des Abs.1. Die Vorschrift des Abs.4 dient der Umsetzung EG-rechtlicher Vorgaben, unabhängig von deren Schutzzweck (vgl. Rn.1 zu § 37). Zur **Abgrenzung** zu ähnlichen Vorschriften wird auf die Ausführungen in Rn.3 zu § 48a verwiesen; insb. kommen § 7 und § 48a Abs.1 parallel zur Anwendung (Dietlein LR 109).

19   bb) Abs.4 gilt nur im Bereich der **genehmigungsbedürftigen Anlagen**; näher dazu Rn.13–32 zu § 4. EG-rechtliche Pflichten, die über den Bereich der Anlagen der 4. BImSchV hinausgehen, lassen sich daher auf

Rechtsverordnungen über Anforderungen § 7

der Grundlage des Abs.4 nicht (vollständig) umsetzen. Insoweit können die Ermächtigungen des § 23 Abs.1 und des § 48a zum Einsatz kommen. Adressat der Regelung kann allein der Anlagenbetreiber sein; dazu Rn.81–84 zu § 3.

b) Mögliche Anforderungen

aa) Gem. Abs.4 S.1 können Anforderungen an die Errichtung, die Beschaffenheit und den Betrieb, die Betriebseinstellung und die betreibereigene Überwachung vorgeschrieben werden. Insoweit gelten die Ausführungen oben in Rn.4–7. Die Anforderungen müssen weiterhin in einem **bindenden EG-rechtlichen Beschluss** enthalten sein. Als derartiger Beschluss sind alle Rechtsakte der Europäischen Gemeinschaft einzustufen, die bindende Pflichten für die Mitgliedstaaten enthalten und der Umsetzung bedürfen. Darunter fallen v.a. die Richtlinien iSd Art.249 Abs.3 EGV. Dass diese unter bestimmten Voraussetzungen unmittelbar anwendbar sind (Einl.11), ist unschädlich. Nicht gemeint sind die Verordnungen iSd Art.249 Abs.2 EGV, da diese generell unmittelbar gelten und daher keiner Umsetzung bedürfen; anders kann sich die Situation aber darstellen, wenn zur Durchführung einer Verordnung nationale Ausführungsregelungen notwendig sind. Nicht erfasst werden Empfehlungen und Stellungnahmen iSd Art.249 Abs.5 EGV, da diese Rechtsakte nicht verbindlich sind (Dietlein LR 108).   20

Anders als bei der Ermächtigung des Abs.1 muss eine auf **Abs.4** gestützte Rechtsverordnung nicht der Konkretisierung der Grundpflichten des § 5 dienen (oben Rn.18; a.A. Dietlein LR 106); andernfalls hätte die zusätzliche Regelung des Abs.4 keinen Sinn. Die Rechtsverordnungen können also auch **weitergehende** Anforderungen stellen. Notwendig ist lediglich, dass die Rechtsverordnung dem Ziel des § 1 dient. Das ist bereits gegeben, wenn Emissionen oder Immissionen geregelt werden (vgl. Rn.3 zu § 48a).   21

bb) Die 2001 eingefügte (Einl.2 Nr.34) Vorschrift des Abs.4 S.2 soll die Umsetzung der Richtlinie 1999/31/EG über Abfalldeponien im Bereich der Abfallzwischenlager ermöglichen, die einer immissionsschutzrechtlichen Genehmigung bedürfen. Danach können insb. Zulassungsvoraussetzungen, wie sie nach § 36c KrW-/AbfG in einer Rechtsverordnung für **Deponien** konkretisiert werden, wie etwa zur Zulässigkeit, Fach- und Sachkunde des Personals, auch für genehmigungsbedürftige Abfallbeseitigungsanlagen nach dem BImSchG zur Anwendung gebracht werden (BT-Drs. 14/4599, 128).   22

6. Spielraum

Eine Pflicht zum Erlass von Rechtsverordnungen ist § 7 nicht zu entnehmen (Dietlein LR 13; Roßnagel GK 18; zweifelnd Feldhaus FE 2); dies hätte im Wortlaut deutlicher zum Ausdruck kommen müssen. Dagegen lässt sich nicht ausschließen, dass sich aus den Grundrechten, insb. aus Art.2 Abs.2 GG, oder aus Art.20a GG eine derartige Pflicht ergibt. Falls   23 erkennbar ist, dass die Statuierung der Grundpflichten durch § 5 allein in der Praxis keinen wirksamen Schutz vor Gesundheitsschäden bieten, muss der Verordnungsgeber von § 7 Gebrauch machen (vgl. BVerfGE 56, 54/79 = NJW 1981, 1655). Im Übrigen hat der Verordnungsgeber einen erheblichen Spielraum (vgl. Kutscheidt LR 10; Roßnagel GK 315), insb. dann, wenn er die Vorsorgepflicht konkretisiert (BVerwGE 69, 37/45 = NVwZ 1984, 371).

7. Formelle Rechtmäßigkeit

a) Zuständigkeit und Verfahren

24 Was **Zuständigkeit** und **Verfahren** des Erlasses der Rechtsverordnung nach § 7 angeht, so gelten die Ausführungen in Rn.10 zu § 4. Im Anwendungsbereich des § 7 Abs.1 S.1 Nr.2 bedarf die Rechtsverordnung zudem gemäß § 48b der Zustimmung des Bundestags, nicht hingegen in anderen Fällen (Rn.3 zu § 48b). Im Rahmen von § 7 Abs.1 S.1 Nr.4 kann eine Beteiligung der Störfall-Kommission bzw. des Technischen Ausschusses für Anlagensicherheit sinnvoll sein, ohne dass dies vorgeschrieben ist.

b) Verweisung (Abs.5)

25 Was die in Abs.1 Nr.1–4 umrissenen Anforderungen (nicht die sonstigen möglichen Anforderungen) angeht, können die Rechtsverordnungen zur Vereinfachung des Textes auf jedermann zugängliche Bekanntmachungen **sachverständiger Stellen,** insb. auf private Regeln der Technik (dazu Rn.62f zu § 48), verweisen. Im sachlichen Anwendungsbereich der in Nr.1–4 des Abs.1 aufgeführten Fälle gilt das auch für auf Abs.4 gestützte Rechtsverordnungen (vgl. Dietlein LR 116). Die aufgeführten förmlichen Erfordernisse tragen den von der Rechtsprechung für derartige Verweisungen aufgestellten Grundsätzen Rechnung (Feldhaus FE 4; a.A. Roßnagel GK 210ff). Die Verweisung bezieht sich auf die Fassung der Bekanntmachung sachverständiger Stellen, die sie im Zeitpunkt des Erlasses der Rechtsverordnung hat **(statische Verweisung).** Spätere Änderungen der Bekanntmachung bleiben unberücksichtigt, da eine „dynamische Verweisung" grundsätzlich rechtswidrig wäre (BVerfGE 64, 208/214ff = NJW 1984, 1225; Jarass, NJW 1987, 1231; Dietlein LR 118); der Verordnungsgeber würde damit seine Rechtsetzungsbefugnisse auf private Vereinigungen übertragen. Im Übrigen muss die in Bezug genommene Bekanntmachung hinreichend bestimmt, für die von der Rechtsnorm Betroffenen verständlich sowie gerichtlich überprüfbar sein (Dietlein LR 119).

26–27 (unbesetzt)

II. Erlassene Rechtsverordnungen und ihre Behandlung

1. Auf § 7 gestützte Rechtsverordnungen

a) Störfall-Verordnung (12. BImSchV)

Auf die Ermächtigung des § 7 Abs.1, aber auch auf die des § 7 Abs.4, **28** des § 10 Abs.10, des § 19 Abs.1, des § 23 Abs.1, des § 48a Abs.3, des § 58a Abs.1 und des § 19 Abs.1 ChemG stützt sich die **"Störfall-Verordnung"** (12. BImSchV); abgedr. einschl. Literaturnachweisen in Anhang A12. Die Verordnung wurde am 26. 4. 2000 erlassen (BGBl I 603). Sie dient der Umsetzung der Richtlinie 96/82/EG zur Beherrschung der Gefahren bei schweren Unfällen mit gefährlichen Stoffen (Einl.33 Nr.1; Rn.85 zu § 3). Zur Auslegung der Verordnung vgl. die Amtl. Begründung der Bundesregierung und die Beschlüsse des Bundesrats (BR-Drs. 75/00). Zur alten Störfall-Verordnung von 1991 ergingen die 1. Störfall-Verwaltungsvorschrift (GMBl 1993, 582), die 2. Störfall-Verwaltungsvorschrift (GMBl 1982, 205) und die 3. Störfall-Verwaltungsvorschrift (GMBl 1995, 782); sie sind heute nicht mehr unmittelbar anwendbar, können aber, soweit die heutige Störfall-Verordnung vergleichbare Regelungen enthält, Anhaltspunkte liefern (Hansmann LR (12) Vorb.30).

Inhaltlich betrifft die Störfall-Verordnung **Störfälle**. Der in § 2 Nr.3 **29** der 12. BImSchV definierte Begriff entspricht im Wesentlichen dem Begriff des *schweren Unfalls*. Die dazu in Rn.24–26 zu § 20 gemachten Ausführungen gelten in gleicher Weise für Störfälle. Soweit die Voraussetzungen der ernsten Gefahr (einschl. der Definition in § 2 Nr.4 der 12. BImSchV) und der Sachschäden in § 2 Nr.3 der 12. BImSchV enger ausfallen als die Definition des Art.3 Nr.5 RL 96/82, ist dies EG-rechtswidrig.

Die Verordnung enthält in §§ 3–16 Vorgaben für Betriebsbereiche **30** (dazu Rn.87–91 zu § 3), soweit dort bestimmte gefährliche Stoffe (dazu § 2 Nr.1 der 12. BImSchV) in bestimmten Mengen vorhanden sind bzw. bei einem Störfall freigesetzt werden (vgl. § 2 Nr.2 der 12. BImSchV). Dies kann genehmigungsbedürftige wie nicht genehmigungsbedürftige Anlagen betreffen (vgl. Rn.43 zu § 23). Im Mittelpunkt stehen die Pflichten des § 3 der 12. BImSchV. Die Begrenzung der Störfallauswirkungen nach § 5 kann u.a. entsprechende Abstände erforderlich machen (vgl. HessVGH, ZUR 2002, 48). Auch insoweit kommt der Behörde kein (echter) Beurteilungsspielraum zu (vgl. Rn.117 zu § 5; a.A. Ohms Rn.357). Darüber hinaus gelten für genehmigungsbedürftige Anlagen, die nicht einem Betriebsbereich zuzurechnen sind, die Vorgaben in § 17f der 12. BImSchV. Die Störfall-Verordnung dürfte insgesamt der Gefahrenabwehr und nicht der Vorsorge zuzurechnen sein, zumal sie vor der Ausweitung der Vorsorgeregelung des § 5 Abs.1 S.1 Nr.2 auf sonstige Einwirkungen ergangen ist (Ohms Rn.356). Zur Verpflichtung, einen Störfallbeauftragten zu bestellen, Rn.9, 12 zu § 58a. Zum Drittschutz unten Rn.53.

§ 7 Genehmigungsbedürftige Anlagen

31   Die Störfall-Verordnung stellt **keine abschließende Konkretisierung** der störfallbezogenen Vorgaben in § 5 dar, wie insb. § 3 Abs.1 Hs. 2 der 12. BImSchV entnommen werden kann (vgl. Hansmann LR (12) Vorb. 6 vor § 1; Sparwasser § 10 Rn.183; Roßnagel GK 237 zu § 5); allg. zum abschließenden Charakter unten Rn.49. Zu Sanktionen bei einem Verstoß gegen die Verordnung unten Rn.50.

b) Verordnung über Großfeuerungs- und Gasturbinenanlagen (13. BImSchV)

32   Auf die Ermächtigung des § 7 Abs.1, aber auch auf die des § 4 Abs.1, des § 19 Abs.1 und des § 53 Abs.1 stützt sich die **Verordnung über Großfeuerungs- und Gasturbinenanlagen** (13. BImSchV); abgedr. mit Literaturnachweisen in Anh. A13. Sie erging am 20. 7. 2004 (BGBl I 1717) und dient auch der Umsetzung der Richtlinie 2001/80/EG zur Begrenzung von Schadstoffemissionen von Großfeuerungsanlagen in die Luft (Einl.31 Nr.6). Zur Auslegung der Verordnung vgl. die Amtl. Begründung der Bundesregierung und den Beschluss des Bundesrats (BR-Drs. 490/03).

33   Die Verordnung legt für Großfeuerungsanlagen (zu deren Abgrenzung § 1 der 13. BImSchV) Emissionsgrenzwerte für Schwefeldioxid, Stickstoffoxide, Halogenverbindungen und Stäube fest und konkretisiert die Vorsorgepflicht. Was die Grenze des § 1 Abs.1 der 13. BImSchV angeht, so ist auf die Anlage insgesamt abzustellen (HessVGH, GewArch 1992, 354). Zum Drittschutz unten Rn.53.

34   Die Verordnung über Großfeuerungsanlagen stellt **keine abschließende Konkretisierung** der Vorgaben des § 5 dar, wie § 22 der 13. BImSchG klarstellt (Hansmann LR 111 zu § 17; allg. unten Rn.49). Dies gilt auch im Bereich der Vorsorge, da die nachträgliche Einfügung des Worts „insbesondere" eben dies klarstellen sollte (NdsOVG, UL-ES § 31–1, 7f; Davids FE (13) 1 zu § 34, 4; Roßnagel GK 259; a. A. Sellner Rn.63). Allerdings ist in tatsächlicher Hinsicht davon auszugehen, dass der Verordnungsgeber die Anforderungen des § 5 Abs.1 S.1 Nr.2 hinsichtlich der geregelten Stoffe im Zeitpunkt des Erlasses im vollen Umfang durch die 13. BImSchV umgesetzt sah, sofern er keine Öffnungsklauseln vorsah. Zudem kann die Vorsorgepflicht in verschiedenen Bereichen ohne Konkretisierung nicht zum Tragen kommen (Rn.66f zu § 5). Die 13. BImSchV kann nicht über § 1 UWG durchgesetzt werden (BGHZ 144, 255/268 = NJW 2000, 3351). Zu Erleichterungen bei *EMAS-Anlagen* Rn.19 zu § 58e. Zu **Sanktionen** bei einem Verstoß gegen die Verordnung unten Rn.51.

c) Verordnung über die Verbrennung von Abfällen (17. BImSchV)

35   Auf die Ermächtigung des § 7 Abs.1, aber auch des § 7 Abs.4, des § 5 Abs.2 a.F. und § 48a Abs.1, 3 stützt sich die **Verordnung über die Verbrennung und die Mitverbrennung von Abfällen"** (17. BImSchV); abgedr. mit Literaturhinweisen in Anhang A17. Die Erstfassung erging am

Rechtsverordnungen über Anforderungen **§ 7**

23. 11. 1990 (BGBl I 2545, ber. 2832). Geändert wurde die Verordnung durch VO vom 23. 2. 1999 (BGBl I 186), durch G vom 3. 5. 2000 (BGBl I 632), durch G vom 27. 7. 2001 (BGBl I 1950), durch VO vom 14. 8. 2003 (BGBl I 1614) und neu bekannt gemacht am 14. 8. 2003 (BGBl I 1633). Die Verordnung dient der Umsetzung der Richtlinie 2000/76/EG über die Verbrennung von Abfällen (Einl.34 Nr.9). Zur Auslegung der Verordnung vgl. die Amtl.Begr. der Bundesregierung und die Gegenäußerung des Bundesrats (BR-Drs. 303/90).

Inhaltlich gilt die Verordnung für alle (immissionsschutzrechtlich ge- **36** nehmigungsbedürftigen) Anlagen, in denen (feste oder flüssige) Abfälle oder ähnliche Stoffe verbrannt oder mitverbrannt werden, unabhängig davon, ob die Verbrennung Haupt- oder Nebenzweck der Anlage ist. Bleibt der Anteil der Abfälle oder abfallähnlichen Stoffe an der jeweiligen Feuerungswärmeleistung bei einer Mitverbrennung unter 25%, gelten gem. § 1 Abs.2 S.1 der 17. BImSchV lediglich die in § 5a der 17. BImSchV festgelegten Emissionsgrenzwerte sowie die dazu gehörenden Messungs- und Überwachungsvorschriften. Weitere Ausnahmen ergeben sich aus § 1 Abs. 3, 4 der 17. BImSchV. Die Verordnung enthält v. a. Grenzwerte zur Vorsorge, konkretisiert aber auch die anderen Grundpflichten (Roßnagel GK 266 ff). Zudem enthält sie Vorgaben zur Anlieferung und Lagerung der Stoffe (§ 3), zur Betriebsweise der Feuerung (§ 4), zur Verwertung (§ 7), zur Wärmenutzung (dazu Rn.104a zu § 5) und sieht sie in § 18 eine Pflicht zur Information der Öffentlichkeit vor (dazu Roßnagel GK 295 ff). Zum Drittschutz unten Rn.39.

Die Verordnung über Verbrennungsanlagen für Abfälle und ähnliche **37** brennbare Stoffe stellt **keine abschließende Konkretisierung** des § 5 dar, wie § 20 der 17. BImSchV klarstellt (Paetow KPV § 31 Rn.63; Hansmann LR 111 zu § 17; Roßnagel GK 291; allg. unten Rn.49), jedenfalls nicht für atypische Fälle (BVerwG, NVwZ 1999, 1183). Zu beachten ist jedoch, dass die Vorsorgepflicht des § 5 Abs.1 S.1 Nr.2 in verschiedenen Bereichen ohne Konkretisierung nicht zum Tragen kommt (Rn.66f zu § 5). Auch dürfte die Verordnung im Regelfall die Vorgaben des § 5 ausreichend umsetzen (BVerwG, NVwZ 1998, 1181; BayVGH, NVwZ-RR 2000, 663; SächsOVG, SächsVBl 2000, 91). Zu Erleichterungen bei *EMAS-Anlagen* Rn.19 zu § 58e. Zu **Sanktionen** bei einem Verstoß gegen die Verordnung unten Rn.51.

d) Verordnung über Anlagen zur biologischen Behandlung von Abfällen (30. BImSchV)

Auf die Ermächtigung des § 7 Abs.1, aber auch auf die des § 12 Abs.1 **38** KrW-/AbfG und des § 7a Abs.1 S.3, 4 WHG stützt sich die **Verordnung über Anlagen zur biologischen Behandlung von Abfällen** (30. BImSchV), abgedr. mit Literaturhinweisen in Anh. A30. Sie wurde am 20. 2. 2001 erlassen (BGBl I 317). Zur Auslegung der Verordnung vgl. die Amtl. Begründung der Bundesregierung und die Gegenäußerung des Bundesrats (BR-Drs. 596/00).

39 **Inhaltlich** soll die Verordnung die umweltverträgliche Behandlung von Siedlungsabfällen u. ä. sicherstellen, soweit sie eine biologische Behandlung erfahren (BR-Drs. 596/00, S.44). Sie gilt für biologische Abfallbehandlungsanlagen, die einer immissionsschutzrechtlichen Genehmigung bedürfen. Die Verordnung dient insb. dem Schutz vor Geruchsbelästigungen sowie der Begrenzung klimarelevanter Gase wie Kohlendioxid und Methan (BR-Drs. 596/00, 50 f). Zu Sanktionen bei einem Verstoß gegen die Verordnung unten Rn.51.

40–45 (unbesetzt)

e) Übergreifende sowie sekundär auf § 7 gestützte Rechtsverordnungen

46 Über die bereits angesprochene 12. BImSchV hinaus gelten eine Reihe von Rechtsverordnungen für genehmigungsbedürftige wie für nicht genehmigungsbedürftige Anlagen (**übergreifende Rechtsverordnungen**). Sie wurden dementsprechend auf § 7 *und* auf § 23 gestützt. Dies gilt für die Verordnung zur Emissionsbegrenzung von leichtflüchtigen halogenierten organischen Verbindungen – 2. BImSchV (dazu Rn.41 f zu § 23), die Verordnung zur Begrenzung der Emissionen flüchtiger organischer Verbindungen beim Umfüllen und Lagern von Ottokraftstoffen – 20. BImSchV (dazu Rn.44 f zu § 23) und die Verordnung zur Begrenzung der Emissionen flüchtiger organischer Verbindungen bei der Verwendung organischer Lösemittel in bestimmten Anlagen – 31. BImSchV (dazu Rn.46 f zu § 23).

47 Vor allem auf andere Ermächtigungen, **sekundär** aber auch auf § 7 Abs.1 gestützt wurden die Verordnung über genehmigungsbedürftige Anlagen – 9. BImSchV (dazu Rn.11 zu § 4), die Altöl-Verordnung vom 27. 10. 1987 (BGBl I 2335), die Verordnung über die Entsorgung gebrauchter halogenierter Lösemittel vom 23. 10. 1989 (BGBl I 1918), die Deponieverordnung vom 24. 7. 2002 (BGBl I 2807) und die Altholzverordnung vom 15. 8. 2002 (BGBl I 3302).

2. Wirkung und Durchsetzung

a) Wirkung

48 Welche Wirkungen die erlassenen Rechtsverordnungen entfalten, ist durch Auslegung der jeweiligen Rechtsverordnung zu ermitteln. Danach enthalten die Verordnungen für den Betreiber regelmäßig **unmittelbar geltende Anforderungen,** die er auch ohne Umsetzung in einer Genehmigung oder in einer nachträglichen Anordnung beachten muss, es sei denn, die Verordnung legt anderes fest (Dietlein LR 67). Unmittelbar anwendbar sind daher die Vorschriften, die zur Erfüllung des Standes der Technik verpflichten. Anderes gilt dann, wenn eine Rechtsverordnung die Vorsorgepflicht des § 5 Abs.1 S.1 Nr.2 in Berei-

Rechtsverordnungen über Anforderungen § 7

chen ohne Präzisierung lediglich wiederholt, in denen eine unmittelbare Anwendung der Grundpflicht selbst nicht möglich ist (vgl. Rn.66 f zu § 5). Für den Stand der Technik gilt das nicht (näher Rn.67 zu § 5). Weiter werden die Pflichten aus einer Rechtsverordnung regelmäßig nicht durch einen **Genehmigungsbescheid** und die dort enthaltenen Nebenbestimmungen begrenzt, soweit die Anforderungen der Rechtsverordnung unmittelbar gelten und erst später in Kraft treten (Vallendar FE § 12 Anm.6).

Die Frage, ob und wieweit die Anforderungen der Rechtsverordnungen **abschließenden Charakter** haben und damit einen Rückgriff auf die Grundpflichten ausschließen, ist zunächst durch Auslegung der Rechtsverordnung zu bestimmen (Engelhardt/Schlicht 5 zu § 17; vgl. § 17 Abs.3). Im Zweifel dürften sie nicht abschließend sein (Hansmann LR 108 zu § 17; wohl auch Dietlein LR 70). Nehmen sie einen abschließenden Charakter in Anspruch, ist das nur möglich, wenn sie nicht hinter den Anforderungen des § 5 zurückbleiben. Zur abschließenden Wirkung einzelner Verordnungen vgl. oben Rn.31, 34, 37. 49

b) Durchsetzung und Sanktionen

Bei Anlagen, deren Errichtung und Betrieb **noch nicht genehmigt** wurde, wird die Einhaltung der gem. § 7 erlassenen Rechtsverordnungen im Genehmigungsverfahren sichergestellt. Gegenüber **bestehenden Anlagen** kann eine Rechtsverordnung nach § 7 nur durch nachträgliche Anordnungen gem. § 17 durchgesetzt werden; ein Ausweichen auf die polizeirechtliche Generalklausel ist nicht möglich (dazu Rn.3 zu § 17). Zur Verhältnismäßigkeitsprüfung bei bestehenden Anlagen Rn.39 zu § 17. 50

Ein vorsätzlicher oder fahrlässiger Verstoß gegen eine Rechtsverordnung oder gegen eine auf die Rechtsverordnung gestützte vollziehbare Anordnung stellt gem. § 62 Abs.1 Nr.2 eine **Ordnungswidrigkeit** dar, soweit die Rechtsverordnung auf § 62 verweist. Dies ist etwa in § 13 der 12. BImSchV, in § 24 der 13. BImSchV in § 21 der 17. BImSchV und in § 18 der 30. BImSchV geschehen. Näher zu den Voraussetzungen der Ordnungswidrigkeit Rn.3–6, 8–11, 14 zu § 62. Unter zusätzlichen Voraussetzungen kann auch eine **Straftat** gem. § 324a StGB, gem. § 325 StGB oder gem. § 325a StGB vorliegen, evtl. in der Form des § 330 StGB (Text in Rn.2ff zu § 63). In jedem Fall muss aber die fragliche Verpflichtung in der Rechtsverordnung hinreichend präzise umschrieben sein. Zur Durchsetzung über § 823 Abs.2 BGB unten Rn.54. 51

3. Rechtsschutz

aa) Der **Anlagenbetreiber,** für den die Rechtsverordnung Pflichten festlegt, kann sich unmittelbar gegen sie nur durch die Verfassungsbeschwerde wehren, vorausgesetzt, es handelt sich um eine Grundrechtsverletzung und die Betroffenen können die Rechtsfrage nicht mittelbar (inzidenter) in zumutbarer Weise klären lassen (vgl. BVerfG, UPR 1982, 166); 52

dabei ist die Jahresfrist des § 93 Abs.2 S.5 BVerfGG zu beachten. Droht ein Bußgeldverfahren, ist außerdem eine Feststellungsklage möglich (Kutscheidt LR 45).

53 **bb) Dritte** können die Einhaltung erlassener Rechtsverordnungen im Genehmigungsverfahren oder (bei bestehenden Anlagen) mit Hilfe einer nachträglichen Anordnung erzwingen, sofern die entsprechende Vorschrift drittschützenden Charakter hat (dazu Rn.68, 70 zu § 17; Dietlein LR 125). Diese Voraussetzung ist für die *Störfall-Verordnung* (12. BImSchV) weithin zu bejahen, jedenfalls bei EG-rechtskonformer Auslegung (ebenso zur alten 12. BImSchV VGH BW, NVwZ 1995, 292; 1996, 302; Hansmann LR (12) § 3 Rn.34). Durch das Fehlen einer Sicherheitsanalyse wird ein Dritter nicht beeinträchtigt (NdsOVG, NJW 1995, 2053 f), wohl aber durch das Fehlen von Informationen iSv § 11a der 12. BImSchV. Die *Verordnung für Großfeuerungs- und Gasturbinenanlagen* (13. BImSchV) dient gem. § 1 Abs.3 der 13. BImSchV der Vorsorge und ist daher nicht drittschützend (Feldhaus FE (13) Einl.3). Soweit allerdings Immissionswerte zum Schutze vor Gefahren fehlen, können sich Dritte auf die Vorgaben von Rechtsverordnungen auch insoweit berufen, als sie der Vorsorge dienen (Rn.122 zu § 5).

54 Was die **privatrechtliche** Durchsetzung angeht, so sind Verordnungen, die drittschützenden Charakter haben, regelmäßig auch **Schutzgesetze** iSd § 823 Abs.2 BGB (Dietlein LR 74). Zudem kann die Verletzung einer drittschützenden Verordnung im Rahmen des § 6 Abs.3 UmwHG Bedeutung erlangen (Feldhaus, UPR 1992, 164). Schließlich liegt gem. § 906 Abs.1 S.2 BGB idR eine unwesentliche Beeinträchtigung vor, wenn die Grenzwerte in einer Rechtsverordnung nach § 7 eingehalten werden (BGH, NJW 2004, 1318). Umgekehrt spricht ein Indiz für eine wesentliche Beeinträchtigung iSd § 906 BGB, wenn die Grenzwerte überschritten werden (vgl. Rn.59 zu § 48).

§ 8 Teilgenehmigung

Auf Antrag[5] kann[15] eine Genehmigung für die Errichtung einer Anlage oder eines Teils einer Anlage oder für die Errichtung und den Betrieb eines Teils einer Anlage erteilt werden,[5 ff] wenn

1. **ein berechtigtes Interesse an der Erteilung einer Teilgenehmigung besteht,[6]**
2. **die Genehmigungsvoraussetzungen für den beantragten Gegenstand der Teilgenehmigung vorliegen[7] und**
3. **eine vorläufige Beurteilung ergibt, dass der Errichtung und dem Betrieb der gesamten Anlage keine von vornherein unüberwindlichen Hindernisse im Hinblick auf die Genehmigungsvoraussetzungen entgegenstehen.[8 ff, 12]**

Die Bindungswirkung der vorläufigen Gesamtbeurteilung entfällt, wenn eine Änderung der Sach- oder Rechtslage oder Einzelprüfungen

im Rahmen späterer Teilgenehmigungen zu einer von der vorläufigen Gesamtbeurteilung abweichenden Beurteilung führen.[26 ff]

Übersicht

I. Bedeutung, Abgrenzung, EG-Recht 1
   1. Bedeutung und Abgrenzung zu anderen Vorschriften 1
   2. EG-Recht 2a
II. Voraussetzungen der Rechtmäßigkeit der Teilgenehmigung 3
   1. Anwendungsbereich und möglicher Gegenstand 3
   2. Antrag und berechtigtes Interesse 5
   3. Anforderungen an Anlage 7
      a) Rechtmäßigkeit des beantragten Teils 7
      b) Positive vorläufige Gesamtbeurteilung 8
      c) Änderungen des Projekts 14
   4. Ermessen sowie Nebenbestimmungen 15
      a) Ermessen hinsichtlich der Stufung 15
      b) Nebenbestimmungen und Vorbehalte 16
   5. Verfahren der Erteilung 19
      a) Allgemeines 20
      b) Förmliches Verfahren 21
III. Wirkungen und Rechtsschutz 24
   1. Gestattung 24
   2. Bindungswirkung durch vorläufige Gesamtbeurteilung ... 26
      a) Grundlagen 26
      b) Umfang der Bindung für spätere Teilgenehmigungen 27
      c) Beginn und Dauer der Bindungswirkung 31
      d) Präklusion für Dritte 32
   3. Bedeutung von Aufhebung und Rechtsmitteln für spätere Teilgenehmigungen 33
   4. Rechtsschutz 34

Literatur: *Vallendar,* Das gestufte Genehmigungsverfahren bedarf einer Reform, in: Festschrift für Kutscheidt, 2003, 77; *Becker,* Die Bindungswirkung von Verwaltungsakten im Schnittpunkt von Handlungsformenlehre und materiellem öffentlichen Recht, 1997; *Rudolph,* Das vorläufige Gesamturteil im atom- und immissionsschutzrechtlichen Genehmigungsverfahren, Diss. 1991; *Glitz,* Grundprobleme zu Vorbescheid und Teilgenehmigung im Immissionsschutzrecht, Diss. 1985; *Horn,* Die Behandlung ausgewählter formellrechtlicher Regelungen des BImSchG in der Rechtsprechung, UPR 1984, 85; *Jarass,* Bindungs- und Präklusionswirkung von Teilgenehmigung und Vorbescheid, UPR 1983, 241; *Rengeling,* Die Konzeptgenehmigung und das vorläufige positive Gesamturteil in der ersten atomrechtlichen Teilgenehmigung, NVwZ 1982, 217; *Weber,* Vorbescheid und Teilgenehmigung im Atomrecht, DÖV 1980, 397; *Roßnagel,* Die Interessenabwägung im Verfahren des vorläufigen Rechtsschutzes gegen mehrstufige Anlagengenehmigungen, GewArch 1980, 145; *Ossenbühl,* Regelungsgehalt und Bindungswirkung bei Teilgenehmigung im Atomrecht, NJW 1980, 153; *Breuer,* Zur Bindungswirkung von Bescheiden – insbesondere Zwischenbescheiden – und Präklusion, in: Lukes (Hg.), 6. Deutsches Atomrechtssymposium 1980, 243; *Selmer,* Vorbescheid und Teilgenehmigung im Immissionsschutzrecht, 1979; *Büdenbender/Mutschler,* Bindung und Präklusionswirkung von Teilentscheidungen nach dem BImSchG und AtG, 1979.

§ 8 Genehmigungsbedürftige Anlagen

I. Bedeutung, Abgrenzung, EG-Recht

1. Bedeutung und Abgrenzung zu anderen Vorschriften

1   Die Vorschrift des § 8 eröffnet die Möglichkeit Großanlagen, deren Errichtung sich über längere Zeit erstreckt, **abschnitts- bzw. stufenweise zu genehmigen;** für jeden Abschnitt, für jede Stufe wird eine Teilgenehmigung erteilt. Das kommt dem Errichter der Anlage entgegen, der für die Errichtung des ersten Teils noch nicht das Gesamtprojekt völlig durchgeplant haben muss, begünstigt aber auch die Allgemeinheit sowie Dritte, da die Genehmigung für spätere Abschnitte nicht schon Jahre im Voraus erteilt werden muss, Fortschritte von Wissenschaft und Technik somit noch berücksichtigt werden können (Amtl. Begr., BT-Drs. 7/179, 33).

2   Die Teilgenehmigung unterscheidet sich von der Vollgenehmigung lediglich durch ihren beschränkten Inhalt; im Übrigen ist sie eine **echte Genehmigung,** gestattet insb. dem Antragsteller mit dem genehmigten Projektabschnitt zu beginnen (unten Rn.24), sei es mit bestimmten oder allen Errichtungsschritten, sei es mit dem Betrieb (unten Rn.4). Alle Vorschriften des BImSchG zur Anlagengenehmigung sind anwendbar. Die Teilgenehmigung hebt sich damit deutlich vom Vorbescheid ab, der dem Antragsteller weder die Errichtung noch den Betrieb der Anlage (auch nicht teilweise) gestattet (Kutscheidt LR 14; Czajka FE 5). Die Teilgenehmigung enthält generell (neben dem feststellenden Teil) einen gestattenden Teil (Jarass, UPR 1983, 241), während sich der Vorbescheid auf den feststellenden Teil beschränkt.

2. EG-Recht

2a   Das Institut der Teilgenehmigung ist mit dem EG-Recht vereinbar. Insbesondere sieht Art.2 Nr.9 der Richtlinie 96/61/EG über die integrierte Vermeidung und Verminderung der Umweltverschmutzung (Einl.34 Nr.8) vor, dass die Genehmigung aus mehreren Entscheidungen bestehen kann. Die Koordinierungspflicht des Art.7 RL 96/61 kommt regelmäßig nicht zum Tragen, da die gleiche Behörde für die verschiedenen Teilgenehmigungen zuständig ist.

II. Voraussetzungen der Rechtmäßigkeit der Teilgenehmigung

1. Anwendungsbereich und möglicher Gegenstand

3   Die Möglichkeit von Teilgenehmigungen nach § 8 besteht bei **jeder Genehmigung** von genehmigungsbedürftigen Anlagen (zum Kreis dieser Anlagen Rn.12–32 zu § 4), auch wenn sie im vereinfachten Verfahren erteilt werden (Rn.16 zu § 19). Keine Rolle spielt, ob es um eine Ersterrichtung oder eine Änderung geht (Wasielewski GK 92). Zur Genehmigungsbedürftigkeit der Anlage Rn.1b zu § 6.

Teilgenehmigung **§ 8**

Was den **möglichen Gegenstand** einer Teilgenehmigung angeht, so 4
kann sie sich gem. § 8 S.1 auf die Errichtung (zu diesem Begriff s. Rn.44
zu § 4) einer Anlage oder die Errichtung eines Teils einer Anlage beziehen. Letzteres meint den realen Teil der Anlage (etwa eines bestimmten Gebäudes) oder eine Stufe der Anlagenerrichtung (z.B. Bauaushub).
Weiter kann sich die Teilgenehmigung auf Errichtung und Betrieb (zu diesem Begriff Rn.47 zu § 4) eines Anlagenteils beziehen. Zur reinen Konzeptgenehmigung unten Rn.11. Eine Genehmigung allein des Betriebs der gesamten Anlage oder eines Anlagenteils ist in § 8 nicht genannt, gleichwohl aber möglich (Kutscheidt LR 28; Storost UL B13). Alle Teilgenehmigungen zusammen bilden die (Gesamt-)Genehmigung (OVG RP, NVwZ 1987, 74). Eine Abschlussgenehmigung nach der Genehmigung des letzten Genehmigungsteils ist unnötig und abzulehnen (Storost UL B14; Kutscheidt LR 23f; Wasielewski GK 53, 57; vgl. BVerwGE 72, 300/309). Gegenstand der Teilgenehmigung ist zudem die vorläufige Gesamtbeurteilung (unten Rn.8).

2. Antrag und berechtigtes Interesse

Eine Teilgenehmigung ist nur auf **Antrag** des Trägers des Vorhabens 5
möglich; näher zu Antrag und zu den Unterlagen unten Rn.20. Die Behörde kann nicht von sich aus eine Teilgenehmigung erteilen, wenn Antrag auf Vollgenehmigung gestellt wurde. Zur Frage, welche Teile der Anlagenerrichtung und des Anlagenbetriebs *Gegenstand* einer Teilgenehmigung sein können, oben Rn.4.
Eine Aufteilung der Genehmigung in Teilgenehmigungen setzt gem. 6
§ 8 S.1 Nr.1 ein **berechtigtes Interesse** des Anlagenbetreibers voraus.
Ein überwiegendes Interesse ist nicht erforderlich (Czajka FE 18). Ein berechtigtes Interesse ist regelmäßig gegeben, wenn bei umfangreichen Anlagen Planung und Ausbau sinnvollerweise in Abschnitten vorgenommen werden (Kutscheidt LR 42). Auch erhebliche Kostenvorteile können für ein berechtigtes Interesse sprechen (Wasielewski GK 94, Czajka FE 18), desgleichen eine deutliche zeitliche Beschleunigung (Kutscheidt LR 42).
Die Voraussetzung des berechtigten Interesses ist gerichtlich voll überprüfbar (Wasielewski GK 95).

3. Anforderungen an Anlage

a) Rechtmäßigkeit des beantragten Teils

Gegenstand der Teilgenehmigung ist zunächst der beantragte Anlagen- 7
teil, über den **abschließend,** endgültig entschieden wird (BVerwG, UL-ES § 8–13, 7 zum AtomR; OVG Lüneb, NVwZ 1987, 343); zur Frage, auf welche Anlagenteile sich die Teilgenehmigung beziehen kann, oben Rn.4. Hinsichtlich des beantragten Anlagenteils müssen gem. § 8 S.1 Nr.2 alle Voraussetzungen des § 6 vorliegen oder durch Bedingungen bzw. Auflagen (einschl. unechter Auflagenvorbehalte, dazu Rn.23 zu § 12) sichergestellt sein (Kutscheidt LR 30). Bei einer Errichtungsgenehmigung

für eine Anlage sind auch deren Betriebsauswirkungen Gegenstand der abschließenden Beurteilung, sofern sie nicht durch Regelungen zum Betrieb vermieden werden können (Storost UL C12; vgl. BVerwGE 80, 207/211 ff = NVwZ 1989, 52 zum Atomrecht). Erfasst werden im Einzelnen die immissionsschutzrechtlichen Pflichten sowie die gem. § 6 Abs.1 Nr.2 zur Anwendung kommenden Vorschriften; dazu Rn.5–25 zu § 6. Die Möglichkeit, Befristungen, (allgemeine) Auflagen- und Widerrufsvorbehalte beizufügen, erlaubt keine Beschränkung der Überprüfung (unten Rn.16). Damit sollen nur die Risiken hinsichtlich der noch zu genehmigenden Anlagenteile abgedeckt werden. Bei *UVP-pflichtigen Vorhaben* (dazu Rn.13 zu § 10) erfasst der abschließende Regelungsteil gem. § 22 Abs.3 S.1 der 9. BImSchV die Auswirkungen, deren Ermittlung, Beschreibung und Bewertung Voraussetzung für die Entscheidung über den Anlagenteil ist (vgl. dazu unten Rn.23).

b) Positive vorläufige Gesamtbeurteilung

8   **aa)** Die Teilgenehmigung darf gem. § 8 S.1 Nr.3 nur erteilt werden, wenn eine „vorläufige Beurteilung" ergibt, dass den Voraussetzungen des § 6 im Hinblick auf die Errichtung und den Betrieb der **gesamten** Anlage keine von vornherein unüberwindbaren Hindernisse entgegenstehen **(positive vorläufige Gesamtbeurteilung).** Dies zielt auf die Gefahr vollendeter Tatsachen: Ist ein gewichtiger Teil einer Anlage genehmigt oder errichtet, wird es der zuständigen Behörde schwer fallen, weitere Genehmigungen zu versagen (Wasielewski GK 16; zum Atomrecht BVerfGE 53, 30/50 f). Andererseits ist es für den Errichter der Anlage außerordentlich belastend, wenn spätere Teilgenehmigungen verweigert werden (Jarass, UPR 1983, 241). Die positive vorläufige Gesamtbeurteilung betrifft auch die Voraussetzungen des § 6 Abs.1 Nr.2 (Engelhardt/Schlicht 4; zum Vorbescheid OVG NW, NWVBl 1990, 93 f). Sie bildet nicht nur eine Zulässigkeitsvoraussetzung der Teilgenehmigung, sondern einen *sachlichen Regelungsteil* (BVerwGE 72, 300/306 = NVwZ 1986, 208; 96, 258/264 = NVwZ 1995, 999 jeweils zum Atomrecht; Hofmann GK 23; Kutscheidt LR 15 f; Czajka FE 11; Storost UL B7; noch weiter gehend Rudolf o. Lit. 151 ff). Die vorläufige Gesamtbeurteilung darf nicht mit einem Vorbescheid gleichgesetzt werden (Rn.4a zu § 9).

9   **Begrifflich** sprach und spricht man nicht selten statt von vorläufiger Gesamtbeurteilung von *vorläufigem Gesamturteil* (etwa Wasielewski GK 24; Kutscheidt LR 15). Seit der Änderung des § 8 im Jahre 1993 (Einl.2 Nr.21) wird dem Gesetzestext aber besser der Begriff der vorläufigen Gesamtbeurteilung gerecht (ebenso BVerwG, NVwZ 1997, 998; BGH, NVwZ 1997, 718).

10 **bb) Gegenstand** der vorläufigen Gesamtbeurteilung ist alles, was über den (in der betreffenden Teilgenehmigung wie in früheren Teilgenehmigungen) genehmigten Anlagenteil und dessen Betrieb hinausgeht (Czajka FE 12). Da mit jeder zusätzlichen Teilgenehmigung die nicht abschließend beurteilten Teile weniger werden, hat die vorläufige Gesamtbeurteilung

Teilgenehmigung **§ 8**

auf den einzelnen Genehmigungsstufen unterschiedliches Gewicht. Den größten Umfang besitzt sie bei der ersten Teilgenehmigung und fehlt völlig bei der letzten (Kutscheidt LR 35; Wasielewski GK 30). Ist eine Sachfrage in einer früheren Teilgenehmigung bereits geregelt worden, stellt ihre erneute Behandlung – vorbehaltlich einer etwaigen Änderung (unten Rn.14) – eine Wiederholung ohne Regelungsgehalt dar (Storost UL B6). In späteren Teilgenehmigungen werden dann die einschlägigen Regelungsgehalte der vorläufigen Gesamtbeurteilung in endgültige Feststellungen umgewandelt (BVerwG, UL–ES § 8–13, 7 ff; Storost UL B7). Bei UVP-pflichtigen Vorhaben (dazu Rn.13 zu § 10) erfasst die vorläufige Gesamtbeurteilung gem. § 22 Abs.3 S.1 der 9. BImSchV die erkennbaren Auswirkungen der gesamten Anlage (einschl. des Betriebs) auf die in § 1a der 9. BImSchV genannten Schutzgüter (dazu Rn.16 zu § 10).

Standort und **Anlagenkonzeption** sind, soweit es nicht um den zu **11** genehmigenden Anlagenteil, sondern um die Gesamtanlage geht, allein Teil der vorläufigen Gesamtbeurteilung (BVerwGE 78, 177/178 = NVwZ 1988, 536 zum Atomrecht; Kutscheidt LR 22e). Dies hat zur Folge, dass die Bindung an die Beurteilung von Standort und Anlagenkonzeption bestimmte Grenzen aufweist (dazu unten Rn.27–33), die rein tatsächlich für die Anlagenkonzeption regelmäßig gewichtiger als für den Standort sind. Eine verbindliche Entscheidung über das Anlagenkonzept ist nur in Form eines Vorbescheids möglich (Wasielewski GK 56; Kutscheidt LR 20; zum Atomrecht BVerwGE 72, 300/305 = NVwZ 1986, 208; 80, 207/212f = NVwZ 1989, 52; 92, 185/188f = NVwZ 1993, 578).

cc) Wenn das Gesetz von **vorläufiger Prüfung** spricht, ist damit nicht **12** eine kursorische Prüfung gemeint (BVerwGE 72, 300/307f = NVwZ 1986, 208 zum Atomrecht; Wasielewski GK 102; Czajka FE 21). Andererseits ist nicht der gleiche Prüfungsaufwand wie im Bereich des genehmigten Anlagenteils erforderlich, da nur festgestellt werden muss, ob die Genehmigung der gesamten Anlage bei sachgerechter Ausgestaltung der weiteren Genehmigungsteile ausgeschlossen ist. Insoweit genügen „vorläufige, wenn auch hinreichend aussagekräftige Aussagen" (BVerwGE 72, 300/307 = NVwZ 1986, 208 zum Atomrecht). Die Behörde kann sich daher mit Anhaltspunkten begnügen, sofern sich ihr nicht Zweifel über die Genehmigungsfähigkeit der Gesamtanlage aufdrängen müssen. Die Genehmigungsfähigkeit muss sich nicht mit hoher Wahrscheinlichkeit ergeben (so aber OVG NW, DVBl 1976, 792f); es genügt eine *hinreichende bzw. ausreichende Wahrscheinlichkeit*, wie das § 22 Abs.1 der 9. BImSchV voraussetzt (Vallendar FE (9) § 22 Rn.4). Genauere Feststellungen zur Gesamtanlage können erforderlich sein, wenn dies für die Beurteilung des zu genehmigenden Anlagenteils notwendig ist; sollen etwa die Fundamente einer Anlage genehmigt werden, ist dies ohne Kenntnisse des Gebäudes und der Maschinen nicht möglich (BVerwGE 72, 300/307 = NVwZ 1986, 208).

§ 8 Genehmigungsbedürftige Anlagen

13 Andererseits hat die Behörde alle vom Anlagenbetreiber vorgelegten Unterlagen auszuwerten, der auf diese Weise Einfluss auf die Reichweite der vorläufigen Beurteilung gewinnen kann (Wasielewski GK 34; Kutscheidt LR 54 a). Dies hat Bedeutung für den Umfang der Bindungswirkung in Bezug auf spätere Teilgenehmigungen, soweit die Behörde keine Vorbehalte formuliert (dazu unten Rn.27). Ein pauschaler Vorbehalt ist nicht möglich (unten Rn.16). Weiter ist es der Behörde in gewissem Umfange möglich, über die Mindestanforderungen der Prüfung der Gesamtanlage hinauszugehen, da die Entscheidung über die Zulassung des Instruments der Teilgenehmigung in ihrem Ermessen steht (Vallendar FE (9) § 22 Rn.4). Dem entspricht auch die Formulierung des § 22 Abs.1 S.1 der 9. BImSchV. Insgesamt besteht ein **gewisser Spielraum** bei der Frage, wie intensiv und mit welcher Reichweite die vorläufige Prüfung durchgeführt wird. Im Genehmigungsbescheid muss die Gesamtbeurteilung nicht notwendig im verfügenden Teil aufgeführt werden; doch muss sie zumindest aus den Gründen eindeutig hervorgehen (BVerwGE 72, 300/308 = NVwZ 1986, 208; Czajka FE 13).

c) Änderungen des Projekts

14 Beantragt der Anlagenbetreiber im Rahmen einer Teilgenehmigung das Projekt abweichend von den Festlegungen einer früheren Teilgenehmigung zu errichten und zu betreiben, hat die neue Teilgenehmigung insoweit den Charakter einer Änderungsgenehmigung und damit deren Regelungsinhalt (OVG RP, NJW 1982, 197 f; Wasielewski GK 47). Berührt die Änderung die positive Gesamtbeurteilung der früheren Teilgenehmigung in wesentlichen Punkten, ist eine neue vorläufige Gesamtbeurteilung notwendig (BVerwGE 80, 21/31; Wasielewski GK 50; Kutscheidt LR 78 k). Zur Öffentlichkeitsbeteiligung unten Rn.21. Wird die Projektänderung nicht durch einen Antrag des Betreibers veranlasst, muss die frühere Teilgenehmigung zunächst zurückgenommen oder widerrufen werden (BVerwGE 88, 286/290 f; Kutscheidt LR 78 i; Wasielewski GK 47).

4. Ermessen sowie Nebenbestimmungen

a) Ermessen hinsichtlich der Stufung

15 Ausweichlich des Wortlauts („kann") und der Entstehungsgeschichte steht die Erteilung der Teilgenehmigung im behördlichen Ermessen (Kutscheidt LR 45 f; Sellner Rn.256; Czajka FE 26). Das Ermessen setzt nur ein, wenn alle Voraussetzungen (oben Rn.5–13) gegeben sind. Inhaltlich bezieht es sich allein auf die Entscheidung, ob die (Gesamt-)Genehmigung aufgeteilt und ob der vom Antragsteller beantragte Zuschnitt der Teilgenehmigung akzeptiert wird. Die Behörde kann daher auch bei Vorliegen der oben in Rn.5 f beschriebenen Voraussetzungen (insoweit besteht kein Ermessen) den Antragsteller auf den Weg der Gesamtgenehmigung verweisen. Allerdings bedarf sie dafür ausreichender Sachgründe

Teilgenehmigung **§ 8**

(allg. zu Ermessensfehlern Rn.48 zu § 17). Im Einzelnen hat sie das Interesse des Antragstellers (oben Rn.6) mit dem Anliegen einer leistungsfähigen Prüfung sowie den Interessen der Nachbarn an einem fairen Rechtsschutz abzuwägen (vgl. OVG RP, NVwZ 1991, 86). Die zuletzt genannten Interessen haben um so mehr Gewicht, je mehr Teilgenehmigungen für eine Anlage erteilt werden und dadurch die Situation unübersichtlich wird (Kutscheidt LR 43). Mehr als drei bis vier Teilgenehmigungen sind meist nicht sachgerecht (vgl. Kloepfer § 5 Rn.109; großzügiger Wasielewski GK 96; Czajka FE 17).

b) Nebenbestimmungen und Vorbehalte

Eine Teilgenehmigung kann gem. § 12 Abs.1 wie eine Vollgenehmigung mit Bedingungen und Auflagen versehen werden, wenn dies zur Erfüllung der Genehmigungsvoraussetzungen notwendig ist (dazu Rn.6–9 zu § 12). Darüber hinaus sind gem. § 12 Abs.3 auch Befristungen, Widerrufs- und (allgemeine) Auflagenvorbehalte möglich (dazu Rn.16, 19f, 22–24 zu § 12); für den letzten Genehmigungsteil gilt das allerdings nur im Bereich des § 12 Abs.2a (Storost UL D6). Die gem. § 12 Abs.3 zusätzlich möglichen **Nebenbestimmungen** sollen die Risiken auffangen, die sich aus den noch zu genehmigenden Anlagenteilen wie aus dem Anlagenbetrieb ergeben, die Genauigkeit der Prüfung hinsichtlich des gestattenden Teils der Genehmigung jedoch nicht reduzieren (vgl. Rn.19a zu § 12; Wasielewski GK 104; Kutscheidt LR 58). Die vorläufige Gesamtbeurteilung kann auch mit dem Vorbehalt verknüpft werden, die weiteren Teilgenehmigungen mit bestimmten Nebenbestimmungen zu versehen (Kutscheidt LR 58, 74; Czajka FE 25; ähnlich Wasielewski GK 108). Notwendig ist dies allerdings nicht, da diese Möglichkeit der Genehmigungsbehörde ohnehin offensteht. Andererseits darf die vorläufige Gesamtbeurteilung nicht durch einen pauschalen Vorbehalt völlig entleert werden (Wasielewski GK 39, 109; Kutscheidt LR 58).

(unbesetzt) **17, 18**

5. Verfahren der Erteilung

Teilgenehmigungen sind im förmlichen Verfahren gem. § 10 oder im **19** vereinfachten Verfahren gem. § 19 zu erteilen (vgl. § 19 Abs.2), je nachdem, welches Verfahren für die Anlage gem. § 2 der 4. BImSchV vorgesehen ist. Es gelten daher die allgemeinen Ausführungen zu § 10 und in Rn.12–16 zu § 19. Dazu kommen folgende Besonderheiten:

a) Allgemeines

Aus dem **Antrag** muss gem. § 3 Nr.2 der 9. BImSchV hervorgehen, **20** dass eine Teilgenehmigung beantragt wird und für welchen Teil der Anlage das geschieht (Czajka FE 27; Storost UL C2). Die **Unterlagen** müssen hinsichtlich des zu genehmigenden Teils vollständig sein. Hinsichtlich der vorläufigen Gesamtbeurteilung genügt, wenn sie so ausführlich sind, dass ein Urteil darüber getroffen werden kann, ob der Genehmigung

§ 8 Genehmigungsbedürftige Anlagen

der Gesamtanlage keine von vornherein unüberwindlichen Hindernisse entgegenstehen; es genügen vorläufige Angaben (vgl. § 22 Abs.1 der 9. BImSchV; etwas strenger Wasielewski GK 122). Notwendig ist eine grobe Beschreibung der Gesamtanlage und ihrer Eigenschaften. Müssen sich Zweifel an der Genehmigungsfähigkeit der Gesamtanlage aufdrängen, sind insoweit weitere Unterlagen notwendig. Gleiches gilt für die Teile der Gesamtanlage, ohne deren genaue Kenntnis die Beurteilung des zu genehmigenden Anlagenteils nicht sachgerecht möglich ist (vgl. oben Rn.12).

b) Förmliches Verfahren

21   **aa)** Ist für die Anlage eine förmliche Genehmigung erforderlich (dazu Rn.4–8 zu § 19), dann müssen grundsätzlich alle Teilgenehmigungen (ebenso wie ein Vorbescheid) im förmlichen Verfahren ergehen, was ein wesentlicher Grund für die geringe Nutzung von Teilgenehmigungen sein dürfte. Bei weiteren Teilgenehmigungen ist eine **erneute Öffentlichkeitsbeteiligung** gem. § 8 Abs.1 S.2 der 9. BImSchV jedoch nicht erforderlich, wenn die Voraussetzungen des § 8 Abs.2 der 9. BImSchV vorliegen. Dazu dürfen vom Gegenstand der relevanten Teilgenehmigung keine zusätzlichen bzw. andersartigen, in früheren Teilgenehmigungen nicht schon geprüften nachteiligen Auswirkungen für Dritte zu erwarten sein (näher Rn.106 zu § 10; zu UVP-pflichtigen Anlagen unten Rn.23). Dagegen kommt es nicht darauf an, ob zudem eine Änderung des Vorhabens gegenüber früheren Teilgenehmigungen beantragt wird (so aber Wasielewski GK 127). Andernfalls könnte die Öffentlichkeit zu bestimmten Auswirkungen nur in diesem Falle Stellung nehmen. § 8 Abs.1 S.2 der 9. BImSchV enthält eine Rechtsfolgenverweisung, keine Rechtsgrundverweisung. Für Änderungen des Projekts während des Verfahrens einer einzelnen Teilentscheidung oder zwischen den verschiedenen Teilentscheidungen gilt § 8 Abs.2 der 9. BImSchV unmittelbar.

22   In der **Bekanntmachung** ist gem. § 9 Abs.1 iVm § 3 der 9. BImSchV darauf hinzuweisen, dass es sich um eine Teilgenehmigung handelt, sowie der Zeitpunkt zu nennen, zu dem der Anlagenbetrieb aufgenommen werden soll. Auszulegen sind alle Unterlagen, die Angaben über die Auswirkungen des fraglichen Anlagenteils sowie der Gesamtanlage auf die Nachbarschaft und die Allgemeinheit enthalten; die etwas missverständliche Formulierung des § 22 Abs.2 der 9. BImSchV ist idS korrigierend zu verstehen (Kutscheidt LR 67 f). Gegenstand des Anhörungsverfahrens ist naturgemäß nicht nur der Gestattungsteil der Teilgenehmigung, sondern auch die vorläufige Gesamtbeurteilung. **Einwendungen** können sich folglich auch darauf beziehen. Die **Präklusionswirkung** des § 10 Abs.3 S.3 tritt in formeller wie in materieller Hinsicht auch im (förmlichen) Teilgenehmigungsverfahren ein; sie betrifft allerdings nur das Verfahren gegen die in Frage stehende Teilgenehmigung (Kutscheidt LR 71). Was spätere Teilgenehmigungen angeht, ergibt sich eine präklusionsähnliche Wirkung aus § 11 (dazu Rn.5–10 zu § 11).

Teilgenehmigung § 8

bb) Bei UVP-pflichtigen Vorhaben (dazu Rn.13 zu § 10) ist die Umweltverträglichkeitsprüfung entsprechend dem Regelungsgegenstand aufzuteilen: Der größte Teil der UVP ist dabei meist im Rahmen der ersten Teilgenehmigung durchzuführen (vgl. unten Rn.35). Im Übrigen sind gem. § 22 Abs.3 S.1 der 9. BImSchV nur die „erkennbaren Auswirkungen der gesamten Anlage" Gegenstand der Umweltverträglichkeitsprüfung. Bei weiteren Teilgenehmigungen ist eine UVP gem. § 22 Abs.3 S.2 der 9. BImSchV nur zwingend, soweit „zusätzliche oder andere erhebliche Auswirkungen" für die Schutzgüter des § 1a der 9. BImSchV möglich sind (vgl. auch Rn.106 zu § 10). 23

III. Wirkungen und Rechtsschutz

1. Gestattung

Im Bereich der abschließenden Regelung (oben Rn.7) wird nicht nur die Rechtmäßigkeit des Anlagenteils festgestellt, sondern eine entspr. **Gestattung** erteilt. Der Antragsteller kann den genehmigten Projektabschnitt realisieren (Amtl. Begr., BT-Drs. 7/179, 33; Czajka FE 5); insoweit gelten die Ausführungen in Rn.30 zu § 6. Sind alle Errichtungsgenehmigungen erteilt, kann eine Betriebsgenehmigung nur noch Vorgaben zum Betrieb machen (BVerwGE 88, 286/289 f = NVwZ 1993, 177). Andererseits ist die Gesamtanlage nur genehmigt, wenn sämtliche Teilgenehmigungen wirksam sind (vgl. unten Rn.33). 24

Die Teilgenehmigung hat im Bereich der abschließenden Regelung alle **Wirkungen einer Vollgenehmigung** (Kutscheidt LR 50), insb. die (begrenzten) Feststellungs- und Bestandswirkungen (dazu Rn.31 f zu § 6), die Konzentrationswirkung (Rn.2 zu § 13) und die Präklusionswirkung des § 14 (Rn.2 zu § 14). Die Beschränkung nachträglicher Maßnahmen, etwa nach § 17 oder § 21, gilt auch dann, wenn sich in nachfolgenden Teilgenehmigungsverfahren herausstellt, dass die Erteilungsvoraussetzungen der früheren Teilgenehmigung nicht vorliegen. Was **Beginn und Dauer** der Gestattungswirkung angeht, gelten die Ausführungen in Rn.34–36 zu § 6 entsprechend. Insb. haben Widerspruch und Anfechtung Dritter *aufschiebende Wirkung*. Um diese Wirkung zu unterbinden, kann die *sofortige Vollziehung* der Teilgenehmigung durch die Behörde oder das zuständige Gericht angeordnet werden. Die Anordnung hat zur Folge, dass der Antragsteller die Teilgenehmigung ausnutzen, die gestatteten Maßnahmen also durchführen kann. 25

2. Bindungswirkung durch vorläufige Gesamtbeurteilung

a) Grundlagen

Aus dem Regelungsteil der Teilgenehmigung, der als vorläufige Gesamtbeurteilung gekennzeichnet wird (oben Rn.8 f), ergeben sich, wie S.2 zu entnehmen ist, Bindungen der Genehmigungsbehörde bei weiteren 26

§ 8 Genehmigungsbedürftige Anlagen

Teilgenehmigungen; sie ist an ihre, in früheren Teilgenehmigungen ausgesprochene positive vorläufige Gesamtbeurteilung unter den unten in Rn.27–33 dargelegten Grenzen gebunden (BVerwGE 72, 300/308f = NVwZ 1986, 208 zum Atomrecht; OVG NW, NWVBl 1990, 92; Wasielewski GK 65 ff; Kutscheidt LR 51). Für *UVP-pflichtige Vorhaben* (dazu Rn.13 zu § 10) gilt das in gleicher Weise; die Regelung des § 22 Abs.3 S.2 der 9. BImSchV betrifft nur das Verfahren, nicht die Frage der Bindungswirkung (Czajka FE 42).

b) Umfang der Bindung für spätere Teilgenehmigungen

27   Die Bindung der Genehmigungsbehörde an die positive vorläufige Gesamtbeurteilung kann nur soweit gehen, wie die Gesamtbeurteilung reicht. Das bedeutet zum einen, dass die Bindungswirkung nicht davon abhängt, was die Genehmigungsbehörde im Rahmen der vorläufigen Gesamtbeurteilung hätte prüfen müssen (dazu oben Rn.12 f), sondern sich soweit erstreckt, wie die **Prüfung tatsächlich stattgefunden** hat und dies aus Tenor oder Gründen der Teilgenehmigung ersichtlich ist (OVG NW, NWVBl 1990, 92; Jarass, UPR 1983, 243; Ohms Rn.467; Kutscheidt LR 51). Weiter wird die vorläufige Gesamtbeurteilung durch die ihr von der Genehmigungsbehörde **beigefügten Vorbehalte** beschränkt (OVG NW, NWVBl 1990, 93); in deren Rahmen ist die Behörde daher auch nicht gebunden, selbst wenn die Vorbehalte rechtswidrig (aber nicht nichtig) sind (vgl. BVerwGE 55, 250/271 = NJW 1978, 1450). Im Übrigen ist zu beachten, dass die vorläufige Beurteilung keine Detailprüfung erfordert (oben Rn.12). Wurden allerdings bereits detaillierte Unterlagen vorgelegt, erstreckt sich die Prüfung und damit die Bindung auch auf sie, sofern nicht durch Vorbehalte eine Einschränkung der Prüfung deutlich wird (oben Rn.13).

28   Weiter kann sich die Bindung nur soweit erstrecken, wie die vorläufige Gesamtbeurteilung ihrem Charakter nach reicht (vgl. OVG NW, DVBl 1978, 854). Als vorläufige Beurteilung ist sie einmal auf die **eingereichten Unterlagen** beschränkt: Ergeben sich aus den Unterlagen, die für die weiteren Teilgenehmigungen eingereicht werden, neue Gesichtspunkte, ist es der Behörde nicht verwehrt, soweit erforderlich, ihre vorläufige Beurteilung zu korrigieren; sie ist dazu sogar verpflichtet (ebenso BVerwGE 55, 250/270 f = NJW 1978, 1450; Wasielewski GK 73). Dies ist mit dem Vorbehalt der „Einzelprüfungen" in S.2 gemeint. Schließlich steht die vorläufige Gesamtbeurteilung, wie S.2 klarstellt, unter dem **Vorbehalt einer Änderung der Rechtslage** und **der Sachlage** (Jarass, UPR 1983, 243). Darunter fallen auch neue Erkenntnisse der Technik und Wissenschaft (Czajka FE 38) sowie die Änderung von Verwaltungsvorschriften (Czajka FE 39). Dagegen steht die vorläufige Gesamtbeurteilung nicht unter dem Vorbehalt neuer Einsichten und Bewertungen durch die Genehmigungsbehörde (Ohms Rn.468; Wasielewski GK 73; Czajka FE 38); diesbezüglich bedarf es eines ausdrücklichen Vorbehalts. Eine Bindungswirkung ist auf jeden Fall ausgeschlossen, soweit die Anlage geändert wird

Teilgenehmigung **§ 8**

(Kutscheidt LR 55); insoweit stellt die neue Teilgenehmigung eine Änderungsgenehmigung dar (vgl. oben Rn.14).

Endlich wird man eine Bindung dann ablehnen müssen, wenn das **29** **Verfahren** so gewichtige Mängel aufweist, dass die Präklusionswirkung nicht eingreift (Kutscheidt LR 56; Engelhardt/Schlicht 5; a.A. Czajka FE 41); vgl. dazu Rn.6 zu § 11. Der Grund dafür ist ein doppelter: zum einen ist ein ordnungsgemäßes, den Beteiligten ausreichenden Schutz gewährendes Verfahren die notwendige Voraussetzung der Bindungswirkung (BVerwGE 48, 271/276f = NJW 1976, 340). Zum zweiten ist es sachlich nicht akzeptabel, die Bindungswirkung eingreifen zu lassen, obwohl die Präklusionswirkung ausgeschlossen ist (näher Jarass, UPR 1983, 242). Für die Präklusionswirkung ist die Sachlage wegen des Wortlautes des § 11 aber eindeutig.

Insgesamt schützt die vorläufige Gesamtbeurteilung die Interessen des **30** Anlagenbetreibers nur **in begrenztem Umfang.** Soweit das nicht der Fall ist, können spätere Teilgenehmigungen zu einer Entwertung früherer Teilgenehmigungen führen. Nach dem Gesetz muss der Anlagenbetreiber dieses Risiko tragen, der durch eine vorsichtige Gestaltung der Unterlagen das Risiko reduzieren kann und etwa im Rahmen von § 12 Abs.3 noch größeren Risiken ausgesetzt ist. Andererseits lässt nicht jede Änderung der Sach- oder Rechtslage die vorläufige Gesamtbeurteilung hinfällig werden; sie muss so gewichtig sein, dass sie die vorläufige Beurteilung tatsächlich in Frage stellt (Büdenbender/Mutschler o. Lit. Rn.206).

c) Beginn und Dauer der Bindungswirkung

Die Bindung durch die **vorläufige Gesamtbeurteilung** setzt wie die **31** Gestattungswirkung (oben Rn.25) mit der Wirksamkeit der Teilgenehmigung ein, also grundsätzlich mit ihrem Zugang (Wasielewski GK 79; Czajka FE 36; Jarass, UPR 1983, 244). Der Suspensiveffekt von Rechtsmitteln führt zum Erlöschen der Bindungswirkung (Kutscheidt LR 93; Czajka FE 46), was i.ü. auch durch § 11 geboten ist, da andernfalls die Behörde objektiv-rechtlich gebunden wäre, obwohl sie Dritten gegenüber zur erneuten Sachprüfung verpflichtet ist (vgl. Rn.9 zu § 11). Ein Fortgang des Verfahrens wird damit allerdings nicht ausgeschlossen; die grundsätzliche Genehmigungsfähigkeit muss nur erneut überprüft werden (Kutscheidt LR 93), was nicht ausschließt, dass sich die Behörde die frühere Prüfung zunutze macht. Entsprechend sorgt die Anordnung der sofortigen Vollziehung für die Bindung, trotz eingelegter Rechtsmittel (Czajka FE 56; Kutscheidt LR 92; a.A. Storost UL D13), was sich mit § 11 vereinbaren lässt, sofern man die Vorschrift entsprechend anwendet (dazu Rn.9 zu § 11).

d) Präklusion für Dritte

Von der Bindungswirkung für die Genehmigungsbehörde sind die **32** Präklusionswirkungen für Dritte zu trennen. Sie regeln sich nach § 11, wenn auch unter Einfluss der Bindungswirkung (vgl. Rn.9 zu § 11): Einwendungen, die im Rahmen eines früheren Teilgenehmigungsverfahrens im Hinblick auf die vorläufige Gesamtbeurteilung erhoben werden konnten, sind mit der (relativen) Unanfechtbarkeit dieser Teilgenehmigung in späteren Teilgenehmigungsverfahren ausgeschlossen (Rn.10 zu § 11). Solange dagegen Dritte eine frühere Teilgenehmigung mit Rechtsmitteln angreifen, sind sie im Bereich der vorläufigen Gesamtbeurteilung nicht an spätere Teilgenehmigungen gebunden, selbst wenn sie sie nicht angegriffen haben (BVerwGE 92, 185/192 ff = NVwZ 1993, 578, Storost UL E4; a.A. Heitsch, UPR 1994, 251). Anderseits lässt die Aufhebung einer Teilgenehmigung (und der in ihr enthaltenen vorläufigen Gesamtbeurteilung) die Bindungswirkung späterer Teilgenehmigungen gegenüber Dritten, die die aufgehobene Teilgenehmigung *nicht* angefochten haben, unberührt (BVerwGE 80, 207/221 f = NVwZ 1989, 52; 92, 185/191 ff = NVwZ 1993, 578; Czajka FE 52).

3. Bedeutung von Aufhebung und Rechtsmitteln für spätere Teilgenehmigungen

33   Die Wirkungen der Teilgenehmigung enden mit ihrer Aufhebung. Diese kann durch die Behörde erfolgen, sei es nach § 48 VwVfG, sei es nach § 21, wobei Aufhebungsvoraussetzungen im Bereich der (endgültigen) Gestattung oder der vorläufigen Gesamtbeurteilungen liegen können (näher Wasielewski GK 81 ff). Des Weiteren ist eine Aufhebung im Rechtsmittelverfahren möglich. Wird eine frühere Teilgenehmigung aufgehoben, verliert eine spätere Teilgenehmigung ihre Gestattungswirkung, auch wenn sie formal unberührt bleibt (BVerwGE 70, 365/373 = NVwZ 1985, 341; 80, 207/222 = NVwZ 1989, 52; OVG RP, DVBl 1992, 58; Wasielewski GK 87), weil und soweit sie auf der positiven Gesamtbeurteilung der früheren Teilgenehmigung aufbaute. Die spätere Teilgenehmigung kann erst genutzt werden, wenn die aufgehobene frühere Teilgenehmigung durch eine neue Entscheidung ersetzt wurde. Der Betrieb einer Anlage oder eines Anlagenteils setzt im Übrigen eine Genehmigung von Errichtung *und* Betrieb der Anlage bzw. des Anlagenteils voraus (vgl. OVG RP, NVwZ 1987, 74).

4. Rechtsschutz

34   **aa)** Der Rechtsschutz des **Antragstellers** gegen die vollständige oder teilweise Verweigerung der beantragten Teilgenehmigung folgt den gleichen Regeln wie der Rechtsschutz wegen Verweigerung einer Vollgenehmigung (dazu Rn.40–43 zu § 6). Abweichend davon ist zu beachten, dass die Entscheidung über eine Teilgenehmigung Ermessenselemente enthält (oben Rn.15). Je nach Begründung der Genehmigungsverweigerung muss daher ein Bescheidungs- oder Verpflichtungsantrag gestellt werden (Wasielewski GK 137 f).

35   **bb)** Für den Rechtsschutz **Dritter** gelten die Ausführungen in Rn.44–55 zu § 6 entsprechend. Insb. können sie die Erteilung der Teilge-

nehmigung anfechten, wenn ihr Vorschriften entgegenstehen, die (auch) dem Schutz der Dritten dienen. Dies ist auch dann der Fall, wenn die vorläufige Gesamtbeurteilung gegen derartige Vorschriften verstößt (BVerwGE 72, 300/310 = NVwZ 1986, 208 zum Atomrecht; Wasielewski GK 152); Dritte können deshalb gegen Errichtungsgenehmigungen auch die **Auswirkungen des Betriebs** anführen (BVerfGE 53, 30/50 = NJW 1980, 759; Kutscheidt LR 84). Die Entscheidung über die Aufteilung der Vollgenehmigung in Teilgenehmigungen kann dagegen Dritte idR in ihren Rechten nicht verletzen; eine Ausnahme wird zu machen sein, wenn die Aufteilung zu einer unzumutbaren Erschwerung des Rechtsschutzes führt (OVG RP, NVwZ-RR 1991, 86; Wasielewski GK 151; vgl. oben Rn.15). Der Klage Dritter kann die Präklusion gem. § 10 Abs.3 S.3 (dazu Rn.98 zu § 10) entgegenstehen (BVerwG, UPR 1987, 113). Gleiches gilt für die Präklusion des § 11 (dazu Rn.10 zu § 11); d.h. vor allem, dass Dritte alle grundsätzlichen Einwendungen bereits *im Verfahren der ersten Teilgenehmigung* bzw. des Vorbescheids vorbringen müssen (Storost UL E2; Wasielewski GK 148). Dritte können allerdings geltend machen, dass im Rahmen einer späteren Teilgenehmigung über die Aufhebung einer früheren (rechtswidrigen) Teilgenehmigung nachgedacht werden müsste (BVerwGE 88, 286/291 = NVwZ 1993, 177) oder dass an der positiven Gesamtbeurteilung wegen einer Änderung der Sach- oder Rechtslage nicht mehr festgehalten werden dürfe (OVG NW, NVwZ 1998, 552; Wasielewski GK 156). Zum Effekt einer erfolgreichen Anfechtung einer Teilgenehmigung für die Bindung Dritter an spätere Teilgenehmigungen oben Rn.33.

Zum **vorläufigen Rechtsschutz** gelten zum einen die Ausführungen 36 in Rn.56 zu § 6. Ob die Anordnung der sofortigen Vollziehung auf den gestattenden Teil beschränkt werden kann, ist umstritten (dafür Schoch SSP 294 zu § 80; Kutscheidt LR 94; dagegen Czjaka FE 56f; Wasielewski GK 165 ff). Falls man dies bejaht, können jedenfalls die durch den Betrieb der Anlage bedingten Risiken nicht völlig unbeachtet bleiben, da dies dem Grundgedanken der in § 8 (wie in § 9) geforderten vorläufigen Gesamtbeurteilung (oben Rn.8) widersprechen würde.

§ 8a Zulassung vorzeitigen Beginns

(1) **In einem Verfahren zur Erteilung einer Genehmigung[2] kann die Genehmigungsbehörde auf Antrag vorläufig zulassen, dass bereits vor Erteilung der Genehmigung mit der Errichtung einschließlich der Maßnahmen, die zur Prüfung der Betriebstüchtigkeit der Anlage erforderlich sind, begonnen wird,[18] wenn**

1. **mit einer Entscheidung zugunsten des Antragstellers gerechnet werden kann,[10 ff]**
2. **ein öffentliches Interesse oder ein berechtigtes Interesse des Antragstellers an dem vorzeitigen Beginn besteht[8] und**

3. der Antragsteller sich verpflichtet, alle bis zur Entscheidung durch die Errichtung der Anlage verursachten Schäden zu ersetzen und, wenn das Vorhaben nicht genehmigt wird, den früheren Zustand wiederherzustellen.[9, 27 f]

(2) Die Zulassung kann jederzeit widerrufen werden.[22] Sie kann mit Auflagen verbunden oder unter dem Vorbehalt nachträglicher Auflagen erteilt werden.[14] Die zuständige Behörde kann die Leistung einer Sicherheit verlangen, soweit dies erforderlich ist, um die Erfüllung der Pflichten des Antragstellers zu sichern.[15]

(3) In einem Verfahren zur Erteilung einer Genehmigung nach § 16 Abs.1 kann die Genehmigungsbehörde unter den in Absatz 1 genannten Voraussetzungen auch den Betrieb der Anlage vorläufig zulassen, wenn die Änderung der Erfüllung einer sich aus diesem Gesetz oder einer auf Grund dieses Gesetzes erlassenen Rechtsverordnung ergebenden Pflicht dient.[5]

Übersicht

I. Bedeutung, Abgrenzung zu anderen Vorschriften, EG-Recht	1
II. Voraussetzungen der Rechtmäßigkeit der Zulassung	2
1. Anwendungsbereich und möglicher Gegenstand	2
a) Anwendungsbereich	2
b) Möglicher Gegenstand: Errichtung und Betrieb	3
2. Antrag, berechtigtes Interesse, Risikoübernahme	7
a) Antrag und Unterlagen	7
b) Berechtigtes Interesse	8
c) Risikoübernahme	9
3. Voraussichtliche Erteilung der Genehmigung	10
4. Ermessen, Nebenbestimmungen	13
5. Verfahren	16
III. Wirkungen, Durchsetzung, Rechtsschutz, Schadensersatz	18
1. Wirkung und Dauer der Zulassung	18
a) Gestattung von Errichtung und evtl. Betrieb	18
b) Wirkung für andere Entscheidungen	19
c) Beginn und Dauer der Gestattungswirkung	21
2. Durchsetzung und Rechtsschutz	24
a) Durchsetzung	24
b) Rechtsschutz	25
3. Schadensersatz und Wiederherstellung	27

Literatur: *Brüning,* Der Regelungsgehalt der Zulassung vorzeitigen Beginns nach § 9a WHG, § 8a BImSchG, § 33 KrW-/AbfG, in: Jahrbuch des Umwelt- und Technikrechts, 2003, 53; *Ochtendung,* Die Zulassung des vorzeitigen Beginns im Umweltrecht, 1998; *Topp,* Die Zulassung des vorzeitigen Beginns von Abfallentsorgungsanlagen nach § 7a AbfG und § 15a BImSchG, 1995; *Fluck,* Wider die Restriktionen bei der Zulassung vorzeitigen Beginns, DÖV 1994, 885; *Beier,* Die Zulassung vorzeitigen Beginns nach § 15a BImSchG, BB 1993, 155; *Scheier,* Zulassung des vorzeitigen Beginns, NVwZ 1993, 529.

I. Bedeutung, Abgrenzung zu anderen Vorschriften, EG-Recht

Die Vorschrift, die 1996 eingefügt wurde (Einl.2 Nr.27) und die die auf Änderungsgenehmigungen beschränkte Vorgängerregelung des § 15 a a. F. ersetzt, macht es möglich, bereits vor Erteilung einer Genehmigung Maßnahmen der Errichtung bzw. Änderung durchzuführen. Sie soll Investitionen beschleunigt ermöglichen und steht in Parallele zu den Vorschriften des § 33 KrW-/AbfG und des § 9a WHG. Zur Umweltverträglichkeitsprüfung im Verfahren der Zulassung des vorzeitigen Beginns unten Rn.12. Für die (konkret) immissionsschutzrechtlich genehmigungsbedürftigen Abfallentsorgungsanlagen gilt allein § 8a; die Regelung des § 33 KrW-/AbfG (früher § 7a AbfG) wird insoweit verdrängt (so zu § 15a BT-Drs. 12/4208, S.15, 27; Klett/Gerhold, NuR 1993, 423f). 1

Die Regelung des § 8a ist grundsätzlich mit **EG-Recht** vereinbar, auch im Anwendungsbereich der Richtlinie 96/61/EG über die integrierte Vermeidung und Verminderung der Umweltverschmutzung. Zwar verlangt Art.12 Abs.2 RL 96/61 generell bei wesentlichen Änderungen eine vorherige Genehmigung; doch beschränkt sich dies auf den *Betrieb* der Anlage (Biesecke, ZUR 2002, 327; a.A. Eckardt, SächsVBl 2000, 236). Für die bloße Errichtung ergibt sich daher aus dem Gemeinschaftsrecht keine Genehmigungspflicht. EG-rechtlich zulässig dürfte auch die Zulassung des Probebetriebs gem. § 8a sein (a.A. Scheuing GK 153), sofern man diesen restriktiv versteht (dazu unten Rn.4). In diesem Falle kann man ihn EG-rechtlich der Errichtung zuordnen. Anders sieht die Situation bei der Zulassung des Betriebs nach § 8 Abs.3 aus, weshalb diese Regelung im Bereich der Richtlinie 96/61/EG nicht anwendbar ist (unten Rn.5). Zu Auswirkungen der UVP-Richtlinie unten Rn.2a. 1a

II. Voraussetzungen der Rechtmäßigkeit der Zulassung

1. Anwendungsbereich und möglicher Gegenstand

a) Anwendungsbereich

Die Zulassung des vorzeitigen Beginns ist nur im Rahmen der **Erteilung einer Genehmigung** möglich. Ob es um die Genehmigung einer Ersterrichtung oder um eine Änderungsgenehmigung geht, spielt keine Rolle. Unerheblich ist auch, ob sie im förmlichen oder im vereinfachten Verfahren zu erteilen ist. Auch wenn dem Antrag auf Änderungsgenehmigung eine nicht abschließend bestimmte (vgl. § 17 Abs.4) nachträgliche Anordnung zugrunde liegt, kann § 8a zum Tragen kommen (Sellner LR 134). Erfasst werden auch Genehmigungen des vereinfachten Verfahrens (vgl. § 19 Abs.2). Dagegen genügt eine Anzeige nach § 15 Abs.1 nicht. Bei Teilgenehmigungen ist § 8a ebenfalls einsetzbar (Sellner LR 13), nicht dagegen bei einem Vorbescheid. Ist die Genehmigung erteilt (vgl. Rn.34 zu § 6), kann § 8a nicht mehr zur Anwendung kommen; 2

§ 8a Genehmigungsbedürftige Anlagen

die Errichtung der geänderten Teile lässt sich dann nur noch durch eine Anordnung der sofortigen Vollziehung ermöglichen (Sellner LR 14; Feldhaus FE 3 zu § 15a; Scheuing GK 62).

2a Eine Zulassung vorzeitigen Beginns dürfte ausscheiden, soweit die Zulassung **UVP-pflichtig** ist. Während dies nach früherem Recht ausgeschlossen war, weil die UVP-Pflicht am förmlichen Genehmigungsverfahren anknüpfte (Sellner LR 56; Ochtendung o. Lit. 182), sieht das seit 2001 anders aus, da die Zulassung vorzeitigen Beginns eine Entscheidung iSd § 2 Abs.3 UVPG darstellt (Appold, in: Hoppe (Hg.), UVPG, 2. Aufl. 2002, § 2 Rn.72; anders Scheuing GK 55). Eine Zulassung nach § 8a wäre dann nur mit Öffentlichkeitsbeteiligung möglich, wofür aber rechtliche Regelungen fehlen. Auch passt das aufwendige Verfahren nicht zum Zweck des § 8a. Daher sprechen die überwiegenden Gesichtspunkte gegen eine Anwendung des § 8a in solchen Fällen. Anders stellt sich die Situation dar, wenn ein Teil einer UVP-pflichtigen Anlage im Wege des § 8a zugelassen werden soll und der Teil selbst nicht UVP-pflichtig ist. In diesem Fall kann § 8a zum Einsatz kommen.

b) Möglicher Gegenstand: Errichtung und Betrieb

3 **aa)** Die Zulassung nach § 8a Abs.2 kann zunächst Maßnahmen der **Errichtung** (oder Änderung) der Anlage ermöglichen. Dies können einzelne Errichtungsschritte, aber auch die gesamte Errichtung sein. Dem steht nicht entgegen, dass Abs.1 S.1 vom Beginnen der Errichtung spricht, da die mit einbezogene Prüfung der Betriebstüchtigkeit regelmäßig am Ende der Errichtung steht. Je mehr allerdings gestattet wird, desto anspruchsvoller sind die Voraussetzungen (unten Rn.11). Andererseits wird man dem Hinweis auf das Beginnen entnehmen müssen, dass die Zulassung *aller* Errichtungs- und Änderungsmaßnahmen sowie der Prüfung der Betriebstüchtigkeit nur ausnahmsweise möglich ist (Fluck UL C3 zu § 15a; noch restriktiver Sellner LR 21). Zur ausnahmsweisen Gestattung des regulären Betriebs unten Rn.5.

4 Wie Abs.1 zu entnehmen ist, können auch Maßnahmen zur **Prüfung der Betriebstüchtigkeit,** insb. ein **Probebetrieb** gestattet werden. Dies ist in Abgrenzung zu Abs.3 restriktiv zu verstehen (vgl. auch Rn.46 zu § 4): Als Probebetrieb kommt nur eine kurzzeitige Inbetriebnahme der Anlage zu Testzwecken in Betracht (Scheuing GK 126), um die Anlage zu optimieren und Emissionsmessungen vorzunehmen (vgl. Sellner LR 92). I. d. R. geht es auch nur um den Betrieb von Anlagenteilen (vgl. BT-Drs. 13/3996, S.19). Die Maßnahmen müssen zudem ausschließlich der Prüfung der Betriebstauglichkeit dienen; daran fehlt es etwa, sobald einzelne Produkte hergestellt und veräußert werden. Zudem müssen die mit dem Probebetrieb verbundenen Risiken (aufgrund des Zuschnitts der Maßnahmen oder ihrer besonderen Überwachung) deutlich hinter denen des regulären Betriebs zurückbleiben. Werden diese Grenzen überschritten, ist nur eine Zulassung nach Abs.3 möglich, auch wenn dies als Probebetrieb bezeichnet wird.

Zulassung vorzeitigen Beginns **§ 8a**

bb) Gem. Abs.3 kann ausnahmsweise der **Anlagenbetrieb** durch eine 5
Zulassung vorzeitigen Beginns gestattet werden. Dies ist aber nur in Verfahren einer *Änderungs*genehmigung möglich. Zum Anwendungsbereich der Änderungsgenehmigung Rn.2–13 zu § 16; zur Abgrenzung der Neugenehmigung Rn.12a zu § 15. Zusätzlich wird vorausgesetzt, dass die Änderung der Erfüllung einer Vorschrift des BImSchG oder einer darauf gestützten Rechtsverordnung dient. Dazu muss der Betrieb der Anlage vor der Änderung rechtswidrig gewesen sein und dieser Mangel durch die Änderung beseitigt werden, etwa weil sich der Stand der Technik fortentwickelt hat oder weil die Anforderungen in Rechtsverordnungen bzw. Verwaltungsvorschriften verschärft wurden (Engelhardt/Schlicht 10; Sellner LR 94). Abs.3 kommt daher etwa bei einer Änderung zum Tragen, die durch eine nachträgliche Anordnung vorgeschrieben wird. Eine Anwendung von Abs.3 muss aber im Anwendungsbereich der Richtlinie 96/61/EG über die integrierte Vermeidung und Verminderung der Umweltverschmutzung und damit in vielen Fällen ausscheiden, da Abs.3 wegen Art.12 Abs.2 RL 96/61 nicht anwendbar ist (BT-Drs. 14/4599, S. 149; Biesecke, ZUR 2002, 327; ähnlich Stapelfeldt, Die immissionsschutzrechtliche Anlagenzulassung nach europäischem Recht, 2000, 252; Wasielewski, LKV 1997, 79; Schrader, ZUR 1998, 20; großzügiger Sellner LR 95; a.A. BT-Drs. 13/3996, S.8). Der Umstand, dass Abs.3 nur anwendbar ist, wenn die Änderung der Erfüllung immissionsschutzrechtlicher Pflichten dient, ändert daran nichts. Eine Vereinbarkeit mit der Richtlinie 96/61/EG käme allenfalls in Betracht, wenn die Pflicht durch behördliche Entscheidung (abschließend bestimmt) festgeschrieben wurde.

cc) Generell können nur Maßnahmen gestattet werden, deren Zulas- 6
sung vom Vorhabensträger beantragt wurde (zum Antrag unten Rn.7). Weiter dürfen nur Schritte zugelassen werden, wie Abs.1 Nr.3 zu entnehmen ist, die einer Wiederherstellung des ursprünglichen Zustands nicht entgegenstehen, die in diesem Sinne rückgängig gemacht werden können (BVerwG, NVwZ 1991, 996). Um die Funktion des § 8a (dazu oben Rn.1) nicht zu vereiteln, muss insoweit genügen, dass sich der frühere Zustand auf Dauer und im Wesentlichen wieder herstellen lässt. Zweifelhaft ist, ob zusätzlich verlangt werden kann, dass der Entscheidungsprozess im Hauptverfahren nicht unangemessen belastet wird (so BVerwG, NVwZ 1991, 996), da die Zulassung keinerlei Bindungswirkung entfaltet. Jedenfalls im Normalfall wird eine ausreichend hohe Sicherheitsleistung für die zureichenden faktischen Entscheidungsspielräume sorgen können. Schließlich muss der Gegenstand der Zulassung nach § 8a mit dem des Haupt-(Genehmigungs)verfahrens übereinstimmen. Daher ist es ausgeschlossen, im Wege des § 8a vorläufig eine andere Anlage als im Hauptverfahren zuzulassen.

2. Antrag, berechtigtes Interesse, Risikoübernahme

a) Antrag und Unterlagen

7 Die Zulassung vorzeitigen Beginns setzt einen darauf gerichteten **Antrag** voraus, und zwar analog § 2 Abs.2 der 9. BImSchV in schriftlicher Form (vgl. Feldhaus FE 5 zu § 15a). Zudem sind die für die Beurteilung der Voraussetzungen (insb. unten Rn.8–12) notwendigen **Unterlagen** beizufügen, soweit sie nicht bereits für das Hauptverfahren eingereicht wurden.

b) Berechtigtes Interesse

8 Die Erteilung der Zulassung nach § 8a setzt nach Abs.1 Nr.2 entweder ein **öffentliches Interesse** oder ein berechtigtes Interesse des Antragstellers an der durch § 8a zu erreichenden Beschleunigung voraus (Sellner LR 64). Ersteres ist häufig gegeben, wenn durch eine Änderung der Umweltschutz verbessert wird. Ein **berechtigtes Interesse des Antragstellers** liegt in jedem verständigen, durch die besondere Sachlage gerechtfertigten Interesse (Sellner LR 72). Die Voraussetzung ist regelmäßig gegeben, wenn eine deutliche zeitliche Beschleunigung erreicht wird (vgl. Rn.6 zu § 8). Insgesamt bildet die Voraussetzung eine geringe Hürde (Sellner LR 79).

c) Risikoübernahme

9 Weiter muss der Antragsteller gem. Abs.1 Nr.3 eine verbindliche Erklärung *(Risikoübernahme)* darüber abgeben, dass er zum einen alle **Schäden,** die durch die gestattenden Maßnahmen verursacht werden, **ersetzt,** und zwar unabhängig vom Verschulden; näher dazu und zu anderen materiellen Aspekten unten Rn.27. Die Verpflichtung erfolgt durch eine einseitige öffentlich-rechtliche Verpflichtungserklärung gegenüber der zuständigen Behörde (was wohl in § 24 Abs.1 Nr.2 der 9. BImSchV gemeint ist) oder einen entsprechenden öffentlich-rechtlichen Vertrag (Sellner LR 78; Engelhardt/Schlicht 8 zu § 15a; Fluck UL C53; Scheuing GK 88f). Der Vertrag bzw. die Verpflichtungserklärung besitzen kraft Gesetzes Schutzwirkung zugunsten Dritter (näher unten Rn.27). Des Weiteren muss sich der Antragsteller verpflichten, den früheren **Zustand wiederherzustellen,** sofern die Genehmigung verweigert wird (dazu unten Rn.28). Zur Sicherheitsleistung unten Rn.15. Die Risikoübernahme ist konstitutiv; Schadensersatz- und Wiederherstellungspflichten ergeben sich also nicht aus dem Gesetz oder der Gestattungsentscheidung (Topp o. Lit. 75ff). Ergeht die Zulassung ohne die notwendige Risikoübernahme, steht betroffenen Dritten ein Amtshaftungsanspruch zu.

3. Voraussichtliche Erteilung der Genehmigung

10 Die Zulassung des vorzeitigen Beginns setzt gem. Abs.1 Nr.1 weiter voraus, dass die Erteilung der Genehmigung **überwiegend wahrscheinlich** ist (Sellner LR 39, 48; Engelhardt/Schlicht 5; Scheuing GK 70). Da-

Zulassung vorzeitigen Beginns § 8a

bei ist auf die gesamten Genehmigungsvoraussetzungen abzustellen; die positive Prognose muss sich auch auf die sonstigen öffentlich-rechtlichen Vorschriften iSd § 6 Abs.1 Nr.2 erstrecken (vgl. unten Rn.20). Im Vergleich zur positiven Gesamtbeurteilung bei Teilgenehmigungen (Rn.12f zu § 8) stellt die positive Prognose nach § 8a Abs.1 Nr.1 geringere Anforderungen (Topp o. Lit. 24ff; Sellner LR 46). Das lässt sich zwar dem Wortlaut nicht entnehmen, wohl aber der Entstehungsgeschichte der Vorgängerregelung des § 15a (BT-Drs. 1166/33, S.45) sowie dem Umstand, dass den Antragsteller die Verpflichtungen des § 8a Abs.1 Nr.3 treffen.

Darüber hinaus muss die positive Prognose **umso mehr Substanz** besitzen, **je mehr Errichtungs-** bzw. **Änderungsmaßnahmen** über § 8a gestattet werden (Engelhardt/Schlicht 5; Schäfer, NVwZ 1997, 527). Dementsprechend ist zu differenzieren: Werden *alle Errichtungs- bzw. Änderungsmaßnahmen* erlaubt, setzt die positive Prognose voraus, dass alle wesentlichen Antragsunterlagen vorliegen (vgl. Sellner LR 49; Fluck UL C16 zu § 15a). Weiter müssen die Stellungnahmen anderer Behörden gem. § 11 Abs.5 S.1, allerdings nicht notwendig in endgültiger Form, bekannt sein (Sellner LR 61; Scheuing GK 72; großzügiger Fluck UL C21 zu § 15a). Zu den Behörden mit Einvernehmens- und Zustimmungsrechten unten Rn.17. Soweit eine Beteiligung der Öffentlichkeit vorgeschrieben ist, muss die Einwendungsfrist abgelaufen sein (BVerwG, DVBl 1991, 879; HessVGH, NVwZ-RR 1989, 637; Sellner LR 50 zu § 15a); der Erörterungstermin braucht regelmäßig nicht abgewartet zu werden (Fluck, DÖV 1994, 891; Sellner LR 54; a. A. Engelhardt/Schlicht 6). Werden hingegen *nur bestimmte Schritte der Errichtung bzw. Änderung* erlaubt, sind die Anforderungen an Unterlagen, Behörden- und Öffentlichkeitsbeteiligung entsprechend zu reduzieren (strenger wohl BVerwG, DVBl 1991, 879; Scheuing GK 71); es genügt eine summarische Prüfung (generell so Nr.3.3 Abs.1 S.2 TA Luft). 11

Ist im (Haupt-)Genehmigungsverfahren eine **Umweltverträglichkeitsprüfung** durchzuführen (zur UVP der Zulassung vorzeitigen Beginns oben Rn.2a), muss die Prüfung entsprechend weit gediehen sein (BVerwG, DVBl 1991, 879). Die zusammenfassende Darstellung (Rn.112 zu § 10) muss noch nicht vorliegen (Sellner LR 60). Sollen *potentiell weitreichende Auswirkungen* zugelassen werden, müssen alle gem. § 6 UVPG notwendigen Unterlagen eingereicht und den sonstigen Behörden sowie der Öffentlichkeit zugänglich gemacht worden sein, ohne dass die Öffentlichkeitsbeteiligung schon stattgefunden haben muss (a. A. OVG MV, NVwZ 2002, 1260). Zudem müssen die Stellungnahme der sonstigen Behörde wie der Einwender auch zur Umweltverträglichkeit vorliegen. Sollen dagegen nur *erste Errichtungsmaßnahmen* ohne gravierende Auswirkungen zugelassen werden, sind die Anforderungen geringer. 12

4. Ermessen, Nebenbestimmungen

aa) Sind die Voraussetzungen der Zulassung des vorzeitigen Beginns gegeben, liegt es im **Ermessen** der Behörde, ob sie die Zulassung erteilt 13

(Sellner LR 83; Feldhaus FE 10 zu § 15a). Das Ermessen setzt nur ein, wenn alle Voraussetzungen (oben Rn.2–12) gegeben sind. Inhaltlich bezieht es sich allein auf die Entscheidung, ob der regulären Genehmigung eine Zulassung vorzeitigen Beginns vorgeschaltet werden soll (vgl. Rn.15 zu § 8). Im Rahmen der Ermessensentscheidung hat die Behörde alle öffentlichen und privaten Interessen abzuwägen (Scheuing GK 110), insb. auch das durch § 8a verfolgte Beschleunigungsinteresse zu berücksichtigen (Sellner LR 84; oben Rn.1).

14 **bb)** Die Zulässigkeit von **Nebenbestimmungen** bestimmt sich allein nach § 8a Abs.2, nicht nach § 12 (Rn.1 zu § 12). Gem. § 8a Abs.2 S.2 können Auflagen sowie ein Auflagenvorbehalt angefügt werden. Bedingungen und Befristungen sind dagegen unzulässig, da Abs.2 die Nebenbestimmungen abschließend regelt (Sellner LR 97; Feldhaus FE 11 zu § 15a; a.A. Scheuing GK 114). Möglich sind modifizierende Auflagen bzw. Inhaltsbestimmungen, da sie keine echten Nebenbestimmungen sind (dazu Rn.3 zu § 12), jedenfalls soweit sie erforderlich sind, um die voraussichtliche Genehmigungserteilung sicherzustellen (vgl. oben Rn.10–12).

15 Gem. Abs.2 S.3 kann die Behörde eine **Sicherheitsleistung** verlangen, soweit dies erforderlich ist. Die Sicherheitsleistung kann die Verpflichtung zum Schadensersatz gem. Abs.1 Nr.3 (dazu unten Rn.27), die Verpflichtung zur Wiederherstellung gem. Abs.1 Nr.3 (dazu unten Rn.28) oder Auflagen gem. Abs.2 S.2 betreffen (Sellner LR 81; Feldhaus FE 14 zu § 15a; Paetow KPV 33 zu § 33 KrW-/AbfG; einschr. Fluck UL J1 zu § 15a). Die Sicherheitsleistung ist nicht erforderlich, wenn an der Zahlungsfähigkeit des Antragstellers hinsichtlich der möglichen Zahlungsverpflichtungen keine Zweifel bestehen (Feldhaus FE 14 zu § 15a). Ob eine Sicherheitsleistung verlangt wird, steht im behördlichen Ermessen.

5. Verfahren

16 Das **Verfahren** ist nichtförmlich, ohne Öffentlichkeitsbeteiligung. Die für alle Verfahren geltenden Vorschriften der 9. BImSchV, insb. § 2, § 3, § 6, § 11, § 13 und § 20 sind gem. § 1 Abs.1 Nr.3 der 9. BImSchV anzuwenden (Fluck UL C12 zu § 15a; a.A. Sellner LR 24). Vorgaben zum Antrag finden sich in § 24a Abs.1 der 9. BImSchV. Zum notwendigen Stand des Genehmigungsverfahrens und ggf. der dort durchzuführenden UVP oben Rn.11f. Zum Inhalt des Zulassungsbescheids enthält § 24a Abs.2, 3 der 9. BImSchV einige Vorgaben, die z.T. (Abs.2) eingehalten werden müssen, z.T. (Abs.3) eingehalten werden sollen. Zur UVP-Pflicht der Zulassung vorzeitigen Beginns oben Rn.2a.

17 Soweit im Genehmigungsverfahren zugunsten anderer Behörden eine **Einvernehmens-** oder **Zustimmungspflicht** oder (bei UVP-pflichtigen Vorhaben) eine Pflicht auf Zusammenarbeit besteht, dürften diese Pflichten im Verfahren des § 8a nicht zum Tragen kommen, auch um die Funktion des § 8a nicht zu sehr zu behindern (vgl. unten Rn.20). Im Falle des gemeindlichen Einvernehmens nach § 36 Abs.1 S.2 BauGB dürfte

Zulassung vorzeitigen Beginns　　　　　　　　　　　　　§ 8a

allerdings diese Regelung vorgehen (Engelhardt/Schlicht 11; vgl. Fluck UL C21 zu § 15a; Czychowski, WHG, 7 zu § 9a zum WHG; a.A. Sellner LR 113). Für **Drittbetroffene** gelten die §§ 28, 29 VwVfG (Sellner LR 27, 34ff; Scheuing GK 104; anders Fluck UL C38 zu § 15a; vgl. Rn.14 zu § 19), unter Beachtung der unten in Rn.26 beschriebenen Grenzen.

III. Wirkungen, Durchsetzung, Rechtsschutz, Schadensersatz

1. Wirkung und Dauer der Zulassung

a) Gestattung von Errichtung und evtl. Betrieb

Die Gestattung führt allein zur **zeitweisen Beseitigung** des präven- 18 tiven **Errichtungs-** und ggf. Betriebs**verbots**, nicht jedoch zu einer (verbindlichen) Feststellung der Voraussetzungen (Topp o. Lit. 100ff). Was im Einzelfall durch die Zulassung gestattet wird, hängt von der Formulierung des Zulassungsbescheids ab. Dort müssen gem. § 24a Abs.2 Nr.2 der 9. BImSchV die gestatteten Schritte näher festgelegt werden (Sellner LR 89). Die Prüfung der Betriebstauglichkeit ist nur möglich, wenn sie ausdrücklich zugelassen ist. Für die Frage, welche Schritte zugelassen werden *können,* oben Rn.3–6.

b) Wirkung für andere Entscheidungen

Die vorläufige Gestattung entfaltet **keinerlei Bindung** für die spätere 19 Entscheidung über den Genehmigungsantrag (Sellner LR 41, 44; Fluck UL G4 zu § 15a). Sie enthält insb. keine vorläufige Gesamtbeurteilung, wie sie eine Teilgenehmigung aufweist (BVerwG, NVwZ 1991, 994f) oder eine (verbindliche) Feststellung der Voraussetzungen (Topp o. Lit. 109ff). Ob daher ein Amtshaftungsanspruch besteht, wenn später die Änderungsgenehmigung verweigert wird, ist sehr zweifelhaft (vgl. Fluck UL K5 zu § 15a).

Auf die Zulassung ist § 13 insoweit entsprechend anzuwenden, als die 20 von der **Konzentration** erfassten Genehmigungen für die Erteilung der Zulassung nach § 8a nicht eingeholt werden müssen; andernfalls könnte der Zweck der Vorschrift nicht erreicht werden (Engelhardt/Schlicht 11; Sellner LR 110; Wasielewski GK 29 zu § 13; Ohms Rn.582; Scheuing GK 146; anders Seibert LR 21 zu § 13). Bedarf die Änderung einer behördlichen Entscheidung, die nicht von der Konzentration des § 13 erfasst wird, dürfte grundsätzlich Ähnliches gelten (oben Rn.17). Eine **privatrechtsgestaltende Wirkung** hat die Zulassung nicht (Rn.2 zu § 14).

c) Beginn und Dauer der Gestattungswirkung

aa) Zum Wirksamwerden der Zulassung gelten die Ausführungen in 21 Rn.34 zu § 6. Die Anordnung der sofortigen Vollziehung gem. § 80 Abs.2 Nr.4 VwGO ist regelmäßig möglich (vgl. Feldhaus FE 15 zu § 15a). Die Gestattungswirkung endet, sobald über den Antrag auf Genehmigung (oder Änderung) im Hauptverfahren (positiv oder negativ) entschieden wurde (Scheuing GK 149) und damit das Genehmigungsverfahren abgeschlossen ist („in einem Verfahren"). Dies geschieht mit der Zustellung der Entscheidung über den Genehmigungsantrag an den Antragsteller. Die Gestattungswirkung lebt nicht wieder auf, wenn die Entscheidung über die Genehmigung angefochten wird (Feldhaus FE 4 zu § 15 a; zum Abfallrecht Paetow KPV 16 zu § 33). Mit dem Ende der Gestattungswirkung können die nach § 8 a zugelassenen Maßnahmen nicht mehr weitergeführt werden (Sellner LR 122); weitere Maßnahmen können nur über die Anordnung der sofortigen Vollziehung hinsichtlich der Genehmigung ermöglicht werden.

22   **bb)** Der Widerruf der (ursprünglich rechtmäßigen) Zulassung vorzeitigen Beginns ist gem. Abs.2 S.1 kraft Gesetzes möglich. Damit kommt § 49 Abs.2 Nr.1 VwVfG zum Tragen; in der Sache gelten die in Rn.20 f zu § 21 beschriebenen Rechtsfolgen. Für die **Aufhebung** einer rechtswidrigen Zulassung gilt Abs.2 S.1 analog. Eine Beschränkung auf § 48 VwVfG (so Scheuing GK 95 zu § 15 a) würde die Beseitigung einer rechtswidrigen Zulassung strengeren Voraussetzungen unterwerfen als die Beseitigung einer rechtmäßigen Zulassung.

23   **cc)** Wie eine Genehmigung (dazu Rn.36 zu § 6) geht auch die Zulassung des vorzeitigen Beginns auf den **Rechtsnachfolger** des Antragstellers über (Fluck UL G14 zu § 15 a; diff. Scheuing GK 152 ff). Allerdings setzt das die Übernahme der Verpflichtung nach Abs.1 Nr.3 voraus (Feldhaus FE 4 zu § 15 a).

2. Durchsetzung und Rechtsschutz

a) Durchsetzung

24   Wird der durch die Zulassung des vorzeitigen Beginns beschriebene Rahmen überschritten, werden insb. Einschränkungen der Zulassung sowie modifizierende Auflagen nicht beachtet, dann wird die Anlage ohne Genehmigung errichtet und ggf. betrieben, mit den entsprechenden Folgen. Insoweit gelten die Ausführungen in Rn.63 zu § 4. Insb. ist eine Untersagung gem. § 20 Abs.2 möglich; des Weiteren kann eine Geldbuße gem. § 62 Abs.1 Nr.1 verhängt werden. Der Betrieb der Anlage ist, sofern er nicht ausnahmsweise gestattet wird (oben Rn.5), eine Straftat gem. § 327 Abs.2 Nr.1 StGB (Text in Rn.6 zu § 63).Wird gegen eine echte Auflage verstoßen, so ist § 20 Abs.1 anzuwenden. Zudem kann gem. § 62 Abs.1 Nr.3 eine Geldbuße verhängt werden (dazu Rn.17 zu § 62).

b) Rechtsschutz

25   **aa)** Der **Antragsteller** hat gegen die Versagung der Zulassung wie gegen die unzulässige Einschränkung der Zulassung durch Nebenbestimmungen die Rechtsmittel, die er gegen eine entsprechende Entscheidung im Genehmigungsverfahren besitzt. Auf die Ausführungen dazu (Rn.40–

42 zu § 6) wird verwiesen. Allerdings ist zu beachten, dass die Zulassung, anders als eine Genehmigung, teilweise eine Ermessensentscheidung ist (oben Rn.13). Die Regelung des § 14a wird man anzuwenden haben.

bb) Dritte können gegen die Zulassung Widerspruch einlegen und 26 Anfechtungsklage erheben. Diese Rechtsmittel haben aufschiebende Wirkung, sofern nicht gem. § 80 Abs.2 Nr.4 VwGO die sofortige Vollziehung angeordnet wurde, was vielfach geschehen dürfte. Dritte können die Zulassung nur mit Gesichtspunkten angreifen, die den Gegenstand der Zulassung betreffen. Das sind im Falle der Zulassung von Errichtungsmaßnahmen nur Aspekte der **Errichtung** der geänderten Teile (Sellner LR 125; Breier, BB 1993, 160). Die belastenden Auswirkungen des Betriebs der geänderten Anlage können erst in einem Rechtsstreit um die Genehmigung geltend gemacht werden (BVerwG, NVwZ 1991, 994; BayVGH, BayVBl 1990, 247; Feldhaus FE 15 zu § 15a; a.A. Scheuing GK 161). Anderes gilt bei der Zulassung des Betriebs (oben Rn.5). Die Entscheidung über das Vorliegen des notwendigen Interesses (oben Rn.8) dürfte von Dritten regelmäßig nicht angefochten werden können (vgl. Rn.35 zu § 8).

3. Schadensersatz und Wiederherstellung

aa) Die Verpflichtungserklärung bzw. der Vertrag zur Risikoübernah- 27 me (oben Rn.9) besitzt Schutzwirkung zugunsten Dritter, verleihen dem betroffenen Dritten direkte Ersatzansprüche gegen den Anlagenbetreiber (Paetow KPV 26 zu § 33 KrW-/AbfG; Ohms Rn.478). Ein evtl. geschlossener Vertrag ist als ein Vertrag iSd § 328 BGB einzustufen (Sellner LR 79). Soweit daher Dritte durch die mit der Zulassung vorzeitigen Beginns erlaubten Maßnahmen beeinträchtigt wurden, steht ihnen auf Grund der Risikoübernahme ein privatrechtlicher **Schadensersatzanspruch** zu (Feldhaus FE 9 zu § 15a; Fluck UL C55 zu § 15a; für öffentlich-rechtliche Natur mit beachtlichen Gründen Scheuing GK 68 zu § 15a). Der Schadensersatzanspruch hängt nicht davon ab, dass die Erteilung der Genehmigung abgelehnt wird (Fluck UL C56 zu § 15a), wie der Formulierung des Abs.1 Nr.3 entnommen werden kann. Der Anspruch setzt eine rechtswidrige Verletzung eines Rechtsguts oder des Vermögens durch die mit der Zulassung gestatteten Maßnahmen voraus. Die haftungsbegründende Handlung muss bis zum Erlass, d.h. bis zum Wirksamwerden der Entscheidung im Genehmigungsverfahren erfolgt sein (Scheuing GK 95). Auf ein Verschulden kommt es nicht an (Sellner LR 75; Fluck UL C55 zu § 15a). Der Grundsatz der Verhältnismäßigkeit führt auch bei sehr großen Belastungen zu keiner Beschränkung der Verpflichtung (Sellner LR 76; Feldhaus FE 9 zu § 15a).

bb) Wird der Genehmigungsantrag abgelehnt, ist der Anlagenbetreiber 28 auf Grund der Risikoübernahme (oben Rn.9) mit der Wirksamkeit bzw. Unanfechtbarkeit der Ablehnungsentscheidung verpflichtet, **alle** ergriffenen **Maßnahmen rückgängig** zu machen. Bei einer Teilablehnung des Antrags auf Genehmigung gilt das für die nicht genehmigten Maßnahmen und Schritte (Sellner LR 77). Wegen ihrer eigenständigen Regelung muss die Wiederherstellungsverpflichtung über die schadensersatzrechtliche Naturalrestitution hinausgehen und wird vor allem dort bedeutsam, wo die Maßnahmen zu keiner Verletzung der Rechte Dritter geführt haben, etwa bei bloßen Eingriffen in die Natur bzw. bei Veränderungen auf Grundstücken des Anlagenbetreibers (Scheuing GK 96). Die genaue Reichweite der Verpflichtung ist durch eine behördliche Anordnung zu bestimmen, soweit das nicht bereits in einer Auflage zur Zulassung oder (bei einer Teilablehnung) zur Genehmigung geschehen ist (Fluck UL C64 zu § 15 a). Der Grundsatz der Verhältnismäßigkeit wird nur in seltenen Fällen Schutz bieten (vgl. Fluck UL C65 zu § 15 a). Die Wiederherstellungsverpflichtung ist öffentlich-rechtlicher Natur. Zum Amtshaftungsanspruch bei fehlender Risikoübernahme oben Rn.9. Zur Schadensersatzverpflichtung gegenüber Dritten oben Rn.27.

§ 9 Vorbescheid

(1) **Auf Antrag**[12] **kann**[6] **durch Vorbescheid über einzelne Genehmigungsvoraussetzungen sowie über den Standort der Anlage entschieden werden, sofern die Auswirkungen der geplanten Anlage ausreichend beurteilt werden können**[8] **und ein berechtigtes Interesse an der Erteilung eines Vorbescheides besteht.**[6]

(2) **Der Vorbescheid wird unwirksam, wenn der Antragsteller nicht innerhalb von zwei Jahren nach Eintritt der Unanfechtbarkeit die Genehmigung beantragt; die Frist kann auf Antrag bis auf vier Jahre verlängert werden.**[19]

(3) **Die Vorschriften der §§ 6 und 21 gelten sinngemäß.**[1]

Übersicht

I. Grundlagen	1
1. Funktion und Eigenart des Vorbescheids	1
2. EG-Recht	2a
II. Voraussetzungen der Rechtmäßigkeit des Vorbescheids	3
1. Anwendungsbereich und möglicher Gegenstand	3
2. Antrag und berechtigtes Interesse	5
3. Anforderungen an Anlage	7
a) Abschließende Prüfung	7
b) Positive vorläufige Gesamtbeurteilung	8
4. Ermessen sowie Nebenbestimmungen	9
a) Ermessen zum Einsatz eines Vorbescheids	9
b) Nebenbestimmungen und Vorbehalte	10
5. Verfahren der Erteilung und Entscheidungsinhalt	11
a) Verfahren	11
b) Entscheidungsinhalt	15

Vorbescheid **§ 9**

III. Wirkung und Rechtsschutz
  1. Bindungswirkung 16
    a) Umfang 16
    b) Beginn und Dauer 18
    c) Präklusion für Dritte 20
  2. Rechtsschutz 21

Literatur: S. die Literatur zu § 8.

I. Grundlagen

1. Funktion und Eigenart des Vorbescheids

Der Vorbescheid dient dazu, insb. bei komplexen oder neuartigen An- 1
lagen, wichtige Vorfragen vorab verbindlich zu klären, um unnötige Detailplanungen zu vermeiden. Im Unterschied zur Voll- bzw. Teilgenehmigung gestattet der Vorbescheid dem Antragsteller weder die Errichtung noch den Betrieb auch nur eines Teils der Anlage (Wasielewski GK 17). Das grundsätzliche Verbot, genehmigungsbedürftige Anlagen zu errichten und zu betreiben, wird nicht eingeschränkt (Rn.2 zu § 8). Der Vorbescheid ist **keine Genehmigung** (Kutscheidt LR 4). Sofern daher für die Genehmigung geltende Vorschriften auch auf den Vorbescheid anwendbar sein sollen, wurde das ausdrücklich angeordnet (vgl. Abs.3, § 10 Abs.9, § 10 Abs.10). Im Übrigen gelten die Genehmigungsvorschriften nicht; lediglich bei § 13 ist eine analoge Anwendung geboten (dazu Rn.2 zu § 13).

Der Vorbescheid enthält keinen gestattenden Teil (näher Rn.2 zu § 8; 2
vgl. BVerwGE 70, 365/372 zum Atomrecht), sondern allein eine **verbindliche Feststellung,** an die die Behörde in späteren Genehmigungsverfahren gebunden ist. Die Bindung ist, je nach Regelungsgegenstand, unterschiedlich intensiv. Den Vorbescheid als Zusage zu bezeichnen, ist wenig glücklich; mit ihm wird kein künftiger Verwaltungsakt zugesagt, sondern eine oder mehrere Voraussetzungen eines Verwaltungsakts verbindlich festgestellt (Peschau FE 6; Kutscheidt LR 5). Der Vorbescheid ist **anlagenbezogen,** kommt also dem Erwerber der Anlage zugute (Kutscheidt LR 6; Peschau FE 6). § 9 schließt die Erteilung von Vorbescheiden nach anderen öffentlich-rechtlichen Vorschriften aus, soweit sich diese auf Genehmigungen beziehen, die unter § 13 fallen (BVerwG, NVwZ 2002, 1112; Wasielewski GK 22).

2. EG-Recht

Das Institut des Vorbescheids ist mit dem EG-Recht vereinbar, obwohl 2a
es insb. in der Richtlinie 96/61/EG über die integrierte Vermeidung und Verminderung der Umweltverschmutzung nicht vorgesehen ist (Biesecke, ZUR 2002, 327; Peschau FE 5). Die Richtlinie steht einer Aufteilung der Genehmigung in verschiedene Teilentscheidungen nicht entgegen, wie insb. Art.2 Nr.9 RL 96/61 entnommen werden kann. Zur Koordi-

nierungspflicht des Art.7 RL 96/61 gelten die Ausführungen in Rn.2a zu § 8.

II. Voraussetzungen der Rechtmäßigkeit des Vorbescheids

1. Anwendungsbereich und möglicher Gegenstand

3   Die Möglichkeit eines Vorbescheids nach § 9 besteht vor jeder Genehmigung von genehmigungsbedürftigen Anlagen (zum Kreis dieser Anlagen Rn.12–32 zu § 4), auch wenn die Genehmigung im vereinfachten Verfahren erteilt wird (Rn.16 zu § 19). Keine Rolle spielt, ob es sich um eine Ersterrichtung oder eine Änderung handelt. Zur Genehmigungsbedürftigkeit der Anlage Rn.1b zu § 6.

4   Was den **möglichen Gegenstand eines Vorbescheids** angeht, so kann er sich in seinem abschließenden Teil (dazu unten Rn.7), wie Abs.1 sagt, entweder auf einzelne Genehmigungsvoraussetzungen oder auf den Standort der Anlage beziehen. Darin liegt keine wirkliche Alternative, da mit dem „Standort" nur die standortbezogenen Genehmigungsvoraussetzungen gemeint sein können (anders Wasielewski GK 36), die allerdings v.a. planungsrechtlicher Natur sind. Als *Genehmigungsvoraussetzung* und damit als Gegenstand des Vorbescheids kommt gem. Abs.3 jede beliebige Vorfrage der Genehmigung iSd § 6 in Betracht, sofern sie bereits jetzt abschließend beurteilt werden kann (Wasielewski GK 22). Auch eine abschließende Prüfung des Anlagenkonzepts ist möglich (BVerwGE 72, 300/303 = NVwZ 1986, 208 zum Atomrecht; OVG Lüneb, NVwZ 1987, 343; Wasielewski GK 39; Kutscheidt LR 9f). Ein Konzeptvorbescheid enthält eine endgültige Billigung der als konzeptrelevant angesehenen Anlagenteile und -systeme (BVerwGE 72, 300/303 = NVwZ 1986, 208). Allerdings müssen dann, sofern man den Entscheidungsinhalt nicht durch zahlreiche Vorbehalte wieder begrenzt, bereits in diesem Stadium umfangreiche Unterlagen eingereicht werden; die Frage ist ja abschließend zu prüfen. Damit wird man dem Charakter des Vorbescheids schwerlich gerecht; die zu weite Fassung des Regelungsgegenstandes dürfte mit eine Ursache dafür sein, warum der Vorbescheid in der Praxis nur geringe Bedeutung erlangen konnte. Aus dem gleichen Grunde sollte auch ein *Standortvorbescheid* nicht überlastet werden. Sofern aus dem Antrag nichts anderes zu entnehmen ist, erfasst der Standortvorbescheid nur die raumplanerischen Fragen, vor allem also das Bauplanungsrecht und die Planungselemente des Vorsorgeprinzips (ähnlich Hofmann GK 60), und nicht alle Fragen, die das Ob einer Anlage betreffen (so aber Kutscheidt LR 8).

4a Ein Vorbescheid enthält zudem, ähnlich wie eine Teilgenehmigung, neben der abschließenden Feststellung eine **vorläufige Gesamtbeurteilung** (vgl. unten Rn.8). Die Grenzen zwischen diesen Teilen sind etwas variabler als bei der Teilgenehmigung. Angesichts des Wortlauts des § 9 dürfte es aber zu weit gehen, den Vorbescheid als Grundsatzvorbescheid auf eine vorläufige Gesamtbeurteilung zu beschränken (Selmer o. Lit. 19;

Vorbescheid § 9

wohl auch BVerwGE 72, 300/303f = NVwZ 1986, 208; a. A. Kutscheidt LR 9f; vorsichtig Wasielewski GK 41f).

2. Antrag und berechtigtes Interesse

Ein Vorbescheid ist nur auf **Antrag** des Trägers des Vorhabens möglich; 5 näher zum Antrag und zu den Unterlagen unten Rn.12. Die Behörde kann nicht von sich aus einen Vorbescheid erteilen, auch wenn ein Genehmigungsantrag gestellt wurde. Zur Frage, welche Aspekte Gegenstand des Vorbescheids sein können, oben Rn.4.

Die Erteilung eines Vorbescheids setzt weiter gem. § 9 Abs.1 ein **be-** 6 **rechtigtes Interesse** des Anlagenbetreibers voraus. Insoweit kann auf die entsprechenden Ausführungen zur Teilgenehmigung verwiesen werden (Rn.6 zu § 8).

3. Anforderungen an Anlage

a) Abschließende Prüfung

Im Hinblick auf die einzelnen Genehmigungsvoraussetzungen bzw. den 7 Standort der Anlage, die mit dem Vorbescheid abschließend beurteilt werden sollen, müssen alle Voraussetzungen des § 6 abschließend geklärt oder im Wege von Nebenbestimmungen bzw. Vorbehalten sichergestellt sein (Wasielewski GK 52f). Die Unterlagen müssen insoweit vollständig und endgültig sein. Zur Möglichkeit, auf eine abschließende Teilprüfung vollständig zu verzichten, oben Rn.4a.

b) Positive vorläufige Gesamtbeurteilung

Weiter müssen gem. Abs.1 „die Auswirkungen der geplanten Anlage 8 ausreichend beurteilt werden können". Dazu rechnet insb. der Betrieb der Anlage (Vallendar FE 9; Storost UL C17). Damit ist nichts anderes gemeint als mit der in § 8 S.1 Nr.3 angesprochenen **vorläufigen Gesamtbeurteilung** (BVerwGE 72, 300/327; Wasielewski GK 25; Peschau FE 15; Kutscheidt LR 14; a.A. Rudolph, Lit. zu § 8, 173ff), weshalb auf die dazu gemachten Ausführungen verwiesen wird (Rn.10–13 zu § 8). Das Verständnis der vorläufigen Gesamtbeurteilung, die wie seit 1993 (Einl.2 Nr.21) in § 8 explizit geregelt ist, wurde im Rahmen von § 9 schon länger zugrunde gelegt. Vielfach wird auch von „vorläufigem Gesamturteil" gesprochen (Rn.9 zu § 8). Die Voraussetzung der vorläufigen Gesamtbeurteilung bildet nicht nur eine Zulässigkeitsvoraussetzung, sondern ist Teil des Regelungsgegenstands (BVerwGE 72, 300/327 zum Atomrecht; OVG Lüneb, NVwZ 1987, 343; BT-Drs. 7/179, 33; vgl. Rn.8 zu § 8). Allerdings ist der Spielraum der Behörde, die Reichweite der Gesamtbeurteilung durch Vorbehalte einzuschränken, hier größer als bei einer Teilgenehmigung (Wasielewski GK 26, 104). Es genügt, wenn dem Vorhaben keine von vornherein unüberwindlichen rechtlichen Hindernisse entgegenstehen (OVG NW, NWVBl 1990, 93; zum Atomrecht BVerwGE 72, 300/304 = NVwZ 1986, 208). Wegen des großen behördlichen Spielraums besteht in besonderem Maße Anlass, im Bescheid (etwa durch Vorbehalte) klarzustellen, wieweit die vorläufige Gesamtbeurteilung reicht (OVG Lüneb, NVwZ 1987, 343; Wasielewski GK 65).

4. Ermessen sowie Nebenbestimmungen

a) Ermessen zum Einsatz eines Vorbescheids

9   Die Erteilung eines Vorbescheids steht, wie die Teilgenehmigung (Rn.13 zu § 8), im behördlichen Ermessen (Storost UL D1). Auch hier setzt das Ermessen nur ein, wenn die Voraussetzungen (oben Rn.5–8) gegeben sind. Inhaltlich bezieht sich das Ermessen auf die Entscheidung, ob ein Vorbescheid der bzw. den Genehmigungen vorgeschaltet wird; insoweit gelten die entspr. Ausführungen zur Teilgenehmigung in Rn.15 zu § 8. Der behördliche Spielraum ist relativ weit (Kutscheidt LR 16; restriktiv Peschau FE 20). Das Ermessen wird nicht dadurch reduziert, dass über baurechtliche Fragen entschieden werden soll und ein Rechtsanspruch auf Erteilung eines baurechtlichen Vorbescheids besteht (vgl. oben Rn.2).

b) Nebenbestimmungen und Vorbehalte

10   § 12 findet auf den Vorbescheid keine Anwendung, was aber Nebenbestimmungen nicht ausschließt (so jedoch Vallendar FE § 12 Anm.1). Die Zulässigkeit von **Nebenbestimmungen** regelt sich nach § 36 VwVfG (Peschau FE 25; diff. Kutscheidt LR 41 ff; grundsätzlich a.A. Wasielewski GK 55). Soweit die Entscheidung über den Vorbescheid sich als gebundene Entscheidung darstellt, kommt § 36 Abs.1 VwVfG zum Tragen. Nebenbestimmungen sind also möglich, um die Rechtmäßigkeit des Vorbescheids sicherzustellen. Soweit die Entscheidung im Ermessen steht (oben Rn.9), kommt sogar § 36 Abs.2, 3 VwVfG zum Tragen. Von praktischer Bedeutung werden v.a. **Vorbehalte** sein, die den Regelungsgehalt begrenzen (Wasielewski GK 65; vgl. oben Rn.8 sowie § 23 Abs.2 Nr.4 der 9. BImSchV), sowie Widerrufs- und Auflagenvorbehalte (Wasielewski GK 61, 64; gegen Widerrufsvorbehalt Kutscheidt LR 27). Doch sind auch Auflagen denkbar, etwa die Auflage, die Vorbelastungen am geplanten Standort oder an anderen Stellen laufend zu messen (Schmatz/Nöthlichs 1; a.A. Wasielewski GK 60). Befristungen sind dagegen im Hinblick auf § 9 Abs.2 ausgeschlossen (Kutscheidt LR 42; Vallendar FE § 12 Anm.2; für Zulässigkeit kürzerer Fristen als in § 9 Abs.2 Wasielewski GK 63).

5. Verfahren der Erteilung und Entscheidungsinhalt

a) Verfahren

11   **aa)** Vorbescheide können im förmlichen Verfahren gem. § 10 (vgl. Rn.1 zu § 10) oder im vereinfachten Verfahren gem. § 19 erteilt werden (vgl. § 19 Abs.2), je nachdem, welches Verfahren für die Genehmigung der Anlage gem. § 2 der 4. BImSchV vorgesehen ist (dazu Rn.4–9 zu § 19). Folgende Besonderheiten sind zu erwähnen:

Aus dem **Antrag** muss zum einen hervorgehen, dass ein Vorbescheid 12
gewünscht ist (§ 3 Nr.2 der 9. BImSchV). Außerdem ist anzugeben, für
welche Genehmigungsvoraussetzungen oder für welchen Standort der
Vorbescheid gewünscht wird (§ 23 Abs.1 der 9. BImSchV). Ist ein Standortvorbescheid beantragt, sind im Zweifel lediglich die planungsrechtlichen Genehmigungsvoraussetzungen zu prüfen (oben Rn.4). Dem Antrag sind gem. § 23 Abs.4 iVm § 22 Abs.1 der 9. BImSchV die notwendigen **Unterlagen** beizufügen; hinsichtlich der abschließend zu prüfenden
Fragen (Genehmigungsvoraussetzungen bzw. Standort) müssen die Unterlagen vollständig sein (dazu Rn.29-31 zu § 10); ansonsten genügen
auch vorläufige bzw. partielle Unterlagen. Durch geeignete Vorbehalte
(oben Rn.10) kann die Behörde den Umfang der notwendigen Unterlagen beeinflussen.

In den Fällen des **förmlichen Genehmigungsverfahrens** ist gem. § 3 13
Nr.2, 5 der 9. BImSchV in der *Bekanntmachung* insb. darauf hinzuweisen,
dass ein Vorbescheid beantragt ist, und der Zeitpunkt zu nennen, zu dem
die Anlage voraussichtlich in Betrieb genommen werden soll. *Auszulegen*
sind gem. § 23 Abs.4 iVm § 22 Abs.2 der 9. BImSchV alle Unterlagen, die
die Allgemeinheit oder Dritte betreffen (dazu Rn.22 zu § 8). *Einwendungen*
können sich auf den gesamten Regelungsgegenstand des Vorbescheids beziehen, also auch auf die vorläufige Gesamtbeurteilung (Kutscheidt
LR 35). Das ist vor allem im Hinblick auf die Präklusion des § 10 Abs.3
S.3 von Bedeutung, da diese Vorschrift auch für den Vorbescheid gilt
(Kutscheidt LR 36). Die Präklusion des § 11 erstreckt sich ebenfalls auf
den Vorbescheid.

bb) Bei UVP-pflichtigen Vorhaben (dazu Rn.13 zu § 10) ist der 14
Vorbescheid mit einer Umweltverträglichkeitsprüfung zu verbinden, wie
sich aus § 23 Abs.4 iVm § 22 Abs.3 der 9. BImSchV ergibt. Was die Einzelheiten angeht, gelten die Ausführungen in Rn.23 zu § 8 entsprechend.
Allerdings wird die UVP nie vollständig bereits auf der Stufe des Vorbescheids abgearbeitet werden können, weshalb zumindest in einer Teilgenehmigung eine weitere Prüfung der Umweltverträglichkeit in einem
förmlichen Verfahren erfolgen muss (vgl. Wasielewski GK 87).

b) Entscheidungsinhalt

Zum **Inhalt** des Vorbescheids § 23 Abs.2, 3 der 9. BImSchV. Insbesondere muss der Vorbescheid als solcher bezeichnet werden; dies gilt auch 15
dann, wenn er mit einer Teilgenehmigung verbunden wird (VGH BW,
ET 1979, 211).

III. Wirkung und Rechtsschutz

1. Bindungswirkung

a) Umfang

Soweit mit dem Vorbescheid einzelne Genehmigungsvoraussetzungen 16
abschließend beurteilt wurden, ist die Genehmigungsbehörde im spä-

teren Genehmigungsverfahren daran gebunden (OVG NW, NWVBl 1990, 92). Dies muss für diesen Regelungsbereich auch dann gelten, wenn die Sach- oder Rechtslage sich ändert; anderenfalls hätte der Verweis auf den Widerruf in Abs.3 keinen Sinn (BVerwGE 70, 365/374 = NJW 1985, 819 zum Atomrecht; Wasielewski GK 93; Kutscheidt LR 26).

17 Darüber hinaus führt ein Vorbescheid zu Bindungswirkungen im nachfolgenden Genehmigungsverfahren auch insoweit, als er eine **positive vorläufige Gesamtbeurteilung** enthält (OVG NW, NWVBl 1990, 93; Wasielewski GK 94; Rn.27 zu § 8); andernfalls könnte der Vorbescheid seine Funktion (oben Rn.1) nicht erreichen. Doch kann die Bindungswirkung nicht weiterreichen als die Gesamtbeurteilung ihrem Charakter nach reicht; § 8 S.2 gilt somit im Rahmen des § 9 entsprechend. Zu den daraus resultierenden Beschränkungen der Bindung Rn.28–30 zu § 8. Insb. entfällt die Bindungswirkung auch bei einer Änderung der Rechtslage. Keine Bindungswirkung entfaltet die Ablehnung des Vorbescheids (Wasielewski GK 92).

b) Beginn und Dauer

18 Beginn und Dauer der Bindungswirkung sind sowohl für die abschließende Prüfung und die vorläufige Gesamtbeurteilung ganz entsprechend wie bei der vorläufigen Gesamtbeurteilung im Rahmen der Teilgenehmigung zu beurteilen, weshalb auf die dort gemachten Ausführungen verwiesen wird (Rn.31 zu § 8). Auch ist eine Anordnung sofortiger Vollziehung bei Vorbescheiden möglich (Kutscheidt LR 49; Peschau FE 41; Wasielewski GK 118). Wird der Vorbescheid aufgehoben oder (ohne Anordnung der sofortigen Vollziehung) angefochten, entfällt die Bindungswirkung (Wasielewski GK 127; näher Rn.33 zu § 8).

19 Ein Vorbescheid **verliert** gem. **Abs.2** *zwei Jahre* nach Eintritt der Unanfechtbarkeit des Vorbescheids **seine Wirkung,** sofern nicht ein Antrag auf Genehmigung (auch Teilgenehmigung) gestellt wird. Soll diese Regelung einen praktischen Effekt haben, kann nicht darauf abgestellt werden, ob noch irgendjemand den Vorbescheid anfechten kann. Da sich die Betroffenen selten eindeutig abgrenzen lassen, also davon auszugehen ist, dass der Vorbescheid häufig nicht allen Betroffenen zugestellt wird, würde der Vorbescheid nie seine Wirkung verlieren. Für Abs.2 genügt daher, dass der Antragsteller sowie die Personen den Vorbescheid nicht mehr anfechten können, denen er mit seinem Erlass zugestellt wurde (Peschau FE 31). Die Frist kann auf Antrag auf höchstens vier Jahre verlängert werden; die Entscheidung darüber steht im Ermessen der Behörde (Wasielewski GK 95). Der Antrag muss *vor* Ablauf der Frist gestellt werden (Kutscheidt LR 20). Eine Wiedereinsetzung in den vorigen Stand gem. § 32 VwVfG ist ausgeschlossen (Storost UL D16; Wasielewski GK 95; Peschau FE 32).

c) Präklusion für Dritte

20 Von der Bindungswirkung für die Genehmigungsbehörde sind die Präklusionswirkungen des Vorbescheids für Dritte zu trennen (Peschau

FE 36). Sie regeln sich nach § 11, wenn auch unter Einfluss der Bindungswirkung (Rn.9 zu § 11). Präklusionswirkungen iSd § 14 hat ein Vorbescheid dagegen nicht zur Folge (str., Rn.2 zu § 14).

2. Rechtsschutz

aa) Der Rechtsschutz des **Antragstellers** gegen die Verweigerung eines Vorbescheids folgt den gleichen Regeln wie der Rechtsschutz wegen Verweigerung einer Vollgenehmigung; auf die dazu gemachten Ausführungen (Rn.40–43 zu § 6) wird verwiesen. Abweichend davon ist jedoch zu beachten, dass die Entscheidung über einen Vorbescheid zum Teil eine Ermessens-, zum Teil eine Rechtsentscheidung ist (s. dazu auch Rn.34 zu § 8). Zum vorläufigen Rechtsschutz wird auf Rn.56 zu § 6 verwiesen.

bb) Für den Rechtsschutz **Dritter** gelten die Ausführungen in Rn.44–55 zu § 6 entsprechend. Insb. können sie die Erteilung des Vorbescheids anfechten, wenn ihm Vorschriften entgegenstehen, die (auch) dem Schutz der Dritten dienen. Dies ist insb. dann der Fall, wenn die *vorläufige Gesamtbeurteilung* gegen solche Vorschriften verstößt, weshalb auch Auswirkungen des *Betriebs* Grundlage einer Drittklage sein können. Soweit allerdings der Regelungsgehalt des Vorbescheids durch Vorbehalte beschränkt wird, kann die Drittklage keinen Erfolg haben (BVerwGE 55, 250/270 f = NJW 1978, 1450; Wasielewski GK 113). Die Ermessensentscheidung darüber, ob überhaupt ein Vorbescheid erteilt wird, kann dagegen Dritte in der Regel in ihren Rechten nicht verletzen (Wasielewski GK 111); zu Ausnahmen Rn.35 zu § 8. Die Präklusion des § 10 Abs.3 S.3 (dazu Rn.98 zu § 10) ist ebenfalls zu beachten (BVerwG, UPR 1987, 113). Die Klage gegen den Vorbescheid wird nicht dadurch unzulässig, dass der Kläger nachfolgende Teilgenehmigungen hat unanfechtbar werden lassen (vgl. BVerwG, NVwZ 1982, 625). Zum vorläufigen Rechtsschutz wird auf Rn.56 zu § 6 und Rn.36 zu § 8 verwiesen.

§ 10 Genehmigungsverfahren

(1) **Das Genehmigungsverfahren setzt einen schriftlichen Antrag voraus.**[25 ff] **Dem Antrag sind die zur Prüfung nach § 6 erforderlichen Zeichnungen, Erläuterungen und sonstigen Unterlagen beizufügen.**[29 ff] **Reichen die Unterlagen für die Prüfung nicht aus, so hat sie der Antragsteller auf Verlangen der zuständigen Behörde innerhalb einer angemessenen Frist zu ergänzen.**[41 f] **Erfolgt die Antragstellung in elektronischer Form, kann die zuständige Behörde Mehrfertigungen sowie die Übermittlung der dem Antrag beizufügenden Unterlagen auch in schriftlicher Form verlangen.**[26]

(2) **Soweit Unterlagen Geschäfts- oder Betriebsgeheimnisse enthalten, sind die Unterlagen zu kennzeichnen und getrennt vorzule-**

§ 10 Genehmigungsbedürftige Anlagen

gen.[34 ff] Ihr Inhalt muss, soweit es ohne Preisgabe des Geheimnisses geschehen kann, so ausführlich dargestellt sein, dass es Dritten möglich ist, zu beurteilen, ob und in welchem Umfang sie von den Auswirkungen der Anlage betroffen werden können.[37]

(3) Sind die Unterlagen vollständig, so hat die zuständige Behörde das Vorhaben in ihrem amtlichen Veröffentlichungsblatt und außerdem in örtlichen Tageszeitungen, die im Bereich des Standortes der Anlage verbreitet sind, öffentlich bekanntzumachen.[60 f] Der Antrag und die Unterlagen sind, mit Ausnahme der Unterlagen nach Absatz 2 Satz 1, nach der Bekanntmachung einen Monat zur Einsicht auszulegen;[62 ff] bis zwei Wochen nach Ablauf der Auslegungsfrist können Einwendungen gegen das Vorhaben schriftlich erhoben werden.[70 ff] Mit Ablauf der Einwendungsfrist sind alle Einwendungen ausgeschlossen, die nicht auf besonderen privatrechtlichen Titeln beruhen.[90 ff]

(4) In der Bekanntmachung nach Absatz 3 Satz 1 ist

1. darauf hinzuweisen, wo und wann der Antrag auf Erteilung der Genehmigung und die Unterlagen zur Einsicht ausgelegt sind;
2. dazu aufzufordern, etwaige Einwendungen bei einer in der Bekanntmachung zu bezeichnenden Stelle innerhalb der Einwendungsfrist vorzubringen; dabei ist auf die Rechtsfolgen nach Absatz 3 Satz 3 hinzuweisen;
3. ein Erörterungstermin zu bestimmen und darauf hinzuweisen, dass die formgerecht erhobenen Einwendungen auch bei Ausbleiben des Antragstellers oder von Personen, die Einwendungen erhoben haben, erörtert werden;
4. darauf hinzuweisen, dass die Zustellung der Entscheidung über die Einwendungen durch öffentliche Bekanntmachung ersetzt werden kann.[60 f]

(5) Die für die Erteilung der Genehmigung zuständige Behörde (Genehmigungsbehörde) holt die Stellungnahmen der Behörden ein, deren Aufgabenbereich durch das Vorhaben berührt wird.[45 ff] Soweit für das Vorhaben selbst oder für weitere damit unmittelbar in einem räumlichen oder betrieblichen Zusammenhang stehende Vorhaben, die Auswirkungen auf die Umwelt haben können und die für die Genehmigung Bedeutung haben, eine Zulassung nach anderen Gesetzen vorgeschrieben ist, hat die Genehmigungsbehörde eine vollständige Koordinierung der Zulassungsverfahren sowie der Inhalts- und Nebenbestimmungen sicherzustellen.[48 ff]

(6) Nach Ablauf der Einwendungsfrist hat die Genehmigungsbehörde die rechtzeitig gegen das Vorhaben erhobenen Einwendungen mit dem Antragsteller und denjenigen, die Einwendungen erhoben haben, zu erörtern.[78 ff] Einwendungen, die auf besonderen privatrechtlichen Titeln beruhen, sind auf den Rechtsweg vor den ordentlichen Gerichten zu verweisen.[77]

Genehmigungsverfahren § 10

(6 a) Über den Genehmigungsantrag ist nach Eingang des Antrags und der nach Absatz 1 Satz 2 einzureichenden Unterlagen innerhalb einer Frist von sieben Monaten, in vereinfachten Verfahren innerhalb einer Frist von drei Monaten, zu entscheiden.[117] Die zuständige Behörde kann die Frist um jeweils drei Monate verlängern, wenn dies wegen der Schwierigkeit der Prüfung oder aus Gründen, die dem Antragsteller zuzurechnen sind, erforderlich ist.[117] Die Fristverlängerung soll gegenüber dem Antragsteller begründet werden.

(7) Der Genehmigungsbescheid ist schriftlich zu erlassen, schriftlich zu begründen und dem Antragsteller und den Personen, die Einwendungen erhoben haben, zuzustellen.[120 f]

(8) Die Zustellung des Genehmigungsbescheids an die Personen, die Einwendungen erhoben haben, kann durch öffentliche Bekanntmachung ersetzt werden.[122 f] Die öffentliche Bekanntmachung wird dadurch bewirkt, dass der verfügende Teil des Bescheides und die Rechtsbehelfsbelehrung in entsprechender Anwendung des Absatzes 3 Satz 1 bekannt gemacht werden; auf Auflagen ist hinzuweisen. In diesem Fall ist eine Ausfertigung des gesamten Bescheides vom Tage nach der Bekanntmachung an zwei Wochen zur Einsicht auszulegen.[122] In der öffentlichen Bekanntmachung ist anzugeben, wo und wann der Bescheid und seine Begründung eingesehen und nach Satz 6 angefordert werden können. Mit dem Ende der Auslegungsfrist gilt der Bescheid auch gegenüber Dritten, die keine Einwendung erhoben haben, als zugestellt; darauf ist in der Bekanntmachung hinzuweisen.[122 a] Nach der öffentlichen Bekanntmachung können der Bescheid und seine Begründung bis zum Ablauf der Widerspruchsfrist von den Personen, die Einwendungen erhoben haben, schriftlich angefordert werden.[122 a]

(9) Die Absätze 1 bis 8 gelten entsprechend für die Erteilung eines Vorbescheides.[4 ff]

(10) Die Bundesregierung wird ermächtigt, durch Rechtsverordnung mit Zustimmung des Bundesrates das Genehmigungsverfahren zu regeln; in der Rechtsverordnung kann auch das Verfahren bei Erteilung einer Genehmigung im vereinfachten Verfahren (§ 19) sowie bei der Erteilung eines Vorbescheides (§ 9), einer Teilgenehmigung (§ 8) und einer Zulassung vorzeitigen Beginns (§ 8 a) geregelt werden.[4] In der Verordnung ist auch näher zu bestimmen, welchen Anforderungen das Genehmigungsverfahren für Anlagen genügen muss, für die nach dem Gesetz über die Umweltverträglichkeitsprüfung eine Umweltverträglichkeitsprüfung durchzuführen ist.[4, 12 ff]

(11) Das Bundesministerium der Verteidigung wird ermächtigt, im Einvernehmen mit dem Bundesministerium für Umwelt, Naturschutz und Reaktorsicherheit durch Rechtsverordnung mit Zustimmung des

§ 10 Genehmigungsbedürftige Anlagen

Bundesrates das Genehmigungsverfahren für Anlagen, die der Landesverteidigung dienen, abweichend von den Absätzen 1 bis 9 zu regeln.[8]

Übersicht

I. Allgemeines und Grundlagen	1
1. Bedeutung, Anwendungsbereich, EG-Recht	1
a) Bedeutung und Anwendungsbereich	1
b) EG-Recht	3
2. Rechtsverordnung nach Abs. 10	4
a) Ermächtigung zum Erlass einer Rechtsverordnung für das Verfahren	4
b) Verordnung über das Genehmigungsverfahren – 9. BImSchV (Grundlagen)	5
c) Sekundär auf Abs.10 gestützte Rechtsverordnungen	7
3. Rechtsverordnung nach Abs.11	8
4. Sonstige Vorschriften zum Verfahren	9
5. Zuständigkeit	11
6. Grundlegende Aspekte des Verfahrens bei UVP-pflichtigen Vorhaben	12
a) Rechtsgrundlagen und UVP-pflichtige Vorhaben	12
b) Unselbständigkeit und Sonderregelungen	14
7. Akteneinsicht und Informationsrechte	18
8. Genehmigungsabsprachen	18 c
II. Einleitung des Verfahrens	19
1. Antragsteller und Träger des Vorhabens	19
2. Unterrichtung und Beratung	20
a) Regelfall	20
b) UVP-pflichtige Vorhaben	22
3. Antrag	25
4. Unterlagen	29
a) Notwendige Unterlagen	29
b) Verständlichkeit und Übersetzung	33
c) Geheimzuhaltende Unterlagen	34
d) Kurzbeschreibung und Gesamtverzeichnis	39
5. Eingangsbestätigung, Vollständigkeitsprüfung, spätere Vervollständigung	40
III. Behördliche Ermittlungen und Gutachten	44
1. Ermittlungen der Genehmigungsbehörde	44
2. Beteiligung sonstiger Behörden	45
a) Schlichte Beteiligung	45
b) Vollständige Koordination und Abstimmung von Genehmigungsbehörden	48
c) Zusammenarbeit im Rahmen der Umweltverträglichkeitsprüfung	52
d) Beteiligung ausländischer Behörden	53

Genehmigungsverfahren § 10

    3. Sachverständigengutachten und andere Beteiligung von Sachverständigen 55
        a) Gutachten 55
        b) Andere Beteiligung von Sachverständigen 58

IV. Öffentlichkeitsbeteiligung und sonstige Anhörung Dritter 59
    1. Bedeutung und Erforderlichkeit der Öffentlichkeitsbeteiligung 59
    2. Bekanntmachung 60
        a) Regelfall 60
        b) Bekanntmachung im Ausland 61a
    3. Auslegung 62
        a) Beginn und Dauer 62
        b) Ort und Tageszeiten 63
        c) Umfang der auszulegenden Unterlagen 65
        d) Recht auf Einsichtnahme 68
    4. Einwendungen 70
        a) Bedeutung und Rechtsnatur 70
        b) Einwendungsbefugnis 71
        c) Inhalt, Form und Ort 72
        d) Frist 74
        e) Masseneinwendungen 76
        f) Weiterleitung und Rücknahme 77
    5. Erörterungstermin 78
        a) Zweck, Erforderlichkeit und Gegenstand 78
        b) Ort, Zeitpunkt und Teilnehmerkreis 80
        c) Verlauf des Erörterungstermins 84

V. Präklusion (Abs.3 S.3) 90
    1. Formelle Präklusion 90
    2. Materielle Präklusion: Grundlagen und höherrangiges Recht 91
    3. Voraussetzungen der materiellen Präklusion 93
        a) Fehler bei Bekanntmachung, Auslegung, Unterlagen 93
        b) Kongruenz von Unterlagen und Entscheidung 94
        c) (Sonstige) Vorbringbarkeit 95
        d) Begründung der Einwendungen 97
    4. Wirkungen der materiellen Präklusion 98

VI. Änderungen insb. während des Genehmigungsverfahrens 100
    1. Behandlung von Änderungen 100
    2. Folgen für Behördenbeteiligung 104
    3. Insb. Verzicht auf erneute Öffentlichkeitsbeteiligung 105
        a) Bedeutung und Anwendungsbereich des § 8 Abs.2 der 9. BImSchV 105
        b) Nachteilige Auswirkungen 106
        c) Folgen bei fehlenden nachteiligen Auswirkungen 107
        d) Folgen bei nachteiligen Auswirkungen 109

§ 10 Genehmigungsbedürftige Anlagen

VII. Entscheidung 110
  1. Vorbereitung/Entscheidungsfindung (Allgemeines) ... 110
  2. Entscheidungsfindung bei UVP-pflichtigen Vorhaben 112
    a) Zusammenfassende Darstellung 112
    b) Bewertung der Auswirkungen 113
    c) Berücksichtigung 116
  3. Erteilung der Genehmigung (bzw. des Vorbescheids) 117
    a) Zeitpunkt und Frist 117
    b) Form, Inhalt und Begründung 120
    c) Zustellung und Bekanntmachung 121
    d) Sofortige Vollziehung 124
  4. Ablehnung der Genehmigung (bzw. des Vorbescheids) 125
    a) Zeitpunkt und Frist 125
    b) Form, Inhalt, Zustellung 126
  5. Einstellung und Aussetzung des Verfahrens 127

VIII. Folgen von Verfahrensfehlern und Rechtsschutz 130
  1. Verstöße der Behörden 130
    a) Drittschützender Charakter der einschlägigen Normen 130
    b) Folgen für den direkten Rechtsschutz 131
    c) Folgen für die Angreifbarkeit nachfolgender behördlicher Entscheidungen 132
    d) Folgen für die materielle Präklusion und Amtshaftung 135
  2. Verstöße von Beteiligten 136

Literatur A: *Voßkuhle,* Das Kooperationsprinzip im Immissionsschutzrecht, ZUR 2001, 23; *Maaß,* Behördenkoordination im immissionsschutzrechtlichen Genehmigungsverfahren, DVBl 2002, 369; *Rasch,* Medienöffentlichkeit im Erörterungstermin, NuR 2002, 400; *Beyer,* Die integrierte Anlagenzulassung 2001; *Jarass,* Kooperation im Umweltrecht und vergleichende Analyse von Umweltinstrumenten, UPR 2001, 5; *Oexle,* Das Rechtsinstitut der materiellen Präklusion in den Zulassungsverfahren des Umwelt- und Baurechts, 2000; *Staupe,* Die vollständige Koordination des Behördenhandelns gemäß IVU-Richtlinie, ZuR 2000, 368; *Schmidt-Preuß,* Integrative Anforderungen an das Verfahren der Vorhabenszulassung, NVwZ 2000, 252; *Idecke-Lux,* Der Einsatz von multimedialen Dokumenten bei der Genehmigung von neuen Anlagen nach dem Bundesimmissionsschutz-Gesetz, 2000; *Song,* Kooperatives Verwaltungshandeln durch Absprachen und Verträge beim Vollzug des Immissionsschutzrechts, 2000; *Eversberg,* Der Zeitfaktor im bundesimmissionsschutzrechtlichen Genehmigungsverfahren, 1999; *Busse,* Die immissionsschutzrechtlichen Genehmigungsverfahren, VR 1998, 263; *Fehrmann/Wasielewski,* Organisation der Industrieanlagenzulassung im Land Brandenburg, ZUR 1998, 232; *Hett,* Öffentlichkeitsbeteiligung bei atom- und immissionsschutzrechtlichen Genehmigungsverfahren, 1994; *Pütz/Buchholz,* Das Genehmigungsverfahren nach dem BImSchG, 5. Aufl. 1994; *Kalmbach/Schmölling* (Hg.), Der Immissionsschutzbeauftragte, 1994; *Hett,* Öffentlichkeitsbeteiligung bei atom- und immissionsrechtlichen Genehmigungsverfahren, 1994; *Reidt,* Rechtsprobleme bei Bodenuntersuchungen im Rahmen immissionsschutzrechtlicher Genehmigungsverfahren, UPR 1992, 172; *Rebentisch,* Die Neuerungen im Genehmigungsverfahren nach dem Bundes-Immissionsschutzgesetz, NVwZ 1992, 926; *Breuer,* Verfahrens- und Formfehler der Planfeststellung für raum- und umweltrelevante Großvorhaben, in: Festschrift für

Sendler, 1991, 357; *Führ,* Sanierung von Industrieanlagen, 1989; *Harder,* Das immissionsschutzrechtliche Genehmigungsverfahren – Ein bürokratisches Investitionshemmnis?, 1987; *Cloosters,* Rechtsschutz Dritter gegen Verfahrensfehler im immissionsschutzrechtlichen Genehmigungsverfahren, 1986. S. auch die Literatur zur 9. BImSchV. Zur Beteiligung ausländischer Personen S.die Literatur zu § 2.

Literatur B (UVP): *Bunge,* Die Umweltverträglichkeitsprüfung im Immissionsschutzrecht, in: Erbguth (Hg.), Die Umweltverträglichkeitsprüfung, 2004, 101; *Schmidt,* Die Umweltverträglichkeitsprüfung im Zulassungsverfahren durch mehrere Behörden, NVwZ 2003, 292; *Calliess,* Zur unmittelbaren Wirkung der EG-Richtlinie über die Umweltverträglichkeitsprüfung und ihre Umsetzung im deutschen Immissionsschutzrecht, NVwZ 1996, 339; *Heitsch,* Durchsetzung der materiellrechtlichen Anforderungen der UVP-Richtlinie im immissionsschutzrechtlichen Genehmigungsverfahren, NuR 1996, 453 ff; *Spoerr/Mönch,* Umweltverträglichkeitsprüfung bei immissionsschutzrechtlichen Industrieanlagen, NVwZ 1996, 631; *Rebentisch,* Die immissionsschutzrechtliche Genehmigung – ein Instrument integrierten Umweltschutzes?, NVwZ 1995, 949; *Peters,* Bewertung und Berücksichtigung der Umweltauswirkungen bei UVP-pflichtigen BImSchG-Anlagen, UPR 1994, 93; *Vallendar,* Die UVP-Novelle zur 9. BImSchV, UPR 1992, 212; *Gallas,* Die Umweltverträglichkeitsprüfung im immissionsschutzrechtlichen Genehmigungsverfahren, UPR 1991, 214; *Erbguth,* Die Umweltverträglichkeitsprüfung im immissionsschutzrechtlichen Zulassungsverfahren, DVBl 1991, 413; *Jarass,* Umweltverträglichkeitsprüfung bei Industrievorhaben, 1987. – S. auch Literatur zu § 58 e.

I. Allgemeines und Grundlagen

1. Bedeutung, Anwendungsbereich, EG-Recht

a) Bedeutung und Anwendungsbereich

§ 10 regelt das Verfahren der Genehmigungserteilung bzw. bildet die 1 Grundlage für entsprechende Regelungen. Die Vorschrift erfasst Erstgenehmigungen (auch in Form einer Teilgenehmigung) ebenso wie (mit der Einschränkung des § 16 Abs.2) Änderungsgenehmigungen (Dietlein LR 19). Die Abs.2–4, 6, 8 und 9 gelten allerdings nur für das förmliche Genehmigungsverfahren, nicht für die vereinfachten Genehmigungen des § 19; zu deren Anwendungsbereich Rn.3–7 zu § 19. Außerdem gilt § 10 auch für den *Vorbescheid* (Abs.9); wenn daher im Rahmen der Erläuterungen zu § 10 von Genehmigung gesprochen wird, ist damit auch der Vorbescheid gemeint. Dagegen gelten die Vorgaben des § 10 nicht unmittelbar für die Zulassung vorzeitigen Beginns gem. § 8a, da eine Abs.9 vergleichbare Regelung fehlt. Doch können gem. Abs.10 durch Rechtsverordnungen entsprechende Regelungen getroffen werden, wovon mit § 1 Abs.1 Nr.3 der 9. BImSchV Gebrauch gemacht wurde (dazu Rn.16 zu § 8a).

Ein sorgfältig ausgestaltetes Genehmigungsverfahren liegt bei kompli- 2 zierten Anlagen **nicht nur im Allgemeininteresse.** Für Dritte, deren Gesundheit oder Eigentum durch die Anlage möglicherweise beeinträchtigt wird, können die Vorschriften über das Verfahren manchmal fast genauso wichtig sein wie die materiellen Regelungen. Dementsprechend

§ 10   Genehmigungsbedürftige Anlagen

leitet das BVerfG aus den betroffenen materiellen Grundrechten (vor allem Art.2 Abs.2, 14 GG) einen Rechtsanspruch auf ein geordnetes Verfahren ab (BVerfGE 53, 30/62ff = NJW 1980, 759; ebenso Laubinger, VerwArch 1982, 62ff; Roßnagel GK 60ff). Die Nichtbeachtung von Verfahrensvorschriften kann demgemäß eine Grundrechtsverletzung darstellen. In merkwürdigem Kontrast dazu steht der Umstand, dass es gegen Verletzungen der Vorschriften des Genehmigungsverfahrens nur in Ausnahmefällen Rechtsschutz geben soll (vgl. unten Rn.130–134).

b) EG-Recht

3   Die Regelung des § 10 Abs.5 S.2 dient der Umsetzung des Art.7 der Richtlinie 96/61/EG über die integrierte Vermeidung und Verminderung der Umweltverschmutzung (unten Rn.48). Zur Vereinbarkeit der eingeschränkten Auslegung von Unterlagen mit der Richtlinie unten Rn.66. Weiter dient § 10 Abs.10 S.2 der Umsetzung der Richtlinie 85/337/EWG über die Umweltverträglichkeitsprüfung (unten Rn.5, 12, 133). Die genannten Vorgaben des EG-Rechts werden zudem durch die auf § 10 Abs.11 gestützte Verordnung über das Genehmigungsverfahren umgesetzt (unten Rn.5).

2. Rechtsverordnung nach Abs.10

a) Ermächtigung zum Erlass einer Rechtsverordnung für das Verfahren

4   Das Genehmigungsverfahren findet seine rechtliche Grundlage in Abs.1–8 (unter Berücksichtigung von § 19 Abs.2). Zur Bedeutung von Verfahrensvorschriften (gemäß § 13) eingeschlossener Genehmigungen Rn.18 zu § 13. Darüber hinaus ermächtigt Abs.10 S.1 die Bundesregierung, das Genehmigungsverfahren durch Rechtsverordnung zu regeln. Dies gilt auch für das Verfahren zur Erteilung einer Teilgenehmigung, der Zulassung vorzeitigen Beginns oder eines Vorbescheids. Die Rechtsverordnung kann nicht vom BImSchG, insb. von § 10 Abs.1–8, abweichen, wie der Vergleich mit § 10 Abs.11 deutlich macht (Storost UL L1). Gem. § 10 Abs.10 S.2 können auch Vorgaben zur Umweltverträglichkeitsprüfung getroffen werden, was die Umsetzung von Vorgaben der Richtlinie 85/337/EWG über die Umweltverträglichkeitsprüfung (Einl.34 Nr.2) erlaubt (vgl. unten Rn.12).

b) Verordnung über das Genehmigungsverfahren – 9. BImSchV (Grundlagen)

5   Auf die Ermächtigung des § 10 Abs.11 stützt sich die **„Verordnung über das Genehmigungsverfahren"** (9. BImSchV); abgedr. mit Literaturhinweisen in Anh. A9. Die am 18. 2. 1977 (BGBl I 274) ergangene Verordnung kommt heute in der Fassung der Bekanntmachung vom 29. 5. 1992 (BGBl I 1001) zur Anwendung. Geändert wurde die Verordnung seitdem durch VO vom 20. 4. 1993 (BGBl I 494), durch G vom 9. 10. 1996 (BGBl I 1498), durch VO vom 23. 2. 1999 (BGBl I 186),

Genehmigungsverfahren § 10

durch VO vom 26. 4. 2000 (BGBl I 603), durch G vom 27. 7. 2001 (BGBl I 1950), durch VO vom 10. 12. 2001 (BGBl I 3379), durch VO vom 24. 6. 2002 (BGBl I 2247), durch VO vom 24. 7. 2002 (BGBl I 2833) und durch VO vom 14. 8. 2003 (BGBl I 1614). Die Verordnung dient der Umsetzung der Richtlinie 85/337/EWG über die Umweltverträglichkeitsprüfung bei bestimmten öffentlichen und privaten Projekten (Einl.34 Nr.2) und der Umsetzung der Richtlinie 96/61/EG über die integrierte Vermeidung und Verminderung der Umweltverschmutzung (Einl.34 Nr.8). Zur Auslegung der Verordnung vgl. die Amtl. Begründung der Bundesregierung sowie den Beschluss des Bundesrats (BR-Drs. 526/76).

Inhaltlich regelt die Verordnung das förmliche wie das vereinfachte 6 Genehmigungsverfahren und enthält Sonderregelungen für die Teilgenehmigung, den Vorbescheid und die Zulassung vorzeitigen Beginns. Die Vorgaben der Verordnung werden an den jeweils einschlägigen Stellen der Kommentierung zu § 10 sowie zu § 8, zu § 8a, zu § 9 und zu § 16 behandelt. Bei einer *Änderung* der Verordnung während des laufenden Verfahrens ist gem. § 25 der 9. BImSchV (ähnlich der Regelung des § 67 Abs.4) das neue Recht anzuwenden, soweit Verfahrensabschnitte nicht bereits abgeschlossen sind.

c) Sekundär auf Abs.10 gestützte Rechtsverordnungen

Sekundär wurden auf § 10 Abs.10 die Störfall-Verordnung – 7 12. BImSchV – (dazu Rn.28ff zu § 7) und die Versatzverordnung vom 24. 7. 2002 (BGBl I 2833) gestützt.

3. Rechtsverordnung nach Abs. 11

Für Anlagen der Landesverteidigung (dazu Rn.3f zu § 60) können gem. 8 Abs.11 durch Rechtsverordnung abweichende Regelungen des Genehmigungsverfahrens erlassen werden. Zweck der Ermächtigung ist der Geheimhaltungsschutz bei militärischen Anlagen (Storost UL L6; Amtl. Begr., BT-Drs. 7/179, 34), was die Reichweite der Ermächtigung begrenzt (Dietlein LR 275, 278). Die Ausnahmeregelung in § 10 Abs.12 a.F. für Berlin (West) wurde 1990 aufgehoben (Einl.2 Nr.17) und 1993 erneut gestrichen (Einl.2 Nr.21). Von der Ermächtigung des § 10 Abs.11 wurde mit der Verordnung über Anlagen der Landesverteidigung Gebrauch gemacht; näher dazu Rn.6–8 zu § 59.

4. Sonstige Vorschriften zum Verfahren

aa) Subsidiär sind die Verwaltungsverfahrensgesetze der Länder anzu- 9 wenden (Dietlein LR 25; Czajka FE 13f). Die Regelungen dieses Gesetzes für förmliche Verfahren (§§ 63 bis 71 VwVfG) sind grundsätzlich nicht anwendbar, da das BImSchG nicht auf sie verweist (Dietlein LR 26). Doch schließt das in Einzelfällen nicht aus, Lücken im Wege der Analogie zu schließen (vgl. Czajka FE 14). Voraussetzung ist aber eine klare Lücke,

§ 10　　　　　　　　　　　　　　　　Genehmigungsbedürftige Anlagen

weshalb etwa § 70 VwVfG (Verzicht auf Widerspruchsverfahren) *nicht* anwendbar ist (Roßnagel GK 128). Auf informale Genehmigungsabsprachen wird man § 59 VwVfG nicht anwenden können (Tegethoff, BayVBl 2001, 667; allg. zu Genehmigungsabsprachen Jarass, DVBl 1985, 198 f). Zur Anwendung des UVPG unten Rn.12 f.

10　**bb)** Keinen (Außen-)Rechtscharakter haben die von den Ländern erlassenen **Verwaltungsvorschriften.** Doch sind sie für die Praxis des Genehmigungsverfahrens zum Teil von erheblicher Bedeutung. Eine Regelung durch Landesverwaltungsvorschriften ist zulässig, solange und soweit keine entgegenstehenden Verwaltungsvorschriften durch den Bund gem. § 48 erlassen wurden (Czajka FE 16; Roßnagel GK 131).

5. Zuständigkeit

11　Die Entscheidung über die Genehmigung trifft die Genehmigungsbehörde. Ihr obliegt auch die Durchführung des Verfahrens. Welche Behörde dies im Einzelfall ist, bestimmt sich nach Landesrecht; näher dazu Einl.56. Dies gilt auch im Bereich der Bundeswehr (Rn.8 zu § 59). Im Bereich der Bundesfernstraßen, der Bundeswasserstraßen und der Eisenbahnen des Bundes, wo eine Genehmigung für Nebenanlagen in Betracht kommt (Rn.10 f zu § 2), wird das anders gesehen (dazu Einl.55).

6. Grundlegende Aspekte des Verfahrens bei UVP-pflichtigen Vorhaben

a) Rechtsgrundlagen und UVP-pflichtige Vorhaben

12　Errichtung und Betrieb bestimmter Anlagen bedürfen einer Umweltverträglichkeitsprüfung. Grundlage ist das UVPG, das die Richtlinie 85/337/EWG über die Umweltverträglichkeitsprüfung bei bestimmten öffentlichen und privaten Projekten in deutsches Recht umsetzt. Das Verfahren zur Durchführung der Prüfung ist weithin in der 9. BImSchV geregelt. Subsidiär kommt gem. § 4 und § 6 Abs.2 UVPG das UVPG zur Anwendung; bedeutsam ist das v. a. bei eher inhaltlichen und bei genehmigungsübergreifenden Fragen. Zur Konkretisierung dieser Regelungen ist die Allgemeine Verwaltungsvorschrift zur Ausführung des Gesetzes über die Umweltverträglichkeitsprüfung vom 18. 9. 1995 (GMBl 671) ergangen. Die Verwaltungsvorschrift ist einmal als normkonkretisierende Vorschrift (dazu Rn.44 f zu § 48) von Bedeutung. Darüber hinaus wird auf sie in § 1 Abs.2 S.2, § 20 Abs.1 b der 9. BImSchV verwiesen.

13　Welche Anlagen im Hinblick auf Errichtung und Betrieb einer Umweltverträglichkeitsprüfung bedürfen **(UVP-pflichtige Vorhaben),** ist, wie auch § 1 Abs.2 der 9. BImSchV entnommen werden kann, allein im UVPG geregelt. Auf immissionsschutzrechtliche Einordnungen kommt es insoweit nicht (mehr) an. Welche Vorhaben im Einzelnen UVP-pflichtig sind, ergibt sich aus der Anlage 1 zum UVPG, die ähnlich wie der Anhang zur 4. BImSchV aufgebaut ist. Die in Spalte 1 der Anlage markierten Vor-

Genehmigungsverfahren **§ 10**

haben bedürfen immer einer Umweltverträglichkeitsprüfung. Bei den Vorhaben der Spalte 2 ist dagegen die Notwendigkeit der UVP in einer Vorprüfung zu ermitteln, wobei die Fälle der umfassenden Vorprüfung (im Anhang: A) und die Fälle der auf den Standort und damit auf die örtlichen Gegebenheiten beschränkten Vorprüfung (im Anhang: S) zu unterscheiden sind; hinzu kommt in bestimmten Fällen (im Anhang: L) eine Abgrenzung der UVP-Pflicht durch Landesrecht. Zur UVP bei Änderungen einer Anlage Rn.35 zu § 16.

b) Unselbständigkeit und Sonderregelungen

aa) Die Umweltverträglichkeitsprüfung wird gem. § 1 Abs.2 der 9. BImSchV und § 2 Abs.1 S.1 UVPG als **unselbständiger Teil** des immissionsschutzrechtlichen Genehmigungsverfahrens durchgeführt (Vallendar, UPR 1992, 215). Seit der Änderung im Jahre 2001 ist **immer** ein **förmliches Genehmigungsverfahren** notwendig, selbst wenn das Vorhaben in Sp.2 des Anhangs zur 4. BImSchV fällt (Rn.5 zu § 19), wie auch § 2 Abs.1 S.1 Nr.1 c der 4. BImSchV zu entnehmen ist. Da es andererseits Anlagen gibt, die förmlich zu genehmigen sind, ohne einer UVP zu bedürfen, kann man drei Gruppen genehmigungsbedürftiger Anlagen unterscheiden: Die Gruppe der UVP-pflichtigen Anlagen, die sonstigen förmlich zu genehmigenden Anlagen sowie die Anlagen mit vereinfachter Genehmigung (vgl. Jarass, NuR 1991, 203). **14**

Für UVP-pflichtige Vorhaben gelten eine Reihe von **Sondervorschriften,** die an der jeweils einschlägigen Stelle erörtert werden (unten Rn.22–24, 32, 63, 65, 112–116, 120, 126). Bedarf das Vorhaben mehrerer Genehmigungen, sind alle Genehmigungsbehörden an der Erstellung der UVP beteiligt (näher unten Rn.17). Zum Rechtsschutz unten Rn.133. Im *gestuften Genehmigungsverfahren* (Vorbescheid, Teilgenehmigung) wird die Umweltverträglichkeitsprüfung entsprechend dem Regelungsgegenstand gestuft; näher Rn.23 zu § 8 und Rn.14 zu § 9. Wurde in einem dem Genehmigungsverfahren vorgeschalteten *Raumordnungsverfahren* bereits eine (grobe) Umweltverträglichkeitsprüfung vorgenommen (dazu Rn.21 zu § 6), ist gem. § 23 a Abs.2 der 9. BImSchV ebenfalls eine Stufung möglich. **15**

bb) Im Falle der UVP-pflichtigen Anlagen sind Prüfungsgegenstand der Genehmigung gem. § 1 a der 9. BImSchV **alle Auswirkungen** der Anlage **auf** die dort genannten **Schutzgüter,** zu denen anders als bei § 1 auch die Landschaft gehört. Das ist jedenfalls im Hinblick auf § 6 Abs.1 Nr.2 mit den formell-gesetzlichen Vorgaben vereinbar (vgl. Rebentisch, NVwZ 1992, 927 f). Die in § 1 a Nr.1 der 9. BImSchV genannten Wechselwirkungen dürften dagegen auch von § 1 erfasst sein (Rn.5 zu § 1). Eine volle bzw. echte Alternativenprüfung findet nicht statt; näher Rn.27 zu § 6. § 4 e Abs.3 der 9. BImSchV und § 6 Abs.3 Nr.5 UVPG legen keine Pflicht zur Alternativenprüfung fest, sondern verlangen nur diesbezüglich Unterlagen, sofern der Vorhabensträger kraft eigener Entscheidung Alternativen geprüft hat. Ggf. sind gem. § 2 Abs.1 S.4 UVPG die Umweltverträglichkeitsprüfungen mehrerer Verfahren zusammenzufassen. **16**

§ 10   Genehmigungsbedürftige Anlagen

17   cc) Die für das Genehmigungsverfahren zuständige Behörde ist auch für die Durchführung der Umweltverträglichkeitsprüfung verantwortlich. Die Feststellung der UVP-Pflicht nach § 3a UVPG, die Unterrichtung über den voraussichtlichen Untersuchungsrahmen (dazu unten Rn.22–24), die grenzüberschreitende Behördenbeteiligung (dazu unten Rn.51f), die grenzüberschreitende Öffentlichkeitsbeteiligung (dazu unten Rn.58f), die Darstellung der Umweltauswirkungen (dazu unten Rn.112) sowie die Bewertung der Umweltauswirkungen (dazu unten Rn.113–115) sind jedoch gem. § 14 Abs.1 UVPG Aufgabe der „**federführenden Behörde**", sofern für das Vorhaben noch andere Zulassungen erforderlich sind und diese Zulassungen nicht gem. § 13 eingeschlossen werden. Welche Behörde federführend ist, bestimmt das Landesrecht. In aller Regel wird es sinnvoll sein, damit die immissionsschutzrechtliche Genehmigungsbehörde zu beauftragen (Gallas, UPR 1991, 216; Fluck UL § 13 Rn.C 48); im Rahmen von Änderungsgenehmigungen ist die immissionsschutzrechtliche Genehmigungsbehörde nach § 1 Abs.3 der 9. BImSchV federführende Behörde (Scheuing GK § 15 Rn.179). Die federführende Behörde erfüllt ihre Aufgaben im Zusammenwirken mit den für die sonstigen Zulassungen zuständigen Behörden (näher dazu unten Rn.52). Die Naturschutzbehörde ist gem. § 14 Abs.1 S.3 UVPG zu beteiligen, wenn ihr Aufgabenbereich durch das Vorhaben berührt wird.

7. Akteneinsicht und Informationsrechte

18   **Während** des gesamten **Genehmigungsverfahrens**, aber auch während des anschließenden Widerspruchsverfahrens stellt sich für den Antragsteller wie für Dritte die Frage der Akteneinsicht. Dazu enthalten das BImSchG und das VwVfG relativ restriktive Regelungen (unten Rn.18a), deren einschränkende Auswirkungen aber seit dem Erlass des Umweltinformationsgesetzes keine Bedeutung mehr haben:

18a   Der **Antragsteller** hat nach Maßgabe des § 29 VwVfG ein Recht auf Einsichtnahme in alle Unterlagen des Genehmigungsverfahrens, insb. in die Stellungnahme anderer Behörden (Dietlein LR 117; Czajka FE 46) und behördliche Gutachten. Allen anderen Personen steht (im förmlichen Verfahren) zunächst das Recht auf Einsichtnahme in die ausgelegten Unterlagen zu (unten Rn.68). Was die sonstige Akteneinsicht angeht, besitzen sie gem. § 10a S.1 der 9. BImSchV nur ein Recht auf fehlerfreien Ermessensgebrauch. Soweit es um **Drittbetroffene** geht, wurden dagegen zu Recht verfassungsrechtliche Bedenken erhoben (Roßnagel GK 328; Streinz, VerwArch 1988, 368f). Mit Einführung des Umweltinformationsgesetzes sind diese Bedenken obsolet geworden (unten Rn.18b).

18b   Weiter gehende Informationsrechte ergeben sich aus den Regelungen des **Umweltinformationsgesetzes**, (vgl. Rn.59 zu § 52) die gem. § 10a S.2 der 9. BImSchV unberührt bleiben. Danach hat jedermann ein Recht auf Einsicht in die Unterlagen des förmlichen wie des vereinfachten Genehmigungsverfahrens. Soweit die Unterlagen ausgelegt werden, wird

Genehmigungsverfahren § 10

diesem Anspruch durch die Auslegung Rechnung getragen. Das Informationsrecht hat dagegen eigenständige Bedeutung im vereinfachten Verfahren und generell bei behördlichen Stellungnahmen (unten Rn.46) und behördlichen Gutachten (unten Rn.55), da diese nicht ausgelegt werden. Die Einschränkung des § 7 Abs.1 Nr.1 UIG zur „Vertraulichkeit der Beratungen von Behörden" greift nicht, da es hier um den Schutz des Beratungsvorgangs selbst, nicht aber um den Schutz von Beratungsgegenständen und -ergebnissen geht, insb. nicht um Stellungnahmen anderer Behörden (OVG Schleswig, NVwZ 1999, 670; Fluck/Wintterle, VerwArch 2003, 447). Die Einschränkung des § 7 Abs.1 Nr.2 UIG greift jedenfalls nicht mehr seit der Änderung der Vorschrift (EuGH, Slg. 1998, I-3809 Rn.23 ff = EuZW 1998, 470; Moormann LR § 7 UIG Rn.43; Czajka FE 46 b). Schließlich kommt auch § 7 Abs.2 UIG nicht zum Tragen (Fluck/Wintterle, VerwArch 2003, 449). Bedeutsam ist hingegen der Schutz von Betriebs- und Geschäftsgeheimnissen (zur Abgrenzung unten Rn.34–36) nach § 8 UIG. Bei der Abwägung ist bedeutsam, ob die Unterlagen für die Rechtsgüter des Betroffenen von Gewicht sind (vgl. Ohms Rn.529).

8. Genehmigungsabsprachen

Vor und während eines Genehmigungsverfahrens kommt es vielfach zu **18c** Absprachen zwischen dem Antragsteller und der Genehmigungsbehörde. Solche Absprachen sind regelmäßig rechtlich nicht verbindlich, gleichwohl aber faktisch für den Ablauf des Verfahrens und die Entscheidung von Bedeutung (vgl. Tegethoff, BayVBl 2001, 645). Vor der Antragstellung geht es meist um den Inhalt von Antrag und Unterlagen (vgl. unten Rn.20f). Während des Verfahrens geht es vor allem um die Ausgestaltung der Genehmigung. Diese nichtförmlichen Absprachen unterliegen nicht den §§ 54 ff VwVfG (Tegethoff, BayVBl 2001, 647; a.A. Schlette, Die Verwaltung als Vertragspartner, 2000, 189 ff). Auch eine Beteiligung Drittbetroffener wird man im Regelfall nicht verlangen können (Tegethoff, BayVBl 2001, 649; a.A. Schulze-Fielitz, Jura 1992, 206). Notwendig ist aber eine Dokumentation der Absprachen in den Genehmigungsunterlagen des Genehmigungsverfahrens (Tegethoff, BayVBl 2001, 649f). Die Voraussetzungen des § 6 können durch Absprachen in keiner Weise reduziert werden (Tegethoff, BayVBl 2001, 648f). Im Übrigen muss die Behörde strikt darauf achten, dass auch nicht der Anklang einer Bindung an Absprachen entsteht (unten Rn.21). Von den Genehmigungsabsprachen sind die Anordnungsabsprachen zu unterscheiden; dazu Rn.6 zu § 17.

II. Einleitung des Verfahrens

1. Antragsteller und Träger des Vorhabens

Antragsteller kann gem. § 2 Abs.1 der 9. BImSchV nur der „Träger des **19** Vorhabens" sein. Darunter wird man denjenigen zu verstehen haben, der

§ 10   Genehmigungsbedürftige Anlagen

im eigenen Namen und in eigener Verantwortung die Anlage errichten und/oder betreiben will (s. auch Rn.81, 83 zu § 3). Dies wird regelmäßig der spätere Anlagenbetreiber sein; doch kommt auch derjenige in Betracht, der die Anlage am Standort errichtet, um sie dann dem Anlagenbetreiber zu überlassen (Ohms Rn.506; Vallendar FE (9), § 2 Anm.3; Rn.82 zu § 3). Der bloße Anlagenhersteller kann dagegen ebenso wenig Antragsteller sein wie der bloße Bauunternehmer (vgl. Dietlein LR 33; Storost UL C15); zum Unterschied zwischen Herstellen und Errichten Rn.44 zu § 4. Bei Änderungsgenehmigungen ist regelmäßig der gegenwärtige Anlagenbetreiber Träger des Vorhabens. Für die Fähigkeit, einen Antrag zu stellen, gelten §§ 11, 12 VwVfG (Dietlein LR 35). Ist der Antragsteller ein Unternehmen mit Betriebsrat, mag der Betriebsrat gem. §§ 89 Abs.2, 90 Abs.1 BetrVG intern zu beteiligen sein; dagegen ist der Betriebsrat nicht Verfahrensbeteiligter (missverständlich Dietlein LR 120 f).

2. Unterrichtung und Beratung

a) Regelfall

20   Noch vor Stellung des Genehmigungsantrags kann der Träger des Vorhabens die Behörde von dem geplanten Antrag unterrichten; eine Pflicht dazu besteht nicht (Engelhardt II (9), § 2 Rn.6). Aufgrund der Unterrichtung *soll* (d.h. im Normalfall: muss; vgl. Rn.46 zu § 17) die Behörde den Träger des Vorhabens im Hinblick auf die Antragstellung beraten (§ 2 Abs.2 der 9. BImSchV) und mit ihm den zeitlichen Ablauf und andere für die Durchführung des Verfahrens erhebliche Fragen erörtern. Der Pflicht der Behörde soll kein Rechtsanspruch des Trägers des Vorhabens entsprechen (Amtl. Begr., BR-Drs. 526/76, S.3; Engelhardt II (9), § 2 Rn.6; Roßnagel GK 133; a.A. Czajka FE (9) § 2 Rn.22; unklar Kutscheidt/Dietlein LR (9) § 2 Rn.8). Die Beratungspflicht bezweckt die Beschleunigung des Genehmigungsverfahrens und die vollständige Information der Behörde, nicht die positive Bescheidung des Antrags. Dementsprechend erstreckt sich die Beratungspflicht auf solche formellen und materiellen Anregungen, die zu einer Beschleunigung des Genehmigungsverfahrens oder zur Verbesserung der Entscheidungsgrundlagen beitragen werden. Wichtige Anwendungsfälle finden sich in § 2 Abs.2 S.3 der 9. BImSchV. Ist die Beteiligung anderer Behörden im Hinblick auf diesen Zweck sinnvoll, was vor allem bei Behörden des Abs.5 (dazu unten Rn.45) der Fall sein kann, steht es im Ermessen der Genehmigungsbehörde, diese bereits an der Beratung zu beteiligen. Auch eine Beteiligung Dritter ist nicht ausgeschlossen, obwohl sie in § 2 Abs.2 der 9. BImSchV, anders als in § 2a Abs.1 der 9. BImSchV, nicht genannt sind (Roßnagel GK 151). Ihre fehlende Erwähnung ist darauf zurückzuführen, dass ihre Beiziehung im Bereich des § 2 Abs.2 nur selten in Betracht kommen dürfte. Ab der Antragstellung gilt § 25 VwVfG (Amtl. Begr., BR-Drs. 526/76, S.3; Dietlein LR (9) § 2 Rn.23).

Der **Umfang der Beratung** wird nicht nur durch ihren Zweck (oben Rn.20) begrenzt. Auch verfassungsrechtliche Schranken sind zu beachten: Die Betroffenen haben einen Anspruch auf ein faires Verfahren (vgl. oben Rn.2; BVerwGE 75, 214/230f = NVwZ 1987, 578). Eine Beteiligung Dritter bei den Vorverhandlungen ist häufig nicht möglich (anders Roßnagel GK 152). Finden daher umfangreiche Vorverhandlungen statt, so besteht die Gefahr, dass Vorentscheidungen getroffen werden, die faktisch) im anschließenden Genehmigungsverfahren nur noch schwer korrigiert werden können (Roßnagel GK 144, 148; Bohne, VerwArch 1984, 350ff; Dietlein LR 37; vgl. auch BVerwGE 45, 309/317 = NJW 1975, 70). Die Vorverhandlungen werden sich daher v.a. auf *Verfahrensfragen* beziehen. Abschließende *materielle* Aussagen sind ausgeschlossen (vgl. Czajka FE 20; strenger Storost UL C3); insoweit ist ein Vorbescheid gemäß § 9 notwendig (Dietlein LR 37). Beschränkt sich die Behörde bei den Vorverhandlungen nicht auf das zulässige Maß, erweckt sie etwa gar den Anschein einer Bindung in bestimmten Punkten, handelt sie rechtswidrig (Bohne o. Lit. 148ff; a.A. Eberle, Verw 1984, 450ff). Ist der Träger des Vorhabens an einer bindenden Entscheidung interessiert, ist er auf die Möglichkeit eines Vorbescheides oder einer Teilgenehmigung hinzuweisen. **Zusicherungen** (§ 38 VwVfG) sowie **Verträge,** die eine Bindung der Behörde herbeiführen sollen, widersprechen dem Sinn und Zweck des nachfolgenden Genehmigungsverfahrens und sind daher unzulässig. Wegen der Evidenz dieses Mangels sind Zusicherungen nichtig (Kutscheidt LR (9), § 2 Rn.10; Czajka FE 20). Verträge sind gem. § 59 Abs.2 Nr.1 VwVfG unwirksam (Roßnagel GK 142).

b) UVP-pflichtige Vorhaben

Bei UVP-pflichtigen Vorhaben (dazu oben Rn.13) ist gem. § 2a der 9. BImSchV die allgemeine Beratungspflicht (oben Rn.20f) zu einer **Unterrichtung über voraussichtlich beizubringende Unterlagen** ausgeweitet worden. Damit soll ansatzweise ein Scoping-Verfahren zum Einsatz kommen. Sinn dieses Verfahrens ist es, die Umweltverträglichkeitsprüfung auf die problematischen Aspekte zu konzentrieren, im Interesse des Anlagenbetreibers, aber auch der Nachbarn und der Allgemeinheit. Eine solche Konzentration erlaubt es, die wirklich problematischen Punkte vertieft zu untersuchen (Jarass o. Lit. B, 1987, 63). Die Unterrichtung muss gem. § 2a Abs.1 S.1 der 9. BImSchV erfolgen, wenn der Vorhabensträger es wünscht oder die Genehmigungsbehörde sie für erforderlich hält.

In diesem Falle hat die Genehmigungsbehörde gem. § 2a Abs.1 S.2, 3 der 9. BImSchV eine **Besprechung** über Art und Umfang der beizubringenden Unterlagen (dazu unten Rn.29–32) sowie (als Sollensverpflichtung) über die Umweltverträglichkeitsprüfung anzusetzen. Zur Besprechung sind der Vorhabensträger sowie die nach § 11 der 9. BImSchV beteiligten Behörden einzuladen. Darüber hinaus können gem. § 2a Abs.1 S.4 der 9. BImSchV Sachverständige und Nachbarn sowie nicht unter § 11 der 9. BImSchV fallende Standort- und Nachbargemeinden eingeladen werden. Nachbarn können ihre Beteiligung gem. § 13 Abs.2 VwVfG beantragen, auch wenn noch kein immissionsschutzrechtlicher Genehmigungsantrag gestellt wurde (Ohms Rn.508). Die Entscheidung darüber steht im Ermessen der Genehmigungsbehörde. Ist eine sachgerechte Erörterung der Unterlagen ohne die Beteiligung von Sachverständigen etc. ausgeschlossen, besteht eine Pflicht zur Hinzuziehung (Roßnagel GK 155 ff).

24 Auf der Grundlage der Besprechung informiert die Genehmigungsbehörde den Vorhabensträger über Art und Umfang der **voraussichtlich notwendigen Unterlagen**. Dies ist auch dann geboten, wenn es mangels Beteiligung zu keiner Besprechung kommt. Die Information über die voraussichtlich notwendigen Unterlagen ist nicht verbindlich und daher kein Verwaltungsakt (BT-Drs. 11/3919, 23; Dietlein LR 38; a.A. Roßnagel GK 210). Sie ist gerichtlich weder vom Vorhabensträger noch von Dritten angreifbar (Ohms Rn.510). Weicht die Behörde später davon ab, muss sie das jedoch begründen (BR-Drs. 494/91, 50f; Dietlein LR 38). Darüber hinaus soll die Behörde gem. § 2a Abs.1 S.5 der 9. BImSchV dem Antragsteller Unterlagen zur Verfügung stellen, die der Beibringung der vom Antragsteller zu stellenden Unterlagen zweckdienlich sind, soweit Rechte Dritter nicht entgegenstehen. Zur Zuständigkeit und zur federführenden Behörde oben Rn.17.

3. Antrag

25 **aa)** Die Genehmigungsbehörde darf **nur auf Antrag** hin tätig werden. Erteilt die Behörde eine Genehmigung, ohne dass ein entsprechender Antrag gestellt wurde bzw. der Antrag vor Erteilung der Genehmigung zurückgenommen wurde, so ist die Genehmigung rechtswidrig, aber nicht notwendig nichtig; der Mangel kann gem. § 45 Abs.1 Nr.1 VwVfG durch Nachholen des Antrags geheilt werden (Sellner Rn.129; Roßnagel GK 591; Vallendar FE (9), § 2 Rn.2; a.A. Storost UL C2; Dietlein LR 41). Die Stellung eines Antrags kann nicht erzwungen werden (Dietlein LR 42; unten Rn.136), auch wenn die Anlage rechtswidrig ohne Genehmigung bereits betrieben wird; vielmehr hat die Behörde ggf. gem. § 20 Abs.2 zu verfahren. Zur Frage, wer Antragsteller sein kann, oben Rn.19.

26 **bb)** Der Antrag ist gem. Abs.1 S.1 **schriftlich** zu stellen, muss insb. vom Anlagenbetreiber oder einem Vertretungsberechtigten unterschrieben sein. Wird der Schriftform nicht Genüge getan, ist der Antrag unwirksam (Czajka FE 22). Fehlt die eigenhändige Unterschrift, ist der Antrag gleichwohl wirksam, wenn aus dem Antrag oder anderen Unterlagen zweifelsfrei zu entnehmen ist, dass der Antrag vom Antragsteller stammt (Dietlein LR 5). Sofern die zuständige Behörde einen elektronischen Zugang eröffnet hat und nach dem einschlägigen VwVfG des Landes die Schriftform durch die **elektronische Form** ersetzt werden kann (dazu Roßnagel GK 162 b), ist die zuständige Behörde nach der 2002 eingefüg-

Genehmigungsverfahren § 10

ten (Einl.2 Nr.37) Vorschrift des Abs.1 S.4 berechtigt, zu verlangen, dass Antrag und Unterlagen *zusätzlich* in schriftlicher Form eingereicht werden, ggf. auch in mehreren Exemplaren (Czajka FE 23 a). Der Antrag ist gem. § 2 Abs.1 der 9. BImSchV in jedem Fall an die Genehmigungsbehörde zu richten.

Die Behörde kann gem. § 5 der 9. BImSchV für den Antrag und die 27
Unterlagen die Verwendung von **Vordrucken** verlangen. Werden entsprechende Vordrucke trotz Aufforderung der Behörde nicht verwendet, kann die Behörde die Erteilung der Genehmigung verweigern (Czajka FE 25; Dietlein LR 53); allg. s. unten Rn.136. Der notwendige **Inhalt** des Antrags ergibt sich aus § 3 der 9. BImSchV. Bei Verteidigungsanlagen ist § 2 Abs.1 der 14. BImSchV zu beachten. Zu Besonderheiten bei der Teilgenehmigung Rn.20 zu § 8, beim Vorbescheid Rn.12 zu § 9. Die Benennung des Verantwortlichen nach § 52a Abs.1 kann mit dem Antrag erfolgen; doch muss das nicht notwendig geschehen (vgl. Rn.5 zu § 52a; a. A. Dietlein LR 45).

cc) Ein einmal gestellter Antrag kann jederzeit ohne Angabe von 28
Gründen **zurückgenommen** werden, mit der Folge, dass die Genehmigungsbehörde das Verfahren einstellen muss (BVerwGE 32, 41/43 = DVBl 1970, 215; Dietlein LR 40; Czajka FE 26). Eine gleichwohl erteilte Genehmigung ist rechtswidrig (oben Rn.25). Die Rücknahme lässt das Recht unberührt, den gleichen Antrag erneut zu stellen. Das Genehmigungsverfahren beginnt dann wieder von vorne. Die von der Behörde in dem abgebrochenen Verfahren erlangten Informationen sind allerdings im neuen Verfahren zu berücksichtigen. Zudem ist zu beachten, dass das Rücknahmerecht dazu missbraucht werden kann, erhobene Einwendungen unwirksam zu machen.

4. Unterlagen

a) Notwendige Unterlagen

aa) Dem Antrag sind die Unterlagen beizufügen, die zur Prüfung 29
sämtlicher Genehmigungsvoraussetzungen (Rn.5–25 zu § 6) *erforderlich* sind (Abs.1 S.2 iVm § 4 Abs.1 S.1 der 9. BImSchV). Der Antragsteller hat im Einzelnen nachprüfbar darzulegen, wo und wie die geplante Anlage errichtet und betrieben werden soll und dass alle Genehmigungsvoraussetzungen vorliegen. Dazu gehören regelmäßig auch entsprechende Analysen und Prognosen, möglicherweise in Form von Gutachten. Ob zu bestimmten Fragen Unterlagen vorzulegen sind, hängt davon ab, ob insoweit unter Berücksichtigung der Besonderheiten des jeweiligen Vorhabens und seiner Auswirkungen Zweifel an der Genehmigungsfähigkeit bestehen und evtl. Nebenbestimmungen zur Genehmigung geboten sein können. Gleiches gilt für die Spezifizierung und Detaillierung der Angaben (Czajka FE 28). Besonders eingehende Unterlagen sind für hochgefährliche Auswirkungen notwendig, sofern dafür Anhaltspunkte bestehen. Eine von der Anlagenart und der konkreten Situation losgelöste Vollstän-

§ 10 Genehmigungsbedürftige Anlagen

digkeit verfehlt den gesetzlichen Zweck. Sachgerecht ist vielmehr eine Schwerpunktbildung, zumal Unterlagen auch nachgefordert werden können (unten Rn.42). Zu berücksichtigen ist ein evtl. festgelegter Untersuchungsrahmen (näher oben Rn.24) sowie gem. § 4 Abs.1 S.2 der 9. BImSchV ggf. der Umstand, dass die Anlage Teil eines Standorts ist, für den eine Umwelt-Audit-Erklärung nach der EG-Verordnung für Umweltmanagement und Umweltbetriebsprüfung vorliegt (Hansmann, NVwZ 1997, 107); die Prüfungsintensität *kann* dann zurückgenommen werden (Feldhaus, UPR 1997, 347; Roßnagel GK 222 a; Schäfer, NVwZ 1997, 529). Nicht erforderlich sind Unterlagen, die die Behörde selbst erheblich leichter als der Antragsteller erlangen kann; diese Beschränkung folgt aus dem Übermaßverbot (vgl. auch oben Rn.24). Für die Unterlagen kann die Behörde auch Vordrucke vorschreiben (§ 5 der 9. BImSchV), was aber nicht bedeutet, dass der Umfang der notwendigen Unterlagen schematisch bestimmt werden kann.

30 bb) **Im Einzelnen** werden die notwendigen Unterlagen in den §§ 4a–4d der 9. BImSchV näher aufgeführt. Die aufgelisteten Unterlagen sind einerseits nicht abschließend (vgl. § 4 Abs.1 S.2 der 9. BImSchV: „insbesondere"). Andererseits sind auch die im Einzelnen genannten Angaben nur zu machen, soweit sie für die Entscheidung über den Genehmigungsantrag und die Ausgestaltung des Genehmigungsbescheides erforderlich sind, wie der 1996 (Einl.2 Nr.27) eingefügte Hinweis in § 4a Abs.1, § 4b Abs.1 und § 4c der 9. BImSchV auf die §§ 20f der 9. BImSchV verdeutlicht. Im Einzelnen geht es um folgende Unterlagen:

31 **(1)** Gem. § 4a der 9. BImSchV sind zunächst Angaben zur **Anlage** und zum **Anlagenbetrieb** notwendig (näher Roßnagel GK 173 ff). Dazu ist gem. § 4a Abs.2 der 9. BImSchV in bestimmten Fällen eine Immissionsprognose notwendig. Weitere Unterlagen sind gem. § 4 Abs.3 der 9. BImSchV bei Abfallverbrennungsanlagen notwendig. – **(2)** Gem. § 4b der 9. BImSchV sind Schutzmaßnahmen darzustellen, ggf. auch gem. § 4b Abs.2 der 9. BImSchV der Sicherheitsbericht nach § 18 der 12. BImSchV oder gem. § 4b Abs.3 der 9. BImSchV eine auslegungsfähige Darstellung zur Störfall-Sicherheit (dazu Roßnagel GK 188 ff). – **(3)** Weiter sind gem. § 4c der 9. BImSchV ein Plan zur Behandlung der Abfälle und ggf. gem. § 4d der 9. BImSchV Angaben zur Wärmenutzung vorzulegen. – **(4)** Zudem sind gem. § 4 Abs.2 der 9. BImSchV Angaben zu den naturschutzrechtlichen Anforderungen zu machen.

32 cc) Bei **UVP-pflichtigen Vorhaben** (dazu oben Rn.13) sind gem. § 4e der 9. BImSchV zudem noch einige andere Unterlagen notwendig (vgl. Roßnagel GK 211 ff; Rebentisch, NVwZ 1992, 930). Über den Wortlaut des § 4e Abs.3 S.1 der 9. BImSchV hinaus sind auch Angaben zu (vom Antragsteller geprüften) stofflichen und organisatorischen Alternativen zu machen (vgl. Roßnagel GK 219; Rn.27 zu § 6; a.A. Czajka FE (9) § 4e Rn.26); zur großen Alternativenprüfung vgl. auch oben Rn.16. Die umweltbezogenen Unterlagen werden bei UVP-pflichtigen Vorhaben

Genehmigungsverfahren § 10

regelmäßig in einer *Umweltverträglichkeitsstudie* bzw. einer *Umweltverträglichkeitsuntersuchung* zusammengefasst, die dann die Grundlage der behördlichen Umweltverträglichkeitsprüfung (dazu Rn.112–116) bildet (Ohms Rn.507).

b) Verständlichkeit und Übersetzung

Was die Verständlichkeit der Unterlagen angeht, so ist bei den für die 33 Auslegung bestimmten Unterlagen (dazu unten Rn.65–67) auf eine Verständlichkeit für jedermann zu achten, soweit dies irgend möglich ist (Czajka FE 28; Storost UL C21). Andernfalls kann die Präklusion eingeschränkt sein (dazu unten Rn.93 a). Das Ziel der Verständlichkeit für Drittbetroffene gilt auch im Bereich der Umweltverträglichkeitsprüfung (Jarass o. Lit. B 1989, 47 ff). In Fällen mit grenzüberschreitendem Bezug (dazu unten Rn.53) kann die Behörde gem. § 11 a Abs.5 der 9. BImSchV eine Übersetzung der Kurzbeschreibung sowie weiterer für die grenzüberschreitende Öffentlichkeitsbeteiligung bedeutsamer Angaben zum Vorhaben verlangen, sofern die Gegenseitigkeit gewahrt ist (Czajka FE 37 c).

c) Geheimzuhaltende Unterlagen

aa) Für Unterlagen, die Geschäfts- oder Betriebsgeheimnisse enthalten, 34 finden sich in Abs.2 und in § 10 Abs.3 der 9. BImSchV Sonderregelungen. **Geschäftsgeheimnisse** beziehen sich auf den kaufmännischen Betrieb, während **Betriebsgeheimnisse** den technischen Bereich betreffen (Storost UL C34; Dietlein LR 60). Beide Geheimnisarten setzen voraus, dass die fraglichen Tatsachen geheim und schutzwürdig sind; für die genaue Abgrenzung ist insoweit, wegen der unterschiedlichen Zwecksetzung, die nähere Bestimmung von Geschäfts- und Betriebsgeheimnissen in anderen Rechtsgebieten, insbesondere im Wettbewerbsrecht, nur von begrenztem Nutzen (Roßnagel GK 262):

(1) Geheim ist eine Tatsache nur, wenn sie allein dem Anlagenbetrei- 35 ber und den von ihm eingeschalteten Personen bekannt oder zugänglich ist (Roßnagel GK 256). Keine Geschäfts- und Betriebsgeheimnisse sind von vornherein alle Daten, die außerhalb des Anlagengrundstücks gemessen werden können (Taeger, Die Offenbarung von Geschäfts- und Betriebsgeheimnissen, 1988, 240 f; Führ o. Lit. A 235), insb. Immissionsdaten (Roßnagel GK 258). An der Geheimheit fehlt es auch bei Daten, auf deren Kenntnisse Dritte einen Rechtsanspruch haben, etwa nach dem Umweltinformationsgesetz (dazu oben Rn.18 b) oder nach der analogiefähigen Vorschrift des § 22 Abs.3 ChemG (Führ o. Lit. A 235 f; Roßnagel GK 257).

(2) Schutzwürdig sind geheime Tatsachen, wenn bei ihrer Offenle- 36 gung der Antragsteller oder Dritte unzumutbare Nachteile zu erwarten hätten (Hahn, Offenbarungspflichten im Umweltschutzrecht, 1984, 172 f; Rebentisch, NJW 1980, 100). Ob das der Fall ist, muss durch eine Abwägung mit den Informationsbedürfnissen der Allgemeinheit bzw. der Nachbarschaft ermittelt werden (Dietlein LR 62; Führ o. Lit. A 237). Die Gegenauffassung, wonach eine Gefahr von Nachteilen nicht erforderlich ist, vielmehr der Wille des Antragstellers genügt (Storost UL C34), verkürzt die Rechte der von der Anlage Betroffenen in unangemessener Weise, sofern im Ergebnis die Bedeutung des Willens des Antragstellers nicht doch sehr relativiert wird. Bei Emissionsdaten wird die Abwägung regelmäßig zu Lasten des Anlagenbetreibers ausgehen (Roßnagel GK 264; Dietlein LR 62; i.E. Führ o. Lit. A 236; Rn.16 zu § 27). Zu den Folgen unterschiedlicher Auffassungen über die Schutzwürdigkeit unten Rn.37 a.

37 **bb)** Unterlagen, die Geschäfts- oder Betriebsgeheimnisse enthalten, müssen gem. § 10 Abs.2 S.1 *im förmlichen Genehmigungsverfahren* (vgl. § 19 Abs.2) als solche gekennzeichnet und **getrennt** vorgelegt werden, da eine Auslegung derartiger Unterlagen ausscheidet (unten Rn.65). Zum gerichtlichen Verfahren gilt § 99 VwGO (Dietlein LR 65). Anstelle der nicht ausgelegten Unterlagen ist eine **Inhaltsbeschreibung** vom Antragsteller mit einzureichen, damit diese später ausgelegt werden kann. Sie muss gem. Abs.2 S.2 Dritten eine Beurteilung der Anlagenauswirkungen ermöglichen (Roßnagel GK 251; vgl. unten Rn.39).

37 a Ist die Behörde der Auffassung, dass es sich um keine (schutzwürdigen) Geschäfts- oder Betriebsgeheimnisse handelt (oben Rn.36), kann sie die Unterlagen gem. § 10 Abs.3 S.2 der 9. BImSchV erst nach Anhörung des Antragstellers auslegen. Die Auffassung, eine Auslegung sei nicht möglich, der Antrag vielmehr als unzulässig abzulehnen, wenn der Antragsteller eine auszulegende Unterlage nicht auslegen will (so Dietlein LR 64), widerspricht dem Wortlaut des § 10 Abs.3 der 9. BImSchV (Czajka FE 30). Der Antragsteller kann allerdings seinen Antrag zurücknehmen und so eine Auslegung verhindern (Czajka FE 30); im Zweifel wird man in einer strikten Ablehnung der von der Behörde verlangten Auslegung eine Rücknahme zu sehen haben. Die Entscheidung der Behörde über die Auslegungsfähigkeit ist anfechtbar (Storost UL D 18; Roßnagel GK 248; a.A. Dietlein LR 64); § 44a VwVfG greift nicht ein, weil die Verletzung der Geheimhaltung eine gesonderte Beeinträchtigung enthält.

38 **cc)** Bei Anlagen der **Landesverteidigung** sind gem. § 2 Abs.2 S.1 der 14. BImSchV Unterlagen, die der militärischen Geheimhaltung unterliegen, wie die in § 10 Abs.2 S.1 angesprochenen Unterlagen zu behandeln (oben Rn.37). Darüber hinaus soll (dazu Rn.50 zu § 17) die Genehmigungsbehörde auf die Vorlage der Unterlagen verzichten, wenn der Antragsteller dafür ausreichende Gründe vorträgt (zu den Grenzen Gallas/Eisenbarth, UPR 1986, 421).

d) Kurzbeschreibung und Gesamtverzeichnis

39 Dem Antrag ist gem. § 4 Abs.3 S.1 der 9. BImSchV eine Kurzbeschreibung beizufügen, die in allgemein verständlicher Fassung die wesentlichen Merkmale der Anlage und ihres Betriebs sowie die voraussichtlichen Auswirkungen für die Allgemeinheit und die Nachbarschaft beschreibt. Sie muss so ausführlich sein, dass es Dritten möglich ist, zu beurteilen, ob und in welchem Umfang sie von den Auswirkungen der Anlage betroffen

Genehmigungsverfahren   § 10

werden können (vgl. Roßnagel GK 225 f; Dietlein LR 51). Ist die Kurzbeschreibung mangelhaft, kann das die Präklusion ausschließen (dazu unten Rn.93 a). Außerdem hat der Antragsteller zur leichteren Prüfung der Vollständigkeit ein Verzeichnis der eingereichten Unterlagen beizufügen, in dem die Unterlagen mit Geschäfts- und Betriebsgeheimnissen (dazu oben Rn.34–36) besonders gekennzeichnet sind (§ 4 Abs.3 S.2 der 9. BImSchV). Zur evtl. Übersetzung der Kurzbeschreibung oben Rn.33.

5. Eingangsbestätigung, Vollständigkeitsprüfung, spätere Vervollständigung

aa) Nach Eingang des Antrags und der Unterlagen hat die Behörde unverzüglich dem Antragsteller den **Eingang** von Antrag und Unterlagen **zu bestätigen** (§ 6 der 9. BImSchV). Die Bestätigung bescheinigt lediglich den Eingang, nicht die Vollständigkeit der Unterlagen; sie setzt daher die Entscheidungsfristen nicht in Gang (vgl. unten Rn.42). Sie ist kein Verwaltungsakt, sondern eine schlichte Verfahrenshandlung (Kutscheidt LR (9), § 6 Rn.3; Vallendar FE (9), § 6 Rn.2). 40

bb) Weiter hat die Behörde nach Eingang von Antrag und Unterlagen unverzüglich zu **prüfen**, ob Antrag und Unterlagen **vollständig** bzw. ausreichend sind (§ 7 der 9. BImSchV). Dies hat gem. § 7 Abs.1 S.1 der 9. BImSchV **innerhalb eines Monats** nach Eingang von Antrag und Unterlagen zu erfolgen. Kann die Frist wegen der atypischen Besonderheiten des Antrags nicht eingehalten werden, ist gem. § 7 Abs.1 S.2 der 9. BImSchV eine Verlängerung um zwei Wochen möglich; die begründete Verlängerungsentscheidung muss vor Ablauf der Monatsfrist ergehen. Für die Beachtung der Fristen gilt § 31 VwVfG. Zum notwendigen Inhalt und Umfang des **Antrags** oben Rn.26 f; zum notwendigen Inhalt und Umfang der **Unterlagen** oben Rn.29–32. 41

Die Verpflichtung zur Vorlage bestimmter Unterlagen steht allerdings gem. § 7 Abs.1 S.5 der 9. BImSchV in diesem Stadium des Verfahrens in gewissem Umfang im behördlichen Ermessen: Dies gilt für Unterlagen, mit deren Hilfe Details hinsichtlich solcher Genehmigungsvoraussetzungen geprüft werden, deren Einhaltung auch ohne die Kenntnis der Details mit hinreichender Sicherheit bejaht werden kann (BT-Drs. 13/3996, S.8). Betreffen sie die Ausgestaltung der Anlage, können sie bis zum Beginn der Errichtung nachgereicht werden **(gestrecktes Verfahren);** betreffen sie den Betrieb der Anlage, ist dies bis zum Zeitpunkt der Inbetriebnahme möglich. Sofern die Unterlagen erst nach Erlass des Genehmigungsbescheids nachgereicht werden, ist in den Genehmigungsbescheid regelmäßig eine Auflage gem. § 12 Abs.2 a (dazu Rn.24 zu § 12) aufzunehmen (Ohms Rn.513). 41 a

cc) Sind Antrag und Unterlagen **vollständig,** hat dies die Behörde gem. § 7 Abs.2 der 9. BImSchV dem Antragsteller unter Benennung der zu beteiligenden Behörden und des Verfahrensablaufs mitzuteilen. Damit 42 beginnen die *Entscheidungsfristen* (unten Rn.117) zu laufen (Roßnagel GK 239). Bei **Unvollständigkeit** hat die Behörde den Antragsteller unverzüglich aufzufordern, die notwendigen Ergänzungen innerhalb einer angemessenen Frist vorzunehmen; die Frist soll gem. § 20 Abs.2 S.2 der 9. BImSchV höchstens drei Monate betragen. Kommt der Antragsteller dem nicht nach, kann die Aufforderung nicht zwangsweise durchgesetzt werden (vgl. unten Rn.136). Vielmehr soll die Behörde den Antrag sofort ablehnen (unten Rn.125). Eine Anfechtung der behördlichen Aufforderung ist gem. § 44a VwGO nicht möglich (Dietlein LR 57; Storost UL C29).

43 Auch bei Unvollständigkeit der Unterlagen hat die Behörde gem. § 7 Abs.1 S.4 der 9. BImSchV mit dem **Verfahren fortzufahren** und Teilprüfungen vorzunehmen, soweit das nicht wegen fehlender Unterlagen ausgeschlossen ist (Ohms Rn.513; restr. Roßnagel GK 238a). Zur Möglichkeit des gestreckten Verfahrens oben Rn.41a. Die Bekanntmachung des Antrags setzt allerdings gem. § 8 Abs.1 der 9. BImSchV voraus, dass alle *für die Auslegung* erforderlichen Unterlagen vorhanden sind; zum Umfang der auszulegenden Unterlagen unten Rn.65–67. Die Pflicht zur Beibringung weiterer Unterlagen besteht bis zum Zeitpunkt der behördlichen Entscheidung. Demzufolge kann die Behörde auch noch nach erfolgtem Auslegungsverfahren weitere Unterlagen anfordern, sofern dies notwendig erscheint. Dritten dürfte kein selbständig durchsetzbares Recht auf Vervollständigung der Unterlagen zustehen (BayVGH, NVwZ 1989, 483).

III. Behördliche Ermittlungen und Gutachten

1. Ermittlungen der Genehmigungsbehörde

44 Die Pflicht des Antragstellers, die notwendigen Unterlagen für die Genehmigung beizubringen, berührt nicht die Pflicht der Behörde, den Sachverhalt von Amts wegen aufzuklären (Untersuchungsgrundsatz des § 24 VwVfG). Im Rahmen dieser Pflicht steht die Auswahl der Beweismittel im Ermessen der Behörde (§ 26 Abs.1 VwVfG), das durch Verwaltungsvorschriften ausgefüllt werden kann (näher dazu Vallendar FE (9), § 4 Anm.4 ff). Zur Feststellung des Sachverhalts bei UVP-pflichtigen Vorhaben unten Rn.112.

2. Beteiligung sonstiger Behörden

a) Schlichte Beteiligung

45 **aa)** Gem. Abs.5 S.1 sind die Stellungnahmen all jener Behörden einzuholen, deren Aufgabengebiet durch das Vorhaben berührt wird. Das sind auf jeden Fall jene Behörden, die für eine gem. § 13 ersetzte Genehmigung zuständig sind. Können Abfälle iSv § 5 Abs.1 S.1 Nr.3 entstehen, sind die für die Abfall- bzw. Abwasserbeseitigung zuständigen Behörden

Genehmigungsverfahren **§ 10**

zu hören. Gleiches gilt für die Behörden, die für die Durchführung sonstiger öffentlich-rechtlicher Vorschriften iSd § 6 Abs.1 Nr.2 zuständig sind (Nr.7.1 VGenV NW). Bei ortsfesten Anlagen sind etwa die Bauaufsichtsbehörde und (wegen der Bebauungsplanung) die Standortgemeinden zu beteiligen. Sind Arbeitnehmer betroffen, müssen die Arbeitsschutzbehörden gehört werden. Häufig sind Wasserbehörden, Abfallbehörden oder Naturschutzbehörden anzuhören. Nicht zu beteiligen sind hingegen die Industrie- und Handelskammern sowie die Handwerkskammern (Dietlein LR 101).

bb) Die Beteiligung der sonstigen Behörden besteht in einer bloßen **46 Anhörung.** Die Genehmigungsbehörde ist also an deren Stellungnahme **nicht gebunden** (Dietlein LR 112; Czajka FE 52). Nach h.A. ist eine bloße Anhörung (und kein Einvernehmen bzw. Zustimmung) auch bei den Behörden ausreichend, die für eine behördliche Entscheidung zuständig sind, die von der immissionsschutzrechtlichen Genehmigung gem. § 13 eingeschlossen wird **(verdrängte Behörden);** näher dazu sowie zu Sonderregelungen Rn.8, 18 zu § 13. Werden allerdings Ausnahmen und Befreiungen eingeschlossen, wird dem Votum der zuständigen Fachbehörde besonderes Gewicht beizumessen sein. Andere Gesetze können darüber hinaus eine Bindung vorsehen; für das ROG wird das abgelehnt (BayVGH, NVwZ 1990, 983). Zudem können die Länder durch Verwaltungsvorschrift das Einvernehmen anderer Behörden verlangen (Dietlein LR 113; Seibert LR 46 zu § 13; a.A. Fluck UL D33).

Was das **Verfahren** angeht, so ist die Stellungnahme der sonstigen **47** Behörden spätestens mit der öffentlichen Bekanntmachung des Vorhabens anzufordern. Mit der Anforderung sind die Unterlagen sternförmig an alle beteiligten Behörden zu übermitteln; zu späteren *Änderungen* des Vorhabens unten Rn.104. Zur Beteiligung sonstiger Behörden bereits an den Vorgesprächen oben Rn.20, 23. Die sonstigen Behörden müssen sich bei ihren Stellungnahmen auf Fragen ihres Zuständigkeitsbereichs beschränken, wie nunmehr § 11 S.1 der 9. BImSchV ausdrücklich sagt. Die Stellungnahme ist gem. § 11 S.1 der 9. BImSchV **innerhalb eines Monats** abzugeben. Kommt die betreffende Behörde dem nicht nach, so hat die Genehmigungsbehörde gem. § 11 S.3 der 9. BImSchV davon auszugehen, dass sich die Behörde nicht äußern will. Die Genehmigungsbehörde hat dann die entsprechenden Fragen selbst zu klären (Roßnagel GK 416; Dietlein LR 108); wenn erforderlich, kann sie die Genehmigung durch einen Änderungsvorbehalt gem. § 12 Abs.2a (dazu Rn.23 zu § 12) ergänzen. Dies gilt auch dann, wenn eine angekündigte Äußerung nicht rechtzeitig abgegeben wird (vgl. Fluck UL § 13 Rn.C23). Der Verlauf des Anhörungsverfahrens kann eine weitere Stellungnahme notwendig machen (Nr.9.7 GenVwV NW). Schließlich können die sonstigen Behörden am Erörterungstermin teilnehmen (unten Rn.83). Zur Frage der Auslegung der behördlichen Stellungnahmen unten Rn.67; zur Akteneinsicht oben Rn.18f. Zum Anspruch nach dem UIG oben Rn.18b.

§ 10 Genehmigungebedürftige Anlagen

b) Vollständige Koordination und Abstimmung von Genehmigungsbehörden

48 aa) Das Anliegen des **integrierten** medienübergreifenden **Umweltschutzes** (Rn.8f zu § 1) wird auch dadurch gefährdet, dass für die zu genehmigende Anlage oder für das übergreifende Vorhaben weitere Zulassungen notwendig sind und in einem eigenen Verfahren erteilt werden. Der Vorgabe des Art.7 RL 96/61 entsprechend verpflichtet daher § 10 Abs.5 S.2 die immissionsschutzrechtliche Genehmigungsbehörde zu einer vollständigen Koordination von Verfahren und Genehmigungsinhalt.

49 **bb)** Was die Voraussetzungen des Abs.5 S.2 angeht, so sind zum einen Zulassungsverfahren für die Errichtung und den Betrieb der immissionsschutzrechtlichen Anlage nach anderen Gesetzen betroffen, soweit § 13 nicht zum Tragen kommt und das **konkurrierende Verfahren** nicht seinerseits die immissionsschutzrechtliche Genehmigung einschließt. Bedeutsam ist dies vor allen Dingen für wasserrechtliche Erlaubnisse und Bewilligungen (Roßnagel GK 416b; Czajka FE 54c).

50 Weiter werden Zulassungsverfahren räumlich benachbarter Vorhaben unter bestimmten Voraussetzungen erfasst (dazu Sellner, in: Dolde (Hg.), Umweltrecht im Wandel, 2001, 416), etwa wenn auf einem Gelände parallel eine Chemieanlage (nach dem BImSchG) und eine Abwasseranlage (nach dem WHG) zu genehmigen sind (Roßnagel GK 416b). Bedingt wird dies vor allem durch den Umstand, dass die Reichweite der immissionsschutzrechtlichen Genehmigung meist nur einen Teil eines Gesamtvorhabens erfasst (näher Rn.50 zu § 4). Die Anwendung des Abs.5 S.2 in solchen Fällen setzt voraus, dass das **weitere Vorhaben** mit der immissionsschutzrechtlichen Anlage in einem räumlichen *oder* betrieblichen Zusammenhang steht. Den räumlichen Zusammenhang wird man zu bejahen haben, wenn sich das weitere Vorhaben in der näheren Nachbarschaft befindet (vgl. Czajka FE 54e). Ein betrieblicher Zusammenhang besteht, wenn die immissionsschutzrechtliche Anlage mit dem weiteren Vorhaben durch gemeinsame Einrichtungen verbunden oder der Betrieb in irgendeiner Weise aufeinander bezogen ist (Czajka FE 54f; vgl. Rn.57 zu § 4). Schließlich muss das weitere Vorhaben Auswirkungen auf die Umwelt haben können. Zudem muss das weitere Vorhaben für die immissionsschutzrechtliche Genehmigung bedeutsam sein, was der Fall ist, wenn es für die Erfüllung der Genehmigungsvoraussetzungen (positiv oder negativ) eine Rolle spielt (Czajka FE 44h).

51 **cc)** Liegen die Voraussetzungen des Abs.5 S.2 vor, sind zum einen die **Zulassungsverfahren** vollständig zu **koordinieren** (krit. zu dieser Regelung Wasielewski, in: Dolde (Hg.), Umweltrecht im Wandel, 2001, 231; Calliess, in: Ruffert (Hg.), Recht und Organisation, 2003, 103f). Was das bedeutet, ist unsicher (Biesecke, ZUR 2002, 328). Die Vorgabe dürfte einen Informationsaustausch auf allen Stufen der Genehmigung notwendig machen. Insb. ist über geplante Inhaltsbestimmungen sowie Nebenbestimmungen die jeweils andere Zulassungsbehörde zu informie-

Genehmigungsverfahren **§ 10**

ren. Umgekehrt muss sich die Genehmigungsbehörde gem. § 11 S.4 der 9. BImSchV über den Stand anderer Zulassungsverfahren Kenntnis verschaffen und auf die Beteiligung der anderen Behörden hinwirken. Zum anderen müssen Inhaltsbestimmungen und Nebenbestimmungen gem. § 11 S.4 der 9. BImSchV *frühzeitig* **inhaltlich abgestimmt** werden (Dietlein LR 104), was einen Austausch der Entscheidungsentwürfe notwendig macht (Czajka FE 540). Materiell bedeutet das eine Erweiterung der Prüfungsperspektive über den Gegenstand der immissionsschutzrechtlichen Genehmigung hinaus. Kommt es zwischen den beteiligten Zulassungsbehörden insweit zu keiner Einigung, hat die nächst höhere Behörde die erforderliche Koordinierung vorzunehmen (BT-Drs. 14/4599, 128; Czajka FE 54 p f). Die Verpflichtung des Abs.5 S.2 lässt sich nur einhalten, wenn die Genehmigungsverfahren **zeitlich parallel** stattfinden; ein zeitliches Nacheinander ist damit ausgeschlossen (Stapelfeldt, Die immissionsschutzrechtliche Anlagenzulassung nach europäischem Recht, 2000, 288; Roßnagel GK 416 c; Steinberg/Kloepfer, DVBl 1997, 975; DiFabio, NVwZ 1998, 334; a.A. Czajka FE 54 n). Zudem ist die Benennung einer federführenden Behörde ähnlich wie in § 14 UVPG empfehlenswert (Sellner, in: Dolde (Hg.), Umweltrecht im Wandel, 2001, 416), wofür vor allem die immissionsschutzrechtliche Genehmigungsbehörde in Betracht kommt (Seibert LR § 13 Rn.38).

c) Zusammenarbeit im Rahmen der Umweltverträglichkeitsprüfung

Eine noch intensivere Zusammenarbeit ist bei UVP-pflichtigen Vorhaben (dazu oben Rn.13) notwendig. Die Umweltverträglichkeitsprüfung ist grundsätzlich von der immissionsschutzrechtlichen Genehmigungsbehörde gemeinsam mit den anderen Behörden durchzuführen, die für die Anlage eine Genehmigung o.Ä. zu erteilen haben. Die federführende Behörde hat nur in organisatorischen Fragen ein Letztentscheidungsrecht. Lassen sich in sachlicher Hinsicht unterschiedliche Auffassungen nicht ausräumen, sind beide Positionen darzustellen (anders Rebentisch, NVwZ 1992, 932). **52**

d) Beteiligung ausländischer Behörden

Abs.5 meint nur inländische Behörden. Ausländische Behörden sind aber gem. § 11a Abs.1 der 9. BImSchV in gleichem Umfang wie deutsche Behörden zu unterrichten, wenn entweder das Vorhaben erhebliche in den Antragsunterlagen zu beschreibende Auswirkungen in dem betreffenden Staat hat oder wenn ein anderer Staat, der möglicherweise von den Auswirkungen des Vorhabens erheblich berührt wird, um eine Unterrichtung nachsucht. Liegen diese Voraussetzungen vor, kann man von einem Fall mit **grenzüberschreitendem Bezug** des Verfahrens sprechen. Ob es sich dabei um EG-Staaten oder um andere Staaten handelt, ist seit der Novellierung des § 11a der 9. BImSchV im Jahre 2001 (Einl.2 Nr.34) unerheblich (Roßnagel GK 419a). **53**

§ 10 Genehmigungsbedürftige Anlagen

54   Welche **Behörde** zu unterrichten ist, wird von dem betreffenden Staat festgelegt. Wurde keine Festlegung getroffen, ist gem. § 11a Abs.1 S.2 der 9. BImSchV die oberste für Umweltangelegenheiten zuständige Behörde zu unterrichten. Auf deutscher Seite wird die Unterrichtung gem. § 11a Abs.1 S.3 der 9. BImSchV nicht von der Genehmigungsbehörde, sondern von der zuständigen obersten Landesbehörde vorgenommen. Welche **Unterlagen** der Behörde des Nachbarstaates zu übermitteln sind, wird in § 11a Abs.3 der 9. BImSchV näher festgelegt. Zur Zuleitung des Bescheids an ausländische Behörden unten Rn.121.

3. Sachverständigengutachten und andere Beteiligung von Sachverständigen

a) Gutachten

55   **aa)** Wegen der Komplexität der Auswirkungen genehmigungsbedürftiger Anlagen sind nicht selten Sachverständigengutachten erforderlich, um beurteilen zu können, ob die Anlage die Genehmigungsvoraussetzungen erfüllt. Die Genehmigungsbehörde kann deshalb gem. § 13 Abs.1 S.1 der 9. BImSchV entsprechende Gutachten einholen, soweit sie erforderlich sind (**behördliche Gutachten**), weil weder die Genehmigungsbehörde noch eine der nach Abs.5 zu beteiligenden Behörden in der Lage ist, eine bestimmte Frage mit Sicherheit zu beurteilen (Engelhardt II (9), § 13 Rn.3). Das können auch Rechtsfragen sein (Dietlein LR 202). Ist für das Vorhaben eine Sicherheitsanalyse erforderlich, muss dazu in der Regel gem. § 13 Abs.1 S.3 der 9. BImSchV ein Gutachten eingeholt werden (dazu BR-Drs. 869/92/Beschluss, S.8). Die behördlichen Gutachten sind gem. § 13 Abs.1 S.2 der 9. BImSchV möglichst *vor* der Bekanntmachung des Vorhabens in Auftrag zu geben. Geht das Gutachten erst nach dem Erörterungstermin ein, kann gem. § 28 VwVfG eine ergänzende Anhörung von Antragsteller und Drittbetroffenen erforderlich sein (Roßnagel GK 441; Dietlein LR 207). Weiter können, allerdings nur mit Zustimmung des Antragstellers, Gutachten eingeholt werden, sofern sie der Beschleunigung des Verfahrens dienen (§ 13 Abs.1 S.4 der 9. BImSchV). Bei der Auswahl des Gutachters sind die §§ 20f VwVfG entsprechend anzuwenden (Dietlein LR 205; Roßnagel GK 437), desgleichen § 63 Abs.1 S.2 VwVfG (NdsOVG, RdE 1995, 116). Zur Auslegung unten Rn.66, zur Akteneinsicht oben Rn.18a f. Die Kosten notwendiger wie der mit Zustimmung des Antragstellers eingeholter Gutachten fallen gem. § 52 Abs.4 S.1 generell dem Antragsteller zur Last (dazu Rn.50, 52 zu § 52).

56   **bb)** Nicht mit behördlichen Gutachten dürfen **Partei-** bzw. **Privatgutachten** verwechselt werden, die v.a. vom Antragsteller vorgelegt werden. Für die Abgrenzung kommt es darauf an, wer Auftraggeber des Gutachtens ist. Privatgutachten sind Teil der Antragsunterlagen und anders als die behördlichen Gutachten auszulegen (§ 13 Abs.2 der 9. BImSchV). Sie können die Einholung eines behördlichen Gutachtens überflüssig machen. Im Regelfall wird das aber nicht der Fall sein, jedenfalls seit die Möglich-

keit besteht, ein Privatgutachten im Einverständnis mit der Genehmigungsbehörde einzuholen und es dadurch zum behördlichen Gutachten zu machen (BR-Drs. 869/92, S.9f).

Erfolgt allerdings die Auftragserteilung an einen Gutachter im *Einverständnis* mit der Genehmigungsbehörde, wobei sich das Einverständnis auf alle Aspekte des Auftrags beziehen muss (BR-Drs. 869/92, S.9f), dann ist das Gutachten gem. § 13 Abs.2 S.2 der 9. BImSchV als **behördliches Gutachten** einzustufen, mit den unten in Rn.67 beschriebenen Folgen. Gleiches gilt gem. § 13 Abs.2 S.2 der 9. BImSchV, wenn ein gem. *§ 29a Abs.1 S.1* für den einschlägigen Sachbereich bekanntgegebener Sachverständiger (Rn. 11–14 zu § 29a) oder ein Sachverständiger iSd *§ 29a Abs.1 S.2* (Rn. 8 zu § 29a) mit der Erstellung des Gutachtens beauftragt wird. Beides ist aber restriktiv zu verstehen, da sich das Gutachten immer noch im finanziellen und sachlichen Einflussbereich des Antragstellers bewegt (vgl. BR-Drs. 869/1/92, S.11). § 13 Abs.2 S.2 der 9. BImSchV ist daher nur anwendbar, wenn die Behörde maßgeblichen Einfluss auf den Inhalt des Auftrags nimmt (Storost UL F2; Dietlein LR 204; Roßnagel GK 435). 57

b) Andere Beteiligung von Sachverständigen

Durch § 13 Abs.1 S.4 der 9. BImSchV wurde klargestellt, dass mit Einwilligung des Antragstellers Sachverständige im Genehmigungsverfahren nicht nur zur Erstattung von Gutachten herangezogen werden können, sondern auch zu anderen Hilfsleistungen, wie etwa zur Sichtung und Ordnung von Einwendungen oder zur Vorbereitung des Erörterungstermins (BR-Drs. 869/92/Beschluss, S.9) oder zur Erstellung von Antragsunterlagen (Fluck, DB 1993, 2016). Mit der Regelung wird zudem evtl. datenschutzrechtlichen Anforderungen Rechnung getragen. Eine Heranziehung von Sachverständigen *ohne* Einverständnis des Antragstellers ist nicht ausgeschlossen, sofern dies zur Aufklärung notwendig ist, nicht jedoch aus Gründen der Verfahrensbeschleunigung (Dietlein LR 209). 58

IV. Öffentlichkeitsbeteiligung und sonstige Anhörung Dritter

1. Bedeutung und Erforderlichkeit der Öffentlichkeitsbeteiligung

Kernstück des förmlichen Genehmigungsverfahrens ist die Anhörung Dritter, die **Öffentlichkeitsbeteiligung.** Sie besteht in der Bekanntmachung des Vorhabens, der Auslegung der Unterlagen, den Einwendungen Dritter und dem Erörterungstermin. Die Öffentlichkeitsbeteiligung dient der Information der Behörde, aber auch dem Interesse der Betroffenen. In Fällen, in denen auf eine Öffentlichkeitsbeteiligung verzichtet werden kann (vgl. unten Rn.59a), sind Dritte vom Genehmigungsverfahren nicht völlig ausgeschlossen. Der Behörde steht es frei, Dritte anzuhören. Unter bestimmten Voraussetzungen besteht sogar eine Anhörungspflicht. Insoweit kann auf die Ausführungen zum vereinfachten Genehmigungsverfahren verwiesen werden (Rn.14 zu § 19). 59

§ 10   Genehmigungsbedürftige Anlagen

59a   Eine Öffentlichkeitsbeteiligung ist bei der Zulassung von Anlagen nur in bestimmten Fällen **erforderlich:** – **(1)** Zunächst ergibt sich die Abgrenzung der förmlich und daher mit Öffentlichkeitsbeteiligung zu genehmigenden Anlagen und der Anlagen des vereinfachten Verfahrens ohne Öffentlichkeitsbeteiligung auf der Grundlage des § 19 aus § 2 der 4. BImSchV; näher dazu Rn.4–8 zu § 19. – **(2)** Keine Öffentlichkeitsbeteiligung ist weiter bei Änderungsgenehmigungen unter den Voraussetzungen des § 16 Abs.2 notwendig; näher dazu Rn.37–45a zu § 16. – **(3)** Bei Änderungen während des Genehmigungsverfahrens entfällt unter bestimmten Voraussetzungen die Notwendigkeit einer Öffentlichkeitsbeteiligung; dazu näher unten Rn.105–109.

2. Bekanntmachung

a) Regelfall

60   Das Vorhaben ist gem. Abs.3 S.1 bekannt zu machen, sobald die für die Auslegung notwendigen **Unterlagen** (unten Rn.65–67) **vollständig** sind. Die Bekanntmachung erfolgt gem. Abs.3 S.1 sowohl in dem durch Rechtssatz oder Verwaltungsvorschriften bestimmten amtlichen **Veröffentlichungsblatt** als auch in den örtlichen, d. h. im Bereich der Anlage verbreiteten **Tageszeitungen.** Dadurch soll sichergestellt werden, dass eine ausreichende, tatsächlich wirksame Information der Betroffenen stattfindet. Im Hinblick auf diesen Zweck ist der Kreis der Tageszeitungen entgegen mancher Äußerung in der Literatur (Storost UL D5) großzügig abzustecken. Die Bekanntmachung muss in allen Tageszeitungen mit einem größeren Leserkreis im mutmaßlichen Einwirkungsbereich der Anlage (dazu Rn.33 zu § 3) erfolgen (Huber, AöR 1989, 274f; Roßnagel GK 275; Streinz, VerwArch 79 (1988), 301; zu eng Nr.6.1 VGenV NW); andernfalls ist die materielle Präklusion verfassungsrechtlichen Bedenken ausgesetzt. Dies können auch überregionale Tageszeitungen sein. Eine Bekanntmachung nur über *eine* örtliche Tageszeitung (so Czajka FE 37) wird dem Wortlaut des Abs.3 S.1 nicht gerecht. Auch die Beschränkung auf Tageszeitungen am Standort der Anlage (so Dietlein LR 74) verfehlt die Funktion der Bekanntmachung, die alle Betroffenen im Einwirkungsbereich informieren soll. Zu überlegen ist eine zusätzliche Publikation über das Internet.

61   **Inhaltlich** muss die Bekanntmachung gem. Abs.4 und § 9 Abs.1 der 9. BImSchV neben den notwendigen Angaben des Antrags (s. § 3 der 9. BImSchV) Angaben über den Auslegungsort, über den ersten und letzten Tag der Auslegungsfrist (dazu unten Rn.62) und über die Einwendungsfrist (dazu unten Rn.74) sowie die täglichen Einsichtszeiten enthalten. Das Vorhaben ist allgemein verständlich zu beschreiben und nach Möglichkeit mit Straße und Hausnummer zu bezeichnen (BayVGH, NVwZ-RR 2002, 335; Roßnagel GK 277). Weiterhin ist auf die Möglichkeit, Einwendungen zu erheben, sowie auf den Ausschluss der Einwendungen nach Ablauf der Frist hinzuweisen. Dabei ist auch die mögli-

Genehmigungsverfahren **§ 10**

che Präkludierung von Klagen aufzuführen (Streinz, VerwArch 79 (1988), 304f; Roßnagel GK 271; vgl. BVerwGE 67, 206/213; a.A. Czajka FE 35), wie § 10 Abs.4 Nr.2 ausdrücklich festlegt. Zudem kann die materielle Präklusion nur unter dieser Voraussetzung im Hinblick auf Art.19 Abs.4 GG Bestand haben. Dagegen braucht die Präklusion des § 11 nicht zusätzlich erwähnt zu werden. Schließlich müssen Datum, Zeit und Ort des Erörterungstermins genannt und auf die evtl. Ersetzung der Zustellung durch eine öffentliche Bekanntmachung hingewiesen werden. Ggf. können und sollten auch Datum, Zeit und Ort für eine Fortsetzung des Erörterungstermins bekannt gegeben werden (unten Rn.82). Zu Besonderheiten bei der Teilgenehmigung Rn.22 zu § 8, beim Vorbescheid Rn.13 zu § 9.

b) Bekanntmachung im Ausland

Hat die Anlage einen grenzüberschreitenden Bezug (dazu oben Rn.53), **61a** muss die Genehmigungsbehörde gem. § 11a Abs.4 S.1 der 9. BImSchV auf eine Bekanntmachung im Ausland in geeigneter Form hinwirken. Was den Inhalt angeht, so gilt § 10 Abs.4 bzw. § 9 der 9. BImSchV in vollem Umfang (Czajka FE 37a; Roßnagel GK 279; a.A. Dietlein LR 75). Die Bekanntmachung hat in dem Gebiet mit mutmaßlich erheblichen Auswirkungen zu erfolgen. Was die Form angeht, so kommt regelmäßig eine Bekanntgabe in einer Tageszeitung in Betracht (Czajka FE 37b) und zwar in der betreffenden Landessprache. Die Bekanntmachung kann von der ersuchten ausländischen Behörde oder von der Genehmigungsbehörde vorgenommen werden (Czajka FE 35b). Da die Bekanntmachung (zusammen mit der sonstigen Öffentlichkeitsbeteiligung im Nachbarland) zur Präklusion führen kann (unten Rn.96a), handelt es sich um eine echte Bekanntmachung (a.A. Dietlein LR 153).

3. Auslegung

a) Beginn und Dauer

Gem. § 9 Abs.2 der 9. BImSchV *soll* zwischen der zeitlich letzten Bekanntmachung und dem Beginn der Auslegungsfrist *eine* Woche liegen. **62** Diese Frist dient lediglich dazu, mögliche Verzögerungen beim Erscheinen der Tageszeitungen auszugleichen (Storost UL D22). Verkürzungen oder Verlängerungen der Frist sind daher unschädlich und berechtigen nicht zur Anfechtung (Dietlein LR 89). Allerdings darf die Auslegung frühestens am Tage nach der letzten Bekanntgabe erfolgen. Der Auslegungszeitraum beträgt seit der Gesetzesänderung im Jahre 1990 (Einl.2 Nr.13) gem. Abs.3 S.2 **einen** Monat. Die Fristberechnung erfolgt nach § 31 VwVfG iVm §§ 187ff BGB; insb. kann die Frist nur an einem Werktag (nicht Samstag) ablaufen (§ 31 Abs.3 VwVfG). Die Frist ist zu verlängern, wenn innerhalb des normalen Auslegungszeitraums nicht allen Interessierten eine Einsichtnahme in die Unterlagen möglich war (Engelhardt II (9), § 10 Rn.2; a.A. Storost UL D23). Dabei sind jedoch nur solche Umstände zu berücksichtigen, die der auslegenden Behörde zuzurechnen sind.

§ 10 Genehmigungsbedürftige Anlagen

b) Ort und Tageszeiten

63 **Auslegungsort** ist immer der Sitz der Genehmigungsbehörde. Zusätzlich sind gem. § 10 Abs.1 S.1 der 9. BImSchV Antrag und Unterlagen in der Nähe des Standorts auszulegen, soweit dies erforderlich ist, vor allem dann, wenn zwischen den beiden Orten eine größere Entfernung liegt, wie das in Flächenstaaten häufig der Fall sein wird (Sellner Rn.139; Czajka FE 44). Bei UVP-pflichtigen Vorhaben (dazu oben Rn.13) sind die Unterlagen *zudem* gem. § 10 Abs.1 S.2 der 9. BImSchV in *allen* Gemeinden auszulegen, in denen sich das Vorhaben voraussichtlich auswirkt.

64 Dem Publikum muss die Einsichtnahme in die Unterlagen gem. § 10 Abs.1 S.2 der 9. BImSchV **innerhalb der Dienststunden** möglich sein (dazu Vallendar FE (9), § 10 Anm.6; Engelhardt II (9), § 10 Rn.2). Unzulässig ist eine Beschränkung auf Sprech- oder Kernzeiten (OVG Lüneb, NVwZ 1985, 508; Storost UL D27). Zumindest an einem Tag der Woche sollten die Auslegungszeiten außerdem bis in die Abendstunden ausgedehnt werden, damit auch tatsächlich jedermann die Möglichkeit der Einsichtnahme erhält (v. Mutius, DÖV 1978, 759; Roßnagel GK 314).

c) Umfang der auszulegenden Unterlagen

65 **aa)** Auslegungsbedürftig sind nicht alle das Vorhaben betreffenden Akten. Vielmehr ist gem. Abs.3 S.2 die Auslegung auf Antrag und Unterlagen beschränkt, also auf die vom Antragsteller vorgelegten Papiere. Dazu gehört insb. die Kurzbeschreibung (oben Rn.39). Soweit Unterlagen *Geschäfts- oder Betriebsgeheimnisse* enthalten, sind sie gem. § 10 Abs.3 S.2 Hs.1 nicht auszulegen; an ihrer Stelle kommt die Inhaltsbeschreibung (oben Rn.37) zur Auslegung. Erfasst werden zudem gem. § 13 Abs.2 S.1 der 9. BImSchV die vom Antragsteller eingeholten Gutachten (Roßnagel GK 300), es sei denn, sie wurden im Einvernehmen mit der Behörde eingeholt (vgl. oben Rn.56 f). Ggf. sind gem. § 10 Abs.1 der 9. BImSchV die Unterlagen zur Umweltverträglichkeitsprüfung sowie der Sicherheitsbericht iSv § 9 der 12. BImSchV mit auszulegen (Ohms Rn.519). Werden notwendige Unterlagen vom Antragsteller *erst nach Beginn der Auslegung* vorgelegt, dürfte für sie eine erneute Auslegung (und eine neue Einwendungsfrist) notwendig sein, sofern ihr (zusätzlicher) Inhalt für Auswirkungen des Vorhabens auf Dritte bedeutsam ist (Czajka FE 40; Ohms Rn.522; vgl. BVerwGE 75, 214/226 = NVwZ 1987, 578).

66 Die *vom Antragsteller eingereichten Unterlagen* sind gem. § 10 Abs.1 der 9. BImSchV nur insoweit auszulegen, als sie Angaben über die **Auswirkungen** der Anlage **auf die Allgemeinheit** bzw. **die Nachbarschaft** enthalten. Unterlagen zur Statik der Anlage werden im Hinblick auf den Schutz der Allgemeinheit auszulegen sein (Roßnagel GK 298; Dietlein LR 92; a.A. Czajka FE 38). Entgegen dem missverständlichen Wortlaut des § 22 Abs.2 der 9. BImSchV gilt das in vollem Umfang auch für Teilgenehmigungen und Vorbescheide (dazu Rn.22 zu § 8). Die Einschränkung der auszulegenden Unterlagen dürfte im Anwendungsbereich der

Genehmigungsverfahren **§ 10**

IVU-Richtlinie mit Art.15 Abs.1 RL 96/61 nicht vereinbar sein (Günter, NuR 2002, 399).

bb) Nicht auslegungsbedürftig, wohl aber auslegungsfähig, sind die 67 **Stellungnahmen der** *Genehmigungsbehörde wie sonstiger* **Behörden** sowie die *von der Behörde eingeholten* **Gutachten** (Storost UL D19; Dietlein LR 114; a. A.für Auslegungspflicht bei bereits ergangenen Stellungnahmen und Gutachten Roßnagel GK 299). Im Hinblick auf die verfassungsrechtlich fundierten Rechte der Dritten (vgl. oben Rn.2) wird man bei Unterlagen der Behörden und bei Sachverständigen-Gutachten, die neue, für die Nachbarschaft bedeutsame Tatsachen enthalten, sogar eine Auslegungs*pflicht* anzunehmen haben (VGH BW, ESVGH 27, 138; Storost UL D19; Dietlein LR 114; vgl. Ohms Rn.519). Im Übrigen muss die Behörde die Betroffenen auf Anfrage über neue Befunde informieren und ihnen auf Wunsch Einsicht gewähren; näher dazu oben Rn.18b. Schließlich ist die Genehmigungsbehörde nicht gehindert, weitere Aufzeichnungen und Gutachten auszulegen; zu Geschäfts- und Betriebsgeheimnissen vgl. allerdings oben Rn.37f. Behördliche Gutachten wie andere nachträglich erhaltene Unterlagen sind im Erörterungstermin zu erläutern (Czajka FE 54, 76; s. auch unten Rn.86).

d) Recht auf Einsichtnahme

Das Recht, die ausgelegten Unterlagen zu studieren, steht, wie die Einwendungsbefugnis (dazu unten Rn.71), jedermann zu. Über das bloße Einsichtsrecht hinaus, ist dem Dritten gem. § 10 Abs.2 der 9. BImSchV auf Aufforderung eine Kopie der Kurzbeschreibung kostenlos zu überlassen und gegebenenfalls zu übersenden. Von den weiteren ausliegenden Unterlagen können sich Einsichtnehmende Notizen und Abschriften selbst anfertigen (Czajka FE 45; Dietlein LR 93). Soweit sich bei der Behörde ein entsprechendes Gerät befindet, ist die (kostenpflichtige) Erstellung von Ablichtungen zu ermöglichen (Storost UL D26; Roßnagel GK 320; a.A. Amtl. Begr. BR-Drs. 526/76). Unberührt bleiben allg. Ansprüche auf Akteneinsicht und Information; dazu oben Rn.18–18b. 68

(unbesetzt) 69

4. Einwendungen

a) Bedeutung und Rechtsnatur

Die Möglichkeit, Einwendungen zu erheben, dient primär der Information der Genehmigungsbehörde, daneben aber auch dem Schutz der von der Anlage potentiell Betroffenen. Mit dem Erheben der Einwendung wird nach h. A. der Einwender Verfahrensbeteiligter; dazu unten Rn.131. Die Einwendung stellt weder einen Rechtsbehelf noch ein förmliches Rechtsmittel dar, da diese nur gegen eine getroffene Entscheidung eingelegt werden können; daran fehlt es im Anhörungsverfahren. Die Einwendung ist daher vom Widerspruch des § 68 VwGO zu unterscheiden, ebenso von einer Petition gem. Art.17 GG. Die Stellungnahmen der sons- 70 tigen Behörden stellen keine Einwendungen in diesem Sinne dar (Czajka FE 55; Engelhardt II (9), § 12 Rn.1). Nicht als Einwendungen iSd Abs.3 S.2 sind Einwände anzusehen, die in einem Genehmigungsverfahren ohne Öffentlichkeitsbeteiligung erhoben werden; vgl. Rn.14 zu § 19.

b) Einwendungsbefugnis

71 Berechtigt, Einwendungen zu erheben, ist jedermann. Eine Betroffenheit in einem Recht oder in einem rechtlichen Interesse ist nicht notwendig (Storost UL D40; Sellner 154). Auch Verbänden (Czajka FE 57; Dietlein LR 128) und juristischen Personen des öffentlichen Rechts (Storost UL D40; Czajka FE 57) steht die Einwendungsbefugnis zu. Das Gleiche muss für Personen mit ausländischem Wohnsitz gelten (OVG Saarl, NVwZ 1995, 97; Führ GK 28 zu § 2; Roßnagel GK 361; Dietlein LR 195; Engelhardt II (9), § 1 Rn.8), unabhängig davon, ob ihnen subjektive Rechte zustehen; zur Verbesserung der Informationsbasis können auch Personen mit ausländischem Wohnsitz beitragen (vgl. Oppermann/Kilian o. Lit. A, 112f). Betroffenen-Einwendungen (dazu unten Rn.72) mit den damit verbundenen Präklusionsfolgen sind für solche Personen erst nach ausreichender Bekanntgabe des Genehmigungsantrags in dem betreffenden Staat vorgesehen. Ohne solche Bekanntgabe können sie Jedermann-Einwendungen erheben (Roßnagel GK 362a).

c) Inhalt, Form und Ort

72 Der bloße Protest gegen das geplante Vorhaben stellt noch keine Einwendung dar (BVerwG, Bh 406.25 § 10 BImSchG Nr.3; Dietlein LR 133; Storost UL D42); vielmehr muss erkennbar sein, wieso das Vorhaben für unzulässig gehalten wird. Keine Einwendung liegt auch in der schlichten Bezugnahme auf Vorbringen in einem anderen Verfahren (BVerwG, DVBl 1987, 258f). Andererseits ist zu beachten, dass es *Jedermann-Einwendungen* und *Betroffenen-Einwendungen* gibt. Erstere können auch im Interesse der Allgemeinheit, unter Verzicht auf die Benennung konkret betroffener Rechtsgüter erhoben werden (OVG NW, UPR 1989, 390; Dietlein LR 126; zum Atomrecht BVerwGE 60, 297/301 = NJW 1981, 359). An Betroffenen-Einwendungen werden dagegen strengere Anforderungen gestellt, sollen sie die Präklusion von Ansprüchen vermeiden (dazu unten Rn.97).

73 Die Einwendungen müssen gem. Abs.3 S.2 **schriftlich** erhoben werden, und Namen sowie Anschrift des Einwenders enthalten, da sonst der Genehmigungsbescheid nicht zustellbar ist (Dietlein LR 137; Engelhardt II (9), § 12 Rn.2; vgl. § 12 Abs.2 S.3 der 9. BImSchV). Dies kann auch telegraphisch, per Telefax oder per E-Mail geschehen (vgl. Storost UL D46), nicht jedoch telefonisch (Dietlein LR 136). Seit der Novellierung von 1993 (Einl.2 Nr.21) sind Einwendungen zur Niederschrift nicht mehr möglich. Zur eigenhändigen Unterschrift gelten die entspr. Ausführungen oben in Rn.26. Sammeleinwendungen schließen eine Präklusion nur aus, wenn aus ihnen die einzelnen Personen mit Namen und Anschriften, ihr

Wille, eine eigene Einwendung zu erheben und das betroffene Rechtsgut deutlich werden (Ohms Rn.524). Die insoweit etwas zurückhaltendere Regelung des § 17 Abs.2 S.2 VwVfG betrifft Jedermann-Einwendungen, nicht Betroffenen-Einwendungen. Bei Massenverfahren sind zusätzliche Anforderungen möglich (dazu unten Rn.76). Die Einwendungen sind gem. § 12 Abs.1 der 9. BImSchV bei der Genehmigungsbehörde oder bei der auslegenden Behörde zu erheben.

d) Frist

Die Einwendungen müssen gem. § 10 Abs.3 S.2 in der Auslegungsfrist **74** (dazu oben Rn.62) oder in den beiden folgenden Wochen erhoben werden. Insgesamt können also Einwendungen innerhalb eines Zeitraums von einem Monat und zwei Wochen nach Auslegungsbeginn erhoben werden. Rechtzeitig erhoben sind auch bereits **vor** Beginn der Einwendungsfrist gemachte Einwendungen; die Formulierung des § 14 Abs.2 der 9. BImSchV muss im Hinblick auf den Sinn der Frist korrigierend verstanden werden (Czajka FE 66; Roßnagel GK 355). Die Gegenauffassung (Dietlein LR 150) überspannt die Anforderungen. Die praktische Bedeutung der Frage ist allerdings begrenzt, da die Behörde, falls sie der zweiten Auffassung folgt, den verfrühten Einwender gem. § 25 VwVfG auf die Auslegungsfrist hinzuweisen hat (Storost UL D50). Die Frist ist gem. § 14 Abs.2 der 9. BImSchV gewahrt, wenn die Einwendungen vor Ablauf der Frist bei der Genehmigungsbehörde oder bei der Auslegungsbehörde eingegangen sind. Die bloße Aussage, gegen ein Vorhaben Einspruch einzulegen und die Begründung später nachzureichen, genügt zur Fristwahrung nicht (Ohms Rn.523).

Zu den Folgen einer **Fristversäumnis** unten Rn.90, 98f. Wird die **75** Frist versäumt, ist dies dem Einwender formlos mitzuteilen (Sellner Rn.180); eine Zustellung des Genehmigungsbescheids ist insoweit nicht notwendig (unten Rn.121). Gegen unverschuldete Fristversäumnis ist ggf. *Wiedereinsetzung* in den vorigen Stand gem. § 32 VwVfG zu gewähren (BVerwGE 60, 297/309 = NJW 1981, 359; Czajka FE 60; Sellner Rn.159; Roßnagel GK 356; s. auch unten Rn.93). Die Wiedereinsetzung bezieht sich auf den nunmehrigen Stand des Verfahrens. Eine Wiederholung bereits abgeschlossener Verfahrensabschnitte kann nicht verlangt werden (OVG Lüneb, OVGE 41, 501; Czajka FE 61). Zu den Folgen für die materielle Präklusion unten Rn.95–96a.

e) Masseneinwendungen

Werden mehr als 50 Einwendungen mit gleichem oder ähnlichem In- **76** halt abgegeben, so sind mangels gesonderter Regelungen in § 10 der 9. BImSchV die Vorschriften der §§ 17–19 VwVfG über das Massenverfahren jedenfalls entsprechend anwendbar (Dietlein LR 142ff; Storost UL D52; Czajka FE 55; Sellner Rn.161; a.A. Roßnagel GK 367ff). Bei gleichförmigen Einwendungen auf Unterschriftslisten oder vervielfältigten gleich lautenden Texten, ist ein Vertreter mit Name, Anschrift und Beruf im Text zu nennen (§ 17 Abs.1 VwVfG). Zum Präklusionsausschluss bei Sammeleinwendungen oben Rn.72. Werden Einwendungen erhoben, die zwar unterschiedlich sind, in denen jedoch die gleichen Interessen zum Ausdruck kommen, kann die Behörde unter den Voraussetzungen des § 18 VwVfG zur Bestellung eines Vertreters auffordern. Die Rechtsstellung der Vertreter nach §§ 17, 18 VwVfG ist in § 19 VwVfG näher geregelt.

f) Weiterleitung und Rücknahme

77 Die Einwendungen sind gem. § 12 Abs.2 der 9. BImSchV dem Antragsteller bekanntzugeben; Gleiches gilt für die nach Abs.5 beteiligten Behörden im Rahmen ihres Aufgabenbereichs (Dietlein LR 118). Die Weitergabe von Namen und Adresse des Einwenders kann gegen das Persönlichkeitsrecht verstoßen (Roßnagel GK 372f; Erbguth/Schink Art.4 Rn.28; vgl. auch BVerfGE 77, 121/124f = NJW 1988, 403; BVerfG, DVBl 1990, 1042); die Regelung des § 12 Abs.2 S.3 der 9. BImSchV ist daher unzureichend. Soweit Einwendungen auf besonderen privatrechtlichen Titeln beruhen (zur Abgrenzung Rn.10 zu § 14), sind sie gem. Abs.6 S.2 bzw. § 15 der 9. BImSchV durch schriftlichen Bescheid auf den Rechtsweg vor dem ordentlichen Gericht zu verweisen (vgl. unten Rn.99a), da sie nicht Gegenstand des Genehmigungsverfahrens sind (Rn.25 zu § 6). Dies stellt keine förmliche Verweisung etwa iSd § 17a GVG dar, sondern nur einen verbindlichen Ausschluss der Einwendung aus dem Genehmigungsverfahren (Dietlein LR 131) und ist als Verwaltungsakt einzustufen (Sellner Rn.160). Liegt bereits ein rechtskräftiges Verbot der Anlagenerrichtung durch ein Zivilgericht vor, ist der Genehmigungsantrag als unzulässig abzuweisen (vgl. Rn.29 zu § 6). Einwendungen können jederzeit **zurückgenommen** werden, jedoch nicht unter einer Bedingung (Vallendar FE (9), § 16 Anm.3).

5. Erörterungstermin

a) Zweck, Erforderlichkeit und Gegenstand

78 Der Zweck des Erörterungstermins besteht darin, eine Aussprache über gegensätzliche Positionen zu ermöglichen und dadurch die Informations- und Entscheidungsgrundlage zu verbreitern. Gleichzeitig dient er dazu, Betroffenen bereits in diesem Verfahrensstadium einen gewissen Schutz zukommen zu lassen. Eine Pflicht zur Teilnahme am Erörterungstermin besteht für den Einwender nicht; insb. hängt die Klagebefugnis nicht von der Teilnahme ab (Dietlein LR 219; Schmidt § 3 Rn.24).

79 Der Erörterungstermin ist **notwendig,** wenn rechtzeitig Einwendungen geltend gemacht wurden, es sei denn, die Einwendungen wurden alle zurückgenommen oder beruhen ausschließlich auf besonderen privatrechtlichen Titeln (§ 16 Abs.1 der 9. BImSchV). Wurde gem. § 16 Abs.2 (dazu Rn.37–45a zu § 16) oder gem. § 8 Abs.2 der 9. BImSchV (dazu unten Rn.105–109) auf Bekanntmachung und Auslegung verzichtet, ent-

Genehmigungsverfahren **§ 10**

fällt der Erörterungstermin. Schließlich ist der Erörterungstermin abzusetzen, wenn der Antragsteller seinen Antrag zurückgenommen hat. Bei UVP-pflichtigen Anlagen dürfte trotz § 9 Abs.1 UVPG iVm § 23 Abs.6 VwVfG nichts anderes gelten (vgl. Kopp/Ramsauer § 73 Rn.87; a.A. Ohms Rn.537).

Was den **Gegenstand** des Erörterungstermins angeht, so dient er gem. **79 a**
§ 14 Abs.1 der 9. BImSchV dazu, die rechtzeitig erhobenen Einwendungen zu erörtern, soweit dies für die Prüfung der Genehmigungsvoraussetzung von Bedeutung sein kann (Ohms Rn.536). Darüber hinaus steht es im Ermessen des Verhandlungsleiters, auch andere Fragen der Genehmigungsvoraussetzungen mit einzubeziehen. Im Hinblick auf § 10 Abs.5 S.2 dürften zudem auch an sich in anderen Genehmigungsverfahren zu prüfende Fragen Erörterungsgegenstand sein, soweit sie in unmittelbarem Bezug zu verfahrensgegenständlichen Einwendungen und Stellungnahmen stehen (Ohms Rn.542).

b) Ort, Zeitpunkt und Teilnehmerkreis

Ort und **Zeit** des Erörterungstermins sind von der Behörde im Rah- **80**
men ihres pflichtgemäßen Ermessens festzulegen. Dabei ist darauf zu achten, dass der Termin von allen Einwendern wahrgenommen werden kann. Er sollte daher möglichst in der Nähe des Standorts abgehalten werden und sich jedenfalls teilweise in die Abendstunden hinein erstrecken (Dietlein LR 214; Roßnagel GK 480).

Als **Verlegung** des Erörterungstermins wird die Aufhebung des bishe- **81**
rigen Termins *vor* dessen Beginn, bei gleichzeitiger Festlegung eines neuen Termins, verstanden (Vallendar FE (9), § 17 Anm.2; Roßnagel GK 482). Sie ist gem. § 17 der 9. BImSchV zulässig, wenn die zweckgerechte Durchführung der Erörterung anders nicht möglich ist. Die Verhinderung notwendiger Teilnehmer am Erörterungstermin genügt dafür idR nicht (Vallendar FE (9), § 17 Anm.4). Die Verlegung ist den Einwendern gem. § 17 Abs.1 S.2 der 9. BImSchV bekannt zu geben.

Von der Verlegung ist die in § 18 Abs.5 der 9. BImSchV erwähnte **82**
Vertagung zu unterscheiden, die erst nach Eröffnung des Termins in Betracht kommt. Sie kann angeordnet werden, wenn der Erörterungstermin in der vorgesehenen Zeit nicht abgeschlossen werden kann. Der Fortsetzungstermin muss nicht in der Bekanntmachung angegeben worden sein (Storost UL G4; Roßnagel GK 486; a.A. Sellner Rn.170); es genügt ein entsprechender Hinweis im Erörterungstermin. Vorsorglich sollte jedoch in der Bekanntmachung auf evtl. zusätzliche Termine hingewiesen werden (Dietlein LR 216; Ohms Rn.517). Eine Vertagung des Erörterungstermins kann auch unter sitzungspolizeilichen Gesichtspunkten zulässig sein (unten Rn.89). Sie ist als milderes Mittel einer Beendigung des Erörterungstermins vorzuziehen.

Der Erörterungstermin ist seit 2001 (Einl.2 Nr.34) **grundsätzlich öf-** **83**
fentlich (§ 18 Abs.1 S.1 der 9. BImSchV), d.h. jeder kann daran teilnehmen. Dies gilt auch für die Presse und andere Medienvertreter (Ohms

Rn.536; Rasch, NuR 2002, 400f) sowie für Personen, die keine Einwendungen erhoben haben (Dietlein LR 227; a.A. Enders/Krings, DVBl 2001, 1399). Ein Ausschluss der Öffentlichkeit ist gem. § 18 Abs.1 S.2 der 9. BImSchV nur aus gewichtigen Gründen möglich. Auch Vertretern der nach § 10 Abs.5 beteiligten Behörden steht ein Teilnahmerecht zu (Roßnagel GK 492; Dietlein LR 116). Zum Verweis einzelner Teilnehmer während des Termins unten Rn.89. Für Fernseh- und Tonaufnahmen kann § 169 GVG entsprechend herangezogen werden (Ohms Rn.536).

c) Verlauf des Erörterungstermins

84 aa) Der **Verhandlungsleiter** musste nach der früheren Fassung des § 18 Abs.1 S.2 der 9. BImSchV ein Vertreter der Genehmigungsbehörde sein, d.h. eine von ihr bestimmte Person, nicht notwendig ein Behördenmitglied. Durch die Verkürzung des Wortlauts dürfte sich daran nichts geändert haben. De lege ferenda wäre es sinnvoll, auch eine völlig unabhängige Person beauftragen zu können. Der Verhandlungsleiter darf weder beteiligt iSv § 20 VwVfG noch befangen iSv § 21 VwVfG sein. Eine Wahl des Versammlungsleiters aus der Mitte der Versammlung ist unzulässig (Storost UL G5; Engelhardt II (9), § 18 Rn.1); andererseits kann der Versammlungsleiter über einzelne Fragen des Ablaufs unter den Anwesenden abstimmen lassen (Vallendar FE (9), § 18 Anm.3). Aufgaben und Befugnisse des Verhandlungsleiters sind im Übrigen in § 18 der 9. BImSchV geregelt.

85 bb) Der Verhandlungsleiter eröffnet den Erörterungstermin und hat für seine **ordnungsgemäße Durchführung** zu sorgen (Vallendar FE (9), § 18 Anm.3). Er kann bestimmen, dass inhaltlich gleichartige Einwendungen zusammengefasst zu erörtern sind, wobei die Reihenfolge der Erörterung bekanntgegeben werden muss (§ 18 Abs.2 S.1, 2 der 9. BImSchV). Der Versammlungsleiter erteilt das Wort (§ 18 Abs.3 der 9. BImSchV). Er kann es einem Redner entziehen, wenn seine Ausführungen nicht den Gegenstand des Erörterungstermins oder den Inhalt der zu erörternden Einwendungen betreffen. Dasselbe gilt, wenn der Redner die festgesetzte Redezeit überschreitet. Die Festlegung der Redezeit steht im Ermessen des Verhandlungsleiters (Engelhardt II (9), § 18 Rn.6; Ohms Rn.539). Sie kann nur abstrakt für alle Wortmeldungen bestimmt werden und sollte sich am Gegenstand der Einwendung und weniger an der Anzahl der Wortmeldungen orientieren. Der Verhandlungsleiter beendet den Termin, wenn alle rechtzeitig erhobenen Einwendungen behandelt sind. Das setzt nicht voraus, dass eine Einigung zwischen Antragsteller und Einwendern erzielt wird; auch ist nicht erforderlich, dass über bestimmte Sachfragen eine endgültige Klärung herbeigeführt wurde (Schäfer, o. Lit. A, § 14 Anm.2, 3).

86 Die Erörterung soll den Informationsfluss unter den Teilnehmern fördern, eine bessere Sachaufklärung ermöglichen und die Akzeptanz der zu treffenden Entscheidung erhöhen. Der Erörterungstermin ist daher mehr als ein Anhörungstermin im strikten Wortsinn (Czajka FE 76). So haben die Personen, die rechtzeitig Einwendungen erhoben haben, gem. § 14 Abs.1 S.2 das Recht, ihre Bedenken zu erläutern und Fragen zu stellen, nur in Ausnahmefällen kann davon abgesehen werden, wie der Soll-Formulierung des § 14 Abs.1 S.2 der 9. BImSchV zu entnehmen ist. Darüber hinaus steht es im Ermessen des Verhandlungsleiters, auch Personen das Wort zu erteilen, die keine oder zu spät Einwendungen erhoben haben, soweit es um Fragen der Genehmigungsvoraussetzungen geht (Roßnagel GK 499; a. A. Enders/Krings, DVBl 2001, 1399). Bereits nach der alten Fassung des § 18 Abs.1 der 9. BImSchV konnten auch andere Personen zu Wort kommen; nach Einführung der Öffentlichkeit des Erörterungstermins (oben Rn.83) muss das erst recht gelten. Weiter ist die Behörde verpflichtet, ihren neuesten Informationsstand über die Auswirkungen der Anlage auf die Allgemeinheit und die Nachbarschaft **bekanntzugeben** (so Czajka FE 76; Sellner Rn.165; Storost UL G8; s. auch oben Rn.67).

Schriftliche **Aufzeichnungen** über den Verlauf des Erörterungstermins können von jedermann gemacht werden. Private Ton- und Bildaufzeichnungen sind nur dann erlaubt, wenn dafür eine Genehmigung des Verhandlungsleiters und des Sprechenden vorliegt (vgl. Dietlein LR 222). Die Genehmigung durch den Sprechenden kann auch stillschweigend erteilt werden (Engelhardt II (9), § 19 Rn.6). Die unbefugte Aufnahme ist gem. § 201 StGB strafbar. 87

Über den Erörterungstermin ist eine **Niederschrift** zu fertigen (§ 19 der 9. BImSchV). Dazu kann gem. § 19 Abs.1 S.6, 7 der 9.BImSchV eine Tonaufzeichnung erstellt werden, die nach der Niederschrift zu löschen ist (dazu Vallendar FE (9), § 19 Anm.4). Der notwendige Inhalt der Niederschrift ergibt sich aus § 19 Abs.1 S.3 der 9. BImSchV; aus der Niederschrift müssen sich auch der Inhalt der Einwendungen sowie die Anordnungen des Versammlungsleiters wie Redezeitbeschränkung, Entfernung von Störern etc. ergeben (Engelhardt II (9), § 19 Rn.4). In der Niederschrift sind auch während des Erörterungstermins erklärte Änderungen des Antrags durch den Antragsteller aufzunehmen (Roßnagel GK 511). Eine Abschrift der Niederschrift ist gem. § 19 Abs.2 der 9. BImSchV dem Antragsteller (obligatorisch) und auf Anforderung den Einwendern zu überlassen. Die Niederschrift ist eine öffentliche Urkunde; ihre Beweiskraft richtet sich nach den §§ 415, 418, 419 ZPO (Dietlein LR 221). 88

cc) Dem Verhandlungsleiter stehen gem. § 18 Abs.4 der 9. BImSchV **sitzungspolizeiliche Befugnisse** zu. Kann der ordnungsgemäße Ablauf des Erörterungstermins nicht anders sichergestellt werden, so kann der Verhandlungsleiter Störer entfernen lassen und schließlich den Termin vertagen (Engelhardt II (9), § 18 Rn.8; Sellner Rn.175; zur Vertagung oben Rn.82). Ist auch im nächsten Termin keine ordnungsgemäße Durchführung möglich, kann der Erörterungstermin gem. § 18 Abs.5 S.2 der 9.BImSchV für beendet erklärt werden, ohne dass alle Einwendungen erörtert wurden. Soweit deshalb Teilnehmer nicht oder nicht abschließend gehört wurden, können sie gem. § 18 Abs.5 S.3 der 9. BImSchV ihre 89

Einwendungen binnen eines Monats nach Aufhebung des Termins gegenüber der Genehmigungsbehörde schriftlich erläutern.

V. Präklusion (Abs.3 S.3)

1. Formelle Präklusion

90 Personen, die in einem Verfahren mit Öffentlichkeitsbeteiligung Einwendungen im Anhörungsverfahren nicht oder nicht rechtzeitig vorbringen (dazu oben Rn.72–75), sind mit ihren Bedenken gem. Abs.3 S.3 ausgeschlossen. Die Personen werden daher am weiteren Verfahren nicht beteiligt (vgl. oben Rn.79a und unten Rn.121). Dies bedeutet nicht, dass die Behörde die betreffende Frage nicht zu prüfen hätte. Die Behörde muss die Genehmigungsfähigkeit der Anlage auf jeden Fall *umfassend* untersuchen; verspätete Einwendungen sind von ihr in der Sache durchaus zu berücksichtigen (BVerwGE 60, 297/309f = NJW 1981, 359; Czajka FE 62; Dietlein LR 190). Das fehlende oder verspätete Vorbringen der Einwendungen hat aber zur Folge, dass der Einwender, wie § 14 Abs.1 der 9. BImSchV zu entnehmen ist, keinen Anspruch mehr hat, seine Bedenken im Erörterungstermin zu erläutern oder sonst sich zu Wort zu melden. Es steht im Ermessen des Verhandlungsleiters, ob er sich noch äußern kann (vgl. oben Rn.83).

2. Materielle Präklusion: Grundlagen und höherrangiges Recht

91 **aa)** Für Drittbetroffene führt das fehlende oder verspätete Vorbringen von Einwendungen dazu, dass sie die später erteilte Genehmigung nicht mehr mit Rechtsmitteln angreifen können (Dietlein LR 159; BVerwGE 60, 297/301ff = NJW 1981, 359 zum AtomR). Dies wird als **materielle Präklusion** bezeichnet und ist der wesentliche Kern des Abs.3 S.3; die formelle Präklusion hätte als selbstverständliche Folge einer Ausschlussfrist nicht geregelt zu werden brauchen (BVerwGE 60, 297/301f = NJW 1981, 359).

92 **bb)** Die materielle Präklusion ist mit **Art.19 Abs.4 GG** grundsätzlich zu vereinbaren (BVerfGE 61, 82/109f = NJW 1982, 2173; Storost UL D66; a.A. Papier, NJW 1980, 318ff; Beckmann 217ff), allerdings nur bei restriktiver Handhabung. Dies ergibt sich nicht aus den besonderen Einflussmöglichkeiten Dritter im Anhörungsverfahren (vgl. allerdings BVerwGE 60, 297/307 = NJW 1981, 359), da die Einflussmöglichkeiten das Korrelat für die hohe Komplexität und Schädlichkeit der förmlich zu genehmigenden Anlagen sind. Vielmehr ist dies eine Folge des gesetzgeberischen Spielraums bei der Gewährung und Ausgestaltung subjektiver Rechte. Im Hinblick auf Art.19 Abs.4 GG sowie die jeweils einschlägigen materiellen Grundrechte und die daraus resultierenden verfahrensrechtlichen Pflichten (oben Rn.2) müssen allerdings der materiellen Präklusion Grenzen gezogen werden (VGH BW, NVwZ-RR 1999, 300). Des Weiteren ist zweifelhaft, ob die

Genehmigungsverfahren **§ 10**

Präklusion mit **EG-Recht** vereinbar ist, soweit es um die unmittelbare oder mittelbare Anwendung EG-rechtlicher Vorgaben geht (v. Danwitz, UPR 1996, 327 unter Berufung auf EuGHE 1995, I-4599 ff = DVBl 1996, 249). Jedenfalls liefert dies zusätzlichen Anlass für eine restriktive Interpretation der materiellen Präklusion (Dietlein LR 164).

3. Voraussetzungen der materiellen Präklusion

a) Fehler bei Bekanntmachung, Auslegung, Unterlagen

Eine Präklusion ist ausgeschlossen, wenn die **Bekanntmachung** (oben Rn.60) fehlerhaft war und dies die fristgerechte Erhebung von Einwendungen erschweren konnte (Dietlein LR 165; Roßnagel GK 280). Zur Bekanntmachung im Ausland unten Rn.96 a. Für Fehler bei der **Auslegung** (oben Rn.62 ff) gilt das Gleiche (OVG Lüneb, NVwZ 1985, 506; Dietlein LR 166). 93

Weiterhin findet die Präklusion dort ihre Grenzen, wo die ausgelegten **Unterlagen** eine hinreichende Beurteilung der möglichen Beeinträchtigungen nicht erlaubten (BVerwGE 60, 297/310 = NJW 1981, 359; HessVGH, NVwZ-RR 1990, 131; Dietlein LR 167). Dies gilt insb. für eine mangelhafte Kurzbeschreibung (BVerwG, NJW 1983, 1507 f; Dietlein LR 167). Soweit daher die Unterlagen unvollständig oder für den Dritten unverständlich waren, ist eine Präklusion ausgeschlossen, sofern dies zu einer Behinderung des Einwenders führte (BayVGH, NVwZ-RR 1990, 131; NVwZ 2003, 1139; ohne die Einschränkung der Behinderung Roßnagel GK 394). Die Anforderungen an die Verständlichkeit der Unterlagen müssen dabei im Hinblick auf Art.19 Abs.4 GG relativ hoch angesetzt werden (vgl. BVerfGE 61, 82/116 f = NJW 1982, 2173; BVerwGE 60, 297/310 = NJW 1981, 359). Maßstab ist das durchschnittliche Wissen eines nicht sachverständigen Bürgers (BVerfGE 61, 82/118 = NJW 1982, 2173; BVerwGE 80, 207/219 f = NVwZ 1989, 52). Die Zuziehung von Sachverständigen oder Rechtsanwälten ist den Dritten zu diesem Verfahrenszeitpunkt nicht zuzumuten; auch kann von Dritten meist nicht verlangt werden, dass sie untergeordnete Effekte geltend machen. 93 a

b) Kongruenz von Unterlagen und Entscheidung

Eine Präklusion ist weiter ausgeschlossen, soweit die spätere Entscheidung nicht mit den ausgelegten Unterlagen übereinstimmt, sei es, dass der Antragsteller nachträglich Änderungen vorgenommen hat, sei es, dass die Behörde die Pläne durch Nebenbestimmungen verändert (BVerwGE 60, 297/307 = NJW 1981, 359; Dietlein LR 169 f; Roßnagel GK 395). Änderungen dürften allerdings nur dann die Präklusion beeinflussen, wenn sie wesentlich iSd § 16 (dazu Rn.8–11 zu § 16) sind. Die Präklusion bezieht sich insb. nicht auf erst nach Einwendungsbeginn eingetretene Tatsachen (Papier, NJW 1980, 317 f; Czajka FE 67); dazu zählen auch Veränderungen des Standes der Technik (BVerwGE 60, 297/308 = NJW 1981, 359) sowie neue Erkenntnisse (BVerwGE 60, 297/308 = NJW 1981, 359; Diet- 94

§ 10 Genehmigungsbedürftige Anlagen

lein LR 177), einschl. geänderter Verwaltungsvorschriften (OVG Lüneb, NVwZ 1987, 342).

c) (Sonstige) Vorbringbarkeit

95 Auch wenn es bei Bekanntgabe, Auslegung und Unterlagen zu keinem Fehler gekommen ist, scheidet eine materielle Präklusion aus, wenn und soweit das Versäumen der Einwendungen unverschuldet isd § 32 Abs.1 VwVfG erfolgte. Dies gilt jedenfalls dann, wenn rechtzeitig ein Wiedereinsetzungsantrag (oben Rn.75) gestellt und die fragliche Einwendung vorgetragen wurde (BVerwGE 60, 297/309 = NJW 1981, 359; Dietlein LR 146; Czajka FE 60). Die **Wiedereinsetzung** bedeutet jedoch nicht, dass bereits abgeschlossene Verfahrensabschnitte wiederholt werden müssen (Roßnagel GK 401a; Czajka FE 61). Ist die Wiedereinsetzung nicht mehr möglich, weil etwa bereits der Genehmigungsbescheid ergangen ist, kann die Einwendung im Rahmen der Klage vorgetragen werden (BVerwGE a.a.O.; OVG Lüneb, OVGE 41, 501; Roßnagel GK 401), sofern die Genehmigung nicht bereits bestandskräftig geworden ist.

96 Dies kommt auch Personen zugute, deren Betroffeneneigenschaft **erst nach** Beginn der **Einwendungsfrist** begründet wurde, es sei denn, das betroffene Recht wurde von jemandem erworben, der der Präklusion unterliegt. Zieht etwa jemand nach Bekanntmachung in den Einwirkungsbereich der Anlage, steht die Präklusion einer Klage wegen Gesundheitsbeeinträchtigungen nicht entgegen (OVG Lüneb, NVwZ 1986, 671; Roßnagel GK 399; Czajka FE 70f). Dagegen ist eine Klage wegen Eigentumsverletzung präkludiert, wenn der Vorbesitzer keine Einwendungen erhoben hat (BVerwG, UPR 1987, 113f; Dietlein LR 188).

96a Unverschuldet ist das Versäumnis nicht bereits dann, wenn der Betroffene von der Bekanntmachung nichts erfahren hat, da die öffentliche Bekanntmachung der individuellen Bekanntgabe gleichsteht. Anderes gilt jedoch für Personen, die außerhalb des räumlichen Bekanntgabebereichs wohnen (Czajka FE 60; a.A. Dietlein LR 171). Personen **im Ausland** können gem. § 11a Abs.4 S.1 der 9. BImSchV der Präklusion unterliegen, wenn ihnen gegenüber eine ausreichende Bekanntmachung und Auslegung erfolgt ist (Roßnagel GK 384a). Präkludiert werden allerdings nur die aus dem deutschen Recht folgenden Rechte.

d) Begründung der Einwendungen

97 Die Präklusion wird nur dann vermieden, wenn und soweit die Einwendungen ausreichend begründet wurden (BVerwGE 60, 297/311 = NJW 1981, 359; Czajka FE 64; oben Rn.72). Ggf. kann es zu einer Teilpräklusion kommen: werden nur bestimmte Rechtsgüter als gefährdet bezeichnet, tritt hinsichtlich anderer Rechtsgüter die Präklusion ein (Czajka FE 64; nicht unproblematisch). Die Präklusion wird vermieden, wenn der Einwender das seiner Ansicht nach gefährdete Rechtsgut bezeichnet und die befürchtete Beeinträchtigung darlegt (BayVGH, NVwZ-RR 2000, 666; VGH BW, NVwZ-RR 1999, 300; BayVGH, NVwZ

Genehmigungsverfahren **§ 10**

2003, 1139; zum Atomrecht BVerwGE 60, 297/301 = NJW 1981, 359). Dagegen muss der Einwender nicht darlegen, wieso es zu solchen Verletzungen kommt (VGH BW, NVwZ-RR 1999, 300; Czajka FE 65; BVerwGE 60, 297/311; strenger BayVGH, NVwZ-RR 2000, 666 zu Störfällen). Maßstab ist „das durchschnittliche Wissen eines nicht sachverständigen Bürgers" (BVerfGE 61, 82/117f = NJW 1982, 2173; BVerwGE 80, 207/220 = NVwZ 1989, 52; BayVGH, NVwZ 2003, 1139; Roßnagel GK 342). Genauere Ausführungen können bei solchen Gesichtspunkten erforderlich sein, die allein im Rechtsbereich des Einwenders liegen, etwa hinsichtlich der besonderen Empfindlichkeit des Einwenders (BVerwGE 60, 297/311 = NJW 1981, 359). Auch insoweit dürfte aber genügen, dass die Gesichtspunkte im Erörterungstermin präzisiert werden (vgl. Dietlein LR 134); davon gehen § 14 Abs.1 S.2 und § 18 Abs.5 S.3 der 9. BImSchV aus. Die Substantiierungspflicht wächst mit der Entfernung vom Standort; dazu Rn.50 zu § 6.

4. Wirkungen der materiellen Präklusion

aa) Materielle Präklusion bedeutet, dass Klagen gegen die Erteilung der 98 Genehmigung, also **Anfechtungsklagen** oder Verpflichtungsklagen auf Ausweitung der Nebenbestimmungen zur Genehmigung, nicht mehr auf die betreffenden Einwendungen gestützt werden können. Widerspruch und Klage sind unbegründet, zumeist aber wegen Offenkundigkeit bereits aus Gründen fehlender Klagebefugnis unzulässig (generell für Unzulässigkeit Wahl/Schütz SSP 107 zu § 42 Abs.2; Roßnagel GK 384; vgl. Rn.10 zu § 11; generell für Unbegründetheit Stober, AöR 1981, 69; Papier, NJW 1980, 316f). Dagegen können die präkludierten Tatsachen im Rahmen einer Klage auf Feststellung der **Nichtigkeit** geltend gemacht werden (BVerwGE 60, 297/308 = NJW 1981, 359; BVerwG, DVBl 1980, 1009; Dietlein LR 191). Generell beschränkt sich die Präklusion auf die Einwendungen gegen die Zulassung der Anlage durch die Genehmigung; sie erfasst weder nachträgliche Anordnungen noch die Aufhebung der Genehmigung (BVerwGE 60, 297/308 = NJW 1981, 359; einschr. Dietlein LR 192), noch neue Genehmigungsverfahren (Storost UL D61).

bb) Nach dem Wortlaut des § 10 Abs.3 S.3 scheint die Präklusion auch 99 **privatrechtliche Einwendungen** zu erfassen, sofern sie nicht auf besonderen privatrechtlichen Titeln (zu deren Abgrenzung Rn.10 zu § 14) beruhen. Dies kann man zum einen auf privatrechtliche Einwendungen **gegen die Genehmigungserteilung** beziehen. Eine solche Präklusion geht jedoch ins Leere, weil die Erteilung der Genehmigung nach der klaren Aussage des § 6 nur von öffentlich-rechtlichen, nicht von privatrechtlichen Vorgaben abhängt (Rn.25 zu § 6). § 10 Abs.3 S.3 hat im Wesentlichen die Gehalte des § 17 Abs.2 S.2 GewO a.F. übernommen. Dabei wurde übersehen, dass damals im Einwendungsverfahren auch (auf allgemeinen Titeln beruhende) privatrechtliche Einwendungen zu prüfen waren, während § 6 dies nunmehr ausschließt. Diesen Widerspruch wird

§ 10 Genehmigungsbedürftige Anlagen

man dadurch aufzulösen haben, dass die Präklusion des § 10 Abs.3 S.3 *alle* privatrechtlichen Einwendungen unberührt lässt (iE Roßnagel GK 405; wohl auch Dietlein LR 161; a. A. Czajka FE 74), weil es auf sie nicht ankommt; allenfalls in den seltenen Fällen des Sachbescheidungsinteresses (dazu Rn.29 zu § 6) mag das anders sein.

99 a Die Aussage des § 10 Abs.3 S.3 zu den privatrechtlichen Einwendungen kann man auch auf **Klagen gegen den Anlagenbetreiber** beziehen, wie das in § 10 Abs.6 S.2 wohl der Fall ist. Auch insoweit kommt aber die Präklusion des § 10 Abs.3 S.3 nicht zum Tragen (Rehbinder LR § 14 Rn.40; Dietlein LR 161; Peine, NJW 1990, 2444; anders BVerwG, DVBl 1973, 645), da sie nur Einwendungen gegen die Genehmigungserteilung durch die Behörde erfasst. Dementsprechend war selbst unter der Vorgängerregelung des § 17 Abs.2 S.2 GewO a.F. anerkannt, dass privatrechtliche Klagen auch bei Versäumung der Einwendungsmöglichkeiten zulässig blieben (RGZ 93, 100; Landmann/Rohmer, GewO, 12. Aufl. 1969, § 17 Anm.8). Für Klagen gegen den Anlagenbetreiber ist die Präklusion des § 14 einschlägig. Dementsprechend sind insbesondere die auf besonderen Titeln beruhenden privatrechtlichen Einwendungen gem. § 10 Abs.6 S.2 aus dem Genehmigungsverfahren zu verweisen (oben Rn.77).

VI. Änderungen insb. während des Genehmigungsverfahrens

1. Behandlung von Änderungen

100 Anlagen werden häufig nicht in der Ausgestaltung errichtet, wie sie beantragt wurden; während des Genehmigungsverfahrens stellt sich heraus, dass Änderungen notwendig sind. Die Gründe sind vielfältiger Natur: insb. können sich bei der Detailplanung und der Ausführung, weiter im Rahmen des Genehmigungsverfahrens und im anschließenden Rechtsmittelverfahren neue Erkenntnisse ergeben (vgl. Fluck, GewArch 1996, 222). Bei solchen Änderungen stellt sich die Frage, ob die sonstigen Behörden erneut zu beteiligen sind und/oder ob eine erneute Öffentlichkeitsbeteiligung durchzuführen ist. Insoweit ist zu differenzieren:

101 (1) Wird eine Änderung noch **vor Erlass des Genehmigungsbescheids** in das Verfahren eingebracht, ist nur unter bestimmten Voraussetzungen eine erneute Behördenbeteiligung durchzuführen; näher dazu unten Rn.104. Gleiches gilt für eine erneute Öffentlichkeitsbeteiligung; näher dazu unten Rn.105–109. Diese Vorgaben gelten auch für den Fall, dass eine Genehmigung im Rechtsmittelverfahren aufgehoben wird; § 8 Abs.2 der 9. BImSchV ist zumindest entsprechend anzuwenden (Kerbusch, ET 1982, 422 ff; Roßnagel GK 281), nicht jedoch § 16 (Rn. 3 zu § 16). Unabhängig davon kann eine Änderung zu einer Verlängerung der Entscheidungsfristen führen (vgl. unten Rn.117).

102 (2) Will die Behörde das beantragte Vorhaben im Rahmen des Genehmigungsbescheids ändern, insb. durch entsprechende **Inhalts-** und **Nebenbestimmungen,** wird man die Ausführungen unten Rn.104–109

Genehmigungsverfahren § 10

ebenfalls anzuwenden haben. Im Regelfall wird danach eine erneute Behördenbeteiligung und eine erneute Öffentlichkeitsbeteiligung nicht erforderlich sein, da die Nebenbestimmungen die Auswirkungen des Projekts regelmäßig einschränken.

(3) Wird eine Änderung **nicht** in das Verfahren bis zum Erlass der Genehmigung **eingebracht,** kommt § 15 und ggf. § 16 zur Anwendung (str., Rn.11 zu § 15); es ist also eine zusätzliche Änderungsgenehmigung notwendig. Das gilt unabhängig davon, ob die Genehmigung **bestandskräftig** ist oder nicht, solange die Genehmigung fortbesteht (vgl. Fluck, GewArch 1996, 226). 103

2. Folgen für Behördenbeteiligung

Wird im Laufe des Genehmigungsverfahrens nach der Unterrichtung der sonstigen Behörden (dazu oben Rn.45–54) das Vorhaben geändert, dann sind die Behörden (entspr. § 73 Abs.8 VwVfG) *erneut* zu unterrichten, soweit sie durch die Änderung **erstmals** oder **stärker** in ihrem Aufgabenbereich **betroffen** sind. Entsprechendes gilt für Änderung des Vorhabens im gestuften Genehmigungsverfahren, also nach Erteilung des Vorbescheids oder der Teilgenehmigung, aber vor Erteilung der letzten Teilgenehmigung. 104

3. Insb. Verzicht auf erneute Öffentlichkeitsbeteiligung

a) Bedeutung und Anwendungsbereich des § 8 Abs.2 der 9. BImSchV

Wird ein Vorhaben nach teilweiser oder vollständiger Durchführung der Öffentlichkeitsbeteiligung, einschließlich des Erörterungstermins (Roßnagel GK 282), vor der behördlichen Entscheidung geändert, stellt sich die Frage, ob eine erneute Öffentlichkeitsbeteiligung geboten ist. Gem. § 8 Abs.2 der 9. BImSchV ist das nur der Fall, wenn wegen der Änderung im Rahmen der erneuten Öffentlichkeitsbeteiligung Umstände darzulegen wären, die nachteilige Auswirkungen für Dritte besorgen lassen; dazu unten Rn.106. Dies gilt auch im Rahmen eines Vorbescheids- oder Teilgenehmigungsverfahrens. Darüber hinaus sind nach § 8 Abs.1 S.2 der 9. BImSchV die Vorgaben des § 8 Abs.2 ebenfalls auf Änderungen nach Erlass eines Vorbescheids oder einer Teilgenehmigung anzuwenden, solange noch nicht über die letzte Teilgenehmigung entschieden wurde (dazu Rn.21 zu § 8). Die Vorschrift gilt insb. auch dann, wenn durch eine spätere Teilgenehmigung eine frühere Teilgenehmigung (oder ein Vorbescheid) wesentlich geändert wird. Insoweit könnte parallel § 16 Abs.2 angewandt werden; doch wird diese Vorschrift durch die heute geltende Fassung des § 8 Abs.2 der 9. BImSchV mehr als abgedeckt. Generell ist zu beachten, dass **unwesentliche Änderungen** (dazu Rn.8–11 zu § 16) keiner behördlichen Entscheidung bedürfen und daher auch keine erneute Beteiligung der Öffentlichkeit erfordern. Zu weiteren Anwendungsfällen des § 8 Abs.2 der 9. BImSchV oben Rn.101. 105

§ 10 Genehmigungsbedürftige Anlagen

b) Nachteilige Auswirkungen

106 Der Einfluss der Änderung in einem laufenden Genehmigungsverfahren auf die Öffentlichkeitsbeteiligung hängt gem. § 8 Abs.2 S.1 der 9. BImSchV entscheidend davon ab, ob das Verfahren in seiner geänderten Form gegenüber der ursprünglich beantragten Form in stärkerem Maße „nachteilige Auswirkungen für Dritte besorgen lässt". Diese Voraussetzung ist bereits dann gegeben, wenn nachteilige Auswirkungen **möglich** sind (vgl. Roßnagel GK 288). Ob tatsächlich solche Effekte auftreten werden, spielt keine Rolle. Andererseits können geringfügige nachteilige Auswirkungen unberücksichtigt bleiben, wenn die Änderung auf der anderen Seite erhebliche Vorteile zur Folge hat, wie dies § 8 Abs.2 S.2 der 9. BImSchV für einen Teilbereich regelt. Vor- und Nachteile müssen allerdings die gleichen Personen betreffen (vgl. Kutscheidt LR (9), § 8 Rn.9f), weil es sonst nicht um jeweils vergleichbare Vorteile geht (vgl. Rn.43 zu § 16). Auf welchen Ursachen das Fehlen nachteiliger Auswirkungen beruht, ob insb. zusätzliche Schutzmaßnahmen des Antragstellers dafür ursächlich sind, spielt keine Rolle. Was die Art der Auswirkungen angeht, so dürften nur die Auswirkungen im Bereich des § 6 Abs.1 Nr.1, nicht des § 6 Abs.1 Nr.2 von Relevanz sein, da das förmliche Verfahren wegen der spezifischen immissionsschutzrechtlichen Risiken eingeführt wurde. Bei *UVP-pflichtigen Vorhaben* (dazu oben Rn.13) ist dagegen gem. § 8 Abs.2 S.3 der 9. BImSchV auf alle Umweltauswirkungen, auch im Bereich des § 6 Abs.1 Nr.2, abzustellen (vgl. Czajka FE 50f; Storost UL D33).

c) Folgen bei fehlenden nachteiligen Auswirkungen

107 Führt die Änderung des Vorhabens zu keinen nachteiligen Auswirkungen iSd Rn.106, dann kann die Behörde auf eine **erneute** Durchführung der Teile der **Öffentlichkeitsbeteiligung,** die bereits durchgeführt wurden, **verzichten** und das Verfahren fortsetzen (Sellner 147; Kutscheidt LR (9) § 8 Rn.9). Dies gilt nicht nur für die Bekanntmachung und die Auslegung, sondern auch für den Erörterungstermin (Vallendar FE (9) § 8 Anm.8). Nach der heutigen Fassung kommt § 8 Abs.2 der 9. BImSchV selbst dann zur Anwendung, wenn die früher vorgenommenen Schritte rechtswidrig waren (a.A. Roßnagel GK 290).

108 Andererseits ist zu beachten, dass das Fehlen nachteiliger Auswirkungen nicht zwangsläufig zu einem Verzicht auf eine erneute Anhörung führt. Vielmehr liegt diese Entscheidung im **Ermessen** der Behörde (Roßnagel GK 291; Sellner Rn.146; Vallendar FE (9) § 8 Anm.10). Im Rahmen dieser Ermessensentscheidung hat sie eventuelle Rechtsmängel der bereits vorgenommenen Schritte der Öffentlichkeitsbeteiligung zu berücksichtigen. Generell hat sie zu beachten, dass ein Absehen nicht nur die Rechte Dritter verkürzen, sondern auch die Interessen des Antragstellers beeinträchtigen kann: Die Präklusion erstreckt sich nur auf Umstände, für die eine ordnungsgemäße Öffentlichkeitsbeteiligung durchgeführt worden ist (dazu oben Rn.93f).

Genehmigungsverfahren § 10

d) Folgen bei nachteiligen Auswirkungen

Kann die Änderung nachteilige Auswirkungen iSd Rn.106 haben, dann 109
ist eine erneute Bekanntmachung und Auslegung (mit den weiteren Schritten der Einwendungsmöglichkeit und des Erörterungstermins) durchzuführen. Zur Bedeutung für die Präklusion oben Rn.94. Allerdings beschränkt sich die erneute Öffentlichkeitsbeteiligung gem. § 8 Abs.2 S.4 der 9. BImSchV auf die vorgesehenen Änderungen. Darauf ist in der Bekanntmachung hinzuweisen.

VII. Entscheidung

1. Vorbereitung/Entscheidungsfindung (Allgemeines)

Auch nach dem Ende des Anhörungsverfahrens kann die Genehmi- 110
gungsbehörde weitere tatsächliche Fragen klären und ggf. gutachtliche Stellungnahmen einholen. Doch darf das nicht dazu führen, dass das Schwergewicht der tatsächlichen Feststellungen erst nach der Auslegung der Unterlagen stattfindet und damit eine substantielle Einflussnahme der Betroffenen nicht oder nur unter erheblichen Schwierigkeiten möglich wäre (BVerwGE 75, 214/226 f = NVwZ 1987, 578 zum Planfeststellungsverfahren). Eine Zuleitung von Entscheidungsentwürfen an den Antragsteller allein zur Behebung redaktioneller Fehler dürfte zulässig sein (Dietlein LR 249). Im Übrigen ist sie ohne gleichzeitige Zuleitung an alle betroffenen Einwender jedenfalls dann unzulässig, wenn ein Sachbeitrag der betroffenen Einwender nicht ausgeschlossen werden kann (strenger Bohne o. Lit. 155 ff; Roßnagel GK 528; großzügiger Czajka FE 85). Zu Änderungen der Anlage durch Nebenbestimmungen oben Rn.102.

(unbesetzt) 111

2. Entscheidungsfindung bei UVP-pflichtigen Vorhaben

a) Zusammenfassende Darstellung

Soll über einen Genehmigungsantrag entschieden werden, der der 112
UVP-Pflicht unterliegt (dazu oben Rn.13), dann ist der Weg der Entscheidungsfindung in drei Schritten geregelt (allg. zur Umweltverträglichkeitsprüfung oben Rn.12–16): Gem. § 20 Abs.1 a der 9. BImSchV hat die zuständige Behörde (zur Zuständigkeit und zur evtl. Beteiligung anderer Behörden oben Rn.17) zunächst eine *zusammenfassende Darstellung* der zu erwartenden Auswirkungen (dazu Nr.0.3 UVP VwV) des Vorhabens auf die in § 1 a der 9. BImSchV genannten Schutzgüter (dazu oben Rn.16) zu erstellen. Das ist nichts anderes als die Darstellung des Sachverhalts, einschl. notwendiger Prognosen (Dietlein LR 234). Ob die Auswirkungen tolerabel, zulässig etc. sind, gehört dagegen zum nächsten Schritt (Roßnagel GK 462). Grundlage der Darstellung sind die Antragsunterlagen, die Stellungnahmen anderer Behörden, die Ermittlungen der Genehmigungsbe-

hörde (einschl. evtl. eingeholter Gutachten) sowie die Äußerungen und Einwendungen Dritter. Zur Situation bei einem vorgeschalteten Raumordnungsverfahren oben Rn.15. Was die **Form** der zusammenfassenden Darstellung angeht, so ist zwischen der Erstellung eines internen Dokuments und der Aufnahme des Dokuments in die Begründung zu unterscheiden (vgl. § 20 Abs.1a S.1 und § 21 Abs.1 Nr.5 der 9. BImSchV sowie unten Rn.115; unklar insoweit § 11 S.4 UVPG und Nr.0.5.2.1 UVPVwV). Die Erstellung des internen Dokuments soll gem. § 20 Abs.1a der 9. BImSchV innerhalb eines Monats nach Beendigung des Erörterungstermins erfolgt sein. Nur in atypischen Fällen darf davon abgewichen werden. Zur Zusammenarbeit von federführender Behörde und sonstigen Behörden bei der Erstellung des (internen) Dokuments oben Rn.52.

b) Bewertung der Auswirkungen

113 Den nächsten Schritt bildet gem. § 20 Abs.1b S.1 der 9. BImSchV die *Bewertung der Auswirkungen des Vorhabens* durch die zuständige Behörde; zur Zuständigkeit und Beteiligung anderer Behörden oben Rn.17. Die Bewertung erfolgt auf der Grundlage der zusammenfassenden Darstellung (dazu oben Rn.112). Dabei geht es allein um die Auswirkungen des Vorhabens auf die Umwelt bzw. auf die in § 1a der 9. BImSchV aufgeführten Schutzgüter (BT-Drs. 11/3919, S.27; Jarass, NuR 1991, 206; Schink/Erbguth, DVBl 1991, 417; Peters, UPR 1994, 94; ablehnend Vallendar, UPR 1993, 418f). Andererseits führt die Bewertung nur zu einer **„Abschätzung"** oder „Einschätzung" der Umweltauswirkungen, nicht zu einer Einstufung als zulässig oder unzulässig (Dietlein LR 238); Letzteres erfolgt erst im Rahmen der Berücksichtigung (dazu unten Rn.116). Anhaltspunkte für die Abschätzung der Auswirkungen liefern gem. § 20 Abs.1b S.1 der 9. BImSchV die maßgeblichen Rechts- und Verwaltungsvorschriften, also die **Genehmigungsvoraussetzungen** des § 6 Abs.1 (dazu Rn.5–25 zu § 6) sowie die Verwaltungsvorschriften zur Auslegung und Anwendung dieser Normen. Des Weiteren ist die Verpflichtung zu **medienübergreifender** Betrachtung zu berücksichtigen (vgl. Rn.8f zu § 1, Rn.5 zu § 5). Für die nähere Konkretisierung dieser Maßstäbe wird auf Nr.0.6 und Nr.1.3 UVPVwV verwiesen.

114 **Außerrechtliche Maßstäbe** dürften, dem Wortlaut des § 20 Abs.1b S.1 der 9. BImSchV entsprechend, unerheblich sein; entscheidend sind somit die Vorgaben in Rechts- und Verwaltungsvorschriften (Dietlein LR 239; iE Erbguth/Schink § 12 Rn.7; a.A. Beckmann, DVBl 1993, 1336f). Rechts- und Verwaltungsvorschriften kommen auch dann zum Tragen, wenn sie **außerökologische Aspekte,** insb. ökonomische Aspekte, **mitberücksichtigen** (vgl. Beckmann, in: Hoppe, 7 zu § 12; a.A. Erbguth/Schink 32 zu Art.4), wie etwa die TA Luft (a.A. Erbguth/Schink 9 zu § 12). Unberücksichtigt bleiben jedoch Vorgaben, die allein oder im Wesentlichen außerökologische Aspekte betreffen (Dietlein LR 239; Nr. 0.6.1.1 der UVPVwV). Im Rahmen der Bewertung kann und sollte geprüft werden, wie *nahe* die Belastung an die Vorgaben der einschlä-

Genehmigungsverfahren **§ 10**

gigen Rechts- und Verwaltungsvorschriften heranreicht. Werden sie fast erreicht, kann bei der Berücksichtigung (unten Rn.116) geprüft werden, ob nicht im Rahmen unbestimmter Rechtsbegriffe, die in höherrangigen Vorschriften enthalten sind, mehr verlangt werden kann als das, was in den konkreten, in niederrangigen Vorschriften enthaltenen Umweltstandards vorgeschrieben wird.

Was das **Verfahren** angeht, so wird für die Zusammenarbeit zwischen 115 der federführenden Behörde und anderen Behörden auf die Ausführungen oben in Rn.52 verwiesen. Für die Form der Darstellung der Bewertung muss die bei der zusammenfassenden Darstellung der Auswirkungen (oben Rn.112) zwischen dem internen Dokument und der Aufnahme des Dokuments in die Begründung unterschieden werden (vgl. § 20 Abs.1 b S.1 und § 21 Abs.1 Nr.5 der 9. BImSchV). Gem. § 20 Abs.1 b S.1 der 9. BImSchV ist die Bewertung „möglichst" innerhalb eines Monats nach Erarbeitung der zusammenfassenden Darstellung fertigzustellen. Die internen Dokumente der zusammenfassenden Darstellung und der Bewertung können auch zusammen erstellt werden. Sind mehrere Behörden an der Berücksichtigung beteiligt (unten Rn.116), dann ist die Bewertung wie die zusammenfassende Darstellung allen diesen Behörden zugänglich zu machen (vgl. Jarass, NuR 1991, 206f, Amtl. Begr. zum UVPG, BT-Drs. 11/3919, 26). Ist dagegen nur die Immissionsschutzbehörde für die Berücksichtigung verantwortlich, ist kein eigenständiges Dokument erforderlich; es genügen entspr. Ausführungen in der Begründung der Genehmigungsentscheidung.

c) Berücksichtigung

Den letzten Schritt bildet gem. § 20 Abs.1 b S.3 der 9. BImSchV die 116 *Berücksichtigung* der Bewertung, genauer der bewerteten Auswirkungen (oben Rn.113–115), bei der Entscheidung über den Genehmigungsantrag. Wurde in einem vorgeschalteten Raumordnungsverfahren eine Umweltverträglichkeitsprüfung vorgenommen, sind die dort gewonnenen entsprechenden Erkenntnisse gem. § 23a Abs.1 der 9. BImSchV zusätzlich zu berücksichtigen. Den Maßstab der Entscheidung bilden (auch) bei UVP-pflichtigen Vorhaben die Genehmigungsvoraussetzungen des § 6; die Bewertung kann nur im Rahmen der Genehmigungsvoraussetzungen berücksichtigt werden (Ohms Rn.568). Allerdings darf sich die Genehmigungsbehörde, wie sonst, nicht auf untergesetzliche Vorgaben beschränken: Unbestimmte Rechtsbegriffe des förmlichen Gesetzesrechts erlauben vielfach eine weitergehende Berücksichtigung der Bewertung (vgl. oben Rn.114). Zuständig für die Berücksichtigung ist allein die immissionsschutzrechtliche Genehmigungsbehörde, auch dann, wenn eine andere Behörde zur federführenden Behörde (dazu oben Rn.17) ernannt wurde.

3. Erteilung der Genehmigung (bzw. des Vorbescheids)
a) Zeitpunkt und Frist

117 Die Entscheidung über den Genehmigungsantrag muss nach der 1993 eingefügten (Einl.2 Nr.21) Vorschrift des Abs.6a S.1 innerhalb einer bestimmten **Frist** erfolgen: Findet ein förmliches Genehmigungsverfahren statt, beträgt die Frist **sieben Monate;** in einem vereinfachten Genehmigungsverfahren beträgt sie **drei Monate.** Zur Frist bei Änderungsgenehmigungen Rn.34 zu § 16. Die Frist beginnt zu laufen, wenn die Antragsunterlagen, auch soweit sie nicht auszulegen sind, vollständig eingereicht wurden (Roßnagel GK 518), jedenfalls mit der positiven Entscheidung über die Vollständigkeit der Unterlagen; näher dazu oben Rn.42. Gem. Abs.6a S.2 kann die Frist um drei Monate **verlängert** werden, wenn eine fristgemäße Entscheidung nicht möglich ist, weil **(1)** die Prüfung des Antrags mit besonderen Schwierigkeiten verbunden ist oder **(2)** der Antragsteller eine Verfahrensverzögerung verursacht hat. Letzteres kommt insb. dann in Betracht, wenn gegenüber dem eingereichten Antrag Änderungen vorgenommen werden sollen. Die Überlastung der Behörde ist kein zureichender Grund (Roßnagel GK 520; Dietlein LR 242; a.A. Storost UL J3). Die Vorschrift verpflichtet daher die zuständigen Stellen zu einer ausreichenden Ausstattung der Genehmigungsbehörden. Die Fristverlängerung, die als Verwaltungsakt ergeht (Führ GK § 16 Rn.312), ist gem. Abs.6a S.3 im Regelfalle zu begründen; in atypischen Fällen kann davon abgesehen werden (vgl. Rn.50 zu § 17). Eine Fristverlängerung soll auch mehrfach möglich sein (Dietlein LR 242; Rn.34 zu § 16). Allerdings ist das, dem Sinn der Regelung entsprechend, nur in seltenen Ausnahmefällen zulässig.

118 Wird die **Frist nicht eingehalten,** handelt die Behörde rechtswidrig. Doch gibt es keine Erteilungsfiktion, wie etwa bei § 19 Abs.3 S.5 BauGB; es fehlt eine entsprechende Regelung (Roßnagel GK 521; Engelhardt/Schlicht 19a). Auch eine stillschweigende Erteilung der Genehmigung ist ausgeschlossen (vgl. unten Rn.120). Der Anlagenbetreiber kann nach Ablauf der Frist sofort Verpflichtungsklage erheben, entsprechend dem Rechtsgedanken des § 75 VwGO (Führ GK § 16 Rn.314). Wurde die Fristüberschreitung verschuldet, kann ein Schadensersatzanspruch aus § 839 BGB gegeben sein (Dietlein LR 244; Roßnagel GK 522; Storost UL J4; vgl. BGH, NVwZ 1993, 299), da die Fristbestimmung (auch) im Interesse des Antragstellers besteht (Amtl. Begr., BT-Drs. 12/3944, S.54).

119 Unbeschadet der in Abs.6a vorgesehenen Fristen hat die Behörde gem. § 20 Abs.1 der 9. BImSchV **unverzüglich** zu entscheiden, sobald alle maßgeblichen Umstände ermittelt sind. Im förmlichen Verfahren ist eine Entscheidung frühestens nach Abschluss des Erörterungstermins möglich. Wurde der Erörterungstermin abgebrochen, muss die Behörde gem. § 18 Abs.5 S.3 der 9. BImSchV wenigstens einen Monat verstreichen lassen, um eine Substantiierung der Einwendungen zu ermöglichen.

Genehmigungsverfahren **§ 10**

b) Form, Inhalt und Begründung

Der Bescheid ist gem. Abs.7 **schriftlich** zu erteilen und (schriftlich) zu 120
begründen; ein mündlich oder gar stillschweigend erteilter Bescheid ist
nichtig (Roßnagel GK 524, Dietlein LR 250. Der **notwendige Inhalt**
ergibt sich aus § 21 Abs.1 der 9. BImSchV; bei *Vorbescheiden* ist zudem
§ 23 der 9. BImSchV zu beachten. Verstöße gegen diese Vorschriften machen den Bescheid rechtswidrig; bei Offensichtlichkeit dürfte häufig § 42
VwVfG eingreifen (für Nichtigkeit Engelhardt II (9) § 21 Rn.2). Bei Abfallverbrennungsanlagen sind gem. § 21 Abs.2 der 9. BImSchV weitere
Angaben notwendig. Dazu kommt der **Soll-Inhalt** des § 21 Abs.2 der
9. BImSchV. Fehlt die Rechtsbehelfsbelehrung, gilt § 58 Abs.2 VwGO
(Dietlein LR 254), mit der Folge, dass die Klagefrist ein Jahr beträgt. Die
Begründung muss gem. § 21 Abs.1 Nr.5 der 9. BImSchV das Projekt in
sachlicher Hinsicht beschreiben und die geprüften Fragen darstellen; unzureichend ist es, nur Ergebnisse zu präsentieren und Rechtsvorschriften
sowie eingeholte Unterlagen zu nennen (Jarass o. Lit. B, 1987, 75; Dietlein LR 256). Zudem muss die Begründung für Drittbetroffene verständlich sein. Daraus ergeben sich Grenzen für die Verweisung auf Antragsunterlagen (Roßnagel, UPR 1995, 121 ff). Bei UVP-pflichtigen Anlagen
(oben Rn.11) sind gem. § 21 Abs.1 Nr.5 der 9. BImSchV die zusammenfassende Darstellung (oben Rn.112) und die Bewertung (oben Rn.113–
115) in die Begründung aufzunehmen. Zu den **Kosten** Rn.52 zu § 52.

c) Zustellung und Bekanntmachung

aa) Die Genehmigung ist dem Antragsteller und allen Personen, die 121
Einwendungen erhoben haben, gem. Abs.7 **förmlich zuzustellen.** Im
gestuften Genehmigungsverfahren gilt Letzteres nur für die Person, die gegen die entsprechende Teilentscheidung Einwendungen erhoben hat,
nicht für Personen, die allein gegen frühere Teilentscheidungen Bedenken
vorgetragen haben (Czajka FE 91). Drittbetroffenen, die keine (rechtzeitigen) Einwendungen erhoben haben, kann der Bescheid zugestellt
werden, muss es aber nicht (Sellner Rn.180; a. A. Storost UL J8; Dietlein
LR 257). Zur Notwendigkeit der Zustellung im vereinfachten Verfahren
Rn.15 zu § 19. Die Art und Weise der Zustellung ergibt sich aus den einschlägigen Verwaltungszustellungsgesetzen. Zustellungsmängel führen
nicht zur Rechtswidrigkeit der Genehmigung, sondern verhindern nur das
Laufen der Rechtsmittelfristen (Storost UL J10; Dietlein LR 258). Gem.
§ 11a Abs.6 der 9. BImSchV ist in Fällen mit grenzüberschreitendem Bezug (oben Rn.53) der Bescheid auch den entspr. *ausländischen* Behörden zu
übermitteln (Roßnagel GK 536 a).

bb) Gem. Abs.8 kann die Behörde in einem Genehmigungsverfahren 122
mit Öffentlichkeitsbeteiligung die Zustellung an Drittbetroffene durch
öffentliche Bekanntmachung ersetzen; die Entscheidung steht in ihrem Ermessen. Um nicht in Konflikt zu Art.19 Abs.4 GG zu geraten, ist
ein zureichender Grund für das Absehen von der Individualzustellung not-

§ 10 Genehmigungsbedürftige Anlagen

wendig (vgl. BVerwGE 67, 207/209 ff = NJW 1984, 188). Die bis 1993 geltende Grenze von mindestens 300 Zustellungen ist entfallen; sie liefert aber weiterhin einen gewissen Anhaltspunkt für die Ermessensausübung. Die Zustellung an den Antragsteller ist auf jeden Fall erforderlich (vorsichtiger Czajka FE 93).

122 a Die öffentliche Bekanntmachung hat im Amtlichen Veröffentlichungsblatt der Genehmigungsbehörde und außerdem in den örtlichen Tageszeitungen, in denen das Vorhaben bekanntgemacht worden ist bzw. werden sollte (dazu oben Rn.60), zu erfolgen. Der Inhalt der Bekanntmachung ergibt sich aus Abs.8 S.2, 4. Insb. ist der verfügende Teil der Entscheidung zu veröffentlichen; damit ist der Inhalt der Genehmigung gemeint, der die getroffenen Regelungen in örtlicher und sachlicher Hinsicht verständlich umschreibt, soweit er für Drittbetroffene bedeutsam ist (vgl. Storost UL J11; zu § 74 VwVfG BVerwGE 67, 206/213 ff = NJW 1984, 188; Bonk SBS § 74 Rn.48; strenger Roßnagel GK 537). Gleichzeitig ist der Genehmigungsbescheid gem. Abs.8 S.2, 3 zwei Wochen zur Einsichtnahme **auszulegen;** erfolgt die Bekanntmachung in mehreren Tageszeitungen, kommt es für den Ablauf der Frist auf die letzte Bekanntmachung an (Ohms Rn.572). Die Einwender können gem. Abs.8 S.6 eine Abschrift des Genehmigungsbescheids schriftlich anfordern. Mit Ablauf der Auslegungsfrist gilt der Bescheid gem. Abs.8 S.5 als zugestellt; die Widerspruchsfrist beginnt zu laufen (Dietlein LR 260). Die Zustellungsfiktion gilt auch zu Lasten Dritter, die keine Einwendungen erhoben haben und die von der materiellen Präklusion nicht betroffen werden (Czajka FE 95). Hat allerdings ein Dritter von der Bekanntmachung des Genehmigungsbescheids nichts erfahren, kann er ggf. Wiedereinsetzung in den vorigen Stand gem. § 32 VwVfG beantragen (Roßnagel GK 541; a. A. Czajka FE 97); zur Frage, wann in solchen Fällen die Voraussetzungen des § 32 VwVfG gegeben sind, oben Rn.96 a.

123 **cc)** In allen Verfahren mit Öffentlichkeitsbeteiligung (oben Rn.59 a) sowie auf Antrag des Vorhabensträgers ist die Entscheidung gem. § 21 a S.1 der 9. BImSchV öffentlich bekanntzumachen; ein Ermessen besteht nicht. Was die Einzelheiten der Bekanntmachung angeht, gelten gem. § 21 a S.2 der 9. BImSchV die Vorgaben des § 10 Abs.8 S.2, 3 (dazu oben Rn.122 f). Die Regelung findet in Abs.10 eine ausreichende Grundlage, da § 10 durchweg Mindestvorgaben der Formalisierung enthält (a. A. Roßnagel GK 95). Die Bekanntgabe nach § 21 a der 9. BImSchV **ersetzt nicht** die individuellen Zustellungen (Czajka FE 97 b). Unberührt bleibt die Möglichkeit, unter den Voraussetzungen des § 10 Abs.8 S.1 eine (individuelle Zustellung ersetzende) öffentliche Bekanntmachung vorzunehmen.

d) Sofortige Vollziehung

124 Die Anordnung der sofortigen Vollziehung gem. § 80 Abs.2 Nr.4 VwGO (dazu Sellner Rn.397 ff) kann mit der Genehmigung verbunden werden. Wird sie nachträglich erlassen, muss sie wie der Genehmigungsbescheid zugestellt werden (Schmatz/Nöthlichs 12.7).

Genehmigungsverfahren **§ 10**

4. Ablehnung der Genehmigung (bzw. des Vorbescheids)
a) Zeitpunkt und Frist

Eine Ablehnung des Antrags ist gem. § 20 Abs.2 S.1 der 9. BImSchV **125** zulässig, sobald feststeht, dass die Anlage nicht genehmigungsfähig ist und auch durch Nebenbestimmungen daran nichts geändert werden kann. Eine Ablehnung ist also in jedem Verfahrensstadium möglich. Insb. muss in Fällen der förmlichen Genehmigung nicht notwendig die Öffentlichkeitsbeteiligung begonnen oder gar durchgeführt worden sein (Czajka FE 87; a. A. OVG Lüneb, UPR 1985, 244). Werden trotz Aufforderung die notwendigen Unterlagen nicht eingereicht, soll (vgl. dazu Rn.50 zu § 17) der Antrag gem. § 20 Abs.2 S.2 der 9. BImSchV sofort abgelehnt werden. Was die Bearbeitungszeit angeht, gelten die Ausführungen oben Rn.117–119, insb. hinsichtlich der **Frist.**

b) Form, Inhalt, Zustellung

Die Ablehnung der Genehmigung ist gem. § 20 Abs.3 der 9. BImSchV **126** iVm § 10 Abs.7 schriftlich zu erteilen und schriftlich zu begründen. Bei UVP-pflichtigen Vorhaben (dazu oben Rn.13) ist gem. § 20 Abs.3 S.2 der 9. BImSchV die zusammenfassende Darstellung (dazu oben Rn.112), sofern sie erstellt wurde, in die Begründung aufzunehmen. Bescheid und Begründung sind gem. § 20 Abs.3 der 9. BImSchV iVm § 10 Abs.7 dem Antragsteller sowie allen Personen, die rechtzeitig Einwendungen erhoben haben, förmlich zuzustellen. Die Vorschrift des § 10 Abs.8 über die öffentliche Bekanntmachung (oben Rn.122 f) ist analog anzuwenden (Engelhardt II (9), § 20 Rn.9; Dietlein LR 247; a. A. Schmatz/Nöthlichs 12.6).

5. Einstellung und Aussetzung des Verfahrens

aa) Nimmt der Antragsteller seinen Antrag zurück, ist das Verfahren **127** **einzustellen.** Das Gleiche gilt für die Erledigung des Verfahrens (Vallendar FE (9), § 20 Anm.4). Bei Tod oder Liquidation des Antragstellers kommt es darauf an, ob jemand den Antrag übernimmt, etwa ein Konkursverwalter (OVG Lüneb, NuR 1998, 663). Der Antragsteller und die Personen, die rechtzeitig Einwendungen erhoben haben, sind zu benachrichtigen (§ 20 Abs.4 S.1 der 9. BImSchV). Bei Massenverfahren gilt die Regelung des Abs.8 S.1 gem. § 20 Abs.4 S.2 der 9. BImSchV entsprechend.

bb) Ist für die Anlage eine weitere Genehmigung erforderlich, die von **128** § 13 nicht erfasst wird, kann das Verfahren der immissionsschutzrechtlichen Genehmigung **ausgesetzt** werden, bis jene Genehmigung erteilt ist (Vallendar FE (9), § 20 Anm.2). Eine Verpflichtung zur Aussetzung besteht jedoch nicht (Fluck UL § 13 Rn.D38; a. A. Schmidt-Preuss, DVBl 1991, 232, 235). Dagegen ist eine Aussetzung wegen einer zivilrechtlichen Streitigkeit nicht möglich.

(unbesetzt) **129**

VIII. Folgen von Verfahrensfehlern und Rechtsschutz

1. Verstöße der Behörden

a) Drittschützender Charakter der einschlägigen Normen

130 Soll ein Verstoß gegen eine Verfahrensvorschrift in einem Rechtsmittel geltend gemacht werden, setzt dies bei Drittbetroffenen voraus, dass die fragliche Vorschrift auch ihrem Schutze dient (vgl. allg. dazu Rn.46 zu § 6). Dies wird man im förmlichen Genehmigungsverfahren für alle Vorschriften anzunehmen haben, die Personen, die potentiell materiell betroffen sind (also die Nachbarn), in das Verfahren einbeziehen. Daher sind die Vorschriften über die Öffentlichkeitsbeteiligung drittschützend (HessVGH, NVwZ-RR 1997, 406; vgl. BVerwGE 61, 256/275 = NJW 1981, 1393 zum Atomrecht; Dietlein LR 87). Dazu gehören u.a. die Vorschrift des § 10 Abs.2 S. (BVerwGE 85, 368/374 = NVwZ 1991, 369; BVerwG, DVBl 1983, 183; HessVGH, NVwZ 1991, 89) oder des § 8 Abs.2 der 9. BImSchV (BVerwGE 60, 297/307 = NJW 1981, 359 zum Atomrecht). Drittschützenden Charakter dürfte auch die für UVP-pflichtige Anlagen geltende Vorschrift des § 4e der 9. BImSchV haben, jedenfalls bezüglich Abs.2 Nr.1b (Vallendar, UPR 1992, 217). Mit der Bejahung des drittschützenden Charakters einer Norm ist aber noch nicht entschieden, ob ihre Verletzung in jedem Fall einen Anspruch auf Aufhebung der nachfolgenden behördlichen Entscheidung gibt; dazu unten Rn.132f. Generell kann ein Dritter Verfahrensfehler, die zu Lasten anderer Personen begangen wurden, nicht geltend machen (zum Atomrecht BVerwG, NVwZ 1985, 745).

b) Folgen für den direkten Rechtsschutz

131 Ein direkter Rechtsschutz gegen fehlerhafte Verfahrenshandlungen wird häufig durch § 44a VwGO ausgeschlossen. Die Vorschrift gilt auch für den vorläufigen Rechtsschutz (BayVGH, NVwZ 1988, 1054; Kopp/Schenke, § 44a Rn.4; Czajka FE 104; a.A. Sellner Rn.143). Der Vorbehalt des § 44a S.2 VwGO zugunsten Nichtbeteiligter kommt nach ganz h.A. Dritten, die Einwendungen erhoben haben, nicht zugute, da sie mit Erhebung von Einwendungen als *Beteiligte* angesehen werden (BayVGH, NVwZ-RR 2001, 373; OVG RP, NVwZ 1988, 76; Dietlein LR 154; Czajka FE 103; a.A. mit beachtlichen Gründen Roßnagel GK 567; Cloosters o. Lit. A, 66f). Im Hinblick auf Art.19 Abs.4 GG darf aber der Ausschluss des direkten Rechtsschutzes zu keinen unzumutbaren Nachteilen führen, was etwa im Hinblick auf eine verweigerte Akteneinsicht häufig der Fall ist (BVerfG-K, NJW 1991, 416; BayVGH, NVwZ-RR 2001, 374; anders Dietlein LR 280). Im Hinblick auf den Zweck der Vorschrift des § 44a VwGO, Verfahrensverzögerungen zu vermeiden (BVerwG, NJW 1982, 120; BayVGH, NVwZ 1988, 1054), sollte die Vorschrift nur dann zur Anwendung kommen, wenn tatsächlich die Gefahr besteht, dass das Genehmigungsverfahren verzögert wird. Insb. bei einem Streit um die Akteneinsicht ist das regelmäßig nicht der Fall (vgl. Redeker/v. Oertzen, VwGO, § 44a Rn.3a; erstaunlich Czajka FE 104, wonach nur Nichtbeteiligte iSv Nichtbetroffenen klagen können). Vor Erhebung von Einwendungen dürfte § 44a VwGO dagegen nicht zur Anwendung kommen (OVG RP, NVwZ 1988, 76; Storost UL H1); anderenfalls wäre der Kreis der Beteiligten völlig diffus. Endlich gilt § 44a VwGO nicht für Verfahrenshandlungen, die als Verwaltungsakt einzustufen sind (BayVGH, NVwZ 1988, 1054).

c) Folgen für die Angreifbarkeit nachfolgender behördlicher Entscheidungen

aa) Die Verletzung einer Verfahrensnorm mit drittschützendem Charakter kann des Weiteren Folgen für die nachfolgende behördliche Entscheidung haben, die das Verfahren abschließt. Jeder Verfahrensfehler führt an sich zur Rechtswidrigkeit bzw. Aufhebbarkeit der abschließenden Entscheidung. Wegen § 45 und § 46 VwVfG trifft im Ergebnis jedoch häufig das Gegenteil zu. Einmal können gem. § 45 VwVfG eine Reihe von Verfahrensfehlern geheilt werden. Vor allem aber ist ein Verfahrensfehler gem. § 46 VwVfG unbeachtlich, wenn er offensichtlich die Entscheidung in der Sache nicht beeinflusst hat. Bei gebundenen Entscheidungen, insb. bei der immissionsschutzrechtlichen Genehmigung, kann das aber nicht bedeuten, dass trotz erheblichen (tatsächlichen) Spielraums durch unbestimmte Rechtsbegriffe letztlich doch allein die materiell-rechtliche Rechtmäßigkeit zählt (Roßnagel GK 584ff; Beckmann 207f m. Nachw.; Hufen, DVBl 1988, 76; Seibert, FS Zeidler, 1987, 474; Grimm, NVwZ 1985, 871f; **a. A.** BVerwGE 69, 90/91f = NVwZ 1984, 727; 78, 93/95f = NVwZ 1988, 61; Sachs, SBS, § 46 Rn.33; Czajka FE 112). Der Verstoß gegen eine drittschützende Verfahrensnorm (zum Drittschutz oben Rn.130) führt vielmehr bereits dann zur Aufhebung, wenn er sich auf die Einhaltung materieller Normen (mit drittschützendem Charakter) ausgewirkt haben **könnte** (BVerwGE 85, 368/375 = NVwZ 1991, 369; UPR 1983, 71; OVG Saarl, FE-ES, § 15–8, 13f; Dietlein LR 283). Dies lässt sich nur dann ausschließen, wenn die vom Kläger behauptete Beeinträchtigung seiner materiellen Rechtsgüter „offensichtlich und eindeutig unmöglich ist" (BVerwGE 75, 285/291 = NJW 1987, 1154 zum Atomrecht; BVerwGE 85, 368/375 = NVwZ 1991, 369; Schmitz/Wessendorf, NVwZ 1996, 958), wie das nunmehr auch dem Wortlaut des § 46 VwVfG entspricht (vgl.Czajka FE 111). Die Rspr. verlangt demgegenüber nicht selten, dass „nach den Umständen des jeweiligen Falles die konkrete Möglichkeit besteht, dass die Planungsbehörde ohne den Verfahrensfehler anders entschieden hätte" (etwa BVerwG, NVwZ 1994, 689 zur UVP in der straßenrechtlichen Planfeststellung). Das ist zu restriktiv und sollte nicht auf das Immissionsschutzrecht übertragen werden. Problematisch ist schließlich, wenn den Betroffenen auferlegt wird, ausreichende Anhaltspunkte für die Kausalität darzulegen (so OVG

§ 10 Genehmigungsbedürftige Anlagen

NW, NVwZ 2003, 363); vielmehr kommt es darauf an, ob die Behörde ausreichende Gesichtspunkte dafür vorträgt, dass der Fehler für den Inhalt unerheblich geblieben ist.

133 Bei **UVP-pflichtigen Anlagen** begegnet es zudem EG-rechtlichen Bedenken, wenn ein Verstoß gegen UVP-Vorschriften bei Klagen Dritter allein dann für bedeutsam gehalten wird, wenn der Verstoß zu einem materiellen Fehler führte, den der Betroffene zudem konkret belegen muss (so BVerwGE 100, 238/247f). Die UVP-Richtlinie dient ausweislich der 11. Begründungserwägung auch der „menschlichen Gesundheit", weshalb Personen, die möglicherweise in ihrer Gesundheit berührt sein können, den Verfahrensverstoß unabhängig von der materiellen Rechtslage geltend machen können müssen. Für die Umsetzung **sonstigen EG-Rechts** dürfte Ähnliches gelten (vgl. Heitsch, NuR 1996, 455f).

134 **bb)** Die §§ 45, 46 VwVfG sind **nicht bei solchen Fehlern** anzuwenden, **die** wegen ihres besonderen Gewichts **zur Nichtigkeit** führen. Das ist etwa anzunehmen, wenn überhaupt keine Bekanntmachung oder Auslegung durchgeführt wurde, obwohl offenkundig war, dass die Voraussetzungen des vereinfachten Genehmigungsverfahrens (dazu Rn.4–8 zu § 19) nicht vorliegen (vgl. Rn.19 zu § 19; Roßnagel GK 592; Czjaka FE 99; a.A. für fehlende Bekanntmachung Storost UL H1). Gleiches gilt, wenn trotz Einwendungen kein Erörterungstermin abgehalten wurde (Roßnagel GK 593; Czjaka FE 100) oder der Bescheid mündlich ergeht (dazu oben Rn.120). Die Klausel des § 44 Abs.1 VwVfG sollte relativ großzügig eingesetzt werden, um so die Verfahrensvorschriften in gewissem Umfang zu bewehren. § 44 Abs.2 VwVfG enthält weitere Nichtigkeitsgründe, während § 44 Abs.3 VwVfG für einige Verfahrensfehler die Nichtigkeit ausdrücklich ausschließt.

d) Folgen für die materielle Präklusion und Amtshaftung

135 **cc)** Alle gewichtigen Fehler der Bekanntmachung und der Auslegung können die materielle Präklusion einschränken oder völlig ausschließen (dazu oben Rn.93f). Weiter sind Verfahrensfehler im Rahmen der Ermessensentscheidung des § 8 Abs.2 der 9. BImSchV zu berücksichtigen (oben Rn.108). Verfahrensfehler der Behörden können darüber hinaus Amtshaftungsansprüche auslösen. Das setzt jedoch voraus, dass der Verfahrensfehler zu einem Schaden führte, was vielfach ausgeschlossen ist, wenn die Entscheidung aus materiellen Gründen nicht anders ausfallen konnte; vgl. allerdings auch oben Rn.132.

2. Verstöße von Beteiligten

136 Werden die Verfahrensbeteiligten, insb. der Antragsteller, ihren verfahrensrechtlichen Pflichten nicht gerecht, ist es generell nicht möglich, die Einhaltung der Pflichten mit Verwaltungszwang durchzusetzen. Auch liegt im Verfahrensverstoß eines Beteiligten regelmäßig keine Ordnungswidrigkeit. Verfahrensverstöße des Antragstellers, die auch auf Aufforderungen

Einwendungen Dritter § 11

hin nicht korrigiert werden, berechtigen jedoch idR zur Ablehnung des Antrags. Verfahrensverstöße Dritter, die auf einen entsprechenden Hinweis hin nicht korrigiert werden, erlauben der Behörde häufig, den betreffenden Verfahrensbeitrag des Dritten als unbeachtlich anzusehen. Während des Erörterungstermins kommt auch ein Ausschluss des Dritten in Betracht (oben Rn.89).

§ 10a *(außer Kraft)*

Die Vorschrift, die eine Unterstützung der Immissionsschutzbehörden   1
in den neuen Bundesländern durch Behörden der alten Bundesländer ermöglichte (näher Jarass, BImSchG, 2. Aufl. 1993, § 10a Rn.1 ff), ist gem. § 74 S.3 a.F. am 30. 6. 1994 außer Kraft getreten (Rn.2 zu § 74).

§ 11 Einwendungen Dritter bei Teilgenehmigung und Vorbescheid

Ist eine Teilgenehmigung oder ein Vorbescheid erteilt worden,[2] können nach Eintritt ihrer Unanfechtbarkeit[8f] im weiteren Verfahren zur Genehmigung der Errichtung und des Betriebs der Anlage Einwendungen nicht mehr auf Grund von Tatsachen[5] erhoben werden, die im vorhergehenden Verfahren fristgerecht vorgebracht worden sind oder nach den ausgelegten Unterlagen hätten vorgebracht werden können.[5ff]

Übersicht

1. Bedeutung des § 11	1
a) Präklusionswirkung	1
b) Anwendungsbereich	2
2. Voraussetzungen der Präklusion	5
a) Vorgebrachte oder vorbringbare Einwendungen	5
b) Entschiedene Frage	7
c) Unanfechtbarkeit	8
3. Folgen der Präklusion	10

Literatur: *Breuer*, Zur Bindungswirkung von Bescheiden – insbesondere Zwischenbescheiden – und Präklusion, in: Lukes (Hg.), 6. Deutsches Atomrechtssymposium, 1980, 243; *Büdenbender/Mutschler*, Bindung und Präklusionswirkung von Teilentscheidungen nach dem BImSchG und AtG, 1979. S. auch die Literatur zu § 8.

1. Bedeutung des § 11

a) Präklusionswirkung

Die Zulassung von Teilgenehmigungen gem. § 8 und von Vorbeschei-   1
den gem. § 9, also von Teilentscheidungen, führt dazu, dass das Genehmigungsverfahren in mehrere Stufen aufgeteilt wird. Diese Stufung birgt die

Gefahr, dass die gleichen Fragen mehrfach erörtert und entschieden werden müssen, was verfahrensökonomisch unbefriedigend ist und zu widersprüchlichen Entscheidungen führen kann (Hofmann GK 1). Um dies objektiv-rechtlich zu vermeiden, kommt Teilgenehmigungen eine bestimmte Bindungswirkung für spätere Teilentscheidungen zu (näher Rn.26–33 zu § 8); Entsprechendes gilt für Vorbescheide (Rn. 16–19 zu § 9). Die **Bindungswirkung** begrenzt das Recht und die objektive Pflicht der Behörden, bestimmte Fragen im Rahmen späterer Teilentscheidungen nochmals aufzugreifen (Jarass, UPR 1983, 242). Von ihr ist die **Präklusionswirkung,** die von § 11 geregelt wird, zu unterscheiden: Sie begrenzt die behördliche Verpflichtung *Dritten gegenüber,* einzelne, in früheren Teilentscheidungen bereits behandelte Fragen im Rahmen späterer Teilentscheidungen nochmals aufzugreifen (Kutscheidt LR 33; Jarass, UPR 1983, 242). Diese Präklusionswirkung darf nicht mit der des § 10 Abs.3 S.3 verwechselt werden. § 10 Abs.3 S.3 hat im Rahmen des gestuften Genehmigungsverfahrens allein Bedeutung *innerhalb* eines Genehmigungsteils: Wer seine Einwendungen nicht rechtzeitig vorbringt, ist mit ihnen hinsichtlich der diesen Genehmigungsteil abschließenden Entscheidung ausgeschlossen (Rn.91 zu § 10). Dagegen regelt § 10 Abs.3 S.3 nicht die Folgen für weitere Genehmigungsteile (Kutscheidt LR 8; diff. Storost UL B2); darauf bezieht sich § 11.

b) Anwendungsbereich

2 § 11 regelt die Präklusion im Rahmen des **gestuften Genehmigungsverfahrens,** betrifft die Beziehungen zwischen *Teilgenehmigungen* sowie zwischen einem *Vorbescheid* und einer nachfolgenden Genehmigung oder Teilgenehmigung. Voraussetzung ist gem. § 19 Abs.2, dass ein förmliches Genehmigungsverfahren mit **Öffentlichkeitsbeteiligung** stattfindet (vgl. Rn.18 zu § 19). § 11 gilt dagegen nicht für das Verhältnis solcher Teilentscheidungen zu anderen Entscheidungen, wie späteren Änderungsgenehmigungen, nachträglichen Anordnungen (Kutscheidt LR 6), Genehmigungen nach anderen Gesetzen etc. Auch eine entsprechende Anwendung ist nicht möglich (Hofmann GK 11; a. A. für Änderungsgenehmigung Vallendar FE 8; für Bebauungsplan OVG Lüneb, DVBl 1980, 962 f); eine derart weitreichende Präklusionswirkung kommt nicht einmal der Vollgenehmigung zu (vgl. Rn.31 zu § 6).

3 Das Problem mehrfacher Prüfung bestimmter Einwendungen, das § 11 lösen soll, und damit die Frage der Präklusionswirkungen zu Lasten späterer Teilentscheidungen stellt sich nur dort, wo sich die Regelungsgegenstände überschneiden. Was die **Teilgenehmigungen** angeht, ist eine solche Überschneidung nur hinsichtlich der *vorläufigen Gesamtbeurteilung* möglich (Storost UL B3; Kutscheidt LR12; a.A. Hofmann GK 13). Die abschließenden Regelungsteile werden durch spätere Teilgenehmigungen nicht mehr berührt, da sich die verschiedenen abschließenden Regelungsteile zur Vollgenehmigung zusammenfügen. Bestenfalls sind insoweit wiederholende Verfügungen vorstellbar. § 11 bezieht sich daher bei den

Einwendungen Dritter **§ 11**

Teilgenehmigungen auf die vorläufige Gesamtbeurteilung (ebenso wohl BVerwGE 61, 256/273 f = NJW 1981, 1393).

Was den **Vorbescheid** angeht, ist die Ausgangslage anders, gleichwohl 4 zeigt sich das gleiche Ergebnis. Der Vorbescheid ist kein echter Teil der Vollgenehmigung; sein abschließender Regelungsgehalt bezieht sich auf eine Vorfrage, die naturgemäß im nachfolgenden Genehmigungsverfahren wieder aufgegriffen wird. Gleichwohl kann sich § 11 darauf sinnvollerweise nicht beziehen. Die Vorschrift beschränkt die Präklusion auf vorgebrachte bzw. vorbringbare Einwendungen, sieht folglich keine Präklusion für Umstände vor, die erst nach Einwendungsende aufgetreten sind. Der abschließende Regelungsgehalt des Vorbescheids steht aber nicht unter dem Vorbehalt einer Änderung der Sach- oder Rechtslage (dazu Rn.16 zu § 9). § 11 hat daher auch beim Vorbescheid praktische Bedeutung allein hinsichtlich der *vorläufigen Gesamtbeurteilung* (anders Hofmann GK 15).

2. Voraussetzungen der Präklusion

a) Vorgebrachte oder vorbringbare Einwendungen

Eine Einwendung ist gem. § 11 in Zusammenhang mit einer späteren 5 Teilentscheidung ausgeschlossen, wenn sie im Verfahren einer früheren Teilentscheidung (Teilgenehmigung oder Vorbescheid) tatsächlich vorgebracht wurde oder vorgebracht werden konnte. Dass § 11 insoweit von „**Tatsache**" spricht, hat keine besondere Bedeutung; die Präklusionswirkung wird dadurch nicht auf Tatsachenfragen beschränkt (Breuer, o. Lit., 260; Sellner Rn.283; Hofmann GK 35; a.A. OVG Lüneb, DVBl 1975, 193). Dies würde weder der Entstehungsgeschichte noch dem systematischen Zusammenhang mit der Bindungswirkung noch der Präklusion gem. § 10 Abs.3 S.3 entsprechen. Der Begriff der Tatsache steht für „Umstand" o. ä.

Die Beschränkung auf **vorgebrachte** oder **vorbringbare Einwen-** 6 **dungen** bedeutet zweierlei: Einwendungen sind zum einen nicht präkludiert, wenn sie wegen **erheblicher Fehler** im Genehmigungsverfahren nicht vorgebracht werden konnten (BayVGH, GewArch 1980, 239; Kutscheidt LR 24). Zum anderen werden Einwendungen nicht präkludiert, wenn sie sich auf **Änderungen der Sach- und Rechtslage** (dazu Rn.28 zu § 8) seit dem Ablauf der Einwendungsfrist beziehen oder aus **neu vorgelegten Unterlagen** resultieren, auf Einwendungen also, die im Zeitpunkt des Einwendungsverfahrens (noch) nicht veranlasst waren (OVG Lüneb, ET 1978, 614 zum Atomrecht). Dies entspricht weitgehend den Grenzen der Bindungswirkung bei der vorläufigen Gesamtbeurteilung. Berücksichtigt man außerdem, dass die Präklusionswirkung praktische Bedeutung allein im Bereich der vorläufigen Gesamtbeurteilung hat, zeigt sich, dass die sachlich gebotene Parallelität von Bindungs- und Präklusionswirkung auch hier eingehalten wird. Was die Einzelheiten angeht, gelten die Ausführungen zur Bindungswirkung ganz entsprechend (dazu Rn.26–33 zu § 8). Insbesondere greift die Präklusionswirkung (bezüglich

§ 11 Genehmigungsbedürftige Anlagen

der vorläufigen Gesamtbeurteilung) nicht ein, soweit die Sach- oder Rechtslage bzw. der allgemeine Erkenntnisstand (nicht der der Behörde) sich ändert. Auf jeden Fall ist es erforderlich, dass die Änderung der Sach- oder Rechtslage so gewichtig ist, dass sie das vorläufige Urteil tatsächlich in Frage stellt (dazu Rn.30 zu § 8). Zu Änderungen des Projekts unten Rn.7.

b) Entschiedene Frage

7 Die Präklusionswirkung kann zusätzlich nur insoweit eingreifen, als die betreffende Frage in der vorhergehenden Teilentscheidung entschieden worden ist (Kutscheidt LR 16). Das ist zwar § 11 nicht unmittelbar zu entnehmen. Doch kann nicht angenommen werden, dass Einwendungen, die zwar in der vorhergehenden Teilentscheidung geltend gemacht, von der Entscheidung der Behörde jedoch nicht erfasst und behandelt wurden, gem. § 11 präkludiert sind; die Einwendungen Dritter müssen zumindest in **einer** Teilentscheidung behandelt werden (Vallendar FE 3; Storost UL D4; a.A. Kutscheidt LR 32), wie das in der Parallelvorschrift des § 7b AtG auch ausdrücklich gesagt wird. Die Präklusionswirkung wird somit durch den Regelungsgehalt der vorhergehenden Teilentscheidung beschränkt (zu dessen Umfang Rn.27f zu § 8). Aus diesem Grunde kann die Präklusion des § 11 nicht eingreifen, soweit das Projekt geändert wurde (OVG Lüneb, ET 1978, 617; Czajka FE 43 zu § 8) oder die frühere Teilentscheidung aufgehoben wurde bzw. gem. § 18 oder § 9 Abs.2 nicht mehr wirksam ist.

c) Unanfechtbarkeit

8 Die Präklusion des § 11 setzt mit der Unanfechtbarkeit der vorhergehenden Teilentscheidung ein. Damit ist eine **relative** Unanfechtbarkeit gemeint: Die Teilentscheidung darf für den von § 11 betroffenen Dritten nicht mehr anfechtbar sein (Jarass, UPR 1983, 246f; Vallendar FE 6; Czajka FE (9) § 8 Rn.43; zum Atomrecht BVerwGE 92, 185/193 = NVwZ 1993, 578; für bloße Wirksamkeit Hofmann GK 25). § 11 kann damit für verschiedene Dritte zu unterschiedlichen Zeitpunkten eingreifen. Schließlich ist zu beachten, dass die Anfechtbarkeit gem. § 10 Abs.3 S.3 entfällt, wenn keine Einwendungen erhoben wurden (Kutscheidt LR 27f; vgl. Rn.91ff zu § 10).

9 Umstritten ist, ob aus der Bindungswirkung einer gem. § 80 Abs.2 Nr.4 VwGO für **sofort vollziehbar erklärten** Teilentscheidung auch eine entsprechende Präklusionswirkung zu Lasten Dritter abzuleiten ist (so Büdenbender/Mutschler o. Lit. 314ff; Jarass, UPR 1983, 247; a.A. Storost UL C3). Ist eine Teilentscheidung für vollziehbar erklärt, ist sie für die Behörde in nachfolgenden Teilentscheidungen bindend (dazu Rn.31 zu § 8). Die Präklusion setzt aber nach dem Wortlaut des § 11 erst mit der Unanfechtbarkeit ein. Dieses Auseinanderklaffen von Bindung und Präklusion ist wenig sachgerecht. Die Präklusionswirkung kann zwar früher einsetzen und sachlich weiter reichen als die Bindungswirkung (vgl.

BVerwGE 60, 297/304f, 309f = NJW 1981, 359). Der umgekehrte Fall würde jedoch bedeuten, dass die Behörde Dritten gegenüber Einwendungen behandeln muss, obwohl ihr das objektiv-rechtlich verwehrt ist. Dieses Dilemma dadurch zu lösen, dass man die sofortige Vollziehung generell für unzulässig erklärt (so Czajka FE § 8 Rn.44), widerspricht allgemeinen Regeln. Die Bindungswirkung einer für sofort vollziehbar erklärten Teilentscheidung insoweit einzuschränken, als Dritte gegen die frühere Entscheidung Rechtsmittel eingelegt haben (so Kutscheidt LR § 9 Rn.49; Vallendar FE § 9 Rn.11), nimmt der sofortigen Vollziehbarkeit weitgehend ihre Wirkung. Daher liegt es näher, § 11 **entsprechend** auf den Fall der **sofortigen Vollziehbarkeit** anzuwenden (Hofmann GK 28; Jarass, UPR 1983, 247; in der Sache Kutscheidt LR.42; Czajka FE § 8 Rn.56). Unanfechtbarkeit und sofortige Vollziehbarkeit erlauben beide die Vollstreckung der Teilentscheidung und sind daher gleichzustellen. Der Rechtsschutz Dritter wird dadurch nicht unzumutbar verkürzt. Ist das Rechtsmittel gegen die frühere Teilentscheidung erfolgreich, ist die Gesamtanlage nicht genehmigt (Rn. 33 zu § 8).

3. Folgen der Präklusion

Die Präklusion des § 11 führt dazu, dass die erfassten Einwendungen in 10 den nachfolgenden Genehmigungsstufen nicht mehr geltend gemacht werden können. Der betreffende Dritte hat also keinen Anspruch mehr darauf, dass seine Einwendungen geprüft werden (Kutscheidt LR 14). Ob die Behörde dagegen die Einwendungen objektiv-rechtlich nicht mehr berücksichtigen darf, hängt vom Eingreifen der Bindungswirkung ab (dazu Rn.26–33 zu § 8 bzw. Rn.16–19 zu § 9). Nur wenn sie Vorbescheid oder Teilgenehmigung aufhebt, kann sie die Einwendungen der Sache nach erneut behandeln (Vallendar FE 5). Die Präklusion des § 11 ist auch **materieller** Natur (Hofmann GK 21; Kutscheidt LR 15; vgl. Rn.91 zu § 10): Rechtsmittel gegen Widerspruch und Klage, die gegen die Entscheidung in den nachfolgenden Verfahren eingelegt werden, sind unzulässig (OVG Lüneb, DVBl 1975, 192; Breuer o. Lit. 259; für Unbegründetheit Vallendar FE 7). Zu den sonstigen Wirkungen der materiellen Präklusion vgl. Rn.98–99 a zu § 10.

§ 12 Nebenbestimmungen zur Genehmigung

(1) **Die Genehmigung kann**[15] **unter Bedingungen**[5] **erteilt und mit Auflagen**[2f] **verbunden werden, soweit dies erforderlich ist, um die Erfüllung der in § 6 genannten Genehmigungsvoraussetzungen sicherzustellen.**[6ff] **Zur Sicherstellung der Anforderungen nach § 5 Abs.3 kann bei Abfallentsorgungsanlagen im Sinne des § 4 Abs.1 Satz 1 auch eine Sicherheitsleistung auferlegt werden.**[10a]

(2) **Die Genehmigung kann auf Antrag für einen bestimmten Zeitraum erteilt werden.**[16ff] **Sie kann mit einem Vorbehalt des Widerrufs**

erteilt werden, wenn die genehmigungsbedürftige Anlage lediglich Erprobungszwecken dienen soll.[19f]

(2a) Die Genehmigung kann mit Einverständnis des Antragstellers mit dem Vorbehalt nachträglicher Auflagen erteilt werden, soweit hierdurch hinreichend bestimmte, in der Genehmigung bereits allgemein festgelegte Anforderungen an die Errichtung oder den Betrieb der Anlage in einem Zeitpunkt nach Erteilung der Genehmigung näher festgelegt werden sollen.[24] Dies gilt unter den Voraussetzungen des Satzes 1 auch für den Fall, dass eine beteiligte Behörde sich nicht rechtzeitig äußert.[24]

(2b) Im Falle des § 6 Abs.2 soll der Antragsteller durch eine Auflage verpflichtet werden, der zuständigen Behörde unverzüglich die erstmalige Herstellung oder Verwendung eines anderen Stoffes innerhalb der genehmigten Betriebsweise mitzuteilen.[8, 15a]

(3) Die Teilgenehmigung kann für einen bestimmten Zeitraum oder mit dem Vorbehalt erteilt werden, dass sie bis zur Entscheidung über die Genehmigung widerrufen[19f] oder mit Auflagen[22ff] verbunden werden kann.

Übersicht

I. Bedeutung, Anwendungsbereich, EG-Recht	1
1. Bedeutung und Anwendungsbereich	1
2. EG-Recht	1b
II. Auflagen, Inhaltsbestimmung, Bedingungen	2
1. Eigenart von Auflagen, Inhaltsbestimmungen, Bedingungen	2
a) Eigenart der echten Auflage und der modifizierenden Auflage bzw. Inhaltsbestimmung	2
b) Eigenart der Bedingung	5
2. Rechtmäßigkeit von Auflagen, Inhaltsbestimmungen, Bedingungen	6
a) Erfüllung der Genehmigungsvoraussetzungen	6
b) Sonstige Vorschriften, Bestimmtheit, Verhältnismäßigkeit	11
c) Kein Antrag, Zeitpunkt	14
d) Nur Auswahlermessen	15
III. Befristung, Widerrufs- und Auflagenvorbehalt	16
1. Befristung	16
2. Widerrufsvorbehalt	19
a) Beifügung des Widerrufsvorbehalts	19
b) Ausübung des Widerrufsvorbehalts	21
3. Auflagenvorbehalt	22
a) Beifügung des Auflagenvorbehalts	22
b) Ausübung des Auflagenvorbehalts	26
IV. Änderung, Durchsetzung, Rechtsschutz	27
1. Änderung	27
2. Durchsetzung und Sanktionen	28
3. Rechtsschutz	31

Nebenbestimmungen zur Genehmigung § 12

Literatur: *Tegethoff,* Die Abgrenzung von Genehmigungsinhaltsbestimmung und Nebenbestimmung im Anlagenzulassungsrecht, UPR 2003, 416; *Jarass,* Der Rechtsschutz Dritter bei der Genehmigung von Anlagen, NJW 1993, 2844; *Fluck,* „Genehmigungszusätze", nachträgliche Anordnungen und Aufhebung der Genehmigung im Immissionsschutzrecht, DVBl 1992, 862; *Kunert,* „Genehmigungszusätze" im Immissionsschutzrecht, UPR 1991, 249; *Kloepfer,* Zur Konkretisierung der immissionsschutzrechtlichen Vorsorgepflicht, NuR 1990, 8.

I. Bedeutung, Anwendungsbereich, EG-Recht

1. Bedeutung und Anwendungsbereich

§ 12 regelt die Zulässigkeit von Nebenbestimmungen für Erstgenehmigungen wie für Änderungsgenehmigungen, unabhängig davon, ob sie im vereinfachten Verfahren ergehen oder nicht. Weiter erfasst die Vorschrift die Teilgenehmigung des § 8 sowie Vollzugsanordnungen nach § 80 Abs.2 Nr.4 VwGO (Czajka FE 12). Die Vorschrift gilt auch für die immissionsschutzrechtliche Genehmigung von Anlagen der Abfalllagerung und -behandlung. § 32 Abs.1 KrW-/AbfG ist insoweit nicht, auch nicht analog anwendbar, da diese Norm ausdrücklich auf Planfeststellungen und Plangenehmigungen für Deponien beschränkt ist (Sellner LR 33). Dagegen findet § 12 auf den Vorbescheid des § 9 keine Anwendung (Storost UL B2; Czajka FE 13); insoweit ist § 36 VwVfG einschlägig (näher dazu Rn.10 zu § 9; vgl. auch BVerwGE 55, 250/270f = NJW 1978, 1450). § 12 gilt des Weiteren nicht für die Zulassung des vorzeitigen Beginns nach § 8a (Sellner LR 31; Storost UL B2); dazu Rn.14 zu § 8a. Zur Bedeutung der Nebenbestimmungen für die Grundpflichten Rn.1 zu § 5. 1

§ 12 enthält eine **abschließende Regelung** der Nebenbestimmungen einer immissionsschutzrechtlichen Genehmigung (HessVGH, NVwZ-RR 2002, 341; OVG NW, NVwZ-RR 2002, 342; Storost UL B1; Sellner LR 7); eine Anwendung von § 36 VwVfG ist insoweit ausgeschlossen, was aber einer Nutzung der Begriffsdefinitionen in § 36 Abs.2 VwVfG nicht entgegensteht (Czajka FE 7). Nebenbestimmungen sind auch im Einverständnis mit dem Antragsteller nur möglich, soweit § 12 dies vorsieht (unten Rn.20; allg. Kopp/Ramsauer, VwVfG, § 36 Rn.46; a.A. Wasielewski GK 3). Unberührt bleibt eine einvernehmliche Lösung von Ungewissheiten der Rechtslage in Grenzfällen nach dem Rechtsgedanken des § 55 VwVfG. Möglich ist zudem, durch einen eigenen Vertrag strengere Vorgaben festzulegen (BVerwGE 84, 236/241 = NVwZ 1990, 665). Wurde eine Auflage auf § 36 VwVfG gestützt, soll auch eine Umdeutung in eine Auflage nach § 12 nicht möglich sein (HessVGH, NVwZ-RR 2002, 341). 1a

2. EG-Recht

Die Regelung des § 12 dient (auch) der Umsetzung des Art.9 der Richtlinie 96/61/EG über die integrierte Vermeidung und Verminderung der Umweltverschmutzung (Einl.34 Nr.8). Insbesondere wurde bei 1b der Einfügung von Abs.1 S.2 auf Art.3 lit.f dieser Richtlinie verwiesen (BT-Drs. 14/4599, S. 128f).

II. Auflagen, Inhaltsbestimmung, Bedingungen

1. Eigenart von Auflagen, Inhaltsbestimmungen, Bedingungen

a) Eigenart der echten Auflage und der modifizierenden Auflage bzw. Inhaltsbestimmung

2 **aa)** Eine (**echte**) **Auflage** ist eine Nebenbestimmung, durch die dem Genehmigungsinhaber ein *selbständiges* Tun, Dulden oder Unterlassen vorgeschrieben wird (§ 36 Abs.2 Nr.4 VwVfG), deren Einhaltung für Bestand und Wirksamkeit der Genehmigung ohne unmittelbare Bedeutung ist und selbständig erzwungen werden kann. Sie enthält regelmäßig Nebenpflichten zum Betrieb der Anlage und muss von der modifizierenden Auflage und ähnlichen Erscheinungen (dazu unten Rn.3) getrennt werden. Die Rechtmäßigkeitsvoraussetzungen sind allerdings die gleichen. Doch bestehen Unterschiede bei der Durchsetzung (dazu unten Rn.28f).

3 **bb)** Im Unterschied zur (echten) Auflage fügt die sog. „**modifizierende Auflage**" der Genehmigung keine zusätzliche Pflicht hinzu, sondern begrenzt und spezifiziert den Genehmigungsgegenstand (OVG Lüneb, GewArch, 1985, 128; Sellner LR 96; vgl. BVerwGE 110, 216/218), sei es in Abweichung vom Genehmigungsantrag oder nicht. Modifizierende Auflagen sind eigentlich keine Nebenbestimmungen, sondern Qualifizierungen des Genehmigungsgegenstands (Storost UL C2). Die modifizierende Auflage ist daher eine **Inhaltsbestimmung** (Fluck, DVBl 1992, 863; Kunert, UPR 1991, 251) oder jedenfalls wie eine solche zu behandeln (so wohl BVerwGE 69, 37/39 = NVwZ 1984, 371; Stelkens SBS § 36 Rn.52). Der Begriff der Inhaltsbestimmung wird in § 10 Abs.5 S.2 verwandt. Wird durch eine modifizierende Auflage bzw. Inhaltsbestimmung eine abweichende Ausführung der Anlage verlangt und werden die notwendigen Maßnahmen nicht abschließend bestimmt, muss der Vorhabenträger die notwendigen Änderungen durch Einreichen entsprechender Antragsunterlagen nachträglich zur Genehmigung stellen (Dietlein LR § 5 Rn.110); die Entscheidung darüber ergänzt dann die ursprüngliche Genehmigungsentscheidung.

4 **cc)** Ob eine Nebenbestimmung als echte Auflage oder als modifizierende Auflage bzw. Inhaltsbestimmung anzusehen ist, hängt vom **Erklärungswert der Genehmigung** ab. Eine echte Auflage liegt nur vor, wenn deutlich wird, dass die Einhaltung der Nebenbestimmung Bestand und Wirksamkeit der Genehmigung nicht berühren soll (vgl. oben Rn.2), was in der Praxis sehr selten ist (Ohms Rn.586). Die von der Behörde gewählte Bezeichnung ist nicht entscheidend, wenn auch nicht völlig bedeutungslos (OVG NW, NVwZ-RR 2000, 671; Fluck, DVBl 1992, 867). Keine Rolle spielt, ob es um die Voraussetzungen des § 6 Abs.1 Nr.1 oder des § 6 Abs.1 Nr.2 geht (so aber Wasielewski GK 14). Regelungselemente,

die das zugelassene Handeln des Betreibers räumlich und sachlich bestimmen und damit ihren Gegenstand und Umfang festlegen, sind generell als Inhaltsbestimmung einzustufen (OVG NW, NVwZ-RR 2000, 671; Sellner LR 101 ff); der Umkehrschluss ist aber nicht möglich. Wenn in der Praxis von einer Bedingung oder einer Auflage gesprochen wird, ist häufig eine modifizierende Auflage, eine Inhaltsbestimmung gemeint, so z.B. wenn eine bestimmte Emissionsmenge oder ein bestimmter Lärmpegel als Obergrenze vorgeschrieben wird. Vorgaben zum Umfang der genehmigten Anlage sowie zu den in §§ 3–4e der 9. BImSchV angeführten Angaben sind regelmäßig Inhaltsbestimmungen (Sellner LR 101 ff; Fluck, DVBl 1992, 864 ff). Vorgaben, die nicht die Errichtung und den Betrieb der Anlage unmittelbar betreffen, sondern Hilfspflichten oder externe Pflichten im Bereich der Reststoffverwertung oder Abfallentsorgung statuieren, sind in der Regel echte Auflagen (Fluck, DVBl 1992, 864; Ohms Rn.587; vgl. auch Sellner LR 109). Eine Auflage, Heizöl mit einem bestimmten Höchstgehalt an Schwefel zu benutzen, ist dagegen eine Inhaltsbestimmung (BVerwGE 69, 37/39 = NVwZ 1984, 371; Koch § 4 Rn.180).

b) Eigenart der Bedingung

Eine Bedingung ist gem. § 36 Abs.2 Nr.2 VwVfG eine Nebenbestimmung, die vom Eintritt eines zukünftigen ungewissen Ereignisses abhängig macht, ob die Genehmigung wirksam wird (aufschiebende Bedingung) oder ihre Wirksamkeit verliert (*auflösende* Bedingung). Dies kann die gestattende Wirkung der Genehmigung im Ganzen oder in Teilen betreffen. Die Bedingung darf weder mit der Festlegung des Genehmigungsumfanges noch mit Auflagen verwechselt werden, deren Nichtbeachtung ohne Einfluss auf den Bestand der Genehmigung ist. Eine Bedingung liegt nur dann vor, wenn die Wirksamkeit der Genehmigung von der Nebenbestimmung erkennbar abhängen soll. Die Bezeichnung ist lediglich ein Indiz. In der Praxis sind echte Bedingungen sehr selten (Sellner LR 47). Eine *aufschiebende* Bedingung liegt etwa vor, wenn die genehmigte Anlage erst nach Stilllegung einer anderen Anlage betrieben werden darf. 5

2. Rechtmäßigkeit von Auflagen, Inhaltsbestimmungen, Bedingungen

a) Erfüllung der Genehmigungsvoraussetzungen

aa) Echte und modifizierende Auflagen bzw. Inhaltsbestimmungen sowie Bedingungen sind zulässig, soweit sie erforderlich sind, um die **Genehmigungsvoraussetzungen** des § 6 **sicherzustellen** (Czajka FE 33). Die Nebenbestimmungen können daher zunächst der Schutz- bzw. Abwehrpflicht (dazu Rn. 9–43 zu § 5), der Vorsorgepflicht (dazu Rn.49–71 zu § 5), den Abfallpflichten (dazu Rn.72–95 zu § 5) oder den Energieverwendungspflichten (dazu Rn.97–104a zu § 5) dienen. Weiter sind Auflagen der *Nachsorge* iSd § 5 Abs.3 möglich, v.a. zur vorbeugenden Gefahrenabwehr (näher Rn.106–115a zu § 5), etwa Vorgaben zur Vermeidung von Bodenkontaminationen (Vallendar FE 3) u.ä. Dagegen werden Vor- 6

§ 12 Genehmigungsbedürftige Anlagen

gaben für die Zeit nach Betriebseinstellung im Zeitpunkt der Genehmigungserteilung häufig noch nicht sinnvoll sein (Vallendar, UPR 1991, 92); ausgeschlossen sind sie aber nicht (Hansmann, NVwZ 1993, 926). Soweit derartige Nebenbestimmungen erlassen werden, wird ihr Bestand durch das Erlöschen der Genehmigung nicht berührt (Czajka FE 40; näher Rn. 11 zu § 18). Weiter können die Nebenbestimmungen der Sicherstellung des sonstigen Immissionsschutzrechts (dazu Rn. 6 a f zu § 6) dienen. Schließlich können die Nebenbestimmungen auf die Sicherstellung sonstiger öffentlich-rechtlicher Vorschriften iSd § 6 Abs. 1 Nr. 2 sowie der Belange des Arbeitsschutzes ausgerichtet sein (dazu Rn. 10–25 zu § 6). Insbesondere können Ausgleichs- und Ersatzmaßnahmen iSd § 19 BNatSchG angeordnet werden (Gassner, UPR 1988, 324). Die Möglichkeiten einer Nebenbestimmung bestehen ohne Einschränkung auch bei Anlagen, die in nicht wirtschaftlichen Unternehmungen verwandt werden, sofern sie genehmigungspflichtig sind. Die Einschränkung des § 4 Abs. 1 S. 2 betrifft nur die Genehmigungspflicht, nicht den Prüfungsmaßstab (Storost UL D2; str.); näher Rn. 6 zu § 4. Zur Möglichkeit einer auflösenden Bedingung wegen Nichtausnutzung der Genehmigung Rn. 2 zu § 18. Im Einverständnis mit dem Anlagenbetreiber können auch über § 6 hinausgehende Anforderungen festgelegt werden (Czajka FE 36).

7   Auflagen und Bedingungen können sich auf die **Errichtung,** die **Beschaffenheit,** die Unterhaltung, die Wartung und den **Betrieb** der Anlage beziehen (Amtl. Begr., BT-Drs. 7/179, 35); auch die **Umgebung** kann betroffen sein (Wasielewski GK 15), etwa durch Schutzvorkehrungen oder Kompensationsmaßnahmen. Durch Nebenbestimmungen können Immissionsgrenzwerte (zusammen mit dem Beurteilungsverfahren) festgelegt werden, selbst wenn die Einhaltung der Werte auch von anderen Emittenten abhängt (Dietlein LR § 5 Rn. 106 f). Nebenbestimmungen können auch Maßnahmen außerhalb der Anlage festlegen, sofern damit Genehmigungsvoraussetzungen sichergestellt werden (BVerwGE 69, 351/357 = NVwZ 1985, 46; OVG NW, NVwZ 1987, 148; Sellner LR 117). Gem. § 10 Abs. 5 S. 2 können sich Inhalts- und Nebenbestimmungen der immissionsschutzrechtlichen Genehmigung auch auf Aspekte parallel erforderlicher Zulassungen beziehen (näher Rn. 51 zu § 10). Zudem können Nebenbestimmungen künftige Pflichten festlegen (VGH BW, DÖV 1974, 707 f). Zum Auflagenvorbehalt vgl. unten Rn. 22–24.

8   bb) Des Weiteren ist es möglich, **Hilfspflichten** festzulegen, mit denen die Einhaltung der materiellen Anforderungen sichergestellt werden sollen (NdsOVG, UL-ES § 31–1, 5; Sellner LR 119). Da sich der Anlagenbetreiber durch Messungen darüber Klarheit verschaffen muss, dass die gesetzlichen Pflichten eingehalten werden (vgl. BVerwG, DVBl 1983, 944), können durch Nebenbestimmungen Pflichten zur Ermittlung von Emissionen und Immissionen festgelegt werden; die §§ 26 ff besitzen insoweit keine verdrängende Wirkung (näher Rn. 5 f zu § 26). Zum möglichen Umfang solcher Anordnungen Rn. 6 zu § 26.

Nebenbestimmungen zur Genehmigung **§ 12**

Einen Sonderfall einer Hilfspflicht betrifft die Anzeigepflicht nach Abs.2b **8a**
bei **Mehrzweck- oder Vielstoffanlagen** u.ä. (dazu Rn.4 zu § 6); zur
Frage der Ordnungswidrigkeit bei einem Verstoß unten Rn.29. Gemäß
Abs.2b soll der Anlagenbetreiber verpflichtet werden, mitzuteilen, wenn
er einen Stoff erstmals herstellt oder verwendet, und sei es auch nur in der
nunmehr gewählten Betriebsweise (Storost UL D 27; a.A. Czajka FE 89).
Die Auflage dient der behördlichen Überwachung (Storost UL D27). Zur
Sollens-Verpflichtung unten Rn.15a.

Die auf den **Immissionsschutz-** bzw. den **Störfallbeauftragten** **9**
bezogenen Pflichten sind in den §§ 53ff, 58aff abschließend geregelt
(vgl. Rn.8, 20 zu § 53, Rn.6 zu § 58a). Anordnungen nach § 53 Abs.2
oder § 58a Abs.2 können aber mit der Genehmigung in einem Bescheid
verbunden werden. Eine Bezeichnung als Auflage etc. ist unschädlich. Der
Sache nach handelt es sich um keine Auflage iSd § 12, was im Hinblick
auf § 20 Abs.1 und § 21 Abs.1 Nr.2 von Bedeutung ist. Möglich ist auch,
den Genehmigungsinhaber über die in der 12. BImSchV oder im Landesrecht vorgesehenen Fälle hinaus zu verpflichten. **Störfälle** sind anzuzeigen, wenn dies wegen der Besonderheiten der Anlage für eine Sicherstellung der gesetzlichen Pflichten notwendig ist.

cc) Unzulässig sind Auflagen zu Gesichtspunkten, die keine Genehmi- **10**
gungsvoraussetzungen darstellen, etwa Auflagen zur **Zuverlässigkeit** des
Anlagenbetreibers (Ohms Rn.589; vgl. Rn.7 zu § 6). Auch die Sicherung
fiskalischer Interessen wird nicht erfasst (Storost UL D2). **Sicherheitsleistungen** zur Gewährleistung der finanziellen Voraussetzungen für die
Einhaltung der materiellen Anforderungen können daher grundsätzlich
nicht verlangt werden (vgl. Rn.111 zu § 5).

Abweichend davon kann im Bereich von **Abfallentsorgungsanlagen,** **10a**
die primär der Behandlung und Lagerung von Abfällen iSd § 4 Abs.1 S.1,
2. Alt. dienen (Czajka FE 50; dazu Rn.7f zu § 4), nach der 2001 eingefügten (Einl.2 Nr.34) Vorschrift des Abs.1 S.2 eine Sicherheitsleistung gefordert werden, um die öffentlichen Kassen vor den z.T. erheblichen Si-
cherungs-, Sanierungs- und Entsorgungslasten zu bewahren (vgl. BT-Drs.
14/4599, 129). Dabei geht es vor allem um die Stilllegungs- und Nachsor-
gerisiken (Wasielewski GK 23b). Die Sicherheitsleistung muss insoweit
zur Erfüllung der Pflichten nach § 5 Abs.3 dem Grunde und der Höhe
nach erforderlich sein (dazu Grete/Küster, NuR 2002, 470; Czajka
FE 51). Dies kann insb. dann der Fall sein, wenn die Gefahr besteht, dass
der Anlagenbetreiber nach einer (endgültigen) Betriebseinstellung nicht
über die tatsächlichen bzw. finanziellen Mittel zur Erfüllung aller Pflichten
aus § 5 Abs.3 Nr.1 wie aus § 5 Abs.3 Nr.2 verfügt (Hansmann LR
§ 17 Rn.146c). Im Einzelnen wird es um die Kosten der Entsorgung der
genehmigten Abfallmenge gehen, um die Kosten der Sanierung von Bodenverunreinigungen durch wassergefährdende Stoffe, evtl. auch um die
Sicherungskosten des Grundstücks (Wasielewski GK 23d). Keine Sicherheitsleistung ist erforderlich, wenn der Anlagenbetreiber nachweisen kann,

§ 12   Genehmigungsbedürftige Anlagen

dass er im fraglichen Zeitpunkt finanziell ausreichend leistungsfähig sein wird. Anhaltspunkte können insoweit § 19 DeponieV entnommen werden. Für die Art der Sicherheitsleistung gilt § 19 Abs.4 DeponieV entsprechend. Zum Ermessen unten Rn.15a. Ist die Sicherheit nicht mehr erforderlich, ist sie freizugeben (Grete/Küster, NuR 2002, 471 f).

b) Sonstige Vorschriften, Bestimmtheit, Verhältnismäßigkeit

11   **aa)** Die in Nebenbestimmungen enthaltenen Vorgaben müssen alle **einschlägigen Vorschriften** beachten. Was diese Vorschriften angeht, kann auf die Ausführungen zu den materiellen Genehmigungsvoraussetzungen (Rn. 5–25 zu § 6) verwiesen werden. Insb. darf es durch die Vorgaben der Nebenbestimmungen nicht zu unzulässigen Umweltbeeinträchtigungen kommen. Zudem ist das Integrationsgebot (Rn.5 zu § 5) zu beachten (Czajka FE 44).

12   **bb)** Nebenbestimmungen müssen gem. § 37 Abs.1 VwVfG ausreichend **bestimmt** sein, was insb. für Auflagen und Inhaltsbestimmungen von Bedeutung ist. Dazu muss dem Anlagenbetreiber entweder die Maßnahme, die er durchführen soll, genau beschrieben oder das Ziel präzise genannt werden (OVG RP, UPR 2000, 153; Storost UL D8f; Czajka FE 46). Zielangaben, etwa Emissionsgrenzen sind auch im Hinblick auf die Vorsorge zulässig, obgleich die Verhältnismäßigkeit ohne Berücksichtigung der Mittel regelmäßig nur schwer geprüft werden kann. Bei der Festlegung von Emissions- und Immissionswerten muss auch das Messverfahren angegeben werden (Ohms Rn.590). Zulässig sind zudem Alternativvorgaben, zwischen denen der Betreiber wählen kann (Wasielewski GK 16). Zu unbestimmt sind Auflagen, die sich auf abstrakte Formulierungen beschränken, wie etwa „unangemessenen Lärm vermeiden", „auf eine möglichst vollständige Vermeidung von Verunreinigungen hinzuwirken" etc. (OVG NW, DVBl 1976, 800 f). Wird das Bestimmtheitsgebot verletzt, ist die Nebenbestimmung nichtig, sofern der Mangel offensichtlich und durch Auslegung nicht zu beheben ist (Sellner LR 144; Kopp/Ramsauer, § 44 Rn.26).

13   **cc)** Nebenbestimmungen müssen **geeignet** sein, den mit ihnen angestrebten Zweck zu erreichen. Das setzt insb. voraus, dass ihre Realisierung aus tatsächlichen oder rechtlichen Gründen nicht ausgeschlossen ist (OVG Lüneb, GewArch 1981, 344; Wasielewski GK 17; Storost UL D4). Dies ist allerdings nicht schon dann der Fall, wenn der Anlagenbetreiber zur Erfüllung der Nebenbestimmung die Zustimmung eines Dritten benötigt (Vallendar FE 3; Wasielewski GK 17; näher Rn.27 zu § 17) oder aus wirtschaftlichen Gründen zur Erfüllung der Nebenbestimmung nicht in der Lage ist (Sellner LR 131; Storost UL D4). Weiter darf es **kein milderes,** den Anlagenbetreiber weniger belastendes, aber ebenso wirksames **Mittel** geben, um das Ziel der Nebenbestimmung zu erreichen (Storost UL D5; Wasielewski GK 18). Daraus ergibt sich die Pflicht der Behörde, dem Antrag des Anlagenbetreibers auf Änderung einer Nebenbestimmung

Nebenbestimmungen zur Genehmigung § 12

nachzukommen, sofern die vorgeschlagene Nebenbestimmung zur Erreichung des von der Behörde verfolgten Zwecks ebenso gut geeignet ist (vgl. Rn.32 zu § 17). Der **Verhältnismäßigkeitsgrundsatz ieS** hat im Bereich der Gefahrenabwehr dienenden Pflicht des § 5 Abs.1 S.1 Nr.1 kaum Bedeutung, da eine geeignete und erforderliche Nebenbestimmung meist verhältnismäßig ist. Mehr Gewicht hat der Grundsatz bei der Vorsorgepflicht des § 5 Abs.1 S.1 Nr.2 (dazu Rn.60f zu § 5). Bei der Abfallvermeidung nach § 5 Abs.1 S.1 Nr.3 hat das Kriterium der Zumutbarkeit einen ähnlichen Effekt (dazu Rn.82 zu § 5). Schließlich ist in den Fällen, in denen eine Nebenbestimmung der Abfallbeseitigungspflicht oder den Pflichten des § 6 Abs.1 Nr.2 dient, darauf zu achten, dass die Belastung des Anlagenbetreibers zum erwarteten Nutzen in keinem Missverhältnis steht.

c) Kein Antrag, Zeitpunkt

Der Erlass von (echten und modifizierenden) Auflagen bzw. Inhaltsbestimmungen sowie von Bedingungen setzt **keinen** entsprechenden **Antrag** des Betreibers voraus (Storost UL C5; Wasielewski GK 22). Nebenbestimmungen können nur **zusammen mit der Genehmigung** erlassen werden, nicht später (HessVGH, NVwZ-RR 2002, 340f; Amtl. Begr., BT-Drs. 7/179, 35; Storost UL B1). Eine Ausnahme davon ist im Rechtsmittelverfahren zu machen (Czajka FE 21; Sellner LR 58); bei Rechtsmitteln Dritter ist dies nur im Rahmen des § 21 Abs.7 möglich (näher Rn.3f zu § 21). Zum Vorbehalt von Auflagen unten Rn.22–24. **14**

d) Nur Auswahlermessen

Der behördliche Spielraum bei der Beifügung von Bedingungen und Auflagen nach Abs.1 S.1 ist sehr begrenzt: Zunächst darf die Ermächtigung nur zur Sicherstellung der Genehmigungsvoraussetzungen genutzt werden (Storost UL D2). Berücksichtigt man außerdem, dass die Behörde von Genehmigungsvoraussetzungen nicht dispensieren kann, eine Verweigerung der Genehmigung andererseits bei Kenntnis einer geeigneten Nebenbestimmung unverhältnismäßig wäre, so reduziert sich das Ermessen im Rahmen von Abs.1 S.1 häufig auf ein Auswahlermessen zwischen den verschiedenen konkret möglichen Auflagen und Bedingungen, insb. auf die Wahl, Zielanforderung oder Mittel vorzuschreiben (i.E. Czajka FE 48; Storost UL D6; gegen jedes Ermessen Wasielewski GK 21). **15**

Im Falle des **Abs.1 S.2** besteht hingegen ein Ermessen auch hinsichtlich des „Ob" der Maßnahme (Wasielewski GK 23b; Czajka FE 55). Im Falle des **Abs.2 b** besteht eine Sollens-Verpflichtung; d.h. auf die Beifügung dieser Auflage darf nur in Ausnahmefällen verzichtet werden (Czajka FE 90; vgl. Rn.50 zu § 17). **15 a**

III. Befristung, Widerrufs- und Auflagenvorbehalt

1. Befristung

16 Eine Befristung ist eine Nebenbestimmung, die die Genehmigung nach Ablauf einer bestimmten Frist unwirksam werden lässt, und zwar ohne weiteres Zutun der Behörde (§ 36 Abs.2 Nr.1 VwVfG). Eine solche Befristung darf nicht mit den Fristen des § 18 verwechselt werden, auch wenn § 18 Abs.1 Nr.1 der Sache nach eine Ermächtigung zum Erlass einer Nebenbestimmung darstellt (dazu Rn.2 zu § 18). Die in § 12 gemeinte Befristung ist **bei allen Genehmigungsarten** (zum Anwendungsbereich oben Rn.1) gem. Abs.2 S.1 zulässig, wenn der Anlagenbetreiber sie beantragt. Er kann durch sein Einverständnis das Verfahren beschleunigen, da ein befristeter Genehmigungsantrag in aller Regel weniger Einwendungen auslösen dürfte. Darüber hinaus ist es vorstellbar, dass die Anlage wegen der Befristung genehmigungsfähig wird. Bei **Teilgenehmigungen** ist eine Befristung auch ohne Zustimmung des Antragstellers gem. Abs.3 zulässig (dazu Rn.16 zu § 8). Zum Zeitpunkt der Beifügung der Befristung vgl. oben Rn.14. Anders als im Bereich des Abs.1 S.1 (oben Rn.15) steht der Behörde beim Erlass der Befristung gem. Abs.3 ein volles **Ermessen** zu (Storost UL D15); es muss nur § 36 Abs.3 VwVfG beachtet werden.

17 **In anderen Fällen** als denen des § 12 Abs.2 S.1 und des § 12 Abs.3 ist eine Befristung ausgeschlossen, da § 12 eine abschließende Regelung enthält (vgl. unten Rn.20). Dies gilt auch für die im immissionsschutzrechtlichen Genehmigungsverfahren zuzulassenden Abfallentsorgungsanlagen. Eine *Versuchsanlage*, die im vereinfachten Verfahren genehmigt wird, muss jedoch auf drei Jahre befristet werden (dazu Czajka FE 60; Rn.8 zu § 19).

18 Für die **Frist**berechnung gilt § 31 VwVfG. § 31 Abs.7 VwVfG ist im Falle des Abs.2 S.1 nicht anwendbar (Sellner LR 64; Czajka FE 59); eine Verlängerung der Frist ist allein im Wege einer Neu- oder Änderungsgenehmigung möglich (OVG NW, NVwZ-RR 2002, 341f; Storost UL C7), da nur so die Interessen der Nachbarn ausreichend geschützt werden. Im Falle des Abs.3 ist dagegen § 31 Abs.7 VwVfG anwendbar (Sellner LR 66; Wasielewski GK 25).

2. Widerrufsvorbehalt

a) Beifügung des Widerrufsvorbehalts

19 Ein Widerrufsvorbehalt ist gem. Abs.3 **(1)** nur bei Teilgenehmigungen iSd § 8 und **(2)** gem. Abs.2 S.2 bei der Genehmigung von Erprobungsanlagen möglich; zum Anwendungsbereich des § 12 oben Rn.1. *Erprobungsanlagen* sind Anlagen, die der Erprobung oder Entwicklung neuer Verfahren, Einsatzstoffe, Brennstoffe oder Erzeugnisse dienen, und zwar unabhängig von der geplanten Betriebsdauer (Sellner LR 160; gegen die Einbeziehung der Entwicklung Storost UL D16). Der Begriff der Erprobungsanlagen ist also weiter als der der Versuchsanlagen des § 2 Abs.3 der 4. BImSchV. Versuchsanlagen fallen daher nicht generell unter Abs.2 S.2 (Storost UL D16 Fn.2; Czajka FE 67; a.A. Wasielewski GK 28; Sellner LR 160).

Mit der Möglichkeit, in diesen Fällen einen Widerrufsvorbehalt vorzusehen, wird den Unsicherheiten bei Teilgenehmigungen sowie bei der Beurteilung von Erprobungsanlagen Rechnung getragen. Daher kann die letzte Teilgenehmigung nicht mit einem Widerrufsvorbehalt versehen werden (Czajka FE 97). Weiter braucht sich der Widerrufsvorbehalt wegen der genannten Zielsetzung nicht auf einen bestimmten Umstand zu beziehen, sondern kann ganz generell gefasst sein (Sellner LR 162; Storost UL D17; vgl. BayVGH, NVwZ-RR 1991, 633). Die Anfügung eines Widerrufsvorbehalts darf allerdings nicht dazu führen, dass die Behörde die Prüfung der Genehmigungsvoraussetzungen mehr oder minder dahingestellt sein lässt (Wasielewski GK 29; Sellner LR 71, 161; Rn.16 zu § 8). Liegen die Voraussetzungen des Widerrufsvorbehalts vor, dann steht die Beifügung im Ermessen. Soweit die Erprobungsanlage nur im Labor- oder Technikumsmaßstab betrieben wird, ist gar keine Genehmigung notwendig (Rn.25 zu § 4), weshalb sich die Frage des Widerrufsvorbehalts nicht stellt. 19 a

§ 12 enthält eine **abschließende Regelung** der Nebenbestimmungen zu einer Genehmigung (oben Rn.1 a). Die Beifügung eines Widerrufsvorbehalts in anderen als den genannten Fällen dürfte auch mit Zustimmung des Antragstellers nicht möglich sein (Storost UL D16; Koch GK § 21 Rn.34; a. A. Hansmann LR § 21 Rn.26). Damit soll vermieden werden, dass Genehmigungen ohne Sicherstellung der notwendigen Voraussetzungen erteilt werden, da die zuständigen Behörden häufig vor der Ausübung eines Widerrufsvorbehalts zurückschrecken, wenn der Anlagenbetreiber hohe Investitionen vorgenommen hat. Wegen dieses Zusammenhangs ändert auch das Übermaßverbot, insb. das Prinzip des geringstmöglichen Eingriffs, nichts an der Beschränkung der Nebenbestimmungen. 20

b) Ausübung des Widerrufsvorbehalts

Die Ausübung des Vorbehalts richtet sich nach § 21, wie § 21 Abs.1 Nr.1 zu entnehmen ist. Sie steht grundsätzlich im Ermessen. Dieses kann, falls die Voraussetzungen für eine nachträgliche Anordnung gegeben sind, zu einer Sollentscheidung reduziert sein (Storost UL F8); näher dazu Rn.21 zu § 21. Umgekehrt ist die Ausübung eines Vorbehalts aus Gründen ausgeschlossen, die der Behörde zum Zeitpunkt der Erteilung der Genehmigung bereits bekannt oder erkennbar waren (Sellner LR 165; vgl. Amtl. Begr., BT-Drs. 7/179, 35; idR Storost UL F7; a.A. Czajka FE 71); möglich bleibt aber ein entschädigungspflichtiger Widerruf nach § 21 Abs.1 Nr.3–5 (Wasielewski GK 32). Die Ausübung des einer Teilgenehmigung beigefügten Widerrufsvorbehalts ist nur bis zum Erlass der Genehmigung, d.h. der letzten Teilgenehmigung möglich (Sellner LR 165; 21

§ 12 Genehmigungsbedürftige Anlagen

Wasielewski GK 28; zum Sonderfall des Abs.2a vgl. Rn.16 zu § 8). Zu den Folgen der Rechtswidrigkeit des Vorbehalts Rn.7 zu § 21.

3. Auflagenvorbehalt

a) Beifügung des Auflagenvorbehalts

22 **aa)** Mit einem Auflagenvorbehalt reserviert sich die Behörde das Recht, der Genehmigung später weitere Auflagen hinzuzufügen. Er ist zunächst bei **Teilgenehmigungen** gem. Abs.3 zulässig (s. auch Rn.16 zu § 8), daneben auch bei Vollgenehmigungen für **Erprobungsanlagen** (dazu oben Rn.19f), da ein Auflagenvorbehalt nichts anderes als eine mildere Form des Widerrufsvorbehalts ist (Sellner LR 31). Für den Zeitpunkt der Beifügung des Auflagenvorbehalts gelten die Ausführungen oben in Rn.14. Die Beifügung des Vorbehalts steht im Ermessen der Behörde.

23 In anderen Fällen ist aus den gleichen Gründen wie bei einem Widerrufsvorbehalt (oben Rn.20) die Beifügung eines Auflagenvorbehalts ausgeschlossen, selbst wenn der Anlagenbetreiber mit dem Vorbehalt einverstanden ist (Storost UL D23; Sellner LR 78, 167). Dies gilt auch für neuartige Anlagen (Sellner LR 167). Kein Auflagenvorbehalt in diesem Sinne ist der einer Genehmigung beigefügte Vorbehalt, später eine **bestimmte** Auflage anzufügen. Ein solcher **unechter Auflagenvorbehalt** ist für den Anlagenbetreiber weniger belastend als die betreffende Auflage selbst und kann daher nicht den strengen Voraussetzungen des Abs.3 unterliegen; ihre Zulässigkeit bestimmt sich nach § 12 Abs.1 (Wasielewski GK 30; a.A. Czajka FE 75). Insb. bei neuartigen Anlagen kann ein solcher unechter Auflagenvorbehalt angebracht sein.

24 **bb)** Abs.2a S.1 gestattet zudem die Genehmigung mit dem Vorbehalt zu versehen, nachträgliche Auflagen zur näheren **Präzisierung von Anforderungen** iSd § 6 zu erlassen. Voraussetzung ist zunächst das Einverständnis des Antragstellers. Materiell wird vorausgesetzt, dass im Zeitpunkt der Genehmigungserteilung mit notwendiger Sicherheit angenommen werden kann, dass bestimmte Genehmigungsvoraussetzungen eingehalten werden können, obgleich deren nähere Ausgestaltung noch offen ist (Storost UL D19f; Sellner LR 174), etwa hinsichtlich der Baustatik oder im Hinblick auf wasserrechtliche Anforderungen (BT-Drs. 14/4599, S.129). Es handelt sich um einen Detaillierungsvorbehalt (Wasielewski GK 31a). Verbleiben Restzweifel an der Genehmigungsfähigkeit, ist ein Auflagenvorbehalt nicht möglich (Ohms Rn.593). Auf der Ebene des Zeitpunkts der Beibringung der Unterlagen hat § 7 Abs.1 S.5 der 9. BImSchV n.F. eine ergänzende Funktion (BT-Drs. 13/3996, S.8). Nachträgliche Auflagen kommen insb. in Betracht, wie Abs.2a S.2 für diesen wichtigen Unterfall heraushebt, wenn sich eine andere Behörde nicht rechtzeitig iSd § 11 S.1 der 9. BImSchV äußert (Czajka FE 80; Knopp/Wolf, BB 1997, 1599); vgl. Rn.47 zu § 10. Liegen die Voraussetzungen des Vorbehalts vor, steht die Beifügung im behördlichen Ermessen (Storost UL D21;

Wasielewski GK 31 a). Von § 12 Abs.2 a S.1 unberührt bleibt die Pflicht, die Beibringung näherer Vorgaben in einer Nebenbestimmung zum Genehmigungsbescheid vorzuschreiben, da nur dann die Beachtung des § 6 sichergestellt ist. Werden die näheren Vorgaben nicht der Nebenbestimmung entsprechend beigebracht, kann eine Verfügung nach § 17 und ggf. nach § 20 Abs.1 ergehen (a. A. Wasielewski GK 31 a).

(unbesetzt) 25

b) Ausübung des Auflagenvorbehalts

Bei der Ausübung eines Auflagenvorbehalts ist der Rechtsgedanke 26 des § 17 Abs.1 S.2 zu beachten. Die Ausübung steht daher grundsätzlich im Ermessen, kann aber zu einer Sollentscheidung reduziert sein (Wasielewski GK 32; vgl. Rn.49f zu § 17). Auch sonst gelten die Ausführungen zur Ausübung des Widerrufsvorbehalts ganz entsprechend (dazu oben Rn.21).

IV. Änderung, Durchsetzung, Rechtsschutz

1. Änderung

Die Änderung einer wirksam erlassenen Nebenbestimmung ist im 27 Rechtsmittelverfahren sowie durch (teilweise) Rücknahme oder (teilweisen) Widerruf der Genehmigung möglich. Im Übrigen bedarf es einer *Änderungsgenehmigung* nach § 16, es sei denn, die Änderung ist nicht wesentlich (dazu Rn.8–11 zu § 16). Soll eine Nebenbestimmung nur beseitigt oder eingeschränkt werden, kommt auch eine Teil-Aufhebung nach § 48 VwVfG oder nach § 21 in Betracht. Im Übrigen ist die Änderung einer Nebenbestimmung selbst bei Zustimmung des Anlagenbetreibers aus systematischen Gründen nicht möglich (Wasielewski GK 23). Sachlich kann aber der gleiche Effekt wie durch die Änderung einer Nebenbestimmung durch eine nachträgliche Anordnung gem. § 17 erreicht werden, die „Vorrang" vor dem Genehmigungsbescheid hat (dazu Rn.17 zu § 17); der Genehmigungsbescheid und die beigefügten Nebenbestimmungen bleiben dann aber rechtlich unberührt. Im Bereich des § 6 Abs.1 Nr.2 ist entscheidend, welche Form nachträglicher Maßnahmen in den einschlägigen Rechtsvorschriften vorgesehen ist. Je nachdem ist eine nachträgliche Änderung von Auflagen, eine nachträgliche Anordnung oder anderes möglich.

2. Durchsetzung und Sanktionen

Wer eine **Bedingung, Befristung** oder **modifizierende Auflage** 28 (Inhaltsbestimmung) nicht beachtet, betreibt jedenfalls partiell eine Anlage ohne Genehmigung, was eine Untersagung nach § 20 Abs.2 möglich macht (Sellner LR 202f; Wasielewski GK 33; Ohms Rn.588; für Wahlrecht zwischen § 20 Abs.1 und § 20 Abs.2 Czajka FE 115); näher Rn.36

§ 13 Genehmigungsbedürftige Anlagen

zu § 20. Handelt der Anlagenbetreiber vorsätzlich oder fahrlässig, liegt eine Straftat gem. § 327 Abs.2 StGB vor; unter zusätzlichen Voraussetzungen kann auch eine Straftat gem. § 324a StGB, gem. § 325 StGB oder gem. § 325a StGB vorliegen, evtl. in der Form des § 330 StGB (Text in Rn.2ff zu § 63). Entsprechendes gilt, wenn die Behörde von einem **Widerrufsvorbehalt** Gebrauch gemacht hat.

29 Anders stellt sich die Situation bei einer **echten Auflage** (dazu oben Rn.2) dar. Beachtet ein Anlagenbetreiber eine solche Auflage nicht, was auch dann der Fall ist, wenn er sie nicht richtig, nicht vollständig oder nicht rechtzeitig erfüllt, kommt eine Untersagung nach § 20 Abs.1 (dazu Rn.10 zu § 20) sowie nach Fristsetzung ein Widerruf der Genehmigung gem. § 21 Abs.1 Nr.2 in Betracht (Sellner LR 200f). Daneben ist auch eine Durchsetzung im Wege des Verwaltungszwangs möglich (Storost UL F3; Sellner LR 199). Bei schuldhaftem Verstoß gegen eine Auflage liegt gem. § 62 Abs.1 Nr.3 eine Ordnungswidrigkeit vor; näher dazu Rn.3–11, 17 zu § 62. Ein Verstoß gegen eine Auflage nach Abs.2b stellt dagegen keine Ordnungswidrigkeit dar, da § 62 Abs.1 Nr.3 nur auf § 12 Abs.1 verweist (Kutscheidt LR 69 zu § 6; a.A. Czajka FE 114). Darüber hinaus kann unter zusätzlichen Voraussetzungen eine Straftat gem. § 324a StGB, gem. § 325 StGB oder gem. § 325a StGB gegeben sein, evtl. in der Form des § 330 StGB (Text in Rn.2ff zu § 63). Jede Sanktion wegen Nichtbeachtung einer Auflage setzt voraus, dass die Auflage vollziehbar ist (zur Vollziehbarkeit Rn.32 zu § 62).

30 **Hält der Anlagenbetreiber Auflagen nicht ein,** haben Dritte idR einen Anspruch auf Erlass einer entsprechenden nachträglichen Anordnung (OVG RP, GewArch 1975, 165; Storost UL F4). Zudem verletzt der Anlagenbetreiber ein Schutzgesetz iSd § 823 Abs.2 BGB (BGHZ 122, 1/3 = NJW 1993, 1580) bzw. eine Amtspflicht gem. § 839 BGB (BGHZ 97, 97/102f = NJW 1986, 2309).

3. Rechtsschutz

31 Zum Rechtsschutz des **Antragstellers** Rn.40–43 zu § 6; zu Sonderfragen des Rechtsschutzes gegen Nebenbestimmungen Rn.42 zu § 6. Zum Rechtsschutz **Dritter** Rn.44–55 zu § 6; zu Sonderfragen bei Nebenbestimmungen Rn.45 zu § 6.

§ 13 Genehmigung und andere behördliche Entscheidungen

Die Genehmigung[2] schließt andere die Anlage betreffende behördliche Entscheidungen ein, insbesondere öffentlich-rechtliche Genehmigungen, Zulassungen, Verleihungen, Erlaubnisse und Bewilligungen,[3ff] mit Ausnahme von Planfeststellungen, Zulassungen bergrechtlicher Betriebspläne, behördlichen Entscheidungen auf Grund atomrechtlicher Vorschriften und wasserrechtlichen Erlaubnissen und Bewilligungen nach den §§ 7 und 8 des Wasserhaushaltsgesetzes.[12ff]

Genehmigung und andere behördliche Entscheidungen § 13

Übersicht

1. Bedeutung 1
2. Anwendungsbereich 2
3. Von der Konzentration erfasste Entscheidungen 3
   a) Entscheidung zu Errichtung und Betrieb 3
   b) Zustimmungen (Einvernehmen) und Anzeigen 7
   c) Nicht persönliche Zulassungen 10
   d) Nichtzulassungen ohne Bezug zu Beschaffenheit und Betrieb 11
   e) Ausdrücklich ausgenommene Zulassungen 12
4. Gegenständliche Reichweite der Konzentration 15
5. Rechtsfolgen 16
   a) Genehmigungsverfahren 16
   b) Sonstige Verfahren 20
   c) Verfahren bei nicht erfassten Entscheidungen 21

Literatur: *Odendahl,* Die Konzentrationswirkung – Formenvielfalt, Kollisionsfragen und Alternativmodelle, VerwArch 2003, 222; *Odendahl,* Kollision von Genehmigungsvorbehalten mit Konzentrationswirkung, NVwZ 2002, 686; *Kaster,* Die Stellung der Umweltschutzbehörden in parallelen Gestattungsverfahren, NuR 1996, 109; *ders.,* Das Verhältnis von immissionsschutzrechtlicher Genehmigung und wasserrechtlicher Erlaubnis, 1996; *Bohl,* Das gemeindliche Einvernehmen nach § 36 Abs.1 BauGB bei immissionsschutzrechtlichen Anlagen, NVwZ 1994, 647; *Blankenagel/Bohl,* Abfallrecht und Immissionsschutzrecht – Russisches Roulette der Genehmigungsverfahren?, DÖV 1993, 585; *Fluck,* Die Konzentrationswirkung der immissionsschutzrechtlichen Genehmigung und ihre Grenzen, NVwZ 1992, 114; *Uechtritz,* Kein gemeindliches Einvernehmen im immissionsschutzrechtlichen Genehmigungsverfahren?, DVBl 1991, 466; *Seibert,* Die Bindungswirkung von Verwaltungsakten, 1989; *M. Wagner,* Die Genehmigung umweltrelevanter Vorhaben in parallelen und konzentrierten Verfahren, 1987; *Gaentzsch,* Konkurrenz paralleler Anlagengenehmigungen, NJW 1986, 2787; *Jarass,* Konkurrenz, Konzentration und Bindungswirkung von Genehmigungen, 1984.

1. Bedeutung

§ 13 stattet die immissionsschutzrechtliche Genehmigung mit einem **1 Konzentrationseffekt** aus: Die Genehmigung schließt die meisten anderen, für die Anlage erforderlichen behördlichen Entscheidungen ein, unabhängig davon, wie sie bezeichnet werden. Im Folgenden ist meist von Genehmigungen die Rede. Wegen des umfassenden Prüfungsmaßstabes in § 6 ergeben sich zwischen der immissionsschutzrechtlichen und den sonstigen Genehmigungen zahlreiche Überschneidungen. Die daraus resultierenden Probleme sollen durch § 13 vermieden werden (vgl. Jarass, o. Lit. 59 ff; Wasielewski GK 21 f). Ziel des § 13 ist daher primär die Koordination des Verwaltungshandelns, daneben auch die Beschleunigung der Vorhabenszulassung (vgl. Amtl. Begr., BT-Drs. 7/179, 35 f). Konzentration bedeutet nicht, dass die sonstigen Genehmigungsvorbehalte verdrängt bzw. ausgeschlossen werden. Vielmehr werden die sonstigen Genehmigungen in der immissionsschutzrechtlichen Genehmigung miterteilt (Rebentisch FE 27; Hansmann LR 44 zu § 18; a. A. Seibert LR 34; Fluck UL C5), wie insb. der Wortlaut deutlich macht; vgl. auch unten Rn.17. Die grundgesetzliche Kompetenzverteilung zwischen Bund und Ländern wird durch § 13 nicht verletzt (Wasielewski GK 11 f; Seibert LR 16), weil die Konzentration mit den immissionsschutzrechtlichen Genehmigungsvorschriften „so eng verzahnt ist, dass sie als Teil dieser Gesamtregelung erscheint" (so BVerfGE 98, 265/299 = NJW 1999, 79 in anderem Zusammenhang).

2. Anwendungsbereich

2   Die Konzentrationswirkung kommt der **Grundgenehmigung** der §§ 4ff zu, auch soweit sie als Teilgenehmigung ergeht (BVerwG, DVBl 2003, 544), sowie der **Änderungsgenehmigung** des § 16 (Rebentisch FE 38). Sie gilt auch im vereinfachten Genehmigungsverfahren (näher Rn.18 zu § 19). Die gem. § 67 Abs.1 übergeleiteten Genehmigungen werden, soweit die übergeleitete Genehmigung mit einer Konzentrationswirkung ausgestattet war, von § 13 erfasst (str.; näher Rn.7 zu § 67). Erfasst werden des Weiteren die gem. § 67 Abs.7 übergeführten Planfeststellungen, nicht jedoch die übergeführten Plangenehmigungen (vgl. Seibert LR 24 ff). Der Rechtsgedanke des § 13 kommt außerdem im Rahmen der Zulassung vorzeitigen Beginns nach § 8a zum Tragen (näher Rn.20 zu § 8a). Gegen eine Anwendung des § 13 auf den **Vorbescheid** spricht an sich, dass das BImSchG begrifflich streng zwischen Genehmigung und Vorbescheid differenziert (vgl. etwa § 10 Abs.9; außerdem Rn.1 zu § 9). Die Bindungswirkungen des Vorbescheids sprechen aber für eine zumindest analoge Anwendung der Vorschrift auf den Vorbescheid (BVerwG, DVBl 2003, 544; Rebentisch FE § 9 Anm.4; Fluck UL C57; Wasielewski GK 27; Seibert LR 19); davon geht auch § 23 Abs.3 Nr.3 der 9. BImSchV aus. Bei einer Anordnung, die gem. § 17 Abs.4 eine Änderungsgenehmigung ersetzt, kann § 13 nicht zur Anwendung kommen (Hansmann LR 62 zu § 17; Seibert LR 22; Rebentisch FE 46).

3. Von der Konzentration erfasste Entscheidungen

a) Entscheidung zu Errichtung und Betrieb

3   **aa)** Die immissionsschutzrechtliche Genehmigung ersetzt alle anderen behördlichen Entscheidungen, die **vor Errichtung und Betrieb** der Anlage eingeholt werden müssen und der Prüfung der Beschaffenheit und des Betriebs der Anlage im Ganzen oder hinsichtlich bestimmter Teile oder Aspekte dienen (Seibert LR 72; vgl. OVG Saarl, FE-ES § 13–2, S.3; Rebentisch FE 53). Unerheblich ist, ob die (ersetzte) Zulassung im *Ermessen* steht (Seibert LR 77); soweit dies der Fall ist, steht die immissionsschutzrechtliche Genehmigung insoweit im Ermessen (unten Rn.17).

4   Ersetzt die eingeschlossene behördliche Entscheidung ihrerseits eine andere Genehmigung etc., wird auch diese von der Konzentration erfasst

Genehmigung und andere behördliche Entscheidungen § 13

(VGH BW, NVwZ 1989, 687 f); man spricht dann von einer „**Kettenkonzentration**" (Fluck UL D19; Seibert LR 90). Ist die fragliche Entscheidung **ihrerseits** mit einer **Konzentrationswirkung** ausgestattet, die auch die immissionsschutzrechtliche Genehmigung erfasst, und greift weder eine der Ausnahmen des § 13 noch findet sich eine Kollisionsregelung in dem anderen Gesetz, dann kommt zunächst einer förmlich zu erteilenden Genehmigung gegenüber einer Genehmigung ohne solches Verfahren der Vorrang zu (Jarass, DVBl 1997, 797; unten Rn.12). I.Ü. kommt es unter Heranziehung des Rechtsgedankens des § 78 VwVfG darauf an, welche Genehmigung einen größeren Kreis öffentlich-rechtlicher Vorschriften und Belange erfasst (OVG Berlin, NVwZ-RR 2001, 91; Seibert LR 126; Fluck UL E1).

bb) Ersetzt wird zunächst die Genehmigung nach dem Treibhausgas- 5 Emissionshandelsgesetz (dazu Einl.20), da eine gegenteilige Aussage in § 4 Abs.1 S.2 TEHG im Gesetzgebungsverfahren gestrichen wurde (vgl. BR-Drs. 198/04, S.5). Im Bereich des **Baurechts** werden Baugenehmigungen ersetzt (BVerwGE 84, 209/214 = NVwZ 1990, 464), weiter Baufreigabescheine (Seibert LR 81), baurechtliche Ausnahmen und Befreiungen (GewArch 1997, 123; Seibert LR 78; Rebentisch FE 55), etwa gem. § 31 Abs.2 BauGB, die Sanierungsgenehmigung nach § 144 BauGB und die Erhaltungsgenehmigung gem. § 172 Abs.1 S.2 BauGB.

Erfasst werden auch Erlaubnisse und Ausnahmen des **Natur- und** 5 a **Landschaftsschutzrechts** (VGH BW, NuR 2001, 402; OVG Greifswald, NVwZ 2002, 1259). Dies gilt auch für ein im Rahmen des § 20 Abs.2 BNatSchG durch Landesrecht vorgeschriebenes Einvernehmen der Naturschutzbehörden (a.A. Rebentisch FE 83); soweit dagegen lediglich ein Benehmen vorgeschrieben ist, kommt § 10 Abs.5 S.1 zum Tragen (zu undifferenziert Seibert LR 89 b).

Erfasst werden auch **wasserrechtliche Zulassungen,** außer nach § 7 f 6 WHG (dazu unten Rn.13). Eingeschlossen werden etwa die Zulassung von Abwasserbehandlungsanlagen gem. § 18 c WHG bzw. nach Landesrecht (Amtl. Begründung, BT-Drs. 12/3944, S.54), es sei denn, sie erfolgt durch eine Planfeststellung (Seibert LR 86), weiter Genehmigungen für die Errichtung von Anlagen in Überschwemmungsgebieten und im Gewässerbereich, Genehmigungen für Rohrleitungsanlagen gem. § 19 a WHG (Seibert LR 87), aus § 7 a Abs.3 WHG folgende landesrechtliche Indirekteinleitererlaubnisse sowie Ausnahmegenehmigungen in Gewässerschutzgebieten. Erfasst wird des Weiteren eine Eignungsfeststellung gem. § 19 h WHG; wird sie aber durch eine Bauartzulassung oder ein Prüfzeichen nach § 19 h Abs.2 WHG ersetzt, findet (auch insoweit) keine Konzentration statt (Rebentisch FE 65; Seibert LR 85). Die Konzentration erfasst wasserrechtliche Zulassungen jedoch nicht, wenn sie in Form einer Planfeststellung ergehen, wohl aber im Falle einer Plangenehmigung (unten Rn.12). Eingeschlossen ist daher eine Plangenehmigung nach § 31 Abs.3 WHG (a.A. Seibert LR 88).

§ 13   Genehmigungsbedürftige Anlagen

6 a   Schließlich werden folgende behördliche Akte ersetzt: Die Erlaubnis für eine überwachungsbedürftige Anlage iSv § 2 Abs.7 GPSG (Wasielewski GK 32; vgl. auch unten Rn.15, 18), Rodungsgenehmigungen (Feldhaus FE § 4 Rn.14; Seibert LR 75; a.A. Fluck UL C66; widersprüchlich Wasielewski GK 29, 32), straßenrechtliche Anbaugenehmigungen, etwa nach § 9 FStrG, Ausnahmegenehmigungen bei einer Veränderungssperre nach § 9 a FStrG, Genehmigungen nach § 3 SchutzbereichsG, luftverkehrsrechtliche Genehmigungen nach §§ 12 ff LuftVG, die Zulassung nach § 2 FAG (Wasielewski GK 32). Gem. §§ 17 Abs.1 S.3 SprG ersetzt die immissionsschutzrechtliche Genehmigung auch Genehmigungen für Sprengstofflager nach § 17 SprG; dies muss erst recht gelten, wenn das Lager selbst immissionsschutzrechtlich genehmigungsbedürftig ist (wohl auch Odendahl, VerwArch 2003, 244 f; a.A. wohl OVG Berlin, NVwZ-RR 2001, 91).

b) Zustimmungen (Einvernehmen) und Anzeigen

7   **aa)** Die in der früheren Fassung des § 13 enthaltene ausdrückliche Ausnahme für **Zustimmungen** ist 2001 (Einl.2 Nr.34) gestrichen worden. Zustimmungen werden daher von der Konzentrationswirkung des § 13 erfasst. Dies gilt auch für Zustimmungen, die von einer von § 13 erfassten Genehmigung verlangt werden. Unter Zustimmung ist das Erfordernis einer verbindlichen Einwilligung einer anderen Behörde für die Erteilung der immissionsschutzrechtlichen Genehmigung gemeint, unabhängig davon, ob der Begriff der Zustimmung verwandt wird. Die amtl. Begründung zur Änderung der Vorschrift scheint zudem die Zustimmung durch die Form des Verwaltungsakts gekennzeichnet zu sehen (BT-Drs. 14/4599, 129; a.A. Seibert LR 105). Jedenfalls solche Zustimmungen werden daher von der Konzentrationswirkung des § 13 erfasst (Seibert LR 103).

8   Unklar ist, was in den Fällen geschieht, in denen die (unmittelbare oder mittelbare) Zustimmung nur ein **interner Akt** ist; sie werden häufig als „Zustimmung" oder „Einvernehmen" bezeichnet. Da die in § 13 aufgeführten Fälle regelmäßig mit einer Außenwirkung verbunden sind, könnte man eine Anwendung des § 13 in derartigen Fällen ablehnen; interne Zustimmungen müssten daher eingeholt werden (so Seibert LR 104 f). Dagegen spricht, dass damit die wegen der Form des Verwaltungsakts meist gewichtigeren externen Zustimmungsakte von der Konzentration erfasst werden, nicht aber die weniger gewichtigen internen Zustimmungsakte. So würde die viel wichtigere Entscheidung der obersten Landesstraßenbehörde nach § 9 Abs.8 FStrG, die als selbständiger Verwaltungsakt eingestuft wird, von der Konzentration erfasst, nicht aber die weniger gewichtige Zustimmung nach § 9 Abs.2 FStrG, die nur ein interner Akt ist. Für eine Ausklammerung der internen Akte kann man andererseits anführen, dass sie kein zusätzliches Verfahren gegenüber dem Bürger verlangen (Seibert LR 105). Unberührt bleibt auf jeden Fall die Verpflichtung zur Beteiligung der betreffenden Behörde nach § 10 Abs.5 S.1 (dazu Rn.46 zu § 10). Soweit in anderen Gesetzen die Notwendigkeit der Zustimmung

Genehmigung und andere behördliche Entscheidungen § 13

oder des Einvernehmens auch im Konzentrationsfall klargestellt wird, ist dies entscheidend. Dies gilt etwa für § 36 Abs.1 S.2 BauGB (HessVGH, NVwZ-RR 1995, 60; BayVGH, NVwZ-RR 1991, 523; Fluck UL C37; Wasielewski GK 43; wohl auch BVerwGE 84, 209/214ff = NVwZ 1990, 464); für öffentlich zugängliche Abfallentsorgungsanlagen gilt die Regelung nicht (VGH BW, UPR 1997, 119; Seibert LR 110; Paetow KPV § 31 Rn.67b; vgl. Rn.20 zu § 6). Das gemeindliche Einvernehmen gilt allerdings gem. § 36 Abs.2 S.2 BauGB als erteilt, wenn die Gemeinde es nicht innerhalb von zwei Monaten ausdrücklich verweigert.

bb) Von der Konzentrationswirkung des § 13 erfasst sein dürften auch 9
Pflichten zur **Anzeige** der Anlagenerrichtung (Fluck UL D14; a.A. Seibert LR 113), wenn der Anzeige eine Legalisierungswirkung zukommt. Zwar geht es hier nicht unmittelbar um eine behördliche Entscheidung. § 13 wird aber seinem Sinn entsprechend analog anzuwenden sein. Neben der immissionsschutzrechtlichen Genehmigung sind daher baurechtliche oder wasserrechtliche Anzeigen (für die Errichtung der Anlage) vielfach nicht notwendig.

c) Nicht persönliche Zulassungen

Nicht erfasst werden **persönliche Zulassungen,** die allein Anforde- 10
rungen an die Person des Anlagenbetreibers stellen. Sie sind keine „die Anlage betreffende behördliche Entscheidungen". Darüber hinaus werden **gemischte Zulassungen** nicht erfasst, also Zulassungen, deren Erteilung auch von der Person des Anlagenbetreibers abhängt (Fluck UL C63; Seibert LR 69; Rebentisch FE 52). Die Konzentration erfasst daher nicht Zulassungen wie die Gaststättengenehmigung (Amtl. Begr., BT-Drs. 7/179, 36), die Genehmigung für Schießstätten gem. § 44 WaffG (Rebentisch FE 52; Ohms Rn.582) oder die Genehmigung für den Umgang mit explosionsgefährlichen Stoffen nach § 7 SprG (vgl. BR-Drs. 5/1268). Keine gemischte Genehmigung idS sind Zulassungen, die neben sachbezogenen Anforderungen auch Anforderungen an das Anlagenpersonal zur Gewährleistung eines ordnungsgemäßen Anlagenbetriebs stellen. Auch die immissionsschutzrechtliche Genehmigung erlaubt derartige Anforderungen (vgl. Rn.2 zu § 6, Rn.7f zu § 52a). Dementsprechend wird die abfallrechtliche Plangenehmigung nach § 31 Abs.3 KrW-/AbfG von der Konzentration erfasst (OVG Lüneb, UPR 1985, 243; Sellner 199; Fluck UL D23; a.A. Blankenagel/Bohl, DÖV 1993, 591ff; vgl. unten Rn.12). Seit der Beschränkung der abfallrechtlichen Zulassung auf Deponien hat das allerdings kaum noch praktische Bedeutung, ohne dass es völlig bedeutungslos ist (Fluck UL D23).

d) Nichtzulassungen ohne Bezug zu Beschaffenheit und Betrieb

Die Konzentrationswirkung des § 13 erfasst nur Zulassungen, für deren 11
Erteilung es auf die Art und Weise der **Beschaffenheit** und des **Betriebs der Anlage** ankommt und die eine Gestattungs- bzw. Freigabewirkung für Errichtung und Betrieb der Anlage besitzen (vgl. Seibert LR 72;

Rebentisch FE 53). Von der Konzentrationswirkung nicht erfasst wird daher die energiewirtschaftliche Genehmigung nach § 3 EnWiG (Seibert LR 72 a). Gleiches gilt für Genehmigungen zur Entsorgung von beim Anlagenbetrieb anfallenden Abfällen sowie für die Entscheidung über einen Anschluss- und Benutzungszwang (OVG Saarl, FE-ES § 13-2, 3f; Seibert LR 72) sowie für Entscheidungen nach dem GrundstücksverkehrsG (Wasielewski GK 29) und für Genehmigungen zum Abbruch von Gebäuden (Seibert LR 74). Entsprechendes gilt für die Entscheidung über einen Anschluss- und Benutzungszwang (OVG Saarl, FE-ES § 13–2, 3f). Nicht erfasst wird auch die Entwidmung eines öffentlichen Wegs (VGH BW, NVwZ-RR 1989, 129), da es insoweit um das (eigentumsbezogene) Recht der Grundstücksnutzung geht, das von der immissionsschutzrechtlichen Genehmigung nicht geregelt wird. Gleiches gilt für straßenrechtliche Sondernutzungsgenehmigungen (Ludwig FE (4) Anh.10.17).

e) Ausdrücklich ausgenommene Zulassungen

12 **(1)** Die Konzentration erfasst nach der Regelung des § 13 keine **Planfeststellungen,** d.h. behördliche Entscheidungen, die als Planfeststellungen bezeichnet werden. Ob sie auf Bundes- oder Landesrecht beruhen, spielt keine Rolle. Voraussetzung ist allerdings, dass der Planfeststellung eine Konzentrationswirkung zukommt (Rebentisch FE 72), wie das in der Regel der Fall ist (vgl. § 75 Abs.1 VwVfG). Dagegen erfasst die Konzentrationswirkung des § 13 auch *Plangenehmigungen* (Fluck UL D23), sofern die immissionsschutzrechtliche Genehmigung in einem förmlichen Verfahren ergeht, auch wenn der Plangenehmigung Konzentrationswirkung zukommt. Einmal wird der Begriff der Planfeststellung in anderen Zusammenhängen strikt verstanden (BVerwGE 98, 100/102 = NuR 1995, 454). Zudem muss der förmlichen immissionsschutzrechtlichen Genehmigung wegen des förmlichen Verfahrens gegenüber der generell in einem nichtförmlichen Verfahren ergehenden Plangenehmigung der Vorrang zukommen (Jarass, DVBl 1997, 797; Ohms Rn.582; auch Odendahl, VerwArch 2003, 244f). Wenn dagegen eine vereinfachte immissionsschutzrechtliche Genehmigung mit eine Plangenehmigung konkurrieren, dürfte in Anlehnung an § 78 Abs.2 VwVfG idR der Plangenehmigung der Vorrang zukommen (vgl. oben Rn.4). Zum Erlass nachträglicher Anordnungen zur Durchsetzung des Immissionsschutzrechts bei Anlagen, bei denen die immissionsschutzrechtliche Genehmigung durch eine andere Zulassung ersetzt wurde, Rn.8 zu § 17.

13 **(2)** Weiter erfasst § 13 nicht die **wasserrechtlichen Erlaubnisse** und **Bewilligungen** iSd §§ 7, 8 WHG, auch nicht die gehobenen Erlaubnisse des Landesrechts. Diese Einschränkung ist keineswegs nur deklaratorisch (Seibert LR 102; a.A. Rebentisch FE 77), weil die genannten wasserrechtlichen Zulassungen mit der Wasserbenutzungsanlage verbunden sind (vgl. § 7 Abs.2, § 8 Abs.6 WHG) und diese Anlage Nebenanlage der immissionsschutzrechtlichen Anlage sein kann (Rn. 58 zu § 4). Rechtspolitisch ist die Einschränkung fragwürdig (Wasielewski GK 72ff). Zu was-

Genehmigung und andere behördliche Entscheidungen § 13

serrechtlichen Planfeststellungen und Plangenehmigungen gelten die Ausführungen oben in Rn.12.

(3) Weiter wird nach der Regelung des § 13 die **Zulassung bergrechtlicher Betriebspläne** nicht erfasst, unabhängig davon, ob sie im Wege eines Planfeststellungsverfahrens erteilt wurden oder nicht, was rechtspolitisch problematisch ist (Fluck UL D28). Zur Genehmigungsbedürftigkeit von Anlagen des Bergwesens Rn.30–31 a zu § 4. – **(4)** Gleiches gilt für Genehmigungsakte auf Grund **atomrechtlicher Vorschriften** (AtomG, Strahlenschutzverordnung); zur atomrechtlichen Konzentrationsvorschrift vgl. Rn.22 zu § 2. – **5)** Schließlich erfasst die Konzentration wegen § 22 Abs.1 GenTG nicht **gentechnische Zulassungen** (i. E. Seibert LR 125; Wasielewski GK 49; vgl. auch Rn.27 zu § 2).   14

4. Gegenständliche Reichweite der Konzentration

Die von § 13 erfassten behördlichen Entscheidungen werden nur **soweit** ersetzt, **als die** immissionsschutzrechtlich **genehmigte Anlage** gegenständlich **reicht** (Seibert LR 70; Rebentisch FE 50; vgl. BVerwG, NVwR-RR 1992, 402 f). Wird etwa eine Anlage errichtet, bei der nur ein bestimmter Teil immissionsschutzrechtlich genehmigt wird (zum Umfang der Genehmigung Rn.37 f zu § 6), ersetzt die immissionsschutzrechtliche Genehmigung die anderen Genehmigungen nur für diesen Teil, nicht jedoch für die sonstigen Teile der Anlage (Seibert LR 70). Das Konkurrenzproblem wird damit durch das Problem ersetzt, die jeweils erfassten Teile abzugrenzen, was die Dinge nicht vereinfacht. Die Schwierigkeiten werden allerdings reduziert, wenn man den immissionsschutzrechtlichen Anlagenumfang eher weit absteckt (Wasielewski GK 24); näher dazu Rn.50 zu § 4. Folgt man dem, dann ersetzt etwa die immissionsschutzrechtliche Genehmigung für die Feuerungsanlage eines Dampfkessels die entsprechende Erlaubnis auf Grund einer Rechtsverordnung nach § 14 GPSG BGHZ 122, 85/89 = NJW 1993, 1784 zum früheren § 24 GewO; Rebentisch FE 51), wie das Nr.1.2, 1.3 des Anh. zur 4. BImSchV nunmehr klarstellen.   15

5. Rechtsfolgen

a) Genehmigungsverfahren

aa) Soweit § 13 zu einer Konzentration führt, findet nur ein Zulassungsverfahren, das immissionsschutzrechtliche Genehmigungsverfahren statt. Es wird nur eine Genehmigung, die immissionsschutzrechtliche Genehmigung erteilt, mit entsprechenden Folgen für die Gebühren (Seibert LR 33). Diese Genehmigung schließt die anderen Genehmigungen ein (oben Rn.1), die daher nicht erteilt werden dürfen (BVerwG, NVwZ 2002, 1112; VGH BW, NVwZ-RR 2003, 191). Wird gleichwohl eine unter die Konzentration fallende Genehmigung erteilt, ist sie rechtswidrig (vgl. BVerwGE 82, 61/63 f = NVwZ 1989, 1163 zum AtomR), aber idR nicht unwirksam (Krause, GewArch 1980, 42 f; Seibert LR 51; a.A. Re-   16 bentisch FE 36f). Sie kann (auch) von der immissionsschutzrechtlichen Genehmigungsbehörde aufgehoben werden (Fluck UL C78; nur immissionsschutzrechtliche Behörde Seibert LR 53). Zu den Folgen des späteren Wegfalls der Genehmigung für die Konzentration Rn.11 zu § 18.

17 **bb)** Die **materiellen Vorschriften** der eingeschlossenen Genehmigungen werden durch die Konzentration nicht obsolet oder abgeschwächt, wie sich § 6 Abs.1 Nr.2 entnehmen lässt. Sie sind vielmehr in vollem Umfang einzuhalten (Fluck UL C52; Wasielewski GK 53; Seibert LR 47f). Dies gilt auch für ein Ermessen, das hinsichtlich der eingeschlossenen Genehmigung vorgesehen ist (VGH BW, NuR 2001, 402; Rebentisch FE 54f; a. A. Fluck, DB 1993, 2014); das Ermessen erfasst aber nicht die sonstigen Genehmigungsvoraussetzungen (Seibert LR77).

18 **cc)** Die **formellen Vorschriften** der verdrängten Verfahren finden im konzentrierten Verfahren keine Anwendung (BVerwG, NVwZ 2003, 751; Wasielewski GK 52; Fluck UL C12). Daher ist etwa bei überwachungsbedürftigen Anlagen iSv § 2 Abs.7 GPSG das Prüfverfahren durch Sachverständige nicht zwingend (Rebentisch FE 63). Ist für eine ersetzte Genehmigung, etwa eine naturschutzrechtliche Befreiung, eine Verbandsbeteiligung vorgeschrieben, gilt das nicht für das immissionsschutzrechtliche Genehmigungsverfahren; es kommt nur zu einer Öffentlichkeitsbeteiligung gem. § 10 Abs.3ff (BVerwG, NVwZ 2003, 751; OVG MV, NuR 2003, 34). Eine Ausnahme wird man jedoch zu machen haben, wenn die immissionsschutzrechtliche Genehmigung im vereinfachten Verfahren des § 19 erteilt wird. Soweit in diesem Falle ein funktionelles Pendant fehlt, wird man die verdrängte Verfahrensvorschrift entsprechend anzuwenden haben (vgl. Jarass o.Lit. 56f; Bohl, NVwZ 1994, 651f; Seibert LR 42; unklar BVerwG, DVBl 2003, 544; Rebentisch FE 21).

19 Die **verdrängten Genehmigungsbehörden** werden nach ganz h.A. auf eine **Anhörung** im konzentrierten Verfahren beschränkt (Rebentisch FE 23; Seibert LR 45; Fluck UL C42). Die allgemeine Vorschrift des § 10 Abs.5 wird auch auf sie angewandt. Näher zur Anhörung Rn.46f zu § 10. In der Sache ist die Beschränkung auf eine Anhörung (an Stelle eines Einvernehmensrechts) nicht unproblematisch (für Vetorecht daher Engelhardt/Schlicht 9; Jarass o. Lit. 63ff; Wagner o. Lit. 178ff; vgl. Wasielewski GK 59). Ein Einvernehmen der sonstigen Behörde ist jedoch notwendig, soweit dies durch Bundesrecht für den Konzentrationsfall ausdrücklich vorgesehen ist, wie in § 36 Abs.1 S.2 BauGB (dazu oben Rn.8). Auch durch Landesrecht und Verwaltungsvorschriften kann eine intensivere Beteiligung als eine Anhörung vorgeschrieben werden (Rn.46 zu § 10).

b) Sonstige Verfahren

20 Die **Konzentration** bezieht sich **allein auf die Genehmigung.** Nach Erteilung der Genehmigung fällt die Zuständigkeit zum Vollzug der öffentlich-rechtlichen Vorschriften außerhalb des Immissionsschutzrechts wieder an die zum Vollzug dieser Vorschriften zuständigen Behörden

Ausschluss von privatrechtlichen Abwehransprüchen   **§ 14**

(Seibert LR 119; Fluck UL C84; Wasielewski GK 62; Martens, Die wesentliche Änderung, 1993, 53f). Die verdrängten Behörden sind insb. für nachträgliche Anordnungen nach den entsprechenden Vorschriften zuständig (vgl. Rn.12, 15 zu § 17). Eine Aufhebung der immissionsschutzrechtlichen Genehmigung erfolgt dagegen einheitlich nach den insoweit einschlägigen Vorschriften des § 48 VwVfG und des § 21 durch die immissionsschutzrechtliche Genehmigungsbehörde (Seibert LR 117; anders Wasielewski GK 61).

c) Verfahren bei nicht erfassten Entscheidungen

Behördliche Entscheidungen zur Zulassung des mit der Anlage verbundenen Vorhabens, die von der Konzentration des § 13 nicht erfasst werden, sind parallel neben der immissionsschutzrechtlichen Genehmigung notwendig, es sei denn, die nicht erfasste Entscheidung schließt ihrerseits die immissionsschutzrechtliche Genehmigung ein. Zu Letzterem näher Rn.39f zu § 4. Die parallel zuständigen Behörden sind im Rahmen von § 10 Abs.5 zu beteiligen. Darüber hinaus ist eine vollständige Koordinierung notwendig (dazu Rn.48–51 zu § 10), die bei UVP-pflichtigen Vorhaben noch intensiver ausfallen muss (Rn.52 zu § 10).   21

Zudem verlangt § 10 Abs.5 S.2 zwischen der immissionsschutzrechtlichen Genehmigung und parallel erforderlichen Zulassungen eine **vollständige Koordination** des Verfahrens wie auch der Inhalts- und Nebenbestimmungen (Rn.48–51 zu § 10). Darüber hinaus ist eine solche Koordination unter bestimmten Voraussetzungen im Hinblick auf die Zulassung von Anlagen geboten, die überhaupt nicht Gegenstand des immissionsschutzrechtlichen Genehmigungsverfahrens sind (näher Rn.50 zu § 10).   22

§ 14 Ausschluss von privatrechtlichen Abwehransprüchen

Auf Grund privatrechtlicher, nicht auf besonderen Titeln beruhender Ansprüche[8 ff] zur Abwehr benachteiligender Einwirkungen von einem Grundstück auf ein benachbartes Grundstück kann nicht die Einstellung des Betriebs einer Anlage verlangt werden, deren Genehmigung[2 ff] unanfechtbar ist; es können nur Vorkehrungen verlangt werden, die die benachteiligenden Wirkungen ausschließen.[12 ff] Soweit solche Vorkehrungen nach dem Stand der Technik nicht durchführbar oder wirtschaftlich nicht vertretbar sind, kann lediglich Schadenersatz verlangt werden.[21 ff]

Übersicht

I. Bedeutung und Abgrenzung zu anderen Vorschriften 1
II. Ausschluss des Anspruchs auf Betriebseinstellung 2
   1. Genehmigungsbezogene Voraussetzungen 2
      a) Förmliche Genehmigung 2

b) Unanfechtbar durch Anspruchsinhaber	6
c) Genehmigungskonformer Betrieb	7
2. Anspruchsausschluss	8
a) Anspruch auf Betriebseinstellung außerhalb besonderer Titel	8
b) Anspruch eines Nachbarn gegen Anlagenbetreiber	11
III. Anspruch auf Schutzvorkehrungen	12
1. Bedeutung und Abgrenzung zu anderen Vorschriften	12
2. Voraussetzungen des Anspruchs	13
a) Privatrechtlicher Abwehranspruch	13
b) Durchführbarkeit und wirtschaftliche Vertretbarkeit	14
3. Vorkehrungsanspruch	17
a) Gegenstand und Umfang	17
b) Prozessuale Fragen	20
IV. Anspruch auf Schadensersatz (S. 2)	21
1. Bedeutung und Abgrenzung zu anderen Vorschriften	21
2. Voraussetzungen	22
a) Abwehranspruch eines Nachbarn	22
b) Keine Schutzvorkehrungen	25
c) Sonstiges	26
3. Schadensersatzanspruch	27
a) Gegenstand	27
b) Sonstiges	28

Literatur: *Johlen,* Die Beeinflussung privater Immissionsabwehransprüche durch das öffentliche Recht, 2001; *Jarass,* Verwaltungsrecht als Vorgabe für Zivil- und Strafrecht, VVD-StRL 50 (1991), 238; *Hagen,* Privates Immissionsschutzrecht und öffentliches Baurecht, NVwZ 1991, 817; *Peine,* Privatrechtsgestaltung durch Anlagengenehmigung, NJW 1990, 2442; *Wagner G.,* Öffentlich-rechtliche Genehmigung und zivilrechtliche Rechtswidrigkeit, 1989; *Gerlach,* Privatrecht und Umweltschutz im System des Umweltrechts, 1989; *Hager,* Umweltschäden – Ein Prüfstein für die Wandlungs- und Leistungsfähigkeit des Deliktsrechts, NJW 1986, 1961; *Marburger,* Ausbau des Individualschutzes gegen Umweltbelastungen als Aufgabe des bürgerlichen und des öffentlichen Rechts, Gutachten zum 56. DJT 1986, C; *Dörnberg,* § 14 S.2 des Bundes-Immissionsschutzgesetzes als Staatshaftungsnorm bei emittentenfernen Waldschäden durch Immissionen, NuR 1986, 45, 153.

I. Bedeutung und Abgrenzung zu anderen Vorschriften

1   § 14 soll den Bestand genehmigter Anlagen gegenüber bestimmten privatrechtlichen Ansprüchen sichern. Das ausführliche Genehmigungsverfahren mit den vergleichsweise weitreichenden Möglichkeiten für Dritte, Einfluss auf die behördliche Entscheidung zu nehmen, rechtfertigt eine Begrenzung privatrechtlicher Beseitigungsansprüche nach Genehmigung der Anlage. Hinzu kommt, dass die auf allgemeinen privatrechtlichen Titeln beruhenden Ansprüche weitgehend mit den öffentlich-rechtlichen Vorgaben übereinstimmen, über die im Genehmigungsverfahren entschieden wird (vgl. Czajka FE § 10 Rn.74). Die Genehmigung erlangt damit privatrechtsgestaltende Wirkung (Rehbinder LR 51). Die Vorschrift des

§ 14 gilt auch im Luftverkehrsrecht (§ 11 LuftVG) und im Atomrecht (§ 7 Abs.6 AtomG). Entsprechende Regelungen finden sich z.T. in den Vorschriften über Planfeststellungen (§ 75 Abs.2 VwVfG). Soweit landesrechtliche Vorschriften § 26 GewO a.F. insb. auf Grund Art.125 EGBGB für anwendbar erklärten, gilt nunmehr § 14 (Spindler FE 144; vgl. Rn.1 zu § 71). Zum Verhältnis zu § 10 Abs.3 S.3 unten Rn.9a. Eine vergleichbare Regelung enthält Art.1 § 4 Abs.3 DDR-UmweltrahmenG (näher Spindler FE 31f; vgl. BGH, DtZ 1997, 254).

II. Ausschluss des Anspruchs auf Betriebseinstellung

1. Genehmigungsbezogene Voraussetzungen

a) Förmliche Genehmigung

§ 14 setzt den Erlass einer wirksamen, also nicht nichtigen Erstgenehmigung oder Änderungsgenehmigung voraus (vgl. BGHZ 102, 350; BAG, NJW 2000, 3371). Auch eine Teilgenehmigung kann die Wirkung des § 14 entfalten (Roßnagel GK 16; Rehbinder LR 9; Storost UL C1). § 14 kommt allerdings nur hinsichtlich des gestattenden Teils der Teilgenehmigung, nicht hinsichtlich der vorläufigen Gesamtbeurteilung (dazu Rn.8f zu § 8) zum Tragen (Spindler FE 26). Auf den Vorbescheid des § 9 findet § 14 keine Anwendung (Rehbinder LR 10; Spindler FE 28; a.A. Vallendar FE § 9 Rn.3, 4). Gleiches gilt für die Zulassung des vorzeitigen Beginns gem. § 8a (Spindler FE 27; Wasielewski GK 105), zumal keine Nachbarbeteiligung stattfindet. 2

Die Genehmigung muss im **förmlichen Verfahren** erteilt worden sein (§ 19 Abs.2); ob sie im förmlichen Verfahren erteilt werden musste, ist demgegenüber unerheblich (Spindler FE 18; Rehbinder LR 12; Roßnagel GK 15), wie § 19 Abs.3 deutlich macht. Soweit bei Genehmigungen gem. § 8 Abs.2 der 9. BImSchV keine erneute Öffentlichkeitsbeteiligung durchgeführt wurde, kommt § 14 gleichwohl zum Tragen, weil die Nachbarn bereits vorher ausreichend beteiligt wurden (Spindler FE 21; Rehbinder LR 3; a.A. Roßnagel GK 18). Für Änderungsgenehmigungen, die im beschränkten förmlichen Verfahren des § 16 Abs.2 ergingen, gilt § 14 hingegen nicht, da eine förmliche Beteiligung der Nachbarn fehlt (Spindler FE 22; Storost UL C3). Gleiches gilt, wenn eine nachträgliche Anordnung gem. § 17 Abs.4 die Änderungsgenehmigung ersetzt (Storost UL C1; Spindler FE 23). Auf die Anzeige gem. § 15 ist § 14 nicht anwendbar (Spindler FE 25). Eine Anwendung des § 14 soll ausscheiden, wenn für eine nicht genehmigungsbedürftige Anlage irrtümlicherweise eine Genehmigung erteilt wurde (Spindler FE 19; Roßnagel GK 13). Dafür kann man anführen, dass eine solche Anlage allein den Pflichten der §§ 22ff unterliegt und daher auch nicht das Vorrecht des § 14 genießen soll (Rehbinder LR 15). 3

Die Wirkung des § 14 besteht fort, auch wenn die **Genehmigung** gem. § 18 Abs.2 (dazu Rn.8 zu § 18) **erlischt** (BVerwGE 117, 133/136 = 4

§ 14 Genehmigungsbedürftige Anlagen

NVwZ 2003, 344; a.A. BayVGH, UPR 2002, 115; Rehbinder LR 15; Spindler FE 54; Roßnagel GK 13). Dafür kann man anführen, dass ein förmliches Genehmigungsverfahren stattgefunden hat. Gleiches muss dann gelten, wenn die Genehmigung ganz oder teilweise aufgehoben wird oder aus anderen Gründen erlischt (vgl. dazu Rn.2, 7 zu § 18). Die Wirkung des § 14 endet dagegen, wenn die Anlage „in einem Maße geändert wird, dass sich – wäre sie noch genehmigungspflichtig – die Genehmigungsfrage neu stellen würde" (BVerwGE 117, 133/137). In diesem Falle würde die Wirkung des § 14 auch bei fortbestehender Genehmigung nicht mehr greifen (vgl. unten Rn.7 sowie (2) in Rn.9 zu § 19).

5   § 14 gilt auch für die **gem. § 67 Abs.1 übergeleiteten Genehmigungen** nach §§ 16, 25 Abs.1 GewO a.F. (Amtl. Begr., BT-Drs. 7/179, 36; Czajka FE § 67 Rn.8; Rehbinder LR 11; Spindler FE 29; Roßnagel GK 19; a.A. Hansmann LR § 67 Rn.12), da die privatrechtspräkludierende Wirkung bereits den Altgenehmigungen gem. § 26 GewO a.F. zukam. Dies gilt auch für Anlagen, für die heute nur ein vereinfachtes Verfahren durchgeführt werden müsste. Nach altem Recht war in allen Fällen ein förmliches Verfahren durchzuführen, mit der Folge der Beschränkung privatrechtlicher Rechte. Dementsprechend kann auch heute für Anlagen des vereinfachten Verfahrens ein förmliches Genehmigungsverfahren durchgeführt werden, mit der Konsequenz, dass § 14 Anwendung findet (dazu Rn.9 zu § 19). Entscheidend für die Anwendung des § 14 ist also die Durchführung eines förmlichen Genehmigungsverfahrens. Entsprechendes gilt für die nach § 67 Abs.7 S.1 übergeführten Zulassungen (vgl. Storost UL C1). Soweit eine Anlage unter **§ 67 Abs.2, 3** oder § 16 Abs.4 GewO a.F. fällt, greift § 14 nicht ein (Spindler FE 30; Storost UL C1), es sei denn, es wurde auf Antrag ein förmliches Genehmigungsverfahren durchgeführt (vgl. Rn.27 zu § 67).

b) Unanfechtbar durch Anspruchsinhaber

6   § 14 kommt nur zum Tragen, wenn die Fristen für Rechtsmittel gegen die Genehmigung oder ein bestätigendes Urteil abgelaufen sind, und zwar für den Inhaber des zivilrechtlichen Anspruchs (Roßnagel GK 23; Spindler FE 36; Storost UL C8). Wird ihm die Genehmigung nicht zugestellt, wird sie frühestens ein Jahr nach Kenntniserlangung unanfechtbar (dazu Rn.22 zu § 19). Dass eventuell sonstige Personen noch Rechtsmittel einlegen können, schadet nicht; daher ist auch unerheblich, ob gegen diese Dritten die Präklusion des § 10 Abs.3 S.3 eingreift (darauf stellt Ule UL 6 ab). § 14 kann andererseits nur gegenüber Personen eingreifen, die irgendwann anfechtungsberechtigt waren. Die Präklusion wirkt auch gegenüber dem Rechtsnachfolger (Spindler FE 37). Die bloße Anordnung der sofortigen Vollziehung lässt § 14 nicht zum Tragen kommen (Storost UL C9; Spindler FE 39). Auf *ausländische Nachbarn* ist § 14 anwendbar (Rehbinder LR 22; Spindler FE 148; Wolfrum, DVBl 1984, 500f; a.A. Kutscheidt LR § 10 Rn.195), wenn auch nur hinsichtlich der durch deutsches Recht verliehenen Positionen (BVerwGE 75, 285/287 = NJW 1987, 1154).

Ausschluss von privatrechtlichen Abwehransprüchen § 14

Voraussetzung ist aber eine grenzüberschreitende Öffentlichkeitsbeteiligung (dazu Rn.61a zu § 10).

c) Genehmigungskonformer Betrieb

Privatrechtliche Ansprüche sind nur *insoweit* ausgeschlossen, als sie sich 7 gegen den Betrieb richten, wie er dem Genehmigungsbescheid entspricht (Storost UL C12; Spindler FE 43). D.h. auch, dass der Schutz nur den Teilen des Betriebs zugute kommt, die zur Anlage iSd BImSchG gehören (dazu Rn.37 zu § 6) und daher von der Genehmigung erfasst werden (Roßnagel GK 24). Wird gegen eine modifizierende Auflage (dazu Rn.3 zu § 12) verstoßen, ist eine Präklusion nach § 14 ausgeschlossen (Spindler FE 44; Rehbinder LR 26). Dagegen lässt ein Verstoß gegen eine echte Auflage die Wirkung des § 14 unberührt (Spindler FE 45; Rehbinder LR 27; Storost UL C12); möglich ist aber eine Klage auf Durchsetzung der Auflage (BGHZ 122, 1 = NJW 1993, 1580). Der Verstoß gegen eine nachträgliche Anordnung ist ohne Einfluss auf die Wirkung des § 14 (Storost UL C12; a.A. Spindler FE 50; Roßnagel GK 25), da die Anordnung die Genehmigung rechtlich nicht einschränkt.

2. Anspruchsausschluss

a) Anspruch auf Betriebseinstellung außerhalb besonderer Titel

aa) Liegen die Voraussetzungen (oben Rn.2–7) vor, wird durch S.1 al- 8 lein ein Anspruch auf **Einstellung des Betriebs** ausgeschlossen, nicht aber auf Schutzvorkehrungen (Spindler FE 69). Erfasst werden zudem Ansprüche auf **Unterlassung** des Betriebs, aber auch Beseitigungsansprüche, soweit sie die Betriebseinstellung erzwingen (Spindler FE 67f). Weiter wird ein Anspruch auf *Einstellung der Bauarbeiten* erfasst, soweit der Anspruch nichts anderes als ein vorbeugendes Instrument zur Gewährleistung eines Anspruchs auf Nichtbetreiben der Anlage darstellt (Spindler FE 67; Rehbinder LR 30; Storost UL D3; a.A. Roßnagel GK 64). Die Ansicht, die den Ausschluss erst mit der Vollendung der Anlagenerrichtung eingreifen lassen will, sieht sich gezwungen, den Zeitpunkt der gerichtlichen Beurteilung auf die Klageerhebung vorzuverlegen (damit der Betreiber nicht durch Verzögerungen seine Position verbessern kann), was wenig befriedigend ist. Nicht erfasst werden zivilrechtliche Ansprüche, mit denen Schutzvorkehrungen oder die Beachtung von (drittschützenden) Genehmigungsauflagen verlangt werden. Der Anspruch muss nicht notwendig immissionsschutzrechtlicher Art sein (Storost UL C12; a.A. Spindler FE 42); die Beschränkung auf die Abwehr von *Einwirkungen* (unten Rn.9) führt aber iE im Wesentlichen zu diesem Befund.

Ausgeschlossen werden Ansprüche, die auf die **Abwehr benachtei-** 9 **ligender Einwirkungen** gerichtet sind. Dazu zählen Immissionen, aber auch alle anderen physischen Einwirkungen, wie sie von § 5 Nr.1, 2. Alt. erfasst werden (dazu Rn.24–28 zu § 5). Weiter müssen die Einwirkungen, wie S.1 ausdrücklich sagt, **von einem Grundstück** ausgehen; Einwirkungen von beweglichen Anlagen werden nur erfasst, wenn sie im Hinblick auf ein bestimmtes Grundstück genehmigt wurden (Rehbinder LR 34; Spindler FE 75). Der Ausschluss erfasst allein Auswirkungen, die von der genehmigten Anlage ausgehen, nicht etwa die Wirkung der Gülleausbringung auf anderen Flächen (OVG NW, NVwZ 1987, 148). Zudem muss ein **„benachbartes Grundstück" betroffen** sein, weshalb nur Ansprüche aus Eigentum oder Besitz eines Nachbargrundstücks erfasst werden (unten Rn.11).

9a Der Anspruch muss ohne die Vorschrift des § 14 **bestehen** und **durchsetzbar** sein (Hofmann GK 51). § 10 Abs.3 S.3 steht allerdings der Durchsetzung nicht entgegen, da diese Vorschrift privatrechtliche Klagen nicht präkludiert (näher Rn.99a zu § 10).

10 **bb)** Der Anspruch darf **nicht** auf einem **besonderen privatrechtlichen Titel** beruhen. D.h., er muss seine Grundlagen im allgemeinen Nachbarrecht oder im Deliktsrecht haben. § 14 erfasst also Ansprüche aus § 823 BGB (soweit auf Naturalrestitution gerichtet), § 858, § 862, § 869 BGB (BGH, NJW 1995, 133), §§ 906f, § 1004 BGB (Roßnagel GK 45) sowie Ansprüche aus Vorschriften des privatrechtlichen Landesnachbarrechts (Spindler FE 58; Rehbinder LR 29). Auf *besonderen* privatrechtlichen Titeln beruhen dagegen alle vertraglichen Ansprüche sowie dingliche Ansprüche am Betriebsgrundstück, insb. aus Eigentum, Nießbrauch oder Dienstbarkeiten (Rehbinder LR 29; Spindler FE 59); solche Ansprüche lässt § 14 unberührt.

b) Anspruch eines Nachbarn gegen Anlagenbetreiber

11 Durch S.1 werden (nur) Ansprüche von Nachbarn iSd Immissionsschutzrechts (dazu Rn.33–37 zu § 3) ausgeschlossen (missverständlich Rehbinder LR 39); ist der Betroffene kein Nachbar iSd Zivilrechts, kann es allerdings bereits an einem durchsetzbaren Anspruch (dazu oben Rn.9a) fehlen (vgl. Spindler FE 70f). Zu den Nachbarn zählen auch auf Grundstücken im Einwirkungsbereich wohnende und arbeitende Personen (Roßnagel GK 70). Nur Nachbarn sind berechtigt, die Genehmigung anzufechten (dazu Rn.50–52 zu § 6) und können daher mit dem Anspruchsausschluss nach § 14 belastet werden. Da § 14 allein Ansprüche gegen Einwirkungen auf ein benachbartes Grundstück ausschließt, werden lediglich Ansprüche der Eigentümer und Besitzer von Grundstücken erfasst, nicht Ansprüche aus beweglichem Vermögen (BGHZ 92, 143/146 = NJW 1985, 47; Storost UL D4; oben Rn.9; a.A. Rehbinder LR 45) oder aus absoluten Rechten, wie dem Recht auf Leben und körperliche Unversehrtheit (Rehbinder LR 48; Storost UL D4; a.A. Spindler FE 78). Solchen nicht erfassten Ansprüchen und Rechten steht § 14 nicht entgegen. Der Anspruch muss sich gegen den **Anlagenbetreiber** oder eine gleichgestellte Person richten; insoweit gelten die Ausführungen unten in Rn.24.

III. Anspruch auf Schutzvorkehrungen

1. Bedeutung und Abgrenzung zu anderen Vorschriften

Wird ein (privatrechtlicher) Abwehranspruch durch S.1 ausgeschlossen, wandelt sich der Abwehranspruch in einen Anspruch auf Schutzvorkehrungen um (Rehbinder LR 56). Andere Ansprüche auf Schutzvorkehrungen bleiben grundsätzlich unberührt (vgl. allerdings unten Rn.21). **12**

2. Voraussetzungen des Anspruchs

a) Privatrechtlicher Abwehranspruch

Soweit ein Anspruch auf Betriebseinstellung durch § 14 ausgeschlossen wird, tritt an seine Stelle zunächst ein Anspruch auf Schutzvorkehrungen. Dieser Anspruch setzt daher voraus, dass ein privatrechtlicher Anspruch in dem oben in Rn.8–9a beschriebenen Sinne tatsächlich besteht und durchsetzbar ist (BGHZ 69, 105/110; 92, 143/146 = NJW 1985, 47; Spindler FE 14, 91). Zur Rechtsgrundlage gelten die Ausführungen oben in Rn.10. Weiter muss es sich um einen Anspruch eines **Nachbarn** iSd Immissionsschutzrechts handeln, da nur dann der Anspruch durch § 14 ausgeschlossen werden kann (str.; oben Rn.11). Näher zum weiten, über den Sprachgebrauch erheblich hinausgehenden Nachbarbegriff des Immissionsschutzrechts Rn.33–37 zu § 3. Nachbarn sind etwa auch Mieter und Pächter (BGH, NJW 1995, 133). **13**

b) Durchführbarkeit und wirtschaftliche Vertretbarkeit

Die notwendigen Schutzvorkehrungen müssen zunächst nach dem Stand der Technik **durchführbar** sein. Für den Begriff des Standes der Technik gilt die Definition des § 3 Abs.6 (Spindler FE 95); näher dazu Rn.100–107 zu § 3. An der Durchführbarkeit fehlt es nicht, wenn zur Realisierung des Vorhabens eine Änderungsgenehmigung notwendig ist (BGH, NJW 1995, 714f; Rehbinder LR 62; vgl. Rn.15 zu § 24; a.A. OLG Frankfurt, VersR 1983, 41; Spindler FE 100). Erst wenn der Antrag auf Änderungsgenehmigung verweigert wurde, ist die Schutzvorkehrung undurchführbar. **14**

Weiter muss die Vorkehrung **wirtschaftlich vertretbar** sein. Daran fehlt es, wenn die Ertragslage derartig verschlechtert wird, dass der Anlagenbetreiber ernsthaft an eine Stilllegung der Anlage denken muss (etwas großzügiger Rehbinder LR 59). Dabei ist ein objektiver Maßstab anzulegen: Entscheidend ist nicht die ökonomische Situation des konkreten Anlagenbetreibers, sondern die Situation bei einer Anlage der betreffenden Art, also bei einem gesunden Durchschnittsbetrieb (Roßnagel GK 77; Storost UL D18; Rehbinder LR 60). Die Einhaltung der Emissionswerte der TA Luft ist regelmäßig zumutbar (BGHZ 70, 102/111). Seit der Neufassung des „Standes der Technik" in § 3 Abs.6 kommt allerdings der wirtschaftlichen Vertretbarkeit kaum mehr eigenständige Bedeutung zu (vgl. Spindler FE 98; Rn.106f zu § 3). **15**

§ 14 Genehmigungsbedürftige Anlagen

16 **Fällt** die technische oder wirtschaftliche **Undurchführbarkeit** später **weg,** lebt der Schutzvorkehrungsanspruch wieder auf, sofern und soweit der Schadensersatzanspruch und damit jeder Anspruch des Nachbarn nicht durch Erfüllung erloschen ist (unten Rn.28; Spindler FE 96; Roßnagel GK 104).

3. Vorkehrungsanspruch

a) Gegenstand und Umfang

17 Zu den **Vorkehrungen,** die benachteiligende Wirkungen ausschließen können, gehören nicht nur technische Einrichtungen, wie z.B. Schalldämpfer, Filter etc., sondern alle Maßnahmen, die die benachteiligenden Wirkungen ausschließen oder mindern (Roßnagel GK 68). Denkbar sind etwa eine günstigere Aufstellung der Maschinen, eine Änderung der Verfahrensweisen sowie die Verwendung anderer Brennstoffe. Dagegen wird man absolute Leistungsbeschränkungen nicht verlangen können (vgl. Rehbinder LR 56; diff. Roßnagel GK 68). Das wäre eine teilweise Betriebseinstellung. Möglich sind auf jeden Fall Anordnungen, den Betrieb zu bestimmten Zeiten zu reduzieren und zu anderen Zeiten auszudehnen, sofern der Bescheid nichts Gegenteiliges vorsieht (Spindler FE 93). Auch eine kurzzeitige Betriebseinstellung als ultima ratio ist nicht ausgeschlossen (Spindler FE 94). Ziel der Schutzvorkehrungen ist nicht die Beseitigung aller nachteiligen Effekte, sondern ihre Beschränkung auf das zivilrechtlich zulässige Maß (unten Rn.18). Kann auch das nicht vollständig erreicht werden, hat der Nachbar Anspruch auf Vorkehrungen, die wenigstens teilweise zum Erfolg führen (Rehbinder LR 57; Spindler FE 92; Storost UL D19); im Übrigen kann er Schadensersatz geltend machen (unten Rn.25).

18 Was den **Umfang** des Anspruchs angeht, so ist zu beachten, dass der Schutzvorkehrungsanspruch nur ein modifizierter Abwehranspruch ist (vgl. oben Rn.12). Er reicht daher nicht weiter als der privatrechtliche Abwehranspruch. Dementsprechend kann allein eine Verminderung von Immissionen auf das nach allgemeinem Zivilrecht zulässige Maß verlangt werden (Spindler FE 92; Roßnagel GK 66; Storost UL D13). Die **Verjährung** richtet sich ebenfalls nach der des ursprünglichen Anspruchs (Spindler FE 106; Rehbinder LR 66), beträgt also idR 30 Jahre (BGH, NJW 1995, 715; Roßnagel GK 110). Die Verjährung beginnt mit der letzten Störungshandlung (BGH, NJW 1995, 132; Roßnagel GK 111; Spindler FE 106).

19 **Mit Erfüllung** des Anspruchs auf Vorkehrungen erlöschen an sich die Rechte des Nachbarn. Erweisen sich jedoch weitere Schutzvorkehrungen als erforderlich, können sie verlangt werden (Rehbinder LR 55; Spindler FE 96). Aus dem gleichen Grunde (und in den gleichen Grenzen) lebt der ursprüngliche Anspruch auch bei Fortfall der Genehmigung und damit des Ausschlusses nach § 14 (vgl. oben Rn.4) nach Erfüllung nicht wieder auf (Spindler FE 86; Rehbinder LR 55).

b) Prozessuale Fragen

Der Rechtsweg richtet sich nach dem des ursprünglichen Abwehran- 20
spruchs (Rehbinder LR 53). Was den Klageantrag angeht, so muss der
Kläger nur allgemein Schutzvorkehrungen verlangen. Welche konkrete
Maßnahme gewählt wird, liegt idR beim Anlagenbetreiber (Storost UL
D16; Rehbinder LR 64). Die Beweislast für die technische und wirtschaftliche Undurchführbarkeit trägt der Anlagenbetreiber, da es um einen
Ausschlusstatbestand geht (Storost UL D14; Rehbinder LR 64; Spindler
FE 109). Ist eine Änderungsgenehmigung notwendig, muss das Urteil unter dem Vorbehalt der Genehmigung ergehen (BGH, NJW 1995, 714;
Spindler FE 107).

IV. Anspruch auf Schadensersatz (S.2)

1. Bedeutung und Abgrenzung zu anderen Vorschriften

Wird ein (privatrechtlicher) Abwehranspruch durch S.1 ausgeschlossen 21
und sind Schutzvorkehrungen nicht möglich oder wirtschaftlich nicht
vertretbar, wandelt sich der Abwehranspruch in einen Schadensersatzanspruch um (vgl. oben Rn.12). Der Schadensersatzanspruch ist daher ein
privatrechtlicher Anspruch (BGHZ 102, 350/352 = NJW 1988, 478), ein
Aufopferungsanspruch (Spindler FE 111), dessen Grenzen durch den ursprünglichen Abwehranspruch bestimmt werden. Andere Ersatzansprüche
bleiben grundsätzlich unberührt (Rehbinder LR 67), etwa gem. § 906
Abs.2 BGB (Roßnagel GK 115). Das gilt auch für Ansprüche nach dem
Umwelthaftungsgesetz (Spindler FE 118; Rehbinder LR 69). Soweit allerdings der Ausschluss gem. S.1 zum Tragen kommen kann (dazu oben
Rn.8–11), dürfte allein S.2 anwendbar sein, mit der Folge, dass S.2 an die
Stelle eines Anspruchs etwa nach § 823 BGB tritt (Rehbinder LR 68;
Wagner o. Lit. 20, 105, 111; Peine, NJW 1990, 2446 ff; Canaris, Festschr.
Larenz, 1983, 56; a.A. Hager, NJW 1986, 1965; Spindler FE 117; vgl.
Jarass, VVDStRL 50 (1991), 244 f).

2. Voraussetzungen

a) Abwehranspruch eines Nachbarn

Da der Schadensersatzanspruch ein modifizierter Abwehranspruch ist 22
(oben Rn.21), setzt der Anspruch nach S.2 zunächst voraus, dass ein privatrechtlicher **Abwehranspruch** in dem oben in Rn.8–10 beschriebenen
Sinne besteht und nur nicht durchführbar bzw. wirtschaftlich unvertretbar
iSd Rn.14–16 ist (BGHZ 102, 350/352; Spindler FE 112; Rehbinder
LR 65). Der Schadensersatzanspruch kann dementsprechend nur Einwirkungen betreffen, die über das nach allgemeinem Zivilrecht Zulässige hinausgehen (BGHZ 69, 105/110 = NJW 1977, 1917; oben Rn.17 f). Zur
Rechtsgrundlage gelten die Ausführungen oben in Rn.10.

Weiter muss es sich um den **Anspruch eines Nachbarn** iSd Immissi- 23
onsschutzrechts handeln (OLG Köln, NJW 1986, 590; vgl. BGHZ 102,

350/354 = NJW 1988, 478), da nur dann der Anspruch durch § 14 ausgeschlossen werden kann (oben Rn.11). Welches Rechtsgut betroffen ist, spielt dagegen keine Rolle (str.; oben Rn.11). Näher zum weiten, über den üblichen Sprachgebrauch deutlich hinausgehenden Begriff des Nachbarn im Immissionsschutzrecht, der auch Mieter und Arbeitnehmer im Einwirkungsbereich der Anlage einschließt, Rn.33–37 zu § 3. Nicht erfasst werden von Fernwirkungen betroffene Personen (BGHZ 102, 350/354 = NJW 1988, 478; OLG Köln, NJW 1986, 590; a.A. v. Dörnberg, NuR 1986, 50f).

24 Der Anspruch muss sich **gegen den Anlagenbetreiber** richten (BGHZ 102, 350/352 = NJW 1988, 478), oder gegen einen Dritten, der für die Einwirkungen verantwortlich ist und sie auf Grund seiner Herrschaft über das Grundstück abstellen kann (BGHZ 102, 350/352f = NJW 1988, 478; OLG München, NVwZ 1986, 691f; Spindler FE 102). Der Staat kann nicht wegen der Genehmigung von Anlagen in Anspruch genommen werden (BGHZ 102, 350/352f = NJW 1988, 478; OLG München, NVwZ 1986, 691; Spindler FE 134).

b) Keine Schutzvorkehrungen

25 Weiter setzt der Schadensersatzanspruch voraus, dass Schutzvorkehrungen **nicht möglich** oder wirtschaftlich **nicht vertretbar** sind (dazu oben Rn.14–16). Ist zweifelhaft, ob diese Voraussetzung vorliegt, wird man den Betroffenen ein Wahlrecht zugestehen müssen (anders Rehbinder LR 79). Des Weiteren besteht ein Schadensersatzanspruch auch für Schäden, die durch nicht vorgenommene Schutzvorkehrungen verursacht wurden (Hager, NJW 1986, 1965; Roßnagel GK 81; a.A. Spindler FE 115). Dies hat Bedeutung für Störfälle und Spätschäden (vgl. Spindler FE 120f; Rehbinder LR 70f); zur Frage des Verschuldens unten Rn.26. Wurden Schutzvorkehrungen vorgenommen, ist ein Schadensersatzanspruch nur möglich, wenn und soweit sie die Einwirkungen nicht auf das zivilrechtlich zulässige Maß reduzieren.

c) Sonstiges

26 Auf die Rechtswidrigkeit des Verhaltens des Anlagenbetreibers sowie ein Verschulden kommt es nicht an (vgl. BGHZ 15, 146/150f = NJW 1988, 19; OLG München, NVwZ 1986, 692; Rehbinder LR 54), da S.2 einen (bürgerlich-rechtlichen) Aufopferungsanspruch enthält (oben Rn.21).

3. Schadensersatzanspruch

a) Gegenstand

27 Der Inhalt des Anspruchs richtet sich nach §§ 249ff BGB (Rehbinder LR 76; Spindler FE 123). Der Verpflichtete schuldet also vollen Schadensersatz, nicht nur eine billige Entschädigung. Der Anspruch umfasst Schäden, die in der Vergangenheit eingetreten sind, ebenso wie künftige Schäden (BGHZ 15, 146/150 = NJW 1955, 19; OLG Frankfurt, VersR 1983, 41; Hager, NJW 1986, 1965; Pietzcker, JZ 1985, 212). Der Betroffene

Vereinfachte Klageerhebung **§ 14a**

kann gem. § 249 BGB Wiederherstellung in Natur oder den hierfür erforderlichen Betrag verlangen, es sei denn, die Aufwendungen sind unverhältnismäßig (§ 251 Abs.2 BGB). Der Ersatz in Geld kann durch eine einmalige Zahlung, aber auch durch eine laufende Rente ausgeglichen werden (Rehbinder LR 76). Bei Zusammenwirken *mehrerer Verursacher* besteht grundsätzlich eine teilschuldnerische Haftung, je nach Höhe des Verursachungsanteils (BGHZ 72, 289/279 f; 85, 375/387; Spindler FE 129). Lassen sich die Verursachungsanteile weder ermitteln noch schätzen, so haften die beteiligten Verursacher als Gesamtschuldner (BGHZ 66, 70/76 = NJW 1976, 797; Rehbinder LR 77; a. A. Spindler FE 133; vgl. auch BGHZ 101, 107/111f).

b) Sonstiges

Mit **Erfüllung** des Schadensersatzanspruchs erlöschen die Rechte des 28 Nachbarn. Ein neuer Grundstückseigentümer kann nicht erneut Schadensersatz verlangen (Rehbinder LR 55; vgl. Spindler FE 88), sofern der Ausgleich für unbegrenzte Zeit vorgenommen wurde. Letzteres ist aber häufig nicht der Fall (vgl. Spindler FE 89). Bei Mietern und Arbeitnehmern, die ebenfalls Anspruchsinhaber sein können (oben Rn.23), ist das naturgemäß nicht möglich.

Der **Rechtsweg** richtet sich nach dem ursprünglichen Abwehranspruch 29 (Rehbinder LR 53); zuständig sind also regelmäßig die Zivilgerichte (Spindler FE 139). Gleiches gilt für die **Verjährung** des Anspruchs (Rehbinder LR 66). Der Anspruch verjährt daher seit der Schuldrechtsreform idR gem. §§ 195, 199 BGB in drei Jahren (Bassenge, in: Palandt, BGB, 63. Aufl. 2004, § 906 Rn.39; Roth, in: Staudinger, BGB, 14. Aufl. 2002, § 906 Rn.270 iVm Rn.80; Säcker, in: Münchner Kommentar zum BGB, 4. Aufl. 2004, § 906 Rn.142).

§ 14a Vereinfachte Klageerhebung

Der Antragsteller kann eine verwaltungsgerichtliche Klage erheben, wenn über seinen Widerspruch nach Ablauf von drei Monaten seit der Einlegung nicht entschieden ist, es sei denn, dass wegen besonderer Umstände des Falles eine kürzere Frist geboten ist.

1. Bedeutung

Die 1996 eingefügte (Einl.2 Nr.27) Vorschrift entspricht weithin § 75 1 VwGO und erleichtert geringfügig die Untätigkeitsklage des Antragstellers bei laufendem Widerspruchsverfahren. Der praktische Nutzen ist äußerst begrenzt (Czajka FE 4; Storost UL B1).

2. Voraussetzungen

Die Vorschrift gilt allein für Klagen des **Antragstellers** der Genehmi- 2 gung, nicht für Klagen Dritter (Czajka FE 10). Betroffen wird die Verpflichtungsklage auf Erteilung einer **Genehmigung** wie die Anfechtungs-

§ 14a Genehmigungsbedürftige Anlagen

klage gegen Genehmigungsauflagen (Hansmann LR 7). § 14a ist auch auf Änderungsgenehmigungen nach § 16, auf Teilgenehmigungen nach § 8 und auf Vorbescheide nach § 9 anwendbar (Hansmann LR 6; Czajka FE 6), weiter auf die Zulassung vorzeitigen Beginns nach § 8a (Rn.25 zu § 8a) und auf das Genehmigungsverlangen nach § 15 Abs.2 (Rn.28 zu § 15). Nicht anwendbar ist die Regelung aus systematischen Gründen auf nachträgliche Anordnungen nach § 17 und auf Maßnahmen nach § 20 und § 21 (Hansmann LR 7; Czajka FE 7), desgleichen auf Anträge außerhalb des Zulassungsverfahrens, etwa auf die Zulassung von Ausnahmen nach Bundes-Immissionsschutzverordnungen (Czajka FE 8; Hansmann LR 6).

3   Voraussetzung der Klage ist die **Einlegung eines Widerspruchs.** Daher ist § 14a nicht anwendbar, wenn über einen Antrag auf Erlass einer der erfassten Entscheidungen (oben Rn.2) nicht (rechtzeitig) entschieden wird (Czajka FE 11; Hansmann LR 8); hier muss § 75 VwGO angewandt werden. Der Widerspruch muss wirksam eingelegt sein (vgl. Hansmann LR 9; Storost UL C2; wohl a. A. Czajka FE 13); im Übrigen kommt es nicht auf die Zulässigkeit oder gar die Begründetheit des Widerspruchs an. Die Voraussetzungen der Wirksamkeit des Widerspruchs sind wie beim Suspensiveffekt des § 80 Abs.1 VwGO zu bestimmen. Insbesondere muss die Widerspruchsfrist gewahrt sein (Hansmann LR 9).

4   Weiter müssen seit Zugang des Ausgangsbescheids **3 Monate** verstrichen sein. Eine *kürzere* Frist ist geboten, wenn das Interesse des Antragstellers an einer schnellen Entscheidung das Interesse der Behörde an der Ausschöpfung der Drei-Monats-Frist überwiegt (Czajka FE 16; Storost UL C6), etwa wenn die Widerspruchsbehörde zu erkennen gibt, dass sie dem Widerspruch nicht stattgeben wird (Storost UL C6; a. A. Czajka FE 16).

3. Folgen

5   **Nach Ablauf** der Frist kann geklagt werden, auch wenn zureichende Gründe für die Entscheidung vorliegen (Roßnagel GK 12f; Storost UL B4; Büge/Tünnesen-Harmes, GewArch 1997, 54). Eine Aussetzung des Verfahrens durch das Gericht nach § 75 S.3 VwGO ist ausgeschlossen (Storost UL B4; Roßnagel GK 13; Czajka FE 21). Allg. zum Rechtsschutz des Antragstellers Rn.41–43 zu § 6. Auch nach Klageerhebung kann die Widerspruchsbehörde noch einen *Widerspruchsbescheid* erlassen (Hansmann LR 15; Czajka FE 18). Wird dem Widerspruch stattgegeben, erledigt sich die Klage (Czajka FE 22).

6   **Vor Ablauf** der Frist (oben Rn.4) ist eine Klage unzulässig. Der Mangel wird aber durch Fristablauf geheilt (Czajka FE 17). Zudem muss die Einhaltung der Frist nur im Zeitpunkt der gerichtlichen Entscheidung gegeben sein, da es sich um eine Zulässigkeitsvoraussetzung handelt (Roßnagel GK 14; Storost UL C7; Czajka FE 17).

§ 15 Änderung genehmigungsbedürftiger Anlagen

(1) Die Änderung der Lage, der Beschaffenheit oder des Betriebs einer genehmigungsbedürftigen Anlage[5 ff] ist, sofern eine Genehmigung nicht beantragt wird,[17] der zuständigen Behörde mindestens einen Monat, bevor mit der Änderung begonnen werden soll, schriftlich anzuzeigen,[18 f] wenn sich die Änderung auf in § 1 genannte Schutzgüter auswirken kann.[14 f] Der Anzeige sind Unterlagen im Sinne des § 10 Abs.1 Satz 2 beizufügen, soweit diese für die Prüfung erforderlich sein können, ob das Vorhaben genehmigungsbedürftig ist.[18] Die zuständige Behörde hat dem Träger des Vorhabens den Eingang der Anzeige und der beigefügten Unterlagen unverzüglich schriftlich zu bestätigen.[24 ff] Sie teilt dem Träger des Vorhabens nach Eingang der Anzeige unverzüglich mit, welche zusätzlichen Unterlagen sie zur Beurteilung der Voraussetzungen des § 16 Abs.1 benötigt.[19, 24] Die Sätze 1 bis 4 gelten entsprechend für eine Anlage, die nach § 67 Abs.2 oder § 67a Abs.1 anzuzeigen ist oder vor Inkrafttreten dieses Gesetzes nach § 16 Abs.4 der Gewerbeordnung anzuzeigen war.[3, 8]

(2) Die zuständige Behörde hat unverzüglich, spätestens innerhalb eines Monats nach Eingang der Anzeige und der nach Absatz 1 Satz 2 erforderlichen Unterlagen, zu prüfen, ob die Änderung einer Genehmigung bedarf.[26] Der Träger des Vorhabens darf die Änderung vornehmen, sobald die zuständige Behörde ihm mitteilt, dass die Änderung keiner Genehmigung bedarf,[29 ff] oder sich innerhalb der in Satz 1 bestimmten Frist nicht geäußert hat.[33 ff] Absatz 1 Satz 3 gilt für nachgereichte Unterlagen entsprechend.[25]

(3) Beabsichtigt der Betreiber, den Betrieb einer genehmigungsbedürftigen Anlage einzustellen, so hat er dies unter Angabe des Zeitpunktes der Einstellung der zuständigen Behörde unverzüglich anzuzeigen.[39 ff] Der Anzeige sind Unterlagen über die vom Betreiber vorgesehenen Maßnahmen zur Erfüllung der sich aus § 5 Abs.3 ergebenden Pflichten beizufügen.[45] Die Sätze 1 und 2 gelten für die in Absatz 1 Satz 5 bezeichneten Anlagen entsprechend.

(4) In der Rechtsverordnung nach § 10 Abs.10 können die näheren Einzelheiten für das Verfahren nach den Absätzen 1 bis 3 geregelt werden.[18]

Übersicht

A. Anzeige und Prüfung der Genehmigungsbedürftigkeit bei Änderungen
   I. Anzeige von Änderungen (Abs.1) 1
      1. Bedeutung, Abgrenzung, EG-Recht 1
         a) Bedeutung und Abgrenzung zu anderen Vorschriften 1
         b) EG-Recht 2a

§ 15 Genehmigungsbedürftige Anlagen

  2. Sachlicher Anwendungsbereich und Adressat der Anzeigepflicht 3
  3. Änderung der Anlage 5
     a) Lage, Beschaffenheit, Betrieb 5
     b) Änderung als Abweichen vom Genehmigungsbescheid 6
     c) Keine Neuerrichtung 12a
     d) Bezug zu genehmigungsbedürftiger Anlage 13
  4. Sonstige Voraussetzungen der Anzeigepflicht 14
     a) Auswirkungen auf Schutzgüter des § 1 14
     b) Ausnahme: Genehmigungsantrag 17
  5. Inhalt sowie Zeitpunkt von Anzeige und Unterlagen . 18
  6. Wirkung der Anzeige, Durchsetzung und Rechtsschutz 20
 II. Genehmigungsverlangen und Genehmigungsfreistellung (Abs.2) 23
  1. Bedeutung; Verstoßfolgen, EG-Recht 23
     a) Bedeutung und Verstoßfolgen 23
     b) EG-Recht 23b
  2. Behördliche Entscheidung 24
     a) Pflicht zu unverzüglicher Prüfung der Anzeige und der Unterlagen 24
     b) Pflicht zu fristgerechter Entscheidung über Genehmgiungsbedürftigkeit 26
     c) Sonstiges 27
  3. Wirkung des Genehmigungsverlangens 28
  4. Wirkung der Freistellungserklärung, Nebenbestimmungen, Aufhebung 29
     a) Bedeutung und Wirkung der Freistellungserklärung 29
     b) Nebenbestimmungen 32
     c) Rechtsschutz und Aufhebung 33
  5. Wirkung der Nichtentscheidung (fiktive Freistellung) 35

B. Anzeige der Betriebseinstellung (Abs.3) 39
  1. Bedeutung und Abgrenzung zu anderen Vorschriften 39
  2. Anwendungsbereich, Gegenstand, Zeitpunkt 40
     a) Anwendungsbereich 40
     b) Betriebseinstellung 41
     c) Absicht und Zeitpunkt 43
     d) Unterlagen 45
  3. Folgen, Durchsetzung und Rechtsschutz 46
     a) Folgen 46
     b) Durchsetzung und Rechtsschutz 47

Literatur: *Oldiges,* Der fiktive Verwaltungsakt, in: Jahrbuch des Umwelt- und Technikrechts 2000, 2000, 41; *Caspar,* Der fiktive Verwaltungsakt, AöR 125 (2000), 131; *Kiefer,* Die Investitionssicherheit bei der Änderung genehmigungsbedürftiger Anlagen nach den §§ 15, 16 BImSchG, 1999; *Jarass,* Neue (und alte) Probleme bei der Änderung immissionsschutzrechtlicher Anlagen, NJW 1998, 1097; *Zöttel,* Die Mitteilung über die immissionsschutzrechtliche Genehmigungsbedürftigkeit einer Anlagenänderung, NVwZ 1998, 234; *Knopp/Wolf,* Änderungen

Änderung genehmigungsbedürftiger Anlagen **§ 15**

des immissionsschutzrechtlichen Industrieanlagen-Zulassungsverfahrens, BB 1997, 1593; *Führ,* Anlagenänderung durch Anzeige, UPR 1997, 421; *Fluck,* Änderungen genehmigungsbedürftiger Anlagen nach §§ 15, 16 BImSchG, VerwArch 1997, 265; *Büge/Tünnesen-Harmes,* Das Gesetz zur Beschleunigung und Vereinfachung immissionsschutzrechtlicher Genehmigungsverfahren, GewArch 1997, 48; *Hansmann,* Beschleunigung und Vereinfachung immissionsschutzrechtlicher Genehmigungsverfahren?, NVwZ 1997, 105; *Kutscheidt,* Die wesentliche Änderung industrieller Anlagen, NVwZ 1997, 111; *Moormann,* Die Änderung des Bundes-Immissionsschutzgesetzes durch das Gesetz zur Beschleunigung und Vereinfachung immissionsschutzrechtlicher Genehmigungsverfahren, UPR 1996, 408; *Hansmann,* Die Nachsorgepflichten im Immissionsschutzrecht, NVwZ 1993, 921; *Martens,* Die wesentliche Änderung im Sinne des § 15 BImSchG, 1993; *Vallendar,* Die Betriebseinstellung – Ein neuer Regelungstatbestand des BImSchG, UPR 1991, 91; *Führ,* Sanierung von Industrieanlagen, 1989.

A. Anzeige und Prüfung der Genehmigungsbedürftigkeit bei Änderungen

I. Anzeige von Änderungen (Abs.1)

1. Bedeutung, Abgrenzung, EG-Recht

a) Bedeutung und Abgrenzung zu anderen Vorschriften

Die Regelung des Abs.1 der 1996 (Einl.2 Nr.27) völlig neu gefassten 1 Vorschrift des § 15 ersetzt die Regelung des § 16 Abs.1 a.F. An die Stelle der früheren *nachträglichen* und periodischen Anzeige von Änderungen trat die Anzeige jeder relevanten Änderungsmaßnahme *vor* deren Durchführung (Jarass, NJW 1998, 1097). § 15 statuiert für den Anlagenbetreiber eine Anzeigepflicht, um insb. die Einhaltung der Genehmigungspflicht für wesentliche Änderungen nach § 16 Abs.1 sicherzustellen (Rebentisch FE 10; Hansmann LR 1 zu § 16). Daneben soll der Anlagenbetreiber über die mit der Anzeige verbundene Klärung der Genehmigungsbedürftigkeit Rechtssicherheit erlangen (Rebentisch FE 10). Mitteilungspflichten nach anderen Vorschriften, etwa gem. § 52 Abs.2 (dazu Rn.36 zu § 52) oder auf Grund von Rechtsverordnungen, werden durch Abs.1 regelmäßig nicht berührt (Hansmann LR 5; Rebentisch FE 16 ff). Für die *Betriebseinstellung* geht jedoch die speziellere Regelung des § 15 Abs.3 vor, mit der Folge, dass keine Anzeige nach § 15 Abs.1 erforderlich ist. Vorrang kommt auch den Regelungen des § 52a Abs.1 und des § 52a Abs.2 zu (vgl. Fluck UL B14 zu § 16); Gleiches gilt für die Mitteilung nach § 12 Abs.2b (Rebentisch FE 15) sowie die Anzeige nach § 4 Abs.7 TEHG (a.A. Führ GK 288), da diese Anzeige im Wesentlichen den gleichen Zweck wie § 15 Abs.1 verfolgt.

§ 15 sieht zusammen mit § 16 ein **gestuftes Regime** für Veränderun- 2 gen der Anlage vor: Soweit die Veränderung nicht als Änderung iSd § 15 (unten Rn.5–13) eingestuft werden kann oder keine Auswirkungen auf

Schutzgüter des § 1 aufweist (unten Rn.14–16), ist sie anzeigefrei; man kann dann von *unbedeutenden* Veränderungen sprechen (Führ GK 157). Sind diese Voraussetzungen gegeben, liegt eine *bedeutsame Änderung* vor, die gem. § 15 Abs.1 anzuzeigen ist, es sei denn, sie ist als *wesentliche Änderung* einzustufen, weil sie möglicherweise nachteilige (nicht ganz geringfügige) Auswirkungen im Bereich des § 6 Abs.1 Nr.1 mit sich bringt. In diesem Falle ist die Änderung gem. § 16 genehmigungspflichtig.

b) EG-Recht

2a   Die Regelung des § 15 Abs.1 dient (auch) der Umsetzung des Art.12 Abs.1 der Richtlinie 96/61/EG über die integrierte Vermeidung und Verminderung der Umweltverschmutzung (Einl.34 Nr.8) in deutsches Recht (BT-Drs. 13/3996, S.9). Zum Einfluss des EG-Rechts für § 15 Abs.2 unten Rn.23 b.

2. Sachlicher Anwendungsbereich und Adressat der Anzeigepflicht

3   Die Anzeigepflicht des Abs.1 setzt zunächst eine **genehmigungsbedürftige Anlage** voraus; insoweit wird auf die Ausführungen in Rn.13–32 zu § 4 verwiesen. Die Anlage muss *vor* der Änderung genehmigungsbedürftig sein, aber auch *nach* der Änderung; wenn die Änderung zum Fortfall der Genehmigungspflicht führt, ist Abs.3 einschlägig (Hansmann LR 53; a.A. Rehbinder FE 10; diff. Führ GK 94), da in diesem Fall die Regelung zu den Unterlagen in Abs.3 S.2 besser als die in Abs.1 S.2 passt. Ob die notwendigen Genehmigungen oder Zulassungen eingeholt wurden, spielt keine Rolle (Hansmann LR 9; Rebentisch FE 22; a.A. Führ GK 98); zur Reaktion der Behörde in solchen Fällen unten Rn.27. Erfasst werden auch Anlagen, für die eine Altgenehmigung iSd § 67 Abs.1 oder eine abfallrechtliche Planfeststellung iSd § 67 Abs.7 erteilt wurde. Weiterhin werden Anlagen erfasst, bei denen die immissionsschutzrechtliche Genehmigung durch eine andere Genehmigung, insb. eine Planfeststellung, ersetzt worden ist (Rebentisch FE 21; Hansmann LR 9), sofern in den einschlägigen Gesetzen nicht spezifische Mitteilungspflichten vorgeschrieben sind (vgl. Führ GK 101). Endlich gilt die Mitteilungspflicht gem. Abs.1 S.5 auch für *anzeigepflichtige Anlagen* iSd § 67 Abs.2 bzw. des § 16 Abs.4 GewO a.F. oder des § 67a Abs.1 (Rebentisch FE 23). Zu den Anlagen des § 67 Abs.3 vgl. Rn.29 zu § 67.

4   **Adressat** der Anzeigepflicht ist der Träger des Vorhabens, genauer der Anlagenbetreiber, also derjenige, der den bestimmenden Einfluss auf die Anlage ausübt (Rebentisch FE 25; Führ GK 88); näher dazu Rn.81–84 zu § 3. Zum Betreiberwechsel unten Rn.5a.

3. Änderung der Anlage

a) Lage, Beschaffenheit, Betrieb

5   Die Anzeigepflicht setzt eine „Änderung der Lage, Beschaffenheit oder des Betriebs" der Anlage voraus: – **(1)** Eine Änderung der **Lage** liegt vor,

Änderung genehmigungsbedürftiger Anlagen § 15

wenn die Anlage insgesamt oder in Teilen einen anderen Standort erhält (Martens o. Lit. 175). Allerdings ist nur eine kleinräumige Änderung gemeint (Czajka FE 34 zu § 16), bei der der Einwirkungsbereich sich nicht wesentlich ändert, wie auch mittelbar der Regelung des § 16 Abs.2 entnommen werden kann, die *zusätzliche* Auswirkungen auf die Betroffenen voraussetzt (Rn.40 zu § 16). Wird die Anlage an einer ganz anderen Stelle neu aufgebaut, liegt eine Neuerrichtung vor (Rebentisch FE 40; vgl. Rn.12a zu § 15). – **(2)** Eine Änderung der **Beschaffenheit** liegt vor, wenn die Anlage in ihrem Zustand oder in ihren konstruktiven Merkmalen verändert wird (Rebentisch FE 41), insb. wenn Teile der Anlage ersetzt oder beseitigt werden oder die Anlage durch zusätzliche Einrichtungen erweitert wird (Martens o. Lit. 176). Zum Begriff der Beschaffenheit vgl. Rn.4 zu § 7. Selbst die vollständige Ersetzung einer Anlage durch eine neue Anlage bildet eine Änderung; zur Abgrenzung zur Neuerrichtung unten Rn.12a. – **(3)** Eine Änderung des **Betriebs** liegt nicht nur in der Modifizierung der eigentlichen Produktionsprozesse, sondern auch in Veränderungen der Betriebsweise der Anlage (Martens o. Lit. 177; Hansmann LR 11), auch der Betriebszeiten (vgl. Czajka FE 36 zu § 16). Näher zum Begriff des Betriebs Rn.47 zu § 4. Nicht erfasst wird die Betriebseinstellung (oben Rn.1). Zu Änderungen der Emission klimawirksamer Gase oben Rn.1.

Änderungen in der **Person des Betreibers** werden nicht erfasst, da sie Lage, Beschaffenheit und Betrieb der Anlage nicht tangieren. Des Weiteren werden Änderungen der *Unternehmensorganisation,* auch im Bereich des Umweltmanagements, nicht erfasst, sofern dadurch der Betrieb der Anlage nicht beeinflusst wird (vgl. Czajka FE 36 zu § 16). Bei der Aufteilung einer Anlage auf mehrere Betreiber (mit jeweils eigenständiger Verantwortung) kommt es dagegen regelmäßig zu Änderungen des Betriebs, weshalb die Aufteilung bei möglichen Auswirkungen auf die Schutzgüter des § 1 anzeigebedürftig und unter den Voraussetzungen des § 16 Abs.1 sogar genehmigungsbedürftig ist (Friedrich, NVwZ 2002, 1177). Eine Änderungsgenehmigung ist bei einer Aufteilung regelmäßig notwendig, wenn die Genehmigung übergreifende Vorgaben enthält, da sie dann auf einen einheitlichen Anlagenbetrieb zugeschnitten war. 5a

b) Änderung als Abweichen vom Genehmigungsbescheid

aa) Bezugspunkt für die Beurteilung der Frage, ob etwas geändert wird, ist die Anlage in ihrer genehmigten Form. Als Änderung ist jedes **Abweichen** vom Genehmigungsbescheid einzustufen (Fluck, VerwArch 1997, 271; Scheuing GK 64 zu § 15; Paetow KPV § 31 Rn.30; i.E. Hansmann LR 16; anders Führ GK 125), einschl. der Nebenbestimmungen. Änderungen, die kurzfristig wieder rückgängig gemacht werden, brauchen nicht mitgeteilt zu werden (Hansmann LR 6 zu § 16). Wurde die immissionsschutzrechtliche Genehmigung durch eine andere Zulassung ersetzt, ist auf diese abzustellen, beschränkt allerdings auf den Umfang der immissionsschutzrechtlichen Anlage (Fluck UL C9; Rebentisch FE 34). 6

§ 15 Genehmigungsbedürftige Anlagen

7 Da die Änderung als Abweichung vom Genehmigungsbescheid zu verstehen ist, liegt eine Änderung nur vor, wenn die betreffende Maßnahme **vom Genehmigungsbescheid nicht mehr gedeckt** ist (Hansmann LR 16; Jarass, NJW 1998, 1098; Rebentisch FE 28; Fluck, VerwArch 1997, 271). Der Genehmigungsbescheid ist dabei unter Berücksichtigung der Antragsunterlagen wie des Genehmigungsverfahrens auszulegen (Martens o. Lit. 129 f). Entscheidend ist, was im Genehmigungsbescheid *geregelt* wurde (dazu Rn.37 zu § 6): Werden Elemente der Lage, der Beschaffenheit oder des Betriebs verändert, die im Genehmigungsbescheid weder ausdrücklich noch implizit geregelt wurden, liegt keine Änderung vor (Hansmann LR 18). Was insb. deskriptive Angaben im Genehmigungsbescheid oder in den in Bezug genommenen Unterlagen angeht, so hängt die Frage des Regelungsumfangs im Zweifel davon ab, ob der fragliche Umstand im konkreten Fall für die Genehmigungsvoraussetzungen bedeutsam war bzw. sein konnte (ähnlich Rebentisch FE 31; Hansmann LR 19; Fluck, VerwArch 1997, 271). Austausch und Ersatz der Anlage bzw. von Anlagenteilen sind keine Änderung, sofern mit ihnen der genehmigte Zustand unverändert wiederhergestellt werden soll (a.A. Führ GK 149). Solche Maßnahmen sind von der Genehmigung gedeckt, wie zudem § 16 Abs.5 entnommen werden kann (vgl. Rn.6 zu § 16). Eine unveränderte Wiederherstellung liegt auch vor, wenn vergleichbare oder ähnliche Anlagen bzw. Anlagenteile zum Einsatz kommen, sofern diese der Genehmigung entsprechen. An einer Änderung iSd § 15 f fehlt es auch, wenn eine abweichend vom Genehmigungsbescheid errichtete Anlage so geändert wird, dass sie dem Bescheid entspricht (vgl. unten Rn.9; a.A. Führ GK 107, 131).

7a Unklar ist, ob es an einer Änderung iSd §§ 15 f fehlt, wenn nach der Veränderung die im Genehmigungsbescheid festgelegten **Grenzwerte gewahrt** bleiben. Das wird zT damit generell abgelehnt, dass Grenzwertfestlegungen nicht Gegenstand der Genehmigung seien (Rebentisch, DVBl 1997, 811; Hansmann, DVBl 1997, 1427; a.A. Kutscheidt, DVBl 2000, 755 ff). Je nach Gestaltung der Genehmigung kann das aber durchaus der Fall sein, insb. bei Zielfestlegungen, die sich darauf beschränken, die Einhaltung eines Grenzwerts vorzugeben. Entscheidend ist, ob sich der Genehmigungsbescheid auch auf Elemente der Anlage bezieht, die verändert werden. Dies ist umso eher der Fall, je mehr in die Substanz der Anlage eingegriffen wird. Zur Relevanz der Frage für die Genehmigungsfähigkeit der Änderung Rn.23 zu § 16.

8 Bei den **anzeigepflichtigen Anlagen** bilden die mit der Anzeige vorgelegten Unterlagen den Maßstab für die Frage der Änderung (Feldhaus FE 3 zu § 15; Jarass, NJW 1998, 1098; vorsichtig Führ GK 132). Fehlen Unterlagen vollständig oder sind die vorhandenen Unterlagen wenig aussagekräftig, ist der Inhalt von Baugenehmigungen etc. zu nutzen. Entsprechendes gilt für genehmigte Anlagen mit **unklaren Genehmigungsbescheiden.** Hilfsweise muss auf die faktische Situation im Zeitpunkt der Errichtung, frühestens im Zeitpunkt des Inkrafttretens des BImSchG ab-

Änderung genehmigungsbedürftiger Anlagen § 15

gestellt werden (Führ o. Lit. 131; a.A. Czajka FE 50 zu § 16: Zustand vor der Änderung).

Für die Beurteilung der Frage, ob eine Änderung vorliegt, kommt es 9 allein auf die erteilte(n) Genehmigung(en), ggf. auch auf den Genehmigungsersatz der Anzeige nach § 67 Abs.2 etc. an (oben Rn.8). Dagegen spielen **nach § 15 Abs.1 erstattete Anzeigen** und die in diesem Rahmen vorgenommenen Änderungen keine Rolle (Hansmann, DVBl 1997, 1422; wohl auch Wickel, DÖV 1997, 683; a.A. Führ GK 122; Ohms Rn.438f), auch dann nicht, wenn eine Genehmigungsfreistellung die Folge war. Die Anzeige nach § 15 ist kein Genehmigungsersatz. Zudem würde andernfalls das Anzeigeverfahren unnötig belastet (Jarass, NJW 1998, 1098). Daher ist etwa das Rückgängigmachen einer positiven und deshalb genehmigungsfreien, lediglich angezeigten Änderung trotz der nachteiligen Wirkung nicht genehmigungsbedürftig (oben Rn.7).

Keine Änderung stellen Maßnahmen der **Instandsetzung, Repara-** 10 **tur** und **Unterhaltung** dar, sofern mit ihnen der genehmigte Zustand unverändert wiederhergestellt werden soll (BayVGH, GewArch 1985, 173). Auch in der **Auswechslung der** gesamten **Anlage** oder einzelner Anlagenteile liegt regelmäßig keine Änderung (oben Rn.7; vgl. auch Rn.6 zu § 16; a.A. Führ GK 149); die im Gesetzgebungsverfahren vorgesehene Mitteilungspflicht für diese Fälle (BT-Drs. 13/3996, S.9) wurde nicht realisiert.

bb) Unerheblich ist, welche **Gründe** zu den Abweichungen führen, ob 11 sie etwa durch höhere Gewalt bedingt sind oder zur Erfüllung gesetzlicher Pflichten, etwa wegen einer nachträglichen Anordnung, vorgenommen werden (Rebentisch FE 45, Hansmann LR 12). Zum Fall der abschließend bestimmten nachträglichen Anordnung Rn.63f zu § 17. Eine Änderung liegt auch vor, wenn vom Genehmigungsbescheid bereits **mit der Errichtung** der Anlage abgewichen werden soll (Führ GK 155; Czajka FE 25 zu § 16; Sellner LR 55 zu § 16; für analoge Anwendung Versteyl/Neumann, LKV 1996, 5 ff). Das ist insb. bei Teilgenehmigungen von Bedeutung (näher Rn.14 zu § 8). Änderungen während des Genehmigungsverfahrens werden dagegen nicht erfasst (vgl. Rn.3 zu § 16).

cc) Im Einzelnen reicht der Begriff der Änderung sehr weit. Er erfasst 12 etwa die räumliche Umgruppierung von Anlagenteilen (oben Rn.5), Änderungen des Betriebsumfangs (BayVGH, GewArch 1985, 173) oder der Betriebszeiten bzw. des Betriebsablaufs (oben Rn.5) sowie die Herstellung anderer Produkte (Martens, o. Lit. 177). Eine Änderung ist auch der Einsatz anderer Roh- oder Hilfsstoffe sowie die Verwendung anderer Energieträger, soweit der Genehmigungsbescheid auf sie abstellt (Führ GK 142). Gleiches gilt für Änderungen der Abfallvermeidung und -verwertung (Fluck, NuR 1989, 416) und der Abfallbeseitigung. Keine Änderung liegt vor, wenn im Genehmigungsbescheid bereits Alternativen mit genehmigt wurden und diese genutzt werden (vgl. Rn.4 zu § 6).

§ 15 Genehmigungsbedürftige Anlagen

Nicht erfasst wird zudem eine Änderung des Produktabsatzes sowie der anlagenexternen Verwertung (Hansmann LR 11).

c) Keine Neuerrichtung

12 a   Von der Änderung ist die Neuerrichtung zu unterscheiden: Bei einer Neuerrichtung kommt § 4 zur Anwendung, nicht die §§ 15 f; die Neuerrichtungsgenehmigung dürfte allerdings die vorhandenen Teile nicht erfassen, soweit sie nicht *auch* der neuen Anlage zuzurechnen sind. Eine Neuerrichtung liegt vor, wenn durch die Änderung der Charakter der Gesamtanlage verändert wird (Jarass, NJW 1998, 1101; Czajka FE § 16 Rn.23), wenn die Änderungen derart prägend sind, dass die gesamte Anlage als eine neue Anlage qualifiziert werden muss (vgl. Führ GK § 16 Rn.159). Eine Neuerrichtung liegt zudem vor, wenn eine (genehmigte) Anlage an einer ganz anderen Stelle neu aufgebaut wird (oben Rn.5). Weiter ist eine Neuerrichtung anzunehmen, wenn der Betrieb um eine zusätzliche selbständige und genehmigungsbedürftige Anlage erweitert wird (Führ GK § 16 Rn.162). Dies dürfte selbst dann zutreffen, wenn es sich um gleichartige Anlagen iSd § 1 Abs.3 der 4. BImSchV (dazu Rn.60 zu § 4) handelt (a. A. Sellner LR § 16 Rn.45). Gleiches muss gelten, wenn die Kapazität der bisherigen Anlage mehr als verdoppelt wird (Martens o. Lit. 260 f). In solchen Fällen prägt der neue Teil die Gesamtanlage, weshalb man nicht mehr von einer Änderung sprechen kann. Wenn die Erweiterung als Nebeneinrichtung (dazu Rn.54 f zu § 4) der bisherigen Anlage eingestuft werden kann, handelt es sich *generell* um eine bloße Änderung (Schmatz/Nöthlichs 1). Eine Änderung und keine Neuerrichtung liegt auch vor, wenn eine vorhandene Anlage durch eine gleichartige neue Anlage ersetzt wird, wie § 16 Abs.5 entnommen werden kann, da diese Regelung in § 16 und nicht in § 4 enthalten ist. Die Abgrenzung fällt damit anders als im Baurecht aus (Führ GK § 16 Rn.168), an der sich die frühere Rspr. orientierte (vgl. BVerwGE 50, 49/52 f = DVBl 1976, 214).

d) Bezug zu genehmigungsbedürftiger Anlage

13   Die Änderung muss einen **Teil der** (genehmigten) **Anlage** betreffen (Sellner LR 44 zu § 16). Daher ist bedeutsam, was alles der vorhandenen Anlage zuzurechnen ist (BVerwGE 69, 351/354 = NVwZ 1985, 46; Führ o. Lit. 89 f). Für den relevanten Anlagenumfang gelten die Ausführungen in Rn.37 zu § 6 zum Umfang der genehmigten Anlage; der rechtlich gebotene Anlagenumfang ist nur hilfsweise bedeutsam (Rn.38 zu § 6). Wurde bei der Erstgenehmigung der Umfang enger oder weiter als rechtlich geboten abgesteckt, dürfte das nur in offenkundigen Fällen relevant sein (vgl. Martens o. Lit. 138 ff).

4. Sonstige Voraussetzungen der Anzeigepflicht

a) Auswirkungen auf Schutzgüter des § 1

14   Änderungen (oben Rn.5–13) einer genehmigungsbedürftigen Anlage (oben Rn.3) sind nur dann anzeigepflichtig, wenn die **Möglichkeit** be-

Änderung genehmigungsbedürftiger Anlagen **§ 15**

steht, dass sie sich auf die Schutzgüter des § 1 auswirken (Führ GK 156). Dabei genügt es, wenn die Änderung in irgendeiner Hinsicht Auswirkungen auf die Schutzgüter hat (Hansmann LR 15). Erfasst werden die Auswirkungen der Änderungsmaßnahmen wie des Betriebs der geänderten Anlage (Führ GK 115; vgl. Rn.43 zu § 4 und Rn.21 zu § 16).

Die **Schutzgüter** sind weit gefasst; näher Rn.3–5 zu § 1. Erfasst werden auch Auswirkungen auf den Boden und das Wasser. Nicht erfasst wird die Wasserwirtschaft (Rn.4 zu § 1) und das Landschaftsbild (Moormann, UPR 1996, 415f; Schäfer, NVwZ 1997, 528; Rn.5 zu § 1). Darüber hinaus dürften im Hinblick auf die Funktion des § 15 Abs.1, die Genehmigungspflicht zu sichern (oben Rn.1), nicht Auswirkungen gemeint sein, die allein für die Vorgaben des § 6 Abs.1 Nr.2 von Relevanz sind (Hansmann, DVBl 1997, 1423; Rebentisch FE 30; wohl auch Fluck, VerwArch 1997, 275), auch wenn der Vergleich mit § 16 Abs.1 eher in eine andere Richtung deutet. Andererseits ist zu beachten, dass über § 5 Abs.1 Nr.1, 2 (in begrenztem Umfang) auch sonstige Einwirkungen erfasst werden (Führ GK 171). Bodenbeeinträchtigungen werden über § 3 Abs.3 BBodSchG sogar umfassend einbezogen (vgl. Rn.28 zu § 5). Näher zur Abgrenzung des § 6 Abs.1 Nr.1 und des § 6 Abs.1 Nr.2 vgl. Rn.11a zu § 6.   15

Auswirkungen bestehen in jeder Einwirkung auf die Schutzgüter (Nr.0.3 UVPVwV; vgl. Erbguth/Schink 9 zu § 2; Moormann, UPR 1996, 414). Gemeint sind allerdings nur Auswirkungen der von der Änderung erfassten Anlagenteile (dazu Rn.19–21 zu § 16), nicht der gesamten Anlage, also **neue** oder **zusätzliche** Auswirkungen (Fluck, VerwArch 1997, 273; Jarass, NJW 1998, 1098). Andererseits müssen sie weder nachteilig noch erheblich sein, wie ein Vergleich mit § 16 Abs.2 S.1 oder § 1 Abs.3 S.1 der 9. BImSchV verdeutlicht (Hansmann LR 15; Rebentisch FE 49; Wasielewski, LKV 1997, 79; Kutscheidt, NVwZ 1997, 115; a.A. Fluck, VerwArch 1997, 273). Eine Saldierung scheidet aus (Rebentisch FE 51; Hansmann LR 15). Treten nur positive Auswirkungen auf, sind kleinere Änderungen regelmäßig durch die Genehmigung noch gedeckt, mit der Folge, dass es bereits an der Änderung fehlt (vgl. oben Rn.7).   16

b) Ausnahme: Genehmigungsantrag

Die Anzeigepflicht entfällt gem. Abs.1 S.1, wenn für die Änderung eine Genehmigung nach § 16 (oder gar nach § 4) beantragt wird; zum Wahlrecht des Anlagenbetreibers Rn.16 zu § 16. Die Änderung darf dann allerdings erst mit der Vollziehbarkeit der Änderungsgenehmigung vorgenommen werden (Hansmann LR 20). Dagegen wird die Anzeigepflicht nicht durch den Umstand berührt, dass eine Genehmigung oder Zulassung nach anderen Gesetzen für die Änderung erforderlich oder beantragt ist, etwa eine Baugenehmigung. Dies folgt aus dem systematischen Zusammenhang von § 15 und § 16 (oben Rn.2); der Umstand, dass die Anzeigepflicht auf die Schutzgüter des § 1 bezogen ist, tritt demgegenüber zu-   17

§ 15 Genehmigungsbedürftige Anlagen

rück. Die Anzeigepflicht entfällt auch nicht insoweit, als die Änderung bereits Gegenstand einer Emissionserklärung war; die Regelung des § 16 Abs.1 S.2 a.F. wurde nicht übernommen. Zu Änderungen aufgrund einer nachträglichen Anordnung vgl. oben Rn.11.

5. Inhalt sowie Zeitpunkt von Anzeige und Unterlagen

18 Die **Anzeige** muss gem. Abs.1 S.1 schriftlich erfolgen (zur Schriftform Rn.26 zu § 10). Aus der Anzeige muss zu entnehmen sein, dass sich der Betreiber entschlossen hat, an einer (immissionsschutzrechtlich) genehmigungsbedürftigen Anlage bestimmte Änderungen vorzunehmen. Dem wird ein an die Baugenehmigungsbehörde gerichteter Antrag auf Baugenehmigung nicht gerecht. Der Anzeige sind gem. Abs.1 S.2 **Unterlagen** iSd § 10 Abs.1 S.2 (dazu Rn.29–32 zu § 10) beizufügen, allerdings nur in dem Umfang, wie das erforderlich ist, damit die Behörde die Genehmigungs*bedürftigkeit* iSd § 16 Abs.1 (dazu Rn.2–13 zu § 16) und nicht etwa die Genehmigungs*fähigkeit* (dazu Rn.22–29 zu § 16) beurteilen kann (Fluck, VerwArch 1997, 285; Schäfer, NVwZ 1997, 528; Hansmann LR 22 ff; vgl. unten Rn.26). Darüber hinausgehende Unterlagen sind erforderlich, wenn die Änderung geringe nachteilige Auswirkungen hat und daher gem. § 16 Abs.1 S.2 die Einhaltung der Vorgaben des § 6 Abs.1 Nr.1 sichergestellt werden muss (Hansmann LR 25 f; Rebentisch FE 58; vgl. Rn.11 zu § 16). Einzelheiten können gem. Abs.4 durch Rechtsverordnung geregelt werden. Die Vorschrift über die Beratung in § 2 Abs.2 der 9. BImSchV ist entsprechend anzuwenden (Fluck, VerwArch 1997, 283).

19 Der Pflichtige (oben Rn.4) hat Anzeige und vollständige Unterlagen gem. Abs.1 S.1 spätestens **einen Monat vor dem Zeitpunkt** einzureichen, zu dem nach der betrieblichen Planung mit den Änderungsmaßnahmen begonnen werden soll. Die Änderungsabsicht kann aber auch nachträglich aufgegeben werden (Hansmann LR 27); damit entfällt rückwirkend die Anzeigepflicht (zu weitgehend Rebentisch FE 53). Zur zuständigen Behörde als Empfänger der Mitteilung Einl.56. Zu Eingangsbestätigung und Nachforderung von Unterlagen unten Rn.24 f.

6. Wirkung der Anzeige, Durchsetzung und Rechtsschutz

20 **aa)** Was die **Wirkung** der Anzeige einer Änderung angeht, so lässt sie den Genehmigungsbescheid (einschl. der Nebenbestimmungen) unberührt. Rechtliche Wirkungen entfaltet die Anzeige jedoch insoweit, als sie, sofern die Behörde keine Genehmigung verlangt, zur verbindlichen Festschreibung der fehlenden Genehmigungsbedürftigkeit führt (unten Rn.30, 38). Zur fehlenden Konzentrationswirkung der Anzeige wie der behördlichen Reaktion sowie zur Präklusion unten Rn.31.

21 **bb) Erfüllt** der Anlagenbetreiber seine **Anzeigepflicht nicht** oder unzureichend, kann die zuständige Behörde den Pflichtigen durch eine Anordnung nach § 17 zur ordnungsgemäßen Abgabe der Erklärung an-

Änderung genehmigungsbedürftiger Anlagen **§ 15**

halten (Fluck UL C42 zu § 16; Rn.14f zu § 17; für ordnungsbehördliche Generalklausel als Grundlage Führ GK 232; für § 52 Abs.1 als Grundlage Hansmann LR 57). Wer die Anzeige nicht, nicht richtig oder nicht vollständig abgibt oder ergänzt, begeht gem. § 62 Abs.2 Nr.1 eine Ordnungswidrigkeit; näher dazu Rn.21 sowie Rn.3–11 zu § 62. Die Setzung einer Nachfrist durch die Behörde ist nicht Voraussetzung der Ordnungswidrigkeit. Zum rückwirkenden Fortfall der Anzeigepflicht bei Aufgabe der Änderungsabsicht oben Rn.19. Die fehlende Beifügung von Unterlagen ist dagegen keine Ordnungswidrigkeit (Hansmann LR 59; vgl. unten Rn.47). Der bloße Verstoß gegen die Anzeigepflicht erlaubt keine **Untersagung** nach § 20 Abs.2 (vgl. unten Rn.23); auch eine Untersagung nach § 20 Abs.1 (nach einer Anordnung zur Erstattung der Anzeige) scheidet aus (Rn.9 zu § 20). Zur Situation, falls zudem gegen § 15 Abs.2 S.2 verstoßen wird, unten Rn.23a.

cc) Zum **Rechtsschutz** des *Anlagenbetreibers* gegen Anordnungen auf **22** Durchsetzung der Anzeigepflicht gelten die Ausführungen in Rn.59 zu § 17 entsprechend. Zum Rechtsschutz gegen das Verlangen auf Ergänzung der Unterlagen unten Rn.25. Was Rechtsmittel der *Nachbarn* angeht, dürfte Abs.1 selbst keinen drittschützenden Charakter haben. Zum Anspruch der Nachbarn auf Überwachung vgl. aber Rn.16–19 zu § 52.

II. Genehmigungsverlangen und Genehmigungsfreistellung (Abs.2)

1. Bedeutung, Verstoßfolgen, EG-Recht

a) Bedeutung und Verstoßfolgen

Die Erstattung der Anzeige nach Abs.1 bedeutet noch nicht, dass die **23** Änderung vorgenommen werden darf. Vielmehr eröffnet sie ein behördliches Verfahren, in dem geprüft wird, ob die Änderung der Genehmigung nach § 16 bedarf. Aus § 15 Abs.2 S.2 (unter Berücksichtigung von § 15 Abs.1) folgt, dass die Durchführung einer Änderung im Sinne der Ausführungen oben in Rn.5–16 (ohne Genehmigung nach § 16) rechtswidrig ist, wenn entweder die Monatsfrist des Abs.2 S.1 (dazu unten Rn.26) noch nicht abgelaufen ist und auch keine Freistellung (unten Rn.29) erteilt wurde oder wenn die Behörde eine Genehmigung verlangt hat (dazu unten Rn.28). Die Vorschrift des § 15 Abs.2 S.2 enthält ein präventives Verbot mit Anzeige- und Reaktionsvorbehalt (Fluck, VerwArch 1997, 269f; Hansmann LR 46).

Wird eine Änderung unter Verstoß gegen § 15 Abs.2 S.2 durchgeführt, **23a** kann die Behörde nach § 17 Abs.1 die Unterlassung der Änderung anordnen (Hansmann LR 46). Auch liegt eine Ordnungswidrigkeit gem. § 62 Abs.2 Nr.1a vor (vgl. Rn.22 zu § 62). Eine Untersagung nach § 20 Abs.2 ist nur möglich, wenn die Änderung zudem gem. § 16 genehmigungsbedürftig ist, nicht schon bei einem bloßen Verstoß gegen § 15 Abs.2 S.2 (a.A. Führ GK 236). Verstößt der Betreiber jedoch gegen die Anordnung der Behörde auf Unterlassung der Anordnung, kommt eine Untersagung nach § 20 Abs.1 in Betracht. Zur Untersagung im Fall der Freistellungserklärung unten Rn.30. Ist die Änderung nach § 16 genehmigungsbedürftig, kann zudem eine Straftat gem. § 327 Abs.2 StGB (Text in Rn.6 zu § 63) vorliegen (Hansmann LR 60). Der Genehmigungsbedürftigkeit nach § 16 Abs.1 dürfte der Fall gleichstehen, dass ein Genehmigungsverlangen (unten Rn.28) ergangen ist.

b) EG-Recht

23 b Was das EG-Recht angeht, so dient die Vorschrift des Abs.2 (auch) der Umsetzung des Art.12 Abs.1 der Richtlinie 96/61/EG über die integrierte Vermeidung und Verminderung der Umweltverschmutzung (Einl.34 Nr.8) in deutsches Recht (unten Rn.32). Zum Einfluss des EG-Rechts auf § 15 Abs.1 oben Rn.2a.

2. Behördliche Entscheidung

a) Pflicht zu unverzüglicher Prüfung der Anzeige und der Unterlagen

24 Nach Eingang von Antrag und Unterlagen hat die Behörde gem. Abs.1 S.3 unverzüglich den **Eingang zu bestätigen.** *Unverzüglich* heißt nicht „ohne schuldhaftes Zögern"; vielmehr muss die Verzögerung objektiv bei einer sachgerechten Ausstattung und Organisation geboten sein. Die Eingangsbestätigung, die kein Verwaltungsakt ist (Rebentisch FE 62), wird daher am Tag des Eingangs der Anzeige oder am darauf folgenden Tag erfolgen müssen (Rebentisch FE 61).

25 Die Prüfung der **Vollständigkeit der Unterlagen** muss gem. Abs.1 S.4 unverzüglich (dazu oben Rn.24) erfolgen; dies benötigt regelmäßig mehr Zeit als die Eingangsbestätigung. Das Verlangen nach zusätzlichen Unterlagen muss ausreichend präzise sein (Rebentisch FE 66). Auch die Prüfung der nachgereichten Unterlagen muss gem. Abs.2 S.3 unverzüglich geschehen. Ein erneutes Verlangen nach zusätzlichen Unterlagen ist nur möglich, wenn dies durch die nachträglich eingereichten Unterlagen bedingt ist (Hansmann LR 32; Rebentisch FE 66). Das Verlangen nach einer Ergänzung der Unterlagen ist ein Verwaltungsakt (Rebentisch FE 67; Hansmann LR 63). Einem Rechtsmittel gegen ein solches Verlangen steht § 44a VwGO, anders als im Rahmen des Genehmigungsverfahrens (Rn.42 zu § 10), nicht entgegen, da es bei vollständigen Unterlagen zu keiner Behördenentscheidung (etwa Antragsablehnung) kommt (Fluck, VerwArch 1997, 286). Wird das Verlangen nach weiteren Unterlagen angefochten und hat dies aufschiebende Wirkung, dann läuft gleichwohl die Frist des Abs.2 S.1 mit der Rechtsfolge des Verschweigens nach Abs.2 S.2, da sich die Behörde nicht zur Genehmigungsbedürftigkeit geäußert hat (Hansmann LR 64; a.A. Rebentisch FE 68). Ein Verstoß gegen die Verpflichtung, notwendige Unterlagen vorzulegen, ist keine Ordnungswidrigkeit (oben Rn.21).

Änderung genehmigungsbedürftiger Anlagen § 15

b) Pflicht zu fristgerechter Entscheidung über Genehmigungsbedürftigkeit

Liegt der vollständige Antrag vor, muss die Behörde gem. Abs.2 S.1 26
wiederum unverzüglich (oben Rn.24), spätestens **innerhalb eines Monats,** dem Träger des Änderungsvorhabens mitteilen, dass eine Genehmigung nach § 16 erforderlich ist (dazu unten Rn.28) oder dass auf die Genehmigung verzichtet werden kann (dazu unten Rn.29–31). Man kann insoweit von einer **Genehmigungsbedürftigkeitsentscheidung** sprechen. Gegenstand dieser Entscheidung ist *nicht* die Genehmigungsfähigkeit der Anlage, also die Frage, ob die Voraussetzungen einer Genehmigung nach § 16 vorliegen (Hansmann LR 31; Nr.3.4 TA Luft). Zur Fristberechnung und zur Verlängerung der Frist unten Rn.36. Lassen sich die relevanten Fragen in der Frist nicht ausreichend klären, ist die Entscheidung zu treffen, für die – orientiert an § 16 Abs.1 – die überwiegenden Gesichtspunkte sprechen (für eine generelle Verpflichtung, eine Genehmigung zu verlangen, in einem solchen Fall Rebentisch FE 81; Hansmann LR 37). Einzelheiten des Verfahrens können gem. Abs.4 durch Rechtsverordnung geregelt werden, was bislang nicht geschehen ist.

c) Sonstiges

Stellt die Behörde fest, dass bereits in der Vergangenheit Änderungen 27
ohne die notwendige Genehmigung vorgenommen wurden, weist sie den Antragsteller auf seine Pflicht zur Stellung eines entsprechenden Änderungsantrags (auch) für diese Änderungen hin und prüft, ob eine Untersagung nach § 20 Abs.2 zu verfügen ist (Hansmann LR 9; Rebentisch FE 63f). Ist die Anlage bereits ohne die notwendige Erstgenehmigung in Betracht genommen worden, ist eine Neugenehmigung notwendig (Rn.3 zu § 16).

3. Wirkung des Genehmigungsverlangens

Verlangt die Genehmigungsbedürftigkeitsentscheidung die Durchfüh- 28
rung eines **Genehmigungsverfahrens,** liegt darin ein Verwaltungsakt (Hansmann LR 38; Fluck, VerwArch 1997, 288; Zöttl, NVwZ 1998, 234). Die Notwendigkeit eines Genehmigungsverfahrens wird verbindlich festgelegt, selbst wenn § 16 Abs.1 nicht greift (Hansmann LR 43); das hat Folgen bei den Sanktionen (oben Rn.23a). Dem Antragsteller steht es frei, ein Genehmigungsverfahren nach § 16 einzuleiten. Er kann auch die Entscheidung über die Genehmigungsbedürftigkeit mit Widerspruch und Klage angreifen; § 14a gilt entsprechend (a.A. Hansmann LR 65). Möglich dürften eine Anfechtungs- oder eine Verpflichtungsklage sein (Hansmann LR 65; Moormann, UPR 1996, 418; allein für Verpflichtungsklage Ohms Rn.605). Ob über den Antrag im förmlichen oder im vereinfachten Verfahren zu entscheiden ist, bestimmt sich nach § 16 Abs.2 S.3 (dazu Rn.32 zu § 16). Auch wenn das Rechtsmittel Suspensiveffekt entfaltet, läuft die Frist des Abs.2 S.2 nicht, da sich die Behörde zur Genehmigungs-

bedürftigkeit geäußert hat (Rebentisch FE 83; Hansmann LR 42, 65). Ein Genehmigungsverlangen liegt auch dann vor, wenn bei illegal betriebenen Anlagen auf die Illegalität und damit auf die Notwendigkeit umfangreicherer Genehmigungen hingewiesen wird (vgl. Rebentisch FE 68). Zu den Sanktionen bei Vornahme der Änderung ohne Änderungsgenehmigung oben Rn.23a.

4. Wirkung der Freistellungserklärung, Nebenbestimmungen, Aufhebung

a) Bedeutung und Wirkung der Freistellungserklärung

29 Teilt die Behörde dem Anlagenbetreiber ausdrücklich oder implizit mit, dass **keine Genehmigung erforderlich** ist, liegt darin eine verbindliche Entscheidung über die fehlende Genehmigungsbedürftigkeit (Fluck, VerwArch 1997, 289; Jarass, NJW 1998, 1100; Hansmann LR 43f). Die Gegenauffassung, wonach die Mitteilung nur die Wartefrist des § 15 Abs.2 S.2 verkürze und daher für die Durchführung der Änderung zusätzlich notwendig sei, dass § 16 Abs.1 nicht eingreift (Führ, UPR 1997, 427), widerspricht dem Wortlaut des § 15 Abs.2 S.2, wonach es für die Zulassung der Änderung allein auf die Mitteilung ankommt (vgl. auch BT-Drs. 13/5100, S.20). Die Entscheidung, die als Verwaltungsakt zu qualifizieren ist (Hansmann LR 38; Rebentisch FE 85; Führ GK 215; Fluck, VerwArch 1997, 288f), lässt sich als **Freistellungserklärung** bezeichnen (Sparwasser § 10 Rn.251; ebenso zum Baurecht Brohm, Öffentliches Baurecht, 3. Aufl. 2002, § 4 Rn.14; Hoppe/Bönker/Grotefels, Öffentliches Baurecht, 2. Aufl. 2002, § 16 Rn.24ff). Sie kann gem. § 37 Abs.2 S.1 VwVfG auch mündlich erfolgen (Fluck, VerwArch 1997, 290). Eine Freistellungserklärung kommt nur in Betracht, wenn es sich um eine Änderung und um keine Neuerrichtung handelt (zur Abgrenzung oben Rn.12a); durch die Freistellungserklärung wird allerdings auch verbindlich über das Vorliegen einer Änderung entschieden.

30 Im Falle einer Freistellungserklärung ist die Frage der **Genehmigungsbedürftigkeit** (nicht der Genehmigungsfähigkeit) für die angezeigte Änderung (Rebentisch FE 85) verbindlich geklärt. Die Durchführung der Änderung ohne Genehmigung ist (formell) rechtmäßig, selbst wenn an sich die Voraussetzungen des § 16 Abs.1 erfüllt sind (Fluck, VerwArch 1997, 289; Jarass, NJW 1998, 1100; a.A. Kutscheidt, NVwZ 1997, 116). Eine Untersagung nach § 20 Abs.2 ist ausgeschlossen (Fluck, VerwArch 1997, 294; a.A. Moormann, UPR 1996, 417). Auch Bußgeld- und Straftatbestände, die an die fehlende Genehmigung anknüpfen, können nicht eingreifen. Die Gegenauffassung, die den Betreiber weiter mit dem Risiko der Erforderlichkeit einer Genehmigung belasten und die behördliche Erklärung lediglich im Rahmen des Ermessens nach § 20 Abs.2 berücksichtigen will (Führ GK 237), verkennt den bindenden Charakter der Freistellungserklärung sowie ihre Funktion, für den Anlagenbetreiber Klarheit zu schaffen (oben Rn.1). Anders ist die Situation nur dann, wenn die Frei-

Änderung genehmigungsbedürftiger Anlagen **§ 15**

stellungserklärung gem. § 44 Abs.1 VwVfG nichtig ist, weil die Genehmigungsbedürftigkeit offenkundig ist (Fluck, VerwArch 1997, 289). Legen Dritte Rechtsmittel gegen die ausdrückliche oder fiktive Freistellung ein, entfaltet sie, vorbehaltlich einer Anordnung der sofortigen Vollziehung gem. § 80 Abs.2 Nr.4 VwGO, keine rechtlichen Wirkungen (Knopp/Wolf, BB 1997, 1597). Allerdings dürfte die Frist des § 15 Abs.2 S.2 gleichwohl laufen, weil keine negative Entscheidung der Behörde vorliegt (Hansmann LR 70; Kutscheidt, NVwZ 1997, 116; a.A. Rebentisch FE 90). Der Drittbetroffene kann daher nur über einen Antrag auf einstweilige Anordnung wirksamen Rechtsschutz erlangen.

Mit der Freistellungserklärung wird keine Entscheidung über die **Ge-** 31 **nehmigungsfähigkeit** getroffen; es besteht keine Genehmigungsfiktion (Büge/Tünnesen-Harmes, GewArch 1997, 52; Sparwasser § 10 Rn.251; Hansmann LR 45, 50). Der Freistellungserklärung kommt insb. **keine Konzentrationswirkung** in Bezug auf andere Zulassungsentscheidungen zu (Moormann, UPR 1996, 417; Knopp/Wolf, BB 1997, 1596; Hansmann LR 50). Sofern für das Vorhaben eine andere Genehmigung oder Zulassung notwendig ist, muss diese eingeholt werden (Ohms Rn.454). Dies wird häufig für die Baugenehmigung zutreffen, in deren Rahmen auch die Einhaltung immissionsschutzrechtlicher Vorgaben zu prüfen ist (Jarass, NJW 1998, 1100; Hansmann LR 51). Nach einer Freistellung nach § 15 Abs.2 besteht insoweit aber praktisch kein Prüfungsbedarf, da nach Auffassung der Immissionsschutzbehörde nachteilige, für § 6 Abs.1 Nr.1 relevante Auswirkungen nicht auftreten können (anders Fluck, VerwArch 1997, 295f). Die materiellen Anforderungen für genehmigungsbedürftige Anlagen hat der Anlagenbetreiber auf jeden Fall einzuhalten (Hansmann LR 45). Die Freistellung enthält dazu keine verbindlichen Aussagen, auch wenn im Hinblick auf § 16 Abs.1 S.2 die Sicherstellung des § 6 Abs.1 Nr.1 (als Entscheidungsvoraussetzung) geprüft wird. Schließlich hat die Freistellungsentscheidung keine Präklusionswirkung nach § 14 (Knopp/Wolf, BB 1997, 1597).

b) Nebenbestimmungen

Die Freistellungserklärung kann nicht mit **Nebenbestimmungen** ver- 32 bunden werden, die Errichtung und Betrieb der Anlage regeln. Das passt nicht zum Charakter der Freistellungserklärung als Entscheidung über die Genehmigungsbedürftigkeit und damit über *formelle* bzw. Verfahrensfragen (Jarass, NJW 1998, 1100; vgl. Hansmann LR 36). Auch ist § 12 nicht anwendbar. Anders sieht das evtl. aus, wenn durch Nebenbestimmungen die fehlende *Genehmigungsbedürftigkeit* sichergestellt wird. Möglich ist aber, die Freistellungserklärung mit einer nachträglichen Anordnung gem. § 17 (für die Zukunft) zu verbinden (Hansmann LR 41). Auf diesem Weg kann auch die evtl. durch die IVU-Richtlinie veranlasste Aktualisierung der bisherigen Genehmigung erreicht werden (Zöttl, NVwZ 1998, 234). Darüber hinaus bleibt es der Genehmigungsbehörde auch nach Erlass der Freistellungserklärung unbenommen, selbst im Hinblick auf die Änderung eine nachträgliche Anordnung zu erlassen (Kutscheidt, NVwZ 1997, 116; Hansmann LR 41; Rn.10 zu § 17); allerdings ist die Verhältnismäßigkeit nach § 17 Abs.2 wegen der Freistellung besonders genau zu prüfen (Fluck, VerwArch 1997, 294).

c) Rechtsschutz und Aufhebung

33   Eine **Anfechtung** der Freistellungserklärung **durch Dritte** hängt davon ab, ob die Durchführung des Genehmigungsverfahrens auch ihren Schutz bezweckt. Eine Anfechtung dürfte daher nach h.M. nur in Betracht kommen, wenn eine *förmlich* zu erteilende Genehmigung notwendig wäre (Rebentisch FE 89; vgl. Rn.64 zu § 4). Zur Notwendigkeit, gleichzeitig eine einstweilige Anordnung zu beantragen, oben Rn.30.

34   Die Freistellungserklärung unterliegt als Verwaltungsakt den für Verwaltungsakte geltenden Vorschriften. Insb. ist eine **Rücknahme** nach § 48 VwVfG möglich, wenn sie rechtswidrig ergangen ist (Hansmann LR 38 f; vgl. Fluck, VerwArch 1997, 291). Allerdings muss unter den Voraussetzungen des § 48 Abs.3 VwVfG der Vertrauensschaden ersetzt werden (vgl. dazu Rn.46 zu § 21; anders Zöttl, NVwZ 1998, 234). Dritten steht bei einer möglichen Beeinträchtigung im Hinblick auf die Rücknahme ein Anspruch auf fehlerfreien Ermessensgebrauch zu (Moormann, UPR 1996, 418), jedenfalls wenn ein förmliches Änderungsgenehmigungsverfahren notwendig wäre.

5. Wirkung der Nichtentscheidung (fiktive Freistellung)

35   Teilt die zuständige Behörde in der Frist des Abs.2 S.1 (unten Rn.36) dem Anzeigeerstatter **keine negative Entscheidung** über die Genehmigungsbedürftigkeit mit, dann kann der Anlagenbetreiber gem. Abs.2 S.2 die Änderung vornehmen. Dies gilt auch dann, wenn die Behörde gegenüber dem Anlagenbetreiber andere Erklärungen abgibt, etwa Unterlagen nachfordert, zur Genehmigungsbedürftigkeit aber nicht Stellung nimmt (vgl. oben Rn.25). Die Regelung des § 15 Abs.2 S.2 greift auch dann, wenn die Voraussetzungen des § 16 Abs.1 vorliegen (Rebentisch FE 96; Hansmann LR 48; a.A. Führ GK 221); dies muss erst recht in den Fällen des § 16 Abs.1 S.2 gelten (a.A. wohl Rebentisch FE 76). Aus welchen Gründen es zum Verschweigen kommt, ist unerheblich (Rebentisch FE 96).

36   Die **Frist** des Abs.2 S.1 beginnt zu laufen, sobald die Unterlagen vollständig (dazu oben Rn.18) eingereicht sind (Rebentisch FE 73; Fluck, VerwArch 1997, 287). Die Fristberechnung erfolgt gem. § 31 VwVfG nach §§ 187 ff BGB: Die Frist läuft danach an dem Tag des folgenden Monats ab, der dem der Einreichung der Unterlagen folgenden Tag entspricht (Rebentisch FE 98). Eine *Verlängerung* ist ausgeschlossen, da es sich um eine Ausschlussfrist handelt (Moormann, UPR 1996, 417). Die Entscheidung muss zur Fristwahrung dem Anzeigeerstatter in dieser Frist zugegangen sein (Rebentisch FE 74).

Änderung genehmigungsbedürftiger Anlagen § 15

Was den **Rechtscharakter** der Verschweigung angeht, so erlaubt sie 37 dem Anlagenbetreiber wie eine ausdrückliche Freistellungserklärung, die Änderung vorzunehmen. Das spricht dafür, das Unterlassen einer Erklärung auch in anderer Hinsicht wie eine Freistellungserklärung zu behandeln (Jarass, NJW 1998, 1101; wohl auch Hansmann LR 47f). Dazu bietet sich das Institut des fiktiven Verwaltungsakts an, wie es auch in anderen Rechtsgebieten zum Einsatz kommt (dazu Kopp/Ramsauer, § 35 Rn.24). Sähe man das anders, ergäben sich merkwürdige Folgen: Ist etwa offenkundig die Voraussetzung der Genehmigungsfreistellung nicht gegeben, dann würde das Unterlassen einer Erklärung gleichwohl zu einer Freistellung führen, während die ausdrückliche Freistellungserklärung in einem solchen Falle nichtig wäre. Auch eine Beseitigung der Wirkungen des Unterlassens im Wege der Aufhebung wäre nicht möglich.

Insgesamt führt die Nichtentscheidung in der Frist des Abs.2 S.1 zu einer **fiktiven Freistellung,** die als Verwaltungsakt einzustufen ist (Jarass, 38 NJW 1998, 1101; Caspar, AöR 2000, 137; Oldiges JUTR 2000, 63 ff; Kiefer o. Lit. 126; a. A. Führ GK 223). Sie bewirkt, wie die ausdrückliche Freistellungserklärung, eine verbindliche Klärung der *Genehmigungsbedürftigkeit* (nicht der Genehmigungsfähigkeit). Die zur ausdrücklichen Freistellungserklärung gemachten Aussagen (oben Rn.29–34) gelten daher ganz entsprechend (Jarass, NJW 1998, 1001). Insb. ist auch auf eine fiktive Freistellung die Regelung des § 48 VwVfG anzuwenden (Hansmann LR 49; Fluck, VerwArch 1997, 291). Unter den Voraussetzungen des § 44 führt das Verschweigen nicht zur fiktiven Freistellung (i. E. Rebentisch FE 96).

B. Anzeige der Betriebseinstellung (Abs.3)

1. Bedeutung und Abgrenzung zu anderen Vorschriften

Die Vorschrift des § 15 Abs.3 dient dazu, den Vollzug der Betreiber- 39 pflichten nach § 5 Abs.3 während und nach der Einstellung des Anlagenbetriebs sicherzustellen. Die Behörde soll über die Einstellung informiert werden, damit sie ggf. nachträgliche Anordnungen erlassen oder Prüfungen, insb. sicherheitstechnischer Art (vgl. § 29a Abs.3 Nr.4), vorschreiben kann (Rebentisch FE 12; Führ GK 341). § 15 Abs.3 sieht kein Genehmigungsverfahren für eine Betriebseinstellung vor. Das heißt, der Anlagenbetreiber muss nicht eine behördliche Reaktion auf die Anzeige abwarten, bevor er den Anlagenbetrieb einstellen kann. Unberührt bleiben allerdings Genehmigungs- und Anzeigepflichten nach anderen Gesetzen, etwa nach Baurecht, Wasserrecht, Abfallrecht und Bodenschutzrecht (vgl. Fluck UL B21 ff zu § 16; unten Rn.36; teilw. anders Rebentisch FE 107 ff). Dies gilt auch für § 36 Abs.3 KrW-/AbfG (Paetow KPV 30 zu § 36; a.A. Rebentisch FE 107). § 15 Abs.3 dürfte der Anzeigepflicht gem. § 67a Abs.1 vorgehen (Vallendar, UPR 1991, 95 f). Zum Verhältnis zur Anzeige nach Abs.1 oben Rn.1.

2. Anwendungsbereich, Gegenstand, Zeitpunkt

a) Anwendungsbereich

40 § 15 Abs.3 hat den gleichen sachlichen Anwendungsbereich wie § 15 Abs.1. Auf die dazu gemachten Ausführungen wird verwiesen (oben Rn.3). Insb. kommt die Anzeigepflicht gem. § 15 Abs.3 S.3 auch bei Anlagen des § 67 Abs.2, des § 67a Abs.1 und des § 16 Abs.4 GewO a.F. zum Tragen. § 15 Abs.3 gilt weiter für Abfallentsorgungsanlagen, für die eine immissionsschutzrechtliche Genehmigung erteilt wurde bzw. die unter § 67 Abs.7 fallen. Zu § 36 Abs.3 KrW-/AbfG oben Rn.35. Für Abfalldeponien dürfte dagegen § 36 Abs.1 KrW-/AbfG lex specialis sein. **Anzeigepflichtig** ist der Anlagenbetreiber; näher dazu Rn.81–84 zu § 3. Die Anzeigepflicht entfällt nicht deshalb, weil die Anlage nach der Einstellung noch auf einen Dritten übertragen wird (Rebentisch FE 111; Hansmann LR 52). Wurde der Betrieb (etwa wegen Zerstörung der Anlage) bereits eingestellt, gilt § 15 Abs.3 für den letzten Anlagenbetreiber (Fluck UL D1 zu § 16).

b) Betriebseinstellung

41 Anzuzeigen ist die Absicht des Anlagenbetreibers, den Betrieb der Anlage einzustellen. Als **Betriebseinstellung** ist die Beendigung des Anlagenbetriebs zu verstehen, wobei keine Rolle spielt, warum dies geschieht, etwa weil die Anlage zerstört wurde (Hansmann LR 52; Führ GK 351). Abs.3 kommt auch zum Tragen, wenn die Behörde die Einstellung anordnete (Rebentisch FE 115; vgl. Rn.108 zu § 5). Auch dann ist es notwendig, dass der Anlagenbetreiber mitteilt, in welchem Zustand sich die Anlage und das Anlagengrundstück befindet und welche Maßnahmen getroffen werden sollen, um Gefahren zu vermeiden. Eine behördliche Untersagung löst die Anzeigepflicht allerdings nur aus, wenn die Untersagung *endgültig* ist.

42 Nicht **erfasst wird** die **teilweise Einstellung** des Anlagenbetriebs, solange nicht die (gesamte) Anlage im Wesentlichen stillgelegt wird (ähnlich Rebentisch FE 113; Hansmann LR 53). Eine teilweise Einstellung des Anlagenbetriebs ist vielmehr eine Änderung, die unter § 15 Abs.1 fällt (OVG SA, UL-ES § 20–42, 3). Dies gilt auch für die Einschränkung der Kapazität oder der Einsatzmengen (Fluck UL D10 zu § 16). Ob nur eine Teileinstellung vorgenommen wird, hängt wesentlich vom Umfang der genehmigten Anlage ab; näher dazu Rn.37 zu § 6. Eine Betriebseinstellung iSd § 15 Abs.3 liegt jedoch vor, wenn durch die Einschränkung des Betriebs eine einschlägige Mengenschwelle des Anhangs zur 4. BImSchV unterschritten wird (Dierkes, Die Grundpflichten bei der Einstellung des Betriebes genehmigungsbedürftiger Anlagen, 1994, 37f; Roßnagel GK 790 zu § 5). Die Anzeigepflicht des Abs.3 passt hier besser als die des Abs.1 (oben Rn.3). Weiter ist Abs.3 anwendbar, wenn ein Anlagenteil stillgelegt wird, der für sich eine genehmigungsbedürftige Anlage darstellt (Hansmann LR 53). Eine **zeitweise** Einstellung des Anlagenbetriebs fällt nicht unter § 15 Abs.3, es sei denn, sie dauert länger als 3 Jahre (vgl. § 18

Abs.1 Nr.2) oder es ist eine mehr als dreijährige Einstellung beabsichtigt (ähnlich Vallendar UPR 1991, 93f; Führ GK 352; Fluck UL D7 zu § 16). Dabei ist auch eine Verlängerung der 3-Jahres-Frist nach § 18 Abs.3 zu beachten (Rebentisch FE 113). Keine Einstellung des Betriebs ist der Verkauf der Anlage (Fluck, BB 1991, 1803).

c) Absicht und Zeitpunkt

Die **Absicht** der Betriebseinstellung liegt vor, wenn *betriebsintern* die 43 Entscheidung zugunsten der Stilllegung getroffen wurde, nicht erst, wenn dies nach außen irgendwie deutlich wird (Fluck UL D21; strenger Hansmann LR 54). Ausreichend ist, wenn nach den für den Betreiber maßgeblichen Überlegungen die Betriebsfortführung mit hoher Wahrscheinlichkeit zu erwarten ist (ähnlich Hansmann LR 54; Rebentisch FE 114; strenger Führ GK 355). Das ist etwa der Fall, wenn deutlich wird, dass eine Fortsetzung des Betriebs, insb. aus wirtschaftlichen Gründen, nicht mehr in Betracht kommt (Fluck, BB 1991, 1803). Das Stadium der Absicht ist überschritten, sobald irgendwelche Ausführungsmaßnahmen vorgenommen bzw. in Auftrag gegeben werden.

Die Anzeige ist **unverzüglich** vorzunehmen, d. h. ohne schuldhaftes 44 Zögern (Fluck, BB 1991, 1803). Sie ist der zuständigen Behörde (dazu Einl.32) spätestens zuzuleiten, bevor irgendwelche Maßnahmen zur Ausführung der Einstellungsentscheidung getroffen oder angeordnet werden, bevor insb. Kündigungen ausgesprochen werden (Führ GK 369; vgl. Rebentisch FE 66). Wird die Anzeige versäumt, ist sie sobald wie möglich nachzuholen, auch nach Einstellung des Anlagenbetriebs (vgl. Rn.23 zu § 67).

d) Unterlagen

Der Anzeige sind die Unterlagen beizufügen, die notwendig sind, um 45 die Erfüllung der sich aus § 5 Abs.3 ergebenden Pflichten beurteilen zu können (Rebentisch FE 117). Dazu gehört eine Beschreibung der Stilllegungsmaßnahmen, des Zustands der Anlage und des Anlagengrundstücks (dazu Rn.109 zu § 5), insb. Angaben zum Bodenzustand (einschr. Fluck UL D39 zu § 16). Weiter sind Angaben über Art, Menge und Zustand der vorhandenen und der noch zu erwartenden Abfälle geboten (Hansmann LR 15b zu § 16; Fluck, BB 1991, 1803), sowie über die Art und Weise der ordnungsgemäßen Entsorgung der Abfälle (Vallendar FE 6 zu § 16). Endlich sind Angaben über geplante Sicherungsmaßnahmen für auf dem Grundstück verbleibende Risiken zu machen (Fluck UL D42 zu § 16; Führ GK 366). Sofern die Unterlagen noch nicht (vollständig) vorliegen, ist die Anzeige nach dem Zweck des Abs.2 ohne die Unterlagen zu erstatten; die Unterlagen sind dann unverzüglich nachzureichen (Hansmann LR 56; Führ GK 369). Soll nach Einreichung der Unterlagen von ihnen wesentlich abgewichen werden, ist dies ebenfalls anzuzeigen (Fluck UL D23 zu § 16). Einzelheiten können gem. Abs.4 durch Rechtsverordnung geregelt werden.

3. Folgen, Durchsetzung und Rechtsschutz

a) Folgen

46 Die Erstattung der Anzeige führt nicht zum Erlöschen der Genehmigung. Der Anlagenbetreiber kann daher innerhalb der 3-Jahresfrist seine Einstellungsabsicht wieder rückgängig machen (Fluck UL D27 zu § 16). Geschieht das, hat er das entsprechend § 15 Abs.3 anzuzeigen (Führ GK 344).

b) Durchsetzung und Rechtsschutz

47 Kommt der Anlagenbetreiber seiner Anzeigepflicht nicht oder unzureichend nach, kann die zuständige Behörde den Pflichtigen durch eine Anordnung gem. § 17 zur Anzeige sowie zur Vorlage der notwendigen Unterlagen anhalten (Fluck UL 42 zu § 16; Engelhardt/Schlicht 22; a.A. Hansmann LR 57). Wer die Anzeige nicht, nicht richtig, nicht vollständig oder nicht rechtzeitig abgibt oder ergänzt, begeht gem. § 62 Abs.2 Nr.1 eine Ordnungswidrigkeit; näher dazu Rn.21 sowie Rn.3–11 zu § 62. Die fehlende Beifügung von Unterlagen ist dagegen keine Ordnungswidrigkeit, wie der Vergleich mit § 62 Abs.2 Nr.6, 7 verdeutlicht (Hansmann LR 59; Führ GK 374; vgl. OLG Köln, NJW 1978, 1211). Schließlich dient der Durchsetzung des Abs.2, dass die Jahres-Frist des § 17 Abs.4a erst zu laufen beginnt, wenn die Einstellung gem. Abs.2 angezeigt wurde (näher Rn.45 zu § 17).

48 Zum **Rechtsschutz** des Anlagenbetreibers gegen Anordnungen auf Durchsetzung der Anzeigepflicht gelten die Ausführungen in Rn.67 zu § 17 entsprechend. Abs.2 dürfte keinen drittschützenden Charakter zugunsten der Nachbarn haben. Zum Anspruch der Nachbarn auf Überwachung vgl. aber Rn.16–19 zu § 52.

§ 15a *(aufgehoben)*

1 Die Vorschrift, die die Zulassung vorzeitigen Beginns bei Änderungen ermöglichte (vgl. Rn.1 zu § 8a; näher Jarass, BImSchG, 3. Aufl. 1995, § 15a Rn.1 ff), wurde 1996 aufgehoben (Einl.2 Nr.27). An ihre Stelle trat die Regelung des § 8a.

§ 16 Wesentliche Änderung genehmigungsbedürftiger Anlagen

(1) **Die Änderung der Lage, der Beschaffenheit oder des Betriebs einer genehmigungsbedürftigen Anlage bedarf der Genehmigung, wenn durch die Änderung nachteilige Auswirkungen hervorgerufen werden können und diese für die Prüfung nach § 6 Abs.1 Nr.1 erheblich sein können (wesentliche Änderung).**[5 ff] **Eine Genehmigung ist nicht erforderlich, wenn durch die Änderung hervorgerufene nachteilige Auswirkungen offensichtlich gering sind und die Erfüllung der sich aus § 6 Abs.1 Nr.1 ergebenden Anforderungen sichergestellt ist.**[11]

(2) Die zuständige Behörde soll von der öffentlichen Bekanntmachung des Vorhabens sowie der Auslegung des Antrags und der Unterlagen absehen, wenn der Träger des Vorhabens dies beantragt und erhebliche nachteilige Auswirkungen auf in § 1 genannte Schutzgüter nicht zu besorgen sind.[37 ff] Dies ist insbesondere dann der Fall, wenn erkennbar ist, dass die Auswirkungen durch die getroffenen oder vom Träger des Vorhabens vorgesehenen Maßnahmen ausgeschlossen werden oder die Nachteile im Verhältnis zu den jeweils vergleichbaren Vorteilen gering sind.[42 f] Betrifft die wesentliche Änderung eine in einem vereinfachten Verfahren zu genehmigende Anlage, ist auch die wesentliche Änderung im vereinfachten Verfahren zu genehmigen. § 19 Abs. 3 gilt entsprechend.[32]

(3) Über den Genehmigungsantrag ist innerhalb einer Frist von sechs Monaten, im Falle des Absatzes 2 in drei Monaten zu entscheiden.[34] Im Übrigen gilt § 10 Abs. 6 a Satz 2 und 3 entsprechend.

(4) Für nach § 15 Abs. 1 anzeigebedürftige Änderungen kann der Träger des Vorhabens eine Genehmigung beantragen. Diese ist im vereinfachten Verfahren zu erteilen; Absatz 3 und § 19 Abs. 3 gelten entsprechend.[16 f]

(5) Einer Genehmigung bedarf es nicht, wenn eine genehmigte Anlage oder Teile einer genehmigten Anlage im Rahmen der erteilten Genehmigung ersetzt oder ausgetauscht werden sollen.[6 ff]

Übersicht

I. Bedeutung, Abgrenzung zu anderen Vorschriften, EG-Recht	1
II. Genehmigungspflicht für Änderungen	2
1. Anwendungsbereich	2
a) Genehmigungsbedürftige Anlage	2
b) Vorgenehmigung	3
2. Wesentliche Änderung	5
a) Änderung der Anlage	5
b) Wesentlichkeit	8
c) Sonderfall: UVP-pflichtige Änderungen	12
3. Ausnahmen	13
4. Durchsetzung, Sanktionen, Rechtsschutz	14
5. Folgen fehlender Genehmigungspflicht	15 a
6. Recht auf Genehmigungsverfahren (Abs. 4)	16
a) Anspruch auf Genehmigungsverfahren bei Genehmigungsfreiheit	16
b) Genehmigungsmaßstab, Genehmigungsverfahren, Wirkungen	17
III. Erteilung der Änderungsgenehmigung	18
1. Anwendungsbereich und Gegenstand der Genehmigung	18
a) Anwendungsbereich	18
b) Gegenstand und Umfang	19

2. Materielle Voraussetzungen 22
　　　a) Allgemeines 22
　　　b) Verbesserungsänderung 25
　　　c) Aktiver Bestandsschutz und untergeordneter Beitrag 26
　　　d) Konkretisierung 29
　　3. Gebundene Genehmigung, Nebenbestimmungen 30
　　4. Formelle Voraussetzungen 32
　　　a) Zuständigkeit, Verfahren, Frist 32
　　　b) Umweltverträglichkeitsprüfung 35
　　5. Insb. Absehen von Öffentlichkeitsbeteiligung (Abs.2) 37
　　　a) Bedeutung, Anwendungsbereich, EG-Recht 37
　　　b) Materielle Voraussetzungen 39
　　　c) Antrag, Soll-Entscheidung, Folgen 44
IV. Wirkungen und Rechtsschutz 46
　　1. Wirksamkeit und Wirkungen der Änderungsgenehmigung 46
　　2. Durchsetzung und Rechtsschutz 48

Literatur: *Hansmann*, Der Bestandsschutz im Immissionsschutzrecht, in: Schmidt-Aßmann u. a. (Hg.), Festgabe 50 Jahre BVerwG, 2003, 935; *Kersting*, UVP-Pflichtigkeit immissionsschutzrechtlicher Änderungsgenehmigungen, UPR 2003, 10; *Kutscheidt*, Anmerkung zur Änderung genehmigungsbedürftiger Anlagen, in: Sonderheft H. Weber, 2001, 30; *Gerhold*, Das Bemühen des Gesetzgebers um eine Beschleunigung und Vereinfachung von Genehmigungsverfahren, ImSch 2000, 10; *Denkhaus*, Genehmigungsfähigkeit einer Verbesserung der Immissionssituation trotz weiterer Immissionswertüberschreitungen im Änderungsgenehmigungsverfahren, NuR 2000, 9; *Rebentisch*, Die immissionsschutzrechtliche Genehmigung „im Angebot", in: Festschrift für Feldhaus, 1999, 83; *Sellner*, Änderungsgenehmigung nach § 16 BImSchG n. F. und Öffentlichkeitsbeteiligung, in: Festschrift für Feldhaus, 1999, 101; *Jankowski*, Bestandsschutz für Industrieanlagen, 1999; *Kiefer*, Die Investitionssicherheit bei der Änderung genehmigungsbedürftiger Anlagen nach den §§ 15, 16, 1998; *Jarass*, Neue (und alte) Probleme bei der Änderung immissionsschutzrechtlicher Anlagen, NJW 1998, 1097; *Kutscheidt*, Die wesentliche Änderung industrieller Anlagen, NVwZ 1997, 111; *Hansmann*, Änderungen von genehmigungsbedürftigen Anlagen im Sinne des Immissionsschutzrechts, DVBl 1997, 1421; *Führ*, Wesentliche Änderung von Industrieanlagen, ZUR 1997, 293; *Wickel*, Die Auswirkungen des neuen § 16 BImSchG auf den Vollzug der dynamischen Grundpflichten des § 5 Abs.1 BImSchG, DÖV 1997, 678; *Rebentisch*, Die Änderungsgenehmigung im Lichte des Krümmel-Urteils, DVBl 1997, 810; *Fluck*, „Umplanungen" genehmigter Anlagen vor Inbetriebnahme, GewArch 1996, 222; *Martens*, Die wesentliche Änderung im Sinne des § 15 BImSchG, 1993; *Führ*, Sanierung von Industrieanlagen – Am Beispiel des Änderungsgenehmigungsverfahrens nach § 15 BImSchG, 1989; *Dolde*, Bestandsschutz von Altanlagen im Immissionsschutzrecht, NVwZ 1986, 873. S. auch Literatur zu § 15.

I. Bedeutung, Abgrenzung zu anderen Vorschriften, EG-Recht

1　　Bei genehmigungsbedürftigen Anlagen muss nicht allein vor der Ersterrichtung der Anlage eine Genehmigung eingeholt werden. Die 1996 (Einl.2 Nr.27) vollständig neu gefasste Vorschrift des § 16, die die frühere Regelung des § 15 a. F. ersetzt, schreibt eine Genehmigung für jede wesentliche Änderung vor. Die Änderungsgenehmigung tritt als Zusatzgenehmigung ergänzend und ggf. umgestaltend zur Erstgenehmigung hinzu (dazu unten Rn.47). Zum Sinn der Genehmigungspflicht gelten die Ausführungen in Rn.33 zu § 4 entsprechend. Die Vorschrift baut auf den Vorschriften für die Erstgenehmigung von Anlagen in materieller wie in formeller Hinsicht auf. Daher gelten alle Vorschriften für die Erstgenehmigung in entsprechender Weise für die Änderungsgenehmigung, z. T. modifiziert durch die Vorgaben des § 16 (Führ GK 8). Zur Bedeutung des § 16 für Absprachen mit dem Anlagenbetreiber Jarass, DVBl 1986, 319 ff. Zum System der §§ 15, 16 vgl. Rn.2 zu § 15.

Was das **EG-Recht** angeht, so wird durch § 16 Abs.1 die Vorschrift des **1a** Art.12 Abs.2 der Richtlinie 96/61/EG über die integrierte Vermeidung und Verminderung der Umweltverschmutzung (Einl.34 Nr.8) umgesetzt (BT-Drs. 13/3996, S.9). Zur Vereinbarkeit der Saldierung mit dieser Richtlinie unten Rn.43; zum Einfluss der Richtlinie auf die Wesentlichkeit unten Rn.11 a. Umgesetzt werden zudem die Genehmigungspflichten nach anderen Richtlinien (dazu Rn.2 a zu § 4), insb. nach der Richtlinie 368/84/EWG zur Luftverunreinigung durch Industrieanlagen (dazu Führ GK 101 ff). Zur Vereinbarkeit der Ausnahme von der Öffentlichkeitsbeteiligung nach § 16 Abs.2 mit EG-Recht unten Rn.32, 38 a. Zur UVP-Richtlinie vgl. außerdem unten Rn.11 a und 35 f.

II. Genehmigungspflicht für Änderungen

1. Anwendungsbereich

a) Genehmigungsbedürftige Anlage

Die Anlage muss genehmigungsbedürftig sein (näher dazu Rn.13–31 zu **2** § 4), und zwar im Zeitpunkt des Beginns der Änderungsmaßnahmen (vgl. zum Beginn Rn.16 zu § 67 und Rn.44 zu § 4). Entfällt die Genehmigungspflicht zwischen Ersterrichtung und Änderung, ist keine Änderungsgenehmigung notwendig (Czajka FE 15). Gleiches gilt, wenn durch die Änderung (z. B. Betriebseinschränkung) die Genehmigungsbedürftigkeit entfällt. Zum erstmaligen Überschreiten der Leistungsgrenzen der Genehmigungspflicht durch die Änderung unten Rn.3. Zu den Fällen, in denen die immissionsschutzrechtliche Genehmigung durch eine andere behördliche Entscheidung ersetzt wird, unten Rn.4. Zum Umfang der Anlage bzw. der Änderungsgenehmigung vgl. unten Rn.21. Durch Rechtsverordnung kann ein Genehmigungsverfahren auch bei nicht genehmigungsbedürftigen Anlagen ermöglicht werden; dazu Rn.13 f zu § 23.

b) Vorgenehmigung

Weiter muss für die Anlage eine Genehmigung nach dem BImSchG **3** oder nach § 16 Abs.1 GewO a. F. bzw. § 25 Abs.1 GewO a. F. erteilt worden sein (Czajka FE 16; Sellner LR 47). Andernfalls lässt sich nicht von einer **Änderungs**genehmigung sprechen, da die Frage der Änderung im Hinblick auf die erteilte Genehmigung zu entscheiden ist (Rn. 6f zu § 15). Wird eine Anlage ohne Genehmigung betrieben, ist auch nach einer Änderung eine (vollständige) Erstgenehmigung notwendig (Engelhardt/ Schlicht 3; Rn.27 zu § 15), die dann die Änderung miteinzubeziehen hat (nicht jedoch eine Erst- und eine Änderungsgenehmigung). Gleiches gilt, wenn durch die Änderung erstmals Leistungsgrenzen der Genehmigungspflicht überschritten werden; gem. § 1 Abs.5 der 4. BImSchV ist dann eine vollständige Neugenehmigung notwendig. Zur Änderung einer partiell illegal betriebenen Anlage vgl. Rn.27 zu § 15. Soweit Anlagen gem. § 67 Abs.2, 3 bzw. gem. § 16 Abs.4 GewO a.F. oder gem. § 67a Abs.1 lediglich **anzeigepflichtig** oder gar anzeigenfrei sind, ist keine Vorgenehmigung erforderlich; zum Genehmigungsgegenstand in diesem Falle unten Rn.19. § 16 kommt nicht zum Tragen bei Änderungen während des *Genehmigungsverfahrens* (Martens o. Lit. 253f; Hansmann, NVwZ 1985, 28; Roßnagel, DVBl 1987, 66). Zu späteren Änderungen Rn.11 zu § 15 und Rn.102 f zu § 10. Als Vorgenehmigung ist gem. § 67 Abs.7 auch eine unter diese Regelung fallende abfallrechtliche Planfeststellung anzusehen (vgl. Rn.38 f zu § 67).

4   Das Erfordernis einer (immissionsschutzrechtlichen) Vorgenehmigung ist an sich auch dann erfüllt, wenn und soweit diese Genehmigung durch eine andere, insb. **durch eine Planfeststellung ersetzt** wurde. Soweit jedoch die dafür einschlägigen Vorschriften Regelungen für die Änderung der Anlage enthalten, findet § 16 keine Anwendung. Das ist regelmäßig der Fall. Falls die Änderung keine wesentliche Änderung iSd Planfeststellungsrechts, wohl aber iSd Immissionsschutzrechts ist, soll § 16 zum Tragen kommen (Schmatz/Nöthlichs 6 zu § 15).

2. Wesentliche Änderung

a) Änderung der Anlage

5   **aa)** Die Genehmigungspflicht nach § 16 setzt zunächst eine **Änderung** der Anlage voraus. Diese Voraussetzung ist wie bei § 15 zu verstehen: Notwendig ist ein Abweichen vom Genehmigungsbescheid (dazu Rn.6–12 zu § 15) hinsichtlich Lage, Beschaffenheit oder Betrieb der Anlage (dazu Rn.5 zu § 15), und zwar im Bereich der genehmigungsbedürftigen Anlage (dazu Rn.13 zu § 15). Zur Aufteilung einer Anlage auf mehrere Betreiber Rn.5a zu § 15. Zur Abrenzung zur Neuerrichtung Rn.12a zu § 15.

6   **bb)** Keine genehmigungspflichtige Änderung liegt gem. Abs.5 vor, wenn die gesamte Anlage oder ein Teil der Anlage unverändert **ersetzt** oder **ausgetauscht** wird. Genaugenommen fehlt es bereits an einer Änderung (Czajka FE 46; Hansmann LR 166; vgl. Rn.7, 10 zu § 15; a.A. Führ GK 163). Aus welchem Grunde Austausch oder Ersetzung erfolgen, spielt keine Rolle. Erfasst wird daher auch der (unveränderte) Wiederaufbau nach einem Brand etc. Wird allerdings eine Anlage 3 Jahre (vollstän-

dig) nicht betrieben, erlischt die Genehmigung (Rn. 4–7 zu § 18); es ist dann eine volle Errichtungsgenehmigung notwendig. Bei einer Teilstilllegung etc. kommt dagegen § 18 nicht zur Anwendung (Rn. 6 zu § 18), weshalb Abs.5 insoweit über die 3-Jahres-Frist hinaus zum Einsatz kommt. Voraussetzung ist in jedem Fall, dass die Ersetzung bzw. der Austausch **unverändert** erfolgt. Ob das der Fall ist, muss durch Vergleich mit dem Genehmigungsbescheid und den in Bezug genommenen Unterlagen bestimmt werden.

Dabei ist zu beachten, dass der Genehmigungsbescheid kleinere bzw. allein positive Änderungen abdecken kann (vgl. Rn.7 zu § 15). Zur Abgrenzung zur Erstgenehmigung Rn.12a zu § 15. Wieweit die Wiedererrichtung der Baugenehmigung bedarf, ist umstritten (dafür Hansmann o. Lit. 2003, 948; Führ GK 168; Böhm GK § 4 Rn.30; unten Rn.15a; dagegen Kutscheidt LR § 4 Rn.34a; Kotulla KO § 4 Rn.72); die Antwort hängt davon ab, ob das Landesbaurecht eine entsprechende Ausnahme vorsieht.

Angezeigten Anlagen iSd § 67 Abs.2, des § 67a Abs.1 und des § 16 Abs.4 GewO a. F. dürfte Abs.5 nicht zugute kommen (Rebentisch FE § 15 Rn.43; Kotulla KO § 4 Rn.72; a. A. Sellner LR 167; Czajka FE 50), wie der Wortlaut deutlich macht. Der insoweit für die Gegenauffassung angeführte Satz in der Amtl. Begründung (BT-Drs. 13/3996, S.9) bezieht sich auf wesentliche Änderungen und damit nicht auf Abs.5. **6a**

Da es in den Fällen des § 16 Abs.5 bereits an einer Änderung fehlt (oben Rn.6), ist auch keine **Anzeige** nach § 15 Abs.1 erforderlich (Rn.7 zu § 15). Die **materiellen Pflichten** bleiben unberührt. Ergeben sich daher aus einer Grundpflicht wegen ihres dynamischen Charakters (dazu Rn.2 zu § 5) nunmehr schärfere Anforderungen, sind sie zu beachten, mit der Folge, dass möglicherweise ein unveränderter Austausch oder Ersatz unzulässig ist. **7**

b) Wesentlichkeit

Eine Änderung ist nur dann genehmigungspflichtig, wenn sie **wesentlich** ist. Unwesentliche Änderungen sind unter den Voraussetzungen des § 15 Abs.1 anzuzeigen. Die Wesentlichkeit setzt nach der Legaldefinition des § 16 Abs.1 S.1, ergänzt durch die Regelung des § 16 Abs.1 S.2, Folgendes voraus: **8**

aa) Zunächst muss die Änderung **Auswirkungen** haben können, und zwar für die Schutzgüter des § 1, wie aus dem Zusammenspiel mit § 15 Abs.1 zu entnehmen ist (Czajka FE 30; Sellner LR 87). Wie gewichtig die Auswirkungen sind, spielt keine Rolle. **9**

Weiter müssen die Auswirkungen für die Voraussetzungen des **§ 6 Abs.1 Nr.1 relevant** sein. Insoweit muss sich die Frage der Genehmigungsfähigkeit neu stellen (Sellner LR 96). Nicht erfasst werden Auswirkungen, die allein für die in § 6 Abs.1 Nr.2 angesprochenen Vorgaben bedeutsam sind, etwa für das Baurecht (vgl. BVerwG, NVwZ-RR 1992, 403) oder für das Landschaftsbild (Sellner LR 97); zum Sonderfall der **9a**

§ 16 Genehmigungsbedürftige Anlagen

UVP-pflichtigen Änderungen unten Rn.11 a. In einem solchen Falle ist ggf. eine baurechtliche Genehmigung für die Änderung erforderlich (Sellner LR 97; unten Rn.15 a). Wird der betreffende Anlagenteil geändert, lässt das die immissionsschutzrechtliche Genehmigung unberührt, da sie insoweit die Änderung abdeckt (Kutscheidt, NVwZ 1997, 116; vgl. Martens o. Lit. 212 ff). Zur genauen Abgrenzung zwischen § 6 Abs.1 Nr.1 und § 6 Abs.1 Nr.2 vgl. Rn.11 a zu § 6.

10   Schließlich müssen die Auswirkungen **nachteilig** sein: Sie müssen wenigstens in einer Hinsicht die Schutzgüter des § 1 stärker belasten, sei es im Normalbetrieb oder bei Störfällen. Ausgenommen werden positive und neutrale Auswirkungen (Hansmann NVwZ 1997, 109; Paetow KPV § 31 Rn.32).

Bezugspunkt der Beurteilung ist (wie bei der Bestimmung der Änderung) die genehmigte Anlage, ohne Einbeziehung von Anzeigen nach § 15 Abs.1 (Rn.9 zu § 15; a. A. Führ GK 147). Hier auf die tatsächlichen Verhältnisse vor der Änderung abzustellen, würde einen Systembruch bilden. Die nachteiligen Auswirkungen müssen nicht sicher auftreten, da dies gerade geprüft werden soll (vgl. BVerwGE 69, 351/358 = NVwZ 1985, 46; BVerwG, DVBl 1977, 771; Hansmann, DVBl 1997, 1424). Auswirkungen fehlen nur, wenn sie vernünftigerweise ausgeschlossen werden können (Moormann, UPR 1996, 414). Dies ist insb. für geplante Schutzvorkehrungen bedeutsam. Auch insoweit kommt es darauf an, ob Auswirkungen vernünftigerweise ausgeschlossen sind (Sellner LR 104; gegen jede Berücksichtigung von Schutzvorkehrungen Hansmann, DVBl 1997, 1424; generell für Berücksichtigung Fluck, VerwArch 1997, 281 f). Besteht dagegen die hinreichende Möglichkeit von negativen Auswirkungen, ist die Voraussetzung der Nachteiligkeit gegeben.

Eine **Saldierung** von positiven Auswirkungen im Bereich eines Schadstoffs mit geringeren negativen Auswirkungen bei einem anderen Schadstoff ist nicht möglich, wie Abs.2 S.2 im Umkehrschluss zu entnehmen ist (VGH BW, NVwZ-RR 2003, 192; Moormann, UPR 1996, 414; Wickel, DÖV 1997, 681; Hansmann, DVBl 1997, 1423 f). Dagegen dürfte eine Immissionskompensation (dazu Rn.35 f zu § 5) den Nachteil ausschließen (a. A. Knopp/Wolf, BB 1997, 1595).

11   bb) Eine Änderung ist schließlich nicht wesentlich (Fluck, VerwArch 1997, 277) und damit auch nicht genehmigungsbedürftig, wenn die nachteiligen Auswirkungen die **Bagatellgrenze** des Abs.1 S.2 nicht überschreiten. Dies ist der Fall, wenn **(1)** die nachteiligen Auswirkungen offensichtlich gering sind und **(2)** die Erfüllung der sich aus § 5 und den Rechtsverordnungen nach § 7 ergebenden Anforderungen sichergestellt ist. Damit werden Auswirkungen erfasst, bei denen eine Verletzung der genannten Genehmigungsvoraussetzungen (nicht der des § 6 Abs.1 Nr.2) ohne nähere Prüfung vernünftigerweise ausgeschlossen werden kann (Führ GK 153; Ohms Rn.445; strenger Moormann, UPR 1996, 415; großzügiger Büge/Tünnesen-Harmes, GewArch 1997, 50). Im Zweifelsfalle bzw.

Wesentliche Änderung genehmigungsbedürftiger Anlagen **§ 16**

dann, wenn erst nähere Prüfungen erforderlich sind, liegen die Voraussetzungen des § 16 Abs.1 S.2 nicht vor (Sellner LR 108). Ein Nachfordern von Unterlagen ist aber nicht ausgeschlossen (Fluck, VerwArch 1997, 279). Ist die Grenze der erheblichen Immissionen in der Umgebung schon bislang fast erreicht, kann § 16 Abs.1 S.2 meist nicht angewandt werden (Ohms Rn.445). Gleiches gilt für Fälle der Sonderfallprüfung nach Nr.2.2.1.3 der TA Luft (Moormann, UPR 1995, 415). Eine Saldierung ist auch im Bereich des § 16 Abs.1 S.2 ausgeschlossen (Hansmann, DVBl 1997, 1425). Andererseits müssen die (geringen) negativen Auswirkungen nicht zusätzlich durch positive Auswirkungen ausgeglichen werden (vgl. BT-Drs. 13/5100, S.20).

cc) In Anlehnung an Art.2 Nr.10 der Richtlinie 96/61/EG über die 11a integrierte Vermeidung und Verminderung der Umweltverschmutzung ist die Wesentlichkeit immer zu bejahen, wenn die Änderung für sich genommen **Schwellenwerte**, die in der 4. BImSchV enthalten sind, **überschreitet**. Führt die Änderung gleichzeitig zur Einschränkung oder Stilllegung von Anlagen, sind die diesbezüglichen Emissionen etc. in Abzug zu bringen, soweit der Betrieb dieser Anlage rechtmäßig ist.

c) Sonderfall: UVP-pflichtige Änderungen

Unter bestimmten Voraussetzungen kann eine Änderung UVP-pflichtig 12 sein, auch wenn die Voraussetzungen der Wesentlichkeit iSd § 16 Abs.1 nicht vorliegen. Dies betrifft Fälle, in denen die Auswirkungen auf die Umwelt nicht für die Voraussetzungen des § 6 Abs.1 Nr.1, sondern nur für die des § 6 Abs.1 Nr.2 relevant sind, was insb. bei unmittelbaren Einwirkungen auf Wasser, Boden und Landschaft der Fall sein kann. Um in solchen Konstellationen einen Verstoß gegen die UVP-Richtlinie zu vermeiden, muss ein förmliches Änderungsgenehmigungsverfahren durchgeführt werden, sofern gem. § 3e UVPG eine Umweltverträglichkeitsprüfung notwendig ist. § 1 Abs.3 der 9. BImSchV hilft insoweit nicht weiter, da die Vorschrift die Notwendigkeit eines Genehmigungsverfahrens voraussetzt.

3. Ausnahmen

Gem. § 15 Abs.2 S.2 ist keine Änderungsgenehmigung erforderlich, 13 wenn die Änderung gem. § 15 Abs.1 S.1 angezeigt wurde und die Genehmigungsbehörde eine **Freistellungserklärung** abgegeben hat oder wegen Nichtäußerung in der Frist des § 15 Abs.2 S.1 eine **fiktive Freistellung** vorliegt; dazu Rn.29, 38 zu § 15. Zu Austausch oder Ersetzung ohne Änderung oben Rn.6–7. Weiter ist eine Änderungsgenehmigung gem. § 17 Abs.4 nicht erforderlich, soweit die Änderung durch eine **nachträgliche Anordnung** gem. § 17 veranlasst ist und die Anordnung **abschließend** festlegt, wie die Änderung durchgeführt werden soll (dazu Rn.63f zu § 17).

§ 16 Genehmigungsbedürftige Anlagen

4. Durchsetzung, Sanktionen, Rechtsschutz

14 Wird eine Änderung ohne die notwendige Änderungsgenehmigung durchgeführt, dann werden die Konsequenzen dadurch bestimmt, dass die Anlage bezüglich der nicht veränderten Teile genehmigt ist, bezüglich der veränderten dagegen nicht. Im Hinblick auf die geänderten Teile kann die Behörde daher nach § 20 **Abs.**2 einschreiten (vgl. Rn.35 zu § 20). Im Übrigen wird auf die Ausführungen in Rn.63 zu § 4 verwiesen.

15 Die vorsätzliche oder fahrlässige Durchführung der Änderung ohne die notwendige Genehmigung ist gem. § 62 Abs.1 Nr.4 eine **Ordnungswidrigkeit**; näher dazu Rn.3–6, 8–11, 13 zu § 62. Der *Betrieb* der geänderten Anlage ist gem. § 327 Abs.2 StGB eine **Straftat**; darüber hinaus kann unter zusätzlichen Voraussetzungen eine Straftat gem. § 324a StGB, gem. § 325 StGB oder gem. § 325a StGB vorliegen, evtl. in der Form des § 330 StGB (Text in Rn.2ff zu § 63). Für den **Rechtsschutz** der Nachbarn gegen eine Anlagenänderung ohne die erforderliche Genehmigung gelten die Ausführungen in Rn.64 zu § 4.

5. Folgen fehlender Genehmigungspflicht

15a Bedarf eine Änderung keiner Genehmigung iSd § 16, wird damit die Notwendigkeit sonstiger Zulassungen nicht ausgeschlossen. Die Konzentrationswirkung des § 13 kann hier nicht greifen. Ob eine sonstige Genehmigung erforderlich ist, hängt von den dafür einschlägigen Vorschriften ab. Häufig ist eine Baugenehmigung notwendig, die meist nur erteilt werden kann, wenn alle öffentlich-rechtlichen Vorschriften eingehalten werden. Zu diesen Vorschriften zählen auch die materiellen Vorgaben des BImSchG. Dies gilt auch im Bereich des § 16 Abs.5 (oben Rn.6). Bedeutsam ist das weiterhin, wenn die Änderung allein Auswirkungen für die Voraussetzungen des § 6 Abs.1 Nr.2 aufweist (oben Rn.9a).

6. Recht auf Genehmigungsverfahren (Abs.4)

a) Anspruch auf Genehmigungsverfahren bei Genehmigungsfreiheit

16 Gem. § 16 Abs.4 hat der Träger eines Vorhabens unter bestimmten **Voraussetzungen** einen Anspruch auf Durchführung eines Genehmigungsverfahrens, auch wenn es nicht erforderlich ist (HessVGH, NVwZ 2002, 743). Vorliegen müssen aber die Voraussetzungen des § 15 Abs.1. Daher muss es sich zunächst um eine genehmigungsbedürftige Anlage handeln (oben Rn.2). Zudem wird man eine Vorgenehmigung verlangen müssen, da es sich sonst nicht um eine Änderungsgenehmigung handelt (oben Rn.3f). Weiter muss eine Änderung der Anlage vorliegen; dazu Rn.5–13 zu § 15. Dagegen muss die Änderung nicht wesentlich sein (Sellner LR 114). Im Falle des § 16 Abs.5 dürfte ein Genehmigungsverfahren ausscheiden, da es insoweit bereits an einer Änderung fehlt und damit die Voraussetzungen des § 15 Abs.1 nicht gegeben sind. Schließlich ist ein entsprechender Antrag des Vorhabenträgers notwendig.

Wesentliche Änderung genehmigungsbedürftiger Anlagen § 16

b) Genehmigungsmaßstab, Genehmigungsverfahren, Wirkungen

Für die Erteilung der Änderungsgenehmigung im Falle des Abs.4 gelten grundsätzlich die allgemeinen Vorgaben. Daher wird für den Gegenstand der Genehmigung auf die Ausführungen unten in Rn.18–21 verwiesen, für die **materiellen Voraussetzungen** auf die Ausführungen unten in Rn.22–28, für die gebundene Entscheidung und die Nebenbestimmungen auf die Ausführungen unten in Rn.30f. Auch für die **formellen Voraussetzungen** gelten grundsätzlich die allg. Vorgaben unten in Rn.32–34. Gem. Abs.4 ist allerdings in den Fällen, in denen überhaupt keine Genehmigungspflicht besteht, generell ein vereinfachtes Verfahren iSd § 19 durchzuführen. Allerdings hat der Träger des Vorhabens auch einen Anspruch auf ein *förmliches* Genehmigungsverfahren, wenn er dies wünscht, wie der Verweis auf § 19 Abs.3 in Abs.4, 2. Hs., verdeutlicht. Insoweit gelten die Ausführungen in Rn.9 zu § 19. Der Genehmigung kommen dann alle **Wirkungen** einer Genehmigung zu, die im förmlichen Verfahren erteilt werden muss (vgl. Ohms Rn.489; Sellner LR 35). 17

III. Erteilung der Änderungsgenehmigung

1. Anwendungsbereich und Gegenstand der Genehmigung

a) Anwendungsbereich

Eine Änderungsgenehmigung kann und muss nur erteilt werden, wenn es sich um eine genehmigte Anlage iSd Rn.2–4 handelt und eine Änderung der Anlage (dazu Rn.5–13 zu § 15) vorliegt. Zur Abgrenzung zur Neuerrichtung Rn.12a zu § 15. Weiter muss die Änderung wesentlich sein (dazu Rn.8–11). Schließlich darf keine Ausnahme eingreifen (oben Rn.13). Zum Ersatz der Anlage oben Rn.6. 18

b) Gegenstand und Umfang

aa) Gegenstand einer Änderungsgenehmigung sind nur die Teile der Anlage, für die aus Anlass der Änderung die Genehmigungsfrage erneut aufgeworfen wird (BVerwG, NVwZ 1998, 1181). Dazu zählen zunächst nur die **Teile der Anlage, die geändert** werden sollen (OVG RP, NVwZ 1988, 177; Scheuing GK 117). Die unveränderten Teile der Anlage sind allerdings nicht ohne Bedeutung (vgl. unten Rn.20f); die Genehmigung für die bisherige Anlage entfaltet dabei keine Bindungswirkung (unten Rn.23 und Rn.31 zu 6). Die grundsätzliche Beschränkung der Änderungsgenehmigung auf die geänderten Teile gilt nach h. A. auch dann, wenn eine (zu Recht) lediglich angezeigte Anlage wesentlich geändert wird (BVerwG, DVBl 1977, 771; Czajka FE 18), was jedenfalls rechtspolitisch problematisch ist. 19

Die Beschränkung der Änderungsgenehmigung auf die geänderten Teile hat unterschiedliche Konsequenzen, je nach der Art der Änderung: Bei **qualitativen Änderungen,** also Änderungen „innerhalb" der vorhandenen Anlage, sind auch die unveränderten Anlagenteile Gegenstand 20

§ 16   Genehmigungsbedürftige Anlagen

der Änderungsgenehmigung, wenn die Änderung Auswirkungen auf die unveränderten Teile haben kann (BVerwGE 101, 347/355 = NVwZ 1997, 161; Sellner LR 151 ff; Nr.3.5.3 S.2 der TA Luft). Das führt dazu, dass „*sämtliche* von der Anlage ausgehenden Emissionen" und sonstigen Effekte unmittelbarer Prüfungsgegenstand sind (BVerwG, DVBl 1977, 771; NVwZ 1985, 750; BVerwGE 101, 347/356 = NVwZ 1997, 161; noch weitergehender BayVGH, GewArch 1980, 239). Die Beschränkung des Prüfungsgegenstands hat somit geringe Bedeutung. Rechtswidrig betriebenen Anlagen kann keine Genehmigung für qualitative Änderungen erteilt werden, wenn dadurch nicht in vollem Umfang rechtmäßige Verhältnisse geschaffen werden (vgl. BayVGH, GewArch 1981, 31; VGH BW, RdL 1977, 139).

20 a   Bei reinen Erweiterungen, also **quantitativen Änderungen,** wirkt sich die Beschränkung des Prüfungsgegenstandes hingegen aus (BVerwG, DVBl 1977, 771; vgl. Martens o.Lit. 67 f; a.A. Führ o.Lit. 208 f): Hier kommt es nur auf die Emissionen und Auswirkungen der Erweiterung an. Für die Beurteilung der daraus resultierenden Immissionen ist allerdings, deren Rechtscharakter entsprechend (vgl. Rn.19 zu § 3), die gesamte Immissionsbelastung einzubeziehen (Paetow KPV § 31 Rn.34). Darüber hinaus erfasst die Änderung auch die baulich unveränderten Teile, wenn es dort zu einer Betriebsänderung kommt oder wenn deren Sicherheit aufgrund der Änderung neue Fragen aufwirft (Führ GK 193). Unberührt bleibt i. ü. die Möglichkeit, Regelungen zu unveränderten Anlagenteilen mit Zustimmung des Anlagenbetreibers (Nr.3.5.3 S.2 TA Luft) oder als nachträgliche Anordnung nach § 17 zu treffen (Ohms Rn.221).

21   **bb)** Was den **Umfang** der Änderungsgenehmigung angeht, so gelten die Regelungen für die Erstgenehmigung (dazu Rn.50–62 zu § 4), beschränkt auf die zu ändernden Teile iSd Ausführungen oben in Rn.19–20 a. Insb. gilt § 1 Abs.2–5 der 4. BImSchV auch hier (offengelassen OVG NW, GewArch 1994, 258). Erfasst werden also nicht nur Änderungen an **Haupteinrichtungen,** sondern auch an **Nebeneinrichtungen.** Gegenstand der Änderungsgenehmigung sind die Auswirkungen des Betriebs der geänderten Anlagenteile, aber auch die durch **Baumaßnahmen** bedingten Auswirkungen (Führ GK 192; Rn.3 zu § 5 und Rn.14 zu § 15). Dies gilt auch für Abfallentsorgungsanlagen, die der immissionsschutzrechtlichen Genehmigung bedürfen (a.A. Kretz, UPR 1994, 47).

2. Materielle Voraussetzungen

a) Allgemeines

22   **aa)** Die Änderung der Anlage bzw. des Anlagenbetriebs muss den Voraussetzungen des § 6 entsprechen, in prinzipiell gleicher Weise wie eine Erstgenehmigung (HessVGH, NVwZ 2002, 743; Führ GK 214; Denkhaus, NuR 2000, 13). Daher sind zunächst die materiellen Voraussetzungen des Immissionsschutzrechts einzuhalten (vgl. dazu Rn.5–9 zu § 6), insb. die Grundpflichten des § 5 sowie die Anforderungen von Rechtsverordnungen nach § 7. Bei Immissionsbelastung ist auf die Gesamtbelastung für den Betroffenen abzustellen (Jarass, DVBl 1986, 319; Rn.19 zu § 3), weshalb die Immissionsbeiträge der unveränderten Anlagenteile miteinzubeziehen sind (oben Rn.20). Im Rahmen des Vorsorgeprinzips ist darauf zu achten, dass insb. der Stand der Technik eingehalten wird. Dazu kommen weitere immissionsschutzrechtliche Anforderungen (näher Rn.6 a f zu § 6). Darüber hinaus müssen gem. § 6 Abs.1 Nr.2 die sonstigen öffentlichrechtlichen Vorschriften beachtet werden (dazu Rn.10–23 zu § 6), insb. die Vorschriften des Bauplanungsrechts (Führ GK 219). Der Gegenstand für die Beurteilung der Genehmigungsfähigkeit reicht also weiter als der für die Genehmigungsbedürftigkeit (vgl. oben Rn.9 a). Soweit die Änderung UVP-pflichtig ist (dazu unten Rn.35), gelten die Ausführungen in Rn.16 zu § 6. Endlich sind die Belange des Arbeitsschutzes zu gewährleisten (dazu Rn.24 zu § 6). Zu privatrechtlichen Anforderungen Rn.25 zu § 6.

Die Voraussetzungen des § 6 kommen in der Form zum Tragen, wie sie **23** im **Zeitpunkt der Entscheidung** über die Änderungsgenehmigung gelten. Das gilt für die gesamte Reichweite der Änderungsgenehmigung, auch soweit sie die vorhandene Genehmigung umgestaltet. Keine Rolle spielt, ob die Emissionen nach der Änderung höher sind als vorher (zum Einfluss dieses Umstands auf das Vorliegen einer Änderung Rn.7 a zu § 15). Falls daher in der Genehmigung ein bestimmtes Emissionsniveau zugelassen wurde, das nach aktuellem Recht nicht mehr genehmigungsfähig ist, kann sich der Betreiber auf die Erstgenehmigung im Bereich der Änderungsgenehmigung nicht berufen (BVerwG, DVBl 1997, 52 ff; Hansmann, DVBl 1997, 1426 f; Führ GK 200; diff. Rebentisch, DVBl 1997, 813 f; a. A. Sendler, UPR 1997, 163 ff). Die für nachträgliche Anordnungen geltenden Beschränkungen zum Schutze des Anlagenbetreibers gem. § 17 Abs.2 gelten hier nicht (BVerwG, NVwZ 1985, 751).

bb) Für die Berücksichtigung von **Kompensationsmaßnahmen** gel- **24** ten die gleichen Grundsätze wie bei Neugenehmigungen (dazu Rn.35 f zu § 5). Nach der Änderung muss also, selbst wenn sie auch der *Sanierung* dient, die Gefahrenschwelle unterschritten sein (Führ GK 256; vgl. Czajka FE 89). Unerheblich ist, ob die Änderung ohnehin geboten wäre (Rn.35 zu § 5; a. A. Führ GK 256). Zu reinen Verbesserungsmaßnahmen unten Rn.25.

b) Verbesserungsänderung

Werden durch eine bestehende Anlage die materiellen Vorgaben für **25** Neuanlagen überschritten, kann eine Änderung, die diese Überschreitung reduziert, aber nicht vollständig beseitigt, an sich nicht genehmigt werden, da die materiellen Vorgaben für Änderungen denen für eine neue Anlage entsprechen (oben Rn.22). Auf die Änderung zu verzichten und die belastende Anlage weiter zu betreiben, widerspricht aber dem Ziel des § 1. Weiterhin kann sich eine nachträgliche Anordnung auf eine Teilsanierung beschränken (Rn.46 zu § 17) und dann bei ausreichender Bestimmtheit

§ 16 Genehmigungsbedürftige Anlagen

gem. § 17 Abs.4 eine Änderungsgenehmigung entbehrlich machen. Im Bereich der Gefahrenabwehr gilt das allerdings nur in atypischen Situationen (vgl. Rn.50 zu § 17). Schließlich ist zu bedenken, dass eine generelle Zulassung von Verbesserungsänderungen im Überschreitungsbereich zu einer Verfestigung rechtswidriger Zustände führen kann (Jarass, DVBl 1985, 198). Vor diesem Hintergrund erscheint die Zulassung einer Änderungsgenehmigung trotz Überschreitung von Immissionswerten dann zulässig und geboten, wenn sich die Behörde beim Erlass einer nachträglichen Anordnung im Hinblick auf § 1 sowie die verfassungsrechtlichen Vorgaben mit einer Teilkorrektur begnügen **muss.** Dem dürfte die vorsichtige Regelung der Nr.3.5.4 der TA Luft zu reinen Verbesserungsmaßnahmen gerecht werden (ähnlich Hansmann LR Nr.3 TA Luft Rn.14; Czajka FE 91; a. A. Führ GK 252).

c) Aktiver Bestandsschutz und untergeordneter Beitrag

26 **aa)** Geht es bei einer Änderung um Maßnahmen der **Substanz- und Funktionserhaltung,** hat die frühere Rspr. aus der Eigentumsgarantie einen Genehmigungsanspruch abgeleitet, wenn die Anlage genehmigt (und nicht nur angezeigt) wurde und in ihrer Substanz noch erhalten ist. Notwendig ist zudem, dass es zu keiner wesentlichen Änderung des Bestandes kommt und die Änderung zu einem Zeitpunkt, in dem die Anlage betrieben wurde, zulässig gewesen wäre und sich schließlich die Gesamtsituation nicht wesentlich verändert hat (BVerwGE 50, 49/59 = DVBl 1976, 214; BVerwG, DVBl 1977, 772; VGH BW, VBl BW 1991, 377; tendenziell anders BVerwGE 65, 313/317 = NVwZ 1983, 32). Dies wird als **aktiver Bestandsschutz** bezeichnet.

27 Diese von baurechtlichen Vorstellungen beeinflussten Aussagen, die in der Praxis kaum zum Tragen kamen (Sendler, WiVerw 1993, 275), dürften nach der neueren Rspr. zum Baurecht, die eine unmittelbare Ableitung des Bestandsschutzes aus Art.14 GG ablehnt (zusammenfassend BVerwGE 106, 228/234f = NVwZ 1998, 842), keinen Bestand mehr haben. Der Bestandsschutz ist damit auch im Immissionsschutzrecht **auf** die Vorgaben des **einfachen Rechts beschränkt** (BayVGH, NVwZ-RR 2004, 95; Führ GK 242; Hansmann o.Lit. 2003, 939; diff. Denkhaus, NuR 2000, 17f). Möglich ist aber, dem Verfassungsrecht durch Auslegung und Analogie zum Durchbruch zu verhelfen (BVerwGE 106, 228/235). Wo das nicht möglich ist, muss (bei formell-gesetzlichen Regelungen) gem. Art.100 Abs.1 GG das BVerfG angerufen werden.

28 **bb)** Verfassungsrechtlich bedenklich kann die Verweigerung des aktiven Bestandsschutzes sein, wenn in einem Gebiet Immissionswerte erheblich überschritten werden und die **Anlage** dazu nach ihrer Änderung nur sehr **untergeordnet beiträgt.** In einem solchen Fall muss an sich die Änderungsgenehmigung verweigert werden, wenn die Immissionswerte auch ohne die zu ändernde Anlage überschritten werden. Dies gilt selbst dann, wenn durch die Änderung eine erheblich umweltbelastendere Anlage ersetzt wird. Hier kann es verfassungsrechtlich geboten sein, orientiert an

Wesentliche Änderung genehmigungsbedürftiger Anlagen **§ 16**

§ 47 Abs.4 S.1 (dazu Rn.13 zu § 47), gegen die sonstigen Verursacher einzuschreiten, um auf diesem Wege die Änderung zu ermöglichen. Dies gilt in besonderer Weise, wenn es um eine Überschreitung von Immissionswerten der 22. BImSchV geht (vgl. Rn.6b zu § 6). Zur Behandlung reiner Verbesserungsänderungen oben Rn.25.

d) Konkretisierung

Nähere Konkretisierungen der materiellen Anforderungen für Änderungen im Bereich der Luftreinhaltung finden sich in Nr.3.5 der TA Luft. Zur Regelung der Nr.3.5.4 TA Luft für Verbesserungsmaßnahmen oben Rn.25. Für den Lärmschutz enthält die TA Lärm, anders als die frühere TA Lärm, keine Sonderregelungen für Änderungen. Es gelten also die Konkretisierungen für Neugenehmigungen (Rn.13 zu § 48). 29

3. Gebundene Genehmigung, Nebenbestimmungen

aa) Die Änderungsgenehmigung stellt wie die Errichtungsgenehmigung eine **gebundene Entscheidung** dar. Das heißt, sie muss erteilt werden, wenn ihre Voraussetzungen vorliegen; näher dazu Rn.26 zu § 6. Lassen sich Genehmigungshindernisse durch Nebenbestimmungen ausräumen, ist die Genehmigung mit diesen Nebenbestimmungen zu erteilen (Führ GK 209). Zur Alternativenprüfung Rn.27 zu § 6. 30

bb) Die Änderungsgenehmigung kann wie eine Erstgenehmigung mit **Nebenbestimmungen** versehen werden; auf die Ausführungen in Rn.2–26 zu § 12 wird verwiesen. Sie müssen sich allerdings auf die Anlagenänderung beziehen (Martens o. Lit. 269ff; vgl. oben Rn.19–21). Bei qualitativen Änderungen sind darüber hinaus Nebenbestimmungen zu unveränderten Anlagenteilen möglich (BVerwG, NVwZ 1985, 750; Führ o. Lit. 211); näher zur qualitativen Änderung oben Rn.20. Generell sind Nebenbestimmungen an unveränderten Teilen zulässig, wenn anders die Genehmigungsvoraussetzungen für die geänderten Teile nicht sichergestellt werden können (vgl. Führ GK 210), was insb. für Kompensationsmaßnahmen (dazu oben Rn.24) von Bedeutung sein kann. Im Übrigen ist aber die Änderungsgenehmigung kein Instrument für den Erlass nachträglicher Auflagen hinsichtlich nicht betroffener Anlagenteile. Andererseits steht eine (erlassene) nachträgliche Anordnung einer die gleiche Frage betreffende Nebenbestimmung zu einer Änderungsgenehmigung nicht entgegen (vgl. BVerwG, NVwZ 1985, 750). 31

4. Formelle Voraussetzungen

a) Zuständigkeit, Verfahren, Frist

Die Änderungsgenehmigung muss zunächst von der zuständigen Behörde erteilt werden; dazu Rn.11 zu § 10. Das Verfahren für die Änderungsgenehmigung ist das Gleiche wie bei der Erstgenehmigung, richtet sich also nach § 10 sowie nach der 9. BImSchV (BayVGH, NVwZ-RR 2002, 335; Führ GK 283). Die Änderungsgenehmigung ist gem. Abs.2 32

S.3 im **förmlichen Verfahren** zu erteilen, wenn die Anlage nach der 4. BImSchV einer förmlichen Genehmigung bedarf; dabei dürfte es gem. § 2 Abs.4 der 4. BImSchV auf die Gesamtanlage nach der Änderung ankommen (Führ GK 321). Dass der Wortlaut des Abs.2 S.3 eher in eine andere Richtung deutet, muss auch mit Blick auf die UVP-Richtlinie zurückstehen (vgl. Biesecke, ZUR 2002, 330). Die Regelung des Abs.4 S.2 ändert daran nichts, da sie nur Änderungen betrifft, die überhaupt nicht genehmigungsbedürftig sind (Kutscheidt, NVwZ 1997, 115f). Des Weiteren gilt auch hier die Sonderregelung für Versuchsanlagen; dazu Rn.7f zu § 19. Schließlich ist gem. Abs.2 S.4 auf Wunsch des Anlagenbetreibers ein förmliches Verfahren durchzuführen (dazu Rn.9 zu § 19).

33 Die erste Stufe des Verfahrens besteht in der Einleitung des Verfahrens (dazu Rn.19–43 zu § 10; für die Sicherheitsanalyse ist § 4b Abs.2 S.2, 3 der 9. BImSchV zu beachten). Dann folgen behördliche Ermittlungen und Gutachten (dazu Rn.44–58 zu § 10). Sofern ein förmliches Genehmigungsverfahren erforderlich ist, schließt sich die Anhörung Dritter bzw. der Öffentlichkeit an (dazu Rn.59–89 zu § 10). Unter den Voraussetzungen des Abs.2 kann davon aber abgesehen werden; dazu unten Rn.37–45a. Zur Bewältigung von Änderungen während des Genehmigungsverfahrens Rn.100–109 zu § 10. Zur Entscheidungsvorbereitung und zur Entscheidung selbst Rn.110–128 zu § 10. Gem. § 21 Abs.1 Nr.2 der 9. BImSchV ist die Änderungsgenehmigung als solche zu bezeichnen; wird dagegen verstoßen, verliert sie gleichwohl nicht ihren Charakter als Änderungsgenehmigung (Führ GK 362). Zu den Auswirkungen von Verfahrensfehlern Rn.130–136 zu § 10. Ebenso wie bei der Erstgenehmigung ist die Erteilung einer Änderungsgenehmigung unzulässig, wenn das Sachbescheidungsinteresse fehlt (dazu Rn.29 zu § 6). Bei einer Anlagenänderung kann auch eine Teilgenehmigung zum Einsatz kommen (Rn. 3 zu § 8), desgleichen ein Vorbescheid (Rn.3 zu § 9) sowie eine Zulassung vorzeitigen Beginns (Rn.2 zu § 8a).

34 Die **Frist** für die Entscheidung über einen Antrag auf Änderungsgenehmigung beträgt gem. § 16 Abs.3 in den Fällen des förmlichen Verfahrens **sechs** Monate und im Falle des Absehens von der Öffentlichkeitsbeteiligung (unten Rn.37ff) **drei** Monate; Letzteres gilt gem. § 10 Abs.6a S.1 auch in den Fällen des vereinfachten Verfahrens (Rn. 4–8 zu § 19). Im Übrigen gelten die Ausführungen zur Entscheidungsfrist in Rn.117–119 zu § 10. Insbesondere beginnt die Frist ab Vollständigkeit der Unterlagen zu laufen (Führ GK 310; Czajka FE 83; Rn.117 zu § 10). Für die Fristverlängerung, die auch mehrfach möglich ist (Führ GK 312; Czajka FE 83, Sellner LR 136), und für deren Begründung wird das durch § 16 Abs.3 S.2 ausdrücklich festgehalten.

b) Umweltverträglichkeitsprüfung

35 Gem. § 1 Abs.3 der 9. BImSchV ist im Rahmen des Änderungsgenehmigungsverfahrens eine **Umweltverträglichkeitsprüfung** durchzufüh-

Wesentliche Änderung genehmigungsbedürftiger Anlagen   § 16

ren, wenn die in der Anlage 1 des UVPG angegebenen Größen- oder Leistungswerte durch die Änderung bzw. Erweiterung selbst erreicht oder überschritten werden oder wenn die Änderung bzw. Erweiterung erhebliche nachteilige Auswirkungen auf die Schutzgüter des § 1 a der 9. BImSchV (dazu Rn.16 zu § 10) aufweisen kann; näher dazu unten Rn.39–43. Diese Aussagen des § 1 Abs.3 bedürfen allerdings, der Entstehungsgeschichte entsprechend, der berichtigenden Auslegung, mit der Folge, dass eine Änderung immer UVP-pflichtig ist, wenn das gem. §§ 3 b ff UVPG der Fall ist (Czajka FE (9) § 1 Rn.21); diese Auslegung ist auch im Hinblick auf die Richtlinie 85/337/EWG über die Umweltverträglichkeitsprüfung (Einl.34 Nr.2) geboten. Die Regelungen des § 3 b Abs.3 S.2 UVPG und des § 3 e UVPG zu Anlagenteilen aus der „Vor-UVP-Zeit" dürften EG-rechtliche Probleme aufwerfen (Führ GK 291 ff; großzügiger Kersting, UPR 2003, 11 f). Ein Verzicht auf die Öffentlichkeitsbeteiligung nach § 16 Abs.2 ist dann ausgeschlossen (unten Rn.37). Zum Einfluss der UVP-Pflicht nach § 3 e UVPG auf die Notwendigkeit einer Änderungsgenehmigung oben Rn.12.

Ist eine Umweltverträglichkeitsprüfung erforderlich, dann sind im Verfahren die entsprechenden **Besonderheiten** zu beachten; zum Gegenstand der Prüfung vgl. Rn.16 zu § 10, zur Zuständigkeit vgl. Rn.17 zu § 10, zur Beratung vor Antragstellung vgl. Rn.22–24 zu § 10, zu den Unterlagen vgl. Rn.32 zu § 10, zur Beteiligung anderer Behörden vgl. Rn.52 zu § 10, zur zusammenfassenden Darstellung, zur Bewertung der Auswirkungen des Vorhabens und zur Berücksichtigung der Auswirkungen Rn.112–116 zu § 10.   36

5. Insb. Absehen von Öffentlichkeitsbeteiligung (Abs.2)

a) Bedeutung, Anwendungsbereich, EG-Recht

aa) Abs.2 sieht unter bestimmten Voraussetzungen vor, dass auf eine Öffentlichkeitsbeteiligung im Genehmigungsverfahren verzichtet werden kann. Bedeutung hat das allein für die Fälle, in denen das Verfahren der Änderungsgenehmigung an sich im förmlichen Verfahren, nicht im vereinfachten Verfahren gem. § 19 erfolgen müsste, in dem ohnehin keine Öffentlichkeitsbeteiligung notwendig ist. Unberührt bleibt gem. Abs.4 S.2 ein Anspruch des Anlagenbetreibers auf Durchführung eines förmlichen Genehmigungsverfahrens (oben Rn.16 und Rn.9 zu § 19). Mit § 8 Abs.2 der 9. BImSchV kann sich § 16 Abs.2 nicht überschneiden, da § 16 Abs.2 sich auf Änderungen nach Erteilung des Genehmigungsbescheids bezieht (oben Rn.3 und Rn.11 zu § 15), während § 8 Abs.2 der 9. BImSchV (vgl. dazu Rn.105–109 zu § 10) Änderungen während des Verfahrens vor Erteilung des Bescheids betrifft. Ist eine Änderung UVP-pflichtig (dazu oben Rn.35), ist § 16 Abs.2 generell nicht anwendbar (vgl. Ohms Rn.545; Führ GK 305; oben Rn.12). In diesen Fällen ist immer eine Öffentlichkeitsbeteiligung erforderlich. Dies ist insb. bei der Anwendung des § 16 Abs.2 S.3 zu beachten (oben Rn.32).   37

409

§ 16 Genehmigungsbedürftige Anlagen

38 Auf die Änderung **angezeigter Anlagen** gem. § 67 Abs.2 bzw. § 67a Abs.1 dürfte § 16 Abs.2 nicht anwendbar sein (Führ GK 348; a.A. Czajka FE 77), da § 16 Abs.2 nur zum Tragen kommt, weil über die Risiken, die bereits in der Öffentlichkeitsbeteiligung der Vorgenehmigung behandelt wurden, hinaus keine relevanten zusätzlichen Risiken hinzukommen (Jarass, NJW 1998, 1102). Bei den angezeigten Anlagen erfolgte aber noch keine Öffentlichkeitsbeteiligung.

38a **bb)** Was die Vereinbarkeit des § 16 Abs.2 mit **EG-Recht** angeht, so wurde die Regelung vielfach als mit Art.9 Abs.1 der Richtlinie 84/360/EWG zur Luftverunreinigung durch Industrieanlagen (dazu Einl.31 Nr.1) unvereinbar eingestuft (OVG Saarl, FE-ES § 15–8, 9f). Zweifelhaft war aber, ob § 16 Abs.2 wirklich wesentliche Änderungen iSd Art. 3 Abs.2 RL 84/360 erfasst. Die gleiche Frage stellt sich im Hinblick auf die Nachfolgeregelung in Art.15 Abs.1 der Richtlinie 96/61/EG über die integrierte Vermeidung und Verminderung der Umweltverschmutzung (dazu Einl.34 Nr.8). Bei vorsichtiger, EG-rechtskonformer Auslegung des § 16 Abs.2 dürfte die Vorschrift mit dem Gemeinschaftsrecht vereinbar sein, weil sie keine wesentlichen Änderungen iSd Art.2 Nr.10b RL 96/61 erfasst (Biesecke, ZUR 2002, 330; Czajka FE 60; a.A. Böhm, ZUR 2002, 10; Günter, NuR 2002, 399; Führ GK 351). Zur Saldierung bei IVU-Anlagen unten Rn.43; doch ist eine gesetzliche Klarstellung geboten. Zur UVP-Richtlinie vgl. oben Rn.37. Zum Verhältnis von EG-Recht und § 16 Abs.1 oben Rn.1a.

b) Materielle Voraussetzungen

39 **aa)** In den an sich auszulegenden Unterlagen dürfen keine Umstände darzulegen sein, die erhebliche nachteilige Auswirkungen **für die in § 1 genannten Schutzgüter** besorgen lassen. Zu den Schutzgütern vgl. Rn.15 zu § 15 sowie Rn.3–5 zu § 1. Es kommt somit nicht nur auf die in § 6 Abs.1 Nr.1 angesprochenen Schutzgüter an.

40 Was die **Auswirkungen** angeht, so kommt es anders als in § 8 Abs.2 der 9. BImSchV nicht nur auf die Auswirkungen zu Lasten Dritter an, sondern auch auf die Auswirkungen zu Lasten der Allgemeinheit (Sellner LR 121). Für den Auswirkungsbegriff gelten zunächst die Ausführungen oben in Rn.9 sowie in Rn.14, 16 zu § 15. Ob die Auswirkungen tatsächlich auftreten werden, ist nicht entscheidend. Da es auf die Besorgnis ankommt, genügt die *Möglichkeit* solcher Auswirkungen. Was den Grad der Wahrscheinlichkeit angeht, dürften Größe und Umfang der möglichen Risiken bedeutsam sein (vgl. Rn.42–45 zu § 3; strenger Führ GK 347). Den Vergleichspunkt bilden die Auswirkungen der Anlage, wie sie genehmigt wurde, ohne Einbeziehung von Anzeigen nach § 15 Abs.1 (Rn.9 zu § 15; a.A. Führ GK 147). Nur die durch die Änderung bedingten *zusätzlichen* Auswirkungen sind relevant (Jarass, NJW 1998, 1102); für die unveränderten Teile hat bereits eine Öffentlichkeitsbeteiligung stattgefunden. Einzubeziehen sind auch Auswirkungen, die durch eine Änderung der Umwelt der Anlage seit Erlass der Vorgenehmigung bedingt sind, etwa

Wesentliche Änderung genehmigungsbedürftiger Anlagen § 16

durch eine heranrückende Wohnbebauung. Eine bloße Vermehrung der von der Anlage ausgehenden Effekte (etwa Emissionen) genügt nicht; entscheidend sind die Einwirkungen (insb. Immissionen) auf die Schutzgüter des § 1.

bb) Auf eine Öffentlichkeitsbeteiligung kann verzichtet werden, wenn **41** die Auswirkungen (oben Rn.40) nicht **in erheblichem Maße nachteilig** für die Schutzgüter des § 1 sind. Das ist der Fall, wenn die Auswirkungen der Änderung ausschließlich positiv oder neutral für diese Schutzgüter sind (keine nachteiligen Auswirkungen) oder wenn jede der Auswirkungen als gering einzustufen ist (unerhebliche Auswirkungen). Ob Auswirkungen erheblich sind, dürfte zum einen von ihrem Gewicht und Umfang abhängen, zum anderen von der Vorbelastung (Ohms Rn.546; vgl. auch Führ GK 346); ist sie hoch, sind die Auswirkungen häufig eher erheblich (Sellner LR 126), wie das auch für die Beurteilung von Immissionen gilt (vgl. Rn.51–63 zu § 3).

Insb. fehlt es gem. Abs.2 S.2 an erheblichen nachteiligen Auswirkungen, **42** wenn durch vom Betreiber bereits getroffene oder im Rahmen der Änderung von ihm vorgesehene **Schutzmaßnahmen** Auswirkungen auf die Schutzgüter vermieden werden. Gleichzustellen sind überobligatorische Maßnahmen an den unveränderten Anlagenteilen, die bereits vorgenommen wurden oder im Rahmen der Änderung vorgenommen werden, und dies dazu führt, dass (im Wege der Kompensation) insgesamt keine negativen Auswirkungen auftreten (a.A. Führ GK 344). Die Schutzmaßnahmen müssen mit ausreichender Sicherheit greifen; sind sie möglicherweise ohne die notwendige Wirkung, müssen sie unberücksichtigt bleiben (vgl. oben Rn.40).

Des Weiteren fehlen erhebliche nachteilige Auswirkungen gem. Abs.2 **43** S.2, wenn die **nachteiligen Auswirkungen im Verhältnis** zu den vergleichbaren Vorteilen der Anlage **gering** sind *(Saldierung)*. Damit werden insb. Verbesserungsmaßnahmen erleichtert (Moormann, UPR 1993, 289). Vergleichbar sind Vor- und Nachteile nur dann, wenn sie ihrer Art nach vergleichbar sind und (hinsichtlich möglicherweise berührter drittschützender Vorschriften) im Wesentlichen die gleichen Personen betreffen (Führ GK 343; großzügiger Sellner LR 130). Ein Ausgleich etwa von Geruchsbelästigungen und Stickoxidemissionen ist ausgeschlossen (a.A. Czajka FE 74). Jedenfalls ist eine Saldierung nach der IVU-Richtlinie ausgeschlossen, wenn eine der Auswirkungen für sich erheblich ist (Czajka FE 78; Stapelfeldt, Die immissionsschutzrechtliche Anlagenzulassung nach europäischem Recht, 2000, 251; noch strenger Führ GK 95; großzügiger Sellner LR 130).

c) Antrag, Soll-Entscheidung, Folgen

aa) Ein Absehen von der Öffentlichkeitsbeteiligung nach Abs.2 setzt **44** zunächst einen entsprechenden **Antrag** desjenigen voraus, der den Genehmigungsantrag gestellt hat.

bb) Liegen die Voraussetzungen des Abs.2 S.1, 2 vor, dann muss die **45** Behörde im Regelfall von einer Öffentlichkeitsbeteiligung absehen. Nur

§ 16 Genehmigungsbedürftige Anlagen

in atypischen Ausnahmefällen kann sie eine Öffentlichkeitsbeteiligung verlangen (Sellner LR 124; Czajka FE 61). Näher zum Charakter von Soll-Entscheidungen Rn.50 zu § 17. Sofern man nicht die Anwendung des Abs.2 auf die Änderung (lediglich) angezeigter Anlagen generell ausschließt (oben Rn.38), wird man sie regelmäßig als solche atypische Fälle einstufen müssen, da hier eine Öffentlichkeitsbeteiligung noch nicht stattgefunden hat (Führ GK 354). Darüber hinaus kann das Ermessen so beschränkt sein, dass eine Öffentlichkeitsbeteiligung sogar stattfinden muss. Der Umfang der materiellen Prüfpflicht wird durch Abs.2 nicht berührt (BVerwGE 101, 347/357).

45 a cc) Wird auf die Öffentlichkeitsbeteiligung gem. § 16 Abs.2 verzichtet, so hat das **zur Folge,** dass verfahrensmäßig die Regeln für das vereinfachte Genehmigungsverfahren gelten; dazu Rn.12–16 zu § 19. Die Genehmigung hat die Wirkungen einer vereinfachten Genehmigung (unten Rn.48).

IV. Wirkungen und Rechtsschutz

1. Wirksamkeit und Wirkungen der Änderungsgenehmigung

46 aa) Zum **Wirksamwerden** der Änderungsgenehmigung gelten die Ausführungen in Rn.34 zu § 6. Führt die Änderung insgesamt zu einer Verringerung der Emissionen, ist die Anordnung der sofortigen Vollziehung regelmäßig möglich. Zum Übergang der Genehmigung auf einen Rechtsnachfolger wird auf Rn.36 zu § 6 verwiesen.

47 bb) Die Änderungsgenehmigung tritt zu der früher erteilten Genehmigung hinzu und bildet zusammen mit dieser einen **einheitlichen Genehmigungstatbestand** (BayVGH, NVwZ 1997, 167; Czajka FE 99). Sofern die Änderung eine reine Erweiterung der bestehenden Anlage beinhaltet, wird die alte Genehmigung lediglich ausgeweitet. Soweit sich die Änderung dagegen auf Gegenstände der bestehenden Anlage bezieht, wird die bisherige Genehmigung in Reichweite der Änderungsgenehmigung ersetzt (Paetow KPV § 31 Rn.34; Führ GK 185; Sellner LR 142). Die Auffassung, dass die Erstgenehmigung auch in solchen Fällen bestehen bleibt, bis auf sie ausdrücklich oder stillschweigend (teilweise) verzichtet wird (Hansmann, DVBl 1997, 1426), trägt dem Ziel der Rechtssicherheit unzureichend Rechnung (Führ GK 175). Die Umgestaltung der alten Genehmigung erfolgt zu dem Zeitpunkt, der ausdrücklich oder (wie meist) mutmaßlich mit dem Änderungsbescheid intendiert ist. Sofern daher dem Genehmigungsbescheid nichts anderes zu entnehmen ist, lässt er während der Durchführung der Änderungsmaßnahmen die alte Genehmigung noch bestehen. Erst wenn die Änderungsmaßnahmen vollständig abgeschlossen sind, erlischt sie in den von der Änderungsgenehmigung betroffenen Teilen (vgl. Fluck, ZfW 1996, 426; für Beginn der Änderungsmaßnahmen als relevanten Zeitpunkt Führ GK 184). Im Übrigen kann der Anlagenbetrei-

Nachträgliche Anordnungen § 17

ber auch später auf die Änderungsgenehmigung gegenüber der Behörde verbindlich verzichten; dann lebt die alte Genehmigung wieder auf, was eine Rückgängigmachung der Änderung ermöglicht (vgl. Hansmann, DVBl 1997, 1426; a. A. Führ GK 186).

Im Übrigen gelten zur **Wirkung** der Änderungsgenehmigung die Ausführungen in Rn.30–33 zu § 6. Desgleichen wird für den Umfang der Genehmigung auf Rn.37 zu § 6 verwiesen. Ergeht die Änderungsgenehmigung im förmlichen Verfahren, sind die Wirkungen etwas weitreichender. Anders als bei vereinfachten Änderungsgenehmigungen (vgl. § 19 Abs.2) kommen die Regelung des § 14 sowie im gestuften Verfahren die Präklusionswirkung des § 11 zum Tragen. Wird gem. Abs.2 auf eine Öffentlichkeitsbeteiligung verzichtet (oben Rn.37–45 a), hat die Genehmigung nur die Wirkungen einer vereinfachten Genehmigung (Czajka FE 101); näher zu diesen Wirkungen Rn.18 zu § 19. Insbesondere entfällt die Präklusion gem. § 10 Abs.3 S.2, gem. § 11 und gem. § 14 (Führ GK 353, 376). Zur Wirkung der Ablehnung Rn.39 zu § 6. 48

2. Durchsetzung und Rechtsschutz

Zur **Durchsetzung** der Genehmigungspflicht oben Rn.14. Ergeht eine Änderung unter Verstoß gegen Abs.2 ohne Öffentlichkeitsbeteiligung und ist das offensichtlich, dann ist die Genehmigung gem. § 44 Abs.1 VwVfG nichtig (vgl. Rn.134 zu § 10). Der Betrieb der Anlage stellt dann eine Straftat gem. § 327 Abs.2 StGB (Text in Rn.6 zu § 63) dar, an der die zuständige Behörde möglicherweise beteiligt ist. Zur Durchsetzung von Nebenbestimmungen Rn.28–30 zu § 12. 49

Zum **Rechtsschutz** des Antragstellers gegen die Genehmigungsverweigerung oder gegen Nebenbestimmungen gelten die Ausführungen in Rn.40–43 zu § 6. Dabei ist § 14a anzuwenden (Rn.2 zu § 14a). Für den Rechtsschutz Dritter gegen die Erteilung der Änderungsgenehmigung wird auf die Ausführungen in Rn.44–55 zu § 6 verwiesen. Sie können die Änderungsgenehmigung insb. dann angreifen, wenn sie in ihren materiellen Rechten beeinträchtigt werden (BVerwGE 85, 368/378 = NVwZ 1991, 369). Wird zu Unrecht die Öffentlichkeit gem. § 16 Abs.2 nicht beteiligt, ist die Genehmigung rechtswidrig (s. auch oben Rn.49). Nachbarn werden dadurch in ihren Rechten verletzt (vgl. Rn.130 zu § 10). Allerdings können sie diesen Rechtsverstoß nicht geltend machen, wenn der Verstoß offensichtlich zu keiner Verletzung ihrer materiellen Rechte geführt hat (näher Rn.132f zu § 10). 50

§ 17 Nachträgliche Anordnungen

(1) **Zur Erfüllung der sich aus diesem Gesetz und der auf Grund dieses Gesetzes erlassenen Rechtsverordnungen ergebenden Pflichten**[12 ff] **können**[46 ff] **nach Erteilung**[9] **der Genehmigung sowie nach einer nach § 15 Abs.1 angezeigten Änderung**[10] **Anordnungen**[19] **getroffen wer-**

§ 17 Genehmigungsbedürftige Anlagen

den. Wird nach Erteilung der Genehmigung sowie nach einer nach § 15 Abs.1 angezeigten Änderung festgestellt, dass die Allgemeinheit oder die Nachbarschaft nicht ausreichend vor schädlichen Umwelteinwirkungen oder sonstigen Gefahren, erheblichen Nachteilen oder erheblichen Belästigungen geschützt ist, soll die zuständige Behörde nachträgliche Anordnungen treffen.[49 ff]

(2) Die zuständige Behörde darf eine nachträgliche Anordnung nicht treffen, wenn sie unverhältnismäßig ist,[28 ff] vor allem wenn der mit der Erfüllung der Anordnung verbundene Aufwand außer Verhältnis zu dem mit der Anordnung angestrebten Erfolg steht;[33 ff] dabei sind insbesondere Art, Menge und Gefährlichkeit der von der Anlage ausgehenden Emissionen und der von ihr verursachten Immissionen sowie die Nutzungsdauer und technische Besonderheiten der Anlage zu berücksichtigen.[34 ff] Darf eine nachträgliche Anordnung wegen Unverhältnismäßigkeit nicht getroffen werden, soll die zuständige Behörde die Genehmigung unter den Voraussetzungen des § 21 Abs.1 Nr.3 bis 5 ganz oder teilweise widerrufen; § 21 Abs.3 bis 6 sind anzuwenden.[29]

(3) Soweit durch Rechtsverordnung die Anforderungen nach § 5 Abs.1 Nr.2 abschließend festgelegt sind, dürfen durch nachträgliche Anordnungen weitergehende Anforderungen zur Vorsorge gegen schädliche Umwelteinwirkungen nicht gestellt werden.[41 f]

(3 a) Die zuständige Behörde soll[79] von nachträglichen Anordnungen absehen, soweit in einem vom Betreiber vorgelegten Plan technische Maßnahmen[74] an dessen Anlagen oder an Anlagen Dritter vorgesehen sind, die zu einer weitergehenden Verringerung der Emissionsfrachten führen als die Summe der Minderungen, die durch den Erlass nachträglicher Anordnungen zur Erfüllung der sich aus diesem Gesetz oder den auf Grund dieses Gesetzes erlassenen Rechtsverordnungen ergebenden Pflichten bei den beteiligten Anlagen erreichbar wäre und hierdurch der in § 1 genannte Zweck gefördert wird.[76 f] Dies gilt nicht, soweit der Betreiber bereits zur Emissionsminderung auf Grund einer nachträglichen Anordnung nach Absatz 1 oder einer Auflage nach § 12 Abs.1 verpflichtet ist oder eine nachträgliche Anordnung nach Absatz 1 Satz 2 getroffen werden soll.[74] Der Ausgleich ist nur zwischen denselben oder in der Wirkung auf die Umwelt vergleichbaren Stoffen zulässig.[77] Die Sätze 1 bis 3 gelten auch für nicht betriebsbereite Anlagen, für die die Genehmigung zur Errichtung und zum Betrieb erteilt ist oder für die in einem Vorbescheid oder einer Teilgenehmigung Anforderungen nach § 5 Abs.1 Nr.2 festgelegt sind.[72] Die Durchführung der Maßnahmen des Plans ist durch Anordnung sicherzustellen.[81]

(4) Ist es zur Erfüllung der Anordnung erforderlich, die Lage, die Beschaffenheit oder den Betrieb der Anlage wesentlich zu ändern und ist in der Anordnung nicht abschließend bestimmt, in welcher Weise

Nachträgliche Anordnungen § 17

sie zu erfüllen ist, so bedarf die Änderung der Genehmigung nach § 16.[62 ff]

(4 a) Zur Erfüllung der Pflichten nach § 5 Abs.3 kann bei Abfallentsorgungsanlagen im Sinne des § 4 Abs.1 Satz 1 auch eine Sicherheitsleistung angeordnet werden.[20 a] Nach der Einstellung des gesamten Betriebs können Anordnungen zur Erfüllung der sich aus § 5 Abs.3 ergebenden Pflichten nur noch während eines Zeitraumes von einem Jahr getroffen werden.[43 ff]

(5) Die Absätze 1 bis 4 a gelten entsprechend für Anlagen, die nach § 67 Abs.2 anzuzeigen sind oder vor Inkrafttreten dieses Gesetzes nach § 16 Abs.4 der Gewerbeordnung anzuzeigen waren.[8, 72]

Übersicht

I. Bedeutung, EG-Recht, Vollzugsprobleme	1
1. Bedeutung, Abgrenzung, EG-Recht	1
a) Bedeutung und Verhältnis zu anderen Vorschriften	1
b) EG-Recht	4 a
2. Anwendungsprobleme, informale Maßnahmen, Vollzugsverträge	5
II. Materielle Rechtmäßigkeitsvoraussetzungen	8
1. Sachlicher und persönlicher Anwendungsbereich	8
a) Genehmigte Anlage	8
b) Adressat	11
2. Pflichtverletzung	12
a) Verletzung des geltenden Immissionsschutzrechts	12
b) Relevanz weiterer Gesichtspunkte	17
3. Ausgestaltung der Anordnung	19
a) Gegenstand	19
b) Insb. Einschränkungen des Anlagenbetriebs	21
c) Bestimmtheit	24
d) Durchführungsfrist; gestreckte Anordnung	25
e) Durchführbarkeit	27
III. Einschränkungen für den Erlass (Abs.2, 3)	28
1. Allgemeines zur Verhältnismäßigkeit	28
2. Die Voraussetzungen der Verhältnismäßigkeit im Einzelnen	31
a) Geeignetheit und Erforderlichkeit	31
b) Verhältnismäßigkeit ieS (Angemessenheit)	33
c) Besonderheiten bei der Durchsetzung konkretisierender Vorschriften	39
3. Einschränkung bei abschließend bestimmten Vorsorgeanforderungen (Abs.3)	41
4. Befristung bei Nachsorgeanordnungen (Abs.4 a S.2)	43
a) Bedeutung und Anwendungsbereich	43
b) Jahresfrist	45
IV. Sonstige Rechtmäßigkeitsvoraussetzungen und Konkretisierung	46
1. Ermessens- bzw. Soll-Entscheidung	46
a) Vorsorgeanordnungen	46

§ 17 Genehmigungsbedürftige Anlagen

b) Gefahrenanordnungen (Abs.1 S.2) u. ä.	49
c) Wahl der Maßnahmen	52
2. Formelle Rechtmäßigkeit	53
a) Zuständigkeit	53
b) Verfahren	54
3. Konkretisierende Regelungen	58
V. Wirkung, Durchsetzung, Rechtsschutz	61
1. Wirkung und Änderungen	61
a) Wirksamkeit und Suspensiveffekt	61
b) Notwendigkeit einer Änderungsgenehmigung	62
c) Anlagenerwerb, Aufhebung der Anordnung und weitere Anordnungen	65
2. Durchsetzung und Sanktionen	66
3. Rechtsschutz	67
a) Anlagenbetreiber	67
b) Dritte	68
VI. Sonderfall: Kompensation (Abs.3 a)	71
1. Bedeutung und Abgrenzung zu anderen Vorschriften	71
2. Voraussetzungen der Kompensation	72
a) Anwendungsbereich	72
b) Art, Durchführbarkeit und Wirkung der zu erbringenden Leistung	74
c) Kompensationsplan und Einverständnis	78
3. Folgen	79
4. Konkretisierung	82

Literatur: *Hansmann,* Der Bestandsschutz im Immissionsschutzrecht, in: Festgabe 50 Jahre BVerwG, 2003, 935; *Jarass,* Kooperation im Umweltrecht und vergleichende Analyse von Umweltinstrumenten, UPR 2001, 5; *Song,* Kooperatives Verwaltungshandeln durch Absprachen und Verträge beim Vollzug des Immissionsschutzrechts, 2000; *Albrecht,* Nachträgliche Anordnungen gegen immissionsschutzrechtliche Auflagen, SächsVBl 2000, 221; *Jankowski,* Bestandsschutz für Industrieanlagen, 1999; *Millgramm,* Bestandsschutz, Vertrauensschutz und Duldung im Bereich des BImSchG, NuR 1999, 608; *Schröder,* Die Durchsetzung immissionsschutzrechtlicher Pflichten mit § 17 BImSchG, BWVP 1996, 33; *Wickel,* Bestandsschutz im Umweltrecht, 1996; *Enders,* Kompensationsregelungen im Immissionsschutzrecht, 1996; *Hilger,* Die Legalisierungswirkung von Genehmigungen, 1996; *Köster,* Vollzug der immissionsschutzrechtlichen Nachsorgepflichten, ZUR 1995, 298; *Gall,* Voraussetzung und Inhalt der nachträglichen Anordnung zur Durchsetzung der Grundpflichten nach § 5 BImSchG, Diss. 1995; *Sendler,* Bestandsschutz im Wirtschaftsleben, WiVerw 1993, 235; *Meidrodt,* Das immissionsschutzrechtliche Reststoffvermeidungs- und -verwertungsgebot, 1993; *Fluck,* Die abschließend bestimmte nachträgliche Anordnung nach § 17 Abs.4 BImSchG, UPR 1992, 326; *Rehbinder,* Möglichkeiten und Grenzen einer Kompensation im Zusammenhang mit der Begrenzung von Emissionen und Immissionen im neuen Immissionsschutzrecht, in: Neuere Entwicklungen im Immissionsschutzrecht, 1991, 129; *Vallendar,* Die Betriebseinstellung – ein neuer Regelungstatbestand des BImSchG, UPR 1991, 91; *Salzwedel,* Betreiberpflichten im Zusammenhang mit einer Anlagenstillegung, in: Neuere Entwicklungen im Immissionsschutzrecht, 1991, 55; *Goßler,* Mehr Markt im Luftreinhalterecht?, UPR 1990, 255; *Blech,* Die Verhältnismäßigkeit nachträglicher Anordnungen nach § 17 Bundes-Immissionsschutzgesetz, 1990; *Hülsebusch,*

Nachträgliche Anordnungen § 17

Nachträgliche Anordnungen gem. § 17 Abs.1 BImSchG unter eigentumsrechtlichen Gesichtspunkten, Diss. 1989; *Jarass,* Die Anwendung neuen Umweltrechts auf bestehende Anlagen, 1987; *Jarass,* Reichweite des Bestandsschutzes industrieller Anlagen gegenüber umweltrechtlichen Maßnahmen, DVBl 1986, 314; *Markou,* Der Interessenkonflikt zwischen Gewerbebetrieben und Nachbarschaft am Beispiel des § 17 BImSchG, 1986; *Dolde,* Bestandsschutz von Altanlagen im Immissionsschutzrecht, NVwZ 1986, 873; *Beyer,* Der öffentlich-rechtliche Vertrag, informales Handeln der Behörden und Selbstverpflichtungen Privater als Instrumente des Umweltschutzes, Diss. 1986; *Sundermann,* Der Bestandsschutz genehmigungsbedürftiger Anlagen im Immissionsschutzrecht, Diss. 1985; *Jarass,* Effektivierung des Umweltschutzes gegenüber bestehenden Anlagen, DVBl 1985, 193.

I. Bedeutung, EG-Recht, Vollzugsprobleme

1. Bedeutung, Abgrenzung, EG-Recht

a) Bedeutung und Verhältnis zu anderen Vorschriften

aa) Primäres Instrument staatlicher Kontrolle bei genehmigungsbedürftigen Anlagen ist das *Genehmigungsverfahren.* Die Notwendigkeit, Maßnahmen des Immissionsschutzes zu treffen, kann sich aber auch nach Erteilung der Genehmigung ergeben. Die Gründe dafür sind vielfältig: Im Genehmigungsverfahren wurden vielleicht bestimmte Aspekte übersehen, der Genehmigungsinhaber hält einzelne Auflagen nicht ein, die Rechtslage oder die tatsächlichen Verhältnisse in der Umgebung der Anlage haben sich geändert, neue Immissionsschutztechniken wurden entwickelt etc. Das BImSchG stellt für **nachträgliche Maßnahmen** drei Instrumente zur Verfügung: *nachträgliche Anordnungen* nach § 17, das *Verbot des Anlagenbetriebs* nach § 20 sowie den *Widerruf* der Genehmigung nach § 21. Dazu kommt die *Rücknahme* der Genehmigung nach § 48 VwVfG (dazu Rn.39 zu § 21). Zum Verhältnis der nachträglichen Anordnung zur Untersagung gem. § 20 Abs.1 vgl. Rn.1 zu § 20; zum Verhältnis zu Widerruf und Rücknahme der Genehmigung Rn.20 zu § 21. Eine nachträgliche Anordnung ist nicht deswegen ausgeschlossen, weil eine Aufhebung der Genehmigung nur gegen Entschädigung möglich oder wegen Fristablaufs gem. § 21 Abs.2 oder gem. § 48 Abs.4 VwVfG ausgeschlossen ist. 1

Das Instrument der nachträglichen Anordnung dient zum einen der **Durchsetzung** immissionsschutzrechtlicher Pflichten (Hansmann LR 4f). Darüber hinaus können nachträgliche Anordnungen auch zur Konkretisierung immissionsschutzrechtlicher Pflichten eingesetzt werden (Hansmann LR 4f; Koch GK 2). Insb. die Grundpflichten des § 5 sind weithin so allgemein gefasst, dass im Einzelfall vielfach unklar ist, welche Konsequenzen sich aus ihnen ergeben. Die nachträgliche Anordnung lässt die für die Anlage erteilte Genehmigung *rechtlich* unberührt (Enders o. Lit. 155; Wickel o. Lit. 182); insoweit unterscheidet sie sich von nachträglichen Nebenbestimmungen sowie vom (Teil-)Widerruf. Faktisch wird allerdings die Gestattungswirkung der Genehmigung eingeschränkt. 2

§ 17   Genehmigungsbedürftige Anlagen

3   **bb)** Der Streit darüber, ob die **polizeirechtliche** (und ordnungsbehördliche) **Generalklausel** neben § 17 anwendbar ist, hat seit der Neufassung des Abs.2, abgesehen von der Zuständigkeit, keine Bedeutung mehr. In der Sache gelten aber die Ausführungen in Rn.2–4 zu § 20; für genehmigte Anlagen ist also allein § 17 einschlägig (Dietlein LR § 7 Rn.68; Kuhnt, ET 1983, 582; Hansmann LR § 52 Rn.20). Bei *Gefahr im Verzug* sind jedoch Sofortmaßnahmen auch auf Grund der polizeilichen Generalklausel möglich (OVG Bremen, FE-ES § 17–3, 4 f; Vallendar FE 7; Koch GK 201; Rn.3 zu § 20). Dagegen ist § 17 nicht einschlägig, wenn es um die Durchsetzung anderer als immissionsschutzrechtlicher Normen oder um nicht betriebsbezogene Maßnahmen geht (vgl. unten Rn.12–15); in diesen Fällen kann auf andere Ermächtigungen, insb. auf die polizeiliche Generalklausel zurückgegriffen werden (VGH BW, NVwZ 1990, 781; Fluck UL § 13 Rn.C 86; Albrecht, SächsVBl 2000, 222 ff; Hansmann LR 37). Dies gilt auch für ein Einschreiten gegen Immissionen nach **Bauordnungsrecht** (HessVGH, NVwZ-RR 1993, 468). Zum gleichzeitigen Verstoß gegen Immissionsschutzrecht und Normen iSd § 6 Abs.1 Nr.2 unten Rn.15.

4   **cc)** Im Hinblick auf das Risiko einer nachträglichen Anordnung, die auch dann ergehen kann, wenn sich die Umgebung einer Anlage ändert und dadurch Gefahrensituationen sich entwickeln (unten Rn.18), stehen dem Anlagenbetreiber nach Baurecht Abwehransprüche gegen die Planung oder Genehmigung einer störungsempfindlichen Bebauung in der Umgebung der Anlage zu (dazu BayVGH, UPR 1986, 32 f; NJW 1983, 299 f; Jarass WVR § 9 Rn.31 ff; Brohm § 21 Rn.29 ff). Man kann insoweit von **„präventivem Bestandsschutz"** sprechen (Hansmann, in: Festschrift 50 Jahre BVerfG, 2001, 950). Dagegen ergibt sich aus dem Immissionsschutzrecht kein solcher Anspruch, weil das BImSchG den Schutz des Anlagenbetreibers nicht bezweckt (Rn.17 zu § 1). Insb. vermittelt die immissionsschutzrechtliche Genehmigung keine derartigen Ansprüche (BVerwGE 88, 210/219 f = NVwZ 1991, 886; a.A. Spiegels, NVwZ 2003, 1092 f).

b) EG-Recht

4 a   Die Vorschrift des § 17 dient (auch) der Umsetzung des Art.13 Abs.1 der Richtlinie 96/61/EG über die integrierte Vermeidung und Verminderung der Umweltverschmutzung (Einl.34 Nr.8) in deutsches Recht. Weiter ist § 17 für das EG-Luftqualitätsrecht bedeutsam (unten Rn.51). Zu Empfehlungen über Umweltvereinbarungen unten Rn.7.

2. Anwendungsprobleme, informale Maßnahmen, Vollzugsverträge

5   Die Vorschrift des § 17 wird in der Praxis seltener eingesetzt als man das erwarten möchte (Bohne o. Lit. 164 ff, 291; allgem. zum **Vollzugsdefizit** Rn.1 zu § 52). Dafür gibt es unterschiedliche Gründe: Einmal können die

Nachträgliche Anordnungen **§ 17**

zuständigen Behörden überfordert sein, wenn sie im Einzelfall die Mittel zur Immissionsminderung vorschlagen sollen: Sie brauchen zwar an sich nur die Ziele vorzugeben (unten Rn.24); der Anlagenbetreiber wird aber häufig nur unverhältnismäßige Mittel sehen. Zweitens werden nachträgliche Anordnungen gravierender Art meist angefochten, mit der Folge, dass sie erst Jahre später wirksam werden (abgesehen vom Sonderfall der Anordnung des sofortigen Vollzugs). Drittens bestehen bei nachträglichen Anordnungen vielfach nur schwer einschätzbare Risiken für Arbeitsplätze sowie für die wirtschaftliche Stellung der betreffenden Kommune.

Diese Probleme führen häufig dazu, dass die Behörde mit dem Anlagenbetreiber einvernehmlich Lösungen zu erzielen sucht, die zwar idR nicht so weit gehen, wie eine nachträgliche Anordnung gehen könnte, die aber dafür sofort wirksam werden (vgl. Jarass, DVBl 1986, 320; Bohne o. Lit. 168 ff; Hansmann LR 1). Solche **einvernehmlichen Absprachen** sind regelmäßig bloße **informelle Absprachen,** haben also keinerlei rechtliche Bindungswirkung (Bohne o. Lit. 72; vgl. aber auch Fluck, NuR 1990, 199 f). Auch sonst gelten die Vorgaben, wie sie für Genehmigungsabsprachen beschrieben wurden (Rn.18 c zu § 10). 6

Darüber hinaus kann die zuständige Behörde gem. § 54 VwVfG mit dem Anlagenbetreiber einen **öffentlich-rechtlichen Vertrag** zum Vollzug des Immissionsschutzrechts schließen (Hansmann LR § 52 Rn.27); vgl. auch die Empfehlung 96/773/EWG über Umweltvereinbarungen zur Durchführung von Richtlinien der Gemeinschaft v. 27. 11. 1996 (ABl L 333/59). Solche Verträge können auch mehrere Anlagen betreffen. Weiter können sie Anforderungen festschreiben, die über die gesetzlichen Anforderungen hinausgehen (vgl. BVerwGE 84, 236/240 = NVwZ 1990, 665). Der Vertrag kann weiterhin vorsehen, dass die Behörde im Hinblick auf bestimmte Umstände auf den Erlass einer nachträglichen Anordnung verzichtet. Der Rechtsgedanke des § 17 Abs.3 a lässt sich insoweit verallgemeinern. Im Bereich der Gefahrenabwehr ist das aber wegen § 17 Abs.1 S.2 nur in Ausnahmefällen möglich (vgl. dazu unten Rn.49 f); zudem bedarf der Vertrag hier gem. § 58 Abs.1 VwVfG der Zustimmung der Nachbarn (vgl. Bonk SBS, § 58 Rn.11). Der Vertrag kann gem. § 61 VwVfG eine Klausel der sofortigen Vollstreckung enthalten, mit der Folge, dass seine Zwangsvollstreckung ohne gerichtliches Verfahren möglich ist. Weiter können gem. § 62 S.5 VwVfG Vertragsstrafen für den Fall der Nichteinhaltung vorgesehen werden (Beyer o. Lit. 172 f). Insgesamt kann ein öffentlich-rechtlicher Vertrag durchaus ein geeignetes Instrument zur Behebung von Mängeln sein (vgl. Arnold, VerwArch 1989, 128, 134 ff; a. A. Hansmann LR § 52 Rn.27). 7

II. Materielle Rechtmäßigkeitsvoraussetzungen

1. Sachlicher und persönlicher Anwendungsbereich

a) Genehmigte Anlage

8 **aa)** Anordnungen nach § 17 können in Bezug auf (abstrakt) **genehmigungsbedürftige** Anlagen (dazu Rn.13–21a zu § 4) getroffen werden. Darunter fallen auch die Anlagen des § 67 Abs.1 (Hansmann LR 48) und die anzeigepflichtigen Anlagen des § 67 Abs.2 bzw. des § 16 Abs.4 GewO a.F., wie § 17 Abs.5 klarstellt. Entsprechendes gilt für die Anlagen des § 67a Abs.1 sowie für von § 67 Abs.7 erfasste Abfallentsorgungsanlagen (Hansmann LR 49, 53). Darüber hinaus erfasst § 17 die anzeigefreien Anlagen des § 67 Abs.3 (Vallendar FE 6; Hansmann LR 55; Koch GK 66). Unter § 17 fallen des Weiteren Anlagen, bei denen die immissionsschutzrechtliche Genehmigung durch eine andere Zulassung, insb. durch eine Planfeststellung ersetzt wurde (vgl. Vallendar FE 6; Koch GK 63; Hansmann LR 50), es sei denn, das Gesetz über die konzentrierende Zulassung enthält eine Regelung für nachträgliche Anordnungen. Eine Vorschrift über Änderungen der Zulassung bzw. der Planfeststellung ist allerdings keine derartige Regelung, denn auch im Rahmen des BImSchG steht § 15 neben § 17. Erfasst werden endlich auch hoheitlich betriebene Anlagen (str.; näher Rn.15–17 zu § 2). Zu Nachsorgeanordnungen unten Rn.43ff.

9 **bb)** Eine Anordnung ist gem. Abs.1 S.1 nur „**nach Erteilung der Genehmigung**" möglich. Andererseits gilt die Regelung des Abs.5 auch für anzeigepflichtige Anlagen, für die zwangsläufig keine Genehmigung vorliegt. Die grundsätzliche Notwendigkeit einer Vorgenehmigung soll daher nur sicherstellen, dass Verstöße gegen die Genehmigungspflicht nicht durch eine nachträgliche Anordnung „beseitigt" werden, sondern im Interesse der Allgemeinheit und der Nachbarn über § 20 Abs.2 die Einholung einer Genehmigung erzwungen wird (Hansmann LR 56). Unerheblich ist, ob die Vorgenehmigung eine Erst- oder Änderungsgenehmigung (BayVGH, Feld-ES, § 17-1, 2f) oder ein die immissionsschutzrechtliche Genehmigung ersetzender Verwaltungsakt ist und ob sie rechtmäßig oder rechtswidrig ist. Bei Teilgenehmigungen sind nachträgliche Anordnungen hinsichtlich des abschließend geregelten Teils möglich; bei einem Vorbescheid sind sie generell ausgeschlossen (Hansmann LR 45, 47).

10 Der 1996 (Einl.2 Nr.27) eingefügte Hinweis in Abs.1 S.1 und in Abs.1 S.2 auf die „**nach § 15 Abs.1 angezeigte Änderung**" führt entgegen dem ersten Anschein zu keiner wirklichen Erweiterung, da dies nur gelten dürfte, sofern keine Änderungsgenehmigung verlangt wird und damit der Vorrang des Genehmigungsverfahrens zum Tragen kommt. Der doppelte Hinweis stellt allerdings klar, dass einerseits bereits mit der Anzeige unzulässiger Änderungen die Verletzung einer Rechtspflicht droht (unten Rn.12) und andererseits eine ausdrücklich erteilte oder wegen Fristversäumnis fingierte Genehmigungsfreistellung (Rn. 29, 38 zu § 15) einer

Nachträgliche Anordnungen **§ 17**

nachträglichen Anordnung nicht entgegen steht. Die Genehmigungsfreistellung beinhaltet keine verbindliche Entscheidung über die Rechtmäßigkeit der Änderung (Rn. 31 zu § 15) und schränkt daher die Möglichkeiten des § 17 in keiner Weise ein. Darüber hinaus macht der doppelte Hinweis deutlich, dass im Falle einer Anzeige nach § 15 Abs.1 eine nachträgliche Anordnung auch hinsichtlich der erst durchzuführenden Änderungsmaßnahmen möglich ist.

cc) Unerheblich ist, ob die Anlage **betrieben** wird. § 17 kann daher zwischen Genehmigung und Betriebsaufnahme zur Anwendung kommen (Hansmann LR 44), aber auch bei zeitweiliger Betriebseinstellung. Nach einer endgültigen **Betriebseinstellung** kommen die einschlägigen Vorschriften (unten Rn.12–16) in aller Regel nicht mehr zum Tragen (vgl. aber unten Rn.45). Wo das ausnahmsweise anders ist, wie im Fall des § 5 Abs.3, kann auch nach der Betriebseinstellung eine nachträgliche Anordnung ergehen. Zur Befristung von Anordnungen nach § 5 Abs.3 nach Betriebseinstellung unten Rn.45. 10 a

b) Adressat

Als Adressat der Anordnung kommt allein der Anlagenbetreiber (dazu Rn.81–84 zu § 3) in Betracht (Koch GK 67; Ohms Rn.667), da nur er Träger der fraglichen Pflichten sein kann. Soweit allerdings die Durchsetzung der Anordnung eine *Duldungsverfügung* gegen einen Dritten, etwa gegen einen vom Anlagenbetreiber verschiedenen Eigentümer notwendig macht (dazu unten Rn.27), bietet § 17 nach allgemeinen Regeln auch dafür die Grundlage (vgl. Hansmann LR 59; a.A. Koch GK 68). Zum Adressaten, wenn schädliche Umwelteinwirkungen durch mehrere Anlagenbetreiber verursacht wurden, unten Rn.47. *Nachsorgeanordnungen* (unten Rn.43 ff) sind, sofern die Anlage noch betrieben wird, an den Betreiber der Anlage zu richten. Nach Betriebseinstellung ist allein der letzte Anlagenbetreiber Adressat; frühere Betreiber werden nicht mehr erfasst (Rn.107 zu § 5; a.A. Hansmann LR 115). 11

2. Pflichtverletzung

a) Verletzung des geltenden Immissionsschutzrechts

aa) Eine Anordnung setzt weiter voraus, dass der Anlagenbetreiber eine Rechtspflicht **verletzt** bzw. dass die Verletzung einer Rechtspflicht **droht**, die sich aus dem BImSchG oder einer darauf gestützten Rechtsverordnung ergibt (Ohms Rn.637). Entscheidender Zeitpunkt für die Beurteilung der Rechts- und Tatsachenlage ist der Zeitpunkt der behördlichen Entscheidung über die nachträgliche Anordnung (vgl. Hansmann LR 72). Wie der doppelte Hinweis in § 17 Abs.1 auf die „nach § 15 Abs.1 angezeigte Änderung" zeigt, liegt die Voraussetzung des drohenden Pflichtverstoßes insb. dann vor, wenn eine Änderung angezeigt wird, bei der nicht alle immissionsschutzrechtlichen Pflichten eingehalten werden (Hansmann LR 72). 12

§ 17 Genehmigungsbedürftige Anlagen

12a **bb)** § 17 dient zunächst der Durchsetzung der **Grundpflichten des § 5.** Darunter fällt die Schutzpflicht des § 5 Abs.1 S.1 Nr.1. Weiter sind Anordnungen zur Durchsetzung der Vorsorgepflicht des § 5 Abs.1 S.1 Nr.2 möglich, was allerdings z.T. konkretisierende Rechts- oder Verwaltungsvorschriften voraussetzt; näher Rn.66f zu § 5. Bei § 5 Abs.1 S.1 Nr.1 wie bei § 5 Abs.1 S.1 Nr.2 kann sich die Anordnung nicht nur auf schädliche Umwelteinwirkungen, also auf schädliche Immissionen, sondern auch auf sonstige Einwirkungen (dazu Rn.24–29 zu § 5) beziehen. Durchgesetzt werden können weiter Anforderungen gem. § 5 Abs.1 S.1 Nr.3 (unten Rn.13), gem. § 5 Abs.1 S.1 Nr.4 und gem. § 5 Abs.3 (Hansmann, NVwZ 1993, 926; unten Rn.43). Pflichten im Hinblick auf schädliche Bodenverunreinigungen werden, wie § 3 Abs.3 S.1 BBodSchG verdeutlicht, von verschiedenen Regelungen des § 5 erfasst und können dann auch auf der Grundlage von § 17 durchgesetzt werden. Zu beachten ist, dass sich aus § 5 organisatorische Anforderungen ergeben können (Hansmann LR 61, 133f; Rn.7f zu § 52a).

13 Bei der Durchsetzung der **Anforderungen des § 5 Abs.1 S.1 Nr.3** durch nachträgliche Anordnungen (dazu BVerwGE 107, 299/301 = NJW 1999, 1416; Meidrodt o.Lit. 141f) ist zu beachten, dass § 17 auch zur Durchsetzung der abfallrechtlichen Vorgaben, auf die § 5 Abs.1 S.1 Nr.3 Hs.4 verweist (dazu Rn.85 zu § 5) eingesetzt werden kann (Paetow KPV § 9 Rn.3). Daher kann nach § 17 dem Anlagenbetreiber verboten werden, Abfälle unter Verletzung dieser Vorschriften einer Verwertung oder Beseitigung zuzuführen (OVG Saarl, NVwZ 1990, 493); in Zweifelsfällen kann verlangt werden, entsprechende Nachweise vorzulegen (VGH BW, NVwZ 1985, 433). Die anlagenexterne Abfallentsorgung selbst ist nicht anlagenbezogen, weshalb § 17 insoweit nicht genutzt werden kann (Rn.89 zu § 5).

14 Weiter kommt § 17 zum Tragen, wenn es um die Einhaltung von sonstigen Pflichten geht, die in den **Vorschriften des BImSchG** oder in auf das BImSchG gestützten **Rechtsverordnungen** zu finden sind (teilw. str.; vgl. unten Rn.14a), sofern nicht spezielle Ermächtigungen zum Erlass von Anordnungen vorhanden sind (Engelhardt/Schlicht 5). § 17 ist daher auch anzuwenden auf die Verletzung von Pflichten aus § 15 Abs.1 (Rn.21 zu § 15), aus § 15 Abs.3 (Rn.47 zu § 15), aus § 27 (Rn.17 zu § 27), aus § 31, aus § 51b (Rn.3 zu § 51b), aus § 52a (Rn.12 zu § 52a) und aus §§ 53–58d (vorbehaltlich spezieller Ermächtigungen wie in § 53 Abs.2, § 55 Abs.2 oder § 58a Abs.2). Kraft ausdrücklicher Regelung ist hingegen die Verletzung der Genehmigungspflicht ausgenommen (oben Rn.9). Im Bereich der Rechtsverordnungen sind v.a. die nach § 7 erlassenen Verordnungen von Bedeutung, weiter die Rechtsverordnungen nach § 48a Abs.1 und § 49 Abs.1, 2. Damit werden auch die Vorgaben der 22. BImSchV, unter dem Einfluss des § 45 (dazu Rn.7 zu § 45), erfasst (Amtl. Begr., BT-Drs. 14/8450, S.12; Hansmann LR § 45 Rn.10); zu den insoweit bestehenden Grenzen Rn.6b zu § 6.

14a Eine Anwendung von § 17 auf **bestimmte Vorschriften** des BImSchG wird z.T. **abgelehnt,** etwa generell bei Mitwirkungspflichten im

Bereich der Überwachung (so Koch GK 72) oder bei abschließend festgelegten Pflichten (so Hansmann LR 63). Insoweit soll die einschlägige Pflichtennorm oder § 52 Abs.1 als Grundlage einer nachträglichen Anordnung dienen. Der Wortlaut des § 17 liefert dafür keinerlei Anhaltspunkte. Das Argument, dass die Anwendung dieser Bestimmungen den (faktischen) Bestand der Genehmigung nicht tangiert, vermag nicht zu überzeugen, da dem durch eine zurückhaltende Handhabung des § 17 Abs.2 Rechnung getragen werden kann. Wenn schließlich darauf verwiesen wird, dass ein Verstoß gem. § 17 eine Ordnungswidrigkeit darstelle, eine solche Sanktion aber etwa hinsichtlich der Pflichten der §§ 53 ff nicht vorgesehen sei (vgl. Hansmann LR § 52 Rn.20), dann ist zu beachten, dass in diesem Falle nicht nur gegen eine abstrakte Norm, sondern zusätzlich gegen eine konkrete Anordnung verstoßen wird. Im Übrigen führt die Anwendung des § 52 Abs.1 zu Widersprüchen etwa bei § 15 oder bei § 27: Der Verstoß gegen diese Normen stellt eine Ordnungswidrigkeit dar; eine auf § 52 Abs.1 gestützte Verfügung zur Durchsetzung dieser Normen wäre aber keine Ordnungswidrigkeit.

Schließlich dient § 17 auch der Durchsetzung von Vorschriften in anderen Gesetzen, soweit es in der Sache allein um die Durchsetzung der Pflichten des § 5 geht. Dies ergibt sich aus dem TEHG (dazu Einl.20). Gem. § 4 Abs.7 S.2 TEHG können bei Anlagen, die im Zeitpunkt des Inkrafttretens des TEHG bereits genehmigt waren, durch nachträgliche Anordnungen die Vorgaben des Gesetzes konkretisiert werden. Weiter ist eine nachträgliche Anordnung bei einem Verstoß gegen die Vorgaben des TEHG möglich, wie § 4 Abs.8 S.1 TEHG entnommen werden kann. Allerdings kommt nach dieser Vorschrift der Durchsetzung der Berichtspflicht nach § 17 TEHG und der Durchsetzung der Abgabepflicht nach § 18 TEHG der Vorrang zu; auf nachträgliche Anordnungen nach § 17 kann erst zurückgegriffen werden, wenn die genannten Maßnahmen nicht zu rechtmäßigen Zuständen führen. **14 b**

cc) Die Durchsetzung der Pflichten des **§ 6 Abs.1 Nr.2** ist über § 17 **nicht** möglich; insoweit ist auf die Ermächtigungen anderer Gesetze zurückzugreifen (Hansmann LR 67; Koch GK 73; vgl. Rn.20 zu § 13). Die sonstigen Ermächtigungen werden dabei nicht eingeschränkt (so aber Wasielewski GK § 13 Rn.67). Verstößt ein Handeln gleichzeitig gegen die Immissionsschutzvorschriften wie gegen andere Gesetze, ist § 17 anwendbar, ggf. parallel zu anderen Eingriffsnormen (anders Hofmann GK 78 zu § 13). Näher zur genauen Abgrenzung von § 6 Abs.1 Nr.1 und 6 Abs.1 Nr.2 vgl. Rn.11 a zu § 6. **15**

dd) Durch Anordnungen nach § 17 kann ein drohender Pflichtenverstoß **verhindert** oder ein andauernder Verstoß **beendet** werden (Hansmann LR 57). Eine Folgenbeseitigung zu verlangen, ist dagegen nicht möglich (Hansmann LR 123), etwa die Reinigung des Bodens auf Nachbargrundstücken (vgl. Rn.111 zu § 5). Die Beseitigung von Bodenverunreinigungen auf dem Anlagengrundstück (zu dessen Abgrenzung Rn.109 zu § 5) kann dagegen verlangt werden, sofern von ihnen gegen § 5 ver- **16**

§ 17 Genehmigungsbedürftige Anlagen

stoßende Wirkungen gegen Nachbarn oder andere Dritte ausgehen (Hansmann LR 123).

b) Relevanz weiterer Gesichtspunkte

17 Für die Beurteilung der Pflichtverletzung spielt der **Inhalt der erteilten Genehmigung** an sich keine Rolle. Eine Anordnung nach § 17 ist etwa nicht deshalb ausgeschlossen, weil das Handeln des Anlagenbetreibers durch die Genehmigung gedeckt ist (Vallendar FE 9; Hansmann LR 61; Sach o. Lit. 119f; Kloepfer § 14 Rn.115; Engelhardt/Schlicht 1; vgl. allerdings auch unten Rn.35); die gesetzlichen Anforderungen wie die tatsächlichen Verhältnisse können sich ändern. Auch kann eine nachträgliche Anordnung erforderlich sein, weil sich die der Genehmigung zugrunde liegenden Prognosen als unzutreffend erweisen (Hansmann LR 4). Zudem kommt es im Hinblick auf die Abgrenzung zu § 21 nicht darauf an, ob der Kern der Genehmigung substantiell eingeschränkt wird (Sach, Genehmigung als Schutzschild, 1994, 129; anders Hansmann LR 30; nicht dagegen die von Hansmann angeführten Entscheidungen). § 17 und § 21 können sich überschneiden (BVerwGE 65, 313/321f = NVwZ 1983, 32). Der Schutz gegen eine zu starke Entwertung der Genehmigung ergibt sich aus § 17 Abs.2 (i. E. ähnlich Hansmann LR 31). Liegt der Pflichtverstoß in einer wesentlichen Abweichung der Anlage oder ihres Betriebs von der Genehmigung, wird § 17 verdrängt: Es muss eine Änderungsgenehmigung eingeholt werden (BayVGH, FE -ES § 17–1, 3f; oben Rn.9). Geschieht dies nicht, kann die Behörde nach § 20 Abs.2 bzw. (im Hinblick auf echte Auflagen) nach § 20 Abs.1 eingreifen.

18 Durch welche **Ursachen** der Pflichtverstoß bedingt ist, spielt keine Rolle (Hansmann LR 69; Ohms Rn.641). Der Verstoß gegen die Vorsorgepflicht des § 5 Abs.1 Nr.2 kann sich etwa aus der Fortentwicklung der Technik ergeben. Die Pflicht des § 5 Abs.1 Nr.1 kann verletzt sein, wenn sich die Sachlage ändert, z.B. durch den Bau von Wohnhäusern in der Nähe der Anlage (BVerwG, NVwZ 1985, 186f; Sellner Rn.425; Vallendar FE 9; Bethge/Meurers 109; a.A. Fluck, DVBl 1992, 870). Entscheidend ist allein der Verstoß gegen die genannten Rechtspflichten, unabhängig davon, ob er auf ein schuldhaftes Verhalten des Anlagenbetreibers oder auf von ihm nicht zu vertretende Umstände oder Ereignisse zurückzuführen ist, die möglicherweise gänzlich außerhalb seiner Einflusssphäre liegen (Vallendar FE 9; Koch GK 75). Bei der Beurteilung der Erheblichkeit einer Gefahr spielt allerdings eine Rolle, ob die Anlage *vor* den gefährdeten Objekten existierte (näher Rn.58 zu § 3). Im Übrigen ist aber unerheblich, ob die fragliche Tatsache bereits vor Erlass der Genehmigung vorhanden war oder nicht (Engelhardt/Schlicht 6; Hansmann LR 69).

3. Ausgestaltung der Anordnung

a) Gegenstand

19 Als Anordnungen sind Weisungen zur **Beschaffenheit** (dazu Rn.4 zu § 7) der Anlage, zur Art und Weise des **Anlagenbetriebs** wie zu sonsti-

Nachträgliche Anordnungen § 17

gen **Handlungen** zu verstehen, die der Erfüllung immissionsschutzrechtlicher Normen dienen, auch die Anbringung von Schutzmauern etc. (Koch GK 116; a. A. Martens, DVBl 1981, 605, der einen direkten Bezug zum Anlagenbetrieb verlangt). Alle gem. § 12 möglichen Auflagen, modifizierenden Auflagen und Inhaltsbestimmungen können Gegenstand einer Anordnung sein (Sellner Rn.436). Nicht verlangt werden kann die Sanierung von Nachbargrundstücken, die durch den Anlagenbetrieb verunreinigt wurden (oben Rn.16). Erfasst wird auch die Einholung von Gutachten über Abhilfemöglichkeiten (BVerwG, GewArch 1977, 387; Vallendar FE 10) oder die Pflicht, Störfälle anzuzeigen (Hansmann LR 141). Zur Ermittlung von Emissionen und Immissionen Rn.7 zu § 26. Auch zu den Organisationspflichten (dazu Rn.7 f zu § 52a) sind Anordnungen möglich (Hansmann LR 133). Anordnungen sind zudem möglich, wenn zu ihrer Durchführung ein Genehmigungsverfahren notwendig ist, wie Abs.4 entnommen werden kann (dazu unten Rn.62).

Bloße **Gefahrerforschungseingriffe** können nicht auf § 17 gestützt werden (Hansmann LR 124; Seibert, DVBl 1992, 666 ff; Salzwedel o. Lit. 67 f). Bodenuntersuchungen können daher nur verlangt werden, wenn ausreichende Anhaltspunkte für eine Gefahr bestehen (vgl. BayVGH, NVwZ 1986, 944). Die Feststellung, ob eine Gefahr vorliegt, muss die Behörde selbst vornehmen (Hansmann, NVwZ 1993, 927). **20**

Sicherheitsleistungen für die materiellen Vorgaben können grundsätzlich nicht verlangt werden. Anderes gilt gem. der 2001 eingefügten (Einl.2 Nr.43) Vorschrift des Abs.4 a S.2 für Abfallentsorgungsanlagen, also für Anlagen, deren primärer Zweck die Lagerung oder Behandlung von Abfällen ist (näher Rn.7 f zu § 4). Was die Voraussetzungen für die Verhängung einer Sicherheitsleistung angeht, so gelten die Ausführungen in Rn.10a zu § 12 entsprechend (vgl. Hansmann LR 146c). Zum Ermessen unten Rn.47. **20 a**

b) Insb. Einschränkungen des Anlagenbetriebs

Der **Anlagenbetrieb** darf **nicht** objektiv **unmöglich** werden (Hansmann LR 28); eine Anordnung setzt begrifflich voraus, dass die Anlage weiterbetrieben werden kann (OVG NW, NVwZ 1988, 173; Vallendar FE 7). Ist das nicht der Fall, kommen als Grundlage nur § 20 oder § 21 in Betracht. Die Bedeutung dieser Einschränkung darf aber nicht überschätzt werden. Zunächst kann eine Anordnung auch darin bestehen, einen defekten Teil durch einen neuen Anlagenteil zu *ersetzen,* sofern nur so die Einhaltung der immissionsschutzrechtlichen Anforderungen sichergestellt werden kann. Der Anlagenbetrieb wird dadurch allenfalls kurzfristig unterbrochen, der Bestandsschutz durch § 17 Abs.2 sichergestellt. Weiter ist eine Anordnung, die Anlage *an eine andere Stelle zu verlegen,* noch als Anordnung iSd § 17 einzustufen, sofern es um eine kleinräumige Verlegung geht (vgl. Koch GK 119; Rn.5 zu § 15; anders Vallendar FE 10). **21**

Des Weiteren kann eine **Einschränkung des Anlagenbetriebs** im Wege der Anordnung ergehen, solange die Anlage **überwiegend weiter-** **22**

betrieben werden darf. Daher kann § 17 die Grundlage für Einschränkungen der Betriebszeit sein (Koch GK 120; Hansmann LR 132; zu § 24 BVerwGE 90, 163/168 = NJW 1992, 2779; Bethge/Meurers 109). Eine Anordnung liegt begrifflich auch dann vor, wenn wirtschaftliche Gründe die Einstellung notwendig machen (BVerwG, AgrarR 1986, 90); in diesem Falle kann aber die Schranke der Verhältnismäßigkeit (dazu unten Rn.31 ff) greifen.

23 Darüber hinaus lässt sich noch von einer Anordnung sprechen, wenn (etwa um eine unmittelbar drohende Gefahr abzuwenden) ein **kurzfristiges Abschalten** der Anlage oder eines Anlagenteils verlangt wird (Hansmann LR 14 zu § 20; a. A. Koch GK 201). Darin liegt keine Untersagung iSd § 20 Abs.1, weil sie der Konkretisierung immissionsschutzrechtlicher Pflichten und nicht der Sanktionierung eines Pflichtenverstoßes dient (vgl. Rn.1 zu § 20). Solche vorübergehenden Anordnungen kommen insb. in Betracht, wenn (etwa auf Grund einer Störung des bestimmungsgemäßen Betriebs) akute Risiken für die Gesundheit oder für bedeutende Sachwerte bestehen, andererseits offen ist, ob die hinreichende Wahrscheinlichkeit für dauerhafte Maßnahmen gegeben ist. Voraussetzung ist aber auch insoweit ein angemessenes Verhältnis zwischen der Anordnung und den drohenden Risiken. Die Maßnahmen sind aufzuheben, sobald sich herausstellt, dass die angenommene Gefährdung nicht besteht oder eine mildere Maßnahme genügt. Daneben kann eine einstweilige Maßnahme auch auf die polizeirechtliche Generalklausel gestützt werden (oben Rn.3). Ein *dauerhaftes* Abschalten der Anlage muss dagegen auf die Ermächtigungen der §§ 20, 21 und des § 48 VwVfG gestützt werden.

c) Bestimmtheit

24 Die Anordnung kann das Mittel nennen oder lediglich das Ziel angeben (BVerwG, NVwZ 1997, 498; Hansmann LR 126, 130). Sie muss **ausreichend bestimmt** sein; insoweit gelten die Ausführungen in Rn.12 zu § 12 entsprechend. Andernfalls ist sie nichtig (Hansmann LR 148). Enthält die Anordnung eine abschließende Festlegung der gebotenen Maßnahmen, ersetzt sie gem. Abs.4 die Änderungsgenehmigung (näher unten Rn.62–64).

d) Durchführungsfrist; gestreckte Anordnung

25 Für die Durchführung der Anordnung ist eine angemessene **Frist** vorzusehen (VGH BW, NVwZ 1985, 434; Vallendar FE 10). Die Untergrenze der Frist hängt von der Durchführbarkeit ab (Hansmann LR 151). Bei Gefahrenanordnungen ist diese Frist in der Regel auch die Obergrenze (vgl. unten Rn.50). Im Bereich der Vorsorgeanordnungen kann die Frist im Hinblick auf das Ermessen ausgeweitet werden (Hansmann LR 177; Vallendar FE 12). Die Fristsetzung ist von der mit der Zwangsmittelandrohung verbundenen Frist zu unterscheiden; fällt sie zu kurz aus, berührt das nicht die Rechtmäßigkeit der nachträglichen Anordnung (VGH BW, NVwZ 1985, 434).

Nachträgliche Anordnungen **§ 17**

Die Anordnung kann sich auch auf einen **künftigen Zeitpunkt** beziehen, wenn sie zum gegenwärtigen Zeitpunkt nicht möglich, insb. nicht verhältnismäßig ist. Dies ergibt sich aus dem allgemeinen Verwaltungsrecht, weshalb die Streichung der darauf bezogenen Regelung des Abs.2 S.2 a. F. ohne Bedeutung war (Sellner Rn.451; Vallendar FE 2; Bethge/Meurers 112). Durch die *gestreckte Verfügung* wird eine Abstimmung der nachträglichen Anordnung mit dem Investitionsplan des Betriebs ermöglicht und damit die Verhältnismäßigkeit erleichtert (Amtl. Begr., BT-Drs. 7/179, 37; Ule UL 18); die Durchführung einer nachträglichen Anordnung im Zusammenhang mit ohnehin vorzunehmenden Ersatzinvestitionen ist sehr viel kostengünstiger (Ohms Rn.665). In der Anordnung können dem Betreiber auch Vorbereitungsmaßnahmen auferlegt werden, die die spätere Erfüllung ermöglichen, etwa den Nachweis über die Berücksichtigung der Anordnung bei Investitionsentscheidungen, die Einholung von Angeboten über Schutzvorrichtungen oder deren Kauf sowie die Ermittlung von Abhilfemöglichkeiten (oben Rn.19). Fällt der Hinderungsgrund früher als erwartet weg, kann jederzeit eine sofort wirksame Anordnung erlassen werden. Stellt sich andererseits später heraus, dass die Hindernisse nicht wegfallen, so wird die Anordnung rechtswidrig; die Verpflichtung des Abs.2 S.2 (dazu Rn.21 zu § 21) lebt wieder auf (Schmatz/Nöthlichs 7).

26

e) Durchführbarkeit

Die Anordnung darf nichts rechtlich oder tatsächlich **Unmögliches** verlangen; andernfalls ist sie rechtswidrig, ggf nach § 44 VwVfG auch nichtig. Unmöglichkeit idS liegt auch vor, wenn die Durchführung allein dem Adressaten unmöglich ist, wobei allerdings wirtschaftliches Unvermögen keine Rolle spielt (Hansmann LR 150). Auch liegt keine Unmöglichkeit vor, wenn durch die Einstellung geeigneten Personals oder die Anschaffung entsprechender Geräte die Probleme bewältigt werden können. Im Falle einer *rechtlichen* Unmöglichkeit, die Folge des Umstands ist, dass der Adressat der Anordnung nur zusammen mit einer anderen Person (wegen deren Verfügungsbefugnis) Maßnahmen einleiten kann, ist die Anordnung rechtmäßig und nur nicht vollziehbar, solange gegen die weiteren Personen keine geeigneten Verfügungen ergangen sind (BVerwGE 40, 101/103 = BayVBl 1973, 161). Zum Erlass einer Duldungsverfügung gegen den Dritten oben Rn.11.

27

III. Einschränkungen für den Erlass (Abs.2, 3)

1. Allgemeines zur Verhältnismäßigkeit

Während die bis 1985 geltende Fassung des Abs.2 nachträgliche Anordnungen durch die wirtschaftliche Vertretbarkeit beschränkte, nimmt die heutige Fassung des Abs.2 den Bestandsschutz auf die Unverhältnismäßigkeit und damit auf das **verfassungsrechtlich Gebotene** zurück (Dolde,

28

NVwZ 1986, 876; Sellner Rn.444; Feldhaus, UPR 1985, 389f). Einfachgesetzlicher und verfassungsrechtlicher Bestandsschutz (dazu Kutscheidt LR Vorb. 21 ff vor § 4) fallen damit zusammen. Abs.2 liefert ein wesentliches Element des *passiven Bestandsschutzes* (dazu Rn.32 zu § 6). Daneben gibt es keinen zusätzlichen Bestandsschutz (BGHZ 99, 262/268f = NJW 1987, 1320). Zum aktiven Bestandsschutz Rn.26–28 zu § 16. Zum präventiven Bestandsschutz oben Rn.4.

29 Die Verhältnismäßigkeitsprüfung erfolgt in unterschiedlicher Weise, je nachdem, ob die nachträgliche Anordnung *unmittelbar die Grundpflichten des § 5 Abs.1* oder eine konkretisierende Rechtsverordnung etc. durchsetzt (dazu unten Rn.39). Zu Nachsorgeanordnungen unten Rn.69. Ist eine nachträgliche Anordnung gem. Abs.2 S.1 ausgeschlossen, muss möglicherweise die *Genehmigung* gem. Abs.2 S.2 *widerrufen* werden, sofern die Voraussetzungen des § 21 vorliegen (Koch GK 115c); näher dazu Rn.21 zu § 21. Für die Frage, ob eine Maßnahme verhältnismäßig ist, soll der Anlagenbetreiber die materielle Beweislast tragen (BVerwG, NVwZ 1997, 500; Vallendar FE 16; Hansmann LR 99; Ohms Rn.649; Berg, Beweismaß und Beweislast im öffentlichen Umweltrecht, 1995, 150ff, a.A. Koch GK 150; Enders o. Lit. 149). Zum *maßgeblichen Zeitpunkt* für die gerichtliche Beurteilung unten Rn.67, 69.

30 Die Beschränkungen des Abs.2 spielen kaum eine Rolle, wenn die Pflichtverletzung gleichzeitig eine **Verletzung des Genehmigungsbescheids** bzw. einer Nebenbestimmung dazu darstellt. Das ist vor allem für Bedingungen, modifizierende Auflagen und Befristungen von Bedeutung (für die Durchsetzung der echten Auflage bedarf es keiner Anordnung). Da in diesen Fällen sogar eine Untersagung möglich wäre (näher Rn.10f zu § 20), kann eine nachträgliche Anordnung regelmäßig nicht an den Voraussetzungen des Abs.2 scheitern. Eigentliche Grundlage für die Anordnung ist insoweit § 20 Abs.2 (vgl. Hansmann LR 28).

2. Die Voraussetzungen der Verhältnismäßigkeit im Einzelnen

a) Geeignetheit und Erforderlichkeit

31 Das Prinzip der Verhältnismäßigkeit iwS verlangt zunächst, dass die nachträgliche Anordnung **geeignet** ist, die fragliche Pflichtverletzung (oben Rn.12–18) zu korrigieren (Ohms Rn.644), sei es auch nur teilweise. Zulässig sind also auch Verbesserungsanordnungen, mit denen ein Pflichtenverstoß nicht vollständig beseitigt wird, sofern dadurch nicht auf Dauer die Herstellung eines rechtmäßigen Zustands verhindert wird (Hansmann LR 80, 164; a.A. Koch GK 86ff).

32 Weiter muss die Anordnung **erforderlich** sein; d.h. es darf kein alternatives, für den Anlagenbetreiber weniger belastendes Mittel geben, das dem verfolgten Zweck ebenso gerecht wird (Hansmann LR 81). Hat die Behörde in ihrer Anordnung ein Mittel aufgeführt, so ist sie nach dem Vorbild des allgemeinen Ordnungsrechts verpflichtet, den Einsatz eines vom Anlagenbetreiber benannten, gleich effektiven Austausch- bzw. Er-

Nachträgliche Anordnungen § 17

satzmittels zu gestatten (BVerwG, NVwZ 1997, 498; Hansmann LR 81; Vallendar FE 10).

b) Verhältnismäßigkeit ieS (Angemessenheit)

Schließlich darf der mit der nachträglichen Anordnung verbundene 33 Aufwand für den Anlagenbetreiber gem. Abs.2 S.1 nicht außer Verhältnis zu dem mit der Anordnung angestrebten Erfolg stehen. Die Anordnung darf nicht unangemessen sein. Wichtige insoweit bedeutsame Belange sind in Abs.2 S.1 aufgeführt, ohne dass sie abschließend sind (Hansmann LR 83):

aa) Zunächst ist gem. Abs.2 S.1 der mit der Erfüllung der Anordnung 34 verbundene Aufwand bedeutsam; es kommt auf die **Belastungen für den Anlagenbetreiber** an. Erfasst werden die Kosten der Änderungsinvestitionen, der Produktionsausfälle sowie die Folgekosten (Hansmann LR 89). Abzuziehen sind potentielle Vorteile, etwa mögliche staatliche Zuschüsse (dazu Benkert, NuR 1984, 132f; Schmatz/Nöthlichs 4.3); der Anlagenbetreiber kann dem nicht durch Ablehnung entgehen. Zu berücksichtigen ist auch die Möglichkeit, Belastungen über Preiserhöhungen an den Verbraucher weiterzugeben, was insb. für Monopolunternehmen von Bedeutung ist (Hansmann LR 90). Daraus resultierende Belastungen der Verbraucher können allerdings ein Gegenargument im Rahmen der Ermessensabwägung darstellen (unten Rn.46). Gleiches gilt für alle anderen Belastungen Dritter oder der Allgemeinheit. Der Aufwand des Anlagenbetreibers wird weiter gem. Abs.2 S.1 durch die *technischen Besonderheiten* der Anlage beeinflusst, ohne dass deshalb auf jede technische Einzelheit eingegangen werden muss (Hansmann LR 88; Koch GK 114). So kann der Einsatz neuer Techniken erhebliche Risiken einschließen. Des Weiteren sind besonders enge Raumverhältnisse am Anlagenstandort von Bedeutung (Vallendar FE 14). Nicht zu berücksichtigen sind Kosten, die daraus resultieren, dass der Anlagenbetreiber in der Vergangenheit seinen Pflichten aus § 5 und aus Rechtsverordnungen gem. § 7 nicht nachgekommen ist (näher Rn.116 zu § 5). Im Hinblick auf die Pflichten des § 5 Abs.3 hat der Betreiber entsprechende Rücklagen zu bilden (Vallendar UPR 1991 94f).

Der Aufwand ist nach Abs.2 S.1 in Relation zu setzen zur **Nutzungs-** 35 **dauer:** Er ist zum einen umso geringer einzustufen, je länger die Anlage bereits genutzt worden ist, je mehr sie bereits abgeschrieben werden konnte (Kutscheidt LR 39e zu § 7; Hansmann LR 86; Ohms Rn.646; Vallendar FE 14). Umgekehrt sind Anforderungen gegenüber erst vor kurzem genehmigten Anlagen eher unverhältnismäßig. Dagegen entfaltet die Anzeige nach § 15 Abs.1 keine solche Wirkung (Wickel, DÖV 1997, 682f; Knopp/Wolf, BB 1997, 1597). Des Weiteren ist die künftige Restnutzungsdauer bedeutsam, auf die die Kosten umgelegt werden können; je kürzer sie ausfällt, umso größer ist der Aufwand für den Betreiber (Vallendar FE 14; Meidrodt o. Lit. 108; Hansmann LR 86f). Schließlich kann der Aufwand durch eine gestreckte Verfügung reduziert werden (oben Rn.26).

§ 17 Genehmigungsbedürftige Anlagen

36 bb) Was den **angestrebten Erfolg** angeht, sind gem. Abs.2 S.1 insb. die Art der Emissionen bedeutsam, etwa, ob sie leicht oder schwer abbaubar sind, weiter die Menge der von der Anlage ausgehenden Emissionen sowie deren Gefährlichkeit, etwa ob sie krebserregend oder hoch toxisch sind. Zudem ist gem. Abs.2 S.1 die Immissionssituation im Anlagenbereich zu berücksichtigen. Bei Gefahrenanordnungen kommt es allein auf die Immissionen an (Dolde, NVwZ 1986, 882 f). Weiter dürfte von Relevanz sein, in welchem Umfang der Anlagenbetreiber seine Pflichten verletzt. Schließlich ist zu berücksichtigen, dass Pflichtverletzungen häufig einen sachlich unberechtigten Wettbewerbsvorteil im Vergleich zu gesetzestreuen Wettbewerbern darstellen (BGHZ 144, 255/267 = NJW 2000, 3351; LAI, UPR 1987, 38).

37 cc) Bei der **Abwägung** dieser beiden Faktorengruppen spielt v. a. eine Rolle, ob es um eine Anordnung zur Gefahrenabwehr oder zur Vorsorge geht. Anordnungen zur Abwehr *konkreter Gesundheitsgefahren* sind generell verhältnismäßig, selbst wenn sie die Einstellung der Anlage bedeuten (Hansmann LR 94; Schulze-Fielitz 302; Dolde, NVwZ 1986, 882; LAI, UPR 1987, 39). Bei sonstigen konkreten Gefahren sowie bei erheblichen Nachteilen und Belästigungen spielt dagegen die Belastung des Anlagenbetreibers bereits eine Rolle (einschr. Vallendar FE 15). Besonderes Gewicht erhält sie bei Vorsorgemaßnahmen (Jarass, DVBl 1986, 316 f; Sellner Rn.448). Besonderheiten ergeben sich, wenn Rechts- oder Verwaltungsvorschriften den Erlass nachträglicher Anordnungen regeln (dazu unten Rn.39 f). Von überragender Bedeutung ist endlich die **zeitliche Dimensionierung** der Anforderungen. Übergangsfristen können Anforderungen, die an sich unverhältnismäßig sind, verhältnismäßig werden lassen (Jarass, DVBl 1986, 317; Sendler, UPR 1983, 45).

37 a Die Grenze der Verhältnismäßigkeit ist immer gewahrt, wenn die Anordnung für einen (wirtschaftlich gesunden) **Durchschnittsbetreiber** wirtschaftlich **vertretbar** ist; diese Grenze des § 17 Abs.2 a. F. („Anlagen der von ihm betriebenen Art") sollte durch die Neuordnung verschärft werden (Vallendar FE 13; Hansmann LR 78; Wickel o. Lit. 167; Jarass o. Lit. 1987, 29 f), hat also als Untergrenze weiterhin Bestand. Grenzkostenbetriebe können sich daher auch unter dem neuen Recht nicht auf ihre schwierige Situation berufen (Koch GK 111; Jarass o. Lit. 1987, 85 f). Eine Ausnahme gilt allerdings dort, wo diese Fälle so häufig sind, dass sie eine selbständige Untergruppe bilden (Ohms Rn.647). Umgekehrt ist die Grenze der Verhältnismäßigkeit bei Vorsorgeanordnungen in der Regel überschritten, wenn langfristig die Ertragslage derartig verschlechtert wird, dass eine Stilllegung unumgänglich erscheint (Dolde, NVwZ 1986, 878), es sei denn, die Anlage ist bereits abgeschrieben (Vallendar FE 5; Kutscheidt, RdE 1984, 230).

38 dd) Bei **anzeigepflichtigen und anzeigefreien Anlagen** (zur Abgrenzung Rn.13–17, 28 zu § 67), für die keine Genehmigung erteilt wurde, sind eher nachträgliche Anordnungen möglich. In diesem Falle hat der

Nachträgliche Anordnungen **§ 17**

Betreiber weniger Anlass, auf die Rechtmäßigkeit der vorgenommenen Investitionen zu vertrauen, als dann, wenn die Investitionen behördlich genehmigt wurden (Jarass, o. Lit. 1987, 85). Aus diesem Grunde galt die frühere Schranke der wirtschaftlichen Vertretbarkeit nicht für diese Anlagen (dazu BayVGH, GewArch 1981, 30; Kutscheidt LR Vorb. 24 vor § 4). Heute gilt die Schranke der Verhältnismäßigkeit für genehmigte wie für anzeigepflichtige Anlagen. Wegen des reduzierten Vertrauenstatbestandes bei den anzeigepflichtigen Anlagen ist die Hürde der Verhältnismäßigkeit hier aber weniger hoch (Führ GK § 67 Rn.83). Für **Altanlagen,** auch genehmigte, besteht regelmäßig kein zusätzlicher Bestandsschutz (vgl. Meidrodt o. Lit. 110 ff; Rn.9 zu § 67).

c) Besonderheiten bei der Durchsetzung konkretisierender Vorschriften

Legen **Rechtsverordnungen** (oder Satzungen) näher fest, welche Anforderungen an bestehende Anlagen gestellt werden können, sind die Rechtsvorschriften und nicht der Einzelfall am Grundsatz der Verhältnismäßigkeit zu messen, und zwar auf dem dann einschlägigen allgemeinen Niveau (Ohms Rn.645; Wickel o. Lit. 170 f; Dolde, NVwZ 1986, 877; Jarass, DVBl 1986, 318; LAI, UPR 1987, 37). Insbesondere spielen die Immissionen im Einwirkungsbereich keine Rolle (BVerwG, NVwZ 1995, 996; Hansmann LR 95; Dolde, NVwZ 1986, 880; Vallendar FE 14 a.E.). Abzuwägen ist der Aufwand für Anlagen der fraglichen Art vor allem mit dem gesamtwirtschaftlichen Nutzen der Emissionsreduzierung (Ossenbühl, NVwZ 1986, 167 f), orientiert am Besorgnispotential der relevanten Emissionen. Eine zusätzliche Verhältnismäßigkeitsprüfung im Einzelfall ist unnötig (Vallendar FE 15; Kutscheidt LR § 7 Rn.34). Generell gilt allerdings, dass Rechtsvorschriften nur insoweit die Verhältnismäßigkeitsprüfung allgemein vorweggenommen haben können, als sie abschließend bestimmte Pflichten iSd Rn.13 zu § 20 enthalten. Die Anwendung von Öffnungsklauseln wie in § 5 Abs.1 S.2 der 13. BImSchV bedarf daher einer einzelfallbezogenen Verhältnismäßigkeitsprüfung (Wickel o. Lit. 171). **39**

Für **qualifizierte Verwaltungsvorschriften** (dazu Rn.44 f zu § 48) gilt Ähnliches, allerdings mit der Besonderheit, dass atypische Sonderfälle nicht erfasst werden (BVerwG, NVwZ 1995, 996; 1997, 499; Vallendar FE 15; Sellner Rn.448). Für diese Sonderfälle ist eine einzelfallbezogene Verhältnismäßigkeitsprüfung notwendig, die allerdings nur die mit den Besonderheiten des Einzelfalles verbundenen Belastungen betrifft und zudem auf echte atypische Einzelfälle beschränkt bleiben muss (BVerwG, NVwZ 1997, 499; Dolde, NVwZ 1986, 880 f; Feldhaus, WiVerw 1986, 83 f). Als konkretisierende Verwaltungsvorschrift sind v.a. die Regelungen der Nr.6 der TA Luft bedeutsam, die den verfassungsrechtlichen Anforderungen gerecht werden dürften (vgl. Koch GK 142 ff). **40**

§ 17 Genehmigungsbedürftige Anlagen

3. Einschränkung bei abschließend bestimmten Vorsorgeanforderungen (Abs.3)

41 Die Einschränkung des § 17 Abs.3 ist erst während des Gesetzgebungsverfahrens eingefügt worden und daher mit anderen Regelungen des Immissionsschutzrechts höchst unzureichend abgestimmt. Sie gilt, wie die Vorschrift ausdrücklich sagt, nur dann, wenn eine Rechtsverordnung Vorsorgeanforderungen **abschließend** festlegt (und nicht etwa unmittelbare Rechtspflichten enthält; Hansmann LR 108; Dietlein LR § 7 Rn.64; a.A. Vallendar FE 17). Von einer abschließenden Regelung iSd Abs.3 kann man nur bei einer eindeutigen Aussage der Rechtsverordnung ausgehen. Gegenwärtig geht die Regelung damit weithin ins Leere (Dietlein LR § 7 Rn.64; Koch GK 151), da die insoweit v.a. interessierenden Verordnungen keinen abschließenden Charakter haben (str.; näher Rn.31, 34, 37 zu § 7). Allerdings kann man nach der Entstehungsgeschichte der Verordnungen davon ausgehen, dass sie für den Zeitpunkt ihres Erlasses die Anforderungen der Vorsorge ausschöpfen wollten, soweit sie keine ausdrücklichen Öffnungsklauseln enthalten. Daher sprach für einige Zeit die Vermutung dafür, dass Vorsorgeanordnungen hinsichtlich der in der 13. BImSchV geregelten Stoffe über die dort festgelegten Grenzen nicht hinausgehen können, sollen sie die Grenzen des § 5 Abs.1 S.1 Nr.2 nicht überschreiten. Im Übrigen kann man Abs.3 als einen Hinweis auf den Umstand verstehen, dass die Vorsorge in Teilbereichen durch Einzelfallentscheidungen nur umgesetzt werden kann, wenn das Prinzip durch eine Rechtsverordnung oder Verwaltungsvorschrift konkretisiert wurde (dazu Rn.66f zu § 5).

42 Auf (qualifizierte) **Verwaltungsvorschriften** ist Abs.3 nicht anwendbar; eine analoge Anwendung dürfte ausscheiden (Hansmann LR 105; Koch GK 150; a.A. Vallendar FE 17), weil damit der Unterschied zwischen Verwaltungsvorschriften und Rechtsverordnungen völlig verwischt wird. Allerdings vermögen qualifizierte Verwaltungsvorschriften im Regelfall auf Grund ihrer Rechtsnatur eine gewisse Bindungswirkung zu erzeugen (ebenso i.E. Dolde, NVwZ 1986, 880; Feldhaus, WiVerw 1986, 85); näher dazu Rn.44ff zu § 48.

4. Befristung bei Nachsorgeanordnungen (Abs.4a S.2)

a) Bedeutung und Anwendungsbereich

43 Im Hinblick auf die Pflichten des § 5 Abs.3 kann eine nachträgliche Anordnung (**Nachsorgeanordnung**) auch nach endgültiger Betriebseinstellung ergehen (vgl. oben Rn.10a). Grundlage ist insoweit Abs.1, nicht die lediglich modifizierende Regelung in Abs.4a S.2 (Vallendar, UPR 1991, 94; Hansmann, NVwZ 1993, 926f).

44 Abs.4a S.2 gilt für **alle Anlagen,** wie oben in Rn.8 beschrieben, auch für nicht genehmigte, aber genehmigungsbedürftige Anlagen (Koch GK 185). Erfasst werden also nicht allein die Abfallentsorgungsanlagen des Abs.4a S.1 (Koch GK 185). **Adressat** einer Nachsorgeanordnung ist der-

jenige, den Pflichten nach § 5 Abs.3 treffen. Dies ist v. a. derjenige, der im Zeitpunkt der Betriebseinstellung Anlagenbetreiber war, auch wenn er nicht die Ursache für den pflichtwidrigen Zustand gesetzt hat (Hansmann LR 115). Zudem dürfte ein früherer Betreiber Adressat sein, sofern er während seiner Betriebszeit Pflichten nach § 5 Abs.3 nicht erfüllt hat (BVerwGE 107, 299/303 = NJW 1999, 1416; Hansmann LR 115; Koch GK 185c).

b) Jahresfrist

Gemäß Abs.4a S.2 ist eine Nachsorgeanordnung nur in einem **Zeit-** 45 **raum von einem Jahr** seit Betriebseinstellung möglich. Bis zum 1. 3. 1999 galt eine Frist von zehn Jahren (vgl. Einl.2 Nr.30). Die Frist beginnt mit der Betriebseinstellung (dazu Rn.41f zu § 15) zu laufen, sofern sie endgültig ist, spätestens mit dem Erlöschen der Genehmigung nach § 18 Abs.1 Nr.2. Die Einstellung muss die gesamte Anlage betreffen. Sind allerdings Teile der Anlage selbständig betreibbar und bedürfen sie als solche einer immissionsschutzrechtlichen Genehmigung, ist ihre Stilllegung selbständig zu betrachten (Hansmann LR 116). Darüber hinaus dürfte die Einstellung des Betriebs die Jahres-Frist des Abs.4a S.2 nur dann zum Laufen bringen, wenn eine ordnungsgemäße Anzeige iSd § 15 Abs.3 erfolgte (Kloepfer § 14 Rn.117; Kotulla KO § 5 Rn.127; Koch GK 185c; wohl auch BVerwG, NVwZ 1997, 1001; a.A. Hansmann LR 117), jedenfalls wenn die Behörde nicht auf andere Weise zureichende Kenntnis von der Stilllegung erhalten hat (Grete/Küster, NuR 2002, 471). Allein dann ist die Behörde in der Lage, die Notwendigkeit einer Anordnung gerecht zu beurteilen. Wurde die rechtzeitige Anzeigeerstattung versäumt, beginnt die Frist zu laufen, sobald die ordnungsgemäße Anzeige nachgeholt wurde. Für *erlassene* Anordnungen gilt die Jahres-Frist nicht; sie können auch später noch vollzogen und ggf. durchgesetzt werden (Hansmann LR 119; Koch GK 185d; Vallendar, UPR 1991, 95). Die Frist gilt nicht für Anordnungen nach anderen Gesetzen (Hansmann LR 120; Koch GK 185f; vgl. Rn.105 zu § 5).

IV. Sonstige Rechtmäßigkeitsvoraussetzungen und Konkretisierung

1. Ermessens- bzw. Soll-Entscheidung

a) Vorsorgeanordnungen

Der Erlass einer nachträglichen Anordnung steht im Ermessen der zu- 46 ständigen Behörde, soweit nicht die Voraussetzungen des Abs.1 S.2 vorliegen (dazu unten Rn.49); aus Abs.4a kann sich eine Einschränkung des Ermessens ergeben (unten Rn.71ff). Die Einräumung des Ermessens bedeutet, dass es der Behörde überlassen bleibt, entsprechend den ihr angemessen erscheinenden Zweckmäßigkeitskriterien, eine Anordnung zu erlassen oder nicht zu erlassen. Auch Anordnungen, die nur zu einer *Teil-*

§ 17 Genehmigungsbedürftige Anlagen

korrektur der Pflichtverletzung führen, sind möglich, ebenso Anordnungen, die *aufschiebend befristet* sind (a. A. Bohne o. Lit. 169 ff). Die Behörde hat im Rahmen der dabei gebotenen Abwägung der kollidierenden Interessen (OVG Saarl AS 16, 99) den Zweck der Ermächtigung zu beachten, der nicht allein in den Zwecken des § 1 besteht. Vielmehr fallen darunter alle Zwecke, die sich aus der Gesamtheit der Rechtsvorschriften für die in Frage stehende Entscheidung entnehmen lassen (Hansmann LR 181; Kopp/Ramsauer, § 40 Rn.49; str.). Von daher können im Rahmen des Ermessens bei nachträglichen Anordnungen auch Fragen der *Arbeitsplatzsicherheit,* der *Versorgungssicherheit* etc. berücksichtigt werden (Hoppe, NJW 1977, 1850 f; Hansmann LR 93, 180 unter teilw. Zuordnung zur Abwägung; a. A. Koch GK 98). Nimmt der Anlagenbetreiber kostspielige Verbesserungen an einer Anlage vor, kann das für eine Zurückstellung einer Anordnung hinsichtlich einer anderen Anlage sprechen (Bohne o. Lit. 176 ff). Berücksichtigungsfähig sind auch besondere Anstrengungen eines Unternehmens mit dem Umwelt-Audit nach der EG-Verordnung für Umweltmanagement und Umweltbetriebsprüfung (Feldhaus, UPR 1997, 347 f; Rn.21 zu § 58 e).

47 Die Festlegung einer **Sicherheitsleistung** gem. Abs.4 a S.1 (dazu oben Rn.20 a) steht im Ermessen der Behörde (Hansmann LR 146 d). Im Bereich der Anordnungen nach Abs.4 a S.2 zur Durchsetzung der **Pflichten aus § 5 Abs.3** nach Einstellung des gesamten Betriebs dürfte es hingegen entscheidend sein, ob es um die Gefahrenabwehr oder um Vorsorge geht. Im ersten Fall gilt Abs.1 S.2 (unten Rn.49 f), im zweiten Abs.1 S.1 (oben Rn.46).

48 Ein **Ermessensfehler** liegt zunächst vor, wenn die Behörde nicht erkennt, dass ihr ein Ermessensspielraum zusteht. Weiter ist die Ermessensausübung rechtswidrig, wenn die Behörde Gesichtspunkte tatsächlicher oder rechtlicher Art berücksichtigt, die nach dem Sinn und Zweck des BImSchG oder der anderen einschlägigen Rechtsvorschriften (oben Rn.46) keine Rolle spielen dürfen oder umgekehrt Gesichtspunkte außer Acht lässt, die zu berücksichtigen sind (Kopp/Ramsauer, § 40 Rn.62 f). Insb. dürfen nicht unzutreffende sachliche Feststellungen oder willkürliche Erwägungen eine Rolle spielen. Wenn in ähnlichen Fällen nicht eingeschritten wird, liegt darin ein Verstoß gegen den Gleichheitssatz, sofern keine sachliche Rechtfertigung für die unterschiedliche Behandlung ersichtlich ist (Sellner Rn.434; Hansmann LR 172). Im Bereich von Luftreinhalteplänen sowie von Lärmminderungsplänen ist das Ermessen eingeschränkt (Hansmann LR 171); näher Rn.39 zu § 47. Konkretisierungen des Ermessens enthalten die TA Luft und die TA Lärm (unten Rn.58–60).

b) Gefahrenanordnungen (Abs.1 S.2) u. ä.

49 aa) In den Fällen des Abs.1 S.2 wird das Ermessen der Genehmigungsbehörde beschränkt. **Voraussetzung** ist, dass durch die Anlage *konkret* bzw. belegbar und nicht nur potentiell schädliche Umwelteinwirkungen

ausgelöst werden, d. h., dass die Anlage gegen die Pflicht des § 5 Abs.1 S.1 Nr.1 (oder eine diese Pflicht konkretisierende Norm) verstößt; näher dazu Rn.9–43 zu § 5. Notwendig ist insb. ein belegbarer und nicht ganz geringfügiger Mitverursachungsanteil (vgl. Rn.17 zu § 5; Hansmann LR 168; Koch GK 85). Unerheblich ist, ob es sich um schädliche Umwelteinwirkungen, also schädliche Immissionen, oder um sonstige Einwirkungen (dazu Rn.24–26 zu § 5) handelt, wie etwa Explosionen, Brandgefahren etc. Schließlich fallen unter Abs.1 S.2 Verstöße gegen die ebenfalls der Gefahrenabwehr dienende Nachsorgepflicht des § 5 Abs.3 Nr.1 (Hansmann LR 168); näher dazu Rn.108–111 zu § 5. In welchem Umfang die Behörde Ermittlungen vornehmen muss, um das Vorliegen von Gefahren etc. festzustellen, hängt von den zu vermutenden Risiken ab (Hansmann LR 178; sehr pauschal OVG NW, NVwZ 1988, 175).

Liegen die Voraussetzungen vor, dann **soll** die zuständige Behörde eine 50 Anordnung erlassen. Das bedeutet, dass sie **im Regelfall** eine Anordnung erlassen **muss** (Koch GK 82). Nur wenn atypische, von der Behörde nicht zu vertretende (BVerwGE 42, 26/29 = NJW 1973, 1206) Umstände vorliegen, steht die Entscheidung im behördlichen Ermessen (Hansmann LR 167; Vallendar FE 12; vgl. auch die Nachweise in Rn.39 zu § 20). Atypische Umstände liegen etwa vor, wenn die Betroffenen in die Beeinträchtigung eingewilligt haben (Hansmann LR 169), nicht jedoch deshalb, weil im Einwendungsverfahren keine Bedenken vorgetragen wurden (vgl. Rn.98 zu § 10; a. A. Vallendar FE 12). In atypischen Situationen ist insb. eine Teilkorrektur möglich (vgl. oben Rn.46). Praktisch bedeutet das Regel-Ausnahme-Verhältnis v. a., dass der Erlass einer Gefahrenanordnung (über die Darlegung der Gefahrensituation hinaus) keiner besonderen Begründung bedarf (Jarass o. Lit. 1987, 30; Vallendar FE 12), während bei Ablehnung einer Anordnung die Behörde die besonderen Umstände wie ihre Ermessenserwägungen ausführlich darlegen muss (BVerwGE 49, 16/23). Dabei ist v. a. zu begründen, warum die Interessen der Nachbarn zurückstehen müssen. Berücksichtigung müssen deren Interessen auch in atypischen Fällen im Rahmen der dann erforderlichen Ermessensabwägung finden. Schließlich sind auf jeden Fall EG-rechtliche Vorgaben einzuhalten (vgl. oben Rn.4a).

bb) Ist die Anordnung notwendig, um die Einhaltung von Immis- 51 sionsgrenzwerten oder Alarmschwellen sicherzustellen, die aufgrund einer Rechtsverordnung nach § 48a Abs.1 erlassen wurden (EG-Luftqualitätswerte), kommt es gem. § 45 zu einer erheblichen **Einschränkung des behördlichen Entscheidungsspielraums** (Rn.14 zu § 45 sowie unten Rn.59). Die Immissionswerte müssen allerdings verbindlich geworden sein.

c) Wahl der Maßnahmen

Grundsätzlich keine Einschränkung des Ermessens besteht bei der **Wahl** 52 **zwischen** mehreren geeigneten **Maßnahmen** (Hansmann LR 174). Allerdings ist auch insoweit der Grundsatz der Verhältnismäßigkeit zu beachten. Werden schädliche Umwelteinwirkungen (oder sonstige Einwirkungen) durch **mehrere Anlagenbetreiber** zusammen verursacht und genügt ein Vorgehen gegen einen Anlagenbetreiber, steht die Auswahl im Ermessen der Behörde (Hansmann LR 175). Bei der Ausübung des Auswahlermessens muss aber dem Rechtsgedanken des § 47 Abs.4 S.1 wesentliches Gewicht zukommen; daneben können auch Gesichtspunkte der Praktikabilität und Beschleunigung eine Rolle spielen (Hansmann LR 175; Rn.14 zu § 47; einschr. Vallendar FE 12). Weitere Gesichtspunkte können der Nr.5.3 Abs.2 TA Lärm entnommen werden.

2. Formelle Rechtmäßigkeit

a) Zuständigkeit

53   Zuständig zum Erlass nachträglicher Anordnungen sind regelmäßig bestimmte Landesbehörden (zu den einschlägigen Rechtsgrundlagen Einl.56). Zum Bereich der Landesverteidigung vgl. § 1 Abs.1 der 14. BImSchV. Im Bereich der Bundesfernstraßen, der Bundeswasserstraßen und der Eisenbahnen des Bundes, wo eine nachträgliche Anordnung v. a. für Nebenanlagen in Betracht kommt (Rn.9f zu § 2), wird von einer Zuständigkeit der Bundesbehörden ausgegangen (Einl.55). Die Zuständigkeitsregelungen gelten auch für Anlagen, bei denen die immissionsschutzrechtliche Genehmigung durch eine andere, insb. durch eine Planfeststellung ersetzt wurde (Schmatz/Nöthlichs 9.8), sofern § 17 zum Tragen kommt (dazu oben Rn.8). Zur Durchsetzung baurechtlicher und anderer Normen außerhalb des BImSchG oben Rn.15.

b) Verfahren

54   Die Behörde hat den Sachverhalt gem. § 24 Abs.1 S.1 VwVfG von Amts wegen zu **ermitteln.** Art und Umfang der Ermittlungen stehen gem. § 24 Abs.1 S.2 und § 26 Abs.1 VwVfG in ihrem pflichtgemäßen Ermessen, wobei von ihr im Prinzip eine umfassende Aufklärung verlangt wird (Vallendar FE 19; Kopp/Ramsauer, § 24 Rn.8). Zu den Informationsmöglichkeiten der Behörde Rn.20f zu § 52.

55   Bevor die Anordnung erlassen wird, muss dem Anlagenbetreiber gem. § 28 Abs.1 VwVfG Gelegenheit gegeben werden, sich zu den für die Entscheidung erheblichen Tatsachen zu äußern **(Anhörung).** Davon kann gem. § 28 Abs.2, 3 VwVfG nur ausnahmsweise abgewichen werden. Drittbetroffene können von Amts wegen oder auf Antrag gem. § 13 Abs.2 S.1 VwVfG hinzugezogen werden und sind dann, wie der betroffene Anlagenbetreiber, Verfahrensbeteiligte iSd § 13 VwVfG. Den Beteiligten ist gem. § 29 VwVfG auf Antrag **Einsicht** in die das Verfahren betreffenden **Akten** zu gewähren, soweit deren Kenntnis zur Geltendmachung oder Verteidigung ihrer Interessen erforderlich ist. Außerdem muss die Behörde gem. § 25 S.2 VwVfG auf Antrag Auskünfte über die im Verfahren zustehenden Rechte und Pflichten erteilen.

56   Die Anordnung kann gem. § 37 Abs.2 VwVfG **schriftlich** oder **mündlich** ergehen (Schmatz/Nöthlichs 10a; Hansmann LR 210; a.A. Sellner

Nachträgliche Anordnungen § 17

Rn.440). Im zweiten Fall kann gem. § 37 Abs.2 S.2 VwVfG eine schriftliche Bestätigung verlangt werden. Schriftliche Anordnungen sind gem. § 39 VwVfG idR zu begründen. Die Anordnung ist gem. § 41 VwVfG dem Betreiber bzw. seinem Vertreter **bekanntzugeben;** dies gilt auch dann, wenn der Betreiber eine Kommanditgesellschaft ist (HessVGH, UL-ES, § 17–28, 1). Eine förmliche *Zustellung* ist nicht nötig, aus Beweisgründen aber zu empfehlen. Mit der Bekanntgabe wird die Anordnung wirksam (unten Rn.61).

Sind **Form- und Verfahrensfehler** aufgetreten, ist zu beachten, dass 57 gem. § 45 VwVfG eine Reihe von Verfahrenserfordernissen bis zum Abschluss des verwaltungsgerichtlichen Verfahrens nachgeholt werden können. Außerdem führt gem. § 46 VwVfG nicht jeder Verfahrensfehler zur Rechtswidrigkeit (vgl. Rn.132–134 zu § 10).

3. Konkretisierende Regelungen

Die nicht einfachen Anordnungsvoraussetzungen sind in Teilbereichen 58 durch **Verwaltungsvorschriften** näher konkretisiert worden, wobei diese Vorschriften gleichzeitig Ermessensrichtlinien enthalten; zur rechtlichen Bedeutung von Verwaltungsvorschriften Rn.43–58 zu § 48. Insoweit ist zunächst auf den übergreifenden Entwurf einer Verwaltungsvorschrift durch den LAI in seiner Sitzung vom 22.–24. 10. 1986 hinzuweisen (abgedr. bei Hansmann LR 74).

Im Bereich der **Luftverunreinigungen** hat die Nr.6 der TA Luft kon- 59 kretisierende Regelungen getroffen (näher Friedrich, NuR 2003, 217 ff), die streng genommen für bestehende Anlagen iSd Nr.2.10 TA Luft gelten, im Wesentlichen aber darüber hinaus anwendbar sind (Rn.28 zu § 48). Für Gefahrenanordnungen finden sich nähere Regelungen in Nr.6.1 TA Luft. Die Irrelevanzklausel der Nr.4.2.2 dürfte hier nicht anwendbar sein (Koch GK 135 ff). Die EG-Luftqualitätswerte sind im Umkehrschluss zu Nr.6.1.5 TA Luft grundsätzlich strikt durchzusetzen; doch sind bestimmte Relativierungen zu beachten (näher Rn.6 b zu § 6). Für Vorsorgeanordnungen finden sich in Nr.6.2 TA Luft detaillierte Vorgaben (dazu Koch GK 141 ff; Friedrich, NuR 2003, 217 f).

Im Bereich des **Lärms** ergeben sich wichtige Konkretisierungen aus 60 Nr.5.1 und Nr.5.3 der TA Lärm (dazu Rn.16–22 zu § 48). Ob die Nr.5.1 Abs.3 TA Lärm mit dem Gesetz vereinbar ist, erscheint sehr zweifelhaft (Koch GK 148 b ff; Ch. Müller, Die TA Lärm als Rechtsproblem, 2001, 224 ff).

V. Wirkung, Durchsetzung, Rechtsschutz

1. Wirkung und Änderungen

a) Wirksamkeit und Suspensiveffekt

Die nachträgliche Anordnung wird gem. § 43 Abs.1 VwVfG mit ihrer 61 Bekanntgabe an den Adressaten *wirksam,* es sei denn, sie ist nichtig (§ 43

§ 17 Genehmigungsbedürftige Anlagen

Abs.3 VwVfG). Widerspruch sowie Anfechtungsklage haben allerdings gem. § 80 Abs.1 VwGO aufschiebende Wirkung. Das heißt, der Betreiber kann sich so verhalten, als ob die Anordnung noch keine Wirksamkeit erlangt hätte. Mit der rechtskräftigen Ablehnung des Rechtsbehelfs entfällt allerdings **rückwirkend** der Suspensiveffekt (BVerwGE 55, 280/287), so dass der Anlagenbetreiber die nachträgliche Anordnung nur auf eigenes Risiko missachten kann. Keine aufschiebende Wirkung tritt ein, wenn von vornherein oder später die sofortige Vollziehung gem. § 80 Abs.2 Nr.4 VwGO angeordnet worden ist. Deren Voraussetzungen sind bei einer nachweisbaren Gefahr für die Gesundheit oder erhebliche Sachwerte regelmäßig gegeben (vgl. Vallendar FE 21); bei Vorsorgeanordnungen kommt eine sofortige Vollziehung in Betracht, wenn das Interesse zügiger Sanierung und der Gleichbehandlung überwiegt (vgl. Vallendar FE 21; Hansmann LR 214).

b) Notwendigkeit einer Änderungsgenehmigung

62   aa) Die nachträgliche Anordnung lässt gem. Abs.4 das Erfordernis einer **Änderungsgenehmigung** für die Durchführung der Anordnung grundsätzlich **unberührt**. Der Anlagenbetreiber muss daher unten den Voraussetzungen des § 15 Abs.1 die Änderung anzeigen und entsprechende Unterlagen vorlegen (Rn.11 zu § 15), sofern er nicht gleich eine Änderungsgenehmigung nach § 16 beantragt (vgl. NdsOVG, NVwZ-RR 1993, 8).Verlangt die Behörde in einer nachträglichen Anordnung die Durchführung eines Änderungsgenehmigungsverfahrens, liegt darin ein Genehmigungsverlangen iSd § 15 Abs.2 (dazu Rn.28 zu § 15). Sie kann eine Frist für die Stellung des Genehmigungsantrags setzen (Hansmann LR 143; Koch GK 180). Entsprechendes gilt für andere Genehmigungen.

63   **bb)** Auf die Durchführung eines Änderungsgenehmigungsverfahrens kann gem. Abs.4 jedoch verzichtet werden, wenn die nachträgliche Anordnung **abschließend bestimmt** ist. Dies ist der Fall, wenn die Anordnung alle Regelungen enthält, die in eine Änderungsgenehmigung gehören (Hansmann LR 153). Die abschließende Bestimmtheit fehlt hingegen etwa, wenn die Anordnung lediglich eine Zielvorgabe enthält (Koch GK 179 a). Ob die Änderung so ausgestaltet wird, steht im Ermessen der Behörde (Hansmann LR 227). Um Zweifel zu vermeiden, sollte in der Anordnung klargestellt werden, ob ein abschließender Charakter gewollt ist. Im Hinblick auf die berechtigten Interessen der Nachbarn und die Vorgaben des EG-Rechts dürfte § 17 Abs.4 außerdem allein unter den Voraussetzungen des § 16 Abs.2 sowie in den Fällen des vereinfachten Verfahrens anwendbar sein; nur dann kann auf eine Beteiligung der Öffentlichkeit wirklich verzichtet werden (Koch GK 179; Scheuing GK § 15 Rn.106; a. A Czajka FE § 16 Rn.28). Da aber nachträgliche Anordnungen der Verbesserung dienen, dürften die Voraussetzungen des § 16 Abs.2 S.2 regelmäßig vorliegen.

64   Bei einer abschließend bestimmten nachträglichen Anordnung entfällt nicht nur die Genehmigung, sofern sie ohne Öffentlichkeitsbeteiligung

Nachträgliche Anordnungen **§ 17**

erteilt werden könnte. Auch auf eine **Anzeige** gem. § 15 Abs.1 kann verzichtet werden (Rebentisch FE § 15 Rn.46; a. A. Hansmann LR § 15 Rn.12); ist allerdings unklar, ob die Voraussetzungen der Ausnahme von der Genehmigungspflicht vorliegen, ob etwa die Anordnung abschließenden Charakter hat, ist dem Sinn des § 15 Abs.1 entsprechend eine Anzeige notwendig. Die abschließend bestimmte nachträgliche Anordnung hat nicht die **Präklusionswirkung** des § 10 Abs.3 S.3, des § 11 und des § 14 (zu Letzterem Rn.3 zu § 14). Auch tritt die **Konzentrationswirkung** des § 13 nicht ein (Rn.2 zu § 13). Daher müssen evtl. erforderliche Parallelgenehmigungen (etwa eine Baugenehmigung) eingeholt werden (Rn.15 a zu § 16).

c) Anlagenerwerb, Aufhebung der Anordnung und weitere Anordnungen

Die Anordnung ist anlagenbezogen und geht daher mit der Veräußerung der Anlage auf den *Erwerber* über (OLG Karlsruhe, BWVPr 1984, 63; Hansmann LR 215). Die Anordnung kann, auch wenn sie unanfechtbar geworden ist, von der Behörde *zurückgenommen* oder *widerrufen* werden. Die Voraussetzungen dafür sind in den §§ 48–50 VwVfG geregelt. Außerdem kann die Behörde *weitere nachträgliche Anordnungen* erlassen und damit die alte Anordnung praktisch verschärfen, sofern die Voraussetzungen des § 17 vorliegen. Die alte Anordnung gewährt dagegen keinen Schutz (Schmatz/Nöthlichs 11). 65

2. Durchsetzung und Sanktionen

Wird die Anordnung nicht befolgt, kann zwangsvollstreckt werden (dazu Rn.29–32 zu § 62). Ist die Anordnung vollziehbar (dazu Rn.32 zu § 62), kann der weitere Betrieb der ganzen Anlage nach § 20 Abs.1 untersagt werden (dazu Rn.12 zu § 20); eine Ankündigung ist unnötig (Hansmann LR 217; Vallendar FE 20). Außerdem ist jede Nichtbefolgung der Anordnung gem. § 62 Abs.1 Nr.5 eine Ordnungswidrigkeit; näher dazu Rn.18, 3–11 zu § 62. Unter zusätzlichen Voraussetzungen kann eine Straftat gem. § 324 a StGB, gem. § 325 StGB oder gem. § 325 a StGB vorliegen, evtl. in der Form des § 330 StGB (Text in Rn.2 ff zu § 63). 66

3. Rechtsschutz

a) Anlagenbetreiber

Der Anlagenbetreiber kann gegen die nachträgliche Anordnung Widerspruch einlegen und Anfechtungsklagen erheben. Der Bescheid kann im Widerspruchsverfahren verschärft werden (Hansmann LR 223; vgl. Rn.22 zu § 24). Relevanter Zeitpunkt für die gerichtliche Beurteilung ist, wie bei Anfechtungsklagen üblich, die letzte behördliche Entscheidung, idR die Widerspruchsentscheidung (Vallendar FE 21; Koch GK 195; vgl. Rn.18 zu § 20). Dies gilt insb. für die Beurteilung der Verhältnismäßigkeit. Spätere Änderungen sollten allerdings aus Gründen prozessualer 67

Vereinfachung berücksichtigt werden, wenn sie zu einem Anspruch des Anlagenbetreibers auf Aufhebung der Anordnung führen (Vallendar FE 21; Hansmann LR 228). Der Streitwert richtet sich nach den Kosten, die dem Kläger bei Befolgung der streitigen Anordnung voraussichtlich entstehen (HessVGH, NVwZ-RR 1998, 786). Sowohl Widerspruch wie Anfechtungsklage haben grundsätzlich aufschiebende Wirkung (dazu oben Rn.61). Im Falle der Anordnung der sofortigen Vollziehung erlangt der Anlagenbetreiber vorläufigen Rechtsschutz über einen Antrag nach § 80 Abs.5 VwGO. Dabei ist auch an die Möglichkeit einer Teilabhilfe zu denken (OVG NW, NJW 1985, 933).

b) Dritte

68 Für Dritte können sich Rechtsschutzfragen stellen, wenn ihnen die erlassene Anordnung nicht weit genug geht oder die Behörde sich weigert, überhaupt eine Anordnung zu erlassen. Der Widerspruch und die auf Erlass oder Erweiterung einer nachträglichen Anordnung gerichtete Verpflichtungsklage sind zulässig, sofern ohne ihren Erlass vom Anlagenbetreiber Rechtsvorschriften verletzt werden, die auch **zu des Dritten Schutz** erlassen wurden (vgl. BayVGH, FE-ES § 17–1, 2). Dafür kommt hauptsächlich die Schutzpflicht des § 5 Abs.1 S.1 Nr.1 in Betracht, nicht dagegen die Vorsorgepflicht des § 5 Abs.1 S.1 Nr.2 (Vallendar FE 18; Hansmann LR 230; Rn.120–123 zu § 5). In den meisten Fällen steht dem Dritten unter diesen Voraussetzungen ein *Rechtsanspruch auf Erlass* der Anordnung zu, da die Behörde im Regelfall nach Abs.1 S.2 eine nachträgliche Anordnung erlassen muss (oben Rn.49f; Schmidt § 3 Rn.48; vorsichtig Vallendar FE 18). Liegt ein atypischer Ausnahmefall vor, besteht nur ein Anspruch auf fehlerfreien Ermessensgebrauch. Auch im Regelfall steht die Auswahl des Mittels und des Adressaten im behördlichen Ermessen (Hansmann LR 233; oben Rn.52). Zur Bedeutung des Drittschutzes für die Reduzierung von Vollzugsdefiziten Jarass, DVBl 1985, 195 ff.

69 Die Klage hängt *nicht* davon ab, ob der Dritte im Genehmigungsverfahren *Einwendungen* erhoben hat (BVerwGE 60, 297/308 = NJW 1981, 359; Rn.98 zu § 10) und ob er (auch) privatrechtlich vorgehen kann (Sellner Rn.468; Hansmann LR 232; vgl. Rn.27 zu § 21 und Rn.23 zu § 24). Ist eine nachträgliche Anordnung wegen *Unverhältnismäßigkeit* nicht möglich, hat der Dritte über Abs.2 S.2 regelmäßig einen Anspruch auf fehlerfreie Ermessensentscheidung über den Widerruf der Genehmigung (Hansmann LR 234; Sellner Rn.469). *Relevanter Zeitpunkt* für die gerichtliche Beurteilung ist die letzte mündliche Verhandlung, wie das bei Verpflichtungsklagen üblich ist (Hansmann LR 236; Kopp/Schenke, § 113 Rn.217). Die erstinstanzielle Zuständigkeit des OVG nach § 48 Abs.1 S.1 Nr.5 VwGO greift nicht (VGH, BW, NVwZ-RR 2000, 191). Der **vorläufige Rechtsschutz** erfolgt über eine einstweilige Anordnung gem. § 123 VwGO (Hansmann LR 229).

70 **Hält** der **Anlagenbetreiber** eine nachträgliche **Anordnung nicht ein,** dann haben Dritte gegen die Behörde einen Anspruch auf Durchsetzung, soweit die Anordnung ihrem Schutze dient (Hansmann LR 235). Zudem verletzt der Anlagenbetreiber unter dieser Voraussetzung wegen § 62 Abs.1 Nr.5, evtl. sogar wegen §§ 325, 325a StGB ein Schutzgesetz iSd § 823 Abs.2 BGB (Feldhaus FE § 4 Anm.39). Endlich kann der Verstoß für die Ursachenvermutung im Rahmen des § 6 Abs.3 UmwHG Bedeutung erlangen (Feldhaus, UPR 1992, 164; Hansmann LR 221).

VI. Sonderfall: Kompensation (Abs.3 a)

1. Bedeutung und Abgrenzung zu anderen Vorschriften

Die 1990 eingeführte (Einl.2 Nr.14) Vorschrift des Abs.3a soll, ähnlich wie § 7 Abs.3 und § 48 Abs.1 Nr.4, im Immissionsschutzrecht einen stärkeren Einsatz des marktwirtschaftlich orientierten Instruments der **Emissionskompensation** ermöglichen; näher dazu Rn.14 zu § 7. Dazu schränkt Abs.3a das bei Vorsorgeanordnungen bestehende Ermessen ein: Die Behörde soll auf eine nachträgliche Anordnung gegenüber einer bestimmten Anlage, der **„begünstigten Anlage"**, verzichten, sofern an einer anderen Anlage, der **„belasteten Anlage"** über die gesetzlichen Anforderungen hinaus Emissionen vermieden werden. Die Kompensation baut auf einem Plan des Anlagenbetreibers auf (unten Rn.78), führt zum Ausschluss nachträglicher Anordnungen im Regelfall (unten Rn.79f) und erfordert eine Anordnung gegenüber dem Betreiber der belasteten Anlage (unten Rn.81). Ermächtigungen zu generellen Regelungen im Bereich der Emissionskompensation enthalten § 7 Abs.3 (dazu Rn.14–17 zu § 7) und § 48 S. 1 Nr.4 (dazu Rn.6 zu § 48).

71

2. Voraussetzungen der Kompensation

a) Anwendungsbereich

Die Kompensation kann nur zum Tragen kommen, wenn die begünstigte Anlage sowie die belastete Anlage genehmigt wurden oder, wie Abs.5 zu entnehmen ist, zu den anzeigepflichtigen Anlagen rechnen (vgl. oben Rn.9; a.A. Hansmann LR 187; auch nicht genehmigungsbedürftige Anlagen). Weder die begünstigte noch die belastete Anlage müssen gem. Abs.3a S.4 betriebsbereit sein. Für die begünstigte Anlage genügt gem. Abs.3a S.4, wenn durch einen Vorbescheid oder durch eine Teilgenehmigung Anforderungen festgelegt wurden, hinsichtlich der eine teilweise Entlastung vorgenommen werden soll. Die begünstigte und die belastete Anlage müssen gem. S.1 weder von der gleichen Person betrieben noch im Eigentum der gleichen Person stehen. Endlich können begünstigte und belastete Anlage zwei verschiedene Emissionsquellen *einer* Anlage sein (Hansmann LR 186).

72

Eine Kompensation ist gem. Abs.3a S.2 zunächst ausgeschlossen, soweit der Betreiber zu Maßnahmen an der begünstigten Anlage durch eine **bereits erlassene nachträgliche Anordnung** verpflichtet ist, ohne dass es

73

auf die Bestandskraft der Anordnung ankommt. Eine erlassene Anordnung wird somit durch ein nachträgliches Kompensationsangebot nicht in Frage gestellt (Hansmann LR 184). Des Weiteren scheidet eine Kompensation gem. Abs.3a S.2 aus, wenn durch die nachträgliche Anordnung eine dem Genehmigungsbescheid beigefügte **Auflage** durchgesetzt werden soll. Schließlich scheidet eine Kompensation gem. Abs.3a S.2 aus, wenn die Voraussetzungen einer Gefahrenanordnung (oben Rn.49) gegeben sind. Eine Kompensation ist somit nur im **Vorsorgebereich** möglich (Sellner, NVwZ 1991, 309; Schmidt § 3 Rn.43).

b) Art, Durchführbarkeit und Wirkung der zu erbringenden Leistung

74 **aa)** Die notwendige Emissionsreduzierung (dazu unten Rn.76f) bei der belasteten Anlage muss gem. Abs.3a S.1 durch **„technische Maßnahmen"** erreicht werden. Damit wird die vollständige oder teilweise Stilllegung der Anlage als Instrument ausgeschlossen. Entsprechendes gilt für andere Einschränkungen des Betriebsumfangs. Die Verwendung anderer Einsatzbzw. Brennstoffe soll nur dann als technische Maßnahme anzusehen sein, wenn dabei die technische Ausstattung der Anlage selbst geändert werden muss (Hansmann LR 189; Vallendar FE 12a). Keine Berücksichtigung können gem. Abs.3a S.2 Maßnahmen finden, die bereits durch eine **Auflage** zum Genehmigungsbescheid oder durch eine bereits erlassene **nachträgliche Anordnung** geboten sind. Der weitere Hinweis auf Anordnungen, die noch zu erlassen sind, macht lediglich deutlich, dass Abs.3a allein im Bereich der Vorsorge sich auswirken kann (dazu unten Rn.80).

75 **bb)** Weiter muss sichergestellt sein, dass die zu erbringende Leistung auch **tatsächlich erbracht werden kann** (Hansmann LR 198). Ist eine wesentliche Änderung an der bestehenden Anlage erforderlich, so müssen die Unterlagen für die Änderungsgenehmigung ausgearbeitet sein. Sind Maßnahmen außerhalb des Zuständigkeitsbereichs der Anordnungsbehörde notwendig, so müssen diese Behörden eingeschaltet werden (Hansmann LR 199).

76 **cc)** Die Maßnahmen an der belasteten Anlage müssen zunächst zu einer Reduzierung der **Emissionsfrachten** führen, die höher ausfällt als die Reduzierung der Emissionsfrachten, wie sie bei der begünstigten Anlage durch den Erlass nachträglicher Anordnungen erreichbar wäre. Nur dann wird der Zweck des § 1 durch die Kompensation „gefördert". Bezugspunkt ist dabei der real zu erwartende Emissionsausstoß (Hansmann LR 191). Grundsätzlich genügt auch eine geringfügige Entlastung; s. aber unten Rn.80. Die Reduzierung muss nicht notwendig in dem gleichen Zeitraum wie die Erhöhung der Emissionsfrachten zum Tragen kommen. In der Regel wird aber im Hinblick auf § 1 die Reduzierung und die Erhöhung auf das gleiche Kalenderjahr zu beziehen sein (vgl. Koch GK 171; großzügiger Hansmann LR 194), sofern nicht eine Rechtsverordnung oder Verwaltungsvorschrift eine längerfristigere Verrechnung zulässt. Andernfalls hätte die einzelne Genehmigungsbehörde einen zu großen Spiel-

Nachträgliche Anordnungen **§ 17**

raum (vgl. BT-Drs. 11/4909, S.30). Auf jeden Fall ist der Verrechnungszeitraum in der Anordnung festzulegen (Vallendar FE 12a). Wegen des Bezugs auf die Emissionsfrachten kann eine Verbesserung der Ableitbedingungen grundsätzlich eine Überschreitung von Emissionswerten nicht rechtfertigen (Feldhaus, UPR 1985, 391).

Weiter muss es um **vergleichbare Stoffe** gehen. Dazu müssen die 77 emittierten Stoffe bei allen in Betracht kommenden Akzeptoren gleichartige Beeinträchtigungen hervorrufen (Vallendar FE 12a; Hansmann LR 192; Rehbinder o. Lit. 135). Der Emissionsbetrachtung entsprechend ist dabei nicht auf die konkret Betroffenen abzustellen, sondern eine abstrakte Bewertung vorzunehmen. **Räumliche Grenzen** sieht Abs.3a nicht ausdrücklich vor. Die vorgeschriebene Förderung des Zwecks des § 1 erlaubt eine großräumige Verrechnung jedoch nur bei ubiquitär verbreiteten Luftschadstoffen, namentlich bei SO_2, NO_X und CO_2 (BT-Drs. 11/6633, S.32; Hansmann LR 196; a.A. Koch GK 169). Bei sich kleinräumig verteilenden Luftschadstoffen muss sich dagegen die Saldierung auf den gemeinsamen Nahbereich der Anlagen beziehen (Vallendar FE 12a).

c) Kompensationsplan und Einverständnis

Formell setzt die Verzichtserklärung einen **Plan** des begünstigten Anlagenbetreibers voraus, der den oben in Rn.72–77 beschriebenen Anforderungen entspricht. Dem Begriff eines Planes dürfte nur eine schriftliche Vorlage entsprechen (großzügiger Hansmann LR 197). Des Weiteren ist das **Einverständnis** des belasteten Anlagenbetreibers erforderlich, da er zu Maßnahmen verpflichtet werden soll, zu denen er von Gesetzes wegen nicht verpflichtet ist (vgl. Hansmann LR 199). 78

3. Folgen

aa) Liegen die Voraussetzungen der Kompensation iSd Rn.72–78 vor, 79 dann „**soll**" die Behörde auf den Erlass einer nachträglichen Anordnung gegenüber der begünstigten Anlage im Hinblick auf die von der Kompensation erfassten Aspekte **verzichten.** Das heißt, im Regelfall ist eine nachträgliche Anordnung insoweit unzulässig. Nur bei Vorliegen atypischer Umstände steht der Erlass im Ermessen der Behörde (Hansmann LR 200; Koch GK 176; oben Rn.50). Dieses Ermessen reduziert sich aus Vertrauensschutzgründen zusätzlich, wenn die Anordnung gegenüber der belasteten Anlage (unten Rn.81) ergangen ist und dort die technischen Maßnahmen durchgeführt wurden. Eine Anordnung für den Zeitraum, der dem Kompensationsplan zugrunde lag, ist dann bei unverändertem Sachverhalt generell unzulässig (Hansmann LR 200).

Eine **zeitliche Begrenzung** der Entlastung muss nicht vorgeschrieben 80 werden, ist aber zulässig und wird im Hinblick auf die sich weiter entwickelnden generellen Anforderungen sinnvoll sein. Umstritten ist, ob im Hinblick auf § 1 auf der Immissionsseite eine **Verschlechterung in einem Teilbereich** auftreten darf (dagegen Vallendar FE 12a; Goßler, UPR 1990, 256f; großzügiger Hansmann LR 193). Richtigerweise wird man geringfügige Verschlechterungen zulassen können, sofern auf der Emissionsseite eine erhebliche Verbesserung zu verzeichnen ist. Als geringfügig dürfte dabei eine Verschlechterung bis zu 1% einzustufen sein (Koch GK 166d). Generell ausgeschlossen ist jedoch eine wesentliche Verschlechterung in einem Teilbereich der Immissionsseite (Rehbinder o. Lit. 132f).

81 **bb)** Gegenüber dem Betreiber der belasteten Anlage muss gem. Abs.3a S.5 eine **Anordnung** ergehen, die die Durchführung des **Kompensationsplans sicherstellt**. Das Einverständnis des Anlagenbetreibers (oben Rn.78) muss noch wirksam sein. I.ü. liefert Abs.3a S.5 die notwendige Ermächtigung; das Einverständnis allein genügt dafür nicht (Koch GK 177; a.A. Hansmann LR 199). Für das Verfahren zum Erlass der Anordnung gelten die Ausführungen oben in Rn.54–57. Zu Wirkung, Änderungen und Durchsetzung der Anordnung kann auf die Ausführungen oben in Rn.61–66 verwiesen werden. Allerdings stellt ein Verstoß gegen die Anordnung keine Ordnungswidrigkeit dar. Was den Rechtsschutz angeht, gelten die Ausführungen oben in Rn.67–70 entsprechend. Die Anordnung kann auch durch einen öffentlich-rechtlichen Vertrag ersetzt werden, der zudem den Betreiber der begünstigten Anlage einbeziehen kann. Soweit im Einzelfalle erforderlich, ist eine Kompensationsanordnung nach Abs.3a S.5 auch gegenüber diesem Anlagenbetreiber möglich und nötig.

4. Konkretisierung

82 Die Regelung in Nr.6.2.5 TA Luft weist nur auf § 17 Abs.3a hin.

§ 18 Erlöschen der Genehmigung

(1) **Die Genehmigung**[1] **erlischt, wenn**

1. innerhalb einer von der Genehmigungsbehörde gesetzten angemessenen Frist nicht mit der Errichtung oder dem Betrieb der Anlage begonnen[2f] **oder**

2. eine Anlage während eines Zeitraums von mehr als drei Jahren nicht mehr betrieben[4f]

worden ist.

(2) **Die Genehmigung erlischt ferner, soweit das Genehmigungserfordernis aufgehoben wird.**[8]

(3) **Die Genehmigungsbehörde kann auf Antrag die Fristen nach Absatz 1 aus wichtigem Grunde verlängern, wenn hierdurch der Zweck des Gesetzes nicht gefährdet wird.**[13]

Übersicht

1. Bedeutung und Anwendungsbereich	1
2. Erlöschensgründe	2
a) Verspätete Errichtung oder Betriebsaufnahme (Abs.1 Nr.1)	2
b) Dreijähriges Nichtbetreiben (Abs.1 Nr.2)	4

Erlöschen der Genehmigung § 18

    c) Wegfall der Genehmigungspflicht (Abs.2) 8
    d) Sonstige Erlöschensgründe 9
  3. Folgen und Fristverlängerung 11
    a) Folgen 11
    b) Fristverlängerung (Abs.3) 13

Literatur: *Häußler,* Bestandsschutz für Altanlagen im Immissionsschutzrecht, VBlBW 1999, 333; *Fluck/Garcon,* Zum Erlöschen von Änderungsgenehmigungen und deren Teilregelungen gem. § 18 BImSchG, ImSch 1997, 92.

1. Bedeutung und Anwendungsbereich

§ 18 enthält eine Reihe von Tatbeständen, die zum Erlöschen der **1** immissionsschutzrechtlichen Genehmigung führen; zur Wirkung des Erlöschens unten Rn.11f. Genehmigungen in diesem Sinne sind die Grund- bzw. Erstgenehmigung, ggf. in der Modifizierung durch eine Änderungsgenehmigung (Scheuing GK 24; i.E. Hansmann LR 10) sowie die übergeführten Genehmigungen des § 67 Abs.1 und des § 67 Abs.7 (Scheuing GK 25). Erfasst werden auch Teilgenehmigungen. Auf die Zulassung vorzeitigen Beginns nach § 8a dürfte § 18 analog anzuwenden sein (vgl. Scheuing GK 28). Planfeststellungen und andere behördliche Entscheidungen, die die immissionsschutzrechtliche Genehmigung ersetzen, werden von § 18 nicht erfasst (Hansmann LR 11; Laubinger UL C1; a.A. Schmatz/Nöthlichs 2). Auf anzeigepflichtige Anlagen ist § 18 nicht anwendbar (Hansmann LR 11; a.A. Scheuing GK 20); sachgerecht ist aber eine entspr. Anwendung von Abs.1 Nr.2 (dazu Rn.15 zu § 67). Zur generellen Befristung von Genehmigungen de lege ferenda Scheuing GK 121 ff.

2. Erlöschensgründe

a) Verspätete Errichtung oder Betriebsaufnahme (Abs.1 Nr.1)

Die Genehmigungsbehörde kann bestimmen, dass mit der Errichtung **2** und/oder dem Betrieb der Anlage innerhalb einer angemessenen Frist zu beginnen ist. Damit soll ein vorsorgliches Sammeln von Genehmigungen vermieden werden. Die Fristsetzung verknüpft die Genehmigung mit einer auflösenden Bedingung (Laubinger UL B14; Scheuing GK 35; a.A. Hansmann LR 12). Angesichts der Formulierung des Abs.1 Nr.1 dürfte sie auch nach Erlass der Genehmigung erlassen werden können (Hansmann LR 16; Feldhaus FE 3; Scheuing GK 43; a.A. Laubinger UL D2). In diesem Falle handelt es sich um die nachträgliche Beifügung einer Nebenbestimmung, für die § 21 durch § 18 verdrängt wird (Scheuing GK 44). Die Fristsetzung kann auch für einen Teil der Anlage erfolgen (Hansmann LR 15; Scheuing GK 38). Sie steht im Ermessen der Behörde (Scheuing GK 36; Hansmann LR 17; Laubinger UL D3).

Die **Frist** muss von angemessener Dauer sein. Sie beginnt zu laufen, so- **3** bald die Genehmigung vollziehbar ist, es sei denn, die Behörde legt einen anderen Fristbeginn fest (HessVGH, ZUR 2003, 98). Unangemessen ist die Frist, wenn sie der Betreiber überhaupt oder nur mit unverhältnismäßigen Aufwendungen einhalten kann (Hansmann LR 17; Scheuing GK 40). Wird sie angefochten, ist der Fristablauf bis zur Unanfechtbarkeit der Genehmigung gehemmt (Feldhaus FE 3; Stich/Porger 4; a.A. Hansmann LR 18; Scheuing GK 49). Für die Fristberechnung gilt § 31 Abs.1–3 VwVfG iVm §§ 187ff BGB. Für die Einhaltung der Frist genügt, wenn mit den in der Fristsetzung genannten Maßnahmen in einer Art und Weise begonnen wurde, die auf die Ernsthaftigkeit der Genehmigungsausnutzung schließen lassen (Hansmann LR 21; Scheuing GK 52; ähnlich Laubinger UL E5; anders Feldhaus FE 3), es sei denn, die Anordnung der Fristsetzung verlangt weitergehende Maßnahmen. Für den Rechtsschutz des Anlagenbetreibers gelten die Ausführungen in Rn.42 zu § 6. Eine nachträgliche Fristsetzung ist ein selbständiger Verwaltungsakt und kann auf jeden Fall eigenständig angefochten werden. Dritte können gegen eine zu großzügige Frist nicht klagen (Hansmann LR 50; a.A. Scheuing GK 108; vgl. aber unten Rn.13).

b) Dreijähriges Nichtbetreiben (Abs.1 Nr.2)

4   Wird eine Anlage drei Jahre lang nicht betrieben, erlischt die Genehmigung. Dadurch soll im Interesse der Allgemeinheit und der Nachbarschaft verhindert werden, dass mit der Wiederinbetriebnahme zu einem Zeitpunkt begonnen wird, in dem sich die tatsächlichen Verhältnisse, die der Genehmigung zugrunde lagen, möglicherweise wesentlich geändert haben (VGH BW, NVwZ 1991, 394). Keine Rolle spielt, aus welchem Grunde die Anlage nicht betrieben wird, etwa auf Grund höherer Gewalt (Laubinger UL E14; Scheuing GK 59). Ein Nichtbetreiben auf Grund einer behördlichen Anordnung nach § 20 Abs.1 wird allerdings nur erfasst, soweit der Anlagenbetreiber die Ursache dafür setzt, dass der Grund für die Verfügung nicht beseitigt wird (Hansmann LR 29; a.A. Scheuing GK 59); Fragen des Verschuldens spielen dagegen keine Rolle. Unerheblich ist, ob eine Anzeige nach § 15 Abs.3 vorgenommen wurde (Scheuing GK 59; Laubinger UL E12). Die Nichtausnutzung einer im Genehmigungsbescheid vorbehaltenen Alternative (vgl. Rn.4 zu § 6) fällt nicht unter § 18 (Hansmann LR 27). Gleiches gilt für die Nichtnutzung von Anlagen, die als Reserve laufend betriebsbereit gehalten werden (ähnlich Scheuing GK 60). Wird dagegen eine Anlage „eingemottet", liegt ein Nichtbetrieb vor, auch wenn die Absicht besteht, sie später wieder in Betrieb zu nehmen.

5   Die Anlage muss drei Jahre lang **ununterbrochen** außer Betrieb gewesen sein (Feldhaus FE 4; Hansmann LR 26; Laubinger UL E13; vgl. Rn.42 zu § 15). Wird der Betrieb, auch nur für kurze Zeit, wieder aufgenommen, beginnt die 3-Jahres-Frist erneut zu laufen (Scheuing GK 67). Allerdings muss es sich um eine echte Inbetriebnahme handeln, was eine gewisse Mindestzeit voraussetzt. Bloße Wartungsarbeiten genügen nicht (Scheuing GK 60; Hansmann LR 26); ungesetzliche Vorgänge können ebenfalls nicht als Inbetriebnahme angesehen werden (Hansmann LR 26;

Erlöschen der Genehmigung § 18

Scheuing GK 62; Laubinger UL E16). Eine in Lauf gesetzte Frist muss sich der Erwerber der Anlage zurechnen lassen (Feldhaus FE 4; Scheuing GK 66). Die Fristberechnung erfolgt nach § 31 VwVfG iVm §§ 187 ff BGB (Hansmann LR 30; Scheuing GK 64).

Abs.1 Nr.2 kommt nicht zum Tragen, wenn eine Anlage nur **teilweise** **nicht betrieben** wird (Hansmann LR 26; Scheuing GK 61; a.A. VGH BW, VBlBW 1991, 376); vgl. Rn.42 zu § 15. Voraussetzung ist, dass die Haupteinrichtung (Rn. 51 f zu § 4) noch teilweise in Betrieb bleibt; wird nur noch eine Nebeneinrichtung (Rn. 54 f zu § 4) betrieben, ist Abs.1 Nr.2 anwendbar. Darüber hinaus dürfte Abs.1 Nr.2 zum Tragen kommen, wenn bei durch eine Genehmigung gem. § 1 Abs.3 der 4. BImSchV *gemeinsam zugelassenen Anlagen* (Rn. 60 zu § 4) eine der Anlagen stillgelegt wird; unter den Voraussetzungen des Abs.1 Nr.2 erlischt dann die Genehmigung teilweise (Hansmann LR 28; noch weitergehender Fluck/Garcon, ImSch 1997, 93 f).

Abs.1 Nr.2 setzt voraus, dass die **Anlage bereits betrieben** wurde (Hansmann LR 24; Feldhaus FE 4; Scheuing GK 56; a.A. Laubinger UL E11). Dafür spricht die Formulierung „nicht mehr betrieben", wie der Umstand, dass Großanlagen nicht immer innerhalb von drei Jahren nach Genehmigungserteilung betriebsbereit sind. Soll vermieden werden, dass eine Genehmigung längere Zeit ungenutzt bleibt, muss gem. Abs.1 Nr.1 eine Fristsetzung erfolgen, was auch nachträglich möglich ist (str.; oben Rn.2). Andererseits ist die Vorschrift auch auf anzeigepflichtige Anlagen entsprechend anwendbar (näher Rn.15 zu § 67).

c) Wegfall der Genehmigungspflicht (Abs.2)

Die für eine Anlage erteilte Genehmigung erlischt gem. Abs.2, wenn die Genehmigungspflicht entfällt, insb. auf Grund einer entsprechenden Änderung der 4. BImSchV. Aus Gründen der Rechtsklarheit nicht anwendbar ist Abs.2, wenn durch eine Betriebseinschränkung eine für die Genehmigungspflichten notwendige Schwelle (dazu Rn.18 zu § 4) unterschritten wird (Scheuing GK 85; Hansmann LR 41); hier kommt aber ein Verzicht in Betracht (dazu unten Rn.9). Nicht anwendbar ist § 18 auch, wenn die Genehmigungspflicht von Anfang an nicht bestand (HessVGH, UL-ES § 4–47).

d) Sonstige Erlöschensgründe

§ 18 enthält keine abschließende Regelung für das Erlöschen von Genehmigungen (BVerwGE 84, 209/211 = NVwZ 1990, 464; Hansmann LR 8): – **(1)** Eine Genehmigung erlischt auch, wenn sie **befristet** (dazu Rn.16 zu § 12) oder mit einer auflösenden Bedingung (dazu Rn.5 zu § 12) versehen wurde oder gem. § 48 VwVfG bzw. § 21 aufgehoben wurde (BVerwGE 84, 209/211 = NVwZ 1990, 464). – **(2)** Weiterhin erlischt die Genehmigung, wenn der Inhaber der Behörde gegenüber auf sie eindeutig (und bindend) **verzichtet** (BVerwGE 84, 209/211 f = NVwZ 1990, 464; Hansmann LR 8; Scheuing GK 88; einschr. Laubinger UL B17). Der Verzicht kann auf einen Teil der Genehmigung beschränkt werden, sofern der restliche Anlagenteil genehmigt werden kann (Scheuing GK 90).

10 Unklar ist, ob die **Beseitigung der** (baulichen) **Anlage** zum Erlöschen der Genehmigung führt (so § 25 Abs.1 GewO a. F.). § 16 Abs.5 macht jedoch deutlich, dass dies jedenfalls bei einer Wiedererrichtung nicht der Fall ist. Das spricht dafür, dass die Beseitigung die Genehmigung unberührt lässt. Entsprechendes gilt bei einer teilweisen Beseitigung der Anlage. Erfolgt bei einer vollständigen Beseitigung die Wiedererrichtung nicht innerhalb von drei Jahren, kommt Abs.1 Nr.2 zum Tragen. Zudem kann eine Beseitigung evtl. mit einem Verzicht verbunden sein. Der **Tod** des Inhabers bzw. die **Auflösung** der die Anlage betreibenden juristischen Person lässt den Bestand der Genehmigung, die ja eine Sachgenehmigung ist (Rn.2 zu § 6), unberührt.

3. Folgen und Fristverlängerung

a) Folgen

11 Liegen die Voraussetzungen eines Erlöschensgrundes vor, werden alle für die Anlage nach dem BImSchG erlassenen Genehmigungen, auch Vorbescheide und Teilgenehmigungen automatisch unwirksam. Das heißt, alle aus der Genehmigung resultierenden Rechte und Pflichten entfallen (Hansmann LR 42; Scheuing GK 93, 95); zur Präklusion des § 14 Rn.4 zu § 14. Nebenbestimmungen im Bereich des § 5 Abs.3 bleiben jedoch bestehen (Scheuing GK 95; Hansmann LR 46; Fluck, BB 1991, 1798 f). Weiter bestehen gem. § 13 eingeschlossene Genehmigungen fort. Dies gilt im Bereich des Abs.1 (VGH BW, NVwZ 1991, 394; Laubinger UL B4; Hansmann LR 44; a. A. Scheuing GK 99) wie in dem des Abs.2 (OVG NW, DÖV 1994, 77; BayVGH, UPR 2002, 115; Seibert LR § 13 Rn.58 f; Hansmann LR 44), sofern nicht das einschlägige Fachrecht ein Erlöschen vorsieht. Gleiches gilt für Nebenbestimmungen zu gem. § 13 eingeschlossenen Genehmigungen.

12 In **Zweifelsfällen** kann ein feststellender Verwaltungsakt erlassen werden (BVerwGE 117, 133/134 = NVwZ 2003, 344). Wird die Anlage trotz Erlöschens der Genehmigung **weiterbetrieben,** ist eine Untersagung nach § 20 Abs.2 möglich, sofern nicht die Genehmigungspflicht entfallen ist. Außerdem ist ein Straftatbestand erfüllt; näher dazu Rn.63 zu § 4. Bestehen Zweifel, ob die Genehmigung nach Abs.1 oder 2 erloschen ist, ist eine Feststellungsklage möglich (Laubinger UL D5; Scheuing GK 104).

b) Fristverlängerung (Abs.3)

13 Auf Antrag können die gem. Abs.1 Nr.1 festgesetzten wie die in Abs.1 Nr.2 enthaltenen Fristen verlängert werden. Im ersten Falle ist das trotz § 31 Abs.7 S.2 VwVfG (nach Fristablauf) nicht rückwirkend möglich, weil § 18 Abs.3 als lex specialis vorgeht (Spohn, ZuR 2003, 101 f; Scheuing GK 77; Hansmann LR 34; a. A. Schmatz/Nöthlichs 2). Im zweiten Falle ist eine Rückwirkung auch deshalb ausgeschlossen, weil es sich um eine gesetzliche Frist handelt. Eine Wiedereinsetzung nach § 32 VwVfG scheidet aus, weil es nicht um eine Frist geht, innerhalb der eine Verfahrenshandlung vorzunehmen ist (Hansmann LR 34; Engelhardt/Schlicht 10; a. A. Laubinger UL F10). Voraussetzung für eine Fristverlängerung ist, dass ein wichtiger Grund vorliegt und der Schutzzweck des BImSchG, wie er in § 1 enthalten ist, auch im Hinblick auf die Nachbarn nicht gefährdet wird (Scheuing GK 82; Hansmann LR 37). Die negativen Folgen des Erlöschens der Genehmigung stellen keinen wichtigen Grund dar, da sie immer auftreten, wohl aber Umstände, die die Fristwahrung dem Betreiber nicht oder nur unter erheblichen Nachteilen gestatten (Hansmann LR 36; Feldhaus FE 6). Im Falle des Abs.1 Nr.2 kommt eine Fristverlängerung nicht in Betracht, wenn die Anlage endgültig stillgelegt wurde (BayVGH, GewArch 1986, 38; Scheuing GK 81). Die Fristverlängerung steht im Ermessen und ist ein Verwaltungsakt (VGH BW, NVwZ-RR 1994, 572; Hansmann LR 38; Laubinger UL F11); sie bedarf keines besonderen Verfahrens (Feldhaus FE 7; Scheuing GK 73, 79). Nebenbestimmungen können gem. § 35 Abs.2 VwVfG bei Fristverlängerung verschärft werden (Vallendar FE § 17 Anm.7; Hansmann LR 40). Eine *wiederholte* Fristverlängerung ist zulässig (Laubinger UL F8; Hansmann LR 39). Dritten soll ein Klagerecht gegen eine Fristverlängerung zustehen (VGH BW, NVwZ-RR 1994, 572; Scheuing GK 110; Hansmann LR 52; Laubinger UL F13; vgl. aber oben Rn.3 a. E.).

§ 19 Vereinfachtes Verfahren

(1) **Durch Rechtsverordnung nach § 4 Abs.1 Satz 3 kann vorgeschrieben werden, dass die Genehmigung von Anlagen bestimmter Art oder bestimmten Umfangs in einem vereinfachten Verfahren[11 ff] erteilt wird, sofern dies nach Art, Ausmaß und Dauer der von diesen Anlagen hervorgerufenen schädlichen Umwelteinwirkungen und sonstigen Gefahren, erheblichen Nachteilen und erheblichen Belästigungen mit dem Schutz der Allgemeinheit und der Nachbarschaft vereinbar ist.[2] Satz 1 gilt für Abfallentsorgungsanlagen entsprechend.[6]**

(2) **In dem vereinfachten Verfahren sind § 10 Abs.2, 3, 4, 6, 8 und 9 sowie die §§ 11 und 14 nicht anzuwenden.[14, 18]**

(3) **Die Genehmigung ist auf Antrag des Trägers des Vorhabens abweichend von den Absätzen 1 und 2 nicht in einem vereinfachten Verfahren zu erteilen.[9]**

Übersicht

1. Bedeutung der Vorschrift, EG-Recht	1
2. Anwendungsbereich des vereinfachten Verfahrens	2
a) Ermächtigung und auf § 19 Abs.1 gestützte Rechtsverordnungen	2
b) Liste der Anlagen des vereinfachten Verfahrens	4
c) Versuchsanlagen	7
d) Förmliches oder vereinfachtes Verfahren im Einzelfall	9

§ 19 Genehmigungsbedürftige Anlagen

    3. Das vereinfachte Verfahren 11
       a) Grundlagen 11
       b) Ablauf des Verfahrens 12
       c) Stufung des Verfahrens 16
    4. Besonderheiten der vereinfachten Genehmigung 17
       a) Erteilung 17
       b) Wirksamkeit und Wirkungen 18
    5. Durchsetzung und Rechtsschutz 19
       a) Durchsetzung 19
       b) Rechtsschutz hinsichtlich des Verfahrens 20
       c) Rechtsschutz hinsichtlich der Genehmigung 22

Literatur: *Breunung*, Die Vollzugsorganisation als Entscheidungsfaktor des Verwaltungshandelns, 2000; *Führ*, Sanierung von Industrieanlagen, 1989; *Henkel*, Der Anlagenbegriff des Bundes-Immissionsschutzgesetzes, 1989. Siehe außerdem die Nachw. zu § 10.

1. Bedeutung der Vorschrift, EG-Recht

1   § 19 ermöglicht es, ein vereinfachtes Genehmigungsverfahren für bestimmte genehmigungsbedürftige Anlagen vorzusehen, für das die in Abs.2 genannten Vorschriften des förmlichen Verfahrens keine Anwendung finden. Die Vorschrift dient der **Vermeidung unangemessenen Verwaltungsaufwands**, v. a. aber einer unnötigen Belastung des Antragstellers (vgl. Abs.3). § 19 enthält eine Ausnahme von der Regel des förmlichen Verfahrens, weshalb im Zweifel § 19 nicht zum Tragen kommt, also ein förmliches Verfahren durchzuführen ist (Roßnagel GK 19, Dietlein LR § 10 Rn.30).

1a   Das Institut des vereinfachten Verfahrens ist mit dem **EG-Recht** vereinbar, obwohl weder die Richtlinie 96/61/EG über die integrierte Vermeidung und Verminderung der Umweltverschmutzung (Einl.34 Nr.8) noch die Richtlinie 85/337/EWG über die Umweltverträglichkeitsprüfung (Einl.34 Nr.2) ein vergleichbares Institut kennen. Die von § 19 erfassten Anlagen fallen, soweit ersichtlich, nicht unter Anh.I RL 96/61 (Biesecke, ZUR 2002, 330); lediglich die Ausnahme für Versuchsanlagen (dazu unten Rn.7–8) dürfte Probleme bereiten. Die Richtlinie 85/377/EWG über die Umweltverträglichkeitsprüfung steht nicht entgegen, da ein vereinfachtes Verfahren immer ausscheidet, wenn eine Umweltverträglichkeitsprüfung vorzunehmen ist (unten Rn.5); dies gilt auch für Versuchsanlagen (unten Rn.7a).

2. Anwendungsbereich des vereinfachten Verfahrens

a) Ermächtigung und auf § 19 Abs.1 gestützte Rechtsverordnungen

2   Abs.1 ermächtigt die Bundesregierung, in der Rechtsverordnung, in der gem. § 4 Abs.1 S.3 die genehmigungspflichtigen Anlagen aufgeführt werden, für bestimmte genehmigungsbedürftige Anlagen vorzusehen, dass sie nur einem vereinfachten Genehmigungsverfahren unterliegen. Vorauset-

Vereinfachtes Verfahren **§ 19**

zung dafür ist, dass dies im Hinblick auf die schädlichen Umwelteinwirkungen oder sonstige Gefahren, erhebliche Nachteile und erhebliche Belästigungen (zu Letzteren Rn.24–29 zu § 5), wie sie von den fraglichen Anlagen typischerweise hervorgerufen werden, mit dem Schutz der Allgemeinheit und der Nachbarschaft zu vereinbaren ist. Im Bereich der Abfallentsorgungsanlagen hängt die Zulassung des vereinfachten Verfahrens, wie Abs.1 S.2 entnommen werden kann, auch von anderen Risiken für die Allgemeinheit und die Nachbarschaft ab, insb. abfallrechtlicher Art (Roßnagel GK 13). Dem Verordnungsgeber ist im Bereich des Abs.1 S.1 wie des Abs.1 S.2 ein erheblicher Spielraum eingeräumt; er kann, wie § 19 ausdrücklich sagt, die Abgrenzung nach Art und Umfang der Anlagen vornehmen. Die Voraussetzungen des Abs.1 dürften v. a. vorliegen, wenn sich die Risiken für die Nachbarschaft bzw. die zu erwartenden Emissionen in Grenzen halten. Weiterhin kommt ein vereinfachtes Genehmigungsverfahren bei Anlagen in Betracht, bei denen eine klare und zuverlässige Vorausbeurteilung der in § 6 genannten Voraussetzungen möglich ist (Amtl. Begr., BT-Drs. 7/179, 37). Verfassungsrechtliche Bedenken gegen den Verzicht auf ein förmliches Verfahren bestehen in diesen Fällen nicht (vgl. Roßnagel GK 19).

Von der Ermächtigung des § 19 Abs.1 wurde mit der **Verordnung über** 3 **genehmigungsbedürftige Anlagen,** der **4. BImSchV** Gebrauch gemacht; näher zu dieser Verordnung Rn.11f zu § 4. Sie legt v. a. die Anlagen des vereinfachten Verfahrens (unten Rn.4–6) und trifft Vorgaben für Versuchsanlagen (unten Rn.7–8). Des Weiteren wurde die Ermächtigung bei der Verordnung über Großfeuerungsanlagen (Rn.32f zu § 7) und der Verordnung über Anlagen zur Feuerbestattung (dazu Rn.34f zu § 23) genutzt.

b) Liste der Anlagen des vereinfachten Verfahrens

Die Verordnung über genehmigungsbedürftige Anlagen (oben Rn.3) 4 führt gem. § 2 Abs.1 S.1 Nr.2 der 4. BImSchV in ihrem Anhang in Spalte 1 die förmlich zu genehmigenden Anlagen und in Spalte 2 die Anlagen auf, für die eine vereinfachte Genehmigung genügt. Sind für die Abgrenzung zu Spalte 1 Leistungsgrößen bzw. die Anlagengröße entscheidend, gilt für die Bestimmung des möglichen Betriebsumfangs § 1 Abs.1 S.3 der 4. BImSchV (dazu Rn.18 zu § 4) entsprechend. Werden derartige Größen erstmals durch eine Erweiterung überschritten, ist gem. § 2 Abs.4 der 4. BImSchV (allein) für die Erweiterung ein förmliches Verfahren notwendig (Feldhaus FE § 4 Anm.27). Ist eine der in Spalte 2 des Anhangs zur 4. BImSchV genannten Anlagen Teil- bzw. Nebenanlage einer im förmlichen Verfahren zu genehmigenden Anlage, bedarf auch sie gem. § 2 Abs.1 S.1 Nr.1b der 4. BImSchV einer förmlichen Genehmigung. Wird eine Anlage mehreren Anlagenbezeichnungen gerecht, ist gem. § 2 Abs.2 der 4. BImSchV die speziellere Regelung einschlägig. Dies gilt im Verhältnis von Anlagen der gleichen Spalte wie von Anlagen der Sp. 1 und der Sp. 2 bzw. umgekehrt (Hansmann LR (4) § 2 Rn.4).

§ 19   Genehmigungsbedürftige Anlagen

5   **Darüber hinaus** ist seit der Änderung im Jahre 2001 (Einl.2 Nr.34) gem. § 2 Abs.1 S.1 Nr.1c der 4. BImSchV eine förmliche Genehmigung erforderlich, wenn es um Anlagen geht, für deren Zulassung oder Änderung nach § 3c Abs.1 S.2, nach § 3b Abs.2 oder nach § 3b Abs.3 UVPG eine **Umweltverträglichkeitsprüfung** notwendig ist. Auch Anlagen der Sp. 2 des Anhangs der 4. BImSchV können somit ein förmliches Genehmigungsverfahren erforderlich machen (krit. Enders/Krings, DVBl 2000, 1392). Gleiches gilt für Versuchsanlagen (unten Rn.7a).

6   Bei **Abfallentsorgungsanlagen** gelten alle diese Gesichtspunkte gem. Abs.1 S.2 entsprechend. Werden Abfälle mitverwertet bzw. mitverbrannt, wird man auf ein förmliches Verfahren verzichten können, wenn die Anlage als solche wie die Abfallverbrennung bzw. -verwertung selbst jeweils nur dem vereinfachten Verfahren unterliegen (Fluck, DB 1993, 2012).

c) Versuchsanlagen

7   Anlagen der Spalte 1 des Anhangs zur 4. BImSchV bedürfen gem. § 2 Abs.3 der 4. BImSchV ausnahmsweise nur einer vereinfachten Genehmigung, soweit sie Versuchsanlagen darstellen. Eine **Versuchsanlage** ist eine Anlage, die ausschließlich oder überwiegend der Entwicklung oder Erprobung neuer Verfahren, neuer Einsatz- oder Brennstoffe *oder* neuer Erzeugnisse dient und zudem für höchstens drei Jahre betrieben werden soll (Amtl. Begr., BR-Drs. 650/74, 15f; Henkel o. Lit. 177f; Hansmann LR (4) § 2 Rn.12). Was unter „Versuchsanlagen" zu verstehen ist, wird in § 2 Abs.3 der 4. BImSchV näher dargelegt. Eine Erzeugung von Gütern für den Markt steht nicht entgegen, sofern nur die Erprobung im Vordergrund steht (Engelhardt III (4) § 2 Rn.3). Gegen eine Versuchsanlage spricht, wenn größere Investitionen vorgenommen werden sollen, die langfristig genutzt werden können (Führ o. Lit. 226). Von § 2 Abs.3 der 4. BImSchV nicht erfasst wird die versuchsweise Änderung von (Produktions-)Anlagen. Diese Anlagen sind auch hinsichtlich der Änderung keine Versuchsanlagen (Henkel o. Lit. 178; Führ o. Lit. 226), da sie nicht ausschließlich oder überwiegend Versuchszwecken dienen.

7a   Liegen die Voraussetzungen einer Versuchsanlage vor, **muss** das vereinfachte Verfahren gewählt werden, sofern der Antragsteller nicht ein förmliches Verfahren wünscht (Engelhardt III (4) § 2 Rn.6; a. A. Hansmann LR (4) § 2 Rn.14). Bei bestimmten Versuchsanlagen ist darüber hinaus gem. § 1 Abs. 6 der 4. BIumSchV sogar überhaupt keine Genehmigung erforderlich (Rn. 25 zu § 4). Umgekehrt **entfällt** eine **Privilegierung** von Versuchsanlagen gem. § 2 Abs.3 S.2 der 4. BImSchV, soweit für ihre Zulassung oder Änderung eine *Umweltverträglichkeitsprüfung* notwendig ist.

8   Eine vereinfachte Genehmigung kann gem. § 2 Abs.3 S.1 der 4. BImSchV für Versuchsanlagen nur **für drei Jahre** erteilt werden; bis 1993 (Einl.2 Nr.21) galt eine Frist von zwei Jahren. Die Frist beginnt mit der Inbetriebnahme und läuft auch in Zeiten einer evtl. Betriebseinstellung (Ludwig FE (4) § 2 Anm.4; Henkel o. Lit. 179; Engelhardt III (4) § 2 Rn.4), da anderenfalls eine ausreichende Kontrolle durch die Behörde nicht möglich ist. In begrün-

Vereinfachtes Verfahren § 19

deten Fällen kann die Frist gem. § 2 Abs.3 S.1 Hs.2 der 4. BImSchV um ein Jahr verlängert werden; die Entscheidung darüber steht im Ermessen der Behörde. Länger als **vier Jahre** darf eine Versuchsanlage auf keinen Fall betrieben werden (vgl. Hansmann LR (4) § 2 Rn.16; Henkel o. Lit. 179). Auch die Erteilung einer neuen vereinfachten Genehmigung ist gem. § 2 Abs.3 S.3 der 4. BImSchV ausgeschlossen, es sei denn, es geht um eine Änderung der Anlage für einen neuen Entwicklungs- oder Erprobungszweck. Ist von vornherein abzusehen, dass eine Fristverlängerung in Anspruch genommen werden muss, kann § 2 Abs.3 nicht angewandt werden (Hansmann LR (4) § 2 Rn.20).

d) Förmliches oder vereinfachtes Verfahren im Einzelfall

aa) Ist eine Anlage an sich im vereinfachten Verfahren zu genehmigen, 9 muss, wie Abs.3 klarstellt, gleichwohl ein förmliches Verfahren durchgeführt werden, wenn der Antragsteller dies (etwa im Hinblick auf die Rechtswirkungen einer förmlichen Genehmigung) beantragt (**Option des förmlichen Verfahrens**). Seit der Änderung der Vorschrift (Einl.2 Nr.57) hat der Antragsteller einen Rechtsanspruch auf Durchführung eines förmlichen Verfahrens (Roßnagel GK 10). Die Nutzung dieser Möglichkeit kann vor allem dann sinnvoll sein, wenn ohnehin mit einer Vielzahl von Einwendungen und Widersprüchen zu rechnen ist (Ohms Rn.489), da die Option zur Anwendung des § 10 Abs.3 S.3 und des § 14 führt (Roßnagel GK 29 a). Der Antrag auf ein förmliches Verfahren ist gem. § 3 S.2 der 9. BImSchV mit dem Genehmigungsantrag zu stellen und kann jederzeit zurückgenommen werden (Roßnagel GK 11). Für das Genehmigungsverfahren gelten nach einem solchen Antrag alle Vorschriften für das förmliche Verfahren; eine Umweltverträglichkeitsprüfung ist aber nicht erforderlich (vgl. Rn.13 zu § 10). Die Rechtswirkungen sind die einer förmlich erteilten Genehmigung (vgl. Rn.17 zu § 16). Zum Rechtsschutz unten Rn.20 f.

bb) Umgekehrt kann bei Anlagen, die an sich einer förmlichen Ge- 10 nehmigung bedürfen, in bestimmten Fällen **auf die Öffentlichkeitsbeteiligung verzichtet** werden. Das betrifft v. a. Änderungsgenehmigungen (dazu Rn.37–45 a zu § 16), aber auch andere Fälle (vgl. die Übersicht in Rn.59 a zu § 10). In solchen Fällen gelten durchweg die Regeln für das vereinfachte Genehmigungsverfahren, nicht nur hinsichtlich des Verzichts der Öffentlichkeitsbeteiligung.

3. Das vereinfachte Verfahren

a) Grundlagen

Für das vereinfachte Verfahren gilt § 10 Abs.1, 5, 10. Die 9. BImSchV ist 11 mit Ausnahme des § 4 Abs.3, der §§ 8–10a, des § 11a Abs.4, des § 12, der §§ 14–19 sowie der Vorschriften, die die Durchführung der Umweltverträglichkeitsprüfung betreffen, anzuwenden (§ 24 der 9. BImSchV). Zur Anwendung des Verwaltungsverfahrensgesetzes gelten die Ausführungen in

§ 19 Genehmigungsbedürftige Anlagen

Rn.9 zu § 10, zur Anwendung landesrechtlicher Verwaltungsvorschriften die Ausführungen in Rn.10 zu § 10. Zur Zuständigkeit wird auf Rn.11 zu § 10 verwiesen.

b) Ablauf des Verfahrens

12 aa) Für die **Einleitung des Verfahrens,** den Antrag und die Unterlagen gelten die allgemeinen Regeln und damit die Ausführungen in Rn.19–21, 25–31, 33, 40–43 zu § 10. Insb. ist der Eingang des Antrags zu bestätigen und unverzüglich die Vollständigkeit der Unterlagen zu überprüfen. Allerdings muss gem. § 24 der 9. BImSchV weder eine Kurzbeschreibung noch ein Inhaltsverzeichnis beigelegt werden, da eine Auslegung nicht stattfindet. Aus dem gleichen Grunde ist eine Kennzeichnung der Geschäfts- und Betriebsgeheimnisse an sich nicht erforderlich, im Hinblick auf das Akteneinsichtsrecht der Betroffenen (dazu unten Rn.14) jedoch sinnvoll. Bei Änderungen des Vorhabens im Laufe des Genehmigungsverfahrens gelten die Ausführungen in Rn.104 zu § 10.

13 bb) Hinsichtlich der **behördlichen Ermittlungen,** insb. der Beteiligung anderer Behörden, und der einzuholenden Gutachten gelten die allgemeinen Regeln. Anzuwenden sind insb. die Vorgaben zur vollständigen Koordination (Rn.48–51 zu § 10) und zur grenzüberschreitenden Behördenbeteiligung (Roßnagel GK 41a; Rn.53f zu § 10), aber auch alle anderen Vorgaben, wie sie in Rn.44–47, 56–58 zu § 10 behandelt wurden.

14 cc) Eine **Öffentlichkeitsbeteiligung** erfolgt nicht, da § 10 Abs.2–4, 6–8 gem. Abs.2 nicht anzuwenden sind. Antrag und Unterlagen werden weder bekanntgemacht noch ausgelegt. Ein Erörterungstermin findet nicht statt. Einwendungen im technischen Sinne sind weder möglich noch geboten, weshalb auch keine Präklusion stattfindet (dazu Rn.3 zu § 14). Das schließt nicht aus, der Genehmigungsbehörde Bedenken vorzutragen, die diese im Rahmen des Untersuchungsgrundsatzes berücksichtigen muss (Vallendar FE (9) § 24 Anm.3). Werden Dritte in ihren rechtlichen Interessen betroffen, müssen sie auf Antrag oder von Amts wegen zum Verfahren gem. § 13 Abs.2 S.1 VwVfG hinzugezogen werden (Roßnagel GK 44). Sie sind dann gem. § 28 VwVfG von der Genehmigungsbehörde anzuhören und besitzen einen Anspruch auf **Akteneinsicht** gem. § 29 VwVfG (Laubinger UL D13f; Hansmann LR 14); vgl. dazu Rn.69 zu § 10. § 10a der 9. BImSchV ist nicht anwendbar (§ 24 der 9. BImSchV). Daneben besteht vielfach ein Anspruch nach dem UmweltinformationsG (Roßnagel GK 23a; Czajka FE (9) § 24 Rn.5); zu diesem Anspruch Rn.18b zu § 10.

15 dd) Für Inhalt und Form des **Genehmigungsbescheids** gelten die Ausführungen in Rn.120 zu § 10. Zur Ablehnung des Antrags wird auf Rn.125f zu § 10 verwiesen, zur Einstellung und Aussetzung des Verfahrens auf Rn.127f zu § 10, zu den Kosten auf Rn.52 zu § 52. Der Genehmigungsbescheid muss den Personen nicht zugestellt werden, die Bedenken vorgetragen haben; sie sind keine Einwender im technischen Sinne.

Vereinfachtes Verfahren § 19

Gleichwohl ist eine Zustellung auch an sie sinnvoll, um die Rechtsbehelfsfristen in Lauf zu setzen (Hansmann LR 18; einschr. Roßnagel GK 52; s. auch unten Rn.22). Zusätzlich zur Zustellung ist die Genehmigung gem. § 21a der 9. BImSchV auf Antrag des Genehmigungsinhabers öffentlich bekannt zu machen.

c) Stufung des Verfahrens

Eine Stufung des Genehmigungsverfahrens durch Vorbescheid gem. § 9 **16** und Teilgenehmigung gem. § 8 ist seit 1985 (Einl.2 Nr.8) auch im vereinfachten Verfahren möglich. Der vollständige Ausschluss des § 10 Abs.9 dürfte immer noch die Rechtslage vor 1985 im Auge haben (Hansmann LR 14); § 10 Abs.1 und Abs.5 gelten folglich auch für den Vorbescheid im vereinfachten Verfahren.

4. Besonderheiten der vereinfachten Genehmigung

a) Erteilung

Die Erteilung der vereinfachten Genehmigung setzt voraus, dass die **17** Anlage in den Anwendungsbereich derartiger Genehmigungen fällt (dazu oben Rn.4–9); im Übrigen bedarf die vereinfachte Genehmigung der gleichen Voraussetzungen wie eine förmliche Genehmigung (dazu Rn.3–25 zu § 6). Insbesondere muss die projektierte Anlage nicht nur mit immissionsschutzrechtlichen Vorschriften, sondern gem. § 6 Abs.1 Nr.2 mit allen anderen öffentlich-rechtlichen Vorschriften vereinbar sein. Für die formellen Voraussetzungen gelten die Ausführungen in Rn.28f zu § 6.

b) Wirksamkeit und Wirkungen

Die vereinfachte Genehmigung wird unter den in Rn.34 zu § 6 be- **18** schriebenen Voraussetzungen wirksam. Sie hat weithin die gleichen Wirkungen wie eine förmliche Genehmigung (dazu Rn.30–33 zu § 6). Zur Wirkung der Ablehnung Rn.39 zu § 6. Die §§ 15–18, 20, 21 sind anzuwenden (Vallendar FE 5). Seit der Änderung des § 19 Abs.2 mit Wirkung zum 1. 4. 1982 (dazu Einl.2 Nr.7) gilt die Konzentrationswirkung des § 13 auch für vereinfachte Genehmigungen; für die vorher erteilten vereinfachten Genehmigungen gilt das nicht (Laubinger UL F3; Vallendar FE 5). Die Konzentrationswirkung kann aber nur gegenüber Zulassungen greifen, die nicht in einem förmlichen Verfahren ergehen (vgl. Rn.12 zu § 13). Im Verhältnis zu Plangenehmigungen wird man den Rechtsgedanken des § 78 Abs.2 VwVfG entsprechend anzunehmen haben (Rn.4 zu § 13). Bei der Straf- und Bußgeldbewehrung wird zwischen förmlichen und vereinfachten Genehmigungen kein Unterschied gemacht (Vallendar FE 5). Doch gelten folgende **Besonderheiten**: Eine Präklusion gem. § 10 Abs.3 S.3 scheitert an der fehlenden Öffentlichkeitsbeteiligung. § 11 ist nicht anwendbar, auch wenn ein gestuftes Verfahren angewandt wird (Laubinger UL D5). Schließlich besitzt die vereinfachte Genehmigung keine privatrechtsgestaltenden Effekte gem. § 14 (näher dazu Rn.3 zu § 14).

§ 20 Genehmigungsbedürftige Anlagen

5. Durchsetzung und Rechtsschutz

a) Durchsetzung

19 Wird eine Anlage im vereinfachten Verfahren genehmigt, obwohl ein förmliches Verfahren geboten ist, führt das zur Rechtswidrigkeit der Genehmigung. Soweit die Voraussetzungen des vereinfachten Verfahrens (oben Rn.4–8) offensichtlich nicht vorliegen, ist die Genehmigung gem. § 44 Abs.1 VwVfG nichtig (Hansmann LR 21; s. auch Rn.134 zu § 10).

b) Rechtsschutz hinsichtlich des Verfahrens

20 Wird ohne Zustimmung des **Antragstellers** ein förmliches statt des gebotenen vereinfachten Verfahrens durchgeführt, wird man dem Antragsteller trotz § 44a VwGO ein Klagerecht einräumen müssen. Die erteilte Genehmigung dürfte dagegen wegen § 46 VwVfG nicht anfechtbar sein. Lehnt die Behörde die gem. Abs.3 beantragte Durchführung eines förmlichen Verfahrens ab, liegt darin ein Verwaltungsakt, gegen den der Antragsteller mit der Verpflichtungsklage vorgehen kann (Laubinger UL C21). § 44a VwGO steht dem nicht entgegen, da es sich nicht um eine reine Verfahrenshandlung handelt (Laubinger UL C22; Vallendar FE 7).

21 Wird zu Unrecht ein vereinfachtes statt eines förmlichen Verfahrens durchgeführt, werden **Drittbetroffene** in ihren Rechten verletzt (Roßnagel GK 58; vgl. Rn.130 zu § 10). Der Geltendmachung des Rechtsverstoßes kann aber § 46 VwVfG entgegenstehen (dazu Rn.132–134 zu § 10). Gegen die Unterlassung des gebotenen vereinfachten Verfahrens können sich Dritte nicht wehren (Rn.64 zu § 4). Zum direkten Rechtsschutz Rn.131 zu § 10.

c) Rechtsschutz hinsichtlich der Genehmigung

22 Für den Rechtsschutz des *Antragstellers* gegen eine vereinfachte Genehmigung gelten die allgemeinen Ausführungen; näher dazu Rn.40–43 zu § 6. Entsprechend wird auch für den Rechtsschutz der *Nachbarn* auf Rn.44–56 zu § 6 verwiesen. Für die Nachbarn, denen der Bescheid nicht zugestellt wird, beginnt die Widerspruchsfrist nicht zu laufen (Schmatz/Nöthlichs § 4 Anm.8). Allerdings verwirken sie ihr Widerspruchs- und Klagerecht, wenn sie längere Zeit, d.h. entsprechend dem Rechtsgedanken des § 58 Abs.2 VwGO, mehr als ein Jahr (Hansmann LR 24; Laubinger UL G4; Kopp/Schenke, § 74 Rn.20) zuverlässige Kenntnis von der Genehmigung hatten oder hätten haben müssen (Hansmann LR 24; zum Baurecht BVerwGE 44, 294f = NJW 1974, 1260) und keine Rechtsmittel einlegen.

§ 20 Untersagung, Stillegung und Beseitigung

(1) **Kommt der Betreiber einer genehmigungsbedürftigen Anlage einer Auflage,[10f] einer vollziehbaren nachträglichen Anordnung[12] oder einer abschließend bestimmten Pflicht aus einer Rechtsverordnung nach § 7[13] nicht nach und betreffen die Auflage, die Anordnung oder**

die Pflicht die Beschaffenheit oder den Betrieb der Anlage,[9] so kann[14] die zuständige Behörde[15] den Betrieb ganz oder teilweise bis zur Erfüllung der Auflage, der Anordnung oder der Pflichten aus der Rechtsverordnung nach § 7 untersagen.[16]

(1 a) Die zuständige Behörde hat die Inbetriebnahme oder Weiterführung einer genehmigungsbedürftigen Anlage, die Betriebsbereich oder Teil eines Betriebsbereichs ist und gewerblichen Zwecken dient oder im Rahmen wirtschaftlicher Unternehmungen Verwendung findet,[22] ganz oder teilweise zu untersagen, solange und soweit die von dem Betreiber getroffenen Maßnahmen zur Verhütung schwerer Unfälle im Sinne des Artikels 3 Nr.5 der Richtlinie 96/82/EG oder zur Begrenzung der Auswirkungen derartiger Unfälle eindeutig unzureichend sind.[23 ff] Die zuständige Behörde kann die Inbetriebnahme oder Weiterführung einer Anlage im Sinne des Satzes 1 ganz oder teilweise untersagen, wenn der Betreiber die in einer zur Umsetzung der Richtlinie 96/82/EG erlassenen Rechtsverordnung vorgeschriebenen Mitteilungen, Berichte oder sonstigen Informationen nicht fristgerecht übermittelt.[28]

(2) Die zuständige Behörde[41] soll[39] anordnen, dass eine Anlage, die ohne die erforderliche Genehmigung errichtet, betrieben oder wesentlich geändert wird,[35 ff] stillzulegen[39] oder zu beseitigen[40] ist. Sie hat die Beseitigung anzuordnen, wenn die Allgemeinheit oder die Nachbarschaft nicht auf andere Weise ausreichend geschützt werden kann.[40]

(3) Die zuständige Behörde[53] kann[52] den weiteren Betrieb einer genehmigungsbedürftigen Anlage durch den Betreiber oder einen mit der Leitung des Betriebs Beauftragten untersagen,[54] wenn Tatsachen vorliegen, welche die Unzuverlässigkeit dieser Personen in Bezug auf die Einhaltung von Rechtsvorschriften zum Schutz vor schädlichen Umwelteinwirkungen dartun,[47 ff] und die Untersagung zum Wohl der Allgemeinheit geboten ist.[51] Dem Betreiber der Anlage kann auf Antrag die Erlaubnis erteilt werden, die Anlage durch eine Person betreiben zu lassen, die die Gewähr für den ordnungsgemäßen Betrieb der Anlage bietet.[56 f] Die Erlaubnis kann mit Auflagen verbunden werden.[57]

Übersicht

I. Betriebsuntersagung bei Verletzung materieller Pflichten (Abs.1)	1
1. Bedeutung und Abgrenzung zu anderen Vorschriften	1
a) Allgemeines	1
b) Verhältnis zu Ermächtigungen in anderen Gesetzen	2
2. Materielle Rechtmäßigkeit	6
a) Sachlicher und persönlicher Anwendungsbereich	6
b) Pflichtverletzung	9

§ 20 Genehmigungsbedürftige Anlagen

    3. Ermessen und formelle Rechtmäßigkeit 14
       a) Ermessen 14
       b) Formelle Rechtmäßigkeit 15
    4. Wirkung, Durchsetzung, Rechtsschutz 16
       a) Wirkung, Durchsetzung und Sanktionen 16
       b) Rechtsschutz des Betreibers 18
       c) Rechtsschutz Dritter 20

 II. Untersagung im Hinblick auf schwere Unfälle (Abs.1a) 21
    1. Bedeutung, Abgrenzung zu anderen Vorschriften, EG-Recht 21
    2. Materielle Rechtmäßigkeit 22
       a) sachlicher und persönlicher Anwendungsbereich ... 22
       b) Pflichtverstoß bei Untersagung nach Abs.1a S.1 23
       c) Pflichtverstoß bei Untersagung nach Abs.1a S.2 28
       d) Möglicher Inhalt 29
       e) Gebundene Entscheidung und Ermessen 30
       f) Formelle Rechtmäßigkeit 31
    3. Wirkung, Durchsetzung, Sanktionen, Rechtsschutz 32

III. Stilllegung/Beseitigung bei fehlender Genehmigung (Abs.2) 33
    1. Bedeutung und Verhältnis zu anderen Vorschriften 33
    2. Materielle Voraussetzungen 34
       a) Sachlicher und persönlicher Anwendungsbereich ... 34
       b) Keine Genehmigung 35
       c) Vor Betriebsbeginn 38
    3. Ermessen bzw. Soll-Entscheidung sowie Verfahren 39
       a) Stilllegung 39
       b) Beseitigung 40
       c) Formelle Rechtmäßigkeit 41
    4. Wirkung, Durchsetzung, Sanktionen, Rechtsschutz 42

IV. Untersagung wegen Unzuverlässigkeit (Abs.3) 45
    1. Bedeutung und Verhältnis zu anderen Vorschriften 45
    2. Materielle Rechtmäßigkeitsvoraussetzungen 46
       a) Sachlicher und persönlicher Anwendungsbereich ... 46
       b) Unzuverlässigkeit des Anlagenbetreibers oder Betriebsleiters 47
       c) Wohl der Allgemeinheit 51
    3. Ermessen und formelle Rechtmäßigkeit 52
    4. Wirkung und Weiterbetrieb durch einen Stellvertreter ... 54
       a) Wirksamkeit und Wirkung 54
       b) Zulassung eines Stellvertreters 56
    5. Durchsetzung, Sanktionen, Rechtsschutz 58

Literatur: *Müller/Süß,* Umfang und Grenzen des Vertrauensschutzes für den immissionsschutzrechtlich genehmigungsbedürftigen Betrieb, LKV 2000, 230; *Rebentisch,* Auswirkungen der neuen „Seveso-Richtlinie" auf das deutsche Anlagensicherheitsrecht, NVwZ 1997, 6; *Weimar,* Umweltrechtliche Verantwortung des GmbH-Geschäftsführers, GmbHR 1994, 82 ff; *Fluck,* Die Duldung des unerlaubten Betreibens genehmigungsbedürftiger Anlagen, NuR 1990, 197; *Jarass,* Die jüngsten Änderungen des Immissionsschutzrechts, NVwZ 1986, 607.

Untersagung, Stillegung und Beseitigung § 20

I. Betriebsuntersagung bei Verletzung materieller Pflichten (Abs.1)

1. Bedeutung und Abgrenzung zu anderen Vorschriften

a) Allgemeines

Abs.1 enthält eine Ermächtigung, den Betrieb einer Anlage zu untersagen, wenn und solange der Betreiber hinreichend konkretisierten Pflichten zur Beschaffenheit und Betriebsweise der Anlage nicht nachkommt; näher zur Wirkung der Untersagung unten Rn.12. Die Untersagung dient der Durchsetzung dieser Pflichten (Hansmann LR 1), der Sanktionierung von Pflichtverstößen und steht in Parallele zu einer Untersagung gem. § 25 Abs.1; sie hat daher einen anderen Charakter als eine Betriebseinschränkung gem. § 17 (vgl. Rn.22f zu § 17). Im Übrigen gilt für das Verhältnis zu § 17 wie zu anderen Ermächtigungen des BImSchG, dass sie grundsätzlich parallel anwendbar sind, sofern die jeweiligen Voraussetzungen vorliegen. Doch können sich aus dem Grundsatz der Verhältnismäßigkeit Einschränkungen ergeben (dazu unten Rn.15). Die Anwendung des § 20 wird auch nicht durch die Verhängung eines Bußgelds oder einer Strafe berührt (Hansmann LR 16). **1**

b) Verhältnis zu Ermächtigungen in anderen Gesetzen

aa) Umstritten ist, ob die Vorschriften des § 17, des § 20 und des § 21 mit ihren differenzierten Vorgaben für nachträgliche Maßnahmen die **ordnungsbehördliche Generalklausel** verdrängen. Das BVerwG verneint dies, schränkt dann aber den Einsatz der Generalklausel durch die sog. Legalisierungswirkung der Genehmigung ein (BVerwGE 55, 118/ 120ff = NJW 1978, 1818; ebenso Hansmann LR 14; Peschau FE 12). Damit lässt sich unschwer erklären, warum bei anzeigepflichtigen Anlagen, etwa gem. § 67 Abs.2, die Generalklausel anwendbar ist. Andererseits führt das Abheben auf die Legalisierungswirkung dazu, dass es bei einem Verstoß gegen Auflagen oder beim Betrieb ohne Genehmigung und damit bei zentralen Anwendungsfällen des § 20 zu einer Parallelanwendung kommt. Weiter kann die Beschränkung des § 20 Abs.1 auf abschließend bestimmte Pflichten unterlaufen werden. Daher ist es sachgerechter, in den §§ 17, 20, 21 eine grundsätzlich **abschließende Regelung** zu sehen (Laubinger UL B4; Sellner Rn.490a; Martens, DVBl 1981, 603ff; Sendler WiVerw 1977, 109). Lediglich im Teilbereich der **anzeigepflichtigen Anlagen** iSd § 67 Abs.2, § 67a Abs.1 gilt das nicht, weil hier die Vorschrift des § 21 nicht anwendbar ist und die daraus entstehende Lücke nur notdürftig durch die analoge Anwendung von § 25 Abs.2 (Rn.26 zu § 67) geschlossen wird (iE BVerwGE 55, 118/122). Dementsprechend sind auch Ermächtigungen für nicht genehmigungsbedürftige Anlagen nicht abschließend (Rn.18 zu § 25). Keine abschließende Regelung enthalten die §§ 17ff schließlich für die Aufhebung einer rechtswidrigen Genehmigung, weshalb hier § 48 VwVfG zur Anwendung kommt (Rn.39 zu § 21). **2**

§ 20 Genehmigungsbedürftige Anlagen

3 Der grundsätzlich abschließende Charakter führt zu keinen untragbaren Regelungslücken in Fällen **unmittelbar drohender Gefahren.** In Störfallsituationen greift § 20 Abs.1 a. Darüber hinaus kann in allen Fällen, in denen es trotz Einhaltung von Nebenbestimmungen und Rechtsverordnungen zu einer akuten Gefahr kommt, auf der Grundlage des § 17 ein vorübergehendes Abschalten der Anlage verlangt werden (Rn.23 zu § 17). Allein dann, wenn eine dauerhafte Einstellung des Betriebs zur Gefahrenabwehr erforderlich ist und keine der Alternativen des § 20 eingreift, muss auf § 21 zurückgegriffen werden. Schließlich können die Polizeibehörden nach allgemeinen Grundsätzen auch im Bereich abschließender Regelungen einstweilige Sofortmaßnahmen treffen, wenn Gefahr im Verzug besteht (iE BVerwGE 55, 117/122 f = NJW 1978, 1818; Peschau FE 12).

4 Abs.1 betrifft schließlich nur Verstöße gegen (materielle oder instrumentelle) Vorschriften des BImSchG und der darauf gestützten Rechtsverordnungen. Dementsprechend wird die ordnungsbehördliche Generalklausel nur in diesem Bereich verdrängt (so auch Götz Rn.159). Geht es um die Verletzung **sonstiger Vorschriften des öffentlichen Rechts,** hängt die Anwendbarkeit der ordnungsbehördlichen Generalklausel davon ab, ob sie von Vorschriften der dafür einschlägigen Spezialgesetze verdrängt wird; das BImSchG steht ihrer Anwendung nicht entgegen. Geht es um die Begrenzung einer Tätigkeit, die gleichzeitig Immissionsschutzvorschriften und andere Vorschriften verletzt, können die §§ 17, 20, 21 und die ordnungsbehördliche Generalklausel nebeneinander Anwendung finden.

5 **bb)** Aus den entsprechenden Gründen wie bei der ordnungsbehördlichen Generalklausel werden auch Ermächtigungen des **Bauordnungsrechts** verdrängt (HessVGH, UL § 20–39, 3). Entsprechendes muss für vergleichbare Ermächtigungen in anderen Gesetzen gelten.

2. Materielle Rechtmäßigkeit

a) Sachlicher und persönlicher Anwendungsbereich

6 Die Untersagung gem. Abs.1 ist bei allen **genehmigungsbedürftigen Anlagen** möglich, einschl. der gleichgestellten Anlagen (dazu Rn.13–32 zu § 4). Dazu gehören auch die von § 67 Abs.7 erfassten Abfallentsorgungsanlagen. Auf die anzeigepflichtigen und anzeigefreien Anlagen gem. § 67 Abs.2, 3 sowie nach § 67a Abs.1 ist § 20 Abs.1 anwendbar (Hansmann LR 3); zu Einschränkungen im Hinblick auf Auflagen zu sonstigen Genehmigungen unten Rn.10. Erfasst werden auch Anlagen, bei denen die immissionsschutzrechtliche Genehmigung durch eine andere Zulassung, insb. durch eine Planfeststellung ersetzt wurde, es sei denn, das Gesetz über die konzentrierende Zulassung enthält eine Regelung für nachträgliche Anordnungen (Koch GK 21 f; a. A. Hansmann LR 4).

7 Darüber hinaus wird verlangt, dass die Anlage **betrieben** wird (Hansmann LR 20; a.A. wohl Sellner Rn.476); das erscheint zweifelhaft, weil Abs.1 von der Untersagung des Betriebs und nicht des Weiterbetriebs

Untersagung, Stillegung und Beseitigung § 20

spricht (vgl. auch unten Rn.38). Eine Einstellung des Betriebs während des Untersagungsverfahrens bildet kein Hindernis.

Adressat der Verfügung nach § 20 kann allein der *Anlagenbetreiber* sein, 8 also derjenige, der den bestimmenden Einfluss auf den Anlagenbetrieb hat; näher dazu Rn.81–84 zu § 3. Daneben können auf Abs.1 auch Duldungsverfügungen gegen den bloßen Anlageneigentümer etc. gestützt werden (vgl. Rn.11 zu § 17; Laubinger UL D23).

b) Pflichtverletzung

Des Weiteren wird eine bestimmte Pflichtverletzung vorausgesetzt 9 (dazu unten Rn.10–13). Auf ein Verschulden kommt es nicht an (vgl. Rn.3 zu § 25). Durch die Neufassung des § 20 Abs.1 (Einl.2 Nr.8) wird klargestellt, dass sich die Vorschrift nur auf Auflagen, Anordnungen und Pflichten aus Rechtsverordnungen bezieht, die „die **Beschaffenheit** oder den **Betrieb** der Anlage" betreffen. Erfasst werden damit alle *materiellen* Anforderungen an den Anlagenbetreiber, nicht jedoch formale Pflichten, wie Mitteilungspflichten (Peschau FE 29; Hansmann LR 18), etwa gem. § 52a (Spindler FE § 52a Rn.18; Hansmann LR § 52a Rn.17), Messpflichten (unten Rn.13) oder die Pflicht zur Ernennung eines Immissionsschutzbeauftragten (Brandt GK 62 zu § 53).

aa) Abs.1 kommt zunächst bei **Nichtbefolgung einer Auflage** zum 10 Tragen. Als Auflage in diesem Sinne ist allein die echte Auflage (dazu Rn.2 zu § 12), nicht die modifizierende Auflage oder Inhaltsbestimmung gemeint (Laubinger UL C10; Hansmann LR 24; Peschau FE 31; wohl auch OVG NW, DVBl 1976, 801; vgl. BayObLG, UPR 1988, 26f). Modifizierende Auflagen bzw. Inhaltsbestimmungen (dazu Rn.3 zu § 12) fallen unter Abs.2 (näher unten Rn.36), da sie die Genehmigung modifizieren und damit ihre Reichweite bestimmen (für ein Wahlrecht der Behörde zwischen Abs.1 und Abs.2 im Fall der modifizierenden Auflage Sellner Rn.477). Keine Rolle spielt dagegen, ob es sich um eine Immissionsschutzauflage oder eine Auflage zur Erfüllung anderer öffentlichrechtlicher Vorschriften handelt (Peschau FE 30; Koch GK 22; Hansmann LR 19; **a.A.** BVerwG, NVwZ 1984, 305). Sie muss aber einer immissionsschutzrechtlichen Genehmigung beigefügt sein; nicht erfasst etwa Auflagen zu einer Baugenehmigung bei anzeigepflichtigen Anlagen (BVerwG, UPR 1984, 103f; Hansmann LR 4; Peschau FE 30). Nicht erfasst sein dürften schließlich Verstöße gegen Auflagen, die Ausgleichsmaßnahmen nach dem Naturschutzrecht vorsehen, da es hier weder um die Beschaffenheit noch um den Betrieb der Anlage geht (Hansmann LR 18). Die Vollziehbarkeit der Auflage wird vom Gesetz nicht ausdrücklich erwähnt, da eine Untersagung nach Abs.1 erst mit dem Betriebsbeginn wirksam wird; zu diesem Zeitpunkt wird die Auflage aber spätestens (mit der Genehmigung) vollziehbar sein (ähnlich Hansmann LR 21; Peschau FE 32; Engelhardt/Schlicht 2a).

Auf die **Rechtmäßigkeit** der Auflage kommt es nicht an, sofern der 11 Rechtsmangel nicht zur Nichtigkeit führt (Peschau FE 32; Laubinger UL

C13). Die Rechtswidrigkeit wird aber im Rahmen des Ermessens zu berücksichtigen sein, wenn sie auch nicht zu einer völligen Ermessensreduzierung führt, außer bei Vorliegen von Wiederaufnahmegründen iSd § 51 VwVfG (vgl. Hansmann LR 32; a.A. Koch GK 51). Eine Nichtbefolgung liegt auch bei unrichtiger oder unvollständiger Befolgung vor (vgl. § 62 Abs.1 Nr.3, 5). Bei mangelnder Bestimmtheit ist Nichtigkeit anzunehmen (vgl. Sellner Rn.483).

12 **bb) Abs.**1 kommt des Weiteren bei Nichtbefolgung einer **nachträglichen Anordnung** gem. § 17 zum Tragen; zu Anordnungen nach früherem Recht Rn.7 zu § 67. Zudem muss die Anordnung vollziehbar sein. Dies ist der Fall, wenn die Anordnung unanfechtbar geworden ist oder wenn die sofortige Vollziehung gem. § 80 Abs.2 Nr.4 VwGO angeordnet wurde (Peschau FE 33; a.A. Laubinger UL C23). Zur Vollziehbarkeit siehe die Ausführungen in Rn.32 zu § 62. Zudem muss der Betreiber eine angemessene Frist zur Durchführung der Anordnung gehabt haben (VGH BW, NVwZ 1985, 433). Lassen sich gravierende Gefahren anders nicht vermeiden, kann auf die Frist verzichtet werden (Hansmann LR 30; Peschau FE 33; a.A. Koch GK 38). Auf die Rechtmäßigkeit der Anordnung kommt es grundsätzlich nicht an; insoweit gelten die entsprechenden Ausführungen zur Auflage (oben Rn.11). Die nachträgliche Änderung sofort mit der Untersagungsanordnung für den Verstoßfall zu verbinden, widerspricht dem Erfordernis, das Ermessen (unten Rn.15) auszuüben (Peschau FE 33). Anordnungen gem. §§ 26ff werden nicht erfasst (vgl. Kunert, UPR 1991, 252; oben Rn.9).

13 **cc)** Weiter ist seit der Neufassung des Abs.1 (dazu Einl.2 Nr.8) eine Untersagung möglich, wenn der Betreiber eine, in einer **Rechtsverordnung** nach § 7 niedergelegte **abschließend bestimmte Pflicht** verletzt. Eine Verletzung allein von Grundpflichten des § 5 genügt also nicht (Ohms Rn.675). Nicht abschließend bestimmte Pflichten müssen zunächst zum Gegenstand einer nachträglichen Anordnung gemacht werden. *Abschließend bestimmt* ist eine Pflicht, anders als nach dem allgemeinen Sprachgebrauch (dem § 17 Abs.3 folgt), wenn sie so präzise gefasst ist, dass sie den Bestimmtheitsanforderungen genügt, die für einen entsprechenden Verwaltungsakt gelten würden (Jarass, NVwZ 1986, 608; Engelhardt/Schlicht 2; Hansmann LR 25). Daran fehlt es, wenn in der betreffenden Regelung noch eine behördliche Entscheidung verlangt wird (Peschau FE 34). Grenzwerte der 13. BImSchV etwa sind abschließend bestimmt, nicht jedoch evtl. Öffnungsklauseln (Hansmann LR 26, 28; Sellner Rn.480). Vorschriften der 13. BImSchV über die Ausführung von Messungen betreffen nicht die Beschaffenheit bzw. den Betrieb (Hansmann LR 27; oben Rn.9; a.A. Laubinger UL C36). Die Anforderungen der 12. BImSchV werden generell nicht erfasst, sei es, weil sie zu unbestimmt sind (NdsOVG, UL-ES § 25–12, 2), sei es, weil sie formale Anforderungen stellen (Hansmann LR 28; Peschau FE 36; oben Rn.9). Insoweit kann aber Abs.1a zum Tragen kommen. Nicht abschließend sind die Vorgaben

Untersagung, Stillegung und Beseitigung § 20

der 22. BImSchV, die zudem nicht auf § 7 gestützt wurden (Jarass, NVwZ 2003, 265). Auf die Vorgaben des Treibhausgas-Emissionshandelsgesetzes ist § 20 gemäß § 4 Abs.8 S.2 TEHG nicht anwendbar.

3. Ermessen und formelle Rechtmäßigkeit

a) Ermessen

Die Entscheidung steht im pflichtgemäßen Ermessen der Behörde (dazu Rn.46f zu § 17; zu restriktiv Peschau FE 38). Sie hat dabei den Grundsatz der Verhältnismäßigkeit gem. § 20 Rn.14 zu beachten, was dazu führen kann, dass nur eine Teiluntersagung zulässig ist, wie das der Wortlaut des Abs.1 auch deutlich macht (Laubinger UL C51; Hansmann LR 31; Peschau FE 39). An eine teilweise Untersagung ist dem Sanktionscharakter der Vorschrift entsprechend (oben Rn.1) v.a. bei kleineren Rechtsverstößen zu denken. Weiter ist im Rahmen des Ermessens eine eventuelle Rechtswidrigkeit von Auflagen und Anordnungen zu berücksichtigen (Hansmann LR 32); vgl. zur abweichenden Lage bei den tatbestandlichen Voraussetzungen oben Rn.11. Weiter ist im Rahmen des Ermessens zu prüfen, ob nicht eine Frist zur ordnungsgemäßen technischen Abwicklung von Betriebsvorgängen zu gewähren ist (Peschau FE 39). Schließlich ist bei der Ermessensausübung zu berücksichtigen, dass der Behörde auch andere Instrumente zur Verfügung stehen können. Was (echte) Auflagen und nachträgliche Anordnungen angeht, können diese auch vollstreckt werden; die Behörde hat insoweit ein Wahlrecht (Hansmann LR 15; einschr. Sellner Rn.478). Gegenüber dem Genehmigungswiderruf dürfte die Untersagung generell als milderes Mittel vorrangig sein (dazu Rn.2 zu § 21). Zur Duldung des rechtswidrigen Verhaltens gelten die entsprechenden Ausführungen unten in Rn.37. 14

b) Formelle Rechtmäßigkeit

Die Zuständigkeit zum Erlass einer Untersagungsverfügung ergibt sich regelmäßig aus dem Landesrecht (näher dazu Einl.56). Für den Bereich der Landesverteidigung besteht in § 1 Abs.1 der 14. BImSchV eine Sonderregelung. Zur Zuständigkeit sonstiger Bundesbehörden Einl.55. Für das **Verfahren** gelten die Ausführungen in Rn.54–57 zu § 17 ganz entsprechend. Eine Anhörung (dazu Rn.55 zu § 17) ist hier wegen der weitreichenden Folgen einer Untersagung noch wichtiger; bei Vorsorgeanordnungen ist sie ausnahmslos geboten (vgl. Laubinger UL C55; Vallendar FE 6). 15

4. Wirkung, Durchsetzung, Rechtsschutz

a) Wirkung, Durchsetzung und Sanktionen

Die Untersagung stellt ein Verbot dar, die Anlage weiterzubetreiben (vgl. Tünnesen-Harmes, in: Jarass WVR § 8 Rn.1). Die Genehmigung bleibt in ihrem Bestand unberührt (vgl. BR-Drs. 502/98, S.10). Die Un- 16 tersagung nach Abs.1 ist als vorübergehende Maßnahme „bis zur Erfüllung der Auflage, der Anordnung oder der Pflicht aus der Rechtsverordnung" konzipiert. Dem kann die Behörde dadurch gerecht werden, dass sie die Untersagung mit der auflösenden Bedingung der Erfüllung der Auflage bzw. Anordnung erlässt (Peschau FE 40). Sie kann die Untersagung aber auch unbedingt erlassen und muss sie aufheben, sobald die Auflage bzw. Anordnung erfüllt wird (Laubinger UL C52, Hansmann LR 52; nur auf Antrag Koch GK 47); vor der Aufhebung ist ein Weiterbetrieb unzulässig (Hansmann LR 37). Zur **Wirksamkeit** und zur Aufhebung der Untersagung gelten die Ausführungen in Rn.61, 65 zu § 17. Insb. wirkt die Untersagung auch gegen den Rechtsnachfolger (HessVGH, NVwZ 1998, 1316; Hansmann LR 53; Laubinger UL C53). Die Untersagung lässt den Bestand der Genehmigung unberührt (vgl. Koch GK 78 v); doch erlischt sie idR nach drei Jahren des Nichtbetriebs (Peschau FE 40; Rn.4 zu § 18).

17 Zur **Durchsetzung** kann die Untersagung zwangsweise vollstreckt werden (dazu Rn.29–32 zu § 62). Zudem kommt eine (dauerhafte) Untersaung nach § 20 Abs.3 in Betracht (Hansmann LR 82; Koch GK 65). Wer eine Anlage entgegen einer vollziehbaren Anordnung nach Abs.1 betreibt, begeht eine Straftat gem.§ 327 Abs.2 Nr.1 StGB; ob die Untersagung zum „Schutz vor Gefahren" im Sinne dieser Norm erfolgt, ist hier unerheblich (vgl. demgegenüber Rn.8 zu § 25). Unter zusätzlichen Voraussetzungen kann eine Straftat gem. § 324a StGB, gem. § 325 StGB oder gem. § 325a StGB vorliegen, evtl. in der Form des § 330 StGB (Text in Rn.2 ff zu § 63).

b) Rechtsschutz des Betreibers

18 Der Anlagenbetreiber kann gegen die auf Abs.1 gestützte Verfügung Widerspruch einlegen und Anfechtungsklage erheben. Maßgeblicher Zeitpunkt für die gerichtliche Beurteilung ist die letzte behördliche Entscheidung (Peschau FE 25; Koch GK 68; vgl. Rn.67 zu § 17; a.A. Hansmann LR 85). Ergeht – wie im Regelfall – ein Widerspruchsbescheid, ist auf diesen Zeitpunkt abzustellen. Soll der Fortfall der Gründe für die Untersagungsverfügung geltend gemacht werden, ist eine Verpflichtungsklage auf Aufhebung angebracht oder, sofern die Untersagung bedingt war (oben Rn.14), eine Feststellungsklage. Der *vorläufige Rechtsschutz* erfolgt über einen Antrag gem. § 80 Abs.5 VwGO.

19 Wegen des Gewichtes der Maßnahmen nach § 20 stellt sich die Frage des **vorbeugenden Rechtsschutzes.** Die Ankündigung von Maßnahmen nach § 20 stellt keinen Verwaltungsakt dar, weshalb sie nicht angefochten werden kann (Peschau FE 22; Hansmann LR 35). Sie lässt sich nicht mit der Androhung von Vollstreckungsmaßnahmen vergleichen. Die Vollstreckung folgt erst nach Erlass der Maßnahmen nach § 20. Eine vorbeugende Unterlassungs- oder Feststellungsklage setzt voraus, dass dem Beteiligten nicht zugemutet werden kann, die Maßnahmen abzuwarten und den möglichen vorläufigen Rechtsschutz zu nutzen (BVerwG, DVBl 1971, 747). Im Hinblick auf das Gewicht der Maßnahmen kann diese Voraussetzung gegeben sein, wenn die Behörde deutlich macht, dass sie

Untersagung, Stillegung und Beseitigung **§ 20**

sich im konkreten Fall zum Erlass von Maßnahmen nach § 20 als befugt ansieht (vorsichtiger Hansmann LR 86).

c) Rechtsschutz Dritter

Für Dritte stellen sich Rechtsschutzfragen in der Regel nur dann, wenn die Behörde keine Maßnahmen nach § 20 ergreift. Widerspruch und Verpflichtungsklage sind hier zulässig, wenn der Dritte die Maßnahme nach § 20 begehrt, weil andernfalls Vorschriften verletzt werden, die seinen Schutz bezwecken (vgl. Koch GK 69; Schmidt § 3 Rn.55; Hansmann LR 89). Dafür kommt hauptsächlich § 5 Abs.1 S.1 Nr.1 in Betracht. Dritte haben lediglich einen Anspruch auf fehlerfreien Ermessensgebrauch (Peschau FE 41). Das Ermessen schrumpft allerdings, wenn Dritte empfindlich beeinträchtigt werden (dazu Laubinger UL C45 f). Im Übrigen gelten die Ausführungen in Rn.44–55 zu § 6 entsprechend. Zum Anspruch Dritter auf Vornahme von Ermittlungen etc. Rn.16–19 zu § 52. 20

II. Untersagung im Hinblick auf schwere Unfälle (Abs.1 a)

1. Bedeutung, Abgrenzung zu anderen Vorschriften, EG-Recht

Die 1998 eingefügte (Einl.2 Nr.30) Regelung des Abs.1 a ermöglicht eine Betriebsuntersagung im Hinblick auf die Probleme von schweren Unfällen bzw. Störfällen (dazu unten Rn.23–27). Die Ermächtigung tritt kumulativ zu den anderen Ermächtigungen des § 20 hinzu. Zum Verhältnis zu anderen Ermächtigungen gelten die Ausführungen oben in Rn.1–5, insb. zur Parallelität der Anwendung anderer Ermächtigungen (Hansmann LR 10a; Koch GK 79l). 21

Was das **EG-Recht** angeht, so dient § 20 Abs.1 a der Umsetzung des Art.17 der Richtlinie 96/82/EG zur Beherrschung der Gefahren bei schweren Unfällen mit gefährlichen Stoffen (zu dieser Richtlinie vgl. Rn.87 zu § 3) in deutsches Recht (unten Rn.23 ff, 28). 21 a

2. Materielle Rechtmäßigkeit

a) Sachlicher und persönlicher Anwendungsbereich

Die Untersagung gem. Abs.1 a ist bei allen **genehmigungsbedürftigen Anlagen** möglich, einschließlich der Anlagen des § 67 Abs.2, 3 und des § 67 a Abs.1. Insoweit kann auf die Ausführungen oben in Rn.6 verwiesen werden. Anders als dort stellt allerdings der Wortlaut des Abs.1 a klar, dass eine Untersagung auch schon vor Inbetriebnahme möglich ist. Des Weiteren muss die Anlage einen Betriebsbereich iSd § 3 Abs.5 a (dazu Rn.88–91 zu § 3) bilden oder Teil eines solchen Betriebsbereichs sein. Für diese ist v. a. das Vorhandensein bestimmter gefährlicher Stoffe kennzeichnend (Rn.90 zu § 3). Schließlich muss die Anlage gewerblichen Zwecken dienen oder im Rahmen wirtschaftlicher Unternehmungen Verwendung finden. Insoweit gelten die Ausführungen in Rn.28 zu § 4. Es gibt daher ge- 22 nehmigungsbedürftige Anlagen, die Abs.1 a nicht unterfallen (vgl. Rn.6 zu § 4) und gegen die bei Störfallproblemen nach Landesrecht eingeschritten werden muss (Peschau FE 45; vgl. Einl.48). Zum **Adressaten** gelten die Ausführungen oben in Rn.8.

b) Pflichtverstoß bei Untersagung nach Abs.1a S.1

23 **aa)** Eine Untersagung gem. Abs.1a S.1 muss die Verhütung **schwerer Unfälle** iSd Art.3 Nr.5 RL 96/82 oder die Begrenzung der Auswirkungen derartiger Unfälle betreffen. Der Begriff entspricht weithin dem des **Störfalls** iSd § 2 Nr.3 der 12. BImSchV (näher Rn.29 zu § 7; vgl. Müggenborg, NVwZ 2000, 1999). Ein schwerer Unfall setzt Folgendes voraus:

24 **(1)** Ein **Ereignis**, etwa eine Emission, ein Brand oder eine Explosion größeren Ausmaßes, das sich **aus unkontrollierten Vorgängen** ergibt. Als unkontrollierten Vorgang kann man eine *Störung des bestimmungsgemäßen Betriebs* (dazu Rn.3 zu § 58a) einstufen (vgl. § 2 Nr.3 der 12. BImSchV). Nicht erfasst werden laufende, aber geringfügige Überschreitungen von Emissionsgrenzwerten.

25 **(2)** Das Ereignis muss in einem *Betrieb* iSd Richtlinie 96/82/EG, d. h. in einem **Betriebsbereich** iSd § 3 Abs.5a stattfinden (näher dazu Rn.87–91 zu § 3). Zudem müssen ein oder mehrere **gefährliche Stoffe** iSd Art.3 Nr.5 RL 96/82 bzw. des § 2 Nr.1 der 12. BImSchV an dem Ereignis **beteiligt** sein, also Stoffe, Gemische oder Zubereitungen, die in Anhang I Teil 1 aufgeführt sind oder die die im Anhang I Teil 2 festgelegten Kriterien erfüllen und als Rohstoff, Endprodukt, Nebenprodukt, Rückstand oder Zwischenprodukt vorhanden sind oder bei einem schweren Unfall nach vernünftiger Einschätzung anfallen.

26 **(3)** Das Ereignis muss zu einer **ernsten Gefahr** für die menschliche **Gesundheit** oder die **Umwelt** führen. Eine ernste Gefahr dürfte aus einem hinreichend wahrscheinlichen Risiko erheblicher Beeinträchtigung der Gesundheit oder der Umwelt bestehen (vgl. Art.3 Nr.6 RL 96/82). Gesundheitsgefahren sind jedenfalls dann eine ernste Gefahr, wenn sie zahlreichen Menschen drohen (Koch GK 78e). Zur Umwelt dürften Fauna, Flora, Boden, Wasser, Luft, Klima, Landschaft und die Wechselwirkungen sowie Sachgüter und das kulturelle Erbe gehören (vgl. Art.3 RL 85/337).

27 **bb)** Weiter müssen die Maßnahmen, die der Anlagenbetreiber zur Verhütung von Unfällen iSd Rn.24–26 bzw. zur Begrenzung ihrer Auswirkungen getroffen hat, eindeutig unzureichend sein. **Unzureichend** sind Maßnahmen, die den gesetzlichen Anforderungen nicht entsprechen (Peschau FE 46), insb. nicht den Vorgaben der 12. BImSchV. In Abgrenzung zu Abs.1a S.2 geht es dabei allein um materielle Anforderungen. Keine Rolle spielt hingegen, ob die Pflicht durch eine Auflage, durch eine nachträgliche Anordnung oder durch eine abschließend bestimmte Regelung in einer Rechtsverordnung konkretisiert wurde (BR-Drs. 502/98, S.10; Peschau FE 47; Hansmann LR 37c). Die **Eindeutigkeit** liegt vor, wenn für einen kundigen Betrachter der Rechtsverstoß unschwer zu er-

Untersagung, Stillegung und Beseitigung **§ 20**

kennen ist (Peschau FE 46). Wesentlich dürfte dabei die Beweislage sein. Nicht erforderlich ist hingegen ein erhebliches Unterschreiten der materiellen Vorgaben (Hansmann LR 37d; vgl. Rn.12 zu § 25; anders Koch GK 78j ff); andererseits wird dann häufig die Eindeutigkeit gegeben sein.

c) Pflichtverstoß bei Untersagung nach Abs.1a S.2

Die Untersagung gem. Abs.1a S.2 setzt voraus, dass der Anlagenbetreiber die Mitteilungen, Berichte oder sonstigen **Informationen,** die in einer zur Umsetzung der RL 96/82 erlassenen Rechtsverordnung (vgl. dazu Rn.46 zu § 48a) vorgeschrieben sind, **nicht fristgerecht** übermittelt. Derartige Pflichten finden sich in einer Reihe von Vorschriften der 12. BImSchV. Zum Ermessen unten Rn.30; der Grundsatz der Verhältnismäßigkeit bedarf hier besonders sorgfältiger Prüfung. 28

d) Möglicher Inhalt

Gem. Abs.1a kann zum einen die **Inbetriebnahme** der Anlage verboten werden, also die Aufnahme des Betriebs (vgl. Rn.47 zu § 4). Ein Probebetrieb wird nur erfasst, wenn die in Rn.4 zu § 8a beschriebenen Grenzen und damit die Grenzen der Errichtung überschritten sind (vgl. Rn.46 zu § 4; wohl strenger Hansmann LR 37b). Daneben kann der **Weiterbetrieb** untersagt werden. 29

e) Gebundene Entscheidung und Ermessen

In den Fällen des Abs.1a S.1 (oben Rn.23–27) steht der zuständigen Behörde keinerlei Ermessen zu. Liegen die Voraussetzungen vor, muss sie die Inbetriebnahme oder den Betrieb der Anlage untersagen. Sie kann nur festlegen, ob der Betrieb ganz oder teilweise untersagt wird (Hansmann LR 37b). Doch auch insoweit steht ihr kein Ermessen zu. Vielmehr bestimmt sich der Umfang der Untersagung anhand des Grundsatzes der Verhältnismäßigkeit (Koch GK 78t). Demgegenüber steht die Entscheidung im Falle des Abs.1a S.2 (oben Rn.28) im behördlichen Ermessen. Insoweit kann auf die Ausführungen oben in Rn.15 verwiesen werden. 30

f) Formelle Rechtmäßigkeit

Was die Zuständigkeit und das Verfahren angeht, wird auf die Ausführungen oben in Rn.16 verwiesen. 31

3. Wirkung, Durchsetzung, Sanktionen, Rechtsschutz

Hinsichtlich Wirkung und Durchsetzung gelten die Ausführungen oben in Rn.17 entsprechend. Anders als die Untersagung nach Abs.1 (oben Rn.14) hat die Untersagung nach Abs.1a aber keinen vorläufigen Charakter. Sie erlischt daher nicht, wenn die Voraussetzungen, etwa aufgrund entsprechender Maßnahme des Anlagenbetreibers, entfallen (Koch GK 78u; a.A. Hansmann LR 37j). Doch besteht ein Anspruch auf Aufhebung der Untersagung, wenn deren Voraussetzungen entfallen sind, 32 weil ein Rechtsanspruch auf rechtmäßigen Betrieb besteht. Für das Vorliegen einer Straftat kann in vollem Umfang auf die Ausführungen oben in Rn.17a verwiesen werden. Für den Rechtsschutz gelten die Ausführungen oben in Rn.18–20 entsprechend. Insb. ist Abs.1 a drittschützend. Dies gilt auch im Bereich des Abs.1 a S.2, soweit es (auch) um die Information von Drittbetroffenen geht (Koch GK 79k; a.A. Hansmann LR 90; Peschau FE 51).

III. Stilllegung/Beseitigung bei fehlender Genehmigung (Abs.2)

1. Bedeutung und Verhältnis zu anderen Vorschriften

33 Die Regelung des Abs.2 soll verhindern, dass ohne behördliche Prüfung in einem Genehmigungsverfahren vollendete Tatsachen geschaffen werden (BVerwG, NVwZ 1984, 305). Sie ermächtigt dazu, die Stilllegung und Beseitigung einer Anlage anzuordnen, nicht die Anlage durch die Behörde selbst stillzulegen oder zu beseitigen (Peschau FE 24; Laubinger UL D1). Die Anordnung kann allerdings zwangsvollstreckt werden, was die tatsächliche Verhinderung des Anlagenbetriebs durch Verwaltungszwang (dazu Rn.29–32 zu § 62) einschließt. Die Anordnung der **Stilllegung** selbst stellt ein Verbot dar, die Anlage weiter zu betreiben, ist folglich nichts anderes als eine Untersagung (Engelhardt/Schlicht 7; Laubinger UL D2; anders Hansmann LR 39 unter fehlender Berücksichtigung von § 25 Abs.2); die von Abs.1 und Abs.3 abweichende Formulierung ist eine Folge der unterschiedlichen Vorbilder. Eine Versperrung des Betriebsgebäudes etc. ist nicht Teil der Stilllegungsanordnung, sondern deren Vollstreckung (missverständlich Engelhardt/Schlicht 7). Vor Aufnahme des Betriebs kann auf Abs.2 eine *Einstellung der Bauarbeiten* gestützt werden (unten Rn.38). Wird die *Beseitigung* angeordnet, muss die Anlage abgebaut und vom Betriebsgrundstück entfernt werden (Laubinger UL D3). Ein Aufbau der Anlage an einer anderen Stelle stellt einen genehmigungsbedürftigen Vorgang dar. Zum Verhältnis zu anderen Ermächtigungen, insb. zur ordnungsbehördlichen Generalklausel gelten die Ausführungen oben Rn.2–5 entsprechend.

2. Materielle Voraussetzungen

a) Sachlicher und persönlicher Anwendungsbereich

34 Abs.2 ist auf alle (im Zeitpunkt ihrer Errichtung oder wesentlichen Änderung) genehmigungsbedürftigen Anlagen anwendbar. Die Vorschrift gilt auch für Anlagen, die vor Inkrafttreten des BImSchG ohne die nach § 16 bzw. § 25 GewO a.F. erforderliche Genehmigung errichtet oder wesentlich geändert wurden (VGH BW, VBlBW 1991, 375; Rn.3 zu § 67). Für Anlagen der Abfalllagerung und -behandlung gilt die Vorschrift auch dann, wenn die Anlage ohne die früher notwendige abfallrechtliche Planfeststellung errichtet wurde. Dagegen ist die Vorschrift nicht auf anzeige-

Untersagung, Stillegung und Beseitigung § 20

pflichtige Anlagen des § 67 Abs.2 bzw. des § 16 Abs.4 GewO a.F. anwendbar (BVerwG, NVwZ 1984, 305; VGH BW, NVwZ-RR 1989, 124; Peschau FE 9; Hansmann LR 6; a.A. Führ GK § 67 Rn.103f). Gleiches gilt für Anlagen des § 67a Abs.1. Wohl aber kommt Abs.2 zum Tragen, wenn eine anzeigebedürftige Anlage (ohne Änderungsgenehmigung) wesentlich geändert wird (BVerwG, NVwZ 1984, 305; BayVGH, GewArch 1985, 173; Peschau FE 9) oder wenn die anzeigepflichtige Anlage ohne die notwendige Baugenehmigung errichtet wurde (Rn. 14 zu § 67). Abs.2 ist auch auf Anlagen anwendbar, bei denen die immissionsschutzrechtliche Genehmigung durch eine andere Genehmigung oder Planfeststellung ersetzt wird, soweit nicht das Gesetz, das die konzentrierende Genehmigung bzw. Planfeststellung regelt, eine entsprechende Vorschrift enthält (anders Hansmann LR 5). Was den **Adressaten** der Verfügung angeht, gelten die Ausführungen oben Rn.8.

b) Keine Genehmigung

Die Anlage muss ganz oder teilweise **ohne Genehmigung** errichtet, 35 betrieben oder wesentlich geändert werden. Vor allem im Hinblick auf die letzte Alternative liegt diese Voraussetzung vor, wenn die Beschaffenheit der Anlage oder die Art und Weise des Anlagenbetriebs nicht durch eine wirksame Genehmigung gedeckt ist (BVerwG, NVwZ 2001, 569), wobei unwesentliche Abweichungen (dazu Rn.8–11 zu § 16) unberücksichtigt bleiben. Erfasst wird auch der Fall einer nichtigen, aufgehobenen oder erloschenen Genehmigung (Hansmann LR 40; Laubinger UL D7). Ohne Genehmigung wird die Anlage weiterhin betrieben, wenn die Behörde die Erteilung der Genehmigung lediglich zugesagt hat (vgl. Rn.63 zu § 4, aber auch unten Rn.37). Dagegen dürfte die Vorschrift nicht gelten, wenn eine Genehmigung zwar erteilt, sie aber von Dritten angefochten wurde, unabhängig davon, ob die sofortige Vollziehbarkeit angeordnet ist (BVerwGE 89, 357/361f = NVwZ 1992, 570; HessVGH, GewArch 1992, 114; VGH BW, NVwZ-RR 1989, 123; a.A. Hansmann LR 44; Koch GK 84). Die Beachtung des Drittwiderspruchs sei über § 80a Abs.1 Nr.2, 3 VwGO zu erreichen. Der bloße Verstoß gegen die Wartepflicht des § 15 Abs.2 S.2 stellt kein Betreiben ohne Genehmigung dar (str.; Rn.23a zu § 15).

Darüber hinaus wird auch ein Verstoß gegen **Nebenbestimmungen** 36 zur Genehmigung in Form von Bedingungen (dazu Rn.5 zu § 12) sowie von modifizierenden Auflagen bzw. Inhaltsbestimmungen (dazu Rn.3 zu § 12) erfasst (Koch GK 87; Davids FE (13) Vorb. 11; Sellner Rn.487; diff. Hansmann LR 45). Voraussetzung ist jedoch, dass das Abweichen von der Nebenbestimmung als wesentliche Änderung iSd § 16 (dazu Rn.8–11 zu § 16) eingestuft werden muss. Der Verstoß gegen eine echte Auflage (dazu Rn.2 zu § 12) wird nicht erfasst; insoweit ist Abs.1 einschlägig. Grenzwerte für Emissionen etc. (im Genehmigungsbescheid) werden meist modifizierende Auflagen sein (anders Hansmann LR 45). Zur Verhältnismäßigkeit bei Verstoß gegen eine Nebenbestimmung unten Rn.39.

§ 20 Genehmigungsbedürftige Anlagen

37   Die Voraussetzungen des Abs.2 sind auch dann erfüllt, wenn lediglich die notwendige Genehmigung fehlt **(formelle Illegalität),** Anlage und Anlagenbetrieb also materiell in Ordnung sind (Peschau FE 52; Hansmann LR 42; Kutscheidt LR § 4 Rn.31; Sellner Rn.485ff; a.A. Laubinger UL D8); zu den Auswirkungen auf das Ermessen unten Rn.39f. Dies muss erst recht gelten, wenn durch die Änderung der Sach- oder Rechtslage die Anlage auch materiell rechtswidrig wurde. D.h., die frühere materielle Rechtmäßigkeit bewirkt für sich (also ohne Genehmigung), anders als im Baurecht und in Übereinstimmung mit dem Wasserrecht, keinen Schutz (Schulze-Fielitz, Verw 1987, 313f). Dem entspricht auch, dass die formelle Illegalität keine bloße Ordnungswidrigkeit, sondern gem. § 327 Abs.2 StGB eine Straftat darstellt (Text in Rn.6 zu § 63), sofern die Anlage betrieben wird. Endlich wird die Genehmigung nicht durch die behördliche Duldung des illegalen Zustands ersetzt (BVerwGE 85, 368/372 = NVwZ 1991, 369; Peschau FE 58; Hansmann LR 42; Rn.63 zu § 4), es sei denn, es handelt sich um eine rechtsverbindliche Erklärung, die gem. § 38 VwVfG auf jeden Fall Schriftform voraussetzt (vgl. Fluck, NuR 1990, 199).

c) Vor Betriebsbeginn

38   Abs.2 setzt nicht voraus, dass die Anlage bereits betrieben wird. Vor Betriebsbeginn kommt allerdings nur eine Baueinstellung, keine Stilllegung in Betracht (Peschau FE 60). Die Anordnung der Baueinstellung ist insb. möglich, wenn wesentliche Änderungen vorgenommen werden.

3. Ermessen bzw. Soll-Entscheidung sowie Verfahren
a) Stilllegung

39   Liegen die Voraussetzungen des Abs.2 vor, **soll** die Behörde die Anlage stilllegen. Das heißt, sie muss im Regelfall eingreifen (dazu Rn.50 zu § 17). In atypischen Situationen steht das Eingreifen in ihrem Ermessen (BVerwGE 84, 220/233 = NVwZ 1990, 963; Bh 406.25 § 20 BImSchG Nr.3; OVG Berlin, NVwZ-RR 2001, 92; Koch GK 93; Hansmann LR 50). Ein zeitliches Hinausschieben der Stilllegung dürfte nur in solchen Fällen zulässig sein. Keine Rolle spielt grundsätzlich, ob der Anlagenbetrieb auch materiell oder lediglich formell rechtswidrig ist (näher oben Rn.37; Hansmann LR 50). Steht allerdings fest, dass der Anlagenbetrieb materiell rechtmäßig ist, ist eine Stilllegung regelmäßig ausgeschlossen (BVerwGE 84, 220/233). Eine Stilllegung ist nur möglich, soweit und solange Zweifel hinsichtlich der materiellen Rechtmäßigkeit bestehen (BayVGH, NVwZ-RR 2004, 95; VGH BW, VBlBW 1991, 376). Zeitraubende Ermittlungen der Behörde sind nicht erforderlich (BVerwGE 84, 220/233 = NVwZ 1990, 963; Koch GK 97). Bei einem Verstoß gegen eine modifizierende Auflage oder eine Inhaltsbestimmung liegt eher eine atypische Situation vor als bei einem Handeln völlig ohne Genehmigung (vgl. Sellner Rn.487). Hier kommt dem Grundsatz der Verhältnismäßig-

keit größeres Gewicht zu. Ein Ausnahmefall liegt weiter vor, wenn einem Betreiber nach Erkundigung bei den zuständigen Behörden zu Unrecht eine Baugenehmigung erteilt wurde (Peschau FE 58) oder wenn der Stilllegungs*vorgang* zu besonderen Problemen führt (OVG SA, UL-ES § 20–42, 3 ff). Die behördliche **Duldung** dürfte regelmäßig zu keiner Ermessenseinschränkung führen (Peschau FE 58; Koch GK 100; oben Rn.37; a. A. BayVGH, DVBl 1987, 1015). Auch der Umstand, dass in vergleichbaren Fällen nicht eingeschritten wurde, ist ohne Bedeutung (BVerwGE 84, 220/235 = NVwZ 1990, 963), es sei denn, es handelt sich um atypische Fälle, in denen eine Selbstbindung denkbar ist (zur Selbstbindung Jarass/Pieroth Art.3 Rn.25 f). Zur Aufhebung der Genehmigung durch gerichtliche Entscheidung OVG RP, UPR 1987, 75. Darf die Behörde auf ein Einschreiten verzichten, ändert das nichts an der Rechtswidrigkeit des Anlagenbetriebs ohne ausreichende Genehmigung (OVG RP, NVwZ 1987, 249).

b) Beseitigung

Statt der bloßen Stilllegung (dazu oben Rn.39) kann die Behörde die Beseitigung, d. h. den Abbruch der Anlage bzw. deren Entfernung vom Anlagengrundstück (Koch GK 91), anordnen. Ob sie das tut oder sich auf die Stilllegung beschränkt, liegt grundsätzlich in ihrem Ermessen (Laubinger UL D14). Dabei hat sie allerdings den Grundsatz der Erforderlichkeit zu beachten. Ist daher sicher, dass eine Stilllegung genügt, um Schäden zu vermeiden, kann die Behörde nicht eine Beseitigung anordnen (Koch GK 103; Hansmann LR 49). Im Hinblick auf den Grundsatz der Verhältnismäßigkeit (ieS) ist außerdem bei lediglich formeller Rechtswidrigkeit nur eine Stilllegung möglich (Ohms Rn.683). Steht dagegen fest, dass die Allgemeinheit und die Nachbarschaft durch die Stilllegung nicht ausreichend geschützt werden können, **muss** gem. Abs.2 S.2 eine Beseitigung angeordnet werden. Der Beseitigungsanordnung gegen den Betreiber steht nicht entgegen, dass er nicht Eigentümer der Anlage ist; verweigert der Eigentümer die Zustimmung, ist die Anordnung lediglich nicht vollstreckbar (Schmatz/Nöthlichs 4.1; vgl. Rn.27 zu § 17). Zur Frage der Duldungsverfügung gegen den bloßen Anlageneigentümer etc. oben Rn.8. Die Beseitigungsverfügung muss auf jeden Fall begründet werden; anderenfalls ist sie rechtswidrig (BayVGH, GewArch 1976, 247 f). 40

c) Formelle Rechtmäßigkeit

Für die **Zuständigkeit** gelten die Ausführungen oben in Rn.16. Zum Verfahren kann auf die Ausführungen oben in Rn.16 sowie in Rn.54–57 zu § 17 verwiesen werden. 41

4. Wirkung, Durchsetzung, Sanktionen, Rechtsschutz

aa) Was die **Wirkungen** einer Anordnung gem. Abs.2 angeht, wird auf die Erläuterungen oben in Rn.17 verwiesen. Für die Wirksamkeit und die Aufhebung der Untersagung gelten die Ausführungen in Rn.61, 65 zu 42

§ 20 Genehmigungsbedürftige Anlagen

§ 17 entsprechend. Insb. wirkt die Verfügung auch gegen den Rechtsnachfolger (HessVGH, NVwZ 1998, 1315; Koch GK 103a; Laubinger UL D 24). Die Voraussetzungen für eine Anordnung des sofortigen Vollzugs gem. § 80 Abs.2 Nr.4 VwGO werden im Hinblick auf die Gefährdung der Umwelt meist gegeben sein (vgl. OVG Saarl, UPR 1985, 250). An die Begründung nach § 80 Abs.3 VwGO sind daher keine hohen Anforderungen zu stellen (zu großzügig jedoch Schmatz/Nöthlichs 6). Die Untersagungsverfügung ist aufzuheben, wenn die Genehmigung erteilt wird (Laubinger UL D22; für konkludente Aufhebung durch Erteilung der Genehmigung Vallendar FE 17).

43 **bb)** Was die **Durchsetzung** betrifft, so sind die Stilllegung wie die Beseitigung als Grundverfügung einzustufen (oben Rn.33), können also vollstreckt werden (dazu Rn.29–32 zu § 62). Die Festsetzung von Zwangsgeldern kann untunlich sein, etwa bei Zahlungsunfähigkeit des Betreibers oder im Falle unvertretbarer Verzögerungen (OVG Berlin, NVwZ-RR 1998, 413; Peschau FE 24). Zur *Strafbarkeit* wird auf die Ausführungen oben in Rn.17 verwiesen.

44 **cc)** Hinsichtlich des **Rechtsschutzes** gelten die Ausführungen oben in Rn.18–20. Insb. ist der relevante Zeitpunkt für die gerichtliche Beurteilung einer Anfechtungsklage des Betreibers die letzte behördliche Entscheidung, in der Regel also der Widerspruchsbescheid (Peschau FE 25; Koch GK 108; a.A. Hansmann LR 85). Beim Rechtsschutz **Dritter** ist zu beachten, dass das Ermessen der Behörde im Falle des Abs.2 S.1 auf eine Soll-Entscheidung (dazu Rn.50 zu § 17) verkürzt ist, im Fall des Abs.2 S.2 die Behörde sogar voll rechtlich gebunden ist. Der Regelung des Abs.2 dürfte generell drittschützender Charakter zukommen (BayVGH, GewArch 1985, 174; Sellner Rn.495; Laubinger UL D13, D17; Hansmann LR 90; einschr. Peschau FE 61), und zwar unabhängig davon, ob die Genehmigungspflicht selbst drittschützenden Charakter hat (dazu Rn.64 zu § 4).

IV. Untersagung wegen Unzuverlässigkeit (Abs.3)

1. Bedeutung und Verhältnis zu anderen Vorschriften

45 Die Vorschrift des Abs.3 stellt im Zweiten Teil des BImSchG, der die Errichtung und den Betrieb von Anlagen behandelt, einen gewissen Fremdkörper dar. Während alle anderen Vorschriften dieses Abschnitts allein *anlagenbezogene* Regelungen enthalten, kommt es in § 20 Abs.3 auf *persönliche* Eigenschaften des Anlagenbetreibers bzw. der Betriebsleiter an. Abs.3 ist daher sowohl von den Genehmigungsvoraussetzungen wie von den sonstigen Ermächtigungen dieses Abschnitts sorgfältig zu trennen (vgl. allerdings Rn.29 zu § 6). Die Vorschrift des Abs.3 stellt keine Spezialregelung iSd § 35 Abs.8 GewO dar, da sie sich nicht auf eine gewerbliche Betätigung, sondern auf den Betrieb einer Anlage unter Leitung bestimmter Personen bezieht. § 35 GewO findet daher neben § 20

Abs.3 Anwendung (Hansmann LR 17; Peschau FE 62). Zum Verhältnis zu anderen Ermächtigungen gelten die Ausführungen oben in Rn.2–5 entsprechend.

2. Materielle Rechtmäßigkeitsvoraussetzungen

a) Sachlicher und persönlicher Anwendungsbereich

Die Untersagung gem. Abs.3 ist bei allen genehmigungsbedürftigen Anlagen möglich, einschl. der gleichgestellten Anlagen (näher dazu Rn.13–31 zu § 4), also auch bei anzeigepflichtigen und anzeigefreien Anlagen (Hansmann LR 7). Auch die Anlagen der Abfallbehandlung und -lagerung (dazu Rn.7f zu § 4) werden erfasst. Die Anlage muss bereits betrieben werden, da nur der „weitere" Betrieb untersagt werden kann (Hansmann LR 56; Engelhardt/Schlicht 11); vor Betriebsaufnahme kann aber evtl. die Genehmigung wegen fehlenden Sachbescheidungsinteresses verweigert werden (Hansmann LR 56; Rn.29 zu § 6). Was den **Adressaten** der Verfügung nach Abs.3 angeht, gelten die Ausführungen oben Rn.8. Adressat der Maßnahme ist der Anlagenbetreiber auch dann, wenn eine vertretungsberechtigte Person oder eine mit der Betriebsleitung beauftragte Person unzuverlässig ist (Hansmann LR 69; Koch GK 122; a.A. Peschau FE 22). 46

b) Unzuverlässigkeit des Anlagenbetreibers oder Betriebsleiters

aa) Der Anlagenbetreiber oder der mit der Leitung des Betriebs Beauftragte (Betriebsleiter) müssen **unzuverlässig** sein, und zwar in Bezug auf „die Einhaltung der Rechtsvorschriften zum Schutze vor schädlichen Umwelteinwirkungen". Dies erfasst Regelungen in Bezug auf schädliche Immissionen (näher dazu Rn.21ff zu § 3), unabhängig davon, ob es um die Gefahrenabwehr oder die Vorsorge geht. Der Begriff des Schutzes ist hier also eher weit zu verstehen (vgl.Rn.15 zu § 1). Dagegen werden andere Vorschriften wohl nicht erfasst, etwa Vorgaben für sonstige Gefahren, erhebliche Nachteile oder erhebliche Belästigungen, da § 20 Abs.3 insoweit enger als etwa § 52a Abs.2 gefasst ist. Nicht erfasst werden zudem Abfall- bzw. Energienutzungspflichten (a.A. Hansmann LR 63; Peschau FE 65). Auch an anderen Stellen des BImSchG wird der Begriff in diesem begrenzten Sinne verstanden (vgl. § 33 Abs.1, § 38 Abs.1). Der Verstoß gegen sonstige Normen kann allerdings indizieren, dass gegen Rechtsvorschriften zum Schutze vor Umwelteinwirkungen ebenfalls verstoßen wird (Peschau FE 65). 47

Eine Person ist in diesem Sinne unzuverlässig, wenn sie nicht Gewähr bietet, dass sie die Anlage **künftig entsprechend den** für die Anlage **geltenden Vorschriften des BImSchG betreiben wird** (OVG Saarl, UPR 1985, 248; Peschau FE 64). Die Zuverlässigkeit ist als persönliche Eignung zu verstehen. Dementsprechend setzt die Unzuverlässigkeit keinen Charakterfehler voraus (Locher, in: Jarass WVR § 15 Rn.71). Es genügt jeder Mangel in den persönlichen Eigenschaften, aber auch in den 48 persönlichen Verhältnissen, der zu Recht befürchten lässt, dass ein den Immissionsschutzvorschriften entsprechender Betrieb nicht gesichert ist, wenn der betreffende Anlagenbetreiber bzw. Betriebsleiter Einfluss auf den Betrieb nimmt. Insb. können begangene Rechtsverstöße, auch außerhalb des Immissionsschutzrechts (Hansmann LR 64; Koch GK 64), die Unzuverlässigkeit begründen. Unerheblich ist, ob die Unzuverlässigkeit verschuldet ist oder nicht (Hansmann LR 61; Laubinger UL E6f). Wer nicht über die notwendigen Kenntnisse verfügt, ist unzuverlässig, auch wenn ihm dies nicht vorgeworfen werden kann (Peschau FE 66). Entsprechend kann die Unzuverlässigkeit auch in einer Krankheit oder in einer unverschuldeten Finanzlage ihren Grund haben. Wie wahrscheinlich die künftige Rechtsverletzung sein muss, lässt sich nicht generell sagen. Der Grad der gebotenen Wahrscheinlichkeit hängt vom Ausmaß der drohenden Gefahren ab (Ohms Rn.686; Locher, in: Jarass WVR § 15 Rn.73; vgl. Rn.43f zu § 3). Unzulässig ist jedenfalls, wer erkennbare Rechtsverstöße auch auf behördlichen Hinweis hin nicht abstellt.

49 **bb) Bezugsperson** für das Unzuverlässigkeitsurteil ist zum einen der **Anlagenbetreiber** (dazu Rn.81–84 zu § 3). Ist der Betreiber eine juristische Person, ist hinsichtlich der persönlichen Verhältnisse (Finanzkraft etc.) auf diese selbst abzustellen. Was die persönlichen Eigenschaften angeht, kommt es auf die vertretungsberechtigten Personen (Vorstand bei AG, Geschäftsführer bei GmbH) an (vgl. Peschau FE 68). Bei OHG und KG ist auf die Gesellschafter abzustellen, die nach dem Gesellschaftsvertrag oder rein tatsächlich maßgeblichen Einfluss auf die Geschäftsführung besitzen (Locher, in: Jarass WVR § 15 Rn.82; Ohms Rn.686; Hansmann LR 58).

50 Bezugsperson für das Unzuverlässigkeitsurteil sind weiter die mit der Leitung beauftragten Personen **(Betriebsleiter)**. Das sind Personen, die den Betrieb, in dem die Anlage eingesetzt wird, ganz oder z.T. leiten, wie z.B. Werksdirektoren, Filialleiter, Betriebsdirektoren, Betriebschefs, Betriebsleiter und Abteilungsleiter. Die Unzuverlässigkeit sonstiger Betriebsangehöriger, darunter des Immissionsschutzbeauftragten oder von Mitgliedern der Stabsabteilung, ist dagegen unerheblich; allerdings kann die Beschäftigung unzuverlässiger Personen auf die Unzuverlässigkeit des Anlagenbetreibers hinweisen (Locher, in: Jarass WVR § 15 Rn.83; Peschau FE 69).

c) Wohl der Allgemeinheit

51 Die Untersagung muss zum Wohl der Allgemeinheit geboten sein. Diese aus § 35 GewO übernommene Klausel hat im Rahmen des § 20 Abs.3 kaum eigenständige Bedeutung (vgl. Koch GK 123ff). Eine Untersagung wegen Unzuverlässigkeit ist nur möglich, wenn anderenfalls in der Zukunft eine Verletzung immissionsschutzrechtlicher Vorschriften droht (oben Rn.48). Damit dient die Untersagung praktisch immer dem Wohl der Allgemeinheit. Lediglich bei Bagatellfällen kann das anders sein (Peschau FE 70). Gesundheitsgefahren oder die Gefährdung bedeutsamer Sachwerte werden nicht vorausgesetzt.

Untersagung, Stillegung und Beseitigung § 20

3. Ermessen und formelle Rechtmäßigkeit

aa) Die Entscheidung über die Untersagung steht im **Ermessen** der 52 Behörde. Dabei ist der Grundsatz der Verhältnismäßigkeit zu beachten. Die Maßnahme muss insb. erforderlich sein. Die Behörde hat daher zu prüfen, ob nicht andere, weniger einschneidende Mittel (Abmahnung, Auflagen, Kontrollen) den gleichen Erfolg versprechen. Im Hinblick auf die Schutzgüter des Umweltschutzrechts sind jedoch an die Zwecktauglichkeit weniger einschneidender Mittel strenge Anforderungen zu stellen. Eine teilweise Untersagung kommt aber nicht in Betracht (Peschau FE 73; Hansmann LR 55; Koch GK 128).

bb) Für die **Zuständigkeit** gelten die Ausführungen oben in Rn.16. 53 Zum **Verfahren** kann auf die Ausführungen oben in Rn.16 sowie in Rn.54–57 zu § 17 verwiesen werden.

4. Wirkung und Weiterbetrieb durch einen Stellvertreter

a) Wirksamkeit und Wirkung

Zur **Wirksamkeit** der Untersagung wird auf Rn.61 zu § 17 verwiesen. 54 Eine Anordnung der sofortigen Vollziehung nach § 80 Abs.2 Nr.4 VwGO kommt in Betracht, wenn der Betrieb der Anlage zu erheblichen Gefahren führt (großzügiger Peschau FE 26).

Was die **Wirkung** angeht, so enthält die Untersagung gem. Abs.3 das 55 Verbot, die Anlage weiterzubetreiben, solange sie von dem unzuverlässigen Anlagenbetreiber betrieben bzw. dem unzuverlässigen Betriebsleiter geleitet wird (OVG Saarl, UPR 1985, 250; Hansmann LR 57; a.A. Laubinger UL E11). Sobald ein anderer die Anlage betreibt bzw. ein anderer Betriebsleiter eingestellt wird, und es sich nicht um einen bloßen Strohmann (dazu Rn.83 zu § 3) handelt, verliert die Untersagung ihre Wirkungen, ohne dass die Behörde zustimmen muss (Peschau FE 73; Hansmann LR 73). Einem solchen Verständnis steht Abs.3 S.2 nicht entgegen, wenn diese Regelung auf die Situation des unzuverlässigen Anlagenbetreibers beschränkt wird, was durchaus Sinn macht (dazu unten Rn.55). Konsequenterweise gilt die Untersagung nicht gegenüber dem Rechtsnachfolger des Anlagenbetreibers (Hansmann LR 74). Die Untersagung lässt den Bestand der Genehmigung unberührt (Peschau FE 73; oben Rn.17). Für die Aufhebung der Untersagung gelten §§ 48–50 VwVfG.

b) Zulassung eines Stellvertreters

Wurde der Betrieb der Anlage wegen **Unzuverlässigkeit des Anla-** 56 **genbetreibers** untersagt, besteht gem. Abs.3 S.2 die Möglichkeit, die Anlage weiterzubetreiben, wenn ein zuverlässiger Stellvertreter mit den Aufgaben des Anlagenbetreibers betraut wird. Allerdings darf das erst dann geschehen, wenn die Behörde zustimmt, weil anderenfalls die Gefahr besteht, dass ein unzuverlässiger Anlagenbetreiber einen unzuverlässigen Stellvertreter auswählt (Hansmann LR 75), ein Risiko, das sich im Fall des un-

§ 20 Genehmigungsbedürftige Anlagen

zuverlässigen Betriebsleiters so nicht stellt. Abs.3 S.2 gilt daher nur für den Fall des unzuverlässigen Anlagenbetreibers. Bei einem unzuverlässigen Betriebsleiter kann der Betrieb nach dessen Ersetzung fortgeführt werden (Peschau FE 72).

57 Entgegen dem Wortlaut („kann") **muss** die Behörde der Bestellung zustimmen, wenn sichergestellt ist, dass der Stellvertreter über die gebotene persönliche Eignung verfügt, insb. die notwendige Unabhängigkeit vom Anlagenbetreiber besitzt. Eine Verweigerung der Stellvertretererlaubnis würde einen unverhältnismäßigen Grundrechtseingriff enthalten (Ohms Rn. 688; i. E. Hansmann LR 78; Laubinger UL E19). Die Erlaubnis kann gem. Abs.3 S.3 mit Auflagen verbunden werden. Darüber hinaus sind auch andere **Nebenbestimmungen** möglich (Hansmann LR 80; a. A. Koch GK 131; Laubinger UL E21), wenn anderenfalls auf den Erlass einer Stellvertretererlaubnis verzichtet werden müsste; auch insoweit ist der Grundrechtseingriff so gering wie möglich zu halten. Um eine Unterbrechung des Anlagenbetriebs zu vermeiden, kann die Behörde die Untersagung auch unter der aufschiebenden Bedingung anordnen, dass innerhalb einer bestimmten Frist ein zuverlässiger Stellvertreter bestellt oder der Betriebsleiter durch eine zuverlässige Person ersetzt wird (zweifelnd Hansmann LR 71).

5. Durchsetzung, Sanktionen und Rechtsschutz

58 aa) Zur **Durchsetzung** sei auf die Ausführungen oben in Rn.17 verwiesen. Für die **Strafbarkeit** gelten die entspr. Darlegungen oben in Rn.17 a.

59 bb) Was den **Rechtsschutz** betrifft, gelten die Ausführungen oben in Rn.18–20. Ergänzend sei darauf hingewiesen, dass die Untersagung vom **Anlagenbetreiber** auch dann angefochten werden kann, wenn sie auf die Unzuverlässigkeit eines Betriebsleiters gestützt wird. In diesem Falle ist allerdings der Betriebsleiter im Hinblick auf die Berufsfreiheit zusätzlich anfechtungsberechtigt (Hansmann LR 87; Laubinger UL E13). Maßgeblicher Zeitpunkt für die gerichtliche Beurteilung einer Anfechtungsklage ist die letzte behördliche Entscheidung, in der Regel also der Widerspruchsbescheid (Hansmann LR 85; Peschau FE 25). Sollen nach Abschluss des Widerspruchsverfahrens eingetretene Veränderungen berücksichtigt werden, muss der Anlagenbetreiber die Aufhebung der Anordnung nach § 20 Abs.3 unter Berufung auf § 51 Abs.1 Nr.1 VwVfG beantragen. Liegen die Voraussetzungen vor, hat er einen Anspruch auf Aufhebung. Dies kann u. U. auch im Anfechtungsverfahren berücksichtigt werden (Peschau FE 25).

60 Ob **Drittbetroffene** einen Anspruch auf fehlerfreien Ermessensgebrauch besitzen, ist umstritten (dafür Koch GK 144 f; dagegen Hansmann LR 90; Peschau FE 74). Entscheidend dürfte sein, ob durch eine Verfügung gem. Abs.3 die Einhaltung drittschützender Normen sichergestellt werden soll oder nicht (vgl. Rn.49–52 zu § 6).

§ 21 Widerruf der Genehmigung

(1) Eine nach diesem Gesetz erteilte rechtmäßige Genehmigung[5 f] darf, auch nachdem sie unanfechtbar geworden ist, ganz oder teilweise[25] mit Wirkung für die Zukunft nur widerrufen werden,

1. wenn der Widerruf gemäß § 12 Abs.2 Satz 2 oder Abs.3 vorbehalten ist;[7]
2. wenn mit der Genehmigung eine Auflage verbunden ist und der Begünstigte diese nicht oder nicht innerhalb einer ihm gesetzten Frist erfüllt hat;[8 f]
3. wenn die Genehmigungsbehörde auf Grund nachträglich eingetretener Tatsachen berechtigt wäre, die Genehmigung nicht zu erteilen, und wenn ohne den Widerruf das öffentliche Interesse gefährdet würde;[10 ff]
4. wenn die Genehmigungsbehörde auf Grund einer geänderten Rechtsvorschrift berechtigt wäre, die Genehmigung nicht zu erteilen, soweit der Betreiber von der Genehmigung noch keinen Gebrauch gemacht hat, und wenn ohne den Widerruf das öffentliche Interesse gefährdet würde;[14 ff]
5. um schwere Nachteile für das Gemeinwohl zu verhüten oder zu beseitigen.[17]

(2) Erhält die Genehmigungsbehörde von Tatsachen Kenntnis, welche den Widerruf einer Genehmigung rechtfertigen, so ist der Widerruf nur innerhalb eines Jahres seit dem Zeitpunkt der Kenntnisnahme zulässig.[18 f]

(3) Die widerrufene Genehmigung wird mit dem Wirksamwerden des Widerrufs unwirksam, wenn die Genehmigungsbehörde keinen späteren Zeitpunkt bestimmt.[24]

(4) Wird die Genehmigung in den Fällen des Absatzes 1 Nr.3 bis 5 widerrufen, so hat die Genehmigungsbehörde den Betroffenen auf Antrag für den Vermögensnachteil zu entschädigen, den dieser dadurch erleidet, dass er auf den Bestand der Genehmigung vertraut hat, soweit sein Vertrauen schutzwürdig ist.[31 f] Der Vermögensnachteil ist jedoch nicht über den Betrag des Interesses hinaus zu ersetzen, das der Betroffene an dem Bestand der Genehmigung hat.[35 f] Der auszugleichende Vermögensnachteil wird durch die Genehmigungsbehörde festgesetzt.[38] Der Anspruch kann nur innerhalb eines Jahres geltend gemacht werden; die Frist beginnt, sobald die Genehmigungsbehörde den Betroffenen auf sie hingewiesen hat.[33]

(5) Die Länder können die in Absatz 4 Satz 1 getroffene Bestimmung des Entschädigungspflichtigen abweichend regeln.[37]

(6) Für Streitigkeiten über die Entschädigung ist der ordentliche Rechtsweg gegeben.[38]

§ 21 Genehmigungsbedürftige Anlagen

(7) Die Absätze 1 bis 6 gelten nicht, wenn eine Genehmigung, die von einem Dritten angefochten worden ist, während des Vorverfahrens oder während des verwaltungsgerichtlichen Verfahrens aufgehoben wird, soweit dadurch dem Widerspruch oder der Klage abgeholfen wird.[3 f]

Übersicht

I. Widerruf der Genehmigung	1
1. Bedeutung und Abgrenzung zu anderen Vorschriften	1
a) Bedeutung und Herkunft	1
b) Abgrenzung zu anderen Ermächtigungen	2
c) Aufhebung und Rechtsmittelverfahren (Abs.7)	3
2. Anwendungsbereich: Anlage mit Genehmigung oder Vorbescheid	5
3. Widerrufsgründe (Abs.1)	7
a) Widerrufsvorbehalt (Nr.1)	7
b) Nichterfüllung von Auflagen (Nr.2)	8
c) Änderung der tatsächlichen Situation (Nr.3)	10
d) Änderung der Rechtslage (Nr.4)	14
e) Schwere Nachteile für das Gemeinwohl (Nr.5)	17
4. Widerrufsfrist	18
a) Fälle mit Frist	18
b) Fälle ohne Frist	19
5. Ermessen	20
a) Volles Ermessen	20
b) Soll-Entscheidung	21
6. Zuständigkeit und Verfahren	22
7. Wirkung, Durchsetzung, Rechtsschutz	23
a) Wirkung	23
b) Durchsetzung, Sanktionen und Rechtsschutz	26
II. Entschädigung (Abs.4–6)	28
1. Bedeutung und Verhältnis zu anderen Vorschriften	28
2. Voraussetzungen	30
a) Widerruf nach Abs.1 Nr.3–5	30
b) Schutzwürdigkeit des Vertrauens	31
c) Frist	33
3. Umfang des Anspruchs	34
4. Entschädigungsverpflichteter	37
5. Verfahren und Rechtsschutz	38
III. Anhang: Rücknahme der Genehmigung und Entschädigung	39
1. Rücknahme der Genehmigung	39
a) Bedeutung und Abgrenzung zu anderen Vorschriften	39
b) Rechtmäßigkeit der Rücknahme	40
c) Wirkung, Durchsetzung, Rechtsschutz	45
2. Entschädigung	46

Literatur: *Jankowski,* Bestandsschutz für Industrieanlagen, 1999; *Wickel,* Bestandsschutz im Umweltrecht, 1996; *Brodale,* Die Rücknahme von Verwaltungsakten im Industriezulassungsverfahren im weitesten Sinne, 1993; *Engsterhold,* Zur Berechnung des Entschädigungsanspruchs aus § 21 Abs.4 BImSchG, UPR 1991, 367; *Zitzelsberger,* Auslegungsfragen beim Widerruf einer Anlagengenehmigung nach § 21 BImSchG, GewArch 1990, 271; *Zitzelsberger,* Verfassungsrechtliche Fragen beim Widerruf einer Anlagengenehmigung nach § 21 BImSchG, GewArch 1990, 153; *Sundermann,* Der Bestandsschutz genehmigungsbedürftiger Anlagen im Immissionsschutzrecht, 1985; *Dolde,* Bestandsschutz im Immissionsschutzrecht, in: Festschrift für Bachof, 1984, 191; *Eichberger,* Die Ausübung des Widerrufsvorbehalts im Wirtschaftsverwaltungsrecht, GewArch 1983, 105; *Schenke,* Verfassungsrechtliche Probleme eines Einschreitens gegen Immissionen verursachende Anlagen nach dem BImSchG, DVBl 1976, 740; *Beutler,* Fragen der Entschädigung bei Eingriffen in genehmigte Anlagen nach dem BImSchG, DÖV 1976, 846.

I. Widerruf der Genehmigung

1. Bedeutung und Abgrenzung zu anderen Vorschriften

a) Bedeutung und Herkunft

Die Vorschrift ermöglicht den Widerruf einer erteilten Genehmigung 1 und damit die Stilllegung der Anlage, da eine genehmigungsbedürftige Anlage ohne Genehmigung nicht betrieben werden darf. Um die Interessen des Anlagenbetreibers hinreichend zu wahren, ist der Widerruf an bestimmte Voraussetzungen gebunden. Die Vorschrift entspricht weitgehend der des § 49 VwVfG, auf die ursprünglich auch verwiesen werden sollte. Erst als sich herausstellte, dass das VwVfG nicht mehr vor dem BImSchG in Kraft treten würde, übernahm man entsprechend angepasst den Entwurf der betreffenden Vorschrift des VwVfG in das BImSchG. Trotz dieses Ursprungs ist § 21 als Regelung des BImSchG im Hinblick auf die Besonderheiten dieses Rechtsgebiets (etwa unter Berücksichtigung der dynamischen Grundpflichten des § 5) zu interpretieren und anzuwenden.

b) Abgrenzung zu anderen Ermächtigungen

§ 21 regelt allein den Widerruf einer Genehmigung, also die Aufhebung 2 einer im Zeitpunkt ihres Erlasses **rechtmäßigen** Genehmigung (Hansmann LR 1). War die Genehmigung zu diesem Zeitpunkt rechtswidrig, greift § 21 an sich nicht ein (s. aber unten Rn.6). Für die Aufhebung einer rechtswidrigen Genehmigung kommt die Rücknahme nach § 48 VwVfG zum Tragen. Die Widerrufsmöglichkeiten gem. Abs.1 Nr.2, evtl. auch gem. Abs.1 Nr.3–5, können sich zudem mit der Betriebsuntersagung gem. § 20 Abs.1 überschneiden. Was die Wirkung angeht, ist der Widerruf, anders als die Untersagung, endgültig, weshalb die Untersagung als milderes Mittel den Vorrang hat, sofern sie ebenso geeignet ist (Feldhaus FE 5). Zum Verhältnis zu § 17 unten Rn.20. Die Regelung des § 51 GewO wird gem. § 51 S.3 GewO von § 21 verdrängt, und zwar hinsichtlich aller Gefahren (Sellner Rn.497; Hansmann LR 12; a.A. Laubinger UL B 20). Zum Erlöschen der Genehmigung aus anderen Gründen Rn.2–9 zu § 18.

§ 21   Genehmigungsbedürftige Anlagen

c) Aufhebung und Rechtsmittelverfahren (Abs.7)

3 § 21 gilt nicht für die Aufhebung einer erteilten Genehmigung im **Widerspruchsverfahren** durch die Widerspruchsbehörde und im **Klageverfahren** durch das Gericht (Hansmann LR 4). Zum Spielraum der Widerspruchsbehörde Rn.40 zu § 6.

4 Von solchen Entscheidungen im Rechtsmittelverfahren ist der Widerruf durch die dafür zuständige Behörde anlässlich, aber **außerhalb des Widerspruchsverfahrens und des Klageverfahrens** zu unterscheiden. Insoweit gilt an sich § 21 Abs.1–6. In diesen Fällen sind nach der im Wortlaut misslungenen Vorschrift des Abs.7 die Beschränkungen des Widerrufs in Abs.1, 2, 4–6 unbeachtlich, sofern die Genehmigung von einem Dritten mit Rechtsmitteln angegriffen wurde und die Aufhebung der Genehmigung dem Widerspruch bzw. der Klage des Dritten abhelfen würde (vgl. Laubinger UL F4; Ohms Rn.691). Dabei soll entscheidend sein, ob die Aufhebungsbehörde bei verständiger Würdigung des klägerischen Vorbringens von einem Erfolg des Rechtsmittels ausgehen kann (BVerwGE 65, 313/321 = NVwZ 1983, 32). Nach zutreffender Ansicht muss die Aufhebungsbehörde der Auffassung sein, dass die Genehmigung gegen nachbarschützende Vorschriften verstößt (Maurer § 11 Rn.70; Lange, Jura 1980, 464; offengelassen von BVerwGE 65, 313/321 = NVwZ 1983, 32). In diesem Falle ist allerdings nicht der Widerruf der Genehmigung, sondern vielfach die Rücknahme einschlägig (vgl. aber unten Rn.6). § 21 Abs.7 hat somit nur dann (unmittelbare) Bedeutung, wenn nachbarschützende Anforderungen nach Erlass der Genehmigung und vor Erlass des Widerspruchsbescheids verschärft werden und dadurch die Genehmigung rechtswidrig wird (vgl. Hansmann LR 3f; Laubinger UL F3).

2. Anwendungsbereich: Anlage mit Genehmigung oder Vorbescheid

5 Ein Widerruf setzt voraus, dass für die Anlage eine immissionsschutzrechtliche (Erst- oder Änderungs-)**Genehmigung** erteilt wurde, sei es im förmlichen oder im vereinfachten Verfahren. Erfasst werden auch Teilgenehmigungen. Außerdem gilt § 21 gem. § 9 Abs.3 auch für **Vorbescheide.** Erfasst werden weiter nach der Gewerbeordnung erlassene und gem. § 67 Abs.1 **übergeführte Genehmigungen** (BVerwGE 65, 313/321 = NVwZ 1983, 32; OLG Hamm, NVwZ 1990, 694; Koch GK 29; a.A. Sellner Rn.503) und die abfallrechtlichen Planfeststellungen des § 67 Abs.7 S.1. Dagegen greift § 21 nicht gegenüber Genehmigungen ein, die die immissionsschutzrechtliche Genehmigung ersetzen. Ebenso kann § 21 nicht bei Anlagen angewandt werden, die anzeigepflichtig oder anzeigefrei iSd § 67 Abs.2, 3 oder des § 67a Abs.1 sind (BVerwG, NVwZ 1984, 305f; Hansmann LR 23), insb. nicht auf eine erteilte Baugenehmigung (Laubinger UL B4). Insoweit tritt an die Stelle des Widerrufs eine Untersagung gem. § 25 Abs.2 (dazu Rn.26 zu § 67). Eine analoge Anwendung des § 21 auf sonstige, auf Vorschriften des BImSchG gestützte Verwal-

Widerruf der Genehmigung **§ 21**

tungsakte ist im Hinblick auf § 49 VwVfG unnötig und daher auch nicht möglich (Laubinger UL B5; Hansmann LR 19).

§ 21 ist auf Genehmigungen (bzw. Vorbescheide) zugeschnitten, die **im** 6 **Zeitpunkt der Genehmigung rechtmäßig** waren. Rechtswidrige Genehmigungen können unter den weniger strengen Voraussetzungen des § 48 VwVfG zurückgenommen werden (dazu unten Rn.39–44). Allerdings steht nicht entgegen, auch in diesem Falle die Genehmigungsaufhebung analog auf § 21 zu stützen (Laubinger UL B13; Kopp/Ramsauer, § 49 Rn.12; Maurer § 11 Rn.19; Koch GK 31; a.A. Hansmann LR 3). Wenn die Genehmigung aufgehoben werden kann, obgleich sie ursprünglich rechtmäßig war, muss das erst recht möglich sein, wenn sie von vornherein rechtswidrig war. Eine Aufhebung der Genehmigung wegen Verstoßes gegen das Treibhausgas-Emissionshandelsgesetz ist gem. § 4 Abs.8 S.2 nicht möglich.

3. Widerrufsgründe (Abs.1)

a) Widerrufsvorbehalt (Nr. 1)

Ein Widerruf ist gem. Abs.1 Nr.1 möglich, wenn der Widerruf in der 7 Genehmigung vorbehalten wurde. Unerheblich ist, ob der Vorbehalt rechtmäßig beigefügt wurde oder nicht, es sei denn, der Vorbehalt ist nichtig (BVerwG, NVwZ-RR 1994, 580 zu § 15 GastG; VGH BW, GewArch 1975, 330; Laubinger UL C3; Wickel o. Lit. 177; Kopp/Ramsauer, § 49 Rn.37; a.A. Maurer § 11 Rn.41; vgl. auch Rn.11 zu § 20); auch der Verweis auf § 12 ändert daran nichts. Eine Rechtswidrigkeit des Widerrufsvorbehalts ist jedoch bei der Ermessensausübung zu berücksichtigen (Sundermann o. Lit. 175; Laubinger UL C3).

b) Nichterfüllung von Auflagen (Nr. 2)

Die Nichterfüllung von Auflagen, die mit der Genehmigung verbun- 8 den wurden, bildet gem. Abs.1 Nr.2 einen weiteren Widerrufsgrund. Mit Auflagen sind nur *echte* Auflagen (dazu Rn.2 zu § 12) gemeint, nicht modifizierende Auflagen bzw. Inhaltsbestimmungen (Laubinger UL C11; Hansmann LR 28; Sundermann o. Lit. 175; a.A. Koch GK 43). Nur so ist die mögliche Fristsetzung zur Erfüllung der Auflage verständlich. Wegen des im Vergleich zu § 20 Abs.1 eindeutigen Wortlauts ist § 21 Abs.1 Nr.2 weder direkt noch entsprechend anwendbar, wenn eine *nachträgliche Anordnung* nicht erfüllt wird (Sellner Rn.508; Feldhaus FE 5; Hansmann LR 28).

Eine Nichterfüllung der Auflage liegt auch in einer **unrichtigen Er-** 9 **füllung** der Auflage (Laubinger UL C13; Ohms Rn.693; Hansmann LR 30). Allerdings ist in diesem Falle die Verhältnismäßigkeit besonders sorgfältig zu prüfen. Entsprechendes gilt für eine **verspätete Erfüllung** der Auflagen (Hansmann LR 31; restriktiv Laubinger UL C14). Verspätet ist eine Erfüllung, wenn sie nicht in der von der Auflage vorgesehenen Zeit erfolgt ist. Die in Abs.1 Nr.2 genannte Frist meint eine in der Auflage

§ 21 Genehmigungsbedürftige Anlagen

gesetzte Frist, nicht die Frist, die die Widerrufsbehörde evtl. vor Erlass des Widerrufs in Ausübung ihres Ermessens gewährt (dazu unten Rn.20). Ob die Auflage rechtmäßig ist, spielt an sich keine Rolle; die Rechtswidrigkeit ist allerdings im Rahmen der Ermessensausübung zu berücksichtigen (Laubinger UL C12). Ähnliches gilt für das Verschulden des Anlagenbetreibers (Laubinger UL C15).

c) Änderung der tatsächlichen Situation (Nr. 3)

10   aa) Der Widerrufsgrund des Abs.1 Nr.3 setzt zum einen voraus, dass sich die tatsächliche Situation *nach* Erteilung der Genehmigung geändert hat und deshalb die Genehmigung jetzt nicht mehr erteilt werden könnte (Laubinger UL C26). Dabei genügt es, dass die Genehmigung aus Vorsorgegründen nicht mehr erteilt werden kann (a. A. Zitzelsberger, GewArch 1990, 162). Allerdings ist § 21 auf die Fälle einer (ursprünglich) rechtswidrigen Genehmigung entsprechend anwendbar (dazu oben Rn.6), weshalb es letztlich nicht darauf ankommt, ob die fragliche Tatsachenänderung vor oder nach Genehmigungserteilung eingetreten ist (anders Sellner Rn.510).

11   Unter nachträglich eingetretenen **Tatsachen** sind nicht Rechtsänderungen (arg. Abs.1 Nr.4) oder die geänderte Auslegung einer Genehmigungsnorm (Laubinger UL C37) zu verstehen (Ohms Rn.695). Die Grenzen sind allerdings fließend. Eine Tatsachenänderung liegt auch dann vor, wenn neue wissenschaftliche Erkenntnisse über die Umweltbelastung bestimmter Stoffe und Verfahren gewonnen werden (BVerwG, NVwZ 1988, 825; OVG Lüneb, FE-ES § 21–2, 3; Wickel o. Lit. 178; Feldhaus FE 6; a.A. Laubinger UL C22: Rücknahme einschlägig). Weiterhin ist unerheblich, ob sich die Änderung der tatsächlichen Situation (einschl. der wissenschaftlichen Erkenntnisse) später in einer Rechtsvorschrift niederschlägt, da nicht einzusehen ist, warum die rechtliche Festschreibung zu den strengeren Voraussetzungen des Abs.1 Nr.4 führen soll. Abs.1 Nr.4 wird insoweit durch Abs.1 Nr.3 eingeschränkt (vgl. Koch GK 57; Hansmann LR 33). Dagegen kommt Abs.1 Nr.4 zum Tragen, wenn eine Rechtsänderung zu einer Tatsachenänderung führt. Keine neuen Tatsachen iSd Vorschrift sind neue Erkenntnisse der Genehmigungsbehörde (Laubinger UL C24; Hansmann LR 33); in diesem Falle kommt nur eine Rücknahme der Genehmigung oder eine entsprechende Anwendung des § 21 (oben Rn.6) in Betracht.

12   bb) Weitere Voraussetzung für den Widerrufsgrund des Abs.1 Nr.3 ist eine **Gefährdung des öffentlichen Interesses.** Der Widerruf muss notwendig sein, um einen konkret drohenden Schaden an Allgemeingütern oder an Individualrechtsgütern zu verhindern. Diese Voraussetzung ist vergleichsweise weit zu verstehen (VGH BW, NVwZ-RR 2000, 675; Hansmann LR 35), damit sie sich ausreichend vom „schweren Nachteil" des Abs.1 Nr.5 abhebt. Berücksichtigt man außerdem ihre Unbestimmtheit, wird man sie kaum als selbständige Voraussetzung einstufen können. Vielmehr bildet sie zusammen mit dem Ermessen ein einheitliches Abwä-

Widerruf der Genehmigung § 21

gungsgebot (so BVerwGE 39, 355/363 ff = NJW 1972, 1411 zu einem vergleichbaren Fall; ähnlich Koch GK 55; a. A. Hansmann LR 35).

cc) Ein wichtiger Anwendungsfall von Abs.1 Nr.3 ist die Verschlech- **13** terung der Umweltsituation durch das **Heranrücken von Wohnbebauung** an emittierende Betriebe (Hansmann LR 32; vgl. Koch GK 47). Doch ist dabei zu beachten, dass die Schädlichkeitsschwelle höher liegen kann, wenn zu Beginn der Wohnnutzung bereits eine entsprechende Vorbelastung des Gebiets vorhanden war (näher Rn.58 zu § 3). Im Übrigen kann der Anlagenbetreiber dem Widerruf dadurch vorbeugen, dass er sich im Rahmen der Beteiligung am Bauplanungsverfahren und durch rechtzeitiges Ergreifen von Rechtsbehelfen gegen die Baumaßnahmen wendet (dazu Rn.4 zu § 17). Wegen dieser beiden Gesichtspunkte bedarf die Nr.3 keiner restriktiven Interpretation (so aber Schenke, DVBl 1976, 744 ff).

d) Änderung der Rechtslage (Nr. 4)

aa) Der Widerrufsgrund des Abs.1 Nr.4 enthält als erste Voraussetzung **14** eine **Änderung der Rechtslage,** die zu einer Verschärfung der Anforderungen gegenüber jenen der Genehmigung bzw. der im Zeitpunkt ihrer Erteilung geltenden Anforderungen führt, mit der Folge, dass die Genehmigung heute nicht mehr erteilt werden könnte (vgl. dazu oben Rn.10). Eine solche Verschärfung liegt nicht im Erlass einer Verordnung nach § 7, soweit man sie im Zeitpunkt der Genehmigungserteilung als Konkretisierung der Grundpflichten verstehen konnte (vgl. Hansmann LR 37; a. A. Sellner Rn.516). Rechtspflichten aus einer solchen Verordnung sind außer durch nachträgliche Anordnungen durch eine Genehmigungs*rücknahme* nach § 48 VwVfG durchzusetzen (vgl. aber oben Rn.6). Eine Rechtsänderung iSd Nr.4 liegt weiterhin nicht vor, wenn die geänderte Vorschrift allein oder hauptsächlich tatsächliche Änderungen festschreibt (oben Rn.11). Keine Änderung der Rechtslage liegt auch in der Änderung von Verwaltungsvorschriften, da diese Vorschriften im Außenverhältnis keine Rechtsvorschriften sind (Hansmann LR 38; Sundermann o. Lit. 177; Laubinger UL C37; Kopp/Ramsauer, § 49 Rn.50a; a. A. Koch GK 61). Desgleichen liegt keine Rechtsänderung vor, wenn die Rechtsprechung ihre Auffassung zur Auslegung einer Vorschrift ändert (Hansmann LR 39; Kopp/Ramsauer, § 49 Rn.50a; a. A. Koch GK 64); insoweit ist gem. § 48 VwVfG vorzugehen (vgl. aber oben Rn.6). Zur Abgrenzung zu Abs.1 Nr.3 oben Rn.11.

bb) Weitere Voraussetzung ist, dass der Anlagenbetreiber **von der Ge- 15 nehmigung noch keinen Gebrauch** gemacht hat, also mit dem Bau der Anlage noch nicht begonnen hat (Feldhaus FE 7; a. A. Koch GK 68: volle Ausnutzung). Die Grenze ist erst bei Errichtungsmaßnahmen von einigem Gewicht überschritten (Hansmann LR 40). Vorbereitungshandlungen stehen der Anwendung des Abs.1 Nr.4 nicht entgegen, auch wenn sie nur unter erheblichen finanziellen Opfern rückgängig gemacht werden kön-

§ 21 Genehmigungsbedürftige Anlagen

nen (Wickel o. Lit. 180f); insoweit ist aber idR gem. Abs.4 eine Entschädigung geboten. Zudem ist zu bedenken, dass die Genehmigung teilweise widerrufen werden kann (Laubinger UL C40; unten Rn.24).

16 cc) Zur Gefährdung des **öffentlichen Interesses** gelten die Ausführungen oben in Rn.12.

e) Schwere Nachteile für das Gemeinwohl (Nr. 5)

17 Der Widerrufsgrund des Abs.1 Nr.5 bildet einen *Auffangtatbestand* für schwere Fälle, in denen ein Widerruf notwendig ist, obgleich die engen Voraussetzungen des Abs.1 Nr.1–4 nicht vorliegen (Hansmann LR 43). Der Begriff des Nachteils hat nichts mit dem entspr. Begriff in § 3 Abs.1 zu tun (Hansmann LR 44), sondern wurde aus dem Entwurf des VwVfG bzw. aus § 51 GewO übernommen. Ein schwerer Nachteil für das Gemeinwohl ist zu verhüten, wenn die konkrete Gefahr eines schweren Schadens droht. Bloße Belästigungen und Nachteile iSv § 3 Abs.1 (dazu Rn.27f zu § 3) genügen nicht (Hansmann LR 44; Laubinger UL C49). Geschützt werden Rechtsgüter der Allgemeinheit wie einzelner Personen (VG Düsseldorf, GewArch 1979, 33f; Koch GK 71), da der Begriff des Gemeinwohls schon immer auch Individualrechtsgüter umfasste; unter dem Grundgesetz muss das im Hinblick auf Art.2 Abs.2, 14 GG vermehrt gelten. Notwendig ist allerdings eine **schwere Beeinträchtigung.** Diese wird in der Regel bei konkreten Gefahren für das Leben, die Gesundheit oder erhebliche Sachwerte gegeben sein (Laubinger UL C49), wie das auch § 25 Abs.2 deutlich macht. Zu diesen Begriffen Rn.21 zu § 25. Unmittelbar bevorstehen müssen diese Gefahren jedoch nicht (Engelhardt/Schlicht 8); diese Voraussetzung ist für die Vollzugspolizei sinnvoll, nicht für eine Maßnahme wie einen Genehmigungswiderruf. Unerheblich ist, ob sich die fraglichen Umstände vor oder nach Genehmigungserteilung ereignet haben (Kopp/Ramsauer, § 49 Rn.54; Ohms Rn.697; a.A. Laubinger UL C47).

4. Widerrufsfrist

a) Fälle mit Frist

18 Gem. Abs.2 kann die Behörde nur binnen eines Jahres nach Erlangung der (positiven) Kenntnis von sämtlichen, den Widerruf begründenden Tatsachen den Widerruf vornehmen (BVerwGE 70, 356/362 = NJW 1985, 819; Laubinger UL D28). Dies gilt für alle Gründe des Abs.1 (Sellner Rn.519; Laubinger UL D24). Unter **Tatsachen** iSd Vorschrift sind nicht nur Tatsachen iSd Abs.1 Nr.3, sondern schlechthin die Umstände gemeint, die den Widerruf tragen, also auch die für das Ermessen relevanten Umstände (Hansmann LR 48; Koch GK 79), auch im Hinblick auf die rechtliche Bewertung (BVerwGE 84, 17/22 = NJW 1990, 724; Sachs SBS § 49 Rn.46, jeweils zu § 49 VwVfG), weshalb Rechtsänderungen (im Bereich des Abs.1 Nr.4) als Tatsachen idS anzusehen sind (Hansmann LR 48; Feldhaus FE 10). Gewährt die Behörde dem Anlagenbetreiber eine

Widerruf der Genehmigung § 21

Frist bis zum Erlass des Widerrufs, dürfte sich Abs.2 auf die Erkenntnis beziehen, dass der Anlagenbetreiber der Aufforderung der Behörde nicht nachgekommen ist. Die Kenntnis der Tatsachen muss bei den zuständigen Amtswaltern bestehen (BVerwGE 70, 356/364 = NJW 1985, 819; Hansmann LR 48; a. A. Laubinger UL D27). Durch die bloße Einleitung eines Widerrufsverfahrens wird die Frist nicht gewahrt (Hansmann LR 48); dem steht der klare Wortlaut des Abs.2 entgegen. Für die Fristberechnung gilt § 31 VwVfG iVm §§ 187 ff BGB (Hansmann LR 49).

b) Fälle ohne Frist

§ 17 Abs.2 S.2 ordnet im Ergebnis an, dass das Widerrufsermessen zu **19** einer Soll-Entscheidung reduziert wird, wenn die Voraussetzungen des § 21 Abs.1 Nr.3, 4 oder 5 vorliegen (näher dazu, auch zur Erforderlichkeit unten Rn.21). Die Vorschrift verweist auf § 21 Abs.3–6, nicht jedoch auf § 21 Abs.2. Die dort geregelte Frist ist daher in diesem Falle nicht anwendbar (Koch GK 75; Hansmann LR 47; Laubinger UL D23). Unter den genannten Voraussetzungen gilt folglich für den Widerruf keine Frist. Das ist auch sachlich berechtigt, weil sonst die Rechte Dritter durch die behördliche Säumnis verkürzt würden. Zum Bestandsschutz für Anlagen, die noch nach §§ 16, 25 GewO a. F. genehmigt wurden, Rn.9 zu § 67.

5. Ermessen

a) Volles Ermessen

Die Entscheidung über den Widerruf steht an sich (s. aber unten Rn.21) **20** im Ermessen der Behörde; insoweit gelten die Ausführungen in Rn.46 f zu § 17 entsprechend. Die Behörde hat daher v. a. den Grundsatz der Verhältnismäßigkeit (allg. dazu Jarass, in: Jarass/Pieroth Art.20 Rn.56 ff) zu beachten. Das darin enthaltene Prinzip des geringstmöglichen Eingriffs verlangt, dass vor einem Widerruf nachträgliche Anordnungen oder eine Untersagung erlassen werden, sofern sie **geeignet** sind, die betreffenden Gefahren abzuwenden (Laubinger UL B17; Feldhaus FE 9). Weiterhin wird die Behörde in vielen Fällen von einem Widerruf nur Gebrauch machen dürfen, wenn sie ihn **ankündigt** und dem Betroffenen eine angemessene **Frist** eingeräumt hat. Im Übrigen muss die Behörde die Interessen der Allgemeinheit und der betroffenen Dritten einerseits sowie die **Interessen** des Anlagenbetreibers andererseits **abwägen**; zum Einfluss der Rechtswidrigkeit des Widerrufsvorbehalts oder einer Auflage vgl. oben Rn.7, 9. Liegen die Voraussetzungen des § 51 VwVfG vor, bestehen gewichtige (wenn auch nicht zwingende) Gründe für einen Widerruf (Maurer § 11 Rn.61). Hat die Behörde besondere Gründe für den Bestand der Genehmigung gesetzt, ist das bei der Abwägung zu berücksichtigen (zu weitgehend jedoch Schenke, DVBl 1976, 745 ff).

b) Soll-Entscheidung

Gem. § 17 Abs.2 S.2 wird der Ermessensspielraum unter den folgenden **21** Bedingungen auf eine Soll-Entscheidung reduziert (Ohms Rn.700): Einmal müssen die Voraussetzungen der Nr.3, der Nr.4 oder der Nr.5 des § 21 Abs.1 vorliegen (LAI, UPR 1987, 39; Vallendar FE § 17 Anm.7). Zum anderen müssen die Voraussetzungen einer nachträglichen Anordnung gem. § 17 Abs.*1* gegeben sein; die Anordnung muss aber wegen § 17 Abs.2 S.1 nicht erlassen werden können. Da bei Vorliegen des § 21 Abs.1 Nr.3, Nr.4 oder Nr.5 praktisch immer die Voraussetzungen des § 17 Abs.1 erfüllt sind und außerdem wegen des Grundsatzes der Verhältnismäßigkeit (Erforderlichkeit) § 21 ohnehin nur eingreift, wenn nicht eine nachträgliche Anordnung möglich ist, heißt das praktisch, dass die Behörde immer einen Widerruf erlassen **soll,** wenn die Voraussetzungen des § 21 Abs.1 Nr.3, 4 oder 5 unter Beachtung des Grundsatzes der Verhältnismäßigkeit gegeben sind (ähnlich Hansmann LR 54; Koch GK 82). Das „Soll" bedeutet, dass im Normalfall ein Widerruf erlassen werden muss; nur in atypischen Fällen kann davon abgewichen werden (Laubinger UL D16; Vallendar FE § 17 Anm.7, 12); näher dazu Rn.50 zu § 17. In einem solchen atypischen Fall gelten die Ausführungen oben in Rn.20. Zum Spielraum der Behörde bei der Aufklärung der Tatsachen Rn.54 zu § 17. Zur Frist oben Rn.19.

6. Zuständigkeit und Verfahren

22 **Zuständig** für den Erlass des Widerrufs ist die Genehmigungsbehörde, wie insb. Abs.2, 3 mittelbar entnommen werden kann (Hansmann LR 50). § 49 Abs.4 VwVfG findet keine Anwendung. Zur Zuständigkeit im Bereich der Landesverteidigung vgl. § 1 Abs.1 der 14. BImSchV. Zur Zuständigkeit anderer Bundesbehörden Einl.37). Hinsichtlich des *Verfahrens* gelten die Ausführungen zur nachträglichen Anordnung ganz entsprechend (Rn. 54–57 zu § 17). Insb. ist der Anlagenbetreiber in der Regel gem. § 28 VwVfG zu hören (Hansmann LR 51; Laubinger UL D4). Der Betreiber hat gem. § 29 VwVfG einen Akteneinsichtsanspruch (Laubinger UL D5). Für den Widerrufsbescheid gilt entsprechend § 10 Abs.7 Schriftform (Koch GK 91).

7. Wirkung, Durchsetzung, Rechtsschutz

a) Wirkung

23 Abs.3 bestimmt in Übereinstimmung mit § 43 Abs.2 VwVfG, dass die widerrufene Genehmigung und die aus ihr resultierenden Rechte und Pflichten mit dem Wirksamwerden des Widerrufs, d.h. mit seinem Zugang an den Genehmigungsinhaber (§ 43 Abs.1 VwVfG) erlöschen, sofern nicht im Widerrufsbescheid ein späterer Zeitpunkt bestimmt wird. Damit wird klargestellt, dass die Behörde auch einen **späteren Zeitpunkt** für das Wirksamwerden des Widerrufs bestimmen kann; dagegen ist ein rückwirkender Widerruf ausgeschlossen (Hansmann LR 56; Feldhaus FE 11; Sellner Rn.520). Zudem sind geeignete **Übergangsregelungen** zulässig und möglicherweise im Hinblick auf den Grundsatz der Verhältnismäßigkeit geboten.

Gem. Abs.1 kann der Widerruf **ganz oder teilweise** erfolgen. Ein 24 teilweiser Widerruf setzt allerdings voraus, dass der verbleibende Teil der Genehmigung eine sinnvolle Regelung darstellt (Laubinger UL D42). Das ist etwa dann gegeben, wenn mehrere Anlagen in einer Genehmigung zugelassen wurden. Eine nachträgliche Anordnung ist niemals ein teilweiser Widerruf, da sie kein volles Betriebsverbot enthalten kann (BVerwG, UL-ES § 21–5, 3; näher Rn.21–23 zu § 17).

Eingeschlossene Genehmigungen erlöschen, wenn die geltend gemachten 25 Widerrufsgründe auch sie betreffen (Hansmann LR 56). Wird ein *Rechtsbehelf* gegen den Widerruf eingelegt, kann die Anlage weiterbetrieben werden, bis über den Rechtsbehelf entschieden ist (vgl. Rn.61 zu § 17), es sei denn, der Widerruf wurde für sofort vollziehbar erklärt. Eine *Aufhebung* des bestandskräftigen Widerrufs ist nicht möglich (Hansmann LR 57).

b) Durchsetzung, Sanktionen und Rechtsschutz

Wird die Anlage nach Wirksamwerden des Widerrufs weiterbetrieben, 26 liegt ein Anlagenbetrieb ohne Genehmigung vor. Zu den behördlichen Möglichkeiten des Einschreitens sowie zur Strafbarkeit des Weiterbetriebs Rn.63 zu § 4.

Zum **Rechtsschutz** gelten die Ausführungen zur nachträglichen An- 27 ordnung (Rn. 67–70 zu § 17) entsprechend. Insb. kommt es für den Rechtsschutz von **Nachbarn** nicht darauf an, ob § 21 selbst drittschützend ist. Entscheidend ist vielmehr, ob der Nachbar den Widerruf begehrt, weil ohne seinen Erlass durch den Betrieb der Anlage Rechtsvorschriften verletzt werden, die auch dem Schutz der Nachbarn dienen, insb. § 5 Abs.1 S.1 Nr.1 (OVG NW, NVwZ 1988, 173; Hansmann LR 79; Laubinger UL D18); näher zum drittschützenden Charakter Rn.49 zu § 6. Zivilrechtliche Möglichkeiten stehen einer verwaltungsrechtlichen Klage nicht entgegen (Zitzelsberger, GewArch 1990, 272f; vgl. Rn.69 zu § 17). Zuständig sind die Verwaltungsgerichte, obwohl ein Streit über die Entschädigung gem. Abs.6 zu den Zivilgerichten geht.

II. Entschädigung (Abs.4–6)

1. Bedeutung und Verhältnis zu anderen Vorschriften

Ein Widerruf einer Anlagengenehmigung ist z.T. auch dann möglich, 28 wenn damit schützenswerte Vermögensinteressen des Anlagenbetreibers beeinträchtigt werden. Abs.4 sieht daher in bestimmten Fällen eine Entschädigung vor. Ähnlich wie bei den §§ 48, 49 VwVfG und anders als bei § 51 GewO wird allerdings nicht das positive Interesse, sondern nur der **Vertrauensschaden** ersetzt. Eine Konkurrenz mit anderen Ansprüchen dürfte nur dann in Betracht kommen, wenn der Widerruf rechtswidrig war.

Wenig ergiebig ist der Streit, ob § 21 Abs.4–6 allein eine **verfas-** 29 **sungsrechtlich gebotene Entschädigung** wegen eines Eigentumseingriffs bietet oder eine darüber hinausgehende **Billigkeitsregelung** (für Ersteres Sellner Rn.522; für Letzteres Zitzelsberger, GewArch 1990, 156). Entscheidend ist, dass die Regelung mit Art.14 GG vereinbar ist. Die gegen die Verfassungsmäßigkeit vorgetragenen Bedenken (Schenke, DVBl 1976, 740 ff) greifen nicht, selbst dort, wo ein Eigentumseingriff vorliegt (Hansmann LR 58). Die Beschränkung der Entschädigung auf das negative Interesse hält sich in dem von Art.14 GG gesteckten Rahmen (Sendler, WiVerw 1977, 110; Koch GK 22; a.A. Zitzelsberger, GewArch 1990, 156). Selbst gegenüber Enteignungen garantiert Art.14 GG keine Entschädigung zum Verkehrswert, sondern verlangt einen angemessenen Ausgleich zwischen den Interessen der Allgemeinheit und denen des Betroffenen (Jarass/Pieroth Art.14 Rn.64). Dem wird die Regelung des § 21 Abs.4 ebenso gerecht wie die entsprechenden Regelungen der §§ 48, 49 VwVfG (Beutler, DÖV 1976, 846 ff; Rademacher, Bestandsschutz und Störerhaftung, Diss. 1982, 38 f). Das schließt nicht aus, dass im Einzelfall auf einen Widerruf verzichtet werden muss, weil der Grundrechtseingriff unverhältnismäßig wäre (vgl. oben Rn.20). Zur Stellung der vor Inkrafttreten des BImSchG errichteten Altanlagen Rn.9 zu § 67.

2. Voraussetzungen

a) Widerruf nach Abs.1 Nr.3–5

30   Der Widerruf muss auf die Widerrufsgründe des Abs.1 Nr.3–5 gestützt worden sein. In den Fällen des Abs.1 Nr.1, 2 gibt es mangels Vertrauenstatbestands keine Entschädigung. Wurde der Widerruf auf beide Arten von Widerrufsgründen gestützt, ist entscheidend, ob die Widerrufsgründe des Abs.1 Nr.1 und 2 allein ausreichend gewesen wären (vgl. OLG Hamm, NVwZ 1990, 694; anders Hansmann LR 59). Abs.4–6 greifen des Weiteren nicht bei einer Aufhebung im bzw. parallel zum Rechtsmittelverfahren ein (oben Rn.3 f).

b) Schutzwürdigkeit des Vertrauens

31   Weiter muss der Anlagenbetreiber auf die Genehmigung **vertraut** haben und sein Vertrauen **schutzwürdig** sein (dazu Koch GK 96 f). Diese Voraussetzung fehlt, solange der Betreiber auf Grund der Genehmigung noch keine Vermögensdispositionen getroffen hat oder sie ohne unzumutbare Nachteile rückgängig machen kann (vgl. § 48 Abs.2 S.2 VwVfG). Bei der Beurteilung der Schutzwürdigkeit ist zu beachten, dass jeder Genehmigungsinhaber den *dynamischen Grundpflichten* des § 5 unterliegt; soweit die Widerrufsgründe auf Verletzungen dieser Pflichten beruhen, ist das Vertrauen deshalb grundsätzlich nicht schutzwürdig (dazu Rn.116 zu § 5; a.A. Hansmann LR 60; wohl auch OLG Hamm, NVwZ 1990, 694). Dabei ist aber zu beachten, dass die Grundpflichten bei *bestehenden* Anlagen eine Nachrüstung nur im Rahmen der Verhältnismäßigkeit verlangen. Allgemein fehlt ein schutzwürdiges Vertrauen, wenn der Betreiber die Umstände, die zum Widerruf führen, im Zeitpunkt der Investitionen

kannte oder auf Grund grober Fahrlässigkeit nicht kannte (vgl. § 48 Abs.2 S.3 VwVfG). Im Übrigen muss der Betreiber grundsätzlich die Risiken ohne Entschädigung übernehmen, die in seinem Verantwortungsbereich liegen, etwa neue Erkenntnisse der Wirkungsforschung oder Fortschritte der Technik (Sundermann o. Lit. 188; Laubinger UL E4), allerdings nur im Rahmen der Verhältnismäßigkeit.

Umgekehrt fallen nicht in den Verantwortungsbereich des Betreibers 32 das Heranrücken der Wohnbebauung oder eine Verstärkung der Belastung durch andere Anlagen (Sundermann o. Lit. 188; Laubinger UL E4; diff. Hansmann LR 61). Ein schutzwürdiges Vertrauen wird aber durch ein **Mitverschulden** des Anlagenbetreibers eingeschränkt oder ausgeschlossen (Stich/Porger 29). Dies gilt insb. dann, wenn der Anlagenbetreiber versäumt hat, die Herausbildung der den Widerspruch begründenden Umstände (etwa den Bau von Wohnhäusern in der Nachbarschaft) durch geeignete Rechtsmittel zu verhindern (Koch GK 98; Rn.4 zu § 17). Weiter kann ein Mitverschulden vorliegen, wenn der Anlagenbetreiber nach Kenntnis der Einleitung des Widerspruchsverfahrens noch Investitionen vornimmt (Hansmann LR 60).

c) Frist

Der Anspruch kann gem. Abs.4 S.4 Hs.1 nur innerhalb eines Jahres 33 nach Zugang des Widerrufs geltend gemacht werden. Wird im Widerrufsbescheid nicht auf diese Ausschlussfrist hingewiesen, so beginnt die Frist gem. Abs.4 S.4 Hs.2 erst dann zu laufen, wenn die Behörde die Fristbelehrung nachholt. Eine Wiedereinsetzung in den vorigen Stand dürfte nicht möglich sein (Hansmann LR 74; a.A. Kopp/Ramsauer § 48 Rn.129).

3. Umfang des Anspruchs

Die Entschädigung bemisst sich nach dem negativen Interesse (Ver- 34 trauensschaden), wird jedoch durch das positive Interesse (am Bestand der Genehmigung) beschränkt. D.h., die Entschädigung erfolgt auf der Grundlage **des geringeren der beiden Berechnungsarten.** Relevanter Zeitpunkt für die Bemessung der Entschädigung ist der Moment, in dem der Betrieb der Anlage tatsächlich eingestellt wird (teilweise anders Hansmann LR 69). Bei Anfechtung des Widerspruchs wird dieser Zeitpunkt wegen des Suspensiveffekts möglicherweise weit hinausgeschoben.

Bei der Berechnung des **negativen Interesses** ist der Betreiber so zu 35 stellen, als wenn er gewusst hätte, dass die Genehmigung keinen Bestand hat (Hansmann LR 66; Ohms Rn.701; Laubinger UL E12). Es sind ihm daher alle Kosten für die Errichtung und den Betrieb der Anlage zu ersetzen, weiterhin die Kosten für die Durchführung des Widerrufs, d.h. für Stilllegungs- und evtl. Beseitigungsmaßnahmen (Laubinger UL E16). In Abzug zu bringen sind (als Vorteilsausgleich) zum einen alle durch den Betrieb der Anlage erzielten Erlöse sowie der Ertrag, der sich aus der Verwertung der Anlage ergibt (Laubinger UL E16). Beschränkt man sich darauf, so besteht kein Vertrauensschaden, soweit sich die Anlage unter Berücksichtigung des Verwertungserlöses amortisiert hat (so Koch GK 105; Kopp/Ramsauer § 48 Rn.128). Doch wird man bei der Berechnung des Vertrauensschadens beweisbare Alternativinvestitionen nicht unberücksichtigt lassen können, Investitionen also, die der Betreiber vorgenommen hätte, wenn er die Genehmigung nicht erhalten hätte (Engsterhold, UPR 1991, 367; Hansmann LR 67). Eine derartige Berücksichtigung der alternativen Vermögenslage ist für die Berechnung des Vertrauensinteresses typisch. Die Beweislast für die alternative Vermögenslage trifft den Anlagenbetreiber. Bleibt die Situation unklar, kann keine Alternativinvestition unterstellt werden.

36 Für die Bestimmung des **(positiven) Interesses** am Bestand der Genehmigung ist, dem Charakter des Abs.4 als Entschädigungsregelung entsprechend, darauf abzustellen, welche unmittelbare Vermögensminderung der Anlagenbetreiber durch den Widerruf erleidet. Diesen Wert der Genehmigung erhält man, wenn man den Wert der Anlage vor und nach dem Widerruf vergleicht (Engsterhold, UPR 1991, 368). Was die künftigen Gewinne angeht, so werden diese mit ersetzt, soweit sie sich im Wert der Anlage niedergeschlagen haben (Hansmann LR 65; restriktiver Feldhaus FE 13). Im Übrigen sind sie nicht zu ersetzen (Engsterhold, UPR 1991, 368); Abs.4 gewährt keinen Schadensersatz, sondern eine Entschädigung. Bei Anlagen, für die kein Marktwert ermittelt werden kann, besteht der Wert der Anlage mit Genehmigung in den Errichtungskosten, von denen der Wertverlust für die bereits abgelaufene Gesamtnutzungsdauer abzuziehen ist, des Weiteren die Kosten für erforderliche nachträgliche Anordnungen (OLG Hamm, NVwZ 1990, 696) sowie für den verhältnismäßigen Teil von unverhältnismäßigen nachträglichen Anordnungen (Hansmann LR 65; Engsterhold, UPR 1991, 368 f).

4. Entschädigungsverpflichteter

37 Entschädigungsverpflichtet ist nach Abs.4 S.1 die Genehmigungsbehörde, genauer der Behördenträger, dem die Genehmigungsbehörde angehört (Sellner Rn.499). Abs.5 ermöglicht jedoch die Verlagerung der Entschädigungspflichten durch Landesgesetz auf andere Stellen bzw. Personen. Gedacht ist etwa an eine Verlagerung auf die Kommunen, soweit die Entschädigungspflicht auf Fehler in der Bauleitplanung zurückzuführen ist (Feldhaus FE 14). Dementsprechend sieht § 19 ImSchG NW vor, dass bei einem Widerruf wegen eines rechtswidrigen Bebauungsplans die Gemeinde entschädigungspflichtig ist; bei Widerruf wegen rechtswidriger Genehmigung umliegender Anlagen muss die Baugenehmigungsbehörde bzw. deren Rechtsträger für die Entschädigung aufkommen.

5. Verfahren und Rechtsschutz

38 Die Genehmigungsbehörde setzt die Entschädigung gem. Abs.4 S.3 auf Antrag des Betroffenen durch **Verwaltungsakt** fest (Hansmann LR 75;

Widerruf der Genehmigung § 21

Laubinger UL E27). Ist der Betroffene damit nicht einverstanden, kann er (ohne Vorverfahren) **Klage** zum zuständigen Zivilgericht erheben (Abs.6). Die Frist des Abs.4 S.4 (dazu oben Rn.33) gilt insoweit nicht (Hansmann LR 80). Die Anfechtung des Widerrufs geht dagegen zu den Verwaltungsgerichten (oben Rn.27).

III. Anhang: Rücknahme der Genehmigung und Entschädigung

1. Rücknahme der Genehmigung

a) Bedeutung und Abgrenzung zu anderen Vorschriften

Neben den Widerruf der (rechtmäßigen) Genehmigung nach § 21 tritt die Rücknahme der (rechtswidrigen) Genehmigung nach § 48 VwVfG (Laubinger UL G1; Sellner Rn.502; Hansmann LR 3; Zitzelsberger, GewArch 1990, 271; a.A. Brodale o. Lit. 78). Die §§ 17ff sind insoweit nicht abschließend (Rn.2 zu § 20). Die Rücknahme ist in der Regel eher möglich als ein Widerruf. Zur analogen Anwendung des § 21 auf eine rechtswidrige Genehmigung oben Rn.6. **39**

b) Rechtmäßigkeit der Rücknahme

Es muss eine **Genehmigung** für die betreffende Anlage **erteilt** worden sein (näher oben Rn.5), die im Zeitpunkt ihres Erlasses rechtswidrig war und deren Mängel nicht gem. § 45 VwVfG geheilt wurden (Laubinger UL G41). **40**

Grundsätzlich muss die Behörde die **Jahresfrist** des § 48 Abs.4 VwVfG wahren (s. dazu auch BVerwGE 66, 61 = DVBl 1982, 1001). Doch wird die Regelung des § 17 Abs.2 S.2 (dazu oben Rn.19, 21) analog anzuwenden sein, mit der Folge, dass die Frist nicht zum Tragen kommt, wenn die Rücknahme erforderlich ist, um die Allgemeinheit oder die Nachbarschaft vor konkret schädlichen Umwelteinwirkungen oder sonstigen konkreten Gefahren, erheblichen Nachteilen oder erheblichen Belästigungen zu schützen. **41**

Keine Rücknahmevoraussetzung ist das fehlende **schutzwürdige Vertrauen,** da § 48 Abs.3 VwVfG einschlägig ist (Laubinger UL G50; diff. Kopp/Ramsauer § 48 Rn.122). Das Vertrauen des Genehmigungsinhabers muss aber im Rahmen des Ermessens berücksichtigt werden (vgl. Sachs SBS § 48 Rn.134). **42**

Die Entscheidung über die Rücknahme steht im Ermessen der Behörde (dazu Rn.46 zu § 17). Sie hat dabei ein eventuelles schutzwürdiges Vertrauen (dazu oben Rn.42) des Genehmigungsinhabers zu berücksichtigen. Auch ein schutzwürdiges Vertrauen schließt jedoch eine Rücknahme nicht generell aus. Zudem hat die entspr. Anwendung der Vorschrift des § 17 Abs.2 S.2 (oben Rn.41) zur Folge, dass in den meisten Fällen das Ermessen zu einer Soll-Entscheidung reduziert wird (näher oben Rn.21). Der Vertrauensschutz des Anlagenbetreibers spielt dann nur noch eine untergeordnete Rolle. **43**

44 Zur Zuständigkeit und zum Verfahren gelten die entsprechenden Ausführungen zum Widerruf oben in Rn. 22.

c) Wirkung, Durchsetzung, Rechtsschutz

45 Zur Wirkung der Rücknahme gelten die Ausführungen oben in Rn. 23–25 entsprechend. Desgleichen kann für die Durchsetzung und den Rechtsschutz auf die Ausführungen oben in Rn. 26f verwiesen werden. Zum Wiederaufgreifen des Genehmigungsverfahrens auf Klage eines Dritten VGH BW, NVwZ 1990, 985 ff.

2. Entschädigung

46 Für die Entschädigung gem. § 48 Abs. 3 VwVfG gelten die Ausführungen zum Widerruf (dazu oben Rn. 28–38) entsprechend (vgl. Laubinger UL G79). Für den Rechtsweg ist allerdings § 48 Abs. 6 VwVfG zu beachten. Zudem gibt es keinen Ländervorbehalt iSd § 21 Abs. 5.

Zweiter Abschnitt.
Nicht genehmigungsbedürftige Anlagen

§ 22 Pflichten der Betreiber nicht genehmigungsbedürftiger Anlagen

(1) Nicht genehmigungsbedürftige Anlagen[1 ff] sind so zu errichten und zu betreiben, dass

1. schädliche Umwelteinwirkungen[23 ff] verhindert werden, die nach dem Stand der Technik vermeidbar sind,[35 f]
2. nach dem Stand der Technik unvermeidbare schädliche Umwelteinwirkungen auf ein Mindestmaß beschränkt werden[37 ff] und
3. die beim Betrieb der Anlagen entstehenden Abfälle ordnungsgemäß beseitigt werden können.[55 ff]

Die Bundesregierung wird ermächtigt, nach Anhörung der beteiligten Kreise (§ 51) durch Rechtsverordnung mit Zustimmung des Bundesrates aufgrund der Art oder Menge aller oder einzelner anfallender Abfälle die Anlagen zu bestimmen, für die die Anforderungen des § 5 Abs.1 Nr.3 entsprechend gelten.[55 ff] Für Anlagen, die nicht gewerblichen Zwecken dienen und nicht im Rahmen wirtschaftlicher Unternehmungen Verwendung finden, gilt die Verpflichtung des Satzes 1 nur, soweit sie auf die Verhinderung oder Beschränkung von schädlichen Umwelteinwirkungen durch Luftverunreinigungen oder Geräusche gerichtet ist.[24]

(2) **Weitergehende öffentlich-rechtliche Vorschriften bleiben unberührt.**[14 ff]

Übersicht

I. Nicht genehmigungsbedürftige Anlagen	1
1. Merkmale einer nicht genehmigungsbedürftigen Anlage	1
a) Anlage	2
b) Nicht genehmigungsbedürftig	4
c) Anwendungsbereich des BImSchG	5
d) Verhaltensbedingte, nicht bestimmungsgemäße und gewollte Immissionen	6
2. Einzelne Fälle	9
II. Allgemeine Fragen der Grundpflichten	12
1. Bedeutung des § 22	12
2. Abgrenzung zu anderen Vorschriften	13
a) Bundesrecht	13
b) Landesrecht	15

§ 22 Nicht genehmigungsbedürftige Anlagen

  3. Sachlicher Anwendungsbereich und Adressat 20
   a) Sachlicher Anwendungsbereich 20
   b) Adressat 21
 III. Schutz- bzw. Gefahrenabwehrpflicht nach Abs.1 S.1 Nr.1, 2 22
  1. Die immissionsbezogene Grundpflicht als Schutz- bzw. Gefahrenabwehrpflicht 22
  2. Verursachung von Emissionen und Immissionen 23
   a) Emissionen der Anlage 23
   b) Mitverursachung von Immissionen 27
  3. Schädlichkeit der Immissionen 28
   a) Negative Effekte und Gesamtbelastung 28
   b) Hinreichende Wahrscheinlichkeit 30
   c) Erheblichkeit 31
  4. Erforderliche Maßnahmen: Stand der Technik und Mindestmaß 35
   a) Stand der Technik (Abs.1 S.1 Nr.1) 35
   b) Beschränkung auf ein Mindestmaß (Abs.1 S.1 Nr.2) ... 37
   c) Gemeinsamkeiten 40
  5. Verfassungsrechtliche und sonstige Grenzen 41
   a) Verfassungsrechtliche Grenzen, insb. Bestandsschutz bei bestehenden Anlagen 41
   b) Weitere Einschränkungen? 42
  6. Einzelfälle 43
  7. Konkretisierung 44
   a) Luftverunreinigungen 44
   b) Lärm 46
   c) Erschütterungen, Lichtimmissionen, elektromagnetische Felder 48
   d) Störfälle 49
 IV. Abfallpflichten 55
  1. Pflicht zur Abfallbeseitigung (Abs.1 S.1 Nr.3) 55
   a) Bedeutung und Abgrenzung zu anderen Vorschriften .. 55
   b) Gegenstand 56
   c) Anforderungen 57
  2. Ermächtigung zu Rechtsverordnungen über Abfallvermeidung und Abfallverwertung 59
 V. Durchsetzung, Sanktionen und Rechtsschutz 67
  1. Durchsetzung und Sanktionen 67
  2. Rechtsschutz 69

Literatur: *Numberger*, Probleme des Freizeitlärms, NVwZ 2002, 1064; *Pütz*, Immissionsschutz bei nicht genehmigungsbedürftigen Anlagen, 4. A. 2000; *Koch*, Die rechtlichen Grundlagen zur Bewältigung von Freizeitlärmkonflikten, NuR 2000, 69; *Roßnagel*, Rechtsfragen zur Luftreinhaltung bei Massentierställen, NuR 1998, 69; *Herr*, Sportanlagen in Wohnnachbarschaft, 1998; *Bodanowitz*, Rechtliche Grundlagen des Baulärmschutzes, NJW 1997, 2351; *Determann*, Neue, gefahrverdächtige Technologien als Rechtsproblem: Mobilfunk-Sendeanlagen, 1996; *Engler*, Der öffentlich-rechtliche Immissionsabwehranspruch, 1995; *Roßnagel*, Die nicht genehmigungsbedürftigen Anlagen, in: Koch/Lechelt (Hg.), Zwanzig Jahre Bundes-Immissionsschutzgesetz, 1994, 60; *Jarass*, Zum Kampf um Kirchturmuhren

Pflichten der Betreiber **§ 22**

und nächtens betriebene Tankstellen, JZ 1993, 601; *Bier,* Immissionsschutzrechtlicher Nachbarschutz, ZfBR 1992, 15; *Hansmann,* Vorsorgepflichten bei nicht genehmigungsbedürftigen Anlagen, NVwZ 1991, 829; *Pudenz,* Zum Verhältnis von Bundes- und Landes-Immissionsschutzrecht, NuR 1991, 359; *Pütz/Buchholz,* Immissionsschutz bei nicht genehmigungsbedürftigen Anlagen, 2. Aufl. 1991; *Papier,* Besondere Aspekte des Freizeitlärms, in: Koch (Hg.), Schutz vor Lärm, 1990, 129; *Kutscheidt,* Rechtsprobleme bei der Bewertung von Geräuschimmissionen, NVwZ 1989, 193; *Henkel,* Der Anlagenbegriff des Bundes-Immissionsschutzgesetzes, 1989; *Sachs,* Unterlassungsansprüche gegen hoheitliche Immissionen aus § 22 BImSchG, NVwZ 1988, 127; *Ziegler,* Das Bundes-Immissionsschutzgesetz und das verhaltenswertende Recht, UPR 1986, 406; *Seiler,* Die Rechtslage der nicht genehmigungsbedürftigen Anlagen im Sinne von §§ 22 ff BImSchG, 1985; *Gaentzsch,* Sportanlagen im Wohnbereich, UPR 1985, 201; *Pestalozza,* Zur Gesetzgebungszuständigkeit des Bundes im Umweltschutz, WiVerw 1984, 245; *Kutscheidt,* Immissionsschutz bei nicht genehmigungsbedürftigen Anlagen, NVwZ 1983, 65; *Rademacher,* Bestandsschutz und Störerhaftung des Betreibers nicht genehmigungsbedürftiger Anlagen im Sinne der §§ 22 ff BImSchG, Diss. 1982; *Sellner/Löwer,* Immissionsschutzrecht der nicht genehmigungsbedürftigen Anlagen, WiVerw 1980, 221.

I. Nicht genehmigungsbedürftige Anlagen

1. Merkmale einer nicht genehmigungsbedürftigen Anlage

§ 22 kommt ebenso wie die §§ 23–25 nur zur Anwendung, wenn es 1
sich um eine „nicht genehmigungsbedürftige Anlage" handelt. Eine solche Anlage liegt unter den im Folgenden in Rn.2–8 beschriebenen Voraussetzungen vor, die im Zeitpunkt gegeben sein müssen, in dem die jeweiligen Rechtsfolgen gezogen werden sollen (Henkel o. Lit. 140; Hansmann LR Vorb.18 vor § 22).

a) Anlage

Es muss sich um eine Anlage iSd § 3 Abs.5 handeln. Darunter fallen zu- 2
nächst **ortsfeste** Einrichtungen (näher dazu Rn.69–71 zu § 3). Des Weiteren werden **ortsveränderliche** (bewegliche) Einrichtungen im weitesten Sinne erfasst, sofern sie technischer Natur sind, insb. Maschinen und Geräte; näher dazu Rn.72 zu § 3. **Fahrzeuge** (dazu Rn.3–7 zu § 38) sind nur insoweit Anlagen, als sie nicht unter § 38 fallen, d. h. soweit es nicht um verkehrsbedingte Emissionen geht (dazu Rn.8 f zu § 38; vgl. auch Rn.73 zu § 3). Anlagen sind daher die nicht durch Maschinenkraft bewegten Fahrzeuge (dazu Rn.4 zu § 38) sowie Fahrzeuge, soweit sie als Arbeitsgeräte etc. eingesetzt werden (dazu Rn.8 zu § 38). Zudem können Fahrzeuge einer Anlage zuzurechnen sein, wenn sie in funktionalem Zusammenhang mit der Anlage stehen (BVerwG, NVwZ 1989, 667; Hansmann LR Vorb.11 vor § 22); näher dazu Rn.59 zu § 4. Schließlich werden als Anlagen alle **Grundstücke** angesehen, auf denen Stoffe gelagert oder abgelagert oder emissionsträchtige Tätigkeiten vorgenommen werden (dazu Rn.74–77 zu § 3). Voraussetzung ist, dass die Aktivität wesentlicher Inhalt der Zweckbestimmung des Grundstücks ist (dazu Rn.74 zu § 3).

§ 22 Nicht genehmigungsbedürftige Anlagen

Keine Anlagen sind öffentliche Verkehrswege, mit der Folge, dass § 22 nicht anwendbar ist (OVG Brem, NVwZ-RR 1993, 470). Zur Reichweite dieser Einschränkung Rn.78–80 zu § 3.

3 Eine Anlage liegt generell nur vor, wenn man im weitesten Sinne von einem **Betreiben** der Einrichtung bzw. des Grundstücks sprechen kann (Porger KO 7); näher dazu Rn.66 zu § 3. Wann die Anlage in Betrieb genommen wurde, spielt keine Rolle; insb. werden auch vor dem In-Kraft-Treten des BImSchG (im Jahre 1974) errichtete Anlagen erfasst (Hansmann LR Vorb.15 vor § 22).

b) Nicht genehmigungsbedürftig

4 Die Anlage darf ihrer Art nach nicht eine genehmigungsbedürftige Anlage iSd § 4 BImSchG sein; unerheblich ist, ob die Anlage nach anderen Gesetzen genehmigungsbedürftig ist (Porger KO 6). Zur Abgrenzung der genehmigungsbedürftigen Anlagen iSd § 4 BImSchG Rn.13–32 zu § 4. Dabei kommt es v. a. darauf an, ob die Anlage ihrer Art nach unter die 4. BImSchV fällt. Ist das der Fall, können die §§ 22 ff auch dann nicht angewandt werden, wenn die Genehmigung nicht eingeholt wurde, die Anlage gemäß § 67 Abs.2, 3 oder § 67 a Abs.1 ausnahmsweise keiner Genehmigung bedarf oder die Genehmigung durch eine Planfeststellung ersetzt wurde (näher Rn.12 zu § 4; Henkel o. Lit. 139; Hansmann LR Vorb.17 vor § 22; Roßnagel GK 24). Für Anlagen, die neu in die 4. BImSchV aufgenommen werden oder aus der Verordnung herausgenommen werden, ändert sich die Zuordnung zu den genehmigungsbedürftigen bzw. nicht genehmigungsbedürftigen Anlagen mit dem Inkrafttreten der Änderung (Hansmann LR Vorb.18 vor § 22; Porger KO 17).

4a Anlagen, die nur kurzfristig an einem Ort betrieben werden und daher nicht genehmigungsbedürftig sind (näher Rn.23 f zu § 4), fallen auch nicht insoweit unter die §§ 22 ff, als sie in nicht wirtschaftlichen Unternehmungen eingesetzt werden und es allein zu sonstigen Immissionen, nicht aber zu Luftverunreinigungen und Lärm kommt (Hansmann LR Vorb.17 vor § 22; vgl. Rn.5 f zu § 4). Anlagen des Bergbaus fallen unter § 22, soweit § 4 Abs.2 zum Tragen kommt (dazu Rn.30 f zu § 4). Ein Betrieb kann sowohl aus genehmigungsbedürftigen wie nicht genehmigungsbedürftigen Anlagen bestehen, mit der Folge, dass teils §§ 4 ff, teils §§ 22 ff einschlägig sind (Roßnagel GK 25). Nebeneinrichtungen zu einer genehmigungsbedürftigen Anlage sind jedoch dieser unter bestimmten Voraussetzungen zuzurechnen (Kutscheidt, NVwZ 1983, 67); näher Rn.54–59 zu § 4.

c) Anwendungsbereich des BImSchG

5 Die Anlage muss des Weiteren in den Anwendungsbereich des BImSchG fallen. Nicht erfasst werden daher Flugplätze im Hinblick auf den Fluglärm (dazu Rn.21 zu § 2), atomrechtliche Anlagen im Hinblick auf ionisierende Strahlen (dazu Rn.22 zu § 2) und gentechnische Vorhaben im Hinblick auf deren spezifische Risiken (dazu Rn.27 zu § 2). Im Übrigen werden alle Anlagen erfasst, unabhängig davon, wo und zu welchem

Pflichten der Betreiber § 22

Zweck sie eingesetzt werden, etwa in Fabriken, Handwerks- oder Handelsbetrieben, in land- und forstwirtschaftlichen Betrieben oder in bergrechtlichen Anlagen (dazu Rn.30f zu § 4). Erfasst werden auch alle Anlagen in hoheitlichen Einrichtungen (OVG RP, NJW 1986, 2781); näher dazu Rn.15–17 zu § 2. Lediglich für die Landesverteidigung besteht gem. § 60 die Möglichkeit, Ausnahmen vorzusehen. Sofern Anlagen nicht in wirtschaftlichen Unternehmungen (dazu Rn.28 zu § 4) eingesetzt werden, bestehen allerdings gewisse Einschränkungen (unten Rn.24).

d) Verhaltensbedingte, nicht bestimmungsgemäße und gewollte Immissionen

Das anlagenbezogene Immissionsschutzrecht der §§ 22ff gilt allein für schädliche Umwelteinwirkungen, die *mit Anlagen in Zusammenhang* stehen. Das ist einmal der Fall, wenn die entsprechenden Emissionen von der Anlage selbst ausgehen. Darüber hinaus werden auch von Menschen, Tieren oder Pflanzen ausgehende Emissionen erfasst, sofern sie in einem „betriebstechnischen oder funktionellen Zusammenhang" mit dem Betrieb der Anlage stehen (BVerwGE 101, 157/165 = NVwZ 1997, 276) bzw. typischerweise beim Betrieb einer Anlage auftreten (Schmidt § 3 Rn.59; Sellner/Löwer, WiVerw 1980, 232), z.B. der Publikumslärm in einem Fußballstadion oder die Gerüche einer Schweinemästerei. Nur wenn keine der beiden Voraussetzungen gegeben ist, handelt es sich um rein **verhaltensbedingte** (und nicht um anlagenbezogene) **Immissionen,** die vom anlagenbezogenen Immissionsschutzrecht nicht erfasst werden. Dazu zählt etwa Teppichklopfen, das Abbrennen von Feuerwerkskörpern, das Verbrennen von Gartenabfällen oder das Spalten von Holz mit einem Beil (Roßnagel GK 38). Soweit man demgegenüber den Bereich der verhaltensbedingten Immissionen weiter absteckt, insb. um Immissionen in größerem Umfang der Regelung durch den Landesgesetzgeber zugänglich zu machen (vgl. Hansmann LR Vorb.23 vor § 22; Koch GK 306 zu § 3; Ziegler, UPR 1986, 406ff), wird übersehen, dass die Länder im Bereich der nicht genehmigungsbedürftigen Anlagen erhebliche Regelungsbefugnisse besitzen (unten Rn.15–19). Richtig ist andererseits, dass das anlagenbezogene Immissionsschutzrecht allein **Pflichten** für den Anlagenbetreiber enthält (s.etwa unten Rn.21), **nicht für den** (bloßen) **Anlagenbenutzer** (Hansmann LR Vorb.23 vor § 22). Die §§ 22–25 regeln daher nicht das Verhalten von Zuschauern in Fußballstadien etc; wohl aber regeln sie die Pflichten des Betreibers solcher Anlagen, der vielleicht Lärmschutzvorrichtungen anzubringen hat (Roßnagel GK 20).

Abzulehnen ist auch die Auffassung, dass vom anlagenbezogenen Immissionsschutzrecht allein Immissionen erfasst werden, die **bei bestimmungsgemäßer Nutzung** der Anlage entstehen können (so aber Hansmann Vorb.21 vor § 22; Koch GK 298 zu § 3). Ebensowenig wie eine Anlage allein deswegen von den §§ 4ff nicht erfasst wird, weil sie bei bestimmungsgemäßem Betrieb keine schädlichen Immissionen auslöst, kann das bei §§ 22ff gelten. Die §§ 22ff sollen gerade auch einen (im-

§ 22   Nicht genehmigungsbedürftige Anlagen

missionsschutzrechtlich) ordnungsgemäßen *Betrieb* sicherstellen. Zudem ergeben sich unnötige Abgrenzungsprobleme: Wie laut darf ein Radiogerät bei bestimmungsgemäßer Nutzung aufgedreht werden? Die §§ 22–25 gelten daher auch für solche Anlagen, die bei bestimmungsgemäßer Nutzung unbedenklich sind, etwa für Radio- bzw. Tonübertragungsgeräte (Seiler o. Lit. 42 f; Roßnagel GK 39; a. A. Sellner/Löwer, WiVerw 1980, 223 f).

8   Anlagen, von denen **gewollte Immissionen** ausgehen, werden ebenfalls erfasst (BVerwGE 79, 254/256 = NJW 1988, 2396; Hansmann LR Vorb.3 vor § 22; Engelhardt/Schlicht 18 zu § 3; Engler o. Lit. 60; Sparwasser § 10 Rn.129), etwa elektrische Verstärker, Feuersirenen, Kirchenglocken etc. (unten Rn.9f). Die gegenteilige Auffassung, die sich insb. darauf beruft, dass bei solchen Immissionen ein Stand der Emissionsvermeidungstechnik nicht ermittelt werden könne (Ziegler, UPR 1986, 172), überschätzt das Merkmal des Standes der Technik, das insb. in § 22 Abs.1 Nr.2 überhaupt keine Rolle spielt.

2. Einzelne Fälle

9   Nicht genehmigungsbedürftige Anlagen sind zum einen folgende **ortsfeste Anlagen,** sofern sie nicht genehmigungsbedürftig oder Teil einer genehmigungsbedürftigen Anlage sind (ohne dass die Liste abschließend ist): Abstellplätze, Aufzüge, Bahnstromleitungen (BVerwG, NVwZ 1996, 1023; HessVGH, CR 1994, 43; BayVGH, NVwZ 1993, 1121), Baustellen (näher unten Rn.11), Betriebshof der Stadtreinigung (VG Berlin, UPR 1984, 102), Biergärten (BVerwGE 108, 260/263 = NVwZ 1999, 651), Chemisch-Reinigungsanlagen, Containerterminal (OVG Bremen, VerkBl 1996, 689) Dampfkessel (unten Rn.14), Diskotheken, Druckbehälter (unten Rn.14), Feuersirenen (BVerwGE 79, 254/256 = NJW 1988, 2396; BayVGH, NVwZ-RR 1992, 233), Feuerungsanlagen (VGH BW, NJW 1990, 1930), Flugfeld für Modellflugzeuge (BayVGH, NuR 1998, 103), Flutlichtanlagen (VGH BW, VBlBW 1983, 25), Fuhrunternehmen (BayVGH, NVwZ-RR 1990, 344), Funkstationen, Garagen (OVG Hamb, NVwZ 1990, 379; OVG NW, NWVBl 1989, 445; OVG Bremen, NVwZ 1986, 673), Gashochdruckanlagen (unten Rn.14), Gaststätten (BVerwGE 101, 157/161 = NVwZ 1997, 276), Getränkeautomaten (BayVGH, GewArch 1986, 70), Grillplätze (BayVGH, NVwZ-RR 1989, 532; VGH BW, UPR 1994, 279), Herde, Hochspannungsfreileitungen (VGH BW, NVwZ 1998, 417), Hundezwinger (Kutscheidt LR 24a zu § 3; a. A. für Hundehütte VGH BW, VBlBW 1982, 142 f), Jalousien, elektrische (OVG Berl, UPR 1982, 275), Kamin, offener (OVG RP, NVwZ 1992, 280 f), Kegelbahnen (Hansmann LR Vorb.8 vor § 22), Kinderspielplätze (BayVGH, BayVBl 1993, 434; OVG Berl, NVwZ-RR 1994, 142; Seiler o. Lit. 41), Kirchengebäude einschl. Glocken (BVerwGE 68, 62/67 = NJW 1984, 989), Kirchturmuhren (BVerwGE 90, 163/165 = NJW 1992, 2779), Klimaanlagen (Roßnagel GK 29), Lagerplätze, Laser-

Pflichten der Betreiber § 22

Licht-Kanonen (Rn.7 zu § 3), Kühltürme (vgl. Rn.22 zu § 2), Minigolfanlagen (NdsOVG, NVwZ 1999, 89), Mobilfunkstationen (HessVGH, NVwZ 2000, 694; SächsOVG, BauR 1998, 1226; Roßnagel GK 33), Mülldeponien (unten Rn.14), Munitionslager (BVerfGE 77, 170/223 = NJW 1988, 1651), Öfen, Panzerübungsgelände (OVG NW, NVwZ 1989, 982), Parkplätze (OVG NW, NJW 2000, 2124; VGH BW, VBlBW 2000, 483; vgl. Rn.77 zu § 3), Radaranlagen (OVG RP, NVwZ 1987, 149), Recyclinganlagen, Rohrleitungsanlagen, Schießstätten (HessVGH, NJW 1986, 679), Schulhöfe (OVG RP, NVwZ 1990, 279), Schweinemästereien (bis zur Grenze der Nr.7.1 des Anh. zur 4. BImSchV), Schrottplätze (BVerwG, GewArch 1977, 386), Sendetürme (HessVGH, NVwZ 2000, 694; VGH BW, NVwZ 1997, 704), Skater-Anlagen (OVG RP, NVwZ 2000, 1190), Speditionen (OVG NW, DVBl 1979, 317 ff), Spielhallen (Seiler o. Lit. 121), Sportanlagen (BVerwGE 81, 197 = NJW 1989, 1291; 109, 246/249 = NVwZ 2000, 550; OVG Berlin, NVwZ-RR 1989, 126), Ställe (BVerwG, NVwZ 1987, 886; NdsOVG, NuR 2001, 101; BayVGH, NVwZ-RR 1990, 530), Steinbrüche, Tankstellen (VGH BW, NVwZ-RR 1989, 622), Straßenleuchten (vgl. BayVGH, UPR 1991, 237), Telefonzellen (VGH BW, NJW 1985, 2352 f), Toilettengebäude (OVG Berl, UL-ES § 22 Nr.58, 3), Verwaltungsgebäude (Rn.71 zu § 3), Volksfestplätze (Roßnagel GK 29), auch wenn sie nur zeitweise benutzt werden (vgl. Rn.74 zu § 3), Wärmepumpen (VGH BW, VBlBW 1989, 104), Warenlager, Waschkessel, Wasserkraftwerke (NdsOVG, NVwZ-RR 2004, 484), Wertstoffcontainer (HessVGH, NVwZ-RR 2000, 669; OVG NW, NVwZ 2001, 1181; OVG SH, NVwZ-RR 2001, 22), Windkraftanlagen (Rn.7 a zu § 3); Zirkus (BayVGH, NJW 1997, 1181). Weitere Beispiele im Anhang zur 4. BImSchV sowie in Rn.71, 74, 76 f zu § 3. Zu den öffentlichen Verkehrswegen und zu atomrechtlichen Anlagen unten Rn.14. Keine Anlagen sind in der Regel Gartengrundstücke sowie landwirtschaftliche Flächen (dazu Rn.77 zu § 3).

Zu den nicht genehmigungsbedürftigen Anlagen **beweglicher Art** gehören: Baumaschinen, wie Kräne, Kompressoren, Betonmisch- und -transportmaschinen, Radlager, Planierraupen, Bagger, Drucklufthämmer, Bohrmaschinen, Schweißapparate und sonstige Arbeitsgeräte (Henkel o. Lit. 38), Erntemaschinen, weiter Reststoff- bzw. Abfallsammelbehälter (VG Würzburg, NVwZ 1992, 507), Gartengrillgeräte (Feldhaus FE 19), Mobilfunkgeräte, Rasenmäher, Modellflugzeuge (Stollmann, NuR 1997, 480), Radio- und andere Tonwiedergabegeräte (OLG RP, GewArch 1976, 309; Schmidt § 3 Rn.60; diff. Seiler o. Lit. 43; Roßnagel GK 34). Erfasst werden technische Arbeitsmittel iSd § 2 Abs.2 GPSG sowie Haushalts-, Sport- und Spielgeräte, sofern man von einem Betreiben sprechen kann (dazu Rn.66 zu § 3; vgl. Feldhaus FE 17; einschr. Schmidt § 3 Rn.71), weshalb einfache Werkzeuge oder Spielzeuge ausgeklammert bleiben (dazu Rn.72 zu § 3). Zu den Fahrzeugen oben Rn.2. Wohnwagen werden erfasst, soweit es nicht um Verkehrsgeräusche geht (a. A. Schmatz/Nöthlichs 3). Nicht erfasst werden Musikinstrumente, wohl aber Verstärker etc. (Rn.72 zu § 3).

10

§ 22   Nicht genehmigungsbedürftige Anlagen

11   Der **Baustellenlärm** wird weithin von den §§ 22 ff geregelt (BayVGH, NVwZ-RR 2003, 271 f). Rechtliche Ansatzpunkte sind die auf Baustellen eingesetzten (beweglichen) Anlagen, insb. die Baumaschinen aller Art (OVG Berl, NVwZ 1996, 926; Bodanowitz, NJW 1997, 2351; Bethge/Meurers 61), häufig auch die Baustelle selbst (vgl. Rn.77 zu § 3; Feldhaus FE 2; Roßnagel GK 30). Der bei der Errichtung genehmigungsbedürftiger Anlagen entstehende Baulärm wird allerdings von den §§ 4 ff erfasst (str.; Rn.3 zu § 5).

II. Allgemeine Fragen der Grundpflichten

1. Bedeutung des § 22

12   Die Vorschrift des § 22 enthält die Grundpflichten für Errichtung und Betrieb nicht genehmigungsbedürftiger Anlagen. Die Pflichten gelten **unmittelbar** (BVerwGE 98, 235/247 = NVwZ 1996, 379; Porger KO 27; Hansmann LR 2). Sie sind nicht nur im Zeitpunkt der Errichtung und des Betriebsbeginns zu beachten, sondern solange die Anlage betrieben wird (BVerwG, DVBl 1988, 541; Hansmann LR 1; Feldhaus FE 3). Das bedeutet insb., dass eine Verschärfung der Anforderungen wegen einer Änderung der Sach- oder Rechtslage auch die **bestehenden Anlagen** trifft. Art.14 GG setzt insoweit kaum Grenzen (dazu unten Rn.41). Die Grundpflichten des § 22 Abs.1 besitzen somit (wie die des § 5) einen **dynamischen Charakter** (BVerwGE 109, 314/325 = NVwZ 2000, 1050; Porger KO 28; Roßnagel GK 13; Hansmann LR 1; vgl. Rn.2 zu § 5). § 22 enthält für nicht genehmigungsbedürftige Anlagen eine strukturell vergleichbare Regelung wie § 5 für die genehmigungsbedürftigen Anlagen.

2. Abgrenzung zu anderen Vorschriften

a) Bundesrecht

13   Was das Verhältnis des § 22 zu **anderen Vorschriften des BImSchG** angeht, so enthält § 5 eine vergleichbare, inhaltlich aber deutlich strengere Regelung für genehmigungsbedürftige Anlagen. Eine Überschneidung kann insoweit nicht auftreten, da § 22 für nicht genehmigungsbedürftige Anlagen gilt. Zur Wahl des Regimes der genehmigungsbedürftigen Anlagen in Sonderfällen Rn.13 f zu § 23. Der Erlass einer Rechtsverordnung gem. § 32 oder § 33 macht § 22 nicht unanwendbar (Hansmann LR Vorb.27 vor § 22; a.A. Hoppe/Beckmann/Kauch, § 21 Rn.168). Die Einhaltung einer solchen Rechtsverordnung hat lediglich eine gewisse Indizfunktion für die Beachtung der Vorgaben des § 22 (dazu Rn.7 zu § 32).

14   Für Vorschriften in **anderen Bundesgesetzen** ergibt sich aus § 22 Abs.2 sowie aus allgemeinen Prinzipien der Normenkonkurrenz, dass sonstiges Bundesrecht, das Anforderungen im Anwendungsbereich des Abs.1 stellt, verdrängt wird, sofern es nicht weitergehende Anforderungen

Pflichten der Betreiber § 22

enthält. Dies ist dann der Fall, wenn das sonstige Bundesrecht strengere oder gleichstrenge, aber konkretere Anforderungen festlegt (vgl. unten Rn.17). Für nach dem 1. 4. 1974 erlassene (förmliche) Bundesgesetze ist das allerdings nur eine Auslegungsregel, die durch eine eindeutige Aussage des späteren (förmlichen) Bundesrechts durchbrochen werden kann. Im Regelfall wird das spätere Bundesrecht das Anforderungsniveau des BImSchG aufnehmen und es bereichsspezifisch umsetzen (vgl. Roßnagel GK 159), wie das etwa für §§ 34f BauGB gilt (vgl. Roßnagel GK 161 ff). Zumeist wird daher sonstiges Bundesrecht nicht verdrängt und ist *kumulativ* neben § 22 anzuwenden (Hansmann Vorb.25 vor § 22; Porger KO 45). Andererseits wird auch § 22 nicht verdrängt, etwa bei nicht genehmigungsbedürftigen Abfallentsorgungsanlagen, also Deponien (Roßnagel GK 178), bei überwachungsbedürftigen Anlagen iSd § 2 Abs.7 GPSG (Roßnagel GK 176), etwa bei Dampfkesseln, Druckbehältern oder gar Hochdruckanlagen. Gleiches gilt für Gaststätten (Hansmann LR Vorb.28 vor § 22; iE BVerwGE 101, 157/162 = NVwZ 1997, 276). Das Ladenschlussgesetz lässt § 22 unberührt (OVG NW, UPR 2003, 231 f). Der *baurechtliche Bestandsschutz* schränkt § 22 nicht ein (BVerwGE 98, 235/247 NVwZ 1996, 379). Anlagen und Geräte, die dem *Atomrecht* unterliegen, werden von § 22 erfasst, soweit es nicht um die Gefahren der Kernenergie bzw. ionisierender Strahlen geht (Rn.22 zu § 2). Bei öffentlichen *Verkehrsanlagen* werden regelmäßig nur Nebenanlagen und Nebeneinrichtungen von § 22 erfasst (Rn.10f zu § 2, Rn.80 zu § 3).

b) Landesrecht

aa) Abs.2 sollte v. a. das Verhältnis des Abs.1 zum Landesrecht klarstellen. Was daraus folgt, ist gleichwohl umstritten. Nach der einen Auffassung lässt Abs.2 immissionsschutzrechtliche Regelungen des Landesrechts zu, wenn sie nur **weitreichendere Anforderungen als Abs.1** stellen (BayObLG, NJW 1997, 2395; OVG RP, NVwZ 1989, 275f; OVG NW, DVBl 1979, 318f; Hansmann LR 31f; Roßnagel GK 189; Pudenz, NuR 1991, 363ff), wie das der Wortlaut des Abs.2 nahelegt. Die Gegenauffassung lässt landesrechtliche Regelungen nur außerhalb des Anwendungsbereichs des Abs.1 (BayVGH, GewArch 1986, 70f; Seiler o. Lit. 127; Henkel o. Lit. 20ff) oder allein im Bereich des § 23 Abs.2 und des § 49 Abs.3 zu (VGH BW, DÖV 1997, 647). Dafür spricht die Regelung des § 23 Abs.2, die unter der ersten Auffassung keinen rechten Sinn hat. Der Widerspruch zwischen § 22 Abs.2 und § 23 Abs.2 dürfte aber entstehungsgeschichtlich bedingt sein, weil die Vorschrift des § 22 Abs.2 erst nachträglich eingefügt wurde (Kutscheidt, NVwZ 1983, 69f). Berücksichtigt man den Schutzzweck des § 1, sprechen die überwiegenden Gesichtspunkte im Sinne der ersten Auffassung dafür, in Abs.2 eine Klarstellung zu sehen, dass der Bundesgesetzgeber (im Hinblick auf strengere Anforderungen) keine abschließende Regelung getroffen hat. 15

bb) Abs.2 lässt ausdrücklich nur **„weitgehende"** Regelungen zu, d. h. Regelungen, die **strengere Anforderungen** als Abs.1 stellen (Engel- 16

§ 22 Nicht genehmigungsbedürftige Anlagen

hardt/Schlicht 2; Hansmann LR 33; Engler o. Lit. 79 ff). Unzulässig sind alle Regelungen des Landesrechts, die mildere Anforderungen festlegen. Da Abs.1 generell die Verhütung konkreter Gefahren verlangt (näher unten Rn.38), sind landesrechtliche Vorschriften nur dann möglich, wenn sie lediglich potentiell schädliche Umwelteinwirkungen betreffen, also in den Bereich der Vorsorge einzuordnen sind (vgl. unten Rn.22). Landesrecht ist darüber hinaus auch im Vorsorgebereich unzulässig, soweit durch Bundes-Rechtsverordnungen auf Grund des § 23 Abs.1 abschließende Regelungen getroffen wurden, was allerdings nur partiell der Fall ist (Rn.53 zu § 23).

16 a Die bloße Verordnungsermächtigung in § 23 schließlich stellt noch kein Gebrauchmachen dar (BVerwG, LKV 1991, 411; OLG Koblenz, GewArch 1976, 309 f; Scheuing GK Vorb.23 vor § 32; Böhm, DÖV 1998, 234 ff; a. A. Pestalozza, WiVerw 1984, 261 f). Verordnungsermächtigungen (von denen noch kein Gebrauch gemacht wurde) enthalten grundsätzlich keine abschließende Regelung, es sei denn, die Ermächtigung enthält Anhaltspunkte für eine solche Wirkung (vgl. etwa Oeter, in: v. Mangoldt/Klein/Starck, Bonner Grundgesetz, Bd.2, 4. Aufl. 2000, Art.72 Rn.25; Pieroth, WiVerw 1996, 75 f; Hoffmann JRW § 22 Rn.21; a. A. Degenhart, in: Sachs (Hg.), Grundgesetz, 2.Aufl. 1999, Art.72 Rn.19; Mann JRW § 7 Rn.21). Im Bereich des § 23 fehlen solche Anhaltspunkte. Die Rechtsverordnung selbst kann gleichwohl abschließenden Charakter haben.

17 Ob **gleich strenge, aber konkretere Vorschriften** als weitergehende Regelungen iSd Abs.2 einzustufen sind, lässt der Wortlaut offen. Im Hinblick auf den durch § 1 beeinflussten Zweck der Regelung wird man das bejahen müssen (Hansmann LR 33; Porger KO 47; Bodanowitz, NJW 1997, 2354 f; Pudenz, NuR 1991, 363; vgl. OVG NW, DVBl 1979, 319; a. A. Seiler o. Lit. 123), sofern die landesrechtlichen Regelungen deutlich präziser ausfallen. Das ist nicht der Fall, wenn für einen Teilbereich die Anforderungen des § 22 ohne nähere Präzisierung wiederholt werden. Dem wird etwa Art.11 Abs.3 BayImSchG nicht gerecht (i. E. BayVGH, GewArch 1986, 70 f). Dagegen dürften die dem Immissionsschutz dienenden Vorschriften der Landesbauordnungen diesen Anforderungen überwiegend gerecht werden.

18 cc) Endlich bleiben **allgemeine Ermächtigungen** zum Erlass von Rechtsvorschriften des Landesrechts (etwa des Polizei- oder Kommunalrechts) unberührt, auch soweit sie zu Regelungen genutzt werden, die dem Immissionsschutz dienen. Voraussetzung ist jedoch, dass sie die beschriebenen Anforderungen (oben Rn.16–17) beachten.

19 Parallel anzuwenden sind landesrechtliche Regelungen, die ihre Grundlage in anderen Vorschriften des BImSchG finden (etwa in §§ 23 Abs.2, 49 Abs.1) oder **vom BImSchG zugelassen** werden (§ 49 Abs.3). Unberührt bleiben natürlich auch landesrechtliche Regelungen **außerhalb des Anwendungsbereichs** des BImSchG (Roßnagel GK 191 f); vgl. dazu Einl. 49–51. Gleiches gilt für die Bekämpfung von Gefahren durch andere Einwirkungen als Emissionen bzw. Immissionen.

Pflichten der Betreiber § 22

dd) Soweit landesrechtliche Regelungen anwendbar sind, wird die 19a Anwendung des § 22 Abs.1 dadurch nicht eingeschränkt, auch wenn die landesrechtliche Regelung sehr detailliert ist. Bedeutung hat das etwa für die Landesbauordnungen (Porger KO 47).

3. Sachlicher Anwendungsbereich und Adressat

a) Sachlicher Anwendungsbereich

Die Pflichten des § 22 gelten für „nicht genehmigungsbedürftige Anla- 20 gen"; näher zum Kreis der damit erfassten Anlagen oben Rn.1–11. Für genehmigungsbedürftige Anlagen findet sich in § 5 eine entsprechende Vorschrift. Zu den Anlagen, die nicht im Rahmen wirtschaftlicher Unternehmungen Verwendung finden, unten Rn.24. Gegenstand der Pflichten sind nicht die Anlagen an sich, sondern deren Errichtung und Betrieb (vgl. dazu Rn.3 zu § 5). Erfasst werden alle durch Errichtung und Betrieb verursachten Auswirkungen, keineswegs nur die mit dem bestimmungsgemäßen Betrieb verbundenen Auswirkungen (oben Rn.7).

b) Adressat

Adressat der Grundpflichten ist der **Anlagenbetreiber,** worunter auch 21 der selbständige Errichter der Anlage fällt (Roßnagel GK 18); ausführlich zum Anlagenbetreiber Rn.81–84 zu § 3. Nicht erfasst wird der Hersteller (vgl. Rn.110 zu § 3). Die Grundpflichten binden nicht den bloßen Anlagenbenutzer, der nicht gleichzeitig Anlagenbetreiber ist, etwa den Besucher einer Sportstätte (oben Rn.6). Auch öffentliche Betreiber werden erfasst, unabhängig davon, ob die Anlage privatrechtlich oder öffentlichrechtlich betrieben wird (BVerwGE 117, 1/3 = NVwZ 2003, 346; Rn.15 zu § 2).

III. Schutz- bzw. Gefahrenabwehrpflicht nach Abs.1 S.1 Nr.1, 2

1. Die immissionsbezogene Grundpflicht als Schutz- bzw. Gefahrenabwehrpflicht

Die in § 22 Abs.1 geregelten Grundpflichten für nicht genehmigungs- 22 bedürftige Anlagen betreffen in S.1 Nr.1 und in S.1 Nr.2 schädliche Umwelteinwirkungen, also schädliche Immissionen (vgl. Rn.21 zu § 3). Das Verständnis dieser Vorschriften hängt wesentlich davon ab, ob man sie auf den Schutz vor schädlichen Umwelteinwirkungen iSd Gefahrenabwehr beschränkt oder auch die Vorsorge gegen solche Einwirkungen erfasst sieht. Der Vergleich mit § 5 Abs.1 zeigt, dass es in § 22 Abs.1 S.1 Nr.1, 2 allein um die Gefahrenabwehr geht (BVerwGE 108, 260/265 = NVwZ 1999, 651; BVerwG, NVwZ-RR 2000, 90; NdsOVG, NVwZ-RR 2002, 19; Wolf Rn.941; Koch GK § 4 Rn.193; Roßnagel GK 132; a.A. Hansmann LR 15; Kloepfer § 14 Rn.132). Dies gilt auch für die Nr.1. Der Stand der Technik wird nach dem klaren Wortlaut als Begrenzung ver-

§ 22   Nicht genehmigungsbedürftige Anlagen

wandt (Feldhaus FE 7). Des Weiteren hat die Nr.2 durchaus eine eigenständige Bedeutung; hier geht es um nichttechnische Maßnahmen sowie um die Unterlassung des Anlagenbetriebs (vgl. unten Rn.36f). Die Beschränkung des Abs.1 S.1 Nr.1, 2 auf die Gefahrenabwehr schließt im Übrigen emissionsbezogene Anforderungen in Verwaltungsvorschriften nicht aus. Sie können als Ersatz für praktisch nur schwer handhabbare Immissionsanforderungen stehen (vgl. Rn.57 zu § 48). Gleiches gilt für standardisierende Vorschriften, die iSd abstrakten Gefahrenabwehr einheitliche Anforderungen für Anlagen festlegen, unabhängig davon, ob in jedem Einzelfall eine konkrete Gefahr vorliegt (Bodanowitz, NJW 1997, 2353). Insgesamt ergibt sich aus Abs.1 S.1 Nr.1 und Abs.1 S.1 Nr.2 eine einheitliche Schutz- bzw. Gefahrenabwehrpflicht (zu den Begriffen Rn.6 zu § 5) für nicht genehmigungsbedürftige Anlagen. Vorsorgeanforderungen bestehen nicht; sie können allerdings durch eine Rechtsverordnung gem. § 23 festgelegt werden (dazu Rn.3 zu § 23). Zudem kann das Landesrecht Vorsorgeanforderungen festlegen, wie das etwa § 3 Abs.3 S.1 LImschG NW tut.

2. Verursachung von Emissionen und Immissionen

a) Emissionen der Anlage

23   **aa)** Die (der Gefahrenabwehr dienende) Schutzpflicht des Abs.1 S.1 Nr.1, 2 kann nur zum Tragen kommen, wenn Errichtung oder Betrieb der Anlage schädliche Umwelteinwirkungen iSd § 3 Abs.1 hervorrufen können. Das setzt zunächst voraus, dass von der Anlage Emissionen ausgehen. Das können Luftverunreinigungen sein; näher dazu, was darunter zu verstehen ist, Rn.2–4 zu § 3. Des Weiteren werden Geräusche erfasst; zu deren Abgrenzung Rn.5 zu § 3. Die Emissionen können zudem in Erschütterungen, Licht, Wärme oder Strahlen bestehen; zu diesen Erscheinungen Rn.6 zu § 3. Schließlich können die Emissionen in ähnlichen Erscheinungen bestehen; näher dazu Rn.7–10 zu § 3. Zu Grenzfällen in diesem Bereich vgl. insb. Rn.7 zu § 3. Sonstige Einwirkungen iSd zweiten Alternative des § 5 Abs.1 S.1 Nr.1 (dazu Rn.24–29 zu § 5) werden von § 22 nicht erfasst (Hansmann LR 12). *Störfallrisiken* fallen daher nur insoweit unter § 22, als sie zu Immissionen führen; durch Rechtsverordnung nach § 23 können allerdings weitergehende Anforderungen festgelegt werden (Rn.6 zu § 23).

24   Bei Anlagen, die **nicht** im Rahmen **wirtschaftlicher Unternehmungen** Verwendung finden, werden gem. Abs.1 S.3 wegen der begrenzten Bundeskompetenz (dazu Einl. 43) allein Luftverunreinigungen und Geräusche erfasst. Der Begriff der wirtschaftlichen Unternehmung ist sehr weit zu verstehen; näher Rn.28 zu § 4. Die Voraussetzungen sind immer erfüllt, wenn für die Leistungen der Einrichtung ein gewisses Entgelt erhoben wird. Praktische Bedeutung hat die Einschränkung im Wesentlichen bei bestimmten Anlagen, die ausschließlich der Wahrnehmung hoheitlicher Aufgaben dienen, etwa für die Straßenbeleuchtung (BayVGH,

Pflichten der Betreiber § 22

NJW 1991, 2661) oder für hoheitliche Radaranlagen (Porger KO 19). Gegen eine vorsichtige entsprechende Anwendung des § 22 auf Anlagen in nicht wirtschaftlichen Unternehmungen bestehen aber in der Regel keine Bedenken (vgl. BayVGH a. a. O.).

bb) Keine Rolle spielt, **von welchem Teil der Anlage** die Emissionen ausgehen, ob sie insb. von der Haupteinrichtung (dazu näher Rn.51–53 zu § 4) oder von Nebeneinrichtungen bzw. zugeordneten Tätigkeiten ausgehen (dazu Rn.54–59 zu § 4). Abzustellen ist auf die größtmögliche Nutzung der Anlage in tatsächlicher Hinsicht, unter Berücksichtigung eventueller rechtlicher Beschränkungen (vgl. dazu Rn.18 zu § 4). 25

Durch welche Umstände die Emissionen **ausgelöst** werden, ist grundsätzlich unerheblich. Schädliche Umweltwirkungen können durch Prozesse des Normalbetriebs wie durch Störfälle verursacht werden (vgl. oben Rn.23 und Rn.12 zu § 5). Des Weiteren werden neben den betriebsbedingten Gefahren auch extern ausgelöste Gefahren der Anlage erfasst; insoweit wird auf die Ausführungen in Rn.13 zu § 5 verwiesen. Insb. sind die von den Benutzern einer Anlage ausgehenden Immissionen zu berücksichtigen (VGH BW, UPR 1994, 279). Eine *missbräuchliche Nutzung* ist nur beachtlich, wenn die Anlage baulich oder technisch so gestaltet ist, dass die zweckwidrige Nutzung ohne weiteres möglich ist oder sich gerade in dem Missbrauch eine mit der Anlage geschaffene besondere Gefahrenlage ausdrückt (OVG Berl, UL-ES § 22 Nr.58, 5; Roßnagel GK 20; für volle Unbeachtlichkeit BayVGH, NVwZ 1995, 1033). Ähnliches gilt für die Nutzung unter Verstoß gegen eine Benutzungsordnung (vgl. VGH BW, UPR 1994, 279f). Zum Kraftfahrzeugverkehr Rn.59 zu § 4. Schließlich bezieht sich die Schutzpflicht in gewissem Umfang auf schädliche Umwelteinwirkungen in der Zukunft und dient damit der vorbeugenden Gefahrenabwehr. Insoweit gelten die Ausführungen in Rn.14 zu § 5 ganz entsprechend. 26

b) Mitverursachung von Immissionen

Durch die von der Anlage ausgehenden Emissionen müssen Immissionen mitverursacht werden. Zum Begriff der Immissionen wird auf die Ausführungen in Rn.15–19 zu § 3 verwiesen. Näher zur Mitverursachung und zur notwendigen Wahrscheinlichkeit der Mitverursachung Rn.15–17 zu § 5, § 47 Abs.4 S.1 sowie Nr.3.2.1 TA Lärm. 27

3. Schädlichkeit der Immissionen

a) Negative Effekte und Gesamtbelastung

Die Immissionen müssen nach der Legaldefinition der schädlichen Einwirkungen in § 3 Abs.1 geeignet sein, eine Gefahr, erhebliche Nachteile oder erhebliche Belästigungen herbeizuführen, da sie nur dann gem. § 3 Abs.1 als schädliche Umwelteinwirkungen eingestuft werden können (Rn.24 zu § 3). Mit **Gefahr** ist die hinreichende Wahrscheinlichkeit eines Schadens, d. h. einer **erheblichen Beeinträchtigung eines Rechtsguts** 28 gemeint (Rn.26 zu § 3). **Belästigungen** und **Nachteile** sind bereits bei Interessenbeeinträchtigungen gegeben (Rn.27f zu § 3).

29 Bei der Beurteilung der Frage, ob die Immissionen die negativen Effekte aufweisen, ist dem Immissionsbegriff entsprechend auf die **Gesamtbelastung** am Einwirkungsort abzustellen (vgl. Rn.19, 49f zu § 3). Die Beurteilung der Schädlichkeit kann sich also nicht auf die durch die Anlage allein verursachten Immissionen beschränken. Die Berücksichtigung der Gesamtbelastung muss allerdings nicht notwendig durch Bildung eines Summenpegels erfolgen (sehr großzügig allerdings BVerwG, UPR 2001, 353).

b) Hinreichende Wahrscheinlichkeit

30 Die negativen Effekte müssen mit hinreichender Wahrscheinlichkeit ausgelöst werden (NdsOVG, NuR 2001, 101); insoweit kann auf die Ausführungen in Rn.39–45 zu § 3 verwiesen werden.

c) Erheblichkeit

31 **aa)** Damit man von einer schädlichen Umwelteinwirkung sprechen kann, müssen die negativen Effekte erheblich sein (näher dazu Rn.46f zu § 3); die Pflicht dient der Abwehr von Gefahren im weiteren Sinne, nicht der Vorsorge (oben Rn.22). Dabei ist zwischen Gesundheitsschäden einerseits und sonstigen Schäden sowie Nachteilen und Belästigungen andererseits zu differenzieren: **Gesundheitsschäden** sind immer erheblich (näher Rn.51 zu § 3). Sie müssen daher auch bei den nicht genehmigungsbedürftigen Anlagen immer vermieden werden (BVerfGE 77, 170/224 = NJW 1988, 1651). Die Beschränkung der Pflicht auf ein Mindestmaß in Abs.1 Nr.2 (soweit der Stand der Technik eingehalten wird) ändert daran nichts (unten Rn. 38).

32 Demgegenüber ist bei **sonstigen Schäden, erheblichen Nachteilen** und **erheblichen Belästigungen** zu differenzieren: Für die Beurteilung der für den Begriff der schädlichen Umwelteinwirkung konstituierenden Erheblichkeitsschwelle kommt es auf Art, Ausmaß und Dauer der Immissionen an, wobei ein objektiver Maßstab anzulegen ist (Rn.52–54 zu § 3). Insb. ist bei seltenen Ereignissen eine höhere Belastung zumutbar (VGH BW, UL-ES § 22-103, 5). Weiterhin sind die Art des Gebiets, zT auch die Vorbelastungen zu berücksichtigen (dazu Rn.55–58 zu § 3; Roßnagel GK 150); dabei kann eine Mittel- oder Zwischenwertbildung notwendig sein (Rn.59 zu § 3). Im Einzelfall können zudem die Rechtswidrigkeit des Verhaltens des Betroffenen (dazu Rn.60 zu § 3) oder seine Einwilligung (dazu Rn.61 zu § 3) eine Rolle spielen. Führen Luftverunreinigungen zu Bodenveränderungen, liegen gem. § 3 Abs.3 BBodSchG schädliche Umwelteinwirkungen vor, wenn die Voraussetzungen schädlicher Bodenveränderungen iSd BBodSchG gegeben sind (vgl. Rn.28 zu § 5).

33 **bb)** Für die Erheblichkeit bzw. Schädlichkeit von Umweltbeeinträchtigungen kommt es auf die **Belastung des Verursachers** durch die Vermeidungsmaßnahmen nicht an; insoweit gelten die Ausführungen in

Pflichten der Betreiber § 22

Rn.22 zu § 5. Für die Erheblichkeit sind allein die Belastungen für den Betroffenen, für die Störungsintensität entscheidend (str., näher Rn.47, 63 zu § 3). Eine andere Frage ist, ob die Belastung des Verursachers im Rahmen der Beschränkung der Pflichten auf ein Mindestmaß von Relevanz ist, was aber nur für Belästigungen und Nachteile und nicht für Schäden praktische Bedeutung hat (unten Rn.38f). Soweit es um die nach dem Stand der Technik gebotenen Maßnahmen geht, ist allein die *objektive* Wirtschaftlichkeit bedeutsam (unten Rn.36).

Aus ähnlichen Gründen kommt es für die Erheblichkeit bzw. für die **34** Schädlichkeit von Umweltbeeinträchtigungen nicht auf den **Nutzen** der die Einwirkung verursachenden Anlage **für die Allgemeinheit** an (OVG NW, DVBl 1976, 790; Petersen, Schutz und Vorsorge, 1993, 89 ff; Jarass, JZ 1993, 603; Koch, in: ders., Schutz vor Lärm, 1990, 48 ff; Michler, Rechtsprobleme des Verkehrsimmissionsschutzes, 1993, 49; Classen, JZ 1993, 1047 ff). Die Zumutbarkeit stellt allein auf die Belastungen für den Betroffenen ab (BVerwG, UPR 1983, 27; Rn.47 zu § 3). Dementsprechend ist es ganz h.A., dass schädliche Umwelteinwirkungen im Bereich des § 5 Abs.1 S.1 Nr.1 strikt vermieden werden müssen (vgl. Rn.23 zu § 5). Bei den nicht genehmigungsbedürftigen Anlagen sieht die Rechtsprechung das teilweise anders (vgl. BVerwGE 79, 254/262 = NJW 1988, 2396; VGH BW, NVwZ-RR 1999, 569f; HessVGH, NVwZ-RR 1989, 176). Damit verliert das Merkmal der Erheblichkeit jegliche Konturen; zudem ergeben sich insb. im Bereich des § 5 Abs.1 Nr.1 nichtakzeptable Weiterungen. Schließlich wird übersehen, dass der Nutzen für die Allgemeinheit bei der Begrenzung auf ein Mindestmaß nach Abs.1 S.1 Nr.2 (im Bereich der Nachteile und Belästigungen) bedeutsam ist (Koch, NuR 1996, 279; unten Rn.39a).

4. Erforderliche Maßnahmen: Stand der Technik und Mindestmaß

a) Stand der Technik (Abs.1 S.1 Nr.1)

Schädliche Umwelteinwirkungen nicht genehmigungsbedürftiger Anla- **35** gen müssen gem. § 22 nicht strikt vermieden werden. Zunächst ist dieses Ziel gem. Abs.1 S.1 Nr.1 zu erreichen, soweit das durch den Einsatz von Maßnahmen möglich ist, die durch den Stand der Technik vorgegeben werden. Der in § 3 Abs.6 definierte Stand der Technik umfasst **Maßnahmen** der **Technologie** sowie der **Art und Weise,** wie die Anlage geplant, gebaut, gewartet und betrieben wird (Rn.101 zu § 3). Er erfasst damit auch Maßnahmen der Betriebsorganisation, soweit sie Auswirkungen auf den Anlagenbetrieb haben (BayVGH, NJW 1990, 2487; Roßnagel GK 124). Andererseits müssen die Maßnahmen für *Anlagen der fraglichen Art* bedeutsam sein (Rn.98 zu § 3), nicht nur für eine bestimmte Anlage im Hinblick auf deren besonderes Umfeld. Daher werden vielfach folgende Maßnahmen nicht Abs.1 S.1 Nr.1, sondern Abs.1 S.1 Nr.2 zugeordnet: Schallschutzwände (BayVGH, NVwZ-RR 2000, 274), ausreichende Schutzabstände (Nr.4.3 TA Lärm), zeitliche Beschränkungen (Nr.4.3 TA

Lärm), Vorkehrungen gegen eine übermäßige Lärmerzeugung durch Benutzer oder Maßnahmen hinsichtlich der An- und Abfahrtswege (vgl. § 3 der 18. BImSchV). Soweit aber solche Maßnahmen nicht nur im Einzelfall sachgerecht sind, können sie auch dem Stand der Technik zugerechnet werden. Nicht erfasst wird das Verlangen, die Anlage an einem anderen Ort zu betreiben (vgl. aber unten Rn.37).

36 Bei Maßnahmen des Standes der Technik geht es immer nur um Maßnahmen bei **gleicher Leistung** (Rn.104 zu § 3). Abs.1 S.1 Nr.1 deckt daher keine Vorgaben der Betriebseinschränkung und erst recht nicht ein völliges Betriebsverbot; insoweit muss auf Abs.1 S.1 Nr.2 zurückgegriffen werden (unten Rn.37). Weiter müssen die Maßnahmen für den Durchschnittsbetreiber (objektiv) **wirtschaftlich geeignet** sein (Rn.106f zu § 3). Dagegen kommt es nicht notwendig auf die Erprobung in einem Betrieb an (Rn.103 zu § 3; a.A. Porger KO 34).

b) Beschränkung auf ein Mindestmaß (Abs.1 S.1 Nr.2)

37 aa) Soweit schädliche Umwelteinwirkungen durch die Beachtung des Standes der Technik nicht vermieden werden können, sind sie gem. Abs.1 S.1 Nr.2 „auf ein Mindestmaß" zu beschränken. Es geht um ein „unter dem Gesichtspunkt des nachbarlichen Interessenausgleichs zumutbares Mindestmaß" (BVerwGE 81, 197/210 = NJW 1989, 1291). Abs.1 S.1 Nr.2 **kommt** daher insb. bei Maßnahmen **zum Tragen,** die nicht für Anlagen der fraglichen Art generell bedeutsam sind, sondern sich spezifisch auf die konkrete Einzelanlage beziehen. Weiter werden Maßnahmen erfasst, die zu einer Betriebseinschränkung oder gar zu einem *Betriebsverbot* führen (Hansmann LR 26; Porger KO 40; vgl. oben Rn.36). Lässt sich das gebotene Mindestmaß nicht einhalten, muss der Anlagenbetrieb unterlassen werden (Ohms Rn.147). Verlangt werden kann auch ein anderer Aufstellungsort (OVG RP, NJW 1986, 2781).

38 bb) Die Einschränkung auf ein **Mindestmaß** hat unterschiedliche Bedeutung, je nachdem, ob die schädlichen Umwelteinwirkungen in einer Gefahr oder in (bloßen) erheblichen Belästigungen bzw. Nachteilen bestehen. Im Falle einer **Gefahr,** also einer hinreichenden Wahrscheinlichkeit eines Schadens und damit einer erheblichen Beeinträchtigung eines Rechtsguts (Rn.26 zu § 3), muss Beachtung finden, dass das BImSchG schwerlich geringere Anforderungen als die polizeirechtliche Generalklausel stellt (ebenso Kutscheidt, NVwZ 1983, 67; Murswiek, JZ 1989, 241; Engler o. Lit. 130; ähnlich BVerwGE 55, 118/122 = NJW 1978, 1818). Das Mindestmaß ist daher immer überschritten, wenn die konkrete Gefahr einer erheblichen Beeinträchtigung eines Rechtsguts besteht, insb. des Lebens, der Gesundheit, Tieren, Pflanzen und anderen Sachwerten droht (Ohms Rn.146; Schmidt § 3 Rn.61; Roßnagel GK 115, 145), auch wenn das im Wortlaut nicht klar zum Ausdruck kommt. Ebenso wenig wie bei der polizeirechtlichen Generalklausel ist erforderlich, dass die Sachwerte bedeutend sind, wie dies in Anlehnung an § 25 Abs.2 vertreten wird (Sellner/Löwer, WiVerw 1980, 233; wohl auch Feldhaus FE 8).

Pflichten der Betreiber § 22

Diese verschärfte, über das allg. Polizeirecht hinausgehende Einschränkung ist im Rahmen des § 25 Abs.2 sinnvoll, weil dort eine *Sollens*verpflichtung zu behördlichem Eingreifen geregelt ist (vgl. Rn.18, 24 zu § 25), nicht aber bei § 22 (BVerwGE 81, 197/211 f = NJW 1989, 1291; Roßnagel GK 146). Im Übrigen ergeben sich schon daraus ausreichende Einschränkungen, dass eine Gefahr eine hinreichende Wahrscheinlichkeit einer *erheblichen* Beeinträchtigung eines *Rechtsguts* voraussetzt; dies führt insb. in Fällen der Einwilligung sowie bei herrenlosen Gütern zu Einschränkungen (Rn.61 f zu § 3).

Bei bloßen **Nachteilen** und **Belästigungen,** die ja unterhalb der polizeirechtlichen Gefahrenschwelle liegen (Rn.25 zu § 3), verlangt dagegen die Beschränkung auf das Mindestmaß eine **umfassende Abwägung** aller Faktoren (VGH BW, NVwZ-RR 1999, 569; Ohms Rn.146). Insb. ist der Aufwand für die Abwehrmaßnahmen und der Nutzen der die Immissionen erzeugenden Anlage für die Allgemeinheit zu berücksichtigen (Jarass, JZ 1993, 603f; Feldhaus FE 8; Roßnagel GK 148ff), zwei Faktoren, die erst hier und nicht schon bei der Abgrenzung erheblicher Umwelteinwirkungen bedeutsam sind (oben Rn.34). Daher entspricht diese im Einzelfall festzulegende Grenze nicht der Erheblichkeitsschwelle von Umwelteinwirkungen (Seiler o. Lit. 69f; Roßnagel GK 147; Engler o. Lit. 131; a.A. Kutscheidt, NVwZ 1983, 68); zur Erheblichkeitsschwelle insoweit Rn.63 zu § 3. Des Weiteren ist zu berücksichtigen, wenn die Emissionen mit einer grundrechtlich besonders geschützten Tätigkeit verbunden sind. Praktische Bedeutung hat die Abwägung etwa bei Kirchenglocken oder einer Feuersirene (unten Rn.43). Im Rahmen der Abwägung zu berücksichtigen sind auch passive Schutzmaßnahmen (vgl. BVerwGE 79, 254 = NJW 1988, 2396; wohl a.A. Roßnagel GK 112). **39**

c) Gemeinsamkeiten

Sowohl die Verpflichtung auf den Stand der Technik nach Abs.1 S.1 Nr.1 wie auf ein Mindestmaß nach Abs.1 S.1 Nr.2 verlangen nur den **Schutz** vor schädlichen Umwelteinwirkungen bzw. die Vermeidung von Gefahren; nicht erfasst wird die Vorsorge gegen schädliche Umwelteinwirkungen (oben Rn.22). Für die Auswahl der Maßnahmen zur Einhaltung der Grundpflicht sowie für eventuelle mittelbare bzw. **organisatorische** Schutzvorkehrungen gelten die Ausführungen in Rn.33f zu § 5. Für die Immissionskompensation wird auf Rn.35 f zu § 5 verwiesen. **40**

5. Verfassungsrechtliche und sonstige Grenzen

a) Verfassungsrechtliche Grenzen, insb. Bestandsschutz bei bestehenden Anlagen

§ 22 gilt in gleicher Weise für neue Anlagen wie für bestehende Anlagen, selbst wenn sie vor Inkrafttreten des BImSchG bestanden haben (Hansmann LR Vorb. 15 vor § 22). Die Vorschrift gewährt also keinen Bestandsschutz für bestehende Anlagen. Ein solcher Schutz kann sich je- **41**

§ 22 Nicht genehmigungsbedürftige Anlagen

doch aus dem Grundgesetz, vor allem aus Art.14 GG ergeben. § 22 stellt allerdings im Prinzip eine zulässige Konkretisierung der Sozialbindung dar, auch für bestehende Anlagen (Hansmann LR Vorb.15 vor § 22). Da es hier allein um Gefahrenabwehr geht (oben Rn.22) und zudem bei Nachteilen und Belästigungen eine Abwägung mit den Belastungen des Anlagenbetreibers von vornherein vorgeschrieben ist (oben Rn.39), wird der Grundsatz der Verhältnismäßigkeit in aller Regel beachtet (vgl. auch Rn.31–40 zu § 17). Darüber hinaus ist zu berücksichtigen, dass der Betroffene häufig die Herausbildung der gefährlichen Situation, etwa die Errichtung von Wohngebäuden in der Nachbarschaft des Betriebs, (möglicherweise) verhindern kann (näher dazu Rn.4 zu § 17). Unterlässt er dies, geht das zu seinen Lasten (Fröhler/Kormann, WiVerw 1978, 259 f). Dieses Ergebnis erfährt auch dann keine Einschränkung, wenn die (nach dem BImSchG nicht genehmigungsbedürftige) Anlage eine bauliche Anlage darstellt und also den *baurechtlichen* Bestandsschutz solcher Anlagen genießt, sofern sie zu irgendeinem Zeitpunkt rechtmäßig war (Sendler, WiVerw 1993, 274). Dieser Bestandsschutz ist für den Bereich des Immissionsschutzes durch die §§ 22 bis 25 eingeschränkt (dazu Rn.17 zu § 24).

b) Weitere Einschränkungen?

42 Im Bereich des § 41 Abs.2 müssen erhebliche Beeinträchtigungen in gewissem Umfang im öffentlichen Interesse hingenommen werden (dazu Rn.49 ff zu § 41); Gleiches gilt im Rahmen des § 906 Abs.2 S.1 BGB und des § 74 Abs.2 S.3 VwVfG. Ob das im Wege einer Analogie auf andere Fälle erstreckt werden kann (so BVerwGE 79, 254/262 f = NJW 1988, 2396; 81, 197/200 = NJW 1989, 1291; BayVGH, NJW 1990, 2486 f; Schlotterbeck, NJW 1991, 2677), ist angesichts des gesetzgeberischen Schweigens sehr zweifelhaft. Jedenfalls besteht dann ein finanzieller **Ausgleichsanspruch**, wie das in den Vergleichsregelungen der Fall ist. Da der Anspruch in den Vergleichsregelungen überwiegend nicht auf Maßnahmen des passiven Schallschutzes beschränkt ist, kann dies im Rahmen der Gesamtanalogie nicht anders sein (a. A. BayVGH, NVwZ-RR 1992, 235 f).

6. Einzelfälle

43 Zulässig ist regelmäßig das kirchliche Glockengeläut, auch wenn es zu erheblichen Belästigungen führt (BVerwGE 68, 62/67 ff = NJW 1984, 989; BVerwG, NVwZ 1997, 390 f; NdsOVG, NVwZ 1991, 801); doch ist ein Geldausgleich geboten (BayVGH, BayVBl 2003, 242 f). Ähnliches gilt für eine Feuersirene (BVerwGE 79, 254/260 = NJW 1988, 2396; BayVGH, NVwZ-RR 1992, 234), nicht jedoch für eine Kirchturmuhr (BVerwGE 90, 163/166 f = NJW 1992, 2779). Bei Windkraftanlagen soll ein Abstand von 950 m zu Wohnhäusern erforderlich sein (OVG NW, ZUR 1998, 91; zur Anwendung der TA Lärm auf Windenergieanlagen Rn.10 zu § 48. Kinderlärm ist idR auch dann zulässig, wenn Lärmgrenzwerte überschritten werden (VGH BW, NVwZ 1990, 988 ff; BayVGH, NVwZ 1989, 271). Bei Bolzplätzen ist (im Bereich von Belästigungen) ei-

Pflichten der Betreiber § 22

ne wertende Betrachtung geboten (VGH BW, NVwZ 2002, 644f); zudem liefert die 18. BImSchV Orientierungspunkte (Rn.24 zu § 23). Zu Anforderungen an offene Kamine OVG RP, NVwZ 1992, 280f. Für Sportlärm gilt kein generell milderer Maßstab (BVerwGE 81, 197 = NJW 1989, 1291; Hagen, NVwZ 1991, 819). Vgl. auch die Nachweise zu den Einzelfällen nicht genehmigungsbedürftiger Anlagen oben in Rn.9f sowie die Nachweise zur Konkretisierung des § 22 unten in Rn.44–49.

7. Konkretisierung

a) Luftverunreinigungen

Konkrete Anforderungen im Bereich der Luftverunreinigungen, die **44** über die Vorgaben des § 22 hinausgehen können (Rn.3 zu § 23), wurden in **Rechtsverordnungen** festgelegt: Für kleine und mittlere Feuerungsanlagen (dazu Rn.22f zu § 23), für leichtflüchtige halogenisierte organische Verbindungen (dazu Rn.41f zu § 23), für Holzstaub (dazu Rn.24f zu § 23), für Kohlenwasserstoffemissionen beim Umfüllen und Lagern von Ottokraftstoffen (dazu Rn.44 zu § 23) und für die Betankung von Kraftfahrzeugen (dazu Rn.30f zu § 23), für Anlagen zur Feuerbestattung (dazu Rn.34f zu § 23) und für Anlagen, in denen organische Lösemittel verwandt werden (Rn.46f zu § 23). Zur Frage, wieweit diese Vorschriften abschließenden Charakter haben, Rn.53 zu § 23. Zudem sind die Anforderungen der 22. BImSchV zu beachten (Roßnagel GK 62); vgl. Rn.38 zu § 5. Indirekte Anhaltspunkte lassen sich der VO über Emissionsgrenzwerte für Verbrennungsmotoren (dazu Rn.11f zu § 37) entnehmen. Für Bodenverunreinigungen ist § 3 Abs.3 S.1 BBodSchG bedeutsam (oben Rn.32).

Soweit keine der Rechtsverordnungen Vorgaben enthält, ist die **TA** **45** **Luft** (näher zum Inhalt dieser Verwaltungsvorschrift Rn.28–37 zu § 48) in gewissem Umfang einschlägig (Rn.28f zu § 48); zur rechtlichen Bedeutung der TA Luft Rn.41–54 zu § 48. Vgl. auch die sonstigen Konkretisierungen im Bereich der genehmigungsbedürftigen Anlagen in Rn.39 zu § 5. Zur Feststellung und Bewertung von **Gerüchen** ist die Geruchsimmissions-Richtlinie des LAI (abgedr. bei LR 4.2) sinngemäß heranzuziehen; zudem kann eine Mittel- bzw. Zwischenwertbildung notwendig sein (Rn.59 zu § 3). Speziell für die Gerüche von Schweinemastbetrieben kann die VDI-Richtlinie 3471 „Emissionsminderung – Tierhaltung" zur Anwendung kommen (BVerwG, UL-ES § 3–119; BayVGH, BayVBl 1994, 79; Nds-OVG, UL-ES § 3–128, 4; Funk, BayVBl 1994, 225ff), für die Hühnerhaltung die VDI-Richtlinie 3472 (NdsOVG, NVwZ-RR 2000, 91).

b) Lärm

Konkrete Anforderungen im Bereich des Lärms, die über die Vorgaben **46** des § 22 hinausgehen können (Rn.3 zu § 22), wurden in **Rechtsverordnungen** festgelegt: für Geräte und Maschinen (Rn.13f zu § 37) und für Sportanlagen (dazu Rn.26f zu § 23). Zur Frage, wieweit diese Vorschriften abschließenden Charakter haben, Rn.53 zu § 23.

§ 22 Nicht genehmigungsbedürftige Anlagen

47 Greift keine der Rechtsverordnungen, wird die Schutz- und Abwehrpflicht im Bereich des Lärms durch die Regelung der Nr.4 der **TA Lärm** konkretisiert, v.a. soweit die Anlage einer öffentlich-rechtlichen Zulassung nach anderen Gesetzen bedarf (vgl. Nr.4.2 der TA Lärm). Näher zur TA Lärm Rn.13–23 zu § 48; zu ihrer rechtlichen Bedeutung Rn.41–54 zu § 48. Auf eine Reihe von Anlagen ist allerdings die TA Lärm nicht direkt anwendbar (Rn.15 zu § 48). Weitere Anhaltspunkte für die Beurteilung von *Freizeitlärm* lassen sich den Empfehlungen des LAI vom 8. 5. 1987 (NVwZ 1988, 135 ff) entnehmen (BVerwGE 88, 143/148 f = NVwZ 1991, 884; BVerwG, NVwZ 2001, 116; NdsOVG, NJW 1995, 901; näher dazu Ohms Rn.204 ff). Dies gilt auch für kommunale Einrichtungen, die überwiegend zur Freizeitgestaltung genutzt werden (VGH BW, UPR 2003, 77 f).

c) Erschütterungen, Lichtimmissionen, elektromagnetische Felder

48 Für **Erschütterungen** wird auf die Ausführungen in Rn.41 zu § 5 verwiesen. Die Anwendung der DIN-Norm 4150 „Erschütterungen im Bauwesen" wurde abgelehnt (OVG NW, UPR 1982, 274; a.A. Roßnagel GK 94). Für **Lichtimmissionen** finden sich Anhaltspunkte in der Licht-Richtlinie des LAI (Rn.6 zu § 3). Für die Frage der Zumutbarkeit kommt es nicht nur auf die Lichtstärke, sondern entscheidend auf die Blendwirkung an (OVG Lüneb, NVwZ 1994, 714; Hansmann LR 13 d; vgl. Rn.41 zu § 5). Für **elektromagnetische Felder** enthält die 26. BImSchV im Rahmen ihres Anwendungsbereichs eine ausreichende Konkretisierung der Anforderungen des § 22 (VGH BW, NVwZ-RR 2003, 27; OVG RP, NVwZ-RR 2002, 17; NdsOVG, NVwZ 2001, 457; Hansmann LR 13 e); zu dieser Verordnung Rn.32 f zu § 23. Zudem werden die Grenzwertempfehlungen der Strahlenschutzkommission herangezogen (BVerwG, NVwZ 1996, 1024 f; VGH BW, NVwZ 1997, 704 f).

d) Störfälle

49 Im Hinblick auf Störfälle ist die Störfall-Verordnung bedeutsam, die nicht auf genehmigungsbedürftige Anlagen beschränkt ist (Rn.30 zu § 7). Näher zu dieser Verordnung Rn.28–31 zu § 7. Des Weiteren finden sich Konkretisierungen in § 13 der 30. BImSchV; zu dieser Verordnung Rn.38 f zu § 7.

50–54 (unbesetzt)

IV. Abfallpflichten

1. Pflicht zur Abfallbeseitigung (Abs.1 S.1 Nr.3)

a) Bedeutung und Abgrenzung zu anderen Vorschriften

55 § 22 Abs.1 S.1 Nr.3 hat die Aufgabe, sicherzustellen, dass die beim Betrieb einer nicht genehmigungsbedürftigen Anlage entstehenden Abfälle ordnungsgemäß entsorgt werden und darauf bereits bei der Errichtung und während des Betriebs der Anlage Rücksicht genommen wird. Die Vorschrift steht damit in Parallele zu § 5 Abs.1 S.1 Nr.3. Anders als diese

Pflichten der Betreiber § 22

Regelung enthält sie aber kein Gebot der Vermeidung oder Verwertung von Abfällen (unten Rn.58).

b) Gegenstand

Abs.1 S.1 Nr.3 gilt für **Abfälle**. Der dabei zugrunde gelegte Abfallbegriff ist seit Einfügung des § 22 Abs.1 S.2 grundsätzlich der des Kreislaufwirtschafts- und Abfallgesetzes, ohne dass die Einschränkungen des § 2 Abs.2 KrW-/AbfG greifen (Porger KO 43). Im Einzelnen kommt daher der in Rn.74–77 zu § 5 beschriebene Abfallbegriff zum Tragen. Erfasst werden bewegliche Sachen, derer sich der Anlagenbetreiber entledigt, entledigen will oder entledigen muss. Wie bei § 5 Abs.1 S.1 Nr.3 (dazu Rn.77 zu § 5) werden feste, flüssige und gasförmige Abfälle beliebiger Art erfasst und damit nicht nur Abfälle iSd KrW-/AbfG (Hansmann LR 27; Roßnagel GK 153); die Beschränkung des Anwendungsbereichs des KrW-/AbfG durch § 2 Abs.2 KrW-/AbfG kommt (auch) hier nicht zum Tragen. 56

c) Anforderungen

Abs.1 S.1 Nr.3 verlangt, rechtzeitig, in der Regel also bereits während der Errichtung und des Betriebs der Anlage, die Voraussetzungen für eine ordnungsgemäße Beseitigung der Abfälle zu schaffen (Roßnagel GK 156; Hansmann LR 29). Die Beseitigung selbst (insb. die Anforderungen an ihre Ordnungsmäßigkeit) wird durch die einschlägigen Spezialgesetze geregelt (Roßnagel GK 154), v. a. also durch die Regelungen des Abfall- und des Abwasserbeseitigungsrechts, auch des Düngemittelgesetzes (OVG Lüneb, NuR 2003, 307). Dazu kommen die Vorschriften des Tierkörperbeseitigungsgesetzes, des Fleischbeschaugesetzes, des Tierseuchengesetzes und die Vorschriften des Bergrechts. 57

Abs.1 S.1 Nr.3 schreibt weder eine **Vermeidung** noch eine **Verwertung** von Abfällen vor (VGH BW, NVwZ 1994, 920; Porger KO 42; strenger Hansmann LR 29). Soweit andere Vorschriften Vorgaben zur Vermeidung oder Verwertung von Abfällen enthalten, steht dem Abs.1 S.1 Nr.3 nicht entgegen. Auch § 9 KrW-/AbfG dürfte einer Anwendung der Vorgaben des KrW-/AbfG zur Vermeidung und Verwertung nicht entgegenstehen (BT-Drs. 12/7284, S.15; Rebentisch JRW § 9 Rn.64; Paetow KPV § 9 Rn.11), da der dort statuierte Vorrang des Immissionsschutzrechts nur da zum Tragen kommt, wo das Immissionsschutzrecht sachliche Regelungen enthält. Dies ist bei nicht genehmigungsbedürftigen Anlagen weder hinsichtlich der Abfallvermeidung noch hinsichtlich der Abfallverwertung der Fall. Anders stellt sich die Situation erst dar, wenn und soweit eine Rechtsverordnung nach Abs.1 S.2 erlassen wird, was bislang nicht geschehen ist (unten Rn.62). 58

2. Ermächtigung zu Rechtsverordnungen über Abfallvermeidung und Abfallverwertung

aa) Die Ermächtigung des Abs.1 S.2 wurde durch die Abfallrechtsreform von 1994 (Einl.2 Nr.23) eingefügt. Sie soll Vorschriften zur Abfall- 59

§ 22 Nicht genehmigungsbedürftige Anlagen

vermeidung und Abfallverwertung auch im Bereich der nicht genehmigungsbedürftigen Anlagen ermöglichen. Systematisch wäre die Vorschrift besser in § 23 untergebracht. Landesrecht wird durch die bloße Verordnungsermächtigung nicht ausgeschlossen (oben Rn.16a).

60 **bb)** Was die **betroffenen Anlagen** und den **persönlichen** Anwendungsbereich angeht, gelten die Ausführungen in Rn.2 zu § 23. **Gegenständlich** kann eine auf Abs.1 S.2 gestützte Rechtsverordnung die in § 5 Abs.1 S.1 Nr.3 niedergelegten Anforderungen zur Abfallvermeidung und Abfallverwertung, bei bestimmten (nicht genehmigungsbedürftigen) Anlagen zur Anwendung kommen lassen. Zum dabei zugrunde gelegten Abfallbegriff oben Rn.56. Was die sachlichen Anforderungen betrifft, gelten die Ausführungen in Rn.78–91a zu § 5. Voraussetzung für den Erlass einer Rechtsverordnung ist, dass bei den betreffenden Anlagen auf Grund der Art oder Menge aller oder einzelner Abfälle im Hinblick auf das mit § 5 Abs.1 S.1 Nr.3 verfolgte Regelungsziel (dazu Rn.72 zu § 5), das auch den Regelungszweck des § 22 Abs.1 S.2 bildet, eine Anwendung der genannten Anforderungen geboten ist. Der Verordnungsgeber besitzt insoweit einen weiten Spielraum. Darüber hinaus kann er sich darauf beschränken, einen *Teil* der in § 5 Abs.1 S.1 Nr.3 enthaltenen Anforderungen zur Abfallvermeidung und Abfallverwertung zur Anwendung zu bringen.

61 Was die **formellen Voraussetzungen** für den Erlass einer Rechtsverordnung betrifft, gelten die Ausführungen in Rn.10 zu § 4.

62 **cc)** Bislang wurde **keine Rechtsverordnung** auf Grund von Abs.1 S.2 erlassen. Die Durchsetzung des Abs.1 S.1 wird dadurch nicht behindert (Sendler, UPR 2002, 282f). Wird eine solche Rechtsverordnung erlassen, gelten für den abschließenden Charakter die Ausführungen in Rn.53 zu § 23. Zum Verhältnis zum Abfallrecht oben Rn.58. Für die Durchsetzung und den Rechtsschutz wird auf die Ausführungen in Rn.54–58 zu § 23 verwiesen. Der Verstoß gegen die Rechtsverordnung stellt keine Ordnungswidrigkeit dar.

63–66 (unbesetzt)

V. Durchsetzung, Sanktionen und Rechtsschutz

1. Durchsetzung und Sanktionen

67 Zur Durchsetzung der Pflichten des § 22 Abs.1 kann die zuständige Behörde gem. § 24 Anordnungen erlassen und diese ggf. vollstrecken (dazu Rn.29–32 zu § 62). Wird der Anordnung nicht Folge geleistet, ist gem. § 25 Abs.1 eine Untersagung möglich. Unter den Voraussetzungen des § 25 Abs.2 kann der Betrieb auch sofort untersagt werden. Im Störfallbereich kommt sofort eine Untersagung nach § 25 Abs.1a in Betracht. Der Verstoß gegen § 22 Abs.1 stellt keine Ordnungswidrigkeit dar (Porger KO 28). Auch § 324a bis § 330 StGB sind nicht anwendbar (Feldhaus FE 10; Roßnagel GK 16); § 22 ist dafür zu unbestimmt (Amtl. Begr., BT-Drs.7/179, 38).

Pflichten der Betreiber § 22

Soweit die (nach dem BImSchG genehmigungsfreien) Anlagen **nach** 68 **anderen Gesetzen genehmigungspflichtig** sind und der Genehmigungsmaßstab auch die Immissionsschutzvorschriften erfasst, müssen jeweils die Voraussetzungen des § 22 geprüft werden (BVerwGE 74, 315/322 = NJW 1987, 1713; 109, 314/319; HessVGH, UPR 1986, 355; Hansmann LR 36); vgl. auch Nr.4.2 TA Lärm. So darf eine Baugenehmigung vielfach nur erteilt werden, wenn die Voraussetzungen des § 22 erfüllt sind (OVG NW, NJW 1977, 643; Amtl. Begr., BT-Drs. 7/179, 39) und zwar in vollem Umfang (Roßnagel GK 162). Abzulehnen ist die Auffassung, dass für die Standortwahl die Einschränkungen des § 25 Abs.2 zu beachten sind (so HessVGH, ESVGH 27, 230 f). Weiter ist § 22 bei einer gaststättenrechtlichen Sperrzeitfestsetzung zu beachten (BVerwGE 101, 157/161 = NVwZ 1997, 276).

2. Rechtsschutz

Für den Rechtsschutz der Nachbarn ist wichtig, dass die (auf Gefahren- 69 abwehr ausgerichteten) Pflichten des **Abs.1 S.1 Nr.1** und **Abs.1 S.1 Nr.2** ihrem Schutze dienen (BVerwGE 74, 315/327 = NJW 1987, 1713; 79, 254/257 = NJW 1988, 2396; 101, 157/164 = NVwZ 1997, 276; OVG Hamburg, NVwZ 1990, 379; Nds OVG, NVwZ-RR 1994, 556; Feldhaus FE 10; etwas anders Sellner/Löwer, WiVerw 1980, 241 f). Daher können Nachbarn Baugenehmigungen etc. wegen Verstoßes gegen § 22 Abs.1 Nr.1, 2 angreifen. Zudem können sie eine Anordnung zur Korrektur solcher Verstöße verlangen (OVG NW, NVwZ 1991, 901). Die Anordnung steht allerdings meist im Ermessen der Behörde. Die Vorschrift des **Abs.1 S.1 Nr.3** besteht dagegen allein im öffentlichen Interesse, hat also keinen drittschützenden Charakter (Hansmann LR 4; Porger KO 53).

Im Hinblick auf **hoheitlich verursachte Immissionen** verleiht § 22, 70 ebenso wie § 5, keinen Anspruch gegen den Anlagenbetreiber auf Einhaltung der Vorschrift (BVerwGE 79, 254/256 f = NJW 1988, 2396; OVG Lüneb, NVwZ 1991, 801; Hansmann LR 3; a.A. Seiler o. Lit. 94 f). Grundlage eines solchen Unterlassungsanspruchs ist allein ein öffentlich-rechtlicher Abwehranspruch (dazu BVerwGE 79, 254/257 = NJW 1988, 2396; Sachs, NVwZ 1988, 128 f; Engler o. Lit. 30 ff). Dieser Anspruch kommt allerdings immer zum Tragen, wenn § 22 (oder sonstiges Immissionsschutzrecht) nicht eingehalten wird (BVerwGE 79, 254/256 = NJW 1988, 2396; Nds OVG, NJW 1995, 900; OVG Brem, NVwZ-RR 1993, 469; BayVGH, NVwZ 1993, 1006; OVG RP, NVwZ 2000, 1190; Hansmann LR 3). Zuständig für Rechtsstreitigkeiten sind die Verwaltungsgerichte. Dies gilt auch beim Glockenläuten einer öffentlich-rechtlichen Religionsgesellschaft (OLG Frankfurt, DVBl 1985, 861 f; Laubinger, VerwArch 1992, 635 ff), nicht jedoch für das Zeitschlagen einer Kirchturmuhr (BVerwG, DVBl 1994, 762 f).

Gegenüber **privat verursachten Immissionen** verleiht § 22 erst recht 71 keinen Anspruch direkt gegen den Anlagenbetreiber. Rechtsgrundlage

§ 23   Nicht genehmigungsbedürftige Anlagen

sind insoweit privatrechtliche Normen, deren Reichweite allerdings durch § 22 beeinflusst wird. Insb. stellt § 22 Abs.1 S.1 Nr.1 und Nr.2 ein Schutzgesetz iSd § 823 Abs.2 BGB dar (Hansmann LR 5), jedenfalls wenn die Anforderung durch Verwaltungsakt konkretisiert worden ist (BGHZ 122, 1/4 ff = NJW 1993, 1580; BGH, NJW 1997, 55; Rn.126 zu § 5). Dementsprechend können Nachbarn die Einhaltung einer dem Immissionsschutz dienenden Auflage zur Baugenehmigung erzwingen, unabhängig davon, welche konkreten Emissionen auftreten (BGH, DVBl 1997, 425). Streitigkeiten gehen zu den Zivilgerichten (näher Schmitz, NVwZ 1991, 1127).

§ 23 Anforderungen an die Errichtung, die Beschaffenheit und den Betrieb nicht genehmigungsbedürftiger Anlagen

(1) Die Bundesregierung wird ermächtigt, nach Anhörung der beteiligten Kreise (§ 51) durch Rechtsverordnung mit Zustimmung des Bundesrates[17] vorzuschreiben, dass die Errichtung, die Beschaffenheit und der Betrieb nicht genehmigungsbedürftiger Anlagen[2] bestimmten Anforderungen zum Schutz der Allgemeinheit und der Nachbarschaft vor schädlichen Umwelteinwirkungen und, soweit diese Anlagen gewerblichen Zwecken dienen oder im Rahmen wirtschaftlicher Unternehmungen Verwendung finden und Betriebsbereiche oder Bestandteile von Betriebsbereichen sind, vor sonstigen Gefahren zur Verhütung schwerer Unfälle im Sinne des Artikels 3 Nr.5 der Richtlinie 96/82/EG und zur Begrenzung der Auswirkungen derartiger Unfälle für Mensch und Umwelt[6] sowie zur Vorsorge gegen schädliche Umwelteinwirkungen genügen müssen,[3] insbesondere dass

1. **die Anlagen bestimmten technischen Anforderungen entsprechen müssen,[8]**
2. **die von Anlagen ausgehenden Emissionen bestimmte Grenzwerte nicht überschreiten dürfen,[8]**
3. **die Betreiber von Anlagen Messungen von Emissionen und Immissionen nach in der Rechtsverordnung näher zu bestimmenden Verfahren vorzunehmen haben oder von einer in der Rechtsverordnung zu bestimmenden Stelle vornehmen lassen müssen,[8]**
4. **die Betreiber bestimmter Anlagen der zuständigen Behörde unverzüglich die Inbetriebnahme oder eine Änderung einer Anlage, die für die Erfüllung von in der Rechtsverordnung vorgeschriebenen Pflichten von Bedeutung sein kann, anzuzeigen haben,[9]**
4 a. **die Betreiber von Anlagen, die Betriebsbereiche oder Bestandteile von Betriebsbereichen sind, innerhalb einer angemessenen Frist vor Errichtung, vor Inbetriebnahme oder vor einer Änderung dieser Anlagen, die für die Erfüllung von in der Rechtsverordnung vorgeschriebenen Pflichten von Bedeutung sein kann, dies der zuständigen Behörde anzuzeigen haben[9a] und**

Anforderungen an Errichtung, Beschaffenheit und Betrieb § 23

5. bestimmte Anlagen nur betrieben werden dürfen, nachdem die Bescheinigung eines von der nach Landesrecht zuständigen Behörde bekanntgegebenen Sachverständigen vorgelegt worden ist, dass die Anlage den Anforderungen der Rechtsverordnung oder einer Bauartzulassung nach § 33 entspricht.[10]

In der Rechtsverordnung nach Satz 1 können auch die Anforderungen bestimmt werden, denen Sachverständige hinsichtlich ihrer Fachkunde, Zuverlässigkeit und gerätetechnischen Ausstattung genügen müssen.[10] Wegen der Anforderungen nach Satz 1 Nr.1 bis 3 gilt § 7 Abs.5 entsprechend.[17]

(1 a) Für bestimmte nicht genehmigungsbedürftige Anlagen kann durch Rechtsverordnung nach Absatz 1 vorgeschrieben werden, dass auf Antrag des Trägers des Vorhabens ein Verfahren zur Erteilung einer Genehmigung nach § 4 Abs.1 Satz 1 in Verbindung mit § 6 durchzuführen ist.[13] Im Falle eines Antrags nach Satz 1 sind für die betroffene Anlage an Stelle der für nicht genehmigungsbedürftige Anlagen geltenden Vorschriften die Vorschriften über genehmigungsbedürftige Anlagen anzuwenden.[14] Für das Verfahren gilt § 19 Abs.2 und 3 entsprechend.

(2) Soweit die Bundesregierung von der Ermächtigung keinen Gebrauch macht, sind die Landesregierungen ermächtigt, durch Rechtsverordnung Vorschriften im Sinne des Absatzes 1 zu erlassen.[60] Die Landesregierungen können die Ermächtigung auf eine oder mehrere oberste Landesbehörden übertragen.[60]

Übersicht

I. Ermächtigung zum Erlass von Bundes-Rechtsverordnungen 1
  1. Bedeutung, Abgrenzung zu anderen Vorschriften, EG-Recht 1
  2. Sachlicher und persönlicher Anwendungsbereich 2
  3. Regelungszweck 3
    a) Immissionsschutz 3
    b) Schutz vor schweren Unfällen (Störfällen) 6
  4. Regelungsgegenstände 7
    a) Allgemeines 7
    b) Explizit genannte Fälle 8
    c) Ausnahmen und Anordnungen 11
    d) Durchführung eines Genehmigungsverfahrens 13
  5. Verhältnismäßigkeit, insb. bei bestehenden Anlagen 15
  6. Spielraum 16
  7. Formelle Voraussetzungen 17
II. Erlassene Bundes-Rechtsverordnungen und ihre Behandlung 22
  1. Rechtsverordnungen allein für nicht genehmigungsbedürftige Anlagen 22
    a) Verordnung über kleine und mittlere Feuerungsanlagen (1. BImSchV) 22
    b) Verordnung zum Holzstaub (7. BImschV) 24

c) Sportanlagenlärmschutzverordnung (18. BImSchV) 26
d) Verordnung zur Betankung von Kraftfahrzeugen
   (21. BImSchV) 30
e) Verordnung über elektromagnetische Felder
   (26. BImSchV) 32
f) Verordnung über Anlagen zur Feuerbestattung
   (27. BImSchV) 34
2. Rechtsverordnungen für genehmigungsbedürftige wie
   für nicht genehmigungsbedürftige Anlagen 40
   a) Verordnung über leichtflüchtige halogenierte organische Verbindungen (2. BImSchV) 41
   b) Störfall-Verordnung (12. BImSchV) 43
   c) Verordnung zum Umfüllen und Lagern von Ottokraftstoffen (20. BImSchV) 44
   d) Verordnung zur Verwendung organischer Lösemittel
      (31. BImSchV) 46
3. Weitere auf § 23 gestützte Verordnungen 48
4. Wirkung, Durchsetzung, Rechtsschutz 53
   a) Abschließende Wirkung 53
   b) Durchsetzung und Sanktionen 54
   c) Rechtsschutz 57
III. Landes-Rechtsverordnungen (Abs.2) 60

Literatur: *Rebentisch,* Die immissionsschutzrechtliche Genehmigung „im Angebot", in: Festschrift für Feldhaus, 1999, 83; *Hoppenberg/Meiners/Martens,* Die Zulässigkeit von Mobilfunkbasisstationen aus bau- und immissionsschutzrechtlicher Sicht, NVwZ 1997, 12; *Meixner,* Gefahrenabwehr nach Polizeirecht bei immissionsschutzrechtlich anzeigepflichtigen Anlagen, NVwZ 1997, 127; *Pütz/Buchholz,* Immissionsschutz bei nicht genehmigungsbedürftigen Anlagen, 2. Aufl. 1991. Zur Literatur zu den auf § 23 gestützten Rechtsverordnungen vgl. jeweils die Nachweise vor dem Text der Rechtsverordnung im Anhang.

I. Ermächtigung zum Erlass von Bundes-Rechtsverordnungen

1. Bedeutung, Abgrenzung zu anderen Vorschriften, EG-Recht

1   Gem. § 23 Abs.1 können für nicht genehmigungsbedürftige Anlagen durch Rechtsverordnung Anforderungen zum Schutz gegen Immissionen festgelegt werden. Dies können Festlegungen sein, die die Pflichten des § 22 Abs.1 Nr.1, 2 konkretisieren oder darüber hinausgehende Anforderungen des Immissionsschutzes festlegen (Hansmann LR 1; Kutscheidt, NVwZ 1983, 68; Rid/Hammann, NVwZ 1989, 204; Roßnagel GK 49). Anders als in der Parallelvorschrift des § 7 fehlt es an einer Beschränkung auf die Erfüllung der sich aus der Grundpflichtennorm ergebenden Pflichten (unten Rn.3). Eine Unterschreitung der Anforderungen des § 22 Abs.1 ist ausgeschlossen (unten Rn.3). Eine vergleichbare Ermächtigung für den Bereich der Abfallvermeidung und -verwertung enthält § 22 Abs.1 S.2; dazu Rn.59–62 zu § 22. Zum Verhältnis zu Rechtsverordnungen nach § 49 vgl. Rn.2 zu § 49. Zur Verdrängung des Landesrechts durch

Anforderungen an Errichtung, Beschaffenheit und Betrieb § 23

§ 23 vgl. Rn.16–17 zu § 22. Andere bundesrechtliche Ermächtigungen konkurrieren mit der des § 23, soweit die zugehörigen materiellen Regelungen mit § 22 konkurrieren (dazu Rn.14 zu § 22), wie das etwa für gaststättenrechtliche Ermächtigungen gilt (BVerwG, DVBl 1996, 1202; BayVGH, NVwZ 1996, 485).

Was das Verhältnis zum **EG-Recht** angeht, so dient Abs.1 S.1 (auch) **1a** der Umsetzung der Richtlinie 96/82/EG zur Beherrschung der Gefahren bei schweren Unfällen mit gefährlichen Stoffen (unten Rn.6, 9a). Zudem werden durch verschiedene auf § 23 gestützte Rechtsverordnungen EG-rechtliche Vorgaben umgesetzt (unten Rn.41, 44).

2. Sachlicher und persönlicher Anwendungsbereich

Gegenstand der Rechtsverordnungen können allein nicht genehmigungsbedürftige Anlagen sein; näher zum Kreis dieser Anlagen Rn.1–11 zu § 22. Auch bereits errichtete bzw. betriebene Anlagen können erfasst werden (Feldhaus FE 5; Hansmann LR 11); zur Verhältnismäßigkeit unten Rn.15. Dies gilt nicht nur für den Anlagenbetrieb, sondern auch für die Beschaffenheit der Anlage, wie die Nennung der Beschaffenheit neben der Errichtung als Regelungsgegenstand verdeutlicht. Soweit eine für sich nicht genehmigungsbedürftige Anlage Teil einer genehmigungsbedürftigen Anlage ist, kann eine nach § 23 erlassene Rechtsverordnung analog (als Mindestvoraussetzung) angewandt werden (Roßnagel GK 4). Als **Adressat** der durch die Rechtsverordnung statuierten Pflichten kommen nur Anlagenbetreiber in Betracht (Hansmann LR 13); dazu zählen auch der selbständige Errichter der Anlage (näher Rn.81–84 zu § 3), nicht jedoch der bloße Anlagenbenutzer (vgl. Rn.6 zu § 22). **2**

3. Regelungszweck

a) Immissionsschutz

Die Rechtsverordnungen können zum einen dem **Schutz** vor schädlichen Umwelteinwirkungen wie in § 5 Abs.1 S.1 Nr.1 (dazu Rn.11–23 zu § 5) dienen, zum anderen der **Vorsorge** gegen schädliche Umwelteinwirkungen, die wie bei § 5 Abs.1 S.1 Nr.2, 1. Alt. zu verstehen ist (dazu Rn.50–56, 59–65 zu § 5). Dies galt auch bereits vor der klarstellenden Ausweitung der Vorschrift auf die Vorsorge (BVerwGE 108, 260/265 = NVwZ 1999, 651; Rid/Hammann, NVwZ 1989, 204; Hansmann LR 15). Sonstige Einwirkungen (dazu Rn.24–29 zu § 5) werden weder im Bereich der Gefahrenabwehr noch im Bereich der Vorsorge erfasst (vgl. aber unten Rn.6). Zum Bereich des § 5 Abs.1 Nr.3 vgl. Rn.59–62 zu § 22. Die Ermächtigung geht erheblich über die Anforderungen des § 22 hinaus. Die Ermächtigung des § 23 unterliegt **nicht** den tatbestandlichen Beschränkungen des § 22 (Feldhaus FE 4). Die Festlegungen können andererseits von den Anforderungen des § 22 nicht dispensieren, auch nicht in Ausnahmefällen (BVerwGE 108, 260/264f = NVwZ 1999, 651; Hansmann LR 1; Roßnagel GK 6; Jahn, NVwZ 1996, 664; Vieweg/ **3**

Röthel, DVBl 1996, 1177f; a.A. BayVGH, NVwZ-RR 1999, 17ff). Das darf auch nicht über Beurteilungs- und Gestaltungsspielräume unterlaufen werden (Hochhuth, JZ 2004, 292f).

4 Die Anforderungen können im Einzelfall dazu führen, dass eine Anlage überhaupt **nicht betrieben** werden kann (Roßnagel GK 59; Hansmann LR 16). Der gegenteilige Schluss aus der Nennung bestimmter Anforderungen in § 23 Abs.1 (Mittelstaedt, BB 1975, 1463), ist wenig überzeugend; selbst § 22 Abs.1 S.1 Nr.2 schließt den Betrieb bestimmter Anlagen aus (näher Rn.37 zu § 22).

5 Der Schutz vor schädlichen Umwelteinwirkungen bezieht sich grundsätzlich auf alle Immissionen (dazu Rn.15 zu § 3). Lediglich bei Anlagen, die weder in *gewerblichen* noch in *sonstigen* **wirtschaftlichen Unternehmungen** (dazu Rn.28 zu § 4) Verwendung finden, darf die Rechtsverordnung aus Kompetenzgründen lediglich der Luftreinhaltung und dem Lärmschutz dienen (Hansmann LR 10; Feldhaus FE 3; vgl. Rn.24 zu § 22). Zwar wurde 1990 der Vorbehalt „soweit sie der Vorschrift des § 22 unterliegen" gestrichen; doch war damit keine sachliche Änderung beabsichtigt (Roßnagel GK 5).

b) Schutz vor schweren Unfällen (Störfällen)

6 Weiter kann auf Grund der 1998 erfolgten Änderung der Vorschrift des Abs.1 S.1 (Einl. 2 Nr.30) die Rechtsverordnung der Verhütung schwerer Unfälle iSd Art.3 Nr.5 RL 96/82 (dazu Rn.24–27 zu § 20) und der Begrenzung der Auswirkungen derartiger Unfälle für Mensch und Umwelt dienen, soweit es um sonstige Einwirkungen (dazu Rn.24–29 zu § 5) geht. Dies dient der Umsetzung des Art.17 der Richtlinie 96/82/EG zur Beherrschung der Gefahren bei schweren Unfällen mit gefährlichen Stoffen (Einl.33 Nr.1). Die Probleme der schweren Unfälle im Bereich der schädlichen Umwelteinwirkungen, also der schädlichen Immissionen, werden bereits durch die erste Alternative des Abs.1 S.1 erfasst. Rechtsverordnungen können somit, über § 22 hinausgehend, umfassende Regelungen für schwere Unfälle bzw. für Störfälle treffen. Soweit allerdings die Ermächtigung über den Immissionsschutz hinausgeht, kann sie nur bei Anlagen zum Tragen kommen, die einen Betriebsbereich iSd § 3 Abs.5a (dazu Rn.88–91 zu § 3) bilden oder Teil eines solchen Betriebsbereichs sind. Schließlich muss die Anlage aus Kompetenzgründen gewerblichen Zwecken dienen oder im Rahmen wirtschaftlicher Unternehmungen Verwendung finden (vgl. oben Rn.5). Die Ermächtigung ist im Bereich der schweren Unfälle nicht auf die Anzeigepflichten nach Abs.1 S.1 Nr.4a beschränkt, sondern gilt für alle Maßnahmen der Gefahrenabwehr und der Vorsorge (missverständlich Roßnagel GK 5a).

4. Regelungsgegenstände
a) Allgemeines

7 Im Rahmen der Rechtsverordnung können **Anforderungen** an die Errichtung (dazu Rn.44 zu § 4), an die Beschaffenheit (dazu Rn.4 zu § 7)

Anforderungen an Errichtung, Beschaffenheit und Betrieb **§ 23**

und an den Betrieb (dazu Rn.47 zu § 4) der (nicht genehmigungsbedürftigen) Anlagen gestellt werden. Neben den in Abs.1 aufgeführten Beispielen (unten Rn.8–10a) können auch alle anderen, für den Regelungszweck geeigneten und erforderlichen Anordnungen getroffen werden (BVerwGE 108, 260/263f = NVwZ 1999, 651; BayVGH, NVwZ 1996, 486). In Betracht kommen etwa Einschränkungen der Betriebszeit (BVerwGE 108, 260/264; Hansmann LR 26), Betriebsvorschriften (Feldhaus FE 8), die Festlegung von Wartungsfristen oder die Pflicht zur Unterweisung des Bedienungspersonals (Hansmann LR 21); zu Immissionswerten unten Rn.8. Die Anforderungen können in Abgrenzung zu § 49 Abs.1 nicht auf bestimmte geschützte Gebiete begrenzt werden (vgl. Rn.2 zu § 49). Möglich sind aber Anforderungen, die (generell) an bestimmte Voraussetzungen anknüpfen, mögen diese auch nur in bestimmten Gebieten vorkommen.

b) Explizit genannte Fälle

aa) Die Beispiele des **Abs.1 S.1 Nr.1–3** stimmen mit jenen in § 7 **8** Abs.1 Nr.1–3 überein, weshalb auf die dazu gemachten Ausführungen verwiesen werden kann (Rn.6 zu § 7). Im Einzelnen geht es um **technische Anforderungen,** weiter um **Emissionswerte,** die auch für die Zukunft festgelegt werden können (Hansmann LR 18; Roßnagel GK 64). Immissionsgrenzwerte werden durch die beispielhafte Benennung von Emissionswerten nicht ausgeschlossen (OVG NW, UPR 1994, 75; Feldhaus FE 9). Was schließlich die **Messung von Emissionen und Immissionen** angeht, so weicht die Formulierung in Nr.3 etwas von § 7 Abs.1 Nr.3 ab („von einer in der Rechtsverordnung zu bestimmenden Stelle"), ohne dass allerdings ein sachlicher Unterschied bestehen dürfte. Die Formulierung stellt lediglich klar, dass insb. die Bezirksschornsteinfeger mit der Durchführung der Ermittlungen betraut werden können (so in der Tat §§ 14f der 1. BImSchV).

bb) Nach der 1993 eingefügten und 1996 geänderten (Einl. 2 Nr.21, **9** 27) Vorschrift des **Abs.1 S.1 Nr.4** kann durch Rechtsverordnung vorgeschrieben werden, dass der Anlagenbetreiber die Inbetriebnahme und/oder in bestimmten Fällen die Änderung der Anlage **anzuzeigen** hat. Zur Bezeichnung dieser Anlagen Rn.12a zu § 67. Mit der *Inbetriebnahme* der Anlage ist die Aufnahme des Betriebs (dazu Rn.47 zu § 4) gemeint. Die Anzeige der *Änderung* (dazu Rn.5–13 zu § 15) kann nur vorgeschrieben werden, wenn die Änderung für die Einhaltung der Pflichten bedeutsam ist, die in der die Anzeigepflicht enthaltenden Rechtsverordnung geregelt sind. Anzeigepflichten iSd Nr.4 finden sich etwa in § 12 Abs.1 der 2. BImSchV, in § 8 Abs.1 der 20. BImSchV, in § 6 Abs.1 der 21. BImSchV, in § 6 der 27. BImSchV und in § 5 Abs.2 der 31. BJmSchV. Die Anzeige muss unverzüglich, d.h. ohne schuldhaftes Zögern (vgl. Rn.44 zu § 15), nach Inbetriebnahme oder Änderung erfolgen. Sie muss Angaben zur Anlage enthalten, die der Behörde eine erste Beurteilung der Rechtmäßigkeit des Anlagenbetriebs erlauben. Wird die Anzeige nicht vorgenommen, kann gem. § 24, ggf. auch gem. § 25 vorgegangen werden (vgl.

§ 23 Nicht genehmigungsbedürftige Anlagen

Rn.9 zu § 24). Zudem liegt regelmäßig gem. § 62 Abs.1 Nr.7 eine Ordnungswidrigkeit vor.

9a Eine ähnliche Ermächtigung wie in Abs.1 S.1 Nr.4 findet sich in der 1998 eingefügten (Einl. 2 Nr.30) Vorschrift des **Abs.1 S.1 Nr.4a.** Anders als im Bereich der Nr.4 betrifft sie aber Anlagen, die einen Betriebsbereich iSd Rn.88–91 zu § 3 bilden oder Bestandteil eines solchen Bereichs sind. Wegen dieses Bezugs dient die Ermächtigung dem Schutz vor schweren Unfällen bzw. vor Störfällen. Die in Nr.4a vorgesehene **Anzeige** ist bereits eine angemessene Zeit *vor* der Errichtung, der Inbetriebnahme oder der Änderung der Anlage zu erstatten, was das Anzeigeverfahren iVm möglichen Anordnungen einem Genehmigungsverfahren annähert (Roßnagel GK 79a). Eine Änderung kann nur anzeigepflichtig sein, wenn sie von Bedeutung für die Erfüllung von Pflichten ist, die in der Rechtsverordnung näher geregelt sind (vgl. BT-Drs. 13/11381, 3f). Die Ermächtigung der Nr.4a soll insb. die Umsetzung von Art.6 Abs.1, Art.9 Abs.3, 4 RL 96/82 ermöglichen (vgl. BT-Drs. 13/1118, 10). Von der Ermächtigung wurde durch § 7 der 12. BImSchV Gebrauch gemacht.

10 cc) Nach der ebenfalls 1993 eingefügten (Einl. 2 Nr.21) Vorschrift des **Abs.1 S.1 Nr.5** kann durch Rechtsverordnung vorgeschrieben werden, dass Anlagen erst in Betrieb genommen werden dürfen, wenn die **Bescheinigung eines** von der zuständigen Landesbehörde bekanntgegebenen **Sachverständigen** (sog. *Abnahmeprüfung*) vorgelegt wurde, in der bestätigt wird, dass die Anlage den Anforderungen der Rechtsverordnung oder einer Bauartzulassung nach § 33 entspricht (dazu Jarass, in: Dolde (Hg.), Umweltrecht im Wandel, 2001, 391). Allein auf eine Bauartzulassung abheben kann die Rechtsverordnung nur dann, wenn für die betreffende Anlage in einer Rechtsverordnung gem. § 33 die Erteilung einer Bauartzulassung vorgesehen ist (vgl. Rn.14 zu § 33). Die Verordnung dürfte nicht nur die erste Inbetriebnahme, sondern auch wesentliche Änderungen erfassen können (Roßnagel GK 83).

10a Für die **Bekanntgabe** der zugelassenen Sachverständigen gelten die gleichen Überlegungen wie im Rahmen des § 26 (vgl. Hansmann LR 23); daher wird auf die Ausführungen in Rn.31 zu § 26 verwiesen. Sobald die Bescheinigung des Sachverständigen der zuständigen Behörde vorgelegt wurde, kann die Anlage **betrieben** werden. Eine Bestätigung oder sonstige Entscheidung der Behörde muss nicht abgewartet werden. Ist die Bescheinigung unzutreffend, kann gem. Abs.1 S.2 die Behörde Anordnungen gem. §§ 23, 24 treffen. In der Rechtsverordnung können im. Abs.1 S.2 Fachkunde, Zuverlässigkeit und gerätetechnische Ausstattung der Sachverständigen näher geregelt werden. Ergeht keine Rechtsverordnung, ist die Frage von den zuständigen Behörden zu beurteilen (vgl. Rn.29 zu § 26).

c) Ausnahmen und Anordnungen

11 Die Rechtsverordnung kann die Behörde ermächtigen, „**Ausnahmen**" zu erlassen, d. h. durch Verwaltungsakt von einer an sich bestehenden Verordnungsverpflichtung zu dispensieren. Dies ist etwa in § 20 der

1. BImSchV, in § 17 der 2. BImSchV, in § 6 der 7. BImSchV, in § 8 der 20. BImSchV, in § 7 der 21. BImSchV, in § 8 der 26. BImSchV und in § 12 der 27. BImSchV geschehen. Soweit nach diesen Vorschriften die Ausnahme erteilt werden „kann", steht sie im Ermessen, wobei zT nur unter bestimmten Voraussetzungen ein Ermessen besteht. Im Falle des Ermessens muss die Behörde im Rahmen der dann notwendigen Abwägung insb. den Zweck des § 1 beachten; zu den Ermessensfehlern vgl. Rn.48 zu § 17. In anderen Fällen besteht ein Rechtsanspruch auf Erteilung der Ausnahme, wenn die entsprechenden Voraussetzungen vorliegen. Häufig ist vorgesehen, dass die Ausnahme unter Bedingungen, mit Auflagen, befristet oder widerruflich erteilt werden kann oder muss (auch wenn die allgemeinen Voraussetzungen des § 36 VwVfG nicht vorliegen). Fehlt eine solche Regelung, sind Nebenbestimmungen nur nach Maßgabe des § 36 VwVfG möglich; § 12 ist nicht anwendbar. Soweit die Ausnahme drittschützende Vorschriften betrifft, kann sie von Dritten angefochten werden (vgl. unten Rn.58 und Rn.10 zu § 60). Von der Verpflichtung, von der die Ausnahme befreit, darf erst abgewichen werden, wenn eine wirksam erteilte Ausnahme vorliegt.

Ob die Rechtsverordnung auch zu **Anordnungen im Einzelfall** ermächtigen kann, mit der die Anforderungen der Verordnung konkretisiert und durchgesetzt werden können, erscheint angesichts des Wortlauts des Abs.1 zweifelhaft, während der Wortlaut des § 62 Abs.1 Nr.7 eher dafür spricht (bejahend daher Hansmann LR 21). Ein Bedarf dafür besteht angesichts der Ermächtigung des § 24 jedoch nicht. Zudem führt die Konkurrenz von Anordnungen, die auf das BImSchG selbst gestützt werden, und Anordnungen, die auf eine Rechtsverordnung gestützt werden, zu unnötigen Problemen. 12

d) Durchführung eines Genehmigungsverfahrens

Gem. § 23 Abs.1 a kann durch Rechtsverordnung dem Errichter einer nicht genehmigungsbedürftigen Anlage das Recht eingeräumt werden, die **Durchführung** eines vereinfachten **Genehmigungsverfahrens** nach § 19 zu verlangen. Auch eine Teilgenehmigung oder ein Vorbescheid kann verlangt werden, da gem. § 23 Abs.1 a S.3 die Regelung des § 19 Abs.2 anzuwenden ist (Roßnagel GK 99). Das Wahlrecht dürfte auch für eine Änderungsgenehmigung ausgeübt werden können (Hansmann LR 28), obgleich § 23 Abs.1 a S.1 allein auf § 4 Abs.1 S.1 verweist. Von der Ermächtigung des § 23 Abs.1 a wurde bislang kein Gebrauch gemacht. 13

Macht der Anlagenbetreiber (nach Erlass einer entsprechenden Rechtsverordnung) durch einen entsprechenden Antrag davon Gebrauch, unterliegt die Anlage gem. Abs.1 a S.2 in jeder Hinsicht den **Vorschriften für genehmigungsbedürftige Anlagen** (vgl. BR-Drs. 321/1/96, 24). Dies gilt auch in materieller Hinsicht (Roßnagel GK 103; Hansmann LR 31; Nr.1 Abs.4 TA Lärm), allerdings erst ab Erteilung der Genehmigung. Das Genehmigungsverfahren ist gem. Abs.1 a S.3 vereinfacht oder (auf Antrag) 14

§ 23   Nicht genehmigungsbedürftige Anlagen

förmlich. Anwendbar sind zudem die §§ 15–21, nicht die §§ 24 f (Roßnagel GK 109). Der Antrag auf Durchführung eines Genehmigungsverfahrens ist (nur) bis zur Genehmigungserteilung widerrufbar (Roßnagel GK 100; gegen jede Rücknahme Engelhardt/Schlicht 5 d). Unklar ist, ob der Anlagenbetreiber auf die Genehmigung verzichten kann, mit der Folge, dass das Recht der nicht genehmigungsbedürftigen Anlagen gilt (dagegen Roßnagel GK 110; dafür, wenn auch unter Bedenken, Hansmann LR 29, 32).

5. Verhältnismäßigkeit, insb. bei bestehenden Anlagen

15   Die in der Rechtsverordnung festgelegten Anforderungen müssen in allen Teilen **verhältnismäßig** sein. Dies setzt zunächst voraus, dass sie geeignet sind. Weiter müssen sie erforderlich sein; d. h. das fragliche Ziel lässt sich nicht mit für die Anlagenbetreiber weniger belastenden Mitteln erreichen. Schließlich dürften die durch die Anforderungen für die Anlagenbetreiber bedingten Belastungen in keinem Missverhältnis zu den mit den Anforderungen erreichbaren Zielen stehen (vgl. Rn.10 zu § 7). Besondere Bedeutung hat der Zusatz der Verhältnismäßigkeit im Hinblick auf **bestehende Anlagen,** also Anlagen, die im Zeitpunkt des Erlasses der Verordnung bereits errichtet waren. Insoweit kann auf die Ausführungen in Rn.11 zu § 7 und in Rn.41 zu § 22 verwiesen werden.

6. Spielraum

16   Eine Pflicht zum Erlass von Rechtsverordnungen ist § 23 nicht zu entnehmen; ausnahmsweise mag sich aber aus Grundrechten anderes ergeben (vgl. dazu Rn.23 zu § 7). Der Verordnungsgeber hat beim Erlass der Vorschriften einen erheblichen Gestaltungsspielraum (vgl. Rn.23 zu § 7). Die Vorgaben des § 22 darf er aber nicht unterschreiten (oben Rn.3).

7. Formelle Voraussetzungen

17   Adressat der Ermächtigung des § 23 Abs.1 ist die Bundesregierung, die der Zustimmung des Bundesrats bedarf; näher zu Zuständigkeit und Verfahren Rn.10 zu § 4. Vor Erlass der Rechtsverordnung sind die beteiligten Kreise anzuhören (dazu Rn.1 ff zu § 51). Was die in Abs.1 S.1 Nr.1–3 genannten Beispiele angeht, kann die Rechtsverordnung gem. Abs.1 S.3 auch auf Bekanntmachungen sachverständiger Stellen verweisen (dazu Rn.24 zu § 7). In den Fällen des § 23 Abs.1 S.1 Nr.2 ist gem. § 48b die Zustimmung des Bundestags erforderlich, nicht aber in anderen Fällen (Rn.2 zu § 48b).

18-21   (unbesetzt)

Anforderungen an Errichtung, Beschaffenheit und Betrieb § 23

II. Erlassene Bundes-Rechtsverordnungen und ihre Behandlung

1. Rechtsverordnungen allein für nicht genehmigungsbedürftige Anlagen

a) Verordnung über kleine und mittlere Feuerungsanlagen (1. BImSchV)

Auf die Ermächtigung (allein) des § 23 Abs.1 stützt sich die „**Verord-** 22 **nung über kleine und mittlere Feuerungsanlagen**" (1. BImSchV); abgedr. einschl. Literaturnachweisen in Anhang A1. Die am 15. 8. 1988 (BGBl I 1059) erlassene Verordnung kommt heute in der Fassung der Bekanntmachung vom 14. 3. 1997 (BGBl I 490) zur Anwendung. Die Verordnung wurde seitdem durch G vom 5. 3. 2000 (BGBl I 632), durch G vom 27. 7. 2001 (BGBl I 1950) und durch VO vom 14. 8. 2003 (BGBl I 1614) geändert. Zur Auslegung der Verordnung vgl. auch die Amtl. Begründung der Bundesregierung und die Gegenäußerung des Bundesrats (BR-Drs. 255/88).

Inhaltlich stellt die Verordnung Anforderungen an Heizungsanlagen im 23 gewerblichen wie im nichtgewerblichen (insb. häuslichen) Bereich, soweit sie nicht gem. § 1 der 4. BImSchV genehmigungspflichtig sind. Damit sollen die Luftverunreinigungen reduziert und gleichzeitig eine rationellere Energieverwendung gefördert werden. Zu Ausnahmen oben Rn.11.

Die Verordnung über Feuerungsanlagen stellt **keine abschließende Konkretisierung** des § 22 dar, wie § 19 der 1. BImSchV klarstellt. Der Betrieb einer Hausfeuerungsanlage, der den Anforderungen der 1. BImSchV entspricht, soll allerdings idR nicht mit schädlichen Umwelteinwirkungen durch Luftverunreinigungen verbunden sein (VGH BW, NJW 1990, 1931; anders VGH BW, UPR 1994, 278). Jedenfalls in atypischen Fällen ist ein Einschreiten möglich (BVerwG, NVwZ 2000, 552f; OVG RP, UPR 1994, 274; OVG NW, UPR 1994, 310f). Allgemein zur abschließenden Wirkung unten Rn.53. Zum Drittschutz unten Rn.58. Zu Ordnungswidrigkeiten unten Rn.55.

b) Verordnung zum Holzstaub (7. BImSchV)

Auf die Ermächtigung (allein) des § 23 Abs.1 stützt sich die „**Verord-** 24 **nung zur Auswurfbegrenzung von Holzstaub**" (7. BImSchV); abgedr. mit Literaturhinweisen in Anhang A7. Die Verordnung erging am 18. 12. 1975 (BGBl I 3133). Zur Auslegung vgl. auch die Amtl. Begründung sowie den Beschluss des Bundesrats (BR-Drs. 561/75).

Inhaltlich betrifft die Verordnung Anlagen zur Be- und Verarbeitung 25 von Holz, soweit sie nicht genehmigungspflichtig sind (vgl. Nr.6.1–6.3 des Anh. zur 4. BImSchV), und begrenzt die zulässigen Holzstaub- bzw. Holzspan-Emissionen. Zu Ausnahmen oben Rn.11. Die Verordnung zur Auswurfbegrenzung von Holzstaub stellt keine **abschließende** Konkretisierung der Vorgaben des § 22 dar, wie § 5 der 7. BImSchV entnommen

§ 23 Nicht genehmigungsbedürftige Anlagen

werden kann. Allgemein zur abschließenden Wirkung unten Rn.53. Zu Ordnungswidrigkeiten unten Rn.55.

c) Sportanlagenlärmschutzverordnung (18. BImSchV)

26 Auf die Ermächtigung (allein) des § 23 Abs.1 stützt sich die **"Sportanlagenlärmschutzverordnung"** (18. BImSchV); abgedr. mit Literaturnachweisen in Anhang A18. Die Verordnung erging am 18.7.1991 (BGBl I 1588, ber. 1790). Zur Auslegung vgl. auch die Amtl. Begründung der Bundesregierung und den Beschluss des Bundesrats (BR-Drs. 17/91).

27 **Inhaltlich** betrifft die Verordnung die Errichtung, die Beschaffenheit und den Betrieb von Einrichtungen, die zur Sportausübung bestimmt sind und zu diesem Zweck betrieben werden (näher Roßnagel GK 149). Sie legt Immissionsrichtwerte für Lärm fest, die bindend sind, soweit die Verordnung nichts anderes vorsieht, wie etwa § 5 Abs.4 der 18. BImSchV für bestehende Anlagen. Die Vorgaben zur Ermittlung und Beurteilung des Lärms stellen den Lärmverursacher in mehrfacher Hinsicht günstiger als die TA Lärm (näher Ohms Rn.94f). Maßgeblich ist die bauplanerische Ausweisung, von der nur unter bestimmten Voraussetzungen abgewichen werden kann (BVerwGE 109, 244/252f = NVwZ 2000, 550). Der Lärm anderer Sportanlagen ist gem. § 2 Abs.1 der 18. BImSchV einzubeziehen, nicht jedoch sonstiger Lärm.

28 **Im Einzelnen** gilt die 18. BImSchV nicht für Kinderspielplätze (BVerwG, NVwZ 2003, 752); hier sind auch höhere Belastungen hinzunehmen, da Kinderspielplätze, besonders wohnnah unterzubringen sind (OVG Berl, NVwZ-RR 1994, 142f; vgl. Rn.43 zu § 22). Bei Bolzplätzen ergeben sich aus der 18. BImSchV Anhaltspunkte (BayVGH, NVwZ-RR 2004, 21; OVG Schleswig, NVwZ 1995, 1020). Ähnliches gilt für einen Aktivspielplatz (VGH BW, VBl BW 1998, 63), nicht jedoch für kleinere Bolzplätze, die Teil eines Kinderspielplatzes sind (OVG Berl, NVwZ-RR 1994, 142). Die in der 18. BImSchV enthaltenen Regeln für seltene Ereignisse haben indizielle Aussagekraft für die Bewertung von Veranstaltungen, die nur an einer solchen Zahl von Kalendertagen stattfinden (VGH BW, NuR 2000, 333). Die Verordnung ist beim Erlass von Bebauungsplänen mittelbar bedeutsam (BVerwGE 109, 246/249ff = NVwZ 2000, 550; OVG NW, NVwZ-RR 2001, 434); die planungsrechtliche Abwägung kann noch strengere Vorgaben als die der 18. BImSchV zur Folge haben (BVerwGE 109, 246/250). Weiter hat die 18. BImSchV mittelbare Bedeutung bei der Zulassung eines Wohnhauses in der Nachbarschaft eines Sportplatzes (BVerwGE 109, 314/319ff). Zur Bedeutung der Verordnung im Zivilrecht unten Rn.58.

29 Die Sportanlagenlärmschutzverordnung stellt **keine abschließende** Konkretisierung des § 22 dar, schon deshalb, weil die Verordnung sich auf den Lärm von Sportanlagen beschränkt (oben Rn.27), während die durch § 22 gebotene Immissionsbeschränkung auf den Gesamtlärm abstellt, unter Einbeziehung auch anderer Lärmquellen (Rn.29 zu § 22). Im Regelfall dürfte jedoch die 18. BImSchV die gesetzlichen Anforderungen zutreffend

konkretisieren (OVG NW, UPR 1994, 310f; strikter BVerwG, NVwZ 1995, 993 f). In Sonderfällen muss aber auf § 22 zurückgegriffen werden (Sparwasser § 10 Rn.323; Hansmann, NuR 1997, 54; a.A. BVerwG, NVwZ 1995, 993f.). Dies gilt insb. dann, wenn weitere Lärmquellen hinzutreten, da deren Auswirkungen von der 18. BImSchV nicht berücksichtigt werden (a.A. BVerwG, NJW 2001, 1169). Allgemein zur abschließenden Wirkung unten Rn.53. Zum Drittschutz unten Rn.58.

d) Verordnung zur Betankung von Kraftfahrzeugen (21. BImSchV)

Auf die Ermächtigung des § 23 Abs.1, aber auch auf die des § 24 GewO stützt sich die „**Verordnung zur Begrenzung von Kohlenwasserstoffemissionen bei der Betankung von Kraftfahrzeugen**" (21. BImSchV); abgedr. mit Literaturnachweisen in Anhang A21. Die Erstfassung erging am 7. 10. 1992 (BGBl I 1730). Geändert wurde die Verordnung durch VO vom 6. 5. 2002 (BGBl I 1566). Zur Auslegung vgl. die Amtl. Begr. der Bundesregierung und die Stellungnahme des Bundesrats (BR-Drs. 495/91).

30

Inhaltlich bezweckt die Verordnung, die bei der Fahrzeugbetankung mit Ottokraftstoff freigesetzten Benzindämpfe zu begrenzen (BR-Drs. 522/92). Sie verlangt, Tankstellen so zu errichten und zu betreiben, dass die beim Betanken mit Ottokraftstoffen entstehenden Kraftstoffdämpfe nach dem Stand der Technik mittels eines Gasrückführsystems erfasst werden (Roßnagel GK 131ff). Zur Gültigkeit der Verordnung VGH BW, NVwZ 1994, 711. Zu Ausnahmen oben Rn.11. Zu Erleichterungen bei EMAS-Anlagen Rn.19 zu § 58e. Zu Ordnungswidrigkeiten unten Rn.55.

31

e) Verordnung über elektromagnetische Felder (26. BImSchV)

Auf die Ermächtigung (allein) des § 23 Abs.1 stützt sich die „**Verordnung über elektromagnetische Felder**" (26. BImSchV); abgedr. mit Literaturnachweisen in Anhang A26. Die Verordnung erging am 16. 12. 1996 (BGBl I 1966). Zur Auslegung vgl. die Amtl. Begründung der Bundesregierung und die Stellungnahme des Bundesrats (BR-Drs. 393/96).

32

Inhaltlich dient die Verordnung dem Schutz des menschlichen Organismus, nicht dem Schutz von Sachen (BVerwG, NuR 2000, 504). Sie erfasst Hochfrequenzanlagen (ortsfeste Sendefunkanlagen) sowie Niederfrequenzanlagen (Freileitungen und Erdkabel, Bahnstromfern- und Bahnstromoberleitungen, Elektroumspannanlagen) und setzt jeweils Grenzen für die elektromagnetischen Felder. Zur Gefahrenabwehr in diesem Bereich Rn.48 zu § 22. Die Verordnung kann entsprechend auf genehmigungsbedürftige Anlagen angewandt werden (Ohms Rn.332). Eine Anzeige gemäß § 7 der 26. BImSchV ist gebührenpflichtig (OVG NW, DVBl 2003, 1080). Der Einhaltung der Grenzwerte kommt eine Indizfunktion für die Beachtung des § 906 BGB zu (BGH, NJW 2004, 1318). Zu Aus-

33

nahmen oben Rn.11. Die Verordnung über elektromagnetische Felder stellt keine **abschließende** Konkretisierung der Vorgaben der 22. BImSchV dar, wie § 6 der 26. BImSchV klarstellt. Bei ihrer Einhaltung bestehen aber idR keine Gefahren (OVG NW, ZuR 2004, 239; HessVGH, NVwZ 2000, 695; NdsOVG, NVwZ 2001, 457; SächsOVG, DÖV 1998, 432). Allgemein zur abschließenden Wirkung unten Rn.53. Die Verordnung ist mit dem GG vereinbar (BayVGH, NVwZ 1998, 420). Für die Durchsetzung der Grenzwerte der 26. BImSchV sorgt die „Verordnung über das Nachweisverfahren zur Begrenzung elektromagnetischer Felder" vom 20. 8. 2002 (BGBl I 3366), die insb. für Funkanlagen eine Standortbescheinigung verlangt. Die Einhaltung der § 7 Abs.1 der 26. BImSchV berührt nicht die Rechtmäßigkeit der Anlage (BVerwG, NVwZ 2004, 613f). Zum Drittschutz unten Rn.58. Zu Ordnungswidrigkeiten unten Rn.55.

f) Verordnung über Anlagen zur Feuerbestattung (27. BImSchV)

34   Auf die Ermächtigung des § 23 Abs.1, aber auch auf die des § 4 Abs.1 und des § 19 Abs.1 stützt sich die **Verordnung über Anlagen zur Feuerbestattung** (27. BImSchV); abgedr. mit Literaturnachweisen in Anhang A27. Die Erstfassung erging am 19. 3. 1997 (BGBl I 545). Geändert wurde die Verordnung durch G vom 3. 5. 2000 (BGBl I 632). Zur Auslegung der Verordnung vgl. die Amtl. Begründung der Bundesregierung und die Stellungnahme des Bundesrats (BR-Drs. 539/96).

35   **Inhaltlich** legt die Verordnung für Anlagen zur Feuerbestattung Emissionsgrenzwerte, Ableitbedingungen und Überwachungspflichten fest. Da die Verordnung nicht auf § 7 gestützt wurde, kann sie nicht für (etwa nach Nr.1.2 des Anhangs zur 4.BImSchV) genehmigungsbedürftige Anlagen gelten (anders Hansmann LR (27) § 1 Rn.3); eine entspr. Anwendung liegt aber nahe. Ziel der Verordnung ist es, die Emissionen von gasförmigen organischen Verbindungen, Kohlenstoffpartikeln und polyhalogenierten aromatischen Verbindungen durch bauliche und betriebliche Anforderungen sowie durch die Festlegung von dem Stand der Technik entsprechenden Emissionsgrenzwerten zu senken (BR-Drs. 539/96, 14f). Die Verordnung über Anlagen zur Feuerbestattung stellt **keine abschließende** Konkretisierung der Vorgaben des § 22 dar, wie § 13 der 27. BImSchV entnommen werden kann. Allgemein zur abschließenden Wirkung unten Rn.53. Zu Erleichterungen bei EMAS-Anlagen Rn.19 zu § 58 e. Zu Ordnungswidrigkeiten unten Rn.55.

36–39 (unbesetzt)

2. Rechtsverordnungen für genehmigungsbedürftige wie für nicht genehmigungsbedürftige Anlagen

40   Insb. unter dem Einfluss des EG-Rechts ergehen zunehmend Rechtsverordnungen, die sowohl für genehmigungsbedürftige wie für nicht genehmigungsbedürftige Anlagen gelten. Neben den im Folgenden aufgeführten Rechtsverordnungen, die auf § 7 *und* § 23 Abs.1 gestützt wurden,

Anforderungen an Errichtung, Beschaffenheit und Betrieb § 23

rechnet hierher auch die Verordnung zur Begrenzung von Emissionen aus der Titandioxid-Industrie, die auf § 48 a Abs.1 gestützt wurde (dazu Rn.17 f zu § 48 a).

a) Verordnung über leichtflüchtige halogenierte organische Verbindungen (2. BImSchV)

Auf die Ermächtigung des § 23 Abs.1, aber auch des § 7 Abs.1 stützt 41 sich die „**Verordnung zur Emissionsbegrenzung von leichtflüchtigen halogenierten organischen Verbindungen**" (2. BImSchV); abgedr. mit Literaturnachweisen in Anhang A2. Die Erstfassung erging am 10. 12. 1990 (BGBl I 2694). Geändert wurde die Verordnung durch VO vom 5. 6. 1991 (BGBl I 1218), durch G vom 3. 5. 2000 (BGBl I 632) und durch VO vom 21. 8. 2001 (BGBl I 2180). Die Verordnung dient der Umsetzung der Richtlinie 1999/13/EG über die Begrenzung von Emissionen flüchtiger organischer Verbindungen (Einl.31 Nr.5), soweit sie nicht durch die 31. BImSchV umgesetzt wurde (dazu unten Rn.46). Zur Auslegung der Verordnung vgl. die Amtl. Begründung der Bundesregierung und die Gegenäußerung des Bundesrats (BR-Drs. 362/90).

Inhaltlich begrenzt die Verordnung den Einsatz von Halogenkohlen- 42 wasserstoffen sowie die Emissionen solcher Stoffe durch Chemisch-Reinigungs-Anlagen und andere Einrichtungen. Die Verordnung hat eine ähnliche Zielsetzung wie die 31. BImSchV (dazu unten Rn.46) und gilt seit der Streichung des Vorbehalts in § 1 Abs.2 der 2. BImSchV für nicht genehmigungsbedürftige, aber auch für genehmigungsbedürftige Anlagen (BR-Drs. 271/01, S.101 f). Die Verordnung stellt *keine abschließende Konkretisierung* der Vorgaben in § 5 wie in § 22 dar, wie durch § 16 der 2. BImSchV klargestellt wird; allgemein zur abschließenden Wirkung unten Rn.53. Die Verordnung ist mit Art.14 GG vereinbar (BVerfG-K, NVwZ 1997, 991). Zu Ausnahmen oben Rn.11. Zu Erleichterungen bei EMAS-Anlagen Rn.19 zu § 58 e. Zu Ordnungswidrigkeiten unten Rn.56.

b) Störfall-Verordnung (12. BImSchV)

Gestützt auf § 23 Abs.1 sowie eine Reihe anderer Ermächtigungen er- 43 ging die Störfall-Verordnung; näher zu dieser Verordnung Rn.28–31 zu § 7. Die Verordnung hat ihren Schwerpunkt im Bereich der genehmigungsbedürftigen Anlagen, gilt aber in Teilen auch für nicht genehmigungsbedürftige Anlagen (vgl. § 1 Abs.3 der 12. BImSchV). Zu Ordnungswidrigkeiten unten Rn.56.

c) Verordnung zum Umfüllen und Lagern von Ottokraftstoffen (20. BImSchV)

Auf die Ermächtigung des § 23 Abs.1, aber auch auf die des § 7 Abs.1, 44 4, auf die des § 7 Abs.1, 4 sowie auf die des § 11 Abs.1 GSG stützt sich die „**Verordnung zur Begrenzung der Emissionen flüchtiger organischer Verbindungen beim Umfüllen und Lagern von Ottokraftstoffen**" (20. BImSchV); abgedr. mit Literaturnachweisen in Anhang A20. Die Erstfassung erging am 27. 5. 1998 (BGBl I 1174). Geändert

§ 23 Nicht genehmigungsbedürftige Anlagen

wurde die Verordnung durch VO vom 21. 8. 2001 (BGBl I 2180) und VO vom 24. 7. 2002 (BGBl I 2247). Sie dient der Umsetzung der Richtlinie 94/63/EG zur Begrenzung der Emissionen flüchtiger organischer Verbindungen bei der Lagerung von Ottokraftstoff (Einl.31 Nr.3) und der Richtlinie 1999/13/EG über die Begrenzung von Emissionen flüchtiger organischer Verbindungen (Einl.31 Nr.5). Zur Auslegung der Verordnung vgl. die Amtl. Begründung der Bundesregierung und die Stellungnahme des Bundesrats (BR-Drs. 297/98).

45 **Inhaltlich** verfolgt die Verordnung das Ziel, die durch Kraftstoffverdunstung verursachten VOC-Emissionen zu verringern. Sie betrifft Anlagen zur Lagerung, Umfüllung und Beförderung von Ottokraftstoffen, insb. Tanklager, Tankfahrzeuge und Tankstellen (näher Roßnagel GK 158 ff). Für das Betanken von Fahrzeugen in Tankstellen gilt jedoch die 21. BImSchV (dazu oben Rn.30 f). Zu Ausnahmen nach § 11 der 20. BImSchV oben Rn.11 f. Zu Erleichterungen für EMAS-Anlagen Rn.19 zu § 58 e. Zu Ordnungswidrigkeiten unten Rn.56.

d) Verordnung zur Verwendung organischer Lösemittel (31. BImSchV)

46 Auf die Ermächtigung des § 23 Abs.1, aber auch auf die des § 7 und des § 48 a Abs.3 stützt sich die „**Verordnung zur Begrenzung der Emissionen flüchtiger organischer Verbindungen bei der Verwendung organischer Lösemittel in bestimmten Anlagen**" (31. BImSchV); abgedr. mit Literaturnachweisen in Anhang A31. Die Verordnung erging am 21. 8. 2001 (BGBl I 2180). Zur Auslegung der Verordnung vgl. die Amtl. Begründung der Bundesregierung und die Stellungnahme des Bundesrats (BR-Drs. 271/01). Die Verordnung dient der Umsetzung der Richtlinie 1999/13/EG über die Begrenzung von Emissionen flüchtiger organischer Verbindungen (Einl.31 Nr.5), soweit sie nicht durch die 2. BImSchV umgesetzt wurde, die eine ähnliche Zielsetzung verfolgt (dazu oben Rn.41 f).

47 **Inhaltlich** besteht das primäre Ziel der Richtlinie in der weiteren Verminderung der Emissionen von flüchtigen organischen Verbindungen als bedeutenden Vorläufersubstanzen für die Bildung troposphärischen Ozons (BR-Drs. 271/01, 75 f). Die Richtlinie findet Anwendung auf bestimmte industrielle und gewerbliche Tätigkeiten, bei denen aufgrund des Einsatzes organischer Lösemittel in relevantem Umfang flüchtige organische Verbindungen emittiert werden. Erfasst werden genehmigungsbedürftige wie nicht genehmigungsbedürftige Anlagen (vgl. §§ 5 f der 31. BImSchV). Zu Ausnahmen nach § 11 der 31. BImSchV vgl. oben Rn.11. Zum Drittschutz unten Rn.58. Zu Ordnungswidrigkeiten unten Rn.56.

3. Weitere auf § 23 gestützte Verordnungen

48 *Auch* auf § 23 gestützt wurde die Verordnung über die Beschaffenheit und die Auszeichnung der Qualitäten von Kraftstoffen – 10. BImSchV

Anforderungen an Errichtung, Beschaffenheit und Betrieb § 23

(dazu Rn.17f zu § 34), die Geräte- und Maschinenlärmschutz-Verordnung – 32. BImSchV (dazu Rn.13f zu § 37) sowie die Altöl-Verordnung vom 27. 10. 1987 (BGBl I 2335).
(unbesetzt) 49–52

3. Wirkung, Durchsetzung, Rechtsschutz
a) Abschließende Wirkung

Die Frage, ob und wieweit Rechtsverordnungen gem. § 23 einen ge- 53
genüber der Grundpflicht des § 22 abschließenden Charakter haben, ist zunächst anhand der Auslegung der jeweiligen Rechtsverordnung zu bestimmen (vgl. Rn.41 zu § 17). Voraussetzung für einen solchen Charakter ist, dass die Regelung der Rechtsverordnung „auf sachverständiger Grundlage die Besonderheiten des geregelten Sachbereichs mit der erforderlichen Differenzierung berücksichtigt, den vorgegebenen Wertungsrahmen durch im Einzelfall hinreichende Schutzstandards ausfüllt und – wenn nach Lage der Dinge geboten – bei atypischen Sonderlagen Abweichungen im Einzelfall zulässt" (BVerwGE 108, 260/266 = NVwZ 1999, 651). Bei den erlassenen Rechtsverordnungen ist dies, wenn überhaupt, nur partiell der Fall (Näheres dazu bei den einschlägigen Rechtsverordnungen). Nimmt eine Rechtsverordnung abschließenden Charakter in Anspruch, ist das nur möglich, soweit sie nicht hinter den Anforderungen des § 22 zurückbleibt (oben Rn.3). Nichts anderes gilt, wenn eine Verordnung zugleich auf § 7 gestützt wurde (vgl. Rn.35 zu § 7).

b) Durchsetzung und Sanktionen

aa) Was die Durchsetzung der **allein** für **nicht genehmigungsbe-** 54
dürftige Anlagen geltenden Rechtsverordnungen angeht, so begründen sie regelmäßig *unmittelbar geltende* Pflichten (vgl. Rn.48 zu § 7); der Anlagenbetreiber muss die in der Rechtsverordnung enthaltenen Pflichten auch ohne behördliche Anordnung beachten. Soweit die Anlage einer Baugenehmigung bedarf, ist die Einhaltung der Verordnung im Verfahren ihrer Erteilung zu prüfen (Feldhaus FE 16), sofern die Erteilung der Baugenehmigung von der Einhaltung anderer öffentlich-rechtlicher Normen abhängt. Außerdem kann die zuständige Behörde gem. § 24 die betreffende Pflicht durch Anordnungen für den Einzelfall konkretisieren und dann ggf. vollstrecken. Wird der Anordnung nicht Folge geleistet, ist gem. § 25 Abs.1 eine Untersagung möglich. Unter den Voraussetzungen des § 25 Abs.2 ist eine Untersagung auch ohne vorausgehende Anordnung möglich und in gewissem Umfang sogar geboten. Im Bereich der 26. BImSchV wird die Durchsetzung durch eine zusätzliche Verordnung verstärkt (oben Rn.33).

Wer vorsätzlich oder fahrlässig einer aufgrund § 23 Abs.1 oder Abs.2 55
erlassenen Rechtsverordnung zuwiderhandelt, begeht gem. § 62 Abs.1 Nr.7 eine **Ordnungswidrigkeit,** sofern die Rechtsverordnung auf § 62 verweist. Dies ist in § 22 der 1. BImSchV, in § 7 der 7. BImSchV, in § 8

der 21. BImSchV, in § 9 der 26. BImSchV, in § 9 Abs.2 der 32. BImSchV und in § 14 der 27. BImSchV geschehen. Näher zu den Voraussetzungen einer Ordnungswidrigkeit Rn.15 sowie Rn.3–11 zu § 62. Unter zusätzlichen Voraussetzungen kann auch eine Straftat gem. § 324a StGB, gem. § 325 StGB oder gem. § 325a StGB vorliegen, evtl. in der Form des § 330 StGB (Text in Rn.2f zu § 63).

56 **bb)** Für Rechtsverordnungen, die außer auf § 23 auch auf § 7 (oder andere Ermächtigungen) gestützt wurden und für **genehmigungsbedürftige** wie für **nicht genehmigungsbedürftige Anlagen** Anwendung finden, gelten die Ausführungen oben in Rn.54f entsprechend; näher dazu Rn.50f zu § 7. Bei Ordnungswidrigkeiten muss allerdings auf § 62 Abs.1 Nr.2 *und* auf § 62 Abs.1 Nr.7 verwiesen werden, damit die Regelung von den Ordnungswidrigkeiten sowohl im Bereich der genehmigungsbedürftigen wie der nicht genehmigungsbedürftigen Anlagen zum Tragen kommt. Dies ist in § 21 der 12. BImSchV, in § 12 der 20. BImSchV und in § 12 der 31. BImSchV geschehen, nicht aber in § 18 der 2. BImSchV. Im Bereich der 2. BImSchV kann daher bei genehmigungsbedürftigen Anlagen keine Ordnungswidrigkeit vorliegen.

c) Rechtsschutz

57 Zum Rechtsschutz von Anlagenbetreibern und „Dritten" **gegenüber Bundesrechtsverordnungen** nach Abs.1 kann auf die Ausführungen Rn.52–54 zu § 7 verwiesen werden.

58 Was den **Rechtsschutz bei der Anwendung** der Rechtsverordnungen angeht, so können die Rechtsverordnungen **Dritten** subjektive Rechte verleihen und ihnen damit die Klagebefugnis gegen Akte vermitteln, die gegen die Vorschriften der Rechtsverordnungen verstoßen (Roßnagel GK 211). Einen solchen drittschützenden Charakter besitzen die Rechtsverordnungen regelmäßig insoweit, als sie schädliche Umwelteinwirkungen zugunsten der Nachbarn abwehren (vgl. Rn.120 zu § 5 sowie Rn.50–52 zu § 6). Steht dagegen die Vorsorge im Vordergrund, ist die Vorschrift idR allein im Allgemeininteresse erlassen (vgl. Rn.121 zu § 5; a. A. BayVGH, NVwZ 1998, 419f); zu Sonderfällen Rn.122 zu § 5. Auch aus Art.2 Abs.2 GG ergibt sich kein Schutzanspruch bei rein hypothetischen Gefährdungen (BVerfG-K, NJW 2002, 1639). Drittschützenden Charakter haben etwa die Vorschriften über die Begrenzung von Rußemissionen von Feuerungsanlagen in § 4 Abs.1 der 1. BImSchV, die Regelung über den Betrieb offener Kamine in § 4 Abs.3 der 1. BImSchV, die Regelung über die Kaminhöhe in § 18 der 1. BImSchV, die emissionsbegrenzenden Vorschriften der Verordnung zur Auswurfbegrenzung von Holzstaub und die Vorgaben der 18. BImSchV (VGH BW, VBl BW 1996, 106) sowie die Grenzwerte für elektromagnetische Felder in der 26. BImSchV (BayVGH, NVwZ 1998, 419f). Soweit Immissionswerte zum Schutze vor Gefahren fehlen, können sich Dritte auf die Vorgaben von Rechtsverordnungen auch insoweit berufen, als sie der Vorsorge dienen (Rn.122 zu § 5).

Anforderungen an Errichtung, Beschaffenheit und Betrieb § 23

Was die **privatrechtliche Durchsetzung** angeht, so sind Vorschriften, 59
die Drittschutz begründen Schutzgesetze isd § 823 Abs.2 BGB (Feldhaus
FE 18; Engelhardt/Schlicht 11). Zur zivilrechtlichen Bedeutung der 18.
BImSchV OLG Koblenz, NVwZ 1993, 301; OLG Zweibrücken, NJW
1992, 1242f; Dury, NJW 1994, 303. Weiter liegt gem. § 906 Abs.1 S.2
BGB idR eine unwesentliche Beeinträchtigung vor, wenn die Grenzwerte
in einer Rechtsverordnung nach § 23 eingehalten werden (BGH, NJW
2004, 1318). Umgekehrt spricht ein Indiz für eine wesentliche Beeinträchtigung isd § 906 BGB, wenn die Grenzwerte überschritten werden
(vgl. Rn.59 zu § 48).

III. Landes-Rechtsverordnungen (Abs.2)

Soweit die Bundesregierung keine Rechtsverordnung nach Abs.1 erlas- 60
sen hat, können die **Landesregierungen** (dazu Rn.14 zu § 49) in den
von Abs.1 gesteckten Grenzen **Rechtsverordnungen** erlassen. Die Vorschrift erweitert nicht die den Ländern gem. § 22 Abs.2 zustehenden
Möglichkeiten, sondern erlaubt den Landesregierungen den Erlass von
Rechtsverordnungen, ohne dass der Landesgesetzgeber dazu ermächtigen
müsste (Hansmann LR 2). Absatz 2 eröffnet eine Art konkurrierender
Gesetzgebung im Bereich der Rechtsverordnungen (Feldhaus FE 15; etwas anders Sellner/Löwer, WiVerw, 1980, 229 ff). Voraussetzung für ein
Tätigwerden der Länder ist, dass die Bundesregierung einen Regelungsgegenstand überhaupt nicht oder *nicht erschöpfend* geregelt hat (Hansmann LR
7). Im Zweifel lassen bundesrechtliche Immissionsschutzregelungen strengere oder gleich strenge, aber konkretere Landesregelungen zu (vgl.
Rn.16–17 zu § 22; VGH BW, UPR 1994, 278; teilw. anders Feldhaus FE
15). Zum Verhältnis zu anderen, etwa baurechtlichen Ermächtigungen
vgl. auch oben Rn.1 und Rn.14 zu § 22. Unter den gleichen Voraussetzungen wie eine Landesregierung kann gem. Art.80 Abs.4 GG auch das
Landesparlament Regelungen erlassen. Die Ermächtigung kann gem.
Abs.2 S.2 durch Rechtsverordnung und daher gem. Art.80 Abs.4 GG
auch durch Gesetz auf eine oder mehrere oberste Landesbehörden
(Minister bzw. Senatoren) *übertragen* werden (Engelhardt/Schlicht 10; a.A.
Hansmann LR 6).

Von der Ermächtigung des Abs.2 haben das Land Berlin mit der Ver- 61
ordnung zur Bekämpfung des Lärms vom 6. 7. 1994 (GVBl 231) und das
Saarland mit der Verordnung zum Schutze vor Geräuschimmissionen
durch Musikdarbietungen bei Volksfesten vom 10. 6. 2003 (ABl 1642)
Gebrauch gemacht. Die in Bayern auf § 23 Abs.2 gestützte Bayerische
Biergärten-NutzungszeitenV vom 27. 6. 1995 (GVBl 311) erwies sich als
nichtig (BVerwGE 108, 260/264 ff = NVwZ 1999, 651). Zur Durchsetzung der Landes-Rechtsverordnungen wird auf die Ausführungen oben in
Rn.54f verwiesen. Für den Rechtsschutz gelten die Ausführungen in
Rn.17f zu § 49 entsprechend.

§ 24 Anordnungen im Einzelfall

Die zuständige Behörde[19] kann[17 ff] im Einzelfall die zur Durchführung des § 22[6] und der auf dieses Gesetz gestützten Rechtsverordnungen[7 f] erforderlichen Anordnungen[10 f] treffen. Kann das Ziel der Anordnung auch durch eine Maßnahme zum Zwecke des Arbeitsschutzes erreicht werden, soll diese angeordnet werden.[3]

Übersicht

1. Bedeutung und Verhältnis zu anderen Vorschriften 1
2. Sachlicher und persönlicher Anwendungsbereich 4
3. Pflichtverletzung 6
   a) Einschlägige Vorschriften 6
   b) Sonstiges 9
4. Ausgestaltung der Anordnung 10
   a) Gegenstand 10
   b) Bestimmtheit 13
   c) Durchsetzungsfrist; gestreckte Anordnung 14
   d) Durchführbarkeit 15
5. Verhältnismäßigkeit und Ermessen 16
   a) Verhältnismäßigkeit 16
   b) Ermessen 17
6. Formelle Rechtmäßigkeit 19
7. Konkretisierende Regelungen 20
8. Wirkung, Durchsetzung, Rechtsschutz 21
   a) Wirksamkeit, Durchsetzung und Sanktionen 21
   b) Rechtsschutz 22

Literatur: *Glöckner,* Anordnungsbefugnis der Immissionsschutzbehörden gegenüber kommunalen Anlagenbetreibern nach § 24 BImSchG, NVwZ 2003, 1207; *Martin,* Schwierigkeiten der Rechtsprechung mit § 24 BImSchG, UPR 1998, 321; *Seiler,* Die Rechtslage der nicht genehmigungsbedürftigen Anlagen iSv §§ 22 ff BImSchG, 1985; s. auch die Nachw. zu § 22.

1. Bedeutung und Verhältnis zu anderen Vorschriften

1   Die Regelung des § 24 dient der Konkretisierung und Durchsetzung immissionsschutzrechtlicher Pflichten bei (nach dem BImSchG) nicht genehmigungsbedürftigen Anlagen. Zum Verhältnis zu § 26 und § 29 Abs.2 Rn.7 zu § 26. Ob § 5 der 18. BImSchV eine eigenständige Ermächtigung bildet oder nur die Anwendung von § 24 konkretisiert, ist zweifelhaft (vgl. Rn.12 zu § 23).

2   Dem gleichen Zweck wie eine Anordnung gem. § 24 können Anordnungsermächtigungen in anderen Gesetzen dienen. Sie werden durch § 24 **nicht verdrängt,** konkurrieren vielmehr mit der Ermächtigung des § 24, wie das S.2 auch voraussetzt (Koch GK 50). Dies gilt etwa für Anordnungen des Bauordnungsrechts (BVerwG, NJW 1988, 2552; BayVGH, NVwZ 2000, 274; Hansmann LR 6, 10; einschr. Kutscheidt, NVwZ 1983, 72; a. A. Seiler, Lit. zu § 22, 135: Vorrang des § 24), des Gaststättenrechts (a. A.

Anordnungen im Einzelfall § 24

Dietlein LR 32 zu § 2) und des Gewerberechts. Anordnungen zur Durchsetzung des BImSchG und darauf gestützter Rechtsverordnungen erfolgen jedoch allein nach § 24, während die Durchführung von Vorschriften anderer Rechtsbereiche auf Grund der dafür einschlägigen Ermächtigungen erfolgt, auch wenn sie dem Immissionsschutz dienen. Anordnungen auf Grund der ordnungsbehördlichen Generalklausel werden durch § 24 nicht ausgeschlossen (vgl. Koch GK 51); näher zu dieser umstrittenen Frage Rn.18 zu § 25. Im Hinblick auf die ordnungsbehördliche Generalklausel ist allerdings zu beachten, dass die Frage des Verstoßes gegen die öffentliche Sicherheit und Ordnung, soweit es um den Schutz vor Immissionen geht, angesichts der relativen Unbestimmtheit der ordnungsbehördlichen Generalklausel anhand von § 22 und der auf § 23 gestützten Rechtsverordnungen sowie evtl. anderer Spezialgesetze zu beurteilen ist (vgl. Rn.18 zu § 22).

Kann das Ziel der Anordnung nach § 24 S.1 mit gleicher Effizienz auch 3 durch eine **Arbeitsschutzmaßnahme** erreicht werden, hat diese gem. § 24 S.2 als quellennähere Maßnahme den Vorrang. Der Vorrang ist aber nur ein Sollens-Vorrang: In atypischen Fällen kann davon abgewichen werden (Koch GK 39). Zudem ist eine Anordnung nach § 24 immer möglich, wenn sie wirkungsvoller ist (vgl. Hansmann LR 22).

2. Sachlicher und persönlicher Anwendungsbereich

§ 24 gestattet Anordnungen für **nicht genehmigungsbedürftige** 4 **Anlagen;** näher zum Kreis dieser Anlagen Rn.1–11 zu § 22. Auf anzeigepflichtige Anlagen iSd § 67 Abs.2 oder des § 67a Abs.1 ist die Vorschrift nicht anwendbar. Handelt es sich um eine genehmigungsbedürftige Anlage, ist gem. § 47 VwVfG eine Umdeutung in eine Anordnung gem. § 17 möglich, da der Ermessensrahmen im Wesentlichen übereinstimmt (vgl. unten Rn.17). Anordnungen können auch gegenüber planfestgestellten Anlagen ergehen, sofern das Fachplanungsrecht keine Ermächtigung für Anordnungen enthält (vgl. Engelhardt/Schlicht 11; Rn.8 zu § 17).

Adressat der Anordnung kann nur der Anlagenbetreiber bzw. An- 5 lagenerrichter (dazu Rn.81–84 zu § 3) sein (Schmatz/Nöthlichs 1). Dies kann auch eine juristische Person des öffentlichen Rechts sein (BVerwG, NVwZ 2003, 346; VGH BW, NuR 2001, 465; Rn.17 zu § 2; a.A. Glöckner, NVwZ 2003, 1210). Die Anordnungen müssen anlagenbezogen sein, können sich also nicht auf die Fachkunde oder Zuverlässigkeit des Anlagenbetreibers beziehen (Schmatz/Nöthlichs 3). Daneben bietet § 24 die Grundlage für eine Duldungsverfügung gegen den bloßen Anlageneigentümer (vgl. Rn.11 zu § 17). Zur Wahl zwischen mehreren Anlagenbetreibern unten Rn.17a.

3. Pflichtverletzung

a) Einschlägige Vorschriften

Die Anordnung kann der Durchsetzung der **Pflichten des § 22 Abs.1** 6 dienen, zum einen also der Schutz- bzw. Gefahrenabwehrpflicht des § 22

Abs.1 Nr.1, 2 (dazu Rn.22–49 zu § 22), die nur aktuell wird, wenn konkret schädliche Umwelteinwirkungen (dazu Rn.23 zu § 3) vorliegen (OVG NW, UPR 1982, 274). Des Weiteren kann mit der Anordnung die Abfallbeseitigungspflicht des § 22 Abs.1 Nr.3 durchgesetzt werden (dazu Rn.55–58 zu § 22), einschl. der Sicherstellung der mit dieser Pflicht in bezug genommenen Vorschriften, insb. des Abfall- und Wasserrechts (dazu Rn.46 zu § 22); dabei ist allerdings die Beschränkung auf den Anlagenbereich zu beachten (vgl. Rn.3a, 88f zu § 5). Die Pflichten des § 22 sind meist auch dann von Bedeutung, wenn eine Rechtsverordnung nach § 23 erlassen ist, da diese Rechtsverordnung meist *nicht abschließend* ist (Hansmann LR 11a; näher Rn.53 zu § 23; vgl. auch § 16 der 2. BImSchV sowie § 5 der 7. BImSchV).

7 Weiter können nach der gesetzlichen Formulierung Anforderungen zur Durchführung der auf Grund des BImSchG erlassenen **Rechtsverordnung** festgelegt werden. Als derartige Rechtsverordnungen kommen insb. jene in Betracht, die sich auf § 23 Abs.1 stützen. Aber auch Landesverordnungen nach § 23 Abs.2 werden erfasst (Hansmann LR 13). Auf andere Landesverordnungen ist § 24 allenfalls analog anwendbar (für direkte Anwendung OVG RP, DÖV 1989, 778; Engelhardt, NuR 1992, 110). Rechtsverordnungen nach §§ 32–37 können durch eine Anordnung nicht durchgesetzt werden (Engelhardt/Schlicht 4; Koch GK 19; Seiler o.Lit. 82; a.A. Hansmann LR 14), da diese Rechtsverordnungen das Herstellen, Einführen und Inverkehrbringen von Anlagen betreffen, nicht hingegen Errichtung und Betrieb von Anlagen, auf die § 24 bezogen ist; zum Unterschied von Errichtung und Herstellung Rn.56 zu § 4. Dagegen kann § 24 zur Durchsetzung der Vorgaben von Rechtsverordnungen nach § 48a eingesetzt werden, da sie auch Errichtung und Betrieb von Anlagen betreffen. Dies gilt insb. für die 22. BImSchV (Hansmann LR § 45 Rn.10); zu den Grenzen Rn.6b zu § 6. Gleiches gilt für Rechtsverordnungen nach § 49 Abs.1, 2 (Hansmann LR 14) sowie nach § 55 Abs.2 S.3 (ebenso Seiler o. Lit. 82).

8 Die Verletzung **anderer,** für die Errichtung und den Betrieb von Anlagen geltender **Vorschriften des BImSchG** ist in § 24 nicht erwähnt. Grund dafür dürfte der Umstand sein, dass Anforderungen an nicht genehmigungsbedürftige Anlagen außer in § 22 praktisch nur in Rechtsverordnungen gestellt werden. Doch bestehen keine Bedenken dagegen, § 24 analog auf die Verletzung von anderen Vorschriften des BImSchG anzuwenden, soweit sie Errichtung und Betrieb von Anlagen betreffen; vgl. zu den genehmigungsbedürftigen Anlagen Rn.14 zu § 17. Dies wird man etwa für die Pflichten des § 55 Abs.1 S.2, Abs.3, 4 und der §§ 56, 57 sowie des § 58c anzunehmen haben.

b) Sonstiges

9 Unerheblich ist, welche **Art** von Pflichten verletzt wird. Erfasst wird etwa auch die Verletzung von Anzeigepflichten nach § 23 Abs.1 S.1 Nr.4. Irrelevant ist, ob die Pflichtverletzung zu schädlichen Umwelteinwirkungen

Anordnungen im Einzelfall § 24

geführt hat (Kutscheidt, NVwZ 1983, 70). Auf welchen **Ursachen** der Pflichtverstoß beruht und ob er verschuldet ist, spielt keine Rolle; insoweit gelten die Ausführungen in Rn.18 zu § 17 entsprechend. Des Weiteren ist irrelevant, ob etwa die Auflagen einer Baugenehmigung eingehalten sind (vgl. Rn.17 zu § 17). Die Pflichtverletzung kann auch in der Hervorrufung einer Gefahr bestehen; ein Schaden muss nicht eingetreten sein.

4. Ausgestaltung der Anordnung

a) Gegenstand

aa) Inhaltlich kann eine Anordnung nach § 24 alle Anforderungen 10 stellen, die geeignet und erforderlich sind, um die Einhaltung der genannten Vorschriften (oben Rn.6–8) im Einzelfalle zu gewährleisten. Insbesondere können die Vorschriften konkretisiert werden (BVerwGE 117, 1/5 = NVwZ 2003, 346). Eine Anordnung zur Ermittlung von Emissionen und Immissionen kann auf § 24 selbst nicht gestützt werden, da insoweit die §§ 26ff Vorrang haben (Rn.7 zu § 26). Möglich sind aber Anordnungen, um entsprechende Pflichten in Rechtsverordnungen gem. § 23 durchzusetzen (Rn.7 zu § 26). Mit der Anordnung kann auch die Einholung eines Gutachtens über geeignete Abhilfemaßnahmen verlangt werden (BVerwG, GewArch 1977, 387).

bb) Eine Anordnung kann begrifflich nur zu Maßnahmen verpflich- 11 ten, die einen weiteren **Betrieb der Anlage** an der betreffenden Stelle **nicht ausschließen.** Auf § 24 kann keine Untersagung des (gesamten) Anlagenbetriebs gestützt werden (VGH BW, UL-ES § 24–31, 18; Hansmann LR 33; a.A. Koch GK 27). Die Bedeutung dieser Einschränkung darf aber nicht überschätzt werden: So können Betriebseinschränkungen ihre Grundlage in § 24 finden (BVerwGE 90, 163/168 = NJW 1992, 2779; 91, 92/94 = NJW 1993, 342), solange sie den Anlagenbetrieb nicht **überwiegend** ausschließen (Rn.22 zu § 17). § 24 ermöglicht daher auch Anordnungen zur Betriebszeit bzw. eine teilweise Betriebsuntersagung (BVerwGE 91, 92/94 = NJW 1993, 342; Spindler/Spindler, NVwZ 1993, 229; vgl. § 5 der 18. BImSchV). Dem steht nicht entgegen, dass § 25 Abs.1 eine teilweise Untersagung (unter strengeren Voraussetzungen) zulässt. § 25 Abs.1 soll die Nichtbeachtung der Anordnung sanktionieren (dazu Rn.1 zu § 25) und nicht unmittelbar die Einhaltung des Immissionsschutzrechts sicherstellen. Des Weiteren liegt eine Anordnung auch dann nicht vor, wenn sie so belastend ist, dass der Anlagenbetreiber aus ökonomischen Gründen auf den weiteren Betrieb verzichtet (VGH BW, VBlBW 1994, 244; Hansmann LR 24; vgl. Rn.22 zu § 17).

Eine Anordnung kann auch darin bestehen, die Anlage oder einen An- 12 lagenteil **auszuwechseln** oder **kurzfristig abzuschalten.** Insoweit gelten die Ausführungen in Rn.21, 23 zu § 17 ganz entsprechend.

b) Bestimmtheit

Soweit es um die Durchsetzung von Rechtsverordnungen geht, werden 13 sich die Anforderungen idR aus der Rechtsverordnung selbst ablesen las-

§ 24 Nicht genehmigungsbedürftige Anlagen

sen. Geht es dagegen um die Durchsetzung des § 22, müssen die Anforderungen in jedem Fall präzisiert werden, soll das Gebot der **Bestimmtheit** (dazu Rn.12 zu § 12) ausreichende Beachtung finden (Feldhaus FE 7). Statt des Mittels kann auch das Ziel (z. B. Emissionsgrenzwerte) angegeben werden (BVerwG, Buchh 406.25 § 22 BImSchG Nr.2; VGH BW, VBlBW 1982, 98; OVG RP, Feld-ES § 22–4, 2). Möglich ist endlich die Nennung alternativer Mittel (BayVGH, GewArch 1988, 276).

c) Durchsetzungsfrist; gestreckte Anordnung

14 Für die Durchführung der Anordnung ist eine angemessene Frist vorzusehen; insoweit gelten die Ausführungen in Rn.25 zu § 17. Des Weiteren kann die Anordnung sich auch auf einen künftigen Zeitpunkt beziehen; insoweit wird auf Rn.26 zu § 17 verwiesen.

d) Durchführbarkeit

15 Die Anordnung darf nichts rechtlich oder tatsächlich Unmögliches verlangen; andernfalls ist sie nichtig (näher dazu Rn.27 zu § 17). Der Anordnung steht nicht entgegen, dass zu ihrer Durchsetzung die Zustimmung eines Dritten erforderlich ist (Hansmann LR 26); insoweit gelten die Ausführungen in Rn.27 zu § 17: Es besteht lediglich ein Vollzugshindernis, das durch eine Duldungsverfügung nach § 24 beseitigt werden kann (Hansmann LR 26). Endlich ist die Anordnung nicht rechtswidrig, wenn zu ihrer Durchführung eine neue Baugenehmigung notwendig ist (vgl. Rn.14 zu § 14); insb. müssen nicht die Voraussetzungen für die Aufhebung der bereits erteilten Baugenehmigung gegeben sein (BVerwG, UPR 1988, 345f; Sendler, WiVerw 1993, 283; a.A. Koch GK 30; vgl. unten Rn.17). Andererseits wird die Baugenehmigung auch nicht durch die Anordnung ersetzt (Schmatz/Nöthlichs 3 a. E.). In materieller Hinsicht darf die Anordnung nichts verlangen, was gegen das Baurecht oder gegen andere Rechtsvorschriften verstößt.

5. Verhältnismäßigkeit und Ermessen

a) Verhältnismäßigkeit

16 Die Anordnung darf nicht gegen das Prinzip der Verhältnismäßigkeit verstoßen (OVG NW, NVwZ-RR 1988, 16; Feldhaus FE 6; Hansmann LR 24). Der Nutzen der Anordnung und die Belastungen des Anlagenbetreibers müssen in einem angemessenen Verhältnis stehen. Im Bereich des § 22 hat das keine große Bedeutung (vgl. Rn.41 zu § 22), wohl aber dort, wo (in Rechtsverordnungen gem. § 23 niedergelegte) Vorsorgeanforderungen durchgesetzt werden sollen. Insoweit können die Schranken des § 17 Abs.2 S.1 entsprechend angewandt werden (Feldhaus FE 6; Hansmann LR 24). Weitere Anhaltspunkte können der (über Nr.5.2 anwendbaren) Regelung der Nr.5.1 TA Lärm entnommen werden.

Anordnungen im Einzelfall §24

b) Ermessen

aa) Der Erlass der Anordnung steht im behördlichen Ermessen 17 (Hansmann LR 17; Engelhardt/Schlicht 12; nur für bestehende Anlagen Koch GK 23 ff; a. A. Wolf Rn.948), insoweit gelten die Ausführungen in Rn.46 f zu § 17 entsprechend. Anders als bei § 17 wird das Ermessen der Behörde allerdings nicht generell eingeschränkt (wohl auch OVG RP, FE-ES § 22–4, S.4 f). Das Ermessen wird aber „umso mehr eingeschränkt, je mehr die den ... Nachbarn treffenden Immissionen sich der Grenze nähern, die zur Wohnunverträglichkeit führen würden" (BVerwGE 98, 235/248 = NVwZ 1996, 379; noch strenger Martin, UPR 1998, 325). Der hinter der Stufung zwischen S.1 und S.2 des § 17 Abs.1 stehende Rechtsgedanke wird aber auch im Rahmen des § 24 entscheidendes Gewicht haben (Feldhaus FE 4; Koch GK 33; vgl. VGH BW, VBlBW 1994, 243; anders Hansmann LR 18). Der baurechtliche Bestandsschutz steht einer Anordnung gem. § 24 nicht entgegen (BVerwGE 98, 235/247 = NVwZ 1996, 379; BVerwG, NVwZ 1989, 257; BayVGH, GewArch 1988, 277; OVG RP, NVwZ 1989, 276; Hansmann LR 27). Gleiches gilt für eine erteilte Baugenehmigung (BVerwG, NJW 1988, 2552). Bei Sportanlagen ist die Ermessenseinschränkung durch § 5 der 18. BImSchV zu beachten. Steht die Einhaltung von Immissionswerten in Frage, die in einer Rechtsverordnung gem. § 48a Abs.1 enthalten sind (EG-Luftqualitätswerte), kann § 45 das Ermessen sehr stark beschränken (dazu Rn.14 zu § 45). Zudem sind Luftreinhaltepläne zu beachten (Nr.1 Abs.5 TA Luft; Ohms Rn.708).

Sind die Immissionen durch **mehrere Anlagenbetreiber** verursacht, 17a steht es im Ermessen der Behörde, ob sie gegen einen oder alle Betreiber vorgeht (Hansmann LR 21). Allerdings darf das nicht willkürlich geschehen; es müssen Sachgründe für die Heranziehung des betreffenden Betreibers vorliegen (vgl. Rn.52 zu § 17). In Anlehnung an § 47 Abs.4 S.1 dürfte der Verursachungsanteil von zentralem Gewicht sein (vgl. Rn.13 zu § 47). Weitere Anhaltspunkte ergeben sich aus Nr.5.3 TA Lärm.

bb) Was die **Ermessensfehler** angeht, kann auf die Ausführungen in 18 Rn.48 zu § 17 verwiesen werden. Insb. ist das Ermessen fehlerhaft genutzt, wenn die Behörde von nicht zutreffenden Tatsachen ausgegangen ist (HessVGH, NVwZ 1986, 667).

6. Formelle Rechtmäßigkeit

Die **Zuständigkeit** wird durch Landesrecht geregelt (näher Einl. 56). 19 Für den Bereich der Landesverteidigung besteht in § 1 Abs.1 der 14. BImSchV eine Sonderregelung. Im Bereich der Bundesfernstraßen, der Bundeswasserstraßen und der Eisenbahnen des Bundes, wo eine Anordnung v. a. für Nebenanlagen in Betracht kommt (Rn.10 f zu § 2), wird von einer Zuständigkeit der Bundesbehörden ausgegangen (Einl. 55). Zum Verfahren gelten die entsprechenden Ausführungen in Rn.54–57 zu § 17. Insb. ist der Anlagenbetreiber gem. § 28 Abs.1 VwVfG grundsätzlich vor-

§ 24 Nicht genehmigungsbedürftige Anlagen

her anzuhören (Hansmann LR 30); vgl. aber § 28 Abs.2 VwVfG. Die Beteiligung oder gar Zustimmung einer anderen Behörde ist nur geboten, soweit das ausnahmsweise durch Gesetz vorgeschrieben ist (Hansmann LR 30).

7. Konkretisierende Regelungen

20 Im Bereich der **Luftverunreinigungen** ist die TA Luft in gewissem Umfang auf nicht genehmigungsbedürftige Anlagen anwendbar (Rn.17 zu § 28). Für die Nr.6 TA Luft gilt das jedoch nicht (Hansmann LR Nr.6 TA Luft Rn.3). Im Bereich des **Lärms** werden die Anwendungsvoraussetzungen durch die Nr.5.2 *TA Lärm* näher konkretisiert, wobei die Regelung gleichzeitig eine Ermessensrichtlinie enthält (vgl. Rn.14 zu § 48); zur rechtlichen Bedeutung von Verwaltungsvorschriften Rn.41–54 zu § 48.

8. Wirkung, Durchsetzung, Rechtsschutz

a) Wirksamkeit, Durchsetzung und Sanktionen

21 Was die *Wirksamkeit* angeht, gelten die Ausführungen in Rn.61 zu § 17 entsprechend. Die Anordnung ist anlagenbezogen und geht auf den Erwerber der Anlage über (HessVGH, NVwZ-RR 1993, 22). Zur *Durchsetzung* einer Anordnung gem. § 24 stehen der Behörde die Möglichkeiten der Verwaltungsvollstreckung zur Verfügung (dazu Rn.29–32 zu § 62). Alternativ kann sie gem. § 25 Abs.1 den Anlagenbetrieb bis zur Erfüllung der Anordnung untersagen. Daneben stellt der vorsätzliche oder fahrlässige Verstoß gegen eine Anordnung gem. § 62 Abs.1 Nr.5 eine Ordnungswidrigkeit dar (näher dazu Rn.18 sowie Rn.3–11 zu § 62). Unter qualifizierten Voraussetzungen kann sogar eine Straftat gem. § 324a StGB, gem. § 325 StGB oder gem. § 325a StGB vorliegen, evtl. in der Form des § 330 StGB (Text in Rn.2 ff zu § 63).

b) Rechtsschutz

22 Was den Rechtsschutz angeht, so hat der **Adressat** der Anordnung die üblichen Rechtsschutzmöglichkeiten gegenüber Verwaltungsakten; insoweit wird auf die Ausführungen in Rn.67 zu § 17 verwiesen. Der Bescheid kann im Widerspruchsverfahren verschärft werden (BayVGH, GewArch 1988, 277).

23 **Dritte,** die von der Behörde den Erlass einer Anordnung erzwingen wollen, sind klagebefugt, soweit sie geltend machen, die Anordnung sei erforderlich, um der Verletzung von Vorschriften abzuhelfen, die drittschützend sind (Koch GK 52; vgl. Rn.46–52 zu § 6 sowie Rn.68–70 zu § 17). Dies trifft etwa auf § 22 Abs.1 Nr.1, 2 zu (Nds OVG GewArch 1979, 345); näher Rn.69 zu § 22. Zum Drittschutz von Rechtsverordnungen Rn.58 zu § 23. Die Klage Drittbetroffener kann nur auf fehlerfreien Ermessensgebrauch gerichtet sein (HessVGH, ESVGH 27, 231). Soweit den Nachbarn besonders schwere Schäden drohen, kann sich der Ermes-

Untersagung § 25

sensspielraum allerdings so sehr verengen, dass nur noch der Erlass der Anordnung rechtmäßig ist (Sellner/Löwer, WiVerw 1980, 241; Feldhaus FE 5). Die Möglichkeit einer privatrechtlichen Klage schließt den Weg zu den Verwaltungsgerichten nicht aus (Hansmann LR 38; vgl. Rn.69 zu § 17). Dies gilt auch für die Miteigentümer von Wohnungseigentum (VGH BW, VBlBW 1994, 239). Andererseits kann eine privatrechtliche Vereinbarung einem Anspruch auf Einschreiten entgegenstehen (vgl. Rn.61 zu § 3).

§ 25 Untersagung

(1) **Kommt der Betreiber einer Anlage[2] einer vollziehbaren behördlichen Anordnung nach § 24 Satz 1 nicht nach,[3] so kann[5] die zuständige Behörde[6] den Betrieb der Anlage ganz oder teilweise bis zur Erfüllung der Anordnung untersagen.[7]**

(1a) **Die zuständige Behörde hat die Inbetriebnahme oder Weiterführung einer nicht genehmigungsbedürftigen Anlage, die Betriebsbereich oder Teil eines Betriebsbereichs ist und gewerblichen Zwecken dient oder im Rahmen wirtschaftlicher Unternehmungen Verwendung findet,[11] ganz oder teilweise zu untersagen, solange und soweit die von dem Betreiber getroffenen Maßnahmen zur Verhütung schwerer Unfälle im Sinne des Artikels 3 Nr.5 der Richtlinie 96/82/EG oder zur Begrenzung der Auswirkungen derartiger Unfälle eindeutig unzureichend sind.[12] Die zuständige Behörde kann die Inbetriebnahme oder die Weiterführung einer Anlage im Sinne des Satzes 1 ganz oder teilweise untersagen, wenn der Betreiber die in einer zur Umsetzung der Richtlinie 96/82/EG erlassenen Rechtsverordnung vorgeschriebenen Mitteilungen, Berichte oder sonstigen Informationen nicht fristgerecht übermittelt.[13]**

(2) **Wenn die von einer Anlage[19] hervorgerufenen schädlichen Umwelteinwirkungen das Leben oder die Gesundheit von Menschen oder bedeutende Sachwerte gefährden,[20 ff] soll[24] die zuständige Behörde die Errichtung oder den Betrieb der Anlage ganz oder teilweise untersagen, soweit die Allgemeinheit oder die Nachbarschaft nicht auf andere Weise ausreichend geschützt werden kann.[24]**

Übersicht

I. Vorübergehende Betriebsuntersagung (Abs.1)	1
1. Bedeutung und Abgrenzung zu anderen Vorschriften	1
2. Rechtmäßigkeit	2
a) Sachlicher und persönlicher Anwendungsbereich	2
b) Verstoß gegen Anordnung	3
c) Inhalt	4
d) Ermessen	5
e) Formelle Voraussetzungen	6

3. Wirkung, Durchsetzung, Rechtsschutz 7
       a) Wirksamkeit und Wirkung 7
       b) Durchsetzung, Sanktionen und Rechtsschutz 8
  II. Untersagung im Hinblick auf schwere Unfälle (Abs.1 a) 10
    1. Bedeutung, Abgrenzung zu anderen Vorschriften, EG-Recht 10
    2. Materielle Rechtmäßigkeit 11
       a) Sachlicher und persönlicher Anwendungsbereich ... 11
       b) Pflichtverstoß 12
       c) Inhalt 13a
       d) Gebundene Entscheidung/Ermessen und formelle Rechtmäßigkeit 14
    3. Wirkung, Durchsetzung, Sanktionen, Rechtsschutz 16
  III. Errichtungs- und Betriebsuntersagung auf Dauer (Abs.2) 17
    1. Bedeutung und Abgrenzung zu anderen Vorschriften 17
    2. Materielle Voraussetzungen der Rechtmäßigkeit 19
       a) Sachlicher und persönlicher Anwendungsbereich ... 19
       b) Verursachung einer bedeutenden Gefahr 20
       c) Inhalt 23
       d) Soll-Entscheidung 24
       e) Formelle Voraussetzungen 25
    3. Wirkung, Durchsetzung, Rechtsschutz 26
       a) Wirksamkeit und Wirkung 26
       b) Durchsetzung, Sanktionen und Rechtsschutz 27

Literatur: *Schenke,* Zur Problematik des Bestandsschutzes im Baurecht und Immissionsschutzrecht, NuR 1989, 8; *Rademacher,* Bestandsschutz und Störerhaftung des Betreibers nicht genehmigungsbedürftiger Anlagen iSd §§ 22 ff BImSchG, Diss. 1982. S. im Übrigen die Literatur zu § 22.

I. Vorübergehende Betriebsuntersagung (Abs.1)

1. Bedeutung und Abgrenzung zu anderen Vorschriften

1 Abs.1 ermächtigt zur vollständigen oder teilweisen Untersagung des Betriebs einer nicht genehmigungsbedürftigen Anlage, wenn der Betreiber einer Anordnung nach § 24 S.1 nicht nachkommt. Dabei steht der Sanktionscharakter der Untersagung wegen Nichterfüllung der Anordnung im Vordergrund. Die Vorschrift soll die Durchsetzungsfähigkeit von Anordnungen erhöhen (Hansmann LR 1). Eine vergleichbare Regelung für genehmigungsbedürftige Anlagen findet sich in § 20 Abs.1. Zur spezifischen Wirkung unten Rn.7. Die Ermächtigung des Abs.1 steht selbständig neben der des Abs.1 a und des Abs.2 (Hansmann LR 2, 6). Zum Verhältnis zu anderen Ermächtigungen gelten die Ausführungen unten Rn.18.

2. Rechtmäßigkeit

a) Sachlicher und persönlicher Anwendungsbereich

2 Es muss sich um eine nicht genehmigungsbedürftige Anlage handeln; zum Kreis der damit erfassten Anlagen näher Rn.1–11 zu § 22. Auf anzei-

Untersagung **§ 25**

gepflichtige Anlagen iSd § 67 Abs.2, 3 oder des § 67a Abs.1 ist die Vorschrift nicht anwendbar (Rn.26 zu § 67; Koch GK 17). Erfasst werden auch hoheitlich betriebene Anlagen (str.; Rn.17 zu § 2). **Adressat** der Maßnahmen kann nur der Anlagenbetreiber (dazu Rn.81–84 zu § 3) sein. Eine Duldungsverfügung kann allerdings auch gegen den bloßen Eigentümer ergehen (vgl. Rn.11 zu § 17).

b) Verstoß gegen Anordnung

Der Anlagenbetreiber muss gegen eine auf § 24 S.1 gestützte Anordnung verstoßen. Wurde die Anordnung auf eine andere Ermächtigung gestützt, ist Abs.1 nicht einschlägig (Hansmann LR 10). Anders als § 20 Abs.1 ist § 25 Abs.1 nicht auf Verstöße gegen Anordnungen beschränkt, die Beschaffenheit und Betrieb betreffen. Im Regelfall ergibt sich jedoch eine solche Beschränkung aus dem Grundsatz der Verhältnismäßigkeit (für strikte Beschränkung Hansmann LR 11; gegen die Beschränkung Koch GK 19). Zur Abgrenzung der auf Beschaffenheit und Betrieb bezogenen Pflichten wird auf die Ausführungen in Rn.9 zu § 20 verwiesen. Weiter muss die Anordnung vollstreckbar sein, d.h. entweder unanfechtbar oder für sofort vollziehbar erklärt worden sein (näher Rn.32 zu § 62). Die bloße Nichterfüllung der Anordnung reicht insoweit nicht (Hansmann LR 14; Seiler o. Lit. 84f). Ob die Anordnung rechtmäßig ist, spielt keine Rolle, solange der Rechtsmangel nicht zur Nichtigkeit führt (Hansmann LR 13); vgl. auch unten Rn.5. Ein Verstoß liegt auch in einer unrichtigen oder unvollständigen Erfüllung der Anordnung (Hansmann LR 15). Des Weiteren ist unerheblich, ob der Verstoß gegen die Anordnung schuldhaft erfolgt (Hansmann LR 15). Eine Duldung des Verstoßes durch die Behörde, sei es auch über längere Zeit, steht einer Anordnung nicht entgegen (Hansmann LR 15; vgl. auch Rn.37 zu § 20).

c) Inhalt

Die Untersagung kann sich nur gegen den *Betrieb* der Anlage richten. 4 Eine Untersagung der Errichtung ist nicht möglich (Hansmann LR 6), wohl aber die Untersagung des Betriebs von Anfang an (vgl. Rn.7 zu § 20). Die Einstellung des Betriebs während des Untersagungsverfahrens bildet kein Hindernis (vgl. § 35 Abs.1 S.3 GewO).

d) Ermessen

Die Entscheidung steht im pflichtgemäßen Ermessen der Behörde; in- 5 soweit gelten die Ausführungen in Rn.46f zu § 17 entsprechend. Die Behörde hat dabei den Grundsatz der Verhältnismäßigkeit zu beachten. Insb. ist eine (gegenständlich oder zeitliche) teilweise Untersagung in Betracht zu ziehen, wie der Wortlaut deutlich macht. Daran ist – dem Sanktionscharakter der Vorschrift entsprechend (oben Rn.1) – v.a. zu denken, wenn die nicht beachtete Anordnung von geringerem Gewicht ist. Bei der Ausübung des Ermessens hat die Behörde auch die Rechte von Nachbarn zu berücksichtigen. Des Weiteren ist eine evtl. Rechtswidrigkeit der Anordnung bedeutsam (Koch GK 23). Verletzt der Anlagenbetreiber durch die Nichtbefolgung der Anordnung Vorschriften, die den Schutz von Nachbarn bezwecken, kann sich der Spielraum der Behörde reduzieren (Koch GK 55). Zum kaum relevanten Bestandsschutz bestehender Anlagen wird auf Rn.38 zu § 22 sowie Rn.16 zu § 24 verwiesen. Ist die Untersagung notwendig, um die Einhaltung von Immissionswerten sicherzustellen, die aufgrund einer Rechtsverordnung nach § 48a Abs.1 erlassen wurden (EG-Luftqualitätswerte), muss die Untersagung gem. § 45 grundsätzlich ergehen (Rn.14 zu § 45). Die Grenze der Verhältnismäßigkeit gilt aber auch hier; zu weiteren Beschränkungen Rn.6b zu § 6.

e) Formelle Voraussetzungen

6   Die **Zuständigkeit** wird regelmäßig durch Landesrecht geregelt (näher Einl.56). Für den Bereich der Landesverteidigung enthält § 1 Abs.1 der 14. BImSchV eine Sonderregelung. Im Bereich der Bundesfernstraßen, der Bundeswasserstraßen und der Eisenbahnen des Bundes, wo eine Untersagung v. a. für Nebenanlagen in Betracht kommt (Rn.10f zu § 2), wird von einer Zuständigkeit der Bundesbehörden ausgegangen (Einl.55). Zum **Verfahren** gelten die Ausführungen in Rn.54–57 zu § 17. Insb. ist der Anlagenbetreiber gem. § 28 VwVfG grundsätzlich vorher anzuhören.

3. Wirkung, Durchsetzung, Rechtsschutz

a) Wirksamkeit und Wirkung

7   Was die **Wirksamkeit** angeht, gelten die Ausführungen in Rn.61 zu § 17 entsprechend. Die **Wirkung** der Untersagung nach § 25 Abs.1 entspricht, wie der Wortlaut deutlich macht, der einer Untersagung nach § 20 Abs.1 (dazu Rn.16 zu § 20): Sie hat nur *vorübergehenden* Charakter; doch wird sie mit der Erfüllung der Anordnung nicht automatisch unwirksam, sofern sie nicht mit einer entsprechenden Bedingung versehen wurde (Hansmann LR 16; Koch GK 25; a.A. Feldhaus FE 3). Die Untersagung ist keine Zwangsvollstreckung der Anordnung im technischen Sinne (Hansmann LR 1; a.A. Seiler o. Lit. zu § 22, 85); zur Vollstreckung bzw. zum Verwaltungszwang unten Rn.8. Beide Instrumente stehen selbständig nebeneinander (Hansmann LR 9). Die Verfügung ist anlagenbezogen und geht auf den Erwerber über.

b) Durchsetzung, Sanktionen und Rechtsschutz

8   Die **Durchsetzung** der Untersagung erfolgt einmal im Wege des Verwaltungszwangs (dazu Rn.29–32 zu § 62). Außerdem stellt ein Verstoß gegen eine Untersagungsverfügung gem. § 62 Abs.1 Nr.6 eine Ordnungswidrigkeit dar; näher dazu Rn.18 sowie Rn.3–11 zu § 62. Unter zusätzlichen Voraussetzungen kann eine Straftat gem. § 324a StGB, gem. § 325 StGB oder gem. § 325a StGB vorliegen, evtl. in der Form des § 330 StGB (Text in Rn.2ff zu § 63). § 327 Abs.2 Nr.1 StGB kommt dagegen nicht zum Tragen, da mit dem Hinweis auf Untersagungen zum

Untersagung § 25

„Schutz vor Gefahren" in dieser Vorschrift gerade die Fälle des § 25 Abs.1 ausgenommen werden sollten (BT-Drs. 12/192, 21). Die verschiedenen Instrumente stehen selbständig nebeneinander (Feldhaus FE 3); näher dazu Rn.2 zu § 62.

Was den **Rechtsschutz** des **Betreibers** angeht, kann auf Rn.67 zu **9** § 17 verwiesen werden. Für **Dritte** stellen sich Rechtsschutzfragen idR nur dann, wenn die Behörde den Erlass einer Untersagungsverfügung ablehnt. Widerspruch und Verpflichtungsklage sind hier zulässig, wenn der Dritte die Untersagung begehrt, weil andernfalls Vorschriften verletzt werden, die seinen Schutz bezwecken (Hansmann LR 38); näher dazu Rn.46–48 zu § 6. Dafür kommen § 22 Abs.1 Nr.1, 2 (Rn.69 zu § 22), aber auch drittschützende Normen in Rechtsverordnungen (dazu Rn.47 zu § 23) in Betracht. Ist eine solche drittschützende Norm verletzt, hat der Dritte einen Anspruch auf fehlerfreien Ermessensgebrauch.

II. Untersagung im Hinblick auf schwere Unfälle (Abs.1 a)

1. Bedeutung, Abgrenzung zu anderen Vorschriften, EG-Recht

Die Regelung des Abs.1 a, die 1998 eingefügt wurde (Einl.2 Nr.30), **10** ermöglicht eine Betriebsuntersagung im Hinblick auf die Probleme von schweren Unfällen bzw. von Störfällen (dazu Rn.23–27 zu § 20). Die Ermächtigung tritt kumulativ zu den anderen Ermächtigungen des § 25 hinzu. Zum Verhältnis zu anderen Ermächtigungen gelten die Ausführungen oben in Rn.1.

Was das EG-Recht angeht, so dient § 25 Abs.1 a der Umsetzung des **10 a** Art.17 der Richtlinie 96/82/EG zur Beherrschung der Gefahren bei schweren Unfällen mit gefährlichen Stoffen (dazu Rn.87 zu § 3) in deutsches Recht (vgl. unten Rn.12 f).

2. Materielle Rechtmäßigkeit

a) Sachlicher und persönlicher Anwendungsbereich

Die Untersagung gem. Abs.1 a ist bei **nicht genehmigungsbedürfti-** **11** **gen Anlagen** möglich. Insoweit sowie hinsichtlich des Adressaten kann auf die Ausführungen oben in Rn.2 verwiesen werden. Eine Untersagung ist auch schon vor Inbetriebnahme möglich. Des Weiteren muss die Anlage einen Betriebsbereich iSd § 3 Abs.5 a (dazu Rn.88–91 zu § 3) bilden oder Teil eines solchen Betriebsbereichs sein. Schließlich muss die Anlage gewerblichen Zwecken dienen oder im Rahmen wirtschaftlicher Unternehmungen Verwendung finden. Insoweit gelten die Ausführungen in Rn.27 f zu § 4.

b) Pflichtverstoß

aa) Eine Untersagung hat gem. Abs.1 a S.1 zu ergehen, wenn die vom **12** Anlagenbetreiber getroffenen **Maßnahmen** zur Verhütung schwerer

§ 25 Nicht genehmigungsbedürftige Anlagen

Unfälle iSd Art.3 Nr.5 RL 96/82 oder zur Begrenzung der Auswirkungen derartiger Unfälle **unzureichend** sind. Zum Begriff der schweren Unfälle, der im Wesentlichen dem der Störfälle entspricht, vgl. Rn.24–27 zu § 20. Die Maßnahmen müssen „eindeutig unzureichend" sein; insoweit gelten die Ausführungen in Rn.27 zu § 20 ganz entsprechend. Im Zweifelsfall ist von einer Anordnung abzusehen (Hansmann LR 21 c). Keine Rolle spielt, ob die Pflicht durch eine Auflage, eine nachträgliche Anordnung oder durch eine abschließend bestimmte Regelung in einer Rechtsverordnung konkretisiert wurde (BR-DrS.502/98, S.10). Zur gebundenen Entscheidung unten Rn.14.

13 **bb)** Eine Untersagung kann gem. Abs.1a S.2 erfolgen, wenn der Anlagenbetreiber die in einer zur Umsetzung der RL 96/82 erlassenen Rechtsverordnung (vgl. Rn.46 zu § 48a) vorgeschriebenen Mitteilungen, Berichte oder sonstigen **Informationen nicht fristgerecht** übermittelt. Solche fristgebundenen Pflichten finden sich in § 7, § 9 und § 19 der 12. BImSchV. Zum Ermessen unten Rn.14.

c) Inhalt

13a Untersagt werden kann die Inbetriebnahme, d.h. die Aufnahme des Betriebs. Ein Probebetrieb dürfte nur erfasst sein, wenn die in Rn.4 zu § 8a beschriebenen Grenzen und damit die Grenzen der Errichtung überschritten sind (vgl. Rn.29 zu § 20 und Rn.46 zu § 4). Weiter kann die Weiterführung des Betriebs verboten werden. Eine Untersagung der Errichtung ist nicht möglich (vgl. oben Rn.4). Die Einstellung des Betriebs während des Untersagungsverfahrens bildet kein Hindernis (vgl. oben Rn.4).

d) Gebundene Entscheidung/Ermessen und formelle Rechtmäßigkeit

14 **aa)** In den Fällen des Abs.1a S.1 (oben Rn.12) steht der zuständigen Behörde keinerlei Ermessen zu; es handelt sich um eine **gebundene Entscheidung.** Liegen die Voraussetzungen vor, muss sie den Betrieb der Anlage untersagen. Sie kann nur festlegen, ob der Betrieb ganz oder teilweise untersagt wird. Doch auch insoweit steht ihr kein Ermessen zu. Vielmehr bestimmt sich der Umfang der Untersagung anhand des Grundsatzes der Verhältnismäßigkeit. Demgegenüber steht die Entscheidung im Falle des Abs.1a S.2 (oben Rn.13) im behördlichen **Ermessen.** Insoweit kann auf die Ausführungen oben in Rn.5 verwiesen werden.

15 **bb)** Was die **Zuständigkeit** und das **Verfahren** angeht, wird auf die Ausführungen oben in Rn.6 verwiesen.

3. Wirkung, Durchsetzung, Sanktionen, Rechtsschutz

16 Hinsichtlich Wirkung und Durchsetzung gelten die Ausführungen oben in Rn.7f entsprechend. Anders als die Untersagung nach Abs.1 hat die Untersagung nach Abs.1a aber keinen vorläufigen Charakter. Doch besteht ein Anspruch auf Aufhebung der Untersagung, wenn deren Voraussetzungen entfallen sind (vgl. Rn.32 zu § 20). Der Verstoß gegen eine Anordnung nach Abs.1a ist eine Straftat gem. § 327 Abs.2 Nr.1 StGB (Hansmann LR 36), da es hier um den Schutz vor Gefahren geht. Für den Rechtsschutz gelten die Ausführungen oben in Rn.9 entsprechend.

III. Errichtungs- und Betriebsuntersagung auf Dauer (Abs.2)

1. Bedeutung und Abgrenzung zu anderen Vorschriften

Die Vorschrift enthält eine eigenständige Untersagungsermächtigung 17 (Feldhaus FE 2; Hansmann LR 6). Anders als Abs.1 ermächtigt Abs.2 auch zu einem Errichtungsverbot (unten Rn.23). Die materiellen Anforderungen für den Anlagenbetreiber werden in Abs.2 nicht geregelt (BVerwGE, 81, 197/211 = NJW 1989, 1291). Die Vorschrift ist in vollem Umfang mit Art.14 GG vereinbar (Kutscheidt, NVwZ 1983, 71; Koch GK 9ff; Hansmann LR 32). Sie bestimmt Inhalt und Schranken des Eigentums und macht keine Entschädigung notwendig (Engelhardt/Schlicht I 9; Hansmann LR 32; Rademacher o. Lit. 214ff). Ist die Anordnung ausnahmsweise unverhältnismäßig, muss sie unterbleiben, es sei denn, man wendet § 21 Abs.4 entsprechend an (dafür Schenke, NuR 1989, 12f). Zum Verhältnis zu Abs.1 oben Rn.1; zum Verhältnis zu Abs.1a oben Rn.10; zum Verhältnis zu § 24 unten Rn.23.

Da § 25 eine Untersagung nur unter bestimmten Voraussetzungen zu- 18 lässt, stellt sich die Frage, ob **auf Grund anderer Gesetze** eine Untersagung der Errichtung oder des Betriebs nicht genehmigungsbedürftiger Anlagen möglich ist oder ob § 25, evtl. im Zusammenspiel mit § 24, eine abschließende Regelung enthält. Was zunächst Ermächtigungen in anderen Spezialgesetzen angeht, etwa im GPSG, so konkurrieren sie mit § 25 Abs.2 (Hansmann LR 7f). Ähnliches gilt im Verhältnis zur **ordnungsbehördlichen Generalklausel.** Das ist formell (Zuständigkeit), aber auch materiell von Bedeutung, da die Voraussetzungen des Abs.2 strenger als die der Generalklausel sind (Gefahr für *bedeutende* Sachwerte). Die Generalklausel ist parallel anwendbar (BVerwGE 55, 118/122 = NJW 1978, 1818; Koch GK 52; diff. Hansmann LR 8; a.A. Götz Rn.589; Feldhaus FE 4). Anders als die §§ 17, 20, 21 (dazu Rn.2 zu § 20) enthalten die §§ 24, 25 keine stufende Regelung, die auf einen abschließenden Charakter hindeuten würde. Lediglich § 25 Abs.2 enthält eine Abstufung, die jedoch einer Anwendung der ordnungsbehördlichen Generalklausel nicht entgegensteht: § 25 Abs.2 legt fest, wann die Behörde eingreifen **soll;** dagegen folgt aus der ordnungsbehördlichen Generalklausel, wann die Behörde eingreifen **kann** (Koch GK 51). Auch bei paralleler Anwendung der Generalklausel ist folglich die Abgrenzung des § 25 Abs.2 sinnvoll (s. auch Rn.38f zu § 22). Voll anwendbar auf den Betrieb nicht genehmigungsbedürftiger Anlagen ist auch § 35 GewO.

§ 25 Nicht genehmigungsbedürftige Anlagen

2. Materielle Voraussetzungen der Rechtmäßigkeit

a) Sachlicher und persönlicher Anwendungsbereich

19 Es muss sich um eine **nicht genehmigungsbedürftige Anlage** handeln; näher dazu Rn.1–11 zu § 22. Außerdem findet § 25 Abs.2 entsprechende Anwendung auf die an sich genehmigungsbedürftigen, aber gem. § 67 Abs.2, 3 anzeigepflichtigen oder anzeigefreien Anlagen (dazu Rn.26 zu § 67). Gleiches gilt für die Anlagen des § 67a Abs.1. Erfasst werden auch hoheitlich betriebene Anlagen (str.; Rn.17 zu § 2). Die Untersagung ist an den **Anlagenbetreiber** (dazu Rn.81–84 zu § 3) zu richten; der bloße Eigentümer kann allerdings Adressat einer Duldungsverfügung sein (dazu Rn.11 zu § 17).

b) Verursachung einer bedeutenden Gefahr

20 Die Anlage muss konkret geeignet sein, schädliche Umwelteinwirkungen auszulösen. Das setzt zunächst voraus, dass von der Anlage **Emissionen** ausgehen. Die Verursachung sonstiger Einwirkungen iSd 2. Alt. des § 5 Abs.1 S.1 Nr.1 (dazu Rn.24–29 zu § 5) genügt nicht (Hansmann LR 24). Bei Anlagen, die weder in gewerblichen noch in sonstigen wirtschaftlichen Unternehmungen (zu diesen Begriffen Rn.27f zu § 4) Verwendung finden, kann nur gegen Luftverunreinigungen und Geräusche vorgegangen werden (Koch GK 30; Hansmann LR 24). Zwar fehlt in § 25 eine § 22 Abs.1 S.3 entsprechende Einschränkung; sie folgt jedoch aus der begrenzten Bundeskompetenz.

21 Die Emissionen müssen zu Immissionen führen, die ihrerseits eine konkrete **Gefahr für Leben oder Gesundheit oder bedeutende Sachwerte** auslösen. D.h., es muss nach den Umständen des konkreten Falls eine hinreichende Wahrscheinlichkeit (näher Rn.42–44 zu § 3) dafür bestehen, dass das Leben, die Gesundheit oder bedeutsame Sachwerte verletzt werden. Notwendig ist eine konkrete Gefahr, nicht jedoch eine unmittelbar bevorstehende Gefahr (Hansmann LR 28; Koch GK 33; vgl. Rn.17 zu § 21). Eine Gesundheitsverletzung liegt in der Hervorrufung eines Krankheitszustandes (vgl. Hansmann LR 25), auch in Schlafstörungen (BVerwGE 91, 92/93 = NJW 1993, 342); Belästigungen (Rn.27 zu § 3) werden nicht erfasst. Zur Rechtmäßigkeit der betroffenen Nutzung Rn.60 zu § 3. Ob ein Sachwert bedeutend ist, hängt von seinem Verkehrswert, aber auch von seiner Bedeutung für die Allgemeinheit ab, weshalb etwa Kulturgüter regelmäßig bedeutende Sachgüter darstellen (Hansmann LR 27). Liegt nur eine einfache Gefahr einer schädlichen Umwelteinwirkung vor, *kann* auf Grund der ordnungsbehördlichen Generalklausel eingeschritten werden (oben Rn.18). Im Übrigen dürften die Anforderungen an die Gefahr für Leben, Gesundheit bzw. Sachwerte geringer ausfallen, wenn allein *einstweilige* Maßnahmen auf Abs.2 gestützt werden (Engelhardt/Schlicht 5).

22 Keine Rolle spielt, ob die Gefahr *schuldhaft* verursacht wurde oder welcher Anlagenaspekt letztlich **ursächlich** ist; so kann eine Untersagung

Untersagung § 25

auch wegen des ungeeigneten Standorts ergehen (HessVGH, BauR 1978, 45; Ule UL 3). Eine Duldung des Verstoßes durch die Behörde steht der Anordnung nicht entgegen (Schmatz/Nöthlichs 2; vgl. oben Rn.3).

c) Inhalt

Die Untersagung kann sich zum einen gegen den Betrieb der Anlage 23 richten. Zum Begriff des Betriebs kann auf Rn.47 zu § 4 verwiesen werden. Anders als bei Abs.1 kommt auch eine Untersagung der Errichtung in Betracht (Hansmann LR 6); für den Begriff der Errichtung gelten die Ausführungen in Rn.44 zu § 4. Eine Beseitigungsanordnung kann nicht auf § 25 Abs.2 gestützt werden (Engelhardt/Schlicht 5); insoweit kann aber das Bauordnungsrecht zum Tragen kommen. Anordnungen zur Beschaffenheit und zum Betrieb der Anlage können als milderes Mittel auf § 25 Abs.2 gestützt werden (BVerwGE 91, 92/93 f = NJW 1993, 342; Feldhaus FE 4). Die Kann-Ermächtigung des § 24 konkurriert insoweit mit der Soll-Ermächtigung des § 25 Abs.2.

d) Soll-Entscheidung

Im Falle des § 25 Abs.2 **soll** die Behörde eine Untersagung erlassen. 24 Das heißt, sie ist im Regelfall dazu verpflichtet, nur in atypischen Fällen steht ihr ein Ermessen zu (BVerwGE 81, 197/211f = NJW 1989, 1291; Hansmann LR 29). Das bedeutet insb., dass der Erlass der Untersagung keiner besonderen Begründung bedarf, sofern die Voraussetzungen der Vorschrift gegeben sind, während bei einem Absehen die entsprechenden Gesichtspunkte ausführlich darzulegen sind (näher Rn.50 zu § 17; vgl. BVerwGE 91, 92/100 = NJW 1993, 342). Im Übrigen ist das Übermaßverbot zu beachten; kann insb. das Ziel ebenso gut durch eine Anordnung nach § 24 erreicht werden, hat diese den Vorrang (Abs.2, letzter Halbs.). Insoweit gelten die Ausführungen oben Rn.5 entsprechend. Gegen die Einschränkung des Ermessens bestehen angesichts der geforderten schweren Gefahren keine verfassungsrechtlichen Bedenken (oben Rn.17). Die (pflichtwidrige) Duldung des rechtswidrigen Zustands dürfte, zumal wenn es um den Schutz von Dritten geht, regelmäßig ohne Relevanz sein (Hansmann LR 30).

e) Formelle Voraussetzungen

Zu den formellen Voraussetzungen kann auf die Ausführungen oben in 25 Rn.6 verwiesen werden.

3. Wirkung, Durchsetzung, Rechtsschutz

a) Wirksamkeit und Wirkung

Was die Wirksamkeit der Untersagung angeht, gelten die Ausführungen 26 in Rn.61 zu § 17 entsprechend. Mit der Wirksamkeit muss der Betrieb der Anlage, ggf. die Errichtung (oben Rn.23) sofort eingestellt werden. Die Verfügung ist anlagenbezogen und geht auf den Erwerber über. Anders als eine Untersagung nach Abs.1 gilt sie dauerhaft, sofern die Behörde keine zeitliche Beschränkung ausdrücklich vorsieht.

b) Durchsetzung, Sanktionen und Rechtsschutz

27 Die **Durchsetzung** der Untersagung erfolgt im Wege des Verwaltungszwangs; dazu Rn.29–32 zu § 62. Der vorsätzliche oder fahrlässige Verstoß gegen die Untersagung stellt gem. § 327 Abs.2 Nr.1 eine Straftat dar (Hansmann LR 36), evtl. in der Form des § 330 StGB (Texte in Rn.4 ff zu § 63).

28 Hinsichtlich des **Rechtsschutzes** des Betreibers gelten die Ausführungen in Rn.67 zu § 17. Für *Dritte* stellen sich Rechtsschutzfragen, wenn die Behörde den Erlass einer Untersagungsverfügung ablehnt. Widerspruch und Verpflichtungsklage eines möglicherweise betroffenen Dritten sind hier regelmäßig zulässig, da § 25 Abs.2 drittschützenden Charakter hat (Hansmann LR 38; Koch GK 56). Im Regelfall hat der Dritte einen Rechtsanspruch auf Einschreiten der Behörde. Nur wenn atypische Umstände vorliegen (oben Rn.24), steht dem Dritten (lediglich) ein Anspruch auf fehlerfreien Ermessensgebrauch zu.

Dritter Abschnitt. Ermittlung von Emissionen und Immissionen, sicherheitstechnische Prüfungen, Technischer Ausschuss für Anlagensicherheit

§ 26 Messungen aus besonderem Anlass

Die zuständige Behörde kann[18] anordnen, dass der Betreiber einer genehmigungsbedürftigen Anlage oder, soweit § 22 Anwendung findet, einer nicht genehmigungsbedürftigen Anlage[11] Art und Ausmaß der von der Anlage ausgehenden Emissionen sowie die Immissionen im Einwirkungsbereich der Anlage durch eine der von der nach Landesrecht zuständigen Behörde bekanntgegebenen Stellen[32] ermitteln lässt,[14 ff] wenn zu befürchten ist, dass durch die Anlage schädliche Umwelteinwirkungen hervorgerufen werden.[12 f] Die zuständige Behörde ist befugt, Einzelheiten über Art und Umfang der Ermittlungen sowie über die Vorlage des Ermittlungsergebnisses vorzuschreiben.[17]

Übersicht

I. Allgemeines zu den §§ 26–29	1
1. Ermittlung von Immissionen und Emissionen als Teil der betreibereigenen Überwachung	1
2. Verhältnis zu Parallelvorschriften	3
a) Behördliche Überwachung gem. § 52	3
b) Überwachung auf Grund von Rechtsverordnungen	4
c) Überwachung auf Grund von Genehmigung und nachträglicher Anordnung	5
II. Erlass von Ermittlungsanordnungen	9
1. Bedeutung und Abgrenzung zu anderen Vorschriften	9
2. Rechtmäßigkeit der Anordnung	11
a) Sachlicher und persönlicher Anwendungsbereich	11
b) Verdacht auf schädliche Umwelteinwirkungen	12
c) Inhalt der Anordnung	14
d) Ermessen	18
e) Formelle Rechtmäßigkeit	19
3. Durchführung der Anordnung	20
a) Pflichten des Anlagenbetreibers aus § 26	20
b) Beziehungen zur Messstelle	23
4. Durchsetzung und Sanktionen	24
5. Rechtsschutz	25
III. Bekanntgabe der geeigneten Stellen	26
1. Bedeutung der Bekanntgabe	26
2. Rechtmäßigkeit der Bekanntgabe	28
a) Materielle Voraussetzungen und Rechtsverordnung	28
b) Kein Ermessen; Nebenbestimmungen	30
c) Formelle Rechtmäßigkeit	31

3. Bekanntgegebene Stellen und Erlöschen der Bekanntgabe 32
4. Rechtsschutz 34

Literatur: *Janssen,* Die Möglichkeiten der Privatisierung des Bekanntgabewesens von Meßstellen und Sachverständigen nach §§ 26 und 29 a BImSchG, 2000; *Koch u. a.,* Anlagenüberwachung im Umweltschutz, 1998; *Dolde/Vetter,* Überwachung immissionsschutzrechtlich genehmigungsbedürftiger Anlagen, NVwZ 1995, 943; *Gabel,* Voraussetzungen und Folgen der Meßanordnung nach § 26 Abs.1 BImSchG, 1994; *Hahn,* Offenbarungspflichten im Umweltschutzrecht, 1984; *Engelhardt,* Die Bekanntgabe von Meßstellen nach § 26 des BImSchG, BB 1978, 71.

I. Allgemeines zu den §§ 26–29

1. Ermittlung von Immissionen und Emissionen als Teil der betreibereigenen Überwachung

1 In den §§ 26–29 sind verschiedene **Möglichkeiten der Ermittlung** von Immissionen und Emissionen vorgesehen: **(1)** Aufgrund der §§ 26 und 28 kann der Anlagenbetreiber verpflichtet werden, Emissionen bzw. Immissionen durch bestimmte, von den durch Landesrecht festgelegten Stellen ermitteln zu lassen. **(2)** Nach § 29 kann der Anlagenbetreiber verpflichtet werden, aufzeichnende Messgeräte einzusetzen und Emissionen bzw. Immissionen damit fortlaufend zu messen. **(3)** § 27 enthält die unmittelbare Verpflichtung des Anlagenbetreibers, unter bestimmten Voraussetzungen eine Erklärung über die von der Anlage ausgehenden Luftverunreinigungen abzugeben.

2 Die Vorschriften der §§ 26–29 gehören zur **betreibereigenen Überwachung,** bei der die Ermittlungen durch den Betreiber selbst oder in seinem Auftrag durch Dritte vorgenommen werden. Das Gegenstück bildet die Überwachung durch die zuständigen Behörden bzw. deren Beauftragte nach § 52 Abs.2, 3, 6, die *behördliche Überwachung.* Zur betreibereigenen Überwachung rechnen auch die sicherheitstechnischen Prüfungen gem. § 29a, die Tätigkeiten des Immissionsschutzbeauftragten gem. §§ 53–58 sowie des Störfallbeauftragten gem. §§ 58a–58d und die Maßnahmen des Umweltaudit iSd § 58e.

2. Verhältnis zu Parallelvorschriften

a) Behördliche Überwachung gem. § 52

3 Die zuständige Behörde hat grundsätzlich die Wahl zwischen den Möglichkeiten nach § 52 Abs.2, 3, 6 einerseits und nach §§ 26–29 andererseits (OVG NW, NVwZ-RR 2002, 339; Hansmann LR 5; Feldhaus FE 7); zum Unterschied zwischen den beiden Überwachungsformen oben Rn.2. Insb. sind die Ermittlungen gem. § 52 kein milderes Mittel (vgl. auch unten Rn.18). Ein Vorgehen nach der einen Alternative der Überwachung schließt ein späteres Vorgehen nach der anderen nicht aus, sofern dies erforderlich ist.

Messungen aus besonderem Anlass § 26

b) Überwachung auf Grund von Rechtsverordnungen

Die auf Grund § 7 Abs.1 oder § 23 Abs.1 erlassenen Rechtsverordnungen können die Messung von Immissionen und Emissionen vorschreiben, wie § 7 Abs.1 Nr.3 bzw. § 23 Abs.1 Nr.3 entnommen werden kann. Dies ist in §§ 12–17 der 1. BImSchV, in §§ 10–12 der 2. BImSchV, in §§ 9–16 der 17. BImSchV, in §§ 7–10 der 27. BImSchV, in §§ 8 ff der 30. BImSchV und in § 5 Abs.3–5, § 6 der 31. BImSchV geschehen. Die durch Rechtsverordnung festgelegten Anforderungen können auch strenger ausfallen. Ob § 26 sowie §§ 28 f durch die Regelungen der Rechtsverordnungen verdrängt werden oder parallel anwendbar sind, ist durch Auslegung der Rechtsverordnungen zu bestimmen (Hansmann LR 6). Bei den §§ 14, 15 der 1. BImSchV und den §§ 13 ff der 13. BImSchV ist das im Verhältnis zu §§ 26, 29 nicht der Fall (Hansmann LR Vorb.6 vor § 26; teilweise a.A. Feldhaus FE 8).   4

c) Überwachung auf Grund von Genehmigung und nachträglicher Anordnung

Von erheblicher praktischer Bedeutung ist die Frage, ob sich die Verpflichtung des Anlagenbetreibers, Emissionen und Immissionen zu ermitteln, auch auf die **§§ 12, 17 und 24** stützen lässt. Dafür spricht, dass die §§ 26, 28 f ihrer Funktion nach eher darauf abzielen, die Möglichkeiten zur Anordnung von Ermittlungen zu erweitern (Hansmann LR 9). Dagegen spricht, dass durch die Parallelanwendung der §§ 12, 17, 24 die differenzierte Umschreibung der den Anlagenbetreiber treffenden Ermittlungspflichten in den §§ 26, 28 f unterlaufen würde. Die Vorschriften wären im Wesentlichen nicht mehr nötig. Die §§ 26, 28 f müssen daher als grundsätzlich abschließende Regelung angesehen werden. Doch ist diese Wirkung restriktiv zu fassen: Sie erfasst allein nachträgliche Anordnungen, da die §§ 26, 28 f lediglich derartige Anordnungen erlauben. Dagegen werden durch die §§ 26, 28 f die im Genehmigungsbescheid festgelegten Pflichten nicht berührt.   5

Daraus folgt, dass durch **Genehmigungsauflagen** Pflichten zur Ermittlung von Emissionen und Immissionen unabhängig von den §§ 26 ff festgelegt werden können (vgl. Nr.5.3 der TA Luft), sofern dies zur Sicherstellung der Genehmigungsvoraussetzungen erforderlich ist (Hansmann LR 10; Lechelt GK 27; Dörr UL C2 zu § 6; a.A. Dolde, NVwZ 1995, 947; Feldhaus FE 19). Insb. ist es möglich, Wiederholungsmessungen in kürzeren Abständen als in § 28 vorgesehen, vorzuschreiben. Darüber hinaus gilt es zu berücksichtigen, dass nach Auffassung des Gesetzgebers die Ermittlungsmöglichkeiten der §§ 26 ff im Regelfall ausreichend sind. Werden daher weitergehende Anforderungen in einer Nebenbestimmung zur Genehmigung gestellt, muss dies durch besondere Umstände des konkreten Falls bedingt sein.   6

Im Verhältnis zu den **§§ 17, 24** sind die §§ 26 ff aus den oben in Rn.5 dargelegten Gründen abschließend (Hansmann LR 11; Lechelt GK 28; a.A. für nicht genehmigungsbedürftige Anlagen Feldhaus FE 10). Anord-   7

§ 26   Ermittlung von Emissionen und Immissionen

nungen zur Ermittlung von Emissionen und Immissionen können daher nicht auf die §§ 17, 24 gestützt werden mit der Folge, dass etwa der Kostenregelung des § 30 nicht ausgewichen werden kann. Soweit es um die Einhaltung vorgeschriebener Emissions- und Immissionswerte geht, kommt aber § 26 zum Tragen (unten Rn.13). Möglich ist dagegen, Ermittlungspflichten, die in Rechtsverordnungen vorgeschrieben sind (oben Rn.4), über die §§ 17, 24 durchzusetzen (Hansmann LR 11; Feldhaus FE 10). Für die Durchsetzung anderweitig vorgesehener Ermittlungspflichten enthalten die §§ 26 ff keine abschließende Regelung.

8   Die Überwachung nach sonstigen Gesetzen tritt zurück, sofern es dort primär um Immissionen geht. Dementsprechend entfällt die Überwachung durch den Schornsteinfeger auch bei genehmigungsbedürftigen Anlagen (BayVGH, NVwZ-RR 2004, 486).

II. Erlass von Ermittlungsanordnungen

1. Bedeutung und Abgrenzung zu anderen Vorschriften

9   § 26 Abs.1 ermächtigt zu Anordnungen gegenüber dem Anlagenbetreiber, die von der Anlage ausgehenden Emissionen und Immissionen durch Messstellen (dazu unten Rn.32) ermitteln zu lassen, sofern schädliche Umwelteinwirkungen zu befürchten sind. Damit soll in zweifelhaften Fällen eine **Klärung** darüber erreicht werden, ob der Anlagenbetreiber seinen immissionsschutzrechtlichen Pflichten nachkommt.

10 Was das **Verhältnis zu anderen Vorschriften** angeht, so stehen die Möglichkeiten des § 26 selbständig neben den §§ 27–29a (Lechelt GK 45a–47a). Welche der verschiedenen Möglichkeiten von der Behörde gewählt werden, steht in ihrem Ermessen. Auch ein paralleler Einsatz der verschiedenen Informationsinstrumente ist möglich, soweit das erforderlich ist (Hansmann LR 3 ff). Speziell zum Verhältnis zu § 28 s. zudem Rn.1 zu § 28, zum Verhältnis zu § 29 Rn.2 zu § 29. Allerdings ist der Grundsatz der Verhältnismäßigkeit, insb. die Erforderlichkeit zu beachten. Was die durch eine Emissionserklärung erlangten Informationen angeht, ist bedeutsam, dass sie weniger zuverlässig als Ermittlungen einer beauftragten Stelle sind (Hansmann LR 5; Lechelt GK 24, 45a). Zum Verhältnis zu den sonstigen Vorschriften des BImSchG, insb. zu den §§ 12, 17, 24 oben Rn.5–7. § 13 Abs.1 Nr.10 SchornsteinfegerG bleibt unberührt (vgl. Amtl. Begr., BT-Drs. 7/179, S.40).

2. Rechtmäßigkeit der Anordnung

a) Sachlicher und persönlicher Anwendungsbereich

11 Eine Anordnung nach § 26 ist nur bei einer *Anlage* iSd § 3 Abs.5 möglich. Zum Begriff der Anlage Rn.66–80 zu § 3. Bei nicht genehmigungsbedürftigen Anlagen (dazu Rn.1–11 zu § 22) ist der Anordnungsgegen-

Messungen aus besonderem Anlass § 26

stand beschränkt (näher unten Rn.15). Die Anlage muss nicht in Betrieb sein; insb. können Ermittlungen auch im Bereich des § 5 Abs.3 angeordnet werden (Feldhaus FE 5; Gabel o. Lit. 73). Doch ist die Ein-Jahres-Grenze des § 17 Abs.4a S.2 zu beachten (a.A. Lechelt GK 12a). Die Anordnung kann nur an den *Anlagenbetreiber* (dazu Rn.81–84 zu § 3) gerichtet werden (Hansmann LR 13).

b) Verdacht auf schädliche Umwelteinwirkungen

Eine Anordnung ist nur möglich, wenn schädliche Umwelteinwirkungen **zu befürchten** sind. Schädliche Umwelteinwirkungen sind alle (konkret) schädlichen Immissionen (dazu Rn. 23 zu § 3). Der Begriff des Befürchtens meint nicht die *Gefahr* eines Schadens, eines Nachteils oder einer Belästigung. Dies steckt bereits im Begriff der schädlichen Umwelteinwirkung (vgl. Rn.24, 26 zu § 3). Wenn § 26 zusätzlich von Befürchten spricht, macht die Vorschrift deutlich, dass ein *Verdacht* genügt (vgl. auch die sachlich sicherlich übereinstimmende Formulierung in § 29 Abs.2). Doch muss es für den Verdacht konkrete Anhaltspunkte geben (Hansmann LR 9; Lechelt GK 13; Feldhaus FE 6), auch wenn die Anforderungen nicht hoch angesetzt werden dürfen (Feldhaus FE 6; Lechelt GK 13); die Ermittlungen sollen ja gerade Zweifel klären (vgl. oben Rn.9). Es genügt, wenn sich schädliche Umwelteinwirkungen auf Grund von (auch punktuellen) Indizien nicht von vornherein ausschließen lassen, etwa wenn eigene Messungen zu Werten dicht am fraglichen Grenzwert führen (VGH BW, GewArch 1980, 394; Feldhaus FE 6; Sellner 473; etwas restriktiv HessVGH, VwRspr 1980, 108). 12

Darüber hinaus dürfte § 26 generell zum Tragen kommen, wenn ein durch konkrete Umstände begründeter Verdacht besteht, dass **immissionsschutzrechtliche Pflichten** zur Beschaffenheit und zum Betrieb der Anlage (vgl. Rn.9 zu § 20) mit Relevanz für die erzeugten Emissionen oder hervorgerufenen Immissionen **nicht beachtet** werden, auch dann, wenn die Pflichten dem Vorsorgebereich zuzuordnen sind (i.E. Gabel o. Lit. 104; wohl auch Lechelt GK 15; anders wohl Hansmann LR 9). Andernfalls würden die §§ 26ff hinter den Möglichkeiten der polizeirechtlichen Generalklausel zurückbleiben, die Ermittlungen bei jedem zureichenden Verdacht einer Rechtsverletzung gestattet. 13

c) Inhalt der Anordnung

Der Inhalt der Anordnung besteht in der Verpflichtung des Anlagenbetreibers, eine zugelassene Messstelle mit Ermittlungen zu beauftragen (näher zur Durchführung unten Rn.20–23). 14

aa) Was die **Art der Ermittlungen** angeht, so werden sie regelmäßig aus Messungen bestehen. Doch sind trotz der Überschrift andere Formen der Ermittlung nicht ausgeschlossen (Hansmann LR 14; Lechelt GK 17), etwa Geruchsfeststellungen oder die Feststellung von Abgasmengen anhand von Produktionsdaten (Amtl. Begr., BT-Drs. 7/179, S.40; Feldhaus FE 12). Die Ermittlungen können sich auf Emissionen, also auf den Aus- 15 stoß der Anlage (dazu Rn.14 zu § 3) bzw. einzelner Anlagenteile (Hansmann LR 16; Feldhaus FE 13), oder auf Immissionen, also die mitverursachte Gesamtbelastung (dazu Rn.19 zu § 3) wie den entsprechenden Immissionsbeitrag (Hansmann LR 17) im „Einwirkungsbereich der Anlage" (dazu Rn.33 zu § 3) beziehen (Feldhaus FE 14). Die Anordnung von Messungen auf Nachbargrundstücken ist nicht ausgeschlossen. Doch ist sie nicht vollziehbar, wenn der Eigentümer dieser Grundstücke die Messungen definitiv verweigert (vgl. Rn.27 zu § 17; Hansmann LR 11); eine Duldungsverfügung gegen die Nachbarn ist nicht möglich, da insoweit weder § 26 noch § 52 Abs.6 eine Grundlage liefert (Lechelt GK 22). Soweit es um nicht genehmigungsbedürftige Anlagen (dazu Rn.1–11 zu § 22) geht, die in nicht wirtschaftlichen Unternehmungen (dazu Rn.28 zu § 4) eingesetzt werden, kann nur die Ermittlung von Luftverunreinigungen (dazu Rn.2 zu § 3) und von Geräuschen (dazu Rn.5 zu § 3) verlangt werden; dies ergibt sich aus dem Verweis auf § 22 (Hansmann LR 8; Lechelt GK 12).

16 **bb)** Die Anordnung muss gem. § 37 Abs.1 VwVfG ausreichend **bestimmt** sein. Dies kann dadurch geschehen, dass die zu ermittelnden Emissionen oder Immissionen bezeichnet oder Art und Umfang der Ermittlungen festgelegt werden (VGH BW, GewArch 1980, 394). Dabei genügt es, wenn die Anordnung für die Messstelle ausreichend präzise ist (BVerwG, DVBl 1983, 944).

17 **cc)** Die Behörde hat gem. § 26 S.2 das Recht, **weitere Konkretisierungen** vorzunehmen, also Art und Umfang der Ermittlungen genauer festzulegen (BVerwG, DVBl 1983, 944), insb. auch Mehrfachermittlungen vorzuschreiben (Lechelt GK 36). Zudem gestattet S.2, die Vorlage des Ermittlungsergebnisses zu regeln, insb. eine *Frist* zu setzen (Hansmann LR 23). Läßt sich die Frist nicht einhalten, ist (allein) die Fristsetzung unwirksam; die Ermittlungen sind so schnell wie möglich vorzunehmen (Hansmann LR 22). Ob die Behörde von den Konkretisierungsbefugnissen iSd S.2 Gebrauch macht, steht in ihrem Ermessen. Auch nach Erlass der Anordnung ist eine solche nähere Bestimmung noch möglich (Lechelt GK 36; vgl. § 31 S.2; einschr. Hansmann LR 19); doch kann das die Kostentragung beeinflussen. Falls der Anlagenbetreiber eine andere Ermittlungsart vorschlägt, die für die Belange der Behörde ebenso geeignet ist, muss die Behörde die Anordnung entsprechend abändern (Feldhaus FE 16; Lechelt GK 28; vgl. Rn.32 zu § 17). Zur Auswahl der Messstelle unten Rn.20.

d) Ermessen

18 Die Entscheidung über die Anordnung steht im Ermessen der Behörde; insoweit gelten die Ausführungen in Rn.46 f zu § 17 entsprechend. Dabei ist der **Grundsatz der Verhältnismäßigkeit** in seinen drei Teilelementen zu beachten (Feldhaus FE 7 ff; allg. dazu Jarass/Pieroth Art.20 Rn.56 ff): Im Hinblick auf das Prinzip der *Geeignetheit* muss eine Messanordnung ausscheiden, wenn sie vermutlich keine zusätzlichen Erkenntnisse

Messungen aus besonderem Anlass § 26

bringen wird (vgl. Hansmann LR 29). Das Prinzip der *Erforderlichkeit* (geringstmöglicher Eingriff) wird nicht verletzt, falls die Behörde auch mit eigenen Ermittlungen nach § 52 zum Ziel kommen kann; die Möglichkeiten nach § 26 und § 52 stehen selbständig nebeneinander (näher oben Rn.3). Der Grundsatz der *Verhältnismäßigkeit* ieS verlangt, dass die Belastungen für den Anlagenbetreiber, insb. die Kosten der Ermittlungen, soweit sie der Anlagenbetreiber zu tragen hat, in keinem Mißverhältnis zum Zweck der Ermittlungen stehen (Hansmann LR 30; Feldhaus FE 10). Die Kosten dürfen um so höher sein, je größer die befürchteten Umweltbelastungen sind; dabei sind insb. die Art der Umweltbelastung sowie die Gefährlichkeit und Menge der Emissionen zu berücksichtigen (Feldhaus FE 10). Insbesondere spielt eine Rolle, ob eine bloße Belästigung oder bereits ein Schaden droht. Des Weiteren müssen die Kosten der Ermittlungen in einem angemessenen Verhältnis zu den Kosten etwaiger Abhilfemaßnahmen stehen (Lechelt GK 27; Hansmann LR 30). Bei EMAS-Anlagen (dazu Rn.14 zu § 58e) wird das Ermessen durch Verwaltungsvorschriften der Länder häufig eingeschränkt (näher Lechelt GK 42b).

e) Formelle Rechtmäßigkeit

Die *Zuständigkeit* ergibt sich aus dem Landesrecht (näher dazu Einl.32; 19 Hansmann LR 24). Für den Bereich der Landesverteidigung besteht in § 1 Abs.1 der 14. BImSchV eine Sonderregelung. Im Bereich der Bundesfernstraßen, der Bundeswasserstraßen und der Eisenbahnen des Bundes, wo eine Anordnung v.a. für Nebenanlagen in Betracht kommt (Rn.10f zu § 2), wird von einer Zuständigkeit der Bundesbehörden ausgegangen (Einl.37). Zum *Verfahren* gelten die Ausführungen in Rn.54–57 zu § 17 entsprechend. Zur Aufnahme der Anordnung in den Genehmigungsbescheid vgl. Rn.8 zu § 28.

3. Durchführung der Anordnung

a) Pflichten des Anlagenbetreibers aus § 26

Der Anlagenbetreiber kann die fraglichen Ermittlungen nicht selbst 20 durchführen, sondern muss eine Messstelle damit beauftragen. Unter den bekanntgegebenen Messstellen (unten Rn.32) hat er aber die freie **Wahl** (Feldhaus FE 29), sofern sie für die fraglichen Ermittlungen geeignet sind bzw. bekanntgegeben wurden (dazu unten Rn.28f). Die Bekanntgabe muss während der Durchführung der Ermittlungen wirksam sein (Lechelt GK 101; unten Rn.33). Ist erkennbar, dass eine bestimmte Messstelle zur Vornahme der Ermittlungen in dem betreffenden Einzelfall nicht in der Lage ist, muss der Anlagenbetreiber eine andere Messstelle beauftragen. Die Behörde kann in ihrer Anordnung mit deklaratorischer Wirkung auf eine solche Beschränkung hinweisen. Die teilweise für möglich gehaltene konstitutive Wirkung einer solchen behördlichen Regelung (Hansmann LR 67ff) findet in § 26 keine Grundlage (vgl. Lechelt GK 50; Feldhaus FE 29).

§ 26 Ermittlung von Emissionen und Immissionen

21 § 26 verpflichtet den Anlagenbetreiber nicht nur, auf Anordnung der Behörde hin, eine geeignete Messstelle zu beauftragen. Er hat auch alles zu tun, um eine **ordnungsgemäße Durchführung** der Ermittlungen **zu ermöglichen** (Lechelt GK 57; vgl. Hansmann LR 21, 72 ff). Insb. ist der Stand der Messtechnik zu beachten (Feldhaus FE 30). Der Anlagenbetreiber darf der Messstelle **Personal und Material zur Verfügung stellen,** solange dadurch deren Unabhängigkeit und eigenständige Verantwortung nicht gefährdet wird; der Gesetzgeber hat Eigenermittlungen im Rahmen des § 26 bewusst ausgeschlossen (Hansmann LR 74; Lechelt GK 57).

22 Zur Frage, wer die **Kosten** zu tragen hat, Rn.2–4 zu § 31. Zur **Weiterleitung** der Resultate an die Behörde Rn.2–4 zu § 31. Sind die Ergebnisse der Ermittlungen unzureichend, kann eine neue Anordnung gem. § 26 ergehen, sofern deren Voraussetzungen vorliegen (Feldhaus FE 31).

b) Beziehungen zur Messstelle

23 Die Beziehungen zwischen Anlagenbetreiber und Messstelle werden nicht durch die §§ 26 ff geregelt (Feldhaus FE 28). Insb. verleihen diese Vorschriften der Messstelle keine Hoheitsrechte (unten Rn.26; Lechelt GK 54). Ist sie eine privatrechtliche Einrichtung, regelt sich ihr Verhältnis zum Anlagenbetreiber allein nach Privatrecht; idR liegt ein Werkvertrag vor (Hansmann LR 71). Öffentlich-rechtliche Messstellen haben die Wahl zwischen privatrechtlichen und öffentlich-rechtlichen Beziehungen (Lechelt GK 53). Die wechselseitigen Pflichten von Messstellen und Anlagenbetreiber ergeben sich allein aus diesen Rechtsbeziehungen, nicht aus §§ 26 ff (Lechelt GK 54). Das gilt insb. für die Ansprüche wegen fehlerhafter Ermittlungen.

4. Durchsetzung und Sanktionen

24 Kommt der Betreiber seinen Pflichten (oben Rn.20 f) nicht nach, kann die Behörde ihre Anordnung im Wege des Verwaltungszwangs vollstrecken (dazu Rn.29–32 zu § 62). Außerdem handelt der Anlagenbetreiber gem. § 62 Abs.1 Nr.5 ordnungswidrig, wenn er vorsätzlich oder fahrlässig einer vollziehbaren Anordnung gem. § 26 nicht, nicht richtig, nicht vollständig oder nicht rechtzeitig nachkommt; näher dazu Rn.18 sowie Rn.3–11 zu § 62. Unter spezifischen Voraussetzungen kann auch eine Straftat gem. § 324 a StGB, gem. § 325 StGB oder gem. § 325 a StGB vorliegen (Text in Rn.2 ff zu § 63). Schließlich kann die fehlende oder unzureichende Durchführung einer Ermittlungsanordnung gem. § 6 Abs.4 UmwHG für privatrechtliche Schadensersatzansprüche von Bedeutung sein (Lechelt GK 42 a; Feldhaus, UPR 1992, 165).

5. Rechtsschutz

25 Vom **Anlagenbetreiber** kann die Anordnung als Verwaltungsakt angefochten werden (Hansmann LR 84 f). Die Ausführungen in Rn.67 zu § 17 gelten entsprechend. Zur Frage, wieweit **Nachbarn** einen Anspruch

Messungen aus besonderem Anlass § 26

auf Durchführung von Überwachungsmaßnahmen haben (ablehnend Lechelt GK 44), Rn.16–19 zu § 52.

III. Bekanntgabe der geeigneten Stellen

1. Bedeutung der Bekanntgabe

Bevor Anordnungen nach § 26 erlassen werden können, müssen die 26 Stellen, die die Ermittlungen durchführen dürfen, bekanntgemacht, d.h. vom Staat anerkannt sein. Bei diesen Stellen, im Folgenden als **Messstellen** bezeichnet, kann es sich um private, aber auch um staatliche Einrichtungen handeln. Die Einrichtungen haben, insb. gegenüber dem Anlagenbetreiber, keine öffentlich-rechtlichen Befugnisse (Hansmann LR 38; vgl. BVerwG, DVBl 1983, 944), anders als die Beauftragten der Behörden nach § 52 (dazu Rn.27 zu § 52). Die Messstellen sind daher keine Beliehenen. Zu ihren Beziehungen zu den Anlagenbetreibern oben Rn.23.

Die Bekanntgabe, also die Anerkennung der Messstellen durch den Staat, 27 ist, ebenso wie die Benennung als Sachverständiger nach § 36 GewO, als **Verwaltungsakt** zu qualifizieren (VG Saarl, Feld-ES, § 26–5, 1; Hansmann LR 40; Lechelt GK 71; a.A. Ule UL 2). Sie enthält, trotz der zurückhaltenden Bezeichnung als Bekanntmachung, eine Einzelfallregelung, da sie die fragliche Stelle zu Ermittlungen nach § 26 berechtigt (Engelhardt, BB 1978, 71f). Soweit die Messstellen allerdings Teile der gleichen juristischen Person wie die benennende Behörde sind, fehlt es an der Außenwirkung; es liegt ein bloßer Innenakt vor (Hansmann LR 41; Lechelt GK 72).

2. Rechtmäßigkeit der Bekanntgabe

a) Materielle Voraussetzungen und Rechtsverordnung

Was die **materiellen Voraussetzungen** der Bekanntgabe angeht, so 28 kann die fragliche Stelle eine natürliche oder eine juristische Person sein (Hansmann LR 44; i.E. BVerwG, DVBl 1983, 944), muss eine ausreichende Fachkunde, Zuverlässigkeit und gerätetechnische Ausstattung aufweisen (Hansmann LR 46–48), wie das in § 26 Abs.2 a.F. ausdrücklich gesagt wurde. Für die Zuverlässigkeit ist insb. die persönliche und wirtschaftliche Unabhängigkeit notwendig (Hansmann LR 47; Lechelt GK 75). Die Anforderungen dürfen als Berufsausübungsregelungen im Hinblick auf Art.12 GG nicht unverhältnismäßig sein.

Die Anforderungen an Fachkunde, Zuverlässigkeit und gerätetechnische 29 Ausstattung können durch **Landesrecht** näher festgelegt werden. Die früher bestehende Ermächtigung des § 26 Abs.2 a.F., insoweit eine Bundes-Rechtsverordnung zu erlassen, wurde 1996 (Einl.2 Nr.27) gestrichen. Soweit keine Landes-Rechtsvorschrift zu den notwendigen Anforderungen erlassen wurde, können und müssen die zuständigen Landesstellen Zuverlässigkeit, Fachkunde und gerätetechnische Ausstattung eigenständig beurteilen (vgl. Hansmann LR 46). Ihnen steht dabei ein erheblicher Beurteilungsspielraum zu (für Ermessensspielraum Lechelt GK 75). Zur Konkretisierung der Anforderungen hat der LAI die „Richtlinie für die Bekanntgabe von Sachverständigenstellen im Bereich des Immissionsschutzes" am 30. 9. bis 2. 10. 2003 erlassen; abgedr. bei FE C 4.9 (LAI); Hansmann LR 51. Die Zulassung wird erleichtert, wenn ein „Fachkundenachweis für Ermittlungen im Bereich des Immissionsschutzes" iSd des LAI-Beschlusses vom 30. 9.–2. 10. 2003 vorliegt; abgedr. bei FE C 4.12 (LAI). Die Richtlinie ist überaus detailliert. Ob sie in jeder Hinsicht die verfassungsrechtlichen Anforderungen (oben Rn.28) beachtet, erscheint zweifelhaft. Gegebenenfalls sind im Einzelfall Abweichungen zuzulassen.

b) Kein Ermessen; Nebenbestimmungen

30 Liegen die Voraussetzungen der Bekanntgabe (oben Rn.28f) vor, ist die betreffende Stelle bekanntzugeben. Für die Einräumung eines behördlichen Ermessens (dafür Hansmann LR 49; dagegen Lechelt GK 81; Engelhardt/Schlicht 13) liefert § 26 keine ausreichenden Anhaltspunkte. Eine Verweigerung der Bekanntgabe stellt vielmehr einen gravierenden Eingriff in die Berufsfreiheit dar (vgl. BVerfGE 86, 28/38 ff = NJW 1992, 2621) und bedarf daher einer klaren Entscheidung des Gesetzgebers. Insb. ist es ausgeschlossen, zu prüfen, ob die vorhandenen Messstellen nicht genügen (so BVerfGE 86, 28/42 ff = NJW 1992, 2621 zu § 36 GewO). *Nebenbestimmungen* sind nur im Rahmen des § 36 Abs.1 VwVfG möglich, also nur insoweit, als dies erforderlich ist, um die Voraussetzungen der Bekanntgabe sicherzustellen (a.A. Hansmann LR 57ff). Im Übrigen sind gegenständliche und räumliche Beschränkungen ausgeschlossen (a.A. Hansmann LR 53f, gestützt auf den Ermessencharakter). Allerdings wirkt die Benennung nur für das betreffende Bundesland (Hansmann LR 62).

c) Formelle Rechtmäßigkeit

31 **Zuständig** zur Bekanntgabe sind die durch das Landesrecht festgelegten Behörden. Für die **Form** der Bekanntgabe gelten keine besonderen Anforderungen (vgl. § 39 VwVfG). Zu ihrer Wirksamkeit genügt eine entsprechende Mitteilung an die betreffende Messstelle. Damit allerdings nicht in jeder Anordnung die in Frage kommenden Messstellen aufgeführt werden müssen, empfiehlt sich neben der Mitteilung an die betreffende Messstelle eine Bekanntmachung in einem amtlichen Veröffentlichungsblatt (vgl. VGH BW, GewArch 1977, 312; Hansmann LR 52). Endlich bedarf die Bekanntgabe zu ihrer Wirksamkeit der **Zustimmung** der betreffenden Messstelle, es sei denn, die Messstelle gehört der gleichen juristischen Person wie die bekannt gebende Stelle an (Hansmann LR 45; etwas strenger Lechelt GK 74). Ohne diese Zustimmung müsste die Bekanntgabe ihren Zweck verfehlen. Die Zustimmung kann in einem entsprechenden Antrag der Messstelle, aber auch in anderen Akten liegen (s. dazu Hansmann LR 45).

Emissionserklärung § 27

3. Bekanntgegebene Stellen und Erlöschen der Bekanntgabe

In jedem Bundesland sind eine Vielzahl von **Messstellen bekanntgegeben** worden. Im Einzelnen kann man sie beim für Umweltschutz zuständigen Minister oder Senator erfragen. Außerdem finden sich die bekanntgegebenen Stellen im Internet unter der Adresse „www.brandenburg.de/land/mlur/i/resymesa/resymesa.htm". Die Bekanntgabe gilt grundsätzlich für das betreffende Land. 32

Die für die Bekanntgabe zuständige Behörde kann diese unter den Voraussetzungen der §§ 48, 49 VwVfG aufheben. Wurde die Bekanntgabe befristet, erlischt sie mit Ablauf der Frist (Hansmann LR 65). Mit dem **Erlöschen** der Bekanntgabe ist die Messstelle nicht mehr berechtigt, Messungen nach § 26 durchzuführen; dies gilt auch für laufende Ermittlungsaufträge, sofern die Messungen noch nicht abgeschlossen sind (vgl. Hansmann LR 66), es sei denn, die Aufhebung der Bekanntgabe sieht ausdrücklich etwas anderes vor. Weiterhin verliert die Bekanntgabe als mitwirkungsbedürftiger Verwaltungsakt ihre Wirkung durch einen Verzicht der Messstelle (Feldhaus FE 26); laufende Ermittlungen werden vom Verzicht nur berührt, wenn er erkennbar auch darauf bezogen ist (vgl. Hansmann LR 63; Lechelt GK 98). 33

4. Rechtsschutz

Der betroffenen Messstelle steht gegen die Ablehnung ihres Antrags auf Bekanntgabe die Verpflichtungsklage offen. Konkurrierende Messstellen sowie Anlagenbetreiber haben dagegen kein Klagerecht gegen die Bekanntgabe einer (anderen) Messstelle (Hansmann LR 87), weil die Voraussetzungen der Bekanntgabe nicht in ihrem Interesse bestehen. 34

§ 27 Emissionserklärung

(1) **Der Betreiber einer genehmigungsbedürftigen Anlage**[5f] **ist verpflichtet, der zuständigen Behörde innerhalb einer von ihr zu setzenden Frist**[10f] **oder zu dem in der Rechtsverordnung nach Absatz 4 festgesetzten Zeitpunkt Angaben zu machen über Art, Menge, räumliche und zeitliche Verteilung der Luftverunreinigungen, die von der Anlage in einem bestimmten Zeitraum ausgegangen sind, sowie über die Austrittsbedingungen (Emissionserklärung);**[8f] **er hat die Emissionserklärung nach Maßgabe der Rechtsverordnung nach Absatz 4 entsprechend dem neuesten Stand zu ergänzen.**[11] **§ 52 Abs.5 gilt sinngemäß.**[12] **Satz 1 gilt nicht für Betreiber von Anlagen, von denen nur in geringem Umfang Luftverunreinigungen ausgehen können.**[6]

(2) **Auf die nach Absatz 1 erlangten Kenntnisse und Unterlagen sind die §§ 93, 97, 105 Abs.1, § 111 Abs.5 in Verbindung mit § 105 Abs.1 sowie § 116 Abs.1 der Abgabenordnung nicht anzuwenden.**[13] **Dies gilt nicht, soweit die Finanzbehörden die Kenntnisse für die Durchfüh-**

rung eines Verfahrens wegen einer Steuerstraftat sowie eines damit zusammenhängenden Besteuerungsverfahrens benötigen, an deren Verfolgung ein zwingendes öffentliches Interesse besteht, oder soweit es sich um vorsätzlich falsche Angaben des Auskunftspflichtigen oder der für ihn tätigen Personen handelt.[14]

(3) Der Inhalt der Emissionserklärung ist Dritten auf Antrag bekanntzugeben.[15] Einzelangaben der Emissionserklärung dürfen nicht veröffentlicht oder Dritten bekanntgegeben werden, wenn aus diesen Rückschlüsse auf Betriebs- oder Geschäftsgeheimnisse gezogen werden können.[16] Bei Abgabe der Emissionserklärung hat der Betreiber der zuständigen Behörde mitzuteilen und zu begründen, welche Einzelangaben der Emissionserklärung Rückschlüsse auf Betriebs- oder Geschäftsgeheimnisse erlauben.[16]

(4) Die Bundesregierung wird ermächtigt, durch Rechtsverordnung mit Zustimmung des Bundesrates Inhalt, Umfang, Form und Zeitpunkt der Abgabe der Emissionserklärung, das bei der Ermittlung der Emissionen einzuhaltende Verfahren und den Zeitraum, innerhalb dessen die Emissionserklärung zu ergänzen ist, zu regeln.[2] In der Rechtsverordnung wird auch bestimmt, welche Betreiber genehmigungsbedürftiger Anlagen nach Absatz 1 Satz 3 von der Pflicht zur Abgabe einer Emissionserklärung befreit sind.[6] Darüber hinaus kann zur Erfüllung der Pflichten aus bindenden Beschlüssen der Europäischen Gemeinschaften in der Rechtsverordnung vorgeschrieben werden, dass die zuständigen Behörden über die nach Landesrecht zuständige Behörde dem Bundesministerium für Umwelt, Naturschutz und Reaktorsicherheit zu einem festgelegten Zeitpunkt Emissionsdaten zur Verfügung stellen, die den Emissionserklärungen zu entnehmen sind.[2]

Übersicht

1. Bedeutung und Konkretisierung 1
   a) Bedeutung, Abgrenzung zu anderen Vorschriften, EG-Recht 1
   b) Rechtsverordnungsermächtigung 2
   c) Emissionserklärungsverordnung (11. BImSchV) 3
2. Voraussetzungen der Erklärungs- und Berichtspflicht 5
   a) Erklärungs- und berichtspflichtige Anlagen 5
   b) Adressat 7
3. Emissionserklärung 8
   a) Inhalt, Form, Ermittlungsmethode, Kosten 8
   b) Termine und Empfänger 10
   c) Verweigerungsrecht 12
4. Weitergabe der erklärten Daten an andere (Abs.2, 3) 13
   a) Weitergabe an Behörden 13
   b) Informationsanspruch Dritter und Veröffentlichung 15
5. Durchsetzung, Sanktionen, Rechtsschutz 17
   a) Durchsetzung und Sanktionen 17
   b) Rechtsschutz 18

Emissionserklärung § 27

Literatur: *Kim,* Der Schutz von Betriebs- und Geschäftsgeheimnissen nach dem Umweltinformationsgesetz, 1999; *Brieda,* Emissionserklärung, in: Kalmbach/Schmölling (Hg.), Der Immissionsschutzbeauftragte, 1994, 113; *Hahn,* Offenbarungspflichten im Umweltschutzrecht, 1984, 57; *Rebentisch,* Probleme des Geheimnisschutzes im Rahmen der Emissionserklärung, NJW 1980, 99.

1. Bedeutung und Konkretisierung

a) Bedeutung, Abgrenzung zu anderen Vorschriften, EG-Recht

§ 27 statuiert für die Betreiber genehmigungsbedürftiger Anlagen die 1 Pflicht, alle vier Jahre eine Erklärung über die von der Anlage ausgehenden Luftverunreinigungen abzugeben. Anders als § 26, § 28 und § 29 enthält die Vorschrift keine bloße Ermächtigung, durch Anordnung Ermittlungen vorzuschreiben, sondern legt selbst eine solche Pflicht fest. Ziel der Vorschrift ist zum einen die Überwachung der betreffenden Anlage und damit die Sicherung der Pflichten des Anlagenbetreibers; zudem sollen Daten für den gebietsbezogenen Immissionsschutz gewonnen werden, insb. für die Aufstellung von Emissionskatastern gem. § 46 (Lechelt GK 3; Hansmann LR 2f). Die Vorschrift steht selbständig neben den Regelungen des § 26 (Rn.10 zu § 26) sowie der §§ 28–29a (Feldhaus FE 2; Lechelt GK 64f). Die Pflicht zur Emissionserklärung entfällt dann nicht, wenn auf Grund einer Anordnung nach §§ 26, 28f entsprechende Informationen erbracht wurden (Hansmann LR 7). Vielmehr sind die Ergebnisse der Ermittlungen nach diesen Vorschriften bei der Erklärung nach § 27 zu berücksichtigen (§ 5 Abs.1 Nr.1, 2 der 11. BImSchV). Zum Verhältnis zu Ermittlungen nach § 52 vgl. Rn.3 zu § 26.

Die Verordnung gem. Abs.4 dient der Umsetzung **EG-rechtlicher** 1a **Pflichten,** wie Abs.4 S.3 deutlich macht (dazu unten Rn.4).

b) Rechtsverordnungsermächtigung

Gem. Abs.4 S.1 kann die Bundesregierung durch Rechtsverordnung 2 mit Zustimmung des Bundesrates die Einzelheiten der Emissionserklärung näher festlegen sowie gem. Abs.4 S.2 die Anlagen, die von der Emissionserklärung befreit sind, näher umreißen. Zudem kann die Verordnung die Länder zur Übermittlung von Emissionsdaten gem. Abs.4 S.3 verpflichten, damit der Bund die gem. Art.15 Abs.3 UAbs.1 RL 96/61 erforderlichen Daten an die EG-Kommission übermitteln kann (BT-Drs. 14/4599, 129; Lechelt GK 50h). Für das Verfahren des Erlasses der Verordnung gelten die Ausführungen in Rn.10 zu § 4. Eine Beteiligung der interessierten Kreise ist jedoch nicht erforderlich.

c) Emissionserklärungsverordnung (11. BImSchV)

Auf die Ermächtigung des § 27 Abs.4 sowie auf § 48a Abs.3 stützt 3 sich die „**Verordnung über die Emissionserklärungen und Emissionsberichte**" (11. BImSchV); abgedr. einschl. Literaturhinweisen in Anh. A 11. Die Verordnung erging am 29. 4. 2004 (BGBl I 694). Zur

§ 27 Ermittlung von Emissionen und Immissionen

Auslegung vgl. die Amtl. Begründung der Bundesregierung sowie den Beschluss des Bundesrats (BR-Drs. 954/03).

4 **Inhaltlich** bezweckt die Verordnung, gesicherte Angaben über Emissionen als Grundlage für die allgemeine Überwachung, für die Beurteilung der Luftqualität gem. § 10 der 22. BImSchV, die Aufstellung und Durchführung von Luftreinhalteplänen gem. § 47 und die Übermittlung von Daten über Jahresfrachten bestimmter Schadstoffe entsprechend der Entscheidung 2000/479/EG über den Aufbau eines europäischen Emissionsregisters vom 7. 6. 2000 (ABl L 192/36) zu gewinnen (BR-Drs. 954/03, S.14). Unterschieden wird zwischen der für die jeweilige Anlage abzugebenden Emissionserklärungen für Überwachungs- und Sanierungsmaßnahmen und den für den jeweiligen Standort abzugebenden Emissionsbericht zur Weiterleitung an die EG-Kommission. Die Verordnung regelt die Voraussetzungen der Pflicht zur Abgabe von Emissionserklärungen und Emissionsberichten (unten Rn.5–7) und Inhalte und Abgabe der Emissionserklärung und des Emissionsberichts (unten Rn.8–11).

2. Voraussetzungen der Erklärungs- und Berichtspflicht

a) Erklärungs- und berichtspflichtige Anlagen

5 Emissionserklärung und Emissionsbericht sind grundsätzlich von den Betreibern aller genehmigungsbedürftigen Anlagen (dazu Rn.13–32 zu § 4) abzugeben, unabhängig davon, ob sie im förmlichen oder im vereinfachten Verfahren genehmigt wurden (Lechelt GK 12). Dies gilt auch für Anlagen, die nach Erlass der 11. BImSchV genehmigungsbedürftig wurden (BR-Drs. 954/03, S.16). Erfasst werden zudem Anlagen, bei denen die Genehmigung durch eine Anzeige, etwa gem. § 67 Abs.2 oder gem. § 67a Abs.1, oder durch eine Planfeststellung etc. ersetzt wird (Feldhaus FE 7; Lechelt GK 12).

6 Von der Erklärungspflicht **ausgenommen** sind die in § 1 der 11. BImSchV im Einzelnen aufgeführten Anlagen, wobei die Fassung der 4. BImSchV vom 6. 5. 2002 zugrunde zu legen ist (BR-Drs. 954/03, 16). Daneben können gem. § 6 der 11. BImSchV im Einzelfall Ausnahmen ermöglicht werden. Insoweit kann auf die Ausführungen in Rn.11 zu § 23 verwiesen werden. Die Entscheidung über die Ausnahme steht im Ermessen (Lechelt GK 18).

b) Adressat

7 Erklärungs- und Berichtspflicht treffen gem. § 4 Abs.3 S.1 der 11. BImSchV den Anlagenbetreiber; für die Bestimmung dieses Begriffs gelten die Ausführungen in Rn.81–84 zu § 3. Wechselt der Betreiber während des Erklärungs- und Berichtszeitraums, hat jeder Betreiber gem. § 4 Abs.3 S.2 der 11. BImSchV für den Teil des Zeitraums Erklärung und Bericht abzugeben, in dem er die Anlage betrieben hat, sofern nicht Erklärung und Bericht gemeinsam abgegeben werden (Lechelt GK 13).

Emissionserklärung § 27

3. Emissionserklärung

a) Inhalt, Form, Ermittlungsmethode, Kosten

Gegenstand der Emissionserklärung und des Emissionsberichts sind allein Luftverunreinigungen. Dementsprechend ist der Emissionsbegriff des § 2 Nr.2 der 11. BImSchV enger als der des § 3 Abs.3. Ausdrücklich definiert werden zudem in § 2 Nr.1, 3–5 der 11. BImSchV die Begriffe „Betriebseinrichtung", „Emissionsfaktor", „Energie- und Massenbilanzen" und „Abgase". Inhalt, Umfang und Form der Erklärung sowie des Berichts sind in § 3 der 11. BImSchV detailliert geregelt. Für EMAS-Anlagen (zur Abgrenzung vgl. Rn.14 zu § 58e) sind durch Verwaltungsvorschriften der Länder Erleichterungen vorgesehen (näher Lechelt GK 59a). Die Erklärungspflicht besteht auch insoweit, als eine entsprechende *Anzeige* gem. § 15 Abs.1 erstattet wurde (Hansmann LR 8) oder die Behörde die Daten bereits (aus Messungen etc.) kennt.

Was die **Art der Ermittlung** der Emissionen angeht, kann der Anlagenbetreiber zwischen den Möglichkeiten des § 5 Abs.1 der 11. BImSchV wählen. Bei der Erklärung hat er gem. § 5 Abs.2 S.1 der 11. BImSchV anzugeben, welche Ermittlungsart er benutzt hat. Die Behörde kann gem. § 5 Abs.2 S.2 der 11. BImSchV noch genauere Auskünfte über das benutzte Verfahren verlangen. Der Anlagenbetreiber muss gem. § 5 Abs.2 S.3 der 11. BImSchV die entsprechenden Unterlagen vier Jahre aufbewahren, eine Verpflichtung, die durch § 27 Abs.4 S.1 noch gedeckt sein dürfte (Lechelt GK 44). Die **Kosten** für die Ermittlungen trägt gem. § 30 S.1 der Anlagenbetreiber (Lechelt GK 66a). Durch Landesrecht kann zudem eine Gebühr für die Prüfung der Erklärung bzw. des Berichts festgelegt werden (BVerwGE 109, 272/274 = BVerwG, NVwZ 2000, 73 ff).

b) Termine und Empfänger

Die **erste Erklärung** für eine Anlage ist gem. § 4 Abs.1 der 11. BImSchV für das Kalenderjahr 2004 abzugeben. Sie ist gem. § 4 Abs.2 S.1 der 11. BImSchV spätestens bis zum 30. April des folgenden Jahres einzureichen. Die Behörde kann gem. § 4 Abs.2 S.2 der 11. BImSchV eine Fristverlängerung gestatten; unter den Voraussetzungen des § 32 VwVfG ist sie dazu verpflichtet (vgl. Lechelt GK 40). Erklärung und Bericht sind gegenüber der nach Landesrecht zuständigen Immissionsschutzbehörde abzugeben. Dies gilt auch für Nebenanlagen und Nebeneinrichtungen der Bundeseisenbahnen und Bundesfernstraßen (Lechelt GK 26; Hansmann LR 21; s. auch Einl.55).

Gemäß § 4 Abs.1 S.2 der 11. BImSchV ist eine abgegebene Emissionserklärung **nach 3 Jahren** zu **ergänzen**, soweit sich Änderungen ergeben haben. Erstmalig ist die Ergänzung für das Jahr 2007 vorzunehmen. Nicht ausgeschlossen ist, erneut eine vollständige Erklärung abzugeben (Hansmann LR 22). § 27 selbst enthält seit 2001 (Einl.2 Nr.34) insoweit keine Fristregelung mehr, sondern verweist auf die Rechtsverordnung. Die Regelung des § 4 der 11. BImSchV und damit die Ausführungen oben in

§ 27　　　Ermittlung von Emissionen und Immissionen

Rn.10 gelten entsprechend. Zur (obsoleten) Übergangsregelung zum Jahr 1996 vgl. Rn.36 zu § 67.

c) Verweigerungsrecht

12　Der Anlagenbetreiber kann gem. Abs.1 S.2 iVm § 52 Abs.5 die Emissionserklärung insoweit verweigern, als er sich oder einen Angehörigen der Gefahr strafrechtlicher Verfolgung oder eines Bußgeldverfahrens aussetzen würde. Insoweit kann auf die Ausführungen in Rn.37 zu § 52 verwiesen werden. Nimmt der Anlagenbetreiber sein Verweigerungsrecht in Anspruch, muss er dies ausdrücklich geltend machen, da anderenfalls die Emissionserklärung mit zu großen Unsicherheiten belastet wäre (Hahn o. Lit. 60; Hansmann LR 15; vgl. Rn.37 zu § 52). Für den Emissionsbericht dürfte Abs.1 S.2 entsprechend gelten.

4. Weitergabe der erklärten Daten an andere (Abs.2, 3)

a) Weitergabe an Behörden

13　Abs.2 S.1 setzt der Weitergabe der in den Emissionserklärungen enthaltenen Daten an die **Finanzbehörden** Grenzen, damit nicht im Hinblick auf steuerrechtliche Folgen falsche Emissionsangaben gemacht werden. Der Ausschluss von § 93, § 97, § 105 Abs.1, § 111 Abs.5 und § 116 Abs.1 der Abgabenordnung führt dazu, dass die Immissionsschutzbehörden die aus den Erklärungen stammenden Emissionsdaten an die Finanzbehörden weder weitergeben müssen noch können (Hansmann LR § 52 Rn.31). Auf den Emissionsbericht dürfte Abs.2 S.1 analog anzuwenden sein.

14　Für gravierende Fälle wird dieser Ausschluss durch den 1976 eingefügten (Einl.2 Nr.4) Abs.2 S.2 wieder aufgehoben. Den Nachweis für das Vorliegen der tatsächlichen Voraussetzungen eines Ausnahmefalls muss die zuständige Finanzbehörde erbringen. Sie ist auch für die Beurteilung des zwingenden öffentlichen Interesses zuständig, während die Frage, ob vorsätzlich falsche Angaben gemacht wurden, von der Überwachungsbehörde zu entscheiden ist (Hansmann LR § 52 Rn.31; Lechelt GK § 52 Rn.292).

b) Informationsanspruch Dritter und Veröffentlichung

15　Nach der 2001 in Umsetzung des Art.15 Abs.2 RL 96/61 ergangenen Vorschrift (Einl.2 Nr.34) des Abs.3 S.1 hat jedermann Anspruch auf **Mitteilung** der Angaben einer **Emissionserklärung.** Der Anspruch hängt nicht von einem speziellen Interesse ab. Damit sind die Emissionserklärungen der Öffentlichkeit zugänglich zu machen (Lechelt GK 45a). Dies steht in Parallele zur Regelung des § 31 S.3 (dazu Rn.7 zu § 31). Der Anspruch nach dem Umweltinformationsgesetz bleibt unberührt (Lechelt GK 50a).

16　Eine Weitergabe an die Öffentlichkeit oder an Dritte ist gem. Abs.3 S.2 allerdings **unzulässig,** wenn aus den weitergegebenen Daten Rückschlüsse auf **Geschäfts- oder Betriebsgeheimnisse** gezogen werden können. Dazu hat der Anlagenbetreiber gem. Abs.3 S.3 mitzuteilen und zu begründen, welche Einzelangaben solche Rückschlüsse zulassen. Die Behörde muss seiner Auffassung nicht folgen. Entscheidend ist, ob tatsächlich solche Rückschlüsse möglich sind (Hansmann LR 27; Lechelt GK 48f). Als Geschäfts- oder Betriebsgeheimnisse sind solche Tatsachen anzusehen, die nur einem begrenzten Personenkreis bekannt sind und bei deren Offenlegung der Antragsteller oder Dritte unzumutbare Nachteile zu erwarten hätten (näher Rn.34–36 zu § 10). Ob Nachteile zumutbar sind, ist durch eine Abwägung der Interessen des Betroffenen und der Informationsbedürfnisse der Allgemeinheit bzw. der Nachbarschaft zu ermitteln (Lechelt GK 49; str.; vgl. Rn.36 zu § 10). Soweit die Emissionsangaben für den Nachbarn im Hinblick auf seine Betroffenheit von Interesse sind, dürften dessen Interessen regelmäßig überwiegen. Dies gilt etwa für Emissionsspitzenbelastungen sowie für Emissionsmassenströme (vgl. § 139 UGB-AT-E). Ein Verstoß gegen § 27 Abs.3 S.2 kann andererseits gem. § 203 Abs.2 Nr.1 StGB eine Straftat sein (Lechelt GK 50). Die Datenschutzgesetze sind regelmäßig nicht anwendbar, da es sich nicht um personenbezogene Daten handelt (Lechelt GK 50).

5. Durchsetzung, Sanktionen, Rechtsschutz

a) Durchsetzung und Sanktionen

Erfüllt ein Anlagenbetreiber seine Erklärungs- und Berichtspflicht nicht **17** oder unzureichend, kann die zuständige Behörde den Pflichtigen durch eine Anordnung zur ordnungsgemäßen Abgabe der Erklärung anhalten. Grundlage dafür dürfte § 17 sein (Feldhaus FE 18; Rn.14 zu § 17; für § 27 als Grundlage Engelhardt II (11), § 3 Rn.6; für § 52 als Grundlage Hansmann LR 23; für die ordnungsbehördliche Generalklausel als Grundlage Lechelt GK 57). Der Anlagenbetreiber, der die Emissionserklärung nicht, nicht richtig, nicht vollständig oder nicht rechtzeitig abgibt oder ergänzt, begeht gem. § 62 Abs.2 Nr.2 eine Ordnungswidrigkeit; näher dazu Rn.23 sowie Rn.3–11 zu § 62. Für den Emissionsbericht gilt das nicht.

b) Rechtsschutz

Zum Rechtsschutz des Anlagenbetreibers gegen Anordnungen auf **18** Durchsetzung der Erklärungs- und Berichtspflicht gelten die Ausführungen in Rn.67 zu § 17. § 27 selbst dürfte keinen drittschützenden Charakter zugunsten der Nachbarn haben (Hansmann LR 30; Lechelt GK 61). Zum Anspruch der Nachbarn auf Überwachung s. aber Rn.16–19 zu § 52.

§ 28 Erstmalige und wiederkehrende Messungen bei genehmigungsbedürftigen Anlagen

Die zuständige Behörde kann[7] bei genehmigungsbedürftigen Anlagen[2]

1. nach der Inbetriebnahme oder einer Änderung im Sinne des § 15 oder des § 16 und sodann

2. nach Ablauf eines Zeitraums von jeweils drei Jahren[5] Anordnungen nach § 26 auch ohne die dort genannten Voraussetzungen treffen. Hält die Behörde wegen Art, Menge und Gefährlichkeit der von der Anlage ausgehenden Emissionen Ermittlungen auch während des in Nummer 2 genannten Zeitraums für erforderlich,[6] so soll sie auf Antrag des Betreibers zulassen, dass diese Ermittlungen durch den Immissionsschutzbeauftragten durchgeführt werden, wenn dieser hierfür die erforderliche Fachkunde, Zuverlässigkeit und gerätetechnische Ausstattung besitzt.[9]

Übersicht

1. Bedeutung und Verhältnis zu Parallelvorschriften 1
2. Rechtmäßigkeit der Messanordnung 2
   a) Betroffene Anlagen 2
   b) Zeitpunkt der Anordnung 3
   c) Sonstige Rechtmäßigkeitsvoraussetzungen 7
3. Durchführung, Durchsetzung, Sanktionen, Rechtsschutz 9
   a) Durchführung 9
   b) Durchsetzung, Sanktionen, Rechtsschutz 10

Literatur: *Meinert,* Staatliche Kontrolle von Anlagen nach dem BImSchG, in: Nolte (Hg.), Kontrolle im verfassten Rechtsstaat, 2002, S.105. – S. außerdem die Literatur zu § 26.

1. Bedeutung und Verhältnis zu Parallelvorschriften

1 § 28 enthält ebenso wie § 26 eine Ermächtigung, Anlagenbetreiber durch Anordnung zu verpflichten, die von der Anlage ausgehenden Emissionen und Immissionen durch bestimmte Stellen ermitteln zu lassen. Der Unterschied zu § 26 liegt darin, dass hier **kein Verdacht** auf schädliche Umwelteinwirkungen vorausgesetzt wird. Es genügt die Inbetriebnahme einer genehmigungsbedürftigen Anlage bzw. ein bestimmter Zeitablauf. Die Vorschrift des § 28 steht selbständig neben den Möglichkeiten des § 26 (Rn.10 zu § 26), des § 27 (Rn.1 zu § 27) und des § 29 (Rn.2 zu § 29). Soweit Ermittlungen auf Grund von § 26 angeordnet worden sind, können gleichartige Ermittlungen auf Grund von § 28 erst nach Ablauf von drei Jahren angeordnet werden (Lechelt GK 42). Vergleichbare Regelungen finden sich etwa in den §§ 14 ff der 13. BImSchV (dazu Rn.4 zu § 26) und in § 9 der 27. BImSchV; zum Verhältnis zu diesen Regelungen sowie zum Verhältnis zu sonstigen Vorschriften des BImSchG Rn.3–7 zu § 26.

2. Rechtmäßigkeit der Messanordnung

a) Betroffene Anlagen

2 § 28 findet (anders als § 26) nur auf Anlagen Anwendung, die im Zeitpunkt der Anordnung **genehmigungsbedürftig** sind; dazu gehören auch

Anlagen, bei denen die immissionsschutzrechtliche Genehmigung durch eine andere ersetzt wurde oder die nur anzeigepflichtig sind (Lechelt GK 9; Hansmann LR 5). Näher zum Kreis der genehmigungsbedürftigen Anlagen Rn.13–32 zu § 4.

b) Zeitpunkt der Anordnung

aa) Die Anordnung kann zunächst gem. § 28 S.1 Nr.1 **nach Inbe-** 3 **triebnahme** oder **nach einer Änderung** iSd § 15 bzw. § 16 erfolgen. *Inbetriebnahme* ist in Anlehnung an § 2 Nr.2 der 32. BImSchV die erstmalige Benutzung der Anlage und damit die Aufnahme des Betriebs. Dazu gehört auch ein Probebetrieb, sofern die in Rn.4 zu § 8a beschriebenen Grenzen und damit die Grenzen der Errichtung überschritten werden (Rn.46 zu § 4); darüber hinaus bestehen keine Bedenken, § 28 entspr. auf alle Fälle des Probebetriebs anzuwenden (ebenso iE Hansmann LR 6). Eine *Änderung* „im Sinne des § 15 oder des § 16" liegt unter den in Rn.5–16 zu § 15 beschriebenen Voraussetzungen vor; notwendig ist auch die Möglichkeit der Auswirkung auf die Schutzgüter des § 1. Auf die Wesentlichkeit der Änderung kommt es nicht an. Sowohl für die Inbetriebnahme wie für die Änderung genügt der faktische Vorgang. Ob die Genehmigung vorliegt, spielt keine Rolle (Lechelt GK 11; Feldhaus FE 3). § 28 kommt auch dann zum Tragen, wenn die Änderung auf Grund einer nachträglichen Anordnung erfolgt, und zwar selbst dann, wenn die Anordnung so bestimmt ist, dass gem. § 17 Abs.3 auf die Durchführung eines Änderungsgenehmigungsverfahrens verzichtet werden kann (Lechelt GK 12). Der Funktion des § 28 entsprechend kommt es auf die tatsächlichen Veränderungen, nicht auf die Durchführung des Änderungsgenehmigungsverfahrens an (Lechelt GK 12). Sähe man das anders, ließe sich § 28 gegenüber § 17 nicht mehr als abschließend qualifizieren (dazu Rn.7 zu § 26).

Was den **genauen Zeitpunkt** anlangt, könnte man nach dem Wortlaut 4 evtl. annehmen, dass die Ermittlungen nur für die unmittelbar auf die Inbetriebnahme oder Änderung folgende Zeit angeordnet werden können. Das würde jedoch zu dem merkwürdigen Ergebnis führen, dass die Behörde nach jeder Inbetriebnahme oder Änderung der Anlage Ermittlungen anordnen müsste, um nicht auf diese Möglichkeit zu verzichten, unabhängig davon, ob sie sie wirklich für geboten hält oder nicht. Richtigerweise können daher die Ermittlungen nach § 28 S.1 Nr.1 auch erhebliche Zeit nach der Inbetriebnahme oder Änderung angeordnet werden, sofern von dieser Möglichkeit nicht schon Gebrauch gemacht wurde (OVG NW, NVwZ-RR 2002, 337f; Lechelt GK 13; Hansmann LR 6). Ob die Anordnung spätestens innerhalb eines Jahres nach Inbetriebnahme oder Änderung erfolgen muss (so Feldhaus FE 5), erscheint zweifelhaft. Die Anordnung nach § 28 S.1 Nr.1 kann den Anlagenbetreiber nur für die Zeit **nach** Inbetriebnahme oder Änderung verpflichten. Einem *Erlass* vor diesem Zeitpunkt steht das jedoch nicht entgegen (Feldhaus FE 5; Lechelt GK 14; Hansmann LR 7; a.A. VGH BW, GewArch 1977, 311). Im Übrigen können entsprechende Pflichten in einer Auflage zum Genehmigungsbescheid enthalten sein; näher Rn.6 zu § 26.

5   **bb)** Weiter kann eine Anordnung gem. § 28 S.1 Nr.2 **nach Ablauf von 3 Jahren** seit den letzten gleichartigen Ermittlungen ergehen; vor 1985 waren es 5 Jahre. Bei EMAS-Anlagen verlängert sich die Frist im Regelfall (Rn.19 zu § 58e). Was den Fristbeginn angeht, ist der Wortlaut nicht ganz eindeutig. Die Drei-Jahres-Frist mit der Inbetriebnahme oder der Änderung beginnen zu lassen, wäre aber nicht sachgerecht. Der Funktion des § 28 wird man besser gerecht, wenn man die Frist mit dem Zeitpunkt beginnen lässt, zu dem die letzten gleichartigen Ermittlungen durch eine zugelassene Messstelle durchzuführen waren (Hansmann LR 8; Engelhardt/Schlicht 3). Ist der Zeitraum von 3 Jahren verstrichen, steht die zuständige Behörde unter keinem Zeitdruck, um eine Anordnung gem. § 28 zu erlassen. Es ist nicht ersichtlich, warum sie sich genau an den 3-Jahres-Rhythmus halten soll. Die Interessen des Anlagenbetreibers werden nicht beeinträchtigt, wenn eine Behörde den Abstand der Ermittlungen etwas größer werden lässt (Hansmann LR 9; Lechelt GK 17). Die Anordnung nach § 28 S.1 Nr.2 setzt keine Anordnung nach § 28 S.1 Nr.1 voraus (Hansmann LR 10). Die Sperrwirkung des § 28 S.1 Nr.2 greift nur für Emissionen, die von den vorhergehenden Messanordnungen erfasst wurden; soweit das nicht der Fall ist, kann jederzeit eine Messanordnung ergehen (OVG NW, NVwZ 2002, 337).

6   **cc)** Auch **während der 3-Jahres-Frist** können Ermittlungen angeordnet werden, sofern Art, Menge und Gefährlichkeit der Emissionen ein Abgehen vom Regelfall der 3 Jahre erforderlich machen, wie § 28 S.2 mittelbar zu entnehmen ist (Lechelt GK 21; Hansmann LR 11a). Notwendig sind besondere Umstände, die Ermittlungen in kürzeren Abständen gebieten (Lechelt GK 22; Feldhaus FE 6a). Solche Umstände können etwa vorliegen, wenn die Emissionsfrachten besonders nahe an den Zulässigkeitsgrenzen liegen oder wenn die Emissionen kanzerogen oder hochtoxisch sind. Zu den Besonderheiten der Durchführung bei Ermittlungen während der 3-Jahres-Frist unten Rn.9.

c) Sonstige Rechtmäßigkeitsvoraussetzungen

7   Die vorschreibbaren Ermittlungen sind die gleichen wie bei § 26; es gelten daher die Ausführungen in Rn.14f, 17 zu § 26. Bei Änderungen der Anlage müssen sich die Ermittlungen auf die Änderungen beziehen (Lechelt GK 32; Hansmann LR 12). Zur Bestimmtheit der Anordnung vgl. Rn.16 zu § 26. Der Erlass der Anordnung steht im behördlichen **Ermessen** (dazu Rn.18 zu § 26) und ist unzulässig, wenn von vornherein feststeht, dass von der Anlage keine schädlichen Umwelteinwirkungen ausgehen (Hansmann LR 13; Lechelt GK 31; a.A. Feldhaus FE 4). Darüber hinaus ist der Grundsatz der Verhältnismäßigkeit zu beachten; insoweit gelten die Ausführungen in Rn.18 zu § 26.

Erstmalige und wiederkehrende Messungen § 28

Für die **Zuständigkeit** gelten die Ausführungen in Rn.19 zu § 26. Für **8** das **Verfahren** wird auf die Darlegungen in Rn.54–57–52 zu § 17 verwiesen. Eine formelle Verbindung der Anordnung mit der Anlagengenehmigung ist unnötig, da Ermittlungsanordnungen auch unmittelbar auf § 12 gestützt werden können (näher Rn.6 zu § 26).

3. Durchführung, Durchsetzung, Sanktionen, Rechtsschutz

a) Durchführung

Die Durchführung der Anordnung erfolgt auf die gleiche Weise wie bei **9** einer Anordnung nach § 26; auf die Ausführungen dazu wird verwiesen (Rn.20–23 zu § 26). Mit den Ermittlungen ist eine bekanntgegebene Messstelle (dazu Rn.32 zu § 26) zu betrauen. Soweit allerdings die Ermittlungen *innerhalb* der 3-Jahres-Frist erfolgen sollen (dazu oben Rn.6), sind sie in der Regel statt von einer Messstelle iSd § 26 von dem für die Anlage zuständigen Immissionsschutzbeauftragten durchzuführen, sofern der Anlagenbetreiber dies beantragt und der Immissionsschutzbeauftragte die notwendige Fachkunde, Zuverlässigkeit und gerätetechnische Ausstattung besitzt. Für die Beurteilung dieser Kriterien gelten die gleichen Überlegungen wie bei § 26 (Feldhaus FE 6a); näher zu den Kriterien Rn.28f zu § 26. Nur in atypischen Fällen („soll"), wenn gewichtige Gründe gegen eine Durchführung der Ermittlungen durch den Immissionsschutzbeauftragten sprechen (etwa fehlende Unabhängigkeit gegenüber dem Betreiber), kann die zuständige Behörde auch im Falle des § 28 S.2 eine Messstelle iSd § 26 mit der Durchführung der Ermittlungen beauftragen (Lechelt GK 28). Zur Sonderregelung bei EMAS-Anlagen Rn.19 zu § 58e; weitere Privilegierungen ergeben sich aus Verwaltungsvorschriften der Länder (dazu Lechelt GK 40a). Die **Kosten** trägt in allen Fällen der Anlagenbetreiber (Rn.3 zu § 30). Zur **Weiterleitung** der Resultate Rn.2–4 zu § 31.

b) Durchsetzung, Sanktionen, Rechtsschutz

Kommt der Betreiber der Anordnung nicht nach, so kann die Behörde **10** sie im Wege des Verwaltungszwangs vollstrecken (dazu Rn.29–32 zu § 62). Des Weiteren kann der Verstoß eine Ordnungswidrigkeit, unter zusätzlichen Voraussetzungen sogar eine Straftat darstellen. Insoweit gelten die Ausführungen in Rn.24 zu § 26. Schließlich kann der Verstoß Auswirkungen auf die privatrechtliche Haftung besitzen; dazu Rn.24 zu § 26.

Was den **Rechtsschutz** angeht, kann der Anlagenbetreiber die Anord- **11** nung gem. § 28, die einen Verwaltungsakt darstellt, anfechten. Dritten dürfte kein Anspruch auf Anordnung von Ermittlungen gem. § 28 zustehen (auch nicht auf fehlerfreien Ermessensgebrauch), weil die Vorschrift über § 26 hinausgeht und daher allein der Vorsorge dient (Lechelt GK 41). S. aber zum Anspruch Dritter auf Überwachung die Ausführungen in Rn.16–19 zu § 52.

§ 29 Kontinuierliche Messungen

(1) Die zuständige Behörde kann[6] bei genehmigungsbedürftigen Anlagen[3] anordnen, dass statt durch Einzelmessungen nach § 26 oder § 28 oder neben solchen Messungen bestimmte Emissionen oder Immissionen unter Verwendung aufzeichnender Messgeräte fortlaufend ermittelt werden.[4f] Bei Anlagen mit erheblichen Emissionsmassenströmen luftverunreinigender Stoffe sollen unter Berücksichtigung von Art und Gefährlichkeit dieser Stoffe Anordnungen nach Satz 1 getroffen werden, soweit eine Überschreitung der in Rechtsvorschriften, Auflagen oder Anordnungen festgelegten Emissionsbegrenzungen nach der Art der Anlage nicht ausgeschlossen werden kann.[6]

(2) Die zuständige Behörde kann[6] bei nicht genehmigungsbedürftigen Anlagen, soweit § 22 anzuwenden ist,[3] anordnen, dass statt durch Einzelmessungen nach § 26 oder neben solchen Messungen bestimmte Emissionen oder Immissionen unter Verwendung aufzeichnender Messgeräte fortlaufend ermittelt werden,[4f] wenn dies zur Feststellung erforderlich ist, ob durch die Anlage schädliche Umwelteinwirkungen hervorgerufen werden.[3]

Übersicht

1. Bedeutung und Verhältnis zu anderen Vorschriften 1
2. Rechtmäßigkeit der Anordnung 3
   a) Genehmigungsbedürftige Anlage oder Verdacht bei nicht genehmigungsbedürftiger Anlage 3
   b) Ermittlungen 4
   c) Ermessen und sonstige Voraussetzungen 6
3. Durchführung, Durchsetzung, Rechtsschutz 8
   a) Durchführung 8
   b) Durchsetzung, Sanktionen, Rechtsschutz 9

Literatur: Siehe die Literatur zu § 26.

1. Bedeutung und Verhältnis zu anderen Vorschriften

1 § 29 enthält die Ermächtigung, Anlagenbetreiber durch Anordnung zu verpflichten, Emissionen und Immissionen unter Verwendung aufzeichnender Messgeräte **fortlaufend** zu ermitteln. Damit sind ununterbrochene Ermittlungen oder in kurzen Abständen wiederholte Ermittlungen gemeint (näher unten Rn.5). Solche Messungen sind wesentlich aussagekräftiger als diskontinuierliche Ermittlungen (Lechelt GK 1; Hansmann LR 2). Ziel einer Anordnung nach § 29 ist die stetige Kontrolle von Emissionen und Immissionen, soweit dies geboten erscheint, um die Einhaltung des geltenden Rechts sicherzustellen, wobei es im Bereich des Abs.1 auch um die Vorsorge geht, während in Abs.2 allein die Gefahrenabwehr betroffen ist (vgl. unten Rn.3).

Kontinuierliche Messungen § 29

Überschneidungen mit den §§ 26–28 können nicht auftreten, da diese 2
Vorschriften nur Einzelmessungen oder Messungen in größeren Abständen
(§ 28 S.1 Nr.2) erlauben. Die Anordnung von Ermittlungen nach § 29
steht daher, wie § 29 ausdrücklich sagt, selbständig neben Anordnungen
nach §§ 26, 28. Für einen Vorrang der §§ 26, 28 speziell gegenüber § 29
Abs.2 gibt es keinen Anhaltspunkt (Lechelt GK 39; Hansmann LR 3).
Umgekehrt werden allerdings kontinuierliche Messungen Ermittlungen
gem. § 26 oder § 28 häufig erübrigen. Zum Verhältnis zu § 27 vgl. die Ausführungen in Rn.1 zu § 27. Zur Anordnung kontinuierlicher Messungen
im Genehmigungsbescheid vgl. Rn.6 zu § 26. Vergleichbare Regelungen
finden sich etwa in den §§ 15f der 13.BImSchV für Großfeuerungsanlagen und in § 11 Abs.1 der 17. BImSchV für Abfallverbrennungsanlagen.
Diese Regelungen zielen auf eine Erweiterung der Möglichkeiten des
§ 29, stehen daher einer Anwendung dieser Vorschrift nicht entgegen (vgl.
Rn.4 zu § 26).

2. Rechtmäßigkeit der Anordnung

a) Genehmigungsbedürftige Anlage oder Verdacht bei nicht genehmigungsbedürftiger Anlage

Eine Anordnung gem. § 29 ist generell möglich bei genehmigungsbe- 3
dürftigen Anlagen; zum Kreis dieser Anlagen Rn.13–32 zu § 4. Bei nicht
genehmigungsbedürftigen Anlagen (dazu Rn.1–11 zu § 22) ist eine Anordnung nur möglich, wenn konkrete Anhaltspunkte für einen Verdacht
auf schädliche Umwelteinwirkungen vorliegen (dazu Rn.12f zu § 26) und
Messungen nach § 26 nicht ausreichen (Lechelt GK 23; Hansmann LR
15); vgl. oben Rn.1. Bei den nicht genehmigungsbedürftigen Anlagen sind
die möglichen Ermittlungen beschränkt; dazu unten Rn.4.

b) Ermittlungen

Was den **Gegenstand** der Ermittlungen angeht, kann auf Rn.15 zu 4
§ 26 verwiesen werden. Wie dort können bei nicht genehmigungsbedürftigen Anlagen nur die Ermittlung von Luftverunreinigungen und
Geräuschen angeordnet werden, soweit es um Anlagen in nicht wirtschaftlichen Unternehmungen (dazu Rn.28 zu § 4) geht (Lechelt GK 21;
Hansmann LR 13); dies ergibt sich aus dem Verweis auf § 22. Auf
Grund von § 29 darf allerdings nur die Messung oder Ermittlung (vgl.
Feldhaus FE 3) einzelner Emissionen oder Immissionen angeordnet werden („bestimmte"; Hansmann LR 5; Engelhardt/Schlicht 3); eine Anordnung, sämtliche Emissionen zu ermitteln, ist also ausgeschlossen.
Weiter kann die Feststellung von Hilfsgrößen angeordnet werden, aus
denen dann die Emissionen bzw. Immissionen errechnet werden (Feldhaus FE 3). Die Anordnung muss hinreichend *bestimmt* sein (Lechelt GK
26–31; vgl. Rn.16 zu § 26).

Was **Art und Umfang** der Ermittlungen angeht, spricht § 29 von 5
„**fortlaufenden**" Ermittlungen. Darunter sind Ermittlungen zu verstehen,

die (1) „über längere Zeiträume hinweg" (Amtl. Begr., BT-Drs. 7/179, S. 41) und (2) ununterbrochen oder in kurzen Abständen (etwa alle 5 Minuten) vorgenommen werden sollen (Hansmann LR 6; Lechelt GK 27; Feldhaus FE 3). Als mildere Maßnahmen können auf § 29 aber auch tägliche oder wöchentliche Ermittlungen gestützt werden (a. A. Hansmann LR 6), soweit das Ermessen nicht eingeschränkt ist (dazu unten Rn.6). Weiter müssen die Ermittlungen **„unter Verwendung aufzeichnender Messgeräte"** geschehen. Damit dürften nur selbsttätige Geräte gemeint sein, die keinen fortlaufenden, über den Wartungs- und Ableseaufwand hinausgehenden Personaleinsatz erfordern (Lechelt GK 28). Andererseits werden auch Geräte erfasst, die regelmäßig Proben entnehmen etc. Der Begriff der Messgeräte ist also weit zu verstehen (Hansmann LR 7). Art und Umfang der Ermittlungen können in der Anordnung näher festgelegt werden. Zwar fehlt in § 29 eine dem § 26 S.2 entsprechende Ermächtigung. Die Befugnis ergibt sich aber bereits aus dem Sinn und Zweck des § 29 (Hansmann LR 8). Stellenwert und Aussagekraft der Ermittlungsergebnisse hängen von den benutzten Messverfahren etc. ab. § 26 Abs.1 S.2 hat denn auch im Rahmen des § 26 allein klarstellende Funktion. Nähere Vorgaben zu den Messeinrichtungen finden sich in zahlreichen Richtlinien des Bundesumweltministers (näher Feldhaus FE 3).

c) Ermessen und sonstige Voraussetzungen

6   Der Erlass der Anordnung steht im Ermessen (dazu Rn.18 zu § 26). Treten im Hinblick auf Luftverunreinigungen erhebliche Emissionsmassenströme (zum Begriff Nr.2.5b TA Luft) oder erhebliche Abgasströme auf, was insb. bei Großfeuerungsanlagen der Fall sein kann, wird das Ermessen eingeschränkt. Die Erheblichkeit hängt von Art und Gefährlichkeit der Stoffe, insb. von ihrem Ausmaß ab. Die frühere Grenze von 50 000 m³ wurde 2002 (Einl.2 Nr.38) aufgehoben. Die Sollens-Verpflichtung bedeutet, dass im Regelfall eine Anordnung ergehen **muss**. Allein in atypischen Fällen darf davon abgewichen werden (Lechelt GK 18; Hansmann LR 10); allg. zum Charakter einer Soll-Entscheidung Rn.50 zu § 17. Weiter ist zu beachten, dass in Rechtsverordnungen z. T. schärfere Vorgaben enthalten sind (oben Rn.2). Darüber hinaus wird der behördliche Spielraum teilweise durch Verwaltungsvorschrift eingeschränkt (vgl. Nr.5.2.3.2 TA Luft). Schließlich ist der Grundsatz der Verhältnismäßigkeit zu beachten; vgl. dazu Rn.18 zu § 26. Insb. müssen die aufzeichnenden Messgeräte zur Erreichung des Zwecks (oben Rn.1) erforderlich sein (Hansmann LR 15). Bei EMAS-Anlagen (dazu Rn.14 zu § 58 e) sind vereinzelt im Landesrecht Erleichterungen vorgesehen (Lechelt GK 35 a). Die Anordnung sollte sinnvollerweise einen Hinweis auf die Aufbewahrungspflicht des § 31 enthalten (vgl. Rn.5 zu § 31).

7   Was die **formellen Voraussetzungen** angeht, wird für die Zuständigkeit auf die Ausführungen in Rn.19 zu § 26 verwiesen. Für das Verfahren gelten die Ausführungen in Rn.54–57 zu § 17 entsprechend. Zu Anordnungen im Genehmigungsbescheid Rn.8 zu § 28.

Anordnung sicherheitstechnischer Prüfungen § 29a

3. Durchführung, Durchsetzung, Rechtsschutz

a) Durchführung

Zur Durchführung der Anordnung sind – anders als bei den §§ 26, 28 – 8
im Rahmen von § 29 eigene Ermittlungen des Anlagenbetreibers nicht ausgeschlossen, im Gegenteil. Der Anlagenbetreiber muss eine der bekanntgegebenen Messstellen nur dann einschalten, wenn dies in der Anordnung ausdrücklich bestimmt wird (Hansmann LR 16). Auch die Auswahl unter den geeigneten Messgeräten liegt beim Anlagenbetreiber (Hansmann LR 16), sofern in der Anordnung nicht ein bestimmtes Gerät vorgesehen ist (Feldhaus FE 7). Aber auch dann muss die Behörde dem Anlagenbetreiber auf Antrag die Benutzung eines anderen, gleich wirksamen Geräts gestatten (Hansmann LR 9; Engelhardt/Schlicht 1; s. auch Rn.32 zu § 17). Die Kosten trägt bei genehmigungsbedürftigen Anlagen regelmäßig der Anlagenbetreiber (dazu Rn.3 zu § 30); bei nicht genehmigungsbedürftigen Anlagen ist § 30 S.2 anzuwenden (dazu Rn.4–7 zu § 30). Zur **Weiterleitung** der Resultate Rn.2f zu § 31.

b) Durchsetzung, Sanktionen, Rechtsschutz

Kommt der Betreiber seinen Pflichten nicht nach, kann die Behörde 9
ihre Anordnung im Wege des Verwaltungszwangs vollstrecken (dazu Rn.29–32 zu § 62). Des weiteren kann der Verstoß eine Ordnungswidrigkeit, unter zusätzlichen Voraussetzungen sogar eine Straftat darstellen. Insoweit gelten die Ausführungen in Rn.24 zu § 26. Schließlich kann der Verstoß Auswirkungen auf die privatrechtliche Haftung besitzen; dazu Rn.24 zu § 26.

Was den **Rechtsschutz** betrifft, kann der Anlagenbetreiber die Anord- 10
nung als Verwaltungsakt anfechten. Die Ausführungen in Rn.67 zu § 17 gelten entsprechend. Zur Frage, wieweit Nachbarn einen Anspruch auf Überwachung besitzen, Rn.16–19 zu § 52.

§ 29a Anordnung sicherheitstechnischer Prüfungen

(1) **Die zuständige Behörde kann**[7] **anordnen, dass der Betreiber einer genehmigungsbedürftigen Anlage**[3] **einen der von der nach Landesrecht zuständigen Behörde bekanntgegebenen Sachverständigen**[11 ff] **mit der Durchführung bestimmter sicherheitstechnischer Prüfungen sowie Prüfungen von sicherheitstechnischen Unterlagen beauftragt.**[6] **In der Anordnung kann die Durchführung der Prüfungen durch den Störfallbeauftragten (§ 58a), eine zugelassene Überwachungsstelle nach § 17 Abs.1 des Geräte- und Produktsicherheitsgesetzes oder einen in einer für Anlagen nach § 2 Abs.7 des Geräte- und Produktsicherheitsgesetzes erlassenen Rechtsverordnung genannten Sachverständigen gestattet werden, wenn diese hierfür die erforderliche Fachkunde, Zuverlässigkeit und gerätetechnische Ausstattung besitzen; das Gleiche gilt für einen nach § 36 Abs.1 der Gewerbeordnung bestellten Sachverständigen,**

der eine besondere Sachkunde im Bereich sicherheitstechnischer Prüfungen nachweist.[8] Die zuständige Behörde ist befugt, Einzelheiten über Art und Umfang der sicherheitstechnischen Prüfungen sowie über die Vorlage des Prüfungsergebnisses vorzuschreiben.[6]

(2) Prüfungen können angeordnet werden[4 f]
1. für einen Zeitpunkt während der Errichtung oder sonst vor der Inbetriebnahme der Anlage,
2. für einen Zeitpunkt nach deren Inbetriebnahme,
3. in regelmäßigen Abständen,
4. im Falle einer Betriebseinstellung oder
5. wenn Anhaltspunkte dafür bestehen, dass bestimmte sicherheitstechnische Anforderungen nicht erfüllt werden.

Satz 1 gilt entsprechend bei einer Änderung im Sinne des § 15 oder des § 16.

(3) Der Betreiber hat die Ergebnisse der sicherheitstechnischen Prüfungen der zuständigen Behörde spätestens einen Monat nach Durchführung der Prüfungen vorzulegen; er hat diese Ergebnisse unverzüglich vorzulegen, sofern dies zur Abwehr gegenwärtiger Gefahren erforderlich ist.[9]

Übersicht

I. Anordnung sicherheitstechnischer Prüfungen 1
  1. Bedeutung und Abgrenzung zu anderen Vorschriften 1
  2. Rechtmäßigkeit der Anordnung 3
    a) Sachlicher und persönlicher Anwendungsbereich 3
    b) Anlass bzw. Zeitpunkt der Prüfung 4
    c) Inhalt der Anordnung 6
    d) Sonstige Rechtmäßigkeitsvoraussetzungen 7
  3. Durchführung, Durchsetzung, Sanktionen, Rechtsschutz ... 8
    a) Durchführung der Anordnung 8
    b) Durchsetzung, Sanktionen, Rechtsschutz 10
II. Bekanntgabe von Sachverständigen 11
  1. Grundlagen 11
  2. Rechtmäßigkeit der Bekanntgabe 12
  3. Erlöschen der Bekanntgabe; Rechtsschutz 15

Literatur: *Janssen,* Die Möglichkeiten der Privatisierung des Bekanntgabewesens von Messstellen und Sachverständigen nach §§ 26 und 29a BImSchG, 2000; *Koch/ Laskowski* Verfassungsrechtliche Grenzen einer Privatisierung der Anlagenüberwachung, ZUR 1997, 182; *Rebentisch,* Änderungen des Bundes-Immissionsschutzgesetzes, NVwZ 1991, 310.

I. Anordnung sicherheitstechnischer Prüfungen

1. Bedeutung und Abgrenzung zu anderen Vorschriften

1 Die 1990 in das Gesetz eingefügte und 1996 veränderte (Einl.2 Nr.14, 27) Vorschrift ermächtigt dazu, sicherheitstechnische Prüfungen durch

Anordnung sicherheitstechnischer Prüfungen **§ 29a**

einen Sachverständigen anzuordnen, um die durch Störfälle (bzw. schwere Unfälle) bedingten Risiken zu reduzieren. Ob diese Risiken durch Emissionen oder durch sonstige Einwirkungen (dazu Rn.24–29 zu § 5) hervorgerufen werden, spielt keine Rolle. Risiken sind störfallbedingt, sofern sie nicht bereits durch den bestimmungsgemäßen Betrieb einer Anlage ausgelöst werden (Lechelt GK 2); vgl. dazu Rn.3 zu § 58a. Der Sachverständige handelt im Auftrag des Anlagenbetreibers, anders als im Falle des § 52 Abs.2, in dem der Sachverständige im Auftrag der Behörde tätig wird (Lechelt GK 32; Rebentisch, NVwZ 1991, 311). § 29a bildet einen Fall der betreibereigenen Überwachung (dazu Rn.2 zu § 26).

Die Anordnungsmöglichkeit steht selbständig neben denen der §§ 26, 28, 29 (vgl. Rn.10 zu § 26). Gleiches gilt für die Überwachungsmöglichkeiten gem. § 52 Abs.2 (Lechelt GK 53). Welche dieser Möglichkeiten die Behörde wählt, steht in ihrem Ermessen. Das Recht, sicherheitstechnische Prüfungen im Genehmigungsbescheid anzuordnen, wird durch § 29a nicht berührt (vgl. § 13 Abs.1 S.2 der 9. BImSchV); die entsprechenden Überlegungen zu §§ 26, 28f (Rn.6 zu § 26) gelten auch hier. § 17 wird durch § 29a hinsichtlich der Anordnung sicherheitstechnischer Prüfungen verdrängt (Lechelt GK 57; vgl. Rn.7 zu § 26). Anordnungsmöglichkeiten auf Grund von Rechtsverordnungen (vgl. § 7 Abs.1 Nr.4) stehen zu § 29a regelmäßig in Idealkonkurrenz (vgl. Rn.4 zu § 26). Auch durch Anordnungsmöglichkeiten auf Grund einer Rechtsverordnung nach § 14 GPSG wird § 29a nicht verdrängt, da ein entsprechender Vorbehalt wie in § 7 Abs.1 fehlt (Lechelt GK 58; a.A. Schmatz/Nöthlichs 3). **2**

2. Rechtmäßigkeit der Anordnung

a) Sachlicher und persönlicher Anwendungsbereich

Eine Anordnung gem. § 29a ist nur bei genehmigungsbedürftigen Anlagen möglich. Zum Kreis der genehmigungsbedrüftigen Anlagen Rn.13–32 zu § 4. Die Anordnung kann sich nur an den Anlagenbetreiber (dazu Rn.81–84 zu § 3) richten, nicht gegen den Störfallbeauftragten. Die Anlage muss nicht in Betrieb sein, wie insb. Abs.2 Nr.4 entnommen werden kann (Hansmann LR 4; Lechelt GK 19; vgl. Rn.11 zu § 26). **3**

b) Anlass bzw. Zeitpunkt der Prüfung

Anordnungen sind zum einen gem. Abs.2 S.1 Nr.5 möglich, wenn konkrete Anhaltspunkte dafür vorliegen, dass bei der fraglichen Anlage Störfälle betreffende Anforderungen des Immissionsschutzrechts nicht erfüllt werden (**verdachtsabhängige Anordnung**); die Ausführungen in Rn.12f zu § 26 gelten insoweit entsprechend. **4**

In einer Reihe von weiteren Fällen kann eine Anordnung auch dann ergehen, wenn kein konkreter Verdacht auf Verletzung immissionsschutzrechtlicher Vorschriften im Einzelfalle besteht, vielmehr eine Anordnung wegen anderer Voraussetzungen angebracht ist (**verdachtsunabhängige Anordnung**). Im Einzelnen handelt es sich dabei um folgende Fälle: – **(1)** *Vor und nach Inbetriebnahme* (dazu Rn.9 zu § 23) einer Anlage **5**

§ 29a Ermittlung von Emissionen und Immissionen

können gem. Abs.2 S.1 Nr.1, Nr.2 Prüfungen angeordnet werden, unabhängig davon, ob die Inbetriebnahme im Rahmen einer Neuerrichtung oder einer wesentlichen Änderung erfolgt (Abs.2 S.2). Insoweit gelten die Ausführungen in Rn.3f zu § 28, insb. zum Zeitpunkt, ganz entsprechend (vgl. Hansmann LR 6). – **(2)** Weiter können wiederkehrende Prüfungen in *regelmäßigen Abständen* angeordnet werden, wenn dies für eine sachgerechte Störfallvorsorge angebracht ist (Lechelt GK 23). Die Fristen können dabei auch deutlich unter der 3-Jahres-Frist des § 28 bleiben (Hansmann LR 7). – **(3)** Endlich können Prüfungen *nach Betriebseinstellung* (dazu Rn.41 zu § 15) angeordnet werden, und zwar gegenüber dem letzten Anlagenbetreiber. Sie können längstens ein Jahr nach Betriebseinstellung angeordnet werden, da nachträgliche Anordnungen gem. § 17 Abs.4a dieser zeitlichen Beschränkung unterliegen (vgl. Lechelt GK 24; Hansmann LR 8).

c) Inhalt der Anordnung

6   Der Inhalt der Anordnung besteht in der Verpflichtung des Anlagenbetreibers, einen Sachverständigen mit der Durchführung von Ermittlungen zu beauftragen (näher zur Durchführung unten Rn.8f). Die **sicherheitstechnischen Prüfungen** können sich auf alle mit Störfällen (näher zu diesem Begriff Rn.29 zu § 7; zum im Wesentlichen identischen Begriff der schweren Unfälle Rn.23–26 zu § 20) in Zusammenhang stehenden Risiken beziehen (Lechelt GK 28), also auf die Wahrscheinlichkeit, dass Störfälle eintreten (insb. Zustand von Anlageteilen oder Funktionieren sicherheitstechnischer Einrichtungen), auf den Ablauf von Störfällen und Maßnahmen zur Begrenzung der Auswirkungen von Störfällen (Hansmann LR 12) und generell auf alle Fragen der Sicherheitsorganisation. Erfasst wird auch die **Prüfung sicherheitstechnischer Unterlagen,** etwa einer evtl. gem. § 9 der 12. BImSchV zu erstellenden Sicherheitsbericht (vgl. Lechelt GK 29). Die Anordnung muss ausreichend bestimmt sein, also festschreiben, welche Prüfungen vorgenommen bzw. welche Unterlagen geprüft werden sollen (Hansmann LR 13f; Lechelt GK 30; Rebentisch, NVwZ 1991, 311f). Darüber hinaus kann die Anordnung die Anforderungen noch weiter konkretisieren, insb. eine Frist festlegen (Lechelt GK 30); insoweit gelten die Ausführungen in Rn.17 zu § 26 (vgl. Hansmann LR 16). Auch die Vorlage der Prüfungsergebnisse kann gem. Abs.1 S.3 insb. hinsichtlich Form, Art, Umfang und Zeitpunkt näher geregelt werden (Hansmann LR 17).

d) Sonstige Rechtmäßigkeitsvoraussetzungen

7   Für das der Behörde eingeräumte **Ermessen** gelten die Ausführungen in Rn.18 zu § 26 ganz entsprechend. Insb. scheidet eine Anordnung aus, wenn offensichtlich keine Störfallrisiken bestehen (Lechelt GK 31). Bei EMAS-Anlagen (dazu Rn. 14 zu § 58e) sehen Verwaltungsvorschriften der Länder z.T. Privilegierungen zugunsten des Anlagenbetreibers vor (Lechelt GK 50a); vgl. auch unten Rn.8 a.E. Zu den **formellen Voraussetzungen** wird auf Rn.19 zu § 26 verwiesen.

Anordnung sicherheitstechnischer Prüfungen **§ 29a**

3. Durchführung, Durchsetzung, Sanktionen, Rechtsschutz

a) Durchführung der Anordnung

Für die **Auswahl und Beauftragung** des Sachverständigen gelten die 8
Ausführungen in Rn.20 zu § 26 ganz entsprechend. Zur Bekanntgabe der
Sachverständigen unten Rn.11–14. Solange kein Sachverständiger bekanntgegeben wurde, ist eine Anordnung schwebend unwirksam (Lechelt
GK 35; etwas anders Hansmann LR 24a). Gem. *Abs.1 S.2* kann von der
zuständigen Behörde im Einzelfall gestattet werden, mit der Prüfung **statt
eines bekanntgegebenen unabhängigen Sachverständigen** den für
die Anlage zuständigen Störfallbeauftragten iSd § 58a, einen Sachverständigen gem. § 17 Abs.1 GPSG, einen in einer Rechtsverordnung nach § 2
Abs.7 GPSG genannten Sachverständigen oder einen gem. § 36 GewO
bestellten und durch besondere Sachkenntnisse im Bereich der sicherheitstechnischen Prüfungen ausgewiesenen Sachverständigen zu beauftragen. Voraussetzung ist jeweils, dass der Betreffende die erforderliche Sachkunde, Zuverlässigkeit und gerätetechnische Ausstattung (vgl. dazu Rn.28
zu § 26) besitzt (Lechelt GK 41). In allen Fällen des Abs.1 S.2 kann der
Sachverständige ein weisungsunabhängiger Betriebsangehöriger sein, sofern er die fraglichen Voraussetzungen erfüllt (Schmatz/Nöthlichs 4). Die
Gestattung nach Abs.1 S.2 ist auf die einzelne Anordnung von sicherheitstechnischen Prüfungen beschränkt, muss aber nicht notwendig mit
dieser Anordnung verbunden werden (Hansmann LR 26). Sie steht im
Ermessen (Lechelt GK 42). Bei EMAS-Anlagen ist generell der Einsatz eigenen Personals möglich (Rn.19 zu § 58e); vgl. auch oben Rn.7.

Die **Weiterleitung** der Ergebnisse an die Behörde wird in Abs.3 ab- 9
weichend von § 31 geregelt. Danach sind die Prüfungsergebnisse innerhalb eines Monats der Behörde vorzulegen; die Frist beginnt mit dem Eingang der Ergebnisse beim Betreiber (Lechelt GK 45). Die Behörde kann
dem Betreiber gem. Abs.1 S.3 aufgeben, den Prüfer mit der direkten Vorlage der Ergebnisse bei der Behörde zu beauftragen (Lechelt GK 45). Im
Übrigen gelten die Ausführungen in Rn.2f zu § 31. Eine Aufbewahrungspflicht besteht nicht, sofern sie nicht in der Anordnung nach § 29a
vorgeschrieben wurde (Lechelt GK 46). Für die **Kosten** gilt § 30. Für die
Beziehungen des Anlagenbetreibers zum Sachverständigen gelten die
Ausführungen in Rn.23 zu § 26.

b) Durchsetzung, Sanktionen, Rechtsschutz

Kommt der Betreiber seinen Pflichten (oben Rn.8f) nicht nach, kann 10
die Behörde ihre Anordnung im Wege des Verwaltungszwangs vollstrecken (näher dazu Rn.29–32 zu § 62). Die Verletzung der Pflichten stellt
dagegen keine Ordnungswidrigkeit dar; § 62 Abs.1 Nr.5 kann nicht analog angewandt werden (§ 13 Abs.2 OWiG). Unter zusätzlichen Voraussetzungen kann eine Straftat gem. § 324a StGB, gem. § 325 StGB oder gem.
§ 325a StGB vorliegen, evtl. in der Form des § 330 StGB (Text in Rn.3ff
zu § 63). Schließlich kann die fehlende oder unzureichende Durchführung

sicherheitstechnischer Prüfungen gem. § 6 Abs.4 UmwHG von Bedeutung sein (Feldhaus, UPR 1992, 165). Der **Rechtsschutz** des Anlagenbetreibers wird durch den Verwaltungsaktscharakter der Anordnung geprägt. Es gelten die Ausführungen in Rn.67 zu § 17 entsprechend. Zum Anspruch Dritter auf Überwachungsmaßnahmen wird auf Rn.16–19 zu § 52 verwiesen.

II. Bekanntgabe von Sachverständigen

1. Grundlagen

11 Bevor eine Anordnung gem. § 29a erlassen werden kann, müssen Sachverständige bekanntgemacht, d.h. staatlich **anerkannt,** sein, die die Prüfungen durchführen können. Was die **Stellung** der Sachverständigen wie den Charakter der Bekanntmachung angeht, gelten die Ausführungen in Rn.26f zu § 26 entsprechend.

2. Rechtmäßigkeit der Bekanntgabe

12 Da § 29a, anders als § 26, von Sachverständigen und nicht von bekanntgegebenen Stellen spricht, könnte die Vorschrift nur die Bekanntgabe **natürlicher Personen** als Sachverständiger meinen (so Lechelt GK 33). Doch wird auch auf die Überwachungsstellen nach § 17 Abs.1 GPSG verwiesen. Möglich ist daher jedenfalls, mehrere natürliche Personen zusammen als Sachverständige bekanntzugeben (ähnlich Hansmann LR 22). Auch ist es möglich, die Angestellten einer Prüforganisation als Sachverständige bekanntzumachen, sofern die Prüforganisation in einer Art und Weise ausgestaltet ist, die den Sachverständigen die Erfüllung ihrer Aufgaben erlaubt (vgl. Rn.17 zu § 55). Die bekanntgegebene Person oder Stelle muss eine ausreichende **Fachkunde, Zuverlässigkeit** und **gerätetechnische Ausstattung** aufweisen (Lechelt GK 33; vgl. Rn.28 zu § 26). Für die Zuverlässigkeit ist die persönliche Unabhängigkeit erforderlich (vgl. Rn.28 zu § 26).

13 Die **Anforderungen** an Sachkunde, Zuverlässigkeit und gerätetechnische Ausstattung können durch **Landesrecht** näher geregelt werden. Soweit das nicht geschieht, können und müssen die zuständigen Landesstellen Zuverlässigkeit, Fachkunde und gerätetechnische Ausstattung eigenständig beurteilen (Lechelt GK 36; vgl. Rn.29 zu § 26). Als Anhaltspunkt können die „Richtlinien für die Bekanntgabe von Sachverständigen nach § 29a Abs.1 BImSchG" des LAI idF vom 30. 3. 2003 herangezogen werden (abgedr. bei FE C 4.8).

14 Die Entscheidung über die Bekanntgabe stellt eine **gebundene Entscheidung** dar (Lechelt GK 37; a.A. Hansmann LR 23); für ein *Ermessen* fehlen zureichende Anhaltspunkte. Insoweit gelten die Ausführungen in Rn.30 zu § 26 entsprechend; auch bestünden gegen einen so gravierenden Grundrechtseingriff verfassungsrechtliche Bedenken. Insb. kann die Bekanntgabe nicht mit dem Argument verweigert werden, es gäbe bereits genügend anerkannte Sachverständige (Lechelt GK 37). Was *Nebenbestimmungen* angeht, gelten die entsprechenden Ausführungen in Rn.30 zu § 26. Der Inhalt der Bekanntgaben der Länder findet sich im Internet unter der Adresse „www.brandenburg.de/land/mlur/i/resymesa/resymesa.htm" (außerdem Lechelt GK 35 a).

3. Erlöschen der Bekanntgabe; Rechtsschutz

Für das **Erlöschen der Bekanntgabe** und deren Wirkungen wird auf die Ausführungen in Rn.33 zu § 26 verwiesen. Was den **Rechtsschutz** angeht, gelten die Ausführungen in Rn.34 zu § 26.   15

§ 30 Kosten der Messungen und sicherheitstechnischen Prüfungen

Die Kosten für die Ermittlungen der Emissionen und Immissionen sowie für die sicherheitstechnischen Prüfungen trägt der Betreiber der Anlage.[3 f] **Bei nicht genehmigungsbedürftigen Anlagen trägt der Betreiber die Kosten für Ermittlungen nach § 26 oder § 29 Abs.2 nur, wenn die Ermittlungen ergeben, dass**

1. Auflagen oder Anordnungen nach den Vorschriften dieses Gesetzes oder der auf dieses Gesetz gestützten Rechtsverordnungen nicht erfüllt worden sind[5] **oder**

2. Anordnungen oder Auflagen nach den Vorschriften dieses Gesetzes oder der auf dieses Gesetz gestützten Rechtsverordnungen geboten sind.[6]

Übersicht

1. Bedeutung und Abgrenzung zu anderen Vorschriften 1
2. Kosten bei genehmigungsbedürftigen Anlagen 3
3. Kosten bei nicht genehmigungsbedürftigen Anlagen 4
   a) Kostenverteilung 4
   b) Zu ersetzende Kosten 7
   c) Anspruchserhebung 8

Literatur: *Gabel,* Voraussetzungen und Folgen der Messanordnung nach § 26 Abs.1 BImSchG, 1994.

1. Bedeutung und Abgrenzung zu anderen Vorschriften

§ 30 regelt, wer die Aufwendungen tragen muss, die dem Anlagenbetreiber für die ihm gem. § 27 oder auf Grund von Anordnungen gem. §§ 26, 28–29a obliegenden Pflichten entstehen. Der Kostenbegriff ist also untechnisch zu verstehen (vgl. Hansmann LR 5). Nicht gemeint sind die Verwaltungskosten der Behörde für den Erlass von Anordnungen; insoweit sind die entsprechenden Kostengesetze einschlägig (BVerwGE 109, 272/279 f = NVwZ 2000, 76; Lechelt GK 40). § 30 enthält weiterhin kei-   1

§ 30 Ermittlung von Emissionen und Immissionen

ne Regelung für das Verhältnis zwischen dem Anlagenbetreiber und der von ihm mit Ermittlungen oder Prüfungen beauftragten Stelle (Hansmann LR 2). Insoweit sind allein die entsprechenden Vereinbarungen einschlägig (dazu Rn.23 zu § 26). § 30 gibt der beauftragten Stelle auch keine Ansprüche gegen die Anordnungsbehörde.

2   § 30 ist **nicht** (auch nicht entsprechend) auf Ermittlungen und Prüfungen nach § 52 **anwendbar;** insoweit ist § 52 Abs.4 einschlägig (dazu Rn.50–55 zu § 52). § 30 gilt des Weiteren nicht für Ermittlungen auf Grund einer Rechtsverordnung oder einer Nebenbestimmung zum Genehmigungsbescheid sowie für freiwillige Ermittlungen und Prüfungen. In diesen Fällen trägt immer der Anlagenbetreiber die Kosten (Feldhaus FE 2; Hansmann LR 4).

2. Kosten bei genehmigungsbedürftigen Anlagen

3   Die Kosten von Ermittlungen und Prüfungen gem. §§ 26–29a, die bei genehmigungsbedürftigen Anlagen (zur Abgrenzung Rn.13–32 zu § 4) vorgenommen werden, trägt seit der Änderung der Vorschrift (Einl. 2 Nr.14) gem. S.1 generell der Betreiber der Anlage, auch dann, wenn sich herausstellt, dass die Anlage ordnungsgemäß betrieben wurde (Lechelt GK 9). Das ist vertretbar, da genehmigungsbedürftige Anlagen gem. § 4 Abs.1 S.1 besonders gefährlich sind (Feldhaus FE 5; Lechelt GK 11; krit. Rebentisch, NVwZ 1991, 312). War allerdings die Anordnung der Ermittlungen bzw. Prüfungen ganz oder teilweise rechtswidrig, kommt ein Schadensersatzanspruch gem. § 839 BGB gegen die Körperschaft in Betracht, der die anordnende Behörde angehört (Lechelt GK 28). Entsprechendes gilt, wenn die zuständige Behörde rechtmäßig vorgeschriebene Ermittlungen zu Unrecht für unzureichend erklärt, hinsichtlich der weiteren Ermittlungen (Lechelt GK 28; i.E. BVerwG, DVBl 1983, 946).

3. Kosten bei nicht genehmigungsbedürftigen Anlagen
a) Kostenverteilung

4   Für die Kosten von Ermittlungen und Prüfungen gem. § 26 und § 29 Abs.2 gegenüber nicht genehmigungsbedürftigen Anlagen (zur Abgrenzung Rn.1–11 zu § 22) gilt zunächst das oben in Rn.3 Ausgeführte. Davon abweichend hat aber die Körperschaft, der die anordnende Behörde angehört, die Kosten in zwei Fallgestaltungen zu übernehmen:

5   **aa)** In der Alternative des § 30 S.2 Nr.1 öffentlicher Kostentragung hat der Anlagenbetreiber alle **Auflagen** (zu sonstigen Genehmigungen) sowie **Anordnungen erfüllt,** die ihre Grundlage im BImSchG oder in einer darauf gestützten Rechtsverordnung finden. Des Weiteren sind ihm gegenüber gem. § 30 S.2 Nr.2 **keine Anordnungen oder Auflagen** zur Erfüllung von Vorschriften des BImSchG oder der darauf gestützten Rechtsverordnungen **geboten.** Ob tatsächlich derartige Maßnahmen ergriffen werden, spielt keine Rolle. Was mit dem Begriff „geboten" gemeint ist, ergibt sich aus dem systematischen Zusammenhang. Der Anlagenbetreiber

Kosten der Messungen und Prüfungen **§ 30**

soll bei Pflichtverletzungen die Kosten der Ermittlungen tragen. Daher genügt es, wenn die gesetzlichen Voraussetzungen zum Erlass von Anordnungen oder Auflagen erfüllt sind. Das hat Bedeutung für Ermessens- und Soll-Entscheidungen, wo es demgemäß nicht darauf ankommt, ob sie ergehen müssen, sondern ob sie ergehen können (Hansmann LR 13; Lechelt GK 16; a.A. Feldhaus FE 9). Unerheblich ist, ob der Rechtsverstoß verschuldet wurde (Hansmann LR 12). Lässt sich nicht aufklären, ob ein Pflichtverstoß vorliegt, ist von einem rechtmäßigen Verhalten auszugehen (Hansmann LR 20; Lechelt GK 18).

bb) In der zweiten Alternative öffentlicher Kostentragung erfüllt der 6 Anlagenbetreiber zwar nicht die oben in Rn.5 beschriebenen Voraussetzungen; er hat etwa eine Anordnung gem. § 24 nicht eingehalten oder Pflichten aus § 22 verletzt, mit der Folge, dass eine Anordnung gem. § 24 ergehen könnte. In diesem Falle trägt die Kosten gleichwohl gem. § 30 S.2 die öffentliche Hand, wenn die fraglichen **Rechtsverstöße nicht durch die** angeordneten **Ermittlungen** oder Prüfungen **aufgedeckt** werden (BVerwG, DVBl 1983, 945; Lechelt GK 15). Eine Mitursächlichkeit der Ermittlungen und Prüfungen für die Feststellung des Rechtsverstoßes schließt allerdings einen Kostenersatz aus.

b) Zu ersetzende Kosten

Zu ersetzen sind die Vergütung, die der Anlagenbetreiber der beauf- 7 tragten Stelle bei Ermittlungen nach § 26 zu zahlen hat bzw. die Anschaffungs- und Betriebskosten für die Messgeräte nach § 29 (Engelhardt/Schlicht 2) sowie die Kosten für vorbereitende Maßnahmen (Feldhaus FE 3). Hinzu kommen die damit in unmittelbarem Sachzusammenhang stehenden Personal- und Sachausgaben des Anlagenbetreibers sowie Nachteile, die der Anlagenbetreiber unmittelbar durch die Ermittlungen erlitten hat (Hansmann LR 6, 14f; Lechelt GK 34). Mittelbar entstandene Schäden scheiden dagegen aus (Hansmann LR 7). Nicht zu ersetzen ist die Vergütung für mangelhafte Ermittlungen (BVerwG, DVBl 1983, 945; Feldhaus FE 10). Nicht zu ersetzen sind weiter offenbar unnötige Aufwendungen (Hansmann LR 15; Feldhaus FE 11). Unangemessen hohe Aufwendungen sind entsprechend zu reduzieren (Lechelt GK 25). Zweifel hinsichtlich der Notwendigkeit der Kosten gehen zu Lasten des Anlagenbetreibers (Hansmann LR 20; Lechelt KG 25; a.A. wohl Feldhaus FE 12), da er den besten Überblick über die fraglichen Umstände besitzt. Werden auf Grund umfangreicher Ermittlungen nur verhältnismäßig geringfügige Pflichtverstöße aufgedeckt, sind die Kosten angemessen aufzuteilen (Feldhaus FE 11; a.A. Lechelt GK 26). Die Kosten fortlaufender Ermittlungen sind anteilig für den Zeitraum zu ersetzen, in dem Pflichtverstöße nicht auftreten (Hansmann LR 17; Lechelt GK 19).

c) Anspruchserhebung

Müssen die Kosten vom Staat getragen werden, bleibt es dem Anlagen- 8 betreiber überlassen, seinen Anspruch gegenüber dem Staat geltend zu machen. Der (auf § 30 gestützte) Anspruch ist öffentlich-rechtlicher Natur (vgl. VGH BW, GewArch 1980, 396), weshalb zu seiner Durchsetzung eine allgemeine Leistungsklage geboten ist, für die die Verwaltungsgerichte zuständig sind (Hansmann LR 18, 19; Lechelt GK 38). Eines Vorverfahrens bedarf es nicht. Ein Festsetzungsbescheid der Behörde ist in keinem Falle angebracht.

§ 31 Auskunft über ermittelte Emissionen und Immissionen

Der Betreiber der Anlage hat das Ergebnis der auf Grund einer Anordnung nach § 26, § 28 oder § 29 getroffenen Ermittlungen der zuständigen Behörde auf Verlangen mitzuteilen[2 ff] und die Aufzeichnungen der Messgeräte nach § 29 fünf Jahre lang aufzubewahren.[5 f] Die zuständige Behörde kann die Art der Übermittlung der Messergebnisse vorschreiben.[2] Die Ergebnisse der Überwachung der Emissionen, die bei der Behörde vorliegen, sind für die Öffentlichkeit nach den Bestimmungen des Umweltinformationsgesetzes vom 8. Juli 1994 (BGBl. I S.1490), zuletzt geändert durch Artikel 21 des Gesetzes zur Umsetzung der UVP-Änderungsrichtlinie, der IVU-Richtlinie und weiterer EG-Richtlinien zum Umweltschutz vom 27. Juli 2001 (BGBl. I S.1950), mit Ausnahme des § 10 zugänglich.[7]

Literatur: *Meinert,* Staatliche Kontrolle von Anlagen nach dem BImSchG, in: Nolte (Hg.), Kontrolle im verfassten Rechtsstaat, 2002, S.105.

1. Bedeutung und Abgrenzung zu Parallelvorschriften

1   In § 31 sind einige Nebenpflichten zu den Anordnungen nach §§ 26, 28 und 29 zusammengefasst, die die Weiterleitung der Ermittlungsergebnisse an die Behörde betreffen. § 31 gilt nicht für sicherheitstechnische Prüfungen (Lechelt GK 33); insoweit findet sich in § 29a Abs.4 eine Sonderregelung (näher dazu Rn.9 zu § 29a). Pflichten aus anderen Normen, etwa aus § 15 Abs.1, 3, § 27, § 29a Abs.3, § 52 Abs.2 und § 52a werden durch § 31 nicht berührt; andererseits wird § 31 durch die Normen nicht eingeschränkt (Feldhaus FE 2; Hansmann LR 3). Gleiches gilt für Vorlagepflichten aus einer Anordnung gem. § 26 Abs.1 S.2, die bereits mit der Anordnung der Ermittlungen festgelegt werden.

2. Mitteilung der Ergebnisse

a) Aufforderung

2   Gem. S.1 kann die zuständige Behörde (dazu Rn.19 zu § 26) den Anlagenbetreiber, gegen den eine Anordnung nach § 26, § 28 oder § 29 ergangen ist, nicht aber eine Messstelle oder den Immissionsschutzbeauftragten, auffordern, die Ergebnisse der Ermittlungen der Behörde mitzuteilen, und zwar in einem bestimmten Fall oder auf Dauer (BVerwG, NVwZ 1997, 998; NdsOVG, DÖV 1995, 961). Wird die Aufforderung

mit der Ermittlungsanordnung verbunden, bildet § 26 Abs.1 S.2 die Grundlage (anders Feldhaus FE 3; Hansmann LR 5). Mit der Aufforderung kann die Behörde gem. § 31 S.2 nähere Angaben dazu machen, welche Ergebnisse in welcher Form vorzulegen sind. Insbesondere kann vorgeschrieben werden, die Ergebnisse computergerecht mitzuteilen oder sie der Behörde direkt durch die Messstelle zuzuleiten (vgl. Hansmann LR 9; Lechelt GK 26). In Betracht kommt weiter die fortlaufende Übermittlung im Rahmen eines Fernüberwachungssystems (BVerwG, NVwZ 1997, 998 f; Nds OVG, DÖV 1995, 962), da ein solches System den Grundsatz der „schutzzweckorientierten Vollzugseffektivität" besonders entspricht (BVerwG, NVwZ 1997, 1000). Bei EMAS-Anlagen (dazu Rn.14 zu § 58 e) sehen Verwaltungsvorschriften der Länder vielfach Erleichterungen vor (näher Lechtelt GK 31 a). Möglich ist zudem, Mittelwerte und Häufigkeitsverteilungen zu verlangen (Lechelt GK 26; Feldhaus FE 3); dies gilt auch bei Abfallverbrennungsanlagen (OVG NW, NVwZ 2004, 118).

Die Aufforderung, die im Ermessen steht (OVG NW, NVwZ 2004, 118) stellt einen **Verwaltungsakt** dar (Hansmann LR 19; Lechelt GK 29). Sie kann im Wege des Verwaltungszwangs vollstreckt werden (Hansmann LR 17); näher dazu Rn.29–32 zu § 62. Kommt der Anlagenbetreiber vorsätzlich oder fahrlässig der Anordnung nicht nach, begeht er gem. § 62 Abs.2 Nr.3 eine Ordnungswidrigkeit; näher dazu Rn.24 sowie Rn.3–11 zu § 62. Was den **Rechtsschutz** angeht, so kann der Anlagenbetreiber Widerspruch einlegen und Anfechtungsklage erheben (Hansmann LR 19); insoweit gelten die Ausführungen in Rn.67 zu § 17 entsprechend. 3

b) Mitteilungspflicht

Ist eine Anordnung gem. § 31 ergangen, muss der Anlagenbetreiber die verlangten Mitteilungen machen. Auf die Rechtmäßigkeit der Anordnung kommt es nicht an, wenn sie nur wirksam ist (Hansmann LR 8; Lechelt GK 15). Die Weiterleitung der Ergebnisse ist auch dann geboten, wenn die Gefahr eines Straf- oder Ordnungswidrigkeitenverfahrens besteht; § 52 Abs.5 gilt nicht (Lechelt GK 15). Gegen die Messstelle hat die Behörde keinen Anspruch auf Herausgabe; Mitarbeiter der Messstelle können allerdings im Rahmen des Verfahrens gem. § 17 oder § 24 als Zeugen gem. § 26 VwVfG vernommen werden. Zum Verhältnis zu § 15 Abs.1, zu § 27 und zu § 52 oben Rn.1. 4

3. Aufbewahrungspflicht

Die gem. § 29 vorgenommenen Aufzeichnungen von Messgeräten sind **fünf Jahre lang aufzubewahren.** Dies gilt auch, soweit eine Anordnung gegenüber Großfeuerungsanlagen ergeht (vgl. § 16 Abs.2 S.2 der 13. BImSchV). Für Ermittlungen nach § 26 und nach § 28 enthält das BImSchG keine Regelung der Aufbewahrungspflicht, obwohl § 31 eine Aufbewahrung voraussetzt. Wenn aber § 31 bereits für die umfangreichen 5

§ 31a   Ermittlung von Emissionen und Immissionen

Daten aus fortlaufenden Ermittlungen eine fünfjährige Aufbewahrung vorsieht, dürfte das erst recht für Daten aus Ermittlungen gem. §§ 26, 28 gelten (ähnlich Feldhaus FE 4). Die Aufbewahrungspflicht entfällt, wenn die Ermittlungsanordnung unwirksam ist, wegen der Bestandskraft der Anordnung aber nicht schon mit deren Rechtswidrigkeit (Lechelt GK 20). Wird die Anlage auf einen Dritten übertragen, geht die Aufbewahrungspflicht auf den Rechtnachfolger über, ohne dass sich damit am Ablauf der Aufbewahrungsfrist etwas ändert (Hansmann LR 13; Lechelt GK 23).

6   **Erfüllt** ein Betreiber seine Aufbewahrungspflicht **nicht** oder nicht zureichend, kann die zuständige Behörde den Pflichtigen durch eine Anordnung zur ordnungsgemäßen Erfüllung seiner Pflichten anhalten. Grundlage dafür dürfte § 17 bzw. § 24 sein. Kommt der Anlagenbetreiber vorsätzlich oder fahrlässig der Aufbewahrungspflicht nicht nach, begeht er eine Ordnungswidrigkeit gem. § 62 Abs.2 Nr.3; näher dazu Rn.24 sowie Rn.3–11 zu § 62. Zum **Rechtsschutz** gelten die Ausführungen in Rn.67 zu § 17.

4. Informationsanspruch

7   Nach der 2001 in Umsetzung von Art.15 Abs.2 RL 96/61 ergangenen Vorschrift (Einl. 2 Nr.34) des § 31 S.3 hat jedermann einen Anspruch auf Kenntnis der Ergebnisse von Emissionsüberwachungen nach § 26, § 28 und § 29. Im Einzelnen sind auf den Anspruch die Vorschriften des UIG anzuwenden. Dies gilt allerdings nicht für § 10 UIG, weshalb keine Kosten in Rechnung gestellt werden dürfen (BT-Drs. 14/4599, 129; Lechelt GK 27a). Für Ergebnisse von *Immissions*erhebungen kann schwerlich anderes gelten (a.A. Hansmann LR 16a). Zur Information über Emissionserklärungen Rn.12 zu § 27.

§ 31a Technischer Ausschuss für Anlagensicherheit

(1) **Beim Bundesministerium für Umwelt, Naturschutz und Reaktorsicherheit wird ein Technischer Ausschuss für Anlagensicherheit gebildet. Der Technische Ausschuss für Anlagensicherheit berät die Bundesregierung oder das zuständige Bundesministerium in sicherheitstechnischen Fragen, die die Verhinderung von Störfällen und die Begrenzung ihrer Auswirkungen betreffen. Er schlägt dem Stand der Sicherheitstechnik entsprechende Regeln (sicherheitstechnische Regeln) unter Berücksichtigung der für andere Schutzziele vorhandenen Regeln vor.**

(2) **In den Technischen Ausschuss für Anlagensicherheit sind neben Vertretern von beteiligten Bundesbehörden und obersten Landesbehörden sowie den Vorsitzenden der Unterausschüsse nach Absatz 3 insbesondere Vertreter der Wissenschaft, der Sachverständigen nach § 29a, der Betreiber von Anlagen, der Berufsgenossenschaften, die**

Technischer Ausschuss für Anlagensicherheit § 31a

Vorsitzenden der nach § 14 Abs.2 des Geräte- und Produktsicherheitsgesetzes und nach § 44 Abs.1 der Gefahrstoffverordnung eingesetzten Ausschüsse sowie der Vorsitzende der Störfall-Kommission zu berufen.[1f] Der Technische Ausschuss für Anlagensicherheit kann Unterausschüsse bilden; diesen können auch Fachleute angehören, die nicht Mitglied des Technischen Ausschusses für Anlagensicherheit sind.

(3) Der Technische Ausschuss für Anlagensicherheit gibt sich eine Geschäftsordnung und wählt den Vorsitzenden aus seiner Mitte. Die Geschäftsordnung und die Wahl des Vorsitzenden bedürfen der Zustimmung des Bundesministeriums für Umwelt, Naturschutz und Reaktorsicherheit.[2]

(4) Sicherheitstechnische Regeln können vom Bundesministerium für Umwelt, Naturschutz und Reaktorsicherheit nach Anhörung der für die Anlagensicherheit zuständigen Landesbehörden im Bundesanzeiger veröffentlicht werden.[5]

Literatur: *Jarass*, Das untergesetzliche Regelwerk im Bereich des Atom- und Strahlenschutzrechts, in: Lukes (Hg.), Reformüberlegungen zum Atomrecht, 1991, 397.

1. Bedeutung und Abgrenzung zu Parallelvorschriften

Die 1990 eingefügte Vorschrift (Einl. 2 Nr.14) verpflichtet das Bundesministerium für Umwelt, Naturschutz und Reaktorsicherheit, einen Technischen Ausschuss für Anlagensicherheit einzurichten. Das ist mit der Konstituierung des Ausschusses am 15. 1. 1992 geschehen. Der Ausschuss hat sein Aufgabenfeld, ebenso wie die Störfall-Kommission des § 51a, im Bereich der Sicherheitstechnik bzw. im Bereich der Störfallrisiken. Während aber die Störfall-Kommission der übergreifenden Analyse unter Berücksichtigung gesellschaftsrelevanter Fragestellungen und damit grundsätzlicheren Fragen nachgehen soll, hat der Technische Ausschuss für Anlagensicherheit eher die sicherheitstechnischen Details zu behandeln. Die Aufgabenteilung hat eine gewisse Ähnlichkeit mit der zwischen dem Kerntechnischen Ausschuss und der Reaktor-Sicherheitskommission im Bereich des Atomrechts (dazu Jarass o. Lit. 418ff). Die Tätigkeit des Technischen Ausschusses für Anlagensicherheit hat nichts mit der betreibereigenen Überwachung der §§ 26–31 zu tun; die systematische Stellung des § 31a ist daher problematisch (Rebentisch, NVwZ 1991, 312). Gem. § 14 Abs.2 S.3 GPSG ist der Ausschuss an der Aufstellung von dem Stand der Technik entsprechenden Regeln durch die Technische Ausschüsse nach § 14 Abs.2 GPSG beteiligt. 1

2. Stellung und Organisation

Der Technische Ausschuss für Anlagensicherheit ist ein (eigener) teilrechtsfähiger Verband des öffentlichen Rechts (vgl. Jarass o. Lit. 418), nicht etwa eine Organisationseinheit des Bundesumweltministeriums 2

§ 31a Ermittlung von Emissionen und Immissionen

(Hansmann LR 5; Brandt GK 9). Die Mitglieder des Ausschusses werden durch das Bundesministerium für Umwelt, Naturschutz und Reaktorsicherheit berufen (vgl. Abs.1 S.1). Dabei sind die Vorgaben des Abs.2 S.1 zu beachten. Der Verweis in dieser Vorschrift auf Abs.3 ist ein Redaktionsfehler; gemeint ist Abs.2 S.2. Der Ausschuss wählt gem. Abs.3 S.1 einen Vorsitzenden aus seiner Mitte; die Wahl bedarf gem. Abs.3 S.2 der Zustimmung des Bundesministers für Umwelt, Naturschutz und Reaktorsicherheit. Gem. Abs.2 S.2 kann der Ausschuss Unterausschüsse bilden, in denen vermutlich die Hauptarbeit geleistet werden wird. Weitere Einzelheiten der Aufbau- und Ablauforganisation regelt die Geschäftsordnung, die gem. Abs.3 S.2 der Zustimmung des Bundesministeriums für Umwelt, Naturschutz und Reaktorsicherheit bedarf.

3. Aufgaben

a) Beratung

3   Der Technische Ausschuss für Anlagensicherheit hat zunächst die Aufgabe, die Bundesregierung und den zuständigen Minister in sicherheitstechnischen Fragen zu beraten. Inhaltlich sind damit gem. Abs.1 S.2 Fragen gemeint, die mit der Verhinderung von Störfällen unter Begrenzung ihrer Auswirkungen zusammenhängen (Hansmann LR 6). Störfälle sind alle Störungen des bestimmungsgemäßen Betriebs der Anlage (näher Rn.3f zu § 58a); zum weitgehend identischen Begriff des schweren Unfalls Rn.23–26 zu § 20. Die weiteren Qualifizierungen des Störfallbegriffs in § 2 Nr.3 der 12. BImSchV gelten dagegen hier nicht (a.A. Rebentisch, NVwZ 1991, 312). Diese Einschränkungen sind im Bereich der Störfall-VO sinnvoll, im Bereich des § 31a aber unnötig und unangebracht. Im Vordergrund der Arbeit des Ausschusses werden v.a. die genehmigungsbedürftigen Anlagen stehen. Der Ausschuss kann sich aber auch mit den nicht genehmigungsbedürftigen Anlagen befassen, soweit es um die bei Störfällen auftretenden Emissionen geht (Böhm GK 23; a.A. Hansmann LR 6). Eine Beratung zum laufenden Vollzug ist ausgeschlossen (Böhm GK 19), es sei denn, der Bund hat ausnahmsweise die Vollzugskompetenz (vgl. Einl. 55).

b) Erlass sicherheitstechnischer Regeln

4   Als einen besonders wichtigen Teilbereich der Beratung nennt Abs.1 S.3 den Vorschlag sicherheitstechnischer Regeln. **Inhaltlich** müssen die Regeln sich innerhalb des beschriebenen Beratungsfeldes bewegen (oben Rn.3). Die Vorschläge müssen dem Stand der Sicherheitstechnik entsprechen. Damit ist der Stand der Technik iSd § 3 Abs.6 gemeint (vgl. § 2 Nr.5 der 12. BImSchV), soweit er (auch) der Verhinderung von Störfällen und der Begrenzung von Störfallauswirkungen dient; zum Stand der Technik Rn.93–107 zu § 3.

5   Die sicherheitstechnischen Regeln können, nach endgültiger Beschlussfassung durch den Technischen Ausschuss für Anlagensicherheit,

gem. Abs.4 vom Bundesministerium für Umwelt, Naturschutz und Reaktorsicherheit im Bundesanzeiger **veröffentlicht** werden. Ob er das tut, liegt in seinem Ermessen („können"; vgl. Hansmann LR 13). Die Rechtslage unterscheidet sich insoweit von der des Kerntechnischen Ausschusses (vgl. Jarass o. Lit. 424). Vor einer Veröffentlichung sind die für die Anlagensicherheit zuständigen Landesbehörden zu hören (Rebentisch, NVwZ 1991, 313). Die Veröffentlichung ändert den Charakter der sicherheitstechnischen Regeln nicht. Sie werden weder zu Rechtsvorschriften noch zu Verwaltungsvorschriften, insb. normkonkretisierender Art (Hansmann LR 12; Böhm GK 29; vgl. Jarass o. Lit. 427 für den Kerntechnischen Ausschuss). Wegen des Wertungsgehalts sicherheitstechnischer Regeln lassen sie sich auch nicht als antizipiertes Sachverständigengutachten einstufen. Sie bilden daher im Rahmen der behördlichen Entscheidung lediglich einen Anhaltspunkt, haben eine „gewisse indizielle Bedeutung" (so BVerwG, NVwZ 1989, 1146 zu den Empfehlungen der Reaktor-Sicherheitskommission). Aus der Einhaltung sicherheitstechnischer Regeln ergibt sich daher keine echte Vermutung für die Einhaltung sicherheitstechnischer Anforderungen des BImSchG (vgl. Jarass o. Lit. 403).

Dritter Teil.
Beschaffenheit von Anlagen, Stoffen, Erzeugnissen, Brennstoffen, Treibstoffen und Schmierstoffen

§ 32 Beschaffenheit von Anlagen

(1) Die Bundesregierung wird ermächtigt, nach Anhörung der beteiligten Kreise (§ 51) durch Rechtsverordnung mit Zustimmung des Bundesrates vorzuschreiben, dass serienmäßig hergestellte Teile von Betriebsstätten[4] und sonstigen ortsfesten Einrichtungen sowie die in § 3 Abs.5 Nr.2 bezeichneten Anlagen[3] und hierfür serienmäßig hergestellte Teile gewerbsmäßig oder im Rahmen wirtschaftlicher Unternehmungen nur in den Verkehr gebracht oder eingeführt werden dürfen,[6] wenn sie bestimmten Anforderungen zum Schutz vor schädlichen Umwelteinwirkungen durch Luftverunreinigungen, Geräusche oder Erschütterungen genügen.[9f] In den Rechtsverordnungen nach Satz 1 kann insbesondere vorgeschrieben werden, dass
1. die Emissionen der Anlagen oder der serienmäßig hergestellten Teile bestimmte Werte nicht überschreiten dürfen,
2. die Anlagen oder die serienmäßig hergestellten Teile bestimmten technischen Anforderungen zur Begrenzung der Emissionen entsprechen müssen.

Emissionswerte nach Satz 2 Nr.1 können unter Berücksichtigung der technischen Entwicklung auch für einen Zeitpunkt nach Inkrafttreten der Rechtsverordnung festgesetzt werden.[9] Wegen der Anforderungen nach den Sätzen 1 bis 3 gilt § 7 Abs.5 entsprechend.[14]

(2) In einer Rechtsverordnung kann ferner vorgeschrieben werden, dass die Anlagen oder die serienmäßig hergestellten Teile gewerbsmäßig oder im Rahmen wirtschaftlicher Unternehmungen nur in den Verkehr gebracht oder eingeführt werden dürfen, wenn sie mit Angaben über die Höhe ihrer Emissionen gekennzeichnet sind.[12]

Übersicht

1. Allgemeines zu § 32–§ 37	1
2. Bedeutung des § 32, Abgrenzung, EG-Recht	2
3. Sachlicher und persönlicher Anwendungsbereich	3
a) Gegenstände	3
b) Tätigkeiten und Adressat	5
4. Mögliche Anforderungen	8
a) Zweck	8

§ 32 Beschaffenheit v. Anlagen, Stoffen, Erzeugnissen, etc.

    b) Anforderungen an die Beschaffenheit (Abs.1) 9
    c) Kennzeichnung (Abs.2) 12
  5. Spielraum und formelle Rechtmäßigkeit 13
    a) Spielraum des Verordnungsgebers 13
    b) Formelle Rechtmäßigkeit 14
  6. Erlassene Rechtsverordnungen, Durchsetzung, Rechtsschutz 15
    a) Auf § 32 gestützte Rechtsverordnungen (8. BImSchV) 15
    b) Durchsetzung und Sanktionen 17
    c) Rechtsschutz 19

Literatur: *Sparwasser/Engel/Voßkuhle,* Umweltrecht, 5. Aufl. 2003, § 10 Rn.270; *Scheuing,* Produktbezogene Regelungen, in: Rengeling (Hg.), Handbuch zum europäischen und deutschen Umweltrecht, Bd. II/1, 2. Aufl. 2003, § 51; *Kloepfer,* Umweltrecht, 2. Aufl. 1998, § 14 Rn.147.

1. Allgemeines zu § 32–§ 37

1   Während der Zweite Teil des BImSchG – entsprechend dem klassischen Ansatzpunkt des Immissionsschutzes – die Errichtung und den Betrieb (von Anlagen) regelt, setzt der Dritte Teil am **Inverkehrbringen** und an der **Einfuhr,** zum Teil auch an der **Herstellung** an. Bereits auf der Stufe des Handels oder gar der Herstellung können somit Anforderungen an die Beschaffenheit gestellt werden, um möglichst früh und effektiv für einen ausreichenden Immissionsschutz zu sorgen. Gegenständlich erfasst der Dritte Teil nicht nur **Anlagen** und **Anlagenteile** (§§ 32, 33) wie der Zweite Teil, sondern auch **Stoffe** und **Erzeugnisse** (§§ 34, 35). Schließlich enthalten die §§ 35–37 keine Regelungen mit unmittelbarer Wirkung für den Bürger; das BImSchG beschränkt sich in seinem Dritten Teil auf Ermächtigungen zum Erlass von Rechtsverordnungen.

2. Bedeutung des § 32, Abgrenzung, EG-Recht

2   § 32 enthält eine Ermächtigung, durch Rechtsverordnung Inverkehrbringen und Einführen von Anlagen bzw. Anlagenteilen zu verbieten, wenn sie bestimmten Anforderungen an die Beschaffenheit nicht gerecht werden. Mit den §§ 4ff, den §§ 22ff und § 49 kann sich § 32 nicht überschneiden (s. allerdings unten Rn.7). Zwar treffen bzw. ermöglichen diese Vorschriften Regelungen zur Beschaffenheit von Anlagen; doch setzen sie an der Errichtung bzw. am Betrieb der Anlage an, während § 32 das Inverkehrbringen bzw. die Einfuhr betrifft (VG Gelsenkirchen, FE-ES § 5–29, 9). Zum Verhältnis zu § 33 näher Rn.2 zu § 33, zum Verhältnis zu § 35 vgl. Rn.1 zu § 35. Soweit die Verordnung der Erfüllung von bindenden EG-Beschlüssen oder von zwischenstaatlichen Vereinbarungen dient, kann auch § 37 als Grundlage genutzt werden (Scheuing GK 57). Eine Überschneidung mit § 38 Abs.2 wird vermieden, weil § 32 sich nicht auf Fahrzeuge iSd § 38 erstreckt (unten Rn.3). Überschneidungen ergeben sich dagegen mit dem **Gesetz über technische Arbeitsmittel** (Gerätesicherheitsgesetz – GSG), soweit es um Gegenstände geht, die technische Arbeitsmittel oder Verbraucherprodukte iSd § 2 GPSG sind. Dieses Gesetz

Beschaffenheit von Anlagen § 32

dient auch dem Immissionsschutz. Das Gesetz steht selbständig neben Rechtsverordnungen nach § 32 (Feldhaus FE 3; Scheuing GK 58). Allerdings enthalten Verordnungen im Bereich des Gerätesicherheitsgesetzes zum Teil Subsidiaritätsklauseln. Parallel anwendbar ist des Weiteren die Ermächtigung des § 22 KrW-/AbfG (Scheuing GK 60). Zur Möglichkeit landesrechtlicher Regelungen im Bereich der §§ 32 ff näher Einl.25.

Die auch auf § 32 gestützte 32. BImSchV dient der Umsetzung **EG-rechtlicher Vorgaben** (Rn.13 zu § 37). 2a

3. Sachlicher und persönlicher Anwendungsbereich

a) Gegenstände

Die Regelungen nach § 32 können sich einmal auf ortsveränderliche 3 Anlagen iSd § 3 Abs.5 Nr.2 beziehen (dazu Rn.72 zu § 3). Darunter fallen u.a. Maschinen, Apparate, Geräte etc. (weitere Beispiele in Rn.10 zu § 22). Fahrzeuge werden gem. § 3 Abs.5 Nr.2 nur erfasst, soweit sie nicht § 38 unterliegen; näher dazu Rn.8f zu § 38. Auf Serienfertigung kommt es bei den ortsveränderlichen Anlagen nicht an (Hansmann LR 13; Engelhardt/Schlicht 2; Scheuing GK 29; a.A. Feldhaus FE 5); andererseits werden auch serienmäßig hergestellte Teile erfasst.

Weiter kann die Rechtsverordnung **serienmäßig hergestellte Teile** 4 ortsfester Einrichtungen betreffen, d.h. serienmäßig produzierte Gegenstände, die dazu bestimmt sind, in ortsfesten Einrichtungen (dazu Rn.69–71 zu § 3 und Rn.9 zu § 22) eingebaut zu werden (Hansmann LR 14; Scheuing GK 26). Die serienmäßige Herstellung steht im Gegensatz zur Einzelfertigung. Die Größe der Serie spielt an sich keine Rolle; bei Fertigung einiger weniger baugleicher Teile lässt sich jedoch nicht von einer Serie sprechen. Eine Serie liegt erst bei einer Produktion für einen unbestimmten Abnehmerkreis vor (Hansmann LR 15). Geringfügige Modifikationen schließen eine Serienfertigung nicht aus (Scheuing GK 27). Unzulässig sind Regelungen für Betriebsstätten als Ganzes und für Sonderanfertigungen (Schmatz/Nöthlichs 2).

b) Tätigkeiten und Adressat

Die durch die Rechtsverordnung statuierbaren Pflichten können einmal 5 am **Inverkehrbringen** (dazu Rn.112 zu § 3) ansetzen, zum anderen beim **Einführen** (dazu Rn.111 zu § 3). Sie sind nicht auf das erste Inverkehrbringen beschränkt (Scheuing GK 31; Hansmann LR 7), weshalb eine Rechtsverordnung gem. § 32 auch für jeden Händler etc. bedeutsam sein kann. Das Inverkehrbringen bzw. Einführen kann nur insoweit geregelt werden, als es *gewerbsmäßig* oder im Rahmen *wirtschaftlicher Unternehmungen* durchgeführt wird (dazu Rn.27 f zu § 4). Nicht regelbar ist u.a. das Inverkehrbringen im privaten Bereich sowie im Bereich der echten Hoheitsverwaltung.

Möglicher **Adressat** der Anforderungen ist derjenige, der die fraglichen 6 Gegenstände **in Verkehr bringt** oder **einführt**. Die Rechtsverordnung

§ 32 Beschaffenheit v. Anlagen, Stoffen, Erzeugnissen, etc.

kann Pflichten nur für Personen festlegen, die diese Vorgänge durchführen. Für den **Verwender** kann die Rechtsverordnung keine Anforderungen festlegen. Werden daher die Gegenstände unter Verstoß gegen die Rechtsverordnung in Verkehr gebracht oder eingeführt, ist deren Verwendung keineswegs automatisch verboten.

7   Die **Zulässigkeit der Verwendung** richtet sich allein nach den §§ 4 ff, §§ 22 ff und § 49, nicht nach Rechtsverordnungen auf Grund von § 32. Die in einer solchen Rechtsverordnung festgelegten sachlichen Anforderungen haben allerdings im Rahmen der für den Verwender einschlägigen Vorschriften eine Indizfunktion. Der Verwender kann idR darauf vertrauen, dass eine Anlage den Anforderungen des § 5 bzw. des § 22 an die Beschaffenheit entspricht, wenn sie mit Rechtsverordnungen gem. § 32 übereinstimmt (Scheuing GK Vorb.82 vor § 32). Da eine Rechtsverordnung aber nur auf typische Sachverhalte abstellen kann, müssen besondere Verhältnisse des Einzelfalles auf jeden Fall zusätzlich berücksichtigt werden (Schmatz/Nöthlichs 3). Außerdem beeinflussen § 5 und § 22 zusätzlich die Modalitäten der Verwendung. Umgekehrt wird eine Anlage, die gegen eine auf § 32 gestützte Rechtsverordnung verstößt, in aller Regel auch den Anforderungen der §§ 5 ff bzw. der §§ 22 ff nicht gerecht werden (Vermutungswirkung; vgl. Scheuing GK 40 zu § 33).

4. Mögliche Anforderungen

a) Zweck

8   Die Rechtsverordnungen müssen (auch soweit sie auf Abs.2 gestützt werden) dem Schutz vor schädlichen Umwelteinwirkungen (dazu Rn.21 ff zu § 3) dienen, genauer dem Schutz vor Luftverunreinigungen (dazu Rn.2–4 zu § 3), Geräuschen und Erschütterungen (dazu Rn.5 f zu § 3); der Schutz gegen sonstige Immissionen wird nicht erfasst. Die Formulierung „zum Schutz vor schädlichen Umwelteinwirkungen" meint hier nicht nur die Abwehr gegen schädliche Umwelteinwirkungen, sondern auch die gebotene *Vorsorge* (Scheuing GK Vorb.89 vor § 32; näher Rn.15 zu § 1). Es kommt also nicht darauf an, ob ohne die Anforderungen idR Immissionen entstehen, die die Schädlichkeitsgrenze übersteigen (Hansmann LR 17). Die Anforderungen müssen jedoch bei genereller Betrachtung geeignet sein, Emissionen zu reduzieren, bei denen sich auf Grund ihrer prinzipiellen Gefährlichkeit schädliche Effekte nicht ausschließen lassen (Hansmann LR 17; vgl. auch Schwerdtfeger, WiVerw 1984, 222).

b) Anforderungen an die Beschaffenheit (Abs.1)

9   Gem. Abs.1 kann eine Rechtsverordnung Anforderungen an die Beschaffenheit der erfassbaren Gegenstände stellen. Wichtige Beispiele nennt Abs.1 S.2: die Festlegung von Emissionswerten sowie von technischen Anforderungen an die Beschaffenheit (dazu Rn.4 zu § 7). Keine der beiden Möglichkeiten hat einen prinzipiellen Vorrang (Feldhaus FE 10;

Beschaffenheit von Anlagen § 32

Scheuing GK 40; Hansmann LR 24). Die Emissionswerte können gem. Abs.1 S.3 auch für einen Zeitpunkt nach Inkrafttreten der Rechtsverordnung festgesetzt werden. Wird in diesem Fall die technische Entwicklung falsch eingeschätzt, muss die Rechtsverordnung geändert werden (vgl. Scheuing GK Vorb.97 vor § 32).

Die **Emissionswerte** werden sich bei Luftverunreinigungen meist auf 10 die Massenkonzentration, den Massenstrom und das Massenverhältnis der emittierten Schadstoffe beziehen (vgl. Rn.4 zu § 3), bei Geräuschen auf die Schalleistung oder den Schalldruckpegel (dazu Rn.5 zu § 3). Die Emissionswerte müssen, vorbehaltlich anderer Bestimmungen in der Rechtsverordnung bei allen, der bestimmungsgemäßen Verwendung (dazu Rn.5 zu § 35) entsprechenden Betriebsbedingungen eingehalten werden. Es handelt sich um echte Grenzwerte, die somit, trotz des abweichenden Wortlauts, keine andere Bedeutung als die in § 7 Abs.1 Nr.2 erwähnten Grenzwerte haben (Hansmann LR 19). Als **technische Anforderungen** zur Emissionsbegrenzung kommen Bestimmungen über Isolierungen, Filter, die zu verwendenden Materialien, Konstruktionsmerkmale u.a. in Betracht.

Die in Abs.1 S.2 genannten Beispiele sind **nicht abschließend,** weshalb 11 auch andere Anforderungen an die Beschaffenheit gestellt werden können (Scheuing GK 36). Damit sind unmittelbare Angaben zur Beschaffenheit, Zielvorgaben und wohl auch Angaben zum Herstellungsverfahren möglich, soweit dadurch die Beschaffenheit im weitesten Sinne beeinflusst werden kann (vgl. Rn.8f zu § 34). Als Angabe zur Beschaffenheit ist auch die Verpflichtung anzusehen, eine Gebrauchsanweisung zum emissionsarmen Gebrauch beizufügen (Hansmann LR 27; Engelhardt/Schlicht 4). Die Rechtsverordnung kann schließlich zum Erlass von Anordnungen ermächtigen, mit denen die Pflichten konkretisiert werden (vgl. § 62 Abs.1 Nr.7). Neben- und Hilfspflichten, die der Überwachung und Aufklärung dienen und die Beschaffenheit nicht beeinflussen, sind dagegen nur im Rahmen von Abs.2 zulässig (dazu unten Rn.12).

c) **Kennzeichnung (Abs.2)**

Durch Rechtsverordnung kann weiterhin das Inverkehrbringen und 12 Einführen davon abhängig gemacht werden, dass die fraglichen Gegenstände mit Angaben über die Höhe der beim Betrieb der Anlage entstehenden Emissionen gekennzeichnet werden. Damit soll dem potentiellen Benutzer ermöglicht werden, die Umweltverträglichkeit der Anlage bzw. des Anlagenteils einzuschätzen (Hansmann LR 25). Die Rechtsverordnung kann auch nähere Einzelheiten der Kennzeichnung festlegen, etwa auf welche Betriebszustände sich die Kennzeichnung zu beziehen hat oder welche Form die Kennzeichnung haben muss (Feldhaus FE 11; Scheuing GK 48). Ob für die fraglichen Stoffe auch Emissionswerte festgelegt wurden, ist unerheblich, da der entsprechende Vorbehalt in Abs.2 durch die Änderung von 1990 (Einl.2 Nr.14) beseitigt wurde.

§ 32 Beschaffenheit v. Anlagen, Stoffen, Erzeugnissen, etc.

5. Spielraum und formelle Rechtmäßigkeit

a) Spielraum des Verordnungsgebers

13 Die Ermächtigung des § 32 enthält keine Pflicht zum Erlass, auch wenn eine Rechtsverordnung von der Sache her angezeigt erscheinen mag. Erst Recht haben Private kein subjektives Recht auf Erlass einer Rechtsverordnung. Weiter muss der Verordnungsgeber die Ermächtigung **nicht ausschöpfen;** er kann sich auf Teilregelungen beschränken oder Ausnahmen vorsehen, wenn er dies für sinnvoll ansieht (Hansmann LR 12). Die Differenzierungen dürfen lediglich wegen Art.3 Abs.1 GG nicht willkürlich sein.

b) Formelle Rechtmäßigkeit

14 Zu Zuständigkeit und Verfahren des Erlasses der Rechtsverordnung gelten die Ausführungen in Rn.10 zu § 4. Insb. sind die beteiligten Kreise zu hören (dazu Rn.1ff zu § 51). Soweit sich die Rechtsverordnung auf Abs.1 stützt, muss sie die gebotenen Anforderungen nicht selbst aufführen, sondern kann gem. Abs.1 S.4 auf Bekanntmachungen sachkundiger Stellen verweisen (Hansmann LR 5, 6); näher dazu Rn.25 zu § 7.

6. Erlassene Rechtsverordnungen, Durchsetzung, Rechtsschutz

a) Auf § 32 gestützte Rechtsverordnungen (8. BImSchV)

15 Auf die Ermächtigung des § 32 (und andere Ermächtigungen) stützt sich die „**Geräte- und Maschinenlärmschutzverordnung**" (32. BImSchV). Die Verordnung legt die Lärmschutzanforderungen an einer großen Zahl von Geräten und Maschinen fest. Näher zu dieser Verordnung und zur Aufhebung der Rasenmäherlärm-Verordnung wie der Baumaschinenlärm-Verordnung Rn.13f zu § 37.

16 (unbesetzt)

b) Durchsetzung und Sanktionen

17 Sollen die Pflichten, die sich aus den Rechtsverordnungen ergeben, im Wege des Verwaltungszwanges **durchgesetzt** werden, ist eine entsprechende Grundverfügung nötig. Die Ermächtigungsgrundlage für diese Verfügung kann eine entsprechende Anordnungsermächtigung in der Rechtsverordnung liefern (vgl. § 62 Abs.1 Nr.7). Im Übrigen bildet die ordnungsbehördliche Generalklausel (ggf. auch spezielle ordnungsrechtliche Ermächtigung) die Grundlage, nicht dagegen § 52 Abs.1 (Scheuing GK Vorb.111 vor § 32; näher dazu Rn.30f zu § 62). § 17 und § 24 sind nicht anwendbar, weil sie Regelungen gegenüber dem Anlagen*betreiber* betreffen (Schmatz/Nöthlichs 5). Für die Vollstreckung der Grundverfügung gelten die Ausführungen in Rn.32 zu § 62.

18 Ein vorsätzlicher oder fahrlässiger Verstoß gegen die in den Rechtsverordnungen niedergelegten Pflichten stellt gem. § 62 Abs.1 Nr.7 eine **Ordnungswidrigkeit** dar, sofern die Rechtsverordnung auf § 62 verweist.

Bauartzulassung § 33

Gleiches gilt für Verstöße gegen vollziehbare Anordnungen, die auf entsprechende Ermächtigungen in den Rechtsverordnungen gestützt sind. Was die weiteren Einzelheiten angeht, insb. die Bestimmtheit, die Vollziehbarkeit der Anordnung und den Täterkreis, wird auf die Ausführungen in Rn.3–11, 15 zu § 62 verwiesen. Die §§ 325–330 StGB sind nicht anwendbar.

c) Rechtsschutz

Die *Adressaten* einer Rechtsverordnung können sich unmittelbar gegen 19 sie nur mit der Verfassungsbeschwerde zum BVerfG wehren; dabei ist die Jahresfrist des § 93 Abs.2 BVerfGG zu beachten (vgl. Rn.52 zu § 7). Den *Verwendern* steht die Verfassungsbeschwerde mangels Betroffenheit (oben Rn.7) dagegen nicht offen. Was den Rechtsschutz *Dritter,* also von Personen angeht, die den Erlass oder die Ergänzung einer Rechtsverordnung erzwingen wollen, so kommen als Grundlage für einen Anspruch auf Erlass oder Ergänzung einer Rechtsverordnung allenfalls Grundrechte in Betracht.

§ 33 Bauartzulassung

(1) Die Bundesregierung wird ermächtigt, zum Schutz vor schädlichen Umwelteinwirkungen sowie zur Vorsorge gegen schädliche Umwelteinwirkungen nach Anhörung der beteiligten Kreise (§ 51) durch Rechtsverordnung mit Zustimmung des Bundesrates
1. zu bestimmen, dass in § 3 Abs.5 Nr.1 oder 2 bezeichnete Anlagen[3 ff] oder bestimmte Teile von solchen Anlagen nach einer Bauartprüfung allgemein zugelassen und dass mit der Bauartzulassung[16 ff] Auflagen zur Errichtung und zum Betrieb verbunden werden können;[22 ff]
2. vorzuschreiben, dass bestimmte serienmäßig hergestellte Anlagen oder bestimmte hierfür serienmäßig hergestellte Teile gewerbsmäßig oder im Rahmen wirtschaftlicher Unternehmungen nur in Verkehr gebracht werden dürfen,[10] wenn die Bauart der Anlage oder des Teils allgemein zugelassen ist und die Anlage oder der Teil dem zugelassenen Muster entspricht;[20]
3. das Verfahren der Bauartzulassung zu regeln;[8]
4. zu bestimmen, welche Gebühren und Auslagen für die Bauartzulassung zu entrichten sind; die Gebühren werden nur zur Deckung des mit den Prüfungen verbundenen Personal- und Sachaufwandes erhoben, zu dem insbesondere der Aufwand für die Sachverständigen, die Prüfeinrichtungen und -stoffe sowie für die Entwicklung geeigneter Prüfverfahren und für den Erfahrungsaustausch gehört; es kann bestimmt werden, dass eine Gebühr auch für eine Prüfung erhoben werden kann, die nicht begonnen oder nicht zu Ende geführt worden ist, wenn die Gründe hierfür von demjenigen zu vertreten sind, der die Prüfung veranlasst hat; die Höhe der Gebüh-

§ 33 Beschaffenheit v. Anlagen, Stoffen, Erzeugnissen, etc.

rensätze richtet sich nach der Zahl der Stunden, die ein Sachverständiger durchschnittlich für die verschiedenen Prüfungen der bestimmten Anlagenart benötigt; in der Rechtsverordnung können die Kostenbefreiung, die Kostengläubigerschaft, die Kostenschuldnerschaft, der Umfang der zu erstattenden Auslagen und die Kostenerhebung abweichend von den Vorschriften des Verwaltungskostengesetzes vom 23. Juni 1970 (BGBl. I S.821) geregelt werden.[9]

(2) Die Zulassung der Bauart darf nur von der Erfüllung der in § 32 Abs.1 und 2 genannten oder in anderen Rechtsvorschriften festgelegten Anforderungen sowie von einem Nachweis der Höhe der Emissionen der Anlage oder des Teils abhängig gemacht werden.[6]

Übersicht

I. Ermächtigung zum Erlass von Rechtsverordnungen 1
  1. Bedeutung und Abgrenzung zu anderen Vorschriften 1
  2. Regelung der Erteilung der Bauartzulassung 3
    a) Sachlicher und persönlicher Anwendungsbereich 3
    b) Materielle Voraussetzungen 5
    c) Regelung des Verfahrens und der Kosten 8
  3. Regelung des Inverkehrbringens 10
    a) Sachlicher Anwendungsbereich 10
    b) Inverkehrbringen 11
  4. Spielraum und formelle Rechtmäßigkeit 12
  5. Erlassene Rechtsverordnung, Durchsetzung, Sanktionen, Rechtsschutz 13
    a) Gebührenordnung für Typprüfungen von Verbrennungsmotoren (29. BImSchV) 13
    b) Sonstiges 14
    c) Durchsetzung, Sanktionen und Rechtsschutz 15
II. Bauartzulassung 16
  1. Rechtlicher Charakter und Adressat 16
  2. Voraussetzungen, Verfahren, Aufhebung 18
  3. Wirkung der Bauartzulassung 19
    a) Grundlagen und Allgemeines 19
    b) Verbindung mit Zulassung des Inverkehrbringens 21
    c) Verbindung mit der Zulassung des Betriebs 22
  4. Rechtsschutz 24

I. Ermächtigung zum Erlass von Rechtsverordnungen

1. Bedeutung und Abgrenzung zu anderen Vorschriften

1   § 33 ermöglichte ursprünglich allein, durch Rechtsverordnung eine Bauartzulassung (näher unten Rn.16) als Voraussetzung des Inverkehrbringens zu regeln. Durch die 1993 eingefügte Ermächtigung des Abs.1 Nr.1 (Einl.2 Nr.21) bildet § 33 nunmehr **allgemein die Grundlage für** eine Normierung von **Bauartzulassungen,** unabhängig davon, ob sie sich auf

Bauartzulassung § 33

das Inverkehrbringen von Anlagen oder im Rahmen der gleichzeitig eingefügten Vorschriften des § 4 Abs.1 S.3 Hs.2 oder des § 23 Abs.1 S.1 Nr.5 auf das Betreiben von Anlagen beziehen. Eine Bauartzulassung nach § 33 zielt somit entweder auf die Kontrolle des *Inverkehrbringens* oder auf die Kontrolle des *Betriebs* (und ggf. der Errichtung) von Anlagen; die Vorschrift enthält insoweit zwei verschiedene Regelungsgehalte. Im ersten Fall bildet § 33 (in Abs.1 Nr.1, 3, 4) die Grundlage für die Regelung der Erteilung der Bauartzulassung und das Verbot des Inverkehrbringens ohne Zulassung (in Abs.1 Nr.2). Im zweiten Fall enthält § 33, der Systematik des BImSchG entsprechend, nur Vorgaben zur Erteilung der Bauartzulassung. Deren rechtliche Wirkungen sind in dem, die Errichtung und den Betrieb von Anlagen betreffenden Zweiten Teil des BImSchG geregelt.

Was die **Abgrenzung** zu anderen Vorschriften angeht, enthält § 33 2 eine gegenüber § 32 selbständige Ermächtigung. Eine Rechtsverordnung nach § 33 setzt daher keine Rechtsverordnung nach § 32 voraus (Hansmann LR 3; Scheuing GK 63). Zum Verhältnis zu sonstigen Vorschriften gelten die Ausführungen in Rn.2 zu § 32.

2. Regelung der Erteilung der Bauartzulassung

a) Sachlicher und persönlicher Anwendungsbereich

Die Rechtsverordnung kann zunächst die Erteilung der Bauartzulassung 3 regeln. Dies betrifft, wie Abs.1 S.1 entnommen werden kann, Betriebsstätten und sonstige **ortsfeste Einrichtungen** iSd § 3 Abs.5 Nr.1 sowie **ortsveränderliche Anlagen** iSd § 3 Abs.5 Nr.2. Nicht erfasst werden Anlagen iSd § 3 Abs.5 Nr.3 (Scheuing GK 35). Auch bei ortsfesten Einrichtungen iSd § 3 Abs.5 Nr.1 kann sich die Bauartzulassung ihrem Charakter entsprechend nicht auf das Grundstück, sondern nur auf die sonstigen Teile der Anlage beziehen (Scheuing GK 48; Hansmann LR 6). Fahrzeuge werden nur erfasst, soweit sie nicht § 38 unterliegen. Die Bauartzulassung kann für die gesamte Anlage oder für **Teile** der Anlage vorgesehen werden, also für Gegenstände, die dazu bestimmt sind, in Anlagen iSd § 3 Abs.5 Nr.1 oder des § 3 Abs.5 Nr.2 eingebaut zu werden. Auf die serienmäßige Herstellung kommt es nicht an (vgl. demgegenüber unten Rn.10).

Unklar ist, wer in den **persönlichen Anwendungsbereich** der Re- 4 gelung für die Erteilung der Bauartzulassung fällt, wer also zur Beantragung einer solchen Zulassung berechtigt vorgesehen werden kann. Der Sache nach kann das nur der Hersteller oder Einführer der Anlage sein (Scheuing GK 71). Begünstigte der Bauartzulassung können aber auch andere Personen sein (unten Rn.20).

b) Materielle Voraussetzungen

aa) Die materiellen Voraussetzungen einer Bauartzulassung müssen 5 gem. § 33 Abs.1 Nr.1 dem **Schutz** vor schädlichen Umwelteinwirkungen dienen, sei es der Gefahrenabwehr oder der **Vorsorge.** Anders als § 32 ist

§ 33   Beschaffenheit v. Anlagen, Stoffen, Erzeugnissen, etc.

§ 33 nicht auf Luftverunreinigungen, Geräusche und Erschütterungen beschränkt, sondern erfasst **alle Immissionen** (Scheuing GK 57). Zu diesem Zweck kann die Erteilung einer Bauartzulassung Anforderungen hinsichtlich der Beschaffenheit der Anlage bzw. des Anlagenteils festlegen (vgl. Rn.9–11 zu § 32) oder Kennzeichnungspflichten statuieren (Scheuing GK 62).

6   Darüber hinaus kann die Bauartzulassung gem. Abs.2 der Einhaltung der **Anforderungen** für die Errichtung und den Betrieb der Anlage dienen, die sich **aus anderen Rechtsvorschriften** ergeben. Sinn macht das, wenn die Bauartzulassungspflicht mit einer Regelung nach § 4 Abs.1 S.3 Hs.2 oder § 23 Abs.1 S.1 Nr.5 verbunden wird (unten Rn.22f). Soweit es um genehmigungsbedürftige Anlagen geht, kommen die Vorgaben des § 5 und der Rechtsverordnungen des § 7 in Betracht. Bei nicht genehmigungsbedürftigen Anlagen sind § 22 und die Rechtsverordnungen gem. § 23 bedeutsam (Scheuing GK 64). Das heißt, die Anforderungen an die Bauartzulassung können dergestalt sein, dass beim Betrieb der Anlage (unabhängig vom Ort und den Umständen ihres Einsatzes) die Errichtungs- und Betriebsvoraussetzungen regelmäßig erfüllt sind, sofern die mit der Bauartzulassung verbundenen Nebenbestimmungen (dazu unten Rn.7) beachtet werden. Zu diesem Zweck kann nach Abs.2 insb. ein Nachweis über die Höhe der Emissionen der Anlage oder des Anlagenteils verlangt werden.

7   **bb)** Die Erteilung der Bauartzulassung darf **nicht** in das **Ermessen** der zuständigen Behörde gestellt werden, wie das die Formulierung des Abs.2 deutlich werden lässt (Feldhaus FE 3; Hansmann LR 9; Scheuing GK 61). Für den Erlass von **Nebenbestimmungen** gilt dementsprechend § 36 Abs.1 VwVfG (Scheuing GK 87). Nebenbestimmungen können somit nur vorgesehen werden, um die Erreichung der Anforderungen zu gewährleisten, die an die Erteilung der Bauartzulassung durch die Rechtsverordnung geknüpft werden. Möglich ist etwa eine Auflage vorzuschreiben, eine Gebrauchsanweisung für den emissionsarmen Gebrauch beizufügen (Hansmann LR 12). Weiter kann vorgeschrieben werden, vor jeder Überlassung ein Prüfprotokoll anzufertigen oder eine Kopie des Zulassungsbescheids zu übergeben (Hansmann LR 12). Darüber hinaus kann die Bauartzulassung gem. Abs.1 Nr.1 mit „Auflagen zur Errichtung und zum Betrieb verbunden werden". Da solche Auflagen nicht den Antragsteller der Bauartzulassung verpflichten, handelt es sich dabei um eine Beschränkung der Wirkung der Bauartzulassung. Ihre rechtfertigende Wirkung bei Verpflichtung und Betrieb von Anlagen kommt nur zum Tragen, sofern die entsprechende „Auflage" beachtet wird.

c) Regelung des Verfahrens und der Kosten

8   Die Rechtsverordnung kann gem. Abs.1 Nr.3 auch das **Verfahren der Erteilung** der Bauartzulassung regeln. Dies ermöglicht u.a. Bestimmungen über Antragstellung, Vorlage von Unterlagen, die Prüfung durch Sachverständige (vgl. Abs.1 Nr.4), die Einschaltung anderer Behörden oder die

Anhörung von Betroffenen. Bedenken gegen die Bestimmtheit der Ermächtigung sind insoweit nicht begründet (Hansmann LR 10). Dagegen werden die verfassungsrechtlichen Vorgaben zur Bestimmtheit der Ermächtigung überschritten, wenn man dem Verordnungsgeber auch überließe, **Rücknahme** und **Widerruf** der Zulassung zu regeln (a. A. Hansmann LR 10; Scheuing GK 89). Rücknahme und Widerruf der Zulassung richten sich daher allein nach den §§ 48 ff VwVfG.

Die Ermächtigung zur **Kostenregelung** in Abs.1 Nr.4 wurde § 24 Abs.1 Nr.5 GewO a. F. nachgebildet, obwohl es im Rahmen der Bauartzulassung nicht um Prüfungen iSd § 24 Abs.1 GewO a. F. geht. Der Gesetzgeber scheint sich dieses Unterschiedes nicht bewusst gewesen zu sein (krit. auch Hansmann LR 11; Scheuing GK 70). Der Begriff der Prüfung steht daher für Zulassung (ähnlich Hansmann LR 11). Von der Ermächtigung kann auch bei einer auf § 37 gestützten Bauartzulassung Gebrauch gemacht werden, da die Kostenfrage regelmäßig nicht im EG-Recht geregelt ist und § 37 insoweit nicht zum Tragen kommt.

3. Regelung des Inverkehrbringens

a) Sachlicher Anwendungsbereich

Gem. Abs.1 Nr.2 kann die Rechtsverordnung das Inverkehrbringen vom Vorliegen einer Bauartzulassung abhängig machen. Dies betrifft **Anlagen** (und Anlagenteile) **iSd § 3 Abs.5 Nr.1, 2** (näher dazu oben Rn.3), auch wenn das in Abs.1 Nr.2 nicht ausdrücklich gesagt wird. Doch ist das der Entstehungsgeschichte der insoweit 1993 vorgenommenen Änderung (Einl.2 Nr.21) zu entnehmen (vgl. Scheuing GK 13). Zudem sieht Abs.1 S.1 nur für diese Fälle eine Bauartzulassung vor. Es müssen also die oben in Rn.3 beschriebenen Voraussetzungen vorliegen. Darüber hinaus kommt Abs.1 Nr.2 nur zum Tragen, wenn die Anlage bzw. die Anlagenteile *serienmäßig* hergestellt werden. Insoweit gelten die Ausführungen in Rn.4 zu § 32.

b) Inverkehrbringen

Die Bauartzulassung kann gem. Abs.1 Nr.2 nur als Voraussetzung des **Inverkehrbringens** festgelegt werden; näher dazu Rn.112 zu § 3. Seit der Änderung im Jahre 1993 (Einl.2 Nr.21) erfasst die Ermächtigung nicht mehr das Einführen. Voraussetzung ist des Weiteren, dass das Inverkehrbringen **gewerbsmäßig** oder im **Rahmen einer wirtschaftlichen Unternehmung** geschieht. Insoweit gelten die Ausführungen in Rn.5 zu § 32.

4. Spielraum und formelle Rechtmäßigkeit

Für den Spielraum des Verordnungsgebers gelten die Ausführungen in Rn.13 zu § 32. Was Zuständigkeit und Verfahren des Erlasses der Rechtsverordnung angeht, gelten die Ausführungen in Rn.10 zu § 4 entsprechend. Insb. sind die beteiligten Kreise anzuhören (dazu Rn.1 ff zu § 51).

§ 33 Beschaffenheit v. Anlagen, Stoffen, Erzeugnissen, etc.

5. Erlassene Rechtsverordnung, Durchsetzung, Sanktionen, Rechtsschutz

a) Gebührenordnung für Typprüfungen von Verbrennungsmotoren (29. BImSchV)

13 Auf die Ermächtigung des § 33 Abs.1 Nr.4, aber auch auf das VerwaltungskostenG, stützt sich die **„Gebührenordnung für Maßnahmen bei Typprüfungen von Verbrennungsmotoren"** (29. BImSchV); abgedr. mit Literaturnachweisen in Anhang A 29. Die Erstfassung erging am 22. 5. 2000 (BGBl I 735). Geändert wurde die Verordnung durch G vom 9. 9. 2001 (BGBl I 2331). Zur Auslegung der Verordnung vgl. die Amtl. Begründung der Bundesregierung und die Stellungnahme des Bundesrats (BR-Drs. 74/00). Die Verordnung regelt die Erhebung von Gebühren für die Zulassung von Verbrennungsmotoren nach der 28. BImSchV; zu dieser Verordnung Rn.11 f zu § 37.

b) Sonstiges

14 Auch auf § 33 Abs.1 Nr.1 wurde die Verordnung über Grenzwerte für Verbrennungsmotoren − 28. BImSchV (dazu Rn.11 f zu § 37) gestützt; sie behandelt in § 4 Bauartzulassungen unter dem Begriff der Typgenehmigung. Weiter sind Bauartzulassungen unter dem Begriff der Konformitätserklärung in der Geräte- und Maschinenlärmschutz-Verordnung − 32. BImSchV (dazu Rn.13 f zu § 37) vorgesehen. Die Verordnungen wurden wegen des EG-Rechtsbezugs auf § 37 gestützt. Materiell betreffen sie aber (auch) Regelungen iSd § 33.

c) Durchsetzung, Sanktionen und Rechtsschutz

15 Was die **Durchführung der 29. BImSchV** angeht, so werden die Gebühren durch Bescheid gem. § 14 VwKostG festgesetzt. Gegen diesen Bescheid kann nach Durchführung des Vorverfahrens die Anfechtungsklage erhoben werden. Für die Durchsetzung des in einer Rechtsverordnung enthaltenen **Verbots, Anlagen** oder Anlagenteile **oder entsprechende Bauartzulassung in Verkehr zu bringen** oder einzuführen, gelten die Ausführungen in Rn.17 zu § 32 entsprechend. Für den **Rechtsschutz** im Hinblick auf die Verordnung gelten die Ausführungen in Rn.19 zu § 32.

II. Bauartzulassung

1. Rechtlicher Charakter und Adressat

16 Eine **Bauartzulassung** kennzeichnet, dass „ein Muster der Anlage von der zuständigen Behörde vorgeprüft und dann allgemein zugelassen wird" (BT-Drs. 7/179, S.42; Scheuing GK 27). Sie ist eine Art Produktgenehmigung, die die immissionsschutzrechtliche Zulässigkeit bestimmter Erzeugnisse ihrer Art nach bestätigt. In anderen Zusammenhängen wird das

Institut als Typgenehmigung (so in der 28. BImSchV; vgl. Rn.12 zu § 37) oder von Konformitätserklärungen (so in der 32. BImSchV; vgl. Rn.14 zu § 37) bezeichnet.

Die Bauartzulassung ist als **Verwaltungsakt** zu qualifizieren (BVerfGE 11, 6/16f = NJW 1960, 907; Scheuing GK 79). Damit stellt sich die Frage, wer *Adressat* dieses Verwaltungsakts ist, wem er etwa zugestellt werden muss etc. Als Adressaten sämtliche Personen anzusehen, für die die Zulassung begünstigende Wirkungen haben kann (so Hansmann LR 8), erscheint wenig sinnvoll, da sich der Kreis dieser Personen im Zeitpunkt des Erlasses nicht feststellen lässt. Adressat ist daher allein der Antragsteller, also idR der Hersteller, der die Bauartzulassung beantragt (Scheuing GK 82; Stelkens/Stelkens SBS § 35 Rn.225); wer die Zulassung beantragen kann, ist in der Rechtsverordnung festzulegen. Die Zulassung dürfte im Zweifel (entsprechend §§ 398ff BGB) übertragbar und vererbbar sein (Scheuing GK 81; a.A. Schmatz/Nöthlichs 2). Zum Begünstigten, der nicht mit dem Adressaten verwechselt werden darf, unten Rn.20. **17**

2. Voraussetzungen, Verfahren, Aufhebung

Die **Voraussetzungen** für die Erteilung der Bauartzulassung bestimmen sich nach der einschlägigen Rechtsverordnung. Diese hat die oben in Rn.5–7 beschriebenen Vorgaben zu beachten. Auch das **Verfahren** erfährt eine nähere Regelung in der Rechtsverordnung, die ihrerseits die Grenzen der Ermächtigung (oben Rn.8f) beachten muss. Zur **Aufhebung** der Bauartzulassung oben Rn.8. **18**

3. Wirkungen der Bauartzulassung

a) Grundlagen und Allgemeines

Die rechtlichen Wirkungen einer Bauartzulassung nach § 33 hängen davon ab, für welche Aktivitäten die Bauartzulassung vorgeschrieben wird: Für das Inverkehrbringen oder für den Betrieb (ggf. auch die Errichtung) von Anlagen (näher unten Rn.21–23). Beides kann auch miteinander verbunden werden (Scheuing GK 31). Wird von keiner dieser Möglichkeiten Gebrauch gemacht, hat die Zulassung nur geringe Wirkungen (Scheuing GK 105): Sie liefert lediglich ein Indiz dafür, dass die Anlage bzw. der Anlagenteil zulässig betrieben werden kann; es gelten die Ausführungen in Rn.7 zu § 32. **19**

Begünstigter der Bauartzulassung ist jedermann (Hansmann LR 12; a.A. Scheuing GK 99), da Abs.1 Nr.1 von „allgemein zugelassen" spricht. Unerheblich ist somit, ob die Zulassung dem Begünstigten erteilt wurde oder der Person, von der der Begünstigte die Anlage oder den Anlagenteil erworben hat. Entscheidend ist allein, ob die Anlage bzw. der Anlagenteil **der** erteilten **Bauartzulassung entspricht**. Unwesentliche, für das Prüfprogramm der Bauartzulassung unerhebliche Abweichungen stehen der Wirkung nicht entgegen (vgl. Scheuing GK 94; Hansmann LR 7). Die **20**

§ 33   Beschaffenheit v. Anlagen, Stoffen, Erzeugnissen, etc.

(öffentlich-rechtliche) Bauartzulassung entfaltet ihre Wirkungen selbst zugunsten von Personen, die ein Produkt rechtswidrig nachgebaut haben; unberührt bleiben natürlich privatrechtliche Ansprüche des Rechtsinhabers. Schließlich entfaltet die Bauartzulassung ihre Wirkungen im gesamten Bundesgebiet (Amtl. Begr., BT-Drs. 12/3944, S.56; Scheuing GK 86).

b) Verbindung mit Zulassung des Inverkehrbringens

21   Wird das Inverkehrbringen der Anlage bzw. des Anlagenteils von einer Bauartzulassung abhängig gemacht (oben Rn.10f), dann kommt die begünstigende Wirkung der Bauartzulassung nicht nur dem Antragsteller zugute. Abs.1 Nr.2 spricht von „allgemein zugelassen", weshalb sich jedermann auf die Bauartzulassung berufen kann, wenn er einen Gegenstand der fraglichen Art in Verkehr bringt. Begünstigt werden etwa auch die entsprechende Produkte erwerbenden Händler sowie Lizenznehmer (vgl. Hansmann LR 8, 12). Darüber hinaus kommt die begünstigende Wirkung der Bauartzulassung auch konkurrierenden Unternehmen zugute, selbst wenn sie mit der Ausnutzung des Musters Urheberrechte verletzen; öffentlich-rechtliche und privatrechtliche Gesichtspunkte sind insoweit strikt zu trennen. Für den **Verwender** hat die mit einer Regelung zum Inverkehrbringen verbundene Bauartzulassung grundsätzlich keine Bedeutung; die Ausführungen in Rn.7 zu § 32, auch zur Vermutungswirkung, gelten insoweit ganz entsprechend (vgl. Scheuing GK 100). Er kann daher Anlagen bzw. Anlagenteile auch dann benutzen, wenn für sie die gebotene Bauartzulassung fehlt oder aufgehoben wurde (Scheuing GK 103).

c) Verbindung mit der Zulassung des Betriebs

22   aa) Eine Verbindung der Bauartzulassung mit dem Betrieb oder sogar der Errichtung einer Anlage kann einmal im Bereich der **genehmigungsbedürftigen Anlagen** auf der Grundlage einer Rechtsverordnung nach § 4 Abs.1 S.3 Hs.2 erfolgen; dazu Rn.35–38 zu § 4. In diesem Fall ist für die Errichtung und den Betrieb der Anlage keine Genehmigung erforderlich, wenn eine wirksame Bauartzulassung vorliegt und ihr Betrieb der Bauartzulassung, einschl. der der Zulassung beigefügten Nebenbestimmungen, entspricht (oben Rn.20). Die Nebenbestimmungen verpflichten den Anlagenbetreiber also nicht unmittelbar; doch kommt ihm die Begünstigung des Genehmigungsverzichts nur zugute, wenn er ihnen gerecht wird. Im Übrigen gilt das Recht der genehmigungsbedürftigen Anlagen (näher Rn.38 zu § 4). Wird die Bauartzulassung aufgehoben, ist die Anlage wieder in vollem Umfang genehmigungsbedürftig. Bereits errichtete Anlagen dürfen aber aus Gründen des Vertrauensschutzes weiter benutzt werden (Hansmann LR 13; Scheuing GK 90). Möglich sind aber nachträgliche Anordnungen nach § 17.

23   bb) Im Bereich der **nicht genehmigungsbedürftigen Anlagen** kann die Bauartzulassung auf der Grundlage einer Rechtsverordnung gem. § 23 Abs.1 S.1 Nr.5 bedeutsam werden; dazu Rn.10 zu § 23. In diesem Falle darf die Anlage nur betrieben werden, wenn sie und ihr Betrieb der Bau-

artzulassung, einschl. der der Zulassung beigefügten Nebenbestimmungen, entspricht (oben Rn.20). Wird die Bauartzulassung aufgehoben, dürfen aus Gründen des Vertrauensschutzes zulässig errichtete und in Betrieb genommene Anlagen weiter betrieben werden. Möglich sind aber nachträgliche Anordnungen gem. §§ 24 f.

4. Rechtsschutz

Der Antragsteller kann nach einer Ablehnung seines Antrags auf Bauartzulassung Verpflichtungsklage erheben. Wer in der Rechtsverordnung als Adressat der Bauartzulassung vorgesehen ist (oben Rn.17), hat bei Vorliegen der Voraussetzungen einen Rechtsanspruch auf Erteilung (oben Rn.7). Sonstigen Begünstigten steht dagegen kein Anspruch auf Erteilung der Bauartzulassung zu.   24

§ 34 Beschaffenheit von Brennstoffen, Treibstoffen und Schmierstoffen

(1) **Die Bundesregierung wird ermächtigt, nach Anhörung der beteiligten Kreise (§ 51) durch Rechtsverordnung mit Zustimmung des Bundesrates vorzuschreiben, dass Brennstoffe, Treibstoffe, Schmierstoffe oder Zusätze zu diesen Stoffen[4] gewerbsmäßig oder im Rahmen wirtschaftlicher Unternehmungen nur hergestellt, in den Verkehr gebracht oder eingeführt werden dürfen, wenn sie bestimmten Anforderungen zum Schutz vor schädlichen Umwelteinwirkungen durch Luftverunreinigungen genügen.[9] In den Rechtsverordnungen nach Satz 1 kann insbesondere bestimmt werden, dass**
1. **natürliche Bestandteile oder Zusätze von Brennstoffen, Treibstoffen oder Schmierstoffen nach Satz 1, die bei bestimmungsgemäßer Verwendung der Brennstoffe, Treibstoffe, Schmierstoffe oder Zusätze Luftverunreinigungen hervorrufen oder die Bekämpfung von Luftverunreinigungen behindern, nicht zugesetzt werden oder einen bestimmten Höchstgehalt nicht überschreiten dürfen,[8]**
1 a. **Zusätze zu Brennstoffen, Treibstoffen oder Schmierstoffen bestimmte Stoffe, die Luftverunreinigungen hervorrufen oder die Bekämpfung von Luftverunreinigungen behindern, nicht oder nur in besonderer Zusammensetzung enthalten dürfen,[8]**
2. **Brennstoffe, Treibstoffe oder Schmierstoffe nach Satz 1 bestimmte Zusätze enthalten müssen, durch die das Entstehen von Luftverunreinigungen begrenzt wird,[8]**
3. **Brennstoffe, Treibstoffe, Schmierstoffe oder Zusätze nach Satz 1 einer bestimmten Behandlung, durch die das Entstehen von Luftverunreinigungen begrenzt wird, unterworfen werden müssen,[8]**
4. **derjenige, der gewerbsmäßig oder im Rahmen wirtschaftlicher Unternehmungen flüssige Brennstoffe, Treibstoffe, Schmierstoffe oder Zusätze zu diesen Stoffen herstellt, einführt oder sonst in den Gel-**

§ 34 Beschaffenheit v. Anlagen, Stoffen, Erzeugnissen, etc.

tungsbereich dieses Gesetzes verbringt, der zuständigen Bundesoberbehörde
   a) Zusätze zu flüssigen Brennstoffen, Treibstoffen oder Schmierstoffen, die in ihrer chemischen Zusammensetzung andere Elemente als Kohlenstoff, Wasserstoff und Sauerstoff enthalten, anzuzeigen hat und
   b) näher zu bestimmende Angaben über die Art und die eingesetzte Menge sowie die möglichen schädlichen Umwelteinwirkungen der Zusätze und deren Verbrennungsprodukte zu machen hat.[12]

Anforderungen nach Satz 2 können unter Berücksichtigung der technischen Entwicklung auch für einen Zeitpunkt nach Inkrafttreten der Rechtsverordnungen festgesetzt werden.[8] Wegen der Anforderungen nach den Sätzen 1 bis 3 gilt § 7 Abs.5 entsprechend.[14]

(2) Die Bundesregierung wird ermächtigt, durch Rechtsverordnung mit Zustimmung des Bundesrates vorzuschreiben,

1. dass bei der Einfuhr von Brennstoffen, Treibstoffen, Schmierstoffen oder Zusätzen, für die Anforderungen nach Absatz 1 Satz 1 festgesetzt worden sind, eine schriftliche Erklärung des Herstellers über die Beschaffenheit der Brennstoffe, Treibstoffe, Schmierstoffe oder Zusätze den Zolldienststellen vorzulegen, bis zum ersten Bestimmungsort der Sendung mitzuführen und bis zum Abgang der Sendung vom ersten Bestimmungsort dort verfügbar zu halten ist,[12]
2. dass der Einführer diese Erklärung zu seinen Geschäftspapieren zu nehmen hat,[12]
3. welche Angaben über die Beschaffenheit der Brennstoffe, Treibstoffe, Schmierstoffe oder Zusätze die schriftliche Erklärung enthalten muss,[12]
4. dass Brennstoffe, Treibstoffe, Schmierstoffe oder Zusätze nach Absatz 1 Satz 1, die in den Geltungsbereich dieses Gesetzes, ausgenommen in Zollausschlüsse, verbracht werden, bei der Verbringung von dem Einführer den zuständigen Behörden des Bestimmungsortes zu melden sind,[12]
5. dass bei der Lagerung von Brennstoffen, Treibstoffen, Schmierstoffen oder Zusätzen nach Absatz 1 Satz 1 Tankbelegbücher zu führen sind, aus denen sich die Lieferer der Brennstoffe, Treibstoffe, Schmierstoffe oder Zusätze nach Absatz 1 Satz 1 ergeben,[12]
6. dass derjenige, der gewerbsmäßig oder im Rahmen wirtschaftlicher Unternehmungen an den Verbraucher Stoffe oder Zusätze nach Absatz 1 Satz 1 veräußert, diese deutlich sichtbar und leicht lesbar mit Angaben über bestimmte Eigenschaften kenntlich zu machen hat[13] und
7. dass derjenige, der Stoffe oder Zusätze nach Absatz 1 Satz 1 gewerbsmäßig oder im Rahmen wirtschaftlicher Unternehmungen in den Verkehr bringt, den nach Nummer 6 Auszeichnungspflichtigen über bestimmte Eigenschaften zu unterrichten hat.[13]

Brennstoffe, Treibstoffe und Schmierstoffe § 34

Übersicht

I. Ermächtigung zum Erlass von Rechtsverordnungen 1
  1. Bedeutung, Abgrenzung, EG-Recht 1
    a) Bedeutung und Abgrenzung zu anderen Vorschriften ... 1
    b) EG-Recht 3a
  2. Sachlicher und persönlicher Anwendungsbereich 4
    a) Gegenstände 4
    b) Tätigkeiten und Adressaten 5
  3. Mögliche Anforderungen 7
    a) Zweck 7
    b) Anforderungen an die Beschaffenheit 8
    c) Anforderungen zur Unterstützung der Überwachung ... 12
    d) Kennzeichnung 13
  4. Spielraum und formelle Rechtmäßigkeit 14
II. Erlassene Rechtsverordnungen und deren Behandlung 15
  1. Erlassene Rechtsverordnungen 15
    a) Verordnung über den Schwefelgehalt bestimmter Kraft- oder Brennstoffe (3. BImSchV) 15
    b) Verordnung über die Beschaffenheit von Kraftstoffen (10. BImSchV) 17
    c) Verordnung über Chlor- und Bromverbindungen als Kraftstoffzusatz (19. BImSchV) 19
  2. Durchsetzung, Sanktionen und Rechtsschutz 21

I. Ermächtigung zum Erlass von Rechtsverordnungen

1. Bedeutung, Abgrenzung, EG-Recht

a) Bedeutung und Abgrenzung zu anderen Vorschriften

§ 34 ermächtigt die Bundesregierung durch Rechtsverordnung das Her- **1** stellen, Inverkehrbringen und Einführen von Brenn- und Treibstoffen, von Schmierstoffen oder Zusätzen zu diesen Stoffen zu verbieten, wenn sie nicht bestimmten Anforderungen entsprechen. Dies stellt ein wichtiges Element des Immissionsschutzes dar, da ein erheblicher Teil der Luftverunreinigungen durch Verbrennungsvorgänge entsteht (vgl. Hansmann LR 1).

Mit **§§ 4 ff, §§ 22 ff, § 39 und § 49** ergeben sich keine Überschnei- **2** dungen (vgl. Rn.2 zu § 32). Zum Verhältnis zu § 35 vgl. Rn.1 zu § 35. Mit § 38 Abs.2 besteht keine Überschneidung, da diese Vorschrift allenfalls zu Regelungen über den Einsatz von Treibstoffen in Fahrzeugen gegenüber dem *Verwender* ermächtigt (Scheuing GK 79). Zum Verhältnis zu § 37 vgl. Rn.1 zu § 37.

Das **Benzinbleigesetz,** das bereits 1971 (also vor Erlass des BImSchG) **3** erlassen wurde (Einl.21), entspricht sachlich einer Rechtsverordnung nach § 34. Das Gesetz sowie die darauf gestützten Rechtsverordnungen haben als Spezialregelungen Vorrang vor § 34 und schließen daher entsprechende Rechtsverordnungen gem. § 34 aus (Feldhaus FE 13; Hansmann LR 5).

§ 34 Beschaffenheit v. Anlagen, Stoffen, Erzeugnissen, etc.

Dies gilt naturgemäß nur insoweit, als das Benzinbleigesetz tatsächliche Regelungen trifft. Gegenständlich ist dieses Gesetz auf Treibstoffe beschränkt, die zum Einsatz in Ottomotoren von Kraftfahrzeugen bestimmt sind (§ 1 Abs.2 BzBlG). Anforderungen stellt es nur an den Gehalt an Bleiverbindungen bzw. sonstigen an Stelle von Blei zugesetzten Metallverbindungen. Im Verhältnis zu § 17 ChemG soll § 34 im Hinblick auf den Schutz vor Luftverunreinigungen der Vorrang zukommen (Feldhaus FE 15; unklar Scheuing GK 81).

b) EG-Recht

3 a   Auf § 34 gestützte Rechtsverordnungen dienen vielfach der Umsetzung EG-rechtlicher Vorgaben (unten Rn.15, 17).

2. Sachlicher und persönlicher Anwendungsbereich

a) Gegenstände

4   Eine Rechtsverordnung gem. § 34 kann Anforderungen an Brennstoffe, Treibstoffe und Schmierstoffe sowie an Zusätze zu diesen Stoffen stellen. **Brennstoffe** sind Einsatzstoffe für die Wärmeerzeugung durch Verbrennungsvorgänge, einschl. der nicht brennbaren Stoffe (vgl. § 2 Nr.5 der 13. BImSchV). Sie können fest (etwa Holz, Kohle), flüssig (etwa Öl) oder gasförmig sein (Scheuing GK 34). Ob sie vor ihrem Einsatz behandelt worden sind, ist unerheblich (Hansmann LR 22). Für **Treibstoffe** gilt das Gleiche, nur dienen sie nicht der Wärmeerzeugung, sondern der Gewinnung mechanischer Antriebsenergie (Scheuing GK 35; Feldhaus FE 21; Hansmann LR 22). **Schmierstoffe** dienen der Verbesserung der Gleitfähigkeit (Hansmann LR 22; Feldhaus FE 22). **Zusätze** sind alle Stoffe, die Brennstoffen, Treibstoffen oder Schmierstoffen bewusst eingefügt werden; bloße Verunreinigungen sind keine Zusätze (Scheuing GK 37; Hansmann LR 22).

b) Tätigkeiten und Adressaten

5   Die Rechtsverordnung kann im Bereich des Abs.1 generell die **Herstellung** (dazu Rn.110 zu § 3), das **Inverkehrbringen** (dazu Rn.112 zu § 3) sowie das **Einführen** (dazu Rn.111 zu § 3) regeln, sofern dies gewerbsmäßig oder im Rahmen wirtschaftlicher Unternehmungen (dazu Rn.27f zu § 4) geschieht. Wenn in Abs.1 S.2 Nr.4 zudem das sonstige Verbringen in den Geltungsbereich des Gesetzes genannt wird, ist das ohne Bedeutung, da durch § 3 Abs.7 diese Tätigkeit ohnehin dem Einführen gleichgestellt wird (dazu Rn.111 zu § 3). Im Bereich des Abs.2 ist nur die jeweils genannte Tätigkeit regelbar.

6   Mögliche **Adressaten** der auf Grund von Abs.1 statuierbaren Pflichten sind alle Personen, die Brennstoffe, Treibstoffe, Schmierstoffe oder Zusätze zu diesen Stoffen herstellen, in Verkehr bringen oder einführen; vgl. Rn.6 zu § 32. Im Bereich des Abs.2 können die Rechtsverordnungen nur Pflichten für den jeweils genannten Adressatentyp festlegen. Für den **Ver-**

Brennstoffe, Treibstoffe und Schmierstoffe **§ 34**

wender der Stoffe hat die auf § 34 gestützte Rechtsverordnung keine unmittelbare Bedeutung (Hansmann LR 3; Scheuing GK 45); die Ausführungen in Rn.7 zu § 32 gelten entsprechend auch hier.

3. Mögliche Anforderungen
a) Zweck

Die Rechtsverordnung muss (auch soweit sie auf Abs.2 gestützt wird) 7
dem „Schutz vor schädlichen Umwelteinwirkungen" dienen, und zwar
(allein) im Hinblick auf Luftverunreinigungen (dazu Rn.2–4 zu § 3). Dem
Schutz vor schädlichen Umwelteinwirkungen in diesem Sinne dient auch
die Vorsorge gegen schädliche Umwelteinwirkungen (vgl. Rn.8 zu § 32;
Scheuing GK 51; Hansmann LR 9, 11).

b) Anforderungen an die Beschaffenheit

aa) Gem. Abs.1 S.2 Nr.1–3 kann die Rechtsverordnung Anforderungen 8
an die Beschaffenheit von Brennstoffen, Treibstoffen, Schmierstoffen oder
Zusätzen zu diesen Stoffen stellen: Gem. Nr.1 kann der Höchstgehalt von
natürlichen *Bestandteilen* oder von *Zusätzen,* die bei bestimmungsgemäßer
Verwendung (dazu Rn.5 zu § 35) der Brenn-, Treib- und Schmierstoffe
Luftverunreinigungen hervorrufen oder die Vermeidung von Luftverunreinigungen behindern, begrenzt werden; Probleme der bestimmungswidrigen Verwendung sind durch Vorgaben zum Anlagenbetrieb zu bewältigen (Scheuing GK 48). Entsprechendes sieht Nr.1 für Stoffe in Zusätzen
vor. Gem. Nr.2 kann umgekehrt das *Zusetzen von Stoffen* geboten werden,
um damit den Verbrennungsgrad zu verbessern und Emissionen zu reduzieren (Scheuing GK 57; Feldhaus FE 29). Gem. Nr.3 kann eine bestimmte *Behandlung* der erfassten Stoffe vorgeschrieben werden. Ob damit
auch eine völlige Umwandlung der Stoffe gemeint ist, die soweit geht, dass
der fragliche Stoff Bezeichnung und Art ändert, etwa das Vergasen von
Kohle (so Hansmann LR 26), erscheint zweifelhaft. Die in Abs.1 S.2 aufgeführten Anforderungsarten können gem. Abs.1 S.3 auch für einen Zeitpunkt nach Inkrafttreten der Rechtsverordnung festgelegt werden (dazu
Rn.9 zu § 32).

Darüber hinaus können gem. Abs.1 S.1 auch **andere Anforderungen** 9
an die Beschaffenheit von Brenn-, Treib- und Schmierstoffen wie an
die Beschaffenheit von Zusätzen zu diesen Stoffen gestellt werden (vgl.
„insbesondere" in Abs.1 S.2). Dabei kann nicht nur die Beschaffenheit unmittelbar geregelt werden. Gegenüber dem Pflichtenadressaten (oben Rn.6)
können Anforderungen gestellt werden, die von mittelbarem Einfluss auf
die Beschaffenheit sind, etwa Qualitätskontrollen, Vorgaben zur Lagerungsart (Hansmann LR 27) oder der Verpflichtung, in Gebrauchsanweisungen auf eine emissionsarme Benutzung hinzuweisen (Scheuing GK 52).
Ob Abs.1 S.1 auch zur Regelung von Anzeigepflichten etc. ermächtigt, um
damit die Überwachung zu erleichtern, ist im Hinblick auf Abs.2 zweifelhaft. Die (nachträgliche) Einordnung des Abs.1 S.2 Nr.4 in den ersten Absatz ist dann allerdings systematisch verfehlt.

§ 34 Beschaffenheit v. Anlagen, Stoffen, Erzeugnissen, etc.

10 Die Anforderungen können (unabhängig von der sachlichen Opportunität) an sich auch **regional begrenzt** werden (Engelhardt/Schlicht 8; Scheuing GK 41). Die gegenteilige Ansicht (Feldhaus FE 18; Hansmann LR 16) übersieht, dass die Ermächtigung zum Erlass einer Rechtsverordnung generell nicht zu völliger Ausschöpfung verpflichtet (vgl. Rn.13 zu § 32). § 49 steht dem nicht entgegen, da diese Vorschrift sich auf den *Betrieb* von Anlagen bezieht. Andererseits werden bei einer Begrenzung auf ein bestimmtes Gebiet die Voraussetzungen der Subsidiaritätsklausel des Art.72 Abs.2 GG regelmäßig nicht vorliegen. Zudem ist zu beachten, dass eine Rechtsverordnung gem. § 34 nur das regionale Inverkehrbringen, nicht die regionale Verwendung regeln kann (vgl. auch Rn.7 zu § 32).

11 **bb)** Die Rechtsverordnung kann die Behörde ermächtigen, „**Ausnahmen**" zu erlassen, d. h. durch Verwaltungsakt von einer an sich bestehenden Verpflichtung zu befreien. Das ist in § 4 der 3. BImSchV und in § 3 der 19. BImSchV geschehen. Insoweit gelten die Ausführungen in Rn.11 zu § 23 entsprechend.

c) Anforderungen zur Unterstützung der Überwachung

12 Abs.1 S.2 Nr.4 und Abs.2 Nr.1–5 ermöglichen es, im Interesse einer effektiven Überwachung von Luftverunreinigungen (Scheuing GK 59) dem Hersteller, Einführer oder Lagerer besondere Nachweis- und Meldepflichten aufzuerlegen, und zwar unabhängig davon, ob Beschaffenheitsanforderungen festgelegt wurden (Feldhaus FE 32). Gem. Abs.1 S.2 Nr.4 kann die *Anzeige von Zusätzen,* ggf. mit Angaben zur Menge und zu den Wirkungen verlangt werden. Abs.2 Nr.1–3 beziehen sich auf eine bei der Einfuhr erforderliche *schriftliche Erklärung des Herstellers* über die Beschaffenheit der Brennstoffe, der Treibstoffe, der Schmierstoffe oder der Zusätze zu diesen Stoffen. Die Rechtsverordnung kann dabei nicht nur die Erklärungspflicht an sich, sondern auch die Art und Weise ihrer Erfüllung regeln, insb. Vordrucke vorschreiben (a. A. Scheuing GK 61). Nr.4 erlaubt eine *Meldepflicht des Einführers* von Brennstoffen, Treibstoffen, Schmierstoffen oder Zusätzen zu diesen Stoffen. Nr.5 ermöglicht es, dem Lagerer dieser Stoffe die Führung von *Tankbelegbüchern* vorzuschreiben. Lagerer ist nach dem Zweck des Abs.2 jeder, der selbständig (vgl. Rn.81–84 zu § 3) die genannten Stoffe vorrätig hält, um sie einem anderen zu überlassen oder in Verkehr zu bringen, nicht dagegen der Endverbraucher (Hansmann LR 20; Feldhaus FE 36; a. A. Scheuing GK 44).

d) Kennzeichnung

13 Abs.2 Nr.6, 7 schaffen die Möglichkeit, eine Auszeichnung von Treibstoffen, Brennstoffen, Schmierstoffen und Zusätzen zu solchen Stoffen im Hinblick auf mögliche Luftverunreinigungen (oben Rn.7) zu verlangen, um auf diese Weise den Verbraucher ausreichend aufzuklären.

Brennstoffe, Treibstoffe und Schmierstoffe § 34

4. Spielraum und formelle Rechtmäßigkeit

Was den **Spielraum** des Verordnungsgebers angeht, gelten die Aus- 14
führungen in Rn.13 zu § 32. Für die **Zuständigkeit** und das **Verfahren**
des Erlasses der Rechtsverordnung gelten die Darlegungen in Rn.10 zu
§ 4 entsprechend. Soweit die Rechtsverordnung auf Abs.1 gestützt wird,
bedarf sie der Anhörung der beteiligten Kreise (dazu Rn.1ff zu § 51),
nicht dagegen im Bereich des Abs.2. Die gem. Abs.1 statuierbaren Anforderungen brauchen nicht in der Rechtsverordnung aufgeführt zu werden;
sie kann gem. Abs.1 S.4 insoweit auf die Bekanntmachung sachverständiger Stellen verweisen (dazu Rn.25 zu § 7).

II. Erlassene Rechtsverordnungen und deren Behandlung

1. Erlassene Rechtsverordnungen

a) Verordnung über den Schwefelgehalt bestimmter Kraft- oder Brennstoffe (3. BImSchV)

Auf die Ermächtigung des § 34 Abs.1, 2, aber auch auf die des § 37 S.1 15
stützt sich die „**Verordnung über den Schwefelgehalt bestimmter
flüssiger Kraft- oder Brennstoffe**" (3. BImSchV); abgedr. mit Literaturhinweisen in Anhang A 3. Die Verordnung wurde am 24. 6. 2002
erlassen (BGBl I 2243). Die Verordnung dient auch der Umsetzung der
EG-Richtlinie 1999/32 über eine Verringerung des Schwefelgehalts bestimmter flüssiger Kraft- und Brennstoffe (Einl.35 Nr.2). Zur Auslegung
der Verordnung vgl. die Amtl. Begründung der Bundesregierung und
den Beschluss des Bundesrats (BR-Drs. 826/00). Zur Anwendung der früheren
Verordnung ist die 1. Allgemeine Verwaltungsvorschrift zur Dritten Verordnung zur Durchführung des Bundes-Immissionsschutzgesetzes vom
23. 6. 1978 ergangen (BAnz Nr.117).

Inhaltlich sieht die Verordnung in § 3 eine Begrenzung des Schwefel- 16
gehalts von leichtem und schwerem Heizöl, von Gasöl (für den Seeverkehr) und von Dieselkraftstoff in mehreren Stufen vor. Dazu kommen in
§ 4 der 3. BImSchV Ausnahmen (dazu unten Rn.11) sowie in § 5f der
3. BImSchV Vorschriften zur Überwachung und Einfuhr. Zu Ordnungswidrigkeiten nach § 8 der 3. BImSchV unten Rn.21.

b) Verordnung über die Beschaffenheit von Kraftstoffen (10. BImSchV)

Auf die Ermächtigung des § 34 Abs.1, 2, aber auch auf die des § 37 S.1 17
und des § 38 Abs.2 sowie des § 2a Abs.3 BenzinbleiG stützt sich die
„**Verordnung über die Beschaffenheit und die Auszeichnung der
Qualitäten von Kraftstoffen**" (10. BImSchV); abgedr. mit Literaturhinweisen in Anhang A 10. Die Verordnung erging am 24. 6. 2004 (BGBl I
1344). Die Verordnung dient der Umsetzung der Richtlinie 2003/17/EG
zur Änderung der Richtlinie 98/70/EG über die Qualität von Otto- und

§ 35 Beschaffenheit v. Anlagen, Stoffen, Erzeugnissen, etc.

Dieselkraftstoffen (Einl.35 Nr.1) und der Richtlinie 2003/30/EG zur Förderung der Verwendung von Biokraftstoffen oder anderen erneuerbaren Kraftstoffen im Verkehrssektor (ABl 2003 L 123/42). Zur Auslegung vgl. die Amtl. Begründung der Bundesregierung sowie den Beschluss des Bundesrats (BR-Drs. 87/04); die Allgemeine Verwaltungsvorschrift zur Durchführung der Zehnten Verordnung zur Durchführung des Bundes-Immissionsschutzgesetzes vom 21. 3. 2002 (BAnz Nr.62 S.6758) betrifft die alte 10. BImSchV.

18 **Inhaltlich** regelt die Verordnung die Beschaffenheit von Ottokraftstoffen, von Dieselkraftstoff, von Biodiesel, von Flüssiggaskraftstoff und von Erdgas. Des Weiteren werden Inhalt und Form der Auszeichnung der Kraftstoffe sowie Unterrichtungspflichten geregelt. Zu Ordnungswidrigkeiten nach § 11 der 10. BImSchV unten Rn.21.

c) Verordnung über Chlor- und Bromverbindungen als Kraftstoffzusatz (19. BImSchV)

19 Auf die Ermächtigung des § 34 Abs.1 stützt sich die „**Verordnung über Chlor- und Bromverbindungen als Kraftstoffzusatz**" (19. BImSchV); abgedr. mit Literaturhinweisen in Anh. A 19. Die Erstfassung erging am 17. 1. 1992 (BGBl I 75). Geändert wurde die Verordnung durch G vom 21. 12. 2000 (BGBl I 1956). Zur Auslegung der Verordnung vgl. die Amtl. Begründung der Bundesregierung und die Stellungnahme des Bundesrats (BR-Drs. 551/91).

20 **Inhaltlich** enthält die Verordnung ein grundsätzliches Verbot von Chlor- und Bromverbindungen als Zusätze zu Kraftstoffen. Damit sollen Dioxine und Furane in der Umwelt gemindert werden (BR-Drs. 550/91, 4f). Zu Ausnahmen gem. § 3 der 19. BImSchV oben Rn.11. Zu Ordnungswidrigkeiten nach § 4 der 19. BImSchV unten Rn.21.

2. Durchsetzung, Sanktionen und Rechtsschutz

21 Für die **Durchsetzung** der in diesen Rechtsverordnungen festgelegten Pflichten gelten die Ausführungen in Rn.17 zu § 32 entsprechend. Wer entgegen einer Rechtsverordnung gem. § 34 Stoffe herstellt, einführt oder in Verkehr bringt, begeht gem. § 62 Abs.1 Nr.7 eine **Ordnungswidrigkeit,** sofern in der Rechtsverordnung auf diese Vorschrift verwiesen wird; näher dazu Rn.3–11, 15 zu § 62. Ein derartiger Verweis findet sich in § 7 der 3. BImSchV, in § 9 der 10. BImSchV und in § 4 der 19. BImSchV. § 325 StGB bis § 330 StGB sind nicht anwendbar. Zum **Rechtsschutz** gegen die Rechtsverordnung gelten die Ausführungen in Rn.19 zu § 32.

§ 35 Beschaffenheit von Stoffen und Erzeugnissen

(1) **Die Bundesregierung wird ermächtigt, nach Anhörung der beteiligten Kreise (§ 51) durch Rechtsverordnung mit Zustimmung des Bundesrates vorzuschreiben, dass bestimmte Stoffe oder Erzeugnisse aus Stoffen, die geeignet sind, bei ihrer bestimmungsgemäßen Ver-**

wendung[5] oder bei der Verbrennung zum Zwecke der Beseitigung oder der Rückgewinnung einzelner Bestandteile schädliche Umwelteinwirkungen durch Luftverunreinigungen hervorzurufen[3 ff] gewerbsmäßig oder im Rahmen wirtschaftlicher Unternehmungen nur hergestellt, eingeführt oder sonst in den Verkehr gebracht werden dürfen,[6] wenn sie zum Schutz vor schädlichen Umwelteinwirkungen durch Luftverunreinigungen bestimmten Anforderungen an ihre Zusammensetzung und das Verfahren zu ihrer Herstellung genügen.[9] Die Ermächtigung des Satzes 1 erstreckt sich nicht auf Anlagen, Brennstoffe, Treibstoffe und Fahrzeuge.[1]

(2) Anforderungen nach Absatz 1 Satz 1 können unter Berücksichtigung der technischen Entwicklung auch für einen Zeitpunkt nach Inkrafttreten der Rechtsverordnung festgesetzt werden.[9] Wegen der Anforderungen nach Absatz 1 und Absatz 2 Satz 1 gilt § 7 Abs.5 entsprechend.[9]

(3) Soweit dies mit dem Schutz der Allgemeinheit vor schädlichen Umwelteinwirkungen durch Luftverunreinigungen vereinbar ist, kann in der Rechtsverordnung nach Absatz 1 an Stelle der Anforderungen über die Zusammensetzung und das Herstellungsverfahren vorgeschrieben werden, dass die Stoffe und Erzeugnisse deutlich sichtbar und leicht lesbar mit dem Hinweis zu kennzeichnen sind, dass bei ihrer bestimmungsgemäßen Verwendung oder bei ihrer Verbrennung schädliche Umwelteinwirkungen entstehen können oder dass bei einer bestimmten Verwendungsart schädliche Umwelteinwirkungen vermieden werden können.[10]

Übersicht

1. Bedeutung und Abgrenzung zu anderen Vorschriften 1
2. Sachlicher und persönlicher Anwendungsbereich 3
   a) Gegenstände 3
   b) Tätigkeiten 6
   c) Adressat 7
3. Mögliche Anforderungen 8
   a) Zweck 8
   b) Anforderungen an Zusammensetzung und Herstellungsverfahren (Abs.1, 2) 9
   c) Kennzeichnung (Abs.3) 10
4. Spielraum und formelle Rechtmäßigkeit 11
5. Erlassene Rechtsverordnungen, Durchsetzung, Sanktionen, Rechtsschutz 12

1. Bedeutung und Abgrenzung zu anderen Vorschriften

§ 35 gestattet, durch Rechtsverordnung Herstellung, Inverkehrbringen **1** und Einfuhr von bestimmten Stoffen und Erzeugnissen zu verbieten, sofern sie festgelegten Anforderungen an die **Beschaffenheit** der Stoffe

§ 35 Beschaffenheit v. Anlagen, Stoffen, Erzeugnissen, etc.

bzw. Erzeugnisse nicht genügen. Da Anlagen, Brenn-, Treib- und Schmierstoffe sowie Fahrzeuge auch als Stoffe bzw. Erzeugnisse eingestuft werden können, könnte sich § 35 mit den §§ 32, 34, 38 und 39 überschneiden. Um das zu vermeiden, stellt *Abs.1 S.2* klar, dass § 35 auf Anlagen, Brenn- und Treibstoffe sowie Fahrzeuge keine Anwendung findet. Darüber hinaus dürfte § 35 Schmierstoffe und Zusätze zu Brenn-, Treib- und Schmierstoffen nicht erfassen; bei der entsprechenden Ausweitung des § 34 wurde übersehen, § 35 Abs.1 S.2 anzupassen (Scheuing GK 27; Feldhaus FE 11 zu § 34). Insgesamt kommt § 35 eine bloße Auffangfunktion zu (Scheuing GK 50).

2 Soweit die Stoffe des § 35 gefährlich iSd § 3 ChemG sind, gelten für sie die materiellen Anforderungen der §§ 13 ff **ChemG;** weitere Anforderungen können durch Rechtsverordnungen auf Grund der §§ 17, 19 ChemG festgelegt werden. Diese Anforderungen stehen selbständig neben den Anforderungen auf Grund von Verordnungen gem. § 35 (Scheuing GK 58; Hansmann LR 4). Teilweise Überschneidungen mit der Ermächtigung des § 35 weisen die §§ 23 f **KrW-/AbfG** auf. Wegen der unterschiedlichen Zielbestimmungen und Regelungsobjekte ist aber keine der beiden Regelungen als Spezialvorschrift einzustufen, weshalb die Ermächtigungen unabhängig nebeneinanderstehen (vgl. Scheuing GK 60; a.A. wohl Feldhaus FE 7).

2. Sachlicher und persönlicher Anwendungsbereich

a) Gegenstände

3 **aa)** Eine Rechtsverordnung gem. § 35 kann die Beschaffenheit von Stoffen und Erzeugnissen regeln, sofern diese ein bestimmtes Gefährdungspotential besitzen. Unter **Stoffen** sind alle Materialien zu verstehen, die unmittelbar oder im Rahmen eines Fertigungsprozesses zur Herstellung von Erzeugnissen verwandt werden können (Hansmann LR 8; Scheuing GK 24). Ob sie in der Natur gewonnen oder künstlich hergestellt werden, ist unerheblich (Ule UL 2; Hansmann LR 8). Der Stoffbegriff ist weiter als der des § 3 Nr.1 ChemG (chemische Elemente oder chemische Verbindungen einschl. eventueller Hilfsstoffe und Verunreinigungen) und umfasst auch Zubereitungen iSd § 3 Nr.4 ChemG (Gemenge, Gemische oder Lösungen aus Stoffen). Brennstoffe, Treibstoffe, Schmierstoffe und Zusätze zu diesen Stoffen (zur Abgrenzung dieser Begriffe Rn.4 zu § 34) sind ausgenommen (oben Rn.1). **Erzeugnisse** sind alle Fertig- und Halbfertigprodukte, in denen die Stoffe durch Verarbeitung eine endgültige chemische Zusammensetzung und eine endgültige mechanische Form gefunden haben (vgl. § 3 Rn.5 ChemG; Scheuing GK 25). Zudem dürfen die Produkte gem. Abs.1 S.2 keine Anlagen darstellen (zur Abgrenzung, insb. zum Betreiben, Rn.66 zu § 3). Zu Anlagen, Brennstoffen, Treibstoffen, Schmierstoffen und Fahrzeugen oben Rn.1.

4 **bb)** Die Stoffe und Erzeugnisse können in einer Rechtsverordnung geregelt werden, wenn sie **geeignet** sind, potentiell schädliche Umwelt-

Beschaffenheit von Stoffen und Erzeugnissen § 35

einwirkungen (dazu Rn.23 zu § 3) durch Luftverunreinigungen (dazu Rn.2 zu § 3) hervorzurufen (Feldhaus FE 3). Im Hinblick auf den weiten Schutzzweck, der auch die Vorsorge einschließt (Scheuing GK 41; Rn.15 zu § 1), dürfte dazu die schlichte Eignung zur Erzeugung von Luftverunreinigungen genügen, sofern sich auf Grund ihrer potentiellen Gefährlichkeit schädliche Effekte nicht ausschließen lassen. Können Luftverunreinigungen schlechthin ausgeschlossen werden, ist keine Regelung möglich (Hansmann LR 10).

Die Eignung muss entweder bei der bestimmungsgemäßen Verwendung 5 der Stoffe bzw. Erzeugnisse oder bei der Verbrennung zum Zwecke ihrer Beseitigung bzw. zum Zwecke der Rückgewinnung einzelner Bestandteile bestehen. Als **bestimmungsgemäße Verwendung** ist (in Übereinstimmung mit § 2 Abs.5 GPSG) zum einen jede Verwendung entsprechend den Angaben des Herstellers oder Importeurs (insb. entsprechend deren Angaben in Gebrauchsanweisungen oder in der Werbung) und zum anderen die übliche Verwendung anzusehen (Hansmann LR 11; Scheuing GK Vorb.86 vor § 32; Feldhaus FE 3). Die Erfüllung einer der beiden Alternativen genügt, da nur so der letzte Satzteil in Abs.3 einen sinnvollen Anwendungsbereich erhält (Hansmann LR 11). Was die **Verbrennung zum Zwecke der Beseitigung** angeht, müssen die Luftverunreinigungen durch die betreffenden Stoffe bzw. Erzeugnisse, nicht durch Verbrennungszusätze entstehen (Scheuing GK 36; Hansmann LR 12). Eine **Rückgewinnung einzelner Bestandteile** liegt vor, wenn die Bestandteile in ihrer Art erhalten bleiben. Nicht erfasst wird folglich die Erhitzung von Stoffen zur Umwandlung dieser Stoffe (Hansmann LR 13).

b) Tätigkeiten

Die Rechtsverordnungen können Pflichten an das Herstellen (dazu 6 Rn.110 zu § 3), an das Inverkehrbringen (dazu Rn.112 zu § 3) und an das Einführen (dazu Rn.111 zu § 3) knüpfen, sofern diese Tätigkeiten gewerbsmäßig oder im Rahmen wirtschaftlicher Unternehmungen vorgenommen werden (dazu Rn.27f zu § 4). Dagegen kann die Verwendung nicht geregelt werden (Scheuing GK 28).

c) Adressat

Adressaten der durch eine Rechtsverordnung nach § 35 festgelegten 7 Pflichten können allein Personen sein, die die fraglichen Stoffe und Erzeugnisse selbständig herstellen, in Verkehr bringen oder einführen; im Übrigen gelten die Ausführungen in Rn.6 zu § 32 entsprechend. Für den Verwender haben die Rechtsverordnungen keine unmittelbare Bedeutung (oben Rn.6); die Ausführungen in Rn.7 zu § 32 gelten allerdings auch hier.

3. Mögliche Anforderungen

a) Zweck

Die Rechtsverordnungen müssen (auch soweit sie auf Abs.3 gestützt 8 werden) dem Schutz vor schädlichen Umwelteinwirkungen dienen, und

§ 35 Beschaffenheit v. Anlagen, Stoffen, Erzeugnissen, etc.

zwar (allein) im Hinblick auf Luftverunreinigungen (zu diesem Begriff Rn.2 zu § 3). D.h., sie müssen geeignet sein, die luftverunreinigenden Wirkungen der betreffenden Stoffe zu reduzieren; insoweit gelten die Ausführungen oben in Rn.4 entsprechend.

b) Anforderungen an Zusammensetzung und Herstellungsverfahren (Abs.1, 2)

9   Die Rechtsverordnung kann die erfassbaren Tätigkeiten verbieten, wenn die Stoffe bzw. Erzeugnisse bestimmten Anforderungen an die Beschaffenheit nicht genügen. Die Anforderungen können hier, anders als in den §§ 32–34, kraft ausdrücklicher Regelung („Anforderungen an ihre Zusammensetzung und das Verfahren"; die §§ 32–34 sprechen dagegen nur von „Anforderungen") nur in unmittelbaren Festlegungen zur Beschaffenheit sowie in Festlegungen zum Herstellungsverfahren bestehen; Zielvorgaben sind nicht möglich (krit. Scheuing GK 39). Dagegen können die Anforderungen gem. Abs.2 S.1 auch für einen zukünftigen Zeitpunkt festgelegt werden (vgl. Rn.9 zu § 32). Schließlich kann gem. Abs.2 S.2 zur Konkretisierung auf Bekanntmachungen sachverständiger Stellen verwiesen werden; näher dazu Rn.25 zu § 7.

c) Kennzeichnung (Abs.3)

10   Alternativ zu Anforderungen nach Abs.1 kann die Rechtsverordnung verlangen, dass die Stoffe bzw. Erzeugnisse mit dem Hinweis gekennzeichnet werden, dass bei ihrer Verwendung bzw. Verbrennung schädliche Luftverunreinigungen entstehen können oder dass sich bei einer bestimmten Verwendungsart solche Luftverunreinigungen vermeiden lassen. Die Kennzeichnung kann nicht vorgeschrieben werden, wenn und soweit Anforderungen an die Zusammensetzung oder das Herstellungsverfahren nach Abs.1 festgelegt sind (Hansmann LR 17; Feldhaus FE 6; a.A. Scheuing GK 44). Das schließt allerdings nicht aus, dass bei einem Stoff hinsichtlich bestimmter Emissionen sachliche Anforderungen und hinsichtlich anderer Emissionen eine Kennzeichnungspflicht vorgeschrieben wird. (Hansmann LR 17). Ob der Verordnungsgeber nach Abs.1 iVm Abs.2 oder nach Abs.3 vorgeht, liegt grundsätzlich in seinem Ermessen. Bei erheblichen Gefahren für die Allgemeinheit **muss** allerdings nach Abs.1 vorgegangen werden, wie der Wortlaut des Abs.3 deutlich macht (Hansmann LR 18; Scheuing GK 43). Die Rechtsverordnung kann die Kennzeichnung näher festlegen, insb. um sicherzustellen, dass sie für den Erwerber der fraglichen Gegenstände deutlich sichtbar und leicht lesbar ist (Hansmann LR 19, 20; Scheuing GK 46).

4. Spielraum und formelle Rechtmäßigkeit

11   Für den Spielraum des Verordnungsgebers gelten die Ausführungen in Rn.13 zu § 32. Zur Zuständigkeit und zum Verfahren des Erlasses der Rechtsverordnung wird auf die Ausführungen in Rn.10 zu § 4 verwiesen.

Ausfuhr **§ 36**

Insb. sind die beteiligten Kreise anzuhören (dazu Rn.1ff zu § 51). Zum Verweis auf die Bekanntmachung sachverständiger Stellen oben Rn.9.

5. Erlassene Rechtsverordnungen, Durchsetzung, Sanktionen, Rechtsschutz

Bislang wurde keine Rechtsverordnung primär auf der Grundlage des § 35 erlassen. Auch auf § 35 wurde die Altöl-Verordnung (dazu Rn.48 zu § 23) gestützt. Zur Notwendigkeit und Grundlage einer Grundverfügung zur **Durchsetzung** der Anforderungen der Rechtsverordnung gelten die Ausführungen in Rn.17 zu § 32. Näher zur Vollstreckung einer solchen Verfügung Rn.32 zu § 62. Wer entgegen einer Rechtsverordnung gem. § 35 Stoffe herstellt, einführt oder in Verkehr bringt, begeht gem. § 62 Abs.1 Nr.7 eine **Ordnungswidrigkeit,** sofern in der Rechtsverordnung auf diese Vorschrift verwiesen wird; näher dazu Rn.3–11, 15 zu § 62. Für den **Rechtsschutz** im Hinblick auf die Rechtsverordnung gelten die Ausführungen in Rn.19 zu § 32 entsprechend. 12

§ 36 Ausfuhr

In den Rechtsverordnungen nach den §§ 32 bis 35 kann vorgeschrieben werden, dass die Vorschriften über das Herstellen, Einführen und das Inverkehrbringen nicht gelten für Anlagen, Stoffe, Erzeugnisse, Brennstoffe und Treibstoffe, die zur Lieferung in Gebiete außerhalb des Geltungsbereichs dieses Gesetzes bestimmt sind.

§ 36 enthält keine Verordnungsermächtigung, sondern stellt nur klar, dass die Rechtsverordnungen nach § 32 bis § 35 Güter ausnehmen können, die in Gebiete außerhalb Deutschlands exportiert werden sollen (Scheuing GK 1). Da der Verordnungsgeber nicht verpflichtet ist, von den Ermächtigungen in diesen Vorschriften uneingeschränkt Gebrauch zu machen (vgl. Rn.13 zu § 32), hat § 36 allein **klarstellenden Charakter** (Scheuing GK 1; Hansmann LR 1). Die Vorschrift bezieht sich nur auf die Ermächtigungen in § 32 bis § 35. Der Sache nach gilt die Vorschrift aber auch im Bereich des § 37 bis § 39 (Scheuing GK 2; Hansmann LR 3). 1

Die **Exportbestimmung** ist schon deshalb ein im Hinblick auf die Zwecke des BImSchG mögliches Differenzierungskriterium, weil das BImSchG in seinen Anforderungen auf die spezifischen Bedingungen in Deutschland bezogen ist (vgl. Hansmann LR 1; krit. Scheuing GK 27). Die Exportbestimmung muss im Zeitpunkt der geregelten Tätigkeiten (Herstellen, Einführen, Inverkehrbringen) nach außen erkennbar sein (Hansmann LR 4; Scheuing GK 16). 2

§ 37 Beschaffenheit v. Anlagen, Stoffen, Erzeugnissen, etc.

§ 37 Erfüllung von zwischenstaatlichen Vereinbarungen und Beschlüssen der Europäischen Gemeinschaften

Zur Erfüllung von Verpflichtungen aus zwischenstaatlichen Vereinbarungen[6] oder von bindenden Beschlüssen der Europäischen Gemeinschaften[5] kann die Bundesregierung zu dem in § 1 genannten Zweck[8] durch Rechtsverordnung mit Zustimmung des Bundesrates bestimmen, dass Anlagen, Stoffe, Erzeugnisse, Brennstoffe oder Treibstoffe[2] gewerbsmäßig oder im Rahmen wirtschaftlicher Unternehmungen nur in den Verkehr gebracht werden dürfen,[3] wenn sie nach Maßgabe der §§ 32 bis 35 bestimmte Anforderungen erfüllen.[7] In einer Rechtsverordnung nach Satz 1, die der Erfüllung bindender Beschlüsse der Europäischen Gemeinschaften über Maßnahmen zur Bekämpfung der Emission von gasförmigen Schadstoffen und luftverunreinigenden Partikeln aus Verbrennungsmotoren für mobile Maschinen und Geräte dient, kann das Kraftfahrt-Bundesamt als Genehmigungsbehörde bestimmt und insoweit der Fachaufsicht des Bundesministeriums für Umwelt, Naturschutz und Reaktorsicherheit unterstellt werden.

Übersicht

1. Bedeutung, Abgrenzung zu anderen Vorschriften, EG-Recht 1
2. Anforderungen an Anlagen, Stoffe, Erzeugnisse u.a. (S.1) 2
    a) Gegenstände 2
    b) Tätigkeiten 3
    c) Adressat 4
    d) EG-rechtliche Beschlüsse und zwischenstaatliche Vereinbarungen 5
    e) Einschränkungen 8
3. Aufgaben des Kraftfahrt-Bundesamts 9
4. Spielraum und formelle Rechtmäßigkeit 10
5. Erlassene Rechtsverordnungen 11
    a) Verordnung über Grenzwerte für Verbrennungsmotoren (28. BImSchV) 11
    b) Geräte- und Maschinenlärmschutz-Verordnung (32. BImSchV) 13
    c) Sonstiges 15
6. Durchsetzung, Sanktionen und Rechtsschutz 16

1. Bedeutung, Abgrenzung zu anderen Vorschriften, EG-Recht

1   Immissionsschutzrechtliche Regelungen der Europäischen Gemeinschaften müssen z.T. erst umgesetzt werden, damit sie in Deutschland gelten (Einl.30). Für zwischenstaatliche Vereinbarungen gilt das generell. Der Umsetzung solcher Regelungen dient § 37. Die Vorschrift verfolgt daher **nicht allein** immissionsschutzrechtliche Ziele, sondern bezweckt zudem die Erfüllung EG-rechtlicher Pflichten, unabhängig von deren Schutzzweck (eher beschränkt auf den Harmonisierungszweck (Hansmann LR 8; Scheu-

Zwischenstaatliche Vereinbarungen und Beschlüsse § 37

ing GK 19). Die Ermächtigung des § 37 gibt der Regierung nicht allein das Recht, Rechtsverordnungen zu erlassen. Sie führt dazu, dass (auch im Bereich der Staatsverträge) die jeweiligen Regelungsgegenstände nicht mehr Gegenstände der (förmlichen) Bundesgesetzgebung iSd Art.59 Abs.2 GG betreffen und deshalb die Transformation der Staatsverträge durch Rechtsverordnung geschehen kann (Scheuing GK 22; Jarass, DÖV 1975, 121f; Hansmann LR 6). Die Ermächtigung des § 37 ist parallel zu denen der §§ 32–35 anwendbar (Scheuing GK 80). Verwandte Regelungen finden sich in § 7 Abs.4, in § 39 sowie in § 48a Abs.1, 3. Sie sind parallel zu § 37 anwendbar (vgl. Rn.3 zu § 48a); lediglich der Sonderregelung des § 39 kommt der Vorrang zu (unten Rn.2).

Entsprechend der Ausrichtung des § 37 auf das **EG-Recht** (oben Rn.1) **1a** dienen die auf die Ermächtigung gestützten Rechtsverordnungen der Umsetzung von EG-rechtlichen Vorgaben (unten Rn.9, 11, 13).

2. Anforderungen an Anlagen, Stoffe, Erzeugnisse u.a. (S.1)

a) Gegenstände

§ 37 nennt als regelbare Gegenstände „Anlagen, Stoffe, Erzeugnisse, **2** Brennstoffe oder Treibstoffe" und geht insoweit nicht über § 32 bis § 35 hinaus (Hansmann LR 3). Als Anlagen werden zunächst ortsveränderliche technische Einrichtungen iSd § 3 Abs.5 Nr.2 erfasst; dazu Rn.61–63 zu § 3. Des Weiteren werden Anlagen erfasst, die nach ihrer Errichtung am Einsatzort als ortsfeste Einrichtungen einzustufen sind, da § 37 allgemein von Anlagen spricht (etwas enger Hansmann LR 9; Scheuing GK 38; etwas weiter Schmatz/Nöthlichs 2); auch § 33 Abs.1 Nr.1, 2 erfasst solche Anlagen. Ob die Anlagen serienmäßig gefertigt werden, spielt keine Rolle. Für die Abgrenzung der „Stoffe" und „Erzeugnisse" gelten die Ausführungen in Rn.3 zu § 35. (Als Stoffe) erfasst werden auch Schmierstoffe und Zusätze zu Brenn- und Treibstoffen. Des Weiteren sind Teile von Anlagen als Erzeugnisse erfasst. Kraftfahrzeuge sind zwar Erzeugnisse; doch geht die Sonderregelung des § 39 vor (Hansmann LR 3). Brennstoffe und Treibstoffe (zur Abgrenzung Rn.4 zu § 34) werden aus Gründen der Klarstellung zusätzlich erwähnt.

b) Tätigkeiten

Rechtsverordnungen gem. § 37 können sich allein auf das Inverkehrbringen (dazu Rn.112 zu § 3) beziehen, soweit dieses gewerbsmäßig **3** oder im Rahmen wirtschaftlicher Unternehmungen (dazu Rn.27f zu § 4) durchgeführt wird. Das Herstellen und Einführen kann dagegen nicht geregelt werden.

c) Adressat

Mögliche Adressaten können allein die Personen sein, die die fraglichen **4** Gegenstände in Verkehr bringen; im Übrigen gelten die Ausführungen in Rn.6 zu § 32 entsprechend.

§ 37 Beschaffenheit v. Anlagen, Stoffen, Erzeugnissen, etc.

d) EG-rechtliche Beschlüsse und zwischenstaatliche Vereinbarungen

5 **aa)** Die durch Rechtsverordnung gem. § 37 statuierbaren Anforderungen müssen in einem Beschluss der Europäischen Gemeinschaft(en) oder in einer zwischenstaatlichen Vereinbarung enthalten sein. Als **Beschluss der Europäischen Gemeinschaften** sind alle Rechtsvorschriften bzw. -handlungen der Europäischen Gemeinschaften und damit der Europäischen Union, gemeint, die an die Mitgliedstaaten adressiert sind, nicht dagegen die an die Bürger adressierten Verordnungen (Hansmann LR 7; Feldhaus FE 2), da hier kein Umsetzungsbedarf besteht. Unschädlich ist dagegen, dass an die Mitgliedstaaten gerichtete Vorschriften unter bestimmten Umständen unmittelbare Wirkung haben (dazu Einl.30); die unmittelbare Wirkung verdrängt nicht Befugnis und Verpflichtung der Mitgliedstaaten zu entsprechenden (dem Gemeinschaftsrecht konformen) Regelungen. Den Hauptanwendungsbereich des § 37 bilden die **EG-Richtlinien** und die EGKS-Empfehlungen. Des Weiteren werden EG-Entscheidungen erfasst, soweit sie von den Mitgliedstaaten durch Rechtsvorschriften umzusetzen sind (Scheuing GK 28; Hansmann LR 7; a. A. Engelhardt/Schlicht 5). *EG-Verordnungen* werden erfasst, soweit sie ausnahmsweise die Mitgliedstaaten zur Umsetzung verpflichten (Scheuing GK § 48a Rn.30). Zu Empfehlungen und Stellungnahmen unten Rn.7.

6 Zu den **zwischenstaatlichen Vereinbarungen** gehören Staatsverträge, aber auch sog. normative Verwaltungsabkommen, die zu ihrer Umsetzung einer Rechtsvorschrift bedürfen (Jarass/Pieroth, Art.59 Rn.12; Rojahn, in: v. Münch (Hg.), GG, Art.59 Rn.60f). Die Transformation erfolgt in beiden Fällen durch die Rechtsverordnung auf Grund § 37; ein förmliches Gesetz ist nicht mehr nötig (dazu oben Rn.1).

7 **bb)** Auf § 37 können nur solche Anforderungen gestützt werden, die in EG-rechtlichen Beschlüssen oder zwischenstaatlichen Vereinbarungen für die Bundesrepublik Deutschland **bindend** vorgegeben sind (Scheuing GK 30). Empfehlungen und Stellungnahmen iSd Art.249 Abs.5 EGV genügen dagegen nicht (Hansmann LR 7; Feldhaus FE 2). Gleiches gilt für bloße Ermächtigungen. Auch wenn Ermächtigungen zu schärferen Anforderungen, wie in Art.95 Abs.4 EGV oder in Art.176 EGV, genutzt werden sollen, liefert § 37 keine ausreichende Grundlage (Rn.3 zu § 39; a. A. Scheuing GK 33f). Erfasst werden zudem Alternativverpflichtungen, die den Mitgliedstaaten erlauben, unter verschiedenen Regelungsmodellen zu wählen oder auf gleichwertige Alternativen auszuweichen.

e) Einschränkungen

8 Die in der Rechtsverordnung festgelegten Anforderungen sind nur „nach Maßgabe der §§ 32 bis 35" möglich. Das muss extensiv verstanden werden, weil sonst die Ermächtigung des § 37 keine eigenständige Bedeutung hätte. Möglich sind Anforderungen nach *Art* der nach §§ 32–35 möglichen Festlegungen (Feldhaus FE 2; Scheuing GK 46; Hansmann

Zwischenstaatliche Vereinbarungen und Beschlüsse § 37

LR 10). Zulässig sind daher Anforderungen an die Beschaffenheit, an die Kennzeichnung und an die Art und Weise des Inverkehrbringens, etwa Ausstellung einer Bescheinigung oder das Erfordernis einer Bauartzulassung. Voraussetzung ist allerdings, dass die Anforderungen dem Zweck des § 1 dienen, wie § 37 ausdrücklich sagt. Das ist bereits gegeben, wenn es sich um Regelungen der Emissionen oder Immissionen handelt, die der Gefahrenabwehr oder Vorsorge dienen.

3. Aufgaben des Kraftfahrt-Bundesamts

Durch die 1998 eingeführte (Einl.2 Nr.30) Vorschrift des Satz 2 kann die Zuständigkeit des Kraftfahrt-Bundesamts für Genehmigungen begründet werden, die zur Erfüllung von Beschlüssen der Europäischen Gemeinschaften (dazu oben Rn.5) über Maßnahmen zur Bekämpfung der Emission von gasförmigen Schadstoffen und luftverunreinigenden Partikeln aus Verbrennungsmotoren für mobile Maschinen und Geräte notwendig ist. Des Weiteren kann das Kraftfahrt-Bundesamt insoweit der Fachaufsicht des Bundesministeriums für Umwelt, Naturschutz und Reaktorsicherheit unterstellt werden. Damit wird insb. eine Umsetzung der Richtlinie 97/68 über Maßnahmen zur Bekämpfung der Emission von gasförmigen Schadstoffen und luftverunreinigenden Partikeln aus Verbrennungsmotoren für mobile Maschinen und Geräte (Einl.13 Nr.9) ermöglicht. **9**

4. Spielraum und formelle Rechtmäßigkeit

Für den Spielraum des Verordnungsgebers gelten die Ausführungen in Rn.13 zu § 32. Zur Zuständigkeit und zum Erlass der Rechtsverordnung wird auf die Ausführungen in Rn.10 zu § 4 verwiesen. Eine Anhörung der beteiligten Kreise ist aber nicht nötig. **10**

5. Erlassene Rechtsverordnungen

a) Verordnung über Grenzwerte für Verbrennungsmotoren (28. BImSchV)

Auf die Ermächtigung des § 37, aber auch auf die des § 33 Abs.1 Nr.1 und des § 48a Abs.3 stützt sich die **„Verordnung über Emissionsgrenzwerte für Verbrennungsmotoren"** (28. BImSchV); abgedr. in Anh. A 28. Die Verordnung erging am 20. 4. 2004 (BGBl I 614, ber. 1423). Zur Auslegung der Verordnung vgl. die Amtl. Begründung der Bundesregierung und die Stellungnahme des Bundesrats (BR-Drs. 86/04). Die Verordnung dient der Umsetzung der Richtlinie 97/68/EG zur Bekämpfung der Emissionen von gasförmigen Schadstoffen und luftverunreinigenden Partikeln aus Verbrennungsmotoren für mobile Maschinen und Geräte, unter Einbeziehung der 2001 und 2002 erfolgten Änderungen (Einl.31 Nr.4). **11**

§ 37 Beschaffenheit v. Anlagen, Stoffen, Erzeugnissen, etc.

12   **Inhaltlich** enthält die Verordnung Vorgaben für das Inverkehrbringen der erfassten Maschinen und Geräte. Sie übernimmt die Grenzwerte, wie sie in Anhang I der Richtlinie 97/68/EG vorgesehen sind. Darüber hinaus werden in § 4 der 28. BImSchV Einzelheiten der Typgenehmigung geregelt, also eine Art Bauartzulassung iSd § 33 (dazu Rn.16f zu § 33); insoweit wird auf die Ausführungen zur Bauartzulassung in Rn.16–21 zu § 33 verwiesen. Schließlich regelt die Verordnung (auf der Grundlage des § 48a Abs.3) in § 9 behördliche Informationspflichten gegenüber der EG-Kommission sowie Genehmigungsbehörden anderer Mitgliedstaaten. Zu Ordnungswidrigkeiten nach § 11 der 28. BImSchV unten Rn.16.

b) Geräte- und Maschinenlärmschutz-Verordnung (32. BImSchV)

13   Auf die Ermächtigung des § 37, aber auch auf die des § 23 und des § 32 sowie auf die des § 4 Abs.1 GSG stützt sich die „**Geräte- und Maschinenlärmschutz-Verordnung**" (32. BImSchV); abgedr. in Anh. A 32. Die Erstfassung wurde am 29. 8. 2002 erlassen (BGBl I 3478). Geändert wurde die Verordnung durch G vom 6. 1. 2004 (BGBl I 2). Die Verordnung dient der Umsetzung der Richtlinie 2000/14/EG über umweltbelastende Geräuschemissionen von zur Verwendung im Freien vorgesehenen Geräten und Maschinen (ABl 2000 L 162/1, ber. L 311/50) und zielt auf den Schutz der Bevölkerung vor erheblichen Lärmbelästigungen. Zur Auslegung der Verordnung vgl. die Amtl. Begründung der Bundesregierung und die Stellungnahme des Bundesrats (BR-Drs. 422/02). Zusammen mit dem Erlass der 32. BImSchV wurde die Rasenmäherlärm-Verordnung (8. BImSchV) und die Baumaschinenlärm-Verordnung (15. BImSchV) aufgehoben.

14   Die Verordnung enthält Lärmschutzvorgaben für eine große Zahl von zur Verwendung **im Freien** vorgesehenen Geräten und Maschinen, die im Einzelnen im Anhang zur Verordnung aufgeführt sind. Insb. werden Baumaschinen betroffen. Weiter enthält die Verordnung Anforderungen für das **Inverkehrbringen** und die **Inbetriebnahme** der Geräte in § 3 bis § 7. Verlangt wird insb., dass das Gerät bzw. die Maschine mit einer CE-Kennzeichnung und der Angabe des garantierten Schallleistungspegels versehen sind. Zudem muss für das Gerät bzw. die Maschine eine Konformitätserklärung nach Art.8 Abs.1 RL 2000/14, eine Art Bauartzulassung, vorliegen; insoweit wird auf die Ausführungen zur Bauartzulassung in Rn.16–21 zu § 33 verwiesen. Für einen Teil der Maschinen und Geräte werden Emissionsgrenzwerte festgelegt. Weiterhin beschränkt die Verordnung in § 8f den Betrieb bestimmter Anlagen in Wohngebieten und in empfindlichen Gebieten. Insoweit handelt es sich um eine Regelung auf der Grundlage des § 23 Abs.1. Zu Ordnungswidrigkeiten vgl. Rn.55 zu § 23.

c) Sonstiges

15   Nur sekundär auf § 37 stützen sich die Verordnung über den Schwefelgehalt bestimmter flüssiger Kraft- oder Brennstoffe (dazu Rn.15f zu § 34),

Zwischenstaatliche Vereinbarungen und Beschlüsse § 37

die Verordnung über die Beschaffenheit und die Auszeichnung der Qualitäten von Kraftstoffen (dazu Rn.16 zu § 34) sowie die PCB-, PCT-, VC-Verbotsverordnung vom 18. 7. 1989 (BGBl I 1482).

6. Durchsetzung, Sanktionen und Rechtsschutz

Zur Notwendigkeit und Grundlage einer Grundverfügung zur **Durchsetzung** der Anforderungen der Rechtsverordnung gelten die Ausführungen in Rn.17 zu § 32. Näher zur Vollstreckung einer solchen Verfügung Rn.32 zu § 62. Wer entgegen einer Rechtsverordnung gem. § 37 Anlagen, Erzeugnisse oder Stoffe in Verkehr bringt, begeht gem. § 62 Abs.1 Nr.7 eine Ordnungswidrigkeit, sofern in der Rechtsverordnung auf diese Vorschrift verwiesen wird; näher zu den Voraussetzungen der Ordnungswidrigkeit Rn.3–11, 15 zu § 62. Ein derartiger Verweis findet sich in § 8 der 15. BImSchV und in § 11 der 28. BImSchV; zur 32. BImSchV vgl. Rn.55 zu § 23. Für den **Rechtsschutz** im Hinblick auf die Rechtsverordnung gelten die Ausführungen in Rn.19 zu § 32 entsprechend, soweit es um Anforderungen an die Beschaffenheit geht. Soweit, wie der der 32. BImSchV, zudem Vorgaben zum Betrieb getroffen werden, wird auf die Ausführungen in Rn.58 zu § 23 verwiesen. Insbesondere kommt der Regelung zur Betriebszeit in § 7 der 32. BImSchV drittschützender Charakter zu.

16

Vierter Teil. Beschaffenheit und Betrieb von Fahrzeugen, Bau und Änderung von Straßen und Schienenwegen

§ 38 Beschaffenheit und Betrieb von Fahrzeugen

(1) Kraftfahrzeuge[4] und ihre Anhänger, Schienen-,[5] Luft-[6] und Wasserfahrzeuge[7] sowie Schwimmkörper und schwimmende Anlagen[7] müssen so beschaffen sein, dass ihre durch die Teilnahme am Verkehr verursachten Emissionen bei bestimmungsgemäßem Betrieb die zum Schutz vor schädlichen Umwelteinwirkungen einzuhaltenden Grenzwerte nicht überschreiten.[12 ff] Sie müssen so betrieben werden, dass vermeidbare Emissionen verhindert und unvermeidbare Emissionen auf ein Mindestmaß beschränkt bleiben.[17]

(2) Das Bundesministerium für Verkehr, Bau- und Wohnungswesen und das Bundesministerium für Umwelt, Naturschutz und Reaktorsicherheit bestimmen nach Anhörung der beteiligten Kreise (§ 51) durch Rechtsverordnung mit Zustimmung des Bundesrates die zum Schutz vor schädlichen Umwelteinwirkungen notwendigen Anforderungen an die Beschaffenheit, die Ausrüstung, den Betrieb und die Prüfung der in Absatz 1 Satz 1 genannten Fahrzeuge und Anlagen, auch soweit diese den verkehrsrechtlichen Vorschriften des Bundes unterliegen.[19 ff] Dabei können Emissionsgrenzwerte unter Berücksichtigung der technischen Entwicklung auch für einen Zeitpunkt nach Inkrafttreten der Rechtsverordnung festgesetzt werden.[21]

(3) Wegen der Anforderungen nach Absatz 2 gilt § 7 Abs.5 entsprechend.[23]

Übersicht

I. Bedeutung, Abgrenzung, Anwendungsbereich	1
1. Bedeutung, Abgrenzung, EG-Recht	1
a) Bedeutung und Abgrenzung zu anderen Vorschriften	1
b) EG-Recht	2a
2. Sachlicher Anwendungsbereich: Fahrzeuge	3
3. Verkehrsbedingte Umweltbeeinträchtigungen als Regelungsgegenstand	8
II. Grundpflichten (Abs.1)	9
1. Grundpflichten hinsichtlich der Beschaffenheit (Abs.1 S.1)	9
a) Bedeutung (Unmittelbare Geltung)	9
b) Sachlicher und persönlicher Anwendungsbereich	11

c) Anforderungen an die Beschaffenheit 12
d) Durchsetzung und Sanktionen 14
2. Grundpflichten hinsichtlich des Betriebs (Abs.1 S.2) 15
   a) Bedeutung und Abgrenzung zu anderen Vorschriften 15
   b) Sachlicher und persönlicher Anwendungsbereich 16
   c) Anforderungen 17
   d) Durchsetzung und Sanktionen 18
III. Erlass von Rechtsverordnungen (Abs.2, 3) 19
   1. Materielle Rechtmäßigkeit 19
      a) Sachlicher und persönlicher Anwendungsbereich 19
      b) Mögliche Anforderungen 20
      c) Spielraum des Verordnungsgebers 22
   2. Formelle Rechtmäßigkeit 23
   3. Erlassene Rechtsverordnungen, Durchsetzung, Sanktionen, Rechtsschutz 24

Literatur: *Schulze-Fielitz,* Konzept und Erfolge des Schutzes vor Verkehrsimmissionen nach dem Bundes-Immissionsschutzgesetz, in: Koch/Lechelt (Hg.), Zwanzig Jahre Bundes-Immissionsschutzgesetz, 1994, 117; *Jarass,* Probleme und Lücken des Verkehrsimmissionsschutzrechts, in: Koch/Lechelt (Hg.), Zwanzig Jahre Bundes-Immissionsschutzgesetz, 1994, 145; *Büge,* Zur rechtlichen Bewertung sog. Eisen-Kesselwagen-Umfüllstellen, GewArch 1993, 357; A. Vogel, Lärmbekämpfung 1984, UPR 1984, 359.

I. Bedeutung, Abgrenzung, Anwendungsbereich

1. Bedeutung, Abgrenzung, EG-Recht

a) Bedeutung und Abgrenzung zu anderen Vorschriften

1   Der Verkehr bildet eine wesentliche Quelle für schädliche Umwelteinwirkungen, v. a. für Luftverunreinigungen und Geräusche (näher Umweltgutachten 1994, BT-Drs. 12/6995, insb. 235 f; E. Hofmann, Der Schutz vor Immissionen des Verkehrs, 1997, 25 ff). Dabei nimmt der relative Anteil insb. des Straßenverkehrs in vielen Bereichen noch zu (Scheuing GK Vorb. 6 ff vor § 38; Jarass, DVBl 1995, 589 f). § 38 enthält daher Regelungen zur Beschaffenheit und zum Betrieb von Fahrzeugen bzw. ermächtigt zu entsprechenden Regelungen durch Rechtsverordnung. Die Vorschrift gilt für zu Lande verkehrende Kraftfahrzeuge und Schienenfahrzeuge, weiter für Luftfahrzeuge und Wasserfahrzeuge. Ihre praktische Bedeutung wird durch die einschlägigen Regelungen des EG-Rechts (dazu Einl.37 f) weithin beschränkt. Eine zusätzliche Reduzierung der praktischen Relevanz ergibt sich daraus, dass die Regelungen des Abs.1 sehr allgemein gehalten sind und zudem die unmittelbare Geltung des Abs.1 S.1 in Zweifel gezogen wird (unten Rn.9 f).

2   Zum Verhältnis von §§ 38 f zu den anlagenbezogenen Regelungen des BImSchG unten Rn.8 f. Die Grundpflichten des Abs.1 stehen **selbständig neben entsprechenden Pflichten des Verkehrsrechts** (Feldhaus FE 2; Storost UL B2; a.A. Hüttenbrink, UPR 1988, 413), etwa der §§ 47 ff

Beschaffenheit und Betrieb von Fahrzeugen **§ 38**

StVZO oder des § 29 b LuftVG. Abs.1 enthält **keine abschließende Regelung,** erlaubt also weitergehende landesrechtliche Vorschriften. Gleiches gilt für die Ermächtigung zum Erlass von Rechtsverordnungen gem. § 38 Abs.2 im Verhältnis zu entsprechenden verkehrsrechtlichen Ermächtigungen (Hansmann LR 25). Verkehrsrechtliche Ermächtigungen finden sich etwa in § 6 Abs.1, 2 a StVG, weiter in § 57 Abs.2 PBefG, in § 26 Abs.1, 5 AEG, in § 32 Abs.1 Nr.15, 16 LuftVG und in § 3 Abs.2 Nr.2 BinnSchAufG. Die früher enthaltene Vorgabe, die Ermächtigungen des Abs.2 nur zusammen mit verkehrsrechtlichen Ermächtigungen zu nutzen, wurde gestrichen (Hansmann LR 4, 25). Andererseits können auch die verkehrsrechtlichen Ermächtigungen selbständig zur Begrenzung von Emissionen eingesetzt werden (Hansmann LR 25; Engelhardt/Schlicht 3 b; a. A. Storost UL E 4; Schulze-Fielitz GK 80). Für eine ausreichende Abstimmung zwischen dem Verkehrs- und dem Umweltressort wird dadurch gesorgt, dass in § 38 Abs.2 wie in den einschlägigen verkehrsrechtlichen Ermächtigungen für den Erlass einer Rechtsverordnung eine gemeinsame Entscheidung verlangt wird. Weitere Ermächtigungen zum Erlass von Rechtsverordnungen, v. a. im Bereich des EG-Rechts, ergeben sich aus anderen Vorschriften des Immissionsschutzrechts, insb. aus § 39 und § 48 a.

b) EG-Recht

Die auf § 38 Abs.2 gestützten Rechtsverordnungen dienen vielfach auch der Umsetzung EG-rechtlicher Vorgaben (unten Rn.24). 2 a

2. Sachlicher Anwendungsbereich: Fahrzeuge

§ 38 gilt für die in unten Rn.4–7 aufgeführten Fahrzeuge, sofern sie zur 3 Teilnahme am öffentlichen Verkehr zugelassen sind (Henkel 42 ff; Schulze-Fielitz GK 45). Alle Fahrzeuge, die nicht unter § 38 fallen, sind Anlagen (näher Rn.73 zu § 3), für die die §§ 22 ff einschlägig sind, sofern nicht die §§ 4 ff greifen.

aa) Kraftfahrzeuge sind Landfahrzeuge, die durch Maschinenkraft 4 bewegt werden, ohne an Gleise gebunden zu sein (vgl. § 1 Abs.2 StVG), insb. Personenkraftwagen, Lastkraftwagen, Motorräder und Fahrräder mit Hilfsmotor (Schulze-Fielitz GK 47; Hansmann LR 9). *Anhänger* von Kraftfahrzeugen sind alle hinter diesen mitgeführte Fahrzeuge mit Ausnahme von abgeschleppten, betriebsunfähigen Fahrzeugen sowie Abschleppachsen (§ 18 Abs.1 StVZO). Erfasst werden auch Fahrzeuge, die nicht primär der Beförderung oder dem Transport dienen, wie Bagger, Straßenbaumaschinen etc. (Schulze-Fielitz GK 47; a. A. Feldhaus FE 2). Allerdings hat hier die Beschränkung des § 38 auf die durch die Teilnahme am Verkehr verursachten Immissionen besonderes Gewicht; näher unten Rn.8. Nicht erfasst werden Landfahrzeuge, die nicht durch Maschinenkraft bewegt werden, etwa Fahrräder, Karren etc. Sie sind Anlagen iSd § 3 Abs.5 und unterliegen den §§ 22–25.

§ 38   Fahrzeuge, Straßen, Schienenwege

5   **bb) Schienenfahrzeuge** sind alle an Gleise gebundenen Landfahrzeuge. Dazu zählen insb. Eisenbahnen, Straßenbahnen, Hochbahnen, Untergrundbahnen und Schienenschwebebahnen (vgl. § 4 Abs.2 PBefG) sowie schienengebundene Bergbahnen (Hansmann LR 10). Keine Rolle spielt, ob die Schienenfahrzeuge durch Maschinenkraft bewegt werden, weshalb auch Anhänger erfasst werden (Hansmann LR 10). Doch müssen die Anlagen ausschließlich oder überwiegend der Personen- oder Güterbeförderung dienen (vgl. § 4 Abs.1 PBefG); überwiegt ein anderer Zweck, kommen die Vorschriften des BImSchG für Anlagen zum Tragen. Nicht erfasst werden Seilbahnen, Steigförderer, spurgeführte Flurförderfahrzeuge, Einrichtungen zur schienengebundenen Bewegung oder Weiterbehandlung von Werkstücken oder Werkstoffen in einer Werksanlage sowie Schrägaufzüge (Schmatz/Nöthlichs § 2 Anm.4). Insoweit kommen ebenfalls die anlagenbezogenen Vorschriften zur Anwendung.

6   **cc) Luftfahrzeuge** sind in Anlehnung an § 1 Abs.2 LuftVG Flugzeuge, Hubschrauber, Luftschiffe, Segelflugzeuge, Motorsegler, Freiballone und Fesselballone, Flugmodelle, Raumfahrzeuge, Raketen und ähnliche Flugkörper (Schulze-Fielitz GK 49).

7   **dd) Wasserfahrzeuge** sind alle als Beförderungs- und Transportmittel geeigneten Schiffe und Boote, sowie Fähren, Luftkissenfahrzeuge etc. (Hansmann LR 12). Wegen des im Verkehrsrecht benutzten restriktiven Begriffs des Wasserfahrzeugs werden zur Klarstellung zusätzlich **Schwimmkörper** und **schwimmende Anlagen** genannt, also v.a. auf dem Wasser eingesetzte Geräte und Einrichtungen, die nicht in erster Linie der Beförderung oder dem Transport dienen, sowie Flöße (Hansmann LR 12). Darunter fallen etwa Bootshäuser, Landebrücken, Wohnschiffe und Hotelschiffe, Schwimmdocks, Schwimmtanks, Pontone, Senkkästen und Tonnen (Schulze-Fielitz GK 50). Auch hier gilt die Beschränkung auf die durch die Teilnahme am Verkehr erfassten Emissionen (unten Rn.8f); hinsichtlich dieser Emissionen gelten die Schwimmkörper und die schwimmenden Anlagen als Fahrzeuge (vgl. die Überschrift des § 38).

3. Verkehrsbedingte Umweltbeeinträchtigungen als Regelungsgegenstand

8   Die Vorschrift des § 38 zielt speziell auf die **durch die Teilnahme am Verkehr verursachten Emissionen** (Feldhaus FE 2; Kutscheidt LR § 2 Rn.5; Amtl. Begr., BT-Drs. 10/3661, S.16), wie § 38 Abs.1 seit der Neufassung im Jahre 1986 (Einl.2 Nr.9) ausdrücklich sagt. Es geht v.a. um Motorabgase, Antriebs-, Roll- und aerodynamische Geräusche, um betriebsbedingte Erschütterungen sowie um die Effekte der Betriebsbeleuchtung (Storost UL C2). Zum Betrieb gehören nicht nur der Fahrvorgang, sondern auch alle ihn vorbereitenden, begleitenden und nachfolgenden Tätigkeiten, etwa das Einsteigen der Fahrgäste, das Anlassen des Motors etc. (Storost UL C6). Sonstige von Fahrzeugen ausgehende Emissionen, die nicht mit der Teilnahme am Verkehr zusammenhängen, wer-

Beschaffenheit und Betrieb von Fahrzeugen § 38

den von § 38 nicht erfasst; sie unterliegen den Regelungen des Zweiten Teils, insb. den Vorschriften der §§ 22–25. Dies gilt v. a. insoweit, als das Fahrzeug als Arbeitsgerät eingesetzt wird, etwa bei Transportbetonmischern. Weiter ist § 38 nicht anwendbar auf die Sprühgeräte eines Hubschraubers, mit dem Weinberge besprüht werden (OVG Koblenz, FE-ES § 22–9) oder auf Häckselmaschinen, Traktoren und Mähdrescher beim Ernteeinsatz (VGH BW, UPR 2001, 193). Die durch das **Be- und Entladen** von Fahrzeugen verursachten Emissionen werden nur erfasst, soweit dies in einem unmittelbaren räumlichen, zeitlichen und funktionalen Zusammenhang mit dem Transportvorgang steht (Storost UL C6). Daran fehlt es, wenn das Be- und Entladen einige Zeit in Anspruch nimmt bzw. mittels gesonderter Geräte erfolgt. § 38 greift daher nicht ein hinsichtlich der Entladepumpen eines Tankschiffs (VG Koblenz, FE-ES § 22–3, 2) oder einer Umfüllanlage der Bundesbahn (VG SH, GewArch 1990, 374; a. A. Pudenz, GewArch 1990, 13). Steht ein Kesselwaggon länger als einige Tage, wird er regelmäßig zur Lagerung und nicht zu Zwecken der Fortbewegung benutzt (VG SH, GewArch 1990, 374; einschr. Büge, GewArch 1993, 359 f). Zum Betreiber einer Entladeanlage unten Rn.8 a. Handelt es sich um Gefahrstoffe, dann ist entsprechend § 15 Abs.2 a GefahrstoffVO nur dann von einem Verkehrsvorgang auszugehen, wenn die Beförderung spätestens 24 Stunden nach Bereitstellung oder am darauf folgenden Werktag erfolgt.

Insgesamt werden alle durch die Teilnahme am Verkehr verursachten **8 a** Emissionen vom 4. Teil des BImSchG erfasst, während sonstige Emissionen beweglicher Anlagen dem 2. Teil unterliegen (vgl. § 2 Abs.1 Nr.3). Lediglich die Verkehrsemissionen des Fahrzeugverkehrs, der einer betrieblichen Anlage zuzurechnen ist (dazu Rn.59 zu § 4), unterliegt *sowohl* den Anforderungen des 2. *wie* der 4. Teils (HessVGH, UPR 1987, 73; Storost UL C4). Der Betreiber einer Entladeanlage unterliegt daher immer den Vorgaben des 2. Teils des BImSchG, unabhängig davon, ob der Fahrzeughalter etc. dem 2. oder dem 4. Teil unterliegt (dazu oben Rn.8).

II. Grundpflichten (Abs.1)

1. Grundpflichten hinsichtlich der Beschaffenheit (Abs.1 S.1)

a) Bedeutung (Unmittelbare Geltung)

§ 38 Abs.1 S.1 enthält **Grundpflichten** zur Beschaffenheit von Fahr- **9** zeugen und steht in Parallele zu den Grundpflichten des § 5 und des § 22 (Amtl. Begr., BT-Drs.7/179, 43; Hansmann LR 5, 15; Storost UL B2). Trotz dieses anerkannten Befundes sowie des Umstands, dass die Grundpflichten des § 5 und des § 22 unmittelbar geltende Pflichten enthalten, auch dann, wenn keine konkretisierende Rechtsverordnung erlassen wurde (Rn.1 zu § 5; Rn.12 zu § 22), wird vertreten, dass die Pflicht des § 38 Abs.1 S.1 nur gilt, soweit Emissionsgrenzwerte durch Rechtsvorschrift verbindlich festgelegt wurden (Hansmann LR 17; Feldhaus FE 4; a. A. zu Recht Schulze-Fielitz GK 56; Storost UL C 8; Sendler, UPR 2002, 285).

10 Gegen diese Auffassung spricht, dass § 38 Abs.1 S.1 bei einem solchen Verständnis keine eigenständige Bedeutung hätte, müssen doch die durch Rechtsverordnungen festgelegten Grenzwerte bereits aufgrund dieser Rechtsverordnungen beachtet werden; Abs.1 S.1 wäre allenfalls eine Programmnorm (Schulze-Fielitz GK 56). Des Weiteren spricht gegen dieses Verständnis die Parallele der Grundpflicht des Abs.1 S.2 (Schulze-Fielitz GK 56), die nach allg. Auffassung unmittelbare Wirkungen entfaltet (unten Rn.15). Weiter wird die Auffassung dem Umstand gerecht, dass im Regierungsentwurf die Einhaltung des (unmittelbar anwendbaren) Standes der Technik verlangt wurde, dies aber als unzureichend angesehen wurde und mit der heutigen Formulierung mehr verlangt werden sollte (Storost UL C 7). Endlich gilt es zu beachten, dass es mehr als 25 Jahre nach Erlass des BImSchG Grenzwerte nur für einen Teil der von Abs.1 S.1 erfassten Fahrzeuge gibt und die Grenzwerte zudem sich teilweise auf Geräusche beschränken. Das ist nur verständlich, wenn man Abs.1 S.1 als **unmittelbar geltend** ansieht. Zudem würden sich sonst verfassungsrechtliche Bedenken ergeben (vgl. BVerfG-K, NJW 1983, 2932). Der missverständliche Begriff des Grenzwerts in Abs.1 S.1 sollte allerdings beseitigt werden. Zur Frage, woraus sich die „Grenzwerte" iSd Abs.1 S.1 ergeben, unten Rn.13.

b) Sachlicher und persönlicher Anwendungsbereich

11 Die Grundpflicht des Abs.1 S.1 gilt für alle **Fahrzeuge,** also für Kraftfahrzeuge, Schienenfahrzeuge, Luftfahrzeuge und Wasserfahrzeuge; näher dazu oben Rn.3–7. Des Weiteren werden nur durch die Teilnahme am Verkehr bedingte Emissionen erfasst; oben Rn.8 f. In persönlicher Hinsicht richtet sich die Grundpflicht zunächst an den **Hersteller** und den **Importeur** des Fahrzeugs. Ähnlich wie in den §§ 32 ff dürften auch sonstige Personen erfasst werden, die das Fahrzeug im Rahmen wirtschaftlicher Unternehmungen in Verkehr bringen (Schulze-Fielitz GK 53). Nicht erfasst wird dagegen der Fahrzeughalter (Schmatz/Nöthlichs 2; a. A. Hansmann LR 13; Storost UL C 1), weil Abs.1 S.1 Anforderungen nur hinsichtlich solcher Emissionen trifft, die bei bestimmungsgemäßem Betrieb auftreten können. Der Fahrzeughalter kann aber im Wesentlichen nur für Emissionen verantwortlich gemacht werden, die wegen unzureichender Wartung und Unterhaltung auftreten, also gerade außerhalb des bestimmungsgemäßen Betriebs. Erst recht gilt aus diesem Grunde Abs.1 S.1 nicht für den Fahrzeugführer (ebenso i.E. Hansmann LR 13; Schulze-Fielitz GK 53; a. A. Feldhaus FE 4). Fahrzeughalter und Fahrzeugführer unterfallen der Grundpflicht des Abs.1 S.2.

c) Anforderungen an die Beschaffenheit

12 Die Fahrzeuge müssen so beschaffen, d. h. konstruiert und ausgerüstet sein, dass sie bei bestimmungsgemäßem Betrieb bestimmten Emissionsanforderungen (unten Rn.13) gerecht werden. Dies gilt jedoch nach der

Beschaffenheit und Betrieb von Fahrzeugen § 38

ausdrücklichen Regelung des Abs.1 S.1 allein für die **durch die Teilnahme am Verkehr verursachten Emissionen**. Bedeutung hat das vor allem für Fahrzeuge und gleichgestellte Anlagen, die nicht allein der Beförderung und dem Transport dienen (dazu oben Rn.8). Des Weiteren müssen die Emissionen beim **bestimmungsgemäßen Betrieb** auftreten, worunter entsprechend dem „bestimmungsgemäßen Gebrauch" (dazu Rn.5 zu § 35) sowohl der den Angaben des Herstellers oder Einführers entsprechende Betrieb wie der übliche Betrieb zu verstehen ist (Hansmann LR 16).

Bei der **näheren Bestimmung der Grenzwerte** iSd Abs.1 S.1 ist zunächst von Bedeutung, dass die Regelung der Gefahrenabwehr wie der Vorsorge dient (Schulze-Fielietz GK 58; Feldhaus FE 3). Andererseits kann eine unmittelbar geltende Vorsorgeverpflichtung ohne konkretisierendes Konzept nur greifen, soweit sie durch den Stand der Technik begründet ist (vgl. Rn.65 zu § 5). Daher verlangt Abs.1 S.1 zunächst die Sicherstellung der Gefahrenabwehr (darauf will Storost UL C 11 Abs.1 S.1 beschränken). Des Weiteren müssen die durch den Stand der Technik (vgl. dazu Rn.98–107 zu § 3) gebotenen Emissionsgrenzen beachtet werden. Soweit im Übrigen konkrete Grenzwerte auf der Grundlage des Abs.2 oder anderer Ermächtigungen festgesetzt wurden, sind diese einzuhalten, was das Gewicht der Verpflichtung des Abs.1 S.1 deutlich reduziert. Nicht erfasst werden internationale Abkommen, die nicht umgesetzt sind (vgl. BVerwGE 87, 332/352f = NVwZ-RR 1991, 601). Andererseits ist ein Rückgriff auf Abs.1 S.1 durch die Festlegung konkreter Grenzwerte meist nicht ausgeschlossen.

13

d) Durchsetzung und Sanktionen

Die Einhaltung des Abs.1 S.1 ist zunächst bei der Zulassung, insb. der Typenzulassung, von Fahrzeugen sicherzustellen. Für spätere Durchsetzungsanordnungen im Einzelfall enthält das BImSchG keine Ermächtigung; solche Anordnungen können auf verkehrsrechtliche Ermächtigungen gestützt werden. Die Verletzung des Abs.1 S.1 stellt keine Ordnungswidrigkeit dar.

14

2. Grundpflichten hinsichtlich des Betriebs (Abs.1 S.2)

a) Bedeutung und Abgrenzung zu anderen Vorschriften

§ 38 Abs.1 S.2 stellt Anforderungen an den Betrieb von Fahrzeugen. Anders als bei Abs.1 S.1 ist hier allgemein anerkannt, dass es sich um eine **direkt anwendbare Grundpflicht** handelt (Feldhaus FE 5; Hansmann LR 21). Sie kann allerdings durch Rechtsverordnung nach § 38 Abs.2 (dazu unten Rn.19–25) oder nach § 39 oder durch eine verkehrsrechtliche Regelung näher ausgestaltet werden. Abs.1 S.2 hat keinen abschließenden Charakter, schließt insb. landesrechtliche Lärmregelungen nicht aus.

15

§ 38 Fahrzeuge, Straßen, Schienenwege

b) Sachlicher und persönlicher Anwendungsbereich

16 Die Grundpflicht des Abs.1 S.2 gilt für alle **Fahrzeuge,** wie sie oben in Rn.3–7 beschrieben sind. Des Weiteren werden nur durch die Teilnahme am Verkehr bedingte Emissionen erfasst; dazu oben Rn.8f. Adressat der Pflicht ist jeder, der für den Betrieb des Fahrzeugs verantwortlich ist, also v. a. der **Fahrzeugführer,** aber auch der **Fahrzeughalter** (Hansmann LR 14).

c) Anforderungen

17 Abs.1 S.2 schreibt vor, dass die von Fahrzeugen ausgehenden Emissionen (dazu Rn.11–14 zu § 3) so gering wie möglich gehalten werden, eine nicht eben klare Anforderung. Soweit die Verpflichtung nicht durch Rechtsverordnung gem. Abs.2 oder durch das Straßenverkehrsrecht näher konkretisiert wird, dürfte sie ähnliche Anforderungen wie § 22 Abs.1 S.1 Nr.2 zur Folge haben: Die Emissionen sind durch einen entsprechenden Fahrzeugbetrieb auf ein Mindestmaß zu reduzieren. Dazu müssen zunächst konkrete Gefahren für eine erhebliche Beeinträchtigung eines Rechtsguts vermieden werden. Im Übrigen geht die Pflicht der Reduzierung umso weiter, je geringer der Aufwand und je größer der drohende Schaden ist (vgl. Rn.39 zu § 22). Abs.1 S.2 geht aber nie soweit, den bestimmungsgemäßen Betrieb, und sei es auch nur zeitweise, unmöglich zu machen (Storost UL D 2; vgl. Hansmann LR 20). Im Einzelnen sind die Fahrzeuge ordnungsgemäß zu warten (nach Hansmann LR 15 ist insoweit S.1 einschlägig). Des Weiteren müssen ordnungsgemäße Treibstoffe verwandt werden. Unzulässig ist das unnötige Laufenlassen von Motoren (Hansmann LR 19), wie generell jede Belastung durch einen bestimmungswidrigen Betrieb (Schulze-Fielitz GK 63).

d) Durchsetzung und Sanktionen

18 Soll die Grundpflicht im Wege des Verwaltungszwangs durchgesetzt werden, ist eine entsprechende Grundverfügung nötig. Die Grundlage liefern regelmäßig verkehrsrechtliche Ermächtigungen, die zumeist die ordnungsbehördliche Generalklausel verdrängen. Wer vorsätzlich oder fahrlässig die Grundpflicht verletzt, begeht gem. § 49 Abs.1 Nr.25 i. V. m. § 30 Abs.1 StVO oder gem. § 62 Abs.1 Nr.7 a eine Ordnungswidrigkeit; näher zu Letzterem Rn.3–11, 20 zu § 62.

III. Erlass von Rechtsverordnungen (Abs.2, 3)

1. Materielle Rechtmäßigkeit

a) Sachlicher und persönlicher Anwendungsbereich

19 Gegenständlich bezieht sich die Ermächtigung des Abs.2 auf **Fahrzeuge** (dazu oben Rn.3–7). Erfasst werden auch im Ausland zugelassene Fahrzeuge, soweit sie im Inland verkehren. Allerdings wird man insoweit im

Hinblick auf die Gewährleistung des grenzüberschreitenden Verkehrs häufig geringere Anforderungen vorsehen müssen. Weiter werden nur durch die Teilnahme am Verkehr bedingte Emissionen erfasst; oben Rn.8f. In persönlicher Hinsicht kommen als **Adressaten** die Träger der Grundpflicht des Abs.1 S.1 (dazu oben Rn.11) in Betracht, soweit es um Anforderungen an die *Beschaffenheit* der Fahrzeuge geht. Soweit Anforderungen zum *Betrieb* vorgesehen werden, sind die Träger der Grundpflicht des Abs.1 S.2 (dazu oben Rn.16) mögliche Adressaten.

b) Mögliche Anforderungen

Alle Anforderungen müssen dem Schutz vor schädlichen Umwelteinwirkungen dienen. Damit ist nicht nur die Abwehr solcher Umwelteinwirkungen gemeint, sondern auch die notwendige **Vorsorge** (Hansmann LR 28; Schulze-Fielitz GK 70; Storost UL E 8); näher dazu Rn.15 zu § 1. Die Anforderungen können daher auch der Minimierung der Emissionen, unabhängig von konkreten Gefahren dienen (vgl. Rn.23 zu § 3). Andererseits muss es sich um potentiell schädliche Emissionen handeln (vgl. Hansmann LR 28). Um welche Art von Emissionen, also um Luftverunreinigungen, Geräusche oder andere Emissionen (näher Rn.2–10 zu § 3) es sich handelt, spielt keine Rolle. 20

Die Rechtsverordnungen können **alle Anforderungen** stellen, **die** die von Fahrzeugen ausgehenden **Emissionen beeinflussen.** Sie können sich auf Beschaffenheit, Ausrüstung und Betrieb des Fahrzeugs beziehen (Storost UL E 6). Darüber hinaus können Prüfungen vor der Inbetriebnahme sowie Wiederholungsprüfungen (regelmäßig oder aus besonderem Anlass) angeordnet werden (Hansmann LR 26). Endlich besteht die Möglichkeit, auch über den Stand der Technik hinausgehende Emissionsgrenzwerte als Zielanforderungen festzulegen und damit Abs.1 S.1 zu konkretisieren. Die Emissionsgrenzwerte können sich gem. Abs.2 S.2 auch auf einen Zeitpunkt nach Inkrafttreten der Rechtsverordnung beziehen (Hansmann LR 27). Schließlich können die Rechtsverordnungen, wie das § 62 Abs.1 Nr.7 voraussetzt, zu Anordnungen ermächtigen, mit denen die Anforderungen der Rechtsverordnungen im Einzelfall konkretisiert und festgelegt werden. 21

c) Spielraum des Verordnungsgebers

Was den Spielraum des Verordnungsgebers angeht, gelten die Ausführungen in Rn.13 zu § 32 ganz entsprechend. Insb. können sich die Anforderungen auf einen Teil der Fahrzeuge beschränken oder bestimmte Fahrzeuge ausnehmen. 22

2. Formelle Rechtmäßigkeit

Die Rechtsverordnungen müssen gemeinsam vom Bundesministerium für Verkehr, Bau- und Wohnungswesen und vom Bundesministerium für Umweltschutz, Naturschutz und Reaktorsicherheit erlassen werden (Storost UL E 1). Wird nur eines der beiden Ministerien tätig, ist die Rechts- 23 verordnung unwirksam; die positive Entscheidung des Bundeskabinetts ändert daran nichts (Hansmann LR 23; Schulze-Fielitz GK 73). In der Praxis werden die Rechtsverordnungen häufig zugleich auf verkehrsrechtliche Ermächtigungen gestützt. Doch kann § 38 Abs.2 auch allein zum Einsatz kommen (Schulze-Fielitz GK 68; oben Rn.2; a.A. Feldhaus FE 7). Die Rechtsverordnung bedarf der Zustimmung des Bundesrats; insoweit sowie hinsichtlich anderer Aspekte der formellen Rechtmäßigkeit wird auf Rn.10 zu § 4 verwiesen. Endlich sind die beteiligten Kreise anzuhören (dazu Rn.1ff zu § 51). Gem. Abs.3 kann auf die Bekanntmachungen sachverständiger Stellen verwiesen werden (näher dazu Rn.25 zu § 7).

3. Erlassene Rechtsverordnungen, Durchsetzung, Sanktionen, Rechtsschutz

24 **aa)** Auf § 38 (und die verkehrsrechtlichen Ermächtigungen) wurden die einschlägigen Regelungen der **Straßenverkehrszulassungsordnung** idF vom 28. 9. 1988 (BGBl I 1793) gestützt. Sie betreffen zum einen die Regelung der Abgase in § 47 StVZO; zu den insoweit einschlägigen EG-Richtlinien Einl.17 Nr.1–4, 6. In Ergänzung dazu finden sich Regelungen zur regelmäßigen Abgasuntersuchung in §§ 47a, 47b StVZO; damit wird die Richtlinie 77/143/EWG über die technische Überwachung der Kraftfahrzeuge und Kraftfahrzeuganhänger umgesetzt. Regelungen zur Geräuschentwicklung der Fahrzeuge finden sich in § 49 StVZO; insoweit wurden die EG-Richtlinien über den Lärmschutz bei Fahrzeugen (dazu Einl.18) umgesetzt. Am Rande auf § 38 Abs.2 gestützt wurde die **Verordnung über die Beschaffenheit und die Auszeichnung der Qualitäten von Kraftstoffen** (10. BImSchV); zu dieser Verordnung Rn.16 zu § 34. Weiter wurde auf § 38 Abs.2 die Verordnung über die EG-Typgenehmigung für Fahrzeuge und Fahrzeugteile vom 9. 12. 1994 (BGBl I 3755) gestützt.

25 **bb)** Was die **Durchsetzung** der Rechtsverordnungen angeht, so enthält das BImSchG keine Ermächtigung für den Erlass der für die Zwangsvollstreckung notwendigen Grundverfügung (näher dazu Rn.30 zu § 62). Die Grundlage liefern verkehrsrechtliche Ermächtigungen. Die Verletzung der StVZO ist keine Ordnungswidrigkeit gem. § 62, da die StVZO nicht auf diese Vorschrift verweist. Zum **Rechtsschutz** gegen die Rechtsverordnung selbst vgl. Rn.52 zu § 7.

§ 39 Erfüllung von zwischenstaatlichen Vereinbarungen und Beschlüssen der Europäischen Gemeinschaften

Zur Erfüllung von Verpflichtungen aus zwischenstaatlichen Vereinbarungen oder von bindenden Beschlüssen der Europäischen Gemeinschaften[3] können zu dem in § 1 genannten Zweck[3] das Bundesministerium für Verkehr, Bau- und Wohnungswesen und das Bundesministe-

Zwischenstaatliche Vereinbarungen und EG-Beschlüsse   § 39

rium für Umwelt, Naturschutz und Reaktorsicherheit durch Rechtsverordnung mit Zustimmung des Bundesrates bestimmen, dass die in § 38 genannten Fahrzeuge bestimmten Anforderungen an Beschaffenheit, Ausrüstung, Prüfung und Betrieb genügen müssen.[3] Wegen der Anforderungen nach Satz 1 gilt § 7 Abs.5 entsprechend.[4]

1. Bedeutung und Abgrenzung zu anderen Vorschriften

§ 39 dient der Umsetzung internationaler und supranationaler Verpflichtungen, ebenso wie § 37 (näher dazu Rn.1 zu § 37). Die Ermächtigung des § 39 steht selbständig neben der des § 38. Liegen die Voraussetzungen beider Vorschriften vor, hat der Verordnungsgeber die Wahl (Hansmann LR 3). Gleiches gilt im Verhältnis zu verkehrsrechtlichen Ermächtigungen, etwa zu § 6 Abs.1 Nr.7 StVG (Hansmann LR 4). **1**

2. Rechtmäßigkeit

a) Materielle Voraussetzungen

Gegenständlich erfasst § 39 alle **Fahrzeuge** iSd § 38 Abs.1 S.1; näher dazu Rn.3–7 zu § 38. Als **Adressaten** der Verpflichtungen kommen die Träger der Grundpflicht des § 38 S.1 wie der des § 38 S.2 in Betracht; näher dazu Rn.11, 16 zu § 38. **2**

Die durch Rechtsverordnung gem. § 39 festgelegten Anforderungen müssen in einem **EG-rechtlichen Beschluss** oder in einer **zwischenstaatlichen Vereinbarung** enthalten sein. Insoweit gelten die Ausführungen in Rn.5f zu § 37 entsprechend. Umgesetzt werden können nur *bindende* Anforderungen (vgl. Rn.7 zu § 37); wenn daher nationale Regelungen strengere Anforderungen festlegen sollen, müssen andere Ermächtigungen genutzt werden (Storost UL C8; a.A. Schulze-Fielitz GK 15). Der **Inhalt** der gem. § 39 möglichen Anforderungen entspricht denen des § 38 Abs.2, weshalb auf Rn.21 zu § 38 verwiesen wird. Was den **Zweck** der Anforderungen angeht, so ist der Spielraum des Verordnungsgebers noch größer als bei § 38 (vgl. Hansmann LR 3; Storost UL C9; unklar Schulze-Fielitz GK 2, 27f), weil andernfalls § 39 keine eigenständige Bedeutung hätte. Der Zweck des § 1, auf den sich § 39 bezieht, ist bereits dann betroffen, wenn es um eine Maßnahme der Begrenzung von Emissionen oder Immissionen geht (Schulze-Fielitz GK 9) und damit Ziele der Gefahrenabwehr und/oder der Vorsorge verfolgt werden. **3**

b) Formelle Voraussetzungen

Was die formellen Anforderungen angeht, kann auf Rn.23 zu § 38 verwiesen werden. Insb. ist das Einvernehmen der beiden Ministerien notwendig (Storost UL C1) sowie die Zustimmung des Bundesrats. Dagegen brauchen die beteiligten Kreise nicht angehört zu werden. Schließlich kann gem. S.2 auf Bekanntmachungen sachverständiger Stellen verwiesen werden; näher dazu Rn.25 zu § 7. **4**

3. Erlassene Rechtsverordnungen, Durchsetzung, Rechtsschutz

5 Auf der Grundlage des § 39 wurden zahlreiche Verordnungen zur Änderung der Straßenverkehrszulassungsordnung gestützt, die gleichzeitig auf § 38 und die verkehrsrechtlichen Ermächtigungen gestützt wurden; näher dazu Rn.24 zu § 38. Für die Durchsetzung und das Vorliegen einer Ordnungswidrigkeit gem. § 62 gelten die Ausführungen in Rn.25 zu § 38. Zum Rechtsschutz gegen die Rechtsverordnung gelten die Ausführungen in Rn.52 zu § 7.

§ 40 Verkehrsbeschränkungen

(1) Die zuständige Straßenverkehrsbehörde beschränkt oder verbietet den Kraftfahrzeugverkehr[4] nach Maßgabe der straßenverkehrsrechtlichen Vorschriften,[8] soweit ein Luftreinhalte- oder Aktionsplan nach § 47 Abs.1 oder 2 dies vorsehen.[5f] Die Straßenverkehrsbehörde kann im Einvernehmen mit der für den Immissionsschutz zuständigen Behörde Ausnahmen von Verboten oder Beschränkungen des Kraftfahrzeugverkehrs zulassen, wenn unaufschiebbare überwiegende Gründe des Wohls der Allgemeinheit dies erfordern.[11]

(2) Die zuständige Straßenverkehrsbehörde kann[20] den Kraftfahrzeugverkehr[17] nach Maßgabe der straßenverkehrsrechtlichen Vorschriften[22] auf bestimmten Straßen oder in bestimmten Gebieten[17] verbieten oder beschränken, wenn der Kraftfahrzeugverkehr zur Überschreitung von in Rechtsverordnungen nach § 48a Abs.1a festgelegten Immissionswerten beiträgt und soweit die für den Immissionsschutz zuständige Behörde dies im Hinblick auf die örtlichen Verhältnisse für geboten hält, um schädliche Umwelteinwirkungen durch Luftverunreinigungen zu vermindern oder deren Entstehen zu vermeiden.[18f] Hierbei sind die Verkehrsbedürfnisse und die städtebaulichen Belange zu berücksichtigen. § 47 Abs.6 Satz 1 bleibt unberührt.[20]

(3) Die Bundesregierung wird ermächtigt, nach Anhörung der beteiligten Kreise (§ 51) durch Rechtsverordnung mit Zustimmung des Bundesrates zu regeln, dass Kraftfahrzeuge mit geringerem Beitrag zur Schadstoffbelastung von Verkehrsverboten ganz oder teilweise ausgenommen sind oder ausgenommen werden können, sowie die hierfür maßgebenden Kriterien und die amtliche Kennzeichnung der Kraftfahrzeuge festzulegen.[25ff] Die Verordnung kann auch regeln, dass bestimmte Fahrten oder Personen ausgenommen sind oder ausgenommen werden können, wenn das Wohl der Allgemeinheit oder unaufschiebbare und überwiegende Interessen des Einzelnen dies erfordern.[26f]

Verkehrsbeschränkungen § 40

Übersicht

I. Verkehrsbeschränkungen bei Überschreiten von EG-Luftqualitätswerten (Abs.1) 1
  1. Bedeutung, Abgrenzung, EG-Recht 1
    a) Bedeutung und EG-Recht 1
    b) Abgrenzung zu anderen Vorschriften 2
  2. Verhängung von Verkehrsbeschränkungen 4
    a) Kraftfahrzeugverkehr auf öffentlichen Straßen 4
    b) Festlegung in Luftreinhalte- oder Aktionsplänen 5
    c) Durchführungspflicht der Straßenverkehrsbehörde 7
  3. Wirksamwerden der Verkehrsbeschränkungen und Ausnahmen 10
    a) Wirksamwerden und Ausnahmen (Grundlagen) 10
    b) Ausnahmen nach Abs.1 S.2 11
  4. Durchsetzung und Rechtsschutz 13
    a) Durchsetzung 13
    b) Rechtsschutz 14

II. Verkehrsbeschränkungen bei Überschreiten nationaler Luftqualitätswerte (Abs.2) 15
  1. Bedeutung und Abgrenzung zu anderen Vorschriften 15
  2. Verhängung von Verkehrsbeschränkungen 17
    a) Kraftfahrzeugverkehr auf öffentlichen Straßen 17
    b) Immissionsbezogene Erforderlichkeit 18
    c) Entscheidung der Straßenverkehrsbehörde 20
    d) Wirksamwerden und Ausnahmen 23
  3. Durchsetzung und Rechtsschutz 24

III. Rechtsverordnung über Ausnahmen (Abs.3) 25
  1. Rechtsverordnungsermächtigung 25
    a) Anwendungsbereich 25
    b) Ausnahmefähige Tatbestände 26
    c) Ausnahme kraft Verordnung oder kraft Verwaltungsakts 28
    d) Ermessensspielraum 29
  2. Erlassene Rechtsverordnungen 31

Literatur: *Jarass,* Luftqualitätsrichtlinien der EU und die Novellierung des Immissionsschutzrechts, NVwZ 2003, 257; *Jocham,* Rechtsfragen bei Verkehrsbeschränkungen aufgrund erhöhter Ozonwerte, 1997; *E. Hofmann,* Der Schutz vor Immissionen des Verkehrs, 1997; *Koch/Jankowski,* Neue Entwicklungen im Verkehrsimmissionsschutzrecht, NuR 1997, 365; *Repkewitz,* Bemerkungen zu den Ozon-Verordnungen der Länder Bremen, Hessen, Niedersachsen und Schleswig-Holstein, VerwArch 1995, 88; *Koch,* Probleme des Verkehrsimmissionsschutzes – zum Vollzug von § 40 Abs.2 BImSchG, ZUR 1995, 190; *Schmidt,* Kompetenz für die Anordnung von Geschwindigkeitsbeschränkungen wegen Ozonbelastungen, NZV 1995, 49; *Jahn,* Rechtsfragen innerstädtischer Verkehrsbeschränkungen, NZV 1994, 5; *Schulze-Fielitz,* Konzept und Erfolge des Schutzes vor Verkehrsimmissionen, in: Koch/Lechelt (Hg.), Zwanzig Jahre Bundes-Immissionsschutzgesetz, 1994, 117; *Jarass,* Probleme und Lücken des Verkehrsimmissionsschutzrechts, in: Koch/Lechelt (Hg.), Zwanzig Jahre Bundes-Immissionsschutzgesetz, 1994, 145; *Berger,* Zur Beweislast im verkehrsbezogenen Immissionsschutzrecht, ZUR 1994, 109.

§ 40 Fahrzeuge, Straßen, Schienenwege

I. Verkehrsbeschränkungen bei Überschreiten von EG-Luftqualitätswerten (Abs.1)

1. Bedeutung, Abgrenzung zu anderen Vorschriften, EG-Recht

a) Bedeutung und EG-Recht

1 § 40 Abs.1 enthielt ursprünglich eine Ermächtigung der Landesregierungen zum Erlass von Rechtsverordnungen, um den Verkehr bei austauscharmen Wetterlagen (Smog) zu beschränken oder zu verbieten; die darauf gestützten Rechtsverordnungen (näher dazu § 40 Rn.12 in der 4. Auflage) sind alle aufgehoben worden. 2002 (Einl.2 Nr.38) wurde die Ermächtigung dann durch die heutige Regelung ersetzt. Sie dient (mittelbar) der **Durchsetzung der Grenzwerte und Alarmschwellen des EG-Luftqualitätsrechts** (dazu Rn.7, 20 zu § 47) im Bereich des Straßenverkehrs, da Luftreinhalte- und Aktionspläne nach § 47 Abs.1, 2 die Durchsetzung von Rechtsverordnungen nach § 48a Abs.1 bezwecken. Trotz der Vorgaben in § 50 zur Planung von Straßen und der (auch) beim Straßenbau zum Einsatz kommenden Regelung des § 45 (unten Rn.2) ist nicht ausgeschlossen, dass die genannten Grenzwerte und Alarmschwellen wegen des Straßenverkehrs überschritten werden. Um das zu verhindern bzw. um solche Überschreitungen zu beenden, ermächtigt und verpflichtet Abs.1 zur Festsetzung von Verkehrsbeschränkungen, knüpft allerdings (anders als Abs.2) nicht unmittelbar an die Überschreitung von Luftqualitätswerten, sondern an die in Plänen nach § 47 Abs.1, 2 festgelegten Maßnahmen die Verkehrsbeschränkung an. Unerheblich ist, ob man die Maßnahmen eher der Gefahrenabwehr oder der Vorsorge zurechnet.

b) Abgrenzung zu anderen Vorschriften

2 Der Durchsetzung von Plänen gemäß § 47 Abs.1, 2 dient auch die Regelung des **§ 47 Abs.6**. Sie dürfte im Anwendungsbereich des § 40 Abs.1 verdrängt werden, da § 40 Abs.2 S.3 vergleichbare Vorbehalt fehlt. Dagegen lässt § 40 Abs.1 die Verpflichtung des **§ 45** unberührt, weil § 40 Abs.1 der Durchsetzung von Maßnahmen in Plänen gemäß § 47 Abs.1, 2 dient, während es bei § 45 um die Durchsetzung von Rechtsverordnungen nach § 48a geht. Allerdings dient § 40 Abs.1 mittelbar diesem Ziel. Während aber § 40 Abs.1 zu Verkehrsbeschränkungen ermächtigt und verpflichtet, setzt § 45 voraus, dass die Behörde in einer anderen Rechtsvorschrift zur Durchführung geeigneter Maßnahmen ermächtigt wird (Rn.3, 9 zu § 45). Die Parallelanwendung von § 40 und § 45 macht durchaus Sinn, zumal bei Fehlen von Plänen gemäß § 47 Abs.1, 2 eine planunabhängige Durchsetzung EG-rechtlich geboten ist (Jarass, NVwZ 2003, 262ff). Die Vorschrift des **§ 38,** insb. des § 38 Abs.1 S.2, unterscheidet sich von § 40 dadurch, dass § 38 Regelungen für einzelne Fahrzeuge enthält, während § 40 den Kraftfahrzeugverkehr in einem bestimmten Bereich insgesamt betrifft (Hansmann LR 7).

Verkehrsbeschränkungen **§ 40**

Des Weiteren tritt § 40 Abs.1 zu **Ermächtigungen des Straßenver-** 3
kehrsrechts zum Schutz vor Luftverunreinigungen hinzu (Hansmann
LR 10; vgl. BVerwGE 109, 29/34f = NVwZ 1999, 1234; Schulze-Fielitz
GK 205); zum Einfluss des Straßenverkehrsrechts auf die Ermächtigung
des § 40 Abs.1 unten Rn.8. Die Ermächtigungen des Straßenverkehrsrechts zur Verhängung von Verkehrsbeschränkungen werden somit durch
§ 40 Abs.1 nicht eingeschränkt (vgl. OVG NW, NVwZ-RR 1998, 629f).
Die Regelung des § 45 Abs.1f StVO ist überholt.

2. Verhängung von Verkehrsbeschränkungen

a) Kraftfahrzeugverkehr auf öffentlichen Straßen

Die Verpflichtung des Abs.1 ist auf den Kraftfahrzeugverkehr be- 4
schränkt; zum Begriff der Kraftfahrzeuge gelten die Ausführungen in Rn.4
zu § 38. Weiter dürfte Abs.1 (wie Abs.2) nur den Verkehr auf öffentlichen
Straßen erfassen (vgl. unten Rn.17), da sich die Verpflichtung an die Straßenverkehrsbehörde richtet (Hansmann LR 13). Zum Begriff der öffentlichen Straßen Rn.11f zu § 41. Die Durchsetzung der Pläne nach § 47
Abs.1, 2 auf privaten Straßen erfolgt wie bei Anlagen, da private Straßen
als Anlagen einzustufen sind (vgl. Rn.78 zu § 3).

b) Festlegung in Luftreinhalte- oder Aktionsplänen

Die Verpflichtung des Abs.1 setzt weiter voraus, dass in einem **Luft-** 5
reinhalteplan nach § 47 Abs.1 (Rn.7ff zu § 47) oder in einem **Aktionsplan** nach § 47 Abs.2 (Rn.18ff zu § 47) für bestimmte Straßen oder Gebiete (dazu unten Rn.17) **Beschränkungen** des Kraftfahrzeugverkehrs
festgelegt wurden. Möglich ist auch ein vollständiges Verkehrsverbot
("beschränkt oder verbietet"). Der Erlass solcher Pläne setzt eine Überschreitung von Immissionsgrenzwerten oder von Alarmschwellen nach der
22. BImSchV voraus. Die Immissionsgrenzwerte und Alarmschwellen der
22. BImSchV dienen der Umsetzung von entsprechenden Vorgaben des
EG-Luftqualitätsrechts (dazu Rn.15 zu § 48a). Ohne die Festlegung von
Verkehrsbeschränkungen in einem Luftreinhalte- oder Aktionsplan kommt
§ 40 Abs.1 nicht zum Tragen, auch wenn die Festlegung solcher Maßnahmen geboten gewesen wäre. In einem solchen Fall wird § 45 bedeutsam.

Die Verpflichtung des Abs.1 kann nur zum Tragen kommen, wenn der 6
Luftreinhalte- bzw. Aktionsplan **entsprechende Beschränkungen** des
Kraftfahrzeugverkehrs vorsieht. Dabei muss der Plan mindestens deutlich machen, auf welchen Straßen bzw. Gebieten welche Schadstoffreduktionen durch Verkehrsbeschränkungen zu erreichen sind. Dagegen müssen
im Plan nicht notwendig alle konkreten Mittel aufgeführt sein (tendenziell
Hansmann LR 14; anders jedoch drs. LR 12). Weder § 47 noch § 40 ist
zu entnehmen, dass in den Plänen nach § 47 Abs.1, 2 alle Details festgelegt
sein müssen. Wurden andererseits Details festgelegt (wie die Art der betroffenen Fahrzeuge oder zeitliche Grenzen), müssen sie von den Straßen-

verkehrsbehörden beachtet werden (unten Rn.7). Im Übrigen kommt den Behörden bei der Festlegung der konkreten Maßnahmen ein Auswahlspielraum zu.

c) Durchführungspflicht der Straßenverkehrsbehörde

7   aa) Liegen die in Rn.4–6 beschriebenen Voraussetzungen vor, muss die zuständige Straßenbehörde entsprechende Verkehrsbeschränkungen festlegen. Darin liegt eine **strikte Verpflichtung;** ein Ermessen steht ihr nicht zu (Hansmann LR 14). Dies gilt auch für die im Plan festgelegten Maßnahmen. Nur soweit der Luftreinhalte- bzw. Aktionsplan bei der Auswahl der Mittel Spielräume eröffnet (oben Rn.6), steht der Straßenbehörde ein Auswahlermessen zu. § 47 Abs.6 S.2 kommt auch nicht analog zur Anwendung (oben Rn.2).

8   Die Verpflichtung der Straßenverkehrsbehörde besteht nur „**nach Maßgabe der straßenverkehrsrechtlichen Vorschriften**". Dieser Verweis betrifft allein die gegenüber den Straßenverkehrsteilnehmern zum Einsatz kommenden Mittel (Hansmann LR 15; vgl. Schulze-Fielitz GK 203). Ob und in welchem Umfang die Verkehrsbeschränkungen verhängt werden, wird durch den Verweis auf das Straßenverkehrsrecht nicht relativiert; insoweit kommt § 40 Abs.1 eigenständig zur Anwendung (vgl. Hansmann LR 10; oben Rn.3). Der Verweis führt dazu, dass allein diejenigen Instrumente zum Einsatz kommen können, die das Straßenverkehrsrecht vorsieht. Insb. ist der Einsatz anderer Instrumente als Verkehrszeichen allein in den im Straßenverkehrsrecht geregelten Fällen zulässig (vgl. BVerwGE 109, 29/34f = NVwZ 1999, 1234). Sollen etwa Luftverunreinigungen in einem Innenstadtbereich durch eine Zufahrtsmaut reduziert werden, ist das auf der Grundlage des § 40 Abs.1 nur möglich, wenn das Straßenverkehrsrecht ein solches Instrument enthält. Unerheblich ist andererseits, ob die straßenverkehrsrechtlichen Voraussetzungen für den Einsatz der Instrumente bestehen (Hansmann LR 10); vgl. oben Rn.3. Insoweit werden die notwendigen Vorgaben durch die Pläne nach § 47 Abs.1, 2 und durch § 40 Abs.1 getroffen. Es handelt sich um eine Rechtsfolgen-, keine Rechtsgrundverweisung. Zu beachten ist aber die Einschränkung des Anwendungsbereichs in § 35 StVO zugunsten von Polizei, Bundeswehr, Feuerwehr, Katastrophenschutz u.a. (BR-Drs. 1073/01, S.19).

9   **bb) Adressat** der Verpflichtung ist allein die zuständige Straßenverkehrsbehörde. Welche Behörde das ist, wird durch das Straßenverkehrsrecht und die zugehörigen Vorschriften festgelegt.

3. Wirksamwerden der Verkehrsbeschränkungen und Ausnahmen

a) Wirksamwerden und Ausnahmen (Grundlagen)

10   Das **Wirksamwerden** der Verkehrsbeschränkungen ergibt sich aus dem Straßenverkehrsrecht. Die Verkehrsbeschränkungen greifen jedoch nicht, soweit in einer Rechtsverordnung nach Abs.3 **Ausnahmen** für bestimmte

Verkehrsbeschränkungen § 40

Fahrzeuge, Fahrten oder Personen vorgesehen sind (unten Rn.25–30). Darüber hinaus kann unter bestimmten Voraussetzungen die behördliche Entscheidung eine Ausnahme von der Verkehrsbeschränkung zulassen, wenn dies in einer Rechtsverordnung nach Abs.3 vorgesehen ist (dazu unten Rn.28) oder die Voraussetzungen des Abs.1 S.2 vorliegen (dazu unten Rn.12).

b) Ausnahmen nach Abs.1 S.2

Gem. Abs.1 S.2 können von der Verkehrsbeschränkung Ausnahmen 11 gewährt werden, wenn „**unaufschiebbare und überwiegende Gründe des Wohls der Allgemeinheit dies erfordern**". Diese Voraussetzung ist eng zu interpretieren, weil die Ausnahme eine Durchbrechung des EG-Luftqualitätsrechts darstellt, die nur dann gerechtfertigt werden kann, wenn die Vorgaben des primären EG-Rechts zu einer einschränkenden Auslegung des sekundären EG-Luftqualitätsrechts zwingen. Eine Ausnahme kommt daher nur in Betracht, wenn es um den Schutz sehr gewichtiger Gemeinwohlgüter geht und deren Schutz auf andere Weise nicht sichergestellt werden kann.

Ausnahmen nach Abs.1 S.2 ergehen durch **Verwaltungsakt** (Hans- 12 mann LR 17). Zuständig ist die Straßenverkehrsbehörde, die des Einvernehmens, also der Zustimmung der zuständigen Immissionsschutzbehörde bedarf. Ein Antrag des Begünstigten ist nicht erforderlich (Hansmann LR 19). Die Bekanntgabe der Ausnahme kann individuell, ggf. auch durch öffentliche Bekanntgabe erfolgen (Hansmann LR 19).

4. Durchsetzung und Rechtsschutz

a) Durchsetzung

Die Folgen eines Verstoßes gegen die Verkehrsbeschränkungen ergeben 13 sich aus dem Straßenverkehrsrecht. Dies gilt insb. für die Ordnungswidrigkeiten (Hansmann LR 33f). Die straßenverkehrsrechtlichen Ermächtigungen, für deren Einhaltung der Verkehrsbeschränkungen zu sorgen, werden allerdings durch das Immissionsschutzrecht beeinflusst: § 45 schränkt den Entscheidungsspielraum der zuständigen Behörde insoweit ein, sofern man dies nicht bereits § 40 Abs.1 entnimmt (vgl. Rn.14f zu § 45). Verstärkt wird dies durch den Befund, dass es um die Durchsetzung von EG-Recht geht, zu der die Straßenverkehrsbehörden auch kraft EG-Rechts verpflichtet sind.

b) Rechtsschutz

Gegen die Verhängung von Verkehrsbeschränkungen nach Abs.1 stehen 14 den **Adressaten** der Beschränkungen die Rechtsmittel zu, die ihm auch sonst gegen die fraglichen Maßnahmen nach dem Straßenverkehrsrecht zustehen. Rechtsmittel haben gem. § 80 Abs.2 Nr.2 VwGO keinen Suspensiveffekt. Umgekehrt dürfte Personen, die in ihrer Gesundheit durch die Kfz-Abgase betroffen sein können **(Dritte),** ein Anspruch auf Verhängung von Verkehrsbeschränkungen zustehen, wenn die einschlägigen

§ 40
Fahrzeuge, Straßen, Schienenwege

Voraussetzungen vorliegen. Letztlich geht es um die Durchsetzung der EG-Grenzwerte und Alarmschwellen, die nach EG-Recht auch im Interesse von Personen erlassen wurden, deren Gesundheit durch Luftverunreinigungen beeinträchtigt werden kann und die daher die Einhaltung des entsprechenden Rechts ggf. gerichtlich durchsetzen können müssen (vgl. Rn.24 zu § 48a).

II. Verkehrsbeschränkungen bei Überschreiten nationaler Luftqualitätswerte (Abs.2)

1. Bedeutung und Abgrenzung zu anderen Vorschriften

15 Die Vorschrift des § 40 Abs.2 wurde 2002 erheblich umgestaltet (Einl.2 Nr.38). Sie **dient** der Durchsetzung von nationalen Immissionswerten für Luftschadstoffe, die in einer Rechtsverordnung gem. § 48a Abs.1a festgelegt wurden. Wie § 40 Abs.1 erlaubt § 40 Abs.2 Beschränkungen des Kraftfahrzeugverkehrs. Anders als Abs.1 knüpft sie jedoch nicht an Pläne nach § 47 an, sondern unmittelbar an das Überschreiten der Immissionswerte.

16 Was die **Abgrenzung zu § 45** angeht, so dürften hier, anders als bei § 40 Abs.1, die überwiegenden Gründe für eine Verdrängung des § 45 sprechen, soweit es um die Beschränkung des Kraftfahrzeugverkehrs geht (für eine Anwendung des § 45 auf straßenverkehrsrechtliche Maßnahmen hingegen Sparwasser § 10 Rn.425). Im Verhältnis zu **§ 47 Abs.6** ist zu beachten, dass es dort um die Durchsetzung von Plänen (hier) nach § 47 Abs.3 geht, während § 40 Abs.2 unmittelbar beim Überschreiten von Immissionswerten ansetzt. Die Vorschriften stehen daher nebeneinander. Bei der Ausübung des Ermessens nach § 40 Abs.2 kann aber § 47 Abs.6 S.1 einschränkend wirken (näher unten Rn.21). Für das Verhältnis zu **§ 40 Abs.1** und zu **§ 38** wird auf die Ausführungen oben in Rn.2 verwiesen. Schließlich steht § 40 Abs.2 in Idealkonkurrenz zu den Ermächtigungen des **Straßenverkehrsrechts** (vgl. Schulze-Fielitz GK 205); im Einzelnen wird auf die Darlegungen oben in Rn.3 verwiesen.

2. Verhängung von Verkehrsbeschränkungen

a) Kraftfahrzeugverkehr auf öffentlichen Straßen

17 Die Verpflichtung des Abs.2 ist auf den **Kraftfahrzeugverkehr** beschränkt; zum Begriff der Kraftfahrzeuge gelten die Ausführungen in Rn.4 zu § 38. Weiter dürfte § 40 Abs.2 (wie Abs.1) nur den Verkehr auf **öffentlichen Straßen** erfassen (vgl. oben Rn.4), da die Verpflichtung an die Straßenverkehrsbehörde gerichtet ist (Hansmann LR 23; vgl. Schulze-Fielitz GK 179). Zum Begriff der öffentlichen Straßen Rn.11f zu § 41. Die Verkehrsbeschränkung kann gem. Abs.2 S.1 „auf bestimmten **Straßen** oder in bestimmten **Gebieten**" erfolgen. Unter Gebieten sind auch Ortsteile oder kleinere Gemeinden, nicht aber ganze Großstädte zu verstehen (vgl. BVerwGE 109, 29/35 = NVwZ 1999, 1234; Schulze-Fielitz GK 175;

Verkehrsbeschränkungen § 40

Koch/Jankowski, NuR 1997, 368). Erfasst sein können auch Straßen bzw. Flächen mit relativ geringer Belastung, wenn sie zu kritischen Belastungen auf angrenzenden Straßen und Flächen beitragen oder wenn die Ausweitung wegen Verkehrsverlagerungen oder aus verkehrstechnischen Gründen sinnvoll ist (restriktiver Hansmann LR 23).

b) Immissionsbezogene Erforderlichkeit

Die Verpflichtung des § 40 Abs.2 S.1 setzt voraus, dass der Kraftfahrzeugverkehr zur **Überschreitung von** (nationalen) **Immissionswerten** beiträgt, die in einer Rechtsverordnung aufgrund von § 48a Abs.1a festgelegt wurden (dazu Rn.35 ff zu § 48a). Erfasst wird auch der Fall, dass mit dem Überschreiten der Werte erst für den Zeitpunkt der ins Auge gefassten Verkehrsbeschränkungen mit hinreichender Sicherheit zu rechnen ist. Als Rechtsverordnung iSd § 40 Abs.2 S.1 war die durch VO vom 13. 7. 2004 (BGBl I 1625) aufgehobene **23. BImSchV** einzustufen, da sie heute auf § 48a Abs.1a zu stützen wäre (Hansmann LR 21; BR-Drs. 1073/01, S.13). Die Überschreitung muss nicht notwendig auf oder an öffentlichen Straßen erfolgen, es sei denn, die Rechtsverordnung beschränkt sich darauf. Der Kraftfahrzeugverkehr muss weder allein noch überwiegend die Ursache für die Überschreitung sein („beiträgt"). Gibt es noch andere wesentliche Ursachen, hat sich die Entscheidung, gegen welche Verursacher vorgegangen wird, insbesondere an § 47 Abs.4 S.1 zu orientieren; aber auch andere Gesichtspunkte sind bedeutsam (vgl. Rn.13 f zu § 47). **18**

Des Weiteren ist eine positive **Entscheidung der Immissionsschutzbehörde** über die Erforderlichkeit der Verkehrsbeschränkung notwendig. Diese Entscheidung ist eine verwaltungsinterne Erklärung ohne Verwaltungsaktcharakter (Hansmann LR 25). Zur zuständigen Behörde vgl. Einl.56. Materiell hängt die Entscheidung davon ab, ob sich das Überschreiten der Grenzwerte durch Verkehrsbeschränkungen beseitigen oder reduzieren bzw. ganz oder teilweise verhindern lässt. Entscheidend sind dabei allein Aspekte des Immissionsschutzes (Hansmann LR 22; vgl. OVG NW, NVwZ-RR 1998, 632; Schulze-Fielitz GK 148); eine Abwägung mit anderen Belangen obliegt der Straßenverkehrsbehörde (unten Rn.20). Die Entscheidung der Immissionsschutzbehörde muss auf bestimmte Straßen oder Gebiete bezogen sein und Aussagen zum Umfang der Verkehrsbeschränkungen enthalten. Der Behörde dürfte dabei ein gewisser Beurteilungsspielraum zukommen (vgl. OVG NW, NVwZ-RR 1998, 632). **19**

c) Entscheidung der Straßenverkehrsbehörde

aa) Die positive Entscheidung der Immissionsschutzbehörde verpflichtet die Straßenverkehrsbehörde nicht zur Anordnung von Verkehrsbeschränkungen; die Entscheidung darüber steht in ihrem **Ermessen** (Hansmann LR 26; vgl. Schulze-Fielitz GK 170 ff). Es ist eine *Abwägung* notwendig, die alle einschlägigen Belange berücksichtigen muss (vgl. Koch/Jankowski, NuR 1997, 369). Im Einzelnen sind gem. Abs.2 S.2 die Verkehrsbedürf- **20** nisse zu berücksichtigen, wozu auch die Bedürfnisse der Anlieger rechnen (Koch/Jankowski, NuR 1997, 369 f). Zudem sind gem. Abs.2 S.2 die städtebaulichen Belange bedeutsam. Auf der anderen Seite sind Art und Ausmaß der Immissionsbelastung relevant; die Straßenverkehrsbehörde ist insoweit an die Beurteilung durch die Immissionsschutzbehörde gebunden (vgl. Schulze-Fielitz GK 173; Bouska, DAR 1996, 228).

21 Der Ermessens- bzw. Abwägungsspielraum kann in beiden Richtungen **Einschränkungen** erfahren. Zugunsten der Verkehrsteilnehmer kann der Grundsatz der Verhältnismäßigkeit Ausnahmen u. ä. notwendig machen (Schulze-Fielitz GK 177). Auf der anderen Seite darf auf Verkehrsbeschränkungen häufig nicht verzichtet werden, wenn die Immissionsbelastung die Gefahrenschwelle überschreitet (vgl. Schulze-Fielitz GK 173 f). Bei Gesundheitsgefahren wird das Ermessen regelmäßig auf Null reduziert, sofern nicht andere Abhilfemöglichkeiten bestehen (ähnlich Hansmann LR 26; vgl. Koch/Jankowski, NuR 1997, 371). Sind die Verkehrsbeschränkungen zudem in einem Lufteinhalteplan gem. § 47 Abs.3 festgelegt, wird das Ermessen durch § 47 Abs.6 S.1 beseitigt; es besteht eine strikte Handlungspflicht (Rn.39 zu § 47). Die Vorgabe des § 47 Abs.6 S.1 ist gem. § 40 Abs.2 S.3 zusätzlich zu beachten. Auf § 47 Abs.6 S.2 wird nicht verwiesen, weil Verkehrsbeschränkungen iSd § 40 Abs.2 keine planerischen Maßnahmen sind bzw. die Abschwächung der Bindung nicht zum Tragen kommen soll.

22 **bb)** Die Straßenverkehrsbehörde hat **Ort, Art, Umfang** und **Dauer** der Verkehrsbeschränkungen festzulegen. Dabei kann sie auch von vornherein bestimmte Ausnahmen vorsehen; zu weiteren Ausnahmen unten Rn.23. Ihre Entscheidung hat *„nach Maßgabe der straßenverkehrsrechtlichen Vorschriften"* zu erfolgen. Dieser Verweis auf das Straßenverkehrsrecht betrifft wie bei Abs.1 nur die eingesetzten Mittel; die Verkehrsbeschränkung hat mit Hilfe der Instrumente des Straßenverkehrsrechts zu erfolgen, insbesondere durch die Aufstellung entsprechender Verkehrsschilder. Dagegen kommt es nicht darauf an, ob die Voraussetzungen der entsprechenden verkehrsrechtlichen Ermächtigungen gegeben sind (oben Rn.8). In Betracht kommen insbesondere allgemeine Verkehrsverbote, Verkehrsverbote für bestimmte Fahrzeuge, Einbahnstraßenzeichen und Geschwindigkeitsbeschränkungen (zu Letzteren Hansmann LR 24). Die Beschränkungen können auch auf einen bestimmten Zeitraum bezogen werden. Ob auch der Rückbau von Verkehrswegen durch verkehrsrechtliche Instrumente möglich ist (so Schulze-Fielitz GK 184), erscheint zweifelhaft.

d) Wirksamwerden und Ausnahmen

23 Das **Wirksamwerden** der Verkehrsbeschränkungen richtet sich nach dem Straßenverkehrsrecht. **Ausnahmen** von verhängten Verkehrsbeschränkungen können zunächst in einer Rechtsverordnung nach Abs.3 vorgesehen sein (unten Rn.25–30). Des Weiteren können sie bereits in der Entscheidung enthalten sein, die die Verkehrsbeschränkungen anordnet

Verkehrsbeschränkungen § 40

(oben Rn.22). Schließlich kann die Straßenverkehrsbehörde später Ausnahmen gewähren, soweit das nicht gegen den Gleichheitssatz verstößt, da es um eine Ermessensentscheidung geht (oben Rn.20f).

3. Durchsetzung und Rechtsschutz

Für die **Durchsetzung** von Verkehrsbeschränkungen gelten die Ausführungen oben in Rn.13. Allerdings spielt hier das EG-Recht keine Rolle. Für den **Rechtsschutz** der Adressaten wird auf die Darlegungen oben in Rn.14 verwiesen. Die durch die Luftverunreinigungen betroffenen Personen haben einen Anspruch auf fehlerfreien Ermessensgebrauch (Schulze-Fielitz GK 198; vorsichtig OVG NW, NVwZ-RR 1998, 631). Die Entscheidung der Immissionsschutzbehörde ist wegen ihres internen Charakters (oben Rn.19) gerichtlich nicht angreifbar. 24

III. Rechtsverordnung über Ausnahmen (Abs.3)

1. Rechtsverordnungsermächtigung

a) Anwendungsbereich

Die Regelung des Abs.3 wurde 2002 eingefügt (Einl.2 Nr.38). Sie ermächtigt dazu, durch Rechtsverordnung Ausnahmen von Verkehrsbeschränkungen vorzusehen. Abs.3 gilt **für Abs.1 und für Abs.2,** kann aber auch in Teilbereichen zum Einsatz kommen. 25

b) Ausnahmefähige Tatbestände

aa) Ausnahmen können zum einen bei **schadstoffarmen Fahrzeugen** vorgesehen werden. Die relevante Schadstoffgrenze kann der Verordnungsgeber näher beschreiben oder auf straßenverkehrsrechtliche Abgrenzungen verweisen. Entscheidend ist der (geringe) Beitrag des Fahrzeugs zur Überschreitung der in Rechtsverordnungen nach § 48a Abs.1 und § 48a Abs.1a festgelegten Immissionswerte. 26

bb) Des Weiteren können Ausnahmen für Fahrten bestimmter **Personen** oder zu bestimmten **Zwecken** vorgesehen werden. Dies betrifft die Nutzung von Fahrzeugen in Fällen, in denen ein Verkehrsverbot aufgrund der in der Person von Fahrzeugnutzern oder des Fahrtenzwecks als besonders belastend einzustufen ist. Anhaltspunkte liefert § 40d Abs.1 a.F. (vgl. Hansmann LR 30): erfasst werden können insbesondere Kraftfahrzeuge im Linienverkehr, Kraftfahrzeuge des öffentlichen Personennahverkehrs, Mietomnibusse zur Beförderung von Berufstätigen, Taxen, Krankenwagen, Arztwagen, Fahrzeuge außergewöhnlich gehbehinderter, hilfloser oder blinder Personen sowie dringende Fahrten für den Transport verderblicher Güter. Voraussetzung ist gem. Abs.3 S.2 in allen Fällen, dass das Wohl der Allgemeinheit oder das überwiegende Interesse der Begünstigten die Ausnahme erfordern. 27

§ 41

c) Ausnahme kraft Verordnung oder kraft Verwaltungsakts

28 Die Rechtsverordnung kann die Ausnahme **unmittelbar** festlegen oder die zuständigen Behörden dazu **ermächtigen,** in bestimmten Fällen Ausnahmen zu gewähren. Für die Erteilung von Ausnahmen durch die Behörden gelten die Ausführungen oben in Rn.12.

d) Ermessensspielraum

29 Ob und wieweit von der Ermächtigung des Abs.3 Gebrauch gemacht wird, steht im Ermessen der Bundesregierung. Auch ohne Rechtsverordnungen sind Ausnahmen möglich (oben Rn.12, 22f). Die Ausnahmen müssen vor dem Gleichheitssatz Bestand haben. Soweit es um Ausnahmen im Bereich des Abs.1 geht, ergeben sich weitere Einschränkungen aus dem *EG-Recht:* Ausnahmen sind nur zulässig, soweit damit die Vorgaben des EG-Luftqualitätsrechts nicht verletzt werden.

e) Zuständigkeit und Verfahren

30 Für die Zuständigkeit und das Verfahren des Erlasses der Rechtsverordnung, insbesondere für die Zustimmung des Bundesrats und Anhörung beteiligter Kreise, gelten die Ausführungen in Rn.10 zu § 4.

2. Erlassene Rechtsverordnungen

31 Bislang ist keine Rechtsverordnung auf der Grundlage des § 40 Abs.3 ergangen. Gleichwohl sind Ausnahmen möglich (oben Rn.12, 22f).

§ 40 a bis § 40 e *(außer Kraft)*

1 Gem. § 74 sind die 1995 eingefügten (Einl.2 Nr.25) Vorschriften der § 40a bis § 40e zum 31. 12. 1999 außer Kraft getreten. Zum Inhalt dieser Vorschriften vgl. deren Kommentierung in der 4. Auflage. Zur Wirkung von Ozon Hansmann LR Vorb. 3 vor § 40a. Bereits unter der Geltung der §§ 40–40e war umstritten, ob die grundrechtlichen Voraussetzungen gewahrt wurden (dafür BVerfG, NJW 1996, 651; BVerwGE 109, 29/39f = NVwZ 1999, 1234; dagegen HessVGH, ZUR 1998, 253f; Beacamp, JA 1999, 170ff), da die Vorschriften praktisch keine Wirkungen entfalteten (Jarass, in: Dolde (Hg.), Umweltrecht im Wandel, 2001, 391). Mit dem Fortfall der Regelungen haben die Bedenken an Gewicht gewonnen. Andererseits ist die Bekämpfung der Ozon-Probleme sehr schwierig.

§ 41 Straßen und Schienenwege

(1) **Bei dem Bau oder der wesentlichen Änderung öffentlicher Straßen**[11ff] **sowie von Eisenbahnen, Magnetschwebebahnen und Straßenbahnen**[14ff] **ist unbeschadet des § 50**[5] **sicherzustellen, dass durch diese keine schädlichen Umwelteinwirkungen durch Verkehrsgeräusche her-**

Straßen und Schienenwege   § 41

I. Bedeutung und Abgrenzung

1. Bedeutung der §§ 41–43

Die Bekämpfung der Verkehrsimmissionen (vgl. dazu Rn.1 zu § 38) **1** kann unmittelbar an den Fahrzeugen ansetzen, wie das die §§ 38–40 tun. Ein anderer Ansatzpunkt ist die Lage und die Ausgestaltung der öffentlichen Straßen- und Schienenwege, die als „indirekte Quellen" zur Immissionsbelastung beitragen (Schulte, ZUR 2002, 196). Die anlagenbezogenen Vorschriften des BImSchG sind auf öffentliche Verkehrswege nicht anwendbar (unten Rn.5). Insoweit kommen die §§ 41–43 zum Einsatz, die allerdings, jedenfalls nach ihrem Wortlaut auf den *Schutz vor Lärm* beschränkt sind (dazu unten Rn.8f). Auch hinsichtlich der Regelungsintensität fallen die §§ 41–43 im Vergleich zum anlagenbezogenen Immissionsschutzrecht deutlich milder aus. Diese Privilegierung wird durch die Infrastrukturaufgabe der Straßen und Schienenwege sowie durch den Umstand, dass die Emissionen nicht direkt von den Verkehrswegen, sondern von den Fahrzeugen ausgehen, nur teilweise erklärt (Jarass, DVBl 1995, 595). Gleichwohl hat man sich lange gegen die Anwendung der Norm gesträubt (näher Jarass, UPR 1998, 415).

Die §§ 41–43 enthalten zusammen mit § 50 eine **Stufenregelung** für **2** den Lärmschutz an öffentlichen Straßen und Schienenwegen (OVG RP, NVwZ 1990, 281; Czajka FE 2, 8; Schulze-Fielitz GK 2): Die grundsätzliche Entscheidung und die Trassierung der Verkehrswege muss dem. § 50 so vorgenommen werden, dass schädliche Umwelteinwirkungen auf Wohngebiete und andere schutzbedürftige Gebiete möglichst vermieden werden *(planerischer Lärmschutz,* näher Rn.11–23 zu § 50). Wird dadurch ein ausreichender Lärmschutz nicht erreicht, sind gem. § 41 an dem Verkehrsweg die notwendigen aktiven Schutzmaßnahmen (iwS) zu treffen, es sei denn, sie sind unangemessen *(aktiver Lärmschutz;* näher unten Rn.27–48. Schließlich muss der Staat gem. § 42 die Aufwendungen für passive Schutzmaßnahmen an Einrichtungen der Betroffenen ersetzen *(passiver Lärmschutz;* dazu Rn.1 zu § 42. Die näheren Einzelheiten werden gem. § 43 durch Rechtsverordnungen geregelt. Anhaltspunkte sind zudem den Verkehrslärmschutzrichtlinien 1997 (VkBl 1997, 434; abgedr. Hansmann LR 18) zu entnehmen; sie haben allerdings nicht einmal den Charakter von Verwaltungsvorschriften iSd Art.84 Abs.2 GG.

2. Bedeutung und Abgrenzung des § 41

a) Bedeutung

§ 41 enthält eine (im Vergleich zu §§ 5, 22 sehr begrenzte) **materielle 3 Grundpflicht** für den (Neu-)Bau und die wesentliche Änderung von Straßen und Schienenwegen (OVG RP, UPR 2000, 154; Hansmann LR 5f). Die Vorschrift will nur „jene schädlichen Umwelteinwirkungen durch Verkehrsgeräusche regulieren, welche ihre eigentliche Ursache in

§ 41   Fahrzeuge, Straßen, Schienenwege

einem, auch vermehrten Verkehrsaufkommen haben, das seinerseits durch staatliche eingreifende Maßnahmen ausgelöst oder erhöht wurde" (BVerwGE 97, 367/372 = NVwZ 1995, 907). Betroffen sind also allein staatliche Maßnahmen, die (1) ein (zusätzliches) *Verkehrsaufkommen* erzeugen und (2) als dessen Folge *Verkehrsgeräusche* in einem bestimmten Gebiet *schaffen* oder *erhöhen.* Gleichzustellen dürften staatliche Maßnahmen baulicher Art sein, die in anderer Weise die Verkehrsleistung erhöhen, etwa höhere Geschwindigkeiten ermöglichen. Bei allen anderen Problemen schädlicher Verkehrsgeräusche ist § 41 nicht einsetzbar, auch wenn der Lärmstandard der Vorschrift überschritten wird (vgl. BVerwG, NuR 1994, 391). Immerhin muss bei unbefangenem Lesen des § 41 erstaunen, dass etwa eine Änderung des Straßenbelags, die zu höherem Lärm führt, nicht erfasst wird (vgl. unten Rn.22). Eine generelle Sanierungspflicht sieht § 41 nicht vor, auch wenn die Grenzwerte der 16. BImSchV überschritten werden (vgl. BVerwGE 97, 367/379 = NVwZ 1995, 907; OVG Bremen, NVwZ 2002, 216); anderes gilt für den Neubau und wesentliche Änderungen (unten Rn.27).

3 a Anders als §§ 5, 22 enthält § 41 **keine Dauerverpflichtung,** sondern greift allein im Falle des Baues bzw. der wesentlichen Änderung (Jarass, UPR 2000, 415); vgl. allerdings unten Rn.48. Rechtspolitisch ist das fragwürdig (Schulte, ZUR 2002, 199). Kommt allerdings § 41 zur Anwendung, sind gegen den Standard des § 41 verstoßende Zustände vollständig zu beseitigen; insoweit dient die Vorschrift auch der Lärmsanierung (unten Rn.27). Zum Betrieb und zur Unterhaltung der Straßen und Schienenwege vgl. auch einerseits unten Rn.20 und andererseits unten Rn.47. § 41 zielt allein auf Maßnahmen des **aktiven Lärmschutzes** (unten Rn.43). Die Wertentscheidung des § 41 ist auch im Zivilrecht zu beachten (BGHZ 64, 220 = NJW 1975, 1406; Hansmann LR 8).

4 Der sachliche Gehalt des § 41 ist wegen der Verknüpfung mehrerer unbestimmter Rechtsbegriffe nicht eben präzise (BVerwGE 61, 295/298 = NJW 1981, 2137). Die Vorschrift ist aber gleichwohl **unmittelbar geltendes Recht,** auch ohne die Konkretisierung durch eine Rechtsverordnung nach § 43 (BVerfGE 79, 174/194 = NJW 1989, 1271; BVerwGE 71, 150/154f = NJW 1985, 3034; Hansmann LR 5; a.A. noch BVerwGE 61, 295/298ff = NJW 1981, 2137). Darüber hinaus enthält § 41 Abs.1 eine **zwingende Vorgabe,** keinen bloßen Abwägungsbelang (BVerwGE 108, 248/254f = NVwZ 1999, 1222; VGH BW, VBlBW 1996, 424; NdsOVG, UPR 1993, 193; Schulze-Fielitz, DÖV 2001, 190; Ziekow, BayVBl 2000, 330f; Kühling/Herrmann, Fachplanungsrecht, 2. A. 2000, 250; Hansmann LR 4; tendenziell BVerwGE 110, 370/381f = NVwZ 2001, 71; anders noch BVerwGE 106, 241/251 = NVwZ 1998, 107). Zur (problematischen) Relativierung dieser Aussage im Rahmen des Abs.2 unten Rn.54.

b) Abgrenzung zu anderen Vorschriften

5 **aa)** Die Anforderungen des **§ 50** stehen selbständig neben denen des § 41 (Czajka FE 18). Allgemein zum Verhältnis zu den §§ 42, 43 und zu

Straßen und Schienenwege **§ 41**

§ 50 oben Rn.2. Die **anlagenbezogenen** Vorschriften des BImSchG sind auf öffentliche Verkehrswege nicht anwendbar (Rn.9 zu § 2), wohl aber auf deren Nebenanlagen und Nebeneinrichtungen (unten Rn.12f, 16). Zur Beurteilung des mit Anlagen in Zusammenhang stehenden Verkehrslärms Rn.59 zu § 4 und Rn.18 zu § 48. Zum Verhältnis der Vorgaben des § 41 zur **16. BImSchV** unten Rn.23, 38, 52. Die Vorschrift des § 41 enthält keine abschließende Regelung, weshalb durch Landesrecht strengere Vorgaben festgelegt werden können (BVerwGE 77, 295/300 = NJW 1987, 2884).

bb) Zum Verhältnis zu den **verkehrswegerechtlichen Vorschriften,** 6
sofern ein Verkehrsweg durch Planfeststellung zugelassen wird, unten Rn.56–58. Zum Verhältnis zu den bauplanungsrechtlichen Vorschriften, wenn ein Verkehrsweg durch Bebauungsplan zugelassen wird, unten Rn.59f. Zum Verhältnis zu **§ 74 Abs.2 S.2** VwVfG unten Rn.56f. **§ 75 Abs.2** S.2–4 VwVfG bleibt unberührt, weil § 41 nur vorhersehbare Auswirkungen erfasst (vgl. unten Rn.62f).

cc) Soll der Verkehrslärm an bestehenden Straßen reduziert werden, 7
ohne dass eine wesentliche Änderung erfolgt und damit § 41 anwendbar ist, können im Rahmen des **Straßenverkehrsrechts** gem. § 45 Abs.1 S.2 Nr.3 StVO verkehrslenkende Maßnahmen ergriffen werden; näher dazu Engelhardt/Schlicht 20.

3. Regelungsdefizit bei Luftverunreinigungen

Die Vorschrift des § 41 ist auf die Vermeidung schädlicher Verkehrsge- 8
räusche beschränkt. Keine Vorgaben enthält sie für die durch den Verkehr bedingten Luftverunreinigungen. Andererseits sind die anlagenbezogenen Normen der §§ 4ff, 22ff auf die durch Abgase erzeugten Probleme öffentlicher Verkehrswege nicht anwendbar (Rn.8f zu § 2). Auch sonst enthält das BImSchG dazu kaum Regelungen. Anwendbar sind die Vorschriften zur Planung in § 50 (vgl. Rn.6f zu § 50) und zur Durchsetzung bestimmter Luftqualitäts-Rechtsverordnungen nach § 45 (Rn.7 zu § 45). Auch das Verkehrswegerecht enthält für den Bereich der Luftverunreinigungen keine näheren Regelungen. Zum Einsatz kommt die völlig allgemein gehaltene Vorschrift des § 74 Abs.2 S.2 VwVfG (Czajka FE 20) und das planungsrechtliche Abwägungsgebot.

Die Folge dieses Befundes ist ein **Regelungsdefizit,** das angesichts des 9
hohen Anteils des Verkehrs an den gesamten Luftverunreinigungen problematisch ist (dazu Umweltgutachten 1994, BT-Drs. 12/6995, S.244ff; Schulze-Fielitz, Verw 1993, 517f). Hinzu kommt, dass der Schutz gegenüber Luftverunreinigungen bei Anlagen große Fortschritte gemacht hat, während sich die Situation im Verkehrsbereich relativ verschlechtert hat (Jarass, DVBl 1995, 595); die Fortschritte im anlagenbezogenen Immissionsschutz sind durch die Verkehrsbelästigungen teilweise kompensiert worden. Die vor diesem Hintergrund erwogene analoge Anwendung des § 41 auf Luftverunreinigungen, insbes. aus EG-rechtlichen Gründen

§ 41   Fahrzeuge, Straßen, Schienenwege

(Engler o. Lit. 241; Jarass, BImSchG, 5. Aufl., § 41 Rn.10), dürfte seit dem Erlass der Vorschriften des § 45 nicht mehr erforderlich sein. Davon unberührt bleibt im Rahmen des § 74 Abs.2 S.2 VwVfG die fachplanungsrechtliche Zumutbarkeitsschwelle an der Schwelle der schädlichen Umwelteinwirkungen iSd BImSchG auszurichten.

10 (unbesetzt)

II. Anwendungsbereich und erfasste Geräusche

1. Anwendungsbereich

a) Sachlicher Anwendungsbereich 1: Öffentliche Straßen

11 **aa) Öffentliche Straßen** sind diejenigen Verkehrsflächen, die dem allgemeinen Verkehr, etwa gem. § 2 FStrG, gewidmet sind bzw. gewidmet werden sollen (Czajka FE 27; Rn.78 zu § 3). Die Widmung kann förmlich oder (was selten vorkommt) im Wege der Duldung geschehen (Schulze-Fielitz GK 24). Erfasst werden insb. Bundes-, Landes-, Kreis- und Gemeindestraßen (näher Czajka FE 25), unabhängig davon, ob ein förmliches Verfahren für die Errichtung oder Änderung der Straße erforderlich ist. Erfasst werden auch öffentliche Stichstraßen zu einem Gewerbegebiet (BVerwG, NVwZ 2001, 433). Auf Parkplätze mag die 16. BImSchV nicht anwendbar sein (so BVerwG, NVwZ 2001, 433); für § 41 kann das nicht gelten. **Privatstraßen,** etwa innerhalb eines Betriebsgeländes, Wirtschafts- und Feldwege, kurz Straßen, die nicht dem allgemeinen Verkehr gewidmet sind, werden von § 41 nicht erfasst (Hansmann LR 21; Czajka FE 28). Sie können eine ortsfeste Anlage (§ 3 Abs.5 Nr.1, 3) bzw. Teil einer solchen Anlage sein und unterliegen dann den Bestimmungen des Zweiten Teils des BImSchG (Czajka FE 28; Schulze-Fielitz GK 25).

12 **bb)** Was die **Nebenanlagen** bzw. die **Nebenbetriebe** der öffentlichen Straßen angeht, ist zu beachten, dass § 41 dem Schutz vor Verkehrsgeräuschen dient. Diese Zielrichtung macht bei den Nebenanlagen und Nebeneinrichtungen von Straßen wenig Sinn. Sie zählen daher nicht zu den öffentlichen Straßen iSd § 41, sondern unterfallen als Anlagen den Regelungen des Zweiten Teils (Hansmann LR 20; Czajka FE 33; Schulze-Fielitz GK 29; näher Rn.10f zu § 2). Als Straßen iSv § 41 ist daher nur der *Straßenkörper* anzusehen (Kutscheidt LR 7 zu § 2); dazu rechnen der Straßengrund, der Straßenunterbau, die Straßendecke, die Brücken, Tunnel, Durchlässe, Dämme, Gräben, Entwässerungsanlagen, Böschungen und Stützmauern (Schulze-Fielitz GK 26; ebenso für Schienenwege BVerwG, GewArch 1977, 386f) sowie Lärmschutzeinrichtungen (Hansmann LR 20).

13 Von § 41 nicht erfasst wird zudem das *Zubehör* (Schulze-Fielitz GK 26; Dietlein LR 15 zu § 2), wie die Straßenbeleuchtung (OVG NW, ZMR 1980, 219), es sei denn, es ist von Bedeutung für die Verkehrsgeräusche, wie etwa Ampelanlagen oder Schilder für Geschwindigkeitsbeschränkungen (Rn.80 zu § 3). Nicht zu den Straßen iSd § 41 gehören die *Nebenan-*

Straßen und Schienenwege § 41

lagen, wie Straßenmeistereien, Gerätehöfe, Lager, Lagerplätze oder Entnahmestellen sowie die *Nebenbetriebe,* wie Tankstellen, Werkstätten, Verlade- und Umschlaganlagen sowie Raststätten (Feldhaus FE 31 zu § 4).

b) Sachlicher Anwendungsbereich 2: Schienenwege
 aa) Eisenbahnen, Magnetschwebebahnen und **Straßenbahnen** werden in der Überschrift des § 41 als **Schienenwege** zusammengefasst. § 41 erfasst daher sämtliche Schienenbahnen, auch wenn die verkehrsrechtlichen Begriffe der Eisenbahn, der Magnetschwebebahn und der Straßenbahn nicht alle Schienenbahnen abdecken (Schulze-Fielitz GK 27; Engelhardt/ Schlicht 4). Die Ausklammerung bestimmter Schienenwege im Bereich des Verkehrsrechts ist dort sinnvoll, nicht aber im Immissionsschutzrecht. Erfasst werden insgesamt alle Bahnen, auf denen Schienenfahrzeuge verkehren; zum Begriff des Schienenfahrzeugs Rn.5 zu § 38. Im Einzelnen gehören hierher: Eisenbahnen, Straßenbahnen, auch wenn sie der Güterbeförderung dienen (Schulze-Fielitz GK 29), schienengebundene Bergbahnen, Hoch- und Untergrundbahnen (Amtl. Begr., BT-Drs. 7/179, 4) sowie Schienenschwebebahnen bzw. Magnetschwebebahnen, wie 1994 (Einl.2 Nr.24) klargestellt wurde. Schließlich gehören hierher andere Schienenbahnen besonderer Bauart. Nicht erfasst werden Buslinien (vgl. BVerwG, DVBl 1990, 775).   14

Ob auch **private Schienenwege** erfasst werden (dafür Hansmann LR 22; Schulze-Fielitz GK 27), also Schienenwege, die nicht dem allgemeinen Verkehr gewidmet sind, ist nach dem Wortlaut nicht eindeutig. Wie aber § 3 Abs.5 Nr.3 deutlich macht, sind private Verkehrswege generell (und damit auch private Schienenwege) als Anlagen zu behandeln, fallen nicht unter § 41. Zu beachten bleibt, dass auch Privatpersonen öffentliche Schienenwege unterhalten können. Dementsprechend werden die Schienenwege der Deutschen Bahn AG trotz ihrer privatrechtlichen Organisation erfasst (Hansmann LR 23), da sie dem allgemeinen Verkehr dienen und daher als öffentliche Verkehrswege einzustufen sind.   15

bb) Wie der Überschrift (Schienenwege) entnommen werden kann, werden die **Fahrzeuge** der Schienenbahnen von § 41 nicht erfasst. Sie werden bereits in §§ 38 ff geregelt. Außerdem gehören die **Nebenanlagen** und **Nebenbetriebe,** in denen etwa vor- oder nachgelagerte Arbeiten durchgeführt werden, aus dem gleichen Grunde wie bei öffentlichen Straßen (oben Rn.12 f) nicht zu den Schienenwegen iSd § 41 (BVerwG, DÖV 1978, 50; Schulze-Fielitz GK 29; Czajka FE 33). Dies ist insb. bei den Eisenbahnen von großer Bedeutung, da der Begriff der Eisenbahnanlage sehr weit ist und neben den Schienenwegen iSd § 41 zahlreiche Nebenanlagen und -einrichtungen erfasst, die nicht unter § 41 fallen (vgl. Dietlein LR § 2 Rn.21). Für derartige Anlagen gelten die anlagenbezogenen Vorschriften des Zweiten Teils des BImSchG (vgl. Rn.10 f zu § 2 und Rn.80 zu § 3). Betriebsanlagen der Eisenbahn iSd § 2 Abs.3 AEG umfassen daher Schienenwege iSd § 41 sowie andere, der Vorschrift des § 41 nicht unterfallende Anlagen. Zu den nicht erfassten Nebenanlagen gehör-   16 ten etwa eine Bahnstromoberleitung (HessVGH, CR 1994, 43; BayVGH, NVwZ 1993, 1121; a.A. Kotulla KO § 2 Rn.31), Bahnstromfernleitungen (Dietlein LR § 2 Rn.18) oder Bahnsteige (BVerwG, NVwZ 1999, 67; VGH BW, NVwZ-RR 2000, 421 f; vgl. unten Rn.20). Zu den nicht erfassten Nebenbetrieben rechnen etwa ein Bahnhof (BVerwG, NVwZ-RR 2001, 360 f; vgl. Rn.80 zu § 3) sowie Abstell- oder Instandhaltungsanlagen (VGH BW, NVwZ-RR 2003, 461). Nicht erfasst werden dementsprechend Bahnsteige (BVerwG, NVwZ 1999, 67; VGH BW, NVwZ-RR 2000, 421 f; vgl. unten Rn.20).

c) Adressat

17 § 41 wendet sich als Grundpflicht (oben Rn.3) an denjenigen, der die fragliche Straße bzw. fraglichen Schienenweg baut oder wesentlich ändert, regelmäßig an den Träger des Verkehrswegs bzw. der Baulast (Hansmann LR 7). Dies ist im Bereich der Straßen idR eine staatliche Stelle. Die Behörde, die über die Zulassung von Bau und Änderung entscheidet, etwa die Planfeststellungsbehörde oder der Träger der Bauleitplanung (etwa OVG NW, NVwZ-RR 2002, 832), ist nicht Adressat der Norm (anders Schulze-Fielitz GK 75). Ihr ist aber die Durchführung des § 41 übertragen; sie ist daher ebenfalls an die Vorschrift gebunden. Daneben soll § 4 auch Gemeinden beim Erlass eines angrenzenden Bebauungsplans binden (BayVGH, NVwZ-RR 2003, 176 f).

2. Bau (Neubau)

18 Die Verpflichtung des § 41 setzt zum einen am Bau von Verkehrswegen an. Mit dem „Bau" eines Verkehrswegs ist, im Unterschied zur Änderung, der *Neubau* an einer Stelle gemeint, an der bisher kein Verkehrsweg bestand (Czajka FE 34; Jarass, UPR 1998, 415 f; vgl. BVerwGE 111, 108/111 = NVwZ 2001, 82), als das, was bei Anlagen als Errichtung bezeichnet wird (Schulte, ZUR 2002, 197; zur Errichtung von Anlagen Rn.44 zu § 4). Die Verlegung der Trasse eines Verkehrswegs stellt einen Neubau und keine bloße Änderung dar, soweit dadurch der Einwirkungsbereich mehr als unwesentlich verändert wird (vgl. (1) in Rn.5 zu § 15; Jarass, UPR 1998, 416; Czajka FE 34); das Erfordernis der Schaffung eines Verkehrsaufkommens (oben Rn.3) ist gegeben, weil auf den Einwirkungsbereich der neuen Trasse abzustellen ist (i. E. Czajka FE 35).

3. Wesentliche Änderung

a) Wesentliche Änderung iSd § 41

19 § 41 kommt weiterhin bei wesentlichen Änderungen eines Verkehrswegs zum Tragen. Für deren Bestimmung ist zunächst bedeutsam, dass die Regelung des § 41 von ihrer Funktion her nur für vom Träger des Verkehrswegs veranlasste oder ausgelöste Veränderungen des Verkehrsaufkommens und die damit verbundene Steigerung des Verkehrslärms gilt, nicht für die „schleichende" Steigerung des Verkehrslärms durch die Zu-

Straßen und Schienenwege **§ 41**

nahme des Verkehrs (BVerwGE 97, 367/370 = NVwZ 1995, 907; Jarass, UPR 2000, 416; Czajka FE 39; a.A. Hansmann LR 32; Schulze-Fielitz GK 38; vgl. auch oben Rn.3). Daraus folgt, dass die wesentliche Änderung baulicher Natur sein (näher unten Rn.20f) und zu einer Erhöhung des Verkehrsaufkommens sowie des dadurch erzeugten Lärms führen muss (unten Rn.22):

aa) Änderung iSd § 41 ist, wie bei der Alternative des (Neu)Baues, nur 20 eine **bauliche Änderung** (BayVGH, NVwZ-RR 1997, 160f; Czajka FE 36f; vgl. BVerwGE 111, 108/120 = NVwZ 2001, 82; oben Rn.19). (Bloße) Maßnahmen der **Verkehrsregelung** oder **Verkehrslenkung** werden nicht erfasst, auch wenn sie zu einer Lärmerhöhung führen (Alexander, NVwZ 1991, 319; Hansmann LR 30; offen gelassen BVerwGE 97, 367/ 370 = NVwZ 1995, 907); es fehlt an einer baulichen Maßnahme. Zur davon zu unterscheidenden Frage, ob beim Bau oder der wesentlichen Änderung von Verkehrswegen die Anforderungen auch durch Maßnahmen der Verkehrsregelung erfüllt werden können, unten Rn.47.

bb) Die Änderung muss des Weiteren **wesentlich** sein. Das setzt zu- 21 nächst voraus, dass in die Substanz des Verkehrswegs eingegriffen wird (vgl. BVerwGE 107, 350/354 = NVwZ 1999, 539; 111, 108/120 = NVwZ 2001, 82; BR-Drs. 661/89, S.32f; Engelhardt/Schlicht 7; Schulze-Fielitz GK 41). Bei Schienenwegen besteht die Substanz aus den Gleisanlagen mit Unter- und Überbau, einschl. der Oberleitung (BVerwGE 111, 108/120). Nicht erfasst werden Änderungen an einer Nebeneinrichtung oder einem Nebenbetrieb (VGH BW, NVwZ-RR 2000, 421f); zur Abgrenzung oben Rn.16. Nicht erfasst sind des Weiteren mit (bloßen) Erhaltungs- und **Unterhaltungsmaßnahmen** verbundene bauliche Eingriffe (BVerwGE 107, 350/354), etwa das Auswechseln einzelner Schwellen (BR-Drs. 661/89, S.32; OVG NW, NWVBl 1995, 220). Auch die Nachholung umfangreicher Unterhaltungsmaßnahmen wird nicht erfasst (BVerwGE 111, 108/120 = NVwZ 2001, 82). Ähnlich liegt keine Änderung vor, wenn nur ein planungsrechtlich zulässiger Zustand wiederhergestellt wird (unten Rn.24). Schließlich sind Bagatellen nicht erheblich (Schulze-Fielitz GK § 43 Rn.6), etwas das Anbringen von Bordsteinen oder die Änderung der Fahrleitung, evtl. auch eine Änderung von Signalanlagen.

Weiter muss die Änderung, entsprechend der Funktion des § 41, die 22 „vorausgesetzte oder planerisch gewollte **Leistungsfähigkeit**" des Verkehrswegs **erhöhen** (BVerwGE 97, 367/369f = NVwZ 1995, 907; Schulze-Fielitz DÖV 2001, 187; oben Rn.19; a.A. Hansmann LR 32). Notwendig ist eine *Erhöhung des Verkehrsaufkommens* oder der sonstigen Verkehrsleistung (oben Rn.3). Daher wird die Errichtung einer Lärmschutzwand nicht erfasst, auch wenn sie auf der gegenüberliegenden Seite zu einer Erhöhung des Verkehrslärms führt (BVerwGE 97, 367/372). Gleiches gilt für die Änderung des Straßenbelages, die zu erhöhtem Lärm führt (OVG RP, NJW 2000, 235). Auch die bloße Verfestigung einer

§ 41 Fahrzeuge, Straßen, Schienenwege

Belastungssituation wird nicht erfasst. Das kann etwa bei der Ersetzung eines schienengleichen Übergangs durch eine Überführung bedeutsam werden (BVerwG, NuR 1993, 388). Werden Kreisstraßen ausgebaut, um zeitweilig den Verkehr einer Bundesstraße aufzunehmen, kommt § 41 zum Einsatz (VGH BW, NVwZ-RR 1996, 70). Werden mehrere Änderungsmaßnahmen in einem zeitlichen und inneren Zusammenhang durchgeführt, sind sie als einheitliches Änderungsvorhaben zu betrachten (vgl. BVerwG, NVwZ-RR 1997, 209). Unerheblich ist, ob es zu einer Funktionsänderung des Verkehrswegs kommt (VGH BW, NVwZ 1999, 551).

22 a Für die Abgrenzung der wesentlichen Änderung dürfte schließlich nicht entscheidend sein, ob es zu einer **Erhöhung des Verkehrslärms** kommt (so aber Schink, NVwZ 2003, 1044), wie das evtl. auch § 1 Abs.2 der 16. BImSchV unterstellt. Dies betrifft nicht den Begriff der wesentlichen Änderung, sondern die Anforderungen des § 41 Abs.1 (Hansmann LR 30; vgl. allerdings unten Rn.37). Dementsprechend kommt es für die Abgrenzung der wesentlichen Änderung nicht auf eine Lärmminderung durch geplante Schutzmaßnahmen an; dies ist erst bei den Rechtsfolgen bedeutsam (BVerwGE 115, 237/243f = NVwZ-RR 2002, 178).

b) Einfluss der 16. BImSchV

23 **aa)** Eine Definition der wesentlichen Änderung findet sich in § 1 Abs.2 der 16. BImSchV (zur Verordnung vgl. Rn.6–8 zu § 43). Damit wird jedoch **keine abschließende Regelung** des Begriffs der wesentlichen Änderung getroffen (Hansmann LR 31f; Schulze-Fielitz GK 63 zu § 43; Czajka FE 34, 39; a.A. Alexander, NVwZ 1991, 319). Die Regelung (unten Rn.24–26) bleibt sachlich hinter dem in § 41 enthaltenen Begriff zurück. Dennoch ermächtigt die der Verordnung zugrunde liegende Norm des § 43 Abs.1 nicht zu einer authentischen Interpretation (Czajka FE 34; Hansmann LR 7 zu § 43). Andererseits ergeben sich aus § 1 Abs.2 der 16. BImSchV wichtige Anhaltspunkte für die Bestimmung der wesentlichen Änderung:

24 **bb)** Eine wesentliche Änderung iSd 16. BImSchV ist in folgenden Fällen gegeben: – **(1)** Gem. § 1 Abs.2 S.1 Nr.1 der 16. BImSchV liegt eine wesentliche Änderung vor, wenn eine durchgehende **Fahrbahn** oder ein durchgehendes **Gleis hinzugefügt** wird. Das Anbringen von Abbiegespuren oder von Rangiergleisen (von dieser Alternative) ist keine wesentliche Änderung (Czajka FE 38). Die Wiedererrichtung eines zweiten Gleises wird nicht erfasst, soweit der zugrundeliegende Planungsakt noch fortbesteht (BVerwGE 99, 166/168ff = NVwZ 1996, 394; 107, 350/353 = NVwZ 1999, 539; 110, 81/84 = NVwZ 2000, 567). Dies gilt jedenfalls für eine Wiedererrichtung nach der deutschen Teilung (BVerwGE 110, 81/88 = NVwZ 2000, 567; 111, 108/114 = NVwZ 2001, 82).

25 **(2)** Des Weiteren liegt gem. § 1 Abs.2 S.1 Nr.2 der 16. BImSchV eine wesentliche Änderung vor, wenn die Geräusche **um 3 dB(A) erhöht** werden, was einer Verdoppelung der Fahrzeugmenge entspricht (BVerwG,

NVwZ 1996, 1008). Der gegenwärtige wie der künftige Beurteilungspegel sind gem. § 3 der 16. BImSchV zu *berechnen* (dazu unten Rn.34–37). Die gegenwärtige Verkehrsstärke (Fahrzeugmenge) ist regelmäßig zu erheben. Hinter der 3 dB(A)-Regel steht die Vorstellung, dass eine geringere Erhöhung des Lärms für das menschliche Ohr nicht wahrnehmbar ist. Dies ist jedoch vielfach unzutreffend, etwa wenn die Einwirkungszeit verlängert wird oder wenn die Erhöhung des Geräuschpegels über dem Beurteilungszeitraum ungleichmäßig erfolgt (Czajka FE 37; Kuschnerus o. Lit. 97). Zumindest in solchen Fällen liegt eine wesentliche Änderung auch bei einer geringeren Erhöhung des durchschnittlichen Lärmpegels vor (anders BVerwG, NVwZ-RR 1999, 721 f). Des Weiteren ermöglicht die „Regel" (in mehreren Schritten) eine Erhöhung des Lärms weit über diese Grenze hinaus. Dem muss durch eine Einbeziehung der Lärmerhöhung durch frühere, noch nicht die 3 dB(A)-Grenze erreichende Änderungen Rechnung getragen werden (Jarass, UPR 1998, 417; Schulze-Fielitz, DÖV 2000, 189).

(3) Schließlich liegt gem. § 1 Abs.2 S.2 der 16. BImSchV eine wesentliche Änderung vor, wenn das Lärmniveau bereits vor der Änderung **mindestens 70 dB(A) tags** oder **60 dB(A) nachts** beträgt und eine zusätzliche, auch geringe Erhöhung hinzutrifft. Darüber hinaus liegt gem. § 1 Abs.2 S.1 Nr.2 der 16. BImSchV eine wesentliche Änderung vor, wenn durch die Lärmerhöhung die Grenze von 70 dB(A) tags oder 60 dB(A) nachts erreicht wird. Für die Ermittlung der Verkehrspegel gelten die entsprechenden Ausführungen oben Rn.25 und unten Rn.34–37. **26**

III. Vermeidung schädlicher Geräusche

1. Grundlagen

a) Vermeidungspflicht als Schutz- bzw. Gefahrenabwehrpflicht

Die Reichweite der Pflicht zur Vermeidung schädlicher Umwelteinwirkungen durch Verkehrsgeräusche wird zunächst dadurch geprägt, dass § 41 allein der **Abwehr** schädlicher Umwelteinwirkungen dient, nicht der Vorsorge (Hansmann LR 33; Schulze-Fielitz GK 60; Czajka FE 76; Schulte, ZUR 2002, 199; evtl a. A. BVerwGE 99, 166/168 = NVwZ 1996, 394; NuR 1997, 193; „Lärmvorsorge"). Dies zeigt ein Vergleich mit den Formulierungen in § 5 Abs.1 S.1 Nr.1 und § 5 Abs.1 S.1 Nr.2. Die Beschränkung auf die Abwehr schließt allerdings nicht aus, dass Abs.1 zur vorbeugenden Gefahrenabwehr eingesetzt wird (Hansmann LR 33), wie das auch für § 5 Abs.1 S.1 Nr.1 gilt (Rn.14 zu § 5). Zudem ist eine Generalisierung durch eine Rechtsverordnung möglich. Schließlich verlangt § 41 auch eine *Lärmsanierung,* wenn bereits vor dem Bau oder der Änderung die Vorgaben des § 41 nicht gewahrt wurden; § 41 beschränkt sich nicht auf die Vermeidung zusätzlich entstehenden Lärms (BVerwGE 110, 370/385 = NVwZ 2001, 71; 115, 237/244 = NVwZ 2002, 733; anders noch BVerwGE 101, 1/8 f = NVwZ 1996, 1003). **27**

b) Verursachung von Verkehrsgeräuschen

28 **aa)** Die Verpflichtung des Abs.1 zur Vermeidung schädlicher Umwelteinwirkungen setzt zunächst voraus, dass von einem Verkehrsweg bzw. von den den Verkehrsweg nutzenden Fahrzeugen Verkehrsgeräusche ausgehen. Weiter betrifft § 41 allein die Verkehrsgeräusche, die durch die Nutzung **des Verkehrswegs** entstehen, **der gebaut oder geändert** wird; nicht erfasst werden Geräusche, die in Folge der baulichen Änderungen an anderen Verkehrswegen entstehen (BVerwGE 101, 1/3ff = NVwZ 1996, 1003; BVerwG, NVwZ 1997, 394; Nds OVG, NVwZ 2001, 99f; Czajka FE 59; a.A. mit gewichtiger Begründung Silagi, UPR 1997, 276f). Als geänderter Verkehrsweg gilt dabei der Bereich des Verkehrswegs, in dem ein erheblicher Eingriff durchgeführt wird (BayVGH, NVwZ-RR 1997, 161). Ausnahmsweise ist auf die gesamte Strecke abzustellen, wenn durch ein Gesamtkonzept eine längere Strecke insgesamt geändert oder angepasst werden soll (Jarass, UPR 1998, 417; vgl. BayVGH, a.a.O.; a.A. Nds OVG, NVwZ-RR 2001, 100). Die mittelbare Erhöhung des Verkehrslärms an anderen, insb. benachbarten Strecken, sei es durch eine übergreifende Verkehrsausweitung oder durch eine Verkehrsverlagerung, ist unerheblich (Czajka FE 59; Alexander, NVwZ 1991, 319; a.A. Schulze-Fielitz GK 65 zu § 43; Dürr, VBlBW 1993, 363). Zur Problematik der Beschränkung auf den errichteten oder geänderten Verkehrsweg unten Rn.40. Einbezogen werden sollten jedenfalls alle mit dem Vorhaben unmittelbar zusammenhängenden Abschnitte des Verkehrswegenetzes, deren Funktion durch das Vorhaben verändert wird (Hansmann LR 32b). Andererseits sind auch bei Änderungen die *gesamten* Geräusche des Verkehrswegs zugrundezulegen, nicht etwa nur der durch die Änderung bedingte Anteil (Czajka FE 57; oben Rn.27). Für die rechtswidrige Nutzung des Verkehrswegs gelten die Ausführungen in Rn.26 zu § 22 entsprechend.

28a Nicht erfasst werden Geräusche, die durch die **Baumaßnahmen** verursacht werden (Hansmann LR 22; Schulze-Fielitz GK 30). Insoweit bieten die §§ 22ff eine ausreichende Hilfe, da die benutzten Baugeräte, zumeist auch (trotz der Einschränkung in § 3 Abs.5 Nr.3) die Baustellen, Anlagen sind; näher dazu Rn.11 zu § 22. Zu Geräuschen von Nebeneinrichtungen etc. oben Rn.16, 20.

29 **bb)** Die Geräusche wie deren Wirkungen müssen **mit hinreichender Wahrscheinlichkeit** auftreten. Insoweit gelten die Ausführungen in Rn.39–45 zu § 3. Erfasst werden aber nur Beeinträchtigungen, deren Eintritt sich im Zeitpunkt der Entscheidung prognostisch abschätzen lässt (BVerwG, NuR 2001, 456). Ein Vorbehalt der Nachbesserung für den Fall, dass sich die Prognose der Beeinträchtigungen als unzutreffend erweist (Lärmschutzgarantie), soll nur sehr eingeschränkt möglich sein (BVerwG, NuR 2001, 456).

c) Schädlichkeit der Geräusche

30 **aa)** Weiter müssen die Geräusche schädliche Umwelteinwirkungen sein. Die Legaldefinition dieses Begriffes in § 3 Abs.1 gilt auch hier

Straßen und Schienenwege   **§ 41**

(Czajka FE 40; Hansmann LR 33; Schulze-Fielitz GK 46). Notwendig sind also Geräusche, die eine Gefahr, erhebliche Nachteile oder erhebliche Belästigungen herbeiführen (Rn.24 zu § 3). Mit **Gefahr** ist die hinreichende Wahrscheinlichkeit eines Schadens, d. h. einer erheblichen Beeinträchtigung eines Rechtsguts gemeint (Rn.26 zu § 3). **Belästigungen** und **Nachteile** sind bereits bei Interessenbeeinträchtigungen gegeben (Rn.27 f zu § 3). § 41 ist also nicht auf schwere und unerträgliche Belastungen im Sinne enteignender Wirkungen beschränkt (BVerfGE 79, 174/200 = NJW 1989, 1271). Ob die Gefahr, Nachteile oder Belästigungen zu Lasten der Allgemeinheit oder der Nachbarschaft gehen, ist entsprechend der Definition in § 3 Abs.1 unerheblich (Czajka FE 14; Hansmann LR 33); näher dazu unten Rn.42.

Geschützt wird auch der **Außenbereich**, insb. Terrassen, Grün- und Freiflächen etc. (BVerwGE 71, 150/154 = NJW 1985, 3034; BVerwG, NVwZ 1989, 256) sowie Kleingartenanlagen (BVerwG, NVwZ 1992, 885). Die Schutzbedürftigkeit hängt dabei wesentlich vom regelmäßigen Aufenthaltsort von Personen ab (BVerwG, NVwZ 1989, 256; Hansmann LR 35), weshalb Vorgärten regelmäßig nicht erfasst werden. 30 a

bb) Weiter müssen die negativen Effekte **erheblich** sein, unabhängig davon, ob es um Gefahren, Nachteile oder Belästigungen geht (dazu Rn.46 f zu § 3). Dabei ist dem Immissionsbegriff entsprechend auf die **Gesamtbelastung** am Einwirkungsobjekt abzustellen (str., näher unten Rn.39–41). Gesundheitsschäden sind immer erheblich (dazu Rn.51 zu § 3). Bei sonstigen Schäden sowie bei Nachteilen und Belästigungen kommt es auf Art, Ausmaß und Dauer der Geräusche an (dazu Rn.52–62 zu § 3). Weiter ist auf Durchschnittsbetroffene abzustellen (dazu Rn.53 zu § 3); dabei kann eine Mittel- und Zwischenwertbildung notwendig sein (Rn.59 zu § 3). Darüber hinaus kann die Art des Gebiets relevant werden (Rn.55–57, 59 zu § 3). Im Einzelfall können zudem die Rechtswidrigkeit des Verhaltens des Betroffenen (dazu Rn.60 zu § 3) sowie seine Einwilligung (dazu Rn.61 zu § 3) bedeutsam sein. 31

2. Schädliche Geräusche nach der 16. BImSchV

a) Grenzwertüberschreitung

Wann Verkehrsgeräusche zu schädlichen Umwelteinwirkungen führen, wird durch die 16. BImSchV (dazu Rn.6–8 zu § 43) näher geregelt (zum abschließenden Charakter unten Rn.38–42; zum zeitlichen Anwendungsbereich Rn.8 zu § 43). Dazu wurden in § 2 der 16. BImSchV **Immissionsgrenzwerte** für den Tag (6–22 Uhr) und die Nacht (22–6 Uhr) festgelegt, die der relevante Beurteilungspegel (unten Rn.34–36) nicht überschreiten darf. Die Grenzwerte fallen unterschiedlich aus, je nachdem, welche Schutzkategorien betroffen sind: **(1)** *Krankenhäuser, Schulen, Kurheime* und *Altenheime;* **(2)** *reine und allgemeine Wohngebiete* und *Kleinsiedlungsgebiete;* **(3)** *Kerngebiete, Dorfgebiete* und *Mischgebiete* sowie **(4)** *Gewerbegebiete*. 32

§ 41   Fahrzeuge, Straßen, Schienenwege

33   **Welche** dieser **Kategorien einschlägig** ist, muss nach § 2 Abs.2 S.1 der 16. BImSchV zunächst anhand der Festsetzungen der in der Nachbarschaft des Verkehrswegs geltenden Bebauungspläne bestimmt werden, es sei denn, der Plan ist funktionslos geworden (BVerwG, NVwZ 2004, 341). Für Flächen im Einwirkungsbereich, für die kein Bebauungsplan besteht oder für die ein Bebauungsplan keine Festsetzungen iSd § 2 Abs.1 der 16. BImSchV getroffen hat, kommt es darauf an, welcher der in § 2 Abs.1 der 16. BImSchV genannten Kategorien die Fläche hinsichtlich ihrer tatsächlichen Schutzwürdigkeit am nächsten steht. Dabei kommt es auf die gesamte Umgebung an, „die den bodenrechtlichen Charakter des Grundstücks prägt" (BVerwG, NVwZ 2004, 341); es ist also ähnlich wie bei § 34 Abs.2 BauGB vorzugehen (BVerwG, NuR 1997, 78 f). Im Außenbereich ist allerdings eine Zuordnung zur Kategorie „Reines und allgemeines Wohngebiet und Kleinsiedlungsgebiet" gem. § 2 Abs.2 S.2 der 16. BImSchV auszuklammern, da Wohnen im Außenbereich als weniger schutzwürdig angesehen wird (BVerwG, DVBl 1992, 1103; vgl. auch BVerwGE 91, 92/96 ff = NJW 1993, 342); ein Gebäude im Außenbereich ist daher wie ein Kerngebiet zu behandeln (BVerwG, NuR 1996, 27). Nicht aufgeführte Gebiete sind dem nächst passenden Typ zuzuordnen. So ist ein Kleingartengebiet wie ein Dorfgebiet zu behandeln (BVerwG, DVBl 1992, 1104; BayVGH, NuR 1992, 85), ein Altenpflegeheim wie ein Altenheim (HessVGH, UPR 1992, 117). Künftige Anlagen etc. sind nur zu berücksichtigen, wenn die Planung so weit fortgeschritten ist, dass mit der Verwirklichung sicher gerechnet werden kann (BVerwG, NVwZ 1996, 1009).

b) Berechnung des Beurteilungspegels

34   aa) Der Beurteilungspegel des neuen oder geänderten Verkehrswegs ist gem. § 3 S.1 der 16. BImSchV für Straßen nach Anlage 1 zur 16. BImSchV und für Schienenwege nach Anlage 2 zur 16. BImSchV zu **berechnen.** Auf gemessene Werte kommt es nicht an (BVerwGE 99, 166/172 = NVwZ 1996, 394; NVwZ 1996, 1006; Czajka FE 52). Dies gilt auch dann, wenn der Verkehrsweg bereits errichtet wurde und daher ein Messen der tatsächlichen Belastung möglich wäre (BVerwG, UL-ES § 41–18, 1 f). Der Beurteilungspegel wird bei Straßen jeweils für die eine Fahrbahnhälfte berechnet und anschließend zu einem Gesamtwert zusammengefasst (Anl. 1 Diagr. V). Entsprechend wird bei Schienenwegen der Beurteilungspegel für ein Gleis errechnet; bei mehrgleisigen Schienenwegen werden die Werte dann zu einem Gesamtbeurteilungspegel zusammengefasst (Anl. 2 Diagr. V).

35   bb) **Ausgangspunkt für die Berechnung** ist bei Straßen die durchschnittliche stündliche Zahl der Fahrzeuge; je nach Lkw-Anteil ergibt sich ein bestimmter Mittelungspegel (Anl. 1 Diagr. I). Die Heranziehung von Mittelungs- bzw. Durchschnittspegeln ist mit § 41 vereinbar (BVerwG, NVwZ 1996, 1008; BVerwGE 104, 123/133 f = NVwZ 1998, 513; BVerwG, FE-ES, § 41–22, 16); Gesundheitsgefährdungen lässt § 41 aber

Straßen und Schienenwege **§ 41**

auch bei Spitzenbelastungen wegen des Einflusses der Grundrechte nicht zu (BVerwG, NVwZ 1996, 1008; vgl. BVerwGE 101, 1/9f). Weiter soll zulässig sein, dass als höchste Geschwindigkeit für Pkw 130 km/h und für Lkw 80 km/h zugrunde gelegt werden (BVerwG, NVwZ 2001, 1157). Bei Schienenwegen wird von der mittleren Zugzahl pro Stunde ausgegangen, die orientiert am Anteil der Züge mit Scheibenbremsen zum Mittelungspegel führt (Anl. 2 Diagr. I). Für die *Prognose der Verkehrsmenge* ist auf den endgültigen Ausbau des Verkehrswegs und dessen voraussehbare Auslastung abzustellen (Hansmann LR 33), und zwar für den Zeitraum, für den eine vertretbare Prognose möglich ist. Dies sind etwa 15–20 Jahre (vgl. BVerwG, NVwZ 1996, 1007; NVwZ 1998, 516; Dürr, VBlBW 1993, 363; für 30 Jahre Zeitler, NVwZ 1992, 833). Der mögliche Auslastungsgrad ist grundsätzlich unerheblich; vielmehr kommt es auf die zu erwartende Auslastung an (BVerwG, NVwZ 1996, 1008). Zu den Folgen einer Fehlprognose vgl. auch unten Rn. 62.

Die Mittelungspegel werden dann **durch eine Reihe von Größen** 36 **modifiziert:** Einmal durch den Abstand des Verkehrswegs vom nächstgelegenen Immissionsort nach Anl. 1 Diagr. III und Anl. 2 Diagr. III, weiter durch die Dämpfung in Folge von Höhenunterschieden zwischen Verkehrsweg und Immissionsort nach Anl. 1 Diagr. IV und Anl. 2 Diagr. IV sowie durch topographische Gegebenheiten, bauliche Anlagen (etwa Lärmschutzwände) sowie Reflexionen (OVG Bremen, NVwZ 2002, 217). Die Fußnotenregelungen liefern Regelbeispiele (BVerwG, NVwZ-RR 1999, 568; Vallendar, UPR 2001, 174). Bei *Straßen* spielen zudem eine Rolle: Geschwindigkeitsbegrenzungen nach Anl. 1 Diagr. II, die Straßenoberfläche nach Anl. 1 Tab. B (dazu BVerwG, NVwZ-RR 1999, 568; zum Flüsterasphalt BayVGH, UPR 1998, 240) Steigungen und Gefälle nach Anl. 1 Tab. C und die Nähe von lichtzeichengesteuerten Kreuzungen nach Anl. 1 Tab. D. Bei *Schienenwegen* sind zusätzlich bedeutsam: die Zugart (Anl. 2 Tab. A), Zuglänge und Geschwindigkeiten (Anl. 2 Diagr. II) und die Art des Gleiskörpers (Anl. 2 Tab. C). Hinzu kommt ein Schienenverkehrsbonus von 5 dB(A), außer in den Fällen des § 3 S. 2 der 16. BImSchV; dazu Rn. 5 zu § 43. Schließlich ist ein Gleispflegeabschlag von 2 dB(A) möglich (BVerwGE 110, 370/373 ff; a. A. noch BVerwGE 104, 123/136 ff = NVwZ 1998, 513).

cc) Geräuschvorbelastungen, also die vor Errichtung oder Änderung 37 des Verkehrswegs bereits tatsächlich vorhandenen oder zugelassenen Lärmbelastungen, sind ausweislich der Vorgaben der 16. BImSchV unerheblich (Alexander, NVwZ 1991, 320; Steinberg o. Lit. 257; Schulze-Fielitz o. Lit. 1994, 131); andere Geräuschquellen bleiben generell unberücksichtigt (vgl. oben Rn. 28). In der Sache ist zu beachten, dass § 41 ohnehin nur bei einer Erhöhung des Verkehrsaufkommens zum Tragen kommt (oben Rn. 22). Entsprechende Vorbelastungen führen daher häufig bereits zur Unanwendbarkeit des § 41. Eine zusätzliche Berücksichtigung von Vorbelastungen bei der Anwendung der Vorschrift ist daher nicht angemessen.

3. Ausnahmsweise: Rückgriff auf § 41

38 Der Wortlaut der 16. BImSchV lässt offen, ob die Verordnung die Anforderungen des § 41 **abschließend konkretisiert,** genauer, ob die Verordnung nur Mindestanforderungen oder auch Höchstanforderungen enthält. Da die Verordnung Klarheit in der Frage schaffen sollte, wann eine schädliche Umwelteinwirkung anzunehmen ist, wird man in der Verordnung eine grundsätzlich abschließende Regelung sehen müssen (BVerwG, DVBl 1995, 514f). Doch muss ausnahmsweise wegen des Vorrangs des förmlichen Gesetzes unmittelbar auf § 41 zurückgegriffen werden, weil die Verordnung die Vorgaben dieser Vorschrift nicht vollständig umgesetzt hat (VGH BW, UL § 41–28, S.7f; Schulze-Fielitz GK 59, 81 zu § 43; Jarass, UPR 1998, 417f; Hansmann LR 17, 18a, 38; Engelhardt/Schlicht 11; Engler o. Lit. 237f; Silagi, UPR 1997, 277; Kloepfer § 14 Rn.171; überwiegend a. A. Czajka FE 45f, 49):

a) Fragen der Gesamtbelastung bei der Schädlichkeitsbeurteilung

39 Entsprechend dem Immissionsbegriff des BImSchG ist bei der Beurteilung der Schädlichkeit von Geräuschen auf die **Gesamtbelastung** abzustellen (Rn.19, 49f zu § 3), also nicht nur auf die von dem neuen oder geänderten Verkehrsweg ausgehenden Geräusche (BR-Drs. 661/89 – Beschl. Nr.4; Hansmann NuR 1997, 59; Jarass, UPR 1998, 417f; Schulze-Fielitz, DÖV 2001, 187; drs., ZUR 2002, 194; Silagi, UPR 1997, 277f). Die Belastungswirkung der Verkehrsgeräusche hängt von der Gesamtbelastung ab (Jarass, in: Dolde (Hg.), Umweltrecht im Wandel, 2001, 392f). Demgegenüber soll nach Auffassung des BVerwG die Vorschrift des § 41, anders als andere Vorschriften des BImSchG, allein auf die von dem in Frage stehenden Verkehrsweg ausgehenden Geräusche abstellen (BVerwGE 101, 1/7ff = NVwZ 1996, 1003; Czajka FE 54). Die als Begründung angeführte Entstehungsgeschichte und die Regelung des § 2 Abs.1 Nr.4 liefern jedoch keinen Anhaltspunkt dafür, dass der Begriff der schädlichen Umwelteinwirkung in § 41 Abs.1 von der Legaldefinition des § 3 Abs.1 (so gravierend) abweichen soll. Wenn § 41 Abs.1 an Verkehrsgeräusche anknüpft, dann ist damit nur gemeint, dass die Verkehrsgeräusche des betreffenden Verkehrswegs einen relevanten Beitrag (vgl. dazu Rn.15–17 zu § 5) zur Immissionsbelastung liefern müssen. Es wird der Begriff der schädlichen Umwelteinwirkung des § 3 Abs.1 verwandt (oben Rn.30).

40 Demgegenüber lässt die 16. BImSchV bei der Bewertung der von einem Verkehrsweg ausgehenden Geräusche die von anderen Quellen ausgehenden Geräusche unberücksichtigt (oben Rn.37). Dies führt dazu, dass der von mehreren Verkehrswegen oder von Verkehrs- und sonstigem Lärm Betroffene sehr viel schlechter gestellt ist als ein allein von einem Verkehrsweg Betroffener. Zudem müssen genehmigungsbedürftige Anlagen, die Geräusche erzeugen, neuen oder geänderten Verkehrswegen möglicherweise weichen, da für sie (auch nach Auffassung des BVerwG) die Gesamtbelastung entscheidend ist (BVerwGE 101, 1/8 = NVwZ 1996,

Straßen und Schienenwege § 41

1003). Andererseits werden die Fremdgeräusche auch nicht (als Vorbelastungen) zu Lasten der Betroffenen angerechnet (oben Rn.37), wie das im Rahmen des allgemeinen Immissionsschutzbegriffs angebracht ist (Rn.58 zu § 3). Berücksichtigt man zudem, dass dem Verordnungsgeber ein Konkretisierungsspielraum zusteht (Rn.4 zu § 43), wird man die **16. BImSchV** *im Regelfall* noch als **zulässige Konkretisierung** des § 41 ansehen können.

Diese Grenze wird jedoch überschritten, wenn die Belastung durch die 41 anderen Quellen zu einer ganz erheblichen Erhöhung der Gesamtbelastung führt. Dies gilt insb. dann, wenn die Gesamtbelastung Gesundheitsbeeinträchtigungen oder übermäßige Eigentumsbeeinträchtigungen und damit eine Grundrechtsbeeinträchtigung auszulösen vermag (BVerwGE 101, 1/9f = NVwZ 1996, 1003; BVerwG, NVwZ 2001, 1159; Czajka FE 55); die Grenze wird insoweit ab 70 dB(A) tags und 60 dB(A) nachts gezogen (OVG NW, NVwZ-RR 2003, 636; VGH BW, UL-ES § 25–74, S.9). Um insb. Art.20a GG gerecht zu werden, sind daher **sonstige Quellen** zumindest dann durch einen **angemessenen Zuschlag** zu berücksichtigen, wenn sie zu wesentlichen Veränderungen der Gesamtbelastung führen (Schulze-Fielitz GK 84f zu § 43; Dolde, in: drs. (Hg.), Umweltrecht im Wandel, 2001, 468f). Dies kann etwa bei erheblichem zusätzlichem Fluglärm der Fall sein. Des Weiteren muss man die Errichtung oder Änderung mehrerer Verkehrswege in einem bestimmten Gebiet, jedenfalls wenn sie in einem zeitlichen und funktionalen Zusammenhang stehen, zusammenrechnen (Steinberg o. Lit. 95 ff; vgl. Sparwasser § 10 Rn.344). Schließlich muss die Gesamtbelastung berücksichtigt werden, wenn eine bereits bisher unzumutbare Geräuschbelastung weiter verschlechtert wird (Hansmann LR 34).

b) Belastungen für Allgemeinheit

Von der 16. BImSchV werden entsprechend der begrenzten Ermäch- 42 tigung in § 43 Abs.1 und ausweislich des § 2 Abs.1 der 16. BImSchV nur **Belastungen** für Nachbarn erfasst, nicht **für die Allgemeinheit,** während § 41 auch die Allgemeinheit schützt (oben Rn.30). Die Allgemeinheit ist etwa betroffen, wenn der Lärm die Fußgänger in Einkaufsstraßen oder die Besucher eines Parks oder eines Erholungsgebiets beeinträchtigt. Allerdings dürften die Vorgaben der 16. BImSchV i.E. auch unzulässige Belastungen der Allgemeinheit verhindern, weshalb insoweit ein Rückgriff auf § 41 regelmäßig nicht erforderlich ist. Ausnahmsweise kann aber ein solcher Rückgriff geboten sein, wenn etwa die Erholungsfunktion eines Gebiets infolge des Verkehrslärms erheblich beeinträchtigt wird (Czajka FE 49).

4. Gebotene Maßnahmen, insb. Stand der Technik

a) Aktiver Lärmschutz

Die Einhaltung der Vorgaben des § 41 muss durch Maßnahmen des 43 **aktiven Lärmschutzes** erfolgen (BVerwG, NJW 1995, 7572). Darunter

§ 41 Fahrzeuge, Straßen, Schienenwege

fallen Maßnahmen an der Quelle (Emissionsreduzierung) wie Maßnahmen auf dem Übertragungsweg (BVerwGE 115, 237/244 = NVwZ-RR 2002, 178), wie Schallschutzwände am Verkehrsweg. Nicht gemeint sind *passive Schallschutzmaßnahmen* (dazu Rn.1, 18 zu § 42) an Einrichtungen der Betroffenen (BVerwG, NJW 1995, 2572 ff; Schulze-Fielitz GK 63; Hansmann LR 9), die von § 42 erfasst werden. Das Vermeiden schädlicher Umwelteinwirkungen im BImSchG meint generell das Reduzieren von Emissionen und Immissionen, nicht die Begrenzung der Auswirkungen von Immissionen durch passive Schutzmaßnahmen. Zudem können dem Träger des Verkehrsvorhabens keine Maßnahmen an Einrichtungen der Betroffenen auferlegt werden, da dazu deren Einwilligung notwendig ist. Die Verpflichtung setzt **mit der Inbetriebnahme** des neuen oder geänderten Verkehrswegs ein, nicht etwa zu einem späteren Zeitpunkt (BVerwGE 104, 123/137 = NVwZ 1998, 513).

b) Maßnahmen zur Ausgestaltung des Verkehrswegs

44   Schädliche Umwelteinwirkungen durch Geräusche sind gem. Abs.1 nur zu vermeiden, wenn dies nach dem **„Stand der Technik"** möglich ist. Die wesentliche Bedeutung dieser Einschränkung liegt darin, dass damit von § 41 Abs.1 nur Vorkehrungen zur **Ausgestaltung des Verkehrswegs** erfasst werden (Jarass, UPR 1998, 419; i.E. Schulze-Fielitz GK 6). *Nicht* verlangt wird eine *geringere Dimensionierung* des Verkehrswegs oder gar ein Verzicht auf ihn, da der Stand der Technik auf eine Begrenzung der Emissionen einer Einrichtung bei gleichem Betriebsvolumen abzielt (Rn.104 zu § 3). Darin liegt ein wesentlicher Unterschied zum Anlagenrecht, wo die Grundpflichten auch die Errichtung einer Anlage ausschließen können.

45   Andererseits verlangt der Stand der Technik gem. § 3 Abs.6 den Einsatz **„fortschrittlicher Verfahren, Einrichtungen und Betriebsweisen"**. Der Einsatz der allgemein anerkannten Regeln der Straßenbautechnik, also der Technik, die sich in der Praxis bereits durchgesetzt hat, genügt nicht (Michler o.Lit. 124; Steinberg/Berg/Wickel o.Lit. § 4 Rn.44; Berkemann o.Lit. 79; vgl. Rn.95 zu § 3). Vielmehr müssen neueste Techniken zum Einsatz kommen, selbst wenn sie noch nicht erprobt wurden, sofern ihre praktische Eignung gesichert erscheint (Czajka FE 62; Rn.103 zu § 3). Dem Stand der Technik entsprechen auf jeden Fall Maßnahmen, die bereits in einem anderen Staat zum Einsatz kommen. Angesichts des heutigen Standes der Straßenbautechnik, der etwa eine Tunnelierung einschließt (vgl. VGH BW, VBl BW 1991, 463), lassen sich schädliche Umwelteinwirkungen regelmäßig vermeiden (vgl. Schulze-Fielitz GK 65). Darüber hinaus ist der Stand der Technik **genereller Natur** (Rn.98 zu § 3). Auf die Besonderheiten des konkreten Falles kommt es somit nicht an. Allenfalls kann man verschiedene Typen von Verkehrswegen unterscheiden. Besondere Schwierigkeiten des Einzelfalles sind erst im Rahmen der Verhältnismäßigkeitsprüfung zu berücksichtigen (unten Rn.50 f).

Straßen und Schienenwege § 41

Im Einzelnen kommen in Frage: Maßnahmen am Verkehrsweg selbst, 46
wie eine Änderung des Unterbaus oder die Verwendung eines schalldämmenden Belags, Schallschutzwände (auch nach innen gebogen) und Schallschutzwälle, die Einhausung des Verkehrswegs, die Führung in einem Tunnel oder Trog (Czajka FE 64). Erfasst werden auch kleinere Verschiebungen (Schulze-Fielitz GK 63; restr. Czajka FE 65); eine darüber hinausgehende Trassenverlegung kann durch § 50 geboten sein (oben Rn.2).

c) Maßnahmen der Verkehrsregelung

Erfasst werden insb. auch Maßnahmen der **Verkehrsregelung** und 47
-begrenzung (Klinger, UPR 2003, 345; Meyer o. Lit. 128 f; Michler o. Lit. 119 f; Jarass, UPR 1998, 419; a. A. Schulze-Fielitz GK 64; Hansmann LR 40; relativierend Czajka FE 64), etwa Geschwindigkeitsbeschränkungen, auf die auch die 16. BImSchV abstellt (oben Rn.36). Der Umstand, dass sich der Anwendungsbereich des § 41 auf den „Bau" und nicht auf den Betrieb bezieht, bedeutet nur, dass § 41 keine Dauerpflicht enthält, die auch während des Betriebs eingehalten werden muss (oben Rn.3 a; anders Michler, in: Ziekow Rn.1157). Für die (am Bau anknüpfende) Rechtsfolgenseite besagt das nichts; zumal die Baupflichten ohne Berücksichtigung des Betriebs nicht bestimmt werden können. Zudem sind die Vorgaben des § 41 „*bei* dem Bau oder der wesentlichen Änderung" nicht *durch* Bau- oder Änderungsmaßnahmen zu gewährleisten. Voraussetzung ist allerdings, wie generell, dass die Verkehrsregelung der Funktion des Verkehrswegs (dem heutigen, auch auf den Umweltschutz abstellenden Stand der Verkehrstechnik entsprechend) noch ausreichend gerecht wird. I. Ü. werden Schutzmaßnahmen nach § 74 Abs.2 S.2 VwVfG auch darauf erstreckt (vgl. BVerwGE 69, 256/267, 272 = NVwZ 1984, 718, 272; Kopp/Ramsauer, VwVfG, § 74 Rn.108). Die These, Maßnahmen der Verkehrsregelung könnten wegen der unterschiedlichen Zuständigkeit nicht Gegenstand einer Auflage sein (Czajka FE 22), verkennt, dass die Zulassung sehr wohl von der Bedingung entsprechender Maßnahmen abhängig gemacht werden kann.

d) Unterhaltung

§ 41 verlangt nicht nur die Vornahme der gebotenen Maßnahmen beim 48
Bau bzw. bei der Änderung. Geboten ist auch deren laufende Unterhaltung, damit die lärmschützende Wirkung nicht verkürzt wird (OVG RP, UPR 2000, 155; Czajka FE 67). Zur Durchsetzung dieser Pflicht durch Auflagen unten Rn.58.

5. Einschränkung wegen Unverhältnismäßigkeit

a) Verhältnismäßigkeitsprüfung

Gem. Abs.2 kann von der Einhaltung der Pflichten des Abs.1 aus- 49
nahmsweise abgesehen werden, wenn die Kosten der gebotenen Maßnahmen „außer Verhältnis zu dem angestrebten Schutzzweck" stehen, womit

§ 41

der Grundsatz der Verhältnismäßigkeit zum Tragen kommt (BVerwGE 110, 370/382 = NVwZ 2001, 71). Dies verlangt eine konkrete Gegenüberstellung der einzelnen Belange (BVerwG, NVwZ-RR 2001, 434; OVG NW, NuR 2001, 346); insb. müssten die Kosten speziell für den betroffenen Bereich ermittelt werden (BVerwG, NVwZ 2001, 81). Dabei ist insb. auf die Stromkosten zu achten (BVerwG, NVwZ 2004, 343).

b) Unverhältnismäßigkeit wegen Kosten

50   Die Verhältnismäßigkeitsprüfung des Abs.2 verlangt eine Abwägung, für die es auf der einen Seite auf die Höhe der **Kosten** für die gebotenen Maßnahmen (oben Rn.43–48) des aktiven Schallschutzes ankommt (Michler o. Lit. 125 f; Hansmann LR 44). Dass die Kosten für passive Maßnahmen und die Entschädigung für sonstige Wertverluste niedriger als die Kosten für (aktive) Schutzmaßnahmen liegen, macht die aktiven Schutzmaßnahmen noch nicht unverhältnismäßig (Engelhardt/Schlicht 16); erst bei einem extremen Missverhältnis ist das anders (BVerwG, FE-ES § 41–8, 3 f; vgl. BVerwGE 110, 370/391). Mehrkosten aufgrund der Ausnutzung der vorläufigen Vollstreckbarkeit sind auszuklammern (BVerwG, NVwZ 1997, 275; NVwZ 2001, 81). Eine Eigenbeteiligung ist zu berücksichtigen (vorsichtig BVerwG, NVwZ 2001, 80).

51   Auf der anderen Seite kommt es auf den **angestrebten Schutzzweck** an. Entscheidend ist, in welchem Maße sich schädliche Umwelteinwirkungen vermeiden lassen (BVerwGE 110, 370/390 = NVwZ 2001, 71). Zudem ist zu beachten, dass dem aktiven Lärmschutz der Vorrang vor dem passiven Lärmschutz zukommt (BVerwG, NVwZ 2004, 341; Schulze-Fielitz GK 70; Michler o. Lit. 126; Kuschnerus o. Lit. 101). Auch ist von Bedeutung, dass bei der Festlegung der Grenzwerte der 16. BImSchV wirtschaftliche Überlegungen bereits eine große Rolle gespielt haben (BR-Drs. 661/89, 33 ff, 35; Schulze-Fielitz GK 27 zu § 43). Ist ein Vollschutz unverhältnismäßig, kann ein Teilschutz geboten sein (unten Rn.55).

52   **Im Einzelnen** ist von Gewicht, in welchem Maße die Vorgaben des Abs.1 bzw. der 16. BImSchV überschritten werden. Lässt sich selbst durch passive Schutzmaßnahmen kein Innenraumschutz erzielen, bei dem schädliche Umwelteinwirkungen in den Räumen vermieden werden, sind aktive Schutzmaßnahmen immer verhältnismäßig. Des Weiteren ist die Zahl der Betroffenen bedeutsam (BVerwGE 110, 370/383 = NVwZ 2001, 71; Czajka FE 73; Hansmann LR 43; Schulze-Fielitz GK 73). Bei Hochhäusern darf nicht von vornherein von der Unverhältnismäßigkeit ausgegangen werden (BVerwG, NVwZ 2004, 342). Abs.2 kommt vor allem bei Einzelhäusern und im Außenbereich bei Streusiedlungen in Betracht (BVerwGE 110, 370/382 f). Nachts können Überschreitungen der Grenzwerte eher hingenommen werden als tags, da der Außenbereich nachts nicht genutzt wird (vgl. BVerwGE 110, 370/386; BVerwG, NVwZ 2001, 79). Zu Lasten der Betroffenen kann eine Vorbelastung herangezogen werden (BVerwGE 110, 370/385 = NVwZ 2001, 71; BVerwG, NVwZ

Straßen und Schienenwege   § 41

1998, 519), was aber nicht bedeutet, dass allein ein Lärmzuwachs unzulässig ist (BVerwGE 110, 370/385). Eine aufwendige Erhöhung einer Schallschutzwand kann abgelehnt werden, wenn sich die Lärmbelästigung dadurch nur noch unverhältnismäßig verringern lässt (BVerwG, NVwZ 2001, 81 f).

c) Berücksichtigung weiterer Belange

Umstritten ist, ob über den Wortlaut des § 41 Abs.2 hinaus aus anderen, 53
nicht die Kosten betreffenden Gründen auf aktive Schallschutzmaßnahmen verzichtet werden kann. Dies wird vom 11. bzw. 9. Senat des BVerwG für entsprechend gewichtige „öffentliche Belange" sowie „private Belange negativ betroffener Dritter" bejaht (BVerwGE 104, 123/139 = DVBl 1997, 836; BVerwG, DVBl 2000, 1342 ff; NVwZ 2004, 341 f), während der 4. Senat die Frage ausdrücklich offen lässt (BVerwGE 108, 248/258 = NVwZ 1999, 1222). In der Literatur wird die Frage vielfach verneint (Schulze-Fielitz, DÖV 2001, 190; Rieger, VBlBW 1998, 42 f; Schink, NVwZ 2003, 1046; a.A. Czajka FE 74). Zu Gunsten einer Einbeziehung weiterer Belange kann man anführen, dass es überrascht, wenn aus finanziellen, nicht aber aus gewichtigen Sachgründen auf Schutzmaßnahmen verzichtet werden kann. Allerdings besteht für die Sachgründe die Möglichkeit, durch entsprechende Regelungen für einen Schutz zu sorgen. Vor diesem Hintergrund spricht vieles dafür, dass sonstige öffentliche und private Belange nur im Rahmen der Abwägung berücksichtigt werden können, die Abs.2 verlangt, wenn also geklärt werden muss, ob die Kosten außer Verhältnis zu dem angestrebten Schutzzweck stehen (so möglicherweise BVerwGE 110, 370/384). In diesem Rahmen ist etwa berücksichtigungsfähig, wieweit das Orts- oder Landschaftsbild beeinträchtigt wird (vgl. BVerwG, NVwZ 1998, 519), oder Dritte belastet werden, weil eine Einmündung durch eine Lärmschutzwand abgesperrt wird (vgl. Czajka FE 74) oder Wohngrundstücke verschattet werden (vgl. OVG Hamburg, UPR 1996, 359). Doch gilt das nur dann, soweit im Hinblick auf die Höhe der Kosten eine Verhältnismäßigkeitsprüfung geboten ist.

d) Charakter des Abs.2: einfache oder planerische Abwägung

Die Eigenart der Regelung und ihre Berücksichtigung im Rahmen der 54
Zulassung eines Verkehrsweges ist umstritten: Nach einer Auffassung erfordert Abs.2 eine Abwägung im Rahmen einer **strikten Rechtspflicht**, die von der planerischen Abwägung zu trennen ist (BVerwGE 108, 248/254 ff = NVwZ 1999, 1222; Kühling/Hermann, Fachplanungsrecht, 2.A. 2000, 250, Ziekow, BayVBl 2000, 330 f; Schulze-Fielitz, DÖV 2001, 190; oben Rn.4). Nach der Gegenauffassung ist die Abwägung mit der allgemeinen planerischen Abwägung verbunden, auch wenn insoweit „nicht annähernd diejenige Wahlfreiheit (besteht), die bei einer Auswahl zwischen Varianten sonst für die fachplanerische Abwägung typisch ist" (BVerwGE 110, 370/381 f = NVwZ 2001, 71; noch großzügiger BVerwGE 104, 123/139 = DVBl 1997, 836). Der Streit hat insb. Folgen für den

§ 41 Fahrzeuge, Straßen, Schienenwege

Umfang der gerichtlichen Überprüfung (dazu unten Rn.70). Die zweite Auffassung wird den Vorgaben des § 41 allenfalls gerecht, wenn man sie als Optimierungsgebot mit einem relativen Vorrang einstuft (vgl. VGH BW, VBlBW 1996, 424f); doch stößt diese Figur in jüngerer Zeit zunehmend auf generelle Bedenken (Steinberg/Berg/Wickel o. Lit. § 3 Rn.73 ff; Brohm, Öffentl. BauR, 2.A. 1999, § 13 Rn.8). Daher sprechen die überwiegenden Gesichtspunkte dafür, die Abwägung des Abs.2 als **einfache Abwägung,** wie etwa aus dem Grundrechtsbereich bekannt, von der planerischen Abwägung zu trennen.

e) Folgen der Unverhältnismäßigkeit

55 Sind die Kosten für die notwendigen Schallschutzmaßnahmen unverhältnismäßig, ist zu prüfen, wieweit durch kostengünstigere Maßnahmen das Überschreiten der Grenzen des Abs.1 zumindest reduziert bzw. dem Überschreiten in Teilbereichen abgeholfen werden kann (BVerwG, NVwZ 2004, 342; Schulze-Fielitz GK 74; diff. Czajka FE 69). Im Übrigen besteht nur ein Anspruch auf Ersatz der Kosten für passive Schallschutzmaßnahmen nach § 42 (dazu Rn.8–22 zu § 42), ggf. auch auf sonstige Entschädigung (Rn.5–7 zu § 42). Ein Schutz des Außenbereichs sowie von Wohnraum bei geöffnetem Fenster wird nicht gewährt (BVerwGE 101, 73/86 = NVwZ 1996, 901). Ist erkennbar, dass die Eigentümer von den Möglichkeiten des § 42 keinen ausreichenden Gebrauch machen, kann sich aus §§ 41 f die Notwendigkeit ergeben, bei der Zulassung von Verkehrswegen Maßnahmen des passiven Schallschutzes anzuordnen (BVerwG, NJW 1995, 2572).

IV. Durchsetzung und Rechtsschutz

1. Durchsetzung

a) Zulassung durch Planfeststellung

56 Bedarf die Errichtung oder wesentliche Änderung einer **Planfeststellung,** dann sind die Vorgaben des § 41 Abs.1 und der 16. BImSchV als strikte Vorgaben zu beachten (oben Rn.54). § 74 Abs.2 S.2 wird in materieller Hinsicht durch § 41 verdrängt (BVerwGE 97, 367/370f = NVwZ 1995, 907; OVG RP, UPR 2000, 154; Schulze-Fielitz GK 102; Czajka FE 20; a.A. Hansmann LR 11). § 74 Abs.2 S.2 VwVfG ist allein für Immissionen außerhalb des Anwendungsbereichs des § 41 bedeutsam (BVerwGE 97, 367/371; Czajka FE 20). Dies betrifft Geräusche bei nicht wesentlichen Änderungen (BVerwGE 97, 367/372f = NVwZ 1995, 907), Geräuschbelastungen im Außenbereich (Czajka FE 20) sowie generell Luftverunreinigungen (VGH BW, NVwZ-RR 1996, 560). Ggf. ist § 41 auch bei der Plangenehmigung zu beachten (BVerwGE 115, 237/240 = NVwZ-RR 2002, 178). Werden die Vorgaben des § 41 nicht beachtet, sind Planfeststellung bzw. Plangenehmigung rechtswidrig (Schulze-Fielitz

Straßen und Schienenwege **§ 41**

GK 82; Hansmann LR 49); Gleiches gilt für die Vorgaben der 16. BIm-SchV.

Neben § 41 und der 16. BImSchV sind bei Planfeststellungen im Hinblick auf den Immissionsschutz folgende Vorgaben zu beachten: **57**
– **(1)** Für die Entscheidung über das Ob des Verkehrswegs bzw. dessen Dimensionierung und Trassierung ist die Regelung des § 50 einschlägig, die allerdings nur ein Optimierungsgebot, keine strikten Vorgaben enthält (Rn.19 zu § 50). Eine Bindung an planerische Vorgaben, etwa an eine Linienbestimmung, besteht nur, soweit diese § 50 gerecht werden. – **(2)** Außerhalb des Anwendungsbereichs des § 41 sind die materiellen Vorgaben des § 74 Abs.2 S.2 VwVfG zu beachten (oben Rn.56). Zudem sind, auch unter dem Einfluss des § 45, die Vorgaben der *22. BImSchV* zu beachten, die somit als grundsätzlich zwingende Vorgaben einzustufen sind (Jarass, NVwZ 2003, 263; zum bisherigen Recht BayVGH, NVwZ 1994, 187; Scheuing GK § 48a Rn.66; vgl. Rn.6b zu § 6). Sie nur als Abwägungselemente zu betrachten, widerspricht der Regelung des § 50 S.2, die diese Folge anordnet, solange die Werte nicht überschritten werden (dazu Rn.33 zu § 50); dann kann bei einer Überschreitung nicht das Gleiche gelten. Zudem ergeben sich andernfalls EG-rechtliche Probleme. Andererseits gelten die für die immissionsschutzrechtliche Genehmigung beschriebenen Relativierungen der Bindungen (Rn.6b zu § 6) auch hier. Die Vorgaben der früheren 23. BImSchV waren deutlich zu unterschreiten (BVerwG, NVwZ 2002, 727). – **(3)** Schließlich sind die Grundrechte des Art.2 Abs.2 S.1 GG und des Art.14 GG zu beachten, insb. dann, wenn man in der 16. BImSchV eine vollständig abschließende Regelung sieht, die einen Rückgriff auf § 41 ausschließt (dazu oben Rn.40f). Zudem verbietet Art.3 Abs.1 GG bei der Behandlung verschiedener Betroffener unberechtigte Ungleichbehandlungen (BVerwGE 97, 367/372f = NVwZ 1995, 907; OVG NW, NVwZ-RR 1997, 687). – **(4)** Ggf. sind Ansprüche auf Kostenersatz für passive Schutzmaßnahmen festzusetzen, zumindest dem Grunde nach, und ev. auf sonstige Entschädigung (Rn.23 zu § 42).

Nicht geregelt wird durch § 41 die **Durchführung** und **Durchsetzung;** insoweit kommt das Verkehrswegerecht in vollem Umfang zur Anwendung. Die Lärmschutzanforderungen sind auf der Grundlage des § 74 Abs.2 S.2 (vgl. oben Rn.56) durch Nebenbestimmungen zum Planfeststellungsbeschluss festzulegen (Schulze-Fielitz GK 99; Hausmann LR 46), sofern die Maßnahme nicht schon in den Antragsunterlagen ausreichend bestimmt aufgeführt ist und damit Inhalt des Planfeststellungsbeschlusses wird (Czajka FE 78). Entsprechendes gilt für eine Plangenehmigung. **58**

b) Zulassung durch Bebauungsplan

Erfolgt die Zulassung des Baus oder der wesentlichen Änderung eines Verkehrswegs durch **Bebauungsplan,** dann ist § 41 strikt zu beachten (BVerwG, NJW 1995, 2572). Gleiches gilt für die 16. BImSchV (BVerwG, **59**

§ 41 Fahrzeuge, Straßen, Schienenwege

NVwZ 2001, 433). Im Übrigen gilt das Bauplanungsrecht, insb. §§ 1, 1a BauGB, nicht aber § 74 Abs.2 S.2 VwVfG (BVerwG, NJW 1995, 2572). Die bauplanungsrechtlichen Anforderungen können noch strenger als die der 16. BImSchV sein (BVerwG, NVwZ 2001, 433). Im Plan können gem. § 9 Abs.1 Nr.24 BauGB nur die Flächen für die nach § 41 erforderlichen Maßnahmen vorgesehen werden. Soweit es um passive Schutzmaßnahmen geht, besteht eine solche Verpflichtung nur ausnahmsweise (BVerwG, NJW 1995, 2572; OVG NW, NVwZ-RR 1997, 688f; VGH BW, NVwZ-RR 1997, 194; strenger Schulze-Fielitz GK 82). Zur Anwendung kommen aber § 50 sowie die Grundrechte und EG-Recht (dazu oben Rn.57). Zu beachten ist weiter die 22. BImSchV (vgl. oben Rn.57).

60 Aktive Schallschutzmaßnahmen können aber über ein **ergänzendes Planfeststellungsverfahren** (dazu Rn.24 zu § 42) festgelegt werden. In diesem Rahmen sind auch Regelungen über die Kosten passiver Schallschutzmaßnahmen möglich (vgl. dazu Rn.24 zu § 42). Wird eine Straße **zur Erschließung** allein gem. § 125 Abs.2 BauGB errichtet, kommt § 42 selbständig zur Anwendung (Czajka FE 63).

61 (unbesetzt)

c) Nachträgliche Auflagen

62 Treten nach Unanfechtbarkeit einer **Planfeststellung** *unvorhersehbare Lärmbeeinträchtigungen* auf, so hat die Planfeststellungsbehörde gem. § 75 Abs.2 S.2, 3 VwVfG auf Verlangen eines Betroffenen den Vorhabenträger zur Durchführung nachträglicher Schutzvorkehrungen zu verpflichten (Czajka FE 81; Schulze-Fielitz GK 82). Die Regelung wird nicht verdrängt, weil § 41 nur vorhersehbare Auswirkungen erfasst (Czajka FE 21, 81). Unvorhersehbar sind Lärmbelastungen, „mit denen die Betroffenen … verständigerweise nicht rechnen konnten" (BVerwG, UPR 1997, 462; BVerwGE 80, 7/14f = NVwZ 1989, 253; Busch KN 6.4. 2 zu § 75). Dies wird häufig der Fall sein, wenn die Planfeststellungsbehörde die Belastungen trotz des Einwandes Betroffener im Rahmen der Planfeststellungsentscheidung ausgeschlossen hat (Fickert 541; vgl. Czajka FE 85). Zu Besonderheiten im Bereich von *Plangenehmigungen* Czajka FE 86. Materiell kann man § 41 und die 16. BImSchV zur Orientierung heranziehen (Parzefall, Lit. zu § 42, 174). Wer „sehenden Auges" in einem stark belasteten Gebiet baut, hat keinen Anspruch auf Schutzmaßnahmen (BayVGH, NVwZ 1996, 1125/1128).

63 Bei **Bebauungsplänen** wird man die Regelungen über ein ergänzendes Planfeststellungsverfahren (Rn.24 zu § 42) entsprechend anzuwenden haben (Kuschnerus, in: Koch (Hg.), Schutz vor Lärm, 1990, 102f). Dazu kann auf die Ausführungen oben Rn.60 verwiesen werden.

d) Aufhebung, Ordnungswidrigkeiten, Straftaten

64 Das BImSchG selbst sieht für den Verstoß gegen § 41 und gegen die 16. BImSchV keine Sanktionen vor. Nach allgemeinem Recht ist außer der Einlegung von Rechtsmitteln (unten Rn.65–70) und der nachträgli-

Straßen und Schienenwege **§ 41**

chen Beifügung von Schutzauflagen (oben Rn.62f) eine Rücknahme nach § 48 VwVfG denkbar (Schulze-Fielitz GK 78). Des Weiteren kommt unter bestimmten Voraussetzungen eine Straftat gem. § 325a StGB in Betracht (Text in Rn.5ff zu § 63). Der strafrechtliche Anlagenbegriff erfasst auch Verkehrswege. § 41 ist jedoch für die Strafbarkeit nicht ausreichend bestimmt.

2. Rechtsschutz

a) Vorhabenträger

Der Träger des Vorhabens kann gegen eine ihn belastende Lärmschutz- 65
auflage Rechtsmittel einlegen. Insoweit kann zunächst auf die Ausführungen in Rn.42 zu § 6 verwiesen werden. Allerdings sind Rechtsmittel im Falle eines In-sich-Prozesses unzulässig, was v. a. im Straßenbereich häufig bedeutsam ist (Czajka FE 88).

b) Dritte

aa) Für den Rechtsschutz Dritter gegenüber der Zulassung des Baus 66
und der wesentlichen Änderung von Verkehrswegen ist wichtig, dass § 41 für die Nachbarn **drittschützende Wirkung** hat (BVerwGE 101, 73/84 = NVwZ 1996, 901; NVwZ-RR 1999, 557; Hansmann LR 51; Engelhardt/Schlicht 19; Czajka FE 14, 42, 82; Schulze-Fielitz GK 91). Drittschützende Wirkung besitzt auch die 16. BImSchV (Schulte, ZUR 2002, 199 Fn.55). Die Rechtsgrundlage des § 43 Abs.1 Nr.1 erwähnt ausdrücklich die Nachbarn als geschützte Gruppe. Für die Abgrenzung der Nachbarn gelten die Ausführungen in Rn.33–38 zu § 3. Erfasst werden auch Mieter (BVerwG, NVwZ 1996, 389; BVerwGE 101, 73/84 = NVwZ 1996, 901; Michler o. Lit. 181ff; Rn.35 zu § 3) und sonstige Personen, die sich regelmäßig im Einwirkungsbereich des Verkehrswegs aufhalten (Amtl. Begr., BR-Drs. 661/89, 33ff; Schulze-Fielitz GK 92). § 41 geht damit über den Schutz des Fachplanungsrechts hinaus (vgl. BVerwG, DVBl 1994, 339). Geschützt werden nicht nur Gebäude, sondern zudem die zum Wohnen im Freien geeigneten und bestimmten Flächen, etwa Terrassen und Hausgärten (vgl. BVerwGE 51, 15/33 = NJW 1976, 1760; NVwZ 1989, 256; Hansmann LR 35; Kuschnerus o. Lit. 99f), des Weiteren Kleingärten (BVerwG, UPR 1992, 272).

bb) Wird der Bau oder die wesentliche Änderung durch **Planfeststel-** 67
lung vorgenommen, ist eine *Anfechtung* durch Dritte nur möglich, wenn der Verstoß gegen § 41 derart gewichtig ist, dass dadurch die Ausgewogenheit der Planungsentscheidung in Frage gestellt wird (BVerwGE 84, 31/45 = NJW 1990, 925; BVerwGE 101, 73/85 = NVwZ 1996, 901; BVerwGE 104, 123/129 = NVwZ 1998, 513; Schulze-Fielitz GK 84f) oder aus anderen Gründen ein ausreichender Rechtsschutz durch eine Planergänzung oder ein ergänzendes Verfahren nicht erreicht werden kann (Czajka FE 83). Ob diese Voraussetzung im Einzelfall vorliegt, wird häufig unsicher sein, weshalb Dritte sinnvollerweise mit der Anfechtungsklage hilfs-

weise eine *Verpflichtungsklage* erheben sollten (BVerwGE 56, 110/133 = NJW 1979, 64; Schulze-Fielitz GK 86; Steinberg o. Lit. 85 f zu § 7). Zu weiteren lärmbedingten Rechtsmängeln vgl. oben Rn.57. Wegen der *materiellen Präklusion* (vgl. § 73 Abs.4 S.3 VwVfG) ist eine Klage nur begründet, wenn rechtzeitig Einwendungen erhoben wurden (Czajka FE 84); insoweit gelten die Ausführungen in Rn.92–99a zu § 10 entsprechend. Für **Plangenehmigungen** dürfte weithin das Gleiche gelten (vgl. Czajka FE 86 zu einer wichtigen Einschränkung).

68 Wird der Bau oder die Änderung eines Verkehrswegs durch **Bebauungsplan** zugelassen, dann kann ein Verstoß gegen § 41 durch eine Normenkontrolle nach § 47 VwGO gerügt werden (Hansmann LR 50, Schulze-Fielitz GK 83). Wird ein ergänzendes Planfeststellungsverfahren (dazu oben Rn.60, 63 sowie Rn.24 zu § 42) nicht durchgeführt, dürfte unmittelbar eine Verpflichtungsklage auf Durchführung der notwendigen Schutzmaßnahmen möglich sein.

69 cc) Wird ein Verkehrsweg **ohne Planfeststellung** (oder Plangenehmigung) bzw. ohne Bebauungsplan errichtet oder wesentlich geändert, kann eine allgemeine Leistungsklage auf Vornahme von Schutzmaßnahmen erhoben werden (Alexander, NVwZ 1991, 323; Michler o. Lit. 207; Schulze-Fielitz GK 87). Werden **Schutzmaßnahmen,** die in einem Planfeststellungsbeschluss oder einer Plangenehmigung festgelegt wurden, nicht durchgeführt, kann das gerichtlich erzwungen werden, unabhängig davon, ob die Voraussetzungen des § 41 gegeben sind (Nds OVG, NVwZ 1989, 274).

c) Kontrolldichte

70 Im Bereich des § 41 Abs.1 ist anerkannt, dass es sich um einen strikten Rechtssatz handelt (oben Rn.4), mit der Folge einer vollen gerichtlichen Überprüfung. Anknüpfend an die unterschiedliche Qualifizierung der durch § 41 Abs.2 gebotenen Abwägung (oben Rn.54) ist hingegen umstritten, ob die Vorschrift der zuständigen Behörde einen Abwägungsspielraum einräumt, der gerichtlich nur begrenzt überprüfbar ist (dafür BVerwGE 104, 123/139 = NVwZ 1998, 513; mit Einschränkungen BVerwG, UPR 2004, 276; dagegen BVerwGE 110, 370/383 f = NVwZ 2001, 74 f). Der Wortlaut wie die Bedeutung der Vorschrift (oben Rn.4) sprechen gegen einen Gestaltungs-, Ermessens- oder Beurteilungsspielraum. Die Einhaltung des § 41 ist daher in allen Teilen voll gerichtlich überprüfbar (BVerwGE 108, 248/254 f; Schulze-Fielitz, DÖV 2001, 190; Sparwasser § 10 Rn.288; Brohm, Öffentliches Baurecht, 2. Aufl. 1999, § 13 Rn.10).

§ 42 Entschädigung für Schallschutzmaßnahmen

(1) **Werden im Falle des § 41 die in der Rechtsverordnung nach § 43 Abs.1 Satz 1 Nr.1 festgelegten Immissionsgrenzwerte überschritten,**[10 ff] hat der Eigentümer einer betroffenen baulichen Anlage

gegen den Träger der Baulast einen Anspruch auf angemessene Entschädigung in Geld,[17 ff] es sei denn, dass die Beeinträchtigung wegen der besonderen Benutzung der Anlage zumutbar ist.[16] Dies gilt auch bei baulichen Anlagen, die bei Auslegung der Pläne im Planfeststellungsverfahren oder bei Auslegung des Entwurfs der Bauleitpläne mit ausgewiesener Wegeplanung bauaufsichtlich genehmigt waren.[14]

(2) Die Entschädigung ist zu leisten für Schallschutzmaßnahmen an den baulichen Anlagen in Höhe der erbrachten notwendigen Aufwendungen, soweit sich diese im Rahmen der Rechtsverordnung nach § 43 Abs.1 Satz 1 Nr.3 halten.[17 ff] Vorschriften, die weitergehende Entschädigungen gewähren, bleiben unberührt.[4 ff]

(3) Kommt zwischen dem Träger der Baulast und dem Betroffenen keine Einigung über die Entschädigung zustande, setzt die nach Landesrecht zuständige Behörde auf Antrag eines der Beteiligten die Entschädigung durch schriftlichen Bescheid fest.[25] Im Übrigen gelten für das Verfahren die Enteignungsgesetze der Länder entsprechend.[25 ff]

Übersicht

1. Bedeutung und Abgrenzung zu anderen Vorschriften 1
   a) Bedeutung des Anspruchs 1
   b) Abgrenzung zu anderen Vorschriften 4
2. Anspruchsvoraussetzungen 8
   a) Anwendungsbereich 8
   b) Grenzwertüberschreitung 10
   c) Betroffene Anlagen und Zumutbarkeit 13
3. Inhalt des Anspruchs und Verfahren 17
   a) Gegenstand und Höhe des Anspruchs 17
   b) Berechtigter und Verpflichteter 20
   c) Fälligkeit 22
4. Verfahren und Rechtsschutz 23
   a) Verfahren 23
   b) Rechtsweg 26

Literatur: *Roth,* Zur Bedeutung des bürgerlichen Rechts bei der Abwehr von Störungen durch die Bahn, NVwZ 2001, 34; *Strick,* Lärmschutz an Straßen, 1997; *Parzefall,* Entschädigung der Straßennachbarn bei Eigentumsbeeinträchtigungen durch Verkehrslärm, 995; *F. Hofmann,* Planungs- und entschädigungsrechtliche Fragen des Verkehrslärmschutzes, Diss. 1988; *Boujong,* Entschädigung für Verkehrslärmimmissionen, UPR 1987, 207; *Hartung,* Entschädigung für Straßenverkehrslärmimmissionen in der Rechtsprechung des Bundesgerichtshofs, 1987; *Numberger,* Der Entschädigungsanspruch wegen Lärmimmissionen durch Straßen, BayVBl 1984, 456. Siehe auch die Hinweise zu § 41 und zur 16. BImSchV (Anhang A 16).

1. Bedeutung und Abgrenzung zu anderen Vorschriften

a) Bedeutung des Anspruchs

Trotz der Vorgaben des § 41 und des § 50 für den Bau und die wesentliche Änderung von Straßen und Schienenwegen ist es im Einzelfalle 1

§ 42 Fahrzeuge, Straßen, Schienenwege

möglich, dass die Grenzwerte der 16. BImSchV überschritten werden. In diesem Falle gewährt § 42 einen Anspruch auf **Erstattung der Kosten** für passive Schutzmaßnahmen (dazu unten Rn.18) an den betroffenen Anlagen. Es geht also nicht um eine (echte) Entschädigung für die Beeinträchtigung durch Verkehrsgeräusche (Czajka FE 6). Vielmehr regelt § 42 die Frage, wieweit die Kosten für passive Schutzmaßnahmen zu ersetzen sind; es geht um einen *Aufwendungsersatz* (BGH, NVwZ 2003, 1287; Czajka FE 8), um einen zweckgebundenen Ausgleichsanspruch (Brohm § 32 Rn.5). Zur (sonstigen) Entschädigung unten Rn.5–7. Mit dem Anspruch aus § 42 werden nicht nur die Interessen der Betroffenen berücksichtigt, sondern (im Verbund mit anderen Entschädigungsansprüchen) die Folgekosten des Verkehrs „internalisiert" und damit einem Anliegen des Umweltschutzes Rechnung getragen (BGH, NVwZ 2003, 1287; Schulze-Fielitz GK 9). § 42 regelt den **passiven Lärmschutz,** während der aktive Lärmschutz durch § 41 geregelt wird (Rn.2 zu § 41).

2   Der Anspruch aus § 42 ist eine Ausprägung des das gesamte öffentliche Planungsrecht beherrschenden **Grundsatzes planerischen Nachteilsausgleichs** in öffentlich-rechtlich gestalteten Nachbarschaftsverhältnissen (BVerwGE 79, 254/262f = NJW 1988, 2396; 80, 184/190ff = NJW 1989, 467; Schulze-Fielitz GK 4), wie er auch in § 906 Abs.2 S.2 BGB, in § 74 Abs.2 S.3, § 75 Abs.2 S.4 VwVfG, in § 31 Abs.2 WHG oder in § 32 Abs.2 S.3 KrW-/AbfG (mit gewissen Abweichungen) Ausdruck gefunden hat. Danach hat jeder in seinem nachbarlichen Recht durch die rechtsstaatliche Planung nachteilig Betroffene als Ausgleich für die ihm auferlegte Duldungspflicht einen Anspruch auf einen angemessenen Nachteilsausgleich in Geld.

3   Der Streit, ob § 42 eine enteignungsrechtliche oder eine **einfachgesetzliche Entschädigung** gewährt, ist angesichts der Rspr. des BVerfG zu Art.14 GG verfehlt (vgl. Schulze-Fielitz GK 4 ff). Die Verpflichtung zur Duldung von Verkehrsgeräuschen ist in keinem Falle eine Enteignung iSd Art.14 Abs.3 GG, sondern eine Inhaltsbestimmung iSd Art.14 Abs.1 GG (Schulze-Fielitz GK 7). Im Übrigen deckt § 42 nicht nur Gehalte des Art.14 GG sondern auch des Art.2 Abs.2 S.2 GG und anderer Grundrechte ab. Insgesamt kommt § 42 sowohl unterhalb wie oberhalb schwerer und unerträglicher Beeinträchtigungen zum Tragen, sofern nur die Voraussetzungen der Vorschrift erfüllt sind. Der Anspruch aus § 42 besteht unabhängig von einem enteignungsrechtlichen Entschädigungsanspruch (BVerwGE 80, 184/191f = NJW 1989, 467), schon weil er keine schwere und unerträgliche Betroffenheit des Eigentümers voraussetzt (Schulze-Fielitz GK 5; vgl. demgegenüber unten Rn.7).

b) Abgrenzung zu anderen Vorschriften

4   **aa)** § 42 steht in engem Zusammenhang mit der Regelung des § 41 und anderer Vorschriften des Immissionsschutzrechts; näher Rn.1 f zu § 41. Was das Verhältnis zu Entschädigungsvorschriften in anderen Gesetzen angeht, so bleiben gem. Abs.2 S.2 Vorschriften, die weitergehende

Entschädigung für Schallschutzmaßnahmen § 42

Entschädigungen gewähren, unberührt. Solche Vorschriften sind also neben § 42 anwendbar; der kodifikatorische Anspruch ist insoweit zurückgenommen (BVerwG, NVwZ 2001, 79). Dies gilt für alle Vorschriften, die Ansprüche gewähren, die hinsichtlich der Voraussetzungen oder hinsichtlich der Rechtsfolgen über § 42 hinausgehen. Lediglich Ansprüche, die in jeder Hinsicht nicht weiter als § 42 gehen, werden durch diese Vorschrift verdrängt.

bb) Was das **Verhältnis zu § 74 Abs.2 VwVfG** angeht, gilt Folgendes: Soweit § 74 Abs.2 S.2 VwVfG zu passiven Schutzmaßnahmen verpflichtet, ist die Regelung des § 42 (in deren Anwendungsbereich) im Umkehrschluss zu Abs.2 S.2 vorrangig, da die Ansprüche im praktischen Ergebnis die gleiche Wirkung haben (BVerwGE 97, 367/371f = NVwZ 1995, 907; Czajka FE 50); für aktive Schutzmaßnahmen ergibt sich entsprechendes bereits aus § 41 (Rn.56 zu § 41). § 74 Abs.2 S.3 VwVfG kommt somit nur zum Tragen, soweit es um die Entschädigung außerhalb der Finanzierung von Schutzmaßnahmen geht, etwa hinsichtlich der Beeinträchtigung von Außenbereichen (BVerwGE 108, 248/259 = NVwZ 1999, 1222; BVerwG, DVBl 1998, 331; Czajka FE 51) oder hinsichtlich der Wertminderung von Grundstücken (BVerwGE 104, 123/143 = NVwZ 1998, 513; Czajka FE 51). Wertminderungen, die nicht die Folge von Immissionen, sondern lediglich der Nachbarschaft des Verkehrswegs sind, werden allerdings nicht entschädigt (BVerwG, NJW 1997, 143). Auch kann § 74 Abs.2 S.3 VwVfG zum Tragen kommen, wenn keine wesentliche Änderung iSd § 41 vorliegt (BVerwGE 107, 350, 360 = NVwZ 1999, 1416). Andererseits können sich bei Ansprüchen nach § 74 Abs.2 S.3 VwVfG Vorbelastungen, anders als bei § 42 (unten Rn.12), schutzmindernd auswirken (BVerwGE 77, 285/294f = NJW 1987, 2886).

§ 75 Abs.2 VwVfG wird durch § 42 nicht berührt, weil § 41 und damit auch § 42 nur vorhersehbare Auswirkungen erfasst (Czajka FE 52). Für den Umfang des Anspruchs kann aber § 42 Anhaltspunkte liefern (für volle Anwendung von § 42 Czajka FE 52). Zur Unvorhersehbarkeit von Auswirkungen Rn.62 zu § 41. Entschädigungsansprüche können sich auch aus **§ 906 Abs.2 S.2 BGB** ergeben (BayVGH, NVwZ-RR 1997, 162ff).

cc) Von § 42 nicht verdrängt wird ein Anspruch aus **enteignungsgleichem** bzw. **enteignendem Eingriff**. Der Anspruch kommt andererseits nicht nur beim Bau oder der wesentlichen Änderung von Verkehrswegen zum Tragen, sondern auch bei seit langem bestehenden Verkehrswegen, und unabhängig davon, ob ein Planfeststellungsverfahren stattgefunden hat (BGH, UPR 1988, 143). Voraussetzung für diesen Anspruch ist jedoch, dass das Nachbargrundstück schwer und unerträglich betroffen wird (BGHZ 64, 220/229f = NJW 1975, 1406; 97, 361/362f = NJW 1986, 2421; BGH, UPR 1988, 142f; BayVGH BayVBl 1998, 275). Es muss also die enteignungsrechtliche Zumutbarkeitsschwelle überschritten werden, nicht nur die fachplanerischen Grenzen, wie sie von § 41 Abs.1 bzw. der 16. BImSchV vorgegeben werden (BGHZ 122, 76/79 = NJW 1993,

§ 42 Fahrzeuge, Straßen, Schienenwege

1700). Die Grenze wird im Allgemeinen bei Werten von 70–75 dB(A) tags und 60–65 dB(A) nachts angesetzt (BGH, NJW 1988, 900 ff; BGHZ 122, 76/81 = NJW 1993, 1700). Darüber hinaus sind im Einzelfall weitere Gesichtspunkte zu beachten (BGHZ 122, 76/84 = NJW 1993, 1700).

2. Anspruchsvoraussetzungen

a) Anwendungsbereich

8 Der Anspruch aus § 42 kommt nur „im Falle des § 41" zum Tragen, setzt also zunächst voraus, dass von **öffentlichen Straßen** (dazu Rn.11–13 zu § 41) oder von **öffentlichen Schienenwegen** (dazu Rn.14–16 zu § 41) Verkehrsgeräusche ausgehen, wobei die Geräusche durch den (Neu-)Bau oder die wesentliche Änderung des Verkehrswegs bedingt sind (dazu Rn.18–22a zu § 41). Bei Änderungen, die nicht unter § 41 fallen, kommt § 42 nicht zum Tragen (BVerwGE 97, 367/369 = NVwZ 1995, 907). In welcher Form der (Neu-)Bau oder die wesentliche Änderung zugelassen werden, spielt keine Rolle.

9 Da die 16. BImSchV für den Anspruch aus § 42 konstitutiv ist (unten Rn.10) und ihr keine Rückwirkung zukommt (Rn.7 zu § 43), kommt § 42 nur bei Verkehrswegen zum Tragen, die **seit dem 21. 6. 1990 gebaut** oder wesentlich **geändert** wurden (Rn.7 zu § 43). Für früher gebaute oder wesentlich geänderte Verkehrswege kommen § 74 Abs.2 S.4 VwVfG und § 75 Abs.2 S.4 VwVfG zur Anwendung, sofern sie durch Planfeststellung zugelassen wurden, sofern der Verkehrsweg nicht schon vor dem 7. 7. 1974 (Inkrafttreten des BImSchG) unanfechtbar planfestgestellt wurde (BVerwG, NVwZ 2000, 70f). Im Rahmen dieser Regelungen kann die 16. BImSchV aber Anhaltspunkte liefern (Rn.7 zu § 43). Für durch Bebauungsplan zugelassene Straßen kommt ein vergleichbares allgemeines Institut zur Anwendung (BVerwG, DÖV 1989, 225).

b) Grenzwertüberschreitung

10 Der Verkehrslärm muss, um einen Anspruch nach § 42 auszulösen, die gem. § 43 Abs.1 S.1 Nr.1 festgelegten **Grenzwerte** überschreiten. Mangels näherer Vorgaben setzt die Anwendung des § 42 daher den Erlass einer entsprechenden Rechtsverordnung voraus (BVerwG, DÖV 1989, 225; Hansmann LR 1; offengelassen BVerfGE 79, 174/199 = NJW 1989, 1271; a.A. Ramsauer, NuR 1990, 355f, nicht hingegen eine Verordnung zu den Schutzmaßnahmen (unten Rn.17). Dies ist mit der **Verkehrslärmschutzverordnung,** der 16.BImSchV (dazu Rn.6f zu § 43) geschehen (BVerwGE 104, 123/141 = NVwZ 1998, 513; 108, 248/259 = NVwZ 1999, 1222; BVerwG, NJW 1995, 2573; Czajka FE 15; Schulze-Fielitz GK 14; a.A. Hansmann LR 15 zu § 43; Engelhardt/Schlicht 2; Dürr, UPR 1992, 247). Zur Anwendung anderer Ansprüche für die vor Erlass gebauten und geänderten Verkehrswege oben Rn.9.

11 **Im Einzelnen** löst jede Grenzwertüberschreitung, auch um 1 dB(A) und weniger, einen Anspruch nach § 42 aus (Czajka FE 18). Unerheblich

Entschädigung für Schallschutzmaßnahmen § 42

ist, ob die Grenzwerte der 16. BImSchV zulässigerweise, etwa wegen § 41 Abs.2 (dazu Rn.49–55 zu § 41) überschritten werden oder ob die Überschreitung, etwa wegen Verstoßes gegen § 41, rechtswidrig ist (Hansmann LR 7; Schulze-Fielitz GK 23 f; Czajka FE 13). Unerheblich ist auch, ob die entsprechende Planfeststellung bzw. der entsprechende Bebauungsplan rechtswidrig ist; zum Einfluss der Aussagen einer Planfeststellung unten Rn.23.

Weiter ist die 16. BImSchV auch für die **Berechnung** des Lärms beachtlich (Czajka FE 16); näher dazu Rn.34–36 zu § 41. Relevant sind damit allein die Geräusche des fraglichen Verkehrswegs; bereits vorhandene Lärmbelästigungen bleiben bei der Bestimmung der Schädlichkeit unberücksichtigt (Rn.37 zu § 41). Vorbelastungen wirken sich aber auch nicht anspruchsmindernd aus (Schulze-Fielitz GK 37; Czajka FE 17; a.A. vor Erlass der 16. BImSchV BVerwGE 77, 285/294 = NJW 1987, 2886). Auf tatsächlich gemessene Werte kommt es nicht an (Schulze-Fielitz GK 34; Rn.34 zu § 41). 12

c) Betroffene Anlagen und Zumutbarkeit

aa) Die Immissionen müssen **auf bauliche Anlagen** einwirken. Das sind aus Bauteilen und Baustoffen hergestellte Anlagen, die mit dem Erdboden (sei es auch durch eigene Schwere) verbunden sind und dazu bestimmt sind, überwiegend ortsfest benutzt zu werden (Hansmann LR 10; Schulze-Fielitz GK 26). Erfasst werden neben Wohnhäusern und Bürogebäuden auch Betriebsstätten, selbst Tankstellen, Garagen oder Lagerräume (vgl. allerdings unten Rn.16). Eine Beschränkung auf zum Aufenthalt von Menschen bestimmten Anlagen (so aber Czajka FE 24), widerspricht der üblichen Begriffsbestimmung. Eine andere Frage ist, ob der Anspruch auf Maßnahmen zum Schutz von Aufenthaltsräumen beschränkt wird (dazu unten Rn.18 a). 13

Die Anlagen müssen **zum Zeitpunkt der Auslegung der Pläne** im Planfeststellungsverfahren bzw. der Auslegung des Entwurfs des Bebauungsplans (mit ausgewiesener Wegeplanung) entweder bereits **bestanden** haben, wobei die Anlage (nur) materiell rechtmäßig sein muss (Czajka FE 25; Hansmann LR 11; Schulze-Fielitz GK 26; vgl. auch Rn.60 zu § 3). Darüber hinaus genügt gem. Abs.1 S.2, dass die Anlage bei der Auslegung der Pläne für den Verkehrsweg zumindest bauaufsichtlich **genehmigt** war (Schulze-Fielitz GK 26). Bei einer Plangenehmigung ist gem. § 2 Abs.4 Nr.2 der 24. BImSchV auf die Bekanntgabe der Plangenehmigung abzustellen. Ob die bauaufsichtliche Genehmigung in Form einer Baugenehmigung oder einer anderen Genehmigung erteilt wurde, ist unerheblich (Hansmann LR 11; Schulze-Fielitz GK 27). Auch ein Bauvorbescheid wird erfasst (Hansmann LR 11; Schulze-Fielitz GK 27; diff. Czajka FE 30). Gleichgestellt wird gem. § 2 Abs.4 Nr.2 der 24. BImSchV der Fall, dass mit dem Bauvorhaben ohne Zulassung begonnen werden dürfte; hier kommt es auf die Einreichung der Unterlagen an (vgl. Czajka FE 29). 14

15 Den Eigentümern (lediglich) **baureifer Grundstücke** kommt § 42 also nicht zugute; insoweit kann aber der Anspruch aus enteignendem oder enteignungsgleichem Eingriff zum Tragen kommen (dazu oben Rn.7); andernfalls bestünden gegen die Regelung des Abs.1 S.2 verfassungsrechtliche Bedenken (vgl. Hofmann o. Lit. 228 ff; anders Schulze-Fielitz GK 30). Damit erledigt sich auch die Auffassung, dass § 42 entgegen dem Wortlaut des Abs.1 S.2 auch gilt, wenn lediglich der Bauantrag gestellt wurde (so aber Schulze-Fielitz GK 28; dagegen Hansmann LR 11).

16 **bb)** Weiter darf der Lärm gem. Abs.1 S.1 **nicht** wegen der besonderen Nutzung der Anlage **zumutbar** sein. Die Voraussetzung ist gegeben, wenn der Lärm im Hinblick auf die besonderen Umstände der Anlagennutzung für den Betroffenen keine schädliche Umwelteinwirkung darstellt (zur Übereinstimmung von Zumutbarkeit und Erheblichkeit Rn.46 f zu § 3). Dies kann von Relevanz sein etwa bei Fabriken, Lagerräumen, Kraftwerken, Tankstellen und ähnlichen baulichen Einrichtungen, die ohnehin bereits einer hohen Lärmbelastung ausgesetzt sind oder von Menschen kaum benutzt werden (Czajka FE 22). Die Einwirkung kann ständig oder tags oder nachts zumutbar sein (Amtl. Begr., BR-Drs. 463/96 zu § 2). Zumutbar ist die Hinnahme der Lärmbelästigung gem. § 2 Abs.4 Nr.1 der 24. BImSchV auch dann, wenn die Anlage zum Abbruch bestimmt ist oder diese bauordnungsrechtlich gefordert wird.

3. Inhalt des Anspruchs und Verfahren

a) Gegenstand und Höhe des Anspruchs

17 Der Anspruch muss gem. Abs.1 S.1 *angemessen* sein, was durch Abs.2 S.1 abschließend näher ausgefüllt wird (Engelhardt/Schlicht 6). Die Vorgaben des Abs.2 S.1 werden durch die **24. BImSchV** konkretisiert (Rn.9 zu § 43), wären aber auch ohne die Verordnung anwendbar (BVerwG, DVBl 1995, 1010; BVerwGE 104, 123/141 f = NVwZ 1998, 513; Schulze-Fielitz GK 52; vgl. demgegenüber oben Rn.10).

18 Erfasst werden die Kosten für „Schallschutzmaßnahmen an den baulichen Anlagen" der Betroffenen (**passive Schallschutzmaßnahmen**), die sich im Rahmen der 24. BImSchV halten. Gem. § 2 Abs.1 der 24. BImSchV fallen darunter: – **(1)** Bauliche Maßnahmen zur Verbesserung der Lärmdämmung an Umfassungsbauteilen, insb. Schallschutzfenster und eine Lärmdämmung der Wände, aber auch ein Umbau der Außenwände (Schulze-Fielitz GK 51), nicht dagegen selbständige Lärmschutzwände (Czajka FE 41; wohl a.A. Engelhardt/Schlicht 6). – **(2)** Lüftungseinrichtungen in überwiegend dem Schlafen dienenden Räumen, wie Schlafräume aller Art, aber auch Einraum-Appartments oder Bettenräume in Krankenhäusern etc. (Amtl. Begr., BR-Drs. 463/96 zu § 2).

18 a Andererseits werden die in § 2 Abs.1 der 24. BImSchV genannten Maßnahmen gem. § 2 Abs.1, 2 der 24. BImSchV nur erfasst, wenn es um die Lärmreduzierung bei **schutzbedürftigen Räumen** und damit gem. § 2 Abs.2 der 24. BImSchV iVm Tabelle 1 Sp. 1 der Anlage um Räume

Entschädigung für Schallschutzmaßnahmen § 42

geht, die zum nicht nur vorübergehenden Aufenthalt von Menschen bestimmt sind. Maßnahmen zum Schutz anderer Räume werden nicht erfasst, erst recht nicht Maßnahmen zum Schutz des Außenbereichs.
Der Anspruch deckt alle erforderlichen und tatsächlich entstandenen **19 Aufwendungen für Schallschutzmaßnahmen:** Es muss um eine Maßnahme iSd § 2 der 24. BImSchV gehen (oben Rn.18f), die erforderlich ist, um das nach § 3 der 24. BImSchV erforderliche Schalldämm-Maß zu erreichen. Dieses orientiert sich an der Nutzung und am Innenraumpegel. Die Beschränkung auf tatsächlich gemachte Aufwendungen ist im Hinblick auf Art.14 GG unbedenklich (Schulze-Fielitz GK 45), da der Eigentümer die voraussichtlichen Kosten der Behörde zur Überprüfung vorlegen kann (unten Rn.22). Sind aus technischen Gründen nur Schallschutzmaßnahmen möglich, die zu einer Verbesserung über die vorgegebenen Grenzwerte hinaus führen, sind sie geboten (vgl. BVerwGE 97, 367/375 f = NVwZ 1995, 907).

b) Berechtigter und Verpflichteter

Anspruchsberechtigt sind der Eigentümer der betreffenden Anlage **20** und (entsprechend § 200 Abs.2 BauGB) der Inhaber grundstücksgleicher Rechte (Schulze-Fielitz GK 40). Nicht berechtigt sind Nießbraucher, Mieter oder Pächter (Schulze-Fielitz GK 41; Hansmann LR 16). Solche Personen können den Eigentümer allerdings über ihre Sonderbeziehung zu Schutzmaßnahmen zwingen, jedenfalls dann, wenn der Eigentümer Ersatz für seine Aufwendungen gem. § 42 verlangen kann (Schulze-Fielitz GK 41). Formularmäßige Mietverträge, die dieses Recht ausschließen, dürften gegen das AGB-Gesetz verstoßen. Kommt es zu Veränderungen der Eigentümerposition, ist allein der jeweilige Eigentümer Anspruchsinhaber (BGH, NVwZ 2003, 1287).

Anspruchsverpflichtet ist gem. Abs.1 S.1 der „Träger der Baulast". **21** Dies ist untechnisch gemeint, wenn Träger des Verkehrswegs eine privatrechtliche Person ist. Bei Straßen können dies der Bund, die Länder oder die Gemeinden sein (vgl. § 5 FStrG und die Landesstraßengesetze); außerdem ist an die Möglichkeit der Übertragung der Baulast auf Dritte zu denken. Im Bereich der Eisenbahnen ist das Eisenbahninfrastrukturunternehmen iSd § 2 Abs.1, 3 AEG der Adressat, bei Straßenbahnen meist das betreffende Nahverkehrsunternehmen (vgl. § 3 PBefG). Wird der Lärm durch mehrere, in zeitlichem Zusammenhang errichtete Verkehrswege verursacht, haften verschiedene Träger gesamtschuldnerisch; intern sind sie nach Verursachungsanteil zum Ausgleich verpflichtet (Czajka FE 37; Westermann, FS Ernst, 507 f).

c) Fälligkeit

Der Anspruch aus § 42 wird gem. Abs.2 S.1 erst fällig, wenn die Auf- **22** wendungen für die Schutzmaßnahmen „erbracht" worden sind. Um kein Risiko hinsichtlich der Erforderlichkeit der Maßnahmen einzugehen, empfiehlt sich für den Betroffenen, die zuständige Behörde von der geplanten Maßnahme zu unterrichten und ihre Zusage einzuholen. Ob der Verkehrsweg bereits fertiggestellt wurde, spielt keine Rolle (Czajka FE 69). Zur gerichtlichen Klärung unten Rn.27.

4. Verfahren und Rechtsschutz

a) Verfahren

23 **aa)** Erfolgt die Zulassung des (Neu-)Baus bzw. der wesentlichen Änderung durch **Planfeststellung** bzw. Plangenehmigung, ist der Anspruch nach § 42 zumindest dem Grunde nach (vgl. § 74 Abs.3 VwVfG) in dieser Zulassungsentscheidung zu regeln (Schulze-Fielitz GK 63). Geschieht das nicht, ist der Anspruch nach h. A. mit der Unanfechtbarkeit der Zulassung präkludiert (BVerwGE 80, 184/192 = NJW 1998, 467; Czajka FE 57; anders Ohms Rn.373). Voraussetzung dürfte eine Zulassung in einem förmlichen Verfahren, also mit Öffentlichkeitsbeteiligung, sein. Solange die Zulassungsentscheidung anfechtbar ist, kann Klage auf Ergänzung des Zulassungsbeschlusses erhoben werden (vgl. BVerwGE 77, 295/296f = NJW 1987, 2884). Von der Präklusion erfasst werden nicht vorhersehbare Auswirkungen (oben Rn.6); zur Abgrenzung Rn.62 zu § 41.

24 Wird der Verkehrsweg durch **Bebauungsplan** zugelassen, kann dort die Entschädigung nicht geregelt werden (BVerwGE 80, 184/186 = NJW 1989, 467). Insoweit ist der Anspruch auf § 42 selbst geltend zu machen, sofern nicht in einem *ergänzenden Planfeststellungsverfahren,* etwa gem. § 17 Abs.3 S.2 FStrG, Regelungen getroffen werden (OVG NW, NVwZ-RR 1990, 235; Schulze-Fielitz GK 79 zu § 41; anders Silagi, UPR 1997, 276). Wird ein solches Planfeststellungsverfahren durchgeführt, soll eine Präklusion des Anspruchs bei fehlender Festschreibung von Ersatzansprüchen nicht erfolgen (Czajka FE 62).

25 **bb)** Wird ein Verkehrsweg durch Planfeststellung zugelassen und bleibt die Höhe der Entschädigung offen oder wird ein Verkehrsweg durch Bebauungsplan zugelassen, dann wendet sich der Anspruchsberechtigte (oben Rn.20) an den Verpflichteten (oben Rn.21). Ein **Vertrag** über die Einigung ist als öffentlich-rechtlicher Vertrag einzustufen (Czajka FE 65; Hansmann LR 23; Schulze-Fielitz GK 58, 65). Können sie sich über die Höhe der Entschädigung (im Wege einer vertraglichen Vereinbarung) **nicht einigen,** entscheidet gem. Abs.3 S.1 die nach Landesrecht zuständige Behörde, im Zweifel die Enteignungsbehörde, und zwar durch Verwaltungsakt (Schulze-Fielitz GK 60). Für das Verfahren vor dieser Behörde gelten nach Abs.3 S.2 die Landesenteignungsgesetze. Dies gilt auch bei Verkehrswegen des Bundes.

b) Rechtsweg

26 Klagen aus einer vertraglichen Einigung (oben Rn.25) gehen zu den **Verwaltungsgerichten** (Czajka FE 76; Schulze-Fielitz GK 69). Soweit der Anspruch aus § 42 im Rahmen eines Planfeststellungsverfahrens gel-

tend gemacht oder geregelt wird (oben Rn.23), bleibt es bei der Zuständigkeit der Verwaltungsgerichte für Klagen gegen die Planfeststellung.
In allen anderen Fällen einer Klage auf Kostenersatz nach § 42 und für die Höhe des Anspruchs kommt der Verweis des Abs.3 S.2, der auch den Rechtsweg erfasst, zum Tragen, mit der Folge, dass regelmäßig die **Zivilgerichte** zuständig sind (BGH, NJW 1995, 2745 ff; Hansmann LR 24; Czajka FE 77; Engelhardt/Schlicht 10; Alexander, NVwZ 1991, 324; BuschKN § 75 Anm.6.3.4; a.A. HessVGH, UL-ES § 42–10, 6; Schulze-Fielitz GK 69). Dem entspricht auch die Zuweisung an die Zivilgerichte in § 19a FStrG. Unabhängig davon sind die Zivilgerichte gem. § 17 Abs.2 GVG jedenfalls dann zuständig, wenn ein Parallelanspruch geltend gemacht wird, für den die Zuständigkeit der Zivilgerichte von vornherein besteht. Dies gilt etwa für einen Anspruch aus enteignendem oder enteignungsgleichem Eingriff (dazu oben Rn.7). Die Höhe des Anspruchs kann auch vor Durchführung der Schutzmaßnahmen durch Feststellungsklage geklärt werden.

27

§ 43 Rechtsverordnung der Bundesregierung

(1) **Die Bundesregierung wird ermächtigt, nach Anhörung der beteiligten Kreise (§ 51) durch Rechtsverordnung mit Zustimmung des Bundesrates die zur Durchführung des § 41 und des § 42 Abs.1 und 2 erforderlichen Vorschriften zu erlassen, insbesondere über**
1. **bestimmte Grenzwerte, die zum Schutz der Nachbarschaft vor schädlichen Umwelteinwirkungen durch Geräusche nicht überschritten werden dürfen, sowie über das Verfahren zur Ermittlung der Emissionen oder Immissionen,**
2. **bestimmte technische Anforderungen an den Bau von Straßen, Eisenbahnen, Magnetschwebebahnen und Straßenbahnen zur Vermeidung von schädlichen Umwelteinwirkungen durch Geräusche und**
3. **Art und Umfang der zum Schutz vor schädlichen Umwelteinwirkungen durch Geräusche notwendigen Schallschutzmaßnahmen an baulichen Anlagen.**[3 ff]
In den Rechtsverordnungen nach Satz 1 ist den Besonderheiten des Schienenverkehrs Rechnung zu tragen.[5]

(2) **Wegen der Anforderungen nach Absatz 1 gilt § 7 Abs.5 entsprechend.**[2]

Übersicht

1. Bedeutung	1
2. Rechtmäßigkeit der Rechtsverordnung	2
a) Formelle Voraussetzungen	2
b) Mögliche Festlegungen	3
3. Auf § 43 gestützte Rechtsverordnungen	6
a) Verkehrslärmschutzverordnung (16. BImSchV)	6

§ 43 Fahrzeuge, Straßen, Schienenwege

    b) Magnetschwebebahn-Lärmschutzverordnung
       (24. BImSchV) 9
    c) Verkehrswege-Schallschutzmaßnahmenverordnung
       (24. BImSchV) 10
  4. Durchsetzung, Sanktionen, Rechtsschutz 12

Literatur: Siehe Literatur zu § 41 sowie zur 16. BImSchV.

1. Bedeutung

1   § 43 ermächtigt die Bundesregierung, Rechtsverordnungen zur Durchführung von § 41 und von § 42 Abs.1, 2 zu erlassen. § 41 wird durch solche Rechtsverordnungen präzisiert, § 42 dagegen erst wirksam (näher Rn.10 zu § 42). § 43 enthält nicht nur ein Recht, sondern auch einen Auftrag zum Erlass einer Rechtsverordnung (BVerfGE 79, 174/193f = NJW 1989, 1271). Die im Hinblick auf Art.80 Abs.1 S.2 GG geäußerten Bedenken gegen die unzureichende Bestimmtheit des § 43 (etwa Nedden, DVBl 1977, 267f) sind unbegründet (BVerfGE 79, 174/195 = NJW 1989, 1271; Czajka FE 9; Schulze-Fielitz GK 30).

2. Rechtmäßigkeit der Rechtsverordnung

a) Formelle Voraussetzungen

2   Zu den formellen Anforderungen gelten die Ausführungen in Rn.24 zu § 7. Zur Anhörung der beteiligten Kreise Rn.1ff zu § 51. Gemäß § 48b ist in den Fällen des § 43 Abs.1 S.1 Nr.1 die Zustimmung des Bundestags notwendig (näher Rn.1ff zu § 48b). Die Anforderungen müssen nicht in der Rechtsverordnung aufgeführt werden; sie kann gem. Abs.2 insoweit auf Bekanntmachungen sachverständiger Stellen verweisen (dazu Rn.25 zu § 7).

b) Mögliche Festlegungen

3   Inhaltlich kann die Rechtsverordnung die §§ 41, 42 Abs.2 in jeder Hinsicht konkretisieren. Über die Anforderungen der §§ 41, 42 hinausgehen kann sie nicht (BVerfGE 79, 174/193f = NJW 1989, 1271). Andererseits darf nicht eine Regelung getroffen werden, die zur Folge hätte, dass Immissionen „jenseits der Schädlichkeitsschwelle" hinzunehmen wären (BVerwG, NuR 1997, 78). Insb. kann der Verordnungsgeber Geräuschimmissions- und -emissionswerte zum Schutz der Nachbarschaft (vgl. dazu Rn.33–38 zu § 3) sowie das Verfahren zur Ermittlung von Immissionen und Emissionen festlegen (Nr.1), weiter die technischen Anforderungen zur Vermeidung von Geräuschen regeln (Nr.2) und Art und Umfang von Schallschutzmaßnahmen durch die Gebäudeeigentümer im Hinblick auf § 42 Abs.2 näher festlegen. Die Ermächtigung ist nicht auf die in Nr.1–3 aufgeführten Fälle beschränkt („insbesondere"; Czajka FE 36; Hansmann LR7).

4   **Leitzweck** muss der Schutz vor schädlichen Umwelteinwirkungen sein; abweichend vom üblichen Sprachgebrauch des BImSchG (näher Rn.15 zu

Rechtsverordnung der Bundesregierung § 43

§ 1) dürfte damit nur die Abwehr schädlicher Umwelteinwirkungen, nicht die Vorsorge gemeint sein (vgl. Rn.27 zu § 41; a.A. Hofmann Lit. zu § 41, 142f). Der Verordnungsgeber ist an die Vorgaben des BImSchG, etwa bei der Festlegung von Grenzwerten, gebunden (a.A. wohl Czajka FE 26). Andererseits kann eine Rechtsverordnung generalisieren und typisieren (Schulze-Fielitz GK 35), weshalb eine abstrakte Gefahr für die Festsetzungen genügt (vgl. Rn.23 zu § 3). Die Rechtsverordnung kann folglich im Einzelfall auch Anforderungen stellen, wenn keine konkrete Gefährdung vorliegt. Des Weiteren hat der Verordnungsgeber einen **Spielraum** (vgl. Schulze-Fielitz GK 33), insb. bei der Konkretisierung des Standes der Technik (vgl. Rn.97 zu § 3) und der Verhältnismäßigkeit des § 41 Abs.2.

Regelungen zum Schienenverkehr haben gem. Abs.1 S.2 dessen besonderen Schwierigkeiten beim Lärmschutz sowie seine besondere gesamtgesellschaftliche Bedeutung (dazu BVerfGE 40, 196/218ff = NJW 1976, 179) zu beachten (dazu Hess VGH, NVwZ 1986, 670). Damit soll den Besonderheiten des Schienenverkehrs Rechnung getragen werden (BVerwGE 106, 241/246f = NVwZ 1998, 1071) und gestattet einen **Schienenverkehrsbonus** (Czajka FE 40). Der in der 16. BImSchV vorgesehene Bonus (dazu Rn.36 zu § 41) ist zulässig (Schulze-Fielitz GK 93), auch verfassungsrechtlich (BVerwGE 104, 123/131 = NVwZ 1998, 513; 106, 241/246f = NVwZ 1998, 1071). Dies gilt auch außerhalb des Anwendungsbereichs der 16. BImSchV (BVerwG, NuR 1994, 391). Gesundheitsschäden dürfen aber nicht verursacht werden (Czajka FE 41). 5

3. Auf § 43 gestützte Rechtsverordnungen

a) Verkehrslärmschutzverordnung (16. BImSchV)

Auf die Ermächtigung des § 43 Abs.1 S.1 Nr.1 stützt sich die „**Verkehrslärmschutzverordnung**" (16. BImSchV); abgedr. mit Literaturnachweisen in Anhang A16. Die Verordnung erging am 12. 6. 1990 (BGBl I 1036). Zur Auslegung der Verordnung vgl. die Amtl. Begründung der Bundesregierung und die Stellungnahme des Bundesrats (BR-Drs. 661/89). 6

Inhaltlich dient die Verordnung der Durchführung der §§ 41, 42 (Amtl. Begr., BR-Drs. 661/89). Sie legt Immissionsgrenzwerte für bestimmte Anlagen bzw. Gebiete fest (Rn.32f zu § 41) sowie ein Verfahren zur Berechnung des relevanten Lärm-Beurteilungspegels (Rn.34–37 zu § 41). Die Verordnung konkretisiert die Anforderungen des § 41 Abs.1 (BVerwGE 101, 1/2 = NVwZ 1996, 1003); von ihren Vorgaben kann somit aufgrund von § 41 Abs.2 abgewichen werden (BVerwGE 104, 123/137 = NVwZ 1998, 513; 110, 370/382; Czajka FE 15 zu § 42), trotz des Wortlauts des § 2 Abs.1 der 16. BImSchV (vgl. auch BR-Drs. 661/89, S.35) und des Umstands, dass bei Erlass der Verordnung ökonomische Überlegungen eine wichtige Rolle gespielt haben (Rn.51 zu § 41). Ein Rückgriff in Sonderfällen auf § 41 wird durch die 16. BImSchV nicht aus- 7

§ 43   Fahrzeuge, Straßen, Schienenwege

geschlossen (str.; näher Rn.38–41 zu § 41). Die festgelegten Grenzwerte wie der fehlende Schutz des Außenbereichs sind mit Art.2 Abs.2 S.1 GG vereinbar (BVerwGE 104, 123/130 = NVwZ 1998, 519). Daneben wird in der Verordnung der Begriff der wesentlichen Änderung konkretisiert (Rn.24–26 zu § 41); in Sonderfällen ist auch insoweit auf § 41 zurückzugreifen (Rn.23 zu § 41). Zudem ist die 16. BImSchV für § 42 bedeutsam (Rn.10 zu § 42). Dagegen ist die Verordnung im Rahmen von § 74 Abs.2 S.2 VwVfG nicht einsetzbar (BVerwGE 97, 367/373 = NVwZ 1995, 907). Im Bereich des § 45 Abs.1 S.2 Nr.3 StVO ist sie zur Orientierung verwendbar (OVG NW, ZUR 2003, 369; BayVGH, BayVBl 2003, 81).

8   Was den **zeitlichen Anwendungsbereich** der 16. BImSchV angeht, so wird man differenzieren müssen: Soweit die Verordnung bei der Anwendung des § 41 zum Einsatz kommt, dürfte sie auch für Verkehrswege gelten, die vor dem Erlass der 16. BImSchV, aber nach Erlass des BImSchG zugelassen wurde, da die Verordnung insoweit nur konkretisierende Wirkung hat (BVerwG, NVwZ 2000, 566; a.A. HessVGH, UPR 1992, 116; Schulze-Fielitz GK 97). Soweit hingegen die 16. BImSchV im Rahmen des § 42 zum Tragen kommt, dürfte dies erst ab dem Inkrafttreten der 16. BImSchV möglich sein, da § 42 ausdrücklich auf die Verordnung verweist (BGHZ 140, 285/295 = NJW 1999, 1247; Schulze-Fielitz GK 55; für den 1. 4. 1974 hingegen OLG Braunschweig, NVwZ 1997, 415; Hansmann LR 9). Insoweit kommt es darauf an, ob der Verkehrsweg vor dem 21.6.1990 zugelassen wurde. In diesem Falle bleibt es beim bisherigen Recht. Wird allerdings die Zulassungsentscheidung aufgehoben oder eine Schutzergänzung beantragt, kommt es auf den Zeitpunkt der neuen Verwaltungsentscheidung an (näher Schulze-Fielitz GK 98 ff).

b) Magnetschwebebahn-Lärmschutzverordnung

9   Auf die Ermächtigung (allein) des § 43 Abs.1 S.1 Nr.1 stützt sich die **„Magnetschwebebahn-Lärmschutzverordnung"**. Sie ist am 23. 9. 1997 ergangen (BGBl I 2338). Zur Auslegung vgl. die Amtl. Begründung der Bundesregierung und die Stellungnahme des Bundesrats (BR-Drs. 382/97). **Inhaltlich** entspricht die Verordnung, unter Berücksichtigung der Besonderheiten von Magnetschwebebahnen, der Verkehrslärmschutzverordnung (BR-Drs. 382/97, S.47). Daher kann auf die diesbezüglichen Ausführungen (oben Rn.6–8) verwiesen werden.

c) Verkehrswege-Schallschutzmaßnahmenverordnung 24. BImSchV)

10   Auf die Ermächtigung (allein) des § 43 Abs.1 S.1 Nr.3 stützt sich die **„Verkehrswege-Schallschutzmaßnahmenverordnung"** (24. BImSchV); abgedr. mit Literaturhinweisen in Anhang A 24. Die Erstfassung erging am 4. 2. 1997 (BGBl I 172; ber. 1253). Geändert wurde die Verordnung durch VO vom 23. 9. 1997 (BGBl I 2329). Zur Auslegung der Verordnung vgl. die Amtl. Begründung der Bundesregierung und die Stellungnahme des Bundesrats (BR-Drs. 463/93).

Inhaltlich steht die Verordnung in engem Zusammenhang mit der 11
Verkehrslärmschutzverordnung (dazu oben Rn.6–8) und legt den Umfang
der notwendigen passiven Schallschutzmaßnahmen für schutzbedürftige
Räume in baulichen Anlagen fest und konkretisiert damit die Höhe der
Entschädigung nach § 42; vgl. dazu Rn.17–19 zu § 42). Die Verordnung
ist nicht zwingende Voraussetzung des Anspruchs aus § 42 (Rn.17 zu
§ 42).

4. Durchsetzung, Sanktionen, Rechtsschutz

Für die *Durchsetzung* der Anforderungen der 16. BImSchV und der 12
24. BImSchV enthält das BImSchG keine Instrumente. Die Durchsetzung
erfolgt daher durch die Kontrollen und Maßnahmen, die im Recht für die
Planung und den Bau von Straßen und Schienenwegen vorgesehen sind
(dazu Rn.56–63 zu § 41 sowie Rn.23–25 zu § 42). Die Nichtbeachtung
der 16. und 24. BImSchV stellt keine Ordnungswidrigkeit nach dem
BImSchG dar. Je nachdem, ob die Zulassung des Verkehrswegs durch
Planfeststellung, durch Bebauungsplan oder anders geschieht, variiert der
Rechtsschutz. Zudem ergeben sich Unterschiede, je nachdem, ob es um
aktive Schutzmaßnahmen geht (dazu Rn.65–70 zu § 41) oder um passive
Schutzmaßnahmen (dazu Rn.26f zu § 42).

Fünfter Teil. Überwachung und Verbesserung der Luftqualität, Luftreinhalteplanung, Lärmminderungspläne

§ 44 Überwachung der Luftqualität

(1) Zur Überwachung der Luftqualität führen die zuständigen Behörden regelmäßige Untersuchungen nach den Anforderungen der Rechtsverordnungen nach § 48a Abs.1 oder 1a durch.[2 ff]

(2) **Die Landesregierungen oder die von ihnen bestimmten Stellen werden ermächtigt, durch Rechtsverordnungen Untersuchungsgebiete festzulegen, in denen Art und Umfang bestimmter nicht von Absatz 1 erfasster Luftverunreinigungen in der Atmosphäre, die schädliche Umwelteinwirkungen hervorrufen können, in einem bestimmten Zeitraum oder fortlaufend festzustellen sowie die für die Entstehung der Luftverunreinigungen und ihrer Ausbreitung bedeutsamen Umstände zu untersuchen sind.**[5 ff]

Übersicht

1. Allgemeines zu § 44–§ 47a 1
2. Untersuchungspflicht (Abs.1) 2
   a) Bedeutung, Abgrenzung zu anderen Vorschriften, EG-Recht 2
   b) Art der Untersuchungen 3
   c) Pflicht der zuständigen Behörden 4
3. Rechtsverordnungen zur Festlegung von Untersuchungsgebieten (Abs.2) 5
   a) Bedeutung und Abgrenzung zu anderen Vorschriften 5
   b) Untersuchungsbedarf 6
   c) Zuständigkeit und Verfahren 9
   d) Aufhebung 10
4. Erlassene Rechtsverordnungen und Behandlung 11
   a) Erlassene Rechtsverordnungen 11
   b) Folgen der Ausweisung 12

Literatur: *Büttner*, Regional differenzierte Luftreinhalteregelungen im anlagenbezogenen Immissionsschutzrecht der Bundesrepublik Deutschland, 1992; *Jarass/Kühling*, Verbesserungsmöglichkeiten des planungsrechtlichen Instrumentariums im Immissionsschutzrecht, Manuskript 1989. Siehe außerdem die Literatur zu § 47.

1. Allgemeines zu § 44–§ 47a

Die Regelung der §§ 44–47a sind Ausdruck des **gebiets- bzw. qualitätsbezogenen Immissionsschutzes** (dazu Rn.11 zu § 2; vgl. Jarass, **1**

NVwZ 2003, 258 ff; Hansmann LR Vorb.2 vor § 44). Sie setzen nicht an bestimmten Quellen der Luftverunreinigungen an, etwa an den Anlagen (so der 2. Teil des BImSchG), an Stoffen (so der 3. Teil des BImSchG) oder an Fahrzeugen und Verkehrswegen (so der 4. Teil des BImSchG). Vielmehr geht es um einen umfassenden flächenbezogenen Schutz, unabhängig davon, woher die Immissionen stammen (vgl. Jarass, UPR 2000, 245). Die Vorschriften dienen insb. dem Schutz bestimmter Umweltqualitätsziele. Dabei beziehen sich § 44–§ 47 auf Luftverunreinigungen, während § 49a den Lärm betrifft. Die Vorschriften der § 44–§ 47a enthalten Pflichten für die zur Ausführung des BImSchG berufenen Behörden ebenso wie für andere Behörden (vgl. Rn.7 zu § 45; Rn.38 zu § 47). Den Landesbehörden steht es im Übrigen frei, weitergehende Regelungen zu treffen bzw. Maßnahmen zu ergreifen. Für den Bürger haben § 44–§ 47a keine unmittelbare Wirkung (vgl. Hansmann LR Vorb. 2 vor § 44; Rn.2 zu § 46).

2. Untersuchungspflicht (Abs.1)

a) Bedeutung, Abgrenzung zu anderen Vorschriften, EG-Recht

2   Um die Ziele des gebiets- bzw. qualitätsbezogenen Immissionsschutzes (dazu Rn.11 zu § 2) im Bereich der Luftverunreinigungen zu erreichen, muss zunächst die Qualität der Luft, insb. an problematischen Punkten, festgestellt werden. Dem dient die 2002 neu eingefügte (Einl.2 Nr.38) Vorschrift des Abs.1, die zum einen auf die Einhaltung der aus dem EG-Recht kommenden Immissionswerte iSd § 48a Abs.1 (dazu Rn.1 ff zu § 48a) bezogen ist. Insoweit dient Abs.1 der Umsetzung von Art.5, 6 der Richtlinie 96/62/EG über die Beurteilung und Kontrolle der Luftqualität (Einl.39 Nr.2); zum EG-Luftqualitätsrecht Rn.6 zu § 47. Darüber hinaus ist Abs.1 auf die Einhaltung der nationalen Immissionswerte iSd § 48a Abs.1a (dazu Rn.34 ff zu § 48a) bezogen. Abs.1 enthält für bestimmte Fälle eine Untersuchungspflicht, schließt aber Untersuchungen in anderen Fällen, etwa im Rahmen des § 52, nicht aus (Hansmann LR 4). Als Folge der Untersuchungen können wegen § 45 Maßnahmen zu ergreifen bzw. nach § 47 Abs.1, 2 Pläne zu erlassen sein.

b) Art der Untersuchungen

3   Zur Frage, wann und wie Untersuchungen vorzunehmen sind, legt Abs.1 fest, dass sie **regelmäßig** sein müssen, also fortlaufend oder in bestimmten Abständen wiederholend (Hansmann LR 5). Im Übrigen verweist Abs.1 auf die Vorgaben der jeweiligen Rechtsverordnung (BT-Drs. 14/8450, S.12). Solche Vorgaben finden sich in der 22. BImSchV: § 10 Abs.1 der 22. BImSchV verlangt flächendeckende Erhebungen, allerdings mit unterschiedlicher Intensität: Besonders genau müssen sie gem. § 10 Abs.2 der 22. BImSchV in Ballungsräumen erfolgen. Festgelegt werden in § 10 Abs.3, 8 zudem die Beurteilungs- sowie Referenzmethoden, in § 10 Abs.7, 9 f der 22. BImSchV die Probenahmestellen und in § 10 Abs.5 der 22. BImSchV die Qualität der Messungen.

Überwachung der Luftqualität § 44

c) Pflicht der zuständigen Behörden

Soweit die Untersuchungspflicht besteht (oben Rn.3), **müssen** die zuständigen Behörden die Untersuchungen vornehmen. Ein Ermessen besteht nicht. Die Zuständigkeit wird durch das Landesrecht festgelegt. Der Behördenbegriff ist weit zu verstehen: Erfasst sein kann etwa auch ein landeseigenes Messinstitut. Zudem kann sich die zuständige Behörde sachverständiger Dritter bedienen (Hansmann LR 7). 4

3. Rechtsverordnung zur Festlegung von Untersuchungsgebieten (Abs.2)

a) Bedeutung und Abgrenzung zu anderen Vorschriften

Die Regelung des Abs.2 knüpft an das bereits vor 2002 geltende Recht in § 44 a.F. an und ermächtigt zur Festlegung sog. Untersuchungsgebiete, in denen über die Fälle des Abs.1 hinaus die Luftqualität zu untersuchen ist. Abs.2 steht der Untersuchung der Luftqualität ohne Festlegung eines Untersuchungsgebiets nicht entgegen (Hansmann LR 8; vgl. oben Rn.2). Als Folge der Untersuchungen können wegen § 45 Maßnahmen zu ergreifen bzw. nach § 47 Abs.3 Luftreinhaltepläne zu erlassen sein. 5

b) Untersuchungsbedarf

aa) Der Erlass einer Rechtsverordnung setzt gem. Abs.2 lediglich voraus, dass in dem fraglichen Gebiet Luftverunreinigungen auftreten, die von Abs.1 nicht erfasst werden und zu schädlichen Umwelteinwirkungen führen können. Letzteres dürfte bei lediglich potentiell **schädlichen Umwelteinwirkungen** (dazu Rn.23 zu § 3) ebenfalls gegeben sein, weshalb Abs.2 auch der Vorsorge dient (a.A. Hansmann LR 12). Weiter muss es um Luftverunreinigungen gehen, die **nicht von Abs.1** erfasst werden. Betroffen sind somit Schadstoffe, für die nicht in einer Rechtsverordnung gem. § 48 Abs.1, 1 a Immissionswerte festgelegt wurden (BT-Drs. 14/8450, S.12; weiter Hansmann LR 11). 6

bb) Zur **Größe** der Untersuchungsgebiete enthält Abs.2 keine näheren Vorgaben. Insoweit besteht daher ein erheblicher Beurteilungsspielraum. Die Grenzen müssen allerdings in der Rechtsverordnung genau festgelegt werden (Hansmann LR 14). Die Verordnung kann für die verschiedenen Schadstoffe auch räumlich differenzierende Festlegungen treffen (Hansmann LR 18). 7

cc) Liegen die Voraussetzungen des Abs.2 vor, dürfte der Erlass der Rechtsverordnung im **Ermessen** stehen (enger Hansmann LR 12), da Abs.2 nur von Ermächtigungen spricht und – anders als im vor 2002 geltenden Recht – im Bereich der Schadstoffe des Abs.2 keine Untersuchungspflicht festgeschrieben wurde. 8

c) Zuständigkeit und Verfahren

Zuständig zum Erlass der Rechtsverordnung ist die jeweilige **Landesregierung.** Wer als Landesregierung anzusehen ist, richtet sich nach dem 9 einschlägigen Landesverfassungsrecht, mit der Folge, dass evtl. auch ein einzelner Minister die Rechtsverordnung erlassen kann (vgl. BVerfGE 11, 77 = NJW 1960, 1291). Des Weiteren sind die von der Landesregierung **bestimmten Stellen** zum Erlass der Rechtsverordnung ermächtigt. Damit wird eine Subdelegation der Ermächtigung ermöglicht, die allerdings gem. Art.80 Abs.1 S.4 GG allein durch Rechtsverordnung erfolgen kann. So verstanden bestehen gegen die Regelung des Abs.2 keine verfassungsrechtlichen Bedenken (anders Hansmann LR 10). Gem. Art.80 Abs.4 GG wird auch der Landes*gesetzgeber* ermächtigt. Den betroffenen Gemeinden steht aufgrund von Art.28 Abs.2 GG ein **Anhörungsrecht** zu (vgl. Rn.14 zu § 49).

d) Aufhebung

10 Die Ausweisung eines Untersuchungsgebiets wird allein durch Aufhebung der Rechtsverordnung beendet (Hansmann LR 22). Die Entscheidung darüber dürfte im Ermessen stehen (vgl. oben Rn.8).

4. Erlassene Rechtsverordnung und Behandlung

a) Erlassene Rechtsverordnungen

11 Gestützt auf die 2002 ergangene (Einl.2 Nr.38) Vorschrift des Abs.2 wurde bislang noch keine Rechtsverordnung erlassen und damit kein Untersuchungsgebiet ausgewiesen. Doch können die aufgrund von § 47 Abs.3 a.F. festgelegten Untersuchungsgebiete (vgl. Vorauflage § 44 Rn.9) als Untersuchungsgebiete iSd § 47 Abs.2 angesehen werden, soweit es nicht um bereits unter § 47 Abs.1 fallende Untersuchungen geht.

b) Folgen der Ausweisung

12 Die Ausweisung eines Untersuchungsgebiets durch Rechtsverordnung führt allein zu **Pflichten der Landesbehörden;** Bürger werden nicht verpflichtet (vgl. Schulze-Fielitz GK 44). Die zuständigen Behörden (dazu Einl.32–34) haben die Luftverunreinigungen in der Atmosphäre fortlaufend oder in einem bestimmten Zeitraum festzustellen. Welche Luftverunreinigungen zu ermitteln sind, wird zunächst durch die Rechtsverordnung festgelegt. Im Übrigen liegt die Entscheidung bei den zuständigen Behörden, soweit nicht durch Verwaltungsvorschriften Vorgaben getroffen werden. Soweit Messungen auf öffentlichen Gebieten nicht genügen, können die Behörden gem. § 52 auch auf privatem Gelände Messungen vornehmen. Zu weiteren Informationsquellen Rn.21 zu § 52. Weiterhin sind gem. Abs.2 „die für die Entstehung der Luftverunreinigungen und ihrer Ausbreitung bedeutsamen Umstände zu untersuchen". Notwendig ist also eine Ursachenanalyse (Hansmann LR 20).

13 Was den **Rechtsschutz** angeht, so sind die Feststellungen bzw. Ermittlungen nach Abs.1 allein im öffentlichen Interesse vorzunehmen. Privatpersonen können daher ihre Durchführung nicht einklagen (Schulze-Fielitz GK 101). Zum allg. Anspruch auf Überwachung Rn.16–19 zu § 52.

§ 45 Verbesserung der Luftqualität

(1) Die zuständigen Behörden[6] ergreifen die erforderlichen Maßnahmen,[7] um die Einhaltung der durch eine Rechtsverordnung nach § 48a festgelegten Immissionswerte sicherzustellen.[14 ff] Hierzu gehören insbesondere Pläne nach § 47.

(2) Die Maßnahmen nach Absatz 1
a) müssen einem integrierten Ansatz zum Schutz von Luft, Wasser und Boden Rechnung tragen;[11]
b) dürfen nicht gegen die Vorschriften zum Schutz von Gesundheit und Sicherheit der Arbeitnehmer am Arbeitsplatz verstoßen;[12]
c) dürfen keine erheblichen Beeinträchtigungen der Umwelt in anderen Mitgliedstaaten verursachen.[13]

Übersicht

1. Bedeutung, Abgrenzung zu anderen Vorschriften, EG-Recht 1
2. Ziel und Adressaten 4
   a) Ziel 4
   b) Adressaten 6
3. Einschlägige Maßnahmen 7
   a) Umfassender Maßnahmenbegriff 7
   b) Rechtmäßigkeit der Maßnahme und Verhältnismäßigkeit 9
   c) Insb. Anforderungen nach Abs.2 11
4. Pflicht und Auswahl 14
   a) Strikte Pflicht oder Spielraum 14
   b) Auswahl zwischen verschiedenen Maßnahmen 16

Literatur: *Jarass,* Luftqualitätsrichtlinien der EU und die Novellierung des Immissionsschutzrechts, NVwZ 2003, 257.

1. Bedeutung, Abgrenzung zu anderen Vorschriften, EG-Recht

Die 2002 (Einl.2 Nr.38) neu geschaffene Vorschrift des § 45 soll zum einen die Einhaltung von Immissionswerten gewährleisten, die in einer Rechtsverordnung gem. § 48a Abs.1 festgelegt wurden und damit EG-rechtlichen Ursprungs sind. Insoweit dient § 45 insb. der Umsetzung von Art.7 Abs.1 der Richtlinie 96/62/EG über die Beurteilung und Kontrolle der Luftqualität (Einl.39 Nr.2), wonach die „Einhaltung der Grenzwerte sicherzustellen" ist (vgl. BT-Drs. 14/8450, S.12); näher zum EG-Luftqualitätsrecht Rn.6 zu § 47. Des Weiteren dient § 45 der Sicherung der nationalen Immissionswerte in Rechtsverordnungen gem. § 48a Abs.1a. § 45 enthält eine Generalnorm zur Durchsetzung der Immissionswerte. 1

Im Wesentlichen dem gleichen Ziel dienen auch die **Pläne** des § 47 Abs.1–3 sowie die **Rechtsverordnungen** nach § 47 Abs.7; in diesen Fällen kommt eine Zwischenstufe zum Einsatz (Plan, Rechtsverordnung), 2 bevor die einschlägigen Maßnahmen erlassen werden, während § 45 unmittelbar zum Erlass der Maßnahmen führt (BT-Drs. 14/8450, S.12). Der Weg über den Luftreinhalteplan hat allerdings den Vorteil, dass in abgestimmter Weise die Probleme angegangen werden; doch ist das Verfahren sehr schwerfällig, weshalb der direkte Weg des § 45 auch EG-rechtlich erforderlich ist (Jarass, NVwZ 2003, 262f). Die Vorschrift des § 47 kommt parallel zu § 45 zur Anwendung, mit der Folge, dass die zuständigen Behörden grundsätzlich ein Wahlrecht haben (vgl. unten Rn.16 mit den notwendigen Einschränkungen). Im Bereich der Zielwerte (unten Rn.4) kommt allerdings allein § 45 zum Einsatz (vgl. Rn.7 zu § 47). Ein Wahlrecht dürfte auch im Verhältnis von § 45 und § 40 Abs.1 bestehen (Rn.2 zu § 40), während im Bereich des § 40 Abs.2 die Vorschrift des § 45 wohl verdrängt wird (Rn.16 zu § 40).

3   § 45 enthält eine **Aufgabennorm,** nicht eine **Befugnisnorm** (Jarass, NVwZ 2003, 264; Hansmann LR 7), ähnlich wie § 52 Abs.1 (vgl. Rn.4 zu § 52). Die Vorschrift des § 45 begründet somit behördliche Pflichten, ermächtigt aber nicht, in die Rechte von Privatpersonen einzugreifen. Ein solcher Eingriff ist nur möglich, wenn andere Vorschriften dazu ermächtigen (Hansmann LR 7). Würde man § 45 als Befugnisnorm verstehen, wäre sie nicht bestimmt genug, zumal sie nicht auf Maßnahmen im Bereich des Immissionsschutzrechts beschränkt ist (vgl. unten Rn.7). Auch würde ein solches Verständnis nicht zu dem Befund passen, dass der Fünfte Teil des BImSchG für Bürger keine Pflichten enthält (Rn.1 zu § 44).

2. Ziel und Adressaten

a) Ziel

4   Die Pflicht des Abs.1 verfolgt das Ziel, zum einen für die **Einhaltung von EG-Immissionswerten** zu sorgen, die in einer Rechtsverordnung gem. § 48a Abs.1 festgelegt wurden (dazu Rn.1ff zu § 48a). Dies können Immissionsgrenzwerte (dazu Rn.7 zu § 47) oder Alarmschwellen (dazu Rn.20 zu § 47) sein (BT-Drs. 14/8450, S.12). Zu den Toleranzschwellen unten Rn.5. Wie bei § 48a Abs.1 (vgl. Rn.5 zu § 48a) und bei § 2 der 33. BImSchV dürften als Immissionswerte iSd § 45 auch *Zielwerte* einzustufen sein, Immissionswerte also, die nicht strikt verbindlich sind, sondern nur soweit wie möglich erreicht werden sollen (wohl ablehnend BT-Drs. 14/8450, S.12); zu den Folgen unten Rn.14.

Einschlägige Immissionswerte finden sich in der 33. BImSchV (dazu Rn.18 zu § 48a). Nicht erfasst werden Emissionswerte, insb. nicht die Emissionshöchstmengen des § 7 der 33. BImSchV. Weiter bezweckt § 45 die Sicherung von **nationalen Immissionswerten,** die in einer Rechtsverordnung gem. § 48a Abs.1a festgelegt wurden (dazu Rn.35ff zu § 48a).

5   Die Pflicht des § 45 setzt nicht voraus, dass es bereits zu einer Überschreitung der Immissionswerte gekommen ist. Vielmehr werden auch **vorbereitende Maßnahmen** erfasst, soweit sie erforderlich sind, um die

Einhaltung der Immissionswerte sicherzustellen. Ist ein Immissionsgrenzwert erst zu einem späteren Zeitpunkt einzuhalten, ist die Anwendung des § 45 auf diesen Zeitpunkt ausgerichtet (vgl. BT-Drs. 14/8450, S.12); die Toleranzschwellen sind insoweit unerheblich (vgl. Rn.8 zu § 47). Geht es um künftige Probleme, ist die Maßnahme so rechtzeitig zu ergreifen, dass sie zu dem fraglichen Zeitpunkt wirkt (Hansmann LR 8).

b) Adressaten

Die Regelung des § 45 wendet sich an alle Behörden, zu deren Zuständigkeitsbereich die fraglichen Maßnahmen (unten Rn.7) rechnen (anders Hansmann LR 9f). Erfasst werden, wie im Bereich des § 47 Abs.6 (Rn.38 zu § 47), **alle Behörden,** nicht nur die des Landesrechts oder die Immissionsschutzbehörden (vgl. unten Rn.7). Zu Einschränkungen im Bereich planungsrechtlicher Entscheidungen unten Rn.15. 6

3. Einschlägige Maßnahmen

a) Umfassender Maßnahmenbegriff

Der Begriff der Maßnahme iSd § 45 Abs.1 ist, ähnlich wie im Bereich des § 47, sehr weit zu verstehen: In Betracht kommen **alle behördlichen Aktivitäten,** die zur Einhaltung der Immissionswerte beitragen können, unabhängig davon, ob sie als Verwaltungsakte, Realakte oder Maßnahmen der Normsetzung und Planung einzustufen sind (vgl. Rn.11 zu § 47). Keine Rolle spielt des Weiteren, ob die Maßnahme ihre Grundlage im Immissionsschutzrecht oder in einem anderen Gesetz hat oder keiner gesetzlichen Grundlage bedarf. Im Bereich des BImSchG werden neben den ausdrücklich genannten Luftreinhalteplänen etwa die Genehmigung von Anlagen und der Erlass von Anordnungen nach § 17 erfasst (BT-Drs. 14/8450, S.12; Hansmann LR 10; Rn.6a f zu § 6; Rn.14 zu § 17). Weiter setzen Anordnungen nach § 21, § 24 und § 25 (Hansmann LR 10; Sparwasser § 10 Rn.425) sowie Rechtsverordnungen nach § 47 Abs.7 in Betracht, nicht hingegen Maßnahmen nach § 20 Abs.1 (Rn.13 zu § 20). Außerhalb des BImSchG sind etwa Baugenehmigungen, aber auch Bebauungspläne einschlägig (Hansmann LR 10). Darüber hinaus werden straßenrechtliche oder luftverkehrsrechtliche Zulassungen und sonstige Maßnahmen erfasst (Jarass, NVwZ 2003, 262; vgl. BayVGH, NVwZ 1994, 187; Scheuing GK § 48a Rn.66; Rn.57 zu § 41; Rn.11 zu § 47). Bei der Beschränkung des Kfz-Verkehrs zur Durchsetzung nationaler Immissionswerte dürfte allein § 40 Abs.2 zum Tragen kommen (Rn.16 zu § 40). 7

Die Maßnahmen müssen zur Erreichung des Ziels iSd Ausführungen oben in Rn.4f **geeignet** sein. Dabei genügt es, wenn ein Teilfortschritt bewirkt wird. Teilschritte dürfen aber nicht so ausgestaltet sein, dass die volle Zielerreichung erschwert oder ausgeschlossen wird (Hansmann LR 11). 8

§ 45 Überwachung der Luftverunreinigung

b) Rechtmäßigkeit der Maßnahme und Verhältnismäßigkeit

9 § 45 Abs.1 verpflichtet allein zu Maßnahmen, die **rechtmäßig** sind (Hansmann LR 13). Führt daher die Maßnahme zu Eingriffen in Rechte der Bürger, muss eine andere Rechtsvorschrift eine geeignete *Ermächtigungsgrundlage* liefern; § 45 ist allein eine Aufgabennorm (oben Rn.3). Auch führt § 45 nicht zu einer Ausweitung von Befugnisnormen. Denkbar ist allerdings, auch unter EG-rechtlichem Einfluss, eine Auslegung von Befugnisnormen unter Berücksichtigung der Zielsetzung des § 45. Weiterhin ist der **Vorrang des Gesetzes** zu beachten: Insb. Maßnahmen nach anderen Gesetzen sind nur möglich, soweit die sonstigen Gesetze dies nicht ausschließen. Insgesamt führt § 45 vor allem dort zu rechtlichen Folgen, wo den Behörden Ermessens- und Abwägungsspielräume zustehen. Im Rahmen der strikten Rechtsanwendung hat § 45 neben der Beeinflussung der Auslegung lediglich die Funktion eines Hinweises.

10 Darüber hinaus ist bei Eingriffen der Grundsatz der **Verhältnismäßigkeit** zu beachten; näher zu diesem Grundsatz Rn.31–38 zu § 17. Bedeutung hat das vor allem bei Maßnahmen gegenüber bestehenden Anlagen. Zudem entfaltet der Grundsatz bei kurzfristigen Maßnahmen im Falle einer Überschreitung von Alarmschwellen besonderes Gewicht.

c) Insb. Anforderungen nach Abs.2

11 Gem. Abs.2 Nr.1 müssen die Maßnahmen dem Ziel des **integrierten Umweltschutzes** (dazu Rn.8–11 zu § 1) Rechnung tragen. Bei der Auswahl und Ausgestaltung der Maßnahmen müssen die Auswirkungen auf die gesamte Umwelt beachtet werden. Insb. ist eine Verlagerung von Problemen aus dem Umweltmedium der Luft in ein anderes Umweltmedium (Wasser, Boden) möglichst zu vermeiden. Eine Verlagerung von Problemen ist aber möglich, wenn die Abwägung der Vor- und Nachteile dafür spricht (Hansmann LR 1).

12 Weiter dürfen gem. Abs.2 Nr.2 die Vorschriften des **Arbeitsschutzes** nicht verletzt werden. Dies hat lediglich klarstellenden Charakter (Hansmann LR 13; oben Rn.9).

13 Gemäß Abs.2 Nr.3 dürfen die Maßnahmen nicht zu erheblichen Beeinträchtigungen der Umwelt **in anderen Mitgliedstaaten** führen. Es darf somit zu keinen räumlichen Problemverlagerungen über die Grenzen kommen. Eine erhebliche Beeinträchtigung kann dabei auch im Vorsorgebereich auftreten (Hansmann LR 14).

4. Pflicht und Auswahl

a) Strikte Pflicht oder Spielraum

14 aa) Liegen die Voraussetzungen des § 45 vor, dann muss die zuständige Behörde bei **strikten Immissionswerten** (Immissionsgrenzwerten, Alarmschwellen) die fragliche Maßnahme ergreifen, sofern sie rechtmäßig ist (dazu oben Rn.9). Nur das entspricht dem strikten Charakter von Immissionsgrenzwerten. Bei Alarmschwellen muss das erst recht gelten; sofern es

allerdings um kurzfristige Maßnahmen geht, hat der Grundsatz der Verhältnismäßigkeit besonderes Gewicht (oben Rn.10). Dazu kommen weitere Relativierungen (unten Rn.16 sowie Rn.6b zu § 6). Handelt es sich hingegen um **Zielwerte,** die nicht strikt verbindlich sind (oben Rn.4), verlangt § 45 Abs.1 nur diese Werte ihrem Charakter entsprechend zu berücksichtigen; aus ausreichenden Gründen kann auf die Einhaltung der Zielwerte verzichtet werden.

bb) Im Bereich der **planungsrechtlichen Entscheidungen** wird man 15 § 47 Abs.6 S.2 (dazu Rn.40 zu § 47) analog anzuwenden haben, da diese Einschränkung der Bindungswirkung erst recht greifen muss, wenn kein Luftreinhalte- oder Aktionsplan vorgeschaltet ist. Zudem entspricht das den Vorgaben des § 48a Abs.2 Hs.2. Im Bereich der strikten Immissionswerte mit EG-rechtlichem Ursprung muss andererseits die Einschränkung der Regelung des § 47 Abs.6 S.2 (dazu Rn.41 zu § 47) auch hier greifen, um einen Verstoß gegen das EG-Recht zu vermeiden.

b) Auswahl zwischen verschiedenen Maßnahmen

Kommen Maßnahmen gegen **unterschiedliche Emittenten** in Be- 16 tracht, wird man § 47 Abs.4 S.1 analog anzuwenden haben. Zu den diesbezüglichen Anforderungen vgl. Rn.13f zu § 47. Im Übrigen besteht zwischen verschiedenen Maßnahmen ein **Auswahlrecht.** Daher kann auf eine bestimmte Maßnahme verzichtet werden, wenn durch eine andere, ebenso wirksame Maßnahme das Ziel (oben Rn.4) ebensogut erreicht werden kann. Zudem wird die Auswahl durch den Grundsatz der Verhältnismäßigkeit bestimmt. Soweit Maßnahmen in einem Luftreinhalte- oder Aktionsplan nach § 47 Abs.1, 2 festgelegt wurden, kommt ihnen der Vorrang zu.

§ 46 Emissionskataster

Soweit es zur Erfüllung von bindenden Beschlüssen der Europäischen Gemeinschaften erforderlich ist, stellen die zuständigen Behörden Emissionskataster auf.

1. Erstellungspflicht sowie EG-Recht

Die 2002 wesentlich geänderte (Einl.2 Nr.38) Vorschrift des § 46 be- 1 trifft **Emissionskataster.** Als Emissionskataster iSd § 46 ist eine räumliche und zeitlich gegliederte Aufstellung der luftverunreinigenden Emissionen zu verstehen (Hansmann LR 1), genauer der Quellen der Emissionen sowie von Art und Umfang der Emissionen.

Die Aufstellung eines Emissionskatasters wird durch § 46 der zustän- 2 digen Behörde **zwingend vorgegeben,** wenn dies zur Erfüllung von bindenden Beschlüssen (dazu Rn.7 zu § 37) der Europäischen Gemeinschaften (dazu Rn.5 zu § 37) erforderlich ist. Dies ist nicht nur dann der Fall, wenn **EG-Recht** die Aufstellung von Emissionskatastern verlangt. § 46 ist auch dann einschlägig, wenn die in einem Emissionskataster ent-

§ 46a Überwachung der Luftverunreinigung

haltenen Informationen zur Erfüllung von EG-rechtlich vorgegebenen Informations- und Berichtspflichten geeignet sind und keine andere Möglichkeit besteht, diesen Pflichten gerecht zu werden (allg. zum EG-Luftqualitätsrecht Rn.6 zu § 47). Eine einschlägige Pflicht findet sich in Art.8 Abs.3 iVm Anhang IV Nr.5 RL 96/62. § 46 enthält keine abschließende Regelung. Die Länder können Emissionskataster auch in anderen Fällen aufstellen; nur sind sie dazu nicht verpflichtet (BT-Drs. 14/8450, S.13; Hansmann LR 5).

3 Für welche **Schadstoffe** der Emissionskataster aufgestellt werden muss, ist den EG-rechtlichen Vorgaben zu entnehmen. Der Kataster ist regelmäßig zu **aktualisieren,** auch wenn das in der Neuregelung des § 46 nicht mehr explizit vorgesehen ist. Nur dann kann er seiner Funktion gerecht werden.

4 **Grundlage** für den Emissionskataster bilden zum einen die gem. § 27 abgegebenen Emissionserklärungen. Hinzu kommen von der Behörde angeordnete Messungen nach §§ 26, 28 und 29 sowie eigene Messungen der Behörde nach § 52 Abs.1 S.2. Zu den sonstigen Informationsmöglichkeiten vgl. Rn.21 zu § 52.

2. Veröffentlichung und Rechtsschutz

5 Gemäß § 27 Abs.3 hat jeder Anspruch auf Bekanntgabe des Emissionskatasters (Rn.15 zu § 27). Soweit allerdings Rückschlüsse auf die Emissionen eines bestimmten Betriebs möglich sind, ist § 27 Abs.3 S.2 zu beachten (dazu Rn.16 zu § 27). Die Veröffentlichung der Daten dürfte aber fast immer zumutbar sein (vgl. Stettner UL F1; Rn.13 zu § 27).

6 Was den **Rechtsschutz** angeht, so besteht die Pflicht zur Erstellung eines Emissionskatasters allein im öffentlichen Interesse. Privatpersonen haben daher keinen Anspruch auf Aufstellung eines Katasters (Schulze-Fielitz GK 67).

§ 46a Unterrichtung der Öffentlichkeit

Die Öffentlichkeit ist nach Maßgabe der Rechtsverordnungen nach § 48a Abs.1 über die Luftqualität zu informieren.[1 ff] **Überschreitungen von in Rechtsverordnungen nach § 48a Abs.1 als Immissionswerte festgelegten Alarmschwellen sind der Öffentlichkeit von der zuständigen Behörde unverzüglich durch Rundfunk, Fernsehen, Presse oder auf andere Weise bekannt zu geben.**[5 ff]

1. Informationen über Luftqualität (S.1)

a) Bedeutung, Abgrenzung zu anderen Vorschriften, EG-Recht

1 Die 2002 neu eingef. (Einl.2 Nr.38) Vorschrift des § 46a soll in Satz 1 sicherstellen, dass die Öffentlichkeit über die Luftqualität informiert wird. Damit können Informationspflichten, wie nach Art.8 der Richtlinie 1999/

§ 46a Unterrichtung der Öffentlichkeit § 46a

30/EG über Grenzwerte für Schwefeldioxid, Stickstoffdioxid und Stickstoffoxide, Partikel und Blei in der Luft (Einl.39 Nr.3), nach Art.7 der Richtlinie 2000/69/EG über Grenzwerte für Benzol und Kohlenmonoxid in der Luft (Einl.39 Nr.4) und nach Art.6 der Richtlinie 2002/3/EG über den Ozongehalt der Luft (Einl.39 Nr.6) umgesetzt werden; zum EG-Luftqualitätsrecht Rn.6 zu § 47. Allerdings setzt § 46a eine Regelung zur Information der Öffentlichkeit in einer Rechtsverordnung nach § 48a Abs.1 voraus. Welchen eigenständigen Sinn dann die Regelung des § 46a hat, ist nicht einfach auszumachen: Man könnte erwägen, dass sich § 48a Abs.1 S.2 auf das Wie der Information der Öffentlichkeit beschränkt. Bei der gleichermaßen formulierten Vorschrift des § 48a Abs.1a S.2 kann das aber schwerlich der Fall sein, weil insoweit § 46a nicht anwendbar ist (Hansmann LR 3). Insgesamt dürfte daher § 46a lediglich der Öffentlichkeitsbeteiligung durch die formell-gesetzliche Absicherung ein erhöhtes Gewicht verleihen. § 46a enthält keine abschließende Regelung, so dass eine Information der Öffentlichkeit auch in anderen Fällen möglich ist.

b) Inhalt und Zeitpunkt

Zum **Inhalt** der Information enthält § 46a S.1 keine direkten Festlegungen. Insoweit greift der Verweis auf die einschlägige Rechtsverordnung, die auf § 48a Abs.1 gestützt wurde. Eine derartige Rechtsverordnung bildet allein die 22. BImSchV. Für welche Schadstoffe die Informationspflicht gilt, wird dort näher geregelt. Erfasst werden Schwefeldioxid, Stickstoffdioxide und Stickstoffoxide, Partikel, Blei, Benzol und Kohlenmonoxid. Bekannt zu geben sind Schadstoffkonzentrationen sowie die Überschreitung von Immissionsgrenzwerten und Alarmwerten. Letzteres tritt kumulativ zur Unterrichtung der Öffentlichkeit nach Satz 2 hinzu. Auch für den **Zeitpunkt** ist die Verweisung auf die einschlägige Rechtsverordnung bedeutsam: Der Zeitpunkt der Informationen wird in § 12 Abs.2–4 der 22. BImSchV näher geregelt. 2

c) Adressaten, Verpflichtete, Form

Die Informationen sind der **Öffentlichkeit,** also jedermann (Hansmann LR 4), zugänglich zu machen. In § 12 Abs.1 der 22. BImSchV werden Umweltschutzorganisationen, Verbraucherverbände, Interessenvertretungen der Betroffenen und andere mit dem Gesundheitsschutz befasste relevante Stellen als besonders wichtige Teile der Öffentlichkeit genannt. **Verpflichtet** werden die nach Landesrecht zuständigen Behörden (dazu Einl.32). 3

Wie die Information der Öffentlichkeit erfolgt, lässt § 46a S.1 offen. Auch die einschlägige Rechtsverordnung, auf die § 46 verweist, also die 22. BImSchV, enthält keine näheren Hinweise. Die Entscheidung über die **Form** steht damit in behördlichem Ermessen. Sie muss jedoch zur Information der Öffentlichkeit geeignet sein (Hansmann LR 5). Kosten dürfen der Öffentlichkeit nicht entstehen. In Betracht kommt die Bekanntgabe über Rundfunk, Presse, Anzeigetafeln oder Computerdienste (BT-Drs. 14/8450, S.13). 4

2. Informationen über Überschreitungen (S.2)

a) Bedeutung

5   Gem. Satz 2 tritt neben die Information der Öffentlichkeit über die Luftqualität nach S.1 in bestimmten Abständen die sofortige Information der Öffentlichkeit über die Überschreitung von Alarmwerten, wie sie in einer Rechtsverordnung nach § 48a Abs.1 festgelegt wurden. Damit wird Art.10 RL 96/62 mit umgesetzt. Zum Verhältnis zu § 12 der 22. BImSchV gelten die Ausführungen oben in Rn.1. Auch § 46a S.2 enthält keine abschließende Regelung, so dass eine entsprechende Information der Öffentlichkeit auch in anderen Fällen möglich ist.

b) Inhalt und Zeitpunkt

6   Gemäß S.2 ist die Überschreitung von Alarmschwellen bekannt zu geben, die in einer Rechtsverordnung nach § 48a Abs.1 festgelegt wurden (dazu Rn.1ff zu § 48a). Solche Alarmschwellen finden sich in der 22. BImSchV für bestimmte Schadstoffe (näher Rn.20 zu § 47). Der Mindestinhalt der Informationen ist in § 12 Abs.6 iVm Anlage 7 der 22. BImSchV geregelt. Was den Zeitpunkt angeht, so müssen die Informationen **„unverzüglich"** nach dem Überschreiten erfolgen. Zum Begriff der Unverzüglichkeit gelten die Ausführungen in Rn.24 zu § 15.

c) Adressaten, Verpflichtete, Form

7   Was die Öffentlichkeit als Adressaten und die Verpflichteten angeht, gelten die Ausführungen oben in Rn.3. Insb. ist unter der Öffentlichkeit jedermann zu verstehen (enger Hansmann LR 3). Zur Form der Bekanntgabe wird in S.2 festgelegt, das sie über Rundfunk, Fernsehen, Presse oder in anderer geeigneter Weise bekannt zu geben ist.

3. Durchsetzung und Rechtsschutz

8   Für die Einhaltung der Pflichten des § 46a haben die Aufsichtsbehörden zu sorgen. Betroffenen Bürgern oder Organisationen dürfte aus EG-rechtlichen Gründen jedenfalls im Bereich des S.2 ein Rechtsanspruch auf Informationen zustehen, da die Informationen ihrem Schutz dienen (vgl. Rn.24 zu § 48a; a.A. Hansmann LR 9). Insb. bei der Überschreitung von Alarmschwellen ist das naheliegend.

§ 47 Luftreinhaltepläne, Aktionspläne, Landesverordnungen

(1) **Werden die durch eine Rechtsverordnung nach § 48a Abs.1 festgelegten Immissionsgrenzwerte**[7] **einschließlich festgelegter Toleranzmargen**[8] **überschritten, hat die zuständige Behörde**[34] **einen Luftreinhalteplan aufzustellen, welcher die erforderlichen Maßnahmen zur dauerhaften Verminderung von Luftverunreinigungen festlegt**[11ff] **und den Anforderungen der Rechtsverordnung entspricht.**

(2) Besteht die Gefahr, dass die durch eine Rechtsverordnung nach § 48 a Abs. 1 festgelegten Immissionsgrenzwerte oder Alarmschwellen überschritten werden, hat die zuständige Behörde einen Aktionsplan[20] aufzustellen, der festlegt, welche Maßnahmen kurzfristig zu ergreifen sind.[23 ff] Die im Aktionsplan festgelegten Maßnahmen müssen geeignet sein, die Gefahr der Überschreitung der Werte zu verringern oder den Zeitraum, während dessen die Werte überschritten werden, zu verkürzen. Aktionspläne können Teil eines Luftreinhalteplans nach Absatz 1 sein.[4]

(3) Liegen Anhaltspunkte dafür vor, dass die durch eine Rechtsverordnung nach § 48 a Abs.1 a festgelegten Immissionswerte nicht eingehalten werden, oder sind in einem Untersuchungsgebiet im Sinne des § 44 Abs.2 sonstige schädliche Umwelteinwirkungen zu erwarten, kann die zuständige Behörde einen Luftreinhalteplan aufstellen.[28 ff] Bei der Aufstellung dieser Pläne sind die Ziele der Raumordnung zu beachten; die Grundsätze und sonstigen Erfordernisse der Raumordnung sind zu berücksichtigen.[33]

(4) Die Maßnahmen sind entsprechend des Verursacheranteils unter Beachtung des Grundsatzes der Verhältnismäßigkeit gegen alle Emittenten zu richten, die zum Überschreiten der Immissionswerte oder in einem Untersuchungsgebiet im Sinne des § 44 Abs.2 zu sonstigen schädlichen Umwelteinwirkungen beitragen.[13 f] Werden in Plänen nach Absatz 1 oder 2 Maßnahmen im Straßenverkehr erforderlich, sind diese im Einvernehmen mit den zuständigen Straßenbau- und Straßenverkehrsbehörden festzulegen.[35] Werden Immissionswerte hinsichtlich mehrerer Schadstoffe überschritten, ist ein alle Schadstoffe erfassender Plan aufzustellen.[10] Werden Immissionswerte durch Emissionen überschritten, die außerhalb des Plangebiets verursacht werden, hat in den Fällen der Absätze 1 und 2 auch die dort zuständige Behörde einen Plan aufzustellen.[34]

(5) Die nach den Absätzen 1 bis 4 aufzustellenden Pläne müssen den Anforderungen des § 45 Abs.2 entsprechen.[15] Die Öffentlichkeit ist bei ihrer Aufstellung zu beteiligen.[36] Die Pläne müssen für die Öffentlichkeit zugänglich sein.[36]

(6) Die Maßnahmen, die Pläne nach den Absätzen 1 bis 4 festlegen, sind durch Anordnungen oder sonstige Entscheidungen der zuständigen Träger öffentlicher Verwaltung nach diesem Gesetz oder nach anderen Rechtsvorschriften durchzusetzen.[37 ff] Sind in den Plänen planungsrechtliche Festlegungen vorgesehen, haben die zuständigen Planungsträger dies bei ihren Planungen zu berücksichtigen.[40 f]

(7) Die Landesregierungen oder die von ihnen bestimmten Stellen werden ermächtigt, bei der Gefahr, dass Immissionsgrenzwerte überschritten werden, die eine Rechtsverordnung nach § 48 a Abs.1 festlegt, durch Rechtsverordnung vorzuschreiben, dass in näher zu bestimmenden Gebieten bestimmte

1. ortsveränderliche Anlagen nicht betrieben werden dürfen,
2. ortsfeste Anlagen nicht errichtet werden dürfen,
3. ortsveränderliche oder ortsfeste Anlagen nur zu bestimmten Zeiten betrieben werden dürfen oder erhöhten betriebstechnischen Anforderungen genügen müssen,
4. Brennstoffe in Anlagen nicht oder nur beschränkt verwendet werden dürfen,

soweit die Anlagen oder Brennstoffe geeignet sind, zur Überschreitung der Immissionswerte beizutragen.[51 ff] Absatz 4 Satz 1 und § 49 Abs.3 gelten entsprechend.[53]

Übersicht

I. Luftreinhaltepläne und Aktionspläne (Abs.1–6)	1
1. Bedeutung, Arten, Abgrenzung, EG-Recht	1
a) Bedeutung	1
b) Arten der Pläne und gemeinsamer Plan	3
c) Verhältnis zu anderen Vorschriften	5
d) EG-Recht	6
2. Luftreinhaltepläne mit EG-rechtlichem Bezug (Abs.1)	7
a) Voraussetzungen und Erlasspflicht	7
b) Maßnahmen als zentraler Inhalt	11
c) Deskriptive Inhalte	16
d) Plangebiet	17
3. Aktionspläne (Abs.2)	18
a) Voraussetzungen und Erlasspflicht	18
b) Maßnahmen als zentraler Inhalt	23
c) Deskriptive Angaben und Plangebiet	27
4. Luftreinhaltepläne ohne EG-rechtlichen Bezug (Abs.3)	28
a) Voraussetzungen und Ermessen	28
b) Inhalte	32
5. Zuständigkeit und Verfahren	34
6. Wirkung bzw. Bindung, Rechtsnatur, Rechtsschutz	37
a) Bindung von Behörden	37
b) Unterschiede in der Bindungswirkung	39
c) Rechtsnatur	42
d) Rechtsschutz	43
7. Erlassene Pläne	45
II. Rechtsverordnungen (Abs.7)	51
1. Bedeutung und Abgrenzung zu anderen Vorschriften	51
2. Ermächtigung von Rechtsverordnungen	52
a) Überschreitung von Immissionsgrenzwerten	52
b) Anforderungen an Anlagenbetreiber	53
c) Formelle Voraussetzungen	54
3. Erlassene Rechtsverordnungen und ihre Behandlung	55

Literatur: *Sander,* Strategische Umweltprüfung für das Immissionsschutzrecht?, UPR 2003, 336; *Jarass,* Luftqualitätsrichtlinien der EU und die Novellierung des Immissionsschutzrechts, NVwZ 2003, 257; *Assmann/Koch/Vollmer,* Pläne im Immissionsschutz: Luftreinhalte-, Maßnahmen- und Aktionspläne, ImSch 2000, 84; *Trute,*

Luftreinhaltepläne, Aktionspläne, Landesverordnungen § 47

Das Planungsinstrumentarium des Bundes-Immissionsschutzgesetzes, in: Koch/ Lechelt (Hg.), Zwanzig Jahre Bundes-Immissionsschutzgesetz, 1994, 155; *Erbguth,* Zum Bodenschutz aufgrund der neugefaßten Vorschriften über die Luftreinhalteplanung, BayVBl 1993, 97; *Büttner,* Regional differenzierte Luftreinhalteregelungen im anlagenbezogenen Immissionsschutzrecht der Bundesrepublik Deutschland, 1992; *Schulze-Fielitz,* Rechtsfragen der Durchsetzung von Luftreinhalte- und Lärmminderungsplänen, UPR 1992, 41; *Jarass/Kühling,* Verbesserungsmöglichkeiten des planungsrechtlichen Instrumentariums im Immissionsschutzrecht, Manuskript 1989; *Trute,* Vorsorgestrukturen und Luftreinhalteplanung im Bundes-Immissionsschutzgesetz, 1989; *Leitl,* Aspekte der Umweltplanung in der Luftreinhaltepolitik, in: Weidner/Knoepfel (Hg.), Luftreinhaltepolitik in städtischen Ballungsräumen, 1985, 61; *Erbguth/Büchel,* Die Luftreinhaltepläne im Abwägungsvorgang der Bauleit- und Landesplanung, NVwZ 1982, 649; *Erbguth,* Immissionsschutz und Landesplanung, 1982.

I. Luftreinhaltepläne und Aktionspläne (Abs.1–6)

1. Bedeutung, Arten, Abgrenzung, EG-Recht

a) Bedeutung

Die Vorschrift des § 47 wurde 2002 grundlegend verändert (Einl.2 **1** Nr.38) und enthält in Abs.1–6 Regelungen zu Luftreinhalte- und Aktionsplänen. Die Eigenart dieser Regelungen lässt sich nur unzureichend mit der Unterscheidung zwischen konditionalem und finalem Recht erfassen, eine Unterscheidung, die ohnehin mehr verspricht, als sie zu leisten vermag. In § 47 geht es keineswegs allein um die Festlegung von Zielen, ohne dass die dazu einzusetzenden Mittel im Einzelnen vorgesehen werden (so Hansmann LR 1). Vielmehr enthält § 47 gerade für bestimmte Instrumente, die Luftreinhalte- und die Aktionspläne, die ihrerseits konkrete Einzelmaßnahmen vorsehen. Entscheidend ist vielmehr, dass § 47 den unmittelbar durchzuführenden Maßnahmen, die dem Erlass von Genehmigungen und Anordnungen, eine **Planungsstufe vorgeschaltet** wird, in der es zu übergreifenden Festlegungen kommt, um so effektiv und koordiniert für die Einhaltung der immissionsschutzrechtlichen Vorgaben zu sorgen. Die Situation hat eine grundsätzliche Ähnlichkeit mit dem Erlass von Bauleitplänen einerseits und von Baugenehmigungen andererseits.

In der Sache enthält § 47 Vorgaben zum **gebiets- bzw. qualitätsbe- 2 zogenen Immissionsschutz** (dazu Rn.1 zu § 44). Wegen dieses Ansatzes zielt § 47 auf alle Immissionen ab, unabhängig davon, aus welchen Quellen sie stammen. Erfasst werden Luftverunreinigungen aus Anlagen, Fahrzeugen oder Verkehrswegen, gleich welcher Art, etwa auch die Emissionen von Flugzeugen und Flughäfen (vgl. unten Rn.11 sowie Rn.21 zu § 2). Vergleichbare Pläne im Lärmbereich ermöglicht § 47a.

b) Arten der Pläne und gemeinsamer Plan

§ 47 enthält *drei Arten* von Plänen: Die **Luftreinhaltepläne des Abs.1 3** zielen auf die Sicherung der Immissionsgrenzwerte, die in einer Rechtsver-

§ 47 Überwachung der Luftverunreinigung

ordnung nach § 48a Abs.1 festgelegt wurden und sich damit aus EG-rechtlichen Vorgaben ergeben (unten Rn.7). Dabei geht es um eher langfristig angelegte Maßnahmen (unten Rn.12). Sie sind bereits in der Zeit vor dem Wirksamwerden der Grenzwerte zu erlassen, damit die festgesetzten Maßnahmen bereits zum Wirksamwerden greifen können (Jarass, NVwZ 2003, 261). Besondere Bedeutung haben die Pläne im Sanierungsbereich (Jarass, NVwZ 2003, 263f). Die **Aktionspläne des Abs.2** zielen ebenfalls auf die Sicherstellung dieser Immissionsgrenzwerte und zusätzlich auf die Sicherung der Alarmschwellen (unten Rn.18, 20). Anders als bei den Luftreinhalteplänen des Abs.1 geht es hier um kurzfristig greifende Maßnahmen (Jarass, NVwZ 2003, 262). Die **Luftreinhaltepläne des Abs.3** zielen schließlich auf die Sicherung rein nationaler Immissionswerte und darüber hinaus generell der Vermeidung schädlicher Umwelteinwirkungen. Die Maßnahmen können langfristig oder kurzfristig angelegt sein (unten Rn.32).

4   Auf die genaue Abgrenzung der Pläne des Abs.1 und des Abs.2 kommt es regelmäßig nicht an, weil die Aktionspläne des Abs.2 gem. Abs.2 S.3 auch Teil eines Luftreinhalteplans iSd Abs.1 sein können. In der Regel wird sich die Aufstellung eines **gemeinsamen Plans für Maßnahmen nach Abs.1 und Abs.2** sogar empfehlen. Darüber hinaus dürfte auch eine Verbindung mit Maßnahmen nach Abs.3 und damit mit einem Luftreinhalteplan nach Abs.3 nicht ausgeschlossen sein. Insoweit ist allerdings zu prüfen, ob EG-Recht nicht eine Klarstellung verlangt, wieweit es um die Umsetzung von EG-Recht geht. Zur Aufstellung eines gemeinsamen Plans für mehrere Schadstoffe unten Rn.10.

c) Verhältnis zu anderen Vorschriften

5   Die Pläne des § 47 Abs.1–3 bauen insb. auf den in § 44 vorgesehenen Erhebungen auf. Für einen abschließenden Charakter enthält § 47 keinen zureichenden Anhaltspunkt (a. A. Schulze-Fielitz GK 200f zum früheren Recht), weshalb die Länder Luftreinhaltepläne auch in anderen Fällen erstellen können. Allerdings haben die Pläne dann nicht die Bindungswirkung des Abs.6.

d) EG-Recht

6   Obwohl das deutsche Recht seit langem die Figur der Luftreinhaltepläne kennt, enthält die seit dem Jahre 2002 geltende Fassung des § 47 (Einl.2 Nr.38) im Wesentlichen eine Umsetzung **EG-rechtlicher Vorgaben.** Das EG-Recht kennt einen eigenständigen Bereich des Luftqualitätsrechts, das darauf abzielt, flächendeckend für die Einhaltung bestimmter Luftqualitätswerte zu sorgen, unabhängig davon, welche Quellen zur Luftverunreinigung beitragen (Jarass, NVwZ 2003, 259ff). Die Grundlagen dieses Bereichs, insb. die Instrumente, sind in der Richtlinie 96/62/EG über die Beurteilung und die Kontrolle der Luftqualität (Einl.39 Nr.2) enthalten. Die Grenzwerte für bestimmte Schadstoffe finden sich dann in verschiede-

Luftreinhaltepläne, Aktionspläne, Landesverordnungen **§ 47**

nen Tochter-Richtlinien: in der Richtlinie 1999/30/EG über Grenzwerte für Schwefeldioxid, Stickstoffdioxid und Stickstoffoxide, Partikel und Blei (Einl.39 Nr.3), in der Richtlinie 2000/69/EG über Grenzwerte für Benzol und Kohlenmonoxid in der Luft (Einl.39 Nr.4) und in der Richtlinie 2002/3/EG über den Ozongehalt der Luft (Einl.39 Nr.6). Die Umsetzung dieses Rechts erfolgt in verschiedenen Vorschriften des BImSchG sowie in der 22. BImSchV. Für den Teilbereich der Pläne des Art.8 Abs.3 RL 96/62 und der Aktionspläne des Art.7 Abs.3 RL 96/62 enthält § 47 die Umsetzung in deutsches Recht (BT-Drs. 12/8450, S.13).

2. Luftreinhaltepläne mit EG-rechtlichem Bezug (Abs.1)

a) Voraussetzungen und Erlasspflicht

aa) Luftreinhaltepläne gem. Abs.1 (zur Eigenart oben Rn.3) kommen 7
zum Einsatz, wenn **Immissionsgrenzwerte** überschritten werden, die in einer Rechtsverordnung gem. § 48a Abs.1 festgelegt sind. Immissionsgrenzwerte sind ein Unterfall der Immissionswerte des § 48a Abs.1 und enthalten verbindliche Grenzwerte, die ab einem bestimmten Zeitpunkt einzuhalten sind und dann nicht mehr überschritten werden dürfen (Jarass, NVwZ 2003, 260; vgl. § 1 Nr.3 der 22. BImSchV). Immissionsgrenzwerte iSd Abs.1 (und des Abs.2) finden sich in §§ 2–7 der 22. BImSchV; in der Verordnung ist zudem das Beurteilungsverfahren geregelt. Nicht gemeint sind *Immissionszielwerte,* die nicht strikt verbindlich sind (dazu Rn.4 zu § 45) und daher keine Immissionsgrenzwerte bilden. Weiter sind die Alarmschwellen iSd § 1 Nr.4 der 22. BImSchV gemeint, deren Einhaltung kurzfristige Maßnahmen erforderlich macht, die den Gegenstand eines Aktionsplans bilden (unten Rn.23); zur Verbindung von Plänen nach Abs.1 und Abs.2 vgl. aber oben Rn.4. Schließlich werden Emissionsgrenzwerte nicht erfasst, insb. nicht die Emissionshöchstmengen des § 7 der 33. BImSchV.

Abs.1 setzt voraus, dass die **Immissionsgrenzwerte überschritten** wer- 8
den. Solange die Immissionsgrenzwerte noch nicht verbindlich sind, ist ein Luftreinhalteplan notwendig, wenn die um die **Toleranzmargen** reduzierten Immissionsgrenzwerte überschritten werden. Dies ist allerdings nur eine interne Pflicht (vgl. Rn.22 zu § 48a). Die Toleranzschwellen finden sich in §§ 2–7 der 22. BImSchV für bestimmte Grenzwerte und nehmen bis zum Zeitpunkt des Verbindlichwerdens des Immissionsgrenzwerts laufend ab. Die Grenzwerte (ggf. unter Berücksichtigung der Toleranzschwellen) müssen im Bereich des Abs.1 tatsächlich überschritten werden. Besteht lediglich die Gefahr einer Überschreitung, ist Abs.2 einschlägig (unten Rn.19); Pläne nach Abs.1 und Abs.2 können aber ineinander übergehen (oben Rn.4).

Schließlich muss die **Aufstellung** eines Luftreinhalteplans **erforderlich** 9
sein. Lässt sich die Überschreitung durch unmittelbar greifende Anordnungen und Maßnahmen beseitigen, kann auf den Plan verzichtet werden. Allerdings müssen die Anordnungen und Maßnahmen zu einer dauerhaften Einhaltung des Immissionsgrenzwerts führen. Pläne nach Abs.1 sind primär vor dem Wirksamwerden der Immissionsgrenzwerte zu erlassen

(oben Rn.3); liegen die Voraussetzungen auch noch nach dem Wirksamwerden vor, greift weiter die Pflicht zum Erlass eines Luftreinhalteplans.

10 **bb)** Liegen die Voraussetzungen des Abs.1 (oben Rn.7–9) vor, dann ist die zuständige Behörde zum Erlass eines Luftreinhalteplans **verpflichtet.** Ein Ermessen besteht insoweit nicht. Zur abweichenden Situation im Bereich des Abs.3 unten Rn.31. Sind die Voraussetzungen des Abs.1 für mehrere Schadstoffe gegeben, ist gem. Abs.4 S.3 ein **gemeinsamer Plan** aufzustellen. Damit wird Art.8 Abs.4 RL 96/62 Rechnung getragen (BT-Drs. 12/8450, S.14). Ein Verstoß gegen die Aufstellungspflicht ist weitgehend sanktionslos.

b) Maßnahmen als zentraler Inhalt

11 **aa)** Zum Inhalt des Luftreinhalteplans legt Abs.1 fest, dass **Maßnahmen** zur dauerhaften Verhinderung von Luftverunreinigungen festgelegt werden. Als Maßnahmen kommen alle behördlichen Aktivitäten in Betracht, die zur Einhaltung der Immissionsgrenzwerte beitragen können. Darunter fallen Verwaltungsakte, Realakte sowie Maßnahmen der Normsetzung und Planung (Hansmann LR 25). Keine Rolle spielt, ob die Maßnahme ihre Grundlage im Immissionsschutzrecht oder in einem anderen Gesetz hat oder keiner gesetzlichen Grundlage bedarf. Im Bereich des BImSchG werden etwa die Genehmigung von Anlagen und der Erlass von Anordnungen gem. § 17, 20, 21, 24f erfasst. Außerhalb des BImSchG können straßenrechtliche, luftverkehrsrechtliche oder bauplanungsrechtliche Maßnahmen erfasst sein (Jarass, NVwZ 2003, 262; vgl. LAI, UPR 1991, 337ff; Rn.7 zu § 45). Die fraglichen Maßnahmen müssten allerdings rechtmäßig sein (BT-Drs. 12/8450, S.14), weshalb Eingriffe in Rechte der Bürger nur in Betracht kommen, sofern an anderer Stelle eine geeignete Ermächtigungsgrundlage vorliegt (näher unten Rn.37).

12 Dem Charakter des Luftreinhalteplans nach Abs.2 entsprechend (oben Rn.3) sind die in einem solchen Plan enthaltenen Maßnahmen eher **langfristig** angelegt (BT-Drs. 12/8450, S.13). Werden gleichwohl eher kurzfristig angelegte Maßnahmen aufgeführt, führt das zu keinen Problemen, weil gem. Abs.2 S.3 in einem Plan Elemente eines Plans nach Abs.1 und nach Abs.2 enthalten sein können (oben Rn.4). Zur Bestimmtheit der festgesetzten Maßnahmen vgl. Rn.6 zu § 40.

13 **bb)** Da problematische Luftverunreinigungen häufig durch mehrere Emittenten bewirkt werden, muss bei der Festlegung der Maßnahmen auch entschieden werden, **gegen welche Emittenten** vorgegangen werden soll und in welchem Umfang dies jeweils zu geschehen hat. Dazu legt Abs.4 S.1 fest, dass grundsätzlich Maßnahmen gegen alle Emittenten zu treffen sind, die zur Überschreitung der Emissionsgrenzwerte beitragen. Weiter sind die Emittenten jeweils entsprechend ihrem Verursacheranteil heranzuziehen. Beides trägt dem Verursacherprinzip Rechnung (BT-Drs. 12/8450, S.13f).

14 Schließlich ist der Grundsatz der **Verhältnismäßigkeit** zu beachten, der zu einer Korrektur dieser Vorgaben führen kann. Der Grundsatz dürfte dabei in einem weiten Sinne zu verstehen sein, nicht beschränkt auf den Schutz der Anlagenbetreiber. Relevant ist etwa, bei welchen Emittenten derselbe Erfolg mit geringerem Aufwand erreicht werden kann (Hansmann LR 28). Neben dem Verursacheranteil kommen damit auch andere Gesichtspunkte zum Tragen (ebenso Nr.5.3 TA Lärm): Erweisen sich Maßnahmen gegen einen bestimmten Verursacher als ungeeignet, aus welchen Gründen auch immer, dürfte ein verstärktes Vorgehen gegen die anderen Verursacher nicht ausgeschlossen sein. Führen die dem Verursacheranteil entsprechenden Maßnahmen bei einem Verursacher zu einer völlig unangemessenen Belastung, ist ebenfalls auf andere Verursacher auszuweichen. Schließlich müssen die festgelegten Maßnahmen, auch aus EG-rechtlichen Gründen, ausreichend wirksam sein (Jarass, NVwZ 2003, 262).

cc) Schließlich sind gem. Abs.5 S.1 bei der Festlegung der Maßnahmen die **Vorgaben des § 45 Abs.2** zu beachten: Die Maßnahmen müssen dem integrierten Ansatz Rechnung tragen, dürfen nicht gegen Vorschriften zum Schutze der Arbeitnehmer verstoßen und nicht zu erheblichen Beeinträchtigungen in anderen Mitgliedstaaten führen (näher Rn.11–13 zu § 45). **15**

c) Deskriptive Inhalte

Weitere Vorgaben zum Inhalt des Luftreinhalteplans sind der betreffenden Rechtsverordnung zu entnehmen (BT-Drs. 12/8450, S.13). Daher sind in Luftreinhalteplänen auch zahlreiche **deskriptive** Angaben aufzuführen, wie § 11 Abs.3 iVm Anlage 6 der 22.BImSchV zu entnehmen ist. Dabei geht es insb. um Feststellungen zur Art, zur Beurteilung und zum Ursprung der Luftverunreinigungen. Die deskriptiven Angaben können auch in einer Begründung des Luftreinhalteplans aufgeführt werden, während sich der eigentliche Inhalt auf den Maßnahmenteil beschränkt. Damit wird deutlich gemacht, dass der Maßnahmenteil der zentrale Gehalt des Luftreinhalteplans ist. **16**

d) Plangebiet

Das Plangebiet besteht, wie Abs.4 S.4 entnommen werden kann, zum einen aus dem Gebiet, in dem die Überschreitungen der Immissionsgrenzwerte auftreten. Zudem sind die Flächen einzubeziehen, in denen die relevanten Emissionen erzeugt werden; insoweit wird vom „Verursachergebiet" gesprochen (BT-Drs. 12/8450, S.14). Bei der Abgrenzung des Plangebiets kommt der zuständigen Behörde ein Beurteilungsspielraum zu. Sind für dieses Gebiet zwei oder mehrere Behörden zuständig, sind ggf. zwei oder mehrere Pläne gem. Abs.4 S.4 aufzustellen. Sie sind dann ausreichend aufeinander abzustimmen. **17**

3. Aktionspläne (Abs.2)

a) Voraussetzungen und Erlasspflicht

aa) Aktionspläne gem. Abs.2 (zur Eigenart oben Rn.3) kommen zum einen zum Einsatz, wenn die Gefahr besteht, dass **Immissionsgrenz-** **18**

werte **überschritten** werden, die in einer Rechtsverordnung gem. § 48 Abs.1 festgelegt wurden. Zum Begriff der Immissionsgrenzwerte wird auf die Ausführungen oben in Rn.7 verwiesen. Anders als im Bereich des Abs.1 müssen die Immissionsgrenzwerte verbindlich geworden sein (vgl. Hansmann LR 13), weshalb die Toleranzschwellen hier keine Rolle spielen.

Die Aktionspläne sind andererseits so rechtzeitig zu erlassen, dass nicht nur nach einem Überschreiten sofort gehandelt werden kann; vielmehr sind ggf. auch ausreichende Maßnahmen vorbeugender Art zu ergreifen (Jarass, NVwZ 2003, 260).

19 Weiter setzt Abs.2 voraus, dass die **Gefahr eines Überschreitens** besteht (vgl. demgegenüber oben Rn.8). Eine tatsächliche Überschreitung muss somit nicht vorliegen. Die Gefahr einer Überschreitung besteht, wenn konkrete Anhaltspunkte dafür sprechen. Dabei genügt die überwiegende Wahrscheinlichkeit.

20 **bb)** Weiter ist ein Aktionsplan gem. Abs.2 zu erlassen, wenn die Gefahr besteht, dass **Alarmschwellen überschritten** werden, die in einer Rechtsverordnung gem. § 48 Abs.1 festgelegt wurden. Alarmschwellen enthalten entsprechend § 1 Nr.4 der 22.BImSchV Immissionswerte, deren Überschreiten bereits bei kurzfristiger Exposition eine Gefahr für die menschliche Gesundheit auslöst und daher sofortige Maßnahmen erfordert, wie im Rahmen der früheren Smog-Verordnungen (Jarass, NVwZ 2003, 260). Eine solche Alarmschwelle wurde in § 2 Abs.6 der 22.BImSchV für Schwefeldioxid und in § 3 Abs.7 der 22. BImSchV für Stickstoffdioxid festgelegt. In der Verordnung ist auch das Beurteilungsverfahren geregelt. Zur Gefahr der Überschreitung gelten die Ausführungen oben in Rn.19.

21 **cc)** Sowohl im Falle des Überschreitens der Immissionsgrenzwerte wie der Alarmschwellen muss wegen des Grundsatzes der Verhältnismäßigkeit die **Aufstellung** des Plans **erforderlich** sein. Insoweit gelten die Ausführungen oben in Rn.14.

22 **dd)** Liegen die Voraussetzungen des Abs.2 (oben Rn.18–21) vor, **muss** ein Aktionsplan erlassen werden. Ein Ermessen besteht nicht. Insoweit kann auf die Darlegungen oben in Rn.10 verwiesen werden.

b) Maßnahmen als zentraler Inhalt

23 Der Aktionsplan nach Abs.2 hat **Maßnahmen** aufzuführen, die „geeignet sind, die Gefahr der Überschreitung der Werte zu verringern oder den Zeitraum, während dessen die Werte überschritten werden, zu verkürzen". Ziel der Maßnahmen muss es (über den missverständlichen Wortlaut hinaus) sein, die Überschreitung vollständig zu beseitigen bzw. zu verhindern (vgl. Jarass, NVwZ 2003, 262f). Weiter geht es um Maßnahmen, die **kurzfristig** zu ergreifen sind (Hansmann LR 26); in Betracht kommen gem. § 11 Abs.4 S.1 der 22. BImSchV insb. Maßnahmen, wie sie früher in Smog-Plänen vorgesehen waren, etwa Verkehrsbeschränkungen, Betriebseinschränkungen oder das Verbot der Verwendung bestimmter Brennstoffe (Jarass, NVwZ 2003, 262; vgl. BT-Drs. 12/8450, S.13). Für langfristig angelegte Maßnahmen ist Abs.1 einschlägig (oben Rn.12). Der Unterschied ist allerdings von geringem Gewicht, da Maßnahmen nach Abs.1 und Abs.2 in einem Plan festgesetzt werden können (oben Rn.4).

Was die **Art** der in Betracht kommenden Maßnahmen angeht, kann 24 zunächst auf die Ausführungen oben in Rn.11 verwiesen werden. Die Maßnahmen können somit in allen Rechtsbereichen angesiedelt sein. Im Einzelnen kommen etwa kurzfristig greifende Beschränkungen des Betriebs von Anlagen oder des Kfz-Verkehrs in Betracht (Jarass, NVwZ 2003, 262; Hansmann, NuR 1999, 11).

Geht die Überschreitung der Immissionsgrenzwerte oder der Alarm- 25 schwellen auf **mehrere Verursacher** zurück, gelten die Ausführungen oben in Rn.13f. Anders als dort ist hier allerdings auch auf die Alarmschwellen abzuheben.

Schließlich haben die in Aktionsplänen festgesetzten Maßnahmen gem. 26 Abs.5 S.1 die **Vorgaben des § 45 Abs.2** zu beachten: Sie müssen dem integrierten Umweltschutz Rechnung tragen, dürfen nicht gegen Vorschriften zum Schutze der Arbeitnehmer verstoßen und nicht zu erheblichen Beeinträchtigungen in anderen Mitgliedstaaten führen; näher dazu Rn.11–13 zu § 45.

c) Deskriptive Angaben und Plangebiet

Was die **deskriptiven Angaben** in einem Aktionsplan angeht, so fehlt 27 eine § 11 Abs.3 der 22. BImSchV entsprechende Regelung. Gleichwohl ist es sachgerecht, wenn auch ein Aktionsplan, ggf. in der Begründung, insb. Ausführungen zu Art, Umfang und Ursprung der Luftverunreinigungen enthält (vgl. oben Rn.16; Hansmann LR 21). Zum **Plangebiet** gelten die Ausführungen oben in Rn.17 entsprechend.

4. Luftreinhaltepläne ohne EG-rechtlichen Bezug (Abs.3)

a) Voraussetzungen und Ermessen

aa) Luftreinhaltepläne gem. Abs.3 (zur Eigenart oben Rn.3) kommen 28 zum einen zum Einsatz, wenn die in einer Rechtsverordnung nach § 48a Abs.1a festgelegten **Immissionswerte** überschritten werden. Dabei geht es um rein nationale Festlegungen, die nicht in Umsetzung EG-rechtlicher Vorgaben ergangen sind (näher Rn.35ff zu § 48a).

Darüber hinaus kommt ein Luftreinhalteplan nach Abs.3 in Betracht, 29 wenn in einem Gebiet, das als **Untersuchungsgebiet** iSd § 44 Abs.2 festgesetzt wurde (dazu Rn.11 zu § 44) Umwelteinwirkungen zu erwarten sind, die nicht in einer Rechtsverordnung nach § 48a Abs.1a behandelt sind und als konkret auch nur potentiell schädliche Immissionen einzustufen sind. Pläne nach Abs.3 können folglich der Gefahrenabwehr oder der Vorsorge dienen (anders Hansmann LR 11). Daher kann ein Luftreinhalteplan nach Abs.3 auch das Ziel verfolgen, die Situation in einem hochbelasteten Gebiet zu verbessern, um den notwendigen Freiraum für Industrieansiedlungen zu schaffen (Hansmann LR 4).

30 Ein Luftreinhalteplan nach Abs.3 kommt nur in Betracht, wenn er **erforderlich** ist, insb. ein entsprechender Koordinierungsbedarf besteht (Hansmann LR 8). Dies ist der Fall, wenn verschiedenartige Maßnahmen zu einem abgestimmten Einsatz kommen müssen und einzelne Maßnahmen allein nicht genügen (vgl. Rn.2 zu § 47a).

31 bb) Liegen die Voraussetzungen des Abs.3 vor, steht es im **Ermessen** der zuständigen Behörde, ob sie einen Luftreinhalteplan erlässt; zur abweichenden Situation im Bereich des Abs.1 oben Rn.10.

b) Inhalte

32 Wie man Abs.4 S.1 und Abs.6 mittelbar entnehmen kann, besteht der primäre Inhalt (auch) von Luftreinhalteplänen nach Abs.3 in **Maßnahmen**. Daher gelten die Ausführungen oben in Rn.11 hier entsprechend. Dabei kommen vor allem langfristig angelegte Maßnahmen in Betracht; kurzfristige Maßnahmen dürften aber nicht ausgeschlossen sein. Soweit Behörden anderer juristischer Personen betroffen sind, ist die *Pflicht zur Rücksichtnahme* auf andere Träger hoheitlicher Verwaltung zu beachten (Schulze-Fielitz, UPR 1992, 46f). Für **deskriptive Gehalte** dürften die Ausführungen in Rn.27 entsprechend gelten. Zum **Plangebiet** wird auf die Ausführungen oben in Rn.17 verwiesen.

33 Tragen **mehrere Emittenten** zu den Problemen bei, kommt Abs.4 S.1 zur Anwendung. Insoweit gelten die Ausführungen in Rn.13f. Weiterhin sind gem. Abs.5 S.1 die Vorgaben des § 45 Abs.2 zu beachten; zu diesen Vorgaben Rn.11–13 zu § 45. Schließlich sind gem. Abs.3 S.2 die Ziele der **Raumordnung** zu beachten und die Grundsätze und die sonstigen Erfordernisse der Raumordnung zu berücksichtigen. Der Begriff der Ziele, der Grundsätze und der sonstigen Erfordernisse der Raumordnung ist entsprechend der Legaldefinition in § 3 Nr.2, 3, 4 ROG zu verstehen.

5. Zuständigkeit und Verfahren

34 Die Pläne nach Abs.1–3 sind von der nach Landesrecht **zuständigen Behörde** zu erlassen. Liegen die Überschreitungen der Immissionswerte einerseits und die für die Überschreitung verantwortlichen Emittenten andererseits im Zuständigkeitsbereich mehrerer Behörden, sind gem. Abs.4 S.4 ggf. mehrere Pläne zu erstellen.

35 Soweit die Maßnahmen den Aufgabenbereich anderer Behörden berühren, sind sie **anzuhören** (Hansmann LR 18). Dies gilt insb. für die Behörden anderer Rechtsträger, um die Pflicht jedes Trägers hoheitlicher Verwaltung zur *Rücksichtnahme* auf andere Träger zu beachten (vgl. Schulze-Fielitz GK 137, 183; allg. BVerwGE 82, 266/268ff = NJW 1990, 266). Im Einzelnen sind vor allem die Behörden anzuhören, die die fraglichen Maßnahmen durchzuführen haben. Sollen in einem Plan nach Abs.1

Luftreinhaltepläne, Aktionspläne, Landesverordnungen § 47

oder 2 Maßnahmen im Straßenverkehr festgelegt werden, ist gem. Abs.4 S.2 das **Einvernehmen** der zuständigen Straßenbau- und Straßenverkehrsbehörden erforderlich. Die betreffenden Behörden müssen somit diesem Teilelement des Plans zustimmen.

Bei der Aufstellung der Pläne nach Abs.1–3 ist die **Öffentlichkeit** gem. 36 Abs.5 S.2 zu beteiligen. Dazu ist der Entwurf des Plans der Öffentlichkeit, also jedermann, in geeigneter Form zugänglich zu machen. Des Weiteren hat jedermann das Recht, Anregungen und Einwände zu erheben (BT-Drs. 12/8450, S.14; Hansmann LR 13). Dies kann in Anlehnung an § 3 BauGB geschehen. Ein Erörterungs- bzw. Anhörungstermin ist jedoch nicht erforderlich. Wird der Plan im Laufe der Aufstellung wesentlich geändert, ist eine erneute Öffentlichkeitsbeteiligung notwendig. Die beschlossenen Pläne sind in einem schriftlichen Dokument niederzulegen (Hansmann LR 20). Weiter müssen sie gem. Abs.5 S.3 der Öffentlichkeit bekannt gemacht werden, gem. § 12 Abs.7 iVm Abs.1 der 22. BImSchV insb. Umweltschutzorganisationen, Verbraucherverbänden, Interessenverbänden der Betroffenen und anderen mit dem Gesundheitsschutz befassten relevanten Stellen. Auch nach der Bekanntgabe müssen die Pläne in ihrer Gesamtheit jedermann zugänglich sein (Hansmann LR 19).

6. Wirkung bzw. Bindung, Rechtsnatur, Rechtsschutz

a) Bindung von Behörden

Ein Luftreinhalteplan wie ein Aktionsplan ist „lediglich" ein (verbind- 37 liches) Handlungskonzept. Die vorgesehenen Maßnahmen müssen von der dafür zuständigen Behörde auf Grund bzw. im Rahmen der jeweils einschlägigen Rechtsvorschriften umgesetzt werden. Die Durchführung der Maßnahmen ist nur möglich, wenn die dafür **einschlägigen Vorschriften** dies **erlauben,** wenn also die Luftreinhaltung nach diesen Vorschriften ein berücksichtigungsfähiger Belang ist und zudem die konkreten Vorgaben im Luftreinhalte- bzw. Aktionsplan nach diesen Vorschriften umsetzungsfähig sind (BT-Drs. 12/8450, S.14). Die Vorschriften können in jedem Rechtsgebiet angesiedelt sein (oben Rn.11). Belastende Maßnahmen bedürfen einer gesetzlichen Ermächtigung; die Vorschrift des § 47 genügt insoweit nicht (Schulze-Fielitz, UPR 1992, 45). In diesem Rahmen sind die im Luftreinhalte- bzw. Aktionsplan festgelegten Maßnahmen rechtlich bindend (Schulze-Fielitz GK 102; Trute o. Lit. 1994, 166), wobei die Bindungswirkung unterschiedlich weit reicht (näher unten Rn.39–41). Zu den damit verbundenen Fragen hat der LAI am 8. 5. 1991 eine Empfehlung ausgearbeitet (abgedr. in UPR 1991, 334 ff). Eine zusätzliche Verbindlicherklärung, etwa durch Landesrecht, ist anders als früher nicht mehr erforderlich (Schulze-Fielitz GK 153). Voraussetzung für eine Verbindlichkeit ist aber eine ausreichende Bestimmtheit der jeweiligen Vorgaben im Luftreinhalte- bzw. Aktionsplan.

Die Verpflichtung trifft die **Behörden aller Träger öffentlicher Ver-** 38 **waltung.** Dazu gehören die Behörden des Bundes (Hansmann LR 29), der

Länder, der Gemeinden wie alle anderen öffentlich-rechtlichen Personen (Stettner UL E 1), nicht jedoch das Parlament (LAI, UPR 1991, 336). Verfassungsrechtliche Bedenken bestehen dagegen nicht, weil es etwa um die Durchführung von EG-Richtlinien geht oder die Pflicht zur Rücksichtnahme (oben Rn.35) zu beachten ist. Im Bereich des Straßenverkehrs dürfte bei Plänen nach Abs.1 und Abs.2 an die Stelle der Vorschrift des Abs.6 die Regelung des § 40 Abs.1 treten (Rn.2, 7 zu § 40). Für den *Bürger* ergeben sich aus dem Luftreinhalte- bzw. Aktionsplan keine unmittelbaren Pflichten (BT-Drs. 12/8450, S.14); erst die auf Grund des Plans ergriffenen Maßnahmen können beim Bürger zu Pflichten führen (vgl. oben Rn.37).

b) Unterschiede in der Bindungswirkung

39 aa) Bei **Anordnungen und sonstigen Entscheidungen** sind die zuständigen Behörden zur Durchführung der Maßnahmen gem. Abs.6 S.1 verpflichtet, soweit die einschlägigen Vorschriften dies erlauben (vgl. Erbguth, BayVBl 1993, 99f). Die Entscheidungen iSd Abs.6 S.1 umfassen sämtliche Arten von Einzelfallentscheidungen, insb. Genehmigungen, Nebenbestimmungen, die Aufhebung einer Genehmigung, Anordnungen und Untersagungen, aber auch den Erlass von Planfeststellungen (unten Rn.40). Erfasst werden zudem Einzelfallentscheidungen der Gemeinden (Trute o. Lit. 169). Zu planungsrechtlichen Festlegungen unten Rn.40. Steht der betroffenen Behörde ein Ermessen zu, führt Abs.6 S.1 nicht zwangsläufig zu einer Reduzierung des Ermessens auf Null. Dies ist nur der Fall, soweit die Zurückstellung gegenläufiger Faktoren nach den einschlägigen Vorschriften zulässig ist (ähnlich LAI, UPR 1991, 335; Stettner UL E 2; Trute o. Lit. 168 f). Zudem ist der Grundsatz der Verhältnismäßigkeit zu beachten, was vor allem bei Maßnahmen gegen bestehende Anlagen und Verkehrswege bedeutsam ist.

40 bb) Bei **planungsrechtlichen Festlegungen** wird die Verpflichtung zur Durchführung der im Luftreinhalte- bzw. Aktionsplan vorgesehenen Maßnahmen gem. Abs.6 S.2 abgeschwächt. Dies gilt für alle (echten) Planungen, etwa Bebauungspläne (Schulze-Fielitz GK 161) oder die Planung und Linienbestimmung von Straßen iSd § 16 FStrG. Nicht erfasst werden dagegen Pläne, die sich auf ein Einzelvorhaben beziehen, insb. Planfeststellungen, die daher unter Abs.6 S.1 fallen (LAI, UPR 1991, 334, 336; Stettner UL E 3; a. A. Trute o. Lit. 166f; Schulze-Fielitz, UPR 1992, 43). Sie sind ihrer Natur nach Zulassungen (vgl. Burgi, JZ 1994, 654 ff) und können wegen ihres konkreten Vorhabensbezugs nicht als planungsrechtliche Festlegungen iSd Abs.6 S.2 eingestuft werden, fallen also unter Abs.6 S.1. Ob etwa eine Verbrennungsanlage durch immissionsschutzrechtliche Genehmigung oder (wie früher) durch eine abfallrechtliche Planfeststellung zugelassen wird, ist für die Durchsetzung eines Luftreinhalteplans unerheblich. Der Planungsspielraum setzt erst jenseits der Tatbestandsvoraussetzungen an; zu Letzteren rechnen auch die Vorgaben eines Luftreinhalte- bzw. Aktionsplans. Andererseits wird man Rechtsvorschriften der Ge-

Luftreinhaltepläne, Aktionspläne, Landesverordnungen § 47

meinden, unabhängig davon, ob sie planungsrechtliche Festsetzungen sind, vom Vorbehalt des Abs.6 S.2 erfasst sehen müssen (LAI, UPR 1991, 334, 336; Stettner, UL E 3; i.E. Trute o. Lit. 170; Schulze-Fielitz, UPR 1992, 44f). Rechtsvorschriften beziehen sich nicht auf ein konkretes Vorhaben.

Im Bereich der planungsrechtlichen Festlegungen sind die Vorgaben des 41 Luftreinhalte- bzw. Aktionsplans lediglich **in Betracht zu ziehen:** Die Vorgaben des Plans müssen gem. Abs.6 S.2 im Entscheidungsprozess berücksichtigt werden und sind mit den übrigen öffentlichen und privaten Belangen abzuwägen (BT-Drs. 14/8450, S.14), ohne dass die Behörde an sie aber im Ergebnis gebunden wäre (für ein Optimierungsgebot Schulze-Fielitz GK 157). Im Bereich der Immissionswerte mit EG-rechtlichem Bezug muss die Einschränkung der Bindungswirkung aber entfallen, wenn keine andere Maßnahme zur Verfügung steht, um die Einhaltung der Werte sicherzustellen. Andernfalls würde gegen die Pflicht zur Durchführung des EG-Rechts verstoßen.

c) Rechtsnatur

Im Hinblick auf die weitreichenden Gestaltungs- und Bindungswirkun- 42 gen eines Luftreinhalte- bzw. Aktionsplans (oben Rn.37–41) spricht einiges dafür, den Luftreinhalte- bzw. Aktionsplan, ähnlich wie einen Landschaftsplan (vgl. Breuer, BesVerwR Rn.120), als Rechtsverordnung einzustufen. Da andererseits Außenstehende in keiner Weise gebunden werden, sprechen die wohl überwiegenden Gesichtspunkte für eine Einstufung als ein der Verwaltungsvorschrift ähnliches Instrument (vgl. Schulze-Fielitz GK 97). Dem steht nicht entgegen, dass durch den Luftreinhalte- bzw. Aktionsplan nicht nur Immissionsschutzbehörden, sondern auch die Behörden selbständiger Rechtsträger gebunden werden. Durch Gesetz lässt sich die Bindungswirkung von Verwaltungsvorschriften ausweiten (vgl. Maurer § 16 Rn.25, § 24 Rn.19). Auch die Öffentlichkeitsbeteiligung dürfte daran nichts ändern (Jarass, NVwZ 2003, 262). Allerdings ist die Rechtslage seit der Neufassung des § 47 zweifelhaft geworden.

d) Rechtsschutz

Da **Bürger** durch einen Luftreinhalte- oder Aktionsplan nicht (un- 43 mittelbar) gebunden werden (oben Rn.38), können sie den Plan gerichtlich nicht angreifen (Schulze-Fielitz GK 187). Soweit der Plan im Rahmen von Entscheidungen mit Außenwirkung zum Tragen kommt, kann die Rechtmäßigkeit des Plans inzidenter im Rahmen des Rechtsschutzes gegen die Entscheidungen überprüft werden. Drittbetroffene können den Erlass eines Plans nicht erzwingen. Auch können sie nicht verlangen, dass vor Erteilung einer Genehmigung nach § 4 ein Luftreinhalteplan aufgestellt wird (OVG Lüneb, GewArch 1977, 130).

Behörden anderer Rechtsträger, die der Bindung nach Abs.6 unter- 44 liegen, können dagegen mit der Feststellungsklage vorgehen, wenn sie in einem subjektiven Recht verletzt werden, was etwa bei Gemeinden in Betracht kommt (vgl. Schulze-Fielitz GK 188f).

7. Erlassene Pläne

45 Pläne iSd Abs.1–3 sind, soweit ersichtlich, bislang nicht erlassen worden. Die früher erlassenen Luftreinhaltepläne lassen sich allerdings Abs.3 zuordnen; doch ergingen sie ohne Öffentlichkeitsbeteiligung. Die Vorgaben zu den Wirkungen in Abs.6 gelten auch für die alten Pläne, da die Vorgaben fast wörtlich mit der Regelung des § 47 Abs.3 a.F. übereinstimmen.

46–50 (unbesetzt)

II. Rechtsverordnungen (Abs.7)

1. Bedeutung und Abgrenzung zu anderen Vorschriften

51 Die Vorschrift des Abs.7 ermächtigt zum Erlass von Rechtsverordnungen, die – wie die Pläne nach Abs.1, 2 – die Einhaltung von Immissionsgrenzwerten und Alarmschwellen sicherstellen sollen, die in einer Rechtsverordnung nach § 48a Abs.1 enthalten sind und damit EG-rechtlichen Bezug haben. Die Ermächtigung weist viele Ähnlichkeiten mit § 49 Abs.1 auf; bei den Voraussetzungen finden sich aber gewisse Unterschiede. Liegen sowohl die Voraussetzungen des § 47 Abs.7 wie des § 49 Abs.1 vor, hat der Verordnungsgeber die Wahl (Hansmann LR 30). Zur Abgrenzung zu sonstigen Ermächtigungen gelten die Ausführungen in Rn.2f zu § 49.

2. Ermächtigung für Rechtsverordnungen

a) Überschreitung von Immissionsgrenzwerten

52 Der Erlass einer Rechtsverordnung gem. Abs.7 S.1 setzt die Gefahr einer Überschreitung von Immissionswerten voraus, die in einer Rechtsverordnung gem. § 48a Abs.1 erlassen wurden und die daher EG-rechtlichen Ursprungs sind (vgl. Rn.1ff zu § 48a). Näher zu den einschlägigen Immissionsgrenzwerten oben Rn.7. Die Grenzwerte müssen verbindlich geworden sein, weshalb es auf Toleranzmargen nicht ankommt. Zu einer Überschreitung der Grenzwerte muss es noch nicht gekommen sein; vielmehr genügt eine derartige Gefahr. Insoweit gelten die Ausführungen oben in Rn.19. Insb. müssen konkrete Anhaltspunkte für ein Überschreiten vorliegen.

b) Anforderungen an Anlagenbetreiber

53 Was die möglichen Anforderungen angeht, die in einer Rechtsverordnung festgelegt werden können, so stimmt § 47 Abs.7 S.1 mit § 49 Abs.1 vollständig überein. Daher wird auf die Ausführungen in Rn.6–13 zu § 49 verwiesen. Tragen mehrere Emittenten zur Gefahr der Überschreitung von Immissionsgrenzwerten bei, sind gem. Abs.7 S.2 die Vorgaben des Abs.4 S.1 zu beachten; näher zu diesen Vorgaben oben Rn.13. Zudem ist der Grundsatz der Verhältnismäßigkeit zu wahren (dazu oben Rn.14). Schließlich kommt gem. Abs.7 S.2 der Vorbehalt zugunsten ortsrechtlicher Vorschriften in § 49 Abs.3 zum Tragen; näher dazu Rn.26f zu § 49.

Lärmminderungspläne § 47a

c) Formelle Voraussetzungen

Zuständig zum Erlass der Rechtsverordnungen ist die jeweilige *Landesregierung* oder die von ihr bestimmte Stelle. Insoweit gelten die diesbezüglichen Ausführungen in Rn.9 zu § 44 ganz entsprechend. Gem. Art.80 Abs.4 GG wird auch der Landesgesetzgeber ermächtigt. Den betroffenen Gemeinden dürfte aufgrund von Art.28 Abs.2 ein Anhörungsrecht zustehen (vgl. Rn.14 zu § 49). 54

3. Erlassene Rechtsverordnungen und ihre Behandlung

Rechtsverordnungen gem. § 47 Abs.7 sind bislang nicht erlassen worden. Zur Durchsetzung gelten die Ausführungen in Rn.16 zu § 49 entsprechend. Abweichend davon stellt der Verstoß jedoch in keinem Fall eine Ordnungswidrigkeit dar; wegen der Ungleichbehandlung im Vergleich zu Verordnungen nach § 49 Abs.1 liegt darin ein Verstoß gegen EG-Recht. Zum Rechtsschutz wird auf die Ausführungen in Rn.17f zu § 49 verwiesen. 55

§ 47a Lärmminderungspläne

(1) **In Gebieten, in denen schädliche Umwelteinwirkungen durch Geräusche hervorgerufen werden oder zu erwarten sind, haben die Gemeinden oder die nach Landesrecht zuständigen Behörden die Belastung durch die einwirkenden Geräuschquellen zu erfassen und ihre Auswirkungen auf die Umwelt festzustellen.**[2f]

(2) Die Gemeinde oder die nach Landesrecht zuständige Behörde hat für Wohngebiete und andere schutzwürdige Gebiete Lärmminderungspläne aufzustellen, wenn in den Gebieten nicht nur vorübergehend schädliche Umwelteinwirkungen durch Geräusche hervorgerufen werden oder zu erwarten sind und die Beseitigung oder Verminderung der schädlichen Umwelteinwirkungen ein abgestimmtes Vorgehen gegen verschiedenartige Lärmquellen erfordert.[4f] Bei der Aufstellung sind die Ziele der Raumordnung zu beachten; die Grundsätze und sonstigen Erfordernisse der Raumordnung sind zu berücksichtigen.[7]

(3) Lärmminderungspläne sollen Angaben enthalten über
1. die festgestellten und die zu erwartenden Lärmbelastungen,[6]
2. die Quellen der Lärmbelastungen[6] und
3. die vorgesehenen Maßnahmen zur Lärmminderung oder zur Verhinderung des weiteren Anstieges der Lärmbelastung.[7f]

(4) § 47 Abs.6 gilt entsprechend.[9]

Übersicht

1. Bedeutung und Abgrenzung zu anderen Vorschriften 1
2. Feststellung von Geräuschen und deren Wirkungen (Abs.1)   2
   a) Voraussetzungen 2
   b) Verpflichteter und Inhalt 3

§ 47a Überwachung der Luftverunreinigung

    3. Lärmminderungspläne 4
       a) Voraussetzungen, Aufstellungspflicht, Verpflichteter, Verfahren 4
       b) Inhalt 6
       c) Wirkungen, Rechtsnatur, Rechtsschutz 9

Literatur: *Wiesner,* EU-Umgebungslärmrichtlinie und ihre Folgen vor Ort, Staat und Gemeinde 2003, 100; *Schmidt,* Weiterentwicklung der Lärmminderungsplanung, UPR 2002, 327; *Mitschang,* Lärmminderungsplan als wichtige gemeindliche Aufgabe zum Schutz vor Lärm, ZfBR 2002, 438; *Rothe/Korndörfer,* Städtische Wohnqualität durch Lärmminderungspläne, Städtetag 2002, Nr.10, 9; *Schmidt,* Entwicklung der Lärmminderungsplanung, UPR 1995, 379; *Trute,* Das Planungsinstrumentarium des Bundes-Immissionsschutzgesetzes, in: Koch/Lechelt (Hg.), Zwanzig Jahre Bundes Immissionsschutzgesetz, 1994, 155; *Schulze-Fielitz,* Rechtsfragen der Durchsetzung von Luftreinhalte- und Lärmminderungsplänen, UPR 1992, 41; *Schulze-Fielitz/Berger,* Lärmminderungspläne als neue Form der Umweltplanung, DVBl 1992, 389.

1. Bedeutung und Abgrenzung zu anderen Vorschriften

1   § 47a bildet für den Bereich des Lärmschutzes das Gegenstück zu den die Luftreinhaltung betreffenden Vorschriften der §§ 44–47 (vgl. Rn.1 zu § 44). Die Vorschrift dient dem flächenbezogenen Lärmschutz, unabhängig von der Art der Lärmquelle. Gem. Abs.1 sind die Lärmemissionen und -immissionen sowie deren Auswirkungen zu ermitteln und ggf. auf Grund von Abs.2 ein Lärmminderungsplan aufzustellen. Die Vorschrift erfasst trotz § 2 Abs.1 Nr.4 auch Verkehrsgeräusche, da sie anderenfalls keinen rechten Sinn hätte (Dürr, UPR 1992, 247; Stettner UL C1); den Verkehrsgeräuschen kommt vielfach besonderes Gewicht zu (Schulze-Fielitz GK 123). § 47a schließt Ermittlungen und die Aufstellung von Lärmminderungsplänen in Fällen, in denen die Voraussetzungen des § 47a fehlen, nicht aus (Hansmann LR 15; vgl. Rn.5 zu § 47). Sonstige Pläne haben jedoch nicht die Wirkung des Abs.4. Zu den Luftreinhalteplänen Rn.7ff, 28ff zu § 47. Zur Auslegung und Anwendung des § 47a hat der LAI eine MusterVwV am 30. 3./1. 4. 1992 beschlossen (abgedr. bei UL LAI 8). Vgl. auch den Vorentwurf zu DIN 45682 „Schallimmissionspläne".

2. Feststellung von Geräuschen und deren Wirkungen (Abs.1)

a) Voraussetzungen

2   Feststellungen gem. Abs.1 sind geboten, wenn in einem Gebiet schädliche Umwelteinwirkungen (näher dazu Rn.21 ff zu § 3), also Gefahren, erhebliche Nachteile oder erhebliche Belästigungen durch Geräusche auftreten oder zu erwarten sind (näher Schulze-Fielitz/Berger, DVBl 1992, 392 ff). Anhaltspunkte dazu finden sich in Nr.5.4 der MusterVwV des LAI (oben Rn.1). Von welchen Quellen die Geräusche ausgehen, ist unerheblich. Des Weiteren dürfte die Erhebungspflicht nur dann bestehen, wenn den schädlichen Umwelteinwirkungen allein durch ein *abgestimmtes Vorgehen* und nicht durch Maßnahmen gegenüber einer bestimmten Ge-

Lärmminderungspläne **§ 47a**

räuschquelle begegnet werden kann (Stettner UL C 1; vgl. Rn.30 zu § 47). Die Feststellungen bilden eine Vorstufe für den Erlass eines Lärmminderungsplans, für den es gem. Abs.2 S.1 gerade auf diesen Umstand ankommt. Punktuelle schädliche Umwelteinwirkungen lassen daher Abs.1 regelmäßig nicht zum Tragen kommen (Hansmann LR 6; Schmidt, UPR 1995, 380).

b) Verpflichteter und Inhalt

Die Feststellungen sind von der zuständigen Gemeinde zu treffen, sofern das Landesrecht nicht eine andere Stelle mit der Aufgabe betraut (vgl. Amtl. Begr., BT-Drs.11/4909, 23; Hansmann LR 12). Gegenständlich sind Lärmemissionen und -immissionen zu ermitteln, auch soweit sie von Fahrzeugen ausgehen (oben Rn.1). Für die Immissionen spielt dabei eine Rolle, inwieweit sich die Geräusche überdecken (Hansmann LR 9). Weiter sind die Auswirkungen der Immissionen auf die Umwelt festzustellen, wozu die gesamte Nachbarschaft gehört, insbesondere auch alle betroffenen Personen (Hansmann LR 10). 3

3. Lärmminderungspläne

a) Voraussetzungen, Aufstellungspflicht, Verpflichteter, Verfahren

Die Pflicht zur Aufstellung eines Lärmminderungsplans setzt zunächst voraus, dass Gefahren, erhebliche Nachteile oder erhebliche Belästigungen durch Geräusche auftreten. Diese Voraussetzung ist gegeben, wenn die Schutz- und Gefahrenabwehrpflicht, wie sie etwa durch Nr.3.2 TA Lärm konkretisiert wird, nicht eingehalten ist. Weiter müssen die Geräusche in einem Wohngebiet oder in einem anderen schutzwürdigen Gebiet auftreten. Die damit erfassten Gebiete fallen etwas umfangreicher aus als die der Parallelregelung in § 50 (vgl. Rn.11 zu § 50) und umfassen auch Dorf-, Kern- und Mischgebiete (Hansmann LR 16; Schmidt, UPR 2002, 329; Schulze-Fielitz GK 182). Schließlich muss die Beseitigung oder Verminderung der schädlichen Umwelteinwirkungen ein abgestimmtes Vorgehen gegen verschiedenartige Lärmquellen erfordern (Schulze-Fielitz/Berger, DVBl 1992, 395 f; Schmidt, UPR 1995, 393 f). Die Betonung liegt dabei auf *abgestimmten* Vorgehen (vgl. Rn.30 zu § 47). Die Verschiedenartigkeit der Lärmquellen dürfte dagegen nur ein wichtiger Grund für die Notwendigkeit eines abgestimmten Vorgehens sein (ähnlich Hansmann LR 20; Schulze-Fielitz GK 173). 4

Ein abgestimmtes, planvolles Vorgehen ist regelmäßig unnötig, wenn die schädlichen Umwelteinwirkungen zeitlich nur vorübergehend auftreten (Mitschang, ZfBR 2002, 441), wie Abs.2 ausdrücklich deutlich macht. Die Umwelteinwirkungen brauchen aber nicht ständig aufzutreten; entscheidend ist, ob ein planvolles Vorgehen zur Vermeidung der schädlichen Umwelteinwirkungen geboten ist (Hansmann LR 19).

Liegen die oben in Rn.4 beschriebenen Voraussetzungen vor, **muss** ein Lärmminderungsplan erstellt werden. Allerdings besteht ein erheblicher 5

§ 47a

Spielraum bei der Beurteilung der Voraussetzungen (Schulze-Fielitz GK 169; Hansmann LR 13). Zuständig ist die jeweilige **Gemeinde,** sofern das Landesrecht nichts anderes vorsieht (Hansmann LR 15; vgl. oben Rn.3). Zur Aufstellung von Lärmminderungsplänen in anderen Fällen oben Rn.1. Was das **Verfahren** angeht, so sind die Behörden anderer Träger öffentlicher Gewalt anzuhören, soweit sie durch den Lärmminderungsplan verpflichtet werden sollen (Schulze-Fielitz GK 105, 282; Mitschang, ZfBR 2002, 444; Schmidt, UPR 2002, 328). Eine Beteiligung der Öffentlichkeit ist zweckmäßig, aber nicht geboten.

b) Inhalt

6   aa) Der Lärmminderungsplan enthält zunächst deskriptive Angaben zu den festgestellten und den zu erwartenden **Lärmbelästigungen** (Abs.3 Nr.1) und zu den **Quellen** der Lärmbelastungen (Abs.3 Nr.2). Wie umfangreich die diesbezüglichen Angaben sind, liegt im Planungsermessen der Behörde.

7   bb) Des Weiteren sind in dem Plan als dessen Kernstück (Schulze-Fielitz GK 194) **Maßnahmen** zur Minderung der Geräusche oder zur Verhütung eines weiteren Geräuschanstiegs aufzuführen (Abs.3 Nr.3). In Betracht kommen alle Maßnahmen, die zur Erreichung der Ziele des Lärmminderungsplans beitragen können. Im Einzelnen gilt insoweit nichts anderes als bei einem Luftreinhalteplan, weshalb auf die Ausführungen in Rn.11 zu § 47 verwiesen wird. **Im Einzelnen** kommen etwa in Betracht: verkehrslenkende Maßnahmen aller Art, die Differenzierung des Straßennetzes und die Entmischung nach Fahrzeugarten, insb. Lkw-Fahrverbote in bestimmten Gebieten, Schallschutzwände u.a. (Schulze-Fielitz GK 202ff). Die Rechtsgrundlagen der Maßnahmen werden sich außer im Immissionsschutzrecht vor allem im Straßenverkehrsrecht und im Straßenrecht (dazu Schulze-Fielitz GK 233ff, 239ff) sowie im Bauplanungsrecht (dazu Schulze-Fielitz GK 260ff) finden.

8   Bei der Entscheidung über die Maßnahmen sind nach der 2002 neu gefassten (Einl.2 Nr.38) Vorschrift des Abs.2 S.2 die Ziele der **Raumordnung** iSd § 3 Nr.2 ROG zu *beachten;* sie bilden somit strikt verbindliche Vorgaben. Grundsätze der Raumordnung iSd § 3 Nr.3 ROG und sonstige Erfordernisse der Raumordnung iSd § 3 Nr.4 ROG sind hingegen nur zu *berücksichtigen,* können somit in der Abwägung zurückgestellt werden. Weiter ist auch hier die **Pflicht zur Rücksichtnahme** auf Land und Bund (dazu Rn.32 zu § 47) bedeutsam (Stettner UL D1; Schulze-Fielitz GK 102). In der Regel wird eine vorherige Anhörung von betroffenen Fachbehörden des Landes oder des Bundes geboten sein (Schulze-Fielitz, UPR 1992, 47; Trute o. Lit. 176).

c) Wirkungen, Rechtsnatur, Rechtsschutz

9   Hinsichtlich der **Wirkungen** findet gem. Abs.4 die Vorschrift des § 47 Abs.6 Anwendung. Lärmminderungspläne sind daher wie Luftreinhaltepläne rechtlich bindend für alle Träger öffentlicher Verwaltung (Rn.38f zu

Lärmminderungspläne **§ 47a**

§ 47; Schulze-Fielitz GK 208 ff; anders Dürr, UPR 1992, 247). Durchgreifende verfassungsrechtliche Bedenken gegen eine Bindung anderer Behörden an den von einer Gemeinde erlassenen Lärmminderungsplan bestehen ebenso wenig wie bei einem Luftreinhalteplan (Rn.38 zu § 47), sofern das Rücksichtnahmegebot und die Anhörungspflicht beachtet wurden (Schulze-Fielitz GK 99 ff). Allerdings sind die Behörden nur insoweit gebunden, als die einschlägigen Vorschriften die Durchführung der vorgegebenen Maßnahmen gestatten (näher Rn.37 zu § 47). Insb. bedürfen für den Bürger belastende Maßnahmen einer gesetzlichen Ermächtigung; die Vorschrift des § 47a genügt insoweit nicht. Was die Reichweite der Bindungswirkung angeht, gelten die gleichen Unterschiede wie bei einem Luftreinhalteplan zwischen Anordnungen und sonstigen Entscheidungen einerseits und planungsrechtlichen Festlegungen andererseits; vgl. Rn.39–41 zu § 47. Bei Anordnungen nach § 17 oder § 24 sind die Vorgaben der Nr.5.3 Abs.2, 3 TA Lärm zu beachten.

Was die **Rechtsnatur** des Lärmminderungsplans angeht, wird auf die 10 Ausführungen in Rn.42 zu § 47 verwiesen. Für den **Rechtsschutz** gegen einen Lärmminderungsplan gelten die Ausführungen in Rn.43 f zu § 47 entsprechend.

Sechster Teil. Gemeinsame Vorschriften

§ 48 Verwaltungsvorschriften

Die Bundesregierung erlässt nach Anhörung der beteiligten Kreise (§ 51) mit Zustimmung des Bundesrates[8] zur Durchführung dieses Gesetzes und der auf Grund dieses Gesetzes erlassenen Rechtsverordnungen des Bundes allgemeine Verwaltungsvorschriften, insbesondere über

1. Immissionswerte, die zu dem in § 1 genannten Zweck nicht überschritten werden dürfen,
2. Emissionswerte, deren Überschreiten nach dem Stand der Technik vermeidbar ist,
3. das Verfahren zur Ermittlung der Emissionen und Immissionen,
4. die von der zuständigen Behörde zu treffenden Maßnahmen bei Anlagen, für die Regelungen in einer Rechtsverordnung nach § 7 Abs.2 oder 3 vorgesehen werden können, unter Berücksichtigung insbesondere der dort genannten Voraussetzungen.[6]

Bei der Festlegung der Anforderungen sind insbesondere mögliche Verlagerungen von nachteiligen Auswirkungen von einem Schutzgut auf ein anderes zu berücksichtigen; ein hohes Schutzniveau für die Umwelt insgesamt ist zu gewährleisten.[5]

Übersicht

I. Ermächtigung des § 48	1
1. Bedeutung, Abgrenzung, EG-Recht	1
a) Bedeutung und Abgrenzung zu anderen Vorschriften	1
b) EG-Recht	4
2. Mögliche Inhalte und Verfahren	5
a) Inhalt	5
b) Verfahren	8
3. Erlassene Verwaltungsvorschriften	9
II. TA Lärm	12
1. Erlass und Bedeutung	12
2. Anwendungsbereich	13
3. Einhaltung der Schutz- bzw. Gefahrenabwehrpflicht	16
a) Immissionsrichtwerte	16
b) Sonderfallprüfung	22
4. Einhaltung der Vorsorgepflicht	23
III. TA Luft	27
1. Erlass und Bedeutung	27
2. Anwendungsbereich	28

3. Einhaltung der Schutz- bzw. Gefahrenabwehrpflicht 30
   a) Immissionswerte 30
   b) Sonderfallprüfung 33
4. Einhaltung der Vorsorgepflicht 34
   a) Allgemeine Vorgaben 34
   b) Spezielle Vorgaben 37
IV. Innen- und Außenwirkung von Verwaltungsvorschriften nach § 48 41
1. Innenwirkung 41
2. Grundlagen der Außenwirkung 42
   a) Probleme der Außenwirkung 42
   b) Dogmatische Basis der Außenwirkung (Normkonkretisierung) 43
   c) Normkonkretisierende Wirkung von TA Luft, TA Lärm und anderen Verwaltungsvorschriften 46
3. Grenzen der Außenwirkung normkonkretisierender Verwaltungsvorschriften 49
   a) Beschränkung auf den Aussage- und Regelungsgehalt 49
   b) Beschränkung durch neue Erkenntnisse 52
   c) Beschränkung bei atypischen Sachverhalten 53
   d) Beschränkung durch Rechtsnormen 54
4. Rechtsschutz 55
5. Außenwirkung anderer Verwaltungsvorschriften 58
6. Bedeutung von Verwaltungsvorschriften für privatrechtliche Streitigkeiten 59
V. Anhang: Private (technische) Normen 62

Literatur: *Faßbender,* Neues zur Bindungswirkung normkonkretisierender Verwaltungsvorschriften, UPR 2002, 15; *Jarass,* Bindungswirkung von Verwaltungsvorschriften, JuS 1999, 105; *Gusy,* Die untergesetzliche Rechtsetzung nach dem Bundes-Immissionsschutzgesetz aus verfassungsrechtlicher Sicht, in: Koch/Lechelt (Hg.), Zwanzig Jahre Bundes-Immissionsschutzgesetz, 1994, 185; *Sendler,* Normkonkretisierende Verwaltungsvorschriften im Umweltrecht, UPR 1993, 321; *Guttenberg,* Unmittelbare Außenwirkung von Verwaltungsvorschriften?, JuS 1993, 1007; *Koch,* Die gerichtliche Kontrolle technischer Regelwerke im Umweltrecht, ZUR 1993, 103; *Hansmann,* Die Umsetzung von EG-Umweltschutzrichtlinien durch Verwaltungsvorschriften, in: Breuer u. a. (Hg.), Jahrbuch des Umwelt- und Technikrechts, 1992, 21; *Steiling,* Mangelnde Umsetzung von EG-Richtlinien durch den Erlaß und die Anwendung der TA Luft, NVwZ 1992, 134; *Jarass,* Das untergesetzliche Regelwerk im Bereich des Atom- und Strahlenschutzrechts, in: Lukes (Hg.), Reformüberlegungen zum Atomrecht, 1991, 367; *Sellner,* Beurteilungsspielräume der Exekutive und ihre Handhabung im Immissionsschutzrecht, in: Ministerium für Umwelt NRW (Hg.), Neuere Entwicklungen im Immissionsschutzrecht, Umweltrechtstage 1991, 24; *Hansmann,* Zur Problematik der Festsetzung von Immissionsgrenzwerten, Festschrift für Sendler, 1991, 285; *Langenfeld/Schlemmer-Schulte,* Die TA Luft – Kein geeignetes Instrument zur Umsetzung von EG-Richtlinien, EuZW 1991, 622; *Vallendar,* Immissionswerte der TA Luft, UPR 1989, 213; *Breuer,* Die internationale Orientierung von Umwelt- und Technikstandards im deutschen und europäischen Recht, in: drs. u. a. (Hg.), Jahrbuch des Umwelt- und Technikrechts, 1989, 43; *Kunert,* Normkonkretisierung im Umweltrecht, NVwZ 1989, 1018; *Jarass,* Der rechtliche Stellenwert wissenschaftlicher und technischer Standards –

Verwaltungsvorschriften **§ 48**

Probleme und Lösungen am Beispiel der Umweltstandards, NJW 1987, 1225; *Winter*, Gesetzliche Anforderungen an Grenzwerte für Luftimmissionen, in: Winter (Hg.), Grenzwerte, 1986, 127; *Feldhaus,* Entwicklung und Rechtsnatur von Umweltstandards, UPR 1982, 137. – Zur TA Lärm vgl. Literatur in Anhang B 1. Zur TA Luft vgl. Literatur in Anhang B 2.

I. Ermächtigung des § 48

1. Bedeutung, Abgrenzung, EG-Recht

a) Bedeutung und Abgrenzung zu anderen Vorschriften

Die Vorgaben des BImSchG wie der darauf gestützten Rechtsverordnungen werfen häufig schwierige Auslegungsfragen auf. Ein wirksamer Umweltschutz wird dadurch erheblich behindert. Die Auslegungsprobleme zu reduzieren, ist eine wesentliche Aufgabe von Verwaltungsvorschriften. Darüber hinaus dienen die Verwaltungsvorschriften der Ausfüllung von Ermessens- und Beurteilungsspielräumen, um insoweit für ein einheitliches Vorgehen der Verwaltung zu sorgen. **1**

Die Ermächtigung des § 48 zum Erlass allgemeiner Verwaltungsvorschriften durch die Bundesregierung ist an sich unnötig, weil die Befugnis dazu bereits aus Art.84 Abs.2 GG folgt (Feldhaus FE 3). § 48 S.1 schreibt allerdings zusätzlich die Anhörung der beteiligten Kreise gem. § 51 vor. Darüber hinaus bildet die Ermächtigung des § 48 ein Indiz für einen **Standardisierungsspielraum** und die damit verbundene Außenwirkung (näher unten Rn.45). Neben der Befugnis soll § 48 auch eine **Pflicht zum Erlass** von Verwaltungsvorschriften enthalten (BVerwGE 55, 250/254 ff = NJW 1978, 1450; Nds OVG, NVwZ 1985, 357; Feldhaus FE 3; a.A. Koch GK 41), die der Bundesregierung allerdings einen weiten Spielraum belässt und allein im öffentlichen Interesse besteht (Hansmann LR 12; i.E. ebenso BVerfG, UPR 1983, 374). **2**

§ 48 lässt das Recht der **Länder,** Verwaltungsvorschriften zu erlassen, grundsätzlich unberührt (OVG NW, BauR 1988, 79). Soweit allerdings (wirksame) bundesrechtliche Verwaltungsvorschriften bestehen und abschließenden Charakter haben, sind landesrechtliche Regelungen ausgeschlossen bzw. unwirksam (ähnlich Feldhaus FE 8; Hansmann LR 16). **3**

b) EG-Recht

Die Integrationsklausel des § 48 S.2 geht auf die Richtlinie 96/61/EG über die integrierte Vermeidung und Verminderung der Umweltverschmutzung (Einl.34 Nr.8) zurück (unten Rn.4). Zur Umsetzung von EG-Recht sind allerdings Verwaltungsvorschriften nicht geeignet, sofern die Vorgaben des EG-Rechts die Statuierung von Rechten und Pflichten des Bürgers verlangen (EuGHE 1991, I-2567 Rn15f = EuZW 1991, 440), wie das für die alte TA Luft vom EuGH entschieden wurde (unten Rn.46). Allerdings hat das BVerwG die Außenwirkung der TA Luft (und ähnlicher Verwaltungsvorschriften) nach der Entscheidung des EuGH **4**

§ 48 Gemeinsame Vorschriften

insb. zu Gunsten Dritter verstärkt (unten Rn.56f). Gleichwohl verbleibt ein EG-rechtlich wohl nicht hinnehmbarer Unterschied (i. E. Biesecke, ZUR 2002, 329; Böhm, ZUR 2002, 11; Wahl, ZUR 2000, 365f).

2. Mögliche Inhalte und Verfahren
a) Inhalt

5   § 48 S.1 ermächtigt zum Erlass beliebiger Verwaltungsvorschriften, soweit diese der Durchführung des BImSchG oder der Durchführung von auf Grund des BImSchG erlassenen Rechtsverordnungen dienen (s. allerdings zu Sonderermächtigungen oben Rn.3). Die in der Vorschrift aufgeführten Beispiele sind nicht abschließend (Feldhaus FE 4; Hansmann LR 25). Insbesondere sind Regelungen nicht nur im Bereich des anlagenbezogenen Immissionsschutzes, sondern auch in anderen Bereichen des Immissionsschutzes möglich. Allerdings dürfte sich § 48 auf verhaltenslenkende Verwaltungsvorschriften (dazu Ossenbühl, in: Erichsen (Hg.), Allgemeines Verwaltungsrecht, 10. Aufl. 1995, § 6 Rn.46) beziehen, nicht auf Verwaltungsvorschriften zur Organisation der Verwaltung. Dafür sprechen die in § 48 aufgeführten Beispiele. Des Weiteren ist bei Verwaltungsvorschriften zur Organisation eine Anhörung der beteiligten Kreise unangemessen. Verwaltungsvorschriften zur Organisation können auf Grund von Art.84 Abs.2 GG von der Bundesregierung erlassen werden. Gem. § 48 S.2 ist auch beim Erlass von Verwaltungsvorschriften die Zielsetzung des *integrierten,* medienübergreifenden *Umweltschutzes* zu beachten (dazu Hansmann LR 24a; Sellner, in: Dolde (Hg.), Umweltrecht im Wandel, 2001, 407ff), womit auch den Vorgaben der Richtlinie 96/61/EG über die integrierte Vermeidung und Verminderung der Umweltverschmutzung (Einl.34 Nr.8) Rechnung getragen wird. Insoweit kann auf die Ausführungen in Rn.8–11 zu § 1 verwiesen werden. Davon wurde etwa in Nr.5.1.3 der TA Luft Gebrauch gemacht.

6   Einige mögliche Inhalte der Verwaltungsvorschriften sind in § 48 S.1 aufgeführt. Der Streit, welchen Charakter die in Nr.1 genannten **Immissionswerte** haben, ob sie insb. als Anhaltswerte oder als (genaue) Grenzwerte, als Höchst- oder als Mindestwerte anzusehen sind (dazu Hansmann LR 28ff), ist wenig bedeutsam, da die Beispiele und damit auch die Nr.1 nicht abschließend sind (oben Rn.4). Im Übrigen ist der Begriff der Immissionswerte im BImSchG regelmäßig weit gemeint, erfasst somit Grenzwerte wie Zielwerte und andere Werte (vgl. Rn.5 zu § 48a). Welche Natur die gem. § 48 festgelegten Immissionswerte haben, kann immer nur durch Interpretation der jeweiligen Verwaltungsvorschrift bestimmt werden (ähnlich Hansmann LR 32; anders anscheinend BVerwGE 55, 250/258 = NJW 1978, 1450; Feldhaus FE 5). Entsprechendes gilt für die **Emissionswerte** der Nr.2 (dazu Hansmann LR 45ff). Die in Nr.3 genannten Verwaltungsvorschriften über **Emissions- und Immissionsmessverfahren** sind in erster Linie von Bedeutung für Messungen, die im Rahmen des § 52 von Behörden oder in ihrem Auftrag vorgenommen

Verwaltungsvorschriften **§ 48**

werden. Sie können aber auch in den Inhalt von Messanordnungen nach §§ 26, 28, 29 eingehen. Soweit es um die Ermittlung der Emissionen und Immissionen durch Anlagenbetreiber geht, ist zu beachten, dass eine Verwaltungsvorschrift Anlagenbetreiber nicht bindet. Die 1985 (Einl.2 Nr.8) eingefügte Nr.4 stellt klar, dass Verwaltungsvorschriften auch zum Zwecke der **Vorsorge** für bestehende Anlagen nach dem Muster des § 7 Abs.2 Übergangsregelungen (dazu Rn.12f zu § 7) und nach dem Muster des § 7 Abs.3 Kompensationsregelungen (dazu Rn.14–17 zu § 7) treffen können. Davon wurde durch die Nr.4.2 der TA Luft Gebrauch gemacht.

Die Beschränkung der Bundesregierung auf **Allgemeine** Verwaltungs- 7 vorschriften bedeutet lediglich, dass sie keine Einzelfallanweisungen erteilen darf (Lerche, in: Maunz/Dürig, GG, Art.84 Rn.105). Dagegen können die Verwaltungsvorschriften durchaus sachlich oder gegenständlich beschränkt sein.

b) Verfahren

Eine auf § 48 gestützte Verwaltungsvorschrift muss von der (gesamten) 8 Bundesregierung, nicht etwa vom zuständigen Bundesminister, erlassen werden. Des Weiteren bedarf sie der Zustimmung des Bundesrats; ohne die Zustimmung ist sie unwirksam (Hansmann LR 23). Schließlich ist die Anhörung der beteiligten Kreise erforderlich; näher dazu Rn.1ff zu § 51. Die verfahrensrechtlichen Vorgaben sind ein Indiz für einen Standardisierungsspielraum und die damit verbundene Außenwirkung (dazu unten Rn.45). Die Verwaltungsvorschrift kann auch auf die Bekanntmachung sachverständiger Stellen verweisen (Schmatz/Nöthlichs 1), obgleich eine Ermächtigung iSd § 7 Abs.5 fehlt. Eine solche Ermächtigung ist aber bei einer Verwaltungsvorschrift unnötig. Die Verwaltungsvorschrift muss, jedenfalls soweit sie Außenwirkung entfalten kann, veröffentlicht werden (Koch GK 85) oder den Betroffenen zumindest zugänglich sein (Hansmann LR 24).

3. Erlassene Verwaltungsvorschriften

Gestützt auf § 48 ergingen neben der TA Lärm (unten Rn.12–23) und 9 der TA Luft (unten Rn.17–37) folgende Verwaltungsvorschriften:
– Allgemeine Verwaltungsvorschrift zur 1. BImSchV (GMBl 1981, 482).
– Erste Allgemeine Verwaltungsvorschrift zur 3. BImSchV; dazu Rn.15 zu § 34.
– Erste Allgemeine Verwaltungsvorschrift zur 10. BImSchV; dazu Rn.17 zu § 34.
– Erste Allgemeine Verwaltungsvorschrift zur Störfall-VO; dazu Rn.28 zu § 7.
– Zweite Allgemeine Verwaltungsvorschrift zur Störfall-VO; dazu Rn.28 zu § 7.
– Dritte Allgemeine Verwaltungsvorschrift zur Störfall-VO; dazu Rn.28 zu § 7.

§ 48 Gemeinsame Vorschriften

Die 2. BImSchVwV und die 3. BImSchVwV wurden durch Art.2 Nr.11, 12 der VO zur Einführung der Geräte- und Maschinenlärmschutzverordnung vom 29. 8. 2002 (BGBl I 3482) aufgehoben. Die (obsolete) 4. BImSchVwV stützte sich auf § 45 a. F. Die (obsolete) 5. BImSchVwV fand ihre Grundlage in § 46 a. F.

10–11 (unbesetzt)

II. TA Lärm

1. Erlass und Bedeutung

12 Als Sechste Allgemeine Verwaltungsvorschrift zum Bundes-Immissionsschutzgesetz wurde am 26. 8. 1998 von der Bundesregierung nach Anhörung der beteiligten Kreise und mit Zustimmung des Bundesrats die „Technische Anleitung zum Schutz gegen Lärm" (TA Lärm) erlassen (GMBl 503); abgedr. mit Literaturhinweisen in Anhang B 1. Sie konkretisiert im Hinblick auf Geräusche die Anforderungen des BImSchG für genehmigungsbedürftige Anlagen (unten Rn.13) und für nicht genehmigungsbedürftige Anlagen (unten Rn.14), mit bestimmten Ausnahmen (unten Rn.15). Zur Auslegung der Verwaltungsvorschrift vgl. die Amtl. Begründung und die Stellungnahme des Bundesrats (BR-Drs. 254/98). Zur internen Bindungswirkung unten Rn.41, zur externen Bindungswirkung unten Rn.44f, 47, 49–54. Zum Rechtsschutz unten Rn.55–57.

2. Anwendungsbereich

13 Die TA Lärm betrifft zunächst die **genehmigungsbedürftigen Anlagen** (dazu Rn.13–29 zu § 4). Für solche Anlagen werden zum einen die Voraussetzungen der Erteilung einer *Genehmigung* festgelegt, wobei zwischen Erstgenehmigungen und Änderungsgenehmigungen kein Unterschied gemacht wird. Detailliert geregelt wird insoweit die Einhaltung der Schutz- und Gefahrenabwehrpflicht (näher unten Rn.16–22) sowie sehr knapp die Vorsorgepflicht (unten Rn.23). Zum anderen finden sich Vorgaben für den Erlass *nachträglicher Anordnungen* (dazu Rn.54 zu § 17). Insoweit enthält die Nr.5.1 TA Lärm wichtige Vorgaben, die allerdings, was das Anspruchsniveau angeht, deutlich hinter den Vorgaben für das Genehmigungsverfahren zurückbleiben; insbesondere wird die Berücksichtigung der Vorbelastung in Nr.5.1 Abs.3 TA Lärm eingeschränkt (zur Problematik Rn.60 zu § 17). Tragen mehrere Betreiber immissionsschutzrechtlicher Anlagen zur Lärmbelastung bei, gilt Nr.5.3 der TA Lärm.

14 Die TA Lärm gilt weiterhin für immissionsschutzrechtlich **nicht genehmigungsbedürftige Anlagen** (OVG NW, NWVBl 2003, 243f), etwa für Windenergieanlagen (OVG NW, NVwZ 2003, 756; Ohms, DVBl 2003, 961f; für Orientierungshilfe OVG RP, NuR 2003, 769) so-

Verwaltungsvorschriften **§ 48**

wie für Gaststätten (BVerwG, GewArch 2003, 301; vgl. allerdings unten Rn.11). Für neue Anlagen ist Nr.4 TA Lärm zu beachten. Bei bestehenden Anlagen kommen im Wesentlichen gem. Nr.5.2 TA Lärm Regelungen, die für nachträgliche Anordnungen bei genehmigungsbedürftigen Anlagen gelten (oben Rn.13), zur Anwendung. Nicht zum Tragen kommt jedoch die Privilegierung der Nr.5.1 Abs.3 TA Lärm, die eine Berücksichtigung der Vorbelastung bei Anordnungen gegenüber genehmigungsbedürftigen Anlagen teilweise ausschließt, da insoweit eine volle Prüfung im Genehmigungsverfahren erfolgt ist (vgl. Amtl. Begründung, BR-Drs. 502/98, S.49). Konkretisierende Vorgaben finden sich auch für Anordnungen nach § 24 (dazu Rn.20 zu § 24). Zum Einfluss auf die Bauleitplanung BVerwG, DVBl 2003, 801 f.

Gem. Nr.1 Abs.2 TA Lärm **gilt** die Verwaltungsvorschrift **nicht** für 15 folgende Anlagen: Sportanlagen (dazu Rn.27 f zu § 23), Freizeitanlagen sowie Freiluftgaststätten (vgl. allerdings oben Rn.14), (nicht genehmigungsbedürftige) landwirtschaftliche Anlagen, Schießplätze, Tagebaue, Baustellen, Seehafen-Umschlaganlagen und Anlagen für soziale Zwecke. Die unscharfen Begriffe der „landwirtschaftlichen Anlagen" und der „Anlagen für soziale Zwecke" müssen restriktiv interpretiert werden (Hansmann ZUR 2002, 208). Für die nicht erfassten Anlagen ist unmittelbar auf die gesetzlichen Vorgaben zurückzugreifen (Hansmann, ZUR 2002, 208), soweit sie nicht in einer Rechtsverordnung konkretisiert wurden. Darüber hinaus kann die TA Lärm als Anhaltspunkt oder gar entsprechend herangezogen werden (VGH BW, NVwZ 2001, 1185; Hansmann, ZUR 2002, 208). Zur Beurteilung von Freizeitlärm Rn.47 zu § 22.

3. Einhaltung der Schutz- bzw. Gefahrenabwehrpflicht

a) Immissionsrichtwerte

aa) Die Pflicht des § 5 Abs.1 S.1 Nr.1 ist gem. Nr.3.2.1 Abs.1 TA Lärm 16 gewahrt, wenn die **Immissionsrichtwerte** der Nr.6 TA Lärm eingehalten sind. Von Richtwerten wird gesprochen, weil die Nr.3.2.1 Abs.2–6 und die Nr.3.2.2 TA Lärm in einer Reihe von Fällen in gewissem Umfang Überschreitungen der Richtwerte zulassen (unten Rn.21). Im Übrigen sind die Richtwerte aber strikt einzuhalten; zu den zusätzlich einzuhaltenden Vorsorgeanforderungen unten Rn.23.

Abweichend von der alten TA Lärm wird durch Nr.3.2.1 Abs.1 iVm 17 Nr.2.4 Abs.3 TA Lärm die **Gesamt-Immissionsbelastung** für den Betroffenen (Akzeptor) zugrunde gelegt, beschränkt allerdings auf die von der TA Lärm erfassten Anlagen (BR-Drs. 254/98, S.47 f; Ohms Rn.165); zu den nicht erfassten Anlagen oben Rn.15. Dementsprechend ist der durch die fragliche Anlage bedingte Lärm (Zusatzbelastung) mit dem Lärm der anderen Quellen (Vorbelastung) zur Gesamtbelastung zu „addieren". Dadurch können die gesetzlichen Anforderungen zumeist umgesetzt werden (zur Relevanz der Gesamtbelastung Rn.49 f zu § 3); zur Sonderfallprüfung in bestimmten Fällen unten Rn.22. Zum Mitverursachungsanteil Rn.17 zu § 5.

18 Die Berücksichtigung von **Verkehrslärm** hat in Nr.7.4 TA Lärm eine nähere Regelung erfahren: Danach unterliegen gem. Nr.7.4 Abs.1 TA Lärm bestimmte, mit dem Anlagenbetrieb verbundene Verkehrsvorgänge den strengen Vorgaben für Anlagen, während für die von Nr.7.4 Abs.2 TA Lärm erfassten betriebsveranlassten Verkehrsgeräusche auf öffentlichen Verkehrsflächen nur die 16. BImSchV gilt (näher OVG NW, NVwZ 2004, 367; Ohms Rn.185). Für Parkplätze dürften generell die anlagenbezogenen Vorgaben gelten (Hansmann, ZUR 2002, 209; wohl auch BVerwG, NVwZ 1999, 527). Dagegen kommt für eine Stichstraße zur Erschließung eines Gewerbegebiets die 16. BImSchV zur Anwendung (BVerwG, NVwZ 2001, 433f). Nicht anlagenbedingte Verkehrsgeräusche auf öffentlichen Verkehrsflächen sind im Rahmen einer Sonderfallprüfung bei der Beurteilung der Anlagengeräusche zu berücksichtigen, um nicht gegen das BImSchG zu verstoßen (Kutscheidt LR § 3 Rn.16b; Koch GK § 4 Rn.99; a.A. Ohms Rn.187). Die Regelung der Nr.7.4 TA Lärm ist auch bei Gaststätten bedeutsam (VGH BW, NVwZ-RR 2003, 750).

19 bb) Was die **Ermittlung** des Lärms angeht, so werden die einschlägigen Lärmpegel der Vor- und der Zusatzbelastung am betroffenen Objekt gemessen oder aus dem Lärm der Quellen berechnet bzw. prognostiziert. Auf die Ermittlung der Vorbelastung kann gem. Nr.3.2.1 Abs.6 TA Lärm unter bestimmten Umständen verzichtet werden. Maßgeblicher Immissionsort ist gem. Nr.2.3 TA Lärm der Ort, wo die Überschreitung der Immissionsrichtwerte am ehesten zu erwarten ist, unter Berücksichtigung der Vorgaben in Anh. A.1.3 TA Lärm (dazu Müggenborg, NVwZ 2003, 1027). Die ermittelten Lärmpegel werden dann über die Beurteilungszeit gemittelt. Beurteilungszeit ist gem. Nr.6.4 TA Lärm der gesamte Tag (6 Uhr bis 22 Uhr) und die lauteste Nachtstunde. Dieser Mittelungspegel wird ggf. gem. Nr.A.3.3.5 und Nr.A.3.3.6 des Anhangs der TA Lärm um Zuschläge für Ton- und Informationshaltigkeit sowie Impulshaltigkeit erhöht. Daraus berechnet sich gem. Nr.A.3.3.4 des Anhangs der Beurteilungspegel. Bei tatsächlichen Messungen erfolgt gem. Nr.6.9 TA Lärm ein Messabschlag von 3 dB (dazu BVerwG, NuR 1997, 143; Hansmann, ZUR 2002, 211f).

20 cc) Für die **Bewertung** des Beurteilungspegels ist zunächst gem. Nr.3.2.1 Abs.1 TA Lärm zu klären, ob die Immissionsrichtwerte (für den Tag und für die Nacht) eingehalten werden: Die Immissionsrichtwerte **außerhalb von Gebäuden** hängen gem. Nr.6.1 TA Lärm davon ab, in welcher bauplanungsrechtlichen Gebietskategorie sich das betroffene Objekt befindet. In Wohngebieten, Kleinsiedlungsgebieten, Kurgebieten und für Krankenhäuser sowie Pflegeanstalten ist gem. Nr.6.5 TA Lärm ein Zuschlag von 6 dB für bestimmte Tageszeiten vorzunehmen. Für den Außenbereich fehlen nähere Vorgaben; hier kommt es darauf an, ob der Lärm für die Betroffenen zumutbar ist, wobei Nr.6.7 Abs.1 S.2 TA Lärm

Verwaltungsvorschriften **§ 48**

Anhaltspunkte liefert (Hansmann, ZUR 2002, 210; noch strenger Sparwasser/v. Komorowski, VBlBW 2000, 354f). In der Regel kann die Einhaltung der Werte für Mischgebiete verlangt werden (Ohms Rn.173). Grenzen unterschiedliche Gebiete aneinander (Gemengelage), ist nach Nr.6.7 TA Lärm ein Zwischenwert (vgl. Rn.59 zu § 3) zu bilden, der von verschiedenen Faktoren abhängt. Lässt sich ein Gebietscharakter nicht ermitteln, ist eine Einzelfallbeurteilung nach Nr.3.2.2 TA Lärm geboten (Ohms Rn.173). Die Immissionsrichtwerte **innerhalb von Gebäuden** sind in Nr.6.2 TA Lärm festgelegt.

In einer Reihe von Konstellationen sind **Überschreitungen** dieser 21 Grenzwerte möglich: Dies gilt zunächst gem. Nr.7.2 TA Lärm für seltene Ereignisse, wobei aber die Obergrenzen der Nr.6.3 TA Lärm zu beachten sind (näher Hansmann, ZUR 2002, 210f; Ohms Rn.175). Weiterhin lässt Nr.3.2.1 Abs.2, 3 TA-Lärm Überschreitungen bei einem geringen Immissionsbeitrag der fraglichen Anlage zu, womit der Grundsatz der Gesamtbelastung (oben Rn.17) eine Einschränkung erfährt. Die Nr.3.2.1 Abs.4 TA Lärm enthält Sanierungsfristen. Gem. Nr.3.2.1 Abs.5 TA Lärm ist eine Überschreitung bei sog. Fremdgeräuschen möglich. Zu weiteren Ausnahmen Müggenborg, NVwZ 2003, 1028 f.

b) Sonderfallprüfung

Sind Aspekte, die bei dieser Regelbeurteilung unberücksichtigt bleiben, 22 für die Schädlichkeit des Lärms im konkreten Fall bedeutsam, ist gem. Nr.3.2.2 TA Lärm eine **Sonderfallprüfung** durchzuführen. Sie kann zu einer Verschärfung wie zu einer Abschwächung der Regelbeurteilung führen. Eine Sonderfallprüfung kommt neben den in Nr.3.2.2 S.2 TA Lärm genannten Umständen insb. in Betracht, wenn der Lärm durch von der TA Lärm nicht geregelte Quellen verstärkt wird (BR-Drs. 254/98, S.48; Hansmann, ZUR 2002, 209f; einschr. Ohms Rn.193). Für die Sonderfallprüfung ist auf alle einschlägigen Gesichtspunkte (Rn.51–63 zu § 3) abzustellen (Hansmann LR TA Lärm Nr.3 Rn.48; einschr. Ohms Rn.194).

4. Einhaltung der Vorsorgepflicht

Die Vorsorgepflicht des § 5 Abs.1 S.1 Nr.2 wird durch Nr.3.3 TA Lärm 23 konkretisiert. Durch den Bezug auf den Einwirkungsbereich kommt die immissionsbezogene Vorsorge (Rn.54 zu § 5) zum Tragen. Die technikbezogene Vorsorge (Rn.51 zu § 5) findet hingegen keine zureichende Beachtung (Hansmann LR Nr.3.3 TA Lärm Rn.56; Müller, Die TA Lärm als Rechtsproblem, 2001, 205). Noch mehr gilt das für die Regelung in Nr.3.3 S.2 TA Lärm, wo der Stand der Technik nur als Begrenzung aufgeführt ist (Hansmann LR Nr.3.3 TA Lärm Rn.53). In der Praxis wird iÜ vielfach übersehen, dass bei genehmigungsbedürftigen Anlagen die Einhaltung der Immissionsrichtwerte nicht genügt, sondern zusätzlich die Vorsorgepflicht zu beachten ist.

(unbesetzt) 24–26

III. TA Luft

1. Erlass und Bedeutung

27 Als Erste Allgemeine Verwaltungsvorschrift zum Bundes-Immissionsschutzgesetz wurde am 24. 7. 2002 (GMBl 511) von der Bundesregierung nach Anhörung der beteiligten Kreise und mit Zustimmung des Bundesrats die „Technische Anleitung zur Reinhaltung der Luft" erlassen – abgedr. mit Literaturhinweisen in Anh. B 2. Sie konkretisiert im Hinblick auf die Luftreinhaltung die Anforderungen des BImSchG für genehmigungsbedürftige und (mit gewissen Einschränkungen) für nicht genehmigungsbedürftige Anlagen. In Rechtsverordnungen festgelegten Anforderungen kommt ebenso wie den Vorgaben des BImSchG der Vorrang zu (unten Rn.54). Zur Auslegung der Verwaltungsvorschrift vgl. die Amtl. Begr. und die Stellungnahme des Bundesrats (BR-Drs. 1058/01). Zur internen Bindungswirkung unten Rn.41, zur externen Bindungswirkung unten Rn.44–46, 49–54. Zu den Grenzen des Aussagegehalts der TA Luft unten Rn.49. Zur Umsetzung von EG-Recht durch die TA Luft unten Rn.46.

2. Anwendungsbereich

28 Die TA Luft gilt gem. Nr.1 TA Luft zunächst für alle **genehmigungsbedürftigen Anlagen**. In Nr.3.1 TA Luft werden Vorgaben zur Erteilung einer Genehmigung für neue Anlagen und in Nr.3.5 für Anlagenänderungen (dazu Rn.29 zu § 16) festgelegt. Vorgaben finden sich weiter in Nr.3.2 für Teilgenehmigungen und Vorbescheide und in Nr.3.3 für die Zulassung vorzeitigen Beginns (zu Letzterem Rn.11 zu § 8a). Die materiellen Anforderungen werden für die Schutz- und Abwehrpflicht unten in Rn.30–33 und für die Vorsorgepflicht unten in Rn.34–37 behandelt. Vorgaben für nachträgliche Anordnungen für bestehende Anlagen im Bereich der Schutz- bzw. Abwehrpflicht finden sich in Nr.6.1 TA Luft und im Bereich der Vorsorgepflicht in Nr.6.2 TA Luft (dazu Rn.59 zu § 17); sie gelten genau genommen nur für im Zeitpunkt des In-Kraft-Tretens der TA Luft bestehende Anlagen (Nr.2.10 der TA Luft), können aber, von den Fristenregelungen mit Daten abgesehen, auch auf später errichtete Anlagen angewandt werden (Hansmann LR Nr.6 TA Luft Rn.4).

29 Auf **nicht genehmigungsbedürftige Anlagen** „sollen" gem. Nr.1 Abs.5 TA Luft die Vorgaben zur Gefahrenabwehr in Nr.4 TA Luft angewandt werden, wobei die Ermittlung der Emissionskenngröße unterbleibt, wenn sie unverhältnismäßig ist. Sollen heißt im Regelfall müssen; nur in atypischen Fällen steht die Anwendung im behördlichen Ermessen (vgl. Rn.50 zu § 17). Zudem können gem. Nr.1 Abs.5 S.5 TA Luft die Vorsorgeanforderungen als „Erkenntnisquelle" genutzt werden, was nur unter Schwierigkeiten mit § 22 Abs.1 in Einklang zu bringen ist (vgl. Rn.22 zu § 22). Schließlich sind gem. Nr.1 Abs.5 S.6 TA Luft die Luftreinhaltepläne zu beachten.

Verwaltungsvorschriften § 48

3. Einhaltung der Schutz- bzw. Gefahrenabwehrpflicht

a) Immissionswerte

aa) Die Pflicht des § 5 Abs.1 S.1 Nr.1 ist eingehalten, wenn die **Im-** 30
missionswerte zum Schutz der Gesundheit nach Nr.4.2 TA Luft, die
Immissionswerte für Staubniederschlag in Nr.4.3 TA Luft, die Immissionswerte zum Schutz der Vegetation in Nr.4.4 TA Luft und die Immissionswerte für Schadstoffdepositionen in Nr.4.5 TA Luft zureichend beachtet sind (vgl. unten Rn.32). Zumindest nicht explizit angesprochen
wird der Schutz vor Sachgefahren, was der Systematik des BImSchG nicht
entspricht (Jarass, in: Dolde (Hg.), Umweltrecht im Wandel, 2001, 394).
Da die Vorgaben zu den Immissionswerten der Gefahrenabwehr dienen,
haben sie drittschützenden Charakter (vgl. Rn.120 zu § 5); näher zum
Rechtsschutz Dritter unten Rn.56f. Bei der Bewertung und Ermittlung
ist auf die **Gesamtbelastung** für den Betroffenen abzustellen, die sich
aus der Verbindung der Vorbelastung mit der Zusatzbelastung ergibt
(näher unten Rn.31). Zum notwendigen Mitverursachungsanteil Rn.17
zu § 5.

bb) Was die **Ermittlung** der Immissionen angeht, so sind zunächst 31
gem. Nr.4.6.2 TA Luft durch Messungen für jeden Schadstoff die *Vorbelastung* und mit Hilfe einer Ausbreitungsrechnung (Anh. 3) die durch die
fragliche Anlage bedingte *Zusatzbelastung* nach Nr.4.6.4 TA Luft zu berechnen und zur *Gesamtbelastung* zu addieren. Bezugspunkte sind im Beurteilungsgebiet iSd Nr.4.6.2.5 TA Luft gem. Nr.4.6.2.6 TA Luft die
Punkte mit der mutmaßlich höchsten Belastung für dort nicht nur vorübergehend exponierte Schutzgüter (zur gerichtlichen Kontrolle Hansmann, NVwZ 2003, 274); dieser punktbezogene Ansatz weicht deutlich
vom flächenbezogenen Ansatz der alten TA Luft ab. Auf die Ermittlung
der Immissionen soll gem. Nr.4.1 Abs.3 TA Luft im Regelfall bei geringen
Emissionsmassenströmen, geringer Vorbelastung und irrelevanter Zusatzbelastung entfallen (näher Ohms Rn.250ff).

cc) Für die **Bewertung** der Gesamtbelastung kommt es zunächst darauf 32
an, ob die einschlägigen Immissionswerte (oben Rn.30) beachtet sind.
Überschreitungen sind bei Gesundheitswerten gem. Nr.4.2.2 und Nr.4.2.3
TA Luft möglich, bei den Staubwerten gem. Nr.4.3.2 TA Luft, bei den
Vegetationswerten nach Nr.4.4.3 TA Luft und bei den Schadstoffdepositionswerten nach Nr.4.5.2 TA Luft. Die Irrelevanzklausel in Nr.4.2.2a TA
Luft von 3% dürfte mit den gesetzlichen Vorgaben schwerlich vereinbar
sein (Hansmann, NVwZ 2003, 272f). Weiter sind Überschreitungen gem.
Nr.3.5.4 TA Luft bei Änderungsgenehmigungen möglich.

b) Sonderfallprüfung

Die Immissionswertbeurteilung wird gem. Nr.4.8 TA Luft in bestimm- 33
ten Fällen durch eine Sonderfallprüfung ergänzt. Dies gilt zum einen für
luftverunreinigende Stoffe, für die keine Immissionswerte festgelegt wur-

§ 48 Gemeinsame Vorschriften

den; Gleiches gilt wegen Nr.1 Abs.3 TA Luft für die Geruchsimmissionen. Weiterhin ist eine Sonderfallprüfung notwendig, soweit auf die Nr.4.8 TA Luft verwiesen wird. Bei der Sonderfallprüfung sind alle relevanten Gesichtspunkte (Rn.51–63 zu § 3) zu berücksichtigen. Anhaltspunkte der Beurteilungen liefern auch die LAI-Orientierungswerte und entsprechende Verwaltungsvorschriften der Länder.

4. Einhaltung der Vorsorgepflicht

a) Allgemeine Vorgaben

34   Zur Einhaltung der Vorsorgepflicht des § 5 Abs.1 S.1 Nr.2 werden zum einen in Nr.5.2 TA Luft Vorgaben für alle Anlagen getroffen. Sie enthalten **Emissionswerte** für Staub in Nr.5.2.1 TA Luft, für anorganische Stoffe in Nr.5.2.2 TA Luft, für organische Stoffe in Nr.5.2.4 TA Luft und für krebserzeugende u. ä. Stoffe in Nr.5.2.7 TA Luft. Für krebserzeugende Stoffe u. Ä. besteht zudem gem. Nr.5.2.7 TA Luft ein Emissionsminimierungsgebot. Das Verfahren zur Ermittlung der Emissionen ist in Nr.5.3 TA Luft näher geregelt. Gem. Nr.5.1.2 TA Luft sind in gewissem Umfang alternative Vorgaben möglich. Die Vorgaben können, von der Ausnahme in Nr.5.2.1 S.2 TA Luft abgesehen, durch eine Begrenzung der Massenkonzentration oder des Massenstroms eingehalten werden (Hansmann, NVwZ 2003, 269).

35   Hinzu kommen **instrumentelle** Anforderungen im Hinblick auf staubförmige Emissionen in Nr.5.2.3 TA Luft, im Hinblick auf gasförmige Emissionen bei flüssigen organischen Stoffen in Nr.5.2.6 TA Luft, für geruchsintensive Stoffe in Nr.5.2.8 TA Luft und für bodenbelastende Stoffe in Nr.5.2.9 TA Luft. Weiterhin enthält Nr.5.5 TA Luft Anforderungen an die Ableitung der Abgase idR über Schornsteine (vgl. dazu BVerwG, NVwZ-RR 2004, 334). Schließlich finden sich in Nr.5.1.3 TA Luft Vorgaben zur integrierten Vermeidung und Verminderung von Umweltverschmutzungen (dazu Hansmann, NVwZ 2003, 271).

36   Was das **Verhältnis zu anderen Regelwerken** angeht, kommt die TA Luft gem. Nr.1.4 TA Luft nicht zum Tragen, soweit Rechtsverordnungen Vorgaben enthalten (Ohms Rn.219). Das Verhältnis zu den BVT-Merkblättern, die gem. Art.16 IVU-RL unter Leitung der EG-Kommission erlassen werden, ist in Nr.5.1.1 Abs.4, 5 TA Luft geregelt (vgl. Hansmann, NVwZ 2003, 271 f).

b) Spezielle Vorgaben

37   In Nr.5.4 TA Luft finden sich umfangreiche Vorgaben für eine Vielzahl von Anlagenarten. Hier finden sich Modifikationen der allgemeinen Vorsorgeanforderungen sowie der Sanierungsfristen in Nr.6 TA Luft. Sie haben gem. Nr.5.1.1 Abs.2 TA Luft weithin Vorrang vor den allg. Vorgaben. Das Emissionsminimierungsgebot für krebserzeugende Stoffe u.Ä. kommt gem. Nr.5.1.1 Abs.2 S.5 TA Luft immer ergänzend zur Anwendung.

38–40   (unbesetzt)

IV. Innen- und Außenwirkung von Verwaltungsvorschriften nach § 48

1. Innenwirkung

Verwaltungsvorschriften binden an sich nur die Bediensteten der Behörde, die die Vorschriften erlässt, sowie die Bediensteten der nachgeordneten Behörden. Die Bindung erstreckt sich zudem häufig allein auf den Normalfall; unter außergewöhnlichen Umständen kann von der Verwaltungsvorschrift abgewichen werden. Ob das der Fall ist, muss durch Auslegung der Verwaltungsvorschrift bestimmt werden. Weiter entfällt die (interne) Bindung an die Verwaltungsvorschrift, wenn diese nicht mit den einschlägigen Rechtsvorschriften zu vereinbaren ist. Eine rechtswidrige Regelung in einer Verwaltungsvorschrift darf von der Behörde nicht angewandt werden. Dies gilt für jeden Rechtsverstoß, auch wenn er nicht offensichtlich ist (so aber Hansmann LR 6), wie das auch bei rechtswidrigen Rechtsverordnungen der Fall ist (Jarass, JuS 1999, 106). Intern ist für den Fall der Rechtswidrigkeit allerdings nicht selten vorgeschrieben, die Entscheidung der vorgesetzten Stelle einzuholen, bevor eine Verwaltungsvorschrift nicht angewandt wird. Auch dann besteht aber eine Prüfungspflicht, soweit dafür aufgrund der Umstände Anlass besteht. Schließlich gelten die unten in Rn.49–54 dargelegten Grenzen der Bindungswirkung auch im Bereich der Innenwirkung. Insbesondere entfällt die Innenwirkung, wenn gesicherte neue Erkenntnisse vorliegen (Hansmann LR 6; unten Rn.52). 41

2. Grundlagen der Außenwirkung

a) Probleme der Außenwirkung

Privatpersonen werden durch Verwaltungsvorschriften grundsätzlich nicht gebunden (BVerfGE 78, 214/227 = NJW 1989, 666; BVerfG-K, NJW 1983, 2932 zur TA Luft). Gleiches gilt für andere als die oben in Rn.41 angesprochenen Bediensteten und Behörden. Verwaltungsvorschriften haben grundsätzlich keine **Außenwirkung.** Anderes gilt allerdings dann, wenn eine Verwaltungsvorschrift die Ausübung eines Ermessenstatbestandes regelt. Hier verlangt der Gleichheitssatz eine gleichmäßige Ermessensausübung und führt zu einer *Selbstbindung* der zuständigen Behörde, von Verwaltungsvorschriften nicht ohne besonderen Grund abzuweichen (Hamann, VerwArch 1982, 28 ff). Immissionsschutzrechtliche Verwaltungsvorschriften enthalten jedoch zumeist auch oder allein Vorgaben für die Auslegung unbestimmter Rechtsbegriffe, was eine Anwendung der Figur der Selbstbindung ausschließt. Bindungswirkungen können sich hier auf anderer Grundlage ergeben; näher dazu unten Rn.45. 42

b) Dogmatische Basis der Außenwirkung (Normkonkretisierung)

aa) Nach zutreffender Auffassung steht der Verwaltung bei der Anwendung des Immissionsschutzrechts, trotz der zahlreichen unbestimmten 43

§ 48 Gemeinsame Vorschriften

Rechtsbegriffe, **kein** echter **Beurteilungsspielraum** zu, der ähnlich wie im Falle eines Ermessensspielraums (oben Rn.42) dazu führt, dass die Konkretisierung des Immissionsschutzrechts auch durch Einzelfallentscheidungen der Verwaltung nur begrenzt gerichtlich überprüfbar wäre (näher Rn.117 zu § 5).

44 **bb)** Gleichwohl haben auf § 48 gestützte Verwaltungsvorschriften eine nicht unerhebliche Außenwirkung, konkretisieren also das Immissionsschutzrecht in bindender Weise; zu den Grenzen unten Rn.49–54. Sie können als **qualifizierte Verwaltungsvorschriften** bezeichnet werden (dazu Jarass, NJW 1987, 1229 f). Dies wurde z. T. damit begründet, dass Verwaltungsvorschriften nach § 48 als **antizipiertes Sachverständigengutachten** eingestuft werden können (BVerwGE 55, 250/256 ff = NJW 1978, 1450; OVG Berlin, NVwZ 1985, 759; OVG NW, NVwZ-RR 1989, 640; Hansmann LR 9). Daran ist richtig, dass in eine Verwaltungsvorschrift gem. § 48 regelmäßig ein hohes Maß an Sachverstand einfließt. Unberücksichtigt bleibt jedoch das wertende bzw. politische Element, das im Erlass solcher Verwaltungsvorschriften steckt (OVG Lüneb, DVBl 1985, 1323; Koch GK 67; ebenso BVerwGE 72, 300/316 f = NVwZ 1986, 208 zum Atomrecht).

45 Der zweite Gesichtspunkt wird aufgegriffen, wenn man der Exekutive im Bereich des § 48 einen **Standardisierungsspielraum** zuerkennt (OVG NW, DVBl 1988, 153; Jarass, NJW 1987, 1227 ff; Breuer, NVwZ 1988, 110 ff; Kutscheidt LR 19 f zu § 3; offengelassen BVerwG, NVwZ 1995, 994 f) bzw. ihr das Recht zum Erlass **normkonkretisierender** und nicht nur norminterpretierender Verwaltungsvorschriften einräumt (BVerwGE 110, 216/218 = NVwZ 2000, 440; 114, 342/344 f = NVwZ 2001, 1165; NVwZ-RR 1996, 499; Sendler, UPR 1993, 322, 325). Dafür spricht, dass § 48 das Verfahren näher regelt (vgl. oben Rn.8). Für einen Standardisierungsspielraum spricht des Weiteren die Vorschrift des § 52a Abs.1 S.1, die davon spricht, dass dem Anlagenbetreiber auch Pflichten auf Grund Allgemeiner Verwaltungsvorschriften obliegen. Werden daher Verwaltungsvorschriften unter Beachtung der Vorgaben des § 48 erlassen, werden insb. Fachleute und Betroffene gem. § 51 frühzeitig und wirksam am Erlassverfahren beteiligt (Jarass, NJW 1987, 1229), dann sind diese Vorschriften auch außerhalb der Verwaltung, insb. in gerichtlichen Verfahren, in den noch zu erörternden Grenzen (dazu unten Rn.49–54) bindend (VGH BW DVBl 2000, 1867; Jarass, JuS 1999, 108 f; Gerhardt, NJW 1989, 2237; Breuer, NVwZ 1988, 111; a. A. Koch GK 68 ff). Die Verwaltung ist zudem (extern) *verpflichtet,* die normkonkretisierende Verwaltungsvorschrift einzuhalten, selbst Dritten gegenüber, soweit es um die Konkretisierung drittschützender Normen geht (unten Rn.56 f). Darüber hinaus können auf § 48 gestützte Verwaltungsvorschriften der Vorsorgepflicht des § 5 Abs.1 Nr.2 unmittelbare Geltung verschaffen (dazu Rn.66 f zu § 5). Dagegen steht der Behörde kein nur beschränkt gerichtlich überprüfbarer Spielraum zu, wenn die Anforderungen des Gesetzes nicht durch

Verwaltungsvorschriften **§ 48**

qualifizierte Verwaltungsvorschriften iSd § 48, sondern durch Einzelfallentscheidungen konkretisiert werden, weshalb die Figur des Standardisierungsspielraums nicht mit der des Beurteilungsspielraums (oben Rn.43) verwechselt werden darf (so aber Koch GK 69).

c) Normkonkretisierende Wirkung von TA Luft, TA Lärm und anderen Verwaltungsvorschriften

Die (begrenzte) Außenwirkung einer normkonkretisierenden Ver- 46 waltungsvorschrift wurde zu Recht für die **TA Luft** (dazu oben Rn.27 ff) bejaht (BVerwGE 110, 216/218; 114, 342/344 f; NVwZ 2000, 440; BVerwG, NVwZ 2001, 1165; BayVGH, NVwZ-RR 2000, 665; VGH BW, DVBl 2000, 1866; OVG Berl, NVwZ-RR 1998, 722; SächsOVG, SächsVBl 1998, 293). Gleichwohl hat der EuGH sie zutreffend als nicht zur Umsetzung von EG-Recht geeignet angesehen (EuGHE 1991, I–2607 = NVwZ 1991, 868; oben Rn.4), da die Außenwirkung erheblichen Beschränkungen (unten Rn.49–54) unterliegen (Steiling, NVwZ 1992, 135 f) und der Rechtsschutz der Bürger gegenüber Verwaltungsvorschriften schwächer als gegenüber Normen ausfällt (vgl. unten Rn.56 f). Der Anerkennung einer begrenzten Außenwirkung steht das aber nicht entgegen (HessVGH, UPR 1992, 319; VGH BW, NVwZ 1995, 294). Zur Bedeutung der TA Luft für privatrechtliche Beziehungen BGHZ 92, 143/151 f = NJW 1985, 47.

Aus den gleichen Gründen wie bei der TA Luft kommt auch der **TA** 47 **Lärm** (dazu oben Rn.12 ff) die (begrenzte) Außenwirkung einer normkonkretisierenden Verwaltungsvorschrift zu (OVG NW, NVwZ 2004, 367; VGH BW, NVwZ-RR 2003, 750; Kutscheidt, NVwZ 1999, 577 f), zumal auch schon der alten TA Lärm eine solche Wirkung zuerkannt wurde (vgl. OVG RP, NVwZ 1988, 177; BayVGH, UPR 1987, 317; HessVGH, NJW 1986, 679; krit. OVG NW, NVwZ 1993, 1003 f). Zu den Grenzen der Außenwirkung unten Rn.49–54.

Auch den **anderen auf § 48 gestützten Verwaltungsvorschriften** 48 (oben Rn.9) dürfte die Außenwirkung normkonkretisierender Verwaltungsvorschriften zukommen. Zur Wirkung von Verwaltungsvorschriften im Bereich des Immissionsschutzrechts, die nicht diese erhöhte Außenwirkung besitzen, unten Rn.58.

3. Grenzen der Außenwirkung normkonkretisierender Verwaltungsvorschriften

a) Beschränkung auf den Aussage- und Regelungsgehalt

Die Bindungswirkung einer qualifizierten Verwaltungsvorschrift wird 49 zunächst durch ihren Anwendungsbereich bzw. ihren Aussagegehalt beschränkt (Kutscheidt, in: Grundzüge, 260 f; Huber, AöR 1989, 303 f), wobei die Auslegung normkonkretisierender Verwaltungsvorschriften in besonderer Weise durch die Entstehungsgeschichte beeinflusst wird (BVerwGE 110, 216/219 = NVwZ 2000, 440). Wird der einschlägige

Sachverhalt vom Anwendungsbereich der Verwaltungsvorschrift nicht erfasst, kommt nur eine Analogie in Betracht, deren Voraussetzungen erst zu prüfen sind. Grenzwerte für Gewerbelärm können nicht unbesehen auf Verkehrslärm übertragen werden (Jarass, NJW 1981, 725 f). Schließlich ist von Bedeutung, ob Grenzwerte lediglich Mindestanforderungen enthalten, oder die gesetzlichen Anforderungen auch nach oben hin festlegen. Im ersten Fall lässt eine Überschreitung der vorgesehenen Werte den sicheren Schluss zu, dass die gesetzlichen Anforderungen nicht eingehalten sind, ein Unterschreiten des Werts wäre dagegen wenig aussagekräftig. Im zweiten Fall sind dagegen die Werte in beiden Richtungen grundsätzlich verbindlich (so für die Emissionswerte der TA Luft BVerwGE 114, 342/344 = NVwZ 2001, 1165). Zu berücksichtigen ist auch, wenn in Verwaltungsvorschriften bloße „Zielvorgaben" festgelegt werden (BVerwG, NVwZ-RR 1995, 565).

50 Grenzwerte können nur in Verbindung mit dem für ihre Ermittlung festgelegten **Mess- und Beurteilungsverfahren** Anwendung finden (Kutscheidt LR 19 g zu § 3; Jarass, NJW 1987, 1230; Sellner Rn.48). Unterschiedliche Messverfahren können zu völlig verschiedenen Resultaten führen (Vallendar, GewArch 1981, 284 f; v. Lersner, in: Becker (Hg.), Staatliche Gefahrenabwehr in der Industriegesellschaft, 1982, 53). So führte die Verkleinerung der Flächen für die Beurteilung von Immissionen durch die TA Luft von 4 km × 4 km auf 1 km × 1 km zu einer wesentlichen Verschärfung der Anforderungen bei gleichem Grenzwert (Hartkopf, NuR 1984, 128). Im Rahmen eines Messverfahrens können auch Messunsicherheitsabschläge sachgerecht sein (BVerwG, NVwZ-RR 1997, 279).

51 Für **nicht erfasste Risiken** kann die Verwaltungsvorschrift keine Bindungswirkung entfalten (Gusy o. Lit. 202). So werden von der TA Luft Gefahren außerhalb des Messgebiets nicht erfasst (OVG Lüneb, GewArch 1981, 343). Gleiches gilt für kurzfristige, besonders hohe Belastungen innerhalb des Messgebiets (Umweltgutachten, BT-Drs. 8/1938, 130 ff; Führ, IUR 1991, 203 f), wenn auch die Neufassung der TA Luft hier erhebliche Verbesserungen gebracht hat. Weiter beschränkt sich die TA Luft auf bestimmte Luftverunreinigungen, weshalb andere Luftverunreinigungen zusätzlich zu berücksichtigen sind (Sonderfallprüfung). Synergetische bzw. kumulierende Wirkungen sollen dagegen erfasst sein (Nr.2.5 S.3 TA Luft; OVG NW, NVwZ 1982, 451 f; Hansmann LR Nr.2.5 TA Luft Rn.14 f; krit. Lübbe-Wolff, in: Dreier/Hofmann (Hg.), Parlamentarische Souveränität und technische Entwicklung, 1986, 178 f). Im Bereich der TA Lärm bleiben dagegen die kumulativen Wirkungen der vom Anwendungsbereich nicht erfassten Anlagen unberücksichtigt (oben Rn.17). Liegt der betreffende Fall am Rande einer Kategorie, ist das durch einen wechselseitigen Ausgleich zu berücksichtigen (näher dazu Rn.59 zu § 3). Auch die tatsächlichen Verhältnisse des betreffenden Gebiets werden von Verwaltungsvorschriften nicht immer zureichend berücksichtigt (BVerwG, NVwZ 1983, 155). Zur Behandlung mehrerer Lärmquellen auf engem Raum OVG Lüneb, OVGE 34, 398.

Verwaltungsvorschriften § 48

b) Beschränkung durch neue Erkenntnisse

Die Bindungswirkung entfällt weiterhin, wenn die in der Verwaltungs- 52
vorschrift enthaltene sachverständige Aussage durch neue Erkenntnisse
überholt ist (BVerwGE 55, 250/258 = NJW 1978, 1450; 114, 342/346;
BVerwG, DVBl 1988, 539; VGH BW, DVBl 2000, 1867; Jarass, JuS
1999, 110 f.; Kutscheidt LR 19 k zu § 3; Gusy o. Lit. 203). Für Schutzvorschriften sind v. a. neue Erkenntnisse der Wirkungsforschung bedeutsam, für Vorsorgevorschriften die Weiterentwicklung des Standes der Technik. Notwendig sind allerdings *gesicherte* neue Erkenntnisse (BVerwGE 114,
342/346 = NVwZ 2001, 1165; OVG NW, NVwZ 1988, 173; OVG RP,
NVwZ 1991, 87; BayVGH, BayVBl 1989, 533; restriktiv Ohms Rn.154).
Dabei kommt es, jedenfalls im Bereich der Vorsorge, nicht nur auf die
technische Machbarkeit, sondern auch auf den notwendigen wirtschaftlichen Aufwand an (BVerwG, NVwZ 2001, 1166). Wenn private Regeln
der Technik oder Entwürfe zu Verwaltungsvorschriften schärfere Anforderungen stellen, ist das ein gewichtiges Indiz für das Vorliegen neuer Erkenntnisse (OVG NW, DVBl 1979, 317; OVG RP, NVwZ 1988, 178; s.
aber auch BVerwG, NVwZ 1983, 155 f). Tendenziell nimmt die Bindungswirkung von qualifizierten Verwaltungsvorschriften mit ihrem Alter
ab, da die in ihnen enthaltene sachverständige Aussage häufig durch neuere Erkenntnisse überholt ist. Dies war für die alte TA Lärm von Bedeutung (Bethge/Meurers 145; Jarass, NJW 1981, 725 f). Schließlich dürften
neue Erkenntnisse Schutzvorschriften eher als Vorsorgevorschriften in Frage stellen, da bei letzteren das Element der politischen Wertentscheidung
im Verhältnis zur fachlichen Aussage größeres Gewicht hat (Jarass, NJW
1987, 1226).

c) Beschränkung bei atypischen Sachverhalten

Ungewöhnliche bzw. atypische Sachverhalte werden von der Bin- 53
dungswirkung nicht erfasst, sofern die Verwaltungsvorschrift nicht ausnahmsweise eine strikte Bindung beabsichtigt (dazu oben Rn.6). Keine
Bindung besteht daher bei „Sachverhalten, die der Vorschriftengeber bei
der von ihm notwendigerweise anzustellenden generellen Betrachtung
nicht regeln konnte und wollte" (Nds OVG, DVBl 1985, 1323; ähnlich
BVerwGE 55, 250/261 = NJW 1978, 1450; Jarass, JuS 1999, 111; Kutscheidt LR 19 i zu § 3). Allerdings ist zu beachten, dass Verwaltungsvorschriften typischerweise generelle Standards liefern wollen und daher auch
Fälle erfassen, die etwas vom Durchschnitt abweichen (VGH BW, NVwZ
1995, 294; Jarass, NJW 1987, 1230). Erst völlig atypische Fallgestaltungen
schließen die Bindungswirkung aus.

d) Beschränkung durch Rechtsnormen

Schließlich sind Verwaltungsvorschriften nur soweit beachtlich, als sie 54
mit dem geltenden Recht vereinbar sind (BVerwG, DVBl 1988, 539;
Gusy o. Lit. 202; Jarass, JuS 1999, 110 zurückhaltender Hansmann LR 6).

§ 48 Gemeinsame Vorschriften

Ggf. muss dann auf die gesetzlichen Anforderungen zurückgegriffen werden. Allerdings kann durch Gesetz oder (qualifizierte) Verwaltungsvorschrift vorgesehen werden, dass vor einer Nichtanwendung der Verwaltungsvorschrift die vorgesetzte Stelle eingeschaltet werden muss. Die Rechtswidrigkeit kann zudem die Folge von Vorschriften außerhalb des Immissionsschutzrechts sein. Insb. sind die Wirkungen der Baunutzungsverordnung zu beachten (Jarass, NJW 1981, 727).

4. Rechtsschutz

55   Einer gem. § 48 ordnungsgemäß erlassenen Verwaltungsvorschrift kommt als standardisierender bzw. normkonkretisierender Verwaltungsvorschrift Außenwirkung zu (näher oben Rn.45). Ihre Auslegung unterliegt revisionsgerichtlicher Überprüfung (BVerwG, NVwZ 2000, 440). Der **Anlagenbetreiber** kann sich daher im gerichtlichen Verfahren auf die Vorgaben der Verwaltungsvorschrift berufen, sofern sie keine bloßen Mindestvorgaben enthalten (dazu oben Rn.49). Doch sind die Grenzen der Außenwirkung zu beachten; dazu oben Rn.49–54.

56   **Dritte** können sich auf Verwaltungsvorschriften nach § 48 berufen, soweit sie Rechtsnormen konkretisieren, die als drittschützend anzusehen sind (BVerwG, NVwZ-RR 1996, 499; BayVGH, NVwZ 1989, 484; Jarass, JuS 1999, 109 f; Kutscheid LR 19 b zu § 3; a. A. Wasielewski GK 56 zu § 6). Im Bereich der **TA Lärm** sind diese Voraussetzungen generell gegeben, sieht man einmal von der Nr.3.3 TA Lärm ab (vgl. oben Rn.23).

57   Im Bereich der **TA Luft** haben die *Immissionswerte* als Konkretisierungen der (gefahrenabwehrdiendenden) Schutzpflicht drittschützenden Charakter (vgl. oben Rn.30). Unklar ist, wieweit die insb. der Vegetation und den Ökosystemen dienenden Immissionswerte der Nr.4.4 TA Luft drittschützend sind (dagegen Ohms Rn.268); dies ist jedenfalls insoweit zu bejahen, als es um den Schutz von Pflanzen der Nachbarn geht. *Emissionsvorgaben* der TA Luft haben als Konkretisierungen der Vorsorgepflicht keinen drittschützenden Charakter. Anderes gilt jedoch für die Vorgaben für kanzerogene Stoffe in Nr.5.2.7 TA Luft (Ohms Rn.234; vgl. VGH BW, NVwZ 1995, 292; HessVGH, UPR 1992, 35; Roßnagel GK 366), da insoweit entsprechende Immissionswerte fehlen. Darüber hinaus sind auch andere Immissionsvorgaben als **Substitut** insoweit zum Schutze der Nachbarn heranzuziehen, soweit Immissionswerte fehlen bzw. unzureichend sind (Rn.122 zu § 5). Darüber hinaus haben die in der Nr.5.3 TA Luft enthaltenen Abstandsvorschriften drittschützenden Charakter (vgl. Roßnagel GK 361). Für Gerüche dürfte die Nr.5.2.8 TA Luft drittschützend sein (vgl. Roßnagel GK 362, 841).

5. Außenwirkung anderer Verwaltungsvorschriften

58   Verwaltungsvorschriften, die den in Rn.44 f dargestellten Anforderungen nicht gerecht werden, sind als einfache Verwaltungsvorschriften ein-

Verwaltungsvorschriften § 48

zustufen. Dazu gehören regelmäßig die Verwaltungsvorschriften der Länder (SächsOVG, SächsVBl 1998, 293 f), aber auch die auf § 45 sowie § 46 Abs.1 S.5 gestützten Vorschriften, da für sie eine Mitwirkung der beteiligten Kreise nicht vorgeschrieben ist. Sie besitzen daher im gerichtlichen Verfahren allenfalls eine gewisse Indizwirkung (Jarass, NJW 1987, 1230) bzw. bilden einen Anhaltspunkt (BVerwGE 81, 197/205; Wagner, NJW 1991, 3249). Eine solche Wirkung kommt auch LAI-Richtlinien zu (BVerwG, DVBl 2001, 1453; BGH, BauR 2001, 1566; Ohms Rn.155). Zu den BVT-Merkblättern (BREF) Rn.94 zu § 3.

6. Bedeutung von Verwaltungsvorschriften für privatrechtliche Streitigkeiten

Die bisherigen Ausführungen zur Wirkung von Verwaltungsvorschriften 59 betrafen verwaltungsrechtliche Rechtsbeziehungen. Gem. § 906 Abs.1 S.3 BGB kommt den Verwaltungsvorschriften nach § 48 auch eine privatrechtliche Wirkung zu, soweit sie den Stand der Technik wiedergeben (Johlen, Die Beeinflussung privater Immissionsabwehransprüche durch das öffentliche Recht, 2001, 117 ff; vgl. auch Rn.54 zu § 7 und Rn.59 zu § 23): Wenn die auf § 48 gestützten Verwaltungsvorschriften beachtet sind, liegt idR nur eine unwesentliche Beeinträchtigung vor, mit der Folge, dass eine Unterlassung der belastenden Aktivitäten nicht verlangt werden kann (vgl. BGH, NJW 2004, 1318). Werden sie nicht beachtet, liegt darin ein Indiz für die Unzulässigkeit (OLG Koblenz, NVwZ-RR 2004, 25). Dies gilt etwa für die Beachtung der TA Luft (OLG Koblenz, a.a.O.).

(unbesetzt) 60, 61

V. Anhang: Private (technische) Normen

Immissionsschutzanforderungen recht präziser Art finden sich häufig in 62 den von privaten Einrichtungen erlassenen **„Regeln der Technik"**; das BImSchG bezeichnet sie als **Bekanntmachungen sachverständiger Stellen** (vgl. § 7 Abs.5). Damit sind Festlegungen des Deutschen Instituts für Normung (DIN), des Vereins Deutscher Ingenieure (VDI) und ähnlicher Einrichtungen über die Grenzen akzeptabler Immissionen und Emissionen, aber auch über andere Anforderungen gemeint. Solche Festlegungen sind als Äußerungen privater, wenn auch gemeinnütziger Einrichtungen rechtlich ohne Bindungskraft, sei es für die Verwaltung, sei es für die Gerichte (vgl. Huber, AöR 89, 304 f). Werden allerdings solche Bekanntmachungen durch eine Rechtsverordnung in zulässiger Weise rezipiert (dazu Rn.25 zu § 7), dann haben sie den Rang und die Wirkung einer Rechtsverordnung (Kutscheid LR 19 m zu § 3). Entsprechendes gilt für Verwaltungsvorschriften, die auf den Stand der Technik verweisen. Soweit eine Verwaltungsvorschrift Außenwirkung besitzt (oben Rn.45, 49–54,

58), gilt das dann auch für die rezipierte Bekanntmachung sachverständiger Stellen (Jarass, NJW 1987, 1231).

63   Ohne derartige Rezipierung dürften Bekanntmachungen sachverständiger Stellen (Regeln der Technik) im gerichtlichen Verfahren einen **Indizcharakter** haben, sofern in sie – wie das häufig der Fall ist – ein hohes Maß an Sachverstand eingeflossen ist (Roßnagel GK § 22 Rn.87; Jarass, NJW 1987, 1231); sie liefern einen **Anhalt** (vgl. BVerwGE 81, 197/204f; Kutscheidt LR 19m zu § 3). Allerdings ist zu berücksichtigen, dass die privaten Normsetzungseinrichtungen zwar über großen Sachverstand verfügen, nicht aber alle Interessen ausreichend repräsentieren (BVerwGE 77, 285/291 = NJW 1987, 2886; Vallendar, UPR 1989, 215; Gusy, NuR 1987, 162f). Immerhin fallen die privaten Normen regelmäßig nicht weniger streng als die entsprechenden Verwaltungsvorschriften aus; zum Teil sind sie sogar strenger. Ihre Verwendung als beweisrechtlicher Anhalt wird daher regelmäßig zulässig sein. Private Normen als antizipiertes Sachverständigenurteil einzustufen, erscheint jedenfalls dann problematisch, wenn man mit der Praxis daraus eine relativ weitgehende Bindung der Gerichte folgert (vgl. Jarass, NJW 1987, 1228). Die Wirkungen privater Normen für die Gerichte müssen hinter denen einer qualifizierten Verwaltungsvorschrift zurückbleiben. Andererseits gelten die Grenzen der Bindungswirkung, wie sie für qualifizierte Verwaltungsvorschriften bestehen (oben Rn.49–54), für private Regeln erst recht. Zu Einzelfällen Rn.39, 41 zu § 5 und Rn.45, 48 zu § 22.

§ 48a Rechtsverordnungen über Emissionswerte und Immissionswerte

(1) **Zur Erfüllung von bindenden Beschlüssen der Europäischen Gemeinschaften kann die Bundesregierung zu dem in § 1 genannten Zweck mit Zustimmung des Bundesrates Rechtsverordnungen über die Festsetzung von Immissions- und Emissionswerten einschließlich der Verfahren zur Ermittlung sowie Maßnahmen zur Einhaltung dieser Werte und zur Überwachung und Messung erlassen.**[5ff] **In den Rechtsverordnungen kann auch geregelt werden, wie die Bevölkerung zu unterrichten ist.**[10]

(1a) **Über die Erfüllung von bindenden Beschlüssen der Europäischen Gemeinschaften hinaus kann die Bundesregierung zu dem in § 1 genannten Zweck mit Zustimmung des Bundesrates Rechtsverordnungen über die Festlegung von Immissionswerten für weitere Schadstoffe einschließlich der Verfahren zur Ermittlung sowie Maßnahmen zur Einhaltung dieser Werte und zur Überwachung und Messung erlassen.**[34ff] **In den Rechtsverordnungen kann auch geregelt werden, wie die Bevölkerung zu unterrichten ist.**[36]

(2) **Die in Rechtsverordnungen nach Absatz 1 festgelegten Maßnahmen sind durch Anordnungen oder sonstige Entscheidungen der**

Rechtsverordnungen über Emissionswerte und Immissionswerte § 48a

zuständigen Träger öffentlicher Verwaltung nach diesem Gesetz oder nach anderen Rechtsvorschriften durchzusetzen; soweit planungsrechtliche Festlegungen vorgesehen sind, haben die zuständigen Planungsträger zu befinden, ob und inwieweit Planungen in Betracht zu ziehen sind.[21]

(3) Zur Erfüllung von bindenden Beschlüssen der Europäischen Gemeinschaften kann die Bundesregierung zu dem in § 1 genannten Zweck mit Zustimmung des Bundesrates in Rechtsverordnungen von Behörden zu erfüllende Pflichten begründen und ihnen Befugnisse zur Erhebung, Verarbeitung und Nutzung personenbezogener Daten einräumen, soweit diese für die Beurteilung und Kontrolle der in den Beschlüssen gestellten Anforderungen erforderlich sind.[43 ff]

Übersicht

I. Rechtsverordnungen zu EG-Immissions- und -Emissionswerten (Abs.1) 1
  1. Bedeutung, EG-Recht, Abgrenzung zu anderen Vorschriften 1
  2. Rechtmäßigkeit der Rechtsverordnungen 4
    a) Regelungszweck 4
    b) Immissions- und Emissionswerte 5
    c) Maßnahmen zur Einhaltung, Überwachung und Messung 9
    d) Unterrichtung der Öffentlichkeit 10
    e) Spielraum 11
    f) Formelle Rechtmäßigkeit 12
  3. Auf § 48a Abs.1 gestützte quellenunabhängige Rechtsverordnungen 15
    a) Verordnung über Immissionswerte (22. BImSchV) 15
    b) Verordnung zu Sommersmog, Versauerung und Nährstoffeinträgen (33. BImSchV) 17
    c) Durchsetzung 19
    d) Rechtsschutz 24
  4. Auf § 48a Abs.1 gestützte quellenbezogene Rechtsverordnungen 28
    a) Verordnung über Emissionen der Titandioxid-Industrie (25. BImSchV) 28
    b) Sekundär auf § 48a gestützte Rechtsverordnungen 30
    c) Durchsetzung und Rechtsschutz 31
II. Rechtsverordnungen zu nationalen Immissionswerten (Abs.1a) 34
  1. Bedeutung und Abgrenzung zu anderen Vorschriften 34
  2. Voraussetzungen der Rechtsverordnung 35
    a) Regelungszweck 35
    b) Immissionswerte, Maßnahmen, Unterrichtung der Öffentlichkeit 36
    c) Spielraum 37
    d) Formelle Voraussetzungen der Rechtsverordnungen 38

§ 48a

   3. Ergangene Rechtsverordnungen und deren Behandlung ... 39
      a) Ergangene Rechtsverordnungen sowie 23. BImSchV ... 39
      b) Durchsetzung und Rechtsschutz 40
   III. Rechtsverordnungen zu Berichtspflichten und Datenerhebung etc. (Abs.3) 43
      1. Bedeutung, EG-Recht, Abgrenzung zu anderen Vorschriften 43
      2. Rechtmäßigkeitsvoraussetzungen 44
         a) Zweck der Umsetzung 44
         b) Anwendungsbereich 45
         c) Mögliche Befugnisse 46
         d) Spielraum und formelle Voraussetzungen 48
      3. Erlassene Rechtsverordnung, Durchführung 49

Literatur: *Stüer*, Luftqualität und Straßenplanung, EurUP 2004, 46; *Jarass*, Luftqualitätsrichtlinien der EU und die Novellierung des Immissionsschutzrechts, NVwZ 2003, 257; *Jarass*, Umweltqualitätsbezogene Regelungen, in: Rengeling (Hg.), Handbuch zum europäischen und deutschen Umweltrecht, Bd. II/1, 2003, § 48; *Gerhold/Weber*, Verschärfung von Immissionswerten durch EG-Richtlinien und ihre Folgen, NVwZ 2000, 1138; *Jarass*, Europäisierung des Immissionsschutzrechts, UPR 2000, 241; *Nettesheim*, Die mitgliedstaatliche Durchführung von EG-Richtlinien: Eine Untersuchung am Beispiel der Luftqualitätsrahmenrichtlinie, 1999; *Hansmann*, Die Luftqualitätsrichtlinie der EG und ihre Umsetzung in deutsches Recht, NuR 1999, 10. – S. auch Literatur B zur Einl.

I. Rechtsverordnungen zu EG-Immissions- und -Emissionswerten (Abs.1)

1. Bedeutung, EG-Recht, Abgrenzung zu anderen Vorschriften

1   Die Ermächtigung des Abs.1 wurde 1990 eingefügt (Einl.2 Nr.14). Sie soll die Umsetzung **EG-rechtlicher Beschlüsse** v. a. zur Festsetzung von Immissions- und Emissionswerten in das nationale Recht erleichtern; „auf der Grundlage des § 48a Abs.1 (sollen) diese Werte innerstaatlich verbindlich gemacht werden" (Amtl. Begründung, BT-Drs. 11/6633, S.47). Dementsprechend dienen die auf § 48a Abs.1 gestützten Verordnungen der Umsetzung EG-rechtlicher Vorgaben (unten Rn.15, 17, 28). Die Ermächtigung des Abs.1 wird den Anforderungen des Art.80 Abs.1 S.2 GG gerecht, schon weil die Zustimmung des Bundesrats vorgeschrieben ist (i. E. Hansmann LR 5; Scheuing GK 13).

2   **Grund für die Schaffung** der Ermächtigung des Abs.1 ist nicht der Umstand, dass Immissionswerte nach den sonstigen Ermächtigungen im BImSchG (mit Ausnahme der für den Verkehrslärm geltenden Vorschrift des § 43 Abs.1 S.1 Nr.1) nicht festgesetzt werden könnten (so aber Scheuing GK 3). Soweit in den sonstigen Ermächtigungen nur von Emissionswerten bzw. Grenzwerten für Emissionen die Rede ist, steht das der Festlegung von Immissionswerten nicht entgegen, weil dies regelmäßig nur beispielhaft geschieht (Rn.6 zu § 7; Rn.8 zu § 23). Die Notwendig-

keit des Abs.1 ergibt sich vielmehr daraus, übergreifende Immissionswerte zu ermöglichen, die sowohl für genehmigungsbedürftige und nicht genehmigungsbedürftige Anlagen gelten (Beispiel 25. BImSchV) oder gar sämtliche Quellen erfassen (Beispiel 22. BImSchV).

Soweit die Ermächtigung des Abs.1 sich mit **anderen Ermächtigun-** 3 **gen** des BImSchG überschneidet, kommen die Ermächtigungen parallel zum Einsatz. Das gilt für die vergleichbaren Regelungen in § 7 Abs.4, in § 37 und in § 39 (Hansmann LR 7; Scheuning GK 71), wie für die Ermächtigungen in § 7 Abs.1 Nr.2, in § 23 Abs.1 Nr.2, in § 38 Abs.2, in § 43 Abs.1 Nr.1 und in § 48a Abs.1a (Hansmann LR 6). Quellenunabhängige Vorgaben stehen zudem in engem Zusammenhang mit den Regelungen in § 44–§ 47a.

2. Rechtmäßigkeit der Rechtsverordnungen

a) Regelungszweck

§ 48a Abs.1 erlaubt Regelungen nur insoweit, als sie **der Umsetzung** 4 bindender Beschlüsse der Europäischen Gemeinschaften **dienen;** zum Begriff der bindenden Beschlüsse gelten die Ausführungen in Rn.5, 7 zu § 37 entsprechend (ebenso in der Sache Hansmann LR 11). Bloße Ermächtigungen des EG-Rechts zu strengeren Anforderungen werden nicht erfasst, da sie keine Verpflichtung enthalten (Rn.7 zu § 37; a.A. Scheuing GK 32). Regelungen, die mit EG-rechtlichen Vorgaben in Zusammenhang stehen, nicht aber als deren Konkretisierung verstanden werden können, müssen auf andere Ermächtigungen gestützt werden (Hansmann LR 12). Des Weiteren muss die Rechtsverordnung dem **Zweck des § 1** dienen, also der Abwehr und Vorsorge gegen schädliche Immissionen; der in § 1 ebenfalls angesprochene Schutz vor sonstigen Beeinträchtigungen im Bereich genehmigungsbedürftiger Anlagen spielt wegen des Regelungsgegenstands (unten Rn.5) keine Rolle (Scheuning GK 29). Aus dem Hinweis auf § 1 lässt sich nicht entnehmen, dass das Schutz- und Vorsorgeniveau des BImSchG nicht unterschritten werden darf (so aber Hansmann LR 13), zumal EG-rechtliche Anforderungen dem nationalen Recht vorgehen (dazu Einl.29).

b) Immissions- und Emissionswerte

aa) Die Rechtsverordnung kann gem. Abs.1 S.1 **Immissions- und** 5 **Emissionswerte** festlegen. Wegen der Definition von Immissionen und Emissionen in § 3 Abs.2, 3 muss es um schädliche Umwelteinwirkungen gehen; nicht erfasst werden sonstige Einwirkungen (Scheuing GK 33; teilw. a.A. Hansmann LR 13, 14), etwa Einleitungen in ein Gewässer (Scheuing GK 35). Die Werte können sich auf Luftverunreinigungen, Geräusche, Erschütterungen, Licht, Wärme, (nichtionisierende) Strahlen und ähnliche Erscheinungen (näher dazu Rn.2–10 zu § 3) beziehen. Unerheblich ist, von welcher Quelle die Immissionen ausgehen, weshalb auch Verkehrsimmissionen erfasst werden (Scheuing GK 34; unten Rn.8). Weiter

§ 48a

spielt keine Rolle, ob die Werte der Gefahrenabwehr oder der Vorsorge dienen (Hansmann LR 13; Scheuing GK 29), ob sie generell verbindliche Grenzwerte oder anzustrebende Zielwerte sind (vgl. Scheuing GK 37). Erfasst werden somit insb. Grenzwerte, Alarmschwellen und Zielwerte iSd EG-Rechts (näher dazu Jarass, NVwZ 2003, 260f); näher zu den Grenzwerten Rn.7 zu § 47, zu den Alarmschwellen Rn.20 zu § 47 und zu den Zielwerten Rn.4 zu § 45.

6   Zudem ist in der Verordnung gem. § 48a Abs.1 S.1 das **Verfahren zur Ermittlung** der Immissionen und Emissionen zu regeln, da die Immissions- bzw. die Emissionswerte allein keine vollständige Vorgabe enthalten (Hansmann LR 14; Scheuing GK 40). Die Ermittlung kann durch Messung, Berechnung, Vorhersage oder Schätzung erfolgen (vgl. § 1 Nr.2 der 22. BImSchV). *Wer* das Verfahren durchzuführen hat, kann insb. durch Maßnahmen zur Messung festgelegt werden (dazu unten Rn.9).

7   **bb)** Die Immissions- und Emissionswerte können auf bestimmte Verursacher bezogen sein. Derartige **quellenbezogene Werte** finden sich in der 25. BImSchV. Sie haben idR *unmittelbare Wirkungen* für die Verursacher von Umweltbeeinträchtigungen, wie das bei Rechtsverordnungen nach anderen Ermächtigungen regelmäßig der Fall ist (vgl. Rn.48 zu § 7; Rn.54 zu § 23).

8   Daneben kann es sich um **quellenunabhängige Immissionswerte** handeln, wie sie in der 22. BImSchV in Umsetzung der EG-Luftqualitätswerte festgelegt wurden. Insoweit geht es unmittelbar um den Schutz der Luftqualität, unabhängig davon, ob Anlagen, Stoffe, Erzeugnisse, Fahrzeuge, Verkehrswege oder andere Quellen die Ursache von Luftverunreinigungen sind (vgl. Rn.12f zu § 2). Die Einschränkungen des § 2 Abs.1 etwa für Verkehrswege kommen insoweit nicht zum Tragen (Rn.13 zu § 2); die Situation stellt sich ähnlich wie im Bereich des § 45 (Rn.7 zu § 45), des § 47 (Rn.11 zu § 47) und des § 50 (dazu Rn.10 zu § 50) dar. Quellenunabhängige Vorgaben sind zudem für den Verursacher nur über andere Instrumente wirksam (unten Rn.19).

c) Maßnahmen zur Einhaltung, Überwachung und Messung

9   Vor allem für Fälle von quellenunabhängigen Vorgaben bzw. nur mittelbar wirksamen Vorgaben können in der Rechtsverordnung gem. Abs.1 S.1 **Maßnahmen zur Einhaltung** der Immissions- oder Emissionswerte festgelegt werden. Damit sind einerseits beliebige Aktivitäten gemeint, die dazu beitragen können, die Überschreitung der Werte zu verhindern oder zu beseitigen (Scheuing GK 44). Nicht erfasst sind jedoch den Bürger verpflichtende Regelungen bzw. Ermächtigungen zum Erlass solcher Regelungen, wie Ermächtigungen zum Erlass einer Anordnung etc. (Hansmann LR 15; Scheuing GK 46; vgl. auch unten Rn.19). Weiter sind **Maßnahmen zur Überwachung und Messung** der Immissionen und Emissionen festzulegen, und zwar im Bereich der betreibereigenen Überwachung (Hansmann LR 16; vgl. Rn.2 zu § 26) wie der behördlichen Überwachung.

Rechtsverordnungen über Emissionswerte und Immissionswerte § 48a

d) Unterrichtung der Öffentlichkeit

Durch Rechtsverordnung kann gem. Abs.1 S.2 weiterhin vorgesehen werden, dass die **Öffentlichkeit** über Gefahren und Risiken **unterrichtet** werden muss, sei es durch die Behörden, sei es durch die Betreiber und Hersteller von Anlagen, Anlagenteilen, Produkten und Erzeugnissen (Amtl. Begr., BT-Drs. 11/6633, 47); einschr. Scheuing GK 53). Zudem dürfte Abs.1 S.2 einen Zusammenhang mit der Festlegung von Immissions- oder Emissionswerten verlangen (Scheuing GK 52; a. A. Hansmann LR 17). Soweit in der Rechtsverordnung Pflichten zur Öffentlichkeitsinformation festgelegt werden, werden die zuständigen Behörden nicht nur durch die Rechtsverordnung, sondern auch durch § 46 a verpflichtet, sei es im Bereich der Informationen über die Luftqualität (Rn.1–4 zu § 46 a), sei es im Bereich der Überschreitung von Alarmschwellen (Rn.5–7 zu § 46 a). Die Informationen der Öffentlichkeit in anderen Fällen kann auf der Grundlage des Abs.3 geregelt werden (vgl. unten Rn.46). 10

e) Spielraum

Liegen die Voraussetzungen zum Erlass einer Rechtsverordnung vor, **muss** sie erlassen werden, obgleich Abs.1 von seinem Wortlaut her eher für ein Ermessen spricht. Die Ermächtigung muss jedoch EG-rechtskonform ausgelegt werden: Die bindende Verpflichtung des EG-Rechts kommt daher im Rahmen des § 48 a zum Tragen, obgleich die EG-rechtliche Verpflichtung unmittelbar nur an die Mitgliedstaaten als solche sich wendet. 11

f) Formelle Rechtmäßigkeit

Zuständig zum Erlass der Rechtsverordnung ist die Bundesregierung, wobei sie der Zustimmung des Bundesrats bedarf. Insoweit gelten die Ausführungen in Rn.10 zu § 4. Weiterhin ist der Bundestag gem. § 48 b zu beteiligen (näher dazu Rn.3, 5 ff zu § 48 b); diese Vorschrift ersetzt die frühere Regelung in § 48 a Abs.1 S.3, 4 a. F. Eine Anhörung der beteiligten Kreise ist nicht erforderlich. 12

(unbesetzt) 13, 14

3. Auf § 48 a Abs.1 gestützte quellenunabhängige Rechtsverordnungen

a) Verordnung über Immissionswerte (22. BImSchV)

Auf die Ermächtigung des § 48 a Abs.1 und des § 48 a Abs.3 stützt sich die **„Verordnung über Immissionswerte für Schadstoffe in der Luft"** (22. BImSchV; abgedr. mit Literaturhinweisen in Anhang A 22. Die Verordnung erging am 11. 9. 2002 (BGBl I 3626) und wurde durch die VO vom 13. 7. 2004 geändert (BGBl I 1625). Sie dient der Umsetzung der grundlegenden Richtlinie 96/62/EG zur Beurteilung und Kontrolle der Luftqualität (Einl.39 Nr.2) und der darauf aufbauenden Richtlinie 1999/30 für Schwefeldioxid, für Stickstoffdioxid und für Stickstoffoxide, für Partikel 15 und für Blei (Einl.39 Nr.3) und der Richtlinie 2000/69/EG für Benzol und Kohlenmonoxid (Einl.39 Nr.4). Zudem werden die bereits in den 80er Jahren erlassenen alten Luftqualitätsrichtlinien umgesetzt. Zur Auslegung der Verordnung vgl. die Amtl. Begründung der Bundesregierung und den Beschluss des Bundesrats (BR-Drs. 172/93).

16 **Inhaltlich** dient die Verordnung der Gefahrenabwehr iSd § 5 Abs.1 Nr.1 (Gerhold/Weber, NVwZ 2000, 1139; Ludwig, ImSch 2000, 46 f; a. A. Oligmüller, VA 2001, 184). So legt die 22. BImSchV vor allem *Immissionsgrenzwerte* fest, die ab den angegebenen Zeitpunkten strikt eingehalten werden müssen (dazu Rn.7 zu § 47). Hinzu treten (verbindliche) *Alarmschwellen,* bei deren Überschreiten sofortige Notmaßnahmen zu ergreifen sind, ähnlich wie im Rahmen der früheren Smog-Verordnungen (dazu Rn.20 zu § 47). Zudem wird das Beurteilungsverfahren näher geregelt (dazu Jarass, NVwZ 2003, 261). Um feststellen zu können, ob Immissionsgrenzwerte und Alarmschwellen eingehalten werden, sind an Probenahmestellen sowie an Punkten mit den höchsten Belastungen wie an Punkten, die für die Belastung der Allgemeinbevölkerung repräsentativ sind, Erhebungen vorzunehmen (Bruckmann LR 3.2.1 Vorb. 25; Anlage 2 zur 22. BImSchV). Die Vorgaben sind somit nicht erst überschritten, wenn an allen Messstellen in einem Ballungsgebiet die Werte überschritten werden (so aber Stüer, EurUP 2004, 49 f; wohl auch VGH BW, ZUR 2004, 172 f), zumal dann die Vorgaben de facto nicht überschritten wurden. Nicht in der 22. BImSchV festgelegt wird, in welchen Zusammenhängen und im Hinblick auf welch Quellen die Immissionsgrenzwerte und die Alarmschwellen einzuhalten sind (dazu unten Rn.19-23). Allgemein zum gebiets- bzw. qualitätsbezogenen Immissionsschutz Rn.1 zu § 44.

b) Verordnung zu Sommersmog, Versauerung und Nährstoffeinträgen (33. BImSchV)

17 Auf die Ermächtigung des § 48 a Abs.1 sowie des § 48 a Abs.3 stützt sich die **„Verordnung zur Verminderung von Sommersmog, Versauerung und Nährstoffeinträgen"** (33. BImSchV); abgedr. in Anhang A 33. Die Verordnung erging am 13. 7. 2004 (BGBl I 1612). Die Verordnung dient der Umsetzung der Richtlinie 2002/3/EG vom 12. 12. 2002 über den Ozongehalt in der Luft (Einl.39 Nr.6) und der Richtlinie 2001/81/EG vom 23. 10. 2001 über nationale Emissionshöchstmengen für bestimmte Luftschadstoffe (Einl.39 Nr.5) in deutsches Recht. Zur Auslegung der Verordnung vgl. die Amtl. Begründung der Bundesregierung und die Stellungnahme des Bundesrats (BR-Drs. 491/03).

18 **Inhaltlich** legt die Verordnung Immissionszielwerte für (bodennahes) Ozon fest, einschließlich der einschlägigen Probenahmeverfahren. Des Weiteren wird die Unterrichtung der Öffentlichkeit sowie der EG-Kommission geregelt. Schließlich werden für den Bereich der Bundesrepublik Deutschland Höchstmengen pro Kalenderjahr für Schwefeldioxid, Stickstoffoxide, flüchtige organische Verbindungen und Ammoniak festgelegt.

Rechtsverordnungen über Emissionswerte und Immissionswerte § 48a

c) Durchsetzung

Die Durchsetzung quellenunabhängiger Immissionsgrenzwerte wird da- 19
durch erschwert, dass die Verordnungen offen lassen, welcher Verursacher
und welchem Umfang bei einem Überschreiten der Werte heranzuziehen ist.
Die Grenzwerte bilden daher zwar verbindliches Außenrecht (Scheuing
GK 47; Jarass, NVwZ 2003, 260; a. A. Hansmann LR (22) Vorb.7), das aber
nur zum Tragen kommt, soweit entsprechende Instrumente (und Vorschriften) zur Verfügung stehen, bei deren Anwendung die Verursacherfrage geklärt werden kann. Insoweit bestehen unterschiedliche Möglichkeiten.

aa) Durch Durchsetzung der Immissionsgrenzwerte können zunächst in 20
Luftreinhalte- und **Aktionsplänen** nach § 47 Abs.1, 2 Maßnahmen festgelegt werden; näher dazu Rn.11, 23 zu § 47. Die Maßnahmen sind gem.
§ 47 Abs.6 von den zuständigen Behörden durchzuführen (Rn.38–41 zu
§ 47), unter Beachtung des Vorbehalts des Gesetzes (Rn.37 zu § 47).

Darüber hinaus können die Maßnahmen auch schon in der **Rechts-** 21
verordnung festgelegt werden, die die Immissionsgrenzwerte enthält
(oben Rn.9). In der 22. BImSchV ist das nicht geschehen (anders noch § 6
a. F. der 22. BImSchV). Für die Durchführung solcher Maßnahmen gelten
gem. § 48a Abs.2 die gleichen Vorgaben wie für die Durchführung von
Maßnahmen in Luftreinhalteplänen. Insbesondere ist für Eingriffe in private Rechte eine zusätzliche Ermächtigung notwendig (vgl. Rn.37 zu
§ 47). Diese ergibt sich weder aus der Rechtsverordnung noch liegt sie in
§ 48a Abs.2 (Scheuing GK 46; vgl. Hansmann LR 19). Schließlich können die Länder in Rechtsverordnungen gem. § 47 Abs.7 unmittelbar geltende Pflichten festlegen (vgl. Rn.53 zu § 47).

bb) In der Praxis werden die oben in Rn.20f beschriebenen Möglich- 22
keiten nur eine begrenzte Rolle spielen. Daher ist bedeutsam, dass auch
ohne den Erlass von Plänen die immissionsschutzrechtliche Genehmigung
bei einer Überschreitung der bindenden Grenzwerte der 22. BImSchV
grundsätzlich nicht erteilt werden darf (näher Rn.6b zu § 6). Gleiches gilt
für Planfeststellungen (dazu Rn.57 zu § 41). Soweit die Grenzwerte erst ab
einem bestimmten Zeitpunkt verbindlich sind, wie das im Bereich der
22. BImSchV weithin der Fall ist, sind die Grenzwerte erst ab diesem
Zeitpunkt relevant; vorher besteht lediglich die interne Pflicht zur Aufstellung von Luftreinhalteplänen (Rn.3 zu § 47). Soweit allerdings das
einfache Recht bei Zulassungen, Planfeststellungen etc. verlangt, auch für
die künftige Einhaltung der rechtlichen Vorgaben zu sorgen, wird man
ggf. auch die Einhaltung künftiger Grenzwerte zu dem fraglichen Zeitpunkt verlangen müssen, sofern erkennbar keine andere Möglichkeit besteht, für deren rechtzeitige Einhaltung zu sorgen.

Darüber hinaus können zu Zwecken der **Sanierung** nachträgliche An- 23
ordnungen erlassen werden, etwa gem. § 17 (näher Rn.14 zu § 17) oder
§ 24 (dazu Rn.7 zu § 24). Dagegen ist § 20 Abs.1 nicht anwendbar
(Rn.13 zu § 20). Generell hat in diesem Bereich der Grundsatz der Verhältnismäßigkeit großes Gewicht (Jarass, NVwZ 2003, 264) auch wenn

§ 45 den behördlichen Spielraum verengt (Rn.14f zu § 45). In Sanierungsfällen ist die Auswahl zwischen den verschiedenen Verursachern mit besonderer Sorgfalt vorzunehmen; idR muss vorher ein Luftreinhalteplan ergehen (vgl. Jarass, NVwZ 2003, 263 f).

d) Rechtsschutz

24 Die Immissionsgrenzwerte dienen, wie das EG-Luftqualitätsrecht und die 22. BImSchV explizit festlegen, – von wenigen Ausnahmen abgesehen – dem Schutz der menschlichen Gesundheit. Alarmschwellen dienen ausnahmslos diesem Ziel. Grenzwerte und Alarmschwellen müssen daher zu Gunsten von Personen, auf deren Gesundheit sich die Nichteinhaltung der Werte belastend auswirken kann, als drittschützend eingestuft werden (Jarass, NVwZ 2003, 264; Sparwasser § 10 Rn.424; vgl. BayVGH, NuR 1994, 145; Zuleeg, NJW 1993, 37; Roßnagel GK § 5 Rn.291; diff. Krings, UPR 1996, 92 f). Wie der EuGH gerade auch im Bereich des Luftqualitätsrechts festgehalten hat, muss die Einhaltung von Vorgaben einer Richtlinienregelung, die der Förderung bestimmter Bürgerinteressen, insb. dem Schutz der menschlichen Gesundheit dienen, vor den nationalen Gerichten geltend gemacht werden können (EuGHE 1991, I-2567 Rn.15f; 1991, I-4331 L 2; a.A. Hansmann LR (22) § 1 Rn.10). Dies gilt auch im Bereich des Verkehrswegebaus. Eine Popularklage wird dadurch nicht eröffnet, da nur Personen klagebefugt sind, die durch die Grenzwertüberschreitung in ihrer Gesundheit beeinträchtigt sein können. Die drittschützende Wirkung kann allerdings nur dann zum Tragen kommen, wenn und soweit Vorschriften bestehen, die zur Durchsetzung der Werte ermächtigen (dazu oben Rn.19). Bei Genehmigungen und Zulassungen kann hingegen die Einhaltung der Immissionswerte direkt geltend gemacht werden (vgl. Rn.6b zu § 6). Ob Zielwerte (Rn.4 zu § 45) drittschützenden Charakter haben, erscheint zweifelhaft.

25–27 (unbesetzt)

4. Auf § 48a Abs.1 gestützte quellenbezogene Rechtsverordnungen

a) Verordnung über Emissionen der Titandioxid-Industrie (25. BImSchV)

28 Auf die Ermächtigung (allein) des § 48a Abs.1 stützt sich die „**Verordnung zur Begrenzung von Emissionen aus der Titandioxid-Industrie**" (25. BImSchV); abgedr. in Anhang A 25. Die Verordnung erging am 8. 11. 1996 (BGBl I 1722). Die Verordnung dient der Umsetzung der Richtlinie 92/112/EWG für Abfälle der Titandioxid-Industrie (Einl.34 Nr.6). Zur Auslegung vgl. die Amtl. Begründung der Bundesregierung (BT-Drs. 13/3575, 13/5275), die Stellungnahme des Bundestags (BT-Drs. 13/3829, 13/5710) sowie die Stellungnahme des Bundesrats (BR-Drs. 206/96).

29 **Inhaltlich** legt die Verordnung *Grenzwerte* für Staub, Schwefeloxide und Chlor fest, soweit diese Luftschadstoffe in Anlagen nach dem Sulfat-Verfahren und nach dem Chlorid-Verfahren erzeugt werden. Die Verord-

Rechtsverordnungen über Emissionswerte und Immissionswerte   § 48a

nung erfasst genehmigungsbedürftige wie nicht genehmigungsbedürftige Anlagen. Andere oder weitergehende Anforderungen bleiben gem. § 6 der 25. BImSchV unberührt.

b) Sekundär auf § 48a gestützte Rechtsverordnungen

Sekundär wurde die Verordnung über die Verbrennung und Mitverbrennung von Abfällen – 17. BImSchV (dazu Rn.35ff zu § 7) auf § 48a Abs.1 gestützt, weiter die VO über Großfeuerungs- und Gasturbinenanlagen – 13. BImSchV (dazu Rn.32ff zu § 7). 30

c) Durchsetzung und Rechtsschutz

Soweit in einer Rechtsverordnung, wie der 25. BImSchV, quellenbezogene Immissions- und Emissionswerte enthalten sind, gelten für die Durchsetzung der Vorgaben gegenüber genehmigungsbedürftigen Anlagen die Ausführungen in Rn.50 zu § 7. Für die Durchsetzung gegenüber nicht genehmigungsbedürftigen Anlagen wird auf die Darlegungen in Rn.54 zu § 23 verwiesen. §48a Abs.2 spielt insoweit keine Rolle. Ein vorsätzlicher oder fahrlässiger Verstoß gegen die in der Rechtsverordnung niedergelegten Pflichten stellt gem. § 62 Abs.1 Nr.7 eine Ordnungswidrigkeit dar, sofern die Rechtsverordnung auf § 62 verweist. Das ist in § 7 der 25. BImSchV geschehen. Was die weiteren Einzelheiten angeht, insb. die Bestimmtheit und den Täterkreis wird auf die Ausführungen in Rn.15 sowie in Rn.3–11 zu § 62 verwiesen. Schließlich kann unter bestimmten Voraussetzungen sogar eine Straftat gem. § 325 StGB vorliegen (Text in Rn.3 zu § 63). Zum Rechtsschutz wird auf die Ausführungen in Rn.52–54 zu § 7 und Rn.57f zu § 23 verwiesen. 31

(unbesetzt) 32, 33

II. Rechtsverordnungen zu nationalen Immissionswerten (Abs.1a)

1. Bedeutung und Abgrenzung zu anderen Vorschriften

Die Ermächtigung des § 48a Abs.1a wurde 2002 eingefügt (Einl.2 Nr.38). Sie **dient** dazu, die über § 48a Abs.1 umzusetzenden Immissionswerte des EG-Rechts durch *nationale* Immissionswerte für Luftschadstoffe zu ergänzen. Insb. soll die Ermächtigung zum Einsatz kommen, wenn neue Erkenntnisse über die Gefährlichkeit von Schadstoffen kurzfristige Maßnahmen erfordern (BT-Drs. 14/8450, S.15). Ob die Ermächtigung des § 48a Abs.1a den Voraussetzungen des Art.80 Abs.1 S.2 GG gerecht wird, erscheint, anders als bei Abs.1 (oben Rn.1) nicht zweifelsfrei, weil die Beschränkung durch bindende Beschlüsse der Europäischen Gemeinschaften hier keine Rolle spielt. Angesichts der begrenzten Folgen der Festlegung eines Immissionswertes nach Abs.1a wird man aber die Ermächtigung noch als verfassungsmäßig einstufen können. Zum **Verhältnis zu anderen Ermächtigungen** gelten die Ausführungen oben in Rn.3. 34

747

2. Voraussetzungen der Rechtsverordnung

a) Regelungszweck

35   Die auf § 48a Abs.1a gestützte Rechtsverordnung muss dem Zweck des § 1 dienen, also der Abwehr und/oder der Vorsorge gegen schädliche Umwelteinwirkungen durch „Schadstoffe". Mit Schadstoffen sind wohl nur Luftschadstoffe gemeint, mit der Folge, dass Abs.1a (anders als Abs.1) auf schädliche Luftverunreinigungen beschränkt ist (wohl anders Hansmann LR 13a). Anders als bei Abs.1 wird man, auch wegen Art.80 Abs.1 S.2 GG (oben Rn.34), die Ermächtigung insoweit restriktiv auszulegen haben, als sie das Schutz- und Vorsorgeniveau des BImSchG nicht unterschreiten darf.

b) Immissionswerte, Maßnahmen, Unterrichtung der Öffentlichkeit

36   In der Rechtsverordnung können Immissionswerte festgelegt werden. Insoweit gelten die Ausführungen, auch hinsichtlich des Verfahrens zur Ermittlung der Immissionen, oben in Rn.5f. Emissionswerte sind jedoch nicht möglich. Weiter dürfen entsprechende Werte nicht bereits durch EG-Recht vorgeschrieben sein. Möglich dürften des Weiteren sowohl quellenbezogene wie quellenunabhängige Immissionswerte sein (vgl. oben Rn.7f). Weiter können Maßnahmen zur Einhaltung, Überwachung und Messung festgelegt werden; insoweit gelten die Darlegungen oben in Rn.9. Schließlich kann gemäß § 48a Abs.1a S.2 die Unterrichtung der Bevölkerung geregelt werden; auch insoweit gilt nichts anderes als im Bereich des Abs.1 (oben Rn.10).

c) Spielraum

37   Liegen die Voraussetzungen zum Erlass einer Rechtsverordnung nach Abs.1a vor, steht es im Ermessen, ob sie ergeht. Was die Einzelheiten angeht, gelten die Ausführungen in Rn.23 zu § 7 entsprechend.

d) Formelle Voraussetzungen der Rechtsverordnungen

38   Zuständig zum Erlass der Rechtsverordnung ist die Bundesregierung. Sie bedarf der Zustimmung des Bundestags (näher Rn.1ff zu § 48b). Weiter die ist Zustimmung des Bundesrats notwendig (vgl. dazu Rn.10 zu § 4). Eine Anhörung der beteiligten Kreise ist nicht erforderlich.

3. Ergangene Rechtsverordnungen und deren Behandlung

a) Ergangene Rechtsverordnungen sowie 23. BImSchV

39   Auf § 48a Abs.1a wurde bislang noch keine Rechtsverordnung gestützt. Thematisch gehörte allerdings die aufgehobene *„Verordnung über die Festlegung von Konzentrationswerten"* (23. BImSchV) vom 16. 12. 1996 (BGBl I 1962) hierher (vgl. Rn.18 zu § 40). Zum Inhalt der 23. BImSchV vgl. auch Jarass, BImSchG, 5. Aufl. 2002, § 40 Rn.29.

b) Durchsetzung und Rechtsschutz

Für die Durchsetzung **quellenunabhängiger Immissionswerte** gelten grundsätzlich die Ausführungen oben in Rn.19–23. Dass Abs.2 nicht auch auf Abs.1a bezogen ist, dürfte ein Redaktionsversehen sein (Abs.1a wurde später eingefügt), weil auch Abs.1a Maßnahmen zur Einhaltung in der Rechtsverordnung vorsieht (anders Hansmann LR 18); dafür spricht auch die Stellung des Abs.2 *nach* Abs.1a. Unsicher ist allerdings, ob die Werte bei der Erteilung von Genehmigungen u. ä. (oben Rn.22) strikt zu beachten sind, auch wenn dies weder in der Rechtsverordnung noch in Plänen nach § 47 Abs.3 vorgesehen ist. Dagegen spricht, dass hier das EG-Recht kein derartiges Ergebnis erzwingt. Dafür spricht die systematische Angleichung an Abs.1a. Im Hinblick auf Verkehrsbeschränkungen ist zusätzlich § 40 Abs.2 anwendbar, womit andererseits § 45 verdrängt wird (Rn.16 zu § 40). Für Durchsetzung und Rechtsschutz bei **quellenbezogenen Immissionswerten** gelten die Darlegungen oben in Rn.31 entsprechend. 40

(unbesetzt) 41, 42

III. Rechtsverordnungen zu Berichtspflichten und Datenerhebung etc. (Abs.3)

1. Bedeutung, EG-Recht, Abgrenzung zu anderen Vorschriften

Die 1998 eingefügte (Einl.2 Nr.30) Vorschrift des Abs.3 soll im Bereich der Überwachung und Datenverarbeitung die Umsetzung EG-rechtlicher Beschlüsse in das nationale Recht erleichtern. Dementsprechend dienen die auf § 48a Abs.3 gestützten Rechtsverordnungen (auch) der Umsetzung EG-rechtlicher Vorgaben (unten Rn.46f, oben Rn.15 sowie Rn.28, 35 zu § 7, Rn.46 zu § 23, Rn.11 zu § 37). sonstige Ermächtigungen sind parallel anwendbar (vgl. oben Rn.3). Zudem können weitere behördliche Pflichten durch Verwaltungsvorschrift festgelegt werden (Hansmann LR 17a). 43

2. Rechtmäßigkeitsvoraussetzungen

a) Zweck der Umsetzung

Die Rechtsverordnung muss der Umsetzung EG-rechtlicher Beschlüsse dienen. Insoweit kann auf die Ausführungen oben in Rn.4 verwiesen werden. Des Weiteren muss die Regelung auf den Zweck des § 1 ausgerichtet sein. Auch insoweit kann auf die Ausführungen oben in Rn.4 verwiesen werden. Nicht durch Emissionen bedingte Probleme der schweren Unfälle können daher nicht auf der Grundlage des Abs.3 geregelt werden; insoweit kann aber § 23 Abs.1 zum Einsatz kommen. 44

b) Anwendungsbereich

Die Rechtsverordnung nach Abs.3 kann Anforderungen im gesamten Geltungsbereich des BImSchG festlegen, soweit dem § 2 nicht entgegen- 45 steht: Möglich sind Regelungen für die Errichtung und den Betrieb von Anlagen sowie zum Herstellen, Inverkehrbringen und Einführen von Anlagen, Stoffen und Erzeugnissen, insb. Brenn- und Treibstoffen. Fahrzeuge und Verkehrswege können nur betroffen sein, soweit es um raumbezogene Anforderungen geht (vgl. Rn.1 zu § 2).

c) Mögliche Befugnisse

46   aa) Gem. Abs.3 können zunächst durch Rechtsverordnung „von Behörden zu erfüllende Pflichten" begründet werden, etwa – wie der Amtl. Begr. zu entnehmen ist (BR-Drs. 502/98, S.12) – Überwachungsmaßnahmen iSd Art.18 der Richtlinie 96/82/EG zur Beherrschung der Gefahren bei schweren Unfällen mit gefährlichen Stoffen (Einl.33 Nr.1). Das verdeutlicht, dass durch die Rechtsverordnung nicht nur behördliche Aufgaben festgelegt, sondern auch entsprechende Eingriffsbefugnisse geschaffen werden können, wie auch § 67 Abs.1 Nr.7 zu entnehmen ist (a.A. Hansmann LR 23). Dies gilt allerdings nur insoweit, als die Befugnisse für die Beurteilung und Kontrolle der in den EG-rechtlichen Beschlüssen gestellten Anforderungen erforderlich sind. Die Ermächtigung beschränkt sich also auf den Bereich der (behördlichen) **Überwachung** (allg. zur Überwachung Rn.1 zu § 52). Erfasst wird außerdem auch die Unterrichtung der Öffentlichkeit (so BT-Drs. 11/6633, S.47).

47   bb) Des Weiteren kann in der Rechtsverordnung den zuständigen Behörden die Befugnis eingeräumt werden, **personenbezogene Daten** zu erheben, zu verarbeiten oder zu nutzen. Dies soll insbesondere, wie der Amtlichen Begründung entnommen werden kann (BR-Drs. 502/98, S.12), die Übermittlung personenbezogener Daten an die EG-Kommission ermöglichen, wie das durch die Richtlinie 97/68/EG über die Emission von gasförmigen Schadstoffen und luftverunreinigenden Partikeln aus Verbrennungsmotoren für mobile Maschinen und Geräte (Einl.12 Nr.4) geboten ist. Davon wurde durch § 9 der 28. BImSchV Gebrauch gemacht. Auch insoweit ist die Ermächtigung auf den Überwachungsbereich beschränkt (vgl. oben Rn.46). In diesem Bereich können auch Eingriffsbefugnisse festgelegt werden.

d) Spielraum und formelle Voraussetzungen

48   Was den Spielraum beim Erlass der Rechtsverordnung angeht, gelten die Ausführungen oben in Rn.11. Für die formelle Rechtmäßigkeit kann auf die Ausführungen oben in Rn.12 verwiesen werden. Eine Zustimmung des Bundestags ist jedoch nicht erforderlich.

3. Erlassene Rechtsverordnung, Durchführung

49   Eine Reihe von Rechtsverordnungen wurde *auch* auf § 48a Abs.3 gestützt, weil sie neben anderen Vorgaben (und insoweit gestützt auf andere Ermächtigungen) auch Regelungen zu behördlichen Pflichten iSd § 48a Abs.3 enthalten. Dies gilt für die Verordnung zur Emissionsbegren-

Beteiligung d. Bundestages beim Erlass von Rechtsverordn. **§ 48b**

zung von leichtflüchtigen halogenierten organischen Verbindungen – 2. BImSchV (dazu Rn.41 zu § 23), für die Störfall-Verordnung – 12. BImSchV (dazu Rn.28 zu § 7), für die Verordnung über die Verbrennung und Mitverbrennung von Abfällen – 17. BImSchV (Rn.35 zu § 7), für die Verordnung über Immissionswerte für Schadstoffe in der Luft – 22. BImSchV (oben Rn.15), für die Verordnung über Emissionserklärungen und Emissionsberichte – 27. BImSchV (dazu Rn.3 zu § 27), für die Verordnung über Emissionsgrenzwerte für Verbrennungsmotoren – 28. BImSchV (dazu Rn.11 zu §37); für die Verordnung zur Begrenzung flüchtiger organischer Verbindungen bei der Verwendung organischer Lösemittel – 31. BImSchV (dazu Rn.46 zu § 23) und für die Verordnung zur Verminderung von Sommersmog, Versauerung und Nährstoffeinträgen – 33. BImSchV (oben Rn.17 f).

Für die **Durchsetzung** von behördlichen Pflichten nach Abs.3 sorgen 50 die Aufsichtsbehörden. Soweit auf der Grundlage von Eingriffsbefugnissen Anordnungen gegenüber Privaten ergehen, gelten für die Durchsetzung die Ausführungen oben in Rn.31 entsprechend. Insb. kann die Nichtbeachtung gem. § 67 Abs.1 Nr.7 eine Ordnungswidrigkeit sein.

§ 48 b Beteiligung des Bundestages beim Erlass von Rechtsverordnungen

Rechtsverordnungen nach § 7 Abs.1 Satz 1 Nr.2, § 23 Abs.1 Satz 1 Nr.2, § 43 Abs.1 Satz 1 Nr.1, § 48a Abs.1 und § 48a Abs.1a dieses Gesetzes sind dem Bundestag zuzuleiten.[3] Die Zuleitung erfolgt vor der Zuleitung an den Bundesrat.[4] Die Rechtsverordnungen können durch Beschluss des Bundestages geändert oder abgelehnt werden.[5] Der Beschluss des Bundestages wird der Bundesregierung zugeleitet.[6] Hat sich der Bundestag nach Ablauf von drei Sitzungswochen seit Eingang der Rechtsverordnung nicht mit ihr befasst, wird die unveränderte Rechtsverordnung dem Bundesrat zugeleitet.

Literatur: *Saurer*, Die Mitwirkung des Bundestages an der Verordnungsgebung nach § 48b BImSchG, NVwZ 2003, 1176 f; *J. Schmidt*, Die Beteiligung des Bundestags beim Erlass von Rechtsverordnungen, 2002; *Brandner*, Änderung von Rechtsverordnungsentwürfen durch das Parlament, Jahrbuch des Umwelt- und Technikrechts, 1997, 119; *Sommermann*, Verordnungsermächtigung und Demokratieprinzip, JZ 1997, 434; *Hoffmann*, Verfassungsrechtliche Anforderungen an Rechtsverordnungen zur Produktverantwortung nach dem Kreislaufwirtschafts- und Abfallgesetz, DVBl 1996, 347.

1. Bedeutung

Die 2002 eingefügte (Einl.2 Nr.38) Vorschrift hatte in § 48a Abs.1 S.3, 1 4 eine Vorgängerregelung und entspricht inhaltlich weitgehend § 59 KrW-/AbfG. Beim Erlass bestimmter Rechtsverordnungen, die insb. Emissions- oder Immissionswerte und damit gewichtige materielle Vorgaben enthalten können, hat der Bundestag wegen des Gewichts dieser

§ 48b   Gemeinsame Vorschriften

Vorschriften das Recht, die Rechtsverordnung (genauer ihren Entwurf) zu ändern oder abzulehnen. Damit wird der **Einfluss des Bundestags** gestärkt. Verfassungsrechtlich ist eine solche Beteiligung nicht unproblematisch, weil sie über einen bloßen Zustimmungsvorbehalt hinausgeht, dessen verfassungsrechtliche Zulässigkeit überwiegend anerkannt ist (Jarass/Pieroth Art.80 Rn.9; Hansmann LR 3; Lücke, in: Sachs (Hg.), Grundgesetz 3.A. 2003, Art.80 Rn.41; Saurer, NVwZ 2003 1179ff). Die verfassungsrechtlichen Einwände dürften aber nicht durchgreifen, wenn § 48b so ausgelegt wird, dass die Bundesregierung einem Änderungsbegehren des Bundestags nicht folgen muss (Kunig KPV § 59 Rn.4; Sommermann, JZ 1997, 437ff; J. Schmidt, o. Lit., 67ff); die „Änderung" durch den Bundestag stellt dann nur einen Vorschlag und eine bedingte Zustimmung dar. Der Wortlaut des § 48b S.3 ist allerdings irreführend und sollte geändert werden.

2   Die Beteiligung des Bundestags macht aus der **Rechtsverordnung** kein (förmliches) Gesetz; insb. ist der Umfang der einschlägigen Ermächtigungen weiterhin beachtlich (Scheuing GK § 48a Rn.18). Der Rang der Rechtsverordnung bleibt auch nach Zustimmung des Bundestags der einer Rechtsverordnung. Auch aus diesem Grunde ist die Zustimmung der Bundesregierung für eine Änderung des Bundestags notwendig (i.E. Hansmann LR 7). Das Erfordernis der Zustimmung des Bundesrats wird nicht berührt. Werden die Vorschriften zur Beteiligung des Bundestags **verletzt,** ist die Rechtsverordnung unwirksam (Staupe JRW § 59 Rn.128). Bei einer Verletzung von § 48b S.2 dürfte allerdings die spätere Zustimmung des Bundestags den Fehler heilen.

2. Pflicht zur Beteiligung des Bundestags

a) Anwendungsbereich

3   Die Pflicht zur Beteiligung des Bundestags besteht bei Rechtsverordnungen mit Emissionsgrenzwerten nach § 7 Abs.1 S.1 Nr.2, nicht des § 7 Abs.4, da es sich insoweit um eine eigene Ermächtigung handelt (Rn.1 zu § 7). Weiter werden Rechtsverordnungen mit Emissionsgrenzwerten nach § 23 Abs.1 S.1 Nr.2 erfasst, Rechtsverordnungen nach § 43 Abs.1 S.1 Nr.1, Rechtsverordnungen nach § 48a Abs.1 und nach § 48a Abs.1a. Wohl übersehen wurde, dass § 7 Abs.1 und § 23 Abs.1 auch Rechtsverordnungen mit Immissionsgrenzwerten ermöglichen, da die Emissionsgrenzwerte in § 7 Abs.1 S.1 Nr.2 und in § 23 Abs.1 S.1 Nr.2 nur beispielhaft gemeint sind (Rn.6 zu § 7; Rn.8 zu § 23). Von der Sache her wäre die Beteiligung des Bundestags in solchen Fällen ebenso berechtigt; doch muss es bei der klaren Aussage des § 48b bleiben, die für solche Fälle keine Beteiligung des Bundestags vorsieht (vgl. Dietlein LR § 7 Rn.17). Umgekehrt kommt § 48b bei Rechtsverordnungen nach § 48a Abs.1, 1a auch dann zum Tragen, wenn keine Emissions- oder Immissionswerte, sondern etwa nur Maßnahmen zu bereits früher erlassenen Werten festgelegt werden. Wird eine Rechtsverordnung gleichzeitig auf eine der ge-

Beteiligung d. Bundestages beim Erlass von Rechtsverordn. **§ 48b**

nannten Ermächtigungen sowie auf andere Ermächtigungen gestützt, ist § 48b anzuwenden (Hansmann LR 5).

§ 48b kommt sowohl beim Ersterlass einer entsprechenden Rechtsver- 4 ordnung wie bei deren Änderungen zum Tragen. Die Beteiligung des Bundesrats bei Änderungen greift selbst dann, wenn die Rechtsverordnung (vor 2002) ohne Beteiligung des Bundestags ergangen ist (Dietlein LR § 7 Rn.17).

b) Verfahrensablauf bei Entwurf der Bundesregierung

aa) Gemäß S.2 ist die Rechtsverordnung, genauer: der (von der Bun- 5 desregierung erstellte) Entwurf der Rechtsverordnung, vor der Zuleitung an den Bundesrat (in der jeweiligen Ermächtigung ist die Zustimmung des Bundesrats vorgesehen) **dem Bundestag zuzuleiten;** eine Zuleitung an den Bundesrat vor Ablauf der Prüfzeit durch den Bundestag ist unzulässig (Hansmann LR 6; Staupe JRW § 59 Rn.59). Es bestehen dann **verschiedene Möglichkeiten:**

(1) Der Bundestag fasst innerhalb von drei Sitzungswochen nach Ein- 6 gang der Vorlage der Bundesregierung einen Plenarbeschluss. Unter Sitzungswochen sind dabei Wochen mit Sitzungen des Bundestages, also mit Plenarsitzungen, zu verstehen (Hansmann LR 10; Scheuing GK § 48a Rn.58; anders Staupe JRW § 53 Rn.63f), auch wenn der Wortlaut insoweit nicht so deutlich wie § 48a Abs.1 S.4 a.F. ist. Der Bundestag kann zustimmen, ablehnen oder gemäß S.3 Änderungen beschließen. – (2) Äußert sich der Bundestag nicht in der angesprochenen Frist, dann gilt die Zustimmung gem. S.4 als erteilt, wird also kraft Gesetzes fingiert (Scheuing GK § 48a Rn.58). Als Äußern ist nur ein Plenarbeschluss anzusehen, keine bloße Diskussion oder ein Ausschussbeschluss (Hansmann LR 8).

bb) Hat der Bundestag dem Entwurf der Bundesregierung **zuge-** 7 **stimmt** oder ist die **Frist** des S.4 ohne Befassung **abgelaufen** (oben Rn.6), wird der Entwurf dem Bundesrat zugeleitet. Hat der Bundestag den Entwurf **abgelehnt,** ist der Erlass der Rechtsverordnung gescheitert (Hansmann LR 8). Hat der Bundestag **Änderungen** beschlossen, geht der Entwurf gem. S.4 zurück an die Bundesregierung. Diese ist, auch aus verfassungsrechtlichen Gründen (oben Rn.1), nicht an die Änderung gebunden (Hansmann LR 7; vgl. auch oben Rn.2; a.A. Staupe JRW § 59 Rn.74). Stimmt sie der Änderung zu, leitet sie den geänderten Entwurf dem Bundesrat zu. Verweigert sie ihre Zustimmung, ist die Rechtsverordnung gescheitert. Denkbar ist schließlich, dass die Bundesregierung den Änderungen des Bundestags nur teilweise zustimmt und dann erneut den Bundestag einschaltet (Hansmann LR 8). Unberührt bleibt das Recht des Bundestags, seinen Vorschlag als förmliches Gesetz zu erlassen.

cc) Der **Bundesrat** verfügt in allen Fällen des § 48b über seine regulä- 8 ren Rechte. Verlangt er Änderungen, geht der Entwurf an die Bundesregierung zurück. Stimmt sie den Änderungen zu, ist erneut der Bundestag zu beteiligen (Hansmann LR 8; Staupe JRW § 59 Rn.82).

c) Verfahrensablauf bei Entwurf des Bundesrats

9 Die Regelung des § 48b ist auf den Normalfall bezogen, dass der Entwurf der Rechtsverordnung von der Bundesregierung erstellt wird. Gem. Art. 80 Abs. 3 GG besitzt aber auch der Bundesrat bei den in S. 1 genannten Rechtsverordnungen das Initiativrecht, weil in allen Fällen die Zustimmung des Bundesrats notwendig ist. Wird der Verordnungsentwurf vom Bundesrat erstellt, dürfte § 48b zumindest analog anzuwenden sein, auch wenn die Rechtslage unklar und eine Klarstellung dringend geboten ist. Allerdings sind dann einige Modifikationen notwendig: Der Entwurf ist in diesem Falle vom Bundesrat dem Bundestag zuzuleiten. Nach der Befassung durch den Bundestag geht der Entwurf an den Bundesrat zurück, der frei ist, ob er etwaige Änderungen übernimmt. Anschließend geht der Entwurf an die Bundesregierung, die ihrerseits zustimmen oder ablehnen kann, insb. nicht an das Votum des Bundestags gebunden ist (vgl. oben Rn. 1 f).

§ 49 Schutz bestimmter Gebiete

(1) **Die Landesregierungen werden ermächtigt, durch Rechtsverordnung vorzuschreiben, dass in näher zu bestimmenden Gebieten,[4f] die eines besonderen Schutzes vor schädlichen Umwelteinwirkungen durch Luftverunreinigungen oder Geräusche bedürfen,[12] bestimmte**

1. **ortsveränderliche Anlagen nicht betrieben werden dürfen,[6]**
2. **ortsfeste Anlagen nicht errichtet werden dürfen,[7]**
3. **ortsveränderliche oder ortsfeste Anlagen nur zu bestimmten Zeiten betrieben werden dürfen oder erhöhten betriebstechnischen Anforderungen genügen müssen[8] oder**
4. **Brennstoffe in Anlagen nicht oder nur beschränkt verwendet werden dürfen,[9]**

soweit die Anlagen oder Brennstoffe geeignet sind, schädliche Umwelteinwirkungen durch Luftverunreinigungen oder Geräusche hervorzurufen, die mit dem besonderen Schutzbedürfnis dieser Gebiete nicht vereinbar sind, und die Luftverunreinigungen und Geräusche durch Auflagen nicht verhindert werden können.[11]

(2) **Die Landesregierungen werden ermächtigt, durch Rechtsverordnung Gebiete festzusetzen, in denen während austauscharmer Wetterlagen ein starkes Anwachsen schädlicher Umwelteinwirkungen durch Luftverunreinigungen zu befürchten ist.[20] In der Rechtsverordnung kann vorgeschrieben werden, dass in diesen Gebieten**

1. **ortsveränderliche oder ortsfeste Anlagen nur zu bestimmten Zeiten betrieben[21] oder**
2. **Brennstoffe, die in besonderem Maße Luftverunreinigungen hervorrufen, in Anlagen nicht oder nur beschränkt verwendet[22]**

Schutz bestimmter Gebiete **§ 49**

werden dürfen, sobald die austauscharme Wetterlage von der zuständigen Behörde bekannt gegeben wird.

(3) **Landesrechtliche Ermächtigungen für die Gemeinden und Gemeindeverbände zum Erlass von ortsrechtlichen Vorschriften, die Regelungen zum Schutz der Bevölkerung vor schädlichen Umwelteinwirkungen durch Luftverunreinigungen oder Geräusche zum Gegenstand haben, bleiben unberührt.**[26 f]

Übersicht

I. Anforderungen in schutzbedürftigen Gebieten (Abs.1)	1
1. Bedeutung und Abgrenzung zu anderen Vorschriften	1
a) Bedeutung	1
b) Abgrenzung zu anderen Vorschriften	2
2. Ermächtigung für Rechtsverordnungen	4
a) Schutzbedürftiges Gebiet	4
b) Anforderungen an Anlagenbetreiber	6
c) Formelle Voraussetzungen	14
3. Erlassene Rechtsverordnungen und ihre Behandlung	15
a) Erlassene Rechtsverordnungen	15
b) Durchsetzung	16
c) Rechtsschutz	17
II. Beschränkungen bei Smog (Abs.2)	19
1. Bedeutung und Verhältnis zu anderen Vorschriften	19
2. Ermächtigung für Rechtsverordnungen	20
a) Festlegung der Smog-Gebiete	20
b) Mögliche Beschränkungen	21
c) Formelle Anforderungen	24
d) Erlassene Rechtsverordnungen	25
III. Vorbehalt für ortsrechtliche Vorschriften (Abs.3)	26

Literatur: *v. Bomhard,* Immissionsschutz durch gemeindliches Verwaltungshandeln, 1996; *Himmelmann,* Kompetenzen der Städte und Gemeinden auf dem Gebiet des Immissionsschutzes, DÖV 1993, 497; *Koch,* Immissionsschutz durch Baurecht, 1991; *Peine/Smollich,* Bauleitplanung und Immissionsschutz, WiVerw 1990, 269; *Kraft,* Immissionsschutz und Bauleitplanung, 1988; *Menke,* Die Festsetzung von Grenzwerten für Umweltbelastungen im Bebauungsplan als Mittel zur Konfliktbewältigung in Gemengelagen, NuR 1985, 137; *Wilke,* Bundesbaugesetz und Immissionsschutzrecht, WiVerw 1984, 205. Siehe auch die Hinweise zu § 40.

I. Anforderungen in schutzbedürftigen Gebieten (Abs.1)

1. Bedeutung und Abgrenzung zu anderen Vorschriften

a) Bedeutung

Abs.1 ermächtigt die Landesregierungen, durch Rechtsverordnung bestimmte schutzbedürftige Gebiete festzulegen und für diese Gebiete Beschränkungen zum Schutz vor Luftverunreinigungen und Geräuschen **1** gegenüber Anlagen anzuordnen. Die Vorschrift gehört einerseits zum anlagenbezogenen Immissionsschutz. Anders als bei den §§ 4ff, §§ 22ff geht es hier jedoch um den räumlich differenzierten Immissionsschutz, der bestimmte Gebiete ausweist und für sie besondere Anforderungen festlegt (vgl. unten Rn.2); diese Ausrichtung gilt auch für Abs.2. Ob die Vorschrift allein der Gefahrenabwehr dient oder auch der Vorsorge, ist umstritten (für Beschränkung auf Gefahrenabwehr Koch o. Lit. 117f). Jedenfalls ist zu beachten, dass für Rechtsverordnungen generell eine abstrakte bzw. potentielle Gefährdung ausreicht (vgl. Rn.23 zu § 3). In den besonders schonungsbedürftigen Gebieten (dazu unten Rn.4f) können zudem höhere Anforderungen gestellt werden, als sonst für Anlagen der betreffenden Art (Schulze-Fielitz GK 3; Feldhaus FE 5). Die Grundpflichten wirken sich unter den besonderen Umständen der schutzbedürftigen Gebiete verschärft aus. Zur Frage, ob Festlegungen nach § 49 gegenüber anderen Grundpflichten abschließend sind oder ob sie im Einzelfall verschärft werden können vgl. Rn.49 zu § 7 bzw. Rn.53 zu § 23. Eine Pflicht zum Erlass dürfte sich aus § 49, ähnlich wie aus § 7, nicht ergeben; doch kann sie unter besonderen Voraussetzungen aus den Grundrechten folgen (Schulze-Fielitz GK 74; näher Rn.23 zu § 7).

b) Abgrenzung zu anderen Vorschriften

2   Die gem. Abs.1 möglichen Beschränkungen können der Art nach auch in **Rechtsverordnungen** auftauchen, die auf **§ 7** oder **§ 23** gestützt werden. In diesen Verordnungen müssen die Festsetzungen jedoch allgemein gelten; d.h., eine Beschränkung auf bestimmte (schutzbedürftige) Gebiete ist nicht möglich (Hansmann LR 28, 35). Zudem gilt es zu beachten, dass die Länder Rechtsverordnungen nach § 7 überhaupt nicht und nach § 23 Abs.2 nur eingeschränkt erlassen können. Was das Maß der Anforderungen angeht, bestehen dagegen keine grundsätzlichen Unterschiede (oben Rn.1). Soweit für eine Anlage sowohl nach § 49 wie nach § 7 bzw. § 23 Beschränkungen getroffen werden, gilt die strengere Festsetzung (Hansmann LR 28; Schulze-Fielitz GK 109).

3   Die gem. Abs.1 möglichen Beschränkungen sind, soweit es um bauliche Anlagen geht, gelegentlich auch als **Festsetzungen** eines **Bebauungsplans** möglich. Zu nennen sind insb. die Festsetzungen gem. § 9 Abs.1 Nr.23, 24 BauGB und gem. § 1 Abs.4–9 BauNVO (vgl. BVerwG, NVwZ 2002, 1117; Kraft, UPR 1994, 233; Koch o. Lit. 99ff; Himmelmann, DÖV 1993, 502ff; Schulze-Fielitz GK 112ff). Auch insoweit sind die strengeren Anforderungen anzuwenden (Hansmann LR § 50 Rn.9; v. Holleben, UPR 1983, 78; a.A. Boisserée, UPR 1983, 370). Im Übrigen können Regelungen nach § 49 Abs.1 in Bebauungspläne nicht selten übernommen werden (§ 9 Abs.4 BauGB), mit der Folge, dass auf sie alle bauplanungsrechtlichen Instrumente anwendbar werden, was für das Errichtungsverbot auch materielle Auswirkungen hat (unten Rn.7). Andererseits wird Abs.1 durch planungsrechtliche Ermächtigungen nicht eingeschränkt (anders Schulze-Fielitz GK 83); der Grundsatz der Erforderlichkeit steht

Schutz bestimmter Gebiete **§ 49**

einer Regelung nach Abs.1 jedenfalls dann nicht entgegen, wenn ausreichende Festsetzungen in einem Bebauungsplan nicht getroffen wurden.

2. Ermächtigung für Rechtsverordnungen

a) Schutzbedürftiges Gebiet

Regelungen nach Abs.1 setzen voraus, dass ein Gebiet eines über- 4 durchschnittlichen Schutzes vor Luftverunreinigungen (dazu Rn.2–4 zu § 3) und Geräuschen (dazu Rn.5 zu § 3), nicht jedoch vor anderen Immissionen bedarf. Dies kann aufgrund von zwei entgegengesetzten Gründen bedingt sein: Eines besonderen Schutzes bedürfen zum einen *schonungsbedürftige* Gebiete, wie Kurgebiete, Erholungsgebiete, Gebiete für Krankenhäuser etc. (Feldhaus FE 4; Hansmann LR 11). Insoweit spielen nicht nur die tatsächliche Nutzung, sondern auch (zumindest intern verbindliche) Pläne eine Rolle (Hansmann LR 12). Die Schutzbedürftigkeit kann sich andererseits aus den bereits vorhandenen *überdurchschnittlichen Belastungen* ergeben (Amtl.Begr., BT-Drs. 7/179, 45; Hansmann LR 13; Feldhaus FE 3).

Bei der **Abgrenzung** des schutzbedürftigen Gebiets hat der Verord- 5 nungsgeber einen erheblichen Spielraum. Soll ein wirklicher Schutz erreicht werden, darf das Gebiet nicht zu eng abgesteckt werden (vgl. Hansmann LR 16). Zudem muss das Gebiet nicht nur die schutzbedürftigen Flächen umfassen, sondern auch die Bereiche, auf denen sich die Emittenten befinden. Für die Abgrenzung spielt auch eine Rolle, welche Beschränkungen in dem Gebiet angeordnet werden (Schulze-Fielitz GK 27). Das Schutzgebiet kann sich auf das gesamte Bundesland erstrecken, jedenfalls in den Stadtstaaten, andererseits sich aber auch auf eine Gemeinde oder einen Teil einer Gemeinde beschränken (Hansmann LR 11).

b) Anforderungen an Anlagenbetreiber

aa) Gem. Abs.1 **Nr.1** kann der **Betrieb ortsveränderlicher Anlagen** 6 **verboten** werden. Gemeint sind damit Anlagen iSv § 3 Abs.5 Nr.2 (dazu Rn.72 zu § 3), also technische Anlagen unter Ausschluss der von § 38 erfassten Fahrzeuge (Hansmann LR 17; Feldhaus FE 6; für Fahrzeuge kommt evtl. § 45 Abs.1 StVO in Betracht). Bei Anlagen der Bundeswehr und der Stationierungsstreitkräfte ist § 60 Abs.2 zu beachten. Das Verbot kann auch an bestimmte Voraussetzungen gebunden werden, etwa an die Einhaltung von Emissions- oder Immissionswerten.

Gem. Abs.1 **Nr.2** kann die **Errichtung ortsfester Anlagen be-** 7 **schränkt** werden. Ortsfeste Anlagen sind die ortsfesten Einrichtungen iSv § 3 Abs.5 Nr.1 (dazu Rn.69–71 zu § 3) und die Grundstücke iSv § 3 Abs.5 Nr.3 (dazu Rn.74–77 zu § 3). Letzteren unterfallen nicht die öffentlichen Verkehrswege (näher Rn.78–80 zu § 3). Zudem sind die Ausnahmen zum Anwendungsbereich des BImSchG zu beachten; dazu Rn.21–27 zu § 2. Anlagen, die bereits ganz oder teilweise errichtet sind, werden nicht betroffen (Hansmann LR 23; Feldhaus FE 6). Sofern aller-

§ 49 Gemeinsame Vorschriften

dings die Errichtungsbeschränkung in einen Bebauungsplan aufgenommen wurde (oben Rn.3), ist sie über § 179 BauGB auch auf bereits errichtete Anlagen anwendbar (Hansmann LR 24).

8 Abs.1 **Nr.3** betrifft **alle Anlagen** iSv § 3 Abs.5 (vgl. unten Rn.21) und erlaubt zum einen *zeitliche Beschränkungen* des Betriebs. D. h., der Betrieb einer Anlage kann für bestimmte Tageszeiten, Wochentage oder Jahreszeiten ganz verboten oder von der Einhaltung bestimmter (unechter) Auflagen abhängig gemacht werden (Hansmann LR 26, 27). Ein zeitlich unbeschränktes Betriebsverbot ist dagegen auf Grund der Nr.3 nicht möglich (Schmatz/Nöthlichs 1). Weiter gestattet Abs.1 Nr.3 *betriebstechnische Anforderungen*. Damit sind (positive) Anforderungen an die Beschaffenheit und den Betrieb der Anlage gemeint, etwa strengere Emissionsstandards als sie in bundesweit geltenden Rechts- oder Verwaltungsvorschriften vorgesehen sind (vgl. Hansmann LR 30).

9 Abs.1 **Nr.4** gestattet den Einsatz bestimmter **Brennstoffe** (zum Begriff Rn.4 zu § 34) in (beliebigen) Anlagen zu untersagen oder zu beschränken. So kann etwa der Einsatz schwefelarmen Heizöls verlangt werden. Anders als bei der Vorschrift des § 34, die die Herstellung und den Handel betrifft, geht es hier um die Verwendung der Brennstoffe.

10 **bb)** Die oben in Rn.6–9 aufgeführten Beschränkungen können durch die Rechtsverordnung **selbst** festgelegt werden. Zum anderen besteht die Möglichkeit, die Behörde zum Erlass solcher Beschränkungen **im Einzelfall** zu **ermächtigen** (Hansmann LR 60; Schulze-Fielitz GK 76; vgl. § 62 Abs.1 Nr.8). Die Behörde kann eine solche Ermächtigung durch Erlass von Auflagen zur Genehmigung oder durch (nachträgliche) Anordnungen bzw. Untersagungen nutzen (s. auch unten Rn.16).

11 Auf das Verhältnis von genereller Festlegung und Einzelfallfestlegung ist die Regelung des Abs.1, letzter Halbs. bezogen, wonach Beschränkungen durch Rechtsverordnung unzulässig sind, wenn die fraglichen Luftverunreinigungen und Geräusche durch **Auflagen** verhindert werden können. Diese Formulierung ist anerkanntermaßen zu eng geraten. Gleichzustellen sind alle anderen Einzelmaßnahmen, wie Anordnungen und Untersagungen (Schulze-Fielitz GK 80; Hansmann LR 39). Die Beschränkung richtet sich allein an den Verordnungsgeber, nicht an die die Rechtsverordnung anwendende Behörde (Hansmann LR 39). Der Verordnungsgeber hat vor Erlass der Rechtsverordnung zu prüfen, ob der Schutz des Gebiets auch durch Einzelmaßnahmen in befriedigender Weise erreicht werden kann (Hansmann LR 39). Praktisch bedeutet dies, dass die generelle Festlegung von Pflichten häufig unzulässig ist, wenn von ihr gegenwärtig und zukünftig nur einige wenige Anlagen betroffen wären (Schulze-Fielitz GK 80).

12 **cc)** Dem verfassungsrechtlichen Grundsatz der Verhältnismäßigkeit (dazu Jarass/Pieroth Art.20 Rn.56 ff) entsprechend müssen die festgelegten Maßnahmen zum Schutz des Gebiets **geeignet** und **erforderlich** sein. Anlagen bzw. Brennstoffe müssen, wie Abs.1 ausdrücklich sagt, Luftverunreinigungen oder Geräusche hervorrufen, die mit dem spezifischen

Schutzbedürfnis des betreffenden Gebiets nicht vereinbar sind. Weiter dürfen die festgelegten Beschränkungen nicht durch **mildere, gleich wirksame Mittel** ersetzt werden können (vgl. Hansmann LR 36; Engelhardt/Schlicht 5). Dabei ist allerdings zu unterscheiden, ob die Beschränkungen durch die Rechtsverordnung selbst oder auf ihrer Grundlage durch Verwaltungsakt erlassen werden. Im ersten Fall genügt eine *generalisierende* Betrachtung (Schulze-Fielitz GK 82; Hansmann LR 36), während im zweiten alle Umstände des *Einzelfalles* zu berücksichtigen sind. Schließlich müssen die Maßnahmen verhältnismäßig ieS, also angemessen bzw. proportional sein (Schulze-Fielitz GK 89).

dd) Rechtsverordnungen nach Abs.1 Nr.1, 3, 4 (nicht Nr.2) können **13** auch für **bereits genehmigte** und errichtete **Anlagen** gelten (vgl. Hansmann LR 20). Dabei können die Anforderungen unmittelbar gelten (Hansmann LR 20; Schulze-Fielitz GK 90; a.A. Koch o. Lit. 120). Die Rechtsverordnung kann aber auch vorsehen, dass die Anforderungen allein durch nachträgliche Anordnungen oder einen Genehmigungswiderruf vollzogen werden können, was insb. bei einer Betriebsstilllegung in Betracht kommt. Bei unmittelbarer Geltung sind nachträgliche Maßnahmen natürlich ebenfalls möglich (vgl. Hansmann LR 20, 22, 27). Ob und in welcher Weise die Anforderungen einer Rechtsverordnung für bestehende Anlagen gelten, muss durch Auslegung der Rechtsverordnung bestimmt werden. Im Übrigen sind die Beschränkungen zu beachten, die sich aus Art.14 GG und dem Grundsatz der Verhältnismäßigkeit ergeben (Feldhaus FE 7). Insoweit gelten die entsprechenden Ausführungen in Rn.11 zu § 7.

c) Formelle Voraussetzungen

Zuständig zum Erlass der Rechtsverordnungen ist die jeweilige *Landes-* **14** *regierung*. Wer als Landesregierung anzusehen ist, richtet sich nach dem Landesverfassungsrecht, mit der Folge, dass evtl. auch ein einzelner Minister die Rechtsverordnung erlassen kann (BVerfGE 11, 77 = NJW 1960, 1291). Eine weitere Übertragung auf andere Stellen ist nicht möglich, da sie in der Ermächtigung nicht vorgesehen ist (Hansmann LR § 40 Rn.16). Gem. Art.80 Abs.4 GG wird auch der Landes*gesetzgeber* ermächtigt. Den betroffenen Gemeinden steht auf Grund Art.28 Abs.2 GG ein Anhörungsrecht zu (so BVerfGE 56, 298/320 ff = NJW 1981, 1659 zur Festsetzung von Lärmschutzbereichen nach dem FlugLG).

3. Erlassene Rechtsverordnungen und ihre Behandlung

a) Erlassene Rechtsverordnungen

Von der Ermächtigung des Abs.1 hat das Land Berlin in der Verord- **15** nung über den Schwefelgehalt von Braunkohle für Heizzwecke vom 15. 1. 1981 (GVBl 217) Gebrauch gemacht. Die Verordnung verbietet die Verwendung von Braunkohle in Feuerungsanlagen, sofern sie einen gewissen Schwefelgehalt überschreitet.

§ 49 Gemeinsame Vorschriften

b) Durchsetzung

16   Die Anforderungen der Rechtsverordnungen werden für genehmigungsbedürftige Anlagen im Genehmigungsverfahren oder durch eine nachträgliche Anordnung gem. § 17 bzw. einen Genehmigungswiderruf nach § 21 durchgesetzt. Soweit es sich um nicht genehmigungsbedürftige Anlagen handelt, sind die §§ 24, 25 einschlägig. Daraus kann nicht geschlossen werden, dass die Rechtsverordnung keine unmittelbare Rechtswirkung haben kann (so aber Koch o. Lit. 119f; vgl. oben Rn.13). Zur Zwangsvollstreckung näher Rn.29–32 zu § 62. Der vorsätzliche oder fahrlässige Verstoß gegen eine auf Abs.1 Nr.1, 3, 4 gestützte Rechtsverordnung stellt gem. § 329 Abs.1, 4 StGB eine Straftat dar, evtl. sogar in Form des § 330 StGB; unter zusätzlichen Voraussetzungen kann auch eine Straftat gem. § 324a StGB, gem. § 325 StGB oder gem. § 325a StGB vorliegen (Text in Rn.2ff zu § 63). Der Verstoß gegen eine auf § 49 Abs.1 Nr.2 gestützte Rechtsverordnung ist gem. § 62 Abs.1 Nr.8 eine Ordnungswidrigkeit, soweit auf diese Vorschrift voll verwiesen wird. Gleiches gilt für den vorsätzlichen oder fahrlässigen Verstoß gegen eine vollziehbare Anordnung, die sich auf eine solche Rechtsverordnung stützt. Näher zu den Voraussetzungen einer Ordnungswidrigkeit Rn.16 sowie Rn.3–11 zu § 62.

c) Rechtsschutz

17   Personen, für die die Rechtsverordnung Beschränkungen vorsieht **(Adressaten)**, können sich, soweit es um Grundrechtsverletzungen geht, dagegen mit der Verfassungsbeschwerde wehren (dazu Rn.52 zu § 7). Dazu kommt in den Ländern Baden-Württemberg, Bayern, Brandenburg, Bremen, Hessen, Mecklenburg-Vorpommern, Niedersachsen, Rheinland-Pfalz, Saarland, Sachsen, Sachsen-Anhalt, Schleswig-Holstein und Thüringen die Normenkontrolle nach § 47 VwGO, die einen noch weiter reichenden Rechtsschutz ermöglicht (vgl. HessVGH, VRspr. 31, 73ff). Zur Verfassungsbeschwerde der Gemeinden BVerfGE 56, 298ff = NJW 1981, 1659.

18   **Dritte** können die Einhaltung erlassener Rechtsverordnungen im Genehmigungsverfahren oder (bei bestehenden Anlagen) mit Hilfe einer nachträglichen Anordnung erzwingen, sofern die entsprechende Vorschrift drittschützenden Charakter hat (näher Rn.49ff zu § 6). Insoweit sind die Verordnungen regelmäßig auch Schutzgesetze iSd § 823 Abs.2 BGB (vgl. Rn.54 zu § 7). Zudem kann die Verletzung einer drittschützenden Verordnung im Rahmen des § 6 Abs.3 UmwHG Bedeutung erlangen. Zum Anspruch auf Normerlass Schulze-Fielitz GK 106ff.

II. Beschränkungen bei Smog (Abs.2)

1. Bedeutung und Verhältnis zu anderen Vorschriften

19   § 49 Abs.2 ermächtigt die Landesregierungen durch Rechtsverordnungen bestimmte Beschränkungen für Anlagen festzulegen, um den Proble-

Schutz bestimmter Gebiete **§ 49**

men austauscharmer Wetterlagen zu begegnen. Luftverunreinigende Stoffe werden im Normalfall in der Atmosphäre relativ schnell verteilt. Bei bestimmten Wetterlagen findet eine solche Verteilung jedoch nur sehr beschränkt statt. In diesem Falle können Sofortmaßnahmen bei Anlagen notwendig sein. Die Vorschrift des § 40 Abs.1 S.1 a.F., die aus dem gleichen Grunde zu Beschränkungen des Straßenverkehrs ermächtigte, wurde 2002 aufgehoben (Rn.1 zu § 40). Die Grundpflichten des § 5 bleiben regelmäßig unberührt, so dass im Einzelfalle durch eine Auflage oder eine Anordnung nach § 17 oder § 24 noch strengere Anforderungen gestellt werden können (Schulze-Fielitz GK 129; Hansmann LR 42).

2. Ermächtigung für Rechtsverordnungen

a) Festlegung der Smog-Gebiete

In den Rechtsverordnungen sind zum einen Gebiete zu bestimmen, die 20 in den erlassenen Verordnungen als Smog-Gebiete bezeichnet sind. In diesen Gebieten muss während austauscharmer Wetterlagen ein starkes Anwachsen schädlicher Umwelteinwirkungen (dazu Rn.21 ff zu § 3) durch Luftverunreinigungen (dazu Rn.2–4 zu § 3) zu befürchten sein. Gefahren durch sonstige Immissionen spielen also keine Rolle. Eine **austauscharme Wetterlage** besteht, wenn aufgrund (auch saisonal) seltener meteorologischer Bedingungen es zu erheblichen Immissionsproblemen kommt. Dies kann etwa durch einen sowohl horizontal wie vertikal höchst unzureichenden Luftmassenaustausch geschehen, wie das für den sog. Wintersmog gilt. Umstritten ist, ob auch eine Kombination von geringem horizontalem Luftmassenaustausch und längerer Sonnenscheinperiode (sog. Sommersmog) erfasst wird (dafür Repkewitz, VerwArch 1995, 97ff; a.A. Schulze-Fielitz GK 83).

b) Mögliche Beschränkungen

aa) Abs.2 S.2 Nr.1 gestattet für ortsveränderliche und ortsfeste Anlagen 21 **Betriebsbeschränkungen.** Damit erfasst die Vorschrift **alle Anlagen iSd § 3 Abs.5** (dazu Rn.69–77 zu § 3). Die in § 3 Abs.5 Nr.3 genannten Grundstücke sind ortsfeste Anlagen. Zu den ortsfesten Anlagen ist zudem der mit ihnen in unmittelbarem funktionalen Zusammenhang stehende Kraftfahrzeugverkehr zu rechnen (näher Rn.59 zu § 4). Erfasst werden regelmäßig auch bereits errichtete Anlagen (oben Rn.13). Die Vorschrift gestattet **zeitlich begrenzte Betriebsverbote**, erforderlichenfalls für die gesamte Dauer der austauscharmen Wetterlage und damit für mehrere Tage (Schulze-Fielitz GK 55; a.A. Hansmann LR 47). Bei der identischen Formulierung in Abs.1 Nr.3 ist anerkannt, dass ein Betriebsverbot für einige Tage durchaus zulässig ist (dazu oben Rn.8). Im Vergleich zu dieser Ermächtigung erfasst Abs.2 aber eher noch gefährlichere Situationen, weshalb für eine engere Auslegung der Formulierung in Abs.2 als in Abs.1 kein Anlass besteht. Andererseits ist das Übermaßverbot zu beachten. Genügen kürzere Beschränkungen, sind nur diese zulässig. Als milderes Mittel kommen auch Beschränkungen des Betriebs in Betracht (Schulze-Fielitz

§ 49

GK 56), etwa generelle Leistungsbeschränkungen (Hansmann LR 48) oder die Stilllegung bestimmter Anlagenteile oder Prozesse (insb. des Kraftfahrzeugverkehrs, soweit er von Abs.2 erfasst wird).

22 **bb)** Gem. Abs.2 S.2 Nr.2 kann vorgeschrieben werden, dass bestimmte **Brennstoffe** in Anlagen (dazu Rn.69–77 zu § 3) nicht oder nur beschränkt verwendet werden dürfen. Möglich ist auch (als milderes Mittel), den Einsatz von bestimmten Voraussetzungen (etwa einer Rauchgasentschwefelung) abhängig zu machen (Hansmann LR 51).

23 **cc)** Die Rechtsverordnung kann die Beschränkungen selbst **festlegen** oder die Behörde zu entsprechenden Anordnungen **ermächtigen** (vgl. oben Rn.10; Schulze-Fielitz GK 57; Hansmann LR 60). Die Beschränkungen werden i. Ü. erst wirksam, wenn die austauscharme Wetterlage bekannt gegeben worden ist. Die **Bekanntgabe** ist als Verwaltungsakt einzustufen (Stelkens/Stelkens SBS § 35 Rn.214; Jarass, NVwZ 1987, 96 ff; Schulze-Fielitz GK § 40 Rn.101; für Rechtsverordnung Ehlers, DVBl 1987, 972 ff). Die Auffassung, sie sei nur eine Rechtstatsache ohne Regelungswirkung (Kluth, NVwZ 1987, 960 f), verkennt die unmittelbaren Wirkungen der Bekanntgabe für den Anlagenbetreiber. Zudem setzt die Bekanntgabe die austauscharme Wetterlage verbindlich fest, wobei auch wertende Elemente eine Rolle spielen (näher Jarass, NVwZ 1987, 96 f).

c) Formelle Anforderungen

24 Zu den formellen Voraussetzungen gelten die Ausführungen oben Rn.14 entsprechend.

d) Erlassene Rechtsverordnungen

25 Auf der Grundlage des § 49 Abs.2 sowie des § 40 Abs.1 a. F. wurden in allen Bundesländern, orientiert am Rahmenentwurf des LAI (abgedr. NVwZ 1988, 138) durch Smog-Verordnungen Gebrauch gemacht. Die Verordnungen sind später alle wieder aufgehoben worden.

III. Vorbehalt für ortsrechtliche Vorschriften (Abs.3)

26 Abs.3 hat allein klarstellenden Charakter und macht deutlich, dass die Länder, soweit sie selbst regelungsbefugt sind (dazu Einl.44–51 und Rn.16–19 zu § 22), auch die Gemeinden und Gemeindeverbände zu immissionsschutzrechtlichen Regelungen ermächtigen können. Weder Abs.1 oder Abs.2 noch andere Regelungen des BImSchG stehen solchen Ermächtigungen entgegen (Hansmann LR 58); für Rechtsverordnungen nach § 47 Abs.7 wurde das zusätzlich klargestellt (Rn.51 zu § 47). Über den Wortlaut des Abs.3 hinaus gilt das (wegen des lediglich klarstellenden Charakters des Abs.3) außer bei Luftverunreinigungen und Geräuschen auch bei anderen Immissionen (vgl. BayVerfGH, NVwZ 1986, 636 f). Abs.3 gilt zudem für **neue** Ermächtigungen zugunsten der Gemeinden und Gemeindeverbände (VGH BW, BauR 2004, 981 f; Koch o. Lit. 123; Hansmann LR 59; Schulze-Fielitz GK 138; Pudenz, NuR 1991, 362; a.A. Feldhaus FE 10). § 49 Abs.3 schließt auch nicht aus, dass die ortsrechtlichen Vorschriften strengere Vorgaben als das BImSchG treffen (VGH BW, BauR 2004, 982). Andererseits erweitert Abs.3 nicht den Regelungsspielraum der Länder zum Erlass ortsrechtlicher Ermächtigungen. Unberührt bleiben schließlich Tätigkeiten der Gemeinden zum Schutze vor Immissionen, die keiner gesetzlichen Grundlage bedürfen, etwa der Festlegung besonders strenger Anforderungen in einem Vertrag zur Förderung eines Betriebs (BVerwGE 84, 236/239 f = NVwZ 1990, 665).

Landesrechtliche Ermächtigungen zu Gunsten der Gemeinden und der Gemeindeverbände im Bereich des Immissionsschutzes finden sich zunächst in **Landes-Immissionsschutzgesetzen,** etwa in § 5 LImSchG NW und in Art.10 BayImSchG. Wichtige Ermächtigungen finden sich weiter in den **Landesbauordnungen** und in den **Gemeindeordnungen** (näher Koch o. Lit. 123 ff; Schulze-Fielitz GK 139 ff); zum Landesimmissionsschutzrecht vgl. Einl.23–25. Sie regeln u.a. Verwendungsverbote für bestimmte Heizstoffe sowie den Anschluss- und Benutzungszwang für Fernwärme und Fernheizung. Nicht unter Abs.3 fällt mangels spezifischer Ausrichtung auf schädliche Umwelteinwirkungen die ordnungsrechtliche Generalermächtigung (VGH BW, DÖV 1997, 647). *Bundesrechtliche* Ermächtigungen zugunsten der Kommunen fallen nicht unter Abs.3. Sie sind ohnehin neben den Vorgaben des BImSchG anwendbar (Rn.14 zu § 22; vgl. BVerwG, NVwZ 1989, 664f; UPR 1994, 233; Koch o. Lit. 99 ff; Paetow, in: FS Kutscheidt, 2002, 322 ff; Himmelmann, DÖV 1993, 502 ff). Zum Verhältnis solcher Festsetzungen zu Abs.1 oben Rn.3. 27

§ 50 Planung

Bei raumbedeutsamen Planungen und Maßnahmen[5 ff] sind die für eine bestimmte Nutzung vorgesehenen Flächen einander so zuzuordnen,[16 ff] dass schädliche Umwelteinwirkungen und von schweren Unfällen im Sinne des Artikels 3 Nr.5 der Richtlinie 96/82/EG in Betriebsbereichen hervorgerufene Auswirkungen[12 ff] auf die ausschließlich oder überwiegend dem Wohnen dienenden Gebiete sowie auf sonstige schutzbedürftige Gebiete[11] soweit wie möglich[19] vermieden werden. Bei raumbedeutsamen Planungen und Maßnahmen in Gebieten, in denen die in Rechtsverordnungen nach § 48a Abs.1 festgelegten Immissionsgrenzwerte nicht überschritten werden,[33 ff] ist bei der Abwägung der betroffenen Belange die Erhaltung der bestmöglichen Luftqualität als Belang zu berücksichtigen.[35 ff]

Übersicht

I. Bedeutung, Abgrenzung, EG-Recht	1
1. Bedeutung und Abgrenzung zu anderen Vorschriften	1
2. EG-Recht	3

II. Beeinträchtigung schutzbedürftiger Gebiete (Satz 1) 4
   1. Bedeutung des § 50 S.1 4
   2. Anwendungsbereich 5
      a) Raumbedeutsame Planungen und Maßnahmen 5
      b) Adressaten 9
      c) Keine Ausnahmen nach § 2 10
   3. Geschützte Gebiete 11
   4. Zu vermeidende Wirkungen 12
      a) Vermeidung schädlicher Umwelteinwirkungen 12
      b) Vermeidung sonstiger Auswirkungen schwerer Unfälle 15
   5. Mittel, Maß und Verfahren 16
      a) Mittel der Verpflichtung 16
      b) Maß der Verpflichtung 19
      c) Verfahren 23
   6. Verbindlichkeit, Rechtsschutz 24
      a) Verbindlichkeit 24
      b) Rechtsschutz 25
III. Verschlechterung in Gebieten mit guter Luftqualität (Satz 2) 31
   1. Bedeutung 31
   2. Anwendungsbereich 32
   3. Pflicht zur Einstellung in Abwägung 35
      a) Materielle Pflicht 35
      b) Verfahren 37
   4. Verbindlichkeit und Rechtsschutz 38

Literatur: *Schink,* Straßenverkehrslärm in der Bauleitplanung, NVwZ 2003, 1041; *Rinke,* § 50 BImSchG – auch nach In-Kraft-Treten der Verkehrslärmschutzverordnung keine nachbarschützende Wirkung?, NvwZ 2002, 1180; *Louis/Kathe,* § 50 BImSchG und Naturschutzrecht, UPR 1994, 247; *Gassner,* Die immissionsschutzrechtliche Steuerung der nutzungsbestimmten Flächenzuordnung, in: Kormann (Hg), Konflikte baulicher Nutzungen, 1994, 39; *Michler,* Rechtsprobleme des Verkehrsimmissionsschutzes, 1993; *Boeddinghaus,* Eingliederung des § 50 BImSchG in das Planungsrecht, UPR 1985, 1; *Erbguth/Püchel,* Materiellrechtliche Bedeutung des Umweltschutzes in der Fachplanung, NuR 1984, 209; *Marcks,* Die Bedeutung des § 50 BImSchG für die Bauleitplanung, NuR 1984, 45; *Erbguth/Püchel,* Die Luftreinhaltepläne im Abwägungsvorgang der Baulleit- und Landesplanung, NVwZ 1982, 649; *Schlichter,* Immissionsschutz und Planung, NuR 1982, 121; *K. Meyer,* Rechtsprobleme des Immissionsschutzes bei Planung, Bau und Betrieb öffentlicher Straßen, Diss. 1977.

I. Bedeutung, Abgrenzung, EG-Recht

1. Bedeutung und Abgrenzung zu anderen Vorschriften

1   § 50 betrifft in Satz 1 schutzbedürftige Gebiete und in Satz 2 Gebiete mit guter Luftqualität. Es geht dabei um den **gebietsbezogenen Immissionsschutz** (Hansmann LR 14); näher zu dieser Art des Immissionsschutzes Rn.11 zu § 2. Satz 1 betrifft zudem den gebietsbezogenen Störfallschutz. § 50 gilt vor allem für die Erstellung von Plänen der Raumordnung und der Bauleitplanung, weiter für Planfeststellungen sowie für die Zulassung raumbedeutsamer Vorhaben. Die Vorschrift bildet

Planung **§ 50**

eine Grundsatznorm der räumlichen Gesamtplanung und der Fachplanung (Schulze-Fielitz GK 4), die für eine frühzeitige Berücksichtigung der Belange des Immissionsschutzes und des **Störfallschutzes** sorgen soll.
Die Vorschrift des § 50 **ergänzt** die **einschlägigen Regelungen** des 2 Raumordnungs- und des Bauplanungsrechts sowie des Fachplanungsrechts (vgl. Hansmann LR 16 a ff); § 50 tritt also zu den dort niedergelegten Anforderungen hinzu. Dabei enthält Satz 1 ein Optimierungsgebot (unten Rn.19) und S.2 einen (bloßen) Abwägungsbelang (unten Rn.35). Auch im Verhältnis zu anlagenbezogenen Vorschriften tritt § 50 als zusätzliche Zulassungsvoraussetzung hinzu (vgl. Hansmann LR 15).

2. EG-Recht

Die Regelung des § 50 dient in mehrfacher Hinsicht der Umsetzung 3 von EG-Recht: Einmal dient Satz 1 der Durchführung des EG-Luftqualitätsrechts (unten Rn.13). Weiter bezweckt die Ausrichtung auf die Vermeidung der Auswirkungen schwerer Unfälle der Umsetzung der Richtlinie 96/82/EG zu den Gefahren bei schweren Unfällen (unten Rn.15, 22); eine vollständige Umsetzung wird damit aber nicht erreicht (vgl. Sellner/Scheidmann, NVwZ 2004, 270). Schließlich wird durch Satz 2 die Regelung des Art.9 Abs.2 der Richtlinie 96/62/EG zur Beurteilung und Kontrolle der Luftqualität umgesetzt (unten Rn.31).

II. Beeinträchtigung schutzbedürftiger Gebiete (Satz 1)

1. Bedeutung des § 50 S.1

§ 50 S.1 dient dem Schutz von Wohngebieten und anderer schutzbe- 4 dürftiger Gebiete vor schädlichen Umwelteinwirkungen, also vor schädlichen Immissionen, sowie – seit 1998 (Einl.2 Nr.30) – vor den Auswirkungen schwerer Unfälle bzw. Störfälle. Diese Zielsetzung soll durch eine geeignete räumliche Zuordnung erreicht werden, v. a. durch ausreichende Abstände zwischen den Quellen der Risiken und den schutzbedürftigen Gebieten. § 50 S.1 kommt bereits unterhalb der in § 41 bezeichneten Lärmschwelle zum Tragen (BVerwGE 108, 248/253 = NVwZ 1999, 1222). Zur Abgrenzung zu anderen Normen oben Rn.1 a.

2. Anwendungsbereich

a) Raumbedeutsame Planungen und Maßnahmen

aa) § 50 betrifft alle „raumbedeutsamen Planungen und Maßnahmen", 5 ein Terminus aus dem Raumordnungsrecht. **Raumbedeutsam** sind Planungen bzw. Maßnahmen, wenn sie Raum in Anspruch nehmen oder die räumliche Entwicklung eines Gebiets beeinflussen (§ 3 Nr.6 ROG). Mit „Raum" und „räumlich" ist nicht ein einzelnes Grundstück, sondern ein Gebiet gemeint, weshalb das Merkmal der Raumbedeutsamkeit v. a. bei

§ 50 Gemeinsame Vorschriften

Maßnahmen und weniger bei Planungen einschränkende Wirkung hat (unten Rn. 7). Die räumliche Entwicklung eines Gebiets kann auch durch Subventionen und Investitionen beeinflusst werden.

6 **bb) Planungen** sind Programme für verbindliche oder mögliche Maßnahmen zur Erreichung bestimmter Ziele, entwickelt auf Grund der gegenwärtigen Lage und der prognostizierten Entwicklung (Schulze-Fielitz GK 74). Als Planungen sind insb. anzusehen: Raumordnungsprogramme, Landesentwicklungspläne, gemeindliche Entwicklungspläne, Investitionsprogramme, Raumordnungspläne, Gebietsentwicklungspläne, Flächennutzungspläne, Bebauungspläne (OVG NW, NVwZ-RR 2001, 433), Planungen für Straßen (iSv § 16 FStrG), Abfallbeseitigungspläne und Landschaftspläne (Hansmann LR 28; Feldhaus FE 4; nur für rechtlich verbindliche Pläne Louis/Kathe, UPR 1994, 247). Planungen iSd § 50 sind auch andere räumlich differenzierende Festlegungen wie die Festlegung von Natur- und Landschaftsschutzgebieten (Schulze-Fielitz GK 76) und anderer Schutzgebiete sowie Landschaftsschutzverordnungen (a. A. Hansmann LR 29: Maßnahmen). Erfasst wird auch die Überplanung einer Gemengelage (vgl. Schulze-Fielitz GK 143; restr. VGH BW, NuR 2000, 155); allerdings sind die Vorgaben des § 50 hier weniger belastend (unten Rn. 19).

7 **cc)** Als (sonstige) raumbedeutsame **Maßnahmen** sind Entscheidungen über *raumbedeutsame Einzelvorhaben* anzusehen, soweit in den Entscheidungen planerische Elemente eine Rolle spielen (Schulze-Fielitz GK 78, 80f; Hansmann LR 25). **Raumbedeutsam** ist ein Vorhaben, wenn es für eine größere Fläche relevant ist, was jedenfalls bei einem Vorhaben mit überörtlicher Bedeutung oder überörtlicher Ausstrahlung zu bejahen ist. Erfasst sein dürften nicht nur die unmittelbar raumbedeutsamen Maßnahmen selbst (wie wohl bei § 3 Nr. 6 ROG), sondern auch die darauf bezogenen behördlichen Entscheidungen, sofern sie planerische Elemente aufweisen bzw. der Behörde eine räumliche Abstimmung auftragen. Gemeint sind, wie insb. Satz 2 entnommen werden kann, nur Entscheidungen, bei denen eine Abwägung stattfindet bzw. stattzufinden hat. Darunter fallen v. a. *Planfeststellungen* (Schulze-Fielitz GK 78) und Plangenehmigungen.

8 An sich nicht von § 50 erfasst werden **gebundene Entscheidungen,** bei denen eine umfassende Abwägung nicht möglich ist. Soweit allerdings solche Entscheidungen an Voraussetzungen gebunden sind, die eine Abwägung erfordern und diese Abwägung auch die Fragen des Immissions- und Störfallschutzes erfassen, kommt zumindest eine entspr. Anwendung des § 50 in Betracht (vgl. Schulze/Fielitz GK 81). Das gilt für die immissionsschutzrechtliche Genehmigung raumbedeutsamer Vorhaben im Bereich des § 5 Abs. 1 S. 1 Nr. 2 (vgl. Schulze-Fielitz GK 79; Schink, DVBl 1994, 254; Rn. 57 zu § 5; restr. Louis/Kathe, UPR 1994, 250), für Baugenehmigungen im Bereich der §§ 34, 35 BauGB (Hansmann LR 25; Gassner o. Lit. 44; Marcks, NuR 1984, 45) und für die atomrechtliche Genehmigung im Hinblick auf § 7 Abs. 2 Nr. 6 AtomG (vgl. auch unten Rn. 10).

Planung **§ 50**

b) Adressaten

§ 50 gilt nach der Entstehungsgeschichte für raumbedeutsame Planun- 9
gen und Maßnahmen „im Bereich des öffentlichen Rechts" (BT-Drs. 7/
179, S.46). Adressaten sind daher zunächst alle *öffentlich-rechtlichen* Stellen,
die raumbedeutsame Planungen und Maßnahmen (dazu oben Rn.5–8)
vornehmen oder genehmigen (Hansmann LR 23 ff; Gaßner o. Lit. 44), also
der Bund, die Länder und die Gemeinden sowie die von diesen Stellen
errichteten juristischen Personen des Öffentlichen Rechts (Schulze-Fielitz
GK 70; Hansmann LR 23). Ob auch die von diesen Stellen kontrollierten
privatrechtlichen Einrichtungen erfasst werden, ist zweifelhaft, dürfte aber zu
bejahen sein, jedenfalls soweit die privatrechtlichen Einrichtungen Verwaltungsaufgaben erfüllen, also im Bereich des Verwaltungsprivatrechts
(Schulze-Fielitz GK 72; enger Hansmann LR 24, 26). Andernfalls könnte
der Träger durch die Wahl der Rechtsform die sachlichen Anforderungen
außer Kraft treten lassen („Flucht ins Privatrecht"). § 50 wendet sich dagegen nicht an (echte) Privatpersonen (Gassner o. Lit. 45). Mittelbar kann
die Vorschrift allerdings auch für sie bedeutsam sein, wenn sie für ein Vorhaben einer Genehmigung bedürfen; in diesem Falle kann die Genehmigungsbehörde an § 50 gebunden sein (Hansmann LR 24; Marcks, NuR
1984, 45). Voraussetzung ist, dass das einschlägige Recht eine Beachtung
des § 50 möglich macht; vgl. unten Rn.5.

c) Keine Ausnahmen nach § 2

Trotz der Formulierung in § 2 Abs.1 Nr.4 gilt § 50 auch für öffentliche 10
Straßen und Schienenwege sowie Wasserstraßen (Rn.1 zu § 2). Weiter
werden Flugplätze erfasst (BVerwGE 75, 214/233 = NVwZ 1987, 578;
Schulze-Fielitz GK 89; Führ GK 26 zu § 2; Hansmann LR 32; Feldhaus
FE 3), da § 2 Abs.2 nur die unmittelbaren Anforderungen an die Errichtung und den Betrieb von Flughäfen meint. Entsprechendes gilt für Kernenergieanlagen, zumindest hinsichtlich der Immissionen, die keine ionisierenden Strahlen sind (Schulze-Fielitz GK 82; vgl. Rn.22 zu § 2).

3. Geschützte Gebiete

§ 50 S.1 dient allein dem Schutz von „ausschließlich oder überwiegend 11
dem Wohnen dienenden Gebieten sowie sonstigen schutzbedürftigen Gebieten". Ob ein Gebiet **ausschließlich oder überwiegend dem Wohnen** dient, bestimmt sich primär nach den planungsrechtlichen Vorgaben
(BayVGH, NVwZ-RR 2001, 581; Schink, NVwZ 2003, 1044; Hansmann
LR 37). Erfasst werden daher alle als reine, allgemeine oder besondere
Wohngebiete ausgewiesene Flächen (§§ 3, 4, 4a BauNVO), entsprechende
Sondergebiete (§ 10 BauNVO) und Kleinsiedlungsgebiete (§ 2 BauNVO).
Soweit keine planungsrechtlichen Vorgaben bestehen, ist auf die tatsächliche
Situation abzustellen (Meyer o. Lit. 67). Sonstige **schutzbedürftige Gebiete** sind alle Gebiete, die im Hinblick auf ihre Nutzung – ähnlich wie
Wohngebiete – eines Schutzes vor Immissionen und, seit der Änderung im

Jahre 1998 (Einl.2 Nr.30), des Schutzes vor schweren Unfällen (dazu Rn.24–27 zu § 20) bedürfen (Hansmann LR 40). Im Hinblick auf *Immissionen* werden etwa Kleingartengebiete erfasst (BayVGH, DVBl 1992, 62; Hansmann LR 40), weiter Campingplätze (HessVGH, UPR 1985, 220), Dorfgebiete und Mischgebiete (Marcks, NuR 1984, 46; Ule UL 6; vorsichtig Hansmann LR 38). Je nach der Nutzung können auch Kerngebiete und Gewerbegebiete erfasst sein. Weiter werden besonders schutzbedürftige Gebiete iSd § 49 Abs.1, aber auch Naturschutzgebiete, Schutzwaldgebiete und Wasserschutzgebiete erfasst (Gassner o. Lit. 45). Nicht erfasst werden einzelne Gebäude und Splittersiedlungen (BayVGH, NVwZ-RR 2001, 581; Schink, NVwZ 2003, 1044), es sei denn, sie prägen ausnahmsweise ein Gebiet (vgl. Schulze-Fielitz GK 110; Hansmann LR 39). Zu den Gebieten, die im Hinblick auf *schwere Unfälle* besonders schutzbedürftig sind, gehören neben Wohngebieten etc. alle „öffentlich genutzten Gebiete" iSd Art.12 Abs.1 UAbs.2 RL 96/82, wie Straßen und Parks (Hansmann LR 57b).

4. Zu vermeidende Wirkungen

a) Vermeidung schädlicher Umwelteinwirkungen

12   Auf den geschützten Flächen sind zunächst schädliche Umwelteinwirkungen zu vermeiden. Da § 50 auch der *Vorsorge* dient, sind damit nicht nur konkret schädliche Umwelteinwirkungen gemeint. Auch potenziell schädliche Umwelteinwirkungen (dazu Rn.23 zu § 3) sind zu vermeiden (so in der Sache Hansmann LR 3; Schulze-Fielitz GK 92, 100f). Erfasst werden *alle Immissionen* (näher dazu Rn.15ff zu § 3), nicht nur Luftverunreinigungen und Lärm (Schulze-Fielitz GK 96). Zum Ausmaß der Vermeidungspflicht näher unten Rn.19–21. Bei der Vermeidung von Belastungen in einem bestimmten Gebiet dürfte gem. § 50 S.2 darauf zu achten sein, dass es möglichst nicht in anderen Gebieten mit guter Luftqualität zu deren Verschlechterung kommt.

13   Für die **Luftreinhaltung** finden sich Anhaltspunkte in den Vorgaben des EG-Luftqualitätsrechts (Einl.39; dazu Jarass EUDUR § 50) und damit in der 22. BImSchV. Werden die dort enthaltenen Grenzwerte (näher Rn.7 zu § 47) oder Alarmschwellen (näher Rn.20 zu § 47) überschritten, ist für § 50 S.1 von schädlichen Umwelteinwirkungen auszugehen, worauf auch § 50 S.2 hindeutet. Für den **Lärmschutz** liefert das Beiblatt zur DIN-Norm 18005 Orientierungswerte (dazu Hansmann LR 53; Schulze-Fielitz GK 121ff). Zur Bedeutung der 16. BImSchV vgl. BVerwG, NJW 1992, 2845.

14   Nur als **Untergrenze** der Anforderungen verwendbar sind Regelwerke, die quellenbezogen sind, wie die TA Lärm und die TA Luft (Hansmann LR 55; Schulze-Fielitz GK 119). Gleiches gilt für die VDI-Richtlinie 2306 „Maximale Immissionskonzentration (MIK) – Organische Verbindungen" (1966) und die VDI-Richtlinie 2310 „Maximale Immissionswerte" (1974). Diese Richtlinien enthalten keine unmittelbaren Aussagen für die Planung, sondern sind quellenbezogen (Hansmann LR 57).

Planung § 50

b) Vermeidung sonstiger Auswirkungen schwerer Unfälle

Die 1998 eingefügte (Einl.2 Nr.30) Erweiterung der Vorschrift auf die 15
durch schwere Unfälle hervorgerufenen Auswirkungen dient der Umsetzung der Richtlinie 96/82/EG (oben Rn.3). Sie ist durch den Umstand bedingt, dass die Auswirkungen schwerer Unfälle nicht nur in schädlichen Umwelteinwirkungen, also schädlichen Immissionen, sondern auch in sonstigen (physischen) Auswirkungen bestehen können (dazu Rn.24–29 zu § 5). Auch diese sind soweit wie möglich zu vermeiden. Der Begriff der schweren Unfälle ist in Art.3 Nr.5 RL 96/82 (abgedr. in Anh. C 14) definiert und entspricht weitgehend dem Störfallbegriff (näher Rn.24–27 zu § 20). Insgesamt ist damit bei raumbedeutsamen Planungen und Maßnahmen dafür Sorge zu tragen, dass insb. durch ausreichende Abstände die Auswirkungen schwerer Unfälle soweit wie möglich beschränkt werden.

5. Mittel, Maß und Verfahren

a) Mittel der Verpflichtung

aa) Die zum Schutz vor schädlichen Umwelteinwirkungen, also vor 16
schädlichen Immissionen gebotene Zuordnung der Nutzungsgebiete erfolgt vor allem durch eine **ausreichende Trennung** (vgl. BVerwGE 45, 309/310 = NJW 1975, 70; BayVGH, NJW 1983, 298; Meyer o. Lit. 69; Hansmann LR 51; unzutreffend Roters, DÖV 1980, 701 ff). Anhaltspunkte für die gebotenen Abstände liefert der Abstandserlass des Landes Nordrhein-Westfalen vom 2. 4. 1998 (abgedr. LR 52), der allerdings der Modifizierung bei besonderen Situationen bedarf (näher Schulze-Fielitz GK 131 ff). Daneben kommen auch **Nutzungsbeschränkungen** und sonstige geeignete Festlegungen in Betracht (BVerwGE 81, 197/208 f = NJW 1989, 1291; Hansmann LR 34; Schulze-Fielitz GK 138), etwa die Anlage eines Lärmschutzwalls (VGH BW, NVwZ 1992, 803) oder Tief- bzw. Troglagen (BVerwGE 108, 248/253 = NVwZ 1999, 1222; OVG NW, NVwZ-RR 2001, 433).

Die Festlegungen können sich sowohl auf die störenden wie auf die zu 17
schützenden Flächen beziehen (Hansmann LR 36; Schulze-Fielitz GK 139). Ob eher bei den störenden oder bei den zu schützenden Flächen anzusetzen ist, wird auch durch Aspekte der Vorbelastung bzw. des Bestandsschutzes beeinflusst (vgl. Schulze-Fielitz GK 140 ff; Rn.58 f zu § 3).

bb) Die Beschränkungen der Auswirkungen **schwerer Unfälle** (dazu 18
Rn.24–27 zu § 20) erfolgen ebenfalls v.a. durch ausreichende *Trennung;* zum strikt erforderlichen „angemessenen Abstand" unten Rn.22. Zudem kommen *Nutzungsbeschränkungen* in Betracht. Was die Einzelheiten angeht, kann auf die Ausführungen oben in Rn.16 f verwiesen werden.

b) Maß der Verpflichtung

aa) § 50 S.1 verleiht dem Immissions- und Störfallschutz **besonderes** 19
Gewicht, aber keinen generellen Vorrang (BVerwGE 71, 163/165 =

NJW 1986, 82; BayVGH, BauR 1981, 173f; Schulze-Fielitz GK 47; Feldhaus FE 5; ähnlich Hansmann LR 50). Die Vorschrift verlangt nicht, dass schädliche Umwelteinwirkungen auf jeden Fall vermieden werden. Vielmehr hat dies nur **„so weit wie möglich"** zu geschehen (vgl. BVerwGE 71, 163/165 = NJW 1986, 82). § 50 enthält einen Planungsleitsatz in Form eines Optimierungsgebots (BVerwGE 71, 163/165f = NJW 1986, 82; BVerwG, NVwZ 1989, 152; Schink, NVwZ 2003, 1043), eine „Abwägungsdirektive" (BVerwGE 108, 248/253 = NVwZ 1999, 1222; BVerwG, NVwZ 2001, 1155), einen relativen Vorrang (Erbguth/Püchel, NVwZ 1982, 651ff). Es ist daher geboten, dass die immissionsschutzrechtlichen Gesichtspunkte in die planerische Abwägung erkennbar eingehen und dort mit dem ihnen zukommenden besonderen Gewicht Berücksichtigung finden (BVerwGE 71, 163/165; OVG RP, UPR 1985, 31; Hansmann LR 49f; Feldhaus FE 9). Dies muss in der Begründung der Entscheidung seinen Niederschlag finden (Brohm § 13 Rn.8, 10). Eine Zurückstellung immissionsschutzrechtlicher Belange ist nur möglich, wenn die Planung durch entgegenstehende Belange mit hohem Gewicht zwingend geboten ist. Dies kommt v.a. bei der Überplanung vorhandener Gemengelagen in Betracht (Schulze-Fielitz GK 140ff). Ein Zurücktreten kommt zudem in Betracht, wenn den Vorgaben des § 50 ein anders Optimierungsgebot, wie die Bodenschutzklausel des § 1a Abs.1 BauGB, entgegensteht (Schink, NVwZ 2003, 1043).

20 Die Ausweisung eines reinen Wohngebiets neben einem Gewerbegebiet, getrennt allein durch eine Straße, ist in aller Regel unzulässig (VGH BW, UPR 1991, 155; Schulze-Fielitz GK 181; aber auch VGH BW, NVwZ 1992, 803). Generell sollen Wohnnutzung und gewerbliche Nutzung nicht unmittelbar nebeneinander liegen (SächsOVG, NVwZ 2002, 173; OVG RP, NVwZ-RR 2002, 330). Anderes gilt, wenn in dem an das Wohngebiet unmittelbar angrenzenden Gewerbegebiet nur wenig belastende Nutzungen zugelassen werden (OVG NW, FE-ES, § 50–8). Industriegebiete und dem Wohnen dienende Gebiete sind weit zu trennen (näher Schulze-Fielitz GK 181ff). Gleiches gilt für Massentierhaltung und Wohnen (BayVGH, UL-ES, § 50–35, 2ff). Ein Verweis auf spätere Einzelfallentscheidungen ist grundsätzlich nicht möglich; es gilt das *Verbot der Konfliktverlagerung* (OVG Berlin, DVBl 1984, 147; Marcks, NuR 1984, 47; Hansmann LR 15). Zulässig dürfte eine Verschiebung jedoch dann sein, wenn die Einzelfallentscheidung erkennbar zur Problembewältigung geeignet ist und eine Lösung auf der Planungsebene erhebliche Schwierigkeiten bereitet (vgl. BVerwGE 69, 30/35 = NVwZ 1984, 235; NVwZ 1989, 659; Schulze-Fielitz GK 159). Wird dagegen durch die Planung abschließend über die Zulässigkeit eines einzelnen Vorhabens entschieden, ist eine vollständige Konfliktlösung notwendig (Schulze-Fielitz GK 157).

21 Die Vorgaben des § 50 fallen besonders streng aus, wenn es zur Neuplanung eines Gebiets „auf der grünen Wiese" kommt (NdsOVG, NVwZ-RR 2002, 173). Soll dagegen eine vorhandene Mischung unterschiedlicher Nutzungen überplant werden, sind die Spielräume größer.

Planung **§ 50**

bb) Im Bereich des Schutzes vor **schweren Unfällen** bzw. vor Stör- 22
fällen gilt für das Maß der Verpflichtung grundsätzlich nichts anderes; daher wird auf die Ausführungen oben in Rn.19 verwiesen. Aus EG-rechtlichen Gründen wird man allerdings verlangen müssen, dass auf jeden Fall „ein angemessener Abstand gewahrt bleibt", wie Art.12 RL 96/82 verlangt. Diese Vorgabe muss als abwägungsfest eingestuft werden.

c) Verfahren

§ 50 S.1 enthält keine direkten Aussagen zum Verfahren, das für die 23
Einhaltung der materiellen Vorgaben sorgt. Eine sachgerechte Umsetzung der Vorschrift ist aber bei allen größeren Projekten ohne **Beteiligung der Immissionsschutzbehörden** kaum möglich (Schulze-Fielitz GK 215). Die zuständigen Behörden haben daher die Stellungnahme der Immissionsschutzbehörden einzuholen, die ihrerseits geeignete Planergänzungsvorschriften machen können (vgl. Roters, DÖV 1980, 704). Dies muss so frühzeitig geschehen, dass der primäre Planungsprozess beeinflusst werden kann. Es genügt nicht, die Immissionsschutzbehörden erst in der Auslegungsphase zu beteiligen. Zur *Begründung* oben Rn.16.

6. Verbindlichkeit, Rechtsschutz

a) Verbindlichkeit

Die Vorschrift des § 50 S.1 enthält eine verbindliche **Rechtspflicht** 24
(Hansmann LR 58). Rechtsvorschriften, die dagegen verstoßen, sind unwirksam (BayVGH, NJW 1983, 297 ff; Stich/Porger 24). Dies gilt insb. für Bebauungspläne (Hansmann LR 63), auch wenn sie mehr als 7 Jahre alt sind (Brohm § 16 Rn.13). Verwaltungsakte sind bei Verletzung von § 50 S.1 rechtswidrig (Schulze-Fielitz GK 210; Hansmann LR 64). Interne Maßnahmen verlieren bei Nichtbeachtung des § 50 ihre internen Wirkungen (Schulze-Fielitz GK 211). Eine Verletzung kann auch Amtshaftungsansprüche begründen (BGHZ 110, 1/6 = NJW 1990, 1042); zum Drittschutz unten Rn.26 f.

b) Rechtsschutz

aa) Der Rechtsschutz fällt angesichts des höchst unterschiedlichen 25
Charakters der von § 50 erfassten Planungen und sonstigen Maßnahmen **sehr verschiedenartig** aus. Insb. haben die erfassten Akte z. T. keine Außenwirkung, mit der Folge, dass kein unmittelbarer Rechtsschutz möglich ist. Daran ändert § 50 nichts.

bb) Ist der Rechtsschutz grundsätzlich eröffnet, stellt sich die Frage, ob 26
§ 50 allein im Allgemeininteresse besteht oder auch dem **Schutz von bestimmten Privatpersonen** dient. Letzteres ist zu bejahen (Michler o. Lit. 32 ff; Kühling, Fachplanungsrecht, 1988, Rn.434 f; Schulze-Fielitz GK 239 f; Rinke, NVwZ 2002, 1181 ff; offen gelassen BVerwG, NVwZ 1989, 152; a.A. HessVGH, NVwZ 1991, 90; Hansmann LR 70). Wenn § 50 „dem Wohnen dienende Gebiete" und „andere schutzbedürftige Ge-

biete" vor schädlichen Umwelteinwirkungen schützt, wird damit ein konkretes Schutzinteresse und ein bestimmter Personenkreis festgelegt. Weiter stellt die im Mittelpunkt des § 50 stehende Verpflichtung, Abstände einzuhalten (oben Rn.16), eine typische Regelung des Nachbarschutzes dar. Im Rahmen von Amtshaftungsansprüchen und enteignungsrechtlichen Entschädigungsansprüchen wird denn auch die Einhaltung des § 50 überprüft (BGHZ 97, 361/368 = NJW 1986, 2421; BGHZ 106, 323/325f = NJW 1989, 976). Die Frage des Drittschutzes ist jeweils insoweit zu bejahen, als eine Verletzung des § 50 im Einzelfalle auch als eine Beeinträchtigung des Rücksichtnahmegebots qualifiziert werden kann (Schulze-Fielitz GK 240). Diese Voraussetzung dürfte insb. dann gegeben sein, wenn im Einzelfall, also durch die Zulassung einer bestimmten Anlage, der Kläger von den Immissionen der Anlage erheblich beeinträchtigt werden kann. Eher noch weiter dürfte der Drittschutz im Hinblick auf schwere Unfälle abzustecken sein, da das EG-Recht insoweit tendenziell großzügiger als das deutsche Recht ist.

27 Die Frage des Individualschutzes hat i. ü. bei Planungsakten weniger Gewicht, soweit man den Betroffenen einen **Anspruch auf gerechte Abwägung** eigener rechtlicher Belange einräumt. Das wird bei Planfeststellungen allgemein bejaht (BVerwGE 56, 110/123 = NJW 1979, 64); bei Bebauungsplänen ist es umstritten (dafür Brohm, Öffentliches Baurecht, 1997, § 16 Rn.4; Dürr, NVwZ 1996, 109; Gerhardt SSP § 47 Rn.58; diff. BVerwG, NVwZ 1995, 598; a. A. OVG NW, NVwZ 1997, 696). Bei einem Verstoß gegen § 50 fehlt es an einer gerechten Abwägung (vgl. Schenke, VerwaltungsprozessR, 5. Aufl. 1997, Rn.895).

28–30 (unbesetzt)

III. Verschlechterung in Gebieten mit guter Luftqualität (Satz 2)

1. Bedeutung

31 Die 2002 (Einl.2 Nr.38) eingef. Vorschrift bezweckt, Gebiete, in denen eine gute Luftqualität anzutreffen ist, vor Verschlechterung zu schützen. Dies betrifft auch Immissionsschutzmaßnahmen in anderen Gebieten, die zu einer großräumigeren Verteilung von Luftschadstoffen führen. Die Vorschrift des § 50 S.2 dient der Umsetzung des Art.9 Abs.2 der Richtlinie 96/62/EG über die Beurteilung und Kontrolle der Luftqualität (zu dieser Richtlinie Einl.39 Nr.2). Die Vorschrift ist Ausdruck des Vorsorgeprinzips. Allgemein zur Bedeutung des § 50 und zur Abgrenzung zu anderen Vorschriften oben Rn.1f.

2. Anwendungsbereich

32 aa) § 50 S.2 gilt für **raumbedeutsame Planungen und Maßnahmen.** Insoweit gelten die Ausführungen oben in Rn.5–8. Insb. ist § 50 S.2, ebenso wie § 50 S.1 (oben Rn.8), über planungsrechtliche Entscheidungen hinaus analog auch bei gebundenen Entscheidungen mit planeri-

Planung **§ 50**

schen Gehalten anwendbar (vgl. unten Rn.36). Was die **Adressaten** des § 50 S.2 angeht, wird auf die Darlegungen oben in Rn.9 verwiesen. Schließlich kommt die Einschränkung durch § 2 auch im Bereich des § 50 S.2 nicht zur Anwendung (vgl. oben Rn.10).

bb) Die Vorschrift des § 50 S.2 gilt nach ihrem Wortlaut nur für raumbedeutsame Planungen und Maßnahmen in **Gebieten,** in denen die **Immissionsgrenzwerte,** die in einer Rechtsverordnung gem. § 48a Abs.1 festgelegt sind, **gewahrt** werden. Als derartige Rechtsverordnung besteht derzeit allein die 22. BImSchV (dazu Rn.15f zu § 48a). Zum Begriff der Immissionsgrenzwerte Rn.7 zu § 47. Dagegen enthält die 33. BImSchV nur Zielwerte, die von S.2 nicht erfasst sein dürften; zum Begriff der Zielwerte Rn.4 zu § 45. Werden in einem Gebiet die Immissionsgrenzwerte teilweise eingehalten und teilweise nicht eingehalten, gilt § 50 S.2 für die Luftschadstoffe, bei denen die Grenzen eingehalten werden. Im Übrigen kommt § 50 S.1 zum Einsatz. 33

Überlegungswert ist, ob die Vorschrift des § 50 S.2 über ihren Wortlaut hinaus auch auf raumbedeutsame Planungen und Maßnahmen in **Gebieten mit Grenzwertüberschreitungen** anzuwenden ist, wenn sich die durch Planungen und Maßnahmen bedingten Luftverunreinigungen auf andere Gebiete auswirken, in denen die Immissionswerte der Rechtsverordnung gem. § 48a Abs.1 gewahrt sind und dort zu einer Verschlechterung der Luftqualität führen. Eine solche entsprechende Anwendung dürfte durch Art.9 Abs.2 der RL 96/62 geboten sein. 34

3. Pflicht zur Einstellung in Abwägung

a) Materielle Pflicht

§ 50 S.2 verlangt, im Rahmen der für raumbedeutsame Planungen und Maßnahmen notwendigen Abwägungsentscheidung den Umstand zu berücksichtigen, dass die Planungen und Maßnahmen zu einer Verschlechterung der Luftqualität führen, auch wenn dadurch die Immissionsgrenzwerte (dazu Rn.7 zu § 47) nicht überschritten werden; solche Werte finden sich in der 22. BImSchV. Nicht erfasst werden bloße Zielwerte (oben Rn.33). Dagegen dürfte § 50 S.2 auf Alarmschwellen (dazu Rn.20 zu § 47) entsprechend anwendbar sein. Die Vorgabe des § 50 S.2 entspricht der bereits vorher vertretenen Rechtsprechung, wonach im Rahmen der planerischen Abwägung auch Immissionsbelastungen unterhalb der fachplanerischen Zumutbarkeitsschwelle berücksichtigt werden müssen, sofern sie nicht geringfügig sind (BVerwGE 87, 322/324 = NVwZ-RR 1991, 601; 107, 313/322f = NVwZ 1999, 644; Bonk/Neumann SBS § 74 Rn.58m). Die Berücksichtigung der Verschlechterung der Luftqualität bildet dabei einen bloßen Abwägungsbelang. Anders als § 50 S.1 enthält daher § 50 S.2 kein Optimierungsgebot zu Gunsten des Immissionsschutzes. 35

Soweit § 50 S.2 entsprechend auf **gebundene Entscheidungen** mit planerischen Gehalten anzuwenden ist (oben Rn.32), bildet die Abwägung 36 eine weitere Zulassungsvoraussetzung. Am Rechtscharakter der gebundenen Entscheidung ändert das nichts, ähnlich wie bei der durch § 38 BauGB gebotenen Abwägung im Hinblick auf städtebauliche Belange bei immissionsschutzrechtlich zu genehmigenden Abfallentsorgungsanlagen (dazu Rn.20, 26 zu § 6). Die Abwägung ist auf die fraglichen Teilbereiche beschränkt.

b) Verfahren

37 Was das Verfahren zur Gewährleistung des § 50 S.2 angeht, gelten die Ausführungen oben in Rn.23 entsprechend.

4. Verbindlichkeit und Rechtsschutz

38 Was die **Verbindlichkeit** des § 50 S.2 betrifft, gelten die Ausführungen oben in Rn.24. Für den Rechtsschutz kommen die Darlegungen oben in Rn.25–27 zur Anwendung.

§ 51 Anhörung beteiligter Kreise

Soweit Ermächtigungen zum Erlass von Rechtsverordnungen und allgemeinen Verwaltungsvorschriften die Anhörung der beteiligten Kreise vorschreiben, ist ein jeweils auszuwählender Kreis von Vertretern der Wissenschaft, der Betroffenen, der beteiligten Wirtschaft, des beteiligten Verkehrswesens und der für den Immissionsschutz zuständigen obersten Landesbehörden zu hören.

Literatur: *Leitzke,* Die Anhörung beteiligter Kreise nach §§ 51, 60 KrW/AbfG, 17 Abs.7 ChemG, 6 WRMG, 20 BBodSchG, 1999.

1. Bedeutung

1 Das BImSchG schreibt an zahlreichen Stellen vor, dass vor Erlass von Rechts- oder Verwaltungsvorschriften die „beteiligten Kreise" anzuhören sind. § 51 präzisiert die Verpflichtung. Der Sinn der Anhörung liegt in der besseren Information des betreffenden Normgebers. Darüber hinaus verleiht sie der zu erlassenden Vorschrift eine gesteigerte Legitimation (vgl. Rn.45 zu § 48). Daneben geht es um den Schutz der Interessen der in § 51 genannten „Kreise". Insb. dient die Anhörungsverpflichtung auch dem Schutz der Gruppe der Betroffenen (Koch GK 2 f; Trute, Vorsorgestrukturen der Luftreinhalteplanung, 1989, 92 ff; a.A. Hansmann LR 3), ohne dass es aber zu einem Individualschutz kommt (vgl. unten Rn.4). Die Anhörung der beteiligten Kreise kann darüber hinaus zum selbständigen Instrument werden, wenn bereits die Anhörung zu Selbstverpflichtungen der Betroffenen führt (wie etwa bei Asbest und Fluor-Chlor-Kohlenwasserstoffen; s. 2. BImSchBer, BT-Drs. 9/1458, 20 f) und damit den Erlass einer Rechtsverordnung oder Verwaltungsvorschrift unnötig macht.

Anhörung beteiligter Kreise § 51

2. Bestimmung der beteiligten Kreise

Anzuhören sind Vertreter der *Wissenschaft*, der beteiligten *Wirtschaft* 2
bzw. des beteiligten *Verkehrswesens*, sonstige *Betroffene* sowie die für den
Immissionsschutz zuständigen obersten *Landesbehörden*. Der Begriff der
Betroffenen ist weit zu verstehen. Er umfasst insb. Umweltschutz- und
Verbraucherschutzverbände sowie Zusammenschlüsse von Bürgerinitiativen (Feldhaus FE 3; Koch GK 26; Hansmann LR 11). Auch bei der
Wirtschaft sind im Zweifel Spitzenverbände und nicht einzelne Unternehmen anzuhören (OVG Bremen, FE-ES § 17–3, 3; noch strenger
Versteyl KPV § 60 Rn.7). Die Auswahl der jeweiligen Vertreter dieser
Gruppen ist von Fall zu Fall von der Stelle vorzunehmen, die zum Erlass
der betreffenden Vorschrift zuständig ist. Liegt die Zuständigkeit bei der
Bundesregierung, ist das federführende Ressort zur Auswahl befugt (Koch
GK 30), das allerdings entsprechend der gemeinsamen Geschäftsordnung
der Bundesministerien die anderen Ministerien an der Auswahlentscheidung beteiligen muss (Hansmann LR 19; Engelhardt/Schlicht 2). Inhaltlich hat sich die Auswahl daran zu orientieren, ein möglichst vollständiges
Informationsbild zu gewinnen, was insb. die Erlangung von Kontrastinformationen und die Berücksichtigung von verbandsmäßig unterrepräsentierten Interessen verlangt (vgl. Koch GK 22, 31). Im Übrigen kommt der
zuständigen Stelle ein Auswahlspielraum zu (ähnlich Hansmann LR 20).
Doch muss wenigstens *ein* Vertreter aus der Gruppe der Wissenschaft, aus
der Gruppe der nachteilig Betroffenen (meist Wirtschaft), aus der Gruppe
der positiv Betroffenen (etwa Umweltschutzverband) und aus der Gruppe
der Landesbehörden angehört werden (anspruchsvoller Czajka FE 15 zu
§ 43).

3. Verfahren

Die Form der Anhörung der beteiligten Kreise ist nicht festgelegt; sie 3
kann auch schriftlich erfolgen (Koch GK 34; Ule UL 2). Eine mündliche
Anhörung ist idR gemeinsam für alle „Kreise" vorzunehmen (Feldhaus
FE 4; a.A. Hansmann LR 22). Der Zeitpunkt liegt im Ermessen des
Normgebers; die Anhörung muss jedoch so rechtzeitig erfolgen, dass sich
ihre Ergebnisse noch verwerten lassen (Koch GK 35). In der Auswertung
ist der Normgeber frei (Hansmann LR 24); unzulässig wäre lediglich, die
Resultate nicht zur Kenntnis zu nehmen.

4. Folgen eines Verstoßes

§ 51 enthält eine bindende Rechtsvorschrift, weshalb ihre Verletzung zur 4
Rechtswidrigkeit und damit Nichtigkeit der fraglichen Rechtsverordnung
bzw. Verwaltungsvorschrift führt (vgl. Brenner, in: v. Mangoldt/Klein/
Starck, Bonner Grundgesetz, Bd. 3, 4. Aufl. 2001, Art.80 Rn.72). Das gilt
zunächst für den Fall, dass eine Anhörung vollständig unterblieben ist
(Feldhaus FE 4; Engelhardt/Schlicht 4; Trute, Vorsorgestrukturen und

§ 51a Gemeinsame Vorschriften

Luftreinhalteplanung, 1989, 343 f; Koch GK 37; a. A. Hansmann LR 29). Was die zu beteiligenden Kreise und das Verfahren angeht, besitzt die Bundesregierung einen erheblichen Spielraum (oben Rn.2f). Wird dieser jedoch überschritten, etwa weil eine ganze Gruppe nicht beteiligt wird (vgl. oben Rn.2 a. E.) oder weil die Beteiligung zu spät erfolgt (oben Rn.3), ist die Vorschrift rechtswidrig und nichtig (Engelhardt/Schlicht 4; Trute a. a. O. 344 f; Feldhaus FE 4; Czajka FE 17 zu § 43; a. A. Hansmann LR 29). Unabhängig davon hängt der Umfang der Bindungswirkung einer Verwaltungsvorschrift von der Anhörung sachverständiger Kreise ab (vgl. Rn.45 zu § 48; zurückhaltend Hansmann LR § 48 Rn.22; vgl. auch BVerfGE 53, 30/77 ff = NJW 1980, 759). Zu Unrecht nicht angehörten „Kreisen" dürfte kein Klagerecht zustehen (Koch GK 43; vgl. oben Rn.1; a. A. Ule UL 2).

§ 51a Störfall-Kommission

(1) **Beim Bundesministerium für Umwelt, Naturschutz und Reaktorsicherheit wird zur Beratung der Bundesregierung eine Störfall-Kommission gebildet. In diese Kommission sind der Vorsitzende des Technischen Ausschusses für Anlagensicherheit sowie im Einvernehmen mit dem Bundesministerium für Wirtschaft und Arbeit Vertreter der Wissenschaft, der Umweltverbände, der Gewerkschaften, der beteiligten Wirtschaft und der für den Immissions- und Arbeitsschutz zuständigen obersten Landesbehörden zu berufen.**[2]

(2) **Die Störfall-Kommission soll gutachtlich in regelmäßigen Zeitabständen sowie aus besonderem Anlass Möglichkeiten zur Verbesserung der Anlagensicherheit aufzeigen.**[3]

(3) **Die Störfall-Kommission gibt sich eine Geschäftsordnung und wählt den Vorsitzenden aus ihrer Mitte.**[2] **Die Geschäftsordnung und die Wahl des Vorsitzenden bedürfen der im Einvernehmen mit dem Bundesministerium für Wirtschaft und Arbeit zu erteilenden Zustimmung des Bundesministeriums für Umwelt, Naturschutz und Reaktorsicherheit.**[2]

Literatur: S. die Literatur zu § 29a, zu § 31a und zur 12. BImSchV.

1   Die 1990 eingefügte Vorschrift (Einl.2 Nr.14) verpflichtet das Bundesministerium für Umwelt, Naturschutz und Reaktorsicherheit, eine Störfall-Kommission einzurichten. Dementsprechend wurde die Kommission am 15. 1. 1992 mit 25 Mitgliedern konstituiert. Die Kommission hat ein ähnliches Aufgabenfeld (näher unter Rn.3) wie der Technische Ausschuss für Anlagensicherheit des § 31 a. Doch ist er weniger mit den sicherheitstechnischen Details als mit grundsätzlicheren Fragen beschäftigt (näher Rn.1 zu § 31a), und hat zudem politisch-wertende Fragen mit einzubeziehen, wie das die Zusammensetzung des Gremiums deutlich werden lässt (vgl. Rebentisch, NVwZ 1991, 313). Die Kommission ist ein teilrechtsfähiger

Verband des öffentlichen Rechts (Hansmann LR 3). Zu weiteren Regelungen und Einrichtungen im Bereich der Anlagensicherheit Rn.1 zu § 58a.

Was die **Organisation** der Kommission angeht, so werden ihre Mitglieder gem. Abs.1 S.2 vom Bundesministerium für Umwelt, Naturschutz und Reaktorsicherheit im Einvernehmen mit dem Bundesministerium für Wirtschaft und Arbeit berufen. Dabei sind die Vorgaben des Abs.1 S.2 zu beachten. Jede der genannten Gruppen muss wenigstens durch eine Person repräsentiert sein; an den Personalvorschlag der jeweiligen Gruppe sind die Bundesministerien aber nicht gebunden (Hansmann LR 7). Die Kommission wählt gem. Abs.3 S.1 aus ihrer Mitte einen Vorsitzenden; die Entscheidung bedarf des Einvernehmens, d.h. der Zustimmung des Bundesministeriums für Umwelt, Naturschutz und Reaktorsicherheit sowie des Bundesministeriums für Wirtschaft und Arbeit. Alle weiteren Fragen der Organisation, insb. die Bildung von Unterausschüssen, werden durch die Geschäftsordnung geregelt, die gem. Abs.3 von der Kommission erlassen wird und der Zustimmung des Bundesministeriums für Umwelt, Naturschutz und Reaktorsicherheit bedarf, der seinerseits das Einvernehmen des Bundesministeriums für Wirtschaft und Arbeit einholen muss. 2

Die Kommission hat die **Aufgabe,** die Bundesregierung durch gutachtliche Stellungnahmen zu beraten. Die Stellungnahmen sind gem. Abs.2 in regelmäßigen Zeitabständen sowie aus besonderen Anlässen (etwa nach einem Störfall mit erheblichen Auswirkungen) zu erstellen. Inhaltlich müssen sich die Gutachten auf die Vermeidung von Störfällen und die Begrenzung von Störfallauswirkungen beziehen, ggf. auch im Bereich der nicht genehmigungsbedürftigen Anlagen (Böhm GK 10) und nicht beschränkt auf den Anwendungsbereich der 12. BImSchV (BT-Drs. 11/4909, S.23f). Anlagensicherheit ist in diesem Sinne zu verstehen (vgl. Rn.3 zu § 31a). Wie der Beteiligung des Bundesministers für Wirtschaft und Arbeit und der Arbeitsschutzbehörden zu entnehmen ist, kann sich die Kommission nicht nur mit den Auswirkungen von Störfällen auf die Nachbarschaft und die Allgemeinheit befassen, sondern auch mit den Auswirkungen auf Arbeitnehmer. Erfasst wird aber nicht der gesamte technische Arbeitsschutz (so jedoch Hansmann LR 5), sondern nur der technische Arbeitsschutz im Hinblick auf Störfälle. 3

§ 51b Sicherstellung der Zustellungsmöglichkeit

Der Betreiber einer genehmigungsbedürftigen Anlage hat sicherzustellen, dass für ihn bestimmte Schriftstücke im Geltungsbereich dieses Gesetzes zugestellt werden können.[3] Kann die Zustellung nur dadurch sichergestellt werden, dass ein Bevollmächtigter bestellt wird, so hat der Betreiber den Bevollmächtigten der zuständigen Behörde zu benennen.[3]

Die Vorschrift soll sicherstellen, dass dem Betreiber einer genehmigungsbedürftigen Anlage für ihn in dieser Eigenschaft (Hansmann LR 6) 1 bestimmte Schriftstücke beliebiger Art innerhalb Deutschlands zugestellt werden können. Eine (förmliche) Zustellung im Ausland wäre nur unter den schwierigen Voraussetzungen des § 14 VwZG möglich. Zudem soll sichergestellt werden, dass die Behörde Namen und Adresse des Verantwortlichen gem. § 9 S.3 UmwHG mitteilen kann (Hansmann LR 1). Gegen eine Ausweitung der Vorschrift auf den formlosen Zugang von Schriftstücken spricht ihr Wortlaut wie ihr Zweck, die Schwierigkeiten einer förmlichen Zustellung im Ausland zu vermeiden (Hansmann LR 9; a.A. Koch GK 18). Allerdings wird der für die förmliche Zustellung benannte Empfänger zur Entgegennahme anderer Schriftstücke berechtigt sein.

2   **Adressat** der Verpflichtung ist jeder Betreiber einer genehmigungsbedürftigen Anlage iSd Rn.13–31 zu § 4 (ebenso Hansmann LR 5). Betreiber der Anlage ist derjenige, der einen bestimmenden Einfluss auf die Anlage hat (näher dazu Rn.81–84 zu § 3), unabhängig davon, ob er sich im Ausland oder im Inland befindet (Hansmann LR 5; Laubinger UL C 11; Koch GK 10; a.A. Vallendar FE 2) und welche Nationalität er besitzt (Laubinger UL C 13). Keine Rolle spielt des Weiteren, ob die Anlage genehmigt oder angezeigt wurde (Laubinger UL C 17) und ob sie unter das UmwelthaftungsG fällt (Laubinger UL C 18).

3   Was den **Inhalt** der Verpflichtung angeht, so muss der Anlagenbetreiber gem. S.1 dafür sorgen, dass im Inland dauerhaft ein Zustellungsempfänger vorhanden und dessen Adresse der Behörde mitgeteilt ist. Soweit der Anlagenbetreiber seinen Aufenthalt, seinen Wohnsitz oder seinen Geschäftssitz in Deutschland hat, ist die Verpflichtung erfüllt, wenn die Behörde die Adresse kennt. Bei juristischen Personen ist das der Fall, wenn zumindest hinsichtlich eines empfangsberechtigten Mitglieds des für sie handelnden Organs diese Voraussetzung erfüllt ist (Hansmann LR 10; vgl. § 7 Abs.2 VwZG). In anderen Fällen muss der Anlagenbetreiber gem. S.2 einen Bevollmächtigten, der zumindest für den Empfang von Schriftstücken berechtigt ist, mit ständigem Aufenthalt, Wohnsitz oder Geschäftssitz in Deutschland bestellen (Laubinger UL D 12). Des Weiteren muss er Namen und Anschrift des Bevollmächtigten der zuständigen Behörde mitteilen. Welche Behörde zuständig ist, bestimmt das Landesrecht; näher dazu Einl.32. Die Verpflichtung gem. § 51b kann Gegenstand einer Nebenbestimmung zur Genehmigung sein (Laubinger UL F 7). Die Pflichten des § 51b sind Dauerpflichten, gelten während des gesamten Anlagenbetriebs (Hansmann LR 5). Unsicher ist, ob die Verpflichtung auch noch nach Betriebseinstellung greift (dafür Koch GK 22; Laubinger UL F 7; dagegen Hansmann LR 5). Kommt der Betreiber seiner Verpflichtung nicht nach, kann die Behörde eine Anordnung gem. § 17 erlassen (Vallendar FE 2). Der Verstoß ist keine Ordnungswidrigkeit (Laubinger UL F 1).

§ 52 Überwachung

(1) **Die zuständigen Behörden haben die Durchführung dieses Gesetzes und der auf dieses Gesetz gestützten Rechtsverordnungen zu**

Überwachung § 52

überwachen.[2,4] Sie haben Genehmigungen im Sinne des § 4 regelmäßig zu überprüfen und soweit erforderlich durch nachträgliche Anordnungen nach § 17 auf den neuesten Stand zu bringen.[8ff] Eine Überprüfung im Sinne von Satz 2 wird in jedem Fall vorgenommen, wenn

1. Anhaltspunkte dafür bestehen, dass der Schutz der Nachbarschaft und der Allgemeinheit nicht ausreichend ist und deshalb die in der Genehmigung festgelegten Begrenzungen der Emissionen überprüft oder neu festgesetzt werden müssen,[11]

2. wesentliche Veränderungen des Standes der Technik eine erhebliche Verminderung der Emissionen ermöglichen,[12]

3. eine Verbesserung der Betriebssicherheit erforderlich ist, insbesondere durch die Anwendung anderer Techniken,[13] oder

4. neue umweltrechtliche Vorschriften dies fordern.[14]

(2) Eigentümer und Betreiber von Anlagen sowie Eigentümer und Besitzer von Grundstücken, auf denen Anlagen betrieben werden,[23ff] sind verpflichtet, den Angehörigen der zuständigen Behörde und deren Beauftragten den Zutritt zu den Grundstücken und zur Verhütung dringender Gefahren für die öffentliche Sicherheit oder Ordnung auch zu Wohnräumen und die Vornahme von Prüfungen einschließlich der Ermittlung von Emissionen und Immissionen zu gestatten[28ff] sowie die Auskünfte zu erteilen und die Unterlagen vorzulegen, die zur Erfüllung ihrer Aufgaben erforderlich sind.[36ff] Das Grundrecht der Unverletzlichkeit der Wohnung (Artikel 13 des Grundgesetzes) wird insoweit eingeschränkt.[29] Betreiber von Anlagen, für die ein Immissionsschutzbeauftragter oder ein Störfallbeauftragter bestellt ist, haben diesen auf Verlangen der zuständigen Behörde zu Überwachungsmaßnahmen nach Satz 1 hinzuzuziehen.[35] Im Rahmen der Pflichten nach Satz 1 haben die Eigentümer und Betreiber der Anlagen Arbeitskräfte sowie Hilfsmittel, insbesondere Treibstoffe und Antriebsaggregate, bereitzustellen.[35]

(3) Absatz 2 gilt entsprechend für Eigentümer und Besitzer von Anlagen, Stoffen, Erzeugnissen, Brennstoffen, Treibstoffen und Schmierstoffen, soweit diese der Regelung der nach den §§ 32 bis 35 oder 37 erlassenen Rechtsverordnung unterliegen.[24] Die Eigentümer und Besitzer haben den Angehörigen der zuständigen Behörde und deren Beauftragten die Entnahme von Stichproben zu gestatten, soweit dies zur Erfüllung ihrer Aufgaben erforderlich ist.

(4) Kosten, die durch Prüfungen im Rahmen des Genehmigungsverfahrens entstehen, trägt der Antragsteller.[52] Kosten, die bei der Entnahme von Stichproben nach Absatz 3 und deren Untersuchung entstehen, trägt der Auskunftspflichtige.[53] Kosten, die durch sonstige Überwachungsmaßnahmen nach Absatz 2 oder 3 entstehen, trägt der Auskunftspflichtige, es sei denn, die Maßnahme betrifft die Ermitt-

§ 52 Gemeinsame Vorschriften

lung von Emissionen und Immissionen oder die Überwachung einer nicht genehmigungsbedürftigen Anlage außerhalb des Überwachungssystems nach der Zwölften Verordnung zur Durchführung des Bundes-Immissionsschutzgesetzes; in diesen Fällen sind die Kosten dem Auskunftspflichtigen nur aufzuerlegen, wenn die Ermittlungen ergeben, dass

1. Auflagen oder Anordnungen nach den Vorschriften dieses Gesetzes oder der auf dieses Gesetz gestützten Rechtsverordnungen nicht erfüllt worden oder

2. Auflagen oder Anordnungen nach den Vorschriften dieses Gesetzes oder der auf dieses Gesetz gestützten Rechtsverordnungen geboten sind.[54 f]

(5) Der zur Auskunft Verpflichtete kann die Auskunft auf solche Fragen verweigern, deren Beantwortung ihn selbst oder einen der in § 383 Abs.1 Nr.1 bis 3 der Zivilprozessordnung bezeichneten Angehörigen der Gefahr strafgerichtlicher Verfolgung oder eines Verfahrens nach dem Gesetz über Ordnungswidrigkeiten aussetzen würde.[37]

(6) Soweit zur Durchführung dieses Gesetzes oder der auf dieses Gesetz gestützten Rechtsverordnungen Immissionen zu ermitteln sind, haben auch die Eigentümer und Besitzer von Grundstücken, auf denen Anlagen nicht betrieben werden, den Angehörigen der zuständigen Behörde und deren Beauftragten den Zutritt zu den Grundstücken und zur Verhütung dringender Gefahren für die öffentliche Sicherheit oder Ordnung auch zu Wohnräumen und die Vornahme der Prüfungen zu gestatten.[42 f] Das Grundrecht der Unverletzlichkeit der Wohnung (Artikel 13 des Grundgesetzes) wird insoweit eingeschränkt. Bei Ausübung der Befugnisse nach Satz 1 ist auf die berechtigten Belange der Eigentümer und Besitzer Rücksicht zu nehmen; für entstandene Schäden hat das Land, im Falle des § 59 Abs.1 der Bund, Ersatz zu leisten.[44] Waren die Schäden unvermeidbare Folgen der Überwachungsmaßnahmen und haben die Überwachungsmaßnahmen zu Anordnungen der zuständigen Behörde gegen den Betreiber einer Anlage geführt, so hat dieser die Ersatzleistung dem Land oder dem Bund zu erstatten.[44]

(7) Auf die nach den Absätzen 2, 3 und 6 erlangten Kenntnisse und Unterlagen sind die §§ 93, 97, 105 Abs.1, § 111 Abs.5 in Verbindung mit § 105 Abs.1 sowie § 116 Abs.1 der Abgabenordnung nicht anzuwenden. Dies gilt nicht, soweit die Finanzbehörden die Kenntnisse für die Durchführung eines Verfahrens wegen einer Steuerstraftat sowie eines damit zusammenhängenden Besteuerungsverfahrens benötigen, an deren Verfolgung ein zwingendes öffentliches Interesse besteht, oder soweit es sich um vorsätzlich falsche Angaben des Auskunftspflichtigen oder der für ihn tätigen Personen handelt.[20]

Überwachung § 52

Übersicht

I. Überwachung: Allgemeines 1
   1. Bedeutung der Überwachung sowie EG-Recht 1
   2. Allgemeine Überwachungspflicht (Abs.1 S.1) 2
      a) Zuständige Behörden und Zweck der Überwachung ... 2
      b) Ermessen 7
   3. Überprüfungspflichten bei genehmigungsbedürftigen Anlagen (Abs.1 S.2, 3) 8
      a) Bedeutung und Anwendungsbereich 8
      b) Regelmäßige Überprüfung 9
      c) Anlassüberprüfung 10
      d) Folgen 15
   4. Drittschutz 16
      a) Allgemeines 16
      b) Drittschutz im Bereich des Abs.1 S.2, 3 19
II. Informationsbefugnisse (Abs.2–6) 20
   1. Bedeutung und Verhältnis zu anderen Vorschriften 20
   2. Zutritt und Prüfung bei verantwortlichen Personen (Abs.2–4) 23
      a) Verantwortliche Personen als Verpflichtete 23
      b) Berechtigte 26
      c) Zulässige Maßnahme: Zutritt und Prüfungen 28
      d) Vornahme von Prüfungen 31
      e) Zweck und Verhältnismäßigkeit 32
      f) Ankündigung, Mitwirkungspflichten 34
   3. Auskunft und Vorlage von Unterlagen durch verantwortliche Personen 36
      a) Auskunft 36
      b) Vorlage von Unterlagen 38
      c) Gemeinsamkeiten 39
   4. Zutritt und Prüfung bei nichtverantwortlichen Personen (Abs.6) 42
      a) Nichtverantwortliche Personen als Verpflichtete 42
      b) Unterschiede zu Abs.2 43
   5. Ermessen und formelle Rechtmäßigkeit 46
      a) Ermessen 46
      b) Formelle Rechtmäßigkeit 47
   6. Durchsetzung und Rechtsschutz 48
      a) Durchsetzung und Sanktionen 48
      b) Rechtsschutz 49
   7. Kosten 50
      a) Erfasste Kosten 50
      b) Reichweite der Kostentragung in Teilbereichen 52
      c) Sonstiges 55
   8. Weitergabe von Informationen 56

Literatur: *Reinhardt,* Verfassungsrechtliche Rahmenbedingungen für die behördliche Kontrolle von Anlagenbetreibern im Immissionsschutzrecht, in: Festschrift für Feldhaus, 1999, 121; *Mayer/Rössner/Six,* Vollzug des § 52 BImSchG in Hessen, ZUR 1997, 193; *Di Fabio,* Die Verlagerung immissionsschutzrechtlicher Überwachungsverantwortung auf Private, DB 1996, Beil. Nr.16; *Dolde/Vetter,* Überwachung immissionsschutzrechtlicher genehmigungsbedürftiger Anlagen, NVwZ 1995, 943; *Lechelt,* § 52 Abs.1 BImSchG – Eine „immissionsschutzrechtliche Generalklausel"?, DVBl 1993, 1048 ff; *Cosack/Tomerius,* Betrieblicher Geheimnisschutz und Interesse des Bürgers an Umweltinformationen bei der Aktenvorlage im Verwaltungsprozeß, NVwZ 1993, 841; *Eilers/Schröer,* Der Schutz der betrieblichen Informationssphäre im Umweltinformationsgesetz, BB 1993, 1025; *Knemeyer,* Die Wahrung von Betriebs- und Geschäftsgeheimnissen bei behördlichen Umweltinformationen, DB 1993, 721; *Thumann,* Behördenauskunft über Emissionen und emissionsbegrenzende Auflagen im Rahmen des Bundes-Immissionsschutzgesetzes, Diss. 1991; *Pfaff,* Zutrittsrecht zu Anlagen und Grundstücken bei der Überwachung des Bundes-Immissionsschutzgesetzes, UPR 1989, 416; *Rebentisch,* Technische Kontrolle in staatlicher Verantwortung, UPR 1987, 401; *Mösbauer,* Der verwaltungsbehördliche Überwachungsauftrag im Immissionsschutzrecht, NVwZ 1985, 457; *Hahn,* Offenbarungspflichten im Umweltschutzrecht, 1984.

I. Überwachung: Allgemeines

1. Bedeutung der Überwachung sowie EG-Recht

1   Die Vorschriften des Immissionsschutzrechts werden, wie die Vorschriften anderer Gesetze, von den Adressaten in unterschiedlichem Umfang beachtet. Zum Teil gibt es erhebliche *Vollzugsdefizite* (Mayntz/Hucke, ZfU 1978, 217 ff; Rat von Sachverständigen für Umweltfragen, Umweltgutachten 1978, BT-Drs. 8/1938, Tz. 1521 ff; Rn.5 zu § 17). Die zuständigen Behörden müssen daher für die Einhaltung des Immissionsschutzrechts sorgen. Das können sie aber nur dann, wenn sie im Einzelnen wissen, ob und wieweit die einschlägigen Normen von den Normadressaten tatsächlich beachtet werden. Das Sammeln und Aufbereiten der Informationen über die Durchführung immissionsschutzrechtlicher Vorschriften geschieht durch die „Überwachung" (vgl. Lechelt GK 61). Sie kann in rein *behördlicher Verantwortung* erfolgen; man spricht dann von **behördlicher Überwachung.** Alternativ kann die Überwachung in der Verantwortung des Überwachungspflichtigen erfolgen, sei es, dass er selbst bzw. seine Mitarbeiter die notwendigen Ermittlungen vornehmen (so etwa im Falle des § 27), sei es, dass er sie durch unabhängige Dritte vornehmen lässt (so in den Fällen der §§ 26, 28 f) oder sogar ein Umwelt-Audit-System installiert. Man spricht dann von **Eigenüberwachung** (Kloepfer u.a., UGB-AT, 1991, 294; Michalke, NJW 1990, 417; anders die Überschrift des § 17 der 1. BImSchV).

1 a   Was das Verhältnis zum **EG-Recht** angeht, so dient insb. Abs.1 S.2 der Umsetzung der Richtlinie 96/61/EG über die integrierte Vermeidung und Verminderung der Umweltverschmutzung (unten Rn.8).

2. Allgemeine Überwachungspflicht (Abs.1 S.1)

a) Zuständige Behörden und Zweck der Überwachung

2   **aa)** Abs.1 S.1 **verpflichtet** die zuständigen Behörden, für die Durchführung und Einhaltung der Vorschriften des BImSchG und der auf dieses

Überwachung **§ 52**

Gesetz gestützten Rechtsverordnungen zu sorgen (Spindler FE 15), ohne ihnen zusätzliche Befugnisse zuzuweisen (unten Rn.4). Welche Behörden zur Überwachung **zuständig** sind, ergibt sich aus dem Landesrecht (näher Einl.32 f; Hansmann LR 26; Lechelt GK 21 ff). Zur ausnahmsweisen Zuständigkeit von Bundesbehörden im Bereich der Verteidigung und der Verkehrswege Einl.37.

Die Überwachung gem. Abs.1 S.1 hat den **Zweck,** für die Einhaltung 3 aller Normen des BImSchG und der hierauf gestützten Rechtsverordnungen zu sorgen, etwa auch die Überprüfung von Emissionserklärungen (BVerwG 109, 272/282 = BVerwG, NVwZ 2000, 73). Dazu gehören die Normen des anlagenbezogenen Immissionsschutzes wie des produkt- und verkehrsbezogenen Immissionsschutzes (Spindler FE 8; Mösbauer, NVwZ 1985, 459); Abs.1 verpflichtet also auch zur Überwachung von Verkehrswegen. Zur Überwachung gehört weiterhin die Pflicht, auf die Einhaltung von Verwaltungsakten zu achten, die auf diese Vorschriften gestützt wurden (Lechelt GK 59; Spindler FE 8; Hansmann LR 16). Die Überwachung erfasst nicht allein den Schutz vor schädlichen Umwelteinwirkungen, sondern auch den Schutz vor anderen Einwirkungen, soweit er im BImSchG geregelt ist (Hansmann LR 9, 16; Spindler FE 8). Entsprechendes gilt für Abfallvorgaben (Spindler FE 12) und Energieverwendungspflichten. Die Einhaltung anderer Gesetze unterfällt nicht § 52 (Hansmann LR 9), auch wenn sie unter § 6 Abs.1 Nr.2 fallen, es sie denn, sie haben ihren Niederschlag in einer Nebenbestimmung der immissionsschutzrechtlichen Genehmigung gefunden (Spindler FE 11; Hansmann LR 16). Die Überwachung erstreckt sich auch auf Hoheitsträger, soweit sie als Anlagenbetreiber etc. den Vorgaben des BImSchG unterliegen (Hansmann LR 14; einschr. Spindler FE 13); vgl. Rn.15–18 zu § 2. Dagegen bezieht sich die Überwachung nicht auf *behördliche Pflichten* des Gesetzesvollzugs (dazu Rn.4 zu § 59). Die Kontrolle dieser Pflichten liegt bei den für die betreffenden Behörden zuständigen Aufsichtsorganen (Hansmann LR 15; Spindler FE 14).

bb) Abs.1 weist die Überwachung den zuständigen Behörden zu (dazu 4 oben Rn.2). Die Vorschrift ist eine reine **Aufgabennorm** und verleiht den zuständigen Behörden keine Befugnisse zum Eingriff in die Rechte Dritter (BVerwGE 109, 272/282 = NVwZ 2000, 73; Spindler FE 20; Lechelt GK 69, 74; Pfaff, UPR 1989, 417). Eine Anordnung der Überwachung gegenüber Privaten bedarf daher einer zusätzlichen Befugnisnorm (Spindler FE 20); näher zu den bestehenden Befugnisnormen unten Rn.20–22. Des Weiteren können Anordnungen zur Änderung des Verhaltens nicht auf Abs.1 gestützt werden, auch nicht, wenn sie unselbständiger Art sind (unten Rn.6).

Ohne gesetzliche Grundlage können die Behörden die für ihre Ar- 5 beit notwendigen Informationen sammeln, soweit sie nicht in die Rechte von Privatpersonen eingreifen (BVerwGE 109, 272/282 = NVwZ 2000, 73), etwa Ermittlungen auf öffentlichem Gelände durchführen, Ermittlungen auf privatem Gelände mit Zustimmung des Berechtigten vornehmen oder Emissionserklärungen auswerten (BVerwGE a. a. O.). Weiter können die Behörden Privatpersonen wie Nachbarn und Betriebsangehörige um Informationen bitten (§ 26 VwVfG), wobei sie allerdings keine Informationspflicht vortäuschen dürfen (Spindler FE 21). Soweit personenbezogene Informationen automatisch verarbeitet werden, ist sogar ein ausdrücklicher Hinweis auf die Freiwilligkeit erforderlich (vgl. § 9 Abs.2 BDSG und die entsprechenden Landesvorschriften). **Betriebsangehörige,** insb. der Immissionsschutzbeauftragte, können durch arbeitsrechtliche Regelungen an einer Auskunft gehindert sein. Aus allgemeinen arbeitsrechtlichen Pflichten wird man jedoch keine Beschränkung der Informationsweitergabe an Behörden herleiten können (a. A. wohl Hansmann LR 41). Endlich lassen sich im Wege der Amtshilfe bei anderen Behörden Informationen einholen, wobei allerdings, soweit einschlägig, die Vorschriften der Datenschutzgesetze zu beachten sind.

6   cc) Die Überwachung, also das Sammeln und Auswerten von Informationen über die Einhaltung des Immissionsschutzrechts ist von den Maßnahmen zu trennen, mit denen die (festgestellte) Nichteinhaltung des Immissionsschutzrechts korrigiert wird **(Korrekturmaßnahmen).** Solche Maßnahmen können nicht auf die Überwachungsnormen gestützt werden. Das gilt besonders für die Norm des § 52 Abs.1, die keine Befugnisse verleiht (oben Rn.4). Zum Teil wird davon eine Ausnahme gemacht, soweit es um die Durchsetzung von Pflichten geht, die in der betreffenden Rechtsnorm konkret, also präzise formuliert enthalten sind (Hansmann LR 20). Die Durchsetzung solcher Pflichten stelle eine *„unselbständige" Verfügung* dar. Wortlaut sowie Sinn und Zweck des Abs.1 liefern jedoch weder Anhaltspunkte für eine Befugnisnorm noch für die unterschiedliche Behandlung selbständiger und unselbständiger Verfügungen (Lechelt, LR 74 ff; Spindler FE 19). Im Übrigen enthalten das BImSchG sowie andere einschlägige Gesetze ausreichende Ermächtigungen (vgl. Rn.31 zu § 62). Insb. besteht kein Anlass, die Vorschriften des § 17 und des § 24 restriktiv auszulegen (vgl. Rn.13–14a zu § 17 und Rn.8 zu § 24). Allein im Bereich der §§ 32–37 fehlen Ermächtigungen. Hier genügt der Rückgriff auf die ordnungsbehördliche Generalklausel (Lechelt GK 74); näher Rn.31 zu § 62.

b) Ermessen

7   Die Überwachung steht nach der allgemeinen Vorgabe des Art.52 Abs.1 wie nach den meisten Befugnisnormen im behördlichen Ermessen. Die zuständige Behörde kann entscheiden, welchen Anlagenbetreiber etc. sie der Überwachung unterwirft und wie häufig dies geschieht (Spindler FE 25; Lechelt GK 208 ff). Die Auswahlkriterien müssen allerdings sachgerecht sein. Die Einschränkung der Überwachung mit der Begründung, dass die betroffene Anlage etc. Teil einer Organisation (bzw. eines Standorts) ist, die am System der Verordnung 761/2000 für das Umweltmanagement und die Umweltbetriebsprüfung beteiligt ist, dürfte sachgerecht

Überwachung § 52

sein, sofern durch das Umwelt-Audit eine vergleichbare Sicherheit gegeben ist (Feldhaus, UPR 1997, 346; Rehbinder/Heuvels, DVBl 1998, 1254; Rn.10 zu § 58 e; zurückhaltend Spindler FE 28). Dementsprechend sehen Verwaltungsvorschriften der Länder bei EMAS-Anlagen (dazu Rn.22 zu § 58 e) vielfach Erleichterungen vor (näher Lechelt GK 305 a). Generell wird allerdings der behördliche Ermessensspielraum eingeschränkt, wenn ein begründeter Verdacht besteht, dass die gesetzlichen Vorgaben nicht eingehalten werden (vgl. Spindler FE 29 zu einem Teilbereich). Dies gilt insbesondere bei einem Verdacht auf Gesundheitsgefahren (Lechelt GK 216). Zudem kann in speziellen Regelungen der Ermessensspielraum eingeschränkt sein, wie etwa in § 15 der 1. BImSchV (vgl. Lechelt GK 212 ff).

3. Überprüfungspflichten bei genehmigungsbedürftigen Anlagen (Abs.1 S.2, 3)

a) Bedeutung und Anwendungsbereich

Das Ermessen der Überwachungsbehörde (oben Rn.7) wird in einem **8** Teilbereich durch Abs.1 S.2, 3 erheblich eingeschränkt (unten Rn.15). Die Regelungen wurden im Jahre 2001 eingefügt (Einl.2 Nr.34), um Art.13 der Richtlinie 96/61/EG über die integrierte Vermeidung und Verminderung der Umweltverschmutzung umzusetzen (BT-Drs. 14/4599, 130). Die Regelungen gelten nach dem Wortlaut für Genehmigungen iSd § 4, genauer für Anlagen, für die eine solche Genehmigung erteilt wurde. Damit werden auch Anlagen erfasst, die zunächst genehmigungsfrei betrieben werden konnten und erst wegen ihrer Änderung einer Genehmigung bedurften; in diesen Fällen ist eine Neugenehmigung erforderlich (Rn.3 zu § 16). Darüber hinaus dürfte Abs.1 S.2, 3 entsprechend auch auf Anlagen iSd § 67 Abs.2 und des § 67 a Abs.1 anzuwenden sein, auch um Widersprüche zur IVU-Richtlinie zu vermeiden.

b) Regelmäßige Überprüfung

Gem. Abs.1 S.2 sind genehmigungsbedürftige Anlagen (oben Rn.8) **9** regelmäßig zu überprüfen, auch wenn dafür kein konkreter Anlass besteht. Die Überwachungsbehörde hat für die Überprüfung einen festen Zeitrhythmus festzulegen. Der zeitliche Abstand wird bei gefährlicheren Anlagen kürzer und bei weniger gefährlichen Anlagen größer sein (Spindler FE 26 a).

c) Anlassüberprüfung

Liegen bestimmte Voraussetzungen (unten Rn.11–14) vor, sind genehmi- **10** migungsbedürftige Anlagen (oben Rn.8) gem. Abs.1 S.3 auch außerhalb der regelmäßigen Prüfung nach Abs.1 S.2 (oben Rn.9) zu überprüfen (Lechelt GK 76 i). Diese Prüfung lässt sich als Anlassüberprüfung kennzeichnen (BT-Drs. 14/5750, 132).

(1) Gem. Abs.1 S.3 Nr.1 ist eine Anlassüberprüfung geboten, wenn **11** **Anhaltspunkte** dafür bestehen, dass Gefahren, erhebliche Nachteile oder

§ 52 Gemeinsame Vorschriften

erhebliche Belästigungen durch schädliche Umwelteinwirkungen (dazu Rn.21 ff zu § 3) oder durch sonstige Einwirkungen (dazu Rn.24 ff zu § 5) auftreten. Dies betrifft den Bereich der Schutz- und Abwehrpflicht des § 5 Abs.1 S.1 Nr.1. Das Erfordernis der Anhaltspunkte dürfte ähnlich wie die Befürchtung in § 26 zu verstehen sein (dazu Rn.12 f zu § 26), ohne sich aber auf schädliche Umwelteinwirkungen zu beschränken.

12 (2) Weiter ist eine Anlassüberprüfung gem. Abs.1 S.3 Nr.2 erforderlich, wenn aufgrund einer wesentlichen **Veränderung des Standes der Technik** (zu diesem Standard Rn.93 ff zu § 3) erhebliche Senkungen der Anlagenemissionen ermöglicht werden. Dies betrifft die Vorsorgepflicht des § 5 Abs.1 S.1 Nr.2.

13 (3) Eine Anlassüberprüfung ist weiter gem. Abs.1 S.3 Nr.3 erforderlich, wenn eine Verbesserung der **Betriebssicherheit** geboten ist (Spindler FE 26 d), insb. weil insoweit leistungsfähigere Techniken entwickelt wurden.

14 (4) Gem. Abs.1 S.3 Nr.4 ist eine Anlassüberprüfung notwendig, wenn **neue Vorschriften** des deutschen Umweltrechts oder des (unmittelbar wirksamen) EG-Umweltrechts eine Überprüfung erforderlich machen. Nicht vorausgesetzt wird, dass die Rechtsvorschriften ausdrücklich eine Überprüfung verlangen (vgl. Spindler FE 26 e), wie das der Wortlaut der Regelung nahelegen könnte. Sie muss im Hinblick auf die vorsichtigere Formulierung des Art.13 Abs.2 Spst. 4 RL 96/61 restriktiv ausgelegt werden.

d) Folgen

15 Liegen die Voraussetzungen des Abs.1 S.2 oder des Abs.1 S.3 vor, muss die Überprüfung vorgenommen werden. Insoweit besteht kein Ermessen der Überwachungsbehörde. Die Auswahl der Überwachungsmittel steht aber weiter in ihrem Ermessen. Führt das Ergebnis der Überprüfung dazu, dass eine nachträgliche Anordnung nach § 17 erlassen werden kann, bestimmen sich die Handlungspflichten der Behörde nach dieser Norm: Je nach den Umständen kann Ermessen oder eine Sollensverpflichtung bestehen (Rn.46 ff zu § 17). Abs.1 S.2, 3 dürften daran nichts ändern (wohl a. A. Hansmann LR 12 a). Auf der anderen Seite kommen u. U. auch Maßnahmen nach § 20, nach § 21 und nach § 48 VwVfG in Betracht.

4. Drittschutz

a) Allgemeines

16 Die von Immissionen und sonstigen schädlichen Einwirkungen betroffenen Personen sind naturgemäß an einer effektiven Überwachung interessiert. Damit stellt sich die Frage, ob die Überwachung auch ihrem Schutz dient und sie daher einen Anspruch auf Durchführung der Überwachung besitzen (evtl. auf fehlerfreie Ermessensentscheidungen; dazu unten Rn.18). **Gegen einen Drittschutz** speziell des § 52 Abs.1 S.1 spricht, dass die Norm als Generalklausel außerordentlich weit gespannt ist

und weder den geschützten Personenkreis noch das geschützte private Interesse ausreichend erkennen lässt. Unter diesem Gesichtspunkt eher vorstellbar wäre ein Drittschutz bei den einzelnen Befugnisnormen, die – wie etwa die Norm des § 26 – erheblich deutlicher ausfallen. Andererseits ist das berechtigte Interesse der Nachbarn gerade nicht auf eine bestimmte Ermittlungsform gerichtet, was gegen einen drittschützenden Charakter der einzelnen Ermittlungsnormen spricht.

Aus diesem Befund zu folgern, dass Dritte überhaupt keinen Anspruch **17** auf Überwachungsmaßnahmen besitzen, geht jedoch zu weit. Es lässt sich schwerlich erklären, dass Nachbarn wegen schädlicher Umwelteinwirkungen die Behörden zwar zum Eingreifen (mindestens zu einem fehlerfreien Ermessensgebrauch) zwingen können (näher Rn.68–70 zu § 17; Rn.23 zu § 24), die Vorstufe, von der Behörde Ermittlungen zu verlangen, ihnen jedoch verwehrt sein soll (vgl. allgemein Rn.49 zu § 6). In der Praxis dürfte der effektive Schutz der Nachbarn häufig von solchen Ermittlungen abhängen, die sie selbst kaum durchführen können. Daraus wird man entnehmen müssen, dass Dritte einen **Anspruch auf Überwachungsmaßnahmen** im Einzelfall haben, sofern ein **begründeter Verdacht** (näher dazu Rn.12 zu § 26) besteht, dass die Voraussetzungen einer auch ihrem Schutz dienenden Anordnung oder sonstigen Maßnahme erfüllt sind (Lechelt GK 310; Murswieck, WiVerw 1986, 202; Beyerlin, NJW 1987, 2720; Jarass, NJW 1983, 2846; Kunig, Gedächtnisschrift für Martens, 1987, 607; a.A. Spindler FE 125; Hansmann LR § 26 Rn.85). Grundlage des Anspruchs auf Überwachung ist dementsprechend die Generalklausel der Überwachung in § 52 Abs.1 zusammen mit den Befugnisnormen der Überwachung und der Vorschrift für die betreffende Korrekturmaßnahme, im Bereich des anlagenbezogenen Immissionsschutzes also die §§ 17, 20f, 24f (vgl. Beyerlin, NJW 1987, 2720).

Da die Maßnahmen der Überwachung durchweg im Ermessen der zu- **18** ständigen Behörde stehen, besteht nur ein **Anspruch auf fehlerfreien Ermessensgebrauch** (Spindler FE 125). Drohen allerdings ernsthafte Gesundheitsgefahren, wird das Handlungsermessen weitestgehend eingeschränkt (Schmatz/Nöthlichs 3). Welches Überwachungsinstrument die Behörde wählt, etwa Maßnahmen gem. §§ 26ff oder gem. § 52 Abs.2–6, bleibt allerdings auch dann regelmäßig ihrem Ermessen vorbehalten. Schließlich kann eine Verletzung der Überwachungspflicht Amtshaftungsansprüche zugunsten der Nachbarn auslösen (Schmatz/Nöthlichs 3).

b) Drittschutz im Bereich des Abs.1 S.2, 3

Im Anwendungsbereich des Abs.1 S.3 wird der Drittschutz noch eher **19** zu bejahen sein, da insoweit das EG-Recht eines solchen Drittschutz verlangen dürfte. Zumindest im Bereich des Abs.1 S.3 Nr.1.3 wird das sicherlich der Fall sein (Hansmann LR 12b). Ggf kann Dritten auch ein Amtshaftungsanspruch zustehen (Hansmann LR 12b). Dagegen dürften im Bereich des Abs.1 S.2 die allgemeinen Überlegungen (oben Rn.16–18) gelten.

II. Informationsbefugnisse (Abs.2–6)

1. Bedeutung und Verhältnis zu anderen Vorschriften

20 Die Abs.2–6 räumen den zuständigen Behörden verschiedene Befugnisse ein, Informationen unter Eingriff in die Rechte der Überwachungspflichtigen oder Dritter einzuholen, um ihre Überwachungsaufgabe durchführen zu können: Zum einen die Befugnis, Grundstücke bzw. Wohnungen zu betreten sowie das sich anschließende Recht, Prüfungen bzw. Stichproben vorzunehmen, zum anderen die Befugnis, Auskünfte und Unterlagen zu verlangen. Die Befugnisse wenden sich in erster Linie gegen Personen, die in irgendeiner Weise für emissionsträchtige Gegenstände verantwortlich sind (dazu unten Rn.23–25). Gegenüber sonstigen Eigentümern und Besitzern von Grundstücken bestehen nur weniger weitreichende Befugnisse (dazu unten Rn.42–45).

21 **Neben den Regelungen des § 52 Abs.2–6** vermitteln zahlreiche andere Normen den zuständigen Behörden Möglichkeiten, die zur Überwachung notwendigen Informationen zu erlangen. Im Bereich der genehmigungsbedürftigen Anlagen eröffnet Abs.1 S.2, 3 weitreichende Möglichkeiten (oben Rn.8ff). Weiter können sie Emissionen und Immissionen gem. §§ 26, 28f ermitteln und sicherheitstechnische Prüfungen gem. § 29a durchführen lassen. Weitere Möglichkeiten sind in Rechtsverordnungen vorgesehen (etwa §§ 14, 15 der 1. BImSchV; § 12 der 2. BImSchV; § 5 der 3. BImSchV; § 16 der 12. BImSchV; § 13ff der 13. BImSchV; §§ 9ff der 17. BImSchV; § 6 der 21. BImSchV; § 5 der 25. BImSchV; §§ 8ff der 30. BImSchV; §§ 5f der 31. BImSchV). Von erheblicher Bedeutung sind die den Genehmigungsanträgen beizufügenden Unterlagen (vgl. Abs.4 S.1), weiter die Emissionserklärungen gem. § 27 und verschiedene Anzeigepflichten, etwa gem. § 15 Abs.1 oder gem. § 11 der 12. BImSchV und § 16 der 17. BImSchV. Zum Teil ergeben sich Anzeigepflichten aus Landesrecht. Gem. § 26 Abs.1 VwVfG können Zeugen und Sachverständige gehört werden, ohne dass diese zur Auskunft verpflichtet wären (Schmatz/Nöthlichs 7). Zu Informationsmaßnahmen, die keiner gesetzlichen Grundlage bedürfen, oben Rn.5.

22 Die Befugnisse des Abs.2–6 stehen **selbständig neben entsprechenden Befugnissen,** wie sie sich in anderen Normen finden (dazu oben Rn.21). Welche der verschiedenen Informationsbefugnisse die zuständigen Behörden daher nutzen, steht in ihrem Ermessen (Hansmann LR 7, 13; Rn.3, 18 zu § 26). Allerdings ist der Grundsatz der Verhältnismäßigkeit zu beachten (dazu unten Rn.33). Daraus ergibt sich aber kein Vorrang der behördlichen Überwachung gem. § 52 gegenüber den Formen der Eigenüberwachung gem. §§ 26–29a oder umgekehrt (Rn.18 zu § 26).

2. Zutritt und Prüfung bei verantwortlichen Personen (Abs.2–4)

a) Verantwortliche Personen als Verpflichtete

Zutritts- und Prüfungsbefugnisse der zuständigen Behörden sind unterschiedlich ausgestaltet, je nachdem, ob sie sich gegen **verantwortliche** oder nicht verantwortliche **Personen** richten. Die Grundlagen für die Befugnisse gegenüber Personen der ersten Kategorie finden sich in Abs.2 und 3 (zur zweiten Kategorie unten Rn.42–45). 23

Zu den verantwortlichen Personen in diesem Sinne zählen zum einen gem. Abs.2 die **Eigentümer** und die **Betreiber von Anlagen** (dazu Rn.81–84 zu § 3) sowie die **Eigentümer** und (unmittelbare wie mittelbare) **Besitzer von Grundstücken,** auf denen Anlagen betrieben werden. Wer Eigentümer ist, bestimmt sich nach dem Zivilrecht (Lechelt GK 91); andere dinglich Berechtigte stehen ihm gleich (Hansmann LR 38; Spindler FE 41). Betriebsangehörige, insb. Betriebsleiter, sind dagegen nicht Pflichtadressaten (Lechelt GK 97; Hansmann LR 41; s. auch oben Rn.5). Ob die Anlagen genehmigungsbedürftig sind oder nicht, spielt keine Rolle. Doch werden Maßnahmen im Hinblick auf sonstige Einwirkungen (dazu Rn.24–26 zu § 5) nur bei genehmigungsbedürftigen Anlagen erfasst. Weiterhin sind gem. Abs.3 verantwortliche Personen die **Eigentümer** und **Besitzer von Anlagen, Stoffen** und **Erzeugnissen,** für die auf der Grundlage der §§ 32–35, 37 Rechtsverordnungen erlassen worden sind. Dies ist bei § 34 (dazu Rn.15–20 zu § 34) und bei § 37 (dazu Rn.11–14 zu § 37) geschehen. Irrelevant ist dabei, ob die betreffenden Rechtsverordnungen auch rechtliche Pflichten für den Informationspflichtigen statuieren. Werden etwa Pflichten für den Hersteller einer Anlage festgelegt, so unterliegt auch der Händler, soweit er im Besitz oder Eigentum der Anlage ist, den Pflichten nach Abs.2 ff (Lechelt GK 104; Hansmann LR 40). Informationspflichtig können auch Hoheitsträger sein, sofern nicht durch Gesetz eine Ausnahme vorgesehen ist (näher Rn.15–17 zu § 2; zurückhaltender Spindler FE 13; Hansmann LR 14). 24

Die **Art der feststellbaren Emissionen und Immissionen** ist im Rahmen von Abs.2, 3 durch den Bezug zur „Verantwortlichkeit" des Pflichtigen (oben Rn.23 f) beschränkt: Emissionen dürfen nur ermittelt werden, soweit sie von Gegenständen im Verantwortungsbereich des Pflichtigen ausgehen. Die zusätzliche Nennung der Immissionen macht zwar deutlich, dass auch die Gesamtbelastung im Bereich dieser Gegenstände gemessen werden kann, doch nur bezüglich solcher Immissionen, die von diesen Gegenständen mitverursacht werden können. Sollen daher Immissionen gemessen werden, die von einem Betrieb auf dem Grundstück einer benachbarten Anlage ausgehen, kommt als Grundlage allein Abs.6 in Betracht (Spindler FE 40). Das Gleiche gilt, wenn Immissionen gemessen werden sollen, zu denen die Anlage des Pflichtigen keinen Beitrag leisten kann. 25

b) Berechtigte

26 Die Überwachungsbefugnisse stehen den Angehörigen und Beauftragten der zuständigen Behörden (dazu oben Rn.2) zu. **Angehörige** sind die Beamten und Angestellten, die generell oder im Einzelfall mit Aufgaben nach dem BImSchG oder den darauf gestützten Rechtsverordnungen betraut sind (Spindler FE 22; Hansmann LR 64).

27 Daneben stehen die Vorrechte der Abs.2ff den sog. **Beauftragten** zu. Die zuständige Behörde kann außer ihren Angehörigen auch andere Personen in die Überwachung einschalten, seien es Angehörige anderer Behörden, seien es Privatpersonen, insb. Sachverständige (HessVGH, GewArch 1983, 201). Soweit mit ihrem Auftrag das Betreten fremder Grundstücke verbunden ist, sind sie Beauftragte iSd Abs.2. Wegen der ihnen dann zustehenden öffentlich-rechtlichen Befugnisse liegt in der Beauftragung ein Verwaltungsakt (Hansmann LR 47), sofern die Beauftragung nicht direkt durch Rechtssatz erfolgt (Lechelt GK 309). Eine Anfechtung der Beauftragung durch einen Überwachungspflichtigen ist mangels drittschützender Normen nicht möglich (Lechelt GK 309; Spindler FE 23). Zum Rechtsschutz im Hinblick auf die Ausübung unten Rn.49. Der Beauftragte ist, jedenfalls im Hinblick auf die Vorrechte des § 52 Abs.2ff **Beliehener,** da ihm eigene öffentlich-rechtliche Befugnisse gegenüber Dritten eingeräumt werden (Spindler FE 23; Hansmann LR 47).

c) Zulässige Maßnahme: Zutritt und Prüfungen

28 **aa)** Das Zutrittsrecht erfasst mit den betreffenden **Grundstücken** alle damit verbundenen Sachen, insb. also Gebäude (Lechelt GK 109). Soweit Anlagen nicht wesentliche Bestandteile des Grundstücks sind, unterfällt ihre „Begehung" nicht dem Zutrittsrecht; doch kann es sich dabei um eine Prüfung handeln (Hansmann LR 65; Lechelt GK 111). Das Zutrittsrecht schließt ein Besichtigungsrecht ein (Spindler FE 47).

29 Sollen **Wohnräume** betreten werden, ist gem. § 52 Abs.2 S.1 in Übereinstimmung mit Art.13 Abs.7 GG eine dringende Gefahr für die öffentliche Sicherheit und Ordnung erforderlich (Abs.2 S.1). Damit ist, wie sonst im Rahmen von Art.13 Abs.7 GG, eine qualitativ gesteigerte Gefahr gemeint, weniger eine temporäre Steigerung im Sinne einer unmittelbar bevorstehenden Gefahr (BVerwGE 47, 31/40 = NJW 1975, 130; Jarass, in: Jarass/Pieroth Art.13 Rn.24; Lechelt GK 120; Spindler FE 49; der Sache nach auch BVerfGE 17, 232/251 = NJW 1964, 1067; zu streng Hansmann LR 67); bei der Abgrenzung der Gefahr ist der Verhältnismäßigkeitsgrundsatz zu beachten. Deshalb liegt eine dringende Gefahr generell nicht vor, wenn der Zutritt der Abwehr bloßer Belästigungen oder Nachteile dient. Geringer sind die Anforderungen an die Gefahr iSd Art.13 Abs.7 GG, wenn es um das Betreten von **Geschäfts-** und **Betriebsräumen** geht, und zwar zu Zeiten, in denen die Räume normalerweise für die betriebliche Nutzung zur Verfügung stehen (BVerfGE 97, 228/265f = NJW 1998, 1627; Spindler FE 48; vgl. auch Lechelt

Überwachung **§ 52**

GK 116 f). Eine solche Nachschau ist bereits zulässig, wenn sie auf Grund einer besonderen gesetzlichen Vorschrift einen erlaubten Zweck verfolgt (Spindler FE 48; Jarass/Pieroth Art.13 Rn.25). Ist der Betroffene mit dem Betreten einverstanden, brauchen die Voraussetzungen des § 52 Abs.2 S.1 natürlich nicht eingehalten zu werden.

bb) Zeitliche Beschränkungen des Zutrittsrechts sind in § 52 nicht vorgesehen. Ein Betreten zur Nachtzeit sowie an Sonn- und Feiertagen kann allerdings gegen das Übermaßverbot verstoßen, sofern auch ein Betreten zu den sonstigen Zeiten ausreicht (Hansmann LR 68; Spindler FE 50). **30**

d) Vornahme von Prüfungen

Das Prüfungsrecht umfasst, wie das Gesetz sagt, das Recht, **Emissionen,** also den Ausstoß der Anlage (näher Rn.14 zu § 3) und **Immissionen,** also die Gesamtbelastung im Bereich der Anlage (näher Rn.13–17 zu § 3) **zu ermitteln.** Weiterhin gehört generell dazu das Recht, **Stichproben** zu entnehmen. Dem steht nicht entgegen, dass dieses Recht nur für die Fälle des Abs.3 gesondert aufgeführt ist (Lechelt GK 136; Hansmann LR 78); dort spielt es nur in der Praxis eine besonders große Rolle. Darüber hinaus umfasst das Prüfungsrecht auch jede **sonstige Untersuchung** von Anlagen, Anlageteilen, Stoffen und Erzeugnissen, soweit dies zur Erfüllung von Aufgaben der nach dem BImSchG zuständigen Behörden notwendig ist. Im Bereich der genehmigungsbedürftigen Anlagen wird auch die Untersuchung sonstiger Einwirkungen erfasst (oben Rn.24), insb. hinsichtlich der Sicherheit der Anlage. Der Begriff der Prüfung ist generell weit auszulegen (Hansmann LR 79; Spindler FE 25; Lechelt GK 129) und schließt Abnahmeprüfungen sowie Funktionsprüfungen ein (Lechelt GK 136; Spindler FE 57). Doch muss es immer um fallweise bzw. punktuelle Prüfungen gehen; zu einer kontinuierlichen, laufenden Überwachung, etwa durch die Installation einer Video-Überwachungsanlage, wird nicht ermächtigt (Spindler FE 56). Zur Prüfung gehört auch die anschließende Auswertung der Messungen durch einen Sachverständigen (Spindler FE 58; Lechelt GK 129; vgl. unten Rn.50); zur Heranziehung von Sachverständigen vgl. auch oben Rn.27. **31**

e) Zweck und Verhältnismäßigkeit

Die Informationsbefugnisse stehen den berechtigten Stellen immer dann zu, wenn die Informationen „zur Erfüllung ihrer Aufgaben" (nicht nur der Überwachungsaufgabe nach Abs.1) angezeigt sind. Das bedeutet einerseits, dass keine konkrete Gefahr eines Pflichtverstoßes erforderlich ist. Nicht einmal der Verdacht eines Pflichtenverstoßes wird vorausgesetzt, wie der Vergleich mit § 26 zeigt (vgl. Rn.12 zu § 26; OVG Berl, UPR 1982, 277; Spindler FE 25; Hansmann LR 49). Zur Sondersituation beim Betreten von Wohnraum oben Rn.29. Die Fragen bzw. Fragenkomplexe müssen außerdem mit Aufgaben im Zusammenhang stehen, die auf dem BImSchG oder den darauf gestützten Rechtsverordnungen beruhen. Die In- **32** formationsbefugnisse lassen sich daher nicht zur Strafverfolgung oder für steuerrechtliche Zwecke nutzen (Hansmann LR 49; Spindler FE 33). Dabei darf allerdings nicht übersehen werden, dass das BImSchG nicht allein dem Immissionsschutz im eigentlichen Sinne dient (vgl. Rn.8, 12 zu § 1).

32a Andererseits können die Informationsbefugnisse nur zur Erlangung bestimmter Informationen eingesetzt werden, dürfen **nicht** einer **allgemeinen Ausforschung** dienen (OVG Berl, UPR 1982, 277f; Lechelt GK 220; Spindler FE 33). Ihr Einsatz muss auf im Vorhinein bestimmte Fragen oder Fragenkomplexe zielen (Feldhaus FE 7; s. auch unten Rn.40). Unzulässig ist die allgemeine und ungezielte Ausforschung des Betriebs ebenso wie eine Verpflichtung zu laufender Unterrichtung (OVG Berl, UPR 1982, 277; OVG NW, DVBl 1979, 320; Lechelt GK 148).

33 Die Ausübung der Informationsbefugnisse muss den Grundsatz der **Verhältnismäßigkeit** beachten (Hansmann LR 50). D. h., ihre Ausübung muss erstens im Hinblick auf den betreffenden behördlichen Zweck geeignet sein. Weiterhin darf kein für den Betroffenen milderes, aber gleichgeeignetes Mittel ersichtlich sein (Erforderlichkeit). Die angeordneten Überwachungsmaßnahmen müssen sich auf das zur Aufklärung notwendige Maß beschränken (HessVGH, GewArch 1983, 199). Endlich dürfen der verfolgte Zweck und die Schwere der Belastung nicht in einem Missverhältnis stehen (Verhältnismäßigkeit ieS).

f) Ankündigung, Mitwirkungspflichten

34 Das Zutritts- und Prüfungsrecht hängt nicht von einer vorgeschalteten **Ankündigung** ab. Soweit allerdings der Zweck des Zutritts- und Prüfungsrechts dadurch nicht vereitelt wird, muss die Ausübung im Hinblick auf den Grundsatz der Erforderlichkeit angekündigt werden (Spindler FE 34).

35 Die dem Zutritts- und Prüfungsrecht korrespondierenden **Pflichten** des Überwachungspflichtigen beschränken sich keineswegs auf die Duldung von Zutritt und Prüfungen. Die Verpflichteten müssen beides „gestatten", was die Beseitigung von Hindernissen einschließt (Hansmann LR 63), etwa das Öffnen von Türen oder das Sorgen für eine ausreichende Beleuchtung der Räume etc. (Spindler FE 60). *Eigentümer* und *Betreiber von Anlagen* haben darüber hinaus Arbeitskräfte und Hilfsmittel, insb. Treibstoffe und Antriebsaggregate zur Verfügung zu stellen (Abs.2 S.4; dazu Hansmann LR 82, 83). Außerdem müssen die Betreiber von Anlagen, für die ein Immissionsschutzbeauftragter oder Störfallbeauftragter bestellt ist, diese gem. Abs.2 S.3 auf Verlangen hinzuziehen. Deren Kenntnisse und Fähigkeiten sollen bei der Überwachung nutzbar gemacht werden (Lechelt GK 193). Dem Immissionsschutzbeauftragten wie dem Störfallbeauftragten erwachsen daraus keine unmittelbaren Pflichten gegenüber den Überwachungsorganen (Lechelt GK 189, 192). Doch gehört es zu den Pflichten des Anlagenbetreibers, die Beauftragten zur Mitwirkung an den Prüfungen, etwa zu Auskünften zu veranlassen (Spindler FE 61; ähnlich Hans-

mann LR 84). Das Verlangen auf Zuziehung des Beauftragten kann (auch) von den zutritts- und prüfungsberechtigten Personen ausgesprochen werden (Hansmann LR 84; Spindler FE 61).

3. Auskunft und Vorlage von Unterlagen durch verantwortliche Personen

a) Auskunft

Der **Auskunftspflicht** unterliegen die verantwortlichen Personen im 36 Sinne der Ausführungen oben in Rn.23 f; zur Auskunft von anderen Personen oben Rn.21 a. E. Die verantwortlichen Personen haben auf Verlangen Auskünfte über Tatsachen zu erteilen, die im Zusammenhang mit eventuellen Umweltbeeinträchtigungen oder sonstigen Gefährdungen durch Anlagen, Stoffe und Erzeugnisse stehen, für die sie „verantwortlich" (dazu oben Rn.25) sind (Spindler FE 62). In Betracht kommen Angaben über die Beschaffenheit dieser Gegenstände, aber auch über sonstige Betriebsbedingungen, etwa die wirtschaftlichen Verhältnisse etc. (Lechelt GK 153; Spindler FE 65; Hansmann LR 42). Die Auskunft ist in deutscher Sprache zu erteilen (§ 23 Abs.1 VwVfG). Eine bestimmte Form ist nicht vorgeschrieben. Die Behörde kann allerdings Form und Art der Auskunftserteilung näher bestimmen, soweit das ihr Zweck erforderlich macht (Hansmann LR 44; Lechelt GK 157). Weitere Voraussetzungen unten Rn.39–41.

Die Pflicht zur Erteilung von Auskünften entfällt gem. § 52 Abs.5, wenn 37 der Pflichtige dies zu Recht verweigert. Die Vorlage von Unterlagen wird davon nicht berührt (BVerwG, NVwZ 1997, 1000; Spindler FE 79; Hansmann LR 56). Das **Auskunftsverweigerungsrecht** setzt die Gefahr (d. h. die ernsthafte Möglichkeit der strafrechtlichen Verfolgung oder eines Verfahrens nach dem OrdnungswidrigkeitenG (dazu Rn.3 ff zu § 62) für den Pflichtigen oder für einen seiner Angehörigen voraus. Die Gefahr der Einleitung eines Verfahrens genügt (Lechelt GK 168; Spindler FE 72; zu restr. Hansmann LR 54). Angehörige idS sind gem. § 52 Abs.5 iVm § 383 Abs.1 ZPO der Verlobte, der jetzige oder frühere Ehegatte, Eltern, Großeltern, Schwiegereltern, Kinder, Stiefkinder, Enkel, Geschwister, Geschwister der Ehegatten, Onkel, Tanten, Nichten und Neffen. Das Auskunftsverweigerungsrecht erstreckt sich allein auf die Fragen, bei denen eine Verfolgungsgefahr besteht (Lechelt GK 172; Hansmann LR 57). Außerdem muss es ausdrücklich geltend gemacht werden. Eine bloße Nichterklärung zu den relevanten Fragen wird durch Abs.5 nicht gedeckt (Hansmann LR 58; Spindler FE 76; anders Lechelt GK 163). Die Behörde ist nicht verpflichtet, auf das Auskunftsverweigerungsrecht hinzuweisen (Lechelt GK 161; Spindler FE 76).

b) Vorlage von Unterlagen

Die Vorlagepflicht trifft die verantwortlichen Personen iSd Ausfüh- 38 rungen oben Rn.23 f. Sie bezieht sich auf Unterlagen, deren Kenntnis bei

§ 52 Gemeinsame Vorschriften

der Erfüllung der behördlichen Aufgaben nützlich sein kann, soweit die Aufgaben mit Gegenständen in Zusammenhang stehen, für die der Vorlagepflichtige verantwortlich ist (oben Rn.25; etwas anders Hansmann LR 46). In Betracht kommen technische, aber auch geschäftliche Unterlagen. Die Vorlage des Berichts des Immissionsschutzbeauftragten wie des Störfallbeauftragten kann regelmäßig nicht verlangt werden (näher Rn.12 zu § 54), wohl aber die Vorlage der gem. § 58b Abs.2 S.3 aufzubewahrenden Unterlagen über Störfälle. Vorzulegen ist jeweils das Original, soweit sich die Behörde nicht mit Ablichtungen begnügt (Spindler FE 77). Gegebenenfalls sind die Unterlagen auch in den behördlichen Amtsräumen vorzulegen. Umgekehrt kann auch eine Kopie verlangt werden, etwa von Datenträgern (Lechelt GK 179; a.A. Spindler FE 78). Die Vorlage von Unterlagen ist gegenüber der Auskunftserteilung nicht subsidiär, da die Unterlagen idR einen höheren Beweiswert haben (Lechelt GK 184; Hansmann LR 45). Das Auskunftsverweigerungsrecht kommt im Bereich der Unterlagen nicht zum Tragen (oben Rn.37).

c) Gemeinsamkeiten

39 Sowohl bei einem Begehren auf Auskunft wie auf Vorlage von Unterlagen sind zudem folgende Gesichtspunkte zu beachten: Was den **Zweck der behördlichen Überwachung** angeht, gelten die Ausführungen oben in Rn.32. Das Begehren muss **spezifiziert** sein (Lechelt GK 177). Unzulässig wäre etwa das Verlangen, allgemein die Beachtung gesetzlicher Bestimmungen nachzuweisen oder alle mit einer Anlage im Zusammenhang stehenden Unterlagen herauszugeben (OVG Berl, GewArch 1982, 280; Mösbauer, VerwArch 1981, 26); näher dazu oben Rn.32. Schließlich ist der Grundsatz der **Verhältnismäßigkeit** zu beachten; dazu oben Rn.33. Die Pflicht zur Auskunft wie zur Vorlage von Unterlagen entsteht erst mit dem **behördlichen Begehren,** das als Verwaltungsakt einzustufen ist und damit der Anfechtung unterliegt und vollstreckt werden kann (Hansmann LR 48).

40 (unbesetzt)

41 Das Verlangen der Behörde ist nicht notwendig auf Auskünfte und Unterlagen beschränkt, **über die der Pflichtige selbst verfügt.** Es genügt, wenn er die Informationen und Unterlagen erlangen kann und die Quellen seinem Einflussbereich zuzurechnen sind (Hansmann LR 43, 46; Lechelt GK 150, 180). Das gilt etwa für Herstellerangaben und für Kenntnisse der Betriebsangehörigen (diff. Spindler FE 66ff). Ein Betriebsinhaber ist hingegen nicht verpflichtet, seine Betriebsangehörigen zu direkten Aussagen gegenüber der Behörde zu bewegen (Spindler FE 69). Zur Sondersituation beim Immissionsschutzbeauftragten oben Rn.35. Für die **Kosten** der Überwachung gelten die Ausführungen unten in Rn.50–55.

Überwachung § 52

4. Zutritt und Prüfung bei nichtverantwortlichen Personen (Abs.6)

a) Nichtverantwortliche Personen als Verpflichtete

Zutritts- und Prüfungsbefugnisse bestehen, anders als Auskunfts- und 42
Vorlagerechte, gem. § 52 Abs.6 auch gegenüber bestimmten nichtverantwortlichen Personen. Nichtverantwortlich idS sind die Eigentümer und Besitzer von Grundstücken, sofern es um die Feststellung von Einwirkungen geht, die von Anlagen, Stoffen und Erzeugnissen auf *anderen* Grundstücken ausgehen. Keine Rolle spielt, ob sich auch auf den Grundstücken der nichtverantwortlichen Personen Anlagen etc. befinden (Lechelt GK 256; vgl. oben Rn.25). Das Zutritts- und Prüfungsrecht der Behörden reicht hier weniger weit als bei den verantwortlichen Personen (näher dazu unten Rn.43–45). Im Übrigen gelten jedoch die Ausführungen zum Zutritts- und Prüfungsrecht bei verantwortlichen Personen ganz entsprechend (oben Rn.26–35).

b) Unterschiede zu Abs.2

Die **Unterstützungspflichten** der nichtverantwortlichen Personen 43
sind sehr **beschränkt**. Arbeitskräfte und Hilfsmittel brauchen nicht zur Verfügung gestellt zu werden (Lechelt GK 264). Im Hinblick auf das Merkmal des „Gestattens" sind allerdings gewisse Mindestpflichten gleichwohl zu erfüllen, etwa das Öffnen von Türen, das Sorgen für ausreichende Beleuchtung etc. (Lechelt GK 261).

Nichtverantwortliche Personen sind **in keinem Fall kostenpflichtig** 44
(Lechelt GK 265); die Kosten trägt die für die Emissionen bzw. Immissionen verantwortliche Person oder die Behörde, da Abs.4 im Bereich des Abs.6 nicht gilt. Entstehen bei Zutritt und Prüfung Schäden, gewährt Abs.6 S.3 über die **Entschädigungsansprüche** nach allgemeinem Recht hinaus einen zusätzlichen Anspruch gegen das Land, im Falle des § 59 gegen den Bund; Letzteres soll in anderen Fällen des Vollzugs durch Bundesbehörden analog gelten (Spindler FE 87; Lechelt GK 272). Es handelt sich um Entschädigungs-, nicht Schadensersatzansprüche, die kein Verschulden voraussetzen (Lechelt GK 274; Hansmann LR 70). Der Anspruch ist gem. § 40 Abs.2 S.1 VwGO vor den ordentlichen Gerichten geltend zu machen (Hansmann LR 73; Spindler FE 86). Das Land (oder der Bund) kann seinerseits beim Anlagenbetreiber (dazu Rn.81–84 zu § 3) Regress nehmen, falls Zutritt und Prüfung der Überwachung einer bestimmten Anlage dient und der Schaden unvermeidbar war, d.h. auch bei Einsatz der erforderlichen Sorgfalt (Hansmann LR 72) entstanden ist bzw. wäre und außerdem die Überwachung tatsächlich zu Anordnungen der zuständigen Behörde gegen den Betreiber geführt hat (Lechelt GK 278, 280).

Anders als bei den verantwortlichen Personen wird in § 52 Abs.6 S.3 im 45
Hinblick auf die nichtverantwortlichen Personen das **Gebot der Rücksichtnahme** erwähnt. Das bedeutet nicht, dass dieses Gebot nur insoweit Geltung hat. Als Ausfluss des Grundsatzes der Verhältnismäßigkeit findet es

in beiden Fällen Anwendung (Lechelt GK 266; Hansmann LR 68). Doch hat es bei nichtverantwortlichen Personen im Ergebnis besonders Gewicht (Spindler FE 82).

5. Ermessen und formelle Rechtmäßigkeit

a) Ermessen

46 Der Einsatz der Überwachungsbefugnisse nach Abs.2 bis 6 steht im behördlichen Ermessen. Das Ermessen ist andererseits nicht unbegrenzt. Insoweit gelten die Ausführungen oben in Rn.7.

b) Formelle Rechtmäßigkeit

47 Die Zuständigkeit für die auf Abs.2, 3, 6 gestützten Anordnungen ergibt sich aus Landesrecht (dazu Einl.56). Für den Bereich der Landesverteidigung enthält § 1 Abs.1 der 14. BImSchV eine Sonderregelung. Zur Zuständigkeit anderer Bundesbehörden Einl.55. Die Anordnungen stehen jeweils im Ermessen der Behörde; die Ausführungen in Rn.46f zu § 17 gelten entsprechend.

6. Durchsetzung und Rechtsschutz

a) Durchsetzung und Sanktionen

48 Werden die gem. Abs.2, 3, 6 einzuhaltenden Pflichten nicht beachtet, können sie im Wege der Zwangsvollstreckung erzwungen werden, sofern eine entsprechende Grundverfügung ergangen ist. Die Grundverfügung findet ihre Grundlage in den Abs.2–6 (BVerwGE 109, 272 = NVwZ 2000, 77; Spindler FE 16). Zwar wird in den Vorschriften nicht ausdrücklich von Anordnungen gesprochen; doch die Aussage, dass der Verpflichtete Aktivitäten der Behörde dulden oder auf behördliche Fragen antworten muss, macht die Zulässigkeit behördlicher Anordnungen ausreichend deutlich (vgl. Rn.30 zu § 62). Wer den ihm gem. Abs.2, 3, 6 obliegenden Pflichten vorsätzlich oder fahrlässig nicht gerecht wird, begeht gem. § 62 Abs.1 Nr.4, 5 eine Ordnungswidrigkeit; näher dazu Rn.13, 18 zu § 62 sowie Rn.3–11 zu § 62. Werden die Amtsträger durch Gewalt oder durch Drohung mit Gewalt vorsätzlich an der Durchführung der Überwachung gehindert, liegt eine Straftat gem. § 113 StGB vor.

b) Rechtsschutz

49 Das Begehren der Behörde, Zutritt zu gewähren, Prüfungen zuzulassen, Auskünfte zu erteilen bzw. Unterlagen vorzulegen, stellt jeweils einen Verwaltungsakt dar und kann vom **Adressaten** angefochten werden (Spindler FE 124). Das gilt auch für ein entsprechendes Begehren der Beauftragten, da sie Beliehene sind (oben Rn.27); die Anfechtungsklage ist gegen den Beauftragten zu richten, Schadensersatzansprüche dagegen gegen die auftraggebende Behörde (Lechelt GK 307, 311; Spindler FE 126). Zum Anspruch **Dritter** auf Erlass von Überwachungsmaßnahmen oben Rn.16–19.

Überwachung **§ 52**

7. Kosten
a) Erfasste Kosten

Kosten iSd § 52 Abs.4 sind nur die **Auslagen der Behörde** 50
(BVerwGE 109, 272/280 = NVwZ 2000, 76f), insbesondere für die Beauftragung Dritter, etwa für Sachverständigengutachten (vgl. Rn.55 zu § 10), sowie die konkreten Auslagen im Bereich eigener Prüfungen (Spindler FE 92; Hansmann LR 85f). Kosten im gebührenrechtlichen Sinne (mit Ausnahme der Auslagen) sind nicht gemeint; sie sind ggf. nach gebührenrechtlichen Vorschriften zu erstatten (BVerwGE 109, 272/280 = NVwZ 2000, 76; Spindler FE 93). Zu den Kosten iSd Abs.4 rechnen auch die Kosten der Auswertung und Beurteilung der Ergebnisse einer Prüfung nach Abs.2, 3 durch einen Sachverständigen (HessVGH, NVwZ 1999, 1122; Spindler FE 92; a.A. wohl Lechelt GK 129). Nicht von Abs.4 erfasst werden dagegen behördliche interne Maßnahmen, die ihre Grundlage nicht in Abs.2, 3 finden, sondern in anderen Normen oder mangels Eingriff ohne Ermächtigung ergehen können (BVerwGE 109, 272/282 = NVwZ 2000, 76); dies gilt etwa für die Auswertung von Emissionserklärungen. Kosten im Bereich des Überwachungspflichtigen sind generell von ihm zu tragen, auch wenn sie mit behördlichen Überwachungsmaßnahmen in Zusammenhang stehen (Hansmann LR 87).

Trotz der Beschränkung des Kostenersatzes auf Prüfungen nach Abs.2, 3 51
gehören zu den Kosten iSd Abs.4 auch die Auslagen für Prüfungen auf **fremden Grundstücken**, die im Verhältnis zum Dritten sich auf Abs.6 stützen, im Verhältnis zum Anlagenbetreiber aber (bei Vorliegen der Voraussetzungen) als Prüfungen nach Abs.2 einzustufen sind (Lecheler GK 244; Spindler GK 91; Hansmann LR 88).

b) Reichweite der Kostentragung in Teilbereichen

aa) Die Kosten iSd Rn.50f, die für Prüfungen **im Rahmen eines Ge-** 52
nehmigungsverfahrens anfallen, trägt gem. Abs.4 S.1 generell der Antragsteller. Dies gilt auch für Änderungsgenehmigungen sowie für Teilgenehmigungen, vorläufige Zulassungen und Vorbescheide (Spindler FE 96). Ob die Überprüfung zu einer nachträglichen Anordnung führt, ist unerheblich (HessVGH, NVwZ 1999, 1122). Unberührt bleibt die Gebührenpflicht aufgrund gebührenrechtlicher Vorschriften (oben Rn.50).

bb) Werden bei Anlagen, Stoffen und Erzeugnissen, die **einer Rege-** 53
lung nach den §§ 32 bis 35, 37 unterliegen (dazu oben Rn.14), Stichproben entnommen, so trägt die Kosten für die Stichproben und ihre Untersuchung der „Auskunftspflichtige", d.h. der Eigentümer oder Betreiber der jeweiligen Anlagen bzw. der Eigentümer oder Besitzer der Stoffe und Erzeugnisse (Abs.4 S.2). Verfassungsrechtliche Bedenken bestehen insoweit nicht (BVerwG, NVwZ 1982, 444).

cc) In **sonstigen Fällen der Überwachung** gem. Abs.2 oder Abs.3 54
trägt der Überwachungspflichtige idR gem. Abs.4 S.3 die Kosten. Bei **genehmigungsbedürftigen Anlagen** trifft ihn diese Pflicht im Bereich der

§ 52 Gemeinsame Vorschriften

Ermittlungen von Emissionen und Immissionen jedoch nicht, wenn er (bzw. einer seiner Mitarbeiter) weder gegen Auflagen oder Anordnungen, die ihre Grundlage im BImSchG bzw. in darauf fußenden Rechtsverordnungen finden, verstoßen hat noch derartige Maßnahmen gegen ihn *geboten,* d.h. nach ganz h.M. *möglich* sind (Lechelt GK 246; Hansmann LR 89); näher dazu Rn.5 zu § 30. Auf ein Verschulden kommt es nicht an (Hansmann LR 89; Spindler FE 99). Betrifft die **Überwachung nicht genehmigungsbedürftige Anlagen,** gilt diese Einschränkung generell, also nicht nur bei der Überwachung von Emissionen und Immissionen. Dies hat seinen Grund in dem Umstand, dass die Behörde hier nicht auf die Möglichkeiten der §§ 26 ff ausweichen kann (Schmatz/Nöthlichs 13). Aus diesem Grunde wird man die Einschränkung auch generell bei Überwachungsmaßnahmen im Hinblick auf Anlagen, Stoffen und Erzeugnissen, die einer Regelung nach den §§ 32 35, 37 unterliegen, anwenden müssen, sofern nicht die Sonderregelung für Stichproben gem. Abs.4 S.2 eingreift.

54 a Aufgrund der 2002 eingef. (Einl.2 Nr.38) Ausnahme für das Überwachungssystem nach der **Störfall-Verordnung** (12. BImSchV) muss der Überwachungspflichtige in diesem Bereich in jedem Falle die Kosten tragen, unabhängig davon, ob genehmigungsbedürftige oder nicht genehmigungsbedürftige Anlagen betroffen sind (Hansmann LR 6 c).

c) Sonstiges

55 Generell wird vorausgesetzt, dass die Überwachungsmaßnahmen und die dadurch bedingten Kosten **erforderlich** sind (HessVGH, NVwZ 1999, 1121 f; Spindler FE 93). Der Erstattungsanspruch kann durch **Leistungsbescheid** geltend gemacht werden (Hansmann LR 90). Ergeht eine Sachverfügung, können die Kosten im Rahmen der Sachverfügung (etwa Gebührenbescheid) als Auslagen erhoben werden (Spindler FE 104). Mehrere Erstattungspflichtige haften als **Gesamtschuldner** (Lecheler GK 249; Spindler FE 103).

8. Weitergabe von Informationen

56 Im Rahmen der Überwachung erhalten die zuständigen Behörden eine Vielzahl von Informationen über den Zustand der Umwelt, über die Einhaltung immissionsschutzrechtlicher Vorschriften und über umweltbelastende Maßnahmen der Überwachungspflichtigen. Des Weiteren treffen die Behörden Maßnahmen zum Schutze der Umwelt. Hinsichtlich dieser Informationen stellt sich die Frage, ob und in welchem Umfang sie anderen Behörden, Nachbarn und der Öffentlichkeit mitgeteilt werden dürfen und evtl. sogar müssen.

57 aa) Eine **Weitergabe an Behörden** kommt insb. im Rahmen der Amtshilfe in Betracht. Insoweit beschränkt Abs.7 die Weitergabe von Daten, die auf Grund von Abs.2, 3, 6 erlangt wurden. Die Regelung entspricht der des § 27 Abs.2, weshalb auf die Ausführungen in Rn.12 zu § 27 verwiesen wird.

Mitteilungspflichten zur Betriebsorganisation   § 52a

bb) Eine Weitergabe an die Beteiligten ist ggf. gem. § 29 VwVfG 58
möglich und geboten, soweit die Daten für eine wirksame Rechtsverfolgung benötigt werden (Feldhaus Feld Vorb. 15 vor § 26; LAI, NVwZ 1986, 286; Spindler FE 115). Die Einschränkung des § 29 Abs.2, 3 VwVfG greift in beiden Fällen. Zudem ist im Interesse des Geheimnisschutzes § 30 VwVfG zu beachten (Lechelt GK 295; Hansmann LR 33). Soweit Dritte einen Anspruch auf Überwachungsmaßnahmen haben (dazu oben Rn.16–19), wird man ihnen auch einen Anspruch auf Mitteilung der Ergebnisse der Überwachungsmaßnahmen zusprechen müssen (Marburger, Gutachten zum 56. DJT, C 71 f; Murswieck, WiVerw 1986, 202; Jarass, NJW 1983, 2846). Allerdings sind auch insoweit die Grenzen des § 29 Abs.2, 3 VwVfG entsprechend anzuwenden. Schließlich besteht gem. § 9 UmwHG ein Auskunftsanspruch bei einem substantiierten Verdacht auf Schaden, wobei allerdings § 9 S.2 UmwHG wiederum erhebliche Einschränkungen vorsieht (dazu Feldhaus Feld Vorb. 14 vor § 26).

Darüber hinaus ergeben sich zusätzliche Möglichkeiten der Weitergabe 59
aus dem Umwelt-Informationsgesetz, nach dem eine **Weitergabe an die Öffentlichkeit** (und damit auch an die Beteiligten) in weitem Umfang möglich und geboten ist (vgl. BVerwGE 110, 370/377). Dieses Gesetz wird durch sonstige Vorschriften nicht beschränkt, kommt daher auch im Bereich des § 52 zum Tragen, obgleich hier kein § 31 S.3 entsprechender Vorbehalt angefügt wurde. Allerdings sieht das Gesetz selbst erhebliche Einschränkungen vor, insb. zum Schutz von Geschäfts- und Betriebsgeheimnissen in § 8 Abs.1 S.2, Abs.2 UIG (Spindler FE 116). Ein laufendes Genehmigungsverfahren steht aber nicht entgegen (Rn.18 b zu § 10).

§ 52 a Mitteilungspflichten zur Betriebsorganisation

(1) **Besteht bei Kapitalgesellschaften das vertretungsberechtigte Organ aus mehreren Mitgliedern oder sind bei Personengesellschaften mehrere vertretungsberechtigte Gesellschafter vorhanden,**[2] **so ist der zuständigen Behörde anzuzeigen, wer von ihnen nach den Bestimmungen über die Geschäftsführungsbefugnis für die Gesellschaft die Pflichten des Betreibers der genehmigungsbedürftigen Anlage wahrnimmt, die ihm nach diesem Gesetz und nach den auf Grund dieses Gesetzes erlassenen Rechtsverordnungen und allgemeinen Verwaltungsvorschriften obliegen.**[4f] **Die Gesamtverantwortung aller Organmitglieder oder Gesellschafter bleibt hiervon unberührt.**[1]

(2) **Der Betreiber der genehmigungsbedürftigen Anlage oder im Rahmen ihrer Geschäftsführungsbefugnis die nach Absatz 1 Satz 1 anzuzeigende Person hat der zuständigen Behörde mitzuteilen, auf welche Weise sichergestellt ist, dass die dem Schutz vor schädlichen Umwelteinwirkungen und vor sonstigen Gefahren, erheblichen Nachteilen und erheblichen Belästigungen dienenden Vorschriften und Anordnungen beim Betrieb beachtet werden.**[9ff]

Übersicht

I. Anzeige der verantwortlichen Person (Abs.1)	1
1. Bedeutung	1
2. Zuständigkeitsbestimmung und Anzeige	2
a) Sachlicher Anwendungsbereich und Adressat	2
b) Pflichten	4
II. Mitteilung betriebsorganisatorischer Maßnahmen (Abs.2)	6
1. Bedeutung und Abgrenzung zu anderen Vorschriften	6
a) Bedeutung	6
b) Organisationspflichten	7
2. Mitteilungspflicht	9
a) Sachlicher Anwendungsbereich und Adressat	9
b) Mitzuteilende Maßnahmen	10
c) Durchführung und Durchsetzung der Mitteilung	12

Literatur: *Rehbinder,* Umweltsichernde Unternehmensorganisation, ZHR 165 (2001), 1; *Huffmann,* Der Einfluss des § 52a BImSchG auf die Verantwortlichkeit im Unternehmen, 1999; *W. Müller,* Mitteilungspflichten nach § 52a BImSchG im Lichte der Öko-Audit-Verordnung, VR 1998, 149; *Rehbinder,* Umweltschutz und technische Sicherheit als Aufgabe der Unternehmensleitung, in: Umweltschutz und technische Sicherheit im Unternehmen, UTR 26, 1994, 29; *Manssen,* Die Betreiberverantwortung nach § 52a BImSchG, GewArch 1993, 280; *Knopp/Striegl,* Umweltschutzorientierte Betriebsorganisation zur Risikominimierung, BB 1992, 2009; *Feldhaus,* Umweltschutzsichernde Betriebsorganisation, NVwZ 1991, 927.

I. Anzeige der verantwortlichen Person (Abs.1)

1. Bedeutung

1 Abs.1 zielt auf eine Personalisierung der Betreiberpflichten bei als Kapital- oder Personengesellschaften organisierten Anlagenbetreibern: Die zuständige Behörde soll wissen, welche natürliche Person in der Spitze der Gesellschaft betriebsintern für die Erfüllung der immissionsschutzrechtlichen Pflichten verantwortlich ist (Spindler FE 21; Lechelt GK 1; Fluck/Laubinger UL C 1), an die sie sich wegen der Einhaltung der Pflichten unmittelbar wenden kann (Kotulla KO 3). Die Vorschrift lässt offen, wie die Geschäftsführungsbefugnis und die Vertretungsmacht aufgeteilt wird, insb. ob Einzel- oder Gesamtvertretungsmacht vorgesehen ist. Insoweit sind das Gesellschaftsrecht und die Gesellschaftsverträge entscheidend (Lechelt GK 16). Des Weiteren wird, wie Abs.1 S.2 ausdrücklich festhält, die immissionsschutzrechtliche *Gesamtverantwortung,* insb. nach außen, nicht tangiert. Die sonstigen Mitglieder der Unternehmensleitung müssen dafür sorgen, dass das zuständige Mitglied seiner immissionsschutzrechtlichen Verantwortung gerecht wird (Fluck/Laubinger UL C 28). Auch führt die Benennung zu keinen persönlichen Pflichten des Benannten (Spindler FE 22). Die zivil- und strafrechtliche Verantwortung der zuständigen Personen wird durch Abs.1 S.1 nicht berührt, ist vielmehr eine Folge der Geschäftsführungsbefugnis (Kotulla KO 49).

2. Zuständigkeitsbestimmung und Anzeige

a) Sachlicher Anwendungsbereich und Adressat

aa) Abs.1 erfasst alle **genehmigungsbedürftigen Anlagen** iSd 2
Rn.13–32 zu § 4, auch Anlagen, die lediglich anzuzeigen sind, sowie Anlagen, bei denen die immissionsschutzrechtliche Genehmigung durch eine andere Zulassung ersetzt wird (Spindler FE 8).

bb) Adressat der Pflicht des Abs.1 ist der Anlagenbetreiber (Manssen, 3 GewArch 1993, 280); näher dazu Rn.81–84 zu § 3. Er muss eine **Kapital- oder Personengesellschaft** sein, die durch mehrere Personen nach außen vertreten (iSd des Gesellschaftsrechts) wird, unabhängig davon, ob die Personen einzeln oder nur gemeinsam vertretungsberechtigt sind. Sachgerechter wäre es gewesen, darauf abzustellen, ob mehrere Personen geschäftsführungsberechtigt sind (Manssen, GewArch 1993, 281). Bei einer Aktiengesellschaft ist die Voraussetzung des Abs.1 gegeben, wenn der Vorstand (vgl. § 78 AktG) aus mehreren Personen besteht, bei einer GmbH, wenn mehrere Geschäftsführer (vgl. § 35 Abs.1 GmbHG) vorgesehen sind (Fluck/Laubinger UL C 6 f; Kotulla KO 16). Die Offene Handelsgesellschaft wird erfasst, sofern die Vertretungsmacht nicht auf einen Gesellschafter beschränkt ist (vgl. § 125 Abs.1 HGB). Eine Kommanditgesellschaft wird erfasst, wenn mehrere Komplementäre vorhanden sind (§ 161 Abs.2 iVm § 125 Abs.1 HGB) und die Vertretungsmacht nicht auf einen Komplementär beschränkt ist. Ist der Komplementär eine juristische Person, wie das bei der GmbH & Co. KG der Fall ist, wird man dem Sinn der Regelung (Benennung einer natürlichen Person; oben Rn.1) entsprechend darauf abstellen müssen, ob die GmbH mehrere Geschäftsführer hat (Spindler FE 31; so wohl auch Fluck/Laubinger UL C 16; a. A. Kotulla KO 21). Bei einer BGB-Gesellschaft kommt es darauf an, ob mehrere *vertretungsberechtigte* Gesellschafter vorhanden sind.

Nicht erfasst werden alle Gesellschaften, die nur *einen* vertretungsbe- 3a
rechtigten Gesellschafter oder nur *ein* vertretungsberechtigtes Organmitglied aufweisen (Spindler FE 26). Weiter werden vom Wortlaut Vereine, Stiftungen, Genossenschaften, Versicherungsunternehmen auf Gegenseitigkeit nicht erfasst (Spindler FE 28; Kotulla KO 12), des Weiteren Erbengemeinschaften, eheliche Lebensgemeinschaften und Bruchteilsgemeinschaften (Spindler FE 30); der Sinn dieser Einschränkung ist unklar.

b) Pflichten

Abs.1 S.1 knüpft an die gesellschaftsrechtlich festgelegte Geschäfts- 4
führungsbefugnis hinsichtlich der Erfüllung immissionsschutzrechtlicher Pflichten an (Spindler FE 34; Fluck/Laubinger UL B 4; Lechelt GK 9). Verantwortlich idS können auch mehrere Personen sein, wie der Entstehungsgeschichte entnommen werden kann (Hansmann LR 5; Kotulla KO 34; Fluck/Laubinger UL C 20). Möglich ist zudem eine Doppelzuständigkeit mehrerer Personen für eine Aufgabe, obwohl das dem Sinn des

Abs.1 nicht entspricht. Auch insoweit sollte nicht in die gesellschaftsrechtliche Geschäftsverteilung eingegriffen werden (Spindler FE 40). Allerdings wird man in diesem Falle dem Sinn des Abs.1 entsprechend verlangen müssen, dass eine bestimmte Person als Sprecher der Behörde als Ansprechpartner genannt wird (Feldhaus, NVwZ 1991, 929; Knopp/Striegl, BB 1992, 2010; a.A. Spindler FE 40). Die verantwortliche Person, ggf. auch der Sprecher, sind der zuständigen Behörde mit Namen und Anschrift **anzuzeigen,** also zu benennen (Spindler FE 44). Die Zuständigkeit wird durch das Landesrecht festgelegt (Einl.56); zur ausnahmsweisen Zuständigkeit von Bundesbehörden Einl.55. *Änderungen* sind unverzüglich mitzuteilen. Eine behördliche Aufforderung ist nicht notwendig (Spindler FE 9).

5   Die Pflicht **entsteht** mit dem Beginn der Anlagenerrichtung (Fluck/Laubinger UL B 11; Hansmann LR 14; Roßnagel GK 161 zu § 10). Für EMAS-Anlagen ergeben sich Erleichterungen aus § 2 EMASPrivilegV (Rn.9 zu § 58e). Kommt der Betreiber seiner Pflicht aus Abs.1 nicht nach, kann die Behörde ihn durch eine *Anordnung* gem. § 17 dazu auffordern (Fluck/Laubinger UL B 17; Spindler FE 18) und die Anordnung ggf. zwangsvollstrecken; näher dazu Rn.29–32 zu § 62. Die Verletzung der Pflicht stellt keine Ordnungswidrigkeit dar.

II. Mitteilung betriebsorganisatorischer Maßnahmen (Abs.2)

1. Bedeutung und Abgrenzung zu anderen Vorschriften

a) Bedeutung

6   Abs.2 soll die Eigenverantwortung des Anlagenbetreibers bei der Erfüllung immissionsschutzrechtlicher Pflichten stärken und sichern. Wie die Überschrift deutlich macht, geht es allein um die Betriebsorganisation. Abs.2 schreibt vor, dass die organisatorischen Maßnahmen, mit deren Hilfe die Einhaltung der unten in Rn.10 genannten Vorgaben sichergestellt werden, der Behörde mitgeteilt werden. Bei diesen Maßnahmen geht es um die Einflussnahme auf die beim Betrieb der Anlage tätigen Personen, nicht um die Beschaffenheit und die technische Betriebsweise der Anlage (Hansmann LR 8). Durch die Verpflichtung des Abs.2 soll zunächst der Anlagenbetreiber gezwungen werden, über die umweltschützende Betriebsorganisation nachzudenken und die notwendigen Entscheidungen zu treffen (Spindler FE 45; Feldhaus, NVwZ 1991, 933). Zum anderen ermöglicht Abs.2 der Behörde, nachträgliche Anordnungen nach § 17 zu erlassen, wenn deutlich wird, dass die mitgeteilten Organisationsmaßnahmen unzureichend sind, um die Einhaltung der Sachpflichten zu gewährleisten (Hansmann LR 19). Dabei ist die Organisationsfreiheit des Unternehmers zu respektieren (Feldhaus, NVwZ 1991, 934; Hansmann LR 19). Die Mitteilungspflichten gem. § 55 Abs.1 S.2, § 58c und gem. § 7 Abs.1 S.4 der 12. BImSchV enthalten Konkretisierungen des Abs.2. Zu den

strafrechtlichen Konsequenzen der Mitteilungspflicht Knopp/Striegl, BB 1992, 2011.

b) Organisationspflichten

Aus Abs.2 selbst folgen keine bestimmten **Organisationspflichten** für 7 den Anlagenbetreiber (Kotulla KO 5). Diese werden von der Vorschrift vielmehr vorausgesetzt und haben ihre Grundlage in den Sachpflichten des § 5 (Rn.34 zu § 5) und den immissionsschutzrechtlichen Rechtsverordnungen (unten Rn.10), zu deren Einhaltung auch organisatorische Maßnahmen erforderlich sein können (Spindler FE 65 f; Lechelt GK 20; Rehbinder o. Lit. 37 f; Kloepfer, DVBl 1993, 1127). Darin liegt auch eine Genehmigungsvoraussetzung (Rehbinder o. Lit. 37 f; Spindler FE 67; a. A. Kloepfer, DB 1993, 1127). Insb. hat die Unternehmensleitung, soweit erforderlich, organisatorische Maßnahmen zu treffen, die eine wirksame innerbetriebliche Überwachung, die unverzügliche Meldung von Betriebsstörungen und die Durchführung von Sofortmaßnahmen zum Schutz vor schädlichen Umwelteinwirkungen und sonstigen Gefahren gewährleisten (Fluck/Laubinger UL B 4; Rn.4 zu § 5). Das kann auch zu Anforderungen an die Fachkunde beschäftigter Personen und die Schulung des Personals führen oder den Einsatz geeigneter Bedienungs- und Sicherheitsanweisungen erfordern (vgl. § 6 Abs.1 Nr.4, 5 der 12. BImSchV; Hansmann LR 133 zu § 17; zu den möglichen Maßnahmen Knopp/ Striegl, BB 1992, 2013 ff). Einen Sonderfall innerbetrieblicher Organisationsmaßnahmen behandelt § 57. Der Umfang der erforderlichen Organisationsmaßnahmen variiert sehr stark und hängt von Art und Größe der Anlage ab.

Bei den Organisationspflichten hat besonderes Gewicht, dass der Anla- 8 genbetreiber das **Recht der Wahl** zwischen verschiedenen geeigneten Maßnahmen hat (vgl. Rn.4 zu § 5 und Rn.32 zu § 17). Durch welche konkreten Maßnahmen der Anlagenbetreiber daher seiner Organisationspflicht nachkommt, liegt bei ihm (vgl. Hansmann LR 61, 133 zu § 17; Spindler FE 69). Daher lässt sich allg. kaum festlegen, welche konkreten Organisationsmaßnahmen notwendig sind (vgl. Spindler FE 74 ff). Entscheidend ist allein, dass die ergriffenen Maßnahmen in ausreichendem Umfang die Einhaltung der genannten Sachpflichten sicherstellen.

2. Mitteilungspflicht

a) Sachlicher Anwendungsbereich und Adressat

Abs.2 gilt für alle **genehmigungsbedürftigen Anlagen** iSd Rn.13–31 9 zu § 4, auch für anzuzeigende Anlagen sowie für Anlagen, bei denen die immissionsschutzrechtliche Genehmigung durch eine andere Zulassung ersetzt wird (Hansmann LR 7). Ob die Anlagen unter Abs.1 fallen, ist unerheblich (Spindler FE 46; a. A. Kotulla KO 55), da der Zweck des Abs.2 bei Anlagen des Abs.1 kein größeres Gewicht hat. Erfasst werden auch die in der 4. BImSchV aufgeführten Abfallentsorgungsanlagen. **Adressat** der

§ 52a   Gemeinsame Vorschriften

Pflicht ist der Anlagenbetreiber; dazu Rn.81–84 zu § 3. Des Weiteren scheint die Pflicht nach dem Wortlaut des Abs.2 auch die nach Abs.1 S.1 anzuzeigenden Personen zu treffen; dies widerspräche aber dem generellen System des BImSchG (Manssen, GewArch 1993, 282). Die Regelung des Abs.2 S.1 knüpft nur an Abs.1 sowie an den Umstand an, dass die Mitteilung durch die anzeigepflichtige Person den Anforderungen des Abs.2 gerecht wird. Die Mitteilungspflicht trifft daher allein den Anlagenbetreiber (Manssen, GewArch 1993, 282; a.A. Kotulla KO 56).

b) Mitzuteilende Maßnahmen

10   Mitzuteilen sind, wie der Überschrift entnommen werden kann, (allein) Maßnahmen der Betriebsorganisation. Dazu gehört die Aufbau- wie die Ablauforganisation (Spindler FE 47; Kotulla KO 64). Doch bezieht sich Abs.2 nur auf die jeweilige Anlage, nicht den gesamten Betrieb; es geht um die Betriebsorganisation, soweit sie **für die Anlage relevant** ist (Spindler FE 52f). Des Weiteren werden nur solche organisatorischen Maßnahmen erfasst, die der Einhaltung bestimmter Pflichten dienen: Maßnahmen zum Schutze vor **schädlichen Umwelteinwirkungen** und vor **sonstigen Einwirkungen,** erheblichen Nachteilen und erheblichen Belästigungen. Damit sind die Pflichten der Gefahrenabwehr und der Vorsorge in § 5 Abs.1 S.1 Nr.1, 2 und in § 5 Abs.3 Nr.1 gemeint (Lechelt GK 21; Hansmann LR 8; Rn.13 zu § 1), unabhängig davon, ob sie auf schädliche Immissionen oder auf sonstige schädliche Einwirkungen (dazu Rn.24–26 zu § 5) bezogen sind. Weiter werden die darauf bezogenen sonstigen Vorschriften des BImSchG, etwa über den Immissionsschutz- und den Störfallbeauftragten (Fluck/Laubinger UL D 15; Spindler FE 58), sowie die Rechtsverordnungen, die die genannten Grundpflichten konkretisieren, erfasst. Nicht erfasst werden dagegen die Pflichten des § 5 Abs.1 S.1 Nr.3, 4 und des § 5 Abs.3 Nr.2 (Lechelt GK 21; Spindler FE 57; Manssen, GewArch 1993, 282; a.A. Fluck/Laubinger UL D 8); im Abfallbereich kann § 54 KrW-/AbfG zum Einsatz kommen. Gleiches gilt für Pflichten, die ihre Grundlage in anderen Gesetzen haben und die über § 6 Abs.1 Nr.2 bei der Genehmigung zu beachten sind (Fluck/Laubinger UL D 11f; Spindler FE 59).

11   Da der Umfang der Organisationspflichten sehr variiert (oben Rn.7), fällt auch die Mitteilungspflicht in Inhalt und Umfang höchst unterschiedlich aus; in bestimmten Fällen ist möglicherweise überhaupt nichts mitzuteilen, in anderen sind umfangreiche Angaben notwendig: Sie können die Aufgaben der Organisationseinheiten und deren Verhältnis zueinander betreffen (Hansmann LR 10; Rehbinder o. Lit. 56f), zur immissionsschutzrechtlichen Verantwortlichkeit in den Organisationseinheiten, zur Organisation und Einbindung von zentralen Einheiten der Eigenkontrolle sowie des Immissionsschutz- und des Störfallbeauftragten (Hansmann LR 11f; Lechelt GK 22), weiter zur Überwachung und zu Wartungskonzepten, zu Kontrollen, zu Regelungen bei Betriebsstörungen und zur Unterrichtung und Schulung der Betriebsangehörigen erforderlich sein

(Feldhaus, NVwZ 1991, 934; Fluck/Laubinger UL D 14, 19; Hansmann LR 11f). Nicht mitgeteilt zu werden brauchen die Namen der zuständigen Personen (Fluck/Laubinger UL D 22; anders Spindler FE 51; Manssen, GewArch 1993, 283; für den Betriebsleiter iSd § 20 Abs.3 Hansmann LR 10), weil sonst der Sinn des Abs.1 zweifelhaft wird.

c) Durchführung und Durchsetzung der Mitteilung

Die zuständige Behörde als Adressat der Mitteilung wird durch Landesrecht festgelegt (Einl.56); zur ausnahmsweisen Zuständigkeit von Bundesbehörden Einl.55. Schriftform ist nicht vorgeschrieben; doch werden sich Angaben nach Abs.2 zT nur schriftlich machen lassen (Hansmann LR 15; Spindler FE 16). Die Erstmitteilung ist spätestens mit der Aufnahme des (Probe-)Betriebs erforderlich (Lechelt GK 25; Hansmann LR 14). Änderungen hinsichtlich der mitzuteilenden Maßnahmen sind unverzüglich der Behörde anzuzeigen (Kotulla KO 77). Dies gilt allerdings nicht für Maßnahmen, die über das oben in Rn.10f beschriebene Maß hinaus mitgeteilt wurden (Hansmann LR 13). Die Mitteilungspflicht setzt keine behördliche Aufforderung voraus (Fluck/Laubinger UL D 2; Spindler FE 10). Für EMAS-Anlagen ergeben sich Erleichterungen aus § 2 EMAS-PrivilegV (Rn.18 zu § 58e). Vergleichbare Regelungen finden sich in Landes-Verwaltungsvorschriften (dazu Lechelt GK 28a).

12

Wird die Pflicht **nicht beachtet**, kann eine nachträgliche Anordnung gem. § 17 ergehen (Spindler FE 18; Fluck/Laubinger UL B 17; für ordnungsbehördliche Generalklausel Lechelt GK 27) und ggf. zwangsvollstreckt werden; näher dazu Rn.29–32 zu § 62. Zur Betriebsuntersagung Rn.9 zu § 20. Durch Anordnung gem. § 17 kann auch die Reichweite der Mitteilungspflichten präzisiert werden (Spindler FE 18; Kotulla KO 84; Hansmann LR 9; a.A. Manssen, GewArch 1993, 284). Der Verstoß ist keine Ordnungswidrigkeit (Hansmann LR 18; Spindler FE 19). Zu zivilrechtlichen Folgen eines Verstoßes Manssen, GewArch 1993, 284f.

13

§ 53 Bestellung eines Betriebsbeauftragten für Immissionsschutz

(1) **Betreiber genehmigungsbedürftiger Anlagen haben einen oder mehrere Betriebsbeauftragte für Immissionsschutz (Immissionsschutzbeauftragte) zu bestellen, sofern dies im Hinblick auf die Art oder die Größe der Anlagen wegen der**

1. **von den Anlagen ausgehenden Emissionen,**
2. **technischen Probleme der Emissionsbegrenzung oder**
3. **Eignung der Erzeugnisse, bei bestimmungsgemäßer Verwendung schädliche Umwelteinwirkungen durch Luftverunreinigungen, Geräusche oder Erschütterungen hervorzurufen,**

erforderlich ist.[12] **Das Bundesministerium für Umwelt, Naturschutz und Reaktorsicherheit bestimmt nach Anhörung der beteiligten Krei-**

§ 53 Gemeinsame Vorschriften

se (§ 51) durch Rechtsverordnung mit Zustimmung des Bundesrates die genehmigungsbedürftigen Anlagen, deren Betreiber Immissionsschutzbeauftragte zu bestellen haben.[9 f]

(2) **Die zuständige Behörde kann anordnen, dass Betreiber genehmigungsbedürftiger Anlagen, für die die Bestellung eines Immissionsschutzbeauftragten nicht durch Rechtsverordnung vorgeschrieben ist, sowie Betreiber nicht genehmigungsbedürftiger Anlagen einen oder mehrere Immissionsschutzbeauftragte zu bestellen haben, soweit sich im Einzelfall die Notwendigkeit der Bestellung aus den in Absatz 1 Satz 1 genannten Gesichtspunkten ergibt.**[15 f]

Übersicht

1. Allgemeines zu den §§ 53–58 1
   a) Bedeutung und Stellung der §§ 53–58 1
   b) Stellung des Immissionsschutzbeauftragten 3
   c) Pflichten des Anlagenbetreibers 6
2. Bedeutung von § 53 und Abgrenzung zu anderen Vorschriften 8
3. Bestellungspflicht kraft Rechtsverordnung (Abs.1) 9
   a) Rechtsverordnungsermächtigung 9
   b) Grundlagen der Verordnung über Immissionsschutz- und Störfallbeauftragte – 5. BImSchV 11
   c) Kreis der bestellungspflichtigen Anlagen 12
   d) Weitere Vorgaben zur Bestellung 13
4. Bestellungspflicht kraft Anordnung (Abs.2) 15
   a) Anwendungsbereich 15
   b) Erforderlichkeit 16
   c) Konkretisierung der Bestellungspflicht 17
   d) Sonstiges 18
5. Durchführung der Bestellungspflicht 21
6. Durchsetzung und Rechtsschutz 22
   a) Durchsetzung und Sanktionen 22
   b) Rechtsschutz 23

Literatur: *Kaster,* Die Rechtsstellung des Betriebsbeauftragten für Umweltschutz, GewArch 1998, 129; *Fischer,* Der Betriebsbeauftragte im Umweltschutzrecht, 1996; *Dierks,* Die Umweltschutzbeauftragten im Betrieb, DB 1996, 1021; *Kotulla,* Umweltschutzbeauftragte, 1995; *Renken,* Der Betriebsbeauftragte für Umweltschutz, KJ 1994, 218; *Führ,* Eigenüberwachung und Public Scrutiny – Vom Betriebsbeauftragten zum Umweltmanagementsystem, in: Koch/Lechelt (Hg.), Zwanzig Jahre Bundes-Immissionsschutzgesetz, 1994, 99; *Kalmbach/Schmölling* (Hg.), Der Immissionsschutzbeauftragte, 1994; *Kotulla,* Die neue 5. BImSchV und ihre Auswirkungen hinsichtlich der Bestellung für Immissionsschutz- und Störfallbeauftragte, GewArch 1994, 177; *Bartels,* Aufgaben des Immissionsschutzbeauftragten im Betrieb und im Rahmen des Genehmigungsverfahrens, in: Pohle (Hg.), Die Umweltschutzbeauftragten, 1992, 85; *Feldhaus,* Aufgaben und Stellung des Immissionsschutzbeauftragten und des Störfallbeauftragten, in: Neuere Entwicklungen im Immissionsschutzrecht, Umweltrechtstage 1991, 72; *Szelinski,* Der Umweltschutzbeauftragte, WiVerw 1980, 266; *Roth,* Der Betriebsbeauftragte für Immissionsschutz, 1979; *Tet-*

tinger, Der Immissionsschutzbeauftragte – ein Beliehener?, DVBl 1976, 752. S. auch die Literatur zu § 58a.

1. Allgemeines zu den §§ 53–58
a) Bedeutung und Stellung der §§ 53–58

Nach den §§ 53–58 muss in bestimmten Betrieben ein Beauftragter für den Immissionsschutz bestellt werden. Damit soll die Beachtung materieller Vorschriften des BImSchG und der darauf gestützten Rechtsverordnungen (auch im Bereich der Vorsorge) verbessert werden. Hinzu treten weitere Aufgaben (vgl. Rn.8–10 zu § 54). Der Immissionsschutzbeauftragte ist daher nicht nur für den Schutz vor schädlichen Immissionen, sondern auch vor zahlreichen anderen Umweltbelastungen zuständig. Die Regelungen zum Immissionsschutzbeauftragten bilden ein wichtiges Element der Eigenüberwachung des Anlagenbetreibers; allg. dazu Rn.2 zu § 26 und Rn.1 zu § 52. 1

Parallele Regelungen finden sich in den §§ 58a–58b für den Störfallbeauftragten, in den §§ 21a ff WHG und in den §§ 56f KrW-/AbfG, im weiteren Sinne auch in § 29 StrSchV (näher dazu Hansmann LR Vorb. 8ff vor § 53); weitere „Beauftragte" bei Böhm GK Vorb. 44 vor § 53. Die Regelungen nach § 53–§ 58 werden durch Vorschriften über die Bestellung eines anderen Betriebsbeauftragten nicht eingeschränkt, lassen aber ihrerseits auch diese Regelungen unberührt. Gegebenenfalls sind die verschiedenen Beauftragten nebeneinander zu bestellen (vgl. Rn.16, 21 zu § 55). Dies gilt auch für den Betriebsbeauftragten für Abfall bei Anlagen der Abfalllagerung und -behandlung. Die Institute der verschiedenen Umweltbeauftragten haben gewisse funktionale Ähnlichkeiten mit der Verordnung (EG) 761/2001 über Umweltmanagement und Umweltbetriebsprüfung; vgl. dazu Rn.1 zu § 58e. 1a

Die Vorschriften der §§ 53–58 knüpfen an den **Betrieb von Anlagen** an. Für das Herstellen, Inverkehrbringen und die Einfuhr von Anlagen, Stoffen und Erzeugnissen wie für Kraftfahrzeuge und öffentliche Verkehrswege ist die Bestellung eines Immissionsschutzbeauftragten nicht vorgesehen. Die §§ 53–58 müssten daher eigentlich im 2. Teil des BImSchG stehen. Ihre Einordnung in den 6. Teil (Gemeinsame Vorschriften) ist sachlich unzutreffend, zumal es in den §§ 53 ff nicht um eine behördliche Überwachung, sondern um die betriebereigene Überwachung geht (Hansmann LR Vorb. 1 vor § 53). 2

b) Stellung des Immissionsschutzbeauftragten

aa) In den Vorarbeiten zu § 53–§ 58 war der Immissionsschutzbeauftragte z.T. als Hilfsorgan der Behörde vorgesehen. Das BImSchG hat davon nichts übernommen, wie eine nähere Durchsicht der Regelungen zu Aufgaben und Stellung des Immissionsschutzbeauftragten zeigt. Er wird weder von einer Behörde ernannt noch hat er ihr gegenüber Bericht zu erstatten oder Maßnahmen ihr gegenüber anzuregen, noch hat er behörd- 3

§ 53 Gemeinsame Vorschriften

liche Weisungen zu beachten (vgl. Böhm GK Vorb. 28 vor § 53). Die Ernennung liegt beim Anlagenbetreiber; er allein ist Adressat von Bericht und Anregungen des Beauftragten. Die Behörde kann gem. § 52 Abs.2 S.2 lediglich die Zuziehung des Immissionsschutzbeauftragten zu Prüfungen sowie, unter den Voraussetzungen des § 55 Abs.2 S.2 seine Abberufung verlangen. In beiden Fällen ist jedoch das Begehren an den Anlagenbetreiber, nicht an den Beauftragten zu richten. Insgesamt erweist sich der Immissionsschutzbeauftragte als **reines Hilfsorgan des Anlagenbetreibers,** nicht der zuständigen Behörde; er ist insb. kein Beliehener (Feldhaus FE Vorb. 4 vor § 53; Hansmann LR Vorb. 3, 5 vor § 53; Szelinski, WiVerw 1980, 267 f). Er hat Pflichten allein gegenüber dem Anlagenbetreiber; von ihm leitet er seine Befugnisse her. Seine Stellung ist dementsprechend privatrechtlicher Natur. Nur wo ein Hoheitsträger eine Anlage betreibt und einen Beamten zum Immissionsschutzbeauftragten bestellt, ist dessen Stellung öffentlich-rechtlich zu qualifizieren (Rn.2 zu § 55).

4   **Nach außen** ist der Immissionsschutzbeauftragte weder an Stelle noch neben dem Anlagenbetreiber für die Einhaltung der immissionsschutzrechtlichen Pflichten verantwortlich; diese Verantwortung liegt allein beim Anlagenbetreiber (Böhm GK Vorb. 29 vor § 53; Feldhaus FE 41 zu § 54; vgl. auch Rn.15 f zu § 54).

5   **bb)** Gegenüber dem Anlagenbetreiber ist die Stellung des Immissionsschutzbeauftragten einmal dadurch geprägt, dass er keine auf Gesetz beruhende Entscheidungs- und Bewirkungsbefugnisse besitzt (Hansmann LR Vorb. 15 f vor § 53). Zwischen dem Immissionsschutzbeauftragten und dem Anlagenbetreiber soll eine **Vertrauensbeziehung** bestehen. Der Immissionsschutzbeauftragte soll den Interessen des Anlagenbetreibers dienen, indem er ihn vor behördlichen Eingriffen und Ansprüchen Dritter bewahrt. Andererseits soll er einen gewissen Gegenpol zum Anlagenbetreiber und zur Geschäftsleitung bilden. Dies kommt v. a. darin zum Ausdruck, dass er gem. § 54 Abs.2 und § 57 durch Bericht und Vortrag über Probleme aus seinem Aufgabenfeld laufend hinweisen soll. Für den Anlagenbetreiber und den bzw. die Betriebs- oder Geschäftsleiter werden diese Probleme häufig nicht im Vordergrund stehen. Um ihre ausreichende Beachtung gleichwohl sicherzustellen, soll eine Person vorhanden sein, die, durch andere Fragen der Betriebs- und Geschäftsleitung nicht belastet, sich voll den Immissionsschutzproblemen widmen kann. Den Immissionsschutzbeauftragten kann man daher als das **Immissionsschutzgewissen** der Einrichtung bezeichnen, um deren Anlage es geht (Hansmann LR Vorb. 3 vor § 53).

c) Pflichten des Anlagenbetreibers

6   § 53–§ 58 statuieren, von einer Ausnahme abgesehen (Rn.1 zu § 58), ausschließlich öffentlich-rechtliche **Pflichten des Anlagenbetreibers** (Roth o. Lit. 109 ff). Diese Pflichten des Anlagenbetreibers bestehen im Allgemeininteresse und sind daher für seine Beziehungen zu den Immissionsschutzbehörden entscheidend. Trotz missverständlicher Formulierun-

gen regeln die § 53–§ 57 nicht unmittelbar die Rechtsbeziehung zwischen Anlagenbetreiber und Immissionsschutzbeauftragtem; näher Rn.1 zu § 54; Rn.24 zu § 55; Rn.1 zu § 56; Rn.1 zu § 57. Aus den §§ 53–57 ergeben sich **keine subjektiven Rechte** oder Pflichten des Immissionsschutzbeauftragten gegenüber dem Anlagenbetreiber. Der Beauftragte kann daher die Einhaltung der Pflichten in der Regel nicht einklagen (näher Rn.14 zu § 54, Rn.24f zu § 55). Die Stellung des Beauftragten bestimmt sich allein durch die vertraglichen Beziehungen zum Anlagenbetreiber und durch den Inhalt der Bestellung. Dies entspricht der vom Gesetz gewollten Stellung des Beauftragten als Hilfsorgan des Anlagenbetreibers (näher oben Rn.3). Im Zweifel wird man allerdings annehmen können, dass der Anlagenbetreiber dem Immissionsschutzbeauftragten die Stellung einräumen will, die den §§ 53–58 entspricht, einschl. entsprechender (vertraglicher) Ansprüche des Beauftragten. Die Differenzierung der gegenüber der Allgemeinheit bestehenden Pflichten des Anlagenbetreibers der §§ 53–57 und seiner vertraglichen Pflichten gegenüber den Beauftragten wirkt sich besonders beim Rechtsschutz aus (vgl. dazu unten Rn.23f).

Der Anlagenbetreiber muss die ihm obliegenden Pflichten **nicht persönlich** erfüllen. Er kann damit etwa einen Geschäfts- oder Betriebsleiter beauftragen. Allerdings entbindet ihn dies nicht von seinen Pflichten. Für ihre Erfüllung bleibt er selbst verantwortlich. 7

2. Bedeutung von § 53 und Abgrenzung zu anderen Vorschriften

§ 53 regelt, insoweit ist die Überschrift missverständlich, die *Pflicht* des Betreibers bestimmten Anlagen, einen Immissionsschutzbeauftragten zu bestellen. Die Bestellung selbst wird durch § 55 geregelt. Die Pflicht zur Bestellung eines Immissionsschutzbeauftragten ergibt sich allerdings nicht unmittelbar aus § 53. Sie setzt vielmehr eine entsprechende Rechtsverordnung (dazu unten Rn.9–11a) oder eine entsprechende Anordnung (dazu unten Rn.15–17) voraus (Hansmann LR 2). § 53 bildet die ausschließliche Ermächtigungsgrundlage für Verpflichtungen zur Bestellung eines Immissionsschutzbeauftragten. Insb. lassen sich die Fälle der Bestellungspflicht weder auf der Grundlage des § 5 noch über eine Nebenbestimmung nach § 12 ausweiten (Hansmann LR 5; Feldhaus FE 10). Zur Verknüpfung von Genehmigung und Bestellungsanordnung unten Rn.20. 8

3. Bestellungspflicht kraft Rechtsverordnung (Abs.1)

a) Rechtsverordnungsermächtigung

Gem. Abs.1 kann durch **Rechtsverordnung,** die konstitutiver Natur ist (Böhm GK 10), festgelegt werden, für welche genehmigungsbedürftigen Anlagen (unten Rn.12) ein Immissionsschutzbeauftragter erforderlich ist. Zur Frage, wann die Voraussetzungen der Erforderlichkeit vorliegen, gelten die Ausführungen unten in Rn.16. Doch genügt es, wenn die Voraussetzungen typischerweise bei Anlagen der fraglichen Art vorliegen 9

(Feldhaus FE 24; Hansmann LR (5) § 1 Rn.7). Im Übrigen hat der Verordnungsgeber einen Beurteilungsspielraum (Hansmann LR 10). Zum Erlass der Rechtsverordnung ist das Bundesministerium für Umwelt, Naturschutz und Reaktorsicherheit ermächtigt. Notwendig ist eine Anhörung der beteiligten Kreise (dazu Rn.1ff zu § 51) und die Zustimmung des Bundesrats (vgl. dazu Rn.10 zu § 4).

10 Die Ermächtigung dürfte neben der Kernfrage, ob ein Immissionsschutzbeauftragter bestellt werden muss, auch alle damit **in engem Zusammenhang stehenden Fragen** erfassen (ähnlich Hansmann LR (5) Rn.15 vor § 1; a.A. Böhm GK 16). Wäre das anders, käme wegen des weiten Zuverlässigkeitsbegriffs regelmäßig die Ermächtigung des § 55 Abs.2 S.3 zum Tragen. Im Einzelnen kann die *Zahl* der zu bestellenden Immissionsschutzbeauftragten und die Möglichkeit eines *gemeinsamen* Beauftragten für mehrere Anlagen festgelegt (Hansmann LR 12, 13), weiter der Arbeitseinsatz des Immissionsschutzbeauftragten in quantitativer Hinsicht bestimmt werden (vgl. Hansmann LR 18). Geregelt werden kann auch, welche Aufgaben der Immissionsschutzbeauftragte sonst noch wahrnehmen kann (Hansmann LR 13; Feldhaus FE 26). Sachliche Qualifikationen zur Person des Immissionsschutzbeauftragten sind dagegen auf § 55 Abs.2 S.3 zu stützen. Einen Grenzfall bilden Regelungen zur *Betriebszugehörigkeit* des Beauftragten, die auch auf § 53 gestützt werden können. Schließlich kann der Aufgabenbereich des Immissionsschutzbeauftragten nicht erweitert oder beschränkt werden (Feldhaus FE 27; Hansmann LR 13).

b) Grundlagen der Verordnung über Immissionsschutz- und Störfallbeauftragte – 5. BImSchV

11 Auf die Ermächtigung des § 53 Abs.1, aber auch des § 55 Abs.1, 2 und § 58c Abs.1 stützt sich die **„Verordnung über Immissionsschutz- und Störfallbeauftragte"** (5. BImSchV); abgedr. einschl. Literaturhinweisen in Anh. A 5. Die Erstfassung wurde am 30. 7. 1993 erlassen (BGBl I 1433). Geändert wurde die Verordnung durch VO vom 26. 4. 2000 (BGBl I 603), durch G vom 3. 5. 2000 (BGBl I 632) und durch G vom 9. 9. 2001 (BGBl I 2331). Die Verordnung dient in § 1 Abs.2 auch der Umsetzung der Richtlinie 96/82/EG zur Beherrschung der Gefahren bei schweren Unfällen mit gefährlichen Stoffen (Einl.33). Zur Auslegung der Verordnung vgl. die Amtl. Begründung der Bundesregierung und die Stellungnahme des Bundesrats (BR-Drs. 212/93).

11a **Inhaltlich** regelt die Verordnung in § 1–§ 6 die Bestellung von *Immissionsschutzbeauftragten,* führt u.a. die Anlagen auf, für die ein Immissionsschutzbeauftragter zu bestellen ist und regelt darüber hinaus weitere Einzelheiten der Bestellung (näher unten Rn.12–14). Die gleichen Fragen werden auch für den *Störfallbeauftragten* geregelt (dazu Rn.9f zu § 58a). Des Weiteren regelt die Verordnung in § 7–§ 10 die Fachkunde und Zuverlässigkeit des Immissionsschutzbeauftragten wie des Störfallbeauftragten (dazu Rn.10 zu § 55 und Rn.2 zu § 58c).

c) Kreis der bestellungspflichtigen Anlagen

Die Bestellungspflicht gem. Abs.1 greift nur ein, soweit es sich um eine genehmigungsbedürftige Anlage iSd Rn.13–31 zu § 4 handelt, wozu auch anzeigepflichtige Anlagen rechnen (Rn.12 zu § 4). Ggf. werden Anlagen der Eisenbahnen des Bundes erfasst (vgl. Rn.10 zu § 2), nicht jedoch die in § 4 Abs.2 angesprochenen Anlagen des Bergbaus (näher Rn.30 f zu § 4). Des Weiteren muss die Anlage in Anhang I der 5. BImSchV aufgeführt sein. 12

Abs.1 S.1 allein begründet noch keine Bestellungspflicht (Hansmann LR 2). Sofern im Einzelfall ein Immissionsschutzbeauftragter sachlich nicht erforderlich ist (dazu unten Rn.16), sieht § 6 der 5. BImSchV vor, dass der Anlagenbetreiber *auf Antrag* von der Bestellungspflicht entbunden werden kann; diese Ausnahmegenehmigung, die als Verwaltungsakt zu qualifizieren ist, steht **nicht** im Ermessen (Feldhaus FE 53; Schmatz/Nöthlichs 2; Roth o. Lit. 49 f). Ohne solche Genehmigung muss auch in diesem Fall ein Immissionsschutzbeauftragter bestellt werden, es sei denn, dass bei Anlagen der fraglichen Art generell kein Beauftragter erforderlich und die Verordnung daher nichtig ist (Hansmann LR 15; Engelhardt/Schlicht 7). Zum Verhältnis zu anderen Regelungen über einen Betriebsbeauftragten oben Rn.1 a.

d) Weitere Vorgaben zur Bestellung

Der Beauftragte muss gem. § 1 Abs.1 der 5. BImSchV grundsätzlich betriebszugehörig, also **Arbeitnehmer** des Anlagenbetreibers sein (Hansmann LR (5) § 1 Rn.10 f); auf Antrag *soll* (dazu Rn.50 zu § 17) die Bestellung einer betriebsfremden Person gestattet werden, wenn die Aufgabenerfüllung dadurch nicht behindert wird (§ 5 Abs.1 der 5. BImSchV). Werden von einem Betreiber mehrere Anlagen betrieben, für die ein Immissionsschutzbeauftragter zu bestellen ist, so kann er gem. § 3 S.1 der 5. BImSchV für die Anlagen einen **gemeinsamen Immissionsschutzbeauftragten** bestellen, sofern dadurch eine fachgerechte Erfüllung der in § 54 bezeichneten Aufgaben nicht gefährdet ist. 13

Eine behördliche Gestattung ist dafür nicht erforderlich. Unter den gleichen Voraussetzungen kann nach § 1 Abs.3 der 5. BImSchV dieselbe Person als Immissionsschutz- und Störfallbeauftragter bestellt werden, ggf. auch für mehrere Anlagen (vgl. § 3 S.2 der 5. BImSchV). Darüber hinaus kann dem Anlagenbetreiber innerhalb eines **Konzerns** auf Grund § 4 der 5. BImSchV durch Genehmigung erlaubt werden, den Immissionsschutzbeauftragten des herrschenden Unternehmens als gemeinsamen Beauftragten zu bestellen. Voraussetzung ist, dass das herrschende Unternehmen zu Weisungen iSd § 4 Nr.1 der 5. BImSchV rechtlich (Hansmann LR (5) § 4 Rn.6) befugt ist und in jedem Unternehmen, in dem eine Anlage iSd Anhangs I betrieben wird, eine oder mehrere Personen vorhanden sind, die die persönlichen Voraussetzungen eines Immissionsschutzbeauftragten aufweisen (zu deren Stellung Hansmann LR (5) § 4 Rn.13 ff). Die Erteilung der Genehmigung steht im Ermessen der Behörde (Feldhaus FE 50; einschr. Hansmann LR (5) § 5 Rn.11).

14 Gem. § 2 der 5. BImSchV kann die Behörde die Bestellung **mehrerer Immissionsschutzbeauftragter** anordnen, wenn dies zur sachgemäßen Erfüllung der in § 54 bezeichneten Aufgaben erforderlich ist (dazu Hansmann LR (5) § 2 Rn.4, 5). Auf diese Vorschrift kann als mildere Maßnahme auch das Verlangen gestützt werden, einen **Vertreter** für den Immissionsschutzbeauftragten zu ernennen (Hansmann LR 4). Die Anordnung, mehrere Immissionsschutzbeauftragte bzw. einen Vertreter zu bestellen, steht im Ermessen der Behörde (Hansmann LR (5) § 2 Rn.6).

4. Bestellungspflicht kraft Anordnung (Abs.2)

a) Anwendungsbereich

15 Für genehmigungsbedürftige Anlagen, die nicht von der nach Abs.1 erlassenen Rechtsverordnung erfasst werden, sowie für nicht genehmigungsbedürftige Anlagen kann die Pflicht zur Bestellung eines Immissionsschutzbeauftragten gem. Abs.2 durch Anordnung der zuständigen Behörde begründet werden. Konkret sind damit alle Anlagen iSv § 3 Abs.5 (näher Rn.66–69 zu § 3) erfasst, die nicht in § 1 der 5. BImSchV aufgeführt sind. Bei nicht genehmigungsbedürftigen Anlagen (dazu Rn.2–11 zu § 22) ist die Bestellungspflicht nur aus Gründen der Luftreinhaltung und der Lärmbekämpfung möglich (unten Rn.16).

b) Erforderlichkeit

16 Der Erlass einer Anordnung setzt voraus, dass die Bestellung eines Immissionsschutzbeauftragten in dem betreffenden Einzelfall erforderlich ist. Die dafür erheblichen Gesichtspunkte legt Abs.1 auf dem Hintergrund des § 54 näher fest: Ein Immissionsschutzbeauftragter kann notwendig sein im Hinblick auf die *Gefährlichkeit der Emissionen* (Nr.1), die *technischen Probleme der Emissionsbekämpfung* (Nr.2) oder die *Art der Produkte* (Nr.3).

Nr.1 ist einschlägig, wenn die von der Anlage ausgehenden Emissionen entweder in besonders großer Menge anfallen oder wenn sie besonders gefährlich sind (Hansmann LR 9).

Nr.2 kommt in Betracht, wenn die fragliche Anlage besonders kompliziert oder störanfällig ist.

Nr.3 endlich zielt auf Produkte, die bei bestimmungsgemäßer Verwendung (dazu Rn.5 zu § 35) in überdurchschnittlicher Weise schädliche Umwelteinwirkungen, also schädliche Immissionen erzeugen können; die Vorschrift dient damit neben dem anlagenbezogenen auch dem produktbezogenen Immissionsschutz (Engelhardt/Schlicht 5). Aus Kompetenzgründen ist bei Anlagen in *nichtwirtschaftlichen Unternehmungen* (dazu Rn.28 zu § 4) allein auf Luftverunreinigungen und Lärm abzustellen (vgl. Feldhaus FE 54). Hat der Anlagenbetreiber bereits vor einer entsprechenden Anordnung freiwillig einen Immissionsschutzbeauftragten bestellt, hat dieser auf Grund der Anordnung die Stellung eines Immissionsschutzbeauftragten isd §§ 53 ff (Hansmann LR 6).

c) Konkretisierung der Bestellungspflicht

Die Anordnung kann neben der Frage, *ob* ein Immissionsschutzbeauf- **17** tragter bestellt werden muss, auf Grund von Abs.2 auch alle damit in engem Zusammenhang stehenden Fragen regeln (vgl. Hansmann LR 18; zurückhaltend Böhm GK 21). Die Ermächtigung reicht dabei sachlich so weit wie die des Abs.1, weshalb auf die dazu gemachten Ausführungen verwiesen wird (oben Rn.10). So ist es möglich, die Betriebszugehörigkeit des Immissionsschutzbeauftragten vorzuschreiben, wobei der Rechtsgedanke des § 5 der 5. BImSchV entsprechend anzuwenden ist (vgl. Hansmann LR (5) Vorb. 4 vor § 1). Dagegen kann die Person des Immissionsschutzbeauftragten nicht festgelegt werden (Hansmann LR 20; Böhm GK 21); die vorbeugende Ablehnung einer bestimmten Person kann evtl. als bedingtes Abberufungsverlangen gem. § 55 Abs.2 verstanden werden. Eine behördliche Erweiterung oder Beschränkung des Aufgabenbereichs des Immissionsschutzbeauftragten ist ausgeschlossen; es fehlt an einer § 21 b Abs.3 WHG entsprechenden Ermächtigung (Feldhaus FE 56; Hansmann LR 19). Endlich dürfte der sachliche Gehalt der §§ 3f der 5. BImSchV entsprechend anzuwenden sein: Sofern die jeweiligen Voraussetzungen vorliegen, muss dem Anlagenbetreiber auf Antrag die Erennung eines **gemeinsamen Immissionsbeauftragten** gestattet werden; die Zulassung eines Konzernbeauftragten steht im behördlichen Ermessen (vgl. Hansmann LR (5) Vorb. 3 vor § 1).

d) Sonstiges

Der Erlass der Anordnung steht im **Ermessen** der Behörde; insoweit **18** gelten die Ausführungen in Rn.46f zu § 17 entsprechend. Bei EMAS-Anlagen soll gem. § 3 Abs.1 S.1 EMASPrivilegV auf eine Anordnung verzichtet werden (vgl. Rn.18 zu § 58e). Im Regelfall ist daher bei solchen Anlagen eine Anordnung unzulässig; nur bei Vorliegen atypischer Umstände kommt der Behörde ein Ermessen zu (vgl. Rn.50 zu § 17). Die Anordnung kann auch **mehrere Fälle** erfassen und in Form einer Allgemeinverfügung ergehen (Böhm GK 20). Doch muss der Adressatenkreis im Zeitpunkt des Erlasses wenigstens bestimmbar sein, da Abs.2 lediglich eine Ermächtigung zum Erlass eines Verwaltungsakts, nicht für eine Rechtsvorschrift enthält (Kotulla o. Lit. 35). Zudem muss der Immissionsschutzbeauftragte in jedem Einzelfall erforderlich sein (oben Rn.16). Der Erlass von Verwaltungsvorschriften mit größerer Reichweite wird dadurch nicht verhindert (a. A. Böhm GK 20; Hansmann LR 17); die Verwaltungsvorschriften lösen aber keine Bestellungspflicht aus, können nur den Erlass von Anordnungen nach Abs.2 steuern.

Welche Behörde **zuständig** ist, ergibt sich aus dem Landesrecht (näher **19** dazu Einl.56). Für den Bereich der Landesverteidigung enthält § 1 Abs.2

der 14. BImSchV eine Sonderregelung. Im Bereich der Bundesfernstraßen, der Bundeswasserstraßen und der Eisenbahnen des Bundes, wo eine Anordnung v. a. für Nebenanlagen in Betracht kommt (Rn.10f zu § 2), wird von einer Zuständigkeit der Bundesbehörden ausgegangen (Einl.55).

20 Die Anordnung der Bestellungspflicht kann nicht als **Auflage zur Anlagengenehmigung** ergehen (a. A. Feldhaus FE 58), da die Bestellung eines Immissionsschutzbeauftragten nicht Voraussetzung der Genehmigung ist (dazu Rn.9 zu § 12). Anderenfalls müsste die Genehmigungsbehörde immer die Fragen der §§ 53 ff mit einbeziehen (s. außerdem oben Rn.8). Die Bestellungsanordnung kann allerdings zusammen mit der Genehmigung in einem Bescheid ergehen; eine Bezeichnung als Auflage ist unschädlich (vgl. Hansmann LR 5). Doch sind § 20 Abs.1 und § 21 Abs.1 Nr.2 nicht anwendbar.

5. Durchführung der Bestellungspflicht

21 Die Bestellungspflicht verpflichtet den Anlagenbetreiber (Rn.81–84 zu § 3), vorausgesetzt, dass mit dem Anlagenbetrieb bereits begonnen wurde (Feldhaus FE 21; a. A. Hansmann LR (5) § 1 Rn.3). Die Bestellungspflicht ist erfüllt, wenn ein Immissionsschutzbeauftragter wirksam, d. h. insb. schriftlich, bestellt wurde und der dem bzw. den Immissionsschutzbeauftragten zugewiesene Aufgabenbereich nicht enger ist als dies § 54 vorschreibt (Kotulla o. Lit. 36); zum Aufgabenbereich Rn.4–12 zu § 54. Ob der Immissionsschutzbeauftragte fachkundig und zuverlässig ist, gehört dagegen nicht zur Bestellungspflicht. Verstöße dagegen werden durch § 55 Abs.2 S.2 sanktioniert (str., näher Rn.19 zu § 55). Ist der Immissionsschutzbeauftragte durch Urlaub oder Krankheit verhindert, ist für eine sachgerechte Vertretung zu sorgen (zweifelnd Hansmann LR 4). Die Bestellungspflicht erlischt nicht mit ihrer Erfüllung. Sie lebt wieder auf, wenn der Immissionsschutzbeauftragte von seinem Amt entbunden oder sein Aufgabenbereich auf einen Umfang reduziert wird, der § 54 nicht mehr entspricht.

6. Durchsetzung und Rechtsschutz

a) Durchsetzung und Sanktionen

22 Die Pflicht zur Bestellung eines Immissionsschutzbeauftragten kann im Wege des Verwaltungszwangs vollstreckt werden (Hansmann LR 24); näher dazu Rn.29–32 zu § 62. Im Falle des Abs.2 liegt die dazu erforderliche Grundverfügung in der Anordnung der Bestellungspflicht. Die auf einer Rechtsverordnung gem. Abs.1 beruhende Bestellungspflicht muss dagegen erst durch eine Anordnung konkretisiert werden, damit eine Verwaltungsvollstreckung möglich wird. Rechtsgrundlage für eine solche Anordnung ist die Ermächtigung des § 17 (näher Rn.14 zu § 17; Böhm GK 26). § 52 Abs.1 kommt als Grundlage nicht in Betracht (näher Rn.4, 6 zu § 52 sowie Rn.31 zu § 62; Böhm GK 26; a. A. Hansmann LR 23). Eine Analogie zu § 53 Abs.2 scheitert an der fehlenden Lücke. Zur Untersagung des Anlagenbe-

Aufgaben des Immissionsschutzbeauftragten § 54

triebs näher Rn.9 zu § 20. Der Verstoß gegen die Pflicht zur Bestellung des Immissionsschutzbeauftragten ist weder bußgeld- noch strafbewehrt (Böhm GK 26). Doch kann er im Rahmen des § 6 Abs.3 UmwHG Bedeutung erlangen (Feldhaus, UPR 1992, 165f).

b) Rechtsschutz

Gegen eine Anordnung gem. Abs.2 oder eine konkretisierende Anordnung im Bereich des Abs.1 kann der **Anlagenbetreiber** Widerspruch einlegen und Klage erheben. Einer (vorbeugenden) Klage auf Feststellung, dass die Voraussetzungen zum Erlass der Verfügung nicht vorliegen, wird, ebenso wie einer vorbeugenden Unterlassungsklage, in aller Regel das Rechtsschutzbedürfnis fehlen. Dem Betreiber ist das Abwarten der Verfügung zuzumuten, zumal ein Verstoß gegen sie keine Ordnungswidrigkeit darstellt (i. E. ebenso Engelhardt/Schlicht 8). Wird die Anordnung der Bestellungspflicht mit einer Anlagengenehmigung verbunden (dazu oben Rn.20) ist sie selbständig anfechtbar (Szelinski, WiVerw 1980, 271). Zum unmittelbaren Rechtsschutz gegen die Rechtsverordnung nach § 53 Abs.1 vgl. Rn.52 zu § 7. 23

Der **Immissionsschutzbeauftragte** hat kein Klagerecht, da die Anordnung ihn in keinem subjektiv-öffentlichen Recht verletzen kann (Hansmann LR 26; Böhm GK 35; Feldhaus FE 60 zu § 54; oben Rn.6). Aus dem gleichen Grund können auch **Dritte** eine Anordnung auf Bestellung eines Immissionsschutzbeauftragten nicht gerichtlich erzwingen (Hansmann LR 27; Böhm GK 33). 24

§ 54 Aufgaben des Immissionsschutzbeauftragten

(1) **Der Immissionsschutzbeauftragte berät den Betreiber und die Betriebsangehörigen in Angelegenheiten, die für den Immissionsschutz bedeutsam sein können.**[4f] **Er ist berechtigt und verpflichtet,**

1. **auf die Entwicklung und Einführung**

   a) **umweltfreundlicher Verfahren, einschließlich Verfahren zur Vermeidung oder ordnungsgemäßen und schadlosen Verwertung der beim Betrieb entstehenden Abfälle oder deren Beseitigung als Abfall sowie zur Nutzung von entstehender Wärme,**

   b) **umweltfreundlicher Erzeugnisse, einschließlich Verfahren zur Wiedergewinnung und Wiederverwendung,**

   hinzuwirken,[6ff]

2. **bei der Entwicklung und Einführung umweltfreundlicher Verfahren und Erzeugnisse mitzuwirken, insbesondere durch Begutachtung der Verfahren und Erzeugnisse unter dem Gesichtspunkt der Umweltfreundlichkeit,**[6ff]

3. **soweit dies nicht Aufgabe des Störfallbeauftragten nach § 58b Abs.1 Satz 2 Nr.3 ist, die Einhaltung der Vorschriften dieses Gesetzes und der auf Grund dieses Gesetzes erlassenen Rechtsverord-**

§ 54   Gemeinsame Vorschriften

nungen und die Erfüllung erteilter Bedingungen und Auflagen zu überwachen, insbesondere durch Kontrolle der Betriebsstätte in regelmäßigen Abständen, Messungen von Emissionen und Immissionen, Mitteilung festgestellter Mängel und Vorschläge über Maßnahmen zur Beseitigung dieser Mängel,[9 f]

4. die Betriebsangehörigen über die von der Anlage verursachten schädlichen Umwelteinwirkungen aufzuklären sowie über die Einrichtungen und Maßnahmen zu ihrer Verhinderung unter Berücksichtigung der sich aus diesem Gesetz oder Rechtsverordnungen auf Grund dieses Gesetzes ergebenden Pflichten.[11]

(2) Der Immissionsschutzbeauftragte erstattet dem Betreiber jährlich einen Bericht über die nach Absatz 1 Satz 2 Nr.1 bis 4 getroffenen und beabsichtigten Maßnahmen.[12]

Übersicht

1. Bedeutung und Abgrenzung zu anderen Vorschriften 1
   a) Bedeutung 1
   b) Verhältnis zu §§ 56, 57 3
2. Beratung (Abs.1) 4
   a) Allgemeines 4
   b) Initiierung umweltfreundlicher Verfahren und Erzeugnisse
      (S.2 Nr.1, 2) 6
   c) Überwachungsfunktion (S.2 Nr.3) 9
   d) Aufklärungsfunktion (S.2 Nr.4) 11
3. Berichtspflicht (Abs.2) 12
4. Durchsetzung, Rechtsschutz, Sanktionen 13
5. Haftung des Immissionsschutzbeauftragten bei unzulänglicher
   Aufgabenerfüllung 15

Literatur: *Bartels,* Aufgaben des Immissionsschutzbeauftragten im Betrieb und im Rahmen des Genehmigungsverfahrens, in: Pohle (Hg.), Die Umweltschutzbeauftragten, 1992, 85; *Kahl,* Die neuen Aufgaben und Befugnisse des Betriebsbeauftragten nach Wasser-, Immissions- und Abfallrecht, 1978. S. außerdem die Literatur zu § 53.

1. Bedeutung und Abgrenzung zu anderen Vorschriften

a) Bedeutung

1   § 54 umreißt, wie die Überschrift deutlich macht, die Aufgaben des Immissionsschutzbeauftragten. Nach dem Wortlaut scheint die Vorschrift für den einzelnen Immissionsschutzbeauftragten unmittelbare Rechte und Pflichten zu begründen. Dagegen spricht zunächst die systematische Stellung des § 54 im Anschluss an die Statuierung der Bestellungspflicht in § 53 noch vor dem Bestellungsvorgang in § 55. Auch die Einordnung des Immissionsschutzbeauftragten, die Betriebsorganisation des Anlagenbetreibers und seine Beziehung zum Anlagenbetreiber (näher Rn.3 zu § 53) lässt sich damit nur schwer verbinden (ebenso Hansmann LR 1, 2). § 54 bildet eine **Konkretisierung der** auf § 53 beruhenden **Bestellungspflicht**;

Aufgaben des Immissionsschutzbeauftragten § 54

die Vorschrift gibt an, welche Aufgaben (und Pflichten) dem Beauftragten übertragen werden müssen, damit man von einem Immissionsschutzbeauftragten isd BImSchG sprechen kann (Hansmann LR 2; Feldhaus FE 5). Rechte und Pflichten sind, der grundsätzlichen Stellung des Immissionsschutzbeauftragten entsprechend (näher Rn.3f zu § 53), gegenüber dem Anlagenbetreiber einzuräumen. Grundlage für diese Rechte und Pflichten ist nicht § 54, sondern die Bestellung (Feldhaus FE 6). Im Zweifel wird allerdings mit der Bestellung die Übertragung der in § 54 aufgeführten Rechte und Pflichten gewollt sein. Zur Übertragung *weiterer,* über § 54 hinausgehender *Aufgaben* Rn.16a zu § 55.

§ 54 enthält auch für den Anlagenbetreiber **keine selbständigen öf-** **2** **fentlich-rechtlichen Pflichten.** Vielmehr konkretisiert die Vorschrift nur die sich aus § 53 ergebende Bestellungspflicht. Der Anlagenbetreiber mag daher zwar die Aufgaben des § 54 im Hinblick auf die fragliche Anlage konkretisieren. Überträgt er dem Immissionsschutzbeauftragten jedoch nur einen Teil der Aufgaben des § 54, wird er seiner Bestellungsverpflichtung aus § 53 nicht gerecht. Der Behörde stehen dann die Möglichkeiten zur Durchsetzung dieser Verpflichtung zur Verfügung (dazu Rn.22 zu § 53).

b) Verhältnis zu §§ 56, 57

§ 54 bestimmt in seinem Abs.1 die eigentlichen Sachaufgaben des Im- **3** missionsschutzbeauftragten. In Abs.2 wird ein wichtiges Instrument, der jährliche Bericht, aufgeführt. Weitere Instrumente werden in den §§ 56, 57 behandelt. Anders als § 54 stellen diese Vorschriften jedoch keine Konkretisierungen der Bestellungspflicht dar; sie bilden eigenständige Pflichten des Anlagenbetreibers.

2. Beratung (Abs.1)

a) Allgemeines

Durch die 1990 (Einl.2 Nr.14) eingefügte Regelung des Abs.1 S.1 wird **4** klargestellt, dass die Aufgabe des Immissionsschutzbeauftragten in der **Beratung** liegt, ihm also keine Entscheidungsbefugnisse übertragen werden müssen. Die Beratung kann auf Initiative des Immissionsschutzbeauftragten erfolgen (Abs.1 S.2 Nr.1), auf Anfrage des Anlagenbetreibers sowie der Betriebsangehörigen oder etwa durch Beteiligung am Entscheidungsprozess (vgl. Abs.1 S.2 Nr.2).

Zur Beratung gehört auch das Gewinnen der Informationen, die für eine sachgerechte Beratung erforderlich sind. Dementsprechend ist dem Beauftragten in Abs.1 S.2 Nr.3 die Überwachung der Einhaltung von Rechtsvorschriften übertragen. **Gegenständlich** betrifft die Beratung alle in Abs.1 S.2 aufgeführten Aufgaben, die sich nicht auf den Schutz vor schädlichen Immissionen beschränken, sondern auch andere Umweltbelange erfassen.

Zu beraten ist zunächst der **Anlagenbetreiber.** Darüber hinaus hat der **5** Immissionsschutzbeauftragte auch alle anderen **Betriebsangehörigen** zu

§ 54
Gemeinsame Vorschriften

beraten, unabhängig davon, ob der Anlagenbetreiber dazu im konkreten Fall auffordert oder nicht. Die Beratungsaufgabe ist dem Immissionsschutzbeauftragten als Recht wie als Pflicht zu übertragen. Andererseits regelt § 54 nur die Aufgabe des Immissionsschutzbeauftragten im Hinblick auf die betreffende **Anlage** (Hansmann LR § 53 Rn.3). Daran ändert auch § 53 Abs.1 nichts, wo von einem *Betriebs*beauftragten gesprochen wird. Damit ist nicht der Betrieb bzw. das betreffende Unternehmen angesprochen, sondern der Betrieb der Anlage. § 54 verpflichtet daher nicht dazu, dem Immissionsschutzbeauftragten alle Immissionsschutzprobleme des betreffenden Unternehmens zu übertragen, sondern allein die Probleme der von ihm betreuten Anlage. In der Praxis wird es gleichwohl sinnvoll sein, auch die sonstigen Umweltschutzprobleme im Unternehmen dem Immissionsschutzbeauftragten zu übertragen. Nimmt das Unternehmen am Verfahren nach der Verordnung (EG) 761/2000 für das Umweltmanagement und die Umweltbetriebsprüfung (Umwelt-Audit) teil, liegt es nahe, dem Immissionsschutzbeauftragten insoweit wesentliche Aufgaben zu übertragen (Feldhaus FE 52 ff; Köck, DVBl 1994, 34; Rn.18 zu § 58 e).

b) Initiierung umweltfreundlicher Verfahren und Erzeugnisse (S.2 Nr.1, 2)

6   Der Immissionsschutzbeauftragte soll zum einen auf die Entwicklung und Einführung umweltfreundlicher Verfahren und Erzeugnisse von sich aus hinwirken (Nr.1). Das gilt seit 1990 (Einl.2 Nr.14) auch für die Vermeidung, Verwertung und Beseitigung von Abfällen und die Nutzung der Abwärme. Wo neue Verfahren oder Erzeugnisse vom Anlagenbetreiber entwickelt und eingeführt werden, hat der Immissionsschutzbeauftragte sich daran zu beteiligen, mit dem Ziel, auf eine ausreichende Umweltfreundlichkeit der Verfahren und Erzeugnisse zu achten, etwa durch gutachtliche Stellungnahme (Satz 2 Nr.2). Zu Investitionen s. auch § 56.

7   **Verfahren** und **Erzeugnisse** sind dabei im weitesten Sinne zu verstehen, umfassen insb. die Abfallverwertung. Allerdings müssen sie irgendeinen Bezug zu der vom Immissionsschutzbeauftragten betreuten Anlage aufweisen. Unter **Entwicklung** und **Einführung** ist nicht nur der Einsatz bereits erprobter Verfahren bzw. Erzeugnisse zu verstehen, sondern auch das Bemühen um Innovation (Hansmann LR 4); echte Forschung ist dagegen nicht gemeint (Feldhaus FE 22; Hansmann LR 4). Dem Immissionsschutzbeauftragten obliegt dabei die Initiierung (Satz 1 Nr.1) wie die Mitwirkung in seiner Eigenschaft als Immissionsschutzexperte (Satz 1 Nr.2). Seiner Stellung entsprechend kann er seine Vorstellungen nicht gegen den Willen des Anlagenbetreibers durchsetzen; er hat lediglich das Recht, seine Vorstellungen in den Entscheidungsprozess einzubringen (Hansmann LR 8; Engelhardt/Schlicht 2).

8   **Umweltfreundlich** sind Verfahren und Erzeugnisse nicht schon dann, wenn keine schädlichen Umwelteinwirkungen auftreten (Feldhaus FE 14; Brandt GK 14; a.A. Engelhardt/Schlicht 2). In den Aufgabenbereich des Immissionsschutzbeauftragten fallen vielmehr alle Maßnahmen, die the-

Aufgaben des Immissionsschutzbeauftragten § 54

matisch dem Bereich des § 6 Abs.1 Nr.1 zuzuordnen sind (vgl. Hansmann LR 7; Böhm GK 17). Erfasst werden auch Maßnahmen, die über die gesetzlichen Anforderungen hinausgehen (Feldhaus FE 14). Maßnahmen im Bereich anderer Gesetze zählen dagegen, im Hinblick auf andere Umweltbeauftragte (vgl. Rn.1 zu § 53), nicht zur Umweltfreundlichkeit iSd Vorschrift (Feldhaus FE 25), sofern nicht Überschneidungen bestehen. So hat der Immissionsschutzbeauftragte durchaus die Aufgabe, dafür zu sorgen, dass Wohnhäuser nicht zu dicht an die fragliche Anlage gebaut werden.

c) Überwachungsfunktion (Satz 2 Nr.3)

Die wichtigste Aufgabe des Immissionsschutzbeauftragten besteht in der Überwachungsfunktion nach Abs.1 S.2 Nr.3: der Immissionsschutzbeauftragte muss den laufenden Betrieb der von ihm betreuten Anlage auf die Einhaltung der Rechtsvorschriften und der Nebenbestimmungen zur Genehmigung kontrollieren. Erfasst werden zudem alle auf die Anlage bezogenen behördlichen Anordnungen etc., etwa gem. §§ 17, 20, 24f, 26ff (Feldhaus FE 23). Zur Ermittlung nach § 28 S.2 vgl. Rn.9 zu § 28. Erfasst wird auch der Schutz vor sonstigen Gefahren, erheblichen Nachteilen bzw. Belästigungen (dazu Rn.24–29 zu § 5) und der Abfall- und Energiepflichten des § 5 Abs.1 Nr.3, 4, nicht dagegen die Einhaltung der von § 6 Abs.1 Nr.2 erfassten Vorschriften. Die Überwachung hat so weit zu gehen, wie es erforderlich ist, um beurteilen zu können, ob den gesetzlichen Pflichten Genüge getan werden wird. Soweit allerdings die Aufgaben des Störfallbeauftragten im Bereich der Überwachung reichen (dazu Rn.2–4 zu § 58b) und ein derartiger Beauftragter bestellt ist, wird der Aufgabenbereich des Immissionsschutzbeauftragten gem. Abs.1 S.2 Nr.3 eingeschränkt.

9

Wichtige **Mittel der Überwachung** sind in Abs.1 S.2 Nr.3 aufgeführt: Unter Kontrolle ist die Besichtigung sowie die Prüfung der Anlage zu verstehen (Hansmann LR 12). Messungen können einzeln oder fortlaufend vorgenommen werden; sie sind für den Anlagenbetreiber bestimmt, der über die Weitergabe an die Behörde oder die Verwendung in der Emissionserklärung entscheidet (Hansmann LR 13f). Die §§ 26ff sowie § 52 Abs.2, 6 werden davon nicht berührt (Feldhaus FE 31). Das Gleiche gilt für die Anlagenbetreiber zu machenden Mitteilungen (vgl. auch § 57). Die Aufzählung in Abs.1 S.2 Nr.3 ist nicht abschließend („insb."). Weiter in Betracht kommen z.B. ein Immissionstagebuch (Feldhaus FE 28), die Befragung der Betriebsangehörigen, die allerdings keiner gesetzlichen Auskunftspflicht unterliegen (Kotulla, Lit. zu § 53, 43), die Analyse der hergestellten Erzeugnisse (Hansmann LR 11), der Probebetrieb von Anlagen (Böhm GK 19) etc. Die möglichen Maßnahmen können bei der Bestellung konkretisiert werden.

10

d) Aufklärungsfunktion (S.2 Nr.4)

Weiter muss der Immissionsschutzbeauftragte die Betriebsangehörigen über die von der Anlage ausgehenden schädlichen Umwelteinwirkungen,

11

also schädlichen Immissionen, und die Einrichtungen und Maßnahmen zu ihrer Verhinderung aufklären, um auf diese Weise die Betriebsangehörigen zu einem immissionsbewussten Verhalten im Zusammenhang mit der betreffenden Anlage zu motivieren. Gemeint sind nur die Betriebsangehörigen, die direkt oder indirekt Einfluss auf die Einhaltung immissionsschutzrechtlicher Vorschriften haben (Schmatz/Nöthlichs 2; a. A. Böhm GK 23). Mittel der Aufklärung können sein: Lehrgänge, persönliche Gespräche, Verteilung von Broschüren, Plakate. Falls nötig, muss eine Betriebsversammlung einberufen werden (Engelhardt/Schlicht 4; Feldhaus FE 50). Insgesamt bestimmt sich der Aufwand nach dem Ausmaß der Emissionsprobleme.

3. Berichtspflicht (Abs.2)

12   Gem. Abs.2 ist dem Immissionsschutzbeauftragten die Aufgabe zu übertragen, jährlich einen Bericht über getroffene und beabsichtigte Maßnahmen zu erstatten. Das zielt weniger auf die Durchführung der in Abs.1 genannten Aufgaben noch auf die notwendige Kommunikation zwischen Immissionsschutzbeauftragten und Anlagenbetreiber bzw. Geschäfts- oder Betriebsleitung; insoweit sind u. a. die §§ 56, 57 einschlägig. Der Bericht soll zum einen eine Art Rechenschaftsbericht des Immissionsschutzbeauftragten gegenüber dem Anlagenbetreiber sein (Feldhaus FE 44), zum anderen als (betriebsinterne) Informationsgrundlage über bisherige Aktivitäten im Hinblick auf weitere Maßnahmen dienen (vgl. Hansmann LR 16). Dieser Funktion kann der Bericht nur gerecht werden, wenn er **schriftlich** abgefasst wird, wie das auch bei anderen gesetzlichen Regelungen verlangt wird, die eine Berichtspflicht statuieren (Böhm GK 27; z. T. wird nur bei großen Anlagen ein schriftlicher Bericht verlangt, Hansmann LR 17). Eine Zusammenfassung mit den Berichten nach § 58b Abs.2, § 21b WHG oder § 55 Abs.2 KrW-/AbfG kann sinnvoll sein (Feldhaus FE 47). Bei EMAS-Anlagen kann unter bestimmten Voraussetzungen auf den Bericht verzichtet werden (Rn.18 zu § 58e). Wie der Bericht **ausgewertet** wird, liegt, abgesehen davon, dass der Anlagenbetreiber ihn zur Kenntnis nehmen muss (Hansmann LR 18), in der Hand des Anlagenbetreibers. Insb. ist er nicht zur Veröffentlichung verpflichtet. Zur **Vorlage** des Berichts **an die Behörde** ist weder der Immissionsschutzbeauftragte noch der Anlagenbetreiber verpflichtet (Hansmann LR 18; Böhm GK 28; Spindler FE 77 zu § 52). Auch § 52 Abs.2 dürfte regelmäßig nicht eingreifen, da auf diesem Wege nur **bestimmte** Fragen aufgeklärt werden können und keine allgemeine Ausforschung betrieben werden darf (vgl. Rn.32, 40 zu § 52).

4. Durchsetzung, Rechtsschutz, Sanktionen

13   Bestellt der Anlagenbetreiber eine oder mehrere Personen als Immissionsschutzbeauftragte, ohne ihnen die Aufgaben nach § 54 zuzuweisen, wird er seiner Bestellungspflicht aus § 53 nicht gerecht; die Behörde hat

dann ihm gegenüber die Möglichkeit zur **Durchsetzung** der Bestellungspflicht (dazu Rn.22 zu § 53).

Der (unechte) **Immissionsschutzbeauftragte,** dem nicht alle Aufgaben isd § 54 übertragen wurden, hat dagegen keine Möglichkeit, auf die Ausweitung der ihm übertragenen Aufgaben zu klagen (Hansmann LR 21; Böhm GK 32). § 54 enthält für ihn kein subjektives Recht, auch wenn Abs.1 vom Anlagenbetreiber verlangt, ihm bestimmte subjektive Rechte einzuräumen (vgl. auch Rn.6 zu § 53). Der Beauftragte kann allerdings die Behörde möglicherweise informieren (dazu Rn.5, 35 zu § 52). Eine solche Pflicht besteht hingegen, der Stellung des Beauftragten entsprechend (Rn.3 zu § 53), nicht (Böhm GK 32; a.A. Engelhardt/Schlicht 6). Im Übrigen kann das der Bestellung des Immissionsschutzbeauftragten zugrunde liegende Rechtsverhältnis (dazu Rn.1f zu § 55) eventuell Ansprüche des Immissionsschutzbeauftragten gegen den Anlagenbetreiber enthalten, die dann auch einklagbar sind (Brandt GK 41). Der Rechtsweg richtet sich dabei nach der Rechtsnatur dieser Rechtsbeziehung (dazu Rn.1f zu § 55). IdR sind die Arbeits- oder Zivilgerichte zuständig (Tettinger, DVBl 1976, 757), nur bei beamteten Immissionsschutzbeauftragten die Verwaltungsgerichte.

14

5. Haftung des Immissionsschutzbeauftragten bei unzulänglicher Aufgabenerfüllung

Wird der Immissionsschutzbeauftragte nicht den ihm übertragenen Aufgaben gerecht, kann ihn **allein der Anlagenbetreiber,** gestützt auf die Bestellung und auf das zugrundeliegende Rechtsverhältnis, zur Erfüllung der Aufgaben anhalten. Gegebenenfalls kommen auch Schadensersatzansprüche in Betracht, wobei die Grundsätze über gefahrgeneigte Arbeit und die §§ 637f RVO zu beachten sind (Feldhaus FE 61; Böhm GK 35; Hansmann LR 23f). Die Behörde kann die Aufgabenerfüllung weder vom Immissionsschutzbeauftragten noch vom Anlagenbetreiber verlangen (Schmatz/Nöthlichs 1, 4). Erst wenn die Vernachlässigung der Aufgaben durch den Immissionsschutzbeauftragten dazu führt, dass er als unzuverlässig eingestuft werden muss, kann die Behörde gem. § 55 Abs.2 S.2 vom Anlagenbetreiber seine Abberufung verlangen (Rn.18f zu § 55). Gegenüber Dritten hat der Immissionsschutzbeauftragte keine spezifischen Verantwortlichkeiten (Feldhaus FE 64; Rn.4 zu § 53). Insb. bildet § 54 kein Schutzgesetz iSd § 823 Abs.2 BGB, zumal ein abgrenzbarer Personenkreis fehlt (Feldhaus FE 64; Böhm GK 36). Möglich ist allerdings eine Haftung wegen übertragener Verkehrssicherungspflichten.

15

Pflichtversäumnisse des Immissionsschutzbeauftragten sind **nicht** straf- oder bußgeldbewehrt; die Tatbestände der §§ 62ff beziehen sich auf den Anlagenbetreiber (Hansmann LR 25). Soweit der Immissionsschutzbeauftragte seine Aufgaben iSd § 54 erfüllt, hat er nicht die Stellung, um bußgeldrechtlich nach § 9 Abs.2 OWiG oder § 130 OWiG oder strafrechtlich gem. § 14 StGB zur Verantwortung gezogen werden zu können (Schmatz/

16

Nöthlichs 1, 5); vgl. allerdings Rn.5 zu § 62. Das schließt nicht aus, dass diese Normen zum Tragen kommen, wenn dem Beauftragten neben den gesetzlichen Aufgaben andere Aufgaben des Anlagenbetreibers in eigener Verantwortung übertragen werden (Hansmann LR 25; Böhm GK 37; Feldhaus FE 63).

§ 55 Pflichten des Betreibers

(1) Der Betreiber hat den Immissionsschutzbeauftragten schriftlich zu bestellen und die ihm obliegenden Aufgaben genau zu bezeichnen.[1 ff] Der Betreiber hat die Bestellung des Immissionsschutzbeauftragten und die Bezeichnung seiner Aufgaben sowie Veränderungen in seinem Aufgabenbereich und dessen Abberufung der zuständigen Behörde unverzüglich anzuzeigen.[6] Dem Immissionsschutzbeauftragten ist eine Abschrift der Anzeige auszuhändigen.[6]

(1 a) Der Betreiber hat den Betriebs- oder Personalrat vor der Bestellung des Immissionsschutzbeauftragten unter Bezeichnung der ihm obliegenden Aufgaben zu unterrichten.[5] Entsprechendes gilt bei Veränderungen im Aufgabenbereich des Immissionsschutzbeauftragten und bei dessen Abberufung.[8]

(2) Der Betreiber darf zum Immissionsschutzbeauftragten nur bestellen, wer die zur Erfüllung seiner Aufgaben erforderliche Fachkunde und Zuverlässigkeit besitzt.[11 ff] Werden der zuständigen Behörde Tatsachen bekannt, aus denen sich ergibt, dass der Immissionsschutzbeauftragte nicht die zur Erfüllung seiner Aufgaben erforderliche Fachkunde oder Zuverlässigkeit besitzt, kann sie verlangen, dass der Betreiber einen anderen Immissionsschutzbeauftragten bestellt.[18 ff] Das Bundesministerium für Umwelt, Naturschutz und Reaktorsicherheit wird ermächtigt, nach Anhörung der beteiligten Kreise (§ 51) durch Rechtsverordnung mit Zustimmung des Bundesrates vorzuschreiben, welche Anforderungen an die Fachkunde und Zuverlässigkeit des Immissionsschutzbeauftragten zu stellen sind.[10]

(3) Werden mehrere Immissionsschutzbeauftragte bestellt, so hat der Betreiber für die erforderliche Koordinierung in der Wahrnehmung der Aufgaben, insbesondere durch Bildung eines Ausschusses für Umweltschutz, zu sorgen.[20] Entsprechendes gilt, wenn neben einem oder mehreren Immissionsschutzbeauftragten Betriebsbeauftragte nach anderen gesetzlichen Vorschriften bestellt werden.[21] Der Betreiber hat ferner für die Zusammenarbeit der Betriebsbeauftragten mit den im Bereich des Arbeitsschutzes beauftragten Personen zu sorgen.[21]

(4) Der Betreiber hat den Immissionsschutzbeauftragten bei der Erfüllung seiner Aufgaben zu unterstützen und ihm insbesondere, soweit dies zur Erfüllung seiner Aufgaben erforderlich ist, Hilfspersonal sowie Räume, Einrichtungen, Geräte und Mittel zur Verfügung zu stellen und die Teilnahme an Schulungen zu ermöglichen.[22]

Pflichten des Betreibers § 55

Übersicht

I. Bestellung, Aufgabenänderung und Beendigung der Bestellung (Abs.1, Abs.1 a) 1
  1. Bestellung 1
    a) Rechtsnatur 1
    b) Inhalt 3
    c) Form, Zustimmung und Unterrichtung des Betriebsrats 4
    d) Anzeige 6
  2. Änderung des Aufgabenfeldes 7
  3. Beendigung der Bestellung 8
    a) Abberufung durch den Anlagenbetreiber 8
    b) Sonstige Beendigung 9
II. Geeignete Person (Abs.2) 10
  1. Rechtliche Grundlagen 10
  2. Eignungsvoraussetzungen 11
    a) Fachkunde 11
    b) Zuverlässigkeit 14
    c) Weitere persönliche Voraussetzungen 16
  3. Abberufungsverlangen bzw. Durchsetzung 18
III. Koordination und Unterstützung (Abs.3, 4) 20
  1. Koordination mehrerer Beauftragter (Abs.3) 20
  2. Unterstützungspflicht (Abs.4) 22
  3. Durchsetzung und Rechtsschutz 23

Literatur: *Kotulla,* Die neue 5. BImSchV und ihre Auswirkungen hinsichtlich der Bestellung für Immissionsschutz- und Störfallbeauftragte, GewArch 1994, 177; *Schaub,* Die arbeitsrechtliche Stellung des Betriebsbeauftragten für den Umweltschutz, DB 1993, 481; *Roth,* Der Betriebsbeauftragte für Immissionsschutz, 1979. S. außerdem die Literatur zu § 53.

I. Bestellung, Aufgabenänderung und Beendigung der Bestellung (Abs.1, Abs.1 a)

1. Bestellung

a) Rechtsnatur

Sieht man einmal vom Sonderfall eines Beamten als Immissionsschutz- 1
beauftragten ab (dazu unten Rn.2), hat der Immissionsschutzbeauftragte eine rein **privatrechtliche Stellung** (s. auch Rn.3 zu § 53; Szelinski, WiVerw 1980, 280; Brandt GK 7). Die Bestellung kann daher kein Verwaltungsakt sein, erteilt vom Anlagenbetreiber als Beliehener; sie ist vielmehr eine privatrechtliche Willenserklärung (Hansmann LR 24). Unsicherheit besteht allerdings darüber, ob sie als Teil eines umfassenderen Rechtsgeschäfts zwischen Anlagenbetreiber und Immissionsschutzbeauftragten (so Roth o. Lit. 91 f) oder als **eigenständige, abstrakte Willenserklärung** anzusehen ist (so Böhm GK 9). Für letzteres spricht einmal die

§ 55 Gemeinsame Vorschriften

Parallele der Bestellung eines Geschäftsführers oder eines Vorstands bei juristischen Personen, wo zwischen Bestellung und Anstellungsvertrag klar geschieden wird (Lutter/Hommelhoff, GmbHG, 13. Aufl. 1991, § 6 Anm.2), mögen auch die tatsächliche Stellung eines Immissionsschutzbeauftragten und eines Vorstands bzw. Geschäftsführers recht unterschiedlich sein. Für eine Trennung spricht zudem das Erfordernis der Rechtsklarheit. Die Bestellung ist daher, ebenso wie das in den genannten Parallelfällen gesehen wird, eine einseitige Willenserklärung (Hansmann LR 25), obgleich sie der Zustimmung durch den Beauftragten bedarf (dazu unten Rn.4a). Der Bestellung liegt in aller Regel ein Rechtsverhältnis zugrunde, das die Vergütung des Immissionsschutzbeauftragten u.a. regelt. Dieses Grundverhältnis wird meist ein Arbeitsvertrag sein, kann aber auch ein Werkvertrag, ein Auftrag u.a. sein. Bestellung und Grundverhältnis sind in ihrem Bestand voneinander grundsätzlich unabhängig, auch wenn sie gemeinsam vorgenommen werden.

2   Bestellt ein **öffentlich-rechtlicher** Anlagenbetreiber einen Beamten zum Immissionsschutzbeauftragten (vgl. Hansmann LR 22), liegt in der Bestellung regelmäßig ein zustimmungsbedürftiger Verwaltungsakt. Der Immissionsschutzbeauftragte hat dann regelmäßig eine öffentlich-rechtliche Stellung.

b) Inhalt

3   Die Bestellung muss neben dem *Namen* des Anlagenbetreibers und des Immissionsschutzbeauftragten Angaben über die *zu betreuende Anlage* enthalten. Weiter ist zu vermerken, zu welchem Zeitpunkt die Bestellung wirksam wird. Außerdem sind die *Aufgaben* des Immissionsschutzbeauftragten genau zu beschreiben. Werden für eine Anlage mehrere Immissionsschutzbeauftragte bestellt, müssen die jeweiligen Aufgabengebiete in der Bestellung genau bezeichnet werden (Abs.1 S.1). Eine Überschneidung der Aufgabengebiete ist dabei nicht ausgeschlossen (Hansmann LR 50). Andererseits ist sicherzustellen, dass für jede Aufgabe wenigstens ein Beauftragter zuständig ist. Zur Änderung der Aufgabengebiete unten Rn.7.

c) Form, Zustimmung und Unterrichtung des Betriebsrats

4   Die Bestellung bedarf gem. Abs.1 S.1 der **Schriftform.** Gem. § 126 BGB heißt dies, dass die Bestellung vom Anlagenbetreiber eigenhändig unterschrieben werden muss, wobei eine Vertretung möglich ist. Ein Verstoß dagegen macht die Bestellung nichtig (vgl. § 125 BGB; Szelinski, WiVerw 1980, 273; Böhm GK 11), nicht jedoch das zugrunde liegende Rechtsverhältnis (Böhm GK 11). Das Erfordernis der Schriftform erstreckt sich analog § 182 Abs.2 BGB nicht auf die Zustimmung des Beauftragten. Weiterhin ist die Übergabe der Urkunde für die Wirksamkeit der Bestellung ohne Belang (auch bei Bestellung eines Beamten). Für die an beamtenrechtlichen Konstruktionen ausgerichtete gegenteilige Ansicht (Hansmann LR 29) besteht kein Anhaltspunkt (Kotulla, Lit. zu § 53, 50; Böhm GK 11).

Pflichten des Betreibers § 55

Die Bestellung zum Immissionsschutzbeauftragten erzeugt für diesen 4a
auch Pflichten. Daher kann die Bestellung nur mit **Zustimmung des
Betroffenen** erfolgen (ebenso Hansmann LR 26; Böhm GK 11). Die Zustimmung kann der Bestellung auch vorausgehen und bedarf keiner Form
(oben Rn.4). Sie muss jedoch in einem gewissen Zusammenhang mit der
Bestellung stehen und darf nicht mit der aus dem Grundverhältnis sich
evtl. ergebenden Verpflichtung, das Amt des Immissionsschutzbeauftragten
zu übernehmen, verwechselt werden.

Gem. Abs.1a ist der **Betriebsrat** bzw. der Personalrat *vor der Bestellung* 5
zu unterrichten, unter Anführung der oben in Rn.3 umschriebenen Angaben. Das muss so rechtzeitig geschehen, dass der Betriebs- bzw. Personalrat noch Stellung nehmen kann und die Stellungnahme vom Anlagenbetreiber ausgewertet werden kann, bevor die Bestellung ausgesprochen
wird. Ein Verstoß gegen die Anhörungspflicht ist rechtswidrig, dürfte die
Bestellung aber nicht unwirksam machen (Hansmann LR 33a). Ist der
Immissionsschutzbeauftragte ein leitender Angestellter, muss der Sprecherausschuss unterrichtet werden (Böhm GK 15).

d) Anzeige

Der Anlagenbetreiber hat gem. Abs.1 S.2 die Bestellung der dafür zu- 6
ständigen (vgl. Rn.19 zu § 53) Behörde anzuzeigen. Unter Anzeige wird
man die Vorlage der Bestellungsurkunde in Original oder Kopie zu verstehen haben (weiter Hansmann LR 45). Eine Abschrift der Anzeige ist
dem Immissionsschutzbeauftragten gem. Abs.1 S.3 auszuhändigen. Bei
EMAS-Anlagen bestehen gewisse Erleichterungen (Rn.18 zu § 58e). Die
Bestellungsurkunde muss die oben in Rn.3 umschriebenen Angaben enthalten. Die Anzeige muss „unverzüglich" erfolgen, also ohne schuldhaftes
Zögern (Böhm GK 13). Weiter hat der Anlagenbetreiber das Vorliegen
der persönlichen Voraussetzungen in der Person des Immissionsschutzbeauftragten darzulegen (sehr weitgehende Anforderungen stellt insoweit
Hansmann LR 46; a.A. Szelinski, WiVerw 1980, 273). Nach § 52 Abs.2
kann die Behörde vom Anlagenbetreiber weitere Auskünfte und Unterlagen ebenso wie die Ausfüllung eines Anzeigenformblatts verlangen (Böhm
GK 13). Die Wirksamkeit der Bestellung hängt nicht davon ab, ob die
Anzeige erstattet wird (Hansmann LR 44; Brandt GK 20). Die Einhaltung
der Anzeigepflicht kann über eine auf § 17 bzw. § 24 gestützte Grundverfügung zwangsvollstreckt werden (vgl. Rn.14 zu § 17 bzw. Rn.8 zu
§ 24; a.A. Hansmann LR 61). Dagegen ist sie weder straf- noch bußgeldbewehrt. Zum Rechtsschutz gelten die Ausführungen in Rn.23f zu § 53.

2. Änderung des Aufgabenfeldes

Der Anlagenbetreiber kann die dem Immissionsschutzbeauftragten über- 7
tragenen Aufgaben jederzeit ändern, solange insgesamt der Bereich des
§ 54 abgedeckt bleibt (Böhm GK 6). Was die Rechtsnatur der Aufgabenänderung angeht, gelten die Ausführungen oben in Rn.1f. Desgleichen
treffen für die Form, die Zustimmung des Beauftragten und die Beteili-

gung des Betriebs- oder Personalrats die Ausführungen zur Bestellung (oben Rn.4–5) zu (Schmatz/Nöthlichs 2). Schließlich ist die Aufgabenänderung der Behörde gem. Abs.1 S.2 anzuzeigen. Die Darlegungen zur Anzeige der Bestellung (oben Rn.6) gelten insoweit entsprechend.

3. Beendigung der Bestellung
a) Abberufung durch den Anlagenbetreiber

8   Die Bestellung zum Immissionsschutzbeauftragten endet mit der in Abs.1 S.2 angesprochenen Abberufung durch den Anlagenbetreiber (zu anderen Beendigungsfällen unten Rn.9), die als actus contrarius zur Bestellung anzusehen ist und daher deren Rechtsnatur (oben Rn.1f) besitzt. Die Abberufung kann jederzeit vorgenommen werden und ist in ihrer Wirkung von den Pflichten des Anlagenbetreibers aus dem betreffenden Grundverhältnis **unabhängig** (Hansmann LR 38; Böhm GK 7). Eventuelle Gegenansprüche des Immissionsschutzbeauftragten aus dem Grundverhältnis berühren die Wirksamkeit nicht. Dagegen kann die Abberufung nicht von den nach dem BImSchG bestehenden Pflichten abstrahieren. Verstößt die Abberufung gegen das BImSchG, etwa gegen § 53 oder gegen § 58, ist sie unwirksam; sie setzt also die Benennung eines neuen Immissionsschutzbeauftragten, zumindest kommissarischer Art, voraus. Dementsprechend spricht Abs.2 S.2 nicht von Abberufung des alten Immissionsschutzbeauftragten, sondern von der Berufung eines neuen. Die Abberufung bedarf als Gegenstück zur Bestellung gleichfalls der Schriftform (Hansmann LR 40; Engelhardt/Schlicht § 53 Rn.15). Die Zustimmung des bisherigen Immissionsschutzbeauftragten ist nicht erforderlich. Weiterhin muss der Betriebs- bzw. Personalrat **vor** der Abberufung unterrichtet werden; näher dazu oben Rn.5. Endlich muss die Abberufung der Behörde gem. Abs.1 S.2 angezeigt werden. Insoweit gelten die Ausführungen zur Bestellung (oben Rn.6) entsprechend.

b) Sonstige Beendigung

9   Die Zustimmung des Immissionsschutzbeauftragten zur Bestellung wird man als frei widerruflich ansehen müssen, da ein unwilliger Beauftragter die ihm zugedachten Aufgaben nicht erfüllen kann. Die Bestellung endet daher mit dem Widerruf der Zustimmung durch den Immissionsschutzbeauftragten (Hansmann LR 39), unabhängig davon, ob er nach dem Grundverhältnis dazu berechtigt ist oder nicht. Er kann sich allerdings schadensersatzpflichtig machen (Böhm GK 48). Weiterhin endet die Bestellung mit Ablauf der vorgesehenen Zeit, durch den Tod des Beauftragten sowie durch Untergang oder Einstellung der Anlage (Hansmann LR 42). Der bloße Fortfall der Bestellungspflicht gibt dem Anlagenbetreiber ein Recht zum Widerruf, beendet also nicht automatisch die Bestellung. Ein Wechsel des Anlagenbetreibers hat auf die Bestellung keine direkte Auswirkung (Böhm GK 49; a.A. Hansmann LR 42), wie das auch für andere Funktionen im Betrieb bzw. die Stellung der Arbeitnehmer gilt.

II. Geeignete Person (Abs.2)

1. Rechtliche Grundlagen

Der Anlagenbetreiber ist grundsätzlich in der Wahl der Person des Immissionsschutzbeauftragten frei (Hansmann LR 2). Die Behörde kann daher nicht die Ernennung einer bestimmten Person verlangen. Die vom Betreiber ausgewählte Person muss jedoch fachkundig und zuverlässig sein, jeweils bezogen auf die zu betreuende Anlage (Hansmann LR 3, 7). Was darunter im Einzelnen gemeint ist, kann auf Grund Abs.2 S.3 durch Rechtsverordnung des Bundesministeriums für Umwelt, Naturschutz und Reaktorsicherheit nach Anhörung der beteiligten Kreise (dazu Rn.1 ff zu § 51) und mit Zustimmung des Bundesrats geregelt werden. Von dieser Ermächtigung wurde durch Erlass der **Verordnung über Immissionsschutz- und Störfallbeauftragte** (5. BImSchV) Gebrauch gemacht (dazu Rn.11 f zu § 53). Die Verordnung regelt in den §§ 7–11 Fachkunde und Zuverlässigkeit des Immissionsschutzbeauftragten. Die Rechtsverordnung legt nur Mindestvoraussetzungen fest (Hansmann LR 4; Böhm GK 26; a.A. Engelhardt II (6), Vorb. 2 vor § 1), weshalb ein Rückgriff auf Abs.2 S.1 im Einzelfall nicht ausgeschlossen ist.

10

2. Eignungsvoraussetzungen

a) Fachkunde

Die als Immissionsschutzbeauftragter vorgesehene Person muss einmal gem. § 55 Abs.2 S.1 die notwendige Fachkunde besitzen. Das setzt Folgendes voraus, wobei im Einzelfall auch, soweit erforderlich, weiter gehende Anforderungen gestellt werden können, da die im Folgenden dargestellten Vorgaben der 5. BImSchV nur Mindestanforderungen bilden (oben Rn.10).

11

aa) Im **Regelfall** muss die Person gem. § 7 der 5. BImSchV zum einen ein abgeschlossenes **Hochschulstudium** auf dem Gebiet des Ingenieurwesens, der Chemie oder der Physik absolviert haben. Als Hochschulen sind dabei auch Fachhochschulen und Gesamthochschulen anzusehen, soweit die entsprechenden Landesgesetze sie gleichstellen (Feldhaus FE 5; Böhm GK 31). *Zweitens* muss die Person nach § 7 Nr.2 der 5. BImSchV an einem oder mehreren Lehrgängen teilgenommen haben, in denen Kenntnisse iSd Anhangs II A zur 5. BImSchV vermittelt werden und die von der zuständigen Obersten Landesbehörde anerkannt sind. Ob die Anerkennung im Ermessen steht (so Hansmann LR (5) § 7 Rn.11), erscheint sehr zweifelhaft (Böhm GK 34; vgl. Rn.30 zu § 26); für ihren Rechtscharakter gelten die Ausführungen in Rn.27 zu § 26, für den Rechtsschutz die Ausführungen in Rn.34 zu § 26 entsprechend. *Drittens* muss die Person nach § 7 Nr.3 der 5. BImSchV während einer zweijährigen **praktischen Tätigkeit** Kenntnisse über Anlagen der fraglichen Art erworben

12

haben (dazu Kotulla, GewArch 1994, 182 f). Die Tätigkeit muss idR nach dem Studium stattgefunden haben, da sie nur dann wirklich effektiv ist (Feldhaus FE 5; Hansmann LR (5) § 7 Rn.22).

13 **bb) Ausnahmsweise** kann auf Antrag gem. § 8 Abs.1 der 5. BImSchV eine technische *Fachschulausbildung* oder die Qualifikation als *Meister* in einem einschlägigen Bereich (nicht notwendig in dem betreffenden Betrieb) als ausreichend anerkannt werden, sofern eine einschlägige *vierjährige* praktische Tätigkeit nachgewiesen werden kann. Das Erfordernis des Lehrgangsbesuchs wird dadurch nicht berührt (Hansmann LR 5). § 8 Abs.2 der 5. BImSchV gestattet außerdem Modifikationen sowohl des Regel- wie des Ausnahmetatbestands: eine Hochschulausbildung *in anderen Fächern* bzw. eine Fachschul- oder Meisterausbildung *in anderen Bereichen* können als gleichwertig anerkannt werden. Insbesondere kann auch ein Jurist als Immissionsschutzbeauftragter bestellt werden, sofern er über ausreichende technische Kenntnisse verfügt. Alle Ausnahmeentscheidungen stehen im **Ermessen** der Behörde (Kotulla, GewArch 1994, 184) und können befristet werden (Böhm GK 37). Die rechtswidrige Verweigerung einer Ausnahme nach § 8 der 5. BImSchV kann nicht nur vom Anlagenbetreiber, sondern auch vom potentiellen Immissionsschutzbeauftragten angegriffen werden (Hansmann LR (5) § 8 Rn.22). Die Ausnahme gilt für die betreffende Anlage, wird also durch den Wechsel des Anlagenbetreibers nicht berührt (Engelhardt II (6) § 2 Rn.2; a. A. Hansmann LR (5) § 8 Rn.17).

b) Zuverlässigkeit

14 Der Immissionsschutzbeauftragte muss weiterhin zuverlässig sein. Mit Zuverlässigkeit ist, wie im Wirtschaftsverwaltungsrecht üblich und über den alltäglichen Wortsinn hinaus, die gesamte **persönliche Eignung** gemeint (Brandt GK 73; vgl. § 10 Abs.1 der 5. BImSchV). Der Begriff der Zuverlässigkeit ist also sehr extensiv zu verstehen. Auszuklammern ist lediglich die auf theoretischer oder praktischer Erfahrung beruhende Fachkunde, die eigenständig geregelt wurde (Hansmann LR 6). Die tatsächliche Anwendung von Kenntnissen ist dagegen der Zuverlässigkeit zuzurechnen (Engelhardt II (6) § 5 Rn.2). Grundlage für das Eignungsurteil sind gem. § 10 Abs.1 der 5. BImSchV insb. Eigenschaften, Verhalten und Fähigkeiten. Entscheidend ist dabei die Prognose, ob und wieweit aus diesen Faktoren geschlossen werden kann, dass der Immissionsschutzbeauftragte seinen Aufgaben gerecht werden wird (Hansmann LR (5) § 10 Rn.6). Der Begriff der Zuverlässigkeit ist gerichtlich voll überprüfbar (OVG NW, UPR 2001, 213).

15 Gem. § 10 Abs.2 der 5. BImSchV ist eine **negative Prognose** bei bestimmten, nicht notwendig immissionsschutzrechtlichen (Feldhaus FE 7) Rechtsverstößen idR angebracht. Besondere Umstände können allerdings gleichwohl zu einer Bejahung der Zuverlässigkeit führen (Böhm GK 43), ebenso wie umgekehrt andere als in § 10 Abs.2 der 5. BImSchV aufgeführte Gründe das Urteil der Unzuverlässigkeit rechtfertigen können (Hansmann LR 8). Das Verschulden spielt für die Frage der Zuverlässig-

Pflichten des Betreibers § 55

keit keine Rolle (Hansmann LR 9). Schließlich ist der Katalog des § 10 Abs.2 der 5. BImSchV nicht abschließend (oben Rn.10).

c) Weitere persönliche Voraussetzungen

Eine Reihe weiterer Eignungsvoraussetzungen werden nicht selten als 16
selbständige Gesichtspunkte neben der Zuverlässigkeit angesehen (vgl. Hansmann LR 10 ff). Sie bilden aber Aspekte der Zuverlässigkeit, beachtet man ausreichend, dass die Zuverlässigkeit alle Aspekte persönlicher Eignung umschließt (oben Rn.14). Dies gilt einmal für die Frage, welche **sonstigen Tätigkeiten** der Immissionsschutzbeauftragte wahrnehmen darf. Sie ist vor allem im Hinblick auf die Funktion des Immissionsschutzbeauftragten als Immissionsschutz-Gewissen des Betriebs zu beantworten; der Beauftragte soll dem Anlagenbetreiber und der Betriebsleitung gegenüber als Vertreter der Umweltbelange auftreten (vgl. Rn.5 zu § 53). Der Anlagenbetreiber kann sich daher **nicht selbst** zum Immissionsschutzbeauftragten bestellen (Hansmann LR 10; Böhm GK 27). Nicht ernannt werden können des weiteren Mitglieder der Unternehmensleitung, auch nicht das für den Immissionsschutz zuständige Mitglied iSd § 52a Abs.1 sowie (echte) Betriebsleiter (OVG NW, NVwZ-RR 2001, 727 f; Hansmann LR 10 f). Andererseits muss einem betriebsangehörigen Immissionsschutzbeauftragten eine *gehobene Position* eingeräumt werden, da er sonst seine Aufgaben nicht erfüllen kann (Hansmann LR 31). Allgemein zur Frage der **Betriebszugehörigkeit** Rn.13, 17 zu § 53.

Keine Bedenken bestehen dagegen, den Immissionsschutzbeauftragten 16 a
zum Betriebsbeauftragten für **andere** (kompatible) **Belange** zu ernennen (Hansmann LR 16, 17; vgl. Abs.3 S.2), wie das für die (zusätzliche) Tätigkeit als Störfallbeauftragter ausdrücklich geregelt ist (vgl. Rn.13 zu § 53), etwa zum Beauftragten für Gewässerschutz, für Abfall und für Strahlenschutz (Schmatz/Nöthlichs 3). Dies wird sogar häufig sinnvoll sein. Gleiches gilt für die Betriebsprüfung nach der Verordnung (EG) 761/2001 für das Umweltmanagement und die Umwelt-Betriebsprüfung (Rn.5 zu § 54). Schließlich ist es nicht ausgeschlossen, dem Immissionsschutzbeauftragten über die Beratungsaufgaben hinaus auch Entscheidungsbefugnisse zu übertragen, soweit sie mit seiner eigentlichen Aufgabe kompatibel sind (Feldhaus FE 9 zu § 54).

Die Aufgabe des Immissionsschutzbeauftragten kann grundsätzlich nur 17
von **natürlichen Personen** wahrgenommen werden (Feldhaus FE 3; Hansmann LR 15). Das schließt jedoch nicht aus, dass ähnlich wie in anderen Bereichen der technischen Überwachung ein Mitglied oder Angestellter einer juristischen Person bestellt wird, sofern es/er die notwendigen Voraussetzungen aufweist (Hansmann LR 15; Böhm GK 31; Feldhaus FE 43 zu § 53); vgl. Rn.12 zu § 29a.

3. Abberufungsverlangen bzw. Durchsetzung

Werden der zuständigen Behörde Tatsachen bekannt, die mit hinrei- 18
chender Sicherheit deutlich machen, dass der Immissionsschutzbeauftragte

die erforderliche Fachkunde oder Zuverlässigkeit (dazu oben Rn.11–17) nicht besitzt, so kann sie gem. § 55 Abs.2 S.2 seine Abberufung durch den Anlagenbetreiber verlangen. Zweifel am Vorliegen der notwendigen Fähigkeiten des Immissionsschutzbeauftragten genügen nicht (Böhm GK 46; Engelhardt/Schlicht 5; Hansmann LR 35). Die Voraussetzung des Abs.2 S.2 ist insb. dann gegeben, wenn der Immissionsschutzbeauftragte nicht an Fortbildungsmaßnahmen nach Maßgabe des § 9 der 5. BImSchV teilnimmt (Hansmann LR (5) § 9 Rn.10). Bei vor dem 8. 8. 1993 bestellten Immissionsschutzbeauftragten ist zu beachten, dass gem. § 11 der 5. BImSchV das mildere Altrecht gilt.

18 a Das Abberufungsverlangen steht im Ermessen der Behörde und kann als Verwaltungsakt im Wege des Verwaltungszwangs **vollstreckt** werden (Engelhardt/Schlicht 5); dazu Rn.29–32 zu § 62. Der Anlagenbetreiber muss dem Verlangen unverzüglich, d. h. ohne schuldhaftes Zögern nachkommen (Kotulla, Lit. zu § 53, 66). Gegen das Abberufungsverlangen kann er mit Widerspruch und **Anfechtungsklage** vorgehen (vgl. Rn.23 zu § 53). Gleiches gilt hier für den Immissionsschutzbeauftragten, da das Verlangen einen erheblichen Eingriff in seine berufliche Entwicklung darstellt und damit seine Berufsfreiheit beeinträchtigt (Feldhaus FE 8; Hansmann LR 66). Eine Nichtbeachtung der Aufforderung ist keine Ordnungswidrigkeit.

19 Im Hinblick auf die Möglichkeiten der Behörde gem. Abs.2 S.2 ist es unangebracht, die **Ernennung** eines fachkundigen und zuverlässigen Immissionsschutzbeauftragten zusätzlich dadurch erzwingbar zu machen, dass man in der Bestellung eines ungeeigneten Immissionsschutzbeauftragten eine Verletzung der Bestellungspflicht sieht, mit der Folge, dass die Behörde die Bestellung eines fachkundigen und zuverlässigen Immissionsschutzbeauftragten auf diesem Wege verlangen kann (so Hansmann LR 59). Für eine Beschränkung des Abs.2 S.2 auf Fälle des nachträglichen Fortfalls der Fachkunde bzw. der Zuverlässigkeit enthält die Vorschrift keinen Anhaltspunkt (vgl. Feldhaus FE 2).

III. Koordination und Unterstützung (Abs.3, 4)

1. Koordination mehrerer Beauftragter (Abs.3)

20 Werden für eine Anlage mehrere Immissionsschutzbeauftragte bestellt, sei es, weil dies von der Behörde verlangt wurde, sei es in freiwilliger Form, muss der Anlagenbetreiber für eine ausreichende **Koordination** der Immissionsschutzbeauftragten sorgen (Hansmann LR 20). Es genügt also nicht, dass er gem. Abs.1 S.2 die Aufgabenbereiche der einzelnen Beauftragten voneinander abgrenzt. Welche Koordinationsmaßnahmen im Einzelnen erforderlich sind, hängt von den Umständen des Einzelfalles und der Beurteilung durch den Anlagenbetreiber (Feldhaus FE 9; Böhm GK 50) ab. Als Informations- und Beratungsgremium (Hansmann LR 53) muss aber in jedem Fall ein **Ausschuss für Umweltschutz** eingerichtet

Pflichten des Betreibers **§ 55**

werden, dem die verschiedenen Immissionsschutzbeauftragten und evtl. weitere Personen angehören. Der Ausschuss kann mit vergleichbaren Ausschüssen nach anderen Vorschriften verbunden werden, sofern die Aufgaben kompatibel sind. Der Anlagenbetreiber darf an den Sitzungen des Ausschusses teilnehmen.

Eine entsprechende Koordinationspflicht, insb. zur Schaffung eines Ausschusses für Umweltschutz, trifft den Anlagenbetreiber gem. Abs.3 S.2, wenn neben dem/den Immissionsschutzbeauftragten für die fragliche Anlage noch **andere Betriebsbeauftragte** bestellt werden (vgl. Rn.1 zu § 53). Gleiches gilt gem. § 55 Abs.3 S.3 für die Zusammenarbeit mit Personen, denen Aufgaben des **Arbeitsschutzes** übertragen sind, wie mit Betriebsärzten, Fachkräften für Arbeitssicherheit, Sicherheitsbeauftragten und Strahlenschutzbeauftragten (Hansmann LR 52). 21

2. Unterstützungspflicht (Abs.4)

Gem. Abs.4 ist der Anlagenbetreiber verpflichtet, den Immissionsschutzbeauftragten bei der Erfüllung seiner Aufgaben gem. § 54 zu unterstützen. Inhaltlich bezieht sich die Unterstützungspflicht auf alles, was zur Erfüllung der Aufgaben erforderlich ist und dem Anlagenbetreiber zugemutet werden kann. Das Gesetz nennt als Beispiele Hilfspersonal, Räume, Einrichtungen, Geräte und Mittel. Auch die Ermöglichung der fachbezogenen Fortbildung des Immissionsschutzbeauftragten ist dazu zu rechnen (Feldhaus FE 10), wie Abs.4 seit der Novelle von 1990 (Einl.2 Nr.14) klarstellt. Näheres findet sich in § 9 der 5. BImSchV (dazu Kotulla, GewArch 1994, 184f). Die Kosten aller Unterstützungsmaßnahmen trägt der Anlagenbetreiber (Hansmann LR 58). Ob dazu auch die Kosten für Rechtsstreitigkeiten gegen den Anlagenbetreiber gehören, ist zweifelhaft (dafür Böhm GK 54; dagegen Hansmann LR 68). 22

3. Durchsetzung und Rechtsschutz

Die Pflichten aus Abs.3 und 4 (wozu auch die Konkretisierung durch § 9 der 5. BImSchV gehört) sind öffentlich-rechtliche Pflichten des Anlagenbetreibers *gegenüber der Allgemeinheit* (vgl. Rn.6 zu § 53; Hansmann LR 51, 54). Wird er ihnen nicht gerecht, kann die Behörde die Pflichten im Einzelfall feststellen und im Wege des Verwaltungszwangs (dazu Rn.29–32 zu § 62) **durchsetzen.** Die notwendige Grundverfügung ist bei genehmigungsbedürftigen Anlagen auf § 17 (dazu Rn.14 zu § 17) und bei nicht genehmigungsbedürftigen Anlagen auf § 24 zu stützen (dazu Rn.8 zu § 24). Der Verstoß gegen die in § 55 niedergelegten Pflichten ist weder bußgeld- noch strafbewehrt (Hansmann LR 64; Böhm GK 56). Die Verletzung der Pflichten aus § 55 kann im Rahmen des § 6 Abs.3 UmwHG Bedeutung erlangen (Feldhaus, UPR 1992, 165f). 23

Für den **Rechtsschutz** gelten die Ausführungen in Rn.14 zu § 54 ganz entsprechend. Insb. verleiht § 55 dem Immissionsschutzbeauftragten kein Klagerecht. Abs.3 und Abs.4 enthalten **keine Rechte** des Immissions- 24 schutzbeauftragten (Hansmann LR 55; Szelinski, WiVerw 1980, 282; Böhm GK 58; Rn.6 zu § 53). Die Gegenauffassung (Engelhardt/Schlicht 8; Feldhaus FE 10) verkennt, dass der Immissionsschutzbeauftragte allein aus der Bestellung bzw. der ihr zugrunde liegenden Vereinbarung Rechte ableiten kann. Im Zweifel wird man allerdings anzunehmen haben, dass die Unterstützung im Sinne von Abs.4 zu den vom Anlagenbetreiber *vertraglich* dem Immissionsschutzbeauftragten geschuldeten Leistungen gehört (Hansmann LR 55).

§ 56 Stellungnahme zu Entscheidungen des Betreibers

(1) **Der Betreiber hat vor Entscheidungen über die Einführung von Verfahren und Erzeugnissen sowie vor Investitionsentscheidungen eine Stellungnahme des Immissionsschutzbeauftragten einzuholen, wenn die Entscheidungen für den Immissionsschutz bedeutsam sein können.**[2 ff]

(2) **Die Stellungnahme ist so rechtzeitig einzuholen, dass sie bei den Entscheidungen nach Absatz 1 angemessen berücksichtigt werden kann;**[4] **sie ist derjenigen Stelle vorzulegen, die über die Einführung von Verfahren und Erzeugnissen sowie über die Investition entscheidet.**[5]

Übersicht

1. Sinn und Adressat der Verpflichtung 1
2. Voraussetzungen 2
    a) Bestimmte Entscheidungen 2
    b) Relevanz für den Immissionsschutz 3
3. Einholen, Vorlage und Verwertung (Abs.2) 4
4. Durchsetzung 7

Literatur: *Roth,* Der Betriebsbeauftragte für Immissionsschutz, 1979. S. außerdem die Literatur zu § 53.

1. Sinn und Adressat der Verpflichtung

1   Seiner grundsätzlichen Stellung entsprechend soll, wie das aus § 54 Abs.1 folgt, der Immissionsschutzbeauftragte insb. bei Investitionsentscheidungen auf die Umweltaspekte hinweisen und geeignete Vorschläge unterbreiten (Hansmann LR 1). Voraussetzung für ein derartiges Tätigwerden des Immissionsschutzbeauftragten ist jedoch, dass er rechtzeitig von anstehenden Investitionen erfährt. § 56 legt daher eine **Pflicht des Anlagenbetreibers** fest, für die rechtzeitige Information des Beauftragten zu sorgen. Die Vorschrift konkretisiert damit die allgemeine Unterstützungspflicht des § 55 Abs.4. § 56 regelt dagegen ebenso wenig wie § 54, § 55 oder § 57 die wechselseitigen Rechte und Pflichten zwischen Immissionsschutzbeauftragten und Anlagenbetreiber (Szelinski, WiVerw 1980, 283; a.A. Feldhaus FE 2); diese bestimmen sich nach der Bestellung und

Stellungnahme zu Entscheidungen des Betreibers § 56

dem ihr zu Grunde liegenden Rechtsverhältnis, wobei insb. § 54 Auslegungshilfe bietet (näher Rn.6 zu § 53).

2. Voraussetzungen

a) Bestimmte Entscheidungen

Die Pflicht des Anlagenbetreibers, eine Stellungnahme des Immissionsschutzbeauftragten einzuholen, besteht zunächst bei Entscheidungen über die **Einführung neuer Verfahren** oder bei der Herstellung **neuer Erzeugnisse**. Verfahren und Erzeugnisse müssen nicht vollständig neu sein. Werden laufende Verfahren wesentlich geändert, kommt § 56 ebenfalls zum Tragen; für bereits hergestellte Erzeugnisse gilt Entsprechendes (Hansmann LR 5). Des Weiteren muss eine Stellungnahme des Immissionsschutzbeauftragten bei **Entscheidungen über Investitionen** eingeholt werden. Darunter fällt einmal die Neubeschaffung von Gütern zum Zwecke der Betriebserweiterung und der Rationalisierung (Nettoinvestition), auf die der betriebswirtschaftliche Sprachgebrauch die Investitionen nicht selten beschränkt. Im Hinblick auf den Zweck des § 56 wird man aber auch den Ersatz beschädigter oder verschlissener Anlagen(teile) dem Investitionsbegriff zuzuordnen haben, da auch insoweit die ausreichende Beachtung immissionsschutzrechtlicher Gesichtspunkte sicherzustellen ist (Hansmann LR 6; Böhm GK 10).

2

b) Relevanz für den Immissionsschutz

Die Pflicht, eine Stellungnahme des Immissionsschutzbeauftragten einzuholen, besteht nur dann, wenn die Entscheidung (oben Rn.2), für den Immissionsschutz im Hinblick auf die fragliche Anlage bedeutsam ist. Diese Voraussetzung liegt vor, wenn die Ausgestaltung der Entscheidung sich auf Art und Menge der Immissionen bzw. Emissionen einer Anlage auswirken können (Engelhardt/Schlicht 4; ähnlich Hansmann LR 8). Zudem dürften auch Auswirkungen im Bereich der sonstigen Aufgaben nach § 54 Abs.1 S.2 erfasst sein. Relevant sind naturgemäß auch dem Immissionsschutz dienende Entscheidungen. Unerheblich ist, ob die vorgesehene Entscheidung die Emissionssituation verbessert, verschlechtert oder gar nicht berührt (Feldhaus FE 2; Böhm GK 14). Entscheidend ist allein, ob eine Modifikation der Entscheidung zu einer Verbesserung der Emissionssituation führen kann. Bei den Investitionen scheiden andere als reale Investitionen, etwa der Kauf von Wertpapieren, von vornherein aus (vgl. Hansmann LR 5).

3

3. Einholen, Vorlage und Verwertung (Abs.2)

aa) Der gem. Abs.2 bestehenden Verpflichtung zu **rechtzeitiger Einholung** der Stellungnahme genügt der Anlagenbetreiber nicht, wenn er die Stellungnahme erst unmittelbar vor der entsprechenden Entscheidung einholt. Die Stellungnahme wird regelmäßig nur dann Einfluss haben können, wenn die für und gegen die Maßnahme sprechenden Gesichtspunkte

4

§ 57 Gemeinsame Vorschriften

noch nicht abschließend bewertet wurden (Hansmann LR 9; Feldhaus FE 2). Außerdem muss dem Immissionsschutzbeauftragten eine angemessene Zeit zur Stellungnahme gegeben werden. Der Betreiber muss dem Immissionsschutzbeauftragten alle Unterlagen vorlegen, die zur Beurteilung der Maßnahme erforderlich sind (Böhm GK 17).

5 **bb)** Die Stellungnahme kann schriftlich oder mündlich erstattet werden (Böhm GK 18; Hansmann LR 12). Sie ist gem. Abs.2 Hs. 2 der Stelle vorzulegen, die über die Maßnahmen gem. Rn.2 entscheidet. Dies ist idR die Geschäftsleitung; näher zur Geschäftsführung bzw. Geschäftsleitung Rn.4 zu § 57. Ihr **Gegenstand** können Fragen der Standortwahl, das Ausmaß der Umweltbelastungen, Effizienz und neuester Stand von Emissionsbegrenzungsverfahren oder auch Hinweise auf zu erwartende nachbarrechtliche Konsequenzen sein (Feldhaus FE 2; Hansmann LR 11). Zu wirtschaftlichen Fragen kann der Immissionsschutzbeauftragte an sich nicht Stellung nehmen, da sie nicht zu seinem Aufgabenbereich gehören. Soweit aber Fragen des Immissionsschutzes mit wirtschaftlichen Aspekten abzuwägen sind, kann der Immissionsschutzbeauftragte auch auf das Gewicht der wirtschaftlichen Gesichtspunkte eingehen.

6 **cc)** Was die **Verwertung** der Stellungnahme angeht, so hat der Anlagenbetreiber die entscheidende Stelle anzuweisen, die Stellungnahme zur Kenntnis zu nehmen und im Entscheidungsprozess zu berücksichtigen (Engelhardt/Schlicht 7; Feldhaus FE 2; wohl auch Hansmann LR 13), sich also mit dem Inhalt der Stellungnahme auseinanderzusetzen (vgl. § 57 S.2). Dagegen sind weder die Anlagenbetreiber noch die zuständige Stelle verpflichtet, den Vorschlägen des Immissionsschutzbeauftragten zu folgen (Böhm GK 21; Feldhaus FE 2).

4. Durchsetzung

7 Wird der Anlagenbetreiber seinen Pflichten aus § 56 nicht gerecht, kann die zuständige Behörde im Wege der Anordnung die Verpflichtung konkretisieren und dann ggf. im Wege des Verwaltungszwangs (dazu Rn.29–32 zu § 62) vollstrecken (Kotulla, Lit. zu § 53, 87). Insoweit gelten die Ausführungen in Rn.23 zu § 55 ganz entsprechend. Pflichtenverstöße können weiterhin im Rahmen des § 20 Abs.3 bedeutsam sein (Böhm GK 22). Dagegen ist ein Pflichtenverstoß weder bußgeld- noch strafbewehrt (Hansmann LR 15). Für den Immissionsschutzbeauftragten ergeben sich unmittelbar aus § 56 keine Rechte bzw. Klagemöglichkeiten (vgl. oben Rn.1; Hansmann LR 16).

§ 57 Vortragsrecht

Der Betreiber hat durch innerbetriebliche Organisationsmaßnahmen sicherzustellen, dass der Immissionsschutzbeauftragte seine Vorschläge oder Bedenken unmittelbar der Geschäftsleitung vortragen

Vortragsrecht § 57

kann,³ ᶠᶠ wenn er sich mit dem zuständigen Betriebsleiter nicht einigen konnte und er wegen der besonderen Bedeutung der Sache eine Entscheidung der Geschäftsleitung für erforderlich hält.² **Kann der Immissionsschutzbeauftragte sich über eine von ihm vorgeschlagene Maßnahme im Rahmen seines Aufgabenbereichs mit der Geschäftsleitung nicht einigen, so hat diese den Immissionsschutzbeauftragten umfassend über die Gründe ihrer Ablehnung zu unterrichten.**⁶

Literatur: *Fischer,* Betriebsbeauftragte für Umweltschutz und Mitwirkung des Betriebsrats, ArbuR 1996, 474. S. außerdem die Literatur zu § 53.

1. Sinn und Adressat der Verpflichtung

Für den Immissionsschutzbeauftragten ist es kennzeichnend, dass er keine Entscheidungsbefugnisse im Betrieb hat. Seine Aufgabe besteht darin, die jeweils zuständige Stelle, insb. den Betriebsleiter, auf immissionsschutzrechtliche Fragen hinzuweisen, Beschwerden vorzutragen und geeignete Vorschläge zu unterbreiten (vgl. § 54 Abs.1). Damit diese Beschränkung nicht zur Bedeutungslosigkeit des Immissionsschutzbeauftragten führt, sorgt § 57 S.1 dafür, dass sich der Immissionsschutzbeauftragte direkt an die Geschäftsführung wenden kann, wenn der Betriebsleiter auf seine Vorschläge nicht eingeht (Hansmann LR 1). Folgt die Geschäftsführung seinen Vorstellungen nicht, muss sie das gem. S.2 begründen. § 57 statuiert dabei allein eine Pflicht des Anlagenbetreibers, wie der Wortlaut deutlich macht. Die Pflicht besteht **im öffentlichen Interesse**, nicht gegenüber dem Immissionsschutzbeauftragten (Hansmann LR 12); er kann allerdings ein entsprechendes Recht aus den Vereinbarungen mit dem Anlagenbetreiber haben (dazu Rn.6 zu § 53). Das Gleiche gilt für sein Recht, mit dem Betriebsleiter zu verhandeln.   1

2. Vortrag bei der Geschäftsleitung

a) Voraussetzungen

Der Anlagenbetreiber muss dem Immissionsschutzbeauftragten die Möglichkeit verschaffen, sich mit Bedenken und Vorschlägen, die sich auf die von ihm betreute Anlage beziehen (vgl. Rn.5 zu § 54), an die Geschäftsleitung zu wenden, wenn der Beauftragte sich **mit dem Betriebsleiter nicht einigen** konnte, d.h., wenn der Betriebsleiter seine Bedenken und Vorschläge abgewiesen hat. Gleichgestellt werden muss der Fall, dass der Betriebsleiter auf die Bedenken und Vorschläge nicht eingeht (Böhm GK 7). Vorausgesetzt wird jeweils, dass die Bedenken bzw. Vorschläge das Aufgabenfeld des Immissionsschutzbeauftragten iSd § 54 Abs.1 betreffen. Weiter muss der Immissionsschutzbeauftragte den Vortrag wegen der **besonderen Bedeutung des Falles** für erforderlich halten. Insoweit kommt es, wie das Gesetz ausdrücklich sagt, auf die *subjektive Beurteilung* des Beauftragten an, nicht auf die objektive Erforderlichkeit (Feldhaus FE 2; Hansmann LR 10). An dieser Voraussetzung fehlt es daher   2

835

nur, wenn der Immissionsschutzbeauftragte den Vortrag auf andere Gründe stützen will oder aber seine Einschätzung offensichtlich unzutreffend ist (Böhm GK 7; Kotulla, Lit. zu § 53, 78). Zum möglichen Inhalt s. auch Rn.5 zu § 56.

b) Inhalt des Vortragsrechts

3   Der Immissionsschutzbeauftragte muss, wie das Gesetz sagt, „unmittelbar bei der Geschäftsleitung vortragen" können. Dies wird z.T. dahingehend verstanden, dass auch die Möglichkeit zum schriftlichen Vortrag genügt (Engelhardt/Schlicht 3; Hansmann LR 7). Der Immissionsschutzbeauftragte kann jedoch auf einen mündlichen Vortrag bestehen (Böhm GK 9; Kotulla Lit. zu § 53, 79; Feldhaus FE 2), wie das der Wortbedeutung und der Funktion des Vortragsrechts entspricht. In ihm kulminiert die Funktion des Immissionsschutzbeauftragten als Umweltgewissen des Betriebs. Bloße Schriftsätze können dem nicht gerecht werden. Ein Einfließen der Vorschläge und Bedenken in den Entscheidungsprozess ist nur bei einem mündlichen Vortrag mit der Möglichkeit von Rede und Gegenrede sichergestellt (Böhm GK 10).

4   Als **Geschäftsleitung** sind die Personen bzw. Organe anzusehen, denen die letzte Entscheidungsbefugnis in Fragen der Geschäftsführung zusteht (vgl. Dirks, DB 1996, 1027). Bei einer Aktiengesellschaft sind die Vorstandsmitglieder, bei einer GmbH die Geschäftsführer, bei einer Personengesellschaft (OHG, KG etc.) die geschäftsführenden Gesellschafter (OVG NW, UPR 2001, 232; Hansmann LR 5; Böhm GK 8). Bei Einzelfirmen liegt die Geschäftsführung meist beim Anlagenbetreiber selbst. Doch kann ein Generalbevollmächtigter o.ä. eingesetzt sein.

c) Festlegung innerbetrieblicher Organisationsmaßnahmen

5   Das Vortragsrecht des Immissionsschutzbeauftragten ist gem. S.1 durch innerbetriebliche Organisationsmaßnahmen sicherzustellen, wie 1990 (Einl.2 Nr.14) klargestellt wurde. Es genügt daher in der Regel nicht, wenn ein entsprechendes Recht im Vertrag mit dem Immissionsschutzbeauftragten vorgesehen ist (Böhm GK 11). Vielmehr ist es in den einschlägigen innerbetrieblichen Regelungen zu verankern.

3. Unterrichtung über Ablehnungsgründe

6   Die Geschäftsführung ist so wenig wie der Betriebsleiter verpflichtet, den Vorstellungen des Immissionsschutzbeauftragten zu folgen. Tut sie das jedoch nicht, dann muss sie nach der 1990 eingeführten Regelung des Satz 2 ihr Vorgehen dem Immissionsschutzbeauftragten gegenüber umfassend begründen, sofern der Vorschlag des Immissionsschutzbeauftragten Fragen des Immissionsschutzes betrifft (vgl. oben Rn.2). Der Immissionsschutzbeauftragte soll wie ein Partner der Geschäftsleitung behandelt werden (Hansmann LR 10a). Die Begründung muss so ausführlich ausfallen, dass der Immissionsschutzbeauftragte sie nachvollziehen kann (Böhm GK 11).

4. Durchsetzung und Rechtsschutz

Was die Durchsetzung angeht, so gelten die Ausführungen in Rn.23 zu 7
§ 55 ganz entsprechend. Für den Immissionsschutzbeauftragten ergeben
sich aus § 57 keine Rechte oder Klagemöglichkeiten (Hansmann LR 12;
Böhm GK 12; vgl. Rn.14 zu § 54).

§ 58 Benachteiligungsverbot, Kündigungsschutz

(1) Der Immissionsschutzbeauftragte darf wegen der Erfüllung der ihm übertragenen Aufgaben nicht benachteiligt werden.[2 ff]

(2) Ist der Immissionsschutzbeauftragte Arbeitnehmer des zur Bestellung verpflichteten Betreibers, so ist die Kündigung des Arbeitsverhältnisses unzulässig, es sei denn, dass Tatsachen vorliegen, die den Betreiber zur Kündigung aus wichtigem Grund ohne Einhaltung einer Kündigungsfrist berechtigen.[6] **Nach der Abberufung als Immissionsschutzbeauftragter ist die Kündigung innerhalb eines Jahres, vom Zeitpunkt der Beendigung der Bestellung an gerechnet, unzulässig, es sei denn, dass Tatsachen vorliegen, die den Betreiber zur Kündigung aus wichtigem Grund ohne Einhaltung einer Kündigungsfrist berechtigen.**[6]

Übersicht

1. Allgemeines 1
2. Voraussetzungen des Benachteiligungsverbots 2
   a) Benachteiligung 2
   b) Wegen der Aufgabenerledigung 5
3. Kündigungsverbot 6
4. Folgen eines Verstoßes gegen Abs.1 oder Abs.2 7
   a) Nichtigkeit und Rechtswidrigkeit, Schadensersatz und Unterlassung 7
   b) Anordnungen der Behörde 9

Literatur: S. die Literatur zu § 53.

1. Allgemeines

Die Vorschrift, die in § 78 BetrVG ihren Vorläufer hat, will sicherstellen, 1
dass der Immissionsschutzbeauftragte möglichst unbeeinflusst von ihm drohenden Nachteilen arbeiten kann. Seine Tätigkeit steht in einem gewissen
Spannungsverhältnis zu den in erster Linie auf wirtschaftliche Erwägungen
abstellenden Interessen des Anlagenbetreibers. Sie richtet sich aber nicht allein **gegen den Anlagenbetreiber,** sondern auch **gegen andere Personen,** etwa gegen Mitarbeiter im Betrieb oder gegen den Arbeitgeber eines
betriebsexternen Immissionsschutzbeauftragten (Hansmann LR 2; Schaub,
DB 1993, 482; Böhm GK 2). Sachlich handelt es sich bei § 58 um ein generelles öffentlich-rechtliches Verbot, das auch den subjektiven Interessen
des Immissionsschutzbeauftragten zu dienen bestimmt ist (vgl. Hansmann

§ 58　　　　　　　　　　　　　　　　　　Gemeinsame Vorschriften

LR 2). Die Vorschrift hebt sich damit von den §§ 53–57 ab, in denen sich allein (öffentlich-rechtliche) Pflichten des Anlagenbetreibers finden.

2. Voraussetzungen des Benachteiligungsverbots

a) Benachteiligung

2　Eine Verletzung des Benachteiligungsverbots gem. Abs.1 setzt zunächst eine Benachteiligung des Immissionsschutzbeauftragten voraus. Das heißt, er muss schlechter behandelt werden als eine Person in vergleichbarer Situation (Hansmann LR 5; Böhm GK 6). Das Wesen der Benachteiligung liegt in der **Ungleichbehandlung,** nicht in der Zufügung eines Nachteils. Im Hinblick auf den Schutzzweck des § 58 Abs.1 wird man in zweifelhaften Fällen von einer Benachteiligung auszugehen haben, sofern aus der Sicht eines durchschnittlichen Immissionsschutzbeauftragten eine Benachteiligung wahrscheinlich ist. Keine Rolle spielt, ob die Benachteiligung beabsichtigt ist (Hansmann LR 6). Ebenso wenig kommt es auf ein Verschulden an (Böhm GK 9).

3　**Im Einzelnen** kann die Benachteiligung bei **betriebsangehörigen Immissionsschutzbeauftragten** etwa in einer Versetzung auf einen schlechteren Arbeitsplatz oder in einer Lohnkürzung liegen (vgl. Feldhaus FE 2; Ule UL 2; Hansmann LR 12). Auch die Verweigerung einer sonst gewährten Vergünstigung kann eine Benachteiligung darstellen (Engelhardt/Schlicht 1). Eine Benachteiligung können auch Nachteile nach Beendigung des Amtes als Immissionsschutzbeauftragter sein (Böhm GK 7; Hansmann LR 10). Keine Benachteiligung ist in der Abberufung des Immissionsschutzbeauftragten zu sehen, solange damit keine anderen Nachteile verbunden sind (Hansmann LR 7). Für die Kündigung eines (betriebsangehörigen) Immissionsschutzbeauftragten stellt Abs.2 (dazu unten Rn.6) während dessen Tätigkeit als Immissionsschutzbeauftragter sowie bis ein Jahr nach der Abberufung eine Spezialregelung dar, die vorgeht.

4　Schwieriger ist die Feststellung einer Benachteiligung bei Immissionsschutzbeauftragten, die **nicht Arbeitnehmer des Anlagenbetreibers** sind. Hier wird man auf die übliche Behandlung eines selbständigen Immissionsschutzbeauftragten abzustellen haben. Für Benachteiligungen durch den Arbeitgeber eines externen Immissionsschutzbeauftragten gelten ähnliche Überlegungen wie oben in Rn.3 dargelegt.

b) Wegen der Aufgabenerledigung

5　Die Benachteiligung ist nur dann verboten, wenn sie wegen der Erfüllung der dem Immissionsschutzbeauftragten übertragenen Aufgaben erfolgt. Es muss ein **Kausalzusammenhang** zwischen der Tätigkeit des Immissionsschutzbeauftragten und der betreffenden Maßnahme bestehen. Für einen solchen Zusammenhang spricht eine tatsächliche Vermutung, wenn ein Immissionsschutzbeauftragter, der ausschließlich Immissionsschutzaufgaben wahrgenommen hat, schlechter behandelt wird (Hansmann LR 8; Böhm GK 10). Umgekehrt liegt kein Verstoß vor, wenn die

Benachteiligungsverbot, Kündigungsschutz § 58

Benachteiligung eine angemessene Sanktion auf Pflichtverstöße des Immissionsschutzbeauftragten darstellt (Hansmann LR 9).

3. Kündigungsverbot

Ist der Immissionsschutzbeauftragte Arbeitnehmer des Anlagenbetreibers, ist gem. Abs.2 jede Kündigung des Immissionsschutzbeauftragten verboten, solange der Beauftragte als solcher tätig ist, sowie danach, sofern seit dem Wirksamwerden der Abberufung noch keine 12 Monate vergangen sind. Mit Kündigung ist die Beendigung des Arbeitsverhältnisses gemeint, nicht die Abberufung als Immissionsschutzbeauftragter (Rebentisch, NVwZ 1991, 314); dazu oben Rn.3. Das Kündigungsverbot greift auch dann, wenn die Kündigung nicht „wegen der Aufgabenerfüllung" erfolgt (Hansmann LR 11). Sofern allerdings ein Grund zur fristlosen Kündigung (insb. nach § 626 BGB) vorliegt, kommt Abs.2 nicht zum Tragen. Zudem kommt Abs.2 nicht zur Anwendung, wenn ein Arbeitnehmer sein Amt als Immissionsschutzbeauftragter von sich aus niederlegt (BAG, NZA 1993, 559; Böhm GK 12); unberührt bleibt das Benachteiligungsverbot des Abs.1. Ist der Immissionsschutzbeauftragte nicht Arbeitnehmer, ist eine Kündigung des Werkvertrags (ebenso wie die Nichtverlängerung des Vertrags) an Abs.1 zu messen (Böhm GK 12). **6**

4. Folgen eines Verstoßes gegen Abs.1 oder Abs.2

a) Nichtigkeit und Rechtswidrigkeit, Schadensersatz und Unterlassung

Privatrechtliche Rechtsgeschäfte, die gegen das Benachteiligungsverbot des Abs.1 oder das Kündigungsverbot des Abs.2 verstoßen, sind gem. § 134 BGB **unwirksam** (Hansmann LR 13; Böhm GK 15; Schaub, DB 1993, 483). Die Vorgaben des § 58 können auch nicht abbedungen werden. Verwaltungsakte, die § 58 nicht entsprechen, sind **rechtswidrig** und, sofern die Voraussetzungen des § 44 Abs.1 VwVfG vorliegen, nichtig (Hansmann LR 15). **7**

Ein Verstoß gegen § 58 kann **Schadensersatzansprüche** gem. § 823 Abs.2 BGB auslösen, da § 58 dem Schutz des Immissionsschutzbeauftragten dient (oben Rn.1), also ein Schutzgesetz iSd § 823 Abs.2 BGB darstellt (Hansmann LR 14). Dementsprechend kann dem Immissionsschutzbeauftragten auch ein **Unterlassungsanspruch** gem. § 1004 BGB iVm § 823 Abs.2 BGB zustehen. Wo sich die Beziehungen zwischen dem Immissionsschutzbeauftragten und demjenigen, der gegen § 58 verstößt, ausnahmsweise nach öffentlichem Recht regeln (Beamter als Immissionsschutzbeauftragter), bestehen entsprechende öffentlich-rechtliche Ansprüche (Hansmann LR 15). Mit diesen Ansprüchen dürfen nicht evtl. Ansprüche des Immissionsschutzbeauftragten auf Schadensersatz und Unterlassung gegen den Anlagenbetreiber aus den zwischen ihnen geschlossenen Vereinbarungen verwechselt werden (Böhm GK 16). **8**

b) Anordnungen der Behörde

9 Verstöße gegen die öffentlich-rechtliche Vorschrift des § 58 machen Anordnungen der zuständigen Immissionsschutzbehörden möglich, gestützt auf § 17 bzw. § 24 (Böhm GK 14; vgl. Rn.23 zu § 55; a. A. Hansmann LR 16). § 58 ist eine öffentlich-rechtliche Norm (oben Rn.1; Schaub, DB 1993, 482), die auch zu Lasten Privater geht. Die Anordnungen stehen im Ermessen der Behörde und eröffnen die für Verwaltungsakte typischen Rechtsmittel für den Betroffenen. Da § 58 auch den Interessen des Immissionsschutzbeauftragten dient (oben Rn.1), hat dieser insoweit gegen die Behörden ein einklagbares Recht auf fehlerfreien Ermessensgebrauch (Böhm GK 15; Kotulla, Lit. zu § 53, 88; a. A. Hansmann LR 16). Ähnlich wie im Nachbarrecht hat der Immissionsschutzbeauftragte also sowohl die Möglichkeit, direkt gegen den Verletzer des § 58 vorzugehen wie die Behörde zum Einschreiten aufzufordern (anders wohl Hansmann LR 18).

§ 58a Bestellung eines Störfallbeauftragten

(1) **Betreiber genehmigungsbedürftiger Anlagen haben einen oder mehrere Störfallbeauftragte zu bestellen, sofern dies im Hinblick auf die Art und Größe der Anlage wegen der bei einer Störung des bestimmungsgemäßen Betriebs auftretenden Gefahren für die Allgemeinheit und die Nachbarschaft erforderlich ist.**[12] **Die Bundesregierung bestimmt nach Anhörung der beteiligten Kreise (§ 51) durch Rechtsverordnung mit Zustimmung des Bundesrates die genehmigungsbedürftigen Anlagen, deren Betreiber Störfallbeauftragte zu bestellen haben.**[7f]

(2) **Die zuständige Behörde kann anordnen, dass Betreiber genehmigungsbedürftiger Anlagen, für die die Bestellung eines Störfallbeauftragten nicht durch Rechtsverordnung vorgeschrieben ist, einen oder mehrere Störfallbeauftragte zu bestellen haben, soweit sich im Einzelfall die Notwendigkeit der Bestellung aus dem in Absatz 1 Satz 1 genannten Gesichtspunkt ergibt.**[11ff]

Übersicht

1. Allgemeines zu den §§ 58a–58d	1
a) Störfallrecht und Funktion des Störfallbeauftragten	1
b) Störung des bestimmungsgemäßen Betriebs	3
2. Bedeutung des § 58a und Abgrenzung zu anderen Vorschriften	5
3. Bestellungspflicht kraft Rechtsverordnung (Abs.1)	7
a) Rechtsverordnungsermächtigung	7
b) Kreis der bestellungspflichtigen Anlagen und weitere Vorgaben	9

Bestellung eines Störfallbeauftragten § 58a

4. Bestellungspflicht kraft Anordnung (Abs.2) 11
   a) Anwendungsbereich 11
   b) Erforderlichkeit 12
   c) Sonstiges 13
5. Durchführung, Durchsetzung, Sanktionen, Rechtsschutz 14

Literatur: *U. Müller,* Der Störfallbeauftragte, 1994; *Kotulla,* Die neue 5. BImSchV und ihre Auswirkungen hinsichtlich der Bestellung für Immissionsschutz- und Störfallbeauftragte, GewArch 1994, 177; *Pohle,* Der Störfallbeauftragte – Aufgabenrahmen im sicherheitstechnischen Recht, in: ders. (Hg.), Die Umweltschutzbeauftragten, 1992, 46; *Ruppert,* Aufgaben des Störfallbeauftragten bei der sicherheitstechnischen Kontrolle der Betriebsstätten, in: Pohle (Hg.), Die Umweltschutzbeauftragten, 1992, 53; *Feldhaus,* Aufgaben und Stellung des Immissionsschutzbeauftragten und des Störfallbeauftragten, in: Neuere Entwicklungen im Immissionsschutzrecht, Umweltrechtstage 1991, 72. S. auch die Literatur zu § 53.

1. Allgemeines zu den §§ 58a–58d

a) Störfallrecht und Funktion des Störfallbeauftragten

Die durch den Betrieb einer Anlage bedingten Risiken können nicht 1 nur beim bestimmungsgemäßen Betrieb, sondern auch und gerade bei *Abweichungen* vom bestimmungsgemäßen Betrieb, insb. bei Störfällen (näher dazu unten Rn.3 f) bzw bei schweren Unfällen (Rn.24–27 zu § 20) auftreten. Die **sachlichen** Anforderungen für Störfälle sind zum einen in den Grundpflichten enthalten (vgl. Rn.12, 27 zu § 5). Für bestimmte Anlagen enthält zudem die 12. BImSchV weitere Anforderungen. Dazu kommen spezielle Durchsetzungsinstrumente (Rn.21–32 zu § 20; Rn.10–16 zu § 25). Die Bedeutung der Aufgaben in diesem Bereich wird dadurch unterstrichen, dass sich das Gesetz nicht mit dem allgemeinen Beauftragten, dem Immissionsschutzbeauftragten, begnügt, sondern die Bestellung eines eigenen Beauftragten, des Störfallbeauftragten, verlangt. Das **Institut des Störfallbeauftragten** bildet ein wesentliches Element der Eigenüberwachung des Anlagenbetreibers; allg. dazu Rn.2 zu § 26 und Rn.1 zu § 52. Zu parallelen Instituten Rn.1 zu § 53. Für die systematische Stellung der §§ 58a–58d gelten die gleichen Gesichtspunkte wie bei den §§ 53–58; näher dazu Rn.2 zu § 53. Aufgaben im Bereich der Störfallrisiken haben auch der Technische Ausschuss für Anlagensicherheit (dazu Rn.1 zu § 31a) sowie die Störfall-Kommission (dazu Rn.1, 3 zu § 51a).

Das Institut des Störfallbeauftragten ist dem Institut des Immissions- 2 schutzbeauftragten nachgebildet. Was daher die Stellung des Störfallbeauftragten zwischen Anlagenbetreiber und Behörde angeht, kann auf Rn.3–5 zu § 53 verwiesen werden. Wie der Immissionsschutzbeauftragte ist er ein **reines Beratungsorgan,** kein Entscheidungsorgan. § 58c Abs.3 sieht nur die *Möglichkeit* der Übertragung von Entscheidungsbefugnissen vor (Rn.4 zu § 58c), wie sie im Übrigen auch beim Immissionsschutzbeauftragten grundsätzlich besteht (vgl. Rn.16a zu § 55). Des Weiteren gelten die

§ 58a Gemeinsame Vorschriften

Ausführungen zu den Pflichten des Anlagenbetreibers in Rn.6f zu § 53 auch für den Störfallbeauftragten.

b) Störung des bestimmungsgemäßen Betriebs

3   Die Aufgabe des Störfallbeauftragten wird wesentlich durch die **Störung des bestimmungsgemäßen Betriebs** bestimmt. Dieser Begriff setzt ein Doppeltes voraus: – **(1)** Eine Abweichung vom bestimmungsgemäßen Betrieb. Der bestimmungsgemäße Betrieb ist die Betriebsweise, für die die Anlage nach ihrem Zweck bestimmt, ausgelegt und geeignet ist und die zudem im Hinblick auf die einschlägigen Vorschriften wie die Genehmigung und vollziehbare nachträgliche Anordnungen rechtmäßig ist. Dies bezieht sich nicht nur auf den regulären Betrieb, sondern auch auf die Inbetriebnahme, den An- und Abfahrbetrieb, den Probebetrieb, Wartungs-, Inspektions-, Instandhaltungs- und Reinhaltungsarbeiten sowie den Zustand bei vorübergehender Außerbetriebnahme. Unerheblich ist, ob die Abweichung plötzlich, schleichend oder dauerhaft erfolgt (Hansmann LR (12) § 2 Rn.6) und ob sie gewollt oder ungewollt eintritt (Roßnagel GK 242 zu § 5). – **(2)** Die Abweichung muss für die Sicherheit der Anlage bedeutsam sein, d.h. zu Gefahren für die Allgemeinheit und die Nachbarschaft führen (vgl. Hansmann LR 3 zu § 58b; Wietfeld/Czajka FE (12) § 2 Rn.21). Unerheblich ist, ob die Abweichung zu Emissionen bzw. Immissionen oder zu sonstigen Gefährdungen (dazu Rn.24–29 zu § 5) führt (Roßnagel GK 244 zu § 5).

4   Ein qualifizierter Unterfall der Störung des bestimmungsgemäßen Betriebs ist der des **Störfalls** (näher dazu Rn.29 zu § 7). Gleiches gilt für den aus dem **EG-Recht** kommenden Begriff des **schweren Unfalls** (näher dazu Rn.24–27 zu § 20), der seinerseits im Wesentlichen dem Begriff des Störfalls entspricht.

2. Bedeutung des § 58a und Abgrenzung zu anderen Vorschriften

5   § 58a regelt, insoweit ist die Überschrift missverständlich, die *Pflicht* des Betreibers bestimmter Anlagen, einen Störfallbeauftragten zu bestellen (vgl. Rn.8 zu § 53). Die Bestellung selbst wird durch den Verweis des § 58c auf § 55 geregelt. Die Pflicht zur Bestellung eines Störfallbeauftragten ergibt sich allerdings nicht unmittelbar aus § 58a. Sie setzt vielmehr eine entsprechende Rechtsverordnung (dazu unten Rn.7–10) oder eine entsprechende Anordnung (dazu unten Rn.11–13) voraus. Zur grundsätzlichen Stellung des Störfallbeauftragten und zu den Pflichten des Anlagenbetreibers oben Rn.2.

6   § 58a bildet die **ausschließliche Ermächtigungsgrundlage** für Verpflichtungen zur Bestellung eines Störfallbeauftragten. Insbesondere lassen sich die Fälle der Bestellungspflicht nicht durch eine Nebenbestimmung zum Genehmigungsbescheid oder durch eine nachträgliche Anordnung gem. § 17 ausweiten. Zur Anordnung der Bestellungspflicht in einer Auflage zur Anlagengenehmigung gelten die Ausführungen in Rn.20 zu § 53 ganz entsprechend.

Bestellung eines Störfallbeauftragten § 58a

3. Bestellungspflicht kraft Rechtsverordnung (Abs.1)

a) Rechtsverordnungsermächtigung

aa) Für welche Anlagen ein Störfallbeauftragter zu bestellen ist, wird 7 zum einen gem. Abs.1 durch Rechtsverordnung festgelegt, die konstitutiver Natur ist (Böhm GK 5). Zuständig zu ihrem Erlass ist die Bundesregierung, nach Anhörung der beteiligten Kreise (dazu Rn.1 ff zu § 51) und mit Zustimmung des Bundesrats (vgl. dazu Rn.10 zu § 4). **Sachlich** wird vorausgesetzt, dass es sich um eine genehmigungsbedürftige Anlage iSd Rn.13–31 zu § 4 handelt, wozu auch anzeigepflichtige Anlagen etc. rechnen. Des Weiteren muss für Anlagen der fraglichen Art ein Störfallbeauftragter *erforderlich* sein. Näher zu den insoweit relevanten Kriterien unten Rn.12; es genügt allerdings, anders als bei einer Anordnung nach Abs.2, wenn sie typischerweise bei Anlagen der fraglichen Art vorliegen (vgl. Rn.9 zu § 53). Die Ermächtigung dürfte neben der Kernfrage, ob ein Störfallbeauftragter bestellt werden muss, auch alle damit in engem Zusammenhang stehenden Fragen erfassen; insoweit gelten die Ausführungen in Rn.10 zu § 53 ganz entsprechend.

bb) Von der Ermächtigung des Abs.1 wurde durch Erlass der **Verord-** 8 **nung über Immissionsschutz- und Störfallbeauftragte** (5. BImSchV) durch die §§ 1–5 Gebrauch gemacht; näher zu dieser Verordnung Rn.11 zu § 53. Sie führt u.a. die Anlagen auf, für die ein Störfallbeauftragter zu bestellen ist und regelt darüber hinaus weitere Einzelheiten der Bestellung (dazu unten Rn.9 f). Darüber hinaus wurde die Ermächtigung bei Erlass der Störfall-Verordnung – 12. BImSchV (dazu Rn.28 zu § 7) genutzt.

b) Kreis der bestellungspflichtigen Anlagen und weitere Vorgaben

Die Bestellungspflicht gem. Abs.1 greift nur ein, soweit es sich um eine 9 genehmigungsbedürftige Anlage iSd Rn.13–31 zu § 4 handelt, wozu auch anzeigepflichtige Anlagen rechnen (vgl. Rn.12 zu § 53). Anlagen der Bahn werden in gewissem Umfang erfasst (vgl. Rn.10 zu § 2), nicht jedoch die in § 4 Abs.2 angesprochenen Anlagen des Bergbaus (näher Rn.30–30a zu § 4). Des Weiteren muss die Anlage gem. § 1 Abs.2 der 5. BImSchV Teil eines Betriebsbereichs iSd § 1 Abs.1 S.2 der 12. BImSchV oder eines gem. § 1 Abs.2 der 12. BImSchV gleichgestellten Bereiches sein. Die Regelung des Abs.1 S.1 allein begründet noch keine Bestellungspflicht (vgl. Rn.12 zu § 53). Sofern im Einzelfall ein Immissionsschutzbeauftragter sachlich nicht erforderlich ist (dazu unten Rn.12), sieht § 6 der 5. BImSchV vor, dass der Anlagenbetreiber *auf Antrag* von der Bestellungspflicht entbunden werden kann; diese Ausnahmegenehmigung, die als Verwaltungsakt zu qualifizieren ist, steht **nicht** im Ermessen (vgl. Rn.12 zu § 53). Ohne solche Genehmigung muss auch in diesem Fall ein Störfallbeauftragter bestellt werden, es sei denn, dass bei Anlagen der fraglichen Art generell kein Beauftragter erforderlich und die Verordnung daher nichtig ist (vgl. Rn.12 zu § 53).

Hinsichtlich der **Betriebszugehörigkeit,** der Bestellung eines **ge-** 10 **meinsamen Störfallbeauftragten** für mehrere Anlagen, eines **Kon-**

§ 58a Gemeinsame Vorschriften

zernbeauftragten oder der Bestellung **mehrerer Störfallbeauftragter** gelten die Ausführungen in Rn.13f zu § 53 entsprechend, da es insoweit um Konkretisierungen der Bestellungspflicht geht (vgl. Rn.10 zu § 53) und die einschlägigen Vorschriften der 5. BImSchV den Immissionsschutz- und den Störfallbeauftragten gleichermaßen erfassen.

4. Bestellungspflicht kraft Anordnung (Abs.2)

a) Anwendungsbereich

11   Für genehmigungsbedürftige Anlagen, die nicht von der nach Abs.1 erlassenen Rechtsverordnung, also der 5. BImSchV, erfasst werden, kann die Pflicht zur Bestellung eines Störfallbeauftragten gem. Abs.2 durch Anordnung der zuständigen Behörde begründet werden. Darunter fallen anzeigepflichtige Anlagen wie Anlagen, bei denen die immissionsschutzrechtliche Genehmigung durch eine andere Zulassung ersetzt wird; näher dazu sowie zu anderen Fragen der Abgrenzung genehmigungsbedürftiger Anlagen Rn.13–31 zu § 4. Erfasst werden auch die in der 4. BImSchV aufgeführten Abfallentsorgungsanlagen. Anders als beim Immissionsschutzbeauftragten ist die Bestellung eines Störfallbeauftragten bei nicht genehmigungsbedürftigen Anlagen ausgeschlossen. Das steht in einem gewissen Widerspruch zu dem Umstand, dass die Störfall-Verordnung nunmehr auch nicht genehmigungsbedürftige Anlagen erfasst. De lege lata muss es dabei aber sein Bewenden haben.

b) Erforderlichkeit

12   Der Erlass einer Anordnung setzt voraus, dass die Bestellung eines Störfallbeauftragten in dem betreffenden Einzelfall erforderlich ist. Die dafür erheblichen Gesichtspunkte legt Abs.1 auf dem Hintergrund des § 58b näher fest: Es kommt auf die bei einer Störung des bestimmungsgemäßen Betriebs (dazu oben Rn.3) auftretenden Gefahren für die Allgemeinheit und Nachbarschaft an, wie sie durch Art und Größe der Anlage bedingt sind. Die Risiken müssen von der genehmigungsbedürftigen Anlage ausgehen, nicht von anderen Einheiten des Werks oder Unternehmens. Des Weiteren müssen diese Risiken für die Allgemeinheit und die Nachbarschaft auftreten, sich also außerhalb der Anlage auswirken (Hansmann LR 5). Schließlich müssen die Risiken ein besonderes Gewicht haben, wie das etwa bei den von der Störfallverordnung erfassten Anlagen der Fall ist.

c) Sonstiges

13   Der Erlass der Anordnung steht im Ermessen der Behörde; insoweit gelten die Ausführungen in Rn.18 zu § 53 ganz entsprechend. Die Anordnung kann neben der Frage, ob ein Störfallbeauftragter bestellt werden muss, auf Grund von Abs.2 auch alle damit in engem Zusammenhang stehenden Fragen regeln (Hansmann LR 9). Insoweit gelten die Ausführungen in Rn.17 zu § 53 entsprechend. Zur zuständigen Behörde näher Rn.19 zu § 53. Zur Verbindung von Anordnung und Genehmigungsbescheid gelten die Ausführungen in Rn.20 zu § 53.

5. Durchführung, Durchsetzung, Sanktionen, Rechtsschutz

Was die Durchführung der Bestellungspflicht angeht, gelten die Ausführungen in Rn.21 zu § 53. Für die Durchsetzung und die Sanktionen kann auf die Ausführungen in Rn.22 zu § 53 verwiesen werden. Schließlich gelten für den Rechtsschutz die Ausführungen in Rn.23f zu § 53. 14

§ 58b Aufgaben des Störfallbeauftragten

(1) Der Störfallbeauftragte berät den Betreiber in Angelegenheiten, die für die Sicherheit der Anlage bedeutsam sein können.[2f] Er ist berechtigt und verpflichtet,

1. auf die Verbesserung der Sicherheit der Anlage hinzuwirken,[5]
2. dem Betreiber unverzüglich ihm bekannt gewordene Störungen des bestimmungsgemäßen Betriebs mitzuteilen, die zu Gefahren für die Allgemeinheit und die Nachbarschaft führen können,[7]
3. die Einhaltung der Vorschriften dieses Gesetzes und der auf Grund dieses Gesetzes erlassenen Rechtsverordnungen sowie die Erfüllung erteilter Bedingungen und Auflagen im Hinblick auf die Verhinderung von Störungen des bestimmungsgemäßen Betriebs der Anlage zu überwachen, insbesondere durch Kontrolle der Betriebsstätte in regelmäßigen Abständen, Mitteilung festgestellter Mängel und Vorschläge zur Beseitigung dieser Mängel,[6]
4. Mängel, die den vorbeugenden und abwehrenden Brandschutz sowie die technische Hilfeleistung betreffen, unverzüglich dem Betreiber zu melden.[7]

(2) Der Störfallbeauftragte erstattet dem Betreiber jährlich einen Bericht über die nach Absatz 1 Satz 2 Nr.1 bis 3 getroffenen und beabsichtigten Maßnahmen.[8] Darüber hinaus ist er verpflichtet, die von ihm ergriffenen Maßnahmen zur Erfüllung seiner Aufgaben nach Absatz 1 Satz 2 Nr.2 schriftlich aufzuzeichnen. Er muss diese Aufzeichnungen mindestens fünf Jahre aufbewahren.[9]

Übersicht

1. Bedeutung und Abgrenzung zu anderen Vorschriften	1
2. Beratung iwS	3
a) Allgemeines	3
b) Verbesserungen der Anlagensicherheit (Nr.1)	5
c) Überwachung (Nr.3)	6
d) Meldepflichten (Nr.2, 4)	7
3. Berichtspflicht und Aufzeichnungspflicht (Abs.2)	8
4. Durchsetzung, Sanktionen, Rechtsschutz, Haftung	10

Literatur: S. die Literatur zu § 58a.

§ 58b Gemeinsame Vorschriften

1. Bedeutung und Abgrenzung zu anderen Vorschriften

1 § 58b enthält eine Konkretisierung der auf § 58a beruhenden Bestellungspflicht; die Vorschrift gibt an, welche Aufgaben dem Beauftragten übertragen werden müssen, damit man von einem Störfallbeauftragten iSd BImSchG sprechen kann. Dagegen ergeben sich, aus den gleichen Gründen wie beim Immissionsschutzbeauftragten (dazu Rn.1 zu § 54), aus der Vorschrift keine unmittelbaren Rechte und Pflichten des Störfallbeauftragten (Böhm GK 1). Diese folgen vielmehr aus dessen Beziehung zum Anlagenbetreiber. § 58b bestimmt in seinem Abs.1 die Sachaufgaben des Störfallbeauftragten. In Abs.2 werden wichtige Instrumente (Berichts- und Aufzeichnungspflicht) festgelegt. Weitere Instrumente werden durch den Verweis des § 58c Abs.1 auf die §§ 56, 57 behandelt. Anders als § 58b stellen diese Vorschriften jedoch keine Konkretisierungen der Bestellungspflicht dar; sie bilden eigenständige Pflichten des Anlagenbetreibers. Zum Verhältnis der Aufgaben des Störfallbeauftragten zu denen des Immissionsschutzbeauftragten unten Rn.3.

2 Im **Verhältnis zum Immissionsschutzbeauftragten** hat der Störfallbeauftragte die speziellere Aufgabe (Hansmann LR 2; Böhm GK 13). Wie insb. § 54 Abs.1 S.2 Nr.3 entnommen werden kann, wird der Aufgabenkreis des Immissionsschutzbeauftragten durch den des Störfallbeauftragten beschränkt. Insb. im Grenzbereich der Aufgaben ist eine Zusammenarbeit der beiden Beauftragten geboten (vgl. Rn.20f zu § 55).

2. Beratung iwS

a) Allgemeines

3 Abs.1 S.1 stellt klar, dass die Aufgabe des Störfallbeauftragten in der Beratung des Anlagenbetreibers liegt. Zur Beratung gehört auch deren Vorbereitung, insb. das Gewinnen der für eine sachgerechte Beratung notwendigen Informationen. Entscheidungsaufgaben müssen dem Störfallbeauftragten dagegen übertragen werden (vgl. Rn.4 zu § 58c). **Gegenständlich** betrifft die Beratung alle in Abs.1 S.2 aufgeführten Aufgaben. **Adressat** der Beratung ist allein der Anlagenbetreiber. Eine Beratung von Betriebsangehörigen ist, anders als in § 54 Abs.1 S.1 (vgl. Rn.5 zu § 54), nicht vorgesehen, ohne dass ein zureichender sachlicher Grund dafür ersichtlich wäre. De lege lata fällt die Aufgabe des Störfallbeauftragten insoweit also enger als die des Immissionsschutzbeauftragten aus, wie auch dem Fehlen einer § 54 Abs.2 Nr.4 vergleichbaren Regelung zu entnehmen ist.

4 Die Aufgabe des Störfallbeauftragten ist auf die **Sicherheit der Anlage** beschränkt. Diese ist betroffen, wenn eine **Störung des bestimmungsgemäßen Betriebs** (näher Rn.3 zu § 58 a) eintritt bzw. eintreten kann. Einen besonders wichtigen Unterfall bilden die Störfälle (dazu Rn.29 zu § 7) bzw. schwere Unfälle (dazu Rn.23–27 zu § 20). Aufgabe des Störfallbeauftragten ist es, zur Vermeidung solcher Störungen und zur Begrenzung der Auswirkung eingetretener Störungen beizutragen.

Aufgaben des Störfallbeauftragten § 58b

b) Verbesserungen der Anlagensicherheit (Nr.1)

Gem. Abs.1 S.2 Nr.1 ist dem Störfallbeauftragten das Recht und die Pflicht 5 einzuräumen, zur Verbesserung der Anlagensicherheit (dazu oben Rn.4) initiativ zu werden. Dazu hat er geeignete Möglichkeiten zur Vermeidung von Störungen der Anlagensicherheit sowie zur Begrenzung ihrer Auswirkungen zu überprüfen und ggf. Änderungsvorschläge zu entwickeln.

c) Überwachung (Nr.3)

Gem. Abs.1 S.2 Nr.3 hat der Störfallbeauftragte die Einhaltung aller 6 Vorschriften des Immissionsschutzrechts sowie von Nebenbestimmungen zu Genehmigungen, aber auch von Anordnungen (Hansmann LR 5) durch die Betriebsangehörigen bzw. den Anlagenbetreiber zu überwachen, soweit es dabei um die Sicherheit der Anlage (dazu oben Rn.4) geht. Gemeint ist die rein innerbetriebliche Überwachung, nicht eine Unterstützung der behördlichen Überwachung (Hansmann LR 5). Über den Wortlaut hinaus gilt das auch für Anforderungen, durch die die Auswirkungen von Störungen des bestimmungsgemäßen Betriebs (dazu Rn.3 zu § 58a) beschränkt werden sollen. Als besonders wichtiges Mittel der Überwachung wird die regelmäßige Besichtigung und Überprüfung der Betriebsstätte genannt. Festgestellte Mängel sind dem Anlagenbetreiber mitzuteilen und dabei Vorschläge zur Änderung zu machen. Im Übrigen gelten die Ausführungen in Rn.9f zu § 54 entsprechend. Zur Durchführung sicherheitstechnischer Prüfungen vgl. Rn.8 zu § 29a.

d) Meldepflichten (Nr.2, 4)

Meldepflichten von besonderem Gewicht werden in Abs.1 S.2 Nr.2 7 und in Abs.1 S.2 Nr.4 herausgestellt. Danach hat der Störfallbeauftragte dem Anlagenbetreiber alle ihm bekanntgewordenen Störungen des bestimmungsgemäßen Betriebs (Rn.3 zu § 58a) mitzuteilen, sofern sie zu Gefahren für die Allgemeinheit oder die Nachbarschaft führen „können". Ein Verdacht der Gefährdung genügt bereits (Böhm GK 7). Des Weiteren sind die Mängel, die den Brandschutz betreffen, dem Anlagenbetreiber anzuzeigen, unabhängig davon, ob es um Gefahrenabwehr oder um Vorsorge geht. Die Angaben gem. Abs.1 S.2 Nr.2 und gem. Abs.1 S.2 Nr.4 muss der Störfallbeauftragte dem Anlagenbetreiber unverzüglich mitteilen, also sofort nachdem ihm die Betriebsstörung bzw. der Mangel des Brandschutzes bekannt wird (Hansmann LR 7; Böhm GK 7).

3. Berichtspflicht und Aufzeichnungspflicht (Abs.2)

Gem. Abs.2 S.1 hat der Störfallbeauftragte dem Anlagenbetreiber einen 8 jährlichen **Bericht** über die getroffenen wie die beabsichtigten Maßnahmen zu erstatten. Insoweit gelten die Ausführungen in Rn.12 zu § 54 ganz entsprechend. Zudem kann auch hier unter bestimmten Voraussetzungen bei EMAS-Anlagen auf den Bericht verzichtet werden (Rn.18 zu § 58e).

§ 58c

Gemeinsame Vorschriften

9   Anders als der Immissionsschutzbeauftragte hat der Störfallbeauftragte bestimmte Maßnahmen gem. Abs.2 S.2 **aufzuzeichnen** und die Aufzeichnungen gem. Abs.2 S.3 fünf Jahre lang aufzubewahren. Gegenständlich geht es um alle Störungen, die dem Anlagenbetreiber gem. Abs.1 S.2 Nr.2 mitzuteilen sind, also um alle Störungen des bestimmungsgemäßen Betriebs der Anlage, bei denen der Verdacht einer Gefahr für die Allgemeinheit oder die Nachbarschaft bestand (Rn.3 zu § 58a). Diese Aufzeichnungen dienen nicht nur der innerbetrieblichen Überwachung, sondern auch der behördlichen Überwachung (anders als der jährliche Bericht). Sie sind daher der Behörde auf Verlangen unter den Voraussetzungen des § 52 Abs.2 zur Verfügung zu stellen (Hansmann LR 9; Böhm GK 17; a.A. Rebentisch, NVwZ 1991, 313; Dienes, NWVBl 1990, 408).

4. Durchsetzung, Sanktionen, Rechtsschutz, Haftung

10   Bestellt der Anlagenbetreiber eine oder mehrere Personen als Störfallbeauftragte, ohne ihnen die Aufgaben nach § 58b zuzuweisen, wird er seiner Bestellungspflicht aus § 58a nicht gerecht. Die Behörde hat dann ihm gegenüber die Möglichkeit zur **Durchsetzung** der Bestellungspflicht. Insoweit gelten die Ausführungen in Rn.22 zu § 53. Dem Störfallbeauftragten gibt § 58b dagegen kein Recht, die Beachtung dieser Vorschrift einzuklagen; es gelten die Ausführungen in Rn.14 zu § 54 zum Immissionsschutzbeauftragten entsprechend.

11   Für die unzureichende Erfüllung der Aufgaben durch den Störfallbeauftragten und dessen **Haftung** gelten die Ausführungen in Rn.15f zu § 54 ganz entsprechend.

§ 58c Pflichten und Rechte des Betreibers gegenüber dem Störfallbeauftragten

(1) **Die in den §§ 55 und 57 genannten Pflichten des Betreibers gelten gegenüber dem Störfallbeauftragten entsprechend; in Rechtsverordnungen nach § 55 Abs.2 Satz 3 kann auch geregelt werden, welche Anforderungen an die Fachkunde und Zuverlässigkeit des Störfallbeauftragten zu stellen sind.**[2f]

(2) **Der Betreiber hat vor Investitionsentscheidungen sowie vor der Planung von Betriebsanlagen und der Einführung von Arbeitsverfahren und Arbeitsstoffen eine Stellungnahme des Störfallbeauftragten einzuholen, wenn diese Entscheidungen für die Sicherheit der Anlage bedeutsam sein können.**[7f] **Die Stellungnahme ist so rechtzeitig einzuholen, dass sie bei den Entscheidungen nach Satz 1 angemessen berücksichtigt werden kann; sie ist derjenigen Stelle vorzulegen, die die Entscheidungen trifft.**[8]

(3) **Der Betreiber kann dem Störfallbeauftragten für die Beseitigung und die Begrenzung der Auswirkungen von Störungen des bestim-**

mungsgemäßen Betriebs, die zu Gefahren für die Allgemeinheit und die Nachbarschaft führen können oder bereits geführt haben, Entscheidungsbefugnisse übertragen.[4]

Übersicht

1. Bestellung, Aufgabenänderung und Beendigung der Bestellung 1
2. Geeignete Person 2
   a) Rechtliche Grundlagen 2
   b) Eignungsvoraussetzungen 3
   c) Abberufungsverlangen 5
3. Koordinierung und Unterstützung 6
4. Einholung der Stellungnahme des Störfallbeauftragten (Abs.2) 7
5. Vortragsrecht 11

Literatur: *Kotulla,* Die neue 5. BImSchV und ihre Auswirkungen hinsichtlich der Bestellung für Immissionsschutz- und Störfallbeauftragte, GewArch 1994, 177. S. auch die Literatur zu §§ 55, 56.

1. Bestellung, Aufgabenänderung und Beendigung der Bestellung

Durch den Verweis des Abs.1 auf § 55 Abs.1 und auf § 55 Abs.1a richtet sich die Bestellung des Störfallbeauftragten, die Änderung seiner Aufgaben und die Beendigung seiner Bestellung nach den Vorgaben dieser Normen. Die Ausführungen in Rn.1–9 zu § 55, insb. zur Rechtsnatur, zur Form, zur Unterrichtung des Betriebsrats sowie zur Anzeige an die zuständige Behörde gelten daher für den Störfallbeauftragten in gleicher Weise wie für den Immissionsschutzbeauftragten.   1

2. Geeignete Person

a) Rechtliche Grundlagen

Durch den Verweis des Abs.1 auf § 55 Abs.2 richten sich die Anforderungen an die Eignung des Störfallbeauftragten nach den Vorgaben dieser Norm für den Immissionsschutzbeauftragten. Dabei geht es um die **Fachkunde** und die **Zuverlässigkeit** des Beauftragten sowie um das Verlangen der Behörde, den Beauftragten **abzuberufen.** Zusätzlich stellt Abs.1 klar, dass die Ermächtigung des Bundesministeriums für Umwelt, Naturschutz und Reaktorsicherheit, das Nähere durch Rechtsverordnung zu regeln (vgl. Rn.10 zu § 55), auch für den Bereich des Störfallbeauftragten gilt. Davon wurde mit der **Verordnung über Immissionsschutz- und Störfallbeauftragte** (5. BImSchV) Gebrauch gemacht; näher zu dieser Verordnung Rn.11 zu § 53. Die Verordnung regelt u.a. in den §§ 7–11 Fachkunde und Zuverlässigkeit der Störfallbeauftragten. Sie legt dabei nur Mindestvoraussetzungen fest (vgl. Rn.10 zu § 55), weshalb ein Rückgriff auf Abs.1 iVm § 55 Abs.2 S.1 im Einzelfall nicht ausgeschlossen ist.   2

b) Eignungsvoraussetzungen

3 Was die **Fachkunde** des zu bestellenden Störfallbeauftragten angeht, gelten die Ausführungen in Rn.11–13 zu § 55. Die in den Lehrgängen nach § 7 Nr.2 der 5. BImSchV zu vermittelnden Kenntnisse bestimmen sich allerdings nach Anhang II B der 5. BImSchV. Was die **Zuverlässigkeit** angeht, wird auf die Ausführungen in Rn.14f zu § 55 verwiesen.

4 Die Anforderungen an die persönliche Eignung des Störfallbeauftragten (wie des Immissionsschutzbeauftragten) schließen es nicht aus, dass der Beauftragte **auch andere Aufgaben erfüllt**; näher dazu Rn.16f zu § 55. Voraussetzung ist, dass die sonstigen Aufgaben ihn bei der Erfüllung seiner gesetzlich vorgeschriebenen Aufgaben nicht behindern, wie das § 1 Abs.3 der 5. BImSchV für eine Verbindung der Aufgaben des Störfall- und des Immissionsschutzbeauftragten ausdrücklich vorsieht. Sofern die Erfüllung der Aufgaben des Störfallbeauftragten nicht beeinträchtigt wird, können ihm auch Entscheidungsbefugnisse übertragen werden (Rn.16a zu § 55). Um Unsicherheiten zu vermeiden, stellt Abs.3 klar, dass die Übertragung von Entscheidungsbefugnissen hinsichtlich der Beseitigung und Begrenzung von Störfallauswirkungen auf jeden Fall zulässig ist (Hansmann LR 9). Damit soll es dem Betreiber von Anlagen, die unter die Störfallverordnung fallen, ermöglicht werden, Aufgaben nach dieser Verordnung dem Störfallbeauftragten zu übertragen (vgl. Böhm GK 16 zu § 58a). Für die Übertragung der Aufgabe auf juristische Personen gelten die Ausführungen in Rn.17 zu § 55.

c) Abberufungsverlangen

5 Gem. § 58c Abs.1 iVm § 55 Abs.2 S.2 kann unter bestimmten Voraussetzungen die Abberufung des Störfallbeauftragten von der Behörde verlangt werden. Was die Einzelheiten angeht, gelten die Ausführungen in Rn.18–19 zu § 55.

3. Koordinierung und Unterstützung

6 Was die Koordinierung des Störfallbeauftragten mit anderen Beauftragten sowie die Unterstützung des Störfallbeauftragten durch den Anlagenbetreiber angeht, gelten durch den Verweis des Abs.1 auf § 55 Abs.3, 4 die dort geregelten Anforderungen. Insoweit kann daher auf die Ausführungen in Rn.20–22 zu § 55 verwiesen werden. Für die Durchsetzung und den Rechtsschutz gelten die Ausführungen in Rn.23–25 zu § 55.

4. Einholung der Stellungnahme des Störfallbeauftragten (Abs.2)

7 **aa)** Abs.2 verpflichtet (in Parallele zu § 56) den Anlagenbetreiber, vor bestimmten Maßnahmen eine Stellungnahme des Störfallbeauftragten einzuholen. Was die **Bedeutung** dieser Regelung angeht, kann auf Rn.1 zu § 56 verwiesen werden.

Verbot der Benachteiligung des Störfallbeauftragten **§ 58d**

bb) Die Verpflichtung, eine Stellungnahme des Störfallbeauftragten einzuholen, besteht **bei folgenden Maßnahmen:** – (1) Erfasst werden zunächst Investitionsentscheidungen; der Begriff ist wie in § 56 Abs.1 zu verstehen (näher dazu Rn.2 zu § 56). Des Weiteren ist die Stellungnahme bei der Planung von Betriebsanlagen einzuholen, worunter auch die Neuerrichtung wie die wesentliche Änderung (dazu Rn.5–13 zu § 16) von Betriebsanlagen fällt (Hansmann LR 7; Böhm GK 11). Schließlich wird die Einführung neuer Arbeitsverfahren und neuer Arbeitsstoffe erfasst. Auch insoweit lösen bereits wesentliche Änderungen der verwandten Arbeitsverfahren und Arbeitsstoffe die Pflicht zur Einholung einer Stellungnahme aus. – (2) Bei Maßnahmen der beschriebenen Art besteht eine Verpflichtung, die Stellungnahme des Störfallbeauftragten einzuholen, nur dann, wenn die betreffende Maßnahme **auf die Sicherheit der Anlage Einfluss** hat. Was den Begriff der Sicherheit der Anlage angeht, gelten die Ausführungen in Rn.4 zu § 58b. Im Einzelnen liegt diese Voraussetzung vor, wenn die Ausgestaltung der Entscheidung die Verhinderung von Störfällen sowie das Ausmaß der Störfallauswirkungen beeinflussen kann. Dabei ist nicht nur der Schutz der Allgemeinheit und der Nachbarschaft, sondern auch der Arbeitnehmer mit einzubeziehen (Böhm GK 12). Unerheblich ist, ob die Maßnahme der Sicherheit der Anlage dient oder nicht. Entscheidend ist allein, ob eine Modifikation der Entscheidung zu einer Verbesserung der Sicherheit der Anlage führen kann (vgl. Rn.3 zu § 56). **8**

cc) Gem. Abs.2 S.2 ist die Stellungnahme **rechtzeitig** einzuholen; insoweit sowie hinsichtlich der notwendigen Unterlagen gelten die Ausführungen in Rn.4 zu § 56 entsprechend. Was die **Form,** den **Adressaten** und den **Inhalt** der Stellungnahme angeht, wird auf die Ausführungen in Rn.5 zu § 56 verwiesen, zur **Verwertung** auf die Darlegungen in Rn.6 zu § 56. **9**

dd) Was die **Durchsetzung** der Verpflichtung, eine Stellungnahme des Störfallbeauftragten einzuholen, betrifft, gelten die Ausführungen in Rn.7 zu § 56. **10**

5. Vortragsrecht

Durch den Verweis des Abs.1 auf § 57 ist dem Störfallbeauftragten das Recht einzuräumen, sich direkt an die Geschäftsleitung wenden zu können. Die Ausführungen in Rn.1–7 zu § 57 gelten ganz entsprechend. **11**

§ 58d Verbot der Benachteiligung des Störfallbeauftragten, Kündigungsschutz

§ 58 gilt für den Störfallbeauftragten entsprechend.

Literatur: S. die Literatur zu § 58a.

Was die Benachteiligung des Störfallbeauftragten wegen seiner Tätigkeit sowie die Kündigung des Störfallbeauftragten angeht, sind die in § 58 für **1**

§ 58e   Gemeinsame Vorschriften

den Immissionsschutzbeauftragten niedergelegten Grenzen gem. § 58 d entsprechend auf den Störfallbeauftragten anzuwenden. Es kann daher auf die Ausführungen in Rn.1–9 zu § 58 verwiesen werden.

§ 58e Erleichterungen für auditierte Unternehmensstandorte

Die Bundesregierung wird ermächtigt, zur Förderung der privaten Eigenverantwortung für Unternehmen, die in ein Verzeichnis gemäß Artikel 6 in Verbindung mit Artikel 7 Absatz 2 Satz 1 der Verordnung (EG) Nr.761/2001 des Europäischen Parlaments und des Rates vom 19. März 2001 über die freiwillige Beteiligung von Organisationen an einem Gemeinschaftssystem für das Umweltmanagement und die Umweltbetriebsprüfung (ABl. EG L 114 S.1)[1 ff] eingetragen sind, dürfen Rechtsverordnungen mit Zustimmung des Bundesrates Erleichterungen zum Inhalt der Antragsunterlagen im Genehmigungsverfahren sowie überwachungsrechtliche Erleichterungen vorzusehen, soweit die diesbezüglichen Anforderungen der Verordnung (EG) Nr.761/2001 gleichwertig mit den Anforderungen sind, die zur Überwachung und zu den Antragsunterlagen nach diesem Gesetz oder den aufgrund dieses Gesetzes erlassenen Rechtsverordnungen vorgesehen sind oder soweit die Gleichwertigkeit durch die Rechtsverordnung nach dieser Vorschrift sichergestellt sind.[8 ff] Dabei können auch weitere Voraussetzungen für die Inanspruchnahme und die Rücknahme von Erleichterungen oder die ganze oder teilweise Aussetzung von Erleichterungen, wenn Voraussetzungen für deren Gewährung nicht mehr vorliegen, geregelt werden.[10] Ordnungsrechtliche Erleichterungen können gewährt werden, wenn der Umweltgutachter die Einhaltung der Umweltvorschriften geprüft hat, keine Abweichungen festgestellt hat und dies in der Gültigkeitserklärung bescheinigt.[11] Dabei können insbesondere Erleichterungen zu

1. Kalibrierungen, Ermittlungen. Prüfungen und Messungen,
2. Messberichten sowie sonstigen Berichten und Mitteilungen von Ermittlungsergebnissen,
3. Aufgaben des Immissionsschutz- und Störfallbeauftragten,
4. Mitteilungspflichten zur Betriebsorganisation und
5. zur Häufigkeit der behördlichen Überwachung

vorgesehen werden.[9]

Übersicht

1. Bedeutung und Abgrenzung	1
a) Rechtliche Grundlagen und Bedeutung des Umwelt-Audit	1
b) Bedeutung des § 58e und Abgrenzung	5
2. Rechtmäßigkeit der Verordnung	8
a) Materielle Voraussetzungen	8
b) Formelle Voraussetzungen	12

Erleichterungen für auditierte Unternehmensstandorte § 58e

3. EMAS-Privilegierungsverordnung 13
   a) Grundlagen 13
   b) Anwendungsbereich 14
   c) Widerruf 15
   d) Mögliche Erleichterungen 18
4. Verordnungsunabhängige Erleichterungen 20
   a) Sonstige explizite Erleichterungen 20
   b) Ungeschriebene Erleichterungen 21

Literatur: *Förster,* Das Umweltmanagement nach EMAS in der Praxis der Umweltverwaltung, ZUR 2004, 25; *Jarass,* Neues zum Umwelt-Audit, in: Festschrift für Kutscheidt, 2003, 305; *Ewer,* Rechtliche Rahmenbedingungen der Substituierbarkeit behördlicher Kontrollmaßnahmen durch erfolgreiche Teilnahme am EMAS II-System, in: Dolde (Hg.), Umweltrecht im Wandel, 2001, 353; *Knopp,* EMAS II – Überleben durch Deregulierung und Substitution?, NVwZ 2001, 1999; *Schneider,* Öko-Audit und Deregulierung im Immissionsschutzrecht, 1999; *Waskow,* Verknüpfungen von Umwelt-Audit und Immissionsschutzrecht, in: Festschrift für Feldhaus, 1999, 365; *Ewer/Lechelt/Theuer* (Hg.), Handbuch Umwelt-Audit, 1998; *Feldhaus,* Umwelt-Audit und Entlastungschancen im Vollzug des Immissionsschutzrechtes, UPR 1997, 341; *Moormann,* Staatliche Überwachung und Öko-Audit, ZUR 1997, 188.

1. Bedeutung und Abgrenzung

a) Rechtliche Grundlagen und Bedeutung des Umwelt-Audit

aa) Das Umweltaudit hat seine Grundlage in der **Verordnung (EG)** 1 Nr. 761/2001 **über** die freiwillige Beteiligung von Organisationen an einem Gemeinschaftssystem für das **Umweltmanagement und** die **Umweltbetriebsprüfung** (ABl 2001 L 114/1), die im Folgenden als EMAS-Verordnung bezeichnet wird. Die Vorgängerregelung, die Verordnung 1836/93 hat über Art.17 VO 761/2001 noch gewisse Folgewirkungen. Ergänzende Vorgaben finden sich im (deutschen) Umwelt-Audit-Gesetz vom 4. 9. 2002 (BGBl I 3490). Die EMAS-Verordnung soll eigenverantwortliche Maßnahmen von Unternehmen und anderen Organisationen zum Schutze der Umwelt fördern. Dazu regelt sie, welche Anforderungen die Organisationen erfüllen müssen, um dem in der Verordnung vorgesehenen System des Umwelt-Managements und der Umwelt-Betriebsprüfung gerecht zu werden. Das System trägt gem. Art.1 Abs.1 VO 761/2001 die Bezeichnung „**EMAS**"; im deutschen Bereich wird häufig von „Umwelt-Audit" gesprochen. Ob eine Organisation am System teilnimmt, bleibt ihr überlassen; es handelt sich also um ein *freiwilliges* System. Auch das nationale Recht sieht an keiner Stelle eine Verpflichtung zur Teilnahme vor. Das System des Umwelt-Audit weist manche Parallelen zum Institut der Immissions- und Störfallbeauftragten auf (Jarass, o. Lit., 306).

bb) Die erstmalige Teilnahme und damit die EMAS-Eintragung setzen 2 gem. Art.3 Abs.2 VO 761/2001 **folgende Elemente** voraus: – **(1)** Zunächst ist eine *Umweltprüfung* iSd Anhangs VII der VO 761/2001 notwendig, in der eine Bestandsaufnahme des Umweltverhaltens der Organisation

§ 58e Gemeinsame Vorschriften

erfolgt. – **(2)** Darauf aufbauend hat die Organisation ein *Umweltmanagementsystem* iSd Anhangs I der VO 761/2001 zu etablieren. – **(3)** Sodann wird eine erste Umweltbetriebsprüfung iSd Anlage II der VO 761/2001 durchgeführt. Dabei handelt es sich um eine interne Prüfung der Umweltleistung der Organisation. Betriebsprüfer können Mitarbeiter der Organisation sein, müssen aber gegenüber der zu kontrollierenden Tätigkeit ausreichend unabhängig sein. – **(4)** Im nächsten Schritt ist die *Umwelterklärung* zu erstellen, in der die Umweltpolitik der Organisation und (knapp) das Umweltmanagementsystem, weiter die Umweltauswirkungen ihrer Tätigkeit und die Umweltleistung zu beschreiben sind. – **(5)** Schließlich setzt die Teilnahme der Überprüfung durch einen unabhängigen *Umweltgutachter* voraus (dazu Jarass o. Lit., 307). Er hat festzustellen, ob die einschlägigen Anforderungen der Verordnung eingehalten werden (Gültigkeitserklärung). – **(6)** Die für gültig erklärte Umwelterklärung wird der zuständigen Stelle (Industrie- und Handelskammer oder Handwerkskammer) zugeleitet. Kann sie davon ausgehen, dass die Vorgaben der Verordnung eingehalten werden, trägt sie die Organisation in das EMAS-Register/Verzeichnis ein.

3   Nach Eintragung einer Organisation sind gem. Art.3 Abs.3 VO 761/2001 zur **Aufrechterhaltung** der Eintragung folgende Schritte notwendig: – **(1)** Das Umweltmanagementsystem und das Programm der Umweltbetriebsprüfung werden entspr. der Verordnung fortgeführt, wobei Überprüfungen mindestens alle drei Jahre erfolgen. – **(2)** Weiter ist die Umwelterklärung grundsätzlich jährlich zu aktualisieren. Der Umweltgutachter hat die Aktualisierung zu prüfen. Kommt er zu einem positiven Ergebnis, wird die Aktualisierung der für das EMAS-Register/Verzeichnis zuständigen Stelle vorgelegt.

4   cc) Das EMAS-System trägt dazu bei, dass über die EMAS-Vorschriften hinaus alle andern **Umweltvorschriften eingehalten** werden. Andererseits bleibt die Intensität der Prüfung offen, was insb. dort Gewicht hat, wo die fraglichen Maßnahmen von Betriebsangehörigen vorgenommen erden. Insgesamt handelt es sich um eine begrenzte Rechtmäßigkeitskontrolle.

b) Bedeutung des § 58e und Abgrenzung

5   aa) Das Umwelt-Audit ist ein leistungsfähiges Rechtsinstitut zum Schutz der Umwelt durch eigenverantwortliche Maßnahmen von Unternehmen und anderen Organisationen (BT-Drs. 14/4599, 87). Die verschiedenen Bestandteile und Verfahrensschritte bilden eine der gesetzlich vorgesehenen Überwachung teilweise ähnliche Eigenüberwachung. Aus diesem Grunde ermächtigt § 58e dazu, überwachungsrechtliche Erleichterungen sowie Erleichterungen zum Inhalt der Antragsunterlagen im Genehmigungsverfahren festzulegen. Damit wird dem mit der EMAS-Teilnahme verbundenen Leistungen Rechnung getragen. Gleichzeitig wird das Umwelt-Audit-System gefördert. Den Anforderungen des Art.80 Abs.1 S.2 GG wird § 58e gerecht (Hansmann LR 4; Lechelt GK 63).

Die Ermächtigung des § 58 e ist **EG-rechtlich** in Ordnung, da die na- 6
tionalen Regelungen, von denen eine Rechtsverordnung gem.
§ 58 e dispensiert, regelmäßig ohne EG-rechtliche Verpflichtung ergangen sind und
zudem Art.10 Abs.2 UAbs.2 VO 761/2001 die Mitgliedstaaten ausdrücklich auffordert, Privilegierungen zu prüfen. Gem. Art.10 Abs.2 UAbs.1
VO 761/2001 sind solche Privilegierungen der Kommission anzuzeigen.
Die Wirksamkeit der Privilegierung dürfte von der Einhaltung der Anzeigepflicht nicht abhängen, da ein eigenständiges Kontrollverfahren der
Kommission nicht vorgesehen ist.

bb) Fast wörtlich mit § 58 e übereinstimmende Ermächtigungen finden 7
sich in § 54 a KrW-/AbfG und in § 21 h WHG. Die **Abgrenzung** zwischen den Ermächtigungen erfolgt nicht danach, ob es sich um eine immissionsschutzrechtliche, abfallrechtliche oder sonstige Anlage handelt.
Entscheidend ist vielmehr, ob von Vorschriften des Immissionsschutzrechts, des Abfallrechts oder des Wasserrechts dispensiert werden soll.

2. Rechtmäßigkeit der Verordnung

a) Materielle Voraussetzungen

aa) Was den **Anwendungsbereich** angeht, so können Erleichterungen 8
Unternehmen eingeräumt werden, die in das EMAS-Verzeichnis/Register
eingetragen sind. Der dabei verwandte Unternehmensbegriff ist weit zu
verstehen und umfasst alle Organisationen, auch hoheitlicher Art, sofern sie
dem Immissionsschutzrecht unterliegen (Lechelt GK 80; Hansmann LR 7).
Erfasst werden auch Standorte und damit Teile eines Unternehmens, sofern sie nach der VO 761/2001 eintragungsfähig sind (Lechelt KG 83).

bb) Gemäß S.1 sind **Erleichterungen** zum einen zu den Antragsun- 9
terlagen im *Genehmigungsverfahren* möglich. Der Begriff der Genehmigung
ist dabei weit zu verstehen und umfasst auch Vorbescheide und die Zulassung vorzeitigen Beginns. Weiterhin sind Erleichterungen im Hinblick
auf alle Maßnahmen der *behördlichen Überwachung* wie der Eigenüberwachung (vgl. dazu Rn.1 zu § 52) möglich (i. E. Lechelt GK 85). Dazu rechnet auch die Information der Öffentlichkeit. Wichtige Anwendungsfälle
finden sich in der Liste des S.4, die aber nicht abschließend ist. Die gesetzlichen Vorgaben können abgeschwächt oder vollständig aufgehoben
werden. Erleichterungen im Bereich anderer Vorgaben des Immissionsschutzrechts, insb. im Bereich der materiellen Anforderungen, sind ausgeschlossen (Knopp, NVwZ 2001, 1100; Hansmann LR 4). Zudem sind
eventuelle EG-rechtliche Grenzen zu beachten (dazu Ewer, in: Festschrift
Dolde, 364 ff). Insb. dürften Erleichterungen im Bereich des § 52 Abs.1
S.2, 3 ausgeschlossen sein, da Art.13 RL 96/61 keine entsprechende Einschränkung aufweist (Hansmann LR 8).

cc) Voraussetzung für Erleichterungen ist nach S.1, dass die durch das 10
EMAS-Recht gestellten Anforderungen (mindestens) **gleichwertig** mit
den regelmäßigen gesetzlichen Anforderungen sind. Notwendig, aber auch

§ 58e Gemeinsame Vorschriften

ausreichend, ist die funktionale Äquivalenz (BR-Drs. 730/01, S.11; Lechelt GK 93; Ewer, in: Dolde (Hg.), Umweltrecht im Wandel, 2001, 259). Das Umwelt-Audit muss, was das (tatsächliche) Ergebnis angeht, in allen Teilbereichen in gleicher Weise wie die dispensierten Vorschriften zu einem umweltfreundlichen Verhalten der Organisation führen oder noch bessere Ergebnisse zeitigen. Dazu sind die jeweiligen Vorgaben im Hinblick auf Zielrichtung und Förderungswirksamkeit zu vergleichen (BR-Drs. 730/01, S.11). Die Gleichwertigkeit kann gem. S.2 auch dadurch hergestellt werden, dass die Rechtsverordnung zusätzlich zur EMAS-Teilnahme den betreffenden Organisationen weitere Pflichten auferlegt. Bei der Beurteilung der Gleichwertigkeit hat der Verordnungsgeber einen erheblichen Spielraum. Das Erfordernis der Gleichwertigkeit ist allein an den Verordnungsgeber gerichtet, nicht an die betroffenen Unternehmen; für sie kann es nur bedeutsam sein, soweit die Rechtsverordnung das Erfordernis aufnimmt (Hannsmann LR 9).

11 Unklarheiten weist die erst während des Gesetzgebungsverfahrens eingeführte und missverständlich formulierte Vorschrift des § 58e S.3 auf: Unsicher ist zunächst das Verhältnis zu S.1, da es dort ebenfalls um ordnungsrechtliche Erleichterungen geht. Da S.3 die Einhaltung des Umweltrechts sicherstellen soll (BT-Drs. 14/5750, S.132), sind in S.3 nicht beliebige ordnungsrechtliche Erleichterungen gemeint, sondern jene des S.1 (ebenso zu § 21h WHG Gößl, in: Sieder/Zeidler/Dahme, WHG, 2002, § 21h WHG Rn.12). Andererseits hängt die Privilegierung nicht strikt von der Einhaltung des (sonstigen) Umweltrechts ab. Stattdessen kommt es nur darauf an, dass der Umweltgutachter bei der Prüfung keinen Verstoß gegen Umweltecht festgestellt und deshalb die Gültigkeitserklärung nicht verweigert hat. Die Frage, wieweit er nach Verstößen gegen das Umweltrecht zu suchen hat, wird dagegen (in EG-rechtskonformer Auslegung) allein durch die VO 761/2001 bestimmt (ebenso Gößl, a.a.O., § 21h WHG Rn.15).

b) Formelle Voraussetzungen

12 Was die formellen Voraussetzungen des Erlasses der Rechtsverordnung, also Zuständigkeit und Verfahren, angeht, gelten die Ausführungen in Rn.10 zu § 4. Eine Anhörung der beteiligten Kreise ist nicht vorgesehen.

3. EMAS-Privilegierungsverordnung

a) Grundlagen

13 Auf die Ermächtigung des § 58e, aber auch auf die des § 19 Abs.4, § 55a KrW-/AbfG stützt sich die „Verordnung über immissionsschutz- und abfallrechtliche Überwachungserleichterungen für nach der Verordnung (EG) Nr. 761/2001 registrierte Standorte und Organisationen" (EMAS-Privilegierungs-Verordnung – EMASPrivilegV); abgedr. in Anhang A 6. Die Verordnung wurde am 24. 6. 2002 erlassen (BGBl I 2247). Zur Auslegung der Verordnung vgl. die Amtl. Begründung der Bundesre-

Erleichterungen für auditierte Unternehmensstandorte § 58e

gierung und den Beschluss des Bundesrats (BR-Drs. 730/01). EG-rechtlich bestehen gegen die Verordnung keine Bedenken (oben Rn.6).

b) Anwendungsbereich

Die Verordnung gilt für **EMAS-Anlagen**, d.h. gem. § 1 EMASPrivilegV 14 für Anlagen, die Bestanteil einer in das amtliche Umweltaudit-Register eingetragenen Organisation sind. Gleichgestellt sind Anlagen, die Bestandteil eines Standorts iSd Vorgängerverordnung (EWG) Nr. 1836/93 sind und daher unter Art.17 VO 761/2001 fallen. Zusätzliche Voraussetzungen der Privilegierung bestehen nicht (Ewer, in: Dolde (Hg.), Umweltrecht im Wandel, 2001, 360 f). Voraussetzung ist eine wirksame Eintragung, die als Verwaltungsakt einzustufen ist, und daher, außer im Falle des § 44 VwVfG, auch dann wirksam ist, wenn sie rechtswidrig ist (Jarass, o. Lit., 314). An einer wirksamen Eintragung fehlt es, wenn die Eintragung gem. Art.6 VO 761/2001 ausgesetzt oder gestrichen wurde (Gößl, § 21h WHG Rn.13), auch wenn die EMAS-Privilegierungs-Verordnung insoweit nicht eindeutig ist und § 10 Abs.1 Nr.2 EMASPrivilegV vielleicht zu einem Umkehrschluss verleiten könnte. Da diese Regelung aber auf *nachträglich* bekannt gewordene Tatsachen beschränkt ist, ist das Nebeneinander der beiden Gründe für die Beendigung der Privilegierung nicht ohne Sinn.

c) Widerruf

Die für EMAS-Anlagen geltenden Erleichterungen entfallen, wenn sie 15 gem. § 10 EMASPrivilegV widerrufen wurden; zur Wirkung des Widerrufs auf andere Erleichterungen Jarass, o. Lit., 316. Die **Bezeichnung** als Widerruf ist allerdings in doppelter Hinsicht unglücklich: Einmal geht es nicht um die Aufhebung eines Verwaltungsakts, etwa der Eintragung in das EMAS-Verzeichnis/Register; diese wird durch den Widerruf nicht berührt. Unglücklich ist weiter, dass die Verordnung von Widerruf spricht, während in § 58e von „Rücknahme" die Rede ist. Beides ist untechnisch gemeint; insb. ist ein Widerruf möglich, unabhängig davon, ob die Eintragung in das Register ursprünglich rechtmäßig war.

Was die **Voraussetzungen** des Widerrufs angeht, so kann er zunächst 16 gem. § 10 Abs.1 Nr.1 EMASPrivilegV erfolgen, wenn der Betreiber Vorschriften des Umweltrechts verletzt, insb. einer Genehmigungsauflage oder einer nachträglichen Anordnung zuwider handelt. Weiter ist gem. § 10 Abs.1 Nr.2 EMASPrivilegV ein Widerruf möglich, wenn nachträglich Tatsachen bekannt werden, die geeignet sind, die Eintragung der Organisation in das EMAS-Register/Verzeichnis zu verweigern, auszusetzen oder zu streichen. Der Fall des Verweigerns betrifft die rechtswidrige, aber wirksame Eintragung.

In allen Fällen steht der Widerruf im **Ermessen.** Bei der Ausübung des 17 Ermessens wird insb. das Gewicht des Verstoßes bzw. der Tatsachen von Gewicht sein sowie die Relevanz für die möglichen Erleichterungen. Der Widerruf kann ganz oder teilweise erfolgen. Er kann zudem, wie § 58e S.2 entnommen werden kann, auf Dauer oder auflösend bedingt (Ausset-

§ 58e Gemeinsame Vorschriften

zung) erfolgen; die Aussetzung wird regelmäßig durch die Beseitigung bestimmter Mängel bedingt sein. Die sonstigen Erleichterungen (unten Rn.20–22) bleiben formal unberührt. Doch werden die Gründe für den Widerruf materiell in vielen Fällen ausschließen, dass von den sonstigen Erleichterungen Gebrauch gemacht wird.

d) Mögliche Erleichterungen

18 Im Einzelnen sieht die Verordnung zunächst zur **Betriebsorganisation** und zum **Betriebsbeauftragten** folgende Erleichterungen vor: Gem. § 2 EMASPrivilegV werden die Anzeige- und Mitteilungspflichten des § 52a durch die Bereitstellung des Bescheides zur Eintragung der Organisation bzw. des Standorts ersetzt (Knopp, NVwZ 01, 1100; Rn.5, 12 zu § 52a). Gem. § 3 Abs.1 EMASPrivilegV wird die Anordnung, einen Betriebsbeauftragten nach § 53 Abs.2 und nach § 58a Abs.2 im Einzelfall zu bestellen, eingeschränkt (Rn.18 zu § 53; Rn.12 zu § 58a). Zudem ist bei einer Entscheidung nach § 6 der 5. BImSchV zu berücksichtigen, dass es sich um eine EMAS-Anlage handelt (Rn.12 zu § 53). Weiter können gem. § 3 Abs.2 EMASPrivilegV Berichte nach § 54 Abs.2 und § 58b Abs.2 nicht erforderlich sein. Schließlich bestehen gem. § 3 Abs.3 EMASPrivilegV Erleichterungen bei den Anzeigen nach § 55 Abs.1 S.2 und § 58c Abs.1.

19 Erleichterungen bestehen auch bei **Ermittlungen** und **Prüfungen** sowie bei **Berichten:** In § 4 EMASPrivilegV wird im Regelfall der Zeitraum für wiederkehrende Messungen nach § 28 Abs.1 Nr.2 verlängert und deren Vornahme durch eigenes Personal ermöglicht (Lechelt GK 34a, 40bff zu § 28). Der Einsatz von eigenem Personal wird weiterhin gem. § 5f EMASPrivilegV bei Messungen nach § 12 Abs.3 der 2. BImSchV, nach § 22 Abs.1 S.1 Nr.2 der 13. BImSchV, nach § 13 Abs.2 S.2 der 17. BImSchV und § 8 Abs.3 der 20. BImSchV ermöglicht. Gleiches gilt für Funktionsprüfungen nach § 12 Abs.7 S.2 der 2. BImSchV, nach § 28 Abs.1 der 13. BImSchV, nach § 10 Abs.3 der 17. BImSchV und nach § 7 Abs.3 der 27. BImSchV sowie für sicherheitstechnische Prüfungen nach § 29a Abs.2 Nr.1 bis 4 (zu Letzterem Lechelt GK § 29a Rn.50df). Weiter wird durch § 7 EMASPrivilegV die Pflicht zur Vorlage von Berichten nach § 12 Abs.6 der 2. BImSchV, nach § 8 Abs.5 S.3 der 20. BImSchV, nach § 6 Abs.4 S.3 der 21. BImSchV und nach § 7 Abs.3 S.3, § 8 Abs.2, § 10 Abs.1 der 27. BImSchV eingeschränkt. Zudem werden durch § 8 EMASPrivilegV die Messintervalle für Messungen nach § 12 Abs.3 der 2. BImSchV jeweils um ein Jahr verlängert. Schließlich kann die Unterrichtung der Öffentlichkeit nach § 18 der 17. BImSchV durch die jeweils aktualisierte Umwelterklärung erfolgen.

4. Verordnungsunabhängige Erleichterungen

a) Sonstige explizite Erleichterungen

20 Über die in der EMAS-Privilegierungs-Verordnung vorgesehenen Erleichterungen hinaus ist eine Berücksichtigung des Umweltaudit möglich, sofern sonstige Vorschriften das ausdrücklich vorsehen. Dies ist für das

Zuständigkeit bei Anlagen der Landesverteidigungsanlagen **§ 59**

Genehmigungsverfahren in § 4 Abs.1 S.2 der 9. BImSchV und in § 11 Abs.2 der 20. BImSchV geschehen. Voraussetzung ist jeweils, dass die Anlage von einer Organisation betrieben wird, die an EMAS teilnimmt und wirksam in das Register eingetragen ist. Darüber hinaus kann das Landesrecht Privilegierungen vorsehen, soweit es um im Landesrecht festgelegte Pflichten geht. In Betracht kommen etwa Gebührenermäßigungen (vgl. Schmidt-Räntsch, NuR 2002, 203).

b) Ungeschriebene Erleichterungen

Darüber hinaus ist eine Berücksichtigung des Umwelt-Audit auch ohne explizite Regelung möglich, soweit die einschlägigen Vorschriften den zuständigen Stellen geeignete Spielräume einräumen (Jarass, o. Lit., 318). Insb. können im Rahmen eines den Vollzugsbehörden gewährten Ermessens weitere Erleichterungen zugestanden werden (BR-Drs. 730/01, S.14; Ewer, in: Dolde (Hg.), Umweltrecht im Wandel, 2001, 362). Auch ist zu beachten, dass immissionsschutzrechtliche Pflichten als Zielvorgaben ausgestaltet sein können und der Verpflichtete dann das Mittel wählen kann; in diesem Falle muss seine Entscheidung zugunsten EMAS Beachtung finden, sofern die EMAS-Teilnahme eine ausreichende Erfüllung der Pflichten darstellt. Zudem kann der Pflichtige vielfach die Gestattung eines ebenso gestatteten Austauschmittels verlangen (dazu Rn.32 zu § 17); als solches Mittel kommt ggf. auch die EMAS-Beteiligung in Betracht. Schließlich ist eine Verbindung mit der Tätigkeit des Immissionsschutzbeauftragten in gewissem Umfang möglich (Rn.16a zu § 55). 21

Soweit ungeschriebene Erleichterungen möglich sind, können sie durch **Verwaltungsvorschrift** vorgeschrieben werden. Soweit keine abschließenden Bundesregelungen getroffen sind, sind Verwaltungsvorschriften der Länder möglich. Davon wurde in erheblichem Umfang im Bereich der §§ 26 ff und der §§ 52 ff Gebrauch gemacht (vgl. Lechelt GK 158 ff). 22

§ 59 Zuständigkeit bei Anlagen der Landesverteidigung

Die Bundesregierung wird ermächtigt, durch Rechtsverordnung mit Zustimmung des Bundesrates zu bestimmen, dass der Vollzug dieses Gesetzes und der auf dieses Gesetz gestützten Rechtsverordnungen bei Anlagen, die der Landesverteidigung dienen, Bundesbehörden obliegt.[2 ff]

Übersicht

1. Bedeutung und Abgrenzung zu anderen Vorschriften 1
2. Ermächtigung zum Erlass von Rechtsverordnungen 2
   a) Verfassungsrechtliche Grundlagen 2
   b) Rechtmäßigkeit 3
3. Verordnung über Anlagen der Landesverteidigung (14. BImSchV) 6

Literatur: S. die Literatur zu § 60.

§ 59 Gemeinsame Vorschriften

1. Bedeutung und Abgrenzung zu anderen Vorschriften

1   Die Vorschrift des § 59 gestattet es, im Bereich der Landesverteidigung die Zuständigkeit für den Vollzug immissionsschutzrechtlicher Vorschriften auf Bundesbehörden zu übertragen. Im Verhältnis zu § 60 können keine Überschneidungen auftreten, da § 60 Abweichungen vom BImSchG und den darauf gestützten Rechtsverordnungen gestattet. Die Frage der Zuständigkeit ist aber (vom Fall des § 59 abgesehen) im BImSchG und den darauf gestützten Rechtsverordnungen nicht geregelt. Die Ausnahmeregelung in § 59 Abs.2 a.F. für Berlin (West) wurde durch das Gesetz vom 3. 10. 1990 (Einl.2 Nr.17) in der Sache aufgehoben (vgl. Führ GK 12; BT-Drs. 11/7824, S.6).

2. Ermächtigung zum Erlass von Rechtsverordnungen

a) Verfassungsrechtliche Grundlagen

2   Wenn § 59 die Möglichkeit eröffnet, abweichend von der eigentlich gem. Art.30, 83 ff GG gegebenen Verwaltungszuständigkeit der Länder (Einl.53) mit dem Vollzug des BImSchG im Bereich der Landesverteidigung Bundesbehörden zu betrauen, so wirft das verfassungsrechtliche Fragen auf: Art.84 Abs.1 GG bietet dafür keine Grundlage, da diese Vorschrift dem Bund (mit Zustimmung des Bundesrats) zwar die Möglichkeit einer Zuständigkeitsregelung im Bereich des BImSchG eröffnet, aber nur innerhalb der Landesbehörden (Führ GK 18; Lerche, in: Maunz/Dürig, GG, Art.84 Rn.28; Einl.53; a.A. Hansmann LR 3). Ob § 59 auf Art.87b Abs.2 GG gestützt werden kann, ist umstritten (dafür Führ GK 19; Vallendar FE 3; Gallas/Eisenbarth, UPR 1986, 418; dagegen Laubinger UL B 9; Hansmann LR 3; Lechelt GK 50 zu § 52). Für sich betrachtet und bei restriktiver Interpretation könnte die Regelung des § 59 der Verteidigung dienen (Führ GK 21; Hernekamp, in: v.Münch/Kunig, GG, Art.87b Rn.16). Voraussetzung ist, dass die Bundeszuständigkeit aus Gründen der Verteidigung wirklich erforderlich ist (Führ GK 21). Alternativ wird die Grundlage des § 59 in einer Bundeskompetenz kraft Sachzusammenhangs bzw. in einer Annexkompetenz zu Art.87b Abs.1 (vgl. Einl.54) gesehen (Laubinger UL B 11; Scheidler FE 11). In diesem Falle gilt erst recht, dass die Ermächtigung des § 59 auf solche Fälle beschränkt werden muss, in denen die Bundeszuständigkeit für eine wirksame Aufgabenerfüllung unerlässlich ist (Laubinger UL B 11; i.E. BT-Drs. 7/179, 58; zu einem Parallelfall BVerwG, DVBl 1997, 954).

b) Rechtmäßigkeit

3   Die Sonderregelung der Zuständigkeit ist nur bei **Anlagen der Landesverteidigung** möglich. Was den Kreis dieser Anlagen betrifft, gelten die Ausführungen in Rn.3f zu § 60. Insb. müssen die Anlagen unmittelbar der Landesverteidigung dienen. Die restriktive Interpretation dieser Norm ist auch wegen der verfassungsrechtlichen Situation (oben Rn.2) geboten (Führ GK 28). Dagegen ist unsicher, ob zudem ein besonderes Geheim-

haltungsinteresse bestehen muss (so Führ GK 29); immerhin wurde in der Amtl. Begründung (BT-Drs. 7/179, S.47) darauf abgehoben. Keine Rolle spielt, ob die Anlage von deutschen oder ausländischen Stellen unterhalten wird (vgl. unten Rn.7).

Zum **Gesetzesvollzug** gehören alle behördlichen Aufgaben zur **4** Durchführung des BImSchG und der darauf gestützten Rechtsverordnungen, insb. die Erteilung von Genehmigungen, der Erlass von Anordnungen und sonstige Überwachungsmaßnahmen (Scheidler FE 13). Mit dieser Aufgabe können Bundesbehörden betraut, d.h. für zuständig erklärt werden. Dafür sollen nur bestehende, nicht aber erst zu errichtende Bundesbehörden in Betracht kommen (Hansmann LR 16: Voraussetzungen des Art.87 Abs.3 GG liegen nicht vor). Räumlich gilt § 59 für ganz Deutschland (Führ GK 32); vgl. oben Rn.1.

Als Betrauung von Bundesbehörden mit dem Gesetzesvollzug ist es auch **5** anzusehen, wenn Bundeseinrichtungen eine **(unechte) Eigenüberwachung** in Fällen zugestanden wird, in denen bei Privaten die Überwachung durch staatliche Stellen vorgenommen wird. In diesem Falle findet keine Regelung im Bereich der echten Eigenüberwachung statt, vielmehr nimmt die Bundeseinrichtung eine Aufgabe der behördlichen Überwachung wahr; zum Unterschied von Eigenüberwachung und behördlicher Überwachung vgl. Rn.1 zu § 52. Daher regelt § 17 der 1. BImSchV die Zuständigkeit (Laubinger UL C 29; Vallendar FE 5), was Probleme aufwirft, weil die 1. BImSchV nicht auf § 59 gestützt wurde. Was die Bundeswehr angeht, wird allerdings § 17 Abs.1 Nr.2 durch § 1 Abs.1 der 14. BImSchV abgedeckt (Vallendar FE 5). Als Zuständigkeitsregelung auch Vorgaben zur Duldung der behördlichen Überwachung anzusehen.

3. Verordnung über Anlagen der Landesverteidigung (14. BImSchV)

Auf die Ermächtigung des § 59 Abs.1, aber auch die des § 10 Abs.1 **6** stützt sich die **„Verordnung über Anlagen der Landesverteidigung"** (14. BImSchV); abgedr. mit Literaturhinweisen in Anhang A 14. Die Verordnung erging am 9. 4. 1986 (BGBl I 380). Zur Auslegung der Verordnung vgl. die Amtliche Begründung der Bundesregierung und die Stellungnahme des Bundesrats (BR-Drs. 34/86). Zum Vollzug der Verordnung hat das Bundesministerium für Verteidigung am 12. 1. 1987 allgemeine Bestimmungen als Verwaltungsvorschriften erlassen (abgedr. bei UL A 14.1; zum Inhalt Führ GK 39 ff).

Inhaltlich überträgt die Verordnung in § 1 Abs.1 die Zuständigkeit für **6a** den Vollzug zahlreicher Normen des BImSchG sowie für alle Normen der auf dieses Gesetz gestützten Rechtsverordnungen auf Bundesbehörden; zu den (gewichtigen) Ausnahmen unten Rn.8. Die Übertragung der Zuständigkeit von Bundesbehörden für den Vollzug des § 55 Abs.1 S.2 gilt auch für den Störfallbeauftragten. Der Bundesminister für Verteidigung hat durch Erlass vom 12. 1. 1987 (oben Rn.6) die Wehrbereichsverwaltungen als die zuständigen Bundesbehörden festgelegt (zu den Bedenken gegen

§ 60 Gemeinsame Vorschriften

die Übertragung Laubinger UL C 33); lediglich die Verfolgung von Ordnungswidrigkeiten liegt beim Bundesminister für Verteidigung selbst. Der Erlass enthält des weiteren Vorgaben für den Vollzug des Immissionsschutzrechts im Bereich der Landesverteidigung.

7 Der **Anwendungsbereich** der Übertragung erfasst gem. § 1 Abs.1 Nr.1 der 14. BImSchV alle Anlagen der Bundeswehr (nicht des Bundesgrenzschutzes), soweit sie unmittelbar der Landesverteidigung dienen (dazu oben Rn.3 und Rn.3 zu § 60). Unbewegliche Anlagen müssen sich zudem in einem militärischen Sicherheitsbereich befinden. Die These, alle Anlagen in militärischen Sicherheitsbereichen würden erfasst (Scheidler FE 17; a.A. Repkewitz, 1999, Lit. zu § 60, 262f; Bentmann, Lit. zu § 60, 70f), widerspricht dem Wortlaut des § 1 Abs.1 der 14. BImSchV und der Reichweite der Ermächtigung des § 59 (oben Rn.3). Bewegliche Anlagen, zu denen nicht die Fahrzeuge gehören, soweit sie § 38 unterliegen (näher Rn.73 zu § 3), werden auch außerhalb militärischer Sicherheitsbereiche erfasst, jedoch nur insoweit, als sie zu Übungen und Manövern eingesetzt werden (Führ GK 96). Des Weiteren gilt die 14. BImSchV gem. § 1 Abs.2 dieser Verordnung bei Anlagen von Truppen anderer Staaten, die auf Grund völkerrechtlicher Verträge in der Bundesrepublik Deutschland stationiert sind. Die Beschränkung auf unmittelbar der Landesverteidigung dienende Anlagen muss auch hier gelten (Führ GK 98f). § 1 Abs.1 der 14.BImSchV gilt gem. Art.3 der Anlage I Kap. XII Sachgeb.A Abschn. III Nr.5 des Einigungsvertrags vom 31. 8. 1990 (BGB. II 889/1115) nicht im Gebiet der früheren DDR. Zu Berlin/West vgl. oben Rn.1.

8 **Keine Übertragung** von Vollzugsaufgaben auf Bundesbehörden hat in folgenden Fällen stattgefunden: Beim Genehmigungsverfahren, bei der Entgegennahme der Emissionserklärung gem. § 27, bei der Entgegennahme der Anzeige gem. § 15 Abs.1 (Anlagenänderung), der Anzeige gem. § 15 Abs.3 (Anlagenstilllegung), der Anzeigen gem. § 52 a Abs.2, der Anzeige gem. § 67 Abs.2 und der Anzeige gem. § 67a Abs.1 (Scheidler FE 21). Schließlich hat keine Übertragung außerhalb des anlagenbezogenen Immissionsschutzes stattgefunden, also im Bereich der §§ 33–48a (Scheidler FE 21). In allen diesen Fällen sind die Landesbehörden zuständig, die auch hoheitliche Maßnahmen gegenüber der Bundeswehr treffen können (Rn.16f zu § 2; a.A. Scheidler FE 22).

§ 60 Ausnahmen für Anlagen der Landesverteidigung

(1) **Das Bundesministerium der Verteidigung kann für Anlagen nach § 3 Abs.5 Nr.1 und 3, die der Landesverteidigung dienen, in Einzelfällen, auch für bestimmte Arten von Anlagen, Ausnahmen von diesem Gesetz und von den auf dieses Gesetz gestützten Rechtsverordnungen zulassen, soweit dies zwingende Gründe der Verteidigung oder die Erfüllung zwischenstaatlicher Verpflichtungen erfordern.**[2 ff] **Dabei ist der Schutz vor schädlichen Umwelteinwirkungen zu berücksichtigen.**[8]

(2) **Die Bundeswehr darf bei Anlagen nach § 3 Abs.5 Nr.2, die ihrer Bauart nach ausschließlich zur Verwendung in ihrem Bereich bestimmt sind, von den Vorschriften dieses Gesetzes und der auf dieses Gesetz gestützten Rechtsverordnungen abweichen, soweit dies zur Erfüllung ihrer besonderen Aufgaben zwingend erforderlich ist.**[11ff] **Die auf Grund völkerrechtlicher Verträge in der Bundesrepublik Deutschland stationierten Truppen dürfen bei Anlagen nach § 3 Abs.5 Nr.2, die zur Verwendung in deren Bereich bestimmt sind, von den Vorschriften dieses Gesetzes und der auf dieses Gesetz gestützten Rechtsverordnungen abweichen, soweit dies zur Erfüllung ihrer besonderen Aufgaben zwingend erforderlich ist.**[15ff]

Übersicht

1. Allgemeines zu den Sonderregelungen im Bereich der Streitkräfte 1
2. Ortsfeste Anlagen deutscher Stellen (Abs.1) 2
   a) Konstitutive Ausnahmeentscheidung 2
   b) Anwendungsbereich 3
   c) Materielle Voraussetzungen 5
   d) Ermessen und Nebenbestimmungen 8
   e) Zuständigkeit und Verfahren 9
   f) Rechtsschutz 10
3. Ortsveränderliche Anlagen deutscher Stellen (Abs.2 S.1) 11
   a) Ausnahmen kraft Gesetzes 11
   b) Anwendungsbereich 12
   c) Zulässige Ausnahmen 14
4. Stationierungsstreitkräfte 15
   a) Grundsätzliche Geltung des Immissionsschutzrechts 15
   b) Ausnahmen 20

Literatur: *Scheidler,* Nato-Truppenübungsplätze zwischen Staatenimmunität und Gebietshoheit, 2003; *Scheidler,* Der Bestandsschutz für Anlagen und Einrichtungen der Stationierungsstreitkräfte nach Art.21b HG-NTS, UPR 2003, 213; *Repkewitz,* Bundeswehr und Umweltschutz, 1999; *Schröders,* Bundeswehr und Immissionsschutz, Bundeswehrverwaltung 1997, 204; *Bentmann,* Immissionsschutzrecht und militärische Anlagen, 1993; *Repkewitz,* Sowjetische Truppen und deutsches Verwaltungsrecht, VerwArch 1991, 403; *Heitmann,* Die Benutzung von Liegenschaften durch ausländische Streitkräfte in der Bundesrepublik Deutschland, NJW 1989, 432; *Koch-Sembdner,* Baumaßnahmen der Gaststreitkräfte aus der Sicht der Betreuungsverwaltung, VerwArch 1988, 462; *Ebsen,* Militärische Bodennutzung, 1988; *Gallas/Eisenbarth,* Immissionsschutz und Landesverteidigung, UPR 1986, 417; *Deiseroth,* US-Truppen und deutsches Recht, Melsungen 1986; *Ronellenfitsch,* Zum Rechtsschutz bei Baumaßnahmen der Stationierungsstreitkräfte, VerwArch 1985, 317.

1. Allgemeines zu den Sonderregelungen im Bereich der Streitkräfte

Das BImSchG gilt für Anlagen jeglicher Art, insb. auch für hoheitlich **1** betriebene Anlagen (näher Rn.15–17 zu § 2). Daher erfasst es auch Anla-

§ 60 Gemeinsame Vorschriften

gen der Landesverteidigung (OVG NW, NVwZ 1989, 982; Laubinger UL C 12; Gallas/Eisenbarth, UPR 1986, 417). Im Hinblick auf diese Anlagen erlaubt jedoch § 60 Abs.1, 2 Abweichungen von den Vorgaben des BImSchG. Die Einschränkung in § 60 Abs.3 a. F. wurde in der Sache 1990 aufgehoben (Einl.2 Nr.17). Darüber hinaus können Sonderregelungen in Rechtsverordnungen gem. § 10 Abs.11 und gem. § 59 vorgesehen werden. In den neuen Bundesländern und in Berlin (Ost) gilt das BImSchG seit dem In-Kraft-Treten des Einigungsvertragsgesetzes, also seit dem 3. 10. 1990 (näher Rn.1 zu § 67 a); zum In-Kraft-Treten der Rechtsverordnungen Rn.7 zu § 59 und Rn.2 zu § 67 a. Zu den auf Grund völkerrechtlicher Verträge in Deutschland stationierten ausländischen Streitkräften unten Rn.15–21.

2. Ortsfeste Anlagen deutscher Stellen (Abs.1)

a) Konstitutive Ausnahmeentscheidung

2   Ein Abweichen von den materiellen Regeln ist im Rahmen des Abs.1 nicht schon auf Grund Gesetzes möglich. Vielmehr muss die Abweichung vorher durch das Bundesministerium für Verteidigung zugelassen werden. Die Gestattung von Ausnahmen erfolgt nicht in Form einer Rechtsverordnung, wie dies das Gesetz bei §§ 10 Abs.11, 59 ausdrücklich vorsieht. Der begrenzten Reichweite (dazu unten Rn.6) entsprechend handelt es sich eher um Einzelfallentscheidungen. Da die Ausnahmen auch die subjektiven Rechte der Nachbarn, soweit sie sich auf das BImSchG stützen, verkürzen können, sind sie als **Verwaltungsakte** einzustufen (OVG NW, FE-ES, § 60–1, 2; OVG NW, NVwZ-RR 1990, 175; Scheidler FE 16; Hansmann LR 20; Engelhardt, NuR 1992, 110; Führ GK 28).

b) Anwendungsbereich

3   Gem. Abs.1 können Abweichungen von den Vorschriften des Immissionsschutzrechts bei ortsfesten Anlagen iSd § 3 Abs.5 Nr.1, 3 (dazu Rn.69f, 74–77 zu § 3) zugelassen werden, soweit sie der **Landesverteidigung dienen.** Diese Voraussetzung ist im Hinblick auf die Entstehungsgeschichte und den Zweck der Vorschrift eng auszulegen (Gallas/Eisenbarth, UPR 1986, 419; Hansmann LR § 59 Rn.13), zumal der Begriff in § 59 nicht anders ausgelegt werden kann (vgl. Rn.3 zu § 59). Es werden daher nur solche Anlagen erfasst, die zur Wahrung von Aufgaben der Landesverteidigung **unbedingt** erforderlich sind und **unmittelbar zu diesem Zweck** errichtet und betrieben werden (Hansmann LR 8; Laubinger UL C 3; Führ GK 13). Ein unmittelbarer Bezug zur Landesverteidigung ist etwa bei Waffen, Truppenübungsplätzen, Munitionsdepots und Schießständen sowie bei Einrichtungen, deren Standort und Ausführung aus Gründen der Landesverteidigung besonderer Geheimhaltung bedürfen, gegeben. Bei Anlagen der Bundeswehrverwaltung (Art.87 b Abs.1 GG) und der sonstigen Verteidigungsverwaltung (Art.87 b Abs.2 GG), etwa bei Bürogebäuden, Unterkünften, Schulungsgebäuden, Krankenhäusern etc.

ist das regelmäßig nicht der Fall (Führ GK § 59 Rn.30; Scheidler FE § 59 Vorb. 4; Engelhardt/Schlicht § 59 Rn.3). Gleiches gilt für Anlagen zum Schutze der Zivilbevölkerung (Henkel, Der Anlagenbegriff des BImSchG, 1989, 173). Soweit eine militärische Anlage zu nicht militärischen Zwecken genutzt wird, kommt § 60 nicht zum Tragen (OVG NW, FE-ES, § 60–1, 11 f).

Als **Träger** der Anlage kommen nur die Bundeswehr und die Statio- 4 nierungsstreitkräfte (zu ihnen unten Rn.15 f) in Betracht, nicht hingegen der Bundesgrenzschutz (Laubinger UL C 3; Führ GK 13; Scheidler § 59 Rn.6; a. A. Hansmann LR § 59 Rn.15). Zum räumlichen Anwendungsbereich oben Rn.1.

c) Materielle Voraussetzungen

Abs.1 gestattet Ausnahmen von den **Anforderungen des BImSchG** 5 sowie von den Anforderungen der auf das BImSchG gestützten Rechtsverordnungen. Gemeint sind damit auch die Vorschriften zur Genehmigungsbedürftigkeit (Hansmann LR 10; Scheidler FE 8; a. A. Führ GK 19), nicht jedoch zur Ausgestaltung des Genehmigungsverfahrens (Laubinger UL C 7; a. A. Hansmann LR 10). Insoweit enthält § 10 Abs.11 eine Sonderregelung. Erfasst wird auch die Regelung des § 67 Abs.2 (Scheidler FE 9). Nicht unter § 60 fallen alle Regelungen, die die Zuständigkeit der Behörden betreffen (Hansmann LR 10; Laubinger UL C 7; Feldhaus FE 2). Dazu enthält das BImSchG mit Ausnahme des § 59 keine Regelung (näher Rn.1 zu § 59). Abs.1 erlaubt daher Ausnahmen von allen, vom Anlagenbetreiber zu beachtenden Anforderungen des BImSchG, soweit es nicht um die Ausgestaltung des Genehmigungsverfahrens geht. Dazu gehören die Vorschriften über die (echte) Eigenüberwachung, nicht jedoch Regelungen der unechten Eigenüberwachung; näher dazu Rn.5 zu § 59. Ebenso wenig kann auf der Grundlage des § 60 Abs.1 von der Pflicht, Überwachungsmaßnahmen zu dulden, dispensiert werden; auch hier liegt eine versteckte Zuständigkeitsregelung vor (Laubinger UL C 7). Von den von § 6 Abs.1 Nr.2 erfassten Vorschriften kann *auf Grund von § 60* nicht dispensiert werden (Führ GK 15).

Eine Ausnahme darf nur gemacht werden, wenn dies durch **zwingende** 6 **Gründe der Verteidigung** geboten ist (Führ GK 20). Von zwingenden Gründen lässt sich nur dann sprechen, wenn die entsprechenden Ziele durch andere Maßnahmen nicht sichergestellt werden können (Führ GK 21). Zur Frage eines Beurteilungsspielraums unten Rn.10. Weiter können Ausnahmen gemacht werden, wenn dies zur **Erfüllung** einer **zwischenstaatlichen Verpflichtung** erforderlich ist. Die Verpflichtung kann auf völkerrechtlichen Verträgen, insb. auch auf Verwaltungsabkommen, beruhen. In Betracht kommt auch Völkergewohnheitsrecht (Führ GK 22), was aber praktisch kaum bedeutsam werden dürfte. Bedeutung haben v. a. die Verträge im Nato-Bereich (dazu unten Rn.16). Die Ausnahme muss zur Erfüllung der Verpflichtungen zwingend erforderlich sein.

§ 60   Gemeinsame Vorschriften

7   Außerdem sind Ausnahmen nach dem Wortlaut des Gesetzes nur in **Einzelfällen** möglich, können allerdings andererseits auch „bestimmte Arten von Anlagen" betreffen. Mit dem Terminus „in Einzelfällen" dürfte daher gemeint sein, dass Ausnahmen nur in untypischen Fallgruppen möglich sind (noch restriktiver Scheidler FE 14). Damit wird die Voraussetzung der zwingenden Erforderlichkeit nochmals betont.

d) Ermessen und Nebenbestimmungen

8   Liegen die Voraussetzungen einer Ausnahme vor, dann steht ihre Erteilung im behördlichen **Ermessen;** näher zu den Ermessensfehlern vgl. Rn.48 zu § 17. Die Behörde muss im Rahmen der Abwägung gem. Abs.1 S.2 insb. den Schutz vor schädlichen Umwelteinwirkungen berücksichtigen. Wegen der Voraussetzung der zwingenden Erforderlichkeit (oben Rn.6) sind Ausnahmen strikt zu verstehen; wird etwa vom Erfordernis des Genehmigungsverfahrens befreit, sind die (sonstigen) materiellen Vorgaben gleichwohl in vollem Umfang zu beachten (BVerwGE 112, 274/285). Zudem kann die Ermächtigung des § 60 nicht zur Anwendung kommen, wenn es zu (dauerhaften) gesundheitsgefährdenden Einwirkungen kommt (BVerwGE 88, 210/217 = NVwZ 1991, 886; Scheidler FE 15).

8 a   Für **Nebenbestimmungen** gilt § 36 Abs.1, 2 VwVfG; Nebenbestimmungen können insb. für die Zwecke des Abs.1 S.2 sinnvoll sein (Hansmann LR 17). Gem. § 60 Abs.1 S.2 sind die Auswirkungen der Ausnahme auf die gesetzlichen Schutzziele zu ermitteln und den Verteidigungsbelangen gegenüberzustellen (Führ GK 25). Durch Nebenbestimmungen ist dann dem Schutz vor schädlichen Umwelteinwirkungen ausreichend Rechnung zu tragen,

e) Zuständigkeit und Verfahren

9   Zuständig zur Erteilung einer Ausnahme ist allein das Bundesministerium der Verteidigung, nicht eine nachgeordnete Dienststelle (Laubinger UL C 48). Eine Beteiligung des Bundesministeriums für Umwelt, Naturschutz und Reaktorsicherheit ist, anders als in § 38 S.3, 4 und in § 39, nicht vorgesehen; vgl. aber § 70 GGO. Soll eine Ausnahme von nachbarschützenden Vorschriften erteilt werden, sind die Nachbarn von der Einleitung des Verfahrens zu benachrichtigen und gem. § 28 VwVfG anzuhören (Laubinger UL C 49; Führ GK 31). Über die Erteilung der Ausnahme ist die Genehmigungsbehörde zu informieren (§ 2 Abs.1 der 14. BImSchV).

f) Rechtsschutz

10   Betroffene Nachbarn können die Ausnahme anfechten (OVG NW, NVwZ-RR 1990, 175; Führ GK 32; Laubinger UL C 51). Ein Widerspruchsverfahren ist gem. § 68 Abs.1 S.2 Nr.1 VwGO nicht erforderlich (Führ GK 32; Scheidler FE 18). Hinsichtlich der Frage, ob die Ausnahme durch zwingende Gründe der Verteidigung geboten ist (oben Rn.6), soll dem Bundesminister für Verteidigung ein Beurteilungsspielraum zuste-

Ausnahmen für Anlagen der Landesverteidigung § 60

hen (OVG NW, NVwZ-RR 1990, 177; Laubinger UL C 52; diff. Führ GK 33).

3. Ortsveränderliche Anlagen deutscher Stellen (Abs.2 S.1)

a) Ausnahmen kraft Gesetzes

Abs.2 ermächtigt nicht zu einer Beschränkung der Geltung des BImSchG 11
wie Abs.1, sondern nimmt die Beschränkung selbst vor, beschränkt also den Anwendungsbereich des BImSchG. Der Erlass eines Verwaltungsakts wie im Bereich des Abs.1 (oben Rn.2) ist nicht notwendig (Schindler FE 24). Auch die Wahrnehmung der Abweichmöglichkeit stellt nicht notwendig einen *Rechtsakt* dar (Hansmann LR 30). Innerhalb der Bundeswehr steht sei demjenigen zu, der über Errichtung und Betrieb der jeweiligen Anlage zu entscheiden hat (Führ GK 46; vgl. Hansmann LR 29), soweit keine anderen Zuständigkeitsvorgaben bestehen. Die Wahrnehmung der Abweichmöglichkeiten ist an sich nicht gerichtlich angreifbar (teilweise anders Laubinger UL D 22). Wird jedoch durch eine ortsveränderliche Einrichtung der Bundeswehr gegen drittschützende Vorschriften des BImSchG verstoßen, ohne dass dies durch § 60 Abs.2 gedeckt ist, so können betroffene Nachbarn wegen der Verletzung der drittschützenden Norm Klage erheben (Hansmann LR 32).

b) Anwendungsbereich

Abs.2 gilt für die von der Bundeswehr genutzten **ortsveränderlichen** 12
technischen Einrichtungen (dazu Rn.72 zu § 3). Zu den Einrichtungen der Stationierungsstreitkräfte unten Rn.15–21. Wegen der Einschränkung des § 3 Abs.5 Nr.2 werden Fahrzeuge, soweit sie § 38 unterliegen (dazu Rn.8f zu § 38), nicht erfasst, da sie keine Anlagen sind (Führ GK 39; Hansmann LR 23). Für sie gelten die Vorschriften des BImSchG ohne Einschränkung (vgl. allerdings Rn.73 zu § 3). Zu den Fahrzeugen der Stationierungsstreitkräfte unten Rn.20.

Zugunsten der Bundeswehr greift Abs.2 S.1 nur ein, wenn die Anlagen 13
ihrer Bauart nach **ausschließlich zur Verwendung im Bereich der Bundeswehr bestimmt** sind und sich in ihrer Konstruktion, Ausführung und Funktionsweise deutlich von entsprechenden Anlagen im Zivilbereich unterscheiden (Gallas/Eisenbarth, UPR 1986, 420; Führ GK 41; Feldhaus FE 4).

c) Zulässige Ausnahmen

Abs.2 gestattet Abweichungen von den Anforderungen des BImSchG 14
und der darauf gestützten Rechtsverordnungen; näher dazu oben Rn.5. Abweichungen sind des Weiteren nur zulässig, soweit dies „zwingend erforderlich ist", d. h. insoweit als die Anlagen ohne die Abweichung von immissionsrechtlichen Vorschriften nicht sinnvoll genutzt werden können. Die Notwendigkeit höherer Aufwendungen rechtfertigt keine Abweichungen (Führ GK 43; Hansmann LR 27; vgl. auch oben Rn.6). Auch ist der Schutz vor schädlichen Umwelteinwirkungen zu berücksichtigen, ob-

wohl eine Abs.1 S.2 entsprechende ausdrückliche Regelung fehlt (Schindler FE 23; Hansmann LR 27; Laubinger UL D 17).

4. Stationierungsstreitkräfte

a) Grundsätzliche Geltung des Immissionsschutzrechts

15   **aa)** Das BImSchG erstreckt seinen Anwendungsbereich auch auf die Einrichtungen anderer Staaten in der Bundesrepublik Deutschland. Anderenfalls wäre die auf ausländische Truppen bezogene Ausnahme des Abs.2 S.2 unverständlich. Einschränkend ist allerdings der allgemeine Grundsatz des Völkerrechts der Staatenimmunität zu beachten, wonach im Einverständnis stationierte Streitkräfte anderer Staaten in verfahrensrechtlicher Hinsicht der deutschen Hoheitsgewalt entzogen sind (BVerfGE 77, 170/ 208 = NJW 1988, 1651). Sie sind daher **weder der deutschen Gerichtsbarkeit noch sonstigen deutschen Hoheitsakten unterworfen** (OVG NW, NuR 1990, 135; HessVGH, NJW 1984, 2055 f; Gallas/ Eisenbarth, UPR 1986, 424; Führ GK 52 zu § 59), soweit nicht durch völkerrechtlichen Vertrag anderes vorgesehen ist. Drittbetroffene können allerdings deutsche Behörden zur Geltendmachung ihres Einflusses gerichtlich zwingen (HessVGH, NJW 1986, 677; Koch-Sembdner, VerwArch 1988, 489; Führ GK 93 zu § 59); i. ü. sind sie auf Entschädigungsansprüche gegenüber der Bundesrepublik Deutschland beschränkt (HessVGH, NJW 1984, 2056).

16   Diese Ausgangslage ist für den Nato-Bereich und damit für den praktisch allein bedeutsamen Bereich durch völkerrechtliche Vereinbarungen zugunsten der Durchsetzung des Umweltschutzes geändert worden. Rechtsgrundlagen sind das NATO-Truppenstatut (NTS) vom 19. 6. 1951 (BGBl 1961 II 1183), das Zusatzabkommen zum Truppenstatut (ZA-NTS) vom 3. 8. 1959 (BGBl 1961 II 1183) und das Gesetz zum NATO-Truppenstatut (NTSG) vom 18. 8. 1961 (BGBl 1961 II 1183). Das Zusatzabkommen wurde durch die Änderung vom 18. 3. 1993 (BGBl 1993 II 2594) erheblich umgestaltet (Burkhardt/Granow, NJW 1995, 424 ff). Gem. Art.II NTS haben die Streitkräfte das nationale Recht zu beachten, soweit in dem Abkommen nicht anderes vorgesehen ist (Scheidler FE § 59 Vorb.9). Zudem verpflichtet Art.54A Abs.1 ZA-NTS dazu, dem Anliegen des Umweltschutzes Rechnung zu tragen. Dies hat zur Folge, dass das Immissionsschutzrecht auf die Stationierungsstreitkräfte wie auf deutsche Streitkräfte anzuwenden ist (Führ GK 79 zu § 59). Das entspricht dem Regelungskonzept des § 67 Abs.2 (näher Scheidler, UPR 2003, 214 ff).

17   Soweit Verwaltungsakte gegenüber den Stationierungsstreitkräften zu erlassen wären, ergehen sie gegen die deutschen Behörden, die die Stationierungsstreitkräfte gem. Art. 53 A ZA-NTS in **Verfahrensstandschaft** vertreten (Scheidler § 59 Vorb.12). Die Verfahrensstandschaft kann man als die Befugnis definieren, im eigenen Namen ein Verwaltungsverfahren über ein fremdes Recht zu führen (Scheidler FE § 59 Vorb.13). Zuständige

Ausnahmen für Anlagen der Landesverteidigung **§ 60**

Behörden sind die Bundesvermögensämter bzw. die Staatlichen Hochbauämter oder in bestimmten Fällen die Wehrbereichsverwaltungen (Scheidler FE § 59 Vorb.14). Die Stationierungsstreitkräfte sind daran gem. Art.53 A Abs.3 ZA-NTS gebunden; eine Vollstreckung ist allerdings ausgeschlossen (Führ GK 76 a f). Kommt es zu einem Gerichtsverfahren, treten die betreffenden Behörden in Prozessstandschaft für die Stationierungsstreitkräfte auf, die an die Entscheidung gem. Art.53 Abs.3 S.1 ZA-NTS und § 21 c Abs.2 NTSG gebunden sind (Scheidler FE § 59 Vorb.42).

bb) Baumaßnahmen, also Maßnahmen, die mit einer baulichen Tätigkeit verbunden sind, werden in Art.49 ZA-NTS geregelt (Scheidler FE § 59 Vorb.20, 24); darunter fallen die meisten Fälle einer Errichtung oder Änderung von Anlagen. Solche Maßnahmen werden entweder gem. Art.49 Abs.2 ZA-NTS im sog. *Auftragsbauverfahren* durch deutsche Stellen errichtet (dazu Scheidler FE § 59 Vorb.28 f). Dann gelten in vollem Umfang, auch hinsichtlich der Vollstreckung, die Regelungen, die für die Errichtung deutscher Anlagen der Landesverteidigung zum Tragen kommen (Führ GK 60). Unter der Voraussetzung des Art.49 Abs.3 ZA-NTS kann die Errichtung unmittelbar durch die Stationierungsstreitkräfte im sog. *Truppenbauverfahren* erfolgen (dazu Führ GK 61 zu § 59; Scheidler FE 30 ff). Auch insoweit sind gem. Art.49 Abs.3 S.2 ZA-NTS die deutschen Bau- und Umweltschutzvorschriften und damit auch das Immissionsschutzrecht anzuwenden (Scheidler FE 32). Das gilt auch für instrumentelle Regelungen, wie die Genehmigungspflicht (Führ GK 61 a zu § 59); doch kommt insoweit die Verfahrensstandschaft deutscher Behörden zum Tragen (Scheidler FE § 59 Vorb.34; oben Rn.17). Altanlagen, die ohne Genehmigung errichtet wurden, sind gem. Art.21 b Abs.2 NTSG anzuzeigen und entspr. § 67 Abs.2 zu behandeln, wie Art.21 b Abs.3 NTSG entnommen werden kann (näher Scheidler, o. Lit. 2003, 171 ff). 18

Alle Maßnahmen, die keine Baumaßnahmen sind, insb. der **Betrieb ortsfester Anlagen,** werden von den Regelungen in Art.53 ZA-NTS für den *Betrieb von Liegenschaften* erfasst, die an Stationierungsstreitkräfte zur ausschließlichen Nutzung überlassen wurden (dazu Führ GK 74 ff zu § 59; Scheidler FE 35 ff). Insoweit ist gem. Art.53 Abs.1 S.2 ZA-NTS deutsches Recht dann anzuwenden, soweit die Aktivitäten „voraussehbare Auswirkungen auf die Rechte Dritter oder auf umliegende Gemeinden und die Öffentlichkeit im Allgemeinen haben"; die 2. Alt. des Art.53 Abs.1 S.2 ZA-NTS ist (derzeit) ohne Anwendungsfall (Scheidler FE § 59 Vorb.38). Treten solche Auswirkungen auf, so sind gem. Art.53 A Abs.1 ZA-NTS auch Genehmigungen einzuholen und gem. Art.53 A Abs.2 ZA-NTS nachträgliche Anordnungen etc. möglich. Die Stationierungsstreitkräfte werden von deutschen Stellen gem. Art.53 A Abs.1 ZA-NTS und Art.21 c NTSG in Verfahrens- und Prozessstandschaft vertreten. 19

cc) Des Weiteren bestehen Sonderregelungen für die Beschaffenheit und den Betrieb von **Verkehrsfahrzeugen** in Art.54 B ZA-NTS (näher dazu Führ GK 78 ff zu § 59). 20

b) Ausnahmen

21 Die gem. **Abs.**1 möglichen Einschränkungen gelten auch zugunsten der ausländischen Streitkräfte, soweit sie der Landesverteidigung dienen (OVG NW, NuR 1990, 136) und die Landesverteidigung im Rahmen einer Abwägung Vorrang vor dem Schutz vor Immissionen hat (Gallas/ Eisenbarth, UPR 1986, 419; vgl. BVerfGE 77, 170/226 = NJW 1988, 1651). Darüber hinaus können die ausländischen Streitkräfte von Vorgaben des deutschen Rechts gem. **Abs.**2 **S.**2 abweichen, soweit das zur Erfüllung ihrer besonderen Aufgaben zwingend erforderlich ist (vgl. dazu oben Rn.6); die für die Bundeswehr geltende Beschränkung auf Anlagen bestimmter Bauart (oben Rn.13) gilt hier nicht.

§ 61 *(aufgehoben)*

1 § 61 enthielt eine Verpflichtung der Bundesregierung, alle vier Jahre über die Entwicklung des Immissionsschutzes dem Bundestag zu berichten (näher Jarass, BImSchG, 4. Aufl. 1999, § 61 Rn.1 ff). Die Verpflichtung wurde 2001 aufgehoben (Einl.2 Nr.34), weil § 11 des UmweltinformationsG die Bundesregierung verpflichtet, alle vier Jahre über den Zustand der Umwelt insgesamt zu berichten (BT-Drs. 14/5750, 132).

§ 62 Ordnungswidrigkeiten

(1) **Ordnungswidrig handelt, wer vorsätzlich oder fahrlässig**
1. **eine Anlage ohne die Genehmigung nach § 4 Abs.1 errichtet,**[12]
2. **einer auf Grund des § 7 erlassenen Rechtsverordnung oder auf Grund einer solchen Rechtsverordnung erlassenen vollziehbaren Anordnung zuwiderhandelt, soweit die Rechtsverordnung für einen bestimmten Tatbestand auf diese Bußgeldvorschrift verweist,**[14]
3. **eine vollziehbare Auflage nach § 8a Abs.2 Satz 2 oder § 12 Abs.1 nicht, nicht richtig, nicht vollständig oder nicht rechtzeitig erfüllt,**[17]
4. **die Lage, die Beschaffenheit oder den Betrieb einer genehmigungsbedürftigen Anlage ohne die Genehmigung nach § 16 Abs.1 wesentlich ändert,**[13]
5. **einer vollziehbaren Anordnung nach § 17 Abs.1 Satz 1 oder 2, jeweils, auch in Verbindung mit Abs.5, § 24 Satz 1, § 26 Abs.1, § 28 Satz 1 oder § 29 nicht, nicht richtig, nicht vollständig oder nicht rechtzeitig nachkommt,**[18]
6. **eine Anlage entgegen einer vollziehbaren Untersagung nach § 25 Abs.1 betreibt,**[19]
7. **einer auf Grund der §§ 23, 32, 33 Abs.1 Nr.1 oder 2, §§ 34, 35, 37, 38 Abs.2, § 39 oder § 48a Abs.1 Satz 1 oder 2, Abs.1a oder 3 erlassenen Rechtsverordnung oder einer auf Grund einer solchen Rechtsverordnung ergangenen vollziehbaren Anordnung zuwiderhandelt,**

Ordnungswidrigkeiten § 62

soweit die Rechtsverordnung für einen bestimmten Tatbestand auf diese Bußgeldvorschrift verweist,[14]

7a. entgegen § 38 Abs.1 Satz 2 Kraftfahrzeuge und ihre Anhänger, die nicht zum Verkehr auf öffentlichen Straßen zugelassen sind, Schienen-, Luft- und Wasserfahrzeuge sowie Schwimmkörper und schwimmende Anlagen nicht so betreibt, dass vermeidbare Emissionen verhindert und unvermeidbare Emissionen auf ein Mindestmaß beschränkt bleiben[20] oder

8. entgegen einer Rechtsverordnung nach § 49 Abs.1 Nr.2 oder einer auf Grund einer solchen Rechtsverordnung ergangenen vollziehbaren Anordnung eine ortsfeste Anlage errichtet, soweit die Rechtsverordnung für einen bestimmten Tatbestand auf diese Bußgeldvorschrift verweist.[16]

(2) Ordnungswidrig handelt ferner, wer vorsätzlich oder fahrlässig

1. entgegen § 15 Abs.1 oder 3 eine Anzeige nicht, nicht richtig, nicht vollständig oder nicht rechtzeitig macht,[21]

1a. entgegen § 15 Abs.2 Satz 2 eine Änderung vornimmt,[22]

2. entgegen § 27 Abs.1 Satz 1 in Verbindung mit einer Rechtsverordnung nach Absatz 4 Satz 1 eine Emissionserklärung nicht, nicht richtig, nicht vollständig oder nicht rechtzeitig abgibt oder nicht, nicht richtig, nicht vollständig oder nicht rechtzeitig ergänzt,[23]

3. entgegen § 31 Satz 1 das Ergebnis der Ermittlungen nicht mitteilt oder die Aufzeichnungen der Messgeräte nicht aufbewahrt,[24]

4. entgegen § 52 Abs.2 Satz 1, 3 oder 4, auch in Verbindung mit Absatz 3 Satz 1 oder Absatz 6 Satz 1 Auskünfte nicht, nicht richtig, nicht vollständig oder nicht rechtzeitig erteilt, eine Maßnahme nicht duldet, Unterlagen nicht vorlegt, beauftragte Personen nicht hinzuzieht oder einer dort sonst genannten Verpflichtung zuwiderhandelt,[25 ff]

5. entgegen § 52 Abs.3 Satz 2 die Entnahme von Stichproben nicht gestattet,[25 ff]

6. eine Anzeige nach § 67 Abs.2 Satz 1 nicht, nicht richtig, nicht vollständig oder nicht rechtzeitig erstattet[28] oder

7. entgegen § 67 Abs.2 Satz 2 Unterlagen nicht, nicht richtig, nicht vollständig oder nicht rechtzeitig vorlegt.[28]

(3) Die Ordnungswidrigkeit nach Absatz 1 kann mit einer Geldbuße bis zu fünfzigtausend Euro, die Ordnungswidrigkeit nach Absatz 2 mit einer Geldbuße bis zu zehntausend Euro geahndet werden.[11]

Übersicht

I. Ordnungswidrigkeiten – Allgemeines 1
   1. Bedeutung und Verhältnis zu anderen Regelungen 1

§ 62   Gemeinsame Vorschriften

    2. Allgemeine Voraussetzungen einer Ordnungswidrigkeit   3
       a) Tatbestandsmäßiges Handeln 3
       b) Rechtswidrigkeit 8
       c) Vorwerfbares Verhalten 9
    3. Verjährung, Verfahren, Entscheidung 10
 II. Sonderfragen der einzelnen Tatbestände 12
    1. Tatbestände des Abs.1 12
       a) Errichtung oder Änderung ohne Genehmigung (Abs.1 Nr.1, 4) 12
       b) Verstoß gegen Rechtsverordnung oder darauf gestützte Anordnung (Abs.1 Nr.2, 7, 8) 14
       c) Nichteinhaltung einer Auflage (Abs.1 Nr.3) 17
       d) Verstoß gegen Anordnungen und Untersagungen (Abs.1 Nr.5, 6) 18
       e) Verstoß gegen Pflichten bei Fahrzeugbetrieb (Abs.1 Nr.7 a) 20
    2. Tatbestände des Abs.2 21
       a) Pflichtenverstöße bei Änderungen (Abs.2 Nr.1, 1a) 21
       b) Pflichtenverstoß bei Eigenüberwachung (Abs.2 Nr.2, 3) 23
       c) Pflichtenverstoß bei behördlicher Überwachung (Abs.2 Nr.4, 5) 25
       d) Pflichtenverstöße bei anzeigebedürftigen Anlagen (Abs.2 Nr.6, 7) 28
III. Anhang: Verwaltungszwang 29
    1. Grundlagen 29
    2. Rechtsgrundlage der Grundverfügung 30
    3. Durchsetzung der Vollstreckung 32

Literatur: *Boujong* (Hg.), Karlsruher Kommentar zum Gesetz über Ordnungswidrigkeiten, 2. Aufl. 2000; *Göhler*, Gesetz über Ordnungswidrigkeiten, 13. Aufl. 2002.

I. Ordnungswidrigkeiten – Allgemeines

1. Bedeutung und Verhältnis zu anderen Regelungen

1   Das BImSchG sowie die darauf gestützten Rechtsverordnungen statuieren eine Vielzahl von Pflichten für den Bürger. Zusätzlich enthalten diese Rechtsvorschriften verschiedentlich die Ermächtigung, durch Erlass von Verwaltungsakten Pflichten für den Bürger festzulegen. Solche Statuierung von Pflichten ist jedoch nicht selten unzureichend. Soll ihre Einhaltung sichergestellt sein, sind Sanktionen für Verstöße gegen die Pflichten notwendig. Aus diesem Grunde bedroht § 62 eine Reihe von Pflichtverstößen mit einer Geldbuße (näher unten Rn.12–28); ein weiterer Tatbestand findet sich in der Vorschrift des § 117 OWiG, die sich gegen die Verursachung von belästigendem Lärm richtet. Sie ist allerdings gegenüber allen anderen Vorschriften, auch landesrechtlicher Art, subsidiär (Hansmann LR 6; Göhler o. Lit. § 117 Anm.17). Von der Straftat unterscheidet sich die Ordnungswidrigkeit dadurch, dass es sich nicht um kri-

Ordnungswidrigkeiten **§ 62**

minelles Unrecht, sondern um bloßen Verwaltungsungehorsam handelt (Hansmann LR 1).

Darüber hinaus sind besonders gravierende Pflichtverstöße **mit Strafe bedroht** (näher dazu Rn.2ff zu § 63). Parallel dazu können die Pflichten im Wege des **Verwaltungszwangs** durchgesetzt werden (dazu unten Rn.29–32). Soweit dies im BImSchG vorgesehen ist, kann zudem der Betrieb untersagt (§§ 20, 25) bzw. eine Genehmigung gem. § 48 VwVfG zurückgenommen oder gem. § 21 widerrufen werden. Keines dieser Instrumente hat prinzipiellen Vorrang vor anderen Instrumenten (vgl. BayVGH, DVBl 1982, 310). Auch schließt die Anwendung eines der Instrumente die zusätzliche Anwendung eines anderen nicht aus (vgl. § 13 Abs.6 VwVG). 2

2. Allgemeine Voraussetzungen einer Ordnungswidrigkeit

a) Tatbestandsmäßiges Handeln

aa) Eine Ordnungswidrigkeit setzt gem. § 1 OWiG zunächst voraus, dass ein **tauglicher Täter** (dazu unten Rn.4–6) eine **tatbestandsmäßige Handlung** begeht. Näher zu den verschiedenen Alternativen der tatbestandsmäßigen Handlung unten Rn.12–28. Im Hinblick auf Art.103 Abs.2 GG muss der Tatbestand **ausreichend bestimmt** sein (vgl. Weber GK 44). Eine Verweisung auf unbestimmte Rechtsbegriffe des Verwaltungsrechts ist aber nicht ausgeschlossen (BVerfGE 75, 329/341 ff = NJW 1987, 3175). Liegt gleichzeitig eine Straftat vor, tritt die Ordnungswidrigkeit regelmäßig zurück (näher § 21 OWiG). Der **Versuch** stellt keine Ordnungswidrigkeit dar (vgl. § 13 Abs.2 OWiG). 3

bb) Täter einer Ordnungswidrigkeit kann zunächst der **Adressat** der verletzten Vorschriften bzw. Verwaltungsakte sein (Schmatz/Nöthlichs 2). Darüber hinaus wird durch § 9 Abs.1 OWiG der Täterkreis erweitert: Da *juristische Personen* oder *Personenvereinigungen* selbst nicht Täter einer Ordnungswidrigkeit sein können, begeht an ihrer Stelle eine Ordnungswidrigkeit, wer **vertretungsberechtigtes Organ** dieser Person bzw. Mitglied eines solchen Organs ist. Bei Personenhandelsgesellschaften gilt Entsprechendes für die **vertretungsberechtigten Gesellschafter.** Generell kann zudem der gesetzliche Vertreter des Adressaten Täter sein. Als Nebenfolge kann schließlich gem. § 30 OWiG eine Geldbuße gegen die juristische Person oder die Personenvereinigung selbst verhängt werden. 4

Des Weiteren kommt gem. § 9 Abs.2 OWiG als Täter in Betracht, wer vom Adressaten beauftragt ist, den Betrieb ganz oder teilweise zu leiten, oder wer vom Adressaten ausdrücklich beauftragt wurde, in eigener Verantwortung Aufgaben des Anlagenbetreibers zu erfüllen **(gewillkürte Vertretung).** Der Betreffende muss eigene Entscheidungen treffen können und nicht der Zustimmung anderer Personen bedürfen (Cramer, in: Boujong o. Lit. § 9 Rn.74). Dazu gehört ein Generalbevollmächtigter oder ein Prokurist (in leitender Stellung) oder ein Handlungsbevollmächtigter. Ob die Rechtshandlung, welche die Vertretungsbefugnis oder das Auftragsver- 5

§ 62 Gemeinsame Vorschriften

hältnis begründet, wirksam ist, spielt gem. § 9 Abs.3 OWiG keine Rolle. Andere Personen, etwa solche, die wie der Immissionsschutzbeauftragte oder der Störfallbeauftragte nur Beratungsaufgaben ohne eigene Entscheidungsbefugnisse besitzen, können allein bei *vorsätzlichem* Handeln gem. § 14 Abs.1 OWiG **Beteiligte** einer Ordnungswidrigkeit sein (unten Rn.9).

6 Hat sich der mögliche Täter einer Ordnungswidrigkeit (oben Rn.4f) nicht selbst ordnungswidrig verhalten, hätte er aber den Verstoß durch **gehörige Aufsicht** verhindern können, begeht er eine Ordnungswidrigkeit nach § 130 OWiG. Zu den erforderlichen Aufsichtsmaßnahmen gehört auch die Bestellung, sorgfältige Auswahl und die Überwachung von Aufsichtspersonen (Schmatz/Nöthlichs 2). § 130 OWiG gilt allerdings nur für den Betriebsinhaber und für Betriebsleiter, nicht für die iSv § 9 Abs.2 Nr.2 OWiG beauftragten Personen.

7 **cc)** Besteht das tatbestandsmäßige Verhalten in der **Nichtbeachtung eines Verwaltungsakts,** wird durch dessen **Aufhebung** die tatbestandsmäßige Handlung nach h.A. nicht beseitigt (OLG Karlsruhe, NJW 1978, 116; Schmatz/Nöthlichs § 12 Anm.9; a.A. Berg, WiVerw 1982, 182 ff; vgl. allerdings BVerfGE 92, 191/201). Erst recht gilt das, wenn der Verwaltungsakt nur rechtswidrig (und nicht aufgehoben) ist (Weber GK 41). Wenn dagegen der Verwaltungsakt nichtig ist, fehlt eine tatbestandsmäßige Handlung. Soweit die **Vollziehbarkeit** des Verwaltungsakts vorausgesetzt wird, ist diese Voraussetzung gegeben, wenn der Verwaltungsakt nicht mehr angefochten werden kann oder wenn er gem. § 80 Abs.2 Nr.4 VwGO für sofort vollziehbar erklärt wurde oder (was kaum einschlägig sein dürfte) ein Rechtsmittel keine aufschiebende Wirkung hat (vgl. § 6 Abs.1 VwVG). Näher zur Anordnung der sofortigen Vollziehung s. auch unten Rn.32 sowie Rn.56 zu § 6.

7a **dd)** In verschiedenen Tatbeständen wird dem vollständigen Nichterfüllen die **nicht richtige, nicht vollständige** oder **nicht rechtzeitige** Erfüllung gleichgestellt. Nicht richtig ist das Verhalten, wenn es von der vorgegebenen Verpflichtung abweicht, nicht vollständig, wenn diese nur teilweise erfüllt wird. Die nicht rechtzeitige Erfüllung setzt voraus, dass eine Frist festgelegt ist (Weber GK 46).

b) Rechtswidrigkeit

8 Das tatbestandsmäßige Handeln muss weiter gem. § 1 OWiG rechtswidrig sein. Dies ist nicht der Fall, wenn Rechtfertigungsgründe, wie Notwehr oder Notstand gem. §§ 15, 16 OWiG vorliegen (dazu Weber GK Vorb. 108 ff vor § 62). Die Einwilligung dessen, der durch das BImSchG geschützt wird, ist nur dann ein Rechtfertigungsgrund, wenn sämtliche konkret betroffene Personen ihre Einwilligung erteilt haben und zudem die Allgemeinheit nicht geschützt wird.

c) Vorwerfbares Verhalten

9 Schließlich muss das tatbestandsmäßige Handeln gem. § 1 OWiG vorwerfbar sein. Das ist der Fall, wenn der Täter vorsätzlich oder fahrlässig

Ordnungswidrigkeiten **§ 62**

handelt (vgl. Weber Vorb. 84 vor § 62). Lediglich im Falle der bloßen Beteiligung ist gem. § 14 Abs.1 vorsätzliches Handeln notwendig (Rengier, in: Boujong o. Lit. § 14 Rn.5). Irrt der Täter über die Rechtswidrigkeit seines Verhaltens, schließt das gem. § 11 Abs.2 OWiG die Vorwerfbarkeit aus, wenn der Irrtum unvermeidbar ist. Insoweit werden allerdings strenge Anforderungen gestellt (Hansmann LR 27; Weber GK Vorb. 98 vor § 62). Der Anlagenbetreiber hat sich über die gesetzlichen Anforderungen zu informieren und in Zweifelsfällen die Behörde zu befragen (vgl. Schmatz/Nöthlichs 2; Weber GK Vorb. 95f vor § 62). Irrt sich die Behörde, wird der Irrtum des Anlagenbetreibers regelmäßig unvermeidbar sein.

3. Verjährung, Verfahren, Entscheidung

Die Ordnungswidrigkeiten des Abs.1 verjähren gemäß § 31 Abs.2 Nr.1 **10** OWiG in drei Jahren, die des Abs.2, soweit sie vorsätzlich begangen werden, verjähren gem. § 31 Abs.2 Nr.2 OWiG in zwei Jahren und im Übrigen verjähren sie gem. § 31 Abs.2 Nr.3 OWiG in einem Jahr. Das Verfahren zur Verfolgung und Ahndung von Ordnungswidrigkeiten obliegt in der Regel gem. §§ 35, 36 OWiG der mit dem Vollzug des Immissionsschutzrechts beauftragten Verwaltungsbehörde (näher Hansmann LR 28). Ausnahmen sind in den §§ 40–42, 45, 62 Abs.2, 64, 69ff OWiG geregelt. Das in den §§ 46ff OWiG normierte Verfahren ähnelt dem bei der Verfolgung von Straftaten. Doch steht die Durchführung des Verfahrens und die Verhängung des Bußgelds gem. § 47 Abs.1 OWiG im Ermessen der zuständigen Behörde. Gegen den Bußgeldbescheid kann gem. § 67 Abs.1 OWiG innerhalb von zwei Wochen nach Zustellung des Bescheids Einspruch eingelegt werden. Über den Einspruch entscheidet gem. § 68 Abs.1 das Amtsgericht. Bei geringfügigen Verstößen besteht gem. § 56 OWiG die Möglichkeit eines Verwarnungsgelds.

Was die **Höhe der Geldbuße** angeht, wurden zur Konkretisierung des **11** § 62 Abs.3 Landes-Verwaltungsvorschriften erlassen, die sich am Bußgeldkatalog der Umweltminister (Allg. Teil) und des Landesausschusses für Immissionsschutz (Bes. Teil) orientieren. In dem Bußgeldkatalog (abgedr. bei Hansmann LR 33) wird für jede Ordnungswidrigkeit der Mindest- und der Höchstbetrag der Geldbuße festgelegt, von dem nur in Ausnahmefällen abgewichen werden kann. Zusätzlich ist § 17 Abs.4 OWiG zu beachten, wonach die Geldbuße den **wirtschaftlichen Vorteil,** den der Täter aus der Geldbuße gezogen hat, übersteigen soll; dabei kann gem. § 17 Abs.2 S.2 OWiG das in § 62 Abs.3 vorgesehene Höchstmaß überschritten werden. Dies gilt auch für die Geldbuße gegen juristische Personen als Nebenfolge (§ 30 Abs.3 OWiG). Der wirtschaftliche Vorteil „soll" abgeschöpft werden. Das heißt, dass er im Regelfall abgeschöpft werden muss; nur in atypischen Fällen kann davon abgewichen werden (vgl. Rn.50 zu § 17; anders Steindorf, in: Boujong o. Lit. § 17 Rn.119). Eine Einziehung ist nicht vorgesehen und kann daher gem. § 22 Abs.1 OWiG auch nicht angeordnet werden.

II. Sonderfragen der einzelnen Tatbestände

1. Tatbestände des Abs.1

a) Errichtung und Änderung ohne Genehmigung (Abs.1 Nr.1, 4)

12 Täter einer Ordnungswidrigkeit gem. **Abs.1 Nr.1** kann nur der Anlagenbetreiber (dazu Rn.81–83 zu § 3) oder eine ihm gleichgestellte Person (oben Rn.4f) sein. Die tatbestandsmäßige Handlung besteht in der Errichtung (näher dazu Rn.44 zu § 4) einer Anlage, die genehmigungsbedürftig ist (näher dazu Rn.13–31 zu § 4), sei es auch im vereinfachten Verfahren (Feldhaus FE 3; Hansmann LR 11), ohne die erforderliche Genehmigung. Der *Betrieb* ohne Genehmigung wird nicht angesprochen, weil insoweit gem. § 327 Abs.2 StGB eine Straftat vorliegt (Text in Rn.6 zu § 63). Ohne Genehmigung wird auch gehandelt, wenn gegen die Genehmigung ein Rechtsmittel eingelegt und nicht die sofortige Vollziehung iSd § 80 VwGO angeordnet wurde, weiter, wenn die Genehmigung gem. § 18 erloschen ist oder sie widerrufen wurde (Hansmann LR 11; Weber GK 30). Die behördliche Duldung ersetzt nicht die Genehmigung (Rn.63 zu § 4; Weber GK Vorb. 73 vor § 62). Endlich wird ohne Genehmigung gehandelt, wenn gegen Nebenbestimmungen der Genehmigung verstoßen wird (Hansmann LR 11), die den Kernbereich der Genehmigung betreffen. Ein Indiz dafür bildet der Umstand, dass für das Abweichen von der Genehmigung eine Änderungsgenehmigung erforderlich wäre (vgl. Rn.36 zu § 20). Der Verstoß gegen eine echte Auflage fällt unter Abs.1 Nr.3 (unten Rn.17). Dem Fehlen der Genehmigung steht es nicht entgegen, dass die Anlage an sich genehmigungsfähig wäre (Weber GK 36). Andererseits spielt keine Rolle, dass eine erteilte Genehmigung rechtswidrig ist (vgl. BVerfGE 75, 329/346 = NJW 1987, 3175). Ob § 330d Nr.5 StGB (Text in Rn.11 zu § 63) anwendbar ist (so Weber GK 34f), erscheint angesichts des strengen Analogieverbots in Art.103 Abs.2 GG zweifelhaft. Die Ordnungswidrigkeit ist bereits vollendet, wenn mit der Errichtung begonnen wurde (BayOLG, NVwZ 1986, 695; Hansmann LR 11; zurückhaltend Weber GK 38).

13 Die tatbestandsmäßige Handlung einer Ordnungswidrigkeit nach **Abs.1 Nr.4** besteht in der wesentlichen Änderung (näher dazu Rn.5–11 zu § 16) einer genehmigungsbedürftigen Anlage (dazu Rn.13–31 zu § 4), auch wenn sie bei Errichtung nur anzeigepflichtig gem. § 67 Abs.2 oder § 67a Abs.1 war, und auf die Änderungsgenehmigung nicht ausnahmsweise verzichtet werden kann (Rn.13 zu § 16). Wird die geänderte Anlage auch betrieben, liegt gem. § 327 Abs.2 Nr.1 StGB eine Straftat vor (Text in Rn.6 zu § 63). I.ü. gelten die Ausführungen oben in Rn.12.

b) Verstoß gegen Rechtsverordnung oder darauf gestützte Anordnung (Abs.1 Nr.2, 7, 8)

14 Täter einer Ordnungswidrigkeit gem. **Abs.1 Nr.2** kann allein der Anlagenbetreiber (dazu Rn.81–83 zu § 3) oder eine ihm gleichgestellte Per-

Ordnungswidrigkeiten **§ 62**

son (dazu oben Rn.4f) sein. Es muss sich um eine genehmigungsbedürftige Anlage handeln (dazu Rn.13–31 zu § 4). Weiter ist erforderlich, dass die *Rechtsverordnung* auf § 7 gestützt wurde und für einen bestimmten Tatbestand auf § 62 Abs.1 Nr.2 verweist. Zur Frage, wieweit das geschehen ist, vgl. Rn.50 zu § 7. Gegen die Rechtsverordnung wird auch verstoßen, wenn eine behördliche Ausnahme erteilt werden könnte, sie aber nicht erteilt wurde oder erst später erteilt wird (vgl. oben Rn.7). Ordnungswidrig ist auch die Nichteinhaltung einer *Anordnung,* zu der die Rechtsverordnung ermächtigt, sofern sie vollziehbar ist (Weber GK 41). Näher zur Vollziehbarkeit sowie zur späteren Aufhebung oben Rn.7. Zur nicht richtigen, nicht vollständigen oder nicht rechtzeitigen Erfüllung oben Rn.7a.

Täter einer Ordnungswidrigkeit gem. **Abs.1 Nr.7** kann im Falle einer 15 auf § 23 gestützten Rechtsverordnung nur der Anlagenbetreiber oder eine ihm gleichgestellte Person (dazu oben Rn.4f) sein. Im Anwendungsbereich einer Rechtsverordnung gem. §§ 32, 33, 37 kann Täter nur sein, wer Anlagen oder Anlagenteile in Verkehr bringt oder einführt (näher dazu Rn.5f zu § 32) und im Anwendungsbereich der §§ 34, 35, 37 derjenige, der Stoffe, insb. Brenn- oder Treibstoffe herstellt, in Verkehr bringt oder einführt (näher dazu Rn.6 zu § 34). Dabei ist die oben in Rn.4f behandelte Gleichstellung zu beachten. Im Anwendungsbereich einer Rechtsverordnung gem. §§ 38 Abs.2, 39, 48a kann Täter nur sein, wer Adressat dieser Rechtsverordnungen sein kann (dazu Rn.19 zu § 38; Rn.2 zu § 39 und Rn.2 zu § 48a). Weiter ist erforderlich, dass die Rechtsverordnung für einen bestimmten Tatbestand auf § 62 Abs.1 Nr.7 verweist; zur Frage, wieweit dies in den einschlägigen Rechtsverordnungen geschehen ist, Rn.39 zu § 23, Rn.18 zu § 32, Rn.18 zu § 34, Rn.14 zu § 37, Rn.25 zu § 38. Gegen eine Rechtsverordnung wird auch verstoßen, wenn eine behördliche Ausnahme erteilt werden könnte, sie aber nicht erteilt wurde oder erst später erteilt wird. Ordnungswidrig ist auch die Nichteinhaltung einer Anordnung, zu der die Rechtsverordnung ermächtigt, sofern die Anordnung vollziehbar ist; näher zur Vollziehbarkeit oben Rn.7.

Täter einer Ordnungswidrigkeit gem. **Abs.1 Nr.8** kann der Anlagen- 16 betreiber (dazu Rn.81–83 zu § 3) oder eine ihm gleichgestellte Person (dazu oben Rn.4f) sein. Die Rechtsverordnung muss auf § 49 Abs.1 Nr.2 gestützt sein und hinsichtlich eines bestimmten Tatbestandes auf § 62 Abs.1 Nr.8 verweisen. Die Vorschrift beschränkt sich auf § 49 Abs.1 Nr.2, weil Verstöße gegen Rechtsverordnungen auf Grund der anderen in § 49 Abs.1 und in § 49 Abs.2 enthaltenen Ermächtigungen den Betrieb einer Anlage betreffen und daher gem. § 329 Abs.1 StGB Straftaten sind (Text in Rn.7 zu § 63). Im Übrigen gelten die Ausführungen zu Abs.1 Nr.2 entsprechend (oben Rn.14).

c) Nichteinhaltung einer Auflage (Abs.1 Nr.3)

Täter einer Ordnungswidrigkeit nach **Abs.1 Nr.3** kann nur der An- 17 lagenbetreiber (dazu Rn.81–83 zu § 3) oder eine ihm gleichgestellte Person (dazu oben Rn.4f) sein. Die Vorschrift erfasst alle echten Auflagen (näher dazu Rn.16 zu § 8a, Rn.2, 6 zu § 12); sonstige Nebenbestimmungen zur Genehmigung werden von Abs.1 Nr.1 erfasst (oben Rn.12). Die Auflage muss vollziehbar sein; näher dazu oben Rn.7. Keine Rolle spielt nach h.A., ob die Auflage später aufgehoben wurde (oben Rn.7). Erfasst werden auch Auflagen zu Altgenehmigungen (OLG Köln, GewArch 1975, 124). Welchen Inhalt eine Auflage hat, ist vom Tatrichter zu beurteilen (OLG Düsseldorf, UL-ES, § 62-2). Wurden durch den Verstoß Luftverunreinigungen oder Lärm verursacht, kann gem. §§ 325f StGB eine Straftat vorliegen (Text in Rn.3f zu § 63).

d) Verstoß gegen Anordnungen und Untersagungen (Abs.1 Nr.5, 6)

18 Täter einer Ordnungswidrigkeit nach **Abs.1 Nr.5** kann nur der Anlagenbetreiber (dazu Rn.81–83 zu § 3) oder eine ihm gleichgestellte Person (dazu oben Rn.4f) sein. Die Anordnung muss auf § 17 Abs.1, 2, auf § 24 S.1, auf § 26 Abs.1, auf § 28 S.1 oder auf § 29 gestützt worden sein. Zudem muss sie vollziehbar sein; näher dazu oben Rn.7. Keine Rolle spielt nach h.A., ob die Anordnung rechtswidrig ist oder später aufgehoben wurde (oben Rn.7). Erfasst werden auch vor Erlass des BImSchG ergangene Verfügungen, soweit sie heute auf die genannten Ermächtigungen gestützt werden können (OLG Celle, GewArch 1978, 142). Die Anordnung muss ausreichend bestimmt sein; daran fehlt es, wenn lediglich verlangt wird, Luftverunreinigungen soweit wie möglich zu vermeiden (OVG NW, DVBl 1976, 800). Zur nicht richtigen, nicht vollständigen oder nicht rechtzeitigen Erfüllung oben Rn.7a. Führen die Verstöße zu Luftverunreinigungen oder Lärm, kann gem. §§ 325f StGB eine Straftat vorliegen (Text in Rn.3f zu § 63).

19 Täter einer Ordnungswidrigkeit nach **Abs.1 Nr.6** kann nur der Betreiber (dazu Rn.81–83 zu § 3) einer nicht genehmigungsbedürftigen Anlage (dazu Rn.2–11 zu § 22) oder eine ihm gleichgestellte Person (dazu oben Rn.4f) sein. Weiter muss die Untersagung auf § 25 Abs.1 (nicht auf § 25 Abs.2) gestützt worden und zudem vollziehbar sein; dazu oben Rn.7. Zur Frage, wann die Anlage betrieben wird, Rn.47 zu § 4. Der Betrieb einer nicht genehmigungsbedürftigen Anlage entgegen einer Untersagung nach § 25 Abs.2 wie der Betrieb einer nicht genehmigungsbedürftigen Anlage entgegen einer Untersagung nach § 20 ist eine Straftat gem. § 327 Abs.2 Nr.1 StGB (Text in Rn.6 zu § 63).

e) Verstoß gegen Pflichten bei Fahrzeugbetrieb (Abs.1 Nr.7a)

20 Täter einer Ordnungswidrigkeit nach **Abs.1 Nr.7a** kann nur sein, wer für den Betrieb eines Fahrzeugs, gleich welcher Art (näher Rn.4–7 zu § 38) verantwortlich ist, also der Fahrzeugführer sowie der Fahrzeughalter (Rn.16 zu § 38). Weiter muss gegen die Pflichten des § 38 Abs.1 S.2 verstoßen werden (dazu Rn.17 zu § 38). Kraftfahrzeuge, die zum Verkehr auf öffentlichen Straßen zugelassen sind, sollen nicht erfasst sein; insofern kommen die Vorschriften des Straßenverkehrsrechts zum Tragen (Feld-

Ordnungswidrigkeiten § 62

haus FE 1.3). Ob die Vorschrift ausreichend bestimmt ist, muss als zweifelhaft angesehen werden (Hansmann LR 17a).

2. Tatbestände des Abs.2

a) Pflichtenverstöße bei Änderungen (Abs.2 Nr.1, 1a)

Täter einer Ordnungswidrigkeit iSd **Abs.2 Nr.1** kann nur der Anlagenbetreiber (dazu Rn.81–83 zu § 3) oder eine ihm gleichgestellte Person (dazu oben Rn.4f) sein. Zum Anwendungsbereich vgl. Rn.3f zu § 15. Ordnungswidrig ist zunächst, wenn eine anzeigebedürftige Änderung iSd § 15 Abs.1 (dazu Rn.5–17 zu § 15) vorgenommen wird und diese nicht, nicht richtig oder nicht in dem gebotenen Umfang (dazu Rn.18 zu § 15) oder nicht rechtzeitig (dazu Rn.19 zu § 15) angezeigt wird (vgl. auch oben Rn.7a). Keine Ordnungswidrigkeit liegt mehr vor, wenn die Änderungsabsicht aufgegeben wird (Rn.19 zu § 15). Entsprechendes gilt für die Anzeige der Betriebsstilllegung nach § 15 Abs.3 S.1 (dazu Rn.40–45 zu § 15). Der Verstoß gegen § 15 Abs.3 S.2 stellt keine Ordnungswidrigkeit dar, wie der Vergleich mit § 62 Abs.2 Nr.6, 7 verdeutlicht (vgl. Hansmann LR 19). 21

Täter einer Ordnungswidrigkeit iSd **Abs.2 Nr.1a** kann nur der Anlagenbetreiber (dazu Rn.81–83 zu § 3) oder eine ihm gleichgestellte Person (dazu oben Rn.4f) sein. Ordnungswidrig ist eine Durchführung von Änderungsmaßnahmen (dazu Rn.5–16 zu § 15) vor Ablauf der Frist des § 15 Abs.2 S.1 (Rn.26 zu § 15), es sei denn, die Behörde hat bereits eine Freistellungserklärung (Rn.29 zu § 15) abgegeben (Hansmann LR 19; Weber GK 83). Des weiteren ist eine Durchführung von Änderungsmaßnahmen ordnungswidrig, wenn die Behörde innerhalb der Frist des § 15 Abs.2 S.1 eine Änderungsgenehmigung verlangt hat (Weber GK 84). Ob die Entscheidung zutreffend ist, spielt keine Rolle, solange sie nicht nichtig ist. Ist die Änderung tatsächlich genehmigungsbedürftig und wird sie nach der Änderung betrieben, kann sogar eine Straftat vorliegen. 22

b) Pflichtenverstoß bei Eigenüberwachung (Abs.2 Nr.2, 3)

Täter einer Ordnungswidrigkeit iSd **Abs.2 Nr.2** kann nur der Anlagenbetreiber (dazu Rn.81–83 zu § 3) oder eine ihm gleichgestellte Person (dazu oben Rn.4f) sein. Ordnungswidrig ist, wenn entgegen § 27 die Emissionserklärung, nicht richtig oder nicht in dem gebotenen Umfang (dazu Rn.8f zu § 27) oder nicht rechtzeitig (dazu Rn.10 zu § 27) abgegeben wird. Gleiches gilt, wenn die Emissionserklärung nicht, nicht rechtzeitig oder nicht vollständig ergänzt wird (vgl. dazu Rn.11 zu § 27). Dabei ist die Konkretisierung durch die 11. BImSchV zu berücksichtigen (Hansmann LR 20). 23

Täter einer Ordnungswidrigkeit iSd **Abs.2 Nr.3** kann nur der Anlagenbetreiber (dazu Rn.81–83 zu § 3) oder eine ihm gleichgestellte Person (dazu oben Rn.4f) sein. Der Tatbestand ist erfüllt, wenn die Ergebnisse nicht mitgeteilt oder nicht aufbewahrt werden. Darunter dürfte auch die 24 fehlerhafte Mitteilung und die mangelhafte Aufbewahrung fallen (Feldhaus FE 3; Stich/Porger 23; a. A. Hansmann LR 21; Weber GK 111). Dagegen ist ein Verstoß gegen die von der Behörde vorgeschriebene *Art* der Mitteilung keine Ordnungswidrigkeit (Weber GK 112; Hansmann LR 21).

c) Pflichtenverstoß bei behördlicher Überwachung (Abs.2 Nr.4, 5)

25 **aa)** Täter kann zunächst der Anlagenbetreiber sowie die sonstigen im Hinblick auf die Errichtung und den Betrieb von **Anlagen** von gem. § 52 Abs.3, 4 **überwachungspflichtigen Personen** (näher dazu Rn.23f zu § 52) oder eine dieser Person gleichgestellte Person (oben Rn.4f) sein. Die tatbestandsmäßige Handlung besteht in einer unzureichenden Erfüllung der Auskunftspflicht (dazu Rn.36f zu § 52; vgl. auch oben Rn.7a) oder der Pflicht, Unterlagen vorzulegen (dazu Rn.38 zu § 52), in der Verweigerung des Zutritts zu Grundstücken bzw. Gebäuden oder der Vornahme von Prüfungen (dazu Rn.28–31 zu § 52) durch eine überwachungsberechtigte Person (dazu Rn.26f zu § 52) oder in der unzureichenden Mitwirkung an Prüfungen, einschl. der Nichthinzuziehung des Immissionsschutzbeauftragten oder des Störfallbeauftragten (dazu Rn.35 zu § 52).

26 **bb)** Täter kann weiterhin sein, wer im Anwendungsbereich einer Rechtsverordnung gem. §§ 32, 33, 37 Anlagen oder Anlagenteile **in Verkehr bringt oder einführt** (näher Rn.6 zu § 32) oder im Anwendungsbereich der §§ 34, 35, 37 Stoffe, insb. Brenn- oder Treibstoffe herstellt, in Verkehr bringt oder einführt (näher Rn.6 zu § 34) und die oben in Rn.25 beschriebenen Pflichten verletzt. Die Hinzuziehung des Immissionsschutzbeauftragten oder des Störfallbeauftragten wird wegen deren auf den Anlagenbetrieb bezogenen Aufgaben (dazu Rn.5 zu § 54) nicht erfasst. Zusätzlich kann die Ordnungswidrigkeit in der Weigerung liegen, Stichproben durch überwachungsberechtigte Personen (dazu Rn.31 zu § 52) entnehmen zu lassen. Hinsichtlich der Täterstellung ist generell § 9 OWiG zu beachten (dazu oben Rn.4f).

27 **cc)** Schließlich können die in § 52 Abs.6 S.1 genannten **Dritten** (dazu Rn.42 zu § 52) eine Ordnungswidrigkeit begehen, wenn sie das Betreten ihrer Grundstücke und Gebäude durch überwachungsberechtigte Personen (dazu Rn.26f zu § 52) nicht gestatten.

d) Pflichtenverstöße bei anzeigebedürftigen Anlagen (Abs.2 Nr.6, 7)

28 Täter kann nur der Betreiber einer genehmigungsbedürftigen Anlage oder eine gleichgestellte Person (dazu oben Rn.4f) sein. Die Anlage muss in den Anwendungsbereich des § 67 Abs.2 fallen (dazu Rn.13–16 zu § 67). Erfasst werden nicht nur die Fälle bei erstmaligem Inkrafttreten der 4. BImSchV, sondern auch bei jeder Änderung dieser Verordnung. Die tatbestandsmäßige Handlung beruht darin, dass die Anzeige nicht erstattet wird (vgl. oben Rn.7a) und/oder die notwendigen Unterlagen nicht, nicht richtig, nicht vollständig oder nicht rechtzeitig eingereicht werden (dazu Rn.18–21 zu § 67). Das Unterlassen, einen Termin für Messungen

Ordnungswidrigkeiten **§ 62**

zu benennen, wird nicht erfasst (BayObLG, NVwZ-RR 2000, 281). Zur Anwendung im Bereich des § 67a vgl. Rn.6 zu § 67a.

III. Anhang: Verwaltungszwang

1. Grundlagen

Ein generelles Instrument gegen die Nichteinhaltung von Pflichten stellt 29 der Verwaltungszwang dar. Dieses Instrument ist dort von besonderer Bedeutung, wo Pflichtverstöße weder mit Bußgeld noch mit Strafe bedroht sind. Doch auch dann, wenn eine Bußgeld- oder Strafdrohung vorhanden ist, kann die Einhaltung von Pflichten häufig nur durch die Möglichkeit des Verwaltungszwangs wirksam gesichert werden (zum Verhältnis verschiedener Sanktionen oben Rn.1).

2. Rechtsgrundlage der Grundverfügung

Verwaltungszwang **setzt eine Grundverfügung voraus** (sieht man 30 vom Sonderfall des sofortigen Vollzugs bzw. der unmittelbaren Ausführung ab). Notwendig ist also die verbindliche Festlegung der betreffenden Pflicht durch Verwaltungsakt. Soweit die Pflicht durch Verwaltungsakt entstanden ist, liegt in diesem Verwaltungsakt die Grundverfügung. Wo dagegen die Pflicht unmittelbar aus dem BImSchG oder einer darauf gestützten Rechtsverordnung folgt, muss erst eine Grundverfügung erlassen werden, bevor der Verwaltungszwang möglich ist. Dafür ist eine **Befugnisnorm** notwendig. Die Statuierung einer Pflicht durch eine Rechtsvorschrift gibt der Behörde noch nicht das Recht, diese Pflicht durch Verwaltungsakt verbindlich festzustellen (BVerwGE 59, 195/201 = NJW 1980, 1970; Osterloh, JuS 1983, 283; a.A. Engelhardt II (5) § 1 Rn.45). Nur dort, wo die Rechtsvorschrift eine *Pflicht gegenüber einer bestimmten Behörde* statuiert, etwa eine Auskunftspflicht, kann man daraus nicht nur ein entsprechendes Recht dieser Behörde, sondern auch die Geltendmachung dieses Rechts im Wege einer Anordnung entnehmen (ähnlich Schmatz/ Nöthlichs § 52 Anm.1). Wo dagegen, wie zumeist, „ungerichtete" Anforderungen an den Anlagenbetreiber etc. gestellt werden, ist eine ausdrückliche Ermächtigung für den Erlass einer Grundverfügung notwendig.

Das **BImSchG** enthält eine Reihe solcher **Ermächtigungen** für den 31 Bereich des anlagenbezogenen Immissionsschutzes: Für genehmigungsbedürftige Anlagen in § 17 und für nicht genehmigungsbedürftige Anlagen in § 24. Dazu kommen zahlreiche spezielle Ermächtigungen, etwa in § 26, § 28–§ 29a. Im Bereich des fahrzeugbezogenen Immissionsschutzes (§§ 38f) sind die Ermächtigungen für Grundverfügungen dem Verkehrsrecht zu entnehmen. Entsprechend sind im Bereich des verkehrswegebezogenen Immissionsschutzes (§§ 41–43) die Ermächtigungen des Rechts des Verkehrswegebaus einschlägig. Im Bereich des § 47, des § 47a und des § 48a erfolgt die Durchführung auf Grund der an anderer Stelle geregelten

Ermächtigungen (Rn.37 zu § 47; Rn.9 zu § 47a; Rn.40 zu § 48a). Keine spezialgesetzlichen Grundlagen bestehen lediglich für die Pflichten des § 67 Abs.2 und des § 67a, im Bereich der Regelungen der §§ 32–37 sowie im Bereich des § 40, soweit es nicht um öffentliche Verkehrsflächen geht. § 52 Abs.1 enthält auch insoweit keine Befugnisnorm; vgl. Rn.4, 6 zu § 52. Grundlage ist daher die **ordnungsbehördliche Generalklausel**. Jeder Verstoß gegen eine öffentlich-rechtliche Vorschrift stellt eine Störung der öffentlichen Sicherheit dar, was ein Vorgehen gegen den Pflichtenadressaten als Störer ermöglicht. Zuständig für die Anwendung der ordnungsbehördlichen Generalklausel sind die nach dem BImSchG zuständigen Behörden in ihrer Eigenschaft als allgemeine oder besondere Ordnungsbehörde.

3. Durchsetzung der Vollstreckung

32 Die **Art und Weise der Vollstreckung** richtet sich nach den Verwaltungsvollstreckungsgesetzen der Länder, soweit nicht ausnahmsweise die Grundverfügung von einer Bundesbehörde erlassen wird. Die Vollstreckung setzt voraus, dass die Grundverfügung **vollziehbar** ist, also nicht mehr angefochten werden kann oder gem. § 80 Abs.2 Nr.4 VwGO für sofort vollziehbar erklärt wurde oder (was kaum einschlägig sein dürfte) das Rechtsmittel keine aufschiebende Wirkung hat (vgl. § 6 Abs.1 VwVG). Eine Anordnung der sofortigen Vollziehung gem. § 80 Abs.2 Nr.4 VwGO ohne ausreichende Begründung kann allein aus diesem Grunde keinen Bestand haben (VGH BW, GewArch 1977, 240). Im übrigen muss für die Anordnung ein besonderes öffentliches Interesse bestehen, das über das Interesse an der Einhaltung des Immissionsschutzrechts hinausgeht (Pfaff, UPR 1989, 417). Die Androhung der Zwangsvollstreckungsmaßnahmen, die idR jeder Vollstreckungsmaßnahme vorauszugehen hat (vgl. Pfaff, UPR 1989, 417), kann bereits mit der Grundverfügung (oben Rn.30) verbunden werden.

§ 62a *(außer Kraft)*

1 Die Vorschrift, die Verstöße im Bereich der aufgehobenen Ozon-Vorschriften der §§ 40aff a.F. betraf (näher Jarass, BImSchG, 4. Aufl. 1999, § 62a Rn.1), ist gem. § 74 zum 31. 12. 1999 weggefallen.

§§ 63 bis 65 *(weggefallen)*

1. Straftaten gegen die Umwelt

1 § 63 enthielt ebenso wie § 64 Strafvorschriften für die Verletzung bestimmter Pflichten, die auf dem BImSchG oder darauf gestützten Rechtsverordnungen beruhten. Beide Vorschriften wurden durch das Gesetz zur Bekämpfung der Umweltkriminalität vom 28. 3. 1980 (Einl.2 Nr.5) aufgehoben, das entsprechende Tatbestände in das Strafgesetzbuch im Rah-

Straftaten (§§ 324a–330d StGB) §§ 63–65

men eines speziellen Abschnitts „Straftaten gegen die Umwelt" eingefügt hat. Sie lauten heute:

§ 324a StGB Bodenverunreinigung

(1) **Wer unter Verletzung verwaltungsrechtlicher Pflichten Stoffe in den Boden einbringt, eindringen läßt oder freisetzt und diesen dadurch**

1. **in einer Weise, die geeignet ist, die Gesundheit eines anderen, Tiere, Pflanzen oder andere Sachen von bedeutendem Wert oder ein Gewässer zu schädigen, oder**
2. **in bedeutendem Umfang**

verunreinigt oder sonst nachteilig verändert, wird mit Freiheitsstrafe bis zu fünf Jahren oder mit Geldstrafe bestraft.

(2) Der Versuch ist strafbar.

(3) Handelt der Täter fahrlässig, so ist die Strafe Freiheitsstrafe bis zu drei Jahren oder Geldstrafe.

§ 325 StGB Luftverunreinigung

(1) **Wer beim Betrieb einer Anlage, insbesondere einer Betriebsstätte oder Maschine, unter Verletzung verwaltungsrechtlicher Pflichten Veränderungen der Luft verursacht, die geeignet sind, außerhalb des zur Anlage gehörenden Bereichs die Gesundheit eines anderen, Tiere, Pflanzen oder andere Sachen von bedeutendem Wert zu schädigen, wird mit Freiheitsstrafe bis zu fünf Jahren oder mit Geldstrafen bestraft. Der Versuch ist strafbar.**

(2) Wer beim Betrieb einer Anlage, insbesondere einer Betriebsstätte oder Maschine, unter grober Verletzung verwaltungsrechtlicher Pflichten Schadstoffe in bedeutendem Umfang in die Luft außerhalb des Betriebsgeländes freisetzt, wird mit Freiheitsstrafe bis zu fünf Jahren oder mit Geldstrafe bestraft.

(3) Handelt der Täter fahrlässig, so ist die Strafe Freiheitsstrafe bis zu drei Jahren oder Geldstrafe.

(4) Schadstoffe im Sinne des Absatzes 2 sind Stoffe, die geeignet sind,

1. die Gesundheit eines anderen, Tiere, Pflanzen oder andere Sachen von bedeutendem Wert zu schädigen oder
2. nachhaltig ein Gewässer, die Luft oder den Boden zu verunreinigen oder sonst nachteilig zu verändern.

(5) **Die Absätze 1 bis 3 gelten nicht für Kraftfahrzeuge, Schienen-, Luft- oder Wasserfahrzeuge.**

§ 325a StGB Verursachen von Lärm, Erschütterungen und nichtionisierenden Strahlen

(1) Wer beim Betrieb einer Anlage, insbesondere einer Betriebsstätte oder Maschine, unter Verletzung verwaltungsrechtlicher Pflichten Lärm verursacht, der geeignet ist, außerhalb des zur Anlage gehörenden Bereichs die Gesundheit eines anderen zu schädigen, wird mit Freiheitsstrafe bis zu drei Jahren oder mit Geldstrafe bestraft.

(2) Wer beim Betrieb einer Anlage, insbesondere einer Betriebsstätte oder Maschine, unter Verletzung verwaltungsrechtlicher Pflichten, die

§§ 63–65   Gemeinsame Vorschriften

dem Schutz vor Lärm, Erschütterungen oder nichtionisierenden Strahlen dienen, die Gesundheit eines anderen, ihm nicht gehörende Tiere oder fremde Sachen von bedeutendem Wert gefährdet, wird mit Freiheitsstrafe bis zu fünf Jahren oder mit Geldstrafe bestraft.

(3) Handelt der Täter fahrlässig, so ist die Strafe

1. in den Fällen des Absatzes 1 Freiheitsstrafe bis zu zwei Jahren oder Geldstrafe,
2. in den Fällen des Absatzes 2 Freiheitsstrafe bis zu drei Jahren oder Geldstrafe.

(4) Die Absätze 1 bis 3 gelten nicht für Kraftfahrzeuge, Schienen-, Luft- oder Wasserfahrzeuge.

§ 326 StGB Unerlaubter Umgang mit gefährlichen Abfällen

5   (1) Wer unbefugt Abfälle, die

1. Gifte oder Erreger von auf Menschen oder Tiere übertragbaren gemeingefährlichen Krankheiten enthalten oder hervorbringen können,
2. für den Menschen krebserzeugend, fruchtschädigend oder erbgutverändernd sind,
3. explosionsgefährlich, selbstentzündlich oder nicht nur geringfügig radioaktiv sind oder
4. nach Art, Beschaffenheit oder Menge geeignet sind,
   a) nachhaltig ein Gewässer, die Luft oder den Boden zu verunreinigen oder sonst nachteilig zu verändern oder
   b) einen Bestand von Tieren oder Pflanzen zu gefährden,

außerhalb einer dafür zugelassenen Anlage oder unter wesentlicher Abweichung von einem vorgeschriebenen oder zugelassenen Verfahren behandelt, lagert, ablagert, abläßt oder sonst beseitigt, wird mit Freiheitsstrafe bis zu fünf Jahren oder mit Geldstrafe bestraft.

(2) Ebenso wird bestraft, wer Abfälle im Sinne des Absatzes 1 entgegen einem Verbot oder ohne die erforderliche Genehmigung in den, aus dem oder durch den Geltungsbereich dieses Gesetzes verbringt.

(3) *(nicht einschlägig, betrifft radioaktive Abfälle)*

(4) In den Fällen der Absätze 1 und 2 ist der Versuch strafbar.

(5) Handelt der Täter fahrlässig, so ist die Strafe

1. in den Fällen der Absätze 1 und 2 Freiheitsstrafe bis zu drei Jahren oder Geldstrafe,
2. in den Fällen des Absatzes 3 Freiheitsstrafe bis zu einem Jahr oder Geldstrafe.

(6) Die Tat ist dann nicht strafbar, wenn schädliche Einwirkungen auf die Umwelt, insbesondere auf Menschen, Gewässer, die Luft, den Boden, Nutztiere oder Nutzpflanzen, wegen der geringen Menge der Abfälle offensichtlich ausgeschlossen sind.

§ 327 StGB Unerlaubtes Betreiben von Anlagen

6   (1) *(nicht einschlägig)*

(2) Mit Freiheitsstrafe bis zu drei Jahren oder mit Geldstrafe wird bestraft, wer

Straftaten (§§ 324a–330d StGB) §§ 63–65

1. eine genehmigungsbedürftige Anlage oder eine sonstige Anlage im Sinne des Bundes-Immissionsschutzgesetzes, deren Betrieb zum Schutz vor Gefahren untersagt worden ist,

2., 3. *(nicht einschlägig)*

ohne die nach dem jeweiligen Gesetz erforderliche Genehmigung oder Planfeststellung oder entgegen einer auf dem jeweiligen Gesetz beruhenden vollziehbaren Untersagung betreibt.

(3) Handelt der Täter fahrlässig, so ist die Strafe

1. *(nicht einschlägig)*

2. in den Fällen des Absatzes 2 Freiheitsstrafe bis zu zwei Jahren oder Geldstrafe.

§ 329 StGB Gefährdung schutzbedürftiger Gebiete

(1) Wer entgegen einer auf Grund des Bundes-Immissionsschutzgesetzes erlassenen Rechtsverordnung über ein Gebiet, das eines besonderen Schutzes vor schädlichen Umwelteinwirkungen durch Luftverunreinigungen oder Geräusche bedarf oder in dem während austauscharmer Wetterlagen ein starkes Anwachsen schädlicher Umwelteinwirkungen durch Luftverunreinigungen zu befürchten ist, Anlagen innerhalb des Gebietes betreibt, wird mit Freiheitsstrafe bis zu drei Jahren oder mit Geldstrafe bestraft. Ebenso wird bestraft, wer innerhalb eines solchen Gebietes Anlagen entgegen einer vollziehbaren Anordnung betreibt, die auf Grund einer in Satz 1 bezeichneten Rechtsverordnung ergangen ist. Die Sätze 1 und 2 gelten nicht für Kraftfahrzeuge, Schienen-, Luft- oder Wasserfahrzeuge.

(2) Wer entgegen einer zum Schutz eines Wasser- oder Heilquellenschutzgebietes erlassenen Rechtsvorschrift oder vollziehbaren Untersagung

1. betriebliche Anlagen zum Umgang mit wassergefährdenden Stoffen betreibt,

2. Rohrleitungsanlagen zum Befördern wassergefährdender Stoffe betreibt oder solche Stoffe befördert oder

3. im Rahmen eines Gewerbebetriebes Kies, Sand, Ton oder andere feste Stoffe abbaut,

wird mit Freiheitsstrafe bis zu drei Jahren oder mit Geldstrafe bestraft. Betriebliche Anlage im Sinne des Satzes 1 ist auch die Anlage in einem öffentlichen Unternehmen.

(3) Wer entgegen einer zum Schutz eines Naturschutzgebietes, einer als Naturschutzgebiet einstweilig sichergestellten Fläche oder eines Nationalparks erlassenen Rechtsvorschrift oder vollziehbaren Untersagung

1. Bodenschätze oder andere Bodenbestandteile abbaut oder gewinnt,

2. Abgrabungen oder Aufschüttungen vornimmt,

3. Gewässer schafft, verändert oder beseitigt,

4. Moore, Sümpfe, Brüche oder sonstige Feuchtgebiete entwässert,

5. Wald rodet,

6. Tiere einer im Sinne des Bundesnaturschutzgesetzes besonders geschützten Art tötet, fängt, diesen nachstellt oder deren Gelege ganz oder teilweise zerstört oder entfernt,

§§ 63–65   Gemeinsame Vorschriften

7. Pflanzen einer im Sinne des Bundesnaturschutzgesetzes besonders geschützten Art beschädigt oder entfernt oder
8. ein Gebäude errichtet

und dadurch den jeweiligen Schutzzweck nicht unerheblich beeinträchtigt, wird mit Freiheitsstrafe bis zu fünf Jahren oder mit Geldstrafe bestraft.

(4) Handelt der Täter fahrlässig, so ist die Strafe
1. in den Fällen der Absätze 1 und 2 Freiheitsstrafe bis zu zwei Jahren oder Geldstrafe,
2. in den Fällen des Absatzes 3 Freiheitsstrafe bis zu drei Jahren oder Geldstrafe.

§ 330 StGB Besonders schwerer Fall einer Umweltstraftat

8   (1) In besonders schweren Fällen wird eine vorsätzliche Tat nach den §§ 324 bis 329 mit Freiheitsstrafe von sechs Monaten bis zu zehn Jahren bestraft. Ein besonders schwerer Fall liegt in der Regel vor, wenn der Täter
1. ein Gewässer, den Boden oder ein Schutzgebiet im Sinne des § 329 Abs.3 derart beeinträchtigt, daß die Beeinträchtigung nicht, nur mit außerordentlichem Aufwand oder erst nach längerer Zeit beseitigt werden kann,
2. die öffentliche Wasserversorgung gefährdet,
3. einen Bestand von Tieren oder Pflanzen der vom Aussterben bedrohten Arten nachhaltig schädigt oder
4. aus Gewinnsucht handelt.

(2) Wer durch eine vorsätzliche Tat nach den §§ 324 bis 329
1. einen anderen Menschen in die Gefahr des Todes oder einer schweren Gesundheitsschädigung oder eine große Zahl von Menschen in die Gefahr einer Gesundheitsschädigung bringt oder
2. den Tod eines anderen Menschen verursacht,

wird in den Fällen der Nummer 1 mit Freiheitsstrafe von einem Jahr bis zu zehn Jahren, in den Fällen der Nummer 2 mit Freiheitsstrafe nicht unter drei Jahren bestraft, wenn die Tat nicht in § 330a Abs.1 bis 3 mit Strafe bedroht ist.

(3) In minder schweren Fällen des Absatzes 2 Nr.1 ist auf Freiheitsstrafe von sechs Monaten bis zu fünf Jahren, in minder schweren Fällen des Absatzes 2 Nr.2 auf Freiheitsstrafe von einem Jahr bis zu zehn Jahren zu erkennen.

§ 330a StGB Schwere Gefährdung durch Freisetzen von Giften

9   (1) Wer Stoffe, die Gifte enthalten oder hervorbringen können, verbreitet oder freisetzt und dadurch die Gefahr des Todes oder einer schweren Gesundheitsschädigung eines anderen Menschen oder die Gefahr einer Gesundheitsschädigung einer großen Zahl von Menschen verursacht, wird mit Freiheitsstrafe von einem Jahr bis zu zehn Jahren bestraft.

(2) Verursacht der Täter durch die Tat den Tod eines anderen Menschen, so ist die Strafe Freiheitsstrafe nicht unter drei Jahren.

Straftaten (§§ 324a–330d StGB) §§ 63–65

(3) In minder schweren Fällen des Absatzes 1 ist auf Freiheitsstrafe von sechs Monaten bis zu fünf Jahren, in minder schweren Fällen des Absatzes 2 auf Freiheitsstrafe von einem Jahr bis zu zehn Jahren zu erkennen.

(4) Wer in den Fällen des Absatzes 1 die Gefahr fahrlässig verursacht, wird mit Freiheitsstrafe bis zu fünf Jahren oder mit Geldstrafe bestraft.

(5) Wer in den Fällen des Absatzes 1 leichtfertig handelt und die Gefahr fahrlässig verursacht, wird mit Freiheitsstrafe bis zu drei Jahren oder mit Geldstrafe bestraft.

§ 330b StGB Tätige Reue

(1) Das Gericht kann in den Fällen des § 325a Abs.2, des § 326 Abs.1 bis 3, des § 328 Abs.1 bis 3 und des § 330a Abs.1, 3 und 4 die Strafe nach seinem Ermessen mildern (§ 49 Abs.2) oder von Strafe nach diesen Vorschriften absehen, wenn der Täter freiwillig die Gefahr abwendet oder den von ihm verursachten Zustand beseitigt, bevor ein erheblicher Schaden entsteht. Unter denselben Voraussetzungen wird der Täter nicht nach § 325a Abs.3 Nr.2, § 326 Abs.5, § 328 Abs.5 und § 330a Abs.5 bestraft.

(2) Wird ohne Zutun des Täters die Gefahr abgewendet oder der rechtswidrig verursachte Zustand beseitigt, so genügt sein freiwilliges und ernsthaftes Bemühen, dieses Ziel zu erreichen.

§ 330d StGB Begriffsbestimmungen
Im Sinne dieses Abschnitts ist
1. ein Gewässer: ein oberirdisches Gewässer, das Grundwasser und das Meer;
2. *(nicht einschlägig)*
3. ein gefährliches Gut: ein Gut im Sinne des Gesetzes über die Beförderung gefährlicher Güter und einer darauf beruhenden Rechtsverordnung und im Sinne der Rechtsvorschriften über die internationale Beförderung gefährlicher Güter im jeweiligen Anwendungsbereich;
4. eine verwaltungsrechtliche Pflicht:
   eine Pflicht, die sich aus
   a) einer Rechtsvorschrift,
   b) einer gerichtlichen Entscheidung,
   c) einem vollziehbaren Verwaltungsakt,
   d) einer vollziehbaren Auflage oder
   e) einem öffentlich-rechtlichen Vertrag, soweit die Pflicht auch durch Verwaltungsakt hätte auferlegt werden können,
   ergibt und dem Schutz vor Gefahren oder schädlichen Einwirkungen auf die Umwelt, insbesondere auf Menschen, Tiere oder Pflanzen, Gewässer, die Luft oder den Boden, dient;
5. ein Handeln ohne Genehmigung, Planfeststellung oder sonstige Zulassung: auch ein Handeln auf Grund einer durch Drohung, Bestechung oder Kollusion erwirkten oder durch unrichtige oder unvollständige Angaben erschlichenen Genehmigung, Planfeststellung oder sonstigen Zulassung.

2. Geheimhaltungsstraftat

12 Die Vorschrift enthielt eine Strafvorschrift für die unbefugte Offenbarung von Geheimnissen durch Behördenangehörige und -beauftragte. Sie wurde 1974 (dazu Einl.2 Nr.1) aufgehoben und durch die allgemeineren Regelungen der §§ 203–205 StGB ersetzt.

Siebenter Teil. Schlussvorschriften

§ 66 Fortgeltung von Vorschriften

(1) *Bis zum Inkrafttreten der Rechtsverordnung über genehmigungsbedürftige Anlagen gemäß § 4 Abs.1 Satz 3 gelten für das Genehmigungserfordernis die Vorschriften der Verordnung über genehmigungsbedürftige Anlagen nach § 16 der Gewerbeordnung in der Fassung der Bekanntmachung vom 7. Juli 1971 (Bundesgesetzbl. I S.888).*[1]

(2) **Bis zum Inkrafttreten von entsprechenden allgemeinen Verwaltungsvorschriften nach diesem Gesetz sind die**
- *Technische Anleitung zur Reinhaltung der Luft vom 8. September 1964 (Gemeinsames Ministerialblatt vom 14. September 1964 S.433),*
- *Technische Anleitung zum Schutz gegen Lärm vom 16. Juli 1968 (Beilage zum BAnz. Nr.137 vom 26. Juli 1968),*
- *Allgemeine Verwaltungsvorschrift zum Schutz gegen Baulärm – Geräuschimmissionen – vom 19. August 1970 (Beilage zum BAnz. Nr.160 vom 1. September 1970),*
- Allgemeine Verwaltungsvorschrift zum Schutz gegen Baulärm – Emissionsmeßverfahren – vom 22. Dezember 1970 (BAnz. Nr.242 vom 30. Dezember 1970),
- *Allgemeine Verwaltungsvorschrift zum Schutz gegen Baulärm – Emissionsrichtwerte für Betonmischeinrichtungen und Transportbetonmischer – vom 6. Dezember 1971 (BAnz. Nr.231 vom 11. Dezember 1971), ber. am 14. Dezember 1971 (BAnz. Nr.235 vom 17. Dezember 1971),*
- *Allgemeine Verwaltungsvorschrift zum Schutz gegen Baulärm – Emissionsrichtwerte für Radlader – (RadladerVwV) vom 16. August 1972 (BAnz. Nr.156 vom 22. August 1972),*
- *Allgemeine Verwaltungsvorschrift zum Schutz gegen Baulärm – Emissionsrichtwerte für Kompressoren – (KompressorenVwV) vom 24. Oktober 1972 (BAnz. Nr.205 vom 28. Oktober 1972),*
- *Allgemeine Verwaltungsvorschrift zum Schutz gegen Baulärm – Emissionsrichtwerte für Betonpumpen – (BetonpumpenVwV) vom 28. März 1973 (BAnz. Nr.64 vom 31. März 1973),*
- *Allgemeine Verwaltungsvorschrift zum Schutz gegen Baulärm – Emissionsrichtwerte für Planierraupen – (PlanierraupenVwV) vom 4. Mai 1973 (BAnz. Nr.87 vom 10. Mai 1973),*
- *Allgemeine Verwaltungsvorschrift zum Schutz gegen Baulärm – Emissionsrichtwerte für Kettenlader – (KettenladerVwV) vom 14. Mai 1973 (BAnz. Nr.94 vom 19. Mai 1973) und die*

§ 66 Schlussvorschriften

– *Allgemeine Verwaltungsvorschrift zum Schutz gegen Baulärm – Emissionsrichtwerte für Bagger – (BaggerVwV) vom 17. Dezember 1973 (BAnz. Nr.239 vom 21. Dezember 1973)*
maßgebend.[2]

1. Fortgelten bundesrechtlicher Vorschriften

a) Inhalt des früheren Abs.1

1   Abs.1 a. F. regelte das Fortgelten der Verordnung über genehmigungsbedürftige Anlagen. Mit dem Erlass der 4. BImSchV am 1. 7. 1975 wurde die Regelung obsolet und daher 1990 nicht mehr bekanntgemacht (Einl.2 Nr.15). Die Vorschrift ist gleichwohl (formal) noch in Kraft (vgl. Rn.1 zu § 74).

b) Baulärmvorschriften

2   Abs.2 hat keine Bedeutung mehr für die TA Luft von 1964, da diese durch Erlass der TA Luft von 1974 aufgehoben wurde. Gleiches gilt für die TA Lärm von 1968, da diese mit dem Erlass der TA Lärm von 1998 aufgehoben wurde. Weiter wurden die in Art.23 aufgeführten Verwaltungsvorschriften zum Baulärm durch Art.2 Nr.3–12 der VO vom 29. 8. 2002 (BGBl I 3478) aufgehoben. Lediglich die „Allgemeine Verwaltungsvorschrift zum Schutz gegen Baulärm – Geräuschimmissionen" ist weiterhin anzuwenden. Ihr Charakter wurde durch Abs.2 nicht geändert. Sie besitzt also Rang und Wirkung einer Verwaltungsvorschrift, nicht eines Gesetzes (Führ GK 6).

2. Allgemeines zum Fortgelten des Landesrechts

3   Die im Zeitpunkt des Erlasses des BImSchG vorhandenen landesrechtlichen Immissionsschutzvorschriften sind gem. Art.31, 72 Abs.1 GG grundsätzlich erloschen. Dieser Grundsatz erleidet jedoch in mehrfacher Hinsicht Einschränkungen, die so weit gehen, dass die meisten landesrechtlichen Vorschriften fortgelten: – **(1)** Landesrechtliches Immissionsschutzrecht ist unberührt geblieben, soweit es sich auf Gegenstände erstreckt, die vom BImSchG nicht bzw. nicht abschließend erfasst werden (dazu Einl.46–51). – **(2)** Weiter wird man den Vorschriften des BImSchG, die die Landesregierungen **zum Erlass von Rechtsverordnungen ermächtigen** (§ 23 Abs.2, § 40, § 44 Abs.2, § 49 Abs.1, 2), entnehmen können, dass landesrechtliche Vorschriften in diesen Bereichen fortgelten. Das Verlangen, diese Vorschriften als auf das BImSchG gestützte Rechtsverordnungen neu zu verkünden, wäre ein schwer verständlicher Formalismus. Durch die Neuregelung des Art.80 Abs.4 GG wird das bestätigt. Praktische Bedeutung hat dies vor allem für die nach § 23 Abs.2 regelbaren Materien. Die Lärmschutzverordnungen der Länder gelten daher lediglich insoweit nicht fort, als sie sich an die *Betreiber genehmigungsbedürftiger* Anlagen wenden. – **(3)** § 66 Abs.3 a. F., der die Fortgeltung von Landesvorschriften regelte

Übergangsvorschrift § 67

(näher Jarass, BImSchG, 1. Aufl. 1983, § 66 Rn.3 f), wurde durch das Gesetz vom 24. 4. 1986 aufgehoben (Einl.2 Nr.10), da die entsprechenden Landesvorschriften ihrerseits alle aufgehoben worden sind.

Die fortgeltenden Vorschriften stellen weiterhin *Landesrecht* dar. Sie 4 können daher vom Landesgesetzgeber aufgehoben werden. Eine Änderung ist dem Landesgesetzgeber dagegen nur dann möglich, wenn das Land insoweit die Gesetzgebungskompetenz besitzt (dazu Einl.44 ff), da in einer Änderung (auch) eine Neuregelung liegt.

§ 67 Übergangsvorschrift

(1) **Eine Genehmigung, die vor dem Inkrafttreten dieses Gesetzes nach § 16 oder § 25 Abs.1 der Gewerbeordnung erteilt worden ist, gilt als Genehmigung nach diesem Gesetz fort.**[6 ff]

(2) **Eine genehmigungsbedürftige Anlage, die bei Inkrafttreten der Verordnung nach § 4 Abs.1 Satz 3 errichtet oder wesentlich geändert ist, oder mit deren Errichtung oder wesentlichen Änderung begonnen worden ist,**[13 ff] **muss innerhalb eines Zeitraums von drei Monaten nach Inkrafttreten der Verordnung der zuständigen Behörde angezeigt werden,**[18 ff] **sofern die Anlage nicht nach § 16 Abs.1 oder § 25 Abs.1 der Gewerbeordnung genehmigungsbedürftig war oder nach § 16 Abs.4 der Gewerbeordnung angezeigt worden ist.**[11] **Der zuständigen Behörde sind innerhalb eines Zeitraums von zwei Monaten nach Erstattung der Anzeige Unterlagen gemäß § 10 Abs.1 über Art, Lage, Umfang und Betriebsweise der Anlage im Zeitpunkt des Inkrafttretens der Verordnung nach § 4 Abs.1 Satz 3 vorzulegen.**

(3) **Die Anzeigepflicht nach Absatz 2 gilt nicht für ortsveränderliche Anlagen, die im vereinfachten Verfahren (§ 19) genehmigt werden können.**[24 f]

(4) **Bereits begonnene Verfahren sind nach den Vorschriften dieses Gesetzes und der auf dieses Gesetz gestützten Rechts- und Verwaltungsvorschriften zu Ende zu führen.**[30 ff]

(5) **Soweit durch das Gesetz zur Umsetzung der UVP-Änderungsrichtlinie, der IVU-Richtlinie und weiterer EG-Richtlinien zum Umweltschutz vom 27. Juli 2001 (BGBl. I S.1950) in § 5 neue Anforderungen festgelegt worden sind, sind diese von Anlagen, die sich im Zeitpunkt des Inkrafttretens des genannten Gesetzes in Betrieb befanden oder mit deren Errichtung zu diesem Zeitpunkt begonnen wurde, bis zum 30. Oktober 2007 zu erfüllen.**[34 ff] **Für Anlagen, für die bei Inkrafttreten des in Satz 1 genannten Gesetzes ein vollständiger Genehmigungsantrag nach dem bis zu diesem Zeitpunkt geltenden Vorschriften vorlag, gelten Satz 1 sowie die bis zum Inkrafttreten des in Satz 1 genannten Gesetzes geltenden Vorschriften für Antragsunterlagen.**[34]

§ 67 Schlussvorschriften

(6) Eine nach diesem Gesetz erteilte Genehmigung für eine Anlage zum Umgang mit
1. gentechnisch veränderten Mikroorganismen,
2. gentechnisch veränderten Zellkulturen, soweit sie nicht dazu bestimmt sind, zu Pflanzen regeneriert zu werden,
3. Bestandteilen oder Stoffwechselprodukten von Mikroorganismen nach Nummer 1 oder Zellkulturen nach Nummer 2, soweit sie biologisch aktive, rekombinante Nukleinsäure enthalten,

ausgenommen Anlagen, die ausschließlich Forschungszwecken dienen, gilt auch nach dem Inkrafttreten eines Gesetzes zur Regelung von Fragen der Gentechnik fort. Absatz 4 gilt entsprechend.[37]

(7) Eine Planfeststellung oder Genehmigung nach dem Abfallgesetz gilt als Genehmigung nach diesem Gesetz fort.[38 f] Eine Anlage, die nach dem Abfallgesetz angezeigt wurde, gilt als nach diesem Gesetz angezeigt.[40 f] Abfallentsorgungsanlagen, die weder nach dem Abfallgesetz planfestgestellt oder genehmigt noch angezeigt worden sind, sind unverzüglich bei der zuständigen Behörde anzuzeigen.[40] Absatz 2 Satz 2 gilt entsprechend.[40]

(8) Für die für das Jahr 1996 abzugebenden Emissionserklärungen ist § 27 in der am 14. Oktober 1996 geltenden Fassung weiter anzuwenden.[36]

Übersicht

I. Vor Erlass des BImSchG errichtete Anlagen	1
1. Grundlagen	1
a) Überblick über deren Behandlung	1
b) Wortlaut der §§ 16, 25 GewO a. F.	4
2. Genehmigung nach altem Recht (Abs.1)	6
a) Anwendungsbereich	6
b) Überleitung der Genehmigungen	7
II. Nachträglich der Genehmigungspflicht unterworfene Anlagen (Abs.2, 3)	10
1. Bedeutung und Grundlagen	10
a) Funktion, Vorgängerregelung, Verordnungsänderungen	10
b) Begriff der anzeigepflichtigen Anlagen	12 a
2. Anwendungsbereich der Anzeigepflicht	13
a) Errichtung vor Genehmigungsbedürftigkeit	13
b) Wesentliche Änderungen vor Genehmigungsbedürftigkeit	17
3. Durchführung und Durchsetzung der Anzeigepflicht	18
a) Durchführung von Anzeigenerstattung und Vorlage von Unterlagen	18
b) Durchsetzung und Sanktionen	23
4. Für anzeigepflichtige Anlagen geltende Vorschriften	24
5. Anzeigefreie Vorhaben (Abs.3)	28

Übergangsvorschrift **§ 67**

    III. Sonstige Gehalte des § 67 30
      1. Allgemeine Regelung der Anwendung neuen Rechts
        (Abs.4) 30
        a) Anwendungsbereich 30
        b) Folgen 32
      2. Materielle Übergangsregelungen (Abs.5, 8) 34
      3. Gentechnische Anlagen (Abs.6) 37
      4. Abfallentsorgungsanlagen (Abs.7) 38
        a) Überleitung abfallrechtlicher Zulassungen 38
        b) Abfallrechtliche Anzeige 40

Literatur: *Becker,* Rechtsprobleme der anzeigepflichtigen Anlagen des Immissionsschutzrechts, Diss. 1994; *Jarass,* Aktuelle Fragen der Abgrenzung von Altanlagen, BB 1988, 7; *Jarass,* Die Anwendung neuen Umweltrechts auf bestehende Anlagen, 1987. Vgl. auch die Literatur zu § 4 (Abfallentsorgung).

I. Vor Erlass des BImSchG errichtete Anlagen

1. Grundlagen

a) Überblick über deren Behandlung

Das BImSchG behandelt die (heute genehmigungsbedürftigen) Anlagen, **1** die im Zeitpunkt seines In-Kraft-Tretens (1. 4. 1974) bereits genehmigt, angezeigt oder errichtet waren (sog. Altanlagen), grundsätzlich ebenso wie Anlagen, die nach seinem In-Kraft-Treten errichtet wurden. Im Einzelnen gilt gem. § 67 Abs.1–3 unter Berücksichtigung von § 16 Abs.4 GewO a. F. (Text unten Rn.8) folgendes:

Soweit für **vor dem 23. 5. 1949 errichtete Anlagen** noch Genehmi- **2** gungsurkunden nach §§ 16, 25 Abs.1 GewO a. F. (Text unten Rn.4f) vorhanden sind, gilt § 67 Abs.1 (näher unten Rn.7). Fehlen solche Urkunden, waren die Anlagen gem. § 16 Abs.4 S.1 GewO a. F. anzuzeigen. Geschah das nicht, sind die Anlagen gem. § 67 Abs.2 anzuzeigen, da die Anzeigepflicht nach dieser Vorschrift nur entfällt, wenn die Anlagen bereits angezeigt wurden.

Soweit **zwischen dem 23. 5. 1949 und dem 1. 4. 1974 errichtete** **3** **Anlagen** gem. §§ 16, 25 Abs.1 GewO a. F. (Text unten Rn.4f) genehmigt wurden, gilt § 67 Abs.1 (dazu unten Rn.7). Soweit solche Anlagen im Zeitpunkt ihrer Errichtung oder Änderung gem. §§ 16, 25 GewO a. F. genehmigungsbedürftig waren, aber nicht genehmigt wurden, müssen sie nach § 4 genehmigt werden (Kutscheidt LR Vorb. 12 vor § 4; Führ GK 27; ähnlich BVerwG, DVBl 1977, 771), vorausgesetzt, sie sind nach heutigem Recht genehmigungsbedürftig; solange sie nicht genehmigt sind, sind sie wie genehmigungsbedürftige, aber ungenehmigte Anlagen zu behandeln. Wurden solche Anlagen nach ihrer Errichtung oder Änderung genehmigungsbedürftig, galt zunächst die Anzeigepflicht des § 16 Abs.4 S.2 GewO a. F. (Führ GK 28). Wurde sie nicht beachtet, sind die Anlagen gem. Abs.2 anzuzeigen (dazu unten Rn.13ff).

§ 67 Schlussvorschriften

b) Wortlaut der §§ 16, 25 GewO a. F.

4 **§ 16 GewO a. F.: Genehmigungsbedürftige Anlagen**

(1) Zur Errichtung von Anlagen, welche durch die örtliche Lage oder die Beschaffenheit der Betriebsstätte für die Besitzer oder Bewohner der benachbarten Grundstücke oder für das Publikum überhaupt erhebliche Nachteile, Gefahren oder Belästigungen herbeiführen können, ist die Genehmigung der zuständigen Behörde erforderlich. Für Anlagen, die Teile von Anlagen sind, für die eine auf § 24 beruhende Erlaubnis erforderlich ist, wird die Genehmigung zur Errichtung und wesentlichen Veränderungen nach den Vorschriften des Erlaubnisverfahrens erteilt.

(2) Absatz 1 gilt auch für Anlagen des Bergwesens und für Anlagen, die nichtgewerblichen Zwecken dienen, sofern sie im Rahmen wirtschaftlicher Unternehmungen Verwendung finden.

(3) . . .

(4) Vor dem 23. Mai 1949 errichtete genehmigungspflichtige Anlagen, für die Genehmigungsurkunden nicht vorgelegt werden können, sind der zuständigen Behörde bis zum 30. Juni 1960 anzuzeigen. Anlagen, die errichtet worden sind, bevor für die Errichtung von Anlagen dieser Art eine Genehmigung nach den Absätzen 1 und 2 erforderlich war, sind spätestens drei Monate nach Einführung der Genehmigungspflicht der zuständigen Behörde anzuzeigen.

5 **§ 25 GewO a. F.: Dauer der Genehmigung**

(1) Die Genehmigung zu einer unter § 16 fallenden oder die Erlaubnis zu einer in § 24 bezeichneten Anlage bleibt so lange in Kraft, als keine Änderung in der Lage oder Beschaffenheit der Betriebsstätte vorgenommen wird, und bedarf unter dieser Voraussetzung auch dann, wenn die Anlage an einen neuen Erwerber übergeht, einer Erneuerung nicht. Wenn eine Veränderung der Betriebsstätte vorgenommen wird, ist bei einer unter § 16 fallenden Anlage die Genehmigung der zuständigen Behörde nach Maßgabe der §§ 17 bis 23 notwendig. Eine gleiche Genehmigung ist erforderlich bei wesentlichen Veränderungen in dem Betrieb einer der unter § 16 fallenden Anlagen. . . .

2. Genehmigung nach altem Recht (Abs.1)

a) Anwendungsbereich

6 § 67 Abs.1 erfasst jede Genehmigung, die vor Inkrafttreten des BImSchG (1. 4. 1974) auf Grund § 16 GewO a. F. (Text oben Rn.4) als Errichtungsgenehmigung oder auf Grund § 25 GewO a. F. (Text oben Rn.5) als Änderungsgenehmigung ergangen ist, vorausgesetzt, sie war zum 1. 4. 1974 noch in Kraft (Hansmann LR 6). Insb. erlöschten die Genehmigungen gem. § 49 Abs.3 GewO nach einem dreijährigen Stillstand (Führ GK 25). § 67 Abs.1 gilt auch für vor dem 23. 5. 1949 erteilte Genehmigungen, sofern sie nachgewiesen werden können (Hansmann LR 7); vgl. § 16 Abs.4 GewO a. F. (abgedr. oben Rn.4). Die Genehmigung muss zum 1. 4. 1974 wirksam gewesen sein, nicht notwendig bestandskräftig (Führ GK 29; Czajka FE 48; Hansmann LR 8). Für Vorbescheide und Teilgenehmigungen gilt Entsprechendes (anders Hansmann LR 9). Falls nach dem 1. 4. 1974 noch Genehmigungen auf der Grundlage des alten Rechts erteilt wurden, sind sie rechtswidrig (für Nichtigkeit Schmatz/Nöthlichs 1). Auf baurechtliche Genehmigungen ist Abs.1 auch nicht analog anwendbar (Jarass, BB 1988, 8; vgl. BVerwGE 72, 300/332 = NVwZ 1986, 208). Gleiches gilt für andere Genehmigungen, die nicht auf §§ 16, 25 GewO a.F. gestützt waren (Führ GK 31), etwa für Erlaubnisse

Übergangsvorschrift **§ 67**

gem. § 24 GewO a.F. iVm den einschlägigen Rechtsverordnungen. Diese Genehmigungen gelten zwar fort, sind aber keine Genehmigungen iSd Immissionsschutzrechts. Anzuzeigen ist daher die gesamte Anlage. Zu den abfallrechtlichen Altzulassungen unten Rn.38 f.

b) Überleitung der Genehmigungen

aa) Die Genehmigungen nach § 16 bzw. § 25 Abs.1 GewO a.F. (Text oben Rn.4 f) sind gem. Abs.1 mit Inkrafttreten des BImSchG als Genehmigungen nach § 4 bzw. § 16 zu behandeln. Dort, wo das BImSchG Rechte und Pflichten an eine erteilte Genehmigung knüpft, gilt das auch für die Altgenehmigungen (BVerwGE 65, 313/315 = NVwZ 1983, 32; Czajka FE 7). Das bedeutet, dass die übergeleiteten Genehmigungen (allein) gem. § 21 widerrufen werden können. Eine Rücknahme erfolgt gem. § 48 VwVfG. Die Vorschrift des § 13 ist nur anwendbar, soweit die alte Genehmigung mit einer Konzentrationswirkung ausgestattet war, was idR gem. § 18 S.2 GewO a.F. zutraf (Hofmann GK § 13 Rn.30; ohne die Einschränkung Czajka FE 8; Hansmann LR 10). Grundsätzlich anwendbar ist auch § 14, selbst bei Anlagen des (heutigen) vereinfachten Verfahrens (str.; näher Rn.5 zu § 14). Gemäß § 25 Abs.3 GewO a.F. erlassene nachträgliche Anordnungen gelten als solche iSd § 17 (Peschau FE § 20 Rn.8). 7

Weiter gelten für die fraglichen Anlagen (oben Rn.6) **alle materiellen, genehmigungsbedürftige Anlagen betreffende Vorschriften** des BImSchG und der darauf gestützten Rechtsverordnungen (VGH BW, NVwZ 1985, 433), vor allem § 5, §§ 26–31, §§ 53–58, die Rechtsverordnungen gem. §§ 7, 49 sowie die **Instrumentalnormen** der §§ 15–18 und § 20 (vgl. jeweils die Ausführungen zum Anwendungsbereich der betreffenden Norm). Auch § 62 ist anwendbar (OLG Köln, GewArch 1975, 124), ebenso die Strafbestimmungen der §§ 324a ff StGB. 8

bb) Die Überleitung von Genehmigungen mag zu einer gewissen Beschränkung der Rechtsposition von Anlagenbetreibern führen, da die Genehmigungen nach §§ 16, 25 Abs.1 GewO a.F. partiell etwas weitreichendere Rechtspositionen vermittelten als das die Genehmigungen nach dem BImSchG tun. Insb. ist die Entschädigung des § 21 Abs.4 knapper als die des § 51 GewO bemessen. Diese Beschränkung der Rechte hält sich jedoch im Rahmen der Sozialbindung, sie ist **verfassungsgemäß** (Führ GK 21; Hansmann LR 4; Czajka FE 11; Sendler, WiVerw 1993, 284; vgl. auch BVerwG, GewArch 1983, 104). 9

II. Nachträglich der Genehmigungspflicht unterworfene Anlagen (Abs.2, 3)

1. Bedeutung und Grundlagen

a) Funktion, Vorgängerregelung, Verordnungsänderungen

Die Vorschrift des § 67 Abs.2, 3 dient dem Vertrauensschutz des Anlagenbetreibers, der eine Anlage zulässigerweise ohne Genehmigung errich- 10

§ 67   Schlussvorschriften

ten und ändern durfte, weil die Errichtung bzw. die Änderung der Anlage nicht genehmigungsbedürftig war (BVerwG, UPR 1989, 26; Hansmann LR 14). Ändert sich das, ist kein Genehmigungsverfahren erforderlich. Die Anlage kann weiter betrieben werden, ist aber anzuzeigen. Andererseits hat die Anzeige bzw. deren Entgegennahme durch die Behörde nicht die Wirkung einer Genehmigung (unten Rn.22). Die Vorschrift betrifft nicht nur das (erstmalige) **Inkrafttreten der 4. BImSchV,** sondern **jede Änderung** (unten Rn.13). Sie hat daher nicht nur für die vor 1975 errichteten Anlagen Bedeutung (Engelhardt/Schlicht 5). Zu abfallrechtlichen Anzeigen unten Rn.40f.

11 Vor Erlass des BImSchG enthielt § **16 Abs.4 S.2 GewO a. F.** (Text oben Rn.4) eine entsprechende Regelung wie § 67 Abs.2. Die besondere Behandlung anzeigepflichtiger Anlagen gilt daher nicht nur für Anlagen, die bereits errichtet waren, als sie durch die 4. BImSchV genehmigungsbedürftig wurden, sondern auch für Anlagen, die errichtet waren, als sie durch die Vorgängervorschrift der Verordnung über genehmigungsbedürftige Anlagen oder durch eine Änderung des vor 1960 in § 16 GewO a. F. enthaltenen Katalogs genehmigungsbedürftig wurden.

12 Insgesamt sind für die Abgrenzung der anzeigepflichtigen von den genehmigungsbedürftigen Anlagen (dazu Jarass, BB 1988, 7 ff) seit 1960 folgende **Daten** von Bedeutung:

– Am 5. 8. 1960 trat die *Verordnung über genehmigungsbedürftige Anlagen* in Kraft (BGBl I 690).
– Mit Wirkung zum 1. 3. 1975 trat die *4. BImSchV* in Kraft (BGBl I 499, ber. 727).
– Mit Wirkung zum 1. 8. 1980 wurde sie durch § 14 der 12. BImSchV (BGBl I 772) geändert.
– Mit Wirkung zum 1. 7. 1983 wurde sie durch § 37 der 13. BImSchV (BGBl I 719) geändert.
– Mit Wirkung zum 1. 9. 1988 wurde sie durch Art.2 der Verordnung vom 19. 5. 1988 (BGBl I 608) geändert.
– Mit Wirkung zum 1. 10. 1988 wurde sie durch Art.2 der Verordnung vom 15. 7. 1988 (BGBl I 1059) geändert.
– Mit Wirkung zum 1. 7. 1990 wurde sie durch Art.2 des Gentechnikgesetzes vom 20. 6. 1990 (BGBl I 1080) geändert.
– Mit Wirkung zum 1. 9. 1991 wurde sie durch Art.2 der Verordnung vom 28. 8. 1991 (BGBl I 1838, ber. 2044) geändert.
– Mit Wirkung zum 1. 5. 1993 wurde sie durch Art.9 Investitionserleichterungs- und Wohnbaulandgesetzes vom 22. 4. 1993 (BGBl I 466) geändert.
– Mit Wirkung zum 1. 6. 1993 wurde sie durch Art.1 der Verordnung zur Änderung der Verordnung über genehmigungsbedürftige Anlagen vom 24. 3. 1993 (BGBl I 383) geändert.
– Mit Wirkung vom 1. 11. 1993 wurde sie durch Art.3 Nr.3 der Verordnung zur Novellierung der Gefahrstoffverordnung vom 26. 10. 1993 (BGBl I 1782, ber. 2049) geändert.

Übergangsvorschrift § 67

- Mit Wirkung zum 1. 2. 1997 wurde sie durch Art.1 der Zweiten Verordnung zur Änderung der Verordnung über genehmigungsbedürftige Anlagen vom 16. 12. 1996 (BGBl I 1959) geändert.
- Mit Wirkung zum 1. 5. 1997 wurde sie durch Art.2 der Verordnung vom 19. 3. 1997 (BGBl I 545) geändert.
- Mit Wirkung zum 1. 6. 1998 wurde sie durch die Verordnung vom 20. 4. 1998 (BGBl I 723) geändert.
- Mit Wirkung zum 1. 4. 1999 wurde sie durch die Verordnung vom 23. 2. 1999 (BGBl I 189) geändert.
- Mit Wirkung zum 19. 7. 2001 wurde sie durch Art.2 des G zur Sicherstellung der Nachfolgepflichten bei Abfalllagern vom 13. 7. 2000 (BGBl I 1550) geändert.
- Mit Wirkung zum 3. 8. 2001 wurde sie durch Art.4 des G zur Umsetzung der UVP-Änderungsrichtlinie etc. vom 27. 7. 2001 (BGBl I 1950) geändert.
- Mit Wirkung zum 18. 5. 2002 wurde sie durch die Verordnung vom 6. 5. 2002 (BGBl I 1566) geändert.
- Mit Wirkung zum 20. 8. 2003 wurde sie durch die Verordnung vom 14. 8. 2003 (BGBl I 1614) geändert.
- Mit Wirkung zum 1. 5. 2004 wurde die Verordnung durch das Gesetz vom 6. 1. 2004 (BGBl I 19) geändert.

b) Begriff der anzeigepflichtigen Anlagen

Die unter § 67 Abs.2 fallenden Anlagen (dazu unten Rn.13–17) werden ebenso wie die unter § 67a Abs.1 fallenden Anlagen (dazu Rn.4 zu § 67a) als „anzeigepflichtige Anlagen" bezeichnet. Es handelt sich dabei um Anlagen, die heute genehmigungsbedürftig sind, dies aber im Zeitpunkt ihrer Errichtung oder ihrer Änderung nicht waren. Seit 1993 kennt das BImSchG auch Anlagen, deren Inbetriebnahme oder Änderung anzuzeigen ist (Rn.9 zu § 23), die aber auch später nicht genehmigungsbedürftig sind. Um Verwechslungen zu vermeiden, sollten solche anzeigepflichtigen Anlagen immer gleichzeitig als nicht genehmigungsbedürftig bezeichnet werden.

12 a

2. Anwendungsbereich der Anzeigepflicht

a) Errichtung vor Genehmigungsbedürftigkeit

aa) Abs.2 gilt v. a. für alle Anlagen, die im Zeitpunkt des Beginns (dazu unten Rn.16) ihrer Errichtung nicht genehmigungsbedürftig (gem. § 4 BImSchG bzw. gem. § 16 GewO a. F.) waren, durch den Erlass einer Verordnung gem. § 4 Abs.1 S.3 jedoch genehmigungsbedürftig wurden. Letzteres meint den erstmaligen Erlass einer solchen Verordnung durch den Erlass der 4. BImSchV sowie jede Änderung dieser Verordnung (Hansmann LR 16; Führ GK 42; Czajka FE 14); zu den Änderungen der 4. BImSchV und der Vorgängerregelungen oben Rn.12. Unerheblich ist, ob die Genehmigungspflicht neu geschaffen oder erweitert wurde (Führ

13

§ 67 Schlussvorschriften

GK 41). Zur Alternative der wesentlichen Änderung unten Rn.17. Die Beweislast für die Errichtung einer Anlage vor dem Entstehen der Genehmigungsbedürftigkeit trägt der Anlagenbetreiber (OVG Berlin, NVwZ-RR 1998, 412); lässt sich die Frage nicht aufklären, ist davon auszugehen, dass die Anlage erst später errichtet bzw. wesentlich geändert wurde (Führ GK 95). Nicht erfasst werden Altanlagen, die gem. §§ 16, 25 GewO a.F. (Text oben Rn.4f) genehmigt wurden (für sie gilt Abs.1; oben Rn.7f) oder die zwar nicht genehmigt, nach diesen Vorschriften aber einer Genehmigung bedurften und nach dem 23. 5. 1949 errichtet wurden (sie sind nach dem BImSchG zu genehmigen; oben Rn.3). Schließlich erfasst Abs.2 nicht die in Abs.3 genannten Anlagen (dazu unten Rn.28f).

14 Die (bloße) Anzeigepflicht des Abs.2 kommt nur in Fällen zum Tragen, in denen der Anlagenbetreiber sich formell **gesetzestreu verhalten** hat, etwa die notwendige Baugenehmigung eingeholt hat (BVerwG, DVBl 1994, 340; VGH BW, NuR 1994, 139; Hansmann LR 18). Ist das nicht der Fall, bedarf die Anlage nunmehr der immissionsschutzrechtlichen Genehmigung. Wird diese nicht eingeholt, ist eine Untersagung nach § 20 Abs.2 möglich (BVerwG, DVBl 1994, 341; BayVGH, NVwZ 1999, 554; VGH BW, NuR 1994, 138f).

15 Ob und wieweit Abs.2 auch für **stillgelegte** Anlagen gilt, ist umstritten (dafür Hansmann LR 16; diff. Vallendar FE 5). Die Vorschrift ist zunächst nicht auf Anlagen anwendbar, die (im Zeitpunkt der Betriebseinstellung) *endgültig* stillgelegt wurden (BVerwG, UPR 1989, 26). Gleiches gilt in Anlehnung an § 18 Abs.1 Nr.2 für Anlagen, die tatsächlich mehr als drei Jahre stillgelegt wurden (BVerwG, UPR 1989, 26; VGH BW, NVwZ 1991, 394; Führ GK 65; a. A. BayVGH, BayVBl 1989, 180; Laubinger UL § 18 Rn.C 1; Häußler, VBlBW 1999, 336). Eine Anzeige genügt also nicht, wenn die Anlage im Zeitpunkt des In-Kraft-Tretens der Verordnung mehr als drei Jahre nicht betrieben wurde (zur Abgrenzung gelten die Ausführungen in Rn.4–6 zu § 18). Darüber hinaus ist das Privileg des § 67 Abs.2 auf Anlagen nicht anwendbar, die (im Zeitpunkt der Betriebseinstellung) für mehr als drei Jahre stillgelegt werden sollten (vgl. Rn.108 zu § 5). In allen Fällen muss vor Wiederaufnahme des Betriebs, auch wenn keine Änderung vorgenommen wird, eine Neugenehmigung eingeholt werden. Ein evtl. baurechtlicher Bestandsschutz steht dem nicht entgegen (VGH BW, NVwZ 1991, 394f). War die Anlage weniger als drei Jahre stillgelegt, muss sie (mit den notwendigen Unterlagen) angezeigt werden, auch wenn sie gegenwärtig nicht betrieben wird (Führ GK 80); der Betreiber kann aber auf seine aus § 67 Abs.2 resultierende Rechtsposition verzichten (vgl. Rn.9 zu § 18). Erfolgt in der vorgesehenen Frist keine Anzeige, ist das ein Indiz für eine dauerhafte Stilllegung (Führ GK 80). Wird der Betrieb nicht innerhalb der 3-Jahres-Frist aufgenommen, erlischt das Privileg des § 67 Abs.2: Für die Wiederinbetriebnahme ist eine Neugenehmigung erforderlich. Wurde eine Anlage vollständig beseitigt bzw. zerstört, kommt § 67 Abs.2 nicht zum Tragen, wenn sie nicht innerhalb von 3 Jahren wiedererrichtet werden soll (vgl. Rn.9 zu § 18).

Übergangsvorschrift **§ 67**

bb) Abs.2 setzt voraus, dass mit der Errichtung der Anlage im Zeit- 16
punkt des Inkrafttretens der Genehmigungsbedürftigkeit **bereits begonnen** wurde. Ein solcher Beginn liegt unzweifelhaft vor, wenn bereits mit
den Bau- bzw. Montagearbeiten angefangen wurde; andererseits reichen
bloße Planungsarbeiten nicht aus (Hansmann LR 20; vgl. auch Rn.44 zu
§ 4). In dem dazwischen liegenden Zeitraum wird z.T. darauf abgestellt,
ob der Anlagenbetreiber „schwer rückgängig zu machende Tatsachen geschaffen hat" (OVG NW, DÖV 1976, 391; ähnlich Hansmann LR 20;
Czajka FE 14); z.T. wird ein Beginn der Bauarbeiten verlangt (Führ
GK 47). Im Hinblick auf die Funktion des § 67 Abs.2 (oben Rn.10) dürfte
entscheidend sein, ob bereits nennenswerte Investitionen vorgenommen
wurden, die ohne Verlust nicht rückgängig gemacht werden können. Das
ist regelmäßig der Fall, sobald Bau- und Lieferverträge von erheblichem
Umfang abgeschlossen wurden (OVG NW, NVwZ 2002, 1131; Jarass, BB
1988, 9; strenger Führ GK 47). Weiter setzt der Beginn voraus, dass die
nach dem seinerzeitigen Recht erforderlichen Genehmigungen und behördlichen Zulassungen, insb. eine Baugenehmigung, erteilt wurden (Führ
GK 47; Czajka FE 14; vgl. oben Rn.14; anders Hansmann LR 20).

b) Wesentliche Änderungen vor Genehmigungsbedürftigkeit

Abs.2 gilt des Weiteren auch für alle Anlagen, die im Zeitpunkt des Be- 17
ginns ihrer wesentlichen Änderung (dazu Rn.5–11 zu § 16) nicht genehmigungsbedürftig waren, durch den Erlass oder die Änderung der
4. BImSchV jedoch genehmigungsbedürftig wurden. Solche Anlagen waren regelmäßig auch im Zeitpunkt ihrer *Errichtung* nicht genehmigungsbedürftig, weshalb sie bereits zu den oben in Rn.13 erörterten Fällen gehören. Praktische Bedeutung hat die Nennung der wesentlichen Änderung
daher nur in den äußerst seltenen Fällen, in denen eine Anlage im Zeitpunkt ihrer Errichtung genehmigungsbedürftig war, nicht mehr jedoch
im Zeitpunkt der wesentlichen Änderung. Solche Anlagen sind anzeigepflichtig, weil sie (zulässigerweise) ohne Genehmigung wesentlich geändert wurden. Auch hier kommt es auf den *Beginn* der wesentlichen Änderung an (dazu oben Rn.16).

3. Durchführung und Durchsetzung der Anzeigepflicht

a) Durchführung von Anzeigenerstattung und Vorlage von Unterlagen

aa) Die von Abs.2 erfassten Anlagen (oben Rn.13–17) müssen **ange-** 18
zeigt werden. Dies gilt auch dann, wenn die Anlage der Behörde bereits
bekannt ist (Hansmann LR 23; Czajka FE 17). Anzeigepflichtig ist der
Anlagenbetreiber. Befindet sich die Anlage noch im Stadium der Errichtung, ist in Anlehnung an § 2 Abs.1 der 9. BImSchV der Träger des Vorhabens (dazu Rn.19 zu § 10) anzeigepflichtig (Laubinger UL § 67 a
Rn.C 11). Zum Erwerber der Anlage unten Rn.23. **Inhaltlich** muss die
Anzeige Angaben über Namen und Adressaten des Anlagenbetreibers bzw.

§ 67 Schlussvorschriften

Vorhabenträgers, weiter über Standort, Art und Kapazität der Anlage sowie über den Zeitpunkt enthalten, zu dem die Anlage in Betrieb genommen wurde oder genommen werden soll (Laubinger UL § 67a Rn.C 12). Zum relevanten Zeitpunkt für die Beschreibung der Anlage unten Rn.20.

19 Die Anzeige ist innerhalb von **drei Monaten** nach In-Kraft-Treten der 4. BImSchV bzw. deren Änderung zu erstatten. Für die Berechnung der Frist gilt § 31 VwVfG. Eine Verlängerung ist im Umkehrschluss zu § 31 Abs.7 VwVfG nicht möglich, weil es sich um eine gesetzliche Frist handelt (Hansmann LR 25; Führ GK 74). Möglich ist aber eine Wiedereinsetzung in den vorigen Stand gem. § 32 VwVfG (Laubinger UL § 67a Rn.C 15; a.A. Hansmann LR 24). Die Anzeige dürfte analog § 10 Abs.1 **schriftlich** zu erstatten sein (Führ GK 72; a.A. Hansmann LR 24). Jedenfalls empfiehlt sich die Schriftform, weil der Anlagenbetreiber ggf. die Beweislast für die Erstattung trägt (vgl. oben Rn.13).

20 **bb)** Des Weiteren sind gem. Abs.2 S.2 **Unterlagen** gem. § 10 Abs.1 über Art, Lage und Betriebsweise der Anlage im Zeitpunkt des Inkrafttretens der 4. BImSchV bzw. deren Änderung vorzulegen. Änderungen der Anlage nach diesem Zeitpunkt bleiben also unberücksichtigt. Die Unterlagen sollen es der Behörde ermöglichen, festzustellen, ob die Anlage und ihr Betrieb den gesetzlichen Anforderungen gerecht werden (Führ GK 68) bzw. ob eine nachträgliche Anordnung geboten ist (BayVGH, BayVBl 1982, 532). Was die notwendigen Unterlagen angeht, gelten die Ausführungen in Rn.29–32 zu § 10; § 4 Abs.1, 2, §§ 4a–4d und die Vorgaben des § 22 Abs.1 der 9. BImSchV sind entsprechend anzuwenden (Führ GK 75ff; Hansmann LR 26; einschr. Czajka FE 25). Des Weiteren ist § 12 Abs.3 der 12. BImSchV zu beachten. § 4e der 9. BImSchV dürfte dagegen mangels Öffentlichkeitsbeteiligung nicht zur Anwendung kommen (i.E. Hansmann LR 26; a.A. Führ GK 79). Unklarheiten, die sich aus einer lückenhaften Dokumentation der vorhandenen Anlage und ihres Betriebs ergeben, gehen zu Lasten des Anlagenbetreibers (vgl. oben Rn.13). Lässt sich später nicht mehr aufklären, ob bestimmte (in den Unterlagen nicht beschriebene) Einrichtungen im Zeitpunkt des Inkrafttretens der Genehmigungsbedürftigkeit bereits vorhanden waren, ist von ihrer *späteren* Installation auszugehen (Führ GK 95). Es kann die Ausfüllung eines Vordrucks verlangt werden (vgl. BVerwG, NJW 1977, 772).

21 Die Unterlagen müssen **zwei Monate** nach Erstattung der Anzeige vorgelegt werden. Je früher die Anzeige erstattet wird, umso eher müssen also auch die Unterlagen eingereicht werden, was wenig sachgerecht ist. Angesichts des eindeutigen Wortlauts muss man jedoch davon wohl ausgehen (Hansmann LR 26; Führ GK 75). Für die Fristenberechnung und die Verlängerung der Frist gelten die Ausführungen oben in Rn.19.

22 **cc)** Die Behörde ist analog § 6 der 9. BImSchV jedenfalls dann zur **Bestätigung der Anzeige** verpflichtet, wenn der Anzeigepflichtige dies beantragt (vgl. Laubinger UL § 67 Rn.C 17). Die Bestätigung stellt aber keine immissionsschutzrechtliche Genehmigung dar (BVerwGE 85, 368/

Übergangsvorschrift **§ 67**

372 = NVwZ 1991, 369; Vallendar FE 5) und ersetzt nicht Genehmigungen nach anderen Gesetzen. Daher kommt den angezeigten Anlagen auch nicht die Legalisierungswirkung einer Genehmigung zu (BVerwGE 55, 118/121 ff = NJW 1978, 1818), etwa im Hinblick auf Altlasten (VGH BW, NVwZ 1990, 783). Stellt sich heraus, dass die Anlage doch genehmigungsbedürftig war, ändert sich durch die Bestätigung der Anzeige daran nichts (BVerwGE 85, 368/372 = NVwZ 1991, 369; Vallendar FE 6).

b) Durchsetzung und Sanktionen

Werden die Anzeige bzw. die Unterlagen **nicht, nicht rechtzeitig** 23 oder **nicht vollständig** eingereicht, kann die zuständige Behörde die Pflicht des Abs.2 für den Einzelfall durch Anordnung festlegen und dann ggf. vollstrecken (BayVGH, BayVBl 1982, 532). Als Grundlage muss die ordnungsbehördliche Generalklausel herangezogen werden (Engelhardt/Schlicht 7; für § 52 Hansmann LR 34), da § 17 nicht anwendbar ist (Rn.9 zu § 17). Eine Untersagung gem. § 20 Abs.2 ist nicht möglich (dazu Rn.34 zu § 20). Die Nichterstattung der Anzeige führt nicht zur Genehmigungspflicht (BayVGH, BayVBl 1984, 465; Hansmann LR 28; Jarass, BB 1988, 8; a.A. wohl OVG RP, NVwZ 1988, 177). Auch wenn die Frist versäumt wurde, sind weiterhin die Anzeige zu erstatten und die erforderlichen Unterlagen vorzulegen (Führ GK 74). Dies gilt auch für den Erwerber der Anlage (Führ GK 69; Hansmann LR 22). Soweit er die Anzeige für den Zeitpunkt des Entstehens der Genehmigungsbedürftigkeit nicht mehr machen kann, genügt es, wenn er die Anzeige für den Zeitpunkt des Rechtsübergangs erstattet (Hansmann LR 22; strenger Führ GK 69). Das eventuelle Fehlen von Genehmigungen wird dadurch aber nicht geheilt. Endlich stellt ein vorsätzlicher oder fahrlässiger Verstoß gegen die Anzeigepflicht gem. § 62 Abs.2 Nr.6 eine Ordnungswidrigkeit dar. Gleiches gilt gem. § 62 Abs.2 Nr.7, wenn die erforderlichen Unterlagen nicht, nicht rechtzeitig oder nicht vollständig vorgelegt werden. Näher zu den Voraussetzungen der Ordnungswidrigkeit Rn.28 zu § 62 sowie Rn.3–11 zu § 62.

4. Für anzeigepflichtige Anlagen geltende Vorschriften

Wenn Abs.2 in bestimmten Fällen nur eine Anzeigepflicht vorsieht, hat 24 das seinen Grund nicht in der geringeren Gefährlichkeit dieser Anlagen (vgl. oben Rn.10). Nach dem Beginn der Errichtungs- (bzw. Änderungs) arbeiten erscheint ein Genehmigungsverfahren lediglich nicht mehr angemessen. Das bedeutet umgekehrt, dass die **für genehmigungsbedürftige Anlagen geltenden Vorschriften,** die sich nicht unmittelbar auf die Genehmigung beziehen, anzuwenden sind (vgl. Führ GK 86; missverständlich OVG NW, NVwZ 2003, 361), unabhängig davon, ob dies im Gesetzestext explizit gesagt wird oder nicht.

Für eine anzeigepflichtige Anlage des § 67 Abs.2, des § 16 Abs.4 GewO 25 a.F. (Kutscheidt LR Vorb. 11 vor § 4; oben Rn.11) und des § 67 Abs.7

§ 67 Schlussvorschriften

S.2 **gelten** daher die Grundpflichten des § 5 und die Rechtsverordnungen gem. § 7 (etwa OVG NW, FE-ES, § 60–1, 4) sowie gem. § 48a Abs.1 und gem. § 49 Abs.1, 2. Wird eine anzeigepflichtige Anlage wesentlich geändert, ist eine Änderungsgenehmigung gem. § 16 erforderlich, die sich nach h.A. auf die Änderungen beschränkt (näher Rn. 19f zu § 16); zur Anwendung von § 16 Abs.5 s. Rn.6f zu § 16. Abweichungen von der Anzeige und den beigefügten Unterlagen sind gem. § 15 Abs.1 anzuzeigen (näher Rn.3, 8 zu § 15). Die Stilllegung ist gem. § 15 Abs.3 anzuzeigen (Rn.39 zu § 15). Gem. § 17 können nachträgliche Anordnungen erlassen werden (Rn.8 zu § 17). § 18 Abs.1 Nr.2 ist entsprechend anwendbar (oben Rn.15). § 20 Abs.1 und § 20 Abs.1a sind anwendbar (Rn.6, 22 zu § 20), desgleichen § 20 Abs.3 (Rn.46 zu § 20). Anwendbar sind endlich auch die §§ 26–31, 51b, 52, 52a, 53–58e (näher jeweils beim Anwendungsbereich dieser Normen).

26 **Nicht anwendbar** sind die Vorschriften des § 13, des § 14, des § 18 (mit Ausnahme des § 18 Abs.1 Nr.2; oben Rn.15), des § 20 Abs.2 (näher – mit den notwendigen Einschränkungen – Rn.34 zu § 20) und des § 21 (Rn.5 zu § 21). Diese Normen setzen eine erteilte Genehmigung voraus; zur Sondersituation, falls doch eine Genehmigung erteilt wurde, unten Rn.27. Die Nichtanwendung des § 13 bedeutet, dass die Anzeige nicht die Einholung von Genehmigungen bzw. Zulassungen ersetzt, die nach anderen Gesetzen erforderlich sind (Hansmann LR 33). Nicht anwendbar sind die für nicht genehmigungsbedürftige Anlagen geltenden Vorschriften der §§ 22–25 (vgl. Rn.2 zu § 25; a.A. Kutscheidt LR Vorb. 39 vor § 4), da die anzeigepflichtigen Anlagen zur Gruppe der genehmigungsbedürftigen Anlagen gehören. Allerdings lässt die Nichtanwendung von § 21 eine Regelungslücke entstehen. Für nicht genehmigungsbedürftige Anlagen erlaubt § 25 Abs.2 unter bestimmten Voraussetzungen eine sofortige Untersagung. Das funktionale Pendant dazu bei genehmigungsbedürftigen Anlagen bildet § 21 Abs.1 Nr.3–5. Beide Vorschriften sind aber nach dem Wortlaut auf die Anlagen des § 67 Abs.2 nicht anwendbar. Die Lücke ist durch eine entsprechende Anwendung des § 25 Abs.2 zu schließen (so auch BVerwG, NVwZ 1984, 306; OVG RP, UPR 1987, 75f; Czajka FE 22; Koch GK § 25 Rn.16). § 21 Abs.1 Nr.3–5 passt nicht, weil der mit dieser Regelung gewährte Wertschutz nichts anderes als ein reduzierter Bestandsschutz ist, der den Anlagen des § 67 Abs.2 nicht zukommen soll. Konsequenterweise muss dann in diesem Umfang die ordnungsbehördliche Generalklausel wie bei nicht genehmigungsbedürftigen Anlagen zur Anwendung kommen (Meixner, NVwZ 1997, 129; vgl. Rn.18 zu § 25).

27 Die Nichtanwendung einer Reihe von Vorschriften auf die anzeigepflichtigen Anlagen führt insb. dazu, dass sie einen geringeren Schutz genießen als die genehmigten Anlagen (vgl. Rn.11 zu § 7; Rn.5 zu § 14). Will der Antragsteller in den Genuss dieses Schutzes kommen, kann er sich einem **Genehmigungsverfahren unterziehen**; die Behörde kann es nicht verweigern (BVerwGE 55, 118/125 = NJW 1978, 1818). Mit der Erteilung der Genehmigung sind dann alle einschlägigen Vorschriften an-

zuwenden. Wird der Genehmigungsantrag abgewiesen, kann die Anlage gleichwohl weiterbetrieben werden bis die Behörde die nicht erfüllten Anforderungen durch nachträgliche Maßnahmen durchsetzt (Hansmann LR 31). Soweit gegen Rechtsverordnungen verstoßen wird, kann allerdings eine Ordnungswidrigkeit gem. § 62 Abs.1 Nr.2 vorliegen.

5. Anzeigefreie Vorhaben (Abs.3)

Anlagen, die unter Abs.2 fallen (dazu oben Rn.13–17) bedürfen gem. Abs.3 nicht einmal einer Anzeige, wenn sie **ortsveränderliche Anlagen** sind, d. h. ortsveränderliche und technische Einrichtungen (dazu Rn.72 zu § 3), und lediglich im vereinfachten Verfahren zu genehmigen wären (dazu Rn.4–8 zu § 19). Die praktische Bedeutung der Regelung ist äußerst gering, da ortsveränderliche Anlagen nur selten genehmigungsbedürftig sind (vgl. Rn.23f zu § 4). 28

Bei den Anlagen des Abs.3 ist weder eine Genehmigung noch eine Anzeige notwendig. Im Übrigen finden jedoch die Vorschriften des BImSchG wie bei den anzeigepflichtigen Anlagen Anwendung (Führ GK 48; Hansmann LR 21); näher zu den damit anwendbaren Vorschriften oben Rn.24–27. Dies gilt auch für Vorschriften, die ausdrücklich auf Anlagen nach § 67 Abs.2 bezogen sind. Sie gelten auch für Anlagen nach § 67 Abs.3, etwa § 15 Abs.1 (Hansmann LR 9 zu § 15; Rebentisch FE 20 zu § 15). 29

III. Sonstige Gehalte des § 67

1. Allgemeine Regelung der Anwendung neuen Rechts (Abs.4)

a) Anwendungsbereich

Die Vorschrift des Abs.4 enthält eine Übergangsregelung für den Fall, dass sich während eines laufenden Verwaltungsverfahrens das anwendbare Immissionsschutzrecht ändert. Nach Auffassung des BVerwG gilt Abs.4 wie Abs.1 nur für Verfahren, die auf der Grundlage der §§ 16, 25 GewO a. F. im Zeitpunkt des **In-Kraft-Tretens des BImSchG** am 1.4. 1974 andauerten (BVerwGE 65, 313/318 = NVwZ 1983, 32). Das trifft aber nur für die (primär vom Gericht herangezogene) Vorschrift des § 67 Abs.1 zu (weshalb der Entscheidung in dem fraglichen Fall zutrifft), nicht aber für § 67 Abs.4. Wortlaut und Systematik stehen dem nicht entgegen. In der Sache entspricht Abs.4 ohnehin den allg. Grundsätzen des intertemporalen Rechts, sofern man das gerichtliche Verfahren nicht mit einbezieht (dazu unten Rn.33). § 67 Abs.4 gilt daher (direkt oder entsprechend) auch für den Erlass von Rechtsverordnungen und Verwaltungsvorschriften **in späteren Zeitpunkten** wie generell für **alle Änderungen des BImSchG** und der darauf gestützten Rechtsverordnungen und Verwaltungsvorschriften (Hansmann LR 40; Führ GK 112; Czajka FE 30; auch VGH BW, GewArch 1994, 85). 30

§ 67 Schlussvorschriften

31 Als von Abs.4 erfassten **laufendes Verfahren** kommen das immissionsschutzrechtliche Genehmigungsverfahren und ähnliche Verfahren, wie ein Verfahren zur Erteilung eines Vorbescheids oder eine Zulassung vorzeitigen Beginns in Betracht. Aber auch andere Verfahren, die ihre Grundlage im BImSchG oder den darauf gestützten Rechtsverordnungen haben, dürften erfasst sein, etwa ein Verfahren des Widerrufs einer Genehmigung (Hansmann LR 36) oder zur Erteilung einer Ausnahme nach einer Rechtsverordnung. Erfasst werden zudem alle zugehörigen Widerspruchsverfahren. Auf Verwaltungsverfahren nach anderen Gesetzen soll Abs.4 selbst insoweit nicht anwendbar sein, als es um die Anwendung materiellen Immissionsschutzrechts geht (BVerwGE 65, 313/318 = NVwZ 1983, 32; Hansmann LR 36; a. A. zu Recht VGH BW, GewArch 1994, 85). Das würde aber nur bei der (abzulehnenden) Erstreckung auf das gerichtliche Verfahren (unten Rn.33) Sinn machen.

b) Folgen

32 Ändert sich während eines Verfahrens das geltende Immissionsschutzrecht, dann ist gem. Abs.4 das neue Recht ab dem Tage seines In-Kraft-Tretens anzuwenden, sofern das neue Recht oder sonstige spezielle Vorschriften (wie Abs.5, 8) nichts anderes vorsehen. In **formeller Hinsicht** bedeutet dies, dass sich das weitere Verfahren nach dem neuen Recht richtet, ohne dass abgeschlossene Verfahrensabschnitte neu aufgegriffen werden müssten (Hansmann LR 38). In **materieller Hinsicht** findet das neue Immissionsschutzrecht in vollem Umfang Anwendung. Dies gilt auch dann, wenn das neue Recht erst während eines laufenden Widerspruchsverfahrens in Kraft tritt, da in diesem Falle das Verwaltungsverfahren erst mit dem Widerspruchsbescheid abgeschlossen ist.

33 Unklar ist, wieweit Abs.4 auch dann greift, wenn die Rechtsänderung erst während eines **gerichtlichen Verfahrens** greift, in der es um die Rechtmäßigkeit der verfahrensabschließenden Entscheidung geht. Dies wird jedenfalls für die am 1. 4. 1974 laufenden Verfahren bejaht (BVerwGE 50, 49/52 = DVBl 1976, 214; VGH BW, FE-ES, § 5–9, 3; a. A. BayVGH, BayVBl 1977, 119), selbst bei einer Anfechtung durch Nachbarn (BVerwGE 65, 313/315 f = NVwZ 1983, 32; BVerwGE 68, 58/59 = NVwZ 1989, 509; VGH BW, GewArch 1980, 199; a. A. Breuer, NJW 1977, 1027). Dies ist im Ergebnis zutreffend, folgt aber aus § 67 Abs.1 und nicht aus § 67 Abs.4 (Vallender FE 7; vgl. auch Hansmann LR 37). In allen anderen Fällen ist daher unter Verfahren iSd § 67 Abs.4, entsprechend den allgemeinen Regeln des intertemporalen Rechts (Stelkens/Kallerhoff SBS § 96 Rn.2), nur das Verwaltungsverfahren, einschl. eines Widerspruchsverfahrens, und nicht das gerichtliche Verfahren gemeint (ähnlich Czajka FE 31; a. A. VGH BW, GewArch 1994, 85; Führ GK 114; Hansmann LR 40). Andernfalls können Drittbetroffene ihre materielle Position durch die Einlegung eines Rechtsmittels verbessern, was angesichts der langen Laufzeit gerichtlicher Verfahren schwerlich akzeptabel ist. Denkbar ist allerdings, dass neue Rechtsverordnungen und Ver-

Übergangsvorschrift **§ 67**

waltungsvorschriften Rückschlüsse für die Auslegung etwa des § 5 ermöglichen.

2. Materielle Übergangsregelungen (Abs.5, 8)

aa) Die 2001 eingefügte Vorschrift (Einl.2 Nr.34) des Abs.5 sieht vor, 34 dass Anlagen, die bei In-Kraft-Treten des Änderungsgesetzes, also am 3. 8. 2001, bereits errichtet waren oder mit deren Errichtung in diesem Zeitpunkt bereits begonnen wurde, die neuen Anforderungen des § 5, die zur Umsetzung von **EG-Recht** erlassen wurden, erst ab dem 30. 10. 2007 erfüllen müssen. Der Zeitrahmen ist Folge der Vorgabe des Art.5 der Richtlinie 96/61/EG über die integrierte Vermeidung und Verminderung der Umweltverschmutzung. Gleiches gilt gem. Abs.5 S.2 für Anlagen, mit deren Errichtung in diesem Zeitpunkt zwar noch nicht begonnen wurde, für die aber ein vollständiger Genehmigungsantrag vorlag. Dementsprechend reichen insoweit die nach altem Recht vorgelegten Antragsunterlagen aus (BT-Drs. 14/4599, 130). Soll allerdings die Genehmigung auch Regelungen für die Zeit nach dem 30. 10. 2007 enthalten, sind ggf. darauf bezogene Unterlagen nachzureichen; alternativ ist die Genehmigung mit einem Vorbehalt nach § 12 Abs.2a zu erteilen (Hansmann LR 43).

Was die **Rechtsfolgen** angeht, so müssen die von Abs.5 erfassten Anlagen bis zum 30. 10. 2007 nur der vor der Änderung geltenden Fassung des 35 § 5 gerecht werden, was auch bei nachträglichen Anordnungen zu beachten ist. Bedeutung hat das im Bereich der Vorsorge (Rn.49 zu § 5), im Bereich der Abfallpflichten (Rn.73 zu § 5), im Bereich der Energienutzungspflicht (Rn.97 zu § 5) und bei den Nachsorgepflichten (Rn.106 zu § 5). Wird eine Änderungsgenehmigung beantragt, ist das neue Recht einschlägig; bei einer Änderung, die keiner Genehmigung bedarf, gilt das hingegen nicht (Czjaka FE 41; Enders/Krings, DVBl 2001, 1401). Wird eine Anlage wegen der Änderung der 4. BImSchV durch das Gesetz vom 27. 7. 2001 genehmigungspflichtig, kommt Abs.2 und nicht Abs.5 zum Tragen (Hansmann LR 44).

bb) Die Frist für die Ergänzung von Emissionserklärungen (dazu Rn.11 36 zu § 27) wurde 1996 (Einl.2 Nr.27) von zwei auf vier Jahre verlängert. Um klar zu stellen, ab wann diese Regelung greift, legt Abs.8 fest, dass für das Jahr 1996 noch die alte Frist gilt und erst ab diesem Zeitpunkt die neue 4-Jahres-Frist zum Tragen kommt (Hansmann LR 45).

3. Gentechnische Anlagen (Abs.6)

Vor Erlass des Gentechnikgesetzes waren gentechnische Anlagen ge- 37 nehmigungsbedürftig gem. § 4 (vgl. die inzwischen aufgehobene Regelung der Nr.4.11 des Anh. zur 4. BImSchV sowie Rn.27 zu § 2). Die für gentechnische Anlagen erteilten immissionsschutzrechtlichen Genehmigungen gelten auch nach Erlass des Gentechnikgesetzes fort. Die Betreiber können daher ihre Anlagen ohne erneute Genehmigung weiter betreiben. Die ausgenommenen Forschungsanlagen waren nach altem Recht nicht genehmigungspflichtig. Laufende Genehmigungsverfahren waren gem. Abs.6 S.2 iVm Abs.4 nach den immissionsschutzrechtlichen Normen zu Ende zu führen (vgl. auch § 41 Abs.3 S.1 GenTG). Entsprechendes galt für die Genehmigungen, die angefochten wurden (vgl. oben Rn.33). Darüber hinaus hatte der Antragsteller gem. § 41 Abs.3 S.2 GenTG die Möglichkeit, das Verfahren auf der Grundlage des Gentechnikgesetzes zu Ende zu führen; ihm stand also ein Wahlrecht zu, was die praktische Bedeutung des Abs.6 S.2 sehr begrenzt (Hansmann LR 45).

4. Abfallentsorgungsanlagen (Abs.7)

a) Überleitung abfallrechtlicher Zulassungen

38 Abs.7 ist die Folge des Umstands, dass die Zulassung von Abfallentsorgungsanlagen (mit Ausnahme von Deponien) seit 1993 (Einl.2 Nr.21) durch immissionsschutzrechtliche Genehmigung erfolgt, während vorher ein abfallrechtliches Planfeststellungsverfahren durchgeführt wurde. Soweit solche Abfallentsorgungsanlagen noch durch eine **abfallrechtliche Planfeststellung** oder eine abfallrechtliche Plangenehmigung **zugelassen** wurde, ist die abfallrechtliche Zulassung gem. Abs.7 S.1 als Genehmigung iSd BImSchG anzusehen. Dabei ist ein Planfeststellungsbeschluss als eine förmliche Genehmigung, eine Plangenehmigung als eine vereinfachte Genehmigung iSd § 19 einzustufen (Czajka FE 46). Voraussetzung ist zunächst, dass der Planfeststellungsbeschluss bzw. die Plangenehmigung im Zeitpunkt der Rechtsänderung wirksam war; auf die Bestandskraft kommt es nicht an (Czajka FE 4). Weiter ist notwendig, dass die Anlage noch nach Abfallrecht zugelassen werden durfte, was nach Art.7 InvWoG bei Anlagen der Fall ist, die vor dem 1. 5. 1993 zugelassen wurden oder bei denen das abfallrechtliche Zulassungsverfahren bereits lief *und* vor diesem Termin die öffentliche Bekanntmachung stattgefunden hat (dazu Schink, DÖV 1993, 728f; Kutscheidt LR Vorb. 6b vor § 4); eine öffentliche Bekanntmachung in diesem Sinne erfolgte bei den Planfeststellungsverfahren erst mit der wirksamen, nicht notwendig rechtmäßigen Auslegung des Plans nach § 73 Abs.3 S.1 VwVfG. War diese Einschränkung gegeben, dann war auch im Rechtsmittelverfahren wie bisher Abfallrecht anzuwenden; dies gilt auch für Planergänzungen u.ä. (BayVGH, NVwZ 1996, 285; VGH BW NVwZ-RR 1995, 640). Wird eine Abfallentsorgungsanlage ohne die notwendige abfallrechtliche Zulassung betrieben, ist nunmehr eine immissionsschutzrechtliche Genehmigung notwendig, sofern die Anlage nach Immissionsschutzrecht genehmigungsbedürftig ist.

39 Die von Abs.7 erfassten Anlagen unterliegen dem **Regime des BImSchG** (BT-Drs. 12/4208, S.27), was insb. für nachträgliche Anordnungen Bedeutung hat (VGH BW, FE-ES, § 15–9, 6; Klett/Gerhold, NuR 1993, 427). Soweit die abfallrechtliche Zulassung befristet war, gilt das auch für die immissionsschutzrechtliche Genehmigung, obgleich für derartige Genehmigungen eine Befristung in der Regel nicht möglich ist (Czajka FE 49). Auch andere, nicht auf das BImSchG stützbare Nebenbe-

Überleitungsregelung   § 67a

stimmungen bleiben bestehen; doch besteht eine Aufhebungspflicht (OVG NW, NVwZ 2000, 90; Hansmann LR 44). Die aus einer abfallrechtlichen Zulassung übergeleitete Genehmigung ist trotz § 8 Abs.3 Nr.2 AbfG (heute § 32 Abs.1 Nr.2 KrW-/AbfG) eine reine Sachgenehmigung; Änderungen im Bereich der Zuverlässigkeit lassen weder die Genehmigung erlöschen noch stellen sie eine Änderung iSd § 15 dar (vgl. Kutscheidt LR Vorb. 6b vor § 4). Im Übrigen gelten die Ausführungen oben in Rn.7–9 entsprechend.

b) Abfallrechtliche Anzeige

Abfallentsorgungsanlagen, die 1993 zu genehmigungsbedürftigen Anlagen iSd BImSchG wurden und für die keine überleitungsfähige Zulassung iSd Abs.7 S.1 (oben Rn.38) vorliegt, mussten gem. § 67 Abs.2 angezeigt werden. Dies ist jedoch gemäß Abs.7 S.2 nicht erforderlich, wenn die Anlage **auf Grund abfallrechtlicher Vorschriften angezeigt** wurde. Das konnte gemäß § 9 Abs.1 AbfG a. F. in den alten Bundesländern und gemäß § 9a Abs.2 AbfG in den neuen Bundesländern erfolgt sein. Wurde keine abfallrechtliche Anzeige erstattet, ist gem. § 67 Abs.7 S.3 unverzüglich, also ohne schuldhaftes Zögern, eine Anzeige erforderlich, die ihrer Rechtsnatur nach einer Anzeige nach § 67 Abs.2 entspricht (vgl. Czajka FE 55). Die Anzeigepflicht gilt auch für Anlagen, die unter dem Abfallgesetz weder genehmigt noch angezeigt werden mussten, sofern sie nunmehr zu den genehmigungsbedürftigen Anlagen zählen. Zudem sind innerhalb von zwei Monaten nach Erstattung der Anzeige Unterlagen iSd Abs.2 S.2 einzureichen, wie Abs.7 S.4 verdeutlicht (Czajka FE 56). Näher zur Reichweite dieser Verpflichtung oben Rn.20 f. Für die Behandlung stillgelegter Anlage gelten die Ausführungen oben Rn.15 entsprechend (ebenso zu § 18 Abs.1 Nr.2 Czajka FE 54). Was die Vorschriften angeht, die für die von Abs.2 S.2 erfassten Anlagen gelten, kann auf die Ausführungen oben in Rn.24–27 verwiesen werden.   40

Zur **Durchsetzung** der Pflichten gelten die Ausführungen oben in Rn.23. Eine Verletzung der Anzeigepflicht nach Abs.7 S.3 und der Vorlagepflicht nach Abs.7 S.4 ist keine Ordnungswidrigkeit. Hinsichtlich der Vorlagepflicht wird das wegen des Verweises auf Abs.2 S.2 anders gesehen (Czajka FE 58). Die unterschiedliche Behandlung von Anzeige- und Vorlagepflicht macht aber keinen Sinn.   41

§ 67a Überleitungsregelung aus Anlass der Herstellung der Einheit Deutschlands

(1) In dem in Artikel 3 des Einigungsvertrages genannten Gebiet muss eine genehmigungsbedürftige Anlage, die vor dem 1. Juli 1990 errichtet worden ist oder mit deren Errichtung vor diesem Zeitpunkt begonnen wurde, innerhalb von sechs Monaten nach diesem Zeitpunkt der zuständigen Behörde angezeigt werden.[3 ff] Der Anzeige sind Unterlagen über Art, Umfang und Betriebsweise beizufügen.[5]

§ 67a

(2) In dem in Artikel 3 des Einigungsvertrages genannten Gebiet darf die Erteilung einer Genehmigung zur Errichtung und zum Betrieb oder zur wesentlichen Änderung der Lage, Beschaffenheit oder des Betriebs einer genehmigungsbedürftigen Anlage wegen der Überschreitung eines Immissionswertes durch die Immissionsvorbelastung nicht versagt werden, wenn

1. die Zusatzbelastung geringfügig ist und mit einer deutlichen Verminderung der Immissionsbelastung im Einwirkungsbereich der Anlage innerhalb von fünf Jahren ab Genehmigung zu rechnen ist oder

2. im Zusammenhang mit dem Vorhaben Anlagen stillgelegt oder verbessert werden und dadurch eine Verminderung der Vorbelastung herbeigeführt wird, die im Jahresmittel mindestens doppelt so groß ist wie die von der Neuanlage verursachte Zusatzbelastung.[8]

(3) Soweit die Technische Anleitung zur Reinhaltung der Luft vom 27. Februar 1986 (GMBl. S.95, 202) die Durchführung von Maßnahmen zur Sanierung von Altanlagen bis zu einem bestimmten Termin vorsieht, verlängern sich die hieraus ergebenden Fristen für das in Artikel 3 des Einigungsvertrages genannte Gebiet um ein Jahr; als Fristbeginn gilt der 1. Juli 1990.[9]

Übersicht

1. Inkrafttreten des Immissionsschutzrechts im Beitrittsgebiet	1
2. Anzeigepflicht (Abs.1)	3
a) Bedeutung und Abgrenzung zu anderen Vorschriften	3
b) Anwendungsbereich	4
c) Durchführung der Anzeige	5
d) Anwendbare Vorschriften	7
3. Reduzierte Anforderungen und Fristverlängerung (Abs.2, 3)	8
a) Reduzierte Anforderungen bei Immissionswerten	8
b) Fristverlängerung für Altanlagensanierung	9

Literatur: *Wulfhorst*, Das fortgeltende Immissionsschutzrecht der DDR, LKV 1994, 239; *Repkewitz*, Das immissionsschutzrechtliche Genehmigungsverfahren in den neuen Bundesländern, LKV 1992, 6; *Hansmann*, Änderungen des Bundes-Immissionsschutzgesetzes – Genehmigungsvoraussetzungen für Industrieanlagen in den neuen Bundesländern, NVwZ 1991, 316; *Müggenborg*, Immissionsschutzrecht und -praxis in den neuen Bundesländern, NVwZ 1991, 735.

1. Inkrafttreten des Immissionsschutzrechts im Beitrittsgebiet

1   Im Gebiet der neuen Bundesländer sowie im Gebiet von Berlin (Ost) kamen die Regelungen des BImSchG zunächst auf Grund des Umweltrahmengesetzes der früheren DDR vom 29. 6. 1990 (GBl I 649), das am 1. 7. 1990 in Kraft trat (abgedr. etwa bei Laubinger UL E 3ff zu § 74) zur Anwendung. Seit dem 3. 10. 1990 gilt das BImSchG gem. Art.8 des Einigungsvertragsgesetzes (Einl.2 Nr.16) in den neuen Bundesländern und in

Überleitungsregelung **§ 67a**

Berlin (Ost) unmittelbar. Die wenigen Abweichungen, die das Umweltrahmengesetz in Art.3 §§ 3–6 vorsah, wurden ursprünglich im Wesentlichen in den Sondervorschriften des § 10 Abs.3 S.3, des § 10 Abs.4 Nr.5, des § 10 Abs.8 S.2, des § 10a und des § 67a übernommen (Laubinger UL B 8 zu § 74). Bis auf § 67a sind die Regelungen aber aufgehoben worden (Einl.2 Nr.21); § 10a ist gem. § 74 S.3 a. F. außer Kraft getreten (Rn.2 zu § 74).

Die auf das BImSchG gestützten **Rechtsverordnungen** traten in den neuen Bundesländern bzw. in Berlin (Ost) auf Grund des Umweltrahmengesetzes bzw. des Einigungsvertragsgesetzes am 1. 7. 1990 (so die 4.–6., die 9., die 11.–13. BImSchV) oder am 3. 10. 1990 (so die 1.–3., die 7., die 8., die 14.–16. BImSchV) in Kraft, wobei es bei der 1., der 3. und der 12.–14. BImSchV Sonderregelungen gab. Die nach dem 3. 10. 1990 in Kraft tretenden Rechtsverordnungen gelten unmittelbar und uneingeschränkt in den neuen Bundesländern sowie in Berlin (Ost). Die (alte) TA Luft und die (alte) TA Lärm traten zum 1. 7. 1990 ohne Einschränkungen in Kraft (vgl. aber § 67 Abs.2, 3). 2

2. Anzeigepflicht (Abs.1)

a) Bedeutung und Abgrenzung zu anderen Vorschriften

Die Vorschrift übernimmt die Regelung des Art.1 § 6 URG und dient dem Vertrauensschutz: Wer in den neuen Bundesländern und in Berlin (Ost) vor Inkrafttreten des BImSchG am 1. 7. 1990 (vgl. oben Rn.1) eine Anlage bereits errichtet oder mit der Errichtung begonnen hat, muss keine Genehmigung einholen, sondern kann die Anlage weiter betreiben. Dispensiert wird aber nur vom Genehmigungsverfahren, nicht von den sonstigen Vorschriften des Immissionsschutzrechts (vgl. allerdings unten Rn.7). Abs.1 verdrängt als lex spezialis die Regelung des § 67 Abs.2, nicht jedoch die des § 67 Abs.3 (unten Rn.4). Gegenüber § 15 Abs.3 dürfte § 67a Abs.1 zurücktreten (Vallendar FE 2; Rn.39 zu § 15). Ob die Befreiung vom Genehmigungserfordernis bereits entfällt, wenn durch eine Stilllegung die Anlage nunmehr einer anderen Nummer des Anhangs zur 4. BImSchV zuzuordnen ist (so OVG Magdeburg, LKV 1994, 27), ist zweifelhaft. Werden aber wesentliche Änderungen an den weiterbetriebenen Teilen vorgenommen, dann ist eine Änderungsgenehmigung gem. § 16 notwendig. 3

b) Anwendungsbereich

Abs.1 gilt für alle genehmigungsbedürftigen Anlagen iSd Rn.13–31 zu § 4, soweit sie in den Bundesländern Brandenburg, Mecklenburg-Vorpommern, Sachsen, Sachsen-Anhalt oder Thüringen oder in Berlin (Ost) belegen sind. Keine Rolle spielt, ob die Anlage im förmlichen oder im vereinfachten Verfahren zu genehmigen ist (vgl. Laubinger UL D 2). Weiter muss die Anlage vor dem 1. 7. 1990 errichtet oder mit ihrer Errichtung begonnen worden sein. War für die Errichtung eine Genehmigung erfor- 4

§ 67a
Schlussvorschriften

derlich, muss diese eingeholt worden sein (Führ GK 19; a. A. Hansmann LR 8). Für die Abgrenzung des Beginns der Errichtung gelten die Ausführungen in Rn.16 zu § 67. Was stillgelegte Anlagen angeht, gilt Rn.15 zu § 67; zur dauerhaften Stilllegung oben Rn.3. Schließlich müssen die einschlägigen Vorschriften des DDR-Rechts beachtet gewesen sein (Führ GK 19; Rn.14 zu § 67). Nicht erfasst werden die Anlagen, die unter § 67 Abs.3 fallen (dazu Rn.28 zu § 67). Diese Regelung wird nicht durch § 67a verdrängt. Die von ihr erfassten Anlagen bedürfen also nicht einmal einer Anzeige (a. A. Führ GK 13; Hansmann LR 4), da nicht einzusehen ist, warum insoweit das Recht in den neuen Bundesländern strenger als in den alten sein soll.

c) Durchführung der Anzeige

5 Die oben in Rn.4 beschriebenen Anlagen müssen angezeigt werden, auch wenn sie der zuständigen Behörde bereits bekannt sind (vgl. Vallendar Feld § 67 Anm.5; Rn.18 zu § 67). Anzeigepflichtig ist der Anlagenbetreiber; dazu Rn.18 zu § 67. Was den Inhalt der Anzeige angeht, gelten die Ausführungen in Rn.18 zu § 67 (vgl. Repkewitz, LKV 1992, 6 f). Die Anzeige war innerhalb von sechs Monaten, also bis zum 31. 12. 1990 zu erstatten (Führ GK 14). Eine Verlängerung der Frist war nicht möglich (Laubinger UL C 15). War die Anzeige unterblieben, ist sie umgehend zu erstatten. Die Behörde kann dies im Wege des Verwaltungszwangs durchsetzen (Vallendar FE 2; vgl. Rn.29–32 zu § 62). Der Anzeige sind Unterlagen über Art, Umfang und Betriebsweise der Anlage beizufügen. Dass die Formulierung von § 67 Abs.2 etwas abweicht, hat keine sachliche Bedeutung; es sind die gleichen Unterlagen wie im Falle des § 67 Abs.2 vorzulegen (Laubinger UL C 14; Führ GK 17; a. A. Vallendar FE 2; Hansmann LR 5); näher zum Kreis dieser Unterlagen Rn.20 f zu § 67. Für die Wirkung der Anzeige und ihrer Bestätigung gelten die Ausführungen in Rn.22 zu § 67.

6 Für die **Durchsetzung** der Anzeigepflicht, einschl. der Pflicht, die notwendigen Unterlagen vorzulegen, gelten die Ausführungen in Rn.23 zu § 67. Insb. wird durch die Verletzung der Anzeigepflicht keine Genehmigung erforderlich (Laubinger UL C 36); die Anlage ist weiterhin anzuzeigen. Im Unterschied zur Anzeigepflicht des § 67 Abs.2 stellt der Verstoß gegen § 67a Abs.1 keine Ordnungswidrigkeit dar. § 62 Abs.2 Nr.6, 7 ist nicht analog anwendbar (Laubinger UL C 38).

d) Anwendbare Vorschriften

7 Auf die anzeigepflichtigen Anlagen des Abs.1 sind die gleichen Vorschriften anwendbar wie auf die Anlagen des § 67 Abs.2; näher dazu Rn.25 f zu § 67. § 15 ist gem. § 15 Abs.1 S.5 unmittelbar anwendbar (vgl. Laubinger UL C 26; Führ GK 22). § 17 ist trotz der Regelung des § 17 Abs.5 anwendbar (Laubinger UL C 27). Schließlich kann der Anlagenbetreiber die Durchführung eines Genehmigungsverfahrens verlangen, um den damit erreichbaren Schutz zu erlangen (Laubinger UL C 43; vgl.

Rn.27 zu § 67). Zu beachten bleibt, dass § 67 Abs.2, 3 Sonderregelungen für Anlagen in den neuen Bundesländern und in Berlin (Ost) enthalten (unten Rn.8f), die allerdings heute obsolet sind. Zu den sonstigen, aufgehobenen Sonderregelungen oben Rn.1.

3. Reduzierte Anforderungen und Fristverlängerung (Abs.2, 3)

a) Reduzierte Anforderungen bei Immissionswerten

Abs.2 übernimmt die Regelung des Art.1 § 3 URG und trägt dem **8** Umstand Rechnung, dass die Belastung durch Luftschadstoffe in einigen Gebieten der früheren DDR derart hoch war, dass neue Anlagen nach dem geltenden Recht nicht genehmigungsfähig waren, andererseits aber die Errichtung und Änderung von Anlagen geboten erschien, um die Wirtschaft anzukurbeln (Laubinger UL D 1). Um dem Rechnung zu tragen, gestattete die Vorschrift für eine Zeit von 5 Jahren die Überschreitung von Immissionswerten. Heute dürfte die Regelung obsolet sein. Einmal bezog sie sich auf die TA Luft 1986 (vgl. Hansmann, NVwZ 1991, 316; Vallendar FE 3). Zum anderen bildet § 67a ausweislich der Überschrift eine „Überleitungsregelung aus Anlass der Herstellung der Einheit Deutschlands". Abs.2 wird daher auf die Vorgaben der neuen TA Luft nicht mehr anwendbar sein. Um Rechtsklarheit zu schaffen, sollte Abs.2 aufgehoben werden. Näher zum Inhalt der Regelung des Abs.2 Jarass, BImSchG, 5. Aufl. 2002, § 67a Rn.8–12.

b) Fristverlängerung für Altanlagensanierung

Abs.3 trat an die Stelle der vergleichbaren Regelung des Art.1 § 4 Abs.2 **9** S.2 URG. Sie verlängerte die Fristen der alten TA Luft zur Altanlagensanierung. Nachdem auch die verlängerten Fristen abgelaufen sind und die alte TA Luft aufgehoben wurde, ist die Regelung des Abs.3 obsolet geworden. Näher zum Inhalt der Regelung Jarass, BImSchG, 5. Aufl. 2002, § 67a Rn.14.

§ 68 *Änderung gewerberechtlicher Vorschriften*

(1) Die Gewerbeordnung wird wie folgt geändert:

1. *Die §§ 16 bis 28 werden mit Ausnahme der §§ 24 bis 24d aufgehoben;*
2. *§ 33a Abs.2 Nr.3 erhält folgende neue Fassung:*
   „3. wenn der beabsichtigte Betrieb des Gewerbes schädliche Umwelteinwirkungen im Sinne des Bundes-Immissionsschutzgesetzes oder sonst eine erhebliche Belästigung der Allgemeinheit befürchten läßt.";
3. *§ 33i Abs.2 Nr.3 erhält folgende neue Fassung:*
   „3. der Betrieb des Gewerbes eine Gefährdung der Jugend, eine übermäßige Ausnutzung des Spieltriebs, schädliche Umwelteinwirkungen im Sinne des Bundes-Immissionsschutzgesetzes oder sonst eine nicht zumutbare Belästigung der Allgemeinheit, der Nachbarn oder einer im öffentlichen Interesse bestehenden Einrichtung befürchten läßt.";

§ 68 Schlussvorschriften

4. § 49 wird wie folgt geändert:

a) in Abs.1 Satz 1 werden die Worte „der in den §§ 16 und 24 bezeichneten Arten" ersetzt durch die Worte „der in § 24 bezeichneten Art";

b) Absatz 4 wird gestrichen, der bisherige Absatz 5 wird Absatz 4;

5. in § 51 Abs.1 wird folgender Satz 3 angefügt:
„Die Sätze 1 und 2 gelten nicht für Anlagen, soweit sie den Vorschriften des Bundes-Immissionsschutzgesetzes unterliegen.";

6. in § 145a Abs.1 werden die Worte „Die in den Fällen der §§ 16, 24 und 25" ersetzt durch die Worte „Die im Falle des § 24";

7. § 147 Abs.1 Nr.2 und Abs.3 werden gestrichen;

8. § 155 Abs.4 wird gestrichen.

(2) § 10 Abs.2 Nr.1 der Verordnung über elektrische Anlagen in explosionsgefährdeten Räumen vom 15. August 1963 (Bundesgesetzbl. I S.697), zuletzt geändert durch die Zweite Änderungsverordnung vom 29. Januar 1968 (Bundesgesetzbl. I S.109), erhält folgende Fassung:

„1. den Vorschriften des Bundes-Immissionsschutzgesetzes vom 15. März 1974 (Bundesgesetzbl. I S.721) über genehmigungsbedürftige Anlagen,".

(3) § 18 der Druckgasverordnung vom 20. Juni 1968 (Bundesgesetzbl. I S.730), geändert durch die Erste Verordnung zur Änderung der Druckgasverordnung vom 31. August 1972 (Bundesgesetzbl. I S.1658), wird wie folgt geändert:

1. Die Überschrift erhält folgende Fassung:
„Füllanlagen in Verbindung mit einer nach den Vorschriften des Bundes-Immissionsschutzgesetzes genehmigungsbedürftigen Anlage";

2. Satz 1 erhält folgende Fassung:
„Für Füllanlagen, die in verfahrenstechnischer Verbindung mit einer nach den Vorschriften des Bundes-Immissionsschutzgesetzes vom 15. März 1974 (Bundesgesetzbl. I S.721) genehmigungsbedürftigen Anlage errichtet oder betrieben werden, gilt die Genehmigung nach § 4 des Bundes-Immissionsschutzgesetzes als Erlaubnis im Sinne des § 17 dieser Verordnung.";

3. in Satz 2 Nr.2 werden die Worte „§ 18 der Gewerbeordnung" durch die Worte „§ 6 des Bundes-Immissionsschutzgesetzes" ersetzt.

(4) Die Acetylenverordnung vom 5. September 1969 (Bundesgesetzbl. I S.1593) wird wie folgt geändert:

1. In § 1 Abs.2 Nr.2 Buchstabe b werden die Worte „dem § 16 der Gewerbeordnung" durch die Worte „den Vorschriften des Bundes-Immissionsschutzgesetzes vom 15. März 1974 (Bundesgesetzbl. I S.721) über genehmigungsbedürftige Anlagen" ersetzt;

2. § 10 wird wie folgt geändert:

a) Die Überschrift erhält folgende Fassung:
„Acetylenanlagen in Verbindung mit einer nach den Vorschriften des Bundes-Immissionsschutzgesetzes genehmigungsbedürftigen Anlage";

b) Satz 1 erhält folgende Fassung:
"Für Acetylenanlagen, die in verfahrenstechnischer Verbindung mit einer nach den Vorschriften des Bundes-Immissionsschutzgesetzes vom 15. März 1974 (Bundesgesetzbl. I S.721) genehmigungsbedürftigen Anlage errichtet oder betrieben werden, gilt die Genehmigung nach § 4 oder nach § 15 des Bundes-Immissionsschutzgesetzes als Erlaubnis im Sinne der §§ 7 und 9 dieser Verordnung.";

c) in Satz 2 Nr.2 werden die Worte "§ 18 der Gewerbeordnung" durch die Worte "§ 6 des Bundes-Immissionsschutzgesetzes" ersetzt.

(5) Die Verordnung über brennbare Flüssigkeiten in der Fassung der Bekanntmachung vom 5. Juni 1970 (Bundesgesetzbl. I S.689, 1449) wird wie folgt geändert:

1. In § 1 Abs.2 werden die Worte "§ 16 der Gewerbeordnung" durch die Worte "den Vorschriften des Bundes-Immissionsschutzgesetzes vom 15. März 1974 (Bundesgesetzbl. I S.721)" ersetzt;

2. § 12 wird wie folgt geändert:

a) in der Überschrift werden die Worte "§ 16 der Gewerbeordnung" durch die Worte "§ 4 des Bundes-Immissionsschutzgesetzes" ersetzt;

b) Satz 1 erhält folgende Fassung:
"Für Anlagen, die in verfahrenstechnischer Verbindung mit einer nach den Vorschriften des Bundes-Immissionsschutzgesetzes genehmigungsbedürftigen Anlage errichtet oder betrieben werden (§ 1 Abs.2), gilt die Genehmigung nach § 4 des Bundes-Immissionsschutzgesetzes als Erlaubnis im Sinne dieser Verordnung.";

3. In § 12 Nr.2 werden die Worte "§ 18 der Gewerbeordnung" durch die Worte "§ 6 des Bundes-Immissionsschutzgesetzes" ersetzt.

Die obsolet gewordene Vorschrift ist durch die Neu-Bekanntmachung 1 des BImSchG vom 14. 5. 1991 nicht mehr bekannt gemacht worden. Gleichwohl ist sie formal noch in Kraft (vgl. Rn.1 zu § 74).

§ 69 *Änderung des Atomgesetzes, des Gaststättengesetzes, des Schornsteinfegergesetzes und des Abfallbeseitigungsgesetzes*

(1) Das Atomgesetz wird wie folgt geändert:

1. § 7 wird wie folgt geändert:

a) in Absatz 3 Satz 3 werden die Worte "§§ 17 bis 19 und 49 der Gewerbeordnung" durch die Worte "§§ 8, 10 Abs.1 bis 4 und Abs.6 bis 8 und des § 18 des Bundes-Immissionsschutzgesetzes vom 15. März 1974 (Bundesgesetzbl. I S.721)" ersetzt.

b) in Absatz 5 werden die Worte "§ 26 der Gewerbeordnung" durch die Worte "§ 14 des Bundes-Immissionsschutzgesetzes" ersetzt.

§ 69 Schlussvorschriften

2. *§ 8 wird wie folgt geändert:*

   a) *Die Überschrift erhält folgende Fassung:*

   „*Verhältnis zum Bundes-Immissionsschutzgesetz und zur Gewerbeordnung*";

   b) *Absatz 1 erhält folgende Fassung:*

   „*(1) Die Vorschriften des Bundes-Immissionsschutzgesetzes über genehmigungsbedürftige Anlagen sowie über die Untersagung der ferneren Benutzung solcher Anlagen finden auf genehmigungspflichtige Anlagen im Sinne des § 7 keine Anwendung, soweit es sich um den Schutz vor den Gefahren der Kernenergie oder der schädlichen Wirkung ionisierender Strahlen handelt.*"

   c) *Es wird folgender Absatz 1a eingefügt:*

   „*(1a) Bedarf eine nach § 4 des Bundes-Immissionsschutzgesetzes genehmigungsbedürftige Anlage einer Genehmigung nach § 7, so schließt diese Genehmigung die Genehmigung nach § 4 des Bundes-Immissionsschutzgesetzes ein. Die atomrechtliche Genehmigungsbehörde hat die Entscheidung im Einvernehmen mit der für den Immissionsschutz zuständigen Landesbehörde nach Maßgabe der Vorschriften des Bundes-Immissionsschutzgesetzes und der dazu erlassenen Rechtsverordnungen zu treffen.*"

3. *In § 13 Abs. 5 Satz 2 werden die Worte* „*§ 7 Abs. 4 dieses Gesetzes in Verbindung mit § 26 der Gewerbeordnung*" *durch die Worte* „*§ 7 Abs. 5 dieses Gesetzes in Verbindung mit § 14 des Bundes-Immissionsschutzgesetzes*" *ersetzt.*

(2) Das Gaststättengesetz vom 5. Mai 1970 (Bundesgesetzbl. I S. 465, 1298) wird wie folgt geändert:

1. *§ 4 Abs. 1 Nr. 3 erhält folgende Fassung:*

   „*3. der Gewerbebetrieb im Hinblick auf seine örtliche Lage oder auf die Verwendung der Räume dem öffentlichen Interesse widerspricht, insbesondere schädliche Umwelteinwirkungen im Sinne des Bundes-Immissionsschutzgesetzes oder sonst erhebliche Nachteile, Gefahren oder Belästigungen für die Allgemeinheit befürchten läßt,*".

2. *§ 5 Abs. 1 Nr. 3 erhält folgende Fassung:*

   „*3. gegen schädliche Umwelteinwirkungen im Sinne des Bundes-Immissionsschutzgesetzes und sonst gegen erhebliche Nachteile, Gefahren oder Belästigungen für die Bewohner des Betriebsgrundstücks oder der Nachbargrundstücke sowie der Allgemeinheit.*"

(3) Das Schornsteinfegergesetz vom 15. September 1969 (Bundesgesetzbl. I S. 1634, 2432) wird wie folgt geändert:

§ 13 Abs. 1 Nr. 10 erhält folgende Fassung:

„*10. Überprüfung von Schornsteinen, Feuerstätten und Verbindungsstücken oder ähnlichen Einrichtungen sowie Feststellung und Weiterleitung der für die Aufstellung von Emissionskatastern im Sinne des § 46 des Bundes-Immissionsschutzgesetzes erforderlichen Angaben nach Maßgabe der öffentlich-rechtlichen Vorschriften auf dem Gebiet des Immissionsschutzes.*"

Änderung verkehrsrechtlicher Vorschriften § 70

(4) Das Abfallbeseitigungsgesetz vom 7. Juni 1972 (Bundesgesetzbl. I S.873) wird wie folgt geändert:

1. § 7 Abs.3 erhält folgende Fassung:

„(3) Bei Abfallbeseitigungsanlagen, die Anlagen im Sinne des § 4 des Bundes-Immissionsschutzgesetzes sind, ist Planfeststellungs- und Anhörungsbehörde die Behörde, deren Genehmigung nach § 4 des Bundes-Immissionsschutzgesetzes durch die Planfeststellung ersetzt wird."

2. In § 8 Abs.1 Satz 3 wird der zweite Halbsatz gestrichen; das Semikolon wird durch einen Punkt ersetzt.

3. In § 11 Abs.2 werden die Worte „dem § 16" durch die Worte „dem § 4 des Bundes-Immissionsschutzgesetzes" ersetzt.

Die obsolet gewordene Vorschrift ist durch die Neu-Bekanntmachung des BImSchG vom 14. 5. 1991 nicht mehr bekannt gemacht worden. Gleichwohl ist sie formal noch in Kraft (vgl. Rn.1 zu § 74). 1

§ 70 *Änderung verkehrsrechtlicher Vorschriften*

(1) § 6 des Straßenverkehrsgesetzes in der Fassung der Bekanntmachung vom 19. Dezember 1952 (Bundesgesetzbl. I S.837), zuletzt geändert durch das Gesetz zur Änderung des Straßenverkehrsgesetzes vom 20. Juli 1973 (Bundesgesetzbl. I S.870), wird wie folgt geändert:

1. In Absatz 1 Satz 1 werden nach der Nummer 5 folgende Nummern 5 a und 5 b eingefügt:

„5 a. die Beschaffenheit, Ausrüstung und Prüfung der Fahrzeuge und über das Verhalten im Straßenverkehr zum Schutz vor den von Fahrzeugen ausgehenden schädlichen Umwelteinwirkungen im Sinne des Bundes-Immissionsschutzgesetzes; dabei können Emissionsgrenzwerte unter Berücksichtigung der technischen Entwicklung auch für einen Zeitpunkt nach Inkrafttreten der Rechtsverordnung festgesetzt werden;

5 b. das Verbot des Kraftfahrzeugverkehrs in den nach § 40 des Bundes-Immissionsschutzgesetzes festgelegten Gebieten nach Bekanntgabe austauscharmer Wetterlagen;".

2. In Absatz 1 Satz 1 wird nach der Nummer 6 folgende Nummer 7 eingefügt:

„7. die in den Nummern 1 bis 6 vorgesehenen Maßnahmen, soweit sie zur Erfüllung von Verpflichtungen aus zwischenstaatlichen Vereinbarungen oder von bindenden Beschlüssen der Europäischen Gemeinschaften notwendig sind."

3. Absatz 1 Satz 2 und Absatz 2 werden durch folgende Absätze 2 und 3 ersetzt:

„(2) Rechtsverordnungen nach Absatz 1 Nr.5 a und 5 b sowie Nr.7, soweit sie sich auf Maßnahmen nach Nr.5 a und 5 b beziehen, und Allgemeine Verwaltungsvorschriften hierzu werden vom Bundesminister für Verkehr und vom Bundesminister des Innern erlassen.

(3) Abweichend von den Absätzen 1 und 2 bedürfen Rechtsverordnungen zur Durchführung der Vorschriften über die Beschaffenheit, die Ausrüstung

§ 70 Schlussvorschriften

und die Prüfung von Fahrzeugen und Fahrzeugteilen sowie Rechtsverordnungen über allgemeine Ausnahmen von den auf diesem Gesetz beruhenden Rechtsvorschriften nicht der Zustimmung des Bundesrates; vor ihrem Erlaß sind die zuständigen obersten Landesbehörden zu hören."

(2) An § 57 Abs.1 des Personenbeförderungsgesetzes vom 21. März 1961 (Bundesgesetzbl. I S.241), zuletzt geändert durch das Gesetz zur Änderung des Rechtspflegergesetzes, des Beurkundungsgesetzes und zur Umwandlung des Offenbarungseides in eine eidesstattliche Versicherung vom 27. Juni 1970 (Bundesgesetzbl. I S.911), werden folgende Sätze 2 bis 4 angefügt:

„Rechtsverordnungen nach Satz 1 Nr.1 können auch Vorschriften zum Schutz vor schädlichen Umwelteinwirkungen im Sinne des Bundes-Immissionsschutzgesetzes enthalten; dabei können Emissionsgrenzwerte unter Berücksichtigung der technischen Entwicklung auch für einen Zeitpunkt nach Inkrafttreten der Rechtsverordnung festgesetzt werden. Vorschriften nach Satz 2 werden vom Bundesminister für Verkehr und vom Bundesminister des Innern erlassen. Die Ermächtigung nach Satz 2 gilt nicht, soweit § 43 des Bundes-Immissionsschutzgesetzes Anwendung findet."

(3) § 3 des Allgemeinen Eisenbahngesetzes vom 29. März 1951 (Bundesgesetzbl. I S.225, 438), zuletzt geändert durch das Einführungsgesetz zum Gesetz über Ordnungswidrigkeiten vom 24. Mai 1968 (Bundesgesetzbl. I S.503), wird wie folgt geändert:

1. Absatz 1 erhält folgende Fassung:

„(1) Der Bundesminister für Verkehr wird ermächtigt, mit Zustimmung des Bundesrates für die dem öffentlichen Verkehr dienenden Eisenbahnen Rechtsverordnungen über den Bau, den Betrieb und den Verkehr sowie die Eisenbahnstatistik zu erlassen welche

a) die Anforderungen an Bau, Ausrüstung und Betriebsweise der Eisenbahnen nach den Erfordernissen der Sicherheit, nach den neuesten Erkenntnissen der Technik und nach den internationalen Abmachungen einheitlich regeln,

b) einheitliche Vorschriften für die Beförderung der Personen und Güter auf den Eisenbahnen entsprechend den Bedürfnissen von Verkehr und Wirtschaft und in Übereinstimmung mit den Vorschriften des Handelsrechts aufstellen,

c) die notwendigen Vorschriften zum Schutz der Anlagen und des Betriebes der Eisenbahnen gegen Störungen und Schäden enthalten,

d) Art und Umfang der Eisenbahnstatistik einheitlich regeln,

e) dem Schutz vor schädlichen Umwelteinwirkungen im Sinne des Bundes-Immissionsschutzgesetzes dienen; dabei können Emissionsgrenzwerte unter Berücksichtigung der technischen Entwicklung auch für einen Zeitpunkt nach Inkrafttreten der Rechtsverordnung festgesetzt werden.

Rechtsverordnungen nach Buchstabe e werden vom Bundesminister für Verkehr und vom Bundesminister des Innern erlassen. Die Ermächtigung nach Satz 1 Buchstabe e gilt nicht, soweit § 43 des Bundes-Immissionsschutzgesetzes Anwendung findet."

Änderung verkehrsrechtlicher Vorschriften § 70

2. *Absatz 2 wird gestrichen; der bisherige Absatz 3 wird Absatz 2.*

(4) Das Gesetz über die Aufgaben des Bundes auf dem Gebiet der Binnenschiffahrt vom 15. Februar 1956 (Bundesgesetzbl. II S.317), zuletzt geändert durch das Zweite Änderungsgesetz vom 14. April 1971 (Bundesgesetzbl. I S.345), wird wie folgt geändert:

1. *§ 1 Abs.1 Nr.2 erhält folgende Fassung:*

„*2. die Abwehr von Gefahren für die Sicherheit und Leichtigkeit des Verkehrs sowie die Verhütung von der Schiffahrt ausgehender Gefahren (Schiffahrtpolizei) und schädlicher Umwelteinwirkungen im Sinne des Bundes-Immissionsschutzgesetzes auf den Bundeswasserstraßen; die schiffahrtpolizeilichen Vollzugsaufgaben nach Maßgabe einer mit den Ländern zu schließenden Vereinbarung,*".

2. *§ 3 Abs.1 Satz 4 wird gestrichen.*

3. *In § 3 wird nach Absatz 1 folgender Absatz 1a eingefügt:*

„*(1a) Vorschriften nach Absatz 1 Satz 1 Nr.1 bis 3 können auch erlassen werden*

1. *zur Abwehr von Gefahren für das Wasser,*

2. *zur Verhütung von der Schiffahrt ausgehender schädlicher Umwelteinwirkungen im Sinne des Bundes-Immissionsschutzgesetzes; dabei können Emissionsgrenzwerte unter Berücksichtigung der technischen Entwicklung auch für einen Zeitpunkt nach Inkrafttreten der Rechtsverordnung festgesetzt werden.*

Rechtsverordnungen nach Satz 1 Nr.2 werden vom Bundesminister für Verkehr und vom Bundesminister des Innern erlassen."

4. *In § 4 wird das Wort* „*Gefahrenabwehr*" *durch die Worte* „*Abwehr von Gefahren und schädlichen Umwelteinwirkungen*" *ersetzt.*

(5) Das Gesetz über die Aufgaben des Bundes auf dem Gebiet der Seeschiffahrt vom 24. Mai 1965 (Bundesgesetzbl. II S.833), zuletzt geändert durch das Gesetz über den Bundesgrenzschutz vom 18. August 1972 (Bundesgesetzbl. I S.1834), wird wie folgt geändert:

1. *§ 1 Nr.2 erhält folgende Fassung:*

„*2. die Abwehr von Gefahren für die Sicherheit und Leichtigkeit des Verkehrs sowie die Verhütung von der Seeschiffahrt ausgehender Gefahren (Schiffahrtpolizei) und schädlicher Umwelteinwirkungen im Sinne des Bundes-Immissionsschutzgesetzes auf den Seewasserstraßen und den nach § 9 Abs.1 Nr.1 begrenzten Binnenwasserstraßen sowie in den an ihnen gelegenen bundeseigenen Häfen;*".

2. *In § 1 Nr.4 werden nach den Worten* „*seegängigen Wasserfahrzeuge*" *die Worte eingefügt:*

„*und zum Schutz vor schädlichen Umwelteinwirkungen im Sinne des Bundes-Immissionsschutzgesetzes*".

3. *In § 3 werden die Worte* „*Aufrechterhaltung der Sicherheit und Leichtigkeit des Verkehrs*", *durch die Worte* „*Abwehr von Gefahren und schädlichen Umwelteinwirkungen*" *ersetzt.*

§ 71 Schlussvorschriften

4. In § 9 wird nach Absatz 1 folgender Absatz 1 a eingefügt:

"(1 a) Vorschriften nach Absatz 1 Satz 1 Nr.2, 4, 5 und 6 können auch erlassen werden zur

1. Abwehr von Gefahren für das Wasser,

2. Verhütung von der Schiffahrt ausgehender schädlicher Umwelteinwirkungen im Sinne des Bundes-Immissionsschutzgesetzes; dabei können Emissionsgrenzwerte unter Berücksichtigung der technischen Entwicklung auch für einen Zeitpunkt nach Inkrafttreten der Rechtsverordnung festgesetzt werden.

Rechtsverordnungen nach Satz 1 Nr.2 werden vom Bundesminister für Verkehr und vom Bundesminister des Innern erlassen."

5. § 12 wird wie folgt geändert:

a) In Absatz 1 Satz 1 werden die Worte „§ 9 Abs.1 und 2" durch die Worte „§ 9 Abs.1, 1a und 2" ersetzt.

b) In Absatz 2 Satz 6 Nr.1 werden die Worte „für die Sicherheit und Leichtigkeit des Verkehrs" durch die Worte „und von schädlichen Umwelteinwirkungen" ersetzt und nach den Worten „§ 9 Abs.1 Nr.2" die Worte „und Abs.1a" eingefügt.

(6) § 11 Satz 1 des Luftverkehrsgesetzes in der Fassung der Bekanntmachung vom 4. November 1968 (Bundesgesetzbl. I S.1113), zuletzt geändert durch das Gesetz zum Schutz gegen Fluglärm vom 30. März 1971 (Bundesgesetzbl. I S.282), erhält folgende Fassung:

„Die Vorschrift des § 14 des Bundes-Immissionsschutzgesetzes gilt für Flughäfen entsprechend."

(7) Rechtsverordnungen auf Grund der in den Absätzen 4 und 5 enthaltenen Ermächtigungen bedürfen nicht der Zustimmung des Bundesrates.

1 Die obsolet gewordene Vorschrift ist durch die Neu-Bekanntmachung des BImSchG vom 14. 5. 1991 nicht mehr bekannt gemacht worden. Gleichwohl ist sie formal noch in Kraft (vgl. Rn.1 zu § 74).

§ 71 Überleitung von Verweisungen

Soweit in anderen als den durch die §§ 68 bis 70 geänderten Gesetzen und Rechtsverordnungen des Bundes auf die §§ 16 bis 23 und 25 bis 28 der Gewerbeordnung verwiesen wird, beziehen sich diese Verweisungen auf die entsprechenden Vorschriften dieses Gesetzes.

1 Die obsolet gewordene Vorschrift ist durch die Neu-Bekanntmachung des BImSchG vom 14. 5. 1991 nicht mehr bekannt gemacht worden; gleichwohl ist sie formal noch in Kraft (vgl. Rn.1 zu § 74). Soweit landesrechtliche Vorschriften der neuen Rechtslage nicht angepasst wurden, ist das Landesrecht in einer § 71 entsprechenden Weise auszulegen (Führ GK 3; Hansmann LR 2). § 71 findet keine Anwendung, soweit Vorschriften der Gewerbeordnung *ausgeschlossen* wurden (Feldhaus FE 1).

Aufhebung von Vorschriften; Berlin-Klausel; Inkrafttreten §§ 72–74

§ 72 *Aufhebung von Vorschriften*

Es werden aufgehoben

1. *das Gesetz über Vorsorgemaßnahmen zur Luftreinhaltung vom 17. Mai 1965 (Bundesgesetzbl. I S.413), geändert durch das Einführungsgesetz zum Gesetz über Ordnungswidrigkeiten vom 24. Mai 1968 (Bundesgesetzbl. I S.503),*
2. *das Gesetz zum Schutz gegen Baulärm vom 9. September 1965 (Bundesgesetzbl. I S.1214), geändert durch das Einführungsgesetz zum Gesetz über Ordnungswidrigkeiten vom 24. Mai 1968 (Bundesgesetzbl. I S.503).*

Die obsolet gewordene Vorschrift ist durch die Neu-Bekanntmachung 1
des BImSchG vom 14. 5. 1991 nicht mehr bekannt gemacht worden.
Gleichwohl ist sie formal noch in Kraft (vgl. Rn.1 zu § 74).

§ 73 *Berlin-Klausel*

Dieses Gesetz gilt nach Maßgabe des § 13 Abs.1 des Dritten Überleitungsgesetzes vom 4. Januar 1952 (Bundesgesetzbl. I S.1) auch im Land Berlin. Rechtsverordnungen, die auf Grund der Gewerbeordnung, des Luftverkehrsgesetzes oder dieses Gesetzes erlassen werden, gelten im Land Berlin nach § 14 des Dritten Überleitungsgesetzes.

Gem. § 73 traten das BImSchG und die auf dieses Gesetz gestützten 1
Rechtsverordnungen, mit Ausnahme des § 10 Abs.11, des § 59 und des
§ 60 sowie der 14. BImSchV, in Berlin (West) zum gleichen Zeitpunkt
wie im sonstigen Bundesgebiet in Kraft (Laubinger UL § 74 C 1). Die
Vorschrift wurde in der Sache durch das Gesetz vom 25. 9. 1990 (Einl.2
Nr.17) aufgehoben. Seit dem 3. 10. 1990 gelten das BImSchG und alle
darauf gestützten Rechtsverordnungen ohne Ausnahmen auch in Berlin
(West).

§ 74 *Inkrafttreten*

Die Vorschriften dieses Gesetzes, die zum Erlaß von Rechtsverordnungen und allgemeinen Verwaltungsvorschriften ermächtigen, sowie § 51 treten am Tage nach der Verkündung in Kraft. Im übrigen tritt das Gesetz am ersten Tage des auf die Verkündung folgenden Monats in Kraft. Die §§ 40a bis 40e und § 62a sowie der Anhang treten am 31. Dezember 1999 außer Kraft.

Da das BImSchG am 21. 3. 1974 verkündet worden ist, trat es (in seiner 1
ursprünglichen Fassung) gem. S.1 (in den alten Bundesländern) im Wesentlichen zum 1. 4. 1974 in Kraft. Lediglich die Vorschriften, die zum
Erlass von Rechtsverordnungen und allgemeinen Verwaltungsvorschriften
ermächtigen, traten nach S.2 bereits zum 22. 3. 1974 in Kraft. S.1 und S.2
wurden in der Neubekanntmachung des BImSchG vom 14. 5. 1990 nicht

§§ 72–74

mehr bekannt gemacht. Gleichwohl ist sie formal noch in Kraft, weil die Neubekanntmachung rein deklaratorischen Charakter hat (Brenner, in: v. Mangoldt/Klein/Starck, Bonner Grundgesetz, Bd. 3, 4. Aufl. 2001, Art.82 Rn.34; Pieroth, in: Jarass/Pieroth, Art.82 Rn.7; Kotulla KO Einf.33; anders Schneider, Gesetzgebung, 2. Aufl. 1991, Rn.685). Dementsprechend sprach der Gesetzgeber beim Einfügen der Vorschrift des § 10a (unten Rn.2) von Anfügen und hinsichtlich der 1995 eingefügten Regelung (unten Rn.2) vom „Satz 3" der Vorschrift (vgl. Engelhardt/Schlicht 1). Zum In-Kraft-Treten der **Änderungen** des BImSchG näher Einl.2. Zum In-Kraft-Treten des BImSchG und der Rechtsverordnungen in *Berlin (West)* näher Rn.1 zu § 73. Zum In-Kraft-Treten in den *neuen Bundesländern* und in *Berlin (Ost)* Rn.1 zu § 67a; zu Sonderregelungen in diesem Gebiet Rn.3–9 zu § 67a.

2   1990 wurde mit S.3 eine Regelung zum **Außer-Kraft-Treten** der Vorschrift des § 10a zum 30. 6. 1992 eingefügt (Einl.2 Nr.16); die Frist wurde dann bis zum 30. 6. 1994 verlängert (Einl.2 Nr.19). 1995 wurde diese Vorschrift durch die heutige Regelung in S.3 zum Außer-Kraft-Treten der gleichzeitig eingefügten Ozon-Vorschriften ersetzt (Einl.2 Nr.25). Durch die Aufhebung der Regelung zu § 10a trat diese Vorschrift nicht wieder in Kraft (Hansmann LR 1; Roßnagel GK 5). Die Ozon-Vorschriften der §§ 44aff a.F. traten dementsprechend zum 31. 12. 1999 außer Kraft (Rn.1 zu § 44a). Damit ist der S.3 obsolet und wurde in der Neubekanntmachung vom 26. 9. 2002 nicht mehr bekannt gemacht. Die Neubekanntmachung enthält im Übrigen (versehentlich) nicht einmal mehr einen Hinweis auf § 74, was angesichts des deklaratorischen Charakters (oben Rn.1) unschädlich (aber etwas irreführend) ist. Mit dem „Anhang" in § 74, der ebenfalls zu diesem Termin außer Kraft trat, war der Anhang zu § 40c Abs.1 a.F. gemeint (Roßnagel GK 9), nicht der heutige Anhang zu § 3 Abs.5. Die Regelung des § 74 S.3 ist heute obsolet.

Anhang (zu § 3 Absatz 6)

Der amtliche Anhang zum BImSchG, der § 3 Abs.6 (Stand der Technik) betrifft, wird am Ende des Textteils sowie im Kommentierungsteil nach dem Text zu § 3 abgedruckt und im Bereich des § 3 Abs.6 (Rn.93ff) kommentiert. Der frühere Anhang (zu § 40c a.F.) ist zum 31. 12 1999 außer Kraft getreten (Rn.2 zu § 74).

Anhang A: Verordnungen zur Durchführung des Bundes-Immissionsschutzgesetzes

A 1. Verordnung über kleine und mittlere Feuerungsanlagen – 1. BImSchV

In der Fassung der Bekanntmachung vom 14. 3. 1997 (BGBl I 490),
zuletzt geänd. am 14. 8. 2003 (BGBl I 1614)[1]
(BGBl III/FNA 2129-8-1)

Kommentierung: Vgl. die Ausführungen zu § 23, insb. Rn.17f, 39 zu § 23 sowie Rn.4 zu § 26. – **Literatur:** *Hansmann,* in: LR (1996ff), Nr.2.1; *Laubinger,* in: UL (1996ff), A 1.0; *Hansmann,* Neue Durchführungsvorschriften zum Bundes-Immissionsschutzgesetz, NVwZ 1988, 1000ff.

Erster Abschnitt. Allgemeine Vorschriften

§ 1 Anwendungsbereich. (1) Diese Verordnung gilt für die Errichtung, die Beschaffenheit und den Betrieb von Feuerungsanlagen, die keiner Genehmigung nach § 4 des Bundes-Immissionsschutzgesetzes bedürfen.

(2) Die §§ 4 bis 18 gelten nicht für
1. Feuerungsanlagen, die nach dem Stand der Technik ohne eine Einrichtung zur Ableitung der Abgase betrieben werden können, insbesondere Infrarotheizstrahler,
2. Feuerungsanlagen, die dazu bestimmt sind, Güter durch unmittelbare Berührung mit heißen Abgasen zu trocknen oder Speisen durch unmittelbare Berührung mit heißen Abgasen zu backen oder in ähnlicher Weise zuzubereiten, soweit sie nicht dem Anwendungsbereich des § 11a unterliegen,
3. Feuerungsanlagen, von denen nach den Umständen zu erwarten ist, daß sie nicht länger als während der drei Monate, die auf die Inbetriebnahme folgen, an demselben Ort betrieben werden.

§ 2 Begriffsbestimmungen. Im Sinne dieser Verordnung bedeuten die Begriffe
1. Abgasverlust:
   die Differenz zwischen dem Wärmeinhalt des Abgases und der Verbrennungsluft, bezogen auf den Heizwert des Brennstoffes;
2. bivalente Heizungen:
   Heizungen, bei denen Öl- oder Gasfeuerungsanlagen in Verbindung mit einer Wärmepumpe oder einem Solarkollektor betrieben werden, soweit die Wärmepumpe oder der Solarkollektor nicht ausschließlich der Brauchwassererwärmung dient;

---

[1] Hinweise zur Rechtsgrundlage, zur Neubekanntmachung und zu Änderungen in Rn.22 zu § 23.

Anh. A 1   1. BImSchV   VO zur Durchführung des BImSchG

3. Brennwertgeräte:
Wärmeerzeuger, bei denen die Verdampfungswärme des im Abgas enthaltenen Wasserdampfes konstruktionsbedingt durch Kondensation nutzbar gemacht wird;
4. Emissionen:
die von einer Feuerungsanlage ausgehenden Luftverunreinigungen; Konzentrationsangaben beziehen sich auf das Abgasvolumen im Normzustand (273 K, 1013 hPa) nach Abzug des Feuchtegehaltes an Wasserdampf;
5. Feuerungsanlage:
eine Anlage, bei der durch Verfeuerung von Brennstoffen Wärme erzeugt wird; zur Feuerungsanlage gehören Feuerstätte und, soweit vorhanden, Verbindungsstück und Abgaseinrichtung;
6. Feuerungswärmeleistung:
der auf den unteren Heizwert bezogene Wärmeinhalt des Brennstoffs, der einer Feuerungsanlage im Dauerbetrieb je Zeiteinheit zugeführt werden kann;
7. Holzschutzmittel:
bei der Be- und Verarbeitung des Holzes eingesetzte Stoffe mit biozider Wirkung gegen holzzerstörende Insekten oder Pilze sowie holzverfärbende Pilze; ferner Stoffe zur Herabsetzung der Entflammbarkeit von Holz;
8. Kern des Abgasstromes:
den Teil des Abgasstromes, der im Querschnitt des Abgaskanals im Bereich der Meßöffnung die höchste Temperatur aufweist;
9. naturbelassenes Holz:
Holz, das ausschließlich mechanischer Bearbeitung ausgesetzt war und bei seiner Verwendung nicht mehr als nur unerheblich mit Schadstoffen kontaminiert wurde;
10. Nennwärmeleistung:
die höchste von der Feuerungsanlage im Dauerbetrieb nutzbar abgegebene Wärmemenge je Zeiteinheit; ist die Feuerungsanlage für einen Nennwärmeleistungsbereich eingerichtet, so ist die Nennwärmeleistung die in den Grenzen des Nennwärmeleistungsbereichs fest eingestellte und auf einem Zusatzschild angegebene höchste nutzbare Wärmeleistung; ohne Zusatzschild gilt als Nennwärmeleistung der höchste Wert des Nennwärmeleistungsbereichs;
10a. Nutzungsgrad:
das Verhältnis der von einer Feuerungsanlage nutzbar abgegebenen Wärmemenge (Heizwärme) zu dem der Feuerungsanlage mit dem Brennstoff zugeführten Wärmeinhalt (Feuerungswärme), bezogen auf eine Heizperiode mit festgelegter Wärmebedarfs-Häufigkeitsverteilung nach Anlage IIIa Nr.1;
10b. Offener Kamin:
Feuerstätte für feste Brennstoffe, die bestimmungsgemäß offen betrieben werden kann, soweit die Feuerstätte nicht ausschließlich für die Zubereitung von Speisen bestimmt ist;
11. Ölderivate:
schwerflüchtige organische Substanzen, die sich bei der Bestimmung der Rußzahl auf dem Filterpapier niederschlagen;
12. Rußzahl:
die Kennzahl für die Schwärzung, die die im Abgas enthaltenen staubförmigen Emissionen bei der Rußzahlbestimmung nach DIN 51402 Teil 1, Ausgabe Oktober 1986, hervorrufen. Maßstab für die Schwärzung ist das optische Reflexionsvermögen; einer Erhöhung der Rußzahl um 1 entspricht eine Abnahme des Reflexionsvermögens um 10 vom Hundert;

Kleine und mittlere Feuerungsanlagen 1. BImSchV **Anh. A 1**

13. wesentliche Änderung:
 eine Änderung an einer Feuerstätte, die die Art oder die Menge der Emissionen erheblich verändern kann; eine wesentliche Änderung liegt regelmäßig vor bei
 a) Umstellung einer Feuerungsanlage auf einen anderen Brennstoff, es sei denn, die Feuerungsanlage ist für wechselweisen Brennstoffeinsatz eingerichtet,
 b) Austausch eines Kessels,
 c) Veränderung der Nennwärmeleistung, sofern sie nach § 15 eine Änderung in der Überwachung nach sich zieht.

§ 3 Brennstoffe. (1) In Feuerungsanlagen nach § 1 dürfen nur die folgenden Brennstoffe eingesetzt werden:
1. Steinkohlen, nicht pechgebundene Steinkohlenbriketts, Steinkohlenkoks,
2. Braunkohlen, Braunkohlenbriketts, Braunkohlenkoks,
3. Torfbriketts, Brenntorf,
3a. Grill-Holzkohle, Grill-Holzkohlebriketts,
4. naturbelassenes stückiges Holz einschließlich anhaftender Rinde, beispielsweise in Form von Scheitholz, Hackschnitzeln, sowie Reisig und Zapfen,
5. naturbelassenes nicht stückiges Holz, beispielsweise in Form von Sägemehl, Spänen, Schleifstaub oder Rinde,
5a. Preßlinge aus naturbelassenem Holz in Form von Holzbriketts entsprechend DIN 51731, Ausgabe Mai 1993, oder vergleichbare Holzpellets oder andere Preßlinge aus naturbelassenem Holz mit gleichwertiger Qualität,
6. gestrichenes, lackiertes oder beschichtetes Holz sowie daraus anfallende Reste, soweit keine Holzschutzmittel aufgetragen oder infolge einer Behandlung enthalten sind und Beschichtungen keine halogenorganischen Verbindungen oder Schwermetalle enthalten,
7. Sperrholz, Spanplatten, Faserplatten oder sonst verleimtes Holz sowie daraus anfallende Reste, soweit keine Holzschutzmittel aufgetragen oder infolge einer Behandlung enthalten sind und Beschichtungen keine halogenorganischen Verbindungen oder Schwermetalle enthalten,
8. Stroh oder ähnliche pflanzliche Stoffe,
9. Heizöl EL nach DIN 51603-1, Ausgabe März 1998, sowie Methanol, Äthanol, naturbelassene Pflanzenöle oder Pflanzenölmethylester,
10. Gase der öffentlichen Gasversorgung, naturbelassenes Erdgas oder Erdölgas mit vergleichbaren Schwefelgehalten sowie Flüssiggas oder Wasserstoff,
11. Klärgas mit einem Volumengehalt an Schwefelverbindungen bis zu 1 vom Tausend, angegeben als Schwefel, oder Biogas aus der Landwirtschaft,
12. Koksofengas, Grubengas, Stahlgas, Hochofengas, Raffineriegas und Synthesegas mit einem Volumengehalt an Schwefelverbindungen bis zu 1 vom Tausend, angegeben als Schwefel.

(2) Der Massegehalt an Schwefel der in Absatz 1 Nr. 1 bis 3 genannten Brennstoffe darf 1,0 vom Hundert der Rohsubstanz nicht überschreiten. Bei Steinkohlenbriketts oder Braunkohlenbriketts gilt diese Anforderung auch als erfüllt, wenn durch eine besondere Vorbehandlung eine gleichwertige Begrenzung der Emissionen an Schwefeldioxid im Abgas sichergestellt ist.

(3) Die in Absatz 1 Nr. 4 bis 8 genannten Brennstoffe dürfen in handbeschickten Feuerungsanlagen nur in lufttrockenem Zustand eingesetzt werden.

(4) Preßlinge nach Absatz 1 Nr. 5a oder Briketts aus Brennstoffen nach Absatz 1 Nr. 6 bis 8 dürfen nicht unter Verwendung von Bindemitteln hergestellt sein. Ausgenommen davon sind Bindemittel aus Stärke, pflanzlichem Paraffin oder aus Melasse.

Anh. A 1 1. BImSchV VO zur Durchführung des BImSchG

Zweiter Abschnitt. Feuerungsanlagen für feste Brennstoffe

§ 4 Allgemeine Anforderungen. (1) Feuerungsanlagen für feste Brennstoffe sind im Dauerbetrieb so zu betreiben, daß ihre Abgasfahne heller ist als der Grauwert 1 der in der Anlage I angegebenen Ringelmann-Skala.

(2) Feuerungsanlagen für feste Brennstoffe dürfen nur mit Brennstoffen betrieben werden, für deren Einsatz sie nach den Angaben des Herstellers geeignet sind. Errichtung und Betrieb haben sich nach der Anweisung des Herstellers zu richten.

(3) Offene Kamine dürfen nur gelegentlich betrieben werden. In ihnen dürfen nur naturbelassenes stückiges Holz nach § 3 Abs.1 Nr.4 oder Preßlinge im Form von Holzbriketts nach § 3 Abs.1 Nr.5a eingesetzt werden. Satz 2 gilt nicht für offene Kamine, die mit geschlossenem Feuerraum betrieben werden, wenn deren Wärmeabgabe bestimmungsgemäß überwiegend durch Konvektion erfolgt.

§ 5 Feuerungsanlagen mit einer Nennwärmeleistung bis 15 Kilowatt. Feuerungsanlagen für feste Brennstoffe mit einer Nennwärmeleistung bis 15 Kilowatt dürfen nur mit den in § 3 Abs.1 Nr.1 bis 4 oder 5a genannten Brennstoffen betrieben werden.

§ 6 Feuerungsanlagen mit einer Nennwärmeleistung über 15 Kilowatt.

(1) Feuerungsanlagen für feste Brennstoffe mit einer Nennwärmeleistung von mehr als 15 Kilowatt sind so zu errichten und zu betreiben, daß die Emissionen in Abhängigkeit von den eingesetzten Brennstoffen folgende Begrenzungen einhalten:
1. Bei Einsatz der in § 3 Abs.1 Nr.1 bis 3a genannten Brennstoffe
   Die nach der Anlage III Nr.2 ermittelten staubförmigen Emissionen im Abgas dürfen eine Massenkonzentration von 0,15 Gramm je Kubikmeter, bezogen auf einen Volumengehalt an Sauerstoff im Abgas von 8 vom Hundert, nicht überschreiten.
2. Bei Einsatz der in § 3 Abs.1 Nr.4 bis 5a oder 8 genannten Brennstoffe
   a) Die nach der Anlage III Nr.2 ermittelten staubförmigen Emissionen im Abgas dürfen eine Massenkonzentration von 0,15 Gramm je Kubikmeter, bezogen auf einen Volumengehalt an Sauerstoff im Abgas von 13 vom Hundert, nicht überschreiten.
   b) Die nach der Anlage III Nr.2 ermittelten Emissionen an Kohlenmonoxid im Abgas dürfen die folgenden Massenkonzentrationen, bezogen auf einen Volumengehalt an Sauerstoff im Abgas von 13 vom Hundert, nicht überschreiten:

Nennwärmeleistung in Kilowatt	Massenkonzentration an Kohlenmonoxid in Gramm je Kubikmeter
bis 50	4
über 50 bis 150	2
über 150 bis 500	1
über 500	0,5

Abweichend davon dürfen bei Feuerungsanlagen für den Einsatz der in § 3 Abs.1 Nr.8 genannten Brennstoffe mit einer Nennwärmeleistung bis weniger als 100 Kilowatt die Emissionen an Kohlenmonoxid im Abgas eine Massenkonzentration von 4 Gramm je Kubikmeter, bezogen auf einen Volumengehalt an Sauerstoff im Abgas von 13 vom Hundert, nicht überschreiten.

Kleine und mittlere Feuerungsanlagen 1. BImSchV **Anh. A 1**

3. Bei Einsatz der in § 3 Abs.1 Nr.6 oder 7 genannten Brennstoffe
   a) Die nach der Anlage III Nr.2 ermittelten staubförmigen Emissionen im Abgas dürfen eine Massenkonzentration von 0,15 Gramm je Kubikmeter, bezogen auf einen Volumengehalt an Sauerstoff im Abgas von 13 vom Hundert, nicht überschreiten.
   b) Die nach der Anlage III Nr.2 ermittelten Emissionen an Kohlenmonoxid im Abgas dürfen die folgenden Massenkonzentrationen, bezogen auf einen Volumengehalt an Sauerstoff im Abgas von 13 vom Hundert, nicht überschreiten:

Nennwärmeleistung in Kilowatt	Massenkonzentration an Kohlenmonoxid in Gramm je Kubikmeter
bis 100	0,8
über 100 bis 500	0,5
über 500	0,3

(2) Die in § 3 Abs.1 Nr.6 oder 7 genannten Brennstoffe dürfen nur in Feuerungsanlagen mit einer Nennwärmeleistung von mindestens 50 Kilowatt und nur in Betrieben der Holzbearbeitung oder Holzverarbeitung eingesetzt werden.

(3) Handbeschickte Feuerungsanlagen mit flüssigem Wärmeträgermedium sind bei Einsatz der in § 3 Abs.1 Nr.4 bis 8 genannten Brennstoffe grundsätzlich bei Vollast zu betreiben. Hierzu ist in der Regel ein ausreichend bemessener Wärmespeicher einzusetzen. Dies gilt nicht, wenn die Anforderungen nach Absatz 1 Nr.2 oder 3 auch bei gedrosselter Verbrennungsluftzufuhr (Teillastbetrieb) eingehalten werden können.

(4) Die Absätze 1 bis 3 gelten nicht für
1. vor dem 1. Oktober 1988, in dem in Artikel 3 des Einigungsvertrages genannten Gebiet vor dem 3. Oktober 1990, errichtete Feuerungsanlagen mit einer Nennwärmeleistung bis 22 Kilowatt,
2. Kochheizherde oder Kachelöfen ohne Heizeinsatz (Grundöfen).
Diese Feuerungsanlagen dürfen nur mit den in § 3 Abs.1 Nr.1 bis 4 genannten Brennstoffen oder mit Preßlingen in Form von Holzbriketts nach § 3 Abs.1 Nr.5 a betrieben werden.

Dritter Abschnitt. Öl- und Gasfeuerungsanlagen

§ 7 Allgemeine Anforderungen. (1) Öl- und Gasfeuerstätten, die nach dem 1. Oktober 1988, in dem in Artikel 3 des Einigungsvertrages genannten Gebiet nach dem 3. Oktober 1990, errichtet worden sind oder errichtet werden oder durch Austausch eines Kessels geändert worden sind oder geändert werden, müssen so beschaffen sein, daß die Emissionen an Stickstoffoxiden durch feuerungstechnische Maßnahmen nach dem Stand der Technik begrenzt werden.

(2) Öl- und Gasfeuerungsanlagen zur Beheizung von Gebäuden oder Räumen mit Wasser als Wärmeträger mit einer Nennwärmeleistung bis zu 120 Kilowatt, die ab dem 1. Januar 1998 errichtet werden, dürfen nur betrieben werden, wenn für die eingesetzten Kessel-Brenner-Einheiten, Kessel und Brenner durch eine Bescheinigung des Herstellers belegt wird, daß der unter Prüfbedingungen nach dem Verfahren der Anlage III a Nr.2 ermittelte Gehalt des Abgases an Stickstoffoxiden
1. bei Einsatz von Erdgas 80 Milligramm je Kilowattstunde zugeführter Brennstoffenergie,

Anh. A 1 1. BImSchV VO zur Durchführung des BImSchG

2. bei Einsatz von Heizöl EL 120 Milligramm je Kilowattstunde zugeführter Brennstoffenergie,

jeweils angegeben als Stickstoffdioxid, nicht überschreitet.

(3) In Öl- und Gasfeuerungsanlagen zur Beheizung von Gebäuden oder Räumen mit Wasser als Wärmeträger, die ab dem 1. Januar 1998 errichtet oder durch Austausch eines Kessels wesentlich geändert werden, dürfen Heizkessel mit einer Nennwärmeleistung von mehr als 400 Kilowatt nur eingesetzt werden, soweit durch eine Bescheinigung des Herstellers belegt wird, daß ihr unter Prüfbedingungen nach dem Verfahren der Anlage III a Nr.1 ermittelter Nutzungsgrad einen Vomhundertsatz von 91 nicht unterschreitet.

(4) Die Anforderungen nach Absatz 3 gelten für Heizkessel mit einer Nennwärmeleistung von mehr als 1 Megawatt auch als erfüllt, soweit der nach dem Verfahren der DIN 4702 Teil 2, Ausgabe März 1990, ermittelte Kesselwirkungsgrad einen Vomhundertsatz von 91 nicht unterschreitet. Anlage III a Nr.1.2 und 1.3 gilt entsprechend.

(5) Für Kessel-Brenner-Einheiten, Kessel und Brenner, die in einem Mitgliedstaat der Europäischen Gemeinschaften oder in einem Vertragsstaat des Abkommens über den Europäischen Wirtschaftsraum hergestellt worden sind, kann der Gehalt des Abgases an Stickstoffoxiden abweichend von Absatz 2 auch nach einem dem Verfahren gemäß Anlage III a Nr.2 gleichwertigen Verfahren, insbesondere nach einem in einer europäischen Norm festgelegten gleichwertigen Verfahren, ermittelt werden.

§ 8 Ölfeuerungsanlagen mit Verdampfungsbrenner. Ölfeuerungsanlagen mit Verdampfungsbrenner sind so zu errichten und zu betreiben, daß
1. die nach dem Verfahren der Anlage III Nr.3.2 ermittelte Schwärzung durch die staubförmigen Emissionen im Abgas die Rußzahl 2 nicht überschreitet,
2. die Abgase nach der nach dem Verfahren der Anlage III Nr.3.3 vorgenommenen Prüfung frei von Ölderivaten sind und
3. die Grenzwerte für die Abgasverluste nach § 11 eingehalten werden.

Bei Anlagen mit einer Nennwärmeleistung bis 11 Kilowatt, die vor dem 1. November 1996 errichtet worden sind, darf abweichend von Satz 1 Nr.1 die Rußzahl 3 nicht überschritten werden.

§ 9 Ölfeuerungsanlagen mit Zerstäubungsbrenner. Ölfeuerungsanlagen mit Zerstäubungsbrenner sind so zu errichten und zu betreiben, daß
1. die nach dem Verfahren der Anlage III Nr.3.2 ermittelte Schwärzung durch die staubförmigen Emissionen im Abgas die Rußzahl 1 nicht überschreitet,
2. die Abgase nach der nach dem Verfahren der Anlage III Nr.3.3 vorgenommenen Prüfung frei von Ölderivaten sind und
3. die Grenzwerte für die Abgasverluste nach § 11 eingehalten werden.

Bei Anlagen, die bis zum 1. Oktober 1988, in dem in Artikel 3 des Einigungsvertrages genannten Gebiet bis zum 3. Oktober 1990, errichtet worden sind, darf abweichend von Satz 1 Nr.1 die Rußzahl 2 nicht überschritten werden, es sei denn, die Anlagen sind nach diesen Zeitpunkten wesentlich geändert worden oder werden wesentlich geändert.

§ 10 Gasfeuerungsanlagen. Gasfeuerungsanlagen sind so zu errichten und zu betreiben, daß die Grenzwerte für die Abgasverluste nach § 11 eingehalten werden.

§ 11 Begrenzung der Abgasverluste. (1) Bei Öl- und Gasfeuerungsanlagen dürfen die nach dem Verfahren der Anlage III Nr.3.4 für die Feuerstätte ermittelten Abgasverluste die nachfolgend genannten Vomhundertsätze nicht überschreiten:

Kleine und mittlere Feuerungsanlagen 1. BImSchV **Anh. A 1**

Nennwärmeleistung in Kilowatt	Grenzwerte für die Abgasverluste
über 4 bis 25	11
über 25 bis 50	10
über 50	9

Können bei einer Öl- oder Gasfeuerungsanlage, die mit einem mit dem CE-Zeichen versehenen und in der EG-Konformitätserklärung als Standardheizkessel im Sinne der Richtlinie 92/42/EWG (ABl. EG Nr.L 167 S.17, L 195 S.32), geändert durch die Richtlinie 93/68/EWG (ABl. EG Nr.L 220 S.1), ausgewiesenen Heizkessel ausgerüstet ist, der entsprechende Abgasverlustgrenzwert nach Satz 1 auf Grund der Bauart des Heizkessels nicht eingehalten werden, gilt ein um einen Prozentpunkt höherer Wert.

(2) Öl- und Gasfeuerungsanlagen, bei denen die Grenzwerte für die Abgasverluste nach Absatz 1 auf Grund ihrer bestimmungsgemäßen Funktion nicht eingehalten werden können, sind so zu errichten und zu betreiben, daß sie dem Stand der Technik des jeweiligen Prozesses oder der jeweiligen Bauart entsprechen.

(3) Absatz 1 gilt
1. ab dem 1. Januar 1998 für ab diesem Zeitpunkt errichtete Öl- und Gasfeuerungsanlagen;
2. ab den in § 23 Abs.2 Satz 1 oder Abs.3 genannten Zeitpunkten für bis zum 31. Dezember 1997 errichtete Öl- und Gasfeuerungsanlagen;
3. ab dem Zeitpunkt einer wesentlichen Änderung für bis zum 31. Dezember 1997 errichtete und ab dem 1. Januar 1998 wesentlich geänderte Öl- und Gasfeuerungsanlagen.

(4) Absatz 1 gilt nicht für Feuerungsanlagen, die bei einer Nennwärmeleistung
1. bis höchstens 11 Kilowatt der Beheizung eines Einzelraumes dienen,
2. bis höchstens 28 Kilowatt ausschließlich der Brauchwassererwärmung dienen.

§ 11 a Öl- und Gasfeuerungen mit einer Feuerungswärmeleistung von 10 Megawatt bis 20 Megawatt. (1) Einzelfeuerungsanlagen für flüssige Brennstoffe nach § 3 Abs.1 Nr.9 mit einer Feuerungswärmeleistung von 10 Megawatt bis weniger als 20 Megawatt dürfen abweichend von den §§ 7 bis 11 nur errichtet und betrieben werden, wenn
1. die Emissionen von Kohlenmonoxid den Emissionsgrenzwert von 80 Milligramm je Kubikmeter Abgas,
2. die Emissionen von Stickstoffoxiden, angegeben als Stickstoffdioxid, den Emissionsgrenzwert von
   a) 180 Milligramm je Kubikmeter Abgas bei Kesseln mit einer Betriebstemperatur unter 110 °C,
   b) 200 Milligramm je Kubikmeter Abgas bei Kesseln mit einer Betriebstemperatur von 110 bis 210 °C,
   c) 250 Milligramm je Kubikmeter Abgas bei Kesseln mit einer Betriebstemperatur von mehr als 210 °C,
   bei Heizöl EL jeweils berechnet auf einen Stickstoffgehalt im Heizöl EL von 140 Milligramm je Kilogramm, und
3. die Abgastrübung die Rußzahl 1,
bei den Nummern 1 und 2 bezogen auf einen Sauerstoffgehalt von 3 vom Hundert, als Halbstundenmittelwert nicht überschreiten.

(2) Einzelfeuerungsanlagen für Gase der öffentlichen Gasversorgung, naturbelassenes Erdgas oder Flüssiggas mit einer Feuerungswärmeleistung von 10 Megawatt bis we-

Anh. A 1 1. BImSchV VO zur Durchführung des BImSchG

niger als 20 Megawatt dürfen abweichend von den §§ 7 bis 11 nur errichtet und betrieben werden, wenn die Emissionen von
1. Kohlenmonoxid den Emissionsgrenzwert von 80 Milligramm je Kubikmeter Abgas und
2. Stickstoffoxiden, angegeben als Stickstoffdioxid, den Emissionsgrenzwert von
   a) 100 Milligramm je Kubikmeter Abgas bei Kesseln mit einer Betriebstemperatur unter 110 °C bei Erdgas,
   b) 110 Milligramm je Kubikmeter Abgas bei Kesseln mit einer Betriebstemperatur von 110 bis 210 °C bei Erdgas,
   c) 150 Milligramm je Kubikmeter Abgas bei Kesseln mit einer Betriebstemperatur von mehr als 210 °C bei Erdgas und
   d) 200 Milligramm je Kubikmeter Abgas bei Einsatz der anderen Gase,
bezogen auf einen Sauerstoffgehalt von 3 vom Hundert, als Halbstundenmittelwert nicht überschreiten.

(3) Für Feuerungsanlagen, die regelmäßig mit Stoffen nach Absatz 2 und während höchstens 300 Stunden im Jahr mit Stoffen nach Absatz 1 betrieben werden, gilt während des Betriebs mit einem Brennstoff nach Absatz 1 für alle Betriebstemperaturen ein Emissionsgrenzwert für Stickstoffoxide von 250 Milligramm je Kubikmeter Abgas.

Vierter Abschnitt. Überwachung

§ 12 Meßöffnung. Der Betreiber einer Feuerungsanlage, für die nach den §§ 14 und 15 Messungen durch den zuständigen Bezirksschornsteinfegermeister vorgeschrieben sind, hat eine Meßöffnung herzustellen oder herstellen zu lassen, die den Anforderungen nach Anlage II entspricht. Hat eine Feuerungsanlage mehrere Verbindungsstücke, ist in jedem Verbindungsstück eine Meßöffnung einzurichten. In anderen als den in Satz 1 genannten Fällen hat der Betreiber auf Verlangen der zuständigen Behörde die Herstellung einer Meßöffnung zu gestatten.

§ 13 Meßgeräte. (1) Die Messungen nach den §§ 14 und 15 sind mit geeigneten Meßgeräten durchzuführen. Die Meßgeräte gelten grundsätzlich als geeignet, wenn sie eine Eignungsprüfung bestanden haben. Bei Meßgeräten zur Bestimmung der Rußzahl sind das Filterpapier und die Vergleichsskala in die Eignungsprüfung einzubeziehen. Zur Bestimmung der Verbrennungslufttemperatur kann anstelle eines eignungsgeprüften Meßgerätes ein geeichtes Quecksilber-Thermometer eingesetzt werden.

(2) Die eingesetzten Meßgeräte sind halbjährlich einmal in einer technischen Prüfstelle der Innung für das Schornsteinfegerhandwerk oder in einer anderen von der zuständigen Behörde anerkannten Prüfstelle zu überprüfen.

§ 14 Überwachung neuer und wesentlich geänderter Feuerungsanlagen.
(1) Der Betreiber einer nach dem 1. Oktober 1988, in dem in Artikel 3 des Einigungsvertrages genannten Gebiet nach dem 3. Oktober 1990, errichteten oder wesentlich geänderten Feuerungsanlage mit einer Nennwärmeleistung von mehr als 4 Kilowatt, für die in § 6 Abs.1 oder in den §§ 8 bis 11 Anforderungen festgelegt sind, hat die Einhaltung der jeweiligen Anforderungen innerhalb von vier Wochen nach der Inbetriebnahme durch Messungen vom zuständigen Bezirksschornsteinfegermeister feststellen zu lassen.

(2) Absatz 1 gilt nicht für
1. Feuerungsanlagen mit einer Nennwärmeleistung bis 11 Kilowatt, soweit sie der Beheizung eines Einzelraumes oder ausschließlich der Brauchwassererwärmung dienen,

Kleine und mittlere Feuerungsanlagen 1. BImSchV **Anh. A 1**

2. Feuerungsanlagen, bei denen Methanol, Äthanol, Wasserstoff, Biogas, Klärgas, Grubengas, Stahlgas, Hochofengas oder Raffineriegas eingesetzt werden, sowie Feuerungsanlagen, bei denen naturbelassenes Erdgas oder Erdölgas an der Gewinnungsstelle eingesetzt werden,
3. Feuerungsanlagen, die als Brennwertgeräte eingerichtet sind, soweit die Einhaltung der Anforderungen an die Begrenzung der Abgasverluste nach § 11 festgestellt werden soll.

(3) Die Messungen sind während der üblichen Betriebszeit einer Feuerungsanlage nach der Anlage III durchzuführen. Über das Ergebnis der Messungen hat der Bezirksschornsteinfegermeister dem Betreiber eine Bescheinigung nach dem Muster der Anlage IV oder V auszustellen.

(4) Ergibt eine Messung nach Absatz 1, daß die Anforderungen nicht erfüllt sind, so hat der Betreiber von dem zuständigen Bezirksschornsteinfegermeister innerhalb von sechs Wochen nach der ersten Messung eine Wiederholungsmessung durchführen zu lassen. Ergibt auch diese Wiederholungsmessung, daß die Anforderungen nicht erfüllt sind, so leitet der Bezirksschornsteinfegermeister innerhalb von zwei Wochen der zuständigen Behörde eine Durchschrift der Bescheinigung über das Ergebnis der ersten Messung und der Wiederholungsmessung zu.

(5) Der Bezirksschornsteinfegermeister hat die Durchführung der Messungen nach Absatz 1 in das Kehrbuch einzutragen. Die Unterlagen über die Durchführung seiner Überwachungsaufgaben hat er mindestens fünf Jahre aufzubewahren und der zuständigen Behörde auf Verlangen vorzulegen.

§ 15 Wiederkehrende Überwachung. (1) Der Betreiber
1. einer mechanisch beschickten Feuerungsanlage für den Einsatz der in § 3 Abs.1 Nr.1 bis 5a oder 8 genannten festen Brennstoffe mit einer Nennwärmeleistung von mehr als 15 Kilowatt oder
2. einer Feuerungsanlage für den Einsatz der in § 3 Abs.1 Nr.6 oder 7 genannten festen Brennstoffe mit einer Nennwärmeleistung von mindestens 50 Kilowatt oder
3. einer Öl- oder Gasfeuerungsanlage mit einer Nennwärmeleistung von mehr als 11 Kilowatt,

für die in § 6 Abs.1 oder in den §§ 8 bis 11 Anforderungen festgelegt sind, hat die Einhaltung der jeweiligen Anforderungen einmal in jedem Kalenderjahr vom zuständigen Bezirksschornsteinfegermeister durch wiederkehrende Messungen feststellen zu lassen. Dies gilt nicht für
a) Feuerungsanlagen nach § 14 Abs.2 Nr.2,
b) Feuerungsanlagen nach § 14 Abs.2 Nr.3, soweit es um die Feststellung der Abgasverluste geht,
c) bivalente Heizungen und
d) vor dem 1. Januar 1985 errichtete Gasfeuerungsanlagen mit Außenwandanschluß.

(2) Die wiederkehrenden Messungen sind in regelmäßigen Abständen durchzuführen. Abweichend von Absatz 1 sind Feuerungsanlagen, die jährlich bis zu höchstens 300 Stunden und ausschließlich zur Trocknung von selbstgewonnenen Erzeugnissen in landwirtschaftlichen Betrieben eingesetzt werden und bei denen die Trocknung über Wärmeaustauscher erfolgt, nur in jedem dritten Kalenderjahr vom zuständigen Bezirksschornsteinfegermeister überwachen zu lassen.

(3) Der Bezirksschornsteinfegermeister kündigt dem Betreiber den voraussichtlichen Zeitpunkt der wiederkehrenden Messungen nach Absatz 1 zwischen acht bis sechs Wochen vorher schriftlich an.

(4) Die Vorschriften des § 14 Abs.3 bis 5 gelten entsprechend.

§ 16 Zusammenstellung der Meßergebnisse. Der Bezirksschornsteinfegermeister meldet die Ergebnisse der Messungen nach den §§ 14 und 15 kalenderjährlich gemäß näherer Weisung der Innung für das Schornsteinfegerhandwerk dem zuständigen Landesinnungsverband. Die Landesinnungsverbände für das Schornsteinfegerhandwerk erstellen für jedes Kalenderjahr Übersichten über die Ergebnisse der Messungen und legen diese Übersichten im Rahmen der gesetzlichen Auskunftspflichten der Innungen für das Schornsteinfegerhandwerk der für den Immissionsschutz zuständigen obersten Landesbehörde oder der nach Landesrecht zuständigen Behörde bis zum 30. April des folgenden Jahres vor. Der zuständige Zentralinnungsverband des Schornsteinfegerhandwerks erstellt für jedes Kalenderjahr eine entsprechende länderübergreifende Übersicht und legt diese dem Bundesministerium für Umwelt, Naturschutz und Reaktorsicherheit bis zum 30. Juni des folgenden Jahres vor.

§ 17 Eigenüberwachung. (1) Die Aufgaben des Bezirksschornsteinfegermeisters nach den §§ 14 bis 16 werden bei Feuerungsanlagen der Bundeswehr, soweit der Vollzug des Bundes-Immissionsschutzgesetzes und der auf dieses Gesetz gestützten Rechtsverordnungen nach § 1 der Vierzehnten Verordnung zur Durchführung des Bundes-Immissionsschutzgesetzes vom 9. April 1986 (BGBl. I S.380) Bundesbehörden obliegt, von Stellen der zuständigen Verwaltung wahrgenommen. Sie teilt die Wahrnehmung der Eigenüberwachung der für den Vollzug dieser Verordnung jeweils örtlich zuständigen Landesbehörde und dem Bezirksschornsteinfegermeister mit.

(2) Die in Absatz 1 genannten Stellen richten die Bescheinigungen nach § 14 Abs.3 sowie die Informationen nach § 14 Abs.4 Satz 2 und § 16 Satz 1 an die zuständige Verwaltung. Anstelle des Kehrbuchs führt sie vergleichbare Aufzeichnungen.

(3) Die zuständige Verwaltung erstellt landesweite Übersichten über die Ergebnisse der Messungen nach den §§ 14 und 15 und teilt sie den für den Immissionsschutz zuständigen obersten Landesbehörden oder den nach Landesrecht zuständigen Behörden und dem Bundesministerium für Umwelt, Naturschutz und Reaktorsicherheit innerhalb der Zeiträume gemäß § 16 Satz 2 und 3 mit.

§ 17 a Überwachung von Öl- und Gasfeuerungen mit einer Feuerungswärmeleistung von 10 Megawatt bis 20 Megawatt. (1) Der Betreiber einer Einzelfeuerungsanlage für den Einsatz von flüssigen Brennstoffen nach § 3 Abs.1 Nr.9 mit einer Feuerungswärmeleistung von 10 Megawatt bis weniger als 20 Megawatt hat abweichend von den §§ 12 bis 17 diese vor Inbetriebnahme mit Messeinrichtungen auszurüsten, die die Abgastrübung, zum Beispiel über die optische Transmission im Abgas fortlaufend messen und registrieren. Die Messeinrichtung muss die Einhaltung der Rußzahl 1 sicher erkennen lassen.

(2) Der Betreiber einer nach Inkrafttreten dieser Verordnung errichteten Einzelfeuerungsanlage nach Absatz 1 hat durch eine von der zuständigen obersten Landesbehörde oder der nach Landesrecht zuständigen Behörde für Kalibrierungen bekannt gegebene Stelle den ordnungsgemäßen Einbau der Messeinrichtungen nach Absatz 1 bescheinigen zu lassen sowie die Messeinrichtungen vor Inbetriebnahme kalibrieren und jeweils spätestens nach Ablauf eines Jahres auf Funktionsfähigkeit prüfen zu lassen. Der Betreiber hat die Kalibrierung spätestens drei Jahre nach der letzten Kalibrierung wiederholen zu lassen. Der Betreiber hat die Bescheinigung über den ordnungsgemäßen Einbau, die Berichte über das Ergebnis der Kalibrierung und der Prüfung der Funktionsfähigkeit der zuständigen Behörde jeweils innerhalb von drei Monaten nach Durchführung vorzulegen.

Kleine und mittlere Feuerungsanlagen 1. BImSchV **Anh. A 1**

(3) Über die Auswertung der kontinuierlichen Messungen der Abgastrübung hat der Betreiber einen Messbericht zu erstellen oder erstellen zu lassen und innerhalb von drei Monaten nach Ablauf eines jeden Kalenderjahres der zuständigen Behörde vorzulegen. Der Betreiber muss die Aufzeichnungen fünf Jahre aufbewahren.

(4) Der Betreiber einer nach Inkrafttreten dieser Verordnung errichteten Einzelfeuerungsanlage hat abweichend von den §§ 12 bis 17 die Einhaltung der Anforderungen nach § 11 a für Kohlenmonoxid und Stickstoffoxide frühestens drei Monate und spätestens sechs Monate nach der Inbetriebnahme von einer nach § 26 Abs. 1 des Bundes-Immissionsschutzgesetzes bekannt gegebenen Stelle prüfen zu lassen. Der Betreiber hat die Prüfung nach Satz 1 nach einer wesentlichen Änderung und im Übrigen im Abstand von drei Jahren wiederholen zu lassen.

(4a) Es sind drei Einzelmessungen erforderlich. Diese sind, sofern technisch möglich, bei unterschiedlichen Laststufen (Schwach-, Mittel- und Volllast) durchzuführen. Das Ergebnis einer jeden Einzelmessung ist als Halbstundenmittelwert anzugeben.

(5) Der Betreiber einer nach Inkrafttreten dieser Verordnung errichteten Einzelfeuerungsanlage hat über die Einzelmessungen nach Absatz 4 einen Messbericht zu erstellen und der zuständigen Behörde innerhalb von drei Monaten nach Durchführung der Messung vorzulegen. Der Messbericht muss Angaben über die Messplanung, das Ergebnis, die verwendeten Messverfahren und die Betriebsbedingungen, die für die Beurteilung der Messergebnisse von Bedeutung sind, enthalten. Der Betreiber muss die Berichte fünf Jahre ab der Vorlage bei der Behörde aufbewahren.

(6) Die Emissionsgrenzwerte gelten als eingehalten, wenn kein Ergebnis einer Einzelmessung den jeweiligen Emissionsgrenzwert nach § 11 a überschreitet.

Fünfter Abschnitt. Gemeinsame Vorschriften

§ 18 Ableitbedingungen für Abgase. (1) Bei Feuerungsanlagen mit einer Feuerungswärmeleistung von 1 Megawatt oder mehr hat die Höhe der Austrittsöffnung für die Abgase
1. die höchste Kante des Dachfirstes um mindestens 3 Meter zu überragen und
2. mindestens 10 Meter über Flur zu liegen.
Bei einer Dachneigung von weniger als 20 Grad ist die Höhe der Austrittsöffnung auf einen fiktiven Dachfirst zu beziehen, dessen Höhe unter Zugrundelegung einer Dachneigung von 20 Grad zu berechnen ist. Satz 1 Nr. 1 gilt nicht für Feuerungsanlagen in Warmumformungsbetrieben, soweit Windleitflächenlüfter eingesetzt werden.

(2) Die Abgase von Feuerungsanlagen nach § 11 a sind über einen oder mehrere Schornsteine abzuleiten, deren Höhe nach den Vorschriften der TA Luft zu berechnen ist.

§ 18a Anzeige. Der Betreiber einer Feuerungsanlage nach § 11 a hat diese der zuständigen Behörde spätestens einen Monat vor der Inbetriebnahme anzuzeigen.

§ 19 Weitergehende Anforderungen. Die Befugnis der zuständigen Behörde, auf Grund des Bundes-Immissionsschutzgesetzes andere oder weitergehende Anordnungen zu treffen, bleibt unberührt.

§ 20 Zulassung von Ausnahmen. Die zuständige Behörde kann auf Antrag Ausnahmen von den Anforderungen der §§ 3 bis 11 a und des § 18 zulassen, soweit diese im Einzelfall wegen besonderer Umstände durch einen unangemessenen Aufwand oder in sonstiger Weise zu einer unbilligen Härte führen und schädliche Umwelteinwirkungen nicht zu befürchten sind.

Anh. A 1   1. BImSchV   VO zur Durchführung des BImSchG

§ 21 Zugänglichkeit der Normblätter. Die im § 2 Nr.12, im § 3 Abs.1 Nr.5a und 9, im § 7 Abs.4, in der Anlage III Nr.3.2 und 3.3 sowie in der Anlage III a Nr.1.1 und 2.1 genannten DIN-Normblätter sind bei der Beuth-Verlag GmbH, Berlin, zu beziehen. Die genannten Normen sind beim Deutschen Patentamt archivmäßig gesichert hinterlegt.

§ 22 Ordnungswidrigkeiten. Ordnungswidrig im Sinne des § 62 Abs.1 Nr.7 des Bundes-Immissionsschutzgesetzes handelt, wer vorsätzlich oder fahrlässig
1. entgegen § 3 Abs.1 oder § 4 Abs.3 Satz 2 andere als die dort aufgeführten Brennstoffe einsetzt,
2. entgegen § 4 Abs.1 oder den §§ 5 oder 6 Abs.4 Satz 2 oder § 7 Abs.2 eine Feuerungsanlage betreibt,
3. entgegen § 6 Abs.1 oder den §§ 8, 9 oder 10 eine Feuerungsanlage errichtet oder betreibt,
4. entgegen § 6 Abs.2 Brennstoffe in anderen als den dort bezeichneten Feuerungsanlagen oder Betrieben einsetzt,
4 a. entgegen § 7 Abs.3 einen Heizkessel in einer Feuerungsanlage einsetzt,
4 b. entgegen § 11a Abs.1 oder 2 eine Einzelfeuerungsanlage errichtet oder betreibt,
5. entgegen § 12 Satz 1 oder 2 eine Meßöffnung nicht herstellt oder nicht herstellen läßt oder entgegen § 12 Satz 3 die Herstellung einer Meßöffnung nicht gestattet,
6. entgegen § 14 Abs.1 oder 4 Satz 1, auch in Verbindung mit § 15 Abs.4, oder § 15 Abs.1 Satz 1 eine Messung nicht oder nicht rechtzeitig durchführen läßt,
7. entgegen § 17a Abs.1 eine Einzelfeuerungsanlage nicht, nicht richtig oder nicht rechtzeitig ausrüstet,
8. entgegen § 17a Abs.2 Satz 1 eine Messeinrichtung nicht oder nicht rechtzeitig kalibrieren oder nicht oder nicht rechtzeitig prüfen lässt,
9. entgegen § 17a Abs.2 Satz 2 die Kalibrierung nicht oder nicht rechtzeitig wiederholen läßt,
10. entgegen § 17 a Abs.2 Satz 3 eine Bescheinigung nicht oder nicht rechtzeitig vorlegt,
11. entgegen § 17 a Abs.4 die Einhaltung der Anforderungen nicht oder nicht rechtzeitig prüfen lässt oder eine Prüfung nicht oder nicht rechtzeitig wiederholen läßt,
12. entgegen § 17 a Abs.5 Satz 1 oder 3 einen Messbericht nicht oder nicht rechtzeitig vorlegt oder nicht oder nicht mindestens fünf Jahre aufbewahrt oder
13. entgegen § 18 a eine Anzeige nicht, nicht richtig oder nicht rechtzeitig erstattet.

Sechster Abschnitt. Schlußvorschriften

§ 23 Übergangsregelung. (1) Die Anforderungen des § 6 Abs.1 Nr.2 Buchstabe b und Nr.3 Buchstabe b sind bei den in dem in Artikel 3 des Einigungsvertrages genannten Gebiet vor dem 3. Oktober 1990 errichteten Feuerungsanlagen mit einer Massenkonzentration an Kohlenmonoxid im Abgas von mehr als dem Einfachen und höchstens dem Zweifachen der nach § 6 Abs.1 Nr.2 Buchstabe b oder Nr.3 Buchstabe b zulässigen Massenkonzentration spätestens bis zum 3. Oktober 1997 einzuhalten. Die Einstufung einer Feuerungsanlage nach Satz 1 hat entsprechend dem Ergebnis einer vom zuständigen Bezirksschornsteinfegermeister bis zum 3. Oktober 1993 entsprechend § 14 Abs.3 oder § 15 Abs.3 durchzuführenden Messung der Massenkonzentration an Kohlenmonoxid im Abgas zu erfolgen.

Kleine und mittlere Feuerungsanlagen 1. BImSchV **Anh. A 1**

(2) Die Grenzwerte für die Abgasverluste nach § 11 Abs.1 sind bei den bis zum 31. Dezember 1997 errichteten Öl- und Gasfeuerungsanlagen in Abhängigkeit von dem Ergebnis einer Einstufungsmessung und der Höhe der Nennwärmeleistung ab den folgenden Zeitpunkten einzuhalten:

Nenn-wärme-leistung in Kilowatt	Zeitpunkte für die Einhaltung der Abgasverlustgrenzwerte nach § 11 Abs.1			
	Höhe der Überschreitung der Abgasverlustgrenzwerte nach § 11 Abs.1 gemäß dem Ergebnis der Einstufungsmessung			
	keine Überschreitung	1 Prozentpunkt	2 Prozentpunkte	3 Prozentpunkte oder mehr
bis 100	1. 11. 2004	1. 11. 2004	1. 11. 2002	1. 11. 2001
über 100	1. 11. 2004	1. 11. 2004	1. 11. 2002	1. 11. 1999

Die Einstufung einer Feuerungsanlage nach Satz 1 hat entsprechend dem Ergebnis einer vom zuständigen Bezirksschornsteinfegermeister bis zum 31. Dezember 1998 durchzuführenden Messung der Abgasverluste zu erfolgen. Als Einstufungsmessung nach Satz 2 gilt
1. bei Feuerungsanlagen, die vor dem 1. November 1996 errichtet worden sind und der wiederkehrenden Meßpflicht nach § 15 Abs.1 unterliegen, die im Jahr 1997 durchgeführte wiederkehrende Messung,
2. bei Feuerungsanlagen, die vom 1. November 1996 bis zum 31. Dezember 1997 errichtet werden, die nach § 14 Abs.1 durchgeführte erstmalige Messung.
Die Vorschriften des § 14 Abs.3 und 5 sowie des § 15 Abs.3 gelten für die Einstufungsmessung entsprechend.

(3) Abweichend von Absatz 2 Satz 1 sind die Anforderungen des § 11 Abs.1 bei Öl- und Gasfeuerungsanlagen, die in dem in Artikel 3 des Einigungsvertrages genannten Gebiet vor dem 3. Oktober 1990 errichtet worden sind, ab dem 1. November 2004 einzuhalten.

(4) Für die in Absatz 2 Satz 1 und Absatz 3 bezeichneten Feuerungsanlagen gelten vor den dort genannten Zeitpunkten für die Einhaltung der Anforderungen des § 11 Abs.1 die folgenden Grenzwerte für die Abgasverluste:

Nennwärmeleistung in Kilowatt	Grenzwerte für die Abgasverluste		
	bis 31. 12. 1982 errichtet	ab 1. 1. 1983 errichtet	ab 1. 10. 1988, in dem in Artikel 3 des Einigungsvertrages genannten Gebiet ab 3. 10. 1990, errichtet oder bis zum 31. 12. 1997 wesentlich geändert
über 4 bis 25	15	14	12
über 25 bis 50	14	13	11
über 50	13	12	10

Anh. A 1   1. BImSchV   VO zur Durchführung des BImSchG

§ 23 a Übergangsregelung für bestimmte Öl- und Gasfeuerungen. Anlagen, die dem Anwendungsbereich des § 11 a unterliegen und mit deren Errichtung am 3. August 2001 bereits begonnen worden war, müssen die maßgeblichen Anforderungen dieser Verordnung spätestens am 30. Oktober 2007 einhalten. Bis zum 30. Oktober 2007 gelten für die in Satz 1 genannten Anlagen die Anforderungen der bis zum 3. August 2001 maßgeblichen immissionsschutzrechtlichen Genehmigungen hinsichtlich der Emissionsbegrenzungen und deren Überwachung weiter.

§ 24. (weggefallen)

Anlage I
(zu § 4 Abs.1)

Ringelmann-Skala

Die Ringelmann-Skala enthält in vier von sechs Feldern Grauwerte zwischen weiß und schwarz; der Anteil schwarzer Färbung beträgt in den Feldern

Grauwert 1	20%
Grauwert 2	40%
Grauwert 3	60%
Grauwert 4	80%

Grauwert   0   1   2   3   4   5

Anlage II
(zu § 12)

Meßöffnung

1. Die Meßöffnung ist grundsätzlich im Verbindungsstück zwischen Wärmeerzeuger und Schornstein hinter dem letzten Wärmetauscher anzubringen. Wird die Feuerungsanlage in Verbindung mit einer Abgasreinigung betrieben, ist die Meßöffnung hinter der Abgasreinigungseinrichtung anzubringen. Die Meßöffnung soll in einem Abstand, der etwa dem zweifachen Durchmesser des Verbindungsstücks entspricht, hinter dem Abgasstutzen des Wärmetauschers oder der Abgasreinigungseinrichtung angebracht sein.
2. Eine Meßöffnung an anderer Stelle als nach Nummer 1 ist zulässig, wenn reproduzierbare Strömungsverhältnisse vorherrschen und keine größeren Wärmeverluste in der Einlaufstrecke auftreten als nach Nummer 1.
3. An der Meßöffnung dürfen keine Staub- oder Rußablagerungen vorhanden sein, die die Messungen wesentlich beeinträchtigen können.

Kleine und mittlere Feuerungsanlagen 1. BImSchV **Anh. A 1**

Anlage III
(zu §§ 6 bis 11 sowie §§ 14 und 15)

Anforderungen an die Durchführung der Messungen im Betrieb

1. Allgemeine Anforderungen

1.1 Die Messungen sind an der Meßöffnung im Kern des Abgasstromes durchzuführen. Besitzt eine Feuerungsanlage mehrere Meßöffnungen, sind die Messungen an jeder Meßöffnung durchzuführen.

1.2 Vor den Messungen ist die Funktionsfähigkeit der Meßgeräte zu überprüfen. Die in den Betriebsanleitungen enthaltenen Anweisungen der Hersteller sind zu beachten.

1.3 Die Messungen sind im ungestörten Dauerbetriebszustand der Feuerungsanlagen bei Nennwärmeleistung, ersatzweise bei der höchsten einstellbaren Wärmeleistung so durchzuführen, daß die Ergebnisse repräsentativ und bei vergleichbaren Feuerungsanlagen und Betriebsbedingungen miteinander vergleichbar sind. Abweichend hiervon sind die Messungen bei Feuerungsanlagen mit Brennstoffen nach § 3 Abs.1 Nr.4 bis 8, die nicht über ausreichend bemessene Wärmespeicher verfügen, im Teillastbereich durchzuführen.

1.4 Zur Beurteilung des Betriebszustandes sind die Druckdifferenz zwischen Abgas und Umgebungsluft sowie die Temperatur des Abgases zu messen. Das Ergebnis der Temperaturmessung nach Nummer 3.4.1 kann verwendet werden. Die von den Betriebsmeßgeräten angezeigte Temperatur des Wärmeträgers im oder hinter dem Wärmeerzeuger ist zu erfassen. Bei Feuerungsanlagen mit mehrstufigen oder stufenlos geregelten Brennern ist die bei der Messung eingestellte Leistung zu erfassen.

1.5 Das Meßprogramm ist immer vollständig durchzuführen. Es soll nicht abgebrochen werden, wenn eine einzelne Messung negativ ausfällt.

2. Messungen an Feuerungsanlagen für feste Brennstoffe

2.1 Zur Erfüllung der Anforderungen nach Nummer 1.3 soll bei handbeschickten Feuerungsanlagen mit oberem Abbrand mit den Messungen fünf Minuten, nachdem die größte vom Hersteller in der Bedienungsanleitung genannte Brennstoffmenge auf eine für die Entzündung ausreichende Glutschicht aufgegeben wurde, begonnen werden.

2.2 Die Emissionen sind jeweils zeitgleich mit dem Sauerstoffgehalt im Abgas als Viertelstundenmittelwert zu ermitteln. Die staubförmigen Emissionen sind gravimetrisch zu bestimmen. Hierzu ist aus dem zu untersuchenden Abgas mittels eines speziellen Probenahmegerätes eine ausreichend große Abgasmenge zu entnehmen und durch eine Glasfaser-Filterhülse zu leiten. Die gemessenen Emissionen sind nach der Beziehung

$$E_B = \frac{21 - O_{2B}}{21 - O_2} \cdot E_M$$

auf den Bezugssauerstoffgehalt umzurechnen. Anstelle des Sauerstoffgehaltes kann auch der Kohlendioxidgehalt im Abgas gemessen werden. In diesem Fall sind die gemessenen Emissionen nach der Beziehung

$$E_B = CO_{2max} \cdot \frac{21 - O_{2B}}{21 - O_2} \cdot E_M$$

auf den Bezugssauerstoffgehalt umzurechnen.

Anh. A 1   1. BImSchV   VO zur Durchführung des BImSchG

Es bedeuten:
E_B = Emissionen, bezogen auf den Bezugssauerstoffgehalt
E_M = gemessene Emission
O_{2B} = Bezugssauerstoffgehalt in Volumenprozent
O_2 = Volumengehalt an Sauerstoff im trockenen Abgas
CO_2 = Volumengehalt an Kohlendioxid im trockenen Abgas
CO_{2max} = maximaler Kohlendioxidgehalt im trockenen Abgas für den jeweiligen Brennstoff in Volumenprozent

Brennstoff	CO_{2max} in Volumenprozent
Anthrazit, Magerkohle	19,2
sonstige Steinkohlen	18,7
Steinkohlenbriketts	18,9
Steinkohlenkoks	20,5
Braunkohlen- und Torfprodukte	19,8
Holzbrennstoffe, pflanzliche Stoffe	20,3

2.3 Bei Messungen im Teillastbereich gemäß § 6 Abs.3 ist wie folgt vorzugehen:

2.3.1 Bei Feuerungsanlagen ohne Verbrennungsluftgebläse ist in den ersten fünf Minuten bei geöffneter und in den restlichen zehn Minuten bei geschlossener Verbrennungsluftklappe zu messen.

2.3.2 Bei Feuerungsanlagen mit ungeregeltem Verbrennungsluftgebläse (Ein-/ Aus-Regelung) ist fünf Minuten bei laufendem und zehn Minuten bei abgeschaltetem Gebläse zu messen.

2.3.3 Bei Feuerungsanlagen mit geregeltem Verbrennungsluftgebläse (Drehzahlregelung, Stufenregelung, Luftmengenregelung mittels Drosselscheibe, -blende oder -klappe u. ä.) ist fünfzehn Minuten lang bei verminderter Verbrennungsluftzufuhr zu messen.

2.4 Das Ergebnis der Messungen ist nach Umrechnung auf den Normzustand und den Bezugssauerstoffgehalt des Abgases entsprechend der Anzahl der Stellen des festgelegten Emissionsgrenzwertes zu runden. Das gerundete Ergebnis entspricht der Verordnung, wenn der Emissionsgrenzwert nicht überschritten wird.

3. Messungen an Öl- und Gasfeuerungsanlagen

3.1 Zur Erfüllung der Anforderungen nach Nummer 1.3 soll bei Ölfeuerungsanlagen mit Zerstäubungsbrenner und bei Gasfeuerungsanlagen frühestens zwei Minuten nach dem Einschalten des Brenners und bei Ölfeuerungsanlagen mit Verdampfungsbrenner frühestens zwei Minuten nach dem Einstellen der Nennwärmeleistung mit den Messungen begonnen werden. Bei Warmwasserheizungsanlagen soll die Kesselwassertemperatur bei Beginn der Messungen wenigstens 60 °C betragen. Dies gilt nicht für Warmwasserheizungsanlagen, deren Kessel bestimmungsgemäß bei Temperaturen unter 60 °C betrieben werden (Brennwertgeräte, Niedertemperaturkessel mit gleitender Regelung).

3.2 Die Bestimmung der Rußzahl ist nach dem Verfahren der DIN 51402 Teil 1, Ausgabe Oktober 1986, visuell durchzuführen. Es sind 3 Einzelmessungen vorzunehmen. Eine weitere Einzelmessung ist jeweils durchzuführen, wenn das beaufschlagte Filterpapier durch Kondensatbildung merklich feucht wurde oder einen ungleichmäßigen Schwärzungsgrad aufweist. Aus den Einzelmessungen ist das arithmetische Mittel zu bilden. Das auf die nächste ganze Zahl gerundete Ergebnis entspricht der Verordnung, wenn die festgelegte Rußzahl nicht überschritten wird.

Kleine und mittlere Feuerungsanlagen   1. BImSchV   **Anh. A 1**

3.3 Die Prüfung des Abgases auf das Vorhandensein von Ölderivaten ist anhand der bei der Rußzahlbestimmung beaufschlagten Filterpapiere vorzunehmen. Die beaufschlagten Filterpapiere sind jeweils zunächst mit bloßem Auge auf Ölderivate zu untersuchen. Wird dabei eine Verfärbung festgestellt, ist der Filter für die Rußzahlbestimmung zu verwerfen. Ist eine eindeutige Entscheidung nicht möglich, muß nach der Rußzahlbestimmung ein Fließmitteltest nach DIN 51402 Teil 2, Ausgabe März 1979, durchgeführt werden. Die Anforderungen dieser Verordnung sind erfüllt, wenn an keiner der 3 Filterproben Ölderivate festgestellt werden.

3.4 Bestimmung der Abgasverluste

3.4.1 Der Sauerstoffgehalt des Abgases sowie die Differenz zwischen Abgas- und Verbrennungslufttemperatur sind zu ermitteln. Dabei sind der Sauerstoffgehalt und die Abgastemperatur zeitgleich in einem Punkt zu messen. Anstelle des Sauerstoffgehaltes kann auch der Kohlendioxidgehalt des Abgases gemessen werden. Die Temperatur der Verbrennungsluft wird in der Nähe der Ansaugöffnung des Wärmeerzeugers, bei raumluftunabhängigen Feuerungsanlagen an geeigneter Stelle im Zuführungsrohr gemessen.

3.4.2 Die Abgasverluste werden bei Messung des Sauerstoffgehaltes nach der Beziehung

$$q_A = (t_A - t_L) \cdot (\frac{A_2}{21 - O_2} + B)$$

berechnet. Wird anstelle des Sauerstoffgehalts der Kohlendioxidgehalt gemessen, erfolgt die Berechnung nach der Beziehung

$$q_A = (t_A - t_L) \cdot (\frac{A_1}{CO_2} + B)$$

Es bedeuten:
q_A = Abgasverlust in %
t_A = Abgastemperatur in °C
t_L = Verbrennungslufttemperatur in °C
CO_2 = Volumengehalt an Kohlendioxid im trockenen Abgas in %
O_2 = Volumengehalt an Sauerstoff im trockenen Abgas in %

	Heizöl	Erdgas	Stadtgas	Kokereigas	Flüssiggas und Flüssiggas-Luft-Gemische
A_1 =	0,50	0,37	0,35	0,29	0,42
A_2 =	0,68	0,66	0,63	0,60	0,63
B =	0,007	0,009	0,011	0,011	0,008

Das Ergebnis der Abgasverlustrechnung ist zu runden; Dezimalwerte bis 0,50 werden abgerundet, höhere Dezimalwerte aufgerundet. Das gerundete Ergebnis entspricht den Anforderungen der Verordnung, wenn der festgelegte Grenzwert für die Abgasverluste nicht mehr als um einen Prozentpunkt, bei Feuerungsanlagen mit Brennern ohne Gebläse nicht mehr als um zwei Prozentpunkte, überschritten wird. Übersteigt der Sauerstoffgehalt im Abgas 11 Volumenprozent oder ist der Kohlendioxidgehalt im Abgas für den jeweiligen Brennstoff kleiner als der nachstehend aufgeführte Wert, so erhöhen sich die Toleranzwerte auf das Eineinhalbfache.

Anh. A 1 1. BImSchV   VO zur Durchführung des BImSchG

	Heizöl	Erdgas	Stadtgas	Kokereigas	Flüssiggas und Flüssiggas-Luft-Gemische
CO_2 in Volumenprozent	7,3	5,6	5,5	4,8	6,7

Anlage III a
(zu § 7)

Bestimmung des Nutzungsgrades und des Stickstoffoxidgehaltes unter Prüfbedingungen

1. Bestimmung des Nutzungsgrades

1.1 Der Nutzungsgrad ist nach dem Verfahren der DIN 4702 Teil 8, Ausgabe März 1990, zu bestimmen.

1.2 Die Bestimmung des Nutzungsgrades kann für den Typ des Heizkessels auf einem Prüfstand oder für einzelne Heizkessel an einer bereits errichteten Feuerungsanlage vorgenommen werden. Erfolgt die Bestimmung an einer bereits errichteten Feuerungsanlage, sind die für die Prüfung auf dem Prüfstand geltenden Vorschriften sinngemäß anzuwenden.

1.3 Die Unsicherheit der Bestimmungsmethode darf 3 Prozent des ermittelten Nutzungsgradwertes nicht überschreiten. Die Anforderungen an den Nutzungsgrad gelten als eingehalten, wenn die ermittelten Werte zuzüglich der Unsicherheit nach Satz 1 die festgelegten Grenzwerte nicht unterschreiten.

2. Bestimmung des Stickstoffoxidgehaltes

2.1 Die Emissionsprüfung ist für den Typ des Brenners nach DIN EN 267, Ausgabe Oktober 1991, oder unter ihrer sinngemäßen Anwendung am Prüfflammrohr vorzunehmen. Der Typ des Kessels mit einem vom Hersteller auszuwählenden geprüften Brenner sowie die Kessel-Brenner-Einheiten (Units) sind auf einem Prüfstand unter sinngemäßer Anwendung dieser Norm zu prüfen.

2.2 Die Prüfungen nach Nummer 2.1 können für einzelne Brenner oder Brenner-Kessel-Kombinationen auch an bereits errichteten Feuerungsanlagen in sinngemäßer Anlehnung an DIN EN 267, Ausgabe Oktober 1991, vorgenommen werden.

2.3 Für die Kalibrierung der Meßgeräte sind zertifizierte Kalibriergase zu verwenden. Bei Gasbrennern und bei Gasbrenner-Kessel-Kombinationen ist als Prüfgas G20 (Methan) zu verwenden.

2.4 Die Anforderungen an den Stickstoffoxidgehalt des Abgases gelten als eingehalten, wenn unter Berücksichtigung der Meßtoleranzen gemäß DIN EN 267, Ausgabe Oktober 1991,
a) bei einstufigen Brennern die in den Prüfpunkten des Arbeitsfeldes ermittelten Werte die festgelegten Grenzwerte nicht überschreiten,
b) bei Kesseln und Kessel-Brenner-Einheiten der nach DIN 4702 Teil 8, Ausgabe März 1990, sowie bei mehrstufigen oder modulierenden Brennern der in Anlehnung an diese Norm ermittelte Norm-Emissionsfaktor E_N die festgelegten Grenzwerte nicht überschreitet.

Anlage IV, V
(zu §§ 14 und 15)

Auf den Abdruck der Formulare wurde verzichtet

A 2. Verordnung zu leichtflüchtigen halogenierten organischen Verbindungen – 2. BImSchV

Vom 10. 12. 1990 (BGBl I 2694), zuletzt geänd. am 21. 8. 2001
(BGBl I 2209)[1]

(BGBl III/FNA 2129-8-2-3)

Kommentierung: Vgl. die Ausführungen zu § 23, insb. Rn.19 f, 39 zu § 23 sowie Rn.6 zu § 24 und Rn.4 zu § 26. – **Literatur:** *Hansmann,* in: LR (2001), 2.2; *Laubinger,* in: UL (1991 ff), A 2.0.

Erster Abschnitt. Allgemeine Vorschriften

§ 1 Anwendungsbereich. (1) Diese Verordnung gilt für die Errichtung, die Beschaffenheit und den Betrieb von Anlagen, in denen unter Verwendung von Lösemitteln, die Halogenkohlenwasserstoffe mit einem Siedepunkt bei 1013 mbar bis zu 423 Kelvin [150 °C] (leichtflüchtige Halogenkohlenwasserstoffe) oder andere flüchtige halogenierte organische Verbindungen mit einem Siedepunkt bei 1013 mbar bis zu 423 Kelvin [150 °C] (leichtflüchtige halogenierte organische Verbindungen) enthalten,
1. die Oberfläche von Gegenständen oder Materialien, insbesondere aus Metall, Glas, Keramik, Kunststoff oder Gummi, gereinigt, befettet, entfettet, beschichtet, entschichtet, entwickelt, phosphatiert, getrocknet oder in ähnlicher Weise behandelt wird (Oberflächenbehandlungsanlagen),
2. Behandlungsgut, insbesondere Textilien, Leder, Pelze, Felle, Fasern, Federn oder Wolle, gereinigt, entfettet, imprägniert, ausgerüstet, getrocknet oder in ähnlicher Weise behandelt wird (Chemischreinigungs- und Textilausrüstungsanlagen),
3. Aromen, Öle, Fette oder andere Stoffe aus Pflanzen oder Pflanzenteilen oder aus Tierkörpern oder Tierkörperteilen extrahiert oder raffiniert werden (Extraktionsanlagen).

(2) Diese Verordnung gilt nicht für Anlagen, bei denen Lösemittel mit einem Massegehalt an leichtflüchtigen halogenierten organischen Verbindungen bis zu 1 vom Hundert eingesetzt werden.

§ 2 Einsatzstoffe. (1) Der Betreiber einer Anlage hat
1. eingesetzte Stoffe oder Zubereitungen, denen auf Grund ihres Gehalts an nach der Gefahrstoffverordnung als krebserzeugend, erbgutverändernd oder fortpflanzungsgefährdend eingestuften flüchtigen organischen Verbindungen die R-Sätze R 45, R 46, R 49, R 60 oder R 61 nach der Richtlinie 67/548/EWG des Rates vom 27. Juni 1967 zur Angleichung der Rechts- und Verwaltungsvorschriften für die Einstufung, Verpackung und Kennzeichnung gefährlicher Stoffe (ABl. EG Nr.L 196 S.1), zuletzt geändert durch die Richtlinie 1999/33/EG des Europäi-

---

[1] Zur Rechtsgrundlage und zu Änderungen Rn.41 zu § 23.

Halogenkohlenwasserstoffemissionen 2. BImSchV **Anh. A 2**

schen Parlaments und des Rates vom 10. Mai 1999 (ABl. EG Nr.L 199 S.57), zuletzt angepasst durch die Richtlinie 2000/33/EG der Kommission vom 25. April 2000 (ABl. EG Nr.L 136 S.90), in der jeweils geltenden Fassung zugeordnet sind oder die mit diesen Sätzen zu kennzeichnen sind oder
2. eingesetzte Stoffe oder Zubereitungen, die flüchtige organische Verbindungen enthalten, die nach § 52 Abs.3 der Gefahrstoffverordnung als Stoffe mit einer krebserzeugenden, erbgutverändernden oder fortpflanzungsgefährdenden Wirkung bekannt gegeben worden sind,

in kürzest möglicher Frist soweit wie möglich und unter Berücksichtigung der Gebrauchstauglichkeit, der Verwendung und der Verhältnismäßigkeit zwischen Aufwand und Nutzen durch weniger schädliche Stoffe oder Zubereitungen zu ersetzen. Satz 1 gilt nicht für die Verwendung solcher Stoffe oder Zubereitungen in Anlagen nach § 3 Abs.1 und 2, in denen die lösemittelführenden Behälter und Leitungen gasdicht ausgeführt sind oder während des Betriebs unter vermindertem Druck gehalten werden, sofern der Schwellenwert für den Lösemittelverbrauch von 1 t/a unterschritten wird.

(2) Beim Betrieb von Anlagen dürfen als leichtflüchtige Halogenkohlenwasserstoffe nur Tetrachlorethen, Trichlorethen oder Dichlormethan in technisch reiner Form eingesetzt werden. Absatz 1 bleibt von Satz 1 unberührt. Den Halogenkohlenwasserstoffen dürfen keine Stoffe zugesetzt sein oder zugesetzt werden, die nach Absatz 1 krebserzeugend sind. Abweichend von Satz 1 gilt:
1. Trichlorethen darf nicht beim Betrieb von Chemischreinigungs- und Textilausrüstungsanlagen sowie Extraktionsanlagen eingesetzt werden,
2. Dichlormethan darf nicht beim Betrieb von Chemischreinigungs- und Textilausrüstungsanlagen eingesetzt werden.

Die Einschränkung für Dichlormethan nach Satz 4 Nr.2 gilt nicht für Anlagen, in denen unter Verwendung dieses Stoffes ausschließlich Felle entfettet werden. Werden Zusatzstoffe ab dem 25. August 2001 als krebserzeugend eingestuft oder bekannt gegeben, dürfen sie abweichend von Satz 3 noch bis zum Ablauf von einem Jahr nach der Einstufung oder Bekanntgabe eingesetzt werden.

Zweiter Abschnitt. Errichtung und Betrieb

§ 3 Oberflächenbehandlungsanlagen. (1) Oberflächenbehandlungsanlagen sind so zu errichten und zu betreiben, daß
1. das Behandlungsgut in einem Gehäuse behandelt wird, das bis auf die zur Absaugung von Abgasen erforderlichen Öffnungen allseits geschlossen ist und bei dem die Möglichkeiten, die Emissionen durch Abdichtung, Abscheidung aus der Anlagenluft und Änderung des Behandlungsprozesses zu begrenzen, nach dem Stand der Technik ausgeschöpft werden,
2. die Massenkonzentration an leichtflüchtigen halogenierten organischen Verbindungen in der Anlagenluft im Entnahmebereich unmittelbar vor der Entnahme des Behandlungsgutes aus dem Gehäuse 1 Gramm je Kubikmeter nicht überschreitet und
3. eine selbsttätige Verriegelung sicherstellt, daß die Entnahme des Behandlungsgutes aus dem Entnahmebereich erst erfolgen kann, wenn die in Nummer 2 genannte Massenkonzentration nach dem Ergebnis einer laufenden meßtechnischen Überprüfung nicht mehr überschritten wird.

Wird die Anlagenluft im Entnahmebereich abgesaugt, bezieht sich die in Satz 1 Nr.2 genannte Massenkonzentration auf den Austritt der Anlagenluft aus dem Entnahmebereich.

Anh. A 2   2. BImSchV   VO zur Durchführung des BImSchG

(2) Abgesaugte Abgase sind einem Abscheider zuzuführen, mit dem sichergestellt wird, daß die Emissionen an leichtflüchtigen halogenierten organischen Verbindungen im unverdünnten Abgas eine Massenkonzentration von 20 Milligramm je Kubikmeter, bezogen auf das Abgasvolumen im Normzustand (273 K [0 °C], 1013 mbar), nicht überschreiten. Die abgeschiedenen leichtflüchtigen halogenierten organischen Verbindungen sind zurückzugewinnen. Bei der Verwendung von Stoffen oder Zubereitungen nach § 2 Abs.1, die nicht durch weniger schädliche Stoffe oder Zubereitungen ersetzt werden können, hat der Betreiber sicherzustellen, dass die Emissionen an den dort genannten flüchtigen organischen Verbindungen, auch beim Vorhandensein mehrerer dieser Verbindungen, einen Massenstrom von 5 Gramm je Stunde oder im unverdünnten Abgas eine Massenkonzentration von 2 Milligramm je Kubikmeter, bezogen auf das Abgasvolumen im Normzustand, nicht überschreiten. Nach Abscheidern hinter Oberflächenbehandlungsanlagen müssen bei einem Abgasvolumenstrom von mehr als 500 Kubikmetern je Stunde entweder Einrichtungen zur kontinuierlichen Messung unter Verwendung einer aufzeichnenden Meßeinrichtung für die Massenkonzentration an leichtflüchtigen halogenierten organischen Verbindungen im Abgas oder Einrichtungen verwendet werden, die einen Anstieg der Massenkonzentration auf mehr als 1 Gramm je Kubikmeter registrieren und in diesem Fall eine Zwangsabschaltung der an den Abscheider angeschlossenen Oberflächenbehandlungsanlagen auslösen.

(3) Anlagen zum Entlacken, bei denen die Anforderungen nach Absatz 1 Nr.2 und 3 nicht eingehalten werden können, sind so zu errichten und zu betreiben, daß der Entnahmebereich bei der Entnahme des Behandlungsgutes abgesaugt, auch durch schöpfende Teile kein flüssiges Lösemittel ausgetragen und bei manueller Nachbehandlung außerhalb des geschlossenen Gehäuses der Behandlungsbereich entsprechend dem Stand der Technik gekapselt und abgesaugt wird.

(4) Oberflächenbehandlungsanlagen, bei denen die Anforderungen nach Absatz 1 auf Grund der Sperrigkeit des Behandlungsgutes nicht eingehalten werden können, sind so zu errichten und zu betreiben, daß die Möglichkeiten, die Emissionen durch Kapselung, Abdichtung, Abscheidung aus der Anlagenluft, Luftschleusen und Absaugung zu begrenzen, nach dem Stand der Technik ausgeschöpft werden.

(5) Absatz 1 Nr.2 und 3 gilt bei Oberflächenbehandlungsanlagen, in denen keine anderen leichtflüchtigen halogenierten organischen Verbindungen als Hydrofluorether eingesetzt werden, auch als erfüllt, soweit die Emissionen an Hydrofluorether einen durchschnittlichen Massenstrom von 30 Gramm je Stunde nicht überschreiten.

§ 4 Chemischreinigungs- und Textilausrüstungsanlagen. (1) Chemischreinigungs- und Textilausrüstungsmaschinen sind so zu errichten und zu betreiben, daß
1. nach Abschluß des Trocknungsvorganges die Massenkonzentration an leichtflüchtigen halogenierten organischen Verbindungen in der Trocknungsluft am Austritt aus dem Trommelbereich bei drehender Trommel, laufender Ventilation und geschlossener Beladetür sowie einer Temperatur des Behandlungsgutes von nicht weniger als 308 Kelvin [35 °C] 2 Gramm je Kubikmeter (bei einer Luftwechselrate von mindestens 2 Kubikmeter bis höchstens 5 Kubikmeter pro Kilogramm Beladegewicht und Stunde in der Meßphase; bei Anlagen mit einem höheren Luftdurchsatz ist der dabei ermittelte Wert auf eine Luftwechselrate von 5 Kubikmeter pro Kilogramm Beladegewicht und Stunde zu beziehen) nicht überschreitet und
2. mit Beginn des Behandlungsprozesses selbsttätig eine Sicherung wirksam wird, die die Beladetür verriegelt bis nach Abschluß des Trocknungsvorganges die in Nummer 1 genannte Massenkonzentration an leichtflüchtigen halogenierten or-

ganischen Verbindungen nach dem Ergebnis einer laufenden meßtechnischen Überprüfung nicht mehr überschritten wird.

(2) Abgase, die von Chemischreinigungs- oder Textilausrüstungsmaschinen abgesaugt werden, sind einem Abscheider zuzuführen, mit dem sichergestellt wird, daß die Emissionen an leichtflüchtigen halogenierten organischen Verbindungen im unverdünnten Abgas eine Massenkonzentration von 20 Milligramm je Kubikmeter, bezogen auf das Abgasvolumen im Normzustand (273 K [0 °C], 1013 mbar), nicht überschreiten. Die abgeschiedenen leichtflüchtigen halogenierten organischen Verbindungen sind zurückzugewinnen. Bei der Verwendung von Stoffen oder Zubereitungen nach § 2 Abs.1, die nicht durch weniger schädliche Stoffe oder Zubereitungen ersetzt werden können, hat der Betreiber sicherzustellen, daß die Emissionen an den dort genannten flüchtigen organischen Verbindungen, auch beim Vorhandensein mehrerer dieser Verbindungen, einen Massenstrom von 5 Gramm je Stunde oder im unverdünnten Abgas eine Massenkonzentration von 2 Milligramm je Kubikmeter, bezogen auf das Abgasvolumen im Normzustand, nicht überschreiten. Der Abscheider darf nicht mit Frischluft oder Raumluft desorbiert werden. Satz 1 gilt nicht für lüftungstechnische Einrichtungen nach Absatz 4. Nach Abscheidern hinter Chemischreinigungs- oder Textilausrüstungsanlagen müssen bei einem Abgasvolumenstrom von mehr als 500 Kubikmetern je Stunde entweder Einrichtungen zur kontinuierlichen Messung unter Verwendung einer aufzeichnenden Meßeinrichtung für die Massenkonzentration an leichtflüchtigen halogenierten organischen Verbindungen im Abgas oder Einrichtungen verwendet werden, die einen Anstieg der Massenkonzentration auf mehr als 1 Gramm je Kubikmeter registrieren und in diesem Fall eine Zwangsabschaltung der an den Abscheider angeschlossenen Chemischreinigungs- sowie Textilausrüstungsanlagen auslösen.

(3) In Chemischreinigungs- und Textilausrüstungsmaschinen dürfen zur Reinigung des flüssigen Lösemittels nur regenerierbare Filter eingesetzt werden.

(4) Die Betriebsräume sind ausschließlich durch lüftungstechnische Einrichtungen mit Absaugung der Raumluft zu lüften. Die Lüftung ist so vorzunehmen, daß die Emissionen an leichtflüchtigen halogenierten organischen Verbindungen, die in den Bereichen der Maschinen, der Lagerung des Lösemittels, der Lagerung des gereinigten oder ausgerüsteten Behandlungsgutes, der Bügeltische, der Dämpfanlagen oder der Entladung der Maschinen entstehen, an die[1] Entstehungsstellen erfaßt und abgesaugt werden.

(5) In den Betriebsräumen dürfen außerhalb der Chemischreinigungs- und Textilausrüstungsmaschinen keine leichtflüchtigen halogenierten organischen Verbindungen eingesetzt werden.

(6) Chemischreinigungsanlagen einschließlich Selbstbedienungsmaschinen dürfen nur in Anwesenheit von sachkundigem Bedienungspersonal betrieben werden.

§ 5 Extraktionsanlagen. Extraktionsanlagen sind so zu errichten und zu betreiben, daß die Abgase einem Abscheider zugeführt werden, mit dem sichergestellt wird, daß die Emissionen an leichtflüchtigen halogenierten organischen Verbindungen im unverdünnten Abgas eine Massenkonzentration von 20 Milligramm je Kubikmeter, bezogen auf das Abgasvolumen im Normzustand (273 K [0 °C], 1013 mbar), nicht überschreiten. Die abgeschiedenen leichtflüchtigen halogenierten organischen Verbindungen sind zurückzugewinnen. Bei der Verwendung von Stoffen oder Zubereitungen nach § 2 Abs.1, die nicht durch weniger schädliche Stoffe oder Zubereitungen ersetzt werden können, hat der Betreiber sicherzustellen, daß die Emissionen an den dort genannten flüchtigen organischen Verbindungen,

---

[1] Muss wohl heißen: „an den".

auch beim Vorhandensein mehrerer dieser Verbindungen, einen Massenstrom von 5 Gramm je Stunde oder im unverdünnten Abgas eine Massenkonzentration von 2 Milligramm je Kubikmeter, bezogen auf das Abgasvolumen im Normzustand, nicht überschreiten. Nach Abscheidern hinter Extraktionsanlagen müssen bei einem Abgasvolumenstrom von mehr als 500 Kubikmetern je Stunde entweder Einrichtungen zur kontinuierlichen Messung unter Verwendung einer aufzeichnenden Meßeinrichtung für die Massenkonzentration an leichtflüchtigen halogenierten organischen Verbindungen im Abgas oder Einrichtungen vorhanden sein, die einen Anstieg der Massenkonzentration auf mehr als 1 Gramm je Kubikmeter registrieren und in diesem Fall eine Zwangsabschaltung der an den Abscheider angeschlossenen Extraktionsanlagen auslösen.

Dritter Abschnitt. Anforderungen an Altanlagen

§§ 6 bis 9. *(aufgehoben)*

Vierter Abschnitt. Eigenkontrolle und Überwachung

§ 10 Meßöffnungen. Der Betreiber einer Anlage, für die Anforderungen nach § 3 Abs.1 Nr.2 oder 3 oder Abs.2, § 4 Abs.1 oder Abs.2 oder § 5 festgelegt sind, hat zur Kontrolle der Einhaltung der jeweiligen Anforderungen geeignete dicht verschließbare Meßöffnungen einzurichten oder einrichten zu lassen. Die Einrichtung der Meßöffnungen muß für die Durchführung der Messungen geeignet sein und gefahrlose Messungen ermöglichen.

§ 11 Eigenkontrolle. (1) Der Betreiber einer Anlage hat über
1. die der Anlage zugeführten Mengen an leichtflüchtigen halogenierten organischen Verbindungen,
2. die der Wiederaufbereitung oder Entsorgung zugeführten Mengen an Lösemittel oder lösemittelhaltigen Stoffen,
3. die Betriebsstunden und
4. die von ihm veranlaßten oder selbst durchgeführten Instandhaltungsmaßnahmen

Aufzeichnungen zu führen, soweit er dazu nicht schon auf Grund abfall- oder wasserrechtlicher Vorschriften verpflichtet ist. Für Chemischreinigungs- und Textilausrüstungsanlagen ist zusätzlich das Gewicht des Reinigungsgutes zu erfassen. Die Aufzeichnungen sind am Betriebsort drei Jahre lang aufzubewahren und der zuständigen Behörde auf Verlangen vorzulegen. Die Betriebsstunden sind durch einen Betriebsstundenzähler zu erfassen.

(2) Der Betreiber einer Anlage, die mit einem Abscheider gemäß § 3 Abs.2, § 4 Abs.2 oder § 5 ausgerüstet ist, hat dessen Funktionsfähigkeit mindestens arbeitstäglich zu prüfen und das Ergebnis schriftlich festzuhalten, soweit nicht die Funktion des Abscheiders der Kontrolle durch ein kontinuierlich aufzeichnendes Meßgerät oder einer automatischen Abschaltung unterliegt. Die Aufzeichnungen sind am Betriebsort drei Jahre lang aufzubewahren und der zuständigen Behörde auf Verlangen vorzulegen.

§ 12 Überwachung. (1) Der Betreiber einer Anlage, die nach § 4 des Bundes-Immissionsschutzgesetzes keiner Genehmigung bedarf, hat diese der zuständigen Behörde vor der Inbetriebnahme anzuzeigen. Vor dem 25. August 2001 errichtete nicht genehmigungsbedürftige Anlagen, in denen andere leichtflüchtige halogenierte

Halogenkohlenwasserstoffemissionen 2. BImSchV **Anh. A 2**

organische Verbindungen als die in § 2 Abs.2 Satz 1 genannten leichtflüchtigen Halogenkohlenwasserstoffe eingesetzt werden, sind der zuständigen Behörde vor dem 25. August 2003 anzuzeigen.

(2) Der Betreiber einer nach Inkrafttreten dieser Verordnung errichteten Anlage, für die in § 3 Abs.1 Nr.2 und 3 oder Abs.2 oder § 4 Abs.1 oder Abs.2 oder § 5 Anforderungen festgelegt sind, hat die Einhaltung der jeweiligen Anforderungen frühestens drei Monate und spätestens sechs Monate nach der Inbetriebnahme von einer nach § 26 des Bundes-Immissionsschutzgesetzes bekanntgegebenen Stelle durch erstmalige Messungen feststellen zu lassen.

(3) Der Betreiber einer Anlage, für die in § 3 Abs.1 Nr.2 und 3 oder Abs.2 oder § 4 Abs.1 oder Abs.2 oder § 5 Anforderungen festgelegt sind, hat die Einhaltung der jeweiligen Anforderungen jährlich, jeweils längstens nach zwölf Monaten von einer nach § 26 des Bundes-Immissionsschutzgesetzes bekanntgegebenen Stelle durch wiederkehrende Messungen feststellen zu lassen. Einer wiederkehrenden Messung bedarf es nicht bei einer Anlage mit einem maximalen Lösemittelfüllvolumen bis zu 50 Liter, soweit abgesaugte Abgase nicht gemäß § 4 Abs.2 über einen Abscheider zu führen sind.

(4) Ergibt eine Messung nach Absatz 2 oder 3, daß die Anforderungen nicht erfüllt sind, so hat der Betreiber von der nach § 26 des Bundes-Immissionsschutzgesetzes bekanntgegebenen Stelle innerhalb von sechs Wochen nach der Messung eine Wiederholungsmessung durchführen zu lassen.

(5) Die Massenkonzentration an leichtflüchtigen halogenierten organischen Verbindungen ist durch mindestens drei Einzelmessungen im bestimmungsgemäßen Betrieb zu bestimmen. Die Gesamtdauer jeder Einzelmessung soll in der Regel
1. bei der Bestimmung der Massenkonzentration im Trommel- oder Entnahmebereich 30 Sekunden und
2. bei der Bestimmung der Massenkonzentration im Abgas während der Absaugphase 30 Minuten

betragen. Soweit das Betriebsverhalten der Anlage dies erfordert, ist die Meßdauer entsprechend zu verkürzen. Die Anforderungen gelten als eingehalten, wenn das Ergebnis jeder Einzelmessung den festgelegten Grenzwert nicht überschreitet.

(6) Über das Ergebnis der Messungen nach Absatz 2 bis 4 hat der Betreiber jeweils einen Bericht erstellen zu lassen. Der Bericht muß Angaben über die zugrundeliegenden Anlagen- und Betriebsbedingungen, die Ergebnisse der Einzelmessungen und das verwendete Meßverfahren enthalten. Er ist drei Jahre lang am Betriebsort aufzubewahren. Eine Durchschrift des Berichtes ist der zuständigen Behörde innerhalb von vier Wochen zuzuleiten.

(7) Absatz 3 Satz 1 findet keine Anwendung, soweit die Einhaltung der Anforderungen an die Massenkonzentration an leichtflüchtigen halogenierten organischen Verbindungen im Abgas durch kontinuierliche Messungen unter Verwendung einer aufzeichnenden Meßeinrichtung nachgewiesen wird. Die Meßeinrichtung ist jährlich einmal durch eine von der zuständigen obersten Landesbehörde oder der nach Landesrecht bestimmten Behörde bekanntgegebenen Stelle mit Prüfgasen kalibrieren und auf Funktionsfähigkeit prüfen zu lassen. Die Unterlagen über die Ergebnisse der Messungen und der Kalibrierung sind am Betriebsort drei Jahre lang aufzubewahren und der zuständigen Behörde auf Verlangen vorzulegen.

(8) Die Anforderungen an die Massenkonzentration an leichtflüchtigen halogenierten organischen Verbindungen im Abgas gelten bei kontinuierlicher Messung nach Absatz 7 als eingehalten, wenn die Auswertung der Meßaufzeichnungen für die auf die Absaugphasen entfallen den Betriebsstunden eines Kalenderjahres ergibt, daß bei sämtlichen Stundenmittelwerten keine höheren Überschreitungen als bis

Anh. A 2 2. BImSchV VO zur Durchführung des BImSchG

zum Eineinhalbfachen des Grenzwertes aufgetreten sind und im Tagesmittel der Grenzwert eingehalten wird.

(9) Wird bei einer Anlage festgestellt, dass die Anforderungen nach § 2 Abs.1 oder den §§ 3, 4 oder 5 nicht eingehalten werden, hat der Betreiber dies der zuständigen Behörde unverzüglich mitzuteilen. Der Betreiber hat unverzüglich die erforderlichen Maßnahmen zu treffen, um den ordnungsgemäßen Betrieb der Anlage sicherzustellen. Die zuständige Behörde trägt durch entsprechende Maßnahmen dafür Sorge, dass der Betreiber seinen Pflichten nachkommt oder die Anlage außer Betrieb nimmt.

Fünfter Abschnitt. Gemeinsame Vorschriften

§ 13 Umgang mit leichtflüchtigen halogenierten organischen Verbindungen. (1) Die Befüllung der Anlagen mit Lösemitteln oder Hilfsstoffen sowie die Entnahme gebrauchter Lösemittel sind so vorzunehmen, daß Emissionen an leichtflüchtigen halogenierten organischen Verbindungen nach dem Stand der Technik vermindert werden, insbesondere dadurch, daß die verdrängten lösemittelhaltigen Abgase
1. abgesaugt und einem Abscheider zugeführt werden oder
2. nach dem Gaspendelverfahren ausgetauscht werden.

(2) Rückstände, die leichtflüchtige halogenierte organische Verbindungen enthalten, dürfen den Anlagen nur mit einer geschlossenen Vorrichtung entnommen werden.

(3) Leichtflüchtige halogenierte organische Verbindungen oder solche Verbindungen enthaltende Rückstände dürfen nur in geschlossenen Behältnissen gelagert, transportiert und gehandhabt werden.

§ 14 Ableitung der Abgase. Die abgesaugten Abgase sind durch eine Abgasleitung, die gegen leichtflüchtige halogenierte organische Verbindungen beständig ist, so abzuleiten, daß ein Abtransport mit der freien Luftströmung gewährleistet ist. Satz 1 gilt entsprechend für die Abluft von lüftungstechnischen Einrichtungen.

§ 15 Allgemeine Anforderungen. (1) Anlagen nach § 1 Abs.1 dürfen nur betrieben werden, wenn der Übertritt von halogenierten organischen Verbindungen
1. in einen dem Aufenthalt von Menschen dienenden betriebsfremden Raum oder
2. in einen angrenzenden Betrieb, in dem Lebensmittel im Sinne des § 1 des Lebensmittel- und Bedarfsgegenständegesetzes hergestellt, behandelt, in den Verkehr gebracht, verzehrt oder gelagert werden,
nach dem Stand der Technik begrenzt ist.

(2) Wird in einem der in Absatz 1 aufgeführten Bereiche eine Raumluftkonzentration an Tetrachlorethen von mehr als 0,1 Milligramm je Kubikmeter, ermittelt als Mittelwert über einen Zeitraum von sieben Tagen, festgestellt, die auf den Betrieb einer benachbarten Anlage zurückzuführen ist, hat der Betreiber dieser Anlage innerhalb von sechs Monaten Maßnahmen zu treffen, die sicherstellen, daß eine Raumluftkonzentration von 0,1 Milligramm je Kubikmeter nicht überschritten wird.

§ 15 a Berichterstattung an die Europäische Kommission, Unterrichtung der Öffentlichkeit. (1) Der Betreiber einer Anlage hat die für die Berichterstattung an die Europäische Kommission nach Absatz 2 benötigten Informationen der zuständigen Behörde auf Verlangen nach dem festgelegten Verfahren und in der festgelegten Form zuzuleiten.

Halogenkohlenwasserstoffemissionen 2. BImSchV **Anh. A 2**

(2) Die zuständige Behörde hat alle drei Jahre entsprechend den Anforderungen des Artikels 11 der Richtlinie 1999/13/EG innerhalb von sechs Monaten nach Ablauf eines jeden Dreijahreszeitraums dem Bundesministerium für Umwelt, Naturschutz und Reaktorsicherheit oder der von ihm benannten Stelle einen Bericht über die Durchführung dieser Verordnung zu übermitteln. Das Bundesministerium für Umwelt, Naturschutz und Reaktorsicherheit legt der Kommission der Europäischen Gemeinschaften entsprechend den Anforderungen des Artikels 11 der Richtlinie 1999/13/EG einen Bericht vor.

(3) Die zuständige Behörde hat
1. die für Anlagen geltenden allgemein verbindlichen Regeln und die Verzeichnisse der angezeigten und genehmigten Tätigkeiten sowie
2. die ihr vorliegenden Ergebnisse der nach den §§ 10 bis 12 durchzuführenden Eigenkontrolle und Überwachung

der Öffentlichkeit zugänglich zu machen. Satz 1 gilt nicht für solche Angaben, aus denen Rückschlüsse auf Betriebs- oder Geschäftsgeheimnisse gezogen werden können.

§ 16 Weitergehende Anforderungen. Die Befugnis der zuständigen Behörde, auf Grund des Bundes-Immissionsschutzgesetzes andere oder weitergehende Anordnungen zu treffen, bleibt unberührt.

§ 17 Zulassung von Ausnahmen. (1) Die zuständige Behörde kann auf Antrag des Betreibers abweichend von § 2 Abs.2 Satz 1 für hochwertige Anwendungen in Oberflächenbehandlungsanlagen, insbesondere in der Reinigung von elektronischen Bauteilen, der Herstellung von Präzisionswerkstücken oder bei der Fertigung in der Mess- und Regeltechnik auch den Einsatz von leichtflüchtigen teilfluorierten Kohlenwasserstoffen in technisch reiner Form oder im Gemisch mit trans-1,2-Dichlorethen zulassen, soweit im Einzelfall schädliche Umwelteinwirkungen und Auswirkungen auf das Klima nicht zu erwarten sind und wenn nach dem Stand der Technik für diese Anwendungen keine anderen nicht teilfluorierten Lösemittel eingesetzt werden können.

(2) Die zuständige Behörde kann auf Antrag des Betreibers Ausnahmen von den Anforderungen des § 2 Abs.2 Satz 4, der §§ 3 bis 5 sowie der §§ 10 bis 15 zulassen, soweit unter Berücksichtigung der besonderen Umstände des Einzelfalles einzelne Anforderungen der Verordnung nur mit unverhältnismäßig hohem Aufwand erfüllt werden können, schädliche Umwelteinwirkungen nicht zu erwarten sind und die Ausnahmen bei der Vorsorge gegen schädliche Umwelteinwirkungen sowie der Richtlinie 1999/13/EG nicht entgegenstehen.

(3) Die zuständige Behörde kann auf Antrag des Betreibers ferner in Übereinstimmung mit der Richtlinie 1999/13/EG eine Ausnahme erteilen von der Anforderung einer laufenden meßtechnischen Überprüfung gemäß § 3 Abs.1 Satz 1 Nr.3, soweit in Verbindung mit der selbsttätigen Verriegelung auf andere Weise sichergestellt ist, daß die Entnahme des Behandlungsgutes aus dem Entnahmebereich erst erfolgen kann, wenn die Massenkonzentration an leichtflüchtigen halogenierten organischen Verbindungen in der Anlagenluft im Entnahmebereich 1 Gramm je Kubikmeter nicht mehr überschreitet.

§ 18 Ordnungswidrigkeiten. (1) Ordnungswidrig im Sinne des § 62 Abs.1 Nr.7 des Bundes-Immissionsschutzgesetzes handelt, wer vorsätzlich oder fahrlässig
 1. entgegen § 2 Abs.1 einen Stoff oder eine Zubereitung nicht oder nicht rechtzeitig ersetzt,
 1 a. entgegen § 2 Abs.2 Satz 1 oder 4 einen Stoff einsetzt,
 1 b. entgegen § 2 Abs.2 Satz 3 einen Stoff zusetzt,

2. entgegen
   a) § 3 Abs.1 Satz 1, Abs.3 oder 4 eine Oberflächenbehandlungsanlage,
   b) § 4 Abs.1 eine Chemischreinigungs- oder Textilausrüstungsmaschine,
   c) § 4 Abs.6 eine Chemischreinigungs- oder Textilausrüstungsanlage,
   d) § 5 Satz 1 eine Extraktionsanlage
   nicht richtig errichtet oder nicht richtig betreibt,
3. entgegen § 3 Abs.2 Satz 1 oder § 4 Abs.2 Satz 1 abgesaugte Abgase nicht einem dort vorgeschriebenen Abscheider zuführt,
4. entgegen § 3 Abs.2 Satz 2, § 4 Abs.2 Satz 2 oder § 5 Satz 2 dort genannte Stoffe nicht zurückgewinnt,
4 a. entgegen § 3 Abs.2 Satz 3, § 4 Abs.2 Satz 3 oder § 5 Satz 3 nicht sicherstellt, dass die Emissionen die vorgeschriebenen Werte für den Massenstrom oder die Massenkonzentration nicht überschreiten,
5. entgegen § 4 Abs.2 Satz 4 einen Abscheider mit Frischluft oder Raumluft desorbiert,
6. entgegen § 4 Abs.3 keine regenerierbaren Filter einsetzt,
7. entgegen § 4 Abs.4 einen Betriebsraum nicht in der dort vorgeschriebenen Weise lüftet,
8. entgegen § 4 Abs.5 dort genannte Stoffe einsetzt,
9. *(aufgehoben)*
10. entgegen § 10 Meßöffnungen nicht einrichtet oder einrichten läßt,
11. entgegen § 11 Abs.1 Satz 1 oder 2 Aufzeichnungen nicht oder nicht vollständig führt,
12. entgegen § 11 Abs.1 Satz 4 die Betriebsstunden nicht durch einen Betriebsstundenzähler erfaßt,
13. entgegen § 11 Abs.2 einen Abscheider nicht oder nicht rechtzeitig prüft oder das Ergebnis der Prüfung nicht schriftlich festhält,
14. entgegen § 12 Abs.2 oder Abs.3 Satz 1 die Einhaltung der festgelegten Anforderungen durch Messungen nicht oder nicht rechtzeitig feststellen läßt,
15. entgegen § 12 Abs.4 eine Wiederholungsmessung nicht oder nicht rechtzeitig durchführen läßt,
16. entgegen § 12 Abs.7 Satz 2 eine Meßeinrichtung nicht oder nicht rechtzeitig kalibrieren oder auf Funktionsfähigkeit prüfen läßt,
16 a. entgegen § 12 Abs.9 Satz 1 eine Mitteilung nicht, nicht richtig oder nicht rechtzeitig macht,
16 b. entgegen § 12 Abs.9 Satz 2 eine Maßnahme nicht, nicht richtig oder nicht rechtzeitig trifft,
17. entgegen § 13 Abs.1 bei einer Anlage die Befüllung oder Entnahme nicht in der dort vorgeschriebenen Weise vornimmt,
18. entgegen § 13 Abs.2 einer Anlage dort genannte Rückstände nicht mit einer geschlossenen Vorrichtung entnimmt,
19. entgegen § 13 Abs.3 dort genannte Stoffe oder Rückstände nicht in geschlossenen Behältnissen lagert, transportiert oder handhabt,
20. entgegen § 14 Satz 1, auch in Verbindung mit Satz 2, Abgase nicht in der dort vorgeschriebenen Weise ableitet,
21. entgegen § 15 Abs.1 eine Anlage nach § 1 Abs.1 betreibt oder
22. entgegen § 15 a Abs.1 Satz 1 eine Information nicht oder nicht rechtzeitig zuleitet.

(2) Ordnungswidrig im Sinne des § 62 Abs.1 Nr.7 des Bundes-Immissionsschutzgesetzes handelt, wer entgegen § 11 Abs.1 Satz 3 oder Abs.2 Satz 2, § 12 Abs.6 Satz 3 oder Abs.7 Satz 3 die dort genannten Unterlagen nicht aufbewahrt.

Sechster Abschnitt. Schlußvorschriften

§ 19 Übergangsregelung. (1) Werden in vor dem 25. August 2001 errichteten Anlagen Lösemittel eingesetzt, die leichtflüchtige Halogenkohlenwasserstoffe mit einem Anteil an Dichlormethan von mehr als 50 vom Hundert enthalten, dürfen die Emissionen an leichtflüchtigen Halogenkohlenwasserstoffen abweichend von § 3 Abs.2 Satz 1 oder § 5 Abs.1 Satz 1 bis zum 31. Oktober 2007 eine Massenkonzentration von 50 Milligramm je Kubikmeter nicht überschreiten.

(2) Die Anforderungen des § 3 Abs.2 Satz 3, § 4 Abs.2 Satz 3 und § 5 Satz 3 sind bei Anlagen, die vor dem 25. August 2001 errichtet worden sind, spätestens bis zum 31. Oktober 2007 einzuhalten.

(3) Die Anforderungen der §§ 3, 4, 5, 13 und 14 sind bei vor dem 25. August 2001 errichteten Anlagen, in denen andere leichtflüchtige halogenierte organische Verbindungen als die in § 2 Abs.2 Satz 1 genannten leichtflüchtigen Halogenkohlenwasserstoffe eingesetzt werden, spätestens bis zum 31. Oktober 2007 einzuhalten.

A 3. Verordnung über Schwefelgehalt bestimmter flüssiger Kraft- oder Brennstoffe – 3. BImSchV

Vom 24. 6. 2002 (BGBl I 2243)[1]

(BGBl III/FNA 2129-8-3)

Kommentierung: Vgl. die Ausführungen zu § 34, insb. Rn.16, 18 zu § 34. –
Literatur: *Hansmann*, in: LR (2002), 2.3; *Laubinger*, in: UL (2002), A 3.0.

§ 1 Anwendungsbereich. Diese Verordnung gilt für den Schwefelgehalt von leichtem und schwerem Heizöl zur Verwendung als Brennstoff und von Dieselkraftstoff zum Betrieb von Dieselmotoren.

§ 2 Begriffsbestimmungen. (1) Leichtes Heizöl und Dieselkraftstoff im Sinne dieser Verordnung sind Erdölerzeugnisse, die nach der ASTM D86-Methode bei 350 Grad Celsius mindestens 85 oder bei 360 Grad Celsius mindestens 95 Raumhundertteile Destillat ergeben.

(2) Schweres Heizöl im Sinne dieser Verordnung sind aus Erdöl gewonnene flüssige Kraft- oder Brennstoffe, mit Ausnahme der in den Absätzen 1 und 3 genannten Kraftund Brennstoffe, bei deren Destillation bei 250 Grad Celsius nach der ASTM D86-Methode weniger als 65 Raumhundertteile übergehen. Kann die Destillation nicht anhand der ASTM D86-Methode bestimmt werden, so wird das Erzeugnis ebenfalls als schweres Heizöl eingestuft.

(3) Gasöl für den Seeverkehr im Sinne dieser Verordnung sind für Seeschiffe bestimmte Kraft- und Brennstoffe, die dem Absatz 1 entsprechen oder deren Viskosität und Dichte im Rahmen der Werte für Viskosität und Dichte für Schifffahrtsdestillate nach Tabelle 1 der ISO-Norm 8217 (1996) liegen.

(4) Einführer im Sinne dieser Verordnung ist, wer leichtes oder schweres Heizöl, Gasöl für den Seeverkehr oder Dieselkraftstoff gewerbsmäßig oder im Rahmen wirtschaftlicher Unternehmungen einführt.

(5) Vermischer im Sinne dieser Verordnung ist, wer leichtes oder schweres Heizöl, Gasöl für den Seeverkehr oder Dieselkraftstoff vermischt oder die Vermischung veranlasst.

(6) Großverteiler im Sinne dieser Verordnung ist, wer leichtes oder schweres Heizöl, Gasöl für den Seeverkehr oder Dieselkraftstoff gewerbsmäßig oder im Rahmen wirtschaftlicher Unternehmungen verteilt und über eine Lagerkapazität von mehr als 1000 Kubikmeter verfügt.

§ 3 Begrenzung des Schwefelgehalts. (1) Leichtes Heizöl und Gasöl für den Seeverkehr dürfen gewerbsmäßig oder im Rahmen wirtschaftlicher Unternehmungen anderen nur überlassen werden, wenn der Gehalt an Schwefelverbindungen, berechnet als Schwefel, von 0,20 Massenhundertteile nicht überschritten wird. Ab dem 1. Januar 2008 dürfen 0,10 Massenhundertteile nicht überschritten werden.

(2) Schweres Heizöl darf gewerbsmäßig oder im Rahmen wirtschaftlicher Unternehmungen anderen nur überlassen werden, wenn ab dem 1. Januar 2003 1,00 Massenhundertteile, berechnet als Schwefel, nicht überschritten werden. Es können

---

[1] Zur Rechtsgrundlage Rn.15 zu § 34.

Heizöl-/Diesel-Schwefelgehalt 3. BImSchV **Anh. A 3**

auch höhere Schwefelgehalte als die unter Satz 1 genannten zugelassen werden, soweit das Heizöl in Übereinstimmung mit den Anforderungen der Verordnung über Großfeuerungsanlagen oder der Ersten Allgemeinen Verwaltungsvorschrift zum Bundes-Immissionsschutzgesetz (TA Luft) vom 27. Februar 1986 in Verbrennungsanlagen eingesetzt werden darf und ausschließlich für den Einsatz in diesen Anlagen bestimmt ist.

(3) Dieselkraftstoff darf gewerbsmäßig oder im Rahmen wirtschaftlicher Unternehmungen anderen nur überlassen werden, wenn der Gehalt an Schwefelverbindungen, berechnet als Schwefel, von 350 mg/kg nicht überschritten wird. Ab dem 1. Januar 2005 dürfen 50 mg/kg nicht überschritten werden.

(3 a) Die Regelungen für die Absätze 1 bis 3 gelten nur für die Überlassung an den Verbraucher und an für die Abgabe an den Verbraucher vorgesehene Stellen.

(4) Für Brenn- und Kraftstoffe, die eingeführt oder sonst in den Geltungsbereich dieser Verordnung verbracht werden und die unter diese Verordnung fallen, sind die Absätze 1 bis 3 erst vom Zeitpunkt der Abfertigung in den zollrechtlich freien Verkehr anzuwenden.

(5) Abweichend von den Absätzen 1 und 2 darf leichtes und schweres Heizöl in Seeschiffen mit höheren als den genannten Höchstgehalten an Schwefelverbindungen verwendet werden. Dies gilt auch für Gasöl für den Seeverkehr, soweit ein Seeschiff eine Grenze zwischen einem Drittland und einem EU-Mitgliedstaat überquert.

(6) Für den Bereich der Binnenschifffahrt ist Dieselkraftstoff mit einem Höchstgehalt an Schwefel von 0,2 Massenhundertteile bis zum 31. Dezember 2007 zugelassen. Ab dem 1. Januar 2008 darf beim Dieselkraftstoff für die Binnenschifffahrt ein Höchstgehalt von 0,1 Massenhundertteile nicht überschritten werden.

§ 3a Kennzeichnung von schwefelarmem Brennstoff. Leichtes Heizöl nach § 2 Abs.1 kann als „schwefelarm" bezeichnet werden, wenn sein Schwefelgehalt 50 mg/kg (0,005 Massenhundertteile) nicht überschreitet.

§ 4 Ausnahmen. (1) Die zuständige Behörde bewilligt im Benehmen mit dem Bundesamt für Wirtschaft auf Antrag Ausnahmen von § 3, soweit die Einhaltung des zulässigen Höchstgehalts an Schwefelverbindungen zu einer erheblichen Gefährdung der Versorgung des Verbrauchers führen würde.

(2) Die Bewilligung kann unter Bedingungen erteilt und mit Auflagen verbunden werden; sie kann widerrufen werden, wenn die Voraussetzungen für ihre Erteilung nicht mehr vorliegen. Die Bewilligung ist zu befristen.

§ 5 Überwachung. (1) Der Auskunftspflichtige nach § 52 Abs.3 Satz 1 in Verbindung mit Abs.2 Satz 1 des Bundes-Immissionsschutzgesetzes, der Brenn- und Kraftstoffe, die unter diese Verordnung fallen, als Hersteller, Vermischer, Einführer oder Großverteiler lagert, hat Tankbelegbücher zu führen und auf Verlangen vorzulegen, aus denen sich die Lieferanten des Heizöls, Gasöl für den Seeverkehr oder Dieselkraftstoffs ergeben.

(2) Auf Verlangen der zuständigen Behörde hat der Auskunftspflichtige nach Absatz 1 eine Erklärung des Herstellers oder Vermischers über die Beschaffenheit des gelagerten Brenn- oder Kraftstoffs auf einem Vordruck nach dem Muster der Anlage vorzulegen; sofern der Hersteller oder Vermischer nicht selbst geliefert hat, muss die Erklärung zusätzlich Angaben des Lieferanten über die dem Auskunftspflichtigen gelieferten Mengen auf einem Vordruck nach dem Muster der Anlage enthalten. Die zuständige Behörde kann dem Auskunftspflichtigen für die Vorlage der Erklärung eine Frist setzen.

(3) Die zuständigen Behörden ergreifen die erforderlichen Maßnahmen, um durch Probenahmen zu kontrollieren, ob der Schwefelgehalt der verwendeten Kraft- und Brennstoffe dem § 3 entspricht. Die Probenahmen müssen mit ausreichender Häufigkeit vorgenommen werden und für den geprüften Kraft- und Brennstoff repräsentativ sein. Für die Bestimmung des Schwefelgehalts sind folgende Prüfverfahren zu verwenden:
a) Schweres Heizöl und Gasöl für den Seeverkehr: ISO 8754 (1995) und EN ISO 14 596.
b) Leichtes Heizöl und Dieselkraftstoff: EN 24 260 (1994), ISO 8754 (1995) und EN ISO 14 596.
Als Referenzverfahren dient EN ISO 14 596.

(4) Die nach Landesrecht zuständigen obersten Landesbehörden oder die von ihnen bestimmten Behörden legen bis spätestens zum 31. Mai eine jährliche Übersicht der Ergebnisse der nach Absatz 3 vorgenommenen Maßnahmen dem Bundesministerium für Umwelt, Naturschutz und Reaktorsicherheit zur Berichterstattung an die Kommission der Europäischen Gemeinschaften vor.

§ 6 Einfuhr von Heizöl, Gasöl für den Seeverkehr und Dieselkraftstoff.

(1) Der Einführer hat eine schriftliche Erklärung des Herstellers oder des Vermischers über die Beschaffenheit des Brenn- und Kraftstoffes den für die Abfertigung der Sendung zuständigen Zolldienststellen unverzüglich, spätestens vor Abfertigung in den zollrechtlichen freien Verkehr, vorzulegen und bis zum ersten Bestimmungsort der Sendung mitzuführen. Der Einführer kann die Beschaffenheit des Brenn- und Kraftstoffes auch durch eine Eingangsanalyse eines unabhängigen Labors feststellen lassen und das Ergebnis in die schriftliche Erklärung einfügen. Die Erklärung muss vollständige Angaben auf einem Vordruck nach dem Muster der Anlage enthalten.

(2) Der Einführer hat die Sendung der für den ersten Bestimmungsort zuständigen Behörde so rechtzeitig zu melden, dass die Behörde von der Sendung vor ihrem Eintreffen am ersten Bestimmungsort Kenntnis erhält.

(3) Die zollamtlich bescheinigte Erklärung des Herstellers, des Vermischers oder die Eingangsanalyse gemäß Absatz 1 Satz 2 ist am ersten Bestimmungsort der Sendung vom Einführer verfügbar zu halten, solange sich die Sendung oder Teile der Sendung dort befinden. Darüber hinaus hat der Einführer eine Ausfertigung dieser Erklärung als Teil seiner geschäftlichen Unterlagen mindestens ein Jahr aufzubewahren.

(4) Die Absätze 1, 2 und 3 sind nicht anzuwenden auf Einfuhren aus Staaten der Europäischen Union.

§ 7 Zugänglichkeit der Normen.
Die in den §§ 2 und 5 genannten ISO- und EN ISONormen sowie die ASTM-Methoden sind beim Beuth-Verlag GmbH, Berlin, erhältlich. Die genannten Normen und Methoden sind beim Deutschen Patent- und Markenamt in München archivmäßig gesichert niedergelegt.

§ 8 Ordnungswidrigkeiten.
Ordnungswidrig im Sinne des § 62 Abs.1 Nr.7 des Bundes-Immissionsschutzgesetzes handelt, wer vorsätzlich oder fahrlässig
1. entgegen § 3 Abs.1 oder 2 Satz 1 oder Abs.3 einen dort genannten Brenn- oder Kraftstoff anderen überlässt,
2. entgegen § 5 Abs.1 Tankbelegbücher nicht oder nicht richtig führt oder nicht, nicht richtig oder nicht rechtzeitig vorlegt,
3. entgegen § 5 Abs.2 Satz 1 eine Erklärung nicht, nicht richtig, nicht vollständig oder nicht rechtzeitig vorlegt,

4. entgegen § 6 Abs.1 Satz 1 eine Erklärung nicht, nicht richtig oder nicht rechtzeitig vorlegt oder nicht mitführt,
5. entgegen § 6 Abs.2 eine Meldung nicht, nicht richtig oder nicht rechtzeitig macht,
6. entgegen § 6 Abs.3 Satz 1 eine Erklärung nicht oder nicht für die vorgeschriebene Dauer verfügbar hält,
7. entgegen § 6 Abs.3 Satz 2 eine Ausfertigung nicht oder nicht mindestens ein Jahr aufbewahrt.

§ 9 Inkrafttreten, Außerkrafttreten. Diese Verordnung tritt am Tage nach der Verkündung in Kraft. Gleichzeitig tritt die **Verordnung über Schwefelgehalt von leichtem Heizöl** und Dieselkraftstoff vom 15. Januar **1975 (BGBl. I S.264),** zuletzt geändert durch Artikel 34 des Gesetzes vom 21. Dezember 2000 (BGBl. I S.1956), außer Kraft.

A 4. Verordnung über genehmigungsbedürftige Anlagen – 4. BImSchV[1]

In der Fassung der Bekanntmachung vom 14. 3. 1997 (BGBl I 504), zuletzt geänd. am 6. 1. 2004 (BGBl I 2)[1]

(BGBl III/FNA 2129-8-4-2)

Kommentierung: Vgl. die Ausführungen zu § 4, insb. Rn.3f, 17–39, 46–55 zu § 4 und Ausführungen zu § 19, insb. Rn.4–8 zu § 19. – **Literatur:** *Hansmann*, in: LR (1988 ff), Nr.2.4; *Engelhardt*, BImSchG, Bd. 2, Teilb. 1, 3. Aufl. 1991, 101 ff; *Ludwig*, in: FE (1997 ff), Bd. 1 B; *Laubinger* UL (1991 ff), A 4.0; *Hansmann*, Änderungen der Störfallverordnung und der Verordnung über genehmigungsbedürftige Anlagen, NVwZ 1991, 1138 ff; *Laubinger*, in: UL (1991 ff), A 4.0; *Jarass*, Die jüngsten Änderungen des Immissionsschutzrechts NVwZ 1986, 607 ff; s. auch die Literatur zu § 4.

§ 1 Genehmigungsbedürftige Anlagen. (1) Die Errichtung und der Betrieb der im Anhang genannten Anlagen bedürfen einer Genehmigung, soweit den Umständen nach zu erwarten ist, daß sie länger als während der zwölf Monate, die auf die Inbetriebnahme folgen, an demselben Ort betrieben werden. Für die in Nummer 8 des Anhangs genannten Anlagen, ausgenommen Anlagen zur Behandlung am Entstehungsort, gilt Satz 1 auch, soweit sie weniger als während der zwölf Monate, die auf die Inbetriebnahme folgen, an demselben Ort betrieben werden sollen. Für die in den Nummern 2.9, 2.10 Spalte 2, 7.4, 7.5, 7.25, 7.28, 9.1, 9.3 bis 9.8 und 9.11 bis 9.35 des Anhangs genannten Anlagen gilt Satz 1 nur, soweit sie gewerblichen Zwecken dienen oder im Rahmen wirtschaftlicher Unternehmungen verwendet werden. Hängt die Genehmigungsbedürftigkeit der im Anhang genannten Anlagen vom Erreichen oder Überschreiten einer bestimmten Leistungsgrenze oder Anlagengröße ab, ist jeweils auf den rechtlich und tatsächlich möglichen Betriebsumfang abzustellen.

(2) Das Genehmigungserfordernis erstreckt sich auf alle vorgesehenen
1. Anlagenteile und Verfahrensschritte, die zum Betrieb notwendig sind, und
2. Nebeneinrichtungen, die mit den Anlagenteilen und Verfahrensschritten nach Nummer 1 in einem räumlichen und betriebstechnischen Zusammenhang stehen und die für
   a) das Entstehen schädlicher Umwelteinwirkungen,
   b) die Vorsorge gegen schädliche Umwelteinwirkungen oder
   c) das Entstehen sonstiger Gefahren, erheblicher Nachteile oder erheblicher Belästigungen
von Bedeutung sein können.

(3) Die im Anhang bestimmten Voraussetzungen liegen auch vor, wenn mehrere Anlagen derselben Art in einem engen räumlichen und betrieblichen Zusammenhang stehen (gemeinsame Anlage) und zusammen die maßgebenden Leistungsgren-

---

[1] Zur Rechtsgrundlage Rn.11 zu § 4. Zur Neubekanntmachung und zu Änderungen Rn.12 zu § 67.

Genehmigungsbedürftige Anlagen 4. BImSchV Anh. A 4

zen oder Anlagengrößen erreichen oder überschreiten werden. Ein enger räumlicher und betrieblicher Zusammenhang ist gegeben, wenn die Anlagen
1. auf demselben Betriebsgelände liegen,
2. mit gemeinsamen Betriebseinrichtungen verbunden sind und
3. einem vergleichbaren technischen Zweck dienen.

(4) Gehören zu einer Anlage Teile oder Nebeneinrichtungen, die je gesondert genehmigungsbedürftig wären, so bedarf es lediglich einer Genehmigung.

(5) Soll die für die Genehmigungsbedürftigkeit maßgebende Leistungsgrenze oder Anlagengröße durch die Erweiterung einer bestehenden Anlage erstmals überschritten werden, bedarf die gesamte Anlage der Genehmigung.

(6) Keiner Genehmigung bedürfen Anlagen, soweit sie der Forschung, Entwicklung oder Erprobung neuer Einsatzstoffe, Brennstoffe, Erzeugnisse oder Verfahren im Labor- oder Technikumsmaßstab dienen; hierunter fallen auch solche Anlagen im Labor- oder Technikumsmaßstab, in denen neue Erzeugnisse in der für die Erprobung ihrer Eigenschaften durch Dritte erforderlichen Menge vor der Markteinführung hergestellt werden, soweit die neuen Erzeugnisse noch weiter erforscht oder entwickelt werden.

§ 2 Zuordnung zu den Verfahrensarten. (1) Das Genehmigungsverfahren wird durchgeführt nach
1. § 10 des Bundes-Immissionsschutzgesetzes für
    a) Anlagen, die in Spalte 1 des Anhangs genannt sind,
    b) Anlagen, die sich aus in Spalte 1 und in Spalte 2 des Anhangs genannten Anlagen zusammensetzen,
    c) Anlagen, die in Spalte 2 des Anhangs genannt sind und für die
        aa) aufgrund einer Vorprüfung des Einzelfalls nach § 3c Abs.1 Satz 2 des Gesetzes über die Umweltverträglichkeitsprüfung,
        bb) als Teil kumulierender Vorhaben nach § 3b Abs.2 des Gesetzes über die Umweltverträglichkeitsprüfung oder
        cc) als Erweiterung eines Vorhabens nach § 3b Abs.3 des Gesetzes über die Umweltverträglichkeitsprüfung
        eine Umweltverträglichkeitsprüfung durchzuführen ist,
2. § 19 des Bundes-Immissionsschutzgesetzes im vereinfachten Verfahren für in Spalte 2 des Anhangs genannte Anlagen.
Soweit die Zuordnung zu den Spalten von der Leistungsgrenze oder Anlagengröße abhängt, gilt § 1 Abs.1 Satz 4 entsprechend.

(2) Kann eine Anlage vollständig verschiedenen Anlagenbezeichnungen im Anhang zugeordnet werden, so ist die speziellere Anlagenbezeichnung maßgebend.

(3) Für in Spalte 1 des Anhangs genannte Anlagen, die ausschließlich oder überwiegend der Entwicklung und Erprobung neuer Verfahren, Einsatzstoffe, Brennstoffe und Erzeugnisse dienen (Versuchsanlagen), wird das vereinfachte Verfahren durchgeführt, wenn die Genehmigung für einen Zeitraum von höchstens drei Jahren nach Inbetriebnahme der Anlage erteilt werden soll; dieser Zeitraum kann auf Antrag bis zu einem weiteren Jahr verlängert werden. Satz 1 findet auf Anlagen der Anlage 1 (Liste „UVP-pflichtige Vorhaben") zum Gesetz über die Umweltverträglichkeitsprüfung nur Anwendung, soweit nach den Vorschriften dieses Gesetzes eine Umweltverträglichkeitsprüfung nicht durchzuführen ist. Soll die Lage, die Beschaffenheit oder der Betrieb einer nach Satz 1 genehmigten Anlage für einen anderen Entwicklungs- oder Erprobungszweck geändert werden, ist ein Verfahren nach Satz 1 durchzuführen.

(4) Wird die für die Zuordnung zu den Spalten 1 oder 2 des Anhangs maßgebende Leistungsgrenze oder Anlagengröße durch die Errichtung und den Betrieb einer

Anh. A 4 4. BImSchV   VO zur Durchführung des BImSchG

weiteren Teilanlage oder durch eine sonstige Erweiterung der Anlage erreicht oder überschritten, wird die Genehmigung für die Änderung in dem Verfahren erteilt, dem die Anlage nach der Summe ihrer Leistung oder Größe entspricht.

§§ 3 und 4. (Aufhebung anderer Vorschriften)

§ 5. *(aufgehoben)*

Anhang

Spalte 1	Spalte 2
1. Wärmeerzeugung, Bergbau, Energie	
1.1 Anlagen zur Erzeugung von Strom, Dampf, Warmwasser, Prozesswärme oder erhitztem Abgas durch den Einsatz von Brennstoffen in einer Verbrennungseinrichtung (wie Kraftwerk, Heizkraftwerk, Heizwerk, Gasturbinenanlage, Verbrennungsmotoranlage, sonstige Feuerungsanlage), einschließlich zugehöriger Dampfkessel, mit einer Feuerungswärmeleistung von 50 Megawatt oder mehr	–
1.2 –	Anlagen zur Erzeugung von Strom, Dampf, Warmwasser, Prozesswärme oder erhitztem Abgas durch den Einsatz von a) Kohle, Koks einschließlich Petrolkoks, Kohlebriketts, Torfbriketts, Brenntorf, naturbelassenem Holz, emulgiertem Naturbitumen, Heizölen, ausgenommen Heizöl EL, mit einer Feuerungswärmeleistung von 1 Megawatt bis weniger als 50 Megawatt, b) gasförmigen Brennstoffen (insbesondere Koksofengas, Grubengas, Stahlgas, Raffineriegas, Synthesegas, Erdölgas aus der Tertiärförderung von Erdöl, Klärgas, Biogas), ausgenommen naturbelassenem Erdgas, Flüssiggas, Gasen der öffentlichen Gasversorgung oder Wasserstoff, mit einer Feuerungswärmeleistung von 10 Megawatt bis weniger als 50 Megawatt oder

Genehmigungsbedürftige Anlagen 4. BImSchV **Anh. A 4**

Spalte 1	Spalte 2
	c) Heizöl EL, Methanol, Ethanol, naturbelassenen Pflanzenölen oder Pflanzenölmethylestern, naturbelassenem Erdgas, Flüssiggas, Gasen der öffentlichen Gasversorgung oder Wasserstoff mit einer Feuerungswärmeleistung von 20 Megawatt bis weniger als 50 Megawatt in einer Verbrennungseinrichtung (wie Kraftwerk, Heizkraftwerk, Heizwerk, Gasturbinenanlage, Verbrennungsmotoranlage, sonstige Feuerungsanlage), einschließlich zugehöriger Dampfkessel, ausgenommen Verbrennungsmotoranlagen für Bohranlagen und Notstromaggregate
1.3 Anlagen zur Erzeugung von Strom, Dampf, Warmwasser, Prozesswärme oder erhitztem Abgas durch den Einsatz anderer als in Nummer 1.2 genannter fester oder flüssiger Brennstoffe in einer Verbrennungseinrichtung (wie Kraftwerk, Heizkraftwerk, Heizwerk, Gasturbinenanlage, Verbrennungsmotoranlage, sonstige Feuerungsanlage), einschließlich zugehöriger Dampfkessel, mit einer Feuerungswärmeleistung von 1 Megawatt bis weniger als 50 Megawatt	Anlagen zur Erzeugung von Strom, Dampf, Warmwasser, Prozesswärme oder erhitztem Abgas durch den Einsatz anderer als in Nummer 1.2 genannter fester oder flüssiger Brennstoffe in einer Verbrennungseinrichtung (wie Kraftwerk, Heizkraftwerk, Heizwerk, Gasturbinenanlage, Verbrennungsmotoranlage, sonstige Feuerungsanlage), einschließlich zugehöriger Dampfkessel, mit einer Feuerungswärmeleistung von 100 Kilowatt bis weniger als 1 Megawatt
1.4 Verbrennungsmotoranlagen zum Antrieb von Arbeitsmaschinen für den Einsatz von Heizöl EL, Dieselkraftstoff, Methanol, Ethanol, naturbelassenen Pflanzenölen, Pflanzenölmethylestern oder gasförmigen Brennstoffen (insbesondere Koksofengas, Grubengas, Stahlgas, Raffineriegas, Synthesegas, Erdölgas aus der Tertiärförderung von Erdöl, Klärgas, Biogas, naturbelassenem Erdgas, Flüssiggas, Gasen der öffentlichen Gasversorgung, Wasserstoff) mit einer Feuerungswärmeleistung von 50 Megawatt oder mehr	a) Verbrennungsmotoranlagen zum Antrieb von Arbeitsmaschinen für den Einsatz von Heizöl EL, Dieselkraftstoff, Methanol, Ethanol, naturbelassenen Pflanzenölen, Pflanzenölmethylestern oder gasförmigen Brennstoffen (insbesondere Koksofengas, Grubengas, Stahlgas, Raffineriegas, Synthesegas, Erdölgas aus der Tertiärförderung von Erdöl, Klärgas, Biogas, naturbelassenem Erdgas, Flüssiggas, Gasen der öffentlichen Gasversorgung, Wasserstoff) mit einer Feuerungswärmeleistung von 1 Megawatt bis weniger als 50 Mega-

Spalte 1	Spalte 2
	watt, ausgenommen Verbrennungsmotoranlagen für Bohranlagen b) Verbrennungsmotoranlagen zur Erzeugung von Strom, Dampf, Warmwasser, Prozesswärme oder erhitztem Abgas für den Einsatz von aa) gasförmigen Brennstoffen (insbesondere Koksofengas, Grubengas, Stahlgas, Raffineriegas, Synthesegas, Erdölgas aus der Tertiärförderung von Erdöl, Klärgas, Biogas), ausgenommen naturbelassenem Erdgas, Flüssiggas, Gasen der öffentlichen Gasversorgung oder Wasserstoff, mit einer Feuerungswärmeleistung von 1 Megawatt bis weniger als 10 Megawatt oder bb) Heizöl EL, Dieselkraftstoff, Methanol, Ethanol, naturbelassenen Pflanzenölen oder Pflanzenölmethylestern, naturbelassenem Erdgas, Flüssiggas, Gasen der öffentlichen Gasversorgung oder Wasserstoff mit einer Feuerungswärmeleistung von 1 Megawatt bis weniger als 20 Megawatt, ausgenommen Verbrennungsmotoranlagen für Bohranlagen und Notstromaggregate
1.5 Gasturbinenanlagen zum Antrieb von Arbeitsmaschinen für den Einsatz von Heizöl EL, Dieselkraftstoff, Methanol, Ethanol, naturbelassenen Pflanzenölen, Pflanzenölmethylestern oder gasförmigen Brennstoffen (insbesondere Koksofengas, Grubengas, Stahlgas, Raffineriegas, Synthesegas, Erdölgas aus der Tertiärförderung von Erdöl, Klärgas, Biogas, naturbelassenem Erdgas, Flüssiggas, Gasen der öffentlichen Gasversorgung, Wasserstoff) mit	a) Gasturbinenanlagen zum Antrieb von Arbeitsmaschinen für den Einsatz von Heizöl EL, Dieselkraftstoff, Methanol, Ethanol, naturbelassenen Pflanzenölen, Pflanzenölmethylestern oder gasförmigen Brennstoffen (insbesondere Koksofengas, Grubengas, Stahlgas, Raffineriegas, Synthesegas, Erdölgas aus der Tertiärförderung von Erdöl, Klärgas, Biogas, naturbelassenem Erdgas, Flüssiggas, Gasen der öffentlichen

Spalte 1	Spalte 2
einer Feuerungswärmeleistung von 50 Megawatt oder mehr	Gasversorgung, Wasserstoff) mit einer Feuerungswärmeleistung von 1 Megawatt bis weniger als 50 Megawatt, ausgenommen Anlagen mit geschlossenem Kreislauf
	b) Gasturbinenanlagen zur Erzeugung von Strom, Dampf, Warmwasser, Prozesswärme oder erhitztem Abgas für den Einsatz von
	aa) gasförmigen Brennstoffen (insbesondere Koksofengas, Grubengas, Stahlgas, Raffineriegas, Synthesegas, Erdölgas aus der Tertiärförderung von Erdöl, Klärgas, Biogas) mit einer Feuerungswärmeleistung von 1 Megawatt bis weniger als 10 Megawatt,
	bb) Heizöl EL, Dieselkraftstoff, Methanol, Ethanol, naturbelassenen Pflanzenölen oder Pflanzenölmethylestern, naturbelassenem Erdgas, Flüssiggas, Gasen der öffentlichen Gasversorgung oder Wasserstoff mit einer Feuerungswärmeleistung von 1 Megawatt bis weniger als 20 Megawatt, ausgenommen Anlagen mit geschlossenem Kreislauf
1.6 Windfarmen mit 6 oder mehr Windkraftanlagen	Windfarmen mit 3 bis weniger als 6 Windkraftanlagen
1.7 (aufgehoben)	–
1.8 –	Elektroumspannanlagen mit einer Oberspannung von 220 Kilovolt oder mehr einschließlich der Schaltfelder, ausgenommen eingehauste Elektroumspannanlagen
1.9 –	Anlagen zum Mahlen oder Trocknen von Kohle mit einer Leistung von 1 Tonne oder mehr je Stunde
1.10 Anlagen zum Brikettieren von Braun- oder Steinkohle	–
1.11 Anlagen zur Trockendestillation, insbesondere von Steinkohle, Braun-	–

Anh. A 4 4. BImSchV VO zur Durchführung des BImSchG

Spalte 1	Spalte 2
	kohle, Holz, Torf oder Pech (z.b. Kokereien, Gaswerke und Schwelereien), ausgenommen Holzkohlemeiler
1.12 Anlagen zur Destillation oder Weiterverarbeitung von Teer oder Teererzeugnissen oder von Teer- oder Gaswasser	–
1.13 –	Anlagen zur Erzeugung von Generator- oder Wassergas aus festen Brennstoffen
1.14 Anlagen zur Vergasung oder Verflüssigung von Kohle oder bituminösem Schiefer	–
1.15 –	Anlagen zur Erzeugung von Stadt- oder Ferngas aus Kohlenwasserstoffen durch Spalten
1.16 –	Anlagen über Tage zur Gewinnung von Öl aus Schiefer oder anderen Gesteinen oder Sanden sowie Anlagen zur Destillation oder Weiterverarbeitung solcher Öle
2. Steine und Erden, Glas, Keramik, Baustoffe	
2.1 Steinbrüche mit einer Abbaufläche von 10 Hektar oder mehr	Steinbrüche mit einer Abbaufläche von weniger als 10 Hektar, soweit Sprengstoffe verwendet werden
2.2 –	Anlagen zum Brechen, Mahlen oder Klassieren von natürlichem oder künstlichem Gestein, ausgenommen Klassieranlagen für Sand oder Kies
2.3 Anlagen zur Herstellung von Zementklinker oder Zementen	–
2.4 Anlagen zum Brennen von Kalkstein mit einer Produktionsleistung von 50 Tonnen Branntkalk oder mehr je Tag	a) Anlagen zum Brennen von Kalkstein mit einer Produktionsleistung von weniger als 50 Tonnen Branntkalk je Tag b) Anlagen zum Brennen von Bauxit, Dolomit, Gips, Kieselgur, Magnesit, Quarzit oder Ton zu Schamotte
2.5 –	Anlagen zum Mahlen von Gips, Kieselgur, Magnesit, Mineralfarben, Muschelschalen, Talkum, Ton, Tuff (Trass) oder Zementklinker

Genehmigungsbedürftige Anlagen 4. BImSchV Anh. A 4

	Spalte 1	Spalte 2
2.6	Anlagen zur Gewinnung, Bearbeitung oder Verarbeitung von Asbest oder Asbesterzeugnissen	–
2.7	–	Anlagen zum Blähen von Perlite, Schiefer oder Ton
2.8	Anlagen zur Herstellung von Glas, auch soweit es aus Altglas hergestellt wird, einschließlich Anlagen zur Herstellung von Glasfasern, mit einer Schmelzleistung von 20 Tonnen oder mehr je Tag	Anlagen zur Herstellung von Glas, auch soweit es aus Altglas hergestellt wird, einschließlich Anlagen zur Herstellung von Glasfasern, die nicht für medizinische oder fernmeldetechnische Zwecke bestimmt sind, mit einer Schmelzleistung von 100 Kilogramm bis weniger als 20 Tonnen je Tag
2.9	–	Anlagen zum Säurepolieren oder Mattätzen von Glas oder Glaswaren unter Verwendung von Flusssäure mit einem Volumen der Wirkbäder von 0,05 Kubikmeter oder mehr
2.10	Anlagen zum Brennen keramischer Erzeugnisse, soweit der Rauminhalt der Brennanlage vier Kubikmeter oder mehr und die Besatzdichte 300 Kilogramm oder mehr je Kubikmeter Rauminhalt der Brennanlage beträgt	Anlagen zum Brennen keramischer Erzeugnisse, soweit der Rauminhalt der Brennanlage vier Kubikmeter oder mehr oder die Besatzdichte mehr als 100 Kilogramm und weniger als 300 Kilogramm je Kubikmeter Rauminhalt der Brennanlage beträgt, ausgenommen elektrisch beheizte Brennöfen, die diskontinuierlich und ohne Abluftführung betrieben werden
2.11	Anlagen zum Schmelzen mineralischer Stoffe einschließlich Anlagen zur Herstellung von Mineralfasern	–
2.13	–	Anlagen zur Herstellung von Beton, Mörtel oder Straßenbaustoffen unter Verwendung von Zement mit einer Leistung von 100 Kubikmetern je Stunde oder mehr, auch soweit die Einsatzstoffe lediglich trocken gemischt werden
2.14	–	Anlagen zur Herstellung von Formstücken unter Verwendung von Zement oder anderen Bindemitteln durch Stampfen, Schocken, Rütteln oder Vibrieren mit einer Produktionsleistung von einer Tonne oder mehr je Stunde

Anh. A 4 4. BImSchV VO zur Durchführung des BImSchG

	Spalte 1	Spalte 2
2.15	Anlagen zur Herstellung oder zum Schmelzen von Mischungen aus Bitumen oder Teer mit Mineralstoffen einschließlich Aufbereitungsanlagen für bituminöse Straßenbaustoffe und Teersplittanlagen mit einer Produktionsleistung von 200 Tonnen oder mehr je Stunde	Anlagen zur Herstellung oder zum Schmelzen von Mischungen aus Bitumen oder Teer mit Mineralstoffen einschließlich Aufbereitungsanlagen für bituminöse Straßenbaustoffe und Teersplittanlagen mit einer Produktionsleistung von weniger als 200 Tonnen je Stunde
3.	**Stahl, Eisen und sonstige Metalle einschließlich Verarbeitung**	
3.1	Anlagen zum Rösten (Erhitzen unter Luftzufuhr zur Überführung in Oxide), Schmelzen oder Sintern (Stückigmachen von feinkörnigen Stoffen durch Erhitzen) von Erzen	–
3.2	a) Integrierte Hüttenwerke (Anlagen zur Gewinnung von Roheisen und zur Weiterverarbeitung zu Rohstahl, bei denen sich Gewinnungs- und Weiterverarbeitungseinheiten nebeneinander befinden und in funktioneller Hinsicht miteinander verbunden sind) b) Anlagen zur Herstellung oder zum Erschmelzen von Roheisen oder Stahl einschließlich Stranggießen, auch soweit Konzentrate oder sekundäre Rohstoffe eingesetzt werden, mit einer Schmelzleistung von 2,5 Tonnen oder mehr je Stunde	Anlagen zum Erschmelzen von Stahl mit einer Schmelzleistung von weniger als 2,5 Tonnen je Stunde
3.3	Anlagen zur Herstellung von Nichteisenrohmetallen aus Erzen, Konzentraten oder sekundären Rohstoffen durch metallurgische, chemische oder elektrolytische Verfahren	–
3.4	Anlagen zum Schmelzen, zum Legieren oder zur Raffination von Nichteisenmetallen mit einer Schmelzleistung von 4 Tonnen oder mehr je Tag bei Blei und Cadmium oder von 20 Tonnen oder mehr je Tag bei sonstigen Nichteisenmetallen	Anlagen zum Schmelzen, zum Legieren oder zur Raffination von Nichteisenmetallen mit einer Schmelzleistung von 0,5 Tonnen bis weniger als 4 Tonnen je Tag bei Blei und Cadmium oder von 2 Tonnen bis weniger als 20 Tonnen je Tag bei sonstigen Nichteisenmetallen, ausgenommen – Vakuum-Schmelzanlagen, – Schmelzanlagen für Gusslegierungen aus Zinn und Wismut

Genehmigungsbedürftige Anlagen   4. BImSchV **Anh. A 4**

Spalte 1	Spalte 2
	oder aus Feinzink und Aluminium in Verbindung mit Kupfer oder Magnesium, – Schmelzanlagen, die Bestandteil von Druck- oder Kokillengießmaschinen sind oder die ausschließlich im Zusammenhang mit einzelnen Druck- oder Kokillengießmaschinen gießfertige Nichteisenmetalle oder gießfertige Legierungen niederschmelzen, – Schmelzanlagen für Edelmetalle oder für Legierungen, die nur aus Edelmetallen oder aus Edelmetallen und Kupfer bestehen, – Schwalllötbäder und – Heißluftverzinnungsanlagen
3.5 –	Anlagen zum Abziehen der Oberflächen von Stahl, insbesondere von Blöcken, Brammen, Knüppeln, Platinen oder Blechen, durch Flämmen
3.6 Anlagen zum Warmwalzen von Stahl	Anlagen zum Walzen von Metallen a) von Kaltband mit einer Bandbreite ab 650 Millimeter b) mit einer Leistung von 1 Tonne oder mehr je Stunde bei Schwermetallen oder c) mit einer Leistung von 0,5 Tonnen oder mehr je Stunde bei Leichtmetallen
3.7 Eisen-, Temper- oder Stahlgießereien mit einer Produktionsleistung von 20 Tonnen Gussteile oder mehr je Tag	Eisen-, Temper- oder Stahlgießereien mit einer Produktionsleistung von 2 Tonnen bis weniger als 20 Tonnen Gussteile je Tag
3.8 Gießereien für Nichteisenmetalle, soweit 4 Tonnen oder mehr je Tag bei Blei und Cadmium oder 20 Tonnen oder mehr je Tag bei sonstigen Nichteisenmetallen abgegossen werden	Gießereien für Nichteisenmetalle, soweit 0,5 Tonnen bis weniger als 4 Tonnen je Tag bei Blei und Cadmium oder 2 Tonnen bis weniger als 20 Tonnen je Tag bei sonstigen Nichteisenmetallen abgegossen werden, ausgenommen – Gießereien für Glocken- oder Kunstguss, – Gießereien, in denen in metallische Formen abgegossen wird, und

Anh. A 4   4. BImSchV   VO zur Durchführung des BImSchG

Spalte 1	Spalte 2
	– Gießereien, in denen das Material in ortsbeweglichen Tiegeln niedergeschmolzen wird
3.9 Anlagen zum Aufbringen von metallischen Schutzschichten auf Metalloberflächen mit Hilfe von schmelzflüssigen Bädern mit einer Verarbeitungsleistung von zwei Tonnen Rohgut oder mehr je Stunde	Anlagen zum Aufbringen von metallischen Schutzschichten a) auf Metalloberflächen mit Hilfe von schmelzflüssigen Bädern mit einer Verarbeitungsleistung von 500 Kilogramm bis weniger als zwei Tonnen Rohgut je Stunde, ausgenommen Anlagen zum kontinuierlichen Verzinken nach dem Sendzimirverfahren, oder b) auf Metall- oder Kunststoffoberflächen durch Flamm-, Plasma- oder Lichtbogenspritzen mit einem Durchsatz an Blei, Zinn, Zink, Nickel, Kobalt oder ihren Legierungen von zwei Kilogramm oder mehr je Stunde
3.10 Anlagen zur Oberflächenbehandlung von Metallen oder Kunststoffen durch ein elektrolytisches oder chemisches Verfahren mit einem Volumen der Wirkbäder von 30 Kubikmeter oder mehr	Anlagen zur Oberflächenbehandlung von Metallen durch Beizen oder Brennen unter Verwendung von Fluss- oder Salpetersäure mit einem Volumen der Wirkbäder von 1 Kubikmeter bis weniger als 30 Kubikmeter
3.11 Anlagen, die aus einem oder mehreren maschinell angetriebenen Hämmern bestehen, wenn die Schlagenergie eines Hammers 20 Kilojoule oder mehr beträgt; den Hämmern stehen Fallwerke gleich	Anlagen, die aus einem oder mehreren maschinell angetriebenen Hämmern bestehen, wenn die Schlagenergie eines Hammers 1 Kilojoule bis weniger als 20 Kilojoule beträgt; den Hämmern stehen Fallwerke gleich
3.13 Anlagen zur Sprengverformung oder zum Plattieren mit Sprengstoffen bei einem Einsatz von 10 Kilogramm Sprengstoff oder mehr je Schuss	–
3.15 –	Anlagen zur Herstellung oder Reparatur von a) Behältern aus Blech mit einem Rauminhalt von fünf Kubikmetern oder mehr oder b) Containern von sieben Quadratmetern Grundfläche oder mehr

Genehmigungsbedürftige Anlagen 4. BImSchV **Anh. A 4**

	Spalte 1	Spalte 2
3.16	Anlagen zur Herstellung von warmgefertigten nahtlosen oder geschweißten Rohren aus Stahl	–
3.18	Anlagen zur Herstellung oder Reparatur von Schiffskörpern oder -sektionen aus Metall mit einer Länge von 20 Metern oder mehr	–
3.19	Anlagen zum Bau von Schienenfahrzeugen mit einer Produktionsleistung von 600 Schienenfahrzeugeinheiten oder mehr je Jahr; 1 Schienenfahrzeugeinheit entspricht 0,5 Lokomotiven, 1 Straßenbahn, 1 Wagen eines Triebzuges, 1 Triebkopf, 1 Personenwagen, 3 Güterwagen	–
3.20	–	Anlagen zur Oberflächenbehandlung von Gegenständen aus Stahl, Blech oder Guss mit festen Strahlmitteln, die außerhalb geschlossener Räume betrieben werden, ausgenommen nicht begehbare Handstrahlkabinen sowie Anlagen mit einem Luftdurchsatz von weniger als $300\,m^3/h$
3.21	–	Anlagen zur Herstellung von Bleiakkumulatoren
3.22	–	Anlagen zur Herstellung von Metallpulver durch Stampfen
3.23	–	Anlagen zur Herstellung von Aluminium-, Eisen- oder Magnesiumpulver oder -pasten oder von blei- oder nickelhaltigen Pulvern oder Pasten sowie von sonstigen Metallpulvern oder -pasten nach einem anderen als dem in Nummer 3.22 genannten Verfahren, ausgenommen Anlagen zur Herstellung von Edelmetallpulver
3.24	Anlagen für den Bau und die Montage von Kraftfahrzeugen oder Anlagen für den Bau von Kraftfahrzeugmotoren mit einer Leistung von jeweils 100 000 Stück oder mehr je Jahr	–
3.25	Anlagen für den Bau und die Instandsetzung von Luftfahrzeugen,	–

Anh. A 4   4. BImSchV   VO zur Durchführung des BImSchG

Spalte 1	Spalte 2

soweit je Jahr mehr als 50 Luftfahrzeuge hergestellt oder mehr als 100 Luftfahrzeuge repariert werden können, ausgenommen Wartungsarbeiten

4. Chemische Erzeugnisse, Arzneimittel, Mineralölraffination und Weiterverarbeitung

4.1 Anlagen zur Herstellung von Stoffen oder Stoffgruppen durch chemische Umwandlung in industriellem Umfang, insbesondere —

  a) zur Herstellung von Kohlenwasserstoffen (lineare oder ringförmige, gesättigte oder ungesättigte, aliphatische oder aromatische),

  b) zur Herstellung von sauerstoffhaltigen Kohlenwasserstoffen wie Alkohole, Aldehyde, Ketone, Carbonsäuren, Ester, Acetate, Ether, Peroxide, Epoxide,

  c) zur Herstellung von schwefelhaltigen Kohlenwasserstoffen,

  d) zur Herstellung von stickstoffhaltigen Kohlenwasserstoffen wie Amine, Amide, Nitroso-, Nitro- oder Nitratverbindungen, Nitrile, Cyanate, Isocyanate,

  e) zur Herstellung von phosphorhaltigen Kohlenwasserstoffen,

  f) zur Herstellung von halogenhaltigen Kohlenwasserstoffen,

  g) zur Herstellung von metallorganischen Verbindungen,

  h) zur Herstellung von Basiskunststoffen (Kunstharzen, Polymeren, Chemiefasern, Fasern auf Zellstoffbasis),

  i) zur Herstellung von synthetischen Kautschuken,

  j) zur Herstellung von Farbstoffen und Pigmenten sowie von Ausgangsstoffen für Farben und Anstrichmittel,

  k) zur Herstellung von Tensiden,

  l) zur Herstellung von Gasen wie Ammoniak, Chlor und Chlorwasserstoff, Fluor und

Genehmigungsbedürftige Anlagen 4. BImSchV **Anh. A 4**

Spalte 1	Spalte 2
	Fluorwasserstoff, Kohlenstoffoxiden, Schwefelverbindungen, Stickstoffoxiden, Wasserstoff, Schwefeldioxid, Phosgen,

m) zur Herstellung von Säuren wie Chromsäure, Flusssäure, Phosphorsäure, Salpetersäure, Salzsäure, Schwefelsäure, Oleum, schwefelige Säuren,

n) zur Herstellung von Basen wie Ammoniumhydroxid, Kaliumhydroxid, Natriumhydroxid,

o) zur Herstellung von Salzen wie Ammoniumchlorid, Kaliumchlorat, Kaliumkarbonat, Natriumkarbonat, Perborat, Silbernitrat,

p) zur Herstellung von Nichtmetallen, Metalloxiden oder sonstigen anorganischen Verbindungen wie Kalziumkarbid, Silizium, Siliziumkarbid, anorganische Peroxide, Schwefel,

q) zur Herstellung von phosphor-, stickstoff- oder kaliumhaltigen Düngemitteln (Einnährstoff- oder Mehrnährstoffdünger),

r) zur Herstellung von Ausgangsstoffen für Pflanzenschutzmittel und von Bioziden,

s) zur Herstellung von Grundarzneimitteln (Wirkstoffen für Arzneimittel),

t) zur Herstellung von Explosivstoffen;

hierzu gehören nicht Anlagen zur Erzeugung oder Spaltung von Kernbrennstoffen oder zur Aufarbeitung bestrahlter Kernbrennstoffe

4.2	–	Anlagen, in denen Pflanzenschutz- oder Schädlingsbekämpfungsmittel oder ihre Wirkstoffe gemahlen oder maschinell gemischt, abgepackt oder umgefüllt werden, soweit diese Stoffe in einer Menge von 5 Tonnen je Tag oder mehr gehandhabt werden
4.3	Anlagen zur Herstellung von Grundarzneimitteln (Wirkstoffen	Anlagen zur Herstellung von Arzneimitteln oder Arzneimittelzwi-

Anh. A 4   4. BImSchV   VO zur Durchführung des BImSchG

Spalte 1	Spalte 2
	für Arzneimittel) unter Verwendung eines biologischen Verfahrens im industriellen Umfang	schenprodukten im industriellen Umfang, soweit a) Pflanzen, Pflanzenteile oder Pflanzenbestandteile extrahiert, destilliert oder auf ähnliche Weise behandelt werden, ausgenommen Extraktionsanlagen mit Ethanol ohne Erwärmen, oder b) Tierkörper, auch lebender Tiere, sowie Körperteile, Körperbestandteile und Stoffwechselprodukte von Tieren eingesetzt werden nach einem anderen als dem in Nummer 4.3 Spalte 1 genannten Verfahren, ausgenommen Anlagen, die ausschließlich der Herstellung der Darreichungsform dienen
4.4	Anlagen zur Destillation oder Raffination oder sonstigen Weiterverarbeitung von Erdöl oder Erdölerzeugnissen in Mineralöl-, Altöl- oder Schmierstoffraffinerien, in petrochemischen Werken oder bei der Gewinnung von Paraffin sowie Gasraffinerien	–
4.5	–	Anlagen zur Herstellung von Schmierstoffen, wie Schmieröle, Schmierfette, Metallbearbeitungsöle
4.6	Anlagen zur Herstellung von Ruß	–
4.7	Anlagen zur Herstellung von Kohlenstoff (Hartbrandkohle) oder Elektrographit durch Brennen oder Graphitieren, zum Beispiel für Elektroden, Stromabnehmer oder Apparateteile	–
4.8	–	Anlagen zum Destillieren von flüchtigen organischen Verbindungen, die bei einer Temperatur von 293,15 Kelvin einen Dampfdruck von mindestens 0,01 Kilopascal haben, mit einer Durchsatzleistung von 1 Tonne oder mehr je Stunde
4.9	–	Anlagen zum Erschmelzen von Naturharzen oder Kunstharzen mit einer Leistung von 1 Tonne oder mehr je Tag

Genehmigungsbedürftige Anlagen 4. BImSchV **Anh. A 4**

Spalte 1	Spalte 2
4.10 Anlagen zur Herstellung von Anstrich- oder Beschichtungsstoffen (Lasuren, Firnis, Lacke, Dispersionsfarben) oder Druckfarben unter Einsatz von 25 Tonnen oder mehr je Tag an flüchtigen organischen Verbindungen, die bei einer Temperatur von 293,15 Kelvin einen Dampfdruck von mindestens 0,01 Kilopascal haben	–

5. Oberflächenbehandlung mit organischen Stoffen, Herstellung von bahnenförmigen Materialien aus Kunststoffen, sonstige Verarbeitung von Harzen und Kunststoffen

5.1 Anlagen zur Behandlung von Oberflächen von Stoffen, Gegenständen oder Erzeugnissen einschließlich der dazugehörigen Trocknungsanlagen unter Verwendung von organischen Lösungsmitteln, insbesondere zum Appretieren, Bedrucken, Beschichten, Entfetten, Imprägnieren, Kaschieren, Kleben, Lackieren, Reinigen oder Tränken mit einem Verbrauch an organischen Lösungsmitteln von 150 Kilogramm oder mehr je Stunde oder von 200 Tonnen oder mehr je Jahr

a) Anlagen zur Behandlung von Oberflächen von Stoffen, Gegenständen oder Erzeugnissen einschließlich der zugehörigen Trocknungsanlagen unter Verwendung von organischen Lösungsmitteln, insbesondere zum Appretieren, Beschichten, Entfetten, Imprägnieren, Kaschieren, Kleben, Lackieren, Reinigen oder Tränken mit einem Verbrauch an organischen Lösungsmitteln von 25 Kilogramm bis weniger als 150 Kilogramm je Stunde oder 15 Tonnen bis weniger als 200 Tonnen je Jahr

b) Anlagen zum Bedrucken von bahnen- oder tafelförmigen Materialien mit Rotationsdruckmaschinen einschließlich der zugehörigen Trocknungsanlagen, soweit die Farben oder Lacke
– organische Lösungsmittel mit einem Anteil von mehr als 50 Gew.-% an Ethanol enthalten und in der Anlage insgesamt 50 Kilogramm bis weniger als 150 Kilogramm je Stunde oder 30 Tonnen bis weniger als 200 Tonnen je Jahr an organischen Lösungsmitteln verbraucht werden oder
– sonstige organische Lösungsmittel enthalten und in der Anlage insgesamt 25 Kilogramm

Anh. A 4   4. BImSchV   VO zur Durchführung des BImSchG

Spalte 1	Spalte 2
	bis weniger als 150 Kilogramm organische Lösungsmittel je Stunde oder 15 Tonnen bis weniger als 200 Tonnen je Jahr an organischen Lösungsmitteln verbraucht werden, ausgenommen Anlagen, soweit die Farben oder Lacke ausschließlich hochsiedende Öle (mit einem Dampfdruck von weniger als 0,01 Kilopascal bei einer Temperatur von 293,15 Kelvin) als organische Lösungsmittel enthalten
5.2 Anlagen zum Beschichten, Imprägnieren, Kaschieren, Lackieren oder Tränken von Gegenständen, Glas- oder Mineralfasern oder bahnen- oder tafelförmigen Materialien einschließlich der zugehörigen Trocknungsanlagen mit Kunstharzen, die unter weitgehender Selbstvernetzung ausreagieren (Reaktionsharze), wie Melamin-, Harnstoff-, Phenol-, Epoxid-, Furan-, Kresol-, Resorcin- oder Polyesterharzen, soweit die Menge dieser Harze 25 Kilogramm oder mehr je Stunde beträgt, ausgenommen Anlagen für den Einsatz von Pulverbeschichtungsstoffen	Anlagen zum Beschichten, Imprägnieren, Kaschieren, Lackieren oder Tränken von Gegenständen, Glas- oder Mineralfasern oder bahnen- oder tafelförmigen Materialien einschließlich der zugehörigen Trocknungsanlagen mit Kunstharzen, die unter weitgehender Selbstvernetzung ausreagieren (Reaktionsharze), wie Melamin-, Harnstoff-, Phenol-, Epoxid-, Furan-, Kresol-, Resorcin- oder Polyesterharzen, soweit die Menge dieser Harze 10 Kilogramm bis weniger als 25 Kilogramm je Stunde beträgt, ausgenommen Anlagen für den Einsatz von Pulverbeschichtungsstoffen
5.4 –	Anlagen zum Tränken oder Überziehen von Stoffen oder Gegenständen mit Teer, Teeröl oder heißem Bitumen, soweit die Menge dieser Kohlenwasserstoffe 25 Kilogramm oder mehr je Stunde beträgt, ausgenommen Anlagen zum Tränken oder Überziehen von Kabeln mit heißem Bitumen
5.5 –	Anlagen zum Isolieren von Drähten unter Verwendung von phenol- oder kresolhaltigen Drahtlacken
5.6 –	Anlagen zur Herstellung von bahnenförmigen Materialien auf Streichmaschinen einschließlich der zugehörigen Trocknungsanlagen unter Verwendung von Gemischen aus Kunststoffen und Weichmachern

Genehmigungsbedürftige Anlagen 4. BImSchV **Anh. A 4**

Spalte 1	Spalte 2
	oder von Gemischen aus sonstigen Stoffen und oxidiertem Leinöl
5.7 –	Anlagen zur Verarbeitung von flüssigen ungesättigten Polyesterharzen mit Styrol-Zusatz oder flüssigen Epoxidharzen mit Aminen zu a) Formmassen (zum Beispiel Harzmatten oder Faserformmassen) oder b) Formteilen oder Fertigerzeugnissen, soweit keine geschlossenen Werkzeuge (Formen) verwendet werden, für einen Harzverbrauch von 500 Kilogramm oder mehr je Woche
5.8 –	Anlagen zur Herstellung von Gegenständen unter Verwendung von Amino- oder Phenoplasten, wie Furan-, Harnstoff-, Phenol-, Resorcin- oder Xylolharzen mittels Wärmebehandlung, soweit die Menge der Ausgangsstoffe 10 Kilogramm oder mehr je Stunde beträgt
5.9 –	Anlagen zur Herstellung von Reibbelägen unter Verwendung von 10 Kilogramm oder mehr je Stunde an Phenoplasten oder sonstigen Kunstharzbindemitteln, soweit kein Asbest eingesetzt wird
5.10 –	Anlagen zur Herstellung von künstlichen Schleifscheiben, -körpern, -papieren oder -geweben unter Verwendung organischer Binde- oder Lösungsmittel, ausgenommen Anlagen, die von Nummer 5.1 erfasst werden
5.11 –	Anlagen zur Herstellung von Polyurethanformteilen, Bauteilen unter Verwendung von Polyurethan, Polyurethanblöcken in Kastenformen oder zum Ausschäumen von Hohlräumen mit Polyurethan, soweit die Menge der Polyurethan-Ausgangsstoffe 200 Kilogramm oder mehr je Stunde beträgt, ausgenommen Anlagen zum Einsatz von thermoplastischem Polyurethangranulat

Anh. A 4   4. BImSchV   VO zur Durchführung des BImSchG

Spalte 1	Spalte 2
6. **Holz, Zellstoff**	
6.1 Anlagen zur Gewinnung von Zellstoff aus Holz, Stroh oder ähnlichen Faserstoffen	–
6.2 Anlagen zur Herstellung von Papier, Karton oder Pappe mit einer Produktionsleistung von 20 Tonnen oder mehr je Tag	Anlagen zur Herstellung von Papier, Karton oder Pappe mit einer Produktionsleistung von weniger als 20 Tonnen je Tag, ausgenommen Anlagen, die aus einer oder mehreren Maschinen zur Herstellung von Papier, Karton oder Pappe bestehen, soweit die Bahnlänge des Papiers, des Kartons oder der Pappe bei allen Maschinen weniger als 75 Meter beträgt
6.3 Anlagen zur Herstellung von Holzspanplatten	Anlagen zur Herstellung von Holzfaserplatten oder Holzfasermatten
6.4 –	(aufgehoben)
7. **Nahrungs-, Genuss- und Futtermittel, landwirtschaftliche Erzeugnisse**	
7.1 Anlagen zum Halten oder zur Aufzucht von Geflügel oder Pelztieren oder zum Halten oder zur getrennten Aufzucht von Rindern oder Schweinen mit a) 20 000 Hennenplätzen, b) 40 000 Junghennenplätzen, c) 40 000 Mastgeflügelplätzen, d) 20 000 Truthühnermastplätzen, e) 350 Rinderplätzen, f) 1000 Kälberplätzen, g) 2000 Mastschweineplätzen (Schweine von 30 Kilogramm oder mehr Lebendgewicht), h) 750 Sauenplätzen einschließlich dazugehörender Ferkelaufzuchtplätze (Ferkel bis weniger als 30 Kilogramm Lebendgewicht), i) 6000 Ferkelplätzen für die getrennte Aufzucht (Ferkel von 10 bis weniger als 30 Kilogramm Lebendgewicht) oder j) 1000 Pelztierplätzen oder mehr; bei gemischten Beständen werden die Vom-Hundert-Anteile, bis zu denen die vorgenannten Platzzahlen jeweils ausgeschöpft werden, ad-	a) Anlagen zum Halten oder zur Aufzucht von Geflügel oder Pelztieren oder zum Halten oder zur getrennten Aufzucht von Rindern oder Schweinen mit aa) 15 000 bis weniger als 20 000 Hennenplätzen, bb) 30 000 bis weniger als 40 000 Junghennenplätzen, cc) 30 000 bis weniger als 40 000 Mastgeflügelplätzen, dd) 15 000 bis weniger als 20 000 Truthühnermastplätzen, ee) 250 bis weniger als 350 Rinderplätzen, ff) 300 bis weniger als 1000 Kälberplätzen, gg) 1500 bis weniger als 2000 Mastschweineplätzen (Schweine von 30 Kilogramm oder mehr Lebendgewicht),

Genehmigungsbedürftige Anlagen 4. BImSchV **Anh. A 4**

Spalte 1	Spalte 2
diert; erreicht die Summe der Vom-Hundert-Anteile einen Wert von 100, ist ein Genehmigungsverfahren durchzuführen	hh) 560 bis weniger als 750 Sauenplätzen einschließlich dazugehörender Ferkelaufzuchtplätze (Ferkel bis weniger als 30 Kilogramm Lebendgewicht), ii) 4500 bis weniger als 6000 Ferkelplätzen für die getrennte Aufzucht (Ferkel von 10 bis weniger als 30 Kilogramm Lebendgewicht) oder jj) 750 bis weniger als 1000 Pelztierplätzen; bei gemischten Beständen werden die Vom-Hundert-Anteile, bis zu denen die vorgenannten Platzzahlen jeweils ausgeschöpft werden, addiert; erreicht die Summe der Vom-Hundert-Anteile einen Wert von 100, ist ein Genehmigungsverfahren durchzuführen; oder b) Anlagen zum Halten oder zur Aufzucht von Nutztieren mit Plätzen für 50 Großvieheinheiten oder mehr und mehr als 2 Großvieheinheiten je Hektar der vom Inhaber der Anlage regelmäßig landwirtschaftlich genutzten Fläche oder ohne landwirtschaftlich genutzte Fläche. Eine Großvieheinheit entspricht einem Lebendgewicht von 500 Kilogramm je Haltungsperiode
7.2 Anlagen zum Schlachten von Tieren mit einer Leistung von 50 Tonnen Lebendgewicht oder mehr je Tag	Anlagen zum Schlachten von Tieren mit einer Leistung von a) 0,5 Tonnen bis weniger als 50 Tonnen Lebendgewicht Geflügel je Tag oder b) 4 Tonnen bis weniger als 50 Tonnen Lebendgewicht sonstige Tiere je Tag
7.3 a) Anlagen zur Erzeugung von Speisefetten aus tierischen Rohstoffen, ausgenommen von Milch, mit einer Produktionsleistung von 75 Tonnen Fertigerzeugnissen oder mehr je Tag b) Anlagen zum Schmelzen von tierischen Fetten mit einer Pro-	a) Anlagen zur Erzeugung von Speisefetten aus tierischen Rohstoffen, ausgenommen von Milch, mit einer Produktionsleistung von weniger als 75 Tonnen Fertigerzeugnissen, ausgenommen Anlagen zur Erzeugung von Speisefetten aus selbst gewonne-

Spalte 1	Spalte 2
duktionsleistung von 75 Tonnen Fertigerzeugnissen oder mehr je Tag	nen tierischen Fetten in Fleischereien mit einer Leistung bis zu 200 Kilogramm Speisefett je Woche b) Anlagen zum Schmelzen von tierischen Fetten mit einer Produktionsleistung von weniger als 75 Tonnen Fertigerzeugnissen je Tag, ausgenommen Anlagen zur Verarbeitung von selbst gewonnenen tierischen Fetten zu Speisefetten in Fleischereien mit einer Leistung bis zu 200 Kilogramm Speisefett je Woche
7.4 a) Anlagen zur Herstellung von Fleisch- oder Gemüsekonserven aus aa) tierischen Rohstoffen mit einer Produktionsleistung von 75 Tonnen Konserven oder mehr je Tag oder bb) pflanzlichen Rohstoffen mit einer Produktionsleistung von 300 Tonnen Konserven oder mehr je Tag als Vierteljahresdurchschnittswert b) Anlagen zur fabrikmäßigen Herstellung von Tierfutter durch Erwärmen der Bestandteile tierischer Herkunft	a) Anlagen zur Herstellung von Fleisch- oder Gemüsekonserven aus aa) tierischen Rohstoffen mit einer Produktionsleistung von 1 Tonne bis weniger als 75 Tonnen Konserven je Tag oder bb) pflanzlichen Rohstoffen mit einer Produktionsleistung von 10 Tonnen bis weniger als 300 Tonnen Konserven je Tag als Vierteljahresdurchschnittswert, ausgenommen Anlagen zum Sterilisieren oder Pasteurisieren dieser Nahrungsmittel in geschlossenen Behältnissen
7.5 Anlagen zum Räuchern von Fleisch- oder Fischwaren mit einer Produktionsleistung von 75 Tonnen geräucherten Waren oder mehr je Tag	Anlagen zum Räuchern von Fleisch- oder Fischwaren mit einer Produktionsleistung von weniger als 75 Tonnen geräucherten Waren je Tag, ausgenommen – Anlagen in Gaststätten, – Räuchereien mit einer Räucherleistung von weniger als 1 Tonne Fleisch- oder Fischwaren je Woche und – Anlagen, bei denen mindestens 90 vom Hundert der Abgase konstruktionsbedingt der Anlage wieder zugeführt werden
7.6 –	Anlagen zum Reinigen oder zum Entschleimen von tierischen Därmen oder Mägen, ausgenommen

Genehmigungsbedürftige Anlagen 4. BImSchV **Anh. A 4**

Spalte 1	Spalte 2
	Anlagen, in denen weniger Därme oder Mägen je Tag behandelt werden als beim Schlachten von weniger als 4 Tonnen sonstiger Tiere nach Nummer 7.2 Spalte 2 Buchstabe b anfallen
7.7 –	Anlagen zur Zubereitung oder Verarbeitung von Kälbermägen zur Labgewinnung, ausgenommen Anlagen, in denen weniger Kälbermägen je Tag eingesetzt werden als beim Schlachten von weniger als 4 Tonnen sonstiger Tiere nach Nummer 7.2 Spalte 2 Buchstabe b anfallen
7.8 Anlagen zur Herstellung von Gelatine, Hautleim, Lederleim oder Knochenleim	–
7.9 Anlagen zur Herstellung von Futter- oder Düngemitteln oder technischen Fetten aus den Schlachtnebenprodukten Knochen, Tierhaare, Federn, Hörner, Klauen oder Blut	–
7.10 –	Anlagen zum Lagern oder Aufarbeiten unbehandelter Tierhaare mit Ausnahme von Wolle, ausgenommen Anlagen für selbst gewonnene Tierhaare in Anlagen, die nicht durch Nummer 7.2 erfasst werden
7.11 Anlagen zum Lagern unbehandelter Knochen, ausgenommen Anlagen für selbst gewonnene Knochen in – Fleischereien, in denen je Woche weniger als 4000 Kilogramm Fleisch verarbeitet werden, und – Anlagen, die nicht durch Nummer 7.2 erfasst werden	–
7.12 Anlagen zur Beseitigung oder Verwertung von Tierkörpern oder tierischen Abfällen sowie Anlagen, in denen Tierkörper, Tierkörperteile oder Abfälle tierischer Herkunft zum Einsatz in diesen Anlagen gesammelt oder gelagert werden	–
7.13 –	Anlagen zum Trocknen, Einsalzen oder Lagern ungegerbter Tierhäute oder Tierfelle, ausgenommen Anlagen, in denen weniger Tierhäute

Anh. A 4 4. BImSchV   VO zur Durchführung des BImSchG

	Spalte 1	Spalte 2
		oder Tierfelle je Tag behandelt werden als beim Schlachten von weniger als 4 Tonnen sonstiger Tiere nach Nummer 7.2 Spalte 2 Buchstabe b anfallen
7.14	Anlagen zum Gerben einschließlich Nachgerben von Tierhäuten oder Tierfellen mit einer Verarbeitungsleistung von 12 Tonnen Fertigerzeugnissen oder mehr je Tag	Anlagen zum Gerben einschließlich Nachgerben von Tierhäuten oder Tierfellen mit einer Verarbeitungsleistung von weniger als 12 Tonnen Fertigerzeugnissen je Tag, ausgenommen Anlagen, in denen weniger Tierhäute oder Tierfelle behandelt werden als beim Schlachten von weniger als 4 Tonnen sonstiger Tiere nach Nummer 7.2 Spalte 2 Buchstabe b anfallen
7.15	Kottrocknungsanlagen	–
7.16	Anlagen zur Herstellung von Fischmehl oder Fischöl	–
7.17	Anlagen zur Aufbereitung oder ungefassten Lagerung von Fischmehl	Anlagen zum Umschlag oder zur Verarbeitung von ungefasstem Fischmehl, soweit 200 Tonnen oder mehr je Tag bewegt oder verarbeitet werden können
7.18	–	Garnelendarren (Krabbendarren) oder Kochereien für Futterkrabben
7.19	Anlagen zur Herstellung von Sauerkraut mit einer Produktionsleistung von 300 Tonnen Sauerkraut oder mehr je Tag als Vierteljahresdurchschnittswert	Anlagen zur Herstellung von Sauerkraut mit einer Produktionsleistung von 10 Tonnen bis weniger als 300 Tonnen Sauerkraut je Tag als Vierteljahresdurchschnittswert
7.20	Anlagen zur Herstellung von Braumalz (Mälzereien) mit einer Produktionsleistung von 300 Tonnen Darrmalz oder mehr je Tag als Vierteljahresdurchschnittswert	Anlagen zum Trocknen von Braumalz (Malzdarren) mit einer Produktionsleistung von weniger als 300 Tonnen Darrmalz je Tag als Vierteljahresdurchschnittswert
7.21	Mühlen für Nahrungs- oder Futtermittel mit einer Produktionsleistung von 300 Tonnen Fertigerzeugnissen oder mehr je Tag als Vierteljahresdurchschnittswert	–
7.22	Anlagen zur Herstellung von Hefe oder Stärkemehlen mit einer Produktionsleistung von 300 Tonnen oder mehr Hefe oder Stärkemehlen	Anlagen zur Herstellung von Hefe oder Stärkemehlen mit einer Produktionsleistung von 1 Tonne bis weniger als 300 Tonnen Hefe oder

Genehmigungsbedürftige Anlagen 4. BImSchV **Anh. A 4**

	Spalte 1	Spalte 2
	je Tag als Vierteljahresdurchschnittswert	Stärkemehlen je Tag als Vierteljahresdurchschnittswert
7.23	Anlagen zur Erzeugung von Ölen oder Fetten aus pflanzlichen Rohstoffen mit einer Produktionsleistung von 300 Tonnen Fertigerzeugnissen oder mehr je Tag als Vierteljahresdurchschnittswert	Anlagen zur Erzeugung von Ölen oder Fetten aus pflanzlichen Rohstoffen mit Hilfe von Extraktionsmitteln, soweit die Menge des eingesetzten Extraktionsmittels 1 Tonne oder mehr beträgt und weniger als 300 Tonnen Fertigerzeugnisse je Tag als Vierteljahresdurchschnittswert gewonnen werden
7.24	Anlagen zur Herstellung oder Raffination von Zucker unter Verwendung von Zuckerrüben oder Rohzucker	–
7.25	–	Anlagen zur Trocknung von Grünfutter, ausgenommen Anlagen zur Trocknung von selbst gewonnenem Grünfutter im landwirtschaftlichen Betrieb
7.26	–	Hopfen-Schwefeldarren
7.27	Brauereien mit einem Ausstoß von 3000 Hektoliter Bier oder mehr je Tag als Vierteljahresdurchschnittswert	a) Brauereien mit einem Ausstoß von 200 bis weniger als 3000 Hektoliter Bier je Tag als Vierteljahresdurchschnittswert b) Anlagen zur Trocknung von Biertreber c) Melassebrennereien
7.28	Anlagen zur Herstellung von Speisewürzen aus a) tierischen Rohstoffen mit einer Produktionsleistung von 75 Tonnen Speisewürzen oder mehr je Tag oder b) pflanzlichen Rohstoffen mit einer Produktionsleistung von 300 Tonnen Speisewürzen oder mehr je Tag als Vierteljahresdurchschnittswert	Anlagen zur Herstellung von Speisewürzen aus a) tierischen Rohstoffen mit einer Produktionsleistung von weniger als 75 Tonnen Speisewürzen je Tag oder b) pflanzlichen Rohstoffen mit einer Produktionsleistung von weniger als 300 Tonnen Speisewürzen je Tag als Vierteljahresdurchschnittswert und unter Verwendung von Säuren
7.29	Anlagen zum Rösten oder Mahlen von Kaffee oder Abpacken von gemahlenem Kaffee mit einer Produktionsleistung von 300 Tonnen geröstetem Kaffee oder mehr je Tag als Vierteljahresdurchschnittswert	Anlagen zum Rösten oder Mahlen von Kaffee oder Abpacken von gemahlenem Kaffee mit einer Produktionsleistung von 0,5 Tonnen bis weniger als 300 Tonnen geröstetem Kaffee je Tag als Vierteljahresdurchschnittswert

Anh. A 4 4. BImSchV VO zur Durchführung des BImSchG

Spalte 1	Spalte 2
7.30 Anlagen zum Rösten von Kaffee-Ersatzprodukten, Getreide, Kakaobohnen oder Nüssen mit einer Produktionsleistung von 300 Tonnen gerösteten Erzeugnissen oder mehr je Tag als Vierteljahresdurchschnittswert	Anlagen zum Rösten von Kaffee-Ersatzprodukten, Getreide, Kakaobohnen oder Nüssen mit einer Produktionsleistung von 1 Tonne bis weniger als 300 Tonnen gerösteten Erzeugnissen je Tag als Vierteljahresdurchschnittswert
7.31 Anlagen zur Herstellung von Süßwaren oder Sirup aus	Anlagen zur
a) tierischen Rohstoffen, ausgenommen von Milch, mit einer Produktionsleistung von 75 Tonnen oder mehr Süßwaren oder Sirup je Tag oder	a) Herstellung von Lakritz mit einer Produktionsleistung von 50 Kilogramm bis weniger als 75 Tonnen je Tag bei der Verwendung tierischer Rohstoffe und von weniger als 300 Tonnen je Tag bei der Verwendung pflanzlicher Rohstoffe als Vierteljahresdurchschnittswert oder
b) pflanzlichen Rohstoffen mit einer Produktionsleistung von 300 Tonnen oder mehr Süßwaren oder Sirup je Tag als Vierteljahresdurchschnittswert	b) Herstellung von Kakaomasse aus Rohkakao oder thermischen Veredelung von Kakao oder Schokoladenmasse mit einer Produktionsleistung von 50 Kilogramm bis weniger als 75 Tonnen je Tag bei der Verwendung tierischer Rohstoffe und von weniger als 300 Tonnen je Tag bei der Verwendung pflanzlicher Rohstoffe als Vierteljahresdurchschnittswert
7.32 Anlagen zur Behandlung oder Verarbeitung von Milch mit einem Einsatz von 200 Tonnen Milch oder mehr je Tag als Jahresdurchschnittswert	Anlagen mit Sprühtrocknern zum Trocknen von Milch, Erzeugnissen aus Milch oder von Milchbestandteilen, soweit 5 Tonnen bis weniger als 200 Tonnen Milch je Tag als Jahresdurchschnittswert eingesetzt werden
7.33 –	Anlagen zum Befeuchten von Tabak unter Zuführung von Wärme oder Aromatisieren oder zum Trocknen von fermentiertem Tabak
7.34 Anlagen zur Herstellung von sonstigen Nahrungsmittelerzeugnissen aus a) tierischen Rohstoffen, ausgenommen von Milch, mit einer Produktionsleistung von 75 Tonnen Fertigerzeugnissen oder mehr je Tag oder	–

Genehmigungsbedürftige Anlagen 4. BImSchV **Anh. A 4**

Spalte 1	Spalte 2

b) pflanzlichen Rohstoffen mit einer Produktionsleistung von 300 Tonnen Fertigerzeugnissen oder mehr je Tag als Vierteljahresdurchschnittswert

8. **Verwertung und Beseitigung von Abfällen und sonstigen Stoffen**

8.1 a) Anlagen zur Beseitigung oder Verwertung fester, flüssiger oder in Behältern gefasster gasförmiger Abfälle oder Deponiegas mit brennbaren Bestandteilen durch thermische Verfahren, insbesondere Entgasung, Plasmaverfahren, Pyrolyse, Vergasung, Verbrennung oder eine Kombination dieser Verfahren

a) Anlagen zum Abfackeln von Deponiegas oder anderen gasförmigen Stoffen

b) Verbrennungsmotoranlagen für den Einsatz von Altöl oder Deponiegas mit einer Feuerungswärmeleistung von 1 Megawatt oder mehr

b) Verbrennungsmotoranlagen für den Einsatz von Altöl oder Deponiegas mit einer Feuerungswärmeleistung bis weniger als 1 Megawatt

8.2 Anlagen zur Erzeugung von Strom, Dampf, Warmwasser, Prozesswärme oder erhitztem Abgas durch den Einsatz von

Anlagen zur Erzeugung von Strom, Dampf, Warmwasser, Prozesswärme oder erhitztem Abgas durch den Einsatz von

a) gestrichenem, lackiertem oder beschichtetem Holz sowie daraus anfallenden Resten, soweit keine Holzschutzmittel aufgetragen oder infolge einer Behandlung enthalten sind oder Beschichtungen keine halogenorganischen Verbindungen oder Schwermetalle enthalten, mit einer Feuerungswärmeleistung von 50 Megawatt oder mehr, oder

a) gestrichenem, lackiertem oder beschichtetem Holz sowie daraus anfallenden Resten, soweit keine Holzschutzmittel aufgetragen oder infolge einer Behandlung enthalten sind oder Beschichtungen keine halogenorganischen Verbindungen oder Schwermetalle enthalten, mit einer Feuerungswärmeleistung von 1 Megawatt bis weniger als 50 Megawatt, oder

b) Sperrholz, Spanplatten, Faserplatten oder sonst verleimtem Holz sowie daraus anfallenden Resten, soweit keine Holzschutzmittel aufgetragen oder infolge einer Behandlung enthalten sind oder Beschichtungen keine halogenorganischen Verbindungen oder Schwermetalle enthalten, mit einer Feuerungswärmeleistung von 50 Megawatt oder mehr

b) Sperrholz, Spanplatten, Faserplatten oder sonst verleimtem Holz sowie daraus anfallenden Resten, soweit keine Holzschutzmittel aufgetragen oder infolge einer Behandlung enthalten sind oder Beschichtungen keine halogenorganischen Verbindungen oder Schwermetalle enthalten, mit einer Feuerungswärmeleistung von 1 Megawatt bis weniger als 50 Megawatt

Spalte 1	Spalte 2
in einer Verbrennungseinrichtung (wie Kraftwerk, Heizkraftwerk, Heizwerk, sonstige Feuerungsanlage), einschließlich zugehöriger Dampfkessel	in einer Verbrennungseinrichtung (wie Kraftwerk, Heizkraftwerk, Heizwerk, sonstige Feuerungsanlage), einschließlich zugehöriger Dampfkessel
8.3 Anlagen zur thermischen Aufbereitung von Stahlwerksstäuben für die Gewinnung von Metallen oder Metallverbindungen im Drehrohr oder in einer Wirbelschicht	Anlagen zur Behandlung a) edelmetallhaltiger Abfälle einschließlich der Präparation, soweit die Menge der Einsatzstoffe 10 Kilogramm oder mehr je Tag beträgt, oder b) von mit organischen Verbindungen verunreinigten Metallen, Metallspänen oder Walzzunder zum Zweck der Rückgewinnung von Metallen oder Metallverbindungen durch thermische Verfahren, insbesondere Pyrolyse, Verbrennung oder eine Kombination dieser Verfahren, sofern diese Abfälle nicht besonders überwachungsbedürftig sind, auf die die Vorschriften des Kreislaufwirtschafts- und Abfallgesetzes Anwendung finden
8.4 –	Anlagen, in denen Stoffe aus in Haushaltungen anfallenden oder aus hausmüllähnlichen Abfällen, auf die die Vorschriften des Kreislaufwirtschafts- und Abfallgesetzes Anwendung finden, durch Sortieren für den Wirtschaftskreislauf zurückgewonnen werden, mit einer Durchsatzleistung von 10 Tonnen Einsatzstoffen oder mehr je Tag
8.5 Anlagen zur Erzeugung von Kompost aus organischen Abfällen, auf die die Vorschriften des Kreislaufwirtschafts- und Abfallgesetzes Anwendung finden, mit einer Durchsatzleistung von 30 000 Tonnen Einsatzstoffen oder mehr je Jahr (Kompostwerke)	Anlagen zur Erzeugung von Kompost aus organischen Abfällen, auf die die Vorschriften des Kreislaufwirtschafts- und Abfallgesetzes Anwendung finden, mit einer Durchsatzleistung von 3000 Tonnen bis weniger als 30 000 Tonnen Einsatzstoffen je Jahr
8.6 Anlagen zur biologischen Behandlung von a) besonders überwachungsbedürftigen Abfällen, auf die die Vorschriften des Kreislaufwirtschafts-	Anlagen zur biologischen Behandlung von a) besonders überwachungsbedürftigen Abfällen, auf die die Vorschriften des Kreislaufwirtschafts-

Genehmigungsbedürftige Anlagen 4. BImSchV **Anh. A 4**

Spalte 1	Spalte 2

und Abfallgesetzes Anwendung finden, mit einer Durchsatzleistung von 10 Tonnen Abfällen oder mehr je Tag oder

b) nicht besonders überwachungsbedürftigen Abfällen, auf die die Vorschriften des Kreislaufwirtschafts- und Abfallgesetzes Anwendung finden, mit einer Durchsatzleistung von 50 Tonnen Abfällen oder mehr je Tag,

ausgenommen Anlagen, die durch Nummer 8.5 oder 8.7 erfasst werden

und Abfallgesetzes Anwendung finden, mit einer Durchsatzleistung von 1 Tonne bis weniger als 10 Tonnen Abfällen je Tag oder

b) nicht besonders überwachungsbedürftigen Abfällen, auf die die Vorschriften des Kreislaufwirtschafts- und Abfallgesetzes Anwendung finden, mit einer Durchsatzleistung von 10 Tonnen bis weniger als 50 Tonnen Abfällen je Tag,

ausgenommen Anlagen, die durch Nummer 8.5 oder 8.7 erfasst werden

8.7 Anlagen zur Behandlung von verunreinigtem Boden, auf den die Vorschriften des Kreislaufwirtschafts- und Abfallgesetzes Anwendung finden, durch biologische Verfahren, Entgasen, Strippen oder Waschen mit einem Einsatz von 10 Tonnen verunreinigtem Boden oder mehr je Tag

Anlagen zur Behandlung von verunreinigtem Boden, auf den die Vorschriften des Kreislaufwirtschafts- und Abfallgesetzes Anwendung finden, durch biologische Verfahren, Entgasen, Strippen oder Waschen mit einem Einsatz von 1 Tonne bis weniger als 10 Tonnen verunreinigtem Boden je Tag

8.8 Anlagen zur chemischen Behandlung, insbesondere zur chemischen Emulsionsspaltung, Fällung, Flockung, Neutralisation oder Oxidation, von

a) besonders überwachungsbedürftigen Abfällen, auf die die Vorschriften des Kreislaufwirtschafts- und Abfallgesetzes Anwendung finden, oder

b) nicht besonders überwachungsbedürftigen Abfällen, auf die die Vorschriften des Kreislaufwirtschafts- und Abfallgesetzes Anwendung finden, mit einer Durchsatzleistung von 50 Tonnen Einsatzstoffen oder mehr je Tag

Anlagen zur chemischen Behandlung, insbesondere zur chemischen Emulsionsspaltung, Fällung, Flockung, Neutralisation oder Oxidation, von nicht besonders überwachungsbedürftigen Abfällen, auf die die Vorschriften des Kreislaufwirtschafts- und Abfallgesetzes Anwendung finden, mit einer Durchsatzleistung von 10 Tonnen bis weniger als 50 Tonnen Einsatzstoffen je Tag

8.9 a) Anlagen zum Zerkleinern von Schrott durch Rotormühlen mit einer Nennleistung des Rotorantriebes von 500 Kilowatt oder mehr

b) Anlagen zur zeitweiligen Lagerung von Eisen- oder Nichtei-

a) Anlagen zum Zerkleinern von Schrott durch Rotormühlen mit einer Nennleistung des Rotorantriebes von 100 Kilowatt bis weniger als 500 Kilowatt

b) Anlagen zur zeitweiligen Lagerung von Eisen- oder Nichtei-

Spalte 1	Spalte 2
senschrotten, einschließlich Autowracks, mit einer Gesamtlagerfläche von 15 000 Quadratmeter oder mehr oder einer Gesamtlagerkapazität von 1500 Tonnen Eisen- oder Nichteisenschrotten oder mehr, ausgenommen die zeitweilige Lagerung bis zum Einsammeln auf dem Gelände der Entstehung der Abfälle und Anlagen, die durch Nummer 8.13 erfasst werden	senschrotten, einschließlich Autowracks, mit einer Gesamtlagerfläche von 1000 Quadratmeter bis weniger als 15 000 Quadratmeter oder einer Gesamtlagerkapazität von 100 Tonnen bis weniger als 1500 Tonnen Eisen- oder Nichteisenschrotten, ausgenommen die zeitweilige Lagerung bis zum Einsammeln auf dem Gelände der Entstehung der Abfälle und Anlagen, die durch Nummer 8.13 erfasst werden
	c) Anlagen zur Behandlung von Altautos mit einer Durchsatzleistung von 5 Altautos oder mehr je Woche
8.10 Anlagen zur physikalisch-chemischen Behandlung, insbesondere zum Destillieren, Kalzinieren, Trocknen oder Verdampfen, von	Anlagen zur physikalisch-chemischen Behandlung, insbesondere zum Destillieren, Kalzinieren, Trocknen oder Verdampfen, von
a) besonders überwachungsbedürftigen Abfällen, auf die die Vorschriften des Kreislaufwirtschafts- und Abfallgesetzes Anwendung finden, mit einer Durchsatzleistung von 10 Tonnen Einsatzstoffen oder mehr je Tag oder	a) besonders überwachungsbedürftigen Abfällen, auf die die Vorschriften des Kreislaufwirtschafts- und Abfallgesetzes Anwendung finden, mit einer Durchsatzleistung von 1 Tonne bis weniger als 10 Tonnen Einsatzstoffen je Tag oder
b) nicht besonders überwachungsbedürftigen Abfällen, auf die die Vorschriften der[1] Kreislaufwirtschafts- und Abfallgesetzes Anwendung finden, mit einer Durchsatzleistung von 50 Tonnen Einsatzstoffen oder mehr je Tag	b) nicht besonders überwachungsbedürftigen Abfällen, auf die die Vorschriften des Kreislaufwirtschafts- und Abfallgesetzes Anwendung finden, mit einer Durchsatzleistung von 10 Tonnen bis weniger als 50 Tonnen Einsatzstoffen je Tag
8.11 Anlagen zur Behandlung von besonders überwachungsbedürftigen Abfällen, auf die die Vorschriften des Kreislaufwirtschafts- und Abfallgesetzes Anwendung finden,	a) Anlagen zur Behandlung von besonders überwachungsbedürftigen Abfällen, auf die die Vorschriften des Kreislaufwirtschafts- und Abfallgesetzes Anwendung finden,
aa) durch Vermengung oder Vermischung sowie durch Konditionierung,	aa) durch Vermengung oder Vermischung sowie durch Konditionierung,
bb) zum Zweck der Hauptverwendung als Brennstoff oder der	bb) zum Zweck der Hauptverwendung als Brennstoff oder

---

[1] Richtig wohl: „des".

Genehmigungsbedürftige Anlagen 4. BImSchV **Anh. A 4**

Spalte 1	Spalte 2

<table>
<tr><td>

Energieerzeugung durch andere Mittel,
cc) zum Zweck der Ölraffination oder anderer Wiederverwendungsmöglichkeiten von Öl,
dd) zum Zweck der Regenerierung von Basen oder Säuren,
ee) zum Zweck der Rückgewinnung oder Regenerierung von organischen Lösungsmitteln oder
ff) zum Zweck der Wiedergewinnung von Bestandteilen, die der Bekämpfung von Verunreinigungen dienen
mit einer Durchsatzleistung von 10 Tonnen Einsatzstoffen oder mehr je Tag, ausgenommen Anlagen, die durch Nummer 8.1 und 8.8 erfasst werden

</td><td>

der Energieerzeugung durch andere Mittel,
cc) zum Zweck der Ölraffination oder anderer Wiederverwendungsmöglichkeiten von Öl,
dd) zum Zweck der Regenerierung von Basen oder Säuren,
ee) zum Zweck der Rückgewinnung oder Regenerierung von organischen Lösungsmitteln oder
ff) zum Zweck der Wiedergewinnung von Bestandteilen, die der Bekämpfung von Verunreinigungen dienen
mit einer Durchsatzleistung von 1 Tonne bis weniger als 10 Tonnen Einsatzstoffen je Tag, ausgenommen Anlagen, die durch Nummer 8.1 und 8.8 erfasst werden
b) Anlagen zur sonstigen Behandlung von
  aa) besonders überwachungsbedürftigen Abfällen, auf die die Vorschriften des Kreislaufwirtschafts- und Abfallgesetzes Anwendung finden, mit einer Durchsatzleistung von 1 Tonne oder mehr je Tag oder
  bb) nicht besonders überwachungsbedürftigen Abfällen, auf die die Vorschriften des Kreislaufwirtschafts- und Abfallgesetzes Anwendung finden, mit einer Durchsatzleistung von 10 Tonnen oder mehr je Tag,
ausgenommen Anlagen, die durch Nummer 8.1 bis 8.10 erfasst werden

</td></tr>
<tr><td>

8.12 Anlagen zur zeitweiligen Lagerung von besonders überwachungsbedürftigen Abfällen, auf die die Vorschriften des Kreislaufwirtschafts- und Abfallgesetzes Anwendung finden, mit einer Aufnahmekapazität von 10 Tonnen oder mehr je Tag oder einer Gesamtlagerkapazität von 150 Tonnen oder mehr, ausge-

</td><td>

a) Anlagen zur zeitweiligen Lagerung von besonders überwachungsbedürftigen Abfällen, auf die die Vorschriften des Kreislaufwirtschafts- und Abfallgesetzes Anwendung finden, mit einer Aufnahmekapazität von 1 Tonne bis weniger als 10 Tonnen je Tag oder einer

</td></tr>
</table>

983

Anh. A 4 4. BImSchV VO zur Durchführung des BImSchG

Spalte 1	Spalte 2
nommen die zeitweilige Lagerung bis zum Einsammeln auf dem Gelände der Entstehung der Abfälle und Anlagen, die von Nummer 8.14 erfasst werden	Gesamtlagerkapazität von 30 Tonnen bis weniger als 150 Tonnen, ausgenommen die zeitweilige Lagerung bis zum Einsammeln auf dem Gelände der Entstehung der Abfälle und Anlagen, die von Nummer 8.14 erfasst werden b) Anlagen zur zeitweiligen Lagerung von nicht besonders überwachungsbedürftigen Abfällen, auf die die Vorschriften des Kreislaufwirtschafts- und Abfallgesetzes Anwendung finden, mit einer Aufnahmekapazität von 10 Tonnen oder mehr je Tag oder einer Gesamtlagerkapazität von 100 Tonnen oder mehr, ausgenommen die zeitweilige Lagerung – bis zum Einsammeln – auf dem Gelände der Entstehung der Abfälle
8.13 Anlagen zur zeitweiligen Lagerung von besonders überwachungsbedürftigen Schlämmen, auf die die Vorschriften des Kreislaufwirtschafts- und Abfallgesetzes Anwendung finden, mit einer Aufnahmekapazität von 10 Tonnen oder mehr je Tag oder einer Gesamtlagerkapazität von 150 Tonnen oder mehr	Anlagen zur zeitweiligen Lagerung von nicht besonders überwachungsbedürftigen Schlämmen, auf die die Vorschriften des Kreislaufwirtschafts- und Abfallgesetzes Anwendung finden, mit einer Aufnahmekapazität von 10 Tonnen oder mehr je Tag oder einer Gesamtlagerkapazität von 150 Tonnen oder mehr, ausgenommen die zeitweilige Lagerung bis zum Einsammeln auf dem Gelände der Entstehung der Abfälle
8.14 a) Anlagen zum Lagern von besonders überwachungsbedürftigen Abfällen, auf die die Vorschriften des Kreislaufwirtschafts- und Abfallgesetzes Anwendung finden und soweit in diesen Anlagen Abfälle vor deren Beseitigung oder Verwertung jeweils über einen Zeitraum von mehr als einem Jahr gelagert werden b) Anlagen zum Lagern von nicht besonders überwachungsbedürftigen Abfällen, auf die die Vorschriften des Kreislaufwirtschafts-	Anlagen zum Lagern von nicht besonders überwachungsbedürftigen Abfällen, auf die die Vorschriften des Kreislaufwirtschafts- und Abfallgesetzes Anwendung finden und soweit in diesen Anlagen Abfälle vor deren Beseitigung oder Verwertung jeweils über einen Zeitraum von mehr als einem Jahr gelagert werden, mit einer Aufnahmekapazität von weniger als 10 Tonnen je Tag oder einer Gesamtlagerkapazität von weniger als 150 Tonnen

Spalte 1	Spalte 2
	und Abfallgesetzes Anwendung finden und soweit in diesen Anlagen Abfälle vor deren Beseitigung oder Verwertung jeweils über einen Zeitraum von mehr als einem Jahr gelagert werden, mit einer Aufnahmekapazität von 10 Tonnen oder mehr je Tag oder einer Gesamtlagerkapazität von 150 Tonnen oder mehr	
8.15	Anlagen zum Umschlagen von besonders überwachungsbedürftigen Abfällen, auf die die Vorschriften des Kreislaufwirtschafts- und Abfallgesetzes Anwendung finden, mit einer Leistung von 10 Tonnen oder mehr je Tag, ausgenommen Anlagen zum Umschlagen von Erdaushub oder von Gestein, das bei der Gewinnung oder Aufbereitung von Bodenschätzen anfällt	Anlagen zum Umschlagen von a) besonders überwachungsbedürftigen Abfällen, auf die die Vorschriften des Kreislaufwirtschafts- und Abfallgesetzes Anwendung finden, mit einer Leistung von einer Tonne bis weniger als 10 Tonnen je Tag b) nicht besonders überwachungsbedürftigen Abfällen, auf die die Vorschriften des Kreislaufwirtschafts- und Abfallgesetzes Anwendung finden, mit einer Leistung von 100 Tonnen oder mehr je Tag, ausgenommen Anlagen zum Umschlagen von Erdaushub oder von Gestein, das bei der Gewinnung oder Aufbereitung von Bodenschätzen anfällt

9. Lagerung, Be- und Entladen von Stoffen und Zubereitungen

9.1	Anlagen, die der Lagerung von brennbaren Gasen in Behältern mit einem Fassungsvermögen von 30 Tonnen oder mehr dienen, ausgenommen Erdgasröhrenspeicher sowie Anlagen zum Lagern von brennbaren Gasen oder Erzeugnissen, die brennbare Gase z.B. als Treibmittel oder Brenngas enthalten, soweit es sich um Einzelbehältnisse mit einem Volumen von jeweils nicht mehr als 1000 Kubikzentimeter handelt	a) Anlagen zur Lagerung von brennbaren Gasen oder Erzeugnissen, die brennbare Gase z.B. als Treibmittel oder Brenngas enthalten, soweit es sich um Einzelbehältnisse mit einem Volumen von jeweils nicht mehr als 1000 Kubikzentimeter handelt, mit einer Lagermenge von insgesamt 30 Tonnen brennbarer Gase oder mehr b) sonstige Anlagen zur Lagerung von brennbaren Gasen in Behältern mit einem Fassungsvermögen von 3 Tonnen bis weniger als 30 Tonnen, ausgenommen Erdgasröhrenspeicher

Anh. A 4 4. BImSchV VO zur Durchführung des BImSchG

Spalte 1	Spalte 2
9.2 Anlagen, die der Lagerung von brennbaren Flüssigkeiten in Behältern mit einem Fassungsvermögen von 50 000 Tonnen oder mehr dienen	Anlagen, die der Lagerung von a) 5000 Tonnen bis weniger als 50 000 Tonnen brennbarer Flüssigkeiten, die einen Flammpunkt unter 294,15 Kelvin haben und deren Siedepunkt bei Normaldruck (101,3 Kilopascal) über 293,15 Kelvin liegt oder b) 10 000 Tonnen bis weniger als 50 000 Tonnen sonstiger brennbarer Flüssigkeiten in Behältern dienen
9.3 Anlagen, die der Lagerung von 200 Tonnen oder mehr Acrylnitril dienen	Anlagen, die der Lagerung von 20 Tonnen bis weniger als 200 Tonnen Acrylnitril dienen
9.4 Anlagen, die der Lagerung von 75 Tonnen oder mehr Chlor dienen	Anlagen, die der Lagerung von 10 Tonnen bis weniger als 75 Tonnen Chlor dienen
9.5 Anlagen, die der Lagerung von 250 Tonnen oder mehr Schwefeldioxid dienen	Anlagen, die der Lagerung von 20 Tonnen bis weniger als 250 Tonnen Schwefeldioxid dienen
9.6 Anlagen, die der Lagerung von 2000 Tonnen oder mehr Sauerstoffs dienen	Anlagen, die der Lagerung von 200 Tonnen bis weniger als 2000 Tonnen Sauerstoffs dienen
9.7 Anlagen, die der Lagerung von 500 Tonnen oder mehr Ammoniumnitrat oder ammoniumnitrathaltiger Zubereitungen der Gruppe A nach Anhang V Nr.2 der Gefahrstoffverordnung dienen	Anlagen, die der Lagerung von 25 Tonnen bis weniger als 500 Tonnen Ammoniumnitrat oder ammoniumnitrathaltiger Zubereitungen der Gruppe A nach Anhang V Nr.2 der Gefahrstoffverordnung dienen
9.8 Anlagen, die der Lagerung von 100 Tonnen oder mehr Alkalichlorat dienen	Anlagen, die der Lagerung von 5 Tonnen bis weniger als 100 Tonnen Alkalichlorat dienen
9.9 –	Anlagen, die der Lagerung von 5 Tonnen oder mehr Pflanzenschutz- oder Schädlingsbekämpfungsmittel oder ihrer Wirkstoffe dienen
9.11 –	Offene oder unvollständig geschlossene Anlagen zum Be- oder Entladen von Schüttgütern, die im trockenen Zustand stauben können, durch Kippen von Wagen oder Behältern oder unter Verwendung von Baggern, Schaufelladegeräten, Greifern, Saughebern oder ähnlichen

Genehmigungsbedürftige Anlagen 4. BImSchV **Anh. A 4**

	Spalte 1	Spalte 2
		Einrichtungen, soweit 400 Tonnen Schüttgüter oder mehr je Tag bewegt werden können, ausgenommen Anlagen zum Be- oder Entladen von Erdaushub oder von Gestein, das bei der Gewinnung oder Aufbereitung von Bodenschätzen anfällt
9.12	Anlagen, die der Lagerung von 100 Tonnen oder mehr Schwefeltrioxid dienen	Anlagen, die der Lagerung von 15 Tonnen bis weniger als 100 Tonnen Schwefeltrioxid dienen
9.13	Anlagen, die der Lagerung von 2500 Tonnen oder mehr ammoniumnitrathaltiger Zubereitungen der Gruppe B nach Anhang V Nr.2 der Gefahrstoffverordnung dienen	Anlagen, die der Lagerung von 100 Tonnen bis weniger als 2500 Tonnen ammoniumnitrathaltiger Zubereitungen der Gruppe B nach Anhang V Nr.2 der Gefahrstoffverordnung dienen
9.14	Anlagen, die der Lagerung von 30 Tonnen oder mehr Ammoniak dienen	Anlagen, die der Lagerung von 3 Tonnen bis weniger als 30 Tonnen Ammoniak dienen
9.15	Anlagen, die der Lagerung von 0,75 Tonnen oder mehr Tonnen Phosgen dienen	Anlagen, die der Lagerung von 0,075 Tonnen bis weniger als 0,75 Tonnen Phosgen dienen
9.16	Anlagen, die der Lagerung von 50 Tonnen oder mehr Schwefelwasserstoff dienen	Anlagen, die der Lagerung von 5 Tonnen bis weniger als 50 Tonnen Schwefelwasserstoff dienen
9.17	Anlagen, die der Lagerung von 50 Tonnen oder mehr Fluorwasserstoff dienen	Anlagen, die der Lagerung von 5 Tonnen bis weniger als 50 Tonnen Fluorwasserstoff dienen
9.18	Anlagen, die der Lagerung von 20 Tonnen oder mehr Cyanwasserstoff dienen	Anlagen, die der Lagerung von 5 Tonnen bis weniger als 20 Tonnen Cyanwasserstoff dienen
9.19	Anlagen, die der Lagerung von 200 Tonnen oder mehr Schwefelkohlenstoff dienen	Anlagen, die der Lagerung von 20 Tonnen bis weniger als 200 Tonnen Schwefelkohlenstoff dienen
9.20	Anlagen, die der Lagerung von 200 Tonnen oder mehr Brom dienen	Anlagen, die der Lagerung von 20 Tonnen bis weniger als 200 Tonnen Brom dienen
9.21	Anlagen, die der Lagerung von 50 Tonnen oder mehr Acetylen (Ethin) dienen	Anlagen, die der Lagerung von 5 Tonnen bis weniger als 50 Tonnen Acetylen (Ethin) dienen
9.22	Anlagen, die der Lagerung von 30 Tonnen oder mehr Wasserstoff dienen	Anlagen, die der Lagerung von 3 Tonnen bis weniger als 30 Tonnen Wasserstoff dienen

Anh. A 4 4. BImSchV VO zur Durchführung des BImSchG

	Spalte 1	Spalte 2
9.23	Anlagen, die der Lagerung von 50 Tonnen oder mehr Ethylenoxid dienen	Anlagen, die der Lagerung von 5 Tonnen bis weniger als 50 Tonnen Ethylenoxid dienen
9.24	Anlagen, die der Lagerung von 50 Tonnen oder mehr Propylenoxid dienen	Anlagen, die der Lagerung von 5 Tonnen bis weniger als 50 Tonnen Propylenoxid dienen
9.25	Anlagen, die der Lagerung von 200 Tonnen oder mehr Acrolein dienen	Anlagen, die der Lagerung von 20 Tonnen bis weniger als 200 Tonnen Acrolein dienen
9.26	Anlagen, die der Lagerung von 50 Tonnen oder mehr Formaldehyd oder Paraformaldehyd (Konzentration $\geq$ 90%) dienen	Anlagen, die der Lagerung von 5 Tonnen bis weniger als 50 Tonnen Formaldehyd oder Paraformaldehyd (Konzentration $\geq$ 90 %) dienen
9.27	Anlagen, die der Lagerung von 200 Tonnen oder mehr Brommethan dienen	Anlagen, die der Lagerung von 20 Tonnen bis weniger als 200 Tonnen Brommethan dienen
9.28	Anlagen, die der Lagerung von 0,15 Tonnen oder mehr Methylisocyanat dienen	Anlagen, die der Lagerung von 0,015 Tonnen bis weniger als 0,15 Tonnen Methylisocyanat dienen
9.29	Anlagen, die der Lagerung von 50 Tonnen oder mehr Tetraethylblei oder Tetramethylblei dienen	Anlagen, die der Lagerung von 5 Tonnen bis weniger als 50 Tonnen Tetraethylblei oder Tetramethylblei dienen
9.30	Anlagen, die der Lagerung von 50 Tonnen oder mehr 1,2-Dibromethan dienen	Anlagen, die der Lagerung von 5 Tonnen bis weniger als 50 Tonnen 1,2-Dibromethan dienen
9.31	Anlagen, die der Lagerung von 200 Tonnen oder mehr Chlorwasserstoff (verflüssigtes Gas) dienen	Anlagen, die der Lagerung von 20 Tonnen bis weniger als 200 Tonnen Chlorwasserstoff (verflüssigtes Gas) dienen
9.32	Anlagen, die der Lagerung von 200 Tonnen oder mehr Diphenylmethandiisocyanat (MDI) dienen	Anlagen, die der Lagerung von 20 Tonnen bis weniger als 200 Tonnen Diphenylmethandiisocyanat (MDI) dienen
9.33	Anlagen, die der Lagerung von 100 Tonnen oder mehr Toluylendiisocyanat (TDI) dienen	Anlagen, die der Lagerung von 10 Tonnen bis weniger als 100 Tonnen Toluylendiisocyanat (TDI) dienen
9.34	Anlagen, die der Lagerung von 20 Tonnen oder mehr sehr giftiger Stoffe und Zubereitungen dienen	Anlagen, die der Lagerung von 2 Tonnen bis weniger als 20 Tonnen sehr giftiger Stoffe und Zubereitungen dienen
9.35	Anlagen, die der Lagerung von 200 Tonnen oder mehr von sehr	Anlagen, die der Lagerung von 10 Tonnen bis weniger als

Genehmigungsbedürftige Anlagen 4. BImSchV **Anh. A 4**

	Spalte 1	Spalte 2
	giftigen, giftigen, brandfördernden oder explosionsgefährlichen Stoffen oder Zubereitungen dienen	200 Tonnen von sehr giftigen, giftigen, brandfördernden oder explosionsgefährlichen Stoffen oder Zubereitungen dienen
9.36	–	Anlagen zur Lagerung von Gülle mit einem Fassungsvermögen von 2500 Kubikmetern oder mehr
9.37	Anlagen, die der Lagerung von chemischen Erzeugnissen von 25 000 Tonnen oder mehr dienen	–
10.	**Sonstiges**	
10.1	a) Anlagen zur Herstellung, Bearbeitung oder Verarbeitung von explosionsgefährlichen oder explosionsfähigen Stoffen im Sinne des Sprengstoffgesetzes, die zur Verwendung als Sprengstoffe, Zündstoffe, Treibstoffe, pyrotechnische Sätze oder zur Herstellung dieser Stoffe bestimmt sind; hierzu gehören auch die Anlagen zum Laden, Entladen oder Delaborieren von Munition oder sonstigen Sprengkörpern, ausgenommen Anlagen im handwerklichen Umfang und zur Herstellung von Zündhölzern sowie ortsbewegliche Mischladegeräte b) Anlagen zur Wiedergewinnung oder Vernichtung von explosionsgefährlichen oder explosionsfähigen Stoffen im Sinne des Sprengstoffgesetzes mit einer Leistung von 10 Tonnen Einsatzmaterialien oder mehr je Jahr	Anlagen zur Wiedergewinnung oder Vernichtung von explosionsgefährlichen oder explosionsfähigen Stoffen im Sinne des Sprengstoffgesetzes mit einer Leistung von weniger als 10 Tonnen Einsatzmaterialien je Jahr
10.2	–	Anlagen zur Herstellung von Zellhorn
10.3	–	Anlagen zur Herstellung von Zusatzstoffen zu Lacken oder Druckfarben auf der Basis von Cellulosenitrat, dessen Stickstoffgehalt bis zu 12,6 vom Hundert beträgt
10.4	–	Anlagen zum Schmelzen oder Destillieren von Naturasphalt
10.5	–	Pechsiedereien

Anh. A 4 4. BImSchV   VO zur Durchführung des BImSchG

Spalte 1	Spalte 2
10.6 –	Anlagen zur Reinigung oder zum Aufbereiten von Sulfatterpentinöl oder Tallöl
10.7 Anlagen zum Vulkanisieren von Natur- oder Synthesekautschuk unter Verwendung von Schwefel oder Schwefelverbindungen mit einem Einsatz von 25 Tonnen Kautschuk oder mehr je Stunde	Anlagen zum Vulkanisieren von Natur- oder Synthesekautschuk unter Verwendung von Schwefel oder Schwefelverbindungen mit einem Einsatz von weniger als 25 Tonnen Kautschuk je Stunde, ausgenommen Anlagen, in denen – weniger als 50 Kilogramm Kautschuk je Stunde verarbeitet werden oder – ausschließlich vorvulkanisierter Kautschuk eingesetzt wird
10.8 –	Anlagen zur Herstellung von Bautenschutz-, Reinigungs- oder Holzschutzmitteln, soweit diese Produkte organische Lösungsmittel enthalten und von diesen 20 Tonnen oder mehr je Tag eingesetzt werden; Anlagen zur Herstellung von Klebemitteln mit einer Leistung von einer Tonne oder mehr je Tag, ausgenommen Anlagen, in denen diese Mittel ausschließlich unter Verwendung von Wasser als Verdünnungsmittel hergestellt werden
10.9 –	Anlagen zur Herstellung von Holzschutzmitteln unter Verwendung von halogenierten aromatischen Kohlenwasserstoffen
10.10 Anlagen zur Vorbehandlung (Waschen, Bleichen, Mercerisieren) oder zum Färben von Fasern oder Textilien mit einer Verarbeitungsleistung von 10 Tonnen oder mehr Fasern oder Textilien je Tag	a) Anlagen zum Bleichen von Fasern oder Textilien unter Verwendung von Chlor oder Chlorverbindungen mit einer Bleichleistung von weniger als 10 Tonnen Fasern oder Textilien je Tag b) Anlagen zum Färben von Fasern oder Textilien unter Verwendung von Färbebeschleunigern einschließlich der Spannrahmenanlagen mit einer Färbeleistung von 2 Tonnen bis weniger als 10 Tonnen Fasern oder Textilien je Tag, ausgenommen Anlagen,

Genehmigungsbedürftige Anlagen 4. BImSchV **Anh. A 4**

Spalte 1	Spalte 2
	die unter erhöhtem Druck betrieben werden
10.11 (aufgehoben)	
10.15 Prüfstände für oder mit a) Verbrennungsmotoren mit einer Feuerungswärmeleistung von insgesamt 10 Megawatt oder mehr, ausgenommen Rollenprüfstände, oder	Prüfstände für oder mit a) Verbrennungsmotoren mit einer Feuerungswärmeleistung von insgesamt 300 Kilowatt bis weniger als 10 Megawatt, ausgenommen – Rollenprüfstände, die in geschlossenen Räumen betrieben werden, und – Anlagen, in denen mit Katalysator oder Dieselrußfilter ausgerüstete Serienmotoren geprüft werden
b) Gasturbinen oder Triebwerken mit einer Feuerungswärmeleistung von insgesamt 100 Megawatt oder mehr	b) Gasturbinen oder Triebwerken mit einer Feuerungswärmeleistung von insgesamt weniger als 100 Megawatt
10.16 –	Prüfstände für oder mit Luftschrauben
10.17 Ständige Renn- oder Teststrecken für Kraftfahrzeuge	Anlagen, die an fünf Tagen oder mehr je Jahr der Übung oder Ausübung des Motorsports dienen, ausgenommen Anlagen mit Elektromotorfahrzeugen und Anlagen in geschlossenen Hallen sowie Modellsportanlagen
10.18 –	Schießstände für Handfeuerwaffen, ausgenommen solche in geschlossenen Räumen, und Schießplätze
10.19 –	(aufgehoben)
10.20 –	Anlagen zur Reinigung von Werkzeugen, Vorrichtungen oder sonstigen metallischen Gegenständen durch thermische Verfahren
10.21 –	Anlagen zur Innenreinigung von Eisenbahnkesselwagen, Straßentankfahrzeugen, Tankschiffen oder Tankcontainern sowie Anlagen zur automatischen Reinigung von Fässern einschließlich zugehöriger Aufarbeitungsanlagen, soweit die Behälter von organischen Stoffen gereinigt werden, ausgenommen Anlagen, in denen Behälter aus-

Spalte 1	Spalte 2
	schließlich von Nahrungs-, Genuss- oder Futtermitteln gereinigt werden
10.22 –	Begasungs- und Sterilisationsanlagen, soweit der Rauminhalt der Begasungs- oder Sterilisationskammer 1 Kubikmeter oder mehr beträgt und sehr giftige oder giftige Stoffe oder Zubereitungen eingesetzt werden
10.23 –	Anlagen zur Textilveredlung durch Sengen, Thermofixieren, Thermosolieren,[1] Beschichten, Imprägnieren, oder Appretieren, einschließlich der zugehörigen Trocknungsanlagen, ausgenommen Anlagen, in denen weniger als 500 Quadratmeter Textilien je Stunde behandelt werden
10.25 –	Kälteanlagen mit einem Gesamtinhalt an Kältemittel von 3 Tonnen Ammoniak oder mehr

[1] Richtig wohl: „Thermoisolieren".

A 5. Verordnung über Immissionsschutz- und Störfallbeauftragte – 5. BImSchV

Vom 30. 7. 1993 (BGBl I 1433),zuletzt geänd. am 9. 9. 2001
(BGBl I 2331)[1]

(BGBl III/FNA 2129-8-5-2)

Kommentierung: Vgl. die Ausführungen in Rn.9–15, 17 zu § 53, in Rn.10, 12–14, 18, 22 zu § 55, in Rn.7–10 zu § 58a und in Rn.2–4 zu § 58c. – **Literatur:** *Laubinger,* in: UL (2000ff), A 5.0; *Hansmann,* in: LR (1993ff), Nr.2.5.

Abschnitt 1. Bestellung von Beauftragten

§ 1 Pflicht zur Bestellung. (1) Betreiber der im Anhang I zu dieser Verordnung bezeichneten genehmigungsbedürftigen Anlagen haben einen betriebsangehörigen Immissionsschutzbeauftragten zu bestellen.

(2) Betreiber genehmigungsbedürftiger Anlagen, die Betriebsbereich oder Teil eines Betriebsbereichs nach § 1 Abs.1 Satz 2 oder eines diesem nach § 1 Abs.2 insoweit gleichgestellten Betriebsbereichs nach der Störfall-Verordnung sind, haben einen betriebsangehörigen Störfallbeauftragten zu bestellen. Die zuständige Behörde kann auf Antrag des Betreibers gestatten, dass die Bestellung eines Störfallbeauftragten unterbleibt, wenn offensichtlich ausgeschlossen ist, dass von der betreffenden genehmigungsbedürftigen Anlage die Gefahr eines Störfalls ausgehen kann.

(3) Der Betreiber kann dieselbe Person zum Immissionsschutz- und Störfallbeauftragten bestellen, soweit hierdurch die sachgemäße Erfüllung der Aufgaben nicht beeinträchtigt wird.

§ 2 Mehrere Beauftragte. Die zuständige Behörde kann anordnen, daß der Betreiber einer Anlage im Sinne des § 1 mehrere Immissionsschutz- oder Störfallbeauftragte zu bestellen hat; die Zahl der Beauftragten ist so zu bemessen, daß eine sachgemäße Erfüllung der in den §§ 54 und 58b des Bundes-Immissionsschutzgesetzes bezeichneten Aufgaben gewährleistet ist.

§ 3 Gemeinsamer Beauftragter. Werden von einem Betreiber mehrere Anlagen im Sinne des § 1 betrieben, so kann er für diese Anlagen einen gemeinsamen Immissionsschutz- oder Störfallbeauftragten bestellen, wenn hierdurch eine sachgemäße Erfüllung der in den §§ 54 und 58b des Bundes-Immissionsschutzgesetzes bezeichneten Aufgaben nicht gefährdet wird. § 1 Abs.3 gilt entsprechend.

§ 4 Beauftragter für Konzerne. Die zuständige Behörde kann einem Betreiber oder mehreren Betreibern von Anlagen im Sinne des § 1, die unter der einheitlichen Leitung eines herrschenden Unternehmens zusammengefaßt sind (Konzern), auf Antrag die Bestellung eines Immissionsschutz- oder Störfallbeauftragten für den Konzernbereich gestatten, wenn

---

[1] Zur Rechtsgrundlage und zu Änderungen Rn.11 zu § 53.

Anh. A 5   5. BImSchV   VO zur Durchführung des BImSchG

1. das herrschende Unternehmen den Betreibern gegenüber zu Weisungen hinsichtlich der in § 54 Abs.1 Satz 2 Nr.1, § 56 Abs.1, § 58 b Abs.1 Satz 2 Nr.1 und § 58 c Abs.2 Satz 1 des Bundes-Immissionsschutzgesetzes genannten Maßnahmen berechtigt ist und
2. der Betreiber für seine Anlage eine oder mehrere Personen bestellt, deren Fachkunde und Zuverlässigkeit eine sachgemäße Erfüllung der Aufgaben eines betriebsangehörigen Immissionsschutz- oder Störfallbeauftragten gewährleistet.

§ 5 Nicht betriebsangehörige Beauftragte. (1) Betreibern von Anlagen im Sinne des § 1 Abs.1 soll die zuständige Behörde auf Antrag die Bestellung eines oder mehrerer nicht betriebsangehöriger Immissionsschutzbeauftragter gestatten, wenn hierdurch eine sachgemäße Erfüllung der in § 54 des Bundes-Immissionsschutzgesetzes bezeichneten Aufgaben nicht gefährdet wird.

(2) Betreibern von Anlagen im Sinne des § 1 Abs.2 kann die zuständige Behörde auf Antrag die Bestellung eines oder mehrerer nicht betriebsangehöriger Störfallbeauftragter gestatten, wenn hierdurch eine sachgemäße Erfüllung der in § 58b des Bundes-Immissionsschutzgesetzes bezeichneten Aufgaben nicht gefährdet wird.

§ 6 Ausnahmen. Die zuständige Behörde hat auf Antrag den Betreiber einer Anlage im Sinne des § 1 von der Verpflichtung zur Bestellung eines Immissionsschutz- oder Störfallbeauftragten zu befreien, wenn die Bestellung im Einzelfall aus den in § 53 Abs.1 Satz 1 und § 58a Abs.1 Satz 1 des Bundes-Immissionsschutzgesetzes genannten Gesichtspunkten nicht erforderlich ist.

Abschnitt 2. Fachkunde und Zuverlässigkeit von Beauftragten

§ 7 Anforderungen an die Fachkunde. Die Fachkunde im Sinne des § 55 Abs.2 Satz 1 und § 58c Abs.1 des Bundes-Immissionsschutzgesetzes erfordert
1. den Abschluß eines Studiums auf den Gebieten des Ingenieurwesens, der Chemie oder der Physik an einer Hochschule,
2. die Teilnahme an einem oder mehreren von der nach Landesrecht zuständigen Behörde anerkannten Lehrgängen, in denen Kenntnisse entsprechend dem Anhang II zu dieser Verordnung vermittelt worden sind, die für die Aufgaben des Beauftragten erforderlich sind, und
3. während einer zweijährigen praktischen Tätigkeit erworbene Kenntnisse über die Anlage, für die der Beauftragte bestellt werden soll, oder über Anlagen, die im Hinblick auf die Aufgaben des Beauftragten vergleichbar sind.

§ 8 Voraussetzung der Fachkunde in Einzelfällen. (1) Soweit im Einzelfall eine sachgemäße Erfüllung der gesetzlichen Aufgaben der Beauftragten gewährleistet ist, kann die zuständige Behörde auf Antrag des Betreibers als Voraussetzung der Fachkunde anerkennen:
1. eine technische Fachschulausbildung oder im Falle des Immissionsschutzbeauftragten die Qualifikation als Meister auf einem Fachgebiet, dem die Anlage hinsichtlich ihrer Anlagen- und Verfahrenstechnik oder ihres Betriebs zuzuordnen ist, und zusätzlich
2. während einer mindestens vierjährigen praktischen Tätigkeit erworbene Kenntnisse im Sinne des § 7 Nr.2 und 3, wobei jeweils mindestens zwei Jahre lang Aufgaben der in § 54 oder § 58 b des Bundes-Immissionsschutzgesetzes bezeichneten Art wahrgenommen worden sein müssen.

ImSchutz-/Störfallbeauftragte 5. BImSchV **Anh. A 5**

(2) Die zuständige Behörde kann die Ausbildung in anderen als den in § 7 Nr.1 oder Absatz 1 Nr.1 genannten Fachgebieten anerkennen, wenn die Ausbildung in diesem Fach im Hinblick auf die Aufgabenstellung im Einzelfall als gleichwertig anzusehen ist.

§ 9 Anforderungen an die Fortbildung. (1) Der Betreiber hat dafür Sorge zu tragen, daß der Beauftragte regelmäßig, mindestens alle zwei Jahre, an Fortbildungsmaßnahmen teilnimmt. Zur Fortbildung ist auch die Teilnahme an Lehrgängen im Sinne des § 7 Nr.2 erforderlich.

(2) Fortbildungsmaßnahmen nach Absatz 1 erstrecken sich auf die in Anhang II zu dieser Verordnung genannten Sachbereiche. Auf Verlangen der zuständigen Behörde ist die Teilnahme des Beauftragten an im Betrieb durchgeführten Fortbildungsmaßnahmen oder an Lehrgängen nachzuweisen.

§ 10 Anforderungen an die Zuverlässigkeit. (1) Die Zuverlässigkeit im Sinne des § 55 Abs.2 Satz 1 und des § 58c Abs.1 des Bundes-Immissionsschutzgesetzes erfordert, daß der Beauftragte auf Grund seiner persönlichen Eigenschaften, seines Verhaltens und seiner Fähigkeiten zur ordnungsgemäßen Erfüllung der ihm obliegenden Aufgaben geeignet ist.

(2) Die erforderliche Zuverlässigkeit ist in der Regel nicht gegeben, wenn der Immissionsschutzbeauftragte oder der Störfallbeauftragte
1. wegen Verletzung der Vorschriften
    a) des Strafrechts über gemeingefährliche Delikte oder Delikte gegen die Umwelt,
    b) des Immissionsschutz-, Abfall-, Wasser-, Natur- und Landschaftsschutz-, Chemikalien-, Gentechnik- oder Atom- und Strahlenschutzrechts,
    c) des Lebensmittel-, Arzneimittel-, Pflanzenschutz- oder Seuchenrechts,
    d) des Gewerbe- oder Arbeitsschutzrechts,
    e) des Betäubungsmittel-, Waffen- und Sprengstoffrechts,
    mit einer Geldbuße in Höhe von mehr als 500,- Euro oder einer Strafe belegt worden ist,
2. wiederholt und grob pflichtwidrig gegen Vorschriften nach Nummer 1 Buchstabe a bis e verstoßen hat oder
3. seine Verpflichtungen als Immissionsschutzbeauftragter, als Störfallbeauftragter oder als Betriebsbeauftragter nach anderen Vorschriften verletzt hat.

Abschnitt 3. Schlußvorschriften

§ 11 Übergangsregelung. Die Anforderungen der §§ 7 und 8 gelten nicht für Immissionsschutzbeauftragte, die in Übereinstimmung mit den bisher geltenden Vorschriften bestellt worden sind.

§ 12 Inkrafttreten, Außerkrafttreten. Diese Verordnung tritt am Tage nach ihrer Verkündung[1] § 7 Nr.2 am ersten Tage des sechsten auf die Verkündung folgenden Kalendermonats in Kraft; zugleich treten die Fünfte Verordnung zur Durchführung des Bundes-Immissionsschutzgesetzes vom 14. Februar 1975 (BGBl. I S.504, 727), zuletzt geändert durch Artikel 3 der Verordnung vom 19. Mai 1988 (BGBl. I S.608), sowie die Sechste Verordnung zur Durchführung des Bundes-

---

[1] Verkündet am 7. 8. 1993.

Anh. A 5 5. BImSchV   VO zur Durchführung des BImSchG

Immissionsschutzgesetzes vom 12. April 1975 (BGBl. I S.957) außer Kraft. Behördliche Entscheidungen aufgrund der bisherigen Fünften und der bisherigen Sechsten Verordnung zur Durchführung des Bundes-Immissionsschutzgesetzes gelten als Entscheidungen nach dieser Verordnung fort.

Anhang I

Genehmigungsbedürftige Anlagen, für die ein Immissionsschutzbeauftragter zu bestellen ist:

1. Kraftwerke, Heizkraftwerke und Heizwerke mit Feuerungsanlagen für den Einsatz von festen, flüssigen oder gasförmigen Brennstoffen, soweit die Feuerungswärmeleistung
   a) bei festen oder flüssigen Brennstoffen 150 Megawatt oder
   b) bei gasförmigen Brennstoffen 250 Megawatt erreicht oder übersteigt;
2. Feuerungsanlagen, einschließlich zugehöriger Dampfkessel, für den Einsatz von Kohle, Koks, einschließlich Petrolkoks und Restkoksen aus der Kohlevergasung, Kohlebriketts, Torfbriketts, Brenntorf, Heizölen, Methanol, Äthanol, naturbelassenem Holz sowie mit
   a) gestrichenem, lackiertem oder beschichtetem Holz sowie daraus anfallenden Resten, soweit keine Holzschutzmittel aufgetragen oder enthalten sind und Beschichtungen nicht aus halogenorganischen Verbindungen bestehen oder von
   b) Sperrholz, Spanplatten, Faserplatten oder sonst verleimtem Holz sowie daraus anfallenden Resten, soweit keine Holzschutzmittel aufgetragen oder enthalten sind und Beschichtungen nicht aus halogenorganischen Verbindungen bestehen
   mit einer Feuerungswärmeleistung von 150 Megawatt oder mehr;
3. Feuerungsanlagen, einschließlich zugehöriger Dampfkessel, für den Einsatz von gasförmigen Brennstoffen
   a) Gasen der öffentlichen Gasversorgung, naturbelassenem Erdgas oder Erdölgas mit vergleichbaren Schwefelgehalten, Flüssiggas oder Wasserstoff,
   b) Klärgas mit einem Volumengehalt an Schwefelverbindungen bis zu 1 vom Tausend, angegeben als Schwefel, oder Biogas aus der Landwirtschaft,
   c) Koksofengas, Grubengas, Stahlgas, Hochofengas, Raffineriegas und Synthesegas mit einem Volumengehalt an Schwefelverbindungen bis zu 1 vom Tausend, angegeben als Schwefel,
   d) Erdölgas aus der Tertiärförderung von Erdöl
   mit einer Feuerungswärmeleistung von 250 Megawatt oder mehr;
4. Feuerungsanlagen, einschließlich zugehöriger Dampfkessel, für den Einsatz anderer als in 2. oder 3. genannter fester, flüssiger oder gasförmiger brennbarer Stoffe mit einer Feuerungswärmeleistung von 10 Megawatt oder mehr
5. Anlagen zum Brikettieren von Braun- oder Steinkohle;
6. Anlagen zur Trockendestillation, insbesondere von Steinkohle, Braunkohle, Holz, Torf oder Pech (z. B. Kokereien, Gaswerke und Schwelereien), ausgenommen Holzkohlenmeiler;
7. Anlagen zur Destillation oder Weiterverarbeitung von Teer oder Teererzeugnissen oder von Teer- oder Gaswasser;
8. Anlagen zur Vergasung oder Verflüssigung von Kohle;
9. Anlagen über Tage zur Gewinnung von Öl aus Schiefer oder anderen Gesteinen oder Sanden sowie Anlagen zur Destillation oder Weiterverarbeitung solcher Öle;
10. Anlagen zur Herstellung von Zementklinker oder Zementen;

11. Anlagen zur Gewinnung, Bearbeitung oder Verarbeitung von Asbest;
12. Anlagen zur Herstellung von Glas, auch soweit es aus Altglas hergestellt wird, einschließlich Glasfasern, die nicht für medizinische oder fernmeldetechnische Zwecke bestimmt sind;
13. Anlagen zum Rösten (Erhitzen unter Luftzufuhr zur Überführung in Oxide), Schmelzen oder Sintern (Stückigmachen von feinkörnigen Stoffen durch Erhitzen) von Erzen;
14. Anlagen zur Gewinnung von Roheisen oder Nichteisenrohmetallen aus Erzen oder Sekundärrohstoffen;
15. Anlagen zur Stahlerzeugung sowie Anlagen zum Erschmelzen von Gußeisen oder Stahl, ausgenommen Schmelzanlagen für Gußeisen oder Stahl mit einer Schmelzleistung bis zu 2,5 Tonnen je Stunde;
16. Schmelzanlagen für Zink oder Zinklegierungen für einen Einsatz von 10 Tonnen oder mehr oder Schmelzanlagen für sonstige Nichteisenmetalle einschließlich der Anlagen zur Raffination für einen Einsatz von
    a) 5 Tonnen Leichtmetall oder mehr oder
    b) 10 Tonnen Schwermetall oder mehr,
    ausgenommen
    – Vakuum-Schmelzanlagen,
    – Schmelzanlagen für Gußlegierungen aus Zinn und Wismut oder aus Feinzink und Aluminium in Verbindung mit Kupfer oder Magnesium,
    – Schmelzanlagen, die Bestandteil von Druck- oder Kokillengießmaschinen sind,
    – Schmelzanlagen für Edelmetalle oder für Legierungen, die nur aus Edelmetallen oder aus Edelmetallen und Kupfer bestehen, und
    – Schwallötbäder;
17. Eisen-, Temper- oder Stahlgießereien, ausgenommen Anlagen, in denen Formen oder Kerne auf kaltem Wege hergestellt werden, soweit deren Leistung weniger als 80 Tonnen Gußteile je Monat beträgt;
18. Gießereien für Nichteisenmetalle, ausgenommen
    – Gießereien für Glocken- oder Kunstguß,
    – Gießereien, in denen in metallische Formen abgegossen wird,
    – Gießereien, in denen das Metall in ortsbeweglichen Tiegeln niedergeschmolzen wird, und
    – Gießereien zur Herstellung von Blas- oder Ziehwerkzeugen aus den in Nummer 17 genannten niedrigschmelzenden Gußlegierungen;
19. Anlagen zum Aufbringen von metallischen Schutzschichten auf Metalloberflächen
    a) aus Blei, Zinn, Zink oder ihren Legierungen mit Hilfe von schmelzflüssigen Bädern mit einer Leistung von zehn Tonnen Rohgutdurchsatz oder mehr je Stunde, ausgenommen Anlagen zum kontinuierlichen Verzinken nach dem Sendzimirverfahren, oder
    b) durch Flamm- oder Lichtbogenspritzen mit einem Durchsatz an Blei, Zinn, Zink, Nickel, Kobalt oder ihren Legierungen von 50 Kilogramm oder mehr je Stunde;
20. Anlagen zum Zerkleinern von Schrott durch Rotormühlen mit einer Nennleistung des Rotorantriebes von 500 Kilowatt oder mehr;
21. Anlagen zur Herstellung oder Reparatur von Schiffskörpern oder -sektionen aus Metall mit einer Länge von 20 Metern oder mehr;
22. Anlagen zur Herstellung von Bleiakkumulatoren mit einer Leistung von 1500 Starterbatterien oder Industriebatteriezellen oder mehr je Tag;

Anh. A 5   5. BImSchV   VO zur Durchführung des BImSchG

23. Anlagen zur fabrikmäßigen Herstellung von Stoffen durch chemische Umwandlung, insbesondere
    a) zur Herstellung von anorganischen Chemikalien wie Säuren, Basen, Salze,
    b) zur Herstellung von Metallen oder Nichtmetallen auf nassem Wege oder mit Hilfe elektrischer Energie,
    c) zur Herstellung von Korund oder Karbid,
    d) zur Herstellung von Halogenen oder Halogenerzeugnissen oder von Schwefel oder Schwefelerzeugnissen,
    e) zur Herstellung von phosphor- oder stickstoffhaltigen Düngemitteln,
    f) zur Herstellung von unter Druck gelöstem Acetylen (Dissousgasfabriken),
    g) zur Herstellung von organischen Chemikalien oder Lösungsmitteln wie Alkohole, Aldehyde, Ketone, Säuren, Ester, Acetate, Äther,
    h) zur Herstellung von Kunststoffen oder Chemiefasern,
    i) zur Herstellung von Cellulosenitraten,
    k) zur Herstellung von Kunstharzen,
    l) zur Herstellung von Kohlenwasserstoffen,
    m) zur Herstellung von synthetischem Kautschuk,
    n) zur Herstellung von Teerfarben oder Teerfarbenzwischenprodukten,
    o) zur Herstellung von Seifen oder Waschmitteln;
    hierzu gehören nicht Anlagen zur Erzeugung oder Spaltung von Kernbrennstoffen oder zur Aufarbeitung bestrahlter Kernbrennstoffe;
24. Anlagen, in denen Pflanzenschutz- oder Schädlingsbekämpfungsmittel oder ihre Wirkstoffe gemahlen oder maschinell gemischt, abgepackt oder umgefüllt werden, soweit Stoffe gehandhabt werden, bei denen die Voraussetzungen des § 1 der Störfall-Verordnung vorliegen, auch soweit den Umständen nach zu erwarten ist, daß die Anlagen weniger als während der zwölf Monate, die auf die Inbetriebnahme folgen, an demselben Ort betrieben werden;
25. Anlagen zur Destillation oder Raffination oder sonstigen Weiterverarbeitung von Erdöl oder Erdölerzeugnissen in Mineralöl-, Altöl- oder Schmierstoffraffinerien, in petrochemischen Werken oder bei der Gewinnung von Paraffin;
26. Anlagen zur Herstellung von Schmierstoffen, wie Schmieröle, Schmierfette, Metallbearbeitungsöle;
27. Anlagen zur Herstellung von Ruß;
28. Anlagen zur Herstellung von Kohlenstoff (Hartbrandkohle) oder Elektrographit durch Brennen, zum Beispiel für Elektroden, Stromabnehmer oder Apparateteile;
29. Anlagen zum Beschichten, Lackieren, Kaschieren, Imprägnieren oder Tränken von Gegenständen, Glas- oder Mineralfasern oder bahnen- oder tafelförmigen Materialen einschließlich der zugehörigen Trocknungsanlagen mit
    a) Lacken, die organische Lösemittel enthalten und von diesen 250 kg oder mehr je Stunde eingesetzt werden,
    b) Kunstharzen, die unter weitgehender Selbstvernetzung ausreagieren (Reaktionsharze), wie Melamin-, Harnstoffe-, Phenol-Epoxid-, Furan- Kresol-, Resorcin- oder Polyesterharzen, sofern die Menge dieser Harze 25 kg oder mehr je Stunde beträgt, oder
    c) Kunststoffen oder Gummi unter Einsatz von 250 kg organischer Lösungsmittel oder mehr je Stunde,
    ausgenommen Anlagen für den Einsatz von Pulverlacken oder Pulverbeschichtungsstoffen;
30. Anlagen zum Bedrucken von bahnen- oder tafelförmigen Materialien mit Rotationsdruckmaschinen einschließlich der zugehörigen Trocknungsanlagen, soweit die Farben und Lacke

a) organische Lösungsmittel mit einem Anteil von mehr als 50 Gewichtsprozent an Ethanol enthalten und insgesamt 500 Kilogramm je Stunde oder mehr organische Lösungsmittel eingesetzt werden oder
b) sonstige organische Lösungsmittel enthalten und von diesen 250 Kilogramm je Stunde oder mehr eingesetzt werden, ausgenommen Anlagen, in denen hochsiedende Öle als Lösungsmittel ohne Wärmebehandlung eingesetzt werden;
31. Anlagen zur Gewinnung von Zellstoff aus Holz, Stroh oder ähnlichen Faserstoffen;
32. Anlagen zur Herstellung von Holzfaserplatten, Holzspanplatten oder Holzfasermatten;
33. Anlagen zum Schmelzen von tierischen Fetten mit Ausnahme der Anlagen zur Verarbeitung von selbstgewonnenen tierischen Fetten zu Speisefetten in Fleischereien mit einer Leistung bis zu 200 Kilogramm Speisefett je Woche;
34. Anlagen zur Herstellung von Gelatine, Hautleim, Lederleim oder Knochenleim;
35. Anlagen zur Herstellung von Futter- oder Düngemitteln oder technischen Fetten aus den Schlachtnebenprodukten Knochen, Tierhaare, Federn, Hörner, Klauen oder Blut;
36. Anlagen zur Tierkörperbeseitigung sowie Anlagen, in denen Tierkörperteile oder Erzeugnisse tierischer Herkunft zur Beseitigung in Tierkörperbeseitigungsanlagen gesammelt oder gelagert werden;
37. Anlagen zur Herstellung von Fischmehl oder Fischöl;
38. Anlagen zur teilweisen oder vollständigen Beseitigung von festen, flüssigen, gasförmigen Stoffen oder Gegenständen durch Verbrennen, bei Anlagen zur Beseitigung von Stoffen, die halogenierte Kohlenwasserstoffe enthalten, auch soweit den Umständen nach zu erwarten ist, daß sie weniger als während der zwölf Monate, die auf die Inbetriebnahme folgen, an demselben Ort betrieben werden;
39. Anlagen zur thermischen Zersetzung brennbarer fester oder flüssiger Stoffe unter Sauerstoffmangel (Pyrolyseanlagen);
40. Anlagen zur Rückgewinnung von einzelnen Bestandteilen aus festen Stoffen durch Verbrennen, ausgenommen Anlagen zur thermischen Behandlung
a) edelmetallhaltiger Rückstände der Präparation, soweit die Menge der Ausgangsstoffe 10 kg oder mehr pro Tag beträgt, oder
b) von mit organischen Verbindungen verunreinigten Metallen, wie z. B. Walzenzunder, Aluminiumspäne;
41. Anlagen, in denen feste, flüssige oder gasförmige Abfälle, auf die die Vorschriften des Abfallgesetzes Anwendung finden, aufbereitet werden, mit einer Leistung von 10 Tonnen oder mehr je Stunde, ausgenommen Anlagen, in denen Stoffe aus in Haushaltungen anfallenden oder aus gleichartigen Abfällen durch Sortieren für den Wirtschaftskreislauf zurückgewonnen werden;
42. Anlagen zur Behandlung von verunreinigtem Boden, der nicht ausschließlich am Standort der Anlage entnommen wird;
43. Anlagen zur chemischen Behandlung von Abfällen;
44. Abfallentsorgungsanlagen zur Lagerung oder Behandlung von Abfällen im Sinne des § 2 Abs.2 des Abfallgesetzes;
45. Anlagen zum Umschlagen von festen Abfällen im Sinne von § 1 Abs.1 des Abfallgesetzes mit einer Leistung von 100 Tonnen oder mehr je Tag, ausgenommen Anlagen zum Umschlagen von Erdaushub oder von Gestein, das bei der Gewinnung oder Aufbereitung von Bodenschätzen anfällt;
46. Anlagen zur Kompostierung mit einer Durchsatzleistung von mehr als 10 Tonnen je Stunde (Kompostwerke).

Anhang II

A. Fachkunde von Immissionsschutzbeauftragten

Die Kenntnisse müssen sich auf folgende Bereiche erstrecken:
1. Anlagen- und Verfahrenstechnik unter Berücksichtigung des Standes der Technik;
2. Überwachung und Begrenzung von Emissionen sowie Verfahren zur Ermittlung und Bewertung von Immissionen und schädlichen Umwelteinwirkungen;
3. vorbeugender Brand- und Explosionsschutz;
4. umwelterhebliche Eigenschaften von Erzeugnissen einschließlich Verfahren zur Wiedergewinnung und Wiederverwertung;
5. chemische und physikalische Eigenschaften von Schadstoffen;
6. Vermeidung sowie ordnungsgemäße und schadlose Verwertung von Reststoffen oder deren Beseitigung als Abfall;
7. Energieeinsparung, Nutzung entstehender Wärme in der Anlage, im Betrieb oder durch Dritte;
8. Vorschriften des Umweltrechtes, insbesondere des Immissionsschutzrechts.

Während der praktischen Tätigkeit soll die Fähigkeit vermittelt werden, Stellungnahmen zu Investitionsentscheidungen und der Einführung neuer Verfahren und Erzeugnisse abzugeben und die Betriebsangehörigen über Belange des Immissionsschutzes zu informieren.

B. Fachkunde von Störfallbeauftragten

Die Kenntnisse müssen sich auf folgende Bereiche erstrecken:
1. Anlagen- und Verfahrenstechnik unter Berücksichtigung des Standes der Sicherheitstechnik;
2. chemische, physikalische, human- und ökotoxikologische Eigenschaften der Stoffe und Zubereitungen, die in der Anlage bestimmungsgemäß vorhanden sind oder bei einer Störung entstehen können sowie deren mögliche Auswirkungen im Störfall;
3. betriebliche Sicherheitsorganisation;
4. Verhinderung von Störfällen und Begrenzung von Störfallauswirkungen;
5. vorbeugender Brand- und Explosionsschutz;
6. Anfertigung, Fortschreibung und Beurteilung von Sicherheitsanalysen (Grundkenntnisse) sowie von betrieblichen Alarm- und Gefahrenabwehrplänen;
7. Beurteilung sicherheitstechnischer Unterlagen und Nachweise zur Errichtung, Betriebsüberwachung, Wartung, Instandhaltung und Betriebsunterbrechung von Anlagen;
8. Überwachung, Beurteilung und Begrenzung von Emissionen und Immissionen bei Störungen des bestimmungsgemäßen Betriebs;
9. Vorschriften des Umweltrechts, insbesondere des Immissionsschutzrechts, des Rechts der technischen Sicherheit und des technischen Arbeitsschutzes, des Gefahrstoffrechts sowie des Katastrophenschutzrechts;
10. Information der Öffentlichkeit nach § 11a der Störfall-Verordnung.

Während der praktischen Tätigkeit soll auch die Fähigkeit vermittelt werden, Stellungnahmen zu Investitionsentscheidungen und zur Planung von Betriebsanlagen sowie der Einführung von Arbeitsverfahren und Arbeitsstoffen abzugeben.

A 6. Verordnung über Fachkunde und Zuverlässigkeit des Immissionsschutzbeauftragten – 6. BImSchV

(aufgehoben)

Die 6. BImSchV wurde durch die Verordnung vom 30. 7. 1993 (BGBl I 1433) aufgehoben; an ihre Stelle trat § 12 der 5. BImSchV.

A 7. Verordnung zur Auswurfbegrenzung von Holzstaub – 7. BImSchV

Vom 18. 12. 1975 (BGBl I 3133)[1]

(BGBl III/FNA 2129-8-7)

Kommentierung: Vgl. die Ausführungen zu § 23, insb. Rn.23f, 39 zu § 23. – **Literatur:** *Laubinger,* in: UL (1996), A 7.0; *Engelhardt,* BImSchG, Bd. 2, Teilb. 1, 3. Aufl. 1991, 193 ff; *Kahl,* in: LR (1991), Nr.2.7.

§ 1 Anwendungsbereich. Diese Verordnung gilt für die Errichtung, die Beschaffenheit und den Betrieb staub- oder späneemittierender Anlagen im Sinne des § 3 Abs.5 Nr.1 des Bundes-Immissionsschutzgesetzes zur Bearbeitung oder Verarbeitung von Holz oder Holzwerkstoffen einschließlich der zugehörigen Förder- und Lagereinrichtungen für Späne und Stäube. Sie gilt nicht für Anlagen, die einer Genehmigung nach § 4 des Bundes-Immissionsschutzgesetzes bedürfen.

§ 2 Ausrüstung. Anlagen im Sinne des § 1 sind bei ihrer Errichtung mit Abluftreinigungsanlagen auszurüsten, die ein Überschreiten des Emissionswertes nach § 4 ausschließen. Satz 1 gilt nicht, wenn ein Überschreiten des Emissionswertes nach § 4 durch andere Maßnahmen oder Betriebsweisen, insbesondere durch Verarbeitung von waldfrischem Holz, durch Naßschleifen oder durch Einsatz mechanischer Fördereinrichtungen bei jedem Betriebszustand ausgeschlossen wird.

§ 3 Lagerung. (1) Holzstaub und Späne sind in Bunkern, Silos oder sonstigen geschlossenen Räumen zu lagern.

(2) An Bunkern und Silos sind regelmäßig Füllstandskontrollen, gegebenenfalls mit Füllstandsmeßgeräten und Überfüllsicherungen, durchzuführen.

(3) Lagereinrichtungen im Sinne des Absatzes 1 und Filteranlagen sind so zu entleeren, daß Emissionen an Holzstaub oder Spänen soweit wie möglich vermieden werden, z. B. durch Abfüllen in geschlossene Behälter oder durch Befeuchten an der Austragsstelle.

§ 4 Emissionswert. (1) Anlagen im Sinne des § 1 sind so zu betreiben, daß die Massenkonzentration an Staub und Spänen in der Abluft, bezogen auf den Normzustand (0 °C; 1013 Millibar),
1. einen Wert von 50 Milligramm je Kubikmeter Abluft nicht überschreitet, wenn in der Abluft Schleifstaub oder ein Gemisch mit Schleifstaub enthalten ist oder
2. einen aus dem folgenden Diagramm sich ergebenden Wert nicht überschreitet, wenn in der Abluft kein Schleifstaub, sondern anderer Staub oder Späne enthalten sind.

---

[1] Zur Rechtsgrundlage Rn.24 zu § 23.

Holzstaub-Auswurfbegrenzung 7. BImSchV **Anh. A 7**

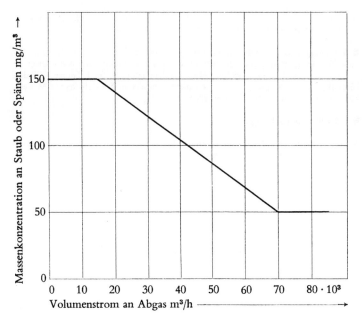

(2) Anlagen nach Absatz 1 Nr.1, die nach dem 1. Januar 1977 errichtet werden, sind abweichend von Absatz 1 so zu betreiben, daß die Massenkonzentration an Staub und Spänen in der Abluft, bezogen auf den Normzustand, einen Wert von 20 Milligramm je Kubikmeter Abluft nicht überschreitet.

(3) Werden mehrere Anlagen in einem räumlichen und betrieblichen Zusammenhang betrieben, ist bei der Festlegung der zulässigen Massenkonzentration dieser Anlagen die Summe aller Volumenströme zugrunde zu legen.

§ 5 Weitergehende Anforderungen. Die Befugnis der zuständigen Behörden, auf Grund des Bundes-Immissionsschutzgesetzes andere oder weitergehende Anordnungen zu treffen, bleibt unberührt.

§ 6 Zulassung von Ausnahmen. Die zuständige Behörde kann auf Antrag Ausnahmen von den Vorschriften der Verordnung zulassen, soweit unter Berücksichtigung der besonderen Umstände des Einzelfalles schädliche Umwelteinwirkungen nicht zu befürchten sind oder Gründe des Arbeitsschutzes dies erfordern.

§ 7 Ordnungswidrigkeiten. Ordnungswidrig im Sinne des § 62 Abs.1 Nr.7 des Bundes-Immissionsschutzgesetzes handelt, wer vorsätzlich oder fahrlässig
1. entgegen § 2 eine Anlage nicht mit einer Abluftreinigungsanlage ausrüstet
2. entgegen § 3 Holzstaub und Späne nicht in Bunkern, Silos oder sonstigen geschlossenen Räumen lagert, keine regelmäßigen Füllstandskontrollen durchführt, Bunker, Silos oder sonstige geschlossene Räume sowie Filteranlagen nicht so entleert, daß Emissionen so weit wie möglich vermieden werden oder

3. entgegen § 4 oder § 8 eine Anlage so betreibt, daß die zulässige Massenkonzentration an Staub in der Abluft überschritten wird.

§ 8 Übergangsvorschrift. Anlagen im Sinne des § 1, die vor dem Inkrafttreten dieser Verordnung in Betrieb genommen worden sind, müssen den Anforderungen der §§ 2 bis 4 ab 1. Januar 1982 in vollem Umfang genügen; ab 1. Januar 1977 darf beim Betrieb dieser Anlagen das Zweieinhalbfache der in § 4 festgelegten Massenkonzentration nicht überschritten werden.

§ 9 Berlin-Klausel. *(gegenstandslos)*

§ 10 Inkrafttreten. Diese Verordnung tritt am ersten Tage des auf die Verkündung folgenden dritten Kalendermonats in Kraft.

A 8. Rasenmäherlärm-Verordnung – 8. BImSchV

(aufgehoben)

Die Rasenmäher-Verordnung (8. BImSchV) wurde durch die Verordnung vom 29. 8. 2002 (BGBl I 3478) aufgehoben. An ihre Stelle trat die 32. BImSchV.

A 9. Verordnung über das Genehmigungsverfahren – 9. BImSchV

In der Fassung der Bekanntmachung vom 29. 5. 1992[1]
(BGBl I 1001), zuletzt geänd. am 14. 8. 2003 (BGBl I 1614)[1]
(BGBl III/FNA 2129-8-9)

Kommentierung: Vgl. die Ausführungen zu § 10, insb. Rn.3 zu § 10 sowie Rn.32f zu § 16. – **Literatur:** *Kutscheidt/Dietlein,* in: LR (2003), Nr.2.9; *Calliess,* Zur unmittelbaren Wirkung der EG-Richtlinie über die Umweltverträglichkeitsprüfung und ihre Umsetzung im deutschen Immissionsschutzrecht, NVwZ 1996, 339; *Laubinger,* in: UL (1992ff), A 9.0.; *Czajka/Vallendar,* in: Feld (1992ff), B 2.9; *Pütz/Buchholz,* Das Genehmigungsverfahren nach dem BImSchG, 4. Aufl. 1991; *Büge,* Die 3. Novelle zum Bundes-Immissionsschutzgesetz und ihre Bedeutung für die Betreiber genehmigungsbedürftiger Anlagen, DB 1990, 2408; *Dienes,* Die 3. Novelle zum Bundes-Immissionsschutzgesetz, NW VBl 1990, 404; *Engelhardt,* BImSchG, 2. Bd. 2. Aufl. 1980, II 9; s. auch die Literatur zu § 10.

Erster Teil. Allgemeine Vorschriften

Erster Abschnitt. Anwendungsbereich, Antrag und Unterlagen

§ 1 Anwendungsbereich. (1) Für die in der Vierten Verordnung zur Durchführung des Bundes-Immissionsschutzgesetzes (Verordnung über genehmigungsbedürftige Anlagen) genannten Anlagen ist das Verfahren bei der Erteilung
1. einer Genehmigung
   a) zur Errichtung und zum Betrieb,
   b) zur wesentlichen Änderung der Lage, der Beschaffenheit oder des Betriebs (Änderungsgenehmigung),
   c) zur Errichtung oder zum Betrieb einer Anlage oder eines Teils einer Anlage oder zur Errichtung und zum Betrieb eines Teils einer Anlage (Teilgenehmigung),
2. eines Vorbescheides oder
3. einer Zulassung des vorzeitigen Beginns
nach dieser Verordnung durchzuführen, soweit es nicht in den §§ 8 bis 16 und 19 des Bundes-Immissionsschutzgesetzes oder in § 2 der Vierzehnten Verordnung zur Durchführung des Bundes-Immissionsschutzgesetzes (Verordnung über Anlagen der Landesverteidigung) geregelt ist; § 3 Abs.2 des Gesetzes über die Umweltverträglichkeitsprüfung bleibt unberührt.

(2) Ist für die Errichtung und den Betrieb einer Anlage die Durchführung einer Umweltverträglichkeitsprüfung erforderlich (UVP-pflichtige Anlage), so ist die

---

[1] Zur Rechtsgrundlage, zur Neubekanntmachung und zu Änderungen Rn.5 zu § 10.

Genehmigungsverfahren 9. BImSchV **Anh. A 9**

Umweltverträglichkeitsprüfung jeweils unselbständiger Teil der in Absatz 1 genannten Verfahren. Soweit in den in Absatz 1 genannten Verfahren über die Zulässigkeit des Vorhabens entschieden wird, ist die Umweltverträglichkeitsprüfung nach den Vorschriften dieser Verordnung und den für diese Prüfung in den genannten Verfahren ergangenen allgemeinen Verwaltungsvorschriften durchzuführen.

(3) Im Verfahren zur Erteilung einer Änderungsgenehmigung einer Anlage nach Anlage 1 des Gesetzes über die Umweltverträglichkeitsprüfung ist eine Umweltverträglichkeitsprüfung nach Absatz 2 durchzuführen, wenn die für eine UVP-pflichtige Anlage in der Anlage 1 des Gesetzes über die Umweltverträglichkeitsprüfung angegebenen Größen- oder Leistungswerte durch eine Änderung oder Erweiterung selbst erreicht oder überschritten werden oder wenn die Änderung oder Erweiterung erhebliche nachteilige Auswirkungen auf in § 1a genannte Schutzgüter haben kann; bedarf das geplante Vorhaben der Zulassung durch mehrere Behörden, so hat die Genehmigungsbehörde die Prüfung der Frage, ob die Änderung solche Auswirkungen haben kann, im Zusammenwirken zumindest mit den anderen Zulassungsbehörden und der Naturschutzbehörde vorzunehmen, deren Aufgabenbereich durch das Vorhaben berührt wird.

§ 1 a Gegenstand der Prüfung der Umweltverträglichkeit. Das Prüfverfahren nach § 1 Abs.2 umfaßt die Ermittlung, Beschreibung und Bewertung der für die Prüfung der Genehmigungsvoraussetzungen sowie der für die Prüfung der Belange des Naturschutzes und der Landschaftspflege bedeutsamen Auswirkungen einer UVP-pflichtigen Anlage auf Menschen, Tiere und Pflanzen, Boden, Wasser, Luft, Klima und Landschaft, Kultur- und sonstige Sachgüter, sowie die Wechselwirkung zwischen den vorgenannten Schutzgütern.

§ 2 Antragstellung. (1) Der Antrag ist von dem Träger des Vorhabens bei der Genehmigungsbehörde schriftlich zu stellen.

(2) Sobald der Träger des Vorhabens die Genehmigungsbehörde über das geplante Vorhaben unterrichtet, soll diese ihn im Hinblick auf die Antragstellung beraten und mit ihm den zeitlichen Ablauf des Genehmigungsverfahrens sowie sonstige für die Durchführung dieses Verfahrens erhebliche Fragen erörtern. Sie kann andere Behörden hinzuziehen, soweit dies für Zwecke des Satzes 1 erforderlich ist. Die Erörterung soll insbesondere der Klärung dienen,
1. welche Antragsunterlagen bei Antragstellung vorgelegt werden müssen,
2. welche voraussichtlichen Auswirkungen das Vorhaben auf die Allgemeinheit und die Nachbarschaft haben kann und welche Folgerungen sich daraus für das Verfahren ergeben,
3. welche Gutachten voraussichtlich erforderlich sind und wie doppelte Gutachten vermieden werden können,
4. wie der zeitliche Ablauf des Genehmigungsverfahrens ausgestaltet werden kann und welche sonstigen Maßnahmen zur Vereinfachung und Beschleunigung des Genehmigungsverfahrens vom Träger des Vorhabens und von der Genehmigungsbehörde getroffen werden können,
5. ob eine Verfahrensbeschleunigung dadurch erreicht werden kann, daß der behördliche Verfahrensbevollmächtigte, der die Gestaltung des zeitlichen Verfahrensablaufs sowie die organisatorische und fachliche Abstimmung überwacht, sich auf Vorschlag oder mit Zustimmung und auf Kosten des Antragstellers eines Projektmanagers bedient,
6. welche Behörden voraussichtlich im Verfahren zu beteiligen sind.

Bei UVP-pflichtigen Vorhaben gilt ergänzend § 2a.

§ 2 a Unterrichtung über voraussichtlich beizubringende Unterlagen bei UVP-pflichtigen Vorhaben. (1) Sofern der Träger eines UVP-pflichtigen Vorhabens die Genehmigungsbehörde vor Beginn des Genehmigungsverfahrens darum ersucht oder sofern die Genehmigungsbehörde es nach Beginn des Genehmigungsverfahrens für erforderlich hält, hat diese ihn über die Beratung nach § 2 Abs.2 hinaus entsprechend dem Planungsstand des Vorhabens und auf der Grundlage geeigneter Angaben zum Vorhaben frühzeitig über Inhalt und Umfang der voraussichtlich nach den §§ 3 bis 4 e beizubringenden Unterlagen zu unterrichten. Vor der Unterrichtung gibt die Genehmigungsbehörde dem Träger des Vorhabens sowie den nach § 11 zu beteiligenden Behörden Gelegenheit zu einer Besprechung über Art und Umfang der Unterlagen. Die Besprechung soll sich auch auf Gegenstand, Umfang und Methoden der Umweltverträglichkeitsprüfung sowie sonstige für die Durchführung der Umweltverträglichkeitsprüfung erhebliche Fragen erstrecken. Sachverständige und Dritte, insbesondere Standort- und Nachbargemeinden, können hinzugezogen werden. Verfügen die Genehmigungsbehörde oder die zu beteiligenden Behörden über Informationen, die für die Beibringung der in den §§ 3 bis 4 e genannten Unterlagen zweckdienlich sind, sollen sie den Träger des Vorhabens darauf hinweisen und ihm diese Informationen zur Verfügung stellen, soweit nicht Rechte Dritter entgegenstehen.

(2) Bedarf das geplante Vorhaben der Zulassung durch mehrere Behörden, obliegen der Genehmigungsbehörde die Aufgaben nach Absatz 1 nur, wenn sie auf Grund des § 14 Abs.1 Satz 1 und 2 des Gesetzes über die Umweltverträglichkeitsprüfung als federführende Behörde bestimmt ist. Sie hat diese Aufgaben im Zusammenwirken zumindest mit den anderen Zulassungsbehörden und der Naturschutzbehörde wahrzunehmen, deren Aufgabenbereich durch das Vorhaben berührt wird.

§ 3 Antragsinhalt. Der Antrag muß enthalten
1. die Angabe des Namens und des Wohnsitzes oder des Sitzes des Antragstellers,
2. die Angabe, ob eine Genehmigung oder ein Vorbescheid beantragt wird und im Falle eines Antrags auf Genehmigung, ob es sich um eine Änderungsgenehmigung handelt, ob eine Teilgenehmigung oder ob eine Zulassung des vorzeitigen Beginns beantragt wird,
3. die Angabe des Standortes der Anlage, bei ortsveränderlicher Anlage die Angabe der vorgesehenen Standorte,
4. Angaben über Art und Umfang der Anlage,
5. die Angabe, zu welchem Zeitpunkt die Anlage in Betrieb genommen werden soll.

Soll die Genehmigungsbehörde zulassen, daß die Genehmigung abweichend von § 19 Abs.1 und 2 des Bundes-Immissionsschutzgesetzes nicht in einem vereinfachten Verfahren erteilt wird, so ist dies im Antrag anzugeben.

§ 4 Antragsunterlagen. (1) Dem Antrag sind die Unterlagen beizufügen, die zur Prüfung der Genehmigungsvoraussetzungen erforderlich sind. Dabei ist zu berücksichtigen, ob die Anlage Teil eines eingetragenen Standortes einer
1. nach der Verordnung (EWG) Nr.1836/1993 über die freiwillige Beteiligung gewerblicher Unternehmen an einem Gemeinschaftssystem für das Umweltmanagement und die Umweltbetriebsprüfung vom 29. Juni 1993 (ABl. EG Nr.L 168 S.1) oder
2. nach der Verordnung (EG) Nr.761/2001 über die freiwillige Beteiligung von Organisationen an einem Gemeinschaftssystem für das Umweltmanagement und die Umweltbetriebsprüfung (EMAS) vom 19. März 2001 (ABl. EG Nr.L 114 S.1)

Genehmigungsverfahren 9. BImSchV Anh. A 9

registrierten Organisation ist, für die Angaben in einer der zuständigen Genehmigungsbehörde vorliegenden und für gültig erklärten, der Registrierung zu Grunde gelegten Umwelterklärung oder in einem zu Grunde liegenden Umweltbetriebsprüfungsbericht enthalten sind. Die Unterlagen nach Satz 1 müssen insbesondere die nach den §§ 4a bis 4d erforderlichen Angaben enthalten, bei UVP-pflichtigen Anlagen darüber hinaus die zusätzlichen Angaben nach § 4e.

(2) Soweit die Zulässigkeit oder die Ausführung des Vorhabens nach Vorschriften über Naturschutz und Landschaftspflege zu prüfen ist, sind die hierfür erforderlichen Unterlagen beizufügen; die Anforderungen an den Inhalt dieser Unterlagen bestimmen sich nach den naturschutzrechtlichen Vorschriften. Die Unterlagen nach Satz 1 müssen insbesondere Angaben über Maßnahmen zur Vermeidung, Verminderung oder zum Ausgleich erheblicher Beeinträchtigungen von Natur und Landschaft sowie über Ersatzmaßnahmen bei nicht ausgleichbaren, aber vorrangigen Eingriffen in diese Schutzgüter enthalten.

(3) Der Antragsteller hat der Genehmigungsbehörde außer den in den Absätzen 1 und 2 genannten Unterlagen eine allgemein verständliche, für die Auslegung geeignete Kurzbeschreibung vorzulegen, die einen Überblick über die Anlage, ihren Betrieb und die voraussichtlichen Auswirkungen auf die Allgemeinheit und die Nachbarschaft ermöglicht; bei UVP-pflichtigen Anlagen erstreckt sich die Kurzbeschreibung auch auf die nach § 4e erforderlichen Angaben. Er hat ferner ein Verzeichnis der dem Antrag beigefügten Unterlagen vorzulegen, in dem die Unterlagen, die Geschäfts- oder Betriebsgeheimnisse enthalten, besonders gekennzeichnet sind.

(4) Bedarf das Vorhaben der Zulassung durch mehrere Behörden und ist auf Grund des § 14 Abs.1 Satz 1 und 2 des Gesetzes über die Umweltverträglichkeitsprüfung eine federführende Behörde, die nicht Genehmigungsbehörde ist, zur Entgegennahme der Unterlagen zur Prüfung der Umweltverträglichkeit bestimmt, hat die Genehmigungsbehörde die für die Prüfung der Umweltverträglichkeit erforderlichen Unterlagen auch der federführenden Behörde zuzuleiten.

§ 4a Angaben zur Anlage und zum Anlagenbetrieb. (1) Die Unterlagen müssen die für die Entscheidung nach § 20 oder § 21 erforderlichen Angaben enthalten über
1. die Anlagenteile, Verfahrensschritte und Nebeneinrichtungen, auf die sich das Genehmigungserfordernis gemäß § 1 Abs.2 der Verordnung über genehmigungsbedürftige Anlagen erstreckt,
2. den Bedarf an Grund und Boden und den Zustand des Anlagengeländes,
3. das vorgesehene Verfahren oder die vorgesehenen Verfahrenstypen einschließlich der erforderlichen Daten zur Kennzeichnung, wie Angaben zu Art, Menge und Beschaffenheit
   a) der Einsatzstoffe oder -stoffgruppen,
   b) der Zwischen-, Neben- und Endprodukte oder -produktgruppen,
   c) der anfallenden Abfälle
und darüber hinaus, soweit ein Stoff für Zwecke der Forschung und Entwicklung hergestellt werden soll, der gemäß § 16b Abs.1 Satz 3 des Chemikaliengesetzes von der Mitteilungspflicht ausgenommen ist,
   d) Angaben zur Identität des Stoffes, soweit vorhanden,
   e) dem Antragsteller vorliegende Prüfnachweise über physikalische, chemische und physikalisch-chemische sowie toxische und ökotoxische Eigenschaften des Stoffes einschließlich des Abbauverhaltens,
4. die in der Anlage verwendete und anfallende Energie,
5. mögliche Freisetzungen oder Reaktionen von Stoffen bei Störungen im Verfahrensablauf und

1009

6. Art und Ausmaß der Emissionen, die voraussichtlich von der Anlage ausgehen werden, wobei sich diese Angaben, soweit es sich um Luftverunreinigungen handelt, auch auf das Rohgas vor einer Vermischung oder Verdünnung beziehen müssen, die Art, Lage und Abmessungen der Emissionsquellen, die räumliche und zeitliche Verteilung der Emissionen sowie über die Austrittsbedingungen.

(2) Soweit schädliche Umwelteinwirkungen hervorgerufen werden können, müssen die Unterlagen auch enthalten:

1. eine Prognose der zu erwartenden Immissionen, soweit Immissionswerte in Rechts- oder Verwaltungsvorschriften festgelegt sind und nach dem Inhalt dieser Vorschriften eine Prognose zum Vergleich mit diesen Werten erforderlich ist;
2. im Übrigen Angaben über Art, Ausmaß und Dauer von Immissionen sowie ihre Eignung, schädliche Umwelteinwirkungen herbeizuführen, soweit nach Rechts- oder Verwaltungsvorschriften eine Sonderfallprüfung durchzuführen ist.

(3) Für Anlagen, auf die die Verordnung über die Verbrennung und die Mitverbrennung von Abfällen anzuwenden ist, müssen die Unterlagen über Absatz 1 hinaus Angaben enthalten über

1. Art (insbesondere Abfallbezeichnung und -schlüssel gemäß der Verordnung über das Europäische Abfallverzeichnis) und Menge der zur Verbrennung vorgesehenen Abfälle,
2. die kleinsten und größten Massenströme der zur Verbrennung vorgesehenen Abfälle, angegeben als stündliche Einsatzmengen,
3. die kleinsten und größten Heizwerte der zur Verbrennung vorgesehenen Abfälle,
4. den größten Gehalt an Schadstoffen in den zur Verbrennung vorgesehenen Abfällen, insbesondere an polychlorierten Biphenylen (PCB), Pentachlorphenol (PCP), Chlor, Fluor, Schwefel und Schwermetallen,
5. die Maßnahmen für das Zuführen der Abfälle und den Einbau der Brenner, so daß ein möglichst weitgehender Ausbrand erreicht wird und
6. die Maßnahmen, wie die Emissionsgrenzwerte der Verordnung über Verbrennungsanlagen für Abfälle und ähnliche brennbare Stoffe eingehalten werden.

§ 4 b Angaben zu den Schutzmaßnahmen. (1) Die Unterlagen müssen die für die Entscheidung nach § 20 oder § 21 erforderlichen Angaben enthalten über

1. die vorgesehenen Maßnahmen zum Schutz vor und zur Vorsorge gegen schädliche Umwelteinwirkungen, insbesondere zur Verminderung der Emissionen, sowie zur Messung von Emissionen und Immissionen
2. die vorgesehenen Maßnahmen zum Schutz der Allgemeinheit und der Nachbarschaft vor sonstigen Gefahren, erheblichen Nachteilen und erheblichen Belästigungen, wie Angaben über die vorgesehenen technischen und organisatorischen Vorkehrungen
    a) zur Verhinderung von Störungen des bestimmungsgemäßen Betriebs und
    b) zur Begrenzung der Auswirkungen, die sich aus Störungen des bestimmungsgemäßen Betriebs ergeben können,
3. die vorgesehenen Maßnahmen zum Arbeitsschutz,
4. die vorgesehenen Maßnahmen zum Schutz vor schädlichen Umwelteinwirkungen und sonstigen Gefahren, erheblichen Nachteilen und erheblichen Belästigungen für die Allgemeinheit und die Nachbarschaft im Falle der Betriebseinstellung und
5. die vorgesehenen Maßnahmen zur Überwachung der Emissionen in die Umwelt.

(2) Bei Anlagen, für die ein anlagenbezogener Sicherheitsbericht nach § 18 Abs.1 der Störfall-Verordnung anzufertigen ist, muss dieser dem Antrag beigefügt werden. Soweit eine genehmigungsbedürftige Anlage Betriebsbereich oder Teil eines Betriebsbereichs ist, für die ein Sicherheitsbericht nach § 9 der Störfall-Verordnung

anzufertigen ist, müssen die Teile des Sicherheitsberichts, die den Abschnitten II Nr.1 und 3, III, IV und V Nr.1 bis 3 des Anhangs II der Störfall-Verordnung entsprechen, dem Antrag beigefügt werden, soweit sie sich auf die genehmigungsbedürftige Anlage beziehen oder für sie von Bedeutung sind. In einem Genehmigungsverfahren nach § 16 des Bundes-Immissionsschutzgesetzes gilt dies nur, soweit durch die beantragte Änderung sicherheitsrelevante Anlagenteile betroffen sind. In diesem Fall kann die Behörde zulassen, dass sich der anlagenbezogene Sicherheitsbericht oder die vorzulegenden Teile des Sicherheitsberichts nur auf diese Anlagenteile beschränken, wenn er oder sie trotz dieser Beschränkung aus sich heraus verständlich und prüffähig erstellt werden können. Satz 1 gilt nicht, soweit die Genehmigungsbehörde dem Antragsteller schriftlich zusagt, dass er mit Genehmigungserteilung gemäß § 18 Abs.2 der Störfall-Verordnung von den Pflichten nach § 18 Abs.1 Satz 1 oder 3 der Verordnung ganz oder teilweise befreit wird.

(3) Bestehen Anhaltspunkte dafür, daß eine Bekanntgabe der Angaben nach den Absätzen 1 und 2 zu einer eine erhebliche Gefahr für die öffentliche Sicherheit darstellenden Störung der Errichtung oder des bestimmungsgemäßen Betriebs der Anlage durch Dritte führen kann, und sind Maßnahmen der Gefahrenabwehr gegenüber diesen nicht möglich, ausreichend oder zulässig, kann die Genehmigungsbehörde die Vorlage einer aus sich heraus verständlichen und zusammenhängenden Darstellung verlangen, die für die Auslegung geeignet ist.

§ 4c Plan zur Behandlung der Abfälle. Die Unterlagen müssen die für die Entscheidung nach § 20 oder § 21 erforderlichen Angaben enthalten über die Maßnahmen zur Vermeidung oder Verwertung von Abfällen; hierzu sind insbesondere Angaben zu machen zu
1. den vorgesehenen Maßnahmen zur Vermeidung von Abfällen,
2. den vorgesehenen Maßnahmen zur ordnungsgemäßen und schadlosen stofflichen oder thermischen Verwertung der anfallenden Abfälle,
3. den Gründen, warum eine weitergehende Vermeidung oder Verwertung von Abfällen technisch nicht möglich oder unzumutbar ist,
4. den vorgesehenen Maßnahmen zur Beseitigung nicht zu vermeidender oder zu verwertender Abfälle einschließlich der rechtlichen und tatsächlichen Durchführbarkeit dieser Maßnahmen und der vorgesehenen Entsorgungswege,
5. den vorgesehenen Maßnahmen zur Verwertung oder Beseitigung von Abfällen, die bei einer Störung des bestimmungsgemäßen Betriebs entstehen können, sowie
6. den vorgesehenen Maßnahmen zur Behandlung der bei einer Betriebseinstellung vorhandenen Abfälle.

§ 4d Angaben zur Energieeffizienz. Die Unterlagen müssen Angaben über vorgesehene Maßnahmen zur sparsamen und effizienten Energieverwendung enthalten, insbesondere Angaben über Möglichkeiten zur Erreichung hoher energetischer Wirkungs- und Nutzungsgrade, zur Einschränkung von Energieverlusten sowie zur Nutzung der anfallenden Energie.

§ 4e Zusätzliche Angaben zur Prüfung der Umweltverträglichkeit. (1) Bei UVP-pflichtigen Vorhaben ist den Unterlagen eine Beschreibung der Umwelt und ihrer Bestandteile sowie der zu erwartenden erheblichen Auswirkungen des Vorhabens auf die in § 1a genannten Schutzgüter mit Aussagen über die dort erwähnten Wechselwirkungen beizufügen, soweit diese Beschreibung für die Entscheidung über die Zulassung des Vorhabens erforderlich ist.
(2) *(aufgehoben)*

(3) Die Unterlagen müssen ferner eine Übersicht über die wichtigsten vom Träger des Vorhabens geprüften technischen Verfahrensalternativen zum Schutz vor und zur Vorsorge gegen schädliche Umwelteinwirkungen sowie zum Schutz der Allgemeinheit und der Nachbarschaft vor sonstigen Gefahren, erheblichen Nachteilen und erheblichen Belästigungen enthalten. Die wesentlichen Auswahlgründe sind mitzuteilen.

(4) Bei der Zusammenstellung der Angaben nach den Absätzen 1 und 3 sind der allgemeine Kenntnisstand und die für die Durchführung von Umweltverträglichkeitsprüfungen allgemein anerkannten Prüfungsschritte und -methoden zu berücksichtigen. Darüber hinaus hat der Antragsteller auf Schwierigkeiten hinzuweisen, die bei der Zusammenstellung der Angaben für die Unterlagen nach den §§ 4 bis 4e aufgetreten sind, insbesondere soweit diese Schwierigkeiten auf fehlenden Kenntnissen und Prüfmethoden oder auf technischen Lücken beruhen.

§ 5 Vordrucke. Die Genehmigungsbehörde kann die Verwendung von Vordrucken für den Antrag und die Unterlagen verlangen.

§ 6 Eingangsbestätigung. Die Genehmigungsbehörde hat dem Antragsteller den Eingang des Antrags und der Unterlagen unverzüglich schriftlich zu bestätigen.

§ 7 Prüfung der Vollständigkeit, Verfahrensablauf. (1) Die Genehmigungsbehörde hat nach Eingang des Antrags und der Unterlagen unverzüglich, in der Regel innerhalb eines Monats, zu prüfen, ob der Antrag den Anforderungen des § 3 und die Unterlagen den Anforderungen der §§ 4 bis 4e entsprechen. Die zuständige Behörde kann die Frist in begründeten Ausnahmefällen einmal um zwei Wochen verlängern. Sind der Antrag oder die Unterlagen nicht vollständig, so hat die Genehmigungsbehörde den Antragsteller unverzüglich aufzufordern, den Antrag oder die Unterlagen innerhalb einer angemessenen Frist zu ergänzen. Teilprüfungen sind auch vor Vorlage der vollständigen Unterlagen vorzunehmen, soweit dies nach den bereits vorliegenden Unterlagen möglich ist. Die Behörde kann zulassen, daß Unterlagen, deren Einzelheiten für die Beurteilung der Genehmigungsfähigkeit der Anlage als solcher nicht unmittelbar von Bedeutung sind, bis zum Beginn der Errichtung oder der Inbetriebnahme der Anlage nachgereicht werden können.

(2) Sind die Unterlagen vollständig, hat die Genehmigungsbehörde den Antragsteller über die voraussichtlich zu beteiligenden Behörden und den geplanten zeitlichen Ablauf des Genehmigungsverfahrens zu unterrichten.

Zweiter Abschnitt. Beteiligung Dritter

§ 8 Bekanntmachung des Vorhabens. (1) Sind die zur Auslegung (§ 10 Abs.1) erforderlichen Unterlagen vollständig, so hat die Genehmigungsbehörde das Vorhaben in ihrem amtlichen Veröffentlichungsblatt und außerdem in örtlichen Tageszeitungen, die im Bereich des Standortes der Anlage verbreitet sind, öffentlich bekanntzumachen. Eine zusätzliche Bekanntmachung und Auslegung ist, auch in den Fällen der §§ 22 und 23, nur nach Maßgabe des Absatzes 2 erforderlich.

(2) Wird das Vorhaben während eines Vorbescheidsverfahrens, nach Erteilung eines Vorbescheides oder während des Genehmigungsverfahrens geändert, so darf die Genehmigungsbehörde von einer zusätzlichen Bekanntmachung und Auslegung absehen, wenn in den nach § 10 Abs.1 auszulegenden Unterlagen keine Umstände darzulegen wären, die nachteilige Auswirkungen für Dritte besorgen lassen. Dies ist

Genehmigungsverfahren 9. BImSchV **Anh. A 9**

insbesondere dann der Fall, wenn erkennbar ist, daß nachteilige Auswirkungen für Dritte durch die getroffenen oder vom Träger des Vorhabens vorgesehenen Maßnahmen ausgeschlossen werden oder die Nachteile im Verhältnis zu den jeweils vergleichbaren Vorteilen gering sind. Betrifft das Vorhaben eine UVP-pflichtige Anlage, darf von einer zusätzlichen Bekanntmachung und Auslegung nur abgesehen werden, wenn keine zusätzlichen oder anderen erheblichen Auswirkungen auf in § 1 a genannte Schutzgüter zu besorgen sind. Ist eine zusätzliche Bekanntmachung und Auslegung erforderlich, werden die Einwendungsmöglichkeit und die Erörterung auf die vorgesehenen Änderungen beschränkt; hierauf ist in der Bekanntmachung hinzuweisen.

§ 9 Inhalt der Bekanntmachung. (1) Die Bekanntmachung muß neben den Angaben nach § 10 Abs.4 des Bundes-Immissionsschutzgesetzes
1. die in § 3 bezeichneten Angaben und
2. den Hinweis auf die Auslegungs- und die Einwendungsfrist unter Angabe des jeweils ersten und letzten Tages
enthalten.

(2) Zwischen der Bekanntmachung des Vorhabens und dem Beginn der Auslegungsfrist soll eine Woche liegen; maßgebend ist dabei der voraussichtliche Tag der Ausgabe des Veröffentlichungsblattes oder der Tageszeitung, die zuletzt erscheint.

§ 10 Auslegung von Antrag und Unterlagen. (1) Bei der Genehmigungsbehörde und, soweit erforderlich, bei einer geeigneten Stelle in der Nähe des Standorts des Vorhabens sind der Antrag sowie die beigefügten Unterlagen auszulegen, die die Angaben über die Auswirkungen der Anlage auf die Nachbarschaft und die Allgemeinheit enthalten. Betrifft das Vorhaben eine UVP-pflichtige Anlage, so sind auch die vom Antragsteller zur Durchführung einer Umweltverträglichkeitsprüfung zusätzlich beigefügten Unterlagen auszulegen; ferner sind der Antrag und die Unterlagen auch in den Gemeinden auszulegen, in denen sich das Vorhaben voraussichtlich auswirkt. Soweit eine Auslegung der Unterlagen nach § 4b Abs.1 und 2 zu einer Störung im Sinne des § 4b Abs.3 führen kann, ist an Stelle dieser Unterlagen die Darstellung nach § 4b Abs.3 auszulegen. In den Antrag und die Unterlagen nach den Sätzen 1 und 2 sowie in die Darstellung nach § 4b Abs.3 ist während der Dienststunden Einsicht zu gewähren.

(2) Auf Anforderung eines Dritten ist diesem eine Abschrift oder Vervielfältigung der Kurzbeschreibung nach § 4 Abs.3 Satz 1 zu überlassen.

(3) Soweit Unterlagen Geschäfts- oder Betriebsgeheimnisse enthalten, ist an ihrer Stelle die Inhaltsdarstellung nach § 10 Abs.2 Satz 2 des Bundes-Immissionsschutzgesetzes auszulegen. Hält die Genehmigungsbehörde die Kennzeichnung der Unterlagen als Geschäfts- oder Betriebsgeheimnisse für unberechtigt, so hat sie vor der Entscheidung über die Auslegung dieser Unterlagen den Antragsteller zu hören.

§ 10a Akteneinsicht. Die Genehmigungsbehörde gewährt Akteneinsicht nach pflichtgemäßem Ermessen; § 29 Abs.1 Satz 3, Abs.2 und 3 des Verwaltungsverfahrensgesetzes findet entsprechende Anwendung. Sonstige sich aus anderen Rechtsvorschriften ergebende Rechte auf Zugang zu Informationen bleiben unberührt.

§ 11 Beteiligung anderer Behörden. Spätestens gleichzeitig mit der öffentlichen Bekanntmachung des Vorhabens fordert die Genehmigungsbehörde die Behörden, deren Aufgabenbereich durch das Vorhaben berührt wird, auf, für ihren Zuständigkeitsbereich eine Stellungnahme innerhalb einer Frist von einem Monat abzugeben. Die Antragsunterlagen sollen sternförmig an die zu beteiligenden Stellen versandt werden. Hat eine Behörde bis zum Ablauf der Frist keine Stellungnahme abgegeben, so ist davon auszugehen, daß die beteiligte Behörde sich nicht äußern will. Die Genehmigungsbehörde hat sich über den Stand der anderweitigen das Vorhaben betreffenden Zulassungsverfahren Kenntnis zu verschaffen und auf ihre Beteiligung hinzuwirken sowie mit den für diese Verfahren zuständigen Behörden frühzeitig den von ihr beabsichtigten Inhalt des Genehmigungsbescheides zu erörtern und abzustimmen.

§ 11 a Grenzüberschreitende Behörden- und Öffentlichkeitsbeteiligung.

(1) Kann ein Vorhaben erhebliche in den Antragsunterlagen zu beschreibende Auswirkungen in einem anderen Staat haben oder ersucht ein anderer Staat, der möglicherweise von den Auswirkungen erheblich berührt wird, darum, so werden die von dem anderen Staat benannten Behörden zum gleichen Zeitpunkt und im gleichen Umfang über das Vorhaben wie die nach § 11 beteiligten Behörden unterrichtet; dabei ist eine angemessene Frist für die Mitteilung einzuräumen, ob eine Teilnahme an dem Verfahren gewünscht wird. Wenn der andere Staat die zu beteiligenden Behörden nicht benannt hat, ist die oberste für Umweltangelegenheiten zuständige Behörde des anderen Staates zu unterrichten. Die Unterrichtung wird durch die von der zuständigen obersten Landesbehörde bestimmte Behörde vorgenommen.

(2) *(aufgehoben)*

(3) Die unterrichtende Behörde leitet den nach Absatz 1 zu beteiligenden Behörden jeweils eine Ausfertigung der Unterlagen zu und teilt den geplanten zeitlichen Ablauf des Genehmigungsverfahrens mit. Rechtsvorschriften zur Geheimhaltung, insbesondere zum Schutz von Geschäfts- oder Betriebsgeheimnissen bleiben unberührt; entgegenstehende Rechte Dritter sind zu beachten. Ebenfalls unberührt bleiben die Vorschriften des Bundesdatenschutzgesetzes und der Landesdatenschutzgesetze zur Datenübermittlung an Stellen außerhalb des Geltungsbereichs des Grundgesetzes. Die Genehmigungsbehörde gibt den zu beteiligenden Behörden des anderen Staates auf der Grundlage der übersandten Unterlagen nach den §§ 4 bis 4 e Gelegenheit, innerhalb angemessener Frist vor der Entscheidung über den Antrag ihre Stellungnahmen abzugeben.

(4) Die zuständige Behörde hat darauf hinzuwirken, dass das Vorhaben in dem anderen Staat auf geeignete Weise bekannt gemacht wird, dabei angegeben wird, bei welcher Behörde Einwendungen erhoben werden können und dabei darauf hingewiesen wird, dass mit Ablauf der Einwendungsfrist alle Einwendungen ausgeschlossen sind, die nicht auf besonderen privatrechtlichen Titeln beruhen. Die in dem anderen Staat ansässigen Personen sind im Hinblick auf ihre weitere Beteiligung am Genehmigungsverfahren Inländern gleichgestellt.

(5) Die Genehmigungsbehörde kann verlangen, dass ihr der Träger des Vorhabens eine Übersetzung der Kurzbeschreibung nach § 4 Abs.3 Satz 1 sowie, soweit erforderlich, weiterer für die grenzüberschreitende Öffentlichkeitsbeteiligung bedeutsamer Angaben zum Vorhaben, insbesondere zu grenzüberschreitenden Umweltauswirkungen, zur Verfügung stellt, sofern im Verhältnis zu dem anderen Staat die Voraussetzungen der Grundsätze von Gegenseitigkeit und Gleichwertigkeit erfüllt sind.

(6) Die Genehmigungsbehörde übermittelt den beteiligten Behörden des anderen Staates die Entscheidung über den Antrag einschließlich der Begründung. Sofern die Voraussetzungen der Grundsätze von Gegenseitigkeit und Gleichwertigkeit erfüllt sind, kann sie eine Übersetzung des Genehmigungsbescheids beifügen.

Genehmigungsverfahren 9. BImSchV **Anh. A 9**

§ 12 Einwendungen. (1) Einwendungen können bei der Genehmigungsbehörde oder bei der Stelle erhoben werden, bei der Antrag und Unterlagen zur Einsicht ausliegen.

(2) Die Einwendungen sind dem Antragsteller bekanntzugeben. Den nach § 11 beteiligten Behörden sind die Einwendungen bekanntzugeben, die ihren Aufgabenbereich berühren. Auf Verlangen des Einwenders sollen dessen Name und Anschrift vor der Bekanntgabe unkenntlich gemacht werden, wenn diese zur ordnungsgemäßen Durchführung des Genehmigungsverfahrens nicht erforderlich sind; auf diese Möglichkeit ist in der öffentlichen Bekanntmachung hinzuweisen.

§ 13 Sachverständigengutachten. (1) Die Genehmigungsbehörde holt Sachverständigengutachten ein, soweit dies für die Prüfung der Genehmigungsvoraussetzungen notwendig ist. Der Auftrag hierzu soll möglichst bis zum Zeitpunkt der Bekanntmachung des Vorhabens (§ 8) erteilt werden. Soweit dem Antrag nach § 4b Abs.2 ein anlagenbezogener Sicherheitsbericht nach § 18 Abs.1 der Störfall-Verordnung oder diejenigen Teile des Sicherheitsberichts nach § 9 der Störfall-Verordnung beizufügen sind, die den Abschnitten II Nr.1 und 3, III, IV und V Nr.1 bis 3 des Anhangs II der Störfall-Verordnung entsprechen, ist die Einholung von Sachverständigengutachten zur Beurteilung der Angaben in diesen Unterlagen in der Regel notwendig. Sachverständige können darüber hinaus mit Einwilligung des Antragstellers herangezogen werden, wenn zu erwarten ist, daß hierdurch das Genehmigungsverfahren beschleunigt wird.

(2) Ein vom Antragsteller vorgelegtes Gutachten ist als sonstige Unterlage im Sinne von § 10 Abs.1 Satz 2 des Bundes-Immissionsschutzgesetzes zu prüfen. Erteilt der Träger des Vorhabens den Gutachtenauftrag nach Abstimmung mit der Genehmigungsbehörde oder erteilt er ihn an einen Sachverständigen, der nach § 29a Abs.1 Satz 1 des Bundes-Immissionsschutzgesetzes von der nach Landesrecht zuständigen Behörde für diesen Bereich bekanntgegeben ist, so gilt das vorgelegte Gutachten als Sachverständigengutachten im Sinne des Absatzes 1; dies gilt auch für Gutachten, die von einem Sachverständigen erstellt werden, der den Anforderungen des § 29a Abs.1 Satz 2 des Bundes-Immissionsschutzgesetzes entspricht.

Dritter Abschnitt. Erörterungstermin

§ 14 Zweck. (1) Der Erörterungstermin dient dazu, die rechtzeitig erhobenen Einwendungen zu erörtern, soweit dies für die Prüfung der Genehmigungsvoraussetzungen von Bedeutung sein kann. Er soll denjenigen, die Einwendungen erhoben haben, Gelegenheit geben, ihre Einwendungen zu erläutern.

(2) Rechtzeitig erhoben sind Einwendungen, die innerhalb der Einwendungsfrist bei den in § 12 Abs.1 genannten Behörden eingegangen sind.

§ 15 Besondere Einwendungen. Einwendungen, die auf besonderen privatrechtlichen Titeln beruhen, sind im Erörterungstermin nicht zu behandeln; sie sind durch schriftlichen Bescheid auf den Rechtsweg vor den ordentlichen Gerichten zu verweisen.

§ 16 Wegfall. (1) Ein Erörterungstermin findet nicht statt, wenn
1. Einwendungen gegen das Vorhaben nicht oder nicht rechtzeitig erhoben worden sind,
2. die rechtzeitig erhobenen Einwendungen zurückgenommen worden sind oder

1015

3. ausschließlich Einwendungen erhoben worden sind, die auf besonderen privatrechtlichen Titeln beruhen.

(2) Der Antragsteller ist vom Wegfall des Termins zu unterrichten.

§ 17 Verlegung. (1) Die Genehmigungsbehörde kann den bekanntgemachten Erörterungstermin verlegen, wenn dies im Hinblick auf dessen zweckgerechte Durchführung erforderlich ist. Ort und Zeit des neuen Erörterungstermins sind zum frühestmöglichen Zeitpunkt zu bestimmen.

(2) Der Antragsteller und diejenigen, die rechtzeitig Einwendungen erhoben haben, sind von der Verlegung des Erörterungstermins zu benachrichtigen. Sie können in entsprechender Anwendung des § 10 Abs.3 Satz 1 des Bundes-Immissionsschutzgesetzes durch öffentliche Bekanntmachung benachrichtigt werden.

§ 18 Verlauf. (1) Der Erörterungstermin ist öffentlich. Im Einzelfall kann aus besonderen Gründen die Öffentlichkeit ausgeschlossen werden. Vertreter der Aufsichtsbehörden und Personen, die bei der Behörde zur Ausbildung beschäftigt sind, sind zur Teilnahme berechtigt.

(2) Der Verhandlungsleiter kann bestimmen, daß Einwendungen zusammengefaßt erörtert werden. In diesem Fall hat er die Reihenfolge der Erörterung bekanntzugeben. Er kann für einen bestimmten Zeitraum das Recht zur Teilnahme an dem Erörterungstermin auf die Personen beschränken, deren Einwendungen zusammengefaßt erörtert werden sollen.

(3) Der Verhandlungsleiter erteilt das Wort und kann es demjenigen entziehen, der eine von ihm festgesetzte Redezeit für die einzelnen Wortmeldungen überschreitet oder Ausführungen macht, die nicht den Gegenstand des Erörterungstermins betreffen oder nicht in sachlichem Zusammenhang mit der zu behandelnden Einwendung stehen.

(4) Der Verhandlungsleiter ist für die Ordnung verantwortlich. Er kann Personen, die seine Anordnungen nicht befolgen, entfernen lassen. Der Erörterungstermin kann ohne diese Personen fortgesetzt werden.

(5) Der Verhandlungsleiter beendet den Erörterungstermin, wenn dessen Zweck erreicht ist. Er kann den Erörterungstermin ferner für beendet erklären, wenn, auch nach einer Vertagung, der Erörterungstermin aus dem Kreis der Teilnehmer erneut so gestört wird, daß seine ordnungsmäßige Durchführung nicht mehr gewährleistet ist. Personen, deren Einwendungen noch nicht oder noch nicht abschließend erörtert wurden, können innerhalb eines Monats nach Aufhebung des Termins ihre Einwendungen gegenüber der Genehmigungsbehörde schriftlich erläutern; hierauf sollen die Anwesenden bei Aufhebung des Termins hingewiesen werden.

§ 19 Niederschrift. (1) Über den Erörterungstermin ist eine Niederschrift zu fertigen. Die Niederschrift muß Angaben enthalten über

1. den Ort und den Tag der Erörterung,
2. den Namen des Verhandlungsleiters,
3. den Gegenstand des Genehmigungsverfahrens,
4. den Verlauf und die Ergebnisse des Erörterungstermins.

Die Niederschrift ist von dem Verhandlungsleiter und, soweit ein Schriftführer hinzugezogen worden ist, auch von diesem zu unterzeichnen. Der Aufnahme in die Verhandlungsniederschrift steht die Aufnahme in eine Schrift gleich, die ihr als Anlage beigefügt und als solche bezeichnet ist; auf die Anlage ist in der Verhandlungsniederschrift hinzuweisen. Die Genehmigungsbehörde kann den Erörterungstermin zum Zwecke der Anfertigung der Niederschrift auf Tonträger aufzeichnen. Die Tonaufzeichnungen sind nach dem Eintritt der Unanfechtbarkeit der Entscheidung

Genehmigungsverfahren 9. BImSchV **Anh. A 9**

über den Genehmigungsantrag zu löschen; liegen im Falle eines Vorbescheidsverfahrens die Voraussetzungen des § 9 Abs.2 des Bundes-Immissionsschutzgesetzes vor, ist die Löschung nach Eintritt der Unwirksamkeit durchzuführen.

(2) Dem Antragsteller ist eine Abschrift der Niederschrift zu überlassen. Auf Anforderung ist auch demjenigen, der rechtzeitig Einwendungen erhoben hat, eine Abschrift der Niederschrift zu überlassen.

Vierter Abschnitt. Genehmigung

§ 20 Entscheidung. (1) Sind alle Umstände ermittelt, die für die Beurteilung des Antrags von Bedeutung sind, hat die Genehmigungsbehörde unverzüglich über den Antrag zu entscheiden. Nach dem Erörterungstermin eingehende Stellungnahmen von nach § 11 beteiligten Behörden sollen dabei nicht mehr berücksichtigt werden, es sei denn, die vorgebrachten öffentlichen Belange sind der Genehmigungsbehörde bereits bekannt oder hätten ihr bekannt sein müssen oder sind für die Beurteilung der Genehmigungsvoraussetzungen von Bedeutung.

(1 a) Bei UVP-pflichtigen Anlagen erarbeitet die Genehmigungsbehörde auf der Grundlage der nach den §§ 4 bis 4 e beizufügenden Unterlagen, der behördlichen Stellungnahmen nach den §§ 11 und 11 a, der Ergebnisse eigener Ermittlungen sowie der Äußerungen und Einwendungen Dritter eine zusammenfassende Darstellung der zu erwartenden Auswirkungen des Vorhabens auf die in § 1 a genannten Schutzgüter, einschließlich der Wechselwirkung, sowie der Maßnahmen, mit denen erhebliche nachteilige Auswirkungen auf die Schutzgüter vermieden, vermindert oder ausgeglichen werden, einschließlich der Ersatzmaßnahmen bei nicht ausgleichbaren, aber vorrangigen Eingriffen in Natur und Landschaft. Die Darstellung ist möglichst innerhalb eines Monats nach Beendigung des Erörterungstermins zu erarbeiten. Bedarf das Vorhaben der Zulassung durch mehrere Behörden, so obliegt die Erarbeitung der zusammenfassenden Darstellung der Genehmigungsbehörde nur, wenn sie gemäß § 14 Abs. 1 Satz 1 und 2 des Gesetzes über die Umweltverträglichkeitsprüfung als federführende Behörde bestimmt ist; sie hat die Darstellung im Zusammenwirken zumindest mit den anderen Zulassungsbehörden und der Naturschutzbehörde zu erarbeiten, deren Aufgabenbereich durch das Vorhaben berührt wird.

(1 b) Die Genehmigungsbehörde bewertet möglichst innerhalb eines Monats nach Erarbeitung der zusammenfassenden Darstellung auf deren Grundlage und nach den für ihre Entscheidung maßgeblichen Rechts- und Verwaltungsvorschriften die Auswirkungen des Vorhabens auf die in § 1 a genannten Schutzgüter. Bedarf das Vorhaben der Zulassung durch mehrere Behörden, so haben diese im Zusammenwirken auf der Grundlage der zusammenfassenden Darstellung nach Absatz 1a eine Gesamtbewertung der Auswirkungen vorzunehmen; ist die Genehmigungsbehörde federführende Behörde, so hat sie das Zusammenwirken sicherzustellen. Die Genehmigungsbehörde hat die vorgenommene Bewertung oder Gesamtbewertung bei der Entscheidung über den Antrag nach Maßgabe der hierfür geltenden Vorschriften zu berücksichtigen.

(2) Der Antrag ist abzulehnen, sobald die Prüfung ergibt, daß die Genehmigungsvoraussetzungen nicht vorliegen und ihre Erfüllung nicht durch Nebenbestimmungen sichergestellt werden kann. Er soll abgelehnt werden, wenn der Antragsteller einer Aufforderung zur Ergänzung der Unterlagen innerhalb einer ihm gesetzten Frist, die auch im Falle ihrer Verlängerung drei Monate nicht überschreiten soll, nicht nachgekommen ist.

(3) Für die ablehnende Entscheidung gilt § 10 Abs.7 des Bundes-Immissionsschutzgesetzes entsprechend. Betrifft die ablehnende Entscheidung eine UVP-pflich-

tige Anlage und ist eine zusammenfassende Darstellung nach Absatz 1a von der Genehmigungsbehörde erarbeitet worden, so ist diese in die Begründung für die Entscheidung aufzunehmen.

(4) Wird das Genehmigungsverfahren auf andere Weise abgeschlossen, so sind der Antragsteller und die Personen, die Einwendungen erhoben haben, hiervon zu benachrichtigen. § 10 Abs.8 Satz 1 des Bundes-Immissionsschutzgesetzes gilt entsprechend.

§ 21 Inhalt des Genehmigungsbescheides. (1) Der Genehmigungsbescheid muß enthalten
1. die Angabe des Namens und des Wohnsitzes oder des Sitzes des Antragstellers,
2. die Angabe, daß eine Genehmigung, eine Teilgenehmigung oder eine Änderungsgenehmigung erteilt wird, und die Angabe der Rechtsgrundlage,
3. die genaue Bezeichnung des Gegenstandes der Genehmigung einschließlich des Standortes der Anlage,
3a. die Festlegung der erforderlichen Emissionsbegrenzungen,
4. die Nebenbestimmungen zur Genehmigung,
5. die Begründung, aus der die wesentlichen tatsächlichen und rechtlichen Gründe, die die Behörde zu ihrer Entscheidung bewogen haben, und die Behandlung der Einwendungen hervorgehen sollen; bei UVP-pflichtigen Anlagen ist die zusammenfassende Darstellung nach § 20 Abs.1a sowie die Bewertung nach § 20 Abs.1b in die Begründung aufzunehmen.

(2) Der Genehmigungsbescheid soll enthalten
1. den Hinweis, daß der Genehmigungsbescheid unbeschadet der behördlichen Entscheidungen ergeht, die nach § 13 des Bundes-Immissionsschutzgesetzes nicht von der Genehmigung eingeschlossen werden, und
2. die Rechtsbehelfsbelehrung.

(3) Außer den nach Absatz 1 erforderlichen Angaben muß der Genehmigungsbescheid für Anlagen, auf die die Verordnung über die Verbrennung und die Mitverbrennung von Abfällen anzuwenden ist, Angaben enthalten über
1. Art (insbesondere Abfallschlüssel und -bezeichnung gemäß der Verordnung über das Europäische Abfallverzeichnis) und Menge der zur Verbrennung zugelassenen Abfälle,
2. die gesamte Abfallverbrennungs- oder Abfallmitverbrennungskapazität der Anlage,
3. die kleinsten und größten Massenströme der zur Verbrennung zugelassenen Abfälle, angegeben als stündliche Einsatzmenge,
4. die kleinsten und größten Heizwerte der zur Verbrennung zugelassenen Abfälle und
5. den größten Gehalt an Schadstoffen in den zur Verbrennung zugelassenen Abfällen, insbesondere an polychlorierten Biphenylen (PCB), Pentachlorphenol (PCP), Chlor, Fluor, Schwefel und Schwermetallen.

§ 21a Öffentliche Bekanntmachung. Unbeschadet des § 10 Abs.7 und 8 Satz 1 des Bundes-Immissionsschutzgesetzes ist die Entscheidung über den Antrag öffentlich bekannt zu machen, wenn das Verfahren mit Öffentlichkeitsbeteiligung durchgeführt wurde oder der Träger des Vorhabens dies beantragt. § 10 Abs.8 Satz 2 und 3 des Bundes-Immissionsschutzgesetzes gelten entsprechend. In der öffentlichen Bekanntmachung ist anzugeben, wo und wann der Bescheid und seine Begründung eingesehen werden können.

Zweiter Teil. Besondere Vorschriften

§ 22 Teilgenehmigung. (1) Ist ein Antrag im Sinne des § 8 des Bundes-Immissionsschutzgesetzes gestellt, so kann die Genehmigungsbehörde zulassen, daß in den Unterlagen endgültige Angaben nur hinsichtlich des Gegenstandes der Teilgenehmigung gemacht werden. Zusätzlich sind Angaben zu machen, die bei einer vorläufigen Prüfung ein ausreichendes Urteil darüber ermöglichen, ob die Genehmigungsvoraussetzungen im Hinblick auf die Errichtung und den Betrieb der gesamten Anlage vorliegen werden.

(2) Auszulegen sind der Antrag, die Unterlagen nach § 4, soweit sie den Gegenstand der jeweiligen Teilgenehmigung betreffen, sowie solche Unterlagen, die Angaben über die Auswirkungen der Anlage auf die Nachbarschaft und die Allgemeinheit enthalten.

(3) Betrifft das Vorhaben eine UVP-pflichtige Anlage, so erstreckt sich im Verfahren zur Erteilung einer Teilgenehmigung die Umweltverträglichkeitsprüfung im Rahmen der vorläufigen Prüfung im Sinne des Absatzes 1 auf die erkennbaren Auswirkungen der gesamten Anlage auf die in § 1a genannten Schutzgüter und abschließend auf die Auswirkungen, deren Ermittlung, Beschreibung und Bewertung Voraussetzung für Feststellungen oder Gestattungen ist, die Gegenstand dieser Teilgenehmigung sind. Ist in einem Verfahren über eine weitere Teilgenehmigung unter Einbeziehung der Öffentlichkeit zu entscheiden, soll die Prüfung der Umweltverträglichkeit im nachfolgenden Verfahren auf zusätzliche oder andere erhebliche Auswirkungen in § 1a genannten Schutzgüter beschränkt werden. Die Unterrichtung über den voraussichtlichen Untersuchungsrahmen nach § 2a beschränkt sich auf den zu erwartenden Umfang der durchzuführenden Umweltverträglichkeitsprüfung; für die dem Antrag zur Prüfung der Umweltverträglichkeit beizufügenden Unterlagen nach den §§ 4 bis 4e sowie die Auslegung dieser Unterlagen gelten die Absätze 1 und 2 entsprechend.

§ 23 Vorbescheid. (1) Der Antrag auf Erteilung eines Vorbescheides muß außer den in § 3 genannten Angaben insbesondere die bestimmte Angabe, für welche Genehmigungsvoraussetzungen oder für welchen Standort der Vorbescheid beantragt wird, enthalten.

(2) Der Vorbescheid muß enthalten
1. die Angabe des Namens und des Wohnsitzes oder des Sitzes des Antragstellers,
2. die Angabe, daß ein Vorbescheid erteilt wird, und die Angabe der Rechtsgrundlage,
3. die genaue Bezeichnung des Gegenstandes des Vorbescheides,
4. die Voraussetzungen und die Vorbehalte, unter denen der Vorbescheid erteilt wird,
5. die Begründung, aus der die wesentlichen tatsächlichen und rechtlichen Gründe, die die Behörde zu ihrer Entscheidung bewogen haben, und die Behandlung der Einwendungen hervorgehen sollen; bei UVP-pflichtigen Anlagen ist die zusammenfassende Darstellung nach § 20 Abs.1a sowie die Bewertung nach § 20 Abs.1b in die Begründung aufzunehmen.

(3) Der Vorbescheid soll enthalten
1. den Hinweis auf § 9 Abs.2 des Bundes-Immissionsschutzgesetzes,
2. den Hinweis, daß der Vorbescheid nicht zur Errichtung der Anlage oder von Teilen der Anlage berechtigt,

3. den Hinweis, daß der Vorbescheid unbeschadet der behördlichen Entscheidungen ergeht, die nach § 13 des Bundes-Immissionsschutzgesetzes nicht von der Genehmigung eingeschlossen werden, und
4. die Rechtsbehelfsbelehrung.
(4) § 22 gilt entsprechend.

§ 23a Raumordnungsverfahren und Genehmigungsverfahren. (1) Die Genehmigungsbehörde hat die im Raumordnungsverfahren oder einem anderen raumordnerischen Verfahren, das den Anforderungen des § 15 Abs.2 des Raumordnungsgesetzes entspricht (raumordnerisches Verfahren), ermittelten, beschriebenen und bewerteten Auswirkungen des Vorhabens auf die Umwelt nach Maßgabe des § 20 Abs. 1b bei der Entscheidung über den Antrag zu berücksichtigen.

(2) Im Genehmigungsverfahren soll hinsichtlich der im raumordnerischen Verfahren ermittelten und beschriebenen Auswirkungen auf die in § 1a genannten Schutzgüter von den Anforderungen der §§ 2a, 4 bis 4e, 11, 11a und 20 Abs.1a insoweit abgesehen werden, als diese Verfahrensschritte bereits im raumordnerischen Verfahren erfolgt sind.

§ 24 Vereinfachtes Verfahren. In dem vereinfachten Verfahren sind § 4 Abs.3, die §§ 8 bis 10a, 11a Abs.4, 12, 14 bis 19 und die Vorschriften, die die Durchführung der Umweltverträglichkeitsprüfung betreffen, nicht anzuwenden. § 11 gilt sinngemäß.

§ 24a Zulassung vorzeitigen Beginns. (1) Ist in einem Verfahren zur Erteilung einer Genehmigung ein Antrag auf Zulassung des vorzeitigen Beginns im Sinne des § 8a des Bundes-Immissionsschutzgesetzes gestellt, so muß dieser
1. das öffentliche Interesse oder das berechtigte Interesse des Antragstellers an dem vorzeitigen Beginn darlegen und
2. die Verpflichtung des Trägers des Vorhabens enthalten, alle bis zur Erteilung der Genehmigung durch die Errichtung, den Probebetrieb und den Betrieb der Anlage verursachten Schäden zu ersetzen und, falls das Vorhaben nicht genehmigt wird, den früheren Zustand wiederherzustellen.

(2) Der Bescheid über die Zulassung des vorzeitigen Beginns muß enthalten
1. die Angabe des Namens und des Wohnsitzes oder des Sitzes des Antragstellers,
2. die Angabe, daß der vorzeitige Beginn zugelassen wird, und die Angabe der Rechtsgrundlage.
3. die genaue Bezeichnung des Gegenstandes des Bescheides,
4. die Nebenbestimmungen der Zulassung,
5. die Begründung, aus der die wesentlichen tatsächlichen und rechtlichen Gründe, die die Behörde zu ihrer Entscheidung bewogen haben, hervorgehen sollen.

(3) Der Bescheid über die Zulassung des vorzeitigen Beginns soll enthalten
1. die Bestätigung der Verpflichtung nach Absatz 1,
2. den Hinweis, daß die Zulassung jederzeit widerrufen werden kann,
3. die Bestimmung einer Sicherheitsleistung, sofern dies erforderlich ist, um die Erfüllung der Pflichten des Trägers des Vorhabens zu sichern.

Dritter Teil. Schlußvorschriften

§ 25 Übergangsvorschrift. Verfahren, die vor dem Inkrafttreten einer Änderung dieser Verordnung begonnen worden sind, sind nach den Vorschriften der geänderten Verordnung zu Ende zu führen. Eine Wiederholung von Verfahrensabschnitten ist nicht erforderlich.

§ 26 Berlin-Klausel. (gegenstandslos)

§ 27. (Inkrafttreten)

A 10. Verordnung über die Beschaffenheit und Auszeichnung von Kraftstoffen – 10. BImSchV

Vom 24. 6. 2004 (BGBl I 1342)[1]

(BGBl III/FNA 2129-8-10-1)

Kommentierung: Vgl. die Ausführungen in Rn. 16, 18 zu § 34 sowie in Rn. 31 zu § 23. **Literatur:** *Laubinger,* in: UL (2000 ff), A 10.0; *Hansmann,* in: LR (1994 ff), 2.10.

§ 1 Beschaffenheit von Ottokraftstoffen. (1) Ottokraftstoff darf im geschäftlichen Verkehr an den Verbraucher nur veräußert werden, wenn seine Eigenschaften mindestens den Anforderungen der DIN EN 228, Ausgabe März 2004, entsprechen. Bis zum Inkrafttreten der DIN EN 228, Ausgabe März 2004, gilt im Sinne dieser Verordnung der Entwurf der DIN EN 228 vom September 2003 als DIN EN 228, Ausgabe März 2004.
(2) Ab dem 1. Januar 2009 darf Ottokraftstoff im geschäftlichen Verkehr an den Verbraucher nur veräußert werden, wenn sein Schwefelgehalt 10 Milligramm pro Kilogramm (mg/kg) nicht überschreitet. Darüber hinaus müssen mindestens die Anforderungen der DIN EN 228, Ausgabe März 2004, erfüllt sein.

§ 2 Beschaffenheit von Dieselkraftstoff. (1) Dieselkraftstoff darf im geschäftlichen Verkehr an den Verbraucher nur veräußert werden, wenn seine Eigenschaften mindestens den Anforderungen der DIN EN 590, Ausgabe März 2004, entsprechen. Bis zum Inkrafttreten der DIN EN 590, Ausgabe März 2004, gilt im Sinne dieser Verordnung der Entwurf der DIN EN 590 vom September 2003 als DIN EN 590, Ausgabe März 2004.
(2) Ab dem 1. Januar 2009 darf Dieselkraftstoff im geschäftlichen Verkehr an den Verbraucher nur veräußert werden, wenn sein Schwefelgehalt 10 Milligramm pro Kilogramm (mg/kg) nicht überschreitet. Darüber hinaus müssen mindestens die Anforderungen der DIN EN 590, Ausgabe März 2004, erfüllt sein.

§ 3 Beschaffenheit von Biodiesel. Biodiesel darf im geschäftlichen Verkehr an den Verbraucher nur veräußert werden, wenn seine Eigenschaften mindestens den Anforderungen der DIN EN 14 214, Ausgabe November 2003, entsprechen. Das gilt auch für Biodiesel als Zusatz zum Dieselkraftstoff.

§ 4 Beschaffenheit von Flüssiggaskraftstoff. Flüssiggaskraftstoff darf im geschäftlichen Verkehr an den Verbraucher nur veräußert werden, wenn seine Eigenschaften den Mindestanforderungen der DIN EN 589, Ausgabe März 2004 entsprechen. Bis zum Inkrafttreten der DIN EN 589, Ausgabe März 2004, gilt im Sinne dieser Verordnung der Entwurf der DIN EN 589 vom September 2003 als DIN EN 589, Ausgabe März 2004.

§ 5 Beschaffenheit von Erdgas. Erdgas als Kraftstoff darf im geschäftlichen Verkehr an den Verbraucher nur veräußert werden, wenn seine Eigenschaften mindestens den Anforderungen des Arbeitsblattes G 260, H oder L Gas, Ausgabe Januar 2000, der Deutschen Vereinigung des Gas- und Wasserfaches e. V. (DVGW) entsprechen.

---

[1] Zur Rechtsgrundlage und zu Änderungen Rn. 17 zu § 34.

Anh. A 10   10. BImSchV   VO zur Durchführung des BImSchG

§ 6 Gleichwertigkeitsklausel. Den Kraftstoffen nach den §§ 1, 2, 3, 4 und 5 sind solche Kraftstoffe gleichgestellt, die einer anderen Norm oder technischen Spezifikation entsprechen, die in einem anderen Mitgliedstaat der Europäischen Union oder einer anderen Vertragspartei des Abkommens über den Europäischen Wirtschaftsraum in Kraft ist, soweit diese Normen oder technischen Spezifikationen mit den europäischen Normen (DIN EN 228, Ausgabe März 2004, DIN EN 590, Ausgabe März 2004, DIN EN 14 214, Ausgabe November 2003, DIN EN 589, Ausgabe März 2004, Arbeitsblatt G 260, Erdgas Gruppe H oder Erdgas Gruppe L, Ausgabe Januar 2000 der Deutschen Vereinigung des Gas- und Wasserfaches e. V. (DVGW) übereinstimmen und die ein gleichwertiges Niveau der Beschaffenheit für die gleichen klimatischen Anforderungen sicherstellen.

§ 7 Inhalt und Form der Auszeichnung. Wer im geschäftlichen Verkehr Kraftstoffe an den Verbraucher veräußert, hat die gewährleisteten Qualitäten an den Zapfsäulen oder sonst an der Tankstelle in folgender Weise deutlich sichtbar zu machen:

1. Mit „Super schwefelfrei" und dem Zeichen nach Anlage 1 a,
   „Super Plus schwefelfrei" und dem Zeichen nach Anlage 1 b,
   „Normal schwefelfrei" und dem Zeichen nach Anlage 1 c
   wird schwefelfreier Ottokraftstoff gekennzeichnet, dessen Eigenschaften mindestens den Anforderungen der DIN EN 228, Ausgabe März 2004 (im Sinne dieser Verordnung gilt der Entwurf der DIN EN 228 vom September 2003 als Ausgabe März 2004), entsprechen oder gleichwertig nach § 6 sind. Statt mit „Normal schwefelfrei" kann die Auszeichnung mit „Benzin schwefelfrei" erfolgen.
2. Mit „Super" und dem Zeichen nach Anlage 1 d,
   „Super Plus" und dem Zeichen nach Anlage 1 e,
   „Normal" und dem Zeichen nach Anlage 1 f
   wird Ottokraftstoff gekennzeichnet, dessen Eigenschaften mindestens den Anforderungen der DIN EN 228 vom März 2004 entsprechen oder gleichwertig nach § 6 sind. Die Zeichen nach den Anlagen 1 d, 1 e und 1 f gelten für Ottokraftstoffe, deren Schwefelgehalt über 10 Milligramm pro Kilogramm liegt. Statt mit „Normal" kann die Auszeichnung mit „Benzin" erfolgen.
3. Mit „Dieselkraftstoff schwefelfrei" und dem Zeichen nach Anlage 2
   wird Dieselkraftstoff gekennzeichnet, dessen Eigenschaften mindestens den Anforderungen der DIN EN 590, Ausgabe März 2004 (bis zum Inkrafttreten der DIN EN 590, Ausgabe März 2004, gilt im Sinne dieser Verordnung der Entwurf der DIN EN 590 vom September 2003 als DIN EN 590, Ausgabe März 2004), entsprechen oder gleichwertig nach § 6 sind.
4. Mit „Dieselkraftstoff" und dem Zeichen nach Anlage 2 a
   wird Dieselkraftstoff gekennzeichnet, dessen Eigenschaften mindestens den Anforderungen der DIN EN 590 vom März 2004 entsprechen oder gleichwertig nach § 6 sind. Das Zeichen nach Anlage 2 a gilt für Dieselkraftstoff, dessen Schwefelgehalt über 10 Milligramm pro Kilogramm liegt.
5. Mit „Biodiesel" und dem Zeichen nach Anlage 3
   wird Fettsäure-Methylester für Dieselmotoren gekennzeichnet, dessen Anforderungen mindestens den Anforderungen der DIN EN 14 214, Ausgabe November 2003, entsprechen oder gleichwertig nach § 6 sind.
6. Mit „Flüssiggas" und dem Zeichen nach Anlage 4
   wird Flüssiggaskraftstoff gekennzeichnet, dessen Eigenschaften mindestens den Anforderungen der DIN EN 589, Ausgabe März 2004, entsprechen oder gleichwertig nach § 6 sind.

Kraftstoffqualitäten 10. BImSchV **Anh. A 10**

7. Mit „Erdgas H" und dem Zeichen nach Anlage 5 a, Erdgas Gruppe H und mit „Erdgas L" und dem Zeichen nach Anlage 5 b, Erdgas Gruppe L werden Erdgaskraftstoffe gekennzeichnet, deren Eigenschaften mindestens den Anforderungen des Arbeitsblattes G 260, H- oder L-Gas, Ausgabe Januar 2000, der Deutschen Vereinigung des Gas- und Wasserfaches e. V. (DVGW) entsprechen oder gleichwertig nach § 6 sind.
8. Ein Mischkraftstoff aus Ottokraftstoff und mehr als 5 Volumen % Bioethanol muss mit „Enthält mehr als 5 Volumen % Bioethanol" deutlich sichtbar an der Zapfsäule ausgezeichnet werden. Als Bioethanol gilt ausschließlich aus Biomasse gewonnener Ethylalkohol ex Position 2207 10 00 der Kombinierten Nomenklatur mit einem Alkoholgehalt von mindestens 99 Volumen % gemäß Artikel 2 Abs.2 Buchstabe A der EG-Richtlinie 2003/30/EG (ABl. EU Nr.L 123 S.42).
9. Ein Mischkraftstoff aus Dieselkraftstoff und mehr als 5 Volumen % Biodiesel muss mit „Enthält mehr als 5 Volumen % Biodiesel" deutlich sichtbar an der Zapfsäule ausgezeichnet werden.

§ 8 Unterrichtung des Auszeichnungspflichtigen. Wer gewerbsmäßig oder im Rahmen einer wirtschaftlichen Unternehmung Kraftstoffe in den Verkehr bringt, hat den Auszeichnungspflichtigen bei Anlieferung der Ware darüber zu unterrichten, dass die Kraftstoffe
1. den in den §§ 1 bis 6 genannten Mindestanforderungen entsprechen,
2. nach § 6 gleichwertig sind oder
3. Kraftstoffe im Sinne von § 7 Nr.8 oder Nr.9 darstellen.

§ 9 Bekanntmachung der Kraftstoffqualität für den Betrieb von Kraftfahrzeugen. (1) Wer gewerbsmäßig oder im Rahmen einer wirtschaftlichen Unternehmung Kraftfahrzeuge herstellt oder einführt, hat für den Betrieb der Kraftfahrzeuge, die er in den Verkehr bringt, die empfohlenen und verwendbaren Kraftstoffqualitäten
1. den Vertragswerkstätten und -händlern sowie der Öffentlichkeit in geeigneter Weise bekannt zu geben und
2. in den Betriebsanleitungen oder anderen für den Kraftfahrzeughalter bestimmten Unterlagen anzugeben.
(2) Für die Erfüllung der Verpflichtungen nach Absatz 1 genügt es, dass die Kraftstoffqualitäten mit den für die Auszeichnung von Kraftstoff nach § 7 vorgeschriebenen Auszeichnungen bekannt gegeben oder angegeben werden. Hierbei kann auf die Verwendung der Zeichen nach den Anlagen 1 a bis 5 b verzichtet werden.

§ 10 Zugänglichkeit der Normen. Die in den §§ 1, 2, 3, 4, 6 und 7 genannten DIN- und EN-Normen sind bei der Beuth-Verlag GmbH, Berlin, erschienen. Die genannten Normen sind bei dem Deutschen Patent- und Markenamt in München archivmäßig gesichert niedergelegt. Das in § 5 genannte DVGW Technische Regeln Arbeitsblatt G 260 ist bei der Wirtschafts und Verlagsgesellschaft Gas- und Wasser mbH, Josef-Wirmer-Straße 3, 53 123 Bonn zu beziehen.

§ 11 Ordnungswidrigkeiten. Ordnungswidrig im Sinne des § 62 Abs.1 Nr.7 des Bundes-Immissionsschutzgesetzes handelt, wer vorsätzlich oder fahrlässig
1. entgegen § 1 Abs.1 Satz 1 oder Abs.2 Satz 1, § 2 Abs.1 Satz 1 oder Abs.2 Satz 1 oder § 3, § 4 Satz 1 und § 5, jeweils auch in Verbindung mit § 6, Kraftstoff veräußert,
2. entgegen § 7 Kraftstoff nicht oder nicht richtig auszeichnet oder

3. entgegen § 8 Nr.1, Nr.2 oder Nr.3 den Auszeichnungspflichtigen nicht, nicht richtig oder nicht rechtzeitig unterrichtet.

§ 12 Inkrafttreten, Außerkrafttreten. Diese Verordnung tritt sechs Wochen nach der Verkündung in Kraft. Gleichzeitig tritt die Verordnung über die Beschaffenheit und die Auszeichnung der Qualitäten von Kraftstoffen vom 13. Dezember 1993 (BGBl. I S.2036), zuletzt geändert durch die Verordnung vom 22. Dezember 1999 (BGBl. I S.2845), außer Kraft.

A 11. Verordnung über Emissionserklärungen und Emissionsberichte – 11. BImSchV

Vom 29. 4. 2004 (BGBl I 694)[1]

(BGBl III/FNA 2129-8-11-2)

Kommentierung: Vgl. die Ausführungen in Rn.2–9, 14 zu § 27. – **Literatur:** Zur a. F. der Verordnung *Hansmann,* in: LR (1992 ff), Nr.2.11; *Laubinger,* in: UL (1992 ff), A 11.0.

§ 1 Anwendungsbereich. Diese Verordnung gilt für genehmigungsbedürftige Anlagen mit Ausnahme der Anlagen, die in den folgenden Nummern des Anhangs der Verordnung über genehmigungsbedürftige Anlagen in der Fassung der Bekanntmachung vom 14. März 1997 (BGBl. I S.504), die zuletzt durch Artikel 22 a des Gesetzes vom 6. Januar 2004 (BGBl. I S.2), geändert worden ist, genannt sind: 1.6; 1.8; 2.1; 2.14; 3.11 (Spalte 2); 3.13; 3.15; 3.16; 3.19; 3.22; 3.24; 3.25; 4.5; 4.9; 6.2 (Spalte 2); 7.1 (Spalte 1 Buchstaben a und d bis zu 40 000 Plätzen, Buchstaben e, f, i und j und Spalte 2); 7.2 (Spalte 2); 7.3 (Spalte 2); 7.4 (Spalte 2); 7.5 (Spalte 2); 7.6; 7.7; 7.10; 7.11; 7.13; 7.14 (Spalte 2); 7.17 (Spalte 2); 7.18; 7.19 (Spalte 2); 7.20 (Spalte 2); 7.22 (Spalte 2); 7.23 (Spalte 2); 7.25; 7.26; 7.27 (Spalte 2); 7.28 (Spalte 2); 7.29 (Spalte 2); 7.30 (Spalte 2); 7.31 (Spalte 2); 7.32 (Spalte 2); 7.33; 8.4; 8.5; 8.9 (Spalte 2); 8.12 (Spalte 2); alle Anlagen der Hauptnummer 9 außer 9.2 und 9.11; 10.1; 10.2; 10.3; 10.4; 10.5; 10.15 (Spalte 2); 10.16; 10.17; 10.18; 10.25. Gehören zu den von dieser Verordnung ausgenommenen Anlagen Teile oder Nebeneinrichtungen, die für sich gesehen unter den Anwendungsbereich dieser Verordnung fallen, so ist eine Emissionserklärung oder ein Emissionsbericht nach § 3 nur für diese Teile oder Nebeneinrichtungen abzugeben.

§ 2 Begriffsbestimmungen. Im Sinne dieser Verordnung sind:
1. Betriebseinrichtung
   eine oder mehrere in Anhang 1 aufgeführte Anlagen eines Betreibers an demselben Standort,
2. Emissionen
   die von Anlagen ausgehenden Luftverunreinigungen einschließlich der klimarelevanten Stoffe,
3. Emissionsfaktor
   das Verhältnis der Masse der Emissionen zu der Masse der erzeugten oder verarbeiteten Stoffe, der eingesetzten Brenn- oder Rohstoffe oder der Menge der eingesetzten oder umgewandelten Energien,
4. Energie- und Massenbilanzen
   die Gegenüberstellungen der eingesetzten Energien und der Brenn- und Arbeitsstoffe mit den umgewandelten Energien, den erzeugten Stoffen, den entstehenden Abfällen sowie den Emissionen,
5. Abgase
   die Trägergase mit festen, flüssigen oder gasförmigen Emissionen.

---

[1] Zur Rechtsgrundlage Rn.3 zu § 27.

Anh. A 11 11. BImSchV VO zur Durchführung des BImSchG

§ 3 Inhalt, Umfang und Form der Emissionserklärung und des Emissionsberichts. (1) Der Betreiber einer Anlage hat eine Emissionserklärung abzugeben, die inhaltlich dem Anhang 2 entspricht. Emissionen sind anzugeben für
1. Stoffe nach Nummer 5.2.2 Klasse I (z. B. Quecksilber), Nummer 5.2.4 Klasse I (z. B. Arsenwasserstoff), Nummer 5.2.7 (z. B. Arsen und seine Verbindungen außer Arsenwasserstoff, Cadmium und seine Verbindungen, Nickel und bestimmte Nickelverbindungen) der Technischen Anleitung zur Reinhaltung der Luft (TA Luft) vom 24. Juli 2002 (GMBl S.511), andere sehr giftige Stoffe[1]), soweit deren jeweilige Emissionen je Anlage 0,01 Kilogramm je Stunde oder 0,25 Kilogramm im Erklärungszeitraum übersteigen, polychlorierte Dibenzodioxine und Dibenzofurane (Angabe in Toxizitätsäquivalenten nach Anhang I der Verordnung über die Verbrennung und die Mitverbrennung von Abfällen in der Fassung der Bekanntmachung vom 14. August 2003, BGBl. I S.1633) und Stoffe mit vergleichbarer toxischer Wirkung, die jeweils unabhängig von der Größe ihrer Massenströme anzugeben sind,
2. Schwefelhexafluorid, Nickelverbindungen außer krebserzeugenden Verbindungen und Polyzyklische Aromatische Kohlenwasserstoffe außer Stoffe nach Nummer 1, soweit deren jeweilige Emission je Anlage den Wert von 50 Kilogramm im Erklärungszeitraum übersteigt, Trichlorbenzol, Hexachlorbenzol und Hexachlorcyclohexan, soweit deren jeweilige Emission je Anlage den Wert von 10 Kilogramm im Erklärungszeitraum übersteigt, und
3. weitere Stoffe, soweit deren jeweilige Emission je Anlage den Wert von 100 Kilogramm im Erklärungszeitraum übersteigt, wobei anstelle der Emissionen von Einzelstoffen die Angabe auch als Summenparameter von Gesamtkohlenstoff, Staub, Stickstoffoxid als Stickstoffdioxid und Schwefeloxid als Schwefeldioxid erfolgen kann.

Sind für den Erklärungszeitraum keine Emissionen anzugeben, können die Angaben unter „Emissionsverursachender Vorgang" und „Emissionen" des Anhangs 2 entfallen.

(2) Die zuständige oberste Landesbehörde oder die nach Landesrecht bestimmte Behörde kann bis sechs Monate vor Ablauf eines Erklärungszeitraumes für bestimmte Anlagen Vereinfachungen der Emissionserklärung festlegen. Die zuständige Behörde kann auf Antrag des Betreibers einer Anlage bis vier Monate vor Ablauf eines Erklärungszeitraumes festlegen, welche der nach Anhang 2 geforderten Angaben entfallen können.

(3) Der Betreiber einer Betriebseinrichtung hat einen Emissionsbericht abzugeben, der dem Anhang 3 entspricht und Angaben über die im Anhang 4 genannten Stoffe enthält, soweit die dort genannten Schwellenwerte überschritten sind.

(4) Emissionserklärung und Emissionsbericht sind in der Regel in elektronischer Form gegenüber der zuständigen Behörde abzugeben. Das Format der elektronischen Form wird von der zuständigen Behörde bis sechs Monate vor Ende des Erklärungszeitraumes festgelegt. Bei Emissionserklärungen kann die zuständige Behörde auf Antrag des Betreibers in begründeten Fällen oder von Amts wegen abweichende Regelungen von den Festlegungen nach Satz 1 oder 2 erteilen.

§ 4 Erklärungszeitraum, Zeitpunkt der Erklärung, Erklärungspflichtiger.
(1) Der erste Erklärungszeitraum für die Emissionserklärung und den Emissionsbericht ist das Kalenderjahr 2004. Anschließend sind für jedes dritte Kalenderjahr eine Emissionserklärung und ein Emissionsbericht abzugeben.

---

[1] Es gelten die Begriffsbestimmungen und die Einstufungen der Gefahrstoffverordnung in der Fassung vom 15. November 1999 (BGBl. 2000 I S.739), zuletzt geändert durch Artikel 2 der Verordnung vom 19. Mai 2003 (BGBl. I S.712).

Emissionserklärung 11. BImSchV **Anh. A 11**

(2) Die Emissionserklärung und der Emissionsbericht sind bis zum 30. April des dem jeweiligen Erklärungszeitraum folgenden Jahres abzugeben. Die zuständige Behörde kann auf Antrag des Betreibers im Einzelfall die Frist bis zum 15. Juni verlängern. Für einen Emissionsbericht kann eine Fristverlängerung nur erfolgen, wenn die spätere Abgabe dessen rechtzeitige Weiterleitung an die Kommission nach Absatz 4 nicht erschwert. Der Verlängerungsantrag für eine Emissionserklärung oder für einen Emissionsbericht muss spätestens bis zum 31. März des dem Erklärungszeitraum folgenden Jahres gestellt werden.

(3) Zur Abgabe einer Emissionserklärung oder eines Emissionsberichts ist verpflichtet, wer die Anlage oder die Betriebseinrichtung im Erklärungszeitraum betrieben hat. Wird die Anlage oder die Betriebseinrichtung während des Erklärungszeitraumes in Betrieb genommen, stillgelegt oder zeitweise nicht betrieben, umfasst der Erklärungszeitraum die Teile des Kalenderjahres, in denen die Anlage oder die Betriebseinrichtung betrieben worden ist.

(4) Für die zusammenfassende Berichterstattung an die Kommission der Europäischen Gemeinschaft gemäß Artikel 1 Abs.4 der Entscheidung 2000/479/EG der Kommission der Europäischen Gemeinschaft vom 17. Juli 2000 (ABl. Nr. L 192 S.36) über den Aufbau eines Europäischen Schadstoffregisters (EPER) gemäß Artikel 15 der Richtlinie 96/61/EG des Rates über die integrierte Vermeidung und Verminderung der Umweltverschmutzung (IPPC) übermittelt die nach Landesrecht zuständige Behörde die Emissionsberichte in elektronischer Form bis zum 31. Dezember des dem jeweiligen Erklärungszeitraum folgenden Jahres an das Bundesministerium für Umwelt, Naturschutz und Reaktorsicherheit oder an die von diesem beauftragte Stelle.

§ 5 Ermittlung der Emissionen. (1) Emissionen sind wie folgt zu ermitteln:
1. Messungen (M) als fortlaufend aufgezeichnete Messungen oder repräsentative Einzelmessungen, insbesondere aufgrund von Anordnungen nach § 26 oder § 28 des Bundes-Immissionsschutzgesetzes,
2. Berechnungen (C) auf der Basis von begründeten Rechnungen unter Verwendung von Emissionsfaktoren, Energie- und Massenbilanzen oder Analysenergebnissen,
3. Schätzungen (E) auf der Basis von Massenbilanzen, Messergebnissen oder Leistungs- oder Auslegungsdaten von gleichartigen Anlagen, sofern Leistung oder Kapazität sowie Betriebsbedingungen vergleichbar sind oder durch Schätzungen auf der Basis vergleichbarer Grundlagen.

Messungen, Berechnungen und Schätzungen sind als gleichberechtigt anzusehen.

(2) In der Emissionserklärung ist anzugeben, nach welchen Verfahren die Emissionen ermittelt worden sind. Auf Verlangen der zuständigen Behörde sind die Einzelheiten des Ermittlungsverfahrens anzugeben. Die Unterlagen sind mindestens vier Jahre nach Abgabe der Erklärung aufzubewahren.

§ 6 Ausnahmen. Die zuständige Behörde kann auf Antrag den Betreiber von der Pflicht zur Abgabe einer Emissionserklärung befreien, soweit im Einzelfall von der Anlage nur in geringem Umfang Luftverunreinigungen ausgehen können.

§ 7 Inkrafttreten, Außerkrafttreten. Diese Verordnung tritt am Tage nach der Verkündung in Kraft. Gleichzeitig tritt die Emissionserklärungsverordnung vom 12. Dezember 1991 (BGBl. I S.2213), zuletzt geändert durch Artikel 2 Nr.5 der Verordnung vom 18. Oktober 1999 (BGBl. I S.2059), außer Kraft.

A 12. Störfall-Verordnung – 12. BImSchV

Vom 26. 4. 2000 (BGBl I 603)[1]

(BGBl III/FNA 2129-8-12)

Kommentierung: Vgl. die Ausführungen zu § 7, insb. Rn.25–27, 36, 38 zu § 7 sowie in Rn.38, 42 zu § 5, in Rn.6f zu § 52a und in Rn.1, 9 zu § 58a. – **Literatur:** *Seller/Scheidmann,* Umgebungsschutz für Störfallanlagen, NVwZ 2004, 267; *Hansmann,* in: LR (2002), Nr.2.12; *Roller,* Auswirkungsbegrenzende Sicherheitsabstände bei Flüssiggasanlagen, ZUR 2002, 29; *Hansmann,* Der Sicherheitsbericht nach der Störfall-Verordnung, ImSch 2002, 44; *Heinze,* Sicherheitskonzept und Sicherheitsmanagementsystem nach der neuen Störfall-Verordnung, UPR 2002, 53; *Feldhaus,* Einführung in die neue Störfall-Verordnung, UPR 2000, 121 ff; *Müggenborg,* Die neue Störfall-Verordnung, NVwZ 2000, 1096; *Büge,* Die neue Störfall-Verordnung und ihre Bedeutung für die Praxis, DB 2000, 1501; *Uth,* Störfall-Verordnung, 2001; *Spindler,* Anlagensicherheit im deutschen und europäischen Recht, UPR 2001, 81; *Ohms,* Behördliche Risikoabschätzung im Lichte von „Artikelgesetz" und Störfall-Verordnung, UPR 2001, 87; *Posser/Müller,* Die neue Störfallverordnung und deren Auswirkungen auf die Praxis, NuR 2001, 321; *Feldhaus,* Einführung in die neue Störfall-Verordnung, UPR 2000, 121; *Büge,* Die neue Störfall-Verordnung und ihre Bedeutung für die Praxis, DB 2000, 1501; *Müggenborg,* Die neue Störfall-Verordnung, NVwZ 2000, 1096; *Laubinger,* in: UL (2000), A 12.0; *Spindler,* Sicherheitsabstände als Gefahrenabwehrpflichten, UPR 1997, 170; *Rebentisch,* Auswirkungen der neuen „Seveso-Richtlinie" auf das deutsche Anlagensicherheitsrecht, NVwZ 1997, 6 ff; *Büge,* Sicherheitsabstände – zwingende Betreiberpflicht nach BImSchG und Störfall-Verordnung? GewArch 1996, 190. Vgl. auch die Kommentierung zu § 7, insb. Rn.25–27, 36, 38 zu § 7 sowie Rn.25, 45 zu § 5, Rn.6f zu § 52a und Rn.1, 4, 9 zu § 58a.

Erster Teil. Allgemeine Vorschriften

§ 1 Anwendungsbereich. (1) Die Vorschriften des Zweiten und Vierten Teils mit Ausnahme der §§ 9 bis 12 gelten für Betriebsbereiche, in denen gefährliche Stoffe in Mengen vorhanden sind, die die in Anhang I Spalte 4 genannten Mengenschwellen erreichen oder überschreiten. Für Betriebsbereiche, in denen gefährliche Stoffe in Mengen vorhanden sind, die die in Anhang I Spalte 5 genannten Mengenschwellen erreichen oder überschreiten, gelten außerdem die Vorschriften der §§ 9 bis 12.

(2) Die zuständige Behörde kann im Einzelfall dem Betreiber eines Betriebsbereichs, soweit es zur Verhinderung von Störfällen oder zur Begrenzung ihrer Auswirkungen erforderlich ist, Pflichten nach den §§ 9 bis 12 auch dann auferlegen, wenn die in dem Betriebsbereich vorhandenen gefährlichen Stoffe die in Anhang I Spalte 5 genannten Mengenschwellen nicht erreichen.

---

[1] Zur Rechtsgrundlage Rn.28 zu § 7.

Störfall-Verordnung 12. BImSchV **Anh. A 12**

(3) Die Vorschriften des Dritten und Vierten Teils gelten für genehmigungsbedürftige Anlagen nach dem Bundes-Immissionsschutzgesetz, die nicht Betriebsbereich oder nicht Teil eines Betriebsbereichs sind, nach folgenden Maßgaben:
1. In den Anlagen sind gefährliche Stoffe in Mengen vorhanden, die
   a) die in Anhang VII Teil 1 Spalte 4 oder
   b) die, soweit es sich um Anlagen nach Anhang VII Teil 3 handelt, in Anhang VII Teil 1 Spalte 6
   genannten Mengen erreichen oder überschreiten.
2. Die Vorschriften des § 18 gelten nur für Anlagen, die in Anhang VII Teil 2 genannt und in denen gefährliche Stoffe in Mengen vorhanden sind, die die in Anhang VII Teil 1 Spalte 5 genannten Mengen erreichen oder überschreiten.

(4) Die zuständige Behörde kann im Einzelfall dem Betreiber einer genehmigungsbedürftigen Anlage nach Absatz 3 Nr. 1, soweit es zur Verhinderung von Störfällen oder zur Begrenzung ihrer Auswirkungen erforderlich ist, Pflichten nach § 18 auch dann auferlegen, wenn die Anlage in Anhang VII Teil 2 nicht genannt ist oder die in Anhang VII Teil 1 Spalte 5 festgelegten Mengenschwellen nicht erreicht werden.

(5) Die Absätze 1 bis 4 gelten nicht für die in Artikel 4 der Richtlinie 96/82/EG genannten Einrichtungen, Gefahren und Tätigkeiten.

§ 2 Begriffsbestimmungen. Im Sinne dieser Verordnung sind
1. gefährliche Stoffe:
   Stoffe, Gemische oder Zubereitungen, die in Anhang I und Anhang VII aufgeführt sind oder die dort festgelegten Kriterien erfüllen und die als Rohstoff, Endprodukt, Nebenprodukt, Rückstand oder Zwischenprodukt vorhanden sind, einschließlich derjenigen, bei denen vernünftigerweise davon auszugehen ist, dass sie bei einer Störung des bestimmungsgemäßen Betriebs anfallen;
2. Vorhandensein gefährlicher Stoffe:
   das tatsächliche oder vorgesehene Vorhandensein gefährlicher Stoffe oder ihr Vorhandensein, soweit davon auszugehen ist, dass sie bei einem außer Kontrolle geratenen industriellen chemischen Verfahren anfallen, und zwar in Mengen, die die in Anhang I und Anhang VII genannten Mengenschwellen erreichen oder überschreiten;
3. Störfall:
   ein Ereignis, wie z. B. eine Emission, ein Brand oder eine Explosion größeren Ausmaßes, das sich aus einer Störung des bestimmungsgemäßen Betriebs in einem unter diese Verordnung fallenden Betriebsbereich oder in einer unter diese Verordnung fallenden Anlage ergibt, das unmittelbar oder später innerhalb oder außerhalb des Betriebsbereichs oder der Anlage zu einer ernsten Gefahr oder zu Sachschäden nach Anhang VI Teil 1 Ziffer I Nr. 4 führt und bei dem ein oder mehrere gefährliche Stoffe beteiligt sind;
4. ernste Gefahr:
   eine Gefahr, bei der
   a) das Leben von Menschen bedroht wird oder schwerwiegende Gesundheitsbeeinträchtigungen von Menschen zu befürchten sind,
   b) die Gesundheit einer großen Zahl von Menschen beeinträchtigt werden kann oder
   c) die Umwelt, insbesondere Tiere und Pflanzen, der Boden, das Wasser, die Atmosphäre sowie Kultur- oder sonstige Sachgüter geschädigt werden können, falls durch eine Veränderung ihres Bestandes oder ihrer Nutzbarkeit das Gemeinwohl beeinträchtigt würde;

1031

5. Stand der Sicherheitstechnik:
der Entwicklungsstand fortschrittlicher Verfahren, Einrichtungen und Betriebsweisen, der die praktische Eignung einer Maßnahme zur Verhinderung von Störfällen oder zur Begrenzung ihrer Auswirkungen gesichert erscheinen lässt. Bei der Bestimmung des Standes der Sicherheitstechnik sind insbesondere vergleichbare Verfahren, Einrichtungen oder Betriebsweisen heranzuziehen, die mit Erfolg im Betrieb erprobt worden sind.

Zweiter Teil. Vorschriften für Betriebsbereiche

Erster Abschnitt. Grundpflichten

§ 3 Allgemeine Betreiberpflichten. (1) Der Betreiber hat die nach Art und Ausmaß der möglichen Gefahren erforderlichen Vorkehrungen zu treffen, um Störfälle zu verhindern; Verpflichtungen nach anderen als immissionsschutzrechtlichen Vorschriften bleiben unberührt.

(2) Bei der Erfüllung der Pflicht nach Absatz 1 sind
1. betriebliche Gefahrenquellen,
2. umgebungsbedingte Gefahrenquellen, wie Erdbeben oder Hochwasser, und
3. Eingriffe Unbefugter

zu berücksichtigen, es sei denn, dass diese Gefahrenquellen oder Eingriffe als Störfallursachen vernünftigerweise ausgeschlossen werden können.

(3) Über Absatz 1 hinaus sind vorbeugend Maßnahmen zu treffen, um die Auswirkungen von Störfällen so gering wie möglich zu halten.

(4) Die Beschaffenheit und der Betrieb der Anlagen des Betriebsbereichs müssen dem Stand der Sicherheitstechnik entsprechen.

§ 4 Anforderungen zur Verhinderung von Störfällen. Der Betreiber hat zur Erfüllung der sich aus § 3 Abs.1 ergebenden Pflicht insbesondere
1. Maßnahmen zu treffen, damit Brände und Explosionen
   a) innerhalb des Betriebsbereichs vermieden werden,
   b) nicht in einer die Sicherheit beeinträchtigenden Weise von einer Anlage auf andere Anlagen des Betriebsbereichs einwirken können und
   c) nicht in einer die Sicherheit des Betriebsbereichs beeinträchtigenden Weise von außen auf ihn einwirken können,
2. den Betriebsbereich mit ausreichenden Warn-, Alarm- und Sicherheitseinrichtungen auszurüsten,
3. die Anlagen des Betriebsbereichs mit zuverlässigen Messeinrichtungen und Steuer- oder Regeleinrichtungen auszustatten, die, soweit dies sicherheitstechnisch geboten ist, jeweils mehrfach vorhanden, verschiedenartig und voneinander unabhängig sind,
4. die sicherheitsrelevanten Teile des Betriebsbereichs vor Eingriffen Unbefugter zu schützen.

§ 5 Anforderungen zur Begrenzung von Störfallauswirkungen. (1) Der Betreiber hat zur Erfüllung der sich aus § 3 Abs.3 ergebenden Pflicht insbesondere
1. Maßnahmen zu treffen, damit durch die Beschaffenheit der Fundamente und der tragenden Gebäudeteile bei Störfällen keine zusätzlichen Gefahren hervorgerufen werden können,

Störfall-Verordnung 12. BImSchV **Anh. A 12**

2. die Anlagen des Betriebsbereichs mit den erforderlichen sicherheitstechnischen Einrichtungen auszurüsten sowie die erforderlichen technischen und organisatorischen Schutzvorkehrungen zu treffen.

(2) Der Betreiber hat dafür zu sorgen, dass in einem Störfall die für die Gefahrenabwehr zuständigen Behörden und die Einsatzkräfte unverzüglich, umfassend und sachkundig beraten werden.

§ 6 Ergänzende Anforderungen. (1) Der Betreiber hat zur Erfüllung der sich aus § 3 Abs.1 oder 3 ergebenden Pflichten über die in den §§ 4 und 5 genannten Anforderungen hinaus

1. die Errichtung und den Betrieb der sicherheitsrelevanten Anlagenteile zu prüfen sowie die Anlagen des Betriebsbereichs in sicherheitstechnischer Hinsicht ständig zu überwachen und regelmäßig zu warten,
2. die Wartungs- und Reparaturarbeiten nach dem Stand der Technik durchzuführen,
3. die erforderlichen sicherheitstechnischen Vorkehrungen zur Vermeidung von Fehlbedienungen zu treffen,
4. durch geeignete Bedienungs- und Sicherheitsanweisungen und durch Schulung des Personals Fehlverhalten vorzubeugen.

(2) Befindet sich in einem Betriebsbereich eine genehmigungsbedürftige Anlage – auch als Teil oder Nebeneinrichtung einer anderen genehmigungsbedürftigen Anlage –, die die Voraussetzungen nach § 1 Abs.3 Nr.1 Buchstabe b erfüllt, hat der Betreiber für diese Anlage ein Verzeichnis zu erstellen, in dem die handelsüblichen Bezeichnungen, die Mengen, der jeweilige Lagerort sowie gefahrerhöhendes Reaktionsverhalten beim Einsatz von Lösch- und Bekämpfungsmitteln sämtlicher gelagerter Güter aufgeführt sind. Darüber hinaus hat er zugehörige mit Informationen bereitzuhalten, deren Kenntnis für eine wirksame Gefahrenabwehr und Schadensbekämpfung erforderlich ist, insbesondere Sicherheitsdatenblätter. Das Verzeichnis über das Lagergut ist bei wesentlichen Änderungen des Lagerbestandes sofort und im Übrigen wöchentlich fortzuschreiben. Es ist gesichert und jederzeit verfügbar aufzubewahren und auf Verlangen den für die Gefahrenabwehr und die Schadensbekämpfung zuständigen Stellen vorzulegen. Die zuständige Behörde kann verlangen, dass Verzeichnisse, die auf elektronischen Datenträgern bereitgehalten werden, jederzeit lesbar gemacht werden können.

(3) Die Betreiber der nach § 15 festgelegten Betriebsbereiche haben im Benehmen mit den zuständigen Behörden

1. untereinander alle erforderlichen Informationen auszutauschen, damit sie in ihrem Konzept zur Verhinderung von Störfällen, in ihren Sicherheitsmanagementsystemen, in ihren Sicherheitsberichten und ihren internen Alarm- und Gefahrenabwehrplänen der Art und dem Ausmaß der Gesamtgefahr eines Störfalls Rechnung tragen können, und
2. betreffend die Information der Öffentlichkeit sowie die Übermittlung von Angaben an die zuständige Behörde im Hinblick auf die Erstellung von externen Alarm- und Gefahrenabwehrplänen zusammenzuarbeiten.

(4) Der Betreiber hat der zuständigen Behörde auf Verlangen alle zusätzlichen Informationen zu liefern, die notwendig sind, damit die Behörde die Möglichkeit des Eintritts eines Störfalls in voller Sachkenntnis beurteilen, die mögliche erhöhte Wahrscheinlichkeit und die mögliche Vergrößerung der Folgen von Störfällen ermitteln, externe Alarm- und Gefahrenabwehrpläne erstellen und Stoffe, die auf Grund ihrer physikalischen Form, ihrer besonderen Merkmale oder des Ortes, an dem sie vorhanden sind, zusätzliche Vorkehrungen erfordern, berücksichtigen kann.

§ 7 Anzeige. (1) Der Betreiber hat der zuständigen Behörde mindestens einen Monat vor Beginn der Errichtung eines Betriebsbereichs Folgendes schriftlich anzuzeigen:
1. Name oder Firma des Betreibers sowie vollständige Anschrift des betreffenden Betriebsbereichs,
2. eingetragener Firmensitz und vollständige Anschrift des Betreibers,
3. Name oder Funktion der für den Betriebsbereich verantwortlichen Person, falls von der unter Nummer 1 genannten Person abweichend,
4. ausreichende Angaben zur Identifizierung der gefährlichen Stoffe oder der Kategorie gefährlicher Stoffe,
5. Menge und physikalische Form der gefährlichen Stoffe,
6. Tätigkeit oder beabsichtigte Tätigkeit in den Anlagen des Betriebsbereichs,
7. Gegebenheiten in der unmittelbaren Umgebung des Betriebsbereichs, die einen Störfall auslösen oder dessen Folgen verschlimmern können.

(2) Der Betreiber hat eine Änderung
1. des Betriebsbereichs,
2. eines Verfahrens, bei dem ein gefährlicher Stoff eingesetzt wird,
3. der Menge, Art oder physikalischen Form eines gefährlichen Stoffes gegenüber den Angaben nach Absatz 1,
aus der sich erhebliche Auswirkungen hinsichtlich der mit einem Störfall verbundenen Gefahren ergeben könnten, sowie
4. die endgültige Stilllegung des Betriebsbereichs oder einer Anlage des Betriebsbereichs
der zuständigen Behörde mindestens einen Monat vorher schriftlich anzuzeigen.

(3) Einer gesonderten Anzeige bedarf es nicht, soweit der Betreiber die entsprechenden Angaben der zuständigen Behörde nach Absatz 1 im Rahmen eines Genehmigungs- oder Anzeigeverfahrens vorgelegt hat.

§ 8 Konzept zur Verhinderung von Störfällen. (1) Der Betreiber hat vor Inbetriebnahme ein schriftliches Konzept zur Verhinderung von Störfällen auszuarbeiten. Es soll den Gefahren von Störfällen im Betriebsbereich angemessen sein und muss den in Anhang III genannten Grundsätzen Rechnung tragen.

(2) Der Betreiber hat die Umsetzung des Konzeptes sicherzustellen. Betreiber von Betriebsbereichen nach § 1 Abs.1 Satz 1 haben es für die zuständigen Behörden verfügbar zu halten.

(3) Der Betreiber hat in den Fällen des § 7 Abs.2 Nr.1 bis 3 das Konzept zur Verhinderung von Störfällen, einschließlich des diesem Konzept zugrunde liegenden Sicherheitsmanagementsystems, sowie die Verfahren zu dessen Umsetzung zu überprüfen und erforderlichenfalls zu aktualisieren.

Zweiter Abschnitt. Erweiterte Pflichten

§ 9 Sicherheitsbericht. (1) Der Betreiber eines Betriebsbereichs nach § 1 Abs.1 Satz 2 hat einen Sicherheitsbericht nach Absatz 2 zu erstellen, in dem dargelegt wird, dass
1. ein Konzept zur Verhinderung von Störfällen umgesetzt wurde und ein Sicherheitsmanagementsystem zu seiner Anwendung gemäß den Grundsätzen des Anhangs III vorhanden ist,
2. die Gefahren von Störfällen ermittelt sowie alle erforderlichen Maßnahmen zur Verhinderung derartiger Störfälle und zur Begrenzung ihrer Auswirkungen auf Mensch und Umwelt ergriffen wurden,

Störfall-Verordnung   12. BImSchV **Anh. A 12**

3. die Auslegung, die Errichtung sowie der Betrieb und die Wartung sämtlicher Teile eines Betriebsbereichs, die im Zusammenhang mit der Gefahr von Störfällen im Betriebsbereich stehen, ausreichend sicher und zuverlässig sind,
4. interne Alarm- und Gefahrenabwehrpläne vorliegen und die erforderlichen Informationen zur Erstellung externer Alarm- und Gefahrenabwehrpläne erbracht worden sind, damit bei einem Störfall die erforderlichen Maßnahmen ergriffen werden können, und in dem
5. ausreichende Informationen bereitgestellt werden, damit die zuständigen Behörden Entscheidungen über die Ansiedlung neuer Tätigkeiten oder Entwicklungen in der Nachbarschaft bestehender Betriebsbereiche treffen können.

(2) Der Sicherheitsbericht enthält mindestens die in Anhang II aufgeführten Angaben und Informationen. Er enthält ferner ein aktuelles Verzeichnis der in dem Betriebsbereich vorhandenen gefährlichen Stoffe. Dabei kann auf ein Verzeichnis nach § 6 Abs.2 zurückgegriffen werden.

(3) Der Betreiber kann auf Grund anderer Rechtsvorschriften vorzulegende gleichwertige Berichte oder Teile solcher Berichte zu einem einzigen Sicherheitsbericht im Sinne dieses Paragraphen zusammenfassen, sofern alle Anforderungen dieses Paragraphen beachtet werden.

(4) Der Betreiber hat der zuständigen Behörde den Sicherheitsbericht nach den Absätzen 1 und 2 unbeschadet des § 4 b Abs.2 Satz 2 der Verordnung über das Genehmigungsverfahren innerhalb einer angemessenen, von der zuständigen Behörde gesetzten Frist vor Inbetriebnahme und unverzüglich nach einer Aktualisierung auf Grund der in Absatz 5 vorgeschriebenen Überprüfung vorzulegen.

(5) Der Betreiber hat den Sicherheitsbericht sowie das Konzept zur Verhinderung von Störfällen und das Sicherheitsmanagementsystem
1. mindestens alle fünf Jahre,
2. bei einer Änderung
   a) des Betriebsbereichs,
   b) eines Verfahrens, bei dem ein gefährlicher Stoff eingesetzt wird,
   c) der Menge, Art oder physikalischen Form eines gefährlichen Stoffes gegenüber den Angaben im Sicherheitsbericht,
3. zu jedem anderen Zeitpunkt, wenn neue Umstände dies erfordern, oder um den neuen sicherheitstechnischen Kenntnisstand sowie aktuelle Erkenntnisse zur Beurteilung der Gefahren zu berücksichtigen,
zu überprüfen. Soweit sich bei der Überprüfung nach Satz 1 herausstellt, dass sich erhebliche Auswirkungen hinsichtlich der mit einem Störfall verbundenen Gefahren ergeben könnten, hat der Betreiber den Sicherheitsbericht sowie das Konzept zur Verhinderung von Störfällen und das Sicherheitsmanagementsystem unverzüglich zu aktualisieren.

(6) Wenn von bestimmten im Betriebsbereich vorhandenen Stoffen oder von irgendeinem Teil des Betriebsbereichs selbst keine Gefahr eines Störfalls ausgehen kann, so kann die zuständige Behörde auf Antrag des Betreibers nach Kriterien, die in dem in Artikel 16 der Richtlinie 82/501/EWG des Rates vom 24. Juni 1982 über die Gefahren schwerer Unfälle bei bestimmten Industrietätigkeiten (ABl. EG Nr.L 230 S.1) oder in Artikel 22 der Richtlinie 96/82/EG des Rates vom 9. Dezember 1996 zur Beherrschung der Gefahren bei schweren Unfällen mit gefährlichen Stoffen (ABl. EG 1997 Nr.L 10 S.13) vorgesehenen Verfahren erstellt worden sind, zulassen, dass die für den Sicherheitsbericht vorgeschriebenen Informationen auf die Aspekte beschränkt werden, die für die Abwehr der noch verbleibenden Gefahren von Störfällen und für die Begrenzung ihrer Auswirkungen auf Mensch und Umwelt von Bedeutung sind.

Anh. A 12 **12. BImSchV** VO zur Durchführung des BImSchG

§ 10 Alarm- und Gefahrenabwehrpläne. (1) Vor der erstmaligen Inbetriebnahme eines Betriebsbereichs nach § 1 Abs.1 Satz 2 hat der Betreiber
1. interne Alarm- und Gefahrenabwehrpläne zu erstellen, die die in Anhang IV aufgeführten Informationen enthalten müssen, und
2. den zuständigen Behörden die für die Erstellung externer Alarm- und Gefahrenabwehrpläne erforderlichen Informationen zu übermitteln.

(2) Wenn das Hoheitsgebiet eines anderen Staates von den Auswirkungen eines Störfalls betroffen werden kann, hat der Betreiber den zuständigen Behörden nach Absatz 1 Nr.2 entsprechende Mehrausfertigungen der für die Erstellung externer Alarm- und Gefahrenabwehrpläne erforderlichen Informationen zur Weiterleitung an die zuständige Behörde des anderen Staates zu übermitteln.

(3) Vor der Erstellung der internen Alarm- und Gefahrenabwehrpläne hat der Betreiber die Beschäftigten des Betriebsbereichs über die vorgesehenen Inhalte zu unterrichten und hierzu anzuhören. Er hat die Beschäftigten ferner vor ihrer erstmaligen Beschäftigungsaufnahme und wiederkehrend über die für sie in den internen Alarm- und Gefahrenabwehrplänen für den Störfall enthaltenen Verhaltensregeln zu unterweisen.

(4) Der Betreiber hat die internen Alarm- und Gefahrenabwehrpläne in Abständen von höchstens drei Jahren zu überprüfen und zu erproben. Bei der Überprüfung sind Veränderungen im betreffenden Betriebsbereich und in den betreffenden Notdiensten, neue technische Erkenntnisse und Erkenntnisse darüber, wie bei Störfällen zu handeln ist, zu berücksichtigen. Soweit sich bei der Überprüfung nach Satz 1 herausstellt, dass sich erhebliche Auswirkungen hinsichtlich der bei einem Störfall zu treffenden Maßnahmen ergeben könnten, hat der Betreiber die Alarm- und Gefahrenabwehrpläne unverzüglich zu aktualisieren. Absatz 1 Nr.2 und Absatz 2 gelten entsprechend.

§ 11 Informationen über Sicherheitsmaßnahmen. (1) Der Betreiber eines Betriebsbereichs nach § 1 Abs.1 Satz 2 hat die Personen, die von einem Störfall in diesem Betriebsbereich betroffen werden könnten, gemäß Satz 2 vor Inbetriebnahme über die Sicherheitsmaßnahmen und das richtige Verhalten im Fall eines Störfalls zu informieren. Die Informationen enthalten zumindest die in Anhang V aufgeführten Angaben. Sie sind der Öffentlichkeit ständig zugänglich zu machen. Soweit die Informationen zum Schutze der Öffentlichkeit bestimmt sind, sind sie mit den für den Katastrophenschutz und die allgemeine Gefahrenabwehr zuständigen Behörden abzustimmen. Die in diesem Absatz genannten Betreiberpflichten gelten auch gegenüber Personen, der Öffentlichkeit und den zuständigen Behörden in anderen Staaten, deren Hoheitsgebiet von den grenzüberschreitenden Auswirkungen eines Störfalls in dem Betriebsbereich betroffen werden könnte.

(2) Der Betreiber hat die Informationen nach Absatz 1 alle drei Jahre zu überprüfen. Soweit sich bei der Überprüfung Änderungen ergeben, die erhebliche Auswirkungen hinsichtlich der mit einem Störfall verbundenen Gefahren haben könnten, hat der Betreiber die Informationen unverzüglich zu aktualisieren und zu wiederholen; Absatz 1 gilt entsprechend. Der Zeitraum, innerhalb dessen die der Öffentlichkeit zugänglich gemachten Informationen wiederholt werden müssen, darf in keinem Fall fünf Jahre überschreiten.

(3) Der Betreiber hat den Sicherheitsbericht nach § 9 zur Einsicht durch die Öffentlichkeit bereitzuhalten. Er kann von der zuständigen Behörde verlangen, bestimmte Teile des Sicherheitsberichts, zu denen nicht das Verzeichnis gefährlicher Stoffe nach § 9 Abs.2 gehören darf, aus Gründen des Betriebs- und Geschäftsgeheimnisses, des Schutzes der Privatsphäre, der öffentlichen Sicherheit oder der Landesverteidigung nicht offen legen zu müssen. Nach Zustimmung der zuständigen

Behörde legt der Betreiber in solchen Fällen der Behörde einen geänderten Sicherheitsbericht vor, in dem die nicht offen zu legenden Teile ausgespart sind, und macht diesen der Öffentlichkeit zugänglich.

§ 12 Sonstige Pflichten. (1) Der Betreiber eines Betriebsbereichs nach § 1 Abs.1 Satz 2 hat
1. auf Verlangen der zuständigen Behörde zu einer von ihr benannten, zur Informationsweitergabe geeigneten Stelle der öffentlichen Verwaltung eine jederzeit verfügbare und gegen Missbrauch geschützte Verbindung einzurichten und zu unterhalten sowie
2. eine Person oder Stelle mit der Begrenzung der Auswirkungen von Störfällen zu beauftragen und diese der zuständigen Behörde zu benennen.

(2) Der Betreiber hat Unterlagen über die nach § 6 Abs.1 Nr.1 und 2 erforderliche Durchführung
1. der Prüfung der Errichtung und des Betriebs der sicherheitsrelevanten Anlagenteile,
2. der Überwachung und regelmäßigen Wartung der Anlage in sicherheitstechnischer Hinsicht,
3. der sicherheitsrelevanten Wartungs- und Reparaturarbeiten sowie
4. der Funktionsprüfungen der Warn-, Alarm- und Sicherheitseinrichtungen

zu erstellen. Die Unterlagen sind mindestens fünf Jahre ab Erstellung zur Einsicht durch die zuständige Behörde aufzubewahren.

Dritter Abschnitt. Behördenpflichten

§ 13 Mitteilungspflicht gegenüber dem Betreiber. Vor Inbetriebnahme eines Betriebsbereichs und nach einer Aktualisierung des Sicherheitsberichts auf Grund der in § 9 Abs.5 vorgeschriebenen Überprüfungen hat die zuständige Behörde dem Betreiber die Ergebnisse ihrer Prüfung des Sicherheitsberichts, gegebenenfalls nach Anforderung zusätzlicher Informationen, innerhalb einer angemessenen Frist nach Eingang des Sicherheitsberichts mitzuteilen, soweit der Sicherheitsbericht nicht Gegenstand eines immissionsschutzrechtlichen Genehmigungsverfahrens ist. Satz 1 gilt entsprechend in den Fällen des § 20 Abs.3.

§ 14 Berichtspflichten. (1) Die zuständige Behörde hat ein Verzeichnis der Betriebsbereiche nach § 9 Abs.6 mit Angabe der für die Ausnahmen maßgebenden Gründe innerhalb von drei Monaten nach Ablauf des ersten Kalenderjahres nach Inkrafttreten dieser Verordnung und dann jede weitere Entscheidung nach § 9 Abs.6 und deren Gründe unverzüglich der für die Weiterleitung an die Kommission der Europäischen Gemeinschaften entsprechend Artikel 9 Abs.6 Buchstabe c der Richtlinie 96/82/EG des Rates vom 9. Dezember 1996 zur Beherrschung der Gefahren bei schweren Unfällen mit gefährlichen Stoffen (ABl. EG 1997 Nr.L 10 S.13) zuständigen Behörde vorzulegen.

(2) Die zuständige Behörde hat alle drei Jahre entsprechend den Anforderungen der Richtlinie 91/692/EWG des Rates vom 23. Dezember 1991 zur Vereinheitlichung und zweckmäßigen Gestaltung der Berichte über die Durchführung bestimmter Umweltschutzrichtlinien (ABl. EG Nr.L 377 S.48) innerhalb von sechs Monaten nach Ablauf eines jeden Dreijahreszeitraums über die nach Landesrecht zuständige Behörde dem Bundesministerium für Umwelt, Naturschutz und Reaktorsicherheit einen Bericht über die von dieser Verordnung betroffenen Betriebs-

Anh. A 12 12. BImSchV   VO zur Durchführung des BImSchG

bereiche zu übermitteln; das Bundesministerium für Umwelt, Naturschutz und Reaktorsicherheit leitet den Bericht entsprechend Artikel 19 Abs.4 der Richtlinie 96/82/EG des Rates vom 9. Dezember 1996 zur Beherrschung der Gefahren bei schweren Unfällen mit gefährlichen Stoffen (ABl. EG 1997 Nr.L 10 S.13) an die Kommission der Europäischen Gemeinschaften weiter.

§ 15 Domino-Effekt. Die zuständige Behörde hat gegenüber den Betreibern festzustellen, bei welchen Betriebsbereichen oder Gruppen von Betriebsbereichen auf Grund ihres Standorts, ihres gegenseitigen Abstands und der in ihren Anlagen vorhandenen gefährlichen Stoffe eine erhöhte Wahrscheinlichkeit oder Möglichkeit von Störfällen bestehen kann oder diese Störfälle folgenschwerer sein können.

§ 16 Überwachungssystem. (1) Die zuständige Behörde hat unbeschadet des § 13 ein der Art des betreffenden Betriebsbereichs angemessenes Überwachungssystem einzurichten. Das Überwachungssystem hat eine planmäßige und systematische Prüfung der technischen, organisatorischen und managementspezifischen Systeme des Betriebsbereichs zu ermöglichen, mit der sich die zuständige Behörde insbesondere vergewissert,
1. dass der Betreiber nachweisen kann, dass er im Zusammenhang mit den verschiedenen betriebsspezifischen Tätigkeiten die zur Verhinderung von Störfällen erforderlichen Maßnahmen ergriffen hat,
2. dass der Betreiber nachweisen kann, dass er angemessene Mittel zur Begrenzung von Störfallauswirkungen innerhalb und außerhalb des Betriebsbereichs vorgesehen hat,
3. dass die im Sicherheitsbericht oder in anderen vorgelegten Berichten enthaltenen Angaben und Informationen die Gegebenheiten in dem Betriebsbereich zutreffend wiedergeben,
4. dass die Informationen nach § 11 Abs.1 der Öffentlichkeit zugänglich gemacht worden sind.

(2) Das in Absatz 1 genannte Überwachungssystem muss folgende Anforderungen erfüllen:
1. Für alle Betriebsbereiche muss ein Überwachungsprogramm erstellt werden. Jeder Betriebsbereich, für den ein Sicherheitsbericht nach § 9 erforderlich ist, wird nach dem Programm zumindest alle zwölf Monate einer Vor-Ort-Inspektion durch die zuständige Behörde unterzogen, es sei denn, die zuständige Behörde hat auf Grund einer systematischen Bewertung der Gefahren von Störfällen ein Überwachungsprogramm mit anderen Inspektionsintervallen für den jeweiligen Betriebsbereich erstellt.
2. Nach jeder Inspektion erstellt die zuständige Behörde einen Bericht.
3. Gegebenenfalls werden die Folgemaßnahmen jeder durchgeführten Inspektion binnen angemessener Frist nach der Inspektion von der zuständigen Behörde zusammen mit der Leitung des Betriebsbereichs überprüft.

(3) Die zuständige Behörde kann unbeschadet des § 29a des Bundes-Immissionsschutzgesetzes einen geeigneten Sachverständigen mit der Inspektion nach Absatz 2 Nr.1, der Erstellung des Berichts nach Absatz 2 Nr.2 und der Überprüfung erforderlicher Folgemaßnahmen nach Absatz 2 Nr.3 beauftragen. Bestandteil des Auftrags muss es sein, den Bericht nach Absatz 2 Nr.2 und das Ergebnis der Überprüfung nach Absatz 2 Nr.3 jeweils binnen vier Wochen nach Fertigstellung des Berichts bzw. nach Abschluss der Überprüfung der zuständigen Behörde zu übermitteln.

Störfall-Verordnung 12. BImSchV **Anh. A 12**

Dritter Teil. Vorschriften für bestimmte genehmigungsbedürftige Anlagen nach dem Bundes-Immissionsschutzgesetz

§ 17 Grundpflichten. Für Betreiber genehmigungsbedürftiger Anlagen nach § 1 Abs.3 gelten die Vorschriften des § 3, des § 4 mit Ausnahme der Nummer 1 Buchstabe b sowie der §§ 5 und 6 Abs.1 und 2 entsprechend.

§ 18 Erweiterte Pflichten. (1) Der Betreiber einer genehmigungsbedürftigen Anlage nach § 1 Abs.3 Nr.2 hat einen anlagenbezogenen Sicherheitsbericht zu erstellen, der mindestens die in Anhang II Abschnitt II Nr.1 und 3, Abschnitt III, IV und V Nr.1 bis 3 aufgeführten Angaben und Informationen enthält. In dem anlagenbezogenen Sicherheitsbericht kann insoweit auf Unterlagen nach § 10 Abs.1 des Bundes-Immissionsschutzgesetzes verwiesen werden, als diese Angaben nach Satz 1 enthalten. § 9 Abs.1 Nr.2 bis 4 und Abs.3 bis 5 sowie die §§ 10 bis 12 gelten entsprechend.

(2) Die zuständige Behörde kann auf Antrag den Betreiber einer genehmigungsbedürftigen Anlage nach § 1 Abs.3 Nr.2 von den Pflichten nach Absatz 1 befreien, soweit im Einzelfall, insbesondere durch Maßnahmen zum Schutz der Beschäftigten oder auf benachbarten Grundstücken oder wegen günstiger Umgebungsbedingungen der Anlage, eine ernste Gefahr nicht zu besorgen ist. Die Befreiung soll befristet werden.

Vierter Teil. Gemeinsame Vorschriften, Schlussvorschriften

§ 19 Meldeverfahren. (1) Der Betreiber hat der zuständigen Behörde unverzüglich den Eintritt eines Ereignisses, das die Kriterien des Anhangs VI Teil 1 erfüllt, mitzuteilen.

(2) Der Betreiber hat der zuständigen Behörde unverzüglich, spätestens innerhalb einer Woche nach Eintritt eines Ereignisses nach Absatz 1 eine ergänzende schriftliche Mitteilung vorzulegen, die mindestens die Angaben nach Anhang VI Teil 2 enthält. Er hat die Mitteilung bei Vorliegen neuer Erkenntnisse unverzüglich zu ergänzen oder zu berichtigen.

(3) Erhält die zuständige Behörde Kenntnis von einem Ereignis nach Anhang VI Teil 1 Ziffer I, hat sie
1. durch Inspektionen, Untersuchungen oder andere geeignete Mittel die für eine vollständige Analyse der technischen, organisatorischen und managementspezifischen Gesichtspunkte dieses Ereignisses erforderlichen Informationen einzuholen,
2. geeignete Maßnahmen zu ergreifen, um sicherzustellen, dass der Betreiber alle erforderlichen Abhilfemaßnahmen trifft, und
3. Empfehlungen zu künftigen Verhinderungsmaßnahmen abzugeben, sobald die Analyse nach Nummer 1 vorliegt.

(4) Zur Verhinderung von Störfällen und zur Begrenzung von Störfallauswirkungen hat die zuständige Behörde eine Kopie der schriftlichen Mitteilung nach Absatz 2 unverzüglich über die nach Landesrecht zuständige Behörde dem Bundesministerium für Umwelt, Naturschutz und Reaktorsicherheit zuzuleiten; dieses unterrichtet die Kommission der Europäischen Gemeinschaften entsprechend Artikel 15 Abs.1 der Richtlinie 96/82/EG des Rates vom 9. Dezember 1996 zur Beherrschung der Gefahren bei schweren Unfällen mit gefährlichen Stoffen (ABl. EG

1997 Nr.L 10 S.13), wenn eines der Kriterien des Anhangs VI Teil 1 Ziffer I oder II erfüllt ist.

(5) Die zuständige Behörde teilt das Ergebnis der Analyse nach Absatz 3 Nr.1 und die Empfehlungen nach Absatz 3 Nr.3 schriftlich über die nach Landesrecht zuständige Behörde dem Bundesministerium für Umwelt, Naturschutz und Reaktorsicherheit mit; dieses unterrichtet die Kommission der Europäischen Gemeinschaften entsprechend Artikel 15 Abs.2 der Richtlinie 96/82/EG des Rates vom 9. Dezember 1996 zur Beherrschung der Gefahren bei schweren Unfällen mit gefährlichen Stoffen (ABl. EG 1997 Nr.L 10 S.13).

(6) Der Betreiber hat die Beschäftigten oder deren Personalvertretung über eine Mitteilung nach Absatz 1 unverzüglich zu unterrichten und ihnen auf Verlangen eine Kopie der schriftlichen Mitteilung nach Absatz 2 zugänglich zu machen.

§ 20 Übergangsvorschriften. (1) Der Betreiber eines zum Zeitpunkt des Inkrafttretens dieser Verordnung bestehenden Betriebsbereichs hat der zuständigen Behörde die Angaben nach § 7 Abs.1 Nr.1 bis 7 innerhalb von drei Monaten nach Inkrafttreten dieser Verordnung schriftlich anzuzeigen. Eine Anzeige ist nicht erforderlich, soweit der Betreiber des betreffenden Betriebsbereichs der zuständigen Behörde die entsprechenden Angaben bereits auf Grund anderer Rechtsvorschriften übermittelt hat.

(2) Der Betreiber eines zum Zeitpunkt des Inkrafttretens dieser Verordnung bestehenden Betriebsbereichs hat das Konzept nach § 8 Abs.1 unverzüglich, spätestens jedoch bis zum Ablauf von sechs Monaten nach Inkrafttreten der Verordnung, auszuarbeiten, seine Umsetzung sicherzustellen und es für die zuständigen Behörden verfügbar zu halten.

(3) Der Betreiber eines zum Zeitpunkt des Inkrafttretens dieser Verordnung bestehenden Betriebsbereichs nach § 1 Abs.1 Satz 2 hat die Pflichten nach § 9 bis zum 2. Februar 2001 zu erfüllen, wenn der Betriebsbereich ausschließlich aus Anlagen besteht, die vor dem Inkrafttreten dieser Verordnung der Störfall-Verordnung unterlagen. In allen übrigen Fällen hat der Betreiber eines zum Zeitpunkt des Inkrafttretens dieser Verordnung bestehenden Betriebsbereichs die Pflichten nach § 9 bis zum 2. Februar 2002 zu erfüllen.

(4) Der Betreiber eines zum Zeitpunkt des Inkrafttretens dieser Verordnung bestehenden Betriebsbereichs nach § 1 Abs.1 Satz 2 hat bis zum 2. Februar 2001
1. die nach § 10 Abs.1 Nr.1 erforderlichen internen Alarm- und Gefahrenabwehrpläne zu erstellen und
2. den zuständigen Behörden die für die Erstellung externer Alarm- und Gefahrenabwehrpläne erforderlichen Informationen zu übermitteln,

wenn der betreffende Betriebsbereich ausschließlich aus Anlagen besteht, die vor dem Inkrafttreten dieser Verordnung der Störfall-Verordnung unterlagen. In allen übrigen Fällen hat der Betreiber eines zum Zeitpunkt des Inkrafttretens dieser Verordnung bestehenden Betriebsbereichs nach § 1 Abs.1 Satz 2 die Pflichten nach den Nummern 1 und 2 bis zum 2. Februar 2002 zu erfüllen. § 10 Abs.2 bis 4 gilt entsprechend.

(5) Der Betreiber eines zum Zeitpunkt des Inkrafttretens dieser Verordnung bestehenden Betriebsbereichs nach § 1 Abs.1 Satz 2 hat die Personen, die von einem Störfall in diesem Betriebsbereich betroffen werden könnten, unverzüglich, spätestens jedoch bis zum Ablauf von sechs Monaten nach Inkrafttreten der Verordnung, gemäß § 11 Abs.1 Satz 1 und 2 zu informieren, soweit nicht bereits eine entsprechende Information nach anderen Rechtsvorschriften erfolgt ist. § 11 Abs.1 Satz 3 bis 5 gilt entsprechend.

Störfall-Verordnung 12. BImSchV **Anh. A 12**

(6) Als bestehende Betriebsbereiche im Sinne dieser Vorschrift gelten auch Betriebsbereiche, mit deren Errichtung begonnen wurde.

§ 21 Ordnungswidrigkeiten. (1) Ordnungswidrig im Sinne des § 62 Abs.1 Nr.2 des Bundes-Immissionsschutzgesetzes handelt, wer vorsätzlich oder fahrlässig
1. einer vollziehbaren Anordnung nach § 1 Abs.2 oder 4 zuwiderhandelt,
2. entgegen § 6 Abs.2 Satz 2, 3 oder 4 eine Unterlage nicht bereithält oder ein Verzeichnis nicht oder nicht rechtzeitig fortschreibt, nicht oder nicht in der vorgeschriebenen Weise aufbewahrt oder nicht oder nicht rechtzeitig vorlegt,
3. entgegen § 6 Abs.4 eine Information nicht, nicht richtig, nicht vollständig oder nicht rechtzeitig liefert,
4. entgegen § 7 Abs.1 oder 2 oder § 20 Abs.1 Satz 1 eine Anzeige nicht, nicht richtig, nicht vollständig, nicht in der vorgeschriebenen Weise oder nicht rechtzeitig erstattet,
5. entgegen § 8 Abs.2 oder § 20 Abs.2 die Umsetzung des Konzepts nicht sicherstellt oder das Konzept nicht verfügbar hält,
6. entgegen § 9 Abs.4 oder 5 Satz 2, jeweils auch in Verbindung mit § 20 Abs.3, einen Sicherheitsbericht nicht, nicht richtig, nicht vollständig oder nicht rechtzeitig vorlegt oder nicht oder nicht rechtzeitig aktualisiert,
7. entgegen § 10 Abs.1 Nr.1 oder 2, auch in Verbindung mit § 10 Abs.4 Satz 4, dieser auch in Verbindung mit § 20 Abs.4 Satz 3, oder § 20 Abs.4 Satz 1, auch in Verbindung mit Satz 2, Alarm- und Gefahrenabwehrpläne nicht, nicht richtig, nicht vollständig oder nicht rechtzeitig erstellt oder eine Information nicht, nicht richtig, nicht vollständig oder nicht rechtzeitig übermittelt,
8. entgegen § 10 Abs.3, auch in Verbindung mit § 20 Abs.4 Satz 3, die Beschäftigten nicht, nicht richtig, nicht vollständig oder nicht rechtzeitig unterrichtet, nicht oder nicht rechtzeitig anhört oder vor ihrer erstmaligen Beschäftigungsaufnahme nicht, nicht richtig oder nicht vollständig unterweist,
9. entgegen § 10 Abs.4 Satz 1 oder 3, jeweils auch in Verbindung mit § 20 Abs.4 Satz 3, Alarm- und Gefahrenabwehrpläne nicht oder nicht rechtzeitig erprobt oder nicht, nicht richtig, nicht vollständig oder nicht rechtzeitig aktualisiert,
10. entgegen § 11 Abs.1 Satz 1 oder § 20 Abs.5 Satz 1 eine Information nicht, nicht richtig, nicht oder nicht in der vorgeschriebenen Weise oder nicht rechtzeitig gibt,
11. entgegen § 11 Abs.1 Satz 3, auch in Verbindung mit Abs.2 Satz 2 oder § 20 Abs.5 Satz 2, oder § 11 Abs.2 Satz 2 eine Information nicht zugänglich macht, nicht oder nicht rechtzeitig aktualisiert oder nicht oder nicht rechtzeitig wiederholt,
12. entgegen § 11 Abs.3 Satz 1 einen Sicherheitsbericht nicht zur Einsicht bereithält,
13. entgegen § 12 Abs.1 Nr.1 eine Verbindung nicht oder nicht rechtzeitig einrichtet,
14. entgegen § 12 Abs.2 Satz 2 eine Unterlage nicht oder nicht mindestens fünf Jahre aufbewahrt oder
15. entgegen § 19 Abs.1 oder 2 eine Mitteilung nicht, nicht richtig, nicht vollständig oder nicht rechtzeitig macht, nicht, nicht richtig, nicht vollständig oder nicht rechtzeitig vorlegt, nicht oder nicht rechtzeitig ergänzt oder nicht oder nicht rechtzeitig berichtigt.

(2) Die Bestimmungen des Absatzes 1 Nr.2 gelten gemäß § 17 auch für genehmigungsbedürftige Anlagen im Sinne des § 1 Abs.3. Die Bestimmungen des Absatzes 1 Nr.6 bis 14 gelten gemäß § 18 Abs.1 Satz 3 auch für genehmigungsbedürftige Anlagen im Sinne des § 1 Abs.3 Nr.2.

Anh. A 12   12. BImSchV   VO zur Durchführung des BImSchG

(3) Ordnungswidrig im Sinne des § 62 Abs.1 Nr.7 des Bundes-Immissionsschutzgesetzes handelt, wer vorsätzlich oder fahrlässig
1. einer vollziehbaren Anordnung nach § 1 Abs.2 zuwiderhandelt oder
2. eine in Absatz 1 Nr.3 bis 15 bezeichnete Handlung in Bezug auf eine nicht genehmigungsbedürftige Anlage begeht, die Teil eines Betriebsbereichs ist.

Anhang I

Anwendbarkeit der Verordnung

1. Dieser Anhang betrifft das Vorhandensein von gefährlichen Stoffen in Betriebsbereichen. Er bestimmt die Anwendung der einschlägigen Vorschriften dieser Verordnung.
2. Gemische und Zubereitungen werden in der gleichen Weise behandelt wie reine Stoffe, sofern ihre Zusammensetzung innerhalb der Konzentrationsgrenzen verbleibt, die entsprechend ihren Eigenschaften in den in Anmerkung 1 zu der Stoffliste dieses Anhangs aufgeführten einschlägigen Richtlinien oder deren letzten Anpassungen an den technischen Fortschritt festgelegt sind, es sei denn, dass eigens eine prozentuale Zusammensetzung oder eine andere Beschreibung angegeben ist.
3. Die nachstehend angegebenen Mengenschwellen der Tabelle gelten je Betriebsbereich (Spalten 4 und 5).
4. Die für die Anwendung der einschlägigen Vorschriften zu berücksichtigenden Mengen sind die Höchstmengen, die zu irgendeinem Zeitpunkt vorhanden sind oder vorhanden sein können. Gefährliche Stoffe, die in einem Betriebsbereich nur in einer Menge von höchstens 2% der relevanten Mengenschwelle vorhanden sind, bleiben bei der Berechnung der vorhandenen Gesamtmenge unberücksichtigt, wenn sie sich innerhalb eines Betriebsbereichs an einem Ort befinden, an dem sie nicht als Auslöser eines Störfalls an einem anderen Ort des Betriebsbereichs wirken können.
5. Zur Prüfung der Anwendung der Verordnung sind die Teilmengen für jeden gefährlichen Stoff unter Beachtung von Nummer 4 über den Betriebsbereich zu addieren und jede Einzelsumme mit den in den Spalten 4 und 5 angegebenen Mengenschwellen zu vergleichen. Beim Vorhandensein mehrerer gefährlicher Stoffe gelten zusätzlich die folgenden Regeln für das Addieren von Mengen gefährlicher Stoffe oder von Kategorien gefährlicher Stoffe in einem Betriebsbereich:
Der Betriebsbereich fällt unter die einschlägigen Vorschriften dieser Verordnung, wenn die Summe

$q_1/Q_1 + q_2/Q_2 + q_3/Q_3 + q_4/Q_4 + q_5/Q_5 + \ldots q_X/Q_X > 1$ ist,

wobei $q_{[1, 2 \ldots x]}$ die vorhandene Menge eines gefährlichen Stoffes [1, 2 ... x] (oder gefährlicher Stoffe ein und derselben Kategorie) dieses Anhangs und $Q_{[1, 2 \ldots x]}$ die relevante Mengenschwelle eines gefährlichen Stoffes [1, 2 ... x] (oder gefährlicher Stoffe ein und derselben Kategorie) der Spalte 4 oder 5 dieses Anhangs sind.
Diese Regel findet unter folgenden Bedingungen Anwendung:
   a) bei den unter den Nummern 11 bis 38 namentlich aufgeführten Stoffen und Zubereitungen in Mengen unter ihrer individuellen Mengenschwelle, wenn sie zusammen mit Stoffen der gleichen, unter den Nummern 1 bis 10b aufgeführten Kategorie in einem Betriebsbereich vorhanden sind,
   b) für das Addieren der Mengen von Stoffen und Zubereitungen der gleichen, unter den Nummern 1 bis 10b aufgeführten Kategorie,
   c) für das Addieren der Mengen der Kategorien 1, 2, 9a und 9b, die zusammen in einem Betriebsbereich vorhanden sind,
   d) für das Addieren der Mengen der Kategorien 3, 4, 5, 6, 7a, 7b und 8, die zusammen in einem Betriebsbereich vorhanden sind.
6. Fällt ein unter den Nummern 11 bis 38 namentlich aufgeführter Stoff oder eine dort aufgeführte Gruppe von Stoffen auch unter eine unter den Nummern 1 bis 10b aufgeführte Kategorie, so sind die unter den Nummern 11 bis 38 festgelegten Mengenschwellen Q_X anzuwenden.

Störfall-Verordnung 12. BImSchV **Anh. A 12**

7. Fallen unter den Nummern 11 bis 38 namentlich nicht aufgeführte Stoffe, Stoffgruppen oder Zubereitungen unter mehr als eine der unter den Nummern 1 bis 10 b aufgeführten Kategorien, so ist die jeweils niedrigste Mengenschwelle anzuwenden.
8. Auf Stoffe, Stoffgruppen und Zubereitungen, die nicht als gefährlich nach einer der unter Anmerkung 1 zur Stoffliste dieses Anhangs aufgeführten Richtlinien eingestuft sind, die aber dennoch in einem Betriebsbereich vorhanden sind oder vorhanden sein können und unter der im Betriebsbereich angetroffenen Bedingungen hinsichtlich ihres Unfallpotentials gleichwertige Eigenschaften besitzen oder besitzen können, finden die Verfahren für die vorläufige Einstufung nach dem einschlägigen Artikel der betreffenden Richtlinie Anwendung.

Stoffliste

Nr.	Gefährliche Stoffe, Einstufungen[1]	CAS-Nr.[2]	Mengenschwellen in kg Betriebsbereiche nach	
			§ 1 Abs.1 Satz 1	§ 1 Abs.1 Satz 2
Spalte 1	Spalte 2	Spalte 3	Spalte 4	Spalte 5
1	Sehr giftig		5 000	20 000
2	Giftig		50 000	200 000
3	Brandfördernd		50 000	200 000
4	Explosionsgefährlich[3]		50 000	200 000
5	Explosionsgefährlich[4]		10 000	50 000
6	Entzündlich[5]		5 000 000	50 000 000
7a	Leichtentzündlich[6]		50 000	200 000
7b	Leichtentzündliche Flüssigkeiten[7]		5 000 000	50 000 000
8	Hochentzündlich[8]		10 000	50 000
9a	Umweltgefährlich, in Verbindung mit dem Gefahrenhinweis R 50 oder R 50/53		200 000	500 000
9b	Umweltgefährlich, in Verbindung mit dem Gefahrenhinweis R 51/53		500 000	2 000 000
10a	Jede Einstufung, soweit nicht oben erfasst, in Verbindung mit dem Gefahrenhinweis R 14 oder R 14/15		100 000	500 000
10b	Jede Einstufung, soweit nicht oben erfasst, in Verbindung mit dem Gefahrenhinweis R 29		50 000	200 000
11	Hochentzündliche verflüssigte Gase (einschließlich Flüssiggas) und Erdgas		50 000	200 000
12	Krebserregende Stoffe: 12.1 4-Aminodiphenyl und seine Salze 12.2 Benzidin und seine Salze 12.3 Bis(chlormethyl)ether 12.4 Chlormethylmethylether	 92-67-1 92-87-5 542-88-1 107-30-2	1	1

Anh. A 12   12. BImSchV   VO zur Durchführung des BImSchG

Nr.	Gefährliche Stoffe, Einstufungen[1]	CAS-Nr.[2]	Mengenschwellen in kg Betriebsbereiche nach	
			§ 1 Abs.1 Satz 1	§ 1 Abs.1 Satz 2
Spalte 1	Spalte 2	Spalte 3	Spalte 4	Spalte 5
	12.5 N,N-Dimethylcarbamoylchlorid 12.6 N,N-Dimethylnitrosamin 12.7 Hexamethylphosphorsäuretriamid (HMPT) 12.8 2-Naphthylamin und seine Salze 12.9 4-Nitrobiphenyl 12.10 1,3-Propansulton	79-44-7 62-75-9 680-31-9 91-59-8 92-93-3 1120-71-4		
13	Motor- und sonstige Benzine		5 000 000	50 000 000
14	Acetylen	74-86-2	5 000	50 000
15.1	Ammoniumnitrat[9]	6484-52-2	350 000	2 500 000
15.2	Ammoniumnitrat[10]	6484-52-2	1 250 000	5 000 000
16.1	Arsen(V)oxid, Arsen(V)säure und/oder ihre Salze		1 000	2 000
16.2	Arsen(III)oxid, Arsen(III)säure und/oder ihre Salze		100	100
17	Arsenwasserstoff (Arsin)	7784-42-1	200	1 000
18	Bleialkylverbindungen, wie 18.1 Bleitetraethyl 18.2 Bleitetramethyl	78-00-2 75-74-1	5 000	50 000
19	Brom	7726-95-6	20 000	100 000
20	Chlor	7782-50-5	10 000	25 000
21	Chlorwasserstoff (verflüssigtes Gas)	7647-01-0	25 000	250 000
22	Ethylenimin (Aziridin)	151-56-4	10 000	20 000
23	Ethylenoxid	75-21-8	5 000	50 000
24	Fluor	7782-41-4	10 000	20 000
25	Formaldehyd[11] (≥ 90 Gew.-%)	50-00-0	5 000	50 000
26	Methanol	67-56-1	500 000	5 000 000
27	4,4´-Methylen-bis(2-chloranilin) (MOCA) und seine Salze	101-14-4	10	10
28	Methylisocyanat	624-83-9	150	150
29	Atemgängige pulverförmige Nickelverbindungen (Nickelmonoxid, Nickeldioxid, Nickelsulfid, Trinickeldisulfid, Dinickeltrioxid)		1 000	1 000
30	Phosgen	75-44-5	300	750
31	Phosphorwasserstoff (Phosphin)	7803-51-2	200	1 000

Störfall-Verordnung 12. BImSchV **Anh. A 12**

Nr.	Gefährliche Stoffe, Einstufungen[1]	CAS-Nr.[2]	Mengenschwellen in kg Betriebsbereiche nach	
			§ 1 Abs.1 Satz 1	§ 1 Abs.1 Satz 2
Spalte 1	Spalte 2	Spalte 3	Spalte 4	Spalte 5
32	Polychlordibenzofurane und Polychlordibenzodioxine (einschließlich TCDD) in TCDD-Äquivalenten berechnet[12]		1	1
33	Propylenoxid (1,2-Epoxypropan)	75-56-9	5 000	50 000
34	Sauerstoff	7782-44-7	200 000	2 000 000
35	Schwefeldichlorid	10545-99-0	1 000	1 000
36	Schwefeltrioxid	7446-11-9	15 000	75 000
37	Toluylendiisocyanat (TDI-Gemisch)		10 000	100 000
38	Wasserstoff	1333-74-0	5 000	50 000

Anmerkungen zur Stoffliste

1. Die Einstufung der Stoffe und Zubereitungen erfolgt gemäß den folgenden Richtlinien in ihrer geänderten Fassung und ihrer jeweiligen Anpassung an den technischen Fortschritt:
   - Richtlinie 67/548/EWG des Rates vom 27. Juni 1967 zur Angleichung der Rechts- und Verwaltungsvorschriften der Mitgliedstaaten für die Einstufung, Verpackung und Kennzeichnung gefährlicher Stoffe (ABl. EG Nr.196 S.1), zuletzt geändert durch die Richtlinie 93/105/EG vom 25. November 1993 (ABl. EG Nr.L 294 S.21),
   - Richtlinie 88/379/EWG des Rates vom 7. Juni 1988 zur Angleichung der Rechts- und Verwaltungsvorschriften der Mitgliedstaaten für die Einstufung, Verpackung und Kennzeichnung gefährlicher Zubereitungen (ABl. EG Nr.L 187 S.14),
   - Richtlinie 78/631/EWG des Rates vom 26. Juni 1978 zur Angleichung der Rechtsvorschriften der Mitgliedstaaten für die Einstufung, Verpackung und Kennzeichnung gefährlicher Zubereitungen (Schädlingsbekämpfungsmittel) (ABl. EG Nr.L 206 S.13), zuletzt geändert durch die Richtlinie 92/32/EWG vom 30. April 1992 (ABl. EG Nr.L 154 S.1).
2. Registriernummer des Chemical Abstracts Service.
3. „Explosionsgefährlich" nach Nr.4 der Stoffliste bezeichnet
   a) einen Stoff oder eine Zubereitung, bei dem bzw. der das Risiko der Explosion durch Schlag, Reibung, Feuer oder andere Zündquellen besteht (Gefahrenhinweis R 2),
   b) einen pyrotechnischen Stoff als einen Stoff (bzw. ein Gemisch aus Stoffen), mit dem auf Grund selbständiger, nichtdetonierender, unter Freiwerden von Wärme ablaufender chemischer Reaktionen Wärme, Licht, Schall, Gas oder Rauch bzw. eine Kombination dieser Wirkungen erzeugt werden soll, oder
   c) explosionsfähige oder pyrotechnische Stoffe oder Zubereitungen, die in Gegenständen enthalten sind.
4. „Explosionsgefährlich" nach Nr.5 der Stoffliste bezeichnet einen Stoff oder eine Zubereitung, bei dem bzw. der eine besondere Gefahr der Explosion durch Schlag, Reibung, Feuer oder andere Zündquellen besteht (Gefahrenhinweis R 3).

5. „Entzündlich" nach Nr. 6 der Stoffliste bezeichnet
flüssige Stoffe und Zubereitungen, die einen Flammpunkt von mindestens 21 °C und höchstens 55 °C haben (Gefahrenhinweis R 10) und die Verbrennung unterhalten.
6. „Leichtentzündlich" nach Nr. 7 a der Stoffliste bezeichnet
   a) flüssige Stoffe und Zubereitungen, die sich in Kontakt mit Luft bei Umgebungstemperatur ohne Energiezufuhr erhitzen und schließlich Feuer fangen können (Gefahrenhinweis R 17), oder
   b) flüssige Stoffe, die einen Flammpunkt unter 55 °C haben und die unter Druck in flüssigem Zustand bleiben, sofern bei bestimmten Arten der Behandlung, z. B. unter hohem Druck und bei hoher Temperatur, das Risiko schwerer Unfälle entstehen kann.
7. „Leichtentzündlich" nach Nr. 7 b der Stoffliste bezeichnet
flüssige Stoffe und Zubereitungen, die einen Flammpunkt unter 21 °C haben und nicht hochentzündlich sind (Gefahrenhinweis R 11, zweiter Gedankenstrich).
8. „Hochentzündlich" nach Nr. 8 der Stoffliste bezeichnet
   a) flüssige Stoffe und Zubereitungen, die einen Flammpunkt unter 0 °C haben und deren Siedepunkt (bzw. Anfangssiedepunkt im Fall eines Siedebereichs) bei Normaldruck höchstens 35 °C beträgt (Gefahrenhinweis R 12, erster Gedankenstrich),
   b) gasförmige Stoffe und Zubereitungen, die bei Normaldruck in Kontakt mit Luft bei Umgebungstemperatur entzündlich sind (Gefahrenhinweis R 12, zweiter Gedankenstrich), gleich ob sie unter Druck in gasförmigem oder flüssigem Zustand gehalten werden, ausgenommen hochentzündliche verflüssigte Gase (einschließlich Flüssiggas) und Erdgas nach Nr. 11 der Stoffliste oder
   c) flüssige entzündliche oder leichtentzündliche Stoffe und Zubereitungen, die auf einer Temperatur oberhalb ihres jeweiligen Siedepunkts gehalten werden.
9. Ammoniumnitrat und andere als die in Anmerkung 10 genannten Mischungen von Ammoniumnitrat, bei denen der von Ammoniumnitrat abgeleitete Stickstoffgehalt gewichtsmäßig > 28 % ist, und wässrige Lösungen von Ammoniumnitrat, bei denen die Konzentration von Ammoniumnitrat gewichtsmäßig > 90 % ist.
10. Reine Ammoniumnitrat-Düngemittel, die den Bedingungen der Richtlinie 80/876/EWG entsprechen, und Volldünger, bei denen der von Ammoniumnitrat abgeleitete Stickstoffgehalt gewichtsmäßig > 28 % ist (Volldünger enthält Ammoniumnitrat mit Phosphat und/oder Pottasche).
11. Die Konzentrationsangabe bezieht sich auf das Vorhandensein des Stoffes im bestimmungsgemäßen Betrieb.
12. Die Berechnung der Mengen von Polychlordibenzofuranen und Polychlordibenzodioxinen erfolgt auf Grund der nachstehend aufgeführten Äquivalenzfaktoren:

Internationale Toxizitätsäquivalenzfaktoren (ITEF) nach NATO/CCMS

Polychlordibenzodioxine		Polychlordibenzofurane	
2,3,7,8-TCDD	1	2,3,7,8-TCDF	0,1
1,2,3,7,8-PeCDD	0,5	2,3,4,7,8-PeCDF	0,5
		1,2,3,7,8-PeCDF	0,05
1,2,3,4,7,8-HxCDD	0,1	1,2,3,4,7,8-HxCDF	0,1
1,2,3,6,7,8-HxCDD		1,2,3,7,8,9-HxCDF	
1,2,3,7,8,9-HxCDD		1,2,3,6,7,8-HxCDF	
		2,3,4,6,7,8-HxCDF	
1,2,3,4,6,7,8-HpCDD	0,01	1,2,3,4,6,7,8-HpCDF	0,01
		1,2,3,4,7,8,9-HpCDF	
OCDD	0,001	OCDF	0,001

(T = tetra, Pe = penta, Hx = hexa, Hp = hepta, O = octa).

Anhang II

Mindestangaben im Sicherheitsbericht

I. Informationen über das Managementsystem und die Betriebsorganisation im Hinblick auf die Verhinderung von Störfällen
Diese Informationen müssen den in Anhang III aufgeführten Grundsätzen entsprechen.

II. Umfeld des Betriebsbereichs
1. Beschreibung des Standorts und seines Umfelds einschließlich der geographischen Lage, der meteorologischen, geologischen und hydrographischen Daten sowie gegebenenfalls der Vorgeschichte des Standorts.
2. Verzeichnis der Anlagen und Tätigkeiten innerhalb des Betriebsbereichs, bei denen die Gefahr eines Störfalls bestehen kann.
3. Beschreibung der Bereiche, die von einem Störfall betroffen werden könnten.

III. Beschreibung der Anlage
1. Beschreibung der wichtigsten Tätigkeiten und Produkte der sicherheitsrelevanten Teile des Betriebsbereichs, der Gefahrenquellen, die zu Störfällen führen könnten, sowie der Bedingungen, unter denen der jeweilige Störfall eintreten könnte, und Beschreibung der vorgesehenen Maßnahmen zur Verhinderung von Störfällen.
2. Beschreibung der Verfahren, insbesondere der Verfahrensabläufe, unter Verwendung von Fließbildern.
3. Beschreibung der gefährlichen Stoffe:
    a) Verzeichnis der gefährlichen Stoffe, das Folgendes umfasst:
        – Angaben zur Feststellung der gefährlichen Stoffe: Angabe ihrer chemischen Bezeichnung, CAS-Nummer, Bezeichnung nach der IUPAC-Nomenklatur,
        – Höchstmenge der vorhandenen gefährlichen Stoffe oder der gefährlichen Stoffe, die vorhanden sein können;
    b) physikalische, chemische und toxikologische Merkmale sowie Angabe der sich auf Mensch oder Umwelt unmittelbar oder später auswirkenden Gefahren;
    c) physikalisches und chemisches Verhalten unter normalen Einsatzbedingungen oder bei vorhersehbaren Störungen.

IV. Ermittlung und Analyse der Risiken von Störfällen und Mittel zur Verhinderung solcher Störfälle
1. Eingehende Beschreibung der Szenarien möglicher Störfälle nebst ihrer Wahrscheinlichkeit und den Bedingungen für ihr Eintreten, einschließlich einer Zusammenfassung der Vorfälle, die für das Eintreten jedes dieser Szenarien ausschlaggebend sein könnten, unabhängig davon, ob die Ursachen hierfür innerhalb oder außerhalb der Anlage liegen.
2. Abschätzung des Ausmaßes und der Schwere der Folgen der ermittelten Störfälle.
3. Beschreibung der technischen Parameter sowie Ausrüstungen zur Sicherung der Anlagen.

V. Schutz- und Notfallmaßnahmen zur Begrenzung der Auswirkungen von Störfällen
1. Beschreibung der Einrichtungen, die in der Anlage zur Begrenzung der Auswirkungen von Störfällen vorhanden sind.
2. Alarmplan und Organisation der Notfallmaßnahmen.
3. Beschreibung der Mittel, die innerhalb oder außerhalb des Betriebsbereichs für den Notfall zur Verfügung stehen.
4. Zur Erarbeitung der internen Alarm- und Gefahrenabwehrpläne nach § 11 erforderliche Zusammenfassung der unter den Nummern 1 bis 3 gemachten Sachangaben.

Anhang III

Grundsätze für das Konzept zur Verhinderung von Störfällen und das Sicherheitsmanagementsystem

1. Das Konzept zur Verhinderung von Störfällen ist schriftlich auszufertigen; es umfasst die Gesamtziele und allgemeinen Grundsätze des Vorgehens des Betreibers zur Begrenzung der Gefahren von Störfällen.
2. In das Sicherheitsmanagementsystem ist derjenige Teil des allgemeinen Überwachungssystems einzugliedern, zu dem Organisationsstruktur, Verantwortungsbereiche, Handlungsweisen, Verfahren, Prozesse und Mittel gehören, also die für die Festlegung und Anwendung des Konzepts zur Verhinderung von Störfällen relevanten Punkte.
3. Folgende Punkte werden durch das Sicherheitsmanagementsystem geregelt:
    a) Organisation und Personal
    Aufgaben und Verantwortungsbereiche des in die Verhinderung von Störfällen und die Begrenzung ihrer Auswirkungen einbezogenen Personals auf allen Organisationsebenen. Ermittlung des entsprechenden Ausbildungs- und Schulungsbedarfs sowie Durchführung der erforderlichen Ausbildungs- und Schulungsmaßnahmen. Einbeziehung der Beschäftigten sowie gegebenenfalls von Subunternehmen.
    b) Ermittlung und Bewertung der Gefahren von Störfällen
    Festlegung und Anwendung von Verfahren zur systematischen Ermittlung der Gefahren von Störfällen bei bestimmungsgemäßem und nicht bestimmungsgemäßem Betrieb sowie Abschätzung der Wahrscheinlichkeit und der Schwere solcher Störfälle.
    c) Überwachung des Betriebs
    Festlegung und Anwendung von Verfahren und Anweisungen für den sicheren Betrieb, einschließlich der Wartung der Anlagen, für Verfahren, Einrichtung und zeitlich begrenzte Unterbrechungen.
    d) Sichere Durchführung von Änderungen
    Festlegung und Anwendung von Verfahren zur Planung von Änderungen bestehender Anlagen oder Verfahren oder zur Auslegung einer neuen Anlage oder eines neuen Verfahrens.
    e) Planung für Notfälle
    Festlegung und Anwendung von Verfahren zur Ermittlung vorhersehbarer Notfälle auf Grund einer systematischen Analyse und zur Erstellung, Erprobung und Überprüfung der Alarm- und Gefahrenabwehrpläne, um in Notfällen angemessen reagieren zu können.
    f) Überwachung der Leistungsfähigkeit des Sicherheitsmanagementsystems
    Festlegung und Anwendung von Verfahren zur ständigen Bewertung der Erreichung der Ziele, die der Betreiber im Rahmen des Konzepts zur Verhinderung von Störfällen und des Sicherheitsmanagementsystems festgelegt hat, sowie Einrichtung von Mechanismen zur Untersuchung und Korrektur bei Nichterreichung dieser Ziele. Die Verfahren umfassen das System für die Meldung von Störfällen und Beinahestörfällen, insbesondere bei Versagen von Schutzmaßnahmen, die entsprechenden Untersuchungen und die Folgemaßnahmen, wobei einschlägige Erfahrungen zugrunde zu legen sind.
    g) Systematische Überprüfung und Bewertung
    Festlegung und Anwendung von Verfahren zur regelmäßigen systematischen Bewertung des Konzepts zur Verhinderung von Störfällen und der Wirksamkeit und Angemessenheit des Sicherheitsmanagementsystems. Von der Leitung des Betriebsbereichs entsprechend dokumentierte Überprüfung der Leistungsfähigkeit des bestehenden Konzepts und des Sicherheitsmanagementsystems sowie seine Aktualisierung.

Störfall-Verordnung 12. BImSchV **Anh. A 12**

Anhang IV

Informationen in den Alarm- und Gefahrenabwehrplänen

1. Namen oder betriebliche Stellung der Personen, die zur Einleitung von Sofortmaßnahmen ermächtigt sind, sowie der Person, die für die Durchführung und Koordinierung der Abhilfemaßnahmen auf dem Gelände des Betriebsbereichs verantwortlich ist.
2. Name oder betriebliche Stellung der Person, die für die Verbindung zu der für die externen Alarm- und Gefahrenabwehrpläne zuständigen Behörde verantwortlich ist.
3. Für vorhersehbare Umstände oder Vorfälle, die für das Auslösen eines Störfalls ausschlaggebend sein können, in jedem Einzelfall eine Beschreibung der Maßnahmen, die zur Kontrolle dieser Umstände bzw. dieser Vorfälle sowie zur Begrenzung der Auswirkungen zu treffen sind, sowie eine Beschreibung der zur Verfügung stehenden Sicherheitsausrüstungen und Einsatzmittel.
4. Vorkehrungen zur Begrenzung der Risiken für Personen auf dem Gelände des Betriebsbereichs, einschließlich Angaben über die Art der Alarmierung sowie das von den Personen bei Alarm erwartete Verhalten.
5. Vorkehrungen zur frühzeitigen Warnung der für die Einleitung der in den externen Alarm- und Gefahrenabwehrplänen vorgesehenen Maßnahmen zuständigen Behörde, Art der Informationen, die bei der ersten Meldung mitzuteilen sind, sowie Vorkehrungen zur Übermittlung von detaillierteren Informationen, sobald diese verfügbar sind.
6. Vorkehrungen zur Ausbildung und Schulung des Personals in den Aufgaben, deren Wahrnehmung von ihm erwartet wird, sowie gegebenenfalls zur Koordinierung dieser Ausbildung und Schulung mit externen Notfall- und Rettungsdiensten.
7. Vorkehrungen zur Unterstützung von Abhilfemaßnahmen außerhalb des Geländes des Betriebsbereichs.

Anhang V

Information der Öffentlichkeit

1. Name des Betreibers und Anschrift des Betriebsbereichs.
2. Nennung des Beauftragten für die Unterrichtung der Öffentlichkeit durch Bezeichnung der Stellung dieser Person.
3. Bestätigung, dass der Betriebsbereich den Vorschriften dieser Verordnung unterliegt und dass die Anzeige nach § 7 Abs.1 oder § 20 Abs.1 bzw. der Sicherheitsbericht nach § 9 Abs.1 der zuständigen Behörde vorgelegt wurde.
4. Verständlich abgefasste Erläuterung der Tätigkeit/der Tätigkeiten im Betriebsbereich.
5. Gebräuchliche Bezeichnungen oder – bei gefährlichen Stoffen im Sinne von Anhang I Nr.1 bis 10b – Gattungsbezeichnung oder allgemeine Einstufung der im Betriebsbereich vorhandenen Stoffe und Zubereitungen, von denen ein Störfall ausgehen könnte, nach ihrem Gefährlichkeitsmerkmal sowie Angabe ihrer wesentlichen Gefahreneigenschaften.
6. Allgemeine Unterrichtung über die Art der Gefahren von Störfällen, einschließlich ihrer möglichen Auswirkungen auf die Bevölkerung und die Umwelt.
7. Hinreichende Auskünfte darüber, wie die betroffene Bevölkerung gewarnt und im Fall eines Störfalls fortlaufend unterrichtet werden soll.
8. Hinreichende Auskünfte darüber, wie die betroffene Bevölkerung bei Eintreten eines Störfalls handeln und sich verhalten soll.
9. Bestätigung, dass der Betreiber verpflichtet ist, auf dem Gelände des Betriebsbereichs – auch in Zusammenarbeit mit den Notfall- und Rettungsdiensten – geeignete Maßnahmen zur Bekämpfung von Störfällen und zur größtmöglichen Begrenzung der Auswirkungen von Störfällen zu treffen.
10. Verweis auf die externen Alarm- und Gefahrenabwehrpläne zur Bekämpfung der Auswirkungen von Störfällen außerhalb des Betriebsgeländes mit der Aufforderung, allen Anordnungen von Notfall- oder Rettungsdiensten im Fall eines Störfalls Folge zu leisten.
11. Einzelheiten darüber, wo weitere Informationen eingeholt werden können.

Anh. A 12 12. BImSchV   VO zur Durchführung des BImSchG

Anhang VI

Meldungen

Teil 1: Kriterien

I. Eine Störung des bestimmungsgemäßen Betriebs, die unter Nummer 1 fällt oder mindestens eine der in Nummern 2, 3, 4 und 5 beschriebenen Folgen hat, ist der zuständigen Behörde mitzuteilen.
1. Beteiligte Stoffe
   Jede unfallbedingte Entzündung, Explosion oder Freisetzung eines gefährlichen Stoffes mit einer Menge von mindestens 5% der in Spalte 5 des Anhangs I angegebenen Mengenschwelle.
2. Schädigungen von Personen oder Haus- und Grundeigentum
   Ein Unfall, bei dem ein gefährlicher Stoff die unmittelbare Ursache für eine der nachstehenden Unfallfolgen ist:
   a) ein Todesfall,
   b) sechs Verletzungsfälle innerhalb des Betriebsbereichs mit Krankenhausaufenthalt von mindestens 24 Stunden,
   c) ein Verletzungsfall außerhalb des Betriebsbereichs mit Krankenhausaufenthalt von mindestens 24 Stunden,
   d) Beschädigung und Unbenutzbarkeit einer oder mehrerer Wohnungen außerhalb des Betriebsbereichs,
   e) Evakuierung oder Einschließung von Personen für eine Dauer von mehr als 2 Stunden mit einem Wert von mindestens 500 Personenstunden,
   f) Unterbrechung der Versorgung mit Trinkwasser, Strom oder Gas oder der Telefonverbindung für eine Dauer von mehr als 2 Stunden mit einem Wert von mindestens 1000 Personenstunden.
3. Unmittelbare Umweltschädigungen
   a) Dauer- oder langfristige Schädigungen terrestrischer Lebensräume
      – gesetzlich geschützter, für Umwelt oder Naturschutz wichtiger Lebensraum: ab 0,5 ha,
      – großräumiger Lebensraum, einschließlich landwirtschaftlich genutzter Flächen: ab 10 ha.
   b) Erhebliche oder langfristige Schädigungen von Lebensräumen in Oberflächengewässern oder von maritimen Lebensräumen[1]
      – Fluss, Kanal, Bach: ab 10 km,
      – See oder Teich: ab 1 ha,
      – Delta: ab 2 ha,
      – Meer oder Küstengebiet: ab 2 ha.
   c) Erhebliche Schädigung des Grundwassers[1]
      – ab 1 ha.
4. Sachschäden
   a) Sachschäden im Betriebsbereich: ab 2 Millionen EURO,
   b) Sachschäden außerhalb des Betriebsbereichs: ab 0,5 Millionen EURO.
5. Grenzüberschreitende Schädigungen
   Jeder unmittelbar durch einen gefährlichen Stoff verursachte Unfall mit Folgen, die über das Hoheitsgebiet der Bundesrepublik Deutschland hinausgehen.

II. Eine Störung des bestimmungsgemäßen Betriebs, die aus technischer Sicht im Hinblick auf die Verhütung von Störfällen und die Begrenzung ihrer Folgen besonders be-

---

[1] **Amtl. Anm.**: Zur Bestimmung einer Schädigung kann ggf. auf die Richtlinie 75/440/EWG und 76/464/EWG und die im Hinblick auf ihre Anwendung auf bestimmte Stoffe erlassenen Richtlinien 76/160/EWG, 78/659/EWG oder 79/923/EWG oder den Wert der letalen Konzentration (LC50-Wert) für die repräsentativen Arten der geschädigten Umgebung Bezug genommen werden, wie in der Richtlinie 92/32/EWG für das Kriterium „umweltgefährlich" definiert worden ist.

Störfall-Verordnung   12. BImSchV **Anh. A 12**

deutsam ist, aber die den vorstehenden mengenbezogenen Kriterien nicht entspricht, ist der zuständigen Behörde mitzuteilen.

III. Eine Störung des bestimmungsgemäßen Betriebs, bei der Stoffe nach Anhang I freigesetzt werden oder zur unerwünschten Reaktion kommen und hierdurch Schäden eintreten oder Gefahren für die Allgemeinheit oder die Nachbarschaft nicht offensichtlich ausgeschlossen werden können, ist der zuständigen Behörde mitzuteilen.

Teil 2: Inhalte

Mitteilung nach § 19 Abs.2

1. Allgemeine Angaben

1.1 Einstufung des Ereignisses nach Anhang VI Teil 1

I.   ☐ II.   ☐ III.

        ☐ 1   ☐ 2a   ☐ 3a   ☐ 4a   ☐ 5
                ☐ 2b   ☐ 3b   ☐ 4b
                ☐ 2c   ☐ 3c
                ☐ 2d
                ☐ 2e
                ☐ 2f

1.2 Name und Anschrift des Betreibers:
1.3 Datum und Zeitpunkt (Beginn/Ende) des Ereignisses:

Tag	Monat	Jahr	Stunde

1.4 Ort des Ereignisses (PLZ, Anschrift, Bundesland):
1.5 Betriebsbereich (Art, Branche in Anlehnung an Bezeichnung der 4. BImSchV):

....

Betriebsbereich unterliegt: ☐ Grundpflichten
                                       ☐ Erweiterte Pflichten

1.6 Gestörter Teil des Betriebsbereichs:
1.7 Status der schriftlichen Mitteilung nach § 19 Abs.2:
☐ Erstmitteilung
☐ Ergänzung oder Berichtigung
☐ Abschließende Mitteilung

2. Art des Ereignisses und beteiligte Stoffe

2.1 Art des Ereignisses:

2.1.1 ☐ Explosion   a) Auslösende Stoffe
                                                                 b) Freigesetzte Stoffe

2.1.2 ☐ Brand   a) In Brand geratene Stoffe
                                                                 b) Entstandene Stoffe

2.1.3 ☐ Stofffreisetzung in die Atmosphäre   a) Freigesetzte Stoffe
                                                                 b) Entstandene Stoffe

2.1.4 ☐ Stofffreisetzung in Gewässer   a) Freigesetzte Stoffe
                                                                  b) Entstandene Stoffe

2.1.5 ☐ Stofffreisetzung in den Boden   a) Freigesetzte Stoffe
                                                                  b) Entstandene Stoffe

Anh. A 12 12. BImSchV VO zur Durchführung des BImSchG

2.2 Beteiligte Stoffe[1]

chem. Bezeichnung	(a) Ausgangsprodukt (b) Zwischenprodukt (c) Endprodukt (d) Nebenprodukt (e) Rückstand (f) entstandener Stoff	CAS-Nr.	Nr. des Stoffes oder der Stoffkategorie nach Anhang I	Mengenangabe in kg[2]
Stoff 1 Stoff 2 ... ... Stoff x				

3. Beschreibung der Umstände des Ereignisses
3.1 Betriebsbedingungen des gestörten Anlagenteils:
3.2 Auslösendes Ereignis und Ablauf des Störfalls:
3.3 Funktion des Sicherheitssystems, Einleitung von Sicherheitsmaßnahmen:
3.4 Umgebungs- und atmosphärische Bedingungen (Niederschläge, Windgeschwindigkeit, Stabilitätsklassen):
3.5 Hinweis auf ähnliche vorangegangene Ereignisse im Betriebsbereich:

4. Ursachenbeschreibung
4.1 Ursache des Ereignisses:
☐ Ursache bekannt
☐ Ursachenuntersuchung wird fortgeführt
☐ Ursache nach Abschluss der Untersuchung nicht aufklärbar
Beschreibung/Erläuterung: ....
4.2 Ursachenklassifizierung:
☐ betriebsbedingt
☐ menschlicher Fehler
☐ umgebungsbedingt
☐ Sonstiges ....

5. Art und Umfang des Schadens[3]
5.1 innerhalb des Betriebsbereichs
5.1.1 Personenschäden:
(Beschäftigte/Einsatzkräfte)

	Explosion	Brand	Freisetzung
Tote:	/	/	/
Verletzte: ambulante Behandlung stationäre Behandlung	/ /	/ /	/ /
Personen mit Vergiftungen: ambulante Behandlung stationäre Behandlung	/ /	/ /	/ /

---

[1] **Amtl. Anm.:** Soweit Angaben wegen gering erscheinender Stoffmengen nicht gemacht werden, bitte in den Ausführungen zu Nr.3.2 erläutern.

[2] **Amtl. Anm.:** Soweit Berechnung nicht möglich, Schätzwert angeben.

[3] **Amtl. Anm.:** Beschreibung unter Berücksichtigung der Kriterien in Teil I des Anhangs.

Störfall-Verordnung 12. BImSchV **Anh. A 12**

5.1.2 Sonstige Beeinträchtigung von Personen: ☐ ja ☐ nein
Art der Beeinträchtigung/Dauer: ....
Anzahl der Personen: ....
    5.1.3 Sachschäden: ☐ ja ☐ nein
Art: .... Geschätzte Kosten: ....
    5.1.4 Umweltschäden: ☐ ja ☐ nein
Art: .... Umfang: ....
Geschätzte Kosten: ....
    5.1.5 ☐ Die Gefahr besteht nicht mehr.
        ☐ Die Gefahr besteht noch.
        ☐ Art der Gefahr: ....
  5.2 außerhalb des Betriebsbereichs
    5.2.1 Personenschäden:
(Beschäftigte/Einsatzkräfte/Bevölkerung)

	Explosion	Brand	Freisetzung
Tote:	/ /	/ /	/ /
Verletzte: ambulante Behandlung stationäre Behandlung	/ / / /	/ / / /	/ / / /
Personen mit Vergiftungen: ambulante Behandlung stationäre Behandlung	/ / / /	/ / / /	/ / / /

    5.2.2 Sonstige Beeinträchtigung von Personen: ☐ ja ☐ nein
Art der Beeinträchtigung/Dauer: ....
Anzahl der Personen: ....
    5.2.3 Sachschäden: ☐ ja ☐ nein
Art: .... Geschätzte Kosten: ....
    5.2.4 Umweltschäden: ☐ ja ☐ nein
Art: .... Umfang: ....
Geschätzte Kosten: ....
    5.2.5 Störung der öffentlichen Versorgung: ☐ ja ☐ nein
Art: .... Umfang/Dauer: ....
Geschätzte Kosten: ....
    5.2.6 Grenzüberschreitende Schäden: ☐ ja ☐ nein
Art: .... Umfang: ....
Geschätzte Kosten: ....
    5.2.7 Gefahr besteht noch: ☐ ja ☐ nein
Art: .... Umfang: ....

6. Notfallmaßnahmen

  6.1 Während und nach dem Ereignis ergriffene Schutzmaßnahmen (innerhalb und außerhalb des Betriebsbereichs):
  6.2 Maßnahmen zur Beseitigung von Sachschäden (innerhalb und außerhalb des Betriebsbereichs):
  6.3 Maßnahmen zur Beseitigung von Umweltschäden (innerhalb und außerhalb des Betriebsbereichs):
  6.4 Maßnahmen der externen Gefahrenabwehrkräfte
    6.4.1 Schutzmaßnahmen:
    6.4.2 Evakuierung:
    6.4.3 Dekontamination:
    6.4.4 Sanierung:

7. Folgerungen für die Verbesserung der Anlagensicherheit

  7.1 Vorkehrungen zur Vermeidung ähnlicher Störfälle:

Anh. A 12 12. BImSchV VO zur Durchführung des BImSchG

7.2 Vorkehrungen zur Begrenzung der Störfallauswirkungen (innerhalb und außerhalb des Betriebsbereichs):

8. Zeitplan für die Umsetzung der Maßnahmen:

_____   _____
           Ort, Datum   Unterschrift

Anhang VII

Teil 1: Stoffliste für Anlagen nach § 1 Abs.3

			Mengenschwellen in kg		
Nr.	Gefährliche Stoffe, Einstufungen[1]	CAS-Nr.[2]	Anlagen nach § 1 Abs.3 Nr.1a	Anlagen nach § 1 Abs.3 Nr.2	Anlagen nach § 1 Abs.3 Nr.1b
Spalte 1	Spalte 2	Spalte 3	Spalte 4	Spalte 5	Spalte 6
1	Explosionsfähige Staub-/Luftgemische[3]		[4]	[5]	[4]
2	Hochentzündliche verflüssigte Gase (einschließlich Flüssiggas) und Erdgas		5 000	50 000	3 000
3	Ammoniak	7664-41-7	2 000	20 000	3 000

Anmerkungen zur Stoffliste

1. und 2. siehe Anmerkungen Nr.1 und 2 zur Stoffliste in Anhang I.
3. Aufwirbelungen feinteiliger, brennbarer Feststoffe mit Luft, für die nach VDI-RL 2263 Blatt 1 die Prüfung auf „Staubexplosionsfähigkeit" positiv ausfällt.
4. Anstelle der Mengenschwelle in den Spalten 4 und 6 wird Folgendes festgelegt: Die Summe aller Teilvolumina einer Anlage, die der Zone 20 nach der Verordnung über elektrische Anlagen in explosionsgefährdeten Bereichen (ElexV) in der Fassung der Bekanntmachung vom 13. Dezember 1996 (BGBl. I S.1932) zuzuordnen sind, ist größer als
   a) 50 m^3 oder
   b) 100 m^3, wenn die Anlage durch explosionsfeste Bauweise nach E 3.1 der Regeln für die Vermeidung der Gefahren durch explosionsfähige Atmosphäre mit Beispielsammlung – Explosionsschutz-Regeln – (EX-RL), Ausgabe Juni 1998, herausgegeben vom Hauptverband der gewerblichen Berufsgenossenschaften, gegen den maximalen Explosionsdruck geschützt ist.
   Die Explosionsschutz-Regeln sind zu beziehen über Werbe-Druck Winter, Postfach 1320, 69201 Sandhausen.
5. Anstelle der Mengenschwelle in Spalte 5 wird Folgendes festgelegt: Die Summe aller Teilvolumina einer Anlage, die der Zone 20 nach der Verordnung über elektrische Anlagen in explosionsgefährdeten Bereichen (ElexV) in der Fassung der Bekanntmachung vom 13. Dezember 1996 (BGBl. I S.1932) zuzuordnen sind, ist größer als 100 m^3.

Teil 2: Liste der Anlagen nach § 1 Abs.3 Nr.2

1. Anlagen zur teilweisen oder vollständigen Beseitigung von festen oder flüssigen Stoffen durch Verbrennen

Störfall-Verordnung 12. BImSchV **Anh. A 12**

2. Anlagen zur thermischen Zersetzung brennbarer fester oder flüssiger Stoffe unter Sauerstoffmangel (Pyrolyseanlagen)
3. Anlagen zur chemischen Aufbereitung cyanidhaltiger Konzentrate, Nitrite, Nitrate oder Säuren, soweit hierdurch eine Verwertung oder Entsorgung als Abfall ermöglicht werden soll; Nummer 4 bleibt unberührt.
4. Anlagen zur fabrikmäßigen Herstellung von Stoffen durch chemische Umwandlung
5. Anlagen zur Destillation oder Raffination oder sonstigen Weiterverarbeitung von Erdöl oder Erdölerzeugnissen in Mineralöl-, Altöl- oder Schmierstoffraffinerien, in petrochemischen Werken oder bei der Gewinnung von Paraffin
6. Anlagen zur Trockendestillation von Steinkohle oder Braunkohle
7. Anlagen zur Erzeugung von Generator- oder Wassergas aus festen Brennstoffen
8. Anlagen zur Vergasung oder Verflüssigung von Kohle
9. Anlagen zur Erzeugung von Stadt- oder Ferngas aus Kohlenwasserstoffen durch Spalten
10. Anlagen zur Herstellung, Bearbeitung, Verarbeitung, Wiedergewinnung oder Vernichtung von explosionsgefährlichen Stoffen im Sinne des Sprengstoffgesetzes, die zur Verwendung als Sprengstoffe, Zündstoffe, Treibstoffe, pyrotechnische Sätze oder zur Herstellung dieser Stoffe bestimmt sind; hierzu gehören auch die Anlagen zum Laden, Entladen oder Delaborieren von Munition oder sonstigen Sprengkörpern, ausgenommen Anlagen zur Herstellung von Zündhölzern.
11. Anlagen, in denen Pflanzenschutz- oder Schädlingsbekämpfungsmittel oder ihre Wirkstoffe gemahlen oder maschinell gemischt, abgepackt oder umgefüllt werden.

Teil 3: Anlagen nach § 1 Abs.3 Nr.1 Buchstabe b

Anlagen, die der Lagerung von Stoffen oder Zubereitungen im Sinne der Nummer 9 des Anhangs der Vierten Verordnung zur Durchführung des Bundes-Immissionsschutzgesetzes (Verordnung über genehmigungsbedürftige Anlagen – 4. BImSchV) dienen, soweit sie weder Anlagenteile oder Nebeneinrichtungen einer Anlage nach Teil 2 sind, noch Verfahrensschritte innerhalb einer solchen Anlage dienen.

A 13. Verordnung über Großfeuerungs- und Gasturbinenanlagen – 13. BImSchV

Vom 20. Juli 2004 (BGBl I 1717)[1]

Kommentierung: Vgl. die Ausführungen zu § 7, insb. in Rn.28f, 34, 37 zu § 7 sowie in Rn.38, 42, 68 zu § 5 und in Rn.4 zu § 28. – **Literatur:** *Davids*, in: Feld (1997), Bd. 1 B, Nr. 2.13; *Donner*, Das Luftreinhalterecht auf dem Weg zum Vorsorgeprinzip, NuR 1989, 72 ff; *Menke-Glückert*, Kommentar Großfeuerungsanlagenverordnung, 1985; *Tegethoff*, Die Großfeuerungsanlagenverordnung in der Praxis, ET 1985, 173 ff; *Dienes*, Probleme des Vollzugs der Verordnung über Großfeuerungsanlagen, RdE 1985, 2 ff; *Peters*, Zur Rechtmäßigkeit der unterschiedlichen Emissionsbegrenzungen bei Alt- und Neuanlagen durch die Großfeuerungsanlagenverordnung, NVwZ 1985, 723 ff; *Runte*, Probleme des Vollzugs der Großfeuerungsanlagenverordnung, RdE 1985, 8 ff; *Treuhler*, Der gute Wille muss Berge versetzen – Vollzugserfahrungen mit der Altanlagenregelung der Großfeuerungsanlagenverordnung, ET 1985, 535 ff; *Kutscheidt*, Die Verordnung über Großfeuerungsanlagen, NVwZ 1984, 409 ff.

Erster Teil. Allgemeine Vorschriften

§ 1 Anwendungsbereich. Diese Verordnung gilt für die Errichtung, die Beschaffenheit und den Betrieb von Feuerungsanlagen einschließlich Gasturbinenanlagen sowie Gasturbinenanlagen zum Antrieb von Arbeitsmaschinen mit einer Feuerungswärmeleistung von 50 Megawatt oder mehr für den Einsatz fester, flüssiger oder gasförmiger Brennstoffe.

(2) Diese Verordnung gilt nicht für
1. Feuerungsanlagen, in denen Abgase unmittelbar bei Herstellungsverfahren verwendet werden (z. B. Hochöfen),
2. Feuerungsanlagen, in denen Abgase unmittelbar zum Erwärmen, Trocknen oder einer anderen Behandlung von Gegenständen oder Materialien verwendet werden (z. B. Wärme- oder Wärmebehandlungsöfen),
3. Nachverbrennungseinrichtungen zur Reinigung von Abgasen durch Verbrennen, soweit sie nicht als unabhängige Feuerungsanlagen betrieben werden,
4. Feuerungsanlagen, in denen Katalysatoren für Crackanlagen durch Wärmeeinwirkung gereinigt werden,
5. Feuerungsanlagen, in denen Schwefelwasserstoff in Schwefel umgewandelt wird (Clausanlagen),
6. Feuerungsanlagen in der chemischen Industrie, die der unmittelbaren Beheizung von Gütern in Reaktoren dienen,
7. Koksofenunterfeuerungen,
8. Winderhitzer,
9. Gasturbinenanlagen für den Einsatz auf Offshore-Plattformen,
10. Verbrennungsmotoranlagen und

---

[1] Zur Rechtsgrundlage Rn. 32 zu § 7.

Anh. A 13   13. BImSchV   VO zur Durchführung des BImSchG

11. Anlagen, soweit sie dem Anwendungsbereich der Siebzehnten Verordnung zur Durchführung des Bundes-Immissionsschutzgesetzes in der jeweils gültigen Fassung unterliegen.

(3) Diese Verordnung enthält Anforderungen, die zur Vorsorge gegen schädliche Umwelteinwirkungen nach § 5 Abs. 1 Nr. 2 des Bundes-Immissionsschutzgesetzes zu erfüllen sind.

§ 2 Begriffsbestimmungen. Im Sinne dieser Verordnung sind

1. **Abgas:** das Trägergas mit den festen, flüssigen oder gasförmigen Emissionen; der Abgasvolumenstrom ist bezogen auf das Abgasvolumen im Normzustand (Temperatur 273,15 K, Druck 101,3 kPa) nach Abzug des Feuchtegehalts an Wasserdampf und wird angegeben in Kubikmeter je Stunde (m^3/h);
2. **Abgasreinigungseinrichtung:** der Feuerung nachgeschaltete Einrichtung zur Verminderung von Luftverunreinigungen einschließlich Einrichtungen zur selektiven nichtkatalytischen Reduktion;
3. **Altanlage:** eine Anlage,
    a) die nach § 67 Abs. 2 oder § 67 a Abs. 1 des Bundes-Immissionsschutzgesetzes oder vor Inkrafttreten des Bundes-Immissionsschutzgesetzes nach § 16 Abs. 4 der Gewerbeordnung anzuzeigen war,
    b) für die die erste Genehmigung zur Errichtung und zum Betrieb nach § 4 oder § 16 des Bundes-Immissionsschutzgesetzes vor dem 27. November 2002 erteilt worden ist und die vor dem 27. November 2003 in Betrieb gegangen ist oder
    c) für die bis zum 26. November 2002 ein vollständiger Genehmigungsantrag zur Errichtung und zum Betrieb nach § 4 oder § 16 des Bundes-Immissionsschutzgesetzes gestellt worden ist und die vor dem 27. November 2003 in Betrieb gegangen ist;
4. **Biobrennstoffe:**
    a) die Produkte land- oder forstwirtschaftlichen Ursprungs aus pflanzlichem Material oder Teilen davon, soweit sie zur Nutzung ihres Energieinhalts verwendet werden, und
    b) die folgenden Abfälle, soweit sie als Brennstoff verwendet werden:
        aa) pflanzliche Abfälle aus der Land- und Forstwirtschaft,
        bb) pflanzliche Abfälle aus der Nahrungsmittelindustrie, soweit die erzeugte Wärme genutzt wird,
        cc) faserige pflanzliche Abfälle und Ablaugen aus der Herstellung von natürlichem Zellstoff und von Papier aus Zellstoff, soweit sie am Herstellungsort mitverbrannt werden und die erzeugte Wärme genutzt wird,
        dd) Korkabfälle,
        ee) Holzabfälle, ausgenommen Holzabfälle, die infolge einer Behandlung mit Holzschutzmitteln oder einer Beschichtung halogenorganische Verbindungen oder Schwermetalle enthalten können; hierzu gehören insbesondere Holzabfälle aus Bau- und Abbruchabfällen;
5. **Brennstoffe:** alle festen, flüssigen oder gasförmigen brennbaren Stoffe einschließlich ihrer nicht brennbaren Bestandteile, ausgenommen brennbare Stoffe, soweit sie dem Anwendungsbereich der Siebzehnten Verordnung zur Durchführung des Bundes-Immissionsschutzgesetzes in der jeweils gültigen Fassung unterliegen;
6. **Dieselkraftstoff:** Dieselkraftstoff nach DIN EN 590 (Ausgabe Februar 2000);
7. **Emissionen:** die von einer Anlage ausgehenden Luftverunreinigungen; sie werden angegeben als Massenkonzentrationen in der Einheit Milligramm je Kubikmeter Abgas (mg/m^3) oder Nanogramm je Kubikmeter Abgas (ng/m^3),

Großfeuerungsanlagen 13. BImSchV **Anh. A 13**

bezogen auf das Abgasvolumen im Normzustand (Temperatur 273,15 K, Druck 101,3 kPa) nach Abzug des Feuchtegehalts an Wasserdampf; Staubemissionen können auch als Rußzahl angegeben werden;

8. **Emissionsgrenzwert:** die zulässige Massenkonzentration einer im Abgas einer Anlage enthaltenen Luftverunreinigung, die in die Luft abgeleitet werden darf; sie wird angegeben in der Einheit Milligramm je Kubikmeter Abgas (mg/m³) oder Nanogramm je Kubikmeter Abgas (ng/m³) und bezogen auf einen Volumenanteil an Sauerstoff im Abgas von 3 vom Hundert bei Feuerungsanlagen für flüssige und gasförmige Brennstoffe, 6 vom Hundert für feste Brennstoffe und 15 vom Hundert bei Gasturbinenanlagen. Dabei ist die im Abgas gemessene Massenkonzentration nach folgender Gleichung umzurechnen:

$$E_B = \frac{21 - O_B}{21 - O_M} \times E_M$$

Darin bedeuten:
E_B Massenkonzentration, bezogen auf den Bezugssauerstoffgehalt
E_M gemessene Massenkonzentration
O_B Bezugssauerstoffgehalt
O_M gemessener Sauerstoffgehalt

Wird zur Emissionsminderung eine Abgasreinigungseinrichtung eingesetzt, so darf für die Stoffe, für die die Abgasreinigungseinrichtung betrieben wird, die Umrechung nur für die Zeiten erfolgen, in denen der gemessene Sauerstoffgehalt über dem Bezugssauerstoffgehalt liegt;

Staubemissionsgrenzwerte können auch als zulässige Rußzahl angegeben werden;

9. **Erdgas:** natürlich vorkommendes Methangas mit nicht mehr als 20 Volumenprozent an Inertgasen und sonstigen Bestandteilen, das den Anforderungen des DVGW Arbeitsblattes G 260 vom Januar 2000 für Gase der 2. Gasfamilie entspricht;
10. **Feuerungsanlage:** jede Anlage, in der Brennstoff zur Nutzung der erzeugten Wärme oxidiert wird;
11. **Feuerungswärmeleistung:** der auf den unteren Heizwert bezogene Wärmeinhalt der Brennstoffe, der einer Anlage im Dauerbetrieb je Zeiteinheit zugeführt wird; sie wird angegeben in Megawatt (MW);
12. **Gasturbinenanlage:** jede Anlage mit einer rotierenden Maschine, die thermische Energie in mechanische Arbeit umwandelt und in der Hauptsache aus einem Verdichter, aus einer Brennkammer, in der Brennstoff zur Erhitzung des Arbeitsmediums oxidiert wird, und aus einer Turbine besteht;
13. **Gemeinsame Anlage:** eine gemeinsame Anlage im Sinne von § 1 Abs. 3 der Vierten Verordnung zur Durchführung des Bundes-Immissionsschutzgesetzes, bei der insbesondere mehrere Anlagen so errichtet werden oder eine bestehende Anlage durch eine oder mehrere neue Anlagen so erweitert wird, dass ihre Abgase unter Berücksichtigung des räumlichen und betrieblichen Zusammenhangs über einen gemeinsamen Schornstein abgeleitet werden können;
14. **Leichtes Heizöl:** Heizöl EL nach DIN 51603 Teil 1 (Ausgabe März 1998);
15. **Mehrstofffeuerung:** Einzelfeuerung, die mit zwei oder mehr Brennstoffen wechselweise betrieben werden kann;
16. **Mischfeuerung:** Einzelfeuerung, die mit zwei oder mehr Brennstoffen gleichzeitig betrieben werden kann;
17. **Schwefelabscheidegrad:** Verhältnis der Schwefelmenge, die am Standort der Feuerungsanlage nicht in die Luft abgeleitet wird, zu der mit dem Brennstoff zugeführten Schwefelmenge; er wird angegeben als Vomhundertsatz.

Anh. A 13 13. BImSchV VO zur Durchführung des BImSchG

Zweiter Teil. Anforderungen an Errichtung und Betrieb

§ 3 Emissionsgrenzwerte für Feuerungsanlagen für feste Brennstoffe.

(1) Die Feuerungsanlagen sind so zu errichten und zu betreiben, dass die Anforderungen dieses Absatzes und der Absätze 2 bis 15 eingehalten werden. Der Betreiber hat dafür zu sorgen, dass

1. kein Tagesmittelwert die folgenden Emissionsgrenzwerte überschreitet:
  a) Gesamtstaub 20 mg/m^3
  b) Quecksilber und seine Verbindungen, angegeben als Quecksilber, 0,03 mg/m^3
  c) Kohlenmonoxid bei einer Feuerungswärmeleistung von
    50 MW bis 100 MW 150 mg/m^3
    mehr als 100 MW 200 mg/m^3
  d) Stickstoffmonoxid und Stickstoffdioxid, angegeben als Stickstoffdioxid, bei
    Einsatz von naturbelassenem Holz und einer Feuerungswärmeleistung von
    50 MW bis 300 MW 250 mg/m^3
    mehr als 300 MW 200 mg/m^3
    Einsatz von sonstigen Biobrennstoffen und einer Feuerungswärmeleistung von
    50 MW bis 100 MW, ausgenommen bei Einsatz in Wirbelschichtfeuerungen 350 mg/m^3
    mehr als 100 MW bis 300 MW 300 mg/m^3
    mehr als 300 MW 200 mg/m^3
    Wirbelschichtfeuerungen und einer Feuerungswärmeleistung von
    50 MW bis 100 MW, ausgenommen bei Einsatz von naturbelassenem Holz, 300 mg/m^3
    mehr als 100 MW 200 mg/m^3
    anderen Brennstoffen oder anderen Feuerungen und einer Feuerungswärmeleistung von
    50 MW bis 100 MW 400 mg/m^3
    mehr als 100 MW 200 mg/m^3
  e) Schwefeldioxid und Schwefeltrioxid, angegeben als Schwefeldioxid, bei Einsatz von
    Biobrennstoffen 200 mg/m^3
    anderen Brennstoffen und einer Feuerungswärmeleistung von
    50 MW bis 100 MW
    bei Wirbelschichtfeuerungen 350 mg/m^3
    bei sonstigen Feuerungen 850 mg/m^3
    mehr als 100 MW 200 mg/m^3
    bei Wirbelschichtfeuerungen mit einer Feuerungswärmeleistung von 50 MW bis 100 MW darf zusätzlich zur Begrenzung der Massenkonzentration ein Schwefelabscheidegrad von mindestens 75 vom Hundert nicht unterschritten werden;
    bei Feuerungsanlagen mit einer Feuerungswärmeleistung von 100 MW oder mehr und für den Einsatz anderer Brennstoffe als Biobrennstoffe darf zusätzlich zur Begrenzung der Massenkonzentration ein Schwefelabscheidegrad von mindestens 85 vom Hundert nicht unterschritten werden;

Großfeuerungsanlagen 13. BImSchV **Anh. A 13**

2. kein Halbstundenmittelwert das Doppelte der unter Nummer 1 genannten Emissionsgrenzwerte überschreitet und
3. kein Mittelwert, der über die jeweilige Probenahmezeit gebildet ist, die folgenden Emissionsgrenzwerte überschreitet:
   a) Cadmium und seine Verbindungen, angegeben als Cadmium,
      Thallium und seine Verbindungen, angegeben als Thallium,

      insgesamt 0,05 mg/m^3
   b) Antimon und seine Verbindungen, angegeben als Antimon,
      Arsen und seine Verbindungen, angegeben als Arsen,
      Blei und seine Verbindungen, angegeben als Blei,
      Chrom und seine Verbindungen, angegeben als Chrom,
      Cobalt und seine Verbindungen, angegeben als Cobalt,
      Kupfer und seine Verbindungen, angegeben als Kupfer,
      Mangan und seine Verbindungen, angegeben als Mangan,
      Nickel und seine Verbindungen, angegeben als Nickel,
      Vanadium und seine Verbindungen, angegeben als Vanadium,
      Zinn und seine Verbindungen, angegeben als Zinn,

      insgesamt 0,5 mg/m^3
   c) Arsen und seine Verbindungen (außer Arsenwasserstoff), angegeben als Arsen,
      Benzo(a)pyren,
      Cadmium und seine Verbindungen, angegeben als Cadmium,
      wasserlösliche Cobaltverbindungen, angegeben als Cobalt,
      Chrom(VI)verbindungen (außer Bariumchromat und Bleichromat), angegeben als Chrom
      oder
      Arsen und seine Verbindungen, angegeben als Arsen,
      Benzo(a)pyren,
      Cadmium und seine Verbindungen, angegeben als Cadmium,
      Cobalt und seine Verbindungen, angegeben als Cobalt,
      Chrom und seine Verbindungen, angegeben als Chrom,

      insgesamt 0,05 mg/m^3
      und
   d) Dioxine und Furane gemäß Anhang I 0,1 ng/m^3.

(2) Die Emissionsgrenzwerte nach Absatz 1 Satz 2 Nr. 3 Buchstabe a bis c gelten nicht für den Einsatz von Kohle, naturbelassenem Holz sowie Holzabfällen gemäß § 2 Nr. 4 Buchstabe b Doppelbuchstabe ee. Der Emissionsgrenzwert nach Absatz 1 Satz 2 Nr. 1 Buchstabe b gilt nicht für Feuerungsanlagen für den Einsatz von naturbelassenem Holz.

(3) Abweichend von den in Absatz 1 Satz 2 Nr. 1 und 2 festgelegten Emissionsgrenzwerten für Kohlenmonoxid gilt für Anlagen für den Einsatz von Biobrennstoffen, ausgenommen naturbelassenem Holz, ein Emissionsgrenzwert für Kohlenmonoxid von 250 mg/m^3 für den Tagesmittelwert und von 500 mg/m^3 für den Halbstundenmittelwert.

(4) Abweichend von dem in Absatz 1 Satz 2 Nr. 2 bestimmten Emissionsgrenzwert für Quecksilber und seine Verbindungen darf kein Halbstundenmittelwert den Emissionsgrenzwert von 0,05 mg/m^3 überschreiten.

(5) Abweichend von Absatz 1 Satz 2 Nr. 1 und 2 gilt für die Emissionen an Schwefeldioxid und Schwefeltrioxid, angegeben als Schwefeldioxid, dass bei einer Feuerungswärmeleistung von
a) 50 MW bis 100 MW alternativ ein Schwefelabscheidegrad von mindestens 92 vom Hundert nicht unterschritten werden darf,

b) mehr als 100 MW bis 300 MW ein Emissionsgrenzwert von 300 mg/m^3 für den Tagesmittelwert und von 600 mg/m^3 für den Halbstundenmittelwert nicht überschritten und zusätzlich ein Schwefelabscheidegrad von mindestens 92 vom Hundert als Tagesmittelwert nicht unterschritten werden darf,

c) mehr als 300 MW ein Emissionsgrenzwert von 400 mg/m$^{\#\#}$ für den Tagesmittelwert und von 800 mg/m^3 für den Halbstundenmittelwert nicht überschritten und zusätzlich ein Schwefelabscheidegrad von mindestens 95 vom Hundert als Tagesmittelwert nicht unterschritten werden darf,

soweit auf Grund des Schwefelgehalts der eingesetzten Brennstoffe die in Absatz 1 genannten Emissionsgrenzwerte mit einem verhältnismäßigen Aufwand nicht eingehalten werden können.

(6) Ergänzend zu Absatz 1 Satz 2 Nr. 1 und 2 gilt für Feuerungsanlagen für den Einsatz von Biobrennstoffen, ausgenommen Ablaugen aus dem Sulfitverfahren in der Zellstoffindustrie, für organische Stoffe, angegeben als Gesamtkohlenstoff, ein Emissionsgrenzwert von 10 mg/m^3 für den Tagesmittelwert und von 20 mg/m^3 für den Halbstundenmittelwert.

(7) Die Emissionsgrenzwerte sind auch bei der Heizflächenreinigung einzuhalten.

(8) Abweichend von dem unter Absatz 1 Satz 2 Nr. 1 und 2 genannten Emissionsgrenzwert für Gesamtstaub gilt bei Altanlagen mit einer Feuerungswärmeleistung von

a) 50 MW bis 100 MW bis zum 31. Dezember 2012 ein Emissionsgrenzwert von 30 mg/m^3 für den Tagesmittelwert und von 60 mg/m^3 für den Halbstundenmittelwert,

b) mehr als 100 MW ein Emissionsgrenzwert von 20 mg/m^3 für den Tagesmittelwert und von 60 mg/m^3 für den Halbstundenmittelwert.

(9) Abweichend von den unter Absatz 1 Satz 2 Nr. 1 und 2 genannten Emissionsgrenzwerten für Kohlenmonoxid gilt bei Altanlagen mit einer Feuerungswärmeleistung von mehr als 100 MW ein Emissionsgrenzwert von 250 mg/m^3 für den Tagesmittelwert und von 500 mg/m^3 für den Halbstundenmittelwert.

(10) Abweichend von den unter Absatz 1 Satz 2 Nr. 1 und 2 genannten Emissionsgrenzwerten für Stickstoffmonoxid und Stickstoffdioxid, angegeben als Stickstoffdioxid, gilt bei Altanlagen mit einer Feuerungswärmeleistung von

a) 50 MW bis 100 MW ein Emissionsgrenzwert von 500 mg/m^3 für den Tagesmittelwert und 1000 mg/m^3 für den Halbstundenmittelwert,

b) über 100 MW bis 300 MW ein Emissionsgrenzwert von 400 mg/m^3 für den Tagesmittelwert und von 800 mg/m^3 für den Halbstundenmittelwert.

(11) Abweichend von den unter Absatz 1 Satz 2 Nr. 1 und 2 genannten Emissionsgrenzwerten für Stickstoffmonoxid und Stickstoffdioxid, angegeben als Stickstoffdioxid, gilt bei Altanlagen mit einer Feuerungswärmeleistung von mehr als 300 MW für den Einsatz von Kohle, bei denen aus sicherheitstechnischen Gründen ein Zusatzbrenner mit flüssigen Brennstoffen erforderlich ist, ein Emissionsgrenzwert von 200 mg/m^3 für den Tagesmittelwert und von 400 mg/m^3 für den Halbstundenmittelwert.

(12) Abweichend von den unter Absatz 1 Satz 2 Nr. 1 und 2 genannten Emissionsgrenzwerten für Schwefeldioxid und Schwefeltrioxid, angegeben als Schwefeldioxid, gilt bei Altanlagen, ausgenommen Wirbelschichtfeuerungen, bei einer Feuerungswärmeleistung von 50 MW bis 300 MW bei Einsatz von

a) Steinkohle ein Emissionsgrenzwert von 1200 mg/m^3 für den Tagesmittelwert und von 2400 mg/m^3 für den Halbstundenmittelwert und

Großfeuerungsanlagen 13. BImSchV **Anh. A 13**

b) Braunkohle ein Emissionsgrenzwert von 1000 mg/m³ für den Tagesmittelwert und von 2000 mg/m³ für den Hal bstundenmittelwert.
Bei einer Feuerungswärmeleistung von mehr als 100 MW bis 300 MW darf zusätzlich zur Begrenzung der Massenkonzentration ein Schwefelabscheidegrad von mindestens 60 vom Hundert nicht unterschritten werden.

(13) Abweichend von den unter Absatz 1 Satz 2 Nr. 1 und 2 genannten Emissionsgrenzwerten für Schwefeldioxid und Schwefeltrioxid, angegeben als Schwefeldioxid, gilt bei Altanlagen für Wirbelschichtfeuerungenmit einer Feuerungswärmeleistung von mehr als 100 MW bis 300 MW ein Emissionsgrenzwert von 350 mg/m³ für den Tagesmittelwert und von 700 mg/m³ für den Halbstundenmittelwert sowie ein Schwefelabscheidegrad von mindestens 75 vom Hundert.

(14) Abweichend von den unter Absatz 1 Satz 2 Nr. 1 und 2 in Verbindung mit Absatz 5 Buchstabe b genannten Emissionsgrenzwerten für Schwefeldioxid und Schwefeltrioxid, angegeben als Schwefeldioxid, gilt bei Altanlagen für den Einsatz von Ablaugen aus dem Sulfitverfahren in der Zellstoffindustrie mit einer Feuerungswärmeleistung von mehr als 100 MW bis 300 MW im Normalbetrieb ein Emissionsgrenzwert von 400 mg/m³ für den Tagesmittelwert und von 800 mg/m³ für den Halbstundenmittelwert.

(15) Abweichend von den unter Absatz 1 Satz 2 Nr. 1 und 2 genannten Emissionsgrenzwerten für Schwefeldioxid und Schwefeltrioxid, angegeben als Schwefeldioxid, gilt für Altanlagen mit einer Feuerungswärmeleistung von mehr als 300 MW ein Emissionsgrenzwert von 300 mg/m³ für den Tagesmittelwert und von 600 mg/m³ für den Halbstundenmittelwert.

§ 4 Emissionsgrenzwerte für Feuerungsanlagen für flüssige Brennstoffe.
(1) Die Feuerungsanlagen sind so zu errichten und zu betreiben, dass die Anforderungen dieses Absatzes und der Absätze 2 bis 12 eingehalten werden. Der Betreiber hat dafür zu sorgen, dass
1. kein Tagesmittelwert die folgenden Emissionsgrenzwerte überschreitet:
   a) Gesamtstaub 20 mg/m³
   b) Kohlenmonoxid 80 mg/m³
   c) Stickstoffmonoxid und Stickstoffdioxid,
   angegeben als Stickstoffdioxid,
   bei einer Feuerungswärmeleistung von
   aa) 50 MW bis 100 MW und bei Einsatz von
      – leichtem Heizöl bei Kesseln mit einem Einstellwert der Sicherheitseinrichtung (z. B. Sicherheitstemperaturbeg renzer, Sicherheitsdruckventil) gegen Überschreitung
      – einer Temperatur von weniger als 383,15 K
        oder eines Überdrucks von weniger als 0,05 MPa 180 mg/m³
      – einer Temperatur von 383,75 K bis 483,15 K oder
        eines Überdrucks von 0,05 MPa bis 1,8 MPa 200 mg/m³
      – einer Temperatur von mehr als 483,15 K oder
        eines Überdrucks von mehr als 1,8 MPa 250 mg/m³
   bezogen auf den Referenzwert an organisch gebundenem Stickstoff von 140 mg/kg nach Anhang B der DIN EN 267 (Ausgabe November 1999). Der organisch gebundene Stickstoffgehalt des Brennstoffs ist nach DIN 51444 (Ausgabe 2003) zu bestimmen. Die gemessenen Massenkonzentrationen an Stickstoffmonoxid und Stickstoff-dioxid, angegeben als Stickstoffdioxid, sind auf den Referenzwert an organisch gebundenem Stickstoff sowie auf die Bezugsbedingungen 10 g/kg Luftfeuchte und 20 °C Verbrennungslufttemperatur umzurechnen;

Anh. A 13   13. BImSchV   VO zur Durchführung des BImSchG

     – anderen flüssigen Brennstoffen   350 mg/m^3
   bb) mehr als 100 MW bis 300 MW   200 mg/m^3
   cc) mehr als 300 MW   150 mg/m^3
  d) Schwefeldioxid und Schwefeltrioxid,
     angegeben als Schwefeldioxid,
     bei einer Feuerungswärmeleistung von
     50 MW bis 100 MW   850 mg/m^3
     mehr als 100 MW bis 300 MW   400–200 mg/m^3
                                                    (lineare Abnahme)
     mehr als 300 MW   200 mg/m^3;
     bei Feuerungsanlagen mit einer Feuerungswärmeleistung von mehr als 100 MW darf zusätzlich zur Begrenzung der Massenkonzentration ein Schwefelabscheidegrad von mindestens 85 vom Hundert nicht unterschritten werden;
2. kein Halbstundenmittelwert das Doppelte der unter Nummer 1 genannten Emissionsgrenzwerte überschreitet und
3. kein Mittelwert, der über die jeweilige Probenahmezeit gebildet ist, die folgenden Emissionsgrenzwerte überschreitet:
  a) Cadmium und seine Verbindungen, angegeben als Cadmium,
     Thallium und seine Verbindungen, angegeben als Thallium,
                                              insgesamt 0,05 mg/m^3
  b) Antimon und seine Verbindungen, angegeben als Antimon,
     Arsen und seine Verbindungen, angegeben als Arsen,
     Blei und seine Verbindungen, angegeben als Blei,
     Chrom und seine Verbindungen, angegeben als Chrom,
     Cobalt und seine Verbindungen, angegeben als Cobalt,
     Kupfer und seine Verbindungen, angegeben als Kupfer,
     Mangan und seine Verbindungen, angegeben als Mangan,
     Nickel und seine Verbindungen, angegeben als Nickel,
     Vanadium und seine Verbindungen, angegeben als Vanadium,
     Zinn und seine Verbindungen, angegeben als Zinn,
                                              insgesamt 0,5 mg/m^3
  c) Arsen und seine Verbindungen (außer Arsenwasserstoff), angegeben als Arsen,
     Benzo(a)pyren,
     Cadmium und seine Verbindungen, angegeben als Cadmium,
     wasserlösliche Cobaltverbindungen, angegeben als Cobalt,
     Chrom(VI)verbindungen (außer Bariumchromat und Bleichromat), angegeben als Chrom,
     oder
     Arsen und seine Verbindungen, angegeben als Arsen,
     Benzo(a)pyren,
     Cadmium und seine Verbindungen, angegeben als Cadmium,
     Cobalt und seine Verbindungen, angegeben als Cobalt,
     Chrom und seine Verbindungen, angegeben als Chrom,
                                              insgesamt 0,05 mg/m^3
     und
  d) Dioxine und Furane gemäß Anhang I   0,1 ng/m^3.
(2) Abweichend von den unter Absatz 1 Satz 2 Nr. 1 genannten Emissionsgrenzwerten für Gesamtstaub gilt für den Einsatz von leichtem Heizöl oder vergleichbaren flüssigen Brennstoffen die Rußzahl 1.

Großfeuerungsanlagen 13. BImSchV **Anh. A 13**

(3) Beim Einsatz von leichtem Heizöl oder vergleichbaren flüssigen Brennstoffen, die die Anforderungen der Dritten Verordnung zur Durchführung des Bundes-Immissionsschutzgesetzes in der jeweils gültigen Fassung bezüglich des Schwefelgehaltes erfüllen, findet der in Absatz 1 Satz 2 Nr. 1 Buchstabe d genannte Schwefelabscheidegrad keine Anwendung.

(4) Die Emissionsgrenzwerte nach Absatz 1 Satz 2 Nr. 3 gelten nicht beim Einsatz von leichtem Heizöl oder vergleichbaren flüssigen Brennstoffen, die die Anforderungen der Dritten Verordnung zur Durchführung des Bundes-Immissionsschutzgesetzes in der jeweils gültigen Fassung erfüllen.

(5) Abweichend von Absatz 1 Satz 2 Nr. 3 Buchstabe b gilt für Anlagen, in denen Destillations- und Konversionsrückstände zum Eigenverbrauch in Raffinerien eingesetzt werden, der Emissionsgrenzwert ohne die Berücksichtigung von Vanadium; für Vanadium und seine Verbindungen, angegeben als Vanadium, gilt ein Emissionsgrenzwert von 1,0 mg/m^3.

(6) Die Emissionsgrenzwerte sind auch bei der Heizflächenreinigung einzuhalten.

(7) Abweichend von den unter Absatz 1 Satz 2 Nr. 1 und 2 genannten Emissionsgrenzwerten für Stickstoffmonoxid und Stickstoffdioxid, angegeben als Stickstoffdioxid, gilt bei Altanlagen für den Einsatz von leichtem Heizöl mit einer Feuerungswärmeleistung von 50 MW bis 100 MW, die ausschließlich zur Abdeckung der Spitzenlast bei der Energieversorgung während bis zu 300 Stunden im Jahr dienen, ein Emissionsgrenzwert von 300 mg/m^3 für den Tagesmittelwert und von 600 mg/m^3 für den Halbstundenmittelwert. Der Betreiber einer solchen Anlage hat der zuständigen Behörde jeweils bis zum 31. März eines Jahres für das vorhergehende Jahr einen Nachweis über die Einhaltung der Betriebszeit vorzulegen.

(8) Abweichend von den unter Absatz 1 Satz 2 Nr. 1 und 2 genannten Emissionsgrenzwerten für Stickstoffmonoxid und Stickstoffdioxid, angegeben als Stickstoffdioxid, gilt bei Altanlagen mit einer Feuerungswärmeleistung von mehr als 50 MW bis 300 MW für flüssige Brennstoffe außer leichtem Heizöl ein Emissionsgrenzwert von 400 mg/m^3 für den Tagesmittelwert und von 800 mg/m^3 für den Halbstundenmittelwert.

(9) Abweichend von den unter Absatz 1 Satz 2 Nr. 1 und 2 genannten Emissionsgrenzwerten für Schwefeldioxid und Schwefeltrioxid, angegeben als Schwefeldioxid, gilt bei Altanlagen für den Einsatz anderer flüssiger Brennstoffe als leichtes Heizöl oder vergleichbare flüssige Brennstoffe mit einer Feuerungswärmeleistung von mehr als 100 MW bis 300 MW ein Emissionsgrenzwert von 850 mg/m^3 für den Tagesmittelwert und von 1700 mg/m^3 für den Halbstundenmittelwert sowie ein Schwefelabscheidegrad von mindestens 60 vom Hundert.

(10) Abweichend von den unter Absatz 1 Satz 2 Nr. 1 und 2 genannten Emissionsgrenzwerten für Schwefeldioxid und Schwefeltrioxid, angegeben als Schwefeldioxid, gilt bei Altanlagen mit einer Feuerungswärmeleistung von mehr als 300 MW ein Emissionsgrenzwert von 300 mg/m^3 für den Tagesmittelwert und von 600 mg/m^3 für den Halbstundenmittelwert.

§ 5 Emissionsgrenzwerte für Feuerungsanlagen für gasförmige Brennstoffe. (1) Die Feuerungsanlagen sind so zu errichten und zu betreiben, dass die Anforderungen dieses Absatzes und der Absätze 2 bis 4 eingehalten werden. Der Betreiber hat dafür zu sorgen, dass
1. kein Tagesmittelwert die folgenden Emissionsgrenzwerte überschreitet:
 a) Gesamtstaub bei Einsatz von
  Hochofengas oder Koksofengas   10 mg/m^3
  sonstigen gasförmigen Brennstoffen   5 mg/m^3

Anh. A 13 13. BImSchV VO zur Durchführung des BImSchG

b) Kohlenmonoxid bei Einsatz von
Gasen der öffentlichen Gasversorgung $\qquad$ 50 mg/m^3
Hochofengas oder Koksofengas $\qquad$ 100 mg/m^3
sonstigen gasförmigen Brennstoffen $\qquad$ 80 mg/m^3
c) Stickstoffdioxid und Stickstoffmonoxid, angegeben als Stickstoffdioxid, bei einer Feuerungswärmeleistung von
aa) 50 MW bis 300 MW und bei Einsatz von
– Gasen der öffentlichen Gasversorgung bei Kesseln mit einem Einstellwert der Sicherheitseinrichtung (z. B. Sicherheitstemperaturbegrenzer, Sicherheitsdruckventil) gegen Überschreitung
– einer Temperatur von weniger als 383,15 K
oder eines Überdrucks von weniger als 0,05 MPa $\qquad$ 100 mg/m^3
– einer Temperatur von 383,15 K bis 483,15 K
oder eines Überdrucks von 0,05 MPa bis 1,8 MPa $\qquad$ 110 mg/m^3
– einer Temperatur von mehr als 483,15 K
oder eines Überdrucks von mehr als 1,8 Mpa $\qquad$ 150 mg/m^3
– sonstigen Gasen $\qquad$ 200 mg/m^3
bb) mehr als 300 MW $\qquad$ 100 mg/m^3
d) Schwefeldioxid und Schwefeltrioxid,
angegeben als Schwefeldioxid, bei Einsatz von
Flüssiggas $\qquad$ 5 mg/m^3
Koksofengas mit niedrigem Heizwert $\qquad$ 350 mg/m^3
Hochofengas mit niedrigem Heizwert $\qquad$ 200 mg/m^3
sonstigen gasförmigen Brennstoffen $\qquad$ 35 mg/m^3
2. kein Halbstundenmittelwert das Doppelte der unter Nummer 1 genannten Emissionsgrenzwerte überschreitet.

(2) Abweichend von Absatz 1 Satz 2 Nr. 1 und 2 gilt bei Altanlagen mit einer Feuerungswärmeleistung von mehr als 300 MW für den Einsatz von Hochofengas oder Koksofengas für Stickstoffdioxid und Stickstoffmonoxid, angegeben als Stickstoffdioxid, ein Emissionsgrenzwert von 135 mg/m^3 für den Tagesmittelwert und von 270 mg/m^3 für den Halbstundenmittelwert.

(3) Abweichend von den unter Absatz 1 Satz 2 Nr. 1 und 2 genannten Emissionsgrenzwerten für Stickstoffmonoxid und Stickstoffdioxid, angegeben als Stickstoffdioxid, gilt bei Altanlagen für den Einsatz von Erdgas mit einer Feuerungswärmeleistung von 50 MW bis 100 MW ein Emissionsgrenzwert von 150 mg/m^3 für den Tagesmittelwert und von 300 mg/m^3 für den Halbstundenmittelwert.

(4) Abweichend von Absatz 1 Satz 2 Nr. 1 und 2 gilt bei Altanlagen zum Reformieren von Erdgas oder zur Herstellung von Alkenen durch Spalten von Kohlenwasserstoffen für Stickstoffmonoxid und Stickstoffdioxid, angegeben als Stickstoffdioxid, mit einer Feuerungswärmeleistung von mehr als 100 MW bis 300 MW ein Emissionsgrenzwert von 200 mg/m^3 für den Tagesmittelwert und von 400 mg/m^3 für den Halbstundenmittelwert und mit einer Feuerungswärmeleistung von mehr als 300 MW ein Emissionsgrenzwert von 150 mg/m^3 für den Tagesmittelwert und von 300 mg/m^3 für den Halbstundenmittelwert.

(5) Abweichend von Absatz 1 Satz 2 Nr. 1 und 2 gilt bei Altanlagen in Raffinerien, in denen sonstige Gase eingesetzt werden, für Stickstoffmonoxid und Stickstoffdioxid, angegeben als Stickstoffdioxid, mit einer Feuerungswärmeleistung von 50 MW bis 300 MW ein Emissionsgrenzwert von 300 mg/m^3 für den Tagesmittelwert und von 600 mg/m^3 für den Halbstundenmittelwert.

Großfeuerungsanlagen 13. BImSchV **Anh. A 13**

§ 6 Emissionsgrenzwerte für Gasturbinenanlagen. (1) Gasturbinenanlagen sind so zu errichten und zu betreiben, dass die Anforderungen dieses Absatzes und der Absätze 2 bis 11 eingehalten werden. Der Betreiber hat dafür zu sorgen, dass
1. kein Tagesmittelwert die folgenden Emissionsgrenzwerte überschreitet:
 a) Stickstoffdioxid und Stickstoffmonoxid, angegeben als Stickstoffdioxid, bei Einsatz von
 Erdgas in
 Anlagen mit Kraft-Wärme Kopplung mit einem
 Gesamtwirkungsgrad im Jahresdurchschnitt
 von mindestens 75 vom Hundert
 75 vom Hundert 75 mg/m^3
 Anlagen im Kombibetrieb mit einem elektrischen
 Gesamtwirkungsgrad im Jahresdurchschnitt
 von mindestens 55 vom Hundert 75 mg/m^3
 Anlagen zum Antrieb von Arbeitsmaschinen 75 mg/m^3
 sonstigen Anlagen 50 mg/m^3
 sonstigen gasförmigen Brennstoffen oder leichtem Heizöl
 oder Dieselkraftstoff 120 mg/m^3
 b) Kohlenmonoxid 100 mg/m^3;
2. kein Halbstundenmittelwert das Doppelte der unter Nummer 1 genannten Emissionsgrenzwerte überschreitet.

(2) Die Emissionsgrenzwerte gelten bei Betrieb ab einer Last von 70 vom Hundert, unter ISO-Bedingungen (Temperatur 288,15 K, Druck 101,3 kPa, relative Luftfeuchte 60 vom Hundert).

(3) Abweichend von Absatz 1 Satz 2 Nr. 1 Buchstabe a ist beim Einsatz von Erdgas zur Erzeugung elektrischer Energie bei Gasturbinen im Solobetrieb, deren Wirkungsgrad unter ISO-Bedingungen mehr als 35 vom Hundert beträgt, der Emissionsgrenzwert von 50 mg/m^3 entsprechend der prozentualen Wirkungsgraderhöhung heraufzusetzen. Ein Emissionsgrenzwert von 75 mg/m^3 darf nicht überschritten werden.

(4) Bei Einsatz flüssiger Brennstoffe darf die Rußzahl im Dauerbetrieb den Wert 2 und beim Anfahren den Wert 4 nicht überschreiten.

(5) Bei Einsatz flüssiger Brennstoffe dürfen bei Gasturbinen nur leichtes Heizöl oder Dieselkraftstoff nach der Dritten Verordnung zur Durchführung des Bundes-Immissionsschutzgesetzes in der jeweils gültigen Fassung verwendet werden oder es sind gleichwertige Maßnahmen zur Emissionsminderung von Schwefeloxiden anzuwenden.

(6) Bei Einsatz gasförmiger Brennstoffe gelten für Schwefeldioxid und Schwefeltrioxid die Anforderungen von § 5 Abs. 1 Satz 2 Nr. 1 Buchstabe d und Nr. 2 mit der Maßgabe, dass die Emissionsgrenzwerte auf einen Bezugssauerstoffgehalt von 15 vom Hundert umzurechnen sind.

(7) Bei Gasturbinen, die dem Notbetrieb während bis zu 300 Stunden im Jahr dienen, finden die Absätze 1 bis 3 keine Anwendung. Der Betreiber einer solchen Gasturbine hat der zuständigen Behörde jeweils bis zum 31. März eines Jahres für das vorhergehende Jahr einen Nachweis über die Einhaltung der Betriebszeit vorzulegen.

(8) Abweichend von den in Absatz 1 Satz 2 Nr. 1 und 2 festgelegten Emissionsgrenzwerten für Stickstoffdioxid und Stickstoffmonoxid, angegeben als Stickstoffdioxid, gilt für eine Einzelgasturbine mit einer Feuerungswärmeleistung von weniger als 50 MW in Anlagen mit Kraft-Wärme-Kopplung mit einem Gesamtwirkungsgrad von mindestens 75 vom Hundert, in Anlagen im Kombibetrieb mit einem elektri-

Anh. A 13   13. BImSchV   VO zur Durchführung des BImSchG

schen Wirkungsgrad im Jahresdurchschnitt von mindestens 55 vom Hundert oder in Anlagen zum Antrieb von Arbeitsmaschinen, die Bestandteil einer gemeinsamen Anlage mit einer Feuerungswärmeleistung von 50 MW oder mehr ist, beim Einsatz von sonstigen gasförmigen oder von flüssigen Brennstoffen, dass ein Emissionsgrenzwert von 150 mg/m^3 für den Tagesmittelwert und von 300 mg/m^3 für den Halbstundenmittelwert nicht überschritten wird.

(9) Abweichend von Absatz 1 Satz 2 Nr. 1 Buchstabe a und Nr. 2 gilt bei Altanlagen beim Einsatz von Erdgas ein Emissionsgrenzwert von 75 mg/m^3 für den Tagesmittelwert und von 150 mg/m^3 für den Halbstundenmittelwert und beim Einsatz von sonstigen gasförmigen Brennstoffen oder leichtem Heizöl oder Dieselkraftstoff ein Emissionsgrenzwert von 150 mg/m^3 für den Tagesmittelwert und von 300 mg/m^3 für den Halbstundenmittelwert. Für Einzelaggregate in Altanlagen mit einem Massenstrom an Stickstoffoxiden von bis zu 20 Mg/a, angegeben als Stickstoffdioxid, finden die Anforderungen zur Begrenzung der Emissionen an Stickstoffoxiden keine Anwendung. Der Betreiber eines solchen Einzelaggregates hat der zuständigen Behörde jeweils bis zum 31. März eines Jahres für das vorhergehende Jahr einen Nachweis über die Einhaltung des Massenstromes vorzulegen.

(10) Bei Altanlagen, die ausschließlich der Abdeckung der Spitzenlast bei der Energieversorgung während bis zu 300 Stunden im Jahr dienen, finden die Absätze 1 bis 3 keine Anwendung. Der Betreiber einer solchen Gasturbine hat der zuständigen Behörde jeweils bis zum 31. März eines Jahres für das vorhergehende Jahr einen Nachweis über die Einhaltung der Betriebszeit vorzulegen.

(11) Bei Altanlagen, die während bis zu 120 Stunden im Jahr mit leichtem Heizöl oder Dieselkraftstoff betrieben werden, finden die Absätze 1 bis 3 für leichtes Heizöl oder Dieselkraftstoff keine Anwendung. Der Betreiber einer solchen Gasturbine hat der zuständigen Behörde jeweils bis zum 31. März eines Jahres für das vorhergehende Jahr einen Nachweis über die Einhaltung der Betriebszeit vorzulegen.

§ 7 Kraft-Wärme-Kopplung. Der Betreiber hat bei der Errichtung oder der wesentlichen Änderung einer Anlage Maßnahmen zur Kraft-Wärme-Kopplung durchzuführen, es sei denn, dies ist technisch nicht möglich oder unverhältnismäßig. Dies ist der zuständigen Behörde darzulegen.

§ 8 Betrieb mit mehreren Brennstoffen. (1) Die Feuerungsanlagen und Gasturbinenanlagen sind bei Betrieb mit mehreren Brennstoffen so zu betreiben, dass die Anforderungen dieses Absatzes und der Absätze 2 bis 5 eingehalten werden. Der Betreiber hat dafür zu sorgen, dass
1. kein Tagesmittelwert den sich aus den Absätzen 2 bis 5 ergebenden Emissionsgrenzwert und
2. kein Halbstundenmittelwert das Doppelte des unter Nummer 1 genannten Emissionsgrenzwertes

überschreitet.

(2) Bei Mischfeuerungen sind die für den jeweiligen Brennstoff festzulegenden Emissionsgrenzwerte und der jeweilige Bezugssauerstoffgehalt nach dem Verhältnis der mit diesem Brennstoff zugeführten Feuerungswärmeleistung zur insgesamt zugeführten Feuerungswärmeleistung zu ermitteln. Die für die Feuerungsanlage maßgeblichen Emissionsgrenzwerte ergeben sich durch Addition der nach Satz 1 ermittelten Werte.

(3) Bei Mischfeuerungen in Feuerungsanlagen, in denen Destillations- und Konversionsrückstände zum Eigenverbrauch in Raffinerien eingesetzt werden, gilt,
a) sofern die mit dem Brennstoff mit dem höchsten Emissionsgrenzwert zugeführte Feuerungswärmeleistung mindestens 50 vom Hundert der insgesamt zugeführten

Großfeuerungsanlagen 13. BImSchV **Anh. A 13**

Feuerungswärmeleistung ausmacht, der Emissionsgrenzwert für den Brennstoff mit dem höchsten Emissionsgrenzwert,
b) im Übrigen Absatz 1 mit der Maßgabe, dass als Emissionsgrenzwert für den Brennstoff mit dem höchsten Emissionsgrenzwert das Doppelte dieses Wertes abzüglich des Emissionsgrenzwertes für den Brennstoff mit dem niedrigsten Emissionsgrenzwert angesetzt wird.

Abweichend von Satz 1 kann innerhalb einer Raffinerie die zuständige Behörde auf Antrag für Schwefeldioxid und Schwefeltrioxid, angegeben als Schwefeldioxid, einen Emissionsgrenzwert von 600 mg/m^3 für den Tagesmittelwert und von 1200 mg/m^3 für den Halbstundenmittelwert als über die Abgasvolumenströme gewichteten Durchschnittswert über alle Prozessfeuerungsanlagen, ungeachtet des verwendeten Brennstoffs, zulassen.

(4) Bei Mehrstofffeuerungen gelten die Anforderungen für den jeweils eingesetzten Brennstoff.

(5) Bei Gasturbinenanlagen gelten die Absätze 2 und 4 entsprechend.

§ 9 Wesentliche Änderung und Erweiterung von Anlagen. Wird eine Anlage wesentlich geändert, finden die Anforderungen der §§ 3 bis 8 auf die Anlagenteile und Verfahrensschritte, die geändert werden sollen, sowie auf die Anlagenteile und Verfahrensschritte, auf die sich die Änderung auswirken wird, sofort Anwendung. Für die Anforderungen ist die Gesamtleistung der Anlage maßgeblich.

§ 10 Begrenzung von Emissionen bei Lagerungs- und Transportvorgängen. (1) Bei der Lagerung und beim Transport von Stoffen sind nach näherer Bestimmung der zuständigen Behörde Maßnahmen zur Begrenzung der Emissionen nach den Anforderungen der Technischen Anleitung zur Reinhaltung der Luft zu treffen.

(2) Staubförmige Emissionen, die beim Entleeren von Filteranlagen entstehen können, sind dadurch zu vermindern, dass die Stäube in geschlossene Behältnisse abgezogen oder an den Austragsstellen befeuchtet werden.

(3) Für staubförmige Verbrennungsrückstände sind geschlossene Transporteinrichtungen und geschlossene Zwischenlager zu verwenden.

§ 11 Ableitbedingungen für Abgase. Die Abgase sind in kontrollierter Weise so abzuleiten, dass ein ungestörter Abtransport mit der freien Luftströmung ermöglicht wird. Zur Ermittlung der Ableitungshöhen sind die Anforderungen der Technischen Anleitung zur Reinhaltung der Luft in der jeweils gültigen Fassung heranzuziehen. Die näheren Bestimmungen sind in der Genehmigung festzulegen.

§ 12 Störungen an Abgasreinigungseinrichtungen. (1) Der Betreiber einer Anlage hat bei einer Betriebsstörung an einer Abgasreinigungseinrichtung oder bei ihrem Ausfall unverzüglich die erforderlichen Maßnahmen für einen ordnungsgemäßen Betrieb zu treffen. Er hat den Betrieb der Anlage einzuschränken oder sie außer Betrieb zu nehmen, wenn ein ordnungsgemäßer Betrieb nicht innerhalb von 24 Stunden sichergestellt werden kann. In jedem Fall hat er die zuständige Behörde unverzüglich, spätestens innerhalb von 48 Stunden zu unterrichten.

(2) Die zuständige Behörde hat in der Genehmigung geeignete Maßnahmen für den Fall einer Betriebsstörung an der Abgasreinigungseinrichtung oder ihrem Ausfall vorzusehen. Bei Ausfall einer Abgasreinigungseinrichtung darf eine Anlage während

Anh. A 13   13. BImSchV   VO zur Durchführung des BImSchG

eines Zwölf-Monats-Zeitraumes höchstens 120 Stunden ohne diese Abgasreinigungseinrichtung betrieben werden.

Dritter Teil Messung und Überwachung

§ 13 Messplätze. Für die Messungen sind nach näherer Bestimmung der zuständigen Behörde Messplätze einzurichten; diese sollen ausreichend groß, leicht begehbar und so beschaffen sein sowie so ausgewählt werden, dass repräsentative und einwandfreie Messungen gewährleistet sind.

§ 14 Messverfahren und Messeinrichtungen. (1) Für Messungen zur Feststellung der Emissionen sowie zur Ermittlung der Bezugs- oder Betriebsgrößen sind die dem Stand der Messtechnik entsprechenden Messverfahren und geeigneten Messeinrichtungen nach näherer Bestimmung durch die zuständige Behörde anzuwenden oder zu verwenden. Die Probenahme und Analyse aller Schadstoffe sowie die Referenzmessverfahren zur Kalibrierung automatischer Messsysteme sind nach CEN-Normen durchzuführen. Sind keine CEN-Normen verfügbar, so werden ISO-Normen, nationale Normen oder sonstige internationale Normen angewandt, die sicherstellen, dass Daten von gleichwertiger wissenschaftlicher Qualität ermittelt werden.

(2) Der Betreiber hat den ordnungsgemäßen Einbau von Messeinrichtungen zur kontinuierlichen Überwachung vor ihrer Inbetriebnahme der zuständigen Behörde durch die Bescheinigung einer für Kalibrierungen von der dafür zuständigen Behörde bekannt gegebenen Stelle nachzuweisen.

(3) Der Betreiber hat Messeinrichtungen, die zur kontinuierlichen Feststellung der Emissionen und der Betriebsgrößen eingesetzt werden, durch eine für Kalibrierungen von der dafür zuständigen Behörde bekannt gegebene Stelle kalibrieren und jährlich einmal auf Funktionsfähigkeit prüfen (Parallelmessung unter Verwendung der Referenzmethode) zu lassen. Die Kalibrierung nach Errichtung oder wesentlicher Änderung ist nach Erreichen des ungestörten Betriebes, jedoch frühestens nach dreimonatigem Betrieb und spätestens sechs Monate nach Inbetriebnahme, und anschließend wiederkehrend spätestens alle drei Jahre durchführen zu lassen. Die Berichte über das Ergebnis der Kalibrierung und der Prüfung der Funktionsfähigkeit sind der zuständigen Behörde innerhalb von zwölf Wochen nach Kalibrierung und Prüfung vorzulegen.

§ 15 Kontinuierliche Messungen. (1) Der Betreiber hat
1. die Massenkonzentration der Emissionen an Gesamtstaub, Quecksilber, Gesamtkohlenstoff, Kohlenmonoxid, Stickstoffmonoxid, Stickstoffdioxid, Schwefeldioxid, Schwefeltrioxid und die Rußzahl, soweit Emissionsgrenzwerte oder eine Begrenzung der Rußzahl festgelegt sind,
2. den Volumengehalt an Sauerstoff im Abgas und
3. die zur Beurteilung des ordnungsgemäßen Betriebs erforderlichen Betriebsgrößen, insbesondere Leistung, Abgastemperatur, Abgasvolumenstrom, Feuchtegehalt und Druck,

kontinuierlich zu ermitteln, zu registrieren, gemäß § 16 Abs. 1 auszuwerten und im Falle von § 16 Abs. 2 Satz 3 zu übermitteln. Der Betreiber hat hierzu die Anlagen vor Inbetriebnahme mit geeigneten Mess- und Auswerteeinrichtungen auszurüsten. Die Gesamtstaubemission ist ohne Beitrag des Schwefeltrioxids zum Messwert auszuweisen.

Großfeuerungsanlagen   13. BImSchV   **Anh. A 13**

(2) Messeinrichtungen für den Feuchtegehalt sind nicht notwendig, soweit das Abgas vor der Ermittlung der Massenkonzentration der Emissionen getrocknet wird. Ergibt sich auf Grund der Bauart und Betriebsweise von Nass-Abgasentschwefelungsanlagen infolge des Sättigungszustandes des Abgases und der konstanten Abgastemperatur, dass der Feuchtegehalt im Abgas an der Messstelle einen konstanten Wert annimmt, soll die zuständige Behörde auf die kontinuierliche Messung des Feuchtegehaltes verzichten und die Verwendung des in Einzelmessungen ermittelten Wertes zulassen. In diesem Fall hat der Betreiber Nachweise über das Vorliegen dervorgenannten Voraussetzungen bei der Kalibrierung zu führen und der zuständigen Behörde auf Verlangen vorzulegen. Der Betreiber hat die Nachweise fünf Jahre nach Kalibrierung aufzubewahren.

(3) Ergibt sich auf Grund der Einsatzstoffe, der Bauart, der Betriebsweise oder von Einzelmessungen, dass der Anteil des Stickstoffdioxids an den Stickstoffoxidemissionen unter 5 vom Hundert liegt, soll die zuständige Behörde auf die kontinuierliche Messung des Stickstoffdioxids verzichten und die Bestimmung des Anteils durch Berechnung zulassen. In diesem Fall hat der Betreiber Nachweise über den Anteil des Stickstoffdioxids bei der Kalibrierung zu führen und der zuständigen Behörde auf Verlangen vorzulegen. Der Betreiber hat die Nachweise fünf Jahre nach der Kalibrierung aufzubewahren.

(4) Wird die Massenkonzentration an Schwefeldioxid kontinuierlich gemessen, kann die Massenkonzentration an Schwefeltrioxid bei der Kalibrierung ermittelt und durch Berechnung berücksichtigt werden.

(5) Abweichend von Absatz 1 sind bei Feuerungsanlagen, die ausschließlich mit Erdgas betrieben werden, Messungen zur Feststellung der Emissionen von Gesamtstaub nicht erforderlich. Bei Betrieb mit anderen gasförmigen Brennstoffen sind Messungen nicht erforderlich, wenn die Emissionsgrenzwerte durch den Einsatz entsprechender Brennstoffe eingehalten werden. In diesem Fall hat der Betreiber für jedes Kalenderjahr Nachweise über den Staubgehalt der eingesetzten Brennstoffe zu führen und der zuständigen Behörde auf Verlangen vorzulegen. Die Nachweise sind fünf Jahre nach Ende des Nachweiszeitraums nach Satz 3 aufzubewahren.

(6) Abweichend von Absatz 1 sind bei Feuerungsanlagen und Gasturbinenanlagen, die ausschließlich mit leichtem Heizöl, Dieselkraftstoff oder Erdgas betrieben werden, Messungen zur Feststellung der Emissionen an Schwefeloxiden nicht erforderlich. Bei Betrieb mit anderen flüssigen oder gasförmigen Brennstoffen sind Messungen zur Feststellung der Emissionen an Schwefeloxiden nicht erforderlich, wenn die Emissionsgrenzwerte durch den Einsatz entsprechender Brennstoffe eingehalten werden. In diesem Fall hat der Betreiber für jedes Kalenderjahr Nachweise über den Schwefelgehalt und den unteren Heizwert der eingesetzten Brennstoffe zu führen und der zuständigen Behörde auf Verlangen vorzulegen. Die Nachweise sind fünf Jahre nach Ende des Nachweiszeitraums nach Satz 3 aufzubewahren.

(7) Abweichend von Absatz 1 sind bei Feuerungsanlagen, die ausschließlich mit Biobrennstoffen betrieben werden, Messungen zur Feststellung an Schwefeloxiden nicht erforderlich, wenn die Emissionsgrenzwerte durch den Einsatz entsprechender Brennstoffe eingehalten werden. In diesem Fall hat der Betreiber für jedes Kalenderjahr Nachweise über den Schwefelgehalt und den unteren Heizwert der eingesetzten Brennstoffe zu führen und der zuständigen Behörde auf Verlangen vorzulegen. Die Nachweise sind fünf Jahre nach Ende des Nachweiszeitraums nach Satz 2 aufzubewahren.

(8) Abweichend von Absatz 1 sind bei erdgasbetriebenen Gasturbinen mit einer Feuerungswärmeleistung von weniger als 100 MW Messungen zur Feststellung der Emissionen an Kohlenmonoxid, Stickstoffmonoxid und Stickstoffdioxid nicht erforderlich, wenn durch andere Prüfungen, insbesondere der Prozessbedingungen,

sichergestellt ist, dass die Emissionsgrenzwerte eingehalten werden. In diesem Fall hat der Betreiber alle drei Jahre Nachweise über die Korrelation zwischen den Prüfungen und den Emissionsgrenzwerten zu führen und der zuständigen Behörde auf Verlangen vorzulegen. Die Nachweise sind fünf Jahre nach Ende des Nachweiszeitraums nach Satz 2 aufzubewahren.

(9) Für Quecksilber und seine Verbindungen, angegeben als Quecksilber, soll die zuständige Behörde auf Antrag auf die kontinuierliche Messung verzichten, wenn durch regelmäßige Kontrollen der Brennstoffe zuverlässig nachgewiesen ist, dass die Emissionsgrenzwerte nach § 3 für Quecksilber und seine Verbindungen nur zu weniger als 50 vom Hundert in Anspruch genommen werden.

(10) Der Betreiber hat zur Ermittlung des Schwefelabscheidegrades neben der Messung der Emissionen an Schwefeldioxid und Schwefeltrioxid im Abgas den Schwefelgehalt im eingesetzten Brennstoff regelmäßig zu ermitteln. Dabei wird die Art des Nachweises der Einhaltung der Schwefelabscheidegrade als Tagesmittelwert durch die zuständige Behörde näher bestimmt.

(11) Die Nachweise in den Fällen der Absätze 2, 3 und 5 bis 8 sind durch Verfahren entsprechend einschlägiger CEN-Normen oder, soweit keine CEN-Normen vorhanden sind, anhand nachgewiesen gleichwertiger Verfahren zu erbringen. Das Verfahren ist der zuständigen Behörde anzuzeigen und von dieser billigen zu lassen. Die Billigung gilt als erteilt, wenn die zuständige Behörde nicht innerhalb einer Frist von vier Wochen widerspricht.

§ 16 Auswertung und Beurteilung von kontinuierlichen Messungen.
(1) Während des Betriebes der Anlage ist aus den Messwerten für jede aufeinander folgende halbe Stunde der Halbstundenmittelwert zu bilden und auf den Bezugssauerstoffgehalt umzurechnen. Aus den Halbstundenmittelwerten ist für jeden Tag der Tagesmittelwert, bezogen auf die tägliche Betriebszeit, zu bilden. Für An- und Abfahrvorgänge, bei denen ein Überschreiten des Zweifachen der festgelegten Emissionsbegrenzungen nicht verhindert werden kann, sind Sonderregelungen zu treffen.

(2) Über die Ergebnisse der kontinuierlichen Messungen hat der Betreiber für jedes Kalenderjahr einen Messbericht zu erstellen und bis zum 31. März des Folgejahres der zuständigen Behörde vorzulegen. Der Betreiber muss den Bericht nach Satz 1 sowie die zugehörigen Aufzeichnungen der Messgeräte fünf Jahre nach Ende des Berichtszeitraums nach Satz 1 aufbewahren. Soweit die Messergebnisse durch geeignete telemetrische Übermittlung der zuständigen Behörde vorliegen, entfällt die Pflicht aus Satz 1 zur Vorlage des Messberichts an die zuständige Behörde.

(3) Die Emissionsgrenzwerte sind eingehalten, wenn kein Ergebnis eines nach Anhang II validierten Tages- und Halbstundenmittelwertes den jeweils maßgebenden Emissionsgrenzwert nach den §§ 3 bis 8 überschreitet und kein Ergebnis den Schwefelabscheidegrad nach § 3 oder § 4 unterschreitet.

§ 17 Einzelmessungen. Der Betreiber hat nach Errichtung oder wesentlicher Änderung der Anlage Messungen von einer nach § 26 des Bundes-Immissionsschutzgesetzes bekannt gegebenen Stelle zur Feststellung, ob die Anforderungen nach § 3 Abs. 1 Nr. 3 und § 4 Abs. 1 Nr. 3 erfüllt werden, durchführen zu lassen. Die Messungen sind nach Erreichen des ungestörten Betriebes, jedoch frühestens nach dreimonatigem Betrieb und spätestens sechs Monate nach Inbetriebnahme, und anschließend wiederkehrend spätestens alle drei Jahre mindestens an drei Tagen durchführen zu lassen (Wiederholungsmessungen). Die Messungen sollen vorgenommen werden, wenn die Anlagen mit der höchsten Leistung betrieben werden, für die sie bei den während der Messung verwendeten Einsatzstoffen für den Dauerbetrieb zugelassen sind.

Großfeuerungsanlagen   13. BImSchV **Anh. A 13**

(2) Abweichend von Absatz 1 Satz 1 sind Messungen im Falle einer wesentlichen Änderung nicht erforderlich, wenn der Betreiber einer bestehenden Anlage gegenüber der zuständigen Behörde belegt, dass die durchgeführten Maßnahmen keine oder offensichtlich geringe Auswirkungen auf die Verbrennungsbedingungen und auf die Emissionen haben.

(3) Die Probenahmezeit für Messungen zur Bestimmung der Stoffe nach § 3 Abs. 1 Nr. 3 Buchstabe a bis c und § 4 Abs. 1 Nr. 3 Buchstabe a bis c beträgt mindestens eine halbe Stunde; sie soll zwei Stunden nicht überschreiten. Für die Messungen zur Bestimmung der Stoffe nach § 3 Abs. 1 Nr. 3 Buchstabe d und § 4 Abs. 1 Nr. 3 Buchstabe d beträgt die Probenahmezeit mindestens sechs Stunden; sie soll acht Stunden nicht überschreiten.

(4) Abweichend von Absatz 1 Satz 2 sind bei Feuerungsanlagen für feste und flüssige Brennstoffe die Wiederholungsmessungen zur Feststellung der Emissionen an Stoffen nach § 3 Abs. 1 Nr. 3 und § 4 Abs. 1 Nr. 3 nicht erforderlich, wenn durch regelmäßige Kontrollen der Brennstoffe, insbesondere bei Einsatz neuer Brennstoffe, und der Fahrweise zuverlässig nachgewiesen ist, dass die Emissionen weniger als 50 vom Hundert der Emissionsgrenzwerte betragen. In diesem Fall hat der Betreiber für jedes Kalenderjahr entsprechende Nachweise zu führen und der zuständigen Behörde auf Verlangen vorzulegen. Der Betreiber hat die Nachweise fünf Jahre nach Ende des Nachweiszeitraums nach Satz 2 aufzubewahren.

§ 18 Berichte und Beurteilung von Einzelmessungen. (1) Der Betreiber hat über die Ergebnisse der Messungen nach § 17 einen Messbericht gemäß Satz 2 zu erstellen und der zuständigen Behörde unverzüglich vorzulegen. Der Messbericht muss Angaben über die Messplanung, das Ergebnis jeder Einzelmessung, das verwendete Messverfahren und die Betriebsbedingungen, die für die Beurteilung der Messergebnisse von Bedeutung sind, enthalten.

(2) Die Emissionsgrenzwerte gelten als eingehalten, wenn kein Ergebnis einer Einzelmessung einen Mittelwert nach § 3 oder § 4 überschreitet.

§ 19 Jährliche Berichte über Emissionen. (1) Der Betreiber einer Anlage hat der zuständigen Behörde erstmals für das Jahr 2004 und dann jährlich jeweils bis zum 31. März des Folgejahres für jede einzelne Anlage eine Aufstellung der jährlichen Emissionen an Schwefeloxiden, Stickstoffoxiden und Gesamtstaub sowie den Gesamtenergieeinsatz vorzulegen. Dieser ist auf den unteren Heizwert zu beziehen und nach den Brennstoffarten Biobrennstoffe, sonstige feste Brennstoffe, flüssige Brennstoffe, Erdgas und sonstige gasförmige Brennstoffe aufzuschlüsseln.

(2) Der Betreiber hat ergänzend eine Zusammenfassung der Ergebnisse dieser Aufstellungen für einen Berichtszeitraum von drei Jahren, beginnend mit den Jahren 2004 bis 2006, jeweils bis zum 31. März des Folgejahres der zuständigen Behörde vorzulegen.

(3) Der Bericht nach Absatz 1 und eine Aufstellung der Zusammenfassungen nach Absatz 2, in der die Emissionen aus Raffinerien gesondert ausgewiesen sind, ist dem Bundesministerium für Umwelt, Naturschutz und Reaktorsicherheit zur Weiterleitung an die Kommission der Europäischen Gemeinschaften zuzuleiten.

Vierter Teil. Anforderungen an Altanlagen

§ 20 Übergangsregelung. (1) Vorbehaltlich der Regelung des Satzes 2 gelten für Altanlagen
a) die Anforderungen dieser Verordnung ab dem 1. November 2007,
b) die Anforderungen nach § 6 Abs. 9 ab dem 1. Oktober 2012,

Anh. A 13 13. BImSchV VO zur Durchführung des BImSchG

c) die Anforderungen nach § 6 Abs. 1 Satz 2 Nr. 1 Buchstabe a in Verbindung mit § 6 Abs. 9 sowie die Anforderungen nach § 6 Abs. 1 Satz 2 Nr. 1 Buchstabe b und Nr. 2 für erdgasbetriebene Gasturbinen zum Antrieb von Arbeitsmaschinen für den physikalischen Transport und die Speicherung von Erdgas ab dem 1. Oktober 2015.
Die Anforderungen des Dritten Teils dieser Verordnung gelten ab dem 27. November 2004.

(2) Vorbehaltlich der Regelung des Satzes 4 gelten für Altanlagen die Anforderungen der Verordnung über Großfeuerungsanlagen vom 22. Juni 1983 (BGBl. I S. 719), zuletzt geändert durch Artikel 6 des Gesetzes vom 3. Mai 2000 (BGBl. I S. 632), jeweils bis zu dem in Absatz 1 Satz 1 genannten Zeitpunkt. Abweichend von Satz 1 gelten bis zu diesem Zeitpunkt die Anforderungen aus der Richtlinie 2001/80/EG des Europäischen Parlaments und des Rates vom 23. Oktober 2001 zur Begrenzung von Schadstoffemissionen von Großfeuerungsanlagen in die Luft (ABl. EG Nr. L 309 S. 1), soweit sie über die Anforderungen der in Satz 1 genannten oder der vorliegenden Verordnung hinausgehen. Gleiches gilt für im Einzelfall durch die zuständige Behörde gestellte Anforderungen zur Vorsorge gegen schädliche Umwelteinwirkungendurch Luftverunreinigungen. Die Anforderungen des Vierten Teils der in Satz 1 genannten Verordnung gelten bis zum 26. November 2004.

(3) Wenn ein Betreiber einer Altanlage bis zum 31. Dezember 2006 gegenüber der zuständigen Behörde schriftlich erklärt, dass er diese Altanlage unter Verzicht auf die Berechtigung zum Betrieb aus der Genehmigung bis zum 31. Dezember 2012 stilllegt, findet Absatz 1 Satz 1 keine Anwendung. Bis zu diesem Zeitpunkt gelten die Anforderungen der Verordnung über Großfeuerungsanlagen. Abweichend von Satz 2 gelten bis zu diesem Zeitpunkt die Anforderungen aus der Richtlinie 2001/80/EG des Europäischen Parlaments und des Rates vom 23. Oktober 2001 zur Begrenzung von Schadstoffemissionen von Großfeuerungsanlagen in die Luft (ABl. EG Nr. L 309 S. 1), soweit sie über die Anforderungen der in Satz 2 genannten oder der vorliegenden Verordnung hinausgehen. Gleiches gilt für im Einzelfall durch die zuständige Behörde gestellte Anforderungen zur Vorsorge gegen schädliche Umwelteinwirkungen durch Luftverunreinigungen. Gibt der Betreiber keine Erklärung ab, gelten die Anforderungen für einen unbefristeten Betrieb.

(4) Abweichend von Absatz 1 Satz 1 Buchstabe a gilt für eine Altanlage, die auf Grund der Verordnung über Großfeuerungsanlagen nachgerüstet wurde und die über den 31. Dezember 2012 hinaus betrieben werden soll, eine Frist bis zum 31. Dezember 2010. Absatz 2 Satz 1 bis 3 gilt entsprechend.

Fünfter Teil. Gemeinsame Vorschriften

§ 21 Zulassung von Ausnahmen. (1) Die zuständige Behörde kann auf Antrag des Betreibers Ausnahmen von Vorschriften dieser Verordnung zulassen, soweit unter Berücksichtigung der besonderen Umstände des Einzelfalls
1. einzelne Anforderungen der Verordnung nicht oder nur mit unverhältnismäßigem Aufwand erfüllbar sind,
2. im Übrigen die dem Stand der Technik entsprechenden Maßnahmen zur Emissionsbegrenzung angewandt werden,
3. die Schornsteinhöhe nach der TA Luft in der jeweils gültigen Fassung auch für den als Ausnahme zugelassenen Emissionsgrenzwert ausgelegt ist, es sei denn, auch insoweit liegen die Voraussetzungen der Nummer 1 vor, und

Großfeuerungsanlagen 13. BImSchV **Anh. A 13**

4. die Ausnahmen den Anforderungen aus der Richtlinie 2001/80/EG des Europäischen Parlaments und des Rates vom 23. Oktober 2001 zur Begrenzung von Schadstoffemissionen von Großfeuerungsanlagen in die Luft (ABl. EG Nr. L 309 S. 1) nicht entgegenstehen.

(2) Soweit in Übereinstimmung mit der Richtlinie 2001/80/EG Ausnahmen erteilt werden, die eine Berichtspflicht an die Kommission der Europäischen Gemeinschaften auslösen, ist eine Ausfertigung der Ausnahmegenehmigung nach Satz 1 dem Bundesministerium für Umwelt, Naturschutz und Reaktorsicherheit unverzüglich zur Weiterleitung an die Kommission der Europäischen Gemeinschaften zuzuleiten.

§ 22 Weitergehende Anforderungen. (1) Die Befugnisse der zuständigen Behörde, andere oder weitergehende Anforderungen, insbesondere zur Vermeidung schädlicher Umwelteinwirkungen nach § 5 Abs. 1 Nr. 1 des Bundes-Immissionsschutzgesetzes, zu treffen, bleiben unberührt.

(2) Wurden bei einer Anlage im Einzelfall bereits Anforderungen zur Vorsorge gegen schädliche Umwelteinwirkungen durch Luftverunreinigungen getroffen, die über die Anforderungen dieser Verordnung hinausgehen, sind sie weiterhin maßgeblich.

§ 23 Zugänglichkeit der Normen- und Arbeitsblätter. Die in den §§ 2 und 4 genannten DIN-Normen sowie die in § 15 genannten CEN-Normen sind bei der Beuth Verlag GmbH, Berlin, zu beziehen. Das in § 2 genannte DVGW-Arbeitsblatt ist bei der Wirtschafts- und Verlagsgesellschaft Gas und Wasser mbH, Bonn, zu beziehen. Die genannten Normen sowie das genannte Arbeitsblatt sind bei dem Deutschen Patent- und Markenamt in München archivmäßig gesichert niedergelegt.

§ 24 Ordnungswidrigkeiten. Ordnungswidrig im Sinne des § 62 Abs. 1 Nr. 2 des Bundes-Immissionsschutzgesetzes handelt, wer vorsätzlich oder fahrlässig
1. entgegen § 3 Abs. 1 Satz 1, § 4 Abs. 1 Satz 1, § 5 Abs. 1 Satz 1, § 6 Abs. 1 Satz 1 oder § 8 Abs. 1 Satz 1 eine dort genannte Anlage nicht richtig errichtet oder nicht richtig betreibt,
2. entgegen § 12 Abs. 1 Satz 1 eine Maßnahme nicht oder nicht rechtzeitig trifft,
3. entgegen § 12 Abs. 1 Satz 2 den Betrieb einer Anlage nicht oder nicht rechtzeitig einschränkt oder die Anlage nicht oder nicht rechtzeitig außer Betrieb nimmt,
4. entgegen § 12 Abs. 1 Satz 3 die zuständige Behörde nicht, nicht richtig, nicht vollständig oder nicht rechtzeitig unterrichtet,
5. entgegen § 12 Abs. 2 Satz 2 eine Anlage betreibt,
6. entgegen § 14 Abs. 2 Satz 1 eine Bescheinigung nicht oder nicht rechtzeitig vorlegt,
7. entgegen § 14 Abs. 3 Satz 1 oder 2 eine Messeinrichtung nicht oder nicht rechtzeitig prüfen lässt oder eine Kalibrierung nicht oder nicht rechtzeitig durchführen lässt,
8. entgegen § 14 Abs. 3 Satz 3, § 16 Abs. 2 Satz 1, § 18 Abs. 1 Satz 1 oder § 19 Abs. 1 oder 2 einen Bericht, eine Aufstellung oder eine Zusammenfassung nicht, nicht richtig, nicht vollständig oder nicht rechtzeitig vorlegt,
9. entgegen § 15 Abs. 1 Satz 1 die Massenkonzentration der Emissionen, den Volumengehalt an Sauerstoff oder eine dort genannte Betriebsgröße nicht, nicht richtig oder nicht vollständig auswertet oder nicht, nicht richtig oder nicht vollständig übermittelt,

Anh. A 13 13. BImSchV   VO zur Durchführung des BImSchG

10. entgegen § 15 Abs. 1 Satz 2 eine Anlage nicht, nicht richtig oder nicht rechtzeitig ausrüstet,
11. entgegen § 15 Abs. 2 Satz 3 oder 4, Abs. 3 Satz 2 oder 3, Abs. 5 Satz 3 oder 4, Abs. 6 Satz 3 oder 4 oder Abs. 7 Satz 2 oder 3 oder § 17 Abs. 4 Satz 2 oder 3 einen Nachweis nicht führt, nicht oder nicht rechtzeitig vorlegt oder nicht oder nicht mindestens fünf Jahre aufbewahrt,
12. entgegen § 16 Abs. 2 Satz 2 einen Bericht oder eine Aufzeichnung nicht oder nicht mindestens fünf Jahre aufbewahrt oder
13. entgegen § 17 Abs. 1 Satz 1 oder 2 eine Messung nicht oder nicht rechtzeitig durchführen lässt.

Sechster Teil. Schlussvorschriften

§ 25 Inkrafttreten, Außerkrafttreten. Diese Verordnung tritt am Tag nach der Verkündung in Kraft. Gleichzeitig tritt die Verordnung über Großfeuerungsanlagen vom 22. Juni 1983 (BGBl. I S. 719), geändert durch Artikel 6 des Gesetzes vom 3. Mai 2000 (BGBl. I S. 632), außer Kraft.

Anhang I

Äquivalenzfaktoren

Für den nach § 3 Abs. 1 Nr. 3 Buchstabe d oder § 4 Abs. 1 Nr. 3 Buchstabe d zu bildenden Summenwert sind die im Abgas ermittelten Konzentrationen der nachstehend genannten Dioxine und Furane mit den angegebenen Äquivalenzfaktoren zu multiplizieren und zu summieren:

Stoff	Äquivalenzfaktor
2,3,7,8-Tetrachlordibenzodioxin (TCDD)	1
1,2,3,7,8-Pentachlordibenzodioxin (PeCDD)	0,5
1,2,3,4,7,8-Hexachlordibenzodioxin (HxCDD)	0,1
1,2,3,7,8,9-Hexachlordibenzodioxin (HxCDD)	0,1
1,2,3,6,7,8-Hexachlordibenzodioxin (HxCDD)	0,1
1,2,3,4,6,7,8-Heptachlordibenzodioxin (HpCDD)	0,01
Octachlordibenzodioxin (OCDD)	0,001
2,3,7,8-Tetrachlordibenzofuran (TCDF)	0,1
2,3,4,7,8-Pentachlordibenzofuran (PeCDF)	0,5
1,2,3,7,8-Pentachlordibenzofuran (PeCDF)	0,05
1,2,3,4,7,8-Hexachlordibenzofuran (HxCDF)	0,1
1,2,3,7,8,9-Hexachlordibenzofuran (HxCDF)	0,1
1,2,3,6,7,8-Hexachlordibenzofuran (HxCDF)	0,1
2,3,4,6,7,8-Hexachlordibenzofuran (HxCDF)	0,1
1,2,3,4,6,7,8-Heptachlordibenzofuran (HpCDF)	0,01
1,2,3,4,7,8,9-Heptachlordibenzofuran (HpCDF)	0,01
Octachlordibenzofuran (OCDF)	0,001

Großfeuerungsanlagen 13. BImSchV Anh. A 13

Anhang II

Anforderungen an die kontinuierlichen Messeinrichtungen und die Validierung der Messergebnisse

Der Wert des Konfidenzintervalls von 95 vom Hundert eines einzelnen Messergebnisses darf an der für den Tagesmittelwert festgelegten Emissionsbegrenzung die folgenden Vomhundertsätze dieser Emissionsbegrenzung nicht überschreiten:

Kohlenmonoxid	10 vom Hundert
Schwefeldioxid	20 vom Hundert
Stickstoffoxide	20 vom Hundert
Gesamtstaub	30 vom Hundert
Organisch gebundener Gesamtkohlenstoff	30 vom Hundert
Quecksilber	40 vom Hundert

Die validierten Halbstunden- und Tagesmittelwerte werden auf Grund der gemessenen Halbstundenmittelwerte und nach Abzug der in der Kalibrierung ermittelten Messunsicherheit bestimmt. Jeder Tag, an dem mehr als sechs Halbstundenmittelwerte wegen Störung oder Wartung des kontinuierlichen Messsystems ungültig sind, wird für ungültig erklärt. Werden mehr als zehn Tage im Jahr wegen solcher Situationen für ungültig erklärt, hat die zuständige Behörde den Betreiber zu verpflichten, geeignete Maßnahmen einzuleiten, um die Zuverlässigkeit des kontinuierlichen Überwachungssystems zu verbessern.

A 14. Verordnung über Anlagen der Landesverteidigung – 14. BImSchV

Vom 9. 4. 1986 (BGBl I 380)[1]

(BGBl III/FNA 2129-8-14)

Kommentierung: Vgl. die Ausführungen zu § 59, insb. in Rn. 2–8 zu § 59 sowie in Rn. 27, 38 zu § 10. – **Literatur:** *Hansmann,* in: LR (1993), Nr. 2.14; *Gallas/Eisenbarth,* Immissionsschutz und Landesverteidigung, UPR 1986, 417 ff.

§ 1 Zuständigkeit. (1) Dem Bundesminister der Verteidigung oder der von ihm bestimmten Stelle obliegen im Bereich der Bundeswehr der Vollzug der §§ 17, 20, 21, 24, 25, 26, 28, 29, 31, 52, 53 Abs. 2 und des § 55 Abs. 1 Satz 2 des Bundes-Immissionsschutzgesetzes und behördliche Überwachungsmaßnahmen nach Rechtsverordnungen, die auf Grund des Bundes-Immissionsschutzgesetzes erlassen sind,
1. bei Anlagen, die der militärischen Landesverteidigung dienen und sich in militärischen Sicherheitsbereichen befinden, die nach § 2 Abs. 2 des Gesetzes über die Anwendung unmittelbaren Zwanges und die Ausübung besonderer Befugnisse durch Soldaten der Bundeswehr und zivile Wachpersonen vom 12. August 1965 (BGBl. I S.796) festgesetzt sind
2. bei Anlagen nach § 3 Abs. 5 Nr. 2 des Bundes-Immissionsschutzgesetzes, die der militärischen Landesverteidigung dienen, soweit sie zu Übungen und Manövern außerhalb militärischer Sicherheitsbereiche eingesetzt werden.

(2) Dem Bundesminister der Verteidigung oder der von ihm bestimmten Stelle obliegen auch die in Absatz 1 genannten behördlichen Überwachungsaufgaben bei Anlagen, die der militärischen Landesverteidigung dienen und von den auf Grund völkerrechtlicher Verträge in der Bundesrepublik Deutschland stationierten Truppen genutzt werden.

§ 2 Besonderheiten des Genehmigungsverfahrens. (1) Ein Genehmigungsantrag für Anlagen, die der militärischen Landesverteidigung dienen, muß Art und Umfang der nach § 60 Abs. 1 des Bundes-Immissionsschutzgesetzes zugelassenen oder geforderten Ausnahmen bezeichnen.

(2) Soweit Unterlagen der militärischen Geheimhaltung unterliegen, sind sie getrennt vorzulegen und zu kennzeichnen. Wenn der Antragsteller begründet darlegt, daß es zur Wahrung des Geheimnisses zwingend erforderlich ist, soll die Genehmigungsbehörde auf die Vorlage dieser Unterlagen ganz oder teilweise verzichten; in diesen Fällen gilt § 10 Abs. 2 Satz 2 des Bundes- Immissionsschutzgesetzes entsprechend.

§ 3 Inkrafttreten. Diese Verordnung tritt am ersten Tage des auf die Verkündung folgenden Kalendermonats in Kraft.

---

[1] Zur Rechtsgrundlage Rn.6 zu § 59.

A 15. Baumaschinenlärm-Verordnung – 15. BImSchV

Die Baumaschinenlärm-Verordnung (15. BImSchV) wurde durch die Verordnung vom 29. 8. 2002 (BGBl I 3478) aufgehoben. An ihre Stelle trat die 32. BImSchV.

A 16. Verkehrslärmschutzverordnung – 16. BImSchV

Vom 12. 6. 1990[1] (BGBl I 1036)

(BGBl III/FNA 2129-8-16)

Kommentierung: Vgl. die Ausführungen zu § 43, insb. Rn. 6f zu § 43 sowie Rn. 23–26, 32–42, 52–54, 66 zu § 41 und Rn.7, 9–12 zu § 42. – **Literatur:** *Schulze-Fielitz,* Rechtsfragen der Verkehrslärmschutzverordnung, UPR 1994, 1 ff; *Hendlmeier,* Zwei Jahre Erfahrung mit der Verkehrslärmschutzverordnung, NuR 1992, 463 ff; *Laubinger,* in: UL (1991), A 16.0; *Alexander,* Aktuelle Fragen des Verkehrslärmschutzes unter besonderer Berücksichtigung der Verkehrslärmschutzverordnung, NVwZ 1991, 318 ff; *Maier,* Lärmschutz an Verkehrswegen, BWVP 1991, 101 ff; *Blümel,* (Hg.), Verkehrslärmschutz – Verfahrensbeschleunigung, Speyerer Forschungsberichte Bd. 95, 1991; *Hölder,* Die Verordnung zum Schutz vor Verkehrslärm, in: Koch (Hg.), Schutz vor Lärm, 1990, 171 ff; *Janning,* Verkehrslärmschutzverordnung, StGR 1989, 327 ff. – S. auch Literatur zu § 41.

§ 1 Anwendungsbereich. (1) Die Verordnung gilt für den Bau oder die wesentliche Änderung von öffentlichen Straßen sowie von Schienenwegen der Eisenbahnen und Straßenbahnen (Straßen und Schienenwege).

(2) Die Änderung ist wesentlich, wenn
1. eine Straße um einen oder mehrere durchgehende Fahrstreifen für den Kraftfahrzeugverkehr oder ein Schienenweg um ein oder mehrere durchgehende Gleise baulich erweitert wird oder
2. durch einen erheblichen baulichen Eingriff der Beurteilungspegel des von dem zu ändernden Verkehrsweg ausgehenden Verkehrslärms um mindestens 3 Dezibel (A) oder auf mindestens 70 Dezibel (A) am Tage oder mindestens 60 Dezibel (A) in der Nacht erhöht wird.

Eine Änderung ist auch wesentlich, wenn der Beurteilungspegel des von dem zu ändernden Verkehrsweg ausgehenden Verkehrslärms von mindestens 70 Dezibel (A) am Tage oder 60 Dezibel (A) in der Nacht durch einen erheblichen baulichen Eingriff erhöht wird; dies gilt nicht in Gewerbegebieten.

§ 2 Immissionsgrenzwerte. (1) Zum Schutz der Nachbarschaft vor schädlichen Umwelteinwirkungen durch Verkehrsgeräusche ist bei dem Bau oder der wesentlichen Änderung sicherzustellen, daß der Beurteilungspegel einen der folgenden Immissionsgrenzwerte nicht überschreitet:

	Tag	Nacht
1. an Krankenhäusern, Schulen, Kurheimen und Altenheimen		
	57 Dezibel (A)	47 Dezibel (A)
2. in reinen und allgemeinen Wohngebieten und Kleinsiedlungsgebieten		
	59 Dezibel (A)	49 Dezibel (A)
3. in Kerngebieten, Dorfgebieten und Mischgebieten		
	64 Dezibel (A)	54 Dezibel (A)

---

[1] Zur Rechtsgrundlage Rn. 6 zu § 43.

Anh. A 16 16. BImSchV VO zur Durchführung des BImSchG

4. in Gewerbegebieten
   69 Dezibel (A)   59 Dezibel (A)

(2) Die Art der in Absatz 1 bezeichneten Anlagen und Gebiete ergibt sich aus den Festsetzungen in den Bebauungsplänen. Sonstige in Bebauungsplänen festgesetzte Flächen für Anlagen und Gebiete sowie Anlagen und Gebiete, für die keine Festsetzungen bestehen, sind nach Absatz 1, bauliche Anlagen im Außenbereich nach Absatz 1 Nr. 1, 3 und 4 entsprechend der Schutzbedürftigkeit zu beurteilen.

(3) Wird die zu schützende Nutzung nur am Tage oder nur in der Nacht ausgeübt, so ist nur der Immissionsgrenzwert für diesen Zeitraum anzuwenden.

§ 3 Berechnung des Beurteilungspegels. Der Beurteilungspegel ist für Straßen nach Anlage 1 und für Schienenwege nach Anlage 2 zu dieser Verordnung zu berechnen. Der in Anlage 2 zur Berücksichtigung der Besonderheiten des Schienenverkehrs vorgesehene Abschlag in Höhe von 5 Dezibel (A) gilt nicht für Schienenwege, auf denen in erheblichem Umfang Güterzüge gebildet oder zerlegt werden.

§ 4 Berlin-Klausel. *(gegenstandslos)*

§ 5 Inkrafttreten. Diese Verordnung tritt am Tage nach der Verkündung in Kraft.[1]

Anlage 1
(zu § 3)

Berechnung der Beurteilungspegel an Straßen

Der Beurteilungspegel $L_{r,T}$ in Dezibel (A) [dB(A)] für den Tag (6.00 bis 22.00 Uhr) und der Beurteilungspegel $L_{r,N}$ in dB(A) für die Nacht (22.00 bis 6.00 Uhr) werden für einen Fahrstreifen nach folgenden Gleichungen berechnet:

$L_{r,T} = L_{m,T}^{(25)} + D_v + D_{StrO} + D_{Stg} + D_{S\perp} + D_{BM} + D_B + K$ (1)

$L_{r,N} = L_{m,N}^{(25)} + D_v + D_{StrO} + D_{Stg} + D_{S\perp} + D_{BM} + D_B + K$ (2)

Es bedeuten:

$L_{m,T}^{(25)}$ ... Mittelungspegel in dB(A) für den Tag (6.00 bis 22.00 Uhr) nach Diagramm I.

$L_{m,N}^{(25)}$ ... Mittelungspegel in dB(A) für die Nacht (22.00 bis 6.00 Uhr) nach Diagramm I.

Die maßgebende stündliche Verkehrsstärke M und der maßgebende Lkw-Anteil p werden mit Hilfe der der Planung zugrundeliegenden, prognostizierten durchschnittlichen täglichen Verkehrsstärke (DTV) nach Tabelle A berechnet, sofern keine geeigneten projektbezogenen Untersuchungsergebnisse vorliegen, die unter Berücksichtigung der Verkehrsentwicklung im Prognosezeitraum zur Ermittlung
a) der maßgebenden stündlichen Verkehrsstärke M (in Kfz/h)
b) des maßgebenden Lkw-Anteils p (über 2,8 t zulässiges Gesamtgewicht) in % am Gesamtverkehr
für den Zeitraum zwischen 22.00 und 6.00 Uhr als Mittelwert über alle Tage des Jahres herangezogen werden können. Das Verkehrsaufkommen einer Straße ist den beiden äußeren Fahrstreifen jeweils zur Hälfte zuzuordnen. Die Emissionsorte sind in 0,5 m Höhe über der Mitte dieser Fahrstreifen anzunehmen.

---

[1] Die Verordnung trat am 21. 6. 1990 in Kraft.

Verkehrslärmschutz **16. BImSchV Anh. A 16**

D_V ...... Korrektur für unterschiedliche zulässige Höchstgeschwindigkeiten in Abhängigkeit vom Lkw-Anteil p nach Diagramm II.
D_{StrO} ..... Korrektur für unterschiedliche Straßenoberflächen nach Tabelle B.
D_{Stg} ..... Korrektur für Steigungen und Gefälle nach Tabelle C.
$D_{S\perp}$ ..... Pegeländerung durch unterschiedliche Abstände $S\perp$ zwischen dem Emissionsort (0,5 m über der Mitte des betrachteten Fahrstreifens) und dem maßgebenden Immissionsort ohne Boden- und Meteorologiedämpfung nach Diagramm III. Der maßgebende Immissionsort richtet sich nach den Umständen im Einzelfall; vor Gebäuden liegt er in Höhe der Geschoßdecke (0,2 m über der Fensteroberkante) des zu schützenden Raumes; bei Außenwohnbereichen liegt der Immissionsort 2 m über der Mitte der als Außenwohnbereich genutzten Fläche.
D_{BM} ..... Pegeländerung durch Boden- und Meteorologiedämpfung in Abhängigkeit von der mittleren Höhe h_m nach Diagramm IV. Die mittlere Höhe h_m ist der mittlere Abstand zwischen dem Grund und der Verbindungslinie zwischen Emissions- und Immissionsort. In ebenem Gelände ergibt sich h_m als arithmetischer Mittelwert der Höhen des Emissionsortes und des Immissionsortes über Grund.
D_B ...... Pegeländerung durch topographische Gegebenheiten, bauliche Maßnahmen und Reflexionen. Je nach den örtlichen Gegebenheiten sind dies insbesondere Lärmschutzwälle und -wände, Einschnitte, Bodenerhebungen und Abschirmung durch bauliche Anlagen. Die Pegeländerung D_B ist zu ermitteln nach den Richtlinien für den Lärmschutz an Straßen – Ausgabe 1990 – RLS-90, Kapitel 4.0, bekanntgemacht im Verkehrsblatt, Amtsblatt des Bundesministers für Verkehr der Bundesrepublik Deutschland (VkBl.) Nr. 7 vom 14. April 1990 unter lfd. Nr. 79. Die Richtlinien sind zu beziehen von der Forschungsgesellschaft für Straßen- und Verkehrswesen, Alfred-Schütte-Allee 10, 50679 Köln.
K ...... Zuschlag für erhöhte Störwirkung von lichtzeichengeregelten Kreuzungen und Einmündungen nach Tabelle D.

Mit Hilfe der Gleichungen (1) und (2) werden die Beurteilungspegel für lange, gerade Fahrstreifen berechnet, die auf ihrer gesamten Länge konstante Emissionen und unveränderte Ausbreitungsbedingungen aufweisen.

Falls eine dieser Voraussetzungen nicht zutrifft, müssen die Fahrstreifen in einzelne Abschnitte unterteilt werden, deren einzelne Beurteilungspegel zu ermitteln sind nach den Richtlinien für den Lärmschutz an Straßen – Ausgabe 1990 – RLS-90, Kapitel 4.0, bekanntgemacht im Verkehrsblatt, Amtsblatt des Bundesministers für Verkehr der Bundesrepublik Deutschland (VkBl.) Nr. 7 vom 14. April 1990 unter lfd. Nr. 79. Die Richtlinien sind zu beziehen von der Forschungsgesellschaft für Straßen- und Verkehrswesen, Alfred-Schütte-Allee 10, 50679 Köln.

Die Beurteilungspegel der beiden äußeren Fahrstreifen sind nach Diagramm V zum Gesamtbeurteilungspegel für die Straße zusammenzufassen.

Die Gesamtbeurteilungspegel $L_{r,T}$ und $L_{r,N}$ sind auf ganze dB(A) aufzurunden. Im Falle des § 1 Abs. 2 Nr. 2 ist erst die Differenz der Beurteilungspegel aufzurunden.

Anh. A 16 16. BImSchV   VO zur Durchführung des BImSchG

Diagramm I: Mittelungspegel $L_{m/T}^{(25)}$ bzw. $L_{m/N}^{(25)}$ in dB(A)

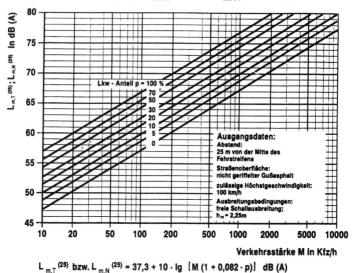

$L_{m,T}^{(25)}$ bzw. $L_{m,N}^{(25)} = 37{,}3 + 10 \cdot \lg\,[M\,(1 + 0{,}082 \cdot p)]$ dB (A)

Tabelle A: Maßgebende Verkehrsstärke M in Kfz/h und maßgebende Lkw-Anteile p (über 2,8 t zul. Gesamtgewicht) in %

	Straßengattung	tags (6 bis 22 Uhr)		nachts (22 bis 6 Uhr)	
		M Kfz/h	p %	M Kfz/h	p %
	1	2	3	4	5
1	Bundesautobahnen	0,06 DTV	25	0,014 DTV	45
2	Bundesstraßen	0,06 DTV	20	0,011 DTV	20
3	Landes-, Kreisstraßen, Gemeindeverbindungsstraßen	0,06 DTV	20	0,008 DTV	10
4	Gemeindestraßen	0,06 DTV	10	0,011 DTV	3

Verkehrslärmschutz 16. BImSchV **Anh. A 16**

Tabelle B: Korrektur D_{StrO} in dB(A) für unterschiedliche Straßenoberflächen bei zulässigen Höchstgeschwindigkeiten ≥ 50 km/h

	Straßenoberfläche	$DStrO^*$ in dB(A)
	1	2
1	nicht geriffelte Gußasphalte, Asphaltbetone oder Splittmastixasphalte	0
2	Beton oder geriffelte Gußasphalte	2
3	Pflaster mit ebener Oberfläche	3
4	Pflaster	6

Diagramm II: Korrektur D_V in dB(A) für unterschiedliche zulässige Höchstgeschwindigkeiten in Abhängigkeit vom Lkw-Anteil p

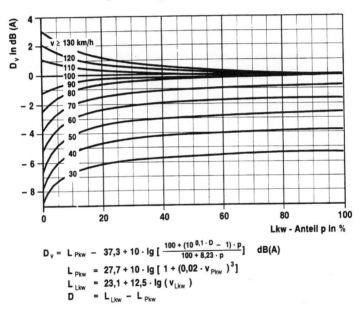

$$D_V = L_{Pkw} - 37{,}3 + 10 \cdot \lg \left[\frac{100 + (10^{0{,}1 \cdot D} - 1) \cdot p}{100 + 8{,}23 \cdot p} \right] \quad dB(A)$$

$$L_{Pkw} = 27{,}7 + 10 \cdot \lg [1 + (0{,}02 \cdot v_{Pkw})^3]$$

$$L_{Lkw} = 23{,}1 + 12{,}5 \cdot \lg (v_{Lkw})$$

$$D = L_{Lkw} - L_{Pkw}$$

*Amtl. Anm.: Für lärmmindernde Straßenoberflächen, bei denen aufgrund neuer bautechnischer Entwicklungen eine dauerhafte Lärmminderung nachgewiesen ist, können auch andere Korrekturwerte D_{StrO} berücksichtigt werden, z. B. für offenporige Asphalte bei zulässigen Höchstgeschwindigkeiten > 60 km/h minus 3 dB(A).

Anh. A 16 16. BImSchV VO zur Durchführung des BImSchG

Tabelle C: Korrektur D_{Stg} in dB(A) für Steigungen und Gefälle

	Steigung/Gefälle in %	D_{Stg} in dB(A)
	1	2
1	≤ 5	0
2	6	0,6
3	7	1,2
4	8	1,8
5	9	2,4
6	10	3,0
7	für jedes zusätzliche Prozent	0,6
	Zwischenwerte sind linear zu interpolieren	

Tabelle D: Zuschlag K in dB(A) für erhöhte Störwirkung von lichtzeichengeregelten Kreuzungen und Einmündungen

	Abstand des Immissionsortes vom nächsten Schnittpunkt der Achsen von sich kreuzenden oder zusammentreffenden Fahrstreifen	K in dB(A)
	1	2
1	bis 40 m	3
2	über 40 bis 70 m	2
3	über 70 bis 100 m	1

Verkehrslärmschutz 16. BImSchV **Anh. A 16**

Diagramm III: Pegeländerung $D_{s\perp}$ in dB(A) durch unterschiedliche Abstände $s\perp$ zwischen dem Emissionsort (0,5 m über der Mitte des betrachteten Fahrstreifens) und dem maßgebenden Immissionsort

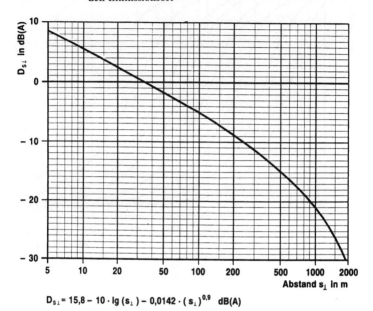

$D_{s\perp} = 15,8 - 10 \cdot \lg(s_\perp) - 0,0142 \cdot (s_\perp)^{0,9}$ dB(A)

Anh. A 16 16. BImSchV VO zur Durchführung des BImSchG

Diagramm IV: Pegeländerung D_{BM} in dB(A) durch Boden- und Meteorologiedämpfung in Abhängigkeit von der mittleren Höhe h_m

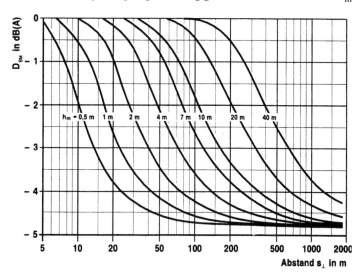

$$D_{BM} = -4,8 \cdot \exp\left[-\left(\frac{h_m}{s_\perp} \cdot (8,5 + \frac{100}{s_\perp})\right)^{1,3}\right] \text{ dB(A)}$$

Diagramm V: Gesamtbeurteilungspegel $L_{r,ges}$ aus zwei Beurteilungspegeln $L_{r,1}$ und $L_{r,2}$

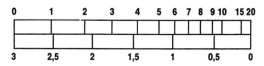

$$L_{r,ges} = 10 \lg (10^{0,1 \cdot L_{r,1}} + 10^{0,1 \cdot L_{r,2}})$$

Verkehrslärmschutz 16. BImSchV **Anh. A 16**

Anlage 2
(zu § 3)

Berechnung der Beurteilungspegel bei Schienenwegen

Der Beurteilungspegel $L_{r,T}$ in Dezibel (A) [dB(A)] für den Tag (6.00 bis 22.00 Uhr) und der Beurteilungspegel $L_{r,N}$ in dB(A) für die Nacht (22.00 bis 6.00 Uhr) werden für ein Gleis nach folgenden Gleichungen berechnet:

$L_{r,T} = L_{m,T}^{(25)} + D_{Fz} + D_{l,v} + D_{Fb} + D_{S\perp} + D_{BM} + D_B + S$ (1)

$L_{r,N} = L_{m,N}^{(25)} + D_{Fz} + D_{l,v} + D_{Fb} + D_{S\perp} + D_{BM} + D_B + S$ (2)

Es bedeuten:

$L_{m,T}^{(25)}$ ... Mittelungspegel in dB(A) für den Tag (6.00 bis 22.00 Uhr) nach Diagramm I.

$L_{m,N}^{(25)}$ ... Mittelungspegel in dB(A) für die Nacht (22.00 bis 6.00 Uhr) nach Diagramm I.

Es sind die Züge zu Zugklassen zusammenzufassen, die sowohl
a) nach Tabelle A derselben Fahrzeugart angehören als auch
b) gleiche mittlere Zuglängen und Geschwindigkeiten und zusätzlich
c) gleichen Anteil an scheibengebremsten Fahrzeugen haben.

Die Emissionsorte sind in Höhe von Schienenoberkante in Gleisachse anzunehmen.

Aus den für den Beurteilungszeitraum ermittelten Zugzahlen ist die mittlere Zugzahl n pro Stunde für die jeweilige Zugklasse zu bestimmten. Die für die verschiedenen Zugklassen nach Diagramm I ermittelten Mittelungspegel sind nach Diagramm V zusammenzufassen.

D_{Fz} ..... Korrektur nach Tabelle A zur Berücksichtigung der Fahrzeugart.

$D_{l,v}$ ..... Korrektur für die Zuglänge l in m und Geschwindigkeit v in km/h nach Diagramm II. Sind die tatsächlichen Längen und Geschwindigkeiten nicht bekannt, können l und v Tabelle B entnommen werden.

D_{Fb} ..... Korrektur nach Tabelle C zur Berücksichtigung unterschiedlicher Fahrbahnen.

$D_{S\perp}$ ..... Pegeländerung durch unterschiedliche Abstände $S_\perp$ zwischen dem Emissionsort (Achse des betrachteten Gleises in Höhe der Schienenoberkante) und dem maßgebenden Immissionsort ohne Boden- und Meteorologiedämpfung nach Diagramm III. Der maßgebende Immissionsort richtet sich nach den Umständen im Einzelfall; vor Gebäuden liegt er in Höhe der Geschossdecke (0,2 m über der Fensteroberkante) des zu schützenden Raumes; bei Außenwohnbereichen liegt der Immissionsort 2 m über der Mitte der als Außenwohnbereich genutzten Fläche.

D_{BM} ..... Pegeländerung durch Boden- und Meteorologiedämpfung in Abhängigkeit von der mittleren Höhe h_m nach Diagramm IV. Die mittlere Höhe h_m ist der mittlere Abstand zwischen dem Grund und der Verbindungslinie zwischen Emissions- und Immissionsort. In ebenem Gelände ergibt sich h_m als arithmetischer Mittelwert der Höhen des Emissionsortes und des Immissionsortes über Grund.

D_B ...... Pegeländerung durch topographische Gegebenheiten, bauliche Maßnahmen und Reflexionen. Je nach den örtlichen Gegebenheiten sind dies insbesondere Lärmschutzwälle und -wände, Einschnitte, Bodenerhebungen und Abschirmung durch bauliche Anlagen. Die Pegeländerung D_B ist zu ermitteln nach der Richtlinie zur Berechnung der Schallimmissionen von Schienenwegen – Ausgabe 1990 – Schall 03,

Anh. A 16 16. BImSchV VO zur Durchführung des BImSchG

bekanntgemacht im Amtsblatt der Deutschen Bundesbahn Nr. 14 vom 4. April 1990 unter lfd. Nr. 133. Die Richtlinie ist zu beziehen von der Deutschen Bundesbahn, Drucksachenzentrale der Bundesbahndirektion Karlsruhe, Stuttgarter Straße 61 a, 76137 Karlsruhe.

S........ Korrektur um minus 5 dB(A) zur Berücksichtigung der geringeren Störwirkung des Schienenverkehrslärms.

Mit Hilfe der Gleichungen (1) und (2) werden die Beurteilungspegel für lange, gerade Gleise berechnet, die auf ihrer gesamten Länge konstante Emissionen und unveränderte Ausbreitungsbedingungen aufweisen.

Falls eine dieser Voraussetzungen nicht zutrifft, muß das Gleis in einzelne Abschnitte unterteilt werden, deren einzelne Beurteilungspegel zu bestimmen sind nach der Richtlinie zur Berechnung der Schallimmissionen von Schienenwegen – Ausgabe 1990 – Schall 03, bekanntgemacht im Amtsblatt der Deutschen Bundesbahn Nr. 14 vom 4. April 1990 unter lfd. Nr. 133. Bei der Bestimmung der Beurteilungspegel sind auch die in der Richtlinie genannten Besonderheiten für Brücken, Bahnübergänge, Bahnhöfe usw. zu beachten. Die Richtlinie ist zu beziehen von der Deutschen Bundesbahn, Drucksachenzentrale der Bundesbahndirektion Karlsruhe, Stuttgarter Straße 61 a, 76137 Karlsruhe.

Die Beurteilungspegel mehrerer Gleise sind nach Digramm V zum Gesamtbeurteilungspegel für den Schienenweg zusammenzufassen.

Die Gesamtbeurteilungspegel $L_{r,T}$ und $L_{r,N}$ sind auf ganze dB(A) aufzurunden. Im Falle des § 1 Abs. 2 Nr. 2 ist erst die Differenz des Beurteilungspegels aufzurunden.

Für die Berechnung des Beurteilungspegels des Lärms, der von Schienenwegen ausgeht, auf denen in erheblichem Umfang Güterzüge gebildet oder zerlegt werden, sind die anerkannten Berechnungsverfahren anzuwenden, welche die Besonderheiten der Lärmquellenverteilung und der Lärmausbreitungsbedingungen solcher Anlagen berücksichtigen. Das Berechnungsverfahren ergibt sich aus der Richtlinie für schalltechnische Untersuchungen bei der Planung von Rangier- und Umschlagbahnhöfen – Ausgabe 1990 – Akustik 04, bekanntgemacht im Amtsblatt der Deutschen Bundesbahn Nr. 14 vom 4. April 1990 unter lfd. Nr. 134. Die Richtlinie ist zu beziehen von der Deutschen Bundesbahn, Drucksachenzentrale der Bundesbahndirektion Karlsruhe, Stuttgarter Straße 61 a, 76137 Karlsruhe.

Verkehrslärmschutz 16. BImSchV **Anh. A 16**

Diagramm I: Mittelungspegel $L_{m,T}^{(25)}$ bzw. $L_{m,N}^{(25)}$ in dB(A)

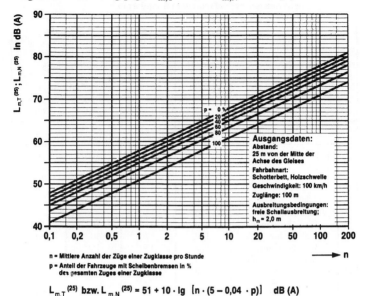

n = Mittlere Anzahl der Züge einer Zugklasse pro Stunde
p = Anteil der Fahrzeuge mit Scheibenbremsen in % des gesamten Zuges einer Zugklasse

$$L_{m,T}^{(25)} \text{ bzw. } L_{m,N}^{(25)} = 51 + 10 \cdot \lg\,[n \cdot (5 - 0{,}04 \cdot p)] \quad \text{dB (A)}$$

Tabelle A: Korrektur D_{Fz} in dB(A) zur Berücksichtigung der Fahrzeugart

	Fahrzeugart der Züge	D_{Fz}^{1} in dB(A)
	1	2
1	Fahrzeuge mit Radscheibenbremsen	−2
2	Fahrzeuge mit zulässigen Geschwindigkeiten V > 100 km/h mit Radabsorbern	−4
3	Fahrzeuge von straßenabhängigen Bahnen nach § 1 Abs. 2 Nr. 1 BOStrab[2] (Straßenbahn-/Stadtbahnfahrzeuge)	3
4	Fahrzeuge von straßenunabhängigen Zweischienenbahnen nach § 1 Abs. 2 Nr. 2 BOStrab[2] (U-Bahn-Fahrzeuge)	2
5	alle anderen Fahrzeugarten	0

[1] **Amtl. Anm.:** Für Fahrzeugarten, bei denen aufgrund besonderer Vorkehrungen eine weitergehende dauerhafte Lärmminderung nachgewiesen ist, können die der Lärmminderung entsprechenden Korrekturwerte zusätzlich zu den Korrekturwerten D_{Fz} berücksichtigt werden.

[2] **Amtl. Anm.:** BOStrab: Verordnung über den Bau und Betrieb der Straßenbahnen vom 11. Dezember 1987 (BGBl. I S. 2648).

Anh. A 16 16. BImSchV VO zur Durchführung des BImSchG

Tabelle B: Geschwindigkeiten, Längen und Anteile der Wagen mit Scheibenbremsen bei verschiedenen Zugarten

	Zugart	max. Geschw. v^1 [km/h]	mittlere Zuglänge l [m]	Anteil der Wagen mit Scheibenbremsen im Jahr	
				1988 [%]	2000 [%]
	1	2	3	4	5
1	ICE	250	420	100	100
2	EC/IC	200	340^2	100^3	100^3
3	IR	200	205^2	100^3	100^3
4	D/FD-Zug	160	340^2	30^3	100^3
5	Eilzug	140	205^2	20^3	30^3
6	Nahverkehrszug	120	150^2	20^3	30^3
7	S-Bahn (Triebzug)	120	130^4	100	100
8	S-Bahn Berlin	100	70^5	100	100
9	S-Bahn Hamburg	100	130^4	100	100
10	S-Bahn Rhein-Ruhr	120	120^6	100^3	100^3
11	Güterzug (Fernv.)	100	500^2	0	0
12	Güterzug (Nahv.)	90	200^2	0	0
13	U-Bahn	80	80	100	100
14	Straßenbahn/Stadtbahn	60	25	100	100

Amtl. Anm.:

[1] Ist die zulässige Streckengeschwindigkeit niedriger, so ist diese anzusetzen.

[2] Die Länge einer Lok wird immer mit 20 m angenommen und ist hierin enthalten.

[3] Die hierin nicht enthaltenen Loks sind immer klotzgebremst.

[4] Als S-Bahn-Triebzüge können Kurzzüge (65 m), Vollzüge (130 m) und Langzüge (195 m) verkehren.

[5] Als S-Bahn-Triebzüge in Berlin können 2-, 4-, 6- oder 8-Wagen-Züge verkehren. Der 2-Wagen-Zug ist 35 m lang.

[6] Als S-Bahnen können 3-, 4- oder 5-Wagen-Züge lokbespannt verkehren. Der 4-Wagen-Zug ist einschließlich Lok 120 m lang; jeder Wagen ist 25 m lang.

Verkehrslärmschutz 16. BImSchV **Anh. A 16**

Diagramm II: Korrektur $D_{l,v}$ in dB(A) für unterschiedliche Zuglängen und Zuggeschwindigkeiten

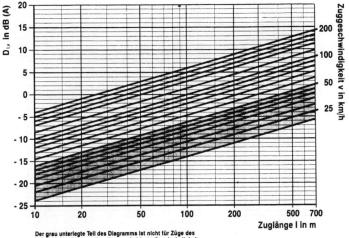

Der grau unterlegte Teil des Diagramms ist nicht für Züge des Fernverkehrs anzuwenden, dessen niedrigste Geschwindigkeit mit 50 km/h eingesetzt wird.

$D_{l,v} = 10 \cdot \lg(l \cdot v^2) - 60$ dB (A)

Tabelle C: Korrektur D_{Fb} in dB(A) zur Berücksichtigung unterschiedlicher Fahrbahnen

	Fahrbahnart	$D_{Fb}{}^1$ in dB(A)
	1	2
1	Gleiskörper mit Raseneindeckung	– 2
2	Schotterbett, Holzschwelle	0
3	Schotterbett, Betonschwelle	2
4	Nicht absorbierende feste Fahrbahn und in Straßenfahrbahnen eingebettete Gleise	5

[1] **Amtl. Anm.:** Für Fahrbahnen, bei denen aufgrund besonderer Vorkehrungen eine weitergehende dauerhafte Lärmminderung nachgewiesen ist, können die der Lärmminderung entsprechenden Korrekturwerte zusätzlich zu den Korrekturwerten D_{Fb} berücksichtigt werden.

Anh. A 16   16. BImSchV   VO zur Durchführung des BImSchG

Diagramm III: Pegeländerung $D_{s\perp}$ in dB(A) durch unterschiedliche Abstände $s\perp$ zwischen dem Emissionsort (Achse des betrachteten Gleises in Höhe der Schienenoberkante) und dem maßgebenden Immissionsort

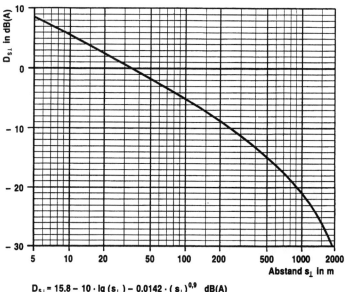

$$D_{s\perp} = 15{,}8 - 10 \cdot \lg(s_\perp) - 0{,}0142 \cdot (s_\perp)^{0,9} \quad \text{dB(A)}$$

Verkehrslärmschutz 16. BImSchV **Anh. A 16**

Diagramm IV: Pegeländerung D_{BM} in dB(A) durch Boden- und Meteorologiedämpfung in Abhängigkeit von der mittleren Höhe h_m

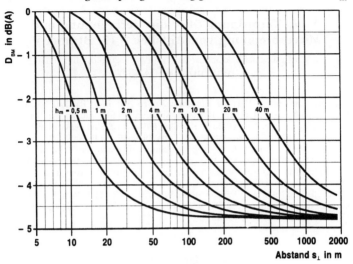

$$D_{BM} = -4{,}8 \cdot \exp\left[-\left(\frac{h_m}{s_\perp} \cdot (8{,}5 + \frac{100}{s_\perp})\right)^{1{,}3}\right] \text{ dB(A)}$$

Diagramm V: Gesamtbeurteilungspegel $L_{r,ges}$ aus zwei Beurteilungspegeln $L_{r,1}$ und $L_{r,2}$

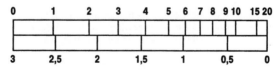

dB (A) zum größeren Pegel addieren

$$L_{r,ges} = 10 \lg (10^{0{,}1 \cdot L_{r,1}} + 10^{0{,}1 \cdot L_{r,2}})$$

A 17. Verordnung über die Verbrennung und Mitverbrennung von Abfällen – 17. BImSchV

In der Fassung der Bekanntmachung vom 14. 8. 2003 (BGBl I 1633)[1]

(BGBl III/FNA 2129-8-17)

Kommentierung: Vgl. die Ausführungen zu § 7, insb. Rn.30f, 39f sowie Rn.102 zu § 5. – **Literatur:** *Witthohn,* Schärfere Anforderungen bei der Mitverbrennung von Abfällen, DVBl 2001, 1648; *Lübbe-Wolff,* Sind die Grenzwerte der 17. BImSchV für krebserzeugende Stoffe drittschützend?, NuR 2000, 19; *Laubinger,* in: UL (1999 ff), A 17.0; *Lübbe-Wolff,* Abfallmitverbrennung in Industrieanlagen, DVBl 1999, 1091; *Rupp,* Die Mitverbrennung von sonstigen brennbaren Stoffen und Abfällen in Kraftwerken und Feuerungsanlagen, in: Kornmann (Hg.), Abfallrecht und Abfallwirtschaft, 1993, 91 ff; *Führ,* Verordnung über Verbrennungsanlagen für Abfälle und ähnliche brennbare Stoffe, NWVBl 1992, 121 ff; *Buch,* Die Auswirkungen des § 4 Abs. 1 S.2 AbfG auf die Öffentlichkeitsbeteiligung und die 17. BImSchV, NuR 1991, 416 ff.

Erster Teil. Allgemeine Vorschriften

§ 1 Anwendungsbereich. (1) Diese Verordnung gilt für die Errichtung, die Beschaffenheit und den Betrieb von Verbrennungs- oder Mitverbrennungsanlagen, in denen

1. feste, flüssige oder in Behältern gefasste gasförmige Abfälle oder
2. ähnliche feste oder flüssige brennbare Stoffe, die nicht in Nummer 1.2 des Anhangs der Verordnung über genehmigungsbedürftige Anlagen aufgeführt sind, ausgenommen ähnliche flüssige brennbare Stoffe, soweit bei ihrer Verbrennung keine anderen oder höheren Emissionen als bei der Verbrennung von Heizöl EL auftreten können, oder
3. feste, flüssige oder gasförmige Stoffe, die bei der Pyrolyse oder Vergasung von Abfällen entstehen,

eingesetzt werden, soweit sie nach § 4 des Bundes-Immissionsschutzgesetzes in Verbindung mit der genannten Verordnung genehmigungsbedürftig sind.

(2) Beträgt bei Mitverbrennungsanlagen der zulässige Anteil der Abfälle oder Stoffe gemäß § 1 Abs. 1 an der jeweils gefahrenen Feuerungswärmeleistung einer Verbrennungslinie einschließlich des für die Verbrennung benötigten Brennstoffs nicht mehr als 25 vom Hundert und werden nur im Sinne von § 5 a Abs. 7 aufbereitete gemischte Siedlungsabfälle eingesetzt, so gelten für Mitverbrennungsanlagen die Anforderungen für Verbrennungsanlagen gemäß § 4 Abs. 4 nicht. Die Emissionsgrenzwerte sind gemäß § 5 a festzulegen. Sonstige Anforderungen, die sich aus der Verordnung über Großfeuerungsanlagen oder aus § 5 Abs. 1 Nr. 2 des Bundes-Immissionsschutzgesetzes unter Beachtung der Technischen Anleitung zur Reinhaltung der Luft – TA Luft – in der jeweils geltenden Fassung ergeben, bleiben unberührt.

---

[1] Zur Rechtsgrundlage, zur Neubekanntmachung und zu Änderungen Rn. 35 zu § 7.

Verbrennungsanlagen für Abfälle 17. BImSchV **Anh. A 17**

(3) Diese Verordnung gilt nicht für Verbrennungs- oder Mitverbrennungsanlagen sowie für einzelne Verbrennungs- oder Mitverbrennungslinien, die – abgesehen vom Einsatz der in Nummer 1.2 des Anhangs der Verordnung über genehmigungsbedürftige Anlagen aufgeführten Stoffe – ausschließlich für den Einsatz von
1. pflanzlichen Abfällen aus der Land- und Forstwirtschaft,
2. pflanzlichen Abfällen aus der Nahrungsmittelindustrie, falls die erzeugte Wärme genutzt wird,
3. faserhaltigen pflanzlichen Abfällen einschließlich der Ablaugen aus der Herstellung von natürlichem Zellstoff und aus der Herstellung von Papier aus Zellstoff, falls sie am Herstellungsort der Mitverbrennung zugeführt werden und die erzeugte Wärme genutzt wird,
4. Holzabfällen nach Nummer 8.2 Buchstabe a und b des Anhangs der Verordnung über genehmigungsbedürftige Anlagen mit Ausnahme von Holzabfällen, die halogenorganische Verbindungen oder Schwermetalle infolge einer Behandlung mit Holzschutzmitteln oder infolge einer Beschichtung enthalten können und zu denen insbesondere Holzabfälle aus Bau- und Abbruchabfällen gehören,
5. Korkabfällen,
6. Tierkörpern oder
7. Abfällen, die beim Aufsuchen von Erdöl- und Erdgasvorkommen und deren Förderung auf Bohrinseln entstehen und dort verbrannt werden,
bestimmt sind.

(4) Die Verordnung findet keine Anwendung für Verbrennungs- oder Mitverbrennungslinien, die für Forschungs-, Entwicklungs- und Prüfzwecke zur Verbesserung des Verbrennungsprozesses weniger als 50 Tonnen Abfälle im Jahr behandeln. Sie findet ferner keine Anwendung auf gasförmige Stoffe nach Absatz 1 Satz 1 Nr. 3, die in Mitverbrennungsanlagen eingesetzt werden, wenn diese auf Grund ihrer Zusammensetzung keine anderen oder höheren Emissionen verursachen als die Verbrennung von Gasen der öffentlichen Gasversorgung.

(5) Diese Verordnung enthält Anforderungen, die nach § 5 Abs. 1 Nr. 1 bis 4 des Bundes-Immissionsschutzgesetzes bei der Errichtung und beim Betrieb der Anlagen zur
– Vorsorge gegen schädliche Umwelteinwirkungen durch Luftverunreinigungen,
– Bekämpfung von Brandgefahren,
– Behandlung von Abfällen und
– Nutzung der entstehenden Wärme
zu erfüllen sind.

§ 2 Begriffsbestimmungen. Im Sinne dieser Verordnung sind:
1. Abgase
die Trägergase mit den festen, flüssigen oder gasförmigen Emissionen;
2. Altanlagen
Verbrennungs- oder Mitverbrennungsanlagen,
a) die in Betrieb sind und für die der Planfeststellungsbeschluss nach § 7 Abs. 1 des Abfallgesetzes vom 27. August 1986 (BGBl I S. 1410) zur Errichtung und zum Betrieb vor dem 28. Dezember 2002 ergangen ist;
b) die in Betrieb sind und für die eine Genehmigung nach § 6 oder § 16 des Bundes-Immissionsschutzgesetzes zur Errichtung und zum Betrieb vor dem 28. Dezember 2002 erteilt worden ist;
c) für die eine Genehmigung zur Errichtung und zum Betrieb nach § 6 oder § 16 des Bundes-Immissionsschutzgesetzes vor dem 28. Dezember 2002 erteilt

worden ist und die vor dem 28. Dezember 2003 in Betrieb gegangen sind oder in Betrieb gehen werden;
d) für die bis zum 27. Dezember 2002 ein vollständiger Genehmigungsantrag zur Errichtung und zum Betrieb nach § 6 oder § 16 des Bundes-Immissionsschutzgesetzes gestellt worden ist und die vor dem 28. Dezember 2004 in Betrieb gegangen sind oder in Betrieb gehen werden oder
e) die nach § 67 Abs. 2 und 7 und § 67a des Bundes-Immissionsschutzgesetzes oder vor Inkrafttreten des Bundes-Immissionsschutzgesetzes nach § 16 Abs. 4 der Gewerbeordnung anzuzeigen waren;
3. Emissionen
die von Anlagen ausgehenden Luftverunreinigungen; sie werden angegeben als Massenkonzentration in der Einheit Nanogramm je Kubikmeter (ng/m^3), Milligramm je Kubikmeter (mg/m^3) oder Gramm je Kubikmeter (g/m^3), bezogen auf das Abgasvolumen im Normzustand (273 K, 1013 hPa) nach Abzug des Feuchtegehaltes an Wasserdampf;
4. Emissionsgrenzwerte
die in § 5 Abs. 1 oder in Anhang II fest vorgegebenen oder gemäß den Vorgaben des Anhangs II zu berechnenden Massenkonzentrationen von Luftverunreinigungen im Abgas, die in dem jeweils festgelegten Beurteilungszeitraum nicht überschritten werden dürfen;
5. Bezugssauerstoffgehalte
die in § 5 Abs. 2 oder in Anhang II fest vorgegebenen oder gemäß den Vorgaben des Anhangs II zu berechnenden Volumengehalte an Sauerstoff im Abgas, auf die die jeweiligen Emissionsgrenzwerte unter Berücksichtigung von Anhang IV zu beziehen sind;
6. Verbrennungsanlagen
Anlagen, die dazu bestimmt sind, thermische Verfahren zur Behandlung von Abfällen oder Stoffen nach § 1 Abs. 1 zu verwenden. Diese Verfahren umfassen die Verbrennung durch Oxidation der oben genannten Stoffe und andere vergleichbare thermische Verfahren wie Pyrolyse, Vergasung oder Plasmaverfahren, soweit die bei den vorgenannten thermischen Verfahren aus Abfällen entstehenden festen, flüssigen oder gasförmigen Stoffe verbrannt werden. Diese Begriffsbestimmung erstreckt sich auf die gesamte Verbrennungsanlage einschließlich aller Verbrennungslinien, die Annahme und Lagerung der Abfälle und Stoffe nach § 1 Abs. 1, die auf dem Gelände befindlichen Vorbehandlungsanlagen, das Zufuhrsystem für Abfälle und Stoffe nach § 1 Abs. 1, Brennstoffe und Luft, den Kessel, die Abgasbehandlungsanlagen, die auf dem Gelände befindlichen Anlagen zur Behandlung und Lagerung von bei der Verbrennung entstehenden Abfällen und Abwasser, den Schornstein, die Vorrichtungen und Systeme zur Kontrolle der Verbrennungsvorgänge, zur Aufzeichnung und Überwachung der Verbrennungsbedingungen;
7. Mitverbrennungsanlagen
Anlagen, deren Hauptzweck in der Energiebereitstellung oder der Produktion stofflicher Erzeugnisse besteht und
– in denen Abfälle oder Stoffe nach § 1 Abs. 1 als regelmäßiger oder zusätzlicher Brennstoff verwendet werden oder
– in denen Abfälle oder Stoffe nach § 1 Abs. 1 mit dem Ziel der Beseitigung thermisch behandelt werden.
Falls die Mitverbrennung in solch einer Weise erfolgt, dass der Hauptzweck der Anlage nicht in der Energiebereitstellung oder der Produktion stofflicher Er-

Verbrennungsanlagen für Abfälle 17. BImSchV **Anh. A 17**

zeugnisse, sondern in der thermischen Behandlung von Abfällen besteht, gilt die Anlage als Verbrennungsanlage im Sinne der Nummer 6. Diese Begriffsbestimmung erstreckt sich auf die gesamte Mitverbrennungsanlage einschließlich aller Mitverbrennungslinien, die Annahme und Lagerung der Abfälle und Stoffe nach § 1 Abs. 1, die auf dem Gelände befindlichen Vorbehandlungsanlagen, das Zufuhrsystem für Abfälle und Stoffe nach § 1 Abs. 1, Brennstoffe und Luft, den Kessel, die Abgasbehandlungsanlagen, die auf dem Gelände befindlichen Anlagen zur Behandlung und Lagerung von bei der Mitverbrennung entstehenden Abfällen und Abwasser, den Schornstein, die Vorrichtungen und Systeme zur Kontrolle der Verbrennungsvorgänge, zur Aufzeichnung und Überwachung der Verbrennungsbedingungen;
8. Verbrennungslinie oder Mitverbrennungslinie
die jeweilige technische Einrichtung bestehend aus dem Brennraum und gegebenenfalls Brenner und hierzu gehöriger Steuerungseinheit, Abgasreinigungseinrichtung und sonstige Nebeneinrichtungen entsprechend § 1 Abs. 2 Nr. 2 der Verordnung über genehmigungsbedürftige Anlagen;
9. Gemischte Siedlungsabfälle
Abfälle aus Haushaltungen sowie gewerbliche, industrielle Abfälle und Abfälle aus Einrichtungen, die auf Grund ihrer Beschaffenheit oder Zusammensetzung den Abfällen aus Haushaltungen ähnlich sind. Zu den gemischten Siedlungsabfällen im Sinne dieser Verordnung gehören nicht die unter der Abfallgruppe 20 01 der Abfallverzeichnis-Verordnung vom 10. Dezember 2001 (BGBl. I S. 3379), zuletzt geändert durch Artikel 2 der Verordnung vom 24. Juli 2002 (BGBl. I S. 2833), genannten Abfallfraktionen, die am Entstehungsort getrennt eingesammelt werden, und die anderen, unter der Abfallgruppe 20 02 genannten Abfälle;
10. Feuerungswärmeleistungen
die auf den unteren Heizwert bezogenen Wärmeinhalte der Brenn- oder Einsatzstoffe, die einer Feuerungs- oder Produktionsanlage im Dauerbetrieb je Zeiteinheit zugeführt werden (angegeben in MW_{th}).

Zweiter Teil. Anforderungen an die Errichtung, die Beschaffenheit und den Betrieb

§ 3 Emissionsbezogene Anforderungen an Anlieferung und Zwischenlagerung der Einsatzstoffe. (1) Verbrennungsanlagen für feste Abfälle oder feste Stoffe nach § 1 Abs. 1 sind mit einem Bunker auszurüsten, der mit einer Absaugung auszurüsten ist und dessen abgesaugte Luft der Feuerung zuzuführen ist. Für den Fall, dass die Feuerung nicht in Betrieb ist, sind Maßnahmen zur Reinigung und Ableitung der abgesaugten Luft vorzusehen. Mitverbrennungsanlagen für feste Abfälle oder feste Stoffe nach § 1 Abs. 1 sind mit geschlossenen Lagereinrichtungen für diese Stoffe auszurüsten und die bei der Lagerung entstehende Abluft ist zu fassen.

(2) Für Verbrennungs- oder Mitverbrennungsanlagen sind Maßnahmen und Einrichtungen zur Erkennung und Bekämpfung von Bränden vorzusehen. Die Brandschutzeinrichtungen und -maßnahmen sind so auszulegen, dass im Abfallbunker oder in der Lagereinrichtung entstehende oder eingetragene Brände erkannt und bekämpft werden können.

(3) Absatz 1 gilt nicht für Verbrennungs- oder Mitverbrennungsanlagen, soweit die Abfälle oder Stoffe nach § 1 Abs. 1 der Verbrennung oder Mitverbrennung ausschließlich in geschlossenen Einwegbehältnissen oder aus Mehrwegbehältnissen zugeführt werden.

Anh. A 17 17. BImSchV VO zur Durchführung des BImSchG

(4) Sind auf Grund der Zusammensetzung der Abfälle oder Stoffe nach § 1 Abs. 1 Explosionen im Lagerbereich nicht auszuschließen, sind abweichend von Absatz 1 andere geeignete Maßnahmen nach näherer Bestimmung der zuständigen Behörde durchzuführen.

(5) Flüssige Abfälle oder Stoffe nach § 1 Abs. 1 sind in geschlossenen, gegen Überdruck gesicherten Behältern zu lagern; bei der Befüllung ist das Gaspendelverfahren anzuwenden oder die Verdrängungsluft zu erfassen. Offene Übergabestellen sind mit einer Luftabsaugung auszurüsten. Die Verdrängungsluft aus den Behältern sowie die abgesaugte Luft sind der Feuerung zuzuführen; bei Stillstand der Feuerung ist eine Annahme an offenen Übergabestellen oder ein Füllen von Lagertanks nur zulässig, wenn emissionsmindernde Maßnahmen, insbesondere die Gaspendelung oder eine Abgasreinigung, angewandt werden.

(6) Verbrennungs- oder Mitverbrennungsanlagen sind so auszulegen, zu errichten und zu betreiben, dass ein unerlaubtes und unbeabsichtigtes Freisetzen von Schadstoffen in den Boden, in das Oberflächenwasser oder das Grundwasser vermieden wird. Außerdem muss für das auf dem Gelände der Verbrennungs- oder Mitverbrennungsanlage anfallende verunreinigte Regenwasser und für verunreinigtes Wasser, das bei Störungen oder der Brandbekämpfung anfällt, eine ausreichende Speicherkapazität vorgesehen werden. Sie ist ausreichend, wenn das anfallende Wasser geprüft und erforderlichenfalls vor der Ableitung behandelt werden kann.

(7) Der Betreiber der Anlage hat bei der Annahme des Abfalls in der Verbrennungs- oder Mitverbrennungsanlage die Masse einer jeden Abfallart, gemäß der Abfallverzeichnis-Verordnung in der jeweils geltenden Fassung, zu bestimmen.

§ 4 Feuerung. (1) Die Verbrennungsanlagen sind so zu errichten und zu betreiben, dass ein weitgehender Ausbrand der Abfälle oder Stoffe nach § 1 Abs. 1 erreicht wird und in der Schlacke und Rostasche ein Gehalt an organisch gebundenem Gesamtkohlenstoff (TOC) von weniger als 3 vom Hundert oder ein Glühverlust von weniger als 5 vom Hundert des Trockengewichts eingehalten wird. Soweit es zur Erfüllung der Anforderungen nach Satz 1 erforderlich ist, sind die Abfälle oder Stoffe nach § 1 Abs. 1 vorzubehandeln, in der Regel durch Zerkleinern oder Mischen sowie das Öffnen von Einwegbehältnissen. Entgegen den Anforderungen nach Satz 2 sollen infektiöse krankenhausspezifische Abfälle ohne vorherige Vermischung mit anderen Abfallarten und ohne direkte Handhabung in die Feuerung gebracht werden.

(2) Verbrennungsanlagen sind so zu errichten und zu betreiben, dass die Temperatur der Verbrennungsgase, die in Verbrennungsanlagen bei der Verbrennung von Abfällen oder Stoffen nach § 1 Abs. 1 entstehen, nach der letzten Verbrennungsluftzuführung mindestens 850 °C (Mindesttemperatur) beträgt. Bei der Verbrennung von besonders überwachungsbedürftigen Abfällen mit einem Halogengehalt aus halogenorganischen Stoffen von mehr als 1 vom Hundert des Gewichts, berechnet als Chlor, hat der Betreiber dafür zu sorgen, dass eine Mindesttemperatur von 1100 °C eingehalten wird. Die Mindesttemperatur muss auch unter ungünstigsten Bedingungen bei gleichmäßiger Durchmischung der Verbrennungsgase mit der Verbrennungsluft für eine Verweilzeit von mindestens zwei Sekunden eingehalten werden. Die Messung der Mindesttemperatur muss an einer nach näherer Bestimmung durch die zuständige Behörde in der Genehmigung festgelegten repräsentativen Stelle des Brennraums oder Nachverbrennungsraums erfolgen. Die Überprüfung und gegebenenfalls Anpassung der repräsentativen Stelle erfolgt mit Zustimmung der zuständigen Behörde im Rahmen der Inbetriebnahme der Anlage. Die Einhaltung der festgelegten Mindesttemperatur und der Mindestverweilzeit ist zumindest einmal bei Inbetriebnahme der Anlage durch Messungen oder durch ein durch die zuständige Behörde anerkanntes Gutachten nachzuweisen.

Verbrennungsanlagen für Abfälle   17. BImSchV   **Anh. A 17**

(3) Abweichend von Absatz 2 können die zuständigen Behörden andere Mindesttemperaturen oder Mindestverweilzeiten (Verbrennungsbedingungen) zulassen, sofern die sonstigen Anforderungen dieser Verordnung eingehalten werden und zumindest einmal bei der Inbetriebnahme der Verbrennungsanlage unter den geänderten Verbrennungsbedingungen durch Messungen oder ein durch die zuständige Behörde anerkanntes Gutachten nachgewiesen wird, dass die Änderung der Verbrennungsbedingungen nicht dazu führt, dass größere Abfallmengen oder Abfälle mit einem höheren Gehalt an organischen Schadstoffen, insbesondere an polyzyklischen aromatischen Kohlenwasserstoffen, polyhalogenierten Dibenzodioxinen, polyhalogenierten Dibenzofuranen oder polyhalogenierten Biphenylen, im Vergleich zu den Abfallmengen oder Abfällen entstehen, die unter den in Absatz 2 festgelegten Bedingungen zu erwarten wären. Für Altanlagen gilt der Nachweis für ausreichende Verbrennungsbedingungen auch als erbracht, sofern zumindest einmal nach der Inbetriebnahme der Anlage durch Messungen nachgewiesen wird, dass keine höheren Emissionen, insbesondere an polyzyklischen aromatischen Kohlenwasserstoffen, polyhalogenierten Dibenzodioxinen, polyhalogenierten Dibenzofuranen oder polyhalogenierten Biphenylen, entstehen als bei den jeweils nach Absatz 2 festgelegten Verbrennungsbedingungen. Die zuständigen Behörden haben Ausnahmen nach Satz 1 den zuständigen obersten Immissionsschutzbehörden der Länder zur Weiterleitung an die Kommission der Europäischen Gemeinschaften vorzulegen.

(4) Jede Verbrennungslinie einer Verbrennungsanlage ist mit einem oder mehreren Brennern auszurüsten. Die Brenner müssen während des Anfahrens und bei drohender Unterschreitung der Mindesttemperatur mit Erdgas, Flüssiggas, Wasserstoff, gasförmigen Brennstoffen nach Nummer 1.2 Buchstabe b des Anhangs der Verordnung über genehmigungsbedürftige Anlagen, Heizöl EL oder sonstigen flüssigen Stoffen nach § 1 Abs. 1, soweit auf Grund ihrer Zusammensetzung keine anderen oder höheren Emissionen als bei der Verbrennung von Heizöl EL auftreten können, betrieben werden.

(5) Durch automatische Vorrichtungen ist bei Verbrennungs- oder Mitverbrennungsanlagen sicherzustellen, dass
1. eine Beschickung der Anlagen mit Abfällen oder Stoffen nach § 1 Abs. 1 erst möglich ist, wenn beim Anfahren die Mindesttemperatur erreicht ist,
2. eine Beschickung der Anlagen mit Abfällen oder Stoffen nach § 1 Abs. 1 nur so lange erfolgen kann, wie die Mindesttemperatur aufrechterhalten wird,
3. eine Beschickung der Anlagen mit Abfällen oder Stoffen nach § 1 Abs. 1 unterbrochen wird, wenn infolge eines Ausfalls oder einer Störung von Abgasreinigungseinrichtungen eine Überschreitung eines kontinuierlich überwachten Emissionsgrenzwertes eintreten kann, dabei sind sicherheitstechnische Belange des Brand- und Explosionsschutzes zu beachten.

(6) Mitverbrennungsanlagen sind so zu errichten und zu betreiben, dass die Temperatur der bei der Mitverbrennung entstehenden Verbrennungsgase mindestens 850 °C beträgt. Bei der Verbrennung von besonders überwachungsbedürftigen Abfällen mit einem Halogengehalt aus halogenorganischen Stoffen von mehr als 1 vom Hundert des Gewichts, berechnet als Chlor, hat der Betreiber dafür zu sorgen, dass eine Mindesttemperatur von 1100 °C eingehalten wird. Die Mindesttemperatur muss auch unter ungünstigsten Bedingungen für eine Verweilzeit von mindestens zwei Sekunden eingehalten werden. Die Messung der Mindesttemperatur muss an einer nach näherer Bestimmung durch die zuständige Behörde in der Genehmigung festgelegten repräsentativen Stelle des Brennraums oder Nachverbrennungsraums erfolgen. Die Überprüfung und gegebenenfalls Anpassung der repräsentativen Stelle erfolgt mit Zustimmung der zuständigen Behörde im Rahmen der Inbetriebnahme

der Anlage. Die Einhaltung der festgelegten Mindesttemperatur und der Mindestverweilzeit ist zumindest einmal bei Inbetriebnahme der Anlage durch Messungen oder durch ein von der zuständigen Behörde anerkanntes Gutachten nachzuweisen. Die Mitverbrennungsanlagen sind so zu betreiben, dass eine möglichst vollständige Verbrennung von Abfällen oder Stoffen nach § 1 Abs. 1 erreicht wird.

(7) Abweichend von Absatz 6 können die zuständigen Behörden andere Mindesttemperaturen oder Mindestverweilzeiten (Verbrennungsbedingungen) zulassen, sofern die sonstigen Anforderungen der Verordnung eingehalten werden und die Emissionsgrenzwerte nach § 5 Abs. 1 für organische Stoffe, angegeben als Gesamtkohlenstoff, und für Kohlenmonoxid eingehalten werden. Die zuständigen Behörden haben Ausnahmen nach Satz 1 den zuständigen obersten Immissionsschutzbehörden der Länder zur Weiterleitung an die Kommission der Europäischen Gemeinschaften vorzulegen.

(8) Beim Abfahren von Verbrennungsanlagen oder einzelnen Verbrennungslinien müssen zur Aufrechterhaltung der Verbrennungsbedingungen die Brenner so lange betrieben werden, bis sich keine Abfälle oder Stoffe nach § 1 Abs. 1 mehr im Feuerraum befinden. Satz 1 findet keine Anwendung auf die sonstigen flüssigen Stoffe nach § 1 Abs. 1, soweit auf Grund ihrer Zusammensetzung keine anderen oder höheren Emissionen als bei der Verbrennung von Heizöl EL auftreten können und sie zur Aufrechterhaltung der Verbrennungsbedingungen eingesetzt werden.

(9) Flugascheablagerungen sind möglichst gering zu halten, insbesondere durch geeignete Abgasführung sowie häufige Reinigung von Kesseln, Heizflächen, Kesselspeisewasser-Vorwärmern und Abgaszügen.

§ 5 Anforderungen an Verbrennungsanlagen. (1) Die Verbrennungsanlagen sind so zu errichten und zu betreiben, dass
1. kein Tagesmittelwert die folgenden Emissionsgrenzwerte überschreitet:
   - a) Gesamtstaub 10 mg/m^3
   - b) organische Stoffe, angegeben als Gesamtkohlenstoff, 10 mg/m^3
   - c) gasförmige anorganische Chlorverbindungen, angegeben als Chlorwasserstoff, 10 mg/m^3
   - d) gasförmige anorganische Fluorverbindungen, angegeben als Fluorwasserstoff, 1 mg/m^3
   - e) Schwefeldioxid und Schwefeltrioxid, angegeben als Schwefeldioxid, 50 mg/m^3
   - f) Stickstoffmonoxid und Stickstoffdioxid, angegeben als Stickstoffdioxid, 200 mg/m^3
   - g) Quecksilber und seine Verbindungen, angegeben als Quecksilber, $0,03 \text{ mg/m}^3$
   - h) Kohlenmonoxid 50 mg/m^3;
2. kein Halbstundenmittelwert die folgenden Emissionsgrenzwerte überschreitet:
   - a) Gesamtstaub 30 mg/m^3
   - b) organische Stoffe, angegeben als Gesamtkohlenstoff, 20 mg/m^3
   - c) gasförmige anorganische Chlorverbindungen, angegeben als Chlorwasserstoff, 60 mg/m^3
   - d) gasförmige, anorganische Fluorverbindungen, angegeben als Fluorwasserstoff, 4 mg/m^3
   - e) Schwefeldioxid und Schwefeltrioxid, angegeben als Schwefeldioxid, 200 mg/m^3

Verbrennungsanlagen für Abfälle 17. BImSchV **Anh. A 17**

    f) Stickstoffmonoxid und Stickstoffdioxid,
  angegeben als Stickstoffdioxid, 400 mg/m³
    g) Quecksilber und seine Verbindungen,
  angegeben als Quecksilber, 0,05 mg/m³
    h) Kohlenmonoxid 100 mg/m³;
3. kein Mittelwert, der über die jeweilige Probenahmezeit gebildet ist, die folgenden Emissionsgrenzwerte überschreitet:
    a) Cadmium und seine Verbindungen, angegeben als Cd, Thallium und seine Verbindungen, angegeben als Tl, insgesamt 0,05 mg/m³
    b) Antimon und seine Verbindungen, angegeben als Sb, Arsen und seine Verbindungen, angegeben als As, Blei und seine Verbindungen, angegeben als Pb, Chrom und seine Verbindungen, angegeben als Cr, Cobalt und seine Verbindungen, angegeben als Co, Kupfer und seine Verbindungen, angegeben als Cu, Mangan und seine Verbindungen, angegeben als Mn, Nickel und seine Verbindungen, angegeben als Ni, Vanadium und seine Verbindungen, angegeben als V, Zinn und seine Verbindungen, angegeben als Sn, insgesamt 0,5 mg/m³
    c) Arsen und seine Verbindungen (außer Arsenwasserstoff), angegeben als As Benzo(a)pyren Cadmium und seine Verbindungen, angegeben als Cd, wasserlösliche Cobaltverbindungen, angegeben als Co, Chrom(VI)verbindungen (außer Bariumchromat und Bleichromat), angegeben als Cr, insgesamt 0,05 mg/m³
  oder
  Arsen und seine Verbindungen, angegeben als As, Benzo(a)pyren Cadmium und seine Verbindungen, angegeben als Cd, Cobalt und seine Verbindungen, angegeben als Co, Chrom und seine Verbindungen, angegeben als Cr, insgesamt 0,05 mg/m³
  und
4. kein Mittelwert, der über die jeweilige Probenahmezeit gebildet ist, den Emissionsgrenzwert für die in Anhang I genannten Dioxine und Furane – angegeben als Summenwert nach dem in Anhang I festgelegten Verfahren – von 0,1 ng/m³ überschreitet.

(2) Die Emissionsgrenzwerte nach Absatz 1 beziehen sich auf einen Volumengehalt an Sauerstoff im Abgas von 11 vom Hundert (Bezugssauerstoffgehalt). Soweit ausschließlich gasförmige Stoffe, die bei der Pyrolyse oder Vergasung von Abfällen entstehen oder Altöle im Sinne von § 1a Abs. 1 der Altölverordnung in der Fassung

der Bekanntmachung vom 16. April 2002 (BGBl. I S. 1368) eingesetzt werden, beträgt der Bezugssauerstoffgehalt 3 vom Hundert.

§ 5 a Anforderungen an Mitverbrennungsanlagen. (1) Mitverbrennungsanlagen, die nicht mehr als 25 vom Hundert der jeweils gefahrenen Feuerungswärmeleistung einer Verbrennungslinie aus Mitverbrennungsstoffen erzeugen, sind so zu errichten und zu betreiben, dass die Emissionsgrenzwerte gemäß Anhang II in den Abgasen nicht überschritten werden. Mitverbrennungsstoffe sind dabei die eingesetzten Abfälle und Stoffe nach § 1 Abs. 1 sowie die für ihre Mitverbrennung zusätzlich benötigten Brennstoffe. Werden in einer Mitverbrennungsanlage mehr als 25 vom Hundert der jeweils gefahrenen Feuerungswärmeleistung aus Mitverbrennungsstoffen erzeugt, so gelten die in § 5 Abs. 1 festgelegten Emissionsgrenzwerte für Verbrennungsanlagen.

(2) Für Anlagen zur Herstellung von Zementklinker oder Zementen oder für Anlagen zum Brennen von Kalkstein (Nummer 2.3 oder 2.4 Spalte 1, Spalte 2 Buchstabe a des Anhangs der Verordnung über genehmigungsbedürftige Anlagen) gelten die Regelungen in Nummer II.1 des Anhangs II auch dann, wenn der Anteil der Mitverbrennungsstoffe an der jeweils gefahrenen Feuerungswärmeleistung 25 vom Hundert übersteigt.

(3) Werden in einer Anlage nach Absatz 2 mehr als 60 vom Hundert der jeweils gefahrenen Feuerungswärmeleistung aus Mitverbrennungsstoffen erzeugt, so gelten die in § 5 Abs. 1 festgelegten Emissionsgrenzwerte sowie die Ausnahmeregelungen in Anhang II Nr. II.1 entsprechend.

(4) Für Stickstoffmonoxid und Stickstoffdioxid, angegeben als Stickstoffdioxid, sowie für Gesamtstaub soll die zuständige Behörde anstelle der Anforderungen nach Absatz 3 auf Antrag des Betreibers einen anteilig berechneten Emissionsgrenzwert (Mischgrenzwert) festlegen. Der Rechnung sind zu Grunde zu legen der jeweilige Emissionsgrenzwert nach § 5 Abs. 1 und der jeweilige Emissionsgrenzwert nach Anhang II Nr. II.1. Als Emissionsgrenzwert ergibt sich dann der für den Anteil von 60 bis 100 vom Hundert aus der Berechnungsformel in Anhang II zu errechnende Wert.

(5) Wird in Anlagen nach Absatz 2 mehr als 40 vom Hundert der jeweils gefahrenen Feuerungswärmeleistung aus besonders überwachungsbedürftigen Abfällen einschließlich des für deren Verbrennung zusätzlich benötigten Brennstoffs erzeugt, gelten die Grenzwerte nach § 5 Abs. 1. Zu den besonders überwachungsbedürftigen Abfällen nach Satz 1 gehören nicht die flüssigen brennbaren Abfälle und nicht die Stoffe nach § 1 Abs. 1, wenn deren Massengehalt an polychlorierten aromatischen Kohlenwasserstoffen, wie polychlorierte Biphenyle (PCB) oder Pentachlorphenol (PCP), bis 10 Milligramm je Kilogramm und der untere Heizwert des brennbaren Abfalls mindestens 30 Megajoule je Kilogramm beträgt, oder wenn auf Grund ihrer Zusammensetzung keine anderen oder höheren Emissionen als bei der Verbrennung von Heizöl EL auftreten können.

(6) Die Emissionsgrenzwerte beziehen sich auf einen Volumengehalt an Sauerstoff im Abgas, wie er in Anhang II festgelegt oder nach dem in Anhang II vorgegebenen Verfahren ermittelt wurde.

(7) Werden gemischte Siedlungsabfälle mitverbrannt, gelten die Anforderungen der Absätze 1 bis 6, wenn die gemischten Siedlungsabfälle im erforderlichen Umfang dafür aufbereitet sind; für die Mitverbrennung von unaufbereiteten gemischten Siedlungsabfällen gelten die Anforderungen nach § 5 Abs. 1. Eine Aufbereitung im erforderlichen Umfang liegt vor, wenn Maßnahmen ergriffen werden, die eine deutliche Reduzierung einer Belastung mit anorganischen Schadstoffen, insbeson-

Verbrennungsanlagen für Abfälle 17. BImSchV **Anh. A 17**

dere mit Schwermetallen, bezwecken. Trocknen, Pressen oder Mischen zählt dazu in der Regel nicht.

(8) Die zuständige Behörde hat die Emissionsgrenzwerte im Genehmigungsbescheid oder in einer nachträglichen Anordnung festzusetzen.

§ 6 Ableitungsbedingungen für Abgase. Die Abgase sind in kontrollierter Weise so abzuleiten, dass ein ungestörter Abtransport mit der freien Luftströmung ermöglicht wird. Zur Ermittlung der Ableitungshöhen sind die Anforderungen der TA Luft in der jeweils geltenden Fassung zu berücksichtigen. Die näheren Bestimmungen sind in der Genehmigung festzulegen.

§ 7 Behandlung der bei der Verbrennung und Mitverbrennung entstehenden Abfälle. (1) Schlacken, Rostaschen, Filter- und Kesselstäube sowie Reaktionsprodukte und sonstige Abfälle der Abgasbehandlung sind nach § 5 Abs. 1 Nr. 3 des Bundes-Immissionsschutzgesetzes in der Fassung der Bekanntmachung vom 26. September 2002 (BGBl. I S. 3830) zu verwerten oder zu beseitigen. Soweit die Verwertung technisch nicht möglich oder unzumutbar ist, sind sie ohne Beeinträchtigung des Wohls der Allgemeinheit zu beseitigen.

(2) Filter- und Kesselstäube, die bei der Abgasentstaubung sowie bei der Reinigung von Kesseln, Heizflächen und Abgaszügen anfallen, sind getrennt von anderen festen Abfällen zu erfassen. Satz 1 gilt nicht für Anlagen mit einer Wirbelschichtfeuerung.

(3) Soweit es zur Erfüllung der Pflichten nach Absatz 1 erforderlich ist, sind die Bestandteile an organischen und löslichen Stoffen in den Abfällen und sonstigen Stoffen zu vermindern.

(4) Die Förder- und Lagersysteme für schadstoffhaltige, staubförmige Abfälle sind so auszulegen und zu betreiben, dass hiervon keine relevanten diffusen Emissionen ausgehen können. Dies gilt besonders hinsichtlich notwendiger Wartungs- und Reparaturarbeiten an verschleißanfälligen Anlagenteilen. Trockene Filter- und Kesselstäube sowie Reaktionsprodukte der Abgasbehandlung und trocken abgezogene Schlacken sind in geschlossenen Behältnissen zu befördern oder zwischenzulagern.

(5) Vor der Festlegung der Verfahren für die Verwertung oder Beseitigung der bei der Verbrennung oder Mitverbrennung entstehenden Abfälle, insbesondere der Schlacken, Rostaschen und der Filter- und Kesselstäube, sind ihre physikalischen und chemischen Eigenschaften und deren Gehalt an schädlichen Verunreinigungen durch geeignete Analysen zu ermitteln. Die Analysen betreffen insbesondere den löslichen Teil und die Schwermetalle im löslichen und unlöslichen Teil.

§ 8 Wärmenutzung. In Verbrennungs- oder Mitverbrennungsanlagen ist entstehende Wärme, die nicht an Dritte abgegeben wird, in Anlagen des Betreibers zu nutzen, soweit dies nach Art und Standort der Anlage technisch möglich und zumutbar ist. Soweit aus entstehender Wärme, die nicht an Dritte abgegeben wird oder die nicht in Anlagen des Betreibers genutzt wird, eine elektrische Klemmenleistung von mehr als 0,5 Megawatt erzeugbar ist, ist elektrische Energie zu erzeugen.

Dritter Teil. Messung und Überwachung

§ 9 Messplätze. Für die Messung sind nach näherer Bestimmung der zuständigen Behörde Messplätze einzurichten; diese sollen ausreichend groß, leicht begehbar und so beschaffen sein sowie so ausgewählt werden, dass repräsentative und einwandfreie Messungen gewährleistet sind.

§ 10 Messverfahren und Messeinrichtungen. (1) Für Messungen zur Feststellung der Emissionen oder der Verbrennungsbedingungen sowie zur Ermittlung der Bezugs- oder Betriebsgrößen sind die dem Stand der Messtechnik entsprechenden Messverfahren und geeigneten Messeinrichtungen gemäß Anhang III Nr. 1 und 2 nach näherer Bestimmung der zuständigen Behörde anzuwenden oder zu verwenden.

(2) Über den ordnungsgemäßen Einbau von Messeinrichtungen zur kontinuierlichen Überwachung ist durch den Betreiber vor der Inbetriebnahme der Verbrennungs- oder Mitverbrennungsanlage eine Bescheinigung einer von der zuständigen obersten Landesbehörde oder der nach Landesrecht bestimmten Behörde für Kalibrierungen bekannt gegebenen Stelle vorzulegen.

(3) Der Betreiber hat Messeinrichtungen, die zur kontinuierlichen Feststellung der Emissionen eingesetzt werden, durch eine von der zuständigen obersten Landesbehörde bekannt gegebene Stelle kalibrieren und jährlich einmal auf Funktionsfähigkeit prüfen zu lassen; die Kalibrierung ist nach einer wesentlichen Änderung der Anlage, im Übrigen im Abstand von drei Jahren zu wiederholen. Die Berichte über das Ergebnis der Kalibrierung und der Prüfung der Funktionsfähigkeit sind der zuständigen Behörde innerhalb von zwölf Wochen nach Kalibrierung und Prüfung vorzulegen.

§ 11 Kontinuierliche Messungen. (1) Der Betreiber hat unter Berücksichtigung der Anforderungen gemäß Anhang III
1. die Massenkonzentration der Emissionen nach § 5 Abs. 1 Nr. 1 und 2 sowie der Nummer II.1.1, II.1.2, II.1.3, II.2.1 bis II.2.6 sowie II.3.1 und II.3.2 gemäß Anhang II,
2. den Volumengehalt an Sauerstoff im Abgas,
3. die Temperaturen nach § 4 Abs. 2 oder 3 sowie Abs. 6 oder 7 und
4. die zur Beurteilung des ordnungsgemäßen Betriebs erforderlichen Betriebsgrößen, insbesondere Abgastemperatur, Abgasvolumen, Feuchtegehalt und Druck,

kontinuierlich zu ermitteln, zu registrieren und auszuwerten. Die Verbrennungs- oder Mitverbrennungsanlagen sind hierzu vor Inbetriebnahme mit geeigneten Messeinrichtungen und Messwertrechnern auszurüsten. Satz 1 Nr. 1 in Verbindung mit Satz 2 gilt nicht, soweit Emissionen einzelner Stoffe nach § 5 Abs. 1 Nr. 1 oder nach Nummer II.1.1, II.1.3, II.2.1 bis II.2.5 sowie II.3.1 nach Anhang II nachweislich auszuschließen oder allenfalls in geringen Konzentrationen zu erwarten sind und insoweit Ausnahmen durch die zuständige Behörde erteilt wurden. Messeinrichtungen für den Feuchtegehalt sind nicht notwendig, soweit das Abgas vor der Ermittlung der Massenkonzentration der Emissionen getrocknet wird.

(2) Ergibt sich auf Grund der eingesetzten Abfälle oder Stoffe nach § 1 Abs. 1, der Bauart, der Betriebsweise oder von Einzelmessungen, dass der Anteil des Stickstoffdioxids an den Stickstoffoxidemissionen unter 10 vom Hundert liegt, soll die zuständige Behörde auf die kontinuierliche Messung des Stickstoffdioxids verzichten und die Bestimmung des Anteils durch Berechnung zulassen. Das Vorliegen der vorgenannten Voraussetzung ist jeweils bei der Kalibrierung nachzuweisen. Ergibt sich auf Grund der Bauart und Betriebsweise von Nass-Rauchgasentschwefelungsanlagen infolge des Sättigungszustandes des Rauchgases und der konstanten Rauchgastemperatur, dass der Feuchtegehalt im Rauchgas an der Messstelle einen konstanten Wert annimmt, soll die zuständige Behörde auf die kontinuierliche Messung

Verbrennungsanlagen für Abfälle   17. BImSchV **Anh. A 17**

des Feuchtegehalts verzichten und die Verwendung des in Einzelmessungen ermittelten Wertes zulassen. Das Vorliegen der vorgenannten Voraussetzung ist zusammen mit den nach § 10 Abs. 3 stattfindenden Kalibrierungen vom Betreiber nachzuweisen. Für Quecksilber und seine Verbindungen, angegeben als Quecksilber, soll die zuständige Behörde auf Antrag auf die kontinuierliche Messung verzichten, wenn zuverlässig nachgewiesen ist, dass die Emissionsgrenzwerte nach § 5 Abs. 1 Nr. 1 Buchstabe g und Nr. 2 Buchstabe g oder nach Nummer II.1.1, II.1.2, II.2.5, II.2.6, II.3.1 und II.3.2 gemäß Anhang II nur zu weniger als 20 vom Hundert in Anspruch genommen werden.

(3) Absatz 1 Satz 1 Nr. 1 findet auf gasförmige anorganische Fluorverbindungen keine Anwendung, wenn Reinigungsstufen für gasförmige anorganische Chlorverbindungen betrieben werden, die sicherstellen, dass die Emissionsgrenzwerte nach § 5 Abs. 1 Nr. 1 Buchstabe c und Nr. 2 Buchstabe c oder nach Nummer II.1.1, II.1.2, II.2.5, II.2.6, II.3.1 und II.3.2 gemäß Anhang II nicht überschritten werden.

(4) Die Verbrennungs- oder Mitverbrennungsanlagen sind mit Registriereinrichtungen auszurüsten, durch die Verriegelungen oder Abschaltungen nach § 4 Abs. 5 registriert werden.

(5) Der Betreiber hat auf Verlangen der zuständigen Behörde Massenkonzentrationen der Emissionen nach § 5 Abs. 1 Nr. 3 und 4 kontinuierlich zu messen, wenn geeignete Messeinrichtungen verfügbar sind.

(6) Abweichend von Absatz 1 Satz 1 Nr. 1 können die zuständigen Behörden auf Antrag des Betreibers Einzelmessungen für HCl, HF, SO_3 und SO_2 zulassen, wenn durch den Betreiber sichergestellt ist, dass die Emissionen dieser Schadstoffe nicht höher sind als die dafür festgelegten Emissionsgrenzwerte.

§ 12 Auswertung und Beurteilung von kontinuierlichen Messungen.
(1) Während des Betriebs der Verbrennungs- oder Mitverbrennungsanlagen ist aus den Messwerten für jede aufeinander folgende halbe Stunde der Halbstundenmittelwert zu bilden und auf den Bezugssauerstoffgehalt umzurechnen. Für die Stoffe, deren Emissionen durch Abgasreinigungseinrichtungen gemindert und begrenzt werden, darf die Umrechnung der Messwerte nur für die Zeiten erfolgen, in denen der gemessene Sauerstoffgehalt über dem Bezugssauerstoffgehalt liegt. Aus den Halbstundenmittelwerten ist für jeden Tag der Tagesmittelwert, bezogen auf die tägliche Betriebszeit einschließlich der Anfahr- oder Abstellvorgänge, zu bilden.

(2) Über die Auswertung der kontinuierlichen Messungen hat der Betreiber einen Messbericht zu erstellen und innerhalb von drei Monaten nach Ablauf eines jeden Kalenderjahres der zuständigen Behörde vorzulegen. Der Betreiber muss die Aufzeichnungen der Messgeräte fünf Jahre aufbewahren. Satz 1 gilt nicht, soweit die zuständige Behörde die telemetrische Übermittlung der Messergebnisse vorgeschrieben hat oder der Betreiber sie eigenständig vornimmt.

(3) Die Emissionsgrenzwerte sind eingehalten, wenn kein Tagesmittelwert nach § 5 Abs. 1 Nr. 1 oder nach Nummer II.1.1, II.1.3, II.2.1 bis II.2.5 sowie II.3.1 nach Anhang II und kein Halbstundenmittelwert nach § 5 Abs. 1 Nr. 2 oder nach Nummer II.1.2, II.1.3, II.2.4, II.2.6 sowie II.3.2 nach Anhang II überschritten wird.

(4) Häufigkeit und Dauer einer Nichteinhaltung der Anforderungen nach § 4 Abs. 2 in Verbindung mit Absatz 3 oder nach § 4 Abs. 6 in Verbindung mit Absatz 7 hat der Betreiber in den Messbericht nach Absatz 2 aufzunehmen.

§ 13 Einzelmessungen. (1) Der Betreiber hat nach Errichtung oder wesentlicher Änderung der Verbrennungs- oder Mitverbrennungsanlagen bei der Inbetriebnahme durch Messungen einer nach § 26 des Bundes-Immissionsschutzgesetzes bekannt gegebenen Stelle überprüfen zu lassen, ob die Verbrennungsbedingungen nach § 4 Abs. 2 oder 3 oder nach § 4 Abs. 6 oder 7 erfüllt werden.

(2) Der Betreiber hat nach Errichtung oder wesentlicher Änderung der Verbrennungs- oder Mitverbrennungsanlagen Messungen einer nach § 26 des Bundes-Immissionsschutzgesetzes bekannt gegebenen Stelle zur Feststellung, ob die Anforderungen nach § 5 Abs. 1 Nr. 3 und 4 oder – bei Vorliegen der Voraussetzungen nach § 11 Abs. 2 oder 6 – nach § 5 Abs. 1 Nr. 1 und 2 oder nach Nummer II.1.1, II.1.2, II.2.1 bis II.2.6 sowie II.3.1 und II.3.2 nach Anhang II festgelegten Anforderungen erfüllt werden, durchführen zu lassen. Die Messungen sind im Zeitraum von zwölf Monaten nach Inbetriebnahme alle zwei Monate mindestens an einem Tag und anschließend wiederkehrend spätestens alle zwölf Monate mindestens an drei Tagen durchführen zu lassen. Diese sollen vorgenommen werden, wenn die Anlagen mit der höchsten Leistung betrieben werden, für die sie bei den während der Messung verwendeten Abfällen oder Stoffen nach § 1 Abs. 1 für den Dauerbetrieb zugelassen sind.

(2a) Im Fall einer wesentlichen Änderung sind die Messungen gemäß der Absätze 1 und 2 nicht erforderlich, wenn der Betreiber einer bestehenden Verbrennungs- oder Mitverbrennungsanlage gegenüber der zuständigen Behörde belegt, dass die durchgeführten Maßnahmen keine oder offensichtlich geringe Auswirkungen auf die Verbrennungsbedingungen und auf die Emissionen haben.

(3) Für die Messungen zur Bestimmung der Stoffe nach § 5 Abs. 1
1. Nummer 3 mit Ausnahme von Benzo(a)pyren beträgt die Probenahmezeit mindestens eine halbe Stunde; sie soll zwei Stunden nicht überschreiten,
2. Nummer 4 einschließlich Benzo(a)pyren beträgt die Probenahmezeit mindestens sechs Stunden; sie soll acht Stunden nicht überschreiten.

Für die im Anhang I genannten Stoffe soll die Nachweisgrenze des eingesetzten Analyseverfahrens nicht über 0,005 Nanogramm je Kubikmeter Abgas liegen.

§ 14 Berichte und Beurteilung von Einzelmessungen. (1) Über die Ergebnisse der Messungen nach § 13 ist ein Messbericht zu erstellen und vom Betreiber der zuständigen Behörde spätestens acht Wochen nach den Messungen vorzulegen. Der Messbericht muss Angaben über die Messplanung, das Ergebnis jeder Einzelmessung, das verwendete Messverfahren und die Betriebsbedingungen, die für die Beurteilung der Messergebnisse von Bedeutung sind, enthalten.

(2) Die Emissionsgrenzwerte gelten als eingehalten, wenn kein Ergebnis einer Einzelmessung einen Mittelwert nach § 5 Abs. 1 oder gemäß Anhang II überschreitet.

§ 15 Besondere Überwachung der Emissionen an Schwermetallen.
(1) Soweit auf Grund der Zusammensetzung der Abfälle oder Stoffe nach § 1 Abs. 1 oder anderer Erkenntnisse, insbesondere der Beurteilung von Einzelmessungen, Emissionskonzentrationen an Stoffen nach § 5 Abs. 1 Nr. 3 Buchstabe a und b zu erwarten sind, die 60 vom Hundert der Emissionsgrenzwerte überschreiten können, hat der Betreiber die Massenkonzentrationen dieser Stoffe einmal wöchentlich zu ermitteln und zu dokumentieren. § 13 Abs. 3 gilt entsprechend.

(2) Auf die Ermittlung der Emissionen kann verzichtet werden, wenn durch andere Prüfungen, zum Beispiel durch Funktionskontrolle der Abgasreinigungseinrichtungen, mit ausreichender Sicherheit festgestellt werden kann, dass die Emissionsbegrenzungen nicht überschritten werden.

Verbrennungsanlagen für Abfälle   17. BImSchV **Anh. A 17**

§ 16 Störungen des Betriebs. (1) Ergibt sich aus Messungen, dass Anforderungen an den Betrieb der Verbrennungs- oder Mitverbrennungsanlagen oder zur Begrenzung von Emissionen nicht erfüllt werden, hat der Betreiber dies den zuständigen Behörden unverzüglich mitzuteilen. Er hat unverzüglich die erforderlichen Maßnahmen für einen ordnungsgemäßen Betrieb zu treffen; § 4 Abs. 5 Nr. 2 und 3 bleiben unberührt. Die zuständige Behörde trägt durch entsprechende Überwachungsmaßnahmen dafür Sorge, dass der Betreiber seinen rechtlichen Verpflichtungen zu einem ordnungsgemäßen Betrieb nachkommt oder die Anlage außer Betrieb nimmt.

(2) Bei Verbrennungs- oder Mitverbrennungsanlagen, die aus einer Verbrennungslinie oder aus mehreren Verbrennungslinien mit gemeinsamen Abgaseinrichtungen bestehen, soll die Behörde für technisch unvermeidbare Ausfälle der Abgasreinigungseinrichtungen den Zeitraum festlegen, währenddessen von den Emissionsgrenzwerten nach § 5, ausgenommen § 5 Abs. 1 Nr. 1 Buchstabe b und h und Nr. 2 Buchstabe b und h oder Emissionsgrenzwerten für Kohlenmonoxid und organische Stoffe, angegeben als Gesamtkohlenstoff nach Anhang II, unter bestimmten Voraussetzungen abgewichen werden darf. Der Weiterbetrieb darf vier aufeinander folgende Stunden und innerhalb eines Kalenderjahres 60 Stunden nicht überschreiten. Die Emissionsbegrenzung für den Gesamtstaub darf eine Massenkonzentration von 150 Milligramm je Kubikmeter Abgas, gemessen als Halbstundenmittelwert, nicht überschreiten. § 4 Abs. 5, § 5 Abs. 2, § 5a Abs. 6 sowie § 11 Abs. 4 gelten entsprechend.

Vierter Teil. Anforderungen an Altanlagen

§ 17 Übergangsregelungen. (1) Für Altanlagen gelten bis zum 27. Dezember 2005 die Anforderungen dieser Verordnung in der am 19. August 2003 geltenden Fassung.

(2) Bei Altanlagen, bei denen die in § 4 Abs. 2 Satz 3 festgelegte Verweilzeit wegen besonderer technischer Schwierigkeiten nicht erreicht werden kann, ist diese Anforderung spätestens bei einer Neuerrichtung der Verbrennungslinie oder des Abhitzekessels zu erfüllen.

(3) Wird eine Verbrennungs- oder Mitverbrennungsanlage durch Zubau einer oder mehrerer weiterer Verbrennungs- oder Mitverbrennungslinien in der Weise erweitert, dass die vorhandenen und die neu zu errichtenden Linien eine gemeinsame Anlage bilden, so bestimmen sich die Anforderungen für die neu zu errichtenden Linien nach den Vorschriften des zweiten und dritten Teils und die Anforderungen für die vorhandenen Linien nach den Vorschriften des vierten Teils dieser Verordnung.

(4) In Betrieb befindliche Anlagen, deren Hauptzweck in der Energiebereitstellung oder der Produktion stofflicher Erzeugnisse besteht, für die eine Genehmigung zur Errichtung und zum Betrieb nach § 6 oder § 16 des Bundes-Immissionsschutzgesetzes erteilt worden ist und die die Mitverbrennung von Abfällen oder Stoffen nach § 1 Abs. 1 spätestens am 28. Dezember 2004 aufnehmen, gelten als Altanlagen.

Fünfter Teil. Gemeinsame Vorschriften

§ 18 Unterrichtung der Öffentlichkeit. Die Betreiber der Verbrennungs- oder Mitverbrennungsanlagen haben die Öffentlichkeit nach erstmaliger Kalibrierung der

Anh. A 17   17. BImSchV   VO zur Durchführung des BImSchG

Messeinrichtung zur kontinuierlichen Feststellung der Emissionen nach § 10 Abs. 3 und erstmaligen Einzelmessungen nach § 13 Abs. 2 einmal jährlich in der von der zuständigen Behörde festgelegten Weise und Form über die Beurteilung der Messungen von Emissionen und der Verbrennungsbedingungen zu unterrichten. Satz 1 gilt nicht für solche Angaben, aus denen Rückschlüsse auf Betriebs- oder Geschäftsgeheimnisse gezogen werden können.

§ 19 Zulassung von Ausnahmen. (1) Die zuständige Behörde kann auf Antrag des Betreibers Ausnahmen von Vorschriften dieser Verordnung zulassen, soweit unter Berücksichtigung der besonderen Umstände des Einzelfalls
1. einzelne Anforderungen der Verordnung nicht oder nur mit unverhältnismäßig hohem Aufwandes erfüllbar sind,
2. im Übrigen die dem Stand der Technik entsprechenden Maßnahmen zur Emissionsbegrenzung angewandt werden,
3. die Ableitungshöhe nach der TA Luft in der jeweils geltenden Fassung auch für den als Ausnahme zugelassenen Emissionsgrenzwert ausgelegt ist, es sei denn, auch insoweit liegen die Voraussetzungen der Nummer 1 vor, und
4. die Anforderungen der Richtlinien des Rates der Europäischen Gemeinschaften
    a) vom 25. Juli 1975 über die Altölbeseitigung (75/439/EWG) (ABl. EG Nr. L 194 S. 31), geändert durch die Richtlinie vom 22. Dezember 1986 (87/101/EWG) (ABl. EG Nr. L 42 S. 43),
    b) vom 16. September 1996 über die Beseitigung der polychlorierten Biphenyle und polychlorierten Terphenyle (96/59/EG) (ABl. EG Nr. L 243 S. 31) und
    c) der Richtlinie 2000/76/EG des Europäischen Parlaments und des Rates vom 4. Dezember 2000 über die Verbrennung von Abfällen (ABl. EG Nr. L 332 S. 91)
eingehalten werden.

(2) Abweichend von § 3 Abs. 1 kann die zuständige Behörde Verbrennungsanlagen ohne Abfallbunker oder eine teilweise offene Bunkerbauweise in Verbindung mit einer gezielten Luftabsaugung zulassen, wenn durch bauliche oder betriebliche Maßnahmen oder auf Grund der Beschaffenheit der Abfälle oder Stoffe nach § 1 Abs. 1 die Entstehung von Staub- und Geruchsemissionen möglichst gering gehalten wird.

§ 20 Weitergehende Anforderungen und wesentliche Änderungen. (1) Die Befugnis der zuständigen Behörde, andere oder weitergehende Anforderungen, insbesondere zur Vermeidung schädlicher Umwelteinwirkungen nach § 5 Abs. 1 Nr. 1 des Bundes-Immissionsschutzgesetzes, zu treffen, bleibt unberührt.

(2) Der Einsatz besonders überwachungsbedürftiger Abfälle in einer Anlage, die nur für den Einsatz nicht besonders überwachungsbedürftiger Abfälle genehmigt ist, ist nach Maßgabe von § 16 Abs. 1 Satz 1 des Bundes-Immissionsschutzgesetzes als eine wesentliche Änderung der Anlage einzustufen.

§ 20 a Anforderungen an die Eignung. Nach Maßgabe von § 20 Abs. 3 des Bundes-Immissionsschutzgesetzes kann die zuständige Behörde den Betrieb einer Verbrennungs- oder Mitverbrennungsanlage untersagen, wenn nicht sichergestellt ist, dass die mit der Leitung der Anlage betraute Person zur Leitung der Anlage geeignet ist und die Gewähr für den ordnungsgemäßen Betrieb der Anlage bietet.

Verbrennungsanlagen für Abfälle **17. BImSchV Anh. A 17**

§ 21 Ordnungswidrigkeiten. Ordnungswidrig im Sinne des § 62 Abs. 1 Nr. 2 des Bundes-Immissionsschutzgesetzes handelt, wer vorsätzlich oder fahrlässig als Betreiber einer Verbrennungs- oder Mitverbrennungsanlage
1. einer Vorschrift
   a) des § 4 Abs. 2 Satz 1 bis 4 oder Abs. 6 Satz 1 oder 2 über das Errichten oder den Betrieb dort genannter Verbrennungs- oder Mitverbrennungsanlagen oder über das Einhalten oder Messen der Mindesttemperatur,
   b) des § 4 Abs. 4 Satz 2 oder Abs. 8 Satz 1 über den Betrieb von Brennern,
   c) des § 4 Abs. 5 über die automatischen Vorrichtungen,
   d) des § 5 Abs. 1 oder § 5a Abs. 1 Satz 1 über das Errichten oder den Betrieb von Verbrennungs- oder Mitverbrennungsanlagen,
   e) des § 11 Abs. 1 Satz 1 über die Ermittlung, Registrierung oder Auswertung der Massenkonzentration der Emissionen, des Volumengehalts an Sauerstoff im Abgas, der dort genannten Temperaturen oder der Betriebsgrößen,
   f) des § 11 Abs. 1 Satz 2 über die Ausrüstung einer Anlage oder
   g) des § 12 Abs. 1 über die Bildung dort genannter Mittelwerte oder die Umrechnung dort genannter Messwerte
   zuwiderhandelt,
2. entgegen § 7 Abs. 2 Satz 1 oder Abs. 4 dort genannte Abfälle nicht getrennt erfasst oder nicht in geschlossenen Behältnissen befördert oder zwischenlagert,
3. entgegen § 10 Abs. 2 eine Bescheinigung nicht oder nicht rechtzeitig vorlegt,
4. entgegen § 10 Abs. 3 Satz 1 Messeinrichtungen nicht kalibrieren, nicht prüfen oder die Kalibrierung nicht oder nicht rechtzeitig wiederholen lässt,
5. entgegen § 10 Abs. 3 Satz 2 einen Bericht nicht oder nicht rechtzeitig vorlegt,
6. entgegen § 12 Abs. 2 Satz 1 oder § 14 Abs. 1 Satz 1 einen Messbericht nicht oder nicht rechtzeitig vorlegt oder entgegen § 12 Abs. 2 Satz 2 die Aufzeichnungen nicht aufbewahrt,
7. entgegen § 13 Abs. 1 die Verbrennungsbedingungen nicht oder nicht rechtzeitig überprüfen lässt,
8. entgegen § 13 Abs. 2 Satz 1 oder 2 Messungen nicht, nicht in der vorgeschriebenen Weise oder nicht rechtzeitig durchführen lässt,
9. entgegen § 16 Abs. 1 Satz 1 eine Mitteilung nicht, nicht richtig oder nicht rechtzeitig macht oder
10. entgegen § 18 Satz 1 die Öffentlichkeit nicht, nicht richtig, nicht vollständig oder nicht rechtzeitig unterrichtet.

Sechster Teil. Schlussvorschriften

§ 22. (Inkrafttreten)

Anhang I

Für den nach § 5 Abs. 1 Nr. 4 oder Anhang II Nr. II.1, II.2, II.3 zu bildenden Summenwert für polychlorierte Dibenzodioxine und Dibenzofurane sind die im Abgas ermittelten Konzentrationen der nachstehend genannten Dioxine und Furane mit den angegebenen Äquivalenzfaktoren zu multiplizieren und zu summieren.

Anh. A 17   17. BImSchV   VO zur Durchführung des BImSchG

		Äquivalenzfaktor
2,3,7,8	– Tetrachlordibenzodioxin (TCDD)	1
1,2,3,7,8	– Pentachlordibenzodioxin (PeCDD)	0,5
1,2,3,4,7,8	– Hexachlordibenzodioxin (HxCDD)	0,1
1,2,3,7,8,9	– Hexachlordibenzodioxin (HxCDD)	0,1
1,2,3,6,7,8	– Hexachlordibenzodioxin (HxCDD)	0,1
1,2,3,4,6,7,8	– Heptachlordibenzodioxin (HpCDD)	0,01
Octachlordibenzodioxin (OCDD)		0,001
2,3,7,8	– Tetrachlordibenzofuran (TCDF)	0,1
2,3,4,7,8	– Pentachlordibenzofuran (PeCDF)	0,5
1,2,3,7,8	– Pentachlordibenzofuran (PeCDF)	0,05
1,2,3,4,7,8	– Hexachlordibenzofuran (HxCDF)	0,1
1,2,3,7,8,9	– Hexachlordibenzofuran (HxCDF)	0,1
1,2,3,6,7,8	– Hexachlordibenzofuran (HxCDF)	0,1
2,3,4,6,7,8	– Hexachlordibenzofuran (HxCDF)	0,1
1,2,3,4,6,7,8	– Heptachlordibenzofuran (HpCDF)	0,01
1,2,3,4,7,8,9	– Heptachlordibenzofuran (HpCDF)	0,01
Octachlordibenzofuran (OCDF)		0,001

Anhang II

Bestimmung der Emissionsgrenzwerte für Mitverbrennungsanlagen

Der Anhang II dient der Festlegung von Emissionsgrenzwerten für Anlagen, die Abfälle oder Stoffe nach § 1 Abs. 1 mitverbrennen.

Die in diesem Anhang vorgegebenen festen Emissionsgrenzwerte gelten für die jeweiligen Mitverbrennungsanlagen unter Berücksichtigung der dort genannten Ausnahmen.

Soweit keine festen Emissionsgrenzwerte oder feste Bezugssauerstoffgehalte in diesem Anhang vorgegeben sind, kommt die Mischungsregel zur Anwendung. Die folgende Formel (Mischungsregel) ist zur Berechnung der Emissionsgrenzwerte für jeden unter § 5 Abs. 1 geregelten Emissionsparameter sowie zur Berechnung des Bezugssauerstoffgehalts anzuwenden. Emissionsparameter im Sinne dieses Anhangs sind die in § 5 Abs. 1 aufgeführten Schadstoffe, für die Tagesmittelwerte, Halbstundenmittelwerte oder Mittelwerte über die jeweilige Probenahmezeit festgelegt sind.

$$\frac{V_{Abfall} \times C_{Abfall} + V_{Verfahren} \times C_{Verfahren}}{V_{Abfall} + V_{Verfahren}} = C$$

V_{Abfall}: Abgasstrom, der bei der Verbrennung des höchstzulässigen Anteils der Abfälle oder Stoffe nach § 1 Abs. 1 einschließlich des für die Verbrennung dieser Stoffe zusätzlich benötigten Brennstoffs entsteht. Beträgt der zulässige Anteil der Abfälle oder Stoffe nach § 1 Abs. 1 weniger als 10 vom Hundert an der unverändert zugrunde gelegten Gesamtfeuerungswärmeleistung einer Mitverbrennungsanlage, so ist der zugehörige Abgasstrom anhand einer angenommenen Menge von 10 vom Hundert dieser Abfälle oder Stoffe nach § 1 Abs. 1 zu berechnen.

$V_{Verfahren}$: Verbleibender Teil des normierten Abgasstroms.

C_{Abfall}: Emissionsgrenzwert für die in § 5 Abs. 1 aufgeführten Emissionsparameter oder Bezugssauerstoffgehalt für die in § 5 Abs. 2 festgelegten Bezugssauerstoffgehalte.

Verbrennungsanlagen für Abfälle 17. BImSchV **Anh. A 17**

$C_{Verfahren}$: Emissionswerte und Bezugssauerstoffgehalte gemäß den Tabellen in diesem Anhang. Für alle anderen Emissionsparameter, für die in diesem Anhang keine festen Emissionsgrenzwerte oder festen Bezugssauerstoffgehalte vorgegeben werden, gelten die nach den einschlägigen Vorschriften – wie 13. BImSchV oder TA Luft – bei der Verbrennung der üblicherweise zugelassenen Brennstoffe festgelegten Emissionswerte bzw. Bezugssauerstoffgehalte. Bestehen solche Vorgaben nicht, so sind die in der Genehmigung festgelegten Emissionsbegrenzungen bzw. Bezugssauerstoffgehalte zu verwenden. Fehlen derartige Festlegungen, sind die tatsächlichen Emissionen oder Sauerstoffgehalte beim Betrieb der Anlage ohne Einsatz von Abfällen oder Stoffen nach § 1 Abs. 1 zugrunde zu legen.

C: Berechneter Emissionsgrenzwert oder berechneter Bezugssauerstoffgehalt für Mitverbrennungsanlagen, die sich aus der Anwendung der oben aufgeführten Formel ergeben. Wenn in diesem Anhang für bestimmte Emissionsparameter ein fester Emissionsgrenzwert oder ein fester Bezugssauerstoffgehalt bereits vorgegeben wird, ersetzt dieser Emissionsgrenzwert oder Bezugssauerstoffgehalt die rechnerische Ermittlung des Emissionsgrenzwerts oder des Bezugssauerstoffgehalts für diesen Emissionsparameter.

II.1 Besondere Vorschriften für Anlagen zur Herstellung von Zementklinker oder Zementen sowie für Anlagen zum Brennen von Kalk, in denen Abfälle oder Stoffe nach § 1 Abs. 1 mit verbrannt werden

Die Emissionen sind zur Überprüfung der Einhaltung der Emissionsgrenzwerte auf einen festen Bezugssauerstoffgehalt von 10 vom Hundert zu beziehen. Die in § 5 Abs. 1 Nr. 3 und 4 festgelegten Emissionsgrenzwerte für die zu Gruppen zusammengefassten Schadstoffe (Schwermetalle, Benzo(a)pyren, polychlorierte Dibenzodioxine und Dibenzofurane) gelten unter Berücksichtigung des in Satz 1 festgelegten Bezugssauerstoffgehalts.

Soweit in Nummer II.1.2 nicht anders festgelegt ist, dürfen die Halbstundenmittelwerte das Zweifache der unter Nummer II.1.1 festgelegten Tagesmittelwerte nicht überschreiten.

Für die Dauer der Probenahme und die sonstigen Messanforderungen gelten die in den §§ 9 bis 15 festgelegten Anforderungen.

Weitergehende Regelungen, die sich aus anderen Rechtsvorschriften oder aus diese Rechtsvorschriften konkretisierenden Verwaltungsvorschriften ergeben, bleiben unberührt.

II.1.1 Feste Emissionsgrenzwerte (Tagesmittelwerte in mg/m³)

Emissionsparameter	C
Gesamtstaub	20
gasförmige anorganische Chlorverbindungen, angegeben als Chlorwasserstoff	10
gasförmige anorganische Fluorverbindungen, angegeben als Fluorwasserstoff	1
Stickstoffmonoxid und Stickstoffdioxid, angegeben als Stickstoffdioxid	500
Schwefeldioxid und Schwefeltrioxid, angegeben als Schwefeldioxid	50
organische Stoffe, angegeben als Gesamtkohlenstoff	10
Quecksilber und seine Verbindungen, angegeben als Quecksilber	0,03

Anh. A 17   17. BImSchV   VO zur Durchführung des BImSchG

Die zuständigen Behörden können auf Antrag des Betreibers Ausnahmen für Schwefeldioxid und Gesamtkohlenstoff genehmigen, sofern diese Ausnahmen auf Grund der Zusammensetzung der Rohstoffe erforderlich sind und ausgeschlossen werden kann, dass durch die Verbrennung von Abfällen oder Stoffen nach § 1 Abs. 1 zusätzliche Emissionen an Gesamtkohlenstoff und Schwefeldioxid entstehen. Die zuständigen Behörden können auf Antrag des Betreibers für Quecksilber und seine Verbindungen einen Tagesmittelwert von bis zu 0,05 mg/m³ genehmigen, wenn eine Überschreitung des Tagesmittelwertes von 0,03 mg/m³ auf den Quecksilbergehalt der Rohstoffe zurückzuführen ist.

II.1.2 Feste Emissionsgrenzwerte (Halbstundenmittelwerte in mg/m³)

Emissionsparameter	C
gasförmige anorganische Chlorverbindungen, angegeben als Chlorwasserstoff	60
gasförmige anorganische Fluorverbindungen, angegeben als Fluorwasserstoff	4
Schwefeldioxid und Schwefeltrioxid, angegeben als Schwefeldioxid	200
Quecksilber und seine Verbindungen, angegeben als Quecksilber	0,05

Die zuständigen Behörden können auf Antrag des Betreibers Ausnahmen für Schwefeldioxid und Gesamtkohlenstoff genehmigen, sofern diese Ausnahmen auf Grund der Zusammensetzung der Rohstoffe erforderlich sind und ausgeschlossen werden kann, dass durch die Verbrennung von Abfällen oder Stoffen nach § 1 Abs. 1 zusätzliche Emissionen an Gesamtkohlenstoff und Schwefeldioxid entstehen. Die zuständigen Behörden können auf Antrag des Betreibers für Quecksilber und seine Verbindungen einen Halbstundenmittelwert von bis zu 0,1 mg/m³ genehmigen, wenn eine Überschreitung des Halbstundenmittelwertes von 0,05 mg/m³ auf den Quecksilbergehalt der Rohstoffe zurückzuführen ist.

II.1.3 Emissionsgrenzwert für Kohlenmonoxid

Die zuständige Behörde hat einen Emissionsgrenzwert für Kohlenmonoxid unter Berücksichtigung der Anforderungen nach § 5 Abs. 1 festzulegen. Die zuständige Behörde kann auf Antrag des Betreibers von dem in § 5 Abs. 1 für Kohlenmonoxid festgelegten Emissionsgrenzwert abweichen, sofern diese Ausnahmen auf Grund der Zusammensetzung der Rohstoffe erforderlich sind und ausgeschlossen werden kann, dass durch die Verbrennung von Abfällen oder sonstigen Stoffen nach § 1 Abs. 1 zusätzliche Emissionen an Kohlenmonoxid entstehen.

II.1.4 Festlegung der Grenzwerte für NO_x

Abweichend von der in § 5a Abs. 4 Satz 1 geregelten Festlegung eines Mischgrenzwertes für NO_x kann bis zum 30. Oktober 2007 von den zuständigen Behörden für Altanlagen ein Tagesmittelwert für Stickstoffmonoxid und Stickstoffdioxid, angegeben als Stickstoffdioxid, von 500 mg/m³ zugelassen werden. Die Möglichkeiten, die Emissionen durch feuerungstechnische und andere dem Stand der Technik entsprechende Maßnahmen weiter zu vermindern, sind auszuschöpfen.

Verbrennungsanlagen für Abfälle   17. BImSchV **Anh. A 17**

II.2 Besondere Vorschriften für Feuerungsanlagen, in denen Abfälle oder Stoffe gemäß § 1 Abs. 1 mitverbrannt werden

Die Emissionen sind zur Überprüfung der Einhaltung der Emissionsgrenzwerte auf einen festen Bezugssauerstoffgehalt von 6 vom Hundert bei der Verwendung von festen fossilen Brennstoffen oder Biomassen oder 3 vom Hundert bei der Verwendung von flüssigen oder gasförmigen Brennstoffen oder für Emissionswerte nach Nummer II.2.1, II.2.2 und II.2.3 gemäß Anhang II zu berechnendem Bezugssauerstoffgehalt zu beziehen. Die in § 5 Abs. 1 Nr. 3 und 4 festgelegten Emissionsgrenzwerte für die zu Gruppen zusammengefassten Schadstoffe (Schwermetalle, Benzo(a)pyren, polychlorierte Dibenzodioxine und Dibenzofurane) gelten unter Berücksichtigung der in Satz 1 für die jeweiligen Brennstoffe festgelegten Bezugssauerstoffgehalte.

Soweit in Nummer II.2 nicht anders festgelegt ist, dürfen die Halbstundenmittelwerte das Zweifache der unter Nummer II.2.1 bis II.2.5 festgelegten Tagesmittelwerte nicht überschreiten.

Für die Dauer der Probenahme und die sonstigen Messanforderungen gelten die in den §§ 9 bis 15 festgelegten Anforderungen.

Weitergehende Regelungen, die sich aus anderen Rechtsvorschriften oder aus diese Rechtsvorschriften konkretisierenden Verwaltungsvorschriften ergeben, bleiben unberührt.

II.2.1 Emissionswerte ($C_{Verfahren}$) bei Verwendung von festen fossilen Brennstoffen (Tagesmittelwerte in mg/m³) bei unterschiedlichen Feuerungswärmeleistungen (in MW_{th}):

Emissionsparameter		1–< 10 MW_{th}	10–< 50 MW_{th}	50– 100 MW_{th}	> 100– 300 MW_{th}	> 300 MW_{th}
SO_2 und SO_3	Steinkohle	1300		850	200 und Schwefelminderungsgrad ³ 85 vom Hundert	200 und Schwefelminderungsgrad ³ 85 vom Hundert
	Braunkohle	1000				
	Wirbelschicht	350 oder Schwefelminderungsgrad ³ 75 vom Hundert		350 oder 850 und Schwefelminderungsgrad ³ 75 vom Hundert		
NO_x		500 oder 300 bei Wirbelschichtfeuerung	400 oder 300 bei Wirbelschichtfeuerung	400 oder 300 bei Wirbelschichtfeuerung	200	200
Kohlenmonoxid		150[1]	150	150	200	200

Soweit auf Grund des erhöhten Schwefelgehalts der eingesetzten Brennstoffe die in der Tabelle aufgeführten Emissionswerte für Steinkohle, Braunkohle und Wir-

---

[1] **Amtl. Anm.:** Bei Einzelfeuerungen mit einer Feuerungswärmeleistung von weniger als 2,5 MW_{th} gilt der Emissionswert nur im Betrieb mit Nennlast.

Anh. A 17   17. BImSchV   VO zur Durchführung des BImSchG

belschicht mit einem verhältnismäßigen Aufwand nicht eingehalten werden können, kann die zuständige Behörde auf Antrag im Einzelfall höhere Emissionswerte als Berechnungsgrundlage verwenden, soweit bei einer Feuerungswärmeleistung von
a) 50 MW$_{th}$ bis 100 MW$_{th}$ alternativ ein Schwefelminderungsgrad von 92 vom Hundert nicht unterschritten wird,
b) mehr als 100 MW$_{th}$ bis 300 MW$_{th}$ ein Emissionsgrenzwert von 300 mg/m³ nicht überschritten und zusätzlich ein Schwefelminderungsgrad von mindestens 92 vom Hundert nicht unterschritten wird,
c) mehr als 300 MW$_{th}$ ein Emissionsgrenzwert von 400 mg/m³ nicht überschritten und zusätzlich ein Schwefelminderungsgrad von mindestens 95 vom Hundert nicht unterschritten wird.

Bei Altanlagen mit einer Feuerungswärmeleistung > 100 MW$_{th}$ gilt ein Emissionswert für CO von 250 mg/m³.

Für Altanlagen mit einer Feuerungswärmeleistung von >100 bis 300 MW$_{th}$ gilt bis zum 1. Januar 2008 ein Emissionswert für NO$_x$ von 300 mg/m³.

II.2.2 Emissionswerte (C$_{Verfahren}$) für bei Verwendung von Biobrennstoff (Tagesmittelwerte unterschiedlichen Feuerungswärmeleistungen (in MW$_{th}$):

Emissionsparameter		< 50 MW$_{th}$	50– 100 MW$_{th}$	> 100– 300 MW$_{th}$	> 300 MW$_{th}$
SO$_2$ und SO$_3$	naturbelassenes Holz	200	200	200	200
	sonstiger Biobrennstoff	350			
NO$_x$	naturbelassenes Holz	250	250	250	200
	Sonstiger Biobrennstoff	400	305 oder 300 bei Wirbelschichtfeuerung	300	
Kohlenmonoxid	naturbelassenes Holz, Holzabfälle nach § 1 Abs. 3 Nr. 4	150[1]	150	200	200
	sonstiger Biobrennstoff	250[1]	250	250	250

Als Biobrennstoff werden Produkte land- oder forstwirtschaftlichen Ursprungs, aus pflanzlichem Material oder Teilen davon, die zur energetischen Verwertung verwendet werden, sowie die in § 1 Abs. 3 Nr. 1 bis 5 genannten Abfälle bezeichnet.

II.2.3 Emissionswerte (C$_{Verfahren}$) bei Verwendung von flüssigen Brennstoffen (Tagesmittelwerte in mg/m³) bei unterschiedlichen Feuerungswärmeleistungen (in MW$_{th}$):

---

[1] **Amtl. Anm.:** Bei Einzelfeuerungen mit einer Feuerungswärmeleistung von weniger als 2,5 MW$_{th}$ gilt der Emissionswert nur im Betrieb mit Nennlast.

Verbrennungsanlagen für Abfälle   17. BImSchV   Anh. A 17

Emissionsparameter	< 50 MW$_{th}$	50–100 MW$_{th}$	> 100–300 MW$_{th}$	> 300 MW$_{th}$
SO$_2$ und SO$_3$	850	850	400 bis 200 (lineare Abnahme von 100 bis 300 MWth) und Schwefelminderungsgrad [3] 85 vom Hundert	200 und Schwefelminderungsgrad [3] 85 vom Hundert
NO$_x$	250 bei Heizöl EL 350 bei sonstigen Brennstoffen	200 bei Heizöl EL 350 bei sonstigen Brennstoffen	200	150
Kohlenmonoxid	80	80	80	80

Beim Einsatz von Heizöl EL gilt als Emissionswert (C$_{Verfahren}$) für SO$_2$ und SO$_3$ der jeweils für den Betrieb ohne Einsatz von Abfällen oder Stoffen nach § 1 Abs. 1 gemessene Emissionswert, soweit dieser den gemäß Tabelle II.2.3 zwischen > 100–300 MW$_{th}$ bei linearer Abnahme ermittelten Emissionswert nicht übersteigt. Bei Anlagen über 300 MW$_{th}$ ist für SO$_2$ und SO$_3$ der Emissionswert (C$_{Verfahren}$) von 200 mg/m³ anzuwenden. Die in Tabelle II.2.3 geforderten Schwefelminderungsgrade finden beim Einsatz von Heizöl EL keine Anwendung.

II.2.4 Feuerungsanlagen für gasförmige Brennstoffe

Beim Einsatz von gasförmigen Stoffen aus der Pyrolyse oder Vergasung von festen oder flüssigen Abfällen in Feuerungsanlagen für gasförmige Brennstoffe hat die zuständige Behörde einen kontinuierlich zu überwachenden Emissionsgrenzwert (Tagesmittelwert und Halbstundenmittelwert) für SO$_2$ und SO$_3$ sowie für NO$_x$ unter Berücksichtigung der spezifischen Brennstoffe gemäß der 13. BImSchV sowie einen entsprechenden Bezugssauerstoffgehalt in der Genehmigung festzusetzen. Für alle weiteren Emissionsparameter kommen die Nummer II.2.5 bis II.2.6 sowie als C$_{Verfahren}$ ein Emissionswert für Kohlenmonoxid als Tagesmittelwert von 80 mg/m³ oder bei Einsatz von Gasen der öffentlichen Gasversorgung 50 mg/m³ jeweils bei einem Bezugssauerstoffgehalt von 3 vom Hundert zur Anwendung.

II.2.5 Feste Emissionsgrenzwerte für alle Brennstoffe (Tagesmittelwert in mg/m³)

Emissionsparameter	C
Gesamtstaub	10
gasförmige anorganische Chlorverbindungen, angegeben als Chlorwasserstoff	20
gasförmige anorganische Fluorverbindungen, angegeben als Fluorwasserstoff	1
organische Stoffe, angegeben als Gesamtkohlenstoff	10
Quecksilber und seine Verbindungen, angegeben als Quecksilber	0,03

1117

Anh. A 17 17. BImSchV VO zur Durchführung des BImSchG

Für Altanlagen ist ein Tagesmittelwert für Gesamtstaub von höchstens 20 mg/m^3 zulässig. Die Gesamtstaubemission ist ohne Beitrag des Schwefeltrioxids zum Messwert auszuweisen.

Abweichend von den genannten Emissionsgrenzwerten gilt für Anlagen, bei denen zur Minderung von Schwefeloxidemissionen keine Rauchgasentschwefelungsanlage erforderlich ist, ein Tagesmittelwert für Gesamtstaub von 20 mg/m^3.

Abweichend von den genannten Emissionsgrenzwerten gilt für Wirbelschichtfeuerungen ein Tagesmittelwert für gasförmige anorganische Chlorverbindungen, angegeben als Chlorwasserstoff, von 100 mg/m^3.

Abweichend von den genannten Emissionsgrenzwerten für gasförmige anorganische Fluorverbindungen, angegeben als Fluorwasserstoff, gilt für Altanlagen, bei denen es zum Betrieb der Rauchgasentschwefelungsanlage erforderlich ist, dem Rauchgasstrom vor der Rauchgasentschwefelungsanlage mittels rotierender oder feststehender Speichermassen als Wärmeübertragungsmedium Wärme zu entziehen, wobei diese zur Wiederaufheizung des Abgasstroms nach der Rauchgasentschwefelungsanlage genutzt wird, ein Tagesmittelwert für Fluorwasserstoff von 10 mg/m^3.

II.2.6 Feste Emissionsgrenzwerte für alle Brennstoffe (Halbstundenmittelwerte in mg/m^3)

Emissionsparameter	C
Gesamtstaub	30
gasförmige anorganische Chlorverbindungen, angegeben als Chlorwasserstoff	60
gasförmige anorganische Fluorverbindungen, angegeben als Fluorwasserstoff	4
Quecksilber und seine Verbindungen, angegeben als Quecksilber	0,05

Bis zum 1. Januar 2010 kann von den zuständigen Behörden für Altanlagen ein Halbstundenmittelwert für Gesamtstaub von höchstens 40 mg/m^3 zugelassen werden.

Abweichend von den genannten Emissionsgrenzwerten gilt für Anlagen, bei denen zur Minderung von Schwefeloxidemissionen keine Rauchgasentschwefelungsanlage erforderlich ist, ein Halbstundenmittelwert für Gesamtstaub von 40 mg/m^3.

Abweichend von den genannten Emissionsgrenzwerten gilt für Wirbelschichtfeuerungen ein Halbstundenmittelwert für gasförmige anorganische Chlorverbindungen, angegeben als Chlorwasserstoff, von 200 mg/m^3.

Abweichend von den genannten Emissionsgrenzwerten für gasförmige anorganische Fluorverbindungen, angegeben als Fluorwasserstoff, gilt für Altanlagen, bei denen es zum Betrieb der Rauchgasentschwefelungsanlage erforderlich ist, dem Rauchgasstrom vor der Rauchgasentschwefelungsanlage mittels rotierender oder feststehender Speichermassen als Wärmeübertragungsmedium Wärme zu entziehen, wobei diese zur Wiederaufheizung des Abgasstroms nach der Rauchgasentschwefelungsanlage genutzt wird, ein Halbstundenmittelwert für Fluorwasserstoff von 15 mg/m^3.

II.3 Besondere Vorschriften für sonstige Anlagen, d. h. Anlagen, die nicht in Anhang II.1 oder II.2 aufgeführt sind und in denen Abfälle oder Stoffe nach § 1 Abs. 1 mitverbrannt werden

Die Emissionen sind zur Überprüfung der Einhaltung der Emissionsgrenzwerte auf einen für das jeweilige Verfahren relevanten Bezugssauerstoffgehalt, jedoch

Verbrennungsanlagen für Abfälle 17. BImSchV **Anh. A 17**

höchstens 11 vom Hundert, zu beziehen. Bei Anlagen, die mit einem überwiegenden Anteil an betriebsbedingter Nebenluft sowie im Falle der Verbrennung mit reinem Sauerstoff oder signifikant mit Sauerstoff angereicherter Luft betrieben werden, soll die Behörde auf Antrag des Betreibers die Emissionsgrenzwerte auf einen an die Verfahrensbedingungen der Anlage angepassten Bezugssauerstoffgehalt beziehen oder auf die Festlegung eines Bezugssauerstoffgehalts verzichten. Die in § 5 Abs. 1 Nr. 3 und 4 festgelegten Emissionsgrenzwerte für die zu Gruppen zusammengefassten Schadstoffe (Schwermetalle, Benzo(a)pyren, polychlorierte Dibenzodioxine und Dibenzofurane) gelten unter Berücksichtigung des nach Satz 1 oder 2 festgelegten Bezugssauerstoffgehalts.

Für alle kontinuierlich zu überwachenden Emissionsgrenzwerte sind Tagesmittelwerte und Halbstundenmittelwerte zu ermitteln. Soweit in Nummer II.3.2 nicht anders festgelegt ist, dürfen die Halbstundenmittelwerte das Zweifache der unter Nummer II.3.1 festgelegten Tagesmittelwerte nicht überschreiten.

Für die Dauer der Probenahme und die sonstigen Messanforderungen gelten die in den §§ 9 bis 15 festgelegten Anforderungen.

Weitergehende Regelungen, die sich aus anderen Rechtsvorschriften oder aus diese Rechtsvorschriften konkretisierenden Verwaltungsvorschriften ergeben, bleiben unberührt.

II.3.1 Feste Emissionsgrenzwerte (Tagesmittelwert in mg/m^3)

Emissionsparameter	C
Gesamtstaub	20
gasförmige anorganische Chlorverbindungen, angegeben als Chlorwasserstoff	10
organische Stoffe, angegeben als Gesamtkohlenstoff	10
Quecksilber und seine Verbindungen, angegeben als Quecksilber	0,03

II.3.2 Feste Emissionsgrenzwerte (Halbstundenmittelwerte in mg/m^3)

Emissionsparameter	C
gasförmige anorganische Chlorverbindungen, angegeben als Chlorwasserstoff	60
Quecksilber und seine Verbindungen, angegeben als Quecksilber	0,05

Anhang III

Messtechniken

1. Die Messungen zur Bestimmung der Konzentrationen der luft- und wassergefährdenden Stoffe müssen repräsentativ sein.
2. Die Probenahme und Analyse aller Schadstoffe, einschließlich Dioxine und Furane, sowie die Referenzmessverfahren zur Kalibrierung automatischer Messsysteme sind nach CEN-Normen durchzuführen. Sind keine CEN-Normen verfügbar, so werden ISO-Normen, nationale Normen oder sonstige internationale Normen angewandt, die sicherstellen, dass Daten von gleichwertiger wissenschaftlicher Qualität ermittelt werden.

Anh. A 17 17. BImSchV VO zur Durchführung des BImSchG

3. Der Wert des Konfidenzintervalls von 95 vom Hundert eines einzelnen Messergebnisses darf an der für den Tagesmittelwert festgelegten Emissionsbegrenzung die folgenden Vomhundertsätze dieser Emissionsbegrenzung nicht überschreiten:

Kohlenmonoxid:	10 vom Hundert
Schwefeldioxid:	20 vom Hundert
Stickstoffoxid:	20 vom Hundert
Gesamtstaub:	30 vom Hundert
Organisch gebundener Gesamtkohlenstoff:	30 vom Hundert
Chlorwasserstoff:	40 vom Hundert
Fluorwasserstoff:	40 vom Hundert
Quecksilber:	40 vom Hundert

Die validierten Halbstunden- und Tagesmittelwerte werden auf Grund der gemessenen Halbstundenmittelwerte und nach Abzug des in der Kalibrierung bestimmten Konfidenzintervalls bestimmt.

Anhang IV

Soweit Emissionsgrenzwerte auf Bezugssauerstoffgehalte im Abgas bezogen sind, sind die im Abgas gemessenen Massenkonzentrationen nach folgender Gleichung umzurechnen:

$$E_B = \frac{21 - O_B}{21 - O_M} \times E_M$$

E_B = Massenkonzentration, bezogen auf den Bezugssauerstoffgehalt
E_M = gemessene Massenkonzentration
O_B = Bezugssauerstoffgehalt
O_M = gemessener Sauerstoffgehalt

A 18. Sportanlagenlärmschutzverordnung – 18. BImSchV

Vom 18. 7. 1991[1] (BGBl I 1588, ber. 1790)

(BGBl III/FNA 2129-8-18)

Kommentierung: Vgl. die Ausführungen zu § 23, insb. Rn.25–27, 42 zu § 23 sowie Rn.39 zu § 22. – **Literatur:** *Stüer/Middelbeck,* Sportlärm bei Planung und Vorhabenzulassung, BauR 2003, 38; *Ketteler,* Die Sportanlagenlärmschutzverordnung in Rechtsprechung und behördlicher Praxis, NVwZ 2002, 1070; *Arndt,* Anwendbarkeit der 18. BImSchVO auf Spielplätze, NuR 2001, 445; *Kuchler,* Sind Freibäder Sportanlagen?, NuR 2000, 77; *Herr,* Sportanlagen in Wohnnachbarschaft, 1998; *Ketteler,* Sportanlagenlärmschutzverordnung, 1998; *Laubinger,* in: UL (1991), A 18.0.

§ 1 Anwendungsbereich. (1) Diese Verordnung gilt für die Errichtung, die Beschaffenheit und den Betrieb von Sportanlagen, soweit sie zum Zwecke der Sportausübung betrieben werden und einer Genehmigung nach § 4 des Bundes-Immissionsschutzgesetzes nicht bedürfen.

(2) Sportanlagen sind ortsfeste Einrichtungen im Sinne des § 3 Abs. 5 Nr.1 des Bundes-Immissionsschutzgesetzes, die zur Sportausübung bestimmt sind.

(3) Zur Sportanlage zählen auch Einrichtungen, die mit der Sportanlage in einem engen räumlichen und betrieblichen Zusammenhang stehen. Zur Nutzungsdauer der Sportanlage gehören auch die Zeiten des An- und Abfahrverkehrs sowie des Zu- und Abgangs.

§ 2 Immissionsrichtwerte. (1) Sportanlagen sind so zu errichten und zu betreiben, daß die in den Absätzen 2 bis 4 genannten Immissionsrichtwerte unter Einrechnung der Geräuschimmissionen anderer Sportanlagen nicht überschritten werden.

(2) Die Immissionsrichtwerte betragen für Immissionsorte außerhalb von Gebäuden
1. in Gewerbegebieten
   tags außerhalb der Ruhezeiten   65 dB(A),
   tags innerhalb der Ruhezeiten   60 dB(A),
   nachts   50 dB(A),
2. in Kerngebieten, Dorfgebieten und Mischgebieten
   tags außerhalb der Ruhezeiten   60 dB(A),
   tags innerhalb der Ruhezeiten   55 dB(A),
   nachts   45 dB(A),
3. in allgemeinen Wohngebieten und Kleinsiedlungsgebieten
   tags außerhalb der Ruhezeiten   55 dB(A),
   tags innerhalb der Ruhezeiten   50 dB(A),
   nachts   40 dB(A),
4. in reinen Wohngebieten
   tags außerhalb der Ruhezeiten   50 dB(A),
   tags innerhalb der Ruhezeiten   45 dB(A),
   nachts   35 dB(A),

---

[1] Zur Rechtsgrundlage Rn. 26 zu § 23.

Sportanlagenlärmschutz 18. BImSchV **Anh. A 18**

5. in Kurgebieten, für Krankenhäuser und Pflegeanstalten
   tags außerhalb der Ruhezeiten 45 dB(A),
   tags innerhalb der Ruhezeiten 45 dB(A),
   nachts 35 dB(A).

(3) Werden bei Geräuschübertragung innerhalb von Gebäuden in Aufenthaltsräumen von Wohnungen, die baulich aber nicht betrieblich mit der Sportanlage verbunden sind, von der Sportanlage verursachte Geräuschimmissionen mit einem Beurteilungspegel von mehr als 35 dB(A) tags oder 25 dB(A) nachts festgestellt, hat der Betreiber der Sportanlage Maßnahmen zu treffen, welche die Einhaltung der genannten Immissionsrichtwerte sicherstellen; dies gilt unabhängig von der Lage der Wohnung in einem der in Absatz 2 genannten Gebiete.

(4) Einzelne kurzzeitige Geräuschspitzen sollen die Immissionsrichtwerte nach Absatz 2 tags um nicht mehr als 30 dB(A) sowie nachts um nicht mehr als 20 dB(A) überschreiten; ferner sollen einzelne kurzzeitige Geräuschspitzen die Immissionsrichtwerte nach Absatz 3 um nicht mehr als 10 dB(A) überschreiten.

(5) Die Immissionsrichtwerte beziehen sich auf folgende Zeiten:

1. tags	an Werktagen	6.00 bis 22.00 Uhr,
	an Sonn- und Feiertagen	7.00 bis 22.00 Uhr,
2. nachts	an Werktagen	0.00 bis 6.00 Uhr
	und	22.00 bis 24.00 Uhr,
	an Sonn- und Feiertagen	0.00 bis 7.00 Uhr
	und	22.00 bis 24.00 Uhr,
3. Ruhezeit	an Werktagen	6.00 bis 8.00 Uhr
	und	20.00 bis 22.00 Uhr,
	an Sonn- und Feiertagen	7.00 bis 9.00 Uhr,
		13.00 bis 15.00 Uhr
	und	20.00 bis 22.00 Uhr.

Die Ruhezeit von 13.00 bis 15.00 Uhr an Sonn- und Feiertagen ist nur zu berücksichtigen, wenn die Nutzungsdauer der Sportanlage oder der Sportanlagen an Sonn- und Feiertagen in der Zeit von 9.00 bis 20.00 Uhr 4 Stunden oder mehr beträgt.

(6) Die Art der in Absatz 2 bezeichneten Gebiete und Anlagen ergibt sich aus den Festsetzungen in den Bebauungsplänen. Sonstige in Bebauungsplänen festgesetzte Flächen für Gebiete und Anlagen sowie Gebiete und Anlagen, für die keine Festsetzungen bestehen, sind nach Absatz 2 entsprechend der Schutzbedürftigkeit zu beurteilen. Weicht die tatsächliche bauliche Nutzung im Einwirkungsbereich der Anlage erheblich von der im Bebauungsplan festgesetzten baulichen Nutzung ab, ist von der tatsächlichen baulichen Nutzung unter Berücksichtigung der vorgesehenen baulichen Entwicklung des Gebietes auszugehen.

(7) Die von der Sportanlage oder den Sportanlagen verursachten Geräuschimmissionen sind nach dem Anhang zu dieser Verordnung zu ermitteln und zu beurteilen.

§ 3 Maßnahmen. Zur Erfüllung der Pflichten nach § 2 Abs. 1 hat der Betreiber insbesondere
1. an Lautsprecheranlagen und ähnlichen Einrichtungen technische Maßnahmen, wie dezentrale Aufstellung von Lautsprechern und Einbau von Schallpegelbegrenzern, zu treffen,
2. technische und bauliche Schallschutzmaßnahmen, wie die Verwendung lärmgeminderter oder lärmmindernder Ballfangzäune, Bodenbeläge, Schallschutzwände und -wälle, zu treffen,

Anh. A 18 **18. BImSchV** VO zur Durchführung des BImSchG

3. Vorkehrungen zu treffen, daß Zuschauer keine übermäßig lärmerzeugenden Instrumente wie pyrotechnische Gegenstände oder druckgasbetriebene Lärmfanfaren verwenden, und
4. An- und Abfahrtswege und Parkplätze durch Maßnahmen betrieblicher und organisatorischer Art so zu gestalten, daß schädliche Umwelteinwirkungen durch Geräusche auf ein Mindestmaß beschränkt werden.

§ 4 Weitergehende Vorschriften. Weitergehende Vorschriften, vor allem zum Schutz der Sonn- und Feiertags-, Mittags- und Nachtruhe oder zum Schutz besonders empfindlicher Gebiete, bleiben unberührt.

§ 5 Nebenbestimmungen und Anordnungen im Einzelfall. (1) Die zuständige Behörde soll von Nebenbestimmungen zu erforderlichen Zulassungsentscheidungen und Anordnungen zur Durchführung dieser Verordnung absehen, wenn die von der Sportanlage ausgehenden Geräusche durch ständig vorherrschende Fremdgeräusche nach Nummer 1.4 des Anhangs überlagert werden.

(2) Die zuständige Behörde kann zur Erfüllung der Pflichten nach § 2 Abs. 1 außer der Festsetzung von Nebenbestimmungen zu erforderlichen Zulassungsentscheidungen oder der Anordnung von Maßnahmen nach § 3 für Sportanlagen Betriebszeiten (ausgenommen für Freibäder von 7.00 Uhr bis 22.00 Uhr) festsetzen; hierbei sind der Schutz der Nachbarschaft und der Allgemeinheit sowie die Gewährleistung einer sinnvollen Sportausübung auf der Anlage gegeneinander abzuwägen.

(3) Die zuständige Behörde soll von einer Festsetzung von Betriebszeiten absehen, soweit der Betrieb einer Sportanlage dem Schulsport oder der Durchführung von Sportstudiengängen an Hochschulen dient. Dient die Anlage auch der allgemeinen Sportausübung, sind bei der Ermittlung der Geräuschimmissionen die dem Schulsport oder der Durchführung von Sportstudiengängen an Hochschulen zuzurechnenden Teilzeiten nach Nummer 1.3.2.3 des Anhangs außer Betracht zu lassen; die Beurteilungszeit wird um die dem Schulsport oder der Durchführung von Sportstudiengängen an Hochschulen tatsächlich zuzurechnenden Teilzeiten verringert. Die Sätze 1 und 2 gelten entsprechend für Sportanlagen, die der Sportausbildung im Rahmen der Landesverteidigung dienen.

(4) Bei Sportanlagen, die vor Inkrafttreten dieser Verordnung baurechtlich genehmigt oder – soweit eine Baugenehmigung nicht erforderlich war – errichtet waren, soll die zuständige Behörde von einer Festsetzung von Betriebszeiten absehen, wenn die Immissionsrichtwerte an den in § 2 Abs. 2 genannten Immissionsorten jeweils um weniger als 5 dB(A) überschritten werden; dies gilt nicht an den in § 2 Abs. 2 Nr.5 genannten Immissionsorten.

(5) Die zuständige Behörde soll von einer Festsetzung von Betriebszeiten absehen, wenn infolge des Betriebs einer oder mehrerer Sportanlagen bei seltenen Ereignissen nach Nummer 1.5 des Anhangs Überschreitungen der Immissionsrichtwerte nach § 2 Abs. 2

1. die Geräuschimmissionen außerhalb von Gebäuden die Immissionsrichtwerte nach § 2 Abs. 2 um nicht mehr als 10 dB(A), keinesfalls aber die folgenden Höchstwerte überschreiten;

tags außerhalb der Ruhezeiten 70 dB(A),
tags innerhalb der Ruhezeiten 65 dB(A),
nachts 55 dB(A),
und
2. einzelne kurzzeitige Geräuschspitzen die nach Nummer 1 für seltene Ereignisse geltenden Immissionsrichtwerte tags um nicht mehr als 20 dB(A) und nachts um nicht mehr als 10 dB(A) überschreiten.

(6) In dem in Artikel 3 des Einigungsvertrages genannten Gebiet soll die zuständige Behörde für die Durchführung angeordneter Maßnahmen nach § 3 Nr. 1 und 2 eine Frist setzen, die bis zu zehn Jahre betragen kann.

(7) Im übrigen Geltungsbereich dieser Verordnung soll die zuständige Behörde bei Sportanlagen, die vor Inkrafttreten der Verordnung baurechtlich genehmigt oder – soweit eine Baugenehmigung nicht erforderlich war – errichtet waren, für die Durchführung angeordneter Maßnahmen nach § 3 Nr. 1 und 2 eine angemessene Frist gewähren.

§ 6 Zugänglichkeit der Norm- und Richtlinienblätter. Die in den Nummern 2.1, 2.3, 3.1 und 3.2 des Anhangs genannten DIN-Normblätter und VDI-Richtlinien sind bei der Beuth Verlag GmbH, Berlin, zu beziehen. Die genannten Normen und Richtlinien sind bei dem Deutschen Patentamt archivmäßig gesichert niedergelegt.

§ 7 Inkrafttreten. Diese Verordnung tritt drei Monate nach der Verkündung in Kraft.[1]

Anhang
Ermittlungs- und Beurteilungsverfahren

1. Allgemeines

1.1 Zuzurechnende Geräusche

Den Sportanlagen sind folgende bei bestimmungsgemäßer Nutzung auftretende Geräusche zuzurechnen:
a) Geräusche durch technische Einrichtungen und Geräte,
b) Geräusche durch die Sporttreibenden,
c) Geräusche durch die Zuschauer und sonstigen Nutzer,
d) Geräusche, die von Parkplätzen auf dem Anlagengelände ausgehen.

Verkehrsgeräusche auf öffentlichen Verkehrsflächen außerhalb der Sportanlage durch das der Anlage zuzuordnende Verkehrsaufkommen sind bei der Beurteilung gesondert von den anderen Anlagengeräuschen zu betrachten und nur zu berücksichtigen, sofern sie nicht selten auftreten (Nr.1.5) und im Zusammenhang mit der Nutzung der Sportanlage den vorhandenen Pegel der Verkehrsgeräusche rechnerisch um mindestens 3 dB(A) erhöhen. Hierbei ist das Berechnungsverfahren der 16. Verordnung zur Durchführung des Bundes-Immissionsschutzgesetzes (Verkehrslärmschutzverordnung – 16. BImSchV) vom 12. Juni 1990 (BGBl. I S.1036) sinngemäß anzuwenden.

1.2 Maßgeblicher Immissionsort

Der für die Beurteilung maßgebliche Immissionsort liegt
a) bei bebauten Flächen 0,5 m außerhalb, etwa vor der Mitte des geöffneten, vom Geräusch am stärksten betroffenen Fensters eines zum dauernden Aufenthalt von Menschen bestimmten Raumes einer Wohnung, eines Krankenhauses, einer Pflegeanstalt oder einer anderen ähnlich schutzbedürftigen Einrichtung;
b) bei unbebauten Flächen, die aber mit zum Aufenthalt von Menschen bestimmten Gebäuden bebaut werden dürfen, an dem am stärksten betroffenen Rand der Fläche, wo nach dem Bau- und Planungsrecht Gebäude mit zu schützenden Räumen erstellt werden dürfen;

---

[1] Die Verordnung trat am 26. 10. 1991 in Kraft.

c) bei mit der Anlage baulich aber nicht betrieblich verbundenen Wohnungen in dem am stärksten betroffenen, nicht nur dem vorübergehenden Aufenthalt dienenden Raum.

Einzelheiten hierzu sind in Nr.3.2.2.1 geregelt.

1.3 Ermittlung der Geräuschimmission

1.3.1 Beurteilungspegel, einzelne kurzzeitige Geräuschspitzen

Der Beurteilungspegel L_r kennzeichnet die Geräuschimmission während der Beurteilungszeit nach Nr.1.3.2. Er wird gemäß Nr.1.6 mit den Immissionsrichtwerten verglichen.

Der Beurteilungspegel wird gebildet aus dem für die jeweilige Beurteilungszeit ermittelten Mittelungspegel L_{Am} und gegebenenfalls den Zuschlägen K_I für Impulshaltigkeit und/oder auffällige Pegeländerungen nach Nr.1.3.3 und K_T für Ton- und Informationshaltigkeit nach Nr.1.3.4.

Für die Beurteilung einzelner kurzzeitiger Geräuschspitzen wird deren Maximalpegel L_{AFmax} herangezogen.

Für die Beurteilung von Geräuschen bei neu zu errichtenden Sportanlagen sind die Geräuschimmissionen nach dem in Nr.2 beschriebenen Prognoseverfahren, bei bestehenden Sportanlagen in der Regel nach Nr.3 durch Messung zu bestimmen.

1.3.2 Beurteilungszeiten T_r

1.3.2.1 Werktags

An Werktagen gilt für Geräuscheinwirkungen
tags außerhalb der Ruhezeiten (8 bis 20 Uhr) eine Beurteilungszeit von 12 Stunden,
tags während der Ruhezeiten (6 bis 8 Uhr und 20 bis 22 Uhr) jeweils eine Beurteilungszeit von 2 Stunden,
nachts (22 bis 6 Uhr) eine Beurteilungszeit von 1 Stunde (ungünstigste volle Stunde).

1.3.2.2 Sonn- und feiertags

An Sonn- und Feiertagen gilt für Geräuscheinwirkungen
tags außerhalb der Ruhezeiten (9 bis 13 Uhr und 15 bis 20 Uhr) eine Beurteilungszeit von 9 Stunden,
tags während der Ruhezeiten (7 bis 9 Uhr, 13 bis 15 Uhr und 20 bis 22 Uhr) jeweils eine Beurteilungszeit von 2 Stunden,
nachts (0 bis 7 Uhr und 22 bis 24 Uhr) eine Beurteilungszeit von 1 Stunde (ungünstigste volle Stunde).
Beträgt die gesamte Nutzungszeit der Sportanlagen zusammenhängend weniger als 4 Stunden und fallen mehr als 30 Minuten der Nutzungszeit in die Zeit von 13 bis 15 Uhr, gilt als Beurteilungszeit ein Zeitabschnitt von 4 Stunden, der die volle Nutzungszeit umfaßt.

1.3.2.3 Teilzeiten T_i

Treten während einer Beurteilungszeit unterschiedliche Emissionen, jeweils unter Einschluß der Impulshaltigkeit, auffälliger Pegeländerungen, der Ton- und Informationshaltigkeit sowie kurzzeitiger Geräuschspitzen, auf, ist zur Ermittlung der Geräuschimmission während der gesamten Beurteilungszeit diese in geeigneter Weise in Teilzeiten T_i aufzuteilen, in denen die Emissionen im wesentlichen gleichartig sind. Eine solche Unterteilung ist z.B. bei zeitlich abgrenzbarem unterschiedlichem Betrieb der Sportanlage erforderlich.

Sportanlagenlärmschutz 18. BImSchV **Anh. A 18**

1.3.3 Zuschlag $K_{I,i}$ für Impulshaltigkeit und/oder auffällige Pegeländerungen

Enthält das zu beurteilende Geräusch während einer Teilzeit T_i der Beurteilungszeit nach Nr. 1.3.2 Impulse und/oder auffällige Pegeländerungen, wie z. B. Aufprallgeräusche von Bällen, Geräusche von Startpistolen, Trillerpfeifen oder Signalgebern, ist für diese Teilzeit ein Zuschlag $K_{I,i}$ zum Mittelungspegel $L_{Am,i}$ zu berücksichtigen.

Bei Geräuschen durch die menschliche Stimme ist, soweit sie nicht technisch verstärkt sind, kein Zuschlag $K_{I,i}$ anzuwenden.

Treten die Impulse und/oder auffälligen Pegeländerungen in der Teilzeit T_i im Mittel höchstens einmal pro Minute auf, sind neben dem Mittelungspegel $L_{Am,i}$ der mittlere Maximalpegel $L_{AFmax,i}$ (energetischer Mittelwert) und die mittlere Anzahl n pro Minute der Impulse und/oder auffälligen Pegeländerungen zu bestimmen. Der Zuschlag $K_{I,i}$ beträgt dann:

$$K_{I,i} = 10 \lg (1 + n/12 \cdot 10^{0,1(L_{AFmax,i} - L_{Am,i})}) \text{ (dB(A))} \tag{1}$$

Sofern Impulse und/oder auffällige Pegeländerungen in der Teilzeit T_i mehr als einmal pro Minute auftreten, ist der Wirkpegel $L_{AFTm,i}$ nach dem Taktmaximalverfahren mit einer Taktzeit von 5 Sekunden zu bestimmen. Dieser beinhaltet bereits den Zuschlag $K_{I,i}$ für Impulshaltigkeit und/oder auffällige Pegeländerungen ($L_{Am,i} + K_{I,i} = L_{AFTm,i}$). Bei Anlagen, die Geräuschimmissionen mit Impulsen und/oder auffälligen Pegeländerungen in der Teilzeit T_i mehr als einmal pro Minute hervorrufen und vor Inkrafttreten dieser Verordnung baurechtlich genehmigt oder – soweit eine Baugenehmigung nicht erforderlich war – errichtet waren, ist für die betreffende Teilzeit ein Abschlag von 3 dB(A) zu berücksichtigen.

1.3.4 Zuschlag $K_{T,i}$ für Ton- und Informationshaltigkeit

Wegen der erhöhten Belästigung beim Mithören ungewünschter Informationen ist je nach Auffälligkeit in den entsprechenden Teilzeiten T_i ein Informationszuschlag $K_{Inf,i}$ von 3 dB oder 6 dB zum Mittelungspegel $L_{Am,i}$ zu addieren. $K_{Inf,i}$ ist in der Regel nur bei Lautsprecherdurchsagen oder bei Musikwiedergaben anzuwenden. Ein Zuschlag von 6 dB ist zu wählen, wenn Lautsprecherdurchsagen gut verständlich oder Musikwiedergaben deutlich hörbar sind.

Heben sich aus dem Geräusch von Sportanlagen Einzeltöne heraus, ist ein Tonzuschlag $K_{Ton,i}$ von 3 dB oder 6 dB zum Mittelungspegel $L_{Am,i}$ für die Teilzeiten hinzuzurechnen, in denen die Töne auftreten. Der Zuschlag von 6 dB gilt nur bei besonderer Auffälligkeit der Töne. In der Regel kommen tonhaltige ×Geräusche bei Sportanlagen nicht vor.

Die hier genannten Zuschläge sind so zusammenzufassen, daß der Gesamtzuschlag auf maximal 6 dB begrenzt bleibt:

$$K_{T,i} = K_{Inf,i} + K_{Ton,i} \leq 6 \text{ dB(A)} \tag{2}$$

1.3.5 Bestimmung der Beurteilungspegel

Die Beurteilungspegel werden für die Beurteilungszeit T_r unter Berücksichtigung der Zuschläge $K_{I,i}$ für Impulshaltigkeit und/oder auffällige Pegeländerungen und $K_{T,i}$ für Ton- und Informationshaltigkeit nach Gleichung (3) ermittelt:

$$L_r = 10 \lg \left[\frac{1}{T_r} \sum_i T_i \cdot 10^{0,1(L_{Am,i} + K_{I,i} + K_{T,i})} \right] \text{ dB(A)}$$

mit

a) für den Tag außerhalb der Ruhezeiten

an Werktagen $\qquad T_r = \sum_i T_i = 12 \text{ h},$

Anh. A 18 **18. BImSchV** VO zur Durchführung des BImSchG

an Sonn- und Feiertagen $\quad T_r = \sum_i T_i = 9\,h,$

b) für den Tag innerhalb der Ruhezeiten $\quad T_r = \sum_i T_i = 2\,h,$

c) für die Nacht $\quad T_r = \sum_i T_i = 12\,h,$

und $L_{Am,i}$, $K_{I,i}$ und $K_{T,i}$ die Mittelungspegel und Zuschläge für Impulshaltigkeit und/oder auffällige Pegeländerungen oder der Abschlag nach Nr.1.3.3 sowie der Zuschlag für Ton- und Informationshaltigkeit nach Nr.1.3.4 während der zugehörigen Teilzeiten T_i.
Im Falle von Nr.1.3.2.2 Satz 2 beträgt $T_r = 4$ Stunden.
Zur Bestimmung der Beurteilungszeit T_r im Falle von § 5 Abs. 3 sind die Beurteilungszeiten nach Buchstaben a, b oder c um die außer Betracht zu lassenden Teilzeiten T_i nach Nr.1.3.2.3 (tatsächliche Nutzungszeit) zu kürzen.

1.4 Ständig vorherrschende Fremdgeräusche

Fremdgeräusche sind Geräusche am Immissionsort, die unabhängig von dem Geräusch der zu beurteilenden Anlage oder Anlagen auftreten.
Sie sind dann als ständig vorherrschend anzusehen, wenn der Mittelungspegel des Anlagengeräusches gegebenenfalls zuzüglich der Zuschläge für Impulshaltigkeit und/oder auffällige Pegeländerungen in mehr als 95% der Nutzungszeit vom Fremdgeräusch übertroffen wird.

1.5 Seltene Ereignisse

Überschreitungen der Immissionsrichtwerte durch besondere Ereignisse und Veranstaltungen gelten als selten, wenn sie an höchstens 18 Kalendertagen eines Jahres in einer Beurteilungszeit oder mehreren Beurteilungszeiten auftreten. Dies gilt unabhängig von der Zahl der einwirkenden Sportanlagen.

1.6 Vergleich des Beurteilungspegels mit dem Immissionsrichtwert

Der durch Prognose nach Nr.2 ermittelte Beurteilungspegel nach Nr.1.3.5 ist direkt mit den Immissionsrichtwerten nach § 2 der Verordnung zu vergleichen.
Wird der Beurteilungspegel durch Messung nach Nr.3 ermittelt, ist zum Vergleich mit den Immissionsrichtwerten nach § 2 der Verordnung der um 3 dB(A) verminderte Beurteilungspegel nach Nr.1.3.5 heranzuziehen.

2. Ermittlung der Geräuschimmission durch Prognose

2.1 Grundlagen

Der Mittelungspegel L_{Am} ist in Anlehnung an VDI-Richtlinie 2714 „Schallausbreitung im Freien" (Januar 1988) und Entwurf VDI-Richtlinie 2720/1 „Schallschutz durch Abschirmung im Freien" (November 1987) zu berechnen.
Für die Berechnung der Mittelungspegel werden für alle Schallquellen die mittleren Schallleistungspegel L_{WAm}, die Einwirkzeiten, die Raumwinkelmaße, gegebenenfalls die Richtwirkungsmaße, die Koordinaten der Schallquellen und des Immissionsorts, die Lage und Abmessungen von Hindernissen und außerdem für schallabstrahlende Außenbauteile von Gebäuden die Flächen S und die bewerteten Bauschalldämm-Maße R'_w benötigt.
Als Eingangsdaten für die Berechnung können Messwerte oder Erfahrungswerte, soweit sie auf den Messvorschriften dieses Anhangs beruhen, verwendet werden. Wenn aufgrund besonderer Vorkehrungen eine im Vergleich zu den Erfahrungs-

Sportanlagenlärmschutz 18. BImSchV **Anh. A 18**

werten weitergehende dauerhafte Lärmminderung nachgewiesen ist, können die der Lärmminderung entsprechenden Korrekturwerte bei den Eingangsdaten berücksichtigt werden.

Der Mittelungspegel der Geräusche, die von den der Anlage zuzurechnenden Parkflächen ausgehen, ist zu berechnen nach den Richtlinien für den Lärmschutz an Straßen – Ausgabe 1990 – RLS-90, bekanntgemacht im Verkehrsblatt, Amtsblatt des Bundesministers für Verkehr der Bundesrepublik Deutschland (VkBl.) Nr.7 vom 14. April 1990 unter lfd. Nr.79. Bei der Bestimmung der Anzahl der Fahrzeugbewegungen je Stellplatz und Stunde ist, sofern keine genaueren Zahlen vorliegen, von bei vergleichbaren Anlagen gewonnenen Erfahrungswerten auszugehen. Die Richtlinien sind zu beziehen von der Forschungsgesellschaft für Straßen- und Verkehrswesen, Alfred-Schütte-Allee 10, 50679 Köln.

Der Beurteilungspegel für den Verkehr auf öffentlichen Verkehrsflächen ist zu berechnen nach den Richtlinien für den Lärmschutz an Straßen – Ausgabe 1990 – RLS-90, bekanntgemacht im Verkehrsblatt, Amtsblatt des Bundesministers für Verkehr der Bundesrepublik Deutschland (VkBl.) Nr.7 vom 14. April 1990 unter lfd. Nr.79. Die Richtlinien sind zu beziehen von der Forschungsgesellschaft für Straßen- und Verkehrswesen, Alfred-Schütte-Allee 10, 50679 Köln.

2.2 Von Teilflächen der Außenhaut eines Gebäudes abgestrahlte Schalleistungen

Wenn sich Schallquellen in einem Gebäude befinden, ist jedes Außenhautelement des Gebäudes als eine Schallquelle zu betrachten. Der durch ein Außenhautelement ins Freie abgestrahlte Schalleistungspegel L_{WAm} ist aus dem mittleren Innenpegel $L_{m, innen}$ im Raum, den es nach außen abschließt, in ca. 1 m Abstand von dem Element, aus seiner Fläche S (in m²) und aus seinem bewerteten Bauschalldämm-Maß R'_w nach der Gleichung

$$L_{WAm} = L_{m, innen} + 10\lg(S) - R'_w - 4\,dB \tag{4}$$

zu berechnen. Für den mittleren Innenpegel kann von Mess- oder Erfahrungswerten ausgegangen werden. Er kann für einen Raum aus dem Schalleistungspegel $L_{WAm, innen}$ aller Schallquellen im Raum zusammen nach der Gleichung

$$L_{m, innen} = L_{WAm, innen} + 10\lg(T/V) + 14\,dB$$
$$= L_{WAm, innen} - 10\lg(A/4) \tag{5}$$

berechnet werden, worin T die Nachhallzeit (in s) bei mittleren Frequenzen, V das Volumen (in m³) und A die äquivalente Absorptionsfläche des Raumes (in m²) bei mittleren Frequenzen ist.

Für Öffnungen ist das bewertete Bauschalldämm-Maß mit Null anzusetzen.

2.3 Schallausbreitungsrechnung

Die Rechnung ist für jede Schallquelle entsprechend VDI-Richtlinie 2714, Abschnitt 3 bis 7, und Entwurf VDI-Richtlinie 2720/1, Abschnitt 3, durchzuführen. Bei den frequenzabhängigen Einflüssen ist von einer Frequenz von 500 Hz auszugehen.

Werden bei der Schallausbreitungsrechnung Abschirmungen berücksichtigt, ist nach Entwurf VDI-Richtlinie 2720/1, Abschnitt 3.1, gegebenenfalls eine feinere Zerlegung in Einzelschallquellen als nach VDI-Richtlinie 2714, Abschnitte 3.3 und 3.4, erforderlich.

Reflexionen, die nicht bereits im Raumwinkelmaß enthalten sind, sind nach VDI-Richtlinie 2714, Abschnitt 7.1, durch die Annahme von Spiegelschallquellen zu berücksichtigen.

Der Mittelungspegel L_{Am} (s_m) von einer Schallquelle an einem Immissionsort im Abstand s_m von ihrem Mittelpunkt ist nach Gleichung (6) zu berechnen:

$$L_{Am}(s_m) = L_{WAm} + DI + K_o - D_s - D_L - D_{BM} - D_e \tag{6}$$

Anh. A 18   18. BImSchV   VO zur Durchführung des BImSchG

Die Bedeutung der einzelnen Glieder in Gleichung (6) ist Tabelle 1 zu entnehmen.

Die Eigenabschirmung von Gebäuden ist in Anlehnung an VDI-Richtlinie 2714, Abschnitt 5.1, durch das Richtwirkungsmaß zu berücksichtigen. Mit $DI \leq -10\,dB$ für die dem Immissionsort abgewandte Seite darf jedoch nur gerechnet werden, wenn sich ihr gegenüber keine reflektierenden Flächen (z. B. Wände von Gebäuden) befinden.

Das Boden- und Meteorologie-Dämpfungsmaß D_{BM} ist nach VDI-Richtlinie 2714, Abschnitt 6.3, Gleichung (7), anzusetzen.

Die Einfügungsdämpfungsmaße D_e von Abschirmungen sind nach Entwurf VDI-Richtlinie 2720/1, Abschnitt 3, zu berechnen. Dabei ist in Gleichung (5) dieser Richtlinie $C_2 = 20$ zu setzen. Der Korrekturfaktor für Witterungseinflüsse ist für alle Anlagen nach Abschnitt 3.4.3, Gleichung (7a), zu berechnen.

Tabelle 1: Bedeutung der Glieder in Gleichung (6)

Größe	Bedeutung	Fundstelle
L_{WAm}	mittlerer Schalleistungspegel	
		VDI-Richtlinie 2714
DI	Richtwirkungsmaß	Abschnitt 5.1
K_o	Raumwinkelmaß	Abschnitt 5.2, Gleichung (3) oder Tabelle 2
D_s	Abstandsmaß	Abschnitt 6.1, Gleichung (4)
D_L	Luftabsorptionsmaß	Abschnitt 6.2, Gleichung (5) in Verbindung mit Tabelle 3
D_{BM}	Boden- und Meteorologiedämpfungsmaß	Abschnitt 6.3, Gleichung (7)
		VDI-Richtlinie 2720/1
D_e	Einfügungsdämpfungsmaß von Schallschirmen	Abschnitt 3

2.4 Bestimmung des Mittelungspegels $L_{Am,i}$ sowie der Zuschläge $K_{I,i}$ und $K_{T,i}$ in der Teilzeit T_i

Zur Bestimmung des Mittelungspegels $L_{Am,i}$ in der Teilzeit T_i sind die nach Gleichung (6) bestimmten Mittelungspegel aller einwirkenden Schallquellen energetisch zu addieren. Die Zuschläge $K_{I,i}$ für Impulshaltigkeit und/oder auffällige Pegeländerungen und $K_{T,i}$ für Ton- und Informationshaltigkeit sind entsprechend Nr. 1.3.3 und 1.3.4 nach Erfahrungswerten zu bestimmen.

2.5 Berechnung der Pegel kurzzeitiger Geräuschspitzen

Wenn einzelne kurzzeitige Geräuschspitzen zu erwarten sind, ist die Berechnung nach Nr. 2.3 statt mit den mittleren Schalleistungspegeln aller Schallquellen mit den maximalen Schalleistungspegeln L_{WAmax} der Schallquellen mit kurzzeitigen Geräuschspitzen zu wiederholen.

3. Ermittlung der Geräuschimmission durch Messung

3.1 Messgeräte

Bei Messungen dürfen Schallpegelmesser der Klasse 1 nach DIN IEC 651, Ausgabe Dezember 1981, oder DIN IEC 804, Ausgabe Januar 1987, verwendet wer-

Sportanlagenlärmschutz 18. BImSchV **Anh. A 18**

den, die zusätzlich die Anforderungen des Entwurfes DIN 45657, Ausgabe Juli 1989, erfüllen. Schallpegelmesser müssen den eichrechtlichen Vorschriften entsprechen.

3.2 Messverfahren und Auswertung

3.2.1 Messwertarten

Messgröße ist der A-bewertete mit der Zeitwertung F ermittelte Schalldruckpegel $L_{AF}(t)$ nach DIN IEC 651, Ausgabe Dezember 1981. Der Mittelungspegel L_{Am} wird nach DIN 45641, Ausgabe Juni 1990, aus dem zeitlichen Verlauf des Schalldruckpegels oder mit Hilfe von Schallpegelmessern nach DIN IEC 804, Ausgabe Januar 1987, gebildet.

Im Falle von Nr.1.3.3 sind neben dem Mittelungspegel L_{Am} die Maximalpegel L_{AFmax} der Impulse und/oder auffälligen Pegeländerungen oder aus den im 5-s-Takt ermittelten Taktmaximalpegeln $L_{AFT, 5}$ nach DIN 45641, Ausgabe Juni 1990, der Wirkpegel L_{AFTm} zu bestimmen.

Für die Beurteilung einzelner, kurzzeitiger Geräuschspitzen ist der Maximalpegel L_{AFmax} heranzuziehen.

3.2.2 Ort und Zeit der Messungen

Es ist an den in Nr.3.2.2.1 genannten Orten und zu den in Nr.3.2.2.2 genannten Zeiten zu messen.

3.2.2.1 Ort der Messungen

Der Ort der Messungen ist entsprechend Nr.1.2 zu wählen. Ergänzend gilt:
a) Bei bebauten Flächen kann abweichend von den Bestimmungen in Nr.1.2 Buchstabe a das Mikrofon an einem geeigneten Ersatzmesspunkt (z. B. in einer Baulücke neben dem betroffenen Gebäude) möglichst in Höhe des am stärksten betroffenen Fensters aufgestellt werden, insbesondere wenn der Bewohner nicht informiert oder nicht gestört werden soll.
b) Bei unbebauten Flächen ist in mindestens 3 m Höhe über dem Erdboden zu messen. Besondere Gründe bei der nach Nr.1.2 erforderlichen Auswahl des am stärksten betroffenen Randes der Fläche (z.B. Abschattung durch Mauern, Hanglage, geplante hohe Wohngebäude) sind im Messprotokoll anzugeben.
c) Sind Messungen in Wohnungen durchzuführen, die mit der zu beurteilenden Anlage baulich aber nicht betrieblich verbunden sind, ist in den Räumen bei geschlossenen Türen und Fenstern und bei üblicher Raumausstattung mindestens 0,4 m von den Begrenzungsflächen entfernt zu messen. Die Messung ist an mehreren Stellen im Raum, in der Regel an den bevorzugten Aufenthaltsplätzen, durchzuführen, und die gemessenen Mittelungspegel sind entsprechend Gleichung (7) in Nr.3.2.2.2 energetisch zu mitteln.

3.2.2.2 Zeit und Dauer der Messungen

Zeit und Dauer der Messungen haben sich an den für die zu beurteilende Anlage kennzeichnenden Nutzungen unter Berücksichtigung aller nach Nr.1.1 zuzurechnenden Geräusche zu orientieren. Dabei sollen die bei bestimmungsgemäßer Nutzung der Anlage auftretenden Emissionen, gegebenenfalls getrennt für Teilzeiten T_i mit unterschiedlichen Emissionen, erfaßt werden.

Die Messdauer ist nach der Regelmäßigkeit des Pegelverlaufs zu bestimmen. Bei Nutzungszyklen soll sich die Messdauer für eine Messung mindestens über einen typischen Geräuschzyklus erstrecken.

Treten am Messort Fremdgeräusche auf, ist grundsätzlich nur dann zu messen, wenn erwartet werden kann, daß der Mittelungspegel des Fremdgeräusches wäh-

Anh. A 18   18. BImSchV   VO zur Durchführung des BImSchG

rend der Messdauer um mindestens 6 dB(A) unter dem Mittelungspegel des Anlagengeräusches liegt. Ist das Fremdgeräusch unterbrochen und ist in diesen Zeiten das Anlagengeräusch pegelbestimmend, ist in den Pausenzeiten zu messen.

Bei Abständen zwischen Quelle und Immissionsort ab 200 m sind die Messungen in der Regel bei Mitwind durchzuführen. Die Mitwindbedingung ist erfüllt, wenn der Wind von der Anlage in Richtung Messort in einem Sektor bis zu ± 60° weht und wenn die Windgeschwindigkeit im Bereich weitgehend ungestörter Windströmungen (z. B. auf freiem Feld) in ca. 5 m Höhe etwa zwischen 1 m/s und 3 m/s liegt. Im Verlauf der Messungen ist darauf zu achten, daß die am Mikrofon auftretenden Windgeräusche die Messergebnisse nicht beeinflussen.

Bei außergewöhnlichen Wetterbedingungen sollen keine Schallpegelmessungen vorgenommen werden. Außergewöhnliche Wetterbedingungen können beispielsweise stärkerer Regen, Schneefall, größere Windgeschwindigkeit, gefrorener oder schneebedeckter Boden sein.

In der Regel sind an jedem Messort drei unabhängige Messungen durchzuführen und die Mittelungspegel $L_{Am,\,k}$ aus diesen Messungen nach Gleichung (7) zu mitteln (energetische Mittelung):

$$L_{Am} = 10 \lg \left[\frac{1}{3} \sum_{k=1}^{3} 10^{0,1 L_{Am,k}} \right] dB(A) \tag{7}$$

Sofern aus vorliegenden Erkenntnissen bekannt ist, daß der Schwankungsbereich der Mittelungspegel der zu beurteilenden Geräuschimmissionen in der Beurteilungszeit kleiner ist als 3 dB(A), genügt eine einmalige Messung. Dies gilt auch, wenn der aus dem Messwert für die Geräuschimmission bestimmte Beurteilungspegel um mehr als 6 dB(A) unter oder über dem geltenden Immissionsrichtwert liegt.

Wenn bei regulärer Nutzung der Anlage innerhalb der Beurteilungszeit der Schwankungsbereich der Mittelungspegel $L_{Am,\,k}$ aus den drei Einzelmessungen größer ist als 6 dB(A), ist zu prüfen, ob durch getrennte Erfassung von Teilzeiten der Schwankungsbereich auf weniger als 6 dB(A) verringert werden kann. In diesem Fall erfolgt die Bestimmung des Mittelungspegels für jede einzeln erfaßte Teilzeit nach Gleichung (7) aus drei Einzelmessungen. Andernfalls sind an fünf verschiedenen Messterminen die Mittelungspegel $L_{Am,\,k}$ zu bestimmen und nach Gleichung (8) energetisch zu mitteln:

$$L_{Am} = 10 \lg \left[\frac{1}{5} \sum_{k=1}^{5} 10^{0,1 L_{Am,k}} \right] dB(A) \tag{8}$$

Im Falle von Nr.1.3.3 Abs. 4 gelten Gleichung (7) und (8) für L_{AFTm} entsprechend.

3.3 Messprotokoll

Die Messwerte sind in einem Protokoll festzuhalten. Das Protokoll muß eine eindeutige Bezeichnung der Messorte (Lageplan) und die erforderlichen Angaben über Nutzungsarten und -dauern, Messzeit und Messdauer, Wetterlage, Geräuschquellen, Einzeltöne, Informationshaltigkeit, Impulshaltigkeit, auffällige Pegeländerungen, Fremdgeräusche und verwendete Messgeräte oder Messketten sowie gegebenenfalls über Maßnahmen zur Sicherstellung einer ausreichenden Messsicherheit bei Verwendung von Messketten enthalten.

A 19. Verordnung über Chlor- und Bromverbindungen als Kraftstoffzusatz –19. BImSchV

Vom 17. 1. 1992 (BGBl I 75), geänd. durch G v. 21. 12. 2000 (BGBl I 1956)[1]
(BGBl III/FNA 2129-8-19)

Kommentierung: Vgl. die Ausführungen zu § 34, insb. Rn.11, 17 f zu § 34.

§ 1 Anwendungsbereich. Diese Verordnung gilt für Kraftstoffe zum Betrieb von Kraftfahrzeugen sowie für Chlor- und Bromverbindungen als Zusatz zu Kraftstoffen zum Betrieb von Kraftfahrzeugen.

§ 2 Inverkehrbringen. (1) Kraftstoffe dürfen gewerbsmäßig oder im Rahmen wirtschaftlicher Unternehmungen nur in den Verkehr gebracht werden, wenn sie keine Chlor- oder Bromverbindungen als Kraftstoffzusatz enthalten.

(2) Chlor- oder Bromverbindungen als Zusatz zu Kraftstoffen dürfen gewerbsmäßig oder im Rahmen wirtschaftlicher Unternehmungen nicht in den Verkehr gebracht werden.

(3) Die Absätze 1 und 2 gelten nicht für das Inverkehrbringen zum Zwecke der Forschung, Entwicklung und Analyse.

§ 3 Ausnahmen. (1) Die zuständige Behörde bewilligt im Benehmen mit dem Bundesamt für Wirtschaft und Ausfuhrkontrolle (BAFA) auf Antrag Ausnahmen von dem Verbot des § 2 Abs. 1, soweit die Einhaltung des Verbots zum Inverkehrbringen von Kraftstoffen mit Chlor- und Bromverbindungen als Zusätze zu einer erheblichen Gefährdung der Versorgung des Verbrauchers führen würde.

(2) Die zuständige Behörde bewilligt ferner im Benehmen mit dem Bundesamt für Wirtschaft und Ausfuhrkontrolle (BAFA) auf Antrag Ausnahmen von dem Verbot des § 2 Abs. 1, soweit die Einhaltung des Verbots für den Antragsteller eine unzumutbare Härte bedeuten würde.

(3) Die Bewilligung kann unter Bedingungen erteilt und mit Auflagen verbunden werden; sie kann widerrufen werden. Die Bewilligung ist zu befristen, längstens bis zum 31. Dezember 1995.

§ 4 Ordnungswidrigkeiten. Ordnungswidrig im Sinne des § 62 Abs. 1 Nr. 7 des Bundes-Immissionsschutzgesetzes handelt, wer vorsätzlich oder fahrlässig entgegen § 2 Abs. 1 Kraftstoffe in den Verkehr bringt, die Chlor- oder Bromverbindungen als Kraftstoffzusatz enthalten, oder wer vorsätzlich oder fahrlässig entgegen § 2 Abs. 2 Chlor- oder Bromverbindungen als Zusatz zu Kraftstoffen in den Verkehr bringt.

§ 5 Inkrafttreten. Diese Verordnung tritt sechs Monate nach der Verkündung in Kraft.

---

[1] Zur Rechtsgrundlage Rn. 19 zu § 34.

A 20. Verordnung zu flüchtigen organischen Verbindungen beim Umfüllen und Lagern von Ottokraftstoffen – 20. BImSchV[1]

Vom 27. 5. 1998 (BGBl I 1174), zuletzt geänd. am 24. 6. 2002 (BGBl I 2247)[1]

(BGBl III/FNA 2129-8-20-1)

Kommentierung: Vgl. die Ausführungen zu § 23, insb. Rn.11, 36 zu § 23. –
Literatur: *Laubinger*, in: UL (1998 ff), A 20.0; *Hansmann*, in: LR (1996 ff), Nr. 2.20.

Erster Teil. Allgemeine Vorschriften

§ 1 Anwendungsbereich. Diese Verordnung gilt für die Errichtung, die Beschaffenheit und den Betrieb von
1. Anlagen für die Lagerung oder Umfüllung von Ottokraftstoff in Tanklagern oder an Tankstellen,
2. ortsveränderliche Anlagen für die Beförderung von Ottokraftstoff.

§ 2 Begriffsbestimmungen. Im Sinne dieser Verordnung bedeuten die Begriffe
1. Abgasreinigungseinrichtung:
   eine Einrichtung für die Rückgewinnung von Ottokraftstoff aus Dämpfen (Dämpferückgewinnungsanlage) oder eine Einrichtung für die energetische Verwertung von Dämpfen, insbesondere in einem Gasmotor, jeweils einschließlich etwaiger Puffertanksysteme;
2. Altanlage:
   a) eine genehmigungsbedürftige Anlage, für die am 4. Juni 1998
      aa) eine Genehmigung zur Errichtung und zum Betrieb nach § 6 des Bundes-Immissionsschutzgesetzes oder eine Zulassung vorzeitigen Beginns nach § 8 a des Bundes-Immissionsschutzgesetzes erteilt ist oder
      bb) eine Teilgenehmigung nach § 8 des Bundes-Immissionsschutzgesetzes oder ein Vorbescheid nach § 9 des Bundes-Immissionsschutzgesetzes erteilt ist, soweit darin Anforderungen nach § 5 Abs. 1 Nr. 2 des Bundes-Immissionsschutzgesetzes festgelegt sind,
   b) eine Anlage, die nach § 67 Abs. 2 des Bundes-Immissionsschutzgesetzes anzuzeigen ist oder die entweder nach § 67 a Abs. 1 des Bundes-Immissionsschutzgesetzes oder vor Inkrafttreten des Bundes-Immissionsschutzgesetzes nach § 16 Abs. 4 der Gewerbeordnung anzuzeigen war oder
   c) eine nicht genehmigungsbedürftige Anlage, die vor dem 1. Juni 1998 errichtet worden ist;
3. bewegliches Behältnis:
   ortsveränderliche Anlage, insbesondere ein Tank oder ein Container, zur Beförderung von Ottokraftstoff von einem Tanklager zu einem anderen oder von einem Tanklager zu einer Tankstelle auf Straßen, Schienen oder Wasserstraßen;

---

[1] Zur Rechtsgrundlage und zu Änderungen Rn. 44 zu § 23.

Kohlenwasserstoffemissionen 20. BImSchV Anh. A 20

4. Binnenschiff:
ein Schiff gemäß der Definition in Kapitel 1 des Anhangs II der Richtlinie 82/714/EWG des Rates vom 4. Oktober 1982 über die technischen Vorschriften für Binnenschiffe (ABl. EG Nr. L 301 S.1);
5. Dämpfe
gasförmige Verbindungen, die aus Ottokraftstoff verdunsten;
6. Durchsatz:
die größte jährliche Menge an Ottokraftstoff, welche während der letzten drei Jahre von einem Tanklager oder von einer Tankstelle in bewegliche Behältnisse umgefüllt wurde;
7. Emissionen:
die von einer Anlage ausgehenden Luftverunreinigungen; Konzentrationsangaben beziehen sich auf das unverdünnte Abgasvolumen im Normzustand (273 K, 1013 hPa) nach Abzug des Feuchtegehaltes an Wasserdampf;
8. Fachbetrieb:
ein Betrieb nach Nummer 1.1.2 Abs. 5 des Anhangs II der Verordnung über brennbare Flüssigkeiten in der Fassung der Bekanntmachung von 13. Dezember 1996 (BGBl. I S.1937);
9. Füllstelle:
eine Einrichtung in einem Tanklager, mit der bewegliche Behältnisse mit Ottokraftstoff befüllt werden; eine Anlage zum Befüllen von Straßentankfahrzeugen umfaßt eine oder mehrere Füllstellen;
10. genehmigungsbedürftige Anlage:
Anlage, die nach § 4 des Bundes-Immissionsschutzgesetzes einer Genehmigung bedarf;
11. Gaspendelsystem:
eine Einrichtung, mit der die beim Befüllen eines Lagertanks oder eines beweglichen Behältnisses verdrängten Dämpfe erfaßt und durch eine dampfdichte Verbindungsleitung dem abfüllenden beweglichen Behältnis, dem abfüllenden Lagertank oder einem Puffertanksystem zugeführt werden;
12. Lagertank:
ein ortsfester Tank für die Lagerung von Ottokraftstoff in einem Tanklager oder an einer Tankstelle;
13. Massenstrom der Dämpfe:
die während einer Stunde insgesamt den Abgasreinigungseinrichtungen einer Anlage zugeführte Rohgasmasse an Dämpfen;
14. nicht genehmigungsbedürftige Anlage:
Anlage, die keiner Genehmigung nach dem Bundes-Immissionsschutzgesetz bedarf;
15. Ottokraftstoff:
Erdölderivate mit oder ohne Zusätze, deren Dampfdruck (nach Reid) mindestens 27,6 Kilopascal beträgt und die zur Verwendung als Kraftstoff für Ottomotore bestimmt sind, mit Ausnahme von verflüssigtem Erdölgas;
16. Reinigungsgrad:
das Verhältnis der Differenz zwischen der einer Abgasreinigungseinrichtung zugeführten und in ihrem Abgas emittierten Masse an organischen Stoffen zu der zugeführten Masse an organischen Stoffen, angegeben als Vomhundertsatz;
17. Sachverständiger:
ein Sachverständiger nach § 16 Abs. 1 der Verordnung über brennbare Flüssigkeiten in der Fassung der Bekanntmachung vom 13. Dezember 1996 (BGBl. I S. 1937) oder ein nach § 36 Abs. 1 der Gewerbeordnung in der Fassung des Ar-

tikels 1 Nr. 11 des Gesetzes vom 23. November 1994 (BGBl. I S. 3475) bestellter Sachverständiger;
18. Tanklager:
eine Einrichtung mit Anlagen für die Lagerung und Umfüllung von Ottokraftstoff in oder aus Eisenbahnkesselwagen, in Binnenschiffe oder aus Binnenschiffen oder in Straßentankfahrzeuge einschließlich aller Lagertanks am Ort der Einrichtung;
19. Tankstelle:
Einrichtung zur Abgabe von Ottokraftstoff aus ortsfesten Lagertanks an Kraftstofftanks von Fahrzeugen;
20. Zwischenlagerung von Dämpfen:
die Zwischenlagerung von Dämpfen in einem Festdachtank eines Tanklagers mit dem Ziel, die Dämpfe später zur Rückgewinnung oder energetischen Verwertung in ein anderes Tanklager zu verbringen. Hierzu zählt auch die Dämpfezwischenlagerung im Gasraum eines mit Ottokraftstoff teilweise gefüllten Festdachtanks mit dem gleichen Ziel. Die Beförderung von Dämpfen zwischen Lagertanks innerhalb eines Tanklagers gilt nicht als Zwischenlagerung von Dämpfen.

Zweiter Teil. Anforderungen an die Errichtung, die Beschaffenheit und den Betrieb

§ 3 Lagerung in Tanklagern. (1) Oberirdische Lagertanks hat der Betreiber so zu errichten und zu betreiben, daß die Außenwand und das Dach mit geeigneten Farbanstrichen versehen werden, die die Strahlungswärme zu mindestens 70 vom Hundert zurückwerfen. Festdachtanks hat der Betreiber mit Unterdruck-/Überdruckventilen auszustatten und zu betreiben, soweit sicherheitstechnische Gründe dem nicht entgegenstehen.

(2) Schwimmdachtanks hat der Betreiber mit Primärdichtungen, die den ringförmigen Raum zwischen der Tankwand und dem äußeren Umfang des Schwimmdachs ausfüllen, und mit Sekundärdichtungen, die über den Primärdichtungen angebracht sind, auszustatten und zu betreiben. Die Dichtungen müssen so beschaffen sein, daß sie die Dämpfe im Verhältnis zu einem vergleichbaren Festdachtank ohne innere Schwimmdecke zu mindestens 95 vom Hundert zurückhalten.

(3) Festdachtanks mit innerer Schwimmdecke hat der Betreiber mit Randabdichtungen auszustatten und zu betreiben, die die Dämpfe im Verhältnis zu einem vergleichbaren Festdachtank ohne innere Schwimmdecke zu mindestens 95 vom Hundert zurückhalten. Für Festdachtanks mit innerer Schwimmdecke, die Altanlagen im Sinne des § 2 Nr. 2 sind, beträgt der Rückhalterate abweichend von Satz 1 mindestens 90 vom Hundert. Die Sätze 1 und 2 gelten nicht für vor dem 4. Juni 1998 errichtete Festdachtanks in nicht genehmigungsbedürftigen Tanklagern mit einem Durchsatz von weniger als 25 000 Tonnen.

(4) In Tanklagern mit einem Durchsatz von 25 000 Tonnen oder mehr dürfen Lagertanks nur
1. als Festdachtanks, deren Gasraum an eine den Anforderungen des § 4 Abs. 3 genügende Abgasreinigungseinrichtung angeschlossen ist,
2. als Schwimmdachtanks oder
3. als Festdachtanks mit innerer Schwimmdecke
errichtet und betrieben werden.

Kohlenwasserstoffemissionen 20. BImSchV **Anh. A 20**

§ 4 Befüllung und Entleerung von Lagertanks oder beweglichen Behältnissen in Tanklagern. (1) Anlagen für die Lagerung und Umfüllung von Ottokraftstoff hat der Betreiber so zu entrichten und zu betreiben, daß die bei der Befüllung eines Lagertanks oder eines beweglichen Behältnisses verdrängten Dämpfe erfaßt und entweder
1. über eine dampfdichte Verbindungsleitung einer Abgasreinigungseinrichtung nach Absatz 3 oder
2. mittels eines Gaspendelsystems nach dem Stand der Technik, mit dem im Verhältnis zum Einsatz einer Abgasreinigungseinrichtung nach Absatz 3 Nr. 1 bei nicht genehmigungsbedürftigen Anlagen oder nach Absatz 3 Nr. 2 Buchstabe b bei genehmigungsbedürftigen Anlagen jeweils eine mindestens gleich große Emissionsminderung erreicht wird, der abfüllenden Anlage

zugeführt werden.

(2) Gaspendelsysteme entsprechen dem Stand der Technik, wenn insbesondere
1. der Kraftstoffluß nur bei Anschluß des Gaspendelsystems freigegeben wird und
2. das Gaspendelsystem und die angeschlossenen Einrichtungen während des Gaspendelns betriebsmäßig, abgesehen von sicherheitstechnisch bedingten Freisetzungen, keine Dämpfe in die Atmosphäre abgeben.

(3) Abgasreinigungseinrichtungen hat der Betreiber so zu errichten und zu betreiben, daß
1. bei nicht genehmigungsbedürftigen Anlagen
  a) ein Reinigungsgrad von 97 vom Hundert nicht unterschritten wird und
  b) die Emissionen an Dämpfen im Abgas eine Massenkonzentration von 35 Gramm je Kubikmeter als Stundenmittelwert nicht überschreiten und
2. bei genehmigungsbedürftigen Anlagen
  a) die Emissionen an Dämpfen im Abgas eine Massenkonzentration von 0,15 Gramm je Kubikmeter nicht überschreiten, soweit der Massenstrom der Dämpfe insgesamt 3 Kilogramm je Stunde oder mehr beträgt,
  b) die Emissionen an Dämpfen im Abgas eine Massenkonzentration von 5 Gramm je Kubikmeter nicht überschreiten, soweit der Massenstrom der Dämpfe insgesamt weniger als 3 Kilogramm je Stunde beträgt.

(4) Tanklager mit Anlagen zur Befüllung von Straßentankfahrzeugen hat der Betreiber so zu errichten und zu betreiben, daß mindestens eine Füllstelle den in Anhang IV der Richtlinie 94/63/EG des Europäischen Parlaments und des Rates vom 20. Dezember 1994 zur Begrenzung der Emissionen flüchtiger organischer Verbindungen (VOC-Emissionen) bei der Lagerung von Ottokraftstoff und seiner Verteilung von den Auslieferungslagern bis zu den Tankstellen (ABl. EG Nr. L 365 S. 24) für die Untenbefüllung festgelegten Anforderungen genügt.

(5) Der Betreiber hat eine Anlage so zu errichten und zu betreiben, daß die Befüllung an einer Füllstelle sofort abgebrochen wird, wenn Dämpfe entweichen.

(6) Der Betreiber hat beim Befüllen eines beweglichen Behältnisses von oben sicherzustellen, daß der Füllstutzen des Ladearms nahe am Boden des beweglichen Behältnisses gehalten wird, um ein Hochspritzen zu verhindern.

§ 5 Bewegliche Behältnisse. (1) Bewegliche Behältnisse dürfen nur so errichtet und betrieben werden, daß
1. die Restdämpfe nach der Entleerung von Ottokraftstoff im Behältnis zurückgehalten werden,
2. sie verdrängte Dämpfe aus den Lagertanks von Tankstellen nach § 6 Abs. 1 oder von Tanklagern nach § 4 Abs. 1 Nr. 2 aufnehmen und zurückhalten.

Satz 1 Nr. 2 gilt für Eisenbahnkesselwagen nur, soweit in ihnen Ottokraftstoff an Tanklager geliefert wird, in denen Dämpfe im Sinne des § 2 Nr. 20 zwischengelagert werden.

(2) Der Betreiber eines beweglichen Behältnisses hat sicherzustellen, daß die in Absatz 1 Satz 1 Nr. 1 und 2 bezeichneten Dämpfe, abgesehen von Freisetzungen über die Überdruckventile, solange im beweglichen Behältnis zurückgehalten werden, bis dieses in einem Tanklager wieder befüllt wird oder die Dämpfe einer Abgasreinigungseinrichtung zugeführt werden.

§ 6 Befüllung der Lagertanks von Tankstellen. (1) Anlagen für die Lagerung und Umfüllung von Ottokraftstoff an Tankstellen dürfen nur so errichtet und betrieben werden, daß die Dämpfe, die bei der Befüllung eines Lagertanks verdrängt werden, mittels eines Gaspendelsystems nach dem Stand der Technik erfaßt und dem abfüllenden beweglichen Behältnis zugeleitet werden. § 4 Abs. 2 gilt entsprechend.

(2) Absatz 1 gilt nicht für vor dem 4. Juni 1998 errichtete Tankstellen, deren jährliche Abgabemenge an Ottokraftstoff 100 Kubikmeter nicht überschreitet.

Dritter Teil. Verfahren zur Messung und Überwachung

§ 7 Meßöffnungen und Meßplätze. Soweit zur Kontrolle der Einhaltung von Anforderungen nach den §§ 3 bis 6 Messungen erforderlich sind, hat der Betreiber geeignete Meßöffnungen und Meßplätze einzurichten.

§ 8 Nicht genehmigungsbedürftige Anlagen. (1) Der Betreiber einer nicht genehmigungsbedürftigen ortsfesten Anlage hat diese der zuständigen Behörde vor der Inbetriebnahme anzuzeigen.

(2) Der Betreiber einer nicht genehmigungsbedürftigen Anlage, die nach § 4 Abs. 1 Nr. 2 oder § 6 Abs. 1 Satz 1 mit einem Gaspendelsystem ausgerüstet ist, hat die Einhaltung der Anforderungen nach § 4 Abs. 2 erstmals vor der Inbetriebnahme und sodann wiederkehrend alle fünf Jahre von einem Sachverständigen feststellen zu lassen. Festgestellte Mängel hat der Betreiber bei der erstmaligen Prüfung vor der Inbetriebnahme der Anlage, bei wiederkehrenden Prüfungen unverzüglich durch einen Fachbetrieb beseitigen zu lassen.

(3) Der Betreiber einer mit einer Abgasreinigungseinrichtung ausgerüsteten nicht genehmigungsbedürftigen Anlage hat die Einhaltung der Anforderungen des § 4 Abs. 3 Nr. 1
1. erstmalig frühestens drei Monate und spätestens sechs Monate nach der Inbetriebnahme der Abgasreinigungseinrichtung und sodann
2. wiederkehrend alle drei Jahre

von einer nach § 26 des Bundes-Immissionsschutzgesetzes bekanntgegebenen Stelle durch Messungen nach Absatz 4 feststellen zu lassen.

(4) Die Messungen sind mit geeigneten Meßgeräten durchzuführen. Die Reproduzierbarkeit muß mindestens 95 Prozent des Meßwertes betragen. Es sind mindestens drei Einzelmessungen der Massenkonzentration an Dämpfen im Abgas jeweils vor und nach der Abgasreinigungseinrichtung während eines mindestens siebenstündigen Arbeitstages bei bestimmungsgemäßem Durchsatz vorzunehmen. Aus den Meßwerten ist der Stundenmittelwert zu ermitteln und anzugeben. Der sich aus den Meßgeräten, dem Kalibriergas und dem Meßverfahren ergebende Gesamtfehler darf 10 Prozent des Meßwertes nicht überschreiten. Die Anforderungen des § 4 Abs. 3

Kohlenwasserstoffemissionen 20. BImSchV **Anh. A 20**

Nr. 1 gelten als eingehalten, wenn der Stundenmittelwert den vorgeschriebenen Reinigungsgrad nicht unterschreitet und die höchstzulässige Massenkonzentration nicht überschreitet.

(5) Der Betreiber hat über die Ergebnisse der Überprüfung nach Absatz 2 und der Messungen nach Absatz 3 und Absatz 4 jeweils einen Bericht erstellen zu lassen. Die jeweils aktuellen Berichte über das Ergebnis der Überprüfungen nach Absatz 2 sowie über das Ergebnis der Messungen nach Absatz 3 sind am Betriebsort aufzubewahren; bei beweglichen Behältnissen ist zusätzlich eine Berichtsausfertigung am Geschäftssitz des Betreibers aufzubewahren. Eine Durchschrift des jeweiligen Berichts über ortsfeste Anlagen ist der zuständigen Behörde innerhalb von vier Wochen nach der Überprüfung oder den Messungen zuzuleiten. Bei beweglichen Behältnissen ist der Bericht oder die Berichtsausfertigung der zuständigen Behörde auf Verlangen vorzulegen.

(6) Der Betreiber hat sicherzustellen, daß Verbindungsschläuche und -rohre in regelmäßigen Abständen auf undichte Stellen überprüft werden.

(7) Der Betreiber hat sicherzustellen, daß im Rahmen der nach den Vorschriften über die Beförderung gefährlicher Güter vorgeschriebenen regelmäßigen Prüfungen
1. die Unterdruck-/Überdruckventile an beweglichen Behältnissen und
2. bei Straßentankfahrzeugen die Dampfdichtheit mittels eines Drucktests
überprüft werden.

§ 9 Genehmigungsbedürftige Anlagen. Für die Messung und Überwachung der Emissionen an Dämpfen finden die Anforderungen der Ziffer 3.2 der Ersten Allgemeinen Verwaltungsvorschrift zum Bundes-Immissionsschutzgesetz (Technische Anleitung zur Reinhaltung der Luft) vom 27. Februar 1986 (GMBl. S. 95) Anwendung. Dabei gelten mindestens die Anforderungen nach § 8 Abs. 4 und 5. § 8 Abs. 2 und 6 gilt entsprechend.

Vierter Teil. Gemeinsame Vorschriften

§ 10 Andere oder weitergehende Anforderungen. Die Befugnis der zuständigen Behörde, auf Grund des Bundes-Immissionsschutzgesetzes andere oder weitergehende Anordnungen zu treffen, bleibt unberührt, soweit die Vorschriften der Richtlinie 94/63/EG und die Vorschriften über die Beförderung gefährlicher Güter nicht entgegenstehen.

§ 11 Zulassung von Ausnahmen. (1) Die zuständige Behörde kann auf Antrag des Betreibers Ausnahmen von den Anforderungen dieser Verordnung zulassen, soweit unter Berücksichtigung der besonderen Umstände des Einzelfalls
1. einzelne Anforderungen der Verordnung nicht oder nur mit unverhältnismäßig hohem Aufwand erfüllt werden können,
2. keine schädlichen Umwelteinwirkungen sowie keine Gefahren für Beschäftigte und Dritte zu erwarten sind und
3. die Vorschriften der Richtlinie 94/63/EG eingehalten werden.
Abweichend von § 5 Abs. 2 dürfen Binnentankschiffe bis zum 31. Dezember 2005, ohne im Einzelfall eine Ausnahme beantragen zu müssen, ventilieren, wenn sie nach ihrer Entleerung von Ottokraftstoff anschließend für andere Erzeugnisse als Ottokraftstoff benutzt werden, eine Dämpferückgewinnung ohne eine Zwischenspeicherung von Kraftstoffdämpfen nicht möglich und die Ventilierung aus Gründen der Sicherheit oder der einzuhaltenden Produktanforderungen notwendig ist und

1139

Anh. A 20 20. BImSchV   VO zur Durchführung des BImSchG

keine wechselweise Beladung zwischen UN 1203 Ottokraftstoff und UN 1202 Dieselkraftstoff, UN 1202 Gasöl, UN 1202 Heizöl, leicht, UN 1203 Benzin oder Ottokraftstoff (unverbleit), UN 1223 Kerosin (nur als Vorladung), UN 1268 Erdöldestillate, n.a.g. (Crackbenzin), UN 1268 Erdöldestillate, n.a.g. (LDF), UN 1268 Erdöldestillate, n.a.g. (Naphta nur bei Vorladung ohne sauerstoffhaltige Komponente), UN 1268 Erdöldestillate, n.a.g. (Platformat), UN 1268 Erdöldestillate, n.a.g. (Pyrolysebenzin), UN 1268 Erdöldestillate, n.a.g. (Testbenzin), UN 1294 Toluol (nur als Vorladung), UN 1307 Xylole (nur als Vorladung) oder UN 1863 Düsenkraftstoff (nur als Vorladung) erfolgt. Die Ventilierung der Binnentankschiffe ist nur zulässig, wenn sie während der Fahrt vorgenommen wird; dabei sind die Anlagen A, B1 und B2, insbesondere Rn. 210307 (Entgasen leerer Ladetanks), der Anlage 1 zur Verordnung über die Beförderung gefährlicher Güter auf dem Rhein (ADNR) vom 21. Dezember 1994 (BGBl. II 1994 S.3830) in ihrer jeweils gültigen Fassung zu beachten. Eine Ventilierung ist nicht zulässig

1. innerhalb geschlossener Ortschaften und im Bereich von Schleusen einschließlich ihrer Vorhäfen,
2. in durch Rechtsverordnung festgesetzten Untersuchungsgebieten gemäß § 44 des Bundes-Immissionsschutzgesetzes,
3. wenn der Schwellenwert für die Ozonkonzentration in der Luft von 180 µg/m³ überschritten ist und die Unterrichtung der Bevölkerung durch Rundfunk, Fernsehen, Presse oder sonstige geeignete Verlautbarungen erfolgt ist (§ 6 a der Verordnung über Immissionswerte).

(2) Gehört die Anlage zu einem Standort, der in das Verzeichnis nach Artikel 8 der Verordnung (EWG) Nr. 1836/93 des Rates vom 29. Juni 1993 über die freiwillige Beteiligung gewerblicher Unternehmen an einem Gemeinschaftssystem für das Umweltmanagement und die Umweltbetriebsprüfung (ABl. EG Nr. L 168 S.1) in Verbindung mit Artikel 17 Abs. 4 Satz 1 der Verordnung (EG) Nr. 761/2001 des Europäischen Parlaments und des Rates vom 19. März 2001 über die freiwillige Beteiligung von Organisationen an einem Gemeinschaftssystem für das Umweltmanagement und die Umweltbetriebsprüfung (EMAS) (ABl. EG Nr. L 114 S. 1) oder in das Verzeichnis gemäß Artikel 7 Abs. 2 der Verordnung (EG) Nr. 761/2001 eingetragen ist, kann die zuständige Behörde auf Antrag des Betreibers durch Ausnahme zulassen, daß wiederkehrende Messungen nach § 8 Abs. 3 Nr. 2 oder im Sinne der Nummer 3.2.2.1 der Technischen Anleitung zur Reinhaltung der Luft nicht durchgeführt werden, wenn das Umweltmanagementsystem des Betreibers eigene, gleichwertige Messungen sowie Berichte vorsieht.

(3) Ausnahmen, die nach § 8 der Verordnung zur Begrenzung der Kohlenwasserstoffemissionen beim Umfüllen und Lagern von Ottokraftstoffen vom 7. Oktober 1992 (BGBl. I S.1727) erteilt worden sind, gelten als Ausnahmen im Sinne des Absatzes 1 weiter. Die Ausnahmen sind zu widerrufen, soweit ihnen Vorschriften der Richtlinie 94/63/EG entgegenstehen.

§ 12 Ordnungswidrigkeiten. (1) Ordnungswidrig im Sinne des § 62 Abs. 1 Nr. 2 des Bundes-Immissionsschutzgesetzes handelt, wer vorsätzlich oder fahrlässig als Betreiber einer genehmigungsbedürftigen Anlage

1. entgegen § 3 Abs. 1 Satz 1, § 4 Abs. 1, 3 Nr. 2, Abs. 4 oder 5 einen Lagertank, eine Anlage, eine Abgasreinigungseinrichtung oder ein Tanklager nicht oder nicht in der vorgeschriebenen Weise errichtet oder betreibt,
2. entgegen § 3 Abs. 2 Satz 1 oder Abs. 3 Satz 1 einen Schwimmdachtank oder einen Festdachtank nicht oder nicht in der vorgeschriebenen Weise ausstattet oder betreibt oder
3. entgegen § 3 Abs. 4 einen Lagertank errichtet oder betreibt.

(2) Ordnungswidrig im Sinne des § 62 Abs. 1 Nr. 7 des Bundes-Immissionsschutzgesetzes handelt, wer vorsätzlich oder fahrlässig
1. als Betreiber einer nicht genehmigungsbedürftigen Anlage
   a) entgegen § 3 Abs. 1 Satz 1, § 4 Abs. 1, 3 Nr. 1, Abs. 4 oder 5 einen Lagertank, eine Anlage, eine Abgasreinigungseinrichtung oder ein Tanklager nicht oder nicht in der vorgeschriebenen Weise errichtet oder betreibt,
   b) entgegen § 3 Abs. 2 Satz 1 oder Abs. 3 Satz 1 einen Schwimmdachtank oder einen Festdachtank nicht oder nicht in der vorgeschriebenen Weise ausstattet oder betreibt,
   c) entgegen § 3 Abs. 4, § 5 Abs. 1 Satz 1 oder § 6 Abs. 1 Satz 1 einen Lagertank, ein Behältnis oder eine Anlage errichtet oder betreibt,
2. entgegen § 8 Abs. 1 eine Anzeige nicht, nicht richtig oder nicht rechtzeitig erstattet,
3. entgegen § 8 Abs. 2 oder 3 die Einhaltung der dort genannten Anforderungen nicht oder nicht rechtzeitig feststellen oder festgestellte Mängel nicht oder nicht rechtzeitig beseitigen läßt,
4. entgegen § 8 Abs. 5 Satz 2 einen Bericht oder eine Berichtsausfertigung nicht aufbewahrt oder
5. entgegen § 8 Abs. 5 Satz 3 der zuständigen Behörde eine Durchschrift des jeweiligen Berichts nicht oder nicht rechtzeitig zuleitet.

Fünfter Teil. Übergangs- und Schlußvorschriften

§ 13 Übergangsregelungen. (1) Die Anforderungen
1. des § 3 Abs. 1 Satz 1 sind für Schwimmdachtanks von Altanlagen im Rahmen der normalen Wartungszyklen, spätestens jedoch ab dem 1. Januar 1999, zu erfüllen,
2. des § 3 Abs. 2, 3 und 4 sind bei Altanlagen in Tanklagern mit einem Durchsatz
   a) von mehr als 50 000 Tonnen ab dem 1. Januar 1999,
   b) bis zu 50 000 Tonnen ab dem 1. Juli 1999
einzuhalten.
(2) Bei genehmigungsbedürftigen Altanlagen sind die Anforderungen des § 4 Abs. 1 und Abs. 3 Nr. 2 ab dem 1. Juli 2003, die Anforderungen nach Anhang II Nr. 2 Abs. 1 der Richtlinie 94/63/EG ab dem 1. Januar 1999 einzuhalten.
(3) Die Anforderungen des § 4 Abs. 4 sind bei Altanlagen in Tanklagern mit einem Durchsatz
1. von mehr als 150 000 Tonnen ab dem 1. Januar 1999,
2. bis zu 150 000 Tonnen ab dem 1. Januar 2002
einzuhalten. Ab dem 1. Januar 2005 dürfen Tanklager mit Anlagen zur Befüllung von Straßentankfahrzeugen nur mehr betrieben werden, wenn alle Füllstellen den in Anhang IV der Richtlinie 94/63/EG festgelegten Anforderungen genügen.
(4) Die Anforderungen des § 5 sind bei den vor dem 4. Juni 1998 zugelassenen Eisenbahnkesselwagen und Binnenschiffen ab dem 1. Januar 1999 einzuhalten.

§ 14 Inkrafttreten, Außerkrafttreten. Diese Verordnung tritt am Tage nach der Verkündung[1] in Kraft. Gleichzeitig tritt die Verordnung zur Begrenzung der Kohlenwasserstoffemissionen beim Umfüllen und Lagern von Ottokraftstoffen vom 7. Oktober 1992 (BGBl. I S. 1727) außer Kraft.

---

[1] Verkündet am 3. 6. 1998.

A 21. Verordnung zu Kohlenwasserstoffemissionen bei der Betankung von Kraftfahrzeugen – 21. BImSchV

Vom 7. 10. 1992 (BGBl I 1730), zuletzt geänd. am 6. 5. 2002 (BGBl I 1566)[1]

(BGBl III/FNA 2129-8-21)

Kommentierung: Vgl. die Ausführungen zu § 23, insb. Rn.11, 28 zu § 23. – **Literatur:** *Hansmann,* in: LR (2002), Nr.2.21; *Laubinger,* in: UL (2002), A 21.0.

§ 1 Anwendungsbereich. Diese Verordnung gilt für die Errichtung, die Beschaffenheit und den Betrieb von Tankstellen, soweit Kraftstoffbehälter von Kraftfahrzeugen mit Ottokraftstoffen betankt werden und die Tankstellen einer Genehmigung nach § 4 des Bundes-Immissionsschutzgesetzes nicht bedürfen.

§ 2 Begriffsbestimmungen. (1) Fachbetrieb im Sinne dieser Verordnung ist ein Betrieb nach Nummer 1.1.2 Abs. 5 des Anhangs II der Verordnung über brennbare Flüssigkeiten (VbF) in der Fassung der Bekanntmachung vom 13. Dezember 1996 (BGBl. I S. 1937).

(2) Sachverständige im Sinne dieser Verordnung sind die in § 16 Abs. 1 der VbF aufgeführten sowie die nach § 36 Abs. 1 der Gewerbeordnung in der Fassung der Bekanntmachung vom 22. Februar 1999 (BGBl. I S. 202) bestellten Sachverständigen.

(3) Der Wirkungsgrad eines Gasrückführungssystems einer Tankstelle ist das Verhältnis zwischen dem Mittelwert der in den Lagerbehälter zurückgeführten Masse an Kohlenwasserstoffen, bezogen auf die getankte Kraftstoffmenge und das untersuchte Fahrzeugkollektiv, und dem Mittelwert der emittierten Masse an Kohlenwasserstoffen ohne Einsatz eines Gasrückführungssystems (Basisemission), bezogen auf die getankte Kraftstoffmenge und das untersuchte Fahrzeugkollektiv.

§ 3 Errichtung und Betrieb von Tankstellen. (1) Tankstellen sind so zu errichten und zu betreiben, dass die beim Betanken von Fahrzeugen mit Ottokraftstoff im Fahrzeugtank verdrängten Kraftstoffdämpfe nach dem Stand der Technik mittels eines Gasrückführungssystems erfasst und dem Lagertank der Tankstelle zugeführt werden.

(2) Tankstellen, die ab dem 18. Mai 2002 errichtet werden, dürfen nur betrieben werden, wenn für das eingesetzte Gasrückführungssystem durch eine Bescheinigung des Herstellers belegt worden ist, dass sein von einem Sachverständigen unter Prüfbedingungen nach dem Verfahren des Anhangs I Nr. 1 ermittelter Wirkungsgrad 85 vom Hundert nicht unterschreitet. Die Bescheinigung ist am Betriebsort aufzubewahren und der zuständigen Behörde auf Verlangen vorzulegen.

(3) Gasrückführungssysteme ohne Unterdruckunterstützung sind so zu errichten und zu betreiben, dass

---

[1] Zur Rechtsgrundlage und zu Änderungen Rn. 30 zu § 23.

Anh. A 21 21. BImSchV VO zur Durchführung des BImSchG

1. nur solche Zapfventile eingesetzt werden, bei denen ein dichter Übergang zum Fahrzeugtank der Fahrzeuge hergestellt werden kann, deren Tankeinfüllstutzen für die Gasrückführung geeignet ist,
2. der freie Gasdurchgang im Rückführungssystem bei ausreichend geringem Strömungswiderstand gewährleistet ist,
3. der Gegendruck am Zapfventil den nach Angaben des Herstellers maximalen Wert nicht überschreitet,
4. die Rückführungsleitungen von den Zapfsäulen zum Lagertank ein stetes Gefälle von mindestens 1 Prozent haben und
5. die Dichtmanschetten der Zapfventile keine Risse, Löcher oder andere Defekte aufweisen, die zu Undichtigkeiten führen können.

(4) Gasrückführungssysteme mit Unterdruckunterstützung sind so zu errichten und zu betreiben, dass

1. das nach dem Verfahren des § 6 Abs. 2 Satz 3 ermittelte Volumenverhältnis zwischen dem rückgeführten Kraftstoffdampf/Luft-Gemisch und dem getankten Kraftstoff 95 vom Hundert nicht unterschreitet und 105 vom Hundert nicht überschreitet.
2. keine Fremdluft über Einrichtungen der Zapfsäule in die Gasrückführleitung gelangt,
3. während der Gasrückführung, abgesehen von sicherheitstechnisch bedingten Freisetzungen keine Kraftstoffdämpfe über das Gasrückführungssystem und die angeschlossenen Einrichtungen in die Atmosphäre abgegeben werden und
4. die Funktionsfähigkeit des Gasrückführungssystems durch eine automatische Überwachungseinrichtung, die mindestens die Anforderungen nach Absatz 5 erfüllt, fortlaufend überprüft wird.

(5) Die automatische Überwachungseinrichtung nach Absatz 4 Nr. 4 hat

1. Störungen der Funktionsfähigkeit des Gasrückführungssystems automatisch festzustellen und die festgestellten Störungen dem Tankstellenpersonal zu signalisieren,
2. bei Störungen der Funktionsfähigkeit des Gasrückführungssystems, die dem Tankstellenpersonal länger als 72 Stunden signalisiert werden, den Kraftstofffluss automatisch zu unterbrechen,
3. Störungen der Eigenfunktionsfähigkeit automatisch festzustellen und dem Tankstellenpersonal zu signalisieren,
4. bei Störungen der Eigenfunktionsfähigkeit, die dem Tankstellenpersonal länger als in dem unter Nummer 2 genannten Zeitraum signalisiert werden, den Kraftstofffluss automatisch zu unterbrechen.

Eine Störung der Funktionsfähigkeit des Gasrückführungssystems liegt vor, wenn die fortlaufende Bewertung der Betankungsvorgänge durch die automatische Überwachungseinrichtung ergibt, dass das Volumenverhältnis zwischen dem rückgeführten Kraftstoffdampf/Luft-Gemisch und dem getankten Kraftstoff, gemittelt über die Dauer des Betankungsvorgangs, bei zehn Betankungsvorgängen in Folge jeweils entweder 85 vom Hundert unterschreitet oder 115 vom Hundert überschreitet. In die Bewertung nach Satz 2 sind nur solche Betankungsvorgänge einzubeziehen, deren Dauer 20 Sekunden oder mehr beträgt und bei denen der Kraftstoffvolumenstrom 25 Liter je Minute oder mehr erreicht.

(6) Abweichend von Absatz 1 können Tankstellen auch so errichtet und betrieben werden, dass die im Fahrzeugtank verdrängten Kraftstoffdämpfe vollständig erfasst und einer Abgasreinigungseinrichtung mit stofflicher Rückgewinnung der Kraftstoffdämpfe zugeführt werden, deren Reinigungsgrad 97 vom Hundert nicht unterschreitet. Eine Kombination dieser Anlagentechnik mit der nach Absatz 1 ist zulässig.

Kohlenwasserstoffemissionen 21. BImSchV **Anh. A 21**

(7) Absatz 1 gilt nicht
1. für vor dem 1. Januar 1993 errichtete Tankstellen mit einer jährlichen Abgabemenge an Ottokraftstoffen bis zu 1000 Kubikmeter, soweit die Tankstellen nicht zur Betankung von Neufahrzeugen in Automobilwerken dienen,
2. für das Betanken von Fahrzeugen, die mittels eines Gasrückführungssystems nicht betankt werden können.

§ 4 Messöffnungen. Der Betreiber einer Tankstelle hat zur Kontrolle der Anforderungen nach § 3 Abs. 3 Nr. 2 oder 3 oder Abs. 4 Nr. 1 vor der Inbetriebnahme geeignete, dicht verschließbare Messöffnungen einzurichten.

§ 5 Eigenkontrolle. (1) Der Betreiber einer Tankstelle hat ein Gasrückführungssystem
1. mit Unterdruckunterstützung nach § 3 Abs. 4, das
   a) mit einer automatischen Überwachungseinrichtung nach § 3 Abs. 4 Nr. 4 betrieben wird, mindestens einmal alle zwei Jahre,
   b) nicht mit einer automatischen Überwachungseinrichtung nach § 3 Abs. 4 Nr. 4 betrieben wird, mindestens einmal jährlich,
2. ohne Unterdruckunterstützung nach § 3 Abs. 3 mindestens einmal vierteljährlich
von einem Fachbetrieb auf einwandfreien Zustand überprüfen und bei festgestellten Mängeln unverzüglich instand setzen zu lassen. Bei Systemen nach § 3 Abs. 6 ist entsprechend Buchstabe a zu verfahren. Das Ergebnis der Überprüfung und die durchgeführten Instandsetzungsmaßnahmen sind schriftlich festzuhalten.
(2) Der Betreiber einer Tankstelle mit einem Gasrückführungssystem nach Absatz 1 Satz 1 Nr. 1 Buchstabe b hat mindestens einmal monatlich an sämtlichen Zapfventilen die Funktionsfähigkeit der Unterdruckunterstützung mit einem geeigneten Prüfgerät zu überprüfen und bei festgestellten Mängeln unverzüglich durch einen Fachbetrieb instand setzen zu lassen. Soweit mehrere Zapfventile über eine gemeinsame Gasrückführungspumpe angesteuert werden, genügt es, eines dieser Zapfventile zu überprüfen. Das Ergebnis der Überprüfungen einschließlich der festgestellten Mängel und der durchgeführten Instandsetzungsmaßnahmen ist schriftlich festzuhalten.
(3) Der Betreiber einer Tankstelle hat sicherzustellen, dass die durch eine automatische Überwachungseinrichtung nach § 3 Abs. 4 Nr. 4 signalisierten Störungen unverzüglich durch einen Fachbetrieb behoben werden. Die signalisierten Störungen und die durchgeführten Instandsetzungsmaßnahmen sind schriftlich festzuhalten.
(4) Der Betreiber hat die Aufzeichnungen nach Absatz 1 Satz 3, Absatz 2 Satz 3 und Absatz 3 Satz 2 am Betriebsort drei Jahre ab der Erstellung aufzubewahren und der zuständigen Behörde auf Verlangen vorzulegen.

§ 6 Überwachung. (1) Der Betreiber einer Tankstelle hat diese der zuständigen Behörde vor der Inbetriebnahme anzuzeigen.
(2) Der Betreiber hat die Einhaltung der Anforderungen nach § 3 Abs. 3 oder 4
1. erstmalig bis spätestens sechs Wochen nach der Inbetriebnahme des Gasrückführungssystems und sodann
2. wiederkehrend alle fünf Jahre
von einem Sachverständigen feststellen zu lassen. Satz 1 gilt mit der Maßgabe, dass die Einhaltung der Anforderungen nach § 3 Abs. 4 Nr. 3 von dem Sachverständigen durch eine Dichtheitsprüfung nach dem Verfahren des Anhangs I Nr. 2 entsprechend den dort genannten Prüfzeitpunkten feststellen zu lassen ist. Die Einhaltung der Anforderung nach § 3 Abs. 4 Nr. 1 ist durch mindestens drei Einzelmessungen

festzustellen; diese Anforderung gilt als eingehalten, wenn bei jeder Einzelmessung das über die Dauer des Betankungsvorgangs gemittelte Volumenverhältnis zwischen dem rückgeführten Kraftstoffdampf/Luft-Gemisch und dem getankten Kraftstoff innerhalb der dort festgelegten Toleranz bleibt.

(3) Der Betreiber hat die Einhaltung der Anforderungen an den Reinigungsgrad einer Abgasreinigungseinrichtung nach § 3 Abs. 6
1. erstmalig frühestens drei Monate und spätestens sechs Monate nach der Inbetriebnahme der Abgasreinigungseinrichtung und sodann
2. wiederkehrend alle drei Jahre

von einer nach § 26 des Bundes-Immissionsschutzgesetzes bekannt gegebenen Stelle durch Messungen feststellen zu lassen.

(4) Ergibt eine Überprüfung nach Absatz 2 oder 3, daß die Anforderungen nicht eingehalten sind, ist die Tankstelle unverzüglich instandsetzen und vom Sachverständigen oder von der nach § 26 des Bundes-Immissionsschutzgesetzes bekannt gegebenen Stelle innerhalb von sechs Wochen nach der Überprüfung eine Wiederholungsüberprüfung durchführen zu lassen.

(5) Über die Ergebnisse der Überprüfungen nach den Absätzen 2 bis 4 hat der Betreiber jeweils einen Bericht erstellen zu lassen. Der Betreiber hat den jeweiligen Bericht am Betriebsort fünf Jahre ab der Erstellung aufzubewahren. Eine Durchschrift des jeweiligen Berichts hat der Betreiber der zuständigen Behörde innerhalb von vier Wochen nach der Überprüfung zuzuleiten.

(6) Der Betreiber einer Tankstelle hat die jährliche Abgabemenge mit Stichtag zum 1. Februar eines jeden Jahres für das abgelaufene Kalenderjahr zu erfassen. Die Aufzeichnungen darüber sind drei Jahre am Betriebsort aufzubewahren und der zuständigen Behörde auf Verlangen vorzulegen. Diese Pflichten entfallen, wenn die Anforderungen nach § 3 erfüllt sind.

§ 7 Zulassung von Ausnahmen. Die zuständige Behörde kann auf Antrag des Betreibers Ausnahmen von den Anforderungen der §§ 3 bis 6 zulassen, soweit unter Berücksichtigung der besonderen Umstände des Einzelfalls einzelne Anforderungen der Verordnung nicht oder nur mit unverhältnismäßig hohem Aufwand erfüllt werden können und Gefahren für Beschäftigte und Dritte sowie schädliche Umwelteinwirkungen nicht zu erwarten sind.

§ 8 Ordnungswidrigkeiten. Ordnungswidrig im Sinne des § 62 Abs. 1 Nr. 7 des Bundes-Immissionsschutzgesetzes handelt, wer vorsätzlich oder fahrlässig
1. entgegen § 3 Abs. 1 eine Tankstelle nicht richtig errichtet oder nicht richtig betreibt,
2. entgegen § 3 Abs. 2 Satz 1 eine Tankstelle betreibt oder die in § 3 Abs. 2 Satz 2 genannte Bescheinigung nicht am Betriebsort aufbewahrt oder diese der zuständigen Behörde auf Verlangen nicht vorlegt,
3. entgegen § 3 Abs. 3 oder 4 ein Gasrückführungssystem nicht richtig errichtet oder nicht richtig betreibt,
4. entgegen § 4 eine Messöffnung nicht oder nicht rechtzeitig einrichtet,
5. entgegen § 5 Abs. 1 Satz 1 ein dort genanntes Gasrückführungssystem nicht oder nicht rechtzeitig überprüfen oder nicht oder nicht rechtzeitig instand setzen lässt,
6. entgegen § 5 Abs. 2 Satz 1 die Funktionsfähigkeit der Unterdruckunterstützung nicht oder nicht rechtzeitig prüft oder nicht oder nicht rechtzeitig instand setzen lässt,
7. entgegen § 5 Abs. 3 Satz 1 nicht sicherstellt, dass signalisierte Störungen unverzüglich behoben werden,

Kohlenwasserstoffemissionen **21. BImSchV Anh. A 21**

8. entgegen § 5 Abs. 4 oder § 6 Abs. 5 Satz 2 eine dort genannte Unterlage nicht oder nicht für die vorgeschriebene Dauer aufbewahrt oder entgegen § 5 Abs. 4 die dort genannte Unterlage der zuständigen Behörde auf Verlangen nicht vorlegt,
9. entgegen § 6 Abs. 1 eine Anzeige nicht, nicht richtig, nicht vollständig oder nicht rechtzeitig erstattet,
10. entgegen § 6 Abs. 2 Satz 1 oder Abs. 3 die Einhaltung einer dort genannten Anforderung nicht oder nicht rechtzeitig feststellen lässt,
11. entgegen § 6 Abs. 4 eine Tankstelle nicht oder nicht rechtzeitig instand setzen lässt oder eine Wiederholungsüberprüfung nicht oder nicht rechtzeitig durchführen lässt,
12. entgegen § 6 Abs. 5 Satz 3 eine Durchschrift nicht oder nicht rechtzeitig zuleitet oder
13. entgegen § 6 Abs. 6 Satz 1 die Abgabemenge nicht oder nicht rechtzeitig erfasst.

§ 9 Übergangsregelung. Die Anforderungen des § 3 Abs. 4 Nr. 4 sind bei den vor dem 1. April 2003 errichteten Tankstellen, die
1. mehr als 5000 Kubikmeter Ottokraftstoffe je Jahr abgeben, ab dem 1. Januar 2005,
2. 2500 Kubikmeter bis 5000 Kubikmeter Ottokraftstoffe je Jahr abgeben und
   a) in einem Untersuchungsgebiet nach § 44 des Bundes-Immissionsschutzgesetzes liegen, am dem 1. Januar 2005,
   b) nicht in einem Untersuchungsgebiet nach § 44 des Bundes-Immissionsschutzgesetzes liegen, ab dem 1. Januar 2006,
3. 1000 Kubikmeter bis weniger als 2500 Kubikmeter Ottokraftstoffe je Jahr abgeben, ab dem 1. Januar 2007,
4. weniger als 1000 Kubikmeter Ottokraftstoffe je Jahr abgeben, ab dem 1. Januar 2008

einzuhalten. Bezugsjahr ist das Jahr 2002. Wird die Tankstelle nicht während des gesamten Jahres 2002 betrieben, so sind die tatsächlichen Abgabemengen auf das Jahr hochzurechnen.

Anhang I
(zu §§ 3 und 6)

Bestimmung des Wirkungsgrades und der Dichtheit von Gasrückführungssystemen

1. Bestimmung des Wirkungsgrades

1.1 Der Wirkungsgrad eines Gasrückführungssystems ist aus der Differenz der Basisemission und der Restemission nach der Beziehung

$$\eta = \frac{EB - ER}{EB} \times 100$$

η = Wirkungsgrad in Prozent
EB = Basisemission (Mittelwert der auf die getankte Kraftstoffmenge bezogenen Basisemission des untersuchten Fahrzeugkollektivs in g/l)
ER = Restemission (Mittelwert der auf die getankte Kraftstoffmenge bezogenen Restemission des untersuchten Fahrzeugkollektivs in g/l)
zu ermitteln.

Anh. A 21 21. BImSchV   VO zur Durchführung des BImSchG

1.2 Die Messung der Basisemission erfolgt bei abgeschalteter Gasrückführung, die Messung der Restemission unter gleichen Bedingungen bei in Betrieb befindlicher Gasrückführung. Beide Messungen sind an einem ausreichend großen repräsentativen Fahrzeugkollektiv durchzuführen. Die Restemission ist je Fahrzeugtyp für zwei Positionen des Zapfventils am Tankstutzen des Fahrzeugs zu ermitteln (Normalposition und eine um mindestens 45° gegenüber der Normalposition gedrehte Position).

1.3 Die Einzelmessungen für die Ermittlung der Basis- und Restemission sind jeweils für eine Messreihe arithmetisch zu mitteln. Das repräsentative Fahrzeugkollektiv ergibt sich aus der Statistik der im Jahr 2000 in Deutschland neu zugelassenen Fahrzeuge. Für die vier Marktsegmente Kleinwagen, untere Mittelklasse, Mittelklasse und Oberklasse werden die jeweils zwei am häufigsten neu zugelassenen Fahrzeuge berücksichtigt. Die Messungen erfolgen an den Serienfahrzeugen. Alternativ können die Tanks aus der Serienfertigung der jeweiligen Fahrzeugtypen für die Messungen in hierfür geeignete Vorrichtungen eingebaut werden. Die Messungen sind jeweils bei dem vom Zapfsäulen-Hersteller angegebenen maximalen Kraftstofffluss, jedoch mindestens bei 35 Liter pro Minute, durchzuführen. Es ist ein marktgängiges Zapfventil zu verwenden.

1.4 Das Bundesministerium für Umwelt, Naturschutz und Reaktorsicherheit kann nach Beratung mit sachkundigen Vertretern der beteiligten Kreise erstmals ab dem 1. Januar 2006 und sodann in Abständen von vier Jahren abweichend von Nummer 1.3 geänderte repräsentative Fahrzeugkollektive bekannt geben.

1.5 Die Fahrzeugtanks des zu untersuchenden Fahrzeugkollektivs sind vor den Messungen so zu konditionieren, dass sie Kraftstoffdämpfe mit Sättigungskonzentration enthalten. Für die Messungen ist entsprechend der Jahreszeit Sommer- oder Winterkraftstoff mit konstanter Kraftstoffqualität einzusetzen. Die Kraftstofftemperatur ist über die gesamte Messdauer konstant zu halten. Die maximale Temperaturabweichung $\triangle T$ darf ± 2 Kelvin nicht überschreiten. Für die Messdauer soll die Umgebungstemperatur im Bereich von > 5 °C bis < 25 °C liegen.

2. Dichtheitsprüfung von Gasrückführungssystemen

2.1 Vor der ersten Inbetriebnahme eines Gasrückführungssystems, nach jeder wesentlichen Änderung am System und spätestens im Abstand von fünf Jahren ist eine Dichtheitsprüfung des kompletten Gasrückführungssystems durchzuführen.

2.2 Zur Überprüfung der Dichtheit des Gasrückführungsleitungen ist das komplette Leitungssystem zwischen dem Fußpunkt der Zapfsäule und dem Lagertank mit 200 kPa Überdruck in geeigneter Art und Weise zu beaufschlagen. Innerhalb von 30 Minuten ist ein maximaler Druckabfall von 100 hPa zulässig.

2.3 Die Dichtheit des Gasrückführungssystems zwischen dem Fußpunkt der Zapfsäule und dem Zapfventil ist systemabhängig mit Überdruck oder Unterdruck nach den Vorgaben des Herstellers zu prüfen. Die Prüfung vor Inbetriebnahme entfällt, wenn eine Bescheinigung des Zapfsäulenherstellers oder des Fachbetriebes über die Dichtheitsprüfung vorliegt."

A 22. Verordnung über Immissionswerte für Schadstoffe in der Luft – 22. BImSchV

Vom 11. 9. 2002 (BGBl I 3626), geänd. am 13. 7. 2004 (BGBl I 1625)[1]

(BGBl III/FNA 2129-8-22)

Kommentierung: Vgl. die Ausführungen zu § 48a, insb. Rn.9f, 12f zu § 48a sowie Rn.38 zu § 5, Rn.39 zu § 22, Rn.33 zu § 40, Rn.8, 10 zu § 41 und Rn.3, 5 zu § 47. – **Literatur:** *Stüer*, Luftqualität und Straßenplanung, EurUP 2004, 46; *Jarass*, Luftqualitätsrichtlinien der EU und die Novellierung des Immissionsschutzrechts, NVwZ 2003, 257; *Hansmann*, in: LR (2003), Nr. 2.22; *Oligmüller*, EU-Luftqualitätswerte in das Anlagenzulassungsrecht übernehmen?, VA 2001, 181.

Erster Teil. Immissionswerte, Beurteilung, Maßnahmen und Informationspflichten

§ 1 Begriffsbestimmungen. Im Sinne des ersten Teils dieser Verordnung bedeuten

1. „Wert" die Konzentration eines Schadstoffes in der Luft;
2. „Beurteilung" die Ermittlung und Bewertung der Luftqualität durch Messung, Berechnung, Vorhersage oder Schätzung anhand der Methoden und Kriterien, die in dieser Verordnung genannt sind;
3. „Immissionsgrenzwert" einen Wert für einen bestimmten Schadstoff, der nach den Regelungen der §§ 2 bis 7 bis zu dem dort genannten Zeitpunkt einzuhalten ist und danach nicht überschritten werden darf;
4. „Alarmschwelle" einen Wert, bei dessen Überschreitung bereits bei kurzfristiger Exposition eine Gefahr für die menschliche Gesundheit besteht;
5. „Toleranzmarge" einen in jährlichen Stufen abnehmenden Wert, um den der Immissionsgrenzwert innerhalb der in den §§ 2 bis 7 festgesetzten Fristen überschritten werden darf, ohne die Erstellung von Luftreinhalteplänen zu bedingen;
6. „Gebiet" ein von den zuständigen Behörden festgelegter Teil der Fläche eines Landes im Sinne des § 9 Abs. 2 dieser Verordnung;
7. „Ballungsraum" ein Gebiet mit mindestens 250 000 Einwohnern, das aus einer oder mehreren Gemeinden besteht oder ein Gebiet, das aus einer oder mehreren Gemeinden besteht, welche jeweils eine Einwohnerdichte von 1000 Einwohnern oder mehr je Quadratkilometer bezogen auf die Gemarkungsfläche haben und die zusammen mindestens eine Fläche von 100 Quadratkilometern darstellen;
8. „Stickstoffoxide" die Summe von Stickstoffmonoxid und Stickstoffdioxid, ermittelt durch die Addition als Teile auf 1 Milliarde Teile und ausgedrückt als Stickstoffdioxid in $\mu g/m^3$;

---

[1] Zur Rechtsgrundlage Rn. 15 zu § 48a.

9. „PM$_{10}$" die Partikel, die einen größenselektierenden Lufteinlass passieren, der für einen aerodynamischen Durchmesser von 10 µm einen Abscheidegrad von 50 Prozent aufweist;
10. „PM$_{2,5}$" die Partikel, die einen größenselektierenden Lufteinlass passieren, der für einen aerodynamischen Durchmesser von 2,5 µm einen Abscheidegrad von 50 Prozent aufweist;
11. „Obere Beurteilungsschwelle" einen Wert, unterhalb dessen eine Kombination von Messungen und Modellrechnungen zur Beurteilung der Luftqualität angewandt werden kann;
12. „Untere Beurteilungsschwelle" einen Wert, unterhalb dessen für die Beurteilung der Luftqualität nur Modellrechnungen oder Schätzverfahren, die den Genauigkeitsanforderungen der Anlage 4 entsprechen, angewandt zu werden brauchen;
13. „Naturereignisse" Vulkanausbrüche, Erdbeben, geothermische Aktivitäten, Freilandbrände, Stürme oder die atmosphärische Aufwirbelung oder den atmosphärischen Transport natürlicher Partikel aus Trockengebieten.

§ 2 Immissionsgrenzwerte, Toleranzmarge und Alarmschwelle für Schwefeldioxid. (1) Für Schwefeldioxid dürfen bis zum 31. Dezember 2004 die nachfolgenden Grenzwerte nicht überschritten werden:

a) für das Jahr 80 µg/m^3 (Median der während eines Jahres gemessenen Tagesmittelwerte) bei einem zugeordneten Wert für Schwebstaub von mehr als 150 µg/m^3 (Median der während eines Jahres gemessenen Tagesmittelwerte),

b) für das Jahr 120 µg/m^3 (Median der während eines Jahres gemessenen Tagesmittelwerte) bei einem zugeordneten Wert für Schwebstaub kleiner oder gleich 150 µg/m^3 (Median der während eines Jahres gemessenen Tagesmittelwerte),

c) für die Winterperiode 130 µg/m^3 (Median der im Winter gemessenen Tagesmittelwerte) bei einem zugeordneten Wert für Schwebstaub von mehr als 200 µg/m^3 (Median der im Winter gemessenen Tagesmittelwerte),

d) für die Winterperiode 180 µg/m^3 (Median der im Winter gemessenen Tagesmittelwerte) bei einem zugeordneten Wert für Schwebstaub kleiner oder gleich 200 µg/m^3 (Median der im Winter gemessenen Tagesmittelwerte),

e) für das Jahr 250 µg/m^3 (98-Prozent-Wert der Summenhäufigkeit aller während eines Jahres gemessenen Tagesmittelwerte) bei einem zugeordneten Wert für Schwebstaub von mehr als 350 µg/m^3 (98-Prozent-Wert der Summenhäufigkeit aller während eines Jahres gemessenen Tagesmittelwerte) und

f) für das Jahr 350 µg/m^3 (98-Prozent-Wert der Summenhäufigkeit aller während eines Jahres gemessenen Tagesmittelwerte) bei einem zugeordneten Wert für Schwebstaub kleiner oder gleich 350 µg/m^3 (98-Prozent-Wert der Summenhäufigkeit aller während eines Jahres gemessenen Tagesmittelwerte).

(2) Zum Schutz der menschlichen Gesundheit beträgt der ab 1. Januar 2005 einzuhaltende über eine volle Stunde gemittelte Immissionsgrenzwert

$$350 \text{ µg/m}^3$$

bei 24 zugelassenen Überschreitungen im Kalenderjahr.

(3) Für den Immissionsgrenzwert des Absatzes 2 beträgt die Toleranzmarge 90 µg/m^3 ab dem Inkrafttreten dieser Verordnung. Sie vermindert sich ab 1. Januar 2003 bis zum 1. Januar 2005 stufenweise um jährlich 30 µg/m^3.

(4) Zum Schutz der menschlichen Gesundheit beträgt der ab 1. Januar 2005 einzuhaltende über 24 Stunden, d. h. einen Zeitraum von 0.00 bis 24.00 Uhr, gemittelte Immissionsgrenzwert

$$125 \text{ µg/m}^3$$

bei drei zugelassenen Überschreitungen im Kalenderjahr.

Immissionswerte 22. BImSchV **Anh. A 22**

(5) Zum Schutz von Ökosystemen beträgt der Immissionsgrenzwert für das Kalenderjahr sowie für das Winterhalbjahr (1. Oktober des laufenden Jahres bis 31. März des Folgejahres)

$$20\ \mu g/m^3.$$

Dieser Immissionsgrenzwert muss ab dem Inkrafttreten dieser Verordnung eingehalten werden.

(6) Die Alarmschwelle für Schwefeldioxid beträgt über eine volle Stunde gemittelt

$$500\ \mu g/m^3,$$

gemessen an drei aufeinander folgenden Stunden an den von den Ländern gemäß Anlage 2 dieser Verordnung eingerichteten Probenahmestellen, die für die Luftqualität in einem Bereich von mindestens 100 Quadratkilometern oder im gesamten Gebiet oder Ballungsraum repräsentativ sind; maßgebend ist die kleinste dieser Flächen.

(7) Die Immissionsgrenzwerte beziehen sich auf den Normzustand bei einer Temperatur von 293 K und einem Druck von 101,3 kPa.

§ 3 Immissionsgrenzwerte, Toleranzmargen für Stickstoffdioxid (NO₂), Immissionsgrenzwert für Stickstoffoxide (NOₓ) und Alarmschwelle für Stickstoffdioxid. (1) Für Stickstoffdioxid (NO$_2$) beträgt der Immissionsgrenzwert bis zum 31. Dezember 2009 200 μg/m^3 (98-Prozent-Wert der Summenhäufigkeit, berechnet aus den während eines Jahres gemessenen Mittelwerten über eine Stunde oder kürzere Zeiträume).

(2) Zum Schutz der menschlichen Gesundheit beträgt der ab 1. Januar 2010 einzuhaltende über eine volle Stunde gemittelte Immissionsgrenzwert für Stickstoffdioxid (NO$_2$)

$$200\ \mu g/m^3$$

bei 18 zugelassenen Überschreitungen im Kalenderjahr.

(3) Für den Immissionsgrenzwert des Absatzes 2 beträgt die Toleranzmarge 80 μg/m^3 ab dem Inkrafttreten dieser Verordnung. ²Sie vermindert sich ab 1. Januar 2003 bis zum 1. Januar 2010 stufenweise um jährlich 10 μg/m^3.

(4) Zum Schutz der menschlichen Gesundheit beträgt der ab 1. Januar 2010 einzuhaltende über ein Kalenderjahr gemittelte Immissionsgrenzwert für Stickstoffdioxid (NO$_2$)

$$40\ \mu g/m^3.$$

(5) Für den Immissionsgrenzwert des Absatzes 4 beträgt die Toleranzmarge 16 μg/m^3 ab dem Inkrafttreten dieser Verordnung. Sie vermindert sich ab 1. Januar 2003 bis zum 1. Januar 2010 stufenweise um jährlich 2 μg/m^3.

(6) Zum Schutz der Vegetation beträgt der über ein Kalenderjahr gemittelte Immissionsgrenzwert für Stickstoffoxide (NOₓ)

$$30\ \mu g/m^3.$$

Dieser Immissionsgrenzwert muss ab dem Inkrafttreten dieser Verordnung eingehalten werden.

(7) Die Alarmschwelle für Stickstoffdioxid (NO$_2$) beträgt über eine volle Stunde gemittelt

$$400\ \mu g/m^3,$$

gemessen an drei aufeinander folgenden Stunden an den von den Ländern gemäß Anlage 2 dieser Verordnung eingerichteten Probenahmestellen, die für die Luftqualität in einem Bereich von mindestens 100 Quadratkilometern oder im gesamten Gebiet oder Ballungsraum repräsentativ sind; maßgebend ist die kleinste dieser Flächen.

(8) Die Immissionsgrenzwerte beziehen sich auf den Normzustand bei einer Temperatur von 293 K und einem Druck von 101,3 kPa.

Anh. A 22 **22. BImSchV** VO zur Durchführung des BImSchG

§ 4 Immissionsgrenzwerte und Toleranzmargen für Schwebstaub und Partikel (PM$_{10}$). (1) Für Schwebstaub betragen die Immissionsgrenzwerte bis zum 31. Dezember 2004 150 µg/m³ (arithmetisches Mittel aller während eines Jahres gemessenen Tagesmittelwerte) und 300 µg/m³ (95-Prozent-Wert der Summenhäufigkeit aller während eines Jahres gemessenen Tagesmittelwerte).

(2) Für den Schutz der menschlichen Gesundheit beträgt der ab 1. Januar 2005 einzuhaltende über 24 Stunden gemittelte Immissionsgrenzwert für Partikel PM$_{10}$
50 µg/m³,
bei 35 zugelassenen Überschreitungen im Kalenderjahr. Eine Probenahmezeit von 0.00 bis 24.00 Uhr ist anzustreben.

(3) Für den Immissionsgrenzwert des Absatzes 2 beträgt die Toleranzmarge 15 µg/m³ ab dem Inkrafttreten dieser Verordnung. Sie vermindert sich ab 1. Januar 2003 bis zum 1. Januar 2005 stufenweise um jährlich 5 µg/m³.

(4) Für den Schutz der menschlichen Gesundheit beträgt der ab 1. Januar 2005 einzuhaltende über ein Kalenderjahr gemittelte Immissionsgrenzwert für Partikel PM$_{10}$
40 µg/m³.

(5) Für den Immissionsgrenzwert des Absatzes 4 beträgt die Toleranzmarge 4,8 µg/m³ ab dem Inkrafttreten dieser Verordnung. Sie vermindert sich ab 1. Januar 2003 bis zum 1. Januar 2005 stufenweise um jährlich 1,6 µg/m³.

§ 5 Immissionsgrenzwerte und Toleranzmargen für Blei. (1) Für Blei beträgt der Immissionsgrenzwert bis zum 31. Dezember 2004 – ausgedrückt als Jahresmittelwert –
2 µg/m³.

(2) Für den Schutz der menschlichen Gesundheit beträgt der ab 1. Januar 2005 einzuhaltende über ein Kalenderjahr gemittelte Immissionsgrenzwert
0,5 µg/m³.

(3) In der Nachbarschaft bestimmter industrieller Quellen an Standorten, die durch jahrzehntelange industrielle Tätigkeit belastet worden sind, beträgt der Immissionsgrenzwert ab 1. Januar 2005
1,0 µg/m³
im Umkreis von nicht mehr als 1000 Meter von derartigen Quellen, wenn diese Gebiete dem Bundesministerium für Umwelt, Naturschutz und Reaktorsicherheit von der zuständigen Behörde über die nach Landesrecht zuständige Behörde mit einer angemessenen Begründung mitgeteilt worden sind. In diesen Fällen muss der Immissionsgrenzwert des Absatzes 2 ab 1. Januar 2010 eingehalten werden.

(4) Für den Immissionsgrenzwert des Absatzes 2 beträgt die Toleranzmarge 0,3 µg/m³ ab dem Inkrafttreten dieser Verordnung. Sie vermindert sich ab 1. Januar 2003 bis zum 1. Januar 2005 stufenweise um jährlich 0,1 µg/m³.

(5) In den Fällen des Absatzes 3 beträgt die Toleranzmarge, bezogen auf den ab 1. Januar 2010 einzuhaltenden Grenzwert, 0,4 µg/m³ ab dem Inkrafttreten dieser Verordnung. Sie vermindert sich ab 1. Januar 2003 bis zum 1. Januar 2010 jährlich stufenweise um 0,05 µg/m³.

§ 6 Immissionsgrenzwerte und Toleranzmarge für Benzol. (1) Für den Schutz der menschlichen Gesundheit beträgt der ab 1. Januar 2010 einzuhaltende über ein Kalenderjahr gemittelte Immissionsgrenzwert
5 µg/m³.

(2) Für den Immissionsgrenzwert des Absatzes 1 beträgt die Toleranzmarge 5 µg/m³ ab dem Inkrafttreten dieser Verordnung. Sie vermindert sich ab 1. Januar 2006 bis zum 1. Januar 2010 stufenweise um jährlich 1 µg/m³.

Immissionswerte 22. BImSchV **Anh. A 22**

(3) Ist die Einhaltung des in Absatz 1 festgelegten Immissionsgrenzwertes in einem Bundesland aufgrund standortspezifischer Ausbreitungsbedingungen oder maßgebender klimatischer Bedingungen, wie geringe Windgeschwindigkeit und/oder verdunstungsfördernde Bedingungen, schwierig und würde die Anwendung der Maßnahmen zu schwerwiegenden sozioökonomischen Problemen führen, so bittet das Bundesministerium für Umwelt, Naturschutz und Reaktorsicherheit auf Antrag dieses Bundeslandes bei der Kommission um eine auf höchstens fünf Jahre begrenzte Verlängerung der Frist des Absatzes 1. Zu diesem Zweck
- benennt das Bundesland die betreffenden Gebiete und Ballungsräume,
- erbringt das Bundesland den Nachweis, dass die Verlängerung gerechtfertigt ist,
- weist das Bundesland nach, dass alle zumutbaren Maßnahmen zur Senkung der Konzentrationen der betreffenden Schadstoffe und zur weitest möglichen Eingrenzung des Gebiets, in dem der Immissionsgrenzwert überschritten ist, ergriffen wurden, und
- skizziert das Bundesland die künftigen Entwicklungen im Hinblick auf die von ihm beabsichtigten Maßnahmen.

Der während dieser Verlängerung zulässige Immissionsgrenzwert für Benzol darf 10 µg/m³ nicht überschreiten.

(4) Die Immissionsgrenzwerte beziehen sich auf den Normzustand bei einer Temperatur von 293 K und einem Druck von 101,3 kPa.

§ 7 Immissionsgrenzwert und Toleranzmarge für Kohlenmonoxid. (1) Für den Schutz der menschlichen Gesundheit beträgt der ab 1. Januar 2005 einzuhaltende Immissionsgrenzwert, der nach Absatz 3 als höchster Achtstundenmittelwert zu ermitteln ist,

$$10 \text{ mg/m}^3.$$

(2) Für den Immissionsgrenzwert des Absatzes 1 beträgt die Toleranzmarge 6 mg/m³ ab dem Inkrafttreten dieser Verordnung. Sie vermindert sich ab 1. Januar 2003 bis zum 1. Januar 2005 stufenweise um jährlich 2 mg/m³.

(3) Der höchste Achtstundenmittelwert der Konzentration eines Tages wird ermittelt, indem die gleitenden Achtstundenmittelwerte geprüft werden, die aus Einstundenmittelwerten berechnet und stündlich aktualisiert werden. Jeder auf diese Weise errechnete Achtstundenmittelwert gilt für den Tag, an dem dieser Zeitraum endet, d. h., dass der erste Berechnungszeitraum für jeden einzelnen Tag die Zeitspanne von 17.00 Uhr des vorangegangenen Tages bis 1.00 Uhr des betreffenden Tages umfasst, während für den letzten Berechnungszeitraum jeweils die Stunden von 16.00 Uhr bis 24.00 Uhr des betreffenden Tages zugrunde gelegt werden.

(4) Der Immissionsgrenzwert bezieht sich auf den Normzustand bei einer Temperatur von 293 K und einem Druck von 101,3 kPa.

§ 8 Ausgangsbeurteilung der Luftqualität. Die zuständigen Behörden haben Ausgangsbeurteilungen für die Bestandsaufnahme der Luftqualität als Grundlage für die Ermittlungen nach § 10 durchzuführen. Liegen nicht für alle Gebiete und Ballungsräume repräsentative Messungen der Schadstoffwerte vor, haben die zuständigen Behörden die erforderlichen Messungen, Untersuchungen und Beurteilungen in der Weise durchzuführen, dass ihnen diese Angaben für die in den §§ 6 und 7 genannten Schadstoffe bis zum 13. Oktober 2002, für die Einstufung der Gebiete und Ballungsräume nach § 9 Abs. 2 vorliegen. Die Bundesländer teilen dem Bundesministerium für Umwelt, Naturschutz und Reaktorsicherheit die für die Ausgangsbeurteilung bezüglich der Stoffe nach den §§ 6 und 7 verwendeten Methoden und Verfahren bis zu diesem Datum mit.

Anh. A 22 22. BImSchV   VO zur Durchführung des BImSchG

§ 9 Festlegung der Ballungsräume und Einstufung der Gebiete und Ballungsräume. (1) Die nachfolgenden Absätze gelten nicht für die jeweils in Absatz 1 festgesetzten Immissionsgrenzwerte der §§ 2 bis 5.

(2) Die zuständigen Behörden legen die Ballungsräume fest. Sie stufen jährlich Gebiete und Ballungsräume wie folgt ein:
Gebiete und Ballungsräume
1. mit Werten oberhalb der Summe von Immissionsgrenzwert und Toleranzmarge;
2. mit Werten oberhalb des Immissionsgrenzwertes bis einschließlich dem Wert aus Summe von Immissionsgrenzwert und Toleranzmarge;
3. mit Werten gleich oder unterhalb des Immissionsgrenzwertes.

(3) Die Festlegung der Gebiete wird spätestens alle fünf Jahre nach dem Verfahren der Anlage 1 Abschnitt II überprüft. Sie wird bei signifikanten Änderungen der Konzentration der Schadstoffe früher überprüft.

(4) Die zuständigen Behörden weisen Probenahmestellen aus, die
– für den Schutz von Ökosystemen repräsentativ sind; für diese findet der Immissionsgrenzwert für Schwefeldioxid nach § 2 Abs. 5 Anwendung.
– für den Schutz der Vegetation repräsentativ sind; für diese findet der Immissionsgrenzwert für Stickstoffoxide nach § 3 Abs. 6 Anwendung.

§ 10 Beurteilung der Luftqualität. (1) Die zuständigen Behörden haben die Luftqualität für die gesamte Fläche ihres Landes in einem bestimmten Zeitraum oder fortlaufend nach Maßgabe der nachfolgenden Absätze zu beurteilen. Die Einstufung jedes Gebiets oder Ballungsraums für Zwecke der Anwendung der Absätze 2 bis 4 wird spätestens alle fünf Jahre nach dem Verfahren der Anlage 1 Abschnitt II überprüft. Sie wird bei signifikanten Änderungen der Konzentration der Schadstoffe früher überprüft.

(2) Die zuständigen Behörden haben zur Beurteilung der Konzentrationen der einzelnen Schadstoffe Messungen nach den Anlagen 2 bis 5 durchzuführen
– in Ballungsräumen, wenn die Werte die in der Anlage 1 festgelegten unteren Beurteilungsschwellen überschreiten,
– in Ballungsräumen bei Stoffen, für die Alarmschwellen festgelegt sind,
– in Gebieten, in denen die Werte die in der Anlage 1 festgelegten unteren Beurteilungsschwellen überschreiten.
Unbeschadet des Satzes 1 müssen auch Messungen zur Überwachung der Einhaltung des Immissionsgrenzwertes des § 4 Abs. 1 für Schwebstaub bis zu dem dort festgelegten Termin durchgeführt werden. Um angemessene Informationen über die Luftqualität zu erhalten, können für ihre Beurteilung ergänzende Modellrechnungen durchgeführt werden.

(3) Zur Beurteilung der Luftqualität kann eine Kombination von Messungen und Modellrechnungen angewandt werden, wenn die Werte über einen repräsentativen Zeitraum zwischen der oberen und der unteren Beurteilungsschwelle liegen. Die Modellrechnungen müssen den Anforderungen der Anlage 4 genügen.

(4) Wenn die Werte unterhalb der unteren Beurteilungsschwelle liegen, genügen für ihre Beurteilung Modellrechnungen oder Schätzverfahren. In diesem Fall und in solchen Gebieten und Ballungsräumen, in denen Informationen von ortsfesten Probenahmestellen durch Informationen aus anderen Quellen, wie Emissionskatastern, orientierenden Messungen oder Ergebnissen aus Modellrechnungen, ergänzt werden, müssen die Ergebnisse der Messungen und anderer Verfahren die Anforderungen der Anlage 4 erfüllen.

(5) Die Messung von Schadstoffen hat an ortsfesten Probenahmestellen so häufig zu erfolgen, dass die Werte mit der in Anlage 4 festgelegten Qualität bestimmt werden können.

Immissionswerte 22. BImSchV **Anh. A 22**

(6) Für die kontinuierliche Überwachung der Luftqualität sind Messeinrichtungen einzusetzen, die die Qualitätsanforderungen der Anlagen 4 und 5 erfüllen.
(7) Die Festlegung der Standorte von Probenahmestellen zur Messung der in den §§ 2 bis 7 genannten Schadstoffe richtet sich nach den in Anlage 2 aufgeführten Kriterien. Nach Anlage 3 bestimmt sich die Mindestzahl der ortsfesten Probenahmestellen für die Messung der Konzentrationen jedes relevanten Schadstoffes, die in jedem Gebiet oder Ballungsraum einzurichten sind, in dem Messungen vorgenommen werden müssen, sofern Daten über die Konzentration in dem Gebiet oder Ballungsraum ausschließlich durch Messungen gewonnen werden.
(8) Die Referenzmethoden sind
– für die Analyse von Schwefeldioxid, Stickstoffdioxid und Stickstoffoxiden sowie für die Probenahme und Analyse von Blei in Anlage 5 Abschnitte I bis III,
– für die Probenahme und Analyse von Schwebstaub in Anlage IV nach Tabelle B ii der Richtlinie 80/779/EWG,
– für die Probenahme und Messung der PM_{10}-Konzentration in Anlage 5 Abschnitt IV,
– für die Analyse und Probenahme von Benzol und Kohlenmonoxid in Anlage 5 Abschnitte VI und VII
festgelegt. Andere Probenahme- und Analysemethoden sind zulässig, wenn die Gleichwertigkeit der Ergebnisse mit der Referenzmethode gewährleistet ist.
(9) Die zuständigen Behörden stellen sicher, dass insgesamt ausreichend Probenahmestellen zur Bereitstellung von Daten über die $PM_{2,5}$-Konzentration eingerichtet und betrieben werden. Anzahl und Lage dieser Probenahme stellen sind so zu bestimmen, dass die $PM_{2,5}$-Konzentrationen im Bundesgebiet repräsentativ erfasst werden. Soweit möglich sollen diese Probahmestellen mit den Probenahmestellen für die PM_{10}-Konzentration zusammengelegt werden. Über die Einzelheiten stimmen sich die Länder untereinander ab.
(10) Die zuständigen Behörden können Probenahmestellen und sonstige Methoden zur Beurteilung der Luftqualität gemäß den Anforderungen dieser Verordnung in Bezug auf PM_{10}-Konzentrationen auch verwenden, um die Konzentrationen von Schwebstaub zu erfassen und die Einhaltung der Immissionsgrenzwerte des § 4 Abs. 1 für Schwebstaub insgesamt nachzuweisen, wobei jedoch für die Zwecke des betreffenden Nachweises die so erfassten Daten mit dem Faktor 1,2 zu multiplizieren sind. Die zuständigen Behörden verwenden diese Probenahmestellen und sonstige Methoden auch, um Daten zum Nachweis der Einhaltung der Immissionsgrenzwerte des § 2 Abs. 1, § 3 Abs. 1 und § 5 Abs. 1 zu erfassen.
(11) Die zuständigen Behörden
– zeichnen bis zum 31. Dezember 2003 an einigen von ihnen ausgewählten Probenahmestellen, die repräsentativ für die Luftqualität in bewohnten Gebieten in der Nähe von Emissionsquellen sind und an denen stündlich gemittelte Konzentrationen gemessen werden, auch Daten über die Schwefeldioxidkonzentration als Zehnminutenmittel auf, sofern eine Probahmestelle aus ihrem Zuständigkeitsbereich ausgewählt wurde;
– ermitteln bis zum 31. Dezember 2003 Daten darüber, wie oft die über zehn Minuten gemittelten Konzentrationen für Schwefeldioxid den Wert von 500 µg/m³ überschritten haben, an wie vielen Tagen innerhalb des Kalenderjahres dies vorkam, an wie vielen dieser Tage gleichzeitig die stündlich gemittelten Konzentrationen an Schwefeldioxid den Wert von 350 µg/m³ überschritten haben und welche über zehn Minuten gemittelte Höchstkonzentration gemessen wurde;
– stellen hinsichtlich der $PM_{2,5}$-Konzentrationen jährlich Angaben zum arithmetischen Mittel, zum Median, zum 98-Perzentil und zur Höchstkonzentration, die

anhand der 24-Stunden-Messwerte in dem betreffenden Jahr berechnet wurden, zusammen; das 98-Perzentil ist entsprechend Anhang III der Richtlinie 92/72/EWG zu berechnen.

§ 11 Luftreinhaltepläne, Aktionspläne, Listen von Gebieten und Ballungsräumen. (1) Immissionsgrenzwerte und Toleranzmargen im Sinne der nachfolgenden Absätze sind die in § 2 Abs. 2 bis 4, § 3 Abs. 2 bis 5, § 4 Abs. 2 bis 5, § 5 Abs. 2 bis 5, § 6 und § 7 genannten Werte. Die zuständigen Behörden stellen die Liste der Gebiete und Ballungsräume auf, in denen die Werte eines oder mehrerer Schadstoffe die Summe von Immissionsgrenzwert und Toleranzmarge überschreiten. Gibt es für einen bestimmten Schadstoff keine Toleranzmarge, so werden die Gebiete und Ballungsräume, in denen der Wert dieses Schadstoffes den Immissionsgrenzwert überschreitet, wie Gebiete und Ballungsräume des Satzes 1 behandelt.

(2) Die zuständigen Behörden erstellen eine Liste der Gebiete und Ballungsräume, in denen die Werte eines oder mehrerer Schadstoffe zwischen dem Immissionsgrenzwert und der Summe von Immissionsgrenzwert und Toleranzmarge liegen.

(3) Luftreinhaltepläne zur Einhaltung der in Absatz 1 genannten Immissionsgrenzwerte umfassen mindestens die in Anlage 6 aufgeführten Angaben. Luftreinhaltepläne zur Verringerung der Konzentration von PM_{10} müssen auch auf die Verringerung der Konzentration von $PM_{2,5}$ abzielen.

(4) Aktionspläne, die bei der Gefahr der Überschreitung der in Absatz 1 genannten Immissionsgrenzwerte und Alarmschwellen dieser Verordnung zu erstellen sind, können je nach Fall Maßnahmen zur Beschränkung und soweit erforderlich zur Aussetzung der Tätigkeiten, einschließlich des Kraftfahrzeugverkehrs, vorsehen, die zu der Gefahr einer Überschreitung der Immissionsgrenzwerte und/oder Alarmschwellen beitragen. Im Falle der Gefahr der Überschreitung von Immissionsgrenzwerten sind Aktionspläne jedoch erst ab den für die Einhaltung dieser Immissionsgrenzwerte festgesetzten Zeitpunkten durchzuführen.

(5) Die zuständigen Behörden können dem Bundesministerium für Umwelt, Naturschutz und Reaktorsicherheit über die nach Landesrecht zuständige Behörde Gebiete oder Ballungsräume benennen, in denen die Konzentration von PM_{10} die Immissionsgrenzwerte des halb überschreitet, weil Partikel nach einer Streuung der Straßen mit Sand im Winter aufgewirbelt werden. In diesem Fall muss der Nachweis darüber erbracht werden, dass die Überschreitungen auf derartige Aufwirbelungen zurückzuführen sind und dass angemessene Maßnahmen getroffen worden sind, diese Belastungen so weit wie möglich zu verringern. In diesen Gebieten und Ballungsräumen sind Maßnahmen nur dann durchzuführen, wenn die Überschreitung der Immissionsgrenzwerte für PM_{10} auf anderen Ursachen als dem Streuen im Winter beruht.

(6) Die zuständigen Behörden können dem Bundesministerium für Umwelt, Naturschutz und Reaktorsicherheit über die nach Landesrecht zuständige Behörde Gebiete oder Ballungsräume benennen, in denen die Immissionsgrenzwerte für PM_{10} infolge von Naturereignissen überschritten werden, die gegenüber dem normalen, durch natürliche Quellen bedingten Hintergrundwert zu signifikant höheren Konzentrationen führen. Im Falle des Satzes 1 sind die zuständigen Behörden zur Durchführung von Maßnahmen nach Absatz 3 nur dann verpflichtet, wenn die Überschreitung der Immissionsgrenzwerte auf andere Ursachen als Naturereignisse zurückzuführen ist. Die Erhöhung ist durch die zuständigen Behörden nachzuweisen. Die Ergebnisse der Untersuchungen sind der Öffentlichkeit im Rahmen der Unterrichtung nach § 12 bekannt zu geben.

(7) Die zuständigen Behörden können dem Bundesministerium für Umwelt, Naturschutz und Reaktorsicherheit über die nach Landesrecht zuständige Behörde Gebiete oder Ballungsräume benennen, in denen die Immissionsgrenzwerte für

Immissionswerte 22. BImSchV **Anh. A 22**

Schwefeldioxid aufgrund der Konzentrationen von Schwefeldioxid in der Luft, die aus natürlichen Quellen stammen, überschritten werden. In diesem Fall ist der Nachweis zu erbringen, dass die Überschreitungen auf erhöhte Schadstoffanteile aus natürlichen Quellen zurückzuführen sind. Die Ergebnisse der Untersuchungen sind der Öffentlichkeit im Rahmen der Unterrichtung nach § 12 bekannt zu geben. In diesem Fall sind die zuständigen Behörden zur Durchführung von Maßnahmen nach Absatz 3 nur dann verpflichtet, wenn die Überschreitung der Immissionsgrenzwerte auf andere Ursachen als erhöhte Schadstoffanteile aus natürlichen Quellen zurückzuführen ist.

(8) Die zuständigen Behörden benennen die Gebiete und Ballungsräume, in denen die Immissionsgrenzwerte eingehalten oder unterschritten werden. Die zuständigen Behörden bemühen sich, dass in diesen Gebieten und Ballungsräumen die bestmögliche Luftqualität im Einklang mit der Strategie einer dauerhaften und umweltgerechten Entwicklung unterhalb der Immissionsgrenzwerte erhalten bleibt und berücksichtigen dies bei allen relevanten Planungen.

§ 12 Unterrichtung der Öffentlichkeit. (1) Die zuständigen Behörden stellen der Öffentlichkeit und Organisationen, wie Umweltschutzorganisationen, Verbraucherverbänden, Interessenvertretungen der Betroffenen, gefährdeten Personengruppen und anderen mit dem Gesundheitsschutz befassten relevanten Stellen aktuelle Informationen über die Konzentration der in den §§ 2 bis 7 genannten Schadstoffe in geeigneter Form zur Verfügung.

(2) Die zuständigen Behörden aktualisieren täglich die Informationen über die Konzentrationen von Schwefeldioxid, Stickstoffdioxid und Partikeln in der Luft. Bei stündlich gemittelten Werten für Schwefeldioxid und Stickstoffdioxid aktualisieren sie die Informationen stündlich; die stündliche Aktualisierung kann unterbleiben, wenn die zuständigen Behörden zwingende Gründe haben, nach denen diese Aktualisierung nicht möglich ist. Informationen über die Konzentrationen von Blei in der Luft aktualisieren sie auf der Grundlage von Messungen der letzten drei Monate.

(3) Die zuständigen Behörden aktualisieren die Informationen über die Konzentration von Benzol in der Luft, ausgedrückt als Mittelwert der letzten zwölf Monate mindestens alle drei Monate und, soweit dies möglich ist, monatlich.

(4) Die zuständigen Behörden aktualisieren die Informationen über die Konzentration von Kohlenmonoxid in der Luft, ausgedrückt als höchster gleitender Achtstundenmittelwert, täglich und, soweit dies möglich ist, stündlich.

(5) Im Rahmen dieser Informationen sind für eine angemessene Unterrichtung der Öffentlichkeit mindestens alle Überschreitungen der Konzentrationen von Immissionsgrenzwerten und Alarmschwellen, die sich über die in § 2 Abs. 2 bis 6, § 3 Abs. 2 bis 7, § 4 Abs. 2 bis 5, § 5 Abs. 2 bis 5, §§ 6 und 7 angegebenen Mittelungszeiträume ergeben haben, anzugeben und zu bewerten. Diese Bewertung soll auch Aussagen über mögliche gesundheitliche Auswirkungen der Überschreitungen enthalten.

(6) Wird eine der in den §§ 2 und 3 genannten Alarmschwellen überschritten, informieren die zuständigen Behörden die Öffentlichkeit darüber. Diese Informationen müssen mindestens die in der Anlage 7 genannten Angaben enthalten.

(7) Luftreinhaltepläne und Aktionspläne nach § 11 werden der Öffentlichkeit und den in Absatz 1 genannten Organisationen zugänglich gemacht.

§ 13 Berichtspflichten. (1) Für die Berichterstattung an die Kommission der Europäischen Gemeinschaften übermitteln die zuständigen Behörden über die nach Landesrecht zuständige Behörde dem Bundesministerium für Umwelt, Naturschutz und Reaktorsicherheit oder der von ihm beauftragten Stelle:

Anh. A 22 22. BImSchV VO zur Durchführung des BImSchG

1. die für die Durchführung dieser Verordnung zuständigen Stellen;
2. bis zum 13. Oktober 2002 die Methoden, die zur Ausgangsbeurteilung nach § 8 für die Stoffe der §§ 6 und 7 verwendet wurden;
3. jährlich, spätestens sieben Monate nach Jahresende, die Liste der nach den §§ 9 und 11 festgelegten Gebiete und Ballungsräume;
4. soweit Alarmschwellen überschritten wurden, spätestens zwei Monate danach Informationen über die festgestellten Werte und über die Dauer der Überschreitungen;
5. soweit die Summen von Immissionsgrenzwerten und Toleranzmargen überschritten wurden,
   - spätestens sieben Monate nach Jahresende die festgestellten Werte und die Zeitpunkte oder Zeiträume ihres Auftretens sowie die Ursachen für jeden einzelnen festgestellten Fall,
   - spätestens 22 Monate nach Ablauf des Jahres, in dem die Werte festgestellt wurden, die Luftreinhaltepläne nach § 11 Abs. 3 zur Einhaltung der Immissionsgrenzwerte ab den vorgesehenen Zeitpunkten und
   - alle drei Jahre zum 30. September den Stand der Durchführung der mitgeteilten Luftreinhaltepläne;
6. jährlich, spätestens sieben Monate nach Jahresende, die Daten nach § 10 Abs. 11 zweiter und dritter Spiegelstrich.

Gibt es für einen bestimmten Stoff keine Toleranzmarge, tritt an die Stelle der Überschreitung der Summe von Immissionsgrenzwert und Toleranzmarge die Überschreitung des Immissionsgrenzwertes.

(2) Sind Gebiete oder Ballungsräume nach § 11 Abs. 5 benannt worden, übermitteln die zuständigen Behörden dem Bundesministerium für Umwelt, Naturschutz und Reaktorsicherheit oder der von ihm beauftragten Stelle über die nach Landesrecht zuständige Behörde jährlich und spätestens sieben Monate nach Jahresende eine Liste dieser Gebiete und Ballungsräume zusammen mit Informationen über die dortigen Konzentrationen und Quellen von PM_{10} und dem Nachweis, dass die Überschreitungen auf die dort genannten aufgewirbelten Partikel zurückzuführen sind und angemessene Maßnahmen zur Verringerung der Konzentrationen getroffen worden sind.

(3) Soweit Immissionsgrenzwerte für Partikel PM_{10} aufgrund erhöhter Konzentrationen infolge von Naturereignissen überschritten waren, weisen die zuständigen Behörden dies dem Bundesministerium für Umwelt, Naturschutz und Reaktorsicherheit über die nach Landesrecht zuständige Behörde nach.

(4) Soweit Gebiete oder Ballungsräume nach § 11 Abs. 7 benannt wurden, übermitteln die zuständigen Behörden dem Bundesministerium für Umwelt, Naturschutz und Reaktorsicherheit über die nach Landesrecht zuständige Behörde jährlich und spätestens sieben Monate nach Jahresende eine Liste dieser Gebiete und Ballungsräume zusammen mit Informationen über die dortigen Konzentrationen und Quellen von Schwefeldioxid sowie dem Nachweis, dass die Überschreitungen auf erhöhte Konzentrationen aus natürlichen Quellen zurückzuführen sind.

(5) Solange die Immissionsgrenzwerte des § 2 Abs. 1, des § 3 Abs. 1, des § 4 Abs. 1 und des § 5 Abs. 1 gelten, ermitteln die zuständigen Behörden alle Überschreitungen dieser Immissionsgrenzwerte und übermitteln dem Bundesministerium für Umwelt, Naturschutz und Reaktorsicherheit über die nach Landesrecht zuständige Behörde bis zum 31. Juli jedes Jahres für das abgelaufene Vorjahr die aufgezeichneten Werte, die Gründe für alle Fälle von Überschreitungen und die zur Vermeidung von erneuten Überschreitungen ergriffenen Maßnahmen.

Immissionswerte 22. BImSchV **Anh. A 22**

§ 14 Prüfpflicht. Wenn in bestimmten Gebieten oder Ballungsräumen die Konzentration eines oder mehrerer Schadstoffe einen Immissionsgrenzwert des § 2 Abs. 2 bis 4, § 3 Abs. 2 bis 5, § 4 Abs. 2 bis 5, § 5 Abs. 2 bis 5, § 6 oder § 7 im Zeitraum zwischen dem Inkrafttreten dieser Verordnung und den dort genannten Kalenderdaten für das Wirksamwerden dieser Immissionsgrenzwerte überschreitet, hat die zuständige Behörde zu prüfen, ob Maßnahmen zur fristgerechten Einhaltung der Immissionsgrenzwerte erforderlich sind.

Zweiter Teil. Ozonregelungen

§§ 15 bis 19. *(aufgehoben)*

Dritter Teil. Schlussvorschriften

§ 20 Inkrafttreten, Außerkrafttreten. Diese Verordnung tritt am Tage nach der Verkündung in Kraft. Gleichzeitig tritt die Zweiundzwanzigste Verordnung zur Durchführung des Bundes-Immissionsschutzgesetzes (Verordnung über Immissionswerte) vom 26. Oktober 1993 (BGBl. I S. 1819), geändert durch die Verordnung vom 27. Mai 1994 (BGBl. I S. 1095), außer Kraft.

Anlage 1

Ermittlung der Anforderungen für die Beurteilung der Konzentration von Schwefeldioxid, Stickstoffdioxid (NO_2) und Stickstoffoxiden (NO_x), Partikeln (PM_{10}), Blei, Benzol und Kohlenmonoxid in der Luft innerhalb eines Gebiets oder Ballungsraums

I. Obere und untere Beurteilungsschwellen

Es gelten die folgenden oberen und unteren Beurteilungsschwellen:

a) Schwefeldioxid

	Gesundheitsschutz	Ökosystemschutz
Obere Beurteilungsschwelle	60% des 24-Stunden-Immissionsgrenzwertes (75 µg/m³ dürfen nicht öfter als 3-mal im Kalenderjahr überschritten werden)	60% des Winter-Immissionsgrenzwertes (12 µg/m³)
Untere Beurteilungsschwelle	40% des 24-Stunden-Immissionsgrenzwertes (50 µg/m³ dürfen nicht öfter als 3-mal im Kalenderjahr überschritten werden)	40% des Winter-Immissionsgrenzwertes (8 µg/m³)

Anh. A 22 **22. BImSchV** VO zur Durchführung des BImSchG

b) Stickstoffdioxid und Stickstoffoxide

	Gesundheitsschutz (NO_2)	Gesundheitsschutz (NO_2)	Vegetationsschutz (NO_x)
Obere Beurteilungsschwelle	70% des 1-Stunden-Immissionsgrenzwertes (140 µg/m³ dürfen nicht öfter als 18-mal im Kalenderjahr überschritten werden)	80% des Jahres-Immissionsgrenzwertes (32 µg/m³)	80% des Jahres-Immissionsgrenzwertes (24 µg/m³)
Untere Beurteilungsschwelle	50% des 1-Stunden-Immissionsgrenzwertes (100 µg/m³ dürfen nicht öfter als 18-mal im Kalenderjahr überschritten werden)	65% des Jahres-Immissionsgrenzwertes (26 µg/m³)	65% des Jahres-Immissionsgrenzwertes (19,5 µg/m³)

c) Partikel

	Gesundheitsschutz	Gesundheitsschutz
Obere Beurteilungsschwelle	60% des 24-Stundenwertes (30 µg/m³ dürfen nicht öfter als 7-mal im Kalenderjahr überschritten werden)	14 µg/m³ als Jahresmittelwert
Untere Beurteilungsschwelle	40% des 24-Stundenwertes (20 µg/m³ dürfen nicht öfter als 7-mal im Kalenderjahr überschritten werden)	10 µg/m³ als Jahresmittelwert

d) Blei

	Gesundheitsschutz
Obere Beurteilungsschwelle	70% des Jahres-Immissionsgrenzwertes (0,35 µg/m³)
Untere Beurteilungsschwelle	50% des Jahres-Immissionsgrenzwertes (0,25 µg/m³)

e) Benzol

	Gesundheitsschutz
Obere Beurteilungsschwelle	70% des Immissionsgrenzwertes (3,5 µg/m³)
Untere Beurteilungsschwelle	40% des Immissionsgrenzwertes (2 µg/m³)

Immissionswerte   22. BImSchV **Anh. A 22**

f) Kohlenmonoxid

	Gesundheitsschutz
Obere Beurteilungsschwelle	70% des Immissionsgrenzwertes (7 mg/m^3)
Untere Beurteilungsschwelle	50% des Immissionsgrenzwertes (5 mg/m^3)

II. Ermittlung der Überschreitung der oberen und unteren Beurteilungsschwellen

Die Überschreitung der oberen und unteren Beurteilungsschwellen ist aufgrund der Konzentration während der vorhergehenden fünf Jahre zu ermitteln, sofern entsprechende Daten vorliegen. Eine Beurteilungsschwelle gilt als überschritten, falls sie in mindestens drei dieser fünf vorhergehenden Jahre überschritten wurde. Führt dies im Vergleich zu den gemäß Abschnitt I ermittelten Überschreitungen zu unterschiedlichen Ergebnissen, so gilt die strengere Regelung.

Liegen Daten für weniger als fünf vorhergehende Jahre vor, können die Ergebnisse von kurzzeitigen Messkampagnen während derjenigen Jahreszeit und an denjenigen Stellen, die für die höchsten Schadstoffwerte typisch sein dürften, mit Informationen aus Emissionskatastern und Modellen verbunden werden, um die Überschreitungen der oberen und unteren Beurteilungsschwellen zu ermitteln.

Anlage 2

Lage der Probenahmestellen für Messungen von Schwefeldioxid, Stickstoffdioxid und Stickstoffoxiden, Partikeln, Blei, Benzol und Kohlenmonoxid in der Luft

Die folgenden Kriterien gelten für ortsfeste Messungen.

I. Großräumige Standortkriterien
a) Schutz der menschlichen Gesundheit

Die Probenahmestellen, an denen Messungen zum Schutz der menschlichen Gesundheit vorgenommen werden, sollten so gelegt werden, dass

i) Daten zu den Bereichen innerhalb von Gebieten und Ballungsräumen gewonnen werden, in denen die höchsten Konzentrationen auftreten, denen die Bevölkerung wahrscheinlich direkt oder indirekt über einen Zeitraum ausgesetzt sein wird, der der Mittelungszeit des betreffenden Immissionsgrenzwertes Rechnung trägt;

ii) Daten zu den Bereichen innerhalb von Gebieten und Ballungsräumen gewonnen werden, in denen die höchsten Konzentrationen von Benzol und Kohlenmonoxid auftreten, denen die Bevölkerung wahrscheinlich direkt oder indirekt über einen Zeitraum ausgesetzt sein wird, die für die Exposition der Bevölkerung allgemein repräsentativ sind;

iii) Daten zu Konzentrationen in anderen Bereichen innerhalb von Gebieten und Ballungsräumen gewonnen werden, die für die Exposition der Bevölkerung im Allgemeinen repräsentativ sind.

Die Probenahmestellen sollten im Allgemeinen so gelegt werden, dass die Messung sehr begrenzter und kleinräumiger Umweltbedingungen in ihrer unmittelbaren Nähe vermieden wird. Als Anhaltspunkt gilt, dass eine Probenahmestelle so gelegen sein sollte, dass sie für die Luftqualität in einem umgebenden Bereich von mindestens 200 m² bei Probenahmestellen für den Verkehr und mehreren Quadratkilometern bei Probenahmestellen für städtische Hintergrundquellen repräsentativ ist.

Die Probenahmestellen sollten so weit wie möglich auch für ähnliche Standorte repräsentativ sein, die nicht in ihrer unmittelbaren Nähe gelegen sind.

Es ist zu berücksichtigen, dass Probenahmestellen gegebenenfalls auf Inseln angelegt werden müssen, falls dies für den Schutz der menschlichen Gesundheit erforderlich ist.

b) Schutz von Ökosystemen und Schutz der Vegetation

Die Probenahmestellen, an denen Messungen zum Schutz von Ökosystemen oder zum Schutz der Vegetation vorgenommen werden, sollten so gelegt werden, dass sie mehr als 20 km von Ballungsräumen oder 5 km von anderen bebauten Gebieten, Industrieanlagen oder Bundesautobahnen oder mindestens vierspurige Bundesfernstraßen entfernt sind. Als Anhaltspunkt gilt, dass eine Probenahmestelle so gelegen sein sollte, dass sie für die Luftqualität in einem umgebenden Bereich von mindestens 1000 km² repräsentativ ist. Unter Berücksichtigung der geographischen Gegebenheiten kann vorgesehen werden, dass eine Probenahmestelle in geringerer Entfernung gelegen oder für die Luftqualität in einem kleineren umgebenden Bereich repräsentativ ist.

Es ist zu berücksichtigen, dass die Luftqualität auf Inseln bewertet werden muss.

II. Lokale Standortkriterien

Die folgenden Leitlinien sollten berücksichtigt werden, soweit dies praktisch möglich ist:
- Der Luftstrom um den Messeinlass darf nicht beeinträchtigt werden und es dürfen keine den Luftstrom beeinflussenden Hindernisse in der Nähe des Messeinlasses vorhanden sein (die Messsonde muss in der Regel einige Meter von Gebäuden, Balkonen, Bäumen und anderen Hindernissen sowie im Fall von Probenahmestellen für die Luftqualität an der Baufluchtlinie mindestens 0,5 m vom nächsten Gebäude entfernt sein).
- Im Allgemeinen sollte der Messeinlass in einer Höhe zwischen 1,5 m (Atemzone) und 4 m über dem Boden angeordnet sein. Eine höhere Lage des Einlasses (bis zu 8 m) kann unter Umständen angezeigt sein. Ein höher gelegener Einlass kann auch angezeigt sein, wenn die Messstation für ein größeres Gebiet repräsentativ ist.
- Der Messeinlass darf nicht in nächster Nähe von Quellen platziert werden, um die unmittelbare Einleitung von Emissionen, die nicht mit der Umgebungsluft vermischt sind, zu vermeiden.
- Die Abluftleitung der Messstation ist so zu legen, dass ein Wiedereintritt der Abluft in den Messeinlass vermieden wird.
- Probenahmestellen für den Verkehr sollten
   - in Bezug auf alle Schadstoffe mindestens 25 m von großen Kreuzungen und mindestens 4 m von der Mitte des nächstgelegenen Fahrstreifens entfernt sein;
   - für Stickstoffdioxid- und Kohlenmonoxid-Messungen höchstens 5 m vom Fahrbahnrand entfernt sein;
   - zur Messung von Partikeln, Blei und Benzol so gelegen sein, dass sie für die Luftqualität nahe der Baufluchtlinie repräsentativ sind.

Immissionswerte 22. BImSchV **Anh. A 22**

Die folgenden Faktoren sind unter Umständen ebenfalls zu berücksichtigen:
- Störquellen;
- Sicherheit gegen äußeren Eingriff;
- Zugänglichkeit;
- vorhandene elektrische Versorgung und Telekommunikationsleitungen;
- Sichtbarkeit der Messstation in der Umgebung;
- Sicherheit der Öffentlichkeit und des Betriebspersonals;
- Zusammenlegung der Probenahmestellen für verschiedene Schadstoffe;
- bebauungsplanerische Anforderungen.

III. Dokumentation und Überprüfung der Standortwahl

Die Verfahren für die Standortwahl sind in der Einstufungsphase vollständig zu dokumentieren, z. B. mit Fotografien der Umgebung in den Haupthimmelsrichtungen und einer detaillierten Karte. Die Standorte sollten regelmäßig überprüft und wiederholt dokumentiert werden, damit sichergestellt ist, dass die Kriterien für die Standortwahl weiterhin erfüllt sind.

Anlage 3

Kriterien für die Festlegung der Mindestzahl der Probenahmestellen für ortsfeste Messungen von Schwefeldioxid (SO₂), Stickstoffdioxid (NO₂) und Stickstoffoxiden (NOₓ), Partikeln, Blei, Benzol und Kohlenmonoxid in der Luft

I. Mindestzahl der Probenahmestellen für ortsfeste Messungen zur Beurteilung der Einhaltung von Immissionsgrenzwerten für den Schutz der menschlichen Gesundheit und von Alarmschwellen in Gebieten und Ballungsräumen, in denen ortsfeste Messung die einzige Informationsquelle darstellen

a) Diffuse Quellen (Messung der urbanen Belastung einschließlich Verkehr)

Bevölkerung des Ballungsraums oder Gebiets (Tausend)	Falls die maximale Konzentration die obere Beurteilungsschwelle überschreitet	Falls die maximale Konzentration zwischen der oberen und der unteren Beurteilungsschwelle liegt	Für SO_2 und NO_2 in Ballungsräumen, in denen die maximale Konzentration unter der unteren Beuteilungsschwelle liegt
0– 250	1	1	nicht anwendbar
250– 499	2	1	1
500– 749	2	1	1
750– 999	3	1	1
1000–1499	4	2	1

Anh. A 22 22. BImSchV VO zur Durchführung des BImSchG

Bevölkerung des Ballungsraums oder Gebiets (Tausend)	Falls die maximale Konzentration die obere Beurteilungsschwelle überschreitet	Falls die maximale Konzentration zwischen der oberen und der unteren Beurteilungsschwelle liegt	Für SO_2 und NO_2 in Ballungsräumen, in denen die maximale Konzentration unter der unteren Beuteilungsschwelle liegt
1500–1999	5	2	1
2000–2749	6	3	2
2750–3749	7	3	2
3750–4749	8	4	2
4750–5999	9	4	2
>6000	10	5	3
	Für Benzol, Kohlenmonoxid, NO_2 und Partikel: einschließlich und mindestens einer Messstation für städtische Hintergrundquellen und einer Messstation für den Verkehr		

b) Punktquellen (Messung im direkten Einwirkungsbereich ortsfester Anlagen)

Zur Beurteilung der Luftverschmutzung in der Nähe von Punktquellen sollte die Zahl der Probenahmestellen für ortsfeste Messungen unter Berücksichtigung der Emissionsdichte, der wahrscheinlichen Verteilung der Luftschadstoffe und der möglichen Exposition der Bevölkerung berechnet werden.

II. Mindestzahl der Probenahmestellen für ortsfeste Messungen zur Beurteilung der Einhaltung von Immissionsgrenzwerten für den Schutz von Ökosystemen oder der Vegetation in anderen Gebieten als Ballungsräumen

Falls die maximale Konzentration die obere Beurteilungsschwelle überschreitet	Falls die maximale Konzentration zwischen der oberen und der unteren Beurteilungsschwelle liegt
1 Station je 20 000 km²	1 Station je 40 000 km²

Im Falle von Inselgebieten sollte die Zahl der Probenahmestellen unter Berücksichtigung der wahrscheinlichen Verteilung der Luftschadstoffe und der möglichen Exposition der Ökosysteme oder der Vegetation berechnet werden.

Immissionswerte   22. BImSchV **Anh. A 22**

Anlage 4
Datenqualitätsziele und Zusammenstellung der Ergebnisse der Luftqualitätsbeurteilung

I. Datenqualitätsziele

Die folgenden Ziele für die Datenqualität hinsichtlich der erforderlichen Genauigkeit der Beurteilungsmethoden sowie der Mindestzeitdauer und der Messdatenerfassung dienen als Richtschnur für Qualitätssicherungsprogramme.

	Schwefeldioxid, Stickstoffdioxid und Stickstoffoxide	Partikel und Blei
Kontinuierliche Messung[1] Genauigkeit Mindestdatenerfassung	15% 90%	25% 90%
Orientierende Messung Genauigkeit Mindestdatenerfassung Mindestzeitdauer	25% 90% 14% (eine Messung wöchentlich nach dem Zufallsprinzip gleichmäßig über das Jahr verteilt oder acht Wochen gleichmäßig über das Jahr verteilt)	50% 90% 14% (eine Messung wöchentlich nach dem Zufallsprinzip gleichmäßig über das Jahr verteilt oder acht Wochen gleichmäßig über das Jahr verteilt)
Modellberechnung Genauigkeit: Stundenmittelwerte	50–60%	
Tagesmittelwerte Jahresmittelwerte	50% 30%	noch nicht festgelegt[2] 50%
Objektive Schätzung Genauigkeit	75%	100%

[1] **Amtl. Anm.**: Stichprobenmessungen anstelle von kontinuierlichen Messungen können durchgeführt werden, wenn nachgewiesen werden kann, dass die Genauigkeit mit einem Vertrauensbereich von 95% in Bezug auf kontinuierliche Messungen bei 10% liegt. Stichprobenmessungen sind gleichmäßig über das Jahr zu verteilen.

[2] **Amtl. Anm.**: Änderungen zur Anpassung dieses Punktes an den wissenschaftlichen und technischen Fortschritt werden nach dem Verfahren des Artikels 12 Abs. 2 der Richtlinie 96/62/EG erlassen.

	Benzol	Kohlenmonoxid
Ortsfeste Messungen[1] Unsicherheit Mindestdatenerfassung Mindestzeitdauer	25% 90% 35% städtische und verkehrsnahe Gebiete (verteilt über das Jahr,	15% 90%

Anh. A 22 22. BImSchV VO zur Durchführung des BImSchG

	Benzol	Kohlenmonoxid
	damit die Werte repräsentativ für verschiedene Klima- und Verkehrsbedingungen sind) 90% Industriegebiete	
Orientierende Messung Unsicherheit Mindestdatenerfassung Mindestzeitdauer	30% 90% 14% (eine Messung wöchentlich nach dem Zufallsprinzip gleichmäßig über das Jahr verteilt oder acht Wochen gleichmäßig über das Jahr verteilt)	25% 90% 14% (eine Messung wöchentlich nach dem Zufallsprinzip gleichmäßig über das Jahr verteilt oder acht Wochen gleichmäßig über das Jahr verteilt)
Modellberechnung Unsicherheit 8-Stundenmittelwerte Jahresmittelwerte	– 50%	50% –
Objektive Schätzung Unsicherheit	100%	75%

[1] **Amtl. Anm.**: Stichprobenmessungen anstelle von kontinuierlichen Messungen können durchgeführt werden, wenn der Nachweis geführt wird, dass die Unsicherheit, einschließlich der Unsicherheit aufgrund der Zufallsproben, das Qualitätsziel von 25% erreicht. Stichprobenmessungen sind gleichmäßig über das Jahr zu verteilen, um Verzerrungen der Ergebnisse zu vermeiden.

Die Messgenauigkeit ist definiert im „Leitfaden zur Angabe der Unsicherheit beim Messen" (ISO 1993) oder in ISO 5725-1 „Genauigkeit (Richtigkeit und Präzision) von Messverfahren und Messergebnissen" (1994). Die Prozentangaben in der Tabelle gelten für Einzelmessungen, gemittelt über den betreffenden Zeitraum in Bezug auf den Immissionsgrenzwert bei einem Vertrauensbereich von 95% (systematische Abweichung + zweimalige Standardabweichung). Die Genauigkeit von kontinuierlichen Messungen sollte so interpretiert werden, dass sie in der Nähe des jeweiligen Immissionsgrenzwertes gilt.

Die Genauigkeit von Modellberechnungen und objektiven Schätzungen ist definiert als die größte Abweichung der gemessenen und berechneten Konzentrationswerte über den betreffenden Zeitraum in Bezug auf den Immissionsgrenzwert, ohne dass die zeitliche Abfolge der Ereignisse berücksichtigt wird.

Die Anforderungen für die Mindestdatenerfassung und die Mindestzeitdauer erstrecken sich nicht auf Datenverlust aufgrund der regelmäßigen Kalibrierung oder der üblichen Wartung der Messgeräte.

II. Ergebnisse der Luftqualitätsbeurteilung

Die folgenden Informationen sollten für Gebiete oder Ballungsräume zusammengestellt werden, in denen anstelle von Messungen andere Datenquellen als ergänzende Information zu Messdaten oder als alleiniges Mittel zur Luftqualitätsbeurteilung genutzt werden:

Immissionswerte 22. BImSchV **Anh. A 22**

- Beschreibung der durchgeführten Beurteilungstätigkeit;
- eingesetzte spezifische Methoden, mit Verweisen auf Beschreibungen der Methode;
- Quellen von Daten und Informationen;
- Beschreibung der Ergebnisse, einschließlich der Unsicherheiten; insbesondere die Ausdehnung von Flächen oder gegebenenfalls die Länge von Straßen innerhalb des Gebiets oder Ballungsraums, in denen die Schadstoffkonzentrationen die Immissionsgrenzwerte zuzüglich etwaiger Toleranzmargen übersteigen, sowie alle geographischen Bereiche, in denen die Konzentration die obere oder die untere Beurteilungsschwelle überschreitet;
- bei Immissionsgrenzwerten zum Schutz der menschlichen Gesundheit Angabe der Bevölkerung, die potenziell einer Konzentration oberhalb des Immissionsgrenzwertes ausgesetzt ist.

Wo dies möglich ist, sollten kartografische Darstellungen der Konzentrationsverteilung innerhalb jedes Gebiets und Ballungsraums erstellt werden.

Anlage 5
Referenzmethoden für die Beurteilung der Konzentration von Schwefeldioxid, Stickstoffdioxid und Stickstoffoxiden, Partikeln (PM_{10} und $PM_{2,5}$), Blei, Benzol und Kohlenmonoxid

I. Referenzmethode zur Bestimmung von Schwefeldioxid

ISO/FDIS 10 498 (Normentwurf) Luft – Bestimmung von Schwefeldioxid – UV-Fluoreszenz-Verfahren.

Ein anderes Verfahren kann verwendet werden, wenn nachgewiesen werden kann, dass damit gleichwertige Ergebnisse wie mit dem obigen Verfahren erzielt werden.

II. Referenzmethode zur Bestimmung von Stickstoffdioxid und Stickstoffoxiden

ISO 7996: 1985 Luft – Bestimmung der Massenkonzentration von Stickstoffoxiden – Chemilumineszenzverfahren.

Ein anderes Verfahren kann verwendet werden, wenn nachgewiesen werden kann, dass damit gleichwertige Ergebnisse wie mit dem obigen Verfahren erzielt werden.

III.A Referenzmethode für die Probenahme von Blei

Das im Anhang der Richtlinie 82/884/EWG des Rates vorgesehene Verfahren ist als Referenzverfahren für die Probenahme von Blei bis zu dem Zeitpunkt zu verwenden, zu dem der Immissionsgrenzwert nach § 5 der vorliegenden Verordnung erreicht werden muss. Danach ist das in Abschnitt IV dieser Anlage beschriebene Verfahren anzuwenden.

Ein anderes Verfahren kann verwendet werden, wenn nachgewiesen werden kann, dass damit gleichwertige Ergebnisse wie mit dem obigen Verfahren erzielt werden.

III.B Referenzmethode für die Analyse von Blei

ISO 9855: 1993 Luft – Bestimmung des partikelgebundenen Bleianteils in Schwebstaub mittels Filterprobenahme – Atomabsorptionsspektrometrisches Verfahren.

Ein anderes Verfahren kann verwendet werden, wenn nachgewiesen werden kann, dass damit gleichwertige Ergebnisse wie mit dem obigen Verfahren erzielt werden.

IV. Referenzmethode für die Probenahme und Messung der PM_{10}-Konzentration

Als Referenzmethode ist die in der folgenden Norm beschriebene Methode zu verwenden:

EN 12 341 „Luftqualität – Felduntersuchung zum Nachweis der Gleichwertigkeit von Probenahmeverfahren für die PM_{10}-Fraktion von Partikeln". Das Messprinzip stützt sich auf die Abscheidung der PM_{10}-Fraktion von Partikeln in der Luft auf einem Filter und die gravimetrische Massenbestimmung.

Es können auch andere Verfahren verwendet werden, wenn nachgewiesen werden kann, dass damit gleichwertige Ergebnisse wie mit den obigen Verfahren erzielt werden, oder ein anderes Verfahren, wenn nachgewiesen wird, dass dieses eine feste Beziehung zur Referenzmethode aufweist. In diesem Fall müssen die mit diesem Verfahren erzielten Ergebnisse um einen geeigneten Faktor korrigiert werden, damit gleichwertige Ergebnisse wie bei Verwendung der Referenzmethode erzielt werden.

V. Vorläufige Referenzmethode für die Probenahme und Messung der $PM_{2,5}$-Konzentration

Eine geeignete vorläufige Referenzmethode für die Probenahme und Messung der $PM_{2,5}$-Konzentration wird vorbereitet.

Bis dieses Verfahren vorliegt, kann das Verfahren verwendet werden, das die zuständigen Behörden für angemessen halten.

VI. Referenzmethode für die Probenahme/Analyse von Benzol

Die Referenzmethode für die Messung von Benzol ist die aktive Probenahme auf eine Absorptionskartusche, gefolgt von einer gaschromatographischen Bestimmung. Diese Methode wird derzeit von CEN genormt. Solange keine genormte CEN-Methode vorliegt, können die zuständigen Behörden Standardmethoden auf der Grundlage der gleichen Messmethode verwenden.

Es kann auch eine andere Methode verwendet werden, wenn nachgewiesen werden kann, dass diese gleichwertige Ergebnisse erbringt wie die obige Methode.

VII. Referenzmethode für die Analyse von Kohlenmonoxid

Referenzmethode für die Messung von Kohlenmonoxid ist die Methode der nicht dispersiven Infraspektronomie (NDIR), die derzeit von CEN genormt wird. Solange keine genormte CEN-Methode vorliegt, können die zuständigen Behörden Standardmethoden auf der Grundlage der gleichen Messmethode verwenden.

Es kann auch eine andere Methode verwendet werden, wenn nachgewiesen werden kann, dass diese gleichwertige Ergebnisse erbringt wie die obige Methode.

VIII. Referenz-/Modellberechnungstechniken

Derzeit können noch keine Referenz-/Modellberechnungstechniken angegeben werden.

Anlage 6
In Plänen zur Verbesserung der Luftqualität zu berücksichtigende Informationen

Nach Artikel 8 Abs. 3 der Richtlinie 96/62/EWG zu übermittelnde Informationen:
1. Ort des Überschreitens
   – Region
   – Ortschaft (Karte)
   – Messstation (Karte, geographische Koordinaten)
2. Allgemeine Informationen
   – Art des Gebiets (Stadt, Industrie- oder ländliches Gebiet)
   – Schätzung des verschmutzten Gebiets (km²) und der der Verschmutzung ausgesetzten Bevölkerung
   – zweckdienliche Klimaangaben
   – zweckdienliche topographische Daten
   – ausreichende Informationen über die Art der in dem betreffenden Gebiet zu schützenden Ziele
3. Zuständige Behörden
   Name und Anschrift der für die Ausarbeitung und Durchführung der Verbesserungspläne zuständigen Personen
4. Art und Beurteilung der Verschmutzung
   – in den vorangehenden Jahren (vor der Durchführung der Verbesserungsmaßnahmen) festgestellte Konzentrationen
   – seit dem Beginn des Vorhabens gemessene Konzentrationen
   – angewandte Beurteilungstechniken
5. Ursprung der Verschmutzung
   – Liste der wichtigsten Emissionsquellen, die für die Verschmutzung verantwortlich sind (Karte)
   – Gesamtmenge der Emissionen aus diesen Quellen (Tonnen/Jahr)
   – Informationen über Verschmutzungen, die aus anderen Gebieten stammen
6. Lageanalyse
   – Einzelheiten über Faktoren, die zu den Überschreitungen geführt haben (Verfrachtung, einschließlich grenzüberschreitende Verfrachtung, Entstehung)
   – Einzelheiten über mögliche Maßnahmen zur Verbesserung der Luftqualität
7. Angaben zu den bereits vor dem Inkrafttreten dieser Richtlinie durchgeführten Maßnahmen oder bestehenden Verbesserungsvorhaben
   – örtliche, regionale, nationale und internationale Maßnahmen
   – festgestellte Wirkungen
8. Angaben zu den nach dem Inkrafttreten dieser Richtlinie zur Verminderung der Verschmutzung beschlossenen Maßnahmen oder Vorhaben
   – Auflistung und Beschreibung aller im Vorhaben genannten Maßnahmen
   – Zeitplan für die Durchführung
   – Schätzung der zu erwartenden Verbesserung der Luftqualität und der für die Verwirklichung dieser Ziele vorgesehenen Frist
9. Angaben zu den geplanten oder langfristig angestrebten Maßnahmen oder Vorhaben
10. Liste der Veröffentlichungen, Dokumente, Arbeiten usw., die die in dieser Anlage vorgeschriebenen Informationen ergänzen

Anlage 7

Mindestinformation der Öffentlichkeit bei Überschreiten der Alarmschwellen für Schwefeldioxid und Stickstoffdioxid

Die Informationen, die der Öffentlichkeit zugänglich zu machen sind, sollten mindestens folgende Punkte umfassen:
- Datum, Uhrzeit und Ort der Überschreitung sowie die Gründe für diese Überschreitungen, sofern bekannt;
- Vorhersagen:
- Änderungen der Konzentration (Verbesserung, Stabilisierung oder Verschlechterung) sowie die Gründe für diese Änderungen;
- betroffenen geographischen Bereich;
- Dauer der Überschreitung;
- gegen die Überschreitung potenziell empfindliche Personengruppen;
- von den betroffenen empfindlichen Personengruppen vorbeugend zu ergreifende Maßnahmen.

Anlage 8

(aufgehoben)

A 23. Verordnung über die Festlegung von Konzentrationswerten – 23. BImSchV

Die 23. BImSchV wurde durch die Verordnung vom 13. 7. 2004 (BGBl I 1625) aufgehoben. An ihre Stelle trat die 33. BImSchV.

A 24. Verkehrswege-Schallschutzmaßnahmenverordnung – 24. BImSchV

Vom 4. 2. 1997[1] (BGBl I 172, ber. 1253), geänd. durch MagnetschwebebahnVO vom 23. 9. 1997 (BGBl I 2329)

(BGBl III/FNA 2129-8-24)

Kommentierung: Vgl. die Ausführungen zu § 43, insb. Rn.9f zu § 43 sowie Rn.14–19 zu § 42. – **Literatur:** *Laubinger,* in: UL (1997f), A 24.0. – S. auch Literatur zu A 16.

§ 1 Anwendungsbereich. Die Verordnung legt Art und Umfang der zum Schutz vor schädlichen Umwelteinwirkungen durch Verkehrsgeräusche notwendigen Schallschutzmaßnahmen für schutzbedürftige Räume in baulichen Anlagen fest,
1. soweit durch den Bau oder die wesentliche Änderung öffentlicher Straßen sowie von Schienenwegen der Eisenbahnen und Straßenbahnen die in § 2 der Verkehrslärmschutzverordnung vom 12. Juni 1990 (BGBl. I S.1036) oder
2. soweit durch den Bau oder die wesentliche Änderung von Verkehrswegen der Magnetschwebebahnen die in § 2 der Magnetschwebebahn-Lärmschutzverordnung vom 23. September 1997 (BGBl. I S.2329, 2338)

festgelegten Immissionsgrenzwerte überschritten werden.

§ 2 Art der Schallschutzmaßnahmen, Begriffsbestimmungen. (1) Schallschutzmaßnahmen im Sinne dieser Verordnung sind bauliche Verbesserungen an Umfassungsbauteilen schutzbedürftiger Räume, die die Einwirkungen durch Verkehrslärm mindern. Zu den Schallschutzmaßnahmen gehört auch der Einbau von Lüftungseinrichtungen in Räumen, die überwiegend zum Schlafen benutzt werden, und in schutzbedürftigen Räumen mit sauerstoffverbrauchender Energiequelle.

(2) Schutzbedürftig sind die in Tabelle 1 Spalte 1 der Anlage zu dieser Verordnung genannten Aufenthaltsräume.

(3) Umfassungsbauteile sind Bauteile, die schutzbedürftige Räume baulicher Anlagen nach außen abschließen, insbesondere Fenster, Türen, Rolladenkästen, Wände, Dächer sowie Decken unter nicht ausgebauten Dachräumen.

(4) Schallschutzmaßnahmen im Sinne dieser Verordnung sind nicht erforderlich, wenn eine bauliche Anlage
1. zum Abbruch bestimmt ist oder dieser bauordnungsrechtlich gefordert wird;
2. bei der Auslegung der Pläne im Planfeststellungsverfahren, bei Bekanntgabe der Plangenehmigung oder der Auslegung des Entwurfs der Bauleitpläne mit ausgewiesener Wegeplanung noch nicht genehmigt war oder sonst nach den baurechtlichen Vorschriften mit dem Bau noch nicht begonnen werden durfte.

§ 3 Umfang der Schallschutzmaßnahmen. (1) Die Schalldämmung von Umfassungsbauteilen ist so zu verbessern, daß die gesamte Außenflächen des Raumes das nach der Gleichung (1) oder (2) der Anlage zu dieser Verordnung bestimmte

---

[1] Zur Rechtsgrundlage und zur Änderung Rn. 10 zu § 43.

Anh. A 24 24. BImSchV VO zur Durchführung des BImSchG

erforderliche bewertete Schalldämm-Maß nicht unterschreitet. Ist eine Verbesserung notwendig, so soll die Verbesserung beim einzelnen Umfassungsbauteil mindestens 5 Dezibel betragen.

(2) Die vorhandenen bewerteten Schalldämm-Maße der einzelnen Umfassungsbauteile werden nach den Ausführungsbeispielen in dem Beiblatt 1 zu DIN 4109, Ausgabe November 1989, bestimmt. Entsprechen sie nicht den Ausführungsbeispielen, werden sie nach der Norm DIN 52210 Teil 5, Ausgabe Juli 1985, ermittelt.

(3) Das erforderliche bewertete Schalldämm-Maß eines einzelnen zu verbessernden Bauteils wird nach Gleichung (3) der Anlage zu dieser Verordnung berechnet.

(4) Das zu verbessernde bewertete Schalldämm-Maß der gesamten Außenfläche eines Raumes wird nach Gleichung (4) der Anlage zu dieser Verordnung berechnet.

§ 4 Zugänglichkeit der Normblätter. DIN-Normblätter, auf die in dieser Verordnung verwiesen wird, sind beim Beuth Verlag GmbH, Berlin und Köln, zu beziehen und beim Deutschen Patentamt in München archivmäßig gesichert niedergelegt.

§ 5 Inkrafttreten. Diese Verordnung tritt am Tage nach der Verkündung in Kraft.[1]

Anlage
(zu § 2 Abs. 2 und § 3 Abs. 1, 3 und 4)

Berechnung der erforderlichen bewerteten Schalldämm-Maße

Das erforderliche bewertete Schalldämm-Maß der gesamten Außenfläche des Raumes in Dezibel (dB) wird nach folgenden Gleichungen berechnet:

1. für Räume entsprechend Tabelle 1, Zeile 1:
Gleichung (1):

$$R'_{w,res} = L_{r,N} + 10 \cdot \lg \frac{S_g}{A} - D + E$$

2. für Räume entsprechend Tabelle 1, Zeilen 2 bis 5:
Gleichung (2)

$$R'_{w,res} = L_{r,T} + 10 \cdot \lg \frac{S_g}{A} - D + E$$

Es bedeuten:
$R'_{w,res}$ erforderliches bewertetes Schalldämm-Maß der gesamten Außenfläche des Raumes in dB
$L_{r,N}$ Beurteilungspegel für die Nacht in dB (A) nach den Anlagen 1 und 2 der Sechzehnten Verordnung zur Durchführung des Bundes-Immissionsschutzgesetzes vom 12. Juni 1990 (BGBl. I S.1036)
$L_{r,T}$ Beurteilungspegel für den Tag in dB (A) nach den Anlagen 1 und 2 der Sechzehnten Verordnung zur Durchführung des Bundes-Immissionsschutzgesetzes vom 12. Juni 1990 (BGBl. I S.1036)
S_g vom Raum aus gesehene gesamte Außenfläche in m² (Summe aller Teilflächen)

---

[1] Die Verordnung trat in ihrer ursprünglichen Fassung am 13. 2. 1997 in Kraft.

Verkehrswege-Schallschutzmaßnahmen 24. BImSchV **Anh. A 24**

A äquivalente Absorptionsfläche des Raumes in m² (A = 0,8 × Gesamtgrundfläche)
D Korrektursummand nach Tabelle 1 in dB (zur Berücksichtigung der Raumnutzung)
E Korrektursummand nach Tabelle 2 in dB (der sich aus dem Spektrum des Außengeräusches und der Frequenzabhängigkeit der Schalldämm-Maße von Fenstern ergibt)

Das erforderliche bewertete Schalldämm-Maß eines einzelnen zu verbessernden Bauteils wird berechnet nach folgender Gleichung (3):

$$R_{w,x} = -10 \cdot \lg [\frac{1}{S_x} (S_g \cdot 10^{-0,1 R'_{w,res}} - S_1 \cdot 10^{-0,1 R_{w,1}} - \ldots - S_n \cdot 10^{-0,1 R_{w,n}})]$$

$R_{w,x}$ erforderliches bewertetes Schalldämm-Maß des zu verbessernden Umfassungsbauteils (Teilfläche S_x) in dB
$R_{w,1}$ bis $R_{w,n}$ vorhandene bewertete Schalldämm-Maße der übrigen Umfassungsbauteile in dB
S_g vom Raum aus gesehene gesamte Außenfläche in m² (Summe aller Teilflächen)
S_x Größe der betrachteten Teilfläche in m²
S_1 bis S_n Größen der übrigen Teilflächen in m²

Das bewertete Schalldämm-Maß der gesamten Außenfläche S_g, die sich aus den Teilflächen S_1, S_2, …, S_n mit den bewerteten Schalldämm-Maßen $R_{w,1}$, $R_{w,2}$, …, $R_{w,n}$ zusammensetzt, berechnet sich nach folgender Gleichung (4):

$$R_{w,res} = -10 \cdot \lg [\frac{1}{S_g} (S_1 \cdot 10^{-0,1 R_{w,1}} + S_2 \cdot 10^{-0,1 R_{w,2}} + \ldots + S_n \cdot 10^{-0,1 R_{w,n}})]$$

Die Schalldämm-Maße der Umfassungsbauteile (Teilflächen) müssen so verbessert werden, daß das nach Gleichung (4) berechnete bewertete Schalldämm-Maß der gesamten Außenfläche $R_{w,res}$ mindestens gleich dem erforderlichen bewerteten Schalldämm-Maß nach Gleichung (1) oder (2) ist.

Tabelle 1: Korrektursummand D in dB zur Berücksichtigung der Raumnutzung

	Raumnutzung	D in dB
	1	2
1	Räume, die überwiegend zum Schlafen benutzt werden	27
2	Wohnräume	37
3	Behandlungs- und Untersuchungsräume in Arztpraxen, Operationsräume, wissenschaftliche Arbeitsräume, Leseräume in Bibliotheken, Unterrichtsräume	37
4	Konferenz- und Vortragsräume, Büroräume, allgemeine Laborräume	42

Anh. A 24 24. BImSchV VO zur Durchführung des BImSchG

	Raumnutzung	D in dB
	1	2
5	Großraumbüros, Schalterräume, Druckerräume von DV-Anlagen, soweit dort ständige Arbeitsplätze vorhanden sind	47
6	Sonstige Räume, die zum nicht nur vorübergehenden Aufenthalt von Menschen bestimmt sind	entsprechend der Schutzbedürftigkeit der jeweiligen Nutzung festzusetzen

Tabelle 2: Korrektursummand E in dB für bestimmte Verkehrswege

	Verkehrswege	E in dB
	1	2
1	Straßen im Außerortsbereich	3
2	Innerstädtische Straßen	6
3	Schienenwege von Eisenbahnen allgemein	0
4	Schienenwege von Eisenbahnen, bei denen im Beurteilungszeitraum mehr als 60% der Züge klotzgebremste Güterzüge sind, sowie Verkehrswege der Magnetschwebebahnen	2
5	Schienenwege von Eisenbahnen, auf denen in erheblichem Umfang Güterzüge gebildet oder zerlegt werden	4
6	Schienenwege von Straßenbahnen nach § 4 PBefG	3

A 25. Verordnung zur Begrenzung von Emissionen aus der Titandioxid-Industrie – 25. BImSchV

Vom 8. 11. 1996[1] (BGBl I 1722)

(BGBl III/FNA 2129-8-25)

Kommentierung: Vgl. die Ausführungen zu § 48a, insb. Rn.11–13 zu § 48a sowie Rn.68 zu § 5.

§ 1 Anwendungsbereich. Diese Verordnung gilt für die Errichtung, die Beschaffenheit und den Betrieb von Anlagen zur fabrikmäßigen Herstellung von Titandioxid, Anlagen zum fabrikmäßigen Aufkonzentrieren von Dünnsäure und Anlagen zum fabrikmäßigen Spalten sulfathaltiger Salze.

§ 2 Begriffsbestimmungen. Im Sinne dieser Verordnung bedeuten:
1. Abgase:
   die Trägergase mit festen, flüssigen oder gasförmigen Emissionen;
2. Emissionen:
   die von Anlagen ausgehenden Luftverunreinigungen; sie werden angegeben als Massenkonzentration in der Einheit Milligramm je Kubikmeter, bezogen auf das unverdünnte Abgasvolumen im Normzustand (273 K, 1013 hPa) nach Abzug des Feuchtegehaltes an Wasserdampf, oder als Massenverhältnis in der Einheit Kilogramm je Tonne Produkt.

§ 3 Anlagen nach dem Sulfatverfahren. (1) Die Emissionen an Staub dürfen bei Anlagen nach dem Sulfatverfahren einen Emissionsgrenzwert von 50 Milligramm je Kubikmeter als Tagesmittelwert nicht überschreiten. An einer kleinen Einzelquelle darf ein Emissionsgrenzwert von 150 Milligramm je Kubikmeter nicht überschritten werden.

(2) Die in der Aufschluß- und Kalzinierungsphase anfallenden Emissionen an Schwefeldioxid und Schwefeltrioxid, angegeben als Schwefeldioxid, dürfen das Massenverhältnis von 10 Kilogramm je Tonne erzeugtem Titandioxid nicht überschreiten. Die Anlagen sind mit Einrichtungen zur Verhinderung der Emission von Schwefelsäuretröpfchen auszurüsten.

(3) Die bei der Aufkonzentrierung von sauren Abfällen anfallenden Emissionen an Schwefeldioxid und Schwefeltrioxid, angegeben als Schwefeldioxid, dürfen einen Emissionsgrenzwert von 500 Milligramm je Kubikmeter als Tagesmittelwert nicht überschreiten.

(4) Die Emissionen an Schwefeldioxid und Schwefeltrioxid, die beim Spalten von durch die Behandlung von Reststoffen entstehenden Salzen anfallen, sind nach dem Stand der Technik zu begrenzen.

§ 4 Anlagen nach dem Chloridverfahren. (1) Die Emissionen an Staub dürfen bei Anlagen nach dem Chloridverfahren einen Emissionsgrenzwert von 50 Milli-

---

[1] Zur Rechtsgrundlage Rn. 28 zu § 48a.

Anh. A 25 25. BImSchV VO zur Durchführung des BImSchG

gramm je Kubikmeter als Tagesmittelwert nicht überschreiten. An einer kleinen Einzelquelle darf ein Emissionsgrenzwert von 150 Milligramm je Kubikmeter nicht überschritten werden.

(2) Die Emissionen an Chlor dürfen einen Emissionsgrenzwert von 5 Milligramm je Kubikmeter als Tagesmittelwert nicht überschreiten und einen Emissionsgrenzwert von 40 Milligramm je Kubikmeter zu keiner Zeit überschreiten.

§ 5 Verfahren zur Messung und Überwachung. Zur Messung und Überwachung der Emissionen an Staub, Schwefeldioxid, Schwefeltrioxid und Chlor finden die entsprechenden Anforderungen der Ersten Allgemeinen Verwaltungsvorschrift zum Bundes-Immissionsschutzgesetz (Technische Anleitung zur Reinhaltung der Luft) vom 27. Februar 1986 (GMBl. S. 95, 202) Anwendung. Dabei ist der Anhang der Richtlinie 92/112/ EWG vom 15. Dezember 1992 über Modalitäten zur Vereinheitlichung der Programme zur Verringerung und späteren Unterbindung der Verschmutzung durch Abfälle der Titandioxid-Industrie (ABl. EG Nr. L 409 S. 11) anzuwenden.

§ 6 Andere oder weitergehende Anforderungen. Andere oder weitergehende Anforderungen, die sich insbesondere aus Pflichten nach § 5 Abs. 1 Nr. 2 des Bundes-Immissionsschutzgesetzes ergeben, bleiben unberührt.

§ 7 Ordnungswidrigkeiten. Ordnungswidrig im Sinne des § 62 Abs. 1 Nr. 7 des Bundes-Immissionsschutzgesetzes handelt, wer vorsätzlich oder fahrlässig als Betreiber einer Anlage
1. entgegen § 3 Abs. 1 oder Abs. 3 oder § 4 Abs. 1 oder Abs. 2 einen dort genannten Emissionsgrenzwert überschreitet oder
2. entgegen § 3 Abs. 2 Satz 1 das dort genannte Massenverhältnis überschreitet.

§ 8 Inkrafttreten. Diese Verordnung tritt am ersten Tage des auf die Verkündung folgenden Kalendermonats in Kraft.[1]

---

[1] Die Verordnung trat am 1. 12. 1996 in Kraft.

A 26. Verordnung über elektromagnetische Felder – 26. BImSchV

Vom 16. 12. 1996[1] (BGBl I 1966)

(BGBl III/FNA 2129-8-26)

Kommentierung: Vgl. die Ausführungen zu § 23, insb. Rn.29 f, 42 zu § 23. –
Literatur: *Bork,* Bestandsaufnahme der immissions- und baurechtlichen Problematik im Zusammenhang mit Mobilfunkbasisstationen, BauR 2003, 971; *Pützenbacher,* Schädliche Umwelteinwirkung durch Elektrosmog, 1998; *Hoppenberg/Meiners/ Martens,* Die Zulässigkeit von Mobilfunkbasisstationen aus bau- und immissionsschutzrechtlicher Sicht, NVwZ 1997, 12; *Kirchberg,* Elektrosmog – und (k)ein Ende?, NVwZ 1998, 375 ff; *Kutscheidt,* Die Verordnung über elektromagnetische Felder, NJW 1997, 2481; *Kremser,* Die rechtliche Bewertung elektromagnetischer Strahlungen (sog. Elektrosmog) nach der Verordnung über elektromagnetische Felder, DVBl 1997, 1360; *Determann,* Entwicklung der Rechtsprechung zur Gesundheitsverträglichkeit elektromagnetischer Felder, NVwZ 1997, 647 ff; *Rebentisch,* Immissionsschutzrechtliche Aspekte der Festlegung von Grenzwerten für elektromagnetische Felder, DVBl 1995, 495 ff.

§ 1 Anwendungsbereich. (1) Diese Verordnung gilt für die Errichtung und den Betrieb von Hochfrequenzanlagen und Niederfrequenzanlagen nach Absatz 2, die gewerblichen Zwecken dienen oder im Rahmen wirtschaftlicher Unternehmungen Verwendung finden und nicht einer Genehmigung nach § 4 des Bundes-Immissionsschutzgesetzes bedürfen. Sie enthält Anforderungen zum Schutz der Allgemeinheit und der Nachbarschaft vor schädlichen Umwelteinwirkungen und zur Vorsorge gegen schädliche Umwelteinwirkungen durch elektromagnetische Felder. Die Verordnung berücksichtigt nicht die Wirkungen elektromagnetischer Felder auf elektrisch oder elektronisch betriebene Implantate.

(2) Im Sinne dieser Verordnung sind:
1. Hochfrequenzanlagen:
   ortsfeste Sendefunkanlagen mit einer Sendeleistung von 10 Watt EIRP (äquivalente isotrope Strahlungsleistung) oder mehr, die elektromagnetische Felder im Frequenzbereich von 10 Megahertz bis 300 000 Megahertz erzeugen,
2. Niederfrequenzanlagen:
   folgende ortsfeste Anlagen zur Umspannung und Fortleitung von Elektrizität:
   a) Freileitungen und Erdkabel mit einer Frequenz von 50 Hertz und einer Spannung von 1000 Volt oder mehr,
   b) Bahnstromfern- und Bahnstromoberleitungen einschließlich der Umspann- und Schaltanlagen mit einer Frequenz von $16^{2}/_{3}$ Hertz oder 50 Hertz,
   c) Elektroumspannanlagen einschließlich der Schaltfelder mit einer Frequenz von 50 Hertz und einer Oberspannung von 1000 Volt oder mehr.

---

[1] Zur Rechtsgrundlage Rn. 32 zu § 23.

Anh. A 26 26. BImSchV VO zur Durchführung des BImSchG

§ 2 Hochfrequenzanlagen. Zum Schutz vor schädlichen Umwelteinwirkungen sind Hochfrequenzanlagen so zu errichten und zu betreiben, daß in ihrem Einwirkungsbereich in Gebäuden oder auf Grundstücken, die zum nicht nur vorübergehenden Aufenthalt von Menschen bestimmt sind, bei höchster betrieblicher Anlagenauslastung und unter Berücksichtigung von Immissionen durch andere ortsfeste Sendefunkanlagen
1. die im Anhang 1 bestimmten Grenzwerte der elektrischen und magnetischen Feldstärke für den jeweiligen Frequenzbereich nicht überschritten werden und
2. bei gepulsten elektromagnetischen Feldern zusätzlich der Spitzenwert für die elektrische und die magnetische Feldstärke das 32fache der Werte des Anhangs 1 nicht überschreitet.

Anhang 1
(zu § 2)

Hochfrequenzanlagen

Frequenz (f) in Megahertz (MHz)	Effektivwert der Feldstärke, quadratisch gemittelt über 6-Minuten-Intervalle	
	elektrische Feldstärke in Volt pro Meter (V/m)	magnetische Feldstärke in Ampere pro Meter (A/m)
10 – 400	27,5	0,073
400 – 2 000	$1{,}375\sqrt{f}$	$0{,}0037\sqrt{f}$
2 000 – 300 000	61	0,16

§ 3 Niederfrequenzanlagen. Zum Schutz vor schädlichen Umwelteinwirkungen sind Niederfrequenzanlagen so zu errichten und zu betreiben, daß in ihrem Einwirkungsbereich in Gebäuden oder auf Grundstücken, die zum nicht nur vorübergehenden Aufenthalt von Menschen bestimmt sind, bei höchster betrieblicher Anlagenauslastung und unter Berücksichtigung von Immissionen durch andere Niederfrequenzanlagen die im Anhang 2 bestimmten Grenzwerte der elektrischen Feldstärke und magnetischen Flußdichte nicht überschritten werden. Dabei bleiben außer Betracht
1. kurzzeitige Überschreitungen der in Satz 1 angegebenen Werte um nicht mehr als 100 vom Hundert, deren Dauer insgesamt nicht mehr als 5 vom Hundert eines Beurteilungszeitraums von einem Tag ausmacht,
2. kleinräumige Überschreitungen der in Satz 1 angegebenen Werte der elektrischen Feldstärke um nicht mehr als 100 vom Hundert außerhalb von Gebäuden,

soweit nicht im Einzelfall hinreichende Anhaltspunkte für insbesondere durch Berührungsspannungen hervorgerufene Belästigungen bestehen, die nach Art, Ausmaß oder Dauer für die Nachbarschaft unzumutbar sind.

Elektromagnetische Felder 26. BImSchV **Anh. A 26**

Anhang 2
(zu § 3)

Niederfrequenzanlagen

Frequenz in Hertz (Hz)	Effektivwert der elektrischen Feldstärke und magnetischen Flußdichte	
	elektrische Feldstärke in Kilovolt pro Meter (kV/m)	magnetische Flußdichte in Mikrotesla (μT)
50-Hz-Felder	5	100
$16^2/_3$-Hz-Felder	10	300

§ 4 Anforderungen zur Vorsorge. Zum Zwecke der Vorsorge haben bei der Errichtung oder wesentlichen Änderung von Niederfrequenzanlagen in der Nähe von Wohnungen, Krankenhäusern, Schulen, Kindergärten, Kinderhorten, Spielplätzen oder ähnlichen Einrichtungen in diesen Gebäuden oder auf diesen Grundstücken abweichend von § 3 Satz 2 Nr.1 und 2 auch die maximalen Effektivwerte der elektrischen Feldstärke und magnetischen Flußdichte den Anforderungen nach § 3 Satz 1 zu entsprechen.

§ 5 Ermittlung der Feldstärke- und Flußdichtewerte. Meßgeräte, Meß- und Berechnungsverfahren, die bei der Ermittlung der elektrischen und magnetischen Feldstärke und magnetischen Flußdichte einschließlich der Berücksichtigung der vorhandenen Immissionen eingesetzt werden, müssen dem Stand der Meß- und Berechnungstechnik entsprechen. Soweit anwendbar sind die Meß- und Berechnungsverfahren des Normentwurfs DIN VDE 0848 Teil 1, Ausgabe Mai 1995, einzusetzen, der bei der VDE-Verlag GmbH oder der Beuth Verlag GmbH, beide Berlin, zu beziehen und beim Deutschen Patentamt archivmäßig gesichert niedergelegt ist. Messungen sind am Einwirkungsort mit der jeweils stärksten Exposition durchzuführen, an dem mit einem nicht nur vorübergehenden Aufenthalt von Menschen gerechnet werden muß. Sie sind nicht erforderlich, wenn die Einhaltung der Grenzwerte durch Berechnungsverfahren festgestellt werden kann.

§ 6 Weitergehende Anforderungen. Weitergehende Anforderungen aufgrund anderer Rechtsvorschriften, insbesondere von Rechtsvorschriften zur elektromagnetischen Verträglichkeit und des Telekommunikationsrechts, bleiben unberührt.

§ 7 Anzeige. (1) Der Betreiber einer Hochfrequenzanlage hat diese der zuständigen Behörde mindestens zwei Wochen vor der Inbetriebnahme oder einer wesentlichen Änderung anzuzeigen; der Anzeige ist die vom Bundesamt für Post und Telekommunikation nach telekommunikationsrechtlichen Vorschriften zu erstellende Standortbescheinigung beizufügen.
(2) Der Betreiber einer Niederfrequenzanlage hat diese der zuständigen Behörde mindestens zwei Wochen vor der Inbetriebnahme oder einer wesentlichen Änderung anzuzeigen, soweit
1. die Anlage auf einem Grundstück im Bereich eines Bebauungsplans oder innerhalb eines im Zusammenhang bebauten Ortsteils oder auf einem mit Wohn-

gebäuden bebauten Grundstück im Außenbereich belegen ist oder derartige Grundstücke überquert und
2. die Anlage oder ihre wesentliche Änderung nicht einer Genehmigung, Planfeststellung oder sonstigen behördlichen Entscheidung nach anderen Rechtsvorschriften bedarf, bei der die Belange des Immissionsschutzes berücksichtigt werden.

Bei Leitungen genügt die Anzeige derjenigen Leitungsabschnitte, für die die Voraussetzungen nach Satz 1 vorliegen.

(3) Bei Anzeigen nach Absatz 1 oder 2 soll der Betreiber die für die Anlage maßgebenden Daten angeben und der Anzeige einen Lageplan beifügen.

§ 8 Zulassung von Ausnahmen. (1) Die zuständige Behörde kann auf Antrag Ausnahmen von den Anforderungen der §§ 2 und 3 zulassen, soweit unter Berücksichtigung der besonderen Umstände des Einzelfalls, insbesondere Art und Dauer der Anlagenauslastung und des tatsächlichen Aufenthalts von Personen im Einwirkungsbereich der Anlage, schädliche Umwelteinwirkungen nicht zu erwarten sind.

(2) Die zuständige Behörde kann Ausnahmen von den Anforderungen des § 4 zulassen, soweit die Anforderungen des § 4 im Einzelfall unverhältnismäßig sind.

§ 9 Ordnungswidrigkeiten. Ordnungswidrig im Sinne des § 62 Abs. 1 Nr. 7 des Bundes-Immissionsschutzgesetzes handelt, wer vorsätzlich oder fahrlässig
1. entgegen § 2 eine Hochfrequenzanlage oder entgegen § 3 Satz 1 eine Niederfrequenzanlage errichtet oder betreibt,
2. entgegen § 4 eine Niederfrequenzanlage errichtet oder wesentlich ändert oder
3. entgegen § 7 Abs. 1 oder 2 Satz 1 eine Anzeige nicht, nicht richtig, nicht vollständig oder nicht rechtzeitig erstattet.

§ 10 Übergangsvorschriften. (1) Die vorbereitenden Maßnahmen zur Einhaltung der Anforderungen bei Anlagen, die vor Inkrafttreten dieser Verordnung errichtet wurden, müssen unverzüglich eingeleitet werden.

(2) Die Anforderungen der §§ 2 und 3 sind bei Anlagen, die vor Inkrafttreten dieser Verordnung errichtet wurden, nach Ablauf von drei Jahren seit Inkrafttreten dieser Verordnung einzuhalten. Die zuständige Behörde kann im Einzelfall anordnen, daß die Anforderungen abweichend von Satz 1 bei wesentlichen Überschreitungen bereits zu einem früheren Zeitpunkt zu erfüllen sind.

(3) Kann die Nachrüstung einer Anlage, die vor Inkrafttreten dieser Verordnung errichtet wurde, aus Gründen, die der Anlagenbetreiber nicht zu vertreten hat, vor Ablauf der in Absatz 2 Satz 1 genannten Frist nicht abgeschlossen werden, so kann die zuständige Behörde eine Ausnahme zulassen; die Ausnahme ist zu befristen.

§ 11 Inkrafttreten. Diese Verordnung tritt am ersten Tage des auf die Verkündung folgenden Kalendermonats in Kraft.[1]

---

[1] Die Verordnung trat am 1. 1. 1997 in Kraft.

A 27. Verordnung über Anlagen zur Feuerbestattung – 27. BImSchV

Vom 19. 3. 1997[1] (BGBl I 545), geänd. durch G vom 3. 5. 2000 (BGBl I 632)

(BGBl III/FNA 2129-8-27)

Kommentierung: Vgl. die Ausführungen zu § 23, insb. Rn.31f zu § 23. – **Literatur:** *Hansmann,* in: LR (1997 ff), Nr.2.27.

§ 1 Anwendungsbereich. Diese Verordnung gilt für die Errichtung, die Beschaffenheit und den Betrieb von Anlagen zur Feuerbestattung.

§ 2 Begriffsbestimmung. Im Sinne dieser Verordnung sind:
1. Abgase:
   die Trägergase mit den festen, flüssigen oder gasförmigen Emissionen;
2. Altanlagen:
   Anlagen, die vor dem Inkrafttreten dieser Verordnung errichtet oder genehmigt worden sind;
3. Anlagen zur Feuerbestattung (Anlagen):
   alle technischen Einrichtungen, die der Einäscherung des menschlichen Leichnams dienen;
4. Emissionen:
   die von der Anlage ausgehenden Luftverunreinigungen; sie werden angegeben als Massenkonzentration in den Einheiten Nanogramm je Kubikmeter (ng/m^3) oder Milligramm je Kubikmeter (mg/m^3), bezogen auf das Abgasvolumen im Normzustand (273 K, 1013 hPa) nach Abzug des Feuchtegehaltes an Wasserdampf; sie beziehen sich auf einen Volumengehalt an Sauerstoff im Abgas von 11 vom Hundert, bei elektrisch betriebenen Anlagen auf einen Volumengehalt an Sauerstoff im Abgas von 15 vom Hundert.

§ 3 Feuerung. (1) Soweit die Anlagen mit Brennern ausgerüstet sind, dürfen diese nur mit Gasen der öffentlichen Gasversorgung, Flüssiggas, Wasserstoff oder Heizöl EL betrieben werden.

(2) Die Temperatur nach der letzten Verbrennungsluftzuführung muß mindestens 850 °C, ermittelt als Zehnminutenmittelwert, betragen.

(3) Durch geeignete Vorrichtungen ist sicherzustellen, daß ein Sarg nicht eingefahren werden kann, wenn die Mindesttemperatur nach § 3 Abs. 2 unterschritten ist oder die kontinuierlich ermittelte Konzentration von Kohlenmonoxid oder die Anzeige für die Rauchgasdichte auf eine Störung des ordnungsgemäßen Betriebes hinweist. Eine bereits begonnene Einäscherung ist zu Ende zu führen.

---

[1] Zur Rechtsgrundlage Rn. 34 zu § 23.

Anh A 27 27. BImSchV VO zur Durchführung des BImSchG

§ 4 Emissionsgrenzwerte. Anlagen dürfen nur so errichtet und betrieben werden, daß
1. die Emissionen von Kohlenmonoxid einen Stundenmittelwert von 50 mg je Kubikmeter Abgas,
2. die Emissionen von Gesamtstaub und organischen Stoffen, gebildet als Stundenmittelwert und in Übereinstimmung mit dem im Anhang 1 festgelegten Verfahren, die folgenden Emissionsgrenzwerte
   a) Gesamtstaub $10\,mg/m^3$,
   b) organische Stoffe, angegeben als Gesamtkohlenstoff, $20\,mg/m^3$ und
3. die Emissionen von den im Anhang 2 genannten Dioxinen und Furanen, angegeben als Summenwert und gebildet als Mittelwert über die jeweilige Probenahmezeit, jeweils in Übereinstimmung mit dem im Anhang 2 festgelegten Verfahren, den Emissionsgrenzwert von $0,1\,ng/m^3$

nicht überschreiten.

§ 5 Ableitbedingungen für Abgase. Abgase sind über einen oder mehrere Schornsteine in die freie Luftströmung so abzuleiten, daß die Höhe der Austrittsöffnung für die Abgase
1. die höchste Kante des Dachfirstes der Anlage um mindestens 3 Meter überragt und
2. mindestens 10 Meter über Flur liegt.

Bei einer Dachneigung von weniger als 20 Grad ist die Höhe der Austrittsöffnung auf einen fiktiven Dachfirst zu beziehen, dessen Höhe unter Zugrundelegung einer Dachneigung von 20 Grad zu berechnen ist.

§ 6 Anzeige. Der Betreiber einer Anlage hat diese der zuständigen Behörde spätestens einen Monat vor der Inbetriebnahme anzuzeigen.

§ 7 Kontinuierliche Messungen. (1) Die Anlagen sind mit Meßeinrichtungen auszurüsten, die
1. den Volumengehalt an Sauerstoff im Abgas,
2. die Massenkonzentration von Kohlenmonoxid im Abgas und
3. die Mindesttemperatur nach § 3 Abs. 2

fortlaufend messen und registrieren. Die Anlagen dürfen nur mit hierzu geeigneten und funktionsfähigen Meßeinrichtungen betrieben werden.

(2) Die Anlagen sind zur Überwachung der Funktionstüchtigkeit der Staubabscheideeinrichtungen mit Meßgeräten auszurüsten, die die Rauchgasdichte kontinuierlich messen. Die Anlagen dürfen nur mit hierzu geeigneten und funktionsfähigen Rauchgasdichtemeßgeräten, die Rückschlüsse auf die ständige Einhaltung des Emissionsgrenzwertes für Gesamtstaub nach § 4 Nr. 2 Buchstabe a ermöglichen, betrieben werden.

(3) Der Betreiber hat durch eine von der zuständigen obersten Landesbehörde oder der nach Landesrecht bestimmten Behörde für Kalibrierungen bekanntgegebene Stelle den ordnungsgemäßen Einbau der Meßeinrichtungen zur kontinuierlichen Überwachung von Kohlenmonoxid, Sauerstoff, Rauchgasdichte und Temperatur bescheinigen zu lassen sowie die Meßeinrichtungen vor Inbetriebnahme kalibrieren und jeweils spätestens nach Ablauf eines Jahres auf Funktionsfähigkeit prüfen zu lassen. Der Betreiber hat die Kalibrierung spätestens fünf Jahre nach der letzten Kalibrierung wiederholen zu lassen. Der Betreiber hat die Bescheinigung über den ordnungsgemäßen Einbau, die Berichte über das Ergebnis der Kalibrierung und der

Feuerbestattungsanlagen   **27. BImSchV Anh A 27**

Prüfung der Funktionsfähigkeit der zuständigen Behörde jeweils innerhalb von drei Monaten nach Durchführung vorzulegen.

§ 8 Beurteilung und Berichte von kontinuierlichen Messungen. (1) Während des Betriebes der Anlage ist für den Kohlenmonoxidmeßwert für jede aufeinanderfolgende Stunde der Mittelwert zu bilden.

(2) Über die Auswertung der kontinuierlichen Messungen hat der Betreiber einen Meßbericht zu erstellen oder erstellen zu lassen und innerhalb von drei Monaten nach Ablauf eines jeden Kalenderjahres der zuständigen Behörde vorzulegen. Der Betreiber muß die Aufzeichnungen fünf Jahre aufbewahren.

(3) Der Grenzwert für Kohlenmonoxid ist eingehalten, wenn kein Stundenmittelwert nach § 7 Abs. 1 Nr.2 in Verbindung mit Absatz 1 den Grenzwert nach § 4 Nr.1 überschreitet.

§ 9 Einzelmessungen. Der Betreiber einer nach Inkrafttreten dieser Verordnung errichteten Anlage hat die Einhaltung der Anforderungen für Gesamtstaub, Gesamtkohlenstoff und Dioxine und Furane nach § 4 frühestens drei Monate und spätestens sechs Monate nach der Inbetriebnahme von einer nach § 26 Abs. 1 des Bundes-Immissionsschutzgesetzes bekanntgegebenen Stelle nach Maßgabe von Anhang 1 und Anhang 2 prüfen zu lassen. Der Betreiber hat die Prüfung nach Satz 1 im Abstand von drei Jahren wiederholen zu lassen.

§ 10 Beurteilung und Berichte von Einzelmessungen. (1) Über die Messungen nach § 9 ist ein Meßbericht zu erstellen und der zuständigen Behörde innerhalb von drei Monaten nach Durchführung der Messung vorzulegen. Der Meßbericht muß Angaben über die Meßplanung, das Ergebnis, die verwendeten Meßverfahren und die Betriebsbedingungen, die für die Beurteilung der Meßergebnisse von Bedeutung sind, enthalten. Der Betreiber muß die Berichte fünf Jahre aufbewahren.

(2) Die Emissionsgrenzwerte gelten als eingehalten, wenn kein Ergebnis einer Einzelmessung des Stundenmittelwertes den jeweiligen Emissionsgrenzwert nach § 4 Nr.2 oder den Mittelwert über die Probenahmezeit nach § 4 Nr.3 überschreitet.

§ 11 Übergangsregelung. Altanlagen müssen die Anforderungen dieser Verordnung spätestens nach Ablauf von drei Jahren nach Inkrafttreten dieser Verordnung einhalten.

§ 12 Zulassung von Ausnahmen. (1) Die zuständige Behörde kann auf Antrag des Betreibers Ausnahmen von Vorschriften dieser Verordnung zulassen, soweit unter Berücksichtigung der besonderen Umstände des Einzelfalles
1. einzelne Anforderungen der Verordnung nicht oder nur mit unverhältnismäßig hohem Aufwand erfüllbar sind,
2. schädliche Umwelteinwirkungen nicht zu befürchten sind und
3. im übrigen die dem Stand der Technik entsprechenden Maßnahmen zur Emissionsbegrenzung angewandt werden.

(2) Eine Ausnahme von § 5 kommt insbesondere in Betracht, wenn Belange des Denkmalschutzes berührt sind.

(3) Die zuständige Behörde kann die Ausnahme unter Bedingungen erteilen, mit Auflagen verbinden oder befristen.

Anh A 27 27. BImSchV   VO zur Durchführung des BImSchG

§ 13 Weitergehende Anforderungen. Die Befugnis der zuständigen Behörde, auf der Grundlage des Bundes-Immissionsschutzgesetzes andere oder weitergehende Anordnungen zu treffen, bleibt unberührt.

§ 14 Ordnungswidrigkeiten. Ordnungswidrig im Sinne des § 62 Abs. 1 Nr. 7 des Bundes-Immissionsschutzgesetzes handelt, wer vorsätzlich oder fahrlässig
1. entgegen § 4 eine Anlage errichtet oder betreibt,
2. entgegen § 5 Satz 1 ein Abgas nicht oder nicht in der vorgeschriebenen Weise ableitet,
3. entgegen § 6 eine Anzeige nicht, nicht richtig oder nicht rechtzeitig erstattet,
4. entgegen § 7 Abs. 1 oder Abs. 2 eine Anlage betreibt,
5. entgegen § 7 Abs. 3 Satz 1 oder 2 eine Meßeinrichtung nicht oder nicht rechtzeitig kalibrieren oder nicht oder nicht rechtzeitig prüfen oder die Kalibrierung nicht oder nicht rechtzeitig wiederholen läßt oder
6. entgegen § 9 Satz 1 oder 2 die Einhaltung der Anforderungen nicht, nicht richtig, nicht in der vorgeschriebenen Weise oder nicht rechtzeitig prüfen läßt oder eine Prüfung nicht, nicht richtig, nicht in der vorgeschriebenen Weise oder nicht rechtzeitig wiederholen läßt.

Anhang 1

Bestimmung der Massenkonzentration von Gesamtstaub und Gesamtkohlenstoff nach § 4 Nr.2

1. Zur Bestimmung der Massenkonzentration an Gesamtstaub und Gesamtkohlenstoff nach § 4 Nr.2 beträgt die Probenahmezeit eine Stunde; die Probenahme erfolgt ab Beginn einer Einäscherung.
2. Es sind Proben während fünf aufeinanderfolgender Einäscherungsvorgänge zu ziehen.
3. Pausenzeiten zwischen jeweils zwei Einäscherungen bleiben unberücksichtigt.
4. Die Messung der organischen Stoffe, angegeben als Gesamtkohlenstoff, erfolgt nach der FID-Methode. Die Kalibrierung des Gerätes erfolgt mit Propan oder Butan. Es sind geeignete Messgeräte zu verwenden, die eine Bekanntgabe für Messaufgaben nach der 17. BImSchV besitzen.

Anhang 2

Bestimmung der Massenkonzentration von Dioxinen und Furanen nach § 4 Nr.3

1. Zur Bestimmung der Massenkonzentration von Dioxinen und Furanen nach § 4 Nr. 3 beträgt die Probenahmezeit mindestens sechs Stunden.
2. Die Probenahme erfolgt ab Beginn einer Einäscherung.
3. Pausenzeiten zwischen jeweils zwei Einäscherungen bleiben unberücksichtigt.
4. Für die in diesem Anhang genannten Dioxine und Furane soll die Nachweisgrenze des eingesetzten Analyseverfahrens nicht über $0,005\,\text{ng/m}^3$ Abgas liegen.
5. Für den nach § 4 Nr. 3 zu bildenden Summenwert sind die im Abgas ermittelten Konzentrationen der nachstehend genannten Dioxine und Furane mit den angegebenen Äquivalenzfaktoren zu multiplizieren und zu summieren.

Feuerbestattungsanlagen 27. BImSchV **Anh A 27**

		Äquivalenzfaktor
2, 3, 7, 8	– Tetrachlordibenzodioxin (TCDD)	1
1, 2, 3, 7, 8	– Pentachlordibenzodioxin (PeCDD)	0,5
1, 2, 3, 4, 7, 8	– Hexachlordibenzodioxin (HxCDD)	0,1
1, 2, 3, 7, 8, 9	– Hexachlordibenzodioxin (HxCDD)	0,1
1, 2, 3, 6, 7, 8	– Hexachlordibenzodioxin (HxCDD)	0,1
1, 2, 3, 4, 6, 7, 8	– Heptachlordibenzodioxin (HpCDD)	0,01
Octachlordibenzodioxin (OCDD)		0,001
2, 3, 7, 8	– Tetrachlordibenzofuran (TCDF)	0,1
2, 3, 4, 7, 8	– Pentachlordibenzofuran (PeCDF)	0,5
1, 2, 3, 7, 8	– Pentachlordibenzofuran (PeCDF)	0,05
1, 2, 3, 4, 7, 8	– Hexachlordibenzofuran (HxCDF)	0,1
1, 2, 3, 7, 8, 9	– Hexachlordibenzofuran (HxCDF)	0,1
1, 2, 3, 6, 7, 8	– Hexachlordibenzofuran (HxCDF)	0,1
2, 3, 4, 6, 7, 8	– Hexachlordibenzofuran (HxCDF)	0,1
1, 2, 3, 4, 6, 7, 8	– Heptachlordibenzofuran (HpCDF)	0,01
1, 2, 3, 4, 7, 8, 9	– Heptachlordibenzofuran (HpCDF)	0,01
Octachlordibenzofuran (OCDF)		0,001

A 28. Verordnung über Emissionsgrenzwerte für Verbrennungsmotoren – 28. BImSchV

Vom 20. 4. 2004 (BGBl I 614, ber. 1423)[1]

(BGBl III/FNA 2129-8-28)

Kommentierung: Vgl. die Ausführungen zu § 23 und zu § 48a, insb. Rn.12 zu § 37.

§ 1 Anwendungsbereich. Diese Verordnung gilt für das Inverkehrbringen von Motoren zum Einbau in mobile Maschinen und Geräte nach Artikel 2 erster Anstrich in Verbindung mit Anhang I Nr. 1 der Richtlinie 97/68/EG des Europäischen Parlaments und des Rates vom 16. Dezember 1997 zur Angleichung der Rechtsvorschriften der Mitgliedstaaten über Maßnahmen zur Bekämpfung der Emission von gasförmigen Schadstoffen und luftverunreinigenden Partikeln aus Verbrennungsmotoren für mobile Maschinen und Geräte (ABl. EG 1998 Nr. L 59 S. 1), zuletzt geändert durch die Richtlinie 2002/88/EG vom 9. Dezember 2002 (ABl. EU 2003 Nr. L 35 S. 28), soweit sie ihrer Bauart nach nicht ausschließlich zur Verwendung für militärische Zwecke bestimmt sind.

§ 1 a Bezugnahme auf Richtlinien der Europäischen Gemeinschaft. Die in dieser Verordnung in Bezug genommene Richtlinie 97/68/EG der Europäischen Gemeinschaften ist in der jeweils geltenden Fassung anzuwenden. Wird diese Richtlinie nach dem in dieser Richtlinie vorgesehenen Verfahren an den technischen Fortschritt angepasst, gilt sie in der geänderten im Amtsblatt der Europäischen Union veröffentlichten Fassung nach Ablauf der in der Anpassungsrichtlinie festgelegten Umsetzungsfrist.

§ 2 Inverkehrbringen. (1) Motoren nach § 1 dieser Verordnung dürfen gewerbsmäßig oder im Rahmen wirtschaftlicher Unternehmungen nur in den Verkehr gebracht werden, wenn sie
1. bei Selbstzündungsmotoren mit einer Nutzleistung von
   a) 18 kW bis weniger als 37 kW ab dem 1. Januar 2001,
   b) 130 kW bis 560 kW ab dem1. Januar 2002,
   c) 75 kW bis weniger als 130 kW ab dem 1. Januar 2003,
   d) 37 kW bis weniger als 75 kW ab dem 1. Januar 2004
   die zulässigen Emissionsgrenzwerte nach der Tabelle in Anhang I Nr. 4.1.2.3 der Richtlinie 97/68/EG einhalten,
2. bei Selbstzündungsmotoren mit einer Nutzleistung von 18 kW bis 560 kW, die mit konstanter Drehzahl betrieben werden, die zulässigen Emissionsgrenzwerte nach der Tabelle in Anhang I Nr. 4.1.2.3 der Richtlinie 97/68/EG ab dem 31. Dezember 2006 einhalten,
3. bei Fremdzündungsmotoren mit einer Nutzleistung bis 19 kW die zulässigen Emissionsgrenzwerte nach der Tabelle in Anhang I Nr. 4.2.2.1 der Richtlinie 97/68/EG ab dem 11. Februar 2005 einhalten (Stufe I)

---

[1] Zur Rechtsgrundlage Rn. 11 zu § 37.

Emissionen von Verbrennungsmotoren 28. BImSchV **Anh. A 28**

4. und bei
   a) handgehaltenen Fremdzündungsmotoren mit einer Nutzleistung von oder unter 19 kW mit einem Hubraum von
      aa) unter 20 ccm ab dem 1. Februar 2008,
      bb) von 20 ccm bis weniger als 50 ccm ab dem 1. Februar 2008,
      cc) ab 50 ccm ab dem 1. Februar 2009,
   b) nicht handgehaltenen Fremdzündungsmotoren mit einer Nutzleistung von oder unter 19 kW mit einem Hubraum von
      aa) unter 66 ccm ab dem 1. Februar 2005,
      bb) von 66 ccm bis weniger als 100 ccm ab dem 1. Februar 2005,
      cc) von 100 ccm bis weniger als 225 ccm ab dem 1. Februar 2008,
      dd) ab 225 ccm ab dem 1. Februar 2007
   die zulässigen Emissionsgrenzwerte nach der Tabelle in Anhang I Nr. 4.2.2.2 der Richtlinie 97/68/EG einhalten,
5. sie die Typgenehmigung für einen Motortyp oder eine Motorenfamilie oder das Dokument nach Anhang VII der Richtlinie 97/68/EG vorliegt und wenn
6. sie mit der nach Anhang I Nr. 3 der Richtlinie 97/68/EG erforderlichen EG-Kennzeichnung versehen sind. Motoren, die die Grenzwerte schon vor den unter den Nummern 2 und 3 genannten Terminen einhalten, können entsprechend gekennzeichnet werden.

(2) Bei Motoren, deren Herstellungsdatum vor den in Absatz 1 genannten Terminen liegt, verlängert die Genehmigungsbehörde auf Antrag des Herstellers für jede Kategorie den Zeitpunkt für die Erfüllung der in Absatz 1 genannten Anforderungen um zwei Jahre.

(3) Ein Austauschmotor muss den Grenzwerten entsprechen, die von dem zu ersetzenden Motor beim ersten Inverkehrbringen einzuhalten waren. Die Bezeichnung „Austauschmotor" ist auf einem an dem Motor angebrachten Schild oder als Hinweis in das Benutzerhandbuch aufzunehmen.

§ 3 Ausnahmen. (1) Auf Antrag eines Herstellers von Motoren aus auslaufenden Serien, die sich bis zu den in § 2 genannten Zeitpunkten noch auf Lager befinden, verlängert die Genehmigungsbehörde die sich jeweils aus § 2 ergebenden Fristen um zwölf Monate nach Maßgabe der in Artikel 10 Abs. 2 erster bis fünfter Anstrich der Richtlinie 97/68/EG aufgeführten Anforderungen und stellt hierüber eine Konformitätsbescheinigung oder ein konsolidiertes Dokument gemäß Artikel 10 Abs. 2 neunter Anstrich der Richtlinie aus.

(2) Ein Antrag ist abzulehnen, sobald die Summe von den nach Absatz 1 jeweils erfassten Motoren 10 Prozent der im Vorjahr in Deutschland unter den Voraussetzungen des § 2 Abs. 1 Nr. 1 in den Verkehr gebrachten neuen Motoren aller betroffenen Typen übersteigt.

(3) Maschinen und Geräte, die in Artikel 9a Nr. 7 der Richtlinie 97/68/EG genannt werden, sind von der Einhaltung der unter § 2 Abs. 1 Nr. 3 genannten Termine bezüglich der Emissionsgrenzwertanforderungen für einen Zeitraum von drei Jahren nach Inkrafttreten der genannten Emissionsgrenzwertanforderungen ausgenommen; für diese drei Jahre gelten weiterhin die Emissionsgrenzwertanforderungen nach Anhang I Nr. 4.2.2.1 der Richtlinie 97/68/EG.

(4) Die Erfüllung der unter § 2 Abs. 1 Nr. 4 und § 4 Abs. 7 genannten Anforderungen werden für Motorenhersteller, deren gesamtes Jahresproduktionsvolumen weniger als 25 000 Motoren beträgt, um drei Jahre verschoben.

(5) Für Fremdzündungs-Motorenfamilien, bei denen das gesamte Jahresproduktionsvolumen weniger als 5000 Einheiten beträgt, und die zusammen nicht 25 000

Anh. A 28 28. BImSchV VO zur Durchführung des BImSchG

Einheiten, jeweils in der Bauausführung für den Geltungsbereich der Richtlinie 97/68/EG, eines Herstellers überschreiten, gelten die Anforderungen nach der Tabelle in Anhang I Nr. 4.2.2.1 der Richtlinie 97/68/EG. Die Motorenfamilien müssen dabei alle einen unterschiedlichen Hubraum haben.

§ 4 Typgenehmigung. (1) Motortypen oder Motorenfamilien können eine Typgenehmigung nur erhalten, wenn sie der Beschreibung in der Beschreibungsmappe entsprechen und den übrigen Anforderungen dieser Verordnung, insbesondere des § 2 Abs. 1 und 3, genügen.

(2) Als Typgenehmigung im Sinne des Absatzes 1 gelten bis zu den in den Absätzen 3 und 4 genannten Zeitpunkten auch Typgenehmigungen, die in Anhang XII der Richtlinie 97/68/EG genannt werden.

(3) Die für die Typgenehmigung vorzulegenden Unterlagen und durchzuführenden Prüfungen müssen den Anhängen I bis VII der Richtlinie 97/68/EG entsprechen.

(4) Selbstzündungsmotoren nach § 1 können eine Typgenehmigung nur erhalten, wenn sie bei einer Nutzleistung von
1. 18 kW bis weniger als 37 kW ab dem 1. Januar 2000,
2. 130 kW bis 560 kW ab dem 1. Januar 2001,
3. 75 kW bis weniger als 130 kW ab dem 1. Januar 2002,
4. 37 kW bis weniger als 75 kW ab dem 1. Januar 2003
die Emissionsgrenzwerte nach der Tabelle in Anhang I Nr. 4.1.2.3 der Richtlinie 97/68/EG einhalten.

(5) Selbstzündungsmotoren mit einer Nutzleistung von 18 kW bis 560 kW, die mit konstanter Drehzahl betrieben werden, können eine Typgenehmigung nur erhalten, wenn sie die zulässigen Emissionsgrenzwerte nach der Tabelle in Anhang I Nr. 4.1.2.3 der Richtlinie 97/68/EG ab dem 31. Dezember 2005 einhalten.

(6) Fremdzündungsmotoren nach § 1 können eine Typgenehmigung nur erhalten, wenn sie mit einer Nutzleistung von oder unter 19 kW die zulässigen Emissionsgrenzwerte nach der Tabelle in Anhang I Nr. 4.2.2.1 der Richtlinie 97/68/EG ab dem 11. August 2004 einhalten (Stufe I).

(7) Fremdzündungsmotoren nach § 1 können eine Typgenehmigung nur erhalten, wenn sie
1. bei handgehaltenen Motoren mit einem Hubraum von
   a) unter 20 ccm ab dem 1. August 2007,
   b) von 20 ccm bis weniger als 50 ccm ab dem 1. August 2007,
   c) ab 50 ccm ab dem 1. August 2008
   die zulässigen Emissionsgrenzwerte nach der Tabelle in Anhang I Nr. 4.2.2.2 der Richtlinie 97/68/EG einhalten (Stufe II),
2. bei nicht handgehaltenen Motoren mit einem Hubraum von
   a) unter 66 ccm ab dem 1. August 2004,
   b) von 66 ccm bis weniger als 100 ccm ab dem 1. August 2004,
   c) von 100 ccm bis weniger als 225 ccm ab dem 1. August 2007,
   d) ab 225 ccm ab dem 1. August 2006
die zulässigen Emissionsgrenzwerte nach der Tabelle in Anhang I Nr. 4.2.2.2 der Richtlinie 97/68/EG einhalten (Stufe II).

§ 5 Typgenehmigungsverfahren. (1) Ein Antrag auf Typgenehmigung für einen Motor oder eine Motorenfamilie ist vom Hersteller bei der Genehmigungsbehörde zu stellen. Dem Antrag ist eine Beschreibungsmappe, deren Inhalt im Beschreibungsbogen in Anhang II der Richtlinie 97/68/EG angegeben ist, sowie ein Nach-

Emissionen von Verbrennungsmotoren   28. BImSchV   **Anh. A 28**

weis beizufügen, dass der Antragsteller dem zuständigen Technischen Dienst einen Motor zur Verfügung gestellt hat, der den in Anhang II Anlage 1 der Richtlinie 97/68/EG aufgeführten wesentlichen Merkmalen des Motortyps entspricht.

(2) Ein Antrag auf Typgenehmigung für einen Motortyp oder eine Motorenfamilie darf nicht in mehr als einem Mitgliedstaat der Europäischen Union gestellt werden. Für jeden zu genehmigenden Motortyp oder jede zu genehmigende Motorenfamilie ist ein gesonderter Antrag zu stellen.

(3) Die Genehmigungsbehörde erteilt die Typgenehmigung unter Verwendung eines EG-Typgenehmigungsbogens nach Anhang VII der Richtlinie 97/68/EG. Die Genehmigungsbehörde nummeriert den Typgenehmigungsbogen gemäß Anhang VIII der Richtlinie 97/68/EG und stellt ihn zusammen mit den dort aufgeführten Anlagen dem Antragsteller zu.

(4) Stellt die Genehmigungsbehörde im Falle eines Antrags auf Typgenehmigung für eine Motorenfamilie fest, dass der eingereichte Antrag hinsichtlich des ausgewählten Stammmotors für die in Anhang II Anlage 2 der Richtlinie 97/68/EG beschriebene Motorenfamilie nicht vollständig repräsentativ ist, so ist ein anderer und bei Bedarf ein zusätzlicher, von der Genehmigungsbehörde zu bezeichnender Stammmotor zur Genehmigung nach Absatz 1 bereitzustellen.

(5) Erfüllt der zu genehmigende Motor seine Funktion oder hat er spezifische Eigenschaften nur in Verbindung mit anderen Teilen der mobilen Maschine oder des mobilen Gerätes und kann aus diesem Grund die Einhaltung einer oder mehrerer Anforderungen nur geprüft werden, wenn der zu genehmigende Motor mit anderen echten oder simulierten Maschinen- oder Geräteteilen zusammen betrieben wird, so ist der Geltungsbereich der Typgenehmigung für diesen Motor entsprechend einzuschränken. Im Typgenehmigungsbogen für einen Motortyp oder eine Motorenfamilie sind in solchen Fällen alle Einschränkungen ihrer Verwendung sowie sämtliche Einbauvorschriften aufzuführen.

(6) Die Genehmigungsbehörde, die eine Typgenehmigung erteilt, sorgt hierbei dafür, dass die Identifizierungsnummern der in Übereinstimmung mit den Anforderungen dieser Richtlinie hergestellten Motoren, bei Bedarf in Zusammenarbeit mit den Genehmigungsbehörden der anderen Mitgliedstaaten der Europäischen Union, registriert und kontrolliert werden.

(7) Die Genehmigungsbehörde vergewissert sich vor Erteilung einer Typgenehmigung, bei Bedarf in Zusammenarbeit mit den Genehmigungsbehörden der übrigen Mitgliedstaaten der Europäischen Union, dass geeignete Vorkehrungen getroffen wurden, um eine wirksame Kontrolle der Konformität der Produktion hinsichtlich der Anforderungen des Anhangs I Nr. 5 der Richtlinie 97/68/EG sicherzustellen.

(8) Der Hersteller oder seine in Mitgliedstaaten der Europäischen Union niedergelassenen Beauftragten übermitteln der Genehmigungsbehörde auf Ersuchen im Einzelfall Daten über die Direktkäufer und die Identifizierungsnummern der Motoren, die gemäß § 7 Abs. 3 als hergestellt gemeldet worden sind, soweit dies für die Kontrolle der Identifizierungsnummern erforderlich ist.

(9) Ist der Hersteller nicht in der Lage, auf Ersuchen der Genehmigungsbehörde die in § 7 und insbesondere im Zusammenhang mit Absatz 8 festgelegten Anforderungen einzuhalten, so kann die Genehmigung für den betreffenden Motortyp oder die betreffende Motorenfamilie aufgrund dieser Verordnung widerrufen werden.

§ 6 Änderung von Genehmigungen. (1) Der Hersteller hat der Genehmigungsbehörde nach Erteilung der Typgenehmigung jede Änderung der in den Beschreibungsunterlagen genannten Einzelheiten mitzuteilen.

Anh. A 28 **28. BImSchV** VO zur Durchführung des BImSchG

(2) Der Antrag auf eine Änderung oder Erweiterung einer Typgenehmigung ist ausschließlich an die Genehmigungsbehörde des Mitgliedstaates der Europäischen Union zu stellen, die die ursprüngliche Typgenehmigung erteilt hat.

(3) Sind in den Beschreibungsunterlagen erwähnte Einzelheiten geändert worden, so stellt die Genehmigungsbehörde folgende Unterlagen aus:

1. soweit erforderlich, korrigierte Seiten der Beschreibungsunterlagen, wobei die Behörde jede einzelne Seite so kennzeichnet, dass die Art der Änderung und das Datum der Neuausgabedeutlich ersichtlich sind; bei jeder Neuausgabe von Seiten ist das Inhaltsverzeichnis zu den Beschreibungsunterlagen, das dem Typgenehmigungsbogen als Anlage beigefügt ist, entsprechend auf den neuesten Stand zu bringen;
2. einen revidierten Typgenehmigungsbogen mit einer Erweiterungsnummer, sofern darin mit Ausnahme der Anhänge Angaben geändert wurden oder die Mindestanforderungen der Richtlinie 97/68/EG sich seit dem ursprünglichen Genehmigungsdatum geändert haben; aus dem revidierten Genehmigungsbogen müssen der Grund für seine Änderung und das Datum der Neuausgabe klar hervorgehen.

Stellt die Genehmigungsbehörde fest, dass wegen einer an den Beschreibungsunterlagen vorgenommenen Änderung neue Versuche oder Prüfungen gerechtfertigt sind, so unterrichtet sie hiervon den Hersteller und stellt die Unterlagen nach Satz 1 erst nach der Durchführung erfolgreicher neuer Versuche oder Prüfungen aus.

§ 7 Serienübereinstimmung. (1) Der Hersteller bringt an jeder in Übereinstimmung mit dem genehmigten Typ hergestellten Einheit die in Anhang I Nr. 3 der Richtlinie 97/68/EG festgelegten Kennzeichen einschließlich der Typgenehmigungsnummer an.

(2) Enthält die Typgenehmigung Einschränkungen der Verwendung gemäß § 5 Abs. 5, so fügt der Hersteller jeder hergestellten Einheit detaillierte Angaben über diese Einschränkungen und sämtliche Einbauvorschriften bei. Wird eine Reihe von Motortypen ein und demselben Maschinenhersteller geliefert, so genügt es, dass ihm dieser Beschreibungsbogen, in dem ferner die betreffenden Motoridentifizierungsnummern anzugeben sind, nur einmal übermittelt wird, und zwar spätestens am Tage der Lieferung des ersten Motors.

(3) Der Hersteller übermittelt auf Ersuchen der Genehmigungsbehörde nach Erteilung der Typgenehmigung binnen 45 Tagen nach Ablauf jedes Kalenderjahres und unmittelbar nach jedem Durchführungsdatum gemäß § 2 und sofort nach jedem von der Behörde angegebenen zusätzlichen Datum eine Liste mit den Identifizierungsnummern aller Motortypen, die in Übereinstimmung mit den Vorschriften der Richtlinie 97/68/EG seit dem letzten Bericht oder seit dem Zeitpunkt, zu dem die Vorschriften dieser Verordnung erstmalig anwendbar wurden, hergestellt wurden. Soweit sie nicht durch das Motorkodierungssystem zum Ausdruck kommen, müssen auf dieser Liste die Korrelationen zwischen den Identifizierungsnummern und den entsprechenden Motortypen oder Motorenfamilien und den Typgenehmigungsnummern angegeben werden. Außerdem muss die Liste besondere Informationen enthalten, wenn der Hersteller die Produktion eines genehmigten Motortyps oder einer genehmigten Motorenfamilie einstellt. Falls die Genehmigungsbehörde keine regelmäßige Übermittlung dieser Liste vom Hersteller verlangt, muss dieser die gespeicherten Daten für einen Zeitraum von mindestens 20 Jahren aufbewahren.

(4) Der Hersteller übermittelt der Genehmigungsbehörde nach Erteilung der Typgenehmigung binnen 45 Tagen nach Ablauf jedes Kalenderjahres und zu jedem

Durchführungsdatum gemäß § 2 eine Erklärung, in der die Motortypen, die Motorenfamilien und die entsprechenden Identifizierungscodes der Motoren, die er ab diesem Datum herzustellen beabsichtigt, aufgeführt werden.

§ 8 Nichtübereinstimmung mit dem genehmigten Typ oder der genehmigten Typfamilie. (1) Stimmen Motoren, die mit einer Konformitätsbescheinigung oder einem Genehmigungszeichen versehen sind, nicht mit dem typgenehmigten Motor oder der typgenehmigten Motorenfamilie überein, hat die Genehmigungsbehörde den Hersteller schriftlich aufzufordern, binnen einer von ihr festzusetzenden Frist und unter Androhung des Widerrufs der Typgenehmigung die in Produktion befindlichen Motoren wieder mit dem genehmigten Motor oder der genehmigten Motorenfamilie in Übereinstimmung zu bringen. Kommt der Hersteller der Aufforderung innerhalb der ihm gesetzten Frist nicht nach, so kann die Genehmigungsbehörde die Typgenehmigung widerrufen.

(2) Eine Nichtübereinstimmung mit dem genehmigten Motortyp oder der genehmigten Motorenfamilie liegt bei Abweichungen von den Merkmalen im Genehmigungsbogen oder von den Beschreibungsunterlagen vor, die von der Genehmigungsbehörde gemäß § 6 Abs. 3 ausgestellt worden sind.

§ 9 Zusammenarbeit mit den Genehmigungsbehörden der übrigen Mitgliedstaaten. (1) Die Genehmigungsbehörde übermittelt
1. den Genehmigungsbehörden der übrigen Mitgliedstaaten der Europäischen Union jeden Monat eine Liste der Motoren und Motorenfamilien mit den in Anhang IX der Richtlinie 97/68/EG geforderten Daten, deren Genehmigung sie in dem betreffenden Monat erteilt, verweigert oder widerrufen hat;
2. auf Ersuchen der Genehmigungsbehörde eines anderen Mitgliedstaates der Europäischen Union
   a) eine Abschrift des Typgenehmigungsbogens für den Motor oder die Motorenfamilie mit oder ohne Beschreibungsunterlagen für jeden Motortyp oder jede Motorenfamilie, deren Genehmigung sie erteilt, verweigert oder widerrufen hat,
   b) die Liste der Motoren, die entsprechend den erteilten Typgenehmigungen hergestellt wurden, gemäß der Beschreibung in § 7 Abs. 3, die die nach Anhang X der Richtlinie 97/68/EG erforderlichen Einzelheiten enthält,
   c) eine Abschrift der Erklärung gemäß § 7 Abs. 4.

(2) Die Genehmigungsbehörde übermittelt der Kommission von Amts wegen jährlich sowie im Einzelfall auf Ersuchen der Kommission eine Abschrift des Datenblattes gemäß des Anhangs XI der Richtlinie 97/68/EG über die Motoren, für die seit der letzten Benachrichtigung eine Genehmigung erteilt worden ist.

(3) Die Genehmigungsbehörde hat den Genehmigungsbehörden der übrigen Mitgliedstaaten der Europäischen Union binnen eines Monats die Einzelheiten und die Begründung für die einem Hersteller gewährte Ausnahmegenehmigung nach § 3 zu übermitteln.

(4) Die Genehmigungsbehörde übermittelt dem Bundesministerium für Umwelt, Naturschutz und Reaktorsicherheit zur Weitergabe an die Kommission jedes Jahr eine Liste der erteilten Ausnahmegenehmigungen mit ihren Begründungen.

(5) Die Genehmigungsbehörde teilt den Genehmigungsbehörden der Mitgliedstaaten der Europäischen Union jeden Widerruf einer Typgenehmigung nebst Begründung binnen eines Monats nach Unanfechtbarkeit mit.

§ 10 Genehmigungsbehörde und Technische Dienste. (1) Genehmigungsbehörde im Sinne dieser Verordnung ist das Kraftfahrt-Bundesamt.

(2) Technische Dienste im Sinne dieser Verordnung sind die zur Durchführung der in den Anhängen der Richtlinie 97/68/EG vorgeschriebenen Prüfungen vom Kraftfahrt-Bundesamt benannten und im Bundesanzeiger bekannt gegebenen Stellen.

(3) Das Kraftfahrt-Bundesamt überwacht die ordnungsgemäße Erfüllung der den Technischen Diensten übertragenen Aufgaben.

§ 11 Ordnungswidrigkeiten. Ordnungswidrig im Sinne des § 62 Abs. 1 Nr. 7 des Bundes-Immissionsschutzgesetzes handelt, wer vorsätzlich oder fahrlässig entgegen § 2 Abs. 1 oder 3 einen Motor in den Verkehr bringt.

§ 12 Inkrafttreten, Außerkrafttreten. Diese Verordnung tritt am Tage nach der Verkündung in Kraft. Gleichzeitig tritt die Verordnung über Emissionsgrenzwerte für Verbrennungsmotoren vom 11. November 1998 (BGBl. I S. 3411) außer Kraft.

A 29. Gebührenordnung für Typprüfungen von Verbrennungsmotoren – 29. BImSchV

Vom 22. 5. 2000 (BGBl I 735), geänd. am 9. 9. 2001 (BGBl I 2331)[1]

(BGBl III/FNA 2129-8-29)

Kommentierung: Vgl. die Ausführungen zu § 33, insb. Rn.8f zu § 33.

§ 1 Gebührentarif. Für Amtshandlungen nach der Verordnung über Emissionsgrenzwerte für Verbrennungsmotoren werden Gebühren nach dieser Verordnung erhoben. Die gebührenpflichtigen Tatbestände und die Gebührensätze ergeben sich aus dem Gebührentarif für Maßnahmen bei Typprüfungen von Verbrennungsmotoren (Anlage).

§ 2 Auslagen. (1) Hinsichtlich der Auslagen gilt § 10 des Verwaltungskostengesetzes.

(2) Zusätzlich hat der Gebührenschuldner folgende Auslagen zu tragen:
1. Entgelte im Zustell-, insbesondere Einschreibverfahren,
2. die bei Geschäften außerhalb der Dienststelle den Bediensteten auf Grund gesetzlicher oder tarifvertraglicher Regelungen gewährten Vergütungen (Reisekostenvergütung, Auslagenersatz) und die Kosten für die Bereitstellung von Räumen; für Personen, die weder Bundes- noch Landesbedienstete sind, gelten die Vorschriften über die Vergütung der Reisekosten der Bundesbeamten entsprechend.
3. die Aufwendungen für den Einsatz von Dienstwagen bei Dienstgeschäften außerhalb der Dienststelle,
4. die Kosten für Überprüfungen der Konformität der Produktion nach international vereinbartem Recht, wenn ein Verstoß gegen diese Vorschriften nachgewiesen wird.

(3) Soweit die Auslagen insgesamt 5 Deutsche Mark *(ab 1. 1. 2002: „2,50 Euro")* übersteigen, kann die Erstattung auch verlangt werden, wenn der Kostenschuldner seinerseits von den Kosten befreit ist.

§ 3 Widerspruch. Für die vollständige oder teilweise Zurückweisung eines Widerspruchs wird eine Gebühr bis zur Höhe der für die angefochtene Amtshandlung festgesetzten Gebühr erhoben; dies gilt nicht, wenn der Widerspruch nur deshalb keinen Erfolg hat, weil die Verletzung einer Verfahrens- und Formvorschrift nach § 45 des Verwaltungsverfahrensgesetzes unbeachtlich ist. Bei einem erfolglosen Widerspruch, der sich ausschließlich gegen eine Kostenentscheidung richtet, beträgt die Gebühr höchstens 10 vom Hundert des streitigen Betrages. Wird ein Widerspruch nach Beginn einer sachlichen Bearbeitung, jedoch vor deren Beendigung zurückgenommen, beträgt die Gebühr höchstens 75 vom Hundert der Widerspruchsgebühr.

---

[1] Zur Rechtsgrundlage und zur Änderung Rn. 13 zu § 33.

Anh. A 29 29. BImSchV VO zur Durchführung des BImSchG

§ 4 Widerruf, Rücknahme, Ablehnung und Zurücknahme von Anträgen.
Für den Widerruf oder die Rücknahme einer Amtshandlung, die Ablehnung eines Antrags auf Vornahme einer Amtshandlung sowie in den Fällen der Zurücknahme eines Antrags auf Vornahme einer Amtshandlung werden Gebühren nach Maßgabe des § 15 des Verwaltungskostengesetzes erhoben.

§ 5 Inkrafttreten. Die Verordnung tritt am Tage nach der Verkündung[1] in Kraft.

Anlage
(zu § 1)

Gebührentarif für Maßnahmen bei Typprüfungen von Verbrennungsmotoren

Gebühren-Nr.	Gegenstand	Gebühr DM	ab 1. 1. 2002: Euro
1	Erteilung einer Typgenehmigung	1310	655
2	Änderung einer Genehmigung		
2.1	ohne Gutachten	331	165
2.2	mit Gutachten	655	327
2.3	Änderungen ohne Gutachten für mehrere Genehmigungen gleichzeitig auf Grund desselben Sachverhalts	Gebühr nach Gebührennummer 2.1 (einmalig) zzgl. 39,– DM *(ab 1. 1. 2002: „19,– Euro")* pro weiterer Änderung	
3	Erteilung einer Ausnahmegenehmigung	259	129
4	Überprüfung der Übereinstimmung der Produktion mit der erteilten Typgenehmigung bei		
4.1	Feststellung eines Verstoßes gegen Mitteilungspflichten	276	138
4.2	Abweichung vom genehmigten Typ oder der genehmigten Motorenfamilie	707	353
5	Anfangsbewertung von Fertigungsstätten		
5.1	Herstellerbericht für Unternehmen mit einer Fertigungsstätte	1400	700
5.2	Herstellerbericht je weitere Fertigungsstätte	1100	550

[1] Verkündet am 25. 5. 2000.

A 30. Verordnung über Anlagen zur biologischen Behandlung von Abfällen – 30. BImSchV

Vom 20. 2. 2001 (BGBl I 305)[1]

(BGBl III/FNA 2129-8-30)

Kommentierung: Vgl. die Ausführungen zu § 7, insb. Rn.32 zu § 7. – **Literatur:** *Bergs/Radde,* Abfallablagerungsverordnung – 30. BImSchV – TA Siedlungsabfall, 3. Aufl. 2002; *Zacharias,* Die Zukunft der Siedlungsabfallentsorgung, UPR 2001, 95; *Hansmann,* in: LR (2001), Nr.2.30.

Erster Teil. Allgemeine Vorschriften

§ 1 Anwendungsbereich. (1) Diese Verordnung gilt für die Errichtung, die Beschaffenheit und den Betrieb von Anlagen, in denen Siedlungsabfälle und Abfälle, die wie Siedlungsabfälle entsorgt werden können, im Sinne von § 2 Nr. 1 und 2 der Abfallablagerungsverordnung mit biologischen oder einer Kombination von biologischen mit physikalischen Verfahren behandelt werden, soweit
– biologisch stabilisierte Abfälle als Vorbehandlung zur Ablagerung oder vor einer thermischen Behandlung erzeugt,
– heizwertreiche Fraktionen oder Ersatzbrennstoffe gewonnen oder
– Biogase zur energetischen Nutzung erzeugt
werden (biologische Abfallbehandlungsanlagen) und sie nach § 4 des Bundes-Immissionsschutzgesetzes in Verbindung mit der Verordnung über genehmigungsbedürftige Anlagen genehmigungsbedürftig sind.

(2) Diese Verordnung gilt nicht für Anlagen, die
1. für die Erzeugung von verwertbarem Kompost oder Biogas ausschließlich aus Bioabfällen gemäß § 2 Nr. 1 der Bioabfallverordnung vom 21. September 1998 (BGBl. I S. 2955) oder Erzeugnissen oder Nebenerzeugnissen aus der Land-, Forst- oder Fischwirtschaft oder Klärschlämmen gemäß § 2 Abs. 2 der Klärschlammverordnung vom 15. April 1992 (BGBl. I S. 912), die durch die Verordnung vom 6. März 1997 (BGBl. I S. 446) geändert worden ist, sowie des Einsatzes eines Gemisches der vorgenannten Stoffe in Kofermentationsanlagen oder
2. für die Ausfaulung von Klärschlamm
bestimmt sind.

(3) Diese Verordnung enthält insbesondere Anforderungen, die nach § 5 Abs. 1 Nr. 2 des Bundes-Immissionsschutzgesetzes bei der Errichtung und beim Betrieb der Anlagen zur Vorsorge gegen schädliche Umwelteinwirkungen durch Luftverunreinigungen zu erfüllen sind.

§ 2 Begriffsbestimmungen. Im Sinne dieser Verordnung sind:
1. *Abgase:* die Trägergase mit festen, flüssigen oder gasförmigen Emissionen;
2. *Abgasreinigungseinrichtung:* Einrichtungen zur Emissionsminderung von emissionsrelevanten Luftverunreinigungen im Abgas der biologischen Abfallbehand-

---

[1] Zur Rechtsgrundlage Rn. 38 zu § 7.

lungsanlage, insbesondere zur Emissionsbegrenzung für Geruchsstoffe, klimarelevante Gase, organische Stoffe und Stäube und zur Reduzierung lebens- und vermehrungsfähiger Mikroorganismen;
3. *Altanlagen:* biologische Abfallbehandlungsanlagen, für die bis zum Zeitpunkt des Inkrafttretens dieser Verordnung
   a) eine Anzeige nach § 67 Abs. 2 oder 7 oder § 67a Abs. 1 des Bundes-Immissionsschutzgesetzes oder vor Inkrafttreten des Bundes-Immissionsschutzgesetzes nach § 16 Abs. 4 der Gewerbeordnung erfolgen musste,
   b) der Planfeststellungsbeschluss nach § 7 Abs. 1 des Abfallgesetzes vom 27. August 1986 (BGBl. I S. 1410, 1501) zur Errichtung und zum Betrieb ergangen ist,
   c) der Planfeststellungsbeschluss nach § 31 Abs. 2 oder die Genehmigung nach § 31 Abs. 3 des Kreislaufwirtschafts- und Abfallgesetzes vom 27. September 1994 (BGBl. I S. 2705) zur Errichtung und zum Betrieb ergangen ist,
   d) in einem Planfeststellungsverfahren nach § 31 Abs. 2 des Kreislaufwirtschafts- und Abfallgesetzes der Beginn der Ausführung nach § 33 Abs. 1 des Kreislaufwirtschafts- und Abfallgesetzes vor Feststellung des Planes zugelassen worden ist,
   e) die Genehmigung nach § 4 oder § 16 des Bundes-Immissionsschutzgesetzes zur Errichtung und zum Betrieb erteilt ist oder
   f) eine Teilgenehmigung nach § 8, eine Zulassung vorzeitigen Beginns nach § 8a oder ein Vorbescheid nach § 9 des Bundes-Immissionsschutzgesetzes erteilt ist, soweit darin Anforderungen nach § 5 Abs. 1 Nr. 2 des Bundes-Immissionsschutzgesetzes festgelegt sind;
4. *Anfallende Abfälle:* alle festen oder flüssigen Abfälle, die in der biologischen Abfallbehandlungsanlage anfallen;
5. *Abfälle mit biologisch abbaubaren Anteilen:* Abfälle mit hohem organischen Anteil im Sinne der in Anhang 1 Nr. 1 der Bioabfallverordnung genannten Abfälle sowie andere Abfälle mit hohem biologisch abbaubaren Anteil, die aufgrund ihrer Beschaffenheit oder Zusammensetzung wie Siedlungsabfälle entsorgt werden, insbesondere Klärschlämme aus Abwasserbehandlungsanlagen zur Behandlung von kommunalem Abwasser oder Abwässern mit ähnlich geringer Schadstoffbelastung, Fäkalien, Fäkalschlamm, Rückstände aus Abwasseranlagen, Wasserreinigungsschlämme, Bauabfälle und produktionsspezifische Abfälle. Hierunter fallen auch Abfälle aus der Behandlung von Siedlungsabfällen und von Abfällen nach Satz 1;
6. *Biologische Abfallbehandlungsanlage:* Abfallbehandlungsanlage, in der Siedlungsabfälle oder andere Abfälle mit biologisch abbaubaren Anteilen mit biologischen oder einer Kombination von biologischen mit physikalischen Verfahren behandelt werden, soweit biologisch stabilisierte Abfälle, heizwertreiche Fraktionen, Ersatzbrennstoffe oder Biogase erzeugt werden. Zur biologischen Abfallbehandlungsanlage gehören insbesondere
   – die Einrichtungen zur biologischen Behandlung der Einsatzstoffe oder der anfallenden Abfälle unter aeroben Bedingungen (Verrottung) oder unter anaeroben Bedingungen (Vergärung) mit ihren Austrags-, Eintrags-, Luft- und Abgasführungs- und Umsetzsystemen und
   – die Einrichtungen zur mechanischen Aufbereitung oder zur physikalischen Trennung der Einsatzstoffe oder der anfallenden Abfälle als Vorbehandlungs- und Nachbehandlungseinrichtungen vor und nach der biologischen Behandlung (wie zum Abscheiden oder Aussortieren von Metallen, Folien oder anderen Stör- oder Wertstoffen, zum Entwässern, zum Homogenisieren oder

Abfallbehandlung 30. BImSchV Anh. A 30

Mischen, zum Klassieren oder Sortieren durch Sieben, Windsichten oder hydraulisches Trennen, zum Pelletieren, zum Trocknen, zum Verpressen oder zum Zerkleinern),
- die Einrichtungen zur Anlieferung, Eingangskontrolle und Entladung der Einsatzstoffe, zur Lagerung der Einsatzstoffe und der anfallenden Abfälle sowie zu ihrem Transport, ihrem Umschlag und ihrer Dosierung,
- die Einrichtungen für die Abgaserfassung,
- die Einrichtungen für die Abgasreinigung und für die Behandlung von Prozesswässern und Brüdenkondensaten,
- die Einrichtungen für die Abgasableitungen in die Atmosphäre,
- die Einrichtungen zur Betriebskontrolle der Behandlungsvorgänge und der Zwischenlagerung sowie zur Überwachung der Behandlungs- und Lagerungsbedingungen und
- die Einrichtungen zur Überwachung der Emissionen;
7. *Einsatzstoffe:* alle einer biologischen Abfallbehandlungsanlage zugeführten Siedlungsabfälle oder anderen Abfälle mit biologisch abbaubaren Anteilen;
8. *Emissionen:* die von einer biologischen Abfallbehandlungsanlage ausgehenden Luftverunreinigungen; sie werden angegeben als:
   a) Massenkonzentration in der Einheit Milligramm je Kubikmeter (mg/m^3), bezogen auf das Abgasvolumen im Normzustand (273 K, 1013 hPa) nach Abzug des Feuchtegehaltes an Wasserdampf,
   b) Massenverhältnis in der Einheit Gramm je Megagramm (g/Mg) als Verhältnis der Masse der emittierten Stoffe zu der Masse der zugeführten Einsatzstoffe im Anlieferungszustand,
   c) Geruchsstoffkonzentration in der Einheit Geruchseinheit je Kubikmeter (GE/m^3) als olfaktometrisch gemessenes Verhältnis der Volumenströme bei Verdünnung einer Abgasprobe mit Neutralluft bis zur Geruchsschwelle, angegeben als Vielfaches der Geruchsschwelle;
9. *Emissionsgrenzwerte:* zulässige Emissionen im Abgas, die nach den in § 10 Abs. 4 und § 12 Abs. 2 festgelegten Kriterien beurteilt werden;
10. *Siedlungsabfälle:* Abfälle aus Haushaltungen sowie Abfälle aus anderen Herkunftsbereichen, die aufgrund ihrer Beschaffenheit oder Zusammensetzung den Abfällen aus Haushaltungen ähnlich sind, insbesondere Hausmüll, Sperrmüll, hausmüllartige Gewerbeabfälle, Garten- und Parkabfälle, Marktabfälle und Straßenreinigungsabfälle.

Zweiter Teil. Anforderungen an die Errichtung, die Beschaffenheit und den Betrieb

§ 3 Mindestabstand. Bei der Errichtung von biologischen Abfallbehandlungsanlagen soll ein Mindestabstand von 300 Meter zur nächsten vorhandenen oder in einem Bebauungsplan festgesetzten Wohnbebauung nicht unterschritten werden.

§ 4 Emissionsbezogene Anforderungen für Anlieferung, Aufbereitung, Stofftrennung und Lagerung und Transport. (1) Entladestellen, Aufgabe- oder Aufnahmebunker oder andere Einrichtungen für Anlieferung, Transport und Lagerung der Einsatzstoffe sind in geschlossenen Räumen mit Schleusen zu errichten, in denen der Luftdruck durch Absaugung im Schleusenbereich oder im Bereich der Be- und Entladung und der Lagerung kleiner als der Atmosphärendruck zu halten ist. Das abgesaugte Abgas ist einer Abgasreinigungseinrichtung zuzuführen.

Anh. A 30   30. BImSchV   VO zur Durchführung des BImSchG

(2) Maschinen, Geräte oder sonstige Einrichtungen zur mechanischen Aufbereitung oder zur physikalischen Trennung der Einsatzstoffe oder der anfallenden Abfälle (zum Beispiel durch Zerkleinern, Klassieren, Sortieren, Mischen, Homogenisieren, Entwässern, Trocknen, Pelletieren, Verpressen) sind zu kapseln. Soweit eine abgasdichte Ausführung, insbesondere an den Aufgabe-, Austrags- oder Übergabestellen, nicht oder nur teilweise möglich ist, sind die Abgasströme dieser Einrichtungen zu erfassen und einer Abgasreinigungseinrichtung zuzuführen.

(3) Die Abgasströme nach Absatz 1 Satz 2 und Absatz 2 Satz 2 können auch als Zuluft für die beim Rottevorgang benötigte Prozessluft dienen.

(4) Für den Abtransport staubender Güter sind geschlossene Behälter zu verwenden.

(5) Die Fahrwege im Bereich der biologischen Abfallbehandlungsanlage sind mit einer Deckschicht aus Asphalt-Straßenbaustoffen, in Zementbeton oder gleichwertigem Material auszuführen und entsprechend dem Verschmutzungsgrad zu säubern. Es ist sicherzustellen, dass erhebliche Verschmutzungen durch Fahrzeuge nach Verlassen des Anlagenbereichs vermieden oder beseitigt werden, zum Beispiel durch Reifenwaschanlagen oder regelmäßiges Säubern der Fahrwege.

§ 5 Emissionsbezogene Anforderungen für biologische Behandlung, Prozesswässer und Brüdenkondensate. (1) Einrichtungen zur biologischen Behandlung von Einsatzstoffen oder von anfallenden Abfällen unter aeroben Bedingungen (Verrottung) oder unter anaeroben Bedingungen (Vergärung) sind zu kapseln oder in geschlossenen Räumen mit Schleusen zu errichten, in denen der Luftdruck durch Absaugung im Schleusenbereich oder im Bereich der biologischen Behandlung kleiner als der Atmosphärendruck zu halten ist. Soweit eine abgasdichte Ausführung an den Aufgabe-, Austrags- oder Übergabestellen und beim Umsetzen des Rottegutes nicht oder nur teilweise möglich ist, sind die Abgasströme zu erfassen und einer Abgasreinigungseinrichtung zuzuführen.

(2) Das beim Rottevorgang in den Rottesystemen entstehende Abgas ist vollständig einer Abgasreinigungseinrichtung zuzuführen.

(3) Die beim Vergärungsvorgang in Einrichtungen zur Nass- oder Trockenfermentation entstehenden Biogase sind einer Gasreinigungsanlage zur Umwandlung in ein nutzbares Gas zuzuführen, soweit sie nicht unmittelbar in einer Verbrennungsanlage energetisch genutzt werden können.

(4) Möglichkeiten, die Emissionen durch den Einsatz emissionsarmer Verfahren und Technologien, zum Beispiel durch eine Mehrfachnutzung von Abgas als Prozessluft beim Rottevorgang oder eine prozessintegrierte Rückführung anfallender Prozesswässer oder schlammförmiger Rückstände zu mindern, sind auszuschöpfen.

(5) Die Förder- und Lagersysteme sowie die anlageninternen Behandlungseinrichtungen für Prozesswässer und Brüdenkondensate sind so auszulegen und zu betreiben, dass hiervon keine relevanten diffusen Emissionen ausgehen können.

§ 6 Emissionsgrenzwerte. Der Betreiber hat die biologische Abfallbehandlungsanlage so zu errichten und zu betreiben, dass in den zur Ableitung in die Atmosphäre bestimmten Abgasströmen nach § 4 Abs. 1 Satz 2 und Abs. 2 Satz 2 und § 5 Abs. 1 Satz 2 und Abs. 2
1. kein Tagesmittelwert die folgenden Emissionsgrenzwerte überschreitet:
   a) Gesamtstaub   10 mg/m^3
   b) organische Stoffe, angegeben als Gesamtkohlenstoff,   20 mg/m^3
2. kein Halbstundenmittelwert die folgenden Emissionsgrenzwerte überschreitet:
   a) Gesamtstaub   30 mg/m^3
   b) organische Stoffe, angegeben als Gesamtkohlenstoff,   40 mg/m^3

Abfallbehandlung 30. BImSchV **Anh. A 30**

3. kein Monatsmittelwert, bestimmt als Massenverhältnis nach § 10 Abs. 2, die folgenden Emissionsgrenzwerte überschreitet:
   a) Distickstoffoxid 100 g/Mg
   b) organische Stoffe, angegeben als Gesamtkohlenstoff, 55 g/Mg
4. kein Messwert einer Probe den folgenden Emissionsgrenzwert überschreitet:
   Geruchsstoffe 500 GE/m^3
   und
5. kein Mittelwert, der über die jeweilige Probenahmezeit gebildet ist, den folgenden Emissionsgrenzwert überschreitet:
   Dioxine/Furane, angegeben als Summenwert gemäß Anhang zur
   17. BImSchV, 0,1 ng/m^3.

§ 7 Ableitbedingungen für Abgase. Der Betreiber hat die Abgasströme nach § 4 Abs. 1 Satz 2 und Abs. 2 Satz 2 und § 5 Abs. 1 Satz 2 und Abs. 2 so abzuleiten, dass ein ungestörter Abtransport mit der freien Luftströmung erfolgt; eine Ableitung über Schornsteine ist erforderlich.

Dritter Teil. Messung und Überwachung

§ 8 Messverfahren und Messeinrichtungen. (1) Für die Messungen sind nach näherer Bestimmung der zuständigen Behörde Messplätze einzurichten; diese sollen ausreichend groß, leicht zugänglich und so beschaffen sein sowie so ausgewählt werden, dass repräsentative und einwandfreie Messungen gewährleistet sind.

(2) Für Messungen zur Feststellung der Emissionen und zur Ermittlung der Bezugs- und Betriebsgrößen sind die dem Stand der Messtechnik entsprechenden Messverfahren und geeignete Messeinrichtungen nach näherer Bestimmung der zuständigen Behörde anzuwenden oder zu verwenden.

(3) Über den ordnungsgemäßen Einbau von Messeinrichtungen zur kontinuierlichen Überwachung ist eine Bescheinigung einer von der nach Landesrecht zuständigen Behörde bekannt gegebenen Stelle zu erbringen.

(4) Der Betreiber hat Messeinrichtungen, die zur kontinuierlichen Feststellung der Emissionen eingesetzt werden, durch eine von der nach Landesrecht zuständigen Behörde bekannt gegebenen Stelle vor Inbetriebnahme der Anlage kalibrieren und jährlich einmal auf Funktionsfähigkeit prüfen zu lassen; die Kalibrierung ist vor Inbetriebnahme einer wesentlich geänderten Anlage, im Übrigen im Abstand von drei Jahren zu wiederholen. Die Berichte über das Ergebnis der Kalibrierung und der Prüfung der Funktionsfähigkeit sind der zuständigen Behörde innerhalb von acht Wochen nach Eingang der Berichte vorzulegen.

§ 9 Kontinuierliche Messungen. Der Betreiber hat
1. die Massenkonzentrationen der Emissionen nach § 6 Nr. 1 und 2,
2. die Massenkonzentrationen der Emissionen an Distickstoffoxid und
3. die zur Auswertung und Beurteilung des ordnungsgemäßen Betriebes erforderlichen Bezugsgrößen, insbesondere Abgastemperatur, Abgasvolumenstrom, Druck, Feuchtegehalt an Wasserdampf sowie Masse der zugeführten Einsatzstoffe im Anlieferungszustand

kontinuierlich zu ermitteln, zu registrieren und gemäß § 10 Abs. 1 und 2 auszuwerten. Messeinrichtungen für den Feuchtegehalt an Wasserdampf sind nicht notwendig,

Anh. A 30   30. BImSchV   VO zur Durchführung des BImSchG

soweit das Abgas vor der Ermittlung der Massenkonzentration der Emissionen getrocknet wird.

§ 10 Auswertung und Beurteilung von kontinuierlichen Messungen.
(1) Während des Betriebes der biologischen Abfallbehandlungsanlage ist aus den Messwerten nach § 9 Satz 1 für jede aufeinander folgende halbe Stunde der Halbstundenmittelwert zu bilden und auf die Bedingungen nach § 2 Nr. 8 Buchstabe a umzurechnen. Aus den Halbstundenmittelwerten ist für jeden Tag der Tagesmittelwert, bezogen auf die tägliche Betriebszeit einschließlich der Anfahr- oder Abstellvorgänge, zu bilden.

(2) Aus den nach Absatz 1 Satz 2 gebildeten Tagesmittelwerten der Massenkonzentrationen für organische Stoffe, angegeben als Gesamtkohlenstoff, und für Distickstoffoxid und der Abgasmenge als Tagessumme der Abgasströme nach § 4 Abs. 1 Satz 2 und Abs. 2 Satz 2 und § 5 Abs. 1 Satz 2 und Abs. 2 sind die emittierten Tagesmassen dieser Luftverunreinigungen zu ermitteln. Aus den emittierten Tagesmassen sind die während des Betriebes der biologischen Abfallbehandlungsanlage emittierten Monatsmassen zu bilden. Die monatliche Einsatzstoffmenge ist als Monatssumme der zugeführten Einsatzstoffe im Anlieferungszustand zu erfassen. Aus den emittierten Monatsmassen nach Satz 2 und der monatlichen Einsatzstoffmenge nach Satz 3 ist das Massenverhältnis nach § 2 Nr. 8 Buchstabe b zu berechnen.

(3) Über die Auswertung der kontinuierlichen Messungen und die Bestimmung der Massenverhältnisse hat der Betreiber einen Messbericht zu erstellen und innerhalb von drei Monaten nach Ablauf eines jeden Kalenderjahres der zuständigen Behörde vorzulegen. Der Betreiber muss die Aufzeichnungen der Messgeräte nach dem Erstellen des Messberichtes fünf Jahre aufbewahren. Satz 1 gilt nicht, soweit die zuständige Behörde die telemetrische Übermittlung der Messergebnisse vorgeschrieben hat.

(4) Die Emissionsgrenzwerte sind eingehalten, wenn kein Tagesmittelwert nach § 6 Nr. 1, kein Halbstundenmittelwert nach § 6 Nr. 2 und kein Monatsmittelwert nach § 6 Nr. 3 den jeweiligen Emissionsgrenzwert überschreitet.

§ 11 Einzelmessungen. (1) Der Betreiber hat nach Errichtung oder wesentlicher Änderung der biologischen Abfallbehandlungsanlage Messungen einer nach § 26 des Bundes-Immissionsschutzgesetzes bekannt gegebenen Stelle zur Feststellung, ob die Anforderungen nach § 6 Nr. 4 und 5 erfüllt werden, durchführen zu lassen. Die Messungen sind im Zeitraum von zwölf Monaten nach Inbetriebnahme alle zwei Monate mindestens an einem Tag und anschließend wiederkehrend spätestens alle zwölf Monate mindestens an drei Tagen durchführen zu lassen. Diese sollen vorgenommen werden, wenn die Anlagen mit der höchsten Leistung betrieben werden, für die sie bei den während der Messung verwendeten Einsatzstoffen für den Dauerbetrieb zugelassen sind.

(2) Für jede Einzelmessung sollen je Emissionsquelle mindestens drei Proben genommen werden. Die olfaktometrische Analyse hat unmittelbar nach der Probenahme zu erfolgen.

(3) Nach Errichtung oder wesentlicher Änderung der biologischen Abfallbehandlungsanlage kann die zuständige Behörde vom Betreiber die Durchführung von Messungen einer nach § 26 des Bundes-Immissionsschutzgesetzes bekannt gegebenen Stelle zur Feststellung, ob durch den Betrieb der Anlage in der Nachbarschaft Geruchsimmissionen hervorgerufen werden, die eine erhebliche Belästigung im Sinne des § 3 Abs. 1 des Bundes-Immissionsschutzgesetzes darstellen, verlangen.

Abfallbehandlung 30. BImSchV **Anh. A 30**

Für die Ermittlung der Immissionsbelastung sind olfaktorische Feststellungen im Rahmen von Begehungen vorzunehmen. Die Messungen sind nach Erreichen des ungestörten Betriebes, jedoch spätestens zwölf Monate nach Inbetriebnahme durchführen zu lassen. Diese sollen vorgenommen werden, wenn die Anlagen mit der höchsten Leistung betrieben werden, für die sie bei den während der Messung verwendeten Einsatzstoffen für den Dauerbetrieb zugelassen sind.

§ 12 Berichte und Beurteilung von Einzelmessungen. (1) Über die Ergebnisse der Messungen nach § 11 hat der Betreiber einen Messbericht zu erstellen und der zuständigen Behörde unverzüglich vorzulegen. Der Messbericht muss Angaben über die Messplanung, das Ergebnis jeder Einzelmessung, das verwendete Messverfahren und die Betriebsbedingungen, die für die Beurteilung der Messergebnisse von Bedeutung sind, enthalten.

(2) Die Emissionsgrenzwerte nach § 6 Nr. 4 und 5 gelten als eingehalten, wenn kein Ergebnis einer Einzelmessung diese Emissionsgrenzwerte überschreitet.

§ 13 Störungen des Betriebes. (1) Ergibt sich aus Messungen und sonstigen offensichtlichen Wahrnehmungen, dass Anforderungen an den Betrieb der Anlagen oder zur Begrenzung von Emissionen nicht erfüllt werden, hat der Betreiber dies den zuständigen Behörden unverzüglich mitzuteilen. Er hat unverzüglich die erforderlichen Maßnahmen für einen ordnungsgemäßen Betrieb zu treffen.

(2) Die Behörde soll für technisch unvermeidbare Abschaltungen, Störungen oder Ausfälle der Abgasreinigungseinrichtungen den Zeitraum festlegen, währenddessen von den Emissionsgrenzwerten nach § 6 unter bestimmten Voraussetzungen abgewichen werden darf. Der Weiterbetrieb der biologischen Abfallbehandlungsanlage darf unter den in Satz 1 genannten Bedingungen acht aufeinander folgende Stunden und innerhalb eines Kalenderjahres 96 Stunden nicht überschreiten. Die Emission von Gesamtstaub darf eine Massenkonzentration von 100 Milligramm je Kubikmeter Abgas, gemessen als Halbstundenmittelwert, nicht überschreiten; § 2 Nr. 8 findet entsprechende Anwendung.

(3) Bei Stillstand der Abgasreinigungseinrichtungen ist das abgesaugte Abgas nach Maßgabe des § 7 abzuleiten. Sind Stillstandszeiten von mehr als acht Stunden zu erwarten, hat der Betreiber zusätzliche Maßnahmen zu treffen und die zuständige Behörde hierüber unverzüglich zu unterrichten.

Vierter Teil. Anforderungen an Altanlagen

§ 14 Übergangsregelungen. (1) Für Altanlagen gelten die Anforderungen dieser Verordnung nach Ablauf von fünf Jahren seit Inkrafttreten[1] dieser Verordnung.

(2) Wird eine biologische Abfallbehandlungsanlage durch Zubau einer oder mehrerer weiterer Behandlungseinrichtungen in der Weise erweitert, dass die vorhandenen und die neu zu errichtenden Behandlungseinrichtungen eine gemeinsame Anlage bilden, so bestimmen sich die Anforderungen für die neu zu errichtenden Behandlungseinrichtungen nach den Vorschriften des zweiten und dritten Teils und die Anforderungen für die vorhandenen Einrichtungen nach den Vorschriften des vierten Teils dieser Verordnung.

---

[1] Am 1. 3. 2001.

Anh. A 30   30. BImSchV   VO zur Durchführung des BImSchG

Fünfter Teil. Gemeinsame Vorschriften

§ 15 Unterrichtung der Öffentlichkeit. Der Betreiber der biologischen Abfallbehandlungsanlage hat die Öffentlichkeit nach erstmaliger Kalibrierung der Messeinrichtung zur kontinuierlichen Feststellung der Emissionen nach § 8 Abs. 4 und erstmaligen Einzelmessungen nach § 11 Abs. 1 einmal jährlich sowie nach Messungen nach § 11 Abs. 3 über die Beurteilung der Messungen von Emissionen zu unterrichten. Die zuständige Behörde kann Art und Form der Öffentlichkeitsunterrichtung festlegen. Die Sätze 1 und 2 gelten nicht für solche Angaben, aus denen Rückschlüsse auf Betriebs- oder Geschäftsgeheimnisse gezogen werden können. Abweichend von den Sätzen 1 und 2 können Betreiber von Unternehmen, die in das Verzeichnis der Verordnung (EWG) Nr. 1836/93 des Rates vom 29. Juni 1993 über die freiwillige Beteiligung gewerblicher Unternehmen an einem Gemeinschaftssystem für das Umweltmanagement und die Umweltbetriebsprüfung (ABl. EG Nr. L 168 S.1) eingetragen sind, die Unterrichtung der Öffentlichkeit durch Dokumente ersetzen, die im Rahmen des Umweltmanagementsystems erarbeitet wurden, sofern die erforderlichen Angaben enthalten sind.

§ 16 Zulassung von Ausnahmen. Abweichend von der in § 5 Abs. 1 Satz 1 festgelegten Kapselung von Einrichtungen zur biologischen Behandlung oder ihrer Ausführung in geschlossenen Räumen mit Schleusen und der in § 5 Abs. 2 festgelegten vollständigen Zuführung des beim Rottevorgang entstehenden Abgases zu einer Abgasreinigung kann die zuständige Behörde auf Antrag des Betreibers bei mehrstufigen biologischen Behandlung eine Nachbehandlung unter aeroben Bedingungen (Nachrotte) in nicht gekapselten Einrichtungen oder in nicht geschlossenen Räumen ohne Abgaserfassung und Abgasreinigung zulassen, wenn der zur Nachrotte vorgesehene Abfall den Wert von 20 mg O_2/g Trockenmasse, bestimmt als Atmungsaktivität gemäß Anhang 4 Nr. 2.5 der Verordnung über die umweltverträgliche Ablagerung von Siedlungsabfällen vom 20. Februar 2001 (BGBl. I S. 305), unterschreitet und durch sonstige betriebliche Maßnahmen sichergestellt wird, dass der Vorsorge gegen schädliche Umwelteinwirkungen auf andere Weise Genüge getan ist.

§ 17 Weitergehende Anforderungen. Die Befugnis der zuständigen Behörde, andere oder weitergehende Anforderungen, insbesondere zur Vermeidung schädlicher Umwelteinwirkungen nach § 5 Abs. 1 Nr. 1 des Bundes-Immissionsschutzgesetzes zu treffen, bleibt unberührt.

§ 18 Ordnungswidrigkeiten. Ordnungswidrig im Sinne des § 62 Abs. 1 Nr. 2 des Bundes-Immissionsschutzgesetzes handelt, wer vorsätzlich oder fahrlässig
1. entgegen § 6 eine Anlage nicht richtig errichtet oder nicht richtig betreibt,
2. entgegen § 8 Abs. 4 Satz 1 eine Messeinrichtung nicht oder nicht rechtzeitig kalibrieren oder nicht oder nicht rechtzeitig prüfen lässt oder die Kalibrierung nicht oder nicht rechtzeitig wiederholt,
3. entgegen § 8 Abs. 4 Satz 2, § 10 Abs. 3 Satz 1 oder § 12 Abs. 1 Satz 1 einen Bericht nicht oder nicht rechtzeitig vorlegt,
4. entgegen § 9 Satz 1 die Massenkonzentrationen der Emissionen oder eine dort genannte Bezugsgröße nicht, nicht richtig oder nicht vollständig auswertet,
5. entgegen § 10 Abs. 3 Satz 2 eine Aufzeichnung nicht oder nicht mindestens fünf Jahre aufbewahrt,

6. entgegen § 11 Abs. 1 Satz 1 oder 2 eine Messung nicht oder nicht rechtzeitig durchführen lässt,
7. entgegen § 13 Abs. 1 Satz 1 eine Mitteilung nicht, nicht richtig, nicht vollständig oder nicht rechtzeitig macht oder
8. entgegen § 15 Satz 1 die Öffentlichkeit nicht, nicht richtig, nicht vollständig oder nicht rechtzeitig unterrichtet.

A 31. Verordnung zu Emissionen flüchtiger organischer Verbindungen bei der Verwendung organischer Lösemittel in bestimmten Anlagen – 31. BImSchV

Vom 21. 8. 2001 (BGBl I 2180)[1]

(BGBl III/FNA 2129-8-31)

Kommentierung: Vgl. die Ausführungen zu § 23, insb. Rn.37 zu § 23.

Erster Teil. Anwendungsbereich, Begriffsbestimmungen

§ 1 Anwendungsbereich. (1) Diese Verordnung gilt für die Errichtung und den Betrieb der in Anhang I genannten Anlagen, mit denen unter Verwendung organischer Lösemittel Tätigkeiten nach Anhang II ausgeführt werden, soweit der Lösemittelverbrauch bei den jeweiligen Tätigkeiten die in Anhang I genannten Schwellenwerte überschreitet. Bei Anlagen, in denen eine bestimmte Tätigkeit in mehreren Teilanlagen, Verfahrensschritten oder Nebeneinrichtungen ausgeführt wird, ist für den Lösemittelverbrauch nach Satz 1 die Summe der jeweiligen Teillösemittelverbräuche maßgebend.

(2) Diese Verordnung gilt nicht für Anlagen nach der Zweiten Verordnung zur Durchführung des Bundes-Immissionsschutzgesetzes, in denen organische Lösemittel, die flüchtige halogenierte organische Verbindungen mit einem Siedepunkt bei 1013 mbar bis zu 423 Kelvin [150 °C] (leichtflüchtige halogenierte organische Verbindungen) enthalten, verwendet werden.

§ 2 Begriffsbestimmungen. Im Sinne dieser Verordnung bedeuten die Begriffe
1. Abgase:
   die Trägergase mit den Emissionen;
2. Abgasreinigungseinrichtung:
   eine Einrichtung zur Entfernung von flüchtigen organischen Verbindungen aus den Abgasen einer Anlage;
3. Altanlage:
   a) eine genehmigungsbedürftige Anlage, für die am 25. August 2001
      aa) eine Genehmigung zur Errichtung und zum Betrieb nach § 6 oder § 16 des Bundes-Immissionsschutzgesetzes oder eine Zulassung vorzeitigen Beginns nach § 8a des Bundes-Immissionsschutzgesetzes erteilt ist und in dieser Zulassung Anforderungen nach § 5 Abs. 1 Nr. 2 des Bundes-Immissionsschutzgesetzes festgelegt sind,
      bb) eine Teilgenehmigung nach § 8 des Bundes-Immissionsschutzgesetzes oder ein Vorbescheid nach § 9 des Bundes-Immissionsschutzgesetzes erteilt

---

[1] Zur Rechtsgrundlage Rn. 46 zu § 23.

Emissionsbegrenzung 31. BImSchV Anh. A 31

ist, soweit darin Anforderungen nach § 5 Abs. 1 Nr. 2 des Bundes-Immissionsschutzgesetzes festgelegt sind, oder
cc) ein vollständiger Genehmigungsantrag zur Errichtung und zum Betrieb nach § 6 oder § 16 des Bundes-Immissionsschutzgesetzes gestellt ist und die spätestens bis zum 31. März 2002 in Betrieb genommen wird,
b) eine Anlage, die nach § 67 Abs. 2 des Bundes-Immissionsschutzgesetzes anzuzeigen ist oder die entweder nach § 67a Abs. 1 des Bundes-Immissionsschutzgesetzes oder vor Inkrafttreten des Bundes-Immissionsschutzgesetzes nach § 16 Abs. 4 der Gewerbeverordnung anzuzeigen war oder
c) eine nicht genehmigungsbedürftige Anlage, die vor dem 25. August 2001 nach sonstigen Vorschriften des öffentlichen Rechts zugelassen worden ist, oder – soweit eine solche Zulassung nicht erforderlich war – mit der Errichtung begonnen worden ist;

4. An- und Abfahren:
Vorgänge, mit denen der Betriebs- oder Bereitschaftszustand einer Anlage oder eines Anlagenteils hergestellt oder beendet wird. Regelmäßig wiederkehrende Phasen der in der Anlage durchgeführten Tätigkeiten gelten nicht als An- oder Abfahren;

5. Beschichtungsstoff:
eine Zubereitung, einschließlich aller organischen Lösemittel oder Zubereitungen, denen für ihre Gebrauchstauglichkeit organische Lösemittel zugesetzt werden, die dazu verwendet wird, auf einer Oberfläche eine dekorative, schützende oder auf sonstige Art und Weise funktionale Wirkung zu erzielen;

6. diffuse Emissionen:
alle nicht in gefassten Abgasen einer Anlage enthaltenen Emissionen flüchtiger organischer Verbindungen einschließlich der Emissionen, die durch Fenster, Türen, Entlüftungsschächte und ähnliche Öffnungen in die Umwelt gelangen sowie die flüchtigen organischen Verbindungen, die in einem von der Anlage hergestellten Produkt enthalten sind, soweit im Anhang III nichts anderes festgelegt ist;

7. Druckfarbe:
eine Zubereitung, einschließlich aller organischen Lösemittel oder Zubereitungen, denen für ihre Gebrauchstauglichkeit organische Lösemittel zugesetzt werden, die in einem Druckverfahren für das Bedrucken einer Oberfläche mit Text oder Bildern verwendet wird;

8. eingesetzte Lösemittel:
die Menge der organischen Lösemittel und ihre Menge in Zubereitungen, die bei der Durchführung einer Tätigkeit verwendet werden, einschließlich der innerhalb und außerhalb der Anlage zurückgewonnenen Lösemittel, die zu berücksichtigen sind, wenn sie zur Durchführung der Tätigkeit verwendet werden;

9. Emissionen:
die von einer Anlage ausgehenden Luftverunreinigungen an flüchtigen organischen Verbindungen;

10. Emissionsgrenzwert:
einen Wert für die im Verhältnis zu bestimmten spezifischen Parametern ausgedrückte Masse an Emissionen oder für die Konzentration, den Prozentsatz und/oder die Höhe einer Emission, bezogen auf Normbedingungen, der in einem oder mehreren Zeiträumen nicht überschritten werden darf;

11. flüchtige organische Verbindung:
eine organische Verbindung, die bei 293,15 Kelvin einen Dampfdruck von 0,01 Kilopascal oder mehr hat oder unter den jeweiligen Verwendungsbedingungen eine entsprechende Flüchtigkeit aufweist. Der Kreosotanteil, der bei

Anh. A 31   31. BImSchV   VO zur Durchführung des BImSchG

293,15 Kelvin diesen Dampfdruck übersteigt, gilt als flüchtige organische Verbindung;

12. gefasste Abgase:
    a) Abgase, die aus einer Abgasreinigungseinrichtung endgültig in die Luft freigesetzt werden (gefasste behandelte Abgase), oder
    b) Abgase, die ohne Behandlung in einer Abgasreinigungseinrichtung über einen Schornstein oder sonstige Abgasleitungen endgültig in die Luft freigesetzt werden (gefasste unbehandelte Abgase);
13. genehmigungsbedürftige Anlage:
    eine Anlage, die nach § 4 des Bundes-Immissionsschutzgesetzes einer Genehmigung bedarf;
14. Gesamtemissionen:
    die Summe der diffusen Emissionen an flüchtigen organischen Verbindungen und der Emissionen an flüchtigen organischen Verbindungen in gefassten Abgasen;
15. Grenzwert für diffuse Emissionen:
    die Menge der diffusen Emissionen als Vomhundertsatz der eingesetzten organischen Lösemittel;
16. halogeniertes organisches Lösemittel:
    ein organisches Lösemittel, das mindestens ein Brom-, Chlor-, Fluor- oder Jodatom je Molekül enthält;
17. Klarlack:
    einen durchsichtigen Beschichtungsstoff;
18. Klebstoff:
    eine Zubereitung, einschließlich aller organischen Lösemittel oder Zubereitungen, denen für ihre Gebrauchstauglichkeit organische Lösemittel zugesetzt werden, die dazu verwendet wird, Einzelteile eines Produkts zusammenzukleben;
19. Lösemittelverbrauch:
    die Gesamtmenge an organischen Lösemitteln, die in einer Anlage je Kalenderjahr oder innerhalb eines beliebigen Zwölfmonatszeitraums eingesetzt wird, abzüglich aller flüchtigen organischen Verbindungen, die zur Wiederverwendung zurückgewonnen werden;
20. Massenstrom:
    die auf die Zeiteinheit bezogene Masse der emittierten flüchtigen organischen Verbindungen;
21. Nennkapazität:
    die maximale Masse der in einer Anlage eingesetzten organischen Lösemittel, gemittelt über einen Tag, sofern die Anlage unter Bedingungen des Normalbetriebs entsprechend ihrer Auslegung betrieben wird;
22. nicht genehmigungsbedürftige Anlage:
    eine Anlage, die keiner Genehmigung nach dem Bundes-Immissionsschutzgesetz bedarf;
23. Normalbetrieb:
    Betrieb einer Anlage zur Durchführung einer Tätigkeit während aller Zeiträume mit Ausnahme der Zeiträume, in denen das An- und Abfahren und die Wartung erfolgen;
24. Normbedingungen:
    eine Temperatur von 273,15 Kelvin und einen Druck von 101,3 Kilopascal;
25. organisches Lösemittel:
    eine flüchtige organische Verbindung, die, ohne sich chemisch zu verändern, allein oder in Kombination mit anderen Stoffen Rohstoffe, Produkte, oder Ab-

Emissionsbegrenzung　　　　　　　　　　**31. BImSchV Anh. A 31**

fallstoffe auflöst oder als Reinigungsmittel, Dispersionsmittel, Konservierungsmittel, Weichmacher oder als Mittel zur Einstellung der Viskosität oder der Oberflächenspannung verwendet wird;
26. organische Verbindung:
eine Verbindung, die mindestens Kohlenstoff und eines der Elemente Wasserstoff, Halogene, Sauerstoff, Schwefel, Phosphor, Silizium oder Stickstoff oder mehrere davon enthält, ausgenommen Kohlenstoffoxide sowie anorganische Karbonate und Bikarbonate;
27. Stoffe:
chemische Elemente und ihre Verbindungen, wie sie natürlich vorkommen oder hergestellt werden, unabhängig davon, ob sie fest, flüssig oder gasförmig vorliegen;
28. wesentliche Änderung:
    a) bei genehmigungsbedürftigen Anlagen eine Änderung im Sinne von § 16 Abs. 1 des Bundes-Immissionsschutzgesetzes;
    b) bei nicht genehmigungsbedürftigen Anlagen
       aa) eine Änderung, die nach der Beurteilung durch die zuständige Behörde erhebliche negative Auswirkungen auf die menschliche Gesundheit oder auf die Umwelt haben kann,
       bb) eine Änderung der Nennkapazität, die bei Anlagen
           – der Nummern 1.1, 1.3, 9.2 oder 11.1 des Anhangs I mit einem Lösemittelverbrauch von 25 t/a oder weniger,
           – der Nummern 4.1 bis 4.5, 8.1, 9.1, 10.1, 10.2, 12.1 oder 14.1 des Anhangs I mit einem Lösemittelverbrauch von 15 t/a oder weniger,
           – der Nummern 2.1, 5.1, 7.2, 13.1 oder 15.1 des Anhangs I mit einem Lösemittelverbrauch von 10 t/a oder weniger,
           – der Nummer 16.1 bis 16.4 des Anhangs I mit einem Lösemittelverbrauch von 500 t/a oder weniger
           zu einer Erhöhung der Emissionen flüchtiger organischer Verbindungen um mehr als 25 vom Hundert führt, oder
       cc) eine Änderung der Nennkapazität, die bei anderen als den in Doppelbuchstabe bb genannten nicht genehmigungsbedürftigen Anlagen zu einer Erhöhung der Emissionen flüchtiger organischer Verbindungen um mehr als 10 vom Hundert führt.
29. Wiederverwendung organischer Lösemittel:
die stoffliche Verwendung von organischen Lösemitteln, die für technische oder kommerzielle Zwecke zurückgewonnen worden sind, oder deren betriebsinterne energetische Nutzung als Brennstoff;
30. Zubereitungen:
aus zwei oder mehreren Stoffen bestehende Gemenge, Gemische oder Lösungen.

Zweiter Teil. Begrenzung der Emissionen

§ 3 Allgemeine Anforderungen. (1) Anlagen sind so zu errichten und zu betreiben, dass die Anforderungen nach
1. Absatz 2 bis 4 und
2. Absatz 5 und 6
eingehalten werden, soweit durch § 4 in Verbindung mit Anhang III nichts anderes bestimmt ist.

(2) Der Betreiber einer Anlage hat
1. eingesetzte Stoffe oder Zubereitungen, denen auf Grund ihres Gehalts an nach der Gefahrstoffverordnung als krebserzeugend, erbgutverändernd oder fortpflanzungsgefährdend eingestuften flüchtigen organischen Verbindungen die R-Sätze R 45, R 46, R 49, R 60 oder R 61 nach der Richtlinie 67/548/EWG des Rates vom 27. Juni 1967 zur Angleichung der Rechts- und Verwaltungsvorschriften für die Einstufung, Verpackung und Kennzeichnung gefährlicher Stoffe (ABl. EG Nr. L 196 S. 1), zuletzt geändert durch die Richtlinie 1999/33/EG des Europäischen Parlaments und des Rates vom 10. Mai 1999 (ABl. EG Nr. L 199 S. 57), zuletzt angepasst durch die Richtlinie 2000/33/EG der Kommission vom 25. April 2000 (ABl. EG Nr. L 136 S. 90), in der jeweils geltenden Fassung zugeordnet sind oder die mit diesen Sätzen zu kennzeichnen sind oder
2. eingesetzte Stoffe oder Zubereitungen, die flüchtige organische Verbindungen enthalten, die nach § 52 Abs. 3 der Gefahrstoffverordnung als Stoffe mit einer krebserzeugenden, erbgutverändernden oder fortpflanzungsgefährdenden Wirkung bekannt gegeben worden sind,

in kürzest möglicher Frist soweit wie möglich und unter Berücksichtigung der Gebrauchstauglichkeit, der Verwendung und der Verhältnismäßigkeit zwischen Aufwand und Nutzen durch weniger schädliche Stoffe oder Zubereitungen zu ersetzen. Die Emissionen an flüchtigen organischen Verbindungen nach Satz 1 dürfen, auch beim Vorhandensein mehrerer dieser Verbindungen, einen Massenstrom von 2,5 Gramm je Stunde oder im gefassten Abgas eine Massenkonzentration von 1 Milligramm je Kubikmeter nicht überschreiten.

(3) Die Emissionen einer Anlage an flüchtigen organischen Verbindungen, denen der R-Satz R 40 zugeordnet ist, dürfen, auch beim Vorhandensein mehrerer dieser Verbindungen, einen Massenstrom von 100 Gramm je Stunde oder in gefassten Abgasen eine Massenkonzentration von 20 Milligramm je Kubikmeter nicht überschreiten. Satz 1 ist auch bei anderen als den dort genannten Stoffen einzuhalten, soweit diese Stoffe der Nummer 3.1.7 Klasse I der Ersten Allgemeinen Verwaltungsvorschrift zum Bundes-Immissionsschutzgesetz (Technische Anleitung zur Reinhaltung der Luft – TA Luft) vom 27. Februar 1986 (GMBl. S.95) zuzuordnen sind.

(4) Bei Anlagen, bei denen zwei oder mehr Tätigkeiten jeweils die Schwellenwerte nach Anhang I überschreiten, gilt Folgendes:
1. Bei den in Absatz 2 oder 3 genannten Stoffen sind die dort festgelegten Anforderungen für die jeweilige Tätigkeit einzeln einzuhalten.
2. Bei allen anderen Stoffen
   a) sind entweder die Anforderungen nach Anhang III für jede Tätigkeit einzeln einzuhalten oder
   b) es dürfen die Gesamtemissionen nicht die Werte überschreiten, die bei Anwendung von Buchstabe a erreicht worden wären.

(5) Der Betreiber einer Anlage hat alle geeigneten Maßnahmen zu treffen, um die Emissionen während des An- und Abfahrens so gering wie möglich zu halten.

(6) Beim Umfüllen von organischen Lösemitteln mit einem Siedepunkt bei 1013 mbar bis zu 423 Kelvin [150 °C] sind besondere technische Maßnahmen zur Emissionsminderung zu treffen, wenn davon jährlich 100 Tonnen oder mehr umgefüllt werden.

§ 4 Spezielle Anforderungen. Der Betreiber hat eine Anlage so zu errichten und zu betreiben, dass
1. die im Anhang III für die Anlage festgelegten
   a) Emissionsgrenzwerte für gefasste Abgase,

Emissionsbegrenzung 31. BImSchV **Anh. A 31**

b) Grenzwerte für diffuse Emissionen und
c) Grenzwerte für die Gesamtemissionen und
2. die im Anhang III für die Anlage festgelegten besonderen Anforderungen eingehalten werden. An Stelle der Einhaltung der Anforderungen nach Satz 1 Nr. 1 kann ein Reduzierungsplan nach Anhang IV eingesetzt werden, mit dem sich der Betreiber verpflichtet, eine Emissionsminderung in mindestens der gleichen Höhe wie bei Einhaltung der in Satz 1 Nr. 1 festgelegten Anforderungen sicherzustellen. Bei genehmigungsbedürftigen Anlagen muss der Reduzierungsplan die Anforderungen des Satzes 1 unter Berücksichtigung des Standes der Technik nach § 5 Abs. 1 Nr. 2 des Bundes-Immissionsschutzgesetzes erfüllen. Dieser Plan muss von realistischen technischen Voraussetzungen ausgehen, insbesondere muss die Verfügbarkeit von Ersatzstoffen zum jeweiligen Zeitpunkt gewährleistet sein.

Dritter Teil. Messungen und Überwachung

§ 5 Nicht genehmigungsbedürftige Anlagen. (1) Die Anforderungen nach Absatz 4 bis 9 gelten, soweit in Anhang III für die jeweilige nicht genehmigungsbedürftige Anlage nichts anderes bestimmt ist.
(2) Der Betreiber einer nicht genehmigungsbedürftigen Anlage, bei der für die jeweilige Tätigkeit der in Anhang I genannte Schwellenwert für den Lösemittelverbrauch überschritten wird, hat diese der zuständigen Behörde vor der Inbetriebnahme anzuzeigen. Nicht genehmigungsbedürftige Altanlagen sind der zuständigen Behörde spätestens bis zum 25. August 2003 anzuzeigen. Nicht genehmigungsbedürftige Anlagen, die zum Zeitpunkt des Inkrafttretens der Verordnung die in Anhang I genannten Schwellenwerte nicht überschreiten, sind bei erstmaliger Überschreitung der Schwellenwerte innerhalb von sechs Monaten anzuzeigen. Der Betreiber hat ferner eine wesentliche Änderung einer nicht genehmigungsbedürftigen Anlage der zuständigen Behörde vorher anzuzeigen. Die Anzeige hat die für die Anlage maßgebenden Daten zu enthalten,
(3) Soweit zur Kontrolle von Anforderungen nach den §§ 3 und 4 Messungen erforderlich sind, hat der Betreiber geeignete Messöffnungen und Messplätze einzurichten.
(4) Der Betreiber einer nicht genehmigungsbedürftigen Anlage, für die in § 3 Abs. 2 Satz 2 oder Abs. 3 oder in § 4 Satz 1 Nr. 1 Buchstabe a Anforderungen festgelegt sind, hat die Einhaltung der jeweiligen Anforderungen
1. erstmalig
   a) bei Altanlagen bis zum Ende des auf das Jahr, in dem die Anforderungen erstmals einzuhalten waren, folgenden zweiten Kalenderjahres,
   b) bei Neuanlagen und wesentlich geänderten Anlagen frühestens drei Monate und spätestens sechs Monate nach der Inbetriebnahme
   und sodann
2. wiederkehrend in jedem dritten Kalenderjahr
von einer nach § 26 Bundes-Immissionsschutzgesetz bekannt gegebenen Stelle durch Messungen nach Anhang VI Nr. 1 feststellen zu lassen. Satz 1 gilt nicht, wenn die Überwachung der Emissionen durch eine kontinuierlich aufzeichnende Messeinrichtung nach Absatz 5 Satz 1 erfolgt. Luftmengen, die einer Anlage zugeführt werden, um die gefassten Abgase zu verdünnen oder zu kühlen, bleiben bei der Bestimmung der Massenkonzentration im gefassten Abgas unberücksichtigt. Messungen nach Satz 1 oder 2 zur Feststellung der Einhaltung der Emissionsgrenzwerte für gefasste Abgase können entfallen, soweit nach dem Stand der Technik zur Einhaltung dieser Grenzwerte eine Abgasreinigungseinrichtung nicht erforderlich ist.

(5) Nicht genehmigungsbedürftige Anlagen, bei denen der Massenstrom an flüchtigen organischen Verbindungen im gefassten Abgas 10 Kilogramm Gesamtkohlenstoff je Stunde überschreitet, hat der Betreiber vor der Inbetriebnahme oder spätestens bis zum Ablauf der in § 13 Abs. 1 genannten Frist mit einer geeigneten Messeinrichtung auszustatten, die nach Anhang VI Nr. 2 den Gesamtkohlenstoffgehalt und die zur Auswertung und Beurteilung der Messergebnisse erforderlichen Betriebsparameter kontinuierlich ermittelt. Eine kontinuierliche Messung nach Satz 1 kann entfallen, wenn durch eine andere kontinuierliche Überwachung sichergestellt werden kann, dass die Emissionsgrenzwerte für gefasste Abgase eingehalten werden.

(6) Der Betreiber einer nicht genehmigungsbedürftigen Anlage hat die Einhaltung der für die Anlage maßgeblichen Anforderungen nach
1. § 4 Satz 1 Nr. 1 Buchstabe b,
2. § 4 Satz 1 Nr. 1 Buchstabe c oder
3. § 4 Satz 2

mindestens einmal in einem Kalenderjahr durch eine Lösemittelbilanz nach dem Verfahren des Anhangs V feststellen zu lassen. Zur Ermittlung der Ein- und Austragsmengen einer Anlage an flüchtigen organischen Verbindungen kann auf verbindliche Angaben der Hersteller zum Lösemittelgehalt der Einsatzstoffe oder auf andere gleichwertige Informationsquellen zurückgegriffen werden. Abweichend von Satz 1 ist bei Anlagen des Anhangs I Nr. 9.1 die Feststellung der Einhaltung der Anforderungen mindestens alle drei Jahre vorzunehmen.

(7) Entscheidet sich der Betreiber für einen Reduzierungsplan im Sinne des § 4 Satz 2, so muss er diesen der zuständigen Behörde rechtzeitig vor Inbetriebnahme der Anlage vorlegen. Die Aufstellung des Reduzierungsplans bei Altanlagen hat der Betreiber der zuständigen Behörde spätestens bis zum 31. Oktober 2004 mitzuteilen. Die verbindliche Erklärung bedarf der Annahme der zuständigen Behörde.

(8) Der Betreiber einer Anlage hat über die Ergebnisse der Messungen nach Absatz 4 oder 5 sowie über die Ergebnisse der Lösemittelbilanz für die maßgeblichen Anforderungen nach Abs. 6 Satz 1 jeweils unverzüglich einen Bericht zu erstellen oder erstellen zu lassen. Der Betreiber hat den Bericht am Betriebsort fünf Jahre ab der Erstellung aufzubewahren und der zuständigen Behörde auf Verlangen vorzulegen.

(9) Wird bei einer nicht genehmigungsbedürftigen Anlage festgestellt, dass die Anforderungen nach § 3 oder § 4 Satz 1 nicht eingehalten werden, hat der Betreiber dies der zuständigen Behörde unverzüglich mitzuteilen. Der Betreiber hat unverzüglich die erforderlichen Maßnahmen zu treffen, um den ordnungsgemäßen Betrieb der Anlage sicherzustellen.

§ 6 Genehmigungsbedürftige Anlagen. Für die Messung und Überwachung der Emissionen von genehmigungsbedürftigen Anlagen finden die Anforderungen der TA Luft Anwendung. Dabei gelten mindestens die Anforderungen nach § 5 Abs. 3 bis 5. § 5 Abs. 6 bis 9 gilt entsprechend.

Vierter Teil. Gemeinsame Vorschriften

§ 7 Ableitbedingungen für Abgase. (1) Die gefassten Abgase von nicht genehmigungsbedürftigen Anlagen hat der Betreiber so abzuleiten, dass ein Abtransport mit der freien Luftströmung nach dem Stand der Technik gewährleistet ist.

(2) Die gefassten Abgase von genehmigungsbedürftigen Anlagen hat der Betreiber nach den Anforderungen der Nummer 2.4 der TA Luft abzuleiten.

Emissionsbegrenzung 31. BImSchV Anh. A 31

§ 8 Berichterstattung an die Europäische Kommission. (1) Der Betreiber einer Anlage hat die für die Berichterstattung an die Europäische Kommission nach Absatz 2 benötigten Informationen der zuständigen Behörde mitzuteilen. Das Bundesministerium für Umwelt, Naturschutz und Reaktorsicherheit gibt die zur Erfüllung dieser Verpflichtung anzuwendenden Verfahren bekannt, sobald der Fragebogen und das Schema gemäß Artikel 11 der Richtlinie 1999/13/EG von der Kommission ausgearbeitet sind. Die Informationen schließen die Erfahrungen aus der Anwendung von Reduzierungsplänen ein.

(2) Das Bundesministerium für Umwelt, Naturschutz und Reaktorsicherheit oder die von ihm beauftragte Stelle übermitteln auf der Grundlage der Stellungnahmen der Länder entsprechend den Anforderungen des Artikels 11 der Richtlinie 1999/13/EG einen Bericht über die Durchführung dieser Verordnung.

§ 9 Unterrichtung der Öffentlichkeit. Die zuständige Behörde hat
1. die für Anlagen geltenden allgemeinverbindlichen Regeln und die Verzeichnisse der angezeigten und genehmigten Tätigkeiten sowie
2. die ihr vorliegenden Ergebnisse der nach § 5 oder § 6 durchzuführenden Überwachung der Emissionen

der Öffentlichkeit zugänglich zu machen. Satz 1 gilt nicht für solche Angaben, aus denen Rückschlüsse auf Betriebs- oder Geschäftsgeheimnisse gezogen werden können.

§ 10 Andere oder weitergehende Anforderungen. Die Befugnis der zuständigen Behörde, auf Grund des Bundes-Immissionsschutzgesetzes andere oder weitergehende Anordnungen zu treffen, bleibt unberührt, soweit die Anforderungen aus der Richtlinie 1999/13/EG nicht entgegenstehen.

§ 11 Zulassung von Ausnahmen. Die zuständige Behörde kann auf Antrag des Betreibers Ausnahmen von den Anforderungen dieser Verordnung zulassen, soweit unter Berücksichtigung der besonderen Umstände des Einzelfalls
1. einzelne Anforderungen der Verordnung nicht oder nur mit unverhältnismäßig hohem Aufwand erfüllt werden können,
2. keine schädlichen Umwelteinwirkungen zu erwarten sind und
3. die Ausnahmen den Anforderungen aus der Richtlinie 1999/13/EG nicht entgegenstehen.

§ 12 Ordnungswidrigkeiten. (1) Ordnungswidrig im Sinne des § 62 Abs. 1 Nr. 2 des Bundes-Immissionsschutzgesetzes handelt, wer vorsätzlich oder fahrlässig als Betreiber einer genehmigungsbedürftigen Anlage
1. entgegen § 3 Abs. 1 Nr. 1 oder § 4 Satz 1 eine Anlage nicht richtig errichtet oder nicht richtig betreibt,
2. entgegen § 6 Satz 3 in Verbindung mit § 5 Abs. 6 Satz 1 oder 3 die Einhaltung der dort genannten Anforderungen nicht, nicht richtig oder nicht rechtzeitig feststellen lässt,
3. entgegen § 6 Satz 3 in Verbindung mit § 5 Abs. 7 Satz 1 einen Reduzierungsplan nicht, nicht richtig, nicht vollständig oder nicht rechtzeitig vorlegt,
4. entgegen § 6 Satz 3 in Verbindung mit § 5 Abs. 7 Satz 2 oder Abs. 9 Satz 1 eine Mitteilung nicht, nicht richtig oder nicht rechtzeitig macht,
5. entgegen § 6 Satz 3 in Verbindung mit § 5 Abs. 7 Satz 4 oder Abs. 8 Satz 2 eine Ausfertigung des Reduzierungsplans oder einen Bericht nicht oder nicht für die vorgeschriebene Dauer aufbewahrt,

6. entgegen § 6 Satz 3 in Verbindung mit § 5 Abs. 8 Satz 1 einen Bericht nicht, nicht richtig, nicht vollständig oder nicht rechtzeitig erstellt und nicht, nicht richtig, nicht vollständig oder nicht rechtzeitig erstellen lässt,
7. entgegen § 6 Satz 3 in Verbindung mit § 5 Abs. 9 Satz 2 eine Maßnahme nicht, nicht richtig oder nicht rechtzeitig trifft,
8. entgegen § 7 Abs. 2 Abgase nicht oder nicht richtig ableitet oder
9. entgegen § 8 Abs. 1 Satz 1 eine Information nicht oder nicht rechtzeitig zuleitet.

(2) Ordnungswidrig im Sinne des § 62 Abs. 1 Nr. 7 des Bundes-Immissionsschutzgesetzes handelt, wer vorsätzlich oder fahrlässig als Betreiber einer nicht genehmigungsbedürftigen Anlage
1. entgegen § 3 Abs. 1 Nr. 1 oder § 4 Satz 1 eine Anlage nicht richtig errichtet oder nicht richtig betreibt,
2. entgegen § 5 Abs. 2 eine Anzeige nicht, nicht richtig oder nicht rechtzeitig erstattet,
3. entgegen § 5 Abs. 4 Satz 1 oder Abs. 6 Satz 1 oder 3 die Einhaltung der dort genannten Anforderungen nicht, nicht richtig oder nicht rechtzeitig feststellen lässt,
4. entgegen § 5 Abs. 5 Satz 1 eine Anlage nicht oder nicht rechtzeitig ausstattet,
5. entgegen § 5 Abs. 7 Satz 1 einen Reduzierungsplan nicht, nicht richtig, nicht vollständig oder nicht rechtzeitig vorlegt,
6. entgegen § 5 Abs. 7 Satz 2 oder Abs. 9 Satz 1 eine Mitteilung nicht, nicht richtig oder nicht rechtzeitig macht,
7. entgegen § 5 Abs. 7 Satz 4 oder Abs. 8 Satz 2 eine Ausfertigung des Reduzierungsplans oder einen Bericht nicht oder nicht für die vorgeschriebene Dauer aufbewahrt,
8. entgegen § 5 Abs. 8 Satz 1 einen Bericht nicht, nicht richtig, nicht vollständig oder nicht rechtzeitig erstellt und nicht, nicht richtig, nicht vollständig oder nicht rechtzeitig erstellen lässt,
9. entgegen § 5 Abs. 9 Satz 2 eine Maßnahme nicht, nicht richtig oder nicht rechtzeitig trifft,
10. entgegen § 7 Abs. 1 Abgase nicht oder nicht richtig ableitet oder
11. entgegen § 8 Abs. 1 Satz 1 eine Information nicht oder nicht rechtzeitig zuleitet.

Fünfter Teil. Schlussvorschriften

§ 13 Übergangsregelung. (1) Die Anforderungen der §§ 3, 4, 5 Abs. 5 Satz 1 und § 7 Abs. 1 sind bei Altanlagen spätestens bis zum 31. Oktober 2007 einzuhalten, sofern im Anhang III nichts anderes bestimmt ist. Abweichend von Satz 1 sind die Anforderungen der §§ 3, 4 und 7 Abs. 1 bei Altanlagen,
1. an denen eine wesentliche Änderung vorgenommen wird oder
2. die infolge einer wesentlichen Änderung erstmals unter diese Verordnung fallen,

ab dem Zeitpunkt der Inbetriebnahme der wesentlich geänderten Anlage einzuhalten. § 3 Abs. 2 Satz 1 bleibt von Satz 1 und 2 unberührt.

(2) Altanlagen, die mit einer Abgasreinigungseinrichtung betrieben werden, mit der eine Massenkonzentration an flüchtigen organischen Verbindungen im gefassten behandelten Abgas von
1. 50 Milligramm Gesamtkohlenstoff je Kubikmeter bei Abgasreinigungseinrichtungen mit einer Nachverbrennung,

Emissionsbegrenzung 31. BImSchV **Anh. A 31**

2. 150 Milligramm Gesamtkohlenstoff je Kubikmeter bei Abgasreinigungseinrichtungen von nicht genehmigungsbedürftigen Anlagen ohne eine Nachverbrennung oder
3. 100 Milligramm Gesamtkohlenstoff je Kubikmeter bei Abgasreinigungseinrichtungen von genehmigungsbedürftigen Anlagen ohne eine Nachverbrennung

eingehalten wird, sind bis zum 31. Dezember 2013 von der Einhaltung der Emissionsgrenzwerte für gefasste behandelte Abgase nach § 4 Nr. 1 Buchstabe a entbunden, sofern die Gesamtemissionen der Anlage die Werte nicht überschreiten, die bei Einhaltung der Anforderungen nach § 4 Nr. 1 Buchstabe a und b erzielt worden wären.

Anhang I
(zu § 1)

Liste der Anlagen

Bezeichnung der Anlage	Schwellenwert für den Lösemittelverbrauch (t/a)	Nummer der zugeordneten Tätigkeit im Anhang II
1. Reproduktion von Text oder von Bildern		
1.1 Anlagen mit dem Heatset-Rollenoffset-Druckverfahren	15	1.1
1.2 Anlagen mit dem Illustrationstiefdruckverfahren	25	1.2
1.3 Anlagen für sonstige Drucktätigkeiten	15	1.3
2. Reinigung der Oberflächen von Materialien oder Produkten		
2.1 Anlagen zur Oberflächenreinigung	1	2
3. Textilreinigung		
3.1 Anlagen zur Textilreinigung (Chemischreinigungsanlagen)	0	3
4. Serienbeschichtung von Kraftfahrzeugen, Fahrerhäusern, Nutzfahrzeugen, Bussen oder Schienenfahrzeugen		
4.1 Anlagen zur Serienbeschichtung von Kraftfahrzeugen	0	4.1
4.2 Anlagen zur Serienbeschichtung von Fahrerhäusern	0	4.2
4.3 Anlagen zum Beschichten von Nutzfahrzeugen	0	4.3
4.4 Anlagen zum Beschichten von Bussen	0	4.4
4.5 Anlagen zum Beschichten von Schienenfahrzeugen	5	4.5
5. Fahrzeugreparaturlackierung		
5.1 Anlagen zur Reparaturlackierung von Fahrzeugen	0	5
6. Beschichten von Bandblech		
6.1 Anlagen zum Beschichten von Bandblech	10	6

Anh. A 31 31. BImSchV VO zur Durchführung des BImSchG

Bezeichnung der Anlage	Schwellenwert für den Lösemittelverbrauch (t/a)	Nummer der zugeordneten Tätigkeit im Anhang II
7. Beschichten von Wickeldraht		
7.1 Anlagen zum Beschichten von Wickeldraht mit phenol-, kresol- oder xylenolhaltigen Beschichtungsstoffen	0	7
7.2 Anlagen zum Beschichten von Wickeldraht mit sonstigen Beschichtungsstoffen	5	7
8. Beschichten von sonstigen Metall- oder Kunststoffoberflächen		
8.1 Anlagen zum Beschichten von sonstigen Metall- oder Kunststoffoberflächen	5	8
9. Beschichten von Holz oder Holzwerkstoffen		
9.1 Anlagen zum Beschichten von Holz oder Holzwerkstoffen mit einem jährlichen Lösemittelverbrauch bis zu 15 Tonnen	5	9
9.2 Anlagen zum Beschichten von Holz oder Holzwerkstoffen mit einem jährlichen Lösemittelverbrauch vom mehr als 15 Tonnen	15	9
10. Beschichten von Textil-, Gewebe-, Folien- oder Papieroberflächen		
10.1 Anlagen zum Beschichten oder Bedrucken von Textilien und Gewebe	5	10.1
10.2 Anlagen zum Beschichten von Folien- oder Papieroberflächen	5	10.2
11. Beschichten von Leder		
11.1 Anlagen zum Beschichten von Leder	10	11
12. Holzimprägnierung		
12.1 Anlagen zum Imprägnieren von Holz unter Verwendung von lösemittelhaltigen Holzschutzmitteln	10	12
12.2 Anlagen zum Imprägnieren von Holz unter Verwendung von Teerölen (Kreosote)	0	12
13. Laminierung von Holz oder Kunststoffen		
13.1 Anlagen zur Laminierung von Holz oder Kunststoffen	5	13
14. Klebebeschichtung		
14.1 Anlagen zur Klebebeschichtung	5	14
15. Herstellung von Schuhen		
15.1 Anlagen zur Herstellung von Schuhen	5	15

Emissionsbegrenzung 31. BImSchV Anh. A 31

Bezeichnung der Anlage	Schwellenwert für den Lösemittelverbrauch (t/a)	Nummer der zugeordneten Tätigkeit im Anhang II
16. Herstellung von Anstrich- oder Beschichtungsstoffen sowie Herstellung von Bautenschutz- oder Holzschutzmitteln, Klebstoffen oder Druckfarben		
16.1 Anlagen zur Herstellung von Anstrich- oder Beschichtungsstoffen	100	16
16.2 Anlagen zur Herstellung von Bautenschutz- oder Holzschutzmitteln	100	16
16.3 Anlagen zur Herstellung von Klebstoffen	100	16
16.4 Anlagen zur Herstellung von Druckfarben	100	16
17. Umwandlung von Kautschuk		
17.1 Anlagen zur Umwandlung von Kautschuk	10	17
18. Extraktion von Pflanzenöl oder tierischem Fett sowie Raffination von Pflanzenöl		
18.1 Anlagen zur Extraktion von Pflanzenöl oder tierischem Fett sowie Raffination von Pflanzenöl	10	18
19. Herstellung von Arzneimitteln		
19.1 Anlagen zur Herstellung von Arzneimitteln	50	19

Anhang II
(zu § 1)

Liste der Tätigkeiten

0. Allgemeines

0.1 In der Liste sind die Kategorien der von § 1 erfassten Tätigkeiten aufgeführt. Zu der jeweiligen Tätigkeit gehört auch die Reinigung der hierfür eingesetzten Geräte und Aggregate, jedoch nicht die Reinigung des Produkts, sowie die Instandhaltung der Anlage des Anhangs I, der die Tätigkeit zugeordnet ist, soweit nichts anderes bestimmt ist.

0.2 Beschichten ist jede Tätigkeit, bei der durch einfachen oder mehrfachen Auftrag eine oder mehrere Schichten eines Beschichtungsstoffes auf eine Oberfläche aufgebracht werden. Hierzu zählt nicht die Beschichtung von Trägerstoffen mit Metallen durch elektrophoretische und chemische Verfahren.

1. Reproduktion von Text oder von Bildern

Jede Tätigkeit zur Reproduktion von Text oder Bildern, bei der mit Hilfe von Bildträgern Farbe auf beliebige Oberflächen aufgebracht wird. Hierzu gehören auch die Aufbringung von Klarlacken und Beschichtungsstoffen innerhalb einer Druckmaschine sowie die Laminierung.

1.1 Heatset – Rollenoffset

Eine Rollendrucktätigkeit, bei der die druckenden und nichtdruckenden Bereiche der Druckplatte auf einer Ebene liegen. Unter Rollendruck ist zu verstehen, dass der Bedruckstoffe der Maschine von einer Rolle und nicht in einzelnen Bogen zugeführt wird. Der nichtdruckende Bereich ist wasserannahmefähig und damit farbabweisend, während der druckende Bereich farbannahmefähig ist und damit Druckfarbe an die zu bedruckende Oberfläche abgibt. Das bedruckte Material wird in einem Heißtrockenofen getrocknet.

1.2 Illustrationstiefdruck

Rotationstiefdruck für den Druck von Magazinen, Broschüren, Katalogen oder ähnlichen Produkten, bei dem Druckfarben auf Toluolbasis verwendet werden.

1.3 Sonstige Drucktätigkeiten

1.3.1 Rotationstiefdruck

Eine Drucktätigkeit, bei der ein rotierender Zylinder eingesetzt wird, dessen druckende Bereiche vertieft sind, und bei der flüssige Druckfarben verwendet werden, die durch Verdunstung des Lösemittels trocknen. Die Vertiefungen füllen sich mit Druckfarbe. Bevor der Bedruckstoff mit dem Zylinder in Kontakt kommt und die Druckfarbe aus den Vertiefungen abgegeben wird, wird die überschüssige Druckfarbe von den nichtdruckenden Bereichen abgestrichen.

1.3.2 Rotationssiebdruck

Eine Rollendrucktätigkeit, bei der die Druckfarbe mittels Pressen durch eine poröse Druckform, bei der die druckenden Bereiche offen und die nichtdruckenden Bereiche abgedeckt sind, auf die zu bedruckende Oberfläche übertragen wird. Hierbei werden nur flüssige Druckfarben verwendet, die durch Verdunstung des Lösemittels trocknen. Unter Rollendruck ist zu verstehen, dass der Bedruckstoff der Maschine von einer Rolle und nicht in einzelnen Bogen zugeführt wird.

1.3.3 Flexodruck

Ein Druckverfahren, bei dem Druckplatten aus Gummi oder elastischen Photopolymeren, deren druckende Teile erhaben sind, sowie flüssige Druckfarben eingesetzt werden, die durch Verdunstung des Lösemittels trocknen.

1.3.4 Klarlackauftrag

Eine Tätigkeit, bei der auf einen flexiblen Bedruckstoff ein Klarlack oder eine Klebeschicht zum späteren Verschließen des Verpackungsmaterials aufgebracht wird.

1.3.5 Laminierung im Zuge einer Drucktätigkeit

Das Zusammenkleben von zwei oder mehr flexiblen Materialien zur Herstellung von Laminaten.

2. Reinigung der Oberflächen von Materialien oder Produkten

Jede Tätigkeit, mit Ausnahme der Textilreinigung, bei der mit Hilfe von organischen Lösemitteln Oberflächenverschmutzungen von Materialien entfernt werden einschließlich durch Entfetten oder Entlacken. Hierzu zählt auch die Reinigung von Fässern und Behältern. Eine Tätigkeit, die mehrere Reinigungsschritte vor oder nach einer anderen Tätigkeit umfasst, gilt als eine Oberflächenreinigungstätigkeit.

Emissionsbegrenzung 31. BImSchV **Anh. A 31**

Diese Tätigkeit bezieht sich nicht auf die Reinigung der Geräte, sondern auf die Reinigung der Oberfläche der Produkte.

3. Textilreinigung

Jede industrielle oder gewerbliche Tätigkeit, bei der organische Lösemittel in einer Anlage zur Reinigung von Kleidung, Heimtextilien und ähnlichen Verbrauchsgütern eingesetzt werden, mit Ausnahme der manuellen Entfernung von Flecken in der Textil- und Bekleidungsindustrie.

4. Serienbeschichtung von Kraftfahrzeugen, Fahrerhäusern, Nutzfahrzeugen, Bussen oder Schienenfahrzeugen

4.1 Serienbeschichtung von Kraftfahrzeugen

Eine Tätigkeit zum Serienbeschichten von Fahrzeugen der Klasse M1 gemäß der Richtlinie 70/156/EWG (ABl. EG Nr. L 42 S.1), zuletzt geändert durch die Richtlinie 97/27/EG (ABl. EG Nr. L 233 S.1), sowie der Klasse N1, sofern sie in der gleichen Anlage wie Fahrzeuge der Klasse M1 lackiert werden.

4.2 Serienbeschichten von Fahrerhäusern

Eine Tätigkeit zum Serienbeschichten von Fahrerhäusern sowie alle integrierten Abdeckungen für die technische Ausrüstung von Fahrzeugen der Klassen N2 und N3 gemäß der Richtlinie 70/156/EWG.

4.3 Beschichten von Nutzfahrzeugen

Eine Tätigkeit zum Beschichten von Nutzfahrzeugen der Klassen N1, N2 und N3 gemäß der Richtlinie 70/156/EWG, jedoch ohne Fahrerhäuser.

4.4 Beschichten von Bussen

Eine Tätigkeit zum Beschichten von Bussen der Klassen M2 und M3 gemäß der Richtlinie 70/156/EWG.

4.5 Beschichten von Schienenfahrzeugen

Jede Tätigkeit zum Beschichten von Schienenfahrzeugen.

5. Fahrzeugreparaturlackierung

Jede industrielle oder gewerbliche Tätigkeit einschließlich der damit verbundenen Reinigungs- und Entfettungstätigkeiten
a) zur Lackierung von Kraftfahrzeugen gemäß der Richtlinie 70/156/ EWG oder eines Teils dieser Kraftfahrzeuge im Zuge einer Reparatur, Konservierung oder Verschönerung außerhalb der Fertigungsanlagen,
b) zur ursprünglichen Lackierung von Kraftfahrzeugen gemäß der Richtlinie 70/156/EWG oder eines Teils dieser Kraftfahrzeuge mit Hilfe von Produkten zur Reparaturlackierung, sofern dies außerhalb der ursprünglichen Fertigungsstraße geschieht, oder
c) zur Lackierung von Anhängern (einschließlich Sattelanhängern) der Klasse O nach der Richtlinie 70/156/EWG.

6. Beschichten von Bandblech

Jede Tätigkeit, bei der Bandstahl, rostfreier Stahl, beschichteter Stahl, Kupferlegierungen oder Aluminiumbänder in einem Endlosverfahren entweder mit einer filmbildenden Schicht oder einem Laminat überzogen werden.

Anh. A 31   31. BImSchV   VO zur Durchführung des BImSchG

7. Beschichten von Wickeldraht

Jede Tätigkeit zur Beschichtung von metallischen Leitern, die zum Wickeln von Spulen verwendet werden.

8. Beschichten von sonstigen Metall- oder Kunststoffoberflächen

Jede Tätigkeit, bei der Metall- oder Kunststoffoberflächen, auch von sperrigen Gütern wie Schiffe oder Flugzeuge, beschichtet werden, einschließlich der Aufbringung von Trennmitteln oder von Gummierungen.

9. Beschichten von Holz oder Holzwerkstoffen

Jede Tätigkeit, bei der durch einfachen oder mehrfachen Auftrag eine Schicht auf Oberflächen von Holz oder Holzwerkstoffen aufgebracht wird.

10. Beschichten von Textil-, Gewebe-, Folien- oder Papieroberflächen

10.1 Jede Tätigkeit zur Veredlung von Textilien und Geweben durch Beschichten oder Bedrucken.

10.2 Jede Tätigkeit zur Veredelung von Folien- oder Papieroberflächen durch Beschichten sowie durch Imprägnieren oder Appretieren.

11. Beschichten von Leder

Jede Tätigkeit zur Beschichtung von Leder.

12. Holzimprägnierung

Jede Tätigkeit, mit der Nutzholz konserviert wird.

13. Laminierung von Holz oder Kunststoffen

Jede Tätigkeit des Zusammenklebens von Holz oder Kunststoff zur Herstellung von Laminaten.

14. Klebebeschichtung

Jede Tätigkeit, bei der ein Klebstoff auf eine Oberfläche aufgebracht wird, mit Ausnahme der Aufbringung von Klebeschichten oder Laminaten im Zusammenhang mit Druckverfahren oder der unter Nummer 13 genannten Tätigkeiten.

15. Herstellung von Schuhen

Jede Tätigkeit zur Herstellung vollständiger Schuhe oder von Schuhteilen.

16. Herstellung von Anstrich- oder Beschichtungsstoffen sowie Herstellung von Bautenschutz- oder Holzschutzmitteln, Klebstoffen oder Druckfarben

Die Herstellung der oben genannten End- und Zwischenprodukte, soweit diese in derselben Anlage hergestellt werden, durch Mischen von Pigmenten, Harzen und Klebstoffen mit organischen Lösemitteln oder anderen Trägerstoffen. Hierunter fal-

Emissionsbegrenzung 31. BImSchV Anh. A 31

len auch das Dispergieren und Prädispergieren, die Einstellung der Viskosität und der Tönung sowie die Abfüllung des Endprodukts in Behälter.

17. Umwandlung von Kautschuk

Jede Tätigkeit des Mischens, Zerkleinerns, Kalandrierens, Extrudierens und Vulkanisierens natürlichen oder synthetischen Kautschuks und Hilfsverfahren zur Umwandlung von natürlichem oder synthetischem Kautschuk in ein Endprodukt.

18. Extraktion von Pflanzenöl oder tierischem Fett sowie Raffination von Pflanzenöl

Jede Tätigkeit zur Extraktion von Pflanzenöl aus Samen oder sonstigen pflanzlichen Stoffen, die Verarbeitung von trockenen Rückständen zur Herstellung von Tierfutter, die Klärung von Fetten und Pflanzenölen, die aus Samen, pflanzlichem und/oder tierischem Material gewonnen wurden.

19. Herstellung von Arzneimitteln

Die chemische Synthese, Fermentierung und Extraktion sowie die Formulierung und die Endfertigung von Arzneimitteln und, sofern an demselben Standort hergestellt, von Zwischenprodukten.

Anhang III
(zu den §§ 3 und 4)

Spezielle Anforderungen

1. Reproduktion von Text oder von Bildern

1.1 Anlagen mit dem Heatset-Rollenoffset-Druckverfahren

1.1.1 Emissionsgrenzwerte für gefasste behandelte Abgase

Emissionsgrenzwert (mg C/m³) Lösemittelverbrauch (t/a)		Bemerkungen
> 15–25	> 25	
50	20	[1]) Bei Anwendung von Abgasreinigungseinrichtungen mit thermischer Nachverbrennung.
20[1])		

1.1.2 Grenzwert für diffuse Emissionen

Der Grenzwert für diffuse Emissionen beträgt 30 vom Hundert. Flüchtige organische Verbindungen, die in gefassten unbehandelten Abgasen enthalten sind, zählen zu den diffusen Emissionen. Der Lösemittelrückstand im Endprodukt gilt nicht als Teil der diffusen Emissionen.

1.1.3 Besondere Anforderungen

Der im Feuchtmittel enthaltene Massengehalt an Isopropanol darf 8 vom Hundert nicht überschreiten. Die Möglichkeiten, den Isopropanolgehalt unter den in Satz 1 genannten Wert nach dem Stand der Technik weiter zu senken, sind auszuschöpfen.

Anh. A 31 **31. BImSchV**   VO zur Durchführung des BImSchG

1.2 Anlagen mit dem Illustrationstiefdruckverfahren
1.2.1 Emissionsgrenzwerte für gefasste Abgase

Emissionsgrenzwert (mg C/m³)	Bemerkungen
50[1), 2)]	[1)] Gilt nicht bei vollständigem Umluftbetrieb. [2)] Bei Altanlagen darf der Mittelwert über 2 Stunden maximal 110 mg C/m³ betragen, sofern der Tagesmittelwert eingehalten wird.

1.2.2 Grenzwert für die Gesamtemissionen

Der Grenzwert für die Gesamtemissionen beträgt 5 vom Hundert, bei Altanlagen 10 vom Hundert der eingesetzten Lösemittel.

1.3 Anlagen für sonstige Drucktätigkeiten
1.3.1 Emissionsgrenzwerte für gefasste behandelte Abgase

Emissionsgrenzwert (mg C/m³)	Bemerkungen
50 20[1)] 90[2)]	[1)] Bei Anwendung von Abgasreinigungseinrichtungen mit thermischer Nachverbrennung. [2)] Bei Anwendung von Abgasreinigungseinrichtungen, die auf der Basis biologischer Prozesse arbeiten.

1.3.2 Grenzwert für diffuse Emissionen

Grenzwert[1)] (% der eingesetzten Lösemittel) Lösemittelverbrauch (t/a)		Bemerkungen
> 15–25	> 25	
25	20	[1)] Flüchtige organische Verbindungen, die in gefassten unbehandelten Abgasen enthalten sind, zählen zu den diffusen Emissionen.

2. Reinigung der Oberflächen von Materialien oder Produkten
2.1 Anlagen zur Oberflächenreinigung
2.1.1 Emissionsgrenzwerte für gefasste Abgase

Emissionsgrenzwert (mg C/m³)	Bemerkungen
75[1)]	[1)] Gilt nicht für Reinigungsmittel mit einem Gehalt an organischen Lösemitteln von weniger als 20 vom Hundert, soweit die Reinigungsmittel keine flüchtigen organischen Verbindungen nach § 3 Abs. 2 oder 3 enthalten.

Emissionsbegrenzung 31. BImSchV Anh. A 31

2.1.2 Grenzwert für diffuse Emissionen

Grenzwert (% der eingesetzten Lösemittel) Lösemittelverbrauch (t/a)		Bemerkungen
> 1–10	> 10	
20[1), 2)]	15[1), 2)]	[1)] Abweichend gilt für flüchtige organische Verbindungen nach § 3 Abs. 2 und 3 ein Grenzwert von 10 vom Hundert, für Verbindungen nach § 3 Abs. 2 nur, solange diese Verbindungen nicht durch weniger schädliche Stoffe oder Zubereitungen ersetzt werden können. [2)] Die Grenzwerte gelten nicht für Reinigungsmittel mit einem Gehalt an organischen Lösemitteln von weniger als 20 vom Hundert, soweit die Reinigungsmittel keine flüchtigen organischen Verbindungen nach § 3 Abs. 2 oder 3 enthalten.

2.1.3 Besondere Anforderungen

Die Oberflächenreinigung ist nach dem Stand der Technik in weitestgehend geschlossenen Anlagen durchzuführen.

3. Textilreinigung

3.1 Chemischreinigungsanlagen

3.1.1 Grenzwert für die Gesamtemissionen

Gesamtemissionsgrenzwert (g/kg)[1)]	Bemerkungen
20	[1)] Angegeben als Verhältnis der Masse der emittierten flüchtigen organischen Verbindungen in Gramm zu der Masse der gereinigten und getrockneten Ware in Kilogramm.

3.1.2 Besondere Anforderungen

Anlagen, die mit Kohlenwasserstofflösemitteln (KWL) betrieben werden, sind so zu errichten und zu betreiben, dass
a) die Reinigung und Trocknung des Reinigungsgutes im geschlossenen System nach dem Stand der Technik erfolgt,
b) eine selbsttätige Verriegelung sicherstellt, dass die Beladetür erst nach Abschluss des Trocknungsvorgangs geöffnet werden kann, wenn die Massenkonzentration an KWL in der Trommel nach dem Ergebnis einer laufenden messtechnischen Überprüfung einen Wert von 5 Gramm je Kubikmeter nicht mehr überschreitet,
c) nur KWL eingesetzt werden,
  – deren Gesamtaromatengehalt 1 Gewichtsprozent nicht überschreitet,
  – deren Gehalt an Benzol und polycyclischen Aromaten höchstens 0,01 Gewichtsprozent beträgt,
  – deren Halogengehalt 0,01 Gewichtsprozent nicht überschreitet,
  – deren Flammpunkt über 55 °C liegt,

Anh. A 31 31. BImSchV VO zur Durchführung des BImSchG

- die unter Betriebsbedingungen thermisch stabil sind,
- deren Siedebereiche bei 1013 mbar zwischen 180 °C und 210 °C liegen,
d) nur halogenfreie Hilfs- und Zusatzstoffe mit einem Flammpunkt über 55 °C eingesetzt werden, die unter Betriebsbedingungen thermisch stabil und frei von Stoffen nach § 3 Abs. 2 oder 3 sind,
e) die Massenkonzentration an flüchtigen organischen Verbindungen im abgesaugten, unverdünnten Abgas ab einem Massenstrom von mehr als 0,2 kg/h, gemittelt über die Trocknungs- oder Ausblasphase, 0,15 g/m³ nicht überschreitet.

4. Serienbeschichtung von Kraftfahrzeugen, Fahrerhäusern, Nutzfahrzeugen, Bussen oder Schienenfahrzeugen

4.0 Allgemeines

Der Grenzwert für die Gesamtemissionen bezieht sich auf alle Phasen eines Verfahrens, die in derselben Anlage durchgeführt werden. Dies umfasst die Elektrophorese oder ein anderes Beschichtungsverfahren einschließlich der Transport-, Motorwachs- und Unterbodenkonservierung, die abschließende Wachs- und Polierschicht sowie Lösemittel für die Reinigung der Geräte einschließlich Spritzkabinen und sonstige ortsfeste Ausrüstung sowohl während als auch außerhalb der Fertigungszeiten. Der Grenzwert für die Gesamtemissionen ist als Gesamtmasse der flüchtigen organischen Verbindungen je m² der Gesamtoberfläche des beschichteten Produkts angegeben.

4.1 Anlagen zur Serienbeschichtung von Kraftfahrzeugen
4.1.1 Grenzwert für die Gesamtemissionen

Gesamtemissionsgrenzwert (g/m²)	Bemerkungen
35	

4.1.2 Emissionsgrenzwerte für gefasste Abgase nach dem Trockner

Emissionsgrenzwert (mg C/m³)	Bemerkungen
50	

4.1.3 Besondere Anforderungen

Abweichend von den Nummern 4.1.1 und 4.1.2 gelten für Anlagen mit einem Lösemittelverbrauch von 15 Tonnen pro Jahr oder weniger die Anforderungen nach Nummer 5.1.

4.2 Anlagen zur Serienbeschichtung von Fahrerhäusern
4.2.1 Grenzwert für Gesamtemissionen

Gesamtemissionsgrenzwert (g/m²)	Bemerkungen
45	

4.2.2 Emissionsgrenzwerte für gefasste Abgase nach dem Trockner

Emissionsgrenzwert (mg C/m³)	Bemerkungen
50	

4.2.3 Besondere Anforderungen

Abweichend von den Nummern 4.2.1 und 4.2.2 gelten für Anlagen mit einem Lösemittelverbrauch von 15 Tonnen pro Jahr oder weniger die Anforderungen nach Nummer 5.1.

Emissionsbegrenzung 31. BImSchV **Anh. A 31**

4.3 Anlagen zum Beschichten von Nutzfahrzeugen
4.3.1 Grenzwert für die Gesamtemissionen

Gesamtemissionsgrenzwert (g/m²)	Bemerkungen
70	

4.3.2 Emissionsgrenzwerte für gefasste Abgase nach dem Trockner

Emissionsgrenzwert (mg C/m³)	Bemerkungen
50	

4.3.3 Besondere Anforderungen

Abweichend von den Nummern 4.3.1 und 4.3.2 gelten für Anlagen mit einem Lösemittelverbrauch von 15 Tonnen pro Jahr oder weniger die Anforderungen nach Nummer 5.1.

4.4 Anlagen zum Beschichten von Bussen
4.4.1 Grenzwert für die Gesamtemissionen

Gesamtemissionsgrenzwert (g/m²)	Bemerkungen
150	

4.4.2 Emissionsgrenzwerte für gefasste Abgase nach dem Trockner

Emissionsgrenzwert (mg C/m³)	Bemerkungen
50	

4.4.3 Besondere Anforderungen

Abweichend von den Nummern 4.4.1 und 4.4.2 gelten für Anlagen mit einem Lösemittelverbrauch von 15 Tonnen pro Jahr oder weniger die Anforderungen nach Nummer 5.1.

4.5 Anlagen zum Beschichten von Schienenfahrzeugen
4.5.1 Grenzwert für die Gesamtemissionen

Gesamtemissionsgrenzwert (g/m²)	Bemerkungen
110	
130[1]	[1] Für genehmigungsbedürftige Altanlagen bis zum 31. Dezember 2005.

4.5.2 Emissionsgrenzwerte für gefasste Abgase nach dem Trockner

Emissionsgrenzwert (mg C/m³)	Bemerkungen
50	

4.5.3 Sonstige Bestimmungen

Der Grenzwert der Nummer 4.5.1 darf bei Schienenfahrzeugen überschritten werden, deren Beschichtung zur Erfüllung von Vorgaben aus
a) Verträgen, die vor dem 25. August 2001 abgeschlossen worden sind, den Einsatz von Beschichtungsstoffen erfordert, mit denen der Grenzwert nicht eingehalten werden kann oder aus

Anh. A 31 **31. BImSchV** VO zur Durchführung des BImSchG

b) Verträgen mit Kunden aus Nicht-Mitgliedstaaten der Europäischen Union für den Deck- und Füllerbereich den Einsatz von Beschichtungsstoffen erfordert, mit denen der Grenzwert nicht eingehalten werden kann,

jedoch nur, soweit die Überschreitung in Übereinstimmung mit den Vorschriften der Richtlinie 1999/13/EG steht. Der Betreiber hat die Vorgaben aus den Verträgen der zuständigen Behörde auf Verlangen vorzulegen. Die Möglichkeiten, den Grenzwert der Nummer 4.5.1 durch Anwendung des Standes der Technik zu erfüllen, sind auszuschöpfen.

5. Fahrzeugreparaturlackierung

5.1 Anlagen zur Reparaturlackierung von Fahrzeugen

5.1.1 Emissionsgrenzwerte für gefasste behandelte Abgase

Emissionsgrenzwert (mg C/m^3)	Bemerkungen
50[1]	[1] Nachweis durch 15-minütige Durchschnittsmessungen.

5.1.2 Grenzwert für diffuse Emissionen

Der Grenzwert für diffuse Emissionen beträgt 25 vom Hundert der eingesetzten Lösemittel. Flüchtige organische Verbindungen, die in gefassten unbehandelten Abgasen enthalten sind, zählen zu den diffusen Emissionen.

6. Beschichten von Bandblech

6.1 Anlagen zum Beschichten von Bandblech

6.1.1 Emissionsgrenzwerte für gefasste behandelte Abgase

Emissionsgrenzwert (mg C/m^3)	Bemerkungen
50 20[1] 75[2]	[1] Bei Anwendung von Abgasreinigungseinrichtungen mit thermischer Nachverbrennung. [2] Gilt für Anlagen mit Wiederverwendung organischer Lösemittel.

6.1.2 Grenzwert für diffuse Emissionen

Der Grenzwert für diffuse Emissionen von flüchtigen organischen Verbindung beträgt 3 vom Hundert der eingesetzten Lösemittel, für Altanlagen 6 vom Hundert bis zum 31. Dezember 2013. Flüchtige organische Verbindungen, die in gefassten unbehandelten Abgasen enthalten sind, zählen zu den diffusen Emissionen.

7. Beschichten von Wickeldraht

7.1 Anlagen zum Beschichten von Wickeldraht mit phenol-, kresol- oder xylenolhaltigen Beschichtungsstoffen

7.1.1 Grenzwert für die Gesamtemissionen

Gesamtemissionsgrenzwert (g/kg Draht)	Bemerkungen
5 10[1]	[1] Mittlerer Drahtdurchmesser $\leq$ 0,1 mm.

Emissionsbegrenzung 31. BImSchV Anh. A 31

7.2 Anlagen zum Beschichten von Wickeldraht mit sonstigen Beschichtungsstoffen

7.2.1 Grenzwert für die Gesamtemissionen

Gesamtemissionsgrenzwert (g/kg Draht)	Bemerkungen
5	[1] Mittlerer Drahtdurchmesser $\leq$ 0,1 mm.
10[1]	

8. Beschichten von sonstigen Metall- oder Kunststoffoberflächen

8.1 Anlagen zum Beschichten von sonstigen Metall- oder Kunststoffoberflächen

8.1.1 Emissionsgrenzwerte für gefasste behandelte Abgase

Emissionsgrenzwert (mg C/m³) Lösemittelverbrauch (t/a)		Bemerkungen
> 5–15	> 15	
100[1]	50[1]	[1] Gilt für Beschichtungs- und Trocknungsverfahren.
	20[2]	[2] Bei Anwendung von Abgasreinigungseinrichtungen mit thermischer Nachverbrennung.

8.1.2 Grenzwert für diffuse Emissionen

Die nachfolgenden Grenzwerte dürfen nicht überschritten werden:

Grenzwert[1] (% der eingesetzten Lösemittel) Lösemittelverbrauch (t/a)		Bemerkungen
> 5–15	> 15	
15[2]	10[2]	[1] Flüchtige organische Verbindungen, die in gefassten unbehandelten Abgasen enthalten sind, zählen zu den diffusen Emissionen.
25	20	[2] Bei automatisierter Beschichtung bahnenförmiger Materialien.

8.1.3 Besondere Anforderungen

Bei der Beschichtung von Flugzeugen, Schiffen oder anderen sperrigen Gütern, bei denen die Anforderungen nach den Nummern 8.1.1 und 8.1.2 nicht eingehalten werden können, ist ein Reduzierungsplan nach Anhang IV anzuwenden, es sei denn, die Anwendung eines Reduzierungsplans ist nicht verhältnismäßig. In diesem Fall ist der zuständigen Behörde vor der Inbetriebnahme der Anlage, bei Altanlagen spätestens bis zum 31. Oktober 2005, nachzuweisen, dass die Anwendung eines Reduzierungsplans nicht verhältnismäßig ist und dass stattdessen die Emissionen nach dem Stand der Technik vermindert werden. Der angewandte Stand der Technik ist alle drei Jahre zu überprüfen und gegebenenfalls anzupassen. Das Ergebnis der Überprüfung ist zu dokumentieren, am Betriebsort bis zur nächsten Überprüfung aufzubewahren und der zuständigen Behörde auf Verlangen vorzulegen.

9. Beschichten von Holz oder Holzwerkstoffen

9.1 Anlagen zum Beschichten von Holz oder Holzwerkstoffen mit einem jährlichen Lösemittelverbrauch bis zu 15 Tonnen

Der Betreiber einer Anlage mit einem Lösemittelverbrauch bis zu 15 Tonnen hat
a) die Emissionen an flüchtigen organischen Verbindungen durch die Verwendung lösemittelarmer Einsatzstoffe nach dem Stand der Technik zu vermindern,
b) ab dem 1. November 2007 die Emissionen an flüchtigen organischen Verbindungen mindestens einmal jährlich durch eine Lösemittelbilanz nach dem Verfahren des Anhangs V zu ermitteln,
c) ab dem 1. Januar 2013 einen Reduzierungsplan nach Anhang IV anzuwenden.
Buchstabe a gilt bis zum 31. Dezember 2012 nicht für Altanlagen.

9.2 Anlagen zum Beschichten von Holz oder Holzwerkstoffen mit einem jährlichen Lösemittelverbrauch von mehr als 15 Tonnen

9.2.1 Emissionsgrenzwerte für gefasste behandelte Abgase

Emissionsgrenzwert (mg C/m³) Lösemittelverbrauch (t/a)		Bemerkungen
> 15–25	> 25	
100[1]	50[1] 20[2]	[1] Für Beschichten und Trocknen. [2] Bei Anwendung von Abgasreinigungseinrichtungen mit thermischer Nachverbrennung.

9.2.2 Grenzwert für diffuse Emissionen

Grenzwert[1] (% der eingesetzten Lösemittel) Lösemittelverbrauch (t/a)		Bemerkungen
> 15–25	> 25	
25	20	[1] Flüchtige organische Verbindungen, die in gefassten unbehandelten Abgasen enthalten sind, zählen zu den diffusen Emissionen.

10. Beschichten von Textil-, Gewebe-, Folien- oder Papieroberflächen

10.1 Anlagen zum Beschichten oder Bedrucken von Textilien und Geweben

10.1.1 Emissionsgrenzwerte für gefasste Abgase

Emissionsgrenzwert (mg C/m³) Lösemittelverbrauch (t/a)		Bemerkungen
> 5–15	> 15	
100[1]	50[1] 20[1,2] 75[3]	[1] Für Beschichten und Trocknen. [2] Bei Anwendung von Abgasreinigungseinrichtungen mit thermischer Nachverbrennung. [3] Gilt für Anlagen mit Wiederverwendung organischer Lösemittel.

Emissionsbegrenzung 31. BImSchV **Anh. A 31**

10.1.2 Grenzwert für diffuse Emissionen

Grenzwert (% der eingesetzten Lösemittel) Lösemittelverbrauch (t/a)		Bemerkungen
> 5–15	> 15	
15	10	

10.2 Anlagen zum Beschichten von Folien- oder Papieroberflächen

10.2.1 Emissionsgrenzwerte für gefasste behandelte Abgase

Emissionsgrenzwert (mg C/m³) Lösemittelverbrauch (t/a)		Bemerkungen
> 5–15	> 15	
100[1]	50[1]	[1] Für Beschichten und Trocknen.
	20[1], [2]	[2] Bei Anwendung von Abgasreinigungseinrichtungen mit thermischer Nachverbrennung.

10.2.2 Grenzwert für diffuse Emissionen

Grenzwert[1] (% der eingesetzten Lösemittel) Lösemittelverbrauch (t/a)		Bemerkungen
> 5–15	> 15	
15	10	[1] Flüchtige organische Verbindungen, die in gefassten unbehandelten Abgasen enthalten sind, zählen zu den diffusen Emissionen.

11. Beschichten von Leder

11.1 Anlagen zum Beschichten von Leder

11.1.1 Grenzwert für die Gesamtemissionen

Gesamtemissionsgrenzwert (g/m²) Lösemittelverbrauch (t/a)		Bemerkungen
> 10–25	> 25	
85	75	[1] Für die Beschichtung von besonderen Lederwaren, die als kleinere Konsumgüter verwendet werden, wie Taschen, Gürtel, Brieftaschen und ähnliche Lederwaren sowie für die Beschichtung von hochwertigen Polsterledern. Sofern dem Stand der Technik ein strengerer Wert entspricht, ist dieser einzuhalten.
150[1]	150[1]	

12. Holzimprägnierung

12.1 Anlagen zum Imprägnieren von Holz unter Verwendung von lösemittelhaltigen Holzschutzmitteln

12.1.1 Grenzwert für die Gesamtemissionen

Gesamtemissionsgrenzwert (kg/m³)[1]	Bemerkungen
11	[1] Angegeben in Kilogramm emittierter flüchtiger organischer Verbindungen je Kubikmeter imprägniertem Holz.

12.1.2 Emissionsgrenzwerte für gefasste Abgase

Emissionsgrenzwert (mg C/m³)	Bemerkungen
100	

12.1.3 Grenzwert für diffuse Emissionen

Der Grenzwert für diffuse Emissionen beträgt 35 vom Hundert, für Altanlagen 45 vom Hundert der eingesetzten Lösemittel.

12.1.4 Besondere Anforderungen

Der Grenzwert für die Gesamtemissionen an flüchtigen organischen Verbindungen nach Nummer 12.1.1 gilt alternativ zum Emissionsgrenzwert für gefasste Abgase nach Nummer 12.1.2 und dem Grenzwert für diffuse Emissionen nach Nummer 12.1.3, bei genehmigungsbedürftigen Anlagen jedoch mit der Maßgabe, dass bei der Anwendung des Grenzwertes für die Gesamtemissionen der Emissionsgrenzwert nach 12.1.2 bei gefassten behandelten Abgasen einzuhalten ist.

12.2 Anlagen zum Imprägnieren von Holz unter Verwendung von Teerölen (Kreosote)

12.2.1 Grenzwerte für die Gesamtemissionen

Gesamtemissionsgrenzwert (kg/m³)[1] Lösemittelverbrauch (t/a)		Bemerkungen
≤ 25	> 25	
11	5	[1] Angegeben in Kilogramm emittierter flüchtiger organischer Verbindungen je Kubikmeter imprägniertem Holz.
	11[2]	[2] Für Heiß-Kalt-Einstelltränkanlagen.

12.2.2 Sonstige Bestimmungen

Der Gesamtemissionsgrenzwert nach Nummer 12.2.1 gilt als eingehalten, soweit ausschließlich Teeröle eingesetzt werden, deren Massengehalt an flüchtigen organischen Verbindungen maximal 2 vom Hundert beträgt.

13. Laminierung von Holz oder Kunststoffen

13.1 Anlagen zur Laminierung von Holz oder Kunststoffen

13.1.1 Grenzwert für die Gesamtemissionen

Gesamtemissionsgrenzwert (g/m²)	Bemerkungen
5	

13.1.2 Emissionsgrenzwerte für gefasste Abgase

Emissionsgrenzwert (mg C/m³) Lösemitteleinsatz ≥ 25 kg/h	Bemerkungen
50	
20[1]	[1] Bei Anwendung von Abgasreinigungseinrichtungen mit thermischer Nachverbrennung.

14. Klebebeschichtung

14.1 Anlagen zur Klebebeschichtung

Emissionsbegrenzung 31. BImSchV **Anh. A 31**

14.1.1 Emissionsgrenzwerte für gefasste behandelte Abgase

Emissionsgrenzwert (mg C/m³) Lösemittelverbrauch (t/a)		Bemerkungen
> 5–15	> 15	
50	50[1]	[1] Gilt für Abgasreinigungseinrichtungen mit Rückgewinnung.
100[1]	20[2]	[2] Bei Anwendung von Abgasreinigungseinrichtungen mit thermischer Nachverbrennung.

14.1.2 Grenzwert für diffuse Emissionen

Grenzwert[1] (% der eingesetzten Lösemittel) Lösemittelverbrauch (t/a)		Bemerkungen
> 5–15	> 15	
15[2]	10[2]	[1] Flüchtige organische Verbindungen, die in gefassten unbehandelten Abgasen enthalten sind, zählen zu den diffusen Emissionen.
25	20	[2] Bei automatisierter Beschichtung bahnenförmiger Materialien.

15. Herstellung von Schuhen

15.1 Anlagen zur Herstellung von Schuhen

15.1.1 Grenzwert für die Gesamtemissionen

Gesamtemissionsgrenzwert (g)[1]	Bemerkungen
25	[1] Angegeben in Gramm emittierter Lösemittel je vollständiges Paar Schuhe.

16. Herstellung von Anstrich- oder Beschichtungsstoffen sowie Herstellung von Bautenschutz- oder Holzschutzmitteln, Klebstoffen oder Druckfarben

16.1 Anlagen zur Herstellung von Anstrich- oder Beschichtungsstoffen

16.1.1 Grenzwerte für die Gesamtemissionen

Gesamtemissionsgrenzwert[1] Lösemittelverbrauch (t/a)		Bemerkungen
≤ 1000	> 1000	
2,5	1	[1] Angegeben in vom Hundert des eingesetzten organischen Lösemittels.
3[2]		[2] Für genehmigungsbedürftige Anlagen bis zum 31. Oktober 2007.
Altanlagen:		
3	1	
5[2]	1,5[2]	

1231

16.1.2 Emissionsgrenzwerte für gefasste Abgase

Emissionsgrenzwert (mg C/m³) Lösemittelverbrauch (t/a)		Bemerkungen
≤ 1000	> 1000	
20[1]	20[1]	[1] Bei Anwendung von Abgasreinigungseinrichtungen mit thermischer Nachverbrennung.
100	50	
	100[2]	[2] Gilt für Abgasreinigungseinrichtungen mit Rückgewinnung durch Kondensation, soweit keine flüchtigen organischen Verbindungen nach Nummer 3.1.7 Klasse II der TA Luft eingesetzt werden.

16.1.3 Grenzwert für diffuse Emissionen

Grenzwert[1] (% der eingesetzten Lösemittel) Lösemittelverbrauch (t/a)		Bemerkungen
≤ 1000	> 1000	
3	1	[1] Flüchtige organische Verbindungen, die als Teil des Beschichtungsstoffes in einem geschlossenen Behälter verkauft werden, gelten nicht als diffuse Emissionen.

16.1.4 Besondere Anforderungen

Der Grenzwert für die Gesamtemissionen an flüchtigen organischen Verbindungen nach Nummer 16.1.1 gilt alternativ zum Emissionsgrenzwert für gefasste Abgase nach Nummer 16.1.2 und dem Grenzwert für diffuse Emissionen nach Nummer 16.1.3, bei genehmigungsbedürftigen Anlagen jedoch mit der Maßgabe, dass bei der Anwendung des Grenzwertes für die Gesamtemissionen der Emissionsgrenzwert nach Nummer 16.1.2 bei gefassten behandelten Abgasen einzuhalten ist.

16.2 Anlagen zur Herstellung von Bautenschutz- oder Holzschutzmitteln
16.2.1 Grenzwerte für die Gesamtemissionen

Gesamtemissionsgrenzwert[1] Lösemittelverbrauch (t/a)		Bemerkungen
≤ 1000	> 1000	
3	1	[1] Angegeben in vom Hundert des eingesetzten organischen Lösemittels.

16.2.2 Emissionsgrenzwerte für gefasste Abgase

Emissionsgrenzwert (mg C/m³) Lösemittelverbrauch (t/a)		Bemerkungen
≤ 1000	> 1000	
20[1]	20[1]	[1] Bei Anwendung von Abgasreinigungseinrichtungen mit thermischer Nachverbrennung.
100	50	
	100[2]	

Emissionsbegrenzung 31. BImSchV **Anh. A 31**

[2] Gilt für Abgasreinigungseinrichtungen mit Rückgewinnung durch Kondensation, soweit keine flüchtigen organischen Verbindungen nach Nummer 3.1.7 Klasse II der TA Luft eingesetzt werden.

16.2.3 Grenzwert für diffuse Emissionen

Grenzwert[1] (% der eingesetzten Lösemittel) Lösemittelverbrauch (t/d)		Bemerkungen
≤ 1	> 1	
3	1	[1] Flüchtige organische Verbindungen, die als Teil des Beschichtungsstoffes in einem geschlossenen Behälter verkauft werden, gelten nicht als diffuse Emissionen.

16.2.4 Besondere Anforderungen
Nummer 16.1.4 gilt entsprechend.

16.3 Anlagen zur Herstellung von Klebstoffen
16.3.1 Grenzwerte für die Gesamtemissionen

Gesamtemissionsgrenzwert[1] Lösemittelverbrauch (t/d)		Bemerkungen
≤ 5	> 5	
3	1	[1] Angegeben in vom Hundert des eingesetzten organischen Lösemittels.

16.3.2 Emissionsgrenzwerte für gefasste Abgase

Emissionsgrenzwert (mg C/m³) Lösemittelverbrauch (t/a)		Bemerkungen
≤ 1000	> 1000	
20[1]	20[1]	[1] Bei Anwendung von Abgasreinigungseinrichtungen mit thermischer Nachverbrennung.
100	50	
	100[2]	[2] Gilt für Abgasreinigungseinrichtungen mit Rückgewinnung durch Kondensation, soweit keine flüchtigen organischen Verbindungen nach Nummer 3.1.7 Klasse II der TA Luft eingesetzt werden.

16.3.3 Grenzwert für diffuse Emissionen

Grenzwert[1] (% der eingesetzten Lösemittel) Lösemittelverbrauch (t/d)		Bemerkungen
≤ 5	> 5	
3	1	[1] Flüchtige organische Verbindungen, die als Teil des Beschichtungsstoffes in einem geschlossenen Behälter verkauft werden, gelten nicht als diffuse Emissionen.

Anh. A 31   **31. BImSchV**   VO zur Durchführung des BImSchG

16.3.4 Besondere Anforderungen

Nummer 16.1.4 gilt entsprechend.

16.4 Anlagen zur Herstellung von Druckfarben

16.4.1 Grenzwerte für die Gesamtemissionen

Gesamtemissionsgrenzwert[1] Lösemittelverbrauch (t/a)		Bemerkungen
≤ 1000	> 1000	
3	1	[1] Angegeben in vom Hundert der eingesetzten organischen Lösemittel.

16.4.2 Emissionsgrenzwerte für gefasste Abgase

Emissionsgrenzwert (mg C/m^3) Lösemittelverbrauch (t/a)		Bemerkungen
≤ 1000	> 1000	
20[1]	20[1]	[1] Bei Anwendung von Abgaseinrichtungen mit thermischer Nachverbrennung.
100	50	[2] Bei Anwendung von Abgaseinrichtungen, die auf der Basis biologischer Prozesse arbeiten.
	90[2]	
	100[3]	[3] Gilt für Abgasreinigungseinrichtungen mit Rückgewinnung durch Kondensation, soweit keine flüchtigen organischen Verbindungen nach Nummer 3.1.7 Klasse II der TA Luft eingesetzt werden.

16.4.3 Grenzwert für diffuse Emissionen

Grenzwert[1] (% der eingesetzten Lösemittel) Lösemittelverbrauch (t/d)		Bemerkungen
≤ 1000	> 1000	
3	1	[1] Flüchtige organische Verbindungen, die als Teil der Druckfarben in einem geschlossenen Behälter verkauft werden, gelten nicht als diffuse Emissionen.

16.4.4 Besondere Anforderungen

Nummer 16.1.4 gilt entsprechend.

17. Umwandlung von Kautschuk

17.1 Anlagen zur Umwandlung von Kautschuk

17.1.1 Grenzwert für die Gesamtemissionen

Gesamtemissionsgrenzwert[1]	Bemerkungen
25	[1] Angegeben in vom Hundert des eingesetzten organischen Lösemittels.

17.1.2 Emissionsgrenzwerte für gefasste Abgase

Emissionsgrenzwert (mg C/m^3)	Bemerkungen
20	[1] Gilt für Anlagen mit Wiederverwendung zurückgewonnener organischer Lösemittel.
75[1]	

Emissionsbegrenzung 31. BImSchV **Anh. A 31**

17.1.3 Grenzwert für diffuse Emissionen
Der Grenzwert für diffuse Emissionen beträgt 25 vom Hundert. Organische Lösemittel, die als Teil von Erzeugnissen oder Zubereitungen in geschlossenen Behältern verkauft werden, zählen nicht zu den diffusen Emissionen.

17.1.4 Besondere Anforderungen
Der Grenzwert für die Gesamtemissionen nach Nummer 17.1.1 gilt alternativ zum Emissionsgrenzwert für gefasste Abgase nach Nummer 17.1.2 und dem Grenzwert für diffuse Emissionen nach Nummer 17.1.3, bei genehmigungsbedürftigen Anlagen jedoch mit der Maßgabe, dass bei der Anwendung des Grenzwertes für die Gesamtemissionen der Emissionsgrenzwert nach 17.1.2 bei gefassten behandelten Abgasen einzuhalten ist.

18. Extraktion von Pflanzenöl und tierischem Fett sowie Raffination von Pflanzenöl

18.1 Anlagen zur Extraktion von Pflanzenöl und tierischem Fett sowie Raffination von Pflanzenöl

18.1.1 Grenzwerte für die Gesamtemissionen

Gesamtemissionsgrenzwert[1]		Bemerkungen
Tierisches Fett:	1,5	[1] In Kilogramm je Tonne tierischem oder pflanzlichem Material.
Rizinus:	3,0	
Rapssamen:	1,0	[2] Bei Anlagen, die einzelne Chargen von Samen und sonstiges pflanzliches Material verarbeiten, sind die Gesamtemissionen nach dem Stand der Technik zu vermindern.
Sonnenblumensamen:	1,0	
Sojabohnen (normal gemahlen):	0,8	
Sojabohnen (weiße Flocken):	1,2	
Sonstige Samen und sonstiges pflanzliches Material:	3[2] 1,5[3] 4[4]	[3] Gilt für alle Verfahren zur Fraktionierung mit Ausnahme der Entschleimung (Reinigung von Ölen). [4] Gilt für die Entschleimung.

19. Herstellung von Arzneimitteln

19.1 Anlagen zur Herstellung von Arzneimitteln

19.1.1 Grenzwerte für die Gesamtemissionen
Die Gesamtemissionen dürfen 5 vom Hundert, bei Altanlagen 15 vom Hundert der Masse der eingesetzten organischen Lösemittel nicht überschreiten.

19.1.2 Emissionsgrenzwerte für gefasste Abgase

Emissionsgrenzwert (mg C/m³)	Bemerkungen
20 75[1]	[1] Gilt für Anlagen mit Einrichtungen, die die Wiederverwendung zurückgewonnener organischer Lösemittel ermöglichen.

19.1.3 Grenzwert für diffuse Emissionen
Der Grenzwert für diffuse Emissionen beträgt 5 vom Hundert, für Altanlagen 15 vom Hundert. Der Grenzwert für diffuse Emissionen bezieht sich nicht auf Lösemittel, die als Teil von Erzeugnissen oder Zubereitungen in einem geschlossenen Behälter verkauft werden.

Anh. A 31 31. BImSchV   VO zur Durchführung des BImSchG

19.1.4 Besondere Anforderungen

Der Grenzwert für die Gesamtemissionen an flüchtigen organischen Verbindungen nach Nummer 19.1.1 gilt alternativ zum Emissionsgrenzwert für gefasste Abgase nach Nummer 19.1.2 und dem Grenzwert für diffuse Emissionen nach Nummer 19.1.3, bei genehmigungsbedürftigen Anlagen jedoch mit der Maßgabe, dass bei der Anwendung des Grenzwertes für die Gesamtemissionen der Emissionsgrenzwert nach Nummer 19.1.2 bei gefassten behandelten Abgasen einzuhalten ist.

Anhang IV
(zu § 4)

Reduzierungsplan

A Grundsätzliche Anforderungen

Bei Anwendung eines Reduzierungsplans ist eine Emissionsminderung mindestens in gleicher Höhe zu erzielen, wie dies für die jeweilige Anlage bei Einhaltung der Anforderungen nach § 4 Satz 1 Nr. 1 der Fall wäre. Bei Einhaltung der Voraussetzungen von Satz 1 darf der Betreiber einen beliebigen Reduzierungsplan verwenden, der speziell für seine Anlage aufgestellt sein kann. Sind entgegen der bei Aufstellung des Reduzierungsplans gemäß § 4 Satz 2 getroffenen und begründeten Annahmen lösemittelarme oder lösemittelfreie Ersatzstoffe noch in der Entwicklung und ist ein absehbares Ende der Entwicklung gegeben, kann die zuständige Behörde auf Antrag des Betreibers eine angemessene Fristverlängerung zur Umsetzung seines Reduzierungsplans einräumen.

B Reduzierungsplan für das Aufbringen von Beschichtungsstoffen, Klarlacken, Klebstoffen oder Druckfarben

Bei Anwendung des folgenden Reduzierungsplans ist der Nachweis der Gleichwertigkeit nach Abschnitt A Satz 1 nicht erforderlich:

1. Der Betreiber legt der zuständigen Behörde einen Reduzierungsplan vor, der vorsieht, den durchschnittlichen Gehalt an flüchtigen organischen Verbindungen der Einsatzstoffe, insbesondere der Beschichtungsstoffe und Reinigungsmittel, zu verringern oder den Feststoffnutzungsgrad zu erhöhen, um die Gesamtemissionen an flüchtigen organischen Verbindungen aus der Anlage auf einen bestimmten Prozentsatz der jährlichen Bezugsemission, die sogenannte Zielemission, ab den nachstehenden Zeitpunkten zu reduzieren:

Zeitpunkte für die Einhaltung der maximal zulässigen Gesamtemissionen		Maximal zulässige Gesamtemissionen pro Jahr
Neue Anlagen	Altanlagen	
ab dem 25. August 2001	ab dem 1. November 2005	Zielemission × 1,5
ab dem 1. November 2004	ab dem 1. November 2007	Zielemission

2. Die jährliche Bezugsemission berechnet sich wie folgt:
Jährliche Bezugsemission = kg Feststoff/a x Multiplikationsfaktor.
Es ist die Gesamtmasse der Feststoffe in der jährlich verbrauchten Menge an Beschichtungsstoff und/oder Druckfarbe, Lack, Farbe, Klebstoff zu bestimmen. Als

Emissionsbegrenzung 31. BImSchV Anh. A 31

Feststoffe gelten alle Stoffe in Beschichtungsstoffen, Druckfarben, Klarlacken, Lacken und Klebstoffen, die sich verfestigen, sobald das Wasser oder die flüchtigen organischen Verbindungen verdunstet sind (wie z. B. Bindemittel, Pigmente, Füllstoffe in Lacken, Farben, Klebstoffen).

Durch Multiplikation der bestimmten Gesamtmasse an Feststoffen mit dem entsprechenden Multiplikationsfaktor aus der Spalte 3 der nachstehenden Tabelle ist die jährliche Bezugsemission zu berechnen. Die zuständige Behörde kann eine Anpassung der genannten Multiplikationsfaktoren bei einzelnen Anlagen vornehmen, um bei der Anwendung von Applikationsverfahren nach dem Stand der Technik dem nachgewiesenen erhöhten Feststoffnutzungsgrad Rechnung zu tragen.

Nummer der Anlage nach Anhang I	Tätigkeit	Lösemittelverbrauch t/a	Multiplikationfaktor zur Ermittlung der jährlichen Bezugsemission	Prozentsatz zur Ermittlung der Zielemission
1.1	Heatset- Rollenoffset	> 15	1,0	(30 + 5) %
1.2	Illustrationstiefdruck	> 25	4	(10 + 5) %
1.3	Sonstige Druckverfahren außer Rotationssiebdruck	>15–25	2,5	(25 + 5) %
		> 25	2,5	(20 + 5) %
	• Rotationssiebdruck	>15–25	1,5	(25 + 5) %
		> 25	1,5	(20 + 5) %
4.1–4.4	Fahrzeugserienlackierung	<15	2,5	(25 + 15) %
4.5	Beschichtung von Schienenfahrzeugen	>5–15	1,5	(25 + 15) %
		> 15		(20 + 5) %
5.1	Fahrzeugreparaturlackierung	< 15	2,5	(25 + 15) %
6.1	Bandbeschichtung	> 10	2,5	(3 + 5) %
8.1	Sonstige Metall- oder Kunststoffbeschichtung			
	• sonstige Beschichtung	>5–15	1,5	(25 + 15) %
		> 15		(20 + 5) %
	• Beschichtung bahnenförmiger Materialien	>5–15		(15 + 15) %
		> 15		(10 + 5) %
9.1		>5–15	4	(25 + 15) %
9.2	Holzbeschichtung	> 15–25	$3^{(1)}$	(25 + 15) %
		> 25	$3^{(1)}$	(20 + 5) %
10.1/ 10.2	Textil-, Gewebe-, Folien- oder Papieroberflächen	>5–15	4	(15 + 15) %
		> 15		(10 + 5) %
12.1	Holzimprägnierung	>10	1,5	(45 + 5) %
	Klebebeschichtung • sonstiger Betrieb	>5–15	3	(25 + 5) %

Anh. A 31   31. BImSchV   VO zur Durchführung des BImSchG

Nummer der Anlage nach Anhang I	Tätigkeit	Lösemittelverbrauch t/a	Multiplikationfaktor zur Ermittlung der jährlichen Bezugsemission	Prozentsatz zur Ermittlung der Zielemission
14.1	• Beschichtung bahnenförmiger Materialien	> 15 >5–15 > 15		(20 + 5) % (15 + 5) % (10 + 5)%
8.1, 10.1, 10.2, 14.1	Beschichtungen, die mit Lebensmitteln in Berührung kommen; Beschichtungen für die Luft- und Raumfahrt	entsprechende Werte für die Nummern 8.1, 10.1, 10.2, 14.1	2,33	entsprechende Werte aus den Nummern 8.1, 10.1, 10.2, 14.1

(1) Für Applikationsverfahren mit einem Auftragswirkungsgrad von > 85% (beispielsweise Walzen) kann der Multiplikationsfaktor 4 zugrunde gelegt werden.

3. Die Zielemission berechnet sich wie folgt: Zielemission = Bezugsemission × Prozentsatz.
   Die Höhe des Prozentsatzes ist gleich der Summe aus
   b) dem Grenzwert für diffuse Emissionen + 15 bei den in Spalte 1 der Tabelle in Nummer 2 genannten Anlagen
      – der Nummer 5.1,
      – der Nummern 8.1, 10.1 und 10.2 mit einem Lösemittelverbrauch von jeweils 5 bis 15 t/a und
      – der Nummern 9.1 und 9.2 mit einem Lösemittelverbrauch von jeweils 5 bis 25 t/a;
   b) dem Grenzwert für diffuse Emissionen + 5
      bei allen sonstigen in der Spalte 1 der Tabelle in Nummer 2 genannten Anlagen.
   Die für die einzelnen Anlagenarten maßgeblichen Prozentsätze sind in der vierten Spalte der Tabelle in Nummer 2 angegeben. Die Anforderungen des Reduzierungsplans gelten als eingehalten, wenn die nach dem Verfahren der Lösemittelbilanz des Anhangs V bestimmte tatsächliche Gesamtemission an flüchtigen organischen Verbindungen die Zielemission nicht überschreitet.

4. Hat die Anwendung eines Reduzierungsplans zur Folge, dass die Zielemission auch ohne den Weiterbetrieb einer bereits vorhandenen Abgasreinigungseinrichtung möglich ist und soll diese deshalb außer Betrieb genommen werden, ist dafür eine Zustimmung der zuständigen Behörde erforderlich.

C Vereinfachter Nachweis zur Einhaltung der Anforderungen

1. Die Zielemission des Reduzierungsplans nach Abschnitt B gilt für Anlagen der Nummer 1.3 des Anhangs I auch als eingehalten, soweit in diesen Anlagen ausschließlich Druckfarben, Klarlacke, Klebstoffe und Hilfsstoffe mit einem Lösemittelgehalt von weniger als 10 vom Hundert eingesetzt werden und der Betrei-

ber einer Anlage dies gegenüber der zuständigen Behörde in Übereinstimmung mit den Zeitvorgaben nach Abschnitt B Nr. 1 verbindlich erklärt.

2. Die Zielemission des Reduzierungsplans nach Abschnitt B gilt für nicht genehmigungsbedürftige Anlagen der Nummern 4.1 bis 4.5, 5.1 oder 8.1 des Anhangs I auch als eingehalten, soweit in diesen Anlagen ausschließlich Beschichtungsstoffe mit einem VOC-Wert von höchstens 250 g/l sowie Reinigungsmittel mit einem Massegehalt an flüchtigen organischen Verbindungen von weniger als 20 vom Hundert eingesetzt werden und der Betreiber einer Anlage dies gegenüber der zuständigen Behörde in Übereinstimmung mit den Zeitvorgaben nach Abschnitt B Nr. 1 verbindlich erklärt.

3. Für Anlagen der Nummer 9.1 des Anhangs I gilt die Zielemission des Reduzierungsplans nach Abschnitt B auch als eingehalten, soweit
   a) zur Beschichtung von ebenen und planen Oberflächen ausschließlich Beschichtungsstoffe mit einem VOC-Wert von höchstens 250 g/l,
   b) zur Beschichtung sonstiger Oberflächen ausschließlich Beschichtungsstoffe mit einem VOC-Wert von höchstens 450 g/l und
   c) ausschließlich wässrige Beizen mit einem VOC-Wert von höchstens 300 g/l eingesetzt werden und der Betreiber einer Anlage dies gegenüber der zuständigen Behörde bis zum 31. Dezember 2012 verbindlich erklärt.

4. Für Anlagen der Nummer 5.1 des Anhangs I gilt die Zielemission des Reduzierungsplans nach Abschnitt B auch als eingehalten, soweit die im folgenden genannten Einsatzstoffe den zugeordneten VOC-Wert nicht überschreiten und der Betreiber einer Anlage dies gegenüber der zuständigen Behörde in Übereinstimmung mit den Zeitvorgaben nach Abschnitt B Nr. 1 verbindlich erklärt:

Einsatzstoff	VOC-Wert [g/l]
Werkzeugreiniger	850
Vorreinigungsmittel	200
Spachtel	250
Waschprimer	780
Haftgrundierung	540[1]
Grundierfüller	540[2]
Schleiffüller	540[1]
Nass-in-Nassfüller	540[2]
Einschicht-Uni-Decklack	420
Basislack	420
Klarlack	420[3]
Spezialprodukte	840[3, 4]

[1] Ab 1. Januar 2010 gelten < 250.
[2] Ab 1. Januar 2010 gelten < 420.
[3] Ab 1. Januar 2010 Anpassung an den Stand der Technik.
[4] Der Anteil der Spezialprodukte an den gesamten Beschichtungsstoffen darf 10 vom Hundert nicht überschreiten.

5. Für Anlagen der Nummer 10.1 des Anhangs I gilt die Zielemission nach Abschnitt B auch als eingehalten, soweit die Emissionsfaktoren
   a) für das Beschichten und das Bedrucken 0,8 gC je Kilogramm Textilien und
   b) aus Verschleppung und Restgehalt der Präparation 0,4 gC je Kilogramm Textilien

Anh. A 31   31. BImSchV   VO zur Durchführung des BImSchG

nicht überschreiten und der Betreiber einer Anlage dies gegenüber der zuständigen Behörde in Übereinstimmung mit den Zeitvorgaben nach Abschnitt B Nr. 1 verbindlich erklärt.

6. Für nicht genehmigungsbedürftige Anlagen der Nummern 13.1 und 14.1 des Anhangs I gilt die Zielemission nach Abschnitt B auch als eingehalten, soweit ausschließlich Klebstoffe und Primer mit einem Massegehalt an organischen Lösemitteln von weniger als 5 vom Hundert eingesetzt werden und der Betreiber einer Anlage dies gegenüber der zuständigen Behörde in Übereinstimmung mit den Zeitvorgaben nach Abschnitt B Nr. 1 verbindlich erklärt.

Anhang V
(zu den §§ 5 und 6)

Lösemittelbilanz

1. Definitionen

Die folgenden Definitionen dienen der Erstellung einer Lösemittelbilanz für eine Anlage, bezogen auf den Zeitraum eines Kalenderjahres oder eines beliebigen Zwölfmonatszeitraums:

1.1 Eintrag organischer Lösemittel in eine Anlage (I)

I1: Die Menge organischer Lösemittel oder ihre Menge in gekauften Zubereitungen, die in einer Anlage in der Zeitspanne eingesetzt wird, die der Berechnung der Lösemittelbilanz zugrunde liegt.

I2: Die Menge organischer Lösemittel oder ihre Menge in zurückgewonnenen Zubereitungen, die in der Anlage als Lösemittel zur Wiederverwendung eingesetzt wird. Das zurückgewonnene Lösemittel wird jedes Mal dann erfasst, wenn es dazu verwandt wird, die Tätigkeit auszuführen.

1.2 Austrag organischer Lösemittel aus einer Anlage (O)

O1: Emissionen in gefassten Abgasen
  O1 = O1.1 + O1.2
  O1.1: Emissionen in den gefassten behandelten Abgasen
  O1.2: Emissionen in den gefassten unbehandelten Abgasen
O2: Menge organischer Lösemittel im Abwasser, gegebenenfalls unter Berücksichtigung der Abwasseraufbereitung bei der Berechnung von O5
O3: Die Menge organischer Lösemittel, die als Verunreinigung oder Rückstand im Endprodukt verbleibt
O4: Diffuse Emissionen nach § 2 Nr. 6 in der Luft
O5: Die Menge organischer Lösemittel und/oder organischer Verbindungen, die aufgrund chemischer oder physikalischer Reaktionen, beispielsweise durch Verbrennung oder die Aufbereitung von Abgasen oder Abwasser vernichtet oder aufgefangen werden, sofern sie nicht unter O6, O7 oder O8 fallen
O6: Die Menge organischer Lösemittel, die in eingesammeltem Abfall enthalten ist
O7: Organische Lösemittel oder in Zubereitungen enthaltene organische Lösemittel, die als Produkt verkauft werden oder verkauft werden sollen, beispielsweise Lacke, Farben oder Klebstoffe als Verkaufsprodukte der Herstellungsprozesse
O8: Die Menge organischer Lösemittel, die zur Wiederverwendung zurückgewonnen wurden oder in für die Wiederverwendung zurückgewonnenen Zuberei-

Emissionsbegrenzung　　　　　　　　　31. BImSchV　Anh. A 31

tungen enthalten sind, jedoch nicht als Einsatz gelten, sofern sie nicht unter O7 fallen
O9: Organische Lösemittel, die auf sonstigem Wege freigesetzt werden

2. Leitlinien für die Verwendung einer Lösemittelbilanz zum Nachweis der Erfüllung von Anforderungen

Die Art und Weise wie die Lösemittelbilanz verwendet wird, hängt von der jeweiligen zu überprüfenden Anforderung ab. Neben den nachfolgenden Überprüfungen dient die Lösemittelbilanz ebenfalls zur Bestimmung des Lösemittelverbrauchs, um feststellen zu können, ob eine Anlage in den Geltungsbereich der Richtlinie fällt und welche Anforderungen in Abhängigkeit vom Schwellenwert erfüllt werden müssen.

2.1 Ermittlung des Lösemittelverbrauchs und der Emissionen

2.1.1 Ermittlung des Lösemittelverbrauchs

Der Lösemittelverbrauch LV ist nach folgender Beziehung zu berechnen:
LV = I1 − O8

2.1.2 Ermittlung der Emissionen

Um die Einhaltung eines Gesamtemissionsgrenzwertes oder die Einhaltung der Zielemission des Reduzierungsplans nach Anhang IV Abschnitt B zu überprüfen, ist die Lösemittelbilanz zur Ermittlung der Emissionen zu erstellen. Die Emissionen E lassen sich anhand der folgenden Beziehung aus den diffusen Emissionen F und den Emissionen in gefassten Abgasen berechnen:
a) E = F + O1
   bei Bestimmung der diffusen Emissionen nach der Nummer 2.2.1 a) oder der Nummer 2.2.2 a)
b) E = F + O1.1
   bei Bestimmung der diffusen Emissionen nach der Nummer 2.2.1 b) oder der Nummer 2.2.2 b)
Die berechnete Emission E ist dann anschließend mit der Zielemission oder, nachdem sie gegebenenfalls durch die jeweiligen Produktparameter dividiert worden ist, mit dem festgelegten Gesamtemissionsgrenzwert zu vergleichen.

2.1.3 Um die Einhaltung der Anforderungen nach § 3 Abs. 4 Nr. 2 Buchstabe b zu beurteilen, ist die Lösemittelbilanz aufzustellen, um die Gesamtemissionen aller relevanten Tätigkeiten zu bestimmen. Das Ergebnis ist dann anschließend mit den Gesamtemissionen zu vergleichen, die entstanden wären, wenn die Anforderungen für jede einzelne Tätigkeit erfüllt worden wären.

2.2 Bestimmung der diffusen Emissionen

Die diffusen Emissionen lassen sich entweder mit einer mittelbaren oder mit einer direkten Methode bestimmen:

2.2.1 Mittelbare Methode

a) ohne Zuordnung der Emissionen in gefassten unbehandelten Abgasen zu den diffusen Emissionen
   F = I1 − O1 − O5 − O6 − O7 − O8
   für die Anlagen nach Anhang I Nrn. 1.2, 2.1, 3.1, 4.1 bis 4.5, 7.1 und 7.2, 10.1, 11.1, 12.1 und 12.2, 13.1, 15.1, 16.1 bis 16.4, 17.1, 18.1, 19.1,
b) mit Zuordnung der Emissionen in gefassten unbehandelten Abgasen zu den diffusen Emissionen

$F = I1 - O1.1 - O5 - O6 - O7 - O8$
für die Anlagen nach Anhang I Nrn. 1.1, 1.3, 5.1, 6.1, 8.1, 9.1 und 9.2, 10.2, 14.1.

2.2.2 Direkte Methode

a) ohne Zuordnung der Emissionen in gefassten unbehandelten Abgasen zu den diffusen Emissionen
$F = O2 + O3 + O4 + O9$
für die Anlagen nach Anhang I Nrn. 1.2, 2.1, 3.1, 4.1 bis 4.5, 7.1 und 7.2, 10.1, 11.1, 12.1 und 12.2, 13.1, 15.1, 16.1 bis 16.4, 17.1, 18.1, 19.1,
b) mit Zuordnung der Emissionen in gefassten unbehandelten Abgasen zu den diffusen Emissionen
$F = O1.2 + O2 + O3 + O4 + O9$
für die Anlagen nach Anhang I Nrn. 1.1, 1.3, 5.1, 6.1, 8.1, 9.1 und 9.2, 10.2, 14.1.
Die Mengen der einzelnen Ein- oder Austräge können durch Messungen bestimmt werden. Alternative gleichwertige Berechnungen können durchgeführt werden. Der Grenzwert für diffuse Emissionen wird als Anteil am Lösemitteleinsatz ausgedrückt, der sich nach der folgenden Beziehung berechnet:
$I = I1 + I2$.

Anhang VI
(zu den §§ 5 und 6)
Anforderungen an die Durchführung der Überwachung

1. Einzelmessungen

1.1 Bei jedem Überwachungsvorgang sind drei Einzelmessungen mit jeweils einer Dauer von einer Stunde im bestimmungsgemäßen Betrieb durchzuführen. Die Anforderungen gelten als eingehalten, wenn der Mittelwert jeder Einzelmessung den festgelegten Emissionsgrenzwert nicht überschreitet.

1.2 Der Bericht über das Ergebnis der Messungen muss insbesondere Angaben über die Messplanung, die verwendeten Messverfahren und die Betriebsbedingungen, die für die Beurteilung der Messergebnisse von Bedeutung sind, enthalten

2. Kontinuierliche Überwachung

2.1 Der Betreiber hat durch eine von der zuständigen Behörde bekannt gegebenen Stelle den ordnungsgemäßen Einbau der Messeinrichtung und deren Kalibrierung vor Inbetriebnahme feststellen zu lassen. Spätestens nach Ablauf eines Jahres hat der Betreiber die Messeinrichtung auf Funktionsfähigkeit prüfen zu lassen und die Kalibrierung spätestens fünf Jahre nach der letzten Kalibrierung oder nach wesentlicher Änderung der Anlage wiederholen zu lassen. Die Unterlagen über den ordnungsgemäßen Einbau, der Kalibrierung und der Prüfung der Funktionsfähigkeit sind am Betriebsort drei Jahre lang aufzubewahren und der zuständigen Behörde jeweils auf Verlangen vorzulegen.

2.2 Der Emissionsgrenzwert gilt als eingehalten, wenn
a) kein Tagesmittelwert, gebildet aus den Stundenmittelwerten, die Emissionsgrenzwerte überschreitet,
b) keines der Stundenmittel mehr als das 1,5fache der Emissionsgrenzwerte beträgt.

Emissionsbegrenzung 31. BImSchV **Anh. A 31**

3. Ermittlung der flächenbezogenen Gesamtemissionen an flüchtigen organischen Verbindungen bei Anlagen der Fahrzeugbeschichtung

Die Fläche eines zu beschichtenden Produkts wird definiert als
a) die Fläche, die sich aus der gesamten mit Hilfe der Elektrophorese beschichteten Fläche errechnet, sowie die Fläche der Teile, die in aufeinander folgenden Phasen des Beschichtungsverfahrens hinzukommen und auf die gleiche Schicht wie auf das betreffende Produkt aufgebracht wird, oder als
b) die Gesamtfläche des in der Anlage beschichteten Produkts.

Für die Berechnung der mit Hilfe der Elektrophorese beschichteten Fläche gilt folgende Beziehung:

$$\frac{2 \times \text{Gesamtgewicht}}{\text{durchschnittliche Dicke des Metallblechs} \times \text{Dichte des Metallblechs}}$$

Dieses Verfahren findet auch auf andere beschichtete Blechteile Anwendung. Die Fläche der hinzukommenden Teile oder die in der Anlage beschichtete Gesamtfläche ist mit Hilfe von Computer Aided Design oder anderen gleichwertigen Verfahren zu berechnen.

4. Bestimmung des Gehaltes an flüchtigen organischen Verbindungen im Beschichtungsstoff (VOC-Wert)

4.1 Der Gehalt an flüchtigen organischen Verbindungen (VOC-Wert) im Beschichtungsstoff ist gleich der Masse der flüchtigen Anteile abzüglich der Masse des Wassers, ins Verhältnis gesetzt zum Volumen des Beschichtungsstoffes abzüglich des Volumens des darin enthaltenen Wassers in g/l:

$$\text{VOC-Wert} = \frac{\text{Masse der flüchtigen Anteile} - \text{Masse Wasser}}{\text{Volumen Beschichtungsstoffe} - \text{Volumen Wasser}} \text{ in g/l}$$

Der VOC-Wert bezieht sich auf den anwendungsfertigen Beschichtungsstoff einschließlich der vom Hersteller vorgegebenen oder empfohlenen Verdünnungen.

4.2 Abweichend von Nummer 4.1 wird der Gehalt an flüchtigen organischen Verbindungen bei Beschichtungsstoffen für Holzoberflächen als Masse, bezogen auf einen Liter Beschichtungsstoff, wie folgt definiert:

$$\text{VOC-Wert (g/l)} = (100 - \text{nfa} - m_W) \times p_S \times 10$$

Es bedeuten:
p_S: Dichte des Beschichtungsstoffs
nfa: nichtflüchtige Anteile
m_W: Massenanteil des Wassers in Prozent.

A 32. Geräte- und Maschinenlärmschutzverordnung – 32. BImSchV

Vom 29. 8. 2002 (BGBl I 3478), geändert am 6. 1. 2004 (BGBl I 2)[1]
(BGBl. III/FNA 2129-8-32)

Kommentierung: Vgl. die Ausführungen zu § 37, insb. Rn. 13f zu § 37.

Abschnitt 1. Allgemeine Vorschriften

§ 1 Anwendungsbereich. (1) Diese Verordnung gilt für Geräte und Maschinen, die nach Artikel 2 der Richtlinie 2000/14/EG des Europäischen Parlaments und des Rates vom 8. Mai 2000 zur Angleichung der Rechtsvorschriften der Mitgliedstaaten über umweltbelastende Geräuschemissionen von zur Verwendung im Freien vorgesehenen Geräten und Maschinen (ABl. EG Nr. L 162 S. 1, Nr. L 311 S. 50) in den Anwendungsbereich der Richtlinie fallen; sie sind im Anhang dieser Verordnung aufgelistet.

(2) Die Maschinenlärminformations-Verordnung und die Maschinenverordnung bleiben unberührt.

§ 2 Begriffsbestimmungen. Im Sinne dieser Verordnung bedeuten die Begriffe
1. in Verkehr bringen: die erstmalige entgeltliche oder unentgeltliche Bereitstellung eines Gerätes oder einer Maschine auf dem deutschen Markt für den Vertrieb oder die Benutzung in Deutschland oder, entsprechend dem Regelungszusammenhang dieser Verordnung, auf dem Gemeinschaftsmarkt für den Vertrieb oder die Benutzung im Gebiet der Europäischen Gemeinschaft;
2. in Betrieb nehmen: die erstmalige Benutzung eines Gerätes oder einer Maschine in Deutschland oder, entsprechend dem Regelungszusammenhang dieser Verordnung, im Gebiet der Europäischen Gemeinschaft;
3. zur Verwendung im Freien vorgesehene Geräte und Maschinen: Geräte und Maschinen im Sinne von Artikel 3 Buchstabe a der Richtlinie 2000/14/EG;
4. CE-Kennzeichnung: Kennzeichnung im Sinne von Artikel 3 Buchstabe c der Richtlinie 2000/14/EG;
5. Konformitätsbewertungsverfahren: Verfahren im Sinne von Artikel 3 Buchstabe b der Richtlinie 2000/14/EG;
6. garantierter Schallleistungspegel: Schallleistungspegel im Sinne von Artikel 3 Buchstabe f der Richtlinie 2000/14/EG;
7. lärmarme Geräte und Maschinen: Geräte und Maschinen, an die das gemeinschaftliche Umweltzeichen nach den Artikeln 7 und 9 der Verordnung Nr. 1980/2000 des Europäischen Parlaments und des Rates vom 17. Juli 2000 zur Revision des gemeinschaftlichen Systems zur Vergabe eines Umweltzeichens (ABl. EG Nr. L 237 S. 1) vergeben worden ist und die mit dem Umweltzeichen nach Artikel 8 der Verordnung Nr. 1980/2000/EG gekennzeichnet sind. Liegt eine derartige Kennzeichnung nicht vor, gelten Geräte und Maschinen als lärmarm, die den Anforde-

---

[1] Zur Rechtsgrundlage und zur Änderung Rn. 13 zu § 37.

rungen an den zulässigen Schallleistungspegel der Stufe II in Artikel 12 der Richtlinie 2000/14/EG genügen.

Abschnitt 2. Marktverkehrsregelungen für Geräte und Maschinen

§ 3 Inverkehrbringen. (1) Geräte und Maschinen nach dem Anhang dürfen in Deutschland nur in Verkehr gebracht oder in Betrieb genommen werden, wenn der Hersteller oder sein in der Europäischen Gemeinschaft ansässiger Bevollmächtigter sichergestellt hat, dass
1. jedes Gerät oder jede Maschine mit der CE-Kennzeichnung und der Angabe des garantierten Schallleistungspegels nach Artikel 11 Abs. 1, 2 und 5 der Richtlinie 2000/14/EG und nach Satz 2 und 3 versehen ist,
2. jedem Gerät oder jeder Maschine eine Kopie der EG-Konformitätserklärung nach Artikel 8 Abs. 1 der Richtlinie 2000/14/EG und nach Satz 5 beigefügt ist, die für jeden Typ eines Gerätes oder einer Maschine auszustellen ist,
3. für den Typ des Gerätes oder der Maschine eine Kopie der EG-Konformitätserklärung nach Artikel 8 Abs. 1 der Richtlinie 2000/14/EG der Europäischen Kommission übermittelt worden ist,
4. der Typ des Gerätes oder der Maschine einem Konformitätsbewertungsverfahren unterzogen worden ist nach
   a) Artikel 14 Abs. 1 der Richtlinie 2000/14/EG, soweit es sich um ein Gerät oder eine Maschine nach dem Anhang Spalte 1 handelt,
   b) Artikel 14 Abs. 2 der Richtlinie 2000/14/EG, soweit es sich um ein Gerät oder eine Maschine nach dem Anhang Spalte 2 handelt, und
5. der garantierte Schallleistungspegel des Gerätes oder der Maschine den zulässigen Schallleistungspegel nach Artikel 12 der Richtlinie 2000/14/EG nicht überschreitet, soweit es sich um ein Gerät oder eine Maschine nach dem Anhang Spalte 1 handelt.

Die CE-Kennzeichnung und die Angabe des garantierten Schallleistungspegels müssen sichtbar, lesbar und dauerhaft haltbar an jedem Gerät und jeder Maschine angebracht sein. Die Sichtbarkeit und Lesbarkeit der CE-Kennzeichnung und der Angabe des garantierten Schallleistungspegels darf durch andere Kennzeichnungen auf den Geräten und Maschinen nicht beeinträchtigt sein. Zeichen oder Aufschriften, die hinsichtlich der Bedeutung oder Form der CE-Kennzeichnung oder der Angabe des garantierten Schallleistungspegels irreführend sein können, dürfen nicht angebracht werden. Ist die beigefügte EG-Konformitätserklärung nicht in deutscher Sprache ausgestellt, muss ferner die Kopie einer deutschen Übersetzung beigefügt sein.

(2) Ist der Hersteller oder sein Bevollmächtigter in der Europäischen Gemeinschaft ansässig, gilt Absatz 1 mit der Maßgabe, dass die dort genannten Anforderungen jeder sonstigen Person obliegen, die die Geräte und Maschinen in der Europäischen Gemeinschaft in Verkehr bringt oder in Betrieb nimmt.

§ 4 Übermittlung der Konformitätserklärung. Der in Deutschland ansässige Hersteller oder andernfalls sein in Deutschland ansässiger Bevollmächtigter hat der nach Landesrecht zuständigen Behörde des Landes, in dem er seinen Sitz hat, und der Europäischen Kommission eine Kopie der EG-Konformitätserklärung für jeden Typ eines Gerätes und einer Maschine nach dem Anhang zu übermitteln, wenn Geräte und Maschinen dieses Typs in der Europäischen Gemeinschaft in Verkehr gebracht oder in Betrieb genommen werden.

Geräte- und Maschinenlärm 32. BImSchV **Anh. A 32**

§ 5 Aufbewahrung und Übermittlung von Informationen aus der Konformitätsbewertung. Der in Deutschland ansässige Hersteller oder andernfalls sein in Deutschland ansässiger Bevollmächtigter hat nach Herstellung des letzten Gerätes oder der letzten Maschine eines Typs zehn Jahre lang alle Informationen, die im Laufe des Konformitätsbewertungsverfahrens für den Geräte- oder Maschinentyp verwendet wurden, insbesondere die in Artikel 14 Abs. 3 der Richtlinie 2000/14/EG angegebenen technischen Unterlagen, sowie ein Exemplar der EG-Konformitätserklärung aufzubewahren. Auf Verlangen hat er der nach Landesrecht zuständigen Behörde Einsicht in die Informationen zu geben und ihr Kopien der Informationen zur Verfügung zu stellen.

§ 6 Mitteilungspflichten. (1) Die zuständige Landesbehörde teilt Marktaufsichtsmaßnahmen nach § 8 des Geräte- und Produktsicherheitsgesetzes dem Bundesministerium für Umwelt, Naturschutz und Reaktorsicherheit im Hinblick auf die nach Artikel 9 Abs. 2 der Richtlinie 2000/14/EG erforderliche Unterrichtung der anderen Mitgliedstaaten der Europäischen Gemeinschaft und der Europäischen Kommission unverzüglich mit.

(2) Die zuständige Landesbehörde nach § 11 Abs. 1 des Geräte- und Produktsicherheitsgesetzes teilt dem Bundesministerium für Umwelt, Naturschutz und Reaktorsicherheit im Hinblick auf die nach Artikel 15 Abs. 3 der Richtlinie 2000/14/EG erforderliche Meldung an die Mitgliedstaaten der Europäischen Gemeinschaft und an die Europäische Kommission mit, welche Stellen sie benannt hat. In der Mitteilung ist anzugeben, für welche Geräte und Maschinen sowie Konformitätsbewertungsverfahren die Benennung gilt. Satz 1 gilt entsprechend für einen Widerruf sowie eine Rücknahme, einen Ablauf oder ein Erlöschen der Benennung im Hinblick auf Artikel 15 Abs. 5 der Richtlinie 2000/14/EG.

Abschnitt 3. Betriebsregelungen für Geräte und Maschinen

§ 7 Betrieb in Wohngebieten. (1) In reinen, allgemeinen und besonderen Wohngebieten, Kleinsiedlungsgebieten, Sondergebieten, die der Erholung dienen, Kur- und Klinikgebieten und Gebieten für die Fremdenbeherbergung nach den §§ 2, 3, 4, 4a, 10 und 11 Abs. 2 der Baunutzungsverordnung sowie auf dem Gelände von Krankenhäusern und Pflegeanstalten dürfen im Freien
1. Geräte und Maschinen nach dem Anhang an Sonn- und Feiertagen ganztägig sowie an Werktagen in der Zeit von 20.00 Uhr bis 07.00 Uhr nicht betrieben werden,
2. Geräte und Maschinen nach dem Anhang Nr. 02, 24, 34 und 35 an Werktagen auch in der Zeit von 07.00 Uhr bis 09.00 Uhr, von 13.00 Uhr bis 15.00 Uhr und von 17.00 Uhr bis 20.00 Uhr nicht betrieben werden, es sei denn, dass für die Geräte und Maschinen das gemeinschaftliche Umweltzeichen nach den Artikeln 7 und 9 der Verordnung Nr. 1980/2000 des Europäischen Parlaments und des Rates vom 17. Juli 2000 zur Revision des gemeinschaftlichen Systems zur Vergabe eines Umweltzeichens (ABl. EG Nr. L 237 S. 1) vergeben worden ist und sie mit dem Umweltzeichen nach Artikel 8 der Verordnung Nr. 1980/2000/EG gekennzeichnet sind.

Satz 1 gilt nicht für Bundesfernstraßen und Schienenwege von Eisenbahnen des Bundes, die durch Gebiete nach Satz 1 führen. Die Länder können für Landesstraßen und nichtbundeseigene Schienenwege, die durch Gebiete nach Satz 1 führen, die Geltung des Satzes 1 einschränken.

Anh. A 32 **32. BImSchV** VO zur Durchführung des BImSchG

(2) Die nach Landesrecht zuständige Behörde kann im Einzelfall Ausnahmen von den Einschränkungen des Absatzes 1 zulassen. Der Zulassung bedarf es nicht, wenn der Betrieb der Geräte und Maschinen im Einzelfall zur Abwendung einer Gefahr bei Unwetter oder Schneefall oder zur Abwendung einer sonstigen Gefahr für Mensch, Umwelt oder Sachgüter erforderlich ist. Der Betreiber hat die zuständige Behörde auf Verlangen über den Betrieb nach Satz 2 zu unterrichten. Von Amts wegen können im Einzelfall Ausnahmen von den Einschränkungen des Absatzes 1 zugelassen werden, wenn der Betrieb der Geräte und Maschinen zur Abwendung einer Gefahr für die Allgemeinheit oder im sonstigen öffentlichen Interesse erforderlich ist.

(3) Weitergehende landesrechtliche Vorschriften zum Schutz von Wohn- und sonstiger lärmempfindlicher Nutzung und allgemeine Vorschriften des Lärmschutzes, insbesondere zur Sonn- und Feiertagsruhe und zur Nachtruhe, bleiben unberührt.

§ 8 Betrieb in empfindlichen Gebieten. Die Länder können
1. unter Beachtung des Artikels 17 der Richtlinie 2000/14/EG weitergehende Regelungen für Einschränkungen des Betriebs von Geräten und Maschinen nach dem Anhang in von ihnen als empfindlich eingestuften Gebieten treffen,
2. unter Beachtung der allgemeinen Vorschriften des Lärmschutzes Regelungen zu weitergehenden Ausnahmen von Einschränkungen des Betriebs von Geräten und Maschinen nach dem Anhang treffen, soweit
    a) lärmarme Geräte und Maschinen eingesetzt werden, deren Betrieb nicht erheblich stört oder unter Abwägung öffentlicher und privater Belange sowie unter Berücksichtigung anderweitiger Lösungsmöglichkeiten Vorrang hat, oder
    b) der Betrieb im öffentlichen Interesse erforderlich ist.

Abschnitt 4. Schlussvorschriften

§ 9 Ordnungswidrigkeiten. (1) Ordnungswidrig im Sinne des § 19 Abs. 1 Nr. 1 Buchstabe a des Geräte- und Produktsicherheitsgesetzes handelt, wer vorsätzlich oder fahrlässig
1. entgegen § 3 Abs. 1 Satz 1, auch in Verbindung mit Abs. 2, ein Gerät oder eine Maschine in Verkehr bringt oder in Betrieb nimmt oder
2. entgegen § 4 eine Kopie nicht oder nicht rechtzeitig übermittelt.

(1a) Ordnungswidrig im Sinne des § 19 Abs. 1 Nr. 1 Buchstabe b des Geräte- und Produktsicherheitsgesetzes handelt, wer vorsätzlich oder fahrlässig
1. entgegen § 3 Abs. 1 Satz 4 ein Zeichen oder eine Aufschrift anbringt oder
2. entgegen § 5 Satz 1 eine Information oder ein Exemplar nicht oder nicht mindestens zehn Jahre aufbewahrt.

(2) Ordnungswidrig im Sinne des § 62 Abs. 1 Nr. 7 des Bundes-Immissionsschutzgesetzes handelt, wer vorsätzlich oder fahrlässig
1. entgegen § 7 Abs. 1 Satz 1 ein Gerät oder eine Maschine betreibt oder
2. entgegen § 7 Abs. 2 Satz 3 die zuständige Behörde nicht, nicht richtig, nicht vollständig oder nicht rechtzeitig unterrichtet.

§ 10 Übergangsvorschrift. (1) Für Geräte und Maschinen nach dem Anhang, die vor dem 6. September 2002 in Verkehr gebracht oder in Betrieb genommen worden sind, gelten nur § 7 Abs. 1 und 2 sowie § 9 Abs. 2.

(2) Soweit ab dem 3. Juli 2001 und vor dem 6. September 2002 der Hersteller oder sein in der Europäischen Gemeinschaft ansässiger Bevollmächtigter auf der

Geräte- und Maschinenlärm　　　　　32. BImSchV **Anh. A 32**

Grundlage von Artikel 22 Abs. 2 Satz 2 der Richtlinie 2000/14/EG ein Gerät oder eine Maschine nach dem Anhang mit der CE-Kennzeichnung nach Artikel 11 der Richtlinie 2000/14/EG versehen hat, gelten für diese Geräte und Maschinen ab dem 6. September 2002 die Vorschriften dieser Verordnung.

(3) Baumusterprüfbescheinigungen und Messergebnisse zu Geräten und Maschinen, die im Rahmen der aufgehobenen Rasenmäherlärm-Verordnung oder der aufgehobenen Baumaschinenlärm-Verordnung ausgestellt beziehungsweise ermittelt wurden, können bei der Abfassung der technischen Unterlagen nach Anhang V Nr. 3, Anhang VI Nr. 3, Anhang VII Nr. 2 sowie Anhang VIII Nr. 3.1 und 3.3 der Richtlinie 2000/14/EG verwendet werden.

§ 11 Anpassungsvorschrift. Wird Anhang III der in § 3 in Bezug genommen Richtlinie 2000/14/EG im Verfahren nach Artikel 18 Abs. 2 dieser Richtlinie an den technischen Fortschritt angepasst, so gilt er in der geänderten, im Amtsblatt der Europäischen Gemeinschaften veröffentlichten Fassung. Die Änderungen gelten von dem Tage an, den die Richtlinie bestimmt. Fehlt eine solche Bestimmung, so gelten sie vom ersten Tage des dritten auf die Veröffentlichung folgenden Monats an.

Anhang

Nachstehende Geräte und Maschinen fallen nach § 1 in den Anwendungsbereich der Verordnung.

Legende:

Nr.	= Ordnungsnummer des Gerätes oder der Maschine, entsprechend der Auflistung in Anhang I der Richtlinie 2000/14/EG
Gerät/Maschine	= Art des Gerätes und der Maschine, ggf. mit Leistungswerten
Sp. 1	= Spalte 1, entsprechend dem Anwendungsbereich von Artikel 12 der Richtlinie 2000/14/EG
Sp. 2	= Spalte 2, entsprechend dem Anwendungsbereich von Artikel 13 der Richtlinie 2000/14/EG
× in der Spalte 1 bzw. 2	= Gerät oder Maschine fällt in den Anwendungsbereich der Spalte 1 bzw. der Spalte 2

Nr.	Gerät/Maschine	Sp. 1	Sp. 2
01	Hubarbeitsbühne mit Verbrennungsmotor		×
02	Freischneider		×
03	Bauaufzug für den Materialtransport mit		
03.1	Verbrennungsmotor	×	
03.2	Elektromotor		×
04	Baustellenbandsägemaschine		×
05	Baustellenkreissägemaschine		×
06	Tragbare Motorkettensäge		×
07	Kombiniertes Hochdruckspül- und Saugfahrzeug		×

Anh. A 32 32. BImSchV VO zur Durchführung des BImSchG

Nr.	Gerät/Maschine	Sp. 1	Sp. 2
08	Verdichtungsmaschine in der Bauart von		
08.1	Vibrationswalzen und nicht vibrierende Walzen, Rüttelplatten und Vibrationsstampfer	×	
08.2	Explosionsstampfer		×
09	Kompressor (< 350 kW)	×	
10	Handgeführter Betonbrecher und Abbau-, Aufbruch- und Spatenhammer	×	
11	Beton- und Mörtelmischer		×
12	Bauwinde mit		
12.1	Verbrennungsmotor	×	
12.2	Elektromotor		×
13	Förder- und Spritzmaschine für Beton und Mörtel		×
14	Förderband		×
15	Fahrzeugkühlaggregat		×
16	Planiermaschine (< 500 kW)	×	
17	Bohrgerät		×
18	Muldenfahrzeug (< 500 kW)	×	
19	Be- und Entladeaggregat von Silo- oder Tankfahrzeugen		×
20	Hydraulik- und Seilbagger (< 500 kW)	×	
21	Baggerlader (< 500 kW)	×	
22	Altglassammelbehälter		×
23	Grader (< 500 kW)	×	
24	Grastrimmer/Graskantenschneider		×
25	Heckenschere		×
26	Hochdruckspülfahrzeug		×
27	Hochdruckwasserstrahlmaschine		×
28	Hydraulikhammer		×
29	Hydraulikaggregat	×	
30	Fugenschneider		×
31	Müllverdichter, der Bauart nach ein Lader mit Schaufel (< 500 kW)	×	
32	Rasenmäher (mit Ausnahme von – land- und forstwirtschaftlichen Geräten – Mehrzweckgeräten, deren Hauptantrieb eine installierte Leistung von mehr als 20 kW aufweist)	×	
33	Rasentrimmer/Rasenkantenschneider	×	

Geräte- und Maschinenlärm 32. BImSchV **Anh. A 32**

Nr.	Gerät/Maschine	Sp. 1	Sp. 2
34	Laubbläser		x
35	Laubsammler		x
36	Gegengewichtsstapler mit Verbrennungsmotor		
36.1	geländegängiger Gabelstapler (Gegengewichtsstapler auf Rädern, der in erster Linie für naturbelassenes gewachsenes und auf gewühltes Gelände, z. B. auf Baustellen, bestimmt ist)	x	
36.2	sonstiger Gegengewichtsstapler mit einer Tragfähigkeit von höchstens 10 Tonnen, ausgenommen Gegengewichtsstapler, die speziell für die Containerbeförderung gebaut sind		x
37	Lader (< 500 kW)	x	
38	Mobilkran	x	
39	Rollbarer Müllbehälter		x
40	Motorhacke (< 3 kW)	x	
41	Straßenfertiger		
41.1	ohne Hochverdichtungsbohle	x	
41.2	mit Hochverdichtungsbohle		x
42	Rammausrüstung		x
43	Rohrleger		x
44	Pistenraupe		x
45	Kraftstromerzeuger		
45.1	< 400 kW	x	
45.2	≥ 400 kW		x
46	Kehrmaschine		x
47	Müllsammelfahrzeug		x
48	Straßenfräse		x
49	Vertikutierer		x
50	Schredder/Zerkleinerer		x
51	Schneefräse (selbstfahrend, ausgenommen Anbaugeräte)		x
52	Saugfahrzeug		x
53	Turmdrehkran		x
54	Grabenfräse		x
55	Transportbetonmischer		x
56	Wasserpumpe (nicht für Unterwasserbetrieb)		x
57	Schweißstromerzeuger	x	

A 33. Verordnung zu Sommersmog, Versauerung und Nährstoffeinträgen – 33. BImSchV

Vom 13. 7. 2004 (BGBl I 1612)[1]

Kommentierung: Vgl. die Ausführungen zu § 48a, insb. Rn. 17f zu § 48a.

§ 1 Begriffsbestimmungen. Im Sinne dieser Verordnung bedeuten die Begriffe
1. „Ozonvorläuferstoffe" Stoffe, die zur Bildung von bodennahem Ozon beitragen;
2. „Beurteilung" die Ermittlung und Bewertung der Luftqualität durch Messung, Berechnung, Vorhersage oder Schätzung anhand der Methoden und Kriterien, die in dieser Verordnung genannt sind;
3. „Zielwert" eine Ozonkonzentration in der Luft, die mit dem Ziel festgelegt wird, schädliche Auswirkungen auf die menschliche Gesundheit oder die Umwelt langfristig zu vermeiden, und die so weit wie möglich in einem bestimmten Zeitraum erreicht werden muss;
4. „langfristiges Ziel" eine langfristig zu erreichende Ozonkonzentration in der Luft, unterhalb derer direkte schädliche Auswirkungen auf die menschliche Gesundheit oder die Umwelt insgesamt nach den derzeitigen wissenschaftlichen Erkenntnissen unwahrscheinlich sind;
5. „Alarmschwelle" eine Ozonkonzentration in der Luft, bei deren Überschreitung bei kurzfristiger Exposition ein Risiko für die Gesundheit der Gesamtbevölkerung besteht;
6. „Informationsschwelle" eine Ozonkonzentration in der Luft, bei deren Überschreitung bei kurzfristiger Exposition ein Risiko für die Gesundheit besonders empfindlicher Bevölkerungsgruppen besteht;
7. „Gebiet" einen von den zuständigen Behörden festgelegten Teil der Fläche eines Landes im Sinne des § 3 Abs. 1 dieser Verordnung;
8. „Ballungsraum" ein Gebiet mit mindestens 250 000 Einwohnern, das aus einer oder mehreren Gemeinden besteht, oder ein Gebiet, das aus einer oder mehreren Gemeinden besteht, welche jeweils eine Einwohnerdichte von 1000 Einwohnern oder mehr je Quadratkilometer bezogen auf die Gemarkungsfläche haben und die zusammen mindestens eine Fläche von 100 Quadratkilometern haben;
9. „Emissionen" Schadstoffe, die durch menschliche Tätigkeit aus Quellen auf dem Gebiet der Bundesrepublik Deutschland und ihrer ausschließlichen Wirtschaftszone freigesetzt werden, ausgenommen Schadstoffe des internationalen Seeverkehrs und von Flugzeugen außerhalb des Lande- und Startzyklus;
10. „flüchtige organische Verbindungen" (NMVOC = non methane volatile organic compounds) alle organischen Verbindungen mit Ausnahme von Methan, die natürlichen Ursprungs sind oder durch menschliche Tätigkeit verursacht werden und durch Reaktion mit Stickstoffoxiden in Gegenwart von Sonnen-

---

[1] Zur Rechtsgrundlage Rn. 17 zu § 48a.

licht photochemische Oxidantien erzeugen können; die §§ 7 und 8 umfassen, soweit sie sich auf die Einhaltung der nationalen Emissionshöchstmengen von NMVOC beziehen, nur NMVOC, die durch menschliche Tätigkeit verursacht werden;

11. „AOT40" – ausgedrückt in Mikrogramm Stunden per Kubikmeter – die über einen vorgegebenen Zeitraum summierte Differenz zwischen Ozonkonzentrationen über 80 Mikrogramm × Stunden per Kubikmeter und 80 Mikrogramm × Stunden per Kubikmeter unter ausschließlicher Verwendung der täglichen 1-Stunden-Mittelwerte zwischen 8.00 und 20.00 Uhr mitteleuropäischer Zeit (MEZ);

12. „geplante Maßnahmen" – des Programms nach § 8 – eine Zusammenstellung der von der Bundesregierung beabsichtigten Rechts- oder Verwaltungsvorschriften des Bundes sowie anderer in der Zuständigkeit der Bundesregierung liegender Maßnahmen, mit deren Hilfe die Immissionswerte und Emissionshöchstmengen eingehalten werden sollen.

§ 2 Immissionswerte. Der Zielwert zum Schutz der menschlichen Gesundheit vor bodennahem Ozon beträgt 120 Mikrogramm per Kubikmeter als höchster 8-Stunden-Mittelwert der Ozonkonzentration in der Luft während eines Tages bei 25 zugelassenen Überschreitungen im Kalenderjahr. Der Wert ist ab dem 1. Januar 2010 so weit wie möglich einzuhalten. Maßgebend für die Beurteilung der Einhaltung des Zielwertes ist die Zahl der Überschreitungstage pro Kalenderjahr gemittelt über drei Jahre. 2010 ist das erste Jahr, dessen Daten zur Überprüfung der Einhaltung dieses Zielwertes für den Dreijahreszeitraum herangezogen werden.

(2) Der Zielwert zum Schutz der Vegetation vor bodennahem Ozon beträgt 18 000 Mikrogramm × Stunden per Kubikmeter, als AOT40 für den Zeitraum Mai bis Juli. Der Wert ist ab dem Jahr 2010 so weit wie möglich einzuhalten. Maßgebend für die Beurteilung der Einhaltung des Zielwertes ist der AOT40-Wert dieses Zeitraumes, gemittelt über fünf Jahre. 2010 ist das erste Jahr, dessen Daten zur Überprüfung der Einhaltung dieses Zielwertes für den Fünfjahreszeitraum herangezogen werden.

(3) Das langfristige Ziel zum Schutz der menschlichen Gesundheit vor bodennahem Ozon beträgt 120 Mikrogramm per Kubikmeter als höchster 8-Stunden-Mittelwert der Ozonkonzentration in der Luft während eines Tages.

(4) Das langfristige Ziel zum Schutz der Vegetation vor bodennahem Ozon beträgt 6000 Mikrogramm · Stunden per Kubikmeter, als AOT40 für den Zeitraum Mai bis Juli.

(5) Die Informationsschwelle für bodennahes Ozon beträgt 180 Mikrogramm per Kubikmeter als 1-Stunden-Mittelwert der Ozonkonzentration in der Luft.

(6) Die Alarmschwelle für bodennahes Ozon beträgt 240 Mikrogramm per Kubikmeter als 1-Stunden-Mittelwert der Ozonkonzentration in der Luft.

§ 3 Beurteilung der Luftqualität. (1) Die Länder legen Ballungsräume fest und bestimmen Gebiete gemäß der in Absatz 10 festgelegten Einstufung, um dort nach Maßgabe der nachfolgenden Absätze die Ozonkonzentration zur Erfassung der Überschreitungen der Immissionswerte zu messen und zu beurteilen. Das Umweltbundesamt stellt den Ländern hierfür auf Anforderung die in seinem Messnetz routinemäßig vorhandenen Messergebnisse seiner Probenahmestellen zur Verfügung, die die Kriterien für den ländlichen Hintergrund gemäß Anlage 4 Abschnitt I erfüllen.

(2) Bei der Festlegung der ortsfesten Probenahmestellen und bei der Ermittlung der Ozonkonzentration gelten die in den Anlagen 4 und 5 genannten Kriterien. Die Referenzmethode für die Analyse von Ozon ist in Anlage 8 Abschnitt I festgelegt.

(3) In Gebieten oder Ballungsräumen, in denen Messungen in einem Jahr der vorangegangenen fünfjährigen Messperiode ergeben haben, dass ein langfristiges Ziel überschritten worden war, führen die Länder kontinuierliche Messungen an ortsfesten Probenahmestellen durch. Liegen Daten für weniger als fünf Jahre vor, können zur Ermittlung von Überschreitungen kurzzeitige Messkampagnen durchgeführt werden. Diese Messungen müssen zu Zeiten und an Orten durchgeführt werden, die für die höchsten Ozonkonzentrationen typisch sind, und können mit Ergebnissen aus Emissionsinventaren und Modellrechnungen kombiniert werden. Die erste fünfjährige Mess- bzw. Beurteilungsperiode umfasst den Zeitraum von 1999 bis 2003.

(4) Die Mindestzahl ortsfester Probenahmestellen für die kontinuierliche Messung von Ozon in Gebieten oder Ballungsräumen, in denen die Informationen zur Beurteilung der Luftqualität ausschließlich durch Messungen gewonnen werden, ist in Anlage 5 Abschnitt I festgelegt.

(5) An mindestens 50 vom Hundert der Ozonprobenahmestellen gemäß Anlage 5 Abschnitt I, ausgenommen solcher im ländlichen Hintergrund, ist Stickstoffdioxid kontinuierlich zu messen.

(6) Für Gebiete oder Ballungsräume, in denen die Informationen von ortsfesten Probenahmestellen durch Modellrechnungen oder orientierende Messungen ergänzt werden, kann die in Anlage 5 Abschnitt I festgelegte Gesamtzahl der Probenahmestellen verringert werden,
1. wenn die zusätzlichen Methoden ein angemessenes Informationsniveau für die Beurteilung der Luftqualität in Bezug auf die Zielwerte sowie die Informations- und Alarmschwelle liefern;
2. wenn die Zahl der einzurichtenden ortsfesten Probenahmestellen und die räumliche Auflösung anderer Techniken ausreicht, um die Ozonkonzentration im Einklang mit den in Anlage 7 Abschnitt I festgelegten Datenqualitätszielen zu ermitteln, und zu den Beurteilungsergebnissen nach Anlage 7 Abschnitt II führen;
3. wenn in jedem Gebiet mindestens eine Probenahmestelle pro zwei Millionen Einwohner oder eine pro 50 000 Quadratkilometer besteht, je nachdem, was zur größeren Zahl von Probenahmestellen führt;
4. wenn es in jedem Gebiet oder Ballungsraum mindestens eine Probenahmestelle gibt und
5. wenn Stickstoffdioxid an allen verbleibenden Probenahmestellen mit Ausnahme von Stellen im ländlichen Hintergrund kontinuierlich gemessen wird.

Die Mindestzahl der ortsfesten Probenahmestellen ergibt sich aus den Nummern 1 bis 4.

(7) In Gebieten oder Ballungsräumen, in denen in jedem Jahr während der Messperiode in den vergangenen fünf Jahren die Ozonkonzentrationen unter den langfristigen Zielen lagen, ist die Zahl der kontinuierlich arbeitenden Probenahmestellen gemäß Anlage 5 Abschnitt II zu bestimmen.

(8) Das Bundesministerium für Umwelt, Naturschutz und Reaktorsicherheit oder die von ihm beauftragte Stelle errichtet und betreibt im Bundesgebiet mindestens eine Probenahmestelle zur Erfassung der Konzentrationen in der Anlage 6 aufgelisteten Ozonvorläuferstoffe. Sofern die Länder Ozonvorläuferstoffe messen, stimmen sie sich mit dem Bundesministerium für Umwelt, Naturschutz und Reaktorsicherheit oder der von ihm beauftragte Stelle ab.

Bei der Überprüfung der Einhaltung der Zielwerte und der langfristigen Ziele ist Anlage 1 anzuwenden.

(9) Die Länder erstellen unter Berücksichtigung der Absätze 3 und 9 Listen der Gebiete oder Ballungsräume, in denen die Ozonkonzentrationen
1. über den Zielwerten,
2. zwischen den Zielwerten und den langfristigen Zielen sowie
3. unter den langfristigen Zielen

liegen.

§ 4 Unterrichtung der Öffentlichkeit. (1) Das nach § 8 zu erarbeitende Programm muss zusammen mit den Emissionsinventaren und -prognosen nach § 7 Abs. 3 der Öffentlichkeit, insbesondere den Umweltschutzorganisationen, den Verbraucherverbänden, den Interessenvertretungen empfindlicher Bevölkerungsgruppen und anderen mit dem Gesundheitsschutz befassten relevanten Stellen zugänglich gemacht werden.

(2) Die Länder machen der Öffentlichkeit in geeigneter Form (z. B. durch Rundfunk, Presse, Computernetzdienste) aktuelle Informationen über die Ozonkonzentrationen in der Luft zugänglich. Werden die Informationsoder die Alarmschwelle überschritten oder ist dies zu erwarten, ist die Öffentlichkeit nach Anlage 2 zu unterrichten. Die Informationen sind täglich, bei erhöhten Ozonbelastungen stündlich zu aktualisieren. Im Rahmen dieser Informationen stellen die Länder sicher, dass zumindest alle Überschreitungen des langfristigen Ziels zum Schutz der menschlichen Gesundheit sowie festgestellte oder zu erwartende Überschreitungen der Informationsschwelle oder der Alarmschwelle für den betreffenden Mittelungszeitraum angegeben werden. Fernersollten die gesundheitlichen Auswirkungen kurz bewertet werden. Bezüglich der in der Zuständigkeit des Bundes liegenden Verpflichtungen in den Nummern 4 und 5 der Anlage 2 ist auf den Bericht des Umweltbundesamtes gemäß Absatz 3 zu verweisen.

(3) Das Umweltbundesamt erstellt jährlich einen Bericht auf der Basis der von den Ländern erhobenen Daten und macht ihn der Öffentlichkeit zugänglich. Im Bericht sind neben den in den Nummern 4 und 5 der Anlage 2 genannten Angaben zumindest folgende Informationen anzugeben:
1. Bewertung der getroffenen Maßnahmen im Hinblick auf die Verringerung des Risikos, der Dauer oder des Ausmaßes einer Überschreitung der Alarmschwelle,
2. alle Überschreitungen des Zielwertes und des langfristigen Ziels bezüglich der menschlichen Gesundheit, der Informationsschwelle und der Alarmschwelle, gegebenenfalls mit einer Kurzbewertung der Auswirkungen dieser Überschreitungen,
3. alle Überschreitungen des Zielwertes und des langfristigen Ziels bezüglich der Vegetation, gegebenenfalls mit einer Kurzbewertung der Auswirkungen dieser Überschreitungen,
4. soweit vorhanden, Informationen und Bewertungen in Bezug auf die Einhaltung des zum Schutz der Wälder in Anlage 3 Abschnitt I genannten AOT40-Wertes und Informationen zu relevanten Vorläuferstoffen, soweit diese nicht vom geltenden Gemeinschaftsrecht erfasst werden.

§ 5 Grenzüberschreitende Luftverschmutzung. (1) Werden die Zielwerte oder die langfristigen Ziele in erheblichem Umfang aufgrund von Emissionen anderer Mitgliedstaaten der Europäischen Union überschritten, soll sich das Bundesministerium für Umwelt, Naturschutz und Reaktorsicherheit darum bemühen, gemeinsam mit diesen Staaten ein Programm zur Verminderung der Ozonkonzentration aufzustellen. Das gilt nicht, wenn die Zielwerte oder die langfristigen Ziele nur mit unverhältnismäßigen Maßnahmen zu erreichen sind.

(2) Ist die Informationsschwelle oder die Alarmschwelle nach § 2 in Gebieten nahe der Landesgrenze zu einem oder mehreren Nachbarstaaten überschritten, sollen die Länder so bald wie möglich die zuständigen ausländischen Behörden informieren, um die Unterrichtung der Öffentlichkeit in diesen Staaten zu erleichtern.

§ 6 Berichtspflichten. Für die Berichterstattung an die Kommission der Europäischen Gemeinschaften übermitteln die zuständigen Behörden über die nach Landesrecht zuständige Behörde dem Bundesministerium für Umwelt, Naturschutz und Reaktorsicherheit oder der von ihm beauftragten Stelle, soweit sie aufgrund des regelmäßigen Datenaustausches noch nicht vorliegen, folgende Informationen:
1. bis zum 31. Juli des Folgejahres für jedes Kalenderjahr die Listen der Gebiete oder Ballungsräume gemäß § 3 Abs. 10;
2. 22 Monate nach Ablauf des Kalenderjahres, in dem die Zielwerte überschritten wurden, soweit notwendig, ergänzende Hinweise zur Erklärung der jährlichen Überschreitungen des Zielwertes zum Schutz der menschlichen Gesundheit;
3. für jedes Kalenderjahr auf vorläufiger Basis:
    a) für jeden Monat von April bis September zum 20. des nachfolgenden Monats für jeden Tag, an dem die Informations- oder Alarmschwelle überschritten wurde, das Datum, die Dauer der Überschreitungen in Stunden, den höchsten 1-Stunden-Mittelwert der Ozonkonzentration, sofern die Messdaten nicht fortlaufend dem Umweltbundesamt übermittelt werden,
    b) bis zum 20. Oktober jeden Jahres alle anderen auswertbaren Informationen nach Anlage 3;
4. für jedes Kalenderjahr bis zum 31. Juli des Folgejahres die überprüften Informationen nach Anlage 3 und den Jahresmittelwert der Konzentrationen von Ozonvorläuferstoffen, die in Anlage 6 aufgeführt sind und deren Konzentration gemäß § 3 Abs. 8 gemessen werden muss.

§ 7 Emissionshöchstmengen, -inventare und -prognosen. (1) Für die Emissionen der Stoffe Schwefeldioxid (SO_2), Stickstoffoxide (NO_X), flüchtige organische Verbindungen (NMVOC) und Ammoniak (NH_3) werden folgende Höchstmengen pro Kalenderjahr für die Bundesrepublik Deutschland insgesamt festgelegt:

SO_2 (Kilotonnen)	NO_X (Kilotonnen)	NMVOC (Kilotonnen)	NH_3 (Kilotonnen)
520	1051	995	550

(2) Die Emissionen sind mit Maßnahmen des Programms nach § 8 spätestens bis zum 31. Dezember 2010 auf die in Absatz 1 genannten Höchstmengen zu begrenzen und dürfen danach nicht mehr überschritten werden.

(3) Das Umweltbundesamt erstellt für die in Absatz 1 genannten Stoffe jährlich Emissionsinventare und Emissionsprognosen für das Jahr 2010. Dabei sind Verfahren zu verwenden, die im Rahmen des Übereinkommens vom 13. November 1979 über weiträumige grenzüberschreitende Luftverunreinigung (BGBl. 1982 II S. 373) der Wirtschaftskommission der Vereinten Nationen für Europa – UN-ECE vereinbart wurden.

Sommersmog, Versauer., Nährstoffeintr. 33. BImSchV **Anh. A 33**

§ 8 Programm zur Verminderung der Ozonkonzentration und zur Einhaltung der Emissionshöchstmengen. (1) Die Bundesregierung erstellt nach Anhörung der Länder und der beteiligten Kreise ihr Programm mit dauerhaften Maßnahmen zur Verminderung der Ozonkonzentration und zur Einhaltung der Emissionshöchstmengen.

(2) Dieses Programm wird jährlich überprüft und, soweit erforderlich, fortgeschrieben.

(3) Die im Programm nach Absatz 1 enthaltenen Maßnahmen zielen darauf ab:
1. die Emissionen der in § 7 Abs. 1 genannten Stoffe so weit zu vermindern, dass die dort festgelegten Emissionshöchstmengen ab dem genannten Termin eingehalten werden;
2. die in § 2 Abs. 1 und 2 festgelegten Zielwerte ab dem 1. Januar 2010 so weit wie möglich einzuhalten;
3. die in § 2 Abs. 3 und 4 festgelegten langfristigen Ziele zu erreichen, soweit dies mit Maßnahmen, die in einem angemessenen Verhältnis zum angestrebten Erfolg stehen, möglich ist;
4. in den Gebieten der Bundesrepublik Deutschland, in denen die Ozonkonzentrationen unter den langfristigen Zielen liegen, die bestmögliche Luftqualität im Einklang mit einer dauerhaften und umweltgerechten Entwicklung und ein hohes Schutzniveau für die Umwelt und die menschliche Gesundheit zu erhalten, soweit insbesondere der grenzüberschreitende Charakter der Ozonbelastung und die meteorologischen Gegebenheiten dies zulassen.

(4) Das Programm enthält Informationen über eingeführte und geplante Maßnahmen zur Schadstoffreduzierung sowie quantifizierte Schätzungen über deren Auswirkungen auf die Schadstoffemissionen im Jahr 2010. Erwartete erhebliche Veränderungen der geografischen Verteilung der nationalen Emissionen sind anzugeben. Soweit das Programm auf die Verminderung der Ozonkonzentration beziehungsweise deren Vorläuferstoffe abzielt, sind die in Anlage 6 der Zweiundzwanzigsten Verordnung zur Durchführung des Bundes-Immissionsschutzgesetzes (Verordnung über Immissionswerte für Schadstoffe in der Luft) vom 11. September 2002 (BGBl. I S. 3626) genannten Angaben zu machen.

(5) Die Maßnahmen des Programms müssen unter Berücksichtigung von Aufwand und Nutzen verhältnismäßig sein.

Anlage 1

Regelungen zur Überprüfung
der Einhaltung der Zielwerte und langfristigen Ziele
Anwendung der Zielwerte und langfristigen Ziele für Ozon

a) Die jährlichen Überschreitungsdaten, die zur Prüfung der Einhaltung der in § 2 Abs. 1 bis 4 genannten Zielwerte und langfristigen Ziele verwendet werden, können nur berücksichtigt werden, wenn sie den Kriterien von Anlage 3 Abschnitt II entsprechen.

b) Der höchste 8-Stunden-Mittelwert der Konzentration eines Tages wird durch Prüfung der gleitenden 8-Stunden-Mittelwerte ermittelt, die aus 1-Stunden-Mittelwerten berechnet und stündlich aktualisiert werden. Jeder 8-Stunden-Mittelwert gilt für den Tag, an dem dieser Zeitraum endet, das heißt der erste Berechnungszeitraum für jeden einzelnen Tag umfasst die Zeitspanne von 17.00 Uhr des vorangegangenen Tages bis 1.00 Uhr des betreffenden Tages,

Anh. A 33   33. BImSchV   VO zur Durchführung des BImSchG

während für den letzten Berechnungszeitraum jeweils die Stunden von 16.00 bis 24.00 Uhr des betreffenden Tages zugrunde gelegt werden.
c) Falls die Durchschnittswerte über drei oder fünf Jahre nicht auf der Grundlage einer vollständigen und kontinuierlichen Serie gültiger Jahresdaten berechnet werden können, sind folgende Mindestjahresdaten zur Prüfung der Einhaltung der Zielwerte erforderlich:
1. für den Zielwert zum Schutz der menschlichen Gesundheit:
gültige Daten für ein Jahr;
2. für den Zielwert zum Schutz der Vegetation:
gültige Daten für drei Jahre.
d) Alle Zeitangaben erfolgen in mitteleuropäischer Zeit (MEZ).

Anlage 2

Information der Öffentlichkeit

Der Öffentlichkeit sind folgende Informationen zur Verfügung zu stellen:
1. Informationen über eine oder mehrere festgestellte Überschreitungen:
   a) Ort oder Gebiet der Überschreitung;
   b) Art der überschrittenen Schwelle (Informationsschwelle oder Alarmschwelle);
   c) Beginn und Dauer der Überschreitung;
   d) höchste 1-Stunden- und 8-Stunden-Mittelwerte der Konzentration.
2. Vorhersage für den kommenden Nachmittag/Tag (die kommenden Nachmittage/Tage):
   a) geografisches Gebiet der erwarteten Überschreitung der Informations- oder Alarmschwelle;
   b) erwartete Änderung der Belastung (Verbesserung, Stabilisierung, Verschlechterung).
3. Informationen über betroffene oder gefährdete Bevölkerungsgruppen, mögliche gesundheitliche Auswirkungen und empfohlenes Verhalten:
   a) Beschreibung möglicher Symptome;
   b) der betroffenen oder gefährdeten Bevölkerung empfohlene Vorsichtsmaßnahmen, zum Beispiel Empfehlung, dass ungewohnte und erhebliche körperliche Anstrengungen im Freien und besondere sportliche Ausdauerleistungen vermieden werden sollten;
   c) weitere Informationsquellen.
4. Informationen über vorbeugende dauerhafte Maßnahmen zur Verminderung der Belastung oder Exposition:
   a) Angabe der wichtigsten Verursachergruppen;
   b) Empfehlungen für dauerhafte Maßnahmen zur Verminderung der Emissionen.
5. Informationen über die Wirksamkeit der getroffenen Maßnahmen zur Verringerung des Risikos oder von Dauer und Ausmaß einer Überschreitung der Alarmschwelle.

Anlage 3

Information an die Kommission der Europäischen Gemeinschaften, Kriterien für die Aggregation der Daten und die Berechnung statistischer Parameter

I. Von den Ländern bereitzustellende Informationen:

Die erforderlichen Daten (Typ und Umfang) sind in der nachstehenden Tabelle zusammengefasst:

Schutzziel	Art der Probenahmestellen	Ozonkonzentration	Mitteilungs-/Akkumulationszeitraum	Vorläufige Daten für jeden Monat für den Zeitraum April – September	Jahresbericht
Gesundheitsschutz: Informationsschwelle	Alle Typen	180 Mikrogramm per Kubikmeter	1 Stunde	– Für jeden Tag mit Überschreitung(en): Datum, Dauer der Überschreitung(en) in Stunden, höchster 1-Stunden-Mittelwert für Ozon und ggf. für NO$_2$ – höchster 1-Stunden-Mittelwert des Monats für Ozon	– Für jeden Tag mit Überschreitung(en): Datum, Dauer der Überschreitung(en) in Stunden, höchster 1-Stunden-Mittelwert für Ozon und ggf. für NO$_2$
Alarmschwelle	Alle Typen	240 µg/m³	1 Stunde	– Für jeden Tag mit Überschreitung(en): Datum, Dauer der Überschreitung(en) in Stunden, höchster 1-Stunden-Mittelwert für Ozon und ggf. für NO$_2$	– Für jeden Tag mit Überschreitung(en): Datum, Dauer der Überschreitung(en) in Stunden, höchster 1-Stunden-Mittelwert für Ozon und ggf. für NO$_2$
Zielwert	Alle Typen	120 µg/m³	8 Stunden	– Für jeden Tag mit Überschreitung(en): Datum und höchster 8-Stunden-Mittelwert[1]	– Für jeden Tag mit Überschreitung(en): Datum und höchster 8-Stunden-Mittelwert[1]

---

[1] Höchster 8-Stunden-Mittelwert des Tages.

Anh. A 33   33. BImSchV   VO zur Durchführung des BImSchG

Schutz-ziel	Art der Probe-nahme-stellen	Ozon-konzen-tration	Mitteilungs-/Akkumula-tions-zeitraum	Vorläufige Daten für jeden Monat für den Zeitraum April – September	Jahres-bericht
Vegetation	Vor-städtisch, ländlich, ländlicher Hintergrund	AOT40 = 6000 ($\mu g/m^3$) h	1 Stunde, akkumuliert von Mai bis Juli	–	Wert
Wälder	Vor-städtisch, ländlich, ländlicher Hintergrund	AOT40 = 20 000 ($\mu g/m^3$) h	1 Stunde, akkumuliert über den Zeitraum April bis September	–	Wert
Materialien	Alle Typen	40 $\mu g/m^3$	1 Jahr	–	Wert

Im Rahmen der jährlichen Berichterstattung sind folgende Daten zu ermitteln und zur Verfügung zu stellen, sofern die verfügbaren Stundenwerte für Ozon, Stickstoffdioxid und Stickstoffoxide des betreffenden Jahres nicht bereits im Rahmen der Entscheidung 97/101/EG des Rates (ABl. EG Nr. L 35 S. 14) übermittelt worden sind:
1. für Ozon, Stickstoffdioxid, Stickstoffoxide und die Summe von Ozon und Stickstoffdioxid (ermittelt durch die Addition als ppb und ausgedrückt in $\mu g/m^3$ Ozon): Höchstwert, 99,9; 98 und 50 Perzentil sowie Jahresmittelwert und Anzahl gültiger 1-Stunden-Mittelwerte;
2. für Ozon: Höchstwert, 98 und 50 Perzentil sowie Jahresmittelwert aus den höchsten 8-Stunden-Mittelwerten jeden Tages.

Die im Rahmen der monatlichen Berichterstattung übermittelten Daten werden als vorläufig betrachtet und sind gegebenenfalls im Rahmen nachfolgender Übermittlungen zu aktualisieren.

II. Kriterien für die Aggregation der Daten und die Berechnung statistischer Parameter

Perzentile sind nach der in der Entscheidung 97/101/EG des Rates festgelegten Methode zu berechnen.

Bei der Aggregation der Daten und der Berechnung der statistischen Parameter sind zur Prüfung der Gültigkeit folgende Kriterien anzuwenden:

Parameter	Erforderlicher Prozentsatz gültiger Daten
1-Stunden-Mittelwerte	75% (d. h. 45 Minuten)
8-Stunden-Mittelwerte	75% der Werte (d. h. 6 Stunden)
höchster 8-Stunden-Mittelwert pro Tag aus stündlich gleitenden 8-Stunden-Mittelwerten	75% der stündlich gleitenden 8-Stunden-Mittelwerte (d. h. 18 Achtstunden-Mittelwerte pro Tag)

Sommersmog, Versauer., Nährstoffeintr. 33. BImSchV **Anh. A 33**

Parameter	Erforderlicher Prozentsatz gültiger Daten
AOT40	90% der 1-Stunden-Mittelwerte während des zur Berechnung des AOT40-Wertes festgelegten Zeitraumes[1]
Jahresmittelwert	75% der 1-Stunden-Mittelwerte jeweils getrennt während des Sommers (April bis September) und des Winters (Januar bis März, Oktober bis Dezember)
Anzahl Überschreitungen und Höchstwerte je Monat	90% der höchsten 8-Stunden-Mittelwerte der Tage (27 verfügbare Tageswerte je Monat) 90% der 1-Stunden-Mittelwerte zwischen 8.00 und 20.00 Uhr M EZ
Anzahl Überschreitungen und Höchstwerte pro Jahr	5 von 6 Monaten während des Sommerhalbjahres (April bis September)

Anlage 4

**Einstufung, Kriterien und Standorte
für ortsfeste Ozonprobenahmestellen**

I. Großräumige Standortbestimmung:

Art der Probenahmestelle	Ziel der Messungen	Repräsentativität[2]	Kriterien für die großräumige Standortbestimmung
Städtisch	**Schutz der menschlichen Gesundheit:** Beurteilung der Exposition der Stadtbevölkerung gegenüber Ozon, d. h. bei einer Bevölkerungsdichte und Ozonkonzentration, die relativ hoch	1 bis 10 km²	Außerhalb des Einflussbereichs örtlicher Emissionsquellen wie Verkehr, Tankstellen usw.; Standorte mit guter Durchmischung der Umgebungsluft; Standorte wie Wohn- und Geschäfts-

---

[1] Liegen nicht alle möglichen Messdaten vor, so werden die AOT40-Werte nach folgendem Faktor berechnet:

$$\text{AOT40 [Schätzwert]} = \text{gemessener AOT40-Wert} \times \frac{\text{mögliche Gesamtstundenzahl}^{*)}}{\text{Zahl der gemessenen Stundenwerte}}$$

*) Stundenzahl innerhalb der Zeitspanne der AOT40-Definition (d. h. 8.00 Uhr bis 20.00 Uhr MEZ vom 1. Mai bis 31. Juli jeden Jahres in Bezug auf den Schutz der Vegetation und vom 1. April bis 30. September jeden Jahres in Bezug auf den Schutz der Wälder).

[2] Probenahmestellen sollten möglichst auch repräsentativ für ähnliche Standorte sein, die nicht in ihrer unmittelbaren Nähe liegen.

Art der Probe-nahme-stelle	Ziel der Messungen	Repräsen-tativität[1]	Kriterien für die groß-räumige Standortbestimmung
	und repräsentativ für die Exposition der allgemeinen Bevölkerung sind.		viertel in Städten, Grünanlagen (nicht in unmittelbarer Nähe von Bäumen), große Straßen oder Plätze mit wenig oder keinem Verkehr, für Schulen, Sportanlagen oder Freizeiteinrichtungen charakteristische offene Flächen.
Vorstädtisch	**Schutz der menschlichen Gesundheit und der Vegetation:** Beurteilung der Exposition der Bevölkerung und Vegetation in vorstädtischen Gebieten von Ballungsräumen mit den höchsten Ozonwerten, denen Bevölkerung und Vegetation direkt oder indirekt ausgesetzt sein dürften.	10 bis 100 km^2	In gewissem Abstand von den Gebieten mit hohen Emissionen und auf deren Leeseite, bezogen auf jene Hauptwindrichtungen, welche bei für die Ozonbildung günstigen Bedingungen vorherrschen; wo sich die Wohnbevölkerung, empfindliche Nutzpflanzen oder natürliche Ökosysteme in der Randzone eines Ballungsraumes befinden und hohen Ozonkonzentrationen ausgesetzt sind; gegebenenfalls auch einige Probenahmestellen in vorstädtischen Gebieten auch auf der Hauptwindrichtung zugewandten Seite, um das regionale Hintergrundniveau der Ozonkonzentrationen zu ermitteln.
Ländlich	**Schutz der menschlichen Gesundheit und der Vegetation:** Beurteilung der Exposition der Bevölkerung, von Nutzpflanzen und natürlichen Ökosystemen gegenüber Ozonkonzentrationen von subregionaler Ausdehnung.	100 bis 1000 km^2	Die Probenahmestellen können sich in kleinen Siedlungen oder Gebieten mit natürlichen Ökosystemen, Wäldern oder Nutzpflanzkulturen befinden; repräsentativ für Ozon außerhalb des Einflussbereichs örtlicher Emittenten wie Industrieanlagen und Straßen; in offenem Gelände, jedoch nicht auf Berggipfeln.
Ländlicher Hintergrund	**Schutz der Vegetation und der menschlichen Gesundheit:** Beurteilung der Exposition von	1000 bis 10 000 km^2	Probenahmestellen in Gebieten mit niedrigerer Bevölkerungsdichte, z. B. mit natürlichen Ökosystemen, Wäldern, weit

---

[1] Probenahmestellen sollten möglichst auch repräsentativ für ähnliche Standorte sein, die nicht in ihrer unmittelbaren Nähe liegen.

Art der Probenahmestelle	Ziel der Messungen	Repräsentativität[1]	Kriterien für die großräumige Standortbestimmung
	Nutzpflanzen und natürlichen Ökosystemen gegenüber Ozonkonzentrationen von regionaler Ausdehnung sowie der Exposition der Bevölkerung.		entfernt von Stadt- und Industriegebieten und entfernt von örtlichen Emissionsquellen; zu vermeiden sind Standorte mit örtlich verstärkter Bildung bodennaher Temperaturinversionen sowie Gipfel höherer Berge; Küstengebiete mit ausgeprägten täglichen Windzyklen örtlichen Charakters werden nicht empfohlen.

Für ländliche Probenahmestellen und solche im ländlichen Hintergrund ist gegebenenfalls eine Koordinierung mit den Überwachungsanforderungen aufgrund der Durchführungsverordnung zur Verordnung des Europäischen Parlaments und des Rates „Forest Focus" in Erwägung zu ziehen.

II. Kleinräumige Standortbestimmung

Die folgenden Leitlinien sollen berücksichtigt werden, soweit dies praktisch möglich ist:
1. Der Luftstrom um den Messeinlass (in einem Umkreis von mindestens 270°) darf nicht beeinträchtigt werden und es dürfen keine Hindernisse vorhanden sein, die den Luftstrom in der Nähe der Probenahmeeinrichtung beeinflussen, das heißt Gebäude, Balkone, Bäume und andere Hindernisse müssen um mindestens die doppelte Höhe, um die sie die Probenahmeeinrichtung überragen, entfernt sein.
2. Im Allgemeinen sollte sich der Messeinlass in einer Höhe zwischen 1,5 Meter (Atemhöhe) und 4 Meter über dem Boden befinden. Eine höhere Anordnung ist bei Probenahmestellen in Städten unter besonderen Umständen und in bewaldeten Gebieten möglich.
3. Der Messeinlass sollte sich in beträchtlicher Entfernung von Emissionsquellen wie Öfen oder Schornsteinen von Verbrennungsanlagen und in mehr als 10 Meter Entfernung von der nächstgelegenen Straße befinden, wobei der einzuhaltende Abstand mit der Verkehrsdichte zunimmt.
4. Die Abluftleitung der Probenahmestelle sollte so angebracht sein, dass ein Wiedereintritt der Abluft in den Messeinlass vermieden wird.

Nachstehenden Faktoren ist unter Umständen ebenfalls Rechnung zu tragen:
1. Störquellen;
2. Sicherheit;
3. Zugänglichkeit;
4. vorhandene elektrische Versorgung und Telefonleitungen;
5. Sichtbarkeit der Probenahmestelle in der Umgebung;
6. Sicherheit der Öffentlichkeit und des Betriebspersonals;

---

[1] Probenahmestellen sollten möglichst auch repräsentativ für ähnliche Standorte sein, die nicht in ihrer unmittelbaren Nähe liegen.

7. mögliche Zusammenlegung der Probenahmestellen für verschiedene Schadstoffe;
8. bauplanerische Anforderungen.

III. Dokumentation und Überprüfung der Standortbestimmung

Die Verfahren für die Standortwahl sind in der Einstufungsphase vollständig zu dokumentieren, zum Beispiel mit Fotografien der Umgebung in den Haupthimmelsrichtungen und einer detaillierten Karte. Die Standorte sollten regelmäßig überprüft und wiederholt dokumentiert werden, damit sichergestellt ist, dass die Kriterien für die Standortwahl weiterhin erfüllt sind. Hierzu ist eine gründliche Voruntersuchung und Auswertung der Messdaten unter Beachtung der meteorologischen und photochemischen Prozesse, die die an den einzelnen Standorten gemessenen Ozonkonzentrationen beeinflussen, notwendig.

Anlage 5
Mindestzahl von ortsfesten Ozonprobenahmestellen

I. Mindestzahl der Probenahmestellen für kontinuierliche ortsfeste Messungen zur Beurteilung der Qualität der Luft im Hinblick auf die Einhaltung der Zielwerte, der langfristigen Ziele und der Informations- und Alarmschwellen, soweit die kontinuierliche Messung die einzige Informationsquelle darstellt

Bevölkerung (× 1000)	Ballungsräume (städtische und vorstädtische Gebiete)[1]	Sonstige Gebiete (vorstädtische und ländliche Gebiete)[1]	Ländlicher Hintergrund
< 250		1	1 Probenahmestelle pro 50 000 km² als mittlere Dichte über alle Gebiete pro Land[2]
< 500	1	2	
< 1000	2	2	
< 1500	3	3	
< 2000	3	4	
< 2750	4	5	
< 3750	5	6	
> 3750	1 zusätzliche Probenahmestelle je 2 Mio. Einwohner	1 zusätzliche Probenahmestelle je 2 Mio. Einwohner	

[1] Mindestens 1 Probenahmestelle in vorstädtischen Gebieten, in denen die Exposition der Bevölkerung am stärksten sein dürfte. In Ballungsräumen sollten mindestens 50% der Probenahmestellen in Vorstadtgebieten liegen.

[2] Probenahmestelle je 25 000 km² in orografisch stark gegliedertem Gelände wird empfohlen.

II. Mindestzahl der Probenahmestellen für ortsfeste Messungen in Gebieten oder Ballungsräumen, in denen die langfristigen Ziele eingehalten werden

Die Zahl der Ozon-Probenahmestellen muss in Verbindung mit den zusätzlichen Beurteilungsmethoden wie Luftqualitätsmodellierung und am gleichen Standort durchgeführte Stickstoffdioxidmessungen zur Prüfung des Trends der Ozonbelastung und der Einhaltung der langfristigen Ziele ausreichen. Die Zahl der Probenahmestellen in Ballungsräumen und in anderen Gebieten kann auf ein Drittel der in Teil I angegebenen Zahl vermindert werden. Wenn die Informationen aus ortsfesten Probenahmestellen die einzige Informationsquellen darstellen, sollte zumindest eine Probenahmestelle beibehalten werden.

Hat dies in Gebieten, in denen zusätzliche Beurteilungsmethoden eingesetzt werden, zur Folge, dass in einem Gebiet keine Probenahmestelle mehr vorhanden ist, so ist durch Koordinierung mit den Probenahmestellen der benachbarten Gebiete sicherzustellen, dass die Einhaltung der langfristigen Ziele hinsichtlich der Ozonkonzentrationen ausreichend beurteilt werden kann. Die Zahl der Probenahmestellen im ländlichen Hintergrund sollte 1 pro 100 000 Quadratkilometer betragen.

Anlage 6

Messung von Ozonvorläuferstoffen

Ziele

Die Hauptzielsetzung dieser Messungen besteht in der Ermittlung von Trends der Ozonvorläuferstoffe, der Prüfung der Wirksamkeit der Emissionsminderungsstrategien, der Prüfung der Konsistenz von Emissionsinventaren und in der Zuordnung von Emissionsquellen zu Schadstoffkonzentrationen.

Ein weiteres Ziel besteht im verbesserten Verständnis der Mechanismen der Ozonbildung und der Ausbreitung der Ozonvorläuferstoffe sowie in der Anwendung photochemischer Modelle.

Stoffe

Die Messung von Ozonvorläuferstoffen muss mindestens Stickstoffoxide und geeignete flüchtige organische Verbindungen (NMVOC) umfassen. Eine Liste der zur Messung empfohlenen flüchtigen organischen Verbindungen ist nachstehend wiedergegeben:

Ethan	1-Buten	Isopren	Ethylbenzol
Ethen	trans-2-Buten	n-Hexan	m+p-Xylol
Ethin	cis-2-Buten	i-Hexan	o-Xylol
Propan	1,3-Butadien	n-Heptan	1,2,4-Trimethylbenzol
Propen	n-Pentan	n-Octan	1,2,3-Trimethylbenzol
n-Butan	i-Pentan	i-Octan	1,3,5-Trimethylbenzol
i-Butan	1-Penten	Benzol	Formaldehyd
	2-Penten	Toluol	Summe der Kohlenwasserstoffe ohne Methan

Referenzmethoden

Die in der Zweiundzwanzigsten Verordnung zur Durchführung des Bundes-Immissionsschutzgesetzes (Verordnung über Immissionswerte für Schadstoffe in der

Luft) vom 11. September 2002 (BGBl. I S. 3626) angegebene Referenzmethode gilt für Stickstoffoxide.

Die Länder, die Ozonvorläuferstoffe messen, teilen dem Bundesministerium für Umwelt, Naturschutz und Reaktorsicherheit oder der von ihm beauftragten Stelle die von ihnen angewandten Methoden zur Probenahme und Messung von NMVOC mit.

Standortkriterien

Messungen sollten insbesondere in städtischen und vorstädtischen Gebieten an allen gemäß der Zweiundzwanzigsten Verordnung zur Durchführung des Bundes-Immissionsschutzgesetzes (Verordnung über Immissionswerte für Schadstoffe in der Luft) errichteten Probenahmestellen durchgeführt werden, die für die oben erwähnten Überwachungsziele als geeignet betrachtet werden.

Anlage 7

Datenqualität, Informationen bei Anwendung von Schätzverfahren, Normierung

I. Datenqualitätsziele

Qualitätssicherungsprogramme sollten hinsichtlich der zulässigen Unsicherheit der Beurteilungsmethoden, der Mindestzeitdauer und der Messdatenerfassung auf folgende Datenqualitätsziele ausgerichtet sein:

	Für Ozon, NO und NO_2
Kontinuierliche ortsfeste Messung Unsicherheit der einzelnen Messungen Mindestdatenerfassung	15% Sommer: 90% Winter: 75%
Orientierende Messung Unsicherheit der einzelnen Messungen Mindestdatenerfassung Mindestzeitdauer	30% 90% > 10% im Sommer
Modellrechnung Unsicherheit 1-Stunden-Mittelwerte (während des Tages) höchster 8-Stunden-Mittelwert eines Tages	50% 50%
Objektive Schätzverfahren Unsicherheit	75%

Die Unsicherheit (bei einem Vertrauensbereich von 95%) der Messmethoden wird in Einklang mit den Grundsätzen des ISO-Leitfadens des Zuverlässigkeitsmanagements (Guide to the Expression of Uncertainty in Measurement 1993) oder der Methodik nach ISO 5725–1 (Accuracy – trueness and precision – of measurement methods and results 1994) oder einer gleichwertigen Methodik beurteilt. Die in der obigen Tabelle angegebenen Prozentsätze für die Unsicherheit gelten für Einzelmessungen, gemittelt über den zur Berechnung der Zielwerte und Langfristziele erforderlichen Zeitraum, bei einem Vertrauensbereich von 95%. Die Unsicherheit der kontinuierlichen ortsfesten Messungen sollte so interpretiert werden, dass sie in der Nähe des jeweiligen Schwellenwertes gilt.

Die Unsicherheit von Modellrechnungen und objektiven Schätzverfahren ist definiert als die größte Abweichung zwischen den gemessenen und den berechneten Konzentrationswerten während der für die Berechnung des jeweiligen Schwellenwertes festgelegten Zeitspanne, ohne dass die zeitliche Abfolge der Ereignisse berücksichtigt wird.

Die Mindestzeitdauer wird definiert als der Prozentsatz der zur Bestimmung des Schwellenwertes in Betracht gezogenen Zeit, während der der Schadstoff gemessen wird.

Die Mindestdatenerfassung wird definiert als das Verhältnis der Zeit, während der die Instrumente gültige Daten liefern, zu der Zeit, für die der statistische Parameter oder der aggregierte Wert berechnet werden muss.

Die Anforderungen für die Mindestdatenerfassung und Mindestzeitdauer erstrecken sich nicht auf Verluste von Daten infolge regelmäßiger Kalibrierung oder üblicher Wartung der Instrumente.

II. Ergebnisse der Luftqualitätsbeurteilung

Die folgenden Informationen sollen für Gebiete oder Ballungsräume zusammengestellt werden, in denen zusätzlich zu Messungen andere Datenquellen als ergänzende Informationen genutzt werden:
1. Beschreibung der vorgenommenen Beurteilung;
2. eingesetzte spezifische Methoden, mit Verweisen auf ihre Beschreibung;
3. Daten- und Informationsquellen;
4. Beschreibung der Ergebnisse, einschließlich der Unsicherheiten, und insbesondere die Ausdehnung eines jeden Teilgebiets innerhalb des Gebiets oder des Ballungsraumes, in dem die Konzentrationen die langfristigen Ziele oder Zielwerte überschreiten;
5. bei langfristigen Zielen oder Zielwerten zum Schutz der menschlichen Gesundheit zusätzlich die Zahl der Einwohner, die potentiell den Konzentrationen ausgesetzt sind, die die Schwellenwerte übersteigen.

So weit wie möglich sollten die Länder kartografische Darstellungen der Konzentrationsverteilung innerhalb der einzelnen Gebiete oder Ballungsräume erstellen.

III. Normierung

Für Ozon ist das Volumen nach folgenden Temperatur- und Druckbedingungen zu normieren: 293 Kelvin, 101,3 Kilopascal. Für Stickstoffoxide gelten die Normierungsvorschriften der Zweiundzwanzigsten Verordnung zur Durchführung des Bundes-Immissionsschutzgesetzes (Verordnung über Immissionswerte für Schadstoffe in der Luft).

Anlage 8

Referenzmethoden für Messung, Modellrechnung und Kalibrierung

I. Referenzmethode zur Analyse von Ozon und zur Kalibrierung der Ozonmessgeräte:

1. Analysemethode: UV-Photometrie (ISO FDIS 13 964)
2. Kalibrierungsmethode: Referenz UV-Photometer (ISO FDIS 13 964, VDI 2468, B1.6)

Diese Methode wird zurzeit vom Europäischen Komitee für Normung (CEN) standardisiert. Nach Veröffentlichung der einschlägigen Norm durch CEN stellen die darin festgelegte Methode und Verfahren die Referenz- und Kalibriermethode für diese Richtlinie dar.

Es kann auch eine andere Methode verwendet werden, wenn nachgewiesen wird, dass sie gleichwertige Ergebnisse erbringt.

II. Referenzverfahren für Ozon-Modellrechnungen

Für Modellrechnungen auf diesem Gebiet kann zurzeit kein Referenzverfahren angegeben werden.

Anhang B.
Allgemeine Verwaltungsvorschriften

B 1. Technische Anleitung zum Schutz gegen Lärm – TA Lärm[1]

Vom 26. August 1998 (GMBl 503)

Kommentierung: Vgl. die Ausführungen zu § 48, insb. in Rn.8–14 zu § 48. –
Literatur: *Müggenborg,* Lärmschutz im Industriepark, NVwZ 2003, 1025; *Hansmann,* Anwendungsprobleme der TA Lärm, ZUR 2002, 207; *Müller,* Die TA Lärm als Rechtsproblem, 2001; *Müller/Pohl-Schmeißer,* Die neue TA Lärm aus dem Jahre 1998 und ihre Probleme bei der Anwendung auf nicht genehmigungsbedürftige Anlagen nach dem BImSchG, LKV 2001, 403; *Pflugmacher,* Rechtsprobleme bei der Novellierung der TA Lärm, 2001; *Beckert/Chotjewitz,* TA Lärm, 2000; *Siegle,* Vergleich der alten und der neuen TA Lärm aus der Sicht der Industrie, ImSch 2000, 21; Technische Grundlagen der Lärmbewertung, UPR 2000, 99; *Sparwasser/v. Komorowski,* Die neue TA Lärm in der Anwendung, VBlBW 2000, 348; *Tegeder,* Die TA Lärm 1998; *Koch,* Die rechtliche Beurteilung der Lärmsummation nach BImSchG und TA Lärm 1998, in: Festschrift für Feldhaus, 1999, 215; *Spohn,* Die neue TA Lärm, ZfU 1999, 297; *Schulze-Fielitz,* Die neue TA Lärm, DVBl 1999, 65; *Friege,* Die Regelungen der TA Lärm 1998 im Überblick, ThürVBl 1999, 245; *Chotjewitz,* Die neue TA Lärm – eine Antwort auf die offenen Fragen beim Lärmschutz?, LKV 1999, 47; *Hansmann,* in: LR (1999f), Nr 3.1; *Hansmann,* Rechtsprobleme bei der Bewertung von Lärm, NuR 1997, 53 ff; *Kutscheidt,* Eine neue TA Lärm?, NWVBl. 1994, 281 ff; *Feldhaus,* Überlegungen zu einer Novellierung der TA Lärm, in: Koch (Hg.), Schutz vor Lärm, 1990 153 ff; *Koch,* Der Erheblichkeitsbegriff in § 3 Abs.1 BImSchG und seine Konkretisierung durch die TA Lärm, in: ders. (Hg.), Schutz vor Lärm, 1990, 41 ff; *Gaentzsch,* Anforderungen an genehmigungsbedürftige und nicht genehmigungsbedürftige Anlagen gemäß BImSchG und TA Lärm, in: Koch (Hg.), Schutz vor Lärm, 1990, 31 ff.

Inhaltsübersicht

1. **Anwendungsbereich**
2. **Begriffsbestimmungen**
3. **Allgemeine Grundsätze für genehmigungsbedürftige Anlagen**

---

[1] Ausweislich der nicht vollständig wiedergegebenen amtlichen Überschrift handelt es sich um die Sechste Allgemeine Verwaltungsvorschrift zum Bundes-Immissionsschutzgesetz.

Anh. B 1 TA Lärm — Allgemeine Verwaltungsvorschriften

4. Allgemeine Grundsätze für die Prüfung nicht genehmigungsbedürftiger Anlagen
5. Anforderungen an bestehende Anlagen
6. Immissionsrichtwerte
7. Besondere Regelungen
8. Zugänglichkeit der Norm- und Richtlinienblätter
9. Aufhebung von Vorschriften
10. Inkrafttreten

Anhang: Ermittlung der Geräuschemissionen

1. Anwendungsbereich

Diese Technische Anleitung dient dem Schutz der Allgemeinheit und der Nachbarschaft vor schädlichen Umwelteinwirkungen durch Geräusche sowie der Vorsorge gegen schädliche Umwelteinwirkungen durch Geräusche.

Sie gilt für Anlagen, die als genehmigungsbedürftige oder nicht genehmigungsbedürftige Anlagen den Anforderungen des Zweiten Teils des Bundes-Immissionsschutzgesetzes (BImSchG) unterliegen, mit Ausnahme folgender Anlagen:

a) Sportanlagen, die der Sportanlagenlärmschutzverordnung (18. BImSchV) unterliegen,
b) sonstige nicht genehmigungsbedürftige Freizeitanlagen sowie Freiluftgaststätten,
c) nicht genehmigungsbedürftige landwirtschaftliche Anlagen,
d) Schießplätze, auf denen mit Waffen ab Kaliber 20 mm geschossen wird,
e) Tagebaue und die zum Betrieb eines Tagebaus erforderlichen Anlagen,
f) Baustellen,
g) Seehafenumschlagsanlagen,
h) Anlagen für soziale Zwecke.

Die Vorschriften dieser Technischen Anleitung sind zu beachten

a) für genehmigungsbedürftige Anlagen bei

   aa) der Prüfung der Anträge auf Erteilung einer Genehmigung zur Errichtung und zum Betrieb einer Anlage (§ 6 Abs.1 BImSchG) sowie zur Änderung der Lage, der Beschaffenheit oder des Betriebs einer Anlage (§ 16 Abs.1, auch in Verbindung mit Abs.4 BImSchG),

   bb) der Prüfung der Anträge auf Erteilung einer Teilgenehmigung oder eines Vorbescheids (§§ 8 und 9 BImSchG),

   cc) der Entscheidung über nachträgliche Anordnungen (§ 17 BImSchG) und

   dd) der Entscheidung über die Anordnung erstmaliger oder wiederkehrender Messungen (§ 28 BImSchG);

b) für nicht genehmigungsbedürftige Anlagen bei

   aa) der Prüfung der Einhaltung des § 22 BImSchG im Rahmen der Prüfung von Anträgen auf öffentlich-rechtliche Zulassungen nach anderen Vorschriften, insbesondere von Anträgen in Baugenehmigungsverfahren,

   bb) Entscheidungen über Anordnungen und Untersagungen im Einzelfall (§§ 24 und 25 BImSchG);

c) für genehmigungsbedürftige und nicht genehmigungsbedürftige Anlagen bei der Entscheidung über Anordnungen zur Ermittlung von Art und Ausmaß der von einer Anlage ausgehenden Emissionen sowie der Immissionen im Einwirkungsbereich der Anlage (§ 26 BImSchG).

Technische Anleitung Lärm   TA Lärm **Anh. B 1**

Ist für eine nicht genehmigungsbedürftige Anlage auf Grund einer Rechtsverordnung nach § 23 Abs.1 a BImSchG antragsgemäß ein Verfahren zur Erteilung einer Genehmigung nach § 4 Abs.1 Satz 1 in Verbindung mit § 6 BImSchG durchzuführen, so sind die Vorschriften dieser Technischen Anleitung für genehmigungsbedürftige Anlagen anzuwenden.

2. Begriffsbestimmungen

2.1 Schädliche Umwelteinwirkungen durch Geräusche

Schädliche Umwelteinwirkungen im Sinne dieser Technischen Anleitung sind Geräuschimmissionen, die nach Art, Ausmaß oder Dauer geeignet sind, Gefahren, erhebliche Nachteile oder erhebliche Belästigungen für die Allgemeinheit oder die Nachbarschaft herbeizuführen.

2.2 Einwirkungsbereich einer Anlage

Einwirkungsbereich einer Anlage sind die Flächen, in denen die von der Anlage ausgehenden Geräusche
a) einen Beurteilungspegel verursachen, der weniger als 10 dB(A) unter dem für diese Fläche maßgebenden Immissionsrichtwert liegt, oder
b) Geräuschspitzen verursachen, die den für deren Beurteilung maßgebenden Immissionsrichtwert erreichen.

2.3 Maßgeblicher Immissionsort

Maßgeblicher Immissionsort ist der nach Nummer A.1.3 des Anhangs zu ermittelnde Ort im Einwirkungsbereich der Anlage, an dem eine Überschreitung der Immissionsrichtwerte am ehesten zu erwarten ist. Es ist derjenige Ort, für den die Geräuschbeurteilung nach dieser Technischen Anleitung vorgenommen wird.

Wenn im Einwirkungsbereich der Anlage auf Grund der Vorbelastung zu erwarten ist, dass die Immissionsrichtwerte nach Nummer 6 an einem anderen Ort durch die Zusatzbelastung überschritten werden, so ist auch der Ort, an dem die Gesamtbelastung den maßgebenden Immissionsrichtwert nach Nummer 6 am höchsten übersteigt, als zusätzlicher maßgeblicher Immissionsort festzulegen.

2.4 Vor-, Zusatz- und Gesamtbelastung; Fremdgeräusche

Vorbelastung ist die Belastung eines Ortes mit Geräuschimmissionen von allen Anlagen, für die diese Technische Anleitung gilt, ohne den Immissionsbeitrag der zu beurteilenden Anlage.

Zusatzbelastung ist der Immissionsbeitrag, der an einem Immissionsort durch die zu beurteilende Anlage voraussichtlich (bei geplanten Anlagen) oder tatsächlich (bei bestehenden Anlagen) hervorgerufen wird.

Gesamtbelastung im Sinne dieser Technischen Anleitung ist die Belastung eines Immissionsortes, die von allen Anlagen hervorgerufen wird, für die diese Technische Anleitung gilt.

Fremdgeräusche sind alle Geräusche, die nicht von der zu beurteilenden Anlage ausgehen.

2.5 Stand der Technik und Lärmminderung

Stand der Technik zur Lärmminderung im Sinne dieser Technischen Anleitung ist der auf die Lärmminderung bezogene Stand der Technik nach § 3 Abs.6 BImSchG. Er schließt sowohl Maßnahmen an der Schallquelle als auch solche auf dem Ausbreitungsweg ein, soweit diese in engem räumlichen oder betrieblichen Zusammenhang mit der Schallquelle stehen. Seine Anwendung dient dem Zweck, Geräuschimmissionen zu mindern.

Anh. B 1 TA Lärm   Allgemeine Verwaltungsvorschriften

2.6 Schalldruckpegel $L_{AF}(t)$

Der Schalldruckpegel $L_{AF}(t)$ ist der mit der Frequenzbewertung A und der Zeitbewertung F nach DIN EN 60651, Ausgabe Mai 1994, gebildete momentane Wert des Schalldruckpegels. Er ist die wesentliche Grundgröße für die Pegelbestimmungen nach dieser Technischen Anleitung.

2.7 Mittelungspegel L_{Aeq}

Der Mittelungspegel L_{Aeq} ist der nach DIN 45641, Ausgabe Juni 1990, aus dem zeitlichen Verlauf des Schalldruckpegels oder mit Hilfe von Schallpegelmessern nach DIN EN 60804, Ausgabe Mai 1994, gebildete zeitliche Mittelwert des Schalldruckpegels.

2.8 Kurzzeitige Geräuschspitzen

Kurzzeitige Geräuschspitzen im Sinne dieser Technischen Anleitung sind durch Einzelereignisse hervorgerufene Maximalwerte des Schalldruckpegels, die im bestimmungsgemäßen Betriebsablauf auftreten. Kurzzeitige Geräuschspitzen werden durch den Maximalpegel L_{AFmax} des Schalldruckpegels $L_{AF}(t)$ beschrieben.

2.9 Taktmaximalpegel $L_{AFT}(t)$, Taktmaximal-Mittelungspegel L_{AFTeq}

Der Taktmaximalpegel $L_{AFT}(t)$ ist der Maximalwert des Schalldruckpegels $L_{AF}(t)$ während der zugehörigen Taktzeit T; die Taktzeit beträgt 5 Sekunden.

Der Taktmaximal-Mittelungspegel L_{AFTeq} ist der nach DIN 45641, Ausgabe Juni 1990, aus den Taktmaximalpegeln gebildete Mittelungspegel. Er wird zur Beurteilung impulshaltiger Geräusche verwendet. Zu diesem Zweck wird die Differenz $L_{AFTeq} - L_{Aeq}$ als Zuschlag für Impulshaltigkeit definiert.

2.10 Beurteilungspegel L_r

Der Beurteilungspegel L_r ist der aus dem Mittelungspegel L_{Aeq} des zu beurteilenden Geräusches und ggf. aus Zuschlägen gemäß dem Anhang für Ton- und Informationshaltigkeit, Impulshaltigkeit und für Tageszeiten mit erhöhter Empfindlichkeit gebildete Wert zur Kennzeichnung der mittleren Geräuschbelastung während jeder Beurteilungszeit. Der Beurteilungspegel L_r ist diejenige Größe, auf die sich die Immissionsrichtwerte nach Nummer 6 beziehen.

3. Allgemeine Grundsätze für genehmigungsbedürftige Anlagen

3.1 Grundpflichten des Betreibers

Eine Genehmigung zur Errichtung und zum Betrieb einer genehmigungsbedürftigen Anlage ist nach § 6 Abs.1 Nr. 1 in Verbindung mit § 5 Abs.1 Nr. 1 und 2 BImSchG nur zu erteilen, wenn sichergestellt ist, dass

a) die von der Anlage ausgehenden Geräusche keine schädlichen Umwelteinwirkungen hervorrufen können und

b) Vorsorge gegen schädliche Umwelteinwirkungen durch Geräusche getroffen wird, insbesondere durch die dem Stand der Technik zur Lärmminderung entsprechenden Maßnahmen zur Emissionsbegrenzung.

3.2 Prüfung der Einhaltung der Schutzpflicht

3.2.1 Prüfung im Regelfall

Der Schutz vor schädlichen Umwelteinwirkungen durch Geräusche (§ 5 Abs.1 Nr. 1 BImSchG) ist vorbehaltlich der Regelungen in den Absätzen 2 bis 5 sicherge-

Technische Anleitung Lärm TA Lärm **Anh. B 1**

stellt, wenn die Gesamtbelastung am maßgeblichen Immissionsort die Immissionsrichtwerte nach Nummer 6 nicht überschreitet.

Die Genehmigung für die zu beurteilende Anlage darf auch bei einer Überschreitung der Immissionsrichtwerte auf Grund der Vorbelastung aus Gründen des Lärmschutzes nicht versagt werden, wenn der von der Anlage verursachte Immissionsbeitrag im Hinblick auf den Gesetzeszweck als nicht relevant anzusehen ist. Das ist in der Regel der Fall, wenn die von der zu beurteilenden Anlage ausgehende Zusatzbelastung die Immissionsrichtwerte nach Nummer 6 am maßgeblichen Immissionsort um mindestens 6 dB(A) unterschreitet.

Unbeschadet der Regelung in Absatz 2 soll für die zu beurteilende Anlage die Genehmigung wegen einer Überschreitung der Immissionsrichtwerte nach Nummer 6 auf Grund der Vorbelastung auch dann nicht versagt werden, wenn dauerhaft sichergestellt ist, dass diese Überschreitung nicht mehr als 1 dB(A) beträgt. Dies kann auch durch einen öffentlich-rechtlichen Vertrag der beteiligten Anlagenbetreiber mit der Überwachungsbehörde erreicht werden.

Unbeschadet der Regelungen in den Absätzen 2 und 3 soll die Genehmigung für die zu beurteilende Anlage wegen einer Überschreitung der Immissionsrichtwerte nach Nummer 6 auf Grund der Vorbelastung auch dann nicht versagt werden, wenn durch eine Auflage sichergestellt ist, dass in der Regel spätestens drei Jahre nach Inbetriebnahme der Anlage Sanierungsmaßnahmen (Stilllegung, Beseitigung oder Änderung) an bestehenden Anlagen des Antragstellers durchgeführt sind, welche die Einhaltung der Immissionsrichtwerte nach Nummer 6 gewährleisten.

Die Genehmigung darf wegen einer Überschreitung der Immissionsrichtwerte nicht versagt werden, wenn infolge ständig vorherrschender Fremdgeräusche keine zusätzlichen schädlichen Umwelteinwirkungen durch die zu beurteilende Anlage zu befürchten sind. Dies ist insbesondere dann der Fall, wenn für die Beurteilung der Geräuschimmissionen der Anlage weder Zuschläge gemäß dem Anhang für Ton- und Informationshaltigkeit oder Impulshaltigkeit noch eine Berücksichtigung tieffrequenter Geräusche nach Nummer 7.3 erforderlich sind und der Schalldruckpegel $L_{AF}(t)$ der Fremdgeräusche in mehr als 95 % der Betriebszeit der Anlage in der jeweiligen Beurteilungszeit nach Nummer 6.4 höher als der Mittelungspegel L_{Aeq} der Anlage ist. Durch Nebenbestimmungen zum Genehmigungsbescheid oder durch nachträgliche Anordnung ist sicherzustellen, dass die zu beurteilende Anlage im Falle einer späteren Verminderung der Fremdgeräusche nicht relevant zu schädlichen Umwelteinwirkungen beiträgt.

Die Prüfung der Genehmigungsvoraussetzungen setzt in der Regel eine Prognose der Geräuschimmissionen der zu beurteilenden Anlage und – sofern im Einwirkungsbereich der Anlage andere Anlagegeräusche auftreten – die Bestimmung der Vorbelastung sowie der Gesamtbelastung nach Nummer A.1.2 des Anhangs voraus. Die Bestimmung der Vorbelastung kann im Hinblick auf Absatz 2 entfallen, wenn die Geräuschimmissionen der Anlage die Immissionsrichtwerte nach Nummer 6 um mindestens 6 dB(A) unterschreiten.

3.2.2 Ergänzende Prüfung im Sonderfall

Liegen im Einzelfall besondere Umstände vor, die bei der Regelfallprüfung keine Berücksichtigung finden, nach Art und Gewicht jedoch wesentlichen Einfluss auf die Beurteilung haben können, in der Anlage zum Entstehen schädlicher Umwelteinwirkungen relevant beiträgt, so ist ergänzend zu prüfen, ob sich unter Berücksichtigung dieser Umstände des Einzelfalls eine vom Ergebnis der Regelfallprüfung abweichende Beurteilung ergibt. Als Umstände, die eine Sonderfallprüfung erforderlich machen können, kommen insbesondere in Betracht

Anh. B 1 TA Lärm — Allgemeine Verwaltungsvorschriften

a) Umstände, z. B. besondere unterschiedliche Geräuschcharakteristiken verschiedener gemeinsam einwirkender Anlagen, die eine Summenpegelbildung zur Ermittlung der Gesamtbelastung nicht sinnvoll erscheinen lassen,
b) Umstände, z. B. besondere betriebstechnische Erfordernisse, Einschränkungen der zeitlichen Nutzung oder eine besondere Standortbindung der zu beurteilenden Anlage, die sich auf die Akzeptanz einer Geräuschimmission auswirken können,
c) sicher absehbare Verbesserungen der Emissions- oder Immissionssituation durch andere als die in Nummer 3.2.1 Abs.4 genannten Maßnahmen,
d) besondere Gesichtspunkte der Herkömmlichkeit und der sozialen Adäquanz der Geräuschimmission.

3.3 Prüfung der Einhaltung der Vorsorgepflicht

Das Maß der Vorsorgepflicht gegen schädliche Umwelteinwirkungen durch Geräusche bestimmt sich einzelfallbezogen unter Berücksichtigung der Verhältnismäßigkeit von Aufwand und erreichbarer Lärmminderung nach der zu erwartenden Immissionssituation des Einwirkungsbereichs insbesondere unter Berücksichtigung der Bauleitplanung. Die Geräuschemissionen der Anlage müssen so niedrig sein, wie dies zur Erfüllung der Vorsorgepflicht nach Satz 1 nötig und nach dem Stand der Technik zur Lärmminderung möglich ist.

4. Allgemeine Grundsätze für die Prüfung nicht genehmigungsbedürftiger Anlagen

4.1 Grundpflichten des Betreibers

Nicht genehmigungsbedürftige Anlagen sind nach § 22 Abs.1 Nr. 1 und 2 BImSchG so zu errichten und zu betreiben, dass
a) schädliche Umwelteinwirkungen durch Geräusche verhindert werden, die nach dem Stand der Technik zur Lärmminderung vermeidbar sind, und
b) nach dem Stand der Technik zur Lärmminderung unvermeidbare schädliche Umwelteinwirkungen durch Geräusche auf ein Mindestmaß beschränkt werden.

4.2 Vereinfachte Regelfallprüfung

Bei der immissionsschutzrechtlichen Prüfung im Rahmen der öffentlich-rechtlichen Zulassung einer nicht genehmigungsbedürftigen Anlage ist folgendes vereinfachtes Beurteilungsverfahren anzuwenden:
a) Vorbehaltlich der Regelungen in Nummer 4.3 ist sicherzustellen, dass die Geräuschimmissionen der zu beurteilenden Anlage die Immissionsrichtwerte nach Nummer 6 nicht überschreiten; gegebenenfalls sind entsprechende Auflagen zu erteilen.
b) Eine Prognose der Geräuschimmissionen der zu beurteilenden Anlage nach Nummer A.2 des Anhangs ist erforderlich, soweit nicht auf Grund von Erfahrungswerten an vergleichbaren Anlagen zu erwarten ist, dass der Schutz vor schädlichen Umwelteinwirkungen durch Geräusche der zu beurteilenden Anlage sichergestellt ist. Dabei sind insbesondere zu berücksichtigen:
 – emissionsrelevante Konstruktionsmerkmale,
 – Schallleistungspegel,
 – Betriebszeiten,
 – Abschirmung,
 – Abstand zum Immissionsort und Gebietsart.
c) Eine Berücksichtigung der Vorbelastung ist nur erforderlich, wenn auf Grund konkreter Anhaltspunkte absehbar ist, dass die zu beurteilende Anlage im Falle

Technische Anleitung Lärm TA Lärm **Anh. B 1**

ihrer Inbetriebnahme relevant im Sinne von Nummer 3.2.1 Abs.2 zu einer Überschreitung der Immissionsrichtwerte nach Nummer 6 beitragen wird und Abhilfemaßnahmen nach Nummer 5 bei den anderen zur Gesamtbelastung beitragenden Anlagen aus tatsächlichen oder rechtlichen Gründen offensichtlich nicht in Betracht kommen.

4.3 Anforderungen bei unvermeidbaren schädlichen Umwelteinwirkungen

Anforderungen nach Nummer 4.1 Buchstabe a bestehen für nicht genehmigungsbedürftige Anlagen nur insoweit, als sie mit Maßnahmen nach dem Stand der Technik zur Lärmminderung eingehalten werden können. Danach unvermeidbare schädliche Umwelteinwirkungen sind auf ein Mindestmaß zu beschränken. Als Maßnahmen kommen hierfür insbesondere in Betracht:
- organisatorische Maßnahmen im Betriebsablauf (z. B. keine lauten Arbeiten in den Tageszeiten mit erhöhter Empfindlichkeit),
- zeitliche Beschränkungen des Betriebs, etwa zur Sicherung der Erholungsruhe am Abend und in der Nacht,
- Einhaltung ausreichender Schutzabstände zu benachbarten Wohnhäusern oder anderen schutzbedürftigen Einrichtungen,
- Ausnutzen natürlicher oder künstlicher Hindernisse zur Lärmminderung,
- Wahl des Aufstellungsortes von Maschinen oder Anlagenteilen.

§ 25 Abs.2 BImSchG ist zu beachten.

5. Anforderungen an bestehende Anlagen

5.1 Nachträgliche Anordnungen bei genehmigungsbedürftigen Anlagen

Bei der Prüfung der Verhältnismäßigkeit nach § 17 BImSchG hat die zuständige Behörde von den geeigneten Maßnahmen diejenige zu wählen, die den Betreiber am wenigsten belastet. Die zu erwartenden positiven und negativen Auswirkungen für den Anlagenbetreiber, für die Nachbarschaft und die Allgemeinheit sowie das öffentliche Interesse an der Durchführung der Maßnahme oder ihrem Unterbleiben sind zu ermitteln und zu bewerten.

Dabei sind insbesondere zu berücksichtigen:
- Ausmaß der von der Anlage ausgehenden Emissionen und Immissionen,
- vorhandene Fremdgeräusche,
- Ausmaß der Überschreitungen der Immissionsrichtwerte durch die zu beurteilende Anlage,
- Ausmaß der Überschreitungen der Immissionsrichtwerte durch die Gesamtbelastung,
- Gebot zur gegenseitigen Rücksichtnahme,
- Anzahl der betroffenen Personen,
- Auffälligkeit der Geräusche,
- Stand der Technik zur Lärmminderung,
- Aufwand im Verhältnis zur Verbesserung der Immissionssituation im Einwirkungsbereich der Anlage,
- Betriebsdauer der Anlage seit der Neu- oder Änderungsgenehmigung der Anlage,
- technische Besonderheiten der Anlage,
- Platzverhältnisse am Standort.

Eine nachträgliche Anordnung darf nicht getroffen werden, wenn sich eine Überschreitung der Immissionsrichtwerte nach Nummer 6 aus einer Erhöhung oder erstmaligen Berücksichtigung der Vorbelastung ergibt, die Zusatzbelastung weniger als 3 dB(A) beträgt und die Immissionsrichtwerte um nicht mehr als 5 dB(A) überschritten sind.

5.2 Anordnungen im Einzelfall bei nicht genehmigungsbedürftigen Anlagen

Bei der Ermessensausübung im Rahmen der Anwendung des § 24 BImSchG können die unter 5.1 genannten Grundsätze mit Ausnahme der in Nummer 5.1 Abs.3 getroffenen Regelung, die der Berücksichtigung der Vorbelastung im Genehmigungsverfahren Rechnung trägt, unter Beachtung der Unterschiede der maßgeblichen Grundpflichten nach den Nummern 3.1 und 4.1 entsprechend herangezogen werden.

Die Prüfung einer Anordnung im Einzelfall kommt insbesondere in Betracht, wenn
a) bereits eine Beurteilung nach den Nummern 4.2 und 4.3 ergibt, dass der Anlagenbetreiber die Grundpflichten nach Nummer 4.1 nicht erfüllt oder
b) konkrete Anhaltspunkte dafür vorliegen, dass vermeidbare Geräuschemissionen der Anlage einen relevanten Beitrag zu einer durch die Geräusche mehrerer Anlagen hervorgerufenen schädlichen Umwelteinwirkung leisten.

Kommen im Falle des Satzes 1 Buchstabe b Abhilfemaßnahmen auch gegenüber anderen Anlagenbetreibern in Betracht, ist zusätzlich Nummer 5.3 zu beachten.

5.3 Mehrere zu einer schädlichen Umwelteinwirkung beitragende Anlagen unterschiedlicher Betreiber

Tragen mehrere Anlagen unterschiedlicher Betreiber relevant zum Entstehen schädlicher Umwelteinwirkungen bei, so hat die Behörde die Entscheidung über die Auswahl der zu ergreifenden Abhilfemaßnahmen und der Adressaten entsprechender Anordnungen nach den Nummern 5.1 oder 5.2 nach pflichtgemäßem Ermessen unter Beachtung des Verhältnismäßigkeitsgrundsatzes zu treffen.

Als dabei zu berücksichtigende Gesichtspunkte kommen insbesondere in Betracht
a) der Inhalt eines bestehenden oder speziell zur Lösung der Konfliktsituation erstellten Lärmminderungsplans nach § 47 a BImSchG,
b) die Wirksamkeit der Minderungsmaßnahmen,
c) der für die jeweilige Minderungsmaßnahme notwendige Aufwand,
d) die Höhe der Verursachungsbeiträge,
e) Vorliegen und Grad eines etwaigen Verschuldens.

Ist mit der alsbaldigen Fertigstellung eines Lärmminderungsplans nach § 47 a BImSchG zu rechnen, der für die Entscheidung nach Absatz 1 von maßgebender Bedeutung sein könnte, und erfordern Art und Umfang der schädlichen Umwelteinwirkungen nicht sofortige Abhilfemaßnahmen, so kann die Behörde die Entscheidung nach Absatz 1 im Hinblick auf die Erstellung des Lärmminderungsplans für eine angemessene Zeit aussetzen.

6. Immissionsrichtwerte

6.1 Immissionsrichtwerte für Immissionsorte außerhalb von Gebäuden

Die Immissionsrichtwerte für den Beurteilungspegel betragen für Immissionsorte außerhalb von Gebäuden

a) in Industriegebieten	70 dB(A)
b) in Gewerbegebieten	
tags	65 dB(A)
nachts	50 dB(A)
c) in Kerngebieten, Dorfgebieten und Mischgebieten	
tags	60 dB(A)
nachts	45 dB(A)

Technische Anleitung Lärm TA Lärm **Anh. B 1**

d) in allgemeinen Wohngebieten und Kleinsiedlungsgebieten
tags 55 dB(A)
nachts 40 dB(A)
e) in reinen Wohngebieten
tags 50 dB(A)
nachts 35 dB(A)
f) in Kurgebieten, für Krankenhäuser und Pflegeanstalten
tags 45 dB(A)
nachts 35 dB(A)

Einzelne kurzzeitige Geräuschspitzen dürfen die Immissionsrichtwerte am Tage um nicht mehr als 30 dB(A) und in der Nacht um nicht mehr als 20 dB(A) überschreiten.

6.2 Immissionsrichtwerte für Immissionsorte innerhalb von Gebäuden

Bei Geräuschübertragungen innerhalb von Gebäuden oder bei Körperschallübertragung betragen die Immissionsrichtwerte für den Beurteilungspegel für betriebsfremde schutzbedürftige Räume nach DIN 4109, Ausgabe November 1989, unabhängig von der Lage des Gebäudes in einem der in Nummer 6.1 unter Buchstaben a bis f genannten Gebiete

tags 35 dB(A)
nachts 25 dB(A).

Einzelne kurzzeitige Geräuschspitzen dürfen die Immissionsrichtwerte um nicht mehr als 10 dB(A) überschreiten.

Weitergehende baurechtliche Anforderungen bleiben unberührt.

6.3 Immissionsrichtwerte für seltene Ereignisse

Bei seltenen Ereignissen nach Nummer 7.2 betragen die Immissionsrichtwerte für den Beurteilungspegel für Immissionsorte außerhalb von Gebäuden in Gebieten nach Nummer 6.1 Buchstaben b bis f

tags 70 dB(A),
nachts 55 dB(A).

Einzelne kurzzeitige Geräuschspitzen dürfen diese Werte
– in Gebieten nach Nummer 6.1 Buchstabe b am Tag um nicht mehr als 25 dB(A) und in der Nacht um nicht mehr als 15 dB(A),
– in Gebieten nach Nummer 6.1 Buchstaben c bis f am Tag um nicht mehr als 20 dB(A) und in der Nacht um nicht mehr als 10 dB(A)
überschreiten.

6.4 Beurteilungszeiten

Die Immissionsrichtwerte nach den Nummern 6.1 bis 6.3 beziehen sich auf folgende Zeiten:
1. tags 06.00–22.00 Uhr
2. nachts 22.00–06.00 Uhr

Die Nachtzeit kann bis zu einer Stunde hinausgeschoben oder vorverlegt werden, soweit dies wegen der besonderen örtlichen oder wegen zwingender betrieblicher Verhältnisse unter Berücksichtigung des Schutzes vor schädlichen Umwelteinwirkungen erforderlich ist. Eine achtstündige Nachtruhe der Nachbarschaft im Einwirkungsbereich der Anlage ist sicherzustellen.

Die Immissionsrichtwerte nach den Nummern 6.1 bis 6.3 gelten während des Tages für eine Beurteilungszeit von 16 Stunden. Maßgebend für die Beurteilung der Nacht ist die volle Nachtstunde (z. B. 1.00 bis 2.00 Uhr) mit dem höchsten Beurteilungspegel, zu dem die zu beurteilende Anlage relevant beiträgt.

6.5 Zuschlag für Tageszeiten mit erhöhter Empfindlichkeit

Für folgende Zeiten ist in Gebieten nach Nummer 6.1 Buchstaben d bis f bei der Ermittlung des Beurteilungspegels die erhöhte Störwirkung von Geräuschen durch einen Zuschlag zu berücksichtigen:

1. an Werktagen 06.00–07.00 Uhr, 20.00–22.00 Uhr
2. an Sonn- und Feiertagen 06.00–09.00 Uhr, 13.00–15.00 Uhr, 20.00–22.00 Uhr.

Der Zuschlag beträgt 6 dB.

Von der Berücksichtigung des Zuschlags kann abgesehen werden, soweit dies wegen der besonderen örtlichen Verhältnisse unter Berücksichtigung des Schutzes vor schädlichen Umwelteinwirkungen erforderlich ist.

6.6 Zuordnung des Immissionsortes

Die Art der in Nummer 6.1 bezeichneten Gebiete und Einrichtungen ergibt sich aus den Festlegungen in den Bebauungsplänen. Sonstige in Bebauungsplänen festgesetzte Flächen für Gebiete und Einrichtungen sowie Gebiete und Einrichtungen, für die keine Festsetzungen bestehen, sind nach Nummer 6.1 entsprechend der Schutzbedürftigkeit zu beurteilen.

6.7 Gemengelagen

Wenn gewerblich, industriell oder hinsichtlich ihrer Geräuschauswirkungen vergleichbarer genutzte und zum Wohnen dienende Gebiete aneinandergrenzen (Gemengelage), können die für die zum Wohnen dienenden Gebiete geltenden Immissionsrichtwerte auf einen geeigneten Zwischenwert der für die aneinandergrenzenden Gebietskategorien geltenden Werte erhöht werden, soweit dies nach der gegenseitigen Pflicht zur Rücksichtnahme erforderlich ist. Die Immissionsrichtwerte für Kern-, Dorf- und Mischgebiete sollen dabei nicht überschritten werden. Es ist vorauszusetzen, dass der Stand der Lärmminderungstechnik eingehalten wird.

Für die Höhe des Zwischenwertes nach Absatz 1 ist die konkrete Schutzwürdigkeit des betroffenen Gebietes maßgeblich. Wesentliche Kriterien sind die Prägung des Einwirkungsgebiets durch den Umfang der Wohnbebauung einerseits und durch Gewerbe- und Industriebetriebe andererseits, die Ortsüblichkeit eines Geräusches und die Frage, welche der unverträglichen Nutzungen zuerst verwirklicht wurde. Liegt ein Gebiet mit erhöhter Schutzwürdigkeit nur in einer Richtung zur Anlage, so ist dem durch die Anordnung der Anlage auf dem Betriebsgrundstück und die Nutzung von Abschirmungsmöglichkeiten Rechnung zu tragen.

6.8 Ermittlung der Geräuschimmissionen

Die Ermittlung der Geräuschimmissionen erfolgt nach den Vorschriften des Anhangs.

6.9 Messabschlag bei Überwachungsmessungen

Wird bei der Überwachung der Einhaltung der maßgeblichen Immissionsrichtwerte der Beurteilungspegel durch Messung nach den Nummern A.1.6 oder A.3 des Anhangs ermittelt, so ist zum Vergleich mit den Immissionsrichtwerten nach Nummer 6 ein um 3 dB(A) verminderter Beurteilungspegel heranzuziehen.

Technische Anleitung Lärm TA Lärm Anh. B 1

7. Besondere Regelungen

7.1 Ausnahmeregelung für Notsituationen

Soweit es zur Abwehr von Gefahren für die öffentliche Sicherheit und Ordnung oder zur Abwehr eines betrieblichen Notstandes erforderlich ist, dürfen die Immissionsrichtwerte nach Nummer 6 überschritten werden. Ein betrieblicher Notstand ist ein ungewöhnliches, nicht voraussehbares, vom Willen des Betreibers unabhängiges und plötzlich eintretendes Ereignis, das die Gefahr eines unverhältnismäßigen Schadens mit sich bringt.

7.2 Bestimmungen für seltene Ereignisse

Ist wegen voraussehbarer Besonderheiten beim Betrieb einer Anlage zu erwarten, dass in seltenen Fällen oder über eine begrenzte Zeitdauer, aber an nicht mehr als zehn Tagen oder Nächten eines Kalenderjahres und nicht an mehr als an jeweils zwei aufeinander folgenden Wochenenden, die Immissionsrichtwerte nach den Nummern 6.1 und 6.2 auch bei Einhaltung des Standes der Technik zur Lärmminderung nicht eingehalten werden können, kann eine Überschreitung im Rahmen des Genehmigungsverfahrens für genehmigungsbedürftige Anlagen zugelassen werden. Bei bestehenden genehmigungsbedürftigen oder nicht genehmigungsbedürftigen Anlagen kann unter den genannten Voraussetzungen von einer Anordnung abgesehen werden.

Dabei ist im Einzelfall unter Berücksichtigung der Dauer und der Zeiten der Überschreitungen, der Häufigkeit der Überschreitungen durch verschiedene Betreiber insgesamt sowie von Minderungsmöglichkeiten durch organisatorische und betriebliche Maßnahmen zu prüfen, ob und in welchem Umfang der Nachbarschaft eine höhere als die nach den Nummern 6.1 und 6.2 zulässige Belastung zugemutet werden kann. Die in Nummer 6.3 genannten Werte dürfen nicht überschritten werden. In der Regel sind jedoch unzumutbare Geräuschbelästigungen anzunehmen, wenn auch durch seltene Ereignisse bei anderen Anlagen Überschreitungen der Immissionsrichtwerte nach den Nummern 6.1 und 6.2 verursacht werden können und am selben Einwirkungsort Überschreitungen an insgesamt mehr als 14 Kalendertagen eines Jahres auftreten.

Nummer 4.3 bleibt unberührt.

7.3 Berücksichtigung tieffrequenter Geräusche

Für Geräusche, die vorherrschende Energieanteile im Frequenzbereich unter 90 Hz besitzen (tieffrequente Geräusche), ist die Frage, ob von ihnen schädliche Umwelteinwirkungen ausgehen, im Einzelfall nach den örtlichen Verhältnissen zu beurteilen. Schädliche Umwelteinwirkungen können insbesondere auftreten, wenn bei deutlich wahrnehmbaren tieffrequenten Geräuschen in schutzbedürftigen Räumen bei geschlossenen Fenstern die nach Nummer A.1.5 des Anhangs ermittelte Differenz $L_{Ceq} - L_{Aeq}$ den Wert 20 dB überschreitet. Hinweise zur Ermittlung und Bewertung tieffrequenter Geräusche enthält Nummer A.1.5 des Anhangs.

Wenn unter Berücksichtigung von Nummer A.1.5 des Anhangs schädliche Umwelteinwirkungen durch tieffrequente Geräusche zu erwarten sind, so sind geeignete Minderungsmaßnahmen zu prüfen. Ihre Durchführung soll ausgesetzt werden, wenn nach Inbetriebnahme der Anlage auch ohne die Realisierung der Minderungsmaßnahmen keine tieffrequenten Geräusche auftreten.

7.4 Berücksichtigung von Verkehrsgeräuschen

Fahrzeuggeräusche auf dem Betriebsgrundstück sowie bei der Ein- und Ausfahrt, die in Zusammenhang mit dem Betrieb der Anlage entstehen, sind der zu beurteilenden Anlage zuzurechnen und zusammen mit den übrigen zu berücksichtigenden Anlagengeräuschen bei der Ermittlung der Zusatzbelastung zu erfassen und zu beurteilen. Sonstige Fahrzeuggeräusche auf dem Betriebsgrundstück sind bei der Ermittlung der Vorbelastung zu erfassen und zu beurteilen. Für Verkehrsgeräusche auf öffentlichen Verkehrsflächen gelten die Absätze 2 bis 4.

Geräusche des An- und Abfahrtverkehrs auf öffentlichen Verkehrsflächen in einem Abstand von bis zu 500 Metern von dem Betriebsgrundstück in Gebieten nach Nummer 6.1 Buchstaben c bis f sollen durch Maßnahmen organisatorischer Art soweit wie möglich vermindert werden, soweit

– sie den Beurteilungspegel der Verkehrsgeräusche für den Tag oder die Nacht rechnerisch um mindestens 3 dB(A) erhöhen,
– keine Vermischung mit dem übrigen Verkehr erfolgt ist und
– die Immissionsgrenzwerte der Verkehrslärmschutzverordnung (16. BImSchV) erstmals oder weitergehend überschritten werden.

Der Beurteilungspegel für den Straßenverkehr auf öffentlichen Verkehrsflächen ist zu berechnen nach den Richtlinien für den Lärmschutz an Straßen – Ausgabe 1990 – RLS-90, bekanntgemacht im Verkehrsblatt, Amtsblatt des Bundesministeriums für Verkehr der Bundesrepublik Deutschland (VkBl.) Nr. 7 vom 14. April 1990 unter lfd. Nr. 79. Die Richtlinien sind zu beziehen von der Forschungsgesellschaft für Straßen- und Verkehrswesen, Alfred-Schütte-Allee 10, 50679 Köln.

Der Beurteilungspegel für Schienenwege ist zu ermitteln nach der Richtlinie zur Berechnung der Schallimmissionen von Schienenwegen – Ausgabe 1990 – Schall 03, bekanntgemacht im Amtsblatt der Deutschen Bundesbahn Nr. 14 vom 4. April 1990 unter lfd. Nr. 133. Die Richtlinie ist zu beziehen von der Deutschen Bahn AG, Drucksachenzentrale, Stuttgarter Str. 61a, 76137 Karlsruhe.

8. Zugänglichkeit der Norm- und Richtlinienblätter

Die in dieser Technischen Anleitung genannten DIN-Normblätter, ISO-Normen und VDI-Richtlinien sind bei der Beuth Verlag GmbH, 10772 Berlin, zu beziehen. Die genannten Normen und Richtlinien sind bei dem Deutschen Patentamt archivmäßig gesichert niedergelegt.

9. Aufhebung von Vorschriften

Die Technische Anleitung zum Schutz gegen Lärm vom 16. Juli 1968 (Beilage zum BAnz. Nr. 137 vom 26. Juli 1968) wird mit Inkrafttreten dieser Allgemeinen Verwaltungsvorschrift aufgehoben.

10. Inkrafttreten

Diese Allgemeine Verwaltungsvorschrift tritt am ersten Tage des dritten auf die Veröffentlichung folgenden Kalendermonats in Kraft.

Technische Anleitung Lärm TA Lärm **Anh. B 1**

Anhang

Ermittlung der Geräuschimmissionen

A.1 Allgemeine Vorschriften für die Ermittlung der Geräuschimmissionen

A.1.1 Begriffsbestimmungen und Erläuterungen

A.1.1.1 Mittlerer Schalleistungspegel

Der mittlere Schalleistungspegel L_{Weq} ist der Pegel der über die Einwirkzeit gemittelten Schalleistung. Die Frequenzbewertung bzw. das Frequenzband, für die der mittlere Schalleistungspegel gilt, werden durch Indizes, z. B. L_{WA}, L_{WOkt}, gekennzeichnet.

A.1.1.2 Immissionswirksamer Schalleistungspegel

Der immissionswirksame Schalleistungspegel einer Anlage ist der Schalleistungspegel, der sich aus der Summe der Schalleistungen aller Schallquellen der Anlage ergibt, abzüglich der Verluste auf dem Ausbreitungsweg innerhalb der Anlage und unter Berücksichtigung der Richtwirkungsmaße der Schallquellen. Er kann z. B. durch eine Rundum-Messung nach ISO 8297, Ausgabe Dezember 1994, bestimmt werden.

A.1.1.3 Einwirkzeit T_E

Die Einwirkzeit T_E einer Schallquelle oder einer Anlage ist die Zeit innerhalb der Beurteilungszeit oder der Teilzeit, während der die Schallquelle oder Anlage in Betrieb ist.

A.1.1.4 Körperschallübertragung

Bei Körperschallübertragung wird Schall von der Quelle über den Boden und/oder Bauteile zu den Begrenzungsflächen der schutzbedürftigen Räume übertragen.

A.1.2 Ermittlung der Vor-, Zusatz- und Gesamtbelastung

Die Geräuschimmissionen sind für die von den zuständigen Behörden vorgegebenen maßgeblichen Immissionsorte nach Nummer A.1.3 zu ermitteln.

Wird die Zusatzbelastung ermittelt, so sind

a) diejenige bestimmungsgemäße Betriebsart der Anlage – gegebenenfalls getrennt für Betriebsphasen mit unterschiedlichen Emissionen –, die in ihrem Einwirkungsbereich die höchsten Beurteilungspegel erzeugt, zugrunde zu legen und

b) die verschiedenen Witterungsbedingungen gemäß DIN ISO 9613-2, Entwurf Ausgabe September 1997, Gleichung (6) zu berücksichtigen.

Der Beurteilungspegel L_G der Gesamtbelastung, die nach der Inbetriebnahme einer genehmigungsbedürftigen Anlage zu erwarten ist, wird nach Gleichung (G1) aus der nach Nummer A.3 ermittelten Vorbelastung L_V und der nach Nummer A.2 ermittelten Zusatzbelastung L_Z bestimmt.

$$L_G = 10 \lg \left(10^{0,1 L_V} + 10^{0,1 L_Z}\right) \tag{G1}$$

A.1.3 Maßgeblicher Immissionsort

Die maßgeblichen Immissionsorte nach Nummer 2.3 liegen

a) bei bebauten Flächen 0,5 m außerhalb vor der Mitte des geöffneten Fensters des vom Geräusch am stärksten betroffenen schutzbedürftigen Raumes nach DIN 4109, Ausgabe November 1989;

Anh. B 1 TA Lärm   Allgemeine Verwaltungsvorschriften

b) bei unbebauten Flächen oder bebauten Flächen, die keine Gebäude mit schutzbedürftigen Räumen enthalten, an dem am stärksten betroffenen Rand der Fläche, wo nach dem Bau- und Planungsrecht Gebäude mit schutzbedürftigen Räumen erstellt werden dürfen;

c) bei mit der zu beurteilenden Anlage baulich verbundenen schutzbedürftigen Räumen, bei Körperschallübertragung sowie bei der Einwirkung tieffrequenter Geräusche in dem am stärksten betroffenen schutzbedürftigen Raum.

Ergänzend gelten die Bestimmungen nach DIN 45645-1, Ausgabe Juli 1996, Abschnitt 6.1 zu Ersatzmessorten sowie zur Mikrofonaufstellung und Messdurchführung.

A.1.4 Beurteilungspegel L_r

Der Beurteilungspegel wird in Anlehnung an DIN 45645-1, Ausgabe Juli 1996, Gleichung (1) gebildet. Der Zu- oder Abschlag für bestimmte Geräusche und Situationen entfällt. Zusätzlich ist die meteorologische Korrektur nach DIN ISO 9613-2, Entwurf Ausgabe September 1997, Gleichung (6) zu berücksichtigen.

Treten während einer Beurteilungszeit unterschiedliche Emissionen auf oder sind unterschiedliche Zuschläge für Ton- und Informationshaltigkeit, Impulshaltigkeit oder Tageszeiten mit erhöhter Empfindlichkeit erforderlich, so ist zur Ermittlung der Geräuschimmission während der gesamten Beurteilungszeit diese in geeigneter Weise in Teilzeiten T_j aufzuteilen, in denen die Emissionen im Wesentlichen gleichartig und die Zuschläge konstant sind. Eine solche Unterteilung ist z.B. bei zeitlich abgrenzbarem unterschiedlichem Betrieb der Anlage erforderlich.

Der Beurteilungspegel wird dann nach Gleichung (G2) berechnet.

$$L_r = 10 \lg \left[\frac{1}{T_r} \sum_{j=1}^{N} T_j \cdot 10^{0,1(L_{Aeq,j} - C_{met} - K_{T,j} - K_{I,j} - K_{R,j})} \right] \qquad (G2)$$

mit

$$T_r = \sum_{j=1}^{N} T_j \quad \begin{array}{l} = 16\,\text{h} \quad \text{tags} \\ = 1\,\text{h oder } 8\,\text{h} \quad \text{nachts nach Maßgabe von Nummer 6.4} \end{array}$$

T_j Teilzeit j
N Zahl der gewählten Teilzeiten
$L_{Aeq,j}$ Mittelungspegel während der Teilzeit T_j
C_{met} meteorologische Korrektur nach DIN ISO 9613-2, Entwurf Ausgabe September 1997, Gleichung (6)
$K_{T,j}$ Zuschlag für Ton- und Informationshaltigkeit nach den Nummern A.2.5.2 (Prognose) oder A.3.3.5 (Messung) in der Teilzeit T_j
$K_{I,j}$ Zuschlag für die Impulshaltigkeit nach den Nummern A.2.5.3 (Prognose) oder A.3.3.6 (Messung) in der Teilzeit T_j
$K_{R,j}$ Zuschlag für Tageszeiten mit erhöhter Empfindlichkeit nach Nummer 6.5 in der Teilzeit T_j

Der Beurteilungspegel wird für die Beurteilungszeiten tags und nachts getrennt ermittelt.

A.1.5 Hinweise zur Berücksichtigung tieffrequenter Geräusche

Tieffrequente Geräusche können z.B. durch folgende Schallquellen verursacht werden:

– langsam laufende Ventilatoren (z. B. bei Kühltürmen),

Technische Anleitung Lärm   TA Lärm Anh. B 1

- Auspuffanlagen langsam laufender Verbrennungsmotoren,
- Brenner in Verbindung mit Feuerungsanlagen,
- Motorenprüfstände,
- Vakuumpumpen,
- Rootsgebläse,
- langsam laufende Siebe, Mühlen und Rinnen,
- Kolbenkompressoren,
- Auspacktrommeln.

Bestimmte Anlagen leiten auch tieffrequente Wechselkräfte in den Baugrund ein. Die dadurch erzeugten Schwingungen können als Körperschall in schutzbedürftige Räume übertragen werden und dort tieffrequente Geräusche verursachen.

Hinweise zur Ermittlung und Bewertung tieffrequenter Geräusche enthält DIN 45 680, Ausgabe März 1997, und das zugehörige Beiblatt 1. Danach sind schädliche Umwelteinwirkungen nicht zu erwarten, wenn die in Beiblatt 1 genannten Anhaltswerte nicht überschritten werden.

A.1.6 Ermittlung von Schießgeräuschimmissionen

Die Schießgeräuschimmissionen werden nach der Richtlinie VDI 3745 Blatt 1, Ausgabe Mai 1993, ermittelt. Hierbei sind in der Regel die Bestimmungen für gesteuerte Messungen anzuwenden. Weiterhin ist zu beachten:

a) abweichend von VDI 3745 Blatt 1 gelten die Immissionsrichtwerte, Beurteilungszeiten und der Zuschlag für Tageszeiten mit erhöhter Empfindlichkeit nach Nummer 6;

b) ergänzend zu VDI 3745 Blatt 1 sind die Kriterien für einzelne kurzzeitige Geräuschspitzen nach Nummer 6 auf die Einzelschusspegel nach Abschnitt 4.4 der VDI-Richtlinie anzuwenden;

c) weiterhin ist die meteorologische Korrektur nach DIN ISO 9613-2, Entwurf Ausgabe September 1997, Gleichung (6) zu berücksichtigen;

d) bezüglich der Zahl der Stichprobenmessungen ist Nummer A.3.3.7 unter Berücksichtigung von Abschnitt 4.3 der VDI-Richtlinie entsprechend anzuwenden.

A.2 Ermittlung der Geräuschimmissionen durch Prognose

A.2.1 Prognoseverfahren

Für die Prognose der Geräuschimmissionen sind zwei Verfahren angegeben:
a) die detaillierte Prognose (DP),
b) die überschlägige Prognose (ÜP).

Die ÜP ist für die Vorplanung und in Fällen ausreichend, in denen die nach ihr berechneten Beurteilungspegel zu keiner Überschreitung der Immissionsrichtwerte führen. In allen anderen Fällen ist eine DP durchzuführen.

Für die Berechnung von Körperschallübertragungen und für Geräuschübertragungen innerhalb von Gebäuden werden keine Vorschriften angegeben.

A.2.2 Grundsätze

Bei einer Immissionsprognose sind alle Schallquellen der Anlage einschließlich der in Nummer 7.4 Abs.1 Satz 1 genannten Transport- und Verkehrsvorgänge auf dem Betriebsgrundstück der Anlage zu berücksichtigen.

Wenn zu erwarten ist, dass kurzzeitige Geräuschspitzen von der Anlage, die nach Nummer 6 zulässigen Höchstwerte überschreiten können, sind auch deren Pegel zu berechnen.

Anh. B 1 TA Lärm Allgemeine Verwaltungsvorschriften

Die Genauigkeit der Immissionsprognose hängt wesentlich von der Zuverlässigkeit der Eingabedaten ab. Diese sind deshalb stets kritisch zu prüfen. Schalleistungspegel sollen möglichst nach einem Messverfahren der Genauigkeitsklasse 2 oder 1 bestimmt worden sein, wie sie in DIN 45635-1, in der Normenreihe ISO 3740 bis ISO 3747 (für Maschinen) oder in ISO 8297 (für Industrieanlagen) beschrieben sind. Falls die Umrechnung in Schalleistungspegel möglich ist, können auch Schalldruckpegel in bestimmten Abständen, insbesondere nach der Normenreihe DIN EN ISO 11 200 ermittelten Daten, herangezogen werden.

Für die Ermittlung der von Teilflächen der Außenhaut eines Gebäudes abgestrahlten Schalleistungen wird auf die Richtlinie VDI 2571 verwiesen.

Für Verkehrsvorgänge auf dem Betriebsgrundstück nach Nummer 7.4 Abs.1 Satz 1 können insbesondere die in Nummer 7.4 Abs.3 und 4 genannten Vorschriften sowie die Berechnungsverfahren nach DIN 18 005 Teil 1, Ausgabe Mai 1987, herangezogen werden.

Für die Schallausbreitungsrechnung wird auf die Regelungen der DIN ISO 9613-2, Entwurf Ausgabe September 1997, für die Schallabstrahlung auf VDI 2714, Ausgabe Januar 1988, Abschnitt 5 verwiesen.

A.2.3 Detaillierte Prognose

A.2.3.1 Allgemeines

Bei der Prognose ist von den mittleren Schalleistungspegeln der nach Nummer A.2.2 zu berücksichtigenden Schallquellen, gegebenenfalls getrennt nach Teilzeiten (vgl. Nummer A.1.4) auszugehen.

Die Berechnung der Immissionspegel soll in Oktaven, in der Regel für die Mittelfrequenzen 63 bis 4000 Hz erfolgen. Dabei wird mit den für Oktavbänder ermittelten Schalleistungspegeln und Einflüssen auf dem Schallausbreitungsweg gerechnet. Anteile des Spektrums in der Oktave 8000 Hz sind nur in Ausnahmefällen zu berücksichtigen (z. B. bei geringem Abstand eines Immissionsortes oder Ersatzimmissionsortes von einer Gasreduzierstation im Freien).

Liegen die Emissionsdaten nur als A-bewertete Schallpegel vor, kann die Prognose mit diesen Werten entsprechend DIN ISO 9613-2, Entwurf Ausgabe September 1997, Abschnitt 1 durchgeführt werden.

A.2.3.2 Eingangsdaten für die Berechnung

Für die Berechnung werden für jede zu berücksichtigende Schallquelle der mittlere Schalleistungspegel, die Einwirkzeit T_E gegebenenfalls getrennt nach Teilzeiten, die Richtwirkungskorrektur sowie Angaben zur Ton-, Informations- und Impulshaltigkeit der Geräusche und zur Lage und Höhe der Schallquellen benötigt.

Als Eingangsdaten für die Berechnung können Messwerte, Erfahrungswerte oder Herstellerangaben verwendet werden, soweit sie den Anforderungen nach Nummer A.2.2 Abs.3 entsprechen. Wenn auf Grund besonderer Vorkehrungen eine im Vergleich zu den Erfahrungswerten weitergehende dauerhafte Lärmminderung nachgewiesen ist, können die der Lärmminderung entsprechenden Korrekturwerte bei den Eingangsdaten berücksichtigt werden.

Außerdem werden benötigt:
– die Lage und Abmessung relevanter Hindernisse (Bebauung, Bewuchs, Schallschirme) und
– die Lage und Höhe der maßgeblichen Immissionsorte.

Für die Berechnung der Mittelungspegel der Geräusche, die von dem nach Nummer 7.4 Abs.1 Satz 1 der Anlage zuzurechnenden Kraftfahrzeugverkehr auf Parkflä-

Technische Anleitung Lärm TA Lärm **Anh. B 1**

chen ausgehen, ist bei der Bestimmung der Anzahl der Fahrzeugbewegungen je Stellplatz und Stunde, sofern keine genaueren Zahlen vorliegen, von bei vergleichbaren Anlagen gewonnenen Erfahrungswerten auszugehen.

A.2.3.3 Von Teilflächen der Außenhaut eines Gebäudes abgestrahlte Schalleistungen

Die von Teilflächen der Außenhaut eines Gebäudes abgestrahlten Schalleistungen sind nach der Richtlinie VDI 2571, Abschnitt 3 möglichst in Oktavbändern zu ermitteln.

Die in der Richtlinie angegebene Formel zur Berechnung der Innenschallpegel setzt ein diffuses Schallfeld im Raum voraus und ergibt in Fabrikhallen in der Regel zu hohe und nur für nahe an Außenhautelementen gelegene laute Schallquellen etwas zu niedrige Werte. Wenn genauere Berechnungsgrundlagen, z. B. nach VDI 3760, Ausgabe Februar 1996, vorliegen, kann von den damit berechneten Innenschallpegeln ausgegangen werden.

A.2.3.4 Schallausbreitungsrechnung

Die Rechnung ist für jede Schallquelle und jede Oktave entsprechend DIN ISO 9613-2, Entwurf Ausgabe September 1997, Abschnitt 6 durchzuführen. Dabei werden die Schalldämpfung auf Grund von Schallausbreitung durch Bewuchs, Industriegelände und Bebauungsflächen nach Anhang A, Abschirmungen und Reflexionen nach den Abschnitten 7.4 und 7.5 der DIN ISO 9613-2, Entwurf Ausgabe September 1997, berücksichtigt.

Der Mittelungspegel L_{Aeq} am maßgeblichen Immissionsort ergibt sich für jede Schallquelle nach Gleichung (5) der DIN ISO 9613-2, Entwurf Ausgabe September 1997.

A.2.3.5 Berechnung der Pegel kurzzeitiger Geräuschspitzen

Unter den Voraussetzungen von Nummer A.2.2 Abs.2 ist die Berechnung nach Nummer A.2.3.4 statt mit den mittleren Schalleistungspegeln aller Schallquellen mit den maximalen Schalleistungspegeln der Schallquellen mit kurzzeitigen Geräuschspitzen zu wiederholen. Treten bei mehreren Schallquellen der Anlage derartige Geräuschspitzen gleichzeitig auf, so ist für die gesamte Anlage der Pegel der kurzzeitigen Geräuschspitzen am Immissionsort aus den nach Nummer A.2.3.4 bestimmten Beiträgen $L_{AFmax,i}$ der einzelnen Schallquellen (Index i) entsprechend Gleichung (G3) aufzusummieren.

$$L_{AFmax} = 10 \lg \sum_i 10^{0,1 L_{AFmax,i}} \tag{G3}$$

A.2.4 Überschlägige Prognose

A.2.4.1 Allgemeines

Bei der überschlägigen Prognose werden die Mittelungspegel am maßgeblichen Immissionsort mit Hilfe der mittleren A-bewerteten Schalleistungspegel, der Einwirkzeiten und der Richtwirkungskorrekturen der Schallquellen sowie einer vereinfachten Schallausbreitungsrechnung ermittelt, bei der eine schallausbreitungsgünstige Wetterlage zugrundegelegt und nur die geometrische Schallausbreitungsdämpfung berücksichtigt wird.

Die Festlegungen zu den Eingangsdaten und zur Einbeziehung der von Parkplätzen ausgehenden Geräusche nach Nummer A.2.3.2 gelten entsprechend.

Anh. B 1 TA Lärm   Allgemeine Verwaltungsvorschriften

A.2.4.2 Von Teilflächen der Außenhaut eines Gebäudes abgestrahlte Schalleistungen

Die von Teilflächen der Außenhaut eines Gebäudes abgestrahlten Schalleistungen sind nach der Richtlinie VDI 2571, Abschnitt 3, Gleichung (9b) zu ermitteln. Bei Räumen, in denen der Innenpegel durch Schall mit starken tieffrequenten Komponenten bestimmt wird, ergibt die genannte Gleichung zu niedrige Schalleistungspegel. In solchen Fällen muss für die ins Freie abgestrahlte Schalleistung mit einem Sicherheitszuschlag von 5 dB(A) gerechnet oder eine DP durchgeführt werden.

A.2.4.3 Überschlägige Schallausbreitungsrechnung

Für jede Schallquelle ist der Mittelungspegel $L_{Aeq}(s_m)$ am Immissionsort für ihre Einwirkzeit T_E nach Gleichung (G4) zu berechnen:

$$L_{Aeq}(s_m) = L_{WAeq} + DI + K_O - 20 \lg (s_m) - 11 \text{ dB} \tag{G4}$$

Darin bedeutet

L_{WAeq} der mittlere A-bewertete Schalleistungspegel der Schallquelle
DI   das Richtwirkungsmaß nach VDI 2714, Abschnitt 5.1, Bild 2 (nur bei Eigenabschirmung durch das Gebäude)
K_O das Raumwinkelmaß nach VDI 2714, Abschnitt 5.2, Tabelle 2
s_m der Abstand des Immissionsortes in m vom Zentrum der Quelle. Wenn der Abstand des Immissionsortes vom Mittelpunkt der Anlage mehr als das Zweifache ihrer größten Ausdehnung beträgt, kann für alle Schallquellen einheitlich statt s_m der Abstand des Immissionsortes vom Mittelpunkt der Anlage eingesetzt werden.

Außer der Eigenabschirmung von schallabstrahlenden Gebäuden sind keine Abschirmungen zu berücksichtigen. Mit $DI \leq -10$ dB für die dem Immissionsort abgewandte Seite des Gebäudes darf nur gerechnet werden, wenn sich ihr gegenüber keine reflektierende Fläche (z. B. Wand eines Gebäudes) befindet.

Reflexionen, die nicht im Raumwinkelmaß enthalten sind, sind nach VDI 2714, Abschnitt 7.1 durch die Annahme von Spiegelschallquellen zu berücksichtigen.

A.2.4.4 Berechnung der Pegel kurzzeitiger Geräuschspitzen

Sofern nach Nummer A.2.2 Abs.2 erforderlich, ist die Berechnung nach Nummer A.2.4.3 entsprechend Nummer A.2.3.5 mit den maximalen A-bewerteten Schalleistungspegeln der Schallquellen mit kurzzeitigen Geräuschspitzen zu wiederholen.

A.2.5 Berechnung des Beurteilungspegels

A.2.5.1 Berechnung des Mittelungspegels der Anlage in den Teilzeiten

Für jeden maßgeblichen Immissionsort und jeden Ersatzimmissionsort ist der Beurteilungspegel nach Gleichung (G2) zu berechnen. Der Mittelungspegel $L_{Aeq,j}$ der Anlage für die Teilzeit T_j wird aus den Mittelungspegeln $L_{Aeq,k,j}$ und den Einwirkzeiten $T_{E,k,j}$ aller Schallquellen k nach Gleichung (G5) berechnet.

$$L_{Aeq,j} = 10 \lg \left[\frac{1}{T_j} \sum_k T_{E,k,j} \cdot 10^{0,1 L_{Aeq,k,j}} \right] \tag{G5}$$

A.2.5.2 Zuschlag für Ton- und Informationshaltigkeit K_T

Für die Teilzeiten, in denen in den zu beurteilenden Geräuschimmissionen ein oder mehrere Töne hervortreten oder in denen das Geräusch informationshaltig ist, ist für den Zuschlag K_T je nach Auffälligkeit der Wert 3 oder 6 dB anzusetzen.

Technische Anleitung Lärm **TA Lärm Anh. B 1**

Bei Anlagen, deren Geräusche nicht ton- oder informationshaltig sind, ist $K_T = 0\,\text{dB}$.

Falls Erfahrungwerte von vergleichbaren Anlagen und Anlagenteilen vorliegen, ist von diesen auszugehen.

A.2.5.3 Zuschlag für Impulshaltigkeit K_I

Für die Teilzeiten, in denen das zu beurteilende Geräusch Impulse enthält, ist für den Zuschlag K_I je nach Störwirkung der Wert 3 oder 6 dB anzusetzen.

Bei Anlagen, deren Geräusche keine Impulse enthalten, ist $K_I = 0\,\text{dB}$.

Falls Erfahrungswerte von vergleichbaren Anlagen und Anlagenteilen vorliegen, ist von diesen auszugehen.

A.2.6 Darstellung der Ergebnisse

Die Geräuschimmissionsprognose ist in einem Bericht darzustellen, der die erforderlichen Angaben enthält, um die Datengrundlagen bewerten, das Prognoseverfahren nachvollziehen und die Qualität der Ergebnisse einschätzen zu können. In der Regel sind anzugeben:
- Bezeichnung der Anlage,
- Antragsteller,
- Auftraggeber,
- Name der Institution und des verantwortlichen Bearbeiters,
- Aufgabenstellung,
- verwendetes Verfahren,
- Beschreibung des Betriebsablaufs der Anlage, soweit er schalltechnisch relevant ist,
- Lageplan, aus dem die Anordnung (gegebenenfalls Koordinaten mit Bezugsgrößen) der Anlage, der relevanten Schallquellen, der maßgeblichen Immissionsorte und gegebenenfalls der Ersatzimmissionsorte zu ersehen ist,
- Liste der relevanten Schallquellen mit technischen Daten und Betriebszeiten, bei Gebäuden als Schallquellen die Berechnungsgrundlagen der Schalleistungspegel,
- Angaben über die geplanten Schallschutzmaßnahmen,
- bei der DP Angaben über die relevanten Hindernisse (Schallschirme, Bebauung, Bewuchs),
- Angaben für jeden maßgeblichen Immissionsort:
  - Lage und Höhe,
  - berücksichtigte Einzelschallquellen, einschließlich Ausbreitungsdämpfung (bei der DP),
  - A-bewerteter Mittelungspegel dieser Schallquellen für jede Teilzeit,
  - Zuschlag für Ton- und Informationshaltigkeit,
  - Zuschlag für Impulshaltigkeit,
  - Beurteilungspegel,
  - gegebenenfalls Pegel der kurzzeitigen Geräuschspitzen;
- Qualität der Prognose.

A.3 Ermittlung der Geräuschimmissionen durch Messung

A.3.1 Grundsätze

Geräuschimmissionen sind je nach Aufgabenstellung für die Vorbelastung, die Zusatzbelastung, die Gesamtbelastung oder die Belastung durch Fremdgeräusche an den maßgeblichen Immissionsorten zu ermitteln.

Anh. B 1 TA Lärm Allgemeine Verwaltungsvorschriften

Wenn Messungen an den maßgeblichen Immissionsorten nach Nummer A.1.3 nicht möglich sind, z. B. bei Fremdgeräuscheinfluss oder bei Seltenheit von Mitwindwetterlagen (siehe Verweise in Nummer A.3.3.3), kann die zuständige Behörde festlegen, dass die Geräuschimmissionen an den maßgeblichen Immissionsorten aus Ersatzmessungen nach einem der in Nummer A.3.4 beschriebenen Verfahren ermittelt werden. Hierbei werden Messergebnisse (Geräuschimmissionen an Ersatzimmissionsorten bzw. Schalleistungspegel) mit Schallausbreitungsrechnungen verknüpft.

Für die einzusetzenden Messgeräte, die Messverfahren sowie die Bestimmung des maßgeblichen Beurteilungspegels gilt DIN 45645-1, Ausgabe Juli 1996, soweit dieser Anhang nicht abweichende, eingrenzende oder ergänzende Regelungen trifft.

Hinweise zur Ermittlung tieffrequenter Geräusche enthält Nummer A.1.5.

A.3.2 Messgeräte

Für die bei den Schallmessungen eingesetzten Messgeräte gelten die Anforderungen nach DIN 45645-1, Ausgabe Juli 1996. Ergänzend ist zu beachten:

Als Schallpegelmessgeräte dürfen verwendet werden:
a) geeichte Schallpegelmesser der Klasse 1 nach DIN EN 60651, Ausgabe Mai 1994, oder DIN EN 60804, Ausgabe Mai 1994,
b) geeichte Schallpegelmesseinrichtungen im Sinne des Abschnitts 3 der Anlage 21 zur Eichordnung.

Können wegen Erschwernissen, die in der Immissionssituation begründet sind, die Messungen nicht mit geeichten Messeinrichtungen durchgeführt werden (z. B. bei Einsatz von Richtmikrofonen wegen hoher Belastung durch Fremdgeräusche), so dürfen in begründeten Einzelfällen nicht geeichte Messeinrichtungen verwendet werden, sofern die dabei entstehenden Abweichungen nachvollziehbar quantifiziert und bei der Beurteilung berücksichtigt werden.

A.3.3 Messverfahren und Auswertung

A.3.3.1 Messwertarten

Bei Schallmessungen nach dieser technischen Anleitung wird in der Regel die Frequenzbewertung A und die Zeitbewertung F nach DIN EN 60651, Ausgabe Mai 1994, benutzt.

Für die Beurteilung der Geräuschimmissionen werden in dieser technischen Anleitung die in Tabelle 1 aufgeführten Messwertarten verwendet. Welche Messwertarten zusätzlich zum Mittelungspegel L_{Aeq} zu erfassen sind, hängt vom Einzelfall ab.

Technische Anleitung Lärm   TA Lärm Anh. B 1

Tabelle 1: Messwertarten und ihre Anwendung

Messwertart	Anwendung	Fundstelle
L_{Aeq}	Beurteilung der Geräuschimmissionen	Nummer 2.7 Nummer A.1.4
L_{AFmax}	Beurteilung von Geräuschspitzen	Nummer 2.8
L_{AFTeq}	Zuschlag für Impulshaltigkeit	Nummer A.3.3.6
L_{AF95}	Prüfung auf ständig vorherrschende Fremdgeräusche	Nummer 3.2.1

A.3.3.2 Messorte

Die Messungen werden in der Regel an den maßgeblichen Immissionsorten nach Nummer A.1.3 durchgeführt. Zu den Messorten bei Ersatzmessungen nach Nummer A.3.1 Abs.2 siehe Nummer A.3.4.

A.3.3.3 Durchführung der Messungen

Für die Durchführung der Messungen sind die Bestimmungen der DIN 45645-1, Ausgabe Juli 1996, Abschnitte 6.2 bis 6.5 zu beachten. Ergänzend wird festgelegt:
Ist die Vorbelastung oder die Gesamtbelastung (Nummer 2.4) zu ermitteln, ist bei der Festlegung von Zeit und Dauer der Messung auf die Anlagen abzustellen, die wesentliche Beiträge liefern. Bei Abständen zwischen maßgeblichem Immissionsort und diesen Anlagen ab 200 m sind die Messungen in der Regel bei Mitwind durchzuführen. Für die Ermittlung der Zusatzbelastung durch Messung gilt Satz 2 entsprechend. Bei der Bestimmung des Beurteilungspegels ist die meteorologische Korrektur nach DIN ISO 9613-2, Entwurf Ausgabe September 1997, Gleichung (6) zu berücksichtigen.

A.3.3.4 Bestimmung des Beurteilungspegels

Der Beurteilungspegel ist nach der Gleichung (G2) zu bestimmen.

A.3.3.5 Zuschlag für Ton- und Informationshaltigkeit

Treten in einem Geräusch während bestimmter Teilzeiten T_j ein oder mehrere Töne hörbar hervor oder ist das Geräusch informationshaltig, so beträgt der Zuschlag für Ton- und Informationshaltigkeit $K_{T,j}$ für diese Teilzeiten je nach Auffälligkeit 3 oder 6 dB.
Die Tonhaltigkeit eines Geräusches kann auch messtechnisch bestimmt werden (DIN 45681, Entwurf Ausgabe Mai 1992).

A.3.3.6 Zuschlag für Impulshaltigkeit

Enthält das zu beurteilende Geräusch während bestimmter Teilzeiten T_j Impulse, so beträgt der Zuschlag $K_{I,j}$ für Impulshaltigkeit für diese Teilzeiten:
$$K_{I,j} = L_{AFTeq,j} - L_{Aeq,j} \qquad (G6)$$
$L_{AFTeq,j}$ ist der Taktmaximal-Mittelungspegel nach Nummer 2.9.

A.3.3.7 Maßgeblicher Wert des Beurteilungspegels

Der maßgebliche Wert des Beurteilungspegels wird nach DIN 45645-1, Ausgabe Juli 1996, Abschnitt 7.2 bestimmt. Bei der Festlegung von Zahl und Umfang der

Messungen sind die Vereinfachungen nach DIN 45645-1, Ausgabe Juli 1996, Abschnitt 6.5.1 zu berücksichtigen.

A.3.4 Ersatzmessungen

A.3.4.1 Allgemeines

Die Geräuschimmissionen an den maßgeblichen Immissionsorten können nach einem der folgenden Verfahren aus Ersatzmessungen ermittelt werden:
a) Messungen an Ersatzimmissionsorten,
b) Rundum-Messung,
c) Schalleistungsmessungen von Einzelanlagen oder Anlagengruppen.

Die Verfahren nach den Buchstaben b oder c sollen nur eingesetzt werden, wenn wegen der örtlichen Gegebenheiten das Verfahren nach Buchstabe a nicht angewandt werden kann.

A.3.4.2 Vorgehensweise bei Messungen an Ersatzimmissionsorten

Es werden ein oder mehrere in der Regel näher zur Anlage gelegene Ersatzimmissionsorte festgesetzt, an denen die für den maßgeblichen Immissionsort kennzeichnende Geräuschsituation ermittelt werden kann und an denen der Pegel des Anlagengeräusches ausreichend weit über dem Fremdgeräuschpegel liegt.

Für jeden Ersatzimmissionsort ist bei der Prognose nach Nummer A.2 der Beurteilungspegel mit den gleichen Anlagendaten zu berechnen wie für die maßgeblichen Immissionsorten. Im Genehmigungsbescheid ist für alle festgelegten Ersatzimmissionsorte anzugeben, bei welchen (höchsten) Beurteilungspegeln die Einhaltung der Immissionsrichtwerte an den maßgeblichen Immissionsorten sichergestellt ist.

A.3.4.3 Vorgehensweise bei der Rundum-Messung

Es wird eine Rundum-Messung, z. B. nach ISO 8297, Ausgabe Dezember 1994, festgesetzt. Als Messergebnis wird der immissionswirksame Schalleistungspegel der Anlage bestimmt. Daraus sind nach dem unter Nummer A.2 angegebenen Prognoseverfahren die Beurteilungspegel für die maßgeblichen Immissionsorte zu berechnen, wobei die Anlage als eine Schallquelle zu betrachten ist.

A.3.4.4 Vorgehensweise bei Schalleistungsmessungen

Es wird festgesetzt, dass die Schalleistungspegel der Anlage einzeln oder in Gruppen zu messen sind. Die Schalleistungspegel aller relevanten Quellen der Anlage sind in der Regel nach einem der in Nummer A.2.2 genannten Verfahren zu bestimmen. Ansonsten ist in möglichst enger Anlehnung an die dort genannten Normen zu messen. Aus den Schalleistungspegeln aller relevanten Quellen der Anlage sind die Beurteilungspegel an den maßgeblichen Immissionsorten zu berechnen.

A.3.5 Messbericht

Die Geräuschimmissionsmessungen sind in einem Bericht darzustellen, der die erforderlichen Angaben enthält, um die Durchführung der Ermittlungen und die Darstellung der Ergebnisse nachvollziehen, sowie die Qualität der Ergebnisse einschätzen zu können. Im Bericht ist insbesondere anzugeben:
– Bezeichnung der Anlage,
– Antragsteller,
– Auftraggeber,
– Name der Institution und des verantwortlichen Bearbeiters,
– Aufgabenstellung,
– verwendetes Verfahren,

Technische Anleitung Lärm **TA Lärm Anh. B 1**

- Lageplan, aus dem die Anordnung (gegebenenfalls Koordinaten mit Bezugsgrößen) der Anlage, der relevanten Schallquellen, der maßgeblichen Immissionsorte und gegebenenfalls der Ersatzimmissionsorte zu ersehen ist,
- Ort und Zeit der Messungen,
- Schallausbreitungsbedingungen,
- Messgeräte sowie Maßnahmen zur Sicherung einer ausreichenden Messsicherheit,
- Betriebsweise und Auslastung der Anlage(n) während der Messungen,
- Fremdgeräuschsituation während der Messungen, gegebenenfalls Schallpegelkorrekturen,
- Beurteilungspegel, Maximalpegel sowie die zugehörigen Bestimmungsgrößen,
- Qualität der Ergebnisse,
- gegebenenfalls erforderliche Angaben nach Nummer A.3.4 bei Ersatzmessungen.

B 2. Technische Anleitung zur Reinhaltung der Luft – TA Luft[1]

Vom 24. Juli 2002 (GMBl. S. 511)

Kommentierung: Vgl. die Ausführungen zu § 48, insb. in Rn.15–24 zu § 48. –
Literatur: *Pschera/Koepfer*, Die neue TA Luft – gefährdet der integrative Ansatz die Bindungswirkung?, NuR 2003, 517; *Rehbinder*, Die Regelung von Kombinationswirkungen luftbelastender Stoffe im Bundes-Immissionsschutzgesetz, in: Festschrift für Kutscheidt, 2003, 275; *Hansmann*, Irrelevanzklauseln im Immissionsschutzrecht, in: Festschrift für Kutscheidt; 2003, 291; *Friedrich*, Die Altanlagensanierung nach Nr.6 der TA Luft, NuR 2003, 216; *Gerhold*, Anwendungsfragen der neuen TA Luft, UPR 2003, 44; *Hansmann*, Die neue TA Luft, NVwZ 2003, 266; *Ohms*, Die neue TA Luft 2002, DVBl 2002, 1365; *Hansmann*, in: LR (2002 ff), Nr.3.2; *Buchholz*, Integrative Grenzwerte im Umweltrecht, 2001; *Köck*, Krebsrisiken durch Luftverunreinigungen – Rechtliche Anforderungen an genehmigungsbedürftige Anlagen nach dem BImSchG, ZUR 2001, 201; *Kalmbach/Schmölling*, TA Luft, 4. Aufl. 1994; *Marburger*, Massenstromwerte und Anlagenbegriff der TA Luft, 1993; *Steinhoff*, Zur Bindungswirkung der Emissionswerte der TA Luft zugunsten des Anlagenbetreibers, 1991; *Führ*, TA Luft – Rechtsgüterschutz durch Verwaltungsvorschrift, ZUR 1991, 131 ff, 200 ff; *Langenfeld/Schlemmer-Schulte*, die TA Luft – Kein geeignetes Instrument der Umsetzung von EG-Richtlinien, EuZW 1991, 622 ff; *Kalmbach/Hansmann*, in LR (1990), Nr.3.2, *Kloepfer/Kröger*, Die Abstandsregelung der TA Luft für Anlagen zur Geflügelhaltung, AgrarR 1990, 61 ff; *Hansmann*, Auslegungs- und Anwendungsfragen der TA Luft UPR 1989, 321 ff; *Vallendar*, Immissionswerte der TA Luft, UPR 1989, 213 ff; *Schwab*, Die Bedeutung von TA Luft und TA Lärm für den Umweltschutz, VR 1989, 79 ff; *Rid*, Die allgemeinen Immissionsgrenzwerte der TA Luft und ihre Bedeutung für den Betrieb von Feuerungsanlagen, UPR 1988, 44 ff; *Papier*, Die allgemeinen Emissionsgrenzwerte der TA Luft und ihre Bedeutung für den Betrieb von Feuerungsanlagen, UPR 1987, 292 ff.

Inhaltsübersicht

1	**Anwendungsbereich**
2	**Begriffsbestimmungen und Einheiten im Messwesen**
3	**Rechtliche Grundsätze für Genehmigung, Vorbescheid und Zulassung des vorzeitigen Beginns**
4	**Anforderungen zum Schutz vor schädlichen Umwelteinwirkungen**
5	**Anforderungen zur Vorsorge gegen schädliche Umwelteinwirkungen**
6	**Nachträgliche Anordnungen**
7	**Aufhebung von Vorschriften**
8	**Inkrafttreten**
	Anhänge

---

[1] Ausweislich der nicht vollständig wiedergegebenen amtlichen Überschrift handelt es sich um die Erste Allgemeine Verwaltungsvorschrift zum Bundes-Immissionsschutzgesetz.

Anh. B 2 TA Luft Allgemeine Verwaltungsvorschriften

1. Anwendungsbereich

Diese Technische Anleitung dient dem Schutz der Allgemeinheit und der Nachbarschaft vor schädlichen Umwelteinwirkungen durch Luftverunreinigungen und der Vorsorge gegen schädliche Umwelteinwirkungen durch Luftverunreinigungen, um ein hohes Schutzniveau für die Umwelt insgesamt zu erreichen.

Die Vorschriften dieser Technischen Anleitung sind zu beachten bei der
a) Prüfung der Anträge auf Erteilung einer Genehmigung zur Errichtung und zum Betrieb einer neuen Anlage (§ 6 Abs.1 BImSchG) sowie zur Änderung der Lage, der Beschaffenheit oder des Betriebs einer bestehenden Anlage (§ 16 Abs.1, auch in Verbindung mit Abs.4 BImSchG),
b) Prüfung der Anträge auf Erteilung einer Teilgenehmigung, eines Vorbescheids oder der Zulassung des vorzeitigen Beginns (§§ 8, 8a und 9 BImSchG),
c) Prüfung der Genehmigungsbedürftigkeit einer Änderung (§ 15 Abs.2 BImSchG),
d) Entscheidung über nachträgliche Anordnungen (§ 17 BImSchG) und
e) Entscheidung zu Anordnungen über die Ermittlung von Art und Ausmaß der von einer Anlage ausgehenden Emissionen sowie der Immissionen im Einwirkungsbereich der Anlage (§ 26, auch in Verbindung mit § 28 BImSchG).

Der Schutz vor schädlichen Umwelteinwirkungen durch Geruchsimmissionen wird in dieser Verwaltungsvorschrift nicht geregelt; dagegen wird die Vorsorge gegen schädliche Umwelteinwirkungen durch Geruchsemissionen in dieser Verwaltungsvorschrift geregelt.

Die Anforderungen der Nummern 5.1 bis 5.4 gelten nicht für genehmigungsbedürftige Anlagen, soweit in Rechtsverordnungen der Bundesregierung Anforderungen zur Vorsorge und zur Ermittlung von Emissionen an luftverunreinigenden Stoffen getroffen werden.

Soweit im Hinblick auf die Pflichten der Betreiber von nicht genehmigungsbedürftigen Anlagen nach § 22 Abs.1 Nrn. 1 und 2 BImSchG zu beurteilen ist, ob schädliche Umwelteinwirkungen durch Luftverunreinigungen vorliegen, sollen die in Nummer 4 festgelegten Grundsätze zur Ermittlung und Maßstäbe zur Beurteilung von schädlichen Umwelteinwirkungen herangezogen werden. Die Ermittlung von Immissionskenngrößen nach Nummer 4.6 unterbleibt, soweit eine Prüfung im Einzelfall ergibt, dass der damit verbundene Aufwand unverhältnismäßig wäre. Tragen nicht genehmigungsbedürftige Anlagen zum Entstehen schädlicher Umwelteinwirkungen in relevanter Weise bei, ist zu prüfen, ob die nach dem Stand der Technik gegebenen Möglichkeiten zu ihrer Vermeidung ausgeschöpft sind. Nach dem Stand der Technik unvermeidbare schädliche Umwelteinwirkungen sind auf ein Mindestmaß zu beschränken. Soweit zur Erfüllung der Pflichten nach § 22 Abs.1 Nrn. 1 und 2 BImSchG Anforderungen für nicht genehmigungsbedürftige Anlagen festgelegt werden können, können auch die in Nummer 5 für genehmigungsbedürftige Anlagen festgelegten Vorsorgeanforderungen als Erkenntnisquelle herangezogen werden. Luftreinhaltepläne sind bei Anordnungen nach §§ 24 und 25 BImSchG zu beachten.

2. Begriffsbestimmungen und Einheiten im Messwesen

2.1 Immissionen

Immissionen im Sinne dieser Verwaltungsvorschrift sind auf Menschen, Tiere, Pflanzen, den Boden, das Wasser, die Atmosphäre oder Kultur- und Sachgüter einwirkende Luftverunreinigungen.

Technische Anleitung Luft TA Luft **Anh. B 2**

Immissionen werden wie folgt angegeben:
a) Massenkonzentration als Masse der luftverunreinigenden Stoffe bezogen auf das Volumen der verunreinigten Luft; bei gasförmigen Stoffen ist die Massenkonzentration auf 293,15 K und 101,3 kPa zu beziehen.
b) Deposition als zeitbezogene Flächenbedeckung durch die Masse der luftverunreinigenden Stoffe.

2.2 Immissionskenngrößen, Beurteilungspunkte, Aufpunkte

Immissionskenngrößen kennzeichnen die Höhe der Vorbelastung, der Zusatzbelastung oder der Gesamtbelastung für den jeweiligen luftverunreinigenden Stoff. Die Kenngröße für die Vorbelastung ist die vorhandene Belastung durch einen Schadstoff. Die Kenngröße für die Zusatzbelastung ist der Immissionsbeitrag, der durch das beantragte Vorhaben voraussichtlich (bei geplanten Anlagen) oder tatsächlich (bei bestehenden Anlagen) hervorgerufen wird. Die Kenngröße für die Gesamtbelastung ist bei geplanten Anlagen aus den Kenngrößen für die Vorbelastung und die Zusatzbelastung zu bilden; bei bestehenden Anlagen entspricht sie der vorhandenen Belastung.

Beurteilungspunkte sind diejenigen Punkte in der Umgebung der Anlage, für die die Immissionskenngrößen für die Gesamtbelastung ermittelt werden. Aufpunkte sind diejenigen Punkte in der Umgebung der Anlage, für die eine rechnerische Ermittlung der Zusatzbelastung (Immissionsprognose) vorgenommen wird.

2.3 Immissionswerte

Der Immissions-Jahreswert ist der Konzentrations- oder Depositionswert eines Stoffes gemittelt über ein Jahr.

Der Immissions-Tageswert ist der Konzentrationswert eines Stoffes gemittelt über einen Kalendertag mit der zugehörigen zulässigen Überschreitungshäufigkeit (Anzahl der Tage) während eines Jahres.

Der Immissions-Stundenwert ist der Konzentrationswert eines Stoffes gemittelt über eine volle Stunde (z. B. 8.00 bis 9.00 Uhr) mit der zugehörigen zulässigen Überschreitungshäufigkeit (Anzahl der Stunden) während eines Jahres.

2.4 Abgasvolumen und Abgasvolumenstrom

Abgase im Sinne dieser Verwaltungsvorschrift sind die Trägergase mit den festen, flüssigen oder gasförmigen Emissionen.

Angaben des Abgasvolumens und des Abgasvolumenstroms sind in dieser Verwaltungsvorschrift auf den Normzustand (273,15 K; 101,3 kPa) nach Abzug des Feuchtegehaltes an Wasserdampf bezogen, soweit nicht ausdrücklich etwas anderes angegeben wird.

2.5 Emissionen

Emissionen im Sinne dieser Verwaltungsvorschrift sind die von einer Anlage ausgehenden Luftverunreinigungen.

Emissionen werden wie folgt angegeben:
a) Masse der emittierten Stoffe oder Stoffgruppen bezogen auf das Volumen (Massenkonzentration)
  aa) von Abgas im Normzustand (273,15 K; 101,3 kPa) nach Abzug des Feuchtegehaltes an Wasserdampf,
  bb) von Abgas (f) im Normzustand (273,15 K; 101,3 kPa) vor Abzug des Feuchtegehaltes an Wasserdampf;
b) Masse der emittierten Stoffe oder Stoffgruppen bezogen auf die Zeit als Massenstrom (Emissionsmassenstrom);

der Massenstrom ist die während einer Betriebsstunde bei bestimmungsgemäßem Betrieb einer Anlage unter den für die Luftreinhaltung ungünstigsten Betriebsbedingungen auftretende Emission der gesamten Anlage;

c) Anzahl der emittierten Fasern bezogen auf das Volumen (Faserstaubkonzentration) von Abgas im Normzustand (273,15 K; 101,3 kPa) nach Abzug des Feuchtegehaltes an Wasserdampf;

d) Verhältnis der Masse der emittierten Stoffe oder Stoffgruppen zu der Masse der erzeugten oder verarbeiteten Produkte oder zur Tierplatzzahl (Emissionsfaktor); in das Massenverhältnis geht die während eines Tages bei bestimmungsgemäßem Betrieb einer Anlage unter den für die Luftreinhaltung ungünstigsten Betriebsbedingungen auftretende Emission der gesamten Anlage ein;

e) Anzahl der Geruchseinheiten der emittierten Geruchsstoffe bezogen auf das Volumen (Geruchsstoffkonzentration) von Abgas bei 293,15 K und 101,3 kPa vor Abzug des Feuchtegehaltes an Wasserdampf;
die Geruchsstoffkonzentration ist das olfaktometrisch gemessene Verhältnis der Volumenströme bei Verdünnung einer Abgasprobe mit Neutralluft bis zur Geruchsschwelle, angegeben als Vielfaches der Geruchsschwelle.

2.6 Emissionsgrad und Emissionsminderungsgrad

Emissionsgrad ist das Verhältnis der im Abgas emittierten Masse eines luftverunreinigenden Stoffes zu der mit den Brenn- oder Einsatzstoffen zugeführten Masse; er wird angegeben als Vomhundertsatz.

Emissionsminderungsgrad ist das Verhältnis der im Abgas emittierten Masse eines luftverunreinigenden Stoffes zu seiner zugeführten Masse im Rohgas; er wird angegeben als Vomhundertsatz. Der Geruchsminderungsgrad ist ein Emissionsminderungsgrad.

2.7 Emissionswerte und Emissionsbegrenzungen

Emissionswerte sind Grundlagen für Emissionsbegrenzungen. Emissionsbegrenzungen sind die im Genehmigungsbescheid oder in einer nachträglichen Anordnung festzulegenden

a) zulässigen Faserstaub-, Geruchsstoff- oder Massenkonzentrationen von Luftverunreinigungen im Abgas mit der Maßgabe, dass

   aa) sämtliche Tagesmittelwerte die festgelegte Konzentration und

   bb) sämtliche Halbstundenmittelwerte das 2fache der festgelegten Konzentration nicht überschreiten,

b) zulässigen Massenströme, bezogen auf eine Betriebsstunde,

c) zulässigen Massenverhältnisse, bezogen auf einen Tag (Tagesmittelwerte),

d) zulässigen Emissionsgrade, bezogen auf einen Tag (Tagesmittelwerte),

e) zulässigen Emissionsminderungsgrade, bezogen auf einen Tag (Tagesmittelwerte) oder

f) sonstigen Anforderungen zur Vorsorge gegen schädliche Umwelteinwirkungen durch Luftverunreinigungen.

2.8 Einheiten und Abkürzungen

µm	Mikrometer:	1 µm	= 0,001 mm
mm	Millimeter:	1 mm	= 0,001 m
m	Meter:	1 m	= 0,001 km
km	Kilometer		
m^2	Quadratmeter		
ha	Hektar:	1 ha	= 10 000 m^2
l	Liter:	1 l	= 0,001 m^3
m^3	Kubikmeter		

Technische Anleitung Luft TA Luft **Anh. B 2**

ng	Nanogramm:	1 ng = 0,001 µg
µg	Mikrogramm:	1 µg = 0,001 mg
mg	Milligramm:	1 mg = 0,001 g
g	Gramm:	1 g = 0,001 kg
kg	Kilogramm:	1 kg = 0,001 Mg (t)
Mg	Megagramm (entspricht t: Tonne)	
s	Sekunde	
h	Stunde	
d	Tag (Kalendertag)	
a	Jahr	
°C	Grad Celsius	
K	Kelvin	
Pa	Pascal:	1 Pa = 0,01 mbar (Millibar)
kPa	Kilopascal:	1 kPa = 1 000 Pa
Mpa	Megapascal:	1 Mpa = 1 000 000 Pa
kJ	Kilojoule	
kWh	Kilowattstunde:	1 kWh = 3 600 kJ
MW	Megawatt	
GE	Geruchseinheit	
GE/m^3	Geruchsstoffkonzentration	
GV	Großvieheinheit (1 Großvieheinheit entsprechen 500 kg Tierlebendmasse)	

2.9 Rundung

Soweit Zahlenwerte zur Beurteilung von Immissionen oder Emissionen (z. B. Immissionswerte, Zusatzbelastungswerte, Irrelevanzwerte, Emissionswerte) zu überprüfen sind, sind die entsprechenden Mess- und Rechengrößen mit einer Dezimalstelle mehr als der Zahlenwert zur Beurteilung zu ermitteln. Das Endergebnis ist in der letzten Dezimalstelle nach Nummer 4.5.1 der DIN 1333 (Ausgabe Februar 1992) zu runden sowie in der gleichen Einheit und mit der gleichen Stellenzahl wie der Zahlenwert anzugeben.

2.10 Altanlagen

Altanlagen (bestehende Anlagen) im Sinne dieser Verwaltungsvorschrift sind
1. Anlagen, für die am 1. Oktober 2002
   a) eine Genehmigung zur Errichtung und zum Betrieb nach § 6 oder § 16 BImSchG oder eine Zulassung vorzeitigen Beginns nach § 8 a BImSchG erteilt ist und in dieser Zulassung Anforderungen nach § 5 Abs.1 Nrn. 1 oder 2 BImSchG festgelegt sind,
   b) eine Teilgenehmigung nach § 8 BImSchG oder ein Vorbescheid nach § 9 BImSchG erteilt ist, soweit darin Anforderungen nach § 5 Abs.1 Nrn. 1 oder 2 BImSchG festgelegt sind,
2. Anlagen, die nach § 67 Abs.2 BImSchG anzuzeigen sind oder die entweder nach § 67 a Abs.1 BImSchG oder vor Inkrafttreten des Bundes-Immissionsschutzgesetzes nach § 16 Abs.4 der Gewerbeordnung anzuzeigen waren.

3 Rechtliche Grundsätze für Genehmigung, Vorbescheid und Zulassung des vorzeitigen Beginns

3.1 Prüfung der Anträge auf Erteilung einer Genehmigung zur Errichtung und zum Betrieb neuer Anlagen

Eine Genehmigung zur Errichtung und zum Betrieb einer genehmigungsbedürftigen Anlage ist nach § 6 Abs.1 Nr.1 in Verbindung mit § 5 Abs.1 Nrn. 1 und 2

BImSchG nur zu erteilen, wenn sichergestellt ist, dass die Anlage so errichtet und betrieben wird, dass
a) die von der Anlage ausgehenden Luftverunreinigungen keine schädlichen Umwelteinwirkungen für die Allgemeinheit und die Nachbarschaft hervorrufen können und
b) Vorsorge gegen schädliche Umwelteinwirkungen durch Luftverunreinigungen dieser Anlage getroffen ist.

Für die Prüfung der Genehmigungsvoraussetzungen gelten Nummern 4 und 5 dieser Verwaltungsvorschrift.

3.2 Prüfung der Anträge auf Erteilung einer Teilgenehmigung (§ 8 BImSchG) oder eines Vorbescheids (§ 9 BImSchG)

Soweit sich die Prüfung auf den Gegenstand einer Teilgenehmigung oder im Vorbescheidsverfahren auf das Vorliegen bestimmter Genehmigungsvoraussetzungen bezieht, ist Nummer 3.1 anzuwenden.

Bei einem Standortvorbescheid ist nach Nummer 3.1 zu prüfen, ob an dem angegebenen Standort Gründe der Luftreinhaltung der Errichtung und dem Betrieb einer Anlage der vorgesehenen Art entgegenstehen.

Bei der durch §§ 8 und 9 BImSchG weiter geforderten Beurteilung der gesamten Anlage ist die Prüfung darauf zu beschränken, ob dem Vorhaben aus Gründen der Luftreinhaltung unüberwindliche Hindernisse entgegenstehen. Zur Beurteilung der grundsätzlichen Genehmigungsfähigkeit genügt die Feststellung, dass den Anforderungen nach Nummer 3.1 durch technische oder betriebliche Maßnahmen Rechnung getragen werden kann; durch derartige Maßnahmen darf die Art des Vorhabens jedoch nicht verändert werden.

3.3 Prüfung der Anträge auf Zulassung des vorzeitigen Beginns (§ 8a BImSchG)

Die Zulassung des vorzeitigen Beginns der Errichtung einer Anlage setzt die Feststellung voraus, dass mit einer Entscheidung zu Gunsten des Antragstellers zu rechnen ist. Dabei ist die Einhaltung der Nummern 4 und 5 summarisch zu überprüfen.

Eine positive Feststellung kann auch dann getroffen werden, wenn den Anforderungen zur Luftreinhaltung nur bei Beachtung noch festzulegender Auflagen entsprochen werden kann; es muss dann aber ausgeschlossen sein, dass sich die Auflagen auf die nach § 8a BImSchG zugelassenen Errichtungsarbeiten in einem solchen Maße auswirken können, dass deren Durchführung in Frage gestellt wird.

3.4 Prüfung der Genehmigungsbedürftigkeit einer Änderung (§ 15 Abs.2 BImSchG)

Wird die beabsichtigte Änderung der Lage, der Beschaffenheit oder des Betriebs einer genehmigungsbedürftigen Anlage angezeigt, ist zu prüfen, ob die Änderung einer Genehmigung bedarf. Das ist der Fall, wenn durch die Änderung nachteilige Auswirkungen auf die Schutzgüter des § 1 BImSchG hervorgerufen werden können, die für die Prüfung nach § 6 Abs.1 Nr.1 BImSchG erheblich sein können, es sei denn, die nachteiligen Auswirkungen sind offensichtlich gering und die Erfüllung der sich aus § 6 Abs.1 Nr.1 BImSchG ergebenden Anforderungen ist sichergestellt (§ 16 Abs.1 BImSchG).

Bei der Prüfung, ob durch angezeigte Änderungen nachteilige Auswirkungen für die Luftreinhaltung hervorgerufen werden können, ist Nummer 3.1 nicht anwendbar. Bei dieser Prüfung kommt es nämlich nicht darauf an, ob die Genehmigungs-

Technische Anleitung Luft TA Luft Anh. B 2

voraussetzungen eingehalten worden sind; das ist erst Gegenstand eines eventuellen Genehmigungsverfahrens.

Zusätzliche Luftverunreinigungen erfordern – außer in den Fällen des § 16 Abs.1 Satz 2 BImSchG – eine Änderungsgenehmigung.

3.5 Prüfung der Anträge auf Erteilung einer Änderungsgenehmigung

3.5.1 Begriff der Änderung

Nach § 16 Abs.1 Satz 1 BImSchG bedarf die wesentliche Änderung der Lage, der Beschaffenheit oder des Betriebes einer genehmigungsbedürftigen Anlage der Genehmigung. Als Änderung ist dabei nur eine Abweichung von dem genehmigten Zustand, nicht eine weitergehende Ausnutzung der vorliegenden Genehmigung anzusehen.

3.5.2 Angeordnete Änderung

Eine wesentliche Änderung bedarf nicht der Genehmigung, wenn sie der Erfüllung einer nachträglichen Anordnung nach § 17 BImSchG dient, die abschließend bestimmt, in welcher Weise die Lage, die Beschaffenheit oder der Betrieb der Anlage zu ändern sind.

3.5.3 Prüfungsumfang

Bei der Entscheidung über die Erteilung einer Änderungsgenehmigung ist Nummer 3.1 entsprechend anzuwenden. Zu prüfen sind die Anlagenteile und Verfahrensschritte, die geändert werden sollen, sowie die Anlagenteile und Verfahrensschritte, auf die sich die Änderung auswirken wird. Bei anderen Anlagenteilen und Verfahrensschritten soll geprüft werden, ob Anforderungen nach dieser Verwaltungsvorschrift, die der Vorsorge dienen, mit Zustimmung des Anlagenbetreibers aus Anlass der vorgesehenen Änderung erfüllt werden können. Durch die gleichzeitige Durchführung der Maßnahmen kann u. U. der Aufwand vermindert und eine frühere Anpassung an die Anforderungen dieser Verwaltungsvorschrift erreicht werden.

3.5.4 Verbesserungsmaßnahmen

Eine beantragte Änderungsgenehmigung darf auch dann nicht versagt werden, wenn zwar nach ihrer Durchführung nicht alle Immissionswerte eingehalten werden, wenn aber

a) die Änderung ausschließlich oder weit überwiegend der Verminderung der Immissionen dient,

b) eine spätere Einhaltung der Immissionswerte nicht verhindert wird und

c) die konkreten Umstände einen Widerruf der Genehmigung nicht erfordern.

4 Anforderungen zum Schutz vor schädlichen Umwelteinwirkungen

4.1 Prüfung der Schutzpflicht

Die Vorschriften in Nummer 4 enthalten

– Immissionswerte zum Schutz der menschlichen Gesundheit, zum Schutz vor erheblichen Belästigungen oder erheblichen Nachteilen und Immissionswerte zum Schutz vor schädlichen Umwelteinwirkungen durch Deposition,

– Anforderungen zur Ermittlung von Vor-, Zusatz- und Gesamtbelastung,

– Festlegungen zur Bewertung von Immissionen durch Vergleich mit den Immissionswerten und

– Anforderungen für die Durchführung der Sonderfallprüfung.

Anh. B 2 TA Luft — Allgemeine Verwaltungsvorschriften

Sie dienen der Prüfung, ob der Schutz vor schädlichen Umwelteinwirkungen durch luftverunreinigende Stoffe durch den Betrieb einer Anlage sichergestellt ist.

Bei der Prüfung, ob der Schutz vor schädlichen Umwelteinwirkungen durch Luftverunreinigungen sichergestellt ist (Nummer 3.1 Absatz 1 Buchstabe a)), hat die zuständige Behörde zunächst den Umfang der Ermittlungspflichten festzustellen.

Bei Schadstoffen, für die Immissionswerte in den Nummern 4.2 bis 4.5 festgelegt sind, soll die Bestimmung von Immissionskenngrößen
a) wegen geringer Emissionsmassenströme (s. Nummer 4.6.1.1),
b) wegen einer geringen Vorbelastung (s. Nummer 4.6.2.1) oder
c) wegen einer irrelevanten Zusatzbelastung (s. Nummern 4.2.2 Buchstabe a), 4.3.2 Buchstabe a), 4.4.1 Satz 3, 4.4.3 Buchstabe a) und 4.5.2 Buchstabe a))

entfallen. In diesen Fällen kann davon ausgegangen werden, dass schädliche Umwelteinwirkungen durch die Anlage nicht hervorgerufen werden können, es sei denn, trotz geringer Massenströme nach Buchstabe a) oder geringer Vorbelastung nach Buchstabe b) liegen hinreichende Anhaltspunkte für eine Sonderfallprüfung nach Nummer 4.8 vor.

Die Festlegung der Immissionswerte berücksichtigt einen Unsicherheitsbereich bei der Ermittlung der Kenngrößen. Die Immissionswerte gelten auch bei gleichzeitigem Auftreten sowie chemischer oder physikalischer Umwandlung der Schadstoffe. Bei Schadstoffen, für die Immissionswerte nicht festgelegt sind, sind weitere Ermittlungen nur geboten, wenn die Voraussetzungen nach Nummer 4.8 vorliegen.

4.2 Schutz der menschlichen Gesundheit

4.2.1 Immissionswerte

Der Schutz vor Gefahren für die menschliche Gesundheit durch die in Tabelle 1 bezeichneten luftverunreinigenden Stoffe ist sichergestellt, wenn die nach Nummer 4.7 ermittelte Gesamtbelastung die nachstehenden Immissionswerte an keinem Beurteilungspunkt überschreitet.

Tabelle 1: Immissionswerte für Stoffe zum Schutz der menschlichen Gesundheit

Stoff/Stoffgruppe	Konzentration $\mu g/m^3$	Mittelungszeitraum	Zulässige Überschreitungshäufigkeit im Jahr
Benzol	5	Jahr	–
Blei und seine an organischen Verbindungen als Bestandteile des Schwebstaubes (PM-10), angegeben als Pb	0,5	Jahr	–
Schwebstaub (PM-10)	40 50	Jahr 24 Stunden	– 35
Schwefeldioxid	50 125 350	Jahr 24 Stunden 1 Stunde	– 3 24
Stickstoffdioxid	40 200	Jahr 1 Stunde	– 18
Tetrachlorethen	10	Jahr	–

Technische Anleitung Luft TA Luft Anh. B 2

Werden in Richtlinien der Europäischen Gemeinschaften Grenzwerte zum Schutz der menschlichen Gesundheit für Polyzyklische Aromatische Kohlenwasserstoffe, Arsen, Cadmium, Nickel oder Quecksilber bestimmt, gelten diese als Immissionswerte im Sinne dieser Nummer ab dem Zeitpunkt, in dem die zugehörige nationale Umsetzungsvorschrift in Kraft tritt. Für Cadmium und anorganische Cadmiumverbindungen als Bestandteile des Schwebstaubes (PM-10), angegeben als Cd, gilt bis zu diesem Zeitpunkt ein Immissionswert von 0,02 µg/m^3 bei einem Mittelungszeitraum von einem Jahr.

4.2.2 Genehmigung bei Überschreiten der Immissionswerte

Überschreitet die nach Nummer 4.7 ermittelte Gesamtbelastung eines in Nummer 4.2.1 genannten luftverunreinigenden Stoffs an einem Beurteilungspunkt einen Immissionswert, darf die Genehmigung wegen dieser Überschreitung nicht versagt werden, wenn hinsichtlich des jeweiligen Schadstoffes

a) die Kenngröße für die Zusatzbelastung durch die Emissionen der Anlage an diesem Beurteilungspunkt 3,0 vom Hundert des Immissions-Jahreswertes nicht überschreitet und durch eine Auflage sichergestellt ist, dass weitere Maßnahmen zur Luftreinhaltung, insbesondere Maßnahmen, die über den Stand der Technik hinausgehen, durchgeführt werden, oder

b) durch eine Bedingung sichergestellt ist, dass in der Regel spätestens 12 Monate nach Inbetriebnahme der Anlage solche Sanierungsmaßnahmen (Beseitigung, Stilllegung oder Änderung) an bestehenden Anlagen des Antragstellers oder Dritter oder sonstige Maßnahmen durchgeführt sind, die die Einhaltung der Immissionswerte in Nummer 4.2.1 gewährleisten.

Verbesserungen der Ableitbedingungen sind bei der Beurteilung der Genehmigungsfähigkeit nur dann zu berücksichtigen, wenn bei den betroffenen Anlagen hinsichtlich des jeweiligen Schadstoffes die Maßnahmen zur Begrenzung der Emissionen dem Stand der Technik entsprechen.

4.2.3 Genehmigung bei künftiger Einhaltung der Immissionswerte

Überschreitet die nach Nummer 4.7 ermittelte Gesamtbelastung eines in Nummer 4.2.1 genannten luftverunreinigenden Stoffes an einem Beurteilungspunkt einen Immissionswert, darf die Genehmigung wegen dieser Überschreitung auch dann nicht versagt werden, wenn hinsichtlich des jeweiligen Schadstoffes

a) in Rechtsvorschriften nach Artikel 4 Abs.5 der Richtlinie 96/62/EG über die Beurteilung und Kontrolle der Luftqualität vom 27. September 1996 (ABl. L 296 vom 21. Oktober 1996, S.55) ein entsprechender Grenzwert festgelegt und dessen Einhaltung für einen in der Zukunft liegenden Zeitpunkt vorgeschrieben ist und

b) sichergestellt ist, dass die Anlage ab dem genannten Zeitpunkt nicht maßgeblich zu einer Überschreitung des Immissionswertes beiträgt.

Die Voraussetzung nach Absatz 1 Buchstabe b) ist erfüllt, wenn

a) durch zusätzliche Emissionsminderungsmaßnahmen an der Anlage, durch den Einsatz anderer Rohstoffe, Brennstoffe oder Hilfsstoffe, durch Änderungen im Verfahrensablauf oder durch eine Verbesserung der Ableitbedingungen die in Nummer 4.2.2 genannten Voraussetzungen geschaffen werden können und durch Nebenbestimmungen zur Genehmigung (§ 12 BImSchG) vorgeschrieben wird, dass die zur Erfüllung dieser Voraussetzungen erforderlichen Maßnahmen bis zu dem in der EG-Richtlinie genannten Zeitpunkt abgeschlossen sind oder

b) auf Grund eines Luftreinhalteplans, der Stilllegung von Anlagen oder von Änderungen an anderen Quellen, Quellengruppen oder sonstigen Erkenntnissen die Einhaltung des Immissionswertes gesichert erscheint.
In den Fällen des Absatzes 2 gilt Nummer 4.2.2 Satz 2 sinngemäß.

4.3 Schutz vor erheblichen Belästigungen oder erheblichen Nachteilen durch Staubniederschlag

4.3.1 Immissionswert für Staubniederschlag

Der Schutz vor erheblichen Belästigungen oder erheblichen Nachteilen durch Staubniederschlag ist sichergestellt, wenn die nach Nummer 4.7 ermittelte Gesamtbelastung den in Tabelle 2 bezeichneten Immissionswert an keinem Beurteilungspunkt überschreitet.

Tabelle 2: Immissionswert für Staubniederschlag zum Schutz vor erheblichen Belästigungen oder erheblichen Nachteilen

Stoffgruppe	Deposition $g/(m^2 \cdot d)$	Mittelungszeitraum
Staubniederschlag (nicht gefährdender Staub)	0,35	Jahr

4.3.2 Genehmigung bei Überschreiten des Immissionswertes

Überschreitet die nach Nummer 4.7 ermittelte Gesamtbelastung für Staubniederschlag an einem Beurteilungspunkt den Immissionswert, darf die Genehmigung wegen dieser Überschreitung nicht versagt werden, wenn
a) die Kenngröße für die Zusatzbelastung durch die Emissionen der Anlage an diesem Beurteilungspunkt einen Wert von $10,5 \, mg/(m^2 \cdot d)$ – gerechnet als Mittelwert für das Jahr – nicht überschreitet,
b) durch eine Bedingung sichergestellt ist, dass in der Regel spätestens 6 Monate nach Inbetriebnahme der Anlage solche Sanierungsmaßnahmen (Beseitigung, Stilllegung oder Änderung) an bestehenden Anlagen des Betreibers oder Dritter durchgeführt sind, die die Einhaltung des Immissionswertes gewährleisten,
c) durch Maßnahmen im Rahmen eines Luftreinhalteplanes die Einhaltung des Immissionswertes nach einer Übergangsfrist zu erwarten ist oder
d) eine Sonderfallprüfung nach Nummer 4.8 ergibt, dass wegen besonderer Umstände des Einzelfalls keine erheblichen Nachteile hervorgerufen werden können.

4.4 Schutz vor erheblichen Nachteilen, insbesondere Schutz der Vegetation und von Ökosystemen

4.4.1 Immissionswerte für Schwefeldioxid und Stickstoffoxide

Der Schutz vor Gefahren für Ökosysteme durch Schwefeldioxid oder für die Vegetation durch Stickstoffoxide ist an den relevanten Beurteilungspunkten der Nummer 4.6.2.6 Absatz 6 sichergestellt, wenn die nach Nummer 4.7 ermittelte Gesamtbelastung die in Tabelle 3 bezeichneten Immissionswerte nicht überschreitet.

Technische Anleitung Luft   TA Luft   Anh. B 2

Tabelle 3: Immissionswerte für Schwefeldioxid und Stickstoffoxide zum Schutz von Ökosystemen und der Vegetation

Stoff	Konzentration µg/m³	Mittelungs-zeitraum	Schutzgut
Schwefeldioxid	20	Jahr und Winter (1. Oktober bis 31. März)	Ökosysteme
Stickstoffoxide, an gegeben als Stickstoffdioxid	30	Jahr	Vegetation

Ob der Schutz vor sonstigen erheblichen Nachteilen durch Schwefeldioxid oder Stickstoffoxide sichergestellt ist, ist nach Nummer 4.8 zu prüfen. Eine solche Prüfung ist nicht erforderlich, wenn die in Nummer 4.4.3 festgelegten Zusatzbelastungswerte für Schwefeldioxid und Stickstoffoxide an keinem Beurteilungspunkt überschritten werden.

4.4.2 Immissionswert für Fluorwasserstoff; Ammoniak

Der Schutz vor erheblichen Nachteilen durch Fluorwasserstoff ist vorbehaltlich des Absatzes 2 sichergestellt, wenn die nach Nummer 4.7 ermittelte Gesamtbelastung den in Tabelle 4 bezeichneten Immissionswert an keinem Beurteilungspunkt überschreitet.

Tabelle 4: Immissionswert für Fluorwasserstoff zum Schutz vor erheblichen Nachteilen

Stoff/Stoffgruppe	Konzentration µg/m³	Mittelungs-zeitraum
Fluorwasserstoff und gasförmige anorganische Fluorverbindungen, angegeben als Fluor	0,4	Jahr

Der Schutz vor erheblichen Nachteilen durch Schädigung sehr empfindlicher Tiere, Pflanzen und Sachgüter ist gewährleistet, wenn für Fluorwasserstoff und gasförmige anorganische Fluorverbindungen, angegeben als Fluor, gemittelt über ein Jahr, ein Immissionswert von 0,3 µg/m³ eingehalten wird.

Ob der Schutz vor erheblichen Nachteilen durch Schädigung empfindlicher Pflanzen (z. B. Baumschulen, Kulturpflanzen) und Ökosysteme durch die Einwirkung von Ammoniak gewährleistet ist, ist nach Nummer 4.8 zu prüfen.

4.4.3 Genehmigung bei Überschreitung der Immissionswerte

Überschreitet die nach Nummer 4.7 ermittelte Gesamtbelastung für einen der in den Nummern 4.4.1 und 4.4.2 genannten luftverunreinigenden Stoffe an einem Beurteilungspunkt einen Immissionswert in Tabelle 3, in Tabelle 4 oder in Nummer 4.4.2 Absatz 2, darf die Genehmigung wegen dieser Überschreitung nicht versagt werden, wenn hinsichtlich des jeweiligen Schadstoffes
a) die Kenngröße für die Zusatzbelastung durch die Emissionen der Anlage an diesem Beurteilungspunkt die in Tabelle 5 bezeichneten Werte – gerechnet als Mittelwert für das Jahr – nicht überschreitet,

b) durch eine Bedingung sichergestellt ist, dass in der Regel spätestens 6 Monate nach Inbetriebnahme der Anlage solche Sanierungsmaßnahmen (Beseitigung, Stilllegung oder Änderung) an bestehenden Anlagen des Betreibers oder Dritter durchgeführt sind, die die Einhaltung der in den Nummern 4.4.1 oder 4.4.2 genannten Immissionswerte gewährleisten,
c) durch Maßnahmen im Rahmen eines Luftreinhalteplanes die Einhaltung der Immissionswerte nach einer Übergangsfrist zu erwarten ist oder
d) eine Sonderfallprüfung nach Nummer 4.8 ergibt, dass wegen besonderer Umstände des Einzelfalls keine erheblichen Nachteile hervorgerufen werden können.

Tabelle 5: Irrelevante Zusatzbelastungswerte für Immissionswerte zum Schutz vor erheblichen Nachteilen

Stoff/Stoffgruppe	Zusatzbelastung $\mu g/m^3$
Fluorwasserstoff und gasförmige anorganische Fluorverbindungen, angegeben als Flour	0,04
Schwefeldioxid	2
Stickstoffoxide, angegeben als Stickstoffdioxid	3

4.5 Schutz vor schädlichen Umwelteinwirkungen durch Schadstoffdepositionen

4.5.1 Immissionswerte für Schadstoffdepositionen

Der Schutz vor schädlichen Umwelteinwirkungen durch die Deposition luftverunreinigender Stoffe, einschließlich der Schutz vor schädlichen Bodenveränderungen, ist sichergestellt, soweit
a) die nach Nummer 4.7 ermittelte Gesamtbelastung an keinem Beurteilungspunkt die in Tabelle 6 bezeichneten Immissionswerte überschreitet und
b) keine hinreichenden Anhaltspunkte dafür bestehen, dass an einem Beurteilungspunkt die maßgebenden Prüf- und Maßnahmenwerte nach Anhang 2 der Bundes-Bodenschutz- und Altlastenverordnung vom 12. Juli 1999 (BGBl. I S.1554) auf Grund von Luftverunreinigungen überschritten sind.

Tabelle 6: Immissionswerte für Schadstoffdepositionen

Stoff/Stoffgruppe	Deposition $\mu g/(m^2 \cdot d)$	Mittelungszeitraum
Arsen und seine anorganischen Verbindungen, angegeben als Arsen	4	Jahr
Blei und seine anorganischen Verbindungen, angegeben als Blei	100	Jahr
Cadmium und seine anorganischen Verbindungen, angegeben als Cadmium	2	Jahr
Nickel und seine anorganischen Verbindungen, angegeben als Nickel	15	Jahr

Technische Anleitung Luft					TA Luft Anh. B 2

Stoff/Stoffgruppe	Deposition µg/(m² · d)	Mittelungs-zeitraum
Quecksilber und seine anorganischen Verbindungen, angegeben als Quecksilber	1	Jahr
Thallium und seine anorganischen Verbindungen, angegeben als Thallium	2	Jahr

4.5.2 Genehmigung bei Überschreitung der Immissionswerte für Schadstoffdepositionen oder der Prüf- und Maßnahmenwerte

Überschreitet die nach Nummer 4.7 ermittelte Gesamtbelastung für einen der in der Tabelle 6 genannten luftverunreinigenden Stoffe an einem Beurteilungspunkt einen Immissionswert oder sind die in Nummer 4.5.1 genannten Prüf- und Maßnahmenwerte überschritten, darf die Genehmigung wegen dieser Überschreitung nicht versagt werden, wenn hinsichtlich des jeweiligen Schadstoffes
a) aa) die Kenngröße für die Zusatzbelastung für die Deposition durch die Emissionen der Anlage an keinem Beurteilungspunkt mehr als 5 vom Hundert des jeweiligen Immissionswertes in Tabelle 6 beträgt oder
  bb) die Emissionen aus den gefassten Quellen der Anlage in Abhängigkeit von den jeweiligen Schornsteinhöhen die im Anhang 2 dargestellten Massenströme bei 8760 Betriebsstunden oder bei davon abweichenden Betriebsstunden entsprechend umgerechneten äquivalenten Massenströmen nicht überschreiten,
b) durch eine Bedingung sichergestellt ist, dass in der Regel spätestens 6 Monate nach Inbetriebnahme der Anlage solche Sanierungsmaßnahmen (Beseitigung, Stilllegung oder Änderung) an bestehenden Anlagen des Betreibers oder Dritter durchgeführt sind, die die Einhaltung der in der Nummer 4.5.1 genannten Immissionswerte oder der Prüf- und Maßnahmenwerte gewährleisten,
c) durch Maßnahmen im Rahmen eines Luftreinhalteplanes ihre Einhaltung nach einer Übergangsfrist zu erwarten ist oder
d) eine Sonderfallprüfung nach Nummer 4.8 ergibt, dass wegen besonderer Umstände des Einzelfalls keine schädlichen Umwelteinwirkungen einschließlich schädlicher Bodenveränderungen hervorgerufen werden können.

4.5.3 Sonderfälle bei Überschreitung von Prüf- und Maßnahmenwerten

Sind die Prüf- und Maßnahmenwerte nach Nummer 4.5.1 Buchstabe b), die Zusatzbelastungswerte nach Nummer 4.5.2 Buchstabe a) aa) und die Bagatellemissionsmassenströme nach Nummer 4.5.2 Buchstabe a) bb) überschritten, ist durch eine Sonderfallprüfung nach Nummer 4.8 zu untersuchen, ob und inwieweit auf Grund der Überschreitung der Prüf- und Maßnahmenwerte schädliche Bodenveränderungen vorliegen können, die durch Luftverunreinigungen verursacht werden. Werden schädliche Bodenveränderungen durch die natürliche Beschaffenheit des Bodens oder durch andere Einwirkungen als Luftverunreinigungen, z. B. Düngung, verursacht, sind bodenschutzrechtliche Maßnahmen zur Vermeidung oder Verringerung schädlicher Bodenveränderungen in Betracht zu ziehen.

4.6 Ermittlung der Immissionskenngrößen

4.6.1 Allgemeines

4.6.1.1 Ermittlung im Genehmigungsverfahren. Die Bestimmung der Immissions-Kenngrößen ist im Genehmigungsverfahren für den jeweils emittierten Schadstoff nicht erforderlich, wenn

Anh. B 2 TA Luft — Allgemeine Verwaltungsvorschriften

a) die nach Nummer 5.5 abgeleiteten Emissionen (Massenströme) die in Tabelle 7 festgelegten Bagatellmassenströme nicht überschreiten und
b) die nicht nach Nummer 5.5 abgeleiteten Emissionen (diffuse Emissionen) 10 vom Hundert der in Tabelle 7 festgelegten Bagatellmassenströme nicht überschreiten,

soweit sich nicht wegen der besonderen örtlichen Lage oder besonderer Umstände etwas anderes ergibt. Der Massenstrom nach Buchstabe a) ergibt sich aus der Mittelung über die Betriebsstunden einer Kalenderwoche mit dem bei bestimmungsgemäßem Betrieb für die Luftreinhaltung ungünstigsten Betriebsbedingungen.

Tabelle 7: Bagatellmassenströme

Schadstoffe	Bagatellmassenstrom kg/h
Arsen und seine Verbindungen, angegeben als As	0,0025
Benzo(a)pyren* (als Leitkomponente für Polyzyklische Aromatische Kohlenwasserstoffe)	0,0025
Benzol	0,05
Blei und seine Verbindungen, angegeben als Pb	0,025
Cadmium und seine Verbindungen, angegeben als Cd	0,0025
Fluorwasserstoff und gasförmige anorganische Fluorverbindungen, angegeben als F	0,15
Nickel und seine Verbindungen, angegeben als Ni	0,025
Quecksilber und seine Verbindungen, angegeben als Hg	0,0025
Schwefeloxide (Schwefeldioxid und Schwefeltrioxid), angegeben als SO_2	20
Staub (ohne Berücksichtigung der Staubinhaltsstoffe)	1
Stickstoffoxide (Stickstoffmonoxid und Stickstoffdioxid), angegeben als NO_2	20
Tetrachlorethen	2,5
Thallium und seine Verbindungen, angegeben als Tl	0,0025

In die Ermittlung des Massenstroms sind die Emissionen im Abgas der gesamten Anlage einzubeziehen; bei der wesentlichen Änderung sind die Emissionen der zu ändernden sowie derjenigen Anlagenteile zu berücksichtigen, auf die sich die Änderung auswirken wird, es sei denn, durch diese zusätzlichen Emissionen werden

---

*Der Bagatellmassenstrom für diesen Schadstoff kommt erst zur Anwendung, wenn in Nummer 4 ein Immissionswert für Polyzyklische Aromatische Kohlenwasserstoffe festgelegt wird. Dies ist spätestens dann der Fall, wenn nach Nummer 4.2.1 Absatz 2 ein entsprechender Immissionswert gilt.

Technische Anleitung Luft   TA Luft   Anh. B 2

die in Tabelle 7 angegebenen Bagatellmassenströme erstmalig überschritten. Dann sind die Emissionen der gesamten Anlagen einzubeziehen.

4.6.1.2 Ermittlung im Überwachungsverfahren. Zur Ermittlung der Gesamtbelastung im Überwachungsverfahren ist wie bei der Ermittlung der Vorbelastung im Genehmigungsverfahren (s. Nummer 4.6.2) vorzugehen. Kommen Anordnungen gegenüber mehreren Emittenten in Betracht, sind die von diesen verursachten Anteile an den Immissionen zu ermitteln, soweit dies zur sachgerechten Ermessensausübung erforderlich ist. Dabei sind neben der Messung der Immissionen auch die für die Ausbreitung bedeutsamen meteorologischen Faktoren gleichzeitig zu ermitteln. Die Sektoren der Windrichtung sowie die Lage der Messstellen und der Aufpunkte sind so zu wählen, dass die gemessenen bzw. gerechneten Immissionen den einzelnen Emittenten zugeordnet werden können.

4.6.2 Ermittlung der Vorbelastung

4.6.2.1 Kriterien für die Notwendigkeit der Ermittlung der Vorbelastung.
Die Ermittlung der Vorbelastung durch gesonderte Messungen ist mit Zustimmung der zuständigen Behörde nicht erforderlich, wenn nach Auswertung der Ergebnisse von Messstationen aus den Immissionsmessnetzen der Länder und nach Abschätzung oder Ermittlung der Zusatzbelastung oder auf Grund sonstiger Erkenntnisse festgestellt wird, dass die Immissionswerte für den jeweiligen Schadstoff am Ort der höchsten Belastung nach Inbetriebnahme der Anlage eingehalten sein werden.

Ferner ist die Ermittlung vorbehaltlich des Absatzes 3 nicht erforderlich, wenn auf Grund sonstigen Vorwissens, z. B. ältere Messungen, Messergebnisse aus vergleichbaren Gebieten, Ergebnisse orientierender Messungen oder Ergebnisse von Ausbreitungsrechnungen oder -schätzungen, festgestellt werden kann, dass für den jeweiligen Schadstoff am Ort der höchsten Vorbelastung
– der Jahresmittelwert weniger als 85 vom Hundert des Konzentrationswertes,
– der höchste 24-Stunden-Wert weniger als 95 vom Hundert des 24-Stunden-Konzentrationswertes (außer Schwebstaub (PM-10)) und
– der höchste 1-Stunden-Wert weniger als 95 vom Hundert des 1-Stunden-Konzentrationswertes
beträgt,
– für Schwebstaub (PM-10) eine Überschreitungshäufigkeit des 24-Stunden-Konzentrationswertes von 50 µg/m³ Luft als Mittelwert der zurückliegenden drei Jahre nicht mehr als 15 Überschreitungen pro Jahr verzeichnet wird.

Absatz 2 gilt nicht, wenn wegen erheblicher Emissionen aus diffusen Quellen oder besonderer betrieblicher, topographischer oder meteorologischer Verhältnisse eine Überschreitung von Immissionswerten nicht ausgeschlossen werden kann.

4.6.2.2 Messplanung. Die Messungen sind nach einem mit der zuständigen Behörde abgestimmten Messplan durchzuführen, in dem die Beurteilungspunkte, die Messobjekte, der Messzeitraum, die Messverfahren, die Messhäufigkeit, die Messdauer von Einzelmessungen in Abhängigkeit von den jeweiligen Quellen bzw. Quellhöhen unter Berücksichtigung der meteorologischen Situation festgelegt werden.

4.6.2.3 Messhöhe. Die Immissionen sind in der Regel in 1,5 m bis 4 m Höhe über Flur sowie in mehr als 1,5 m seitlichem Abstand von Bauwerken zu messen. In Waldbeständen kann es erforderlich sein, höhere Messpunkte entsprechend der Höhe der Bestockung festzulegen.

4.6.2.4 Messzeitraum. Der Messzeitraum beträgt in der Regel 1 Jahr. Der Messzeitraum kann auf bis zu 6 Monate verkürzt werden, wenn die Jahreszeit mit den zu erwartenden höchsten Immissionen erfasst wird. Im Übrigen ist ein kürzerer Messzeitraum möglich, wenn auf Grund der laufenden Messungen klar wird, dass der Antragsteller von Immissionsmessungen entsprechend Nummer 4.6.2.1 freigestellt werden kann.

4.6.2.5 Beurteilungsgebiet. Beurteilungsgebiet ist die Fläche, die sich vollständig innerhalb eines Kreises um den Emissionsschwerpunkt mit einem Radius befindet, der dem 50fachen der tatsächlichen Schornsteinhöhe entspricht und in der die Zusatzbelastung im Aufpunkt mehr als 3,0 vom Hundert des Langzeitkonzentrationswertes beträgt.

Absatz 1 gilt bei einer Austrittshöhe der Emissionen von weniger als 20 m über Flur mit der Maßgabe, dass der Radius mindestens 1 km beträgt.

4.6.2.6 Festlegung der Beurteilungspunkte. Innerhalb des Beurteilungsgebietes sind die Beurteilungspunkte nach Maßgabe der folgenden Absätze so festzulegen, dass eine Beurteilung der Gesamtbelastung an den Punkten mit mutmaßlich höchster relevanter Belastung für dort nicht nur vorübergehend exponierte Schutzgüter auch nach Einschätzung der zuständigen Behörde ermöglicht wird. Messungen, die nur für einen sehr kleinen Bereich repräsentativ sind, sollen vermieden werden. Bei der Auswahl der Beurteilungspunkte sind somit die Belastungshöhe, ihre Relevanz für die Beurteilung der Genehmigungsfähigkeit und die Exposition zu prüfen.

Zunächst werden der nach Anhang 3 durchgeführten Ausbreitungsrechnung im Genehmigungsverfahren bzw. einer entsprechenden Ausbreitungsrechnung im Überwachungsverfahren die Aufpunkte mit maximaler berechneter Zusatzbelastung entnommen. Für Schadstoffe, für die nur ein Immissionswert als Jahresmittelwert festgesetzt worden ist, ist nur der berechnete Jahresmittelwert zu berücksichtigen, für Schadstoffe mit maximalen Tages- oder Stundenwerten sind auch diese zu berücksichtigen.

In einem zweiten Schritt ist die im Beurteilungsgebiet vorhandene Vorbelastung durch andere Quellen (einschließlich Hausbrand und Verkehr) unter Berücksichtigung der Belastungsstruktur abzuschätzen. Insbesondere ist der mögliche Einfluss vorhandener niedriger Quellen einschließlich Straßen abzuschätzen. Dabei ist das Vorwissen heranzuziehen. Zusätzliche Ermittlungen zur Abschätzung der Vorbelastung sind nur durchzuführen, soweit dies mit verhältnismäßigem Aufwand möglich ist.

In einem dritten Schritt sind auf Grund der Ermittlungen nach den Absätzen 2 und 3 die Punkte mit der zu erwartenden höchsten Gesamtbelastung festzulegen. Daraus sind in der Regel zwei Beurteilungspunkte auszuwählen, so dass sowohl eine Beurteilung des vermutlich höchsten Risikos durch langfristige Exposition als auch durch eine Exposition gegenüber Spitzenbelastungen ermöglicht wird. Falls es sich um einen Schadstoff handelt, für den nur ein Immissionswert für jährliche Einwirkung festgelegt ist, genügt im Regelfall 1 Beurteilungspunkt.

Bei sehr inhomogener Struktur der Vorbelastung (z. B. bei stark gegliedertem Gelände, besonderen meteorologischen Verhältnissen, Einfluss mehrerer niedriger Emittenten im Beurteilungsgebiet) können mehr als zwei Beurteilungspunkte erforderlich sein. Wenn sich zeigt, dass die Immissionsstruktur bezüglich kurzfristiger Spitzenbelastungen und langzeitiger Belastungen gleichartig ist, kann auch 1 Beurteilungspunkt genügen.

Beurteilungspunkte zur Überprüfung der Immissionswerte nach Nummer 4.4.1 sind so festzulegen, dass sie mehr als 20 km von Ballungsräumen oder 5 km von anderen bebauten Gebieten, Industrieanlagen oder Straßen entfernt sind.

Die Festlegung der Beurteilungspunkte ist im Messplan zu begründen.

Technische Anleitung Luft **TA Luft Anh. B 2**

4.6.2.7 Messverfahren. In der Regel ist die Vorbelastung kontinuierlich zu bestimmen, da mit diskontinuierlichen Messmethoden nur die Jahresmittelwerte mit ausreichender Genauigkeit abgeleitet werden können. Insoweit kommen diskontinuierliche Messungen nur dann in Betracht, wenn für den jeweiligen Schadstoff nur ein Immissionswert für jährliche Einwirkung festgelegt ist oder wenn eine Bestimmung kurzzeitiger Spitzenbelastungen entbehrlich ist.

Neben den Verfahren, die in Verordnungen oder Verwaltungsvorschriften zum Bundes-Immissionsschutzgesetz, in VDI-Richtlinien, DIN-, CEN- oder ISO-Normen beschrieben sind, können auch andere, nachgewiesen gleichwertige Verfahren angewandt werden.

4.6.2.8 Messhäufigkeit. Bei kontinuierlicher Messung muss bezogen auf die Stundenmittelwerte eine Mindestverfügbarkeit von 75 vom Hundert gewährleistet sein. Sind weniger als 90 vom Hundert der Stundenmittelwerte verfügbar, ist die Zahl der Überschreitungen des Grenzwertes (gemäß den Nummern 4.7.2 Buchstabe b) und 4.7.3 Buchstabe b) ermittelt) auf 100 vom Hundert hochzurechnen. Diese Anforderungen an die Verfügbarkeit gelten auch für Tagesmittelwerte der Schwebstaubbelastungsmes-sung.

Bei diskontinuierlicher Messung beträgt die Zahl der Messwerte pro Messpunkt mindestens 52. Sofern die Anforderung einer EG-Richtlinie an die Datenqualität des Jahresmittelwertes durch 52 Messwerte erfahrungsgemäß nicht erfüllt wird, ist die Zahl der Messwerte entsprechend zu erhöhen. Zur Ermittlung der Datenqualität eines Jahresmittelwertes ist DIN ISO 11222 (Entwurf, Ausgabe April 2001) in Verbindung mit DIN-V ENV 13005 (Ausgabe Juni 1999) heranzuziehen. Die Probenahmezeiten sind gleichmäßig über den Messzeitraum zu verteilen, um eine zeitlich repräsentative Probenahme sicherzustellen.

4.6.2.9 Messwerte. Die Messwerte sind entsprechend den Zeitbezügen der Immissionswerte als Jahresmittelwert, Tagesmittelwert und Stundenmittelwert festzustellen. Bei diskontinuierlichen Messungen soll die Probenahmezeit in der Regel 1 Stunde betragen.

4.6.2.10 Orientierende Messungen. Eine Verminderung des Messaufwands nach den Nummern 4.6.2.7 und 4.6.2.8 kommt in Betracht, um
– bei vorhandenem Vorwissen einen von der Größenordnung her bekannten Jahresmittelwert abzusichern oder
– an Standorten mit vermuteter Unter- oder Überschreitung der Belastungskriterien gemäß Nummer 4.6.2.1 diese durch orientierende Messung nachzuweisen. Je nach Ergebnis sind dann ggf. Messungen nach Nummer 4.6.2.7 vorzunehmen.

4.6.3 Kenngrößen für die Vorbelastung

4.6.3.1 Allgemeines. Immissionsmessungen oder vergleichbare Feststellungen über die Immissionsbelastung dürfen herangezogen werden, wenn sie nicht länger als 5 Jahre zurückliegen und sich die für die Beurteilung maßgeblichen Umstände in diesem Zeitraum nicht wesentlich geändert haben.

Die Kenngrößen für die Vorbelastung sind aus den Stundenmittelwerten der kontinuierlichen Messungen bzw. diskontinuierlichen Messungen für jeden Beurteilungspunkt zu bilden.

4.6.3.2 Ermittlung der Kenngrößen für die Vorbelastung. Die Kenngröße für die Immissions-Jahres-Vorbelastung (IJV) ist der Jahresmittelwert, der aus allen Stundenmittelwerten gebildet wird.

Die Kenngröße für die Immissions-Tages-Vorbelastung (ITV) ist die Überschreitungshäufigkeit (Zahl der Tage) des Konzentrationswertes für 24-stündige Immissionseinwirkung.

Die Kenngröße für die Immissions-Stunden-Vorbelastung (ISV) ist die Überschreitungshäufigkeit (Zahl der Stunden) des Konzentrationswertes für 1-stündige Immissionseinwirkung.

4.6.3.3 Auswertung der Messungen. Aus den Messwerten sind die Kenngrößen IJV, ITV, ISV zu bilden, soweit für die jeweiligen Schadstoffe Immissionswerte für jährliche, tägliche und stündliche Einwirkung festgelegt sind.

Bei der Angabe von ITV und ISV ist gleichzeitig der jeweils höchste gemessene Tagesmittelwert bzw. Stundenmittelwert anzugeben.

4.6.4 Kenngrößen für die Zusatzbelastung

4.6.4.1 Allgemeines. Die Kenngrößen für die Zusatzbelastung sind durch rechnerische Immissionsprognose auf der Basis einer mittleren jährlichen Häufigkeitsverteilung oder einer repräsentativen Jahreszeitreihe von Windrichtung, Windgeschwindigkeit und Ausbreitungsklasse zu bilden. Dabei ist das im Anhang 3 angegebene Berechnungsverfahren anzuwenden.

4.6.4.2 Ermittlung der Kenngrößen für die Zusatzbelastung. Die Kenngröße für die Immissions-Jahres-Zusatzbelastung (IJZ) ist der arithmetische Mittelwert aller berechneten Einzelbeiträge an jedem Aufpunkt.

Die Kenngröße für die Immissions-Tages-Zusatzbelastung (ITZ) ist
- bei Verwendung einer mittleren jährlichen Häufigkeitsverteilung der meteorologischen Parameter das 10fache der für jeden Aufpunkt berechneten arithmetischen Mittelwerte IJZ oder
- bei Verwendung einer repräsentativen meteorologischen Zeitreihe der für jeden Aufpunkt berechnete höchste Tagesmittelwert.

Die Kenngröße für die Immissions-Stunden-Zusatzbelastung (ISZ) ist der berechnete höchste Stundenmittelwert für jeden Aufpunkt.

4.7 Einhaltung der Immissionswerte

4.7.1 Immissions-Jahreswert

Der für den jeweiligen Schadstoff angegebene Immissions-Jahreswert ist eingehalten, wenn die Summe aus Vorbelastung und Zusatzbelastung an den jeweiligen Beurteilungspunkten kleiner oder gleich dem Immissions-Jahreswert ist.

4.7.2 Immissions-Tageswert

a) Der Immissions-Tageswert ist auf jeden Fall eingehalten,
  - wenn die Kenngröße für die Vorbelastung IJV nicht höher ist als 90 vom Hundert des Immissions-Jahreswertes und
  - wenn die Kenngröße ITV die zulässige Überschreitungshäufigkeit des Immissions-Tageswertes zu maximal 80 vom Hundert erreicht und
  - wenn sämtliche für alle Aufpunkte berechneten Tageswerte ITZ nicht größer sind, als es der Differenz zwischen dem Immissions-Tageswert (Konzentration) und dem Immissions-Jahreswert entspricht.

b) Im Übrigen ist der Immissions-Tageswert eingehalten, wenn die Gesamtbelastung – ermittelt durch die Addition der Zusatzbelastung für das Jahr zu den Vorbelastungskonzentrationswerten für den Tag – an den jeweiligen Beurteilungspunkten kleiner oder gleich dem Immissionskonzentrationswert für 24 Stunden

Technische Anleitung Luft   **TA Luft   Anh. B 2**

ist oder eine Auswertung ergibt, dass die zulässige Überschreitungshäufigkeit eingehalten ist, es sei denn, dass durch besondere Umstände des Einzelfalls, z. B. selten auftretende hohe Emissionen, eine abweichende Beurteilung geboten ist.

4.7.3 Immissions-Stundenwert
a) Der Immissions-Stundenwert ist auf jeden Fall eingehalten,
 – wenn die Kenngröße für die Vorbelastung IJV nicht höher ist als 90 vom Hundert des Immissions-Jahreswertes und
 – wenn die Kenngröße ISV die zulässige Überschreitungshäufigkeit des Immissions-Stundenwertes zu maximal 80 vom Hundert erreicht und
 – wenn sämtliche für alle Aufpunkte berechneten Stundenwerte ISZ nicht größer sind, als es der Differenz zwischen dem Immissions-Stundenwert (Konzentration) und dem Immissions-Jahreswert entspricht.
b) Im Übrigen ist der Immissions-Stundenwert eingehalten, wenn die Gesamtbelastung – ermittelt durch die Addition der Zusatzbelastung für das Jahr zu den Vorbelastungskonzentrationswerten für die Stunde – an den jeweiligen Beurteilungspunkten kleiner oder gleich dem Immissionskonzentrationswert für 1 Stunde ist oder eine Auswertung ergibt, dass die zulässige Überschreitungshäufigkeit eingehalten ist, es sei denn, dass durch besondere Umstände des Einzelfalls, z. B. selten auftretende hohe Emissionen, eine abweichende Beurteilung geboten ist.

4.8 Prüfung, soweit Immissionswerte nicht festgelegt sind, und in Sonderfällen

Bei luftverunreinigenden Stoffen, für die Immissionswerte in den Nummern 4.2 bis 4.5 nicht festgelegt sind, und in den Fällen, in denen auf Nummer 4.8 verwiesen wird, ist eine Prüfung, ob schädliche Umwelteinwirkungen hervorgerufen werden können, erforderlich, wenn hierfür hinreichende Anhaltspunkte bestehen.
Die Prüfung dient
a) der Feststellung, zu welchen Einwirkungen die von der Anlage ausgehenden Luftverunreinigungen im Beurteilungsgebiet führen; Art und Umfang der Feststellung bestimmen sich nach dem Grundsatz der Verhältnismäßigkeit;
und
b) der Beurteilung, ob diese Einwirkungen als Gefahren, erhebliche Nachteile oder erhebliche Belästigungen für die Allgemeinheit oder die Nachbarschaft anzusehen sind; die Beurteilung richtet sich nach dem Stand der Wissenschaft und der allgemeinen Lebenserfahrung.
Für die Beurteilung, ob Gefahren, Nachteile oder Belästigungen erheblich sind, gilt:
a) Gefahren für die menschliche Gesundheit sind stets erheblich. Ob Gefahren für Tiere und Pflanzen, den Boden, das Wasser, die Atmosphäre sowie Kultur- und sonstige Sachgüter erheblich sind, ist nach den folgenden Buchstaben b) und c) zu beurteilen.
b) Nachteile oder Belästigungen sind für die Allgemeinheit erheblich, wenn sie nach Art, Ausmaß oder Dauer das Gemeinwohl beeinträchtigen.
c) Nachteile oder Belästigungen sind für die Nachbarschaft erheblich, wenn sie nach Art, Ausmaß oder Dauer unzumutbar sind.
Bei der Beurteilung nach den Buchstaben b) und c) sind insbesondere zu berücksichtigen:
 – die in Bebauungsplänen festgelegte Nutzung der Grundstücke,
 – landes- oder fachplanerische Ausweisungen,
 – Festlegungen in Luftreinhalteplänen,

Anh. B 2 TA Luft — Allgemeine Verwaltungsvorschriften

- eine etwaige Prägung durch die jeweilige Luftverunreinigung,
- die Nutzung der Grundstücke unter Beachtung des Gebots zur gegenseitigen Rücksichtnahme im Nachbarschaftsverhältnis,
- vereinbarte oder angeordnete Nutzungsbeschränkungen und
- im Zusammenhang mit dem Vorhaben stehende Sanierungsmaßnahmen an Anlagen des Antragstellers oder Dritter.

Bei der Prüfung, ob der Schutz vor erheblichen Nachteilen durch Schädigung empfindlicher Pflanzen (z. B. Baumschulen, Kulturpflanzen) und Ökosysteme durch die Einwirkung von Ammoniak gewährleistet ist, ist Anhang 1 Abbildung 4 heranzuziehen. Dabei gibt die Unterschreitung der Mindestabstände einen Anhaltspunkt für das Vorliegen erheblicher Nachteile.

Liegen ferner Anhaltspunkte dafür vor, dass der Schutz vor erheblichen Nachteilen durch Schädigung empfindlicher Pflanzen (z. B. Baumschulen, Kulturpflanzen) und Ökosysteme (z. B. Heide, Moor, Wald) durch Stickstoffdeposition nicht gewährleistet ist, soll dies ergänzend geprüft werden. Dabei ist unter Berücksichtigung der Belastungsstruktur abzuschätzen, ob die Anlage maßgeblich zur Stickstoffdeposition beiträgt. Als ein Anhaltspunkt gilt die Überschreitung einer Viehdichte von 2 Großvieheinheiten je Hektar Landkreisfläche. Bei dieser Prüfung sind insbesondere die Art des Bodens, die Art der vorhandenen Vegetation und der Grad der Versorgung mit Stickstoff zu berücksichtigen.

Ergeben sich Anhaltspunkte für das Vorliegen erheblicher Nachteile durch Schädigung empfindlicher Pflanzen (z. B. Baumschulen, Kulturpflanzen) und Ökosysteme auf Grund der Einwirkung von Ammoniak oder wegen Stickstoffdeposition, soll der Einzelfall geprüft werden.

Ist eine Sonderfallprüfung auf Grund der Nummer 4.5.2 Buchstabe d) durchzuführen, ist insbesondere zu untersuchen, ob und inwieweit die Depositionen bei der derzeitigen oder geplanten Nutzung (z. B. als Kinderspielfläche, Wohngebiet, Park- oder Freizeitanlage, Industrie- oder Gewerbefläche sowie als Ackerboden oder Grünland) zu schädlichen Umwelteinwirkungen durch eine mittelbare Wirkung auf Menschen, Tiere, Pflanzen, Lebens- und Futtermittel führen können. Die Depositionswerte stellen im Regelfall den Schutz von Kinderspielflächen und Wohngebieten sicher. Für die übrigen Flächen können höhere Depositionswerte herangezogen werden. Dabei geben die in Tabelle 8 bezeichneten Depositionswerte Anhaltspunkte für das Vorliegen schädlicher Umwelteinwirkungen bei Ackerboden oder Grünland.

Tabelle 8: Depositionswerte als Anhaltspunkte für die Sonderfallprüfung

Stoff/Stoffgruppe	Ackerböden $\mu g/(m^2 \cdot d)$	Grünland $\mu g/(m^2 \cdot d)$
Arsen	1170	60
Blei	185	1900
Cadmium	2,5	32
Quecksilber	30	3
Thallium	7	25

Technische Anleitung Luft TA Luft **Anh. B 2**

5 Anforderungen zur Vorsorge gegen schädliche Umwelteinwirkungen

5.1 Allgemeines

5.1.1 Inhalt und Bedeutung

Die folgenden Vorschriften enthalten
- Emissionswerte, deren Überschreiten nach dem Stand der Technik vermeidbar ist,
- emissionsbegrenzende Anforderungen, die dem Stand der Technik entsprechen,
- sonstige Anforderungen zur Vorsorge gegen schädliche Umwelteinwirkungen durch Luftverunreinigungen,
- Verfahren zur Ermittlung der Emissionen und
- Anforderungen zur Ableitung von Abgasen.

Die Regelungen in Nummer 5.2 in Verbindung mit Nummer 5.3 gelten für alle Anlagen. Soweit davon abweichende Regelungen in Nummer 5.4 festgelegt sind, gehen diese den jeweils betroffenen Regelungen in den Nummern 5.2, 5.3 oder 6.2 vor. Soweit in Nummer 5.4 Rußzahlen, Massenverhältnisse, Emissionsgrade, Emissionsminderungsgrade oder Umsatzgrade für bestimmte Stoffe oder Stoffgruppen festgelegt sind, finden die Anforderungen für Massenkonzentrationen für diese Stoffe oder Stoffgruppen in Nummer 5.2 keine Anwendung. Im Übrigen bleiben die in den Nummern 5.2, 5.3 oder 6.2 festgelegten Anforderungen unberührt. Das Emissionsminimierungsgebot nach Nummer 5.2.7 ist ergänzend zu beachten.

Die Vorschriften berücksichtigen mögliche Verlagerungen von nachteiligen Auswirkungen von einem Schutzgut auf ein anderes; sie sollen ein hohes Schutzniveau für die Umwelt insgesamt gewährleisten.

Soweit die Vorschriften dieser Verwaltungsvorschrift Merkblätter über die Besten Verfügbaren Techniken (BVT-Merkblätter) der Europäischen Kommission, die im Rahmen des Informationsaustausches nach Art.16 Abs.2 der Richtlinie des Rates vom 24. September 1996 über die integrierte Vermeidung und Verminderung der Umweltverschmutzung (IVU-Richtlinie, 96/61/EG, ABl. L257 vom 10. Oktober 1996, S.26) veröffentlicht werden, vorlagen, sind die darin enthaltenen Informationen in den Anforderungen der Nummern 5.2, 5.3, 5.4 und 6.2 berücksichtigt.

Soweit nach Erlass dieser Verwaltungsvorschrift neue oder überarbeitete BVT-Merkblätter von der Europäischen Kommission veröffentlicht werden, werden die Anforderungen dieser Verwaltungsvorschrift dadurch nicht außer Kraft gesetzt. Ein vom Bundesministerium für Umwelt, Naturschutz und Reaktorsicherheit (BMU) eingerichteter beratender Ausschuss, der sich aus sachkundigen Vertretern der beteiligten Kreise im Sinne von § 51 BImSchG zusammensetzt, prüft, inwieweit sich aus den Informationen der BVT-Merkblätter weitergehende oder ergänzende emissionsbegrenzende Anforderungen ergeben, als sie diese Verwaltungsvorschrift enthält. Der Ausschuss soll sich dazu äußern, inwieweit sich der Stand der Technik gegenüber den Festlegungen dieser Verwaltungsvorschrift fortentwickelt hat oder die Festlegungen dieser Verwaltungsvorschrift ergänzungsbedürftig sind. Soweit das BMU das Fortschreiten des Standes der Technik oder eine notwendige Ergänzung in einem dem § 31a Abs.4 BImSchG entsprechenden Verfahren bekannt gemacht hat, sind die Genehmigungs- und Überwachungsbehörden an die der Bekanntmachung widersprechenden Anforderungen dieser Verwaltungsvorschrift nicht mehr gebunden. In diesen Fällen haben die zuständigen Behörden bei ihren Entscheidungen die Fortentwicklung des Standes der Technik zu berücksichtigen.

Für Anlagen, die nur einmal in Deutschland vorkommen, werden keine Regelungen in Nummer 5.4 festgelegt; in einem solchen Fall hat die zuständige Behörde die technischen Besonderheiten in eigener Verantwortung zu beurteilen.

Wurden bei einer genehmigungsbedürftigen Anlage im Einzelfall bereits Anforderungen zur Vorsorge gegen schädliche Umwelteinwirkungen durch Luftverunreinigungen getroffen, die über die Anforderungen der Nummern 5.1 bis 5.4 hinausgehen, sind diese im Hinblick auf § 5 Abs.1 Nr.2 BImSchG weiterhin maßgeblich.

Soweit die Nummern 5.2 oder 5.4 keine oder keine vollständigen Regelungen zur Begrenzung der Emissionen enthalten, sollen bei der Ermittlung des Standes der Technik im Einzelfall BVT-Merkblätter oder Richtlinien oder Normen des VDI/DIN-Handbuches Reinhaltung der Luft als Erkenntnisquelle herangezogen werden.

5.1.2 Berücksichtigung der Anforderungen im Genehmigungsverfahren

Die den Vorschriften der Nummer 5 entsprechenden Anforderungen sollen im Genehmigungsbescheid für jede einzelne Emissionsquelle und für jeden luftverunreinigenden Stoff oder jede Stoffgruppe festgelegt werden, soweit die Stoffe oder Stoffgruppen in relevantem Umfang im Rohgas enthalten sind. Werden die Abgase von verschiedenen Anlagenteilen zusammengeführt (Sammelleitung oder Sammelschornstein), sind die emissionsbegrenzenden Anforderungen so festzulegen, dass keine höheren Emissionen als bei einer Ableitung der jeweiligen Abgase ohne Zusammenführung entstehen. Der relevante Umfang eines Stoffes im Rohgas einer Anlage ist gegeben, wenn auf Grund der Rohgaszusammensetzung die Überschreitung einer in Nummer 5 festgelegten Anforderung nicht ausgeschlossen werden kann.

Wird in Nummer 5 die Einhaltung eines bestimmten Massenstroms oder einer bestimmten Massenkonzentration vorgeschrieben, ist im Genehmigungsbescheid entweder der Massenstrom oder – bei Überschreiten des zulässigen Massenstroms – die Massenkonzentration zu begrenzen, es sei denn, dass in den Nummern 5.2 oder 5.4 ausdrücklich bestimmt ist, dass sowohl der Massenstrom als auch die Massenkonzentration zu begrenzen sind.

Von Emissionsbegrenzungen entsprechend den in Nummer 5.2 oder Nummer 5.4 enthaltenen zulässigen Massenkonzentrationen oder Massenströmen kann abgesehen werden, wenn stattdessen zulässige Massenverhältnisse (z.B. g/Mg erzeugtes Produkt, g/kWh eingesetzter Brennstoffenergie) festgelegt werden und wenn durch Vergleichsbetrachtungen mit Prozess- und Abgasreinigungstechniken, die dem Stand der Technik entsprechen, nachgewiesen wird, dass keine höheren Emissionsmassenströme auftreten.

Für Anfahr- oder Abstellvorgänge, bei denen ein Überschreiten des 2fachen der festgelegten Emissionsbegrenzung nicht verhindert werden kann, sind Sonderregelungen zu treffen. Hierzu gehören insbesondere Vorgänge, bei denen
– eine Abgasreinigungseinrichtung aus Sicherheitsgründen (Verpuffungs-, Verstopfungs- oder Korrosionsgefahr) umfahren werden muss,
– eine Abgasreinigungseinrichtung wegen zu geringen Abgasdurchsatzes noch nicht voll wirksam ist oder
– eine Abgaserfassung und -reinigung während der Beschickung oder Entleerung von Behältern bei diskontinuierlichen Produktionsprozessen nicht oder nur unzureichend möglich ist.

Soweit aus betrieblichen oder messtechnischen Gründen (z.B. Chargenbetrieb, längere Kalibrierzeit) für Emissionsbegrenzungen andere als die nach Nummer 2.7 bestimmten Mittelungszeiten erforderlich sind, sind diese entsprechend festzulegen.

Wird Abgas einer Anlage als Verbrennungsluft oder Einsatzstoff für eine weitere Anlage verwendet, sind Sonderregelungen zu treffen.

Die Luftmengen, die einer Einrichtung der Anlage zugeführt werden, um das Abgas zu verdünnen oder zu kühlen, bleiben bei der Bestimmung der Massenkon-

Technische Anleitung Luft   TA Luft Anh. B 2

zentration unberücksichtigt. Soweit Emissionswerte auf Sauerstoffgehalte im Abgas bezogen sind, sind die im Abgas gemessenen Massenkonzentrationen nach folgender Gleichung umzurechnen:

$$E_B = \frac{21 - O_B}{21 - O_M} \times E_M$$

Darin bedeuten:

E_M gemessene Massenkonzentration,
E_B Massenkonzentration, bezogen auf den Bezugssauerstoffgehalt,
O_M gemessener Sauerstoffgehalt,
O_B Bezugssauerstoffgehalt.

Werden zur Emissionsminderung nachgeschaltete Abgasreinigungseinrichtungen eingesetzt, so darf für die Stoffe, für die die Abgasreinigungseinrichtung betrieben wird, die Umrechnung nur für die Zeiten erfolgen, in denen der gemessene Sauerstoffgehalt über dem Bezugssauerstoffgehalt liegt. Bei Verbrennungsprozessen mit reinem Sauerstoff oder sauerstoffangereicherter Luft sind Sonderregelungen zu treffen.

5.1.3 Grundsätzliche Anforderungen zur integrierten Vermeidung und Verminderung von Umweltverschmutzungen

Zur integrierten Emissionsvermeidung oder -minimierung sind Techniken und Maßnahmen anzuwenden, mit denen die Emissionen in die Luft, das Wasser und den Boden vermieden oder begrenzt werden und dabei ein hohes Schutzniveau für die Umwelt insgesamt erreicht wird; die Anlagensicherheit, die umweltverträgliche Abfallentsorgung sowie die sparsame und effiziente Verwendung von Energie sind zu beachten.

Nicht vermeidbare Abgase sind an ihrer Entstehungsstelle zu erfassen, soweit dies mit verhältnismäßigem Aufwand möglich ist. Die emissionsbegrenzenden Maßnahmen müssen dem Stand der Technik entsprechen. Die Anforderungen dieser Verwaltungsvorschrift dürfen nicht durch Maßnahmen erfüllt werden, bei denen Umweltbelastungen in andere Medien wie Wasser oder Boden entgegen dem Stand der Technik verlagert werden. Diese Maßnahmen sollen sowohl auf eine Verminderung der Massenkonzentrationen als auch der Massenströme oder Massenverhältnisse der von einer Anlage ausgehenden Luftverunreinigungen ausgerichtet sein. Sie müssen während des Betriebs der Anlage bestimmungsgemäß eingesetzt werden.

Bei der Festlegung der Anforderungen sind insbesondere zu berücksichtigen:

- Wahl von integrierten Prozesstechniken mit möglichst hoher Produktausbeute und minimalen Emissionen in die Umwelt insgesamt,
- Verfahrensoptimierung, z. B. durch weitgehende Ausnutzung von Einsatzstoffen und Gewinnung von Koppelprodukten,
- Substitution von krebserzeugenden, erbgutverändernden oder reproduktionstoxischen Einsatzstoffen,
- Verminderung der Abgasmenge, z. B. durch Anwendung der Umluftführung, unter Berücksichtigung arbeitsschutzrechtlicher Anforderungen,
- Einsparung von Energie und Verminderung der Emissionen an klimawirksamen Gasen, z. B. durch energetische Optimierung bei Planung, Errichtung und Betrieb der Anlagen, anlageninterne Energieverwertung, Anwendung von Wärmedämmungsmaßnahmen,
- Vermeidung oder Verminderung der Emissionen von Stoffen, die zu einem Abbau der Ozonschicht führen, ergänzend zu den in der Verordnung (EG) Nr. 2037/2000 des Europäischen Parlaments und des Rates vom 29. Juni 2000

Anh. B 2 TA Luft — Allgemeine Verwaltungsvorschriften

(ABl. L 244/1 vom 29. September 2000) genannten Maßnahmen, z. B. durch Substitution dieser Stoffe, durch Einhausen von Anlagen, Kapseln von Anlageteilen, Erzeugen eines Unterdrucks im gekapselten Raum und Verhinderung von Undichtigkeiten der Anlagen, durch Erfassung der Stoffe bei der Abfallbehandlung, durch Anwendung optimierter Abgasreinigungstechniken und durch ordnungsgemäße Entsorgung der rückgewonnenen Stoffe sowie der Abfälle,
– Optimierung von An- und Abfahrvorgängen und sonstigen besonderen Betriebszuständen,
– die Anforderungen des Tierschutzes und der physiologischen Gegebenheiten beim Tier.

Wenn Stoffe nach Nummer 5.2.2 Klasse I oder II, Nummer 5.2.4 Klasse I oder II, Nummer 5.2.5 Klasse I oder Nummer 5.2.7 emittiert werden können, sollen die Einsatzstoffe (Roh- und Hilfsstoffe) möglichst so gewählt werden, dass nur geringe Emissionen entstehen.

Verfahrenskreisläufe, die durch Anreicherung zu erhöhten Emissionen an Stoffen nach Nummer 5.2.2 Klasse I oder II oder nach Nummer 5.2.7 führen können, sind durch technische oder betriebliche Maßnahmen möglichst zu vermeiden. Soweit diese Verfahrenskreisläufe betriebsnotwendig sind, z. B. bei der Aufarbeitung von Produktionsrückständen zur Rückgewinnung von Metallen, müssen Maßnahmen zur Vermeidung erhöhter Emissionen getroffen werden, z. B. durch gezielte Stoffausschleusung oder den Einbau besonders wirksamer Abgasreinigungseinrichtungen.

Betriebsvorgänge, die mit Abschaltungen oder Umgehungen der Abgasreinigungseinrichtungen verbunden sind, müssen im Hinblick auf geringe Emissionen ausgelegt und betrieben sowie durch Aufzeichnung geeigneter Prozessgrößen besonders überwacht werden. Für den Ausfall von Einrichtungen zur Emissionsminderung sind Maßnahmen vorzusehen, um die Emissionen unverzüglich so weit wie möglich und unter Beachtung des Grundsatzes der Verhältnismäßigkeit zu vermindern.

5.2 Allgemeine Anforderungen zur Emissionsbegrenzung

5.2.1 Gesamtstaub, einschließlich Feinstaub

Die im Abgas enthaltenen staubförmigen Emissionen dürfen
den Massenstrom 0,20 kg/h
oder
die Massenkonzentration 20 mg/m³
nicht überschreiten. Auch bei Einhaltung oder Unterschreitung eines Massenstroms von 0,20 kg/h darf im Abgas die Massenkonzentration 0,15 g/m³ nicht überschritten werden.

Auf Nummer 5.2.5 Absatz 3 wird hingewiesen.

5.2.2 Staubförmige anorganische Stoffe

Die nachstehend genannten staubförmigen anorganischen Stoffe dürfen, auch beim Vorhandensein mehrerer Stoffe derselben Klasse, insgesamt folgende Massenkonzentrationen oder Massenströme im Abgas nicht überschreiten; davon abweichend gelten für Stoffe der Klasse I die Anforderungen jeweils für den Einzelstoff:

Klasse I
– Quecksilber und seine Verbindungen, angegeben als Hg
– Thallium und seine Verbindungen, angegeben als Tl
jeweils den Massenstrom 0,25 g/h
oder
jeweils die Massenkonzentration 0,05 mg/m³;

Technische Anleitung Luft TA Luft **Anh. B 2**

Klasse II
- Blei und seine Verbindungen, angegeben als Pb
- Cobalt und seine Verbindungen, angegeben als Co
- Nickel und seine Verbindungen angegeben als Ni
- Selen und seine Verbindungen, angegeben als Se
- Tellur und seine Verbindungen, angegeben als Te den Massenstrom 2,5 g/h
oder
die Massenkonzentration 0,5 mg/m^3;

Klasse III
- Antimon und seine Verbindungen, angegeben als Sb
- Chrom und seine Verbindungen, angegeben als Cr
- Cyanide leicht löslich (z. B. NaCN), angegeben als CN
- Fluoride leicht löslich (z. B. NaF), angegeben als F
- Kupfer und seine Verbindungen, angegeben als Cu
- Mangan und seine Verbindungen, angegeben als Mn
- Vanadium und seine Verbindungen, angegeben als V
- Zinn und seine Verbindungen, angegeben als Sn
den Massenstrom 5 g/h
oder
die Massenkonzentration 1 mg/m^3.

Beim Vorhandensein von Stoffen mehrerer Klassen dürfen unbeschadet des Absatzes 1 beim Zusammentreffen von Stoffen der Klassen I und II im Abgas insgesamt die Emissionswerte der Klasse II sowie beim Zusammentreffen von Stoffen der Klassen I und III, der Klassen II und III oder der Klassen I bis III im Abgas insgesamt die Emissionswerte der Klasse III nicht überschritten werden.

Die nicht namentlich aufgeführten staubförmigen anorganischen Stoffe mit begründetem Verdacht auf krebserzeugendes, erbgutveränderndes oder reproduktionstoxisches Potenzial (Stoffe der Kategorien K3, M3, RE3 oder RF3 mit der Kennzeichnung R 40, R 62 oder R 63) sind der Klasse III zuzuordnen. Dabei sind
- das „Verzeichnis krebserzeugender, erbgutverändernder oder fortpflanzungsgefährdender Stoffe" (TRGS 905) und
- der Anhang I der Richtlinie 67/548/EWG entsprechend der Liste gefährlicher Stoffe nach § 4a Abs.1 der Verordnung zum Schutz vor gefährlichen Stoffen (GefStoffV)

zu berücksichtigen. Bei unterschiedlichen Einstufungen innerhalb der Kategorien K, M oder R ist die strengere Einstufung der TRGS oder der GefStoffV zugrunde zu legen.

Solange Einstufungen oder Bewertungen in der TRGS oder der GefStoffV nicht vorliegen, können Bewertungen anerkannter wissenschaftlicher Gremien herangezogen werden, z. B. die Einstufungen der Senatskommission zur Prüfung gesundheitsgefährlicher Arbeitsstoffe der Deutschen Forschungsgemeinschaft. Darüber hinaus wird auf Einstufungen nach § 4a Abs.3 der GefStoffV hingewiesen.

Soweit Zubereitungen nach § 4b der GefStoffV einzustufen sind, sollen ihre Inhaltsstoffe und ihre Anteile ermittelt und bei der Festlegung der emissionsbegrenzenden Anforderungen berücksichtigt werden.

Sind bei der Ableitung von Abgasen physikalische Bedingungen (Druck, Temperatur) gegeben, bei denen die Stoffe in flüssiger oder gasförmiger Form vorliegen können, sollen die in Absatz 1 genannten Massenkonzentrationen oder Massenströme für die Summe der festen, flüssigen und gasförmigen Emissionen eingehalten werden.

Anh. B 2 TA Luft Allgemeine Verwaltungsvorschriften

5.2.3 Staubförmige Emissionen bei Umschlag, Lagerung oder Bearbeitung von festen Stoffen

5.2.3.1 Allgemeines. An Anlagen, in denen feste Stoffe be- oder entladen, gefördert, transportiert, bearbeitet, aufbereitet oder gelagert werden, sollen geeignete Anforderungen zur Emissionsminderung gestellt werden, wenn diese Stoffe auf Grund ihrer Dichte, Korngrößenverteilung, Kornform, Oberflächenbeschaffenheit, Abriebfestigkeit, Scher- und Bruchfestigkeit, Zusammensetzung oder ihres geringen Feuchtegehaltes zu staubförmigen Emissionen führen können.

Bei der Festlegung dieser Anforderungen sind unter Beachtung des Grundsatzes der Verhältnismäßigkeit insbesondere
- die Art und Eigenschaften der festen Stoffe und ihrer Inhaltsstoffe (z. B. Gefährlichkeit und Toxizität im Sinne von § 4 GefStoffV, mögliche Wirkungen auf Böden und Gewässer, mögliche Bildung explosionsfähiger Staub-/Luftgemische, Staubungsneigung, Feuchte),
- das Umschlaggerät oder das Umschlagverfahren,
- der Massenstrom und die Zeitdauer der Emissionen,
- die meteorologischen Bedingungen,
- die Lage des Umschlagortes (z. B. Abstand zur Wohnbebauung)

zu berücksichtigen.

Die Maßnahmen sind auch unter Beachtung ihrer möglichen Einwirkungen auf Wasser und Boden festzulegen.

5.2.3.2 Be- oder Entladung. Bei der Festlegung von Anforderungen an die Be- oder Entladung kommen folgende Maßnahmen in Betracht:

Maßnahmen, bezogen auf das Umschlagverfahren
- Minimierung der Fallstrecke beim Abwerfen (z. B. bei Schüttgossen durch Leitbleche oder Lamellen),
- selbsttätige Anpassung der Abwurfhöhe bei wechselnder Höhe der Schüttungen,
- Anpassung von Geräten an das jeweilige Schüttgut (z. B. bei Greifern Vermeidung von Überladung und Zwischenabwurf),
- sanftes Anfahren von Greifern nach der Befüllung,
- Rückführung von leeren Greifern in geschlossenem Zustand,
- Minimierung von Zutrimmarbeiten und Reinigungsarbeiten,
- Automatisierung des Umschlagbetriebes;

Maßnahmen, bezogen auf das Umschlaggerät
- regelmäßige Wartung der Geräte (z. B. bei Greifern Prüfung der Schließkanten auf Dichtheit zur Verminderung von Rieselverlusten), – vollständig oder weitgehend geschlossene Greifer zur Vermeidung oder Verminderung von Abwehungen von der Schüttgutoberfläche,
- Minimierung von Anhaftungen (insbesondere bei Greifern oder z. B. Einsatz straffbarer Verladebälge bei Senkrechtbeladern/Teleskoprohren),
- Schüttrohr mit Beladekopf und Absaugung,
- Konusaufsatz mit Absaugung bei Senkrechtbeladern,
- Reduzierung der Austrittsgeschwindigkeit bei Fallrohren durch Einbauten oder durch Einsatz von Kaskadenschurren,
- weitgehender Verzicht auf den Einsatz von Schleuderbändern außerhalb geschlossener Räume,
- Radlader möglichst nur bei befeuchteten oder nicht staubenden Gütern;

Maßnahmen, bezogen auf den Umschlagort
- vollständige oder weitgehend vollständige Einhausung (z. B. Tore oder Streifenvorhänge bei Ein- und Ausfahrten) von Einrichtungen zur Be- und Entladung

Technische Anleitung Luft   **TA Luft Anh. B 2**

von Fahrzeugen (z. B. von Füllstationen, Schüttgossen, Grabenbunkern und sonstigen Abwurfplätzen),
- Absaugung von Trichtern, Übergabestellen, Schüttgossen, Beladerohren (ausreichende Dimensionierung der Saugleistung),
- Verbesserung der Wirkung von Absaugungen (z. B. durch Leitbleche),
- Anwendung von Trichtern (z. B. mit Lamellenverschluss, Klappenboden, Pendelklappen, Deckel),
- Anwendung einer Wasservernebelung vor Austrittsöffnungen und Aufgabetrichtern,
- Windschutz bei Be- und Entladevorgängen im Freien,
- Verlängerung der Verweilzeit des Greifers nach Abwurf am Abwurfort,
- Umschlagbeschränkungen bei hohen Windgeschwindigkeiten,
- Planung der Lage des Umschlagortes auf dem Betriebsgelände;

Maßnahmen, bezogen auf feste Stoffe
- Erhöhung der Materialfeuchte, ggf. unter Zusatz von Oberflächenentspannungsmitteln, soweit die Befeuchtung einer anschließenden Weiterbe- oder -verarbeitung, der Lagerfähigkeit oder der Produktqualität der umgeschlagenen Stoffe nicht entgegensteht,
- Einsatz von Staubbindemitteln,
- Pelletierung,
- Vereinheitlichung der Korngröße (Abtrennung des Feinstkornanteils),
- Verhinderung sperriger Verunreinigungen,
- Reduktion der Umschlagvorgänge.

5.2.3.3 Förderung oder Transport. Bei Transport mit Fahrzeugen sollen geschlossene Behältnisse (Silofahrzeuge, Container, Abdeckplanen) eingesetzt werden. Ansonsten sind bei Förderung und Transport auf dem Betriebsgelände geschlossene oder weitgehend geschlossene Einrichtungen (z. B. eingehauste Förderbänder, Becherwerke, Schnecken-, Schrauben- oder pneumatische Förderer) zu verwenden. Bei pneumatischer Förderung ist die staubhaltige Förderluft einer Entstaubungseinrichtung zuzuführen oder im Kreislauf zu fahren. Offene kontinuierliche Förder-/Transporteinrichtungen (z. B. Förderbänder) sind soweit wie möglich zu kapseln oder einzuhausen.

Bei Befüllung von geschlossenen Transportbehältern mit festen Stoffen ist die Verdrängungsluft zu erfassen und einer Entstaubungseinrichtung zuzuführen.

Offene Übergabestellen sind zu befeuchten, soweit die Befeuchtung einer anschließenden Weiterbe- oder -verarbeitung, der Lagerfähigkeit oder der Produktqualität der umgeschlagenen Stoffe nicht entgegensteht. Alternativ sind die Übergabestellen zu kapseln; staubhaltige Luft ist einer Entstaubungseinrichtung zuzuführen.

Öffnungen von Räumen (z. B. Tore, Fenster), in denen feste Stoffe offen transportiert oder gehandhabt werden, sind möglichst geschlossen zu halten. Tore dürfen nur für notwendige Fahrzeugein- und -ausfahrten geöffnet werden.

Können durch die Benutzung von Fahrwegen staubförmige Emissionen entstehen, sind diese im Anlagenbereich mit einer Decke aus Asphaltbeton, aus Beton oder gleichwertigem Material zu befestigen, in ordnungsgemäßem Zustand zu halten und entsprechend dem Verschmutzungsgrad zu säubern. Es ist sicherzustellen, dass Verschmutzungen der Fahrwege durch Fahrzeuge nach Verlassen des Anlagenbereichs vermieden oder beseitigt werden. Dazu sind z. B. Reifenwaschanlagen, Kehrmaschinen, Überfahrroste oder sonstige geeignete Einrichtungen einzusetzen. Satz 1 findet regelmäßig keine Anwendung auf Fahrwege innerhalb von Steinbrüchen und Gewinnungsstätten für Bodenschätze.

1319

5.2.3.4 Bearbeitung oder Aufbereitung. Maschinen, Geräte oder sonstige Einrichtungen zur Bearbeitung (z. B. zum Brechen, Mahlen, Sieben, Sichten, Mischen, Pelletieren, Brikettieren, Erwärmen, Trocknen, Abkühlen) von festen Stoffen sind zu kapseln oder mit in der Wirkung vergleichbaren Emissionsminderungstechniken auszurüsten.

Aufgabestellen und Abwurfstellen sind zu kapseln; staubhaltige Luft ist einer Entstaubungseinrichtung zuzuführen. Alternativ sind Aufgabestellen und Abwurfstellen zu befeuchten, soweit die Befeuchtung einer anschließenden Weiterbe- oder -verarbeitung, der Lagerfähigkeit oder der Produktqualität der umgeschlagenen Stoffe nicht entgegensteht.

Staubhaltiges Abgas aus den Bearbeitungsaggregaten ist zu erfassen und zu reinigen.

5.2.3.5 Lagerung

5.2.3.5.1 Geschlossene Lagerung. Bei der Festlegung von Anforderungen an die Lagerung ist grundsätzlich eine geschlossene Bauweise (z. B. als Silo, Bunker, Speicher, Halle, Container) zu bevorzugen. Sofern die Lagerung nicht vollständig geschlossen erfolgt, soll durch entsprechende Gestaltung der Geometrie der Lagerbehälter oder Lagerstätten sowie der Einrichtungen zur Zuführung oder Entnahme des Lagergutes die Staubentwicklung – insbesondere bei begehbaren Lagern – minimiert werden. Abgase aus Füll- oder Abzugsaggregaten sowie Verdrängungsluft aus Behältern sind zu erfassen und einer Entstaubungseinrichtung zuzuführen. Bei allen Füllvorrichtungen ist eine Sicherung gegen Überfüllen vorzusehen. Silo- und Containeraustragsöffnungen können z. B. über Faltenbälge mit kombinierter Absaugung und Kegelverschluss entleert oder staubdicht verschlossen werden; ebenso ist der Einsatz von Zellenradschleusen in Verbindung mit Bandabzug oder pneumatischem Transport möglich.

5.2.3.5.2 Freilagerung. Bei der Festlegung von Anforderungen an die Errichtung oder den Abbau von Halden oder den Betrieb von Vergleichmäßigungsanlagen im Freien kommen folgende Maßnahmen in Betracht:
- Abdeckung der Oberfläche (z. B. mit Matten),
- Begrünung der Oberfläche,
- Besprühung mit staubbindenden Mitteln bei Anlegung der Halde,
- Verfestigung der Oberfläche,
- ausreichende Befeuchtung der Halden und der Übergabe- und Abwurfstellen, ggf. unter Zusatz von Oberflächenentspannungsmitteln, soweit die Befeuchtung einer anschließenden Weiterbe- oder -verarbeitung, der Lagerfähigkeit oder der Produktqualität der gelagerten Stoffe nicht entgegensteht,
- Schüttung oder Abbau hinter Wällen,
- höhenverstellbare Förderbänder,
- Windschutzbepflanzungen,
- Ausrichtung der Haldenlängsachse in Hauptwindrichtung,
- Begrenzung der Höhe von Halden,
- weitgehender Verzicht auf Errichtungs- oder Abbauarbeiten bei Wetterlagen, die Emissionen besonders begünstigen (z. B. langanhaltende Trockenheit, Frostperioden, hohe Windgeschwindigkeiten).

Durch Überdachung, Umschließung oder Kombination beider Maßnahmen kann eine derartige Lagerung einschließlich der Nebeneinrichtungen – unter Berücksichtigung von Nummer 5.2.3.1 Absatz 2 – in eine teilweise oder vollständig geschlossene Lagerung überführt werden.

Technische Anleitung Luft   **TA Luft Anh. B 2**

5.2.3.6 Besondere Inhaltsstoffe. Bei festen Stoffen, die Stoffe nach Nummer 5.2.2 Klasse I oder II, nach Nummer 5.2.5 Klasse I oder nach Nummer 5.2.7 enthalten oder an denen diese Stoffe angelagert sind, sind die wirksamsten Maßnahmen anzuwenden, die sich aus den Nummern 5.2.3.2 bis 5.2.3.5 ergeben; die Lagerung soll entsprechend Nummer 5.2.3.5.1 erfolgen. Satz 1 findet regelmäßig keine Anwendung, wenn die Gehalte der besonderen Inhaltsstoffe in einer durch Siebung mit einer Maschenweite von 5 mm von den Gütern abtrennbaren Feinfraktion jeweils folgende Werte, bezogen auf die Trockenmasse, nicht überschreiten:
- Stoffe nach Nummer 5.2.2 Klasse I,
  Nummer 5.2.7.1.1 Klasse I oder
  Nummer 5.2.7.1.2   50 mg/kg,
- Stoffe nach Nummer 5.2.2 Klasse II,
  Nummer 5.2.7.1.1 Klasse II oder
  Nummer 5.2.7.1.3   0,50 g/kg,
- Stoffe nach Nummer 5.2.7.1.1 Klasse III   5,0 g/kg.

5.2.4 Gasförmige anorganische Stoffe

Die nachstehend genannten gasförmigen anorganischen Stoffe dürfen jeweils die angegebenen Massenkonzentrationen oder Massenströme im Abgas nicht überschreiten:

Klasse I
- Arsenwasserstoff
- Chlorcyan
- Phosgen
- Phosphorwasserstoff den Massenstrom je Stoff   2,5 g/h
  oder
  die Massenkonzentration je Stoff   0,5 mg/m^3;

Klasse II
- Brom und seine gasförmigen Verbindungen, angegeben als Bromwasserstoff
- Chlor
- Cyanwasserstoff
- Fluor und seine gasförmigen Verbindungen, angegeben als Fluorwasserstoff
- Schwefelwasserstoff
  den Massenstrom je Stoff   15 g/h
  oder
  die Massenkonzentration je Stoff   3 mg/m^3;

Klasse III
- Ammoniak
- gasförmige anorganische Chlorverbindungen, soweit nicht in Klasse I oder Klasse II enthalten, angegeben als Chlorwasserstoff
  den Massenstrom je Stoff   0,15 kg/h
  oder
  die Massenkonzentration je Stoff   30 mg/m^3;

Klasse IV
- Schwefeloxide (Schwefeldioxid und Schwefeltrioxid), angegeben als Schwefeldioxid
- Stickstoffoxide (Stickstoffmonoxid und Stickstoffdioxid), angegeben als Stickstoffdioxid
  den Massenstrom je Stoff   1,8 kg/h
  oder
  die Massenkonzentration je Stoff   0,35 g/m^3.

Im Abgas von thermischen oder katalytischen Nachverbrennungseinrichtungen dürfen die Emissionen an Stickstoffmonoxid und Stickstoffdioxid, angegeben als Stickstoffdioxid, die Massenkonzentration 0,10 g/m³ nicht überschreiten; gleichzeitig dürfen die Emissionen an Kohlenmonoxid die Massenkonzentration 0,10 g/m³ nicht überschreiten. Soweit die der Nachverbrennung zugeführten Gase nicht geringe Konzentrationen an Stickstoffoxiden oder sonstigen Stickstoffverbindungen enthalten, sind Festlegungen im Einzelfall zu treffen; dabei dürfen die Emissionen an Stickstoffmonoxid und Stickstoffdioxid, angegeben als Stickstoffdioxid, den Massenstrom 1,8 kg/h oder die Massenkonzentration 0,35 g/m³ nicht überschreiten.

5.2.5 Organische Stoffe

Organische Stoffe im Abgas, ausgenommen staubförmige organische Stoffe, dürfen

den Massenstrom	0,50 kg/h
oder	
die Massenkonzentration	50 mg/m³,

jeweils angegeben als Gesamtkohlenstoff,
insgesamt nicht überschreiten.

Bei **Altanlagen** mit einem jährlichen Massenstrom an organischen Stoffen von bis zu 1,5 Mg/a, angegeben als Gesamtkohlenstoff, dürfen abweichend von Absatz 1 die Emissionen an organischen Stoffen im Abgas den Massenstrom 1,5 kg/h, angegeben als Gesamtkohlenstoff, nicht überschreiten. Die Anzahl der Betriebsstunden, in denen Massenströme von über 0,5 kg/h bis zu 1,5 kg/h auftreten, soll 8 Betriebsstunden während eines Tages unterschreiten.

Für staubförmige organische Stoffe, ausgenommen für Stoffe der Klasse I, gelten die Anforderungen nach Nummer 5.2.1.

Innerhalb des Massenstroms oder der Massenkonzentra-tion für Gesamtkohlenstoff dürfen die nach den Klassen I (Stoffe nach Anhang 4) oder II eingeteilten organischen Stoffe, auch bei dem Vorhandensein mehrerer Stoffe derselben Klasse, insgesamt folgende Massenkonzentrationen oder Massenströme im Abgas, jeweils angegeben als Masse der organischen Stoffe, nicht überschreiten:

Klasse I

den Massenstrom	0,10 kg/h
oder	
die Massenkonzentration	20 mg/m³;

Klasse II
- 1-Brom-3-Chlorpropan
- 1,1-Dichlorethan
- 1,2-Dichlorethylen, cis und trans
- Essigsäure
- Methylformiat
- Nitroethan
- Nitromethan
- Octamethylcyclotetrasiloxan
- 1,1,1-Trichlorethan
- 1,3,5-Trioxan

den Massenstrom	0,50 kg/h
oder	
die Massenkonzentration	0,10 g/m³.

Beim Vorhandensein von Stoffen mehrerer Klassen dürfen zusätzlich zu den Anforderungen von Absatz 4 Satz 1 beim Zusammentreffen von Stoffen der Klassen I

Technische Anleitung Luft TA Luft **Anh. B 2**

und II im Abgas insgesamt die Emissionswerte der Klasse II nicht überschritten werden.

Die nicht namentlich im Anhang 4 genannten organischen Stoffe oder deren Folgeprodukte, die mindestens eine der folgenden Einstufungen oder Kriterien erfüllen:
– Verdacht auf krebserzeugende oder erbgutverändernde Wirkungen (Kategorien K3 oder M3 mit der Kennzeichnung R 40),
– Verdacht auf reproduktionstoxische Wirkung (Kategorien-RE3 oder RF3 mit der Kennzeichnung R 62 oder R 63) unter Berücksichtigung der Wirkungsstärke,
– Grenzwert für die Luft am Arbeitsplatz kleiner als 25 mg/m3,
– giftig oder sehr giftig,
– mögliche Verursachung von irreversiblen Schäden,
– mögliche Sensibilisierung beim Einatmen,
– hohe Geruchsintensität,
– geringe Abbaubarkeit und hohe Anreicherbarkeit,
sind grundsätzlich der Klasse I zuzuordnen. Dabei sind
– das „Verzeichnis von Grenzwerten in der Luft am Arbeitsplatz" (TRGS 900), das „Verzeichnis krebserzeugender, erbgutverändernder oder fortpflanzungsgefährdender Stoffe" (TRGS 905) und
– der Anhang I der Richtlinie 67/548/EWG entsprechend der Liste gefährlicher Stoffe nach § 4a Abs.1 der Verordnung zum Schutz vor gefährlichen Stoffen (GefStoffV)
zu berücksichtigen. Bei unterschiedlichen Einstufungen innerhalb der Kategorien K, M oder R ist die strengere Einstufung der TRGS oder der GefStoffV zugrunde zu legen. Soweit für organische Stoffe, die auf Grund dieser Kriterien der Klasse I zugeordnet werden, die Emissionswerte der Klasse I nicht mit verhältnismäßigem Aufwand eingehalten werden können, ist die Emissionsbegrenzung im Einzelfall festzulegen.

Solange Einstufungen oder Bewertungen in der TRGS oder der GefStoffV nicht vorliegen, können Bewertungen anerkannter wissenschaftlicher Gremien herangezogen werden, z. B. die Einstufungen der Senatskommission zur Prüfung gesundheitsgefährlicher Arbeitsstoffe der Deutschen Forschungsgemeinschaft. Darüber hinaus wird auf Einstufungen nach § 4a Abs.3 der GefStoffV hingewiesen.

Soweit Zubereitungen nach § 4b der GefStoffV einzustufen sind, sollen die Inhaltsstoffe der Zubereitungen und deren Anteile ermittelt und bei der Festlegung der emissionsbegrenzenden Anforderungen berücksichtigt werden.

5.2.6 Gasförmige Emissionen beim Verarbeiten, Fördern, Umfüllen oder Lagern von flüssigen organischen Stoffen

Beim Verarbeiten, Fördern, Umfüllen oder Lagern von flüssigen organischen Stoffen, die
a) bei einer Temperatur von 293,15 K einen Dampfdruck von 1,3 kPa oder mehr haben,
b) einen Massengehalt von mehr als 1 vom Hundert an Stoffen nach Nummer 5.2.5 Klasse I, Nummer 5.2.7.1.1 Klasse II oder III oder Nummer 5.2.7.1.3 enthalten,
c) einen Massengehalt von mehr als 10 mg je kg an Stoffen nach Nummer 5.2.7.1.1 Klasse I oder Nummer 5.2.7.1.2 enthalten oder
d) Stoffe nach Nummer 5.2.7.2 enthalten,
sind die unter den Nummern 5.2.6.1 bis 5.2.6.7 genannten Maßnahmen zur Vermeidung und Verminderung der Emissionen anzuwenden.

Anh. B 2 TA Luft Allgemeine Verwaltungsvorschriften

5.2.6.1 Pumpen. Es sind technisch dichte Pumpen wie Spaltrohrmotorpumpen, Pumpen mit Magnetkupplung, Pumpen mit Mehrfach-Gleitringdichtung und Vorlage- oder Sperrmedium, Pumpen mit Mehrfach-Gleitringdichtung und atmosphärenseitig trockenlaufender Dichtung, Membranpumpen oder Faltenbalgpumpen zu verwenden.

Bestehende Pumpen für flüssige organische Stoffe nach Nummer 5.2.6 Buchstabe a), die nicht eines der in den Buchstaben b) bis d) genannten Merkmale erfüllen und die die Anforderungen nach Absatz 1 nicht einhalten, dürfen bis zum Ersatz durch neue Pumpen weiterbetrieben werden. Die zuständige Behörde soll nach Inkrafttreten dieser Verwaltungsvorschrift eine Bestandsaufnahme fordern und den kontinuierlichen Ersatz der Pumpen sowie die Wartungsarbeiten bis zu ihrem Ersatz im Rahmen der Betriebsüberwachung verfolgen.

5.2.6.2 Verdichter. Bei der Verdichtung von Gasen oder Dämpfen, die einem der Merkmale der Nummer 5.2.6 Buchstaben b) bis d) entsprechen, sind Mehrfach-Dichtsysteme zu verwenden. Beim Einsatz von nassen Dichtsystemen darf die Sperrflüssigkeit der Verdichter nicht ins Freie entgast werden. Beim Einsatz von trockenen Dichtsystemen, z. B. einer Inertgasvorlage oder Absaugung der Fördergutleckage, sind austretende Abgase zu erfassen und einem Gassammelsystem zuzuführen.

5.2.6.3 Flanschverbindungen. Flanschverbindungen sollen in der Regel nur verwendet werden, wenn sie verfahrenstechnisch, sicherheitstechnisch oder für die Instandhaltung notwendig sind. Für diesen Fall sind technisch dichte Flanschverbindungen entsprechend der Richtlinie VDI 2440 (Ausgabe November 2000) zu verwenden.

Für Dichtungsauswahl und Auslegung der Flanschverbindungen sind Dichtungskennwerte nach DIN 28090–1 (Ausgabe September 1995) oder DIN V ENV 1591–2 (Ausgabe Oktober 2001) zugrunde zu legen.

Die Einhaltung einer spezifischen Leckagerate von 10^{-5} kPa·l/(s·m) ist durch eine Bauartprüfung entsprechend Richtlinie VDI 2440 (Ausgabe November 2000) nachzuweisen.

Für **bestehende Flanschverbindungen** findet Nummer 5.2.6.1 Absatz 2 in Bezug auf den Ersatz von Dichtungen entsprechende Anwendung. Eine Bestandsaufnahme kann bei bestehenden Flanschverbindungen entfallen.

5.2.6.4 Absperrorgane. Zur Abdichtung von Spindeldurchführungen von Absperr- oder Regelorganen, wie Ventile oder Schieber, sind
- hochwertig abgedichtete metallische Faltenbälge mit nachgeschalteter Sicherheitsstopfbuchse oder
- gleichwertige Dichtsysteme zu verwenden.

Dichtsysteme sind als gleichwertig anzusehen, wenn im Nachweisverfahren entsprechend Richtlinie VDI 2440 (Ausgabe November 2000) die temperaturspezifischen Leckageraten eingehalten werden.

Für **bestehende Absperrorgane** ist Nummer 5.2.6.1 Absatz 2 entsprechend anzuwenden.

5.2.6.5 Probenahmestellen. Probenahmestellen sind so zu kapseln oder mit solchen Absperrorganen zu versehen, dass außer bei der Probenahme keine Emissionen auftreten; bei der Probenahme muss der Vorlauf entweder zurückgeführt oder vollständig aufgefangen werden.

5.2.6.6 Umfüllung. Beim Umfüllen sind vorrangig Maßnahmen zur Vermeidung der Emissionen zu treffen, z. B. Gaspendelung in Verbindung mit Untenbefüllung

Technische Anleitung Luft TA Luft Anh. B 2

oder Unterspiegelbefüllung. Die Absaugung und Zuführung des Abgases zu einer Abgasreinigungseinrichtung kann zugelassen werden, wenn die Gaspendelung technisch nicht durchführbar oder unverhältnismäßig ist.

Gaspendelsysteme sind so zu betreiben, dass der Fluss an organischen Stoffen nur bei Anschluss des Gaspendelsystems freigegeben wird und dass das Gaspendelsystem und die angeschlossenen Einrichtungen während des Gaspendelns betriebsmäßig, abgesehen von sicherheitstechnisch bedingten Freisetzungen, keine Gase in die Atmosphäre abgeben.

5.2.6.7 Lagerung. Zur Lagerung von flüssigen organischen Stoffen sind Festdachtanks mit Anschluss an eine Gassammelleitung oder mit Anschluss an eine Abgasreinigungseinrichtung zu verwenden.

Abweichend von Satz 1 kann die Lagerung von Rohöl in Lagertanks mit einem Volumen von mehr als 20 000 m^3 auch in Schwimmdachtanks mit wirksamer Randabdichtung oder in Festdachtanks mit innerer Schwimmdecke erfolgen, wenn eine Emissionsminderung um mindestens 97 vom Hundert gegenüber Festdachtanks ohne innere Schwimmdecke erreicht wird.

Ferner kann abweichend von Satz 1 für flüssige organische Stoffe nach Nummer 5.2.6 Buchstabe a), die nicht eines der in den Buchstaben b) bis d) genannten Merkmale erfüllen und die in Festdachtanks mit einem Volumen von weniger als 300 m^3 gelagert werden, auf einen Anschluss des Tanks an eine Gassammelleitung oder an eine Abgasreinigungseinrichtung verzichtet werden.

Soweit Lagertanks oberirdisch errichtet sind und betrieben werden, ist die Außenwand und das Dach mit geeigneten Farbanstrichen zu versehen, die dauerhaft einen Gesamtwärme-Remissionsgrad von mindestens 70 vom Hundert aufweisen.

Soweit sicherheitstechnische Aspekte nicht entgegenstehen, sind Gase und Dämpfe, die aus Druckentlastungsarmaturen und Entleerungseinrichtungen austreten, in das Gassammelsystem einzuleiten oder einer Abgasreinigungseinrichtung zuzuführen.

Abgase, die bei Inspektionen oder bei Reinigungsarbeiten der Lagertanks auftreten, sind einer Nachverbrennung zuzuführen oder es sind gleichwertige Maßnahmen zur Emissionsminderung anzuwenden.

5.2.7 Krebserzeugende, erbgutverändernde oder reproduktionstoxische Stoffe sowie schwer abbaubare, leicht anreicherbare und hochtoxische organische Stoffe

Die im Abgas enthaltenen Emissionen krebserzeugender, erbgutverändernder oder reproduktionstoxischer Stoffe oder Emissionen schwer abbaubarer, leicht anreicherbarer und hochtoxischer organischer Stoffe sind unter Beachtung des Grundsatzes der Verhältnismäßigkeit so weit wie möglich zu begrenzen (Emissionsminimierungsgebot).

5.2.7.1 Krebserzeugende, erbgutverändernde oder reproduktionstoxische Stoffe. Stoffe gelten als krebserzeugend, erbgutverändernd oder reproduktionstoxisch, wenn sie in eine der Kategorien K1, K2, M1, M2, RE1, RE2, RF1 oder RF2 (mit der Kennzeichnung R 45, R 46, R 49, R 60 oder R 61)
– im „Verzeichnis krebserzeugender, erbgutverändernder oder fortpflanzungsgefährdender Stoffe" (TRGS 905) oder
– im Anhang I der Richtlinie 67/548/EWG entsprechend der Liste gefährlicher Stoffe nach § 4a Abs.1 der Verordnung zum Schutz vor gefährlichen Stoffen (GefStoffV)

eingestuft sind. Bei unterschiedlichen Einstufungen innerhalb der Kategorien K, M oder R wird die strengere Einstufung der TRGS oder der GefStoffV zugrundegelegt.

Anh. B 2 **TA Luft** Allgemeine Verwaltungsvorschriften

Solange Einstufungen oder Bewertungen in der TRGS oder der GefStoffV nicht vorliegen, können Bewertungen anerkannter wissenschaftlicher Gremien herangezogen werden, z. B. die Einstufungen der Senatskommission zur Prüfung gesundheitsgefährlicher Arbeitsstoffe der Deutschen Forschungsgemeinschaft. Darüber hinaus wird auf Einstufungen nach § 4a Abs.3 der GefStoffV hingewiesen.

Soweit Zubereitungen nach § 4b der GefStoffV einzustufen sind, sollen die Inhaltsstoffe der Zubereitungen und deren Anteile ermittelt und bei der Festlegung der emissionsbegrenzenden Anforderungen berücksichtigt werden.

5.2.7.1.1 Krebserzeugende Stoffe. Die nachstehend genannten Stoffe dürfen, auch bei dem Vorhandensein mehrerer Stoffe derselben Klasse, als Mindestanforderung insgesamt folgende Massenkonzentrationen oder Massenströme im Abgas nicht überschreiten:

Klasse I
- Arsen und seine Verbindungen (außer Arsenwasserstoff), angegeben als As
- Benzo(a)pyren
- Cadmium und seine Verbindungen, angegeben als Cd
- Wasserlösliche Cobaltverbindungen, angegeben als Co
- Chrom(VI)verbindungen (außer Bariumchromat und Bleichromat), angegeben als Cr

  den Massenstrom 0,15 g/h
  oder
  die Massenkonzentration 0,05 mg/m^3;

Klasse II
- Acrylamid
- Acrylnitril
- Dinitrotoluole
- Ethylenoxid
- Nickel und seine Verbindungen (außer Nickelmetall, Nickellegierungen, Nickelcarbonat, Nickelhydroxid, Nickeltetracarbonyl), angegeben als Ni
- 4-Vinyl-1,2-cyclohexendiepoxid

  den Massenstrom 1,5 g/h
  oder
  die Massenkonzentration 0,05 mg/m^3;

Klasse III
- Benzol
- Brommethan
- 1,3-Butadien
- 1,2-Dichlorethan
- 1,2-Propylenoxid (1,2-Epoxypropan)
- Styroloxid
- o-Toluidin
- Trichlorethen
- Vinylchlorid

  den Massenstrom 2,5 g/h
  oder
  die Massenkonzentration 1 mg/m^3.

Beim Vorhandensein von Stoffen mehrerer Klassen dürfen unbeschadet des Absatzes 1 beim Zusammentreffen von Stoffen der Klassen I und II im Abgas insgesamt die Emissionswerte der Klasse II sowie beim Zusammentreffen von Stoffen der

Technische Anleitung Luft **TA Luft Anh. B 2**

Klassen I und III, der Klassen II und III oder der Klassen I bis III im Abgas insgesamt die Emissionswerte der Klasse III nicht überschritten werden.
Die nicht namentlich aufgeführten krebserzeugenden Stoffe sind den Klassen zuzuordnen, deren Stoffen sie in ihrer Wirkungsstärke am nächsten stehen; dabei ist eine Bewertung der Wirkungsstärke auf der Grundlage des kalkulatorischen Risikos, z. B. nach dem Unit-Risk-Verfahren, vorzunehmen. Soweit für krebserzeugende Stoffe, die auf Grund dieser Zuordnung klassiert werden, die Emissionswerte der ermittelten Klasse nicht mit verhältnismäßigem Aufwand eingehalten werden können, sind die Emissionen im Einzelfall unter Beachtung des Emissionsminimierungsgebotes zu begrenzen.

Fasern. Die Emissionen der nachstehend genannten krebserzeugenden faserförmigen Stoffe im Abgas dürfen die nachfolgend angegebenen Faserstaubkonzentrationen nicht überschreiten:
– Asbestfasern $1 \cdot 10^4$ Fasern/m^3
  (z. B. Chrysotil, Krokydolith, Amosit),
– biopersistente Keramikfasern $1,5 \cdot 10^4$ Fasern/m^3
  (z. B. aus Aluminiumsilicat, Aluminiumoxid, Siliciumcarbid, Kaliumtitanat), soweit sie unter „künstliche kristalline Keramikfasern" gemäß Nummer 2.3 der TRGS 905 oder unter den Eintrag „keramische Mineralfasern" des Anhangs I der Richtlinie 67/548/EWG (entsprechend § 4a Abs.1 GefStoffV) fallen,
– biopersistente Mineralfasern $5 \cdot 10^4$ Fasern/m^3,
  soweit sie den Kriterien für „anorganische Faserstäube (außer Asbest)" der Nummer 2.3 der TRGS 905 oder für „biopersistente Fasern" nach Anhang IV Nummer 22 der GefStoffV entsprechen.

Bei unterschiedlichen Kriterien von TRGS und GefStoffV sind die strengeren Kriterien zugrunde zu legen.
Die Emissionen krebserzeugender faserförmiger Stoffe können im Einzelfall unter Beachtung des Emissionsminimierungsgebotes auch durch Festlegung eines Emissionswertes für Gesamtstaub begrenzt werden.

5.2.7.1.2 Erbgutverändernde Stoffe. Soweit erbgutverändernde Stoffe oder Zubereitungen nicht von den Anforderungen für krebserzeugende Stoffe erfasst sind, ist für die Emissionen erbgutverändernder Stoffe im Abgas die Unterschreitung des Massenstroms von 0,15 g/h oder der Massenkonzentration 0,05 mg/m^3 anzustreben. Soweit diese Emissionswerte nicht mit verhältnismäßigem Aufwand eingehalten werden können, sind die Emissionen im Abgas unter Beachtung des Emissionsminimierungsgebotes zu begrenzen.

5.2.7.1.3 Reproduktionstoxische Stoffe. Soweit reproduktionstoxische Stoffe oder Zubereitungen nicht von den Anforderungen für krebserzeugende oder erbgutverändernde Stoffe erfasst sind, sind die Emissionen reproduktionstoxischer Stoffe im Abgas unter Beachtung des Emissionsminimierungsgebotes unter Berücksichtigung der Wirkungsstärke der Stoffe zu begrenzen.

5.2.7.2 Schwer abbaubare, leicht anreicherbare und hochtoxische organische Stoffe. Die im Anhang 5 genannten Dioxine und Furane, angegeben als Summenwert nach dem dort festgelegten Verfahren, dürfen als Mindestanforderung
den Massenstrom im Abgas 0,25 mg/h
oder
die Massenkonzentration im Abgas 0,1 ng/m^3
nicht überschreiten. Die Probenahmezeit beträgt mindestens 6 Stunden; sie soll 8 Stunden nicht überschreiten.

Bei weiteren organischen Stoffen, die sowohl schwer abbaubar und leicht anreicherbar als auch von hoher Toxizität sind oder die auf Grund sonstiger besonders schädlicher Umwelteinwirkungen nicht der Klasse I in Nummer 5.2.5 zugeordnet werden können (z. B. polybromierte Dibenzodioxine, polybromierte Dibenzofurane oder polyhalogenierte Biphenyle) sind die Emissionen unter Beachtung des Emissionsminimierungsgebotes zu begrenzen.

5.2.8 Geruchsintensive Stoffe

Bei Anlagen, die bei bestimmungsgemäßem Betrieb oder wegen betrieblich bedingter Störanfälligkeit geruchsintensive Stoffe emittieren können, sind Anforderungen zur Emissionsminderung zu treffen, z. B. Einhausen der Anlagen, Kapseln von Anlageteilen, Erzeugen eines Unterdrucks im gekapselten Raum, geeignete Lagerung von Einsatzstoffen, Erzeugnissen und Abfällen, Steuerung des Prozesses.

Geruchsintensive Abgase sind in der Regel Abgasreinigungseinrichtungen zuzuführen oder es sind gleichwertige Maßnahmen zu treffen. Abgase sind nach Nummer 5.5 abzuleiten.

Bei der Festlegung des Umfanges der Anforderungen im Einzelfall sind insbesondere der Abgasvolumenstrom, der Massenstrom geruchsintensiver Stoffe, die örtlichen Ausbreitungsbedingungen, die Dauer der Emissionen und der Abstand der Anlage zur nächsten vorhandenen oder in einem Bebauungsplan festgesetzten schützenswerten Nutzung (z. B. Wohnbebauung) zu berücksichtigen. Soweit in der Umgebung einer Anlage Geruchseinwirkungen zu erwarten sind, sind die Möglichkeiten, die Emissionen durch den Stand der Technik entsprechende Maßnahmen weiter zu vermindern, auszuschöpfen.

Sofern eine Emissionsbegrenzung für einzelne Stoffe oder Stoffgruppen, z. B. für Amine, oder als Gesamtkohlenstoff nicht möglich ist oder nicht ausreicht, soll bei Anlagen mit einer Abgasreinigungseinrichtung die emissionsbegrenzende Anforderung in Form eines olfaktometrisch zu bestimmenden Geruchsminderungsgrades oder einer Geruchsstoffkonzentration festgelegt werden.

5.2.9 Bodenbelastende Stoffe

Bei Überschreitung der Boden-Vorsorgewerte für Blei, Cadmium, Nickel oder Quecksilber nach Nummer 4.1 des Anhangs 2 der Bundes-Bodenschutz- und Altlastenverordnung, der Massenströme nach Anhang 2 und der Zusatzbelastungswerte nach Nummer 4.5.2 Buchstabe a) aa) sind zur näheren Bestimmung der immissionsschutzrechtlichen Vorsorgepflichten in Übereinstimmung mit § 3 Abs. 3 Satz 2 des Bundes-Bodenschutzgesetzes über die in Nummer 5 dieser Verwaltungsvorschrift festgelegten Anforderungen hinaus weitergehende Maßnahmen zur Vorsorge anzustreben, wenn die in Nummer 5 von Anhang 2 der Bundes-Bodenschutz- und Altlastenverordnung festgelegten jährlichen Frachten durch den Betrieb der Anlage überschritten werden.

5.3 Messung und Überwachung der Emissionen

5.3.1 Messplätze

Bei der Genehmigung von Anlagen soll die Einrichtung von Messplätzen oder Probenahmestellen gefordert und näher bestimmt werden. Die Messplätze sollen ausreichend groß, leicht begehbar, so beschaffen sein und so ausgewählt werden, dass eine für die Emissionen der Anlage repräsentative und messtechnisch einwandfreie Emissionsmessung ermöglicht wird. Die Empfehlungen der Richtlinie VDI 4200 (Ausgabe Dezember 2000) sollen beachtet werden.

Technische Anleitung Luft TA Luft Anh. B 2

5.3.2 Einzelmessungen

5.3.2.1 Erstmalige und wiederkehrende Messungen. Es soll gefordert werden, dass nach Errichtung, wesentlicher Änderung und anschließend wiederkehrend durch Messungen einer nach § 26 BImSchG bekannt gegebenen Stelle die Emissionen aller luftverunreinigenden Stoffe, für die im Genehmigungsbescheid nach Nummer 5.1.2 Emissionsbegrenzungen festzulegen sind, festgestellt werden.

Die erstmaligen Messungen nach Errichtung oder wesentlicher Änderung sollen nach Erreichen des ungestörten Betriebes, je doch frühestens nach dreimonatigem Betrieb und spätestens sechs Monate nach Inbetriebnahme vorgenommen werden.

Von der Forderung nach erstmaligen oder wiederkehrenden Messungen ist abzusehen, wenn die Feststellung der Emissionen nach Nummer 5.3.3 oder Nummer 5.3.4 erfolgt.

Auf Einzelmessungen nach Absatz 1 kann verzichtet werden, wenn durch andere Prüfungen, z. B. durch einen Nachweis über die Wirksamkeit von Einrichtungen zur Emissionsminderung, die Zusammensetzung von Brenn- oder Einsatzstoffen oder die Prozessbedingungen, mit ausreichender Sicherheit festgestellt werden kann, dass die Emissionsbegrenzungen nicht überschritten werden.

Wiederkehrende Messungen sollen jeweils nach Ablauf von drei Jahren gefordert werden. Bei Anlagen, für die die Emissionen durch einen Massenstrom begrenzt sind, kann die Frist auf fünf Jahre verlängert werden.

5.3.2.2 Messplanung. Messungen zur Feststellung der Emissionen sollen so durchgeführt werden, dass die Ergebnisse für die Emissionen der Anlage repräsentativ und bei vergleichbaren Anlagen und Betriebsbedingungen miteinander vergleichbar sind. Die Messplanung soll der Richtlinie VDI 4200 (Ausgabe Dezember 2000) und der Richtlinie VDI 2448 Blatt 1 (Ausgabe April 1992) entsprechen. Die zuständige Behörde kann fordern, dass die Messplanung vorher mit ihr abzustimmen ist.

Bei Anlagen mit überwiegend zeitlich unveränderlichen Betriebsbedingungen sollen mindestens 3 Einzelmessungen bei ungestörter Betriebsweise mit höchster Emission und mindestens jeweils eine weitere Messung bei regelmäßig auftretenden Betriebszuständen mit schwankendem Emissionsverhalten, z. B. bei Reinigungs- oder Regenerierungsarbeiten oder bei längeren An- oder Abfahrvorgängen, durchgeführt werden. Bei Anlagen mit überwiegend zeitlich veränderlichen Betriebsbedingungen sollen Messungen in ausreichender Zahl, jedoch mindestens sechs bei Betriebsbedingungen, die erfahrungsgemäß zu den höchsten Emissionen führen können, durchgeführt werden.

Die Dauer der Einzelmessung beträgt in der Regel eine halbe Stunde; das Ergebnis der Einzelmessung ist als Halbstundenmittelwert zu ermitteln und anzugeben. In besonderen Fällen, z. B. bei Chargenbetrieb oder niedrigen Massenkonzentrationen im Abgas, ist die Mittelungszeit entsprechend anzupassen.

Bei Stoffen, die in verschiedenen Aggregatzuständen vorliegen, sind bei der Messung besondere Vorkehrungen zur Erfassung aller Anteile zu treffen (z. B. entsprechend der Richtlinie VDI 3868 Blatt 1, Ausgabe Dezember 1994).

5.3.2.3 Auswahl von Messverfahren. Messungen zur Feststellung der Emissionen sollen unter Einsatz von Messverfahren und Messeinrichtungen durchgeführt werden, die dem Stand der Messtechnik entsprechen. Die Nachweisgrenze des Messverfahrens sollte kleiner als ein Zehntel der zu überwachenden Emissionsbegrenzung sein. Die Emissionsmessungen sollen unter Beachtung der in Anhang 6 aufgeführten Richtlinien und Normen des VDI/DIN-Handbuches „Reinhaltung der Luft" beschriebenen Messverfahren durchgeführt werden. Die Probenahme soll der Richtlinie VDI 4200 (Ausgabe Dezember 2000) entsprechen. Darüber hinaus sollen Messverfahren von Richtlinien zur Emissionsminderung im VDI/DIN-Handbuch „Reinhaltung der Luft" berücksichtigt werden.

Die Bestimmung von Gesamtkohlenstoff ist mit geeigneten kontinuierlichen Messeinrichtungen (z. B. nach dem Messprinzip eines Flammenionisationsdetektors) durchzuführen. Die Kalibrierung der eingesetzten Messeinrichtungen ist bei Emissionen von definierten Stoffen oder Stoffgemischen mit diesen Stoffen oder Stoffgemischen durchzuführen oder auf Grund zu bestimmender Responsefaktoren auf der Grundlage einer Kalibrierung mit Propan rechnerisch vorzunehmen. Bei komplexen Stoffgemischen ist ein repräsentativer Responsefaktor heranzuziehen. In begründeten Ausnahmefällen kann die Bestimmung des Gesamtkohlenstoffes durch die Bestimmung des durch Adsorption an Kieselgel erfassbaren Kohlenstoffs durchgeführt werden.

5.3.2.4 Auswertung und Beurteilung der Messergebnisse. Es soll gefordert werden, dass über das Ergebnis der Messungen ein Messbericht erstellt und unverzüglich vorgelegt wird. Der Messbericht soll Angaben über die Messplanung, das Ergebnis jeder Einzelmessung, das verwendete Messverfahren und die Betriebsbedingungen, die für die Beurteilung der Einzelwerte und der Messergebnisse von Bedeutung sind, enthalten. Hierzu gehören auch Angaben über Brenn- und Einsatzstoffe sowie über den Betriebszustand der Anlage und der Einrichtungen zur Emissionsminderung; er soll dem Anhang B der Richtlinie VDI 4220 (Ausgabe September 1999) entsprechen.

Im Falle von erstmaligen Messungen nach Errichtung, von Messungen nach wesentlicher Änderung oder von wiederkehrenden Messungen sind die Anforderungen jedenfalls dann eingehalten, wenn das Ergebnis jeder Einzelmessung zuzüglich der Messunsicherheit die im Genehmigungsbescheid festgelegte Emissionsbegrenzung nicht überschreitet.

Sollten durch nachträgliche Anordnungen, die auf der Ermittlung von Emissionen beruhen, zusätzliche Emissionsminderungsmaßnahmen gefordert werden, ist die Messunsicherheit zugunsten des Betreibers zu berücksichtigen.

Eine Überprüfung, ob das Messverfahren, besonders im Hinblick auf seine Messunsicherheit, dem Stand der Messtechnik entspricht, ist für den Fall notwendig, dass das Messergebnis zuzüglich der Messunsicherheit die festgelegte Emissionsbegrenzung nicht einhält. Im Falle einer Überschreitung werden weitere Ermittlungen (z. B. Prüfung der anlagenspezifischen Ursachen) notwendig.

5.3.2.5 Messungen geruchsintensiver Stoffe. Werden bei der Genehmigung einer Anlage die Emissionen geruchsintensiver Stoffe durch Festlegung des Geruchsminderungsgrades einer Abgasreinigungseinrichtung oder als Geruchsstoffkonzentration begrenzt, sollen diese durch olfaktometrische Messungen überprüft werden.

5.3.3 Kontinuierliche Messungen

5.3.3.1 Messprogramm. Eine Überwachung der Emissionen relevanter Quellen durch kontinuierliche Messungen soll, unter Berücksichtigung des Absatzes 4, gefordert werden, soweit die in Nummer 5.3.3.2 festgelegten Massenströme überschritten und Emissionsbegrenzungen festgelegt werden. Eine Quelle ist in der Regel dann als relevant zu betrachten, wenn ihre Emission mehr als 20 vom Hundert des gesamten Massenstroms der Anlage beträgt. Für die Bestimmung der Massenströme sind die Festlegungen des Genehmigungsbescheides maßgebend.

Technische Anleitung Luft TA Luft Anh. B 2

Wenn zu erwarten ist, dass bei einer Anlage die im Genehmigungsbescheid festgelegten zulässigen Massenkonzentrationen wiederholt überschritten werden, z. B. bei wechselnder Betriebsweise einer Anlage oder bei Störanfälligkeit einer Einrichtung zur Emissionsminderung, kann die kontinuierliche Messung der Emissionen auch bei geringeren als den in Nummer 5.3.3.2 angegebenen Massenströmen gefordert werden.

Bei Anlagen, bei denen im ungestörten Betrieb die Emissionsminderungseinrichtungen aus sicherheitstechnischen Gründen wiederholt außer Betrieb gesetzt oder deren Wirkung erheblich vermindert werden müssen, ist von den Massenströmen auszugehen, die sich unter Berücksichtigung der verbleibenden Abscheideleistung ergeben.

Auf die Forderung nach kontinuierlicher Überwachung einer Quelle soll verzichtet werden, wenn diese weniger als 500 Stunden im Jahr emittiert oder weniger als 10 vom Hundert zur Jahresemission der Anlage beiträgt.

Soweit die luftverunreinigenden Stoffe im Abgas in einem festen Verhältnis zueinander stehen, kann die kontinuierliche Messung auf eine Leitkomponente beschränkt werden. Im Übrigen kann auf die kontinuierliche Messung der Emissionen verzichtet werden, wenn durch andere Prüfungen, z. B. durch fortlaufende Feststellung der Wirksamkeit von Einrichtungen zur Emissionsminderung (z. B. durch Messung der Brennkammertemperatur bei einer thermischen Nachverbrennung anstelle der Messung der Massenkonzentration der organischen Stoffe oder durch Bestimmung des Differenzdruckes bei filternden Abscheidern anstelle der Messung der Massenkonzentration der staubförmigen Stoffe im Abgas), der Zusammensetzung von Brenn- oder Einsatzstoffen oder der Prozessbedingungen, mit ausreichender Sicherheit festgestellt werden kann, dass die Emissionsbegrenzungen eingehalten werden.

5.3.3.2 Massenstromschwellen für die kontinuierliche Überwachung. Bei Anlagen mit einem Massenstrom an staubförmigen Stoffen von 1 kg/h bis 3 kg/h sollen die relevanten Quellen mit Messeinrichtungen ausgerüstet werden, die in der Lage sind, die Funktionsfähigkeit der Abgasreinigungseinrichtung und die festgelegte Emissionsbegrenzung kontinuierlich zu überwachen (qualitative Messeinrichtungen).

Bei Anlagen mit einem Massenstrom an staubförmigen Stoffen von mehr als 3 kg/h sollen die relevanten Quellen mit Messeinrichtungen ausgerüstet werden, die die Massenkonzentration der staubförmigen Emissionen kontinuierlich ermitteln.

Bei Anlagen mit staubförmigen Emissionen an Stoffen nach Nummer 5.2.2 oder Nummer 5.2.5 Klasse I oder Nummer 5.2.7 sollen die relevanten Quellen mit Messeinrichtungen ausgerüstet werden, die die Gesamtstaubkonzentration kontinuierlich ermitteln, wenn der Massenstrom das 5fache eines der dort genannten Massenströme überschreitet.

Bei Anlagen, deren Emissionen an gasförmigen Stoffen einen oder mehrere der folgenden Massenströme überschreiten, sollen die relevanten Quellen mit Messeinrichtungen ausgerüstet werden, die die Massenkonzentration der betroffenen Stoffe kontinuierlich ermitteln:
- Schwefeldioxid   30 kg/h,
- Stickstoffmonoxid und Stickstoffdioxid, angegeben als Stickstoffdioxid   30 kg/h,
- Kohlenmonoxid als Leitsubstanz zur Beurteilung des Ausbrandes bei Verbrennungsprozessen   5 kg/h,
- Kohlenmonoxid in allen anderen Fällen   100 kg/h,
- Fluor und gasförmige anorganische Fluorverbindungen, angegeben als Fluorwasserstoff   0,3 kg/h,
- Gasförmige anorganische Chlorverbindungen, angegeben als Chlorwasserstoff   1,5 kg/h,

Anh. B 2 TA Luft Allgemeine Verwaltungsvorschriften

- Chlor 0,3 kg/h,
- Schwefelwasserstoff 0,3 kg/h.

Ist die Massenkonzentration an Schwefeldioxid kontinuierlich zu messen, soll die Massenkonzentration an Schwefeltrioxid bei der Kalibrierung ermittelt und durch Berechnung berücksichtigt werden. Ergibt sich auf Grund von Einzelmessungen, dass der Anteil des Stickstoffdioxids an den Stickstoffoxidemissionen unter 10 vom Hundert liegt, soll auf die kontinuierliche Messung des Stickstoffdioxids verzichtet und dessen Anteil durch Berechnung berücksichtigt werden.

Bei Anlagen, bei denen der Massenstrom organischer Stoffe, angegeben als Gesamtkohlenstoff, für

- Stoffe nach Nummer 5.2.5 Klasse I 1 kg/h,
- Stoffe nach Nummer 5.2.5 2,5 kg/h

überschreitet, sollen die relevanten Quellen mit Messeinrichtungen ausgerüstet werden, die den Gesamtkohlenstoffgehalt kontinuierlich ermitteln.

Bei Anlagen mit einem Massenstrom an Quecksilber und seinen Verbindungen von mehr als 2,5 g/h, angegeben als Hg, sollen die relevanten Quellen mit Messeinrichtungen ausgerüstet werden, die die Massenkonzentration an Quecksilber kontinuierlich ermitteln, es sei denn, es ist zuverlässig nachgewiesen, dass die in Nummer 5.2.2 Klasse I genannte Massenkonzentration nur zu weniger als 20 vom Hundert in Anspruch genommen wird.

Die zuständige Behörde soll fordern, Anlagen mit Emissionen an Stoffen der Nummer 5.2.2 Klasse I und II oder Stoffen der Nummer 5.2.7 mit kontinuierlichen Messeinrichtungen zur Ermittlung der Massenkonzentrationen auszurüsten, wenn der Massenstrom das 5fache eines der dort genannten Massenströme überschreitet und geeignete Messeinrichtungen zur Verfügung stehen.

5.3.3.3 Bezugsgrößen. Anlagen, bei denen die Massenkonzentrationen der Emissionen kontinuierlich zu überwachen sind, sollen mit Mess- und Auswerteeinrichtungen ausgerüstet werden, die die zur Auswertung und Beurteilung der kontinuierlichen Messungen erforderlichen Betriebsparameter, z. B. Abgastemperatur, Abgasvolumenstrom, Feuchtegehalt, Druck, Sauerstoffgehalt, jeweils einschließlich relevanter Statussignale, kontinuierlich ermitteln und registrieren.

Auf die kontinuierliche Messung der Betriebsparameter kann verzichtet werden, wenn die Parameter erfahrungsgemäß nur eine geringe Schwankungsbreite haben, für die Beurteilung der Emissionen unbedeutend sind oder mit ausreichender Sicherheit auf andere Weise ermittelt werden können.

5.3.3.4 Auswahl von Einrichtungen zur Feststellung der Emissionen. Für die kontinuierlichen Messungen sollen geeignete Mess- und Auswerteeinrichtungen eingesetzt werden, die die Werte der nach Nummer 5.3.3.2, Nummer 5.3.3.3 oder Nummer 5.3.4 zu überwachenden Größen kontinuierlich ermitteln, registrieren und nach Nummer 5.3.3.5 auswerten.

Es soll gefordert werden, dass eine von der nach Landesrecht zuständigen Behörde bekannt gegebene Stelle über den ordnungsgemäßen Einbau der kontinuierlichen Messeinrichtungen eine Bescheinigung ausstellt.

Das Bundesministerium für Umwelt, Naturschutz und Reaktorsicherheit veröffentlicht nach Abstimmung mit den zuständigen obersten Landesbehörden im Gemeinsamen Ministerialblatt Richtlinien über die Eignungsprüfung, den Einbau, die Kalibrierung und die Wartung von Messeinrichtungen. Von den Ländern als geeignet anerkannte Messeinrichtungen werden vom Bundesministerium für Umwelt, Naturschutz und Reaktorsicherheit im Bundesanzeiger bekannt gegeben.

Technische Anleitung Luft TA Luft Anh. B 2

5.3.3.5 Auswertung und Beurteilung der Messergebnisse. Aus den Messwerten soll grundsätzlich für jede aufeinanderfolgende halbe Stunde der Halbstundenmittelwert gebildet werden. Die Halbstundenmittelwerte sollen gegebenenfalls auf die jeweiligen Bezugsgrößen umgerechnet und mit den dazugehörigen Statussignalen gespeichert werden. Die Auswertung ist durch geeignete Emissionsrechner, deren Einbau und Parametrierung von einer bekannt gegebenen Stelle überprüft wurde, vorzunehmen. Die Übermittlung der Daten an die Behörde soll auf deren Verlangen telemetrisch erfolgen.

Aus den Halbstundenmittelwerten soll für jeden Kalendertag der Tagesmittelwert, bezogen auf die tägliche Betriebszeit, gebildet und gespeichert werden.

Die Anlage entspricht den Anforderungen, wenn die im Genehmigungsbescheid oder in einer nachträglichen Anordnung festgelegten Emissionsbegrenzungen nicht überschritten werden; Überschreitungen sind gesondert auszuweisen und der zuständigen Behörde unverzüglich mitzuteilen.

Es soll gefordert werden, dass der Betreiber über die Ergebnisse der kontinuierlichen Messungen eines Kalenderjahres Auswertungen erstellt und innerhalb von 3 Monaten nach Ablauf eines jeden Kalenderjahres der zuständigen Behörde vorlegt. Der Betreiber muss die Messergebnisse 5 Jahre lang aufbewahren. Die Forderung zur Abgabe der Auswertung entfällt, wenn die Daten der zuständigen Behörde telemetrisch übermittelt werden.

5.3.3.6 Kalibrierung und Funktionsprüfung der Einrichtungen zur kontinuierlichen Feststellung der Emissionen. Es soll gefordert werden, dass die Einrichtungen zur kontinuierlichen Feststellung der Emissionen durch eine von der nach Landesrecht zuständigen Behörde für Kalibrierungen bekannt gegebenen Stelle kalibriert und auf Funktionsfähigkeit geprüft werden. Die Kalibrierung soll nach der Richtlinie VDI 3950 Blatt 1 (Ausgabe Dezember 1994) durchgeführt werden. In besonderen Fällen, z. B. bei Chargenbetrieb, bei einer längeren Kalibrierzeit als einer halben Stunde oder anderen Mittelungszeiten, ist die Mittelungszeit entsprechend anzupassen.

Die Kalibrierung der Messeinrichtungen soll nach einer wesentlichen Änderung, im Übrigen im Abstand von drei Jahren wiederholt werden. Die Berichte über das Ergebnis der Kalibrierung und der Prüfung der Funktionsfähigkeit sollen der zuständigen Behörde innerhalb von 8 Wochen vorgelegt werden.

Die Funktionsüberprüfung der Einrichtungen zur kontinuierlichen Feststellung der Emissionen ist jährlich zu wiederholen.

Es soll gefordert werden, dass der Betreiber für eine regelmäßige Wartung und Prüfung der Funktionsfähigkeit der Messeinrichtungen sorgt.

5.3.4 Fortlaufende Ermittlung besonderer Stoffe

Bei Anlagen mit Emissionen an Stoffen nach Nummer 5.2.2, Nummer 5.2.5 Klasse I oder Nummer 5.2.7 soll gefordert werden, dass täglich die Massenkonzentration dieser Stoffe im Abgas als Tagesmittelwert, bezogen auf die tägliche Betriebszeit, ermittelt wird, wenn das 10fache der dort festgelegten Massenströme überschritten wird.

Unterliegen die Tagesmittelwerte nur geringen Schwankungen, kann die Ermittlung der Massenkonzentration dieser Stoffe im Abgas als Tagesmittelwert auch in größeren Zeitabständen, z. B. wöchentlich, monatlich oder jährlich, erfolgen. Auf die Ermittlung der Emissionen besonderer Stoffe kann verzichtet werden, wenn durch andere Prüfungen, z. B. durch kontinuierliche Funktionskontrolle der Abgasreinigungseinrichtungen, mit ausreichender Sicherheit festgestellt werden kann, dass die Emissionsbegrenzungen nicht überschritten werden.

Anh. B 2 TA Luft   Allgemeine Verwaltungsvorschriften

Die Einhaltung der Anforderungen nach Nummer 5.2.7.2 ist durch fortlaufende Aufzeichnung oder Ermittlung geeigneter Betriebsgrößen oder Abgasparameter nachzuweisen, soweit wegen fehlender messtechnischer Voraussetzungen eine kontinuierliche Emissionsüberwachung nicht gefordert werden kann.

Es soll gefordert werden, dass der Betreiber über die Ergebnisse der fortlaufenden Überwachung der Emissionen besonderer Stoffe Auswertungen erstellt und innerhalb von 3 Monaten nach Ablauf eines jeden Kalenderjahres der zuständigen Behörde vorlegt. Der Betreiber muss die Messergebnisse 5 Jahre lang aufbewahren.

5.3.5 Gleichwertigkeit zu VDI-Richtlinien

Neben den Verfahren, die in den in Nummer 5.3 in Bezug genommenen VDI-Richtlinien beschrieben sind, können auch andere, nachgewiesen gleichwertige Verfahren angewandt werden.

5.4 Besondere Regelungen für bestimmte Anlagenarten

Die in Nummer 5.4 enthaltenen besonderen Anforderungen für bestimmte Anlagenarten sind entsprechend dem Anhang der Verordnung über genehmigungsbedürftige Anlagen (4. BImSchV) in der Fassung der Bekanntmachung vom 14. März 1997 (BGBl. I S.504), zuletzt geändert durch Artikel 4 des Gesetzes vom 27. Juli 2001 (BGBl. I S.1950), geordnet und gelten nur für die jeweils genannten Anlagenarten. Auf Nummer 5.1.1 Absatz 2 wird hingewiesen.

5.4.1 Wärmeerzeugung, Bergbau, Energie

5.4.1.2 Anlagen der Nummer 1.2: Feuerungsanlagen

5.4.1.2.1 Anlagen zur Erzeugung von Strom, Dampf, Warmwasser, Prozesswärme oder erhitztem Abgas in Feuerungsanlagen durch den Einsatz von Kohle, Koks einschließlich Petrolkoks, Kohlebriketts, Torfbriketts, Brenntorf oder naturbelassenem Holz mit einer Feuerungswärmeleistung von weniger als 50 MW

Bezugsgröße. Die Emissionswerte beziehen sich bei Feuerungen für den Einsatz von Kohle, Koks, einschließlich Petrolkoks, oder Kohlebriketts auf einen Volumengehalt an Sauerstoff im Abgas von 7 vom Hundert und bei Feuerungen für den Einsatz von Torfbriketts, Brenntorf oder naturbelassenem Holz auf einen Volumengehalt an Sauerstoff im Abgas von 11 vom Hundert.

Massenströme. Die in Nummer 5.2 festgelegten Massenströme finden keine Anwendung.

Gesamtstaub. Die staubförmigen Emissionen im Abgas dürfen folgende Massenkonzentrationen nicht überschreiten:

a) bei Anlagen mit einer Feuerungswärmeleistung von 5 MW
 oder mehr $20\,\text{mg/m}^3$,
b) bei Anlagen mit einer Feuerungswärmeleistung von
 weniger als 5 MW $50\,\text{mg/m}^3$,
c) bei Anlagen mit einer Feuerungswärmeleistung von weniger als
 2,5 MW, die ausschließlich naturbelassenes Holz einsetzen, $100\,\text{mg/m}^3$.

Staubförmige anorganische Stoffe. Nummer 5.2.2 findet mit Ausnahme von Feuerungen für den Einsatz von Petrolkoks keine Anwendung.

Kohlenmonoxid. Die Emissionen an Kohlenmonoxid im Abgas dürfen die Massenkonzentration $0,15\,\text{g/m}^3$ nicht überschreiten.

Bei Einzelfeuerungen mit einer Feuerungswärmeleistung von weniger als 2,5 MW gilt der Emissionswert nur bei Betrieb mit Nennlast.

Technische Anleitung Luft TA Luft **Anh. B 2**

Stickstoffoxide. Die Emissionen an Stickstoffmonoxid und Stickstoffdioxid im Abgas dürfen folgende Massenkonzentrationen, angegeben als Stickstoffdioxid, nicht überschreiten:
a) bei Einsatz von naturbelassenem Holz 0,25 g/m³,
b) bei Einsatz von sonstigen Brennstoffen

    aa) bei Wirbelschichtfeuerungen 0,30 g/m³,

    bb) bei sonstigen Feuerungen in Anlagen mit einer Feuerwärmeleistung
- von 10 MW oder mehr 0,40 g/m³,
- von weniger als 10 MW 0,50 g/m³.

Die Emissionen an Distickstoffoxid im Abgas dürfen bei Wirbelschichtfeuerungen für den Einsatz von Kohle die Massenkonzentration 0,15 g/m³ nicht überschreiten.

Schwefeloxide. Bei Einsatz von fossilen Brennstoffen dürfen die Emissionen an Schwefeldioxid und Schwefeltrioxid im Abgas folgende Massenkonzentrationen, angegeben als Schwefeldioxid, nicht überschreiten:

a) bei Wirbelschichtfeuerungen 0,35 g/m³
oder, soweit diese Massenkonzentration mit verhältnismäßigem Aufwand nicht eingehalten werden kann, einen Schwefelemissionsgrad von 25 vom Hundert,
b) bei sonstigen Feuerungen

    aa) bei Einsatz von Steinkohle 1,3 g/m³,

    bb) bei Einsatz von sonstigen Brennstoffen 1,0 g/m³.

Bei Einsatz von naturbelassenem Holz findet Nummer 5.2.4 keine Anwendung.

Halogenverbindungen. Nummer 5.2.4 findet keine Anwendung.

Organische Stoffe. Bei Einsatz von naturbelassenem Holz dürfen die Emissionen an organischen Stoffen im Abgas die Massenkonzentration 10 mg/m³, angegeben als Gesamtkohlenstoff, nicht überschreiten. Die Anforderungen der Nummer 5.2.5 für die Emissionen an organischen Stoffen der Klassen I und II finden keine Anwendung.

Kontinuierliche Messungen. Einzelfeuerungen mit einer Feuerungswärmeleistung von 5 MW bis 25 MW sollen mit einer Messeinrichtung ausgerüstet werden, die die Massenkonzentration der staubförmigen Emissionen qualitativ kontinuierlich ermittelt.

Einzelfeuerungen mit einer Feuerungswärmeleistung von mehr als 25 MW sollen mit einer Messeinrichtung ausgerüstet werden, die die Massenkonzentration der staubförmigen Emissionen kontinuierlich ermittelt.

Einzelfeuerungen mit einer Feuerungswärmeleistung von 2,5 MW oder mehr sollen mit einer Messeinrichtung ausgerüstet werden, die die Massenkonzentration der Emissionen an Kohlenmonoxid kontinuierlich ermittelt.

Nummer 5.3.3.1 Absatz 4 Satz 2 findet im Hinblick auf die Emissionen an Schwefeloxiden Anwendung, soweit der Betreiber einen Nachweis über den Schwefelgehalt und den unteren Heizwert des verwendeten Brennstoffs sowie die Sorbentienzugabe führt, den Nachweis 5 Jahre lang aufbewahrt und auf Verlangen der zuständigen Behörde vorlegt.

ALTANLAGEN
Altanlagen sollen die Anforderungen zur Begrenzung der staubförmigen Emissionen sowie der Emissionen an Kohlenmonoxid und an Schwefeloxiden spätestens acht Jahre nach Inkrafttreten dieser Verwaltungsvorschrift einhalten.

Bei Einzelfeuerungen mit einer Feuerungswärmeleistung von weniger als 2,5 MW dürfen die Emissionen an Kohlenmonoxid im Abgas die Massenkonzentration 0,25 g/m³ nicht überschreiten; der Emissionswert gilt nur bei Betrieb mit Nennlast.

Kontinuierliche Messungen. Bei bestehenden Einzelfeuerungen mit einer Feuerungswärmeleistung von 2,5 MW bis 25 MW findet die Anforderung zur Ausrüstung mit einer Messeinrichtung, die die Massenkonzentration der Emissionen an Kohlenmonoxid kontinuierlich ermittelt, keine Anwendung.

5.4.1.2.2 Anlagen zur Erzeugung von Strom, Dampf, Warmwasser, Prozesswärme oder erhitztem Abgas in Feuerungsanlagen durch den Einsatz von Heizölen, emulgiertem Naturbitumen, Methanol, Ethanol, naturbelassenen Pflanzenölen oder Pflanzenölmethylestern mit einer Feuerungswärmeleistung von weniger als 50 MW

Bezugsgröße. Die Emissionswerte beziehen sich auf einen Volumengehalt an Sauerstoff im Abgas von 3 vom Hundert.

Massenströme. Die in Nummer 5.2 festgelegten Massenströme finden keine Anwendung.

Gesamtstaub. Bei Einsatz von Heizölen nach DIN 51603 Teil 1 (Ausgabe März 1998), von Methanol, Ethanol, naturbelassenen Pflanzenölen oder Pflanzenölmethylestern findet Nummer 5.2.1 keine Anwendung. Bei Einsatz dieser Stoffe darf die Rußzahl den Wert 1 nicht überschreiten. Die Abgase müssen soweit frei von Ölderivaten sein, dass das für die Rußmessung verwendete Filterpapier keine sichtbaren Spuren von Ölderivaten aufweist.

Bei Einsatz von sonstigen flüssigen Brennstoffen darf abweichend von Nummer 5.2.1 ein höherer Staubemissionswert bis zu höchstens 50 mg/m³ zugelassen werden, soweit die Emissionswerte der Nummern 5.2.2 und 5.2.7.1.1 nicht überschritten werden.

Kohlenmonoxid. Die Emissionen an Kohlenmonoxid im Abgas dürfen die Massenkonzentration 80 mg/m³ nicht überschreiten.

Stickstoffoxide. Die Emissionen an Stickstoffmonoxid und Stickstoffdioxid im Abgas dürfen folgende Massenkonzentrationen, angegeben als Stickstoffdioxid, nicht überschreiten:
a) bei Einsatz von Heizölen nach DIN 51603 Teil 1 (Ausgabe März 1998) bei Kesseln mit einem Einstellwert der Sicherheitseinrichtung (z. B. Sicherheitstemperaturbegrenzer, Sicherheitsdruckventil) gegen Überschreitung

    aa) einer Temperatur von weniger als 110 °C oder eines Überdrucks
        von weniger als 0,05 MPa   0,18 g/m³,
    bb) einer Temperatur von 110 °C bis 210 °C oder eines Überdrucks
        von 0,05 MPa bis 1,8 MPa   0,20 g/m³,

    cc) einer Temperatur von mehr als 210 °C oder eines Überdrucks
        von mehr als 1,8 MPa   0,25 g/m³,
bezogen auf den Referenzwert an organisch gebundenem Stickstoff von 140 mg/kg nach Anhang B der DIN EN 267 (Ausgabe November 1999),
b) bei Einsatz von sonstigen flüssigen Brennstoffen   0,35 g/m³.

Bei Einsatz von Heizölen nach DIN 51603 Teil 1 (Ausgabe März 1998) ist der organisch gebundene Stickstoffgehalt des Brennstoffes nach ASTM 4629–91 (Ausgabe 1991) zu bestimmen. Die gemessenen Massenkonzentrationen an Stickstoffmonoxid und Stickstoffdioxid, angegeben als Stickstoffdioxid, sind auf den Refe-

Technische Anleitung Luft TA Luft **Anh. B 2**

renzwert an organisch gebundenem Stickstoff sowie auf die Bezugsbedingungen 10 g/kg Luftfeuchte und 20°C Verbrennungslufttemperatur umzurechnen.

Schwefeloxide. Bei Einsatz von flüssigen Brennstoffen mit einem höheren Massengehalt an Schwefel als leichtes Heizöl nach der Verordnung über Schwefelgehalt von leichtem Heizöl und Dieselkraftstoff (3. BImSchV) vom 15. Januar 1975 (BGBl. I S.264), zuletzt geändert am 21. Dezember 2000 (BGBl. I S.1956), in der jeweils gültigen Fassung, dürfen die Emissionen an Schwefeldioxid und Schwefeltrioxid im Abgas die Massenkonzentration 0,85 g/m3, angegeben als Schwefeldioxid, nicht überschreiten.

Abweichend von Satz 1 dürfen bei Einzelfeuerungen mit einer Feuerungswärmeleistung bis 5 MW andere flüssige Brennstoffe als Heizöle mit einem Massengehalt an Schwefel für leichtes Heizöl nach der 3. BImSchV, in der jeweils gültigen Fassung, nur eingesetzt werden, wenn sichergestellt wird (z. B. durch den Schwefelgehalt im Brennstoff oder durch Entschwefelungseinrichtungen), dass keine höheren Emissionen an Schwefeloxiden als bei Einsatz von leichtem Heizöl mit einem Massengehalt an Schwefel nach der 3. BImSchV, in der jeweils gültigen Fassung, entstehen.

Einzelmessungen. Bei Einsatz von Heizölen nach DIN 51603 Teil 1 (Ausgabe März 1998), die den zulässigen Massengehalt an Schwefel der 3. BImSchV, in der jeweils gültigen Fassung, für leichtes Heizöl nicht überschreiten, von Methanol, Ethanol, naturbelassenen Pflanzenölen oder Pflanzenölmethylestern findet Nummer 5.3.2.1 für Gesamtstaub und Schwefeloxide keine Anwendung.

Kontinuierliche Messungen. Einzelfeuerungen mit einer Feuerungswärmeleistung von 10 MW oder mehr für den Einsatz von Heizölen nach DIN 51603 Teil 1 (Ausgabe März 1998), von Methanol, Ethanol, naturbelassenen Pflanzenölen oder Pflanzenölmethylestern, die Bestandteil einer gemeinsamen Anlage mit einer Feuerungswärmeleistung von 20 MW oder mehr sind, sollen mit Messeinrichtungen ausgerüstet werden, die die Rußzahl nach DIN 51402 Teil 1 (Ausgabe Oktober 1986) und die Massenkonzentration der Emissionen an Kohlenmonoxid im Abgas kontinuierlich ermitteln.

Einzelfeuerungen mit einer Feuerungswärmeleistung von 20 MW oder mehr für den Einsatz von Methanol oder Ethanol sollen mit einer Messeinrichtung ausgerüstet werden, die die Massenkonzentration der Emissionen an Kohlenmonoxid im Abgas kontinuierlich ermittelt.

Einzelfeuerungen mit einer Feuerungswärmeleistung von weniger als 20 MW für den Einsatz von Heizölen, ausgenommen Heizöle nach DIN 51603 Teil 1 (Ausgabe März 1998), oder emulgiertem Naturbitumen sollen mit einer Messeinrichtung ausgerüstet werden, die die Massenkonzentration an staubförmigen Emissionen qualitativ kontinuierlich ermittelt; Einzelfeuerungen mit einer Feuerungswärmeleistung von 20 MW oder mehr sollen mit Messeinrichtungen ausgerüstet werden, die die Massenkonzentrationen der Emissionen an Staub und an Kohlenmonoxid im Abgas kontinuierlich ermitteln.

ALTANLAGEN

Altanlagen für den Einsatz von Heizölen – ausgenommen Heizöle nach DIN 51603 Teil 1 (Ausgabe März 1998), die den zulässigen Massengehalt an Schwefel der 3. BImSchV, in der jeweils gültigen Fassung, für leichtes Heizöl nicht überschreiten – sollen die Anforderungen zur Begrenzung der staubförmigen Emissionen sowie der Emissionen an Schwefeloxiden spätestens zehn Jahre nach Inkrafttreten dieser Verwaltungsvorschrift einhalten.

5.4.1.2.3 Anlagen zur Erzeugung von Strom, Dampf, Warmwasser, Prozesswärme oder erhitztem Abgas in Feuerungsanlagen durch den Einsatz von gasförmigen Brennstoffen, insbesondere Koksofengas, Grubengas, Stahlgas, Raffineriegas, Synthesegas, Erdölgas aus der Tertiärförderung von Erdöl, Klärgas, Biogas, naturbelassenem Erdgas, Flüssiggas, Gasen der öffentlichen Gasversorgung oder Wasserstoff, mit einer Feuerungswärmeleistung von weniger als 50 MW

Bezugsgröße. Die Emissionswerte beziehen sich auf einen Volumengehalt an Sauerstoff im Abgas von 3 vom Hundert.

Massenströme. Die in Nummer 5.2 festgelegten Massenströme finden keine Anwendung.

Gesamtstaub. Die staubförmigen Emissionen im Abgas dürfen folgende Massenkonzentrationen nicht überschreiten:

a) bei Einsatz von Gasen der öffentlichen Gasversorgung, Flüssiggas,
   Wasserstoff, Raffineriegas, Klärgas oder Biogas   5 mg/m³,
b) bei Einsatz sonstiger Gase   10 mg/m³.

Kohlenmonoxid. Die Emissionen an Kohlenmonoxid im Abgas dürfen beim Einsatz von Gasen der öffentlichen Gasversorgung die Massenkonzentration 50 mg/m³ und beim Einsatz von sonstigen Gasen 80 mg/m³ nicht überschreiten.

Stickstoffoxide. Die Emissionen an Stickstoffmonoxid und Stickstoffdioxid im Abgas dürfen folgende Massenkonzentrationen, angegeben als Stickstoffdioxid, nicht überschreiten:

a) bei Einsatz von Gasen der öffentlichen Gasversorgung bei Kesseln mit einem
   Einstellwert der Sicherheitseinrichtung (z. B. Sicherheitstemperaturbegrenzer,
   Sicherheitsdruckventil) gegen Überschreitung
   aa) einer Temperatur von weniger als 110 °C oder eines Überdrucks
       von weniger als 0,05 MPa   0,10 g/m³,
   bb) einer Temperatur von 110 °C bis 210 °C oder eines Überdrucks
       von 0,05 MPa bis 1,8 MPa   0,11 g/m³,
   cc) einer Temperatur von mehr als 210 °C oder eines Überdrucks
       von mehr als 1,8 MPa   0,15 g/m³,
b) bei Einsatz sonstiger Gase, ausgenommen Prozessgase, die
   Stickstoffverbindungen enthalten,   0,20 g/m³;
c) bei Einsatz von Prozessgasen, die Stickstoffverbindungen enthalten,
   sind die Emissionen an Stickstoffoxiden im Abgas durch Maßnahmen
   nach dem Stand der Technik zu begrenzen.

Schwefeloxide. Die Emissionen an Schwefeldioxid und Schwefeltrioxid im Abgas dürfen folgende Massenkonzentrationen, angegeben als Schwefeldioxid, nicht überschreiten:

a) bei Einsatz von Flüssiggas   5 mg/m³,
b) bei Einsatz von Gasen der öffentlichen Gasversorgung 10 mg/m³,
c) bei Einsatz von Kokereigas oder Raffineriegas   50 mg/m³,
d) bei Einsatz von Biogas oder Klärgas   0,35 g/m³,
e) bei Einsatz von Erdölgas, das als Brennstoff zur Dampferzeugung
   bei Tertiärmaßnahmen zur Erdölförderung verwendet wird,   1,7 g/m³,
f) bei Einsatz von Brenngasen, die im Verbund zwischen Eisen-
   hüttenwerk und Kokerei verwendet werden,
   aa) bei Einsatz von Hochofengas   0,20 g/m³,
   bb) bei Einsatz von Koksofengas   0,35 g/m³,
g) bei Einsatz von sonstigen Gasen   35 mg/m³.

Technische Anleitung Luft   TA Luft   Anh. B 2

5.4.1.2.4 Mischfeuerungen und Mehrstofffeuerungen mit einer Feuerungswärmeleistung von weniger als 50 MW

Mischfeuerungen. Bei Mischfeuerungen sind die für den jeweiligen Brennstoff festgelegten Emissionswerte nach dem Verhältnis der mit diesem Brennstoff zugeführten Energie zur insgesamt zugeführten Energie zu ermitteln. Die für die Feuerungsanlage maßgeblichen Emissionswerte ergeben sich durch Addition der so ermittelten Werte.

Abweichend von Absatz 1 finden die Vorschriften für den Brennstoff Anwendung, für den der höchste Emissionswert gilt, wenn während des Betriebes der Anlage der Anteil dieses Brennstoffs an der insgesamt zugeführten Energie mindestens 70 vom Hundert, bei Anlagen in Mineralölraffinerien mindestens 50 vom Hundert beträgt.

Der Anteil des maßgeblichen Brennstoffs darf bei Anlagen, die Destillations- und Konversionsrückstände der Erdölverarbeitung im Eigenverbrauch einsetzen, unterschritten werden, wenn die Emissionskonzentration im Abgas, das dem maßgeblichen Brennstoff zuzurechnen ist, den für diesen Brennstoff sich aus Satz 1 ergebenden Wert nicht überschreitet.

Mehrstofffeuerungen. Bei Mehrstofffeuerungen gelten die Anforderungen für den jeweils verwendeten Brennstoff; davon abweichend gelten bei der Umstellung von festen Brennstoffen auf gasförmige Brennstoffe oder auf Heizöle nach DIN 51603 Teil 1 (Ausgabe März 1998) für eine Zeit von vier Stunden nach der Umstellung hinsichtlich der Begrenzung staubförmiger Emissionen die Anforderungen für feste Brennstoffe.

Wirbelschichtfeuerungen. Bei Wirbelschichtfeuerungen, die als Mischfeuerungen oder Mehrstofffeuerungen betrieben werden, gelten für Gesamtstaub die Emissionswerte der Nummer 5.4.1.2.1.

5.4.1.2.5 Feuerungsanlagen von Trocknungsanlagen

Bei Feuerungsanlagen, mit deren Abgasen oder Flammen Güter nicht in unmittelbarer Berührung getrocknet werden, gelten die Anforderungen der Nummern 5.4.1.2.1, 5.4.1.2.2 oder 5.4.1.2.3. Die nachfolgenden Anforderungen gelten für Feuerungsanlagen, mit deren Abgasen oder Flammen Güter in unmittelbarer Berührung getrocknet werden.

Bezugsgröße. Die Emissionswerte beziehen sich auf einen Volumengehalt an Sauerstoff im Abgas von 17 vom Hundert; soweit aus verfahrenstechnischen Gründen oder aus Gründen der Produktqualität ein anderer Volumengehalt an Sauerstoff im Abgas erforderlich ist, ist der Bezugssauerstoffgehalt im Einzelfall festzulegen.

Brennstoffe. Die Feuerungsanlagen sollen mit folgenden Brennstoffen betrieben werden:
a) gasförmige Brennstoffe,
b) flüssige Brennstoffe, die keine höheren Emissionen an Schwefeloxiden verursachen als Heizöle nach DIN 51603 Teil 1 (Ausgabe März 1998) mit einem Massengehalt an Schwefel für leichtes Heizöl nach der 3. BImSchV, in der jeweils gültigen Fassung, oder
c) Kohlen, die keine höheren Emissionen an Schwefeloxiden verursachen als Steinkohle mit einem Massengehalt an Schwefel von weniger als 1 vom Hundert, bezogen auf einen unteren Heizwert von 29,3 MJ/kg; soweit im Einzelfall andere feste Brennstoffe verwendet werden, sind Sonderregelungen zu treffen.

Anh. B 2 TA Luft Allgemeine Verwaltungsvorschriften

5.4.1.3 Anlagen der Nummer 1.3: Anlagen zur Erzeugung von Strom, Dampf, Warmwasser, Prozesswärme oder erhitztem Abgas in Feuerungsanlagen durch den Einsatz anderer als in Nummer 1.2 genannter fester oder flüssiger Brennstoffe

Bei Einsatz von Stroh oder ähnlichen pflanzlichen Stoffen (z. B. Getreidepflanzen, Gräser, Miscanthus) gelten in Feuerungsanlagen mit einer Feuerungswärmeleistung von weniger als 50 MW folgende Anforderungen:

Bezugsgröße. Die Emissionswerte beziehen sich auf einen Volumengehalt an Sauerstoff im Abgas von 11 vom Hundert.

Massenströme. Die in Nummer 5.2 festgelegten Massenströme finden keine Anwendung.

Gesamtstaub. Die staubförmigen Emissionen im Abgas dürfen folgende Massenkonzentrationen nicht überschreiten:
a) bei Anlagen mit einer Feuerungswärmeleistung von 1 MW
 oder mehr 20 mg/m^3,
b) bei Anlagen mit einer Feuerungswärmeleistung von weniger
 als 1 MW 50 mg/m^3.

Staubförmige anorganische Stoffe. Nummer 5.2.2 findet keine Anwendung.

Kohlenmonoxid. Die Emissionen an Kohlenmonoxid im Abgas dürfen die Massenkonzentration 0,25 g/m^3 nicht überschreiten.

Bei Einzelfeuerungen mit einer Feuerungswärmeleistung von weniger als 2,5 MW gilt der Emissionswert nur bei Betrieb mit Nennlast.

Stickstoffoxide. Die Emissionen an Stickstoffmonoxid und Stickstoffdioxid im Abgas dürfen folgende Massenkonzentrationen, angegeben als Stickstoffdioxid, nicht überschreiten:
a) bei Anlagen mit einer Feuerungswärmeleistung von 1 MW
 oder mehr 0,40 g/m^3,
b) bei Anlagen mit einer Feuerungswärmeleistung von weniger
 als 1 MW 0,50 g/m^3.

Organische Stoffe. Nummer 5.2.5 gilt mit der Maßgabe, dass die Anforderungen für die Emissionen an organischen Stoffe der Klassen I und II keine Anwendung finden.

Kontinuierliche Messungen. Einzelfeuerungen mit einer Feuerungswärmeleistung von 5 MW bis 25 MW sollen mit einer Messeinrichtung ausgerüstet werden, die die Massenkonzentration der staubförmigen Emissionen qualitativ kontinuierlich ermittelt.

Einzelfeuerungen mit einer Feuerungswärmeleistung von mehr als 25 MW sollen mit einer Messeinrichtung ausgerüstet werden, die die Massenkonzentration der staubförmigen Emissionen kontinuierlich ermittelt.

Einzelfeuerungen mit einer Feuerungswärmeleistung von 2,5 MW oder mehr sollen mit einer Messeinrichtung ausgerüstet werden, die die Massenkonzentration der Emissionen an Kohlenmonoxid kontinuierlich ermittelt.

ALTANLAGEN

Gesamtstaub. Altanlagen sollen die Anforderungen zur Begrenzung der staubförmigen Emissionen spätestens acht Jahre nach Inkrafttreten dieser Verwaltungsvorschrift einhalten.

Kontinuierliche Messungen. Bei bestehenden Einzelfeuerungen mit einer Feuerungswärmeleistung von 2,5 MW bis 25 MW findet die Anforderung zur Ausrüstung mit

Technische Anleitung Luft   TA Luft **Anh. B 2**

einer Messeinrichtung, die die Massenkonzentration der Emissionen an Kohlenmonoxid kontinuierlich ermittelt, keine Anwendung.

5.4.1.4 Anlagen der Nummer 1.4: Verbrennungsmotoranlagen (einschließlich Verbrennungsmotoranlagen der Nummern 1.1 und 1.2)

Bezugsgröße. Die Emissionswerte beziehen sich auf einen Volumengehalt an Sauerstoff im Abgas von 5 vom Hundert.

Massenströme. Die in Nummer 5.2 festgelegten Massenströme finden keine Anwendung.

Gesamtstaub, einschließlich der Anteile an krebserzeugenden, erbgutverändernden oder reproduktionstoxischen Stoffen. Die staubförmigen Emissionen im Abgas von Selbstzündungsmotoren, die mit flüssigen Brennstoffen betrieben werden, dürfen als Mindestanforderung die Massenkonzentration 20 mg/m³ nicht überschreiten.

Die staubförmigen Emissionen im Abgas dürfen bei Verbrennungsmotoranlagen, die ausschließlich dem Notantrieb dienen oder bis zu 300 Stunden je Jahr zur Abdeckung der Spitzenlast (z. B. bei der Stromerzeugung, der Gas- oder Wasserversorgung) betrieben werden, als Mindestanforderung die Massenkonzentration 80 mg/m³ nicht überschreiten.

Die Möglichkeiten, die Emissionen durch motorische und andere dem Stand der Technik entsprechende Maßnahmen weiter zu vermindern, sind auszuschöpfen.

Kohlenmonoxid. Die Emissionen an Kohlenmonoxid im Abgas dürfen folgende Massenkonzentrationen nicht überschreiten:

a) bei Selbstzündungsmotoren und Fremdzündungsmotoren, die mit flüssigen Brennstoffen betrieben werden, sowie bei Selbstzündungsmotoren (Zündstrahlmotoren) und Fremdzündungsmotoren, die mit gasförmigen Brennstoffen, ausgenommen Biogas, Klärgas oder Grubengas, betrieben werden,   0,30 g/m³,

b) bei Fremdzündungsmotoren, die mit Biogas oder Klärgas betrieben werden, mit einer Feuerungswärmeleistung von

   aa) 3 MW oder mehr   0,65 g/m³,

   bb) weniger als 3 MW   1,0 g/m³,

c) bei Fremdzündungsmotoren, die mit Grubengas betrieben werden,   0,65 g/m³,

d) bei Zündstrahlmotoren, die mit Biogas oder Klärgas betrieben werden, mit einer Feuerungswärmeleistung von

   aa) 3 MW oder mehr   0,65 g/m³,

   bb) weniger als 3 MW   2,0 g/m³;

bei Einsatz von Biogas, Klärgas oder Grubengas sind die Möglichkeiten, die Emissionen an Kohlenmonoxid durch motorische und andere dem Stand der Technik entsprechende Maßnahmen weiter zu vermindern, auszuschöpfen.

Die Emissionswerte für Kohlenmonoxid finden keine Anwendung bei Verbrennungsmotoranlagen, die ausschließlich dem Notantrieb dienen oder bis zu 300 Stunden je Jahr zur Abdeckung der Spitzenlast (z. B. bei der Stromerzeugung, der Gas- oder Wasserversorgung) betrieben werden; die Möglichkeiten der Emissionsminderung durch motorische Maßnahmen sind auszuschöpfen.

Stickstoffoxide. Die Emissionen an Stickstoffmonoxid und Stickstoffdioxid im Abgas dürfen folgende Massenkonzentrationen, angegeben als Stickstoffdioxid, nicht überschreiten:

Anh. B 2 TA Luft Allgemeine Verwaltungsvorschriften

a) bei Selbstzündungsmotoren, die mit flüssigen Brennstoffen
betrieben werden, mit einer Feuerungswärmeleistung von
- aa) 3 MW oder mehr $0{,}50 \text{ g/m}^3$,
- bb) weniger als 3 MW $1{,}0 \text{ g/m}^3$,

b) bei gasbetriebenen Selbstzündungsmotoren (Zündstrahlmotoren) und Fremdzündungsmotoren
- aa) bei Zündstrahlmotoren, die mit Biogas oder Klärgas betrieben werden, mit einer Feuerungswärmeleistung von
  - – 3 MW oder mehr $0{,}50 \text{ g/m}^3$,
  - – weniger als 3 MW $1{,}0 \text{ g/m}^3$,
- bb) bei Magergasmotoren und anderen Viertakt-Otto-Motoren, die mit Biogas oder Klärgas betrieben werden, $0{,}50 \text{ g/m}^3$,
- cc) bei Zündstrahlmotoren und Magergasmotoren, die mit sonstigen gasförmigen Brennstoffen betrieben werden, $0{,}50 \text{ g/m}^3$,

c) bei sonstigen Viertakt-Otto-Motoren $0{,}25 \text{ g/m}^3$,

d) bei Zweitaktmotoren $0{,}80 \text{ g/m}^3$;

bei Einsatz von Biogas oder Klärgas in Zündstrahlmotoren mit einer Feuerungswärmeleistung von weniger als 3 MW sind die Möglichkeiten, die Emissionen an Stickstoffoxiden durch motorische Maßnahmen weiter zu vermindern, auszuschöpfen.

Die Emissionswerte für Stickstoffoxide finden keine Anwendung bei Verbrennungsmotoranlagen, die ausschließlich dem Notantrieb dienen oder bis zu 300 Stunden je Jahr zur Abdeckung der Spitzenlast (z. B. bei der Stromerzeugung, der Gas- oder Wasserversorgung) betrieben werden.

Schwefeloxide. Bei Einsatz flüssiger mineralischer Brennstoffe dürfen nur Heizöle nach DIN 51603 Teil 1 (Ausgabe März 1998) mit einem Massengehalt an Schwefel für leichtes Heizöl nach der 3. BImSchV, in der jeweils gültigen Fassung, oder Dieselkraftstoffe mit einem Massengehalt an Schwefel nach der 3. BImSchV, in der jeweils gültigen Fassung, verwendet werden oder es sind gleichwertige Maßnahmen zur Emissionsminderung anzuwenden.

Bei Einsatz gasförmiger Brennstoffe gelten die Anforderungen der Nummer 5.4.1.2.3 mit der Maßgabe, dass auf einen Bezugssauerstoffgehalt im Abgas von 5 vom Hundert umzurechnen ist.

Bei Einsatz von Biogas oder Klärgas sind die Möglichkeiten, die Emissionen an Schwefeloxiden durch primärseitige Maßnahmen nach dem Stand der Technik (Gasreinigung) weiter zu vermindern, auszuschöpfen.

Organische Stoffe. Die Emissionen an Formaldehyd im Abgas dürfen die Massenkonzentration 60 mg/m^3 nicht überschreiten. Für die Emissionen an sonstigen organischen Stoffen finden die Anforderungen der Nummer 5.2.5 keine Anwendung.

Die Möglichkeiten, die Emissionen an organischen Stoffen durch motorische und andere dem Stand der Technik entsprechende Maßnahmen, weiter zu vermindern, sind auszuschöpfen.

5.4.1.5 Anlagen der Nummer 1.5: Gasturbinenanlagen mit einer Feuerungswärmeleistung von weniger als 50 MW (einschließlich Gasturbinenanlagen der Nummer 1.2)

Bezugsgröße. Die Emissionswerte beziehen sich auf einen Volumengehalt an Sauerstoff im Abgas von 15 vom Hundert.

Technische Anleitung Luft **TA Luft Anh. B 2**

Massenströme. Die in Nummer 5.2 festgelegten Massenströme finden keine Anwendung.

Gesamtstaub. Nummer 5.2.1 findet keine Anwendung.

Bei Einsatz flüssiger Brennstoffe darf im Dauerbetrieb die Rußzahl den Wert 2 und beim Anfahren die Rußzahl den Wert 4 nicht überschreiten.

Kohlenmonoxid. Die Emissionen an Kohlenmonoxid im Abgas dürfen bei Betrieb mit einer Last von 70 vom Hundert oder mehr die Massenkonzentration 0,10 g/m^3 nicht überschreiten.

Stickstoffoxide. Bei Einsatz von Erdgas dürfen die Emissionen an Stickstoffmonoxid und Stickstoffdioxid im Abgas bei Betrieb mit einer Last von 70 vom Hundert oder mehr die Massenkonzentration 75 mg/m^3, angegeben als Stickstoffdioxid, nicht überschreiten. Bei Gasturbinen im Solobetrieb, deren Wirkungsgrad bei 15 °C, 101,3 kPa und einer relativen Luftfeuchte von 60 vom Hundert (ISO-Bedingungen) mehr als 32 vom Hundert beträgt, ist der Emissionswert 75 mg/m^3 entsprechend der prozentualen Wirkungsgraderhöhung heraufzusetzen.

Bei Einsatz von sonstigen gasförmigen oder von flüssigen Brennstoffen dürfen die Emissionen an Stickstoffmonoxid und Stickstoffdioxid im Abgas von Gasturbinen die Massenkonzentration 0,15 g/m^3, angegeben als Stickstoffdioxid, nicht überschreiten.

Bei Gasturbinen, die ausschließlich dem Notantrieb oder bis zu 300 Stunden je Jahr zur Abdeckung der Spitzenlast bei der Gasversorgung dienen, finden die Emissionswerte für Stickstoffoxide keine Anwendung.

Schwefeloxide. Bei Einsatz flüssiger Brennstoffe dürfen nur Heizöle nach DIN 51603 Teil 1 (Ausgabe März 1998) mit einem Massengehalt an Schwefel für leichtes Heizöl nach der 3. BImSchV, in der jeweils gültigen Fassung, oder Dieselkraftstoffe mit einem Massengehalt an Schwefel nach der 3. BImSchV, in der jeweils gültigen Fassung, verwendet werden oder es sind gleichwertige Maßnahmen zur Emissionsminderung anzuwenden.

ALTANLAGEN

Stickstoffoxide. Altanlagen sollen die Anforderungen zur Begrenzung der Emissionen an Stickstoffoxiden spätestens zehn Jahre nach Inkrafttreten dieser Verwaltungsvorschrift einhalten; für bestehende Einzelaggregate mit einem Massenstrom an Stickstoffoxiden von bis zu 20 Mg/a, angegeben als Stickstoffdioxid, finden die Anforderungen für Neuanlagen zur Begrenzung der Emissionen an Stickstoffoxiden keine Anwendung.

5.4.1.9/10 Anlagen der Nummern 1.9 und 1.10:

5.4.1.9.1 Anlagen zum Mahlen oder Trocknen von Kohle

5.4.1.10.1 Anlagen zum Brikettieren von Braun- oder Steinkohle

Gesamtstaub

a) Steinkohle
   Die staubförmigen Emissionen in den Schwaden und Brüden dürfen die Massenkonzentration 75 mg/m^3 (f) nicht überschreiten.

b) Braunkohle
   Die staubförmigen Emissionen im Abgas der Brüdenentstaubung, Stempelentstaubung und Pressenmaulentnebelung dürfen die Massenkonzentration 75 mg/m^3 (f) nicht überschreiten.

Anh. B 2 TA Luft   Allgemeine Verwaltungsvorschriften

ALTANLAGEN

Gesamtstaub

Braunkohle
Bei Altanlagen dürfen die staubförmigen Emissionen im Abgas der Innenentstaubung, soweit aus Gründen der Explosionsgefahr nasse Abgasreinigungsverfahren eingesetzt werden müssen, die Massenkonzentration 75 mg/m³ nicht überschreiten.

5.4.1.11 Anlagen der Nummer 1.11: Anlagen zur Trockendestillation von Steinkohle (Kokereien)

Unterfeuerung

a) Bezugsgröße
Die Emissionswerte beziehen sich bei Feuerungsabgasen auf einen Volumengehalt an Sauerstoff im Abgas von 5 vom Hundert.

b) Staub
Die staubförmigen Emissionen im Abgas dürfen die Massenkonzentration 10 mg/m³ nicht überschreiten.

c) Stickstoffoxide
Bei der erstmaligen Messung dürfen die Emissionen an Stickstoffmonoxid und Stickstoffdioxid im Abgas 0,50 g/m³, angegeben als Stickstoffdioxid, nicht überschreiten; die Möglichkeiten, ein alterungsbedingtes Ansteigen der Emissionen durch feuerungstechnische oder andere dem Stand der Technik entsprechende Maßnahmen zu vermindern, sind auszuschöpfen.

d) Brennstoff
Die Massenkonzentration an Schwefelverbindungen im Unterfeuerungsgas darf 0,80 g/m³, angegeben als Schwefel, nicht überschreiten.

Füllen der Koksöfen. Beim Abziehen der Kohle aus dem Kohlebunker in den Füllwagen sind Staubemissionen zu vermeiden.
Die Füllgase sind zu erfassen. Beim Schüttbetrieb sind die Füllgase in das Rohgas überzuleiten. Beim Stampfbetrieb sind die Füllgase so weit wie möglich in das Rohgas oder in den Nachbarofen überzuleiten. Füllgase, die nicht übergeleitet werden können, sind einer Verbrennung zuzuführen. Die staubförmigen Emissionen im Verbrennungsabgas dürfen die Massenkonzentration 10 mg/m³ nicht überschreiten.
Beim Planieren der Kohleschüttung sind Emissionen an Füllgasen durch Abdichten der Planieröffnung zu vermindern und möglichst zu vermeiden.

Fülllochdeckel. Emissionen an Fülllochdeckeln sind so weit wie möglich zu vermeiden, z. B. durch Verwendung von Fülllochdeckeln mit großen Dichtflächen, Vergießen der Fülllochdeckel nach jeder Beschickung der Öfen und regelmäßige Reinigung der Fülllochrahmen und Fülllochdeckel vor dem Verschließen der Füllöcher. Die Ofendecke ist regelmäßig von Kohleresten zu reinigen.

Steigrohrdeckel. Steigrohrdeckel sind zur Vermeidung von Emissionen mit Wassertauchungen oder gleichwertigen Einrichtungen auszurüsten; die Steigrohre sind regelmäßig zu reinigen.

Koksofenbedienungsmaschinen. Die Koksofenbedienungsmaschinen sind mit Einrichtungen zum Reinigen der Dichtflächen an den Ofentürrahmen auszurüsten.

Koksofentüren. Es sind Koksofentüren mit technisch gasdichtem Abschluss zu verwenden. Die Dichtleisten sind mit Federkraft oder mit technischen Einrichtungen, die eine gleiche Dichtwirkung erreichen, gegen den Kammerrahmen zu drücken. Die Dichtflächen der Koksofentüren sind regelmäßig zu reinigen. Die Möglichkei-

Technische Anleitung Luft   TA Luft Anh. B 2

ten, die Emissionen durch eine Einzelkammerdruckregelung, Absaugung oder andere dem Stand der Technik entsprechende Maßnahmen weiter zu vermindern, sind auszuschöpfen.

Koksdrücken. Beim Koksdrücken sind die Abgase zu erfassen und einer Entstaubungseinrichtung zuzuführen; die staubförmigen Emissionen dürfen die Massenkonzentration 5 mg/m^3 oder das Massenverhältnis 5 g je Mg Koks nicht überschreiten.

Kokskühlung. Es sind Verfahren zur emissionsarmen Kühlung des Kokses einzusetzen, wie z. B. die trockene Kokskühlung; die staubförmigen Emissionen im Abgas der trockenen Kokskühlung dürfen die Massenkonzentration 15 mg/m^3 und die staubförmigen Emissionen der nassen Kokskühlung das Massenverhältnis 10 g je Mg Koks nicht überschreiten.

Betriebsanleitung. In einer Betriebsanleitung sind Maßnahmen zur Emissionsminderung beim Koksofenbetrieb festzulegen, insbesondere zur Dichtung der Öffnungen, zur Sicherstellung, dass nur ausgegarte Brände gedrückt werden, und zur Vermeidung des Austritts unverbrannter Gase in die Atmosphäre.

Kohlewertstoffbetriebe. Für Anlagen im Bereich der Kohlewertstoffbetriebe gelten die Anforderungen der Nummern 5.4.4.1 m.2, 5.4.4.1 p.1 und 5.4.4.4 entsprechend. Ist im Prozessgas neben Ammoniak auch Schwefelwasserstoff vorhanden, so ist bei Anwendung der Nachverbrennung das Abgas einer Schwefelsäure- oder Schwefelgewinnungsanlage zuzuführen.

ALTANLAGEN

Kokskühlung. Bei Altanlagen mit einer Nasslöscheinrichtung zur Kokskühlung dürfen die staubförmigen Emissionen des Löschturms das Massenverhältnis 25 g je Mg Koks nicht überschreiten. Bei einer Grunderneuerung der Kokskühlung sind die Anforderungen für Neuanlagen einzuhalten.

5.4.2 Steine und Erden, Glas, Keramik, Baustoffe

5.4.2.3 Anlagen der Nummer 2.3: Anlagen zur Herstellung von Zementklinker oder Zementen, soweit ausschließlich Brennstoffe der Nummer 1.2 verwendet werden

Lagerung. Das Klinkermaterial ist in Silos oder in geschlossenen Räumen mit Absaugung und Entstaubung zu lagern.

Bezugsgröße. Die Emissionswerte beziehen sich auf einen Volumengehalt an Sauerstoff im Abgas von 10 vom Hundert.

Ammoniak. Die Anforderungen der Nummer 5.2.4 finden keine Anwendung für die Emissionen an Ammoniak. Soweit Abfälle mit relevanten Gehalten an ammoniumhaltigen Inhaltsstoffen als Rohstoffe eingesetzt werden, deren Einsatz nicht in der Verordnung über Verbrennungsanlagen für Abfälle und ähnliche brennbare Stoffe (17. BImSchV) vom 23. November 1990 (BGBl. I S.2545), zuletzt geändert durch Verordnung vom 23. Februar 1999 (BGBl. I S.186), in der jeweils gültigen Fassung, geregelt ist, soll eine Zugabe über den Ofeneinlauf oder den Calcinator erfolgen.

Stickstoffoxide. Die Emissionen an Stickstoffmonoxid und Stickstoffdioxid im Abgas von Zementöfen dürfen die Massenkonzentration 0,50 g/m^3, angegeben als Stickstoffdioxid, nicht überschreiten. Die Möglichkeiten, die Emissionen durch feuerungstechnische und andere dem Stand der Technik entsprechende Maßnahmen weiter zu vermindern, sind auszuschöpfen.

Anh. B 2 TA Luft Allgemeine Verwaltungsvorschriften

Organische Stoffe. Die Anforderungen der Nummer 5.2.5 finden keine Anwendung. Soweit Abfälle mit relevanten Gehalten an organischen Inhaltsstoffen als Rohstoffe eingesetzt werden, deren Einsatz nicht in der 17. BImSchV, in der jeweils gültigen Fassung, geregelt ist, soll eine Zugabe über den Ofeneinlauf oder den Calcinator erfolgen.

Krebserzeugende Stoffe. Nummer 5.2.7.1.1 gilt mit der Maßgabe, dass für die Emissionen an Benzol im Abgas von Zementöfen die Massenkonzentration 1 mg/m^3 anzustreben ist und die Massenkonzentration 5 mg/m^3 nicht überschritten werden darf.

Kontinuierliche Messungen. Nummer 5.3.3.2 findet keine Anwendung für die Emissionen an Kohlenmonoxid, Fluor und gasförmigen anorganischen Fluorverbindungen sowie gasförmigen anorganischen Chlorverbindungen.

5.4.2.4 Anlagen der Nummer 2.4:

Anlagen zum Brennen von Kalkstein, Bauxit, Dolomit, Gips, Kieselgur, Magnesit, Quarzit oder Ton zu Schamotte

Bezugsgröße. Die Emissionswerte beziehen sich bei Anlagen zur Herstellung von Kalk- oder Dolomithydrat auf feuchtes Abgas.

Gesamtstaub. Bei Einsatz von elektrischen Abscheidern gilt abweichend von Nummer 2.7 Buchstabe a) bb), dass sämtliche Halbstundenmittelwerte das 2,5fache der Massenkonzentration 20 mg/m^3 nicht überschreiten dürfen.

Stickstoffoxide. Die Emissionen an Stickstoffdioxid und Stickstoffmonoxid dürfen im Abgas die Massenkonzentration 0,50 g/m^3, angegeben als Stickstoffdioxid, nicht überschreiten. Für die Herstellung von Hartbranntkalk oder Sinterdolomit in Drehrohröfen gilt abweichend von Satz 1, dass die Emissionen an Stickstoffdioxid und Stickstoffmonoxid im Abgas die Massenkonzentration 1,5 g/m^3, angegeben als Stickstoffdioxid, nicht überschreiten dürfen; die Möglichkeiten, die Emissionen durch feuerungstechnische und andere dem Stand der Technik entsprechende Maßnahmen zu vermindern, sind auszuschöpfen.

Abgasrückführung. Bei Drehrohröfen zum Brennen von Gips ist bei Betrieb mit Abgasrückführung die ermittelte Massenkonzentration an Schwefeldioxid und Schwefeltrioxid, angegeben als Schwefeldioxid, sowie an Stickstoffdioxid und Stickstoffmonoxid, angegeben als Stickstoffdioxid, auf den Abgasvolumenstrom bei Betrieb ohne Abgasrückführung umzurechnen.

ALTANLAGEN

Gesamtstaub. Altanlagen zum Brennen von Gips, die mit Elektrofiltern ausgerüstet sind und als Brennstoff Braunkohlenstaub einsetzen, sollen die Anforderungen zur Begrenzung der staubförmigen Emissionen spätestens acht Jahre nach Inkrafttreten dieser Verwaltungsvorschrift einhalten.

Schwefelwasserstoff. Bei Kalkschachtöfen mit Mischfeuerung ist für die Emissionen an Schwefelwasserstoff im Abgas die Massenkonzentration 3 mg/m^3 anzustreben; die Möglichkeiten, die Emissionen an Schwefelwasserstoff durch primärseitige und andere dem Stand der Technik entsprechende Maßnahmen zu vermindern, sind auszuschöpfen.

5.4.2.7 Anlagen der Nummer 2.7: Anlagen zum Blähen von Perlite, Schiefer oder Ton

Bezugsgröße. Die Emissionswerte beziehen sich auf feuchtes Abgas und einen Volumengehalt an Sauerstoff im Abgas von 14 vom Hundert.

Technische Anleitung Luft   **TA Luft   Anh. B 2**

Schwefeloxide. Bei Anlagen zum Blähen von Ton oder Schiefer gilt Nummer 5.2.4 mit der Maßgabe, dass die Emissionen an Schwefeldioxid und Schwefeltrioxid im Abgas die Massenkonzentration 0,75 g/m³, angegeben als Schwefeldioxid, nicht überschreiten dürfen.

Krebserzeugende Stoffe. Bei Anlagen zum Blähen von Ton oder Schiefer gilt Nummer 5.2.7.1.1 mit der Maßgabe, dass für die Emissionen an Stoffen der Klasse III im Abgas die Massenkonzentration 1 mg/m³ anzustreben ist und die Massenkonzentration 3 mg/m³ nicht überschritten werden darf.

5.4.2.8 Anlagen der Nummer 2.8: Anlagen zur Herstellung von Glas, auch soweit es aus Altglas hergestellt wird, einschließlich Anlagen zur Herstellung von Glasfasern

Bezugsgröße. Die Emissionswerte beziehen sich bei flammenbeheizten Glasschmelzöfen auf einen Volumengehalt an Sauerstoff im Abgas von 8 vom Hundert sowie bei flammenbeheizten Hafenöfen und Tageswannen auf einen Volumengehalt an Sauerstoff im Abgas von 13 vom Hundert.

Staubförmige anorganische Stoffe. Soweit aus Gründen der Produktqualität der Einsatz von Blei oder Selen erforderlich ist, gilt Nummer 5.2.2 mit der Maßgabe, dass die Emissionen an Stoffen der Klasse II im Abgas die Massenkonzentration 3 mg/m³ nicht überschreiten dürfen; beim Vorhandensein von Stoffen mehrerer Klassen darf unbeschadet der Nummer 5.2.2 Absatz 1 beim Zusammentreffen von Stoffen der Klassen II und III oder der Klassen I bis III die Massenkonzentration 4 mg/m³ nicht überschritten werden. Der Einsatz von Blei oder Selen ist zu dokumentieren.

Soweit Fremdscherben zur Produktion von Behälterglas eingesetzt werden, gilt Nummer 5.2.2 mit der Maßgabe, dass die Emissionen an Blei und seinen Verbindungen im Abgas die Massenkonzentration 0,8 mg/m³, angegeben als Pb, nicht überschreiten dürfen; beim Vorhandensein von mehreren Stoffen der Klasse II dürfen die Emissionen an Stoffen dieser Klasse insgesamt die Massenkonzentration 1,3 mg/m³ nicht überschreiten. Beim Vorhandensein von Stoffen mehrerer Klassen darf unbeschadet der Nummer 5.2.2 Absatz 1 beim Zusammentreffen von Stoffen der Klassen II und III oder der Klassen I bis III die Massenkonzentration 2,3 mg/m³ nicht überschritten werden. Der Einsatz von Fremdscherben ist zu dokumentieren.

Fluor und seine gasförmigen anorganischen Verbindungen. Nummer 5.2.4 gilt mit der Maßgabe, dass die Emissionen an Fluor und seinen gasförmigen anorganischen Verbindungen im Abgas die Massenkonzentration 5 mg/m³, angegeben als Fluorwasserstoff, nicht überschreiten dürfen. Die Möglichkeiten, die Emissionen an Fluor und seine gasförmigen anorganischen Verbindungen durch die Auswahl von Rohstoffen mit geringen Gehalten an Fluorverbindungen zu mindern, sind auszuschöpfen; soweit aus Gründen der Produktqualität der Einsatz von Fluoriden erforderlich ist, ist die Einsatzmenge auf das notwendige Maß zu beschränken und zu dokumentieren.

Schwefeloxide. Die Emissionen an Schwefeldioxid und Schwefeltrioxid im Abgas, angegeben als Schwefeldioxid, dürfen die in der Tabelle 9 angegebenen Massenkonzentrationen nicht überschreiten.

Bei anderen Betriebsbedingungen, als sie in der Tabelle 9 für die maximal zulässigen Emissionswerte bei einem Glasprodukt angegeben sind, sind niedrigere Emissionswerte im Einzelfall festzulegen, wenn diese Betriebsbedingungen mit einem geringeren Schwefeleintrag in das Gemenge oder mit geringeren Massenkonzentrationen an Schwefeloxiden im Rohgas verbunden sind.

Anh. B 2 TA Luft   Allgemeine Verwaltungsvorschriften

Bei Mischfeuerungen oder Mehrstofffeuerungen ist die Emissionsbegrenzung im Einzelfall festzulegen.

Die Rückführung von Filterstäuben, der Einsatz von Fremdscherben sowie der Sulfatgehalt im Gemenge sind zu dokumentieren.

Tabelle 9: Emissionswerte für Schwefeldioxid und Schwefeltrioxid, angegeben als Schwefeldioxid, für Anlagen der Nummer 2.8

Anlagen zur Herstellung von Glas	gasbeheizt (g/m^3)	ölbeheizt (g/m)	Betriebsbedingungen
Behälterglas oder Flachglas	0,40	0,80	
Behälterglas	0,80	1,5	Nahstöchiometrische Fahrweise zur primären NOX-Minderung, vollständige Filterstaubrückführung, Sulfatläuterung sowie Eigen- und Fremdscherbenanteil von mehr als 40 Massenprozent, bezogen auf das Gemenge
Flachglas	0,80	1,5	Nahstöchiometrische Fahrweise zur primären NOX-Minderung, vollständige Filterstaubrückführung und bei einem für die Glasqualität notwendigen Gehalt an Sulfat von mehr als 0,45 Massenprozent, bezogen auf das Gemenge
Haushaltswarenglas	0,20	0,50	
Haushaltswarenglas	0,50	1,4	Nahstöchiometrische Fahrweise zur primären NOX-Minderung, vollständige Filterstaubrückführung und bei einem für die Glasqualität notwendigen Gehalt an Sulfat von mehr als 0,45 Massenprozent, bezogen auf das Gemenge
Glasfasern	0,20	0,80	
Glasfasern	0,80	1,4	Vollständige Filterstaubrückführung; bei einem für die Glasqualität notwendigen Gehalt an Sulfat von mehr als 0,40 Massenprozent, bezogen auf das Gemenge
Glaswolle	0,050	0,80	
Glaswolle	0,10	1,4	Eigen- und Fremdscherbenanteil von mehr als 40 Massenprozent, bezogen auf das Gemenge

Anlagen zur Herstellung von Glas	gasbeheizt (g/m³)	ölbeheizt (g/m)	Betriebsbedingungen
Spezialglas	0,20	0,50	
Spezialglas	0,40	1,0	Vollständige Filterstaubrückführung
Wasserglas	0,20	1,2	
Fritten	0,20	0,50	

Stickstoffoxide. Die Emissionen an Stickstoffmonoxid und Stickstoffdioxid im Abgas dürfen die Massenkonzentration 0,50 g/m³, angegeben als Stickstoffdioxid, nicht überschreiten. Für U-Flammenwannen oder Querbrennerwannen mit einem Abgasvolumenstrom von weniger als 50 000 m³/h gilt abweichend von Satz 1, dass für die Emissionen an Stickstoffmonoxid und Stickstoffdioxid im Abgas, angegeben als Stickstoffdioxid, die Massenkonzentration 0,50 g/m³ anzustreben ist und die Massenkonzentration 0,80 g/m³ nicht überschritten werden darf; die Möglichkeiten, die Emissionen durch feuerungstechnische und andere dem Stand der Technik entsprechende Maßnahmen zu vermindern, sind auszuschöpfen.

Soweit aus Gründen der Produktqualität eine Nitratläuterung erforderlich ist, dürfen für die Zeit der Nitratläuterung die Emissionen an Stickstoffmonoxid und Stickstoffdioxid im Abgas die Massenkonzentration 1,0 g/m³, angegeben als Stickstoffdioxid, nicht überschreiten. Der Nitrateinsatz ist zu dokumentieren.

Krebserzeugende Stoffe. Bei der Herstellung von Behälterglas gilt Nummer 5.2.7.1.1 mit der Maßgabe, dass die Emissionen an Stoffen der Klasse I als Mindestanforderung die Massenkonzentration 0,5 mg/m³ im Abgas nicht überschreiten dürfen.

Soweit aus Gründen der Produktqualität der Einsatz von Arsenverbindungen als Läutermittel erforderlich ist, gilt Nummer 5.2.7.1.1 mit der Maßgabe, dass die Emissionswerte für Stoffe der Klasse I, ausgenommen Arsen und seine Verbindungen, gelten; in diesem Fall dürfen die Emissionen an Arsen und seinen Verbindungen im Abgas, angegeben als As, als Mindestanforderung den Massenstrom 1,8 g/h oder die Massenkonzentration 0,7 mg/m³ nicht überschreiten; die Möglichkeiten, die Emissionen an Arsen z.B. durch Einsatz von arsen- und antimonfreien Läuterverfahren weiter zu vermindern, sind auszuschöpfen.

Soweit aus Gründen der Produktqualität der Einsatz von Cadmiumverbindungen zur Glasfärbung erforderlich ist, gilt Nummer 5.2.7.1.1 mit der Maßgabe, dass die Emissionswerte für Stoffe der Klasse I, ausgenommen Cadmium und seine Verbindungen, gelten; in diesem Fall dürfen die Emissionen an Cadmium und seinen Verbindungen im Abgas, angegeben als Cd, als Mindestanforderung den Massenstrom 0,5 g/h oder die Massenkonzentration 0,2 mg/m³ nicht überschreiten.

Der Einsatz von Arsen- sowie von Cadmiumverbindungen ist zu dokumentieren.

Sonderregelung. Bei Brennstoff-Sauerstoffbeheizten und bei elektrisch beheizten Glasschmelzwannen sind Sonderregelungen zu treffen. Als Beurteilungsmaßstab sind der spezifische Energieverbrauch moderner vergleichbarer Brennstoff-Luftbeheizter Glasschmelzwannen und die Leistungsfähigkeit von Abgasreinigungseinrichtungen zu berücksichtigen. Auf die Richtlinie VDI 2578 (Ausgabe November 1999) wird hingewiesen.

Anh. B 2 TA Luft Allgemeine Verwaltungsvorschriften

ALTANLAGEN

Gesamtstaub. Bei Altanlagen, die mit elektrischen Abscheidern ausgerüstet sind und die den Anforderungen der Nummer 6.2.3.3 entsprechen, dürfen die staubförmigen Emissionen im Abgas die Massenkonzentration 30 mg/m³ nicht überschreiten.

Stickstoffoxide. Bei Altanlagen mit U-Flammenwannen oder Querbrennerwannen dürfen die Emissionen an Stickstoffmonoxid und Stickstoffdioxid im Abgas die Massenkonzentration 0,80 g/m³, angegeben als Stickstoffdioxid, nicht überschreiten; darüber hinaus ist zu prüfen, inwieweit einschließlich zusätzlicher abgasseitiger Minderungsmaßnahmen ein Emissionswert von 0,50 g/m³ gefordert werden kann.

Diese Anforderungen zur Begrenzung der Emissionen an Stickstoffdioxiden sind spätestens acht Jahre nach Inkrafttreten dieser Verwaltungsvorschrift einzuhalten; während der genannten Frist sind nach Ablauf jeder Wannenreise die dem Stand der Technik entsprechenden baulichen Veränderungen an der Schmelzwanne zur Senkung der Emissionen an Stickstoffoxiden vorzunehmen.

Soweit aus Gründen der Produktqualität eine Nitratläuterung erforderlich ist, dürfen für die Zeit der Nitratläuterung die Emissionen an Stickstoffmonoxid und Stickstoffdioxid im Abgas folgende Massenkonzentrationen, angegeben als Stickstoffdioxid, nicht überschreiten:

a) bei einem Abgasvolumenstrom von 5000 m³/h oder mehr 1,0 g/m³,
b) bei einem Abgasvolumenstrom von weniger als 5000 m³/h 1,2 g/m³.

Der Nitrateinsatz ist zu dokumentieren.

5.4.2.10 Anlagen der Nummer 2.10: Anlagen zum Brennen keramischer Erzeugnisse

Bezugsgröße. Die Emissionswerte beziehen sich auf einen Volumengehalt an Sauerstoff im Abgas von 17 vom Hundert.

Gesamtstaub. Bei Einsatz von Schüttschichtfiltern gilt Nummer 5.2.1 mit der Maßgabe, dass während der diskontinuierlichen Dosierung oder diskontinuierlichen Umwälzung des Sorptionsmittels die staubförmigen Emissionen im Abgas die Massenkonzentration 40 mg/m³ nicht überschreiten dürfen.

Staubförmige anorganische Stoffe. Beim Einsatz bleihaltiger Glasuren oder Massen gilt Nummer 5.2.2 mit der Maßgabe, dass die Emissionswerte für Stoffe der Klasse II, ausgenommen Blei und seine Verbindungen, gelten. Für die Emissionen an Blei und seinen Verbindungen im Abgas, angegeben als Pb, ist der Massenstrom 2,5 g/h oder die Massenkonzentration 0,5 mg/m³ anzustreben und darf die Massenkonzentration 3 mg/m³ nicht überschritten werden. Die Möglichkeiten, die Emissionen an Blei und seinen Verbindungen durch Einsatz bleifreier Glasuren und Massen weiter zu vermindern, sind auszuschöpfen.

Fluor und seine gasförmigen anorganischen Verbindungen. Nummer 5.2.4 gilt mit der Maßgabe, dass die Emissionen an Fluor und seinen gasförmigen anorganischen Verbindungen im Abgas die Massenkonzentration 5 mg/m³, angegeben als Fluorwasserstoff, nicht überschreiten dürfen. Bei diskontinuierlich betriebenen Öfen dürfen abweichend von Satz 1 die Emissionen an Fluor und seinen gasförmigen anorganischen Verbindungen im Abgas, angegeben als Fluorwasserstoff, den Massenstrom 30 g/h oder die Massenkonzentration 10 mg/m³ nicht überschreiten.

Die Möglichkeiten, die Emissionen an Fluor und seinen gasförmigen anorganischen Verbindungen durch die Auswahl von Rohstoffen mit geringen Gehalten an Fluorverbindungen und andere dem Stand der Technik entsprechende primäre und sekundäre Maßnahmen weiter zu vermindern, sind auszuschöpfen.

Technische Anleitung Luft TA Luft **Anh. B 2**

Schwefeloxide. Die Emissionen an Schwefeldioxid und Schwefeltrioxid im Abgas dürfen die Massenkonzentration 0,50 g/m^3, angegeben als Schwefeldioxid, nicht überschreiten.

Stickstoffoxide. Die Emissionen an Stickstoffdioxid und Stickstoffmonoxid im Abgas dürfen die Massenkonzentration 0,50 g/m^3, angegeben als Stickstoffdioxid, nicht überschreiten.

Organische Stoffe. Bei Einsatz einer ofenexternen Nachverbrennung dürfen die Emissionen an organischen Stoffen im Abgas die Massenkonzentration 20 mg/m^3, angegeben als Gesamtkohlenstoff, nicht überschreiten; die Anforderungen der Nummer 5.2.5 für die Emissionen an organischen Stoffen der Klassen I und II finden keine Anwendung.

Krebserzeugende Stoffe. Bei Ofenanlagen ohne externe Nachverbrennung gilt Nummer 5.2.7.1.1 mit der Maßgabe, dass für die Emissionen an Benzol im Abgas die Massenkonzentration 1 mg/m^3 anzustreben ist und die Massenkonzentration 3 mg/m^3 nicht überschritten werden darf.

ALTANLAGEN

Gesamtstaub. Bei bestehenden Ofenanlagen, die mit einem Schüttschichtfilter oder ohne Entstaubungseinrichtung betrieben werden, dürfen die staubförmigen Emissionen im Abgas die Massenkonzentration 40 mg/m^3 nicht überschreiten; die Möglichkeiten, die staubförmigen Emissionen durch Maßnahmen nach dem Stand der Technik weiter zu vermindern, sind auszuschöpfen.

Schwefeloxide. Bei bestehenden Anlagen dürfen die Emissionen an Schwefeldioxid und Schwefeltrioxid im Abgas die Massenkonzentration 750 mg/m^3, angegeben als Schwefeldioxid, nicht überschreiten.

5.4.2.11 Anlagen der Nummer 2.11: Anlagen zum Schmelzen mineralischer Stoffe einschließlich Anlagen zur Herstellung von Mineralfasern

Bezugsgröße. Die Emissionswerte beziehen sich bei Anlagen, die mit fossilen Brennstoffen beheizt werden, auf einen Volumengehalt an Sauerstoff im Abgas von 8 vom Hundert.

Fluor und seine gasförmigen anorganischen Verbindungen. Nummer 5.2.4 gilt mit der Maßgabe, dass die Emissionen an Fluor und seinen gasförmigen anorganischen Verbindungen im Abgas die Massenkonzentration 5 mg/m^3, angegeben als Fluorwasserstoff, nicht überschreiten dürfen. Die Möglichkeiten, die Emissionen an Fluor und seinen gasförmigen anorganischen Verbindungen durch die Auswahl von Rohstoffen mit geringen Gehalten an Fluorverbindungen weiter zu mindern, sind auszuschöpfen; soweit aus Gründen der Produktqualität der Einsatz von Fluoriden erforderlich ist, ist die Einsatzmenge auf das notwendige Maß zu beschränken und zu dokumentieren.

Schwefeloxide. Bei der Herstellung von Steinwolle dürfen die Emissionen an Schwefeldioxid und Schwefeltrioxid im Abgas, angegeben als Schwefeldioxid, die folgenden Massenkonzentrationen nicht überschreiten:
a) bei Einsatz ausschließlich von Naturstein oder Gemenge 0,60 g/m^3,
b) bei Einsatz von weniger als 45 Massenprozent an mineralisch gebundenen Formsteinen, bezogen auf das Gemenge 1,1 g/m^3,
c) bei Einsatz von 45 Massenprozent oder mehr an mineralisch gebundenen Formsteinen, bezogen auf das Gemenge, und bei vollständiger Filterstaubrückführung 1,5 g/m^3.

Anh. B 2 TA Luft Allgemeine Verwaltungsvorschriften

Bei anderen Anteilen an mineralisch gebundenen Formsteinen oder nicht vollständiger Filterstaubrückführung ist die Emissionsbegrenzung im Einzelfall festzulegen.

Stickstoffoxide. Die Emissionen an Stickstoffmonoxid und Stickstoffdioxid im Abgas dürfen die Massenkonzentration 0,50 g/m³, angegeben als Stickstoffdioxid, nicht überschreiten. Für U-Flammenwannen oder Querbrennerwannen mit einem Abgasvolumenstrom von weniger als 50 000 m³/h gilt abweichend von Satz 1, dass für die Emissionen an Stickstoffmonoxid und Stickstoffdioxid im Abgas, angegeben als Stickstoffdioxid, die Massenkonzentration 0,50 g/m³ anzustreben ist und die Massenkonzentration 0,80 g/m³ nicht überschritten werden darf; die Möglichkeiten, die Emissionen durch feuerungstechnische und andere dem Stand der Technik entsprechende Maßnahmen zu vermindern, sind auszuschöpfen.

Bei Kupolöfen mit einer thermischen Nachverbrennung dürfen abweichend von Nummer 5.2.4 die Emissionen an Stickstoffmonoxid und Stickstoffdioxid im Abgas die Massenkonzentration 0,35 g/m³, angegeben als Stickstoffdioxid, nicht überschreiten.

ALTANLAGEN

Gesamtstaub. Bei Altanlagen, die mit elektrischen Abscheidern ausgerüstet sind und die den Anforderungen der Nummer 6.2.3.3 entsprechen, dürfen die staubförmigen Emissionen im Abgas die Massenkonzentration 30 mg/m³ nicht überschreiten.

Stickstoffoxide. Bei Altanlagen mit U-Flammenwannen oder Querbrennerwannen dürfen die Emissionen an Stickstoffmonoxid und Stickstoffdioxid im Abgas die Massenkonzentration 0,80 g/m³, angegeben als Stickstoffdioxid, nicht überschreiten; darüber hinaus ist zu prüfen, inwieweit einschließlich zusätzlicher abgasseitiger Minderungsmaßnahmen ein Emissionswert von 0,50 g/m³ gefordert werden kann.

Diese Anforderungen zur Begrenzung der Emissionen an Stickstoffoxiden sind spätestens acht Jahre nach Inkrafttreten dieser Verwaltungsvorschrift einzuhalten; während der genannten Frist sind nach Ablauf jeder Wannenreise die dem Stand der Technik entsprechenden baulichen Veränderungen an der Schmelzwanne zur Senkung der Emissionen an Stickstoffoxiden vorzunehmen.

Soweit aus Gründen der Produktqualität eine Nitratläuterung erforderlich ist, dürfen für die Zeit der Nitratläuterung die Emissionen an Stickstoffmonoxid und Stickstoffdioxid im Abgas folgende Massenkonzentrationen, angegeben als Stickstoffdioxid, nicht überschreiten:
a) ei einem Abgasvolumenstrom von 5000 m³/h oder mehr 1,0 g/m³,
b) bei einem Abgasvolumenstrom von weniger als 5000 m³/h 1,2 g/m³.
Der Nitrateinsatz ist zu dokumentieren.

5.4.2.15 Anlagen der Nummer 2.15: Asphaltmischanlagen

Bezugsgröße. Die Emissionswerte beziehen sich auf einen Volumengehalt an Sauerstoff im Abgas von 17 vom Hundert, abweichend davon für Thermalölheizaggregate auf einen Volumengehalt an Sauerstoff im Abgas von 3 vom Hundert.

Bauliche und betriebliche Maßnahmen. Die staubhaltigen Abgase der Mineralstoff-Trockentrommel, der Asphaltgranulat-Trommel (Paralleltrommel), der Transporteinrichtungen für das Heißmineral, der Siebmaschine sowie des Mischers sind zu erfassen und einer Entstaubungseinrichtung zuzuführen.

Brecher für Ausbauasphalt sind zu kapseln und mit wirksamen Einrichtungen zur Minderung der Staubemissionen, z. B. Bedüsung mit Wasser, auszurüsten.

Technische Anleitung Luft TA Luft **Anh. B 2**

Die Möglichkeiten zur Absenkung der Herstellungstemperatur für Asphalt durch dem Stand der Technik entsprechende Maßnahmen, z. B. durch Zusätze oder verfahrenstechnische Maßnahmen, sind auszuschöpfen.

Kohlenmonoxid. Beim Einsatz gasförmiger oder flüssiger Brennstoffe dürfen die Emissionen an Kohlenmonoxid im Abgas die Massenkonzentration 0,50 g/m^3 nicht überschreiten. Beim Einsatz fester Brennstoffe ist für die Emissionen an Kohlenmonoxid im Abgas die Massenkonzentration 0,50 g/m^3 anzustreben und darf die Massenkonzentration 1,0 g/m^3 nicht überschritten werden.

Organische Stoffe. Abgase aus dem Bereich des Mischerauslaufes, der Übergabestellen nach dem Mischer, der Transporteinrichtungen für das Mischgut sowie der Übergabestellen in die Verladesilos, die organische Stoffe enthalten, sind zu erfassen und einer geeigneten Abgasreinigungseinrichtung (z. B. durch Einleiten als Verbrennungsluft in die Mineralstoff-Trockentrommel) zuzuführen.

Die Emissionen an organischen Stoffen beim Befüllen der Bitumenlagertanks sind bevorzugt durch Einsatz des Gaspendelverfahrens zu vermeiden.

Die Anforderungen der Nummer 5.2.5 für die Emissionen an organischen Stoffen der Klassen I und II finden keine Anwendung.

Krebserzeugende Stoffe. Nummer 5.2.7.1.1 gilt mit der Maßgabe, dass für die Emissionen von Stoffen der Klasse III im Abgas die Massenkonzentration 1 mg/m^3 anzustreben ist und die Massenkonzentration 5 mg/m^3 nicht überschritten werden darf.

ALTANLAGEN

Organische Stoffe. Bei Altanlagen ist während des Betriebs einer Asphaltgranulat-Trommel (Paralleltrommel) für die Emissionen an organischen Stoffen im Abgas, angegeben als Gesamtkohlenstoff, die Massenkonzentration 50 mg/m^3 anzustreben und darf die Massenkonzentration 0,10 g/m^3 nicht überschritten werden; die Anforderungen der Nummer 5.2.5 für die Emissionen an organischen Stoffen der Klassen I und II finden keine Anwendung.

Bei Altanlagen sind die Abgase aus dem Bereich des Mischerauslaufes, der Übergabestellen nach dem Mischer, der Transporteinrichtungen für das Mischgut sowie der Übergabestellen in die Verladesilos, die organische Stoffe enthalten, zu erfassen und in den Abgaskamin der Entstaubungseinrichtung einzuleiten; darüber hinaus ist zu prüfen, ob zusätzliche Emissionsminderungsmaßnahmen, z. B. das Einleiten als Verbrennungsluft in die Mineralstoff-Trockentrommel, gefordert werden können.

Beim Befüllen der Bitumenlagertanks können bei Altanlagen weniger aufwendige Maßnahmen als bei Neuanlagen zur Anwendung kommen, z. B. das Einleiten der Abgase mit organischen Stoffen in die Transporteinrichtungen für das Heißmineral.

Auf das Erfassen der Abgase aus dem Bereich des Mischerauslaufes, der Übergabestellen nach dem Mischer, der Transporteinrichtungen für das Mischgut und der Übergabestellen in die Verladesilos sowie den Einsatz des Gaspendelverfahrens oder einer vergleichbaren Abgasreinigungseinrichtung kann verzichtet werden, wenn bei Anlagen mit einer Produktionsleistung von
a) 200 Mg je Stunde oder mehr ein Mindestabstand von   500 m,
b) weniger als 200 Mg je Stunde ein Mindestabstand von   300 m
zur nächsten vorhandenen oder in einem Bebauungsplan festgesetzten Wohnbebauung nicht unterschritten wird.

Anh. B 2 TA Luft — Allgemeine Verwaltungsvorschriften

5.4.3 Stahl, Eisen und sonstige Metalle einschließlich Verarbeitung

5.4.3.1 Anlagen der Nummer 3.1: Anlagen zum Rösten, Schmelzen oder Sintern von Erzen

5.4.3.1.1 Eisenerz-Sinteranlagen

Bauliche und betriebliche Anforderungen. Abgase sind an der Entstehungsstelle, z. B. Sinterband, Koksmahleinrichtung, Mischbunker, Bereich Sinterbandabwurf, Sinterkühlung und Sintersiebung warm, zu erfassen und einer Abgasreinigungseinrichtung zuzuführen.

Filterstaub ist soweit wie möglich einer Verwertung zuzuführen.

Staubförmige anorganische Stoffe. Nummer 5.2.2 gilt mit der Maßgabe, dass die Emissionen an Blei im Abgas des Sinterbandes die Massenkonzentration 1 mg/m^3 nicht überschreiten dürfen.

Störungsbedingte Stillstände. Bei störungsbedingten Stillständen des Sinterbandes finden die Anforderungen für Gesamtstaub und für staubförmige anorganische Stoffe bis zum Erreichen des normalen Betriebszustandes keine Anwendung; die Entstaubungseinrichtung ist jedoch mit der höchstmöglichen Abscheideleistung zu betreiben.

Schwefeloxide. Die Emissionen an Schwefeldioxid und Schwefeltrioxid im Abgas des Sinterbandes dürfen die Massenkonzentration 0,50 g/m^3, angegeben als Schwefeldioxid, nicht überschreiten.

Stickstoffoxide. Die Emissionen an Stickstoffmonoxid und Stickstoffdioxid im Abgas des Sinterbandes dürfen die Massenkonzentration 0,40 g/m^3, angegeben als Stickstoffdioxid, nicht überschreiten.

Organische Stoffe. Nummer 5.2.5 gilt mit der Maßgabe, dass die Emissionen an organischen Stoffen im Abgas des Sinterbandes die Massenkonzentration 75 mg/m^3, angegeben als Gesamtkohlenstoff, nicht überschreiten dürfen.

Dioxine und Furane. Nummer 5.2.7.2 gilt mit der Maßgabe, dass für die Emissionen an Dioxinen und Furanen im Abgas die Massenkonzentration 0,1 ng/m^3 anzustreben ist und die Massenkonzentration 0,4 ng/m^3 nicht überschritten werden darf.

ALTANLAGEN

Gesamtstaub. Bei Altanlagen, die mit elektrischen Abscheidern ausgerüstet sind, dürfen die staubförmigen Emissionen im Abgas des Sinterbandes sowie aus dem Bereich Sinterbandabwurf, Sinterkühlung und Sintersiebung warm (Raumentstaubung) die Massenkonzentration 50 mg/m^3 nicht überschreiten.

Staubförmige anorganische Stoffe. Bei Altanlagen, die mit elektrischen Abscheidern ausgerüstet sind, gilt Nummer 5.2.2 mit der Maßgabe, dass die Emissionen an Blei im Abgas des Sinterbandes die Massenkonzentration 2 mg/m^3 nicht überschreiten dürfen.

5.4.3.1.2 Anlagen zum Rösten, Schmelzen oder Sintern von Nichteisen-Metallerzen

Nummer 5.4.3.1.1 gilt entsprechend.

5.4.3.2 Anlagen der Nummer 3.2: Anlagen zur Gewinnung, Herstellung oder zum Erschmelzen von Roheisen oder Stahl

5.4.3.2 a Integrierte Hüttenwerke

5.4.3.2 a.1 Hochofenbetriebe

Bauliche und betriebliche Anforderungen. Staubhaltige Abgase sind an der Entstehungsstelle, z. B. in der Hochofengießhalle, an der Hochofenmöllerung, an der Hochofenbeschickung, zu erfassen und einer Entstaubungseinrichtung zuzuführen; davon abweichend kann beim Hochofenabstich ihre Entstehung auch durch weitgehende Inertisierung, z. B. durch eine Stickstoffatmosphäre, vermieden werden.

Hochofengichtgas. Hochofengichtgas ist energetisch zu verwerten; soweit Hochofengichtgas aus sicherheitstechnischen Gründen oder in Notfällen nicht verwertet werden kann, ist es einer Fackel zuzuführen.

WINDERHITZER

Bezugsgröße. Die Emissionswerte beziehen sich auf einen Volumengehalt an Sauerstoff im Abgas von 3 vom Hundert.

Gesamtstaub. Die staubförmigen Emissionen im Abgas dürfen die Massenkonzentration 10 mg/m^3 nicht überschreiten.

5.4.3.2 a.2 Oxygenstahlwerke

Bauliche und betriebliche Anforderungen. Staubhaltige Abgase sind an der Entstehungsstelle, z. B. beim Roheisenumfüllen, Abschlacken, Entschwefeln, Konverterbeschicken und -ausleeren, Rohstahlbehandeln, zu erfassen und einer Entstaubungseinrichtung zuzuführen; davon abweichend kann z. B. beim Umfüllen von flüssigem Roheisen ihre Entstehung auch durch weitgehende Inertisierung, z. B. durch eine Kohlendioxidatmosphäre, vermieden werden.

Filterstaub ist soweit wie möglich einer Verwertung zuzuführen.

Konvertergas. Konvertergas ist energetisch zu verwerten. Soweit Konvertergas aus sicherheitstechnischen Gründen oder in Notfällen nicht verwertet werden kann, ist es einer Fackel zuzuführen.

ALTANLAGEN

Gesamtstaub. Bestehende Sekundärentstaubungen, die mit elektrischen Abscheidern ausgerüstet sind, sollen die Anforderungen zur Begrenzung der staubförmigen Emissionen spätestens acht Jahre nach Inkrafttreten dieser Verwaltungsvorschrift einhalten.

Konvertergas. Bei Altanlagen ist das Konvertergas möglichst energetisch zu verwerten. Soweit Konvertergas nicht verwertet werden kann, ist es einer Fackel zuzuführen; in diesem Fall darf der Gehalt an Staub im Fackelgas nach der Entstaubungseinrichtung die Massenkonzentration 50 mg/m^3 nicht überschreiten.

5.4.3.2 b Anlagen zur Herstellung oder zum Erschmelzen von Roheisen oder Stahl einschließlich Stranggießen

5.4.3.2 b.1 Elektrostahlwerke

Bauliche und betriebliche Anforderungen. Abgase sind an der Entstehungsstelle, z. B. bei Elektrolichtbogenöfen primärseitig über eine Deckellochabsaugung und sekundärseitig über eine Hallenabsaugung oder Einhausung für die Prozessschritte Chargieren, Schmelzen, Abstich, zu erfassen und einer Abgasreinigungseinrichtung zuzuführen.

Filterstaub ist soweit wie möglich einer Verwertung zuzuführen.

Gesamtstaub. Die staubförmigen Emissionen im Abgas von Stahlwerken mit Elektrolichtbogenöfen dürfen die Massenkonzentration 5 mg/m^3 nicht überschrei-

Anh. B 2 TA Luft Allgemeine Verwaltungsvorschriften

ten; abweichend von Nummer 2.7 Buchstabe a) bb) gilt, dass sämtliche Halbstundenmittelwerte das 3fache dieser Massenkonzentration nicht überschreiten dürfen.

ALTANLAGEN

Gesamtstaub. Die staubförmigen Emissionen im Abgas von Elektrolichtbogenöfen dürfen, angegeben als Tagesmittelwert, die Massenkonzentration 10 mg/m^3 nicht überschreiten.

5.4.3.2 b.2 Elektro-Schlacke-Umschmelzanlagen

Fluor und seine gasförmigen anorganischen Verbindungen. Die Emissionen an Fluor und seinen gasförmigen anorganischen Verbindungen im Abgas dürfen die Massenkonzentration 1 mg/m^3, angegeben als Fluorwasserstoff, nicht überschreiten.

5.4.3.3 Anlagen der Nummer 3.3: Anlagen zur Herstellung von Nichteisenrohmetallen

5.4.3.3.1 Anlagen zur Herstellung von Nichteisenrohmetallen, ausgenommen Aluminium und Ferrolegierungen

Bauliche und betriebliche Anforderungen. Abgase sind an der Entstehungsstelle, z. B. beim Chargieren, Schmelzen, Raffinieren und Gießen, zu erfassen und einer Abgasreinigungseinrichtung zuzuführen.

Gesamtstaub. Die staubförmigen Emissionen im Abgas dürfen die Massenkonzentration 5 mg/m^3 nicht überschreiten.

Staubförmige anorganische Stoffe. Nummer 5.2.2 gilt mit der Maßgabe, dass die Emissionen an staubförmigen anorganischen Stoffen im Abgas folgende Massenkonzentrationen nicht überschreiten dürfen:
a) Stoffe der Klasse II insgesamt die Massenkonzentration 1 mg/m^3, in Bleihütten die Massenkonzentration 2 mg/m^3,
b) Stoffe der Klasse III insgesamt die Massenkonzentration 2 mg/m^3.

Schwefeloxide. Für stark schwefeldioxidhaltige Abgase gilt Nummer 5.4.4.1 m.2 entsprechend.

Messung und Überwachung der Emissionen an Schwefeloxiden. Bei Anlagen mit überwiegend veränderlichen Betriebsbedingungen soll bei Einzelmessungen die Dauer der Mittelungszeit der Chargendauer entsprechen, jedoch 24 Stunden nicht überschreiten; bei kontinuierlichen Messungen gilt abweichend von Nummer 2.7 Buchstabe a) bb), dass sämtliche Halbstundenmittelwerte das 3fache der festgelegten Massenkonzentrationen nicht überschreiten dürfen.

Brennstoffe. Bei Einsatz von flüssigen oder festen Brennstoffen darf der Massengehalt an Schwefel im Brennstoff 1 vom Hundert, bei festen Brennstoffen bezogen auf einen unteren Heizwert vom 29,3 MJ/kg, nicht überschreiten, soweit nicht durch den Einsatz einer Abgasreinigungseinrichtung ein äquivalenter Emissionswert für Schwefeloxide erreicht wird; beim Einsatz von Kohlen dürfen nur Kohlen verwendet werden, die keine höheren Emissionen an Schwefeloxiden verursachen als Steinkohle mit einem Massengehalt an Schwefel von weniger als 1 vom Hundert, bezogen auf einen unteren Heizwert von 29,3 MJ/kg.

Krebserzeugende Stoffe. In Kupferhütten gilt Nummer 5.2.7.1.1 mit der Maßgabe, dass die Emissionswerte für Stoffe der Klasse I, ausgenommen Arsen und seine Verbindungen, gelten. Die Emissionen an Arsen und seinen Verbindungen (außer Arsenwasserstoff), angegeben als As, im Abgas dürfen als Mindestanforderung den

Technische Anleitung Luft   **TA Luft Anh. B 2**

Massenstrom 0,4 g/h oder die Massenkonzentration 0,15 mg/m^3 nicht überschreiten; abweichend davon dürfen im Abgas von Anodenöfen diese Emissionen als Mindestanforderung die Massenkonzentration 0,4 mg/m^3 nicht überschreiten.

Dioxine und Furane. Nummer 5.2.7.2 gilt mit der Maßgabe, dass für die Emissionen an Dioxinen und Furanen im Abgas die Massenkonzentration 0,1 ng/m^3 anzustreben ist und die Massenkonzentration 0,4 ng/m^3 nicht überschritten werden darf.

ALTANLAGEN

Schwefeloxide. Bei Altanlagen dürfen die Emissionen an Schwefeldioxid und Schwefeltrioxid im Abgas – ausgenommen Prozessabgase, die Anlagen nach 5.4.4.1 m.2 zugeleitet werden – die Massenkonzentration 0,50 g/m^3, angegeben als Schwefeldioxid, nicht überschreiten.

5.4.3.3.2 Anlagen zur Erzeugung von Ferrolegierungen nach elektrothermischen oder metallothermischen Verfahren

Gesamtstaub. Die staubförmigen Emissionen im Abgas dürfen die Massenkonzentration 5 mg/m^3 nicht überschreiten.

5.4.3.3.3 Anlagen zur Herstellung von Aluminium aus Erzen durch elektrolytische Verfahren mit vorgebrannten diskontinuierlichen Anoden

Bauliche und betriebliche Anforderungen. Elektrolyseöfen sind in geschlossener Bauweise auszuführen. Das Öffnen der Öfen sowie die Häufigkeit der Anodeneffekte sind auf das betrieblich unvermeidbare Maß zu beschränken; dabei soll die Betriebsweise der Elektrolyseöfen soweit wie möglich automatisiert werden.

Filterstaub ist soweit wie möglich einer Verwertung zuzuführen.

Gesamtstaub. Die staubförmigen Emissionen dürfen im Abgas
a) der Elektrolyseöfen   10 mg/m^3
und
b) der Elektrolyseöfen einschließlich der Abgase, die aus
dem Ofenhaus abgeleitet werden, das Massenverhältnis   2 kg je Mg Aluminium
nicht überschreiten.

Fluor und seine gasförmigen anorganischen Verbindungen. Die Emissionen an Fluor und seinen gasförmigen anorganischen Fluorverbindungen, angegeben als Fluorwasserstoff, dürfen im Abgas
a) der Elektrolyseöfen   1 mg/m^3
und
b) der Elektrolyseöfen einschließlich der Abgase, die aus
dem Ofenhaus abgeleitet werden, das Massenverhältnis   0,5 kg je Mg Aluminium
nicht überschreiten.

5.4.3.3.4 Anlagen zur Herstellung von Aluminium aus sekundären Rohstoffen

Bauliche und betriebliche Anforderungen. Abgase sind an der Entstehungsstelle, z.B. beim Chargieren, Schmelzen, Raffinieren, Legieren und Gießen, zu erfassen. Hexachlorethan darf nicht zur Schmelzebehandlung verwendet werden.

Gesamtstaub. Die staubförmigen Emissionen im Abgas dürfen die Massenkonzentration 10 mg/m^3 nicht überschreiten.

Stickstoffoxide. Die Emissionen an Stickstoffmonoxid und Stickstoffdioxid, angegeben als Stickstoffdioxid, im Abgas von Drehtrommelöfen, die mit Brennstoff-Sauerstoff-Brennern betrieben werden, dürfen die Massenkonzentration 0,50 g/m^3 nicht überschreiten.

Anh. B 2 TA Luft Allgemeine Verwaltungsvorschriften

Brennstoffe. Bei Einsatz flüssiger Brennstoffe dürfen nur flüssige Brennstoffe verwendet werden, die keine höheren Emissionen an Schwefeloxiden verursachen als Heizöle nach DIN 51603 Teil 1 (Ausgabe März 1998) mit einem Massengehalt an Schwefel für leichtes Heizöl nach der 3. BImSchV, in der jeweils gültigen Fassung.

5.4.3.4 Anlagen der Nummer 3.4: Anlagen zum Schmelzen, zum Legieren oder zur Raffination von Nichteisenmetallen

5.4.3.4.1 Anlagen zum Schmelzen, zum Legieren oder zur Raffination von Nichteisenmetallen, ausgenommen Aluminium

Bauliche und betriebliche Anforderungen. Abgase sind an der Entstehungsstelle, z. B. beim Chargieren, Schmelzen, Raffinieren, Legieren und Gießen, zu erfassen. Hexachlorethan darf nicht zur Schmelzebehandlung verwendet werden.

Gesamtstaub. Die staubförmigen Emissionen im Abgas dürfen den Massenstrom 50 g/h oder die Massenkonzentration 5 mg/m^3 nicht überschreiten.

Staubförmige anorganische Stoffe. Nummer 5.2.2 gilt mit der Maßgabe, dass die Emissionen an staubförmigen anorganischen Stoffen der Klasse II im Abgas von Bleiraffinationsanlagen insgesamt die Massenkonzentrationen 1 mg/m^3 nicht überschreiten dürfen.

Brennstoffe. Bei Einsatz flüssiger Brennstoffe dürfen nur flüssige Brennstoffe verwendet werden, die keine höheren Emissionen an Schwefeloxiden verursachen als Heizöle nach DIN 51603 Teil 1 (Ausgabe März 1998) mit einem Massengehalt an Schwefel für leichtes Heizöl nach der 3. BImSchV, in der jeweils gültigen Fassung.

Dioxine und Furane. Nummer 5.2.7.2 gilt mit der Maßgabe, dass für die Emissionen an Dioxinen und Furanen im Abgas von Kupferschachtöfen die Massenkonzentration 0,1 ng/m^3 anzustreben ist und die Massenkonzentration 0,4 ng/m^3 nicht überschritten werden darf.

5.4.3.4.2 Schmelzanlagen für Aluminium

Bauliche und betriebliche Anforderungen. Abgase sind an der Entstehungsstelle, z. B. beim Chargieren, Schmelzen, Raffinieren, Legieren und Gießen, zu erfassen. Hexachlorethan darf nicht zur Schmelzebehandlung verwendet werden.

Gesamtstaub. Die staubförmigen Emissionen im Abgas dürfen die Massenkonzentration 10 mg/m^3 nicht überschreiten.

Stickstoffoxide. Die Emissionen an Stickstoffmonoxid und Stickstoffdioxid, angegeben als Stickstoffdioxid, im Abgas von Drehtrommelöfen, die mit Brennstoff-Sauerstoff-Brennern betrieben werden, dürfen die Massenkonzentration 0,50 g/m^3 nicht überschreiten.

Brennstoffe. Bei Einsatz flüssiger Brennstoffe dürfen nur flüssige Brennstoffe verwendet werden, die keine höheren Emissionen an Schwefeloxiden verursachen als Heizöle nach DIN 51603 Teil 1 (Ausgabe März 1998) mit einem Massengehalt an Schwefel für leichtes Heizöl nach der 3. BImSchV, in der jeweils gültigen Fassung.

5.4.3.6 Anlagen der Nummer 3.6: Walzanlagen

5.4.3.6.1 Wärme- und Wärmebehandlungsöfen

Bezugsgröße. Die Emissionswerte beziehen sich auf einen Volumengehalt an Sauerstoff im Abgas von 5 vom Hundert.

Technische Anleitung Luft   TA Luft   Anh. B 2

Stickstoffoxide. Bei Wärmeöfen, z. B. Stoßöfen und Hubbalkenöfen, dürfen die Emissionen an Stickstoffmonoxid und Stickstoffdioxid im Abgas die Massenkonzentration $0{,}50\,g/m^3$, angegeben als Stickstoffdioxid, nicht überschreiten.

Organische Stoffe. Bei Wärmebehandlungsöfen für Aluminiumfolien finden die Anforderungen der Nummer 5.2.5 für die Emissionen an organischen Stoffen keine Anwendung. Die Möglichkeiten, die Emissionen an organischen Stoffen durch prozesstechnische oder andere dem Stand der Technik entsprechende Maßnahmen zu vermindern, sind auszuschöpfen.

5.4.3.7/8 Anlagen der Nummern 3.7 und 3.8: Gießereien

5.4.3.7.1 Eisen-, Temper- und Stahlgießereien

5.4.3.8.1 Gießereien für Nichteisenmetalle

Bauliche und betriebliche Anforderungen. Abgase sind an der Entstehungsstelle, z. B. in den Bereichen Sandaufbereitung, Formerei, Gießen, Kühlen, Ausleeren, Kermacherei und Gussputzen, soweit wie möglich zu erfassen, ausgenommen Eisen-, Temper- und Stahlgießereien mit einer Produktionsleistung von weniger als 20 Mg Gussteile je Tag sowie Gießereien für Nichteisenmetalle von weniger als 4 Mg je Tag bei Blei und Cadmium oder von weniger als 20 Mg je Tag bei sonstigen Nichteisenmetallen; diese Ausnahme gilt auch für Anlagen zum Schmelzen von Nichteisenmetallen. Abgase von Schmelzeinrichtungen in Eisen-, Temper- und Stahlgießereien sind unabhängig von der Produktionsleistung zu erfassen.

Hexachlorethan darf grundsätzlich nicht zur Schmelzebehandlung verwendet werden. Soweit zur Herstellung von Gussprodukten aus Aluminiumlegierungen mit einem hohen Qualitäts-und Sicherheitsstandard und zum Kornfeinen der Magnesiumlegierungen AZ81, AZ91 und AZ92 der Einsatz von Hexachlorethan zur Schmelzebehandlung erforderlich ist, darf der Verbrauch von Hexachlorethan 1,5 kg je Tag nicht überschreiten. Der Einsatz von Hexachlorethan ist zu dokumentieren.

Kohlenmonoxid. Kohlenmonoxidhaltige Abgase bei Kupolöfen mit Untergichtabsaugung sind zu erfassen und nachzuverbrennen. Die Emissionen an Kohlenmonoxid im Abgas dürfen $0{,}15\,g/m^3$ nicht überschreiten.

Schwefeloxide. Die Emissionen an Schwefeldioxid und Schwefeltrioxid im Abgas dürfen die Massenkonzentration $0{,}50\,g/m^3$, angegeben als Schwefeldioxid, nicht überschreiten.

Organische Stoffe. Nummer 5.2.5 gilt mit der Maßgabe, dass die Emissionen an Aminen im Abgas den Massenstrom $25\,g/h$ oder die Massenkonzentration $5\,mg/m^3$ nicht überschreiten dürfen. Die Anforderungen der Nummer 5.2.5 Absatz 1 für Gesamtkohlenstoff finden keine Anwendung.

Benzol. Nummer 5.2.7.1.1 gilt mit der Maßgabe, dass die Emissionen an Benzol im Abgas den Massenstrom $5\,g/h$ oder die Massenkonzentration $5\,mg/m^3$ nicht überschreiten dürfen. Die Möglichkeiten, die Emissionen an Benzol durch prozesstechnische und andere dem Stand der Technik entsprechende Maßnahmen weiter zu vermindern, z. B. durch Veränderungen bei den Einsatzstoffen zur Kern und Formherstellung, Einblasen von Luft bei Maskengießanlagen, Verwendung von benzolhaltigen Abgasen als Verbrennungsluft bei Kupolöfen, sind auszuschöpfen.

ALTANLAGEN

Gesamtstaub. Bestehende Anlagen, die mit Nassabscheidern ausgerüstet sind, sollen die Anforderungen zur Begrenzung der staubförmigen Emissionen spätestens acht Jahre nach Inkrafttreten dieser Verwaltungsvorschrift einhalten.

Anh. B 2 TA Luft — Allgemeine Verwaltungsvorschriften

Kohlenmonoxid. Bestehende Kupolöfen mit Untergichtabsaugung sollen die Anforderungen zur Begrenzung der Emissionen an Kohlenmonoxid spätestens acht Jahre nach Inkrafttreten dieser Verwaltungsvorschrift einhalten.

Organische Stoffe. Altanlagen sollen die Anforderungen zur Begrenzung der Emissionen an Aminen spätestens acht Jahre nach Inkrafttreten dieser Verwaltungsvorschrift einhalten.

5.4.3.9 Anlagen der Nummer 3.9: Anlagen zum Aufbringen von metallischen Schutzschichten

5.4.3.9.1 Anlagen zum Aufbringen von metallischen Schutzschichten auf Metalloberflächen mit Hilfe von schmelzflüssigen Bädern, in denen Flussmittel eingesetzt werden

Bauliche und betriebliche Anforderungen. Bei Anlagen zum Feuerverzinken sind die Abgase des Verzinkungskessels, z. B. durch Einhausung oder Abzugshauben, zu erfassen und einer Abgasreinigungseinrichtung zuzuführen.

Gesamtstaub. Die staubförmigen Emissionen im Abgas des Verzinkungskessels dürfen die Massenkonzentration 5 mg/m^3 nicht überschreiten.

Das Ergebnis der Einzelmessung ist über mehrere Tauchvorgänge zu ermitteln; die Messzeit entspricht der Summe der Einzeltauchzeiten und soll in der Regel eine halbe Stunde betragen; die Tauchzeit ist der Zeitraum zwischen dem ersten und letzten Kontakt des Verzinkungsgutes mit dem Verzinkungsbad.

Anorganische Chlorverbindungen. Anlagen zum Feuerverzinken sind so zu errichten und zu betreiben, dass durch Vorhaltung ausreichender Beizkapazitäten und Einhaltung der Beizparameter Temperatur und Säurekonzentration die Emissionen an gasförmigen anorganischen Chlorverbindungen aus dem Beizbad im Abgas minimiert werden und die Massenkonzentration 10 mg/m^3, angegeben als Chlorwasserstoff, nicht überschritten wird. Die Vorhaltung ausreichender Beizkapazitäten und die Einhaltung der Beizparameter sind zu dokumentieren.

Soweit auf Grund der Beizparameter Temperatur und Säurekonzentration eine Chlorwasserstoffkonzentration im Abgas von 10 mg/m^3 überschritten werden kann, sind die Abgase zu erfassen und einer Abgasreinigungseinrichtung zuzuführen. Die Emissionen an gasförmigen anorganischen Chlorverbindungen im Abgas dürfen die Massenkonzentration 10 mg/m^3, angegeben als Chlorwasserstoff, nicht überschreiten.

5.4.3.10 Anlagen der Nummer 3.10: Anlagen zur Oberflächenbehandlung von Metallen durch Beizen oder Brennen unter Verwendung von Fluss- oder Salpetersäure

ALTANLAGEN

Stickstoffoxide. Bei Altanlagen zum kontinuierlichen Beizen von Edelstählen mit salpetersäurehaltigen Mischbeizen ist für die Emissionen an Stickstoffmonoxid und Stickstoffdioxid, angegeben als Stickstoffdioxid, im Abgas die Massenkonzentration 0,35 g/m^3 anzustreben und darf die Massenkonzentration 0,70 g/m^3 nicht überschritten werden.

5.4.3.21 Anlagen der Nummer 3.21: Anlagen zur Herstellung von Bleiakkumulatoren

Schwefelsäuredämpfe. Die bei der Formierung auftretenden Schwefelsäuredämpfe sind zu erfassen und einer Abgasreinigungseinrichtung zuzuführen; die Emissionen an

Technische Anleitung Luft   TA Luft **Anh. B 2**

Schwefelsäure im Abgas dürfen die Massenkonzentration 1 mg/m³ nicht überschreiten.

5.4.4 Chemische Erzeugnisse, Arzneimittel, Mineralölraffination und Weiterverarbeitung

5.4.4.1 Anlagen der Nummer 4.1: Anlagen zur Herstellung von Stoffen oder Stoffgruppen durch chemische Umwandlung

ALTANLAGEN

Gesamtstaub. Nummer 5.2.1 gilt mit der Maßgabe, dass die staubförmigen Emissionen im Abgas von Altanlagen, die bei diskontinuierlicher oder quasikontinuierlicher Betriebsweise jährlich nicht mehr emittieren als Anlagen mit einem Massenstrom von 0,20 kg/h bei kontinuierlicher Betriebsweise, die Massenkonzentration 50 mg/m³ nicht überschreiten dürfen.

5.4.4.1 b Anlagen zur Herstellung von sauerstoffhaltigen Kohlenwasserstoffen

5.4.4.1 b.1 Anlagen zur Cyclohexanoxidation

Benzol. Die Emissionen an Benzol im Abgas dürfen als Mindestanforderung die Massenkonzentration 3 mg/m³ nicht überschreiten.

5.4.4.1 d Anlagen zur Herstellung von stickstoffhaltigen Kohlenwasserstoffen

5.4.4.1 d.1 Anlagen zur Herstellung von Acrylnitril

Bauliche und betriebliche Anforderungen. Die aus dem Reaktionssystem und dem Absorber anfallenden Abgase sind einer Verbrennungseinrichtung zuzuführen. Die bei der Reinigung der Reaktionsprodukte (Destillation) sowie bei Umfüllvorgängen anfallenden Abgase sind einer Abgaswäsche zuzuführen.

Acrylnitril. Die Emissionen an Acrylnitril im Abgas der Verbrennungseinrichtung dürfen als Mindestanforderung die Massenkonzentration 0,2 mg/m³ nicht überschreiten.

5.4.4.1 d.2 Anlagen zur Herstellung von Caprolactam

Caprolactam. Die Emissionen an Caprolactam im Abgas dürfen die Massenkonzentration 0,10 g/m³ nicht überschreiten.

5.4.4.1 h Anlagen zur Herstellung von Basiskunststoffen

5.4.4.1 h.1 Anlagen zur Herstellung von Polyvinylchlorid (PVC)

Bauliche und betriebliche Anforderungen. Trocknerabgas ist möglichst als Verbrennungsluft in Feuerungsanlagen einzusetzen.

Restmonomergehalt. An der Übergangsstelle vom geschlossenen System zur Aufbereitung oder Trocknung im offenen System sind die Restgehalte an Vinylchlorid (VC) im Polymerisat so gering wie möglich zu halten; dabei dürfen als Mindestanforderung folgende Höchstwerte im Monatsmittel nicht überschritten werden:
a) Suspensions-PVC   80 mg VC je kg PVC,
b) Emulsions-PVC und Mikrosuspensions-PVC.-   0,50 g VC je kg PVC
  Die Möglichkeiten, die Restgehalte an Vinylchlorid (VC) durch primärseitige Maßnahmen (z.B. mehrstufige Entgasung) oder durch andere dem Stand der Technik entsprechende Maßnahmen weiter zu vermindern, sind auszuschöpfen.

Anh. B 2 TA Luft   Allgemeine Verwaltungsvorschriften

5.4.4.1 h.2 Anlagen zur Herstellung von Viskoseprodukten

Schwefelwasserstoff und Kohlenstoffdisulfid. Im Gesamtabgas, einschließlich Raumluftabsaugung und Maschinenzusatzabsaugung, dürfen
a) bei der Herstellung von textilem Rayon
    aa) die Emissionen an Schwefelwasserstoff die Massenkonzentration 50 mg/m^3
    bb) und die Emissionen an Kohlenstoffdisulfid die Massenkonzentration 0,15 g/m^3,
b) bei der Herstellung von Kunstdarm und Schwammtuch
    aa) die Emissionen an Schwefelwasserstoff die Massenkonzentration 50 mg/m^3
    bb) und die Emissionen an Kohlenstoffdisulfid die Massenkonzentration 0,40 g/m^3

nicht überschreiten. Nummer 2.7 Buchstabe a) bb) findet keine Anwendung.

Die Möglichkeiten, die Emissionen an Schwefelwasserstoff und Kohlenstoffdisulfid durch Kapselung der Maschinen mit Abgaserfassung und Abgasreinigung oder durch andere dem Stand der Technik entsprechende Maßnahmen weiter zu vermindern, sind auszuschöpfen.

5.4.4.1 h.3 Anlagen zur Herstellung von Polyurethanschäumen, ausgenommen Anlagen nach Nummer 5.11

Bauliche und betriebliche Anforderungen. Abgase sind möglichst an der Entstehungsstelle zu erfassen.

Organische Stoffe. Für Anlagen zur Herstellung von wärmeisolierenden Polyurethanschäumen, die mit reinen Kohlenwasserstoffen (z. B. Pentan) als Treibgas betrieben werden, finden die Anorderungen der Nummer 5.2.5 keine Anwendung.

5.4.4.1 h.4 Anlagen zur Herstellung von Polyacrylnitrilfasern

ALTANLAGEN

Bauliche und betriebliche Anforderungen. Bei Altanlagen ist Trocknerabgas möglichst als Verbrennungsluft in Feuerungsanlagen einzusetzen.

Acrylnitril. Bei Altanlagen dürfen die Emissionen an Acrylnitril im Abgas der Trockner als Mindestanforderung die Massenkonzentration 15 mg/m^3 nicht überschreiten. Die aus den Reaktionskesseln, der Intensivausgasung, den Suspensionssammelbehältern und den Waschfiltern stammenden acrylnitrilhaltigen Abgase sind einer Abgaswäsche oder einer Adsorption zuzuführen; die Emissionen an Acrylnitril im Abgas dürfen als Mindestanforderung die Massenkonzentration 5 mg/m^3 nicht überschreiten.

Bei Altanlagen sind bei der Verspinnung des Polymeren zu Fasern Abgase mit einem Acrylnitrilgehalt von mehr als 5 mg/m^3 einer Abgasreinigungseinrichtung zuzuführen. Die Emissionen an Acrylnitril im Abgas der Wäscher des Nassspinnverfahrens dürfen als Mindestanforderung 5 mg/m^3 nicht überschreiten.

Die Möglichkeiten, die Emissionen an Acrylnitril durch primärseitige Maßnahmen (z. B. Verminderung des Restmonomerengehalts) oder durch andere dem Stand der Technik entsprechende Maßnahmen weiter zu vermindern, sind auszuschöpfen.

5.4.4.1 h.5 Anlagen zur Herstellung von Polyethylen durch Hochdruckpolymerisation

Technische Anleitung Luft TA Luft Anh. B 2

ALTANLAGEN

Organische Stoffe. Bei Altanlagen dürfen die Emissionen an organischen Stoffen im Abgas der Granulatentgasung die Massenkonzentration 80 mg/m³, angegeben als Gesamtkohlenstoff, nicht überschreiten. Die Anforderungen der Nummer 5.2.5 für Emissionen an organischen Stoffen der Klasse I und II finden keine Anwendung.

5.4.4.1 l Anlagen zur Herstellung von Gasen

5.4.4.1 n Anlagen zur Herstellung von Basen

5.4.4.1 l.1 /
5.4.4.1 n.1 Anlagen zur Herstellung von Chlor oder Alkalilauge

Bauliche und betriebliche Anforderungen. Anlagen zur Herstellung von Chlor oder Alkalilauge dürfen nicht nach dem Diaphragmaverfahren auf Asbestbasis oder nach dem Amalgamverfahren errichtet werden.

Chlor. Die Emissionen an Chlor im Abgas dürfen die Massenkonzentration 1 mg/m³ nicht überschreiten; abweichend davon dürfen bei Anlagen zur Herstellung von Chlor mit vollständiger Verflüssigung die Emissionen an Chlor im Abgas die Massenkonzentration 3 mg/m³ nicht überschreiten.

ALTANLAGEN

Quecksilber. Bei Altanlagen der Alkalichloridelektrolyse nach dem Amalgamverfahren dürfen die Emissionen an Quecksilber in der Zellensaalabluft im Jahresmittel das Massenverhältnis 1,0 g je Mg genehmigter Chlorproduktion nicht überschreiten.

Bei gleichzeitiger Herstellung von Alkalilauge und Dithionit oder Alkoholaten in einer Anlage dürfen die Emissionen an Quecksilber in der Zellensaalabluft im Jahresmittel das Massenverhältnis 1,2 g je Mg genehmigter Chlorproduktion nicht überschreiten.

Die Möglichkeiten, die Emissionen an Quecksilber aus der Alkalichloridelektrolyse nach dem Amalgamverfahren durch Maßnahmen nach dem Stand der Technik weiter zu vermindern, sind auszuschöpfen.

5.4.4.1 m Anlagen zur Herstellung von Säuren

5.4.4.1 m.1 Anlagen zur Herstellung von Salpetersäure

Stickstoffoxide. Die Emissionen an Stickstoffmonoxid und Stickstoffdioxid im Abgas dürfen die Massenkonzentration 0,20 g/m³, angegeben als Stickstoffdioxid, nicht überschreiten.

Die Emissionen an Distickstoffoxid im Abgas dürfen die Massenkonzentration 0,80 g/m³ nicht überschreiten.

ALTANLAGEN

Stickstoffoxide. Altanlagen sollen die Anforderungen zur Begrenzung der Emissionen an Stickstoffmonoxid, Stickstoffdioxid und Distickstoffoxid spätestens acht Jahre nach Inkrafttreten dieser Verwaltungsvorschrift einhalten.

5.4.4.1 m.2 Anlagen zur Herstellung von Schwefeldioxid, Schwefeltrioxid, Schwefelsäure und Oleum

Schwefelsäure. Die Bildung von Schwefelsäureaerosolen ist insbesondere bei der Handhabung von Schwefelsäure oder Oleum so weit wie möglich zu begrenzen.

1363

Anh. B 2 TA Luft — Allgemeine Verwaltungsvorschriften

Schwefeldioxid
a) Abgasführung
 Bei Anlagen zur Herstellung von reinem Schwefeldioxid durch Verflüssigung ist das Abgas einer Schwefelsäureanlage oder einer anderen Aufarbeitungsanlage zuzuführen.
b) Umsatzgrade
  aa) Bei Anwendung des Doppelkontaktverfahrens ist ein Umsatzgrad von mindestens 99,8 vom Hundert einzuhalten oder, soweit nur ein Umsatzgrad von mindestens 99,6 vom Hundert eingehalten wird, sind die Emissionen an Schwefeldioxid und Schwefeltrioxid durch Einsatz einer nachgeschalteten Minderungstechnik, einer fünften Horde oder gleichwertiger Maßnahmen weiter zu vermindern.
  Abweichend von diesen Anforderungen gilt bei einem mittleren SO_2-Volumengehalt von weniger als 8 vom Hundert, bei schwankenden SO_2-Eingangskonzentrationen und schwankenden Volumenströmen des Einsatzgases, dass ein Umsatzgrad von mindestens 99,5 vom Hundert einzuhalten ist.
  bb) Bei Anwendung des Kontaktverfahrens ohne Zwischenabsorption und
   (i) bei einem Volumengehalt an Schwefeldioxid im Einsatzgas von 6 vom Hundert oder mehr ist ein Umsatzgrad von mindestens 98,5 vom Hundert oder
   (ii) bei einem Volumengehalt an Schwefeldioxid von weniger als 6 vom Hundert im Einsatzgas ist ein Umsatzgrad von mindestens 97,5 vom Hundert
   einzuhalten.
  Die Emissionen an Schwefeldioxid und Schwefeltrioxid im Abgas sind bei diesen Verfahrenstypen durch Einsatz nachgeschalteter Minderungsmaßnahmen weiter zu vermindern.
  cc) Bei Anwendung der Nasskatalyse ist ein Umsatzgrad von mindestens 98 vom Hundert einzuhalten.

Schwefeltrioxid. Die Emissionen an Schwefeltrioxid im Abgas dürfen die Massenkonzentration 60 mg/m³ nicht überschreiten.

5.4.4.1 o Anlagen zur Herstellung von Salzen wie Ammonium-chlorid, Kaliumchlorat, Kaliumkarbonat, Natriumkarbonat, Perborat, Silbernitrat

5.4.4.1 o.1 Anlagen zur Herstellung von Natriumkarbonat

ALTANLAGEN

Ammoniak. Bei Altanlagen dürfen die Emissionen an Ammoniak im Abgas die Massenkonzentration 50 mg/m³ nicht überschreiten.

5.4.4.1 p Anlagen zur Herstellung von anorganischen Verbindungen

5.4.4.1 p.1 Anlagen zur Herstellung von Schwefel

Schwefelemissionsgrad
a) Bei Clausanlagen mit einer Kapazität bis einschließlich 20 Mg Schwefel je Tag darf ein Schwefelemissionsgrad von 3 vom Hundert nicht überschritten werden.
b) Bei Clausanlagen mit einer Kapazität von mehr als 20 Mg Schwefel je Tag bis einschließlich 50 Mg Schwefel je Tag darf ein Schwefelemissionsgrad von 2 vom Hundert nicht überschritten werden.

Technische Anleitung Luft　　　　　　　　　TA Luft　Anh. B 2

c) Bei Clausanlagen mit einer Kapazität von mehr als 50 Mg Schwefel je Tag darf ein Schwefelemissionsgrad von 0,2 vom Hundert nicht überschritten werden.

Schwefeloxide. Die Anforderungen der Nummer 5.2.4 für die Emissionen an Schwefeloxiden finden keine Anwendung.

Kohlenoxidsulfid und Kohlenstoffdisulfid. Die Abgase sind einer Nachverbrennung zuzuführen; die Emissionen an Kohlenoxidsulfid (COS) und Kohlenstoffdisulfid (CS2) im Abgas dürfen insgesamt die Massenkonzentration 3 mg/m³, angegeben als Schwefel, nicht überschreiten.
Bei Clausanlagen der Erdgasaufbereitung findet Satz 1 keine Anwendung.

Schwefelwasserstoff. Bei Clausanlagen der Erdgasaufbereitung gilt abweichend von Nummer 5.2.4, dass die Emissionen an Schwefelwasserstoff die Massenkonzentration 10 mg/m³ nicht überschreiten dürfen.

ALTANLAGEN

Schwefelemissionsgrad. Bei Altanlagen dürfen folgende Schwefelemissionsgrade nicht überschritten werden:
a) bei Clausanlagen mit einer Kapazität bis einschließlich
　20 Mg Schwefel je Tag　　　　　　　　　　　　　　　　　　　3 vom Hundert,
b) bei Clausanlagen mit einer Kapazität von mehr als 20 Mg
　Schwefel je Tag bis einschließlich 50 Mg Schwefel je Tag　　　2 vom Hundert,
c) bei Clausanlagen mit einer Kapazität von mehr als
　50 Mg Schwefel je Tag
　aa) bei Clausanlagen, die mit integriertem MODOP-Verfahren betrieben werden,　　　　　　　　　　　　　　　　0,6 vom Hundert,
　bb) bei Clausanlagen, die mit integriertem Sulfreen-Verfahren betrieben werden,　　　　　　　　　　　　　　　　0,5 vom Hundert,
　cc) bei Clausanlagen, die mit integriertem Scott-Verfahren
　　　betrieben werden,　　　　　　　　　　　　　　　　　　　0,2 vom Hundert.

5.4.4.1 q Anlagen zur Herstellung von phosphor-, stickstoff- oder kaliumhaltigen Düngemitteln (Einnährstoff- oder Mehrnährstoffdünger) einschließlich Ammoniumnitrat und Harnstoff

ALTANLAGEN

Gesamtstaub. Bei Altanlagen dürfen bei der Prillung, Granulation und Trocknung die staubförmigen Emissionen im Abgas die Massenkonzentration 50 mg/m³ nicht überschreiten.

Ammoniak. Bei Altanlagen dürfen bei der Prillung die Emissionen an Ammoniak im Abgas die Massenkonzentration 60 mg/m³ nicht überschreiten.
Bei Altanlagen dürfen bei der Granulierung und Trocknung die Emissionen an Ammoniak im Abgas die Massenkonzentration 50 mg/m³ nicht überschreiten.

5.4.4.1 r Anlagen zur Herstellung von Ausgangsstoffen für Pflanzenschutzmittel und von Bioziden

Gesamtstaub, einschließlich schwer abbaubarer, leicht anreicherbarer und hochtoxischer organischer Stoffe. Die staubförmigen Emissionen im Abgas dürfen als Mindestanforderung den Massenstrom 5 g/h oder die Massenkonzentration 2 mg/m³ nicht überschreiten.

Anh. B 2 TA Luft — Allgemeine Verwaltungsvorschriften

5.4.4.2 Anlagen der Nummer 4.2: Anlagen, in denen Pflanzenschutz- oder Schädlingsbekämpfungsmittel oder ihre Wirkstoffe gemahlen oder maschinell gemischt, abgepackt oder umgefüllt werden

Gesamtstaub, einschließlich schwer abbaubarer, leicht anreicherbarer und hochtoxischer organischer Stoffe. Staubhaltige Abgase sind an der Entstehungsstelle zu erfassen und einer Entstaubungseinrichtung zuzuführen. Die staubförmigen Emissionen im Abgas dürfen als Mindestanforderung den Massenstrom 5 g/h oder die Massenkonzentration 5 mg/m^3 nicht überschreiten. Bei staubförmigen Emissionen, die zu 10 vom Hundert oder mehr aus sehr giftigen Stoffen oder Zubereitungen bestehen, darf die Massenkonzentration im Abgas 2 mg/m^3 nicht überschreiten.

5.4.4.4 Anlagen der Nummer 4.4: Mineralölraffinerien

Druckentlastungsarmaturen und Entleerungseinrichtungen. Gase und Dämpfe organischer Stoffe sowie Wasserstoff und Schwefelwasserstoff, die aus Druckentlastungsarmaturen und Entleerungseinrichtungen austreten, sind in ein Gassammelsystem einzuleiten. Die erfassten Gase sind soweit wie möglich in Prozessfeuerungen zu verbrennen. Sofern dies nicht möglich ist, sind die Gase einer Fackel zuzuführen.

Abgasführung. Abgase, die aus Prozessanlagen laufend anfallen, sowie Abgase, die beim Regenerieren von Katalysatoren, bei Inspektionen und bei Reinigungsarbeiten auftreten, sind einer Nachverbrennung zuzuführen oder es sind gleichwertige Maßnahmen zur Emissionsminderung anzuwenden.

Anfahr- und Abstellvorgänge. Gase, die beim Anfahren oder Abstellen der Anlage anfallen, sind soweit wie möglich über ein Gassammelsystem in den Prozess zurückzuführen oder in Prozessfeuerungen zu verbrennen. Sofern dies nicht möglich ist, sind die Gase einer Fackel zuzuführen. Die Fackeln sollen mindestens die Anforderungen an Fackeln zur Verbrennung von Gasen aus Betriebsstörungen und Sicherheitsventilen erfüllen.

Schwefelwasserstoff. Gase aus Entschwefelungsanlagen oder anderen Quellen mit einem Volumengehalt an Schwefelwasserstoff von mehr als 0,4 vom Hundert und mit einem Massenstrom an Schwefelwasserstoff von mehr als 2 Mg/d sind weiterzuverarbeiten. Gase, die nicht weiterverarbeitet werden, sind einer Nachverbrennung zuzuführen. Schwefelwasserstoffhaltiges Wasser darf nur so geführt werden, dass ein Ausgasen in die Atmosphäre vermieden wird.

Prozesswasser und Ballastwasser. Prozesswasser und überschüssiges Ballastwasser dürfen erst nach Entgasung in ein offenes System eingeleitet werden; die Gase sind einer Abgasreinigungseinrichtung zuzuführen.

Katalytisches Spalten. Die staubförmigen Emissionen und die Emissionen an Schwefeloxiden im Abgas von Anlagen zum katalytischen Spalten im Fließbett-Verfahren dürfen beim Regenerieren des Katalysators folgende Massenkonzentrationen nicht überschreiten:
a) Staub 30 mg/m^3,
b) Schwefeldioxid und Schwefeltrioxid, angegeben als Schwefeldioxid, 1,2 g/m^3.

Die Möglichkeiten, die Emissionen an Schwefeloxiden durch prozesstechnische Maßnahmen weiter zu vermindern, sind auszuschöpfen.

Kalzinieren. Die staubförmigen Emissionen im Abgas von Anlagen zum Kalzinieren dürfen die Massenkonzentration 30 mg/m^3 nicht überschreiten.

Organische Stoffe. Die Anforderungen für organische Stoffe der Nummer 5.4.9.2 gelten für die Lagerung von brennbaren Flüssigkeiten entsprechend.

Technische Anleitung Luft   TA Luft Anh. B 2

Gasförmige Emissionen. Die Anforderungen für gasförmige Emissionen der Nummer 5.4.9.2 für Neu- und Altanlagen gelten beim Verarbeiten, Fördern, Umfüllen oder Lagern entsprechend.

ALTANLAGEN

Katalytisches Spalten. Die staubförmigen Emissionen im Abgas von Altanlagen zum katalytischen Spalten im Fließbett-Verfahren dürfen beim Regenerieren des Katalysators die Massenkonzentration 40 mg/m^3 nicht überschreiten.
Kalzinieren. Die staubförmigen Emissionen im Abgas von Anlagen zum Kalzinieren dürfen die Massenkonzentration 40 mg/m^3 nicht überschreiten.
Die Anforderungen der Nummer 5.2.4 Klasse IV erster Spiegelstrich (Schwefeloxide) sind spätestens zehn Jahre nach Inkrafttreten dieser Verwaltungsvorschrift einzuhalten.

5.4.4.6 Anlagen der Nummer 4.6: Anlagen zur Herstellung von Ruß

5.4.4.6.1 Anlagen zur Herstellung von Industrieruß

Bauliche und betriebliche Anforderungen. Prozessgase aus Furnace- und Flammrußanlagen sind einer Nachverbrennung zuzuführen und energetisch zu verwerten.
Bezugsgröße. Die Emissionswerte beziehen sich in den Abgasen der dampf- oder stromerzeugenden Nachverbrennungseinrichtungen von Furnace- und Flammrußanlagen auf einen Volumengehalt an Sauerstoff im Abgas von 3 vom Hundert.
Kohlenmonoxid. Bei Gasrußanlagen dürfen die Emissionen an Kohlenmonoxid im Abgas die Massenkonzentration 0,50 g/m^3 nicht überschreiten.
Stickstoffoxide. Bei Furnace- und Flammrußanlagen dürfen im Abgas der Nachverbrennungseinrichtung abweichend von Nummer 5.2.4 die Emissionen an Stickstoffmonoxid und Stickstoffdioxid die Massenkonzentration 0,6 g/m^3, angegeben als Stickstoffdioxid, nicht überschreiten. Die Möglichkeiten, die Emissionen durch verbrennungstechnische Maßnahmen weiter zu vermindern, sind auszuschöpfen.
Schwefeloxide. Bei Furnace- und Flammrußanlagen dürfen im Abgas der Nachverbrennungseinrichtung die Emissionen an Schwefeldioxid und Schwefeltrioxid die Massenkonzentration 0,85 g/m^3, angegeben als Schwefeldioxid, nicht überschreiten.
Organische Stoffe. Bei Anlagen für die Herstellung von Gasruß dürfen die Emissionen an gasförmigen organischen Stoffen die Massenkonzentration 0,10 g/m^3, angegeben als Gesamtkohlenstoff, nicht überschreiten.
Benzol. Bei Anlagen für die Herstellung von Gasruß dürfen die Emissionen an Benzol als Mindestanforderung die Massenkonzentration 5 mg/m^3 nicht überschreiten.

5.4.4.7 Anlagen der Nummer 4.7: Anlagen zur Herstellung von Kohlenstoff (Hartbrandkohle) oder Elektrographit durch Brennen oder Graphitieren

ALTANLAGEN

Brennen. Bei Altanlagen für die Herstellung von Kohlenstoffformkörpern dürfen im Abgas von Ringöfen mit elektrischen Abscheidern, Trockensorptionseinrichtungen oder einer Kombination beider Abgasreinigungseinrichtungen die Emissionen an gasförmigen organischen Stoffen die Massenkonzentration 0,15 g/m^3, angegeben als Gesamtkohlenstoff, und die Emissionen an Benzol als Mindestanforderung die Massenkonzentration 3 mg/m^3 nicht überschreiten.

5.4.4.10 Anlagen der Nummer 4.10: Anlagen zur Herstellung von Anstrich- oder Beschichtungsstoffen (Lasuren, Firnis, Lacke, Dispersionsfarben) oder Druckfarben

Gesamtstaub. Die staubförmigen Emissionen im Abgas dürfen die Massenkonzentration 10 mg/m³ nicht überschreiten.

5.4.5 Oberflächenbehandlung mit organischen Stoffen, Herstellung von bahnenförmigen Materialien aus Kunststoffen, sonstige Verarbeitung von Harzen und Kunststoffen

5.4.5.1 Anlagen der Nummer 5.1: Anlagen zur Behandlung von Oberflächen von Stoffen, Gegenständen oder Erzeugnissen einschließlich der zugehörigen Trocknungsanlagen unter Verwendung von organischen Lösungsmitteln

Gesamtstaub. Die staubförmigen Emissionen im Abgas (Lackpartikel) dürfen den Massenstrom 15 g/h oder die Massenkonzentration 3 mg/m³ nicht überschreiten.

5.4.5.2 Anlagen der Nummer 5.2: Anlagen zum Beschichten, Imprägnieren, Kaschieren, Lackieren oder Tränken von Gegenständen, Glas- oder Mineralfasern oder bahnen- oder tafelförmigen Materialien einschließlich der zugehörigen Trocknungsanlagen mit Kunstharzen

5.4.5.2.1 Anlagen zum Beschichten, Imprägnieren, Kaschieren, Lackieren oder Tränken von Glas- oder Mineralfasern

Bauliche und betriebliche Anforderungen. Abgase sind an der Entstehungsstelle, z. B. bei Schmelzwannen, Kupolöfen, Sammelkammern, Härteöfen, Säge- und Konfektionierungsstationen, zu erfassen und einer Abgasreinigungseinrichtung zuzuführen.

Ammoniak. Bei der Imprägnierung und Trocknung von Glaswolle oder Steinwolle gilt Nummer 5.2.4 mit der Maßgabe, dass die Emissionen an Ammoniak im Abgas die Massenkonzentration 65 mg/m³ nicht überschreiten dürfen. Soweit die Minderung organischer Emissionen durch eine thermische Nachverbrennung erfolgt, dürfen die Emissionen an Ammoniak im Abgas die Massenkonzentration 0,10 g/m³ nicht überschreiten.

Beim Beschichten von Glasfaser- oder Mineralfaservlies gilt Nummer 5.2.4 mit der Maßgabe, dass die Emissionen an Ammoniak im Abgas die Massenkonzentration 80 mg/m³ nicht überschreiten dürfen.

Stickstoffoxide. Bei Einsatz einer thermischen Nachverbrennung dürfen abweichend von Nummer 5.2.4 die Emissionen an Stickstoffmonoxid und Stickstoffdioxid im Abgas die Massenkonzentration 0,35 g/m³, angegeben als Stickstoffdioxid, nicht überschreiten.

ALTANLAGEN

Gesamtstaub. Bei Altanlagen, ausgenommen Konfektionierung und Härteöfen – soweit bei Härteöfen die Abgase getrennt erfasst und behandelt werden, dürfen die staubförmigen Emissionen im Abgas die Massenkonzentration 80 mg/m³, nicht überschreiten; darüber hinaus ist zu prüfen, inwieweit einschließlich zusätzlicher abgasseitiger Minderungsmaßnahmen ein Emissionswert von 50 mg/m³ gefordert werden kann.

Die Anforderungen zur Begrenzung der staubförmigen Emissionen für Neuanlagen sind spätestens acht Jahre nach Inkrafttreten dieser Verwaltungsvorschrift einzuhalten.

Technische Anleitung Luft   TA Luft **Anh. B 2**

Phenol und Formaldehyd. Beim Imprägnieren und Trocknen von Mineralfasern dürfen die Emissionen an Phenol und Formaldehyd im Abgas insgesamt die Massenkonzentration 30 mg/m^3 nicht überschreiten.

5.4.5.4 Anlagen der Nummern 5.4: Anlagen zum Tränken oder Überziehen von Stoffen oder Gegenständen mit Teer, Teeröl oder heißem Bitumen

Bauliche und betriebliche Anforderungen. Die Anlagen sind so zu errichten und zu betreiben, dass Schadstoffe nicht in den Boden und das Grundwasser eindringen können. Der Zutritt von Wasser ist zur Verhinderung der Auswaschung von Schadstoffen oder der Entstehung von organischen Emissionen durch Umsetzungsprozesse zu minimieren (z. B. durch Abdeckung oder Überdachung).

Organische Stoffe. Die Emissionen an organischen Stoffen im Abgas dürfen die Massenkonzentration 20 mg/m^3, angegeben als Gesamtkohlenstoff, nicht überschreiten. Die Anforderungen der Nummer 5.2.5 für die Emissionen an organischen Stoffen der Klassen I und II finden keine Anwendung.

5.4.5.5 Anlagen der Nummer 5.5: Anlagen zum Isolieren von Drähten unter Verwendung von phenol- und kresolhaltigen Drahtlacken

ALTANLAGEN

Kohlenmonoxid. Nummer 5.2.4 gilt mit der Maßgabe, dass für die Emissionen an Kohlenmonoxid im Abgas die Massenkonzentration 0,50 g/m^3 nicht überschritten werden darf; die Möglichkeiten, die Emissionen an Kohlenmonoxid durch primärseitige Maßnahmen oder durch andere dem Stand der Technik entsprechende Maßnahmen weiter zu vermindern, sind auszuschöpfen.

5.4.5.7 Anlagen der Nummer 5.7: Anlagen zur Verarbeitung von flüssigen ungesättigten Polyesterharzen mit Styrol-Zusatz oder flüssigen Epoxidharzen mit Aminen

Organische Stoffe. Nummer 5.2.5 gilt mit der Maßgabe, dass die Emissionen an organischen Stoffen im Abgas die Massenkonzentration 85 mg/m^3, angegeben als Gesamtkohlenstoff, nicht überschreiten dürfen. Die Möglichkeiten, die Emissionen an Styrol durch primärseitige Maßnahmen, z. B. durch Einsatz styrolarmer oder styrolfreier Harze, weiter zu vermindern, sind auszuschöpfen.

5.4.5.8 Anlagen der Nummer 5.8: Anlagen zur Herstellung von Gegenständen unter Verwendung von Amino- oder Phenoplasten, wie Furan-, Harnstoff-, Phenol- oder Xylolharzen mittels Wärmebehandlung

Ammoniak. Die Emissionen an Ammoniak im Abgas dürfen die Massenkonzentration 50 mg/m^3 nicht überschreiten.

5.4.5.11 Anlagen der Nummer 5.11: Anlagen zur Herstellung von Polyurethanformteilen, Bauteilen unter Verwendung von Polyurethan, Polyurethanblöcken in Kastenformen oder zum Ausschäumen von Hohlräumen mit Polyurethan

Organische Stoffe. Für Anlagen zur Herstellung von wärmeisolierenden Polyurethanschäumen, die mit reinen Kohlenwasserstoffen (z. B. Pentan) als Treibgas betrieben werden, finden die Anforderungen der Nummer 5.2.5 keine Anwendung.

Anh. B 2 TA Luft   Allgemeine Verwaltungsvorschriften

5.4.6 Holz, Zellstoff

5.4.6.1 Anlagen der Nummer 6.1: Anlagen zur Gewinnung von Zellstoff aus Holz, Stroh oder ähnlichen Faserstoffen

Lagerplätze. Bei der Lagerung von Stammholz oder stückigem Holz finden die Anforderungen der Nummern 5.2.3.5 und 5.2.3.6 keine Anwendung.

5.4.6.2 Anlagen der Nummer 6.2: Anlagen zur Herstellung von Papier, Karton oder Pappe

Bauliche und betriebliche Anforderungen. Abgase aus Behältern und Silos, bei denen beim Befüllvorgang staubförmige Emissionen auftreten können, sind zu erfassen und einer Entstaubungseinrichtung zuzuführen.

Abgase aus der Holzschliffherstellung und aus TMP-(Thermo-Mechanical-Pulp-)Anlagen sind zu erfassen und möglichst als Verbrennungsluft einer Feuerungsanlage zuzuführen.

Organische Stoffe. Durch Einsatz emissionsarmer Einsatzstoffe, z. B. Kunstharze oder Elastomerverbindungen mit niedrigem Restmonomergehalt, sind die Emissionen an organischen Stoffen im Abgas zu minimieren.

Bei Anlagen mit direkt beheizten Trocknungsaggregaten sind die Emissionen an organischen Stoffen im Abgas zu minimieren, z. B. durch emissionsbezogene Optimierung der Verbrennung der erdgasbefeuerten Trocknungsaggregate und Anpassung an wechselnde Lastzustände; die Anforderung der Nummer 5.4.1.2.5 hinsichtlich der Bezugsgröße für den Volumengehalt an Sauerstoff im Abgas findet keine Anwendung.

An- und Abfahrvorgänge sind im Hinblick auf geringe Emissionen zu optimieren.

Bei der Holzschliffherstellung und bei TMP-Anlagen finden die Anforderungen der Nummer 5.2.5 keine Anwendung.

Die Möglichkeiten, die Emissionen an organischen Stoffen durch primärseitige oder andere dem Stand der Technik entsprechende Maßnahmen weiter zu vermindern, z. B. bei TMP-Anlagen durch Kondensation in Wärmerückgewinnungseinrichtungen, sind auszuschöpfen.

Geruchsintensive Stoffe. Durch Planung und Konstruktion sowie prozesstechnische Optimierung und Betriebsführung sind die Emissionen an geruchsintensiven Stoffen, z. B. aus dem Altpapierlager, der Altpapieraufbereitung, der Zwischenlagerung und dem Abtransport der Abfälle aus der Altpapieraufbereitung, den Prozesswasserkreisläufen, der Kläranlage und der Schlammentwässerung, soweit wie möglich zu vermeiden. Soweit in der Umgebung einer Anlage Geruchseinwirkungen zu erwarten sind, sind weitergehende, dem Stand der Technik entsprechende Maßnahmen der Geruchsminderung, z. B. Kapselung der Anlagenteile, Erfassung der Abgase und Zuführung zu einer Abgasreinigungseinrichtung, durchzuführen.

5.4.6.3 Anlagen der Nummer 6.3: Anlagen zur Herstellung von Holzspanplatten, Holzfaserplatten oder Holzfasermatten

Lagerplätze. Bei der Lagerung von Stammholz oder stückigem Holz finden die Anforderungen der Nummern 5.2.3.5 und 5.2.3.6 keine Anwendung.

Für Industrieresthölzer, die in trockenem Zustand stauben können (z. B. Frässpäne, Hobelspäne, Sägespäne, Sägemehl), oder Hölzer, bei denen der abtrennbare Fraktion bei Siebung mit einer maximalen Maschenweite von 5 mm den Wert von 5,0 g/kg (bezogen auf die Trockenmasse) überschreitet, ist durch betriebliche und technische Maßnahmen sicherzustellen, dass das Entladen ausschließlich in geschlossenen Materialannahmestationen sowie den zugehörigen Siloanlagen erfol-

Technische Anleitung Luft TA Luft Anh. B 2

gen kann; die Abgase sind zu erfassen und einer Entstaubungseinrichtung zuzuführen.

Gesamtstaub, einschließlich der Anteile an krebserzeugenden, erbgutverändernden oder reproduktionstoxischen Stoffen. Die staubförmigen Emissionen im Abgas dürfen als Mindestanforderung folgende Massenkonzentrationen nicht überschreiten:
a) bei Schleifmaschinen 5 mg/m³,
b) bei indirekt beheizten Spänetrocknern 10 mg/m³ (f),
c) bei sonstigen Trocknern 15 mg/m³ (f).

Brennstoffe. Bei Einsatz von flüssigen oder festen Brennstoffen in Späne- oder Fasertrocknern darf der Massengehalt an Schwefel im Brennstoff 1 vom Hundert, bei festen Brennstoffen bezogen auf einen unteren Heizwert vom 29,3 MJ/kg, nicht überschreiten, soweit nicht durch den Einsatz einer Abgasreinigungseinrichtung ein äquivalenter Emissionswert für Schwefeloxide erreicht wird; beim Einsatz von Kohlen dürfen nur Kohlen verwendet werden, die keine höheren Emissionen an Schwefeloxiden verursachen als Steinkohle mit einem Massengehalt an Schwefel von weniger als 1 vom Hundert, bezogen auf einen unteren Heizwert von 29,3 MJ/kg.

Organische Stoffe. Bei Trocknern dürfen die Emissionen an organischen Stoffen im Abgas die Massenkonzentration 300 mg/m³ (f), angegeben als Gesamtkohlenstoff, nicht überschreiten. Bei Fasertrocknern im Umluftbetrieb dürfen die Emissionen an organischen Stoffen der Nummer 5.2.5 Klasse I im Abgas die Massenkonzentration nach Nummer 5.2.5 überschreiten, wenn dabei der stündliche Massenstrom unterschritten wird, der bei Einhaltung der Massenkonzentration nach Nummer 5.2.5 ohne Umluftbetrieb erreicht würde.

Bei Pressen dürfen die Emissionen an organischen Stoffen der Nummer 5.2.5 Klasse I im Abgas das Massenverhältnis 0,06 kg je Kubikmeter hergestellter Platten nicht überschreiten.

Die Möglichkeiten, die Emissionen an organischen Stoffen durch primärseitige Maßnahmen, z.B. durch Verwendung emissionsarmer Bindemittel, insbesondere durch den Einsatz formaldehydarmer oder formaldehydfreier Bindemittel, oder andere dem Stand der Technik entsprechende Maßnahmen weiter zu vermindern, sind auszuschöpfen.

5.4.7 Nahrungs-, Genuss- und Futtermittel, landwirtschaftliche Erzeugnisse

5.4.7.1 Anlagen der Nummer 7.1: Anlagen zum Halten oder zur Aufzucht von Nutztieren

Mindestabstand. Bei der Errichtung der Anlagen sollen die sich aus der Abbildung 1 ergebenden Mindestabstände zur nächsten vorhandenen oder in einem Bebauungsplan festgesetzten Wohnbebauung und unter Berücksichtigung der Einzeltiermasse gemäß Tabelle 10 nicht unterschritten werden.

Der Mindestabstand kann unterschritten werden, wenn die Emissionen an Geruchsstoffen durch primärseitige Maßnahmen gemindert werden oder das geruchsbeladene Abgas in einer Abgasreinigungseinrichtung behandelt wird. Die durch die Minderung der Emissionen an Geruchsstoffen mögliche Verringerung des Mindestabstandes ist mit Hilfe eines geeigneten Modells zur Geruchsausbreitungsrechnung festzustellen, dessen Eignung der zuständigen Fachbehörde nachzuweisen ist.

Für Anlagen zum Halten oder zur Aufzucht von anderen als in der Tabelle 10 genannten Tierarten oder Haltungsbedingungen ist der Abstand im Einzelfall festzulegen.

Anh. B 2 TA Luft — Allgemeine Verwaltungsvorschriften

Abbildung 1: Mindestabstandskurve
(Die obere Kurve stellt die Mindestabstandskurve für Geflügel, die untere die Mindestabstandskurve für Schweine dar.)

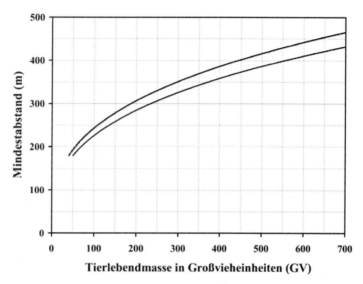

Tabelle 10: Faktoren zur Umrechnung von Tierplatzzahlen in Tierlebendmasse, angegeben in Großvieheinheiten*
(1 Großvieheinheit (GV) = 500 kg Tierlebendmasse)

Tierart	Mittlere Einzeltiermasse (GV/Tier)
Schweine	
Niedertragende und leere Sauen, Eber	0,30
Sauen mit Ferkeln bis 10 kg	0,40
Ferkelaufzucht (bis 25 kg)	0,03
Jungsauen (bis 90 kg)	0,12
Mastschweine (bis 110 kg)	0,13
Mastschweine (bis 120 kg)	0,15

*Für Produktionsverfahren, die wesentlich von den in dieser Tabelle genannten Haltungsverfahren abweichen, kann die mittlere Einzeltiermasse (in GV/Tier) im Einzelfall festgelegt werden.

Technische Anleitung Luft TA Luft **Anh. B 2**

Tierart	Mittlere Einzeltiermasse (GV/Tier)
Geflügel	
Legehenne	0,0034
Junghennen (bis 18. Woche)	0,0014
Masthähnchen bis 35 Tage	0,0015
Masthähnchen bis 49 Tage	0,0024
Pekingentenaufzucht (bis 3. Woche)	0,0013
Pekingentenmast (bis 7. Woche)	0,0038
Flugentenaufzucht (bis 3. Woche)	0,0012
Flugentenmast (bis 10. Woche)	0,0050
Truthühneraufzucht (bis 6. Woche)	0,0022
Truthühnermast, Hennen (bis 16. Woche)	0,0125
Truthühnermast, Hähne (bis 21. Woche)	0,0222

Bei der Errichtung der Anlagen soll gegenüber stickstoffempfindlichen Pflanzen (z. B. Baumschulen, Kulturpflanzen) und Ökosystemen (z. B. Heide, Moor, Wald) in der Regel ein Mindestabstand von 150 m nicht unterschritten werden.

Bauliche und betriebliche Anforderungen. Folgende bauliche und betriebliche Maßnahmen sind in der Regel anzuwenden:

a) Größtmögliche Sauberkeit und Trockenheit im Stall Hierzu gehören das Trocken- und Sauberhalten der Futtervorlage-, der Kot-, Lauf- und Liegeflächen, der Stallgänge, der Stalleinrichtungen und der Außenbereiche um den Stall. Tränkwasserverluste sind durch eine verlustarme Tränktechnik zu vermeiden.

b) Die vorgelegte Futtermenge ist so zu bemessen, dass möglichst wenig Futterreste entstehen; Futterreste sind regelmäßig aus dem Stall zu entfernen. Verdorbenes oder nicht mehr verwendbares Futter oder Futterreste dürfen nicht offen gelagert werden. Werden geruchsintensive Futtermittel (z. B. Speiseabfälle, Molke) verfüttert, sind diese in geschlossenen Behältern oder abgedeckt zu lagern.

c) Eine an den Nährstoffbedarf der Tiere angepasste Fütterung ist sicherzustellen.

d) Optimales Stallklima
Bei zwangsbelüfteten Ställen ist DIN 18910 (Ausgabe 1992) zu beachten. Die Art und Weise der Abluftführung ist im Einzelfall an den Bedingungen des Standortes auszurichten.
Frei gelüftete Ställe sollen möglichst mit der Firstachse quer zur Hauptwindrichtung ausgerichtet und frei anströmbar sein sowie zusätzliche Lüftungsöffnungen in den Giebelseiten aufweisen.

e) Beim Festmistverfahren ist eine ausreichende Einstreumenge zur Minderung der Geruchsemissionen einzusetzen. Die Einstreu muss trocken und sauber sein.
Dungstätten zur Lagerung von Festmist mit einem Trockenmassegehalt von weniger als 25 vom Hundert sind auf einer wasserundurchlässigen Betonplatte nach DIN 1045 (Ausgabe 1988) oder auf vergleichbar geeignetem Abdichtmaterial zu errichten. Die anfallende Jauche ist in einen abflusslosen Behälter ein-

zuleiten. Zur Verringerung der windinduzierten Emissionen ist eine dreiseitige Umwandung des Lagerplatzes sowie eine möglichst kleine Oberfläche zu gewährleisten.

f) Zur Verringerung der Geruchsemissionen aus dem Stall sind anfallende Kot- und Harnmengen bei Flüssigmistsystemen kontinuierlich oder in kurzen Zeitabständen zum Güllelager zu überführen. Zwischen Stallraum und außen liegenden Flüssigmistkanälen und Flüssigmistbehältern ist ein Geruchsverschluss einzubauen.

g) Anlagen zum Lagern und Umschlagen von flüssigem Wirtschaftsdünger sind entsprechend DIN 11622 (Ausgabe 1994) und DIN 1045 (Ausgabe 1988) zu errichten.

Bei der Güllezwischenlagerung im Stall (Güllekeller) ist die Kapazität so zu bemessen, dass bei Unterflurabsaugung der maximale Füllstand höchstens bis 50 cm unterhalb der Betonroste ansteigt; ansonsten sind 10 cm ausreichend.

Bei Unterflurabsaugung soll die Stallluft mit niedriger Geschwindigkeit (maximal 3 m/s) direkt unter dem Spaltenboden abgesaugt werden.

h) Die Lagerung von Flüssigmist (außerhalb des Stalles) soll in geschlossenen Behältern erfolgen oder es sind gleichwertige Maßnahmen zur Emissionsminderung anzuwenden, die einen Emissionsminderungsgrad bezogen auf den offenen Behälter ohne Abdeckung von mindestens 80 vom Hundert der Emissionen an geruchsintensiven Stoffen und an Ammoniak erreicht.

Künstliche Schwimmschichten sind nach etwaiger Zerstörung durch Aufrühren oder Ausbringungsarbeiten nach Abschluss der Arbeiten unverzüglich wieder funktionstüchtig herzustellen.

Bei der Lagerung von Rinderflüssigmist ist keine zusätzliche Abdeckung erforderlich, wenn sich eine natürliche Schwimmdecke bildet.

i) Die Lagerkapazität für flüssigen Wirtschaftsdünger zur Verwendung als Düngemittel im eigenen Betrieb ist so zu bemessen, dass sie für mindestens 6 Monate ausreicht, zuzüglich eines Zuschlages für das anfallende Niederschlags- und Reinigungswasser; der Zuschlag für Niederschlagswasser kann entfallen, wenn durch eine geeignete Abdeckung sichergestellt ist, dass kein Regenwasser in den Behälter gelangen kann. Für flüssigen Wirtschaftsdünger, der an Dritte zur weiteren Verwertung abgegeben wird, ist die ordnungsgemäße Lagerung und Verwertung vertraglich abzusichern.

Bei Anlagen zum Halten oder zur Aufzucht von Geflügel sind folgende Anforderungen ergänzend anzuwenden:

j) In der Käfighaltung ist eine Kotbandtrocknung oder Kotbandbelüftung vorzusehen (Trocknungsgrad mindestens 60 vom Hundert). Getrockneter Geflügelkot ist so zu lagern, dass eine Wiederbefeuchtung (z. B. durch Regenwasser) im Anlagenbereich ausgeschlossen ist.

Bei der Auslaufhaltung sind die Anlage und die dazugehörigen Auslaufflächen so zu bemessen und zu gestalten, dass die Nährstoffeinträge durch Kotablagerung nicht zu schädlichen Umwelteinwirkungen, insbesondere hinsichtlich des Boden- und Gewässerschutzes, führen.

Bei Anlagen zum Halten oder zur Aufzucht von Pelztieren sind folgende Anforderungen ergänzend anzuwenden:

k) Bei fleischfressenden Pelztieren soll Frischfutter in den Sommermonaten täglich, im Winter mindestens dreimal wöchentlich angeliefert werden. Das Futter soll in geschlossenen Thermobehältern (Lagertemperatur des Futters 4 °C oder weniger) gelagert werden. Sofern abweichend eine längere Lagerzeit oder eine Futteranlieferung in größeren Zeitabständen erforderlich ist, soll das Futter geschlossen und tiefgekühlt gelagert werden.

Technische Anleitung Luft TA Luft Anh. B 2

l) Zur Verringerung der Emissionen an geruchsintensiven Stoffen ist unter den Käfigen ausreichend einzustreuen.
m) Dung unter den Käfigen ist mindestens einmal wöchentlich zu entfernen.
n) Die Lagerung der Exkremente ist nur in geschlossen Räumen oder Behältern zulässig.

Die baulichen und betrieblichen Anforderungen sind mit den Erfordernissen einer artgerechten Tierhaltung abzuwägen, soweit diese Form der Tierhaltung zu höheren Emissionen führt.

Keime. Die Möglichkeiten, die Emissionen an Keimen und Endotoxinen durch dem Stand der Technik entsprechende Maßnahmen zu vermindern, sind zu prüfen.

5.4.7.2 Anlagen der Nummer 7.2: Anlagen zum Schlachten von Tieren

Mindestabstand. Bei der Errichtung der Anlagen soll möglichst ein Mindestabstand von 350 m zur nächsten vorhandenen oder in einem Bebauungsplan festgesetzten Wohnbebauung nicht unterschritten werden. Der Mindestabstand kann unterschritten werden, wenn die Emissionen an Geruchsstoffen durch primärseitige Maßnahmen gemindert werden oder das geruchsbeladene Abgas in einer Abgasreinigungseinrichtung behandelt wird. Die durch die Minderung der Emissionen an Geruchsstoffen mögliche Verringerung des Mindestabstandes ist mit Hilfe eines geeigneten Modells zur Geruchsausbreitungsrechnung festzustellen, dessen Eignung der zuständigen Fachbehörde nachzuweisen ist. Der Mindestabstand kann auch unterschritten werden, wenn die Auslastung der Schlachtanlage 250 h/a nicht überschreitet; in diesem Fall ist eine Sonderbeurteilung erforderlich.

Bauliche und betriebliche Anforderungen. Folgende bauliche und betriebliche Maßnahmen sind anzuwenden:
a) Entladungen sind grundsätzlich bei geschlossenen Hallentoren vorzunehmen.
Die Aufstallung, die Schlachtstraßen, die Einrichtungen zur Aufarbeitung der Nebenprodukte und der Abfälle sind grundsätzlich in geschlossenen Räumen vorzusehen. Offene Zwischenlagerungen sind zu vermeiden.
b) Leckblut von Rindern und Schweinen ist bei Temperaturen von weniger als 10 °C zu lagern. Das Koagulieren des Blutes ist durch Umpumpen zu verhindern. Für die Bluttankentleerung ist das Gaspendelverfahren anzuwenden. Der Bluttank ist regelmäßig zu reinigen.
c) Schlachtabfälle und Schlachtnebenprodukte sind in geschlossenen Behältern oder Räumen zu lagern. Die Temperatur der Schlachtabfälle und Schlachtnebenprodukte soll weniger als 10 °C betragen oder diese sind grundsätzlich in Räumen mit einer Raumtemperatur von weniger als 5 °C zu lagern oder täglich abzufahren. Ihr Umfüllen zum Abtransport zur Tierkörperbeseitigungsanlage muss in abgedeckte Behälter erfolgen.
d) Abgase aus Produktionsanlagen, Einrichtungen zur Aufarbeitung und Lagerung von Schlachtnebenprodukten oder Abfällen sind zu erfassen und einer Abgasreinigungseinrichtung zuzuführen oder es sind gleichwertige Maßnahmen zur Emissionsminderung anzuwenden.

Für Anlagen zum Schlachten von Geflügel sowie zum Schlachten sonstiger Tiere von mehr als 10 Mg Lebendgewicht je Tag sind zusätzlich folgende Anforderungen anzuwenden:
e) Unmittelbar nach dem Leeren der Fahrzeuge ist das darin liegende Stroh zusammen mit dem Kot auf der Dunglage zu lagern. Die Lieferfahrzeuge sind an einem festen, nahe an der Dunglage befindlichen Waschplatz mit Druckwassergeräten zu reinigen. Boxen sind sofort nach der Leerung auszuschieben und sauber zu

spritzen. Es sind Einrichtungen vorzusehen, um Schweine bei der Aufstallung mit Wasser berieseln zu können.
f) Die Verdrängungsluft beim Befüllen der Bluttanks ist zu erfassen und einer Abgasreinigungseinrichtung (z. B. Aktivkohlefilter) zuzuführen.
g) Flämmöfen bei der Schweineschlachtung sind so auszulegen, dass die Verweilzeit der Abgase in der Reaktionszone möglichst 1 Sekunde, mindestens aber 0,5 Sekunden beträgt. Die Temperatur in der Reaktionszone soll zwischen 600 °C und 700 °C liegen. Durch sorgfältige Einstellung des Gas-Luft-Gemisches ist ein geruchsarmer Betrieb der Flämmöfen zu gewährleisten. Flämmöfen dürfen nur mit Erdgas betrieben werden.
h) Ergänzend zu Buchstabe c) soll die Temperatur der Schlachtabfälle und Schlachtnebenprodukte weniger als 10 °C betragen oder diese sind grundsätzlich in Räumen mit einer Raumtemperatur von weniger als 5 °C zu lagern; Schlachtabfälle und Schlachtnebenprodukte sind am Schlachttag zur Tierkörperbeseitigungsanlage oder zu einer anderen dafür zugelassenen Anlage zu transportieren.

5.4.7.3/4 Anlagen der Nummern 7.3 und 7.4:

5.4.7.3.1 Anlagen zur Erzeugung von Speisefetten aus tierischen Rohstoffen oder zum Schmelzen von tierischen Fetten

5.4.7.4.1 Anlagen zur Herstellung von Fleisch- oder Gemüsekonserven oder Anlagen zur fabrikmäßigen Herstellung von Tierfutter durch Erwärmen der Bestandteile tierischer Herkunft

Bauliche und betriebliche Anforderungen. Folgende bauliche und betriebliche Maßnahmen sind anzuwenden:
a) Bei Anlagen zur Erzeugung von Speisefetten aus tierischen Rohstoffen oder zum Schmelzen von tierischen Fetten soll als Prozesstechnik vorzugsweise das Trockenschmelzverfahren eingesetzt werden.
b) Entladungen sind grundsätzlich bei geschlossenen Hallentoren vorzunehmen. Prozessanlagen, einschließlich der Lager, sind in geschlossenen Räumen unterzubringen.
c) Abgase der Prozessanlagen sowie der Lager sind zu erfassen; Abgase mit geruchsintensiven Stoffen sind einer Abgasreinigungseinrichtung zuzuführen oder es sind gleichwertige Maßnahmen zur Emissionsminderung anzuwenden.
d) Roh- und Zwischenprodukte sind in geschlossenen Behältern oder Räumen und bei Temperaturen von weniger als 10 °C zu lagern. Offene Zwischenlagerungen sind zu vermeiden.

5.4.7.5 Anlagen der Nummer 7.5: Anlagen zum Räuchern von Fleisch- oder Fischwaren

Bauliche und betriebliche Anforderungen. Folgende bauliche und betriebliche Maßnahmen sind anzuwenden:
a) Räucheranlagen sind so zu errichten und zu betreiben,
   – dass die Abgabe von Räuchergas aus der Räucherkammer nur möglich ist, wenn die Abgasreinigungseinrichtung ihre Wirksamkeit zur Einhaltung der Emissionswerte erreicht hat,
   – dass die entstehenden Abfälle in geschlossenen Behältern gelagert werden.
Ferner dürfen während des Räuchervorganges die Räucherkammern nicht geöffnet werden; dies gilt nicht für Kalträucheranlagen sowie für Anlagen, in denen ein Unterdruck besteht und bei denen bei geöffneter Räucherkammertür Rauchgase nicht nach außen gelangen können.

Technische Anleitung Luft   TA Luft Anh. B 2

b) Abgase sind an der Entstehungsstelle (z.B. Räucherkammer) zu erfassen und einer Abgasreinigungseinrichtung zuzuführen oder es sind gleichwertige Maßnahmen zur Emissionsminderung anzuwenden.
c) Produktionsabfälle sind in geschlossenen Behältern bei einer Temperatur von weniger als 10 °C zu lagern.
d) Fischwaren sollen in geschlossenen Räumen mit einer Entlüftung aufbewahrt werden.

5.4.7.8–12 Anlagen der Nummern 7.8 bis 7.12:

5.4.7.8.1 Anlagen zur Herstellung von Gelatine, Hautleim, Lederleim oder Knochenleim

5.4.7.9.1 Anlagen zur Herstellung von Futter- oder Düngemitteln oder technischen Fetten aus den Schlachtnebenprodukten Knochen, Tierhaare, Federn, Hörner, Klauen oder Blut

5.4.7.10.1 Anlagen zum Lagern oder Aufarbeiten unbehandelter Tierhaare

5.4.7.11.1 Anlagen zum Lagern unbehandelter Knochen 5.4.7.12.1 Anlagen zur Beseitigung oder Verwertung von Tierkörpern oder tierischen Abfällen sowie Anlagen, in denen Tierkörper, Tierkörperteile oder Abfälle tierischer Herkunft zum Einsatz in diesen Anlagen gesammelt oder gelagert werden

Bauliche und betriebliche Anforderungen. Folgende bauliche und betriebliche Maßnahmen sind anzuwenden:
a) Entladungen sind grundsätzlich bei geschlossenen Hallentoren vorzunehmen. Prozessanlagen, einschließlich der Lager, sind in geschlossenen Räumen unterzubringen.
b) Abgase der Prozessanlagen sowie der Lager sind zu erfassen; Abgase mit geruchsintensiven Stoffen sind einer Abgasreinigungseinrichtung zuzuführen oder es sind gleichwertige Maßnahmen zur Emissionsminderung anzuwenden.
c) Roh- und Zwischenprodukte sind in geschlossenen Behältern oder Räumen und grundsätzlich gekühlt zu lagern. Offene Zwischenlagerungen sind zu vermeiden.
d) Verunreinigte Transportbehälter dürfen nur in geschlossenen Räumen abgestellt und gereinigt werden.

5.4.7.15 Anlagen der Nummer 7.15: Kottrocknungsanlagen

Mindestabstand. Bei der Errichtung der Anlagen soll ein Mindestabstand von 500 m zur nächsten vorhandenen oder in einem Bebauungsplan festgesetzten Wohnbebauung nicht unterschritten werden.

Bauliche und betriebliche Anforderungen. Prozessanlagen, einschließlich Lager, sind in geschlossenen Räumen unterzubringen. Die Abgase der Prozessanlagen sowie der Lager sind zu erfassen und einer Abgasreinigungseinrichtung zuzuführen.

Keime. Die Möglichkeiten, die Emissionen an Keimen und Endotoxinen durch dem Stand der Technik entsprechende Maßnahmen zu vermindern, sind zu prüfen.

5.4.7.21 Anlagen der Nummer 7.21: Mühlen für Nahrungs- oder Futtermittel

Bauliche und betriebliche Anforderungen. Staubhaltige Abgase sind an der Entstehungsstelle, z.B. in der Getreideannahme, im Absackbereich, zu erfassen und einer Entstaubungseinrichtung zuzuführen.

Anh. B 2 TA Luft Allgemeine Verwaltungsvorschriften

5.4.7.22 Anlagen der Nummer 7.22: Anlagen zur Herstellung von Hefe oder Stärkemehlen

5.4.7.22.1 Anlagen zur Herstellung von Hefe

Organische Stoffe. Nummer 5.2.5 gilt mit der Maßgabe, dass die Emissionen an organischen Stoffen im Abgas die Massenkonzentration 80 mg/m^3, angegeben als Gesamtkohlenstoff, nicht überschreiten dürfen. Die Möglichkeiten, die Emissionen an organischen Stoffen durch primärseitige und andere dem Stand der Technik entsprechende Maßnahmen weiter zu vermindern, sind auszuschöpfen.

5.4.7.23 Anlagen der Nummer 7.23: Anlagen zur Erzeugung von Ölen oder Fetten aus pflanzlichen Rohstoffen

Bauliche und betriebliche Anforderungen. Abgase sind an der Entstehungsstelle, z. B. Saatensilo, Saatenaufbereitung, Toastung, Trocknung, Kühlung, Schrotsilo, Pelletierung, Schrotverladung, zu erfassen und einer Abgasreinigungseinrichtung zuzuführen oder es sind gleichwertige Maßnahmen zur Emissionsminderung anzuwenden.

Schwefelwasserstoff. Soweit Biofilter zur Geruchsminderung eingesetzt werden, gilt Nummer 5.2.4 mit der Maßgabe, dass die Anforderungen für die Emissionen an Schwefelwasserstoff keine Anwendung finden.

ALTANLAGEN

Gesamtstaub. Soweit Emissionen an feuchten Stäuben auftreten, z. B. bei der Saatenkonditionierung, bei der Saatenaufbereitung, in den Trocknersektionen von Toastern und Kühlern, bei der Schrottrocknung und -kühlung, in der Pelletierung, sollen Altanlagen die Anforderung zur Begrenzung der staubförmigen Emissionen spätestens acht Jahre nach Inkrafttreten dieser Verwaltungsvorschrift einhalten.

5.4.7.24 Anlagen der Nummer 7.24: Anlagen zur Herstellung oder Raffination von Zucker

5.4.7.24.1 Zuckerrübenschnitzeltrocknungsanlagen

Bauliche und betriebliche Anforderungen. Anlagen zur Zuckerrübenschnitzeltrocknung sind nach der Technik der Indirekttrocknung (Dampftrocknung) zu errichten oder es sind gleichwertige Maßnahmen zur Emissionsminderung anzuwenden. Bei einer wesentlichen Änderung der Anlage im Bereich der Trocknung oder der Energiezentrale ist zu prüfen, ob unter Beachtung des Grundsatzes der Verhältnismäßigkeit die Indirekttrocknung (Dampftrocknung) gefordert werden kann.

Organische Stoffe. Nummer 5.2.5 gilt mit der Maßgabe, dass die Emissionen an organischen Stoffen im Abgas den Massenstrom 0,65 kg/h, angegeben als Gesamtkohlenstoff, nicht überschreiten dürfen. Die Anforderungen der Nummer 5.2.5 für die Emissionen an organischen Stoffen der Klassen I und II finden keine Anwendung. Die Möglichkeiten, die Emissionen an organischen Stoffen durch primärseitige oder andere dem Stand der Technik entsprechende Maßnahmen weiter zu vermindern, sind auszuschöpfen.

ALTANLAGEN

Die nachfolgenden Anforderungen beziehen sich auf Altanlagen nach dem Direkttrocknungsverfahren.

Bauliche und betriebliche Anforderungen. Zur Verminderung der Geruchsemissionen darf die Trommeleintritttemperatur 750 °C nicht überschreiten.

Bezugsgröße. Nummer 5.4.1.2.5 gilt mit der Maßgabe, dass sich die Emissionswerte auf einen Volumengehalt an Sauerstoff im Abgas von 12 vom Hundert beziehen.

Technische Anleitung Luft   **TA Luft** **Anh. B 2**

Gesamtstaub. Die staubförmigen Emissionen im Abgas dürfen die Massenkonzentration 60 mg/m^3 (f) nicht überschreiten.

Brennstoffe. Nummer 5.4.1.2.5 gilt mit der Maßgabe, dass auch andere als in Buchstabe b) genannte flüssige Brennstoffe eingesetzt werden dürfen.

Schwefeloxide. Bei Einsatz von anderen flüssigen Brennstoffen als Heizöle mit einem Massengehalt an Schwefel für leichtes Heizöl nach der 3. BImSchV, in der jeweils gültigen Fassung, dürfen die Emissionen an Schwefeldioxid und Schwefeltrioxid im Abgas die Massenkonzentration 0,85 g/m^3, angegeben als Schwefeldioxid, nicht überschreiten; dabei gilt Nummer 5.1.2 Absatz 8 mit der Maßgabe, dass unabhängig vom Einsatz einer nachgeschalteten Abgasreinigungseinrichtung die Umrechnung nur für die Zeiten erfolgen darf, in denen der gemessene Sauerstoffgehalt über dem Bezugssauerstoffgehalt liegt.

Abweichend von Nummer 6.2.3.3 sollen die Anlagen diese Anforderungen zur Begrenzung der Emissionen an Schwefeloxiden spätestens acht Jahre nach Inkrafttreten dieser Verwaltungsvorschrift einhalten.

Stickstoffoxide. Die Emissionen an Stickstoffmonoxid und Stickstoffdioxid im Abgas dürfen die Massenkonzentration 0,40 g/m^3, angegeben als Stickstoffdioxid, nicht überschreiten; dabei gilt Nummer 5.1.2 Absatz 8 mit der Maßgabe, dass unabhängig vom Einsatz einer nachgeschalteten Abgasreinigungseinrichtung die Umrechnung nur für die Zeiten erfolgen darf, in denen der gemessene Sauerstoffgehalt über dem Bezugssauerstoffgehalt liegt.

Organische Stoffe. Die Emissionen an organischen Stoffen, angegeben als Gesamtkohlenstoff, dürfen das Massenverhältnis 0,08 kg je Mg verarbeiteter Rübenmenge nicht überschreiten. Dieser Emissionswert bezieht sich auf die durch Adsorption an Kieselgel erfassbaren organischen Stoffe, angegeben als Gesamtkohlenstoff; wenn die Messung nach dem FID-Verfahren durchgeführt wird, ist eine entsprechende Umrechnung vorzunehmen.

Die Möglichkeiten, die Emissionen an organischen Stoffen durch primärseitige oder andere dem Stand der Technik entsprechende Maßnahmen weiter zu vermindern, sind auszuschöpfen; soweit technisch möglich, sind Altanlagen unter Beachtung des Grundsatzes der Verhältnismäßigkeit auf die Technik der Indirekttrocknung (Dampftrocknung) umzustellen. Die Anforderungen der Nummer 5.2.5 für die Emissionen an organischen Stoffen der Klassen I und II finden keine Anwendung.

Die Anlagen sollen diese Anforderungen zur Begrenzung der Emissionen an organischen Stoffen spätestens acht Jahre nach Inkrafttreten dieser Verwaltungsvorschrift einhalten.

5.4.7.25 Anlagen der Nummer 7.25: Anlagen zur Trocknung von Grünfutter

Mindestabstand. Bei der Errichtung der Anlagen soll ein Mindestabstand von 500 m zur nächsten vorhandenen oder in einem Bebauungsplan festgesetzten Wohnbebauung nicht unterschritten werden. Der Mindestabstand kann unterschritten werden, wenn die Emissionen an Geruchsstoffen durch primärseitige Maßnahmen gemindert werden oder das geruchsbeladene Abgas in einer Abgasreinigungseinrichtung behandelt wird. Die durch die Minderung der Emissionen an Geruchsstoffen mögliche Verringerung des Mindestabstandes ist mit Hilfe eines geeigneten Modells zur Geruchsausbreitungsrechnung festzustellen, dessen Eignung der zuständigen Fachbehörde nachzuweisen ist.

Bauliche und betriebliche Anforderungen. Die Möglichkeit, Anlagen mit mindestens einer Stufe nach der Technik der Indirekttrocknung zu errichten, ist zu prüfen.

Anh. B 2 TA Luft Allgemeine Verwaltungsvorschriften

Der Trockner ist, z. B. durch Anpassung der Trocknereintritttemperatur, so zu steuern, dass der CO-Betriebsleitwert nicht überschritten wird.

Gesamtstaub. Die staubförmigen Emissionen im Abgas dürfen die Massenkonzentration 75 mg/m³ (f) nicht überschreiten.

Organische Stoffe. Die Anforderungen der Nummer 5.2.5 finden keine Anwendung. Die spezifischen Emissionen an organischen Stoffen, angegeben als Gesamtkohlenstoff, dürfen 0,25 kg je Mg Wasserverdampfung und an Formaldehyd, Acetaldehyd, Acrolein und Furfural dürfen in der Summe 0,10 kg je Mg Wasserverdampfung nicht überschreiten.

Kontinuierliche Messungen von Kohlenmonoxid. Anlagen sind mit einer Messeinrichtung auszurüsten, die die Massenkonzentration der Emissionen an Kohlenmonoxid kontinuierlich ermittelt. auf Grund von Emissionsmessungen ist die maximale Kohlenmonoxidkonzentration im Abgas so festzulegen, dass die spezifischen Emissionen an organischen Stoffen und an Aldehyden im Abgas nicht überschritten werden (CO-Betriebsleitwert).

5.4.7.29/30 Anlagen der Nummern 7.29 und 7.30:

5.4.7.29.1 Anlagen zum Rösten oder Mahlen von Kaffee oder Abpacken von gemahlenem Kaffee

5.4.7.30.1 Anlagen zum Rösten von Kaffee-Ersatzprodukten, Getreide, Kakaobohnen oder Nüssen

Bauliche und betriebliche Anforderungen. Folgende bauliche und betriebliche Maßnahmen sind anzuwenden:
a) Entladungen sind grundsätzlich bei geschlossenen Hallentoren vorzunehmen. Prozessanlagen, einschließlich der Lager, sind in geschlossenen Räumen unterzubringen. Offene Zwischenlagerungen sind zu vermeiden.
b) Abgase sind an der Entstehungsstelle, z. B. der Röstanlagen einschließlich der Kühlluft, der Vakuumanlage, der Zentralaspiration Mahlkaffe, der Siloanlage, zu erfassen; Abgase mit geruchsintensiven Stoffen sind einer Abgasreinigungseinrichtung zuzuführen oder es sind gleichwertige Maßnahmen zur Emissionsminderung anzuwenden.
Die Rückführung der Rösterabgase in die Brennkammer ist anzustreben, soweit sicherheitstechnische Aspekte dem nicht entgegenstehen.

Stickstoffoxide. Nummer 5.2.4 gilt mit der Maßgabe, dass für die Emissionen an Stickstoffmonoxid und Stickstoffdioxid im Abgas, angegeben als Stickstoffdioxid, der Massenstrom 1,8 kg/h oder die Massenkonzentration 0,35 g/m³ anzustreben sind; die Möglichkeiten, die Emissionen an Stickstoffoxiden durch primärseitige und andere dem Stand der Technik entsprechende Maßnahmen zu vermindern, sind auszuschöpfen.

ALTANLAGEN

Stickstoffoxide. Bei Altanlagen mit einer Produktionsleistung von weniger als 250 kg geröstetem Kaffee je Stunde finden die Anforderungen für Neuanlagen zur Begrenzung der Emissionen an Stickstoffoxiden keine Anwendung.

5.4.8 Verwertung und Beseitigung von Abfällen und sonstigen Stoffen

5.4.8.1 Anlagen der Nummer 8.1: Anlagen zur Beseitigung oder Verwertung von festen, flüssigen oder in Behältern gefassten gasförmigen Abfällen oder Deponiegas mit brennbaren Bestandteilen durch thermische Verfahren

Technische Anleitung Luft TA Luft Anh. B 2

5.4.8.1 a Anlagen der Nummer 8.1 a: Anlagen zur Beseitigung oder Verwertung von festen, flüssigen oder in Behältern gefassten gasförmigen Abfällen oder Deponiegas mit brennbaren Bestandteilen durch thermische Verfahren und Anlagen zum Abfackeln von Deponiegas oder anderen brennbaren gasförmigen Stoffen

5.4.8.1 a.1 Anlagen zur Beseitigung oder Verwertung von Deponiegas mit brennbaren Bestandteilen durch thermische Verfahren

Bei Einsatz von Deponiegas in Feuerungsanlagen finden die Anforderungen der Nummer 5.4.1.2.3 für Biogas oder Klärgas Anwendung.

5.4.8.1 a.2 Anlagen zum Abfackeln von Deponiegas oder anderen brennbaren gasförmigen Stoffen

Die Regelungen in Nummer 5.4.8.1 a.2 finden bei Fackeln zur Verbrennung von Gasen aus Betriebsstörungen und Sicherheitsventilen keine Anwendung; emissionsbegrenzende Anforderungen sind im Einzelfall festzulegen.

5.4.8.1 a.2.1 Anlagen zum Abfackeln von Deponiegas oder anderen brennbaren gasförmigen Stoffen aus Abfallbehandlungsanlagen

Bauliche und betriebliche Anforderungen. Sollen gefasste Deponiegase oder andere brennbare gasförmige Stoffe (z. B. Klärgas, Biogas) nicht in Feuerungs- oder Verbrennungsmotoranlagen mit Energienutzung, sondern wegen schlechter Gasqualität, geringer Gasmenge oder unvermeidbarem Stillstand der Energienutzungsanlage ohne Energienutzung verbrannt werden, sind die Gase einer Bodenfackel (isolierte Hochtemperaturfackel oder Muffel) zuzuführen.

Die Abgastemperatur ab Flammenspitze soll mindestens 1000 °C und die Verweilzeit der heißen Abgase im Verbrennungsraum ab Flammenspitze mindestens 0,3 Sekunden betragen.

Bezugsgröße. Die Emissionswerte beziehen sich auf einen Volumengehalt an Sauerstoff im Abgas von 3 vom Hundert.

Massenströme. Die in Nummer 5.2 festgelegten Massenströme finden keine Anwendung.

Organische Stoffe. Die Anforderungen der Nummer 5.2.5 finden keine Anwendung.

Messungen. Zur Überwachung des Ausbrandes sollen die Anlagen mit Messeinrichtungen ausgerüstet werden, die die Temperatur im Verbrennungsraum kontinuierlich ermitteln und aufzeichnen; dabei sollen die Messpunkte am Ende der Verweilstrecke positioniert werden.

5.4.8.1 a.2.2 Anlagen zum Abfackeln von brennbaren gasförmigen Stoffen, die nicht aus Abfallbehandlungsanlagen stammen

Bauliche und betriebliche Anforderungen. Brennbare gasförmige Stoffe, die nicht in Feuerungs- oder Verbrennungsmotoranlagen mit Energienutzung verbrannt werden, sondern aus sicherheitstechnischen Gründen oder besonderen betrieblichen Erfordernissen ohne Energienutzung verbrannt werden sollen, sind möglichst einer Abgasreinigungseinrichtung mit thermischer oder katalytischer Nachverbrennung zuzuführen; soweit dies nicht möglich ist (z. B. weil infolge diskontinuierlich anfallender, stark schwankender oder nur in kurzen Zeitspannen anfallender Gasmengen eine Abgasreinigungseinrichtung auch bei Einsatz eines Gaspuffers nicht wirksam oder auch unter Berücksichtigung der Gefährlichkeit der Gase nicht mit verhältnismäßigem Aufwand betrieben werden kann), sind diese brennbaren gasförmigen

Anh. B 2 TA Luft   Allgemeine Verwaltungsvorschriften

Stoffe einer Fackel zuzuführen. Halogenierte brennbare gasförmige Stoffe sollen diesen Fackeln nicht zugeführt werden.

Bei Fackeln soll die Mindesttemperatur in der Flamme 850 °C betragen.

Schwefeloxide, Stickstoffoxide und Kohlenmonoxid. Die Anforderungen der Nummer 5.2.4 finden keine Anwendung.

Organische Stoffe. Die Anforderungen der Nummer 5.2.5 finden keine Anwendung. Für organische Stoffe darf ein Emissionsminderungsgrad von 99,9 vom Hundert, bezogen auf Gesamtkohlenstoff, nicht unterschritten oder die Massenkonzentration 20 mg/m^3, bezogen auf Gesamtkohlenstoff, nicht überschritten werden; davon abweichend darf bei Fackeln zur Verbrennung von Gasen aus Betriebsstörungen und Sicherheitsventilen ein Emissionsminderungsgrad von 99 vom Hundert, bezogen auf Gesamtkohlenstoff, nicht unterschritten werden.

Messungen. Zur Überwachung der Ausbrandtemperatur sollen die Anlagen mit Messeinrichtungen ausgerüstet werden, die an geeigneter Stelle im Verbrennungsraum die Temperatur kontinuierlich ermitteln und aufzeichnen; sofern dies nicht möglich ist, ist der zuständigen Behörde in geeigneter Weise die Einhaltung der Anforderungen für den Ausbrand nachzuweisen.

Die Einhaltung des Emissionsminderungsgrades für organische Stoffe ist der zuständigen Behörde nachzuweisen; dazu sind Sonderregelungen zu treffen.

5.4.8.1 b Anlagen der Nummer 8.1 b: Verbrennungsmotoranlagen für den Einsatz von Altöl oder Deponiegas

5.4.8.1 b.1 Verbrennungsmotoranlagen für den Einsatz von Deponiegas

Bei Einsatz von Deponiegas finden die Anforderungen der Nummer 5.4.1.4 für Biogas oder Klärgas Anwendung; abweichend davon dürfen die Emissionen an Kohlenmonoxid im Abgas die Massenkonzentration 0,65 g/m^3 und die Emissionen an Stickstoffoxiden im Abgas die Massenkonzentration 0,50 g/m^3, angegeben als Stickstoffdioxid, nicht überschritten. Bei Einsatz von Deponiegas sind die Möglichkeiten, die Emissionen an Kohlenmonoxid durch motorische und andere dem Stand der Technik entsprechende Maßnahmen weiter zu vermindern, auszuschöpfen.

5.4.8.2 Anlagen der Nummer 8.2:

Anlagen zur Erzeugung von Strom, Dampf, Warmwasser, Prozesswärme oder erhitztem Abgas durch den Einsatz von
a) gestrichenem, lackiertem oder beschichtetem Holz sowie daraus anfallenden Resten, soweit keine Holzschutzmittel aufgetragen oder infolge einer Behandlung enthalten sind oder Beschichtungen nicht aus halogenorganischen Verbindungen bestehen,
b) Sperrholz, Spanplatten, Faserplatten oder sonst verleimtem Holz sowie daraus anfallenden Resten, soweit keine Holzschutzmittel aufgetragen oder infolge einer Behandlung enthalten sind oder Beschichtungen nicht aus halogenorganischen Verbindungen bestehen,
mit einer Feuerungswärmeleistung von weniger als 50 MW

Die Anforderungen der Nummer 5.4.1.2.1 für den Einsatz von naturbelassenem Holz, einschließlich der Anforderungen für Altanlagen, finden mit folgenden Abweichungen Anwendung:

Gesamtstaub. Die staubförmigen Emissionen im Abgas dürfen bei Anlagen mit einer Feuerungswärmeleistung von weniger als 2,5 MW die Massenkonzentration 50 mg/m^3 nicht überschreiten.

Technische Anleitung Luft TA Luft **Anh. B 2**

Stickstoffoxide. Die Emissionen an Stickstoffmonoxid und Stickstoffdioxid im Abgas dürfen die Massenkonzentration 0,40 g/m³, angegeben als Stickstoffdioxid, nicht überschreiten.

ALTANLAGEN

Stickstoffoxide. Bei Altanlagen dürfen die Emissionen an Stickstoffmonoxid und Stickstoffdioxid im Abgas die Massenkonzentration 0,50 g/m³, angegeben als Stickstoffdioxid, nicht überschreiten.

5.4.8.4 Anlagen der Nummer 8.4:

Anlagen, in denen Stoffe aus in Haushaltungen anfallenden oder aus hausmüllähnlichen Abfällen, auf die die Vorschriften des Kreislaufwirtschafts- und Abfallgesetzes Anwendung finden, durch Sortieren für den Wirtschaftskreislauf zurückgewonnen werden

Bauliche und betriebliche Anforderungen. Anlagen sind so zu errichten und zu betreiben, dass während des gesamten Behandlungsvorgangs, einschließlich Anlieferung und Abtransport, staubförmige Emissionen möglichst vermieden werden.

Abgase sind an der Entstehungsstelle zu erfassen und insbesondere zur Geruchsminderung einer Abgasreinigungseinrichtung zuzuführen.

Gesamtstaub. Die staubförmigen Emissionen im Abgas dürfen die Massenkonzentration 10 mg/m³ nicht überschreiten.

5.4.8.5 Anlagen der Nummer 8.5:

Anlagen zur Erzeugung von Kompost aus organischen Abfällen

Mindestabstand. Bei Anlagen mit einer Durchsatzleistung von 3000 Mg je Jahr oder mehr soll bei der Errichtung ein Mindestabstand
a) ei geschlossenen Anlagen (Bunker, Haupt- und Nachrotte) von 300 m,
b) bei offenen Anlagen (Mietenkompostierung) von 500 m
zur nächsten vorhandenen oder in einem Bebauungsplan festgesetzten Wohnbebauung nicht unterschritten werden. Der Mindestabstand kann unterschritten werden, wenn die Emissionen an Geruchsstoffen durch primärseitige Maßnahmen gemindert werden oder das geruchsbeladene Abgas in einer Abgasreinigungseinrichtung behandelt wird. Die durch die Minderung der Emissionen an Geruchsstoffen mögliche Verringerung des Mindestabstandes ist mit Hilfe eines geeigneten Modells zur Geruchsausbreitungsrechnung festzustellen, dessen Eignung der zuständigen Fachbehörde nachzuweisen ist.

Bauliche und betriebliche Anforderungen. Folgende bauliche und betriebliche Maßnahmen sind anzuwenden:
a) Auf der Grundlage der prognostizierten monatlichen Auslastung ist eine ausreichende Dimensionierung insbesondere der Lagerkapazität vorzusehen.
 Anlagen sind so zu errichten und zu betreiben, dass ein Eindringen von Sickerwässern in den Boden vermieden wird.
b) Aufgabebunker sind geschlossen mit einer Fahrzeugschleuse zu errichten; bei geöffneter Halle und beim Entladen der Müllfahrzeuge sind die Bunkerabgase abzusaugen und einer Abgasreinigungseinrichtung zuzuführen.
c) Anlagen sollen möglichst geschlossen ausgeführt werden. Dies gilt insbesondere für solche Anlagen, die geruchsintensive nasse oder strukturarme Bioabfälle (z. B. Küchen- oder Kantinenabfälle) oder Schlämme verarbeiten. Bei einer Durchsatzleistung der Anlagen von 10 000 Mg je Jahr oder mehr sind die Anlagen (Bunker, Hauptrotte) geschlossen auszuführen.
d) Die bei der Belüftung der Mieten auskondensierten Brüden und die anfallenden Sickerwasser dürfen bei offener Kompostierung nur dann zum Befeuchten des

Kompostes verwendet werden, wenn Geruchsbelästigungen vermieden werden und der Hygienisierungsablauf nicht beeinträchtigt wird.
e) In geschlossenen Anlagen oder offenen Anlagen mit einer Absaugeinrichtung sind staubhaltige Abgase an der Entstehungsstelle, z. B. beim Zerkleinern, Absieben oder Umsetzen, soweit wie möglich zu erfassen.
Abgase aus Reaktoren und belüfteten Mieten sind einem Biofilter oder einer gleichwertigen Abgasreinigungseinrichtung zuzuführen. Biofilter sind einer regelmäßigen Leistungsüberprüfung zu unterziehen, um ihre bestimmungsgemäße Reinigungsleistung zu gewährleisten; dies kann z. B. durch eine mindestens jährliche Prüfung der Einhaltung der Geruchsstoffkonzentration von 500 GE/m^3 im Abgas erfolgen.

Gesamtstaub. Die staubförmigen Emissionen im Abgas dürfen die Massenkonzentration 10 mg/m^3 nicht überschreiten.

Geruchsintensive Stoffe. Bei Anlagen mit einer Durchsatzleistung von 10 000 Mg je Jahr oder mehr dürfen die Emissionen an geruchsintensiven Stoffen im Abgas die Geruchsstoffkonzentration 500 GE/m^3 nicht überschreiten.

Keime. Die Möglichkeiten, die Emissionen an Keimen und Endotoxinen durch dem Stand der Technik entsprechende Maßnahmen zu vermindern, sind zu prüfen.

5.4.8.6 Anlagen der Nummer 8.6: Anlagen zur biologischen Behandlung von Abfällen

5.4.8.6.1 Anlagen zur Vergärung von Bioabfällen und Anlagen, die Bioabfälle in Kofermentationsanlagen mitverarbeiten

Mindestabstand
Bei Anlagen mit einer Durchsatzleistung von 10 Mg Abfällen je Tag oder mehr soll bei der Errichtung ein Mindestabstand
a) bei geschlossenen Anlagen (Bunker, Vergärung, Nachrotte) von   300 m,
b) bei offenen Anlagen von   500 m
zur nächsten vorhandenen oder in einem Bebauungsplan festgesetzten Wohnbebauung nicht unterschritten werden. Der Mindestabstand kann unterschritten werden, wenn die Emissionen an Geruchsstoffen durch primärseitige Maßnahmen gemindert werden oder das geruchsbeladene Abgas in einer Abgasreinigungseinrichtung behandelt wird. Die durch die Minderung der Emissionen an Geruchsstoffen mögliche Verringerung des Mindestabstandes ist mit Hilfe eines geeigneten Modells zur Geruchsausbreitungsrechnung festzustellen, dessen Eignung der zuständigen Fachbehörde nachzuweisen ist.

Bauliche und betriebliche Anforderungen. Folgende bauliche und betriebliche Maßnahmen sind anzuwenden:
a) Auf der Grundlage der prognostizierten monatlichen Auslastung ist eine ausreichende Dimensionierung insbesondere der Lagerkapazität vorzusehen; ggf. ist eine Nachrotte vorzusehen.
Anlagen sind so zu errichten und zu betreiben, dass ein Eindringen von Sickerwässern in den Boden vermieden wird.
b) Aufgabebunker sind geschlossen mit einer Fahrzeugschleuse zu errichten; bei geöffneter Halle und beim Entladen der Müllfahrzeuge sind die Bunkerabgase abzusaugen und einer Abgasreinigungseinrichtung zuzuführen.
c) Prozesswasser ist sicher aufzufangen und soll prozessintern verwendet werden.
d) Die bei der Belüftung der Mieten (Nachrotte) auskondensierten Brüden und die anfallenden Sickerwasser dürfen bei nicht umhauster Kompostierung nur dann

Technische Anleitung Luft TA Luft **Anh. B 2**

zum Befeuchten des Kompostes verwendet werden, wenn Geruchsbelästigungen vermieden werden.
e) In geschlossenen Anlagen oder offenen Anlagen mit einer Absaugeinrichtung sind staubhaltige Abgase an der Entstehungsstelle, z. B. beim Zerkleinern, Absieben oder Umsetzen, soweit wie möglich zu erfassen.
f) Abgase aus der Nachrotte von belüfteten Mieten sind einem Biofilter oder einer gleichwertigen Abgasreinigungseinrichtung zuzuführen. Biofilter sind einer regelmäßigen Leistungsüberprüfung zu unterziehen, um ihre bestimmungsgemäße Reinigungsleistung zu gewährleisten; dies kann z. B. durch eine mindestens jährliche Prüfung der Einhaltung der Geruchsstoffkonzentration von 500 GE/m^3 im Abgas erfolgen.

Gesamtstaub. Die staubförmigen Emissionen im Abgas dürfen die Massenkonzentration 10 mg/m^3 nicht überschreiten.

Geruchsintensive Stoffe. Bei Anlagen mit einer Durchsatzleistung von 30 Mg Abfällen je Tag oder mehr dürfen die Emissionen an geruchsintensiven Stoffen im Abgas die Geruchsstoffkonzentration 500 GE/m^3 nicht überschreiten.

Keime. Die Möglichkeiten, die Emissionen an Keimen und Endotoxinen durch dem Stand der Technik entsprechende Maßnahmen zu vermindern, sind zu prüfen.

5.4.8.10/11 Anlagen der Nummer 8.10 und 8.11: Abfallbehandlungsanlagen

5.4.8.10 Anlagen der Nummer 8.10: Anlagen zur physikalisch-chemischen Behandlung von Abfällen

5.4.8.11 Anlagen der Nummer 8.11: Anlagen zur sonstigen Behandlung von Abfällen

5.4.8.10.1 Anlagen zum Trocknen von Abfällen

Mindestabstand. Bei der Errichtung der Anlagen soll ein Mindestabstand von 300 m zur nächsten vorhandenen oder in einem Bebauungsplan festgesetzten Wohnbebauung nicht unterschritten werden.

Bauliche und betriebliche Anforderungen. Folgende bauliche und betriebliche Maßnahmen sind anzuwenden:
a) Für Entladestellen, Aufgabe- oder Aufnahmebunker sowie andere Einrichtungen für Anlieferung, Transport und Lagerung der Einsatzstoffe sind geschlossene Räume mit Schleusen zu errichten, in denen der Luftdruck durch Absaugung im Schleusenbereich oder im Bereich der Be- und Entladung sowie der Lagerung kleiner als der Atmosphärendruck zu halten ist. Das Abgas ist einer Abgasreinigungseinrichtung zuzuführen.
b) Abgase sind an der Entstehungsstelle, z. B. direkt am Trockner oder bei Ableitung aus der Einhausung, zu erfassen und einer Abgasreinigungseinrichtung zuzuführen.
c) Abgase aus Anlagen zum Trocknen von Abfällen sind über Schornsteine so abzuleiten, dass eine ausreichende Verdünnung und ein ungestörter Abtransport mit der freien Luftströmung erfolgt; dies ist in der Regel erfüllt, wenn bei der Bestimmung der Schornsteinhöhe die Anforderungen der Nummer 5.5.2 Absatz 1 eingehalten werden.
d) Die Möglichkeiten, die Emissionen durch den Einsatz emissionsarmer Verfahren und Technologien, z. B. durch Minimierung der Abgasmengen und Mehrfachnutzung von Abgas (ggf. nach Reduktion des Feuchtegehaltes) als Prozessluft in

der Trocknung, oder andere dem Stand der Technik entsprechende Maßnahmen zu vermindern, sind auszuschöpfen.

Gesamtstaub. Die staubförmigen Emissionen im Abgas dürfen die Massenkonzentration 10 mg/m³ nicht überschreiten.

Ammoniak. Die Emissionen an Ammoniak im Abgas dürfen den Massenstrom 0,10 kg/h oder die Massenkonzentration 20 mg/m³ nicht überschreiten.

Gasförmige anorganische Chlorverbindungen. Die Emissionen an gasförmigen anorganischen Chlorverbindungen der Nummer 5.2.4 Klasse III, angegeben als Chlorwasserstoff, dürfen im Abgas den Massenstrom 0,10 kg/h oder die Massenkonzentration 20 mg/m³ nicht überschreiten.

Organische Stoffe. Für die Emissionen an organischen Stoffen im Abgas darf ein Emissionsminderungsgrad von 90 vom Hundert, bezogen auf Gesamtkohlenstoff, nicht unterschritten werden; auch bei Einhalten oder Überschreiten eines Emissionsminderungsgrades von 90 vom Hundert dürfen die Emissionen an organischen Stoffen im Abgas die Massenkonzentration 20 mg/m³, angegeben als Gesamtkohlenstoff, nicht überschreiten.

Die Anforderungen der Nummer 5.2.5 für die Emissionen an organischen Stoffe der Klassen I und II finden keine Anwendung.

Geruchsintensive Stoffe. Die Emissionen an geruchsintensiven Stoffen im Abgas dürfen die Geruchsstoffkonzentration 500 GE/m³ nicht überschreiten.

5.4.8.10.2 Anlagen zum Trocknen von Klärschlamm

Bauliche und betriebliche Anforderungen. Abgase sind an der Entstehungsstelle, z.B. direkt am Trockner oder bei Ableitung aus der Einhausung, zu erfassen und einer Abgasreinigungseinrichtung zuzuführen.

Gesamtstaub. Die staubförmigen Emissionen im Abgas dürfen die Massenkonzentration 10 mg/m³ nicht überschreiten.

Ammoniak. Die Emissionen an Ammoniak im Abgas dürfen den Massenstrom 0,10 kg/h oder die Massenkonzentration 20 mg/m³ nicht überschreiten.

Gasförmige anorganische Chlorverbindungen. Die Emissionen an gasförmigen anorganischen Chlorverbindungen der Nummer 5.2.4 Klasse III, angegeben als Chlorwasserstoff, dürfen im Abgas den Massenstrom 0,10 kg/h oder die Massenkonzentration 20 mg/m³ nicht überschreiten.

Organische Stoffe. Die Emissionen an organischen Stoffen im Abgas dürfen die Massenkonzentration 20 mg/m³, angegeben als Gesamtkohlenstoff, nicht überschreiten.

Die Anforderungen der Nummer 5.2.5 für die Emissionen an organischen Stoffe der Klassen I und II finden keine Anwendung.

Geruchsintensive Stoffe. Die Emissionen an geruchsintensiven Stoffe im Abgas dürfen die Geruchsstoffkonzentration 500 GE/m³ nicht überschreiten.

5.4.8.11.1 Anlagen zur mechanischen Behandlung von gemischten Siedlungsabfällen und ähnlich zusammengesetzten Abfällen

Bauliche und betriebliche Anforderungen. Folgende bauliche und betriebliche Maßnahmen sind anzuwenden:
a) Für Entladestellen, Aufgabe- oder Aufnahmebunker sowie andere Einrichtungen für Anlieferung, Transport und Lagerung der Einsatzstoffe sind geschlossene Räume mit Schleusen zu errichten, in denen der Luftdruck durch Absaugung im Schleusenbereich oder im Bereich der Be- und Entladung sowie der Lagerung

Technische Anleitung Luft   **TA Luft Anh. B 2**

kleiner als der Atmosphärendruck zu halten ist. Das Abgas ist einer Abgasreinigungseinrichtung zuzuführen.
b) Maschinen, Geräte oder sonstige Einrichtungen zur mechanischen Aufbereitung zur physikalischen Trennung der Einsatzstoffe oder der anfallenden Abfälle (z. B. durch Zerkleinern, Klassieren, Sortieren, Mischen, Homogenisieren, Entwässern, Trocknen, Pelletieren, Verpressen) sind in geschlossenen Räumen zu errichten. Die Abgasströme dieser Einrichtungen sind zu erfassen und einer Abgasreinigungseinrichtung zuzuführen.
c) Abgase aus Anlagen zur mechanischen Behandlung von Abfällen sind über Schornsteine so abzuleiten, dass eine ausreichende Verdünnung und ein ungestörter Abtransport mit der freien Luftströmung erfolgt; dies ist in der Regel erfüllt, wenn bei der Bestimmung der Schornsteinhöhe die Anforderungen der Nummer 5.5.2 Absatz 1 eingehalten werden.
d) Die Möglichkeiten, die Emissionen durch den Einsatz emissionsarmer Verfahren und Technologien, z. B. durch direkte Fassung relevanter Emissionsquellen, separate Behandlung stark belasteter Abluftströme, oder andere dem Stand der Technik entsprechende Maßnahmen zu vermindern, sind auszuschöpfen.

Gesamtstaub. Die staubförmigen Emissionen im Abgas dürfen die Massenkonzentration 10 mg/m^3 nicht überschreiten.

Gasförmige anorganische Chlorverbindungen. Die Emissionen an gasförmigen anorganischen Chlorverbindungen der Nummer 5.2.4 Klasse III, angegeben als Chlorwasserstoff, dürfen im Abgas den Massenstrom 0,10 kg/h oder die Massenkonzentration 20 mg/m^3 nicht überschreiten.

Organische Stoffe. Die Emissionen an organischen Stoffen im Abgas dürfen die Massenkonzentration 20 mg/m^3, angegeben als Gesamtkohlenstoff, nicht überschreiten.
Die Anforderungen der Nummer 5.2.5 für die Emissionen an organischen Stoffen der Klassen I und II finden keine Anwendung.

Geruchsintensive Stoffe. Die Emissionen an geruchsintensiven Stoffen im Abgas dürfen die Geruchsstoffkonzentration 500 GE/m^3 nicht überschreiten.

5.4.8.11.2 Anlagen zur sonstigen Behandlung von Abfällen
Bauliche und betriebliche Anforderungen. Anlagen sind so zu errichten und zu betreiben, dass während des gesamten Behandlungsvorgangs, einschließlich Anlieferung und Abtransport, staubförmige Emissionen möglichst vermieden werden.

Gesamtstaub. Die staubförmigen Emissionen im Abgas dürfen die Massenkonzentration 10 mg/m^3 nicht überschreiten.

Organische Stoffe. Die Emissionen an organischen Stoffen im Abgas dürfen die Massenkonzentration 20 mg/m^3, angegeben als Gesamtkohlenstoff, nicht überschreiten.
Bei Anlagen zur sonstigen Behandlung von nicht besonders überwachungsbedürftigen Abfällen finden die Anforderungen der Nummer 5.2.5 für die Emissionen an organischen Stoffen der Klassen I und II keine Anwendung.

5.4.8.10.3/ Anlagen zur Entsorgung von Kühlgeräten oder -einrichtun-
5.4.8.11.3 gen, die Fluorchlorkohlenwasserstoffe (FCKW) enthalten
Bauliche und betriebliche Anforderungen. Bei Anlagen, in denen Kühlgeräte oder -einrichtungen entsorgt werden, die FCKW nach Anhang I der Verordnung (EG) Nr. 2037/2000 des Europäischen Parlaments und des Rates vom 29. Juni 2000 über Stoffe, die zu einem Abbau der Ozonschicht führen (ABl. L 244/1 vom 29. September 2000), enthalten, sind folgende bauliche und betriebliche Maßnahmen anzuwenden:

1387

Anh. B 2 TA Luft — Allgemeine Verwaltungsvorschriften

a) Anlagen sind so zu errichten und zu betreiben, dass die Emissionen dieser Stoffe weitgehend vermieden oder so weit wie möglich vermindert werden.

b) Geräte oder Einrichtungen mit FCKW- oder ammoniakhaltigen Kältemitteln sind so zu behandeln, dass Kältemittel und Kältemaschinenöl aus dem Kältekreislauf weitgehend verlustfrei und vollständig dem geschlossenen System entnommen und rückgewonnen werden (Trockenlegung). FCKW aus dem Kältemaschinenöl sind weitgehend vollständig zu entfernen. Die Kältemittel sind weitgehend vollständig zu erfassen und einer ordnungsgemäßen Entsorgung zuzuführen.

c) Bei der Behandlung von Geräten und Einrichtungen mit anderen Kältemitteln, z. B. Kohlenwasserstoffen wie Butan oder Pentan, oder von mit derartigen Kohlenwasserstoffen geschäumtem Isoliermaterial sind geeignete Maßnahmen gegen Verpuffungen, z. B. durch Inertisierung der Zerkleinerungsstufe, zu treffen.

d) Die Zuverlässigkeit der Trockenlegung ist jährlich durch eine von der zuständigen Landesbehörde zugelassene Stelle zu prüfen; aus mindestens 100 Geräten oder Einrichtungen mit intaktem Kältekreislauf sind die FCKW-Kältemittel-Mengen zu entnehmen und zu sammeln. Die Summe der gesammelten FCKW-Kältemittel-Mengen soll 90 Gew.-% der Summe der FCKW-Kältemittel-Mengen gemäß den Angaben auf den Typenschildern der Geräte oder Einrichtungen nicht unterschreiten. Die FCKW-Gehalte in den entgasten Kältemaschinenölen dürfen 2 g Gesamthalogen/kg nicht überschreiten.

e) Bei der Freisetzung von FCKW aus Isoliermaterial sind Emissionen an FCKW so weit wie möglich zu vermeiden, z. B. durch folgende Maßnahmen:
   – Die trockengelegten Geräte oder Einrichtungen sind in einer gekapselten Anlage zu behandeln, die z. B. über Schleusensysteme auf der Eingangs- und der Austragsseite gegen FCKW-Verluste gesichert ist.
   – Übergabestellen für FCKW-haltige Isoliermaterialfraktionen sollen technisch gasdicht sein.
   – FCKW-haltige Abgase sind an der Entstehungsstelle (z. B. bei der Konfektionierung von Isoliermaterial durch Pressen) zu erfassen und einer Abgasreinigungseinrichtung zuzuführen; rückgewonnene FCKW sind ordnungsgemäß zu entsorgen.

f) Durch geeignete Überwachungsmaßnahmen, z. B. Rauchkerzen, ist regelmäßig zu prüfen und sicherzustellen, dass die Anlagen keine Undichtigkeiten aufweisen; das Ergebnis ist zu dokumentieren. Die Dichtigkeit und die Dokumentation der Eigenüberwachung sind einmal jährlich durch eine von der zuständigen Landesbehörde zugelassene Stelle zu prüfen.

g) In Anlagenbereichen zur Freisetzung der FCKW aus Isoliermaterial sollen die Isoliermaterialanhaftungen an den ausgetragenen Fraktionen (z. B. Metalle, Kunststoffe) soweit technisch möglich vermieden werden; bei den ausgetragenen Metall- und Kunststofffraktionen dürfen diese Anhaftungen jeweils 0,5 Gew.-% nicht überschreiten.

Isoliermaterialfraktionen zur stofflichen Verwertung dürfen einen FCKW-Gehalt von 0,2 Gew.-% nicht überschreiten. Isoliermaterialfraktionen mit einem höheren FCKW-Gehalt sind einer thermischen Abfallbehandlungsanlage (Verbrennungsanlage für Abfälle) oder einer anderen Abfallbehandlungsanlage mit einer gleichwertigen Zerstörungseffizienz für FCKW zuzuführen; im zuletzt genannten Fall ist die gleichwertige Zerstörungseffizienz der zuständigen Fachbehörde nachzuweisen.

Fluorchlorkohlenwasserstoffe. Die Emissionen an FCKW im Abgas der FCKW-Rückgewinnung dürfen den Massenstrom 10 g/h und die Massenkonzentration

Technische Anleitung Luft   TA Luft Anh. B 2

20 mg/m³ nicht überschreiten; die Möglichkeiten, die Emissionen durch dem Stand der Technik entsprechende Maßnahmen weiter zu vermindern, sind auszuschöpfen.

Kontinuierliche Messungen. Die Massenkonzentration der Emissionen an FCKW im Abgas ist kontinuierlich zu ermitteln oder es ist durch andere, fortlaufende Prüfungen der Wirksamkeit der Abgasreinigungseinrichtung nachzuweisen, dass die festgelegte Emissionsbegrenzung nicht überschritten wird.

ALTANLAGEN

Fluorchlorkohlenwasserstoffe. Bei Altanlagen dürfen die Emissionen an FCKW im Abgas der FCKW-Rückgewinnung den Massenstrom 25 g/h und die Massenkonzentration 50 mg/m³ nicht überschreiten; die Möglichkeiten, die Emissionen durch dem Stand der Technik entsprechende Maßnahmen weiter zu vermindern, sind auszuschöpfen.

5.4.8.12–14 Anlagen der Nummer 8.12 bis 8.14: Abfallläger

5.4.8.12.1 Anlagen zur zeitweiligen Lagerung von Abfällen, auf die die Vorschriften des Kreislaufwirtschafts- und Abfallgesetzes Anwendung finden

5.4.8.13.1 Anlagen zur zeitweiligen Lagerung von Schlämmen

5.4.8.14.1 Anlagen zur Lagerung von Abfällen, auf die die Vorschriften des Kreislaufwirtschafts- und Abfallgesetzes Anwendung finden und in diesen Anlagen Abfälle vor deren Beseitigung oder Verwertung jeweils über einen Zeitraum von mehr als einem Jahr gelagert werden

Bauliche und betriebliche Anforderungen. Anlagen sind so zu errichten und zu betreiben, dass Schadstoffe nicht in den Boden und das Grundwasser eindringen können. Der Zutritt von Wasser ist zur Verhinderung von Auswaschungen von Schadstoffen oder der Entstehung von organischen Emissionen durch Umsetzungsprozesse zu minimieren (z. B. durch Abdeckung oder Überdachung).

5.4.9 Lagerung, Be- und Entladung von Stoffen und Zubereitungen

5.4.9.2 Anlagen der Nummer 9.2: Anlagen zur Lagerung von brennbaren Flüssigkeiten

Organische Stoffe. Bei mineralölhaltigen Produkten mit einem Dampfdruck von weniger als 1,3 kPa bei 293,15 K gilt für organische Stoffe in Nummer 5.2.5 Satz 1 der Massenstrom 3 kg/h und für kontinuierliche Messungen nach Nummer 5.3.3.2 Absatz 6 im 2. Spiegelstrich der Massenstrom 3 kg/h. Für Gasöle mit der Kennzeichnung R 40 sowie für Dieselkraftstoff nach DIN EN 590 (Ausgabe Februar 2000), Heizöle nach DIN 51603 Teil 1 (Ausgabe März 1998) und gleichartige Produkte finden die Anforderungen der Nummer 5.2.5 für die Emissionen an organischen Stoffen der Klasse I keine Anwendung.

Gasförmige Emissionen. Sofern sicherheitstechnische Aspekte nicht entgegenstehen und die brennbaren Flüssigkeiten nicht die in Nummer 5.2.6 Buchstaben b) bis d) genannten Merkmale sowie nicht ein Siedeende von 150 °C oder weniger aufweisen, können abweichend von Nummer 5.2.6.3 bei Flanschen mit Dichtleiste bis zu einem maximalen Nenndruck von 2,5 MPa auch nicht technisch dichte Weichstoffdichtungen entsprechend Richtlinie VDI 2440 (Ausgabe November 2000) eingesetzt werden.

Anh. B 2 TA Luft Allgemeine Verwaltungsvorschriften

Für Gasöle mit der Kennzeichnung R 40 sowie für Dieselkraftstoff nach DIN EN 590 (Ausgabe Februar 2000), Heizöle nach DIN 51603 Teil 1 (Ausgabe März 1998) und gleichartige Produkte finden die Anforderungen der Nummern 5.2.6.6 und 5.2.6.7 keine Anwendung.

ALTANLAGEN

Gasförmige Emissionen. Altanlagen, in denen Gasöle mit der Kennzeichnung R 40 sowie Dieselkraftstoff nach DIN EN 590 (Ausgabe Februar 2000), Heizöle nach DIN 51603 Teil 1 (Ausgabe März 1998) oder gleichartige Produkte gefördert, umgefüllt oder gelagert werden, die die Anforderungen der Nummern 5.2.6.1, 5.2.6.3 oder 5.2.6.4 nicht einhalten, dürfen bis zum Ersatz durch neue Dichtsysteme oder Aggregate weiterbetrieben werden. Die zuständige Behörde soll nach Inkrafttreten dieser Verwaltungsvorschrift eine Bestandsaufnahme für Pumpen und Absperrorgane fordern und den kontinuierlichen Ersatz der Dichtsysteme oder Aggregate sowie die durchgeführten Wartungsarbeiten bis zu ihrem Ersatz im Rahmen der Betriebsüberwachung verfolgen.

Nummer 5.2.6.7 Satz 1 gilt für Altanlagen zur Lagerung von brennbaren Flüssigkeiten nach Nummer 5.2.6 Buchstabe a), die nicht eines der in den Buchstaben b) bis d) genannten Merkmale erfüllen, mit der Maßgabe, dass die flüssigen organischen Produkte auch in Schwimmdachtanks mit wirksamer Randabdichtung oder in Festdachtanks mit innerer Schwimmdecke gelagert werden dürfen, wenn eine Emissionsminderung von mindestens 97 vom Hundert gegenüber Festdachtanks ohne innere Schwimmdecke erreicht wird. Dies gilt entsprechend für die Lagerung mineralölhaltiger Produkte, die einen Gehalt an Benzol von weniger als 1 vom Hundert aufweisen.

Die Anforderungen der Nummer 5.2.6 sind bei Altanlagen,
a) in denen brennbare Flüssigkeiten, die eines der Merkmale nach Nummer 5.2.6 Buchstaben a) bis d) erfüllen, gefördert oder umgefüllt werden oder
b) in denen brennbare Flüssigkeiten, die der Merkmale nach Nummer 5.2.6 Buchstaben b) bis d) erfüllen, gelagert werden,
spätestens zwölf Jahre nach Inkrafttreten dieser Verwaltungsvorschrift einzuhalten.

5.4.9.36 Anlagen der Nummer 9.36: Anlagen zur Lagerung von Gülle, die unabhängig von Anlagen der Nummer 7.1 betrieben werden

Mindestabstand. Bei der Errichtung der Anlagen ist ein Mindestabstand von 300 m zur nächsten vorhandenen oder in einem Bebauungsplan festgesetzten Wohnbebauung einzuhalten. Der Mindestabstand kann unterschritten werden, wenn die Emissionen an Geruchsstoffen durch primärseitige Maßnahmen gemindert werden oder das geruchsbeladene Abgas in einer Abgasreinigungseinrichtung behandelt wird. Die durch die Minderung der Emissionen an Geruchsstoffen mögliche Verringerung des Mindestabstandes ist mit Hilfe eines geeigneten Modells zur Geruchsausbreitungsrechnung festzustellen, dessen Eignung der zuständigen Fachbehörde nachzuweisen ist.

Bauliche und betriebliche Anforderungen. Folgende bauliche und betriebliche Maßnahmen sind anzuwenden:
a) Anlagen zum Lagern und Umschlagen von flüssigem Wirtschaftsdünger sind entsprechend DIN 11622 (Ausgabe 1994) und DIN 1045 (Ausgabe 1988) zu errichten.
b) Die Lagerung von Flüssigmist (außerhalb des Stalles) soll in geschlossenen Behältern erfolgen oder es sind gleichwertige Maßnahmen zur Emissionsminderung anzuwenden, die einen Emissionsminderungsgrad bezogen auf den offenen Be-

Technische Anleitung Luft   TA Luft **Anh. B 2**

hälter ohne Abdeckung von mindestens 80 vom Hundert der Emissionen an geruchsintensiven Stoffen und an Ammoniak erreicht.
Künstliche Schwimmschichten sind nach etwaiger Zerstörung durch Aufrühren oder Ausbringungsarbeiten nach Abschluss der Arbeiten unverzüglich wieder funktionstüchtig herzustellen.
c) Für flüssigen Wirtschaftsdünger, der an Dritte zur weiteren Verwertung abgegeben wird, ist ein Nachweis der ordnungsgemäßen Lagerung und Verwertung des Wirtschaftsdüngers zu führen.

5.4.10 Sonstiges

5.4.10.7 Anlagen der Nummer 10.7: Anlagen zum Vulkanisieren von Natur- oder Synthesekautschuk

Bauliche und betriebliche Anforderungen. Abgase sind möglichst an der Entstehungsstelle zu erfassen und einer Abgasreinigungseinrichtung zuzuführen.

Organische Stoffe. Nummer 5.2.5 gilt mit der Maßgabe, dass die Emissionen an organischen Stoffen im Abgas die Massenkonzentration 80 mg/m^3, angegeben als Gesamtkohlenstoff, nicht überschreiten dürfen.

5.4.10.8 Anlagen der Nummer 10.8: Anlagen zur Herstellung von Bautenschutz-, Reinigungs- oder Holzschutzmitteln sowie Anlagen zur Herstellung von Klebemitteln

Gesamtstaub. Bei der Herstellung von Bautenschutz-, Reinigungs- oder Holzschutzmitteln dürfen die staubförmigen Emissionen im Abgas die Massenkonzentration 5 mg/m^3 nicht überschreiten.

Bei der Herstellung von Klebemitteln dürfen die staubförmigen Emissionen im Abgas die Massenkonzentration 10 mg/m^3 nicht überschreiten.

5.4.10.15 Anlagen der Nummer 10.15: Prüfstände

5.4.10.15.1 Prüfstände für oder mit Verbrennungsmotoren

Gesamtstaub, einschließlich der Anteile an krebserzeugenden, erbgutverändernden oder reproduktionstoxischen Stoffen, und Schwefeloxide. Bei Prüfständen für oder mit in Serie hergestellten Motoren mit einer Feuerungswärmeleistung von weniger als 2 MW des Einzelaggregats, das mit Dieselkraftstoff betrieben wird, der den zulässigen Massengehalt an Schwefel nach der 3. BImSchV, in der jeweils gültigen Fassung, nicht überschreitet, sind die Abgase einem Rußfilter zuzuführen oder die Emissionen sind gleichwertig zu vermindern.

Bei Prüfständen für oder mit sonstigen Motoren, die mit Dieselkraftstoff betrieben werden, der den zulässigen Massengehalt an Schwefel nach der 3. BImSchV, in der jeweils gültigen Fassung, nicht überschreitet, sind Sonderregelungen zur Begrenzung der staubförmigen Emissionen zu treffen. Die Möglichkeiten, die staubförmigen Emissionen durch motorische und andere dem Stand der Technik entsprechende Maßnahmen zu vermindern, sind auszuschöpfen.

Werden Motoren im bestimmungsgemäßen Betrieb mit Rückstandsölen oder vergleichbaren Treibstoffen betrieben, sind Sonderregelungen zur Begrenzung der staubförmigen Emissionen und der Emissionen an Schwefeloxiden zu treffen. Die Möglichkeiten, die staubförmigen Emissionen durch motorische und andere dem Stand der Technik entsprechende Maßnahmen zu vermindern, sind auszuschöpfen.

Stickstoffoxide. Nummer 5.2.4 findet keine Anwendung. Bei Prüfständen mit oder für Selbstzündungsmotoren, die mit flüssigen Brennstoffen betrieben werden, sind

Anh. B 2 TA Luft   Allgemeine Verwaltungsvorschriften

die Emissionen durch motorische oder andere dem Stand der Technik entsprechende Maßnahmen zu begrenzen.

Organische Stoffe. Nummer 5.2.5 findet keine Anwendung. Die Emissionen an organischen Stoffen sind durch motorische oder andere dem Stand der Technik entsprechende Maßnahmen zu begrenzen.

5.4.10.20 Anlagen der Nummer 10.20: Anlagen zum Reinigen von Werkzeugen, Vorrichtungen oder sonstigen metallischen Gegenständen durch thermische Verfahren

Bezugsgröße. Die Emissionswerte beziehen sich auf einen Volumengehalt an Sauerstoff im Abgas von 11 vom Hundert, ausgenommen bei katalytischen Nachverbrennungseinrichtungen.

Organische Stoffe. Nummer 5.2.5 gilt mit der Maßgabe, dass die Emissionen an organischen Stoffen im Abgas den Massenstrom 0,10 kg/h oder die Massenkonzentration 20 mg/m^3, angegeben als Gesamtkohlenstoff, nicht überschreiten dürfen. Die Anforderungen der Nummer 5.2.5 für die Emissionen an organischen Stoffen der Klassen I und II finden keine Anwendung.

5.4.10.21 Anlagen der Nummer 10.21: Anlagen zur Innenreinigung von Eisenbahnkesselwagen, Straßentankfahrzeugen, Tankschiffen oder Tankcontainern sowie Anlagen zur automatischen Reinigung von Fässern, soweit die Behälter von organischen Stoffen gereinigt werden.

5.4.10.21.1 Anlagen zur Innenreinigung von Eisenbahnkesselwagen, Straßentankfahrzeugen, Tankschiffen oder Tankcontainern

Bauliche und betriebliche Anforderungen. Die Anlagen sind mit Abgaserfassung und -reinigung, Abwassererfassung und -behandlung und ausreichenden Lagerflächen für Abfälle zu errichten und zu betreiben. Zur Abwasserbehandlung kann auch eine vorhandene geeignete Behandlungsanlage genutzt werden.

Zu den Behandlungsschritten, z. B. Restentleerung, Entgasung, Reinigung, Abgaserfassung und -reinigung, Abwassererfassung und -reinigung, Abfallerfassung und -zuordnung, sind stoffgruppenbezogene Betriebsanweisungen festzulegen. Die Behandlungsschritte sind so auszuführen, dass möglichst geringe Emissionen entstehen. Zur Verminderung der Entstehung von Emissionen sollte bei Stoffen, die bei einer Temperatur von 293,15 K einen Dampfdruck von 10 Pa oder mehr aufweisen, vor dem Waschgang mit kalter Waschlösung vorgespült werden. Nicht zulässig ist eine direkte Behandlung leichtflüchtiger Stoffe mit Dampf oder Heißwasser.

Organische Stoffe. Die Emissionen an organischen Stoffen im Abgas, angegeben als Gesamtkohlenstoff, dürfen insgesamt den Massenstrom 0,10 kg/h oder die Massenkonzentration 20 mg/m^3 nicht überschreiten. Die Anforderungen der Nummer 5.2.5 für die Emissionen an organischen Stoffen der Klassen I und II finden keine Anwendung.

Krebserzeugende, erbgutverändernde oder reproduktionstoxische Stoffe. Die Emissionen an organischen Stoffen der Nummer 5.2.7.1 dürfen als Mindestanforderung insgesamt den Massenstrom 2,5 g/h oder die Massenkonzentration 5 mg/m^3 nicht überschreiten.

5.4.10.21.2 Anlagen zur automatischen Reinigung von Fässern oder vergleichbaren Behältern (z. B. Tankpaletten) einschließlich zugehöriger Aufarbeitungsanlagen

Bauliche und betriebliche Anforderungen. Der Waschbereich ist einzuhausen. Abgase, die z. B. beim Öffnen der Behälter, bei der Restentleerung der Behälter, beim pneumatischen Ausbeulen der Behälter, beim Verschrotten (z. B. Pressen) nicht recyclingfähiger Fässer oder beim Transport der geöffneten, ungereinigten Fässer oder Behälter entstehen, sind zu erfassen. Lagerbehälter für Restinhaltsstoffe aus der Restentleerung, die Waschwasseraufbereitung, Abwasserbehandlung sowie die zugehörigen Lagerbehälter sind soweit wie möglich als geschlossenes System auszulegen und zu betreiben.

Vor dem Waschprozess sind die Behälter soweit wie möglich zu entleeren (Restentleerung).

Beim Betrieb der Fass- oder Behälterreinigungsanlagen ist darauf zu achten, dass Fässer oder Behälter, die mit Stoffen der Nummer 5.2.5 Klasse I oder Stoffen der Nummer 5.2.7.1 verunreinigt sind, im Wechsel mit Fässern oder Behältern, die mit weniger gefährlichen Stoffen verunreinigt sind, aufgegeben werden. Hierzu ist eine Betriebsanweisung zu erstellen und ein Betriebsbuch zu führen.

Organische Stoffe und Krebserzeugende, erbgutverändernde oder reproduktionstoxische Stoffe. Bei Anlagen, in denen auch Fässer oder Behälter gereinigt werden, die mit Stoffen der Nummer 5.2.5 Klasse I oder Stoffen der Nummer 5.2.7.1 verunreinigt sind, dürfen die Emissionen an organischen Stoffen der Nummer 5.2.5 im Abgas, angegeben als Gesamtkohlenstoff, insgesamt den Massenstrom 0,10 kg/h oder die Massenkonzentration 20 mg/m^3 nicht überschreiten. Bei Anlagen, in denen schwerpunktmäßig Fässer oder Behälter gereinigt werden, die mit organischen Stoffen der Nummer 5.2.7.1 verunreinigt sind, sind im Einzelfall weitergehende Anforderungen festzulegen.

Bei Anlagen, in denen Fässer oder Behälter gereinigt werden, die nicht mit organischen Stoffen der Nummer 5.2.5 Klasse I oder der Nummer 5.2.7.1 verunreinigt sind, ist für die Emissionen an organischen Stoffen der Nummer 5.2.5 im Abgas insgesamt die Massenkonzentration 75 mg/m^3, angegeben als Gesamtkohlenstoff, anzustreben.

Die Anforderungen der Nummer 5.2.5 für die Emissionen an organischen Stoffen der Klassen I und II finden keine Anwendung.

5.4.10.23 Anlagen der Nummer 10.23: Anlagen zur Textilveredlung

5.4.10.23.1 Anlagen zur Textilveredlung durch Thermofixieren, Thermosolieren, Beschichten, Imprägnieren oder Appretieren, einschließlich der zugehörigen Trocknungsanlagen

Soweit Anlagen Anforderungen zur Begrenzung der Emissionen an flüchtigen organischen Stoffen nach der Verordnung zur Begrenzung der Emissionen flüchtiger organischer Verbindungen bei der Verwendung organischer Lösemittel in bestimmten Anlagen (31. BImSchV) vom 21. August 2001 (BGBl. I S.2180), in der jeweils gültigen Fassung, zu erfüllen haben, sind die nachfolgenden Anforderungen für organische Stoffe eine Konkretisierung und Ergänzung der Vorschriften des Anhangs IV Buchstabe C Nr.5 dieser Verordnung.

Bauliche und betriebliche Anforderungen. Der Gehalt an emissionsrelevanten Stoffen in oder auf der zu veredelnden Ware (z. B. Restmonomergehalte, Präparationen wie Spinnöle, Avivagen, Schlichten) ist so weit wie möglich zu vermindern. Hierzu sind insbesondere eine oder mehrere der folgenden Maßnahmen durchzuführen:
a) Einsatz thermostabiler Präparationen,
b) Reduzierung der Auftragsmenge,
c) Vorbehandlung der zur Veredlung vorgesehenen Ware z. B. durch eine Wäsche,
d) Optimierung der Vorreinigung (z. B. Steigerung der Wascheffizienz).

Anh. B 2 TA Luft Allgemeine Verwaltungsvorschriften

Bezugsgröße. Die Massenkonzentrationen beziehen sich auf ein Luft-Waren-Verhältnis von $20\,m^3/kg$; das Luft-Waren-Verhältnis ist der Quotient aus Gesamtabgasvolumenstrom (in m^3/h) eines thermischen Behandlungsaggregats während eines Prozesses (Veredelungsschrittes) und dem Warendurchsatz des zu veredelnden Textils (in kg/h). Durch Multiplikation der zulässigen Massenkonzentration der emittierten Stoffe mit dem Bezugs-Luft-Waren-Verhältnis von $20\,m^3/kg$ ergibt sich der jeweils zulässige spezifische Emissionsfaktor (Massen der emittierten Stoffe (in g) pro Massen des zu veredelnden Textils (in kg)).

Organische Stoffe. Nummer 5.2.5 gilt mit der Maßgabe, dass
a) die Emissionen an organischen Stoffen im Abgas, angegeben als Gesamtkohlenstoff, den Massenstrom 0,80 kg/h oder die Massenkonzentration $40\,mg/m^3$ nicht überschreiten dürfen;
b) aus Verschleppung und Restgehalten an Präparationen darf zusätzlich eine Massenkonzentration von nicht mehr als $20\,mg/m^3$, angegeben als Gesamtkohlenstoff, emittiert werden;
c) soweit aus verfahrenstechnischen Gründen ein oder mehrere von in Nummer 10.23 des Anhangs der 4. BImSchV erfassten Veredelungsschritten gleichzeitig mit einem dort nicht erfassten Veredelungsschritt in einem Behandlungsaggregat durchgeführt werden, ist insgesamt für die Emissionen an organischen Stoffen im Abgas durch eine Optimierung des Prozesses die Massenkonzentration $40\,mg/m^3$, angegeben als Gesamtkohlenstoff, anzustreben. Soweit Anlagen, die die Anforderungen der 31. BImSchV, in der jeweils gültigen Fassung, zu erfüllen haben, gleichzeitig beschichten und bedrucken, dürfen entsprechend dieser Verordnung die Emissionen an organischen Stoffen im Abgas die Massenkonzentration $40\,mg/m^3$, angegeben als Gesamtkohlenstoff, nicht überschreiten.

Auch wenn die Voraussetzungen der Buchstaben a) bis c) gegeben sind, dürfen die Gesamtemissionen an organischen Stoffen im Abgas insgesamt $80\,mg/m^3$, angegeben als Gesamtkohlenstoff, nicht überschreiten; soweit Anlagen, die die Anforderungen der 31. BImSchV, in der jeweils gültigen Fassung, zu erfüllen haben, gleichzeitig beschichten und bedrucken, dürfen – abweichend vom Teilsatz 1 und entsprechend dieser Verordnung – die Emissionen an organischen Stoffen im Abgas insgesamt die Massenkonzentration $60\,mg/m^3$, angegeben als Gesamtkohlenstoff, nicht überschreiten.

Die Anforderungen für die Emissionen an organischen Stoffen der Klasse II finden keine Anwendung.

In begründeten Ausnahmefällen, z.B. bei Beschichtungen und technischen Textilien, kann von diesen Regelungen abgesehen werden; in diesen Fällen gilt Nummer 5.2.5 unverändert.

Krebserzeugende, erbgutverändernde oder reproduktionstoxische Stoffe. Ergänzend zu Nummer 5.2.7.1 gilt, dass Stoffe und Zubereitungen nach Nummer 5.2.7.1 unverzüglich durch weniger schädliche Stoffe und Zubereitungen zu ersetzen sind.

Messungen. Zur Ermittlung der Betriebsbedingungen (Rezepturen), die zu den höchsten Emissionen führen, können Berechnungen der Emissionen auf der Basis von Substanzemissionsfaktoren herangezogen werden, sofern die Substanzemissionsfaktoren nach einer wissenschaftlich anerkannten Methode ermittelt wurden.

Abweichend von Nummer 5.3.2.2 Absatz 2 Satz 2 können bis zu drei Einzelmessungen durch Berechnung der Emissionen auf der Basis von Substanzemissionsfaktoren ersetzt werden, sofern im Rahmen der erstmaligen sowie wiederkehrenden Emissionsmessungen die Substanzemissionsfaktoren der Komponenten von mindestens drei Rezepturen messtechnisch durch eine nach § 26 anerkannte Messstelle ermittelt werden.

Technische Anleitung Luft TA Luft Anh. B 2

Beurteilung von Messwerten. Das tatsächliche Luft-Waren-Verhältnis ist jeweils zu bestimmen und zu dokumentieren.

Die Emissionswerte gelten auch dann als eingehalten, wenn die über das bestimmte Luft-Waren-Verhältnis und die gemessenen Massenkonzentrationen ermittelten spezifischen Emissionsfaktoren die zulässigen spezifischen Emissionsfaktoren nicht überschreiten.

ALTANLAGEN

Organische Stoffe. Bei Altanlagen gilt ergänzend, dass bei direkt beheizten Behandlungsaggregaten die Emissionen an organischen Stoffen aus der Verbrennung bis zu einer maximalen Massenkonzentration von 20 mg/m³, angegeben als Gesamtkohlenstoff, unberücksichtigt bleiben; die Möglichkeiten, die Emissionen durch feuerungstechnische und andere dem Stand der Technik entsprechende Maßnahmen, z. B. durch Optimierung der Verbrennung, mindestens jährliche Wartung, weiter zu vermindern, sind auszuschöpfen. Soweit der Betreiber, z. B. durch eine fachliche Stellungnahme des Brenner- oder des Spannrahmenherstellers, nachweist, dass für die Emissionen an organischen Stoffen aus der Verbrennung die Massenkonzentration 20 mg/m³, angegeben als Gesamtkohlenstoff, nicht eingehalten werden kann und diese Emissionen durch primärseitige Maßnahmen nicht weiter vermindert werden können, ist die Emissionsbegrenzung im Einzelfall festzulegen.

5.5 Ableitung von Abgasen

5.5.1 Allgemeines

Abgase sind so abzuleiten, dass ein ungestörter Abtransport mit der freien Luftströmung ermöglicht wird. In der Regel ist eine Ableitung über Schornsteine erforderlich, dessen Höhe vorbehaltlich besserer Erkenntnisse nach den Nummern 5.5.2 bis 5.5.4 zu bestimmen ist.

5.5.2 Ableitung über Schornsteine

Der Schornstein soll mindestens eine Höhe von 10 m über der Flur und eine den Dachfirst um 3 m überragende Höhe haben. Bei einer Dachneigung von weniger als 20° ist die Höhe des Dachfirstes unter Zugrundelegen einer Neigung von 20° zu berechnen; die Schornsteinhöhe soll jedoch das 2fache der Gebäudehöhe nicht übersteigen.

Ergeben sich mehrere etwa gleich hohe Schornsteine mit gleichartigen Emissionen, so ist zu prüfen, inwieweit diese Emissionen bei der Bestimmung der Schornsteinhöhe zusammenzufassen sind. Dies gilt insbesondere, wenn der horizontale Abstand zwischen den einzelnen Schornsteinen nicht mehr als das 1,4fache der Schornsteinhöhe beträgt oder soweit zur Vermeidung von Überlagerungen der Abgasfahnen verschieden hohe Schornsteine erforderlich sind.

Wenn bei einer nach Absatz 1 bestimmten Schornsteinhöhe die nach dem Mess- und Beurteilungsverfahren (Nummer 4.6) zu ermittelnde Kenngröße für die Gesamtbelastung (Nummer 4.7) den Immissionswert für das Kalenderjahr (Nummern 4.2 bis 4.5) überschreitet, ist zunächst eine Verminderung der Emissionen anzustreben. Ist dies nicht möglich, muss die Schornsteinhöhe so weit erhöht werden, dass dadurch ein Überschreiten des Immissionswertes für das Kalenderjahr verhindert wird.

Die Schornsteinhöhe nach Nummer 5.5.3 soll vorbehaltlich abweichender Regelungen 250 m nicht überschreiten; ergibt sich eine größere Schornsteinhöhe als 200 m, sollen weitergehende Maßnahmen zur Emissionsbegrenzung angestrebt werden.

Anh. B 2 TA Luft   Allgemeine Verwaltungsvorschriften

Absatz 1 findet bei anderen als Feuerungsanlagen keine Anwendung bei geringen Emissionsmassenströmen sowie in den Fällen, in denen nur innerhalb weniger Stunden des Jahres aus Sicherheitsgründen Abgase emittiert werden; in diesen Fällen sind die in der Richtlinie VDI 3781 Blatt 4 (Ausgabe November 1980) oder in der Richtlinie VDI 2280 Abschnitt 3 (Ausgabe August 1977) angegebenen Anforderungen sinngemäß so anzuwenden, dass eine ausreichende Verdünnung und ein ungestörter Abtransport der Abgase mit der freien Luftströmung sichergestellt sind.

5.5.3 Nomogramm zur Bestimmung der Schornsteinhöhe

Die Schornsteinhöhe ist nach der Abbildung 2 zu bestimmen. Es bedeuten:

H' in m	Schornsteinhöhe aus Nomogramm;
d in m	Innendurchmesser des Schornsteins oder äquivalenter Innendurchmesser der Querschnittfläche;
t in °C	Temperatur des Abgases an der Schornsteinmündung;
R in m^3/h	Volumenstrom des Abgases im Normzustand nach Abzug des Feuchtgehaltes an Wasserdampf;
Q in kg/h	Emissionsmassenstrom des emittierten luftverunreinigenden Stoffes aus der Emissionsquelle; für Fasern ist die je Zeiteinheit emittierte Faserzahl in einen Massenstrom umzurechnen;
S	Faktor für die Schornsteinhöhenbestimmung; für S sind in der Regel die in Anhang 7 festgelegten Werte einzusetzen.

Für t, R und Q sind jeweils die Werte einzusetzen, die sich beim bestimmungsgemäßen Betrieb unter den für die Luftreinhaltung ungünstigsten Betriebsbedingungen ergeben, insbesondere hinsichtlich des Einsatzes der Brenn- bzw. Rohstoffe. Bei der Emission von Stickstoffmonoxid ist ein Umwandlungsgrad von 60 vom Hundert zu Stickstoffdioxid zugrunde zu legen; dies bedeutet, dass der Emissionsmassenstrom von Stickstoffmonoxid mit dem Faktor 0,92 zu multiplizieren und als Emissionsmassenstrom Q von Stickstoffdioxid im Nomogramm einzusetzen ist.

Für S kann die zuständige oberste Landesbehörde in nach § 44 Abs.3 BImSchG festgesetzten Untersuchungsgebieten und in den Fällen nach Nummer 4.8 kleinere Werte vorschreiben. Sie sollen 75 vom Hundert der in Anhang 7 festgelegten S-Werte nicht unterschreiten.

Technische Anleitung Luft TA Luft **Anh. B 2**

Abbildung 2: Nomogramm zur Ermittlung der Schornsteinhöhe

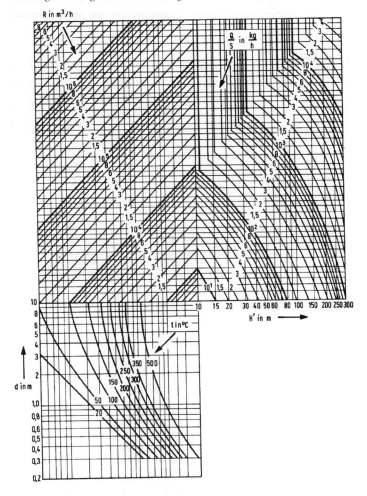

5.5.4 Ermittlung der Schornsteinhöhe unter Berücksichtigung der Bebauung und des Bewuchses sowie in unebenem Gelände

In den Fällen, in denen die geschlossene, vorhandene oder nach einem Bebauungsplan zulässige Bebauung oder der geschlossene Bewuchs mehr als 5 vom Hundert der Fläche des Beurteilungsgebietes beträgt, wird die nach Nummer 5.5.3 bestimmte Schornsteinhöhe H' um den Zusatzbetrag J erhöht. Der Wert J in m ist aus Abbildung 3 zu ermitteln.

Abbildung 3: Diagramm zur Ermittlung des Wertes J:

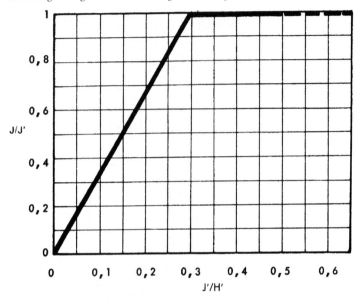

Es bedeuten:
H in m Schornsteinbauhöhe (H = H' + J);
J' in m Mittlere Höhe der geschlossenen vorhandenen oder nach einem Bebauungsplan zulässigen Bebauung oder des geschlossenen Bewuchses über Flur.

Bei der Bestimmung der Schornsteinhöhe ist eine unebene Geländeform zu berücksichtigen, wenn die Anlage in einem Tal liegt oder die Ausbreitung der Emissionen durch Geländeerhebungen gestört wird. In den Fällen, in denen die Voraussetzungen für eine Anwendung der Richtlinie VDI 3781 Blatt 2 (Ausgabe August 1981) vorliegen, ist die nach den Nummern 5.5.3 und 5.5.4 Absatz 1 bestimmte Schornsteinhöhe entsprechend zu korrigieren.

5.5.5 Bestehende Anlagen

Für bestehende Anlagen, die die Anforderungen der Technischen Anleitung zur Reinhaltung der Luft (TA Luft) vom 27. Februar 1986 (GMBl. S.95) einhalten, finden die Anforderungen der Nummern 5.5.2 bis 5.5.4 keine Anwendung.

6 Nachträgliche Anordnungen

Soweit bestehende Anlagen nicht den in den Nummern 4 und 5 festgelegten Anforderungen entsprechen, sollen die zuständigen Behörden unter Beachtung der nächstehenden Regelungen die erforderlichen Anordnungen zur Erfüllung der Pflichten aus § 5 Abs.1 Nrn. 1 und 2 BImSchG treffen. Die in den Nummern 5.4

Technische Anleitung Luft   TA Luft **Anh. B 2**

und 6 festgelegten Fristen zur Erfüllung der Anforderungen beginnen mit dem Inkrafttreten dieser Verwaltungsvorschrift.

6.1 Nachträgliche Anordnungen zum Schutz vor schädlichen Umwelteinwirkungen

6.1.1 Ermessenseinschränkung

Nach § 17 Abs.1 Satz 2 BImSchG sollen nachträgliche Anordnungen getroffen werden, wenn die Allgemeinheit oder die Nachbarschaft nicht ausreichend vor schädlichen Umwelteinwirkungen oder sonstigen Gefahren, erheblichen Nachteilen oder erheblichen Belästigungen geschützt ist. In diesen Fällen darf von einer Anordnung nur abgesehen werden, wenn besondere Umstände vorliegen, die eine abweichende Beurteilung rechtfertigen. Bei konkreten Gesundheitsgefahren ist ein Einschreiten der Behörde stets geboten.

6.1.2 Eingriffsvoraussetzung

Der Schutz vor schädlichen Umwelteinwirkungen durch Luftverunreinigungen ist nicht ausreichend gewährleistet, wenn

a) die Immissionswerte zum Schutz der menschlichen Gesundheit nach Nummer 4.2.1 an einem für Menschen dauerhaft zugänglichen Ort im Einwirkungsbereich der Anlage überschritten sind,

b) die Immissionswerte zum Schutz vor erheblichen Belästigungen nach Nummer 4.3.1 im Einwirkungsbereich der Anlage überschritten sind und nicht ausgeschlossen ist, dass unzumutbare Belästigungen in dem betroffenen Bereich tatsächlich auftreten,

c) die Immissionswerte zum Schutz vor erheblichen Nachteilen, insbesondere zum Schutz der Vegetation und von Ökosystemen, nach den Nummern 4.4.1 oder 4.4.2 im Einwirkungsbereich der Anlage überschritten sind und in dem betroffenen Bereich schutzbedürftige Ökosysteme bestehen oder

d) eine Sonderfallprüfung nach Nummer 4.8 durchzuführen ist und ergeben hat, dass luftverunreinigende Immissionen zu Gefahren, erheblichen Nachteilen oder erheblichen Belästigungen für die Allgemeinheit oder die Nachbarschaft führen,

und der Betrieb der Anlage relevant zu den schädlichen Umwelteinwirkungen beiträgt.

6.1.3 Maßnahmen

Kann ein ausreichender Schutz vor schädlichen Umwelteinwirkungen nicht durch Maßnahmen zur Einhaltung des Standes der Technik sichergestellt werden, sollen weitergehende Maßnahmen zur Emissionsminderung angeordnet werden. Reichen auch derartige Maßnahmen nicht aus, soll eine Verbesserung der Ableitbedingungen gefordert werden. In den Fällen des § 17 Abs.1 Satz 2 BImSchG ist ein vollständiger oder teilweiser Widerruf der Genehmigung zu prüfen.

6.1.4 Fristen

Nachträgliche Anordnungen zum Schutz vor schädlichen Umwelteinwirkungen sollen unverzüglich nach Klärung der Eingriffsvoraussetzungen getroffen werden. Tragen mehrere Verursacher relevant zu schädlichen Umwelteinwirkungen bei, sind die Eingriffsvoraussetzungen gegenüber allen beteiligten Emittenten zu klären und ggf. mehrere Anordnungen zu treffen. Für die Durchführung der Maßnahmen kann unter Berücksichtigung des Verhältnismäßigkeitsgrundsatzes eine Frist eingeräumt werden. Satz 3 gilt nur, wenn in der Übergangszeit keine konkreten Gesundheitsgefahren auftreten können und zeitlich begrenzte Belästigungen oder Nachteile den Betroffenen zumutbar sind.

6.1.5 Luftqualitätswerte der EG

Sind Immissionswerte nach Nummer 4 überschritten, deren Einhaltung nach den Tochterrichtlinien zur Richtlinie 96/62/EG des Rates vom 27. September 1996 über die Beurteilung und Kontrolle der Luftqualität („Luftqualitäts-Rahmenrichtlinie") erst zu einem in der Zukunft liegenden Zeitpunkt gefordert wird, kann ein Beitrag der Anlage zur Überschreitung der Immissionswerte bis zum Ablauf der Übergangszeit zugelassen werden. Die zur künftigen Einhaltung der Immissionswerte erforderlichen Maßnahmen sind spätestens im Rahmen der Luftreinhalteplanung anzuordnen.

6.2 Nachträgliche Anordnungen zur Vorsorge gegen schädliche Umwelteinwirkungen

6.2.1 Grundsatz

Entspricht eine Anlage nicht den in dieser Verwaltungsvorschrift konkretisierten Anforderungen zur Vorsorge gegen schädliche Umwelteinwirkungen, soll die zuständige Behörde die erforderlichen Anordnungen treffen, um die Anlage an den in Nummer 5 beschriebenen Stand der Technik und die dort angegebenen sonstigen Vorsorgeanforderungen anzupassen. Werden die in Nummer 5 festgelegten Emissionswerte nur geringfügig überschritten, kann die Anordnung aufwendiger Abhilfemaßnahmen unverhältnismäßig sein. Im Übrigen wird der Grundsatz der Verhältnismäßigkeit (§ 17 Abs.2 BImSchG) in der Regel durch Einräumung einer der in den Nummern 5.4 und 6 festgelegten Erfüllungsfristen gewahrt.

6.2.2 Unverzügliche Sanierung

Entspricht eine Anlage nicht den in der Technischen Anleitung zur Reinhaltung der Luft (TA Luft) vom 27. Februar 1986 (GMBl. S.95) festgelegten Anforderungen zur Vorsorge gegen schädliche Umwelteinwirkungen, soll in der nachträglichen Anordnung eine Frist nur eingeräumt werden, soweit das zur Durchführung der Maßnahmen zwingend erforderlich ist. Sind die Anforderungen im Einzelfall durch eine Auflage oder eine nachträgliche Anordnung konkretisiert worden, sollen sie unverzüglich durchgesetzt werden.

6.2.3 Einräumung von Sanierungsfristen

Soweit in dieser Verwaltungsvorschrift neue Anforderungen festgelegt werden, sollen zu ihrer Erfüllung Fristen eingeräumt werden, bei deren Festlegung
- der erforderliche technische Aufwand,
- das Ausmaß der Abweichungen von den Anforderungen und
- die Bedeutung für die Allgemeinheit und die Nachbarschaft
zu berücksichtigen sind.

6.2.3.1 Sanierungsfristen für Maßnahmen, deren Erfüllung lediglich organisatorische Änderungen oder einen geringen technischen Aufwand erfordert

In nachträglichen Anordnungen, deren Erfüllung lediglich organisatorische Änderungen oder einen geringen technischen Aufwand erfordert, insbesondere bei Umstellungen auf emissionsärmere Brenn- oder Einsatzstoffe sowie bei einfachen Änderungen der Prozessführung oder Verbesserungen der Wirksamkeit vorhandener Abgasreinigungseinrichtungen, soll festgelegt werden, dass die Durchführung der

Technische Anleitung Luft TA Luft **Anh. B 2**

Maßnahmen innerhalb von drei Jahren nach Inkrafttreten der neuen Anforderungen abgeschlossen ist.

6.2.3.2 Sanierungsfristen für Maßnahmen zur zeitgleichen Erfüllung der bisherigen und der neuen Anforderungen

Bei Anlagen, die weder die Anforderungen der Technischen Anleitung zur Reinhaltung der Luft von 1986 noch die neuen Anforderungen einhalten, soll angestrebt werden, die Maßnahmen zur Erfüllung der bisherigen und der neuen Anforderungen zeitgleich durchzuführen. Die Frist zur Erfüllung aller Anforderungen soll drei Jahre nicht überschreiten.

Bei Anlagen nach Nummer 7.1 Buchstabe b) des Anhangs der 4. BImSchV, die ab dem 3. August 2001 nach § 67 Abs.2 BlmSchG anzuzeigen sind, sind alle Anforderungen spätestens bis zum 30. Oktober 2007 zu erfüllen.

6.2.3.3 Allgemeine Sanierungsfrist

Bei Anlagen, die bisher dem Stand der Technik entsprachen, soll – soweit in den Nummern 6.2.3.1, 6.2.3.4 und 6.2.3.5 nichts anderes bestimmt ist – verlangt werden, dass alle Anforderungen spätestens bis zum 30. Oktober 2007 erfüllt werden.

6.2.3.4 Besondere Sanierungsfristen nach Nummer 5.4 dieser Verwaltungsvorschrift

Soweit in Nummer 5.4 für bestimmte Anlagenarten besondere Sanierungsfristen festgelegt werden, sind diese vorrangig zu beachten.

6.2.3.5 Sanierungsfristen in Luftreinhalteplänen nach § 47 BImSchG

Soweit in Luftreinhalteplänen nach § 47 BImSchG Sanierungsfristen enthalten sind, gehen diese den in den Nummern 5.4 und 6.2.3.1 bis 6.2.3.3 bestimmten Fristen vor.

6.2.4 Verzicht auf die Genehmigung

Eine nachträgliche Anordnung ist nicht zu erlassen, wenn der Betreiber durch schriftliche Erklärung gegenüber der Genehmigungsbehörde darauf verzichtet hat, die Anlage länger als bis zu den in den Nummern 6.2.3.2 bis 6.2.3.4 genannten Fristen zu betreiben. Satz 1 gilt nicht für nachträgliche Anordnungen im Sinne von Nummer 6.2.3.1 und Nummer 6.2.3.5.

6.2.5 Kompensation

In den Fällen des § 17 Abs.3 a BImSchG soll die zuständige Behörde von nachträglichen Anordnungen absehen.

7 Aufhebung von Vorschriften

Die Technische Anleitung zur Reinhaltung der Luft (TA Luft) vom 27. Februar 1986 (GMBl. S.95) wird mit Inkrafttreten dieser Allgemeinen Verwaltungsvorschrift aufgehoben.

8 Inkrafttreten

Diese Allgemeine Verwaltungsvorschrift tritt am ersten Tage des dritten auf die Veröffentlichung folgenden Kalendermonats in Kraft.
Der Bundesrat hat zugestimmt.

Anhang 1
Ermittlung des Mindestabstandes zu empfindlichen Pflanzen (z. B. Baumschulen, Kulturpflanzen) und Ökosystemen im Hinblick auf die Anforderungen der Nummer 4.8

Prüfung nach Nummer 4.8, ob der Schutz vor erheblichen Nachteilen durch Schädigung empfindlicher Pflanzen (z. B. Baumschulen, Kulturpflanzen) und Ökosysteme durch Einwirkung von Ammoniak gewährleistet ist

Nummer 4.8 bestimmt, dass die Unterschreitung der Mindestabstände in Abbildung 4 einen Anhaltspunkt für das Vorliegen erheblicher Nachteile durch die Schädigung empfindlicher Pflanzen (z. B. Baumschulen, Kulturpflanzen) und Ökosysteme durch die Einwirkung von Ammoniak gibt.

Bei Anlagen zum Halten oder zur Aufzucht von Nutztieren wird mit Hilfe der Emissionsfaktoren der Tabelle 11 für Tierart, Nutzungsrichtung, Aufstallung und Wirtschaftsdüngerlagerung und für die jeweiligen Tierplatzzahlen die unter ungünstigen Bedingungen zu erwartende Ammoniakemission der Anlage je Jahr ermittelt. Bei unterschiedlichen Tierarten, Haltungsarten und Nutzungsarten sind die jeweiligen jährlichen Ammoniakemissionen zu addieren. Mit dieser jährlichen Ammoniakemission kann aus der Abbildung 4 der Mindestabstand entnommen werden, dessen Unterschreiten einen Anhaltspunkt für das Vorliegen erheblicher Nachteile gibt.

Für die Berechnung des Mindestabstandes entsprechend Abbildung 4 gilt die Gleichung

$$X_{min} = \sqrt{F \cdot Q},$$

wobei F den Wert 41 668 m² a/Mg einnimmt und Q die jährliche Ammoniakemission in Mg/a angibt. Diese Gleichung kann auch bei höheren jährlichen Ammoniakemissionen als den in der Abbildung 4 dargestellten 22 Mg/a angewendet werden.

Wenn über eine Ausbreitungsrechnung nach Anhang 3 unter Berücksichtigung der Haltungsbedingungen nachgewiesen wird, dass bei einem geringeren als nach Abbildung 4 zu ermittelnden Abstand eine Zusatzbelastung für Ammoniak von 3 µg/m³ an keinem maßgeblichen Beurteilungspunkt überschritten wird, gibt erst das Unterschreiten dieses neu ermittelten geringeren Abstandes einen Anhaltspunkt auf das Vorliegen erheblicher Nachteile durch Schädigung empfindlicher Pflanzen (z. B. Baumschulen, Kulturpflanzen) und Ökosysteme auf Grund der Einwirkung von Ammoniak.

Anhaltspunkte für das Vorliegen erheblicher Nachteile sind dann nicht gegeben, wenn die Gesamtbelastung an Ammoniak an keinem Beurteilungspunkt 10 µg/m³ überschreitet.

Die Mindestabstandskurve ist für bodennahe Quellen abgeleitet und berücksichtigt eine mögliche Verminderung der Immissionskonzentration durch Ableitung der Abgase über Schornsteine entsprechend Nummer 5.5 nicht. Gegebenenfalls ist zur Berücksichtigung dieser Ableitungsbedingungen eine Ausbreitungsrechnung nach Anhang 3 durchzuführen.

Abbildung 4: Mindestabstand von Anlagen zu empfindlichen Pflanzen (z. B. Baumschulen, Kulturpflanzen) und Ökosystemen, bei dessen Unterschreiten sich Anhaltspunkte für das Vorliegen erheblicher Nachteile durch Schädigung dieser Schutzgüter auf Grund der Einwirkung von Ammoniak ergeben

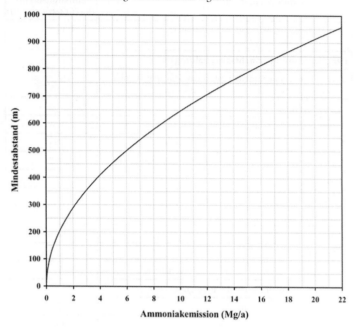

Tabelle 11: Ammoniakemissionsfaktoren für Anlagen zum Halten oder zur Aufzucht von Nutztieren[*]

Tierart, Nutzungsrichtung, Aufstallung, Wirtschaftsdüngerlagerung	Ammoniak-emissionsfaktor (kg/(Tierplatz · a))
Mastschweine	
Zwangslüftung, Flüssigmistverfahren (Teil- oder Vollspaltenböden)	3,64
Zwangslüftung, Festmistverfahren	4,86
Außenklimastall, Kistenstall (Flüssig- oder Festmistverfahren)	2,43

[*] Weichen Anlagen zum Halten oder zur Aufzucht von Nutztieren wesentlich in Bezug auf Tierart, Nutzungsrichtung, Aufstallung, Fütterung oder Wirtschaftsdüngerlagerung von den in Tabelle 11 genannten Verfahren ab, können auf der Grundlage plausibler Begründungen (z. b. Messberichte, Praxisuntersuchungen) abweichende Emissionsfaktoren zur Berechnung herangezogen werden.

Anh. B 2 TA Luft — Allgemeine Verwaltungsvorschriften

Tierart, Nutzungsrichtung, Aufstallung, Wirtschaftsdüngerlagerung	Ammoniak-emissionsfaktor (kg/(Tierplatz · a))
Außenklimastall, Tiefstreu- oder Kompostverfahren	4,86
Ferkelerzeugung (Zuchtsauenhaltung)	
Alle Bereiche und Aufstallungsformen (Zuchtsauen inkl. Ferkel bis 25 kg)	7,29
Legehennen	
Käfighaltung mit belüftetem Kotband	0,0389
Volierenhaltung mit belüftetem Kotband	0,0911
Bodenhaltung/Auslauf (Entmistung 1 mal je Durchgang)	0,3157
Mastgeflügel	
Masthähnchen, Bodenhaltung	0,0486
Enten	0,1457
Puten	0,7286
Milchvieh	
Anbindehaltung, Fest- oder Flüssigmistverfahren	4,86
Liegeboxenlaufstall, Fest- oder Flüssigmistverfahren	14,57
Laufstall, Tiefstreuverfahren	14,57
Laufstall, Tretmistverfahren	15,79
Mastbullen, Jungvieh inkl. Aufzucht (0,5 bis 2 Jahre)	
Anbindehaltung, Fest- oder Flüssigmistverfahren	2,43
Laufstall, Flüssigmistverfahren	3,04
Laufstall, Tretmistverfahren	3,64

Technische Anleitung Luft TA Luft **Anh. B 2**

Anhang 2

Kurven zur Ableitung von Massenströmen aus Immissionsprognosen

Abbildung 5: Arsen und anorganische Arsenverbindungen

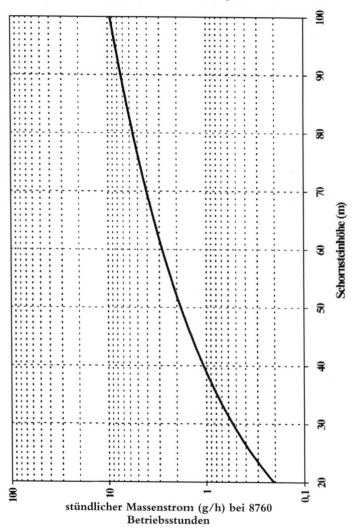

Abbildung 6: Blei und anorganische Bleiverbindungen

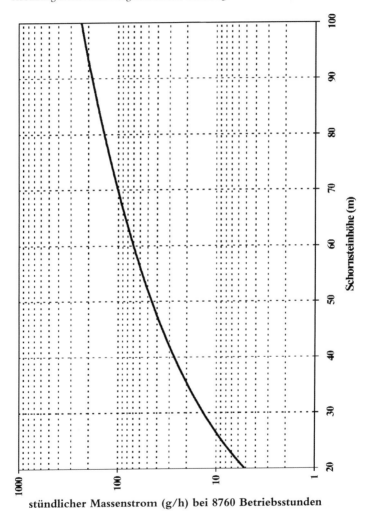

Technische Anleitung Luft   **TA Luft   Anh. B 2**

Abbildung 7: Cadmium und anorganische Cadmiumverbindungen sowie Thallium und anorganische Thalliumverbindungen

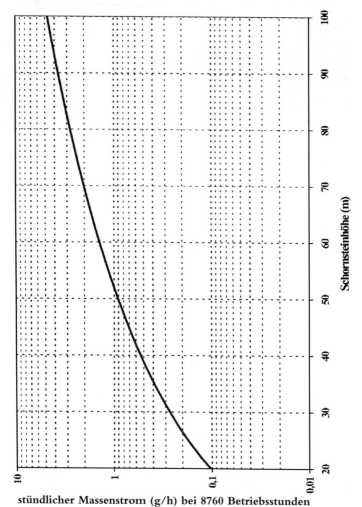

Anh. B 2 TA Luft Allgemeine Verwaltungsvorschriften

Abbildung 8: Nickel und anorganische Nickelverbindungen

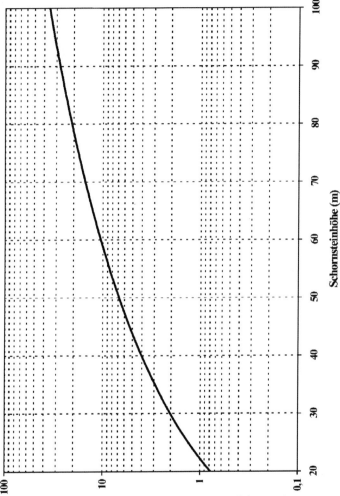

Technische Anleitung Luft — TA Luft Anh. B 2

Abbildung 9: Quecksilber und anorganische Quecksilberverbindungen

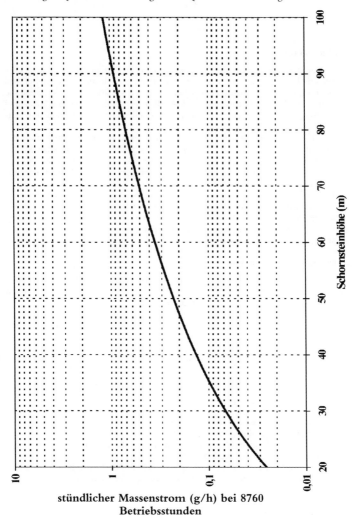

Anhang 3

Ausbreitungsrechnung

1 Allgemeines

Die Ausbreitungsrechnung für Gase und Stäube ist als Zeitreihenrechnung über jeweils ein Jahr oder auf der Basis einer mehrjährigen Häufigkeitsverteilung von Ausbreitungssituationen nach dem hier beschriebenen Verfahren unter Verwendung des Partikelmodells der Richtlinie VDI 3945 Blatt 3 (Ausgabe September 2000) und unter Berücksichtigung weiterer im Folgenden aufgeführter Richtlinien durchzuführen.

Das Ausbreitungsmodell liefert bei einer Zeitreihenrechnung für jede Stunde des Jahres an den vorgegebenen Aufpunkten die Konzentration eines Stoffes (als Masse/ Volumen) und die Deposition (als Masse/(Fläche · Zeit)). Bei Verwendung einer Häufigkeitsverteilung gemäß Kapitel 12 dieses Anhangs liefert das Ausbreitungsmodell die entsprechenden Jahresmittelwerte.

Die Ergebnisse einer Rechnung für ein Raster von Aufpunkten dienen der Auswahl der Beurteilungspunkte gemäß Nummer 4.6.2.5.

Die Ergebnisse an den Beurteilungspunkten repräsentieren die Zusatzbelastung und dienen, zusammen mit der Zeitreihe der gemessenen Vorbelastungswerte, der Bestimmung der Gesamtbelastung.

2 Festlegung der Emissionen

Emissionsquellen sind die festzulegenden Stellen des Übertritts von Luftverunreinigungen aus der Anlage in die Atmosphäre. Die bei der Ableitung der Emissionen vorliegenden Freisetzungsbedingungen sind zu berücksichtigen.

Die Emissionsparameter der Emissionsquelle (Emissionsmassenstrom, Abgastemperatur, Abgasvolumenstrom) sind als Stundenmittelwerte anzugeben. Bei zeitlichen Schwankungen der Emissionsparameter, z. B. bei Chargenbetrieb, sind diese als Zeitreihe anzugeben. Ist eine solche Zeitreihe nicht verfügbar oder verwendbar, sind die beim bestimmungsgemäßen Betrieb für die Luftreinhaltung ungünstigsten Betriebsbedingungen einzusetzen. Hängt die Quellstärke von der Windgeschwindigkeit ab (windinduzierte Quellen), so ist dies entsprechend zu berücksichtigen.

3 Ausbreitungsrechnung für Gase

Bei Gasen, für die keine Immissionswerte für Deposition festgelegt sind, ist die Ausbreitungsrechnung ohne Berücksichtigung von Deposition durchzuführen. Für Ammoniak und gasförmiges Quecksilber sind die in Tabelle 12 angegebenen Werte der Depositionsgeschwindigkeit v_d zu verwenden.

Für die Berechnung der Umwandlung von NO in NO_2 sind die in Richtlinie VDI 3782 Blatt 1 (Ausgabe Dezember 2001) angegebenen Umwandlungszeiten zu verwenden.

Tabelle 12: Depositionsgeschwindigkeiten für Gase

Stoff	v_d in m/s
Ammoniak	0,010
Quecksilber	0,005

Technische Anleitung Luft   TA Luft **Anh. B 2**

4 Ausbreitungsrechnung für Stäube

Bei der Ausbreitungsrechnung für Stäube sind trockene Deposition und Sedimentation zu berücksichtigen. Die Berechnung ist für folgende Größenklassen der Korngrößenverteilung, angegeben als aerodynamischer Durchmesser d_a, des Emissionsmassenstromes durchzuführen, wobei jeweils die angegebenen Werte von Depositionsgeschwindigkeit v_d und Sedimentationsgeschwindigkeit v_s zu verwenden sind.

Tabelle 13: Depositions- und Sedimentationsgeschwindigkeiten für Stäube

Klasse	d_a in µm	v_d in m/s	v_s in m/s
1	kleiner 2,5	0,001	0,00
2	2,5 bis 10	0,01	0,00
3	10 bis 50	0,05	0,04
4	größer 50	0,20	0,15

Die Ausbreitungsrechnung für eine Korngrößenklasse ist mit dem Emissionsmassenstrom der betreffenden Korngrößenklasse durchzuführen. Für die Berechnung der Deposition des gesamten Staubes sind die Depositionswerte der Korngrößenklassen zu addieren. Die Einzelwerte der Konzentration für PM-10 (aerodynamischer Durchmesser kleiner als 10 µm) bestehen aus der Summe der Einzelwerte der Konzentration der Korngrößenklassen 1 und 2.

Ist die Korngrößenverteilung nicht im Einzelnen bekannt, dann ist PM-10 wie Staub der Klasse 2 zu behandeln. Für Staub mit einem aerodynamischen Durchmesser größer als 10 µm ist für v_d der Wert 0,07 m/s und für v_s der Wert 0,06 m/s zu verwenden.

5 Bodenrauhigkeit

Die Bodenrauhigkeit des Geländes wird durch eine mittlere Rauhigkeitslänge z_0 beschrieben. Sie ist nach Tabelle 14 aus den Landnutzungsklassen des CORINE-Katasters[*] zu bestimmen (die angegebenen Nummern sind die Kennzahlen des CORINE-Katasters).

Tabelle 14: Mittlere Rauhigkeitslänge in Abhängigkeit von den Landnutzungsklassen des CORINE-Katasters

z_0 in m	CORINE-Klasse
0,01	Strände, Dünen und Sandflächen (331); Wasserflächen (512)
0,02	Deponien und Abraumhalden (132); Wiesen und Weiden (231); Natürliches Grünland (321); Flächen mit spärlicher Vegetation (333); Salzwiesen (421); In der Gezeitenzone liegende Flächen (423); Gewässerläufe (511); Mündungsgebiete (522)

---

[*] „Daten zur Bodenbedeckung der Bundesrepublik Deutschland" des Statistischen Bundesamtes, Wiesbaden.

Anh. B 2 TA Luft — Allgemeine Verwaltungsvorschriften

z_0 in m	CORINE-Klasse
0,05	Abbauflächen (131); Sport- und Freizeitanlagen (142); Nicht bewässertes Ackerland (211); Gletscher und Dauerschneegebiete (335); Lagunen (521)
0,10	Flughäfen (124); Sümpfe (411); Torfmoore (412); Meere und Ozeane (523)
0,20	Straßen, Eisenbahn (122); Städtische Grünflächen (141); Weinbauflächen (221); Komplexe Parzellenstrukturen (242); Landwirtschaft und natürliche Bodenbedeckung (243); Heiden und Moorheiden (322); Felsflächen ohne Vegetation (332)
0,50	Hafengebiete (123); Obst- und Beerenobstbestände (222); Wald-Strauch-Übergangsstadien (324)
1,00	Nicht durchgängig städtische Prägung (112); Industrie- und Gewerbeflächen (121); Baustellen (133); Nadelwälder (312)
1,50	Laubwälder (311); Mischwälder (313)
2,00	Durchgängig städtische Prägung (111)

Die Rauhigkeitslänge ist für ein kreisförmiges Gebiet um den Schornstein festzulegen, dessen Radius das 10fache der Bauhöhe des Schornsteins beträgt. Setzt sich dieses Gebiet aus Flächenstücken mit unterschiedlicher Bodenrauhigkeit zusammen, so ist eine mittlere Rauhigkeitslänge durch arithmetische Mittelung mit Wichtung entsprechend dem jeweiligen Flächenanteil zu bestimmen und anschließend auf den nächstgelegenen Tabellenwert zu runden. Es ist zu prüfen, ob sich die Landnutzung seit Erhebung des Katasters wesentlich geändert hat oder eine für die Immissionsprognose wesentliche Änderung zu erwarten ist.

Variiert die Bodenrauhigkeit innerhalb des zu betrachtenden Gebietes sehr stark, ist der Einfluss des verwendeten Wertes der Rauhigkeitslänge auf die berechneten Immissionsbeiträge zu prüfen.

6 Effektive Quellhöhe

Die effektive Quellhöhe ist gemäß Richtlinie VDI 3782 Blatt 3 (Ausgabe Juni 1985) zu bestimmen. Der emittierte Wärmestrom M in MW wird nach folgender Formel berechnet:

$$M = 1{,}36 \cdot 10^3 \cdot R' \, (T - 283{,}15\,K) \quad (1)$$

Hierbei ist M der Wärmestrom in MW, R' der Volumenstrom des Abgases (f) im Normzustand in m³/s und T die Abgastemperatur in K. Bei der Ableitung der Abgase über Kühltürme ist nach Richtlinie VDI 3784 Blatt 2 (Ausgabe März 1990) entsprechend zu verfahren.

7 Rechengebiet und Aufpunkte

Das Rechengebiet für eine einzelne Emissionsquelle ist das Innere eines Kreises um den Ort der Quelle, dessen Radius das 50fache der Schornsteinbauhöhe ist. Tragen mehrere Quellen zur Zusatzbelastung bei, dann besteht das Rechengebiet aus der Vereinigung der Rechengebiete der einzelnen Quellen. Bei besonderen Geländebedingungen kann es erforderlich sein, das Rechengebiet größer zu wählen.

Das Raster zur Berechnung von Konzentration und Deposition ist so zu wählen, dass Ort und Betrag der Immissionsmaxima mit hinreichender Sicherheit bestimmt werden können. Dies ist in der Regel der Fall, wenn die horizontale Maschenweite

Technische Anleitung Luft   TA Luft **Anh. B 2**

die Schornsteinbauhöhe nicht überschreitet. In Quellentfernungen größer als das 10fache der Schornsteinbauhöhe kann die horizontale Maschenweite proportional größer gewählt werden.

Die Konzentration an den Aufpunkten ist als Mittelwert über ein vertikales Intervall vom Erdboden bis 3 m Höhe über dem Erdboden zu berechnen und ist damit repräsentativ für eine Aufpunkthöhe von 1,5 m über Flur. Die so für ein Volumen oder eine Fläche des Rechengitters berechneten Mittelwerte gelten als Punktwerte für die darin enthaltenen Aufpunkte.

8 Meteorologische Daten

8.1 Allgemeines

Meteorologische Daten sind als Stundenmittel anzugeben, wobei die Windgeschwindigkeit vektoriell zu mitteln ist. Die verwendeten Werte sollen für den Standort der Anlage charakteristisch sein. Liegen keine Messungen am Standort der Anlage vor, sind Daten einer geeigneten Station des Deutschen Wetterdienstes oder einer anderen entsprechend ausgerüsteten Station zu verwenden. Die Übertragbarkeit dieser Daten auf den Standort der Anlage ist zu prüfen; dies kann z. B. durch Vergleich mit Daten durchgeführt werden, die im Rahmen eines Standortgutachtens ermittelt werden. Messlücken, die nicht mehr als 2 Stundenwerte umfassen, können durch Interpolation geschlossen werden. Die Verfügbarkeit der Daten soll mindestens 90 vom Hundert der Jahresstunden betragen.

Die vom Partikelmodell benötigten meteorologischen Grenzschichtprofile sind gemäß Richtlinie VDI 3783 Blatt 8 zu bestimmen.[*] Hierzu werden folgende Größen benötigt:

Tabelle 15: Größen für meteorologische Grenzschichtprofile

r_a	Windrichtung in Anemometerhöhe h_a
u_a	Windgeschwindigkeit in Anemometerhöhe h_a
L_M	Monin-Obukhov-Länge
h_m	Mischungsschichthöhe
z_0	Rauhigkeitslänge
d_0	Verdrängungshöhe

8.2 Windrichtung

Die Windrichtung ist die Richtung, aus der der Wind weht, und ist in Anemometerhöhe als Winkel gegen die Nordrichtung im Uhrzeigersinn gradgenau anzugeben. Enthält die für die Ausbreitungsrechnung verwendete meteorologische Zeitreihe nur gerundete Werte der Windrichtung (Sektorangaben), dann ist hilfsweise in der Ausbreitungsrechnung eine gleichverteilt zufällige Windrichtung aus dem betreffenden Sektor zu verwenden.

Bei umlaufenden Winden ist eine gleichverteilt zufällige Windrichtung aus dem Bereich 1° bis 360° zu wählen. Für Intervalle mit Windstille bis zu 2 Stunden Dauer ist die Windrichtung durch lineare Interpolation zwischen dem letzten Wert vor Be-

---

[*] Bis zur Einführung der Richtlinie VDI 3783 Blatt 8 sind die in folgender Veröffentlichung angegebenen Profile zu verwenden: L. Janicke, U. Janicke, „Vorschlag eines meteorologischen Grenzschichtmodells für Lagrangesche Ausbreitungsmodelle". Berichte zur Umweltphysik 2, Ingenieurbüro Janicke, ISSN 1439-8222, September 2000.

Anh. B 2 **TA Luft**   Allgemeine Verwaltungsvorschriften

ginn der Windstille und dem ersten Wert nach Ende der Windstille zu bestimmen. Für Intervalle größer als zwei Stunden ist die Windrichtung entsprechend der Windrichtungsverteilung für Windgeschwindigkeiten bis zu 1,2 m/s zufällig zu wählen. Es ist eine Drehung D der Windrichtung r in der Mischungsschicht in Abhängigkeit von der Höhe z über dem Erdboden gemäß der Formeln 2 und 3 zu berücksichtigen:

$$r(z) = r_a + D(z) - D(h_a) \qquad (2)$$
$$D(z) = 1{,}23\, D_h[1-\exp(-1{,}75\, z/h_m)] \qquad (3)$$

Der Wert von D_h ist in Abhängigkeit von der Monin-Obukhov-Länge L_M (Kapitel 8.4 dieses Anhangs) und er Mischungsschichthöhe h_m (Kapitel 8.5 dieses Anhangs) der Tabelle 16 zu entnehmen.

Tabelle 16: Bestimmung von D_h

D_h in Grad	Stabilitätsbereich
0	$h_m/L_M < -10$
$45 + 4{,}5\, h_m/L_M$	$-10 \leq h_m/L_M < 0$
45	$L_M > 0$

Für Höhen oberhalb der Mischungsschichthöhe ist die Windrichtung in Mischungsschichthöhe zu verwenden.

8.3 Windgeschwindigkeit

Die Windgeschwindigkeit in Anemometerhöhe ist in m/s mit einer Nachkommastelle anzugeben. Ist in der meteorologischen Zeitreihe die Windgeschwindigkeit in Stufen größer als 0,1 m/s angegeben, dann ist hilfsweise für die Ausbreitungsrechnung eine gleichverteilt zufällige Geschwindigkeit aus dem Stufenbereich auszuwählen.

Bei Windstille und bei Windgeschwindigkeiten unter 0,8 m/s in Anemometerhöhe ist für die Windgeschwindigkeit in Anemometerhöhe ein rechnerischer Wert von 0,7 m/s zu verwenden.

8.4 Monin-Obukhov-Länge

Die Stabilität der atmosphärischen Schichtung wird durch Angabe der Monin-Obukhov-Länge L_M festgelegt. Ist der Wert der Monin-Obukhov-Länge nicht bekannt, dann ist eine Ausbreitungsklasse nach Klug/Manier nach Richtlinie VDI 3782 Blatt 1 (Ausgabe Dezember 2001) zu bestimmen und die Monin-Obukhov-Länge in Meter ist gemäß Tabelle 17 zu setzen.

Tabelle 17: Bestimmung der Monin-Obukhov-Länge L_M

Ausbreitungsklasse nach Klug/Manier	Rauhigkeitslänge z_0 in m								
	0,01	0,02	0,05	0,10	0,20	0,50	1,00	1,50	2,00
I (sehr stabil)	7	9	13	17	24	40	65	90	118
II (stabil)	25	31	44	60	83	139	223	310	406
III/1 (indifferent)	99999	99999	99999	99999	99999	99999	99999	99999	99999
III/2 (indifferent)	−25	−32	−45	−60	−81	−130	−196	−260	−326
IV (labil)	−10	−13	−19	−25	−34	−55	−83	−110	−137
V (sehr labil)	−4	−5	−7	−10	−14	−22	−34	−45	−56

Technische Anleitung Luft TA Luft **Anh. B 2**

Der Wert der Monin-Obukhov-Länge an der Grenze zwischen zwei Ausbreitungsklassen ist das harmonische Mittel der Werte in den benachbarten Ausbreitungsklassen, d.h. der reziproke Wert wird durch arithmetische Mittelung der reziproken Werte bestimmt. Diese Klassengrenzen sind zu verwenden, wenn auf Ausbreitungsklassen nach Klug/Manier explizit Bezug genommen wird.

8.5 Mischungsschichthöhe

Ist die Mischungsschichthöhe nicht bekannt, ist sie nach folgendem Verfahren festzulegen. Für Werte der Monin-Obukhov-Länge aus dem Bereich der Ausbreitungsklassen IV und V ist mit einem Wert der Mischungsschichthöhe h_m von 1100 m zu rechnen. Sonst ist mit einem Wert von 800 m zu rechnen, es sei denn, Formel 4 ergibt einen kleineren Wert:

$$h_m = \begin{cases} \alpha \dfrac{u_*}{f_c} & \text{für } L_M \geq \dfrac{u_*}{f_c} \\ \alpha \dfrac{u_*}{f_c} \left(\dfrac{f_c L_M}{u_*} \right)^{1/2} & \text{für } 0 < L_M < \dfrac{u_*}{f_c} \end{cases}$$

Hierbei ist a gleich 0,3 und der Coriolis-Parameter f_c gleich 10^{-4} s^{-1}. Die Schubspannungsgeschwindigkeit u* meteorologischen Grenzschichtmodells zu bestimmen.

8.6 Verdrängungshöhe

Die Verdrängungshöhe d_0 gibt an, wie weit die theoretischen meteorologischen Profile auf Grund von Bewuchs oder Bebauung in der Vertikalen zu verschieben sind. Die Verdrängungshöhe ist als das 6fache der Rauhigkeitslänge z_0 (Kapitel 5 dieses Anhangs) anzusetzen, bei dichter Bebauung als das 0,8fache der mittleren Bebauungshöhe. Unterhalb der Höhe $6z_0 + d_0$ ist die Windgeschwindigkeit bis zum Wer Null bei z gleich Null linear zu interpolieren; alle anderen meteorologischen Parameter sind konstant zu halten.

9 Berücksichtigung der statistischen Unsicherheit

Die mit dem hier beschriebenen Verfahren berechneten Immissionskenngrößen besitzen auf Grund der statistischen Natur des in der Richtlinie VDI 3945 Blatt 3 (Ausgabe September 2000) angegebenen Verfahrens eine statistische Unsicherheit. Es ist darauf zu achten, dass die modellbedingte statistische Unsicherheit, berechnet als statistische Streuung des berechneten Wertes, beim Jahres-Immissionskennwert 3 vom Hundert des Jahres-Immissionskennwertes und beim Tages-Immissionskennwert 30 vom Hundert des Tages-Immissionswertes nicht überschreitet. Gegebenenfalls ist die statistische Unsicherheit durch eine Erhöhung der Partikelzahl zu reduzieren.

Liegen die Beurteilungspunkte an den Orten der maximalen Zusatzbelastung, braucht die statistische Unsicherheit nicht gesondert berücksichtigt zu werden. Andernfalls sind die berechneten Jahres-, Tages- und Stunden-Immissionskennwerte um die jeweilige statistische Unsicherheit zu erhöhen. Die relative statistische Unsicherheit des Stunden-Immissionskennwertes ist dabei der relativen statistischen Unsicherheit des Tages-Immissionskennwertes gleichzusetzen.

10 Berücksichtigung von Bebauung

Einflüsse von Bebauung auf die Immission im Rechengebiet sind zu berücksichtigen. Beträgt die Schornsteinbauhöhe mehr als das 1,2fache der Gebäudehöhen oder haben Gebäude, für die diese Bedingung nicht erfüllt ist, einen Abstand von mehr als dem 6fachen ihrer Höhe von der Emissionsquelle, kann in der Regel folgendermaßen verfahren werden:

a) Beträgt die Schornsteinbauhöhe mehr als das 1,7fache der Gebäudehöhen, ist die Berücksichtigung der Bebauung durch Rauhigkeitslänge (Kapitel 5 dieses Anhangs) und Verdrängungshöhe (Kapitel 8.6 dieses Anhangs) ausreichend.

b) Beträgt die Schornsteinbauhöhe weniger als das 1,7fache der Gebäudehöhen und ist eine freie Abströmung gewährleistet, können die Einflüsse mit Hilfe eines diagnostischen Windfeldmodells für Gebäudeumströmung berücksichtigt werden. Bis zur Einführung einer geeigneten VDI-Richtlinie sind Windfeldmodelle zu verwenden, deren Eignung der zuständigen obersten Landesbehörde nachgewiesen wurde.

Maßgeblich für die Beurteilung der Gebäudehöhen nach Buchstabe a) oder b) sind alle Gebäude, deren Abstand von der Emissisonsquelle geringer ist als das 6fache der Schornsteinbauhöhe.

11 Berücksichtigung von Geländeunebenheiten

Unebenheiten des Geländes sind in der Regel nur zu berücksichtigen, falls innerhalb des Rechengebietes Höhendifferenzen zum Emissionsort von mehr als dem 0,7fachen der Schornsteinbauhöhe und Steigungen von mehr als 1:20 auftreten. Die Steigung ist dabei aus der Höhendifferenz über eine Strecke zu bestimmen, die dem 2fachen der Schornsteinbauhöhe entspricht.

Geländeunebenheiten können in der Regel mit Hilfe eines mesoskaligen diagnostischen Windfeldmodells berücksichtigt werden, wenn die Steigung des Geländes den Wert 1:5 nicht überschreitet und wesentliche Einflüsse von lokalen Windsystemen oder anderen meteorologischen Besonderheiten ausgeschlossen werden können.

Bis zur Einführung einer geeigneten VDI-Richtlinie sind Windfeldmodelle zu verwenden, deren Eignung der zuständigen obersten Landesbehörde nachgewiesen wurde.

12 Verwendung einer Häufigkeitsverteilung der stündlichen Ausbreitungssituationen

Eine Häufigkeitsverteilung der stündlichen Ausbreitungssituationen kann verwendet werden, sofern mittlere Windgeschwindigkeiten von weniger als 1 m/s im Stundenmittel am Standort der Anlage in weniger als 20 vom Hundert der Jahresstunden auftreten. Eine Ausbreitungssituation ist durch Windgeschwindigkeitsklasse, Windrichtungssektor und Ausbreitungsklasse bestimmt.

Die Windgeschwindigkeiten u_a in Anemometerhöhe h_a sind wie folgt zu klassieren:

Tabelle 18: Klassierung der Windgeschwindigkeiten

Windgeschwindig-keitsklasse	Windgeschwindigkeit u_a in ms^{-1}	Rechenwert u_R in ms^{-1}
1	< 1,4	1
2	1,4 bis 1,8	1,5
3	1,9 bis 2,3	2
4	2,4 bis 3,8	3

Technische Anleitung Luft   TA Luft **Anh. B 2**

Windgeschwindig-keitsklasse	Windgeschwindigkeit u_a in ms^{-1}	Rechenwert u_R in ms^{-1}
5	3,9 bis 5,4	4,5
6	5,5 bis 6,9	6
7	7,0 bis 8,4	7,5
8	8,5 bis 10,0	9
9	> 10,0	12

Die Windrichtung ist in 36 Sektoren zu je 10° zu klassieren. Der erste Sektor umfasst die Windrichtungen 6° bis 15°, die weiteren Sektoren folgen im Uhrzeigersinn. Bei der Windgeschwindigkeitsklasse 1 ist die Verteilung auf die Windrichtungssektoren wie bei der Windgeschwindigkeitsklasse 2 maßgebend.

Die Fälle mit umlaufenden Winden werden der entsprechenden Ausbreitungs- und Windgeschwindigkeitsklasse zugeordnet; die Verteilung auf die Windrichtungssektoren ist entsprechend der Windrichtungsverteilung in der jeweiligen Windgeschwindigkeitsklasse vorzunehmen. Die Ausbreitungsklasse ist gemäß Richtlinie VDI 3782 Blatt 1 Anhang A (Ausgabe Dezember 2001) zu bestimmen.

Für jede in der Häufigkeitsverteilung mit einer Eintrittswahrscheinlichkeit größer Null aufgeführte Ausbreitungssituation ist nach dem für die Zeitreihenrechnung angegebenen Verfahren eine zeitunabhängige Ausbreitungsrechnung durchzuführen. Dabei ist als Windgeschwindigkeit u_a der Rechenwert u_R zu verwenden. Die Ausbreitungsrechnung für einen Windrichtungssektor von 10° ist in Form von Rechnungen über 5 Windrichtungen im Abstand von jeweils 2° durchzuführen mit arithmetischer Mittelung der Ergebnisse. Für den ersten Sektor sind dies die Windrichtungen 6°, 8°, 10°, 12°, 14° und entsprechend bei den folgenden Sektoren.

Der Jahresmittelwert von Konzentration oder Deposition ist der Mittelwert der mit den Eintrittswahrscheinlichkeiten gewichteten Konzentrations- bzw. Depositionswerte, die für die einzelnen Ausbreitungssituationen berechnet werden.

Anhang 4

Organische Stoffe der Klasse I nach Nummer 5.2.5

Tabelle 19: Organische Stoffe der Klasse I nach Nummer 5.2.5

Stoff	CAS-Nummer
Acetaldehyd	75–07–0
Acetamid	60–35–5
Acrylsäure	79–10–7
Alkylbleiverbindungen	
Ameisensäure	64–18–6
Amino-4-nitrotoluol,2-	99–55–8
Aminoethanol,2-	141–43–5

Anh. B 2 TA Luft — Allgemeine Verwaltungsvorschriften

Stoff	CAS-Nummer
Anilin	62–53–3
Benzochinon,p-	106–51–4
Benzolsulfonylchlorid	98–09–9
Benzoltricarbonsäure,1,2,4-	528–44–9
Benzoltricarbonsäureanhydrid,1,2,4-	552–30–7
Benzoylchlorid	98–88–4
Bis(3-aminopropyl)-methylamin,N,N-	105–83–9
Bleiacetat (basisch)	1335–32–6
Brommethan	74–83–9
Brompropan,1-	106–94–5
Butanthiol	109–79–5
Butenal,2- (Crotonaldehyd)	123–73–9
Butin-1,4-diol-2	110–65–6
Butylacrylat,n-	141–32–2
Butylamin,iso-	78–81–9
Butylamin,n-	109–73–9
Butylphenol,4-tert-	98–54–4
Butyltoluol	98–51–1
Caprolactam	105–60–2
Chlor-1,3-butadien,2- (Chloropropen)	126–99–8
Chlor-2-methylpropen,3-	563–47–3
Chlor-2-nitrobenzol,1-	88–73–3
Chlor-4-nitrobenzol,1-	100–00–5
Chlor-o-toluidin,5-	95–79–4
Chloressigsäure	79–11–8
Chlorethan	75–00–3
Chlorethanol,2-	107–07–3
Chlormethan	74–87–3
Chlorpropen,3-	107–05–1
Cyanacrylsäuremethylester	137–05–3
Cyclohexandicarbonsäureanhydrid,1,2-	85–42–7

Technische Anleitung Luft TA Luft **Anh. B 2**

Stoff	CAS-Nummer
Di-(2-ethylhexyl)-phthalat	117–81–7
Di-n-butylzinnchlorid	683–18–1
Diaminobenzidin,3,3´-	91–95–2
Diaminoethan,1,2- (Ethylendiamin)	107–15–3
Dibenzoylperoxid	94–36–0
Dichlorethylen,1,1-	75–35–4
Dichlormethan	75–09–2
Dichlornitroethan,1,1-	594–72–9
Dichlorphenole	
Dichlorpropan,1,2-	78–87–5
Dichlorpropionsäure,2,2-	75–99–0
Dichlortoluol,2,4-	95–73–8
Dichlortoluol,a,a-	98–87–3
Diethylamin	109–89–7
Diethylcarbamidsäurechlorid	88–10–8
Diethylentriamin (3-Azapentan-1,5-diamin)	111–40–0
Difluorethen,1,1- (R1132a)	75–38–7
Diglycidylether	2238–07–5
Dihydroxybenzol,1,2- (Brenzcatechin)	120–80–9
Dihydroxybenzol,1,4- (Hydrochinon)	123–31–9
Diisocyanattoluol,2,4-	584–84–9
Diisocyanattoluol,2,6-	91–08–7
Dimethylamin	124–40–3
Dimethylamino-N,N´,N´-trimethyl-1,2-diaminoethan,N-2-	3030–47–5
Dimethylanilin,N,N-	121–69–7
Dimethylethylamin,1,1-	75–64–9
Dinitronaphthaline (alle Isomere)	27 478–34–8
Dioxan,1,4-	123–91–1
Diphenyl (Biphenyl)	92–52–4
Diphenylamin	122–39–4
Diphenylether	101–84–8

Anh. B 2 TA Luft — Allgemeine Verwaltungsvorschriften

Stoff	CAS-Nummer
Diphenylmethan-2,4´-diisocyanat	5873–54–1
Diphenylmethan-4,4´-diisocyanat	101–68–8
Essigsäure-(2-ethoxyethyl)-ester	111–15–9
Essigsäureanhydrid	108–24–7
Ethandial (Glyoxal)	107–22–2
Ethanthiol (Ethylmercaptan)	75–08–1
Ethen	74–85–1
Ethylacrylat	140–88–5
Ethylamin	75–04–7
Ethylenglycoldinitrat	628–96–6
Ethylenthioharnstoff	96–45–7
Ethylhexansäure,2-	149–57–5
Formaldehyd	50–00–0
Formamid	75–12–7
Furaldehyd,2- (Furfuraldehyd)	98–01–1
Furanmethanamin,2-	617–89–0
Glutardialdehyd	111–30–8
Glycerintrinitrat	55–63–0
Hexachlor-1,3-butadien,1,1,2,3,4,4-	87–68–3
Hexachlorethan	67–72–1
Hexamethylendiamin	124–09–4
Hexamethylendiisocyanat	822–06–0
Hexanon,2-	591–78–6
Isocyanatmethyl-3,5,5-trimethylcyclohexylisocyanat,3-	4098–71–9
Isopropoxy-ethanol,2-	109–59–1
Kampfer	76–22–2
Keten	463–51–4
Kohlenoxidsulfid	463–58–1
Kresole	1319–77–3
Maleinsäureanhydrid	108–31–6
Methanthiol (Methylmercaptan)	74–93–1

Technische Anleitung Luft TA Luft Anh. B 2

Stoff	CAS-Nummer
Methoxyanilin,4-	104–94–9
Methoxyessigsäure	625–45–6
Methyl-2,4,6-N-tetranitroanilin,N-	479–45–8
Methylacrylat	96–33–3
Methylamin	74–89–5
Methylanilin,N-	100–61–8
Methylenbis(2-methylcyclohexylamin),4′,4′-	6864–37–5
Methylisocyanat	624–83–9
Methyljodid	74–88–4
Methylphenylendiamin,2-	823–40–5
Monochloressigsäure, Na-Salz	3926–62–3
Monochloressigsäure-1-methylethylester	105–48–6
Monochloressigsäureethylester	105–39–5
Monochloressigsäuremethylester	96–34–4
Montanwachssäuren, Zn-Salze	73138–49–5
Morpholin	110–91–8
Naphthylamin,1-	134–32–7
Naphthylen-1,5-diisocyanat	3173–72–6
Naphthylendiamin,1,5-	2243–62–1
Natriumtrichloracetat	650–51–1
Nitro-4-aminophenol,2-	119–34–6
Nitro-p-phenylendiamin,2-	5307–14–2
Nitroanilin,2-	88–74–4
Nitroanilin,m-	99–09–2
Nitroanilin,p-	100–01–6
Nitrobenzol	98–95–3
Nitrokresole	
Nitrophenole	
Nitropyrene	5522–43–0
Nitrotoluol,3-	99–08–1
Nitrotoluol,4-	99–99–0

Anh. B 2 TA Luft — Allgemeine Verwaltungsvorschriften

Stoff	CAS-Nummer
Nitrotoluole (alle Isomere)	1321–12–6
Oxalsäure	144–62–7
Pentachlorethan	76–01–7
Pentachlornaphthalin	1321–64–8
Phenol	108–95–2
Phenyl-1-(p-tolyl)-3-dimethylaminopropan,1-	5632–44–0
Phenyl-2-naphthylamin,N-	135–88–6
Phenyl-acetamid,N-	103–84–4
Phenylhydrazin	100–63–0
Phthalonitril	91–15–6
Phthalsäureanhydrid	85–44–9
Piperazin	110–85–0
Prop-2-in-1-ol	107–19–7
Propenal,2- (Acrolein, Acrylaldehyd)	107–02–8
Propylenglycoldinitrat	6423–43–4
Pyridin	110–86–1
Tetrabromethan,1,1,2,2-	79–27–6
Tetrachlorbenzol,1,2,4,5-	95–94–3
Tetrachlorethan,1,1,2,2-	79–34–5
Tetrachlorethylen	127–18–4
Tetrachlormethan	56–23–5
Thioalkohole	
Thioether	
Thioharnstoff	62–56–6
Toluidin,p-	106–49–0
Tribrommethan	75–25–2
Trichlorbenzole (alle Isomere)	12 002–48–1
Trichloressigsäure	76–03–9
Trichlorethan,1,1,2-	79–00–5
Trichlorethen	79–01–6
Trichlormethan (Chloroform)	67–66–3

Technische Anleitung Luft TA Luft Anh. B 2

Stoff	CAS-Nummer
Trichlornaphthalin	1321–65–9
Trichlornitromethan	76–06–2
Trichlorphenol,2,4,5-	95–95–4
Trichlorphenole	
Triethylamin	121–44–8
Trikresylphosphat,(ooo,oom,oop,omm,omp,opp)	78–30–8
Tri-N-butylphosphat	126–73–8
Trimethyl-2-cyclohexen-1-on,3,5,5-	78–59–1
Trinitrofluoren-9-on,2,4,7-	129–79–3
Trinitrotoluol,2,4,6- (TNT)	118–96–7
Vinyl-2-pyrrolidon,N-	88–12–0
Vinylacetat	108–05–4
Xylenole (ausgenommen 2,4-Xylenol)	1300–71–6
Xylidin,2,4-	95–68–1

Anhang 5

Äquivalenzfaktoren für Dioxine und Furane

Für den nach Nr.5.2.7.2 zu bildenden Summenwert oder für die entsprechenden Anforderungen der Nummern 5.3 oder 5.4 sind die im Abgas ermittelten Konzentrationen der nachstehend genannten Dioxine und Furane mit den angegebenen Äquivalenzfaktoren zu multiplizieren und zu summieren.

Tabelle 20: Äquivalenzfaktoren für Dioxine und Furane

Stoff	Äquivalenzfaktor
2,3,7,8 – Tetrachlordibenzodioxin (TCDD)	1
1,2,3,7,8 – Pentachlordibenzodioxin (PeCDD)	0,5
1,2,3,4,7,8 – Hexachlordibenzodioxin (HxCDD)	0,1
1,2,3,7,8,9 – Hexachlordibenzodioxin (HxCDD)	0,1
1,2,3,6,7,8 – Hexachlordibenzodioxin (HxCDD)	0,1
1,2,3,4,6,7,8 – Heptachlordibenzodioxin (HpCDD)	0,01
Octachlordibenzodioxin (OCDD)	0,001
2,3,7,8 – Tetrachlordibenzofuran (TCDF)	0,1

Anh. B 2 TA Luft   Allgemeine Verwaltungsvorschriften

Stoff	Äquivalenzfaktor
2,3,4,7,8 – Pentachlordibenzofuran (PeCDF)	0,5
1,2,3,7,8 – Pentachlordibenzofuran (PeCDF)	0,05
1,2,3,4,7,8 – Hexachlordibenzofuran (HxCDF)	0,1
1,2,3,7,8,9 – Hexachlordibenzofuran (HxCDF)	0,1
1,2,3,6,7,8 – Hexachlordibenzofuran (HxCDF)	0,1
2,3,4,6,7,8 – Hexachlordibenzofuran (HxCDF)	0,1
1,2,3,4,6,7,8 – Heptachlordibenzofuran (HpCDF)	0,01
1,2,3,4,7,8,9 – Heptachlordibenzofuran (HpCDF)	0,01
Octachlordibenzofuran (OCDF)	0,001

Anhang 6

VDI-Richtlinien und Normen zur Emissionsmesstechnik

Tabelle 21: VDI-Richtlinien und Normen zur Emissionsmesstechnik

Messobjekt	Verfahren		VDI-Richtlinie		DIN/EN-Norm	
	kontinuierlich	diskontinuierlich	Richtlinie/Norm	Ausgabe	Richtlinie/Norm	Ausgabe
Allgemeine Richtlinien						
Kalibrierung			3950 Bl. 1	Jul. 94		
Messplanung			2448 Bl. 1	Apr. 92		
Durchführung von Emissionsmessungen			4200	Dez. 00		
Anforderungen an Prüfstellen			4220	Sep. 99		
Staub						
Staub (allgemein)		X	2066 Bl. 1	Okt. 75		
Staub	X		2066 Bl. 4	Jan. 89		
	X		2066 Bl. 6	Jan. 89		
Staub (niedrige Konzentrationen)		X	2066 Bl. 7	Aug. 93	EN 13284-1	Nov. 01

Technische Anleitung Luft TA Luft **Anh. B 2**

Messobjekt	Verfahren		VDI-Richtlinie		DIN/EN-Norm	
	konti-nuier-lich	diskon-tinu-ierlich	Richt-linie/Norm	Aus-gabe	Richt-linie/Norm	Aus-gabe
Staub (höhere Konzentrationen)		X	2066 Bl. 2	Aug. 93		
Fraktionierende Staubmessung		X	2066 Bl. 5	Nov. 94		
Rußzahl		X	2066 Bl. 8	Sep. 95		
Staubinhaltsstoffe						
Schwermetalle (Probenahme)		X	3868 Bl. 1	Dez. 94		
Schwermetalle (Analytik)		X	2268 Bl. 1	Apr. 87		
		X	2268 Bl. 2	Feb. 90		
		X	2268 Bl. 3	Dez. 88		
		X	2268 Bl. 4	Mai 90		
Quecksilber		X			13211	Jun. 01
Asbest		X	3861 Bl. 2	Sep. 96		
Schwefelverbindungen						
Schwefeldioxid		X	2462 Bl. 8	Mrz. 85		
Schwefeltrioxid		X	2462 Bl. 7	Mrz. 85		
Schwefelwasserstoff		X	3486 Bl. 1	Apr. 79		
		X	3486 Bl. 2	Apr. 79		
Schwefelkohlenstoff		X	3487 Bl. 1	Nov. 78		
Stickstoffverbindungen						
Stickstoffmonoxid/-dioxid		X	2456 Bl. 8	Jan. 86		

Anh. B 2 TA Luft — Allgemeine Verwaltungsvorschriften

Messobjekt	Verfahren		VDI-Richtlinie		DIN/EN-Norm	
	konti-nuier-lich	diskon-tinu-ierlich	Richt-linie/Norm	Aus-gabe	Richt-linie/Norm	Aus-gabe
Basische Stickstoffverbindungen		X	3496 Bl. 1	Apr. 82		
Kohlenmonoxid						
		X	2459 Bl. 1	Dez. 00		
		X	2459 Bl. 7	Feb. 94		
Chlorverbindungen						
Chlorwasserstoff		X			1911–1 1911–2 1911–3	Jul. 98
Chlor		X	3488 Bl. 1	Dez. 79		
		X	3488 Bl. 2	Nov. 80		
Fluorverbindungen						
Fluorwasserstoff		X	2470 Bl. 1	Okt. 75		
Organische Stoffe						
Kohlenwasserstoffe (allgemein)			3481 Bl. 6	Dez. 94		
Kohlenwasserstoffe		X	3481 Bl. 2	Sep. 98		
Kohlenwasserstoffe (FID)	X		3481 Bl. 1	Aug. 75	12619	Sep. 99
	X		3481 Bl. 3	Okt. 95		
Kohlenwasserstoffe (IR)			2460 Bl. 1	Jul. 96		
		X	2460 Bl. 2	Jul. 74		
		X	2460 Bl. 3	Jun. 81		
GC-Bestimmung organischer Verbindungen		X	2457 Bl. 1	Nov. 97	13649 (prEN)	

Technische Anleitung Luft TA Luft **Anh. B 2**

Messobjekt	Verfahren		VDI-Richtlinie		DIN/EN-Norm	
	kontinuierlich	diskontinuierlich	Richtlinie/ Norm	Ausgabe	Richtlinie/ Norm	Ausgabe
GC-Bestimmung organischer Verbindungen		X	2457 Bl. 2	Dez. 96		
		X	2457 Bl. 3	Dez. 96		
		X	2457 Bl. 4	Dez. 00		
		X	2457 Bl. 6	Jun. 81		
		X	2457 Bl. 7	Jun. 81		
Aliphatische Aldehyde (C_1 bis C_3)		X	3862 Bl. 1	Dez. 90		
		X	3862 Bl. 2	Dez. 00		
		X	3862 Bl. 3	Dez. 00		
		X	3862 Bl. 4	Mai 01		
Acrylnitril		X	3863 Bl. 1	Apr. 87		
		X	3863 Bl. 2	Febr. 91		
PAH (allgemein)		X	3873 Bl. 1	Nov. 92		
PAH (anlagenbezogen in der Kohlenstoffindustrie)		X	3467	Mrz. 98		
Vinylchlorid		X	3493 Bl. 1	Nov. 82		
Dioxine und Furane		X			1948–1 1948–2 1948–3	Mai 97
Geruchsstoffe						
		X	3881 Bl. 1			
		X	3881 Bl. 2	Jun. 87		

Anh. B 2 TA Luft

Messobjekt	Verfahren		VDI-Richtlinie		DIN/EN-Norm	
	konti-nuier-lich	diskon-tinu-ierlich	Richt-linie/Norm	Aus-gabe	Richt-linie/Norm	Aus-gabe
Geruchsstoffe		X	3881 Bl. 3	Nov. 86		

Anhang 7

S-Werte

Tabelle 22: S-Werte

Stoff	S-Wert
Schwebstaub	0,08
Blei und seine anorganischen Verbindungen, angegeben als Pb	0,0025
Cadmium und seine anorganischen Verbindungen, angegeben als Cd	0,00013
Quecksilber und seine anorganischen Verbindungen, angegeben als Hg	0,00013
Chlor	0,09
gasförmige anorganische Chlorverbindungen, angegeben als Chlorwasserstoff	0,1
Fluor und seine gasförmigen anorganischen Verbindungen, angegeben als Fluorwasserstoff	
Kohlenmonoxid	7,5
Schwefeloxide (Schwefeldioxid und Schwefeltrioxid), angegeben als Schwefeldioxid	0,14
Schwefelwasserstoff	0,003
Stickstoffoxide, angegeben als Stickstoffdioxid	0,1
Für Stoffe der Nummer 5.2.2 • Klasse I • Klasse II • Klasse III	0,005 0,05 0,1
Für Stoffe der Nummer 5.2.5 • Gesamtkohlenstoff • Klasse I • Klasse II	0,1 0,05 0,1
Für Stoffe der Nummer 5.2.7 • Nummer 5.2.7.1.1 Klasse I • Nummer 5.2.7.1.1 Klasse II • Nummer 5.2.7.1.1 Klasse III	0,00005 0,0005 0,005

Sachverzeichnis

Die Verweise beziehen sich auf Paragraphen bzw. die Einleitung (fett) und Randnummern (mager). Mit A oder B wird auf die entsprechenden Anhänge verwiesen; magere Ziffern beziehen sich auf Paragraphen, Artikel oder Gliederungsnummern.

Abfall: – Begriff **4** 7; **5** 74–77; – als Schutzgut **3** 29
Abfallbehandlung, biologische, Verordnung (30. BImSchV): – Grundlagen **7** 38 f; – Text **A30**
Abfallbeseitigung 5 92–94a, 112, 124; **22** 55–58; – Deponie **4** 32; – Pläne **50** 6. – S. auch Abfallentsorgung
Abfallentsorgung: – Änderung **15** 12; – Anlage **4** 7–9, 17a, 26; **6** 12, 17, 20, 27; **19** 6; – Beschränkung auf Anlagenbereich **5** 3a, 88 f; – Nebenbestimmung **12** 10a; – Übergangsregelung **67** 38–41; – Verhältnis zu anderen Normen **5** 85 f. – S. auch Abfallbeseitigung, Abfallvermeidung, Abfallverwertung
Abfallrecht 5 74–78, 85, 94; **6** 12, 17, 20; **22** 56; **35** 2; **69** 1. – S. auch Kreislaufwirtschafts- und Abfallgesetz
Abfallverbrennung 3 77; **5** 95; **7** 35–37
Abfallverbrennungsanlagen-Verordnung (17. BImSchV): – Grundlagen **7** 35–37; – Text **A17**
Abfallvermeidung: – Drittschutz **5** 124; – Grundpflicht **5** 78–83; – Konkretisierung **5** 95; – Vorrang **5** 80–82
Abfallverwertung: – Anlage **4** 58, 90 f; – Grundpflicht **5** 85–91a; – Nachsorge **5** 105; – Recyclinganlagen **22** 9; – Verhältnismäßigkeit **5** 82
Abfülleinrichtung 4 58
Abgas: – Ableitung **27** 8
Abgasreinigungsanlage 4 58
Abkommen, internationales **38** 13
Ablagern 3 76
Ablauforganisation 52a 10

Ableitung der Abgase s. Abgas
Abschließende Regelung: – BImSchG **Einl.** 45; – Nebenbestimmung **12** 20; – Teilgenehmigung **8** 7; – Verordnung **7** 49; **23** 53; – Vorbescheid **9** 3 ff
Abschlussgenehmigung 8 4
Absprache: – informelle **17** 6; – verbindliche s. Vertrag
Abstand 50 16 f
Abstellplatz 22 9. – S. auch Parkplatz
Abwägung: – einfache/planerische **41** 54
Abwärmenutzung 5 100, 124
Abwasser 5 77, 86, 94a; **13** 6. – S. auch Wasserrecht
Abwasserbeseitigung 22 57
Abwasservermeidung 6 11
Abwehranspruch, privatrechtlicher **14** 13
Abwehrpflicht s. Gefahrenabwehrpflicht
Abweichung vom Genehmigungsbescheid 15 6–9, 11
Acker 3 77
Adäquanz: – soziale **3** 54; – Vorsorge **5** 60
Aerosole 3 2
Akteneinsicht 10 18a f, 68, 131; **17** 55; **19** 14
Aktionsplan 47 3, 18 ff; – Maßnahmen **47** 23 f
Alarmschwelle 46a 5; **47** 20. – S. auch Aktionsplan
Allgemein anerkannte Regeln der Technik 3 95. – S. auch Regeln der Technik
Allgemeinheit 3 32, 38; **41** 28
Allgemeininteresse 3 32; **10** 2
Alliierte Truppen s. Stationierungsstreitkräfte

Sachverzeichnis

Altanlage 3 58; **67** 1–29. – S. auch Bestehende Anlage
Alternativenprüfung 6 27
Altgenehmigung 67 7f; – Verfassungsmäßigkeit übergeleiteter Genehmigungen **67** 9
Altlasten s. Bodenschutz
Altölverordnung 23 48; **35** 12
Amtshaftungsanspruch 10 118; **50** 24
Anbaugenehmigung, straßenrechtliche **13** 6a
Änderung der Sach- und Rechtslage 8 28; **11** 6; **21** 10–16; **22** 12. – S. auch Tatsachenänderung, Übergangsvorschrift Sachverzeichnis
Änderung einer Anlage: – Anzeige s. Änderungsanzeige; – Begriff **15** 5–13; – vor Genehmigungsbedürftigkeit **67** 17; – während Genehmigungsverfahren **8** 14; **10** 100–109; – Grenzwerte **15** 7a; – Messanordnung **28** 3; – qualitativ **16** 20; – quantitativ **16** 20a; – wesentlich **16** 8–11; **18** 9; **28** 3. – S. auch Änderungsgenehmigung
Änderung von Verkehrswegen s. Verkehrsweg, öffentlicher
Änderungsanzeige: – Anwendungsbereich **15** 3–17; – Durchsetzung **15** 21; – Genehmigungsfreistellung s. dort; – Genehmigungsverlangen **15** 28; – Inhalt **15** 18; – Rechtsschutz **15** 22; – Unterlagen **15** 18; – Wirkung **15** 20; – Zeitpunkt **15** 19
Änderungsgenehmigung: – Bindung durch Erstgenehmigung **6** 31; – Durchsetzung **16** 14f; – Erteilung **16** 18–45; – gebundene Entscheidung **16** 30; – Genehmigungspflicht **16** 2–13; – nach Gewerbeordnung **67** 6; – Konzentrationseffekt **13** 1; – nachträgliche Anordnung **17** 62–64; – Nebenbestimmungen **16** 31; – Rechtsschutz **16** 15, 50; – Teilgenehmigung **8** 14; – Umweltverträglichkeitsprüfung **16** 12, 35f; – Voraussetzungen **16** 22–28; – Wirkung **16** 47; – Zulassung vorzeitigen Beginns s. Vorzeitiger Beginn; – Zuständigkeit und Verfahren **16** 32–34. – S. auch Änderung einer Anlage, Abweichungen vom Genehmigungsbescheid
Anfahrtsverkehr s. Verkehrslärm (Anlagenbereich)
Anforderung: – örtliche s. dort; – technische **7** 6; **23** 8
Angehörige 52 26, 37
Anhänger s. Kraftfahrzeuganhänger
Anhörung: – Anlagenbetreiber **17** 55; – beteiligte Kreise **51** 1–4; – Dritter **10** 59–89, 105–109; – Gemeinde **49** 14; – verdrängte Genehmigungsbehörde **13** 18; – vereinfachtes Verfahren **19** 14. – S. auch Genehmigungsverfahren
Anlage: – Altanlage s. dort; – Anlagenbezug **5** 3a, 88f; – anzeigefreie **67** 28f; – anzeigepflichtige **67** 12a–27; **67a** 3–7; – atomrechtliche Anlage s. dort; – Aufteilung **15** 5a; – bauliche **42** 13; – Begriff **3** 66–80; **22** 2; – bestehende s. dort; – Betreiben **3** 66; **22** 3; – Betrieb **2** 3; **4** 47; **53** 2; – Einfuhr s. dort; – Einwirkungsbereich s. dort; – erklärungspflichtige **27** 5f; – gebietsbezogene Anforderungen **49** 6–13; – nicht genehmigte **20** 35; – genehmigungsbedürftige s. dort; – nicht genehmigungsbedürftige s. dort; – gentechnisches Vorhaben s. dort; – gleichartige **4** 19–21a, 60; – Haupteinrichtung s. dort; – Inverkehrbringen s. dort; – Kosten von Messungen **30** 1–8; – Landesverteidigung s. dort; – Mindestbetriebsdauer **4** 23f; – Nachbar s. dort; – Nebeneinrichtung s. dort; – ortsfeste **3** 69f; **4** 7; **22** 2; **49** 7; – ortsveränderliche **3** 72; **22** 2; **49** 6; – schwimmende **38** 7; – stationäre **4** 23; – stillgelegte **5** 115a; **67** 15; – Überwachungsbedürftige s. Überwachungsbedürftige Anlagen; – Wiedererrichtung **4** 45; – Zusammenhang, räumlicher und betrieblicher s. dort
Anlagenbenutzer s. Anlagenverwender
Anlagenbetreiber: – Begriff **3** 81–84; – Emissionserklärung **27** 7; – Ermittlungen **26** 20–22; – Grundpflichten **5** 1f; **22** 21; – Messstelle **26** 23; – Pflichten gegenüber Immis-

1430

Sachverzeichnis

sionsschutzbeauftragten 53 6f; – Untersagung 25 2, 19; – Unzuverlässigkeit 20 47
Anlagenerrichter 3 82
Anlagengrundstück 3 74–77; **5** 109; **22** 2
Anlagensicherheit s. Technischer Ausschuss für Anlagensicherheit
Anlagenteile 32 1 f
Anlagenteilung 4 18
Anlagenumfang 4 48–61; **6** 38
Anlagenverwender 32 7; **33** 20
Annexkompetenz des Bundes 59 2
Anordnung: – bestimmte Gebiete **49** 10, 16; – nicht genehmigungsbedürftige Anlage s. Anordnung nach § 24; – genehmigungsbedürftige Anlage s. Nachträgliche Anordnung; – sicherheitstechnische Prüfung s. dort; – sofortige Vollziehung s. dort
Anordnung nach § 24: – Ausgestaltung **24** 10–15; – Durchführbarkeit **24** 15; – Emissionsermittlung **26** 7; – Ermessen **24** 17–18; – formelle Rechtmäßigkeit **24** 19; – gestreckte **24** 14; – Pflichtverletzung **24** 6–9; – Rechtsschutz **24** 22 f; – Verhältnismäßigkeit **24** 16; – Wirkung **24** 20
Anschluss- und Benutzungszwang 13 11; **49** 27
Anspruchsausschluss s. Ausschluss, Präklusion
Anthropozentrik 1 16. – S. auch Umweltschutz, anthropozentrischer
Antizipiertes Sachverständigengutachten 31 a 5; **48** 44, 63
Antrag s. Genehmigungsverfahren, Teilgenehmigung, Vorbescheid
Antragsteller: – Begriff **10** 19; – Pflichtverstoß **10** 136
Anwendungsbereich des BImSchG s. Geltungsbereich
Anzeige bestehender Anlagen: – Bestätigung **67** 22; – Durchführung **67** 18–23; – neue Bundesländer **67 a** 3–7
Anzeige der Betriebseinstellung s. Betriebseinstellung, Anzeige
Anzeige von Abweichungen vom Genehmigungsbescheid s. Abweichung vom Genehmigungsbescheid, Meldepflicht

Anzeige von Zusätzen 34 12
Anzeigefreie Anlage 67 28 f
Arbeitnehmer 3 37
Arbeitsgerät 3 72; **38** 8
Arbeitslärm 3 52
Arbeitsplatz 5 23; **17** 46
Arbeitsschutz 6 24; **24** 3; **45** 12; **51 a** 3; **55** 21
Artenvielfalt 3 28
Atmosphäre 1 4. – S. auch Luft
Atomgesetz Einl. 22; **13** 14; **69** 1
Atomrechtliche Anlage 2 22; **4** 40; **13** 14; **50** 8
Atypischer Sachverhalt 48 53
Audit s. Umweltaudit
Aufbauorganisation 52 a 10
Aufbewahrungspflicht 31 5 f
Auflage zur Anlagengenehmigung: – Änderung **12** 27; – Durchsetzung **12** 28 f; **20** 10; **21** 8; – echte **12** 2, 4, 29; – Emissionsermittlungen **26** 6 f; – modifizierende **12** 3 f, 28, s. auch Inhaltsbestimmung; – Nichterfüllung **21** 8 f; – Rechtmäßigkeit **12** 6–15; – Zulässigkeit **12** 6. – S. auch Nebenbestimmung
Auflagenvorbehalt 6 8; **8** 16; **9** 10; **12** 24; – Ausübung **12** 26; – Beifügung **12** 22; – unechter **12** 23. – S. auch Nebenbestimmung
Aufschiebende Wirkung s. Suspensiveffekt
Aufsichtspflicht des Unternehmers 62 9
Auftragsbauverfahren 60 18
Aufwendungsersatz für passive Schutzmaßnahmen **42** 1, 19
Aufzug 32 9
Ausbreitungsrechnung 6 8
Ausforschung 52 32 a; **54** 12
Ausfuhr 36 1 f
Ausgleichsanspruch 22 42. – S. auch Entschädigung
Auskunftsanspruch: – Nachbar **52** 16–18. – S. auch Umweltinformation
Auskunftsverlangen der Behörde 31 2, 4; **52** 20, 36 f. – S. auch Auskunftsverweigerungsrecht
Auskunftsverweigerungsrecht: – Emissionserklärung **27** 12; – Überwachung **52** 37 f
Ausland 2 20; **6** 50; **10** 71; **45** 13

1431

Sachverzeichnis

Auslegung von Unterlagen 9 13; – Einsichtnahme **10** 18a f, 68; – Frist **10** 62; – Ort **10** 63 f; – Umfang der Unterlagen **10** 65–67; – vereinfachtes Verfahren **19** 12, 14; – Verzicht **10** 105–109; **16** 37
Auslegung von Vorschriften 1 1
Ausnahme: – baurechtliche **13** 5; – immissionsschutzrechtliche **7** 7; **23** 11; – Landesverteidigung s. dort
Aussageverweigerungsrecht s. Auskunftsverweigerungsrecht
Ausschließliche Wirtschaftszone 2 19
Ausschluss: – Anspruch auf Betriebseinstellung **14** 2–11; – Ersatzanspruch **14** 21–29. – S. auch Präklusion
Ausschuss für Umweltschutz 55 20. – S. auch Immissionsschutzbeauftragter
Außenbereich 6 19
Aussetzung des Genehmigungsverfahrens 10 128
Ausstattung, technische 28 9
Austauscharme Wetterlage 49 20. – S. auch Smog
Austrittsbedingung 27 8
Auswahl der Maßnahmen 5 33
Auswertung s. Kontinuierliche Messung

Bagatellgrenze 5 61
Bagger 38 4
Bahnhof 41 16. – S. auch Bundeseisenbahn
Bahnstromleitung 3 8; **22** 9; **41** 16
Bau von Verkehrswegen s. Verkehrsweg
Bauartzulassung: – Errichtungs- und Betriebskontrolle **33** 1; – Genehmigungsbedürftigkeit **4** 36 f; – Inverkehrbringen **33** 11; – rechtlicher Charakter **33** 16 f; – Rechtsschutz **33** 24; – Verfahren **33** 8; – Voraussetzungen **33** 5 ff; – Wirkung **33** 19–23. – S. auch Baumusterprüfung
Baugenehmigung 13 5; **22** 69; **50** 8
Baugesetzbuch 6 17–20. – S. auch Baunutzungsverordnung
Baulärm 5 3; **22** 11; **41** 28 a; **66** 2; **72** 1
Bauleitplan 3 56

Baumaschine 22 10
Baumaßnahme 41 28 a; – Stationierungsstreitkräfte **60** 18
Baumusterprüfung s. auch Bauartzulassung
Baunutzungsverordnung 48 54
Bauordnungsrecht 6 21; **49** 27
Baustelle 3 77; **22** 9, 11; **41** 28 a
Beauftragter der Behörde 52 27. – S. auch Sachverständiger
Beauftragter des Anlagenbetreibers s. Immissionsschutzbeauftragter, Störfallbeauftragter
Bebauungsplan: – Außenbereich s. dort; – Erheblichkeit **3** 55; – Genehmigungserteilung **6** 18; – Immissionsschutz **45** 7; **47** 11; **50** 6; – Innenbereich s. dort; – Straßen s. Verkehrsweg, öffentlicher; – Verhältnis der Pflichten **49** 3, 27
Bedingung zur Anlagengenehmigung: – Änderung **12** 27; – Durchsetzung **12** 28; – Eigenart **12** 5; – Rechtmäßigkeit **12** 6–15; – Rechtsschutz s. Nebenbestimmung, Rechtsschutz; – Zulässigkeit **12** 6 ff. – S. auch Nebenbestimmung
Beeinträchtigungspotential 4 4–7
Befreiung 13 5
Befristung der Anlagengenehmigung: – Änderung **12** 27; – Begriff **12** 16; – Durchsetzung **12** 28; – Rechtsschutz **12** 31; – Zulässigkeit **12** 16. – S. auch Nebenbestimmung
Behandeln von Abfällen 4 7
Behördenbeteiligung: – Änderung während des Genehmigungsverfahrens **10** 100–104; – ausländische Behörden **10** 53–54; – Genehmigungsverfahren **10** 45–54
Bekanntmachung: – Antrag **10** 61; – Ausland **10** 61 a; – Fehler **10** 93; – Form **10** 60; – Genehmigungsentscheidung **10** 122 f; – Inhalt **10** 61; – Teilgenehmigung **8** 21 f; – vereinfachtes Verfahren **19** 14; – Verzicht **16** 37; – Vorbescheid **9** 13. – S. auch Öffentlichkeitsbeteiligung
Belästigung 3 27; – Erheblichkeit **3** 47
Belastungsgebiet s. Untersuchungsgebiet

Sachverzeichnis

Beliehener: – Beauftragter **52** 27; – Immissionsschutzbeauftragter **53** 3
Benachteiligungsverbot: – Immissionsschutzbeauftragter **58** 1–9; – Störfallbeauftragter **58 d** 1
Benzinbleigesetz Einl. 21; **34** 3
Bergbahn 38 5. – S. auch Schienenfahrzeug
Bergrechtliche Anlagen 4 31 f, 40; **13** 14; **22** 4 a, 57
Berichtspflicht: – Bundesregierung **61** 1; – Immissionsschutzbeauftragter **54** 12; – Störfallbeauftragter **58 b** 8
Beschaffenheit: – Anlagen **32** 9–11; – Brennstoffe **34** 1–18; – Fahrzeuge **38** 12; – Stoffe **35** 1–12
Beseitigung: – Einstellung der Bauarbeiten **20** 33; – Ermessen **20** 40; – fehlende Genehmigung **20** 33–44; – formelle Rechtmäßigkeit **20** 41; – Rechtsschutz **20** 44
Besitzdiener 3 112
Besitzer als Adressat der Überwachung **52** 24
Besorgnispotential 5 61
Bestandsschutz 3 58 f; **6** 32; – aktiver **6** 32; **16** 26–28; – Altanlage **67** 9; – Änderungsgenehmigung **16** 26–28; – anzeigepflichtige Anlage **7** 13; **67** 26; – baurechtlicher **22** 41; **24** 17; – Begriffe **6** 32; – einfachgesetzlicher **17** 28; – genehmigte Anlage **6** 32; **16** 26–28; **17** 28–42; **21** 7–17; – nicht genehmigungsbedürftige Anlage **22** 41; – passiver **6** 17; **17** 28; **21** 7–17; – präventiver **17** 4; – Verfassungsrecht **17** 28; **21** 29, 31; – Verhältnismäßigkeit s. Nachträgliche Anordnung, Verhältnismäßigkeit; – Vernichtung der Anlage **4** 43, 47; – Zumutbarkeit **3** 58 f
Bestandteil 34 8
Bestehende Anlage 5 116; **7** 11, 50; **22** 12; **49** 13; – Anzeige s. Anzeige bestehender Anlagen. – S. auch Altanlage
Bestellungspflicht: – Immissionsschutzbeauftragter s. dort; – Störfallbeauftragter s. dort
Bestimmtheitsgebot 3 97; **12** 12; **17** 24; **24** 13
Bestimmungsgemäße Verwendung 22 6 f; **35** 5

Bestimmungsgemäßer Betrieb 38 12; **58 a** 3. – S. auch Normalbetrieb
Betankung s. Betankungsverordnung, Tankstelle
Betankungsverordnung (21. BImSchV): – Grundlagen **23** 30 f; – Text **A21**
Beteiligte Kreise 51 1–4; – Verfahren **51** 3; – Verstoß gegen Anhörungspflicht **51** 4. – S. auch Anhörung
Beteiligung im Genehmigungsverfahren: – andere Behörden s. Behördenbeteiligung; – Dritter s. Anhörung, Öffentlichkeitsbeteiligung. – S. auch Behördenbeteiligung
Betreiber s. Anlagenbetreiber
Betreiberpflichten: – bezüglich des Immissionsschutzbeauftragten **55** 1–25; – Grundpflichten s. dort
Betrieb von Anlagen: – als Ansatzpunkt des BImSchG **2** 3; – Erlöschen der Genehmigung wegen Nichtbetriebs **18** 4–7; – Genehmigungsbedürftigkeit **4** 43, 47; – Stationierungsstreitkräfte **60** 19 f; – unerlaubter **62** 12, 13, 19, 20
Betrieb von Fahrzeugen 38 15–18
Betriebsarzt 55 21
Betriebsbeauftragter: – Immissionsschutzbeauftragter s. dort; – Sonstige **55** 21; – Störfallbeauftragter s. dort
Betriebsbereich 3 87–91
Betriebsbeschränkung 49 8, 21
Betriebseinrichtung 4 21
Betriebseinstellung 5 115a; **15** 1, 41 f; – Absicht **15** 43; – Anzeige **15** 39–48; – teilweise **15** 42; **18** 6; – zeitweise **15** 42; **18** 5. – S. auch Stilllegung
Betriebserweiterung 56 2
Betriebsgeheimnis s. Geschäftsgeheimnis
Betriebsgelände 4 21; **5** 114; – ordnungsgemäßer Zustand **5** 113
Betriebsgenehmigung 8 4
Betriebsleiter 20 47–50; **52 a** 11
Betriebsorganisation s. Mitteilungspflicht
Betriebsrat 55 5; **58 c** 1
Betriebsraum 52 29
Betriebsstätte 3 69 f; **4** 56
Betriebsstörung s. Störfall

1433

Sachverzeichnis

Betriebstüchtigkeit s. Probebetrieb
Betriebsuntersagung bei genehmigungsbedürftigen Anlagen: – Abgrenzung zur Anordnung 17 21–23; 20 1; – Anwendungsbereich 20 6f; – Durchsetzung 20 17; – Ermessen 20 14; – Fehlen der Genehmigung 20 33–44; – formelle Rechtmäßigkeit 20 15; – ordnungsbehördliche Generalklausel 20 2–4; – Pflichtverletzung 20 9ff; – Rechtsschutz 20 18–20; – Unfall, schwerer s. dort; – Unzuverlässigkeit 20 45–47; – Verhältnismäßigkeit 20 14, 30, 40, 52
Betriebsuntersagung bei nicht genehmigungsbedürftigen Anlagen: – Abgrenzung zur Anordnung 24 11; – Anwendungsbereich 25 2, 19; – Bedeutende Gefahr 25 20–23; – Durchsetzung 25 8, 27; – Ermessen 25 5, 24, 27; – formelle Voraussetzungen 25 6, 25; – Gefahrverursachung 25 20–22; – Inhalt 25 23; – Rechtsschutz 25 9, 27; – Rechtsverordnung 49 10; – Sollentscheidung 25 24; – Verhältnismäßigkeit 25 17f
Betriebsverbot 49 6, 8, 21
Betriebsverfassung 10 19; 58 1
Betriebszeit 24 11
Betriebszugehörigkeit des Immissionsschutzbeauftragten 53 13, 17; 55 16
Beurteilungsgebiet 3 33
Beurteilungspegel 3 5
Beurteilungsspielraum 5 117; 48 1, 43. – S. auch Gerichtliche Kontrolldichte
Bevölkerungsgruppe, empfindliche 3 51
Bewertung 5 117; 10 113–115
Bewohner 3 35
Biergarten 29 9
Bindungswirkung s. bei dem jeweiligen Akt. – S. außerdem Präklusionswirkung. Gentlemen's agreement, Informale Maßnahme
Blendung 5 41
Bodenbehandlungsanlage 4 24
Bodenschutz 1 4; 2 26; 3 22; 5 28, 42, 52, 71, 105; 6 13; 48 33. – S. auch Altlasten
Bohrmaschinen 22 10

Bolzplatz 22 44; 23 28
Boot s. Wasserfahrzeug
Böschung 41 12
Brand 5 25, 27
Brennstoff 34 4; 35 3; 49 9; – Anforderungen 34 8–11; 37 5–8; – Begriff 34 4; – Beschränkung 49 22; – regionale Verordnung 49 15
Brom 34 19
Brücke 41 12
Bundesbehörde, Zuständigkeit **Einl.** 54 f; 52 2
Bundeseisenbahn s. Bahnhof, Bahnstromleitung, Eisenbahn
Bundesfernstraße 2 10f; 4 41; 41 11; 42 21; 52 2
Bundesgesetzgebungskompetenz s. Bundeskompetenz
Bundesgrenzschutz 59 7
Bundes-Immissionsschutzgesetz: – Änderung, geplante s. Änderungsgesetz, Siebtes; – Änderungen **Einl.** 2; 74 1f; – Ansatzpunkte 2 2–13; – Entstehung **Einl.** 1; 74 1; – Geltungsbereich s. dort; – Grundstrukturen **Einl.** 4–8; – Inkrafttreten 74 1f; – Systematik 2 2; – Zweck 1 1–12
Bundes-Immissionsschutzverordnungen: – Überblick **Einl.** 9ff; – 1. BImSchV s. Feuerungsanlagen, Verordnung für kleine und mittlere; – 2. BImSchV s. Halogenkohlenwasserstoff, Verordnung; – 3. BImSchV s. Schwefelgehalt-Verordnung; – 4. BImSchV s. Genehmigungsbedürftige Anlagen, Verordnung; – 5. BImSchV s. Immissionsschutz-/Störfallbeauftragte-Verordnung; – 7. BImSchV s. Holzstaubverordnung; – 8. BImSchV s. Rasenmählärm-Verordnung; – 9. BImSchV s. Genehmigungsverfahren, Verordnung; – 10. BImSchV s. Kraftstoffqualitätsverordnung; – 11. BImSchV s. Emissionserklärungsverordnung; 12. BImSchV s. Störfall-Verordnung; – 13. BImSchV s. Großfeuerungsanlagen-Verordnung; – 14. BImSchV s. Landesverteidigungsverordnung; – 15. BImSchV s. Baumaschinenlärm-Verordnung; – 16. BImSchV

Sachverzeichnis

s. Verkehrslärmschutzverordnung; – 17. BImSchV s. Abfallverbrennungsanlagen-Verordnung; – 18. BImSchV s. Sportanlagenlärmschutzverordnung; – 19. BImSchV s. Kraftstoffzusatz-Verordnung; – 20. BImSchV s. Kraftstoffumfüllungs- und Lagerungsverordnung; – 21. BImSchV s. Betankungsverordnung; – 22. BImSchV s. Immissionswerte-Verordnung; – 23. BImSchV s. Konzentrationswerte-Verordnung; – 24. BImSchV s. Verkehrswege-Schallschutzmaßnahmenverordnung; – 25. BImSchV s. Titandioxid-Verordnung; – 26. BImSchV s. Elektromagnetische Felder, Verordnung; – 27. BImSchV s. Feuerbestattungsverordnung; – 28. BImSchV s. Verbrennungsmotoren, Grenzwerteverordnung; – 29. BImSchV s. Verbrennungsmotoren, Gebührenverordnung; – 30. BImSchV s. Abfallbehandlung, biologische, Verordnung; – 31. BImSchV s. Lösemittelverordnung; – 32. BImSchV s. Geräte- und Maschinenlärmschutzverordnung; – 33. BImSchV s. Sommersmog-, Versauerungs- und Nährstoffeinträge-Verordnung
Bundeskompetenz: – Gesetzgebung **Einl.** 43; – Verwaltung **Einl.** 54 f
Bundesländer, neue: – Anzeige von Anlagen **67 a** 3–7; – reduzierte Anforderungen **67 a** 8 f; – Sondersituationen **67 a** 1 f; – Verwaltungshilfe im Genehmigungsverfahren **10 a** 1
Bundesoberbehörde Einl. 54
Bundesrecht Einl. 21 f
Bundesregierung s. Berichtspflicht, Bundesregierung
Bundestag, Beteiligung an Rechtsverordnungen **48 b** 3 ff
Bundeswasserstraße s. Wasserstraße
Bundeswehr s. Landesverteidigung
Bürgerinitiative 51 2
Bürogebäude 3 71
Bußgeldkatalog 62 11
BVT-Merkblätter 3 94

Chemisch-Reinigungsanlage s. Reinigungsanlage, chemische

Chlor 34 19
Computerschrott 6 37
Containerterminal 22 9

Damm 41 12
Dampf 3 2
Dampfkessel 22 8
Datenschutz 27 16; **48 a** 47. – S. auch Geschäftsgeheimnis; Information
Dauerschallpegel s. Mittelungspegel
DDR s. Bundesländer, neue
Deckungsvorsorge 6 22
Deponie 4 17 a, 32; **7** 22
Dieselkraftstoff 34 16
Differenziert-objektiver Maßstab 3 53 f
DIN-Norm 5 41; **22** 48; **48** 62. – S. auch Regeln der Technik
Diskothek 22 8
Drittschutz 6 44–57; – Anspruch auf Ermittlungen **28** 11; **52** 16–18; – Betriebsuntersagung s. dort; – Emissionswerte **48** 56; – nicht genehmigungsbedürftige Anlagen **22** 69–71; **24** 23; **25** 9, 27; – Grundpflichten **5** 119–125; – Landesverteidigung **60** 10; – Luftqualitätsrichtlinie **48 a** 24; – nachträgliche Anordnung **17** 67–70; – Planung **50** 26; – Rechtsverordnung **7** 53; **23** 58; – Schutz bestimmter Gebiete **49** 18; – Schutzgesetz **4** 64; **5** 119–125; **7** 54; **23** 58; **49** 18; **58** 8; – Stilllegung s. dort; – Teilentscheidung **8** 35 f; **9** 22; **11** 1–10; – Überwachung **52** 16–18, 49; – vereinfachtes Verfahren **19** 21; – Verfahrensfehler s. dort; – Verkehrswege **41** 66–69; – Verwaltungsvorschrift **48** 55 f; – Widerruf **21** 27. – S. auch Präklusion, Nachbar
Druckbehälter 22 9
Drucklufthammer 22 10
Druckwelle 5 25
Duldung 3 61; **4** 63; **20** 39
Duldungspflicht 52 35
Duldungsverfügung 6 46; **17** 11; **25** 2; **26** 15
Düngemittel 2 25
Düngung 3 77
Durchführbarkeit nachträglicher Anordnungen **17** 27
Durchsetzung von Pflichten 62 1–32. – S. auch den jeweiligen Akt

1435

Sachverzeichnis

Dynamik s. Grundpflichten
Dynamisierungsklausel 5 69. – S. auch Öffnungsklausel

Effekte: – kumulierende **48** 51; – mittelbare **3** 9f, 30; – negative **3** 26–28; **5** 18f, 30–32; **22** 28; – physiologische **3** 51; – synergetische **3** 19; **48** 51
EG-Kompetenz Einl. 52
EGKS-Empfehlung 37 5
EG-Recht Einl. 30–39; – Anlagen **Einl.** 31–34; – Fahrzeuge **Einl.** 37f; – Luftqualität **Einl.** 39; – quellenunabhängiges **Einl.** 39f; – Richtlinien **Einl.** 30; **37** 5; – stoff- und produktbezogene Regelungen **Einl.** 35f; – Umsetzung **37** 1–12; **39** 1, 5; **48 a** 1f; – Umweltinformationen **52** 59; – Verwaltungsvorschrift **48** 46
EG-rechtskonforme Auslegung Einl. 30
Eigentümer: – Adressat der Überwachung **52** 24, 35, 42; – Betroffener von Umwelteinwirkungen **3** 35; **42** 20
Eigentumsgarantie 21 29. – S. auch Grundrechte
Eigenüberwachung 26 1; **52** 1; – Landesverteidigung **59** 5. – S. auch Emissionsermittlung, nicht behördliche
Eilmaßnahme s. Sofortige Vollziehung
Einfuhr 32 1; – Anlage **2** 6; **3** 111; **32** 1–19; **33** 1; – Brennstoff **34** 1, 5; – Fahrzeug **38** 11; – Stoff **35** 1, 6
Eingangsbestätigung im Genehmigungsverfahren **10** 40
Eingriff, enteignungsgleicher s. Entschädigung, enteignungsrechtliche
Einigungsvertrag s. Bundesländer, neue
Einrichtung: – kulturelle **4** 28; – ortsfeste **3** 69f; **32** 4; **49** 7; **60** 3; – ortsveränderliche **3** 72. – S. auch Anlage
Einsichtsrecht 10 18a f, 68
Einstellung: – Bauarbeiten **14** 8; **20** 33; – Betrieb s. Betriebseinstellung; – Genehmigungsverfahren **10** 127
Einvernehmen 13 7f
Einwendung: – Befugnis s. Einwendungsbefugnis; – Begründungsumfang **10** 97; – Betroffenen-Einwendung **10** 72; – Form **10** 72f; – Frist **10** 74f, 96; – Masseneinwendung s. dort; – Präklusion s. dort; – Rechtsnatur **10** 70; – Rücknahme **10** 77; – Teilentscheidung **8** 22; **9** 13; **11** 1–10; – Vorbringbarkeit s. dort; – Weiterleitung **10** 77
Einwendungsbefugnis 10 71
Einwilligung: – Betroffener **3** 61
Einwirkungen: – ideelle **3** 7; – immaterielle **3** 7; – nichtphysikalische **5** 26; – physikalische **5** 7, 24f; – sonstige **5** 7, 24–29, 57f; **11** 11f; – unwägbare s. unwägbare Einwirkungen. S. auch Immissionen
Einwirkungsbereich 3 33; **26** 15
Eisenbahn Einl. 55; **4** 41. – S. auch Schienenfahrzeug, Verkehrsweg, öffentlicher
Elektromagnetische Felder, Verordnung (26. BImSchV): – Grundlagen **23** 32f; – Text **A26**
Elektromagnetisches Feld 3 6, 8; **22** 43, 48
EMAS 58 e 1; – Elemente **58 e** 2; – Erleichterungen **58 e** 18f; – Gleichwertigkeit **58 e** 10; – Privilegierungsverordnung **58 e** 13–19; – Widerruf **58 e** 15–17. – S. auch Umwelt-Audit
Emission: – Anlage **5** 11–14; **22** 23–26; – Begriff **3** 4, 11–14; **27** 8; – Ermittlung s. Emissionsermittlung; – Fahrzeug **38** 20–22, s. auch Verkehrslärm; – Immissionen, Abgrenzung **3** 14, 16; – Kohlenwasserstoff s. dort; – Kompensation **7** 14; – Massenkonzentration s. dort; – Massenstrom s. dort; – Messverfahren **48** 6. – S. auch Luftverunreinigung, Lärm, Wärme, Licht, Strahlen
Emissionsbericht 27 4
Emissionserklärung 27 4; – Abgabe **27** 8–12; – Erklärungspflichtige Anlage **27** 5f; – Erzwingung **27** 17; – Rechtsschutz **27** 18; – Voraussetzungen **27** 8–11; – Weitergabe der Daten **27** 12–15; – Zweck **27** 1
Emissionserklärungsverordnung (11. BImSchV): – Grundlagen **27** 2–4; – Text **A11**

Sachverzeichnis

Emissionsermittlung, nicht behördliche: – Anordnung 26 9–25; 28 3–11; – Auskunft 31 1–4; – Bekanntgabe von Ermittlungsstellen 26 26–34; – besonderer Anlass 26 12 f; – erstmalige 28 3 f; – Inbetriebnahme 28 3 f; – kontinuierliche s. Kontinuierliche Messung; – Kosten 26 22; 28 9; 30 3–8; – Messgerät 29 5; 31 5; – Rechtsschutz 26 25; 27 18; 28 11; 29 10; – Rechtsverordnung 26 4; – Schallschutzmaßnahme 43 10 f; – Verhältnismäßigkeit 26 18; – Weiterleitung der Resultate 31 2–4; – Wiederholungsmessungen 26 6; – wiederkehrende 28 3–9
Emissionsfaktor 3 4; 27 8
Emissionsgrenzwert 7 6; 48 6; – Anlage 7 6; 23 8; 32 9 f, 12; – Fahrzeug 38 20 f. – S. auch Emissionswert
Emissionshandel s. Treibhausgas-Emissionshandelsgesetz
Emissionskataster 26 7; 46 1 ff
Emissionsmessung s. Emissionsermittlung
Emissionsüberwachung s. Überwachung
Emissionswert s. auch Emissionsgrenzwert
Empfangsbevollmächtigter 51 b 3
Empfindlichkeit, atypische 3 53
Endlagerung von Abfällen 4 7
Endverbraucher 34 12
Energiebilanz 27 8
Energieversorgung 17 46
Energieverwendung: – Drittschutz 5 124; – effiziente 5 100; – Grundpflicht 5 96–103; – sparsame 5 99
Energiewirtschaftsrecht 6 22
Enteignungsgleicher Eingriff s. Entschädigung, enteignungsrechtliche
Entschädigung: – enteignungsrechtliche 42 7; 50 26; 52 44; – Rechtsschutz 42 26 f; – Rücknahme 21 46; – Schallschutzmaßnahme 42 17–22; – Überwachungsmaßnahme 52 44; – Widerruf 21 28–38
Entsorgung s. auch Abfallentsorgung, Reststoff
Erbe 3 112
Erdbeben 5 13
Erdöl s. auch Ölgewinnung

Erfahrungssatz, wissenschaftlicher 3 41
Erforderlichkeit s. Verhältnismäßigkeit
Erheblichkeit 3 46 ff; 5 21–23; – differenziert-objektiver Maßstab 3 53 f; – Nutzen für Allgemeinheit 22 34; – Verkehrslärm 41 28; 42 16
Erholungsgebiet 49 4
Erkenntnisse, neue 48 52
Erlöschen der Genehmigung: – Befristung 18 9; – Beseitigung der Anlage 18 9; – Fristverlängerung 18 13; – Nichtbetreiben 18 4–7; – Verspätete Betriebsaufnahme 18 2 f; – Verzicht 18 9; – Wegfall der Genehmigungspflicht 18 8
Ermessen s. bei dem jeweiligen Akt
Ermittlungen: – Anlagenbetreiber s. Emissionsermittlung, nicht behördliche; – Genehmigungsverfahren 10 44–54; – sonstige behördliche Ermittlungen s. Emissionsermittlung, behördliche
Ermittlungsanordnung 26 9–25. – S. auch Emissionsermittlung, nicht behördliche
Erntemaschine 22 9
Erörterungstermin: – Informationsrechte 10 86; – Ort 10 80; – Protokoll 10 88; – Sitzungspolizei 10 89; – Teilnehmerkreis 10 83; – Verlauf 10 84–89; – Vorbereitung 10 78 f
Erprobungsanlage 12 19 f
Errichtung einer Anlage: – Beginn 67 16; – Genehmigungsbedürftigkeit 4 43 f
Errichtungsuntersagung 25 17–27
Ersatzmaßnahme s. Bestandsschutz, überwirkender
Erschütterungen 3 6; 5 41; – Kompetenz **Einl.** 43
Erstgenehmigung 6 31
Erteilung der Bauartzulassung 33 16–18
Erteilung der Genehmigung 6 1–29; – Inhalt 10 120; – Zeitpunkt 10 117–120; – Zustellung 10 121
Erweiterungsmaßnahme s. Bestandsschutz, überwirkender
Erzeugnis 32 1; – Anforderungen 35 8–10; – Begriff 35 3

1437

Sachverzeichnis

Explosion 5 25, 27
Exportbestimmung s. Ausfuhr
Externe Gefahrenquelle s. Gefahrenquelle, externe

Fabrik 22 5
Fachbindung 6 11
Fachkunde, Immissionsschutzbeauftragter **28** 9; **55** 11–13
Fahrlässigkeit s. Vorwerfbares Verhalten
Fahrrad 38 4
Fahrzeug 3 73; **22** 2; **38** 3–7; **41** 16; – Ausrüstung **38** 21; – Begriff **38** 3–7; – Beschaffenheit **38** 9 f; – Betrieb **38** 17; – Führer **38** 16; – Halter **38** 16
Faserstaub-Konzentration 3 4
FCKW 51 1
Feilhalten 3 112
Feldweg 41 11
Fernsehen 10 83
Fernüberwachungssystem 31 2
Fernwärme 49 27
Fertigprodukt 35 3
Fertigproduktlager 4 58
Feuerbestattungsanlagen-Verordnung (27. BImSchV): – Grundlagen **23** 34 f; – Text **A27**
Feuersirene 22 8, 43
Feuerungsanlage 4 51; **22** 9
Feuerungsanlagen, Verordnung für kleinere und mittlere (1. BImSchV): – Grundlagen **23** 22 f; – Text **A1**
FFH-Gebiet 6 15
Finanzbehörde 27 12
Flächenbezogener Schutz s. Gebietsbezogener Umweltschutz
Flächennutzungsplan 50 6
Fleischbeschau 22 57
Fliege 3 8; **5** 29
Fluglärm Einl. 22; **2** 21. – S. auch Flugplatz, Luftfahrzeug
Flugmodell s. Luftfahrzeug
Flugplatz 2 21; **4** 40; **22** 5; **45** 7; **47** 11; **50** 10
Flugzeug: – Absturz **5** 13. – S. Luftfahrzeug
Flüssigkeit 3 8
Flutlichtanlage 22 9
Formelle Illegalität 20 37
Förmliches Genehmigungsverfahren 10 1; **16** 32

Forschungsanlage 4 25
Forstwirtschaft 22 5
Fortgelten: – Bundesrecht **66** 1 f; – Landesrecht **66** 3 f
Freiheitsstrafe s. Straftat
Freiraum bei der Vorsorge **5** 47
Freizeitlärm 22 47. – S. auch Sportanlage
Fremdbelastung s. Vorbelastung
Frist: – Betriebsaufnahme **18** 2 f; – Einwendung **10** 74 f; – Rücknahme **21** 41; – Übergangsfrist bei Vorsorge **7** 12 f; – Verlängerung **18** 13; – Widerruf **21** 18. – S. auch Präklusion
Fuhrunternehmen 22 9
Funken 3 8
Funktionserhaltung s. Bestandsschutz
Fußballstadion 22 6 f

Garage 22 9
Gartengrundstück 3 77
Gaststätte 6 24; **13** 10; **22** 9, 68; **24** 2; **48** 14; **69** 1
Gebietsbezogener Umweltschutz 2 12 f; **50** 1
Gebietscharakter 3 58
Geeignetheit s. Verhältnismäßigkeit
Gefahr 3 24–26; – extern ausgelöste **5** 13; – Schwelle **5** 47; – Untersagung **25** 20–22; – Verkehrsweg **41** 28; – im Verzug **20** 3
Gefährdung: – sonstige **5** 7. – S. Gefahr, Belästigung, Nachteil
Gefahrenabwehrpflicht 1 6; **5** 6; – Fahrzeug **38** 13; – genehmigungsbedürftige Anlage **5** 6–41, 109–111, 120; **6** 5; – nicht genehmigungsbedürftige Anlage **22** 22; – schutzbedürftiges Gebiet **49** 1; – Verkehrsweg **41** 27
Gefahrenanordnung 17 49–52
Gefahrenquellen: – Anlagenbetrieb **5** 12; – externe **5** 13; – sonstige **5** 7
Gefahrenverdacht 3 44; **5** 54; **26** 12 f; **28** 1
Gefahrerforschung 5 111; **17** 20
Geheimhaltungspflicht: – Unterlagen **10** 34–38; – Verletzung **65** 1
Geldbuße 62 1, 11
Geltungsbereich 2 1–25; – Berlin **73** 1; – nicht genehmigungsbedürftige Anlagen **22** 5; – zeitlicher **5** 9 a

1438

Sachverzeichnis

Gemeindekompetenz 3 30; 6 52. – S. auch Ortsrechtliche Vorschrift
Gemeinwohl, schwerer Nachteil 21 17
Genehmigung von Anlagen: – Ablehnung s. Genehmigungsantrag, Ablehnung; – nach altem Recht 67 6–9; – andere behördliche Entscheidungen s. Konzentrationswirkung; – Antrag s. Genehmigungsantrag; – Bescheid s. Genehmigungsbescheid; – Bindungswirkung 6 31; – Entscheidung 10 110; – Erlöschen s. dort; – Erteilung s. dort; – gebundene Entscheidung 6 26; – Gegenstand 6 3; – gemischte 13 10; – Genehmigungsfreistellung s. dort; – Genehmigungsverlangen 15 28; – Überwachung 26 5–7; – vereinfachte 19 17 f; – Verfahren s. Genehmigungsverfahren; – Verweigerung 6 41; 10 125; – Voraussetzungen 6 5 ff; – Wirkung 6 30–38; – Zustellung s. dort. – S. auch Genehmigungspflicht, Genehmigungsbedürftige Anlage, Mehrzweckgenehmigung
Genehmigungsantrag 6 39; – Ablehnung 10 125 f; – Beratung 10 20 f; – elektronischer 10 26
Genehmigungsbedürftige Anlage 4 12–32; **22** 4; **67 a** 3–7; – Abgrenzung der Anlagen 4 3–9, 12–32; – Kosten **52** 52; – Rechtsverordnung über Anforderungen 7 1–54
Genehmigungsbedürftige Anlagen, Verordnung (4. BImSchV): – Grundlagen 4 11 f; – Text **A4**
Genehmigungsbescheid 10 120–123; – Abweichung s. dort
Genehmigungsfreistellung: – Aufhebung 15 34; – Drittschutz 15 33; – Nachträgliche Anordnung 17 10; – Nebenbestimmung 15 32; – Rechtsschutz 15 33 f; – Wirkung 15 29–31
Genehmigungspflicht 4 33–43; – Anlage s. Genehmigungsbedürftige Anlage; – Drittschutz 4 64; – Durchsetzung 4 63; – Genehmigungsfreistellung s. dort; – nachträglich unterworfene Anlagen 67 10–29
Genehmigungsverfahren: – Ablehnung 10 125 f; – Änderungen s. dort;

– Antrag 10 25–27; – Antragsrücknahme 10 28; – Auslegung 10 62–68; – Aussetzung 10 128; – Bedeutung 10 1 f; – Bekanntmachung 10 60 f; – Eingangsbestätigung 10 40; – Einwendung s. dort; – Entscheidung 10 110–129; – Ermittlungen 10 44–54; – Erörterungstermin 10 78–89; – Erteilung der Genehmigung s. dort; – förmliches s. dort; – gestuftes 10 13; – Konzentrationswirkung s. dort; – Präklusion s. dort; – Rechtsgrundlagen 10 4–8; – Rechtsschutz 10 130–136; – Sachverständigengutachten 10 55–57; – Unterlagen 10 29–39; – UVP-pflichtige Vorhaben s. dort; – vereinfachtes s. Vereinfachtes Genehmigungsverfahren; – Verhandlungsleiter 10 84; – Verletzung von Verfahrensvorschriften 10 130–135; – Vollständigkeitsprüfung 10 41–43; – Zuständigkeit 10 11, 17. – S. auch Behördenbeteiligung
Genehmigungsverfahren, Verordnung (9. BImSchV): – Grundlagen 10 4–6; – Text **A9**
Genehmigungsversagung 10 125 f; – Rechtsschutz 6 40–43
Genehmigungsvoraussetzung 6 5–29; – Nebenbestimmung 12 6–9
Generalklausel, ordnungsbehördliche s. dort
Gentechnisch veränderte Organismen 2 27
Gentechnisches Vorhaben 2 27; 13 14; 67 37
Gentlemen's agreements 17 6
Gerät 3 72; 32 3
Geräte- und Maschinenlärmschutzverordnung: – Grundlagen 37 13 f; – Text **A32**
Geräte- und Produktsicherheit 29 a 8, 12; **32** 2
Geräusch s. Lärm
Geräuschpegel 3 5
Geräuschvorbelastung s. Vorbelastung
Gerichtliche Kontrolldichte 5 117 f. – S. auch Rechtsbegriff, unbestimmter
Geruch 3 2

1439

Sachverzeichnis

Gesamtbelastung 3 19; **52** 25; – Erheblichkeit **3** 49; – nicht genehmigungsbedürftige Anlage **22** 29; – Verkehrsweg **41** 39 f. – S. auch Fremdbelastung, Vorbelastung
Gesamtbeurteilung, vorläufige s. Vorläufige Gesamtbeurteilung
Gesamtgenehmigung 8 4
Gesamturteil, vorläufiges s. Vorläufige Gesamtbeurteilung
Gesamtverzeichnis 10 39
Geschäfts- und Betriebsräume 52 29
Geschäftsgeheimnis 10 34–36; **27** 16
Geschäftsleitung 57 4
Gesetzgebungskompetenz: – Bund s. Bundeskompetenz; – EG s. EG-Kompetenz; – Länder s. Landeskompetenz
Gestreckte Verfügung 17 26
Gesundheitsbeeinträchtigung 3 51; **5** 29; **25** 21; **41** 28, 35. – S. auch Schaden
Gewässerschutz 1 4; **5** 28; **6** 14. – S. auch Wasserrecht
Gewerbegebiet 50 11
Gewerbelärm 48 49
Gewerbeordnung 4 1; **24** 2; **68** 1; – Genehmigung **67** 6; – Text **67** 4 f
Gewerblicher Zweck 2 14; **4** 27
Gleispflegeabschlag 41 36
Grenzkostenbetrieb 17 37 a
Grenzüberschreitende Umwelteinwirkung 2 19 f
Grenzwert s. Emmissionsgrenzwert, Immissionsgrenzwert
Grillplatz 22 9
Großfeuerungs- und Gasturbinen-Verordnung (13. BImSchV): – Text **A13**
Großfeuerungsanlage: – Ermittlungen **29** 2
Großfeuerungsanlagen-Verordnung (13. BImSchV): – Grundlagen **7** 32–34; **23** 43
Grundbelastung s. Fremdbelastung
Grundgenehmigung s. Genehmigung von Anlagen
Grundpflichten bei Fahrzeugen: – Beschaffenheit **38** 9–14; – Betrieb **38** 15–18
Grundpflichten bei genehmigungsbedürftigen Anlagen: – Abfallbeseitigung **5** 92–94 a; – Abfallentsorgung **5** 72–94 a; – Durchsetzung **5** 116; **20** 13; – dynamischer Charakter **5** 2; – Energieverwendung **5** 96–104 a; – Nachbetriebsphase **5** 105–115 a; – Privatrecht **5** 126; – Rechtsschutz **5** 117–125; – regionale Differenzierung **49** 1; – unmittelbare Geltung **5** 1, 66 f; – Vorsorge **5** 46–71
Grundpflichten bei nicht genehmigungsbedürftigen Anlagen: – Abfallbeseitigung **22** 55 f; – Abwehrpflicht **22** 22–40; – Durchsetzung **22** 67 f; – dynamischer Charakter **22** 12; – Rechtsschutz **22** 69–71; – regionale Differenzierung **49** 1
Grundrechte 1 1; **6** 53; **7** 23; **10** 2; **32** 19; **49** 1. – S. auch Eigentumsgarantie
Grundstück: – betrieblicher Zusammenhang **3** 75; – Lagerung von Stoffen **3** 76; – Überwachung **49** 7; **52** 28; – Zweckbestimmung **3** 74
Gutachten: – behördliches **10** 55, 57; – Parteigutachten **10** 56 f. – S. auch Sachverständigengutachten, Stellungnahme, gutachtliche

Haftung s. Schadensersatz, Umwelthaftungsgesetz
Halbfertigprodukte 35 3
Halogenkohlenwasserstoff, Verordnung (2. BImSchV): – Grundlagen **23** 41 f; – Text **A2**
Händler 32 5
Harmonisierung nationaler Anforderungen 37 1
Haupteinrichtung 4 51–53
Heizöl 34 16
Heizwerk s. Kraftwerk
Herd 22 9
Herrenlose Güter 3 62
Herstellen 3 110; **32** 1
Hilfspflicht 12 8 f
Hochbahn 38 5
Hochspannungsleitung 22 9
Hochwasser 5 13
Hoheitliche Tätigkeit 2 15–17
Holzspäne 3 8
Holzstaub 23 14, 24 f, 58
Holzstaubverordnung: – Grundlagen **23** 24 f; – Text **A7**

Sachverzeichnis

Hubschrauber 38 6, 8. − S. auch Luftfahrzeug
Hundezwinger 22 9

Ideelle Einwirkungen 3 7 f. − S. auch Immission, immaterielle
Illegalität 20 37
Immission 3 15–19; − Art **3** 52; − Begriff **3** 15; − Ermittlung s. Immissionsermittlung; − grenzüberschreitende **2** 19 f; − hoheitliche **2** 15–17; − immaterielle **3** 7; **5** 26; − Kompensation **5** 35 f; − negative **3** 7 a; − pflanzliche **Einl.** 49; − Schädlichkeit s. dort; − Tiere **3** 8; − Überwachung **52** 31; − verhaltensbedingte **2** 14; **22** 6–8; − Verursachung **5** 11–17; **22** 27; − wägbare Stoffe **3** 8. − S. auch Luftverunreinigung, Lärm, Wärme, Licht, Strahlen
Immissionsermittlung: − Anlagenbetreiber s. Emissionsermittlung, nicht behördliche; − behördliche s. Emissionsermittlung, behördliche
Immissionsgrenzwert 47 7; − Anlage **7** 6; **23** 7; − Bedeutung **48** 6; − Durchsetzung **45** 1 ff; **48 a** 19 ff; − Rechtsschutz **48 a** 24; − Verkehrslärm **41** 32 f; **42** 10 f; − Verordnung **43** 6–8; **48 a** 16. − S. auch Immissionsleitwert, Immissionswert
Immissionskompensation s. Kompensation
Immissionsschutzbeauftragter: − Abberufung **55** 8, 18 f; − Abgrenzung zum Störfallbeauftragten **54** 4 f; − Änderung der Aufgaben **55** 7; − Anzeige der Bestellung **55** 6; − Aufgaben **54** 1–16; − Aufklärungsfunktion **54** 11; − Bedeutung **53** 1; − Benachteiligungsverbot **58** 1–5; − Beratungsaufgabe **54** 4 f; − Berichtspflicht **54** 12; − Bestellung **53** 9–24; **55** 1–6; − Bestellungspflicht kraft Anordnung **53** 15–20; − Bestellungspflicht kraft Rechtsverordnung **53** 9–14; − Betriebsrat **55** 5 f; − Betriebszugehörigkeit **53** 13, 17; − Erforderlichkeit **53** 16; − Fachkunde **55** 11–13; − Fachkundeverordnung **55** 10; − Fortbildung **55** 18; − gemeinsamer **53** 13, 17; − Haftung **54** 15 f; − Investitionsentscheidungen **56** 1–7; − Klagerecht **53** 24; − Konzernbeauftragter **53** 13; − Koordination **55** 20 f; − Kündigungsverbot **58** 6; − mehrere **53** 14; − Messung **28** 9; − Pflichten des Anlagenbetreibers **53** 6 f; − Pflichtversäumnis **54** 15 f; − Rechtsschutz **53** 23 f; − Rechtsverordnung s. Immissionsschutz-/Störfallbeauftragte, Verordnung; − Schadensersatzanspruch **58** 8; − Stellung **53** 3–5; − Stellungnahme **56** 4–6; − Überwachungsfunktion **54** 9 f; − unechter **54** 14; − Unterlassungsanspruch **58** 8; − Unterstützung **55** 22; − Vortragsrecht **57** 1–7; − Zuverlässigkeit **55** 14 f. − S. auch Überwachung
Immissionsschutzbehörde Einl. 53; **52** 2
Immissionsschutzbericht s. Berichtspflicht, Bundesregierung
Immissionsschutzrecht Einl. 1 ff. − S. auch Bundes-Immissionsschutzgesetz
Immissionsschutz-/Störfallbeauftragte, Verordnung (5. BImSchV): − Grundlagen **53** 11 f; **55** 10; **58 a** 8; **58 c** 2; − Text **A5**
Immissionstagebuch 54 10
Immissionswert 45 4; **48** 6; **48 a** 2, 5 ff; − nationaler **48 a** 34 ff. − S. auch Immissionsgrenzwert
Immissionswerteverordnung (22. BImSchV): − Durchsetzung **45** 1 ff; − genehmigungsbedürftige Anlage **6** 6 b; − Grundlagen **48 a** 15 f; − Landesrechtsverordnung **47** 51 ff; − nachträgliche Anordnung **17** 14; − Text **A22;** − Verkehrsweg **41** 7. − S. auch Immissionswert
Imponderabilie 3 8
Importeur 35 5; **38** 11. − S. auch Einfuhr
Industriepark 3 83
Informale Maßnahme 17 6
Information: − Öffentlichkeit **46 a** 1 ff; **48** 10; − Weitergabe **27** 12–15; **29** 8; **52** 56–59. − S. auch Umweltinformation
Informationsbefugnis 52 20–59; − Ankündigung **52** 34; − Auskunfts-

1441

Sachverzeichnis

pflicht 52 36 f; – Berechtigter 52 26 f;
– Durchsetzung 52 48; – Kosten 52
50–55; – Mitwirkungspflicht 52 35;
– Prüfung 52 28–30; – Unterlagen
52 38; – verantwortliche Person 52
23–25; – Zutritt 52 28–30
Informationssammlung 52 5 f, 20 f
Inhaltsbeschreibung bei geheimzuhaltenden Unterlagen 10 37 f, 65
Inhaltsbestimmung: – Durchsetzung
12 28; – Eigenart 12 2–4; – Rechtmäßigkeit 12 6–15. – S. auch Nebenbestimmung
Inkrafttreten s. Bundes-Immissionsschutzgesetz
Innenbereich, unbeplanter 6 19
Instandsetzungsmaßnahme 15 10
Integrierter Umweltschutz 1 8–11;
5 5, 23 a; 45 11
Interesse: – berechtigtes 8 6; – positives 21 36
Internationale Vereinbarung s. Abkommen, internationales
Inverkehrbringen 2 6; 3 112; 32 1; –
Anlage 32 1–19; – Bauartzulassung
33 11; – EG-Beschluss 37 5–7; –
regionales 34 10
Investition 56 2
IVU-Richtlinie s. auch Integrierter
Umweltschutz

Jalousie 22 9
Juristische Personen 3 84

Kalibrierung der Messeinrichtung
s. Emissionsermittlung, Messeinrichtung
Kaltluft 3 8
Kamin, offener 22 43
Katastrophenschutz 6 22
Kausalität s. Verursachung
Kegelbahn 22 9
Kennzeichnung 32 12; 34 13; 35 10
Kernenergieanlage s. Atomrechtliche
Anlage
Kerngebiet 50 11
Kerntechnische Anlage s. Atomrechtliche Anlage
Kerntechnischer Ausschuss 31 a 5
Kesselwagen 38 8
Kettenkonzentration s. Konzentrationswirkung

Kinderspielplatz 22 9, 43; 23 28
Kirchenglocke 22 9, 43
Kirchturmuhr 22 9, 43
Klageart 6 45; 41 67
Klagebefugnis 6 46–53. – S. auch
Drittschutz, Umweltschutzverband,
Konkurrent, Präklusion
Klageerhebung, vereinfachte 14 a
1–6
Kleinfeuerungsanlage 23 22 f
Kleingartenanlage 41 33
Klima 1 4 f; 5 96
Klimaanlage 22 9
Kohlenhalde 3 76
Kohlenwasserstoff s. Halogenkohlenwasserstoff, Kraftstoff
Kompensation: – Änderungsgenehmigung 16 24; – Neugenehmigung
5 35 f; – Vorsorgebereich 7 14–17.
– S. auch Emissionen, Immissionen
Kompensation bei nachtr. Anordnungen: – Konkretisierung 17 82; –
Leistung 17 74–77; – Plan 17 78; –
Voraussetzungen 17 72–78; – Wirkung 17 79–81
Kompetenz: – EG s. EG-Kompetenz.
– S. Gesetzgebungskompetenz, Verwaltungskompetenz
Kompostieren 4 7
Konkurrent, Klagebefugnis 6 51
Konkurs 3 84; 5 80, 107
Kontinuierliche Messung: – aufzeichnende Messgeräte 29 5; –
Durchführung 29 8; – Durchsetzung
29 9; – Gegenstand 29 4; – Kosten
29 8; – Rechtsschutz 29 10; – Verhältnismäßigkeit 29 6; – Voraussetzungen 29 3–7; – Weiterleitung der
Resultate 31 2–4
Kontrolldichte, gerichtliche 5 117 f
Konzentration der Luftverunreinigungen 3 52
Konzentrationswirkung 6 10 f, 33;
13 1–20; 67 7; – Anzeigepflicht 13
9; – ausgenommene Zulassungen 13
10–14; – Kettenkonzentration 13 4;
– Rechtsfolgen 13 16–21; – Reichweite 13 15; – Zustimmung/Einvernehmen 13 7 f
Konzeptgenehmigung 8 4, 6, 11;
9 4

Sachverzeichnis

Konzernbeauftragter für Immissionsschutz s. Immissionsschutzbeauftragter
Koordination: – mehrere Immissionsschutzbeauftragte **55** 20 f; – Störfallbeauftragter mit anderen Beauftragten **58 c** 6; – vollständige **10** 48–51; **13** 22; **19** 13
Korrekturmaßnahme 52 6. – S. auch Überwachung
Kosten: – genehmigungsbedürftige Anlage **30** 3; – nicht genehmigungsbedürftige Anlage **30** 4–8; – Messung **30** 1–8; – Prüfung **52** 50–55; – Verteilung **30** 4–6
Kraftfahrt-Bundesamt 37 9
Kraftfahrzeug 2 7; **23** 30 f; **38** 4; – Anhänger **38** 4; – Begriff **38** 4; – Beschaffenheit **38** 12 f; – Betrieb **38** 15–17; – Rechtsverordnung **38** 19–25; **39** 3. – S. auch Beschaffenheit, Ottokraftstoff
Kraftfahrzeugverkehr: – Anlagenbezug **4** 59; – Ausnahmen von Beschränkungen **40** 11 ff, 25 ff; – EG-Luftqualitätswert **40** 1 ff; – nationale Werte **40** 15 ff; – Rechtsverordnung zu Ausnahmen **40** 25 ff; – Straßenverkehrsbehörde **40** 7 ff, 20 ff; – Verkehrsbeschränkungen **40** 4 ff
Kraftstoff: – Beschaffenheit **34** 8–10, 15 f; – Betanken **23** 30 f; – Umfüllen **23** 30 f; – Zusätze **34** 4
Kraftstoffqualitätsverordnung (10. BImSchV): – Grundlagen **34** 17 f; – Text **A10**
Kraftstoffumfüllungs- und -lagerungsverordnung (20. BImSchG): – Grundlagen **23** 44 f; – Text **A20**
Kraftstoffzusatzverordnung (19. BImSchV): – Grundlagen **34** 19 f; – Text **A19**
Kraftwerk 4 28, 51
Kran 22 10
Krankenhaus 49 4
Krankheitserreger 3 8; **5** 29
Kreise, beteiligte s. Beteiligte Kreise
Kreislaufwirtschafts- und Abfallgesetz s. Abfallrecht
Krematorium s. Feuerbestattung
Kriegerische Ereignisse 5 13
Küchenherd 22 9

Kühlturm 4 58; **22** 9
Kulturelle Einrichtung s. Einrichtung, kulturelle
Kulturgut 1 3
Kumulierender Effekt 48 51
Kunde 3 38
Kündigungsschutz s. Kündigungsverbot
Kündigungsverbot: – Folgen eines Verstoßes **58** 7–9; – Immissionsschutzbeauftragter **58** 6; – Störfallbeauftragter **58 d** 1
Kurgebiet 49 4. – S. auch Erholungsgebiet
Kurzbeschreibung 10 39

Labormaßstab 4 25; **12** 19 a
Lager 3 71; **4** 58; **22** 9; **41** 13
Lagern: – Abfälle **4** 7–9; – Begriff **3** 76; **4** 7
Lagerplatz s. Lager
Landesbehörde 52 2
Landesentwicklungsplan 50 6
Landesgesetzgebungskompetenz s. Landeskompetenz
Landes-Immissionsschutzrecht Einl. 23–25, 56; **49** 27; **66** 3 f. – S. auch Landeskompetenz
Landeskompetenz Einl. 44–51; **22** 15. – S. auch Rechtsschutz
Landesrechtsverordnung, Fortgeltung 66 3
Landesregierung 23 60 f; **49** 14
Landesverteidigung Einl. 55; **2** 23; **10** 8, 38; **52** 2; **59** 6 f; – Anlage **2** 23; **59** 7; – Ausnahme **60** 1–19; – fremde Truppen **59** 7; – Panzerübungsgelände **59** 9; – Rechtsschutz **60** 10; – Zuständigkeit **59** 1–8; – zwingende Gründe **60** 6
Landesverteidigungsverordnung (14. BImSchV): – Grundlagen **59** 6 f; – Text **A14**
Landschaft 1 5
Landwirtschaft 3 77; **22** 5
Lärm: – Anlagen **5** 40; **22** 46 f; – Art **3** 52; – Erheblichkeit **3** 50; **47 a** 6–8; – Fahrzeug **38** 24; – schädlicher **41** 27–42; – Verkehrsweg **41** 32–42. – S. auch Arbeitslärm, Verkehrslärm, Fluglärm, Immission, Emission, Geräuschpegel, Vorbelastung

1443

Sachverzeichnis

Lärmminderungsplan 47 a 1–10; – Feststellungen **47 a** 2 f; – Inhalt **47 a** 6–8; – Verpflichteter **47 a** 3; – Voraussetzungen **47 a** 4; – Wirkung **47 a** 9 f
Lärmsanierung 41 3
Lärmschutzanlage 41 43, 53; – Kosten **41** 49; – Unterhaltung **41** 48
Lärmschutzmaßnahme: – Entschädigung **42** 8–22; – Kosten **41** 53; – passive **41** 43; **42** 18 f; – Städtebau **50** 11
Lärmschutzwall 41 46
Laserstrahl 3 7 a
Lastkraftwagen s. Kraftfahrzeug
Laufendes Verfahren und neues Recht **67** 30–33
Legalität, materielle 20 37
Leitwert s. Immissionsleitwert
Licht 3 6; **5** 41; **22** 48; – Bundeskompetenz Einl. 43
Lieferverkehr 4 59
Liegenschaften der Stationierungsstreitkräfte **2** 23. – S. auch Stationierungsstreitkräfte
Liquidation 10 127
Liquider Titel 6 25, 29
Lösemittel-Verordnung (31. BImSchV): – Grundlagen **23** 46 f; – Text **A31**
Luft, natürliche Zusammensetzung **3** 3. – S. auch Atmosphäre
Luftfahrzeug. Einl. 38; **2** 7; **38** 6. – S. auch Fluglärm
Luftqualität 45 1 ff; – Gebiete mit guter **50** 31 ff
Luftreinhalteplan 5 55, 66; **47** 3, 7 ff; – deskriptive Gehalte **47** 16; – Maßnahmen **47** 11 ff; – nationale Werte **47** 28 ff; – Plangebiet **47** 17; – Rechtsschutz **47** 43 f; – Wirkung **47** 37 ff
Luftverkehrsrecht Einl. 22; **38** 6
Luftverunreinigung 3 2–4; **38** 17; – Anlagen **5** 37–39; **22** 44 f; – Verkehrsweg **41** 8–9. – S. auch Emission, Immission, Luftqualität, Siedlungsmüll

Magnetschwebebahn 41 14; **43** 9
Manöver 59 7
Maschine 3 72; **32** 3

Massenbedeckung 3 4
Massenbilanz 27 8
Masseneinwendung 10 76
Massenstrom 3 4; **32** 10
Massenverhältnis 3 4
Maßgeblicher Zeitpunkt: – Genehmigungserteilung **6** 3; – Gerichtsentscheidung **6** 41; **17** 67
Mehrzweckgenehmigung 6 4
Meldepflicht: – Einführer von Stoffen **34** 12. – S. auch Anzeige, Störfallverordnung
Messstelle 26 23, 26 f; – Bekanntgabe **26** 26–34; – Berufsfreiheit **26** 30
Messung s. Emissionsermittlung, Immissionsermittlung
Mieter 3 35; **42** 20
Mikrowelle 3 6
Mischgebiet 50 11
Misthaufen 3 76
Miteigentum 24 23
Mitteilung s. Auskunft
Mitteilungspflicht: – Betriebsorganisation **52 a** 1–12. – S. auch Anzeige
Mittelungspegel 3 5
Mittelwertbildung s. Zwischenwertbildung
Mitverschulden 21 32
Mitverursachung 5 17; **45** 16; **47** 13 f
Mitwirkungspflicht 52 35, 43. – S. auch Auskunftspflicht, Informationsbefugnis
Mobilfunk 22 10
Modellflugzeug 22 10
Modifizierende Auflage s. Auflage zur Anlagengenehmigung, modifizierende
Motorrad 38 4. – S. auch Kraftfahrzeug
Mülldeponie 3 76; **22** 9
Munitionslager 22 9
Musikinstrument 3 72; **22** 10

Nachbar 3 33–38; **5** 21 a; **10** 23. – S. auch Drittschutz, Rechtsschutz
Nachbarschutz s. Drittschutz
Nachbetriebsphase, Pflichten zur: – Abfallbeseitigung **5** 112; – Abfallverwertung **5** 112; – Adressat **5** 107; – Anlagengrundstück s. dort; – Anwendungsbereich **5** 106 f; – Bedeutung **5** 105; – Bodenverunreinigung

Sachverzeichnis

5 111 f; – Entstehen/Erlöschen **5** 115 f; – Schutz- und Abwehrpflicht **5** 109
Nachsorgeanordnung 17 43 f; – Gefahrerforschung s. dort; – Zeitpunkt **17** 45
Nachsorgepflicht s. Nachbetriebsphase
Nachteil 3 28; – Erheblichkeit **3** 47; – für Gemeinwohl **21** 12, 17; – für Verursacher **3** 62; **5** 22
Nachträgliche Anordnung: – abschließend bestimmt **17** 63; – Adressat **17** 11; – Änderungsgenehmigung **16** 13; – Ausgestaltung **17** 19–27; – Bedeutung **17** 1–7; – Begriff **17** 19; – Durchführbarkeit **17** 27; – Durchführungsfrist **17** 25 f; – Einschränkungen **17** 28–42; – Ermessensentscheidung **17** 46–48, 52; – formelle Rechtmäßigkeit **17** 53–57; – Gefahrenanordnung s. dort; – gestreckte Anordnung **17** 26; – informale Maßnahmen **17** 6; – Kompensationsanordnung s. dort; – Konkretisierung **17** 58; – mehrere Verursacher **17** 52; – Nachsorgeanordnung s. dort; – bei nicht genehmigungsbedürftigen Anlagen s. Anordnung nach § 24; – Pflichtverletzung **17** 12–18; – Rechtsschutz **17** 67–70; – Rechtsverordnung **17** 39; – Sanktionen **17** 66; – Schutz bestimmter Gebiete **49** 10, 13; – Soll-Entscheidung **17** 49 f; – Überwachung **26** 5–7; – Verfahren **17** 54–57; – Verhältnismäßigkeit **17** 28–42; – Vollzugsverträge **17** 7; – Voraussetzungen **17** 8–71; – Wirkung **17** 61–65; – wirtschaftliche Vertretbarkeit **17** 28, 37
Nachträgliche Maßnahme: bei genehmigungsbedürftiger Anlage **17** 1 f; – Verkehrswegebau s. dort; – Verkehrsweg, Änderung von Verkehrswegen. – S. auch Nachträgliche Anordnung, Betriebsverbot
Nachtzeit 3 52
Nachweisermittlung 26 7. – S. auch **6** 8
Nährstoffeintrag s. Sommersmog-, Versauerungs- und Nährstoffeinträge-Verordnung

NATO 60 16–20. – S. auch Stationierungsstreitkräfte
Naturschutz 6 15 f; **13** 5 a; **50** 11
Nebenanlage: – Anlage **3** 79, s. auch Nebeneinrichtung; – öffentliche Straße **41** 12 f
Nebenbestimmung: – abschließende Regelung **12** 20; – Änderung **12** 27; – Änderungsgenehmigung **16** 31; – Auflage s. dort; – Auflagenvorbehalt s. dort; – Auswahlermessen **12** 15; – Bauartzulassung **33** 7; – Bedeutung für Grundpflichten **5** 1; – Bedingung s. dort; – Befristung s. dort; – Bestimmtheit s. Bestimmtheitsgebot; – Durchsetzung **12** 28 f; – Ermessen **12** 15 f; – Inhaltsbestimmung s. dort; – nachträgliche Anordnung **17** 19; – Rechtmäßigkeit **12** 6–15; – Rechtsschutz **6** 42, 45; – Stilllegung **20** 36; – Teilgenehmigung **8** 16; – Verhältnismäßigkeit **12** 13; – Vorbescheid **9** 10; – Widerrufsvorbehalt s. dort; – Zeitpunkt **12** 14
Nebenbetrieb s. Nebenanlage
Nebeneinrichtung 4 54–59. – S. auch Nebenanlage
Neuanlage 3 58 f
Neue Bundesländer s. Bundesländer, neue
Neuerrichtung, Abgrenzung zur wesentlichen Änderung **15** 12 a
Neues Recht s. laufendes Verfahren
Nicht genehmigungsbedürftige Anlagen: – Abwägung **23** 39; – Anordnung s. Anordnung nach § 24; – erfasste Anlagen **22** 1–11, 20; – Gefahr **22** 38; – Mindestmaß **22** 37 ff; – Rechtsschutz **22** 69–71; – Rechtsverordnung **22** 59–62; **23** 1–45
Nichtigkeit der Genehmigung 10 134
Nichtverantwortliche Person als Adressat der Überwachung **52** 42 f
Nichtwirtschaftliche Unternehmung s. Unternehmung, wirtschaftliche
Niederschrift eines Erörterungstermins **10** 88
Normalbetrieb 5 12; **58** a **3**. – S. auch Bestimmungsgemäßer Betrieb

1445

Sachverzeichnis

Normenkontrolle 7 52; **49** 17
Nutzungsbeschränkung 50 16

Ofen 22 9
Offenbarung von Geheimnissen 65 1
Öffentliche Straße s. Straße, öffentliche
Öffentlichkeit 46 a 3. – S. auch Information, Öffentlichkeitsbeteiligung, Umweltinformation
Öffentlichkeitsbeteiligung 10 59 f, 105–109; **16** 37–45; – grenzüberschreitend **10** 61 a. – S. auch Anhörung, Öffentlichkeit
Öffnungsklausel 7 49. – S. auch Dynamisierungsklausel
Ökosystem, Störung 3 28
Ökozentrik 1 16
Ölgewinnung s. auch Erdöl
Ordnungsbehördliche Generalklausel 17 3; **20** 2; **32** 17; **38** 18; **52** 6; – Anordnung **24** 2; – Untersagung **25** 18; – Verwaltungszwang **62** 31
Ordnungswidrigkeit, Allgemeines 62 1–11
Organisationsmaßnahme, innerbetriebliche 5 34; **52 a** 7; **57** 5
Organische Stoffe s. Stoff, organisch
Örtliche Anforderungen 49 1–18
Ortsfeste Einrichtung s. Einrichtung, ortsfeste
Ortsrechtliche Vorschrift 49 26 f
Ortsüblichkeit 3 5, 57
Ortsveränderliche Einrichtung 3 72 f; **60** 11–15
Ottokraftstoff s. Kraftstoff
Ozon: – Verkehrsbeschränkung **40 a** 1. – S. auch Sommersmog-Verordnung

Pächter 3 82 f
Parkplatz 18 3; **22** 9
Parteigutachten s. Gutachten
PCB 35 12
Pegelspitze 3 5
Personengesellschaft 3 84
Pflanzenschutz 1 3; **2** 25; **3** 32, 52 f
Pflanzliche Immission s. Immission, pflanzliche
Planfeststellung 13 12; **50** 7; – Drittschutz **41** 67; – Entschädigung **42** 23; – genehmigungsbedürftige Anlage **4** 39 f; – Konzentration **4** 40; **13** 12; – Verkehrswegebau s. Verkehrsweg, Änderung von Verkehrswegen
Planung 50 1–27; – Rechtsschutz **50** 25–27; – schädliche Umwelteinwirkungen **50** 12–14
Polizeirecht 3 48. – S. auch Ordnungsbehördliche Generalklausel
Pollen 3 2
Prägung, bauplanungsrechtliche 3 56
Präklusion 6 48; **8** 22, 32; **9** 20; **10** 61, 90–99; **11** 10; – Ausland **10** 96 a; – Folgen **10** 98 f; – formelle **10** 90; – materielle **10** 91–99; **11** 10; – vereinfachtes Verfahren **19** 18; – Vermeidung **10** 97; – Voraussetzungen **10** 61, 93–97. – S. auch Ausschluss, Präklusionswirkung
Präklusionswirkung: – Begriff **11** 1; – Bindungswirkung **11** 1, 9; – Folgen **11** 10; – Nichtigkeitsklage **11** 10; – sofortige Vollziehung **11** 9; – Voraussetzungen **11** 5–9. – S. auch Ausschluss, Präklusion, Bindungswirkung
Praktische Eignung 3 103, 106
Praktische Vernunft 5 61 a
Praxisraum 3 71
Presse 10 83
Preßlufthammer s. Drucklufthammer
Private Normen s. Regeln der Technik
Privatgutachten s. Gutachten
Privatrecht: – Abwehranspruch **14** 13; – Anlagengenehmigung **6** 25; – besondere Titel **14** 10
Privatrechtliche Klagen: – Anordnung **24** 23; – Ermittlungen **29** 9; – Präklusion **10** 99 f
Privatrechtsgestaltende Wirkung 14 1–11; **19** 18
Privatstraße s. Straße, private
Probebetrieb 4 46; **8 a** 4; **28** 3
Prognose 5 117; – Lärm **41** 35; – negative **55** 15
Prüfungsmaßstab 6 10–25
Prüfungsrecht der Behörde 52 31, 42
Publikumslärm 22 6 f

Qualitätsbezogener Immissionsschutz 2 12 f

Sachverzeichnis

Quelle, indirekte **2** 8 f; **41** 1
Quellenunabhängiger Immissionsschutz s. Qualitätsbezogener Immissionsschutz

Radaranlage 22 9, 24
Radiogerät s. Tonwiedergabegerät
Rakete s. Luftfahrzeug
Randlage 3 56
Rasenmäher 22 10; **23** 58
Rasenmäherlärm-Verordnung (8. BImSchV): – Grundlagen **32** 15
Raststätte 41 13
Rationalisierung 56 2
Ratte 3 8; **5** 29
Rauch 3 2
Raumbedeutsame Maßnahme 50 7
Raumordnung 6 21; **50** 1, 6
Raumplanung 50 1, 6 f
Realkonzession s. Sachgenehmigung
Rechtfertigungsgrund: – Ordnungswidrigkeit **62** 8; – Straftat s. dort
Rechtsänderung s. Änderung der Sach- und Rechtslage
Rechtsanwalt 3 71
Rechtsbegriff, unbestimmter 5 117 f; **48** 43. – S. auch Gerichtliche Kontrolldichte
Rechtslage, Änderung s. Änderung der Sach- und Rechtslage
Rechtsnachfolger: – Genehmigung **6** 36; – Zulassung vorzeitigen Beginns s. Vorzeitiger Beginn
Rechtsschutz s. beim jeweiligen Akt. – S. auch Drittschutz, Vorläufiger Rechtsschutz
Rechtsübergang von Genehmigungen s. Rechtsnachfolger
Rechtsverordnung: – Bundesimmissionsschutzverordnung s. dort; – und Bundestag s. Bundestag
Recycling s. Reststoffverwertung
Regeln der Technik 3 95; **7** 25; **48** 62 f; – Außenwirkung **48** 62 f. – S. auch DIN-Norm, VDI-Richtlinie, Allgemein anerkannte Regel der Technik
Regelung, abschließende s. Abschließende Regelung
Reinigungsanlage: – chemische **22** 9; **23** 41 f
Reinluftgebiet s. Luftqualität

Religiöse Einrichtung 4 28
Reparatur 15 10
Ressourcenschonung 1 2
Restrisiko 5 61 a
Reststoff 5 74
Reststoffvermeidung s. Abfallvermeidung
Reststoffverwertung s. Abfallverwertung
Richtwert s. Immissionsleitwert
Risiko 3 42–44; – nicht erfasstes **48** 51; – kalkuliertes **3** 43; – Übernahme s. Vorzeitiger Beginn
Rohrleitungsanlage 22 9
Rohstofflager 4 58
Rückgewinnung einzelner Bestandteile **35** 5
Rücknahme: – Bauartzulassung **33** 8; – Genehmigung **21** 14, 39–46; – Genehmigungsantrag **10** 28
Rücksichtnahme 52 45
Rußemissionen 23 58

Sabotageakt 5 13
Sachbescheidungsinteresse 6 29
Sachgenehmigung 6 2, 36
Sachlage, Änderung 8 28; **21** 11. – S. auch Änderung der Sach- und Rechtslage
Sachverständigengutachten 10 55–57; – antizipiertes s. dort
Sachverständiger: – Bauartzulassung **4** 37; – Bekanntgabe **29 a** 11–15; – Überwachung **52** 27. – S. auch Regeln der Technik
Sachwert, bedeutender 25 21
Sand 3 8
Sanierung 5 34 a ff; **16** 24; **41** 3; **48 a** 23; – Altanlage s. dort; – Vorsorge **1** 7
Sanierungsgenehmigung 13 5
Schaden 3 24–26, 42–44; – Erheblichkeit **3** 46 f. – S. auch Wahrscheinlichkeit, Schädlichkeit
Schadensersatz 14 21–29; – Benachteiligungsverbot **58** 8; – fehlende Messung **26** 24; **29** 9
Schädliche Umwelteinwirkung: – Begriff **3** 21 f; – Erheblichkeit **3** 46–62; – negative Effekte **3** 24–30; – Wahrscheinlichkeit **3** 39–45
Schädlichkeit 3 24–30; **5** 18 f; **22** 28 f. – S. auch Schaden

1447

Sachverzeichnis

Schädling 5 25
Schalldruckpegel 3 5
Schalleistung 3 5
Schallschutzmaßnahme s. Lärmschutzmaßnahme
Schallschutzmaßnahmenverordnung 43 10 f
Schallwelle 3 5
Schienenbahn 41 14 f. – S. auch Bundeseisenbahn, Verkehrslärm, Verkehrsweg, öffentlicher
Schienenfahrzeug 38 5. – S. auch Beschaffenheit, Fahrzeuge
Schienenverkehr, Besonderheit 43 5. – S. auch Verkehrslärm
Schienenweg 41 14–16. – S. auch Eisenbahn
Schießstätte 22 9
Schiff s. Wasserfahrzeug
Schlafstörung 25 21
Schlussgenehmigung s. Gesamtgenehmigung
Schmierstoff 2 6; 34 4; 35 3
Schonungsbedürftiges Gebiet 49 4
Schornstein 5 33; 23 58
Schornsteinfeger 69 1
Schrott 22 9
Schule 4 28
Schutz: – schädliche Umwelteinwirkungen 1 15. – S. auch Abwehrpflicht
Schutzbedürftiges Gebiet 49 1–29; 50 4 ff, 11; – Anlagenbetreiber 49 6–13; – Beschränkung 49 10, 23; – Festlegung 49 4 f. – S. auch Smog-Gebiet
Schutzgesetz s. Drittschutz
Schutzgüter des BImSchG: – Atmosphäre 1 4; – Boden 1 4; – Mensch 1 3; – Pflanze 1 3; – Sachgüter 1 3; – Tier 1 3; – Wasser 1 4
Schutzmaßnahmen, passive s. Lärmschutzmaßnahmen, passive
Schutzpflicht s. Abwehrpflicht
Schutzvorkehrung 5 34; 14 12–20
Schwefelgehalt von Brennstoffen: – Begrenzung 34 15; – Braunkohle 49 15
Schwefelgehalt-Verordnung (3. BImSchV): – Grundlagen 34 15 f; – Text **A3**
Schweinemästerei 22 9

Schwimmkörper 38 7
Seeanlage 2 28
Seelisches Wohlbefinden 3 27
Selbstbindung der Verwaltung 48 42
Selbstverpflichtung 51 1
Sendeturm 22 9, 43
Serienmäßig hergestelltes Teil 32 3
Sicherheitsanalyse 10 31
Sicherheitsbeauftragter 55 2. – S. auch Störfallbeauftragter
Sicherheitsleistung 12 10 a
Sicherheitsrecht Einl. 5
Sicherheitstechnische Prüfung, Anordnung: – Durchführung 29 a 8–9; – Kosten 30 1–8; – Rechtmäßigkeit 29 a 3–7; – Rechtsschutz 29 a 10; – Sachverständiger 29 a 11–15; – Sanktion 29 a 10; – Unterlagen 7 6
Sitzungspolizei 10 89
Skater-Anlage 22 9
Smog s. Austauscharme Wetterlage
Smog-Gebiet: – Beschränkungen 49 21–23; – Festlegung 49 20; – Rechtsverordnung 49 19–25
Sofortige Vollziehung: – Genehmigung 10 124; – nachträgliche Anordnung 17 61; – Ordnungswidrigkeit 62 7; – Präklusion 11 9; – Teilgenehmigung 8 31
Soll-Entscheidung 17 50; 25 18. – S. auch Ermessen
Sommersmog s. Ozon
Sommersmog-, Versauerungs- und Nährstoffeinträge-Verordnung: – Grundlagen 48 a 17 f; – Text **A33**
Sondergebiet 50 11
Sonnenenergie 5 98
Spedition 22 9
Spekulation 3 44. – S. auch Risiko
Sperrgebiet s. auch Verkehrsbeschränkungen
Spielhalle 22 9
Spielzeug 3 72; 22 10
Sportanlage 22 9, 43
Sportanlagenlärmschutzverordnung (18. BImSchV): – Grundlagen 23 26–31; – Text **A18**
Sportboot 3 80
Sportgerät 3 72
Sprengstofflager 13 6 a
Stall 22 9, 45

Sachverzeichnis

Stand der Technik: – Beschränkung **22** 31; – Eignung **3** 103–107; – Fahrzeug **38** 10, 13; – nicht genehmigungsbedürftige Anlagen **22** 35 f; – Kontrolldichte **3** 97; – Straßenbautechnik **41** 44–46; – Verhältnismäßigkeit **3** 107; – Voraussetzungen **3** 101–102; – Vorsorge **5** 51
Stand von Wissenschaft und Technik 3 95
Standardisierungsspielraum 48 2, 45
Standortvorbescheid 9 12. – S. auch Vorbescheid
Standortwahl 6 27; **8** 6, 11; **9** 7, 12; **56** 6
Stationierungsstreitkräfte 59 7; **60** 15–20. – S. auch Landesverteidigung
Staub 3 2; – Holzstaub s. dort
Steinbruch 22 9
Stellungnahme: – gutachtliche s. Gutachten; – Immissionsschutzbeauftragter s. dort; – Störfallbeauftragter s. dort
Stellvertreter 20 54–56
Stichprobe 52 31
Stickstoffoxid: – Richtlinie **Einl.** 30, 39
Stilllegung: – Bauarbeiten **20** 33; – Ermessen **20** 39; – fehlende Genehmigung **20** 33–44; – formelle Rechtmäßigkeit **20** 41; – Rechtsschutz **20** 44; – Verhältnis zur Betriebsuntersagung **20** 33. – S. auch Anlage, stillgelegte, Betriebseinstellung
Stoff 32 1; **37** 2; – Anforderung **35** 8–10; – Begriff **35** 3; – Brennstoff **34** 4; **49** 9; – gefährlicher **3** 90; – Lagerung **3** 76; – Schmierstoff **34** 4; – Treibstoff **34** 4; – unwägbarer **3** 8
Störfall 5 12, 27, 33, 43; **7** 29; **22** 49; **52** 21; – Planung **50** 18, 22. – S. auch Unfall, schwerer
Störfallbeauftragter: – Abberufungsverlangen **58 c** 5; – Abgrenzung zum Immissionsschutzbeauftragten **54** 4 f; – Aufgaben **58 b** 1–9; – Aufzeichnungspflicht **58 b** 9; – Benachteiligungsverbot **58 d** 1; – Beratung des Anlagenbetreibers **58 b** 2, 8; – Berichtspflicht **58 b** 8; – Bestellung **58 c** 1; – Bestellungspflicht **58 a** 7–13; –

Fachkunde **58 c** 2; – geeignete Person **58 c** 2–4; – Haftung **58 b** 10; – Landesverteidigung **59** 6 a; – Meldepflicht **58 b** 7; – Pflicht des Anlagenbetreibers **58 c** 1–11; – Rechtsschutz **58 a** 14; **58 b** 10; – Rechtsverordnung s. Immissionsschutz-/Störfallbeauftragte, Verordnung; – sicherheitstechnische Prüfung **29 a** 3; – Stellung **58 a** 2; – Stellungnahme **58 c** 7–10; – Überwachungsfunktion **58 b** 6; – Vortragsrecht **58 c** 11; – Zuverlässigkeit **58 c** 2 f
Störfall-Kommission: – Aufgabe **51 a** 3; **58 a** 1; – Organisation **51 a** 2; – Technischer Ausschuss für Anlagensicherheit **31 a** 1
Störfallrecht der Länder **Einl.** 26
Störfallrisiko 58 a 1
Störfall-Verordnung (12. BImSchV) **7** 28–31; **23** 43; **48** 9; – Kosten **52** 54 a; – Meldepflicht **52** 21; – Sicherheitsanalyse s. dort; – Text **A12**
Störqualität s. Schädlichkeit
Strafgesetzbuch, Text der §§ 325 ff **63** 2–11
Strahlen 3 6
Strahlenschutz Einl. 22; **2** 22
Strahlenschutzbeauftragter 55 21
Straße: – öffentliche **3** 78; **41** 11; – private **3** 78; **41** 11. – S. auch Bundesfernstraße, Verkehrsweg, öffentlicher
Straßenbahn 41 14. – S. auch Schienenverkehr, Schienenfahrzeug
Straßenbeleuchtung 22 9; **41** 13
Straßenmeisterei 41 13
Straßenplanung 50 6
Straßenunterbau 41 12
Straßenverkehrsrecht 38 17, 24 f; **39** 5
Strohmann 3 83 f, 86
Substantiierung 6 50
Substanzerhaltung s. Bestandsschutz
Suspensiveffekt 6 34, 56; **17** 61
Synergetischer Effekt s. Effekt, synergetischer

TA Lärm 3 50; **5** 40, 70; **6** 8; **17** 58; **22** 47; **24** 20; **48** 12–23, 47; – Außenwirkung **48** 49–54; – Ermittlung **48** 19; – Lärmbeurteilung **48**

Sachverzeichnis

20f; – nicht genehmigungsbedürftige Anlage **48** 14; – Normkonkretisierung **47** 46; – Rechtsschutz **48** 56; – Sonderfallprüfung **48** 22; – Text **B1**; – Verkehrslärm **48** 18
TA Luft 3 26; **5** 69; **6** 8; **22** 45; **48** 27–37, 46; – Außenwirkung **48** 49–54; – Bewertung **48** 32; – Ermittlung **48** 31; – Gesamtbelastung **48** 30; – nicht genehmigungsbedürftige Anlage **48** 29; – Normkonkretisierung **48** 17; – Rechtsschutz **48** 55–57; – Sonderfallprüfung **48** 33; – Text **B2**; – Vorsorge **48** 34 ff
Tagebau 4 30
Tankbelegbuch 34 12
Tankstelle 22 9; **23** 31; **41** 13
Tatsachenänderung 21 10–13, 18. – S. auch Sachlage, Änderung
Tatsachenfeststellung 6 8
Tatsachenvortrag 6 47
Technische Anforderung 7 6. – S. auch Arbeitsmittel, technische
Technische Anleitung s. TA Lärm, TA Luft
Technischer Ausschuss für Anlagensicherheit: – Bedeutung **31 a** 1; **58 a** 1; – Beratung **31 a** 3; – Organisation **31 a** 2; – sicherheitstechnische Regeln **31 a** 4–5
Technischer Fortschritt s. Stand der Technik
Teil, wesentlicher 4 36
Teilgenehmigung: – Änderungsgenehmigung s. dort; – Antrag **8** 5, 20; – Arten **8** 4; – Aufhebung **8** 33; – berechtigtes Interesse **8** 6; – Einwendung **8** 22; **11** 1–10; – Ermessen **8** 16; – Gegenstand **8** 7–14; – Nebenbestimmung **8** 16; – Rechtsmittel, Wirkung **8** 33; – Rechtsschutz **8** 34; – Standort **8** 11; – Verfahren **8** 19–23; – Voraussetzungen **8** 3–13; – Wesen **8** 1; – Wirkung **8** 24–33
Teilkorrektur 17 46
Teilnehmerkreis im Erörterungstermin **10** 83
Teilzulassung s. Teilgenehmigung
Telefon 2 15; **22** 9
Territorialitätsprinzip 2 19
Tieremission 3 8; **4** 18
Tierkörperbeseitigung 22 57

Tierschutz 1 3; **3** 29, 32
Tierseuchengesetz 22 57
Titandioxid-Verordnung (25. BImSchV): – Grundlagen **48 a** 28 f; – Text **A25**
Titel, besondere privatrechtliche **14** 10
Tonwiedergabegerät 22 7, 10
Träger des Vorhabens 10 19
Transformation s. Umsetzung
Transporteinrichtung 4 58
Treibhausgas-Emissionshandelsgesetz: – Anzeige **15** 1; – Durchsetzung **17** 14 b; **20** 13; **21** 6; – Energienutzung **5** 104 a; – Genehmigung Einl. 20; **13** 5; – Grundlagen **Einl.** 20; – Vorsorge **5** 68 a
Treibstoff 34 4; **35** 3
Trennung 50 16–22
Truppenbauverfahren 60 18
Tunnel 41 12
Typenzulassung 38 14. – S. auch Bauartzulassung
Typgenehmigung 33 16

Übergangsvorschrift 7 12 f; **67** 30–40. – S. auch Änderung der Sach- und Rechtslage
Überleitung von Verweisungen 71 1
Übermaßverbot s. Verhältnismäßigkeit
Überwachung durch Anlagenbetreiber 26 1 f. – S. auch Emissionsermittlung, nicht behördliche
Überwachung durch Behörde: – Anlage, genehmigungsbedürftige **52** 8–15, 19; – Anlassüberprüfung **52** 10–14; – Anspruch Dritter **52** 16–18; – Aufgaben **52** 4 f; – Auskunft **52** 36–41; – Kosten **52** 50–55; – Rechtsschutz **52** 16, 49; – Verhältnis zur Eigenüberwachung **26** 3; – Verhältnismäßigkeit **52** 33; – Zuständigkeit **52** 2; – Zutritt **52** 42 f. – S. auch Emissionsermittlung, behördliche
Überwachung durch Immissionsschutzbeauftragten 54 9 f
Überwachung durch Störfallbeauftragten 58 b 6
Überwachungsbedürftige Anlage 22 14. – S. auch Genehmigungsbedürftige Anlage

Sachverzeichnis

Ultraschall 3 6
Ultraviolette Strahlen 3 6
Umfassende Prüfung 6 10
Umsatzrückgang 3 29
Umschlaganlage 41 13
Umsetzung: – EG-Recht s. dort; internationale Verpflichtung **37** 1, 6; **39** 1
Umweltaudit 17 46; **54** 5; **55** 16; **58** 1–11. – S. auch EMAS
Umweltbetriebsprüfung s. Umwelt-Audit
Umwelteinwirkung: – grenzüberschreitende **2** 19 f; – potentiell schädliche **3** 23; – schädliche s. dort
Umweltfreundliches Erzeugnis 54 6–8
Umweltfreundliches Verfahren 54 6–8
Umwelthaftungsgesetz 5 126; **6** 22; **7** 54; **29 a** 10; **49** 18; **51 b** 1; **53** 22; **55** 23
Umweltinformation 10 18 b; **52** 59
Umweltmanagement s. Umwelt-Audit
Umweltmedium 1 4; **3** 26, 29
Umweltrahmengesetz 67 a 2, 8
Umweltschutz: – anthropozentrischer **1** 16; **3** 32; – integrierte s. dort; – ökologischer **1** 16
Umweltschutzverband 6 51; **13** 18; **51** 2
Umweltverträglichkeitsprüfung: – Änderungsgenehmigung **16** 35 f; – Berücksichtigung **10** 116; – Bewertung **10** 113–115; – Darstellung, zusammenfassende **10** 112; – Genehmigung **6** 16; – und Genehmigungsverfahren **10** 12–17; – Gesetz **10** 9, 12; – Maßstab, außerrechtlicher **10** 114; – Teilgenehmigung **8** 23; – UVP-pflichtige Vorhaben s. dort; – UVP-Studie **10** 32. – S. auch Unterlagen, Untersuchungsrahmen, Behördenbeteiligung, Öffentlichkeit, Umweltauswirkung
Unanfechtbarkeit: – relative **11** 8. – S. Präklusionswirkung, sofortige Vollziehung
Unfall, schwerer 3 87; **14; 20** 24–27; – genehmigungsbedürftige Anlagen **20** 21–32; – nicht genehmigungsbedürftige Anlagen **23** 6; **25** 10–16; **50** 15, 18. – S. auch Störfall
Unmöglichkeit 17 27
Unselbstständige Verfügung 52 6
Unsicherheit 3 44. – S. auch Gefahrenverdacht, Risiko, Wahrscheinlichkeit
Untergrundbahn s. Schienenfahrzeug
Unterlagen: – Anzeige der Änderung **15** 18; – Anzeige der Betriebseinstellung **15** 45; – Anzeige von Anlagen **67** 20 f; – Auslegung **10** 62–64; – Einsichtnahme **10** 18 a f, 68; – Genehmigungsverfahren **10** 29–39; – neu vorgelegte **11** 6; – Überwachung **52** 38; – Umfang der Auslegung **10** 65–67
Unterlassungsanspruch des Immissionsschutzbeauftragten **58** 8
Unternehmen: – als Betroffene **3** 38; – verbundene **3** 84
Unternehmung, wirtschaftliche 2 14; **4** 5, 28; **22** 24; **23** 5
Untersagung s. Betriebsuntersagung, Errichtungsuntersagung, Stilllegung
Unterstützungspflicht bei Überwachung **52** 35
Untersuchungsgebiet 44 5 ff
Untersuchungspflicht: – der Genehmigungsbehörde **6** 8; **10** 44; – Luftqualität **44** 2 ff
Unvermögen, subjektives 17 27
Unwägbare Einwirkung 3 8
Unwägbarer Stoff s. Unwägbare Einwirkung
Unzumutbarkeit s. Erheblichkeit
Unzuverlässigkeit s. Betriebsuntersagung, Zuverlässigkeit
Urproduktion 2 14
UVP-pflichtige Vorhaben 10 12–17, 52; – Behördenkoordination **10** 52; – Beratungspflicht **10** 22–24; – Entscheidung **10** 112–116; – Richtlinie **10** 13; – Zustellung **10** 123. – S. auch Umweltverträglichkeitsprüfung

VDI-Richtlinie 5 39, 41; **22** 45; **48** 62. – S. auch Regeln der Technik
Verantwortliche Person, Überwachung **52** 24, 36
Verarbeiten 3 110

Sachverzeichnis

Verband s. Umweltschutzverband
Verbot des Anlagenbetriebs s. Betriebsverbot
Verbrennung 35 5. – S. auch Abfallverbrennung, Feuerungsanlage
Verbrennungsmotoren, Gebührenordnung (29. BImSchV): – Grundlagen 33 13; – Text **A29**
Verbrennungsmotoren, Grenzwerteverordnung (28. BImSchV): – Grundlagen 37 11 f; – Text **A28**
Verdacht 52 17. – S. auch Gefahrenverdacht
Vereinbarung, zwischenstaatliche 37 1–12; 39 1–5
Vereinfachtes Genehmigungsverfahren 19 1–22; – Ablauf 19 12–15; – Änderungsgenehmigung 16 32; – Anhörungsverfahren s. Anhörung; – Anwendungsbereich 19 2–10; – Durchsetzung 19 19; – Präklusion s. dort; – Rechtsschutz 19 20–22; – Stufung 19 16; – Umweltverträglichkeitsprüfung 19 5; – Versuchsanlage s. dort; – Wirkungen 19 18
Verfahren: – Genehmigungsverfahren s. dort; – laufendes 67 30 f; – Ordnungswidrigkeit 62 10
Verfahrensfehler: – Beteiligte 10 136; – Drittschutz 10 130 f; – nachfolgende Entscheidung 10 132–134
Verfügung: – gestreckte 17 26; – unselbstständige 52 6
Verhaltensbezogene Immissionen s. Immissionen, verhaltensbedingte
Verhältnismäßigkeit: – Allgemeines 17 28–30. – S. beim jeweiligen Akt
Verhandlungsleiter, Erörterungstermin 10 84
Verjährung: – Ordnungswidrigkeit 62 10
Verkehrsanlage s. Verkehrsweg
Verkehrsbeschränkung bei austauscharmer Wetterlage s. auch Verkehrsverbot
Verkehrsfahrzeug s. Fahrzeug
Verkehrslärm 41 1, 27–42; 42 10–12; 48 49; – und Anlagenbereich 4 59; 48 18. – S. auch Verkehrsweg
Verkehrslärmschutzverordnung (16. BImSchV) 41 23–26, 32–37; 42 10–12; 43 6–8; – Text **A16**

Verkehrsrecht, Ermächtigungen 38 24; 70 1. – S. auch Straßenverkehrsrecht
Verkehrsregelung 41 20, 47. – S. auch Verkehrsbeschränkung
Verkehrsverlagerung 41 28
Verkehrsweg, öffentlicher: – Abwägung 41 54; – aktiver Lärmschutz 41 43; – Änderung 41 19–26; – und Anlagenbegriff 3 78–80; – Außenbereichsschutz 41 30 a, 55; – Bau 41 18; – Baumaßnahme 41 28 a; – Bebauungsplan 41 59 f, 63; 42 24; – Dimensionierung 41 44; – enteignungsgleicher Eingriff 42 7; – Entschädigungsanspruch s. dort; – Erschließung 41 60; – Gesamtbelastung 41 39–41; – Grenzwertüberschreitung 41 32 f; 42 10–12; – Hochhaus 41 52; – Kosten s. Lärmschutzanlage; – Lärmsanierung 41 3, 27; – Lärmschutzanlage s. dort; – Luftreinhaltung 41 8 f; 45 7; 47 11; – nachträgliche Auflage 41 62 f; – passiver Lärmschutz 42 1, 18; – Planfeststellung 4 40; 41 56 f, 62; 42 23; – Rechtsschutz 41 65–70; 42 26 f; – Stand der Technik 41 44–46; – Unterhaltung 41 21; – Verfahren 41 56–61; 42 23–25; – Verkehrsbeschränkung s. dort; – Verkehrslärmschutzverordnung s. dort; – Verkehrsregelung s. dort; – Verkehrsverbot s. dort; – Vorbelastung 41 37. – S. auch Straße, Schienenweg
Verkehrswege-Schallschutzmaßnahmenverordnung (24. BImSchV): – Grundlagen 42 17–19; 43 10 f; – Text **A24**
Verladeanlage 41 13
Verlegung, Erörterungstermin 10 81
Vermischen 3 110
Vermögenseinbuße 3 28
Veröffentlichung: – Emissionsdaten 27 16; – sicherheitstechnische Regel 31 a 5. – S. auch Öffentlichkeit, Unterrichtung
Verpackungseinrichtung 4 58
Verrechnung s. Kompensation
Versauerung s. Sommersmog-, Versauerungs- und Nährstoffeinträge-Verordnung

Sachverzeichnis

Verschwiegenheit s. Datenschutz
Versicherung 5 26
Versorgungssicherheit 17 46
Verstärker 3 72; **22** 10
Verstromungsgesetz 13 11
Versuchsanlage 12 17; **19** 7 f. – S. auch Erprobungsanlage
Vertagung, Erörterungstermin **10** 82
Verteidigungsanlage s. Landesverteidigung, Stationierungsstreitkräfte
Vertrag: – Genehmigungsverfahren **10** 21; – öffentlich-rechtlicher **17** 7; – Vollzugsvertrag **17** 7. – S. auch Absprache
Vertrauensschaden 21 28, 35
Vertrauensschutz Widerruf **21** 30–33
Vertretbarkeitslehre 5 117
Verursachung 3 18, 39–41; **5** 11–17
Verwaltungsabkommen 37 6. – S. auch Vereinbarung
Verwaltungsgebäude 3 71
Verwaltungshilfe s. Bundesländer, neue
Verwaltungskompetenz Einl. 53–55
Verwaltungsverfahrensgesetz 10 9
Verwaltungsvollstreckung 62 29–32. – S. auch Verwaltungszwang
Verwaltungsvorschrift: – allgemeine **48** 7; – Außenwirkung **48** 41–58; – Bedeutung **48** 1–3; – einfache **48** 58; – einzelne Regelungen **10** 10, 44; **66** 2; – Ermächtigung **48** 1–13; – Indizwirkung **48** 58, 63; – Inhalt **48** 5–7; – Innenwirkung **48** 41; – norminterpretierende **48** 45; – normkonkretisierende **48** 45; – private Normen s. Regeln der Technik; – Privatrecht **48** 59; – Rechtsschutz **48** 55 f.; – standardisierende **48** 45; – Verfahren **48** 8; – verhaltenslenkende **48** 5
Verwaltungszwang: – Durchsetzung **62** 32; – Einzelfälle **38** 18; **53** 22; – Grundlagen **62** 29; – Grundverfügung **62** 30 f
Verweisung, dynamische **7** 25
Verwender 34 2, 6
Verwendung von Anlagen: – bestimmungsgemäße Verwendung **35** 5; – Kennzeichnung **35** 10. – S. Anlagenverwender
Verwertung von Reststoffen s. Reststoffverwertung

Verzicht: – Genehmigung **18** 9; – Rechte s. Einwilligung
Vielstoffgenehmigung s. Mehrstoffgenehmigung
Vogelschutz 6 15 f
Volksfest 22 9; **23** 61
Vollständigkeitsprüfung, Genehmigungsverfahren **10** 41–43
Vollstreckungsmaßnahme s. Verwaltungszwang
Vollziehung, sofortige s. Sofortige Vollziehung
Vollzugsdefizit 17 5. – S. auch Vollzugsprobleme
Vollzugsprobleme 17 1–7
Vorbehalt bei Genehmigungserteilung **8** 16; **9** 10; **12** 19–26. – S. auch Auflagenvorbehalt
Vorbelastung 3 49, 58; **22** 32; **41** 37
Vorbescheid: – Antrag **9** 12; – Bindungswirkung s. dort; – Einwendungen Dritter **11** 1–10; – Ermessen **9** 6; – Gegenstand **9** 3–5; – Inhalt **9** 15; – Konzentrationseffekt **13** 1; – Nebenbestimmung s. dort; – Präklusion s. dort; – Rechtsschutz **9** 21 f; – Standortvorbescheid **9** 4, 12; – Suspensiveffekt s. dort; – Verfahren **9** 11–14; – Voraussetzungen **9** 6–14; – Wesen **9** 1 f; – Widerruf **21** 5; – Wirkung **9** 16–20
Vorbeugender Rechtsschutz 20 19
Vorbringbarkeit von Einwendungen **10** 93 a f
Vordruck, Genehmigungsverfahren **10** 27
Vorgenehmigung 16 3 f
Vorhaben, UVP-pflichtiges s. UVP-pflichtige Vorhaben
Vorkehrungsanspruch 14 17–20
Vorlagepflicht 52 38
Vorläufige Gesamtbeurteilung 8 8–11, 12 f, 26–33; **9** 5, 8, 17
Vorläufige Gestattung s. Vorzeitiger Beginn, Zulassung
Vorläufiger Rechtsschutz 6 56; **17** 69
Vorsatz s. Vorwerfbares Verhalten
Vorsorge 1 7; **5** 46–71; – Bedeutung **5** 46–48; – Beschaffenheit **32** 9; – Drittschutz **5** 121–123; **48** 56; – Fahrzeug **38** 13; – Formen **5** 51, 54 f;

1453

Sachverzeichnis

– nicht genehmigungsbedürftige Anlage **22** 22; – Kompensation s. dort; – Konkretisierung **5** 66–71; – Maß **5** 60–65; – Messung **28** 11; – nachträgliche Anordnung **17** 41–44; – raumbezogene **5** 54–56; – Rechtsverordnung **23** 3; **43** 4; – schutzbedürftige Gebiete **49** 1; – technikbezogene **5** 51; – Übergangsfrist **7** 12 f; – Verhältnismäßigkeit **5** 60–65. – S. auch Stand der Technik

Vortragsrecht: – Erörterungstermin **10** 85 f; – Immissionsschutzbeauftragter **57** 1–7; – Störfallbeauftragter **58 c** 11

Vorverhandlung 10 21

Vorwerfbares Verhalten: – Ordnungswidrigkeit **62** 9; – Straftat s. dort

Vorzeitiger Beginn, Zulassung: – Bedeutung **8 a** 1; – Betriebszulassung **8 a** 5; – Durchsetzung **8 a** 24; – Erfolgsaussichten der Genehmigung **8 a** 10–12; – Ermessen **8 a** 13; – Nebenbestimmungen **8 a** 14 f; – Probebetrieb **8 a** 4; – Rechtsnachfolger **8 a** 23; – Rechtsschutz **8 a** 25 f; – Risikoübernahme **8 a** 9; – Schadensersatz **8 a** 27; – UVP **8 a** 2 a, 12; – Verfahren **8 a** 16 f; – Voraussetzungen **8 a** 2–12; – Widerruf **8 a** 22; – Wiederherstellung **8 a** 28; – Wirkung **8 a** 18–23

Wägbarer Gegenstand s. Unwägbare Einwirkung

Wahrscheinlichkeit: – Nachteil/Belästigung **3** 45; – Schaden **3** 42–44. – S. auch Verursachung

Waldrecht 6 15 f

Warenlager 22 9

Wärme 3 6. – S. auch Abwärmenutzung

Wärmepumpe 22 9

Wartung 4 47

Waschkessel 22 9

Wasser 1 4. – S. auch Gewässerschutz, Wasserrecht

Wasserfahrzeug 2 7; **38** 7. – S. auch Beschaffenheit, Fahrzeug

Wasserrecht 2 24; **6** 14; **13** 13. – S. auch Gewässerschutz

Wasserstraße 2 8, 10; **3** 78

Wechselwirkung 1 8; **3** 17 f

Weideland 3 77

Weitergabe von Informationen s. Informationen

Weitergehende Vorschrift 22 14–19

Werkstätte 3 71

Werkzeug 3 72; **22** 10

Wertschutz 67 26. – S. auch Bestandsschutz

Wesentliche Änderung s. Änderung einer Anlage, Änderung von Verkehrswegen

Wetterführung 4 30

Wetterlage, austauscharme s. Austauscharme Wetterlage

Widerruf der Bauartzulassung 33 8

Widerruf der Genehmigung: – Anwendungsbereich **21** 5 f; – Durchsetzung **21** 26; – Entschädigung **21** 28–38; – Ermessen **21** 20; – Gründe **21** 7–17; – Rechtsmittelverfahren **21** 3 f; – Rechtsschutz **21** 27; – Verfahren **21** 22; – Wirkung **21** 23 f

Widerrufsvorbehalt 9 10; **21** 7; – Ausübung **12** 21; – Beifügung **12** 19 f; – Durchsetzung **12** 28. – S. auch Nebenbestimmung

Widerspruch 6 40, 44

Widmung einer Straße 41 11

Wiedereinsetzung in den vorigen Stand 19 75, 95

Wiedererrichtung 4 45; **16** 6 f

Wiederholungsmessung 26 6; **28** 5

Windenergie 5 98; **22** 43; **48** 14

Wirksamkeit: – Anordnung **17** 61; **24** 20; – Genehmigung **6** 30–39; – Untersagung **25** 7, 26

Wirkung einer Quelle s. Effekt

Wirtschaft, Vertreter **51** 2

Wirtschaftliche Eignung 3 106 f

Wirtschaftliche Unternehmung s. Unternehmung, wirtschaftliche

Wirtschaftliche Vertretbarkeit 17 28, 37. – S. auch Nachteil für Verursacher

Wirtschaftsweg 41 11

Wissenschaft, Vertreter **51** 2

Wohlbefinden 3 27

Wohnbebauung, heranrückende **17** 18; **21** 13

Sachverzeichnis

Wohngebiet 3 56–58; **50** 11
Wohnraum 52 29

Zeitpunkt, maßgeblicher s. Maßgeblicher Zeitpunkt
Zielwert 45 4, 14
Zulassung vorzeitigen Beginns s. Vorzeitiger Beginn
Zulassungsverfahren s. Genehmigungsverfahren
Zumutbarkeit s. Erheblichkeit
Zusammenhang, räumlicher und betrieblicher **4** 21, 57 f
Zusatz 34 8, 12; **35** 3
Zusicherung 10 21
Zuständigkeit: – Anordnung nach § 24 **24** 19; – Bundesbehörden **Einl.** 55; – Ermittlungsanordnung **26** 19; **28** 8; **29** 7; – nachträgliche Anordnung **17** 53; – örtliche **Einl.** 57; – sachliche **Einl.** 56; – Überwachung **52** 2; – Untersagung **25** 6
Zustellung: – Ausland **51 b** 1; – Genehmigung **10** 121, 126. – S. auch Zustellungsmöglichkeit
Zustellungsmöglichkeit, Sicherstellung **51 b** 1–3
Zustimmung 13 7 f
Zutritt 52 28–30, 42
Zuverlässigkeit: – Anlagenbetreiber **20** 47–50; – Betriebsleiter **20** 47–50; – Immissionsschutzbeauftragter **28** 9; **55** 14 f; – Störfallbeauftragter **58 c** 2 f
Zwangsvollstreckung s. Verwaltungszwang
Zweck des BImSchG s. Bundes-Immissionsschutzgesetz
Zwischenlagern 4 7; **5** 92, 113. – S. auch Einsatzstoff
Zwischenwertbildung 3 59